WANDER GARCIA
UM DOS MAIORES ESPECIALISTAS EM CONCURSOS DO PAÍS

SUPER-REVISÃO

8ª Edição 2018

OAB

DOUTRINA COMPLETA

Best Seller

DE ACORDO COM A REFORMA TRABALHISTA – LEI 13.467/2017

10 ANOS EDITORA FOCO

EDITORA FOCO

Coordenadores: Wander Garcia e Ana Paula Dompieri Garcia
Organizadora: Ana Paula Dompieri Garcia
Autores: Wander Garcia, Arthur Trigueiros, Bruna Vieira, Eduardo Dompieri,
Fernando Leal Neto, Henrique Subi, Hermes Cramacon, Luiz Dellore, Márcio Rodrigues,
Olney Queiroz Assis, Renan Flumian e Robinson Barreirinhas
Diretor Acadêmico: Leonardo Pereira
Editor: Roberta Densa
Revisora Sênior: Georgia Renata Dias
Capa Criação: Leonardo Hermano
Diagramação: Ladislau Lima
Impressão miolo e capa: Gráfica EDELBRA

Dados Internacionais de Catalogação na Publicação (CIP) de acordo com ISBD

G216s

Garcia, Wander

Super-revisão para a OAB / Wander Garcia...[et al.] ; organizado por Wander Garcia, Ana Paula Garcia. – 8. ed. - Indaiatuba, SP : Editora Foco, 2018.

1240 p. : il. ; 21cm x 28cm.

ISBN: 978-85-8242-262-5

1. Direito. 2. Ordem dos Advogados do Brasil - OAB. 3. Exame de Ordem. I. Trigueiros, Arthur. II. Vieira, Bruna. III. Dompieri, Eduardo. IV. Leal Neto, Fernando. V. Subi, Henrique. VI. Cramacon, Hermes. VII. Dellore, Luiz. VIII. Rodrigues, Márcio. IX. Assis, Olney Queiroz. X. Flumian, Renan. XI. Barreirinhas, Robinson S. XII. Garcia, Ana Paula. XIII. Título.

2018-222 CDD 340 CDU 34

Elaborado por Odilio Hilario Moreira Junior - CRB-8/9949

Índices para Catálogo Sistemático:

1. Direito 340 2. Direito 34

NOTAS DA EDITORA:

Atualizações e erratas: A presente obra é vendida como está, atualizada até a data do seu fechamento, informação que consta na página II do livro. Havendo a publicação de legislação de suma relevância, durante o ano da edição do livro, a editora, de forma discricionária, se empenhará em disponibilizar atualização futura.

Bônus ou Capítulo ***On-line***: Excepcionalmente, algumas obras da editora trazem conteúdo no *on-line*, que é parte integrante do livro, cujo acesso será disponibilizado durante a vigência da edição da obra.

Erratas: A Editora se compromete a disponibilizar no site www.editorafoco.com.br, na seção Atualizações, eventuais erratas por razões de erros técnicos ou de conteúdo. Solicitamos, outrossim, que o leitor faça a gentileza de colaborar com a perfeição da obra, comunicando eventual erro encontrado por meio de mensagem para contato@editorafoco.com.br. O acesso será disponibilizado durante a vigência da edição da obra.

Impresso no Brasil (03.2018) – Data de Fechamento (02.2018)

MISTO
Papel produzido a partir de fontes responsáveis
FSC® C116137

Al. Júpiter 542 – American Park Distrito Industrial
CEP 13347-653 – Indaiatuba – SP
E-mail: contato@editorafoco.com.br
www.editorafoco.com.br

Apresentação

A experiência diz que aquele que quer ser aprovado deve fazer três coisas: a) entender a teoria, b) ler a letra da lei, e c) treinar. As obras da coleção "Como Passar" cumprem muito bem os dois últimos papéis, pois trazem número expressivo de questões comentadas alternativa por alternativa, inclusive com a indicação de dispositivos legais a serem lidos. Porém, só o treinamento e a leitura de lei não são suficientes. É necessário também "entender a teoria".

Por isso, a presente obra foi concebida exatamente para cumprir esse papel: trazer para você uma Super-Revisão da Teoria, possibilitando uma preparação completa para você atingir seu objetivo, que é a aprovação no exame.

Estudando pelo livro você certamente estará mais preparado para enfrentar o momento decisivo, que é o dia do seu exame.

O livro traz as 19 disciplinas do Exame de Ordem, incluindo capítulo de Ética com as alterações introduzidas pelo Novo Código de Ética e Disciplina e as posteriores Resoluções do Conselho Federal da OAB, além de capítulo com o Novo Direito Processual Civil atualizado pela Lei 13.363/16, Hermenêutica e Filosofia do Direito.

Além disso, ele foi construído com foco exclusivo no Exame de Ordem, a partir de estatísticas deste e das preferências da organizadora.

Tudo isso sem contar que apresenta um conteúdo forte, porém altamente sistematizado, sem prejuízo de trazer a jurisprudência atualizada de interesse para o exame.

Trata-se, assim, da Revisão dos Sonhos de quem vai fazer o Exame de Ordem!

Wander Garcia e Ana Paula Garcia
Coordenadores

Acesse JÁ os conteúdos *ON-LINE*

SHORT VIDEOS
Vídeos de curta duração com dicas de DISCIPLINAS SELECIONADAS

Acesse o link:

www.editorafoco.com.br/short-videos

ATUALIZAÇÃO em PDF e VÍDEO para complementar seus estudos*

Acesse o link:

www.editorafoco.com.br/atualizacao

* As atualizações em PDF e Vídeo serão disponibilizadas sempre que houver necessidade, em caso de nova lei ou decisão jurisprudencial relevante, durante o ano da edição do livro.

* Acesso disponível durante a vigência desta edição.

Coordenadores e Autores

SOBRE OS COORDENADORES

Wander Garcia

Doutor e Mestre em Direito pela PUC/SP. Professor e coordenador do IEDI. Procurador do Município de São Paulo

Ana Paula Garcia

Procuradora do Estado de São Paulo. Pós-graduada em Direito. Professora do IEDI. Autora de diversos livros para OAB e concursos

SOBRE OS AUTORES

Wander Garcia

Doutor e Mestre em Direito pela PUC/SP. Professor e coordenador do IEDI. Procurador do Município de São Paulo

Arthur Trigueiros - @proftrigueiros

Pós-graduado em Direito. Professor da Rede LFG, do IEDI e do Proordem. Autor de diversas obras de preparação para o Exame de Ordem. Procurador do Estado de São Paulo.

Bruna Vieira - @profa_bruna

Pós-graduada em Direito. Professora do IEDI, Proordem, Legale, Robortella e Êxito. Palestrante e Professora de Pós-graduação em Instituições de Ensino Superior. Autora de diversas obras de preparação para Concursos Públicos e Exame de Ordem, pelas editoras Saraiva e Foco. Advogada.

Eduardo Dompieri - @eduardodompieri

Pós-graduado em Direito. Professor do IEDI. Autor de diversas obras de preparação para Concursos Públicos e Exame de Ordem.

Fernando Leal Neto - @fclneto

Advogado. Mestrando em Segurança Pública, Justiça e Cidadania pela Universidade Federal da Bahia (UFBA). Coordenador de Extensão da Faculdade Baiana de Direito e Gestão (Salvador - BA).

Henrique Subi - @henriquesubi

Especialista em Direito Empresarial pela FGV e em Direito Tributário pela UNISUL. Mestrando em Direito pela Universidade Mackenzie. Professor de Negociação do IBDEC. Professor do IEDI e de outros cursos preparatórios para a OAB e concursos públicos.

Hermes Cramacon -@hermescramacon

Pós-graduado em Direito. Professor do Complexo Damásio de Jesus e do IEDI. Advogado.

Luiz Dellore

Doutor e Mestre em Direito Processual Civil pela USP. Mestre em Direito Constitucional pela PUC/SP. Professor do Mackenzie, EPD, IEDI, IOB/Marcato e outras instituições. Advogado concursado da Caixa Econômica Federal. Ex-assessor de Ministro do STJ. Membro da Comissão de Processo Civil da OAB/SP, do IBDP (Instituto Brasileiro de Direito Processual), do IPDP (Instituto Panamericano de DerechoProcesal) e diretor do CEAPRO (Centro de Estudos Avançados de Processo). Colunista do portal jota.info.Facebook e LinkedIn: Luiz Dellore (Twitter: @dellore)

Márcio Rodrigues

Advogado. Mestre pela UFBA. Professor assistente da Universidade Federal do Ceará - UFC, foi professor de Processo Penal da UCSAL-BA da Faculdade 2 de Julho - BA, do IEDI e da Rede LFG. Ex-professor do curso Juspodivm. Autor e Coautor de livros pela Editora Foco e outras Editoras.

Olney Queiroz Assis

Mestre e Doutor em Filosofia do Direito e do Estado pela PUC/SP. Professor da Faculdade de Direito Prof. Damásio de Jesus.

Renan Flumian - @renanflumian

Professor e Coordenador Acadêmico do IEDI. Mestre em Filosofia do Direito pela *Universidad de Alicante*, cursou a *Session Annuelle D'enseignement do Institut International des Droits de L'Homme*, a Escola de Governo da USP e a Escola de Formação da Sociedade Brasileira de Direito Público. Autor e coordenador de diversas obras de preparação para Concursos Públicos e o Exame de Ordem. Advogado.(Twitter: @RenanFlumian)

Robinson Barreirinhas

robinson.barreirinhas@gmail.com - Professor do IEDI. Procurador do Município de São Paulo. Professor do IEDI. Autor e Coautor de mais de 20 obras para preparação para concursos e OAB.

SUMÁRIO

19. HERMENÊUTICA JURÍDICA 1215

1. Ética Profissional

Arthur Trigueiros

1. ÉTICA PROFISSIONAL E OS PRINCIPAIS DIPLOMAS NORMATIVOS QUE REGEM A MATÉRIA

1.1. Conceito de ética

A ética traduz a ideia de um "comportamento ideal". Trazendo ao Direito, temos a denominada **Ética Profissional**, que corresponde ao "código de conduta" que o operador do Direito deve seguir.

Trata-se, enfim, de um conjunto de normas e princípios que devem pautar o comportamento do homem em suas relações com seus semelhantes.

1.2. A noção de deontologia jurídica

Para os fins de nossa obra, o que nos interessa sobremaneira é o estudo não da "ética geral", aqui tomada, como visto no item anterior, como um conjunto de "normas comportamentais", mas sim da ética voltada para a denominada "deontologia jurídica".

Deontologia (do grego *δέον*, translit. *deon* "dever, obrigação" + *λόγος*, *logos*, "ciência"), na filosofia moral contemporânea, é uma das teorias normativas segundo as quais as escolhas são moralmente necessárias, proibidas ou permitidas. Portanto inclui-se entre as teorias morais que orientam nossas escolhas sobre o que deve ser feito.

O termo foi introduzido em 1834, por Jeremy Bentham, para referir-se ao ramo da ética cujo objeto de estudo são os fundamentos do dever e as normas morais. É conhecida também sob o nome de "Teoria do Dever". É um dos dois ramos principais da Ética Normativa, juntamente com a axiologia.

Pode-se falar, também, de uma deontologia aplicada, caso em que já não se está diante de uma ética normativa, mas sim descritiva e inclusive prescritiva. Tal é o caso da chamada "Deontologia Profissional".

A deontologia em Kant fundamenta-se em dois conceitos que lhe dão sustentação: a razão prática e a liberdade. Agir por dever é o modo de conferir à ação o valor moral; por sua vez, a perfeição moral só pode ser atingida por uma vontade livre. O imperativo categórico no domínio da moralidade é a forma racional do "dever-ser", determinando a vontade submetida à obrigação. O predicado "obrigatório" da perspectiva deontológica designa na visão moral o "respeito de si".

A deontologia também se refere ao conjunto de princípios e regras de conduta — os deveres — inerentes a determinada profissão. Assim, cada profissional está sujeito a uma deontologia própria a regular o exercício de sua profissão, conforme o Código de Ética de sua categoria. Nesse caso, é o conjunto codificado das obrigações impostas aos profissionais de determinada área, no exercício de sua profissão. São normas estabelecidas pelos próprios profissionais, tendo em vista não exatamente a qualidade moral, mas a correção de suas intenções e ações, em relação a direitos, deveres ou princípios, nas relações entre a profissão e a sociedade. O primeiro Código de Deontologia foi feito na área médica, nos Estados Unidos, em meados do século XX.

1.3. A deontologia jurídica aplicada ao advogado

O objetivo da presente obra é analisar, de forma clara e objetiva, todo o conjunto de normas e princípios que regem a atuação profissional do ADVOGADO, bem como das demais pessoas (naturais ou jurídicas) que se submetem ao arcabouço normativo instaurado pelo Estatuto da Advocacia e a Ordem dos Advogados do Brasil (EAOAB – Lei 8.906/1994).

1.4. Principais diplomas normativos que regem a Ética Profissional

Os principais diplomas normativos de nossa matéria são:

a) Estatuto da Advocacia e a Ordem dos Advogados do Brasil (abreviatura: EAOAB) – Lei 8.906/1994;

b) Código de Ética e Disciplina (abreviatura: CED) – editado pelo Conselho Federal da OAB; e

c) Regulamento Geral – editado pelo Conselho Federal da OAB.

Perceba que o Estatuto da Advocacia, embora leve o nome de "estatuto", transmitindo a impressão de que se trata de um conjunto de regras a serem observadas *interna corporis*, tem *status* de lei ordinária, e, portanto, de observância geral.

Já o Código de Ética e Disciplina, embora leve o nome de "código", transmitindo a impressão de que se trata de uma "lei", não o é. Os diversos dispositivos nele previstos decorrem de atividade normativa do Conselho Federal da OAB, considerado seu "órgão de cúpula", cujas competências, entre outras, é a de editar e alterar o Código de Ética (art. 54, V, EAOAB – Lei 8.906/1994).

Por fim, o Regulamento Geral, como o próprio nome sugere, também editado pelo Conselho Federal da OAB (art. 54, V, EAOAB – Lei 8.906/1994), é o diploma abrangente dos procedimentos, estrutura organizacional e atribuições dos órgãos internos, e de todas as matérias que sejam suscetíveis às mudanças do tempo e das necessidades que se impuserem (LÔBO, 2007).

2. ADVOCACIA E ATIVIDADES PRIVATIVAS DE ADVOCACIA

2.1. Preliminarmente: da denominação de advogado

Na sábia docência de Rui Barbosa, o primeiro advogado foi o primeiro homem que, com a influência da razão e da palavra, defendeu os seus semelhantes contra a injustiça, a violência e a fraude (RAMOS, 2009).

Embora não se possa precisar o momento exato em que a advocacia surgiu, o fato é que, de uma forma ou de outra, é da

---

1. Este capítulo está totalmente adaptado ao Novo Código de Ética e Disciplina e às posteriores Resoluções do Conselho Federal da OAB. Também fizemos as necessárias adaptações com relação ao Novo CPC (Lei 13.105/2015), indicando-se os artigos correspondentes do CPC/1973.

essência do homem defender seus semelhantes, rechaçando as injustiças ou buscando implementar seus direitos, ainda que não positivados.

Etimologicamente, a denominação "advogado" deriva do latim *advocatus* (*vocati ad*), que significa basicamente "interceder a favor de" (RAMOS, 2009).

Assim, em simples palavras, o advogado é o profissional do direito que, se valendo da razão e de todo o arcabouço jurídico, tem por escopo precípuo interceder a favor de alguém, a fim de garantir a defesa de seus direitos.

2.1.1. Princípios que regem a advocacia

Com fundamento no art. 2º do EAOAB, extraem-se os seguintes princípios reitores da atividade de advocacia:

a) *indispensabilidade* – nos termos do art. 133, CF, o advogado é personagem indispensável à administração da justiça. Metaforicamente, pode-se dizer que o juiz simboliza o Estado, o promotor, a lei, e o advogado, o povo (LÔBO, 2007);

b) *inviolabilidade* – também com base no art. 133, CF, ao advogado é garantida a sua inviolabilidade por seus atos e manifestações no exercício da profissão, tal como veremos no Item 6 – Direitos dos advogados, *infra*;

c) *função social* – sendo o advogado indispensável à administração da justiça, emerge a nítida *função pública* que desempenha, e, por que não, função social, ainda que no seu ministério privado (art. 2º, § 1º, EAOAB). Assim, a advocacia, além de profissão, é múnus, pois cumpre o encargo indeclinável de contribuir para a realização da justiça, ao lado do patrocínio da causa, quando atua em juízo (LÔBO, 2007);

d) *independência* – a despeito de o advogado prestar um serviço público, isso não o torna vinculado ao Estado (*lato sensu*). Ao contrário, trata-se de profissional que deverá atuar com independência, devendo buscar a adequada solução ao litígio.

2.2. Aspectos constitucionais referentes à advocacia

A figura do advogado e a atividade por ele desenvolvida vêm previstas no art. 133 da CF: "o advogado é indispensável à administração da justiça, sendo inviolável por seus atos e manifestações no exercício da profissão, nos limites da lei".

Trata-se de inegável "função pública", visto que a própria CF previu a advocacia como **instituição indispensável à administração da justiça**. Como dizem alguns autores, a atividade do advogado configura verdadeiro *múnus público*.

É bom que se diga que nossa Carta Magna, além de tratar do advogado "profissional liberal" (art. 133), cuidou de prever a denominada "Advocacia Pública" (arts. 131 e 132) e a "Defensoria Pública" (arts. 134 e 135).

2.3. Das atividades privativas de advocacia (arts. 1º a 4º, EAOAB – Lei 8.906/1994; arts. 1º a 8º, Regulamento Geral)

A palavra *"advogado"* e o *exercício da atividade de advocacia* são **PRIVATIVOS** dos inscritos na Ordem dos Advogados do Brasil (OAB), conforme reza art. 3º do EAOAB.

Atenção

De acordo com o art. 1º do EAOAB, consideram-se **atividades privativas de advocacia:**

I – postulação a qualquer órgão do Poder Judiciário e aos juizados especiais;

II – as atividades de consultoria, assessoria e direção jurídicas;

III – visar atos e contratos constitutivos de pessoas jurídicas (§ 3º).

2.3.1. Da postulação em juízo

Como visto no item anterior, considera-se a primeira atividade privativa de advocacia a *postulação perante qualquer órgão do Poder Judiciário, inclusive juizados especiais.*

Esclarece-se, por oportuno, que a atividade de postulação significa o ato de pedir ou exigir a prestação jurisdicional do Estado (LÔBO, 2007), exigindo-se qualificação técnica, qual seja, a de advogado.

Pela redação do dispositivo legal (art. 1º, I, EAOAB)[2], fica nítida a intenção do legislador de atribuir ao advogado a tarefa exclusiva – e o *monopólio* – de atuação perante qualquer órgão do Poder Judiciário. Em simples palavras, tomando a literalidade da lei, apenas o advogado pode representar alguém em juízo, e ninguém mais!

Deve-se entender por órgãos do Poder Judiciário, conforme enuncia o art. 92, CF:

> I – o Supremo Tribunal Federal;
>
> I-A – o Conselho Nacional de Justiça; (Incluído pela Emenda Constitucional 45, de 2004)
>
> II – o Superior Tribunal de Justiça;
>
> II-A – o Tribunal Superior do Trabalho;
>
> III – os Tribunais Regionais Federais e Juízes Federais;
>
> IV – os Tribunais e Juízes do Trabalho;
>
> V – os Tribunais e Juízes Eleitorais;
>
> VI – os Tribunais e Juízes Militares;
>
> VII – os Tribunais e Juízes dos Estados e do Distrito Federal e Territórios.

Em verdade, o que fez o art. 1º, I, EAOAB foi explicitar e regulamentar o alcance do já citado art. 133, CF, que, frise-se, enuncia ser o advogado indispensável à administração da justiça. Em suma, a lei impõe a interveniência do advogado em toda postulação judicial, afastando-se, pois, a postulação direta das partes (autor e réu).

No entanto, com relação à primeira atividade privativa de advocacia em comento, é importante registrar que o STF, no julgamento da ADIn 1.127-8, reconheceu a inconstitucionalidade da expressão "qualquer" inserida no art. 1º, I, EAOAB. Assim, aquele "monopólio" de acesso ao Judiciário apenas pelo advogado caiu por terra.

Destarte, embora a regra seja a de que a atividade de postulação em juízo caiba ao advogado, representando as partes, há algumas exceções que devem ser bem estudadas e destacadas, sob pena de o leitor enganar-se com a falsa ideia de "monopólio" de acesso ao Poder Judiciário pelo advogado.

Vamos às exceções!

2.3.1.1. Postulação perante os juizados especiais

De acordo com o art. 98, I, CF, a União, os Estados-membros, o Distrito Federal e os Territórios deverão criar os "juizados especiais, providos por juízes togados, ou togados e leigos, competentes para a conciliação, o julgamento e a execu-

2. Art. 1º São atividades privativas de advocacia: I – a postulação a órgão do Poder Judiciário e aos juizados especiais; (Vide ADIN 1.127-8)

ção de causas cíveis de menor complexidade e infrações penais de menor potencial ofensivo, mediante os procedimentos oral e sumariíssimo, permitidos, nas hipóteses previstas em lei, a transação e o julgamento de recursos por turmas de juízes de primeiro grau".

O que se vê desse excerto legal é que a União e os Estados-membros e o DF deverão criar dois tipos de juizados especiais:

a) *cíveis*, para o julgamento e execução de causas de menor complexidade; e

b) *criminais*, para o julgamento e execução das infrações penais de menor potencial ofensivo.

Considerando que o STF, em 2006, julgou definitivamente a ADIn 1.127-8, proposta pela AMB (Associação dos Magistrados do Brasil), até mesmo em razão de superveniência legislativa à edição do Estatuto da OAB, quais sejam, a Lei 9.099/1995 (Lei dos Juizados Especiais Cíveis e Criminais no âmbito estadual) e a Lei 10.259/2001 (Lei dos Juizados Especiais Cíveis e Criminais no âmbito federal), afastou-se do "monopólio" do acesso ao Judiciário pelos advogados a postulação perante os juizados especiais.

Assim, em matéria de "juizados especiais", podemos afirmar que a regra é a desnecessidade de intervenção do advogado para a assistência e representação judicial das partes.

Isso pelo fato de a Lei 9.099/1995, em seu art. 9º, haver estabelecido que a assistência das partes por advogado é obrigatória apenas nas causas com valores *superiores a 20 (vinte) salários mínimos*, apenas em 1º grau de jurisdição (em grau recursal, independentemente do valor da causa, a participação do advogado é imprescindível).

Também, a Lei 10.259/2001, regulamentadora dos juizados especiais cíveis e criminais no âmbito federal, em seu art. 10, permite que as partes designem, por escrito, representantes para a causa, advogado ou não.

Inconformada com a redação de referido dispositivo legal, a OAB, por intermédio de seu Conselho Federal, ajuizou a ADIn 3.168 perante o STF, no ano de 2004, a qual, julgada no mérito, reconheceu a constitucionalidade do aludido dispositivo legal, excetuadas as ações de índole criminal. Assim, em matéria de "juizados especiais cíveis" no âmbito federal, a representação das partes por advogado é desnecessária em 1º grau de jurisdição (até o limite máximo de 60 salários mínimos), sendo, porém, necessária em grau recursal. Já nos feitos criminais que tramitam perante os juizados especiais federais, a representação judicial das partes por advogado é indispensável (tal foi a conclusão do STF ao julgar a ADIn em questão).

Em suma, para uma rápida compreensão do leitor:

a) nos **juizados especiais cíveis** (JEC), no **âmbito estadual**, nas causas de até vinte salários mínimos, nos termos do art. 9º da Lei 9.099/1995, não é necessária a assistência de advogado às partes. Contudo, em segunda instância (turmas recursais), exige-se a assistência das partes por advogado;

b) nos **juizados especiais cíveis no âmbito federal** (Lei 10.259/2001), cujo valor máximo de alçada é de sessenta salários mínimos, não se faz necessária a presença de advogado. Porém, tal como ocorre no âmbito estadual, em segunda instância, independentemente do valor da causa, as partes devem ser representadas por advogado;

c) nos **juizados especiais criminais**, o STF, no julgamento da precitada **ADIn 3.168** (Min. Rel. Joaquim Barbosa), entendeu que a presença do advogado é obrigatória, visto que a defesa técnica é imprescindível em matéria criminal.

2.3.1.2. Impetração de *habeas corpus*

O art. 5º, LXVIII, CF, dispõe: "conceder-se-á "habeas corpus" sempre que alguém sofrer ou se achar ameaçado de sofrer violência ou coação em sua liberdade de locomoção, por ilegalidade ou abuso de poder".

Como é sabido, o *habeas corpus* é um dos principais instrumentos (e remédio constitucional!) de proteção à liberdade de locomoção. Por essa razão, o próprio EAOAB, em seu art. 1º, § 1º, afastou a necessidade de interveniência do advogado para seu manejo, podendo, pois, qualquer pessoa impetrá-lo em seu próprio favor ou em favor de terceiro que se achar com sua liberdade de locomoção efetivamente restringida ou ameaçada de sê-lo.

Destaca-se que a impetração de *habeas corpus* poderá ser diretamente realizada perante *qualquer instância ou tribunal*, inclusive perante as instâncias extraordinárias (STJ e STF), visto que referido remédio constitucional não pode ter seu alcance restringido em razão da exigência de representação processual por advogado.

Atenção

Não pode o leitor confundir a desnecessidade de advogado para impetrar *habeas corpus* com outras ações de índole constitucional, tais como o mandado de segurança, a ação popular, o mandado de injunção e o *habeas data*, nas quais a capacidade postulatória (leia-se: a obrigatoriedade de representação das partes por advogado) se faz necessária!

2.3.1.3. Postulação perante a Justiça do Trabalho

Dispõe o art. 791 da CLT que "os empregados e empregadores poderão reclamar pessoalmente perante a Justiça do Trabalho e acompanhar as suas reclamações até o final".

Pela redação dada ao referido dispositivo legal, tanto reclamante quanto reclamado podem deduzir suas pretensões em juízo independentemente de advogado, já que poderão fazê-lo "pessoalmente". Aqui, estamos diante do denominado *jus postulandi*, ou seja, direito de postular.

Não se trata de instituto privativo da Justiça do Trabalho. Basta relembrar que nos juizados especiais admite-se a postulação direta das partes (autor ou réu) nas hipóteses já anteriormente destacadas (item 2.3.1.1. *supra*), bem como no caso de impetração de *habeas corpus*.

Atenção

Assim, podemos afirmar que, em regra, a atuação do advogado é prescindível (leia-se: dispensável) na Justiça do Trabalho. Contudo, algumas ressalvas devem ser feitas, decorrentes, sobretudo, da Súmula 425 do TST: "O *jus postulandi* das partes, estabelecido no art. 791 da CLT, limita-se às Varas do Trabalho e aos Tribunais Regionais do Trabalho, não alcançando a ação rescisória, a ação cautelar, o mandado de segurança e os recursos de competência do Tribunal Superior do Trabalho".

Já se assentou de há muito na jurisprudência do TST que o referido art. 791 da CLT tem aplicabilidade para a *instância ordinária*, assim consideradas as Varas do Trabalho (1ª instância) e os Tribunais Regionais do Trabalho (2ª instância), sendo necessária a postulação por intermédio de advogado na *instância extraordinária*, ou seja, o Tribunal Superior do Trabalho, bem como em determinadas ações (mandados de segurança, ação rescisória e ação cautelar).

Em resumo, na Justiça do Trabalho, em razão do *jus postulandi*, não se exige a capacidade postulatória às partes (representação por meio de advogado). No entanto, consoante entendimento cristalizado na já citada Súmula 425 do TST, a postulação direta pelas partes limita-se às Varas do Trabalho e aos Tribunais Regionais do Trabalho (leia-se: *instâncias ordinárias*), não alcançando a ação rescisória, a ação cautelar, o mandado de segurança e os recursos de competência do Tribunal Superior do Trabalho (*instância extraordinária*).

2.3.1.4. Postulação perante a Justiça de Paz

A Justiça de Paz não integra a função jurisdicional do Estado, tendo como incumbência principal, de acordo com o art. 98, II, CF, celebrar casamentos.

O STF, no julgamento da ADIn 1.127-8, excluiu do art. 1º, I, do EAOAB a postulação perante a Justiça de Paz; vale dizer, não é necessário que os pleitos deduzidos a um juiz de paz o sejam por intermédio de advogado.

2.3.1.5. Propositura de ação de alimentos

Nos termos do art. 2º da Lei 5.478/1968 (Lei de Alimentos), o credor, *pessoalmente* ou por intermédio de advogado, dirigir-se-á ao juiz competente, qualificando-se, e exporá suas necessidades, provando apenas o parentesco ou a obrigação de alimentar do devedor, indicando seu nome e sobrenome, residência ou local de trabalho, profissão e naturalidade, quanto ganha aproximadamente ou os recursos de que dispõe.

Da redação do dispositivo legal referido, vê-se claramente que há a possibilidade de o credor de alimentos demandar pessoalmente contra o devedor, ou seja, sem a necessidade de representação por advogado.

2.3.1.6. Propositura de revisão criminal e medidas protetivas da Lei Maria da Penha

De acordo com a doutrina e a jurisprudência, admite-se o ajuizamento de revisão criminal, cuja natureza jurídica é de ação autônoma de impugnação, prevista nos arts. 621 e seguintes, CPP, independentemente de representação por advogado.

Trata-se de verdadeira "ação rescisória" de índole criminal, movida necessariamente após o trânsito em julgado de sentença penal condenatória, a fim de restabelecer o *status dignitatis* de réu indevidamente condenado. Dada a relevância do instrumento em comento, não se exige a capacidade postulatória como pressuposto processual subjetivo da parte autora.

Também não exige intermediação de advogado a postulação de medidas protetivas da Lei Maria da Penha (Lei 11.340/2006), que, em seu art. 19, autoriza a própria ofendida (mulher, vítima de violência doméstica) a requerer a concessão, pelo juiz, das medidas de urgência previstas nos arts. 22 e 23 de aludido diploma legal.

2.3.1.7. Atuação do advogado nas separações, divórcios, inventários, extinção de união estável e usucapião extrajudiciais

Questão interessante que se pode colocar é a da necessidade – ou não – de o advogado assistir os interessados em **inventários, separações, divórcios consensuais e extinção de união estável extrajudiciais**.

A resposta é positiva. Nos termos dos arts. 610, §2º e 733, § 2º, ambos do Novo CPC (correspondentes aos arts. 982, § 1º e 1124-A, § 2º, do CPC/1973), a escritura pública de inventários e partilhas consensuais, bem assim a de divórcio ou separação consensuais e a de extinção de união estável, dependerá, para sua lavratura, de as partes interessadas estarem assistidas por advogado ou defensor público.

Assim, em conclusão, referidas atividades – de assistência das partes interessadas nos inventários e partilhas, divórcios, separações e extinção de união estável consensuais extrajudiciais - são privativas de advocacia.

Também é atividade que pode ser considerada privativa de advocacia a apresentação de requerimento de usucapião extrajudicial, nos termos do novel art. 1.071 do Novo CPC, que acrescentou o art. 216-A à Lei de Registros Públicos (Lei 6.015/73).

2.3.2. Assessoria, Consultoria e Direção jurídicas

Trata-se da segunda atividade privativa de advocacia, definida no art. 1º, II, EAOAB e reforçada pelo art. 7º do Regulamento Geral.

O novel Estatuto veio regular formalmente essas situações em que o profissional presta seus serviços num tipo de atividade que se poderia aqui chamar de advocacia preventiva (RAMOS, 2009).

Assim, objetivando prevenir futuros litígios, não é raro que advogados sejam procurados para que elaborem pareceres ou esclareçam, em consultas marcadas em seus escritórios de trabalho, questões jurídicas que lhes sejam postas.

Também se insere no espectro das atividades privativas de advocacia a direção jurídica, por advogados, de órgãos públicos ou mesmo empresas privadas, que por vezes dispõem de departamento jurídico com corpo de advogados e estagiários.

Portanto, o bacharel em direito, sem a devida inscrição nos quadros da OAB como advogado, não pode prestar sozinho qualquer tipo de atividade privativa de advocacia, sob pena de responder disciplinarmente e até criminalmente por *exercício ilegal da profissão* (art. 47 da Lei das Contravenções Penais – Decreto-Lei 3.688/1941).

2.3.3. Vistos em atos e contratos constitutivos de pessoas jurídicas

Finalmente, quanto à última atividade privativa de advocacia, chamamos a atenção para o fato de que os atos e contratos constitutivos de pessoas jurídicas (contratos sociais, estatutos etc.) somente serão admitidos a registro, sob pena de nulidade, se visados (leia-se: assinados) por advogados.

Assim, compete ao advogado analisar o preenchimento das exigências legais dos atos constitutivos de pessoas jurídicas, sem o que, repita-se, não poderão ser levados a registro perante os órgãos competentes (ex.: Cartórios de Registro Civil de Pessoas Jurídicas; Junta Comercial etc.).

Impende ressaltar que o art. 2º, parágrafo único, do Regulamento Geral dispõe que estão impedidos de exercer a atividade em comento (qual seja, a de visar atos constitutivos de pessoas jurídicas) os advogados que prestem serviços a órgãos ou entidades da Administração Pública direta ou indireta, da unidade federativa a que se vincule a Junta Comercial, ou a quaisquer repartições administrativas competentes para o mencionado registro.

Podemos, portanto afirmar que, em regra, os atos e contratos constitutivos de pessoas jurídicas exigem a participação do advogado, que deverá visá-los (leia-se: assiná-los), anuindo com seus conteúdos. Porém, a única exceção encontrava-se disciplinada na Lei 9.841/1999, que, revogada pela Lei Complementar 123/2006 (Estatuto Nacional da Microempresa e Empresa de Pequeno Porte), passou a prever que, em se tratando de *microempresas e empresas de pequeno porte*, ficará dispensada a obrigatoriedade de os atos constitutivos serem visados por advogados.

2.3.4. Resumo das atividades privativas de advocacia

Em resumo, as *atividades privativas de advocacia*, destacando-se as exceções, são:

I – Postulação perante os órgãos do Poder Judiciário, ressalvados:

a) impetração de *habeas corpus* (qualquer instância ou tribunal);

b) ações perante os juizados especiais cíveis, nas causas de até vinte salários mínimos, em 1ª instância, no âmbito estadual, ou, no caso dos juizados especiais cíveis no âmbito federal, até sessenta salários mínimos;

c) formulação de pedidos perante a Justiça de Paz;

d) ações perante a Justiça do Trabalho (apenas nas instâncias ordinárias – Varas do Trabalho e TRTs, exigindo-se o advogado nos recursos de competência do TST e em determinadas ações - mandados de segurança, ações cautelares e ações rescisórias);

e) propositura de ação de alimentos;

f) propositura de revisão criminal e pedido de medidas protetivas de urgência (Lei Maria da Penha);

II – Assessoria, consultoria e direção jurídicas (empresas públicas, paraestatais ou privadas);

III – Visar atos constitutivos de pessoas jurídicas, exceto:

a) microempresas;

b) empresas de pequeno porte.

IV – Acompanhamento de inventários, separações, divórcios, extinção de união estável e usucapião extrajudiciais.

2.4. Advocacia vinculada a outras atividades

De acordo com o art. 1º, § 3º, do EAOAB, é terminantemente proibida a divulgação da advocacia vinculada a quaisquer outras atividades (ex.: contabilidade, imobiliárias, assessoria de imprensa etc.), ainda que sem fins lucrativos.

Tal vedação objetiva, em última análise, garantir o sigilo profissional, a inocorrência de captação de clientela e, também, impedir que a profissão possa ser de alguma forma vulgarizada (RAMOS, 2009).

Prova disso é que o CED, em seus arts. 39 a 47, estabelece os princípios e regras norteadoras da publicidade na advocacia, reforçando-se a previsão estatutária no sentido de que é vedada a sua divulgação em conjunto com outras atividades (art. 40, IV).

2.5. A inviolabilidade do advogado

Como dissemos anteriormente, o exercício da atividade de advocacia, embora não configure função similar à de um funcionário público, é inegável função social, caracterizadora de um *múnus público*.

Por esse motivo, o advogado, no exercício da profissão, é inviolável por seus atos e manifestações, no exercício da profissão. Possui, pois, imunidade penal no tocante aos crimes de injúria, difamação e desacato (por força da ADIn 1.127-8, ajuizada perante o STF, foi desconsiderada essa última infração penal, ou seja, o advogado responde por desacato, ainda que o pratique no exercício da função).

Veremos melhor a questão da inviolabilidade material (ou penal) do advogado no item atinente aos direitos e prerrogativas.

2.6. Da Advocacia pública

Nos termos do art. 3º, § 1º, do EAOAB, exercem a atividade de advocacia, sujeitando-se ao regime desta lei, além do regime próprio a que se subordinem, os integrantes da Advocacia-Geral da União, da Procuradoria da Fazenda Nacional, da Defensoria Pública e das Procuradorias e Consultorias Jurídicas dos Estados, do DF, dos Municípios e das respectivas entidades de administração indireta e fundacional.

Ainda, os arts. 9º e 10, ambos do Regulamento Geral, igualmente tratam da denominada "advocacia pública", reforçando quem são considerados os seus integrantes, bem assim a submissão de todos eles não apenas ao regime jurídico próprio de suas carreiras, instaurado pelas respectivas leis orgânicas, mas também ao regime ético instaurado pelo Estatuto da OAB, Código de Ética, Regulamento Geral e Provimentos editados pelos órgãos da OAB.

De acordo com o Provimento 114/2006, do Conselho Federal da OAB, a advocacia pública é exercida por advogado inscrito na OAB, que ocupe cargo ou emprego público ou de direção de órgão jurídico público, em atividade de representação judicial, de consultoria ou de orientação judicial e defesa dos necessitados.

Conforme o art. 2º do provimento em questão, exercem atividades de advocacia pública, sujeitos ao presente provimento e ao regime legal a que estejam submetidos:

I – os membros da Advocacia-Geral da União, da Procuradoria-Geral da Fazenda Nacional, da Procuradoria-Geral Federal, da Consultoria-Geral da União e da Procuradoria-Geral do Banco Central do Brasil;

II – os membros das Defensorias Públicas da União, dos Estados e do Distrito Federal;

III – os membros das Procuradorias e Consultorias Jurídicas dos Estados, do Distrito Federal e dos Municípios, e das respectivas entidades autárquicas e;

IV – os membros das Procuradorias e Consultorias Jurídicas junto aos órgãos legislativos federais, estaduais;

V – aqueles que sejam estáveis em cargo de advogado, por força do art. 19 do ADCT.

Ainda, de acordo com o art. 3º do mesmo ato normativo, o advogado público deve ter inscrição principal perante o Conselho Seccional da OAB em cujo território tenha lotação (ex.: se "A" é Procurador do Estado de São Paulo, deve ter inscrição principal junto à OAB/SP).

Destaque-se, por oportuno, que a aprovação em concurso público de provas e de provas e títulos para cargo de advogado público não elimina a necessidade de aprovação em exame de ordem para inscrição em Conselho Seccional da OAB onde tenha domicílio ou deva ser lotado. Nota-se inexistir qualquer "protecionismo" ao advogado público. Tanto é verdade que, na maior parte dos concursos para provimento de cargos das carreiras integrantes da advocacia pública, é requisito para a posse ser inscrito na OAB.

Importante ressaltar, contudo, que, nos termos do Provimento 167/2015, do Conselho Federal da OAB, que alterou o Provimento 144/2011[3], dando nova redação ao art. 6º, § 2º, deste último, assinalou-se que ficam dispensados do Exame de Ordem os advogados públicos aprovados em concurso público de provas e títulos realizado com a efetiva participação da OAB, e que estejam há mais de 05 (cinco) anos no exercício da profissão. Porém, referidos advogados terão o prazo de 06 (seis) meses, contados a partir da data da publicação do Provimento n. 167/2015-CFOAB, para regularização de suas inscrições perante a Ordem dos Advogados do Brasil, sob pena de decadência do direito.

É dever do advogado público a independência técnica, exercendo suas atividades de acordo com suas convicções profissionais e em estrita observância aos princípios constitucionais da administração pública.

Importante anotar que no Novo Código de Ética, o Conselho Federal da OAB cuidou de prever um capítulo próprio sobre a Advocacia Pública, traçando relevantes regras em seu art. 8º. Confira-se:

As disposições deste Código obrigam igualmente os órgãos de advocacia pública, e advogados públicos, incluindo aqueles que ocupem posição de chefia e direção jurídica.

§ 1º O advogado público exercerá suas funções com independência técnica, contribuindo para a solução ou redução de litigiosidade, sempre que possível.

§ 2º O advogado público, inclusive o que exerce cargo de chefia ou direção jurídica, observará nas relações com os colegas, autoridades, servidores e o público em geral, o dever de urbanidade, tratando a todos com respeito e consideração, ao mesmo tempo em que preservará suas prerrogativas e o direito de receber igual tratamento das pessoas com as quais se relacione

Por fim, mister ressaltar que o advogado público, por força do art. 30, I, do EAOAB, que será melhor explicado posteriormente, enquanto estiver em atividade, não poderá jamais exercer a advocacia contra a Administração Pública que o remunere ou a que esteja vinculada sua entidade empregadora. Trata-se de impedimento, gerador de uma proibição parcial para o desempenho da advocacia.

2.7. Do advogado estrangeiro

O Provimento 91/2000, editado pelo Conselho Federal da OAB, regulamenta o exercício da advocacia no Brasil por estrangeiros.

O estrangeiro profissional em direito, regularmente admitido em seu país a exercer a advocacia, somente poderá prestar tais serviços no Brasil após autorizado pela Ordem dos Advogados do Brasil, tratando-se, é bom que se diga, de *autorização precária* (vale dizer, não traduz um direito subjetivo de poder sempre exercer a advocacia em território nacional). Frise-se que referida autorização terá validade de 3 (três) anos, admitindo-se sua renovação.

Atenção

A única atividade que poderá ser desenvolvida pelo advogado estrangeiro é a prática de consultoria no direito estrangeiro correspondente ao país ou estado de origem do profissional interessado, *vedados expressamente*, mesmo com o concurso de advogados ou sociedades de advogados nacionais, regularmente inscritos ou registrados na OAB:

I – o exercício do procuratório judicial;

II – a consultoria ou assessoria em direito brasileiro.

As sociedades de consultores e os consultores em direito estrangeiro não poderão aceitar procuração, ainda quando restrita ao poder de substabelecer a outro advogado.

A autorização para o desempenho da atividade de consultor em direito estrangeiro será requerida ao Conselho Seccional da OAB do local onde for exercer sua atividade profissional, observado no que couber o disposto nos arts. 8º, incisos I, V, VI e VII, e 10 da Lei 8.906/1994 (EAOAB), exigindo-se ainda do requerente:

I – prova de ser portador de visto de residência no Brasil;

II – prova de estar habilitado a exercer a advocacia e/ou de estar inscrito nos quadros da Ordem dos Advogados ou Órgão equivalente do país ou estado de origem; a perda, a qualquer tempo, desses requisitos importará na cassação da autorização de que cuida este artigo;

III – prova de boas conduta e reputação, atestadas em documento firmado pela instituição de origem e por 3 (três) advogados brasileiros regularmente inscritos nos quadros do Conselho Seccional da OAB em que pretender atuar;

IV – prova de não ter sofrido punição disciplinar, mediante certidão negativa de infrações disciplinares emitida pela Ordem dos Advogados ou Órgão equivalente do país ou estado em que estiver admitido a exercer a advocacia ou, na sua falta, mediante declaração de que jamais foi punido por infração disciplinar; a superveniência comprovada de punição disciplinar, no país ou estado de origem, em qualquer outro país, ou no Brasil, importará na cassação da autorização;

V – prova de que não foi condenado por sentença transitada em julgado em processo criminal, no local de origem do exterior e na cidade onde pretende prestar consultoria em direito estrangeiro no Brasil; a superveniência comprovada de condenação criminal, transitada em julgado, no país ou estado de origem, em qualquer outro país, ou no Brasil, importará na cassação da autorização;

VI – prova de reciprocidade no tratamento dos advogados brasileiros no país ou estado de origem do candidato.

Poderá a Ordem dos Advogados do Brasil, ainda, solicitar outros documentos que entender necessários, devendo os documentos em língua estrangeira ser traduzidos para o vernáculo por tradutor público juramentado.

Os consultores em direito estrangeiro, regularmente autorizados, poderão reunir-se em sociedade de trabalho, com o fim único e exclusivo de prestar consultoria em direito estrangeiro, observando-se para tanto o seguinte:

I – a sociedade deverá ser constituída e organizada de acordo com as leis brasileiras, com sede no Brasil e objeto social exclusivo de prestação de serviços de consultoria em direito estrangeiro;

II – os seus atos constitutivos e alterações posteriores serão aprovados e arquivados, sempre a título precário, na Seccional da OAB de sua sede social e, se for o caso, na de suas filiais, não

3. Dispõe sobre o Exame de Ordem.

tendo eficácia qualquer outro registro eventualmente obtido pela interessada;

III – a sociedade deverá ser integrada exclusivamente por consultores em direito estrangeiro, que deverão estar devidamente autorizados pela Seccional da OAB competente, na forma do Provimento em comento.

A sociedade poderá usar o nome que internacionalmente adote, desde que comprovadamente autorizada pela sociedade do país ou estado de origem. Ressalte-se ainda que ao nome da sociedade se acrescentará obrigatoriamente a expressão "Consultores em Direito Estrangeiro".

2.8. Da advocacia *pro bono*

O art. 30 do Novo Código de Ética, bem como o Provimento 166/2015 do Conselho Federal da OAB, estabeleceram a chamada advocacia *pro bono,* assim considerada a prestação gratuita, eventual e voluntária de serviços jurídicos em favor de instituições sociais sem fins econômicos e aos seus assistidos, sempre que os beneficiários não dispuserem de recursos para a contratação de profissional, bem como em favor de pessoas naturais que, igualmente, não dispuserem de recursos para, sem prejuízo do próprio sustento, contratador advogado (art. 30, §§1º e 2º do Novo CED e art. 1º do Provimento).

Assim, serão destinatários da advocacia *pro bono* tanto pessoas naturais, quanto jurídicas (instituições sociais sem fins econômicos, como, por exemplo ONG´s e OSCIPs), mas desde que desprovidas de recursos financeiros para o custeio de um advogado particular.

Não poderá a advocacia *pro bono* ser utilizada para fins político-partidários ou eleitorais, nem beneficiar instituições que visem a tais objetivos, ou como instrumento de publicidade para captação de clientela (art. 30, §3º).

Ao advogado que quiser exercer a advocacia *pro bono,* serão aplicáveis todos os dispositivos do EAOAB, Regulamento Geral, CED e Provimentos do Conselho Federal (art. 2º do Provimento 166/2015 do CFOAB).

Importante anotar que o Provimento referido é inaplicável à assistência jurídica pública, cometida à Defensoria Pública (arts. 134 e 135 da CF/1988), bem como à assistência judiciária decorrente de convênios celebrados pela Ordem dos Advogados do Brasil (art. 3º do Provimento 166/2015).

Os advogados e os integrantes das sociedades de advogados e dos departamentos jurídicos de empresas que desempenharem a advocacia *pro bono* definida no art. 1º do Provimento 166/2015 estão impedidos de exercer a advocacia remunerada, em qualquer esfera, para a pessoa natural ou jurídica que se utilize de seus serviços *pro bono*. Porém, o impedimento em questão cessará uma vez decorridos 03 (três) anos do encerramento da prestação do serviço *pro bono*. Em qualquer circunstância, é vedado vincular ou condicionar a prestação de serviços *pro bono* à contratação de serviços remunerados (art. 4º, *caput* e §§ 1º e 2º, do Provimento 166/2015).

Finalmente, nos termos do art. 6º do Provimento sob enfoque, *No exercício da advocacia pro bono,* o advogado empregará o zelo e a dedicação habituais, de forma que a parte por ele assistida se sinta amparada e confie no seu patrocínio.

3. DA INSCRIÇÃO NA OAB

3.1. Da inscrição na OAB (art. 8º, EAOAB; arts. 20 a 26, Regulamento Geral)

3.1.1. Dos requisitos necessários à inscrição como advogado

Para ser admitido como advogado junto à OAB fazem-se necessários, consoante dispõe o art. 8º do EAOAB:

I – capacidade civil;

II – diploma ou certidão de graduação em direito, obtido em instituição de ensino oficialmente autorizada e credenciada;

III – título de eleitor e quitação do serviço militar, se brasileiro;

IV – aprovação em Exame de Ordem;

V – não exercer atividade incompatível com a advocacia;

VI – idoneidade moral;

VII – prestar compromisso perante o conselho.

3.1.1.1. Capacidade civil (art. 8º, I, EAOAB)

A capacidade civil, como se sabe, é atingida aos 18 (dezoito) anos de idade, salvo se a pessoa for acometida de algumas das incapacidades previstas na legislação civil.

A demonstração do requisito em comento far-se-á por prova documental (certidão de nascimento ou casamento, por exemplo).

3.1.1.2. Diploma ou certidão de graduação em direito, obtido em instituição de ensino oficialmente autorizada e credenciada (art. 8º, II, EAOAB)

Por óbvio, para obter a inscrição como advogado, será indispensável a demonstração de ter havido a conclusão do curso de ciências jurídicas, o que se comprova mediante a exibição da certidão de colação de grau ou diploma devidamente aprovado pelo Ministério da Educação e Cultura (MEC). Não estamos, aqui, tratando da inscrição para o Exame de Ordem regrada por Provimento do Conselho Federal da OAB, mas sim da inscrição do bacharel em direito, já aprovado em Exame de Ordem, como advogado.

Nos termos do art. 23 do Regulamento Geral, caso o requerente à inscrição no quadro de advogados não tenha em seu poder o diploma regularmente registrado, cuja emissão pela instituição de ensino por vezes é demorada, bastará que exiba uma certidão de graduação em direito, acompanhada de cópia autenticada do respectivo histórico escolar.

Caso o bacharelado tenha ocorrido em instituição estrangeira de ensino por um brasileiro ou estrangeiro, somente o diploma terá validade no Brasil se revalidado pelo MEC, sem prejuízo do preenchimento dos demais requisitos previstos no art. 8º do EAOAB.

3.1.1.3. Título de eleitor e quitação do serviço militar, se brasileiro (art. 8º, III, EAOAB)

Exige-se também, para fins de inscrição como advogado na OAB, que o requerente demonstre sua **quitação eleitoral e militar** (neste último caso, por evidente, apenas para os homens, visto que não há serviço militar obrigatório para as mulheres).

Parcela da doutrina entende que a demonstração da quitação militar é desnecessária, visto não caber à OAB exercer função fiscalizatória que não lhe compete (RAMOS, 2009; LÔBO, 2007).

Porém, no que diz respeito à regularidade eleitoral, parece-nos adequada a exigência, visto que um advogado deve, de fato, poder participar da vida política e social do país, especialmente no que diz respeito à sua cidadania ativa (capacidade de votar).

Perceba o leitor que o requisito em comento somente será exigido do brasileiro. Em se tratando de estrangeiro, as provas da regularidade eleitoral e quitação militar não serão exigidas.

3.1.1.4. Aprovação em Exame de Ordem (art. 8º, IV, EAOAB)

À evidência, também é requisito para inscrição na OAB ter o candidato sido aprovado no Exame de Ordem, atualmente regulamentado pelo Provimento 144/2011, editado pelo Conselho Federal da OAB.

Importante registrar que são dispensados do requisito em análise, nos termos do art. 6º, § 1º, do Provimento 144/2011, os postulantes oriundos da Magistratura e do Ministério Público e os bacharéis alcançados pelo art. 7º da Resolução 02/1994, da Diretoria do CFOAB.

Também são dispensados do Exame de Ordem, nos termos do art. 6º, §2º, do referido Provimento, alterado pelo Provimento 167/2015 do Conselho Federal da OAB, os advogados públicos aprovados em concurso público de provas e títulos realizado com a efetiva participação da OAB, e que estejam há mais de 05 (cinco) anos no exercício da profissão. Porém, referidos advogados terão o prazo de 06 (seis) meses, contados a partir da data da publicação do aludido Provimento 167/2015-CFOAB, para regularização de suas inscrições perante a Ordem dos Advogados do Brasil, sob pena de decadência do direito.

3.1.1.5. Não exercer atividade incompatível com a advocacia (art. 8º, V, EAOAB)

Para que o requerente possa postular sua inscrição para integrar os quadros de advogados, será primordial que não exerça *atividade incompatível com a advocacia*, o que é regulamentado pelo art. 28 do EAOAB, matéria que será vista mais adiante.

Assim, se de antemão um bacharel exercer atividade incompatível com a advocacia, tal fato impedirá sua inscrição, conforme dispõe o art. 20, § 2º, do Regulamento Geral.

Note-se, porém, que o bacharel em direito, ainda que exerça atividade incompatível, poderá prestar o Exame de Ordem. Contudo, se aprovado, somente poderá inscrever-se como advogado se "abandonar" a função que o torne incompatível. Caso contrário, poderá requerer junto à OAB uma certidão de aprovação no exame, com tempo de validade indeterminado. Após "desincompatibilizar-se", poderá, aí sim, requerer sua inscrição.

3.1.1.6. Idoneidade moral (art. 8º, VI, EAOAB)

Ter *idoneidade moral* é outro requisito indispensável à obtenção de inscrição na OAB.

Na docência de RAFAEL BIELSA, a advocacia é um sacerdócio, sendo certo que a reputação do advogado se mede por seu talento e por sua moral (RAMOS, 2009).

Questão que se coloca é: como comprovar a idoneidade moral? Parece-nos evidente que a idoneidade de uma pessoa, tal qual a boa-fé no Direito Civil, se presume, não havendo como exigir do postulante ao quadro de advogados que comprove tal requisito. Mas, em havendo registro de algum fato que coloque em dúvida essa situação, a exemplo de uma sentença judicial condenatória ainda não transitada em julgado, ou uma demissão a bem do serviço público, apenas para citar dois exemplos, tal presunção é automaticamente derrogada, passando o Interessado a arcar com o ônus da demonstração de que tal fato não seria óbice à sua pretensão (RAMOS, 2009).

Porém, qualquer pessoa poderá suscitar a declaração de inidoneidade moral do postulante ao ingresso nos quadros de advogados, o que gerará a instauração de procedimento disciplinar, sustando o pedido de inscrição até solução definitiva pela OAB.

Frise-se que a declaração de inidoneidade moral exige quórum de pelo menos 2/3 dos membros do Conselho competente (art. 8º, § 3º, EAOAB).

Nos termos do art. 8º, § 4º, do EAOAB, "não atende ao requisito de idoneidade moral aquele que tiver sido condenado por crime infamante, salvo reabilitação judicial".

3.1.1.7. Prestar compromisso perante o Conselho (art. 8º, VII, EAOAB)

Finalmente, o último requisito necessário à obtenção de inscrição do requerente aos quadros de advogados é o de prestar compromisso perante o Conselho competente.

Nos termos do art. 20 do Regulamento Geral, o compromisso será prestado da seguinte forma: "Prometo exercer a advocacia com dignidade e independência, observar a ética, os deveres e prerrogativas profissionais e defender a Constituição, a ordem jurídica do Estado Democrático, os direitos humanos, a justiça social, a boa aplicação das leis, a rápida administração da justiça e o aperfeiçoamento da cultura e das instituições jurídicas".

Trata-se de verdadeiro juramento, considerado indelegável, por sua natureza solene e personalíssima, razão pela qual o requerente não poderá outorgar, por exemplo, procuração a terceiro para que preste, em seu nome, o compromisso perante o Conselho Seccional competente.

3.1.1.8. Inclusão do nome social na identidade profissional do advogado

A Resolução 5/2016, editada pelo Conselho Federal da OAB, publicada em Diário Oficial da União de 5 de julho de 2016, promoveu relevantes alterações no Regulamento Geral (RGOAB), dentre as quais a possibilidade de advogados transexuais ou travestis incluírem o nome social na identidade profissional. Confira-se o quanto dispõe o art. 33, parágrafo único, do precitado RGOAB: "O nome social é a designação pela qual a pessoa travesti ou transexual se identifica e é socialmente reconhecida e será inserido na identificação do advogado mediante requerimento".

Assim, em materialização à dignidade da pessoa humana e à isonomia, a OAB passou a permitir que nos documentos de identificação dos advogados, bem como nas razões sociais das sociedades de advogados, constem não necessariamente o nome de registro do advogado, mas, também, para os transexuais e travestis, a opção pelo seu nome social.

3.1.2. Inscrição principal do advogado (art. 10, caput, do EAOAB)

Caberá ao advogado, uma vez satisfeitos os requisitos exigidos pelo art. 8º do EAOAB, requerer sua inscrição perante a OAB.

Considerando a existência de 27 (vinte e sete) Conselhos Seccionais no Brasil (1 em cada Estado-membro e 1 no Distrito Federal), pergunta-se: em qual Conselho Seccional o advogado terá inscrição principal?

A resposta vem dada pelo art. 10, *caput*, do EAOAB, que prescreve que a inscrição principal do advogado deve ser feita no Conselho Seccional em cujo território pretende estabelecer seu *domicílio profissional*, que não se confunde e não precisa coincidir com o Estado em que concluiu o curso jurídico, ou onde prestou o Exame de Ordem.

Assim, se um advogado "A", graduado em Direito no estado do Rio de Janeiro, estabelecer como sua "sede" de atividades o estado de São Paulo, irá requerer sua inscrição principal no Conselho Seccional de São Paulo, a quem caberá proceder a fiscalização das atividades do profissional, bem assim cobrar a anuidade (contribuição obrigatória), manter os assentamentos (leia-se: prontuário) do advogado etc.

Caso um advogado realize suas atividades em diversos estados-membros, havendo dúvida sobre qual deles é seu domicílio profissional, prevalecerá o domicílio da pessoa física (art. 10, § 1º, EAOAB).

Por fim, importa registrar que a inscrição principal habilita o advogado a realizar atividades privativas de advocacia no respectivo estado-membro, de forma ilimitada, e, também, o exercício da advocacia nos demais estados-membros e Distrito Federal, porém, de forma condicionada, tal como será visto no item a seguir.

3.1.3. *Inscrição suplementar (art. 10, § 2º, EAOAB)*

Como já visto no item anterior, a inscrição principal proporcionará ao advogado que exerça suas atividades de forma "livre" no respectivo território do Conselho Seccional em que mantiver seu domicílio profissional. Ainda, poderá advogar nos demais estados sem inscrever-se no Conselho Seccional respectivo, mas de forma "limitada".

De acordo com o art. 10, § 2º, EAOAB, além da principal, o advogado deve promover a inscrição suplementar nos Conselhos Seccionais em cujos territórios passar a exercer *habitualmente* a profissão. Destarte, o "fato gerador" da necessidade de inscrição suplementar é a *habitualidade*.

Entende-se por advocacia habitual, nos termos do precitado dispositivo legal, a *intervenção judicial que exceder de cinco causas por ano*.

Deve-se entender por *causa* o *processo judicial* efetivamente ajuizado, em que haja a participação do advogado (LÔBO, 2007), excetuada a denominada advocacia preventiva (assessoria e consultoria jurídica).

Também não se entendem no sentido de causa os recursos decorrentes e processados em tribunais localizados fora do território da sede principal (LÔBO, 2007).

Uma vez deferida a inscrição suplementar, poderá o advogado, naquele determinado estado, exercer a advocacia de forma plena, sem mais ter de atentar ao número legal (leia-se: cinco causas por ano).

Registre-se que cabe ao advogado comunicar à OAB o exercício da profissão, fora do Conselho Seccional em que mantém inscrição principal, em número excedente às cinco causas anuais, conforme determina o art. 26 do Regulamento Geral. Caso não o faça, incorrerá em infração ética, por descumprir as prescrições estatutárias, bem como em exercício ilegal da profissão.

Vejamos um exemplo: "A" tem inscrição principal em SP (OAB/SP), o que o habilitará a exercer a advocacia sem restrições em qualquer município paulista. Porém, em MG, "A" ajuíza 10 mandados de segurança no ano de 2016 e, em SC, outros 5, também em 2016. Portanto, "A" deverá providenciar inscrição suplementar apenas perante a OAB/MG, visto que, naquela unidade federada, acompanha mais de cinco causas (no caso, dez) no mesmo ano. Já em SC, como são apenas 5 causas, ainda está dentro do limite permitido. No entanto, caso, no mesmo ano, ajuíze mais uma medida judicial, deverá requerer sua inscrição suplementar, sob pena de responder por exercício ilegal da profissão, sem prejuízo da infração ético-disciplinar a que estará sujeito.

Paralelamente à habitualidade, que é requisito (e fato gerador) para a promoção de inscrição suplementar, outra hipótese em que o advogado deverá solicitá-la verificar-se-á quando da constituição de filial de sociedade de advogados, nos termos do art. 15, § 5º, do EAOAB, o que será melhor explorado em capítulo próprio.

3.1.4. *Mudança no domicílio profissional (art. 10, § 3º, do EAOAB)*

O advogado que quiser alterar seu domicílio profissional, mudando-o para outra unidade federativa (estado ou DF), deverá requerer a transferência de sua inscrição principal para o Conselho Seccional correspondente.

Com a efetiva mudança de domicílio profissional, o advogado passará a ter apenas uma inscrição principal, mas agora em outro Conselho Seccional.

Observe o seguinte exemplo: "A", advogado, com domicílio profissional em município carioca (RJ), decide estabelecer novo domicílio profissional em município baiano (BA). Assim, deverá solicitar a transferência de sua inscrição principal do RJ para a BA, cabendo-lhe o dever de informar à OAB tal mudança, sob pena de responder disciplinarmente por sua omissão.

3.1.5. *Cancelamento da inscrição do advogado (art. 11 do EAOAB)*

O cancelamento da inscrição é o ato pelo qual se desfaz, se anula ou se torna ineficaz a inscrição anteriormente concedida (RAMOS, 2009). Pode-se dizer, também, que se trata de ato desconstitutivo, que afeta definitivamente a existência da inscrição (LÔBO, 2007).

De acordo com o art. 11 do EAOAB, cancela-se a inscrição do profissional que:

a) assim o requerer;
b) sofrer penalidade de exclusão;
c) falecer;
d) passar a exercer, *em caráter definitivo*, atividade incompatível com a advocacia;
e) perder qualquer dos requisitos necessários para a inscrição.

Passemos à análise de cada uma das hipóteses de cancelamento!

3.1.5.1. *Requerimento (art. 11, I, EAOAB)*

Terá sua inscrição cancelada o advogado que requerer tal providência perante o Conselho Seccional competente. Significa dizer que é direito do advogado solicitar o cancelamento de sua inscrição, independentemente de apresentar qualquer motivo para tanto. Pode-se dizer que se trata de um ato de vontade própria, que, como visto, independe de qualquer justificação, não admitindo indeferimento (RAMOS, 2009).

Diz-se que se trata de ato personalíssimo, não podendo ser realizado por procurador (LÔBO, 2007), muito embora, é bom que se diga, inexista vedação legal para que o pedido de cancelamento, mediante requerimento, seja feito por intermédio de procurador legalmente habilitado (RAMOS, 2009).

Finalmente, uma vez deferido o pedido de cancelamento, não será admitido o arrependimento, ou seja, caso o (ex-) advogado queira retornar à advocacia, deverá dar início a novo processo de inscrição, devendo ser satisfeitos os requisitos previstos no art. 8º, I, V, VI e VII, EAOAB (vide item 3.1.1. *supra*).

3.1.5.2. Penalidade de exclusão (art. 11, II, EAOAB)

Será igualmente cancelada a inscrição do advogado que, após regular processo disciplinar, for punido pelo órgão competente da OAB com a pena de exclusão (art. 38, EAOAB), cabível caso o infrator incorra em uma das hipóteses legais (art. 34, XXVI a XXVIII, EAOAB).

Frise-se que o cancelamento somente ocorrerá após o trânsito em julgado da decisão que haja imposto ao inscrito referida penalidade.

3.1.5.3. Falecimento (art. 11, III, EAOAB)

Trata-se de hipótese óbvia de cancelamento da inscrição do advogado. O fato jurídico "morte" irá acarretar, automaticamente, o cancelamento da inscrição, exigindo-se, para tanto, a indispensável demonstração de sua ocorrência, mediante exibição de certidão de óbito.

3.1.5.4. Exercício de atividade incompatível em caráter definitivo (art. 11, IV, EAOAB)

Cancelar-se-á a inscrição do advogado que passar a exercer atividade incompatível com a advocacia em caráter definitivo. Embora a matéria seja tema de discussão pormenorizada em capítulo próprio, importa registrar que o EAOAB, em seu art. 28, enumera de forma taxativa as hipóteses caracterizadoras de incompatibilidade, sendo certo que nem todas têm caráter definitivo (ou seja, algumas são marcadas pela transitoriedade ou temporalidade).

Frise-se, por oportuno, que se a atividade incompatível for anterior ao pedido de inscrição no quadro de advogados, sequer a inscrição será deferida, consoante dispõe o art. 8º, V, EAOAB (é requisito para a inscrição como advogado não exercer atividade incompatível com a advocacia).

3.1.5.5. Perda de qualquer dos requisitos para a inscrição (art. 11, V, EAOAB)

Acarreta o cancelamento da inscrição o fato de o advogado perder qualquer dos requisitos legalmente exigidos para a inscrição, tais como a superveniente perda da capacidade civil, o cancelamento do diploma de graduação, o reconhecimento da inidoneidade moral ou a verificação da prática de conduta incompatível (LÔBO, 2007).

3.1.5.6. Suspensão, por três vezes, por inadimplência de contribuições obrigatórias distintas (art. 22, parágrafo único, Regulamento Geral)

Muito embora não esteja prevista no art. 11 do EAOAB, é certo que a suspensão de um advogado por três vezes, em razão de não haver efetuado o pagamento de anuidades distintas, acarretar-lhe-á o cancelamento de sua inscrição.

Tal situação vem, também, delineada no art. 38 do EAOAB, que prevê em seu inciso I a imposição da pena de exclusão em razão da tríplice suspensão, o que acarretará, como visto, o cancelamento da inscrição (art. 11, II, EAOAB).

3.1.5.7. Cancelamento da inscrição e novo pedido de inscrição

De acordo com o disposto no art. 11, § 2º, EAOAB, na hipótese de novo pedido de inscrição, que não restaura o número de inscrição anterior, deve o interessado fazer prova dos requisitos dos incisos I, V, VI e VII do art. 8º, quais sejam, capacidade civil, não exercer atividade incompatível, ter idoneidade moral e prestar compromisso perante o Conselho.

Logo, em caso de pedido de (re)inscrição, o requerente não precisará exibir novamente diploma de graduação ou certidão de conclusão do curso, bem como título de eleitor e quitação do serviço militar, e também não precisará submeter-se a novo Exame de Ordem!

3.1.5.8. Cancelamento em razão da imposição de penalidade de exclusão

No caso de o advogado ter tido sua inscrição cancelada em virtude de haver sofrido a penalidade de exclusão (art. 11, II, EAOAB), para que possa retornar aos quadros da OAB, o novo pedido de inscrição deverá ser acompanhado de provas de reabilitação, matéria que será vista mais à frente.

3.1.6. Licenciamento do advogado (art. 12 do EAOAB)

O licenciamento do profissional ocorrerá em situações ou intercorrências marcadas pela transitoriedade. Na acepção do Estatuto, significa a autorização que é dada ao advogado, pelo órgão competente da OAB, para que se afaste, por um período de tempo determinado, do seu exercício profissional, isentando-o assim de determinadas obrigações a que está sujeito perante sua entidade corporativa (RAMOS, 2009), entre elas o pagamento de anuidade!

Nos termos do art. 12, do EAOAB, licencia-se o profissional que:

a) assim o requerer, por motivo justificado;

b) passar a exercer, em *caráter temporário*, atividade incompatível com o exercício da advocacia;

c) sofrer doença mental considerada *curável*.

Passemos à análise, ainda que breve, de cada uma das hipóteses de licenciamento.

3.1.6.1. Requerimento (art. 12, I, EAOAB)

É direito do advogado solicitar à OAB seu "afastamento temporário" da entidade, desde que o faça motivadamente. Um bom exemplo é o de um advogado ser aprovado em curso de mestrado ou doutorado no exterior, devendo, para tanto, demonstrar ao Conselho Seccional competente sua aprovação e o prazo em que ficará afastado dos quadros de advogados no Brasil.

Se o Conselho Seccional reputar a justificativa apresentada inidônea, indeferirá o pedido, não restando ao profissional alternativa a não ser requerer o cancelamento de sua inscrição (nesse caso, o requerimento não precisa ser justificado!).

3.1.6.2. Exercício de atividade incompatível em caráter temporário (art. 12, II, EAOAB)

Irá licenciar-se o advogado que assumir atividade incompatível com a advocacia, desde que marcada pela transitoriedade. Conforme dispõe o art. 27 do EAOAB, as incompatibilidades geram a proibição total para advogar, constituindo, ainda, óbice ao deferimento da própria inscrição (art. 8º, V, EAOAB).

No entanto, se um advogado passar a exercer função ou atividade incompatível em caráter transitório (ex.: Chefe do Poder Executivo – art. 28, I, EAOAB), deverá licenciar-se da OAB, cabendo-lhe o dever de comunicar tal fato ao Conselho competente.

Cessada a incompatibilidade, a inscrição retornará ao *status quo ante*, restabelecendo-se o mesmo número de outrora.

3.1.6.3. Doença mental curável (art. 12, III, EAOAB)

Se o advogado for acometido de enfermidade psiquiátrica considerada curável por laudo médico, simplesmente irá licenciar-se, retornando à advocacia após sua cura.

Importa registrar que se a doença mental que acometer o causídico for transitória ou permanente, e desde que não possa exprimir sua vontade, será considerado relativamente incapaz (art. 4º, III, do Código Civil, alterado pelo Estatuto da Pessoa com Deficiência – Lei 13.146/2015), fato que, em nosso entendimento, poderá ensejar o cancelamento de sua inscrição (art. 11, IV, EAOAB), desde que comprometa, efetivamente, sua possibilidade de exercer a advocacia, que exige, por razões óbvias, capacidade de discernimento.

3.1.7. Documento de identidade profissional

Os arts. 13 e 14, ambos do EAOAB, disciplinam respectivamente que o documento de identidade profissional, na forma prevista no Regulamento Geral, é de uso obrigatório no exercício da profissão pelo advogado e também pelo estagiário, além de fazer prova da identidade civil para todos os fins legais. Além disso, é obrigatória a indicação do nome e número de inscrição em todos os documentos assinados pelo advogado, no exercício de suas atividades, inclusive em sua publicidade.

Anote-se que os documentos de identidade profissional do advogado são o cartão e a carteira emitidos pela OAB, conforme modelo próprio, com as características definidas no Regulamento Geral (arts. 32 a 36), conforme ensina RAMOS, 2009.

Já o estagiário receberá apenas o cartão, com a indicação de que se trata de "identidade de estagiário", com prazo de validade, que não ultrapassará três anos.

4. DO ESTÁGIO PROFISSIONAL

4.1. Estágio profissional (art. 9º, EAOAB, e arts. 27 a 31 e 35, Regulamento Geral)

Primeiramente, importante trazer a definição de "estagiário". Esse é o *aprendiz*, assim considerado tanto o estudante de direito quanto o bacharel em direito.

Por evidente, o objetivo maior do estágio profissional é conferir ao estagiário a indispensável aprendizagem prático-profissional, cuidando-se de atividade que fará a "ponte" entre a teoria e a prática.

A atuação do estagiário não constitui atividade profissional; integra sua aprendizagem prática e tem função pedagógica (LÔBO, 2007).

4.1.1. Requisitos

De acordo com o art. 9º do EAOAB, são *requisitos* para a inscrição como estagiário:

I – preencher os requisitos mencionados nos incisos I, III, V, VI e VII do art. 8º: capacidade civil; título de eleitor e quitação do serviço militar, se brasileiro; não exercer atividade incompatível com a advocacia; idoneidade moral; prestar compromisso perante o conselho). Portanto, para ser admitido como estagiário, o estudante não precisará, evidentemente, exibir seu diploma ou certidão de conclusão do curso, bem como ser aprovado em Exame de Ordem;

II – ter sido admitido em estágio profissional de advocacia: cabe ao futuro estagiário comprovar sua vinculação ao estágio profissional, seja por sua admissão em escritório de advocacia credenciado, ou pela inscrição em estágio desenvolvido por instituição de ensino conveniada com a OAB (RAMOS, 2009).

É bom destacar que o Estatuto, o Código de Ética e o Regulamento Geral não tratam do credenciamento de escritórios de advocacia pela OAB, a despeito de o art. 9º, § 1º, do EAOAB prescrever que o estágio profissional de advocacia poderá ser mantido, entre outros, por escritórios de advocacia credenciados.

Dado o silêncio dos diplomas normativos em questão, incumbirá a cada Conselho Seccional, por meio de suas Comissões de Estágio, na forma do art. 31 do Regulamento Geral, estipular as regras necessárias ao credenciamento de escritórios de advocacia, aqui englobados não apenas os "escritórios", mas também departamentos jurídicos de empresas privadas ou instituições públicas, tais como as Defensorias e Procuradorias estaduais e municipais, capazes de conferir a necessária aprendizagem prático-profissional aos estudantes e bacharéis.

4.2. Duração do estágio

O estágio, conforme preconiza o § 1º do art. 9º do EAOAB, tem duração de *dois anos*, podendo ser mantido pelas respectivas instituições de ensino superior, pelos Conselhos da OAB ou por setores, órgãos jurídicos e escritórios de advocacia credenciados pela OAB. Assim, nem todo escritório de advocacia estará apto a receber estagiários, sendo necessário que preencha os requisitos que a OAB (leia-se: Conselho Seccional) julgar pertinentes para que auxilie no aprendizado prático-profissional do aluno.

Como visto, o prazo de duração do estágio, pelo dispositivo estatutário, é de 2 (dois) anos. Porém, o art. 35 do Regulamento Geral dispõe que o prazo de validade do cartão de identidade do estagiário é de, no máximo, 3 (três) anos, não podendo ser prorrogado.

Logo, conclui-se que o limite máximo de tempo de estágio é mesmo de *três anos*!

Frise-se que a admissão do estudante de direito ao estágio profissional dá-se nos últimos anos do curso jurídico (art. 9º, § 1º, EAOAB), assim entendidos o quarto e quinto anos (leia-se: a partir do sétimo período/semestre).

4.3. Local de inscrição do estagiário

Importante ressaltar que a inscrição do estagiário é feita perante o Conselho Seccional em cujo território se localize seu *curso jurídico*. Assim, se o estudante "A" tiver residência em cidade de Minas Gerais, porém seu curso se localize no estado de São Paulo, sua inscrição como estagiário deverá ocorrer perante a OAB/SP, e não na OAB/MG.

4.4. Bacharel em direito pode ser estagiário?

De acordo com o art. 9º, § 4º, EAOAB, o estágio profissional poderá ser cumprido por bacharel em direito que queira se inscrever na Ordem.

Tal ocorrerá, por exemplo, com o bacharel ainda não aprovado no Exame de Ordem, considerado requisito para a inscrição como advogado (art. 8º, IV, EAOAB).

Silencia o Estatuto a respeito do prazo de duração do estágio realizado por bacharel. Cremos que o prazo não poderá superar três anos, tal como dispõe o art. 35 do Regulamento Geral, a despeito de haver posicionamento doutrinário no sentido de que a duração não deverá ultrapassar o dobro do tempo mínimo estabelecido para o estágio regular (leia-se: quatro anos, pois o tempo mínimo é de dois anos), sob pena de renascer a antiga figura do solicitador, ou provisionado (RAMOS, 2009).

4.5. Pessoas consideradas incompatíveis com a advocacia podem estagiar?

Para os alunos de cursos jurídicos que exerçam *atividade incompatível com a advocacia* (art. 28 do EAOAB, o que veremos adiante), não serão admitidos como estagiários de direito pela OAB, consoante prescreve o art. 8º, V, c/c o art. 9º, I, ambos do EAOAB, podendo, contudo, frequentar o estágio ministrado pela respectiva instituição de ensino superior, para fins de aprendizagem.

4.6. Atividades que podem ser desempenhadas pelos estagiários

De acordo com o art. 29 do Regulamento Geral da OAB, os atos praticados por estagiários deverão, em regra, ser supervisionados e elaborados em conjunto com um advogado, sob pena de nulidade, por falta de capacidade postulatória.

No entanto, isoladamente, o estagiário poderá praticar os seguintes atos:

a) Elaborar e assinar petições de juntada de documentos a processos administrativos ou judiciais;

b) Fazer cargas e descargas (devolução) de processos;

c) Obter certidões cartorárias referentes a processos em trâmite ou findos.

Nos termos do art. 29, § 2º, do Regulamento Geral, "para o exercício de atos extrajudiciais, o estagiário pode comparecer isoladamente, quando receber autorização ou substabelecimento do advogado".

Assim, a atuação do estagiário pressupõe como regra a atuação principal de um advogado, que é o responsável pela postulação em juízo e consultoria jurídica (art. 3º, § 2º, do EAOAB e Regulamento Geral), observadas, contudo, as exceções citadas.

A realização de atos isoladamente pelo estagiário, fora das hipóteses admitidas, além de configurar exercício ilegal da profissão (contravenção penal – art. 47 LCP – Decreto-Lei 3.688/1941), configura, também, infração ética (art. 34, XXIX, do EAOAB).

5. MANDATO

5.1. Conceito de mandato

O mandato é uma espécie de contrato consensual, não solene, *intuitu personae*, e via de regra, gratuito (RAMOS, 2009). Em referida avença, o mandante (cliente) outorga poderes ao mandatário (advogado) para que este o represente em juízo.

O tema em questão vem tratado no art. 5º do EAOAB e arts. 9º a 26 do Novo Código de Ética.

5.1.1. Do instrumento de mandato

De acordo com o art. 5º, *caput*, EAOAB, o advogado postula em juízo ou fora dele, fazendo prova do mandato. A prova desse pacto estabelecido entre cliente-advogado é a *procuração*, comumente denominada *instrumento de mandato*.

Não custa frisar que referido instrumento será outorgado pelo cliente ao advogado.

Importante registrar que a procuração poderá ser materializada em instrumento público ou particular, não havendo exigência, no último caso, do reconhecimento de firma, nos termos do art. 105 do Novo CPC (correspondente ao art. 38 do CPC/1973).

5.1.1.1. Procuração para o foro em geral (ad judicia)

Também chamada de procuração *ad juditia*, a procuração para o foro em geral, como o próprio nome sugere, habilita o advogado a postular judicialmente em nome do cliente, excetuados, porém, os atos que dependam de poderes especiais (ex.: confissão, reconhecimento jurídico do pedido, transação etc.), nos termos do art. 5º, § 2º, EAOAB.

5.1.1.2. Procuração com poderes especiais

Diferentemente da procuração *ad juditia*, que, como visto no item anterior, habilita o advogado a praticar todos os atos judiciais, em qualquer juízo ou instância, a procuração com poderes especiais garante ao profissional-mandatário a prática de atos que exijam a outorga de poderes específicos para além da postulação para o foro em geral.

Destarte, a prática de determinados atos dispositivos das partes, tais como a transação (leia-se: acordo), a confissão (admissão de fatos, pela parte, em seu prejuízo), o reconhecimento jurídico do pedido (causa em que haverá resolução do mérito favorável àquela parte que tem seu pedido juridicamente reconhecido), a desistência da ação (causa de extinção do processo sem resolução do mérito), o recebimento e o reconhecimento de quitação (extinção da obrigação pelo adimplemento), entre outras, são hipóteses em que o advogado dependerá de procuração com poderes especiais, conforme se infere do art. 105, parte final, do Novo CPC (correspondente ao art. 38 do CPC/1973).

5.1.1.3. Procuração apud acta

Denomina-se de *apud acta* a procuração outorgada pelo cliente ao advogado nos próprios autos da demanda judicial, reduzida a termo pelo escrivão. Geralmente ocorre durante as audiências, mediante simples indicação, pela parte, de determinado profissional, também presente à audiência, como seu advogado.

Referida espécie de procuração habilita o advogado apenas para a prática de atos judiciais – excluídos, pois, os extrajudiciais –, sendo, assim, desnecessária a posterior juntada de procuração por escrito.

Temos como exemplo de procuração *apud acta* aquela definida no art. 791, § 3º, da CLT, que assim prescreve: "A constituição de procurador com poderes para o foro em geral poderá ser efetivada, mediante simples registro em ata de audiência, a requerimento verbal do advogado interessado, com anuência da parte representada".

5.2. Momento da utilização da procuração

Considerando a regra trazida no item 5.1.1. *supra*, é certo que a postulação pelo advogado, judicial ou extrajudicialmente, representando o cliente, deverá ocorrer fundada na existência do mandato, sendo necessária, portanto, a procuração.

Em outras palavras, caberá ao advogado, no primeiro momento em que postular em juízo em nome do cliente, juntar aos autos respectivos a procuração, sob pena de afronta ao art. 5º, caput, do EAOAB.

5.2.1. Atuação sem procuração

É possível a postulação momentânea do advogado em juízo *sem a procuração*, apenas em caso de *urgência*, assim afirmada pelo profissional, que deverá, contudo, apresentá-la no prazo de 15 (quinze) dias, prorrogável por igual período (art. 5º, § 1º, do EAOAB).

A possibilidade de atuar sem procuração, no âmbito judicial especificamente, também vem retratada no CPC/1973 (art. 37, caput) e Novo CPC (art. 104, §1º), mas sempre vinculada à ideia de urgência.

Assim, o prazo para atuação sem procuração – desde que haja urgência, repise-se – é de *15 (quinze) dias*, e não de 30 (trinta), embora seja possível, de fato, a prorrogação por outros 15 (quinze) dias. No entanto, não se trata de uma prorrogação "automática", visto que, em se tratando de postulação judicial, dependerá de apreciação do magistrado, mediante prévio requerimento do advogado.

O clássico exemplo de urgência, a ser afirmada pelo advogado, é o de alguma moléstia acometer o cliente. Se este estiver incomunicável em razão da doença, o advogado poderá postular judicialmente sem procuração, esclarecendo ao juízo os motivos que o levaram a não anexar aos autos, de imediato, o instrumento de mandato. Poderá fazê-lo, nesse caso, em 15 dias, cabendo prorrogação por igual período caso assim o permita o magistrado, e caso a urgência ainda persista.

Findo o período, se a procuração não for apresentada, os atos processuais postulatórios serão considerados ineficazes, visto que a parte não terá contado com a indispensável capacidade postulatória, considerada um pressuposto processual.

Atenção

Já decidiu o STF, nos autos do MS 21.730-1-DF, que a falta de apresentação de procuração é similar à não demonstração de que o mandatário judicial tem inscrição nos quadros da OAB, gerando, pois, a inexistência dos atos processuais praticados (LÔBO, 2007).

5.3. Formas de extinção do mandato

Como visto nos itens anteriores, a constituição do mandato judicial dá-se pela outorga da procuração. No entanto, é certo que o mandato pode ser desconstituído ou extinto.

Assim, de acordo com a doutrina, identificamos quatro formas de extinção do mandato judicial, a saber:

a) Renúncia;

b) Revogação;

c) Substabelecimento sem reserva de poderes; e

d) Conclusão da causa e consequente arquivamento dos autos.

Passemos à análise de cada uma das causas extintivas do mandato.

5.3.1. Renúncia (art. 5º, § 3º, EAOAB; art. 16, CED; art. 6º, Regulamento Geral)

A primeira forma de extinção do mandato decorre de ato de vontade do próprio advogado, que, em juízo de conveniência, ou por imperativo ético, dará fim à relação profissional anteriormente estabelecida com o cliente.

Assim, tão logo decida o advogado pela renúncia, deverá observar os seguintes requisitos:

a) *proceder à comunicação de tal decisão ao cliente*, preferencialmente por carta com aviso de recebimento (AR), ou por algum outro instrumento hábil à comprovação de que o mandante (leia-se: cliente) foi cientificado. Ato seguinte, deve o advogado proceder à comunicação do juízo perante o qual atuava em nome do cliente, instruída com o comprovante de que o cliente foi comunicado da renúncia. Frise-se que, nos termos do art. 16 do CED, a renúncia ao patrocínio deve ser feita sem a menção do motivo que a determinou, ou seja, não poderá o profissional explicitar ao magistrado as razões que o levaram à renúncia (ex.: falta de pagamento de honorários, quebra da confiança etc.);

b) a partir da comunicação ao cliente, caberá ao advogado renunciante o dever de *representar o mandante (leia-se: cliente) pelo prazo de dez dias*, salvo se for substituído antes do término de referido prazo. Caso o advogado renunciante desobedeça a referido dever de representação, incorrerá em infração ética correspondente a abandono da causa, nos termos do art. 34, XI, EAOAB.

Atenção

Importante registrar que a renúncia é ato unilateral do advogado, ou seja, independe de aceitação do cliente, tratando-se, como visto, de ato de vontade, por juízo de conveniência ou imperativo ético. Todavia, não poderá o advogado simplesmente "abandonar a causa", renunciando ao mandato, devendo ser observados os requisitos explicitados *supra*.

Finalmente, a renúncia pelo advogado ao mandato não implica em renúncia aos honorários advocatícios contratados, bem assim a eventuais honorários sucumbenciais, ainda que proporcionais.

5.3.2. Revogação (art. 17, CED)

A causa extintiva do mandato em questão não vem tratada expressamente no EAOAB. No entanto, o CED, em seu art. 17, preconiza que a revogação do mandato por vontade do cliente não o desobriga do pagamento das verbas honorárias contratadas, bem como não retira o direito do advogado de receber o quanto lhe seja devido em eventual verba honorária de sucumbência, calculada proporcionalmente em face do serviço efetivamente prestado.

Anote-se que, a despeito de o CED não prever a necessidade de comunicação do advogado acerca da revogação, entendemos que, analogicamente à renúncia, deve o cliente proceder à notificação de seu mandatário (leia-se: advogado), seja por carta com aviso de recebimento, ou por notificação extrajudicial ou outro meio de comunicação seguro e hábil à demonstração da ciência de seu conteúdo.

Ainda, tal qual a renúncia, a revogação é ato unilateral do cliente, vale dizer, independe de aceitação do advogado para surtir efeitos.

5.3.3. *Substabelecimento sem reserva de poderes (art. 26, § 1º, CED)*

De início, cumpre esclarecer o que vem a ser "substabelecimento". Este nada mais é do que o mecanismo pelo qual um advogado transfere a outro advogado, total ou parcialmente, os poderes que lhe foram outorgados originariamente pelo cliente.

Destarte, tal como na renúncia, o substabelecimento é instrumento que está ao alcance do advogado (apenas a revogação é a forma de extinção do mandato que parte de ato de vontade do cliente).

Nos termos do art. 26, § 1º, do CED, o substabelecimento do mandato sem reserva de poderes (transferência total do mandato por um advogado a outro), exige o prévio e inequívoco conhecimento do cliente, diferentemente do substabelecimento com reserva de poderes, que é ato pessoal do advogado (art. 26, *caput*, do CED).

A regra destacada é óbvia: se o advogado irá transferir totalmente o mandato a outro, é seu dever comunicar prévia e inequivocamente seu cliente acerca dessa decisão, até mesmo para que eventualmente seja indicado outro advogado, de confiança do próprio cliente.

Frisamos que, diversamente do que ocorre na renúncia, o advogado que substabelece o mandato a outro colega, sem reserva de poderes, não terá o dever de permanecer representando judicialmente o (ex-)cliente. Afinal, um novo advogado – o substabelecido – irá assumir o patrocínio da causa. Nesse caso, sequer instrumento de mandato (procuração) deverá ser juntado aos autos pelo "novo" advogado. O próprio termo de substabelecimento será suficiente a conferir ao profissional a possibilidade de postular em juízo em nome do cliente.

Por derradeiro, destacamos que apenas o substabelecimento sem reserva de poderes é capaz de extinguir o mandato judicial. Já o substabelecimento com reserva de poderes (transferência parcial do mandato por um advogado a outro), como o próprio nome sugere, não afasta o advogado substabelecente da representação judicial do cliente, tratando-se de ato pessoal do profissional.

5.3.4. *Conclusão da causa e arquivamento dos autos (art. 13, CED)*

Nos termos do art. 13 do CED, concluída a causa ou arquivado o processo, presume-se cumprido e extinto o mandato.

Trata-se, segundo cremos, de uma hipótese de extinção presumida do mandato. De fato, se a procuração foi outorgada pelo cliente ao advogado para, por exemplo, ser proposta ação de reintegração de posse, uma vez concluída a causa e determinado seu arquivamento pelo magistrado competente, o mandato presume-se extinto.

5.3.5. *O decurso do tempo extingue o mandato?*

O mero decurso do tempo não é capaz de extinguir o mandato. Em outras palavras, enquanto existir confiança recíproca entre o cliente e o advogado (art. 18 do CED), a procuração inicialmente outorgada será válida, ainda que passados muitos anos ou até décadas, salvo se o contrário for consignado no respectivo instrumento.

Queremos dizer que o mandato não "caduca" pelo decurso de determinado prazo, não precisando ser "revalidado" de tempos em tempos. Contudo, como dito anteriormente, se na procuração constar prazo de vigência, tal deverá ser observado.

5.4. Resumo das causas de extinção do mandato

Por questões didáticas, podemos sintetizar as formas de extinção do mandato em dois "grupos":

a) Extinção tácita ou presumida: dá-se pela extinção/arquivamento do processo (art. 13, CED);

b) Extinção expressa: dá-se pela renúncia, revogação e substabelecimento sem reserva de poderes (art. 26, § 1º, CED). 5.5. Conflito de interesses

Caso sobrevenha à outorga da procuração conflito de interesses entre os clientes, caberá ao advogado optar por um dos mandatos, renunciando aos outros, visto que é vedado o patrocínio simultâneo nessa situação (arts. 19 e 20, ambos do CED). Ainda, com relação aos "antigos" clientes, deverá ser resguardado o sigilo profissional.

À guisa de exemplo: "A" e "B" procuram o advogado "C" para que este providencie a homologação judicial de um divórcio consensual. Porém, no curso das tratativas, "A" e "B" dissentem sobre a destinação de determinado bem comum do casal, sobrevindo, assim, conflito. Não poderá o advogado "C" representar ambos em juízo, sob pena de responder disciplinarmente pela falta ética!

6. DIREITOS DO ADVOGADO

6.1. Direitos (prerrogativas) do advogado (arts. 6º e 7º do EAOAB)

São características fundamentais da advocacia a independência e a inviolabilidade, garantias básicas da sua indispensabilidade à realização da justiça. Porém, para que referidas características ultrapassem os limites da intenção constitucional e se transformem em realidade prática, o Estatuto relaciona os direitos dos advogados, as suas prerrogativas profissionais (RAMOS, 2009).

É bom que se diga que não se trata de meros "privilégios pessoais", mas, como dito, de garantias que lhe são deferidas para o bom desempenho de suas atividades, consideradas, é bem verdade, verdadeiro *serviço público*.

Impende ressaltar que o art. 6º do EAOAB já inicia prevendo que "não há hierarquia nem subordinação entre advogados, magistrados e membros do Ministério Público, devendo todos tratar-se com consideração e respeito recíprocos", regra muito salutar, demonstrativa de que o advogado não é personagem inferior às autoridades, mas com igual relevância.

Atenção

Assim, o art. 7º do EAOAB, em 20 (vinte) incisos e sete parágrafos, traz o rol das prerrogativas dos advogados, lembrando-se que não se trata de regras internas a serem seguidas pela OAB e advogados, mas sim por todas as pessoas, por se tratar de lei federal. Trata-se, é bom frisar, de rol exemplificativo.

Vamos às prerrogativas!

6.1.1. Liberdade no exercício da profissão (art. 7º, I, EAOAB)

O art. 5º, XIII, da CF prevê a liberdade para o exercício de ofícios ou profissões, desde que atendidas as qualificações que a lei exigir. Referido dispositivo é norma constitucional de eficácia contida. É verdade que o advogado pode exercer livremente sua atividade em território nacional, mas o EAOAB, em seu art. 10, § 2º, prevê a necessidade de inscrição suplementar para a atuação do profissional em outros estados (Conselhos Seccionais) se exercer com habitualidade a advocacia (mais de cinco causas/intervenções judiciais por ano e ao mesmo tempo), tema visto anteriormente.

6.1.2. Inviolabilidade do escritório de advocacia (art. 7º, II, e §§ 6º e 7º, EAOAB)

Para a garantia do sigilo profissional, o escritório do advogado não pode ser violado arbitrariamente, mas apenas por *ordem judicial* (mandado de busca e apreensão), desde que tal medida seja tendente a apurar infrações penais praticadas pelo advogado, resguardando-se, em qualquer caso, documentos/informações que possam prejudicar seus clientes. O STF julgou constitucional o acompanhamento das diligências por representante da OAB (ADIn 1.127-8). Para a eficácia das diligências, o juiz poderá comunicar a entidade, em caráter confidencial (ofício reservado), para que seja designado representante para acompanhar as diligências. Porém, em caso de inércia da própria OAB, caso, devidamente avisada da diligência, quede inerte, a busca e apreensão será válida. Apenas se o magistrado não oficiar à OAB, aí sim haverá ilegalidade!

Atenção

O art. 7º, § 6º, com a redação que lhe foi conferida pela Lei 11.767/2008, passou a traçar os requisitos necessários à "quebra da inviolabilidade" do escritório. De forma bem esquemática, são necessários os seguintes requisitos:

a) presença de indícios de autoria e materialidade da prática de crime por parte de advogado;

b) que a medida seja decretada pela autoridade judiciária competente;

c) que a decisão seja motivada, expedindo mandado de busca e apreensão;

d) que o referido mandado seja específico e pormenorizado;

e) que a busca e apreensão ocorra na presença de representante da OAB;

f) em qualquer hipótese, fica vedada a utilização dos documentos, das mídias e dos objetos pertencentes a clientes do advogado averiguado, bem como dos demais instrumentos de trabalho que contenham informações sobre clientes.

6.1.3. Comunicação reservada com o cliente (art. 7º, III, EAOAB)

Ainda que clientes estejam presos ou recolhidos em estabelecimentos civis ou militares, mesmo sem procuração, o advogado terá o direito de entrevistar-se reservadamente com eles, ainda que considerados incomunicáveis.

Trata-se não apenas de uma prerrogativa, mas da materialização do direito constitucional de ampla defesa, interessando, portanto, não apenas ao advogado, mas também ao seu constituinte.

6.1.4. Prisão em flagrante do advogado no exercício da advocacia (art. 7º, IV, EAOAB)

Quando a prisão tiver relação com o *exercício da advocacia*, exigir-se-á a presença de um representante da OAB quando da lavratura do auto de prisão em flagrante. Ressalte-se que somente caberá a prisão em flagrante do advogado, ligada à sua atividade profissional, se se tratar de crime inafiançável (art. 7º, § 3º, do EAOAB).

Atenção

Apenas a título de reforço, a prisão em flagrante de um advogado nem sempre estará atrelada ao *exercício da profissão*. Apenas neste caso é que a prerrogativa em comento deverá ser observada, vale dizer, o acompanhamento da lavratura do respectivo auto de prisão em flagrante por representante da OAB. Caso a instituição sequer seja avisada pela autoridade policial, haverá a invalidade de referido auto, com o consequente relaxamento da prisão pela autoridade judiciária. No entanto, caso a OAB, devidamente avisada, fique inerte e não encaminhe um seu representante para acompanhar a prisão, evidentemente que esta não poderá ser considerada ilegal.

6.1.5. Prisão antes do trânsito em julgado (art. 7º, V, EAOAB)

Em caso de prisões cautelares, vale dizer, aquelas anteriores ao trânsito em julgado da sentença penal condenatória (flagrante, temporária e preventiva), o advogado terá o direito de permanecer recolhido em Sala de Estado-Maior (sala situada nas dependências das Forças Armadas – Marinha, Exército ou Aeronáutica, bem como em Batalhão da Polícia Militar e Corpo de Bombeiros), ou, à falta dela, em prisão domiciliar. O STF, na ADIn 1127-8, julgou inconstitucional o controle, pela OAB, das "acomodações" da sala de Estado-Maior. Em última análise, as acomodações nas salas de Estado-Maior ficarão a cargo, evidentemente, das Forças Armadas, sem ingerência da OAB, tal como constou na redação original do art. 7º, V, EAOAB.

A Sala de Estado-Maior não pode ser confundida com a prisão especial, cabível para determinadas pessoas, nos termos do art. 295, CPP, tais como Ministros de Estado, Governadores e Magistrados.

Uma vez transitada em julgado a sentença condenatória criminal prolatada em desfavor de um advogado, cessará a prerrogativa, ou seja, será transferido a uma unidade prisional integrante do sistema carcerário comum. A prerrogativa "vale" enquanto vigorar a presunção de inocência (anterior ao trânsito em julgado).

6.1.6. Liberdade de acesso dos advogados aos locais em que desempenhem suas funções (art. 7º, VI, VII e VIII, EAOAB)

É direito do advogado ingressar livremente (art. 7º, VI):

a) nas salas de sessões dos tribunais, *mesmo além dos cancelos que separam a parte reservada aos magistrados*;

b) nas salas e dependências de audiências, secretarias, cartórios, ofícios de justiça, serviços notariais e de registro, e, no caso de delegacias e prisões, *mesmo fora da hora de expediente e independentemente da presença de seus titulares*;

c) em qualquer edifício ou recinto em que funcione repartição judicial ou outro serviço público onde o advogado deva praticar ato ou colher prova ou informação útil ao exercício da atividade profissional, dentro do expediente ou fora dele, e ser atendido, desde que se ache presente qualquer servidor ou empregado;

d) em qualquer assembleia ou reunião de que participe ou possa participar o seu cliente, ou perante a qual este deva comparecer, desde que munido de poderes especiais.

Ainda, são direitos do advogado:

e) o de permanecer sentado ou em pé e retirar-se de quaisquer locais indicados anteriormente, independentemente de licença (art. 7º, VII);

f) o de dirigir-se diretamente aos magistrados nas salas e gabinetes de trabalho, *independentemente de horário previamente marcado* ou outra condição, observando-se a ordem de chegada (art. 7º, VIII).

6.1.7. Sustentação oral do advogado após o voto do relator (art. 7º, IX, EAOAB)

Por força da ADIn 1127-8, o STF declarou inconstitucional esse dispositivo, que prescrevia ser direito do advogado sustentar oralmente as razões de qualquer recurso ou processo, nas sessões de julgamento, após o voto do relator, em instância judicial ou administrativa, pelo prazo de quinze minutos, salvo se prazo maior fosse concedido.

Destarte, após a decisão proferida pelo STF, em controle concentrado de constitucionalidade, o advogado somente poderá fazer sustentação oral em recursos cuja lei a admita, ou nos termos dos regimentos internos dos tribunais, no momento também definido por referidos regimentos (geralmente *antes* do voto do relator ser lido).

Em suma, nos casos dos recursos, a sustentação oral estará vinculada à previsibilidade recursal de referida prerrogativa.

6.1.8. Uso da expressão "pela ordem" (art. 7º, X, EAOAB)

Para o esclarecimento de circunstâncias fáticas que se apresentem equivocadas, ou em razão de dúvidas surgidas em relação a fatos, documentos ou afirmações que influam no julgamento, poderá o advogado fazer uso da palavra, pela ordem, de maneira rápida e objetiva, em qualquer juízo ou tribunal, ainda que seja necessário, por exemplo, interromper a fala do próprio magistrado em audiência.

Também poderá fazê-lo quando sofrer acusações ou for indevidamente censurado.

6.1.9. Reclamação verbal ou escrita (art. 7º, XI, EAOAB)

É direito do advogado reclamar, verbalmente ou por escrito, perante qualquer juízo, tribunal ou autoridade, contra a inobservância de preceito de lei, regulamento ou regimento.

6.1.10. Permanência do advogado em determinados locais (art. 7º, XII, EAOAB)

É facultado ao advogado falar, sentado ou em pé, em juízo, tribunal ou órgão de deliberação coletiva da Administração Pública ou do Poder Legislativo, não se podendo compelir o profissional a permanecer dessa ou daquela forma em audiência. Assim, violaria a prerrogativa em comento a determinação de um magistrado para que todos os advogados, durante a audiência, permanecessem em pé.

6.1.11. Análise de autos pelos advogados, perante órgãos do Judiciário, Legislativo, Administração Pública e instituições que conduzam investigações para apuração de infrações, bem como o direito de vista e carga (art. 7º, XIII, XIV, XV, XVI e §§ 10 a 12, do EAOAB)

É direito do advogado examinar, em qualquer órgão dos Poderes Judiciário e Legislativo, ou da Administração Pública em geral, autos de processos findos ou em andamento, *mesmo sem procuração, quando não estejam sujeitos a sigilo*, assegurada a obtenção de cópias, podendo tomar apontamentos (art. 7º, XIII). No entanto, mesmo os processos sigilosos poderão ser consultados por advogados, desde que apresentem procuração para tanto.

Também é direito do advogado examinar, em qualquer instituição responsável por conduzir investigação, mesmo sem procuração, autos de flagrante e de investigações de qualquer natureza, findos ou em andamento, ainda que conclusos à autoridade, podendo copiar peças e tomar apontamentos, em meio físico ou digital (art. 7º, XIV).

Antes do advento da Lei 13.245, de 12 de janeiro de 2016, a prerrogativa em comento limitava a atuação do advogado, que somente teria o direito de ter acesso a autos de flagrante e de inquérito policial que tramitassem nas repartições policiais.

Doravante, será direito do advogado, por exemplo, o de examinar autos de investigações presididas por quaisquer órgãos ou instituições, a exemplo do Ministério Público.

Importante registar que o exercício da prerrogativa em comento independerá, em regra, de procuração. Em outras palavras, o advogado tem o direito de examinar autos de flagrante e de investigações independentemente de ter em seu poder a procuração outorgada por seu cliente. Porém, o § 10, do art. 7º do EAOAB, acrescentado pela precitada Lei 13.245/2016, dispõe que nos autos sujeitos a sigilo, deve o advogado apresentar procuração. Acrescentamos, também, uma outra hipótese em que a exibição do instrumento de mandato será necessária: quando os autos tramitarem em segredo de justiça.

Também inovando, a mesma Lei 13.245, acrescentando ao art. 7º do EAOAB o § 11, prescreveu que, no caso previsto no inciso XIV, a autoridade competente poderá delimitar o acesso do advogado aos elementos de prova relacionados a diligências em andamento e ainda não documentados nos autos, quando houver risco de comprometimento da eficiência, da eficácia ou da finalidade das diligências, na esteira do que já havia sido "regulamentado", ainda que em parte, pela Súmula vinculante 14, que assim enuncia: "É direito do defensor, no interesse do representado, ter acesso amplo aos elementos de prova que, já documentados em procedimento investigatório realizado por órgão com competência de polícia judiciária, digam respeito ao exercício do direito de defesa".

A inobservância aos direitos estabelecidos no inciso XIV, o fornecimento incompleto de autos ou o fornecimento de autos em que houve a retirada de peças já incluídas no caderno investigativo implicará responsabilização criminal e funcional por abuso de autoridade do responsável que impedir o acesso do advogado com o intuito de prejudicar o exercício da defesa, sem prejuízo do direito subjetivo do advogado de requerer acesso aos autos ao juiz competente (§ 12, do art. 7º do EAOAB, incluído pela Lei 13.245/2016).Ainda, é prerrogativa dos advogados ter vista dos processos judiciais ou administrativos de qualquer natureza, em cartório ou na repartição competente, ou retirá-los pelos prazos legais (art. 7º, XV).

Por fim, é direito do advogado retirar autos de processos findos, *mesmo sem procuração*, pelo prazo de dez dias (art. 7º, XVI).

Nos termos do §1º, do art. 7º do EAOAB, não se aplica o disposto nos incisos XV e XVI:

1) aos processos sob regime de segredo de justiça;

2) quando existirem nos autos documentos originais de difícil restauração ou ocorrer circunstância relevante que justifique a permanência dos autos no cartório, secretaria ou repartição, reconhecida pela autoridade em despacho motivado, proferido de ofício, mediante representação ou a requerimento da parte interessada;

3) até o encerramento do processo, ao advogado que houver deixado de devolver os respectivos autos no prazo legal, e só o fizer depois de intimado.

6.1.12. Desagravo público do advogado (art. 7º, XVII e § 5º, EAOAB; arts. 18 e 19, Regulamento Geral)

Sempre que o advogado for ofendido *em razão de suas atividades profissionais* ou em *razão do cargo ou função que ocupe na OAB*, será desagravado publicamente, com regra, pelo Conselho Seccional competente. Tal ato poderá ser provocado pelo próprio advogado ofendido ou por qualquer outra pessoa, e até mesmo de ofício pelo próprio Conselho.

Trata-se de *ato público* (sessão solene) que *não depende sequer da concordância do advogado ofendido*, já que o desagravo objetiva garantir os direitos da própria classe de advogados.

Quando for ofendido no exercício de seus cargos Conselheiro federal ou Presidente de Conselho Seccional, caberá ao Conselho Federal, nos termos do art. 19 do Regulamento Geral, promover o desagravo público, ou no caso de ofensa a qualquer advogado mas que se revestir de *relevância e grave violação às suas prerrogativas, com repercussão nacional* (ex.: advogado ofendido perante o STF, ou com a palavra "cortada" durante sustentação oral naquele tribunal).

Importante registrar que a ofensa ao advogado que poderá desencadear o desagravo público é aquela que diga respeito ao exercício profissional ou em razão de cargo ou função exercidos na OAB. Caso não se vislumbre que a ofensa tenha tido relação com a profissão ou o cargo ou função exercida pelo advogado, caberá ao relator do processo instaurado para a deflagração de desagravo público propor o arquivamento do pedido, especialmente quando se vislumbrar que a ofensa foi pessoal (art. 18, § 2º, Regulamento Geral).

6.1.13. Uso de símbolos privativos da profissão (art. 7º, XVIII, EAOAB)

Só os advogados podem utilizar os símbolos privativos da profissão, quais sejam, as vestes talares e as insígnias, cujos modelos constam no Provimento 8/1964, do Conselho Federal da OAB, bem como a imagem da justiça (Têmis) e a balança.

Porém, os símbolos do Conselho Federal (brasão da República) e dos Conselhos Seccionais são privativos desses órgãos, não podendo sequer os advogados utilizá-los.

Ainda, os símbolos privativos da profissão não poderão ser utilizados pelos advogados em seus meios pessoais de comunicação (ex.: cartões de visita), nos termos da proibição contida no art. 31, CED.

6.1.14. Recusa do advogado em depor como testemunha (art. 7º, XIX, EAOAB)

O advogado tem o direito (e também o dever) de não depor, na qualidade de testemunha, sobre fatos acobertados pelo sigilo profissional, em processos que envolvam cliente ou ex-cliente, ou em processos em que atue ou tenha atuado como procurador de qualquer das partes.

Trata-se de importante mecanismo que, como visto, garante a permanência e manutenção do sigilo profissional, que, como regra, não poderá ser rompido pelo advogado.

Atenção

Importante registrar que o dever de recusa permanece ainda que haja autorização do próprio cliente, o que demonstra que estamos diante de verdadeiro mandamento (e não apenas prerrogativa profissional).

6.1.15. Direito de retirada do recinto de audiência (art. 7º, XX, EAOAB)

Decorridos *30 (trinta) minutos* do horário designado à realização do ato judicial, se a autoridade que deva presidi-lo não comparecer, poderá o advogado, mediante petição (comunicação) protocolada em juízo, abandonar o recinto.

Frise-se que na Justiça do Trabalho, de acordo com o art. 815, parágrafo único, da CLT, o prazo para o exercício do direito de retirada é de apenas *15 (quinze) minutos*, tratando-se, segundo entendemos, de norma especial, que prevalece sobre a geral (EAOAB).

O mero *atraso de pauta* (audiências que se alongam) não justifica o exercício do direito de retirada do advogado, que está vinculado à *ausência* do magistrado no local em que designada a realização de ato judicial.

6.1.16. Imunidade profissional (art. 7º, § 2º, EAOAB)

O advogado é inviolável por seus atos e manifestações, a fim de que se lhe garanta a liberdade para o exercício profissional. Trata-se, pois, de prerrogativa que materializa a liberdade de expressão no exercício profissional.

Assim, de acordo com o art. 7º, § 2º, EAOAB, não constituirá injúria, difamação ou desacato puníveis, qualquer manifestação de sua parte, no exercício de sua atividade, em juízo ou fora dele.

Destarte, pela leitura do dispositivo em comento, goza o advogado de imunidade penal no que toca aos crimes de *injúria* e *difamação*, considerados crimes contra a honra (arts. 139 e 140, ambos do CP), bem como ao crime de *desacato*, considerado crime contra a administração da justiça (art. 331, CP).

No entanto, o STF, no julgamento da ADIn 1.127-8, entendeu pela inconstitucionalidade da expressão "desacato", excluindo referida infração da abrangência da imunidade penal ora estudada.

Destarte, ainda que no exercício da profissão, o advogado não estará acobertado pela imunidade se desacatar uma autoridade pública.

Também fica excluída da imunidade em comento a imputação falsa, por parte do advogado, de fato definido como crime, o que caracteriza o crime de *calúnia*. Lembre-se: apenas injúria e difamação!

6.1.17. *Salas especiais para advogados (art. 7º, § 4º, EAOAB)*

O Poder Judiciário e o Poder Executivo devem instalar nos juizados, fóruns, tribunais, delegacias de polícia e presídios, *salas especiais* para advogados. Trata-se de determinação que visa conferir aos advogados a possibilidade de poderem desenvolver suas atividades com um mínimo de tranquilidade e conforto.

Teoricamente, referidas salas deveriam ser controladas pela OAB, conforme preconiza o dispositivo legal em comento. Porém, o STF, após julgar a ADIn 1.127-8, declarou *inconstitucional* a palavra "controle". Assim, embora asseguradas a manutenção das salas especiais para os advogados nas repartições referidas, não será a OAB que irá controlá-las.

6.1.18. *Atuação do advogado em prol de clientes investigados pela prática de infrações (art. 7º, XXI, EAOAB)*

A Lei 13.245, de 12 de janeiro de 2016, acrescentando ao art. 7º do EAOAB o inciso XXI, trouxe relevante prerrogativa profissional, que, como se verá, além de ter reforçado a importância do advogado nas fases extrajudiciais de apuração de infrações, conferiu aos cidadãos que se vejam sob formal investigação, direito expresso de assistência jurídica por profissional legalmente habilitado (*in casu*, o advogado).

Assim, o referido art. 7º, XXI, do EAOAB, prescreve ser direito do advogado o de assistir a seus clientes investigados durante a apuração de infrações, sob pena de nulidade absoluta do respectivo interrogatório ou depoimento e, subsequentemente, de todos os elementos investigatórios e probatórios dele decorrentes ou derivados, direta ou indiretamente, podendo, inclusive, no curso da respectiva apuração, apresentar razões e quesitos.

De plano, destacamos que o dispositivo em comento, por não fazer distinção, abrange a apuração de quaisquer tipos de infrações, ou seja, penais e extrapenais.

No mais, entendemos que andou bem o legislador ordinário ao prever a participação do advogado nos procedimentos apuratórios de infrações, seja pelo fato de a parte assistida – investigada – passar a poder contar com respaldo técnico-profissional, seja porque o procedimento investigatório poderá, por influência do próprio advogado, que, como visto, poderá participar de interrogatórios e depoimentos, além de apresentar razões e quesitos, tomar rumos que conduzam à apuração de infrações com maior grau de certeza e/ou determinação.

Da leitura apressada do novel dispositivo, poder-se-ia concluir que a participação do advogado será obrigatória, invariavelmente, durante a apuração de infrações, o que, segundo entendemos, não é a melhor interpretação.

Nada obstante estejamos diante de uma prerrogativa profissional, o fato é que a assistência por advogado de pessoas investigadas pela prática de infrações deve ser tomada como uma faculdade do investigado. Significa dizer que, por exemplo, se determinada pessoa estiver sob formal investigação pela prática de um ilícito penal, terá o direito de, querendo, ser acompanhada, durante seu interrogatório ou depoimento de testemunhas, por advogado, sob pena de nulidade do ato e de todos os elementos investigatórios e probatórios dele decorrentes.

Todavia, como afirmamos, a atuação do advogado em procedimentos investigatórios não deverá ser tomada como "requisito de validade" dos elementos neles colhidos, a não ser que referida prerrogativa seja tolhida do investigado.

Tomemos, por exemplo, a seguinte situação: João, preso em flagrante delito, é conduzido a uma delegacia de polícia, oportunidade em que, antes de iniciado seu interrogatório pela autoridade policial, afirma querer contatar seu advogado para que o acompanhe durante o ato, tal como prevê, inclusive, o art. 5º, LXIII, da CF/88 (*o preso será informado de seus direitos, entre os quais o de permanecer calado, sendo-lhe assegurada a assistência da família e de advogado*). Diante da solicitação, a autoridade policial lhe nega o pedido, daí se iniciando o interrogatório, no qual o agente confessa a prática delituosa.

Nesse caso, estaremos diante de fonte de prova (confissão) que não poderá repercutir efeitos, haja vista a ilicitude na sua obtenção, eis que em descompasso com o art. 7º, XXI, do EAOAB.

O mesmo – a nulidade – ocorrerá caso o investigado, durante o procedimento apuratório da infração a ele irrogada, assistido por advogado, tenha, por exemplo, desentranhada dos autos petição em que formulados quesitos para perícia, que, muitas vezes, se revela irrepetível na fase judicial.

O dispositivo em comento é novo, o que, decerto, gerará calorosas discussões nos meios acadêmicos e nas instituições jurídicas, eis que sua repercussão, especialmente no inquérito policial, é bastante relevante e inovadora.

Criou-se um "novo patamar" de atuação profissional do advogado, até então atuante em procedimentos investigatórios de forma mais tímida, muitas vezes como mero espectador ou ouvinte, especialmente no âmbito do inquérito policial, eis que amplamente adotada a tese de que não há nulidade em referido procedimento. Doravante, poderemos falar em nulidade na fase inquisitiva!

Aguardemos os Tribunais!

6.2. Direitos (prerrogativas) das advogadas (art. 7º-A do EAOAB)

A Lei 13.363, de 25 de novembro de 2016, promoveu a inclusão de mais um dispositivo ao Estatuto da OAB, mais precisamente o art. 7º-A, que passou a dispor expressamente sobre os direitos das advogadas que se encontrem em situações específicas (gestante, lactante, adotante ou que tiver dado à luz), materializando-se, assim, o princípio da igualdade material ou substancial entre homens e mulheres que integrem a advocacia brasileira.

Doravante, serão direitos da advogada:

I - gestante:

a) entrada em tribunais sem ser submetida a detectores de metais e aparelhos de raios X;

b) reserva de vaga em garagens dos fóruns dos tribunais;

II - lactante, adotante ou que der à luz, acesso a creche, onde houver, ou a local adequado ao atendimento das necessidades do bebê;

III - gestante, lactante, adotante ou que der à luz, preferência na ordem das sustentações orais e das audiências a serem realizadas a cada dia, mediante comprovação de sua condição;

IV - adotante ou que der à luz, suspensão de prazos processuais quando for a única patrona da causa, desde que haja notificação por escrito ao cliente.

Os direitos previstos à advogada **gestante** ou **lactante** (no caso, incisos I, II e III, do art. 7º-A do EAOAB) aplicam-se enquanto perdurar, respectivamente, o estado gravídico ou o período de amamentação.

Já os direitos assegurados nos incisos II e III, também do precitado art. 7º – A, à advogada **adotante** ou **que der à luz** serão concedidos pelo prazo previsto no CLT, ou seja, **120 (cento e vinte) dias**.

Finalmente, o direito assegurado no inciso IV do art. 7º – A à advogada **adotante** ou **que der à luz** será concedido pelo prazo previsto no § 6º do art. 313 do CPC, fixado em 30 (trinta) dias.

7. SOCIEDADE DE ADVOGADOS

7.1. Sociedade de advogados (arts. 15 a 17 do EAOAB; arts. 37 a 43, Regulamento Geral; Provimentos 112/2006 e 169/2015 do Conselho Federal da OAB)

7.1.1. Das sociedades de advogados e suas espécies

Nos termos do art. 15, *caput*, do EAOAB, com a redação que lhe foi conferida pela Lei 13.247, de 12 de janeiro de 2016, os advogados podem reunir-se em sociedade simples de prestação de serviços de advocacia ou constituir sociedade unipessoal de advocacia, na forma disciplinada nesta Lei e no regulamento geral.

Até o advento da sobredita lei federal, somente era possível a constituição de sociedade coletiva, vale dizer, formada por, pelo menos, dois advogados. Doravante, admitir-se-á que um só advogado seja titular de uma sociedade de advocacia.

Para fins didáticos, podemos afirmar que as sociedades de advogados são de duas espécies:

(i) sociedade pluripessoal de advogados: sociedade simples formada pela reunião de dois ou mais advogados;

(ii) sociedade unipessoal de advocacia: sociedade formada por um único advogado, que será seu titular.

7.1.1.1. Natureza jurídica da sociedade de advogados

Questão bastante relevante é saber qual a natureza jurídica de uma sociedade de advogados: empresária ou simples?

Para tanto, faz-se mister destacarmos alguns dispositivos do Código Civil vigente.

Art. 966. Considera-se empresário quem exerce profissionalmente atividade econômica organizada para a produção ou a circulação de bens ou de serviços.

Parágrafo Único. Não se considera empresário quem exerce profissão intelectual, de natureza científica, literária ou artística, ainda com o concurso de auxiliares ou colaboradores, salvo se o exercício da profissão constituir elemento de empresa.

Art. 967. É obrigatória a inscrição do empresário no Registro Público de Empresas Mercantis da respectiva sede, antes do início de sua atividade.

Art. 982 Salvo as exceçoes expressas, considera-se empresária a sociedade que tem por objeto o exercício de atividade própria de empresário, sujeito a registro (art. 967); e, simples, as demais.

Da leitura dos dispositivos *supra*, questionamo-nos: o advogado, no exercício de suas atividades, pode ser considerado um empresário?

A resposta é negativa!

De acordo com as palavras de PAULO LÔBO, a sociedade de advogados é uma sociedade profissional *sui generis*, que não se confunde com as demais sociedades civis. Rejeitou-se o modelo empresarial existente em vários países, para que não se desfigurasse a atividade de advocacia, que no Brasil é serviço público e integra a administração da justiça (LÔBO, 2007).

Na esteira dos ensinamentos do festejado doutrinador acima citado, o Conselho Federal da OAB, ao editar o Provimento 169/2015, confirmou a natureza *sui generis* da sociedade de advogados. Confira-se:

Art. 1º. Os advogados regularmente inscritos na Ordem dos Advogados do Brasil poderão reunir-se para colaboração profissional recíproca, a fim de somar conhecimentos técnicos, em sociedade de prestação de serviços de advocacia, sendo esta uma espécie societária sui generis no contexto da sociedade civil.

Como visto no item 7.1.1 supra, com a nova redação dada ao art. 15, caput, do EAOAB, pela Lei 13.247/2016, confirmou-se a natureza de ***sociedade simples*** das sociedades de advogados.

7.1.2. Aquisição da personalidade jurídica da sociedade de advogados e da sociedade unipessoal de advocacia

Tanto a sociedade pluripessoal de advogados, quanto a sociedade unipessoal de advocacia, exigirão, para suas criações, um ato constitutivo (contrato social), que deverá ser levado a registro no Conselho Seccional da OAB em cuja base territorial tiver sede (art. 15, § 1º, EAOAB; art. 37, *caput*, Regulamento Geral).

Atenção

Ao contrário do que se poderia imaginar, a sociedade de advogados ou a sociedade unipessoal de advocacia, não são registradas em Cartórios de Registro Civil de Pessoas Jurídicas, bem como nas Juntas Comerciais.

Importante frisar que não será dado aos Cartórios de Registro Civil, ou mesmo às Juntas Comerciais, proceder ao registro de sociedades que incluam, entre outras atividades, qualquer daquelas privativas de advocacia (art. 1º, EAOAB).

Também recusará o registro o Conselho Seccional competente que verificar no contrato social da sociedade de advogados (coletiva ou unipessoal) qualquer outra atividade estranha à advocacia (ex.: corretagem, contabilidade etc.).

7.1.3. Constituição de filiais

É possível a abertura de "filiais" de sociedades de advogados ou sociedades unipessoais de advocacia, nos moldes do que prescreve o art. 15, § 5º, do EAOAB.

Assim, o Estatuto permite que as sociedades de advogados, bem como as sociedades unipessoais de advocacia criem filiais, que, no entanto, só podem ser instaladas na área territorial de outro Conselho Seccional, de cujos limites não podem ultrapassar (LÔBO, 2007).

Em outras palavras, não se admitirá a constituição de mais de uma filial por Conselho Seccional, bem como no mesmo Conselho em que estiver registrada a sede. Considerando, pois, a existência de 27 (vinte e sete) Conselhos Seccionais, temos que em um deles será registrada a sede, restando 26 (vinte e seis), nos quais caberá a implantação de uma única filial. Portanto, numericamente, podem ser constituídas, no máximo, 26 (vinte e seis) filiais de uma mesma sociedade de advogados (coletiva ou unipessoal).

Registre-se que o ato constitutivo da filial deverá ser levado a arquivamento perante o Conselho Seccional em que se instalar, sem prejuízo de sua averbação perante o Conselho Seccional em que estiver registrada a sede (art. 15, § 5º, EAOAB).

Importa destacar que a filial, diversamente da sociedade-sede, não tem personalidade jurídica própria, razão pela qual não pode ter sócios ou denominação distintos daquela (LÔBO, 2007).

Uma vez constituída a filial, todos os sócios, inclusive o titular da sociedade individual de advocacia, irão obrigar-se a providenciar inscrição suplementar (art. 15, § 5º, parte final, EAOAB; art. 7º, § 1º, Provimento 112/2006, do Conselho Federal da OAB).

7.1.4. Razão social da sociedade de advogados

A razão social (denominação) da sociedade deverá ter obrigatoriamente o nome de pelo menos um advogado responsável pela sociedade (art. 16, § 1º, EAOAB). É comum que o nome da sociedade venha acompanhado da expressão "*Sociedade de Advogados*", cumprindo-se, assim, o que determina o art. 2º, § 1º, do Provimento 112/2006, do Conselho Federal da OAB, vedada a referência a "Sociedade Civil" ou "S.C".

Em caso de falecimento de sócio que "emprestou" seu nome ou sobrenome à sociedade, poderá permanecer na denominação social desde que prevista tal possibilidade no ato constitutivo (art. 16, § 1º, parte final, EAOAB).

Nos termos do art. 16, *caput*, EAOAB, é expressamente proibido que haja a adoção de denominação de fantasia (nome fantasia), visto que tal é característica marcante das sociedades empresariais (Ex.: "*Law & Order* Sociedade de Advogados"; "Causa Ganha Sociedade de Advogados" etc.). Como visto, o nome da sociedade deverá ser formado pelo nome de pelo menos um de seus sócios, completo ou abreviado!

O mesmo se pode dizer no tocante às sociedades unipessoais: sua denominação deve ser obrigatoriamente formada pelo nome do seu titular, completo ou parcial, com a expressão 'Sociedade Individual de Advocacia' (art. 16, § 4º, do EAOAB, incluído pela Lei 13.247/2016).

O já referido Provimento 112/2006 (do CFOAB) autoriza o uso do "&" na razão social. Assim, exemplificando, será possível que a razão social da sociedade seja "João & José Sociedade de Advogados".

Por fim, com o advento da Resolução nº 05/2016, do Conselho Federal da OAB, passou-se a admitir, nos termos da novel redação do art. 38 do Regulamento Geral (RGOAB), que na razão social da sociedade conste o nome social de advogado transexual ou travesti. Insta recordar ao leitor que se considera nome social, a designação pela qual a pessoa travesti ou transexual se identifica e é socialmente reconhecida e será inserido na identificação do advogado mediante requerimento (art. 33, parágrafo único, do RGOAB).

7.1.5. Procuração e sociedade de advogados

Conforme determina o art. 15, § 3º, EAOAB, as procurações devem ser outorgadas ***individualmente*** aos advogados e indicar a sociedade de que façam parte. Quanto a esta última exigência, o art. 105, § 3º, do Novo CPC (sem correspondência no CPC/1973), assim dispõe: "Se o outorgado integrar sociedade de advogados, a procuração também deverá conter o nome dessa, seu número de registro na Ordem dos Advogados do Brasil e endereço completo".

Entendemos que a expressão "***individualmente***" deve ser tomada no sentido de ser necessário que no instrumento de mandato, ainda que único, se possa identificar precisamente cada um dos sócios que está sendo constituído pelo cliente. Ou seja, não se faz necessária a outorga de uma procuração para cada sócio constituído.

No caso de clientes com interesses opostos, o art. 15, § 6º, EAOAB, corroborado pelo art. 19 do Novo CED, indica ser vedada a representação judicial por advogados sócios da mesma sociedade. Caso tal regra seja descumprida, haverá infração ética a ser imputada aos advogados, sem prejuízo de eventual configuração do crime previsto no art. 355, CP (patrocínio infiel).

7.1.6. Sócios integrando mais de uma sociedade de advogados

Nos termos do art. 15, § 4º, EAOAB, com a redação que lhe foi dada pela Lei 13.247/2016, nenhum advogado pode integrar mais de uma sociedade de advogados, constituir mais de uma sociedade unipessoal de advocacia, ou integrar, simultaneamente, uma sociedade de advogados e uma sociedade unipessoal de advocacia, com sede ou filial na mesma área territorial do respectivo Conselho Seccional.

Significa dizer, a contrário senso, que um advogado poderá integrar *mais de uma sociedade* (coletiva ou unipessoal) apenas se forem situadas em Conselhos Seccionais distintos.

Ex.: "A" pode ser sócio da sociedade "AB Sociedade de Advogados", com sede no estado de São Paulo, bem como da sociedade "AC Sociedade de Advogados", registrada no estado de Santa Catarina.

7.1.7. Alteração da constituição societária

De acordo com o art. 16, § 2º, EAOAB, o licenciamento de sócio para exercer atividade incompatível em caráter temporário deve ser averbado no registro da sociedade, sem alterar sua constituição.

Assim, caso um dos sócios assuma, por exemplo, um mandato eletivo de Prefeito (Chefe do Poder Executivo municipal – art. 28, I, EAOAB), considerado cargo incompatível com a advocacia, por se tratar de atividade transitória (frise-se: mandato eletivo), tal fato simplesmente deverá ser levado ao conhecimento do Conselho Seccional em que a sociedade for registrada, sem acarretar, porém, a alteração do corpo societário.

Todavia, caso um dos sócios assuma cargo incompatível com a advocacia em caráter definitivo, tal gerará o cancelamento de sua inscrição (art. 11, IV, EAOAB), o que, evidentemente, deverá gerar a alteração do ato constitutivo da sociedade e a consequente retirada do sócio.

Quanto à sociedade unipessoal, esta pode resultar da concentração por um advogado das quotas de uma sociedade de advogados, independentemente das razões que motivaram tal concentração (art. 15, §7º, do EAOAB, incluído pela Lei 13.247/2016). Assim, por exemplo, se em uma sociedade coletiva, composta por dois advogados, um deles resolver dela retirar-se, o outro sócio poderá concentrar todas as quotas sociais, dando seguimento às atividades como titular de uma sociedade unipessoal.

7.1.8. Responsabilidade

Nos moldes previstos no art. 17 do EAOAB, com a nova redação que lhe foi conferida pela Lei 13.247/2016, e art. 40, Regulamento Geral, além da sociedade, o sócio e o titular da sociedade individual de advocacia respondem subsidiária e ilimitadamente pelos danos causados aos clientes por ação ou omissão no exercício da advocacia, sem prejuízo da responsabilidade disciplinar em que possam incorrer. Assim, se determinado sócio de sociedade coletiva, ou titular de sociedade individual, causar danos a um cliente, primeiramente será atingido o patrimônio da sociedade, que, se insuficiente, ensejará a responsabilização subsidiária das pessoas naturais (sócios ou titular da sociedade unipessoal).

7.1.9. Espécies de sócios e quotas sociais

De acordo com o Provimento nº 169/2015, editado pelo Conselho Federal da OAB, podemos classificar os sócios em duas espécies:

✓ sócios patrimoniais; e

✓ sócios de serviço.

No art. 2º do sobredito ato normativo, a sociedade de advogados poderá ser constituída por sócios patrimoniais ou por sócios patrimoniais e de serviço, os quais não poderão pertencer a mais de uma sociedade na mesma base territorial de cada Conselho Seccional.

A integralização das quotas patrimoniais será realizada em moeda corrente e/ou bens (art. 2º, § 1º).

Poderá a sociedade de advogados estabelecer quotas de serviço (art. 2º, §2º), sendo vedado ao sócio de capital possuir quotas de serviços concomitantemente (art. 2º, § 3º).

A distinção entre sócios patrimoniais e de serviço, embora todos tenham os mesmos direitos e obrigações, consoante dispõe o art. 3º do Provimento em comento, se dá nas seguintes medidas: os sócios patrimoniais são os únicos que podem fazer contribuição pecuniária para a constituição do capital social da sociedade, tendo, como contrapartida, em caso de desligamento da sociedade, o direito a receber os respectivos haveres. Também, aos sócios patrimoniais, poderão ser estabelecidas outras "prerrogativas" expressas no contrato social e/ou instrumento próprio (art. 3º, *caput*).

Importa ressaltar que a todos os sócios (patrimoniais ou de serviço) será assegurado o direito de voto nas questões que envolverem a sociedade de advogados (art. 3º, parágrafo único).

Ainda, os sócios patrimoniais e de serviço farão jus à participação nos lucros da sociedade, na forma prevista nos respectivos contratos sociais ou em instrumentos específicos que a disciplinem (art. 4º).

Finalmente, sem prejuízo do disposto no art. 17 do EAOAB e art. 40 do Regulamento Geral (vide item 7.1.8 supra), os sócios patrimoniais e de serviço responderão pelos danos causados à sociedade e aos seus sócios.

7.1.10. Algumas vedações às sociedades de advogados

De acordo com o art. 16, *caput*, EAOAB, não podem ser admitidas a registro, nem podem funcionar, todas as espécies de sociedades de advogados que:

a) apresentem forma ou características de sociedade empresária;

b) que adotem denominação de fantasia;

c) que realizem atividades estranhas à advocacia;

d) que incluam como ou titular de sociedade unipessoal de advocacia pessoa não inscrita como advogado ou totalmente proibida de advogar.

7.1.11. Advogados associados

De acordo com o disposto no art. 39 do Regulamento Geral, a sociedade de advogados pode associar-se com advogados, sem vínculo de emprego, para participação nos resultados. Para tanto, será de rigor que os contratos de associação havidos entre a sociedade e os advogados associados sejam averbados no registro da sociedade.

Assim, permite-se que a sociedade estabeleça uma relação profissional com advogados nas várias especialidades da atividade da advocacia, sem que haja a necessidade de incluí-los como sócios (RAMOS, 2009).

Simplesmente, o advogado associado atua em causas de patrocínio comum, trabalhando em parceria e auferindo o percentual ajustado nos resultados ou honorários percebidos, podendo, ainda, utilizar as instalações da sociedade (LÔBO, 2007).

Com o advento do Provimento 169/2015, do Conselho Federal da OAB, a figura do "advogado associado" foi melhor posicionada no contexto da sociedade de advogados, definindo-se com maiores detalhes suas atribuições, direitos e obrigações.

Com efeito, conforme dispõe o art. 5º do referido Provimento, o advogado associado, na forma do art. 39 do Regulamento Geral do Estatuto da Advocacia e da OAB, poderá participar de uma ou mais sociedades de advogados, mantendo sua autonomia profissional, sem subordinação ou controle de jornada e sem qualquer outro vínculo, inclusive empregatício, firmando para tanto contrato de associação que deverá ser averbado no Registro de Sociedades de Advogados perante o respectivo Conselho Seccional. Caso haja associação do advogado a mais de uma sociedade de advogados, tal situação deverá ser comunicada prévia e formalmente às sociedades contratantes (art. 5º, § 1º).

Caso surja conflito de interesses entre o advogado associado e as sociedades de advogados com as quais mantenha vínculo associativo, o associado deverá observar o que o Código de Ética dispõe acerca do conflito de interesses (art. 5º, § 2º), ou seja, não poderá representar clientes com interesses opostos (art. 19 do CED).

Os critérios para a partilha dos resultados da atividade advocatícia objeto do contrato de associação serão nele expressamente definidos, abrindo-se ao advogado associado e à sociedade contratante a livre estipulação da forma como a avença se dará (art. 6º). Em outras palavras, a relação estabelecida entre associado e sociedade será definida com base na liberdade contratual, desde que, é claro, não haja afronta a direitos e obrigações de ambos.

Importante assinalar que o advogado associado, mesmo não sendo sócio da sociedade de advogados e não participando dos lucros nem dos prejuízos da sociedade, participará dos honorários contratados por esta com os clientes, e/ou resultantes de sucumbência, referentes às causas e interesses que lhe forem confiados, conjunta ou isoladamente, na forma prevista no contrato de associação (art. 7º, *caput*). Caberá ao referido contrato estabelecer livremente a forma de pagamento, que poderá basear-se em critério de proporcionalidade ou consistir em adiantamentos parciais, ou, ainda, honorários fixados por estimativa, para acerto final, ou por outra forma que as partes ajustarem (art. 7º, parágrafo único).

Quanto ao âmbito de atuação do advogado associado, esta não estará restrita a clientes da sociedade com a qual mantenha vínculo associativo, podendo ele ter sua própria clientela, desde que não haja conflito de interesses com clientes das sociedades de advogados com as quais mantenha vínculo associativo (art. 8º).

Se no contrato de associação forem identificados, em seu conjunto, elementos caracterizadores de relação de emprego, não será admitida sua averbação perante o órgão competente da OAB (art. 9º).

Sobrevindo conflitos de interesses entre os advogados associados e a sociedade de advogados, poderá a solução da controvérsia dar-se por mediação, conciliação ou arbitragem, desde que haja cláusula contratual específica nesse sentido, podendo-se indicar órgão competente do Conselho Seccional da OAB para desempenhar papel de conciliador, mediador ou árbitro (art. 11).

7.2. Destaque para temas afetos à sociedade de advogados

As Sociedades de Advogados são constituídas e reguladas segundo os arts. 15 a 17 do Estatuto da Advocacia e a Ordem dos Advogados do Brasil (OAB) – EAOAB, os arts. 37 a 43 do seu Regulamento Geral e as disposições dos Provimentos 112/2006 e 169/2015, editados pelo Conselho Federal da OAB.

Dada a importância do tema, vejamos alguns aspectos relevantes a serem analisados e repisados, previstos no precitado Provimento 112:

a) Contrato Social da sociedade:

I – a razão social, constituída pelo nome completo ou sobrenome dos sócios, ou pelo menos de um deles, responsáveis pela administração, assim como a previsão de sua alteração ou manutenção, por falecimento de sócio que lhe tenha dado o nome, observado, ainda, o disposto no parágrafo único deste artigo;

II – o objeto social, que consistirá exclusivamente no exercício da advocacia, podendo especificar o ramo do direito a que a sociedade se dedicará;

III – o prazo de duração;

IV – o endereço em que irá atuar;

V – o valor do capital social, sua subscrição por todos os sócios, com a especificação da participação de cada qual, e a forma de sua integralização;

VI – o critério de distribuição dos resultados e dos prejuízos verificados nos períodos que indicar;

VII – a forma de cálculo e o modo de pagamento dos haveres e de eventuais honorários pendentes, devidos ao sócio falecido, assim como ao que se retirar da sociedade ou que dela for excluído;

VIII – a possibilidade ou não de o sócio exercer a advocacia autonomamente e de auferir ou não os respectivos honorários como receita pessoal;

IX – o Contrato Social pode determinar a apresentação de balanços mensais, com a efetiva distribuição dos resultados aos sócios a cada mês;

X – as alterações do Contrato Social podem ser decididas por maioria do capital social, salvo se o Contrato Social determinar a necessidade de quórum especial para deliberação;

XI – o Contrato Social pode prever a cessão total ou parcial de quotas, desde que se opere por intermédio de alteração aprovada pela maioria do capital social.

b) Nome da sociedade:

I – é permitido o uso do símbolo "&" como conjuntivo dos nomes de sócios que constarem da denominação social;

II – da razão social não poderá constar sigla ou expressão de fantasia ou das características mercantis, devendo vir acompanhada de expressão que indique tratar-se de Sociedade de Advogados, vedada a referência a "Sociedade Civil" ou "S.C.";

c) Algumas vedações:

I – não são admitidas a registro, nem podem funcionar, Sociedades de Advogados que revistam a forma de sociedade empresária ou cooperativa, ou qualquer outra modalidade de cunho mercantil;

II – não se admitirá o registro e arquivamento de Contrato Social, e de suas alterações, com cláusulas que suprimam o direito de voto de qualquer dos sócios, podendo, entretanto, estabelecer quotas de serviço ou quotas com direitos diferenciados, vedado o fracionamento de quotas;

d) Dos sócios, da responsabilidade dos sócios e sócios-cônjuges:

I – é imprescindível a adoção de cláusula com a previsão expressa de que, além da sociedade, o sócio responde subsidiária e ilimitadamente pelos danos causados aos clientes, por ação ou omissão, no exercício da advocacia, assim como a previsão de que, se os bens da sociedade não cobrirem as dívidas, responderão os sócios pelo saldo, na proporção em que participem das perdas sociais, salvo cláusula de responsabilidade solidária;

II – é permitida a constituição de Sociedades de Advogados entre cônjuges, qualquer que seja o regime de bens, desde que ambos sejam advogados regularmente inscritos no Conselho Seccional da OAB em que se deva promover o registro e arquivamento;

III – somente os sócios respondem pela direção social, não podendo a responsabilidade profissional ser confiada a pessoas estranhas ao corpo social;

IV – o sócio administrador pode ser substituído no exercício de suas funções e os poderes a ele atribuídos podem ser revogados a qualquer tempo, conforme dispuser o Contrato Social, desde que assim decidido pela maioria do capital social;

V – o sócio, ou sócios administradores, podem delegar funções próprias da administração operacional a profissionais contratados para esse fim;

VI – a exclusão de sócio pode ser deliberada pela maioria do capital social, mediante alteração contratual, desde que observados os termos e condições expressamente previstos no Contrato Social;

VII – o pedido de registro e arquivamento de alteração contratual, envolvendo a exclusão de sócio, deve estar instruído com a prova de comunicação feita pessoalmente ao interessado, ou, na sua impossibilidade, por declaração certificada por oficial de registro de títulos e documentos.

e) Dissolução da sociedade caso haja redução à unipessoalidade

Nos casos em que houver redução do número de sócios à unipessoalidade, a pluralidade de sócios deverá ser reconstituída em até 180 (cento e oitenta) dias, sob pena de dissolução da sociedade. Contudo, à luz das alterações promovidas no Estatuto da OAB pela Lei 13.247, de 12 de janeiro de 2016, entendemos que a redução de sócios de uma sociedade (coletiva) de advogados não implicará a sua extinção, podendo ser "transformada" em sociedade unipessoal de advocacia, concentrando seu titular todas as quotas sociais, nos termos previstos no art. 15, § 7º, do EAOAB.

8. ADVOGADO EMPREGADO

8.1. Advogado empregado (arts. 18 a 21 do EAOAB; arts. 11 a 14 do Regulamento Geral; art. 4º do CED)

Considera-se empregado o trabalhador que presta serviços a alguém (pessoa física ou jurídica), com habitualidade, pessoalmente, de maneira subordinada e onerosa (mediante recebimento de salário).

Assim, podemos afiançar que o advogado empregado nada mais é do que um "empregado", assim tomado em sua acepção técnico-jurídica, regido pela CLT e também pelo Estatuto da OAB.

Embora existam entre o advogado empregado e seu empregador as características básicas da relação de emprego, aquele não terá retirada sua *isenção técnica*, nem reduzida sua *independência profissional*, conforme art. 18 do EAOAB.

Entende-se por *isenção técnica* do advogado empregado a total autonomia quanto à correta aplicação dos atos, meios e prazos processuais, sem interferência do empregador (LÔBO, 2007), ao passo que por *independência profissional* entende-se a característica de o advogado, ainda que empregado, não ter, em razão da subordinação hierárquica, de seguir e observar todas as determinações dadas pelo empregador.

Assim, muito embora haja subordinação entre advogado empregado e empregador, entendemos que ela é *atenuada* ou *mitigada*, tendo em vista o disposto no precitado art. 18 do EAOAB (frise-se: o fato de o advogado ser subordinado ao empregador não irá retirar sua isenção técnica, nem reduzirá sua independência profissional).

Atenção

Importante anotar que o advogado empregado, nos termos do parágrafo único do art. 18 do EAOAB, não estará obrigado à prestação de serviços profissionais de interesse pessoal dos empregadores, fora da relação de emprego. Em outras palavras, não poderá ser obrigado a executar quaisquer outras atividades que não estejam previstas no contrato de trabalho ou que tenham relação direta com este.

8.1.1. Regramento aplicável

Ao advogado empregado de um escritório, ou de uma sociedade de advogados, ou ainda de empresas com departamento jurídico, aplicar-se-á o disposto no Estatuto da OAB, Regulamento Geral e Código de Ética e Disciplina como diplomas normativos de observância principal, aplicando-se subsidiariamente a legislação trabalhista ordinária, em razão do princípio da especialidade.

Assim, alguns temas que serão a seguir abordados devem observar o regramento próprio. Demais questionamentos de cunho trabalhista deverão ser resolvidos, frise-se, pela legislação trabalhista comum.

8.2. Salário mínimo profissional (ou piso salarial) do advogado empregado

A remuneração pelos serviços prestados pelo advogado empregado ao empregador será fixada pelo contrato individual de trabalho, que, contudo, deverá respeitar o salário mínimo da profissão (piso salarial), que será fixado por *acordo ou convenção coletiva*, ou por *sentença normativa* proferida em dissídio coletivo perante a Justiça do Trabalho, conforme art. 19 do EAOAB.

Frise-se que a representação dos advogados nas convenções coletivas, acordos coletivos e dissídios coletivos compete ao *Sindicato* ou, à falta deste, à *federação* ou *confederação* de advogados, nos termos do que dispõe o art. 11, Regulamento Geral. Não é, pois, a OAB que representa os advogados empregados em matéria trabalhista.

Em resumo: o **salário mínimo profissional** será fixado por **acordo ou convenção coletiva, ou em sentença normativa**. A representação dos advogados em referidos instrumentos de tutela coletiva do trabalhador será feita pelo **sindicato**, ou, à falta, pela **federação** ou **confederação** de advogados.

8.3. Jornada de trabalho

De acordo com o art. 20, *caput*, EAOAB, a jornada de trabalho de um advogado empregado não poderá exceder a duração diária de *quatro horas contínuas* e a de *vinte horas semanais*, salvo *acordo* ou *convenção coletiva*, ou em caso de *dedicação exclusiva*.

Destarte, inexistindo regra em sentido contrário, a jornada de trabalho do advogado empregado será, como visto, de apenas quatro horas diárias, estendendo-se, por cinco dias da semana, a um total de vinte horas.

Frise-se que referida jornada poderá ser modificada por acordo ou convenção coletiva, ou em caso de dedicação exclusiva, não significando esta última, à semelhança do que ocorre na Administração Pública para certos cargos, que o advogado somente possa trabalhar para aquele determinado empregador, salvo se assim previr o contrato. Fora da jornada de trabalho avençada, poderá até mesmo ter outro emprego.

Assim, a dedicação exclusiva tratada no EAOAB diz respeito apenas ao tempo de duração da jornada de trabalho do advogado empregado, que no caso não poderá exceder a oito horas diárias (e, no máximo, *quarenta horas semanais*, tal como previa a antiga redação do art. 12 do Regulamento Geral).

Em suma:

a) Não havendo acordo ou convenção coletiva, ou dedicação exclusiva, a jornada de trabalho do advogado empregado será de 4 (quatro) horas diárias contínuas e 20 (vinte) horas semanais;

b) Se houver dedicação exclusiva, a jornada chegará, ao máximo, no dobro da anterior (oito horas diárias e quarenta semanais).

8.4. Horas extras (jornada extraordinária)

Serão pagas ao advogado empregado as horas suplementares (horas extras) com um adicional não inferior a *cem por cento* da hora normal, tal como giza o art. 20, § 2º, do EAOAB.

Importante anotar que referida regra legal põe a salvo o advogado empregado de eventual disposição coletiva (acordo ou convenção coletiva) ou individual (contrato individual) que reduza o valor remuneratório das horas extraordinárias trabalhadas. Em simples palavras, o Estatuto da OAB garantiu um *valor mínimo* de horas-extras: pelo menos 100% (cem por cento) do valor pago pela hora normal!

8.5. Jornada noturna

No período das 20h00 (vinte horas) de um dia às 5h00(cinco horas) do dia seguinte, as horas trabalhadas em período noturno serão remuneradas com um adicional de 25% da hora normal (art. 20, § 3º, do EAOAB).

Anote-se que a jornada noturna estabelecida pela CLT (art. 73, § 2º) varia das 22h00 (vinte e duas horas) às 5h00 (cinco horas) do dia seguinte, cabendo ao empregado perceber adicional de, pelo menos, 20% (vinte por cento) sobre a hora diurna (art. 73, *caput*).

Atenção

Assim, perceba as diferenças:

a) CLT: jornada noturna – das 22h00 às 5h00

b) EAOAB: jornada noturna – das 20h00 às 5h00

c) CLT: adicional noturno – 20% sobre a hora normal

d) EAOAB: adicional noturno – 25% sobre a hora normal

8.6. Advogado e preposto

Por expressa disposição do Regulamento Geral (art. 3º) e do Código de Ética (art. 25), é defeso (*proibido*) ao advogado funcionar no mesmo processo, *simultaneamente*, como patrono e preposto do empregador ou cliente.

8.7. Obrigações do advogado empregado

De acordo com o art. 18 do EAOAB, analisado anteriormente, a relação de emprego, na qualidade de advogado, não retira a sua *isenção técnica*, nem reduz a *independência profissional*, ambas inerentes à advocacia. Portanto, ainda que o advogado seja empregado, a *subordinação*, requisito indispensável ao reconhecimento do vínculo empregatício, nesse caso, será *mitigada*, visto que o profissional permanecerá com sua isenção técnica e independência profissional, tal como dito anteriormente.

Ainda, o advogado empregado não está obrigado à prestação de serviços profissionais de interesse pessoal dos empregadores, fora da relação de emprego.

9. HONORÁRIOS ADVOCATÍCIOS

9.1. Honorários advocatícios (arts. 22 a 26 do EAOAB; arts. 48 a 54, CED)

9.1.1. Conceito e etimologia

A palavra *honorários* tem sua raiz na expressão latina *honorarius*, significando, na sua concepção clássica, tudo aquilo que é feito ou dado por honra, sem conotação pecuniária (RAMOS, 2009).

Não se confundem os honorários com a remuneração percebida pelo advogado empregado, que, em virtude da relação de emprego, trabalha onerosamente a uma pessoa natural ou jurídica (salário).

Atualmente, podemos afirmar que os honorários correspondem à *remuneração dos serviços advocatícios prestados pelo profissional*, seja em juízo, seja fora dele. Conforme veremos mais à frente, indispensável que sejam fixados com *moderação*, observados os critérios previstos no CED e tabelas estabelecidas pelos Conselhos Seccionais.

9.2. Critérios para a fixação dos honorários

Não há critérios definitivos que possam delimitar a fixação dos honorários advocatícios, porque flutuam em função de vários fatores, tais como o prestígio profissional, a qualificação, a reputação na comunidade, o tempo de experiência, a dificuldade da matéria, a capacidade econômica do cliente, o valor da demanda, entre outros (LÔBO, 2007). Todavia, conforme dispõe o art. 49 do CED, os honorários profissionais devem ser fixados com *moderação*.

Destarte, podemos afirmar que a moderação é o *critério informador* do tema em tela. Honorários imoderadamente fixados constituem afronta ao Código de Ética, fato passível de punição disciplinar.

Assim, de acordo com o já citado art. 49 do CED, eis os critérios que devem ser observados pelos advogados para o estabelecimento dos honorários:

I – a relevância, o vulto, a complexidade e a dificuldade das questões versadas;

II – o trabalho e o tempo a ser empregados;

III – a possibilidade de ficar o advogado impedido de intervir em outros casos, ou de se desavir com outros clientes ou terceiros;

IV – o valor da causa, a condição econômica do cliente e o proveito para este resultante do serviço profissional;

V – o caráter da intervenção, conforme se trate de serviço a cliente eventual, frequente ou constante;

VI – o lugar da prestação dos serviços, conforme se trate do domicílio do advogado ou de outro;

VII – a competência do profissional;

VIII – a praxe do foro sobre trabalhos análogos.

Os elementos *supra* servem de diretrizes deontológicas para o advogado, bem como de instrumento de frenagem à tentação da ganância desmedida (LÔBO, 2007).

9.3. Espécies de honorários advocatícios

9.3.1. Honorários contratuais (ou convencionados, ou pactuados)

Como o próprio nome sugere, denominam-se de contratuais ou convencionais os honorários livremente pactuados entre cliente e advogado. Decorrem, portanto, de contrato de honorários celebrado entre as partes. Embora não seja requisito legalmente imposto, preferencialmente o contrato deverá ser *escrito*, tal como adverte, inclusive, o art. 48, *caput*, do CED, visto que confere maior segurança jurídica aos contratantes, além de, em caso de inadimplência, constituir-se em prol do advogado em título executivo extrajudicial (art. 24, *caput*, do EAOAB). No entanto, não há proibição de o contrato de honorários ser entabulado verbalmente.

Tal como estabelece o art. 48, § 1º, do CED, o contrato de prestação de serviços de advocacia não exige forma especial, devendo estabelecer, porém, com clareza e precisão, o seu objeto, os honorários ajustados, a forma de pagamento, a extensão do patrocínio, esclarecendo se este abrangerá todos os atos do processo ou limitar-se-á a determinado grau de jurisdição, além de dispor sobre a hipótese de a causa encerrar-se mediante transação ou acordo.

Como visto anteriormente, o advogado deve pautar-se pela moderação na fixação dos honorários contratuais (art. 49, CED), tomando como parâmetro os valores indicados nas Tabelas de Honorários editadas pelos Conselhos Seccionais. Não que o advogado seja obrigado a cobrar exatamente o montante indicado nas tabelas. Porém, estas trazem *valores razoáveis*, indicando ao profissional aquilo que é praticado ordinariamente no "mercado advocatício".

Atenção

Não havendo expressa previsão no contrato acerca do momento de pagamento, os honorários, segundo sugere o art. 22, § 3º, EAOAB, serão devidos pelo cliente da seguinte forma: 1/3 (um terço) no início do serviço, 1/3 (um terço) até a decisão de primeira instância e o restante no final.

A compensação de créditos, pelo advogado, de importância devidas ao cliente, somente será admissível quando o contrato de prestação de serviços a autorizar ou quando houver autorização especial do cliente para este fim, por este firmada (art. 48, § 2º, CED). Assim, não pode o advogado, em caso de recebimento de valores a serem repassados ao cliente, simplesmente "reter" o montante correspondente aos seus honorários, entregando a quantia restante ao constituinte. Se tal ocorrer, estaremos diante de infração ético-disciplinar!

Importante anotar uma excelente característica dos honorários advocatícios fixados em contrato escrito, qual seja, a de que, se o profissional juntá-lo aos autos antes de expedir-se o mandado de levantamento ou precatório, o juiz deve determinar que lhe sejam pagos diretamente, por dedução da quantia a ser recebida pelo constituinte, salvo se este provar que já os pagou (art. 22, § 4º, do EAOAB). Trata-se de um ótimo instrumento contra eventual inadimplência por parte do cliente!

Finalmente, quanto ao valor dos honorários, dispõe o art. 48, § 6º, do CED, que deverá o advogado observar o mínimo da Tabela de Honorários instituída pelo respectivo Conselho Seccional onde for realizado o serviço, inclusive aquele referente às diligências, sob pena de caracterizar-se o aviltamento de honorários. Em simples palavras, não poderá o advogado cobrar honorários abaixo do *quantum* mínimo estipulado pelas Tabelas de Honorários dos Conselhos Seccionais, sob pena de responder disciplinarmente por tal conduta.

9.3.1.1. *Algumas peculiaridades sobre o contrato de honorários*

Conforme estabelece o art. 48, § 3º, do CED, o contrato de prestação de serviços poderá dispor sobre a forma de contratação de profissionais para serviços auxiliares (por exemplo, contadores), bem como sobre o pagamento de custas e emolumentos, os quais, na ausência de disposição em contrário, presumem-se devam ser atendidos pelo cliente. Caso o contrato preveja que o advogado antecipe tais despesas, ser-lhe-á lícito reter o respectivo valor atualizado, no ato de prestação de contas, mediante comprovação documental.

Dispõe o art. 48, § 5º, também do CED, que é vedada, em qualquer hipótese, a diminuição dos honorários contratados em decorrência da solução do litígio por qualquer mecanismo adequado de solução extrajudicial. Portanto, caso o cliente consiga extrajudicialmente "solucionar" seu problema, que já havia sido judicializado e se encontrava sob o patrocínio do advogado, não poderá ser este prejudicado com a redução dos honorários contratualmente avençados.

9.3.2. *Honorários por arbitramento (ou arbitrados judicialmente)*

Na falta de estipulação ou de acordo, os honorários são fixados por *arbitramento judicial*, em remuneração compatível com o trabalho e o valor econômico da questão, não podendo ser inferiores aos estabelecidos na tabela organizada pelo Conselho Seccional da OAB (art. 22, § 2º, EAOAB).

Todavia, essa espécie de honorários é bastante desgastante ao advogado, visto que deverá submeter-se a um processo de conhecimento, quando, somente com a prolação de sentença, disporá de título executivo judicial. Já se houver fixado os honorários por escrito, disporá, de plano, de um título executivo extrajudicial, o que se afigura bem mais vantajoso.

Registre-se que essa espécie de honorários decorre de uma das duas situações a seguir:

a) *inexistência de contrato escrito* (lembre-se de que, se este existir, o advogado disporá de um título executivo extrajudicial – art. 24, *caput*, EAOAB);

b) *controvérsia envolvendo o contrato verbal* (ex.: o cliente recusa-se a pagar o que foi ajustado verbalmente).

9.3.3. *Honorários sucumbenciais (ou honorários de sucumbência)*

Como exsurge do próprio nome, os honorários sucumbenciais são aqueles decorrentes da *sucumbência*, assim entendida como a *derrota judicial* de uma das partes do processo.

Em suma, podemos dizer que são aqueles devidos pela *parte vencida* no processo, que irá pagá-los ao *advogado da parte vencedora*. Cuidado: a verba sucumbencial pertence ao *ADVOGADO* da parte vencedora, e não à parte vencedora!

Não se podem confundir os honorários convencionais, que "saem do bolso do cliente", com os honorários sucumbenciais, que "saem do bolso da parte vencida" no processo.

Atenção

Como regra, os honorários de sucumbência seguem a regra prevista no art. 85 do Novo CPC (correspondente ao art. 20 do CPC/1973), variando entre 10% (dez por cento) a 20% (vinte por cento) sobre o valor da condenação.

Ainda, de acordo com o disposto no art. 24, § 3º, do EAOAB, seria nula qualquer disposição, cláusula, regulamento ou convenção individual ou coletiva que retirasse do advogado o direito ao recebimento dos honorários de sucumbência. No entanto, o STF, no julgamento da *ADIn 1.194*, reconheceu-se a *inconstitucionalidade do referido dispositivo legal*, dando-se margem, pois, para que haja acordo em sentido contrário quanto à destinação da verba sucumbencial, que em última análise poderá, até na íntegra, ser destinada a pessoa diversa do advogado da parte vencedora.

Importa registrar que, na hipótese de falecimento ou incapacidade civil do advogado, os honorários de sucumbência, proporcionais ao trabalho realizado, são recebidos por seus sucessores ou representantes legais (art. 24, § 2º, do EAOAB).

Nos termos do art. 51, *caput*, do CED, os honorários de sucumbência poderão ser executados pelo advogado, assistindo-lhe o direito autônomo para promover a execução do capítulo da sentença que os estabelecer ou para postular, quando for o caso, a expedição de precatório ou requisição de pequeno valor em seu favor (quando a parte vencida for a Fazenda Pública).

Em caso de substabelecimento, a verba correspondente aos honorários da sucumbência será repartida entre o substabelecente e o substabelecido, proporcionalmente à atuação de cada um no processo ou conforme haja sido ajustado entre eles (art. 51, § 1º, CED).

Havendo conflitos entre advogados envolvendo divergência sobre valores a serem partilhados de honorários sucumbenciais, a OAB ou seus Tribunais de Ética poderão ser solicitados a indicar mediador, sendo tentada, preliminarmente, nos processos disciplinares que envolverem esse assunto, a conciliação entre os advogados (art. 51, §§ 2º e 3º, CED).

9.3.4. Honorários com cláusula quota litis (art. 50, CED)

O pacto de *quota litis* é, na verdade, um contrato de risco. Por esse tipo de ajuste, o advogado admite remuneração dos seus serviços vinculada ao resultado obtido para o cliente (RAMOS, 2009).

Assim, podemos dizer que os honorários com pacto ou cláusula *quota litis* decorrem do êxito na demanda: se a causa patrocinada pelo advogado for "bem sucedida", este receberá os honorários; caso contrário, "embolsará prejuízo".

Essa espécie de honorários deve ser estipulada em pecúnia, sendo certo que, apenas em último caso, o advogado participará de bens particulares do cliente como forma de ter seu trabalho remunerado, desde que, comprovadamente, seu constituinte não tenha condições pecuniárias de satisfazer o débito. Em outras palavras, não dispondo o cliente de dinheiro para pagar os honorários contratados, o advogado poderá receber como contrapartida pelos serviços prestados, bens particulares do cliente, mas desde que essa forma de pagamento seja estabelecida em instrumento contratual (art. 50, § 1º, do CED).

Em hipótese alguma os ganhos do advogado poderão superar os do cliente, sob pena de cometimento de infração ética (locupletamento ilícito – art. 34, XX, EAOAB).

Ainda, quando o objeto do serviço jurídico versar sobre prestações vencidas e vincendas, os honorários advocatícios poderão incidir sobre o valor de umas e outras, atendidos os requisitos da moderação e razoabilidade (art. 50, § 2º, do CED).

Em resumo, quanto aos honorários com cláusula *quota litis*, temos as seguintes regras:

a) Devem ser representados por pecúnia (leia-se: dinheiro);

b) É vedado o pagamento dos honorários com a entrega de bens particulares do cliente, o que será tolerado em caráter excepcional em caso de, comprovadamente, não dispor o constituinte de recursos financeiros para o pagamento em dinheiro, e desde que tal seja ajustado em instrumento contratual;

c) Os ganhos do advogado não podem superar, incluídos os eventuais honorários de sucumbência, os ganhos do cliente (o advogado não pode ser "sócio majoritário" da causa, auferindo montante superior àquele que será destinado à própria parte-cliente).

9.4. Algumas disposições gerais sobre os honorários advocatícios

9.4.1. Momento para recebimento

Como visto anteriormente, se não houver acordo expresso, os honorários deverão ser pagos em três momentos:

a) 1/3 no início;

b) 1/3 quando proferida a sentença de 1º grau; e

c) 1/3 ao final.

9.4.2. Eficácia executiva

Os honorários fixados judicialmente e o contrato de honorários configuram título executivo (este último, de natureza extrajudicial, independentemente de ser assinado por duas testemunhas).

A execução dos honorários pode ser promovida nos mesmos autos da ação em que tenha atuado o advogado, se assim lhe convier (art. 24, § 1º, do EAOAB). Aqui, estamos tratando por evidente dos honorários de sucumbência e por arbitramento, ambos decorrentes de uma sentença judicial.

No caso de honorários contratualmente estipulados por escrito, em caso de inadimplência, deverá o advogado mover a competente ação de execução, fundada em título extrajudicial.

9.4.3. Crédito privilegiado e de natureza alimentar

Os honorários advocatícios, de qualquer espécie (contratuais, por arbitramento ou sucumbenciais) constituem *crédito privilegiado* em concurso de credores, falência, recuperação judicial, insolvência civil e liquidação extrajudicial (art. 24, *caput*, do EAOAB).

É de se destacar que os honorários, conforme entendimento jurisprudencial, têm natureza alimentar (AgReg Suspensão de Liminar 158-2/RE 470.407 – STF; REsp 293552 – STJ), o que foi referendado pela Súmula vinculante 47, que assim dispõe: "*Os honorários advocatícios incluídos na condenação ou destacados do montante principal devido ao credor consubstanciam verba de natureza alimentar cuja satisfação ocorrerá com a expedição de precatório ou requisição de pequeno valor, observada ordem especial restrita aos créditos dessa natureza*".

9.4.4. Honorários de sucumbência e advogado empregado

Em caso de arbitramento de honorários sucumbenciais em favor de advogado empregado nas causas em que atue como procurador do empregador, deve-se adotar o seguinte raciocínio:

a) devem ser destinados ao advogado, como regra (art. 21, EAOAB);

b) havendo estipulação contratual em contrário, deverá prevalecer o ajuste feito entre advogado empregado e empregador, em respeito ao decidido pelo STF no julgamento da ADIn 1.194-4 (*vide item 9.3.3. supra*).

Demais disso, importante salientar que, de acordo com o art. 14 do Regulamento Geral, os honorários de sucumbência, por decorrem precipuamente do exercício da advocacia e só acidentalmente da relação de emprego, não integram o salário ou a remuneração, não podendo, assim, ser considerados para efeitos trabalhistas ou previdenciários.

9.4.5. Honorários de sucumbência e advogado empregado ou sócio de sociedade de advogados

Em caso de arbitramento judicial de honorários de sucumbência em favor de advogado sócio de sociedade de advogados, ou empregado de sociedade de advogados, deve-se adotar o mesmo raciocínio descrito no item 9.4.4. *supra*:

a) devem ser partilhados entre o advogado e a sociedade, na forma estabelecida no ato constitutivo (art. 21, parágrafo único, EAOAB);

b) havendo estipulação contratual em contrário, deverá prevalecer a regra especial, em respeito ao decidido pelo STF no julgamento da ADIn 1.194-4 (*vide item 9.3.3. supra*).

9.4.6. Acordo direto entre o cliente e a parte contrária

De acordo com o art. 24, § 4º, EAOAB, o acordo feito pelo cliente do advogado e a parte contrária, salvo aquiescência do profissional, não lhe prejudica os honorários, quer os convencionados, quer os concedidos por sentença.

Em suma, se o cliente, sem a interveniência de seu advogado, houver diretamente entabulado acordo com a parte contrária, a fim de solucionar o litígio instaurado, tal fato não poderá constituir óbice ao recebimento pelo profissional de seus honorários.

9.4.7. Necessidade de cobrança judicial dos honorários

Caso o advogado não receba, no prazo estipulado contratualmente, ou, em caso de contrato verbal, após o trânsito em julgado da sentença que os tenha arbitrado, os seus honorários, deverá, antes de ajuizar a competente ação (de execução ou de arbitramento), previamente renunciar ao patrocínio da causa (art. 54, CED).

Em outras palavras, em caso de inadimplência, não poderá o advogado prosseguir na representação judicial de seu cliente e, ao mesmo tempo, ajuizar em causa própria ação para exigir o montante que lhe seja devido. Nesse caso, caberá ao advogado renunciar ao mandato e somente então promover a cobrança judicial de seus honorários.

Interessante anotar que no CED anterior, havia previsão de que o advogado não poderia atuar em causa própria nas demandas movidas contra (ex)clientes inadimplentes, sendo necessário que fosse representado por outro colega (art. 43). Contudo, no Novo CED, tal vedação não mais existe (art. 54), razão por que poderá o advogado ajuizar ação contra o ex-cliente, atuando em causa própria.

Atenção

Esclareça-se, por oportuno, que a ação que tiver por objeto a cobrança de honorários advocatícios deverá ser promovida perante a Justiça estadual comum, consoante dispõe a Súmula 363, STJ: "Compete à Justiça estadual processar e julgar ação de *cobrança ajuizada por profissional liberal contra cliente*".

Logo, não é da Justiça do Trabalho a competência para conhecer e julgar esse tipo de causa como eventualmente se poderia pensar, haja vista a eventual relação de trabalho entre cliente e advogado (não relação de emprego, mas de trabalho!).

9.4.8. Prazo prescricional (art. 25 do EAOAB)

O prazo para a cobrança dos honorários advocatícios (convencionados, por arbitramento ou de sucumbência) é de *cinco anos*, sob pena de prescrição (perda da pretensão pelo decurso do prazo).

Referido prazo terá por termo inicial, consoante dispõe o art. 25 do EAOAB:

a) o vencimento do contrato, se houver (inc. I);

b) o trânsito em julgado da decisão que houver fixado os honorários de sucumbência e os arbitrados (inc. II);

c) a ultimação do serviço extrajudicial, em se tratando, evidentemente, de atos extrajudiciais elaborados pelo advogado (inc. III);

d) a desistência ou transação (inc. IV), pois, nesses casos, haverá o encerramento do processo (no primeiro caso, sem resolução do mérito, e, no segundo caso, com resolução do mérito);

e) a renúncia ou revogação do mandato (inc. V), pois, em ambos os casos, estará extinto o mandato judicial, encerrando-se a relação "cliente-advogado", momento em que surge ao profissional sua pretensão, em caso de inadimplência, para exigir judicialmente seus honorários.

Por força da Lei 11.902/2009, acrescentou-se ao art. 25 do EAOAB a letra "A" (art. 25-A), que disciplinou a prescrição da pretensão do cliente de exigir do advogado prestação de contas das quantias recebidas pelo causídico, ou de terceiros por conta dele.

Em conclusão: se o advogado tem cinco anos para exigir judicialmente o pagamento de seus honorários, o cliente, igualmente, dispõe de cinco anos para exigir do advogado que lhe preste contas de valores recebidos!

9.4.9. Cobrança de honorários por advogado substabelecido

O art. 26 do EAOAB permite ao advogado substabelecido, com reserva de poderes, a cobrança dos honorários, desde que com a intervenção do substabelecente.

Trata-se de regra de natureza ética, cuja infração está sujeita a pena disciplinar. Consequentemente, o advogado que recebeu o substabelecimento não pode executar isoladamente os honorários, devendo fazê-lo sempre em conjunto com o outro (LÔBO, 2007).

9.4.10. Vedação de saque de títulos de crédito para pagamento de honorários contratuais e tiragem de protesto

De acordo com o art. 52 do CED, o crédito por honorários advocatícios, seja do advogado autônomo, seja de sociedade de advogados, *não autoriza o saque de duplicatas ou qualquer outro título de crédito de natureza mercantil*, podendo apenas ser emitida *fatura*, quando o cliente assim pretender, com fundamento no contrato de prestação de serviços, a qual, porém, *não poderá ser levada a protesto.*

Assim, algumas regras iniciais podem ser extraídas:

✓ inviabilidade de saque, pelo advogado, de duplicatas ou outros títulos de crédito de natureza mercantil, como forma de garantia do crédito de honorários;

✓ possibilidade de emissão de fatura, desde que o cliente assim queira, sendo vedada, porém, a tiragem de protesto.

Caso o advogado receba seus honorários por meio de cheque, ou tenha em poder nota promissória assinada pelo cliente, depois de frustrada a tentativa de recebimento amigável, poderá levá-los - os títulos de crédito - a protesto.

Interessante anotar que o Novo CED, em seu art. 53, permite expressamente que o advogado ou sociedade de advogados empregue, para o recebimento de honorários, ***sistema de cartão de crédito***, mediante credenciamento junto a empresa operadora do ramo. Contudo, eventuais ajustes com a empresa operadora que impliquem pagamento antecipado, não afetarão a responsabilidade do causídico perante o cliente em caso de rescisão do contrato de prestação de serviços, devendo ser observadas as disposições deste quanto à hipótese ora aventada (art. 53, parágrafo único).

9.4.11. Honorários advocatícios e assistência jurídica

A Lei 1.060/1950, conhecida como "Lei de Assistência Judiciária", preconiza que os honorários sucumbenciais fixados em desfavor da parte beneficiária da gratuidade (pessoa pobre na acepção jurídica do termo) não poderão ser exigidos pelo advogado da parte vencedora sem que antes ele comprove a alteração da condição econômica do vencido.

Em outras palavras, se, por exemplo, o réu de uma ação indenizatória for beneficiário da assistência judiciária gratuita, requerida por ocasião da apresentação de sua contestação, caso o pedido deduzido na petição inicial seja julgado procedente, caberá ao juiz sentenciante condenar o vencido ao pagamento da indenização, sem prejuízo do pagamento dos honorários sucumbenciais ao advogado do autor. Contudo, sua exigibilidade restará suspensa, cabendo ao credor (advogado), no prazo prescricional de cinco anos, demonstrar que o réu (parte vencida) perdeu a condição de hipossuficiente (pobre na acepção jurídica do termo), conforme dispõe o art. 12 da Lei 1.060/1950.

10. INCOMPATIBILIDADES E IMPEDIMENTOS

10.1. Das incompatibilidades e impedimentos (arts. 27 a 30 do EAOAB). Noções introdutórias

O EAOAB, objetivando garantir ao advogado uma atuação reta, sem a possibilidade de nítida captação de clientela, previu que o exercício de certas atividades ou funções ora acarreta uma total proibição para advogar, ora uma proibição parcial.

Assim, por contrariedades existentes, não se permite o exercício da advocacia e de outras atividades simultaneamente.

Cuidou o Estatuto de disciplinar *duas* categorias de situações geradoras de uma impossibilidade – completa ou relativa – do exercício concomitante da advocacia e outras atividades. São as incompatibilidades – no primeiro caso – e os impedimentos – no segundo caso.

10.2. As incompatibilidades (art. 28, EAOAB)

Assim, temos que as incompatibilidades geram a *proibição total* para o exercício da advocacia, ainda que em causa própria.

Conforme veremos nos itens a seguir, algumas delas podem ser consideradas *transitórias ou temporárias*, o que acarretará o licenciamento do advogado, e outras (a maioria delas, diga-se de passagem) *permanentes*, redundando no cancelamento da inscrição.

Atenção

Se a incompatibilidade já existir antes de requerida a inscrição nos quadros de advogados, o pedido será indeferido, visto que é requisito para a inscrição na OAB não exercer atividade incompatível com a advocacia (art. 8º, V, EAOAB). Porém, se alguém, já advogado, passar a exercer atividade incompatível com a advocacia, poderá ocorrer o licenciamento do profissional (se a incompatibilidade for em caráter temporário), ou o cancelamento da inscrição (se a incompatibilidade for em caráter permanente ou definitivo), conforme estudamos em capítulo anterior.

10.2.1. Incompatibilidades em espécie

10.2.1.1. Chefe do Poder Executivo e Membros das Mesas do Poder Legislativo (art. 28, I, EAOAB)

Por razões mais do que óbvias, os chefes do Poder Executivo federal, estadual, municipal ou distrital, dada a influência e poder de que gozam, são totalmente proibidos de advogar, ocupando, portanto, cargos incompatíveis com a advocacia, ainda que em causa própria.

Assim, estamos aqui tratando do Presidente da República, governadores dos estados e DF e prefeitos municipais, abrangidos os respectivos vices (o art. 28, I, EAOAB, após indicar a Chefia do Poder Executivo como geradora de incompatibilidade, encerra com "e seus substitutos legais").

Frise-se que a atividade em comento é considerada transitória ou temporária, visto que os chefes do Executivo ocupam mandato eletivo, com prazo certo para findar, razão pela qual, caso fossem advogados antes da posse, sofreriam *licença profissional* (art. 12, EAOAB), e não cancelamento.

São também incompatíveis os membros das Mesas do Poder Legislativo, incluindo seus substitutos legais. Estamos, pois, tratando dos membros ocupantes dos órgãos diretores das Casas Legislativas (Congresso Nacional, Assembleias Legislativas e Câmaras de Vereadores).

10.2.1.2. Ocupantes de funções de julgamento (art. 28, II, EAOAB)

Atenção

São também incompatíveis com a advocacia:

i) os membros do Poder Judiciário;

ii) os membros do Ministério Público;

iii) os membros dos tribunais e conselhos de contas;

iv) os membros dos juizados especiais;

v) os membros da justiça de paz;

vi) os juízes classistas; e

vii) todos os que exerçam função de julgamento em órgãos de deliberação coletiva da administração pública direta e indireta.

No tocante aos membros do Poder Judiciário, consideram-se incompatíveis, em simples palavras, os magistrados, abrangendo todas as instâncias. No entanto, o STF, no julgamento da ADIn 1.127-8, excluiu da incompatibilidade os juízes eleitorais integrantes do Tribunal Superior Eleitoral (art. 119, II, CF) e dos Tribunais Regionais Eleitorais (art. 120, § 1º, III, CF), desde que oriundos da classe de advogados, devidamente nomeados pelo Presidente da República.

Ressalte-se que o Regulamento Geral, em seu art. 8º, dispõe que a incompatibilidade prevista no art. 28, II, EAOAB, ora estudado não se aplica aos advogados que participam dos órgãos nele referidos, na qualidade de titulares ou suplentes, como representantes dos advogados. Em razão desse dispositivo, concluímos que os integrantes do CNJ (Conselho Nacional de Justiça), oriundos da classe de advogados, não são incompatíveis com a advocacia.

Ainda, são incompatíveis os membros do Ministério Público, abrangendo não apenas os Promotores de Justiça, Procuradores de Justiça, Procuradores da República, Procuradores do Trabalho, mas também os servidores dessas carreiras (ex.: analistas do Ministério Público, oficiais de promotoria, agentes de promotoria etc.). Frise-se que em razão do citado art. 8º do Regulamento Geral, os advogados integrantes do CNMP (Conselho Nacional do Ministério Público) não são incompatíveis com a advocacia.

Também são incompatíveis, nos termos do art. 28, II, EAOAB, os membros dos tribunais e conselhos de contas, tais como os conselheiros e auditores.

Igualmente são incompatíveis os membros dos juizados especiais, excetuados, porém, os juízes leigos, conforme manifestação do Conselho Federal da OAB nesse sentido, bem como os conciliadores e árbitros, desde que não haja, em qualquer caso, remuneração.

Os juízes de paz, cuja atribuição é a celebração matrimonial, também são incompatíveis, não podendo, pois, exercer a advocacia, nem mesmo em causa própria.

No tocante aos juízes classistas, que integravam a Justiça do Trabalho, estes não mais "existem", por força de emenda constitucional que extinguiu referidos cargos da aludida Justiça especializada.

Por fim, são alcançados pela incompatibilidade, de forma geral, todos aqueles que exerçam funções de julgamento em órgãos de deliberação coletiva da Administração Pública direta ou indireta.

10.2.1.3. Ocupantes de cargos ou funções de direção (art. 28, III, EAOAB)

Os ocupantes de cargos ou funções de direção em órgãos da Administração Pública direta ou indireta, em suas fundações e em suas empresas controladas ou concessionárias de serviços públicos, nos termos do art. 28, III, EAOAB, são incompatíveis com a advocacia.

Registre-se que a simples denominação de "diretor" para determinado cargo ou função não será suficiente a incompatibilizar seu ocupante. É indispensável que se analise se a pessoa exerce de fato cargo ou função de "comando", capaz de exercer um poder de decisão relevante sobre interesses de terceiros, conforme o art. 28, § 2º, EAOAB.

Assim, ficam excluídos da incompatibilidade ora estudada os que não tenham poder de decisão relevante sobre interesses de terceiro, a juízo do Conselho competente da OAB, bem como a administração acadêmica diretamente relacionada ao magistério jurídico (art. 28, § 2º, do EAOAB). Neste último caso, estamos falando dos Diretores de Faculdades públicas de Direito (apenas as de Direito!).

Não se olvide o fato de os ocupantes de cargos ou funções de direção em pessoas jurídicas de direito privado também serem alcançados pela incompatibilidade, desde que ligadas de alguma forma ao poder público. É exatamente o caso das empresas concessionárias de serviços públicos (ex.: fornecimento de energia elétrica e transportes).

10.2.1.4. Ocupantes de cargos ou funções vinculadas ao Poder Judiciário de serviços notariais e de registro (art. 28, IV, EAOAB)

São incompatíveis os ocupantes de cargos ou funções vinculados direta ou indiretamente ao Poder Judiciário. Estamos aqui tratando não dos magistrados, alcançados pela incompatibilidade tratada no art. 28, II, EAOAB, mas de pessoas que ocupam cargos ou funções com vinculação ao Judiciário, tais como os oficiais de justiça, escreventes, técnicos judiciários, analistas judiciários, assessores jurídicos de magistrados, desembargadores ou ministros etc.

Também são incompatíveis todos aqueles que trabalham em serviços notariais e de registro, alcançando não apenas seus titulares, mas também seus empregados (LÔBO, 2007). A própria lei que rege as atividades notariais e de registros públicos (Lei 8.935/1994), em seu art. 25, reafirma a incompatibilidade daqueles que as exercem.

10.2.1.5. Atividades policiais (art. 28, V, EAOAB)

Os ocupantes de cargos ou funções vinculados direta ou indiretamente à atividade policial de qualquer natureza, tais como os Delegados de Polícia, Escrivães, Investigadores, Agentes Policiais, Bombeiros, Guardas Municipais, Policiais Rodoviários, são alcançados pela incompatibilidade.

Frise-se que a expressão "de qualquer natureza" faz que, por exemplo, os peritos criminais e os médicos legistas sejam abarcados pela incompatibilidade em estudo.

10.2.1.6. Militares na ativa (art. 28, VI, EAOAB)

A incompatibilidade em questão abrange os ocupantes das Forças Armadas (Marinha, Exército e Aeronáutica), desde que na ativa. Assim, a *contrario sensu*, os ex-militares obviamente podem advogar, visto que cessada a incompatibilidade.

10.2.1.7. Atividades tributárias (art. 28, VII, EAOAB)

De maneira geral, as pessoas ocupantes de cargos ou funções com atuação relevante em matéria fiscal-tributária são consideradas incompatíveis com a advocacia. Frise-se, porém, que apenas as atividades para *lançamento*, *arrecadação* e *fiscalização* de tributos e contribuições parafiscais são abrangidas pela incompatibilidade em comento. Logo, nem todos os servidores do Fisco estarão abrangidos pela proibição plena da advocacia.

Como exemplo de pessoas incompatíveis, temos: Auditores Fiscais da Receita Federal do Brasil, Fiscais de Rendas dos Estados e Municípios, Agentes Tributários, Fiscais do INSS etc.

10.2.1.8. Ocupantes de funções de direção e gerência em instituições financeiras (art. 28, VIII, EAOAB)

Finalmente, são incompatíveis com a advocacia as pessoas que ocuparem as funções de direção e gerência em instituições financeiras, sejam estas públicas ou privadas. Estamos falando, por exemplo, dos gerentes ou diretores de bancos, sejam eles, repita-se, públicos ou privados, assim como as financeiras.

Cremos que a incompatibilidade, no caso ora analisado, somente afetará aquelas pessoas que tenham poder de comando nas instituições financeiras, com força para captação de clientela, o que, como é sabido, é vedado.

10.2.2. Prazo de duração das incompatibilidades

Nos termos do art. 28, § 1º, EAOAB, a incompatibilidade permanece mesmo que o ocupante do cargo ou função deixe de exercê-lo temporariamente. A única "solução" será a completa desincompatibilização, que somente ocorrerá com a efetiva "saída" do cargo ou função caracterizadores da incompatibilidade.

À guisa de exemplo, um delegado de polícia, por exercer atividade policial, é considerado incompatível (art. 28, V, EAOAB). Somente deixará de sê-lo caso se exonere ou se aposente. Porém, se estiver em gozo de licença, ainda que não remunerada, de sua atividade, ainda assim será considerado incompatível.

10.3. Os impedimentos (art. 30 do EAOAB)

Diversamente do que ocorre com as incompatibilidades, os impedimentos geram *proibição parcial* para a advocacia. Em outras palavras, quem ostentar algum cargo ou função geradora de impedimento poderá advogar, porém, com certas restrições.

Frise-se que o exercício anterior de atividade geradora de impedimento não obstará a inscrição do bacharel nos quadros de advogados, visto que apenas as incompatibilidades irão impedi-la. Porém, uma vez deferida a inscrição, a OAB tomará a cautela de averbar nos assentamentos do advogado o impedimento.

10.3.1. *Impedimentos em espécie*

10.3.1.1. *Servidores públicos (art. 30, I, EAOAB)*

Nos termos do art. 30, I, EAOAB, são impedidos de exercer a advocacia os servidores da administração direta, indireta ou fundacional, contra a Fazenda Pública que os remunere ou à qual seja vinculada a entidade empregadora.

Destarte, desde que não se enquadre em uma das hipóteses de incompatibilidade, um servidor público, aqui entendido em sentido amplo, abrangendo, portanto, não somente os detentores de cargos públicos, mas também os que tenham vínculo celetista com o Poder Público (empregados públicos), poderá advogar "normalmente". Porém, por se tratar de servidor público, não poderá ser constituído como advogado de alguém que pretenda demandar perante a Fazenda Pública que o remunere, aqui entendida como os entes da Administração Pública direta ou indireta a que tenha vinculação o servidor.

Tomemos como exemplo um servidor público de determinado município. Considerando o disposto no art. 30, I, EAOAB, caso também exerça a advocacia, não poderá patrocinar causas contra o município que o remunera, nem contra qualquer outro ente público a ele vinculado, tais como eventuais autarquias municipais, ou empresas públicas ou sociedades de economia mista municipais. Porém, o impedimento não alcançará que esse mesmo servidor público municipal patrocine causas perante qualquer estado, União ou outros municípios.

A ideia que podemos extrair do impedimento em tela é a seguinte: o servidor público não pode "trair" seu próprio ente contratante!

Questão tormentosa é a de saber se um servidor público aposentado (inativo) pode patrocinar causas em desfavor da Fazenda Pública que o remunere. Há dois posicionamentos:

1º – sim, é possível, visto que a aposentadoria "desliga" o funcionário de seu vínculo com o Poder Público;

2º – não, pois o art. 30, I, EAOAB simplesmente tratou dos servidores públicos, não fazendo distinção entre os que estejam em atividade (servidores ativos) e os que se aposentaram (servidores inativos).

Parece-nos que a intenção da lei é a de vedar que os servidores em atividade "traiam" a própria Fazenda Pública a que se vinculem. Na prática, é muito comum que ex-magistrados, ex-promotores ou ex-procuradores, após a aposentadoria, passem a advogar em "causas públicas", inclusive em desfavor da Fazenda Pública que lhes paga suas aposentadorias.

Porém, ressaltamos que há doutrinadores de nomeada que entendem em sentido contrário (LÔBO, 2007; RAMOS, 2009).

Por fim, registramos que o art. 30, parágrafo único, do EAOAB, afasta o impedimento ora estudado com relação aos docentes de cursos jurídicos. Assim, por exemplo, um professor de Direito Civil em Faculdade *pública* estadual, federal ou municipal, poderá ser contratado para patrocinar causas mesmo perante a Fazenda Pública a que se vincula a instituição de ensino.

10.3.1.2. *Parlamentares (art. 30, II, EAOAB)*

Nos exatos termos do art. 30, II, EAOAB, são impedidos de advogar os membros do Poder Legislativo, em seus diferentes níveis, *contra ou a favor* das pessoas jurídicas de direito público, empresas públicas, sociedades de economia mista, fundações públicas, entidades paraestatais ou empresas concessionárias ou permissionárias de serviço público.

Em suma, podemos resumir que os parlamentares municipais, estaduais, federais ou distritais (leia-se: os deputados federais, estaduais e distritais, os senadores e os vereadores) não podem patrocinar demandas contrárias ou mesmo favoráveis ao Poder Público em geral, abrangendo aqui a Administração Pública direta e indireta, bem como as entidades paraestatais e as concessionárias ou permissionárias de serviços públicas (pessoas jurídicas de direito privado que executam tarefas típicas da Administração, porém sob regime de concessão ou permissão).

Lembre-se: se se tratar de membros das Mesas do Poder Legislativo, serão considerados incompatíveis (art. 28, I, EAOAB).

Tomemos como exemplo um deputado no estado do Rio de Janeiro. Por ser parlamentar, estará impedido de advogar contra ou a favor não apenas do Rio de Janeiro, mas de qualquer outro estado, ou mesmo União ou qualquer município brasileiro, abrangidas, também, as autarquias, fundações, empresas públicas e sociedades de economia mista em todo o território nacional. Perceba que a restrição imposta ao parlamentar é mais rigorosa do que a imposta ao servidor público, que somente não poderá patrocinar causas contra a Fazenda Pública que o remunere.

10.4. Exercício limitado da advocacia (art. 29, EAOAB)

De acordo com o art. 29 do EAOAB, alguns dos membros da Advocacia Pública, mais especificamente os *Procuradores Gerais, Advogados Gerais, Defensores Gerais e os dirigentes de órgãos jurídicos* da Administração Pública direta, indireta e fundacional, são exclusivamente legitimados para o exercício da advocacia vinculada à função que exerçam durante o período da investidura. Trata-se de dispositivo legal que impõe aos titulares dos cargos mencionados um *exercício limitado da advocacia*, não se confundindo com as incompatibilidades ou impedimentos já estudados.

10.5. Consequências jurídicas da ofensa às incompatibilidades e impedimentos

Nos termos do art. 4º, parágrafo único, do EAOAB, se uma pessoa incompatível (art. 28, I a VIII, EAOAB) praticar atos privativos de advocacia, ou ainda um advogado impedido violar os limites legais (art. 30, I e II, EAOAB), referidos atos serão considerados *nulos*.

11. INFRAÇÕES E SANÇÕES DISCIPLINARES

11.1. Das infrações e sanções disciplinares (arts. 34 a 43, EAOAB)

11.1.1. *Espécies de sanções*

São *quatro* as sanções previstas para as infrações disciplinares previstas no art. 34 do EAOAB. São elas:

a) Censura (art. 36, EAOAB)

b) Suspensão (art. 37, EAOAB)

c) Exclusão (art. 38, EAOAB)

d) Multa (art. 39, EAOAB)

11.1.1.1. Censura (art. 36, EAOAB)

A *censura* é a mais leve das sanções, sendo cabível sua aplicação nos seguintes casos:

a) infrações definidas nos *incisos I a XVI e XIX* do art. 34 do EAOAB;

b) violação ao CED;

c) violação ao EAOAB, quando para a infração não existir pena mais grave.

Assim, sujeitar-se-á à pena de censura aquele que:

I – exercer a profissão, quando impedido de fazê-lo, ou facilitar, por qualquer meio, o seu exercício aos não inscritos, proibidos ou impedidos;

II – mantiver sociedade profissional fora das normas e preceitos estabelecidos nesta lei;

III – valer-se de agenciador de causas, mediante participação nos honorários a receber;

IV – angariar ou captar causas, com ou sem a intervenção de terceiros;

V – assinar qualquer escrito destinado a processo judicial ou para fim extrajudicial que não tenha feito, ou em que não tenha colaborado;

VI – advogar contra literal disposição de lei, presumindo-se a boa-fé quando fundamentado na inconstitucionalidade, na injustiça da lei ou em pronunciamento judicial anterior;

VII – violar, sem justa causa, sigilo profissional;

VIII – estabelecer entendimento com a parte adversa sem autorização do cliente ou ciência do advogado contrário;

IX – prejudicar, por culpa grave, interesse confiado ao seu patrocínio;

X – acarretar, conscientemente, por ato próprio, a anulação ou a nulidade do processo em que funcione;

XI – abandonar a causa sem justo motivo ou antes de decorridos dez dias da comunicação da renúncia;

XII – recusar-se a prestar, sem justo motivo, assistência jurídica, quando nomeado em virtude de impossibilidade da Defensoria Pública;

XIII – fizer publicar na imprensa, desnecessária e habitualmente, alegações forenses ou relativas a causas pendentes;

XIV – deturpar o teor de dispositivo de lei, de citação doutrinária ou de julgado, bem como de depoimentos, documentos e alegações da parte contrária, para confundir o adversário ou iludir o juiz da causa;

XV – fizer, em nome do constituinte, sem autorização escrita deste, imputação a terceiro de fato definido como crime;

XVI – deixar de cumprir, no prazo estabelecido, determinação emanada do órgão ou de autoridade da Ordem, em matéria da competência desta, depois de regularmente notificado;

XXIX – praticar, o estagiário, ato excedente de sua habilitação.

Poderá a **censura ser convertida em mera advertência** quando existirem circunstâncias atenuantes. Consideram-se circunstâncias atenuantes, consoante dispõe o art. 40 do EAOAB:

I – falta cometida na defesa de prerrogativa profissional;

II – ausência de punição disciplinar anterior;

III – exercício assíduo e proficiente de mandato ou cargo em qualquer órgão da OAB;

IV – prestação de relevantes serviços à advocacia ou à causa pública.

No caso de operar-se a conversão em comento, **não haverá o registro nos assentamentos do advogado**, o que irá ocorrer apenas em caso de imposição de censura.

11.1.1.2. Suspensão (art. 37, EAOAB)

A **suspensão** é sanção que impede o exercício da advocacia, podendo ser por prazo *determinado* (**de 30 dias a 12 meses**) ou *indeterminado* (neste caso, dependendo da infração ética). Será aplicada nas seguintes hipóteses:

a) infrações definidas nos **incisos XVII a XXV** do art. 34 do EAOAB;

b) reincidência em infração disciplinar.

Assim, sujeitar-se-á à pena de suspensão aquele que:

XVII – prestar concurso a clientes ou a terceiros para realização de ato contrário à lei ou destinado a fraudá-la;

XVIII – solicitar ou receber de constituinte qualquer importância para aplicação ilícita ou desonesta;

XIX – receber valores, da parte contrária ou de terceiro, relacionados com o objeto do mandato, sem expressa autorização do constituinte;

XX – locupletar-se, por qualquer forma, à custa do cliente ou da parte adversa, por si ou interposta pessoa;

XXI – recusar-se, injustificadamente, a prestar contas ao cliente de quantias recebidas dele ou de terceiros por conta dele;

XXII – retiver, abusivamente, ou extraviar autos recebidos com vista ou em confiança;

XXIII – deixar de pagar as contribuições, multas e preços de serviços devidos à OAB, depois de regularmente notificado a fazê-lo;

XXIV – incidir em erros reiterados que evidenciem inépcia profissional;

XXV – mantiver conduta incompatível com a advocacia.

Considera-se **conduta incompatível**, para fins do disposto no inciso XXV do art. 34 do EAOAB, o constante no parágrafo único do mesmo artigo:

a) prática reiterada de jogo de azar, não autorizado por lei;

b) incontinência pública e escandalosa;

c) embriaguez ou toxicomania habituais.

Frise-se que, nos casos a seguir, o prazo de suspensão, que em regra é determinado (*30 dias a 12 meses*) será *indeterminado*, vale dizer, caberá prorrogação (respeitado o limite mínimo de trinta dias):

a) recusa *injustificada* do advogado a prestar contas ao cliente de quantias recebidas dele ou de terceiros por conta dele (art. 34, XXI, EAOAB) – a suspensão durará até que o advogado preste as contas, satisfazendo integralmente a dívida, acrescida de correção monetária (art. 37, § 2º, do EAOAB);

b) inadimplência com as *contribuições, multas e preços* de serviços devidos à OAB, depois de regularmente notificado a fazê-lo (art. 34, XXIII, EAOAB) – a suspensão durará até que o advogado quite sua dívida, acrescida de correção monetária (art. 37, § 2º, do EAOAB);

c) incidir em *erros reiterados* que evidenciam inépcia profissional (art. 34, XXIV, EAOAB) – nesse caso, a suspensão somente cessará após o advogado prestar novas provas de habilitação.

Importante ressaltar que o advogado suspenso, durante o cumprimento da sanção, não poderá praticar nenhuma das atividades privativas de advocacia em todo o território nacional, sob pena de exercício ilegal da profissão. Outrossim, o fato de estar suspenso não irá desobrigá-lo de pagar a anuidade junto à OAB, sob pena de a sanção em comento lhe ser benéfica.

11.1.1.3. Exclusão (art. 38, EAOAB)

A **exclusão** é a sanção que implica, como o próprio nome diz, a exclusão do advogado dos quadros da OAB. Por ser grave, somente será aplicada por votos favoráveis à sua incidência de **2/3 dos membros do Conselho Seccional competente**. Será fixada nas seguintes hipóteses:

a) infração aos **incisos XXVI a XXVIII** do art. 34 do EAOAB;

b) reincidência na sanção de suspensão por 3 vezes;

Assim, sujeitar-se-á à pena de exclusão o advogado que:

XXVI - fizer falsa prova de qualquer dos requisitos para inscrição na OAB;

XXVII - tornar-se moralmente inidôneo para o exercício da advocacia;

XXVIII - praticar crime infamante.

Não se esqueça de que a *reincidência específica em suspensão*, por *três vezes*, também acarretará a exclusão do advogado dos quadros da OAB.

Uma vez excluído, fato que ensejará o cancelamento da inscrição (art. 11, II, do EAOAB), o advogado somente poderá retornar à OAB (reinscrição) após sujeitar-se ao processo de reabilitação, o que será visto mais adiante.

11.1.1.4. Multa (art. 39, EAOAB)

A **multa** é *sanção acessória*, fixada cumulativamente com as de censura ou suspensão. Somente será aplicada quando existirem circunstâncias agravantes (ex.: reincidência em infrações disciplinares). Varia de 1 (uma) a 10 (dez) anuidades. O valor será revertido ao Conselho Seccional.

Atente o candidato que a multa jamais será cumulada com a pena de exclusão, podendo ser imposta cumulativamente, repita-se, ou com a censura ou com a suspensão!

11.1.2. Regra para memorizar as sanções cominadas às infrações disciplinares

a) A sanção de *censura* é a que engloba mais hipóteses (17 das 29 infrações disciplinares previstas no art. 34 do EAOAB). É difícil decorá-las. Não se preocupe com elas. Por exclusão, à evidência, tudo o que não se enquadrar em *suspensão* e *exclusão* será censura!

b) A sanção de *suspensão*, embora traga **nove** hipóteses do art. 34 do EAOAB, geralmente está vinculada a **dinheiro** (ex.: solicitar ou receber importância - inc. XVIII; receber valores da parte contrária - inc. XIX; locupletar-se à custa do cliente - inc. XX; recusa à prestação de contas - inc. XXI; deixar de pagar as contribuições e preços de serviços à OAB - inc. XXIII). Além disso, é possível lembrar as demais hipóteses por meio da sigla **RECIF**: a) **RE**(tenção abusiva ou extravio de autos - inc. XXII); **C**(onduta incompatível - inc. XXV); **I**(népcia profissional - inc. XXIV) e; **F**(raude - inc. XVII).

Em resumo, lembre-se do seguinte:

Dinheiro = art. 34, XVIII, XIX, XX, XXI e XXIII, EAOAB

Recif = art. 34, XVII, XXII, XXIV e XXV, EAOAB

c) A sanção de *exclusão* traz apenas 3 hipóteses, que podem ser facilmente memorizadas, remetendo-nos à ideia de *crime*: i) falsa prova dos requisitos para a inscrição junto à OAB (inc. XXVI); ii) tornar-se moralmente inidôneo (inc. XXVII); iii) prática de crime infamante (inc. XXVIII).

Atenção

Nossa dica, portanto, é que você memorize as hipóteses de *suspensão* (nove hipóteses, das quais cinco são diretamente ligadas à ideia de *dinheiro* e as quatro restantes, à sigla **Recif**) e *exclusão* (apenas três casos, ligados à ideia de **crime**). As demais serão puníveis com censura!

11.1.3. Reincidência

A reincidência em sanções disciplinares, dependendo do caso, ensejará a suspensão do advogado (ex: censura + censura), ou, então, sua exclusão (suspensão + suspensão + suspensão).

12. PROCESSO DISCIPLINAR

12.1. Do processo na OAB e procedimento disciplinar (arts. 68 a 77, EAOAB; arts. 55 a 63 e 66 e 67, CED; arts. 120, 137-D, 138 a 144-A, Regulamento Geral)

12.1.1. Normas aplicáveis aos processos na OAB

Ao **processo disciplinar**, regido pelo Estatuto da OAB, Regulamento Geral, CED e Regimentos internos das Seccionais, aplicam-se *subsidiariamente* as regras da **legislação processual penal comum**.

Já aos **demais processos** perante a OAB, que não de cunho disciplinar, aplicam-se as regras do **processo administrativo** e da legislação **processual civil**, *nesta ordem*.

12.1.2. Prazos gerais e contagem

Os prazos nos processos em geral perante a OAB para manifestações são de 15 (quinze) dias, inclusive para recursos.

O início de contagem dos prazos é o **primeiro dia útil seguinte**:

a) ao da notificação do recebimento de ofício (em caso de comunicação de atos do processo por esse meio);

b) ao da notificação do recebimento de notificação pessoal (em caso de comunicação de atos do processo por esse meio);

c) ao da publicação pela imprensa oficial.

Frise-se que com o advento da Resolução 09/2016, do Conselho Federal da OAB, publicada em Diário Oficial da União de 26 de outubro de 2016, todos os prazos processuais necessários à manifestação de advogados, estagiários e terceiros, nos processos em geral da OAB, são de quinze dias, **computados somente os dias úteis** e contados do primeiro dia útil seguinte, seja da publicação da decisão na imprensa oficial, seja da data do recebimento da notificação, anotada pela Secretaria do órgão da OAB ou pelo agente dos Correios (art. 139 do RGO-AB). Perceba o leitor que a OAB incorporou aos processos que lá tramitam a mesma *ratio* do Novo CPC, que é permitir a contagem de prazos em **dias úteis**.

Ainda, por intermédio da Resolução 10/2016, também o Conselho Federal da OAB, publicada em Diário Oficial da União de 9 de novembro de 2016, alterou-se a redação do art. 139, §3º, do RGOAB, que trata da suspensão dos prazos processuais, assim dispondo: "entre os dias 20 e 31 de dezembro e durante o período de recesso (janeiro) do Conselho da OAB que proferiu a decisão recorrida, os prazos são suspensos, reiniciando-se no primeiro dia útil após o seu término". A intenção da OAB foi permitir aos advogados suas merecidas férias, na esteira do que dispõe o Novo CPC em seu art. 220.

12.1.3. Competência

O **poder de punir** pertence ao conselho seccional *em cuja base territorial for praticada a infração*, e não, como poderíamos erroneamente pensar, perante o Conselho Seccional em que o advogado, sociedade de advogados ou estagiário forem inscritos.

Será do conselho federal o poder punir quando a falta for cometida perante esse mesmo órgão, ou em caso de foro "privilegiado" de certas pessoas (membros do Conselho Federal e Presidentes dos Conselhos Seccionais).

Atenção

O **julgamento** do processo disciplinar, já devidamente instruído pelas Subseções ou por relatores do próprio Conselho Seccional, compete ao tribunal de ética e disciplina com "jurisdição" perante o Conselho Seccional competente (lembre-se: do local em que se praticou a infração ética!).

Transitado em julgado o processo disciplinar, o **Conselho Seccional informará a decisão ao Conselho** em que mantiver o infrator sua **inscrição principal**, para que conste dos respectivos assentamentos.

12.1.4. Suspensão preventiva

Se o fato praticado pelo advogado for de **repercussão prejudicial à dignidade da advocacia**, em situações de **notória gravidade perante a opinião pública**, poderá ser suspenso preventivamente, nos termos do art. 70, § 3º, do EAOAB.

Tal medida é decretada pelo Tribunal de Ética e Disciplina competente, qual seja, o do local de inscrição do advogado, devendo haver a **prévia oitiva do representado**.

Uma vez suspenso, o prazo máximo da medida é de *90 (noventa) dias*.

12.1.5. Sigilo no processo disciplinar

Uma vez instaurado o processo disciplinar, este tramitará em sigilo até o trânsito em julgado, somente podendo ter acesso às informações nele contidas as partes, seus defensores e a autoridade judiciária competente.

Sequer expedição de certidões da situação processual é permitida.

No entanto, para os processos disciplinares findos (leia-se: concluídos, com trânsito em julgado), o sigilo persistirá apenas em caso de aplicação de *censura*, tornando-se acessível a terceiros em caso de *suspensão e exclusão*.

Em resumo:

(i) durante o processo disciplinar, somente as partes, seus procuradores e a autoridade judiciária competente (em caso de impugnação judicial do processo disciplinar, por exemplo) terão acesso aos autos do processo;

(ii) após o trânsito em julgado, em caso de aplicação de censura, o sigilo permanecerá perante terceiros, o que não ocorrerá em caso de aplicação de suspensão e exclusão. Nesses casos, haverá publicidade da imposição da sanção, seja na imprensa oficial, seja mediante expedição de ofícios ao Poder Judiciário, a fim de que advogados suspensos ou excluídos não causem danos a terceiros, exercendo irregularmente a advocacia.

12.1.6. Fases do processo disciplinar

12.1.6.1. Instauração (arts. 55 a 57 do CED)

O processo disciplinar instaura-se de duas formas (art. 55, CED):

a) de ofício, quando o conhecimento do fato se der por meio de fonte idônea ou por comunicação da autoridade competente, não se considerando fonte idônea a denúncia anônima;

b) mediante representação, dirigida ao Presidente do Conselho Seccional ou da Subseção, ou ao Presidente do Tribunal de Ética e Disciplina, quando os Regimentos Internos das Seccionais atribuírem a este último órgão competência para instaurar o processo ético disciplinar.

Conforme preconiza o art. 57 do CED, a representação deverá conter:

I – a identificação do representante, com a sua qualificação civil e endereço;

II – a narração dos fatos que a motivam, de forma que permita verificar a existência, em tese, de infração disciplinar;

III – os documentos que eventualmente a instruam e a indicação de outras provas a ser produzidas, bem como, se for o caso, o rol de testemunhas, até o máximo de cinco;

IV – a assinatura do representante ou a certificação de quem a tomou por termo, na impossibilidade de obtê-la.

12.1.6.2. Instrução (arts. 58 e 59 do CED)

Recebida a representação pelo Presidente do Conselho Seccional ou da Subseção (se esta dispuser de Conselho), ou pelo Presidente do Tribunal de Ética e Disciplina, desde que o regimento interno do Conselho Seccional atribua ao referido órgão a competência delegada para presidir atos de instrução processual, será **designado um relator**, por sorteio, que terá por incumbência presidir a instrução processual. Contudo, antes de os autos serem encaminhados ao relator, será feita a juntada de ficha cadastral e certidões de eventuais punições ou processos em andamento contra o representado.

Tão logo analisada pelo relator a representação, desde que preenchidos os critérios de admissibilidade, que entendemos ser aqueles trazidos pelo art. 57 do CED, caberá a ele emitir um parecer propondo a instauração do processo. Caso contrário, ou seja, estando a representação desprovida dos critérios de admissibilidade, emitirá parecer propondo o **arquivamento liminar** da representação. Importante mencionar que, para qualquer das providências referidas (emissão de parecer pela instauração do processo ou pelo arquivamento liminar), o relator terá o prazo de 30 (trinta) dias para tanto, sob pena de redistribuição do feito pelo Presidente do Conselho Seccional ou da Subseção para outro relator, o qual disporá do mesmo prazo para emitir parecer.

Ato seguinte, o Presidente do Conselho competente ou, conforme o caso, o do Tribunal de Ética e Disciplina (TED), proferirá despacho declarando instaurado o processo disciplinar (se presentes os critérios de admissibilidade da representação) ou o arquivamento liminar da representação, nos termos do parecer do relator ou segundo os fundamentos que adotar.

Relevante anotar que a representação contra membros do Conselho Federal da OAB e Presidente de Conselho Seccional é processada e julgada pela 2ª Câmara do Conselho Federal da OAB, reunida em sessão plenária. Já a representação contra membros da Diretoria do Conselho Federal da OAB, bem como membros honorários vitalícios e detentores da Medalha Rui Barbosa, será processada e julgada pelo Conselho Pleno do Conselho Federal da OAB.

Em retomada, declarado instaurado o processo, o relator determinará a **notificação** dos interessados para prestarem esclarecimentos, ou a do representado, a quem será dada a possibilidade de apresentar, no prazo de 15 (quinze) dias, **defesa prévia**, podendo, a juízo do relator, se houver motivo relevante, ser prorrogado aludido prazo. Em referida defesa poderão ser requisitadas provas e arroladas até 5 (cinco) testemunhas. A notificação ao representado será encaminhada ao endereço que estiver registrado em seu cadastro de inscrito no Conselho Seccional.

No caso de o representado não ser encontrado, ou ser revel, ser-lhe-á designado defensor dativo. Diversamente do que ocorre no processo civil, a revelia não gerará a presunção de veracidade da imputação, sendo o caso de apenas designar ao acusado um defensor dativo, tudo em respeito aos princípios da ampla defesa e devido processo legal.

Ato seguinte à apresentação de defesa prévia, o relator proferirá **despacho saneador,** seguindo o processo para a fase de *colheita de prova oral*, para oitiva das partes (representante e representado) e/ou caso tenham sido arroladas testemunhas, até o número de cinco para cada parte, que serão ouvidas em **audiência** especialmente designada junto à OAB para esse fim.

O relator pode determinar a realização de diligências, se julgá-las convenientes e necessárias, seguindo o processo, no mais, por impulso oficial.

No tocante aos meios de prova, indeferirá o relator aqueles considerados ilícitos, impertinentes, desnecessários ou protelatórios, desde que, é claro, o faça fundamentadamente.

Finda a instrução, o relator proferirá **parecer preliminar,** a ser submetido ao TED, dando o enquadramento legal aos fatos imputados ao representado.

Após, será aberto o prazo comum de 15 (quinze) dias para apresentação de **razões finais**.

12.1.6.3. Julgamento (arts. 60 a 67 do CED)

Recebido o processo já instruído, o Presidente do Tribunal de Ética e Disciplina (TED) **designará um relator,** que não poderá ser o mesmo da fase instrutória caso o processo já estivesse tramitando em referido órgão.

O processo será incluído em **pauta na primeira sessão de julgamento após distribuído ao relator**, da qual serão as partes notificadas com antecedência mínima de 15 (quinze) dias, a fim de que, querendo, compareçam à referida sessão de julgamento.

Na sessão, após o voto do relator, é facultada **sustentação oral** às partes (representante e representado), pelo prazo de 15 (quinze) minutos.

Encerrado o julgamento, os autos seguirão para a **lavratura de acórdão**, que, se julgar procedente a representação, dele deverá constar: enquadramento da infração e a respectiva sanção aplicada, o quórum de instalação e de deliberação, o voto prevalente (se do relator ou o divergente), as agravantes e atenuantes eventualmente existentes e as razões determinantes para conversão da censura em advertência, que, como se sabe, não ficará registrada nos assentamentos do inscrito.

Ainda quanto ao acórdão e ao julgamento, deverão ser observadas as seguintes regras:

(i) ementa (essência da decisão);

(ii) o autor do voto divergente que tenha prevalecido será o redator;

(iii) o voto condutor será lançado nos autos;

(iv) o voto divergente, mesmo se vencido, deverá, também, ter seus fundamentos lançados nos autos, em voto escrito ou transcrição na ata de julgamento, quando oral.

Relevante anotar que sempre que o relator o determinar, será atualizado nos autos o relatório de antecedentes do representado.

Finalmente, a conduta dos interessados que, no processo disciplinar, se revele temerária ou que caracterize a intenção de alterar a verdade dos fatos, bem como a interposição de recursos protelatórios, contrariam os princípios do CED, sujeitando os responsáveis à correspondente sanção.

12.2. Recursos

O prazo para interpor qualquer recurso perante a OAB é de 15 (quinze) dias. Porém, se interposto via *fac-simile* (fax), a juntada do original deverá ocorrer em 10 (dez) dias, nos termos do art. 139, § 1º, do Regulamento Geral.

Atenção

Os recursos serão dirigidos:

a) Ao **Conselho Seccional** – de todas as decisões proferidas pelo seu Presidente, pelo TED, ou, ainda, pela diretoria da Subseção ou da Caixa de Assistência dos Advogados;

b) Ao **Conselho Federal** – de todas as decisões definitivas proferidas pelo Conselho Seccional, quando não tenham sido unânimes, ou, sendo unânimes, contrariarem o EAOAB, CED, Provimentos e decisões do Conselho Federal ou de outros Conselhos Seccionais.

Em regra, os recursos serão recebidos em **duplo efeito** (devolutivo e suspensivo), exceto (art. 77, EAOAB):

a) matéria relativa a eleições;

b) suspensão preventiva decidida pelo TED;

c) cancelamento de inscrição quando obtida com falsa prova.

Nos três casos citados, os recursos *não serão recebidos com efeito suspensivo*.

12.3. Revisão dos processos disciplinares findos

Será cabível a revisão do processo disciplinar já transitado em julgado, nos termos do art. 73, § 5º, do EAOAB, nos seguintes casos:

a) erro de julgamento;

b) condenação baseada em falsas provas.

Não se admite revisão para a mera reapreciação das provas. Outrossim, à semelhança da revisão criminal do processo penal, a revisão de processo ético-disciplinar não tem prazo para ser requerida.

De acordo com o art. 68 do CED, extraem-se as seguintes lições:

✓ a legitimidade para pedir a revisão de processo ético é do advogado punido com a sanção disciplinar;

✓ a competência para julgar o pedido revisional é do órgão de que emanou a condenação final;

✓ quando a competência for do Conselho Federal, a revisão será processada perante sua Segunda Câmara, reunida em sessão plenária;

✓ o pedido de revisão receberá autuação própria, sendo apensado aos autos do processo disciplinar a que se refira.

12.4. Reabilitação

Após a aplicação definitiva de sanção (censura, suspensão ou exclusão) ao advogado infrator, é possível que peça sua reabilitação (art. 41, EAOAB).

O prazo para tal requerimento é de um ano após o cumprimento da sanção, devendo para tanto fazer provas de bom comportamento.

Se a imposição de sanção decorrer da prática de crime, o pedido de reabilitação perante a OAB deverá ser acompanhado da prévia sentença concessiva de reabilitação criminal.

Em resumo, são requisitos para a reabilitação:

a) decurso de um ano após o cumprimento da sanção disciplinar;

b) prova de bom comportamento;

c) em caso de infração ética que decorra da prática de crime, será necessária a prévia reabilitação criminal.

De acordo com o que dispõe o art. 69 do CED, que deu maiores detalhamentos ao pedido de reabilitação, extraímos que:

a) a competência para processá-lo e julgá-lo será do Conselho Seccional em que tenha sido aplicada a sanção disciplinar, ou, nos casos de competência originária do Conselho Federal, a este caberá julgar o pedido de reabilitação;

b) terá autuação própria, sendo apensado aos autos do processo disciplinar a que se refira;

c) as provas de bom comportamento, referentes ao exercício da advocacia e à vida social do advogado, deverá instruir o pedido de reabilitação, cabendo à Secretaria do Conselho competente certificar, nos autos, o efetivo cumprimento da sanção disciplinar pelo requerente;

d) se o pedido de reabilitação não estiver suficientemente instruído, o relator assinará prazo para a complementação da documentação, que, se desatendido, ensejará o seu arquivamento liminar.

12.5. Prescrição das infrações disciplinares

O EAOAB fixa a **prescrição da pretensão punitiva** disciplinar da OAB em **5 (cinco) anos**, *contados da constatação oficial do fato* (art. 43, *caput*, do EAOAB), e não da prática da infração ética, como se poderia imaginar.

Uma vez instaurado o processo disciplinar, se ficar **paralisado por 3 (três) anos**, pendente de despacho ou de julgamento, operar-se-á a chamada **prescrição intercorrente** (art. 43, § 1º, do EAOAB).

São **causas de interrupção** da prescrição (art. 43, §2º, do EAOAB):

a) instauração do processo disciplinar ou notificação válida feita diretamente ao representado;

b) decisão condenatória recorrível de qualquer órgão julgador da OAB.

12.6. Impedimento de atuação de advogados em processos perante a OAB

Nos termos do art. 33 do CED, salvo em **causa própria**, não poderá o advogado, **enquanto exercer cargos ou funções em órgãos da OAB ou tiver assento, em qualquer condição, nos seus Conselhos**, atuar em processos que tramitem perante a entidade nem oferecer pareceres destinados a instruí-los.

É certo que a vedação estabelecida em referido artigo não se aplica aos dirigentes de Seccionais quando atuem, nessa qualidade, como legitimados a recorrer nos processos em trâmite perante os órgãos da OAB.

13. OAB E SUA ESTRUTURA

13.1. Natureza jurídica da OAB e outras características (arts. 44 a 62, EAOAB; arts. 44 a 127 e 147 a 150, Regulamento Geral)

13.1.1. Natureza jurídica da OAB

De acordo com a ADI 3026/2006, julgada pelo STF, sob a relatoria do então Ministro Ero Grau, a OAB é uma entidade *sui generis*, sem outra igual no "mundo jurídico". Portanto, não tem natureza de autarquia federal, tal como se entendia antigamente.

13.2. Características da OAB

A OAB tem as seguintes características:

a) serviço público independente (art. 44, EAOAB);

b) independência (inexistência de subordinação ao poder público);

c) forma federativa;

d) imunidade tributária quanto a suas rendas, bens e serviços (exceto Caixa de Assistência dos Advogados – RE 233.843 julgado pelo STF);

e) personalidade jurídica.

13.3. Órgãos integrantes da OAB (art. 45, EAOAB)

a) Conselho Federal;

b) Conselhos Seccionais;

c) Subseções;

d) Caixas de Assistência dos Advogados.

13.3.1. Conselho Federal (arts. 51 a 55, EAOAB; arts. 62 a 104, Regulamento Geral)

É considerado o órgão supremo da OAB, dotado de personalidade jurídica própria. É, ainda, a última instância recursal. Tem sede em Brasília-DF.

Competências do CFOAB: art. 54, EAOAB, com destaque para:

(i) Editar e alterar o CED e o Reg. Geral (quórum de 2/3 de seus membros);

(ii) Representar os advogados, com exclusividade, em eventos e órgãos internacionais da advocacia;

(iii) Elaborar as listas de advogados constitucionalmente previstas para o preenchimentos de cargos vagos nos Tribunais judiciários nacionais e interestaduais;

(iv) Ajuizar ADI;

(v) Autorizar, mediante a maioria absoluta das delegações, alienação ou oneração de bens imóveis (se forem bens móveis, competirá à Diretoria!).

Órgãos do CFOAB:

(i) **Conselho Pleno** (presidido pelo Presidente do Conselho Federal) - competências definidas no art. 75, Reg. Geral;

(ii) **Órgão Especial do Conselho Pleno** (presidido pelo Vice-Presidente do Conselho Federal) - competências definidas no art. 85, Reg. Geral;

(iii) **Primeira Câmara** (presidida pelo Secretário Geral da OAB) - competências definidas no art. 88, Reg. Geral;

(iv) **Segunda Câmara** (presidida pelo Secretário Geral-Adjunto da OAB) - competências definidas no art. 89, Reg. Geral;

(v) **Terceira Câmara** (presidida pelo Tesoureiro da OAB) - competências definidas no art. 90, Reg. Geral;

(vi) **Diretoria** (composta de um Presidente, um Vice-Presidente, um Secretário Geral, um Secretário Geral-Adjunto e um Tesoureiro) - competências definidas no art. 99, Reg. Geral;

(vii) **Presidente** - competências definidas no art. 100, Reg. Geral;

Composição do CFOAB:

(i) **Presidente - não é Conselheiro federal;**

(ii) **Conselheiros Federais** - integrantes das delegações de cada uma das unidades federativas (são, ao todo, **81** Conselheiros, visto que cada delegação é composta de 3 Conselheiros federais);

(iii) **Ex-presidentes** (são membros honorários vitalícios) - têm, somente, direito a voz nas sessões, salvo aqueles que ocuparam o cargo até 5 de julho de 1994, possuindo estes direito de voto. Seus votos valem como se fosse 1 delegação. Não participam da eleição da Diretoria do Conselho Federal.

Observação 1: nas sessões do Conselho Federal todos os seus membros podem participar, bem como os *Presidentes dos Conselhos Seccionais*, apenas com direito a voz, o *Presidente do Instituto dos Advogados Brasileiros*, apenas com direito a voz, os agraciados com a "Medalha Rui Barbosa", apenas com direito a voz e os *ex-presidentes* do CFOAB, também com direito a voz (salvo os que exerceram o cargo ou estavam no seu exercício em 5 de julho/1994).

Observação 2: nas sessões do CFOAB, o Presidente não vota, salvo em caso de empate. Outrossim, os votos são tomados por delegação (maioria), e não poderão votar nos assuntos de interesse de sua unidade federada.

13.3.2. Conselhos Seccionais (arts. 56 a 59, EAOAB; arts. 105 a 114, Regulamento Geral)

São os órgãos estaduais da OAB, sediados em cada um dos Estados e no DF. São dotados de personalidade jurídica própria.

Competências dos Conselhos Seccionais: art. 58, EAOAB, com destaque para:

(i) Criação das Subseções e Caixas de Assistência;

(ii) Fixação de tabelas de honorários, com validade estadual;

(iii) Fixação das anuidades;

(iv) Decidir critérios sobre os trajes dos advogados;

(v) Eleger as listas de advogados constitucionalmente previstas para o preenchimento de vagas dos Tribunais judiciários estaduais.

Composição dos Conselhos Seccionais:

(i) **Presidente**;

(ii) **Conselheiros seccionais (estaduais) - eleitos no âmbito estadual e distrital**;

(iii) **Ex-presidentes - são membros honorários vitalícios, somente com direito a voz nas sessões;**

(iv) **Presidente do Instituto de Advogados local** - é membro honorário, somente com direito a voz.

Observação 1: o número de Conselheiros estaduais varia da seguinte forma:

a) Abaixo de 3000 inscritos = até 30 conselheiros.

b) A partir de 3000 inscritos = mais 1 membro a cada grupo de 3000 inscritos, até o limite de 80.

Observação 2: nas sessões dos Conselhos Seccionais podem participar, além dos conselheiros estaduais, o Presidente do Conselho Federal, os Conselheiros Federais integrantes da respectiva delegação, o Presidente da Caixa de Assistência dos Advogados e os Presidentes das Subseções, mas apenas com direito a voz.

Diretoria dos Conselhos Seccionais: terá a mesma composição da Diretoria do CFOAB, ou seja, Presidente, Vice-Presidente, Secretário-Geral, Secretário Adjunto e Tesoureiro.

13.3.3. Subseções (arts. 60 e 61, EAOAB; arts. 115 a 120, Regulamento Geral)

São partes autônomas do Conselho Seccional, porém, sem personalidade jurídica própria. São criadas pelos **Conselhos Seccionais**, tratando-se de uma faculdade.

A criação das subseções depende de estudo de viabilidade realizado por comissão especialmente designada pelo Presidente do Conselho Seccional.

A área territorial de uma subseção, com um número mínimo de 15 advogados nela profissionalmente domiciliados, poderá abranger um **município, mais de** um **município ou parte de município.**

As competências das Subseções vêm delineadas no art. 61 do EAOAB. A administração das Subseções é feita por uma Diretoria, com atribuições e composição equivalente às da Diretoria dos Conselhos Seccionais. Se a Subseção contar com mais de 100 advogados, poderá haver, ainda, um Conselho, com as mesmas funções e atribuições do Conselho Seccional.

A manutenção das Subseções, além de receitas próprias, dar-se-á por dotações dos Conselhos Seccionais.

13.3.4. Caixas de Assistência dos Advogados (art. 62, EAOAB; arts. 121 a 127, Regulamento Geral)

São dotadas de **personalidade jurídica própria**, adquiridas após **aprovação e registro** de seus estatutos no respectivo Conselho Seccional. São verdadeiros **órgãos assistenciais** aos advogados, criados pelos Conselhos Seccionais, desde que contem com **mais de 1500 inscritos**.

O custeio das atividades das Caixas de Assistência dá-se por repasse dos Conselhos de metade da receita recebida, após as deduções regulamentares obrigatórias. A Diretoria das Caixas de Assistência dos Advogados é composta de cinco membros.

A finalidade principal das Caixas é a de prestar assistência aos advogados, podendo, ainda, promover a seguridade complementar. Em caso de extinção da Caixa, todo seu patrimônio será revertido ao Conselho Seccional respectivo.

13.4. Algumas questões importantes sobre a OAB

De forma bastante didática, elencaremos abaixo alguns aspectos relevantes sobre a OAB:

a) Todos os atos praticados pela OAB se submetem à publicidade, salvo os que devam tramitar sob sigilo (ex.: processos disciplinares), devendo ser publicados na imprensa oficial, ou mesmo afixados nos fóruns;

b) Como destacado anteriormente, a OAB goza de imunidade tributária no tocante a seus bens, serviços e rendas. No entanto, não recebe verbas públicas para o desempenho de suas competências;

c) As certidões acerca das contribuições, preços de serviços e multas, uma vez passadas pelas diretorias dos Conselhos competentes, são consideradas títulos executivos extrajudiciais;

d) O advogado em dia com sua anuidade fica isento do pagamento de contribuição sindical;

e) Todos os funcionários contratados pela OAB são celetistas, não se tratando, é bom que se diga, de servidores públicos estatutários ou empregados públicos;

f) Os presidentes dos Conselhos Seccionais e Subseções são legitimados ativos para demandarem, judicial ou extrajudicialmente, pessoas que violarem as disposições das regras deontológicos e regulamentadoras da advocacia, podendo intervir inclusive em inquéritos policiais e processos em que figurem como indiciados, acusados ou ofendidos os inscritos na OAB;

g) Os presidentes dos Conselhos Seccionais e Subseções podem requisitar cópias de peças de autos, ou mesmo de documentos, a qualquer tribunal, juiz, cartório ou órgão da Administração direta ou indireta, desde que haja motivação idônea, compatível com os fins do Estatuto da OAB.

14. ELEIÇÕES E MANDATO NA OAB

14.1. Eleições na OAB (arts. 63 a 67, EAOAB; arts. 128 a 137-C, Regulamento Geral; Provimento 146/2011 do CFOAB)

14.1.1. Base normativa

As eleições na OAB estão regulamentadas nos **arts. 63 a 67 do EAOAB, arts. 128 a 137-C do Reg. Geral e Provimento 146/2011 do CFOAB**.

14.1.1.1 Requisitos para ser candidato a cargos eletivos na OAB (art. 63, § 2º, EAOAB e art. 131, § 5º, Regulamento Geral)

a) Ser regularmente inscrito no Conselho Seccional respectivo, com inscrição principal ou suplementar;

b) Situação regular na OAB (estar em dia com as anuidades na data do protocolo do pedido de registro da candidatura; em caso de parcelamento, devem estar às parcelas quitadas);

c) Não ocupar cargo exonerável *ad nutum;*

d) Não ter condenação por infração disciplinar, salvo se reabilitado, ou não ter representação disciplinar julgada procedente por órgão do Conselho Federal;

e) Exercer a profissão há mais de 5 anos, excluído o período de estágio. Esse prazo de 5 anos é contado **até o dia da posse;**

f) Não exercer atividade incompatível com a advocacia, em caráter permanente ou temporário;

g) Não integrar listas, com processo em tramitação, para provimento de cargos em tribunais judiciários ou administrativos;

h) Se o candidato tiver suas contas rejeitadas segundo o disposto na alínea "a" do inciso II do art. 7º do Provimento n. 101/2003, ter ressarcido o dano apurado pelo Conselho Federal, sem prejuízo do cumprimento do prazo de 08 (oito) anos previsto na alínea "g".

14.1.1.2. Datas para as eleições

Regra: segunda quinzena do mês de novembro do último ano do mandato, com posse em 01 de janeiro do ano seguinte (tal data será para os candidatos eleitos das Subseções, Conselhos Seccionais e Caixas de Assistência dos Advogados);

Exceção: Diretoria do Conselho Federal – 31 de janeiro do ano seguinte ao das eleições, às 19h00, com posse em 01 de fevereiro (perceba: os "advogados mortais" não elegem a Diretoria do Conselho Federal, mas apenas os Conselheiros Federais).

14.1.1.3. Duração do mandato

O mandato de todos os cargos da OAB é de 3 anos, e gratuito. É considerado serviço relevante, inclusive para fins de disponibilidade e aposentadoria.

O art. 66, EAOAB trata das hipoteses de extinção automática do mandato, que se

verificará quando:

I – ocorrer qualquer hipotese de cancelamento de inscrição ou de licenciamento do profissional;

II – o titular sofrer condenação disciplinar;

III – o titular faltar, sem motivo justificado, a 3 (três) reuniões ordinárias consecutivas de cada orgão deliberativo do Conselho ou da diretoria da Subseção ou da Caixa de Assistência dos Advogados, não podendo ser reconduzido no mesmo período de mandato.

Extinto qualquer mandato, nas hipóteses acima, caberá ao Conselho Seccional escolher o substituto, caso não haja suplente.

14.1.1.4. Chapas

Não são admissíveis candidaturas isoladas. As chapas devem ser **completas**, contemplando **todos os cargos** (Diretoria dos Conselhos Seccionais, Conselheiros Seccionais, Conselheiros Federais, Diretoria da Caixa de Assistência dos Advogados e suplentes, se houver).

Importante anotar que, nos termos do art. 131, *caput*, do Regulamento Geral, as chapas deverão atender ao mínimo de 30% (trinta por cento) e ao máximo de 70% (setenta por cento) para candidaturas de cada sexo, o que implica em vedação a chapas compostas somente por homens ou mulheres. Contudo, algumas observações se fazem necessárias:

A) O percentual mínimo poderá ser alcançado levando-se em consideração a chapa completa, compreendendo os cargos de titular e de suplência, não sendo obrigatória a observância em cargos específicos ou de diretoria, incluindo a do Conselho Federal.

B) Para o alcance do percentual mínimo observar-se-á o arredondamento de fração para cima, considerando-se o número inteiro de vagas subsequente.

C) É facultativa a observação do percentual mínimo nas Subseções que não possuam Conselho.

O Presidente do Conselho Federal não é indicado nas chapas, visto que haverá votação "autônoma", a ser realizada em 31/01 do ano seguinte. **Não haverá votação direta dos advogados ao cargo de Presidente da OAB Nacional.**

O requerimento de registro das chapas, conforme disposto no art. 7º, § 4º, do Provimento nº 146/2011 do CFOAB, deverá ser dirigido ao Presidente da Comissão Eleitoral e protocolado **no primeiro dia útil após a publicação do edital até 30 (trinta) dias antes da data da votação**, no expediente normal da OAB, até as 18 (dezoito) horas. **Caberá impugnação de uma chapa em relação** à outra, assinada pelo Presidente da chapa, no prazo de 3 dias úteis da publicação das chapas na imprensa oficial.Em caso de desistência, morte ou inelegibilidade do candidato, a cédula única, caso já formada, não será substituída por outra.

Em caso de desistência, morte ou inelegibilidade do candidato, a cédula única, caso já formada, não será substituída por outra.

Candidatos a cargos que estejam no **exercício de mandato** poderão nele permanecer, mesmo que concorram às eleições.

14.1.1.5. Votação

A votação é de comparecimento obrigatório (art. 128, Reg. Geral), sob pena de multa de 20% do valor da anuidade, salvo justificativa escrita (art. 134, Reg. Geral).

A votação ocorrerá preferencialmente em urna eletrônica, ou, caso haja impossibilidade, em cédula única. Nesta constará a denominação da chapa, os nomes da Diretoria do Conselho Seccional (Presidente, Vice-Presidente, Secretário-Geral, Secretário-Geral Adjunto e Tesoureiro), os Conselheiros Seccionais, os Conselheiros Federais, Diretoria da Caixa de Assistência e suplentes.

Não se admite "voto em trânsito", sendo de rigor que o advogado vote no local previamente indicado pela Comissão Eleitoral.

14.1.1.6. Eleição da Diretoria do Conselho Federal (art. 137, Regulamento Geral)

Diversamente da Diretoria dos Conselhos Seccionais e Subseções, bem como das Caixas de Assistência, dos Conselheiros Seccionais e Federais, a Diretoria do Conselho Federal é escolhida não diretamente pelos advogados, mas pelos Conselheiros Federais.

A votação à Diretoria do Conselho Federal ocorre em 31 de janeiro do ano seguinte ao da eleição, às 19h00, em reunião presidida pelo Conselheiro mais antigo, reputando-se eleita a chapa que conseguir a maioria simples dos votos dos Conselheiros Federais, presente a metade mais um de seus membros.

Todos os membros da chapa à Diretoria do Conselho Federal devem ser Conselheiros Federais, exceto o Presidente. O candidato a Presidente deve contar, no mínimo, com o apoiamento de 6 (seis) Conselhos Seccionais.

O registro das candidaturas deve ocorrer até 1 mês antes das eleições, mas a candidatura à Presidência pode ocorrer até 6 meses antes do pleito eleitoral, mesmo de forma isolada. Porém, se não houver, posteriormente, o preenchimento dos demais cargos da chapa, a candidatura será cancelada.

A posse para os cargos da Diretoria do CFOAB ocorrerá no dia seguinte à eleição, ou seja, em **1º de fevereiro**.

14.1.1.7. Propaganda eleitoral (art. 133 do Regulamento Geral e Provimento 146/2011)

É **admissível** a propaganda eleitoral pelos seguintes meios:

a) Envio de cartas, mensagens eletrônicas (*e-mail*), mensagens instantâneas para telefones celulares (WhatsApp) e "torpedos" (SMS e MMS) aos advogados;

b) Cartazes, faixas, *banners* e adesivos, desde que não explorados comercialmente por empresas que vendam espaço publicitário, observada a distância de e até trezentos metros dos fóruns;

c) Uso e distribuição de camisetas, bonés e *bottoms*;

d) Distribuição de impressos variados;

e) Manutenção de sítios eletrônicos (das chapas e de terceiros, mas, neste último caso, restrito a 1 *banner* de 234x60 pixels, com até 25 KB), blogs na internet e assemelhados, desde que devidamente informados à Comissão Eleitoral para fins de registro.

São **condutas vedadas**, porém, em matéria eleitoral:

a) Qualquer propaganda transmitida por meio de emissora de televisão ou rádio, excluindo entrevistas, debates e notícias sobre a campanha eleitoral, desde que integrando a programação normal da emissora;

b) Utilização de outdoors e assemelhados, exceto nos locais de votação;

c) Qualquer meio de divulgação em espaço publicitário comercializado em ruas e logradouros, independente de tamanho, a exemplo de cartazes eletrônicos, em veículos de transportes públicos, como ônibus e táxis, bem assim em outros pontos de divulgação ou, ainda, em veículos contratados mediante aluguel, ressalvados os espaços publicitários de comitês de candidaturas;

d) Propaganda na imprensa que exceda, por edição, a 1/8 (um oitavo) de página de jornal padrão e a 1/4 (um quarto) de página de revista ou tabloide, ainda que gratuita, não podendo exceder, ainda, a 10 (dez) edições;

e) Propaganda com uso de carros de som e assemelhados, ou seja, qualquer veículo ou instrumento fixo ou ambulante de emissão sonora, como megafones. A vedação não atinge a sonorização de atos públicos de campanha com a presença de candidatos;

f) Quaisquer pinturas ou pichações em prédios públicos ou privados, com exceção de pinturas alusivas à chapa, nos respectivos comitês;

g) Distribuição de brindes, ressalvado o uso e distribuição de camisetas, bonés e *bottoms*;

h) Contratação de terceiros para veiculação e exibição de bandeiras, bandeirolas e assemelhados na parte externa do prédio onde estiverem situadas as salas de votação (Provimento 146/2011, art. 10, § 11) e, no dia da eleição, é vedada a propaganda eleitoral nos prédios onde estiverem situadas as salas de votação.

São considerados **atos de abuso econômico, político e dos meios de comunicação:**

a) Propaganda transmitida por meio de emissora de televisão ou rádio, permitindo-se entrevistas e debates com os candidatos;

b) Propaganda por meio de *outdoors* ou com emprego de carros de som ou assemelhados;

c) Propaganda na imprensa, a qualquer título, ainda que gratuita, que exceda, por edição, a um oitavo de página de jornal padrão e a um quarto de página de revista ou tabloide;

d) Uso de bens imóveis e móveis pertencentes à OAB, à Administração direta ou indireta da União, dos estados, do Distrito Federal e dos municípios, ou de serviços por estes custeados, em benefício de chapa ou de candidato, ressalvados os espaços da Ordem que devam ser utilizados indistintamente pelas chapas concorrentes;

e) Pagamento, por candidato ou chapa, de anuidades de advogados ou fornecimento de quaisquer outros tipos de recursos financeiros ou materiais que possam desvirtuar a liberdade do voto;

f) Utilização de servidores da OAB em atividades de campanha eleitoral.

Ainda, existem algumas **condutas vedadas aos candidatos**, a saber:

a) Uso de bens imóveis e móveis e de serviços e atividades da OAB ou do poder público em benefício de campanha de qualquer chapa, inclusive o desvio das finalidades institucionais da Ordem para promoção de candidaturas ou promoção pessoal de dirigente candidato;

b) Pagamento de anuidade de advogado ou o fornecimento de recursos financeiros ou bem de valor econômico que possa desvirtuar a liberdade de voto;

c) Realização de shows artísticos;

d) Utilização de servidores da OAB em atividade em favor da campanha eleitoral de qualquer chapa;

e) Divulgação pela chapa, sob sua responsabilidade, antes das eleições, por qualquer meio de comunicação, de pesquisa não registrada previamente na Comissão Eleitoral;

f) No período de 15 (quinze) dias antes das eleições, a divulgação de pesquisa eleitoral, nos termos do art. 133, § 5º, I, do Regulamento Geral;

g) No período de 30 (trinta) dias antes das eleições, a regularização da situação financeira de advogado perante a Tesouraria da OAB para torná-lo apto a votar, nos termos do art. 133, § 5º, II, do Regulamento Geral;

h) No período de 90 (noventa) dias antes das eleições, a concessão ou distribuição às Seccionais e Subseções, por dirigente, candidato ou chapa, de recursos financeiros, salvo os destinados ao pagamento de despesas de pessoal e de custeio ou decorrentes de obrigações e de projetos preexistentes, bem como de máquinas, equipamentos, móveis e utensílios, ressalvados os casos de reposição, e a convolação de débitos em auxílios financeiros, salvo quanto a obrigações e a projetos preexistentes;

i) Promoção pessoal de candidatos na propaganda institucional da OAB;

j) Promoção pessoal de candidatos na inauguração de obras e serviços da OAB, no período de 60 (sessenta) dias antes das eleições;

k) Propaganda transmitida por meio de emissora de televisão ou rádio, permitindo-se entrevistas e debates com os candidatos, desde que sejam convidados todos os candidatos a Presidente.

15. SIGILO PROFISSIONAL

15.1. Sigilo profissional do advogado (arts. 35 a 38 do CED)

O sigilo profissional corresponde ao dever do advogado de resguardar as informações de seu cliente recebidas no exercício de sua função. Em outras palavras, os segredos/confidências revelados pelos constituintes.

De acordo com o art. 35, *caput* e parágrafo único, do CED, extraímos a regra de que o advogado tem o dever de guardar sigilo dos fatos de que tome conhecimento no exercício da profissão, abrangendo, também, os fatos de que tenha tido conhecimento em virtude de funções desempenhadas na própria OAB, bem como quando atuar nas funções de mediador, conciliar e árbitro (art. 36, § 2º, do CED).

Importante ressaltar que o sigilo profissional é de ordem pública, vale dizer, de natureza cogente ao advogado, que deverá observá-lo independentemente de solicitação de reserva que lhe seja feita pelo cliente (art. 36 do CED).

Há presunção de confidencialidade das comunicações de qualquer natureza entre advogado e cliente (art. 36, § 1º, do CED), tais como e-mails, cartas, telegramas, mensagens eletrônicas por dispositivos móveis (smartphones) etc.

O art. 37 do CED traz algumas situações em que o sigilo cederá em face de circunstâncias excepcionais que configurem justa causa, como nos casos de grave ameaça ao direito à vida e à honra ou que envolvam defesa própria do advogado.

A violação do sigilo, fora dos casos excepcionais, acarreta o reconhecimento de infração ética praticada pelo advogado, sujeitando-o à sanção de **censura** (art. 34, VII, do EAOAB).

Finalmente, dispõe o art. 38 do CED, que o advogado não é obrigado a depor, em processo ou procedimento judicial, administrativo ou arbitral, sobre fatos a cujo respeito deva guardar sigilo profissional.

Trata-se, aqui, de norma complementar à prerrogativa prevista no art. 7º, XIX, do EAOAB.

15.2. Prazo de duração do sigilo

O sigilo profissional é *eterno*, vale dizer, exceto as situações anteriormente descritas, não poderá ser rompido pelo advogado, sob pena de responder disciplinarmente pela falta.

Não é dado ao advogado demandar contra seu ex-cliente ou ex-empregador, mesmo com o término da relação contratual, pelo prazo de até dois anos, o que se denomina **abstenção bienal**. Contudo, mesmo esgotado o biênio, o advogado jamais poderá se utilizar de informaçoes obtidas durante a relação com a outra parte em virtude do mandato ou contrato. Lembre-se: o *sigilo é eterno!*

16. PUBLICIDADE NA ADVOCACIA

16.1. Publicidade e a atividade da advocacia (arts. 39 a 47 do CED)

16.1.1. Características da publicidade profissional do advogado

O art. 39 do CED dispõe que a publicidade profissional do advogado tem caráter meramente informativo e deve primar pela discrição e sobriedade, não podendo configurar captação de clientela ou mercantilização da profissão.

De sobredito dispositivo normativo extraímos as seguintes características da publicidade profissional:

a) *caráter informativo;*

b) *discrição e sobriedade; e*

c) *vedação à captação de clientela ou mercantilização da profissão.*

Optou o Conselho Federal da OAB, ao editar o CED, em estabelecer uma publicidade profissional **restritiva**, vale dizer, sem a possibilidade de o advogado prospectar clientes. Basta ver que não se admitirá uma publicidade *agressiva*, tal como se vê na divulgação de produtos e serviços na mídia, eis que os anúncios profissionais do advogado serão pautados pelo caráter informativo, bem como pela discrição e sobriedade.

16.1.2. Vedações quanto aos meios utilizados para a publicidade profissional

O art. 40 do CED estabelece que os meios utilizados para a publicidade profissional deverão ser compatíveis com as diretrizes estipuladas no art. 39 do referido diploma normativo (*caráter informativo, discrição e sobriedade*), sendo **vedados**:

I – a veiculação da publicidade por meio de rádio, cinema e televisão;

II – o uso de *outdoors*, painéis luminosos ou formas assemelhadas de publicidade;

III – as inscrições em muros, paredes, veículos, elevadores ou em qualquer espaço público;

IV – a divulgação de serviços de advocacia juntamente com a de outras atividades ou a indicação de vínculos entre uns e outras;

V – o fornecimento de dados de contato, como endereço e telefone, em colunas ou artigos literários, culturais, acadêmicos ou jurídicos, publicados na imprensa, bem assim quando de eventual participação em programas de rádio ou televisão, ou em veiculação de matérias pela internet, sendo permitida a referência a e-mail;

VI – a utilização de mala direta, a distribuição de panfletos ou formas assemelhadas de publicidade, com o intuito de captação de clientela.

Quanto à **identificação** dos escritórios de advocacia, será permitida a utilização de *placas, painéis luminosos e inscrições em suas fachadas*, desde que respeitadas as diretrizes do art. 39 do CED (*caráter informativo, discrição e sobriedade).*

16.1.3. Colunas mantidas pelos advogados nos meios de comunicação social

Estabelece o art. 41 do CED que as colunas que o advogado mantiver nos meios de comunicação social ou os textos que por meio deles divulgar não deverão induzir o leitor a litigar nem promover, dessa forma, captação de clientela.

Trata-se, em nosso entendimento, de regra extremamente salutar. Imagine-se, por exemplo, um advogado responsável por um blog sobre assuntos jurídicos, com destaque para questões na área previdenciária. Caso utilize referido meio de comunicação para publicar textos de sua autoria, informando aos leitores a existência de novas teses jurídicas que seu escritório está utilizando para compelir o INSS a majorar as aposentadorias e outros benefícios previdenciários, estaríamos diante de uma publicidade com alta capacidade de captação de clientela, sem prejuízo, ainda, de induzir os leitores a promoverem demandas contra a autarquia federal, inchando, ainda mais, o Poder Judiciário de demandas.

No entanto, é bom ressaltar, entendemos que a ideia transmitida pelo Código de Ética é a de que o advogado não poderá se valer de meios de comunicação social para "ganhar" novos clientes e estimular a litigiosidade desenfreada, não afastando, contudo, a possibilidade de veiculação de críticas jurídico-doutrinárias sobre determinados assuntos. Assim não fosse, estaríamos diante de censura prévia, o que não se pode admitir em um Estado Democrático de Direito.

16.1.4. Algumas vedações impostas aos advogados

O art. 42 do CED traz uma série de vedações impostas aos advogados no tocante à sua conduta profissional. São elas:

I – responder com habitualidade a consulta sobre matéria jurídica, nos meios de comunicação social;

II – debater, em qualquer meio de comunicação, causa sob o patrocínio de outro advogado;

III – abordar tema de modo a comprometer a dignidade da profissão e da instituição que o congrega;

IV – divulgar ou deixar que sejam divulgadas listas de clientes e demandas;

V – insinuar-se para reportagens e declarações públicas.

As proibições acima indicadas apontam para a criação, pela OAB, de diretrizes éticas que o advogado deve observar em seu comportamento profissional, que deverá ser reto, probo, fazendo-o digno da atividade que desempenha.

A discrição e a sobriedade, lembre-se, são as características que pautam a publicidade profissional.

16.1.5. Participação do advogado em programas de rádio e televisão

O art. 43 do CED traça as regras atinentes à participação do advogado em programas de televisão e de rádio.

De plano, afirmamos ser perfeitamente possível que um advogado participe de programas televisivos ou em rádios, mas diversas são as cautelas que devem ser tomadas por ele, a fim de não comprometer a dignidade da profissão, nem a de expor clientes ou colegas a situações embaraçosas ou comprometedoras.

Com efeito, o advogado que eventualmente participar de programa de televisão ou de rádio, de entrevista na imprensa, de reportagem televisionada ou veiculada por qualquer outro meio, para manifestação profissional, deve **visar a objetivos exclusivamente ilustrativos, educacionais e instrutivos,** *sem propósito de promoção pessoal ou profissional*, vedados pronunciamentos sobre métodos de trabalho usados por seus colegas de profissão.

Ainda, quando convidado para manifestação pública, por qualquer modo e forma, visando ao esclarecimento de tema jurídico de interesse geral, deve o advogado **evitar insinuações com o sentido de promoção pessoal ou profissional**, bem como o **debate de caráter sensacionalista**.

16.1.6. Regras de observância obrigatória na publicidade profissional

Além das características delineadas no art. 39 do CED (caráter informativo, discrição e sobriedade), o advogado, na publicidade profissional que promover ou nos cartões e material de escritório que utilizar, fará constar, nos termos do art. 44, *caput*, do precitado diploma normativo:

(i) seu nome, nome social ou nome da sociedade de que faça parte; e

(ii) número ou números de inscrição na OAB.

Assim, no cabeçalho de uma petição, ou no seu cartão de visita, necessariamente constarão o nome *ou nome social do advogado ou da sociedade de advogados que integre*, seguido do número de inscrição no Conselho Seccional, seja do próprio advogado ou da sociedade a que pertença.

Na publicidade profissional poderão ser referidos apenas os títulos acadêmicos do advogado e as distinções honoríficas relacionadas à vida profissional, bem como as instituições jurídicas de que faça parte, e as especialidades a que se dedicar, o endereço, e-mail, site, página eletrônica, *QR code*, logotipo e a fotografia do escritório, o horário de atendimento e os idiomas em que o cliente poderá ser atendido (art. 44, § 1º, do CED).

É vedada a inclusão de fotografias pessoais ou de terceiros nos cartões de visitas do advogado, bem como menção a qualquer emprego, cargo ou função ocupado, atual ou pretérito, em qualquer órgão ou instituição, salvo o de professor universitário (art. 44, § 2º, do CED).

Dos dispositivos citados, percebe-se que a OAB, quanto à publicidade profissional, que já dissemos ser ***restritiva***, reafirma os postulados da discrição, sobriedade e caráter informativo, afastando-se quaisquer tentativas de mercantilizar a profissão e de captação de clientela.

Prova disso é a vedação, por exemplo, a referência de cargos ou funções presentes ou pretéritas exercidas pelo advogado. Assim, um juiz aposentado que passe a advogar, não poderá, em sua publicidade, mencionar o cargo anteriormente ocupado, pois, decerto, estaríamos diante de um mecanismo de captação de clientela, sem se falar em certa "concorrência desleal". Afinal, se fosse possível constar, por exemplo, em cartões de visita, abaixo do nome do advogado, a expressão "Juiz aposentado", o pretenso cliente poderia ser "fisgado" pela ideia de que aquele profissional seria melhor, ou mais experiente, do que outros advogados.

16.1.7. Patrocínio de eventos culturais, publicações de caráter científico ou cultural e divulgação de boletins

São admissíveis como formas de publicidade o patrocínio de eventos ou publicações de caráter científico ou cultural, assim como a divulgação de boletins, por meio físico ou eletrônico, sobre matéria cultural de interesse dos advogados, desde que sua circulação fique adstrita a clientes e a interessados do meio jurídico (art. 45 do CED).

Assim, será lícito que um advogado ou escritório de advocacia, para divulgar sua atuação profissional, patrocine, por exemplo, congressos jurídicos, constando o seu nome em *folders* ou sites. Também poderá patrocinar a edição de publicações (livros ou coletânea de artigos jurídicos) e divulgar boletins informativos, mas, neste caso, sua circulação ficará restrita a clientes e interessados do meio jurídico.

Contudo, na linha da publicidade restritiva que a OAB autoriza, entendemos que o advogado não poderá, por exemplo, no patrocínio de eventos culturais ou científicos, utilizar-se dessa ocasião para, de forma agressiva, divulgar seu escritório e serviços profissionais, sob pena de a discrição e a sobriedade serem afetadas.

16.1.8. Publicidade por meio de internet ou outros meios eletrônicos

De acordo com o art. 46 do CED, a publicidade veiculada pela internet ou por outros meios eletrônicos deverá observar as diretrizes estabelecidas no aludido diploma normativo, especialmente aquelas previstas no art. 39 (caráter informativo, discrição e sobriedade).

Significa dizer que é lícito que o advogado faça sua publicidade em sites, blogs ou redes sociais, mas sem se afastar das características anteriormente citadas.

A telefonia e a internet podem ser utilizadas como veículo de publicidade, inclusive para o envio de mensagens a destinatários certos, desde que estas não impliquem o oferecimento de serviços ou representem forma de captação de clientela.

BIBLIOGRAFIA

LÔBO, Paulo. *Comentários ao Estatuto da Advocacia e da OAB*. 4ª ed. São Paulo: Saraiva, 2007.

RAMOS, Gisela Gondin. *Estatuto da Advocacia: comentários e jurisprudência selecionada*. 5ª ed. Rio de Janeiro: Forense, 2009.

2. Direito Constitucional

Bruna Vieira

1. INTRODUÇÃO

O estudo do Direito Constitucional é de fundamental importância para a vida do acadêmico, do bacharel e do profissional do Direito, pois, além de ser o alicerce, a estrutura de todo o ordenamento jurídico, cada vez mais o sistema atua em prol da constitucionalização dos demais ramos do Direito. Isso significa que, se não estudarmos a Constituição de forma minuciosa, fatalmente encontraremos dificuldades de compreensão do Direito como um todo.

Sabemos que o Direito é uno e indivisível, mas que há, ainda que didaticamente, subdivisões em ramos para facilitar o estudo e a compreensão dos institutos jurídicos. Todos os ramos do Direito, como Direito Civil, Direito Penal, Direito Processual, Direito Tributário, dentre outros, submetem-se à Constituição Federal, fortalecendo a importância desse estudo.

Dentro dessas subdivisões acadêmicas, o Direito Constitucional pertence ao ramo do Direito Público (é o núcleo do Direito Público interno). Cientes de que a Constituição **é** *o fundamento de validade de todas as normas jurídicas*, inclusive das suas próprias normas, porque tem o dever de preservar a soberania do Estado que a promulgou, não seria adequado pensar de forma diversa. Incidiríamos em erro ao imaginar que o Direito Constitucional pudesse estar alocado no ramo do Direito Privado, geralmente destinado a cuidar dos interesses particulares, subjetivos.

Vale lembrar que "o Direito Constitucional não é apenas um sistema em si, mas uma forma – na verdade, a forma adequada – de ler e interpretar as normas dos demais ramos do Direito, isto é, todas as normas infraconstitucionais. Além disso, no caso brasileiro, em que vige uma Constituição especialmente analítica, nela se encontram os grandes princípios dos diferentes domínios jurídicos" (Barroso, Luís Roberto, **Curso de Direito Constitucional Contemporâneo**, 3ª edição, p. 74).

É importante ter em mente que o Direito Constitucional está totalmente relacionado com a ideia de poder. Diz o art. 1º, parágrafo único, da Constituição Federal que "todo poder emana do povo, que o exerce por meio de representantes eleitos ou diretamente". Desse modo, embora haja momentos em que o povo transfira o exercício desse poder a alguém, e isso só é possível porque a própria Constituição assim determina, o detentor do poder continua sendo a coletividade. A essa delegação dá-se o nome de democracia indireta.

O Brasil adotou um sistema misto (ou híbrido) de democracia, no qual existe a democracia direta, ou seja, o povo exercendo o poder que lhe é atribuído de forma direta; por exemplo, quando se inicia um projeto de lei a partir de manifestação popular; e a democracia indireta, aquela em que o exercício do poder do povo se dá por meio de representantes eleitos.

Em suma, podemos dizer que o exercício da democracia se externa de duas maneiras: por meio da democracia direta ou participativa, e pela democracia indireta:

a) democracia direta ou participativa: aquela em que o povo exerce diretamente o poder que detém sem a necessidade de intermediários. Para tanto, vale-se de instrumentos previstos constitucionalmente, também chamados de mecanismos de democracia direta ou participativa, quais sejam: o plebiscito, o referendo, a iniciativa popular das leis e a ação popular;

b) democracia indireta: aquela em que o povo exerce seu poder por meio de representantes eleitos. Os governantes são eleitos para que exerçam o poder em nome daquele. É importante ressaltar um detalhe: o voto necessariamente deve ser direto, pois essa forma de votar está contida no inciso II do § 4º do art. 60 da Constituição Federal, ou seja, é uma das cláusulas pétreas. Embora o voto seja direto, seu exercício é um exemplo de instrumento de democracia indireta. Indireta porque o povo, após eleger determinado governante de forma direta, indo efetivamente até a urna para votar, delega seu poder a quem elegeu. Nesse momento, quem concretamente passa a exercer o poder em nome do povo, é o governante eleito.

2. HISTÓRICO DAS CONSTITUIÇÕES BRASILEIRAS

2.1. Primeira Constituição do Brasil – Imperial de 1824

A primeira Constituição do nosso país foi a Constituição do Império (ou Constituição Imperial), outorgada pelo imperador Dom Pedro I. O fato marcante que a antecedeu foi a Declaração de Independência do Brasil, ocorrida em 07.09.1822. Dom Pedro I, após ter dissolvido a Assembleia Constituinte, na qual havia representação de São Paulo, Santos e Taubaté, outorgou (de forma unilateral), essa Constituição. Tal fato ocorreu após um ano e meio da formalização da independência do Brasil, no dia 25.03.1824.

A Constituição de 1824, ou Constituição do Império, foi a que teve maior tempo de vigência. Perdurou até a Proclamação da República, que ocorreu em 1889, ou seja, vigorou por 65 anos.

A primeira Constituição foi a única monárquica e semirrígida. Todas as outras foram republicanas. Também foi a única que tivemos classificada como semirrígida porque o art. 178 dispunha: "é só constitucional o que diz respeito aos limites e atribuições respectivos dos poderes políticos, e os Direitos políticos e individuais do cidadão; tudo o que não é constitucional pode ser alterado, sem as formalidades referidas nos arts. 173 a 177, pelas legislaturas ordinárias". O dispositivo citado deixava claro que a Constituição continha uma parte rígida (difícil de alterar) e outra flexível (processo de modificação mais simplificado).

Em relação à organização dos poderes, havia um quarto poder, chamado de moderador (sistema quadripartite). Portanto, além do executivo, legislativo e judiciário, existia o moderador que, segundo Benjamin Constant, era um "fator de equilíbrio entre os demais poderes". Tinha por finalidade assegurar a independência e harmonia dos outros três. Ocorre que esse poder ficava totalmente nas mãos do chefe supremo da nação que, naquele momento, era o Imperador.

No tocante à organização do Estado, o que existiam eram apenas províncias desprovidas de autonomia. Os presidentes das províncias eram nomeados pelo Imperador, que podia exonerá-los no momento em que quisesse. Ele próprio fazia o juízo de conveniência e oportunidade. O Estado era unitário e o poder ficava centralizado nas mãos do Imperador.

Nessa época, havia no Brasil uma religião oficial, que era a Católica Apostólica Romana. O Brasil era um país que professava uma religião oficial (Estado Confessional). O art. 5º da Constituição do Império é que dava guarida a esse entendimento.

Outra peculiaridade da Constituição Imperial é que ela, em momento algum, instituiu um controle judicial de constitucionalidade, portanto não era possível analisar se uma lei estava ou não de acordo com a Constituição.

Esse período foi marcado pelo sufrágio censitário. Nele exigia-se, para votar, a obtenção de renda mínima anual e, além disso, essa oportunidade só era dada aos homens. Mulheres eram proibidas de votar ou serem eleitas. Para um homem ser eleito, a renda por ele obtida deveria ser maior do que a exigida para ele simplesmente votar. Essa renda variava de acordo com o cargo: quanto mais alto, maior a renda a ser comprovada. É a denominada plutocracia (governo dos ricos).

2.2. Segunda Constituição do Brasil – Constituição de 1891

A força militar passou a ter relevância na política. Os militares rejeitavam a posição de subordinação ao antigo chefe supremo da nação, o Imperador. Foram eles que, no dia 15.11.1889, baniram a família imperial do nosso país e proclamaram a república.

Embora a Constituição de 1891 tenha sido a segunda do Brasil, foi a primeira republicana. Justamente por ter sido mudada a forma de governo, a manutenção de uma Constituição imposta por um Imperador passou a ser insustentável. Assim, foi preciso convocar uma Assembleia Nacional Constituinte para que fosse providenciada a feitura da nova Constituição.

Os representantes se reuniram no Rio de Janeiro e quem presidiu a Assembleia foi o paulista Prudente de Moraes. Votaram-na por meio de um processo de convenção e, sob a inspiração da Constituição norte-americana, foi promulgada a segunda Constituição do Brasil (primeira promulgada, a anterior havia sido outorgada). A influência americana foi tanta que até o nome do Estado copiou-se: passamos a ser denominados "Estados Unidos do Brasil".

Com essa nova Constituição, o Estado, antes unitário, passou a ser um Estado Federal, caracterizado pela autonomia e pela verdadeira descentralização do poder.

Havia rígida separação de competências. Os estados ficavam com parcela da competência e a União com outra parcela. Os governadores dos estados passaram a ter poder. As antigas províncias foram suprimidas em virtude da existência de Estados-membros, que passaram a dispor de leis próprias e até de Constituições estaduais próprias.

O Estado não mais professava uma religião oficial. Ele, antes Estado Confessional, no qual a religião obrigatória e oficial era a Católica Apostólica Romana, transformou-se em um estado leigo ou laico. A palavra que melhor se compatibiliza ao estado leigo é a neutralidade. Havia considerável liberdade de culto. As pessoas podiam livremente escolher suas religiões e cultuá-las da maneira que desejassem.

Também deixou de existir, com a Constituição de 1891, o quarto poder, denominado moderador, consequência lógica e automática advinda do banimento da família imperial. Se não mais existia imperador, e ele era quem detinha, quem dominava esse quarto poder, não havia mais razão para sua existência. Foi neste momento que se instaurou a clássica tripartição de poderes políticos (poderes executivo, legislativo e judiciário), ou melhor, tripartições de funções, pois sabemos que o poder é uno e indivisível.

A Constituição de 1891 foi a que instituiu o Supremo Tribunal Federal e o primeiro sistema judicial de controle de constitucionalidade (controle difuso). Foi ainda a que ampliou os direitos individuais, trazendo, inclusive, pela primeira vez no ordenamento jurídico brasileiro, a previsão do remédio constitucional, hoje muito conhecido, denominado *habeas corpus*.

2.3. Terceira Constituição do Brasil – Constituição de 1934

Getúlio Vargas assume o poder em 1930. Começa a dizer em seus discursos que, em breve, convocará uma Assembleia Constituinte para feitura de uma nova Constituição; o tempo decorre, mas Vargas não concretiza sua promessa. Por conta disso, é realizada, em São Paulo, uma revolução em 1932, conhecida como Revolução Constitucionalista.

Tal revolução, segundo o Prof. Augusto Zimmermann, "ainda que tenha se revelado um completo fracasso do ponto de vista militar (os seus líderes foram presos pelas forças governistas), foi um sucesso absoluto do ponto de vista político, porque Getúlio Vargas se sentiu forçado a consentir na elaboração de uma nova Constituinte, em 1933, que marcaria o retorno à normalidade constitucional" (**Curso de Direito Constitucional**, 4ª edição, p. 205).

Nossa terceira Constituição, elaborada por um processo de convenção (votação), teve grande influência da Constituição Alemã de Weimar, de 1919. Foi a primeira Constituição Social do Brasil. Entre suas características, destacamos as principais: a forma federativa de governo, a não existência de religião oficial, a tripartição dos poderes e as mais marcantes – a admissão do voto pela mulher e a introdução, no texto constitucional, de direitos trabalhistas.

A Constituição que teve menor vigência no nosso país foi esta, de 1934, porque em 1937 ocorreu o golpe militar que rompeu toda a ordem jurídica.

2.4. Quarta Constituição do Brasil – Constituição de 1937

À época de sua criação, havia ditadura em vários países (Alemanha, Itália e outros).

Getúlio Vargas, ainda mantido no poder, solicita a elaboração de uma nova Constituição a Francisco Ramos. Por meio de um golpe de Estado, acaba outorgando a Constituição de 1937.

As principais regras trazidas pela nova Constituição tinham caráter ditatorial, impositivo. Como exemplo, podemos mencionar a concentração das funções legislativas e executivas, a supressão da autonomia dos estados-membros, a destituição dos governadores, com a consequente nomeação de interventores, e a criação de serviços de informações para que o Presidente controlasse o povo, o Poder Judiciário e, principalmente, a imprensa.

O argumento utilizado para a manutenção dessas normas preconizava que a expansão do fascismo e comunismo pelo mundo enfraquecia as instituições nacionais e que, portanto, impunha medidas duras para a manutenção do poder central, ainda que o pacto federativo não pudesse ser totalmente respeitado.

Em decorrência da doutrina e da enorme concentração dos poderes nas mãos do Presidente, da mesma forma que ocorria na Constituição da Polônia na época, a Constituição de 1937 passou a ser chamada, pejorativamente, de "Constituição polaca".

2.5. Quinta Constituição do Brasil – Constituição de 1946

Fruto da redemocratização do Brasil, em 18.09.1946, promulgou-se a quinta Constituição. Seu texto demonstrou claramente uma reação contra a ditadura e os regimes centralizadores. Por conta dos inúmeros acontecimentos mundiais, repudiando os sistemas totalitaristas, o presidente da época, Getúlio Vargas, não podia mais manter a ditadura.

Embora tentasse subterfúgios para se manter no poder, como a nomeação de seu irmão para a chefia da polícia de Guanabara, Vargas acabou sendo destituído por aqueles que temiam sua intenção de permanecer no cargo.

Em decorrência da destituição de Vargas, foi instalada nova Assembleia Constituinte. Nessa época, é eleito Eurico Gaspar Dutra como presidente e, em 1946, é promulgada a nova Constituição.

Em 1950, Vargas retorna como sucessor de Dutra e acaba suicidando-se em 1954. Nesse ano, Café Filho, Vice-Presidente, assume o poder.

2.6. Sexta Constituição do Brasil – Constituição de 1967

Em 31.03.1964, o Presidente da República, João Goulart (conhecido como "Jango"), foi derrubado por um golpe militar, pois fora acusado de estar envolvido com o "comunismo internacional"; era o começo da instalação da ditadura, que acabou em 1985.

A Constituição foi outorgada em 24.01.1967: em que pese alguns doutrinadores entenderem pela legitimidade do golpe e sustentarem a promulgação do texto, não é o posicionamento predominante.

A então nova ordem constitucional preocupava-se especialmente com a Segurança Nacional, e diversos poderes foram concedidos à União e ao Poder Executivo. Foram emitidos Atos Institucionais que suprimiram paulatinamente os direitos e garantias individuais.

2.7. Sétima Constituição do Brasil ou Emenda Constitucional 1/1969

A Emenda Constitucional 1/1969 é considerada por parte da doutrina como uma nova Constituição. Foi outorgada em 17.10.1969, passando a Constituição do Brasil a ser chamada de Constituição da República Federativa do Brasil.

A EC 1/1969 não foi assinada pelo Presidente da República Costa e Silva, que estava impossibilitado de governar por motivos de saúde, e nem por seu Vice, Pedro Aleixo, pois através do Ato Institucional 12 foi consagrado um governo de Juntas Militares que permitia que os Ministros da Marinha de Guerra, do Exército e da Aeronáutica Militar governassem enquanto o Presidente estivesse afastado.

2.8. Oitava Constituição do Brasil – Constituição de 1988

Em 05.10.1988, foi promulgada a Constituição da República Federativa do Brasil, depois do texto ser aprovado em dois turnos de votação, por maioria absoluta dos membros da Assembleia Nacional Constituinte.

É uma Constituição absolutamente voltada para a proteção dos direitos individuais dos cidadãos, sendo fruto de processo de transição do regime militar para o regime democrático.

3. CONSIDERAÇÕES PRELIMINARES

3.1. Elementos fundamentais

O Estado possui três elementos fundamentais, a saber: povo, território e soberania. *Povo* significa o conjunto de indivíduos ligados jurídica e politicamente ao Estado. Daí falar-se que povo é o elemento humano do Estado. *Território* traz um conceito jurídico contemplando a área na qual o Estado exerce efetivamente a supremacia e o poder que detém sobre bens e pessoas. Já a *soberania* pode ser vista sob dois aspectos: interno e externo. Pelo primeiro, o Estado é quem elabora as suas próprias normas, é quem comanda o país, portanto, dotado de autoridade máxima em seu território. O segundo significado diz respeito à igualdade que deve existir entre os países, independentemente de condições, espaço territorial, poder econômico etc. Aos Estados soberanos são dadas garantias como a não intervenção em assuntos internos e a independência nacional.

3.2. Conceito de Constituição

Uma Constituição pode ser conceituada de diferentes modos tendo por base seus diversos significados. Vejamos os conceitos dados por grandes doutrinadores:

3.2.1. Concepção sociológica (Ferdinand Lassalle)

Sustentava esse autor que "os problemas constitucionais não são problemas de Direito, mas do poder; a verdadeira Constituição de um país somente tem por base os fatores reais e efetivos do poder que naquele país vigem e as constituições escritas não têm valor nem são duráveis a não ser que exprimam fielmente os fatores do poder que imperam na realidade social" (**A essência da Constituição**, p. 40).

Portanto, somente terá valia a Constituição se efetivamente expressar a realidade social e o poder que a comanda. Os fatores reais de poder são identificados, no nosso país, por exemplo, nos movimentos dos sem-terra, nas corporações militares e outras forças que delimitam o conteúdo da Constituição.

O autor citado também mencionava que "de nada serve o que se escreve numa folha de papel se não se ajusta à realidade, aos fatores reais de poder".

3.2.2. Concepção política (Carl Schmitt)

Em oposição a Lassalle, Carl Schmitt defendeu o conceito de que a Constituição é a decisão política fundamental de um povo, visando sempre a dois focos estruturais básicos – organização do Estado e efetiva proteção dos direitos fundamentais.

Para esse autor há divisão clara entre Constituição e lei constitucional. Na primeira, encontraríamos as matérias constitucionais, ou seja, organização do Estado e garantia dos direitos fundamentais, sempre com o objetivo de limitar a atuação do poder. Já as leis constitucionais seriam aqueles assuntos tratados na Constituição, mas que materialmente não teriam natureza de norma constitucional. Na verdade, esses assuntos nem deveriam constar da Constituição. Na nossa atual Carta Magna, visualizamos um exemplo no art. 242, § 2º, que determina que o Colégio Pedro II, localizado na cidade do Rio de Janeiro, será mantido na órbita federal. Esse dispositivo é uma norma apenas formalmente constitucional, pois está dentro da Constituição, mas não trata de matéria tipicamente constitucional.

As leis constitucionais, para Schmitt, como a mencionada no exemplo dado acima, formam o que se denomina Constituição formal, ou seja, apenas são consideradas normas constitucionais pelo fato de estarem alocadas na Constituição, por terem forma de Constituição.

A Constituição Federal de 1988, em seu art. 1º, trata da organização do Estado, enquanto o art. 5º dispõe sobre os direitos fundamentais. Se terminasse aqui, já seria suficiente para Schmitt denominá-la como uma verdadeira Constituição.

3.2.3. Concepção jurídica ou formal (Hans Kelsen e Konrad Hesse)

Hans Kelsen pensava de modo diverso, mencionava que o fundamento de validade da Constituição era encontrado na dimensão jurídica e não sociológica ou política.

Esse autor representava o ordenamento jurídico por meio de uma pirâmide, na qual a Constituição se encontrava no ápice e abaixo estavam todos os demais atos normativos. As leis ordinárias, complementares, delegadas e também as medidas provisórias, por terem como fundamento imediato de validade a Constituição, ficavam no segundo degrau da pirâmide. Já os regulamentos, portarias, decretos, entre outros, por se fundamentarem primeiro na lei e depois na Constituição, localizavam-se no terceiro degrau da pirâmide.

Portanto, juridicamente, a Constituição localiza-se no mais elevado degrau da pirâmide e é exatamente em decorrência disso que é fundamentada sua normatividade.

As normas infraconstitucionais (que são todas aquelas que se encontram nos degraus abaixo da Constituição) são submissas às regras determinadas pela Lei Maior e devem ser com ela compatíveis. A isso se deu o nome de relação de compatibilidade vertical.

3.2.4. Concepção culturalista

Segundo a essa corrente, a Constituição engloba todas as regras fundamentais advindas da cultura histórica e também "as emanadas pela vontade existencial da unidade política e regulamentadora da existência, estrutura e fins do Estado e do modo de exercício e limites do poder político" (J. H. Meirelles Teixeira, **Curso de Direito Constitucional**, p. 77 e 78)

3.3. Constitucionalismo e neoconstitucionalismo

Tradicionalmente, a doutrina faz uso da expressão constitucionalismo ou movimentos constitucionais em mais de um sentido. Vejamos os dois mais comuns.

A primeira concepção de **constitucionalismo** é utilizada para definir a ideologia que afirma que o poder político deve necessariamente ser limitado para que efetivamente sejam garantidos e prestigiados os direitos fundamentais. Nesse primeiro sentido, o movimento é considerado uma teoria normativa da política. A doutrina divide-o em constitucionalismo social e liberal, com base na maior ou menor intervenção do Estado nos interesses privados. Quando há grande intervenção do Estado no mundo privado, é conhecido como social e quando a intervenção é pequena, fala-se em constitucionalismo liberal.

A segunda concepção da expressão constitucionalismo teve origem numa reação contra o Estado Absolutista da Idade Moderna, por volta do século XVIII. A Revolução Francesa também é considerada um marco aqui. A ideia era frisar que a Constituição, além de estabelecer regras sobre organização do Estado, do poder, deveria fazer uma necessária modificação política e social, orientando as ações políticas e tendo atuação direta. Foi a partir deste momento que veio à tona o termo *supremacia constitucional*. A partir dessa concepção, passou a ser necessária a criação de constituições escritas, de origem popular, para efetivamente limitar o poder, organizar o Estado e garantir a proteção dos direitos individuais.

O **neoconstitucionalism**o ou novo/atual constitucionalismo toma por base a necessidade de se incorporar o denominado Estado Constitucional de Direito. A Constituição, portanto, deve efetivamente influenciar todo o ordenamento jurídico. Tudo deve ser analisado à luz da CF. Ela é o filtro que valida, ou não, as demais normas. Os valores constitucionais são priorizados, além das regras relacionadas à organização do Estado e do Poder. Princípios, como a dignidade da pessoa humana, passam a ter maior relevância. Há uma aproximação das ideias de direito e justiça. O Poder Judiciário, ao validar princípios e aos valores constitucionais, atribui a eles força normativa.

Segundo Ana Paula de Barcellos: "Do ponto de vista material, ao menos dois elementos caracterizam o neoconstitucionalismo e merecem nota: (i) a incorporação explícita de valores e opções políticas nos textos constitucionais, sobretudo no que diz respeito à promoção da dignidade humana e dos direitos fundamentais; e (ii) a expansão de conflitos específicos e gerais entre as opções normativas e filosóficas existentes dentro do próprio sistema constitucional."

3.4. Estrutura da Constituição Federal de 1988

A CF/1988 é composta das seguintes partes: preâmbulo, corpo das disposições permanentes, ato das disposições constitucionais transitórias e emendas constitucionais (de revisão e propriamente ditas).

3.4.1. Preâmbulo

A Constituição não começa pelo seu art. 1º, mas sim por um preâmbulo que dispõe: "Nós, representantes do povo brasileiro, reunidos em Assembleia Nacional Constituinte para instituir um Estado Democrático, destinado a assegurar o exercício dos direitos sociais e individuais, a liberdade, a segurança, o bem-estar, o desenvolvimento, a igualdade e a justiça como valores supremos de uma sociedade fraterna, pluralista e sem preconceitos, fundada na harmonia social e comprometida, na ordem interna e internacional, com a solução pacífica das controvérsias, promulgamos, sob a proteção de Deus, a seguinte CONSTITUIÇÃO DA REPÚBLICA FEDERATIVA DO BRASIL".

Há diversos princípios no preâmbulo constitucional, como o da igualdade, da liberdade, da solução pacífica das controvérsias etc. Tais comandos servem como diretrizes ideológicas, políticas e filosóficas que devem ser observadas pelo intérprete das normas constitucionais.

Todavia, embora o preâmbulo tenha de ser utilizado como alicerce, segundo o Supremo, ele não tem força normativa, não cria direitos e obrigações e não pode ser utilizado como parâmetro para eventual declaração de inconstitucionalidade. Por exemplo: uma lei que fira tão somente o preâmbulo constitucional não pode ser objeto de ação direta de inconstitucionalidade no STF e nem de outro mecanismo de controle de constitucionalidade.

3.4.2. Disposições permanentes

O corpo das disposições permanentes é composto pelas normas constitucionais que, em regra, possuem maior durabilidade. Essa parte inicia-se no art. 1º e termina no art. 250 e é formada pelos seguintes títulos: Princípios Fundamentais, Direitos e Garantias Fundamentais, Organização do Estado, Organização dos Poderes, Defesa do Estado e das Instituições Democráticas, Tributação e Orçamento, Ordem Econômica e Financeira, Ordem Social e Disposições Constitucionais Gerais.

3.4.3. Disposições transitórias

Denominado Ato das Disposições Constitucionais Transitórias (ADCT), tem por finalidade tratar de assuntos de direito intertemporal. O ADCT é composto de normas criadas para executarem um determinado papel que, sendo cumprido, passam a não ter mais utilidade. É por esse motivo que tais normas são conhecidas como de eficácia esgotada ou exaurida. Cumprido o encargo para o qual foram criadas, não possuem mais utilidade alguma.

As disposições transitórias, embora integrem o texto constitucional, e para serem modificadas também seja necessário o processo das emendas constitucionais, elas ficam ao final da Constituição e possuem numeração própria (arts. 1º ao 100). São assim previstas, pois não seria técnico deixar no corpo das disposições permanentes algo que, mais dia menos dia, não terá mais utilidade alguma.

Um exemplo de regra prevista no ADCT e que já foi modificada por emenda é a prevista no art. 76, alterada pela **EC 93, de 8 de setembro de 2016**. Tal emenda prorrogou a desvinculação de receitas da União e estabeleceu a desvinculação de receitas dos Estados, Distrito Federal e Municípios.

Outra situação vem prevista no art. 42 do ADCT, alterado pela EC 89, de 15 de setembro de 2015. Essa emenda ampliou o prazo em que a União deverá destinar às Regiões Centro-Oeste e Nordeste percentuais mí-nimos dos recursos destinados à irrigação. Por fim, a regra contida no art. 40 do ADCT também é tida como exemplo. Segundo tal norma, a Zona Franca de Manaus é mantida, com suas características de área livre de co-mércio, de exportação e importação, e de incentivos fiscais, pelo prazo de vinte e cinco anos, a partir da promul-gação da Constituição. O parágrafo único do mesmo dispositivo determina que, somente por lei federal, podem ser modificados os critérios que disciplinaram ou venham a disciplinar a aprovação dos projetos na Zona Franca de Manaus. A EC 42/2003 criou o art. 92 do ADCT acrescentando ao prazo citado mais dez anos e, recentemen-te, a **EC 83, de 05.08.2014** criou o art. 92-A para acrescer mais 50 anos ao prazo citado.

Vale lembrar que as normas constantes do ADCT possuem o mesmo grau de eficácia que as demais normas constitucionais.

3.4.4. Emendas constitucionais

As emendas integram a constituição e possuem duas naturezas distintas: emendas de revisão e emendas constitucionais propriamente ditas. As primeiras foram feitas quando da revisão constitucional, em 1994. Em tal ano, seis emendas foram elaboradas (ECR 1 a 6). O art. 3º do ADCT determinava que a revisão, que se daria uma única vez, ocorresse após cinco anos da promulgação da Constituição, pelo voto da maioria absoluta dos membros do Congresso Nacional, em sessão unicameral. Atualmente, para se modificar a Constituição, é necessário que se faça por meio das emendas constitucionais propriamente ditas, que podem ser feitas desde que sejam obedecidas as regras previstas no art. 60 da CF.

3.5. Supremacia constitucional

A noção de supremacia da Constituição talvez seja a mais importante de todo o estudo do Direito Constitucional. Pautado nesse entendimento, é possível verificar os motivos pelos quais os demais ramos, os atos normativos em geral e a atuação dos poderes estão limitados ao texto constitucional.

A Constituição Federal é a lei máxima do ordenamento jurídico brasileiro. É fundamento de validade de todos os demais atos normativos. Está no ápice da pirâmide normativa e determina as regras que devem ser observadas. Todas as normas infraconstitucionais devem guardar relação de compatibilidade com a Constituição.

Ressalta-se que o princípio da supremacia constitucional somente existe nos países que adotam Constituição do tipo *rígida*, ou seja, aquelas que possuem um processo de alteração mais complexo, mais solene, mais dificultoso que o processo de mudança dos demais atos normativos.

3.6. Princípios fundamentais (arts. 1º a 4º da CF)

O art. 1º da CF, após definir o Pacto Federativo, traz os *fundamentos* da República Federativa do Brasil, que são os seguintes:

I. Soberania;

II. Cidadania;

III. Dignidade da pessoa humana;

IV. Valores sociais do trabalho e da livre-iniciativa; e

V. Pluralismo político.

Os fundamentos equivalem-se aos principais valores e diretrizes adotados pelo Estado brasileiro. Com base neles é que a Constituição Federal de 1988 foi produzida.

Sem sombra de dúvida, podemos dizer que um fundamento de grande relevo é o que diz respeito à *dignidade da pessoa humana*. Para que o ser humano possua dignidade, deve a ele ser dado acesso a requisitos mínimos de uma vida digna como, por exemplo, alimentação, moradia, saúde, higiene, educação, lazer etc.

A dignidade da pessoa humana é um fundamento da República Federativa do Brasil, previsto no inc. III do art. 1º da Constituição Federal.

A súmula vinculante 11, que já foi objeto de questionamento na prova da OAB, relaciona-se diretamente com esse princípio. Essa súmula restringe o uso de algemas aos casos de resistência e de fundado receio de fuga ou de perigo à integridade física própria ou alheia, por parte do preso ou de terceiros. Além disso, o uso deve, necessariamente, ser justificado por escrito, sob pena de responsabilidade disciplinar, civil e penal do agente ou da autoridade e de nulidade da prisão ou do ato processual a que se refere, sem prejuízo da responsabilidade civil do Estado.

Desse modo, é possível afirmar que o uso de algemas requer um juízo de ponderação da necessidade e só deve ser utilizado de forma excepcional.

Vale lembrar que o STF, no julgamento do ARE 653.964-AgR, Rel. Min. Luiz Fux, julgamento em 28.02.2012, Primeira Turma, *DJE* de 13.03.2012, decidiu que o enunciado da Súmula Vinculante 11 da Suprema Corte **não** é aplicável, face ao uso de algemas durante a sessão, máxime quando o julgamento pelo Tribunal do Júri se deu em data anterior à sua publicação.

Também tem relação com a dignidade da pessoa humana o princípio da individualização da pena. Assim, a falta de indicação da conduta individualizada dos acusados pela prática de crimes societários fere não só o devido processo legal, a ampla defesa e o contraditório, mas também a dignidade da pessoa humana.

Por fim, o STF, em julgamento realizado pelo plenário, na ADI 3.510, declarou a constitucionalidade do art. 5º da Lei de Biossegurança (Lei 11.105/2005), por entender que as pesquisas com células-tronco embrionárias não violam o direito à vida ou o princípio da dignidade da pessoa humana.

A *soberania* é uma qualidade do Estado independente. Fala-se em soberania externa e interna. A primeira refere-se à representação dos Estados em âmbito internacional. A segunda é determinada pela demarcação da supremacia do Estado em relação aos seus cidadãos.

A *cidadania*, quando analisada como um dos fundamentos da República Federativa do Brasil, deve ser compreendida de forma abrangente, contemplando a possibilidade do exercício dos direitos fundamentais constitucionalmente assegurados, em especial, os relacionados ao trabalho, à educação e à saúde.

Para que o Estado cresça economicamente, identificou-se que os *valores sociais do trabalho e da livre-iniciativa* necessitavam ser compatibilizados. Assim, a Constituição de 1988 contemplou tais valores, focando sempre no desenvolvimento da ordem econômica do Estado.

O *pluralismo político* prestigia a variedade de opinião, ideologia, liberdades, fazendo com que tais valores, ainda que diferentes e até mesmo opostos, convivam de forma harmônica. Esse pluralismo também indica que o processo de inclusão deve ser resguardado.

O art. 2º da CF trata da tripartição dos poderes, dispondo que são Poderes da União, independentes e harmônicos entre si, o Legislativo, o Executivo e o Judiciário.

Já o art. 3º contempla os objetivos fundamentais da República Federativa do Brasil. Percebam que os objetivos fundamentais não se confundem com os fundamentos. Estes vêm previstos no art. 1º, enquanto que aqueles, no art. 3º.

Os *objetivos fundamentais* do nosso país são os seguintes: I – construir uma sociedade livre, justa e solidária; II – garantir o desenvolvimento nacional; III – erradicar a pobreza e a marginalização e reduzir as desigualdades sociais e regionais; IV – promover o bem de todos, sem preconceitos de origem, raça, sexo, cor, idade e quaisquer outras formas de discriminação.

Ainda tratando do capítulo que cuida dos princípios fundamentais, a Constituição, em seu art. 4º, contempla aqueles que regem o país nas suas relações internacionais, dentre os quais se destacam: a independência nacional, a prevalência dos direitos humanos, a igualdade entre os Estados, a defesa da paz e a cooperação entre os povos para o progresso da humanidade.

4. ELEMENTOS DA CONSTITUIÇÃO

Nossa Constituição Federal trata de diversos assuntos. Com a finalidade de sistematizar e de organizar esses assuntos, a Norma Suprema uniu matérias afins e, a partir dessa união, foram contemplados doutrinariamente os elementos constituintes. O Prof. José Afonso da Silva é quem melhor faz a divisão clássica (**Curso de Direito Constitucional Positivo**, 35ª edição, p. 44 e 45). Tendo por base a divisão feita por esse autor, podemos falar que os grupos de elementos são:

4.1. Elementos orgânicos

Contemplam as normas estruturais da Constituição. Englobam as normas de organização do Estado, organização do poder, o orçamento público e a tributação, as forças armadas e a segurança pública. Os temas mencionados se encontram nos capítulos II e III do título V e nos títulos III, IV e V da nossa Constituição Federal.

4.2. Elementos limitativos

Como o próprio nome menciona, são normas que existem para limitar o poder de atuação do Estado. As normas que definem os direitos e garantias fundamentais são as que melhor limitam o poder, pois, ao enunciar determinado direito a alguém, implícita e automaticamente há o comando impondo ao Estado o dever de não invadir aquele direito constitucionalmente previsto. A exceção se dá em relação aos direitos sociais porque eles exigem condutas positivas do Estado, não possuem somente o mero caráter limitador do eventual exercício arbitrário do poder. Os elementos limitativos contemplam as normas que tratam dos direitos individuais e coletivos, direitos políticos e direito à nacionalidade, todas encontradas no título II da Constituição Federal.

4.3. Elementos socioideológicos

O nome desses elementos já nos encaminha para sua conceituação: podemos dizer que eles definem ou demonstram a ideologia adotada pelo texto constitucional. As normas que compõem os elementos socioideológicos são as que tratam dos direitos sociais, as que compõem a ordem econômica e financeira e a ordem social. Encontramos essas normas no capítulo II do título II e nos títulos VII e VIII da Constituição Federal.

4.4. Elementos de estabilização constitucional

As normas que se encontram nessa divisão são as que visam à superação dos conflitos constitucionais, ao resguardo da estabilidade constitucional, à preservação da supremacia da Constituição, à proteção do Estado e das instituições democráticas e à defesa da Carta Política. Citamos como exemplo as normas que tratam da intervenção federal e estadual (arts. 34 a 36 da CF), as normas que tratam dos estados de sítio e de defesa e as demais integrantes do título V da CF (com exceção dos capítulos II e III, porque eles integram os elementos orgânicos), as normas que tratam do controle de constitucionalidade e, ainda, as que cuidam do processo de emendas à Constituição.

4.5. Elementos formais de aplicabilidade

Formais, porque não possuem conteúdo material, e de aplicabilidade, porque servem para auxiliar a efetiva aplicação das normas constitucionais. São normas orientadoras, como, por exemplo, o preâmbulo da Constituição, que não serve como paradigma para controle de constitucionalidade, mas estabelece princípios norteadores de todo ordenamento jurídico brasileiro.

Também se encontram nessa categoria as disposições transitórias, reguladoras do direito intertemporal. Essas normas estão contidas no ADCT (Ato das Disposições Constitucionais Transitórias), que é parte integrante da Constituição Federal, embora fique separado do corpo das normas permanentes e tenha numeração própria apenas por questão de técnica legislativa. Como as normas contidas no ADCT são normas transitórias, passageiras, assim que produzirem todos os efeitos que delas se esperam se esgotarão, não terão mais utilidade alguma. Desse modo, é razoável que fiquem fora do corpo de normas permanentes da Constituição. Para aclarar o exposto, é indicada a leitura dos arts. 3º (trata da revisão constitucional) e 4º (menciona que o mandato do Presidente da época do texto constitucional, encerraria em março de 1990) do ADCT, que já produziram seus efeitos e que atualmente são normas de eficácia exaurida, esgotada, não mais têm utilidade alguma. Outro exemplo: a previsão constitucional da realização de um plebiscito para a escolha da forma de governo (República ou Monarquia) e o sistema de governo (Parlamentarismo ou Presidencialismo), cinco anos após a promulgação da Constituição de 1988 (art. 2º do ADCT).

Ainda sobre as normas do ADCT, é interessante pontuar que elas podem ser alteradas por emenda constitucional. Um exemplo é o trazido pela EC 68, de 21.12.2011, que alterou o art. 76 do Ato das Disposições Constitucionais Transitórias (ADCT), prorrogando, por mais 4 (quatro) anos, a Desvinculação das Receitas da União (DRU), até 31.12.2015.

Por fim, o § 1º do art. 5º da Constituição Federal também é um exemplo de elemento formal de aplicabilidade. Dispõe que "As normas definidoras dos direitos e garantias fundamentais têm aplicação imediata".

5. CLASSIFICAÇÃO DAS CONSTITUIÇÕES

As constituições são classificadas pela doutrina de diversas maneiras. Essas classificações visam à melhor compreensão da Constituição como um todo. Por exemplo, sabendo nós que a Constituição de 1988, quanto à sua extensão, foi classificada como prolixa, é possível imaginar que essa Constituição seja extensa, longa, numerosa; diferente seria, se eventualmente tivesse sido classificada como concisa (básica, breve). Nesse caso, mesmo que nunca tivéssemos visto a Constituição mencionada, já teríamos uma ideia de como ela seria. É justamente para isso que servem as classificações.

No entanto, é preciso lembrar que há muitas classificações feitas pela doutrina e, a partir de agora, abordaremos as mais relevantes.

5.1. Quanto à forma, as Constituições podem ser classificadas em:

a) **escritas** – aquelas sistematizadas num único texto, criadas por um órgão constituinte. Esse texto único é a única fonte formal do sistema constitucionalista. Exemplo: Constituição Federal de 1988;

b) **não escritas** – aquelas cujas normas não estão sistematizadas e codificadas num único texto. São baseadas em textos esparsos, jurisprudências, costumes, convenções, atos do parlamento etc. Há várias fontes formais do direito constitucional no país de constituição não escrita. Exemplo: Constituição Inglesa.

5.2. Quanto ao modo de elaboração, as Constituições podem ser classificadas em:

a) **dogmáticas** – partem da aceitação de dogmas, considerados o núcleo de uma doutrina. A constituição dogmática necessariamente é uma constituição escrita. As constituições escritas pressupõem a aceitação de dogmas ou de opiniões sobre a política do momento. Exemplo: Constituição Federal de 1988;

b) **históricas ou costumeiras** – diferentemente das constituições dogmáticas que sempre são escritas, as constituições históricas devem ser não escritas. Resultam da formação histórica, dos fatos sociais, da evolução das tradições. Exemplo: Constituição Inglesa.

5.3. Quanto à origem, as Constituições podem ser classificadas em:

a) **outorgadas** – aquelas elaboradas e impostas por uma pessoa ou por um grupo sem a participação do povo. As constituições outorgadas, na verdade, devem ser denominadas Cartas Constitucionais e não Constituições, pois a primeira denominação é a que corretamente designa a origem outorgada. A segunda nomenclatura diz respeito àquelas Constituições que tiveram como origem a democracia, foram promulgadas. Vale lembrar que muitos doutrinadores tratam essas expressões, Carta e Constituição, como sinônimas, embora não o sejam.

As Constituições outorgadas que tivemos no Brasil foram as seguintes:

✓ Carta do Império de 1824;

✓ Carta de 1937 (Vargas);

✓ Carta de 1967 (ditadura militar).

Há ainda aqueles que sustentam que a Emenda Constitucional 1/1969 deve ser considerada uma verdadeira Constituição outorgada, imposta pelo Comando Militar;

b) **promulgadas, populares ou democráticas** – são aquelas advindas de uma Assembleia Constituinte composta por representantes do povo. Sua elaboração se dá de maneira consciente e livre, diferentemente das Constituições outorgadas, que são criadas de forma imposta;

c) **cesaristas, plebiscitárias, referendárias ou bonapartistas** – são aquelas constituições que, embora elaboradas de maneira unilateral, impostas, após sua criação são submetidas a um referendo popular. Essa participação do povo não pode ser considerada democrática, pois apenas tem a finalidade de confirmar a vontade daquele que a impôs. Os nomes dados a essa Constituição têm por fundamento o caminho utilizado por Napoleão Bonaparte nos chamados "plebiscitos napoleônicos".

5.4. Quanto à estabilidade ou processo de mudança, as Constituições podem ser classificadas em:

a) **rígidas** – aquelas alteráveis somente por um processo mais solene, mais dificultoso que o processo de alteração das demais normas jurídicas. O exemplo que podemos dar é a Constituição Federal de 1988, na qual, em seu art. 60 (processo legislativo das emendas), encontramos o fundamento da rigidez constitucional;

b) **flexíveis** – aquelas modificáveis livremente pelo legislador, observando-se o mesmo processo de elaboração e modificação das leis;

c) **semirrígidas** – aquela Constituição que possui uma parte rígida e outra flexível. A parte rígida será alterável por um processo mais dificultoso que o das demais normas jurídicas e a parte flexível, alterável pelo mesmo processo de elaboração e modificação das leis. No Brasil, a única Constituição que tivemos classificada como semirrígida foi a de 1824. O art. 5º desta Constituição fundamentava seu caráter semirrígido;

d) super-rígidas – alguns doutrinadores sustentam que a Constituição de 1988 é classificada como super-rígida pelo fato de conter núcleos essenciais intangíveis (cláusulas pétreas – art. 60, § 4º. da CF).

Obs.: prevalece o entendimento de que a Constituição de 1988 é classificada como rígida.

5.5. Quanto à extensão, as Constituições podem ser classificadas em:

a) concisas – são as constituições sucintas, pequenas. Cuidam apenas de regras gerais, estruturais, do ordenamento jurídico estatal. O melhor exemplo de constituição concisa é a norte-americana, que contém apenas os princípios fundamentais e estruturais do Estado. A característica de uma Constituição concisa é o fato de ela ser mais estável que uma Constituição prolixa. A norte-americana, por exemplo, já conta com mais de 200 anos e foi emendada apenas 27 vezes;

b) prolixas – são as constituições longas, numerosas. Essas constituições não se restringem a tratar somente de normas materialmente constitucionais, normas estruturais, de organização do poder, de funcionamento do Estado. Cuidam de assuntos diversos, que poderiam certamente estar dispostos em legislações infraconstitucionais. São assim por pretenderem proteger institutos considerados importantes. O maior problema de uma constituição prolixa é que, por ser expansiva, torna-se muito mais instável do que a Constituição concisa.

O exemplo de Constituição prolixa é a nossa, Constituição Federal de 1988. Ela possui em seu corpo perma-nente 250 artigos e em pouco mais de 28 anos de vigência já foi alterada quase 100 vezes.

5.6. Quanto ao conteúdo, as Constituições podem ser classificadas em:

a) materiais – relacionam-se ao conteúdo criado para ser tratado especificamente numa constituição. São normas que cuidam de matéria constitucional. A matéria constitucional geralmente gira em torno do poder. Exemplificando, as normas que organizam o poder, que organizam o Estado e as que tratam dos direitos individuais são normas materialmente constitucionais.

Um exemplo de norma que, embora prevista na CF de 1988, **não** tem conteúdo materialmente constitucional, é o art. 242, § 2º, da CF que trata do Colégio Pedro II. Tal dispositivo determina que o Colégio localiza-se na cidade do Rio de Janeiro e é mantido na órbita federal;

b) formais – indicam o conjunto de regras dispostas formalmente na constituição escrita. As normas inseridas na constituição, ainda que não tratem de matéria constitucional, como o exemplo do Colégio Pedro II acima mencionado, são normas formalmente constitucionais. O fato de estarem alocadas na constituição escrita dá a elas a força de norma constitucional. São regidas pelo princípio da supremacia constitucional e só podem ser alteradas pelo processo legislativo das emendas (art. 60 da CF).

É relevante que se diga que a Constituição Federal determina que o grau máximo de eficácia das normas decorre da forma e não da matéria. Isso significa dizer que o que importa realmente é se a norma está ou não inserida no texto da Constituição. Se tiver conteúdo constitucional, mas não estiver contemplada no Texto Maior, certamente terá menor eficácia que as normas lá inseridas.

6. FENÔMENOS QUE OCORREM COM A ENTRADA EM VIGOR DE UMA NOVA CONSTITUIÇÃO

6.1. Recepção

É o fenômeno jurídico pelo qual se resguarda a continuidade do ordenamento jurídico anterior e inferior à nova constituição, desde que se mostre compatível materialmente com seu novo fundamento de validade (justamente a nova constituição).

Para melhor compreensão, acompanhem o exemplo: é sabido que o fundamento de validade de uma lei é a constituição vigente. Dessa forma, imaginemos que tenha sido editada uma lei na época em que vigia a Constituição de 1969. A essa lei fora atribuído o 5.869/1973. Para que a lei mencionada fosse considerada válida, ela, necessariamente, teria que estar em conformidade com a Constituição de 1969, pois este era seu fundamento de validade. Em 1988, foi promulgada uma nova constituição, a Constituição da República Federativa do Brasil de 05.10.1988. Pergunta-se: a Lei 5.869/1973 continuou vigente, mesmo após a promulgação de uma nova Constituição? A resposta é depende. Se essa lei for materialmente compatível com a nova constituição, sim, ela será preservada e passará a ter um novo fundamento de validade (que é a nova constituição). Agora, se a lei editada à época da vigência da antiga constituição se mostrar materialmente incompatível com a nova, ela não será recepcionada.

A lei referida no exemplo acima é o antigo Código de Processo Civil que, embora seja de 1973 e a nossa Constituição de 1988, vigorou até a edição do novo, ou seja, até 17 de março de 2016. Quando foi promulgada a Constituição de 1988, ocorreu o fenômeno da recepção em relação a todos os dispositivos do antigo CPC que, na época, se mostraram materialmente compatíveis com ela.

Outro fator importante a respeito do fenômeno da recepção é que não importa a roupagem originalmente assumida pela lei, o que se verifica é o conteúdo da norma e não a forma pela qual ela foi exteriorizada. O Código Tributário Nacional (CTN) é um exemplo disso. Na época de sua elaboração, foi editado como lei ordinária, mas, como a CF/1988, em seu art. 146, determinou que as normas gerais em matéria de legislação tributária fossem disciplinadas por lei complementar, ele foi por ela recepcionado como se lei complementar fosse. Hoje, para se alterar o CTN, é necessária uma lei complementar.

O Código Penal, quando de sua elaboração, foi criado como um Decreto-Lei (n. 2.848/1940). Entretanto, a Constituição de 1988 determinou que a matéria Direito Penal fosse regulamentada por lei ordinária. Desse modo, os dispositivos do Código que guardavam relação de compatibilidade material com a Constituição foram por ela recepcionados como lei ordinária. Atualmente, para alterar o CP, basta uma lei ordinária.

Outra lembrança relevante no tocante ao fenômeno da recepção, é o fato de após a promulgação da Constituição, serem editadas emendas constitucionais. As leis também devem guardar relação de compatibilidade material com o disposto nas emendas constitucionais? Sim, necessariamente as leis promulgadas antes ou mesmo depois da edição da Constituição devem ser materialmente compatíveis tanto com as normas advindas do poder constituinte ordinário quanto das decorrentes de emendas constitucionais. O fundamento para isto é que as emendas constitucionais, como o próprio nome indica, têm natureza de normas constitucionais. Estão, juntamente com as demais normas da Constituição, no ápice da pirâmide de Kelsen.

O princípio que fundamenta a utilização do fenômeno da recepção é o da continuidade das normas.

6.2. Desconstitucionalização

O fenômeno da desconstitucionalização tem origem francesa. É um instituto pouco usado na prática. No Brasil, não utilizamos esse instituto porque a edição de uma nova Constituição produz o efeito de revogar por inteiro a antiga. A revogação total é denominada *ab-rogação*, já a parcial é conhecida como *derrogação*.

A antiga Constituição seria, valendo-nos do fenômeno da desconstitucionalização, recebida pelo novo ordenamento, ou seja, pela nova Constituição, com *status* de legislação infraconstitucional (seria recebida como se fosse lei). Esse fenômeno não é permitido no Brasil.

6.3. Repristinação

É o fenômeno jurídico pelo qual se restabelece a vigência de uma lei que foi revogada pelo fato de a lei revogadora ter sido posteriormente revogada. Tal instituto interessa não apenas ao Direito Constitucional, mas ao Direito como um todo. Terá ligação com o direito constitucional se estiver associado ao instituto da recepção.

Vamos ao exemplo: imaginemos três constituições. Constituição "A", Constituição "B" e Constituição "C". A primeira é a mais antiga. A Constituição "A" determinou que o assunto X, garantido por ela, fosse disciplinado por lei infraconstitucional. Na época, sobreveio a lei disciplinando o assunto X. Passado um tempo, foi editada nova constituição, a Constituição "B". Ela não mais tratou do assunto X. Portanto, a lei editada na vigência da Constituição "A", que serviria para regulamentar o assunto X, não foi recepcionada (foi revogada) pela Constituição "B". Passado mais um tempo, outra nova Constituição foi editada, a Constituição "C". Essa Constituição voltou a prever o assunto X. Nesse caso, a lei que regulamentava o assunto X, editada na vigência da Constituição "A", seria restabelecida pela nova Constituição simplesmente pelo fato dela prever novamente o assunto X? A resposta é não. No ordenamento jurídico brasileiro não há repristinação automática. Se o legislador, por ventura, quiser restabelecer a vigência de uma lei anteriormente revogada por outra, terá que fazê-lo expressamente, conforme dispõe o § 3º do art. 2º da Lei de Introdução às Normas do Direito Brasileiro (denominação dada pela Lei 12.376/2010 à antiga "LICC" – Lei de Introdução ao Código Civil).

6.3.1. Repristinação e o efeito repristinatório

A repristinação difere do denominado efeito repristinatório. A primeira, como mencionado, faz com que seja restabelecida a vigência de uma lei revogada, por conta da lei que a revogou também ter sido revogada por outra lei. Isso só pode ocorrer na hipótese de expressa previsão legal, conforme determina o art. 2º, § 3º, da Lei de Introdução às Normas do Direito Brasileiro – Lei 4.657/1942. O segundo, efeito repristinatório, decorre do controle abstrato de constitucionalidade das leis. Em regra, quando uma lei é declarada inconstitucional os efeitos dessa decisão retroagem à data da edição da lei (*ex tunc*). Desse modo, a lei que foi revogada por outra, que posteriormente foi declarada inconstitucional, pode voltar a produzir efeitos. Com a declaração de inconstitucionalidade da lei revogadora, todo o seu passado é apagado. É como se essa lei nunca tivesse existido e, portanto, não teria o poder de revogar outra norma. A antiga lei volta a produzir efeitos, pois a revogação advinda de uma norma inconstitucional não tem eficácia.

Vale lembrar que o art. 27 da Lei 9.868/1999 admite a modulação dos efeitos. Assim, ao declarar a inconstitucionalidade de lei ou ato normativo, e tendo em vista razões de segurança jurídica ou de excepcional interesse social, pode o Supremo Tribunal Federal, por maioria de dois terços de seus membros, restringir os efeitos daquela declaração ou decidir que ela só tenha eficácia a partir de seu trânsito em julgado ou de outro momento que venha a ser fixado. Nessa hipótese, como os efeitos retroativos da lei são modificados, não há mais a incidência do efeito repristinatório.

Outra situação em que o efeito repristinatório se manifesta decorre do art. 11, § 2º, da Lei 9.868/1999, o qual dispõe que a concessão da medida cautelar torna aplicável a legislação anterior acaso existente, salvo expressa manifestação em sentido contrário.

6.4. Mutação constitucional

A palavra mutação significa mudança. Tem relação não com o aspecto formal do texto constitucional, mas sim com a interpretação dada à Constituição. Não são necessárias técnicas de revisão ou reforma constitucional para que o fenômeno se opere. A mudança social, que se dá com o passar do tempo, já faz com que a interpretação seja modificada.

6.5. *Vacatio constitucionis*

Pode ser conceituada como o período de transição entre uma Constituição e outra. Em regra, ao ser elaborada, promulgada e publicada, a nova Constituição entra em vigor imediatamente. Pelo fenômeno da *vacatio constitucionis*, que se assemelha ao instituto da *vacatio legis*, haveria um prazo, fixado pelo próprio poder constituinte, ou seja, por aqueles que estão elaborando a nova constituição, para que o texto constitucional entrasse em vigor. No Brasil, as constituições ao serem promulgadas e publicadas, já entram em vigor; não visualizamos aqui o fenômeno da *vacatio constitucionis*.

7. EFICÁCIA JURÍDICA DAS NORMAS CONSTITUCIONAIS E HERMENÊUTICA CONSTITUCIONAL

Eficácia jurídica é a aptidão que as normas têm para produzirem efeitos no mundo jurídico. Essa eficácia, por vezes, será graduada conforme a classificação das normas constitucionais.

Segundo a teoria clássica, as normas constitucionais podem ser classificadas em:

a) Normas constitucionais de eficácia plena;

b) Normas constitucionais de eficácia contida; e

c) Normas constitucionais de eficácia limitada.

7.1. Eficácia plena

As normas de eficácia *plena* são aquelas que, por si só, produzem todos os seus efeitos no mundo jurídico e de forma imediata. Não dependem da interposição do legislador para que possam efetivamente produzir efeitos. Além disso, a norma de eficácia plena não admite que uma norma infraconstitucional limite ou reduza seu conteúdo.

São exemplos dessa espécie de norma os artigos: 1º – que trata dos fundamentos da República Federativa do Brasil; 2º – que trata da independência e harmonia que deve existir entre os poderes Legislativo, Executivo e Judiciário; 13 – que diz que a língua portuguesa é o idioma oficial do Brasil; 18, § 1º, que menciona que Brasília é a capital do Brasil, dentre outros.

7.2. Eficácia contida

Já as normas de eficácia *contida* são aquelas que produzem a integralidade de seus efeitos, mas que dão a possibilidade de outra norma restringi-los. Desse modo, até que outra norma sobrevenha e limite a produção de efeitos, a norma de eficácia contida é semelhante à norma de eficácia plena. O principal exemplo de norma de eficácia contida previsto na Constituição é o art. 5º, XIII, que diz que é livre o exercício de qualquer trabalho, ofício ou profissão, atendidas as qualificações profissionais que a lei estabelecer. Vejam que a Constituição, num primeiro momento, diz que há liberdade para o exercício da profissão, mas, num segundo, deixa aberta a possibilidade de o legislador infraconstitucional estabelecer qualificações. O Estatuto da OAB, Lei 8.906/1994, em seu art. 8º, incisos IV e VII, estabelece a obrigatoriedade do bacharel em Direito de prestar e ser aprovado no exame de ordem e de prestar compromisso perante a OAB para exercer a profissão de advogado. A lei infraconstitucional (Estatuto da OAB) conteve a abrangência da norma constitucional prevista no art. 5º, XIII, da CF, no que tange ao exercício da advocacia.

7.3. Eficácia limitada

As últimas, segundo a classificação de José Afonso da Silva, são as normas de eficácia *limitada*, ou seja, aquelas que, para produzirem seus efeitos, dependem da atuação do legislador infraconstitucional, necessitam de regulamentação. Tais normas possuem aplicabilidade postergada, reduzida, diferida ou mediata. Somente após a edição da norma regulamentadora é que efetivamente produzirão efeitos no mundo jurídico. São exemplos de normas constitucionais de eficácia limitada os art.: 88 – que trata da criação e extinção de Ministérios e órgãos da Administração pública, devendo ser feitas por lei; 7º, XXVII – que trata da proteção do trabalhador em face da automação, para a qual também é necessária lei regulamentando o assunto; 102, § 1º – que cuida da Arguição de Descumprimento de Preceito Fundamental, hoje regulamentada pela Lei 9.882/1999.

Maria Helena Diniz também faz a classificação das normas constitucionais, só que com algumas peculiaridades. Vejamos essa classificação, pois é também bastante conhecida pela doutrina.

Tomando por base a produção de efeitos concretos, a mencionada autora diz que as normas constitucionais podem ser classificadas em:

a) normas supereficazes ou com eficácia absoluta;

b) normas com eficácia plena;

c) normas com eficácia relativa restringível; e

d) normas com eficácia complementável ou dependente de complementação legislativa.

As primeiras são aquelas em que não se pode tocar, nem mesmo por meio de emenda à Constituição. As normas com eficácia absoluta são encontradas no § 4º do art. 60 da CF, as denominadas cláusulas pétreas. Englobam a forma federativa de Estado, o voto secreto, direto, universal e periódico, a separação dos Poderes e os direitos e garantias individuais (que são espécies do gênero direitos fundamentais, como veremos adiante).

Já as normas com eficácia plena são as que contêm, em seu corpo, todos os recursos que as possibilitem produzir a integralidade de seus efeitos no mundo jurídico. Ainda que possam ser modificadas ou suprimidas por emendas constitucionais, estão aptas a produzirem todos os seus efeitos sem a necessidade da interposição do legislador. Essa classificação é muito semelhante à que adota José Afonso da Silva, conforme analisado anteriormente. Alguns exemplos nós podemos visualizar nos arts. 14, § 2º, 17, § 4º, 22, 37, III, 155, todos da Constituição Federal.

Ainda analisando os critérios de Maria Helena Diniz, há as normas com eficácia relativa restringível. Elas equivalem às normas de eficácia contida na classificação de José Afonso da Silva. Desse modo, remeto à releitura do início do capítulo se a memória não lhes trouxer a lembrança desse conceito.

As últimas, segundo Maria Helena Diniz, são as normas com eficácia relativa complementável ou dependente de complementação legislativa. São as que, como o próprio nome indica, dependem necessariamente de lei para que possam efetivamente produzir efeitos positivos no ordenamento jurídico.

Para completar, trazemos a informação de que estas últimas normas que analisamos se subdividem em *programáticas e de princípio institutivo*. Estas são as que fazem a previsão da existência de um órgão ou instituição, mas que só passariam a existir no plano da realidade após a atuação do legislador infraconstitucional, quando da feitura da lei pertinente. Aquelas, programáticas, são as que trazem em seu corpo programas a serem, necessariamente, concretizados pelos governantes. Os exemplos que se seguem são: arts. 25, § 3º, 43, § 1º, 224, entre outros da CF – normas de princípio institutivo; arts. 211, 215, 226, § 2º da CF – normas programáticas.

Segundo Uadi Lammêgo Bulos, podemos falar também em normas de eficácia *exaurida* ou *esgotada*, que seriam as que, após produzir os efeitos que delas se esperam, não servirão mais para nada. Muitas das normas que constam do ADCT – Ato das Disposições Constitucionais Transitórias – possuem eficácia exaurida. Exemplo: o art. 2º, que determinava a realização, em 1993, de um plebiscito para definir a forma de Estado – república ou monarquia constitucional – e o sistema de governo, que poderia ser parlamentarismo ou presidencialismo. O eleitorado manteve, nesse plebiscito, a forma republicana e o sistema presidencialista.

7.4. Hermenêutica constitucional

As normas constitucionais devem ser interpretadas, ou seja, delas devem ser extraídas seus exatos sentidos. Interpretar significa aclarar o sentido de algo, fazendo com que o conteúdo seja devidamente explanado.

A hermenêutica é a técnica de interpretar, composta de mecanismos próprios como, por exemplo, os métodos literal, sistemático, gramatical, histórico etc. Tais institutos são aplicáveis a todos os ramos do direito. Ocorre que a interpretação constitucional exige, pelo grau hierárquico que as normas constitucionais possuem no ordenamento jurídico brasileiro, mecanismos específicos, além dos tradicionalmente estudados.

Desse modo, para interpretar a Constituição é necessário valer-se dos seguintes princípios: unidade da Constituição, efeito integrador, máxima efetividade, harmonização ou concordância prática, força normativa da Constituição e correção funcional.

7.4.1. Unidade da Constituição

A Constituição deve ser analisada de forma integrada. Normas constitucionais formam um conjunto de regras que não devem ser vistas isoladamente. Sempre que possível, os comandos constitucionais não devem ser separados do todo.

É necessário que todos aqueles que interpretam a Constituição o façam de modo a impedir, ou pelo menos evitar, a existência de contradições com outras normas dispostas na própria Constituição.

Decorre também da ideia de unidade da Constituição o fato de não haver hierarquia formal entre as normas constitucionais.

7.4.2. Efeito integrador ou eficácia integradora

Tal princípio está relacionado com o primeiro e nos ensina que a análise dos conflitos jurídico-constitucionais deve se dar à luz dos critérios que beneficiam a integração política e social. A eficácia integradora reforça o princípio da unidade da Constituição.

7.4.3. Máxima efetividade

Técnica de interpretação constitucional também conhecida como eficiência ou interpretação efetiva, ela dispõe que as normas constitucionais devem ser interpretadas privilegiando sua maior eficiência. Por exemplo, quando se estiver diante de duas ou mais interpretações possíveis em relação a algum direito fundamental, deve-se optar por aquela que reflete a maior eficácia do dispositivo.

7.4.4. Harmonização ou concordância prática

Harmonizar significa colocar em harmonia, conciliar. É justamente esse o significado dessa técnica interpretativa. As normas constitucionais devem ser conciliadas para que possam coexistir sem que uma tenha de ser privilegiada em detrimento de outra.

Tal princípio também tem relação com o da unidade da constituição e com o princípio da igualdade, pois o todo é que deve ser analisado e de forma harmônica, evitando-se, ao máximo, a anulação de um direito por conta de outro. Vejam que a análise interpretativa deve ser feita *a priori* para que seja evitado esse sacrifício de um em detrimento de outro.

A concordância prática reforça a ideia de inexistência de hierarquia entre os princípios constitucionais.

7.4.5. Força normativa da Constituição

Pela força normativa, a interpretação constitucional deve priorizar a atualidade normativa do texto, fortalecendo tanto sua eficácia como sua permanência.

7.4.6. Correção funcional

Esse princípio interpretativo está relacionado com o sistema organizacional da Constituição. Por meio da correção funcional, conformidade funcional ou ainda princípio da justeza, aqueles que interpretam a Constituição devem se atentar fielmente às regras sobre separação dos poderes e repartição constitucional de competências.

7.4.7. Interpretação conforme a Constituição

A interpretação conforme a Constituição, como o próprio nome expressa, indica que as normas devem ser interpretadas de acordo com o que dispõe a Constituição Federal.

É, a um só tempo, mecanismo utilizado no controle de constitucionalidade, conforme veremos adiante, e técnica de interpretação da Constituição.

Tratando da "interpretação conforme" como técnica de interpretação, devemos lembrar que ela é utilizada quando estamos diante de normas que possuem mais de um significado. As conhecidas normas polissêmicas ou plurissignificativas (que possuem mais de uma interpretação).

Desse modo, se determinado dispositivo possui dois significados, o sentido que terá de ser atribuído à norma é o que encontra respaldo constitucional, devendo ser descartado aquele que vai de encontro ao Texto Maior, ou seja, aquele que vai contra a Constituição.

Cabe a observação de que o mecanismo da interpretação conforme a Constituição não dá ao intérprete a possibilidade de atuar como legislador, criando normas gerais e abstratas.

8. PODER CONSTITUINTE

Pode ser conceituado como o poder de estabelecer um novo ordenamento jurídico, por meio da criação de uma nova constituição ou pela modificação das regras existentes.

Toda e qualquer constituição é fruto de um poder maior que os poderes que ela própria instituiu. Por exemplo, citamos os poderes Executivo, Legislativo e Judiciário, todos *constituídos* pela Constituição. Esses, embora denominados desta forma, têm menos força que o poder que os instituiu, que é o *constituinte*. Este último, necessariamente, terá um titular e será composto por aqueles que exercitarão o poder, sempre em nome de seu titular.

Atualmente prevalece o entendimento de que o povo é o verdadeiro titular do poder. Esse posicionamento é respaldado pelo parágrafo único do art. 1º da CF, ao dispor que "todo o poder emana do *povo* que o exerce por meio de representantes eleitos ou direta ou indiretamente, nos termos desta Constituição".

Não podemos confundir titularidade com exercício do poder. O titular, como já mencionado, é sempre o povo. O exercente poderá ser uma Assembleia Constituinte (que é um órgão colegiado) ou um grupo de pessoas que se invistam desse poder. Essa distinção está diretamente relacionada com o processo de positivação da Constituição. No primeiro caso, ela advirá de uma convenção (votação); no segundo, de uma outorga (imposição).

8.1. Poder constituinte originário

O poder constituinte originário, genuíno, ou de primeiro grau, é aquele que cria a primeira constituição de um Estado ou a nova constituição de um Estado. No primeiro caso, é conhecido como poder constituinte *histórico*. Tem a função de instaurar e estruturar, pela primeira vez, o Estado. No segundo, é conhecido como poder constituinte *revolucionário*, porque ele rompe a antiga e existente ordem jurídica de forma integral, instaurando uma nova. Em ambos os casos, o poder constituinte impõe uma nova ordem jurídica para o Estado.

Podemos falar que esse poder é: inicial, autônomo, incondicionado e ilimitado.

É *inicial* porque não se fundamenta em outro poder que o anteceda. Nem mesmo a existência de um ato convocatório (Assembleia Constituinte para deliberar a respeito de uma nova constituição) retira essa característica do poder constituinte originário. Ele rompe integralmente a ordem jurídica precedente.

A *autonomia* do poder constituinte de primeiro grau é marcada pela opção do seu titular em escolher o conteúdo da nova constituição, aquele a quem o exercício do poder incumbe de determinar as regras autonomamente.

É também *incondicionado e ilimitado* porque esse poder não encontra condições, limitações, regras preestabelecidas pelo ordenamento jurídico anterior.

8.2. Poder constituinte derivado

O poder derivado, também denominado de instituído ou de 2º grau, como seu nome indica, decorre de algo. Fundamenta-se e decorre do poder que o criou, que é o constituinte originário.

Diferente do primeiro, o poder constituinte derivado é: secundário, não detém autonomia, é condicionado e limitado.

É secundário porque decorre do primeiro; limitado e condicionado, pois se sujeita às normas preestabelecidas por aquele que o criou.

É dividido em:

✓ poder constituinte derivado reformador;

✓ poder constituinte derivado decorrente; e

✓ poder constituinte derivado revisor (atualmente não aplicável).

Vejamos cada um deles:

8.2.1. Poder constituinte derivado reformador

Depende necessariamente da existência do constituinte originário, porque dele deriva e é subordinado. Tem por finalidade a reforma, a alteração do texto constitucional. A CF/1988 é classificada como rígida e possui um processo de modificação específico.

O procedimento mencionado vem previsto no art. 60 da Constituição Federal. Por meio de emendas à Constituição é que o poder constituinte derivado *reformador* será exercido. Nos incisos I, II e III desse artigo, há o rol de legitimados para a propositura de emendas constitucionais, no qual encontramos: o Presidente da República; um terço, no mínimo, dos membros da Câmara dos Deputados ou do Senado Federal; e mais da metade das Assembleias Legislativas das unidades da Federação. Somente eles poderão efetuar proposta de emenda constitucional.

O § 1º do mesmo art. trata do quórum para aprovação da emenda, que tem de ser de três quintos em cada casa, e ainda menciona que a emenda precisa, necessariamente, ser aprovada em dois turnos de votação.

Além disso, o poder constituinte originário traz, no § 4º do art. 60 da Constituição Federal, as chamadas cláusulas pétreas, ou núcleo material intangível, que são matérias que não podem ser suprimidas nem mesmo por meio do procedimento das emendas constitucionais.

Além disso, há previsão expressa na Constituição, trazida pelo poder constituinte originário, proibindo a edição de emendas constitucionais na vigência de intervenção federal ou dos estados de exceção (estado de sítio e estado de defesa).

O principal tema, no que tange ao poder constituinte derivado reformador, é o que cuida das limitações impostas pelo poder originário. Essa preocupação se dá pelo fato da possibilidade de existência de norma constitucional inconstitucional. Somente normas advindas do poder derivado é que poderão, eventualmente, ser declaradas inconstitucionais pelo Supremo Tribunal Federal. Tais limitações que foram citadas no parágrafo anterior serão analisadas detalhadamente no capítulo que trata das emendas constitucionais.

8.2.2. Poder constituinte derivado decorrente

É o poder que cada Estado tem de elaborar sua própria constituição, em virtude da sua capacidade de auto-organização. Tem previsão constitucional no art. 11 do ADCT e no art. 25 da Constituição Federal. O primeiro determinava que cada Assembleia Legislativa, com poderes constituintes, deveria elaborar a Constituição do seu Estado no prazo de um ano, contado da promulgação da Constituição Federal, sempre observados os princípios por ela estabelecidos. O segundo, art. 25 da CF, reforça a ideia de simetria constitucional, dispondo que os Estados-membros se organizam pelas leis e constituições que adotarem, sempre respeitando seus princípios.

Assim, os Estados, quando da elaboração de suas Constituições Estaduais, tiveram de ater-se aos preceitos estabelecidos na Constituição Federal, respeitando as limitações por ela impostas.

8.2.3. Poder constituinte derivado revisor

Hoje não há mais possibilidade de utilização desse poder. Segundo o art. 3º do ADCT, a revisão constitucional, portanto uma revisão apenas, teve de ser realizada após cinco anos da data da promulgação da Constituição, em sessão unicameral e pelo voto da maioria absoluta dos membros do Congresso Nacional.

Atualmente, para alterar a Constituição, somente pelo processo legislativo das emendas constitucionais previsto no art. 60.

Vejam que, no poder de revisão, não se exigiu o processo solene das emendas constitucionais (aprovação por 3/5 dos membros, nas duas casas e em 2 turnos), foi realizado uma única vez, em sessão unicameral e pelo voto da maioria absoluta dos membros. Seis emendas constitucionais de revisão foram fruto da manifestação desse poder (1 a 6/1994).

9. DIREITOS E GARANTIAS FUNDAMENTAIS – ASPECTOS GERAIS

Os direitos fundamentais são gênero do qual são espécies os direitos individuais, os direitos sociais e os direitos políticos.

O gênero *direitos fundamentais* é tratado pela doutrina com diversas nomenclaturas: direitos públicos subjetivos; liberdades públicas; direitos humanos; direitos do homem. Na doutrina internacionalista, há autores que fazem a seguinte diferença: a) direitos do homem – tem a ver com o direito natural, com a corrente jusnaturalista. São os direitos que estão além da regra positivada; b) direitos fundamentais – relacionam-se tipicamente com o direito constitucional. São os direitos positivados no ordenamento jurídico interno de determinado Estado. No Brasil, em especial, são aqueles direitos previstos no art. 5º da CF; e, por fim, c) direitos humanos – tem a ver com o direito internacional público. São, portanto, aqueles inseridos em normas consuetudinárias (no âmbito da comunidade internacional) e em tratados internacionais.

Vale observar o disposto no § 2º do art. 5º da CF: "os direitos e garantias expressos nesta Constituição não excluem outros decorrentes do regime e dos princípios por ela adotados, ou dos tratados internacionais em que a República Federativa do Brasil seja parte".

Por conta desse comando, o guardião da Constituição, Supremo Tribunal Federal, já afirmou reiteradas vezes que os direitos e garantias fundamentais não se esgotam no art. 5º da Lei Maior, podendo ser encontrados em diversos dispositivos inseridos na Constituição, como por exemplo o sistema tributário constitucional, a partir do art. 145 da CF. Também podem ser encontrados em tratados internacionais, como a proibição da prisão do depositário infiel, prevista no pacto São José da Costa Rica. Atualmente, temos a Súmula Vinculante 25 do STF, que corroborou o texto do tratado mencionando que é ilícita a prisão civil de depositário infiel, qualquer que seja a modalidade do depósito. E a súmula 419 do Superior Tribunal de Justiça – STJ, que trouxe disposição no mesmo sentido: "descabe a prisão civil do depositário judicial infiel".

Outra observação é a de que nenhum direito ou garantia individual pode ser retirado, suprimido do ordenamento jurídico brasileiro, por conta de serem considerados cláusulas pétreas, previstas no §4º do art. 60 da CF. Mas tal vedação se refere apenas à supressão de direito; desse modo, a inclusão de novos direitos individuais é plenamente cabível. O exemplo, trazido pela EC 45/2004, foi a inserção de um novo inciso ao rol do art. 5º, tornando constitucional o princípio da razoável duração do processo (art. 5º, LXXVIII, CF).

Embora os direitos fundamentais não possam ser suprimidos do texto constitucional, há situações em que poderá ocorrer a suspensão ou restrição temporária de tais direitos e garantias. Isso ocorrerá quando o país estiver passando por um dos denominados "estados de exceção", ou seja, na vigência de estado de defesa, de sítio (arts. 136 e 137 da CF) e intervenção federal.

No que se refere aos direitos sociais, além dos direitos trabalhistas previstos nos arts. 7º ao 10º da CF, é necessário mencionar que o Texto Maior trata de direitos relativos à educação, à saúde, à alimentação, à moradia, ao transporte, ao lazer, à segurança, à previdência social, à proteção à maternidade e à infância e à assistência aos desamparados. Tais direitos dependem de prestaçoes positivas do Estado, geram custos, mas isso não significa que os governantes podem deixar de implementá-los. Ainda que seja alegada, por parte do Poder Público, a "reserva do possível", o Judiciário deve, diante do caso concreto, se valer do princípio da razoabilidade e verificar se esse argumento não está sendo utilizado pelos governantes apenas como de forma a se escusar da prestação efetiva desses direitos.

Vale ressaltar que o direito ao transporte foi acrescentado ao rol dos direitos sociais pela **EC 90, de 16 de setembro de 2015**.

Ainda sobre o tema direitos sociais, é importante mencionar que a **EC 72**, de 02.04.2013, estendeu aos trabalhadores domésticos os seguintes direitos dados aos trabalhadores urbanos e rurais: a) proteção contra despedida arbitrária ou sem justa causa; b) seguro-desemprego; c) fundo de garantia do tempo de serviço; d) garantia de salário mínimo, quando a remuneração for variável; e) remuneração do trabalho noturno superior ao diurno; f) proteção do salário, constituindo crime sua retenção dolosa; g) salário-família; h) jornada de trabalho de oito horas diárias e quarenta e quatro semanais; i) adicional de serviço extraordinário; j) redução dos riscos inerentes ao trabalho; k) creches e pré-escolas para filhos e dependentes até seis anos de idade; l) reconhecimento dos acordos e convenções coletivas; m) seguro contra acidentes de trabalho; n) proibição de discriminação de salário, de função e de critério de admissão; o) proibição de discriminação em relação à pessoa com deficiência e p) proibição de trabalho noturno, perigoso ou insalubre a menores de dezesseis anos.

Sendo assim, além dos direitos ao salário mínimo, irredutibilidade de salários, 13º salário, repouso semanal remunerado, preferencialmente aos domingos, um terço a mais de salário nas férias; licenças maternidade e paternidade e aviso-prévio que já estavam assegurados no texto constitucional, a nova regra acrescenta outros.

9.1. Direitos fundamentais e suas gerações

Fala-se, na doutrina, em gerações ou dimensões dos direitos fundamentais. Isso se deve ao fato de o nascimento desses direitos ter se dado ao longo do tempo, de forma gradativa.

As gerações indicam normalmente o momento em que os direitos foram devidamente reconhecidos.

Cada dimensão comporta certos direitos, mas uma não exclui a outra. Esses direitos se somam e convivem de forma harmônica.

Os direitos previstos nas primeiras gerações já estão sedimentados, consolidados no ordenamento. Já os advindos das últimas gerações ainda são objeto de discussão e dúvida por parte da doutrina, justamente pelo fato de inovarem certos aspectos ainda não cristalizados na sociedade.

A classificação das gerações dos direitos fundamentais pode ser resumida da seguinte forma:

1ª Geração: consubstancia-se fundamentalmente nas *liberdades públicas*. A finalidade dessa dimensão foi limitar o poder de atuação do Estado, impondo a ele o dever de não intervenção, de abstenção. Por conta disso, tais direitos também são conhecidos pela doutrina como *direitos negativos*. As revoluções francesa e norte-americana influenciaram, e muito, no surgimento dos direitos individuais. Os direitos políticos também se encontram nessa dimensão;

2ª Geração: a revolução industrial europeia, ocorrida no século XVIII, pode ser tida aqui como um marco. Valores ligados à igualdade eram prestigiados. As lutas trabalhistas, visando a melhores condições, também. Diferentemente dos direitos de primeira geração, os de *segunda exigiram uma conduta positiva do Estado, uma ação propriamente dita e, por conta disso, também são chamados de direitos positivos*. Encontram-se assegurados, aqui, os chamados *direitos sociais*, ou seja, aqueles *relacionados ao trabalho, à educação e à saúde;*

3ª Geração: a partir da concepção de que o indivíduo faz parte de uma coletividade e que necessita, para a própria subsistência, de um ambiente saudável, equilibrado, é exigida a participação dos indivíduos na busca efetiva dos *direitos da coletividade* e não apenas dos direitos individuais. Encontram-se aqui os denominados direitos transindividuais que abarcam, por exemplo, o direito ao *meio ambiente ecologicamente equilibrado e os direitos do consumidor;*

4ª Geração: para aqueles que sustentam a existência de uma quarta dimensão dos direitos fundamentais, são aqui mencionados os direitos relacionados à biogenética;

5ª Geração: para aqueles que sustentam a existência de uma quinta dimensão dos direitos fundamentais, são aqui mencionados os direitos relacionados à internet.

9.2. Diferença entre direitos e garantias

Os *direitos* são *vantagens conferidas às pessoas e que limitam o Estado em caso de atuação desgovernada*. São fundamentais aqueles inerentes ao ser humano. Para que o Estado não adentre em algo inerente à dignidade de cada um é que são estabelecidos os direitos fundamentais.

Já as *garantias* podem ser definidas como *mecanismos assecuratórios dos direitos* citados. Têm por objetivo garantir seu exercício e, ainda, sanar a lesividade quando os direitos não estiverem sendo respeitados. A garantia facilita a defesa do direito fundamental assegurado constitucionalmente. Para cada direito previsto, há uma garantia. Exemplo: a Constituição garante a liberdade de locomoção, que, sendo violada, poderá ser restaurada com o mecanismo assecuratório correspondente, que é o *habeas corpus*. Tal instrumento é um remédio constitucional, considerado espécie do gênero garantia.

9.3. Características dos direitos fundamentais

9.3.1. Universalidade

Significa que os direitos fundamentais são destinados a todas as pessoas indistintamente. Não podem ser estabelecidos ou dirigidos a determinada pessoa, grupo ou categoria. A forma universal é a única admitida quando da aplicação desses direitos.

9.3.2. Historicidade

Significa que a formação dos direitos fundamentais se dá no decorrer da história. A origem desses direitos tem por base movimentos como o constitucionalismo. Sua evolução concreta é demonstrada ao longo do tempo. As conhecidas gerações ou dimensões dos direitos fundamentais se fundamentam especificamente nessa característica.

9.3.3. Limitabilidade ou caráter relativo

Significa que ainda que sejam considerados fundamentais, não são direitos absolutos. Não há direito absoluto. Na crise advinda do confronto entre dois ou mais direitos fundamentais, ambos terão de ceder. Às vezes, será necessário fazer prevalecer um em detrimento do outro naquela situação específica. Um exemplo é o choque entre a liberdade de informação e o direito à vida privada. Até que momento a imprensa, a informação jornalística, deve ser prestigiada em detrimento da vida privada? Esse é um dos grandes questionamentos doutrinários e jurisprudenciais. Somente após análise do caso concreto é possível fazer apontamentos mencionando o que deve prevalecer.

9.3.4. Cumulatividade ou concorrência dos direitos fundamentais

Significa que os direitos fundamentais não se excluem, na verdade se somam. Para o exercício de um, não é necessário que outro seja eliminado. Como o próprio nome da característica indica, esses direitos são cumuláveis, podem ser exercidos de forma simultânea.

9.3.5. Irrenunciabilidade

Significa que ninguém pode recusar, abrir mão de um direito fundamental. O exercício desses direitos pode não ser efetivado por aquele que não o deseja, mas, ainda que não colocados em prática, pertencem ao seu titular. O Estado é o garantidor.

9.3.6. Irrevogabilidade

Significa que nem mesmo pelo processo de alteração da Constituição (emendas constitucionais) é possível revogar um direito fundamental. Essa afirmação é pacífica no tocante aos direitos inseridos no texto constitucional pelo poder constituinte *originário*. Em relação aos trazidos pelo poder constituinte derivado reformador, ou seja, advindos de emendas à Constituição, a doutrina diverge: há quem sustente que podem sim ser revogados, desde que por meio de uma nova emenda. É o caso do princípio da celeridade processual, art. 5º, LXXVIII, que foi introduzido no ordenamento jurídico pela Emenda Constitucional 45.

9.3.7. Imprescritibilidade

Os direitos fundamentais, por serem inerentes à pessoa humana, não prescrevem. Os titulares desses direitos, mesmo que não os exerçam, não os perdem.

9.4. Direitos fundamentais em espécie

Encontram-se previstos no art. 5º da CF e ao longo de todo o texto constitucional, além daqueles derivados do regime e dos princípios adotados pela nossa Carta Maior e, ainda, dos tratados internacionais de que o Brasil seja parte, nos termos do § 2º do art. 5º da CF, conforme já mencionado.

Vale lembrar que não há que se falar em hierarquia entre as normas definidoras dos direitos e garantias fundamentais e os demais comandos previstos na Constituição.

Direito à vida e à integridade: previsto no contexto do art. 5º, "caput", que estabelece que "todos são iguais perante a lei, sem distinção de qualquer natureza, garantindo-se aos brasileiros e aos estrangeiros residentes no país a inviolabilidade do direito *à vida*, à liberdade, à igualdade, à segurança e à propriedade". Excepcionalmente, a CF admite a pena de morte em caso de guerra externa declarada, nos termos do art. 84, XIX (art. 5º, XLVII, "a").

O STF, ao julgar a ADI 3.510, declarou que o art. 5º da Lei de Biossegurança (Lei 11.105/2005) é constitucional, autorizando, portanto, as pesquisas com células-tronco. A discussão era no sentido de que tais procedimentos violariam o direito à vida e princípio da dignidade da pessoa humana.

Outra decisão relevante da Corte Suprema (STF) é a relacionada ao feto anencéfalo. As mães que optam por interromper a gravidez de fetos anencefálicos e os médicos que executam tal ato não praticam crime. Os votos vencedores se pautaram no entendimento de que um feto que possui anencefalia é considerado natimorto e, por isso, a interrupção da gravidez nessa hipótese não é tida como aborto (ato considerado fato típico pelo Código Penal – arts. 124, 126 e 128, incisos I e II). Tal ensinamento é extraído do julgamento da ADPF 54-DF (Inform. STF 704).

Princípio da igualdade ou isonomia (art. 5º, I): todos são iguais perante a lei, sem distinção de qualquer natureza. A realização efetiva da justiça busca o tratamento igual para os iguais, mas para tanto é preciso dar tratamento desigual aos desiguais, na exata medida da desigualdade; isso tem como objetivo a superação da igualdade meramente formal (perante a lei) e o alcance da igualdade material (real).É decorrência do princípio da igualdade o entendimento da Suprema Corte de que o limite de idade para a inscrição em concurso público só se legitima em face do art. 7°, XXX, da Constituição, o qual proíbe diferença de salários, de exercício de função e de critérios de admissão por motivo de sexo, idade, cor ou estado civil, a não ser que esta desigualdade possa ser justificada pela natureza das atribuições do cargo a ser preenchido (Súmula 683, STF).Algumas Súmulas Vinculantes dizem respeito a esse princípio. De acordo com a de 44 (STF), "só por lei se pode sujeitar a exame psicotécnico a habilitação de candidato a cargo público. A de n. 43 determina que "É inconstitucional toda modalidade de provimento que propicie ao servidor investir-se, sem prévia aprovação em concurso público destinado ao seu provimento, em cargo que não integra a carreira na qual anteriormente investido".

Há, ainda, um exemplo de tratamento desigual, admitido pela Constituição, que é o extraído da decisão do Supremo que menciona que a adoção de critérios diferenciados para o licenciamento dos militares temporários, em razão do sexo, não viola o princípio da isonomia (AI 511.131-AgR, de 15/04/2005).

Também não se pode esquecer, quando o assunto é igualdade, do enunciado da súmula vinculante 13. Tal mandamento prestigiou o princípio da isonomia, pondo fim ao nepotismo, que tem a ver a possibilidade de contratação, sem concurso público, de parentes dos ocupantes dos Poderes Legislativo, Executivo e Judiciário.

Ainda em relação ao princípio da isonomia, o Supremo definiu que há violação de tal regra quando, em um concurso público, o mero exercício de função pública é atribuído como título (prova de títulos) (ADI 3.443, Rel. Min. Carlos Velloso, julgamento em 08.9.2005, Plenário, *DJ* de 23.09.2005). No mesmo sentido: ADI 4.178-MC-REF, Rel. Min. Cezar Peluso, julgamento em 04.02.2010, Plenário, *DJE* de 07.05.2010; ADI 3.522, Rel. Min. Marco Aurélio, julgamento em 24.11.2005, Plenário, *DJ* de 12.05.2006. Vide, ainda, AI 830.011-AgR, rel. Min. Luiz Fux, julgamento em 26.06.2012, Primeira Turma, *DJE* de 14.08.2012.

Outra decisão do STF relacionada ao princípio da igualdade é sobre a possibilidade da união estável entre parceiros homoafetivos pode ser tida como um marco e quebra de paradigmas. Vale a leitura da ementa: "Proibição de discriminação das pessoas em razão do sexo, seja no plano da dicotomia homem/mulher (gênero), seja no plano da orientação sexual de cada qual deles. A proibição do preconceito como capítulo do constitucionalismo fraternal. Homenagem ao pluralismo como valor sociopolítico-cultural. Liberdade para dispor da própria sexualidade, inserida na categoria dos direitos fundamentais do indivíduo, expressão que é da autonomia de vontade. Direito à intimidade e à vida privada. Cláusula pétrea. O sexo das pessoas, salvo disposição constitucional expressa ou implícita em sentido contrário, não se presta como fator de desigualação jurídica. Proibição de preconceito, à luz do inciso IV do art. 3º da CF, por colidir frontalmente com o objetivo constitucional de 'promover o bem de todos'. Silêncio normativo da Carta Magna a respeito do concreto uso do sexo dos indivíduos como saque da kelseniana 'norma geral negativa', segundo a qual 'o que não estiver juridicamente proibido, ou obrigado, está juridicamente permitido'. Reconhecimento do direito à preferência sexual como direta emanação do princípio da 'dignidade da pessoa humana': direito a autoestima no mais elevado ponto da consciência do indivíduo. Direito à busca da felicidade. Salto normativo da proibição do preconceito para a proclamação do direito à liberdade sexual. O concreto uso da sexualidade faz parte da autonomia da vontade das pessoas naturais. Empírico uso da sexualidade nos planos da intimidade e da privacidade constitucionalmente tuteladas. Autonomia da vontade. Cláusula pétrea. (...) Ante a possibilidade de interpretação em sentido preconceituoso ou discriminatório do art. 1.723 do CC, não resolúvel à luz dele próprio, faz-se necessária a utilização da técnica de 'interpretação conforme à Constituição'. Isso para excluir do dispositivo em causa qualquer significado que impeça o reconhecimento da união contínua, pública e duradoura entre pessoas do mesmo sexo como família. Reconhecimento que é de ser feito segundo as mesmas regras e com as mesmas consequências da união estável heteroafetiva." (ADI 4.277 e ADPF 132, Rel. Min. Ayres Britto, julgamento em 05.5.2011, Plenário, *DJE* de 14.10.2011). No mesmo sentido: RE 477.554-AgR, Rel. Min. Celso de Mello, julgamento em 16.08.2011,Segunda Turma, *DJE* de 26.08.2011.

Por fim, em relação à violência doméstica, de acordo com o STF, "o art. 1º da Lei 11.340/2006 surge, sob o ângulo do tratamento diferenciado entre os gêneros – mulher e homem –, harmônica com a CF, no que necessária a proteção ante as peculiaridades física e moral da mulher e a cultura brasileira." (ADC 19, rel. min. Marco Aurélio, julgamento em 09.02.2012, Plenário, *DJE* de 29.04.2014).

Princípio da legalidade (art. 5º, II): ninguém será obrigado a fazer ou deixar de fazer alguma coisa senão em virtude de lei; tal regra pressupõe que o Poder Público não pode impor qualquer exigência às pessoas sem previsão legal.

Decorre de tal princípio a edição de três súmulas por parte do Supremo Tribunal Federal. A primeira é a 711 que dispõe que "a lei penal mais grave aplica-se ao crime continuado e ao permanente se a sua vigência é anterior à cessação da continuidade ou da permanência". A segunda, 686, diz respeito à exigência de exame psicotécnico para a habilitação de candidato a cargo público, que só poderá existir se houver lei disciplinando o assunto. E a terceira, 636, menciona que não cabe recurso extraordinário por contrariedade a esse princípio quando sua verificação pressuponha a revisão de interpretação dada a normas infraconstitucionais.

É importante mencionar que o princípio da legalidade não se confunde com o da reserva legal. O primeiro está previsto no art. 5º, inciso II, da CF e tem sentido amplo, abrangendo todas as espécies normativas, previstas no art. 59 da CF. Já o da reserva legal pressupõe somente a lei em sentido estrito, ou seja, lei ordinária ou complementar.

Direito de resposta (art. 5º, V): é assegurado o direito de resposta, proporcional ao agravo, além da indenização por dano material, moral ou à imagem.

Esse direito está totalmente relacionado com o que dispõe o art. 220 da CF, que trata da manifestação de pensamento, de informação e da vedação à censura política, ideológica ou artística.

Ocorre que o mencionado dispositivo deve ser aplicado em consonância com o art. 5º. No julgamento da ADPF 130, o Supremo menciona que o direito de resposta atua *a posteriori*, para inibir excessos, mas que as altas indenizações por danos morais ou materiais restringem a liberdade de imprensa e ferem o princípio da proporcionalidade. (**ADPF 130**, Rel. Min. Ayres Britto, julgamento em 30.04.2009, Plenário, *DJE* de 06.11.2009. **No mesmo sentido:** AI 787.215-AgR, Rel. Min. Carmen Lúcia, julgamento em 24.08.2010, Primeira Turma, *DJE* de 24.09.2010).

Princípio da liberdade religiosa (art. 5º, VI): o nosso país é considerado laico ou leigo (sem religião oficial); a CF garante o respeito à liberdade religiosa, que abrange a liberdade de crença e a liberdade de culto.

A Corte Maior ensina que "O Brasil é uma república laica, surgindo absolutamente neutro quanto às religiões." (ADPF 54, rel. Min. Marco Aurélio, julgamento em 12.04.2012, Plenário, *DJE* de 30.04.2013).

Fortificando essa liberdade, o art. 150, VI, "b", da CF traz imunidades tributárias aos templos de qualquer culto. O STF já decidiu que tais benefícios abrangem também os cemitérios, que são considerados extensões de entidades de cunho religioso (RE 578.562, Rel. Min. Eros Grau, julgamento em 2105.2008, Plenário, *DJE* de 12.09.2008).

Liberdade de expressão (art. 5º, IX): é livre a expressão da atividade intelectual, artística, científica e de comunicação, independentemente de censura ou licença. Essa garantia abrange também o direito de opinião, de informação e de escusa de consciência.

Julgamentos importantes devem ser mencionados aqui. O primeiro é o dado na da ADI 4815/DF, de 10.06.2015, segundo o qual: "É inexigível o consentimento de pessoa biografada relativamente a obras biográficas literárias ou audiovisuais, sendo por igual desnecessária a autorização de pessoas retratadas como coadjuvantes ou de familiares, em caso de pessoas falecidas ou ausentes. Essa a conclusão do Plenário, que julgou procedente pedido formulado em ação direta para dar interpretação conforme à Constituição aos arts. 20 e 21 do CC ("Art. 20. Salvo se autorizadas, ou se necessárias à administração da justiça ou à manutenção da ordem pública, a divulgação de escritos, a transmissão da palavra, ou a publicação, a exposição ou a utilização da imagem de uma pessoa poderão ser proibidas, a seu requerimento e sem prejuízo da indenização que couber, se lhe atingirem a honra, a boa fama ou a respeitabilidade, ou se se destinarem a fins comerciais. Parágrafo único. Em se tratando de morto ou de ausente, são partes legítimas para requerer essa proteção o cônjuge, os ascendentes ou os descendentes. Art. 21. A vida privada da pessoa natural é inviolável, e o juiz, a requerimento do interessado, adotará as providências necessárias para impedir ou fazer cessar ato contrário a esta norma"), sem redução de texto, em consonância com os direitos fundamentais à liberdade de pensamento e de sua expressão, de criação artística, de produção científica, de liberdade de informação e de proibição de censura (CF, arts. 5º, IV, V, IX, X e XIV; e 220). O Colegiado asseverou que, desde as Ordenações Filipinas, haveria normas a proteger a guarda de segredos. A partir do advento do CC/1916, entretanto, o quadro sofrera mudanças. Ademais, atualmente, o nível de exposição pública das pessoas seria exacerbado, de modo a ser inviável reter informações, a não ser que não fossem produzidas. Nesse diapasão, haveria de se compatibilizar a inviolabilidade da vida privada e a liberdade de pensamento e de sua expressão. No caso, não se poderia admitir, nos termos da Constituição, que o direito de outrem de se expressar, de pensar, de criar obras biográficas — que dizem respeito não apenas ao biografado, mas a toda a coletividade, pelo seu valor histórico — fosse tolhido pelo desejo do biografado de não ter a obra publicada. Os preceitos constitucionais em aparente conflito conjugar-se-iam em perfeita harmonia, de modo que o direito de criação de obras biográficas seria compatível com a inviolabilidade da intimidade, privacidade, honra e imagem. Assim, em suma, o Plenário considerou: a) que a Constituição asseguraria como direitos fundamentais a liberdade de pensamento e de sua expressão, a liberdade de atividade intelectual, artística, literária, científica e cultural; b) que a Constituição garantiria o direito de acesso à informação e de pesquisa acadêmica, para o que a biografia seria fonte fecunda; c) que a Constituição proibiria a censura de qualquer natureza, não se podendo concebê-la de forma subliminar pelo Estado ou por particular sobre o direito de outrem; d) que a Constituição garantiria a inviolabilidade da intimidade, da privacidade, da honra e da imagem da pessoa; e e) que a legislação infraconstitucional não poderia amesquinhar ou restringir direitos fundamentais constitucionais, ainda que sob pretexto de estabelecer formas de proteção, impondo condições ao exercício de liberdades de forma diversa da constitucionalmente fixada."

O segundo julgamento importante é dado pelo RE 511.961, que declarou como não recepcionado pela Constituição o art. 4º, V, do Decreto-Lei 972/1969, que exigia diploma de curso superior para o exercício da profissão de jornalista.

O terceiro vem trazido na ADPF 130 ao considerar como não recepcionada toda a Lei de Imprensa (Lei 5.250/1967).

Por fim, a ADPF 187/DF (informativo 621 do STF), guarda relação com a denominada "marcha da maconha". O STF, em decisão unânime, autorizou a realização de manifestações favoráveis à descriminalização da droga. A livre expressão do pensamento e o direito de reunião protegem a realização dessas marchas. Algumas premissas, como a não incitação ao consumo de drogas, a não estimulação à prática de atos ilegais, a ausência de crianças e adolescentes e a proteção do Estado, por meio de cautelas que visam a evitar abusos, foram mencionadas pelos ministros quando decidiram favoravelmente à marcha.

Direito à privacidade e à preservação da imagem (art. 5º, X): são invioláveis a intimidade, a vida privada, a honra e a imagem das pessoas, assegurado o direito à indenização pelo dano material ou moral decorrente de sua violação.

A Súmula vinculante 11 restringe o uso de algemas aos casos de resistência e de fundado receio de fuga ou de perigo à integridade física própria ou alheia por parte do preso ou de terceiros, desde que justificada por escrito, sob pena de responsabilidade. Isso decorre da preservação da imagem.

Princípio da inviolabilidade domiciliar (art. 5º, XI): a casa é asilo inviolável do indivíduo, ninguém nela podendo penetrar sem consentimento do morador, salvo em caso de flagrante delito ou desastre, ou para prestar socorro, ou, durante o dia, por determinação judicial. Segundo a doutrina que adota a predeterminação do horário, entende-se como noite das 18 até as 6 horas; durante este horário somente é permitido ingressar em casa alheia em situações emergenciais e de urgência (desastre, flagrante delito, prestação de socorro).

O Supremo já decidiu que o mandado judicial de busca e apreensão em escritório de advocacia não pode ser expedido de modo genérico, mesmo sendo o advogado o investigado. Afirmou ainda que não se justifica e nem é jurídica a devassa indiscriminada em escritórios para recolher objetos que nada têm a ver com a causa (HC 91.610, Rel. Min. Gilmar Mendes, julgamento em 8-6-2010, Segunda Turma, **Informativo** 590).

Além disso, de acordo com a jurisprudência do Supremo, os quartos de hotel fazem parte do conceito de casa e, portanto, são abrangidos pela garantia da inviolabilidade domiciliar (RHC 90.376, Rel. Min. Celso de Mello). Tal garantia se estende também, por exemplo, ao escritório de contabilidade que funcione no próprio domicílio.

Garantia do sigilo da correspondência (art. 5º, XII): é inviolável o sigilo de correspondência e das comunicações telegráficas, de dados e das comunicações telefônicas. A Lei 9.296/1996 permite, de forma excepcional, a interceptação telefônica para fins de investigação criminal ou instrução processual penal e desde que por ordem judicial (cláusula de reserva jurisdicional).

Antes da Lei 9.296/1996, o entendimento do STF era no sentido da não possibilidade de interceptação telefônica, mesmo que houvesse autorização judicial, em investigação criminal ou instrução processual penal, levando em conta a não recepção do art. 57, II, "e", da Lei 4.117/1962 (Código Brasileiro de Telecomunicações).

Depois, foram estabelecidos nortes e regras para a realização dessa interceptação, sendo, portanto, possível, observados os requisitos constitucionais e legais; tal procedimento não afeta o direito ao silêncio, segundo o STF (HC 103.236, voto do Rel. Min. Gilmar Mendes, julgamento em 14.06.2010, Segunda Turma, *DJE* de 03.09.2010).

Vale lembrar que o Supremo admite que sejam utilizadas as gravações feitas na instrução processual penal como prova emprestada nos processos de natureza civil e administrativa.

Direito de exercer qualquer profissão (art. 5º, XIII): é livre o exercício de qualquer trabalho, ofício ou profissão, atendidas as qualificações profissionais que a lei estabelecer.

A Suprema Corte entende que "O art. 5º, XIII, da CR é norma de aplicação imediata e eficácia contida que pode ser restringida pela legislação infraconstitucional. Inexistindo lei regulamentando o exercício da atividade profissional dos substituídos, é livre o seu exercício." (MI 6.113-AgR, rel. Min. Cármen Lúcia, julgamento em 22.05.2014, Plenário, *DJE* de 13.06.2014).

Sendo assim, como existe lei regulamentadora (EOAB – Lei 8.906/1994), a exigência de **aprovação prévia em exame da Ordem dos Advogados do Brasil (OAB)** para que bacharéis em direito possam exercer a advocacia foi **considerada constitucional pelo** Plenário do STF (RE 603.583). Os ministros, em decisão unânime, negaram provimento ao Recurso Extraordinário mencionado que impugnava a obrigatoriedade do exame. Vale lembrar que tal recurso teve repercussão geral reconhecida, de modo que a decisão será aplicada a todos os demais processos que possuam pedido idêntico.

Por outro lado, a Suprema Corte, ao julgar o RE 511.961/SP (**Informativo** 551) definiu que o exercício da atividade de jornalismo **não depende de prévia obtenção de diploma** universitário.

Também decidiu o STF (RE 414.426/SC), que o **músico**, para exercer a sua atividade profissional, **não necessita de registro** em entidade de classe. O precedente adveio de Santa Catarina. Um músico do respectivo estado ingressou com uma ação alegando na Justiça que só poderia atuar se estivesse vinculado à Ordem de Músicos do Brasil. O Supremo decidiu que não havia tal necessidade. A decisão, por se tratar de controle difuso, tem eficácia para o caso específico, mas os ministros decidiram que, ainda que de forma monocrática, essa será a solução adotada. Assim, se os estados continuarem exigindo, para o exercício da atividade de músico, o registro profissional, este será revertido quando chegar à Corte Suprema.

Acesso à informação (art. 5º, XIV): é assegurado a todos o acesso à informação e resguardado o sigilo da fonte, quando necessário ao exercício profissional. Vale lembrar que o STF, em decisão plenária (ADPF 130), declarou como não recepcionado pela CF/88 todo o conjunto de dispositivos da Lei 5.250/1967 (Lei de Imprensa).

Locomoção em tempo de paz (art. 5º, XV): é livre a locomoção no território nacional em tempo de paz, podendo qualquer pessoa, nos termos da lei, nele entrar, permanecer ou dele sair com seus bens.

Direito de reunião (art. 5º, XVI): todos podem reunir-se pacificamente, sem armas, em locais abertos ao público, independentemente de autorização, desde que não frustrem outra reunião anteriormente convocada para o mesmo local, sendo apenas exigido prévio aviso à autoridade competente.

Segundo o Supremo, a liberdade de reunião e de associação para fins lícitos constitui uma das mais importantes conquistas da civilização. A restrição a esses direitos entraria em confronto com a vontade da Constituição (ADI 1.969, Rel. Min. Ricardo Lewandowski, julgamento em 28.06.2007, Plenário, *DJ* de 31.08.2007).

Direito de associação (art. 5º, XVII a XXI): é plena a liberdade de associação para fins lícitos, vedada a de caráter paramilitar. A criação de associações e, na forma da lei, a de cooperativas independe de autorização, sendo inclusive vedada a interferência estatal em seu funcionamento. As associações só poderão ser compulsoriamente dissolvidas ou ter atividades suspensas por decisão judicial, exigindo-se, no primeiro caso, o trânsito em julgado. Ademais, ninguém poderá ser compelido a associar-se ou a permanecer associado.

De acordo com o STF, "O direito à plena liberdade de associação (art. 5º, XVII, da CF) está intrinsecamente ligado aos preceitos constitucionais de proteção da dignidade da pessoa, de livre-iniciativa, da autonomia da vontade e da liberdade de expressão. Uma associação que deva pedir licença para criticar situações de arbitrariedades terá sua atuação completamente esvaziada." (HC 106.808, rel. Min. Gilmar Mendes, julgamento em 09.04.2013, Segunda Turma, *DJE* de 24.04.2013). Em decisão, o Supremo definiu que a obrigatoriedade do visto de advogado para o registro de atos e contratos constitutivos de pessoas jurídicas (art. 1º, § 2º, da Lei 8.906/1994) não ofende os princípios constitucionais da isonomia e da liberdade associativa (ADI 1.194, Rel. p/ o ac. Min. Cármen Lúcia, julgamento em 20.05.2009, Plenário, *DJE* de 11.09.2009).

Vale lembrar que a súmula 629 do STF dispensa a autorização dos associados quando a entidade de classe impetrar mandado de segurança coletivo em favor deles próprios.

Direito de propriedade (art. 5º, XXII a XXV): é garantido o direito de propriedade, desde que ela atenda à sua função social (art. 5º, XXIII). Ressalta-se que há limites a esse direito, pois a lei estabelecerá o procedimento para *desapropriação* por necessidade ou utilidade pública, ou por interesse social, mediante justa e prévia indeni-zação em dinheiro, ressalvados os casos previstos na própria CF. De acordo com o art. 184 da CF, compete à União desapropriar por interesse social, para fins de reforma agrária, o imóvel rural que não esteja cumprindo sua função social, mediante prévia e justa indenização em títulos da dívida agrária, com cláusula de preservação do valor real, resgatáveis no prazo de até vinte anos, a partir do segundo ano de sua emissão, e cuja utilização será definida em lei. O § 1º do mesmo dispositivo determina que as benfeitorias úteis e necessárias devem ser pagas indenizadas em dinheiro.

Além disso, no caso de iminente perigo público, a autoridade competente poderá *usar de propriedade particular*, assegurada ao proprietário indenização ulterior, se houver dano. É o caso da denominada requisição administrativa.É decisão da Suprema Corte que o direito de propriedade não se revela absoluto. Está relativizado pela Carta da República – arts. 5º, XXII, XXIII e XXIV, e 184 (MS 25.284, Rel. Min. Marco Aurélio, julgamento em 17.06.2010, Plenário, DJE de 13.08.2010).

Direito do autor (art. 5º, XXVII e XXIX): aos autores pertence o direito exclusivo de utilização, publicação ou reprodução de suas obras, transmissível aos herdeiros pelo tempo que a lei fixar. Escrito é qualquer texto expressado graficamente, seja em meio impresso, seja em meio eletrônico. Se o escrito for texto de obra literária, artística ou científica, haverá proteção especial na Lei 9.610/1998 (Lei de Direitos Autorais). Ademais, a lei assegurará aos autores de inventos industriais privilégio temporário para sua utilização, bem como proteção às criações industriais, à propriedade das marcas, aos nomes de empresas e a outros signos distintivos, tendo em vista o interesse social e o desenvolvimento tecnológico e econômico do País.

Dispositivo análogo ensejou a edição da súmula 386 do Supremo que dispõe que "pela execução de obra musical por artistas remunerados é devido direito autoral, não exigível quando a orquestra for de amadores".

Direito de herança (art. 5º, XXX e XXXI): é garantido o direito de herança. A sucessão de bens de estrangeiros situados no País será regulada pela lei brasileira em benefício do cônjuge ou dos filhos brasileiros sempre que não lhes seja mais favorável a lei pessoal do *de cujus*.

A capacidade para suceder é verificada no momento da abertura da sucessão (RE 162.350, Rel. Min. Octavio Gallotti, julgamento em 22.08.1995, Primeira Turma, *DJ* de 22.09.1995).

Direito do consumidor (art. 5º, XXXII): dispõe a Constituição que o Estado promoverá, na forma da lei, a defesa do consumidor; o Código de Defesa do Consumidor (Lei 8.078/1990) regulamentou este dispositivo.

O Supremo já decidiu que o CDC se aplica nos casos de indenização por danos morais e materiais por má prestação de serviço em transporte aéreo (RE 575.803-AgR, Rel. Min. Cezar Peluso, julgamento em 01.12.2009, Segunda Turma, *DJE* de 18.12.2009). *Vide também*: RE 351.750, Rel. p/ o ac. Min. Ayres Britto, julgamento em 17.03.2009, Primeira Turma, *DJE* de 25.09.2009.

Direito à informação (art. 5º, XXXIII): a Constituição garante que todos obtenham dos órgãos públicos informações de seu interesse particular, ou de interesse coletivo ou geral, com exceção daquelas cujo sigilo seja indispensável à segurança da sociedade e do Estado.

Vale lembrar que a Lei 12.527/11 regulamentou o **acesso a informações** impondo às entidades públicas e aos órgãos da Administração Pública em geral, além das entidades privadas sem fins lucrativos que recebam, para realização de ações de interesse público, recursos públicos diretamente do orçamento ou mediante subvenções sociais, contrato de gestão, termo de parceria, convênios, acordo, ajustes ou outros instrumentos congêneres (art. 2º), o dever de autorizar ou conceder o **acesso imediato** à informação disponível.

De acordo com o § 1º do art. 11 da Lei 12.527/11, caso não haja possibilidade da concessão do acesso imediato, o órgão ou entidade que receber o pedido deverá, em prazo não superior a 20 (vinte) dias: I – comunicar a data, local e modo para se realizar a consulta, efetuar a reprodução ou obter a certidão; II – indicar as razões de fato ou de direito da recusa, total ou parcial, do acesso pretendido; ou III – comunicar que não possui a informação, indicar, se for do seu conhecimento, o órgão ou a entidade que a detém, ou, ainda, remeter o requerimento a esse órgão ou entidade, cientificando o interessado da remessa de seu pedido de informação.

Tal prazo, conforme o § 2º do mesmo dispositivo, poderá ser prorrogado por mais 10 (dez) dias, mediante justificativa expressa, da qual será cientificado o requerente.

Como demonstrado, a lei tem por objetivo assegurar o direito fundamental de acesso à informação. Desse modo, a execução dos atos deve ser feita em conformidade com os princípios básicos da administração pública e com as seguintes diretrizes (art. 3º):

I. observância da publicidade como preceito geral e do sigilo como exceção;

II. divulgação de informações de interesse público, independentemente de solicitações;

III. utilização de meios de comunicação viabilizados pela tecnologia da informação;

IV. fomento ao desenvolvimento da cultura de transparência na administração pública;

V. desenvolvimento do controle social da administração pública.

A proteção do direito à informação também encontra respaldo nas decisões do STF, por exemplo, a trazida pela Súmula vinculante 14 que assegura o direito do defensor, sempre visando ao interesse do representado, de ter acesso amplo aos elementos de prova que, já documentados em procedimento investigatório realizado por órgão com competência de polícia judiciária, digam respeito ao exercício do direito de defesa.

Outra decisão importante consta do informativo 610 do STF. A Corte Suprema decidiu que a quebra de sigilo bancário, pela Receita Federal, não é possível. Tal mandamento depende de ordem judicial.

Princípio do livre acesso ao Judiciário (art. 5º, XXXV): a lei não excluirá da apreciação do Poder Judiciário lesão ou ameaça a direito. É o denominado princípio da inafastabilidade do controle jurisdicional.

Algumas súmulas editadas pelo Supremo decorrem desse princípio. Dispõe a de n. 667 que a taxa judiciária calculada sem limite sobre o valor da causa viola a garantia constitucional do acesso à justiça. A súmula vinculante 28 trata do depósito prévio como requisito de admissibilidade de ação judicial na qual se pretenda discutir a exigibilidade do crédito tributário, deixando claro que tal exigência é tida como inconstitucional.

Além disso, segundo o Supremo, "a garantia constitucional relativa ao acesso ao Judiciário – inciso XXXV do art. 5º da Carta de 1988 – é conducente a assentar-se, vencedora a parte, o direito aos honorários advocatícios. (...) A exclusão dos honorários advocatícios prevista no art. 29-C da Lei 8.036/1990 surge conflitante com a CF, com o princípio segundo o qual o cidadão compelido a ingressar em juízo, se vencedor, não deve sofrer diminuição patrimonial" (RE 384.866, rel. Min. Marco Aurélio, julgamento em 29.06.2012, Plenário, *DJE* de 23.08.2012).

Princípio da irretroatividade da lei (art. 5º, XXXVI): a lei não prejudicará o direito adquirido, o ato jurídico perfeito e a coisa julgada (segurança das relações jurídicas).

O inciso é curto, mas diversas ações judiciais decorrem da violação a esse princípio. Tanto é assim que posicionamentos diversos foram adotados e, por conta disso, muitas súmulas tiveram que ser editadas na intenção de sedimentar entendimentos jurisprudenciais. Vejamos:

Súmula Vinculante 9: "O disposto no art. 127 da Lei 7.210/1984 (LEP) foi recebido pela ordem constitucional vigente, e não se lhe aplica o limite temporal previsto no *caput* do art. 58."

Súmula Vinculante 1: "Ofende a garantia constitucional do ato jurídico perfeito a decisão que, sem ponderar as circunstâncias do caso concreto, desconsidera a validez e a eficácia de acordo constante de termo de adesão instituído pela LC 110/2001."

Súmula 725 do STF – "É constitucional o § 2º do art. 6º da Lei 8.024/1990, resultante da conversão da Medida Provisória 168/1990, que fixou o BTN fiscal como índice de correção monetária aplicável aos depósitos bloqueados pelo Plano Collor I."

Súmula 678 do STF – "São inconstitucionais os incisos I e III do art. 7º da Lei 8.162/1991, que afastam, para efeito de anuênio e de licença-prêmio, a contagem do tempo de serviço regido pela Consolidação das Leis do Trabalho dos servidores que passaram a submeter-se ao regime jurídico único."

Súmula 654 do STF – "A garantia da irretroatividade da lei, prevista no art. 5º, XXXVI, da Constituição da República, não é invocável pela entidade estatal que a tenha editado."

Súmula 524 do STF -"Arquivado o inquérito policial, por despacho do juiz, a requerimento do promotor de justiça, não pode a ação penal ser iniciada, sem novas provas."

Súmula 343 do STF – "Não cabe ação rescisória por ofensa a literal disposição de lei, quando a decisão rescindenda se tiver baseado em texto legal de interpretação controvertida nos tribunais."

Súmula 239 do STF – "Decisão que declara indevida a cobrança do imposto em determinado exercício não faz coisa julgada em relação aos posteriores."

Importante lembrar que o STF decidiu que "O direito à previdência social constitui direito fundamental e, uma vez implementados os pressupostos de sua aquisição, não deve ser afetado pelo decurso do tempo. Como consequência, inexiste prazo decadencial para a concessão inicial do benefício previdenciário. É legítima, todavia, a instituição de prazo decadencial de dez anos para a revisão de benefício já concedido, com fundamento no princípio da segurança jurídica, no interesse em evitar a eternização dos litígios e na busca de equilíbrio financeiro e atuarial para o sistema previdenciário. O prazo decadencial de dez anos, instituído pela MP 1.523, de 28-6-1997, tem como termo inicial o dia 1º-8-1997, por força de disposição nela expressamente prevista. Tal regra incide, inclusive, sobre benefícios concedidos anteriormente, sem que isso importe em retroatividade vedada pela Constituição. **Inexiste direito adquirido a regime jurídico não sujeito a decadência.**" (RE 626.489, rel. Min. Roberto Barroso, julgamento em 16.10.2013, Plenário, *DJE* de 23.09.2014, com repercussão geral.)

Princípio da reserva legal ou da legalidade penal (art. 5º, XXXIX): não há crime sem lei anterior que o defina, nem pena sem prévia cominação legal; tal princípio foi regulamentado pelo art. 1º do Código Penal, o qual o denomina de anterioridade penal.

O Supremo já decidiu, prestigiando o princípio da legalidade penal, que "a existência de tipo penal pressupõe lei em sentido formal e material. Lavagem de dinheiro – Lei 9.613/1998 – Crime antecedente. A teor do disposto na Lei 9.613/1998, há a necessidade de o valor em pecúnia envolvido na lavagem de dinheiro ter decorrido de uma das práticas delituosas nela referidas de modo exaustivo. Lavagem de dinheiro – Organização criminosa e quadrilha. O crime de quadrilha não se confunde com o de organização criminosa, até hoje sem definição na legislação pátria." (HC 96.007, rel. Min. Marco Aurélio, julgamento em 12.06.2012, Primeira Turma, *DJE* de 08.02.2013). Além disso, a mesma Corte entende que a incidência de duas circunstâncias qualificadoras não determina, necessariamente, a fixação de regime de pena mais gravoso do que o estabelecido na lei nem a vedação da substituição da pena privativa de liberdade por restritiva de direitos. Somente o legislador penal pode estabelecer proibições para a fixação do regime aberto de cumprimento da pena e para a substituição da pena. (RHC 100.810, Rel. Min. Joaquim Barbosa, julgamento em 02.02.2010, Segunda Turma, *DJE* de 12.03.2010).

Princípio da retroatividade benéfica (art. 5º, XL): a lei penal não retroagirá, salvo para beneficiar o réu. Nesse sentindo, preconiza o parágrafo único do art. 2º do Código Penal que, se a lei posterior de qualquer modo favorecer o agente, aplica-se aos fatos anteriores, ainda que decididos por sentença condenatória transitada em julgado.

Ocorre que há situações em que o Supremo entende de outra forma, por exemplo, a Súmula 711 determina que a lei penal mais grave seja aplicada ao crime continuado ou ao crime permanente se sua vigência é anterior à cessação da continuidade ou da permanência.

A aplicação da norma mais favorável, após o trânsito em julgado, é da competência do juízo das execuções penais, conforme nos ensina a súmula 611 do STF.

Vale lembrar que a Corte Maior já decidiu que "(...) o princípio da insignificância deve ser aplicado ao delito de descaminho quando o valor sonegado for inferior ao estabelecido no art. 20 da Lei 10.522/2002, atualizado pelas Portarias 75/2012 e 130/2012 do Ministério da Fazenda, que, por se tratar de normas mais benéficas ao réu, devem ser imediatamente aplicadas, consoante o disposto no art. 5º, XL, da Carta Magna". (HC 122.213, rel. Min. Ricardo Lewandowski, julgamento em 27.05.2014, Segunda Turma, *DJE* de 12.06.2014).

Proibição de discriminação atentatória dos direitos e liberdades fundamentais (art. 5º, XLI): a lei punirá qualquer discriminação atentatória dos direitos e liberdades fundamentais.

De acordo com o STF, "no tocante à violência doméstica, há de considerar-se a necessidade da intervenção estatal. (...)

No caso presente, não bastasse a situação de notória desigualdade considerada a mulher, aspecto suficiente a legitimar o necessário tratamento normativo desigual, tem-se como base para assim se proceder a dignidade da pessoa humana – art. 1º, III –, o direito fundamental de igualdade – art. 5º, I – e a previsão pedagógica segundo a qual a lei punirá qualquer discriminação atentatória dos direitos e liberdades fundamentais – art. 5º, XLI. A legislação ordinária protetiva está em fina sintonia com a Convenção sobre a Eliminação de Todas as Formas de Violência contra a Mulher, no que revela a exigência de os Estados adotarem medidas especiais destinadas a acelerar o processo de construção de um ambiente onde haja real igualdade entre os gêneros. Há também de se ressaltar a harmonia dos preceitos com a Convenção Interamericana para Prevenir, Punir e Erradicar a Violência contra a Mulher – a Convenção de Belém do Pará –, no que mostra ser a violência contra a mulher uma ofensa aos direitos humanos e a consequência de relações de poder historicamente desiguais entre os sexos. (...) Procede às inteiras o pedido formulado pelo procurador-geral da República, buscando-se o empréstimo de concretude maior à CF. Deve-se dar interpretação conforme à Carta da República aos arts. 12, I, 16 e 41 da Lei 11.340/2006 – Lei Maria da Penha – no sentido de não se aplicar a Lei 9.099/1995 aos crimes glosados pela lei ora discutida, assentando-se que, em se tratando de lesões corporais, mesmo que consideradas de natureza leve, praticadas contra a mulher em âmbito doméstico, atua-se mediante ação penal pública incondicionada. (...) Representa a Lei Maria da Penha elevada expressão da busca das mulheres brasileiras por igual consideração e respeito. Protege a dignidade da mulher, nos múltiplos aspectos, não somente como um atributo inato, mas como fruto da construção realmente livre da própria personalidade. Contribui com passos largos no contínuo caminhar destinado a assegurar condições mínimas para o amplo desenvolvimento da identidade do gênero feminino." (ADI 4.424, voto do rel. Min. Marco Aurélio, julgamento em 09.02.2012, Plenário, *DJE* de 01.08.2014).

Racismo – crime inafiançável e imprescritível (art. 5º, XLII): a prática do racismo constitui crime inafiançável e imprescritível, sujeito à pena de reclusão, nos termos da lei.

Tortura, tráfico e terrorismo (art. 5º, XLIII): a lei considerará crimes inafiançáveis e insuscetíveis de graça ou anistia a prática da tortura, o tráfico ilícito de entorpecentes e drogas afins, o terrorismo e os definidos como crimes hediondos, por eles respondendo os mandantes, os executores e os que, podendo evitá-los, se omitirem.

Vale lembrar que a Lei nº 13.260, de 16 de março de 2016 regulamentou o inciso XLIII do art. 5º da CF, disciplinando o terrorismo, tratando de disposições investigatórias e processuais e reformulando o conceito de organização terrorista, além de alterar as Leis nos 7.960, de 21 de dezembro de 1989, e 12.850, de 2 de agosto de 2013. Conforme determina o art. 2º da Lei nº 13.260/16, o terrorismo consiste na prática por um ou mais indivíduos dos atos previstos neste artigo, por razões de xenofobia, discriminação ou preconceito de raça, cor, etnia e religião, quando cometidos com a finalidade de provocar terror social ou generalizado, expondo a perigo pessoa, patrimônio, a paz pública ou a incolumidade pública. O § 1º do mesmo dispositivo legal menciona que configuram atos de terrorismo: I – usar ou ameaçar usar, transportar, guardar, portar ou trazer consigo explosivos, gases tóxicos, venenos, conteúdos biológicos, químicos, nucleares ou outros meios capazes de causar danos ou promover destruição em massa; II – (VETADO); III – (VETADO); IV – sabotar o funcionamento ou apoderar-se, com violência, grave ameaça a pessoa ou servindo-se de mecanismos cibernéticos, do controle total ou parcial, ainda que de modo temporário, de meio de comunicação ou de transporte, de portos, aeroportos, estações ferroviárias ou rodoviárias, hospitais, casas de saúde, escolas, estádios esportivos, instalações públicas ou locais onde funcionem serviços públicos essenciais, instalações de geração ou transmissão de energia, instalações militares, instalações de exploração, refino e processamento de petróleo e gás e instituições bancárias e sua rede de atendimento; V – atentar contra a vida ou a integridade física de pessoa. A pena prevista é de reclusão, de doze a trinta anos, além das sanções correspondentes à ameaça ou à violência.

De acordo com a súmula vinculante 26 do STF: "para efeito de progressão de regime no cumprimento de pena por crime hediondo, ou equiparado, o juízo da execução observará a inconstitucionalidade do art. 2º da Lei 8.072, de 25.07.1990, sem prejuízo de avaliar se o condenado preenche, ou não, os requisitos objetivos e subjetivos do benefício, podendo determinar, para tal fim, de modo fundamentado, a realização de exame criminológico."

Além disso, o plenário da Corte Maior, no julgamento do HC 104.339, declarou, incidentalmente, a inconstitucionalidade da vedação da liberdade provisória constante do art. 44, *caput*, da Lei 11.343/2006 (Lei de Drogas).

Ação de grupos armados (art. 5º, XLIV): constitui crime inafiançável e imprescritível a ação de grupos armados, civis ou militares, contra a ordem constitucional e o Estado Democrático.

Princípio da responsabilidade pessoal ou da personalidade ou (art. 5º, XLV): nenhuma pena passará da pessoa do condenado, podendo a obrigação de reparar o dano e a decretação do perdimento de bens ser, nos termos da lei, estendidas aos sucessores e contra eles executadas, até o limite do valor do patrimônio transferido.

Princípio da individualização das penas (art. 5º, XLVI): a lei regulará a individualização da pena e adotará, entre outras, as seguintes: a) privação ou restrição da liberdade; b) perda de bens; c) multa; d) prestação social alternativa; e) suspensão ou interdição de direitos

Algumas súmulas e decisões do Supremo sobre a individualização das penas merecem ser lembradas. A primeira é a descrita na Súmula Vinculante 26 a qual determina que "para efeito de progressão de regime no cumprimento de pena por crime hediondo, ou equiparado, o juízo da execução observará a inconstitucionalidade do art. 2º da Lei 8.072, de 25.07.1990, sem prejuízo de avaliar se o condenado preenche, ou não, os requisitos objetivos e subjetivos do benefício, podendo determinar, para tal fim, de modo fundamentado, a realização de exame criminológico."

A segunda vem disposta na Súmula 719, segundo a qual "a imposição do regime de cumprimento mais severo do que a pena aplicada permitir exige motivação idônea."

Por outro lado, conforme a Súmula 716, "admite-se a progressão de regime de cumprimento da pena ou a aplicação imediata de regime menos severo nela determinada, antes do trânsito em julgado da sentença condenatória".

Por fim, "a pena unificada para atender ao limite de trinta anos de cumprimento, determinado pelo art. 75 do Código Penal, não é considerada para a concessão de outros benefícios, como o livramento condicional ou regime mais favorável de execução." É o que determina o teor da Súmula 715 do STF.

Vale lembrar que "o Plenário do STF, no julgamento do HC 97.256, declarou, incidentalmente, a inconstitucionalidade da proibição de substituição da pena privativa de liberdade pela pena restritiva de direitos prevista nos arts. 33, § 4º, e 44, *caput*, da Lei 11.343/2006 (Lei de Drogas). A execução da expressão "vedada a conversão em penas restritivas de direitos" do § 4º do art. 33 da Lei 11.343/2006 foi suspensa pela Resolução 5/2012 do Senado Federal, nos termos do art. 52, X, da Constituição".

Princípio da humanidade (art. 5º, XLVII): o Texto Maior proíbe alguns tipos de pena, por ferirem o princípio da humanidade. Sendo assim, não haverá penas: a) de morte, salvo em caso de guerra declarada, nos termos do art. 84, XIX; b) de caráter perpétuo; c) de trabalhos forçados; d) de banimento; e e) cruéis.

Sobre a pena de morte, o STF entende que "o ordenamento positivo brasileiro, nas hipóteses em que se delineia a possibilidade de imposição do *supplicium extremum*, impede a entrega do extraditando ao Estado requerente, a menos que este, previamente, assuma o compromisso formal de comutar, em pena privativa de liberdade, a pena de morte, ressalvadas, quanto a esta, as situações em que a lei brasileira – fundada na CF (art. 5º, XLVII, a) – permitir a sua aplicação, caso em que se tornará dispensável a exigência de comutação." (Ext 633, Rel. Min. Celso de Mello, julgamento em 28.08.1996, Plenário, *DJ* de 06.04.2001). No mesmo sentido: Ext 1.201, Rel. Min. Celso de Mello, julgamento em 17.02.2011, Plenário, *DJE* de 15.03.2011.

Já em relação à pena de prisão perpétua, a Corte Maior entende que "houve revisão duas vezes da jurisprudência da Corte quanto à obrigatoriedade de o Estado requerente assumir compromisso de comutar pena de prisão perpétua em pena não superior à duração máxima admitida na Lei Penal do Brasil (trinta anos). Inicialmente reputava-se necessário o compromisso, passou a ser desnecessário e voltou a ser exigido a partir do julgamento da Ext 855".

Pena e o seu cumprimento (art. 5º, XLVIII): a pena será cumprida em estabelecimentos distintos, de acordo com a natureza do delito, a idade e o sexo do apenado.

Vale lembrar que a falta de estabelecimento penal adequado não autoriza a manutenção do condenado em regime prisional mais gravoso, devendo-se observar, nessa hipótese, os parâmetros fixados no RE 641.320/RS. É que determina a Súmula Vinculante 56, publicada em 08/08/16.

Integridade física e moral do preso (art. 5º, XLIX): é assegurado aos presos o respeito à integridade física e moral.

A Súmula Vinculante 11 (STF) deve ser mencionada quando se trata de integridade do preso. Desse modo: "Só é lícito o uso de algemas em casos de resistência e de fundado receio de fuga ou de perigo à integridade física própria ou alheia, por parte do preso ou de terceiros, justificada a excepcionalidade por escrito, sob pena de responsabilidade disciplinar, civil e penal do agente ou da autoridade e de nulidade da prisão ou do ato processual a que se refere, sem prejuízo da responsabilidade civil do Estado."

Ressalta-se que "o enunciado da Súmula Vinculante 11 da Suprema Corte não é aplicável, face ao uso de algemas durante a sessão, máxime quando o julgamento pelo Tribunal do Júri se deu em data anterior à sua publicação." (ARE 653.964-AgR, Rel. Min. Luiz Fux, julgamento em 28.02.2012, Primeira Turma, *DJE* de 13.03.2012).

Presidiárias, filhos e amamentação (art. 5º, L): às presidiárias serão asseguradas condições para que possam permanecer com seus filhos durante o período de amamentação.

Princípio do juiz natural (art. 5º, XXXVII e LIII): ninguém será processado nem sentenciado senão pela autoridade competente (a lei deve trazer regras objetivas de competência). É vedada, também, a criação de tribunal de exceção, que seria aquele que não faz parte do Poder Judiciário, constituído após um fato e para julgá-lo; o maior exemplo foi o Tribunal de Nuremberg. Esses dois incisos completam o princípio do juiz natural, garantindo a imparcialidade do Estado-juiz.

Dispõe a Súmula 704 do STF que não viola as garantias do juiz natural, da ampla defesa e do devido processo legal a atração por continência ou conexão do processo do corréu ao foro por prerrogativa de função de um dos denunciados.

Tribunal do Júri (art. 5º, XXXVIII): é reconhecida a instituição do júri, com a organização que lhe der a lei, assegurados: a) a plenitude de defesa; b) o sigilo das votações; c) a soberania dos veredictos e d) a competência para o julgamento dos crimes dolosos contra a vida.

De acordo com a Súmula Vinculante 45 (STF), de 17.04.2015, a competência constitucional do Tribunal do Júri prevalece sobre o foro por prerrogativa de função estabelecido exclusivamente pela constituição estadual. Tal entendimento já vinha previsto na Súmula 721 do STF. Após essa conversão, a regra passou a ter caráter vincu-lante.

Princípio da reserva legal ou da legalidade penal (art. 5º, XXXIX): não há crime sem lei anterior que o defina, nem pena sem prévia cominação legal. Tal princípio foi regulamentado pelo art. 1º do Código Penal, o qual o denomina de anterioridade penal.

Princípio do contraditório e da ampla defesa (art. 5º, LV): aos litigantes, em processo judicial ou administrativo, e aos acusados em geral, são assegurados o contraditório e a ampla defesa, com os meios e recursos a ela inerentes.

Vale lembrar que a súmula vinculante 3 do STF dispõe que "nos processos perante o Tribunal de Contas da União asseguram-se o contraditório e a ampla defesa quando da decisão puder resultar anulação ou revogação de ato administrativo que beneficie o interessado, excetuada a apreciação da legalidade do ato de concessão inicial de aposentadoria, reforma e pensão".

Princípio do devido processo legal (art. 5º, LIV): ninguém será privado da liberdade ou de seus bens sem o devido processo legal. Este princípio abrange as seguintes garantias: direito a um órgão julgador imparcial, direito à ampla defesa, direito de igualdade entre as partes, direito ao contraditório e vedação ao uso de provas ilícitas.

A garantia constitucional mencionada sempre é trazida à tona nos julgamentos realizados pelo guardião da Constituição. Diversas súmulas já foram editadas pela Corte visando a fixar diretrizes na aplicação do devido processo legal.

Dentre os diversos julgamentos, destacam-se os seguintes entendimentos:

Súmula Vinculante 24 – "Não se tipifica crime material contra a ordem tributária, previsto no art. 1º, I a IV, da Lei 8.137/1990, antes do lançamento definitivo do tributo."

Súmula Vinculante 14 – "É direito do defensor, no interesse do representado, ter acesso amplo aos elementos de prova que, já documentados em procedimento investigatório realizado por órgão com competência de polícia judiciária, digam respeito ao exercício do direito de defesa."

"Sindicância. Acesso. Verbete 14 da Súmula Vinculante do Supremo. Inadequação. O Verbete 14 da Súmula Vinculante do Supremo não alcança sindicância administrativa objetivando elucidar fatos sob o ângulo do cometimento de infração administrativa." (Rcl 10.771-AgR, rel. Min. Marco Aurélio, julgamento em 04.02.2014, Primeira Turma, *DJE* de 18.02.2014).

Súmula 704 do STF – "Não viola as garantias do juiz natural, da ampla defesa e do devido processo legal a atração por continência ou conexão do processo do corréu ao foro por prerrogativa de função de um dos denunciados."

Súmula 547 do STF – "Não é lícito à autoridade proibir que o contribuinte em débito adquira estampilhas, despache mercadorias nas alfândegas e exerça suas atividades profissionais."

Súmula 323 do STF – "É inadmissível a apreensão de mercadorias como meio coercitivo para pagamento de tributos."

Súmula 70 do STF – "É inadmissível a interdição de estabelecimento como meio coercitivo para cobrança de tributo."

Princípio da inadmissibilidade das provas ilícitas (art. 5º, LVI): são inadmissíveis, no processo, as provas obtidas por meios ilícitos. Prova ilícita, ou ilicitamente obtida, entende-se como a prova colhida com infração de normas ou princípios de direito material – sobretudo de ordem constitucional e as que delas derivarem (teoria dos frutos da árvore envenenada – adotada pelo STF).

O Supremo já decidiu, reiteradas vezes, que é lícita a gravação de conversa telefônica feita por um dos interlocutores, ou com sua autorização, sem ciência do outro, quando há investida criminosa deste último (HC 75.338, Rel. Min. Nelson Jobim, julgamento em 11.03.1998, Plenário, *DJ* de 25.09.1998). No mesmo sentido: AI 578.858-AgR, Rel. Min. Ellen Gracie, julgamento em 04.08.2009, Segunda Turma, *DJE* de 28.08.2009; HC 74.678, Rel. Min. Moreira Alves, julgamento em 10.06.1997, Primeira Turma, *DJ* de 15.08.1997; RE 212.081, Rel. Min. Octavio Gallotti, julgamento em 05.12.1997, Primeira Turma, *DJ* de 27.03.1998.

Princípio da presunção de inocência (art. 5º, LVII): ninguém será considerado culpado até o trânsito em julgado de sentença penal condenatória.

O STF, no julgamento do HC 126.292, alterou a sua jurisprudência, pois admitiu a execução da pena após a condenação em segunda instância, ainda que não tenha havido o transito em julgado da ação penal. O funda-mento para tanto repousa no fato do sistema processual e recursal brasileiro acabar promovendo a impunidade e contribuindo para a não punição de crimes em tempo razoável. Há críticas quanto a essa decisão.

As observações feitas em relação à súmula vinculante 11, que só admite o uso de algema em casos excepcionais, valem aqui, pois tais diretrizes também encontram abrigo no princípio da presunção de inocência.

Hipóteses de prisão civil (art. 5º, LXVII): não haverá prisão civil por dívida, salvo a do responsável pelo inadimplemento voluntário e inescusável de obrigação alimentícia e a do depositário infiel. O STF decidiu que é ilegal a prisão do depositário infiel, ou seja, a partir de agora, a única prisão por dívida admitida pela Corte é a decorrente de inadimplência de pensão alimentícia (*vide* Súmula Vinculante 25 – STF – e Súmula 419 do STJ).

Direito à assistência jurídica (art. 5º, LXXIV): o Estado prestará assistência jurídica integral e gratuita aos que comprovarem insuficiência de recursos.

Nesse sentido já decidiu o Supremo que "a omissão do Poder Judiciário sobre pedido de concessão do benefício da assistência judiciária não pode prejudicar a parte, especialmente quando não houver qualquer impugnação à concessão desse benefício" (RE 231.705-ED, Rel. Min. Joaquim Barbosa, julgamento em 29.09.2009, Segunda Turma, *DJE* de 29.10.2009).

Direito à celeridade processual (art. 5º, LXXVIII): regra trazida pela EC 45/2004 (reforma do poder judiciário) assegura a todos, no âmbito judicial e administrativo, a razoável duração do processo. Além disso, o dispositivo também menciona que devem ser resguardados meios que facilitem e garantam a celeridade processual.

Observação: segundo o Supremo Tribunal Federal, o duplo grau de jurisdição não está previsto expressamente na Constituição; trata-se de uma garantia implícita, decorrente do próprio sistema.

9.5. Remédios constitucionais

Com a finalidade de promover a garantia dos direitos fundamentais previstos na Constituição, previu-se a existência dos chamados "remédios constitucionais", institutos que têm a função de impedir a violação desses direitos constitucionais. Assim, para cada direito desrespeitado, cabe a utilização de um "remédio".

Os "remédios constitucionais" podem ser classificados em administrativos e judiciais de acordo com a esfera em que forem impetrados.

9.5.1. Remédios constitucionais administrativos (direito de petição e direito de certidão)

De acordo com o art. 5°, inciso XXXIV, são a todos assegurados, independentemente do pagamento de taxas:

a) o direito de *petição* aos Poderes Públicos em defesa de direitos ou contra *ilegalidade ou abuso de poder.*

Nesse sentido, editou-se a Súmula Vinculante 21 a qual diz ser inconstitucional exigir depósito ou arrolamento prévios de dinheiro ou bens para admissibilidade de recurso administrativo;

b) a obtenção de *certidões* em repartições públicas para *defesa de direitos e esclarecimento de situações de interesse pessoal.*

O direito à certidão, segundo o STF, "traduz prerrogativa jurídica, de extração constitucional, destinada a viabilizar, em favor do indivíduo ou de uma determinada coletividade (como a dos segurados do sistema de previdência social), a defesa (individual ou coletiva) de direitos ou o esclarecimento de situações. A injusta recusa estatal em fornecer certidões, não obstante presentes os pressupostos legitimadores dessa pretensão, autorizará a utilização de instrumentos processuais adequados, como o mandado de segurança ou a própria ação civil pública. O Ministério Público tem legitimidade ativa para a defesa, em juízo, dos direitos e interesses individuais homogêneos, quando impregnados de relevante natureza social, como sucede com o direito de petição e o direito de obtenção de certidão em repartições públicas." (RE 472.489-AgR, Rel. Min. Celso de Mello, julgamento em 29.04.2008, Segunda Turma, *DJE* de 29.08.2008). No mesmo sentido: RE 167.118-AgR, Rel. Min. Joaquim Barbosa, julgamento em 20.04.2010, Segunda Turma, *DJE* de 28.05.2010.

A Constituição assegurou que a Administração, na execução de suas funções precípuas, deve respeitar os direitos fundamentais do indivíduo, garantindo-lhe o direito a petição em caso de ilegalidade ou abuso de poder, de forma que a violação de um direito possa ser sanada pela própria Administração Pública. Garante também o direito de certidão, possibilitando à pessoa que faz uso desse direito tomar conhecimento de informações a seu respeito.

Segundo o Supremo, "é inconsistente a postulação que, apoiada no direito de petição, formula pedido que constitui, na realidade, verdadeiro sucedâneo, legalmente não autorizado, da ação rescisória, eis que já transitada em julgado a decisão impugnada. (...) A mera invocação do direito de petição, por si só, não tem o condão de permitir que a parte interessada, mediante utilização de meio impróprio, busque desconstituir o acórdão (*judicium rescindens*) e obter o rejulgamento da causa (*judicium rescissorium*), em situação na qual a decisão questionada - embora transitada em julgado - não se reveste da autoridade da coisa julgada em sentido material." (**AI 223.712-AgR-AgR**, Rel. Min. Celso de Mello, julgamento em 08.02.2000, Segunda Turma, *DJE* de 05.03.2010). Os direitos de petição e de obtenção de certidões *são gratuitos* e podem ser exercidos sem a assistência de um advogado, ou seja, *independem de capacidade postulatória*, uma vez que ocorrem em âmbito administrativo.

9.5.2. Remédios constitucionais judiciais

Essa classe de remédios é impetrada em via judicial.

São cinco os remédios constitucionais judiciais: *habeas corpus*, *habeas data*, mandado de injunção, ação popular e mandado de segurança. Cada um desses institutos tem como objetivo proteger um ou mais direitos fundamentais.

9.5.2.1. Habeas corpus (art. 5º, LXVIII, da CF)

É uma ação de natureza constitucional-penal que tem por finalidade a proteção da **liberdade de locomoção** contra abuso de poder ou ilegalidade. Tem por principal característica a informalidade.

Antigamente era utilizado não só para proteção da liberdade física, mas também contra qualquer ato que, de alguma forma, impedia ou restringia a locomoção em sentido amplo. Rui Barbosa e diversos constitucionalistas conferiam a esse remédio tanta amplitude que mencionavam que ele poderia ser utilizado mesmo quando não houvesse risco à liberdade de locomoção. Atualmente, só a liberdade de ir, vir e permanecer é resguardada pelo *habeas corpus*.

Foi a partir da Constituição de 1891 que esse remédio ganhou *status* constitucional. Hoje, vem previsto no capítulo que trata dos direitos fundamentais (art. 5º, inciso LXVIII) do texto constitucional, que dispõe: "conceder-se-á 'habeas-corpus' sempre que alguém sofrer ou se achar ameaçado de sofrer violência ou coação em sua liberdade de locomoção, por ilegalidade ou abuso de poder".

Dessa forma, o *habeas corpus* visa a proteger o disposto no inciso XV do mesmo art., ou seja, a liberdade de locomoção. A todo indivíduo é assegurado o direito de ir, vir e permanecer. Sempre que este direito sofrer *violação, ou ameaça de violação*, o *habeas corpus* pode ser usado a fim de que seja revista a ofensa à liberdade de locomoção.

Súmulas do STF sobre o *habeas corpus*:

Súmula 723: "Não se admite a suspensão condicional do processo por crime continuado, se a soma da pena mínima da infração mais grave com o aumento mínimo de um sexto for superior a um ano."

Súmula 695: "Não cabe *habeas corpus* quando já extinta a pena privativa de liberdade."

Súmula 694: "Não cabe *habeas corpus* contra a imposição da pena de exclusão de militar ou de perda de patente ou de função pública."

Súmula 693: "Não cabe *habeas corpus* contra decisão condenatória a pena de multa, ou relativo a processo em curso por infração penal a que a pena pecuniária seja a única cominada."

Súmula 692: "Não se conhece de *habeas corpus* contra omissão de relator de extradição, se fundado em fato ou direito estrangeiro cuja prova não constava dos autos, nem foi ele provocado a respeito."

Súmula 431: "É nulo julgamento de recurso criminal, na segunda instância, sem prévia intimação ou publicação da pauta, salvo em *habeas corpus*."

Súmula 395: "Não se conhece de recurso de *habeas corpus* cujo objeto seja resolver sobre o ônus das custas, por não estar mais em causa a liberdade de locomoção."

Quanto ao momento no qual o *habeas corpus* é impetrado, pode ser classificado da seguinte forma:

a) **Preventivo ou salvo-conduto:** não é necessário que um indivíduo sofra, de fato, a violação em sua liberdade de locomoção para impetrar o *habeas corpus*. Basta que se sinta ameaçado (justificadamente) em seu direito de ir, vir e permanecer para que possa fazer uso desse "remédio", impedindo que seja restringida sua liberdade. Desse modo, o HC preventivo visa a resguardar o indivíduo contra a ameaça a sua liberdade de locomoçao;

b) **Repressivo ou liberatório:** é cabível quando o direito fundamental já foi violado. A partir deste momento, a medida pode ser utilizada para reprimir a ofensa à liberdade de locomoção.

Em síntese, se o *habeas corpus* é concedido em momento anterior à violação, este é preventivo; se concedido em momento posterior, é repressivo.

Vale mencionar que é possível a concessão de *habeas corpus* **de ofício (independe de provocação)** pelo juiz, quando verificadas as hipóteses de restrição ilegal ou ameaça de violação à liberdade de locomoção.

A Constituição, em seu art. 142, § 2°, traz uma hipótese em que não é cabível a utilização do *habeas corpus*, que se dá no caso de **punições disciplinares militares**. Com isso, permite-se a existência de regras especiais de conduta, por vezes mais rígidas no âmbito militar, quando comparadas ao âmbito civil.

É necessário mencionar que o STF admite o *habeas corpus*, na hipótese acima mencionada, se a discussão for sobre a legalidade do procedimento aplicado e ou sobre a competência da autoridade responsável pela expedição da ordem.

Quanto à legitimação, o *habeas corpus* pode ser impetrado por qualquer interessado, independentemente de sua capacidade civil, sendo legítimo até mesmo ao menor de idade. A medida é gratuita e não necessita de assistência de um advogado, ou seja, independe de capacidade postulatória.

Embora o remédio heroico possa ser impetrado por qualquer pessoa, justamente pela relevância do bem jurídico protegido, a nomenclatura correta a ser utilizada é a seguinte:

✓ **Legitimado ativo**: impetrante

✓ **Legitimado passivo**: impetrado ou autoridade coatora

✓ **Beneficiário**: paciente

Ressalta-se que a figura do impetrante pode se confundir com a figura do paciente, pois o beneficiário do remédio pode ser ao mesmo tempo paciente e impetrante. Ex.: alguém ingressando com o HC em nome próprio.

Outra observação deve ser feita com base na decisão dada pela 1ª Turma do STF no HC 88.747 AgR/ES, no sentido de que não há possibilidade de impetração de *habeas corpus* em que o beneficiário seja pessoa jurídica, pois tal remédio protege a liberdade de locomoção.

Cabe HC em varas cíveis?

Sim, se houver risco à liberdade de locomoção em decorrência de eventual decretação de prisão civil.

Competência para análise do habeas corpus

Em regra, a competência para o julgamento de *habeas corpus* é determinada em razão da pessoa que figura no polo passivo (a autoridade coatora) e daquele que figura como paciente.

O art. 102, inciso I, alínea "d", da CF, diz que o *habeas corpus* será da competência originária do Supremo Tribunal Federal quando o paciente for, por exemplo, Presidente da República, Ministro de Estado, comandantes do exército, marinha e aeronáutica, entre outros.

9.5.2.2. *Habeas data (art. 5º, LXXII, da CF)*

Reza o inciso LXXII do art. 5º: "conceder-se-á *habeas data:*

a) para assegurar o conhecimento de informações relativas à pessoa do impetrante, constantes de registros ou bancos de dados de entidades governamentais ou de caráter público;

b) para a retificação de dados, quando não se prefira fazê-lo por processo sigiloso, judicial ou administrativo".

A ação tem como objetivo permitir ao interessado acesso às *informações a seu respeito*, presentes em banco de dados de caráter público. O banco de dados pode pertencer a entidades públicas ou privadas, mas, desde que tenha caráter público, o acesso é garantido. Assim, se entidade privada que visa à proteção ao crédito contiver registros ao qual se deseja ter acesso, cabe *habeas data* a fim de se ver o direito preservado.

Vale lembrar que, atualmente, existe o Cadastro Nacional de Adimplentes. As informações contidas nesse banco de dados também têm caráter público, portanto aplicam-se a elas as mesmas regras relativas ao *habeas data*.

Outra observação importante é a de que a ação de *habeas data*, por ter por objeto informações relativas a pessoa do impetrante, **não** pode ser impetrada em favor de terceiros. Desse modo, embora haja decisão do STJ admitindo a impetração de *habeas data* em favor de terceiro, prevalece o entendimento de que a ação não é cabível nessa hipótese.

Além disso, é entendimento pacífico que a ação de *habeas data* visa à proteção da privacidade do indivíduo contra abuso no registro e/ou revelação de dados pessoais falsos ou equivocados. O *habeas data, por outro lado,* não se revela meio idôneo para se obter vista de processo administrativo (HD 90-AgR, Rel. Min. Ellen Gracie, julgamento em 18.02.2010, Plenário, *DJE* de 19.03.2010). No mesmo sentido: HD 92-AgR, Rel. Min. Gilmar Mendes, julgamento em 18.08.2010, Plenário, *DJE* de 03.09.2010.

A Constituição Federal assegura duas formas de acesso aos registros:

a) Conhecimento: deseja-se apenas estar ciente das informações contidas no banco de dados;

b) Retificação: sabe-se que a informação presente no banco de dados é incorreta e deseja-se que o registro seja corrigido.

Desde 1997, com o advento da Lei 9.507, passou a ser prevista uma nova forma de acesso:

c) Complementação ou anotação: a informação está correta, porém incompleta. Deseja-se adicionar novos fatos relevantes ao registro a fim de que seja apresentado ao público de forma completa. Exemplo: existência de pendência judicial ou administrativa sobre o fato informado que possa modificar a informação ali constante.

Diferentemente do acesso comum ao Poder Judiciário, que pode ser provocado a qualquer momento, independentemente da existência de processo administrativo, o *habeas data* possui uma particularidade: *a ação só pode ser impetrada quando esgotada a via administrativa.* Assim, a medida poderá ser usada somente quando houver recusa por parte da entidade detentora do banco de dados em fornecer acesso às informações ou indeferimento do pedido. É necessário prova de tal recusa ou indeferimento para que se impetre o *habeas data,* sob pena de falta de interesse de agir e consequente indeferimento da petição por carência de ação (STJ, Súmula 2).

Sobre esse assunto, o art. 8º, parágrafo único, da Lei 9.507/1997 (que estabelece o procedimento do *habeas data*) determina que a inicial deva ser instruída com a recusa ao acesso às informações ou do decurso de mais de dez dias sem decisão; a recusa em fazer-se a retificação ou do decurso de mais de quinze dias, sem decisão; ou a recusa em fazer-se a anotação ou do decurso de mais de quinze dias sem decisão.

Já decidiu o STJ, no *habeas data* 149, que a informação incompleta equivale à recusa.

São legitimados para impetrar *Habeas data* pessoas físicas ou jurídicas. A ação é gratuita, ou seja, isenta de custas, mas é necessária assistência de advogado para impetração.

Segundo a Suprema Corte, há hipóteses de não cabimento do "remédio" como, por exemplo, para pedir informações sobre autores de agressões contra o interessado (seria informação de terceiro).

9.5.2.3. *Mandado de injunção (art. 5º, LXXI, da CF)*

9.5.2.3.1. *Lei nº 13.300, de 23 de junho de 2016*

9.5.2.3.1.1. *Introdução*

Entrou em vigor recentemente a lei que disciplina o processo e o julgamento dos mandados de injunção individual e coletivo. Após quase 28 anos de sua previsão constitucional, o remédio finalmente foi regulamentado por norma infraconstitucional específica.

Antes disso, a impetração do mandado de injunção era realizada, de forma analógica, tomando por base as regras de procedimento previstas na lei que disciplina o mandado de segurança, Lei 12.16/2009. O Supremo Tribunal Federal já garantia a possibilidade da impetração da injunção desde 1989 (STF. Plenário. MI 107 QO, Rel. Min. Moreira Alves, julgado em 23.11.1989).

9.5.2.3.1.2. Finalidade

O mandado de injunção tem como objetivo atuar na inércia do legislador, ou seja, visa combater a omissão normativa que inviabiliza o **exercício dos direitos e liberdades constitucionais e das** prerrogativas inerentes à nacionalidade, à soberania e à cidadania. Alguns dos direitos previstos na CF/1988 podem ser exercidos somente após regulamentação em lei. Tratam-se das normas de eficácia limitada. O legislador tem obrigação imposta pela CF/1988 de regulamentar; entretanto, por inércia, não o faz. Com isso, o interessado fica impedido de exercer um direito garantido constitucionalmente.

Um exemplo é o que ocorre no inciso VII do art. 37 que determina que o direito de greve do servidor público deva ser exercido nos termos e nos limites definidos em lei específica.

Embora o direito tenha sido garantido pela CF/1988, até o presente momento nenhuma lei foi editada com o objetivo de regulamentá-lo, o que faz com que, tecnicamente, não seja possível exercê-lo. Em casos como esse, é cabível a impetração de mandado de injunção.

Vale lembrar que o STF, após decisão dada em sede de mandado de injunção, já reconheceu que o direito de greve aos servidores públicos pode ser exercido sem que haja a edição de lei específica. Para tanto, deve ser utilizada a lei de greve da iniciativa privada (Lei 7.783/1989), por analogia.

O remédio, portanto, visa combater a denominada "síndrome da inefetividade" das normas constitucionais que possuem eficácia limitada. O objetivo é a concretizar direitos fundamentais, com base no comando trazido pelo § 1º do art. 5º da CF que determina a aplicação imediata dos direitos e garantias fundamentais.

9.5.2.3.1.3. Previsão constitucional e legal

Dispõe o inciso LXXI do art. 5º da CF/1988 que: "conceder-se-á mandado de injunção sempre que a falta de norma regulamentadora **torne inviável o exercício dos direitos e liberdades constitucionais e das** prerrogativas inerentes à nacionalidade, à soberania e à cidadania".

A Lei 13.300, de 23 de junho de 2016, norma que disciplinou o processo e o julgamento dos mandados de injunção individual e coletivo, em seu art. 2º, determina que a concessão do mandado de injunção seja feita sempre que a falta **total ou parcial** de norma regulamentadora torne inviável o exercício dos direitos e liberdades constitucionais e das prerrogativas inerentes à nacionalidade, à soberania e à cidadania. O parágrafo único do mesmo dispositivoconsidera **parcial a regulamentação quando forem insuficientes as normas editadas** pelo órgão legislador competente.

A inovação trazida pela lei tem a ver com a possibilidade da impetração do remédio ainda que exista norma regulamentadora, caso tal regra se mostre insuficiente.

9.5.2.3.1.4. Legitimidade

9.5.2.3.1.4.1. Ativa

O art. 3º da nova lei determina que as pessoas naturais ou jurídicas que se afirmam titulares dos direitos, das liberdades ou das prerrogativas referidos no art. 2º podem impetrar o mandado de injunção. Vale lembrar que existe a possibilidade de substituição processual quando o remédio tiver sendo impetrado na forma coletiva, algo admitido expressamente no art. 12 da nova lei. A legitimidade ativa no mandado de injunção coletivo será analisada em tópico específico.

9.5.2.3.1.4.2. Passiva

No polo passivo do remédio, deve ser colocado o Poder, o órgão ou a autoridade com atribuição para editar a norma regulamentadora, conforme determina o mesmo art. 3º da lei.

9.5.2.3.1.5. Procedimento

O procedimento vem previsto nos arts. 4º a 8º da Lei 13.300/2016, mas, setais regras não forem suficientes, o art. 14 da lei autoriza a aplicação subsidiária das normas do mandado de segurança, (2009) e do novo Código de Processo Civil.

De acordo com o art. 4º da lei, a petição inicial deverá preencher os requisitos estabelecidos pela lei processual, ou seja, aqueles previstos no art. 319 do novo Código de Processo Civil, e indicará, além do órgão impetrado, a pessoa jurídica que ele integra ou aquela a que está vinculado.

O § 2º do art. 4º da lei estudada determina que quando o documento necessário à prova do alegado encontrar-se em repartição ou estabelecimento público, em poder de autoridade ou de terceiro, havendo recusa em fornecê-lo por certidão, no original, ou em cópia autêntica, será ordenada, a pedido do impetrante, a exibição do documento no prazo de 10 (dez) dias, devendo, nesse caso, ser juntada cópia à segunda via da petição.

Por outro lado, se a recusa em fornecer o documento for do impetrado, a ordem será feita no próprio instrumento da notificação, de acordo com o§ 3º do mesmo dispositivo legal.

Após o recebimento da inicial, algumas providências serão ordenadas, conforme determina o art. 5º da lei objeto de estudo: I – a notificação do impetrado sobre o conteúdo da petição inicial, devendo-lhe ser enviada a segunda via apresentada com as cópias dos documentos, a fim de que, no prazo de 10 (dez) dias, preste informações;II – a ciência do ajuizamento da ação ao órgão de representação judicial da pessoa jurídica interessada, devendo-lhe ser enviada cópia da petição inicial, para que, querendo, ingresse no feito.

Após o término do prazo para apresentação das informações, o Ministério Público será ouvido, devendo opinar em 10 (dez) dias, após o que, com ou sem parecer, os autos serão conclusos para decisão, conforme determina o art. 7º da lei.

Fora isso, se a petição inicial for manifestamente incabível ou manifestamente improcedente, determina o art. 6º da lei que ela será desde logo indeferida. O recurso para tanto vem previsto no parágrafo único desse mesmo art. 6º, de modo que contra a tal decisão caberá agravo, em 5 (cinco) dias, para o órgão colegiado competente para o julgamento da impetração.

9.5.2.3.1.6. Providências após o reconhecimento da mora legislativa

De acordo com o art. 8º da lei, três providências podem ser tomadas pelo judiciário, ao reconhecer o estado de mora legislativa. Sendo assim, a injunção será deferida para:

I – determinar **prazo razoável para que o impetrado promova a edição da norma** regulamentadora;

II –**estabelecer as condições em que se dará o exercício dos direitos, das liberdades ou das prerrogativas reclamados <u>ou</u>**, se for o caso, as **condições em que poderá o interessado promover ação própria visando a exercê-los**, caso não seja suprida a mora legislativa no prazo determinado.

O parágrafo único do art. 8º da lei dispensa a determinação de prazo razoável para que o impetrado promova a edição da norma regulamentadora quando ficar comprovado que o impetrado deixou de atender, em mandado de injunção anterior, ao prazo estabelecido para a edição da norma.

9.5.2.3.1.7. Eficácia subjetiva

Determina o art. 9º da nova lei que a decisão terá eficácia subjetiva limitada às partes e produzirá efeitos até o advento da norma regulamentadora. Sendo assim, em regra, somente as partes que participaram do processo serão beneficiadas pela decisão e apenas até que sobrevenha a regulamentação legal.

Excepcionalmente poderá ser conferida eficácia *ultra partes* ou *erga omnes* à decisão, quando isso for inerente ou indispensável ao exercício do direito, da liberdade ou da prerrogativa objeto da impetração. É o que determina o § 1º do art. 9º da nova lei.

O § 2º do mesmo artigo determina que transitada em julgado a decisão, seus efeitos poderão ser estendidos aos casos análogos por decisão monocrática do relator.

Por fim, o indeferimento do pedido por insuficiência de prova não impede a renovação da impetração fundada em outros elementos probatórios, conforme dispõe o § 3º do art. 9º da lei estudada.

9.5.2.3.1.8. Mandado de injunção coletivo

Expressamente previsto na nova lei, o mandado de injunção coletivo, que já podia ser impetrado segundo o STF, possui agora os seguintes legitimados:

I – **o Ministério Público**, quando a tutela requerida for especialmente relevante para a defesa da ordem jurídica, do regime democrático ou dos interesses sociais ou individuais indisponíveis;

II – **o partido político com representação no Congresso Nacional**, para assegurar o exercício de direitos, liberdades e prerrogativas de seus integrantes ou relacionados com a finalidade partidária;

III – **a organização sindical, a entidade de classe ou a associação legalmente constituída e em funcionamento há pelo menos 1 (um) ano**, para assegurar o exercício de direitos, liberdades e prerrogativas em favor da totalidade ou de parte de seus membros ou associados, na forma de seus estatutos e desde que pertinentes a suas finalidades, dispensada, para tanto, autorização especial;

IV – **a Defensoria Pública**, quando a tutela requerida for especialmente relevante para a promoção dos direitos humanos e a defesa dos direitos individuais e coletivos dos necessitados, na forma do inciso LXXIV do art. 5º da CF/1988.

A novidade trazida pela lei nesse tópico diz respeito à possibilidade da impetração do remédio pelo Ministério Público e pela Defensoria Pública. A lei do mandado de segurança, utilizada para suprir a omissão de regulamentação do próprio mandado de injunção, pois não existia uma lei específica tratando desse remédio, não prevê como legitimados o Ministério Público e a Defensoria Pública.

Vale lembrar que os direitos, as liberdades e as prerrogativas protegidos por mandado de injunção coletivo são os pertencentes, indistintamente, a uma coletividade indeterminada de pessoas ou determinada por grupo, classe ou categoria, conforme determina o parágrafo único do art. 12 da Lei 13.300/2016.

A sentença no mandado de injunção coletivo, de acordo com o *caput* do art. 13 da Lei 13.300/2016, fará coisa julgada limitadamente às pessoas integrantes da coletividade, do grupo, da classe ou da categoria substituídos pelo impetrante, sem prejuízo do disposto nos §§ 1º e 2º do art. 9º, ou seja, poderá ser conferida eficácia *ultra partes* ou *erga omnes* à decisão, quando isso for inerente ou indispensável ao exercício do direito, da liberdade ou da prerrogativa objeto da impetração e transitada em julgado a decisão, seus efeitos poderão ser estendidos aos casos análogos por decisão monocrática do relator.

Por fim, para que os impetrantes de mandados de injunção individuais se beneficiem da impetração coletiva, eles deverão desistir da demanda individual no prazo de 30 (trinta) dias a contar da ciência comprovada da impetração coletiva. Tal impetração não induz litispendência em relação aos mandados de injunção individuais, conforme determina o parágrafo único do art. 13 da Lei 13.300/2016.

9.5.2.3.1.9. Revisão

De acordo com o art. 10 da lei, sem prejuízo dos efeitos já produzidos, a decisão poderá ser revista, a pedido de qualquer interessado, quando sobrevierem relevantes modificações das circunstâncias de fato ou de direito. O parágrafo único do mesmo dispositivo determina que a ação de revisão observará, no que couber, o procedimento estabelecido nesta Lei.

9.5.2.3.1.10. Norma regulamentadora superveniente

O que acontecerá se a lei regulamentadora for criada após a decisão? O art. 11 da lei responde esse questionamento, ao determinar que a norma regulamentadora superveniente produzirá efeitos *ex nunc* em relação aos beneficiados por decisão transitada em julgado, salvo se a aplicação da norma editada lhes for mais favorável. O parágrafo único do mesmo art. 11 determina que fica prejudicada a impetração se a norma regulamentadora for editada antes da decisão, caso em que o processo será extinto sem resolução de mérito.

9.5.2.3.1.11. Vigência

De acordo com o último dispositivo da lei, art. 15, a norma já entrou em vigor na data de sua publicação.

9.5.2.4. Ação popular

O inciso LXXIII do art. 5º da CF assegura que qualquer cidadão é parte legítima para propor ação popular que vise a anular ato lesivo ao patrimônio público ou de entidade de que o Estado participe, à moralidade administrativa, ao meio ambiente e ao patrimônio histórico e cultural, *ficando o autor, salvo comprovada má-fé, isento de custas judiciais e do ônus da sucumbência.*

De forma esquemática, conclui-se que a ação popular tem como objetivo proteger 3 elementos fundamentais:

1) o patrimônio público ou de entidade de que o Estado participe;

2) a moralidade administrativa;

3) o meio ambiente e o patrimônio histórico e cultural.

Com isso, o legislador constituinte pretende promover a cidadania, fazendo cada cidadão responsável pela fiscalização dos elementos protegidos pela ação popular.

Vale lembrar que a lei que regulamenta tal ação – Lei 4.717/1965 – traz algumas regras, como, por exemplo, a de que a lesão à moralidade não pressupõe lesividade material, ou seja, não é necessário dano patrimonial para que a ação com fundamento na proteção à moralidade administrativa seja proposta.

Outra observação é a de que a ação popular não tem por objetivo a defesa do interesse individual e, além disso, não tem o condão de substituir a ação direta de inconstitucionalidade. Esta visa a anular ato normativo, que é abstrato, genérico e que encontra fundamento de validade direto na CF/1988.

De acordo com a Súmula 101 do STF, o mandado de segurança não substitui a ação popular.

É parte legítima para propor ação popular o *cidadão*, restringindo a proposição apenas àqueles que têm capacidade eleitoral ativa, ou seja, àqueles que já se alistaram e podem votar.

Ademais, vale ressaltar que, conforme a Súmula 365 do Supremo Tribunal Federal, pessoa jurídica não tem legitimidade para propor ação popular.

É bom lembrar que em caso de desistência ou absolvição de instância (ocorre quando o autor é desidioso, não dá andamento à ação) qualquer cidadão ou o Ministério Público podem prosseguir no polo ativo.

A ação popular é gratuita, salvo comprovação de má-fé, mas a assistência de advogado é necessária; depende, portanto, de capacidade postulatória, como se depreende da decisão abaixo.

> "A Constituição da República estabeleceu que o *acesso à justiça* e o *direito de petição* são direitos fundamentais (art. 5.º, XXXIV, 'a', e XXXV), porém estes não garantem a quem não tenha capacidade postulatória litigar em juízo, ou seja, é **vedado o exercício do direito de ação sem a presença de um advogado**, considerado 'indispensável à administração da justiça' (art. 133 da Constituição da República e art. 1.º da Lei 8.906/1994), com as **ressalvas legais**. (...) Incluem -se, ainda, no rol das exceções, as ações protocoladas nos juizados especiais cíveis, nas causas de valor até vinte salários mínimos (art. 9.º da Lei 9.099/1995) e as ações trabalhistas (art. 791 da CLT), **não fazendo parte dessa situação privilegiada a ação popular**" (AO 1.531 -AgR, voto da Min. Cármen Lúcia, j. 03.06.2009, Plenário, *DJE* de 01.07.2009).

Sobre a decisão proferida em sede de ação popular, a Suprema Corte já decidiu: "Ação popular. Demarcação da terra indígena Raposa Serra do Sol. (...) A decisão proferida em ação popular é desprovida de força vinculante, em sentido técnico. Nesses termos, os fundamentos adotados pela Corte não se estendem, de forma automática, a outros processos em que se discuta matéria similar. Sem prejuízo disso, o acórdão embargado ostenta a força moral e persuasiva de uma decisão da mais alta Corte do País, do que decorre um elevado ônus argumentativo nos casos em se cogite da superação de suas razões." (Pet 3.388-ED, rel. Min. Roberto Barroso, julgamento em 23.10.2013, Plenário, *DJE* de 04.02.2014.)

9.5.2.5. Mandado de segurança

A Constituição de 1934 foi a primeira a prever expressamente a possibilidade da impetração de mandado de segurança. Depois disso, as Constituições que se seguiram trataram do tema, com exceção da de 1937 (da época de Getúlio Vargas).

O mandado de segurança pode ser conceituado como uma ação de natureza constitucional que tem por finalidade resguardar direito líquido e certo contra abuso de poder ou ilegalidade, praticado por autoridade pública ou por quem lhe faça as vezes, desde que tal direito não esteja protegido por *habeas corpus* ou *habeas data*.

Importante definição que deve ser trazida nesse momento é a de direito líquido e certo. Conforme ensinamento de Hely Lopes Meireles (**Mandado de Segurança**, 27ª Edição, p.36 e 37), "direito líquido e certo é o que se apresenta manifesto na sua existência, delimitado na sua extensão e apto a ser exercitado no momento da impetração".

Em suma, líquido e certo é aquele direito em que há prova pré-constituída, que de plano é possível comprovar, não havendo necessidade de dilação probatória.

Para a proteção de tal direito cabe a impetração do mandado de segurança. Ele possui caráter residual e vem previsto no inciso LXIX e LXX do art. 5º da Constituição.

Desse modo, o mandado de segurança atua complementando a proteção dos direitos e garantias constitucionais quando nenhum outro remédio é cabível. Diz o inciso LXIX: "conceder-se-á mandado de segurança para proteger direito líquido e certo, não amparado por *'habeas-corpus'* ou *'habeas-data'*, quando o responsável pela ilegalidade ou abuso de poder for autoridade pública ou agente de pessoa jurídica no exercício de atribuições do Poder Público".

Assim, não será cabível mandado de segurança para proteger o direito à liberdade de locomoção, pois esta proteção é feita pelo *habeas corpus*. Do mesmo modo, não cabe mandado de segurança para anular ato lesivo ao patrimônio público, pois esta requisição deve ser feita em via de ação popular.

Um exemplo de possibilidade de impetração desse remédio ocorre quando alguém, que não pretende efetuar o pagamento de determinado imposto, por considerar que a lei que criou o mencionado tributo é inconstitucional, ajuíza mandado de segurança.

Importante saber que não cabe condenação em honorários de advogado na ação de mandado de segurança, conforme Súmula 512 do Supremo Tribunal Federal.

Ainda, não é possível a impetração de mandado de segurança contra ato judicial passível de recurso ou correição (Súmula 267 do STF).

Além das mencionadas, outras súmulas, editadas pela Suprema Corte, têm relevância quando se trata de mandado de segurança, quais sejam:

Súmula 632: "É constitucional lei que fixa prazo de decadência para impetração de mandado de segurança."

Súmula 510: "Praticado o ato por autoridade, no exercício de competência delegada, contra ela cabe o mandado de segurança ou a medida judicial."

Súmula 271: "Concessão de mandado de segurança não produz efeitos patrimoniais em relação a período pretérito, os quais devem ser reclamados administrativamente ou pela via judicial própria."

Súmula 270: "Não cabe mandado de segurança para impugnar enquadramento da Lei 3.780, de 12-7-1960, que envolva exame de prova ou de situação funcional complexa."

Súmula 269: "O mandado de segurança não é substitutivo de ação de cobrança."

Súmula 268: "Não cabe mandado de segurança contra decisão judicial com trânsito em julgado."

Súmula 101: "O mandado de segurança não substitui a ação popular."

São legitimadas para impetrar mandado de segurança pessoas físicas ou jurídicas. A ação não está isenta de custas perante o Poder Judiciário e a assistência de advogado é necessária.

Vale lembrar que, corroborando algo que já existia, a nova lei do mandado de segurança (Lei 12.016/2009), em seu art. 23, traz o prazo decadencial de **120 dias** para que o sujeito ingresse com a ação de mandado de segurança, contados da ciência do ato impugnado. A constitucionalidade de tal prazo já foi questionada no Supremo, mas ele entendeu que o prazo é constitucional.

Outro tema já sedimentado é no sentido de que o pedido de reconsideração feito na via administrativa não tem o condão de interromper o prazo para a impetração do mandado de segurança. É o que determina a Súmula 430 do STF.

Com base na súmula 625 do STF, controvérsia sobre matéria de direito não impede a concessão de mandado de segurança.

Vale lembrar que o art. 20 da Lei 12.016/2009 determina que o processos de mandado de segurança e os respectivos recursos tenham a prioridade sobre todos os atos judiciais, salvo *habeas corpus*.

Além disso, de acordo com a Súmula 624 do STF, não cabe ao Pretório Excelso conhecer originariamente mandado de segurança contra atos de outros tribunais. Também, a Súmula 266 do STF determina que não é possível a impetração de mandado de segurança contra lei em tese.

A Constituição admite também a impetração de **mandado segurança coletivo**, conforme se verifica no inciso LXX do art. 5º da CF: "o mandado de segurança coletivo pode ser impetrado por:

a) partido político com representação no Congresso Nacional;

b) organização sindical, entidade de classe ou associação legalmente constituída e em funcionamento há pelo menos um ano, em defesa dos interesses de seus membros ou associados."

Entende o STF que a entidade de classe tem legitimação para o mandado de segurança, ainda quando a pretensão veiculada interesse apenas a uma parte da respectiva categoria (art. 21 da Lei 12.016/2009 e Súmula 630). Também é jurisprudência da Suprema Corte que a impetração de mandado de segurança coletivo por entidade de classe em favor dos associados independe de autorização deles.

De acordo com o Supremo, o mandado de segurança coletivo, quando impetrado pela Ordem dos Advogados do Brasil, deve ser proposto perante a Justiça Federal. Vale a leitura do julgado: "presente a Ordem dos Advogados do Brasil — autarquia federal de regime especial — no polo ativo de mandado de segurança coletivo impetrado em favor de seus membros, a competência para julgá-lo é da Justiça Federal, a despeito de a autora não postular direito próprio" (RE 266.689-AgR, Rel. Min. Ellen Gracie, julgamento em 17.08.2004, *DJ* de 03.09.2004).

De acordo com o art. 22 da lei do mandado de segurança, quando o remédio for impetrado na modalidade coletiva, a sentença fará coisa julgada limitadamente aos membros do grupo ou categoria substituídos pelo impetrante. Desse modo, não produz efeitos *erga omnes*.

O § 1º do mesmo dispositivo determina que o mandado de segurança coletivo não induz litispendência para as ações individuais, mas os efeitos da coisa julgada não beneficiarão o impetrante a título individual se não requerer a desistência de seu mandado de segurança no prazo de 30 (trinta) dias a contar da ciência comprovada da impetração da segurança coletiva.

Outro tópico importante sobre o MS coletivo diz respeito à liminar. De acordo com o § 2º do art. 22 da Lei 12.016/2009, ela só poderá ser concedida após a audiência do representante judicial da pessoa jurídica de direito público, que deverá se pronunciar no prazo de 72 (setenta e duas) horas.

Por fim, ressaltamos que, de acordo com o art. 25 da lei do MS, não cabem, no processo de mandado de segurança, a interposição de embargos infringentes e a condenação ao pagamento dos honorários advocatícios, sem prejuízo da aplicação de sanções no caso de litigância de má-fé.

9.6. Nacionalidade

Nacionalidade pode ser conceituada como o vínculo de natureza jurídica e política que integra o indivíduo a um determinado Estado. Após isso, o sujeito passa a fazer parte do elemento pessoal do Estado e é denominado de nacional.

Os países são responsáveis pela elaboração das normas jurídicas que cuidam das formas de aquisição, perda e das espécies de nacionalidade. É atribuição de cada Estado definir quem são os seus nacionais.

É importante verificar-se os conceitos de povo, população, nação e cidadania:

a) Povo – é o conjunto de pessoas que tem o vínculo da nacionalidade com o Estado. É o conjunto de nacionais;

b) População – o conceito é demográfico. Pode ser conceituada como o conjunto de habitantes de cada território. Aqui se enquadram os nacionais e os estrangeiros. A diferença de população e povo é que no último só se inclui no conceito os nacionais, ou seja, natos ou naturalizados;

c) Nação – é o conjunto de pessoas ligadas por semelhanças, afinidades de etnia, costumes, idioma. Os nacionais se enquadram na definição de nação. Os estrangeiros não, pois cada país tem seus hábitos, costumes, cultura, tradição etc.;

d) Cidadania – a definição é taxativa, dá-se por meio de alistamento eleitoral; só o nacional pode ser detentor de direitos políticos. Portanto, diz-se que a nacionalidade é um requisito importante, mas não suficiente para a cidadania, haja vista a necessidade da obtenção do título de eleitor.

O pacto São José da Costa Rica, tratado internacional sobre direitos humanos, reconhece o direito à nacionalidade como direito fundamental do indivíduo em seu art. 20.

Os nacionais são divididos em natos ou naturalizados. O § 2º do art. 12 da Constituição proíbe que existam diferenças entre brasileiros natos e naturalizados, com exceção dos casos em que ela própria faz distinção. Desse modo, as diferenças só serão admitidas se decorrentes do texto constitucional.

9.6.1. Nato e naturalizado: distinções

9.6.1.1. Cargos privativos (art. 12, § 3º, CF)

O §3º do art. 12 traz o rol taxativo dos *cargos privativos* de brasileiro nato. São eles:

✓ Presidente e Vice-Presidente da República;

✓ Presidente da Câmara de Deputados;

✓ Presidente do Senado Federal;

✓ Ministro do Supremo Tribunal Federal;

✓ Da carreira diplomática;

✓ De oficial das Forças Armadas; e

✓ De Ministro de Estado da Defesa.

Os cargos de Presidente, Vice, Presidente da Câmara, do Senado e Ministro do Supremo Tribunal Federal devem ser preenchidos por natos por conta da Constituição não admitir que brasileiro naturalizado se torne Presidente da República. Dessa maneira, como esses indivíduos eventualmente ocuparão o cargo de Chefe do Poder Executivo, eles devem possuir nacionalidade brasileira originária, ou seja, devem ser natos.

Vale lembrar que o art. 89, VII, da CF determina que seis cadeiras do Conselho da República, órgão superior de consulta do Presidente da República, sejam preenchidas por cidadãos **brasileiros natos**, com mais de trinta e cinco anos de idade, sendo dois nomeados pelo Presidente da República, dois eleitos pelo Senado Federal e dois eleitos pela Câmara dos Deputados, todos com mandato de três anos, vedada a recondução. Desse modo, tais lugares também são destinados apenas a brasileiros natos.

Passemos então para as outras hipóteses de distinção entre brasileiros natos e naturalizados, admitidas pela Constituição.

9.6.1.2. Impossibilidade de extradição de brasileiro nato (art. 5º, LI, CF)

O art. 5º, LI, da CF dispõe que "nenhum brasileiro será extraditado, salvo o naturalizado, em caso de crime comum, praticado antes da naturalização, ou de comprovado envolvimento em tráfico ilícito de entorpecentes e drogas afins, na forma da lei". Dessa maneira, somente o naturalizado poderá ser extraditado e desde que configure uma das hipóteses mencionadas.

Vale lembrar que de acordo com o art. 5º, LII, da CF, o Brasil não pode conceder a extradição de estrangeiro por crime político ou de opinião. Assim, se um sujeito é acusado da prática de crime político, não poderá ser extraditado, independentemente de sua nacionalidade.

9.6.1.3. Situação que gera perda da nacionalidade apenas ao naturalizado (art. 12, § 4º, I, CF)

O inciso I do § 4º do art. 12 da CF menciona que aquele que tiver sua naturalização cancelada por sentença judicial, em decorrência da prática de atividade nociva ao interesse nacional, perde sua nacionalidade.

9.6.1.4. Conselho da República: membros

Dentre as cadeiras destinadas às pessoas que fazem parte do Conselho da República, conforme o art. 89, inciso VII, da CF, seis são destinadas a brasileiros natos. Assim, esses lugares não poderão ser ocupadas por naturalizados. O Conselho da República é um órgão de consulta do Presidente da República.

9.6.1.5. Empresa jornalística e de radiodifusão: propriedade

Dispõe o art. 222 da Constituição Federal que brasileiros naturalizados podem ser proprietários dessas empresas, desde que tenham adquirido a nacionalidade brasileira há mais de dez anos.

9.6.2. Formas de aquisição da nacionalidade brasileira: originária ou secundária

9.6.2.1. Nacionalidade originária, primária ou involuntária

É a que o indivíduo detém por meio do nascimento. Existem critérios para a atribuição dessa nacionalidade: o territorial (*ius soli*) e sanguíneo (*ius sanguinis*). A Constituição de 1988 adotou ambos, conhecido como critério misto. Assim, em alguns momentos utiliza-se do local de nascimento para identificar o nato e em outros do critério sanguíneo.

Há quatro situações em que o sujeito é considerado brasileiro nato, vejamos:

9.6.2.1.1. Art. 12, inciso I, alínea "a", da Constituição Federal (critério territorial)

A primeira situação é aquela em que são considerados brasileiros natos *os nascidos* no território da República Federativa do Brasil, ainda que de pais estrangeiros, desde que estes não estejam a serviço de seu país.

Desse modo, nasceu no Brasil é considerado brasileiro nato, com exceção do indivíduo que possua pais estrangeiros que estejam no Brasil a serviço do país de origem. Basta que um dos pais esteja a serviço do país de origem para que o filho nascido no Brasil *não* seja considerado brasileiro nato.

9.6.2.1.2. Art. 12, inciso I, alínea "b", da Constituição Federal (critério sanguíneo)

O dispositivo considera nato aquele nascido no estrangeiro, de pai ou de mãe brasileira, desde que qualquer deles esteja a serviço da República Federativa do Brasil.

A expressão "a serviço de seu país" deve ser interpretada de forma a favorecer o indivíduo, o significado é amplo. Um dos pais ou os dois devem estar em território estrangeiro, a serviço do Brasil (critério funcional).

9.6.2.1.3. Art. 12, inciso I, alínea "c", da Constituição Federal (primeira parte)

O dispositivo mencionado teve sua redação alterada pela Emenda Constitucional 54/2007.

A primeira parte menciona que são considerados brasileiros natos os indivíduos nascidos no estrangeiro, de pai ou mãe brasileira, desde que registrados na repartição brasileira competente (consular ou diplomática).

Essa hipótese constava do texto original da Constituição Federal de 1988. Só que em 1994, após a revisão constitucional, foi suprimida. A revogação da norma se deu em virtude de problemas gerados pela regra, como a existência de muitos brasileiros natos espalhados pelo mundo que não tinham relação alguma com o Brasil. A tentativa de sanar tais problemas restou infrutífera, gerando outro problema pior, que era a existência de apátridas.

Exemplo: um casal brasileiro faz uma viagem a passeio para a Itália. A mulher, grávida de 8 meses, passa mal e acaba tendo o filho na Itália. Esse indivíduo será considerado brasileiro, italiano, apátrida? Italiano não, pois na Itália o critério adotado para definir quem é considerado italiano é o *ius sanguinis*, somente filhos de pais italianos possuem a nacionalidade italiana. Será o sujeito, então, brasileiro? Não, porque os pais não estavam a serviço do Brasil, e sim numa viagem turística. Essa era uma hipótese em que a criança seria considerada um apátrida.

Por conta disso é que a Emenda Constitucional 54/2007 admite o registro desse indivíduo no consulado ou repartição diplomática competente, pondo fim à situação de apatria; com o registro o sujeito será considerado brasileiro nato.

9.6.2.1.4. Art. 12, inciso I, alínea "c", da Constituição Federal (segunda parte)

Dispõe que são considerados brasileiros natos os indivíduos nascidos no estrangeiro, de pai brasileiro ou mãe brasileira, que venham a residir no Brasil e, uma vez atingida a maioridade, optem pela nacionalidade brasileira (três requisitos: residência no Brasil, maioridade e opção). Após o cumprimento dessas formalidades, o indivíduo detém a nacionalidade originária potestativa, isto é, o Brasil não possui competência para negar esse reconhecimento. Essa hipótese ocorrerá se os pais não tiverem registrado o filho em repartição brasileira competente.

Ressalta-se que a opção pela nacionalidade brasileira é ato personalíssimo, e, por conta disso, a Constituição exige a maioridade para a sua efetivação. Até esse momento é dada ao sujeito uma nacionalidade provisória.

9.6.2.2. Nacionalidade derivada, secundária, voluntária ou adquirida

É a que o indivíduo adquire, após o nascimento, por meio do processo de naturalização, por um ato voluntário. A pessoa manifesta sua intenção em se naturalizar, cumpre os requisitos previstos na Constituição e normas infraconstitucionais e faz o pedido de naturalização.

De forma discricionária, o Brasil concederá a nacionalidade ao estrangeiro que formulou pedido de naturalização. Conforme dispõe o art. 111 da Lei 6.815/1980 (Estatuto do Estrangeiro), a atribuição é do Poder Executivo, por meio do Ministro da Justiça e, segundo a jurisprudência do Supremo, a efetivação será após a entrega de certificado de naturalização, que será feita pelo juiz federal.

A naturalização será feita de maneira ordinária ou extraordinária:

a) Ordinária (art. 12, II, "a", CF)

É aquela obtida após o regular procedimento previsto nos arts. 111 a 121 do Estatuto do Estrangeiro. Vale ressaltar que aos estrangeiros que vierem de países que falam a língua portuguesa, a Constituição exige apenas o cumprimento de dois requisitos: um ano de residência ininterrupta no Brasil e demonstração de idoneidade moral. Para os demais estrangeiros, a Lei 6.815/1980 (Estatuto do Estrangeiro), em seu art. 112, determina o cumprimento de outros requisitos, quais sejam:

✓ capacidade civil, conforme as disposições previstas no Código Civil Brasileiro;

✓ demonstração da capacidade de ler e escrever a língua portuguesa, sempre levando em conta as condições do naturalizando;

✓ residência contínua no território nacional, pelo prazo mínimo de quatro anos, imediatamente anteriores ao pedido de naturalização;

✓ exercício de profissão ou posse de bens suficientes à manutenção própria e de sua família; e

✓ demonstração de bom procedimento.

b) Extraordinária (art. 12, II, "b", CF)

É aquela decorrente de largo lapso temporal de residência no país, o qual autoriza a presunção de que o estrangeiro possui fortes vínculos com o Brasil. Os requisitos constitucionais são: residência no Brasil fixa e ininterrupta há mais de 15 anos e não possuir condenação criminal.

Além disso, de acordo com o Supremo, "não se revela possível, em nosso sistema jurídico-constitucional, a aquisição da nacionalidade brasileira *jure matrimoni*, vale dizer, como efeito direto e imediato resultante do casamento civil. Magistério da doutrina." (Ext 1.121, Rel. Min. Celso de Mello, julgamento em 18.12.2009, Plenário, *DJE* de 25.06.2010).

9.6.3. Competência

A disciplina do tema nacionalidade é dada apenas pela Constituição quando se tratar de nacionalidade originária (natos) e da Constituição Federal e da lei infraconstitucional federal quando a nacionalidade for do tipo derivada (naturalizados). Tem de ser lei federal, pois a atribuição legislativa é da União (art. 22, XIII, da CF).

Vale lembrar que medida provisória não pode dispor sobre nacionalidade, por conta do comando constitucional previsto no art. 62, § 1º, I, *a*.

9.6.4. Perda da nacionalidade brasileira

As situações taxativas de perda da nacionalidade estão previstas no § 4º do art. 12 da Constituição. Existem situações aplicáveis ao nato e ao naturalizado e outras relacionadas apenas ao segundo. São as abaixo tratadas:

9.6.4.1. Cancelamento judicial da naturalização

Pode ocorrer em virtude da prática de atividade nociva ao interesse nacional. Na prática quase não é utilizada. O procedimento vem previsto nos arts. 24 a 34 da Lei 818/1949. A reaquisição da nacionalidade pode se dar por meio de ação rescisória, desde que respeitadas as regras trazidas no Código de Processo Civil.

De acordo com o STF: "Conforme revela o inciso I do § 4º do art. 12 da CF, o ministro de Estado da Justiça não tem competência para rever ato de naturalização." (RMS 27.840, rel. p/ o ac. Min. Marco Aurélio, julgamento em 07.02.2013, Plenário, *DJE* de 27.08.2013).

9.6.4.2. Aquisição voluntária de outra nacionalidade

A perda nessa hipótese é aplicável tanto ao brasileiro nato como ao naturalizado. Deve ocorrer após procedimento administrativo, no qual tenham sido assegurados a ampla defesa e o contraditório, sendo necessário um decreto do Presidente da República declarando a perda.

É importante lembrar que o § 4º, inciso II, alíneas "a" e "b", do art. 12 da Constituição Federal traz duas hipóteses de aquisição de nova nacionalidade, mas que não geram perda da brasileira:

a) quando há reconhecimento da nacionalidade *originária* pela lei estrangeira. Exemplo: a Itália reconhece originariamente como italianos os filhos e netos de italianos. Nesse caso o sujeito pode cumular as nacionalidades;

b) imposição de naturalização pela lei estrangeira como condição de permanência ou para o exercício dos direitos civis. Exemplo: os jogadores de futebol que residem no exterior e, como condição de permanência, o país impõe que se naturalizem.

Nas hipóteses explicitadas, ou seja, nos casos de cumulação de mais de uma nacionalidade, o indivíduo é chamado de polipátrida – muitas pátrias ou mais de uma pátria. Diferente, portanto, do apátrida, que é aquele que não possui nacionalidade. Frisa-se que esta situação está, atualmente, banida pela Declaração Universal dos Direitos do Homem.

9.6.5. Portugueses residentes no Brasil

A Constituição Federal determina que, havendo reciprocidade em favor dos brasileiros que residam em Portugal, sejam atribuídos aos portugueses com residência permanente no Brasil os mesmos direitos inerentes aos brasileiros naturalizados.

Tal hipótese não configura naturalização; o português apenas possui os direitos atribuídos ao naturalizado. Para tanto, são necessários dois requisitos: que o português resida de forma permanente no Brasil; e que haja igual tratamento, ou seja, reciprocidade, aos brasileiros que estejam permanentemente residindo em Portugal.

O Estatuto da Igualdade, tratado internacional de amizade e cooperação entre Brasil e Portugal, regulamenta esse assunto, fixando, dentre outras, as regras sobre a inviolabilidade da nacionalidade originária, as facilidades em relação à expedição de documentos pessoais, a proibição da concessão de extradição de portugueses e brasileiros, exceto se o solicitante for o Governo da nacionalidade do indivíduo.

De acordo com o Supremo, "a norma inscrita no art. 12, § 1º, da Constituição da República – que contempla, em seu texto, hipótese excepcional de quase nacionalidade – não opera de modo imediato, seja quanto ao seu conteúdo eficacial, seja no que se refere a todas as consequências jurídicas que dela derivam, pois, para incidir, além de supor o pronunciamento aquiescente do Estado brasileiro, fundado em sua própria soberania, depende, ainda, de requerimento do súdito português interessado, a quem se impõe, para tal efeito, a obrigação de preencher os requisitos estipulados pela Convenção sobre Igualdade de Direitos e Deveres entre brasileiros e portugueses." (Ext 890, Rel. Min. Celso de Mello, julgamento em 05.08.2004, Primeira Turma, *DJ* de 28.10.2004). No mesmo sentido: HC 100.793, Rel. Min. Marco Aurélio, julgamento em 02.12.2010, Plenário, *DJE* de 01.02.2011.

9.7. Direitos políticos

Os direitos políticos podem ser conceituados como o grupo ou conjunto de normas que disciplinam a atuação da soberania popular. Estão previstos nos arts. 14, 15 e 16 da Constituição Federal. O fundamento dessas normas advém do art. 1º da citada Constituição. Seu *caput* define o pacto federativo, seus incisos trazem os fundamentos da República Federativa do Brasil e seu parágrafo único indica quem é o titular do poder, o povo. Consagra, portanto, a *soberania popular.*

A doutrina divide os direitos políticos em *positivos* e *negativos*. Os primeiros dizem respeito à possibilidade das pessoas de votarem e serem votadas, ou seja, de participar das eleições tanto como eleitoras quanto como candidatas. São também conhecidos como direito de sufrágio ou capacidade eleitoral ativa e passiva. Tal direito é exercido nas eleições e por meio das consultas populares (plebiscito e referendo). É considerado o núcleo dos direitos políticos. Os segundos, direitos políticos negativos, estão relacionados aos impedimentos, aos fatos que impossibilitam a participação no processo eleitoral. Englobam tanto as inelegibilidades como a privação dos direitos políticos, que se dá com a perda ou suspensão desses direitos.

Analisaremos, em primeiro lugar, os direitos políticos positivos.

O exercício da soberania popular se dá de forma direta ou indireta. A forma indireta é aquela exercida por meio da democracia representativa, ou seja, por meio de representantes eleitos periodicamente; ao passo que a forma direta é a exercida mediante plebiscito, referendo e iniciativa popular das leis.

O plebiscito e o referendo são formas de consulta ao povo. As consultas visam à deliberação de matérias de grande relevância. A diferença entre os dois institutos diz respeito ao *momento* em que essa consulta é realizada.

No plebiscito, há a convocação do povo para se manifestar; a consulta à população sobre matéria de grande relevância se dá de forma *prévia*, ou seja, anteriormente à edição do ato normativo que tratará do assunto, podendo, ou não, autorizar o início do processo legislativo sobre o tema. O exemplo que temos é o que ocorreu em 1993, nos termos do art. 2º do ADCT, quando o povo foi convocado para decidir sobre a forma (república ou monarquia) e o sistema de governo (parlamentarismo ou presidencialismo). Naquele momento, o povo – titular do poder – decidiu que a forma de governo seria a república e o sistema continuaria sendo o presidencialismo. Outro exemplo, aliás, um caso em que é imprescindível a realização da consulta popular prévia diz respeito à formação de novos Estados ou de novos Municípios. Sempre que se falar em incorporação, fusão ou desmembramento de Estados e Municípios, tais atos somente terão validade se esta for a vontade do povo, e isso será verificado após a realização prévia de um plebiscito (art. 18, §§ 3º e 4º, da CF).

Diferentemente ocorre no referendo. Aqui a consulta ao povo é *posterior* ao ato legislativo. O referendo é uma forma de o povo ratificar (confirmar), ou não, o ato legislativo produzido. No ano de 2000, tivemos um exemplo dessa forma de consulta popular quando houve a convocação do povo para decidir sobre a possibilidade, ou não, da comercialização de armas de fogo. Nesse momento, o povo optou por autorizar a comercialização, confirmando a validade do dispositivo legal previsto no Estatuto do Desarmamento.

Ressalta-se que é da competência exclusiva do Congresso Nacional, conforme art. 49, XV, da CF, autorizar referendo e convocar plebiscito.

Em síntese, o plebiscito é uma consulta popular que se dá de forma prévia, ao passo que o referendo se dá posteriormente à edição do ato normativo.

Os direitos políticos mantêm estrita relação com a cidadania. Aliás, ela é atributo para o exercício de tais direitos. Tecnicamente, *cidadão* é aquele que possui título de eleitor, que já efetuou seu alistamento eleitoral por meio de inscrição perante a Justiça Eleitoral e que está no gozo de seus direitos políticos, ou seja, não houve perda ou não está com esses direitos suspensos. Fala-se, portanto, que esse sujeito é dotado de capacidade eleitoral ativa.

O *alistamento eleitoral*, inscrição na Justiça Eleitoral, é *obrigatório* para os brasileiros maiores de 18 anos de idade. Para que não fique sujeito ao pagamento de multa, o brasileiro nato deve se alistar até um ano, contado da data em que completar 18 anos, ou seja, deve se inscrever perante a Justiça Eleitoral até os 19 anos de idade. Os naturalizados, para se livrarem da multa, também têm um ano, a contar da aquisição da nacionalidade brasileira, para efetivar o alistamento eleitoral.

Para os maiores de 16 e menores de 18, os maiores de 70 anos e os analfabetos, o alistamento eleitoral e o voto são *facultativos*, conforme dispõe o inciso II do § 1º do art. 14 da Constituição Federal.

O mesmo art. traz, em seu § 2º, algumas pessoas que são *inalistáveis* e que, portanto, não podem ser eleitores: os estrangeiros e os conscritos. Os últimos são aqueles convocados para prestar o serviço militar obrigatório; durante esse período, não podem se alistar. Contudo, se após o cumprimento do período obrigatório o indivíduo ocupar o serviço militar de natureza permanente, a Constituição determina que seja feito o alistamento eleitoral.

Além do alistamento, ou capacidade eleitoral ativa, existe a capacidade eleitoral passiva, ou *elegibilidade*, que compreende o direito de ser votado. Para que se adquira tal capacidade, é necessário o cumprimento de alguns requisitos. Conforme dispõe o § 3º do art. 14 da Constituição Federal, são condições de elegibilidade:

a) a nacionalidade brasileira;

b) o alistamento eleitoral;

c) o pleno exercício dos direitos políticos;

d) o domicílio eleitoral na circunscrição;

e) a filiação partidária (sobre esse tema, é importante ressaltar o STF, no julgamento das ADI 3.999 e 4.086, confirmou a constitucionalidade da Resolução 22.610/2007 do TSE, que trata do processo de perda de mandato eletivo por infidelidade partidária);

f) a idade mínima de: 18 anos para Vereador; 21 anos para Deputado Federal, Deputado Estadual ou Distrital, Prefeito, Vice-Prefeito e juiz de paz; 30 anos para Governador e Vice-Governador de Estado e do Distrito Federal; e 35 anos para Presidente e Vice-Presidente da República e Senador.

Quanto à *nacionalidade*, conclui-se que tanto o nato quanto o naturalizado são elegíveis, exceto em relação aos cargos de Presidente e Vice-Presidente, pois o § 3º do art. 12 da CF determina que tais cargos devem ser ocupados exclusivamente por brasileiros natos. Outra observação diz respeito àqueles que detêm a condição de portugueses equiparados: como a eles são atribuídos os direitos relativos aos brasileiros naturalizados, também não podem se candidatar aos cargos de Presidente e Vice-Presidente da República.

Fala-se que o sujeito está em *pleno exercício dos seus direitos políticos* quando ele pode não só votar, mas também ser votado. Tal plenitude é conhecida também como direito de sufrágio. Assim, fala-se que aquele que detém capacidade eleitoral ativa e passiva, ou seja, está em pleno exercício dos direitos políticos, possui o denominado direito de sufrágio.

Sabemos que, segundo a CF/1988, o sufrágio é universal, a capacidade eleitoral é dada a todos os nacionais, indiscriminadamente. Aliás, a universalidade é uma característica do voto que consta das cláusulas pétreas (art. 60, § 4º, II, da CF). Opõe-se ao sufrágio universal a forma restrita que seria aquela em que apenas sujeitos que possuíssem condição econômica favorável (voto censitário) ou que detivessem alguma capacidade especial é que poderiam votar. Tal forma é proibida pela Constituição. Nem por emenda constitucional poderá haver discriminações quanto ao exercício do direito de voto.

Partindo da premissa de que para ser elegível o indivíduo precisa deter capacidade eleitoral ativa e passiva, conclui-se que os inalistáveis (estrangeiros e conscritos, durante o serviço militar obrigatório) são também inelegíveis, pois lhes falta o primeiro requisito para a plenitude de seus direitos políticos, que é o direito de votar, isto é, a capacidade eleitoral ativa.

Outra condição de elegibilidade (capacidade eleitoral passiva), conforme já mencionado, é o domicílio eleitoral na circunscrição equivalente ao cargo que pretende. Ressalta-se que o Tribunal Superior Eleitoral considera domicílio eleitoral de forma ampla, mencionando que pode ser o local onde o candidato possui vínculos políticos, sociais, profissionais, econômicos e até comunitários. Desse modo, domicílio eleitoral difere do domicílio civil, previsto no art. 70 do Código Civil. Este último é considerado o lugar onde a pessoa estabelece sua residência com o ânimo definitivo.

Em relação à fidelidade partidária, algumas observações devem ser feitas, tendo em vista a promulgação da EC 91, de **18 de fevereiro de 2016**. Essa norma alterou a Constituição para estabelecer a **possibilidade, excepcional e em período determinado, de desfiliação partidária, sem prejuízo do mandato**. Determina o art. 1º da mencionada emenda que é facultado ao detentor de mandato eletivo desligar-se do partido pelo qual foi eleito nos trinta dias seguintes à promulgação desta Emenda Constitucional, sem prejuízo do mandato, não sendo essa desfiliação considerada para fins de distribuição dos recursos do Fundo Partidário e de acesso gratuito ao tempo de rádio e televisão.

Para melhor compreensão do assunto, se faz necessária uma análise mais aprofundada do tema. A *filiação partidária* é considerada pelo ordenamento jurídico maior como uma das condições de elegibilidade, de modo que para se candidatar o sujeito precisa demonstrar a sua filiação a um partido político (art. 14, § 3º, V, da CF).

A Lei 13.165, de 29 de setembro de 2015, ao alterar a Lei 9.096/1995 (Partidos Políticos), disciplinou especificamente o assunto **infidelidade partidária**, que, embora anteriormente não tratado expressamente na CF/1988 (antes da EC 91/2016), já tinha direcionamento em resolução do TSE e em decisões do STF e do TSE.

De acordo com o parágrafo único do art. 22-A da Lei 9.096/1995 (incluído pela Lei 13.165/2015), **perderá o mandato o detentor de cargo eletivo que se desfiliar, sem justa causa, do partido pelo qual foi eleito**. Consideram-se justa causa para a desfiliação partidária somente as seguintes hipóteses: I – mudança substancial ou desvio reiterado do programa partidário; II – grave discriminação política pessoal; e III – mudança de partido efetuada durante o período de trinta dias que antecede o prazo de filiação exigido em lei para concorrer à eleição, majoritária ou proporcional, ao término do mandato vigente.

É possível perceberque a terceira situação trazida pela lei (mudança de partido efetuada durante o período de **trinta dias** que antecede o prazo de filiação exigido em lei para concorrer à eleição, majoritária ou proporcional, ao término do mandato vigente) acabou admitindo que o candidato que já detém mandato eletivo e que pretende ser reeleito possa "trocar" de partido sem que isso gere perda do mandato. Para tanto, é necessário que ele apenas faça isso um mês antes do final do prazo estabelecido para a filiação partidária.

Voltando para a EC 91/2016, observa-se que nova possibilidade de "troca" de partido político fora criada, sem que isso gere perda do cargo. O detentor de mandato eletivo agoratem a faculdade de desligar-se do partido pelo qual foi eleito nos trinta dias seguintes à promulgação desta Emenda Constitucional, sem prejuízo do mandato, não sendo essa desfiliação considerada para fins de distribuição dos recursos do Fundo Partidário e de acesso gratuito ao tempo de rádio e televisão. Sendo assim, aqueles que possuem mandato eletivopoderão desligar-se partido político que fazem parte até o dia 19 de março de 2016. É claro que se esses políticos quiserem participar das eleições de 2016, eles terão de se filiar a outro partido político dentro do prazo constitucionalmente estabelecido, qual seja, de até seis meses antes do pleito eleitoral.

É importante ressaltar que embora a EC 91/2016 tenha autorizado a troca de partido político, ela vedou a utilização, pelo novo partido, dos recursos do fundo partidário e do tempo de acesso gratuito ao rádio e a TV. O antigo partido do político mantém o tempo para rádio e TV que lhe fora concedido, por conta do número de deputados que possuía e o tempo de acesso gratuito ao rádio e a TV. Em suma, há algumas diferenças entre as duas possibilidades de troca de partido político. Alegalmente admitida, prevista no inciso III do parágrafo único do art. 22-A da Lei 9.096/1995 (incluído pela Lei 13.165/2015), admite a mudança de partido efetuada durante o período de trinta dias que antecede o prazo de filiação exigido em lei para concorrer à eleição, majoritária ou proporcional, ao término do mandato vigente. A mudança assegurada pela EC 91/2016pode ser realizada apenas entre 19 de fevereiro de 2016 e 19 de março de 2016. Nesse período, o detentor de mandato eletivo poderá sair do partido pelo qual foi eleito sem perder o mandato por infidelidade partidária. Outra diferença é a de que a troca de partido prevista na lei é considerada como uma justa causa e, por ser assim, não geraria perda do mandato. A hipótese trazida pela EC 91/2016 é tratada, não como justa causa, mas como uma autorização **temporária** para sujeito se desligar do partido pelo qual ele foi eleito. Por ser temporária, só tem validade durante o período de 19 de fevereiro de 2016 e 19 de março de 2016. A situação trazida pela lei, ao contrário, tem caráter durável, de modo que também pode ser aplicada nas futuras eleições.

Dispõe o art. 60, § 4°, inciso II, da CF que o voto tem de ser direto, secreto, universal e periódico. Tomando por base as disposições trazidas, podemos dizer que o voto possui as seguintes características:

1) é ato **direto**: o eleitor não vota em alguém para que esse alguém escolha quem o representará, não há intermediários, vota-se diretamente naquele que o representará. O voto direto é cláusula pétrea, ou seja, nem mesmo pelo poder constituinte derivado reformador (por emenda constitucional) isso poderá ser modificado. Vale lembrar que, conforme já mencionado, embora o voto seja direto, seu exercício é um exemplo de democracia indireta, pois o povo delega seu poder para o governante eleito para que ele o represente;

2) é ato **secreto**: o exercício do direito de voto é algo sigiloso, a opção do sujeito sobre qual candidato escolheu ou escolherá não precisa ser externada. O voto secreto é cláusula pétrea, não pode ser suprimido do texto constitucional. De acordo com o Supremo, o sigilo do voto é direito fundamental do cidadão. Assim, decidiu a Suprema Corte que "a exigência legal do voto impresso no processo de votação, contendo número de identificação associado à assinatura digital do eleitor, vulnera o segredo do voto, garantia constitucional expressa. A garantia da inviolabilidade do voto põe a necessidade de se garantir ser impessoal o voto para garantia da liberdade de manifestação, evitando-se qualquer forma de coação sobre o eleitor. A manutenção da urna em aberto põe em risco a segurança do sistema, possibilitando fraudes, impossíveis no atual sistema, o qual se harmoniza com as normas constitucionais de garantia do eleitor. Cautelar deferida para suspender a eficácia do art. 5º da Lei 12.034/2002" (ADI 4.543-MC, Rel. Min. Cármen Lúcia, julgamento em 03.11.2011, Plenário, *DJE* de 02.03.2012).

3) é ato **universal**: conforme já estudado, a capacidade eleitoral é dada a todos os nacionais, indiscriminadamente. A universalidade também consta das cláusulas pétreas;

4) é ato **periódico**: os governantes detêm mandatos por um período determinado. Assim, sempre que houver troca de governante, o povo deve ser chamado às urnas para exercer, de modo periódico, o direito de voto. A periodicidade do voto é uma das cláusulas pétreas;

5) é ato **personalíssimo**: significa que só pode ser exercido pela própria pessoa, não há possibilidade de se passar uma procuração para que outra pessoa vote em seu nome, o voto não pode ser efetivado por mandato;

6) é ato **obrigatório**: embora a obrigatoriedade do voto não seja considerada uma cláusula pétrea, ou seja, por emenda constitucional, tal determinação pode ser modificada, enquanto não houver mudança nessa regra o eleitor tem obrigação de ir até o local determinado e efetivamente votar. É claro que há a possibilidade de votar em branco ou anular seu voto, mas isso não significa que o sujeito possa deixar de comparecer fisicamente ao local, dia e horário determinados;

7) é **ato livre**: o conteúdo do voto é livre, por conta disso que as pessoas, além de poderem escolher em qual candidato votar, podem anular seu voto.

Passemos à análise dos direitos políticos negativos.

Os direitos políticos negativos dizem respeito às circunstâncias que impedem a participação no processo eletivo, são as inelegibilidades e a perda e suspensão dos direitos políticos.

Inelegibilidades: significam impedimentos relativos ou absolutos que atingem o direito de sufrágio, especificamente em relação à elegibilidade, à capacidade eleitoral passiva, ou seja, ao direito de ser votado.

Segundo o art. 14, § 4º, da CF são *absolutamente* inelegíveis os inalistáveis e os analfabetos. Os inalistáveis não podem se alistar, portanto, não votam. Se não podem o menos, que é votar, não poderão o mais, que é serem votados. Desse modo, é possível concluir que a inalistabilidade impede a elegibilidade, já que a primeira é pressuposto para aquisição da segunda.

Ocorre que o dispositivo menciona que também são inelegíveis os analfabetos. Vejam, eles detêm capacidade eleitoral ativa, os analfabetos podem votar, o que a Constituição proíbe é a elegibilidade. Assim, poderão votar, mas não poderão ser eleitos, pois não possuem capacidade eleitoral passiva, não são elegíveis.

Em suma, a inelegibilidade absoluta atinge os inalistáveis (estrangeiros e os conscritos, durante o serviço militar obrigatório) e os analfabetos.

Vale observar a seguinte decisão do Supremo: "as condições de elegibilidade (CF, art. 14, § 3º) e as hipóteses de inelegibilidade (CF, art. 14, § 4º a § 8º), inclusive aquelas decorrentes de legislação complementar (CF, art. 14, § 9º), aplicam-se de pleno direito, independentemente de sua expressa previsão na lei local, à eleição indireta para Governador e Vice-Governador do Estado, realizada pela Assembleia Legislativa em caso de dupla vacância desses cargos executivos no último biênio do período de governo" (**ADI 1.057-MC**, Rel. Min. **Celso de Mello**, julgamento em 20.04.1994, Plenário, *DJ* de 06.04.2001). **No mesmo sentido**: **ADI 4.298-MC**, Rel. Min. **Cezar Peluso**, julgamento em 07.10.2009, Plenário, *DJE* de 27.11.2009.

Passemos ao estudo da inelegibilidade relativa.

As inelegibilidades *relativas* não têm relação específica com a pessoa que quer se candidatar, mas sim com fatores externos, ou ainda, com pessoas ligadas àquela que pretende disputar o pleito eleitoral. Como o próprio nome esclarece, são obstáculos relativos ao direito de ser votado. Em princípio, o sujeito é elegível, mas para determinados cargos ou funções haverá impedimento.

Os motivos que levam à inelegibilidade relativa podem ser:

✓ funcionais (art. 14, §§ 5º e 6º, da CF);

✓ casamento, parentesco ou afinidade (art. 14, §7º, da CF);

✓ legais (art. 14, § 9º, da CF);

✓ militares (art. 14, § 8º, da CF); e

✓ domicílio eleitoral.

Motivo funcional: o § 5º do art. 14 da CF traz a regra da reeleição, dispondo que o Presidente da República, os Governadores de Estado e do Distrito Federal, os Prefeitos e quem os houver sucedido ou substituído no curso dos mandatos, poderão ser reeleitos para um único período subsequente. Se o sujeito for reeleito após o término do primeiro mandato, será considerado inelegível para a próxima eleição. Verifica-se que há a impossibilidade de um terceiro mandato subsequente ao segundo. Tal proibição não impede que o sujeito ocupe o cargo de Chefe do Executivo por mais de duas vezes, apenas veda que essa ocupação se dê de forma sucessiva. Trata-se de hipótese de inexigibilidade por motivo funcional.

Sobre o art. 14, § 5º, da CF, é interessante notar o seguinte julgado do STF: "O instituto da reeleição tem fundamento não somente no postulado da continuidade administrativa, mas também no princípio republicano, que impede a perpetuação de uma mesma pessoa ou grupo no poder. O princípio republicado condiciona a interpretação e a aplicação do próprio comando da norma constitucional, de modo que a reeleição é permitida por apenas uma única vez. Esse princípio impede a terceira eleição não apenas no mesmo município, mas em relação a qualquer outro município da federação. Entendimento contrário tornaria possível a figura do denominado "prefeito itinerante" ou do "prefeito profissional", o que claramente é incompatível com esse princípio, que também traduz um postulado de temporiedade/ alternância do exercício do poder. Portanto, ambos os princípios – continuidade administrativa e republicanismo – condicionam a interpretação e aplicação teleológicas do art. 14, § 5º, da CF. O cidadão que exerce dois mandatos consecutivos como o prefeito de determinado município fica inelegível para o cargo da mesma natureza em qualquer outro município da federação" (RE 637.485-RJ, de 01.08.2012, rel. Min. Gilmar Mendes).

Outra situação em que se verifica a inelegibilidade por motivo funcional é a constante no § 6º do art. 14 da CF que dispõe que, para concorrerem a outros cargos, o Presidente da República, os Governadores de Estado e do Distrito Federal e os Prefeitos devem renunciar aos respectivos mandatos até seis meses antes do pleito. É a denominada regra da *desincompatibilização*.

Vale lembrar que apenas para outros cargos eletivos, e não para uma futura reeleição, é que é exigida, do Chefe do Executivo, a desincompatibilização, ou seja, o afastamento temporário ou a renúncia nos seis meses que antecedem o pleito eleitoral.

Casamento, parentesco ou afinidade: o § 7º do art. 14 da CF dispõe que são inelegíveis no território de jurisdição do titular o cônjuge e os parentes consanguíneos ou afins até o segundo grau, ou por adoção, do Presidente da República, de Governador de Estado ou Território, do Distrito Federal, de Prefeito ou de quem os haja substituído dentro dos seis meses anteriores ao pleito, salvo se já titular de mandato eletivo e candidato à reeleição. Trata-se da denominada *inelegibilidade reflexa.*

Em suma, pela inelegibilidade reflexa as pessoas relacionadas ao prefeito não poderão ser candidatas a vereador ou prefeito no mesmo município. Aquelas que têm relação com o governador não poderão concorrer aos cargos de vereador, deputado estadual, deputado federal, senador ou governador do respectivo estado. E, por último, os ligados ao Presidente não poderão ser candidatos a qualquer cargo eletivo no país.

Vale lembrar que o Supremo Tribunal Federal editou a súmula vinculante 18, que determina que a dissolução da sociedade ou do vínculo conjugal, no curso do mandato, não afasta a inexigibilidade prevista no § 7º do art. 14 da CF. Desse modo, não adianta os governantes, durante seus mandatos, romperem suas relações matrimoniais para que seus futuros "ex-cônjuges" escapem da inexigibilidade reflexa.

Motivos legais: o § 9º do art. 14 da CF deixa claro que outros casos de inelegibilidade relativa poderão ser criados por meio de lei complementar. Assim, o rol de motivos previstos na CF é meramente exemplificativo.

Motivos militares: embora o § 8º do art. 14 da CF mencione que o militar alistável é também elegível, o art. 142, §3º, V, do Texto Maior proíbe sua filiação a partido político enquanto estiver na ativa. Por conta disso, o Tribunal Superior Eleitoral decidiu que nesse caso é dispensável a filiação partidária, que será sanada pelo registro da candidatura feita pelo partido político.

Além disso, o militar, para ser elegível, deverá obedecer às seguintes regras:

1) se contar com **menos de 10** anos de serviço, deverá **afastar-se** da atividade;

2) se contar com **mais de 10** anos de serviço, será **agregado** pela autoridade superior e, **se eleito**, passará automaticamente, no ato da diplomação, para a **inatividade.**

Vale lembrar que o Supremo já decidiu que "diversamente do que sucede ao militar com mais de dez anos de serviço, deve afastar-se definitivamente da atividade o servidor militar que, contando menos de dez anos de serviço, pretenda candidatar-se a cargo eletivo." (RE 279.469, Rel. p/ o ac. Min. **Cezar Peluso**, julgamento em 16.03.2011, Plenário, *DJE* de 20.06.2011).

"Ficha limpa" – Lei Complementar 135/2010

A Lei da "Ficha Limpa" teve origem por iniciativa popular, com mais de um milhão e meio de assinaturas; foi sancionada como Lei Complementar 135, no dia 04.06.2010. Sua aprovação é fruto da mobilização de milhões de cidadãos e se tornou um marco fundamental para a democracia e a luta contra a corrupção e a impunidade no Brasil.

Em suma, a lei em comento altera a Lei Complementar 64, de 18.05.1990, que estabelece, de acordo com o § 9º do art. 14 da Constituição Federal, casos de inelegibilidade, prazos de cessação e determina outras providências para incluir hipóteses de inelegibilidade que visam a proteger a probidade administrativa e a moralidade no exercício do mandato.

Entre outras restrições, a lei proíbe a candidatura de pessoas com condenação criminal por decisão colegiada da Justiça. Porém, a polêmica questão que girava acerca do tema, acalorando o debate, é se tal lei seria ou não constitucional. O Supremo entendeu que a referida lei é constitucional uma vez que o princípio da presunção de inocência só se aplica ao âmbito penal, enquanto que no direito eleitoral se aplica o princípio da prevenção, conforme entendimento de juristas como Fábio Konder Comparato e Celso Antônio Bandeira de Mello.

Ao analisar recurso de Jader Barbalho (PMDB-PA), segundo colocado na eleição para senador no Estado do Pará, o STF, mantendo a decisão do TSE, definiu que a lei já seria aplicada na eleição do ano de 2010, inclusive em todos os casos de políticos que renunciaram ao mandato para fugir de processo de perda da função.

Posteriormente, ao apreciar o recurso apresentado pelo ex-deputado estadual Leonídio Bouças (PMDB-MG), que havia sido impedido por conta de uma condenação advinda de uma ação de improbidade administrativa, o STF mudou o seu entendimento.

Com fundamento no art. 16 da Constituição Federal, que determina que a lei que alterar o processo eleitoral entra em vigor na data de sua publicação, **não se aplicando à eleição que ocorra até um ano da data de sua vigência** (princípio da anualidade) e em princípios basilares que resguardam o estado democrático de direito, como o da **segurança jurídica**, o STF decidiu que a lei **da ficha limpa valeria a partir de 2012.**

Segundo a Corte Maior, "a elegibilidade é a adequação do indivíduo ao regime jurídico – constitucional e legal complementar – do processo eleitoral, razão pela qual a aplicação da Lei Complementar 135/2010 com a consideração de fatos anteriores não pode ser capitulada na retroatividade vedada pelo art. 5º, XXXV, da Constituição, mercê de incabível a invocação de direito adquirido ou de autoridade da coisa julgada (que opera sob o pálio da cláusula *rebus sic stantibus*) anteriormente ao pleito em oposição ao diploma legal retromencionado (...) **A razoabilidade da expectativa de um indivíduo de concorrer a cargo público eletivo, à luz da exigência constitucional de moralidade para o exercício do mandato (art. 14, § 9º), resta afastada em face da condenação prolatada em segunda instância ou por um colegiado no exercício da competência de foro por prerrogativa de função, da rejeição de contas públicas, da perda de cargo público ou do impedimento do exercício de profissão por violação de dever ético-profissional. A presunção de inocência consagrada no art. 5º, LVII, da Constituição Federal deve ser reconhecida como uma regra e interpretada com o recurso da metodologia análoga a uma redução teleológica, que reaproxime o enunciado normativo da sua própria literalidade, de modo a reconduzi-la aos efeitos próprios da condenação criminal (que podem incluir a perda ou a suspensão de direitos políticos, mas não a inelegibilidade), sob pena de frustrar o propósito moralizante do art. 14, § 9º, da Constituição Federal.** Não é violado pela Lei Complementar 135/10 o princípio constitucional da vedação de retrocesso, posto não vislumbrado o pressuposto de sua aplicabilidade concernente na existência de consenso básico, que tenha inserido na consciência jurídica geral a extensão da presunção de inocência para o âmbito eleitoral. O direito político passivo (*ius honorum*) é possível de ser restringido pela lei, nas hipóteses que, *in casu*, não podem ser consideradas arbitrárias, porquanto se adequam à exigência constitucional da razoabilidade, revelando elevadíssima carga de reprovabilidade social, sob os enfoques da violação à moralidade ou denotativos de improbidade, de abuso de poder econômico ou de poder político. **O princípio da proporcionalidade resta prestigiado pela Lei Complementar 135/2010, na medida em que: (i) atende aos fins moralizadores a que se destina; (ii) estabelece requisitos qualificados de inelegibilidade e (iii) impõe sacrifício à liberdade individual de candidatar-se a cargo público eletivo que não supera os benefícios socialmente desejados em termos de moralidade e probidade para o exercício de referido *munus* público. O exercício do *ius honorum* (direito de concorrer a cargos eletivos), em um juízo de ponderação no caso das inelegibilidades previstas na Lei Complementar 135/10, opõe-se à própria democracia, que pressupõe a fidelidade política da atuação dos representantes populares.** A Lei Complementar 135/2010 também não fere o núcleo essencial dos direitos políticos, na medida em que estabelece restrições temporárias aos direitos políticos passivos, sem prejuízo das situações políticas ativas. O cognominado desacordo moral razoável impõe o prestígio da manifestação legítima do legislador democraticamente eleito acerca do conceito jurídico indeterminado de vida pregressa, constante do art. 14, § 9.º, da Constituição Federal. O abuso de direito à renúncia é gerador de inelegibilidade dos detentores de mandato eletivo que renunciarem aos seus cargos, posto hipótese em perfeita compatibilidade com a repressão, constante do ordenamento jurídico brasileiro (*v.g.*, o art. 53, § 6º, da Constituição Federal e o art. 187 do Código Civil), ao exercício de direito em manifesta transposição dos limites da boa-fé. A inelegibilidade tem as suas causas previstas nos §§ 4º a 9º do art. 14 da Carta Magna de 1988, que se traduzem em condições objetivas cuja verificação impede o indivíduo de concorrer a cargos eletivos ou, acaso eleito, de os exercer, e não se confunde com a suspensão ou perda dos direitos políticos, cujas hipóteses são previstas no art. 15 da Constituição da República, e que importa restrição não apenas ao direito de concorrer a cargos eletivos (*ius honorum*), mas também ao direito de voto (*ius sufragii*). Por essa razão, não há inconstitucionalidade na cumulação entre a inelegibilidade e a suspensão de direitos políticos. A extensão da inelegibilidade por oito anos após o cumprimento da pena, admissível à luz da disciplina legal anterior, viola a proporcionalidade numa sistemática em que a interdição política se põe já antes do trânsito em julgado, cumprindo, mediante interpretação conforme a Constituição, deduzir do prazo posterior ao cumprimento da pena o período de inelegibilidade decorrido entre a condenação e o trânsito em julgado." (ADC 29; ADC 30 e ADI 4.578, Rel. Min. **Luiz Fux**, julgamento em 16.02.2012, Plenário, *DJE* de 29.06.2012).

O STF também já definiu que "(...) a perda da elegibilidade constitui situação impregnada de caráter excepcional, pois inibe o exercício da cidadania passiva, comprometendo a prática da liberdade em sua dimensão política, eis que impede o cidadão de ter efetiva participação na regência e na condução do aparelho governamental." (AC 2.763-MC, Rel. Min. Celso de Mello, decisão monocrática, julgamento em 16.12..2010, *DJE* de 01.02.2011).

Privação ou restrição dos direitos políticos

Há duas formas de restringir os direitos políticos: temporária ou definitivamente. A primeira é denominada suspensão dos direitos políticos e a segunda é conhecida como perda de tais direitos.

Ressalta-se que a Constituição proíbe a cassação dos direitos políticos em seu art. 15 e admite, em algumas hipóteses, a perda e a suspensão, conforme analisaremos adiante.

É da competência do Poder Judiciário, conforme dispõe o inciso XXXV do art. 5º da CF, analisar e decidir as questões relacionadas à perda e suspensão dos direitos políticos.

As hipóteses de *suspensão* são as seguintes: a) incapacidade civil absoluta; b) condenação criminal transitada em julgado, enquanto durarem seus efeitos; e c) prática de atos de improbidade administrativa, conforme art. 37, §4º, da CF.

De outra parte, haverá *perda* dos direitos políticos: a) quando houver cancelamento da naturalização por sentença transitada em julgado; e b) quando houver recusa em cumprir obrigação a todos imposta ou prestação alternativa, segundo art. 5º, VIII, da CF. Nesta última hipótese, há quem entenda que é suspensão e não de perda dos direitos políticos, por conta do art. 4º, § 2º, da Lei 8.239/1991.

Nesse tópico, há decisão do Supremo no sentido de que a inelegibilidade tem as suas causas previstas nos §§ 4º a 9º do artigo 14 da Carta Magna de 1988, que se traduzem em condições objetivas cuja verificação impede o indivíduo de concorrer a cargos eletivos ou, acaso eleito, de os exercer, **e não se confunde com a suspensão ou perda dos direitos políticos, cujas hipóteses são previstas no artigo 15 da Constituição da República, e que importa restrição não apenas ao direito de concorrer a cargos eletivos (*ius honorum*), mas também ao direito de voto (*ius sufragii*).** Por essa razão, não há inconstitucionalidade na cumulação entre a inelegibilidade e a suspensão de direitos políticos." (ADC 29; ADC 30 e **ADI 4.578**, Rel. Min. Luiz Fux, julgamento em 16.02.2012, Plenário, *DJE* de 29.06.2012).

Princípio da anterioridade ou anualidade eleitoral: dispõe o art. 16 da CF que a lei que alterar o processo eleitoral entrará em vigor na data de sua publicação, não se aplicando à eleição que ocorra até um ano da data de sua vigência.

De acordo com o STF, informativo 707, "A importância fundamental do princípio da segurança jurídica para o regular transcurso dos processos eleitorais está plasmada no princípio da anterioridade eleitoral positivado no art. 16 da CF. O STF fixou a interpretação desse art. 16, entendo-o como uma garantia constitucional (1) do devido processo legal eleitoral, (2) da igualdade de chances e (3) das minorias (RE 633.703). Em razão do caráter especialmente peculiar dos atos judiciais emanados do Tribunal Superior Eleitoral (TSE), os quais regem normativamente todo o processo eleitoral, é razoável concluir que a CF também alberga uma norma, ainda que implícita, que traduz o postulado da segurança jurídica como princípio da anterioridade ou anualidade em relação à alteração da jurisprudência do TSE. Assim, as decisões do TSE que, no curso do pleito eleitoral (ou logo após o seu encerramento), impliquem mudança de jurisprudência (e dessa forma repercutam sobre a segurança jurídica) não têm aplicabilidade imediata ao caso concreto e somente terão eficácia sobre outros casos no pleito eleitoral posterior" (**Informativo** 707 do STF).

Desincompatibilização: os Chefes do Executivo (Presidente da República, Governadores de Estado e do Distrito Federal ou Prefeitos) que pretendam concorrer à próxima eleição, segundo o § 6º do art. 14 da CF, deverão renunciar aos respectivos mandatos até seis meses antes do pleito. Nesses casos, os governantes terão de se afastar dos seus cargos de forma definitiva. Vale lembrar que há casos em que será necessário apenas o licenciamento; por exemplo, nas hipóteses de agentes administrativos e autoridades policiais que pretendam disputar o pleito eleitoral.

Reaquisição dos direitos políticos: no caso de suspensão dos direitos políticos, se os motivos que levaram à suspensão não mais persistirem, haverá reaquisição. Já nas hipóteses de perda, é necessário fazer uma divisão: se a perda se deu em razão de cancelamento da naturalização, em virtude de atividade nociva ao interesse nacional reconhecida em sentença transitada em julgado, a reaquisição somente ocorrerá mediante ação rescisória; se a perda decorreu da recusa em cumprir obrigação a todos imposta, o sujeito poderá readquirir os direitos políticos se cumprir tal obrigação ou, na hipótese de serviço militar obrigatório, o cumprimento da prestação de serviço alternativo.

9.8. Partidos políticos

Os partidos políticos têm por função assegurar a autenticidade do sistema representativo, além de defender o estado democrático, os direitos e garantias fundamentais. Podemos considerá-los como o agrupamento de pessoas que possuem os mesmos ideais e objetivos e que pretendem assumir o poder para fazer valer tais preceitos.

Segundo o art. 17 da CF, é livre a criação, fusão, incorporação e extinção de partidos políticos, resguardados a soberania nacional, o regime democrático, o pluripartidarismo e os direitos fundamentais da pessoa humana. O mesmo dispositivo constitucional menciona que devem ser observados os seguintes preceitos:

I. caráter nacional;

II. proibição de recebimento de recursos financeiros de entidade ou governo estrangeiros ou de subordinação a estes;

III. prestação de contas à Justiça Eleitoral;

IV. funcionamento parlamentar de acordo com a lei.

Desse modo, verifica-se que o princípio da liberdade partidária não é ilimitado e irrestrito: há condições para criação, fusão, incorporação e extinção dos partidos políticos.

O pluripartidarismo ou pluralismo partidário prestigia a democracia moderna, fazendo com que o eleitor tenha acesso à diversidade de candidatos e a vários partidos políticos. Os preceitos eleitorais devem ser definidos de forma clara e objetiva para que todos os partidos, independentemente de serem pequenos ou grandes, tenham os mesmos direitos. É importante frisar que os partidos políticos possuem natureza jurídica de direito privado, pois adquirem personalidade jurídica na forma da lei civil. Após tal aquisição, devem registrar seus estatutos no Tribunal Superior Eleitoral. Cumpridas essas formalidades, os partidos serão sujeitos de direito, podendo atuar em juízo.

A Constituição assegura, ainda, a autonomia dos partidos, mencionando que eles definirão sua estrutura interna, organização e funcionamento e poderão adotar os critérios de escolha e o regime de suas coligações eleitorais.

É importante mencionar que a EC 52/2006 constitucionalizou a *quebra da verticalização*, dispondo que não há mais a obrigatoriedade de vinculação entre as candidaturas em âmbito nacional, estadual, distrital ou municipal, devendo os estatutos dos partidos estabelecerem as normas de disciplina e fidelidade partidária.

O § 3º do art. 17 da CF estabelece que os partidos políticos têm direito a recursos do fundo partidário e acesso gratuito ao rádio e à televisão na forma da lei. Como o dispositivo não faz distinção entre partidos, não se pode concluir que apenas aqueles que tenham representação no Congresso Nacional detêm tais direitos.

Por fim, a Constituição menciona que é proibida a utilização, pelos partidos políticos, de organização paramilitar.

10. CONTROLE DE CONSTITUCIONALIDADE

10.1. Conceito

É o mecanismo de verificação da compatibilidade de um ato normativo em face da Constituição Federal. Todo o ordenamento jurídico brasileiro, ou seja, todas as regras existentes no Brasil devem guardar relação de compatibilidade vertical com o Texto Maior. Não sendo consonantes com o que preconiza a Constituição, devem ser banidas do ordenamento, por meio do instituto denominado controle de constitucionalidade.

10.2. Fundamento

O controle de constitucionalidade tem por fundamento o princípio da *supremacia constitucional*, o qual dispõe que as normas constitucionais estão no ápice da pirâmide hierárquica de Kelsen. Todas as normas infraconstitucionais encontram seu fundamento de validade na Constituição Federal. Desse modo, os atos normativos em geral, por estarem abaixo da Constituição, devem ser compatíveis com o ordenamento jurídico maior.

10.3. Objeto

Podem ser objeto de controle tanto os atos legislativos quanto os atos normativos. Os primeiros estão previstos no art. 59 da Constituição Federal. São eles: emendas constitucionais, leis complementares, leis ordinárias, medidas provisórias, decretos legislativos e resoluções. Os segundos, atos normativos ou administrativos, são os decretos, portarias etc.

É importante mencionar que o ato passível de controle é aquele que encontra fundamento de validade diretamente na Constituição e não em norma infraconstitucional.

10.4. Formas de inconstitucionalidade: por omissão e por ação

10.4.1. Por omissão

Verifica-se a inconstitucionalidade por omissão quando estamos diante de uma norma constitucional de eficácia limitada – aquela que depende de regulamentação por parte do legislador – e não há a edição dessa norma regulamentadora. Aquele que detém competência para elaborá-la não o faz, omite-se. Tal conduta é tida como inconstitucional, pois inviabiliza o exercício de um direito garantido constitucionalmente. Daí falar-se que estamos diante de uma omissão inconstitucional ou uma inconstitucionalidade por omissão.

Ressalta-se que, quando há um direito previsto na Constituição, em uma norma de eficácia limitada, implicitamente há um comando constitucional para que o legislador produza a devida regulamentação. Não é uma faculdade, mas uma ordem que, sendo descumprida, gera inconstitucionalidade. Exemplo: o art. 7º, XXVII, da Constituição prevê que a proteção dos trabalhadores em face da automação deve ser garantida, na forma da lei. É necessária a edição da referida lei para que o direito possa ser exercitado; enquanto não sobrevém a norma, fala-se que há inconstitucionalidade por omissão.

Outro exemplo é o direito de greve do servidor público, garantido constitucionalmente pelo inciso VII do art. 37. Dispõe tal comando que o direito de greve será exercido nos termos e nos limites definidos em lei específica. Há uma lei que regulamenta a greve para os empregados, ou seja, para as pessoas sujeitas ao regime celetista. Ocorre que para o servidor público ainda não há lei específica regulamentando a greve. Assim, pergunta-se: pode o servidor público fazer greve? Se sim, por quanto tempo? Quais os limites aplicáveis à greve no serviço público? O Supremo Tribunal Federal, ao analisar dois mandados de injunção impetrados por associações de servidores públicos, deu uma decisão inédita, determinando que enquanto não sobrevier a lei específica que tem por finalidade regulamentar a greve no serviço público, o servidor poderá fazer greve tomando por base as diretrizes estabelecidas pela lei geral de greve, ou seja, a lei que regulamenta a greve para os regidos pela CLT.

Analisaremos, mais adiante, as medidas judiciais cabíveis para sanar o problema gerado pela inconstitucionalidade por omissão que são: o mandado de injunção – meio em que se faz controle difuso de constitucionalidade (art. 5º, LXXI, CF) – e a Ação Direta de Inconstitucionalidade por Omissão – mecanismo de controle abstrato de constitucionalidade (art. 103, §2º, CF).

A inconstitucionalidade por omissão pode se dar de duas formas: parcial ou total. Na primeira hipótese, a norma constitucional de eficácia limitada é regulamentada, mas apenas parcialmente, ou seja, o direito garantido constitucionalmente não foi regulamentado em sua plenitude. Na segunda, nenhuma norma foi produzida a fim de regulamentar o direito. Não existe sequer norma incompleta tratando do assunto, impossibilitando qualquer forma de efetivo exercício do direito.

10.4.2. Por ação

Verifica-se a inconstitucionalidade por ação quando a lei o ou ato normativo está em desacordo com a Constituição. A lei nasceu, mas emanada com vício de inconstitucionalidade. O ato do legislador de produzir uma norma em desacordo com a Carta Magna gera inconstitucionalidade por ação.

A inconstitucionalidade por ação pode ser: material ou formal.

10.4.2.1. Inconstitucionalidade material

Ocorre quando o conteúdo da norma fere as disposições e princípios trazidos pela Constituição. A matéria disciplinada pelo ato normativo está em desacordo com o ordenamento jurídico maior. Tal inconstitucionalidade pode se dar por violação às cláusulas pétreas – aquelas previstas no § 4º do art. 60 da Constituição: I – forma federativa de Estado; II – o voto direto, secreto, universal e periódico; III – a separação dos Poderes; e IV – os direitos e garantias individuais; ou quando viola um direito materialmente garantido pela Constituição. Exemplo: uma lei que estabeleça a pena de morte, pois a Constituição, em seu art. 5º, inciso XLVII, *a*, veda a imposição de tal penalidade (exceto em caso de guerra declarada, nos termos do referido artigo).

10.4.2.2. Inconstitucionalidade formal

Ocorre quando é descumprido algum dos requisitos exigidos quando da elaboração de um ato normativo. As leis, ao serem produzidas, devem seguir um procedimento específico, denominado processo legislativo; se tal procedimento é violado, estamos diante de uma inconstitucionalidade formal. Aliás, o nome do instituto jurídico já nos ajuda a defini-lo, ou seja, a forma, o modo de elaboração é que é violado nessa modalidade de inconstitucionalidade.

Exemplo: um projeto de lei *complementar* aprovado pelo voto da maioria relativa é considerado formalmente inconstitucional, pois para que a lei complementar seja aprovada o quórum exigido, ao contrário do mencionado, é de maioria absoluta.

Outra hipótese de violação de regra de procedimento ocorre quando determinado projeto de lei, de iniciativa privativa, é instaurado, iniciado, por quem não detém competência para tanto; por exemplo, projeto de lei que disponha sobre a criação de cargos, funções ou empregos públicos na administração direta e autárquica ou aumento de sua remuneração iniciado por um Deputado. A competência para iniciar projeto de lei sobre esse tema é privativa do Presidente da República, conforme preconiza o art. 61, § 1º, II, *a*, da Constituição Federal.

Observação: parte da doutrina também fala em inconstitucionalidade formal "orgânica", que é a que ocorre quando há vício de iniciativa. O problema é de competência, o sujeito ou o órgão que iniciou um projeto de lei não era competente para tanto.

10.5. Classificação do controle de constitucionalidade

10.5.1. Quanto ao momento (preventivo ou repressivo)

Segundo essa classificação, o controle de constitucionalidade pode ser exercido de forma *prévia* ou *preventiva* e *posterior* ou *repressiva* à edição do ato normativo.

Será *prévio ou preventivo* quando o ato normativo impugnado ainda não estiver em vigor. O projeto de lei, e não a lei, é objeto de questionamento, é ele que tem sua constitucionalidade questionada. Exemplo: no trâmite do processo legislativo, há uma fase na qual o projeto é encaminhado ao Presidente da República para que ele o sancione ou o vete, a denominada deliberação executiva. Caso o projeto de lei seja vetado por razões de inconstitucionalidade, estaremos diante do *veto jurídico*, previsto no art. 66, § 1º, da Constituição Federal. Nessa hipótese o Presidente da República realiza controle preventivo de constitucionalidade. Ademais, quando o Chefe do Executivo considerar o projeto de lei contrário ao interesse público, estaremos diante do *veto político.*

Outro exemplo se dá na fase de deliberação legislativa, quando a Comissão de Constituição e Justiça (CCJ) analisa a constitucionalidade de um projeto de lei, expedindo parecer. Tal ato, em regra, tem natureza terminativa e a proposta de lei tida como inconstitucional será rejeitada e arquivada.

Excepcionalmente, o Poder Judiciário pode fazer controle preventivo de constitucionalidade, por exemplo, ao julgar mandado de segurança impetrado por parlamentares contra a continuidade de um processo legislativo em que esteja sendo deliberado assunto tendente a abolir uma das cláusulas pétreas.

Será *posterior ou repressivo (controle superveniente)* quando o ato normativo eivado de vício de inconstitucionalidade já tenha sido editado. A lei, a ser ou não declarada inconstitucional, já produz efeitos no mundo jurídico.

Normalmente quem faz controle repressivo de constitucionalidade é o Poder Judiciário e o faz pelas vias difusa e concentrada, tema que será abordado adiante. Vale destacar que a Constituição admite, de forma excepcional, que o Poder Legislativo também faça esse controle, por exemplo, na hipótese do art. 62, § 5º, da CF, em que ele rejeita medida provisória por considerá-la inconstitucional. Outra situação ocorre quando o Congresso Nacional susta, por meio de decreto legislativo, atos normativos do Poder Executivo que exorbitaram seu poder regulamentar ou excederam os limites da delegação legislativa, conforme disposição prevista nos arts. 49, V, 84, IV, e 68, todos da CF.

10.5.2. Quanto ao órgão competente (político ou judiciário)

O *controle político* é aquele realizado por alguém que não integra o Poder Judiciário. Exemplos: controle prévio realizado pelo Presidente da República ao vetar um projeto de lei inconstitucional; controle realizado pelas Comissões de Constituição e Justiça, no âmbito do Poder Legislativo.

Já o *controle judiciário é* aquele realizado por algum órgão do Poder Judiciário. Pode ser feito de duas maneiras: pela via difusa (via de exceção ou defesa) ou concreta (via de ação).

10.6. Controle difuso (via de exceção ou defesa)

É aquele realizado por qualquer juiz ou tribunal num caso concreto. Os magistrados, quando do julgamento de processos, podem fazer esse controle. É também denominado de controle incidental, pois a declaração de inconstitucionalidade se dá não de forma principal, mas incidentalmente, no processo. O pedido principal não é a declaração de inconstitucionalidade, mas um provimento jurisdicional num caso concreto, que depende da apreciação da constitucionalidade do ato normativo.

Exemplo: alguém não quer pagar um determinado imposto, pois acredita que a lei na qual o Fisco se baseia para cobrar tal tributo é inconstitucional. Desse modo, ingressa com uma ação perante o Judiciário para obter uma declaração de que não deve pagar o tributo. Vejam: o pedido principal é a declaração do não pagamento do tributo. A causa de pedir, ou seja, o fundamento do pedido é a declaração de inconstitucionalidade.

Embora a atribuição de fazer controle difuso seja dada a qualquer juiz ou tribunal, este último, ao fazê-lo, terá de observar o instituto previsto no art. 97 da Constituição Federal, denominado *cláusula de reserva de plenário*. Dispõe tal artigo que, se o controle de constitucionalidade for realizado por um tribunal, somente pela *maioria absoluta* dos seus membros ou dos membros do respectivo órgão especial é que poderá ser declarada a inconstitucionalidade de uma lei.

Vale lembrar o enunciado da Súmula vinculante 10, que prevê a violação da cláusula de reserva de plenário pela decisão de órgão fracionário de tribunal que, embora não declare expressamente a inconstitucionalidade de lei ou ato normativo do poder público, afasta sua incidência, no todo ou em parte.

Isso significa que os órgãos fracionários de um determinado tribunal, por exemplo, as Turmas e as Câmaras, não poderão declarar, sozinhas, a inconstitucionalidade de uma norma. Para que o façam, é necessário o voto da maioria absoluta de seus membros ou de seu órgão especial, quando existir.

Desse modo, para que a questão seja analisada, a Turma ou a Câmara do Tribunal deverá afetar a matéria ao pleno, ou seja, remeter a questão para ser julgada pelo plenário ou órgão especial. Tal ato só não será dessa maneira quando a Turma ou Câmara já tiver se manifestado sobre a questão ou quando o Supremo Tribunal Federal já tiver decidido sobre a matéria. É o que dispõe o parágrafo único do art. 481 do CPC (art. 949, parágrafo único, do NCPC). Ou seja, nessas situações os órgãos fracionários não precisarão remeter ao pleno ou ao órgão especial a arguição de inconstitucionalidade.

Os *efeitos* produzidos, em sede de controle difuso, são, em regra, segundo o art. 468 do CPC (art. 503 do NCPC), *inter partes*. Atingem somente as partes que participaram do processo. Se existirem pessoas em situação idêntica, elas próprias deverão ingressar com suas ações para que obtenham provimento jurisdicional semelhante.

Tais efeitos também são, em regra, *ex tunc*, ou seja, retroagem à data da expedição do ato normativo viciado. Diz-se "em regra", pois há um procedimento hábil para modificar esses efeitos. Dispõe o art. 52, X, da CF que compete privativamente ao Senado Federal *suspender* a execução, no todo ou em parte, de lei declarada inconstitucional por decisão definitiva do Supremo Tribunal Federal. Assim, pode o Supremo, após o trânsito em julgado da decisão, comunicar ao Senado os termos de sua deliberação para que ele, se desejar, edite uma resolução determinando a suspensão da execução da norma declarada inconstitucional a partir desse momento. Fazendo isso, os efeitos, que antes eram *inter partes* e *ex tunc*, passarão a ser *erga omnes*, ou seja, a lei ficará suspensa para todas as pessoas; e *ex nunc*, isto é, terá efeitos a partir do momento da expedição da resolução.

10.7. Controle concentrado (via de ação)

O controle por via de ação é aquele exercido por meio de uma ação própria, em que o pedido principal é a declaração da inconstitucionalidade ou da constitucionalidade de uma lei ou ato normativo. É o controle abstrato da lei através de um processo que será julgado pelo STF. Assim, a Corte somente irá apreciar a lei em tese e não esta diante de um caso concreto.

Diferentemente ocorre no controle por via de exceção, em que o pedido principal não é a declaração de inconstitucionalidade ou de constitucionalidade. Tais argumentos são utilizados apenas com o intuito de defesa, ou seja, o sujeito para ver seu pedido acolhido se defende alegando a inconstitucionalidade da norma.

O controle concentrado pode ser realizado por meio das seguintes ações: Ação Direta de Inconstitucionalidade (ADI) – genérica, por omissão e interventiva, Ação Declaratória de Constitucionalidade (ADC) e Arguição de Descumprimento de Preceito Fundamental (ADPF).

10.7.1. Ação Direta de Inconstitucionalidade – ADI

10.7.1.1. Conceito e objeto

A ADI está prevista no art. 102, I, "a", da CF e também na Lei 9.868/1999. É uma ação constitucional que tem por objetivo verificar se uma lei ou ato normativo *federal* ou *estadual* está em conformidade com o que dispõe a Constituição Federal. Assim, o objeto da ADI pode ser uma lei estadual ou federal, entendida em sentido amplo, abarcando todas as espécies legislativas previstas no art. 59 da CF, quais sejam, emendas constitucionais, leis complementares, leis ordinárias, leis delegadas, medidas provisórias, decretos legislativos e resoluções.

10.7.1.2. Legitimados

O art. 103 da Constituição Federal dispõe que são legitimados para propor a ação direta de inconstitucionalidade e a ação declaratória de constitucionalidade as seguintes pessoas ou órgãos:

I. o Presidente da República;

II. a Mesa do Senado Federal;

III. a Mesa da Câmara dos Deputados;

IV. a Mesa de Assembleia Legislativa ou da Câmara Legislativa do Distrito Federal;

V. o Governador de Estado ou do Distrito Federal;

VI. o Procurador-Geral da República;

VII. o Conselho Federal da Ordem dos Advogados do Brasil;

VIII. partido político com representação no Congresso Nacional; e

IX. confederação sindical ou entidade de classe de âmbito nacional.

Dentre as pessoas e órgãos mencionados há os que possuem legitimidade *universal* ou neutra e os legitimados especiais, *temáticos* ou interessados, que são aqueles que precisam demonstrar *pertinência temática* ao ingressar com essas ações, ou seja, o conteúdo do ato deve ser pertinente aos interesses do legitimado, sob pena de carência da ação (falta de interesse de agir).

Devem vir acompanhadas de tal requisito as ações propostas pelos seguintes legitimados: a Mesa de Assembleia Legislativa ou da Câmara Legislativa do Distrito Federal (inciso IV); o Governador de Estado ou do Distrito Federal (inciso V); e confederação sindical ou entidade de classe de âmbito nacional (inciso IX). O Supremo já definiu que pertinência temática significa que a ação proposta pelo ente tem de estar de acordo com sua finalidade institucional.

10.7.1.3. Regras trazidas pela Lei Federal 9.868/1999

10.7.1.3.1. Possibilidade de cautelar em ADI (art. 10 da Lei 8.868/1999)

A cautelar numa ADI é uma decisão de caráter provisório e que tem por finalidade antecipar os efeitos que serão dados quando do julgamento do mérito. Para que seja concedida, a votação no STF tem que se dar pelo quórum de maioria absoluta. Sendo deferida, a consequência prática é a suspensão da execução da lei objeto de questionamento no Supremo. Nesse caso, havendo legislação anterior à lei questionada, ela passará a ter aplicação até que sobrevenha a decisão de mérito. Essa situação está prevista no § 2º do art. 11 da Lei 9.868/1999 e é denominada pela doutrina de *efeito repristinatório*.

Vale lembrar que o **efeito repristinatório** não se confunde com o instituto da **repristinação**. O primeiro indica que a eficácia de uma lei revogada é restaurada quando a lei que a revogou é declarada inconstitucional, por meio do controle concentrado de constitucionalidade. Esse efeito ocorre, pois a declaração de inconstitucionalidade de uma lei pela via concentrada possui, em regra, efeitos *ex tunc* (retroativos). Desse modo, se a lei é declarada inconstitucional desde o seu nascedouro, todos os efeitos por ela produzidos são considerados nulos. Assim, a lei que havia sido revogada por uma norma tida como inconstitucional voltará a valer. A repristinação, ao contrário, é um fenômeno que não decorre do controle de constitucionalidade, mas da entrada em vigor de novas leis. Para tanto, há necessidade de disposição expressa determinando a restauração da eficácia da lei revogada. De acordo com o art. 2º, § 3º, da LINDB, salvo disposição em contrário, a lei revogada não se restaura por ter a lei revogadora perdido a sua vigência. O efeito repristinatório, como mencionado, também é gerado quando há deferimento de cautelar em sede de ação direta de inconstitucionalidade.

A medida cautelar tem eficácia *erga omnes* e efeito *ex nunc*, ressalvada a hipótese da Corte entender que deve conceder eficácia *ex tunc* (retroativa).

10.7.1.3.2. Possibilidade de participação do *amicus curiae (art. 7º, § 2º,* da Lei 9.868/1999)

Tal expressão significa literalmente amigo da corte. O § 2º do art. 7º da Lei 9.868/1999 traz a possibilidade do relator do processo, considerando a relevância da matéria e a representatividade dos legitimados, admitir a manifestação de outros órgãos ou entidades. Esta participação permitirá que a Corte profira uma decisão fundamentada não só com base técnica jurídica, mas também com subsídios específicos relacionados a outras áreas, como, por exemplo, a medicina, engenharia etc. O Supremo entende que a figura do *amicus curiae* tem por principal finalidade pluralizar o debate constitucional.

O maior exemplo desta figura se deu quando do julgamento da possibilidade de utilização das células-tronco embrionárias para tratamento de doenças e pesquisas medicinais.

10.7.1.3.3. Defesa promovida pelo Advogado-Geral da União

Em razão do princípio da presunção de constitucionalidade das leis, incumbe ao Advogado-Geral da União a defesa da lei ou ato normativo (curador especial). No entanto, caso haja decisão pela inconstitucionalidade proferida em controle na via de exceção pelo Pretório Excelso, este tem admitido que o AGU deixe de defender a lei em questão.

O Procurador-Geral da República será sempre ouvido na ADI, de acordo com o § 1º do art. 103 da Constituição, após o AGU.

10.7.1.3.4. Possibilidade de realização de audiência pública

O art. 9º, § 1º, também da Lei 9.868/1999 autoriza que, em caso de necessidade de esclarecimento de matéria ou circunstância de fato ou de notória insuficiência das informações existentes nos autos, o relator requisite informações adicionais, designe perito ou comissão de peritos para que emita parecer sobre a questão, ou, ainda, realize *audiência pública* para ouvir depoimentos de pessoas com experiência e autoridade na matéria. As primeiras audiências públicas, algo inédito na Suprema Corte, ocorreram recentemente e tiveram origem quando da análise da possibilidade ou não do uso das células-tronco para pesquisas.

10.7.1.3.5. Votação

Os arts. 22 e 23 da Lei 9.868/1999 exigem que a decisão da ação direta de inconstitucionalidade seja efetivada por pelo menos seis ministros (maioria absoluta) e desde que presentes na sessão o mínimo de oito ministros.

10.7.1.3.6. Efeitos

Quando declarada a constitucionalidade, o efeito sempre será *ex tunc*, ou seja, retroage à data da edição do ato normativo. Já se houver declaração da inconstitucionalidade, em regra, também produzirá efeitos *ex tunc*. Todavia, por motivos de *segurança jurídica* ou de excepcional *interesse social*, o STF poderá conceder eficácia *ex nunc* (a partir do trânsito em julgado da decisão ou de outro momento que venha a ser fixado), ou, ainda, restringir os efeitos da decisão, mediante votação por maioria de 2/3 de seus membros. É denominada pela doutrina de *modulação dos efeitos da decisão*.

Ademais, a decisão sempre terá eficácia *erga omnes* e será vinculante aos órgãos do Poder Judiciário e à Administração direta e indireta, nas esferas federal, estadual e municipal.

Frisa-se que a decisão é irrecorrível, não podendo nem ser objeto de ação rescisória; o único recurso possível são os embargos de declaração.

10.7.2. Ação Declaratória de Constitucionalidade – ADC

10.7.2.1. Conceito e objeto

A ADC também está prevista nos arts. 102, I, "a", e 103, I a IX, da CF e na Lei 9.868/1999. É uma ação constitucional que tem por objetivo verificar a constitucionalidade de uma lei ou ato normativo *federal*.

A dúvida que pode surgir é a seguinte: se as leis são presumidamente constitucionais, por que existe uma ação para declarar a constitucionalidade de uma norma? Exatamente por conta de tal presunção, a Lei 9.868/1999 traz em seu art. 14, III, a necessidade da observância de um requisito para a propositura dessa ação, qual seja, é imprescindível que haja *controvérsia judicial relevante* em relação à constitucionalidade da norma objeto de questionamento no Supremo. Sem a prova da existência de importante divergência jurisprudencial sobre a aplicação ou não de determinada norma a ADC não poderá ser conhecida.

Desse modo, ao ser editada uma norma, não há como, nos dias posteriores à edição, ingressar com tal ação, pois sequer houve tempo hábil para a existência de uma controvérsia judicial relevante – requisito indispensável para que a ação seja proposta.

Também se fala que a presunção de constitucionalidade de que todas as normas gozam é uma presunção relativa – *juris tantum*, ou seja, aquela que admite prova em contrário.

10.7.2.2. Legitimados

São os mesmos da ADI – art. 103 da CF. Todas as observações que foram feitas em relação aos legitimados universais e aos temáticos ou especiais servem aqui.

10.7.2.3. Possibilidade de cautelar em ADC

O art. 21 da Lei 9.868/1999 admite a cautelar em ADC, desde que concedida por decisão da maioria absoluta dos membros do Supremo Tribunal Federal. O efeito produzido pela decisão que acolhe a cautelar será o de suspender, por 180 dias, o julgamento de todos os processos que envolvam a aplicação da norma objeto de questionamento.

10.7.2.4. Defesa promovida pelo Advogado-Geral da União

Não há defesa pelo Advogado-Geral da União.

10.7.2.5. Efeitos

Valem aqui todos os comentários feitos sobre os efeitos da ADI, diante da natureza dúplice das ações.

10.7.2.6. Natureza da ADI e ADC

A doutrina menciona que a ADI e a ADC são ações de natureza dúplice, ambivalentes ou de sinais trocados porque a procedência em qualquer delas equivale à improcedência da outra.

O julgamento final de uma ADI, dando-a por procedente, faz com que a norma impugnada seja declarada inconstitucional. Agora, se uma ADI for julgada improcedente significa que a norma impugnada é declarada constitucional. Na ADC é o oposto; se ela for julgada procedente significa que a norma objeto de questionamento no Supremo é tida como constitucional. Já se for julgada improcedente a norma impugnada é declarada inconstitucional.

Por ser assim, a doutrina denomina tais ações de natureza dúplice, ambivalentes ou de sinais trocados. Quando uma for declarada procedente a outra, necessariamente, tem de ser declarada improcedente e vice-versa. Corroborando tal entendimento, o art. 24 da Lei Federal 9.868/1999 menciona que, proclamada a constitucionalidade, julgar-se-á improcedente a ação direta ou procedente eventual ação declaratória; e, proclamada a inconstitucionalidade, julgar-se-á procedente a ação direta ou improcedente eventual ação declaratória.

10.7.3. Arguição de Descumprimento de Preceito Fundamental – ADPF

10.7.3.1. Conceito e objeto

A ADPF está prevista no art. 102, § 1°, da CF e na Lei 9.882/1999. É uma ação constitucional que tem por objetivo verificar se uma lei ou ato normativo viola um preceito fundamental previsto na Constituição. Tal ação surgiu com a finalidade de complementar o sistema de controle já existente.

O objeto da ADPF é o mais abrangente de todas as ações de controle concentrado. Desse modo, cabe tal ação quando uma lei ou ato normativo federal, estadual, municipal e ainda norma pré-constitucional, ou seja, normas editadas antes da vigência da constituição, violem preceitos fundamentais.

10.7.3.2. Legitimados

São os mesmos da ADI e ADC, que estão no art. 103 da CF.

10.7.3.3. Peculiaridades da Lei 9.882/1999

10.7.3.3.1. Caráter subsidiário

Segundo o § 1° do art. 4° da Lei 9.882/1999, a ADPF só será cabível quando não houver outro meio eficaz para sanar a lesividade. Havendo a possibilidade de solucionar o problema da violação da constituição por outro meio, inclusive com o ajuizamento de ADI ou ADC, será este outro meio que deverá ser utilizado.

10.7.3.3.2. Ausência de conceito de preceito fundamental

Não há uma definição legal de preceito fundamental. O Supremo Tribunal Federal que, ao conhecer das ADPFs propostas, determinará o que é e o que não é assim considerado.

10.7.3.3.3. Possibilidade de liminar

O art. 5° da Lei 9.882/1999 prevê a possibilidade de concessão de medida liminar, que será declarada pela maioria absoluta dos membros do STF.

O § 1° do mesmo dispositivo determina que em caso de extrema urgência ou perigo de lesão grave, ou ainda, em período de recesso, poderá o relator conceder a liminar, ad referendum do Tribunal Pleno.

10.7.3.3.4. Defesa do AGU

A Lei 9.882/1999 não exige a defesa do ato impugnado pelo Advogado-Geral da União.

O Procurador-Geral da República, quando não for o autor da ação, será ouvido.

10.7.3.3.5. Efeitos

Julgada a ação, far-se-á comunicação às autoridades ou órgãos responsáveis pela prática dos atos questionados, fixando-se as condições e o modo de interpretação e aplicação do preceito fundamental.

A decisão terá eficácia *erga omnes* e efeito vinculante relativamente aos demais órgãos do Poder Público.

10.7.4. ADI por omissão

10.7.4.1. Conceito e objeto

A ADI por omissão está prevista no art. 103, § 2°, da CF e no Capítulo II-A da Lei 9.868/1999. Tal capítulo foi acrescentado pela Lei Federal 12.063 de 27.10.2009.

É uma ação constitucional que tem por objetivo sanar uma inconstitucionalidade por omissão ou, como também denominada, uma omissão inconstitucional.

Conforme já analisamos, as normas constitucionais podem ter eficácia plena, contida e limitada. A última, ou seja, aquela que depende de regulamentação para que o exercício do direito por ela garantido traz, implicitamente, um comando normativo para que o legislador infraconstitucional produza a norma regulamentadora. Quando ele não o faz, estamos diante de uma inconstitucionalidade por omissão. Fala-se que o legislador, nesta hipótese, encontra-se em mora, em atraso, pois não cumpre o comando constitucional de elaborar a norma para possibilitar o exercício de um direito constitucionalmente assegurado.

A omissão pode ser total ou parcial, conforme já estudado.

10.7.4.2. Legitimados

Segundo o art. 12-A da Lei 9.868/1999, podem propor ADI por omissão os mesmos legitimados à propositura da ação direita de inconstitucionalidade (genérica) e da ação declaratória de constitucionalidade. Desse modo, todas as observações feitas em relação aos legitimados no item da ADI genérica valem aqui.

10.7.4.3. Possibilidade de cautelar em ADI por omissão

Havendo excepcional urgência e relevância da matéria poderá ser concedida medida cautelar em sede de ADI por omissão. O Tribunal, pelo voto da maioria absoluta dos membros e após a audiência dos órgãos ou autoridades responsáveis pela omissão, é competente para conceder a cautelar. Sendo concedida será aberto o prazo de cinco dias para que os responsáveis pela omissão se manifestem. Vale lembrar que essa possibilidade foi trazida pela Lei 12.063 de 27.10.2009 que acrescentou, além de outros dispositivos, o art. 12-F à Lei 9.868/1999.

É importante ressaltar que a medida cautelar, quando estivermos diante de uma omissão parcial, fará com que seja suspensa a aplicação da lei ou do ato normativo impugnado. Tal medida também poderá resultar na suspensão de processos judiciais ou de procedimentos administrativos em andamento, ou ainda, numa outra providência fixada pelo próprio Tribunal.

10.7.4.4. Defesa da AGU

Não há defesa pelo Advogado-Geral da União, devido à ausência de norma.

O Procurador-Geral da República será ouvido apenas se o relator do processo considerar indispensável. Se isso ocorrer, deverá ser feito dentro do prazo de 3 dias, conforme § 2º do art. 12-F da Lei 9.868/1999.

10.7.4.5. Efeitos

Declarada a inconstitucionalidade por omissão, será dada ciência ao Poder competente para a adoção das providências necessárias e, em se tratando de órgão administrativo, para fazê-lo em 30 dias, conforme preceitua §1º do art. 12-H da Lei 9.868/1999

10.8. Mecanismos de interpretação utilizados no controle de constitucionalidade

10.8.1. Interpretação conforme a Constituição ou apenas "interpretação conforme"

É um mecanismo de interpretação utilizado pelo Supremo que tem por finalidade "salvar" a norma, não a declarando inconstitucional e consequentemente banindo-a do ordenamento jurídico brasileiro. Tem por fundamento o princípio da conservação ou da preservação das normas. Aqui, o Supremo fixa uma interpretação que deve ser seguida. Em vez de declarar a norma inconstitucional, determina que a lei é constitucional desde que interpretada de tal maneira. Há apenas uma interpretação possível para aquela norma, que é a fixada por ele quando da análise de sua constitucionalidade.

10.8.2. Declaração de inconstitucionalidade parcial sem redução de texto

Também é considerado um mecanismo de interpretação utilizado pelo Supremo que tem por finalidade "salvar" a norma.

Da mesma maneira que a interpretação conforme, na declaração parcial a Corte não declara a norma inconstitucional e retira-a do ordenamento jurídico, mas apenas declara que determinada interpretação (parte) dada à norma é inconstitucional.

Sabemos que uma lei pode ser interpretada de mais de uma maneira e que, às vezes, uma interpretação dada não está de acordo com o que diz a Constituição. É exatamente nessa hipótese que o STF se vale da declaração parcial sem redução de texto. Em vez de declarar a norma inconstitucional, determina que uma interpretação, dentre as diversas que possam existir, é inconstitucional. Assim, a declaração não é total e sim parcial, haja vista que há mais de uma interpretação para aquela lei.

É, ainda, "sem redução de texto", pois a norma em si é preservada, o que é declarado parcialmente inconstitucional é a interpretação dada a ela. Também tem escopo no princípio da conservação ou preservação das normas.

10.8.3. Parcelaridade

Significa que o Supremo, ao analisar uma norma que esteja sendo impugnada por razões de inconstitucionalidade, pode declarar inconstitucional todo o seu conteúdo ou apenas parte dele. Exemplo: o Supremo, ao analisar a constitucionalidade do art. 7º, § 2º, do Estatuto da Ordem dos Advogados do Brasil, declarou inconstitucional apenas a expressão "desacato". Desse modo, pelo princípio da parcelaridade, o Supremo não fica adstrito ao texto de uma lei inteira ou um artigo, um inciso, um parágrafo ou uma alínea – pode entender que é inconstitucional apenas uma palavra, por exemplo. Diferentemente [illegible]orre quando o Presidente da República veta uma lei. Nesse [illegible] somente poderá vetar juridicamente uma lei inteira ou [illegible] mais artigos, incisos, parágrafos ou alíneas. Não pode [illegible]enas uma palavra, pois isso poderia fazer com que todo [illegible] da lei fosse modificado.

10.8.4. Modulação dos efeitos produzidos pelo controle de constitucionalidade ou apenas "modulação de efeitos"

O nome do instituto já dá ideia do que venha a ser – modular significa mudar, alterar. Em regra, os efeitos produzidos no controle difuso são *inter partes* e *ex tunc*; no controle concentrado são *erga omnes*, vinculantes e *ex tunc*. A modulação serve justamente para que esses efeitos sejam modificados, conforme já estudado.

10.9. Controle de constitucionalidade estadual

O art. 125, §2º, da CF traz a possibilidade dos Estados instituírem a representação de inconstitucionalidade de leis ou atos normativos estaduais ou municipais em face da Constituição Estadual. Trata-se do controle estadual de constitucionalidade das leis, que visa ao exame da compatibilidade formal e material das normas estaduais e municipais em face das Constituições Estaduais.

A ação de inconstitucionalidade deve ser proposta perante Tribunal de Justiça do Estado. Para tanto, deve haver previsão e regulamentação nas próprias Constituições Estaduais, que não poderão atribuir a legitimação para agir a um único órgão, de acordo com a parte final do art. 125, § 2º, da CF.

Caso a norma estadual ou municipal contrarie, simultaneamente, o disposto na Constituição Estadual e na Federal, o Tribunal não poderá se manifestar quanto à constitucionalidade ou não de tal norma em face da Constituição Federal, sob pena de usurpação de função, pois somente o STF pode fazer o controle em comento.

Destaca-se que não é possível a propositura de ADI e ADC de lei municipal em face da Constituição Federal, devendo o controle ser realizado por meio de ADPF ou via controle difuso.

Ademais, nos termos da súmula 642 do STF, não cabe ADI perante o Pretório Excelso de lei do Distrito Federal decorrente de sua competência legislativa municipal.

11. ORGANIZAÇÃO DO ESTADO

11.1. Introdução

O Estado é formado por três elementos, quais sejam, o povo (indivíduos que habitam o mesmo local), o território (local que abriga os indivíduos) e a soberania.

Quanto à forma, fala-se que o Estado pode ser classificado em Unitário ou Federal. Unitário é aquele em que as capacidades legislativa, política e administrativa se concentram nas mãos de um único centro, de um único governo. A doutrina denomina os Estados Unitários, como Cuba e França, de Estados Simples. Já o Federal é aquele em que há repartição de competências e as capacidades mencionadas estão divididas em vários centros. É denominado pela doutrina de Estado Composto. O Brasil, a Alemanha e os Estados Unidos são alguns exemplos de Estado Federal ou Estado Composto.

A forma de governo é justamente a relação existente entre aqueles que governam e os que são governados. Por meio dela é que se verifica como é feita a instituição do poder. Fala-se em República ou Monarquia. Na primeira os governantes são eleitos, direta ou indiretamente, para que exerçam o poder por um período determinado. Já na segunda, monarquia, o poder advém da família, é vitalício e os governantes não precisam prestar contas para os governados.

Os sistemas de governo dizem respeito à maneira pela qual as funções legislativa, executiva e judiciária são relacionadas. No presidencialismo, além da independência entre os poderes, que são harmônicos entre si, o detentor do poder cumula as funções de chefe de Estado e chefe de governo. Normalmente nas repúblicas adota-se o presidencialismo. No parlamentarismo existe apoio e colaboração entre as funções e o poder é dividido. O presidente não cumula as funções de chefe de Estado e de governo, apenas chefia o Estado e delega a atribuição de cuidar do governo ao primeiro-ministro. Este, por sua vez, para comandar o país tem de ter o apoio do parlamento.

O art. 1º da Constituição dispõe que o Brasil constitui-se numa república federativa, ou seja, tal dispositivo constitucional afirma que a forma federativa de Estado é a que foi adotada por nós. Além disso, o mesmo dispositivo nos ensina que somos um Estado republicano e democrático.

As pessoas políticas que integram a federação, segundo o art. 18, *caput*, da Constituição Federal, são: a União, os Estados-membros, o Distrito Federal e os Municípios.

Fortificando o pacto federativo e a autonomia dos entes que o compõem, o Supremo editou a súmula 681, que dispõe que é inconstitucional a vinculação do reajuste de vencimentos de servidores estaduais ou municipais a índices federais de correção monetária.

11.2. União

No âmbito interno, é considerada pessoa jurídica de direito público, dotada de autonomia, pois detém tripla capacidade: a) auto-organização, b) autogoverno; e c) autoadministração. No âmbito internacional, a União tem por finalidade representar a República Federativa do Brasil, ou seja, tem por missão assegurar a soberania do país.

O art. 20 da Constituição Federal traz uma enumeração dos bens pertencentes à União, dentre eles estão, por exemplo, o mar territorial, os terrenos de marinha e seus acrescidos, os potenciais de energia elétrica, os recursos minerais, inclusive os do subsolo e as terras tradicionalmente ocupadas pelos índios. Vale lembrar que, conforme a súmula 650 do STF, os incisos I e XI do art. 20 da CF não alcançam terras de aldeamentos extintos, ainda que ocupadas por indígenas em passado remoto.

O art. 153 do mesmo diploma legal enumera os impostos de competência da União, ou seja, os impostos federais. São os seguintes: imposto de importação (II), imposto de exportação (IE), imposto de renda e proventos de qualquer natureza (IR), imposto sobre produtos industrializados (IPI), imposto sobre operações de crédito, câmbio e seguro, ou relativas a títulos ou valores mobiliários (IOF), imposto sobre a propriedade territorial rural (ITR) e o imposto sobre grandes fortunas (IGF).

O Poder Executivo da União é composto pelo Presidente da República, Vice-Presidente, Ministros, Conselho da República e Conselho de Defesa Nacional, conforme dispõem os arts. 76 a 91 da Constituição Federal.

Já o Poder Judiciário no âmbito Federal é tratado a partir do artigo 101 até o 124 da Constituição. Dentre as matérias de competência dos juízes federais podemos destacar, conforme art. 109 da Constituição, as seguintes: as causas em que a União, entidade autárquica ou empresa pública federal forem interessadas na condição de autoras, rés, assistentes ou oponentes, exceto as de falência, as de acidentes de trabalho e as sujeitas à Justiça Eleitoral e à Justiça do Trabalho; os crimes políticos e as infrações penais praticadas em detrimento de bens, serviços ou interesses da União; as causas fundadas em tratados internacionais; os crimes cometidos a bordo de aeronaves, ressalvada a competência da justiça militar; e a disputa sobre direitos indígenas.

O Poder Legislativo da União é representado pelo Congresso Nacional (Câmara de Deputados e Senado Federal)

11.2.1. Competências da União

As competências da União podem ser de duas naturezas distintas:

11.2.1.1. Competências não legislativas

São também chamadas de competências administrativas ou materiais. Por meio delas é possível identificar o âmbito de atuação de cada ente federativo. Tais competências se dividem em exclusiva e comum.

A primeira, *exclusiva*, está prevista no art. 21 da Constituição Federal, o qual dispõe que compete à União, por exemplo, manter relações com Estados estrangeiros e participar de organizações internacionais; manter o serviço postal e o correio aéreo nacional; conceder anistia; permitir, nos casos previstos em lei complementar, que forças estrangeiras transitem pelo território nacional ou nele permaneçam temporariamente etc. Essas atribuições, dadas pela competência exclusiva, são *indelegáveis*, ou seja, somente a União poderá efetivá-las.

É importante ressaltar que o STF, em sessão plenária, no julgamento da ADPF 46, declarou como recepcionada pela Constituição de 1988 a Lei 6.538/1978, que dispõe sobre o monopólio da Empresa Brasileira de Correios e Telégrafos na exploração dos serviços postais, emprestando interpretação conforme à Constituição ao seu art. 22, V.

Desse modo, a Corte Suprema determina que "a CF confere à União, em caráter exclusivo, a exploração do serviço postal e o correio aéreo nacional (art. 21, X). O serviço postal é prestado pela Empresa Brasileira de Correios e Telégrafos (ECT), empresa pública, entidade da administração indireta da União, criada pelo Decreto-Lei 509, de 10.03.1969." (**ADPF 46**, Rel. p/ o ac. Min. **Eros Grau**, julgamento em 05.08.2009, Plenário, *DJE* de 26.02.2010).

A competência *comum*, também denominada de paralela, concorrente ou cumulativa, tem a ver com as atribuições dadas a todos os entes da federação (União, Estados, Distrito Federal e Municípios). O art. 23 da Constituição Federal traz o rol de assuntos que serão tratados pelas pessoas políticas mencionadas. O parágrafo único do mesmo artigo, com redação dada pela Emenda Constitucional 53/2006, dispõe que leis complementares fixarão normas para a cooperação entre a União, os Estados, o Distrito Federal e os Municípios, tendo em vista o equilíbrio do desenvolvimento e do bem-estar em âmbito nacional. Agora, se mesmo focadas no objetivo mencionado, houver conflito de competência entre elas, tal problema deverá ser sanado com base no princípio da preponderância ou prevalência do interesse.

11.2.1.2. Competências legislativas

A constituição atribui, a cada ente político, competência para elaborar leis. A União pode editar normas sobre diversos assuntos. Fala-se que tal competência pode ter três naturezas distintas: privativa, concorrente e residual.

O parágrafo único do art. 22 da Constituição Federal, ao tratar da competência legislativa *privativa*, diz que a União, por meio de lei complementar, poderá autorizar os Estados a legislar sobre questões específicas das matérias relacionadas neste artigo. Desse modo, a competência privativa é delegável.

Segundo a Súmula 722 do STF, são da competência legislativa da União a definição dos crimes de responsabilidade e o estabelecimento das respectivas normas de processo e julgamento.

Já foi decidido, também pela Suprema Corte, que a Lei 10.826/2003 (Estatuto do Desarmamento) não é formalmente inconstitucional, pois não ocorreu invasão da competência residual dos Estados. Cabe à União legislar sobre matérias de predominante interesse geral. (ADI 3.112, Rel. Min. Ricardo Lewandowski, julgamento em 02.05.2007, Plenário, *DJ* de 26.10.2007).

Ainda tratando de competência legislativa da União, de acordo com o STF, a competência para legislar sobre a **gratuidade dos estacionamentos em estabelecimentos privados**, como em instituições de ensino, **shopping**, mercados etc. é da **União**. O assunto se enquadra no art. 22, I, da CF, pois diz respeito ao **direito civil**, especificamente sobre o direito de **propriedade e suas limitações** (ADI 3.710/GO).

Outro tema que já foi objeto de questionamento no Exame de Ordem e que também é extraído do art. 22 da CF, assuntos da competência privativa da União, é a legislação sobre **trânsito** (art. 22, XI, CF). Desse modo, se uma lei estadual regulamentar serviço de **mototáxi,** essa lei será tido como inconstitucional por ter o Estado usurpado da competência legislativa federal.

A competência *concorrente*, como o próprio nome menciona, é aquela em que mais de um ente político pode legislar. Está prevista no art. 24 da CF e são exemplos dessa competência a legislação sobre os seguintes temas: direito tributário, financeiro, penitenciário, econômico, urbanístico, educação, cultura, procedimentos em matéria processual, defesa dos recursos naturais etc. Nessas hipóteses, a União edita normas gerais e os Estados e o Distrito Federal, normas específicas. Diz o § 3º do art. 24 da Constituição Federal que, inexistindo lei federal sobre normas gerais, os Estados terão competência legislativa plena, ou seja, editarão tanto normas gerais quanto normas específicas. É a denominada competência suplementar dos Estados. Já o parágrafo 4º do mesmo dispositivo nos ensina que a superveniência de lei federal sobre normas gerais **suspende** a eficácia da lei estadual no que com ela colidir. É importante ressaltar que a suspensão não se confunde com a revogação.

Desse modo, enquanto a lei geral não for editada, a lei estadual continua valendo, mas, após a edição, pela União, da lei que trata de normas gerais, a lei estadual fica com sua eficácia suspensa naquilo que lhe for contrário. Isso significa que, se a norma geral da União for revogada, a lei estadual volta a valer em sua plenitude, pois não terá mais sua eficácia suspensa. A norma da União, por ter sido revogada, não tem mais força de suspender a eficácia de outra lei. Há de se reiterar, que não é caso de repristinação, pois a lei estadual não foi revogada, mas apenas teve a suspensão de sua eficácia.

A competência *residual* tem natureza tributária e é dada pela Constituição à União, conforme dispõe seu art. 154, I. Esse dispositivo menciona que a União poderá instituir, por meio de lei complementar, impostos não previstos no art. 153 – que define quais são os impostos federais – desde que sejam não cumulativos e não tenham fato gerador ou base de cálculo próprios dos determinados na Constituição Federal.

No campo do direito tributário também encontramos as competências tributárias expressas (art. 153), que são as que cada ente da federação possui para criar seus impostos, e a competência tributária extraordinária, que é dada à União para instituir, na hipótese de iminência ou no caso de guerra externa, impostos extraordinários (art. 154, II, da Constituição Federal).

Ainda em relação ao tema competência legislativa da União, o STF, ao analisar a ADI 4.369 (Informativo 592), mencionou que o Estado de São Paulo, ao editar a Lei 13.854/2009, que proibia a cobrança de assinatura mensal de telefonia fixa, teria usurpado a competência privativa da União para dispor sobre telecomunicações (art. 22, IV, CF).

Desse modo, se somente a União é competente para disciplinar tal assunto, a lei paulista é tida como inconstitucional.

A Suprema Corte, conforme já mencionado, também já definiu pela manutenção do monopólio da União em relação às atividades postais prestadas pela Empresa Brasileira de Correios e Telégrafos (Informativo 554). Assim, os cartões postais, as cartas comerciais, pessoais e os denominados malotes devem ser transportados somente pelos Correios.

Além disso, no julgamento da ADI 3.897/DF (**Informativo** 537), o STF, por verificar violação ao art. 22, XI, da CF (legislação sobre trânsito e transporte), declarou inconstitucional a Lei Distrital 3.918/2006, que tratava de instalação de radares nas vias do Distrito Federal.

11.3. Estados

Os Estados são pessoas políticas dotadas de autonomia. Tal autonomia é marcada pelo fato de a Constituição Federal determinar que os Estados devam elaborar suas próprias Constituições Estaduais. É claro que os princípios e as normas trazidas pela Constituição Federal devem servir de diretrizes para os Estados quando da elaboração de suas Constituições, ou seja, só podem elaborar Constituições que estejam de acordo com a Federal e com base nas suas diretrizes. Deve haver, necessariamente, um paralelismo entre a Constituição Federal e as Constituições Estaduais. Daí falar-se em *princípio da simetria.*

O art. 26 da Constituição traz quais são os bens pertencentes aos Estados. Dentre eles podemos destacar as terras devolutas não compreendidas entre as da União e as ilhas fluviais e lacustres também não pertencentes à União.

O Poder Executivo dos Estados é composto pelo Governador e Vice-Governador. Cada Estado elegerá seu governador e vice. O art. 28 da Constituição Federal nos ensina que o mandato dessas pessoas é de 4 anos, que as eleições ocorrem no primeiro domingo de outubro (1º turno) e no último domingo de outubro (2º turno, se houver), e que a posse se dá em primeiro de janeiro do ano subsequente.

Os §§ 3º e 4º do art. 18 da Constituição trazem regras sobre a criação e a extinção dos Estados. Fala-se em incorporação (ou fusão), subdivisão (ou cisão) e desmembramento. Para todas as hipóteses há alguns requisitos comuns e cumulativos. São os seguintes:

a) realização de um **plebiscito**: significa que a população interessada deve, necessariamente, aprovar, por meio de um plebiscito, a formação de um novo Estado. Somente após essa aprovação é que será possível que o segundo requisito seja verificado. Desse modo, fala-se que a realização do plebiscito é condição essencial à fase posterior;

b) existência de um projeto de **lei complementar**: a Lei 9.709/1998, que regulamentou as formas de execução da democracia direta (plebiscito, referendo e iniciativa popular das leis), determina que, após a aprovação pelo plebiscito, deve ser proposto um projeto de lei complementar que terá início ou na Câmara de Deputados ou no Senado Federal, ou seja, em qualquer das Casas do Congresso Nacional;

c) audiência nas Assembleias Legislativas: dispõe o § 2º do art. 4º da Lei 9.709/1998 que a Casa em que o projeto tenha iniciado deverá realizar a audiência para futura expedição de um parecer. É interessante lembrar que tal parecer é meramente opinativo, portanto não tem caráter vinculativo (art. 48, VI, da Constituição Federal). Assim, o processo pode continuar ainda que o parecer dado pelas Assembleias Legislativas tenha sido desfavorável à formação de um novo Estado. Vejam que isso não ocorre em relação ao resultado do plebiscito. Tal consulta tem sim caráter vinculativo, portanto é condição prévia para as demais fases;

d) aprovação por parte do Congresso Nacional: passadas as fases anteriores, o Congresso Nacional tem de aprovar o projeto de lei complementar. Para tanto, necessita do quórum de maioria absoluta, conforme determina o art. 69 da Constituição Federal. Essa aprovação e a eventual sanção do projeto, pelo Presidente da República, são atos discricionários. Nessa fase, nem a manifestação favorável dada durante a realização do plebiscito obriga o Legislativo a aprovar o projeto e o Executivo a sancioná-lo. O Presidente, ao decidir se sanciona ou veta o projeto, é quem avalia a conveniência e a oportunidade do ato, sempre pautado pelo interesse público.

Passemos à análise de cada uma das modalidades de criação e extinção de Estados:

11.3.1. Fusão

Ocorre quando dois ou mais Estados se incorporam geograficamente, formando um novo, diferente dos demais. Aqueles que se uniram, consequentemente, perderão suas personalidades originárias, desaparecerão. Exemplo: suponham que existam os Estados "x", "y" e "z" e que os três sejam incorporados. Após a união, nasce o Estado "w", fruto da junção dos três.

11.3.2. Cisão

Ocorre quando um Estado existente subdivide-se para formar dois ou mais Estados novos, que terão personalidades distintas. Desse modo, o Estado que foi subdividido não mais deterá personalidade, desaparecerá. Exemplo: suponha que exista o Estado "x" e que ele seja subdividido formando os Estados "w", "y" e "z". Vejam que o estado originário "x" desaparece para que outros três sejam criados.

11.3.3. Desmembramento

Ocorre quando um ou mais Estados destinam parte de seu território com a finalidade de formar um novo Estado ou Território ou ainda para se anexarem a outro.

Na hipótese de desmembramento, em regra, o Estado que destina parte de seu território não deixa de existir. Aliás, como o próprio conceito nos ensina, destina "parte", apenas parte de seu território. Foi exatamente o que ocorreu com o Mato Grosso em relação ao Estado do Mato Grosso do Sul e o Estado de Goiás em relação a Tocantins, conforme o art. 13 do Ato das Disposições Constitucionais Transitórias.

De acordo com o STF (ADI 2.650 – **Informativo** 637), quando tiver de ser realizado o desmembramento de um Estado, é necessário que os dois territórios sejam ouvidos, tanto o da área desmembrada, como o da área remanescente.

11.3.4. Competência dos Estados

As competências dos Estados também podem ser legislativas ou não legislativas.

11.3.4.1. Competências não legislativas

Também chamadas de administrativas ou materiais, dividem-se em comuns e residuais.

A **comum** vem prevista no art. 23 da Constituição Federal e é dada indistintamente a todos as pessoas políticas, União, Estados, Distrito Federal e Municípios, e já fora objeto de estudo quando da análise da competência da União.

A **residual** é dada aos Estados para tratar de assuntos que não sejam da competência da União (art. 21 da CF), do Distrito Federal (art. 23 da CF) e dos Municípios (art. 30 da CF). É também chamada de competência remanescente ou reservada aos Estados e vem prevista no § 1º do art. 25 da Constituição Federal que menciona que "são reservadas aos Estados as competências que não lhe sejam vedadas por esta Constituição". Em suma: o resíduo, aquilo que sobra, que não é de atribuição de outro ente político, pode ser disciplinado pelos Estados.

11.3.4.2. Competências legislativas

Tema já abordado quando analisamos as competências da União, momento em que também fizemos menção às dos Estados.

11.4. Distrito Federal

Constitui ente político autônomo, dotado de capacidade de auto-organização, autogoverno, autoadministração e autolegislação. Diferente do que ocorre com os Estados, que são regidos por Constituições Estaduais, o Distrito Federal é regido por Lei Orgânica. Tal lei deve ser aprovada em dois turnos, com um intervalo mínimo de 10 (dez) dias, pelo voto de 2/3 da Câmara Legislativa do DF, conforme dispõe o art. 32 da Constituição Federal.

A característica do autogoverno é marcada pela eleição de Governador, Vice-Governador e Deputados Distritais, conforme dispõem os §§ 2º e 3º do art. 32 da Constituição.

11.4.1. Competência do Distrito Federal

O Distrito Federal cumula duas competências: pode legislar tanto sobre matérias reservadas aos Estados, como as atribuídas aos Municípios. É o que se depreende do § 1º do art. 32 da Constituição Federal.

11.5. Municípios

Os Municípios são entes políticos dotados de capacidade administrativa, política e de auto-organização. A primeira tem a ver com as competências legislativas e administrativas dadas aos Municípios. A capacidade política é determinada pela eleição direta do Prefeito, Vice-Prefeito e Vereadores. E a capacidade de auto-organização é marcada pelo fato dos Municípios serem regidos por suas próprias Leis Orgânicas Municipais, conforme dispõe o *caput* do art. 29 da Constituição Federal. Tais leis devem ser votadas em dois turnos, com um interstício (intervalo) mínimo de dez dias, e aprovadas pelo voto de 2/3 dos membros da Câmara Municipal.

A autonomia municipal deve ser respeitada sob pena de intervenção federal. Desse modo, se um Estado desrespeitar a autonomia municipal, conforme o art. 34, inciso VII, alínea "c", da Constituição Federal, caberá intervenção naquele Estado.

As regras sobre criação, incorporação, fusão e desmembramento de Municípios são trazidas pelo § 4º do art. 18 da Constituição Federal. É necessário:

a) uma lei complementar federal determinando o período e o procedimento para a criação, incorporação, fusão ou desmembramento do município;

b) divulgação de estudos de viabilidade municipal;

c) realização de consulta prévia às populações diretamente interessadas, por meio de plebiscito (art. 7º da Lei 9.709/1998) – tal consulta somente ocorrerá se os estudos de viabilidade demonstrarem a possibilidade de criação, incorporação, fusão ou desmembramento do município; e

d) existência de lei estadual, dentro do período determinado pela lei complementar federal, desde que os requisitos anteriores tenham sido devidamente cumpridos.

Um ponto importante a ser lembrado é o trazido pela Emenda Constitucional 57/2008. Com essa emenda foi acrescentado o art. 96 ao Ato das Disposições Constitucionais Transitórias, que assim dispõe: "ficam convalidados os atos de criação, fusão, incorporação e desmembramento de Municípios, cuja lei tenha sido publicada até 31.12.2006, atendidos os requisitos estabelecidos na legislação do respectivo Estado à época de sua criação". Esse dispositivo é na verdade um pedido ao Poder Legislativo para que elabore a tal lei complementar, exigida constitucionalmente, pois sem ela não há possibilidade de criação, fusão, incorporação e desmembramento de municípios. Desse modo, como muitos já haviam sido criados, sem a existência da lei complementar, eles foram convalidados para que a própria ordem constitucional não fosse posta em risco.

Vale lembrar que a EC 15/1996 deu nova redação ao § 4º do art. 18 da CF, modificando os requisitos constitucionais para criação, fusão, incorporação e desmembramento de municípios. Houve controle da constitucionalidade da atuação do poder constituinte de reforma, entretanto decidiu-se pela inexistência de afronta à cláusula pétrea da forma federativa do Estado, decorrente da atribuição, à lei complementar federal, para fixação do período dentro do qual poderão ser efetivadas a criação, a incorporação, a fusão e o desmembramento de Municípios. (ADI 2.395, Rel. Min. Gilmar Mendes, julgamento em 09.05.2007, Plenário, *DJE* de 23.05.2008). No mesmo sentido: ADI 2.381-MC, Rel. Min. Sepúlveda Pertence, julgamento em 20.06.2001, Plenário, *DJ* de 14.12.2001.

Por fim, a EC 84, de 02.12.2014 alterou o art. 159 da Constituição Federal para aumentar a entrega de recursos pela União para o Fundo de Participação dos Municípios, de modo que 1% (um por cento) do produto da arrecadação dos impostos sobre renda e proventos de qualquer natureza e sobre produtos industrializados, será destinado ao Fundo de Participação dos Municípios, devendo ser entregue no primeiro decêndio do mês de julho de cada ano.

11.5.1. *Competência dos municípios*

Podem ser comuns ou enumeradas. As primeiras são as que todos os entes políticos possuem (competência comum), de acordo com o art. 23 da Constituição, conforme já analisado. Já as segundas, as enumeradas, encontram abrigo no art. 30 da Constituição e têm por finalidade, principalmente, tratar de assuntos de interesse local e suplementar à legislação federal e estadual, no que for cabível.

Vale lembrar que os municípios têm competência para fixar o horário de funcionamento de estabelecimento comercial conforme inteligência da **Súmula** Vinculante 38 (STF)

11.6. Territórios federais

Os territórios federais, conforme dispõe o § 2º do art. 18 da CF, pertencem à União. Somente por meio de lei complementar é que poderão ser criados, transformados em Estado ou reintegrados ao Estado de origem. É dessa maneira, porque os territórios não possuem autonomia política, apenas administrativa.

Frisa-se que atualmente *não* existem territórios federais no Brasil; os últimos que existiram foram extintos pelos arts. 14 e 15 do Ato das Disposições Constitucionais Transitórias. Os territórios de Roraima e Amapá foram transformados em Estados (art. 14 do ADCT) e o de Fernando de Noronha teve sua área incorporada ao Estado de Pernambuco (art. 15 do ADCT).

Os territórios, embora pertencentes à União, podem ser divididos em municípios. Se forem criados (os territórios), possuirão governador, nomeado pelo Presidente da República, após aprovação do Senado Federal, conforme dispõe o art. 84, XIV, da CF, e também poderão eleger quatro deputados federais, conforme determinação do § 2º do art. 45 da CF.

11.7. Intervenção federal e intervenção estadual

É possível extrair do texto constitucional que a regra é a autonomia das pessoas políticas. Desse modo, a União, os Estados, o Distrito Federal e os Municípios são independentes e autônomos, não podendo, como regra, um intervir no outro.

Já a intervenção é uma medida de exceção, consistente na supressão temporária das prerrogativas dos Estados e dos Municípios. Quando há intervenção, prevalece a vontade daquele que a concretizou, que poderá ser a União ou os Estados. Por ser medida de caráter excepcional (a regra é a não intervenção), somente poderá ser decretada nos casos taxativamente previstos na Constituição. Tem por principal finalidade assegurar o pacto federativo.

A intervenção federal somente pode se dar nos Estados e no Distrito Federal. Assim, não é correto afirmar que a União interveio num determinado município pertencente a um Estado. Em regra, somente um Estado pode intervir no município – intervenção estadual. O que poderá ocorrer é a União intervir num município que está localizado em um Território, mas isso só acontecerá se forem criados territórios federais, neles houver municípios e ainda se alguma hipótese de intervenção, taxativamente prevista na CF, estiver devidamente configurada.

Há duas formas de intervenção: a espontânea e a provocada. Será *espontânea* nas seguintes hipóteses:

I. para manter a integridade nacional;

II. para repelir invasão estrangeira ou de uma unidade da Federação em outra;

III. para pôr termo a grave comprometimento da ordem pública;

IV. para reorganizar as finanças da unidade da Federação que: a) suspender o pagamento da dívida fundada por mais de dois anos consecutivos, salvo motivo de força maior; b) deixar de entregar aos Municípios receitas tributárias fixadas na Constituição dentro dos prazos estabelecidos em lei.

Nesses casos o Presidente da República age de ofício, sem a necessidade de provocação.

Há também os casos em que a intervenção federal será decretada após provocação. São hipóteses de *intervenção provocada* as seguintes:

I. para garantir o livre exercício de qualquer dos Poderes nas unidades da Federação. Nesse caso se a coação for exercida contra os Poderes Executivos ou Legislativos dos Estados, a intervenção dependerá de solicitação do poder coagido ou impedido. Agora, se for exercida contra o Poder Judiciário, dependerá de requisição do STF;

II. para prover a execução de lei federal, ordem ou decisão judicial. Podemos desmembrar essa hipótese para melhor análise. Se houver desobediência à ordem ou decisão judiciária, a intervenção dependerá de requisição do STF, do STJ ou do TSE. Já para prover a execução de lei federal, a intervenção dependerá de requisição do STF, em caso de provimento de representação do Procurador-Geral da República;

III. para assegurar a observância dos *princípios constitucionais sensíveis*, que são os seguintes:

a) forma republicana, sistema representativo e regime democrático;

b) direitos da pessoa humana;

c) autonomia municipal;

d) prestação de contas da administração pública;

e) aplicação do mínimo exigido da receita resultante de impostos estaduais, compreendida a proveniente de transferências, na manutenção e desenvolvimento do ensino e nas ações e serviços públicos de saúde.

Nas hipóteses de violação a princípios constitucionais sensíveis, a intervenção deve ser antecedida por uma ação – ADI Interventiva ou Representação Interventiva (Lei 12.562/2011). É necessária a requisição do STF, após ter dado provimento à representação do Procurador-Geral da República, que se materializa por meio da ADI Interventiva.

Os casos de intervenção provocada vêm previstos nos incisos IV, VI e VII do art. 34 da CF. Em tais situações, o Chefe do Executivo poderá agir de forma discricionária ou vinculada, conforme as peculiaridades de cada caso.

O decreto do Presidente da República, que concretizará a intervenção, deverá especificar a amplitude, o prazo e as condições de execução. Também deve constar a nomeação de um interventor, quando couber. O Congresso Nacional fará um controle político da intervenção, apreciando o ato em até 24 horas após sua edição. Se estiver em recesso, será feita convocação extraordinária, exceto nas hipóteses dos incisos VI e VII do art. 34 da CF.

Os casos de *intervenção estadual* também estão taxativamente previstos e são os seguintes:

I. quando deixar de ser paga, sem motivo de força maior, por dois anos consecutivos, a dívida fundada;

II. quando não forem prestadas as contas devidas, na forma da lei;

III. quando não tiver sido aplicado o mínimo exigido da receita municipal na manutenção e desenvolvimento do ensino e nas ações e serviços de saúde.

Nessas três situações mencionadas a intervenção estadual será espontânea;

IV. para assegurar a observância de princípios indicados na Constituição Estadual (depende de provimento de representação pelo Tribunal de Justiça);

V. para prover a execução de lei, de ordem ou de decisão judicial (depende de provimento de representação pelo TJ).

12. ORGANIZAÇÃO DOS PODERES

O art. 2º da Carta Magna consagra a regra da separação dos poderes: "são poderes da União, independentes e harmônicos entre si, o Legislativo, o Executivo e o Judiciário".

Para evitar os abusos cometidos pelos detentores do poder, ou seja, a concentração do poder nas mãos de uma única pessoa ou órgão, foi necessário dividir as funções estatais. Isso se consagrou por meio do sistema dos freios e contrapesos (*checks and balances*), que menciona que os três Poderes são autônomos e independentes, porém subordinados ao princípio da harmonia. Tal regra resulta na técnica em que o poder é contido pelo pró-prio poder, sendo, portanto, uma garantia do povo contra o arbítrio e o despotismo.

12.1. Poder Legislativo

Suas funções típicas são a legislativa, ou seja, *legislar*, fazer as leis e *fiscalizar* a Administração Pública. Esta última é efetivada pelo Poder Legislativo com o auxílio dos Tribunais de Contas que, vale lembrar, embora levem o nome de "Tribunal", são órgãos do Poder Legislativo. Há quem entenda que a função fiscalizatória seria atípica.

Na União, o Poder Legislativo é um órgão bicameral, pois é formado por duas casas legislativas – a Câmara de Deputados, que representa o povo, e o Senado Federal, que representa os Estados. A junção dessas duas casas formam o denominado Congresso Nacional, conforme dispõe o art. 44 da Constituição Federal.

Nos Estados, diferente do que ocorre na União, o Poder Legislativo é unicameral, pois é formado por apenas uma casa, que é a Assembleia Legislativa, conforme previsão do art. 27 da Constituição Federal.

No Distrito Federal, como nos Estados, o Poder Legislativo também é unicameral. O órgão legislativo do DF é denominado Câmara Legislativa. Nos Municípios o Poder Legislativo também é unicameral e é chamado de Câmara Municipal ou Câmara de Vereadores.

O funcionamento do Poder Legislativo é regido pelos arts. 57 e 44 da Constituição Federal. O art. 57 trata da *sessão legislativa*, que deve ser compreendida como o período de um ano de funcionamento do órgão. Diz o referido art. 57 que a sessão legislativa se inicia no dia 02 de fevereiro e vai até 17 de julho e depois reinicia-se no dia 1º de agosto e vai até o dia 22 de dezembro do mesmo ano.

O conceito de sessão legislativa difere do de *legislatura*, esta corresponde ao período de 4 (quatro) anos de funcionamento do Poder Legislativo, conforme disposto no parágrafo único do art. 44 da Constituição Federal.

Os períodos em que o Legislativo não funciona são denominados *recesso parlamentar*. Ocorrem do dia 18 de julho ao dia 31 do mesmo mês e do dia 23 de dezembro a 1º de fevereiro de cada ano (art. 57 da Constituição Federal, conforme redação dada pela EC 50/2006).

Sessão ordinária: dentro da sessão legislativa ocorrem diversas sessões ordinárias. Cada uma corresponde a um dia de funcionamento do Poder Legislativo. Para que os parlamentares participem da sessão ordinária, existe a *convocação* ordinária, que é o ato formal pelo qual eles são chamados a participar das sessões.

Sessão extraordinária: como o próprio nome menciona, extraordinariamente os parlamentares podem ser convocados;

tais sessões ocorrem fora do período comum, ordinário, ocorrem fora do período destinado à sessão legislativa. Têm por finalidade a deliberação de uma matéria específica, conforme determina o § 7º do art. 57 da Constituição Federal.

O § 6º do mesmo art. traz as hipóteses de cabimento de convocação da sessão extraordinária, quais sejam:

a) pelo Presidente do Senado Federal, em caso de decretação de estado de defesa ou de intervenção federal, de pedido de autorização para a decretação de estado de sítio e para o compromisso e a posse do Presidente e do Vice-Presidente da República;

b) pelo Presidente da República, pelos Presidentes da Câmara dos Deputados e do Senado Federal ou a requerimento da maioria dos membros de ambas as Casas, em caso de urgência ou interesse público relevante, em todas as hipóteses com a aprovação da maioria absoluta de cada uma das Casas do Congresso Nacional.

12.1.1. Composição dos Poderes Legislativos

No âmbito federal, a Câmara de Deputados, representante do povo, conforme já mencionado, é composta por Deputados Federais em número proporcional à população de cada Estado e do Distrito Federal (art. 45, § 1º, CF). Cada Estado ou o DF terá no *mínimo 8 (oito)* e no *máximo 70* (setenta) deputados federais, com mandato de 4 (quatro) anos.

O deputado federal deve ser brasileiro (nato ou naturalizado), maior de 21 anos e estar no exercício dos direitos políticos.

O art. 51 do Texto Maior estabelece as competências privativas da Câmara dos Deputados; essas competências são exercidas, sem a sanção do Presidente da República, através de Resolução.

Sabemos que atualmente não existem territórios federais, mas como é possível sua criação, se existirem, poderão eleger quatro deputados.

O Senado Federal representa os Estados e o Distrito Federal, segundo o art. 46 da Constituição Federal. Cada Estado e o Distrito Federal elegerão 3 Senadores, que terão mandato de oito anos, e a representação será renovada de quatro em quatro anos, alternadamente, por um e dois terços, conforme nos ensina os parágrafos do art. 46. Outra informação extraída do § 3º é a de que cada Senador será eleito com dois suplentes.

O senador deve ser brasileiro (nato ou naturalizado), maior de 35 anos e estar no exercício dos direitos políticos.

O art. 52 da Carta Magna traz as competências privativas do Senado Federal, que são exercidas sem a sanção do Presidente da República, por meio de Resolução.

Por fim, verificamos que o sistema de eleição dos Deputados Federais e dos Senados são diferentes. Os primeiros seguem o *sistema proporcional,* que pretende consagrar o pluripartidarismo e a constante dialética entre ideais políticos diversos. Os segundos são eleitos pelo *sistema majoritário*, no qual consideram-se eleitos os candidatos com maior número de votos.

12.1.2. Comissões

São subconjuntos de parlamentares organizados com o fim de tratar de um assunto específico. Podem ser:

12.1.2.1. Permanentes

Quando seu início se dá ao começo de cada legislatura. Analisa projeto de lei quanto a determinadas especificidades. Exemplo: Comissão de Constituição e Justiça (CCJ), que tem por função verificar a constitucionalidade do projeto de lei.

12.1.2.2. Provisórias ou temporárias

Quando um grupo de parlamentares se reúne provisoriamente para tratar de um assunto específico. Exemplo: comissão reunida para tratar do novo Código de Processo Civil e a Comissão Parlamentar de Inquérito (CPI).

12.1.2.3. Representativas

São aquelas reunidas durante o período de recesso parlamentar para que não sejam interrompidas as atividades do Congresso Nacional. Estão previstas no § 4º do art. 58 da Constituição.

12.1.2.4. Comissão Parlamentar de Inquérito – CPI

As CPIs encontram respaldo no § 3º do art. 58 da CF e têm por função apurar um *fato determinado*, por um *prazo certo*. São criadas no âmbito do Poder Legislativo, portanto são órgãos desse Poder e possuem natureza de comissão provisória ou temporária, pois, após ter sido apurado o fato, a comissão é desfeita.

A doutrina menciona que fato determinado é aquele em que é possível verificar seus requisitos essenciais. Por exemplo: não há como investigar de forma abstrata a corrupção no Brasil, tem de ser especificado o fato determinado para que o procedimento se inicie. O prazo certo, ou seja, aquele que tem início e fim, terá de ser fixado pelos regimentos internos das Casas, já que a CPI é uma comissão temporária e não permanente.

Tais comissões são formadas ou instaladas pelo requerimento de 1/3 dos membros. Podem ser criadas separadamente tanto pela Câmara de Deputados, quanto pelo Senado Federal ou, ainda, conjuntamente pelas duas casas. Nesse caso, teremos uma CPI mista, que será instalada após assinatura de 1/3 dos Deputados Federais e Senadores conjuntamente. Suas conclusões, se for o caso, serão encaminhadas ao Ministério Público, para que promova a responsabilidade civil ou criminal dos infratores.

As CPIs têm poderes próprios das autoridades judiciais e não de autoridades policiais. Tomando por base a jurisprudência do STF, é possível concluir que elas podem:

1. convocar testemunhas, investigados e autoridades para prestarem esclarecimentos, mesmo que de forma coercitiva. Aliás, o art. 50 da CF determina que os Ministros de Estado ou quaisquer titulares de órgãos diretamente subordinados à Presidência da República devem comparecer para prestarem informações, quando convocados, sob pena de responderem por crime de responsabilidade, na hipótese de ausência injustificada;
2. determinar a realização de certas perícias, necessárias à instrução da investigação;
3. determinar as buscas que sejam imprescindíveis à instrução da investigação;
4. quebrar sigilo fiscal, bancário, financeiro e telefônico (nessa última hipótese ocorrerá apenas a quebra em relação aos dados telefônicos, ou seja, as contas telefônicas).

De outra parte, é possível verificar que a CPI possui limites, há assuntos que estão resguardados pela denominada cláusula de reserva jurisdicional, ou seja, somente por ordem judicial tais atos podem ser determinados, em especial as medidas restritivas de direito. Desse modo, as CPIs não podem:

1. determinar a quebra do sigilo das comunicações telefônicas, ou seja, a CPI não pode determinar a interceptação telefônica, pois, segundo o art. 5º, XII, da CF, somente para fins de investigação criminal ou instrução processual penal é que poderá haver tal diligência. Ressalta-se que o acesso às contas telefônicas (dados telefônicos) não se confunde com quebra de comunicação telefônica (que é a interceptação ou escuta). A primeira se inclui nos poderes da CPI, já a segunda é acobertada pela cláusula de reserva de jurisdição e, portanto, não cabe à CPI determiná-la.

Outro detalhe: o STF já afirmou que, embora haja a vedação mencionada, se a interceptação foi realizada num processo criminal e a CPI quer emprestar a prova lá produzida, para ajudar nas suas investigações, isso poderá ser feito;

2. determinar e efetivar a busca domiciliar, que também depende de ordem judicial, conforme dispõe o inciso XI do art. 5º da CF;

3. decretar a prisão, ressalvadas as hipóteses de flagrante delito, conforme inciso LXI da art. 5º da CF, pois nesses casos não só a CPI, mas qualquer um do povo pode prender. Dispõe o art. 301 do Código de Processo Penal que qualquer pessoa do povo poderá e as autoridades policiais e seus agentes deverão prender quem quer que seja encontrado em flagrante delito.

De acordo com o STF, em decisão monocrática, "a estratégia inquisitiva relativa às testemunhas que invocarem o direito constitucional ao silêncio – dispensa do depoimento – foi objeto de específica deliberação e subsequente encaminhamento de votação no âmbito daquele órgão investigativo colegiado. Não obstante seja imperativo o respeito, tanto na organização quanto na dinâmica das comissões parlamentares de inquérito, das prerrogativas e direitos inerentes ao mandato parlamentar, titularizados pelos seus membros e individualmente exercíveis e exigíveis, estes **não se confundem com aquelas prerrogativas e poderes que a Carta Política assegura às próprias comissões, na qualidade de órgãos colegiados.** A prerrogativa de solicitar depoimentos de qualquer autoridade ou cidadão (art. 58, § 2º, V) e os poderes de investigação próprios das autoridades judiciais (art. 58, § 3º) são outorgados pelo texto da Lei Maior às comissões parlamentares de inquérito, colegiados, e não aos seus membros individualmente considerados. Nessa medida, desde que preservada a integridade da premissa maior contida no Texto Constitucional, as questões vinculadas aos específicos arranjos normativos conformadores de tais institutos extravasam da dimensão estritamente constitucional e judicialmente tutelável da matéria. (...) a verificação de eventual afronta aos preceitos constitucionais invocados está ligada à prévia aferição da inobservância de normas regimentais do Congresso Nacional, a caracterizar, portanto, assunto *interna corporis* do Poder Legislativo." (MS 31.475, rel. Min. **Rosa Weber**, decisão monocrática, julgamento em 07.08.2012, *DJE* de 10.08.2012).

Conforme a Suprema Corte (HC 100.341-AM), a existência de procedimento penal investigatório, em tramitação no órgão jurisdicional competente, não impede a realização de atividade apuratória por uma Comissão Parlamentar de Inquérito, ainda que seus objetos sejam correlatos, pois cada qual possui amplitude distinta, delimitada constitucional e legalmente, além de finalidades diversas.

No mesmo julgado, o STF definiu que a CPI pode estender o âmbito de sua apuração a fatos ilícitos ou irregulares que, no curso do procedimento investigatório, revelarem-se conexos à causa determinante da comissão.

Além disso, reiteradas vezes, a Suprema Corte tem garantido ao convocado a depor numa CPI o privilégio contra a autoincriminação, o direito ao silêncio e que possa comunicar-se com o seu advogado.

Outra decisão relevante do Supremo sobre as CPIs é a de que elas, no desempenho de seus poderes de investigação, estão sujeitas às mesmas normas e limitações que incidem sobre os magistrados, quando no exercício de igual prerrogativa. Vale dizer: as CPIs somente podem exercer as atribuições investigatórias que lhes são inerentes, desde que o façam nos mesmos termos e segundo as mesmas exigências que a Constituição e as leis da República impõem aos juízes, especialmente no que concerne ao necessário respeito às prerrogativas que o ordenamento positivo do Estado confere aos advogados. (...) A presença do advogado em qualquer procedimento estatal, independentemente do domínio institucional em que esse mesmo procedimento tenha sido instaurado, constitui fator inequívoco de certeza de que os órgãos do Poder Público (Legislativo, Judiciário e Executivo) não transgredirão os limites delineados pelo ordenamento positivo da República, respeitando-se, em consequência, como se impõe aos membros e aos agentes do aparelho estatal, o regime das liberdades públicas e os direitos subjetivos constitucionalmente assegurados às pessoas em geral, inclusive àquelas eventualmente sujeitas, qualquer que seja o motivo, a investigação parlamentar, ou a inquérito policial, ou, ainda, a processo judicial. (...) não se revela legítimo opor, ao advogado, restrições, que, ao impedirem, injusta e arbitrariamente, o regular exercício de sua atividade profissional, culminem por esvaziar e nulificar a própria razão de ser de sua intervenção perante os órgãos do Estado, inclusive perante as próprias CPIs." (MS 30.906-MC, Rel. Min. **Celso de Mello**, decisão monocrática, julgamento em 05.10.2011, *DJE* de 10.10.2011).

Sobre a utilização de documentos oriundos de inquérito sigiloso numa CPI, o Supremo também já decidiu pela possibilidade. (HC 100.341, Rel. Min. **Joaquim Barbosa**, julgamento em 04.11.2010, Plenário, *DJE* de 02.12.2010).

Vale lembrar que a CPI não promove responsabilidades. Ao final das apurações, ela encaminha seus relatórios conclusivos ao Ministério Público para que este órgão, se entender pertinente, promova a responsabilização civil ou criminal dos investigados.

Por último, cumpre mencionar que são cabíveis os remédios constitucionais, em especial mandado de segurança e *habeas corpus*, sempre que houver abusos no decorrer dos trabalhos realizados pelas comissões. A competência para o julgamento dessas ações dependerá da autoridade que pratica o ato abusivo. Se forem representantes do Congresso Nacional, o foro competente é o STF; se forem membros das Assembleias Legislativas ou da Câmara Legislativa do DF, o órgão destinado ao julgamento é o Tribunal de Justiça do respectivo Estado ou o Distrito Federal; e, se forem representantes de Câmara Municipal, o juiz de direito da Comarca respectiva é quem deverá julgar o remédio.

12.1.3. *Imunidades*

Os parlamentares possuem garantias em razão da função que exercem. Tais prerrogativas têm por finalidade resguardar a liberdade e a independência durante o exercício do mandato eletivo. Bem, se o objetivo é garantir a independência e a liberdade dos parlamentares no período em que exercem seus mandatos, é correto afirmar que elas só se iniciam com a diplomação do sujeito. Esse ato, realizado pelo Tribunal Eleitoral, tem por fim validar o processo eletivo e, após, autorizar a posse do parlamentar. Da mesma maneira, o término do mandato, que pode se dar de diversas maneiras, por exemplo, pelo transcurso do prazo, pela renúncia etc., faz com que as imunidades não sejam mais cabíveis.

De acordo com a súmula 245 do STF a imunidade parlamentar não se estende ao corréu sem essa prerrogativa.

Também é importante ressaltar que o Supremo determina que "a cláusula de inviolabilidade constitucional, que impede a responsabilização penal e/ou civil do membro do Congresso Nacional, por suas palavras, opiniões e votos, também abrange, sob seu manto protetor, as entrevistas jornalísticas, a transmissão, para a imprensa, do conteúdo de pronunciamentos ou de relatórios produzidos nas Casas Legislativas e as declarações feitas aos meios de comunicação social, eis que tais manifestações – desde que vinculadas ao desempenho do mandato – qualificam-se como natural projeção do exercício das atividades parlamentares." (**Inq 2.332-AgR**, Rel. Min. **Celso de Mello**, julgamento em 10.02.2011, Plenário, *DJE* de 01.03.2011).

As imunidades podem ser de duas naturezas: material ou processual.

12.1.3.1. Imunidade material

Segundo o art. 53 da Constituição Federal, a imunidade material é aquela pela qual o parlamentar se torna inviolável civil e penalmente, por quaisquer palavras, opiniões e votos que proferir no curso de seu mandato. Todos os parlamentares gozam de imunidade material.

No entanto, em relação aos Vereadores há uma particularidade, qual seja, a imunidade material é limitada, restringe-se à circunscrição do Município, conforme dispõe o inciso VIII do art. 29 da Constituição Federal. Esse entendimento é, também, o adotado pela Suprema Corte: "a proteção constitucional inscrita no art. 29, VIII, da Carta Política estende-se – observados os limites da circunscrição territorial do Município – aos atos dos Vereadores praticados *ratione officii*, qualquer que tenha sido o local de sua manifestação (dentro ou fora do recinto da Câmara Municipal)" (HC 74.201/MG, Rel. Celso de Melo, RTJ, 169/969).

12.1.3.2. Imunidade processual

Está relacionada a garantias relativas à prisão do parlamentar e ao processo criminal que corra contra ele. Ressalta-se que esta imunidade contempla apenas os crimes praticados *após a diplomação* do parlamentar, conforme § 3º do art. 53.

Outra peculiaridade de extrema importância é a de que os Vereadores não são beneficiados por essa garantia, ou seja, não gozam da imunidade processual, mas somente da material.

Para melhor compreensão é necessário separar a garantia relativa à impossibilidade de *prisão* da relacionada ao *processo criminal*.

Em relação à *prisão*, a Constituição diz que os membros do parlamento não poderão ser presos, desde a diplomação, exceto nos casos de prisão em flagrante por crime inafiançável. Aliás, nesta hipótese, conforme dispõe o § 2º do art. 53 da CF, os autos deverão ser remetidos dentro de 24 horas à Casa respectiva para que, pelo voto da maioria de seus membros, ela resolva sobre a prisão. Assim, o órgão legislativo que o parlamentar integra é quem vai decidir se o manterá preso ou solto.

No tocante ao *processo criminal*, o § 3º do art. 53 da CF determina que, recebida a denúncia contra o Senador ou Deputado, por crime ocorrido **após a diplomação**, o Supremo Tribunal Federal dará ciência à Casa respectiva, que, por iniciativa de partido político nela representado e pelo voto da maioria de seus membros, poderá, até a decisão final, suspender o andamento da ação. Assim, se o crime for praticado por um Deputado, a Câmara de Deputados é que poderá suspender o curso da ação; se o crime for praticado por um Senador, será o Senado Federal o órgão competente para tanto. Vale ressaltar que a Casa terá de apreciar o pedido dentro do prazo improrrogável de 45 dias, contados do seu recebimento pela Mesa Diretora, conforme § 4º do mesmo dispositivo.

Desse modo, se os parlamentares decidirem pela suspensão dos processos, a prescrição das infrações penais que estavam sendo apuradas também ficarão suspensas. É o que determina o § 5º do art. 53 da CF. Tal suspensão valerá enquanto durar o mandato eletivo.

12.1.4. Limitação ao dever de testemunhar

O art. 53, § 6º, da CF estabelece que os parlamentares não serão obrigados a testemunhar sobre informações recebidas ou prestadas em razão do exercício do mandato nem sobre as pessoas que lhes confiaram ou deles receberam informações.

12.1.5. Prerrogativa de foro

Além das imunidades, os Deputados e Senadores gozam de prerrogativa de foro para julgamento dos processos criminais em que estejam litigando. Isso quer dizer que, desde a expedição do diploma, os membros do Congresso Nacional serão submetidos a julgamento perante o Supremo Tribunal Federal (arts. 53, §1º, e 102, I, "b", ambos da Constituição).

Ao contrário do que ocorre com as imunidades parlamentares, a prerrogativa de foro vigora durante o mandato, ainda que o **processo criminal** tenha sido iniciado **antes da expedição do diploma.** Então, os processos instaurados em desfavor de Deputados ou Senadores iniciados antes da diplomação serão remetidos ao STF e encaminhados, após o término do mandato, à instância comum, caso ainda não tenham sido encerrados.

No âmbito estadual, em razão da isonomia, as Constituições Estaduais e a Lei Orgânica do Distrito Federal poderão atribuir aos Tribunais de Justiça respectivos a competência por prerrogativa de função para julgamento dos processos criminais contra Deputados estaduais e distritais, consoante os arts. 27, § 1º, e 32, § 3º, ambos da CF.

Em contrapartida, em nível municipal, os Vereadores não têm a prerrogativa de foro em razão da função, sendo processados e julgados perante a justiça comum, de primeiro grau, mesmo durante o curso dos seus mandatos.

12.1.6. Vedações

O art. 54 da CF enumera vedações impostas aos Deputados e Senadores, vejamos:

a) desde a *diplomação* não poderão os parlamentares:

✓ firmar ou manter contrato com pessoa jurídica de direito público, autarquia, empresa pública, sociedade de economia mista ou empresa concessionária de serviço público, salvo quando o contrato obedecer a cláusulas uniformes;

✓ aceitar ou exercer cargo, função ou emprego remunerado, inclusive os de que sejam demissíveis *ad nutum*, nas entidades constantes da alínea anterior;

b) desde a *posse* também não poderão os parlamentares:

✓ ser proprietários, controladores ou diretores de empresa que goze de favor decorrente de contrato com pessoa jurídica de direito público, ou nela exercer função remunerada;

✓ ocupar cargo ou função de que sejam demissíveis *ad nutum*, nas entidades referidas no primeiro item da letra "a";

✓ patrocinar causa em que seja interessada qualquer das entidades a que se refere o primeiro item da letra "a";

✓ ser titulares de mais de um cargo ou mandato público eletivo.

12.1.7. Perda do mandato

O art. 55 da CF enumera seis hipóteses de perda do mandato do parlamentar. Dentre essas situações, a doutrina distingue os casos de cassação e extinção do mandato. A cassação diz respeito à perda do mandato em virtude do parlamentar ter cometido falta funcional; já a extinção relaciona-se com a ocorrência de ato ou fato que torne automaticamente inexistente o mandato, como, por exemplo, renúncia, morte, ausência injustificada etc.

Nos casos de cassação (*violação das proibições estabelecidas no art. 54 da CF, falta de decoro parlamentar e condenação criminal transitada em julgado* – **art. 55, I, II e VI), a perda do mandato será decidida pela Câmara dos Deputados ou pelo Senado Federal, por maioria absoluta, mediante provocação da respectiva Mesa ou de partido político representado no Congresso Nacional (art. 55, § 2º, da CF).**

Vale lembrar que a EC 76, de 28.11.2013, alterou o § 2º do art. 55 e o § 4º do art. 66 da Constituição Federal, para abolir a votação secreta nos casos de perda de mandato de Deputado ou Senador e de apreciação de veto.

Nas outras três situações de extinção (*deixar de comparecer injustificadamente a 1/3 das sessões ordinárias em cada sessão legislativa, perder ou tiver suspensos os direitos políticos e por decisão da Justiça Eleitoral* – **art. 55, III, IV e V), a perda do mandato independe de votação da Casa, sendo declarada pela Mesa respectiva de ofício ou por provocação de qualquer de seus membros, ou de partido político representado no Congresso Nacional (art. 55, § 3º, CF).**

Frisa-se que em ambas as hipóteses é assegurada a ampla defesa.

12.1.7.1. Decoro parlamentar

Como visto acima, a quebra do decoro parlamentar, previsto no inciso II do art. 55 da CF, é uma das hipóteses de perda do mandato do parlamentar que depende de votação da Casa Legislativa e é caracterizada pelo abuso das prerrogativas parlamentares ou pela percepção de vantagens indevidas, além dos casos definidos nos respectivos Regimentos Internos de cada Casa Legislativa (art. 55, §1º, CF).

12.1.8. Processo legislativo

Para a criação de atos normativos, o art. 59 da CF determina um processo formal que deverá ser seguido pelos órgãos e pessoas que têm a função de elaborar as normas jurídicas, sob pena de, sendo violado, tornar a lei formalmente inconstitucional. As regras que integram o denominado processo legislativo vêm previstas nos arts. 59 a 69 da CF.

O procedimento de elaboração das normas normalmente obedecerá a três fases distintas: instrutória, constitutiva e complementar.

12.1.8.1. Fase instrutória

É composta da denominada *iniciativa* do projeto – o início do processo de construção de uma lei está condicionado a sua apresentação por alguém competente, possuidor de iniciativa legislativa. O rol dos órgãos e pessoas que podem deflagrar projetos de lei está estabelecido no art. 61 da CF e contempla: quaisquer membros ou Comissões do Congresso Nacional, do Senado Federal ou da Câmara dos Deputados; o Presidente da República; o Supremo Tribunal Federal; os Tribunais Superiores; o Procurador-Geral da República e até os cidadãos comuns.

Nessa última hipótese, quando os cidadãos deflagram o processo legislativo, estamos diante da *iniciativa popular das leis*, prevista no art. 61, § 2º, da CF, que exige que o projeto seja subscrito por, no mínimo, um por cento do eleitorado nacional, distribuído pelo menos por cinco Estados, com não menos de três décimos por cento dos eleitores de cada um deles.

Conforme os arts. 61, § 2º, e 64, da CF, os projetos de lei apresentados pelo Presidente da República, pelo Supremo Tribunal Federal, pelos Tribunais Superiores e pelos cidadãos terão obrigatoriamente início na Câmara dos Deputados (casa iniciadora) e concluído no Senado Federal (casa revisora). Seguirá tramitação idêntica, iniciando-se na Câmara, se o projeto for apresentado pelo Procurador-Geral da República, de acordo com o art. 109, § 1º, VII, do Regimento Interno da Câmara dos Deputados. Essas são os projetos de iniciativa *extraparlamentar* ou iniciativa "fora das casas".

Em relação aos projetos de lei de iniciativa *parlamentar*, a regra é clara: iniciam-se nas casas que abrigam seus proponentes. Se proposto por membro ou Comissão da Câmara, iniciam-se na Câmara; se por membro ou Comissão do Senado, no Senado Federal.

Vale observar que, segundo o STF, o **retorno** do projeto de lei à casa iniciadora deve se dar **apenas quando houver alteração no sentido jurídico da norma**. Uma emenda que visa apenas corrigir uma impropriedade técnica ou aprimorar a redação do projeto de lei não precisa voltar à casa iniciadora.

Além disso, o **vício de iniciativa não é convalidado por posterior sanção presidencial**, ainda que o projeto seja de iniciativa do próprio Presidente da República.

12.1.8.2. Fase constitutiva

É composta por deliberações que ocorrerão tanto no âmbito do Poder Legislativo (deliberação parlamentar) quanto no do Poder Executivo (deliberação executiva).

12.1.8.2.1. Deliberação parlamentar ou legislativa

Nessa fase, os projetos passam por algumas comissões, em especial pela comissão temática, de acordo com o conteúdo do projeto, e pela comissão de constituição e justiça, que dará parecer terminativo quanto a sua constitucionalidade. Além disso, os projetos são deliberados e votados nesse momento.

Em relação às leis federais, essa deliberação ocorrerá de forma bicameral, ou seja, uma das casas será a iniciadora e a outra revisora. O projeto será debatido e votado em ambas. Primeiro na iniciadora e, se aprovado, terá o mesmo procedimento na casa revisora.

As discussões iniciam-se nas Comissões que abrangem a matéria tratada no projeto de lei, de acordo com o art. 58, § 2º, I, da CF.

Em seguida o projeto é votado em plenário para aprovação da casa iniciadora. Após esse processo, conforme art. 65 da CF, o texto aprovado deve ser remetido à casa revisora, também para discussão e votação. Nessa fase, o projeto poderá ser rejeitado, aprovado ou emendado. Na primeira hipótese será arquivado; na segunda, deverá ser encaminhado ao Executivo para sanção ou veto; na terceira, havendo emendas apostas pela casa revisora, elas deverão ser enviadas à apreciação da casa iniciadora, que poderá concordar ou discordar, mas não criar subemendas nem modificar o novo texto. Vale lembrar que o art. 67 da CF determina que o projeto de lei rejeitado só possa ser reapresentado, na mesma sessão legislativa, por iniciativa da maioria absoluta dos membros de quaisquer das casas, Câmara ou Senado.

Aprovado o projeto, a Casa na qual a votação foi concluída deve encaminhá-lo ao Presidente da República para que ele o sancione ou vete.

12.1.8.2.2. Deliberação executiva

O veto poderá ter por fundamento dois motivos: inconstitucionalidade (é o denominado veto jurídico) ou contrariedade ao interesse público (o chamado veto político), conforme art. 66, § 1º, da CF.

Após o veto, o Presidente da República tem 48 horas para comunicar seus motivos ao Presidente do Senado Federal (art. 66, § 1º, *in fine*), que colocará a matéria para ser apreciada e votada em sessão conjunta, podendo ser mantido ou rejeitado pelo Congresso Nacional, dentro de 30 dias contados de seu recebimento, conforme redação do § 4º do art. 66 da CF.

Ressalta-se que a **EC 76, de 28.11.2013, retirou a expressão "escrutínio secreto" (voto secreto) do art. 66, § 4º, da CF. Desse modo, com a nova redação,** para que o veto do Presidente seja derrubado é obrigatória a apreciação em sessão conjunta e o voto da maioria absoluta dos Deputados e Senadores.

Derrubado o veto, o projeto volta ao Presidente da República para sua promulgação, segundo o § 5º do art. 66 da CF. A situação é peculiar, pois, embora a opinião do Presidente tenha sido no sentido de vetar o projeto, ele terá de promulgá-lo.

Se o veto for mantido, arquiva-se o projeto ou, se houver decisão da maioria absoluta dos membros de quaisquer das Casas (Câmara ou Senado), ele poderá ser submetido à nova votação, na mesma sessão legislativa. De acordo com o art. 67 da CF que a matéria constante de projeto de lei rejeitado somente poderá constituir objeto de novo projeto, na mesma sessão legislativa, mediante proposta da maioria absoluta dos membros de qualquer das Casas do Congresso Nacional. Sancionado o projeto de lei adentra-se à fase complementar. Tal dispositivo também prevê a sanção tácita do projeto caso o Presidente não se manifeste dentro do prazo de 15 dias (art. 66, § 3º, da CF).

12.1.8.3. Fase complementar

Essa fase compreende a *promulgação* e a *publicação* oficial do projeto de lei, ambas de competência do Presidente da República (art. 84, IV, CF). Promulgar significa ratificar o processo legislativo, validando a lei no ordenamento jurídico. É com a promulgação que a lei "cria vida jurídica".

Então a lei é publicada no Diário Oficial, ato que torna obrigatório seu cumprimento e vigora a presunção de conhecimento geral pelas pessoas. Contudo, sua eficácia está condicionada a *vacatio legis*, que é o período entre a publicação e a entrada em vigor da norma. Conforme o art. 1º da Lei de Introdução às Normas do Direito Brasileiro – LINDB, via de regra, em 45 dias a lei passa a vigorar em todo o território nacional e em três meses estabelece-se sua vigência no estrangeiro (art. 1º, § 1º, da LINDB). Esses prazos podem ser alterados (com supressão, redução ou ampliação) se dispostos na norma, conforme determina o art. 8º da Lei Complementar 95/1998.

12.1.8.4. Espécies normativas

As espécies legislativas ou normativas estão enumeradas no art. 59 da Constituição Federal. São elas: *emendas constitucionais, leis complementares, leis ordinárias, leis delegadas, medidas provisórias, decretos legislativos e resoluções.*

12.1.8.4.1. Emendas constitucionais

Conforme já exposto, nossa Constituição é classificada, quanto ao seu processo de alteração, como rígida, ou seja, para ser modificada depende de um procedimento mais solene, mais dificultoso que o processo de alteração das demais normas, ditas infraconstitucionais. Sendo assim, o mecanismo hábil para que se altere uma norma constitucional não é uma lei, mas sim a emenda constitucional.

Existem limitações para o exercício do poder de reforma que são determinadas pelo poder constituinte originário. São elas:

a) Limitações procedimentais ou formais

Como o próprio nome indica, essas limitações têm a ver com a forma, com as regras previstas na Constituição para sua alteração. Esse processo é complexo e compreende quatro partes: iniciativa, quórum, promulgação e rejeição (art. 60 da CF).

Passemos à análise de cada uma delas. Para que se altere a Constituição é necessária que seja proposta uma PEC – proposta de emenda constitucional. Somente algumas pessoas detêm competência para *iniciar* esse projeto. São elas: um terço da Câmara dos Deputados ou do Senado Federal, Presidente da República e mais da metade das Assembleias Legislativas – manifestando-se, cada qual, pelo voto da maioria relativa de seus membros.

Iniciado o projeto, há outra limitação que é relativa ao quórum de votação. É imprescindível que o projeto seja aprovado nas duas Casas do Congresso Nacional (Câmara de Deputados e Senado Federal), em dois turnos, e pelo voto de 3/5 dos membros.

Sendo aprovada a PEC, para que efetivamente se transforme em emenda constitucional, ela precisa ser *promulgada* pelas Mesas da Câmara dos Deputados e do Senado Federal.

Há ainda outra limitação formal ou procedimental que se refere à *rejeição* da PEC. A proposta de emenda rejeitada ou havida por prejudicada não poderá ser objeto de nova proposta na mesma sessão legislativa. Assim, somente na próxima sessão legislativa é que os membros do Legislativo poderão colocar em pauta novamente uma PEC que tenha sido rejeitada.

b) Limitações circunstanciais

Em determinadas circunstâncias, em situações de anormalidade, é proibida a edição de emendas constitucionais. Diz a Constituição que ela não poderá ser emendada na vigência de intervenção federal, de estado de defesa ou de estado de sítio (são os denominados "estados de exceção"). Nesses momentos, diz-se que a Constituição fica imutável.

c) Limitações materiais

Há algumas matérias que não poderão ser abolidas do texto constitucional, aliás, sequer poderão ser objeto de deliberação. O § 4º do art. 60 da Constituição traz as denominadas cláusulas pétreas ou núcleos essenciais intangíveis. O nome sempre nos ajuda a compreender o instituto jurídico. "Pétreas" vêm de pedra, algo tão consistente e rígido que é comparado a uma pedra. A outra nomenclatura utilizada pela doutrina também tem fundamento: núcleos, ou seja, apenas uma parte da constituição, um núcleo, é que é dotado dessa impossibilidade de supressão. Além disso, um núcleo essencial, ou seja, aquele relacionado com matérias tipicamente, essencialmente, constitucionais, ou seja, as que giram em torno do poder. E mais, algo intangível é algo não modificável.

As denominadas cláusulas pétreas são as seguintes: forma federativa de Estado; o voto secreto, direto, universal e periódico; a separação dos Poderes; e os direitos e garantias individuais.

12.1.8.4.2. Leis complementares

As leis complementares se diferenciam das ordinárias por possuírem duas características. A primeira está relacionada ao quórum de aprovação. Para ser aprovada é necessário o voto da maioria absoluta (art. 69 da CF). A segunda diferença se dá quanto ao conteúdo disciplinado. Somente será exigida a aprovação por meio de lei complementar em relação às matérias que a Constituição expressamente exige.

Assim, quando a constituição trata de um assunto e menciona que tal assunto deve ser regulamentado por lei, sem qualificar essa lei como "complementar", diz-se que não é necessário o voto da maioria absoluta, ou seja, presume-se que é lei ordinária.

Por ser a lei complementar dotada das características mencionadas, alguns doutrinadores mencionam que há hierarquia entre ela e a lei ordinária, prevalecendo a complementar em relação à ordinária. Entretanto, prevalece uma segunda corrente que sustenta apenas a existência de âmbito de atuação diferente e quórum diferenciado, não havendo hierarquia entre ambas.

12.1.8.4.3. Leis ordinárias

Espécie normativa responsável pela edição de normas gerais e abstratas. A denominação ordinária vem de algo que é comum. Em âmbito federal será elaborada pelo Congresso Nacional, na esfera estadual pelas Assembleias Legislativas dos Estados e na municipal pelas Câmaras de Vereadores. Tudo que não for disciplinado por lei complementar deve ser tratado por lei ordinária. O quórum para sua aprovação é de maioria simples, ou seja, basta aprovação por maioria dos votos, desde que presente a maioria absoluta dos membros da Casa. O que se leva em conta para apurar a maioria simples é o número de parlamentares presentes na sessão.

12.1.8.4.4. Leis delegadas

São leis elaboradas pelo Presidente da República, quando ele exerce, atipicamente, a função legislativa. Segundo o art. 68 da CF, para que o Presidente elabore essa lei deve solicitar a delegação ao Congresso Nacional. O ato que formaliza a autorização dada pelo Legislativo é uma resolução que deve especificar o conteúdo e os termos de seu exercício.

Ressalta-se que, segundo o § 1º do art. 68 da CF, não podem ser objetos de delegação os atos de competência exclusiva do Congresso Nacional, os de competência privativa da Câmara dos Deputados ou do Senado Federal, a matéria reservada à lei complementar, nem a legislação sobre: I – organização do Poder Judiciário e do Ministério Público, a carreira e a garantia de seus membros; II – nacionalidade, cidadania, direitos individuais, políticos e eleitorais; III – planos plurianuais, diretrizes orçamentárias e orçamentos.

A resolução do Congresso também pode mencionar que o projeto de lei, elaborado pelo Presidente, passe por sua apreciação; nessa hipótese, conforme o § 3º do art. 68 da CF, a verificação se dará em votação única e o Congresso não poderá fazer emendas ao texto.

12.1.8.4.5. Medida provisória

A possibilidade de edição de medidas provisórias pelo Chefe do Executivo vem prevista no art. 62 da CF. Desse modo, havendo *relevância* e *urgência*, o Presidente da República poderá adotar medidas provisórias, com *força de lei*, devendo submetê-las imediatamente ao Congresso Nacional.

A votação da medida provisória, segundo § 8º do art. 62 da CF, terá início na Câmara dos Deputados que deverá, antes de deliberar sobre seu mérito, verificar se os pressupostos constitucionais da medida (relevância e urgência) foram atendidos. O mesmo vale para a votação no Senado Federal. É o que dispõe o § 5º do art. 62.

Além disso, a comissão mista de Deputados e Senadores deverá examinar e emitir parecer acerca das medidas provisórias, antes de serem apreciadas, em sessão separada, pelo plenário de cada uma das Casas do Congresso Nacional, conforme § 9º do art. 62.

Ressalta-se que há matérias, segundo o § 1º, inciso I, do art. 62 da CF, que *não* podem ser objeto de medida provisória. São as seguintes: a) nacionalidade, cidadania, direitos políticos, partidos políticos e direito eleitoral; b) direito penal, processual penal e processual civil; c) organização do Poder Judiciário e do Ministério Público, a carreira e a garantia de seus membros; d) planos plurianuais, diretrizes orçamentárias, orçamento e créditos adicionais e suplementares, ressalvado o previsto no art. 167, § 3º, da CF.

O inciso II do mesmo dispositivo constitucional menciona que também é vedada a edição de medida provisória que vise a detenção ou sequestro de bens, de poupança popular ou qualquer outro ativo financeiro, além das matérias reservadas à lei complementar e as já disciplinadas em projeto de lei aprovado pelo Congresso Nacional e pendente de sanção ou veto do Presidente da República.

De acordo com o § 3º do art. 167 da CF, a abertura de crédito extraordinário somente será admitida para atender a despesas imprevisíveis e urgentes, como as decorrentes de guerra, comoção interna ou calamidade pública, observado o disposto no art. 62. Ou seja, **há possibilidade, ainda que excepcional, de abertura de créditos extraordinários por meio de medida provisória.**

O prazo das medidas provisórias, contado a partir da publicação, é de 60 (sessenta) dias, prorrogável, uma única vez, por igual período (60 + 60). Esse prazo ficará suspenso durante o período de recesso do Congresso. Ressalta-se que a prorrogação ocorrerá se a medida não tiver sua votação encerrada nas duas Casas do Congresso dentro do prazo inicial de 60 dias, conforme § 7º do art. 62.

Não sendo convertidas em lei dentro desse período, conforme dispõe o § 3º do art. 62 da CF, as medidas *perderão sua eficácia*, desde a edição. Nessa hipótese, deve o Congresso Nacio nal, por meio de decreto legislativo, regulamentar as relações jurídicas formadas durante o período em que a medida vigorou.

Exceções à regra de perda de eficácia da medida provisória:

1ª Se o decreto legislativo, que disciplinaria as relações formadas durante a vigência da medida, não tiver sido editado até (60) sessenta dias após sua rejeição ou perda de eficácia, as relações jurídicas constituídas e decorrentes de atos praticados naquele período continuarão sendo regidas pela medida provisória, conforme dispõe o § 11 do art. 62;

2ª Se o projeto de lei de conversão da medida provisória for aprovado, mas alterando o texto original, ela também permanecerá em vigor até que ele seja sancionado ou vetado, conforme § 12 do art. 62.

12.1.8.4.5.1. Regime de urgência ou trancamento de pauta

A medida provisória, conforme já mencionado, tem prazo de validade de 60 dias. Ocorre que há outro prazo, que é de 45 dias, para que ela seja apreciada sem que cause prejuízos. Assim, se não for apreciada em até quarenta e cinco dias contados de sua publicação, entrará em regime de urgência, subsequentemente, em cada uma das Casas do Congresso Nacional, ficando sobrestadas todas as demais deliberações legislativas da Casa em que estiver tramitando até que seja concluída sua votação. É o que determina o § 6º do art. 62 da CF.

Frisa-se que é expressamente proibida a reedição de medidas provisórias na mesma sessão legislativa em que ela tenha sido rejeitada ou que tenha perdido sua eficácia por decurso de prazo, conforme § 10 do art. 62 da CF.

Por fim, o § 2º do mesmo dispositivo constitucional determina que a medida provisória que implique instituição ou majoração de impostos, exceto os previstos nos arts. 153, I, II, IV, V, e 154, II, só produzirá efeitos no exercício financeiro seguinte se houver sido convertida em lei até o último dia daquele em que foi editada.

12.1.8.4.6. Decreto legislativo

As matérias de *competência exclusiva* do Congresso Nacional, previstas no art. 49 da CF, devem ser normatizadas por meio de decreto legislativo. Exemplo: quando o Congresso Nacional quiser sustar os atos normativos do Poder Executivo que exorbitem o poder regulamentar, poderá fazê-lo por meio de decreto legislativo. Outro exemplo seria o Congresso autorizando a realização de um referendo ou convocando um plebiscito. Tais atos serão formalizados por decreto legislativo.

Exceção: o Congresso Nacional, ao delegar a competência legislativa ao Presidente da República para que ele elabore uma lei delegada, o faz por meio de *resolução* e não por decreto legislativo, pois a Constituição assim determina.

Vale lembrar que o Presidente do Senado Federal é quem promulga um decreto legislativo, não passando por deliberação executiva (sanção ou veto presidencial).

12.1.8.4.7. Resolução

Tem por finalidade normatizar as matérias *de competência privativa da Câmara de Deputados* (art. 51 da CF), do *Senado Federal* (art. 52 da CF) e, ainda, algumas atribuições do *Congresso* Nacional, por exemplo, a delegação ao Presidente da República para que ele edite lei delegada (art. 68, §2º, da CF).

Quem promulga uma resolução é a Mesa da Casa Legislativa responsável por sua edição. Do mesmo modo que ocorre com o decreto legislativo, as resoluções não estão sujeitas a deliberação executiva (sanção ou veto presidencial).

12.1.8.4.7.1. Fiscalização contábil, financeira e orçamentária

Conforme dispõe o art. 70 da CF, a fiscalização contábil, financeira, orçamentária, operacional e patrimonial da União e das entidades da administração direta e indireta, quanto à legalidade, legitimidade, economicidade, aplicação das subvenções e renúncia de receitas, será exercida pelo Congresso Nacional, mediante controle externo, e pelo sistema de controle interno de cada Poder.

Todos os órgãos, pessoas, públicos ou privados, que utilizem, arrecadem, guardem, cuidem ou administrem o patrimônio público, têm o dever de prestar contas.

Para tanto, é necessária a realização de controle, que pode ser interno ou externo. O primeiro, como já mencionado, é aquele realizado pelo próprio poder. Já o controle externo é feito pelo Congresso Nacional com o auxílio do Tribunal de Contas da União, ao qual compete, dentre outras atribuições:

✓ apreciar as contas prestadas anualmente pelo Presidente da República;

✓ julgar as contas dos administradores e demais responsáveis por dinheiros, bens e valores públicos da administração direta e indireta, incluídas as fundações e sociedades instituídas e mantidas pelo Poder Público federal, e as contas daqueles que derem causa a perda, extravio ou outra irregularidade de que resulte prejuízo ao erário;

✓ realizar inspeções e auditorias de natureza contábil, financeira, orçamentária, operacional e patrimonial, nas unidades administrativas dos Poderes Legislativo, Executivo e Judiciário;

✓ fiscalizar a aplicação de quaisquer recursos repassados pela União mediante convênio, acordo, ajuste ou outros instrumentos congêneres, a Estado, ao Distrito Federal ou a Município;

✓ prestar as informações solicitadas pelo Congresso Nacional, por qualquer de suas Casas, ou por qualquer das respectivas Comissões, sobre a fiscalização contábil, financeira, orçamentária, operacional e patrimonial e sobre resultados de auditorias e inspeções realizadas;

✓ aplicar aos responsáveis, em caso de ilegalidade de despesa ou irregularidade de contas, as sanções previstas em lei;

✓ assinar prazo para que o órgão ou entidade adote as providências necessárias ao exato cumprimento da lei, se verificada ilegalidade;

✓ sustar, se não atendida, a execução do ato impugnado, comunicando a decisão à Câmara dos Deputados e ao Senado Federal;

✓ representar ao Poder competente sobre irregularidades ou abusos apurados.

Vale lembrar, conforme dispõe o § 3º do art. 71 da CF, que as decisões do Tribunal de Contas que decorram de imputação de débito ou multa valem como título executivo.

Além do exposto, deve o Tribunal de Contas enviar relatórios de suas atividades, trimestral e anualmente, ao Congresso Nacional.

É da competência originária do STF o processo e julgamento dos membros dos Tribunais de Contas da União e, do STJ, os processos relativos aos membros dos Tribunais de Contas Estaduais e do Distrito Federal (arts. 102, I, "c", e 105, I, "a", ambos da CF).

12.2. Poder Executivo

A função típica do poder executivo é a de administrar. No Brasil, como adotamos o sistema presidencialista de governo, o Chefe do Executivo cumula as atribuições de chefe de estado (representa a República Federativa do Brasil perante a comunidade internacional) e chefe de governo (comanda e administra o país no âmbito interno).

De forma atípica, o Chefe do Executivo realiza funções legislativas ao vetar ou sancionar uma lei, ao iniciar um projeto de lei nas hipóteses de sua competência, e, ainda, ao editar medidas provisórias e leis delegadas.

Em todas as unidades federativas há o exercício do Poder Executivo. No âmbito federal, conforme art. 76 da CF, o Executivo é chefiado pelo Presidente da República, que se vale do auxílio dos Ministros de Estado. Para concorrer ao cargo de Presidente o sujeito precisa ser brasileiro nato e contar com mais de 35 anos (art. 14, § 3º, VI, "a", da CF). Já os Ministros que auxiliam o Chefe do Executivo são escolhidos e nomeados por ele, desde que contenham os seguintes requisitos: sejam brasileiros, maiores de vinte e um anos e estejam no exercício dos direitos políticos (art. 87 da CF).

Dentre os diversos ministros que auxiliam o Presidente da República, apenas um deles a Constituição exige que seja brasileiro *nato*, que é o Ministro de Estado da Defesa (art. 12, § 3º, VII). Os demais cargos de Ministros podem ser ocupados tanto por brasileiros natos quanto por naturalizados, conforme nos ensina os arts. 87 e 12, § 2º, ambos da CF.

No âmbito estadual, o Executivo é chefiado pelo Governador do Estado (art. 28 da CF). Tal cargo deve ser ocupado por um brasileiro que possua mais de 30 anos, segundo o art. 14, § 3º, VI, "b", da CF. Auxiliam o Chefe do Executivo estadual o Vice-Governador e os Secretários Estaduais. No Distrito Federal também é o Governador quem chefia o Executivo, valendo-se, para tanto, do auxílio dos seus Secretários Distritais (art. 32, § 2º, da CF).

No âmbito municipal, o Executivo é comandado pelo Prefeito, conforme art. 29, I, da CF. Para que alguém concorra ao cargo de Prefeito é necessário que seja brasileiro e que possua, pelo menos, 21 anos (art. 14, § 3º, VI, "c", da CF). O Vice-Prefeito e os Secretários Municipais auxiliam diretamente os Prefeitos.

12.2.1. Mandato

Os Chefes do Executivo possuem um mandato de quatro anos, admitida uma reeleição para um único período subsequente (art. 14, § 5º, CF). Segundo o art. 77 da CF, a eleição do Presidente e do Vice-Presidente ocorre no primeiro domingo de outubro, em primeiro turno, e, havendo a necessidade de um segundo turno, ou seja, quando nenhum dos candidatos que participaram do primeiro turno obtiverem a maioria absoluta dos votos válidos, tal votação se dará no último domingo de outubro do ano anterior ao término do mandato presidencial vigente.

Além disso, no âmbito dos municípios só haverá segundo turno se o número de eleitores for superior a duzentos mil (art. 29, II, da CF).

Conforme o § 3º do art. 77 da Constituição, se nenhum candidato alcançar maioria absoluta na primeira votação, far-se-á nova eleição em até vinte dias após a proclamação do resultado, concorrendo os dois candidatos mais votados e considerando-se eleito aquele que obtiver a maioria dos votos válidos

Após a votação, considera-se eleito, (pois o sistema de eleição adotado é o *majoritário)*, o candidato que obtiver a maioria absoluta dos votos válidos, não sendo computados os votos em branco e os nulos (art. 77, § 2º, da CF). A posse do novo governante ocorrerá no dia primeiro de janeiro do ano seguinte à sua eleição. O parágrafo único do art. 78 dispõe que passados dez dias da data fixada para a posse e o governante, salvo motivo de força maior, não tiver assumido o cargo, este será declarado *vago.*

As regras sobre sucessão e substituição do Presidente da República estão previstas nos arts. 79, 80 e 81 da CF e serão analisadas abaixo.

12.2.2. Sucessão

Nas hipóteses de sucessão presidencial, a ausência do Presidente se dá de forma definitiva, ou seja, ele sai do cargo e não volta mais. Os exemplos mais comuns são: morte do Presidente, afastamento em virtude de um processo de *impeachment*, invalidez permanente etc.

12.2.3. Substituição

Nas hipóteses de substituição presidencial, a ausência do Presidente se dá não de forma definitiva, mas de forma transitória, passageira, ou seja, ele sai e posteriormente retorna ao cargo. Isso ocorre, por exemplo, em virtude de um afastamento médico para eventual tratamento de doença ou se houverem sido suspensas suas funções em decorrência de um processo judicial etc. São as hipóteses em que o Presidente fica impedido de atuar.

Segundo o art. 80 da CF, o Presidente será substituído, em primeiro lugar, pelo Vice-Presidente; se ele também ficar impedido de assumir o cargo, será chamado ao exercício da Presidência da República o Presidente da Câmara, depois o Presidente do Senado e por último o Presidente do Supremo, sucessivamente. Vejam que na ordem de sucessão o Presidente da Câmara antecede o do Senado, pois este representa os Estados e aquele é quem representa o povo.

Apenas o Vice-Presidente poderá ocupar o cargo da Presidência de forma definitiva. Os demais somente substituirão o Presidente de forma temporária, provisória. Determina o art. 81 da CF que, vagando os cargos de Presidente e de Vice, deverá ser realizada nova eleição, depois de aberta a última vaga, dentro de noventa dias. Tal pleito se dará de duas formas:

1º ocorrendo a vacância dos cargos de Presidente e Vice-Presidente da República nos dois primeiros anos do mandato presidencial, novas eleições diretas deverão ser feitas dentro do prazo de 90 dias, depois de aberta a última vaga (art. 81, *caput, CF*);

2º ocorrendo a vacância dos dois cargos (Presidente e Vice) nos últimos dois anos do mandato presidencial, o Congresso Nacional é que escolherá o novo Presidente e Vice-Presidente da República, por meio de uma eleição que se dará dentro do prazo de 30 dias depois de aberta a última vaga (art. 81, § 1º, CF). É importante destacar que é o único caso de *eleição indireta* previsto na Constituição Federal. É indireta e não direta, pois não será o povo quem escolherá o novo governante, mas sim seus representantes (Deputados Federais e Senadores). Haverá intermediários na escolha do novo Presidente e Vice.

Nas duas hipóteses, os eleitos, segundo o § 2º do art. 81, cumprirão tão somente o período que falta para terminar o mandato de seus antecessores. É a hipótese do chamado mandato-tampão.

Lembramos que os casos de novas eleições, diretas ou indiretas, ocorrerão somente nos casos de vacância, ou seja, nos casos em que o Presidente e o Vice se afastam do cargo de forma definitiva.

Dispõe o art. 83 da CF que o Presidente e o Vice-Presidente não poderão ausentar-se do país por período superior a 15 dias, salvo se tiverem autorização do Congresso Nacional, sob pena de perderem o cargo.

12.2.4. Atribuições do Presidente da República

O art. 84 da CF traz as competências do Chefe do Executivo, cuja enumeração é meramente exemplificativa. Tais atribuições são, em regra, delegáveis. Destacam-se as seguintes:

12.2.4.1. Regulamentar normas

É de competência do Presidente, mediante decreto, sempre focado na fiel execução da lei, a regulamentação de normas.

Vale lembrar que o STF já definiu que "a exigência constitucional de lei formal para fixação do valor do salário mínimo está atendida pela Lei 12.382/2011. A utilização de decreto presidencial, definida pela Lei 12.382/2011 como instrumento de anunciação e divulgação do valor nominal do salário mínimo de 2012 a 2015, não desobedece ao comando constitucional posto no inciso IV do art. 7º da CB. A Lei 12.382/2011 definiu o valor do salário mínimo e sua política de afirmação de novos valores nominais para o período indicado (arts. 1º e 2º). Cabe ao presidente da República, exclusivamente, aplicar os índices definidos legalmente para reajuste e aumento e divulgá-los por meio de decreto, pelo que não há inovação da ordem jurídica nem nova fixação de valor" (ADI 4.568, Rel. Min. **Cármen Lúcia**, julgamento em 03.11.2011, Plenário, *DJE* de 30.03.2012).

12.2.4.2. Relacionar-se com Estados estrangeiros, atuando no âmbito internacional

Cabe ao Presidente manter relações com os Estados estrangeiros; acreditar seus representantes diplomáticos; celebrar tratados, convenções e atos internacionais, sujeitos a referendo do Congresso Nacional; e permitir, nos casos previstos em lei complementar, que forças estrangeiras transitem pelo território nacional ou nele permaneçam temporariamente.

12.2.4.3. Nomear autoridades para ocuparem cargos

Ao Presidente é dada a atribuição de nomear e exonerar os Ministros de Estado (art. 84, I, CF); nomear, após aprovação pelo Senado Federal, os Ministros do Supremo Tribunal Federal e dos Tribunais Superiores, os Governadores de Territórios, o Procurador-Geral da República, o presidente e os diretores do banco central e outros servidores, quando determinado em lei (art. 84, XIV, CF); nomear os Comandantes da Marinha, do Exército e da Aeronáutica, promover seus oficiais-generais e nomeá-los para os cargos que lhes são privativos (art. 84, XIII, CF); nomear, observado o disposto no art. 73, os Ministros do Tribunal de Contas da União (art. 84, XV, CF); nomear os magistrados, nos casos previstos na Constituição, e o Advogado-Geral da União (art. 84, XVI, CF); e nomear membros do Conselho da República, nos termos do art. 89, VII (art. 84, XVII, CF).

De acordo com a Súmula 627 do STF, "no mandado de segurança contra a nomeação de magistrado da competência do presidente da República, este é considerado autoridade coatora, ainda que o fundamento da impetração seja nulidade ocorrida em fase anterior ao procedimento".

Além disso, segundo o Supremo, "estando o presidente da República de posse de lista tríplice destinada ao preenchimento de vaga de magistrado de TRT, podendo nomear, a qualquer momento, aquele que vai ocupar o cargo vago, configura-se a competência desta Corte para o julgamento do mandado de segurança que impugna o processo de escolha dos integrantes da lista, nos termos da jurisprudência do STF, consolidada na Súmula 627 desta Corte." (MS 27.244-QO, Rel. Min. Joaquim Barbosa, julgamento em 13.052009, Plenário, *DJE* de 19.03.2010).

12.2.4.4. Atuações no processo de formação das leis (processo legislativo)

O Presidente da República inicia projetos de lei e de emendas constitucionais, nos casos determinados pela Constituição. Também participa, quando da edição de leis, da fase deliberativa, vetando ou sancionando os respectivos projetos. O veto pode ser motivado por razões de interesse público (veto político) ou por inconstitucionalidade (veto jurídico). Além dessas atuações, ao promulgar e mandar publicar as leis, o Presidente atua no processo legislativo na fase complementar. E, por último, ao *editar medidas provisórias* (art. 84, XXVI, CF) e leis delegadas (art. 68 da CF), o Presidente está exercendo uma função atípica, nesse caso, a legislativa.

12.2.4.5. Atuações nos "estados de exceção"

Ao Chefe do Executivo é dada a atribuição de decretar o estado de defesa e o estado de sítio (art. 84, IX, da CF); decretar e executar a intervenção federal (art. 84, X, da CF); declarar guerra, no caso de agressão estrangeira, autorizado pelo Congresso Nacional ou referendado por ele, quando ocorrida no intervalo das sessões legislativas; e, nas mesmas condições, decretar, total ou parcialmente, a mobilização nacional (art. 84, XIX, da CF).

12.2.4.6. Direção superior da administração federal

Cabe ao Presidente da República exercer tal função, auxiliado pelos Ministros de Estado.

12.2.4.7. Disciplinar por meio de decreto

a) a organização e funcionamento da administração federal quando não implicar aumento de despesa nem criação ou extinção de órgãos públicos; e b) a extinção de funções ou cargos públicos, quando vagos (art. 84, VI "a").

12.2.4.8. Conceder indulto e comutar penas

É da competência do Chefe do Executivo conceder tais benefícios por meio da expedição de decreto.

O indulto é normalmente concedido nos finais de ano, quando da comemoração do natal. Segundo o Supremo, "a concessão do benefício do indulto é uma faculdade atribuída ao Presidente da República. Desse modo, é possível a imposição de condições para tê-lo como aperfeiçoado, desde que em conformidade com a CF" (**AI 701.673-AgR, Rel. Min. Ricardo**

Lewandowski, julgamento em 05.05.2009, Primeira Turma, *DJE* de 05.06.2009).

Também, segundo a Corte Suprema, "o art. 5º, XLIII, da Constituição, que proíbe a graça, gênero do qual o indulto é espécie, nos crimes hediondos definidos em lei, não conflita com o art. 84, XII, da Lei Maior. O decreto presidencial que concede o indulto configura ato de governo, caracterizado pela ampla discricionariedade" (**HC 90.364, Rel. Min. Ricardo Lewandowski, julgamento em 31.10.2007, Plenário,** *DJ* de 30.11.2007). No mesmo sentido: **HC 81.810, Rel. Min. Cezar Peluso, julgamento em 16.04.2009, Plenário,** *DJE* de 07.08.2009.

A anistia, em regra, é aplicada aos crimes políticos e depende de lei. De acordo com o STF, "tal instituto configura ato político, com natureza política e, excepcionalmente, estende-se a crimes comuns, certo que, para estes, há o indulto e a graça, institutos distintos da anistia (CF, art. 84, XII)" (**ADI 1.231, Rel. Min. Carlos Velloso, julgamento em 15.12.2005, Plenário,** *DJ* de 28.04.2006).

12.2.4.9. Comandar as forças armadas

O Presidente da República comanda as forças armadas. Elas têm por finalidade a proteção militar do país e a defesa da ordem interna, além de protegerem a lei e atuarem de acordo com o que ela determina. (art. 84, XIII, da CF)

12.2.4.10. Convocar e presidir Conselhos

O Chefe do Executivo é quem convoca e preside o Conselho da República e o Conselho de Defesa Nacional (art. 84, XVIII, da CF).

12.2.4.11. Celebrar a paz

O Congresso Nacional pode autorizar o Presidente a celebrar a paz ou referendar uma determinação já formulada por ele (art. 84, XX).

12.2.4.12. Demais atribuições

Cabe ainda ao Chefe do Executivo enviar ao Congresso Nacional o plano plurianual, o projeto de lei de diretrizes orçamentárias e as propostas de orçamento previstas na Constituição; prestar, anualmente, ao Congresso Nacional, dentro de 60 (sessenta) dias após a abertura da sessão legislativa, as contas referentes ao exercício anterior; prover e extinguir os cargos públicos federais, na forma da lei; além de outras atribuições dispostas na Constituição.

Vale lembrar que o parágrafo único do art. 84 da CF dispõe que o Presidente poderá delegar aos Ministros de Estado, ao Procurador-Geral da República ou ao Advogado-Geral da União as seguintes atribuições:

a) disciplina, por meio de decreto, sobre a organização e funcionamento da administração federal, quando não implicar aumento de despesa nem criação ou extinção de órgãos públicos e sobre a extinção de funções ou cargos públicos, quando vagos;

b) concessão de indulto e comutação de penas; e

c) provimento dos cargos públicos federais, na forma da lei.

Por fim, o STF firmou orientação no sentido da "legitimidade de delegação a ministro de Estado da competência do chefe do Executivo Federal para, nos termos do art. 84, XXV, e parágrafo único, da CF, aplicar pena de demissão a servidores públicos federais. (...) Legitimidade da delegação a secretários estaduais da competência do governador do Estado de Goiás para (...) aplicar penalidade de demissão aos servidores do Executivo, tendo em vista o princípio da simetria" (RE 633.009-AgR, Rel. Min. Ricardo Lewandowski, julgamento em 13.09.2011, Segunda Turma, *DJE* de 27.09.2011).

12.2.5. Responsabilidade do Presidente da República

Conforme dispõe o art. 86 da CF, o Chefe do Executivo federal pode ser responsabilizado pela prática de crime comum e por crime de responsabilidade. Pelo primeiro terá de responder perante o Supremo Tribunal Federal, já pelo segundo, crime de responsabilidade, estará sujeito a julgamento perante o Senado Federal.

De acordo com o enunciado da **Súmula vinculante 46** a **definição dos crimes de responsabilidade** e o estabelecimento das respectivas normas de processo e julgamento são da competência legislativa da **União**. Vale lembrar que esse comando já vinha descrito na Súmula 722 do STF. Ocorre que, em 09.04.2015, por unanimidade, a Suprema Corte, mediante a conversão da Súmula 722, aprovou a proposta da edição da **Súmula vinculante 46**. Sendo assim, o entendimento já consolidado na jurisprudência do STF, passou a ter efeito vinculante. Os atos que atentem contra a Constituição Federal, em especial contra a existência da União, contra o livre exercício dos poderes, contra o exercício dos direitos políticos, individuais e sociais, contra a segurança interna do País, contra a probidade na administração, contra a lei orçamentária e contra o cumprimento das leis e das decisões judiciais são considerados *crimes de responsabilidade*. A definição de tais crimes é dada pelo art. 4º da Lei 1.079/50.

O procedimento para apuração e julgamento dos crimes praticados pelo Presidente, tanto dos crimes comuns quanto dos crimes de responsabilidade, obedece a um sistema bifásico no qual, em um primeiro momento, é necessária a autorização da Câmara dos Deputados (juízo de admissibilidade do processo), pelo voto de dois terços dos membros, conforme o *caput* do art. 86 da CF. Somente se a Câmara autorizar o julgamento é que haverá a segunda fase do procedimento bifásico, o julgamento propriamente dito. Fala-se que o Presidente possui imunidade formal no tocante à formação do processo, por conta da necessidade dessa autorização da Câmara. É necessário salientar que a imunidade mencionada não se aplica aos membros do Poder Legislativo.

Ao adentrarmos na segunda fase do procedimento bifásico, é necessário diferenciarmos crime comum de crime de responsabilidade, pois cada um obedece a um trâmite processual diferente.

Se o Presidente praticar um crime de natureza *comum*, ou seja, aqueles crimes previstos na legislação penal, conforme dispõem os arts. 86 e 102, I, "b", da CF, será processado e julgado, conforme já mencionado, perante o Supremo Tribunal Federal. Se a denúncia ou queixa for recebida pelo Supremo, o Presidente ficará suspenso de suas funções pelo prazo de 180 dias. Após esse período, se o processo ainda não tiver chegado ao fim, o Presidente deverá retomar suas funções (art. 86, § 1º, I, e § 2º da CF).

Se o Presidente for condenado, além das sanções previstas na lei penal, poderá perder o cargo se a pena aplicada for privativa de liberdade por tempo igual ou superior a um ano e o crime for praticado com abuso de poder ou violação de dever para com a Administração Pública (art. 92, I, "a", do CP). Nessa hipótese a perda do cargo é um efeito da condenação criminal.

O § 3º do art. 86 nos ensina que, durante a vigência do mandato, se o Presidente praticar um crime comum, enquanto não houver sentença condenatória ele não poderá ser levado à prisão (imunidade formal no tocante às prisões de natureza cautelar). Desse modo, o Presidente não poderá ter restrita sua liberdade por nenhuma das modalidades de prisão cautelar, ou seja, não poderá ser preso em flagrante, preventiva ou provisoriamente, mesmo que presentes os requisitos para a decretação de tais custódias. Essas modalidades de prisão são decretadas de forma cautelar, isto é, sem que haja uma decisão condenatória transitada em julgado.

Vale lembrar que o STF já definiu, "no que concerne ao art. 86, § 3º e § 4º, da Constituição, na ADI 1.028, de referência à imunidade à prisão cautelar como prerrogativa exclusiva do presidente da República, insuscetível de estender-se aos governadores dos Estados, que institucionalmente, não a possuem" (**ADI 1.634-MC**, Rel. Min. **Néri da Silveira**, julgamento em 17.09.1997, Plenário, *DJ* de 08.09.2000).

Também segundo o § 4º do art. 86 da CF, durante a vigência do mandato, o Presidente não poderá ser responsabilizado por atos estranhos ao exercício de suas funções. Dessa maneira, só responderá por crime comum perante o Supremo se o crime tiver ligação com o exercício das atividades presidenciais.

Assim, crimes comuns praticados pelo Presidente que não tenham relação com o exercício de suas funções só serão julgados após o fim do mandato, perante a justiça comum e não perante o Supremo Tribunal Federal.

Salienta-se, ainda, que o Chefe do Executivo federal, diferentemente dos parlamentares, não possui a denominada imunidade material, ou seja, não é inviolável por suas palavras, opiniões e votos durante o curso do mandato.

O Presidente pode ser responsabilizado não apenas pela prática de crime comum, mas também em virtude da prática de crime de responsabilidade. A natureza jurídica de tal delito é controvertida na doutrina, mas a maioria entende que é de infração político-administrativa. Se o *Presidente* praticar *crime de responsabilidade*, ou seja, aqueles descritos no art. 85 da CF e regulamentados pela Lei 1.079/50, terá de se sujeitar ao chamado processo de *impeachment*.

Da mesma maneira que ocorre quando ele pratica um crime comum, é necessário o juízo de admissibilidade da Câmara. Somente após ter sido autorizado o julgamento do Presidente é que passaremos para a segunda fase do procedimento.

Nesse momento, o processo é instaurado no Senado Federal, que terá na presidência da sessão de julgamento o Presidente do Supremo Tribunal Federal (art. 52, parágrafo único, da CF). Ressalta-se que ao Senado não é dado juízo de discricionariedade: sendo o julgamento autorizado pela Câmara, o Senado tem de instaurar o processo.

São assegurados ao Presidente os princípios constitucionais da ampla defesa, contraditório e devido processo legal durante todo o trâmite do processo de *impeachment*.

Segundo o inciso II do § 1º do art. 86, a instauração do processo por crime de responsabilidade pelo Senado Federal faz com que o Presidente fique suspenso de suas funções. Se optarem por absolver o Presidente, o processo de *impeachment* será arquivado. Agora, para que o Chefe do Executivo federal seja condenado, é necessário o voto de dois terços dos membros da casa.

Vejam: o art. 86, § 1º, I e II, da CF determina dois momentos para o início da suspensão das funções do Presidente. Se o crime for comum, após o recebimento da denúncia ou queixa-crime pelo STF; se o crime for de responsabilidade, após a instauração do processo pelo Senado Federal.

As penas impostas, no caso de condenação do Presidente por crime de responsabilidade, são autônomas e aplicadas de forma cumulativa. São as seguintes: 1 – perda do cargo; 2 – inabilitação para o exercício de função pública por oito anos (art. 52, parágrafo único, da CF).

O julgamento dos Chefes do Executivo dos Estados, do Distrito Federal e dos Municípios é semelhante ao do âmbito federal. Vejamos.

Nos Estados e no Distrito Federal, os *Governadores* também podem ser responsabilizados por crimes comuns ou de responsabilidade. Pelos primeiros são julgados pelo Superior Tribunal de Justiça (art. 105, I, "a"). Pelos segundos são julgados pelo Tribunal de Justiça do Estado do qual são governantes. A composição desse Tribunal, especificamente para o julgamento do Governador, é dada pelo § 3º do art. 78 da Lei 1.079/50, que determina que o órgão será presidido pelo Presidente do próprio Tribunal e composto por cinco Deputados Estaduais e cinco Desembargadores.

Nos Municípios, os *Prefeitos* estão também sujeitos à responsabilização por crimes comuns e de responsabilidade. Pela prática de crime comum, conforme inciso X do art. 29 da CF, os Chefes do Executivo municipal são processados e julgados pelo Tribunal de Justiça do Estado de que o Município faz parte. Por crimes de responsabilidade, os prefeitos poderão ser responsabilizados de duas maneiras: se o crime de responsabilidade for próprio, isto é, tipificado no art. 4º do Decreto-Lei 201/1967, a Câmara de Vereadores é quem fará o julgamento; já se for um crime de responsabilidade impróprio, ou seja, aqueles não de natureza política, mas penal tão somente, é o Tribunal de Justiça do Estado respectivo o órgão competente para julgamento (art. 1º do Decreto-Lei 201/1967).

12.3. Poder Judiciário

Um dos importantes princípios que regem esse poder é o da **imparcialidade.** Significa que o juiz, ao analisar os processos que foram a ele submetidos, deve agir com neutralidade.

Além disso, a jurisdição, em regra, pressupõe a existência de uma lide. Ela é inerte, depende de provocação da parte interessada, e é dotada da característica da definitividade, ou seja, transitada em julgado e passado o prazo para a propositura de ação rescisória, a decisão não poderá mais ser modificada.

De acordo com o art. 93, I, da CF, o ingresso na carreira da magistratura, cujo cargo inicial será o de juiz substituto, se dá mediante aprovação em concurso público de provas e títulos, com a participação da OAB em todas as fases. Além disso, o bacharel em Direito tem de comprovar três anos de atividade jurídica para ingressar na magistratura. É a chamada **"quarentena de entrada"**, instituto inserido na CF pela EC 45/2004 (reforma do Poder Judiciário).

Segundo o STF (ADI 3.460/DF), os três anos de atividade jurídica são contados da data de conclusão do curso, pois as atividades que terão de ser demonstradas são aquelas privativas do bacharel em Direito. Desse modo, os tempos de estágio, realizados durante o curso de Direito, não são computados para esse fim.

O assunto mencionado foi objeto de regulamentação pela Resolução 75/2009 do Conselho Nacional de Justiça. O seu art. 59 menciona que pode ser computada como tempo de "atividade jurídica", dentre outras atividades, o efetivo exercício da advocacia, magistério superior, desde que predominantemente requeira a utilização de conhecimento jurídico, função de conciliador, mediador ou árbitro na composição de litígios etc.

12.3.1. Funções, órgãos e principais institutos

A Constituição Federal traz em seus arts. 92 ao 126 a organização do Poder Judiciário.

O Poder Judiciário tem como função típica a jurisdicional (solução de interesses por meio do devido processo legal). Realiza, de forma atípica, outras funções, como a de natureza *legislativa* (por exemplo, a elaboração do seu regimento interno) e de natureza *executiva-administrativa*, como a organização de suas secretarias.

I - o Supremo Tribunal Federal;

I-A o Conselho Nacional de Justiça; (Incluído pela EC nº 45, de 2004)

II - o Superior Tribunal de Justiça;

II-A - o Tribunal Superior do Trabalho; (Incluído pela EC nº 92, de 2016)

III - os Tribunais Regionais Federais e Juízes Federais;

IV - os Tribunais e Juízes do Trabalho;

V - os Tribunais e Juízes Eleitorais;

VI - os Tribunais e Juízes Militares;

VII - os Tribunais e Juízes dos Estados e do Distrito Federal e Territórios.

A EC n. 73 de 6 de abril de 2013 criou os Tribunais Regionais Federais da 6ª, 7ª, 8ª e 9ª Regiões. Ocorre que a Associação Nacional dos Procuradores Federais - ANPAF ajuizou ação direta de inconstitucionalidade, com pedido de medida liminar, contra a Emenda Constitucional 73/2013. Em decisão monocrática, a ação teve a medida cautelar deferida, o que acarretou a suspensão dos efeitos da EC 73/2013.

O Supremo Tribunal Federal, os Tribunais Superiores e o Conselho Nacional de Justiça têm sede na Capital Federal (Brasília) e os dois primeiros têm jurisdição em todo território nacional.

De acordo com o Supremo, "a Constituição não arrola as turmas recursais dentre os órgãos do Poder Judiciário, os quais são por ela discriminados, em *numerus clausus*, no art. 92. Apenas lhes outorga, no art. 98, I, a incumbência de julgar os recursos provenientes dos juizados especiais. Vê-se, assim, que a Carta Magna não conferiu às turmas recursais, sabidamente integradas por juízes de primeiro grau, a natureza de órgãos autárquicos do Poder Judiciário, e nem tampouco a qualidade de tribunais, como também não lhes outorgou qualquer autonomia com relação aos TRFs. É por essa razão que, contra suas decisões, não cabe recurso especial ao STJ, a teor da Súmula 203 daquela Corte, mas tão somente recurso extraordinário ao STF, nos termos de sua Súmula 640. Isso ocorre, insisto, porque elas constituem órgãos recursais ordinários de última instância relativamente às decisões dos juizados especiais, mas não tribunais, requisito essencial para que se instaure a competência especial do STJ." (**RE 590.409**, voto do Rel. Min. **Ricardo Lewandowski**, julgamento em 26.08.2009, Plenário, *DJE de* 29.10.2009, com repercussão geral).

De acordo com a Súmula Vinculante 37 (STF), não cabe ao Poder Judiciário, que não tem função legislativa, aumentar os vencimentos de servidores públicos sob o fundamento de isonomia.

Vale lembrar que, em relação ao Poder Judiciário, os temas recorrentes em provas e exames são os atinentes à EC 45/2004 (reforma do Poder Judiciário) dentre os quais se destacam os seguintes:

a) inserção do inciso LXXVIII no art. 5º da CF – princípio da **razoável duração do processo ou celeridade processual** no âmbito judicial e administrativo. Configura uma ampliação do rol de direitos e garantias fundamentais;

b) criação de um novo órgão no poder judiciário: CNJ – **Conselho Nacional de Justiça** (art. 103-B da CF);

c) fortificação do princípio da **imparcialidade**, pela criação de vedações ao membros da magistratura, como a proibição do exercício da advocacia no juízo ou tribunal ao qual se afastou pelo prazo de 3 anos;

d) criação de mais um requisito de admissibilidade ao recurso extraordinário: instituto da **repercussão geral**;

e) alterações nas **regras de competência,** em especial em relação à Justiça do Trabalho;

f) criação do instituto denominado **súmula vinculante** (art. 103-A da CF, regulamentado pela Lei 11.417/2006).

12.3.1.1. Súmula Vinculante

Dispõe a CF, em seu art. 103-A, que o Supremo Tribunal Federal, e só ele, poderá, de ofício ou por provocação, aprovar súmula vinculante, mediante decisão de **dois terços** dos seus membros, após **reiteradas decisões** sobre **matéria constitucional**.

De acordo com o art. 3º da Lei 11.417/06, são legitimados a propor a edição, a revisão ou o cancelamento de enunciado de súmula vinculante: I – o Presidente da República; II – a Mesa do Senado Federal; III – a Mesa da Câmara dos Deputados; IV – o Procurador-Geral da República; V – o Conselho Federal da Ordem dos Advogados do Brasil; VI – o Defensor Público-Geral da União; VII – partido político com representação no Congresso Nacional; VIII – confederação sindical ou entidade de classe de âmbito nacional; IX – a Mesa de Assembléia Legislativa ou da Câmara Legislativa do Distrito Federal; X – o Governador de Estado ou do Distrito Federal; XI – os Tribunais Superiores, os Tribunais de Justiça de Estados ou do Distrito Federal e Territórios, os Tribunais Regionais Federais, os Tribunais Regionais do Trabalho, os Tribunais Regionais Eleitorais e os Tribunais Militares.

Além disso, o § 1º do mesmo dispositivo determina que o Município também pode propor, incidentalmente ao curso de processo em que seja parte, a edição, a revisão ou o cancelamento de enunciado de súmula vinculante, o que não autoriza a suspensão do processo.

Tal súmula, a partir da publicação na imprensa oficial, terá **efeito vinculante** em relação aos demais órgãos do Poder Judiciário e à administração pública direta e indireta, nas esferas federal, estadual e municipal. A súmula não vincula a função legislativa, ainda que exercida de forma atípica.

Desse modo, havendo descumprimento do mandamento trazido pela súmula vinculante, ou aplicação indevida, caberá **reclamação ao STF** que, julgando-a procedente, anulará o ato administrativo ou cassará a decisão judicial reclamada, e determinará que outra seja proferida com ou sem a aplicação da súmula, conforme o caso (art. 103-A, §3º, da CF).

De acordo com os ensinamentos do Supremo: "**Não se admite reclamação** contra omissão da administração pública, sob fundamento de ofensa a súmula vinculante, **quando não demonstrado o esgotamento das vias administrativas**, conforme disposto no art. 7º, § 1º, da Lei 11.417/2006" (Rcl 14.343-AgR, rel. Min. Teori Zavascki, julgamento em 27.02.2014, Plenário, *DJE* de 28.03.2014).

Além disso, cabe ao STF não só editar como proceder a **revisão ou cancelamento da súmula**, na forma estabelecida em lei. Como mencionado anteriormente, a lei que regulamentou a súmula vinculante foi a de 11.417/2006.

Vale lembrar que a Corte Maior já decidiu que: "A **arguição de descumprimento de preceito fundamental não é a via adequada para se obter a interpretação, a revisão ou o cancelamento de súmula vinculante**." (ADPF 147-AgR, Rel. Min. Cármen Lúcia, julgamento em 24.03.2011, Plenário, *DJE* de 08.04.2011). Vide: ADPF 80-AgR, Rel. Min. Eros Grau, julgamento em 12.06.2006, Plenário, *DJ* de 10.08.2006.

É importante ressaltar, ainda, que o objetivo da súmula vinculante será a validade, a interpretação e a eficácia de normas determinadas, acerca das quais haja controvérsia atual entre órgãos judiciários ou entre esses e a administração pública que acarrete grave insegurança jurídica e relevante multiplicação de processos sobre questão idêntica (art. 103-A, § 1º, da CF).

Por fim, no procedimento de edição, revisão ou cancelamento de enunciado da súmula vinculante, o relator poderá admitir, por decisão irrecorrível, a **manifestação de terceiros** na questão, nos termos do Regimento Interno do Supremo Tribunal Federal (art. 3º, § 2º, da Lei 11.417/2006).

12.3.2. Estatuto da Magistratura

O art. 93 da Constituição Federal dispõe que cabe à *lei complementar*, de iniciativa do Supremo Tribunal Federal, dispor sobre o Estatuto da Magistratura (atualmente regulamentado pela Lei Complementar 35/1979), devendo observar os princípios constitucionais elencados nos respectivos incisos.

Destaca-se que a Emenda Constitucional 45/2004, chamada de "Reforma do Poder Judiciário", modificou razoavelmente o dispositivo supramencionado, vejamos:

a) **Ingresso na carreira (inc. I):** o cargo de juiz substituto se dá mediante concurso público de provas e títulos, com a participação da OAB em todas as fases, sendo exigido do bacharel em direito no mínimo *três anos de atividade jurídica*;

b) **Residência do juiz titular (inc. VII):** o juiz titular deve *residir* na respectiva *comarca*, salvo se houver autorização do tribunal;

c) **Remoção, disponibilidade e aposentadoria por interesse público (inc. VIII):** o quórum para determinar a remoção, a disponibilidade ou a aposentadoria do magistrado por interesse público é de *maioria absoluta* do respectivo tribunal ou do Conselho Nacional de Justiça, assegurando-se ao juiz a ampla defesa;

d) **Publicidade (inc. IX):** todos os julgamentos dos órgãos do Poder Judiciário serão públicos, e fundamentadas todas as decisões, sob pena de nulidade, podendo a lei limitar a presença, em determinados atos, às próprias partes e a seus advogados, ou somente a estes, em casos nos quais a preservação do direito à intimidade do interessado no sigilo não prejudique o interesse público à informação;

e) **Decisões administrativas dos Tribunais (inc. X):** devem ser motivadas e tomadas em sessão pública, devendo as de natureza disciplinar ser tomadas pelo voto da maioria dos seus membros;

f) **Composição do órgão especial (inc. XI):** os Tribunais com número superior a 25 julgadores poderão constituir órgão especial com no mínimo 11 e no máximo 25 membros para exercício das atribuições administrativas e jurisdicionais, sendo a metade deles provida por antiguidade e a outra metade por eleição pelo tribunal pleno;

g) **Férias forenses (inc. XII):** a atividade jurisdicional será ininterrupta, sendo vedadas férias coletivas nos juízos e tribunais de segundo grau, nos quais deverão funcionar juízes em plantão permanente nos dias em que não houver expediente forense normal;

h) **Número de juízes (inc. XIII):** deve ser proporcional à demanda e à população da unidade jurisdicional;

i) **Delegação de atos (inc. XIV):** os servidores devem receber delegação para a prática de atos de administração e atos de mero expediente sem caráter decisório;

j) **Distribuição de processos (inc. XV):** deve ser imediata, em todos os graus de jurisdição.

12.3.3. Quinto Constitucional

O quinto constitucional (art. 94, CF) consiste na composição de um quinto (20%) dos Tribunais Regionais Federais e dos Tribunais de Justiça dos Estados por promotores de justiça e advogados de notório saber jurídico e de reputação ilibada, com mais de dez anos de efetiva atividade profissional.

Os órgãos de representação das respectivas classes indicarão uma lista sêxtupla. O Tribunal reduzirá esta para uma lista tríplice, encaminhando-a para o Chefe do Poder Executivo respectivo (Presidente da República, no caso dos Tribunais Regionais Federais, e Governador, na hipótese dos Tribunais de Justiça dos Estados), que terá 20 dias para a escolha e nomeação de um.

Ressalta-se que o magistrado nomeado pelo quinto constitucional faz jus, desde logo, à sua vitaliciedade.

12.3.4. Garantias dadas aos membros do poder judiciário

O art. 95 da Constituição Federal assegura três garantias aos juízes, desembargadores e ministros, quais sejam:

a) **Vitaliciedade:** garante aos magistrados a manutenção no cargo, cuja perda somente se dá por sentença judicial transitada em julgado. Essa garantia é adquirida após dois anos do estágio probatório, em relação aos que foram aprovados em concurso público, ou no momento da posse, na hipótese daqueles que ingressaram pela regra do quinto constitucional ou foram nomeados para atuar nos Tribunais Superiores;

b) **Inamovibilidade:** atribui a garantia aos juízes de não serem removidos de um lugar para outro, sem prévio consentimento, exceto por motivo de interesse público, desde que pelo voto da maioria absoluta do tribunal ou Conselho Nacional de Justiça, assegurando-se a ampla defesa, conforme dispõe o art. 93, VIII, da CF;

c) **Irredutibilidade de subsídio:** esta garantia impede a redução dos subsídios, que é a forma de remuneração dos magistrados (ressalvado o disposto nos arts. 37, X e XI, 39, § 4º, 150, II, 153, III e 153, § 2º, I).

12.3.5. *Vedações impostas aos membros do Poder Judiciário*

O parágrafo único do art. 95 do Texto Maior traz cinco vedações. Vejamos:

a) vedação de exercício de outro cargo ou função, salvo uma de magistério;

b) proibição quanto ao recebimento, a qualquer título ou pretexto, de custas ou participação em processo;

c) vedação de dedicação à atividade político-partidária;

d) proibição do recebimento, a qualquer título ou pretexto, de auxílios ou contribuições de pessoas físicas, entidades públicas ou privadas, ressalvadas as previstas em lei;

e) proibição de exercício da advocacia antes de decorridos três anos do afastamento por aposentadoria ou exoneração no juízo ou tribunal do qual se afastou – denominada "quarentena de saída", não impede que o magistrado afastado possa advogar, mas tão somente que este não poderá exercê-lo no juízo ou tribunal do qual se afastou ou exonerou antes de decorridos três anos do encerramento de sua função.

12.3.6. *Supremo Tribunal Federal*

O Supremo Tribunal Federal tem como função principal a guarda da Constituição. O art. 102 da CF traz as suas competências, por exemplo, a de processar e julgar originariamente o litígio entre Estado estrangeiro ou organismo internacional e a União, o Estado, o Distrito Federal ou o Território e a extradição solicitada por Estado estrangeiro.O art. 101 da Carta Maior regula a composição do STF, que é integrado por 11 Ministros, escolhidos pelo Presidente da República dentre brasileiros natos, que tenham entre 35 e 65 anos de idade, notório saber jurídico e reputação ilibada. Segundo o parágrafo único do referido dispositivo, compete ao Senado Federal aprovar a indicação do Presidente da República por maioria absoluta de votos.

Observa-se que, nos casos de impedimento do Presidente da República, integra o Presidente do STF a linha sucessória, consoante ao art. 80 da CF.

Observa-se que, nos casos de impedimento do Presidente da República, integra o Presidente do STF a linha sucessória, consoante ao art. 80 da CF.

12.3.7. *Superior Tribunal de Justiça*

O Superior Tribunal de Justiça compõe-se de, no mínimo, 33 Ministros, devendo sua composição obedecer aos seguintes percentuais, estabelecidos no art. 104 da CF:

a) um terço será composto por membros dos Tribunais Regionais Federais, indicados em lista tríplice pelo próprio Tribunal;

b) um terço será formado por membros dos Tribunais de Justiça dos Estados, indicados em lista tríplice pelo próprio Tribunal;

c) um terço será composto por advogados e promotores, indicados pela regra do quinto constitucional, estabelecida no art. 94, CF (cabe aos respectivos órgãos de classe elaborar uma lista sêxtupla de representantes, cabendo ao STJ a indicação de uma lista tríplice dentre os apontados, enviando-a ao Presidente da República, que nomeará um dentre os três indicados).

Em qualquer das hipóteses descritas, incumbe ao Senado Federal aprovar por maioria absoluta a indicação do Presidente da República.

Em suma, os requisitos para o cargo de Ministro do STJ são os seguintes: (i) ser brasileiro nato ou naturalizado; (ii) ter entre 35 e 65 anos de idade; (iii) ter notório saber jurídico; (iv) ter reputação ilibada.

12.3.8. *Conselho Nacional de Justiça*

O art. 103-B, com redação dada pela EC 45/2004 e alterada pela EC 61/2009, instituiu o Conselho Nacional de Justiça (CNJ), que tem por função a fiscalização do Poder Judiciário quanto ao cumprimento dos deveres funcionais dos juízes e à administração financeira desse poder. Ressalta-se que **o CNJ**, contudo, **não tem funções jurisdicionais.** Tal órgão exerce uma espécie de controle interno.

O CNJ compõe-se de 15 membros, com mandato de dois anos (admissível somente uma recondução), sendo:

a) o Presidente do STF;

b) um Ministro do STJ, indicado pelo próprio Tribunal;

c) um Ministro do TST, indicado pelo próprio Tribunal;

d) um desembargador de Tribunal de Justiça, indicado pelo STF;

e) um juiz estadual, indicado pelo STF;

f) um juiz do TRF, indicado pelo STJ;

g) um juiz federal, indicado pelo STJ;

h) um juiz de Tribunal Regional do Trabalho, indicado pelo TST;

i) um juiz do trabalho, indicado pelo TST;

j) um membro do Ministério Público da União, indicado pelo PGR;

k) um membro do Ministério Público estadual, escolhido pelo PGR dentre os nomes indicados pelo órgão competente de cada instituição estadual;

l) dois advogados, indicados pelo Conselho Federal da OAB;

m) dois cidadãos, de notável saber jurídico e reputação ilibada, indicados um pela Câmara dos Deputados e um pelo Senado Federal.

Os membros do CNJ serão nomeados pelo Presidente da República, após a aprovação da escolha pelo Senado Federal, por votação de maioria absoluta (§ 2º do art. 103-B da CF).

Vale lembrar que a EC 61/2009 alterou o § 1º do art. em comento estabelecendo que a presidência do CNJ incumbe ao Presidente do STF e, nas suas ausências e impedimentos, ao Vice-Presidente da citada Corte.

É importante salientar que o CNJ – embora incluído na estrutura constitucional do Poder Judiciário – qualifica-se como órgão de caráter eminentemente administrativo, não dispondo de atribuições institucionais que lhe permitam exercer fiscalização da atividade jurisdicional dos magistrados e Tribunais (MS 27.148, Rel. Min. Celso de Mello, decisão monocrática, julgamento em 20.05.2010, *DJE* de 26.05.2010). No mesmo sentido: MS 28.611-MC, Rel. Min. Celso de Mello, decisão monocrática, julgamento em 08.06.2010, *DJE* de 14.06.2010.

Além disso, sabe-se que o CNJ é absolutamente incompetente, não obstante seja órgão de controle interno do Poder Judiciário, para intervir em processos de natureza jurisdicional.

Já decidiu o Supremo sobre a "impossibilidade constitucional de o CNJ (órgão de caráter eminentemente administrativo) fiscalizar, reexaminar e suspender os efeitos decorrentes de ato de conteúdo jurisdicional, como aquele que concede mandado de segurança. Precedentes do STF. Magistério da doutrina." (MS 28.611-MC, Rel. Min. Celso de Mello, decisão monocrática, julgamento em 08.06.2010, *DJE* de 14.06.2010).

Outra decisão relevante foi dada pelo Supremo no julgamento da ADI 4.638-REF-MC, Rel. Min. **Marco Aurélio**, julgamento em 08.02.2012, Plenário. Nessa oportunidade, "o plenário concluiu julgamento de referendo em medida cautelar em ação direta de inconstitucionalidade ajuizada (...) contra a Resolução 135/2011 do Conselho Nacional de Justiça - CNJ." "Quanto ao art. 2° (...), o STF, por maioria, referendou o indeferimento da liminar. Consignou-se que o CNJ integraria a estrutura do Poder Judiciário, mas não seria órgão jurisdicional e não interviria na atividade judicante. Este Conselho possuiria, à primeira vista, caráter eminentemente administrativo e não disporia de competência para, mediante atuação colegiada ou monocrática, reexaminar atos de conteúdo jurisdicional, formalizados por magistrados ou tribunais do país. Ressaltou-se que a escolha pelo constituinte derivado do termo 'Conselho' para a instituição interna de controle do Poder Judiciário mostrar-se-ia eloquente para evidenciar a natureza administrativa do órgão e para definir, de maneira precisa, os limites de sua atuação. Sublinhou-se que o vocábulo 'Tribunal' contido no art. 2° em tela revelaria tão somente que as normas seriam aplicáveis também ao CNJ e ao CJF." (ADI 4.638-REF-MC, Rel. Min. **Marco Aurélio**, julgamento em 2-2-2012, Plenário, *Informativos* 653 e 654).

Vale lembrar que as atribuições do CNJ estão previstas no § 4° do art. 103-B da CF, além das conferidas pelo Estatuto da Magistratura e, dentre elas, destacam-se as seguintes:

I. zelar pela autonomia do Poder Judiciário e pelo cumprimento do Estatuto da Magistratura, podendo expedir atos regulamentares, no âmbito de sua competência, ou recomendar providências;

II. zelar **pela observância do art. 37 da CF** e apreciar, de ofício ou mediante provocação, a legalidade dos atos administrativos praticados por membros ou órgãos do Poder Judiciário, podendo desconstituí-los, revê-los ou fixar prazo para que se adotem as providências necessárias ao exato cumprimento da lei, sem prejuízo da competência do Tribunal de Contas da União;

III. receber e conhecer das reclamações contra membros ou órgãos do Poder Judiciário, inclusive contra seus serviços auxiliares, serventias e órgãos prestadores de serviços notariais e de registro que atuem por delegação do poder público ou oficializados, sem prejuízo da competência disciplinar e correicional dos tribunais, podendo avocar processos disciplinares em curso e determinar a remoção, a disponibilidade ou a aposentadoria com subsídios ou proventos proporcionais ao tempo de serviço e aplicar outras sanções administrativas, assegurada ampla defesa;

IV. representar ao Ministério Público, no caso de crime contra a administração pública ou de abuso de autoridade;

V. rever, de ofício ou mediante provocação, os *processos disciplinares* de juízes e membros de tribunais julgados há menos de um ano;

VI. elaborar semestralmente *relatório estatístico* sobre processos e sentenças prolatadas, por unidade da Federação, nos diferentes órgãos do Poder Judiciário;

VII. elaborar relatório anual, propondo as providências que julgar necessárias, sobre a situação do Poder Judiciário no País e as atividades do Conselho, o qual deve integrar mensagem do Presidente do Supremo Tribunal Federal a ser remetida ao Congresso Nacional, por ocasião da abertura da sessão legislativa.

Ressalta-se que não é da competência do CNJ julgar magistrados por crime de responsabilidade, até porque tal órgão não tem função jurisdicional.

O STF tem analisado várias questões relacionadas ao CNJ, dentre as quais destacam-se as seguintes:

✓ O CNJ tem legitimidade para apuração administrativa de responsabilidades disciplinares dos membros da magistratura, nos casos de inércia, simulação investigatória, procrastinação indevida e/ ou incapacidade de atuação;

✓ O CNJ não pode, por conta do conteúdo nitidamente jurisdicional, suspender, fiscalizar e reexaminar decisão concessiva de mandado de segurança;

✓ O CNJ integra o Poder Judiciário, mas encontra-se hierarquicamente abaixo do Supremo Tribunal Federal.

12.3.9. Tribunais Regionais Federais e Juízes Federais

São órgãos da Justiça Federal: os Tribunais Regionais Federais e os Juízes Federais, que estão regulamentados nos arts. 106 a 110 da Constituição Federal. A competência dos Tribunais Regionais Federais vem prevista no art. 108 e a competência dos juízes federais no art. 109 do texto constitucional. Compete aos juízes federais, por exemplo, o processo e julgamento das causas entre Estado estrangeiro ou organismo internacional e Município ou pessoa domiciliada ou residente no País.

Embora já mencionado, vale lembrar que com a aprovação da **EC 73, de 06.04.2013**, foram criados os Tribunais Regionais Federais da 6ª, 7ª, 8ª e 9ª Regiões. O TRF da 6.ª Região, com sede em Curitiba, tem jurisdição sobre os Estados de Santa Catarina e Mato Grosso do Sul. Além dele, também foram incluídos pela emenda os Tribunais Regionais Federais do Amazonas, Minas Gerais e Bahia.

Ocorre que, por conta do deferimento da cautelar na ADI 5710-DF, os efeitos da EC 73/2013 estão suspensos. Os principais argumentos utilizados para a declaração de inconstitucionalidade da emenda mencionada foram: 1) "a criação dos novos tribunais regionais federais irá afetar profundamente a carreira dos procuradores federais. Devido à competência da Justiça Federal (arts. 108 e 109 da Constituição), a União será obrigada a alocar seus procuradores para atuação nos quatro novos tribunais. Para a requerente, essa necessidade de alocação abrupta irá desorganizar a estruturação da carreira e a expectativa de seus integrantes quanto às remoções; 2) Há vício de iniciativa, na medida em que qualquer modificação da estrutura da Justiça depende de projeto de iniciativa do Supremo Tribunal Federal ou dos Tribunais Superiores (art. 96, II, *a* e *d* da Constituição), requisito que não poderia ser burlado nem sequer com o uso de emenda constitucional; 3) Inexiste prévia dotação orçamentária para criação dos novos tribunais, com custo estimado de R$ 922 milhões ao ano pelo Instituto de Pesquisas Econômicas Aplicadas - IPEA, além dos custos iniciais necessários para estruturação física e funcional desses órgãos jurisdicionais; 4) A obrigatoriedade de aplicação de recursos numa finalidade fixada sem a iniciativa própria viola a autonomia administrativa e orçamentária do Judiciário; 5) A criação de novos tribunais é medida ineficiente e irracional para resolver o problema da celeridade da prestação jurisdicional (os quatro tribunais serão responsáveis apenas por 5,3% do total da carga enfrentada pela Justiça Federal); 6) O descaso com os Juizados Especiais Federais será potencializado com a canalização inadequada de recursos para a segunda instância, de forma a prejudicar ainda mais o jurisdicionado que depende da Justiça para obter a prestação mais básica da União; 7) Há o risco de que a tolerância para com a criação de tribunais pela iniciativa do Legislativo crie precedente para algo mais gravoso à independência da Magistratura, a extinção de órgãos do Judiciário. h) A falta de previsão orçamentária impediria as mudanças necessárias para que os advogados públicos, essenciais à Justiça, pudessem defender os interesses da União perante esses tribunais". Os Tribunais Regionais Federais compõem-se de, no mínimo, 7 juízes, recrutados, quando possível, na respectiva região e nomeados pelo Presidente da República dentre brasileiros com mais de 30 e menos de 65 anos, sendo:

a) um quinto dentre advogados com mais de 10 anos de efetiva atividade profissional e membros do Ministério Público Federal com mais de 10 anos de carreira;

b) os demais, mediante promoção de juízes federais com mais de cinco anos de exercício, por antiguidade e merecimento, alternadamente.

Vale lembrar que o § 3º do art. 109 da CF determina o processo e julgamento na justiça estadual, no foro do domicílio dos segurados ou beneficiários, das causas em que forem parte instituição de previdência social e segurado, sempre que a comarca não seja sede de vara do juízo federal, e, se verificada essa condição, a lei poderá permitir que outras causas sejam também processadas e julgadas pela justiça estadual. Nessa hipótese, havendo recurso, este deve ser encaminhado ao Tribunal Regional Federal da área de jurisdição do juiz de primeiro grau.

Importante alteração trazida pela EC 45/2004 foi a denominada "federalização", que estabelece a possibilidade do deslocamento de competência por violação de direitos humanos. De acordo com o § 5º do art. 109 da CF, nas hipóteses de *grave violação de direitos humanos*, o Procurador-Geral da República, com a finalidade de assegurar o cumprimento de obrigações decorrentes de tratados internacionais de direitos humanos dos quais o Brasil seja parte, poderá suscitar, perante o STJ, em qualquer fase do inquérito ou processo, incidente de deslocamento de competência para a Justiça Federal.

De acordo com o art. 107, § 2º, da CF os Tribunais Regionais Federais instalarão a justiça itinerante, com a realização de audiências e demais funções da atividade jurisdicional, nos limites territoriais da respectiva jurisdição, servindo-se de equipamentos públicos e comunitários.

O § 3º do mesmo dispositivo indica que os TRFs poderão funcionar de forma descentralizada constituindo Câmaras regionais, a fim de assegurar o pleno acesso do jurisdicionado à justiça em todas as fases do processo.

Por fim, de acordo com a Súmula 428 do STJ, compete ao Tribunal Regional Federal decidir os conflitos de competência entre juizado especial federal e juízo federal da mesma seção judiciária.

12.3.10. *Tribunais e Juízes do Trabalho*

São órgãos da Justiça do Trabalho: o Tribunal Superior do Trabalho, os Tribunais Regionais do Trabalho e os Juízes do Trabalho, que estão regulados nos arts. 111 a 116 da Constituição Federal. O art. 114 estabelece a competência da Justiça do Trabalho.

Sobre o art. 114, é importante o leitor conhecer o teor da Súmula Vinculante 53: "A competência da Justiça do Trabalho prevista no art. 114, VIII, da Constituição Federal alcança a execução de ofício das contribuições previdenciárias relativas ao objeto da condenação constante das sentenças que proferir e acordos por ela homologados."

De acordo com o art. 111-A, com redação dada pela **EC nº 92 de 12 de julho de 2016**, o Tribunal Superior do Trabalho compõe-se de 27 Ministros, escolhidos dentre brasileiros com mais de 35 e menos de 65 anos, **de notável saber jurídico e reputação ilibada**, nomeados pelo Presidente da República após aprovação pela maioria absoluta do Senado Federal, sendo:

a) um quinto dentre advogados com mais de 10 anos de efetiva atividade profissional e membros do Ministério Público do Trabalho com 10 (dez) anos de efetivo exercício, observado o disposto no art. 94;

b) os demais dentre juízes dos Tribunais Regionais do Trabalho, oriundos da magistratura da carreira, indicados pelo próprio Tribunal Superior.

Vale mencionar que a EC nº 92 de 12 de julho de 2016, além explicitar o Tribunal Superior do Trabalho como órgão do Poder Judiciário e alterar os requisitos para o provimento dos cargos de Ministros daquele Tribunal, modificou a sua competência. De acordo com o § 3º do art. 111-A, acrescentado pela mencionada emenda, ao Tribunal Superior do Trabalho foi dada a **competência para processar e julgar, originariamente, a reclamação para a preservação de sua competência e garantia da autoridade de suas decisões**.

Os Tribunais Regionais do Trabalho compõem-se de no mínimo 7 juízes, recrutados, quando possível, na respectiva região, e nomeados pelo Presidente da República dentre brasileiros com mais de 30 e menos de 65 anos, sendo:

a) um quinto dentre advogados com mais de 10 anos de efetiva atividade profissional e membros do Ministério Público do Trabalho com mais de 10 anos de efetivo exercício, observado o disposto no art. 94;

b) os demais, mediante promoção de juízes do trabalho por antiguidade e merecimento, alternadamente.

12.3.11. *Tribunais Regionais Eleitorais e Juízes Eleitorais*

São órgãos da Justiça Eleitoral: o Tribunal Superior Eleitoral, os Tribunais Regionais Eleitorais, os Juízes Eleitorais e as Juntas Eleitorais, que são regulamentados nos arts. 118 a 121 da Constituição Federal.

Segundo o art. 121 do Texto Maior, lei complementar disporá sobre a organização e competência dos tribunais, dos juízes de direito e das juntas eleitorais.

O Tribunal Superior Eleitoral compor-se-á, no mínimo, de sete membros, escolhidos:

a) mediante eleição, pelo voto secreto:

✓ três juízes dentre os Ministros do STF;

✓ dois juízes dentre os Ministros do STJ;

b) por nomeação do Presidente da República, dois juízes dentre seis advogados de notável saber jurídico e idoneidade moral, indicados pelo STF.

As decisões do Tribunal Superior Eleitoral são irrecorríveis, salvo as que contrariarem a Constituição e as denegatórias de *habeas corpus* ou mandado de segurança, das quais caberá recurso para o STF.

Os Tribunais Regionais Eleitorais são previstos em todos os Estados e no Distrito Federal e funcionarão nas Capitais. Esses tribunais compor-se-ão:

a) mediante eleição, pelo voto secreto:

✓ de dois juízes dentre os desembargadores do Tribunal de Justiça;

✓ de dois juízes, dentre juízes de direito, escolhidos pelo Tribunal de Justiça.

b) de um juiz do Tribunal Regional Federal com sede na Capital do Estado ou no Distrito Federal, ou, não havendo, de juiz federal, escolhido, em qualquer caso, pelo Tribunal Regional Federal respectivo;

e) por nomeação, pelo Presidente da República, de dois juízes dentre seis advogados de notável saber jurídico e idoneidade moral, indicados pelo Tribunal de Justiça.

Os juízes dos tribunais eleitorais, salvo motivo justificado, servirão por dois anos, no mínimo, e nunca por mais de dois biênios consecutivos, sendo os substitutos escolhidos na mesma ocasião e pelo mesmo processo, em número igual para cada categoria.

12.3.12. Tribunais e Juízes Militares

São órgãos da Justiça Militar: o Superior Tribunal Militar e os Tribunais e Juízes Militares instituídos por lei, trazidos nos arts. 122 a 124 da Constituição Federal.

De acordo com o art. 124, compete à Justiça Militar processar e julgar os crimes militares definidos em lei. A lei disporá sobre a organização, o funcionamento e a competência da Justiça Militar.

O Superior Tribunal Militar compor-se-á de 15 Ministros vitalícios, nomeados pelo Presidente da República, depois de aprovada a indicação pelo Senado Federal, sendo:

a) três dentre oficiais-generais da Marinha (da ativa e do posto mais elevado da carreira);

b) quatro dentre oficiais-generais do Exército (da ativa e do posto mais elevado da carreira);

c) três dentre oficiais-generais da Aeronáutica (da ativa e do posto mais elevado da carreira);

d) cinco civis, que serão escolhidos pelo Presidente da República dentre brasileiros maiores de 35 anos, sendo:

✓ três advogados de notório saber jurídico e conduta ilibada, com mais de 10 (dez) anos de efetiva atividade profissional;

✓ dois, por escolha paritária, dentre juízes auditores e membros do Ministério Público da Justiça Militar.

12.3.13. Tribunais e Juízes dos Estados

Os Estados organizarão sua Justiça, observados os princípios estabelecidos nesta Constituição, e a competência dos tribunais será definida na Constituição do Estado, sendo a lei de organização judiciária de iniciativa do Tribunal de Justiça.

Mediante proposta do Tribunal de Justiça do Estado, a lei estadual pode criar a Justiça Militar estadual, constituída, em primeiro grau, pelos juízes de direito e pelos Conselhos de Justiça e, em segundo grau, pelo próprio Tribunal de Justiça, ou por Tribunal de Justiça Militar nos Estados em que o efetivo militar seja superior a vinte mil integrantes.

Compete à Justiça Militar estadual processar e julgar os militares dos Estados, nos crimes militares definidos em lei e as ações judiciais contra atos disciplinares militares, ressalvada a competência do júri quando a vítima for civil, cabendo ao tribunal competente decidir sobre a perda do posto e da patente dos oficiais e da graduação das praças.

Frisa-se que é *residual* a competência da Justiça Estadual, portanto, não sendo matéria de competência das justiças especializadas (Eleitoral, Trabalhista e Militar) nem da Justiça Federal, será da Estadual.

12.3.14. Regime de precatórios (EC 62/2009)

Os valores devidos pelas Fazendas Públicas, em razão do regime de impenhorabilidade dos bens públicos, são pagos por meio da expedição de precatórios judiciais.

O procedimento para o pagamento desses valores vem previsto no art. 100 e seguintes da CF, normas alteradas pela EC 62/2009. Tal emenda também acrescentou o art. 97 ao Ato das Disposições Constitucionais Transitórias, criando um regime especial para o pagamento de precatórios pelos Estados, o Distrito Federal e os Municípios.

As principais regras, conforme os parágrafos do art. 100 da CF, são:

a) os titulares de precatórios de natureza alimentar que possuam **60 anos ou mais** na data em que foi expedido o precatório ou que sejam portadores de doença grave, conforme definido em lei, terão preferência sobre outros débitos, até o total equivalente ao triplo do fixado em lei como precatórios de pequeno valor, admitido o fracionamento para essa finalidade, sendo que o restante será pago na ordem cronológica de apresentação do precatório;

b) independentemente de regulamentação, quando forem expedidos os precatórios deles deverá ser **abatido**, a título de compensação, valor correspondente aos débitos líquidos e certos, inscritos ou não em dívida ativa e constituídos contra o credor original pela Fazenda devedora, incluídas parcelas vincendas de parcelamentos, ressalvados aqueles cuja execução esteja suspensa em virtude de contestação administrativa ou judicial. Para isso, antes da expedição, o Tribunal solicitará à Fazenda Pública devedora, para resposta em até 30 (trinta) dias, sob pena de perda do direito de abatimento, informação sobre os débitos que preencham as condições estabelecidas;

c) de acordo com o estabelecido em lei do ente federativo devedor, fica facultado ao credor a entrega de créditos em precatórios para **compra de imóveis públicos** do respectivo ente federado;

d) a partir da promulgação da EC 62/2009, a **atualização de valores de requisitórios**, após sua expedição, até o efetivo pagamento, independentemente de sua natureza, será feita pelo índice oficial de remuneração básica da caderneta de poupança, e, para fins de compensação da mora, incidirão juros simples no mesmo percentual de juros incidentes sobre a caderneta de poupança, ficando excluída a incidência de juros compensatórios;

e) o credor **poderá ceder seus créditos** em precatórios a terceiros, total ou parcialmente, independentemente da concordância do devedor, não se aplicando ao cessionário a preferência no pagamento e eventual dispensa de precatório;

f) A **União**, a seu critério exclusivo e na forma de lei, poderá **assumir débitos**, oriundos de precatórios, de Estados, Distrito Federal e Municípios, refinanciando-os diretamente.

13. FUNÇÕES ESSENCIAIS À JUSTIÇA

As funções essenciais à justiça vêm previstas a partir do art. 127 da Constituição Federal. Os órgãos que têm por atribuição exercer tais funções não são chamados de poderes, não fazem parte dos três poderes. Atuam ao lado do Executivo, Legislativo e Judiciário, mas não os compõem. Integram tais funções o Ministério Público, as Advocacias Pública e Privada e as Defensorias Públicas.

13.1. Ministério Público

O Ministério Público, segundo o art. 127 da Constituição Federal, constitui uma instituição de caráter permanente, que tem por função a defesa da ordem jurídica, do regime democrático e dos interesses sociais e individuais indisponíveis.

13.1.1. Princípios

Os princípios que regem a instituição do Ministério Público são: a unidade, a indivisibilidade e a independência funcional. Vejamos:

a) **Unidade**: os membros do Ministério Público integram um só órgão, sob uma mesma chefia do Procurador-Geral da República (área federal) e do Procurador-Geral de Justiça (área estadual);

b) **Indivisibilidade**: os membros do Ministério Público atuam somente e sempre em nome da toda a instituição;

c) **Independência funcional**: os membros do Ministério Público devem atuar em consonância com a lei e sua convicção, não estando sujeitos às imposições dos órgãos da administração superior da instituição.

Além de ser regido pelos princípios institucionais mencionados, o Ministério Público detém autonomia funcional e administrativa. Havendo dotação orçamentária e autorização legislativa, cabe a ele propor ao Poder Legislativo a criação e extinção de seus cargos e serviços auxiliares, os quais serão providos por concurso público.

É de atribuição da instituição a elaboração de proposta orçamentária, sempre respeitados os limites estabelecidos na lei de diretrizes orçamentárias.

De acordo com o STF, "o Poder Judiciário tem por característica central a estática ou o não agir por impulso próprio (*ne procedat iudex ex officio*). Age por provocação das partes, do que decorre ser próprio do Direito Positivo este ponto de fragilidade: quem diz o que seja 'de Direito' não o diz senão a partir de impulso externo. Não é isso o que se dá com o Ministério Público. Este age de ofício e assim confere ao Direito um elemento de dinamismo compensador daquele primeiro ponto jurisdicional de fragilidade. Daí os antiquíssimos nomes de 'promotor de justiça' para designar o agente que pugna pela realização da justiça, ao lado da 'procuradoria de justiça', órgão congregador de promotores e procuradores de justiça. Promotoria de justiça, promotor de justiça, ambos a pôr em evidência o caráter comissivo ou a atuação de ofício dos órgãos ministeriais públicos. Duas das competências constitucionais do Ministério Público são particularmente expressivas dessa índole ativa que se está a realçar. A primeira reside no inciso II do art. 129 (...). É dizer: o Ministério Público está autorizado pela Constituição a promover todas as medidas necessárias à efetivação de todos os direitos assegurados pela Constituição. A segunda competência está no inciso VII do mesmo art. 129 e traduz-se no 'controle externo da atividade policial'. Noutros termos: ambas as funções ditas 'institucionais' são as que melhor tipificam o Ministério Público enquanto instituição que bem pode tomar a dianteira das coisas, se assim preferir" (HC 97.969, Rel. Min. **Ayres Britto**, julgamento em 01.02.2011, Segunda Turma, *DJE* de 23.05.2011).

13.1.2. Composição

O art. 128 da CF traz os órgãos que compõem o Ministério Público. Fala-se em Ministério Público da União, o qual engloba o MP Federal, o MP do Trabalho, o MP Militar e o MP do Distrito Federal e Territórios; e em MP Estaduais.

O Chefe do Ministério Público da União é o Procurador-Geral da República. O Presidente da República é quem o nomeia, após aprovação pela maioria absoluta dos membros do Senado Federal. Para tanto, deve o Procurador-Geral da República possuir mais de 35 anos e ser integrante da carreira do Ministério Público.

Após ser nomeado, cumprirá um mandato de dois anos, admitida a recondução. Durante o mandato, poderá ser destituído por iniciativa do Presidente da República, desde que haja autorização da maioria absoluta do Senado Federal.

O Chefe dos Ministérios Públicos dos Estados e do Distrito Federal e Territórios é o Procurador-Geral de Justiça. É atribuição dos membros dos citados Ministérios Públicos elaborarem lista tríplice, indicando os nomes, dentre integrantes da carreira, que possivelmente ocuparão o cargo de Procurador-Geral de Justiça. Feita tal lista, deve ser encaminhada ao chefe do Executivo do respectivo Estado ou do Distrito Federal, pois a ele caberá a escolha e nomeação do novo Procurador. Do mesmo modo que ocorre no âmbito da União, o mandato do Procurador é de dois anos, admitida uma recondução.

A destituição do Procurador-Geral de Justiça dos Estados e do DF e Territórios será realizada na forma da lei complementar regulamentadora após a deliberação da maioria absoluta dos membros do Poder Legislativo respectivo.

13.1.3. Funções institucionais

O art. 129 da CF traz as atribuições do Ministério Público, das quais se destacam as seguintes:

✓ promover, privativamente, a ação penal pública (art. 129, I);

✓ promover o inquérito civil e a ação civil pública para a tutela dos interesses difusos e coletivos (art. 129, III);

✓ promover a ação de inconstitucionalidade ou representação para fins de intervenção da União e dos Estados, nos casos previstos nesta Constituição (art. 129, IV);

✓ defender judicialmente os direitos e interesses das populações indígenas (art. 129, V).

13.1.4. Forma de ingresso na carreira

Em virtude de regra trazida pela Emenda Constitucional 45/2004, além da aprovação em concurso público de provas e títulos, é exigida do bacharel em Direito a comprovação de três anos de atividade jurídica. É a denominada "quarentena de entrada".

13.1.5. Garantias

Os membros do Ministério Público gozam das mesmas garantias atribuídas aos membros do Poder Judiciário. São as seguintes:

a) **Vitaliciedade:** garante aos membros do Ministério Público a sujeição à perda do cargo somente por sentença judicial transitada em julgado. Esta garantia só é adquirida após dois anos do estágio probatório (art. 128, § 5º, I, "a");

b) **Inamovibilidade:** atribui a garantia aos membros do Ministério Público de não serem removidos, a não ser por motivo de interesse público, por voto da maioria absoluta do órgão colegiado competente, assegurando-se a ampla defesa (art. 128, § 5º, I, "b");

c) **Irredutibilidade de subsídios:** esta garantia impede a redução dos subsídios (ressalvado o disposto nos arts. 37, X e XI, 39, § 4º, 150, II, 153, III, e 153, § 2º, I), conforme o disposto na alínea "c" do § 5º do art. 128 da CF.

13.1.6. *Vedações*

O inciso II do § 5º do art. 128 da Constituição Federal traz as vedações aplicáveis aos membros do Ministério Público, quais sejam:

a) receber, a qualquer título e sob qualquer pretexto, honorários, percentagens ou custas processuais;

b) exercer a advocacia;

c) participar de sociedade comercial, na forma da lei;

d) exercer, ainda que em disponibilidade, qualquer outra função pública, salvo uma de magistério;

e) exercer atividade político-partidária;

f) receber, a qualquer título ou pretexto, auxílios ou contribuições de pessoas físicas, entidades públicas ou privadas, ressalvadas as exceções previstas em lei.

13.1.7. *Conselho Nacional do Ministério Público (CNMP)*

É o órgão de fiscalização do Ministério Público que atua no controle da atuação administrativa e financeira da instituição e do cumprimento dos deveres funcionais de seus membros, com as atribuições definidas no § 2º do art. 130-A do Texto Maior.

Já foi decidida pelo STF a impossibilidade do exercício de cargo de diretor de planejamento, administração e logística do IBAMA ser ocupado por promotor de justiça. Essa impossibilidade se dá por ser membro do MP, que ingressou após a promulgação da CF/1988, já que não poderia ele exercer cargo ou função pública em órgão diverso da organização do MP. Essa vedação foi trazida pelo art. 128, § 5º, II, *d*, da Constituição Federal vigente (MS 26595, Rel. Min. Cármen Lúcia, Pleno, julgamento 07.04.2010, *DJe* 10.06.2010).

Composição: o CNMP é integrado por 14 membros, nomeados pelo Presidente da República, após votação pela maioria absoluta do Senado Federal, para um mandato de dois anos, admitida uma recondução, oriundos do próprio Ministério Público, da Magistratura, da Advocacia e da sociedade (2 cidadãos de notável saber jurídico e reputação ilibada, indicados um pela Câmara dos Deputados e outro pelo Senado Federal).

13.2. Advocacia pública

As instituições representadas por advogados públicos integram o que chamamos de advocacia pública. Tais órgãos visam a defender os interesses do Estado em juízo e extrajudicialmente, bem como prestar consultoria e assessoramento jurídico.

13.2.1. *Advocacia-Geral da União*

Segundo o art. 131 da Constituição Federal, a União é representada judicial e extrajudicialmente pela Advocacia-Geral da União, cabendo-lhe também as atividades de consultoria e assessoramento jurídico do Poder Executivo.

O ingresso na carreira depende da aprovação em concurso público de provas e títulos, conforme o § 2º do art. 131 do Texto Maior, salvo o cargo de chefia.

A instituição tem por chefe o Advogado-Geral da União, de livre nomeação pelo Presidente da República, dentre cidadãos maiores de 35 anos de notável saber jurídico e reputação ilibada. Salienta-se que o cargo em comento não precisa ser ocupado por integrantes da carreira, já que a nomeação se dá livremente pelo Chefe do Executivo.

13.2.2. *Procuradoria-Geral do Estado*

Os Procuradores do Estado e do Distrito Federal, além de representarem judicialmente as respectivas unidades federadas, prestam consultoria jurídica e assessoramento.

Igualmente como ocorre no modelo federal, o cargo de chefia é ocupado por pessoa de livre nomeação pelo Governador do Estado. O ingresso na carreira, exceto o do cargo de chefia, conforme mencionado, depende de aprovação em concurso público de provas e títulos, com a participação da Ordem dos Advogados do Brasil em todas as suas fases.

É assegurada a estabilidade aos procuradores, depois de três anos de efetivo exercício, mediante aprovação em avaliação de desempenho perante os órgãos próprios. Isso após relatório circunstanciado das corregedorias (art. 132, parágrafo único, da CF).Conforme a jurisprudência da Suprema Corte, no julgamento definitivo da ADI 175/PR, Rel. Min. Octavio Gallotti, "foi declarada a constitucionalidade do art. 56 e parágrafos do ADCT do Estado do Paraná, de 5-10-1989, que autorizou a permanência, em carreiras especiais criadas por lei, dos que já ocupavam com estabilidade, naquele momento, cargos e empregos públicos de advogados, assessores e assistentes jurídicos, para o exercício do assessoramento jurídico nos Poderes Executivo, Legislativo e Judiciário e da representação judicial das autarquias e fundações públicas. Os diplomas legais ora impugnados, ao reunirem numa única carreira os então ocupantes de empregos e cargos públicos preexistentes que já exerciam as mesmas funções de assessoramento jurídico ao Poder Executivo e de representação judicial das autarquias, nada mais fizeram do que atender ao comando expresso no mencionado art. 56 do ADCT paranaense, tratando-se, por certo, de hipótese de subsistência excepcional e transitória autorizada pelo art. 69 do ADCT da CF. A previsão de concurso público de provas e títulos para ingresso na nova carreira, contida no art. 5º da Lei estadual 9.422/1990, destinou-se, exclusivamente, àqueles que já eram, no momento de edição da norma constitucional transitória, ocupantes estáveis de cargos e empregos públicos de advogados, assessores e assistentes jurídicos e que viriam a preencher, mediante aproveitamento, os 295 cargos criados pelo art. 2º do mesmo diploma. Impossibilidade, na vacância, de provimento dos cargos da carreira especial de advogado do Estado do Paraná por outros servidores e, por conseguinte, de realização de novos concursos públicos para esse fim. Necessidade de obediência ao art. 132 da CF." (ADI 484, Rel. p/ o ac. Min. **Ricardo Lewandowski**, julgamento em 10.11.2011, Plenário, *DJE* de 01.02.2012).

13.2.3. *Defensoria Pública*

Os defensores públicos têm por função institucional a orientação jurídica e a defesa, em todos os graus, dos necessitados, na forma do art. 5º, LXXIV, da Constituição.

De acordo com o art. 134 da CF, já com a redação dada pela **EC 80, de 04.06.2014,** a Defensoria Pública é instituição permanente, essencial à função jurisdicional do Estado, incumbindo-lhe, como expressão e instrumento do regime democrático, fundamentalmente, a orientação jurídica, a promoção dos direitos humanos e a defesa, em todos os graus, judicial e extrajudicial, dos direitos individuais e coletivos, de forma integral e gratuita, aos necessitados, na forma do inciso LXXIV do art. 5º desta Constituição Federal.

A **EC 80, de 04.06.2014**, além de dar nova redação ao art. 134 da CF e alterar outros dispositivos, acrescentou o § 4º ao art. 134, o qual indicou os **princípios institucionais** da Defensoria Pública, quais sejam: **a unidade, a indivisibilidade e a independência funcional**, aplicando-se também, no que couber, o disposto no art. 93 e no inciso II do art. 96 desta Constituição Federal.

Vale lembrar que a organização da Defensoria Pública da União e do Distrito Federal e dos Territórios se dá por lei complementar a qual prescreverá normas gerais para sua organização nos Estados, conforme dispõe o § 1º do art. 134 da CF.Além disso, às Defensorias Públicas Estaduais são asseguradas autonomia funcional e administrativa e a iniciativa de sua proposta orçamentária dentro dos limites estabelecidos na lei de diretrizes orçamentárias e subordinação ao disposto no art. 99, § 2º, CF (art. 134, § 2º).

O ingresso na carreira depende de aprovação em concurso público de provas e títulos. É assegurada a seus integrantes a garantia da inamovibilidade e vedado o exercício da advocacia fora das atribuições institucionais.

De acordo com o Supremo, "a representação processual pela Defensoria Pública, *in casu*, Defensoria Pública da União, faz-se por defensor público integrante de seu quadro funcional, independentemente de mandato, ressalvados os casos nos quais a lei exija poderes especiais, consoante dispõe o art. 128, inciso XI, da LC 80/1994." (AI 616.896-AgR, voto do Rel. Min. **Gilmar Mendes**, julgamento em 14.06.2011, Segunda Turma, *DJE* de 29.06.2011).

Voltando às alterações das normas constitucionais que tratam do tema defensoria pública, é necessário acrescentar que a **EC 69** de 29.03.2012 alterou a redação dos arts. 21, 22 e 48 da Constituição Federal, para transferir da União para o Distrito Federal as atribuições de organizar e manter a Defensoria Pública do Distrito Federal.

Tal emenda, oriunda da proposta 445/2009, concede competência ao Distrito Federal para organizar e manter a sua Defensoria Pública. Com base na regra antiga, competia à União a organização e manutenção a Defensoria Pública do Distrito Federal. Além disso, também era atribuição da União a competência para legislar sobre essa instituição. Desse modo, o Distrito Federal não possuía autonomia quanto à Defensoria Pública, embora pudesse, com fulcro no art. 24, XIII, primeira parte, da CF, legislar sobre assistência jurídica, o que o fez, por exemplo, instituindo o CEAJUR- Centro de Assistência Jurídica gratuita. Com a aprovação da EC 69/2012, a organização, manutenção da Defensoria Pública do Distrito Federal passou a ser de competência deste ente federativo e não mais da União. Foi excluída da competência da União a atribuição para organizar, manter e legislar sobre a Defensoria do Distrito Federal.

Além disso, a **EC 74**, de 06.08.2013, acrescentou o § 3º ao art. 134, o qual estendeu as mesmas prerrogativas das Defensorias Públicas Estaduais à Defensoria Pública da União (DPU) e à do Distrito Federal. O § 2º do art. 134 da CF, assegura às Defensorias Públicas Estaduais (DPEs) autonomia funcional e administrativa e a iniciativa de sua proposta orçamentária dentro dos limites estabelecidos na Lei de Diretrizes Orçamentárias. O mesmo dispositivo não concedia tal autonomia e nem tal iniciativa à Defensoria Pública da União e do Distrito Federal. Com a alteração, portanto, ficam asseguradas às Defensorias Públicas da União, dos Estados e do Distrito Federal a autonomia funcional e administrativa e a iniciativa de sua proposta orçamentária dentro dos limites estabelecidos na lei de diretrizes orçamentárias.

Por fim, a **EC 80, de 04.06.2014** acrescentou o art. 98 ao ADCT determinando que o número de defensores públicos na unidade jurisdicional seja proporcional à efetiva demanda pelo serviço da Defensoria Pública e à respectiva população.

O § 1º do mencionado dispositivo determina que no prazo de 8 (oito) anos, a União, os Estados e o Distrito Federal contem com defensores públicos em todas as unidades jurisdicionais, observado o disposto no *caput* do art..

E acrescenta, em seu § 2º, que durante o decurso do prazo previsto no § 1º do art. 98, a lotação dos defensores públicos ocorrerá, prioritariamente, atendendo as regiões com maiores índices de exclusão social e adensamento populacional.

13.3. Advocacia privada

Prescreve a Constituição da República em seu art. 133 que "o advogado é indispensável à administração da justiça, sendo inviolável por seus atos e manifestações no exercício da profissão, nos limites da lei".

O advogado é o bacharel em Direito e inscrito na Ordem dos Advogados do Brasil (art. 8º da Lei 8.906/1994 – EOAB).

De acordo com o art. 6º do diploma legal citado, não há hierarquia entre os advogados, magistrados e membros do Ministério Público, devendo haver consideração e respeito entre eles.

Ao advogado é assegurada a inviolabilidade material, tendo em vista que no exercício da atividade profissional não pode ser punido por seus atos ou manifestações, ainda que constituam injúria ou difamação, sem prejuízo das sanções disciplinares perante a OAB pelos eventuais excessos que cometer (art. 7º, § 2º, EOAB).

Em consagração à essencialidade da função do advogado, foi editada a Súmula Vinculante 14, a qual prolata que é direito do defensor, no interesse do representado, ter acesso amplo aos elementos de prova que, já documentados em procedimento investigatório realizado por órgão com competência de polícia judiciária, digam respeito ao exercício do direito de defesa.

Muito importante ainda esclarecer que a OAB, mesmo prestando serviço público federal, não consubstancia uma entidade da administração indireta. Não está, assim, sujeita ao controle da Administração, nem a qualquer das suas partes está vinculada. Essa não vinculação é formal e materialmente necessária. A OAB ocupa-se de atividades atinentes aos advogados, que exercem função constitucionalmente privilegiada, na medida em que são indispensáveis à administração da Justiça, conforme inteligência do art. 133, da Constituição Federal. É entidade cuja finalidade é afeita a atribuições, interesses e seleção de advogados. Não há ordem de relação ou dependência entre a OAB e qualquer órgão público (ADI 3.026, Rel. Min. Eros Grau, julgamento em 08.06.2006, Plenário, *DJ* de 29.09.2006).

14. ESTADOS DE EXCEÇÃO

Os estados de exceção (estado de sítio e de defesa) configuram situações de anormalidade institucional, momentos de crise em que o próprio texto constitucional autoriza que o Estado adote medidas de repressão, limitando algumas garantias fundamentais.

Tanto no estado da defesa como no estado de sítio é necessária a existência de uma comissão que tem por função o acompanhamento e a fiscalização das medidas tomadas durante este período de anormalidade. Tal comissão, designada pela Mesa do Congresso, após a oitiva dos líderes partidários, será composta por 5 (cinco) membros.

14.1. Estado de defesa

O estado de defesa é decretado para preservar ou prontamente restabelecer, em locais restritos e determinados, a ordem pública ou a paz social ameaçadas por grave e iminente instabilidade institucional ou atingidas por calamidades de grandes proporções na natureza.

O Presidente da República, após ouvir o Conselho da República e o Conselho de Defesa, é quem decreta o estado de defesa. Vale lembrar que esse decreto, obrigatoriamente, deve conter o tempo de duração da medida, que não será superior a 30 dias, prorrogável uma vez por igual período, também deve constar as áreas abrangidas e ainda as medidas coercitivas que vigorarão neste período, dentre as seguintes:

a) restrições aos direitos de reunião (ainda que em associações);

b) sigilo de correspondência, de comunicação telegráfica e telefônica;

c) ocupação e uso temporário de bens e serviços públicos (caso de calamidade).

O decreto deve ser encaminhado em 24 horas para o Congresso Nacional, com as respectivas justificativas, que, no prazo de 10 (dez) dias, deverá aprová-lo ou rejeitá-lo por maioria absoluta. Rejeitado o decreto, cessa de imediato o estado de defesa.

Caso o congresso esteja em recesso, será convocado, extraordinariamente, no prazo de 5 (cinco) dias.

Durante a vigência do estado de defesa, qualquer crime cometido contra o Estado deverá ser comunicado imediatamente ao juiz competente pelo executor da medida; o juiz poderá relaxar a prisão caso esta seja ilegal, sendo facultado ao preso requerer exame de corpo de delito.

A comunicação da prisão será acompanhada de declaração, pela autoridade competente, do estado físico e mental do detido no momento de sua prisão, que não poderá ser superior a 10 (dez) dias, salvo quando autorizada pelo juízo competente.

É importante ressaltar que é vedada a incomunicabilidade do preso.

14.2. Estado de sítio

O estado de sítio é decretado nas hipóteses de comoção grave de repercussão nacional, ineficácia do estado de defesa, declaração de estado de guerra ou resposta a agressão estrangeira armada.

Do mesmo modo que o estado de defesa, o de sítio é decretado pelo Presidente da República, desde que sejam ouvidos os Conselhos da República e de Defesa Nacional. Além disso, nesse caso, é necessária a prévia autorização do Congresso Nacional pelo voto da maioria absoluta.

Assim, diferentemente do que ocorre no estado de defesa, no estado de sítio o Presidente deve primeiro solicitar a autorização do Congresso Nacional e, sendo esta deferida, então decretar a medida.

Se o Congresso estiver em recesso e for solicitada essa autorização para decretar o estado de sítio, o Presidente do Senado Federal, de imediato, deve fazer a convocação extraordinária para que se reúnam dentro de 5 (cinco) dias e apreciem o ato, permanecendo em funcionamento até o término das medidas coercitivas.

O prazo de duração é de no máximo 30 (trinta) dias, prorrogáveis, por igual período, indefinidamente, mas sempre com a prévia autorização do Congresso Nacional.

Além do prazo, o decreto presidencial deve conter as normas necessárias a sua execução e as garantias constitucionais que ficarão suspensas tais como:

a) obrigação de permanência em localidade determinada;

b) detenção em edifício não destinado a acusados ou condenados por crimes comuns;

c) restrições relativas à inviolabilidade da correspondência, ao sigilo das comunicações, à prestação de informações e à liberdade de imprensa, radiodifusão e televisão, na forma da lei (obs.: dispõe a Constituição que a difusão de pronunciamentos de parlamentares efetuados em suas Casas Legislativas, desde que liberada pela respectiva Mesa, não se inclui dentre essas restrições);

d) suspensão da liberdade de reunião;

e) busca e apreensão em domicílio;

f) intervenção nas empresas de serviços públicos;

g) requisição de bens.

14.3. Disposições gerais

Ao término dos estados de defesa e sítio, os efeitos por eles produzidos cessarão, mas os ilícitos praticados pelos agentes e executores da medida poderão ser apurados para que sejam determinadas eventuais responsabilizações.

O Presidente da República, assim que cessarem os estados de exceção, deve relatar ao Congresso Nacional as medidas que foram tomadas durante o período de anormalidade especificando e justificando as providências tomadas, indicando as restrições aplicadas.

14.4. Forças Armadas

De acordo com o art. 142 da CF, as Forças Armadas, formadas pela Marinha, pelo Exército e pela Aeronáutica, são instituições nacionais permanentes e regulares, organizadas com base na hierarquia e na disciplina, sob a autoridade suprema do Presidente da República, e destinam-se à defesa da Pátria, à garantia dos poderes constitucionais e, por iniciativa de qualquer destes, da lei e da ordem.

A utilização das Forças Armadas para a garantia da lei e da ordem depende da iniciativa do Supremo Tribunal Federal, da Presidência da República ou do Congresso Nacional, haja vista que tais atribuições são dadas de forma originária às forças da segurança pública.

As normas gerais a serem adotadas na organização, no preparo e no emprego das Forças Armadas são estabelecidas por lei complementar, conforme dispõe o § 1º do art. 142 da CF.

Vale lembrar que o § 2º do mesmo dispositivo determina a não possibilidade da impetração de *habeas corpus* em relação a punições disciplinares militares. Mas, segundo o STF, "a legalidade da imposição de punição constritiva da liberdade, em procedimento administrativo castrense, pode ser discutida por meio de habeas corpus. Precedentes." (RHC 88.543, Rel. Min. Ricardo Lewandowski, julgamento em 03.04.2007, Primeira Turma, *DJ* de 27.04.2007). A Corte Maior em outro julgado determinou que "Não há que se falar em violação ao art. 142, § 2º, da CF, se a concessão de habeas corpus, impetrado contra punição disciplinar militar, volta-se tão somente para os pressupostos de sua legalidade, excluindo a apreciação de questões referentes ao mérito" (RE 338.840, Rel. Min. Ellen Gracie, julgamento em 19.08.2003, Segunda Turma, *DJ* de 12.09.2003).

Conforme dispõe o art. 142, § 3º, da CF, os membros das Forças Armadas são denominados militares e a eles são aplicadas, além das disposições que a lei fixar, as seguintes:

I – as patentes, com prerrogativas, direitos e deveres a elas inerentes, são conferidas pelo Presidente da República e asseguradas em plenitude aos oficiais da ativa, da reserva ou reformados, sendo-lhes privativos os títulos e postos militares e, juntamente com os demais membros, o uso dos uniformes das Forças Armadas;

II – o militar em atividade que tomar posse em cargo ou emprego público civil permanente, ressalvada a hipótese prevista no art. 37, inciso XVI, alínea "c", será transferido para a reserva, nos termos da lei (Redação dada pela Emenda Constitucional 77/2014). Vale lembrar que a jurisprudência consolidada desta Corte já assentou que "a transferência para a reserva remunerada de militar aprovado em concurso público, subordina-se à autorização do presidente da República ou à do respectivo ministro." (AI 453.424-AgR, rel. Min. Ellen Gracie, julgamento em 29.11.2005, Segunda Turma, *DJ* de 10.02.2006). No mesmo sentido: RE 601.148-AgR, rel. Min. Eros Grau, julgamento em 29.09.2009, Segunda Turma, *DJE* de 23.10.2009;

III – o militar da ativa que, de acordo com a lei, tomar posse em cargo, emprego ou função pública civil temporária, não eletiva, ainda que da administração indireta, ressalvada a hipótese prevista no art. 37, inciso XVI, alínea "c", ficará agregado ao respectivo quadro e somente poderá, enquanto permanecer nessa situação, ser promovido por antiguidade, contando-se-lhe o tempo de serviço apenas para aquela promoção e transferência para a reserva, sendo depois de dois anos de afastamento, contínuos ou não, transferido para a reserva, nos termos da lei (Redação dada pela Emenda Constitucional 77/2014);

IV – ao militar são proibidas a sindicalização e a greve. Conforme entendimento do Supremo: "Os servidores públicos são, seguramente, titulares do direito de greve. Essa é a regra. Ocorre, contudo, que entre os serviços públicos há alguns que a coesão social impõe sejam prestados plenamente, em sua totalidade. Atividades das quais dependam a manutenção da ordem pública e a segurança pública, a administração da Justiça – onde as carreiras de Estado, cujos membros exercem atividades indelegáveis, inclusive as de exação tributária – e a saúde pública não estão inseridos no elenco dos servidores alcançados por esse direito. Serviços públicos desenvolvidos por grupos armados: as atividades desenvolvidas pela polícia civil são análogas, para esse efeito, às dos militares, em relação aos quais a Constituição expressamente proíbe a greve (art. 142, § 3º, IV)" (Rcl 6.568, Rel. Min. Eros Grau, julgamento em 21.05.2009, Plenário, *DJE* de 25.09.2009). No mesmo sentido: Rcl 11.246-AgR, rel. Min. Dias Toffoli, julgamento em 27.02.2014, Plenário, *DJE* de 02.04.2014;

V – o militar, enquanto em serviço ativo, não pode estar filiado a partidos políticos;

VI – o oficial só perderá o posto e a patente se for julgado indigno do oficialato ou com ele incompatível, por decisão de tribunal militar de caráter permanente, em tempo de paz, ou de tribunal especial, em tempo de guerra;

VII – o oficial condenado na justiça comum ou militar a pena privativa de liberdade superior a dois anos, por sentença transitada em julgado, será submetido ao julgamento previsto no inciso anterior;

VIII – aplica-se aos militares o disposto no art. 7º, incisos VIII, XII, XVII, XVIII, XIX e XXV, e no art. 37, incisos XI, XIII, XIV e XV, bem como, na forma da lei e com prevalência da atividade militar, no art. 37, inciso XVI, alínea "c" (Redação dada pela Emenda Constitucional 77/2014). A Suprema Corte já definiu que: "A estabilidade provisória advinda de licença-maternidade decorre de proteção constitucional às trabalhadoras em geral. O direito amparado pelo art. 7º, XVIII, da CF, nos termos do art. 142, VIII, da CF/1988, alcança as militares." (RE 523.572-AgR, rel. Min. Ellen Gracie, julgamento em 06.10.2009, Segunda Turma, *DJE* de 29.10.2009). No mesmo sentido: AI 811.376-AgR, rel. Min. Gilmar Mendes, julgamento em 01.03.2011, Segunda Turma, *DJE* de 23.03.2011;

IX – a lei disporá sobre o ingresso nas Forças Armadas, os limites de idade, a estabilidade e outras condições de transferência do militar para a inatividade, os direitos, os deveres, a remuneração, as prerrogativas e outras situações especiais dos militares, consideradas as peculiaridades de suas atividades, inclusive aquelas cumpridas por força de compromissos internacionais e de guerra. O STF entende que o dispositivo mencionado: "é expresso ao atribuir exclusivamente à lei a definição dos requisitos para o ingresso nas Forças Armadas. A Constituição brasileira determina, expressamente, os requisitos para o ingresso nas Forças Armadas, previstos em lei: referência constitucional taxativa ao critério de idade. Descabimento de regulamentação por outra espécie normativa, ainda que por delegação legal. Não foi recepcionada pela Constituição da República de 1988 a expressão 'nos regulamentos da Marinha, do Exército e da Aeronáutica' do art. 10 da Lei 6.880/1980. O princípio da segurança jurídica impõe que, mais de vinte e dois anos de vigência da Constituição, nos quais dezenas de concursos foram realizados se observando aquela regra legal, modulem-se os efeitos da não recepção: manutenção da validade dos limites de idade fixados em editais e regulamentos fundados no art. 10 da Lei 6.880/1980 até 31.12.2011." (RE 600.885, Rel. Min. Cármen Lúcia, julgamento em 09.02.2011, Plenário, *DJE* de 01.07.2011, com repercussão geral.) Vide: RE 600.885-ED, rel. Min. Cármen Lúcia, julgamento em 29.06.2012, Plenário, *DJE* de 12.12.2012, com repercussão geral.

Ainda sobre as Forças Armadas, o art. 143 da CF determina que o serviço militar é obrigatório nos termos da lei. E acrescenta, em seu § 1º, que compete às Forças Armadas, na forma da lei, atribuir serviço alternativo aos que, em tempo de paz, após alistados, alegarem imperativo de consciência, entendendo-se como tal o decorrente de crença religiosa e de convicção filosófica ou política, para se eximirem de atividades de caráter essencialmente militar.

Vale lembrar que a Lei 8.239/1991 regulamenta esse dispositivo constitucional e determina que o serviço militar alternativo, compreendido como o exercício de atividades de caráter administrativo, assistencial, filantrópico ou mesmo produtivo, em substituição às atividades de caráter essencialmente militar, seja prestado em organizações militares da ativa e em órgãos de formação de reservas das Forças Armadas ou em órgãos subordinados aos Ministérios Civis, mediante convênios entre estes e os Ministérios Militares, desde que haja interesse recíproco e, também, sejam atendidas as aptidões do convocado.

Por fim, as mulheres e os eclesiásticos ficam isentos do serviço militar obrigatório em tempo de paz, sujeitos, porém, a outros encargos que a lei lhes atribuir, conforme determina o § 2º do art. 143.

14.5. Segurança Pública

O art. 144 da CF determina que a segurança pública, dever do Estado, direito e responsabilidade de todos, é exercida para a preservação da ordem pública e da incolumidade das pessoas e do patrimônio, através dos seguintes órgãos: I – polícia federal; II – polícia rodoviária federal; III – polícia ferroviária federal; IV – polícias civis; V – polícias militares e corpos de bombeiros militares.

De acordo com o STF, "O direito a segurança é prerrogativa constitucional indisponível, garantido mediante a implementação de políticas públicas, impondo ao Estado a obrigação de criar condições objetivas que possibilitem o efetivo acesso a tal serviço. É possível ao Poder Judiciário determinar a implementação pelo Estado, quando inadimplente, de políticas públicas constitucionalmente previstas, sem que haja ingerência em questão que envolve o poder discricionário do Poder Executivo" (RE 559.646-AgR, Rel. Min. Ellen Gracie, julgamento em 07.06.2011, Segunda Turma, *DJE* de 24.06.2011). No mesmo sentido: ARE 654.823-AgR, rel. Min. Dias Toffoli, julgamento em 12.11.2013, Primeira Turma, *DJE* de 05.12.2013.

Além disso, é preciso lembrar que o rol que enumera os órgãos que integram a segurança pública é taxativo, ou seja, não há possibilidade de ampliação. Conforme determina a Corte Maior, "Os Estados-membros, assim como o Distrito Federal, devem seguir o modelo federal. O art. 144 da Constituição aponta os órgãos incumbidos do exercício da segurança pública. Entre eles não está o Departamento de Trânsito. Resta pois vedada aos Estados-membros a possibilidade de estender o rol, que esta Corte já firmou ser *numerus clausus*, para alcançar o Departamento de Trânsito" (ADI 1.182, voto do Rel. Min. Eros Grau, julgamento em 24.11.2005, Plenário, *DJ* de 10.03.2006). *Vide*: ADI 2.827, Rel. Min. Gilmar Mendes, julgamento em 16.09.2010, Plenário, *DJE* de 06.04.2011.

Vale lembrar que embora o § 8º do art. 144 da CF determine que os Municípios possam constituir guardas municipais destinadas à proteção de seus bens, serviços e instalações, conforme dispuser a lei, esses órgãos não farão parte estrutura denominada segurança pública. Suas atribuições terão caráter de proteção apenas patrimonial.

Voltando aos órgãos que integram a segurança pública, começamos com o primeiro: **polícia federal**. É instituída por lei como órgão permanente, organizado e mantido pela União e estruturado em carreira. Suas atribuições vêm previstas nos incisos do § 1º do art. 144 da CF e são as seguintes: I – apurar infrações penais contra a ordem política e social ou em detrimento de bens, serviços e interesses da União ou de suas entidades autárquicas e empresas públicas, assim como outras infrações cuja prática tenha repercussão interestadual ou internacional e exija repressão uniforme, segundo se dispuser em lei; II – prevenir e reprimir o tráfico ilícito de entorpecentes e drogas afins, o contrabando e o descaminho, sem prejuízo da ação fazendária e de outros órgãos públicos nas respectivas áreas de competência; III – exercer as funções de polícia marítima, aeroportuária e de fronteiras; IV – exercer, com exclusividade, as funções de polícia judiciária da União.

Já a **polícia rodoviária federal**, órgão permanente, organizado e mantido pela União e estruturado em carreira, destina-se, na forma da lei, ao patrulhamento ostensivo das rodovias federais, conforme determina o § 2º do art. 144 da CF

O § 3º também do art. 144 da CF determina que a **polícia ferroviária federal**, órgão permanente, organizado e mantido pela União e estruturado em carreira, destine-se, na forma da lei, ao patrulhamento ostensivo das ferrovias federais.

Em relação às **polícias civis**, dirigidas por delegados de polícia de carreira, o § 4º do art. 144 da CF impõe a incumbência, ressalvada a competência da União, das funções de polícia judiciária e a apuração de infrações penais, exceto as militares.

Às **polícias militares** cabem a polícia ostensiva e a preservação da ordem pública; aos corpos de bombeiros militares, além das atribuições definidas em lei, incumbe a execução de atividades de defesa civil, conforme determina o § 5º do art. 144 da CF.

O § 6º do mesmo dispositivo determina que as polícias militares e os corpos de bombeiros militares, forças auxiliares e reserva do Exército, subordinam-se, juntamente com as polícias civis, aos Governadores dos Estados, do Distrito Federal e dos Territórios.

Vale lembrar que a organização e o funcionamento dos órgãos responsáveis pela segurança pública devem ser disciplinados por lei, de forma a garantir a eficiência de suas atividades, conforme o art. 144, § 7º, da CF.

Por fim, a **EC 82, de 16.06.2014**, incluiu o § 10 ao art. 144 da Constituição Federal, para disciplinar a segurança viária no âmbito dos Estados, do Distrito Federal e dos Municípios.

Desse modo, de acordo com o dispositivo mencionado, a segurança viária, exercida para a preservação da ordem pública e da incolumidade das pessoas e do seu patrimônio nas vias públicas: I – compreende a educação, engenharia e fiscalização de trânsito, além de outras atividades previstas em lei, que assegurem ao cidadão o direito à mobilidade urbana eficiente; e II – compete, no âmbito dos Estados, do Distrito Federal e dos Municípios, aos respectivos órgãos ou entidades executivos e seus agentes de trânsito, estruturados em Carreira, na forma da lei.

15. ORDEM ECONÔMICA

Determina a Constituição que a ordem econômica tem por fundamento a valorização do trabalho humano e a livre-iniciativa, visando a assegurar a todos existência digna, conforme os ditames da justiça social.

Tais determinações estão previstas no final da Constituição, no capítulo da ordem econômica, que vai do art. 170 ao 192, mas decorre do início da Constituição, precisamente do art. 1º, inciso III, que trata da dignidade da pessoa humana.

A República Federativa do Brasil, Estado Democrático de Direito, é composta por diversos fundamentos, mas certamente o mais importante é a dignidade da pessoa humana.

15.1. Princípios

O art. 170 do texto constitucional enumera os princípios que regem a ordem econômica. São os seguintes:

I. soberania nacional;

II. propriedade privada;

III. função social da propriedade;

IV. livre concorrência;

V. defesa do consumidor;

VI. defesa do meio ambiente;

VII. redução das desigualdades regionais e sociais;

VIII. busca do pleno emprego;

IX. tratamento favorecido para as empresas de pequeno porte constituídas sob as leis brasileiras e que tenham sua sede e administração no País.

Analisemos cada um deles.

15.1.1. Soberania nacional

Quando estudamos tal tema, temos de ter como pressuposto a ideia de não imposição, não subordinação entre os países. Cada um dos Estados detém capacidade para tomar decisões sobre seu próprio governo, não se submetendo a qualquer tipo de imposição determinada por outrem.

15.1.2. Propriedade privada

Tem como fundamento o fato de o Brasil ser um país capitalista. Antigamente, essa propriedade tinha caráter absoluto; atualmente não se pode mais pensar assim, pois há muitas limitações. A função social da propriedade é a principal delas. Não basta ser dono, tem de dar utilidade sob pena de uma série de sanções como, por exemplo, IPTU progressivo no tempo, desapropriação etc.

15.1.3. Função social da propriedade

Está prevista nos incisos XXII e XXIII do art. 5º e nos arts. 182, § 2º, e 186, da Constituição. Consubstancia uma limitação imposta ao direito de propriedade, garantido constitucionalmente. Desse modo, o direito à propriedade não é absoluto, para que o sujeito exerça plenamente esse direito, ele deve dar função social ao seu bem.

15.1.4. Livre concorrência

O Estado tem o dever constitucional de participar preventiva e repressivamente no mercado econômico, atuando de forma a banir qualquer tipo de abuso, dominação de empresas etc. A concentração de poder numa mesma empresa ou grupo de empresas não está de acordo com o texto constitucional, pois diminui a livre concorrência, gera menos renda e fere a existência digna e o princípio da igualdade.

Dispõe o art. 173, § 4º, da Constituição que o abuso do poder econômico que vise à dominação de mercados, à eliminação da concorrência e ao aumento arbitrário dos lucros será reprimido, na forma da lei.

O § 5º do mesmo dispositivo determina que a lei estabeleça a responsabilidade das empresas nos atos praticados contra a ordem econômica e financeira e contra a economia popular, sujeitando-a às punições compatíveis com sua natureza e tudo isso sem prejuízo da responsabilidade individual dos dirigentes da pessoa jurídica.

É importante trazer aqui o enunciado da súmula 646 do STF que trata do tema livre concorrência e dispõe que ofende tal princípio lei municipal que impede a instalação de estabelecimentos comerciais do mesmo ramo em determinada área.

15.1.5. Defesa do consumidor

Não só o lucro deve ser protegido, mas também a parte vulnerável que é, segundo o CDC, presumidamente, o consumidor. É princípio da ordem econômica também a promoção da sua defesa.

15.1.6. Defesa do meio ambiente

Vejam, assim como a defesa do consumidor, a proteção ao meio ambiente configura princípio básico da ordem econômica. Tamanha é a importância disso que a Constituição destinou um capítulo para tratar do meio ambiente.

É direito de todos e dever do Estado a existência de um meio ambiente ecologicamente equilibrado, bem como a sadia qualidade de vida. Desse modo, tanto o Poder Público como toda a população e as empresas têm o dever constitucional de preservá-lo para as presentes e futuras gerações.

O mercado não pode apenas fortalecer economicamente o país, tem também o dever de promover um desenvolvimento sustentável. É exemplo disso a regra trazida no inciso VI do art. 170 que dá tratamento diferenciado às empresas, conforme o impacto ambiental dos produtos e serviços que criam.

15.1.7. Redução das desigualdades regionais e sociais

Essa ordem decorre do art. 3º, inciso III, da Constituição que, ao tratar dos objetivos fundamentais do Brasil, dispõe que um deles é erradicar a pobreza e a marginalização, além de reduzir as desigualdades sociais e regionais existentes.

15.1.8. Busca do pleno emprego

As empresas devem atuar e incentivar a busca pelo pleno emprego, satisfazendo as exigências da coletividade.

15.1.9. Tratamento favorecido para as empresas de pequeno porte

Um exemplo de concretização desse princípio é a lei que cuida das micro e pequenas empresas, a Lei Complementar 123/2006.

15.2. Atuação estatal no domínio econômico

A atividade econômica é exercida, em regra, independentemente de autorização, conforme dispõe o parágrafo único do art. 170 da Constituição.

Vale mencionar que, embora a iniciativa privada é quem efetivamente deve atuar no mercado, o Estado também atua na atividade econômica. Isso ocorre de forma residual, subsidiária. Assim, determina o ordenamento que o Estado participa quando há relevante interesse coletivo ou quando o exista imperativo de segurança nacional, como, por exemplo, fabricação de material bélico.

O art. 177 do texto constitucional enumera atividades consideradas monopólio da União. Genericamente, são temas relacionados ao gás natural, petróleo e minérios. Segue a lista de atividades que constituem monopólio da União:

I. a pesquisa e a lavra das jazidas de petróleo e gás natural e outros hidrocarbonetos fluidos;

II. a refinação do petróleo nacional ou estrangeiro;

III. a importação e exportação dos produtos e derivados básicos resultantes das atividades previstas nos incisos anteriores;

IV. o transporte marítimo do petróleo bruto de origem nacional ou de derivados básicos de petróleo produzidos no País, bem assim o transporte, por meio de conduto, de petróleo bruto, seus derivados e gás natural de qualquer origem;

V. a pesquisa, a lavra, o enriquecimento, o reprocessamento, a industrialização e o comércio de minérios e minerais nucleares e seus derivados, com exceção dos radioisótopos cuja produção, comercialização e utilização poderão ser autorizadas sob regime de permissão, conforme as alíneas "b" e "c" do inciso XXIII do *caput* do art. 21 desta Constituição Federal.

As disposições trazidas nos incisos I a IV podem ser repassadas, pela União, a empresas estatais ou privadas, desde que sejam respeitadas certas condições, conforme dispõe o § 1º do art. 177 da Constituição Federal.

16. ORDEM SOCIAL

A ordem social é disciplinada a partir do art. 193 da Constituição e aborda diversos assuntos como, por exemplo, a seguridade social, a educação, a cultura, o desporto, o meio ambiente e a proteção à família, à criança, ao adolescente e ao idoso.

Conforme o art. 193 da CF, tal ordem tem como base o primado do trabalho e como objetivo o bem-estar e a justiça sociais.

Analisemos, então, os principais assuntos resguardados nesse capítulo da Constituição. São os seguintes: seguridade social, educação, cultura, desporto, meio ambiente e família.

16.1. Seguridade Social

A primeira observação a ser feita aqui é a de que a denominada seguridade social é composta por três assuntos importantes, quais sejam, a previdência social, a saúde e a assistência social. Hoje o sistema de previdência social é contributivo e não mais retributivo.

São princípios e objetivos que norteiam a seguridade social:

I. universalidade da cobertura e do atendimento;

II. uniformidade e equivalência dos benefícios e serviços às populações urbanas e rurais;

III. seletividade e distributividade na prestação dos benefícios e serviços;

IV. irredutibilidade do valor dos benefícios;

V. equidade na forma de participação no custeio;

VI. diversidade da base de financiamento;

VII. caráter democrático e descentralizado da administração, mediante gestão quadripartite, com participação dos trabalhadores, dos empregadores, dos aposentados e do Governo nos órgãos colegiados.

É possível observar que os recursos destinados à seguridade advirão de diversas fontes, como, por exemplo, da folha de salário dos empregados, da receita ou do faturamento das empresas etc.

16.1.1. Saúde

A Constituição garante a todos o direito à saúde, atribuindo ao Estado o dever de prestá-la, valendo-se, para tanto, de políticas públicas sociais e econômicas. É missão do Estado buscar reduzir o risco de doenças, promovendo campanhas públicas de prevenção, vacinação, dentre outras.

Além disso, o acesso ao sistema único de saúde deve ser universal e igualitário, ou seja, não podem ser feitas imposições e distinções para que se promova o atendimento à saúde.

Vale lembrar que a regulamentação, a fiscalização, o controle e a execução das ações e serviços de saúde cabem ao Poder Público. A última pode ser prestada de forma direta pelo próprio Estado ou indiretamente pelo particular.

A LC 141, de 13.1.2012, ao regulamentar o § 3º do art. 198 da CF, determinou valores mínimos a serem aplicados anualmente pela União, Estados, Distrito Federal e Municípios em ações e serviços públicos de saúde. Além disso, estabeleceu os critérios de rateio dos recursos de transferências para a saúde e as normas de fiscalização, avaliação e controle das despesas com saúde nas 3 (três) esferas de governo.

Por fim, o sistema único de saúde, financiado com recursos advindos do orçamento da seguridade social, da União, dos Estados, do Distrito Federal e dos Municípios e de outras fontes, é balizado pelas seguintes regras:

I. descentralização, com direção única em cada esfera de governo;

II. atendimento integral, com prioridade para as atividades preventivas, sem prejuízo dos serviços assistenciais; e

III. participação da comunidade.

16.1.2. Previdência social

Conforme mencionado, a previdência é estruturada pelo regime contributivo e a filiação a ela é obrigatória. É essa instituição que possui o denominado regime geral de previdência. Dispõe o art. 201 da Constituição que, respeitados os critérios que preservem o equilíbrio financeiro e atuarial, a previdência dará cobertura aos eventos de doença, invalidez, morte, idade avançada, desemprego involuntário, maternidade e prisão.

A concessão de aposentadorias por parte da previdência não pode adotar requisitos e critérios diferenciados, exceto em relação às atividades exercidas sob condições especiais; é o que se pode extrair do § 1º do art. 201 da CF.

Vale lembrar a regra de que os valores dos benefícios concedidos pelo Instituto Nacional de Seguridade Social (INSS), desde que substituam o rendimento do trabalho do segurado, não poderão ser inferiores ao salário mínimo vigente.

16.1.2.1. Aposentadoria – regras constitucionais

a) Aposentadoria por tempo de contribuição: homens – 35 (trinta e cinco) anos de contribuição; mulheres – 30 (trinta) anos de contribuição;

b) Aposentadoria por idade: regra – homens 65 (sessenta e cinco) anos; mulheres – 60 (sessenta) anos;

c) Trabalhadores rurais e trabalhadores em regime de economia familiar: homem – 60 (sessenta) anos de idade; mulher – 55 (cinquenta e cinco) anos de idade;

d) Professores: homem – 30 (trinta) anos de contribuição; mulher 25 (vinte e cinco) anos de contribuição, desde que exclusivamente no exercício do magistério na educação infantil, ensino fundamental e médio.

Vale ressaltar que a Constituição assegura também o regime de previdência privada para complementar o regime geral, devendo seguir, dentre outras, as seguintes diretrizes: facultatividade, autonomia, disciplina por meio de lei complementar e independência financeira.

Em relação ao regime de previdência aplicado aos servidores públicos é interessante mencionar que a **EC 70, de 29.03.2012**, alterou a Lei 10.887/2004 e, com isso, determinou que a União, Estados e Municípios, no prazo de cento e oitenta dias, façam uma revisão das aposentadorias por invalidez, concedidas a servidores públicos a partir de 01.01.2004. Os reajustes não serão retroativos, os efeitos financeiros da revisão vão valer a partir da data de promulgação da emenda ("ex nunc").

Desse modo, o servidor aposentado por invalidez terá assegurado o salário que recebia quando em atividade. Pela regra anterior a aposentadoria por invalidez permanente significava proventos proporcionais ao tempo de contribuição.

Tal emenda concede paridade para as modalidades de aposentadorias, quais sejam, proporcional e integral e altera a forma de cálculo que passa a ser com base na remuneração do cargo efetivo que se der a aposentadoria, na forma da lei. A emenda só vale para quem ingressou no serviço público até o fim de 2003.

Ainda sobre novidades relacionadas a aposentadorias, é importante mencionar a LC 142, de 08.05.2013, que regulamentou o § 1º do art. 201 da CF, no tocante à aposentadoria da pessoa com deficiência segurada do Regime Geral de Previdência Social - RGPS.

O § 1º do art. 201 da CRFB/88 determina que é proibida a adoção de requisitos e critérios diferenciados para a concessão de aposentadoria aos beneficiários do regime geral de previdência social, ressalvados os casos de atividades exercidas sob condições especiais que prejudiquem a saúde ou a integridade física e quando se tratar de segurados portadores de deficiência, nos termos definidos em lei complementar".

O trabalhador que tem deficiência física foi enquadrado em três níveis diferentes de comprometimento, quais sejam: deficiência grave, moderada e leve. Para a determinação do tempo reduzido de contribuição foi necessário o cruzamento dos critérios da condição física (graduação da deficiência) com o já determinado critério de gênero.

Por fim, de acordo com o art. 40, § 1º, II, da CF, **alterado pela EC 88, de 08.05.2015**, o limite de idade para a aposentadoria compulsória do servidor público em geral, com proventos proporcionais ao tempo de contribuição, é de 70 (setenta) anos de idade, ou 75 (setenta e cinco) anos de idade, na forma de lei complementar (Lei Complementar 152, de 3 de dezembro de 2015).

Vale lembrar que a mesma emenda acrescentou o art. 100 ao ADCT, mencionando que até que entre em vigor a lei complementar de que trata o inciso II do § 1º do art. 40 da Constituição Federal, os Ministros do Supremo Tribunal Federal, dos Tribunais Superiores e do Tribunal de Contas da União aposentar-se-ão, compulsoriamente, **aos 75 (setenta e cinco)** anos de idade, nas condições do art. 52 da Constituição Federal."

16.1.3. Assistência social

Completando o que chamamos de "seguridade social" (saúde, previdência e assistência), cabe a análise da assistência social.

A primeira observação importante é que ela deve ser prestada a todos aqueles que dela necessitarem, de forma gratuita, independentemente de contribuição. As próprias verbas destinadas ao gênero seguridade social é que mantêm a assistência social.

Conforme o art. 203 da Constituição, são objetivos da assistência social:

I. a proteção à família, à maternidade, à infância, à adolescência e à velhice;

II. o amparo às crianças e adolescentes carentes;

III. a promoção da integração ao mercado de trabalho;

IV. a habilitação e reabilitação das pessoas portadoras de deficiência e a promoção de sua integração à vida comunitária;

V. a garantia de um salário mínimo de benefício mensal à pessoa portadora de deficiência e ao idoso que comprovem não possuir meios de prover a própria manutenção ou de tê-la provida por sua família. A Lei 8.742/1993, conhecida como LOAS – Lei Orgânica da Assistência Social, é quem disciplina esse benefício.

Conforme mencionado, os recursos advindos da seguridade social são destinados também à assistência. Mas, além disso, ela será mantida por outras fontes, organizadas com base na descentralização político-administrativa e na participação popular. A formulação de políticas públicas e fiscalização de tais ações cabem ao Estado e à população.

O parágrafo único do art. 204 da Constituição faculta aos Estados e ao Distrito Federal a vinculação de programa de apoio à inclusão e promoção social até cinco décimos por cento de sua receita tributária líquida, vedada a aplicação desses recursos no pagamento de despesas com pessoal e encargos sociais, serviço da dívida ou qualquer outra despesa corrente não vinculada diretamente aos investimentos ou ações apoiados.

16.2. Educação

Direito de todos e dever do Estado, conforme o art. 206 da Constituição, devem ser promovidos com base nos seguintes princípios:

I. igualdade de condições para o acesso e permanência na escola;

II. liberdade de aprender, ensinar, pesquisar e divulgar o pensamento, a arte e o saber;

III. pluralismo de ideias e de concepções pedagógicas, e coexistência de instituições públicas e privadas de ensino;

IV. gratuidade do ensino público em estabelecimentos oficiais;

V. valorização dos profissionais da educação escolar, garantidos, aos das redes públicas, na forma da lei, planos de carreira, com ingresso exclusivamente por concurso público de provas e títulos;

VI. gestão democrática do ensino público, na forma da lei;

VII. garantia de padrão de qualidade;

VIII. piso salarial profissional nacional para os profissionais da educação escolar pública, nos termos de lei federal. Tal regra é fruto da EC 59/2009.

O inciso IV determina a gratuidade do ensino público em estabelecimentos oficiais. Por conta dessa disposição, foi editada pelo STF a Súmula Vinculante 12, que determina que a cobrança de taxa de matrícula nas universidades públicas viola o disposto no art. 206, IV, da CF.

O art. 209 da CF informa que o ensino é livre à iniciativa privada, desde que sejam atendidas as seguintes condições:

I - cumprimento das normas gerais da educação nacional e II - autorização e avaliação de qualidade pelo Poder Público.

Além disso, o § 2º do art. 210 da CF determina que o ensino fundamental regular deve ser ministrado em língua portuguesa, assegurada às comunidades indígenas também a utilização de suas línguas maternas e processos próprios de aprendizagem.

Vale lembrar que, de acordo com o *caput* e § 4º do art. 211 da CF, os entes federados organizarão seus sistemas de ensino em regime de colaboração e definirão formas de colaboração, de **modo a assegurar a universalização do ensino obrigatório**.

Além disso, o Texto Maior divide as atribuições do seguinte modo: a) a **União** organizará o sistema federal de ensino e o dos Territórios, financiará as instituições de ensino públicas federais e exercerá, em matéria educacional, **função redistributiva e supletiva, de forma a garantir equalização de oportunidades educacionais e padrão mínimo de qualidade do ensino** mediante assistência técnica e financeira aos Estados, ao Distrito Federal e aos Municípios (art. 211, § 1º, da CF); b) os **Municípios atuarão prioritariamente no ensino fundamental e na educação infantil** (art. 211, § 2º, da CF); c) **os Estados e o Distrito Federal atuarão prioritariamente no ensino fundamental e médio** (art. 211, § 3º, da CF

O § 5º do mencionado art. 211 determina que a educação básica pública atenderá prioritariamente ao ensino regular

Por fim, o § 1º do art. 208 que o acesso ao ensino obrigatório e gratuito é direito público subjetivo.

16.3. Cultura

É dever do Estado garantir o pleno exercício dos direitos culturais e o acesso às fontes da cultura nacional. Cabe a ele dar suporte e incentivar a valorização e difusão das manifestações culturais.

A promoção e a proteção do patrimônio cultural brasileiro é dever não apenas do Poder Público, mas também de toda a comunidade, conforme os ditames do § 1º do art. 216 da Constituição. São formas de proteção, dentre outras, o tombamento, a vigilância e os registros.

Vale lembrar que a **EC 71,** de 29.11.2012, ao acrescentar o art. 216-A ao texto Constitucional, criou o **Sistema Nacional de Cultura** que tem por finalidade instituir um processo de gestão e promoção conjunta de políticas públicas de cultura, democráticas e permanentes, pactuadas entre os entes da Federação e a sociedade. Essas políticas objetivam promover o desenvolvimento humano, social e econômico com pleno exercício dos direitos culturais, além de prestigiar a transparência na aplicação de recursos para a cultura. Os entes terão maior autonomia, em regime de colaboração, e poderão integrar, articular e organizar a gestão neste setor.

Os princípios que regem o Sistema Nacional de Cultura, de acordo com o art. 216-A, § 1º, são: I – diversidade das expressões culturais; II – universalização do acesso aos bens e serviços culturais; III – fomento à produção, difusão e circulação de conhecimento e bens culturais; IV – cooperação entre os entes federados, os agentes públicos e privados atuantes na área cultural; V – integração e interação na execução das políticas, programas, projetos e ações desenvolvidas; VI – complementaridade nos papéis dos agentes culturais; VII – transversalidade das políticas culturais; VIII – autonomia dos entes federados e das instituições da sociedade civil; IX – transparência e compartilhamento das informações; X – democratização dos processos decisórios com participação e controle social; XI – descentralização articulada e pactuada da gestão, dos recursos e das ações; XII – ampliação progressiva dos recursos contidos nos orçamentos públicos para a cultura.

16.4. Desporto

De acordo com o art. 217 da CF, é dever do Estado apoiar práticas desportivas formais e não-formais, como direito de cada um, observadas as seguintes regras: I – a autonomia das entidades desportivas dirigentes e associações, quanto a sua organização e funcionamento; II – a destinação de recursos públicos para a promoção prioritária do desporto educacional e, em casos específicos, para a do desporto de alto rendimento; III – o tratamento diferenciado para o desporto profissional e o não- profissional; IV – a proteção e o incentivo às manifestações desportivas de criação nacional.

O § 1º do dispositivo citado determina que o Poder Judiciário apenas admita ações relativas à disciplina e às competições desportivas após **esgotarem-se as instâncias da justiça desportiva**, regulada em lei.

Desse modo, o Constituinte reconheceu a existência da justiça desportiva. Por outro lado, os processos por ela analisados possuem natureza administrativa, não transitam em julgado e podem, desde que tenham sido esgotadas as suas instâncias, ser apreciados pelo Poder Judiciário.

Por fim, a decisão final a ser dada pela justiça desportiva deve ocorrer em até o prazo máximo de sessenta dias, contados da instauração do processo, conforme determina o § 2º do art. 217 da CF.

16.5. Ciência, tecnologia e inovação (EC 85/2015)

A EC 85, de 26.02.2015 alterou e adicionou dispositivos na Constituição Federal com a finalidade de atualizar o tratamento das atividades de ciência, tecnologia e inovação.

Sendo assim, o caput do art. 218 da CF determina que o Estado promova e incentive o desenvolvimento científico, a pesquisa, a capacitação científica e tecnológica **e a inovação.**

Para concretizar tais objetivos, o Estado deve estimular a articulação entre entes, públicos ou privados, nas diversas esferas de governo. Além disso, deve promover e incentivar a atuação no exterior das instituições públicas de ciência, tecnologia e inovação. É o que determina §§ 6º e 7º do art. 218 da CF.

Além disso, de acordo com o art. 219-B da CF, o Sistema Nacional de Ciência, Tecnologia e Inovação (SNCTI) será organizado em regime de colaboração entre entes, tanto públicos quanto privados, com vistas a promover o desenvolvimento científico e tecnológico e a inovação.

Por fim, a Lei 13.243, de 11 de janeiro de 2016, fortalecendo a EC 85/2015, dispôs sobre estímulos ao desenvolvimento científico, à pesquisa, à capacitação científica e tecnológica e à inovação.

16.6. Meio ambiente

Todas as pessoas têm direito ao meio ambiente ecologicamente equilibrado, sendo obrigação de todos defendê-lo e preservá-lo para as presentes e futuras gerações.

A Constituição trata do tema no art. 225. Há diversas normas infraconstitucionais cuidando do assunto, em especial a Lei 9.605/1998, que dispõe sobre os crimes ambientais, possibilitando a responsabilização penal da pessoa jurídica, tema polêmico doutrinária e jurisprudencialmente.

16.7. Família

Dentre as principais regras constitucionais sobre o tema, é necessário observar as trazidas pelas Emendas Constitucionais 65 e 66, que são as seguintes: extensão ao jovem das proteções existentes às crianças e aos adolescentes e a possibilidade de divórcio direito, sem a necessidade da observância do prazo de dois anos contados da separação.

Sendo assim, a EC 65/2010 alterou a denominação do Capítulo VII do Título VIII da Constituição Federal e modificou o art. 227 da CF, para cuidar dos interesses da juventude e a EC 66/2010, emenda unicelular por conter apenas um art., promoveu a alteração do § 6º do art. 226 da CRFB/1988, suprimindo o requisito de separação judicial prévia, por mais de um ano ou a exigência de separação de fato por mais de dois anos, para a concessão do divórcio. Nos termos da legislação atual, portanto, nada impede que um casal contraia matrimônio em um dia e se divorcie logo após.

17. SISTEMA TRIBUTÁRIO NACIONAL

17.1. Definição de tributo

Conforme o art. 3º do Código Tributário Nacional:

> "**Art. 3º.** Tributo é toda prestação pecuniária compulsória, em moeda ou cujo valor nela se possa exprimir, que não constitua sanção de ato ilícito, instituída em lei e cobrada mediante atividade administrativa plenamente vinculada."

Sendo assim, tributo é prestação pecuniária, é compulsório, é instituído por lei, é cobrado por lançamento e não é multa.

17.2. Espécies de tributos

Vigora em nosso ordenamento a teoria pentapartida (pentapartite ou quinquipartida), a qual diferencia 5 (cinco) espécies de exações: impostos, taxas, contribuição de melhoria, empréstimos compulsórios e contribuições.

O respectivo entendimento nos foi trazido por meio do voto do Ministro do STF Carlos Velloso, em 1º/07/1992, no RE 138.284/CE (Pleno).

Passemos então ao breve estudo das espécies tributárias.

17.2.1. Impostos

São conhecidos como tributos não vinculados a uma prestação estatal. Possuem como fato gerador uma situação independente de qualquer atividade estatal específica, relativa somente à vida, patrimônio e atividades do contribuinte.

Todos os entes políticos, União, Estados, Distrito Federal e Municípios podem ser sujeitos ativos dessa espécie tributária.

17.2.2. Taxas

São tributos vinculados à ação estatal, relacionado à atividade pública e não a qualquer ação do particular. Podem ser cobradas em função do exercício do poder de polícia ou pela utilização, efetiva ou potencial, de serviços públicos específicos e divisíveis prestados ao contribuinte ou postos à sua disposição.

17.2.3. Contribuição de melhoria

Essa contribuição pressupõe uma obra pública (e não um serviço público) e depende da valorização do bem imóvel. Subordina-se ao princípio do custo-benefício, da capacidade contributiva do contribuinte e da equidade.

A cobrança de tal tributo se deve ao fato de que o Estado tem de ser indenizado por ter realizado uma vantagem econômica especial aos imóveis de certas pessoas, ainda que não a tenha querido.

Desse modo, se da obra pública decorre valorização mobiliária, é devida a cobrança da contribuição de melhoria que será cobrada, justamente, daqueles que se beneficiaram dessa valorização.

O fato gerador desse tributo é a valorização imobiliária decorrente de uma obra pública.

17.2.4. Empréstimos compulsórios

O empréstimo compulsório é um tributo federal em que a Constituição apresenta critérios materiais e formais para sua instituição. São pressupostos para sua cobrança: despesas extraordinárias decorrentes de calamidade pública, guerra externa ou sua iminência ou investimento público de caráter urgente e relevante interesse social (art. 148, I e II, CF).

17.2.5. Contribuições

O que caracteriza tal espécie tributária é que as contribuições financiam atividades de interesse público, beneficiando determinado grupo e, direta ou indiretamente, o contribuinte.

É possível visualizar aqui a ideia de parafiscalidade – o que quer dizer "aquele que fica ao lado do Estado", um "quase Estado", já que a contribuição parafiscal é devida a entidades que desempenham atividades especiais, paralelas às da Administração.

Conforme dispõe o art. 149 da CF, as contribuições federais são as seguintes: contribuições de interesse das categorias profissionais ou econômicas; contribuições de intervenção no domínio econômico e contribuições sociais.

17.3. Competência tributária

Nas palavras de Luciano Amaro, "competência tributária é a aptidão para criar tributos. (...) O poder de criar tributo é repartido entre os vários entes políticos, de modo que cada um tem competência para impor prestações tributárias, dentro da esfera que lhe é assinalada pela Constituição" (Amaro, Luciano. **Direito Tributário Brasileiro**, 14ª edição, p. 93).

A competência tributária é política, irrenunciável, indelegável, intransferível e facultativa, uma vez que o ente político pode ou não exercê-la. Tal competência é classificada em: privativa, comum, cumulativa, especial e residual.

17.3.1. Privativa

É o poder que todos os entes políticos têm para instituir os tributos enumerados pela própria Constituição Federal.

17.3.2. Comum

Refere-se aos tributos vinculados, quais sejam as taxas e contribuições de melhoria. A competência é comum uma vez que União, Estados, Municípios e Distrito Federal podem ser sujeitos ativos dos referidos tributos.

17.3.3. Cumulativa

Indica que a União tem competência para instituir impostos estaduais e municipais nos Territórios (art. 147, CF), assim como compete ao Distrito Federal os impostos municipais e estaduais (art. 155, CF).

17.3.4. *Especial*

Refere-se ao poder de instituir empréstimos compulsórios (art. 148, CF) e contribuições especiais (art. 149, CF).

17.3.5. *Residual*

É o poder de criar tributos diversos dos existentes, aqueles que podem ser instituídos sobre situações não previstas (arts. 154, I e 195, § 4º, da CF).

17.4. Capacidade tributária ativa

As atribuições das funções de arrecadar ou fiscalizar tributos, ou de executar leis, serviços, atos ou decisões administrativas, em matéria tributária, podem ser delegadas de uma pessoa jurídica de direito público a outra.

Exemplo disso são as autarquias como CREA, CRC, CRECI etc., que recebem a atribuição de exigir um tributo (contribuição profissional) dos profissionais vinculados a estas entidades corporativas.

É, portanto, delegável, diferentemente da competência tributária.

17.5. Dos princípios gerais

A Constituição Federal traz em si os princípios norteadores do ramo tributário.

Os entes políticos poderão instituir impostos, taxas (em razão do exercício do poder de polícia ou pela utilização de serviços públicos específicos e divisíveis) e contribuição de melhoria decorrente de obras públicas.

Somente por meio de lei complementar:

✓ que se pode dispor sobre conflitos de competência em matéria tributária entre a União, os Estados, os Municípios e o Distrito Federal;

✓ regulam-se as limitações constitucionais ao poder de tributar;

✓ estabelecem-se normas gerais de Direito Tributário.

Ademais, para prevenir desequilíbrios da concorrência, lei complementar poderá estabelecer critérios especiais de tributação, sem prejuízo da competência de a União, por lei, estabelecer normas de igual objetivo.

É muito importante lembrar que a União por lei complementar poderá instituir empréstimos compulsórios:

✓ para atender a despesas extraordinárias, decorrentes de calamidade pública, de guerra externa ou sua iminência;

✓ no caso de investimento público urgente e de relevante interesse nacional (desde que não seja no mesmo exercício financeiro em que haja sido publicada a lei que os instituiu).

Compete exclusivamente à União instituir contribuições sociais, de intervenção no domínio econômico e de interesse das categorias profissionais ou econômicas, como instrumento de sua atuação nas respectivas áreas.

Vale ressaltar que os Municípios e o Distrito Federal poderão instituir contribuição para custeio do serviço de iluminação pública, observados princípios da legalidade e anterioridade.

17.6. Das limitações do poder de tributar

O poder do Estado-Administração de tributar é disciplinado pelas normas de direito público, que, em sua atividade financeira, capta recursos materiais para manter sua estrutura e permitir ao cidadão-contribuinte os serviços que lhe compete.

Porém, há certos limites para que em sua função de arrecadar o Estado não se exceda. Nesse passo, determinados princípios devem ser respeitados. Vejamos:

I. Princípio da Legalidade Tributária

No plano do Direito Tributário, em defesa da ideia de segurança jurídica, ressalta-se o art. 150, I, CF/1988, o qual indica o princípio da legalidade tributária. Observe-o:

> "Art. 150. Sem prejuízo de outras garantias asseguradas ao contribuinte, é vedado à União, aos Estados, aos Municípios e ao Distrito Federal:
>
> I – exigir ou aumentar tributo sem lei que o estabeleça. (...)"

Desta forma, para ser instituído ou majorado (ou até reduzido) o tributo depende de lei. Este e tão somente este é o veículo normativo possível.

II. Princípio da Anterioridade Tributária

Este princípio tem duas facetas: a anterioridade anual ou comum (art. 150, III, "b", CF) e a anterioridade nonagesimal ou privilegiada (art. 150, III, "c", CF).

Tem como fundamento o sobreprincípio da segurança das relações jurídicas entre a Administração Pública e seus administrados, evitando que inesperadamente apareçam cobranças tributárias. É garantia individual do contribuinte.

III. Princípio da Isonomia Tributária

Expresso no art. 150, II, da Constituição Federal, este postulado veda o tratamento tributário desigual a contribuintes que se encontrem em situação de equivalência.

Assim como o *caput* do art. 5º da Constituição trata da igualdade de forma genérica, o supracitado art. explora-o de forma específica ao ramo tributário.

IV. Princípio da Irretroatividade Tributária

O art. 150, III, "a", da Constituição Federal, prevê expressamente tal princípio. Para Luciano Amaro, o que a Constituição pretende, obviamente, é vedar a aplicação da lei nova, que criou ou aumentou o tributo, a fato pretérito, que, portanto, continua sendo não gerador de tributo, ou permanece como gerador de menor tributo, segundo a lei da época de sua ocorrência (Amaro, Luciano. **Direito Tributário Brasileiro**, 14ª Edição, p.118).

É isso que dá confiança e certeza na relação Fisco-contribuinte, uma vez que, se retroagissem leis cobrando tributos, insegura seria tal relação.

V. Princípio da Vedação ao Confisco

Tem se entendido que terá efeito confiscatório o tributo que exceder a capacidade contributiva do contribuinte. Entretanto, o art. 150, IV, da Constituição não traz critérios objetivos.

Sendo assim, cabe ao intérprete a tarefa de delimitar o "efeito de confisco", com base no conteúdo e alcance dos elementos descritos em cada caso concreto. Nesse passo, deve-se lembrar que proporcionalidade e razoabilidade são caracteres que devem ser levados em conta.

VI. Princípio da Não Limitação ao Tráfego de Pessoas e Bens

Segundo esse princípio (art. 150, V, da CF), as divisas municipais e estaduais não podem ser fatos geradores de quaisquer tributos (federais, estaduais ou municipais).

O tráfego de pessoas e bens tem proteção constitucional decorrente da unidade política do território brasileiro.

Ademais, já no art. 5º, XV, da Constituição Federal é prescrito que "é livre a locomoção no território nacional em tempo de paz, podendo qualquer pessoa, nos termos da lei, nele entrar, permanecer ou dele sair com seus bens;".

17.7. Da Emenda Constitucional 75, de 15.10.2013

A EC 75/2013 acrescentou a alínea "e" ao inciso VI do art. 150 da Constituição Federal, instituindo **imunidade tributária** sobre os fonogramas e videofonogramas musicais produzidos no Brasil contendo obras musicais ou literomusicais de autores brasileiros e/ou obras em geral interpretadas por **artistas brasileiros** bem como os suportes materiais ou arquivos digitais que os contenham.

Em suma, a regra, que passou a vigorar a partir do dia 16.10.2013 e que teve por finalidade diminuir o valor dos CDs e DVDs, possibilitando ao consumidor final acesso à cultura com um menor custo, faz com que não incida ICMS e ISS sobre os citados produtos.

17.8. Da Emenda Constitucional 87, de 16.04.2015

A EC 87/2015 alterou o § 2º do art. 155 da Constituição Federal e incluiu o art. 99 no Ato das Disposições Constitucionais Transitórias, para tratar da sistemática de cobrança do imposto sobre operações relativas à circulação de mercadorias e sobre prestações de serviços de transporte interestadual e intermunicipal e de comunicação incidente sobre as operações e prestações que destinem bens e serviços a consumidor final, contribuinte ou não do imposto, localizado em outro Estado.

17.9. Da Emenda Constitucional 86, de 17.03.2015

A EC 86/2015 alterou os arts. 165, 166 e 198 da Constituição Federal, tornando obrigatória a execução da programação orçamentária que especifica.

18. DISPOSIÇÕES CONSTITUCIONAIS GERAIS

Informação relevante encontrada nas disposições constitucionais transitórias diz respeito à EC 81, de 05.06.2014, pois tal norma deu nova redação ao art. 243 da CF o qual autorizou a desapropriação de propriedades rurais e urbanas de qualquer região do País onde forem localizadas culturas ilegais de plantas psicotrópicas ou a exploração de trabalho escravo, sem qualquer indenização ao proprietário.

O mencionado dispositivo passa a vigorar com a seguinte redação: "Art. 243. As **propriedades rurais e urbanas** de qualquer região do País **onde forem localizadas culturas ilegais de plantas psicotrópicas ou a exploração de trabalho escravo** na forma da lei **serão expropriadas** e destinadas à reforma agrária e a programas de habitação popular, **sem qualquer indenização** ao proprietário e sem prejuízo de outras sanções previstas em lei, observado, no que couber, o disposto no art. 5º.

O parágrafo único da mesma norma determina que todo e qualquer bem de valor econômico apreendido em decorrência do tráfico ilícito de entorpecentes e drogas afins e da exploração de trabalho escravo será confiscado e reverterá a fundo especial com destinação específica, na forma da lei.

19. REFLEXOS DO NOVO CÓDIGO DE PROCESSO CIVIL

As normas constitucionais são consideradas alicerces do ordenamento jurídico brasileiro. Fundamentam e validam os comandos infraconstitucionais. Por conta disso, tais normas só permanecem válidas quando se apresentam de forma compatível com o texto constitucional.

Partindo dessa premissa, o novo CPC, antes de irradiar reflexos nos preceitos constitucionais, deve se mostrar harmônico com a CF/1988.

Logo no início, na exposição de motivos do novo CPC, fica clara a intenção do legislador de aproximar o código do texto constitucional. Vejamos: "Um sistema processual civil que não proporcione à sociedade o reconhecimento e a realização dos direitos, ameaçados ou violados, que têm cada um dos jurisdicionados, não se harmoniza com as garantias constitucionais de um Estado Democrático de Direito. Sendo ineficiente o sistema processual, todo o ordenamento jurídico passa a carecer de real efetividade. De fato, as normas de direito material transformam em pura ilusão, sem a garantia de sua correlata realização, no mundo empírico, por meio do processo".

Outra importante passagem mencionada na exposição de motivos do novo CPC faz menção ao saudoso Ministro SÁLVIO DE FIGUEIREDO TEIXEIRA que, em texto emblemático sobre a nova ordem trazida pela Constituição Federal de 1988, disse, acertadamente, que, apesar de suas vicissitudes, "nenhum texto constitucional valorizou tanto a 'Justiça', tomada aqui a palavra não no seu conceito clássico de 'vontade constante e perpétua de dar a cada um o que é seu', mas como conjunto de instituições voltadas para a realização da paz social" (O aprimoramento do processo civil como garantia da cidadania. In: FIGUEIREDO TEIXEIRA, Sálvio. As garantias do cidadão na Justiça. São Paulo: Saraiva, 1993. p. 79-92, p. 80).

Ainda na exposição de motivos no novo CPC preceitos constitucionais são fortificados, vejamos: "a coerência substancial há de ser vista como objetivo fundamental, todavia, e mantida em termos absolutos, no que tange à Constituição Federal da República. Afinal, é na lei ordinária e em outras normas de escalão inferior que se explicita a promessa de realização dos valores encampados pelos princípios constitucionais".

Ao adentrarmos especificamente aos artigos do novo CPC, verificamos que os doze primeiros tratam das normas fundamentais do processo civil, consideradas como um centro principiológico, o que ratifica e prioriza a constitucionalização do processo. Tendo em vista o atual Estado Constitucional de Direito, essa constitucionalização do processo passa a ser uma necessidade.

Sendo assim, o código reproduziu regras processuais previstas na CF/1988. Princípios como o devido processo legal, contraditório e ampla defesa, acesso à justiça (inafastabilidade do controle jurisdicional), razoável duração do processo, proibição de prova ilícita, foram positivados no novo código. Isso fortalece o entendimento de que tais mandamentos possuem força normativa e vínculo direto com o novo CPC.

Como mencionado, a constitucionalização do processo foi priorizada no novo código. Alguns dispositivos devem ser mencionados, pois fazem menção direta ao texto constitucional. O novo CPC já começa, em seu art. 1º, determinando que o **processo civil seja ordenado, disciplinado e interpretado conforme os valores e as normas fundamentais estabelecidos na Constituição da República Federativa do Brasil**.

O art. 3º do novo CPC, reforçando mandamento constitucional, determina que não seja excluída da apreciação jurisdicional ameaça ou lesão a direito. Tal princípio, inafastabilidade do controle jurisdicional, como mencionado, já vinha disciplinado no CF/88, em seu art. 5º, XXXV, o qual impõe que a lei não exclua da apreciação do Poder Judiciário lesão ou ameaça a direito. Não há norma correspondente no antigo código.

Seguindo, o art. 4º do novo CPC, aproximando da linguagem constitucional, determina que as partes tenham o direito de obter em prazo razoável a solução integral do mérito, incluída a atividade satisfativa. A velha norma determinava que os juízes, ao dirigirem os processos, deveriam velar pela rápida solução do litígio. Prazo razoável é o que consta do art. 5º, LXXVIII, da CF. Tal inciso garante não apenas no âmbito judicial, mas também no administrativo, a razoável duração do processo e os meios que garantam a celeridade de sua tramitação. Outro dispositivo que reforça esse princípio é o art. 6º do novo CPC, o qual menciona que todos os sujeitos do processo devem cooperar entre si para que se obtenha, em tempo razoável, decisão de mérito justa e efetiva. Além disso, o sistema recursal simplificado previsto no novo ordenamento processual civil contribui para a existência de um processo mais rápido.

Ainda sobre os princípios processuais previstos na CF/88 e que foram disciplinados também no novo CPC devemos lembrar do contraditório e da ampla defesa. Determina o art. 5º, LV, da CF que aos litigantes, em processo judicial ou administrativo, e aos acusados em geral são assegurados o contraditório e ampla defesa, com os meios e recursos a ela inerentes. Três artigos do novo CPC são importantes aqui. O primeiro é o art. 7º que assegurada às partes paridade de tratamento em relação ao exercício de direitos e faculdades processuais, aos meios de defesa, aos ônus, aos deveres e à aplicação de sanções processuais, competindo ao juiz zelar pelo efetivo contraditório. O ordenamento jurídico anterior mencionava apenas igualdade de tratamento entre as partes. O segundo é o art. 9º que dispõe que não seja proferida decisão contra uma das partes sem que ela seja previamente ouvida. Não há artigo correspondente no antigo código. Por fim, o art. 10 do novo código determina que o juiz não pode decidir, em grau algum de jurisdição, com base em fundamento a respeito do qual não se tenha dado às partes oportunidade de se manifestar, ainda que se trate de matéria sobre a qual deva decidir de ofício. As partes devem ser ouvidas sempre. Novamente não há norma correspondente no velho código.

Outras normas relevantes dizem respeito ao controle de constitucionalidade. Os arts. 948 e 949, *caput* e parágrafo único, do novo CPC praticamente reproduziram o disposto nos arts. 480 e 481 do antigo regramento. Dispõe o art. 948 que arguida, **em controle difuso**, a inconstitucionalidade de lei ou de ato normativo do poder público, o relator, após ouvir o Ministério Público **e as partes**, submeterá a questão à turma ou à câmara à qual competir o conhecimento do processo. As partes sublinhadas foram acrescentadas, deixando clara a intenção do legislador de especificar o tipo de controle em que aplica-se a norma (controle difuso) e a necessidade de oitiva das partes antes da arguição de inconstitucionalidade ser submetida à turma ou câmara a qual competir o conhecimento do processo.

Avançando, o art. 949, I e II, do novo CPC determina o que ocorre após a análise prévia dessa arguição. Caso venha a ser rejeitada, à turma ou câmara a qual competir o conhecimento do processo prosseguirá o julgamento. Por outro lado, se a arguição de inconstitucionalidade for acolhida, a questão será submetida ao plenário do tribunal ou ao seu órgão especial, onde houver.

O parágrafo único do mencionado artigo apenas reproduz o descrito do art. 481, parágrafo único, do antigo código informando que os órgãos fracionários dos tribunais não submeterão ao plenário ou ao órgão especial a arguição de inconstitucionalidade quando já houver pronunciamento destes ou do plenário do Supremo Tribunal Federal sobre a questão.

Ainda sobre dispositivos relacionados ao controle de constitucionalidade, o art. 535, § 5º, do novo CPC determina que quando a Fazenda Pública impugnar a execução, arguindo inexequibilidade do título ou inexigibilidade da obrigação, pode ser considerado também inexigível a obrigação reconhecida em título executivo judicial fundado em lei ou ato normativo considerado inconstitucional pelo Supremo Tribunal Federal, ou fundado em aplicação ou interpretação da lei ou do ato normativo tido pelo Supremo Tribunal Federal como incompatível com a Constituição Federal, em controle de constitucionalidade concentrado ou difuso.

Os § 6º, 7º e 8º do mesmo artigo trouxeram regras aplicáveis na hipótese da incidência do § 5º. Vejamos: a) nos efeitos da decisão do Supremo Tribunal Federal poderão ser modulados no tempo, de modo a favorecer a segurança jurídica (§ 6º do art. 535 do novo CPC), b) a decisão do Supremo Tribunal Federal referida no § 5º deve ter sido proferida antes do trânsito em julgado da decisão exequenda (§ 7º do art. 535 do novo CPC) e c) se a decisão referida no § 5º for proferida após o trânsito em julgado da decisão exequenda, caberá ação rescisória, cujo prazo será contado do trânsito em julgado da decisão proferida pelo Supremo Tribunal Federal (§ 8º do art. 535 do novo CPC). Não há normas correspondentes no antigo código.

Por fim, sobre as regras relativas à petição inicial e à contestação no novo CPC, os artigos que devem ser ressaltados são o 319, 321 e 335. O primeiro, ao tratar da inicial, acrescenta requisitos, como a necessidade de indicação da existência de união estável, a profissão, o número de inscrição no Cadastro de Pessoas Físicas ou no Cadastro Nacional da Pessoa Jurídica e o endereço eletrônico, além das tradicionais informações. O segundo, 321, aumento o prazo (de 10 para 15 dias) para que o autor emende ou complete a inicial e informa que o juiz deve indicar, com precisão, o que deve ser corrigido ou completado. O terceiro, art. 335, ao tratar da contestação, fixa e especifica momentos para a contagem do prazo.

3. DIREITO INTERNACIONAL PÚBLICO

Renan Flumian

1. INTRODUÇÃO

O Direito Internacional Público é composto de princípios e regras – sendo estas positivadas ou costumeiras –, cuja função é reger a comunidade internacional mediante o estabelecimento de direitos e deveres aos sujeitos de Direito Internacional.

A comunidade internacional tem por característica a ausência de mecanismos altamente centralizados e compulsórios de criação e aplicação do Direito. Ela repousa sobre o consentimento dos Estados.

O Direito Internacional Público, como todas as áreas do Direito, passou por diversas fases ao longo de sua evolução. A mais emblemática relaciona-se ao seu âmbito de atuação, já que, inicialmente, tratava-se de direito de inspiração eurocêntrica (conhecido como "Direito Público da Europa"), tornando-se, posteriormente, direito de inspiração mundial. Tal constatação fica clara com a exteriorização de importantes acontecimentos que o moldaram em sua trajetória: **a)** Tratados de Vestfália em 1648; **b)** Congresso de Viena em 1815; **c)** Tratado de Versalhes em 1919 – e, dentro deste, o Pacto da Sociedade das Nações; e **d)** Sistema da Organização das Nações Unidas (ONU) em 1945.

O Direito Internacional é condição de sobrevivência da humanidade. Dessa forma, o Direito Internacional Pós-Moderno é pautado pelo reconhecimento do ser humano como sujeito e objeto de proteção pelo ordenamento jurídico internacional.

Antes de avançarmos no estudo dos fundamentos do Direito Internacional Público, cabe apontar algumas diferenças em relação ao Direito Interno, tornando, assim, mais claras a estrutura e a função do Direito Internacional Público.

2. DIFERENÇAS ENTRE O DIREITO INTERNACIONAL PÚBLICO E O DIREITO INTERNO

2.1. Sujeitos de Direito

a) Direito Internacional: Estado, Organização Internacional (incluindo os blocos regionais) e pessoa humana – teoria eclética ou heteropersonalista. Cabe reiterar que a teoria clássica, que defende o Estado como único sujeito de Direito Internacional, está há muito superada.

b) Direito Interno: pessoa física e pessoa jurídica.

2.2. Função

a) Direito Internacional: reger a comunidade internacional.

b) Direito Interno: reger o seu próprio Estado.

2.3. Criação e Aplicação do Direito

a) Direito Internacional: **ausência** de mecanismos altamente centralizados e compulsórios.

b) Direito Interno: **presença** de mecanismos altamente centralizados e compulsórios.

3. FUNDAMENTOS

Existem duas correntes principais que englobam todas as demais: a *voluntarista* e a *naturalista*. São duas formas de justificar a existência e a validade do Direito Internacional Público.

A corrente voluntarista tem por fundamento a própria vontade dos Estados. Em um paralelo, seria como o Direito Positivo, em que os Estados pactuam, por exemplo, firmando um tratado, e, dessa maneira, criam direitos e obrigações baseados na reciprocidade. É nessa corrente que aparece o princípio do *pacta sunt servanda*.

Por sua vez, a corrente naturalista tem por fundamento razões objetivas, que se encontram situadas acima do caráter volitivo dos Estados. É nessa corrente que aparece o *jus cogens* – tipificado no art. 53 da Convenção de Viena sobre Direito dos Tratados[1].

Aliás, a Convenção de Viena sobre Direito dos Tratados entrou em vigor internacional em 27.01.1980 e só foi promulgada no Brasil pelo Decreto 7.030, de 14.12.2009. A ratificação não só demorou, mas veio com reserva aos arts. 25 e 66. O art. 25 cuida da aplicação provisória de um tratado e determina que, se for assim disposto ou acordado pelas partes, o tratado pode obter uma vigência provisória mesmo sem ter sido objeto de ratificação. O Brasil não aceita tal prática, já que, em regra, a ratificação dos tratados depende de um procedimento complexo, no qual o Congresso Nacional deve aprovar o texto do tratado por meio de um decreto legislativo promulgado pelo Presidente do Senado e publicado no Diário Oficial da União. Assim, a regra é que os tratados celebrados pelo Presidente da República sejam apreciados pelo Congresso Nacional (art. 84, VIII, da CF/1988). Já o art. 66 discorre sobre o processo de solução judicial, de arbitragem e de conciliação, e determina a competência obrigatória da Corte Internacional de Justiça quando houver conflito ou superveniência de norma imperativa de Direito Internacional (*jus cogens*). Esse artigo não foi aceito pelo Brasil, já que o país não está vinculado ao art. 36 do Estatuto da Corte Internacional de Justiça que disciplina a "cláusula facultativa de jurisdição obrigatória".

Vale lembrar que a máxima *pacta sunt servanda* é a base do Direito dos Tratados e diz respeito somente aos Estados que pactuaram livremente, isto é, o terceiro Estado que não é parte do tratado não poderá ser obrigado por este[2]. Por seu turno, o *jus cogens* (normas cogentes de Direito Internacional) é calcado no reconhecimento da existência de direitos e de obrigações naturais, independentemente da existência de algum tratado internacional. O *jus cogens* seria como um qualificador de regras consideradas basilares para a ordenação e a viabilidade da comunidade internacional.

---

1. "É nulo um tratado que, no momento de sua conclusão, conflite com uma norma imperativa de Direito Internacional Geral. Para os fins da presente Convenção, uma norma imperativa de Direito Internacional Geral é uma norma aceita e reconhecida pela comunidade internacional dos Estados como um todo, como norma da qual nenhuma derrogação é permitida e que só pode ser modificada por norma ulterior de Direito Internacional Geral da mesma natureza". Por exemplo, a proibição da escravidão é uma norma imperativa de Direito Internacional, pois é considerada inderrogável por toda a comunidade internacional.
2. O art. 26 da Convenção de Viena sobre Direito dos Tratados assim dispõe: "Todo tratado em vigor obriga as partes e deve ser cumprido por elas de boa-fé".

3.1. Perspectiva

O Direito Internacional Público sempre foi concebido como a expressão da vontade dos Estados no plano internacional. Não se tinha a ideia de uma comunidade internacional, mas somente a existência de Estados que buscavam se relacionar com os demais para satisfazer interesses próprios determinados e limitados. Foi dentro deste contexto que o princípio *pacta sunt servanda* imperou.

Apesar de os Estados ainda se relacionarem consoante seus próprios interesses, hodiernamente alcançou-se consenso sobre determinados temas considerados de interesse de todos os sujeitos de Direito Internacional. Assim, a compreensão da existência de uma comunidade internacional e de interesses que advêm dela[3] (sobretudo para sua existência, como, por exemplo, na proteção internacional do meio ambiente), e não apenas de Estados na sua individualidade, deu suporte para o aparecimento do *jus cogens*, sobretudo no considerado Direito Internacional Pós-Moderno. Com base em tal mentalidade, a qualidade de sujeito de Direito Internacional foi estendida às Organizações Internacionais e ao ser humano, como veremos mais adiante.

Portanto, é possível afirmar que a própria dinâmica da vida internacional derrubou o voluntarismo como suporte único e fundamental das relações internacionais, ou seja, o positivismo voluntarista não foi capaz de explicar o aparecimento das normas cogentes de Direito Internacional (*jus cogens*), que só pode ser explicado por razões objetivas de justiça, as quais darão, por sua vez, vazão a uma consciência jurídica universal. Nesse sentido é a colocação de Antônio Augusto Cançado Trindade: "(...) o modelo westfaliano do ordenamento internacional afigura-se esgotado e superado[4]".

4. FONTES DO DIREITO INTERNACIONAL

O art. 38 do Estatuto da Corte Internacional de Justiça (CIJ) determina que a função da Corte é decidir as controvérsias que lhe forem submetidas com base no Direito Internacional. Ademais, indica as fontes que serão utilizadas pelos juízes na confecção de suas decisões, a saber: **a)** as convenções internacionais; **b)** o costume internacional; **c)** os princípios gerais do Direito; **d)** as decisões judiciárias e a doutrina dos juristas mais qualificados das diferentes nações. Por fim, ainda aponta a possibilidade de a Corte decidir por equidade[5] (*ex aequo et bono*), desde que convenha às partes.

4.1. Tratado

Devido à extensão do item, discorreremos sobre ele em tópico próprio.

4.2. Costume internacional

Para ser considerado costume internacional, é necessário que a prática seja geral e reiterada (elemento objetivo ou material), e aceita como o Direito[6] (elemento subjetivo ou psicológico). A Corte Internacional de Justiça definiu o que é o costume no conhecido julgamento do caso da Plataforma Continental do Mar do Norte, em 1969, descrevendo o conceito como "(...) a prática reiterada, acompanhada da convicção quanto a ser obrigatória essa prática, por tratar-se de norma jurídica". Trata-se do costume qualificado pela *opinio juris*[7].

O costume no âmbito internacional adquire grande destaque porque, diferentemente dos Estados, em que há mecanismos altamente centralizados e compulsórios de criação e de aplicação de normas, a sociedade internacional não comporta mecanismo parecido, o que a torna uma *sociedade consuetudinária* por excelência.

Ademais, o costume[8] assume importante papel na evolução do Direito Internacional por possibilitar a produção de novas normas, tendo em vista a demora do processo de obtenção de consenso entre os Estados para a produção normativa. Tal papel é ainda mais relevante na atualidade, uma época marcada pelo constante progresso da ciência e da tecnologia, o que ocasiona mudanças rápidas e, por conseguinte, a ininterrupta necessidade de novas regras.

É imperioso noticiar o atual desprestígio da teoria do *objetor persistente*. Essa teoria predica que um Estado pode se livrar da incidência da regra costumeira desde que tenha abertamente a contrariado desde os primórdios de sua formação. Percebe-se o caráter voluntarista de tal teoria, motivo que denuncia o seu atual demérito em função das bases sobre as quais o costume é hodiernamente formado[9].

Por fim, deve-se lembrar de que o costume poderá ser extinto em função do desuso, da adoção de um novo costume ou da incompatibilidade com um novo tratado internacional. Cabe afirmar que não há hierarquia entre tratados e costumes internacionais, como fontes de Direito Internacional; assim, costumes podem revogar tratados e tratados podem revogar costumes.

4.3. Princípios gerais do Direito

Os Princípios Gerais do Direito são axiomas valorativos que servem de instrumento para os juízes interpretarem os tratados e os costumes internacionais e, destarte, aplicarem o

---

3. Historicamente, pode-se indicar o Direito Humanitário, a Liga das Nações e a Organização Internacional do Trabalho como os primeiros exemplos de limitação, oriunda da comunidade internacional, que os Estados sofreram em sua inabalável soberania.
4. Voto Concorrente na Opinião Consultiva 16/1999 da Corte Interamericana de Direitos Humanos, p. 90.
5. Até a presente data (30.07.2015), não há registro de decisão por equidade.
6. Prática necessária, justa e correta.
7. "A *opinio juris* (convicção do Direito) não é apenas um acordo tácito ou abstrato de vontades (como pretendem os voluntaristas), mas sim a crença prematura dos atores da sociedade internacional (criadores daqueles "precedentes" já referidos) de que aquilo que se pratica reiteradamente se estima obrigatório pelo fato de ser justo e pertencente ao universo do Direito" (MAZZUOLI, V. O. **Curso de Direito Internacional Público**. 6. ed. São Paulo: Ed. RT, 2012. p. 124.).
8. O costume está experimentando um processo de codificação de suas regras pela adoção expressa em tratados, sendo a Convenção de Viena sobre Relações Diplomáticas um grande exemplo desse processo.
9. "(...) Como se vê, essa doutrina, de cunho voluntarista, pretende fundamentar-se no princípio de que o Direito Internacional depende essencialmente do consenso dos Estados. Atualmente, é evidente que tal doutrina – que se baseia numa ideia equivocada e já superada sobre a formação do costume – não tem mais qualquer razão de ser, uma vez que o entendimento atual é no sentido de não necessitar o costume, para a sua formação, do consentimento *unânime* dos Estados-Membros da sociedade internacional. O que se requer – como explica Cassese – é que certo comportamento esteja difuso dentre a maioria dos sujeitos internacionais, entendendo estes últimos que tal comportamento os obriga juridicamente" (MAZZUOLI, V. O. **Curso de Direito Internacional Público**. 6. ed. São Paulo: Ed. RT, 2012. p. 130-131).

Direito Internacional em conformidade com os valores compartilhados pela comunidade internacional.

De forma prática, os princípios gerais do Direito são na sua maioria extraídos das constituições nacionais. Desse modo, para um princípio ser alçado à categoria de princípio geral do Direito, é necessário que ele seja previsto na maior parte das constituições nacionais (princípio majoritariamente compartilhado pela comunidade internacional).

A fórmula empregada no Estatuto da CIJ (Corte Internacional de Justiça) refere-se aos princípios gerais do Direito reconhecidos pelas nações civilizadas, o que foi apontado pelos novos países independentes como manifestação do colonialismo europeu. O uso da expressão "nações civilizadas" deve ser repreendido, apesar de ela ainda constar no Estatuto.

Um ponto interessante é a transformação do princípio geral em costume, que ocorre quando o princípio recebe a chancela da *opinio juris*, isto é, passa a ser encarado como obrigatório pelos atores internacionais. Outro aspecto interessante é a inclusão dos princípios gerais como fonte do Direito Internacional, pois diante desse quadro a Corte não pode eximir-se de julgar sob a alegação de inexistência de normas oriundas dos tratados ou dos costumes; portanto, fica proibido de forma indireta, o *non liquet*.

A CIJ não listou os princípios gerais do Direito, mas é possível apontar alguns: **a)** princípio da não agressão; **b)** princípio da solução pacífica dos litígios; **c)** princípio da autodeterminação dos povos; **d)** princípio da boa-fé no cumprimento das obrigações internacionais; **e)** princípio da igualdade soberana dos Estados; **f)** princípio da não intervenção em assuntos domésticos dos Estados; **g)** princípio do *pacta sunt servanda*; **h)** princípio do dever de cooperação internacional; **i)** princípio da proibição de ameaça ou emprego de força; **j)** princípio da inalterabilidade do julgamento ou coisa julgada (*res iudicata*); **l)** princípio do livre consentimento; **m)** princípio do respeito universal e observância dos direitos humanos e das liberdades fundamentais para todos etc.

4.4. A jurisprudência e a doutrina

Consoante o que dispõe o art. 38, 5, do Estatuto da CIJ, a Corte poderá utilizar, como meio auxiliar, as decisões judiciárias e a doutrina dos autores mais qualificados para determinar as regras de direito. Tais regras visam, como no caso dos princípios gerais do Direito, a evitar o *non liquet*.

As decisões judiciárias, acima mencionadas, comportam tanto as decisões dos tribunais internacionais, dos tribunais arbitrais internacionais e dos tribunais de algumas Organizações Internacionais, quanto dos tribunais nacionais, existindo entre tais decisões uma hierarquia material.

Com relação à jurisprudência da Corte, cabe apontar que o art. 59 do Estatuto afastou a aplicação da doutrina do *stare decisis*, segundo a qual os precedentes judiciais anteriores vinculam os juízes na solução de controvérsias futuras. Mas, mesmo assim, a Corte pauta-se cada vez mais em seus precedentes, o que contribuiu para o desenvolvimento de uma jurisprudência robusta e caracterizada por sua estabilidade e previsibilidade.

Cabe lembrar que, além da atividade jurisdicional propriamente dita da CIJ, esta também elabora pareceres consultivos que lhe são encomendados. Esses pareceres são utilizados para expressar a interpretação da Corte sobre normas internacionais determinadas. Os pareceres, ao contrário das sentenças, não possuem força vinculante.

A doutrina tem grande importância no Direito Internacional, inclusive maior do que no Direito Nacional, pois as normas internacionais, em geral, são mais vagas e imprecisas em função dos diversos interesses que coexistem na comunidade internacional. Além disso, a doutrina é importante para o processo de individualização das normas jurídicas, sobretudo no caso dos costumes e dos princípios gerais do Direito. Ainda, ela funciona como criadora de normas em relação aos novos ramos do Direito Internacional, o que ficou evidenciado no Direito do Mar, em que a doutrina auxiliou na determinação das noções de plataforma continental e de zona econômica exclusiva.

O expoente máximo da doutrina internacional é o Instituto de Direito Internacional, o qual, mediante resoluções e votos, edita verdadeiras súmulas de princípios do Direito Internacional, o que acaba influenciando a confecção de tratados.

4.5. Outras considerações

Mesmo não constando do rol do art. 38, pode-se indicar também como fonte do Direito Internacional tanto as resoluções emanadas das Organizações Internacionais (OIs), como os atos unilaterais dos Estados (ambos denominados pela doutrina como fontes auxiliares ou subsidiárias).

4.5.1. Resoluções das Organizações Internacionais

Em que pese indicarmos como fonte as *resoluções* das OIs, deve ser dito que os atos emanados por elas podem revestir-se das mais variadas formas, como, por exemplo, recomendações, pareceres, decisões, regulamentos etc.

Assim, é importante ter em mente certa diferenciação entre tais atos, pois eles podem apresentar consequência jurídica diversa. Para elucidar esse terreno de desencontros doutrinários, o art. 288 do Tratado sobre Funcionamento da União Europeia é muito útil, pois dispõe que as decisões, os regulamentos e as resoluções são atos de caráter vinculante, e as recomendações e os pareceres não possuem obrigatoriedade de vinculação.

Além disso, há muito as resoluções são consideradas como possíveis exemplos da manifestação do costume internacional. Isso porque, intrinsecamente, essas resoluções têm um valor político e moral, e, com a *opinio juris*, tornam-se costume legal. É imperioso ter consciência de que cada vez mais o costume é obra da ação coletiva dos Estados no interior das OIs.

Mas isso não é tudo, pois a OI, quando adota uma resolução dirigida aos seus membros, está a produzir normas de Direito Internacional (quando estas forem de caráter obrigatório). Esse poder normativo da OI é geralmente exercido em relação aos seus membros (*poder normativo interno*).

Entretanto, existem situações em que se afigura o dito *poder normativo externo* das OIs, isto é, suas resoluções afetando Terceiros Estados, ao arrepio do tradicional *princípio consensualista*. Um exemplo desse tipo, são as OIs criadas para gerir espaços internacionalizados determinados, como as Comissões instituídas para disciplinar a navegação em rios internacionais (Comissão Central do Reno, do Elba, do Danúbio etc.). Ora, nesses casos, as regulamentações que disciplinam a navegação são aplicadas a todos indistintamente, inclusive aos Estados que não fazem parte da OI e que exercem jurisdição sobre o navio que arvora sua bandeira.

Outro exemplo que se encaixa no poder normativo externo das OIs é o da ONU, pois os arts. 2º, § 6º, e 35, § 2º, de sua Carta, transparecem a possibilidade de, em certas situações, emitir resoluções que obriguem Terceiros Estados. A razão aqui reside no caráter indivisível da paz e coletivo da segurança internacional, isto é, assuntos que tratam da sobrevivência de toda a humanidade. Percebe-se que, nesse quadro, a resolução da ONU será obrigatória para todos os Estados, sem distinção, inclusive para os não membros.

Cabe ainda apontar que a interpretação do alcance jurídico de qualquer resolução ou recomendação tem por base a análise do texto e do contexto de seu surgimento, entre outros fatores. Em outras palavras, é necessária uma análise caso a caso.

Essa fonte só não aparece no rol do art. 38 do Estatuto da Corte Internacional de Justiça porque sua elaboração ocorreu em uma época em que as OIs não desfrutavam da relevância atual. Ademais, a aceitação dessa fonte inscreve-se na mudança paradigmática instalada pelo dito Direito Internacional Pós-Moderno.

4.5.2. Atos unilaterais dos Estados

Os atos unilaterais dos Estados não têm por base tratado ou costume prévios, mas sim a vontade estatal discricionária. Ao longo da História, tal expediente serviu de mecanismo para a criação de normas internacionais, ou seja, a criação de direitos e deveres desse Estado perante a sociedade internacional. Exemplo disso é a declaração, em 1945, do presidente dos Estados Unidos Harry S. Truman, que indicava a jurisdição de seu país sobre a Plataforma Continental, o que logo após se converteu em prática generalizada e deu origem a uma nova regra na seara do Direito do Mar. Outro exemplo é a abertura do rio Amazonas à navegação internacional em 1866.

Há duas condições para que o ato unilateral de um Estado possa gerar direitos e obrigações na comunidade internacional: o ato unilateral deve ser público e o Estado deve ter a intenção de se obrigar pelo ato unilateral produzido (princípio de *estoppel*).

5. TRATADO

5.1. Conceito

Tratado é todo acordo formal concluído entre pessoas jurídicas do Direito Internacional Público que tenha por escopo a produção de efeitos jurídicos. Ou consoante o art. 2, ponto 1, *a*, da Convenção de Viena sobre Direito dos Tratados, tratado é um acordo internacional concluído por escrito entre Estados e regido pelo Direito Internacional, quer conste de um instrumento único, quer de dois ou mais instrumentos conexos, qualquer que seja sua denominação específica.

5.2. Terminologia

Existem inúmeras variantes terminológicas de tratado[10] – que foram muito bem catalogadas por Francisco Rezek[11]. Como, por exemplo, acordo, ajuste, arranjo, ata, ato, carta, código, compromisso, constituição, contrato, convenção, convênio, declaração, estatuto, memorando, pacto, protocolo e regulamento. Esses termos indicam a mesma ideia, não obstante certas preferências observáveis pela análise estatística. Assim, pode-se apontar que *carta* e *constituição* são utilizadas para nomear tratados constitutivos de Organizações Internacionais, enquanto *ajuste*, *arranjo* e *memorando* são utilizados para denominar tratados bilaterais de pouca importância. A *convenção* costuma ser multilateral e dispor acerca dos grandes temas do Direito Internacional. Apenas o termo *concordata* possui significado singular, pois é utilizado especificamente para nomear o tratado bilateral em que uma das partes é a Santa Sé, e que tem por objeto a organização do culto, a disciplina eclesiástica, missões apostólicas, relações entre a Igreja católica local e o Estado copactuante.

Antes de analisarmos as classificações dos tratados, cabe apresentar o princípio *in dubio mitius*, que se refere à interpretação literal restritiva dos tratados, em decorrência da soberania dos Estados. Em outras palavras, ele parte da premissa de que, se o significado de um termo ou disposição é ambíguo, interpreta-se de modo menos oneroso para a parte que assume a obrigação, ou que interfira menos na soberania das partes, ou, ainda, que envolva menos restrições gerais aplicáveis às partes.

5.3. Classificação dos tratados

5.3.1. Classificação formal

5.3.1.1. Quanto às partes

Diz-se bilateral o tratado entre apenas duas partes, e multilateral ou coletivo quando se tratar dos demais casos, ou seja, quando o número de pactuantes for igual ou superior a três.

5.3.1.2. Quanto ao procedimento

Tal critério é utilizado para diferenciar os tratados solenes dos acordos executivos. Acordo executivo é uma expressão criada nos EUA para designar aquele tratado que se conclui sob a autoridade do chefe do Poder Executivo, independentemente do parecer ou do consentimento do Poder Legislativo.

É possível apontar alguns exemplos de acordos executivos permitidos no Brasil: **a)** os acordos que objetivam simplesmente interpretar cláusulas de um tratado já vigente; **b)** os que decorrem, lógica e necessariamente, de algum tratado vigente e são editados para complementá-lo; e **c)** os de *modus vivendi*, que visam a manter uma situação já concretizada ou estabelecer bases para negociações futuras.

5.3.2. Classificação material

5.3.2.1. Quanto à matéria

Tal critério é utilizado para distinguir os tratados-contratos (tratados contratuais) dos tratados-leis (tratados normativos). Apesar de não ter grande importância, é nítida a diferença entre os tratados-contratos – assim chamados porque, por meio deles, as partes regulam interesses recíprocos dos Estados, normalmente de natureza bilateral – e os tratados-leis, os quais têm por escopo criar normas de Direito Internacional, usualmente pactuado entre muitos Estados. A inutilidade de tal classificação é ancorada no fato de que todos os tratados são normativos, dos mais abrangentes pactos universais aos acordos de comércio realizados em âmbito bilateral. Quando menos, o tratado contratual terá seu texto regrado pelas cláusulas finais, cujo caráter normativo é inegável.

10. Cabe aqui fazer um esclarecimento. O *gentlemen's agreement* é fundado sobre a honra e condicionado, no tempo, à permanência de seus atores no poder, mas não é uma forma de tratado internacional, e sim um acordo informal que não pode ser exigido formalmente se assim for desejado. Ademais, tratado é todo acordo formal concluído, por escrito, entre pessoas jurídicas de Direito Internacional Público que tenha por escopo a produção de efeitos jurídicos, enquanto que o *gentlemen's agreement* é concluído geralmente por pessoas físicas, de forma oral, e não pode ter efeitos jurídicos.

11. **Direito Internacional Público.** 11. ed. São Paulo: Ed. Saraiva, 2008. p. 16.

5.3.2.2. Quanto à execução no tempo

Critério utilizado para distinguir o tratado que cria uma situação jurídica estática, objetiva e definitiva, daquele que estabelece uma relação jurídica obrigacional dinâmica, com o escopo de vincular as partes por tempo certo ou indefinido. O exemplo clássico da primeira espécie é o tratado de fronteiras.

5.3.2.3. Quanto à execução no espaço

O art. 29 da Convenção de Viena sobre Direito dos Tratados dispõe que o tratado obriga cada uma das partes em relação a todo o seu território. Todavia, comporta exceções expressas, como, por exemplo, o Tratado de Cooperação Amazônica, no qual ocorre uma limitação do alcance territorial por razões técnicas.

5.3.2.4. Quanto à possibilidade de adesão

Critério utilizado para diferenciar os tratados abertos, – que possibilitam a futura adesão de Estados não signatários, – dos fechados, – que não possibilitam ulterior adesão.

5.4. Condição de validade

5.4.1. Capacidade das partes pactuantes

A Convenção de Viena sobre o Direito dos Tratados dispõe que todo Estado tem capacidade para concluir tratados (art. 1º). Do mesmo modo, a Convenção de Viena sobre o Direito dos Tratados entre Estados e Organizações Internacionais ou entre Organizações Internacionais (conhecida como Convenção de Viena de 1986) também confere capacidade para as Organizações Internacionais firmarem tratados[12].

5.4.2. Habilitação dos agentes signatários

Os representantes dos Estados estarão aptos para proceder à assinatura de tratados desde que apresentem plenos poderes para tanto. A carta de plenos poderes é firmada pelo Chefe de Estado ou pelo Ministro das Relações Exteriores.

Cabe lembrar que a apresentação de plenos poderes é dispensada quando se tratar de chefes de Estado ou de governo, de ministros das relações exteriores e de chefes de missão diplomática (art. 7º da Convenção de Viena sobre Direito dos Tratados).

5.4.3. Consentimento mútuo

O tratado é um acordo de vontades, destarte só será aceito se tiver o consentimento de todos os Estados que participaram de sua confecção. No caso dos tratados multilaterais, que são negociados em conferências internacionais, sua aceitação decorre do consentimento de dois terços dos Estados presentes e votantes, a não ser que, pelo mesmo quórum, adotem regra diversa (art. 9º, 2, da Convenção de Viena sobre Tratados).

5.4.4. Objeto lícito e possível

No Direito Internacional, como no Direito Nacional, só se pode criar obrigações e direitos desde que sejam permitidos pelo Direito e pela moral, e sejam materialmente possíveis de se cumprir e de se efetivar.

12. O art. 1º da Convenção de Viena de 1986 assim estatui: "A presente Convenção aplica-se: a) aos tratados entre um ou vários Estados e uma ou várias organizações internacionais; e b) aos tratados entre organizações internacionais".

5.5. Efeitos em relação a terceiros

Um tratado só obriga as partes pactuantes (art. 35 da Convenção de Viena sobre Tratados). Tal princípio decorre da soberania dos Estados e da autonomia da vontade. Aplica-se igualmente às Organizações Internacionais. E, no caso de criação de direitos em favor de terceiros, é imperioso seu respectivo consentimento, embora, nesse caso, possa ser tácito em função do que dispõe o art. 36 da Convenção de Viena sobre Tratados. Esse artigo define que o consentimento nesse caso específico é presumido. Ou seja, se o tratado nada prever, o terceiro Estado beneficiado deverá expressamente dissentir para o pacto não gerar efeitos sobre ele.

Cabe especificar que para o tratado poder ser invocado perante qualquer órgão das Nações Unidas é necessário seu prévio registro e publicação pelo Secretariado da organização[13].

Este princípio pode ser excepcionado, pois o art. 38 da Convenção de Viena sobre Direito dos Tratados defende que as regras de um tratado podem se tornar obrigatórias para Terceiros Estados quando se transformarem em costume internacional.

5.6. Expressão do consentimento

O art. 11 da Convenção de Viena sobre o Direito dos Tratados disciplina que "o consentimento de um Estado em obrigar-se por um tratado pode manifestar-se pela assinatura, troca dos instrumentos constitutivos do tratado, ratificação, aceitação, aprovação ou adesão, ou por quaisquer outros meios, se assim acordado".

5.6.1. Assinatura

É o ato que finaliza uma negociação, fixando e autenticando o texto do tratado, mas, acima disso, exteriorizando preliminarmente o consentimento das pessoas jurídicas de Direito Internacional que os signatários representam.

A assinatura não cria a obrigação de ratificar o acordado, mas é o primeiro passo rumo à ratificação. É necessário apontar que alguns tratados de importância reduzida não exigem a ratificação, bastando a assinatura para colocá-los em vigência (acordos executivos ou *executive agreements*[14]). Aliás, essa é a prática adotada entre os países da União Europeia.

É importante destacar que o art. 18 da Convenção de Viena sobre o Direito dos Tratados de 1969 prevê a obrigação do Estado de não frustrar o objeto e a finalidade de um tratado antes de sua entrada em vigor. Em seus estritos termos, o Estado é obrigado a abster-se da prática de atos que frustrariam o objeto e a finalidade de um tratado, quando **a)** tiver assinado ou trocado instrumentos constitutivos do tratado, sob reserva de ratificação, aceitação ou aprovação, enquanto não tiver manifestado sua intenção de não se tornar parte no tratado, ou **b)** tiver expressado seu consentimento em obrigar-se pelo tratado no período que precede a entrada em vigor do tratado e com a condição de esta não ser indevidamente retardada. Essa obrigação decorre do princípio da boa-fé que fundamenta o Direito dos Tratados. Portanto, o Estado não pode ser obrigado a ratificar tratado, mas pode ser cobrado para que não frustre o objeto e a finalidade do tratado.

13. Conforme redação do art. 102, pontos 1 e 2, da Carta das Nações Unidas.

14. Não criam obrigações onerosas para os Estados-Partes.

5.6.2. Ratificação

É o ato administrativo unilateral mediante o qual a pessoa jurídica de Direito Internacional, signatária de um tratado, exprime definitivamente, no plano internacional, seu consentimento.

A ratificação tem que ser expressa e a sua consumação é obtida com a troca dos instrumentos de ratificação com a outra parte contratante, ou a sua entrega ao depositário. Neste último caso trata-se, geralmente, dos tratados multilaterais.

O depositário é, na maioria das vezes, o Estado onde o tratado foi assinado, ou, no caso dos tratados celebrados no âmbito das Nações Unidas e da Organização dos Estados Americanos, a sede dessas organizações. É comum, no caso de tratados multilaterais, a previsão de um quórum mínimo de ratificações para que o tratado se aperfeiçoe, do contrário sua efetividade estaria ameaçada.

5.6.2.1. Ratificação no Brasil

No Brasil é necessário um procedimento complexo para proceder à ratificação de tratados. O Congresso Nacional deve aprovar o texto do tratado, e o fará por meio de um decreto legislativo[15] promulgado pelo presidente do Senado e publicado no Diário Oficial da União. Em seguida, cabe ao presidente da República ratificar ou não – lembrando que a aprovação congressional não obriga a ulterior ratificação do tratado pelo presidente da República.

Por fim, o tratado regularmente concluído depende da promulgação e da publicidade levada a efeito pelo presidente da República para integrar o Direito Nacional. No Brasil, a promulgação ocorre por meio de decreto presidencial e a publicidade perfaz-se com a publicação no Diário Oficial.

5.6.3. Adesão ou aceitação

É o ato administrativo unilateral mediante o qual a pessoa jurídica de Direito Internacional, não signatária de um tratado, exprime definitivamente, no plano internacional, seu consentimento.

É o caso dos países que desejam aderir a um tratado que já vige. Como no caso da ratificação, a adesão ou a aceitação deverá ser feita junto à organização ou ao Estado depositário.

Apesar de algumas divergências doutrinárias, esses dois termos devem ser encarados como sinônimos.

5.6.3.1. Adesão ou aceitação no Brasil

O mesmo procedimento no tocante à ratificação no Brasil deverá ser observado quando da adesão ou da aceitação promovida pelo país. Ou seja, é peremptório um procedimento complexo que privilegie a comunhão de vontades do Congresso Nacional e da Presidência da República.

5.6.4. Reserva

A reserva é um condicionante do consentimento. Ou seja, é a declaração unilateral do Estado aceitando o tratado, mas sob a condição de que certas disposições não valerão para ele.

A reserva pode aparecer tanto no momento da assinatura do tratado como no da ratificação ou da adesão, momento em que o Congresso Nacional pode fazer ressalvas (termo técnico utilizado) sobre o texto do tratado e até mesmo desabonar as reservas feitas por ocasião da assinatura do tratado. No primeiro caso, as ressalvas serão traduzidas em reservas no momento da ratificação pelo presidente da República e, no segundo caso, o presidente da República fica impedido de confirmar as reservas previamente feitas. Esse é o entendimento normalmente adotado e está em consonância com a prática atual brasileira. Importante destacar que a decisão final é sempre do presidente da República (ratificação), porém o Congresso Nacional deve participar desse procedimento e aprovar o texto do tratado (art. 49, I, da CF). E exatamente nesse instante o Congresso pode desabonar as reservas formuladas na assinatura. Existem autores contrários à tese, como João Hermes Pereira de Araújo, mas ela é dominante na doutrina, sendo defendida, por exemplo, pelos autores Francisco Rezek e Valerio Mazzuoli, dentre outros.

E, por razões óbvias, a reserva é fenômeno incidente sobre os tratados multilaterais.

Cabe ressaltar que, de acordo com a Convenção de Viena sobre Direito dos Tratados, um tratado pode proibir expressamente a formulação de reservas[16] (art. 19, *a*, da Convenção de Viena sobre o Direito dos Tratados) e que, se ele nada dispuser sobre o assunto, entende-se que as reservas a um tratado internacional são possíveis, a não ser que sejam incompatíveis com seu objeto e sua finalidade (art. 19, *c*, da Convenção de Viena sobre o Direito dos Tratados).

Por fim, a Convenção de Viena sobre Direito dos Tratados também traz um conceito de reserva no seu art. 2º, I, *d*:

> *"(...) reserva significa uma declaração unilateral, qualquer que seja a sua redação ou denominação, feita por um Estado ao assinar, ratificar, aceitar ou aprovar um tratado, ou a ele aderir, com o objetivo de excluir ou modificar o efeito jurídico de certas disposições do tratado em sua aplicação a esse Estado."*

5.6.5. Emendas e revisão ou reforma

Todo Estado pactuante é livre para propor a iniciativa de emenda ao tratado. No Brasil, o procedimento de aceitação de emendas segue a lógica do procedimento prévio de ratificação e de adesão. Destarte, no geral, necessário se faz a comunhão de vontades do Legislativo e do Executivo. Mas, como dito, segue a sorte da expressão inicial de consentimento, assim, se se tratar de um acordo executivo, a proposta de emenda poderá ser aceita pelo presidente da República. A aprovação da emenda pelo Congresso Nacional também é formalizada pelo decreto legislativo.

Revisão ou reforma é a denominação dada à modificação de maior abrangência, ao passo que a emenda é pontual. O procedimento para sua aceitação é o mesmo do referente às emendas.

5.6.6. Vícios do consentimento

Nos seus arts. 47 até 52, a Convenção de Viena sobre Tratados dispõe sobre os vícios de consentimento.

Ocorrerá a nulidade do tratado nos casos em que configurar erro, dolo, corrupção do representante do Estado, coerção exercida sobre o representante do Estado e coerção decorrente de ameaça ou emprego de força, além da confecção de tratado contrário ao *jus cogens*.

15. Lembrando que as matérias de competência exclusiva do Congresso Nacional (art. 49 da CF/1988) devem ser normatizadas via decreto legislativo.

16. O Tribunal Penal Internacional (TPI) foi constituído na Conferência de Roma, em 17.07.1998, onde se aprovou o Estatuto de Roma – tratado que não admite a apresentação de reservas.

5.7. Incorporação no Direito Brasileiro

Nesta matéria surgem inúmeras discussões doutrinárias sobre o relacionamento entre o Direito Internacional e o Nacional. De tais discussões desenvolveram-se, de um lado, a tese *monista*, e, de outro, a *dualista*.

Segundo a tese monista, o Direito Internacional e o Nacional fazem parte do mesmo sistema jurídico, ou seja, incidem sobre o mesmo espaço. Logo, os compromissos normativos que os países – adeptos do monismo como França, Bélgica e Holanda –, assumem na comunidade internacional passam a ter vigência imediata no ordenamento interno de tais Estados, gerando a figura da *incorporação automática*.

Opondo-se a essa ideia, a tese dualista advoga que cada um pertence a um sistema distinto e, portanto, incide sobre espaços diversos. Assim, essa concepção não possibilita a configuração da incorporação automática.

A tese monista subdivide-se em: ***a)*** *monismo radical: prega a preferência pelo Direito Internacional em detrimento do Direito Nacional; e* ***b)*** *monismo moderado: prega a equivalência entre o Direito Internacional e o Direito Nacional.* É importante apontar que a jurisprudência internacional aplica o monismo radical; tal escolha é respaldada pelo art. 27 da Convenção de Viena sobre Direito dos Tratados: "Uma parte não pode invocar as disposições de seu direito interno para justificar o inadimplemento de um tratado".

O dualismo também se subdivide: ***a)*** *dualismo radical: impõe a edição de uma lei distinta para incorporação do tratado; e* ***b)*** *dualismo moderado ou temperado: não exige lei para incorporação do tratado, apenas se exige um procedimento complexo, com aprovação do Congresso e promulgação do Executivo.*

A Constituição Federal silenciou nesse aspecto, e, em virtude da omissão constitucional, a doutrina defende que o Brasil adotou a corrente dualista, ou, melhor dizendo, a corrente dualista moderada. Isso porque o tratado só passará a ter validade interna após ter sido aprovado pelo Congresso Nacional[17] e ratificado e promulgado pelo presidente da República. Lembremos ainda que a promulgação é efetuada mediante decreto presidencial.

Depois de internalizado, o tratado é equiparado hierarquicamente à norma infraconstitucional. Assim, as normas infraconstitucionais preexistentes ao tratado serão derrogadas quando com ele colidirem. Em relação a quaisquer leis posteriores que venham a colidir com o tratado, o tema já foi decidido pelo STF na ADI-MC 1.480/DF, momento em que o Pretório Excelso exarou entendimento de que os tratados internacionais, em geral, ingressam no sistema jurídico brasileiro com força de lei ordinária federal e, portanto, podem ser revogados por lei posterior e de mesma natureza que com ele colidir, ainda que isso gere responsabilidade no plano internacional. Esse posicionamento do STF é, contudo, altamente criticável, pois a Convenção de Viena sobre Direitos dos Tratados está em vigor no Brasil, e o seu art. 27 assim dispõe: "Uma parte não pode invocar as disposições de seu direito interno para justificar o inadimplemento de um tratado".

Tal dúvida não existe em matéria tributária, já que o art. 98 do CTN adotou a prevalência do tratado sobre o direito interno, determinando que a legislação tributária posterior ao tratado lhe deve obediência. Tal previsão, apesar de anterior, está em consonância com a nova ordem jurídica nacional (modificada com a internalização da Convenção de Viena sobre Direitos dos Tratados).

Com a edição da Emenda Constitucional 45, os tratados de direitos humanos que forem aprovados por quórum qualificado, ou seja, em cada Casa do Congresso Nacional, em dois turnos, por três quintos dos votos dos respectivos membros, serão equivalentes às emendas constitucionais – consoante o que determina o art. 5º, § 3º, da CF/1988. Assim, tais tratados terão hierarquia constitucional.

Muito se discutiu em relação à hierarquia dos tratados de direitos humanos que foram internalizados anteriormente à edição da EC 45/2004. Mas, em 03.12.2008, o Ministro Gilmar Mendes, no RE 466.343-SP, defendeu a tese da supralegalidade de tais tratados, ou seja, sua superioridade em relação às normas infraconstitucionais e sua inferioridade em relação às normas constitucionais. O voto do Ministro Gilmar Mendes foi acompanhado pela maioria.

Todavia, tal assunto desperta calorosas discussões. Tomemos como exemplo o fato de que, no mesmo recurso extraordinário em que foi exarada a tese da supralegalidade, o Ministro Celso de Mello defendeu o caráter constitucional dos tratados de direitos humanos independentemente do quórum de aprovação.

Apesar de a tese da supralegalidade ser um avanço na jurisprudência brasileira, deve-se apontar que uma leitura mais acurada da CF já permitiria afirmar que os tratados de direitos humanos internalizados sem o procedimento especial teriam *status* constitucional – isso porque o § 2º do art. 5º da CF/1988 inclui os direitos humanos provenientes de tratados entre os seus direitos protegidos, ampliando o seu bloco de constitucionalidade. É importante lembrar que o bloco de constitucionalidade é composto por todas as normas do ordenamento jurídico que possuem *status* constitucional.

5.8. Registro e publicidade

Em relação aos tratados multilaterais e seguindo uma sistemática já utilizada pelo sistema da Sociedade das Nações, o sistema das Nações Unidas determina o registro *ex officio* (pelo secretário-geral) do tratado em que a ONU ou quaisquer de suas instituições especializadas figure como parte ou como depositário. O registro deverá ocorrer somente depois que o compromisso tenha entrado em vigor.

5.8.1. Promulgação e publicidade no Brasil

Conforme já exteriorizado no subitem **5.6.2.1**, para integrar o Direto Nacional, o tratado regularmente concluído depende da promulgação e da publicidade levada a efeito pelo presidente da República. A promulgação ocorre por meio de decreto presidencial e a publicidade perfaz-se com a publicação no Diário Oficial.

5.9. Formas de extinção ou suspensão

5.9.1. Por violação substancial

A violação substancial de um tratado dá direito à parte prejudicada de torná-lo extinto ou de suspender sua execução no todo ou em partes. A Convenção de Viena sobre Direito dos Tratados disciplina, no seu art. 60, que violação substancial pode ser tanto o repúdio puro e simples do compromisso quanto a afronta a um dispositivo essencial para a consecução de seu objeto e finalidade.

17. O art. 84, VIII, da CF assim dispõe: "(...) celebrar tratados, convenções e atos internacionais, sujeitos a referendo do Congresso Nacional".

5.9.2. Por vontade comum ou ab-rogação

O fenômeno de extinção de tratado por vontade das partes é denominado ab-rogação. Esse tipo de extinção sempre poderá ocorrer, independentemente de previsão, pois o tratado só foi confeccionado por existir vontade das partes nesse sentido. Assim, a partir do momento em que essa vontade criadora não mais existir, o tratado perde sua razão de ser.

5.9.3. Por vontade unilateral ou denúncia

O fenômeno da extinção do tratado por vontade unilateral de uma das partes é denominado *denúncia*. Este tipo de extinção[18] assemelha-se à ratificação e à adesão, porém com efeito jurídico inverso, pois, pela denúncia, o Estado exterioriza sua retirada do acordo internacional.

No entanto, existem tratados que, por sua própria natureza, são imunes a esse tipo de extinção. É o caso dos tratados de vigência estática[19] – consoante o abordado no subitem **5.3.2.2.** – Por outro lado, alguns tratados facultam a denúncia a todo o momento, exigindo apenas o decurso de certo prazo (pré-aviso), tudo para proteger os interesses dos copactuantes. Em relação ao pré-aviso, a Convenção de Viena sobre Direitos dos Tratados estatui regra geral que condiciona a validade da denúncia à sua comunicação com pelo menos doze meses de antecedência (art. 56, ponto 2), e a violação de tal regra gera responsabilidade internacional do Estado.

Sobre o instituto, cabe ilustrarmos algumas considerações talhadas por Alberto do Amaral Júnior:

> "Em geral, a denúncia é efetuada em relação à globalidade do tratado. Só será consentida denúncia parcial se as cláusulas, que se pretende denunciar, forem separáveis do restante do acordo, não afetando a aplicação do tratado. A retratação da denúncia é cabível tão somente quando ainda não tiver produzido os efeitos jurídicos que lhe são inerentes".[20]

O procedimento para realizar a denúncia é simples: exige-se uma comunicação por escrito em forma de notificação, carta ou instrumento para o outro Estado, nos tratados bilaterais, e para o depositário, nos tratados multilaterais. Tal transmissão significa a saída do acordo internacional pela parte comunicante.

5.9.4. Denúncia no Brasil

Como dito anteriormente, a denúncia assemelha-se à ratificação e à adesão, ou seja, é necessário um procedimento complexo em que tanto o Congresso Nacional como o presidente da República emitam sua chancela. Daí a discussão se há a necessidade de ambos os poderes participarem ou apenas um.

Na visão de Francisco Rezek[21], parece lógico que, onde a comunhão de vontades entre os Poderes Executivo e Legislativo é necessária para tornar o Estado obrigado por um acordo internacional, seja suficiente apenas a vontade de um daqueles dois poderes para desobrigá-lo por meio da denúncia. O consentimento do Estado apoiava-se sobre duas bases, destarte, quando não mais existir uma delas, a consequência será a denúncia do tratado. Essa posição é a mais aceita.

A outra posição defende a chamada previsão convencional da denúncia, ou seja, a denúncia só tomará corpo após a concordância do Congresso Nacional e do presidente da República. Essa posição é defendida por Valerio de Oliveira Mazzuoli[22].

5.9.5. Outras considerações

Resta lógico que, se a execução do tratado tornar-se impossível no decorrer de sua vigência por extinção definitiva do respectivo objeto, os pactuantes estarão livres para se desobrigar. Entretanto, se a impossibilidade for temporária, os compromissos oriundos do acordo ficarão suspensos.

Dentro dessas considerações reguladas pela Convenção de Viena sobre Direito dos Tratados, aparece a regulamentação da cláusula *rebus sic stantibus* pelo art. 62 da supracitada Convenção. Tal cláusula permite a extinção ou a suspensão do tratado, desde que ocorra alguma das circunstâncias autorizadoras[23].

Também é importante dizer que o rompimento de relações diplomáticas ou consulares entre partes em um tratado não afetará as relações jurídicas estabelecidas entre elas por esse tratado, salvo na medida em que a existência de relações diplomáticas ou consulares for indispensável à sua aplicação (art. 63 da Convenção de Viena sobre Direito dos Tratados).

6. ESTADO

6.1. Conceito

É um agrupamento humano estabelecido sobre um território determinado e guiado por um governo independente.

Da análise do conceito supracitado podem-se apontar os elementos constitutivos do Estado, que são: **a)** população permanente; **b)** território determinado; **c)** governo independente; **d)** capacidade de manter relações com os demais Estados.

Deve-se reiterar também que a personalidade jurídica do Estado é originária, em contrapartida à da Organização Internacional, que é derivada, pois são formadas a partir da vontade dos Estados.

6.2. Classificação

6.2.1. Estado simples

São os Estados que não comportam divisão de autonomias em relação às competências internas e apresentam-se no

18. A denúncia extingue somente os tratados bilaterais, pois nos multilaterais ela significa apenas a saída da parte denunciante.
19. Por exemplo, os tratados que definem fronteiras.
20. **Curso de Direito Internacional Público.** 2. ed. São Paulo: Ed. Atlas, 2011. p. 116.
21. **Direito Internacional Público.** 11. ed. São Paulo: Ed. Saraiva, 2008. p. 112. Posição endossada por Alberto do Amaral Júnior em: **Curso de Direito Internacional Público.** 2. ed. São Paulo: Ed. Atlas, 2011. p. 116.
22. **O Controle Jurisdicional da Convencionalidade das Leis. 2.** ed. São Paulo: Ed. RT, 2011. p. 64.
23. Art. 62 da Convenção de Viena sobre Direitos dos Tratados:
Mudança Fundamental de Circunstâncias
1. Uma mudança fundamental de circunstâncias, ocorrida em relação às existentes no momento da conclusão de um tratado, e não prevista pelas partes, não pode ser invocada como causa para extinguir um tratado ou dele retirar-se, salvo se:
a) a existência dessas circunstâncias tiver constituído uma condição essencial do consentimento das partes em obrigarem-se pelo tratado; e
b) essa mudança tiver por efeito a modificação radical do alcance das obrigações ainda pendentes de cumprimento em virtude do tratado.
2. Uma mudança fundamental de circunstâncias não pode ser invocada pela parte como causa para extinguir um tratado ou dele retirar-se:
a) se o tratado estabelecer limites; ou
b) se a mudança fundamental resultar de violação, pela parte que a invoca, seja de uma obrigação decorrente do tratado, seja de qualquer outra obrigação internacional em relação a qualquer outra parte no tratado.
3. Se, nos termos dos parágrafos anteriores, uma parte pode invocar uma mudança fundamental de circunstâncias como causa para extinguir um tratado ou dele retirar-se, pode também invocá-la como causa para suspender a execução do tratado.

cenário internacional como um todo homogêneo e indivisível. Portugal é um exemplo de Estado simples.

6.2.2. Estado composto por coordenação

Nesses Estados existem ou uma associação de Estados soberanos ou uma associação de unidades autônomas, todas iguais entre si e mantenedoras de autonomia interna. O poder soberano é investido em um órgão central.

Esse tipo de Estado pode ser formado de três maneiras: **a)** união pessoal; **b)** confederação de Estados; e **c)** federação de Estados.

A união pessoal é a reunião de dois ou mais Estados sob a autoridade de um soberano comum, e ela só pode ocorrer pela forma monárquica. Como exemplo, podemos citar a Bélgica e o Congo entre 1885 e 1908.

A confederação de Estados é a associação de Estados soberanos que mantêm a autonomia e a personalidade internacional, mas conferem certas funções à autoridade central, como, por exemplo, a manutenção de paz entre os Estados confederados. É o caso da Confederação Germânica entre 1815 e 1866.

Por fim, a federação de Estados ou Estado federal é a união permanente de dois ou mais Estados, em que cada um deles conserva apenas a autonomia interna, pois a soberania externa é exercida por um órgão central, normalmente denominado *governo federal*. O Brasil é Estado federal desde a Constituição Federal de 1891. Portanto, sempre é o governo central que atuará perante a comunidade internacional, já que é o representante do Estado como um todo, o único detentor de personalidade jurídica internacional.

6.2.3. Estado composto por subordinação

Esse tipo de Estado diz respeito à associação em que os Estados não são iguais, pois alguns destes nem ao menos detêm autonomia interna.

Historicamente, tais Estados foram tratados como Estados vassalos, protetorados e Estados clientes. Atualmente não existem mais exemplos dessa estrutura. Borgonha é um exemplo de Estado vassalo, em relação ao reino da França, antes de sua anexação.

6.3. Território e soberania

O Território é um dos elementos constitutivos do Estado e representa a porção do espaço terrestre onde este exerce sua soberania.

Soberania[24] é o poder exclusivo que o Estado, representado geralmente pelo governo, detém de constituir direitos e impor deveres sobre um grupo de pessoas conjugadas em um espaço terrestre delimitado pela jurisdição desse mesmo Estado. Esse seria o âmbito interno da soberania, e como âmbito externo pode-se indicar a condição de igualdade que todos os Estados possuem na comunidade internacional.

Resta saber qual é a abrangência desse espaço no qual o Estado exerce sua soberania, o que veremos a seguir. Mas cabe adiantar que o território nacional, em seu sentido jurídico, é mais amplo que o território considerado pela geografia política, pois abrange áreas físicas que vão além dos limites e das fronteiras ditadas por esta.

6.3.1. Domínio terrestre

O *domínio terrestre de um Estado compreende seu solo e o respectivo subsolo, e sua abrangência é determinada por limites, as ditas fronteiras. Todavia, deve-se ponderar que a ideia de fronteira é mais ampla que a de linha divisória, pois diz respeito a uma zona.*

Em relação a esse tema, cabe mencionar o princípio *uti possidetis*, que foi muito utilizado para a determinação dos limites territoriais do Brasil[25], em contrapartida ao clamor dos governos hispano-americanos, que utilizavam o princípio *uti possidetis juris* para resolver suas contendas demarcatórias. Em poucas palavras, o *uti possidetis* significa a posse real e efetiva sobre determinada área, o que autoriza sua junção ao domínio terrestre controlado pela soberania do Estado. Já o *uti possidetis juris* prescinde de ocupação efetiva, ficando a análise somente nos aspectos jurídicos.

6.3.2. Domínio fluvial

O domínio fluvial de um Estado compreende os rios e demais cursos d'água que passam por seu território.

A divisão entre rios nacionais e internacionais baseia-se em um critério espacial. Ou seja, se o curso do rio ficar comprimido somente dentro dos limites territoriais do Estado, este será nacional, ao passo que, se ultrapassar tais limites, será internacional.

Entre os rios internacionais existe também uma divisão: contíguos e sucessivos. Contíguos quando passam entre os territórios de dois Estados, dando origem a uma soberania compartilhada, ou seja, a soberania de cada Estado alcança a linha divisória do rio. E sucessivos quando passam pelos territórios de dois ou mais Estados; neste caso, cada Estado exercerá soberania em relação à parte do rio que passar por seu território.

6.3.3. Domínio marítimo

O domínio *marítimo de um Estado compreende as águas interiores, o mar territorial, a zona contígua, a zona econômica exclusiva e a plataforma continental.*

É importante citar aqui o art. 125 da Convenção das Nações Unidas sobre o Direito do Mar, que permite aos Estados sem litoral usufruírem do direito de acesso ao mar pelo território dos Estados vizinhos que tenham litoral, mas estes podem tomar todas as medidas necessárias para assegurar que os direitos e facilidades conferidos aos Estados sem litoral, não prejudiquem de forma alguma os seus legítimos interesses.

Agora estudaremos cada uma dessas partes que formam o domínio marítimo de um Estado. Devemos lembrar ainda que o grande diploma legal que regula o Direito Marítimo é a Convenção das Nações Unidas sobre o Direito do Mar, concluída em Montego Bay, Jamaica, em 10.12.1982.

6.3.3.1. Águas interiores

As águas interiores abrangem toda quantidade de água que se encontra na parte anterior da linha de base.

A linha de base é utilizada para determinar o início do mar territorial, e é traçada tomando por base a linha da maré baixa ao longo da costa, alternada com a linha de reserva das águas interiores quando existirem baías ou portos.

É importante lembrar que, no âmbito das águas interiores ou nacionais, o Estado exerce soberania ilimitada, não sendo

24. O conceito adotado tem por base o sistema Westphaliano.

25. "Desde o início do séc. XVIII, a extensão geográfica da Colônia nada mais tinha a ver com a incerta linha de Tordesilhas. Restava fazer conhecer de direito as novas fronteiras, uma questão a ser definida com a Espanha. Isso ocorreu através do Tratado de Madrid, entre as coroas portuguesa e espanhola, onde se reconheceu o princípio do *uti possidetis*, beneficiando os portugueses" (FAUSTO, Boris. *História Concisa do Brasil*, p. 74-75, Ed. USP).

possível a dita passagem inocente dos navios mercantes estrangeiros, o que é permitido no âmbito do mar territorial. Ademais, os navios estrangeiros só podem atracar nos portos quando autorizados pela respectiva capitania.

6.3.3.2. Mar territorial

O mar territorial é a parte do mar compreendida entre a linha de base e o limite de 12 milhas marítimas na direção do mar aberto.

Cabe sublinhar que os baixios[26] a descoberto que se encontrem, parcialmente, a uma distância do continente que não exceda a largura do mar territorial podem ser utilizados como parâmetro para medir a largura do mar territorial (art. 13, ponto 1, da Convenção das Nações Unidas sobre Direito do Mar).

No âmbito do mar territorial, o Estado exerce soberania com algumas limitações. Essa soberania alcança não apenas as águas, mas também o leito do mar, seu respectivo subsolo e o espaço aéreo sobrejacente. Como adendo, reiteramos que a doutrina é uniforme em defender que não existem limitações à soberania referente ao espaço atmosférico acima do mar territorial.

Como dito no subitem anterior, a soberania sobre o mar territorial é mitigada pelo direito de passagem inocente, reconhecido em favor dos navios de qualquer Estado. Mas deve-se atentar que esse direito deve ser exercido de maneira contínua, rápida e ordeira, sob pena de configurar ato ilícito. Já os submarinos devem navegar na superfície e com o pavilhão arvorado. Ainda, tal soberania pode ser limitada em função da proteção ambiental.

Por exercer soberania sobre o mar territorial, o Estado costeiro poderá exercer poder de polícia, para proceder à fiscalização aduaneira e sanitária, como também à regulamentação dos portos e do trânsito[27] pelas águas territoriais, inclusive tomar medidas para reprimir as infrações às leis de seu território.

6.3.3.3. Zona contígua

A zona contígua trata-se de uma segunda faixa, a qual é adjacente ao mar territorial, e, em princípio, também de 12 milhas de largura.

No âmbito da zona contígua, o Estado costeiro também exerce soberania e, destarte, poderá exercer seu poder de polícia e, assim, proceder à fiscalização no que concerne à alfândega, à imigração, à saúde e, ainda, à regulamentação dos portos e do trânsito pelas águas territoriais, como também tomar medidas para reprimir as infrações às leis de seu território.

6.3.3.4. Zona econômica exclusiva (ZEE)

A zona econômica exclusiva (ZEE) é aquela situada além do mar territorial e a este adjacente – logo, se sobrepõe à zona contígua. Ela possui largura de duzentas milhas marítimas contadas da linha de base. Assim, se a largura for medida a partir do mar territorial, a ZEE terá 188 milhas marítimas de largura, e, se for medida a partir da linha de base, a ZEE terá 200 milhas marítimas de largura.

O Estado costeiro também exerce direitos de soberania sobre a zona econômica exclusiva. O art. 56 da Convenção sobre Direito do Mar disciplina tais direitos, dentre os quais se destacam: **a)** exploração de recursos naturais vivos ou não vivos; **b)** exploração econômica de caráter abrangente, como, por exemplo, a produção de energia a partir da água, do vento etc.; **c)** investigação científica; **d)** proteção e preservação do meio marinho; **e)** instalação de ilhas artificiais etc.

Em contrapartida, o Estado costeiro tem que suportar os direitos dos outros Estados, como, por exemplo, a navegação, o sobrevoo e a colocação de cabos ou dutos submarinos.

6.3.3.5. Plataforma continental

A plataforma continental é a parte do mar adjacente à costa cuja profundidade normalmente atinge duzentos metros e que, distante do litoral, cede lugar às inclinações abruptas que conduzem aos fundos marinhos.

O Estado costeiro tem o direito exclusivo de explorar os recursos naturais encontrados sobre a plataforma e seu subsolo. Tal direito é justificado pelo princípio da contiguidade.

6.3.3.6. Alto-mar

O alto-mar é a parcela do mar que não se encontra sob jurisdição de nenhum Estado.

Por fim, a título de consolidação da matéria, cabe destacar que no alto-mar vige o princípio da liberdade: é livre a navegação, assim como todas as formas possíveis de aproveitamento econômico, e não existe interferência da soberania de qualquer Estado.

Tal liberdade só é restringida pela obrigação de utilizá-lo para fins pacíficos e sempre respeitando os interesses dos demais Estados.

6.3.3.7. Fundos marinhos

O leito marinho, fora dos limites de qualquer jurisdição, é patrimônio comum da humanidade. Assim sendo, nenhum Estado exerce sua soberania sobre ele.

Tal determinação provém da Declaração de Princípios votada na Assembleia Geral da ONU. Cabe apontar que o determinante de tal votação foi a participação dos países em desenvolvimento, que viram a possibilidade de participar, mediante um regime internacional, da exploração dos recursos minerais que se encontram nos fundos dos oceanos e no seu subsolo.

6.3.3.8. Navios

O Estado exerce jurisdição sobre o navio que arvora sua bandeira, como também sobre as pessoas que nele se encontrem, além de exercê-la sobre os navios de seus nacionais.

Pela teoria da territorialidade ficta, os navios representam o prolongamento do domínio dos Estados. Apesar das inúmeras críticas recebidas, essa teoria teve acolhida na Corte Permanente de Justiça Internacional (CPJI), pois no caso do *navio Lótus*, em 1927, o voto dos juízes teve por fundamentação tal teoria.

A Convenção de Montego Bay classifica os navios da seguinte maneira: **a)** navios de guerra; **b)** navios públicos de fins não comerciais; **c)** navios públicos de fins comerciais; e **d)** navios privados ou mercantes.

Os navios privados ou mercantes ficarão sob a jurisdição do Estado do pavilhão quando se encontrarem em águas nacionais ou em alto-mar. Já os navios de guerra são como órgãos do poder público, por isso são soberanos e ficarão sob a jurisdição do Estado do pavilhão onde quer que estejam, mas

26. São bancos de areia ou rochedo, que ficam submersos nos mares e rios, constituindo perigo para a navegação.

27. A passagem de trânsito também se aplica às aeronaves.

sempre deverão respeitar as regras do Estado estrangeiro onde se encontrem. Por sua vez, os navios públicos que não têm caráter militar possuem certas prorrogativas, mas em menor amplitude do que aquelas conferidas aos navios de guerra.

6.3.4. Domínio aéreo

O *domínio aéreo de um Estado compreende os ares situados acima de seu território e de seu mar territorial.*

Desse modo, o regime jurídico incidente no espaço aéreo de um Estado é o mesmo da superfície subjacente, com a diferença de não ser permitido o direito de passagem inocente, o qual é tolerado no mar territorial. Todavia, a navegação aérea, civil ou militar, é livre sobre os espaços onde não incide nenhuma soberania estatal: o alto-mar – incluindo o Polo Norte – e o continente antártico.

6.3.4.1. Aeronaves

É obrigação internacional que todo avião que trafega internacionalmente possua uma nacionalidade, a qual será determinada por seu registro ou matrícula. Esse vínculo implica a responsabilidade de um Estado sobre a aeronave e autoriza a respectiva proteção.

Pela teoria da territorialidade ficta, as aeronaves representam o prolongamento do domínio dos Estados.

O Código Brasileiro do Ar (Decreto-lei 483/1938), substituído pelo Código Brasileiro de Aeronáutica (Lei 7.565/1986), classificava as aeronaves da seguinte maneira: **a)** aeronaves de guerra; **b)** aeronaves públicas de fins não comerciais; **c)** aeronaves públicas de fins comerciais; e **d)** aeronaves privadas ou mercantes. Todavia, existe certa equiparação das aeronaves públicas de fins comerciais com as privadas, em função do fato de a maioria das companhias de aviação civil ser pública.

Por fim, cabe apontar que existe um importante diploma legal sobre a matéria: a Convenção sobre Aviação Civil Internacional, concluída em Chicago em 07.12.1944 e firmada pelo Brasil, em Washington, em 29.05.1945.

6.3.4.2. Espaço ultraterrestre ou sideral

O espaço ultraterrestre é patrimônio comum da humanidade. Assim, nenhum Estado exerce soberania sobre ele. Em outras palavras, o domínio público internacional refere-se a espaços de interesse geral pertencentes a todas as nações.

6.3.5. Regiões polares

As regiões antártica (Polo Sul) e ártica (Polo Norte) são de suma importância para o equilíbrio do clima no planeta Terra. Nenhum Estado exerce soberania sobre o continente antártico, ao passo que o Canadá, a Dinamarca, a Finlândia, a Islândia, a Suécia, a Noruega, a Rússia e os Estados Unidos exercem soberania sobre a região ártica.

Essa soberania compartilhada pode ser criticada, pois a região nada mais é do que um oceano coberto por gelo, e, como sabemos, nos mares vige o princípio da liberdade (reler subitem **6**.3.3.6).

Em relação ao Polo Sul, existe o Tratado da Antártida, assinado em 01.12.1959 e ratificado pelo Brasil em 1975 (Decreto 75.963), que tem por objetivo garantir que a Antártida seja sempre utilizada para fins pacíficos. Podemos citar como princípios informadores desse tratado: **a)** utilização do continente antártico exclusivamente para fins pacíficos; **b)** liberdade de pesquisa e intercâmbio de informações científicas; **c)** congelamento de quaisquer reivindicações territoriais no continente antártico; **d)** direito de cada uma das partes do tratado de proceder, a qualquer tempo, à inspeção das instalações das demais; e **e)** preservação e conservação dos recursos vivos na Antártida (art. 9º, ponto 1, do Tratado da Antártida).

Apesar de o tratado não prever expressamente que a Antártida é "patrimônio comum da humanidade", cabe dizer que "a internacionalização, como modo de exclusão das pretensões de apropriação com intuito de exercer a soberania estatal, se deu e, todavia, se encontra em curso, em relação aos espaços polares. Alguns países pretenderam alegações de reivindicações sobre parcelas da Antártida. Mas esta se considera aqui dentre os espaços internacionalizados, e a prática internacional tem sido em tal sentido. A ser revisto em futuro próximo, o **Tratado da Antártica** de 1959 não deve voltar atrás, no sentido de acolher pretensões nacionais de apropriação de quinhões do continente gelado".[28]

6.4. Reconhecimento

Existe grande divergência doutrinária no tocante a esse tema. A parcela maior da doutrina defende que o reconhecimento de um Estado por seus pares tem natureza declaratória (é a posição adotada pelo Instituto de Direito Internacional), ao passo que a outra parcela defende que tal reconhecimento tem natureza constitutiva. O aclamado princípio da autodeterminação dos povos dá suporte à tese da natureza declaratória do reconhecimento.

Discussões à parte, o reconhecimento pode ser expresso ou tácito, mas deve ser inequívoco. Exemplos de reconhecimento expresso são: tratado, decreto, nota etc. E exemplos do tácito são: início das relações diplomáticas ou a celebração de um tratado qualquer com o novo Estado.

Pode também ser *de jure* ou *de facto*. O reconhecimento *de jure* é definitivo, já o *de facto* é provisório ou limitado.

Ainda se pode classificar o reconhecimento como individual ou coletivo. O individual é efetuado por apenas um Estado, já o coletivo, por vários Estados. Na atualidade, o reconhecimento coletivo tem maior incidência, porque está ligado à aderência do novo Estado à Organização das Nações Unidas.

6.4.1. Reconhecimento de governo

O Estado em si mesmo já é reconhecido, ou seja, tem personalidade jurídica de direito internacional. Contudo, uma ruptura na ordem política – uma revolução ou um golpe de Estado, por exemplo – faz com que se instaure no país um novo esquema de poder, contrário às regras constitucionais pertinentes à renovação do governo. Aqui, a grande discussão doutrinária refere-se à forma expressa ou à forma tácita do reconhecimento.

6.5. Imunidades

No plano internacional, os Estados em si possuem imunidades, assim como os agentes estatais, tanto do corpo diplomático como do consular. As imunidades diplomáticas e consulares têm por finalidade garantir o eficaz desempenho das funções das missões diplomáticas, em seu caráter de representantes dos Estados.

Vejamos, primeiramente, o significado das duas convenções celebradas em Viena sobre as imunidades dos agentes estatais, uma delas sobre relações diplomáticas (1961), a outra sobre relações consulares (1963).

28. CASELLA, Paulo Borba. *Direito Internacional dos Espaços*. São Paulo: Atlas, 2009. p. 572.

6.5.1. *Imunidades diplomáticas*

No âmbito da missão diplomática, tanto os membros do quadro diplomático de carreira quanto os membros do quadro administrativo e técnico gozam de ampla imunidade de jurisdição penal, civil e administrativa, esta última sendo a mais mitigada, que se estende aos membros da família quando estes vivam sob sua dependência e tenham sido incluídos na lista diplomática. São, ademais, fisicamente invioláveis e em caso algum podem ser obrigados a depor como testemunhas. Reveste-os, além disso, a imunidade tributária[29].

Os membros do quadro diplomático de carreira apenas gozam das citadas imunidades em razão do cargo que exercem. Percebe-se que o Estado estrangeiro *per si* é detentor de tais imunidades e seus agentes, como apontado, somente possuem imunidade por representá-lo. Desta forma, podemos falar de imunidades aplicadas diretamente ao Estado estrangeiro. Em recente decisão sobre o tema, o STJ decidiu que o Município não pode cobrar IPTU de Estado estrangeiro, embora possa cobrar taxa de coleta domiciliar de lixo[30].

Mas cabe asseverar que se o agente diplomático inicia uma ação judicial, não lhe será permitido invocar a imunidade de jurisdição em relação a uma reconvenção proposta pelo réu, ligada à ação principal. E também é importante aclarar que a imunidade de jurisdição garantida ao agente diplomático vale apenas no Estado acreditado (no local da missão diplomática). Logo, não o isenta da jurisdição do Estado acreditante (o agente submete-se à jurisdição do seu próprio Estado) – art. 31, ponto 4, da Convenção de 1961.

São também fisicamente invioláveis os locais da missão diplomática com todos os bens ali situados, assim como os locais residenciais utilizados pelo quadro diplomático e pelo quadro administrativo e técnico para fins da missão e por conta do Estado acreditante – salvo o imóvel privado. Esses imóveis e os valores mobiliários neles encontráveis não podem ser objeto de busca, requisição, penhora ou medida qualquer de execução (imunidade de execução). Os arquivos e documentos da missão diplomática são invioláveis onde quer que estejam. Nesse sentido é o art. 22, ponto 2, da Convenção de Viena sobre Imunidades Diplomáticas, pois determina que o Estado acreditado (o que recebe o agente diplomático ou consular) tem a obrigação especial de adotar todas as medidas apropriadas para proteger os locais da missão contra qualquer dano e evitar perturbações à sua tranquilidade ou ofensas à sua dignidade.

Importante destacar que no caso *Yerodia* – República Democrática do Congo v. Reino da Bélgica –, a Corte Internacional de Justiça determinou que a imunidade de ministro de estado das relações exteriores é absoluta e se equipara à imunidade diplomática. Outro caso digno de nota é o caso *Pinochet*, onde ficou definido que a imunidade de ex-chefe de estado vale somente para atos de Estado, não incluindo nestes os crimes de direito internacional.

Em que pesem as imunidades diplomáticas, o Estado acreditado poderá a qualquer momento, e sem ser obrigado a justificar sua decisão, notificar o Estado acreditante de que o chefe da missão ou qualquer membro do pessoal diplomático da missão é *persona non grata* ou que outro membro do pessoal da missão não é aceitável. O Estado acreditante, conforme o caso, retirará a pessoa em questão ou dará por terminadas suas funções na missão. Uma pessoa pode ser declarada *non grata* ou não aceitável mesmo antes de chegar ao território do Estado acreditado (art. 9º, ponto 1, da Convenção de Viena sobre Relações Diplomáticas).

Também é possível que o Estado acreditado não conceda o *agrément*. *Agrément* é o ato por meio do qual o Estado acreditado manifesta sua concordância com a nomeação de um agente diplomático por parte do Estado acreditante. Ademais, o Estado acreditado não precisa dar os motivos da recusa do *agrément* (art. 4º, ponto 2, da Convenção de Viena sobre Relações Diplomáticas)[31].

6.5.2. *Imunidades consulares*

Os cônsules e os funcionários consulares gozam de inviolabilidade física e de imunidade ao processo apenas no tocante aos atos relacionados ao trabalho (atos oficiais). Os locais consulares são invioláveis na medida estrita de sua utilização funcional e gozam de imunidade tributária. Os arquivos e documentos consulares são invioláveis em qualquer circunstância e onde quer que se encontrem (art. 33 da Convenção de Viena sobre Relações Consulares).

6.5.3. *Resumo comparativo das imunidades*

1) Imunidades diplomáticas: **a)** titularidade: membros do quadro diplomático de carreira e do quadro administrativo e técnico; **b)** amplitude: jurisdição penal, civil e administrativa; **c)** fisicamente invioláveis: sim; **d)** podem depor como testemunha: não; e **e)** imunidade tributária: sim.

2) Imunidades consulares: **a)** titularidade: os cônsules e os funcionários consulares; **b)** amplitude: apenas em relação aos processos relacionados ao trabalho; **c)** fisicamente invioláveis: sim; **d)** podem depor como testemunha[32]: sim; e **e)** imunidade tributária: sim.

6.5.4. *Renúncia*

O Estado acreditante (o que envia o agente diplomático ou consular) pode renunciar, se entender conveniente, às imunidades de índole penal e civil de que gozam seus representantes diplomáticos e consulares (art. 32 da Convenção de Viena de 1961). Em caso algum o próprio beneficiário da imunidade pode renunciar.

---

29. O agente diplomático goza de isenção de todos os impostos e taxas, pessoais ou reais, nacionais, regionais ou municipais, com exceção, dentre outras, dos impostos indiretos incluídos nos preços das mercadorias ou dos serviços, dos impostos e taxas sobre bens imóveis privados, situados no território do Estado acreditado, daqueles decorrentes do direito de sucessão, dos que incorrem sobre rendimentos privados ou sobre serviços específicos prestados ao agente.

30. Encontra-se pacificado na jurisprudência do STJ o entendimento de que os Estados estrangeiros possuem imunidade tributária e de jurisdição, segundo os preceitos das Convenções de Viena de 1961 (art. 23) e de 1963 (art. 32), que concedem isenção sobre impostos e taxas, ressalvadas aquelas decorrentes da prestação de serviços individualizados e específicos que lhes sejam prestados. Assim, em tese, a Taxa de Coleta Domiciliar de Lixo que decorra da prestação de serviço específico pode ser cobrada do Estado estrangeiro. Ademais, a Súmula Vinculante 19 do STF preconiza que "a taxa cobrada exclusivamente em razão dos serviços públicos de coleta, remoção e tratamento ou destinação de lixo ou resíduos provenientes de imóveis não viola o art. 145, II, da Constituição Federal" (RO 138-RJ, Rel. Min. Herman Benjamin, julgado em 25.02.2014).

31. O mesmo ocorre com os agentes consulares (art. 12, ponto 2, da Convenção de Viena sobre Relações Consulares).

32. A título de informação, "Os Deputados e Senadores não serão obrigados a testemunhar sobre informações recebidas ou prestadas em razão do exercício do mandato, nem sobre as pessoas que lhes confiaram ou deles receberam informações" (art. 53, § 6º, da CF/1988).

Cabe reforçar a necessidade dessa renúncia ser expressa (art. 32, ponto 2, da Convenção de Viena sobre Relações Diplomáticas) e sublinhar que a renúncia à imunidade de jurisdição no tocante às ações cíveis ou administrativas não implica renúncia à imunidade quanto às medidas de execução de sentença, para a consecução das quais nova renúncia é necessária (art. 32, ponto 4, da Convenção de Viena sobre Relações Diplomáticas).

6.5.5. *Imunidade de Jurisdição*

A regra de imunidade jurisdicional do Estado, enquanto pessoa jurídica de direito externo, existe há muito tempo no plano internacional e se consubstancia na impossibilidade de o Estado figurar como parte perante tribunal estrangeiro contra sua vontade (*par in parem non habet judicium*). Mais tarde, tal regra foi corroborada pelo princípio da igualdade soberana dos Estados.

No entanto, essa outrora absoluta imunidade vem sendo reconfigurada. A título de exemplo, aponta-se a Convenção Europeia sobre a Imunidade dos Estados, concluída em Basileia e em vigor desde 1976, que exclui do âmbito da imunidade do Estado as ações decorrentes de contratos celebrados e exequendos *in loco*. Dispositivo semelhante aparece no *State Immunity Act*, que se editou na Grã-Bretanha em 1978. Também se pode apontar a Convenção sobre as Imunidades dos Estados e seus Bens, adotada pela ONU, que tem por linha-base a exclusão do âmbito de imunidade estatal as atividades de notável caráter econômico. No Brasil, por exemplo, o STF decidiu, no julgamento da ACI 9.696 em 1989, que Estado estrangeiro não tem imunidade em causa de natureza trabalhista, entendida como ato de gestão. Ou seja, todo ato de gestão que envolva relação civil, comercial ou trabalhista não se encontra abrangido pela imunidade de jurisdição estatal[33]. Assim, a imunidade recai apenas sobre os atos de império, mas pode ser afastada mediante concordância do Estado por ela beneficiado.

Percebe-se que a imunidade jurisdicional do Estado estrangeiro passou de um costume internacional absoluto a matéria a ser regulada internamente por cada Estado.

Em geral, pode-se dizer que a imunidade jurisdicional estatal não mais incidirá nos processos provenientes de relação jurídica entre o Estado estrangeiro e o meio local – mais exatamente os particulares locais (atos de gestão ou *ius gestionis*).

6.5.6. *Imunidade de execução*

Conforme já dito quando tratamos das imunidades diplomáticas, os Estados possuem imunidade de execução, o que significa que não poderá ser decretada execução forçada – como o sequestro, o arresto e o embargo – contra os bens de um Estado estrangeiro.

Essa imunidade é considerada absoluta por grande parcela da doutrina[34] e prevalece no STF a orientação de que, "salvo renúncia, é absoluta a imunidade do Estado estrangeiro à jurisdição executória"[35]. Logo, se a existência da demanda for comunicada ao Estado estrangeiro e esse não renunciar expressamente à imunidade de jurisdição, o processo deve ser extinto sem resolução de mérito[36]. Por conclusão temos que a imunidade de execução pode ser renunciada pelo próprio Estado[37] ou relativizada quando a execução for de bens não afetos aos serviços diplomáticos e consulares do Estado estrangeiro – por exemplo, recursos financeiros vinculados a atividades empresariais disponíveis em contas bancárias[38]. E caso este não possua bens estranhos à sua representação diplomática nos limites da jurisdição brasileira, deve ser expedida carta rogatória, acompanhada de gestões diplomáticas, para se proceder à cobrança do crédito.

6.6. Exclusão do estrangeiro

6.6.1. *Condição jurídica do estrangeiro*

Consoante o art. 5º da CF/1988, o estrangeiro tem aqui proteção da ordem jurídica como qualquer nacional, apenas com a diferença de não se beneficiar dos direitos políticos. Esse tipo de tratamento é conferido por quase todos os Estados.

Cabe lembrar que todo Estado tem a prerrogativa de decidir sobre a conveniência da entrada ou não de estrangeiros em seu território nacional. Apenas o nacional possui direito de entrar no seu país e fixar residência nele.

6.6.2. *Deportação*

A deportação é a saída compulsória, do território nacional, do estrangeiro que ingressou irregularmente ou cuja presença tenha se tornado irregular – quase sempre por expiração do prazo de permanência ou por exercício de atividade não permitida, como trabalho remunerado no caso do turista.

A medida não é exatamente punitiva nem deixa sequelas. Seu procedimento é simples. O estrangeiro é notificado para sair do Brasil e, caso não obedeça, pode ser decretada, pelo juiz federal, sua prisão com a finalidade de ulterior deportação.

De suma importância sobre o instituto é a impossibilidade de proceder à deportação se isso implicar extradição inadmitida pela lei brasileira (art. 63 do Estatuto do Estran geiro). Portanto, a deportação não é permitida quando relacionada à prática de crimes políticos, de imprensa, religiosos e militares.

A deportação não deve ser confundida com o impedimento à entrada de estrangeiro, que ocorre quando não forem cumpridas as exigências necessárias para o ingresso.

Por fim, o deportado só poderá reingressar no território nacional se ressarcir o Tesouro Nacional, com correção monetária, das despesas com sua deportação e efetuar, se for o caso, o pagamento da multa devida à época, também corrigida (art. 64 do Estatuto do Estrangeiro).

33. RO 00010567520145020041, TRT-2º Região, SP. Ementa: Direito Internacional do Trabalho. Consulado e Embaixada do Reino da Espanha no Brasil. Contrato de trabalho que pactua a aplicação da lei brasileira. Serviços meramente administrativos. Atos de gestão. Matéria de ordem privada. Relativização da imunidade de jurisdição. (04/09/2015).

34. Para parte da doutrina, a imunidade de execução foi relativizada na medida em que bens de uso comercial sem função pública podem ser objeto de penhora. É a visão, por exemplo, de Antenor Madruga. Na mesmoa linda é RO 348201101910008, TRT-10º Região, DF.

35. Vide ACO 543 AgR, Tribunal Pleno, e RE-AgR 222.368/PE, ambos do STF. E mais recentemente a ACO 709 (2013), STF, em que a União, representada pela Caixa Econômica Federal (CEF), promovia a execução fiscal de dívida ativa do Fundo de Garantia do Tempo de Serviço (FGTS) contra o Consulado Geral da França em São Paulo.

36. STF, ACO 645 AgR, Tribunal Pleno, DJ 17.08.2007.

37. Importante esclarecer que a renúncia à imunidade de jurisdição no referente às ações civis e administrativas não abrange as medidas de execução de sentença, para as quais é necessária nova renúncia.

38. Vide TST, SBDI-2 ROMS 282/2003-000-10-00-1. Relator: Renato de Lacerda Paiva. Brasília, DF, 28.06.2005. *DJ* 26.08.2005.

6.6.3. *Expulsão*

A expulsão é a saída compulsória, do território nacional, do estrangeiro que constituir perigo ou ameaça à ordem pública. Podem-se citar tais atos como possíveis de gerar a expulsão: **a)** conspirações; **b)** espionagem; **c)** provocação de desordens; **d)** mendicidade e vagabundagem etc. A medida deixa sequelas e pode ser considerada punitiva.

Antes de tudo, deve-se dizer que, diferentemente de outras constituições brasileiras (por exemplo, a de 1946), a Constituição de 1988 não adota norma a respeito do tema, que é disciplinado pela Lei 6.815/1980 (Estatuto do Estrangeiro). Referida lei, no art. 65, dispõe que "é passível de expulsão o estrangeiro que, de qualquer forma, atentar contra a segurança nacional, a ordem política ou social, a tranquilidade ou moralidade pública e a economia popular, ou cujo procedimento o torne nocivo à conveniência e aos interesses nacionais". O parágrafo único do mesmo artigo prevê outros casos em que a expulsão do estrangeiro pode ocorrer[39].

Por outro lado, o art. 75, II, da Lei 6.815/1980 dispõe que não se procederá à expulsão "quando o estrangeiro tiver: **a)** cônjuge brasileiro do qual não esteja divorciado ou separado, de fato ou de direito, e desde que o casamento tenha sido celebrado há mais de 5 (cinco) anos; ou **b)** filho brasileiro que, comprovadamente, esteja sob sua guarda e dele dependa economicamente". Tratam-se das chamadas *condições de inexpulsabilidade*. Importante destacar que essas condições de inexpulsabilidade não interferem na extradição, expulsão e entrega (para o TPI), ou seja, não impedem tais medidas de exclusão do estrangeiro.

Em relação à segunda situação, deve-se asseverar que o STF possui orientação consolidada no sentido de que o nascimento de filho brasileiro após a prática da infração penal não caracteriza óbice à expulsão (vide Informativo 554 do STF[40]). Todavia, essa outrora posição consolidada parece ser flexibilizada em função do afeto enquanto valor constitucional central. Hodiernamente, especialmente pelo defendido no HC 114.901/DF[41], sublinha-se o dever constitucional do Estado de proteger a unidade e de preservar a integridade das entidades familiares, além da necessidade de proteção integral e efetiva à criança e ao adolescente nascidos no Brasil. Logo, a posição apontada, outrora indiscutível, começa a ser relativizada, conforme verificado em excerto do citado *habeas corpus*: "constando dos autos que o nascimento do mencionado filho do paciente ocorreu após o fato criminoso e não havendo comprovação de que o menor dependa economicamente do pai e de que tenham eles convivência socioafetiva, a jurisprudência desta Corte, **ainda que mais flexível com o propósito de beneficiar a prole brasileira**, não ampara a pretensão de impedir a efetiva expulsão do estrangeiro, condenado por tráfico de drogas". (grifo nosso)

Na prática, o estrangeiro, depois de notificado de sua expulsão, deve se retirar do Brasil, do contrário poderá receber pena, geralmente de prisão, e somente após seu cumprimento vai ser enviado ao seu país, o qual não poderá negar sua entrada. É importante apontar que a pena também será imposta ao estrangeiro que, depois de sair, retornar ao Brasil sem que a expulsão tenha sido revogada, caso em que incorre no crime tipificado no art. 338 do CP ("Reingressar no território nacional o estrangeiro que dele foi expulso").

O procedimento é complexo, pois necessária se faz a realização de um inquérito[42] no âmbito do Ministério da Justiça, no qual se assegura ao estrangeiro o direito de defesa (contraditório). Após, o presidente da República decidirá sobre a expulsão, devendo materializá-la por meio de decreto (art. 66 do Estatuto do Estrangeiro). E da decisão do presidente da República cabe pedido de reconsideração no prazo de dez dias, a contar da publicação do decreto de expulsão, no Diário Oficial da União (art. 72 do Estatuto do Estrangeiro). Não caberá pedido de reconsideração nos seguintes casos: infração contra a segurança nacional, a ordem política ou social e a economia popular; comércio, posse ou facilitação de uso indevido de substância entorpecente ou que determine dependência física ou psíquica; ou desrespeito à proibição especialmente prevista em lei para estrangeiro (arts. 71 e 72 da Lei 6.815/1980).

Existe a possibilidade do presidente da República delegar a citada competência ao Ministro da Justiça, que nos casos de expulsão assinará uma Portaria Ministerial de Expulsão (art. 1º do Decreto 3.447/2000).

Por sua importância, cabe apontarmos o art. 67 do Estatuto do Estrangeiro: "Desde que conveniente ao interesse nacional, a expulsão do estrangeiro poderá efetivar-se, ainda que haja processo ou tenha ocorrido condenação". Tal regra foi utilizada recentemente pelo STF, na Ext. 1.133/República da Argentina[43], diante da impossibilidade de extraditar estrangeiro que responde a processo penal no Brasil pela prática do crime de furto.

Por fim, deve-se apontar que a regra no ordenamento jurídico brasileiro é que não há contraditório em procedimento investigatório, como, por exemplo, o inquérito policial. Todavia, como acabamos de ver, o procedimento de expulsão de estrangeiro do território nacional é uma exceção à regra geral (em companhia do procedimento para apurar falta disciplinar), pois permite a defesa do estrangeiro.

6.6.3.1. *Expulsão de Refugiado*

A expulsão de estrangeiro que ostente a condição de refugiado não pode ocorrer sem a regular perda dessa condição. Inicialmente, cumpre ressaltar que a expulsão é ato discricionário de prerrogativa do Poder Executivo, constitucionalmente responsável pela política externa do país e pela adoção de atos que gerem reflexos às relações internacionais do Brasil com outros países. Não obstante, o reconhecimento da discricionariedade do ato de expulsão não corresponde à afirmação de que tal ato seria insuscetível de apreciação e revisão pelo Poder Judiciário, mas apenas quer significar que, ao analisar o ato, não poderá o Estado-Juiz substituir-se à

39. "**a)** praticar fraude a fim de obter a sua entrada ou permanência no Brasil; **b)** havendo entrado no território nacional com infração à lei, dele não se retirar no prazo que lhe for determinado para fazê-lo, não sendo aconselhável a deportação; **c)** entregar-se à vadiagem ou à mendicância; ou d) desrespeitar proibição especialmente prevista em lei para estrangeiro".

40. No mesmo sentido, o art. 75, § 1º, do Estatuto do Estrangeiro assim dispõe: "não constituem impedimento à expulsão a adoção ou o reconhecimento de filho brasileiro supervenientes ao fato que o motivar".

41. **Informativo** 690 do STF.

42. Art. 71 do Estatuto do Estrangeiro: "Nos casos de infração contra a segurança nacional, a ordem política ou social e a economia popular, assim como nos casos de comércio, posse ou facilitação de uso indevido de substância entorpecente ou que determine dependência física ou psíquica, ou de desrespeito à proibição especialmente prevista em lei para estrangeiro, **o inquérito será sumário e não excederá o prazo de quinze dias**, dentro do qual fica assegurado ao expulsando o direito de defesa".

43. Rel. Min. Gilmar Mendes, 09.08.2011 (Inform. STF 635).

atuação da chefia do Executivo na avaliação da conveniência, necessidade, oportunidade e utilidade da expulsão, devendo limitar-se à análise do cumprimento formal dos requisitos e à inexistência de óbices à expulsão. Nesse contexto, salienta--se que tanto a Convenção das Nações Unidas relativa ao Estatuto dos Refugiados (art. 32) quanto a Lei 9.474/1997 (art. 36) preveem que o refugiado que esteja regularmente registrado não será expulso do território nacional, salvo por motivos de segurança nacional ou de ordem pública. De fato, não cabe ao Judiciário a avaliação acerca da pertinência da caracterização da condenação do refugiado como motivo de segurança nacional ou ordem pública suficiente para justificar a expulsão. Entretanto, o conjunto de normas que tratam da matéria impõem alguns cuidados adicionais ao Executivo. O primeiro é o relativo à impossibilidade de que o refugiado seja devolvido ao local onde sua vida, liberdade ou dignidade correm riscos. Essa limitação não é só uma decorrência da referida Convenção (art. 33) e da Lei 9.474/1997 (art. 37), mas também dos mais importantes valores tutelados pela nossa Constituição, que elege a dignidade da pessoa humana como fundamento da República Federativa do Brasil (art. 1º, III) e dispõe que, em suas relações internacionais, o Brasil deverá se reger pela "prevalência dos direitos humanos" (art. 4º, II). Outro fator a ser considerado como limitação imanente à atuação do Executivo em matéria de expulsão de refugiados é a garantia do devido processo legal, que constitui direito fundamental assegurado pelo art. 5º, LV, da CF e também encontra previsão expressa na Convenção das Nações Unidas sobre o Estatuto dos Refugiados (art. 32). A Lei 9.474/1997, em seu art. 39, III, prevê que "implicará perda da condição de refugiado: [...] o exercício de atividades contrárias à segurança nacional ou à ordem pública". Tem-se, assim, que deve ser reconhecido como limitação imanente ao poder discricionário conferido ao Executivo para expulsar refugiado por motivos de segurança nacional ou ordem pública a conclusão de processo administrativo em que seja declarada a perda da condição de refugiado.[44]

6.6.4. *Extradição*

A extradição *é a entrega de um Estado para outro Estado, a pedido deste, de indivíduo que em seu território deva responder a processo penal ou cumprir pena por prática de crime de certa gravidade. Uma condicionante dessa entrega é a confirmação de que os direitos humanos do extraditando serão respeitados (chamada limitação humanística).*

A grande finalidade da extradição é garantir, por meio da cooperação internacional, que a prática de crime não ficará sem punição. E o fundamento jurídico do pedido de extradição pode ser a existência de um tratado[45] que preveja tal hipótese ou, na falta deste, a declaração de reciprocidade[46], que funciona como suporte jurídico para o procedimento. A aceitação da promessa de reciprocidade é, no entanto, ato discricionário do Estado que a recebe.

Deve-se ponderar que a extradição não é permitida quando relacionada à prática de crimes políticos, de imprensa, religiosos e militares. E se o indivíduo foi condenado à morte, a extradição só deve tomar curso se ficar assegurada a conversão da pena de morte em pena de prisão. Ademais, a maioria dos países não permite a extradição de nacional seu – nesse sentido o art. 5º, LI, da CF/1988 determina: "nenhum brasileiro será extra-ditado, salvo o naturalizado, em caso de crime comum, praticado antes da naturalização, ou de comprovado envolvimento em tráfico ilícito de entorpecentes e drogas afins, na forma da lei".

E quando mais de um Estado requerer a extradição da mesma pessoa pelo mesmo fato, terá preferência o pedido daquele em cujo território a infração foi cometida (art. 79 do Estatuto do Estrangeiro). O artigo segue definindo outras situações, assim quando se tratar de crimes diversos, terão preferência, sucessivamente: I – o Estado reque-rente em cujo território haja sido cometido o crime mais grave, segundo a lei brasileira; II – o que em primeiro lu-gar houver pedido a entrega do extraditando, se a gravidade dos crimes for idêntica[47]; e III – o Estado de origem, ou, na sua falta, o domiciliar do extraditando, se os pedidos forem simultâneos (§ 1º do art. 79). E nos casos não previstos decidirá sobre a preferência o governo brasileiro (§ 2º), ou havendo tratado ou convenção com algum dos Estados requerentes, prevalecerão suas normas no que disserem respeito à preferência (§ 3º).

Por fim, é possível a figura da reextradição, conforme a leitura do art. 91, IV, do Estatuto do Estrangeiro nos permi-te interpretar. Porém, para isso acontecer é necessário o consentimento do estado brasileiro. Essa é a posição do STF[48].

6.6.4.1. *Procedimento no Brasil*

O procedimento extraditório no Brasil foi alterado pela Lei 12.878, de 04.11.2013, que deu nova redação aos arts. 80, 81 e 82[49] da Lei 6.815/1980.

---

44. HC 333.902-DF, Rel. Min. Humberto Martins, julgado em 14/10/2015, DJe 22/10/2015 (Inf. 571 STJ).

45. Além dos tradicionais tratados bilaterais a respeito, cada vez mais o pedido de extradição tem por suporte tratado multilateral, especialmente os onusianos. Exemplo do dito é a Ext. 1212/Estados Unidos da América, rel. Min. Dias Toffoli, 09.08.2011 (Inform. STF 635), na qual o pedido de extradição teve por base a Convenção das Nações Unidas contra o Crime Organizado Transnacional.

46. Há algum tempo o STF negou a extradição do libanês Assad Khalil Kiwan (PPE 623), preso no Brasil há três anos e acusado de tráfico internacional de armas e de drogas, porque o Estado do Líbano não fez declaração de reciprocidade – Brasil e Líbano não possuem tratado que regule a extradição. O voto da Ministra Cármen Lúcia (relatora) foi acompanhado pelos demais ministros presentes à sessão, que determinaram, ainda, a remessa do processo ao Ministério Público Federal para que o órgão decida se deve enviar o caso ao Ministério da Justiça, com a sugestão de que o libanês seja expulso do Brasil. Cabe lembrar que somente o Poder Executivo tem prerrogativa para determinar a expulsão de um estrangeiro.

47 Nesse sentido ver a Ext. 1267/DF, rel. Min Gilmar Mendes, 25.03/.014 (Inform. STF 740, 2º Turma).

48 Ext. 1267/DF, rel. Min. Gilmar Mendes, 25.03.2014 – Inform. STF 740, 2ª Turma.

49. Tais artigos passaram a ter a seguinte redação: "A extradição será requerida por via diplomática ou, quando previsto em tratado, diretamente ao Ministério da Justiça, devendo o pedido ser instruído com a cópia autêntica ou a certidão da sentença condenatória ou decisão penal proferida por juiz ou autoridade competente.
§ 1º O pedido deverá ser instruído com indicações precisas sobre o local, a data, a natureza e as circunstâncias do fato criminoso, a identidade do extraditando e, ainda, cópia dos textos legais sobre o crime, a competência, a pena e sua prescrição.
§ 2º O encaminhamento do pedido pelo Ministério da Justiça ou por via diplomática confere autenticidade aos documentos.
§ 3º Os documentos indicados neste artigo serão acompanhados de versão feita oficialmente para o idioma português."
O pedido, após exame da presença dos pressupostos formais de admissibilidade exigidos nesta Lei ou em tratado, será encaminhado pelo Ministério da Justiça ao Supremo Tribunal Federal.
Parágrafo único. Não preenchidos os pressupostos de que trata o *caput*, o pedido será arquivado mediante decisão fundamentada do

Em linhas gerais e num primeiro momento, o país interessado formula pedido de extradição que é transmitido por via diplomática para o Ministério das Relações Exteriores ou, na falta de agente diplomático do Estado que a requerer ou mediante previsão em tratado, diretamente de governo a governo, devendo sempre o pedido ser instruído com a cópia autêntica ou a certidão da sentença condenatória, da sentença de pronúncia ou da que decretar a prisão preventiva, proferida por juiz ou autoridade competente. Importante destacar a exigência de o pedido de extradição ser instruído com indicações precisas sobre o local, a data, a natureza e as circunstâncias do fato criminoso, a identidade do extraditando e, ainda, cópia dos textos legais sobre o crime, a competência, a pena e a sua prescrição (§ 1º do art. 80 do Estatuto do Estrangeiro).

Feito isso, cabe ao Ministério da Justiça fazer uma análise identificadora da presença ou não dos pressupostos formais de admissibilidade exigidos no Estatuto do Estrangeiro ou em tratado. Caso o resultado seja positivo, o pedido de extradição será encaminhado ao Supremo Tribunal Federal, que é o juízo da extradição (art. 102, I, *g*, da CF/1988). Percebe-se aqui uma grande modificação, pois antes o Ministério da Justiça ordenava a prisão do extraditando e somente depois de efetivada o pedido era encaminhado ao STF, para esse tomar as providências de julgamento. Agora, como visto, a regra geral é a análise dos requisitos formais pelo Ministério da Justiça e o encaminhamento ao STF quando esses estiverem presentes, sem necessidade de se impor a prisão cautelar.

A prisão preventiva para fins de extradição passou de requisito automático e presente em todos os procedimentos de extradição para elemento excepcional e carente de pedido específico por parte do Estado requerente (art. 82 do Estatuto do Estrangeiro)[50]. Essa prisão fazia parte do próprio procedimento de extradição, mas agora só ocorrerá se tiver o pedido expresso do Estado requerente e a correlata justificação (§ 1º do art. 82 do Estatuto do Estrangeiro)[51].

Ou seja, com a nova redação legal dada ao art. 82 do Estatuto do Estrangeiro, a prisão cautelar em análise ganhou roupagem de medida excepcional, como toda prisão preventiva deve ter no seio de um Estado Democrático de Direito. De agora em diante, o Estado interessado na extradição poderá, em caso de urgência e antes da formalização do pedido de extradição, ou conjuntamente com este, requerer a prisão cautelar do extraditando por via diplomática ou, quando previsto em tratado, ao Ministério da Justiça, que, após exame da presença dos pressupostos formais de admissibilidade exigidos no Estatuto do Estrangeiro ou em tratado, representará ao Supremo Tribunal Federal.

Caso seja concedida a prisão preventiva para fins de extradição, é importante asseverar que o Estado estrangeiro deverá, no prazo de 90 dias contado da data em que tiver sido cientificado da prisão do extraditando, formalizar o pedido de extradição (§ 3º do art. 82 do Estatuto do Estrangeiro). E se o pedido não for formalizado dentro do prazo especificado acima, o extraditando deverá ser posto em liberdade, não se admitindo novo pedido de prisão cautelar pelo mesmo fato sem que a extradição haja sido devidamente requerida (§ 4º do art. 82 do Estatuto do Estrangeiro).

Com relação ao prazo dessa prisão cautelar, o instituto sofreu uma mitigação pela jurisprudência, sendo atribuído limite temporal a ela, compatível com o princípio da proporcionalidade, quando são avaliadas sua necessidade, sua adequação e sua proporcionalidade em sentido estrito[52]. Tal consideração sobre a prisão preventiva para fins de extradição foi fruto de uma modificação de entendimento pelo STF[53], que antes, com base no art. 84, parágrafo único, do Estatuto do Estrangeiro, defendia que a prisão iria perdurar até o julgamento final da extradição.

Cabe destacar que o fundamento para concessão de toda extradição pode ser tanto o fato de o governo requerente se fundamentar em tratado, como quando prometer ao Brasil a reciprocidade.

E o art. 77 da Lei 6.815/1980 cuida das situações em que a extradição não será concedida, a saber: **a)** se tratar de brasileiro, salvo se a aquisição dessa nacionalidade verificar-se após o fato que motivar o pedido (ler o art. 5º, LI, da CF/1988); **b)** o fato que motivar o pedido não for considerado crime no Brasil ou no Estado requerente (necessidade da presença dos requisitos da *dupla tipicidade* e da *dupla punibilidade*)[54]; **c)** o Brasil for

---

Ministro de Estado da Justiça, sem prejuízo de renovação do pedido, devidamente instruído, uma vez superado o óbice apontado."

O Estado interessado na extradição poderá, em caso de urgência e antes da formalização do pedido de extradição, ou conjuntamente com este, requerer a prisão cautelar do extraditando por via diplomática ou, quando previsto em tratado, ao Ministério da Justiça, que, após exame da presença dos pressupostos formais de admissibilidade exigidos nesta Lei ou em tratado, representará ao Supremo Tribunal Federal.

§ 1º O pedido de prisão cautelar noticiará o crime cometido e deverá ser fundamentado, podendo ser apresentado por correio, fax, mensagem eletrônica ou qualquer outro meio que assegure a comunicação por escrito.

§ 2º O pedido de prisão cautelar poderá ser apresentado ao Ministério da Justiça por meio da Organização Internacional de Polícia Criminal (Interpol), devidamente instruído com a documentação comprobatória da existência de ordem de prisão proferida por Estado estrangeiro.

§ 3º O Estado estrangeiro deverá, no prazo de 90 (noventa) dias contado da data em que tiver sido cientificado da prisão do extraditando, formalizar o pedido de extradição.

§ 4º Caso o pedido não seja formalizado no prazo previsto no § 3º, o extraditando deverá ser posto em liberdade, não se admitindo novo pedido de prisão cautelar pelo mesmo fato sem que a extradição haja sido devidamente requerida."

50. Ver PPE 730/DF, rel. Min. Celso de Mello, 16.12.2014. (Inform. 772, 2ª Turma).

51. Ver Ext. 893 QO/República Federal da Alemanha, rel. Min. Gilmar Mendes, 10.03.2015. (Inform. 777, 2ª Turma).

52. Ver a Ext. 947 QO/República do Paraguai, rel. Min. Ricardo Lewandowski, 28.05.2014 (Inform. STF 748, Plenário).

53. HC 91657/SP, rel. Min. Gilmar Mendes, 13.09.2007 (**Inform. STF** 479). Segue trecho: "Inicialmente, salientou-se a necessidade de ser revisitado o tema da prisão preventiva para fins de extradição, em face do significado ímpar atribuído pela CF/1988 aos direitos individuais. Destacou-se que, em nosso Estado de Direito, a prisão seria uma medida excepcional e, por isso, não poderia ser utilizada como meio generalizado de limitação das liberdades dos cidadãos, não havendo razão, tanto com base na CF/1988 quanto nos tratados internacionais com relação ao respeito aos direitos humanos e à dignidade da pessoa humana, para que tal entendimento não fosse aplicado no que tange às prisões preventivas para fins de extradição". No mesmo sentido é a Ext. 1254 QO/Romênia, rel. Min. Ayres Britto, 06.09.2011 (**Inform. STF** 639).

54. Ext. 1324/DF, rel. Min. Dias Toffoli, 07.04.2015 (Inform. STF 780, 2ª Turma). Segue trecho: "Por não atendido o requisito da dupla punibilidade, a 2ª Turma indeferiu pedido de extradição formulado pelo governo da Itália. Na espécie, o estrangeiro fora condenado pela justiça italiana por crimes de falência fraudulenta. Embora o presente o requisito da dupla tipicidade, os delitos teriam sido praticados sob a vigência do Decreto Lei 7.661/1945 (Lei de Falências). A referida norma previa prazo prescricional de dois anos para os crimes em comento, tempo esse já transcorrido. A Turma reputou extinta a pretensão executória da pena nos termos da legislação vigente no Brasil, à época dos fatos". Sobre um caso de indeferimento de pedido de extradição pela não configuração do requisito da dupla tipicidade

competente, segundo suas leis, para julgar o crime imputado ao extraditando; **d)** a lei brasileira impuser ao crime a pena de prisão igual ou inferior a 1 (um) ano; **e)** o extraditando estiver respondendo a processo ou já houver sido condenado ou absolvido no Brasil pelo mesmo fato em que se fundar o pedido; **f)** estiver extinta a punibilidade pela prescrição segundo a lei brasileira ou a do Estado requerente; **g)** o fato constituir crime político (mas ocorrerá a extradição quando o fato constituir, principalmente, infração da lei penal comum ou quando o crime comum, conexo ao delito político, constituir o fato principal); e **h)** o extraditando houver de responder, no Estado requerente, perante tribunal ou juízo de exceção[55].

Por outro lado, a Súmula 421 do STF assim dispõe: "Não impede a extradição a circunstância de ser o extraditando casado com brasileira ou ter filho brasileiro".

Antes de analisarmos as características do processo de extradição, cabe transcrever as condições para a concessão de extradição insculpidas no art. 78 da Lei 6.815/1980: **a)** ter sido o crime cometido no território do Estado requerente ou serem aplicáveis ao extraditando as leis penais desse Estado; e **b)** existir sentença final de privação de liberdade ou estar a prisão do extraditando autorizada por juiz, tribunal ou autoridade competente do Estado requerente, salvo em caso de urgência, quando poderá requerer a prisão cautelar do extraditando (art. 82 da Lei 6.815/1980).

O processo de extradição possui peculiaridades, pois o Estado requerente não é parte e o Ministério Público atua como fiscal da lei, isto é, seu caráter contencioso é mitigado. Mas, apesar disso, o STF admite que o Estado requerente seja representado por advogado.

Contudo, a defesa do extraditando não pode explorar o mérito da acusação. Isso porque o exame do STF recairá somente sobre a existência ou não dos pressupostos autorizadores da extradição. Tanto é assim que o STF tem jurisprudência no seguinte sentido: "Entendeu que o Supremo não é o foro adequado para análise da imputabilidade do extraditando e eventual imposição de medida de segurança. Asseverou que, de acordo com precedentes da Corte[56], o estado de saúde do extraditando apenas pode influir por ocasião do momento de entrega deste às autoridades estrangeiras e que a questão acerca da inimputabilidade deve ser suscitada na ação penal originária"[57].

Por fim, caso o STF decida pela extradição, o governo, pelo Itamaraty, colocará o indivíduo à disposição do Estado requerente, que dispõe de um prazo improrrogável de 60 dias (art. 86 do Estatuto do Estrangeiro), salvo disposição diversa em tratado bilateral, para retirá-lo do território nacional. Se o prazo não for respeitado, o indivíduo será solto e o pedido extraditório não poderá ser renovado. De outro modo, negada a extradição, não se admitirá novo pedido baseado no mesmo fato (art. 88 do Estatuto do Estrangeiro).

Mas, no julgamento da Extradição 1.085 (caso Cesare Battisti), o STF decidiu que é possível declarar a ilegalidade do ato, do Executivo, de concessão de refúgio e que o acatamento da extradição pela Corte tem o condão de *autorizar* o presidente da República a efetivar tal medida, isto é, cabe ao chefe do Executivo decidir sobre a conveniência de tal medida. Configura-se uma mudança de posicionamento, pois ao STF sempre coube *determinar* a extradição quando entendesse presentes seus pressupostos, e agora o acolhimento da demanda de extradição pela Corte gera apenas uma autorização. A partir dessa decisão, pode-se defender que, no Brasil, quem decide, em última instância, sobre a extradição ou não, é o presidente da República (sistema "belga" ou da contenciosidade limitada[58]), com a ressalva de que este deva acatar decisão do STF que reconheça alguma irregularidade no processo de extradição, ou seja, "indeferido o pedido, deixa-se de constituir o título jurídico sem o qual o Presidente da República não pode efetivar a extradição; se deferida, a entrega do súdito ao Estado requerente fica a critério discricionário do Presidente da República[59]".

Posteriormente a tal julgamento, foi impetrada pela República Italiana a Reclamação 11.243, ocasião em que o STF decidiu ser procedente a preliminar de não cabimento da reclamação em função de ser irrecorrível o ato do presidente da República, pois se trata de ato de soberania nacional que está ancorado nos arts. 1º, 4º, I, e 84 da CF/1988. Portanto, cabe ao STF analisar a legalidade e a procedência do pedido de extradição, e inscreve-se na competência do presidente da República a decisão sobre a sorte do extraditando. A Corte entendeu nesse julgamento que a soberania nacional, no plano transnacional, funda-se no princípio da independência nacional, efetivada pelo presidente da República, consoante suas atribuições previstas no art. 84, VII e VIII, da Constituição brasileira.

Por fim, é importante dizer que o reconhecimento da situação de refugiado pelo Poder Executivo não impede a extradição se o estrangeiro estiver sendo acusado de crime comum que não tenha qualquer pertinência com os fatos considerados para a concessão do refúgio. Todavia, mesmo se os fatos forem os mesmos, não impedirá eventual pedido de extradição se esses fatos estiverem em desacordo com os requisitos previstos em lei (como pontuado acima quando da análise da Extradição 1.085). Essa última colocação aclara o âmbito de aplicação do art. 33 da Lei 9.474/1997, que assim dispõe: "O reconhecimento da condição de refugiado obstará o seguimento de qualquer pedido de extradição baseado nos fatos que fundamentaram a concessão de refúgio". E o art. 34 da mesma lei prossegue: "A solicitação de refúgio suspenderá, até decisão definitiva, qualquer processo de extradição pendente, em fase administrativa ou judicial, baseado nos fatos que fundamentaram a concessão de refúgio".

6.7. Regime de vistos no Brasil

Para ingressar no Brasil[60], o estrangeiro deverá ser portador de documento de viagem reconhecido pelo governo brasileiro, de Certificado Internacional de Imunização, quando exigido, e de visto de entrada concedido por missões diplomáticas, repartições consulares de carreira, vice-consulados e, quando autorizados

ver o seguinte: PPE 732 QO/DF, rel. Min. Celso de Mello, 11.11.2014 (Informativo STF 767, 2ª Turma).

55. Sobre os requisitos para concessão da extradição, indico a leitura da Ext. 1234-Extn-segunda/República Italiana, rel. Min. Dias Toffoli, 30.09.2014 (Inform. STF 761, 1ª Turma).
56. Ext. 367/Estados Unidos da América, DJU de 31.10.79; Ext. 553/República Federal da Alemanha, DJU de 18.8.95.
57. Trecho da Ext. 932/ República Italiana, rel. Min. Joaquim Barbosa, 31.05.2007 (**Inform. STF** 469).
58. Art. 83 da Lei 6.815/1980. "Nenhuma extradição será concedida sem prévio pronunciamento do Plenário do Supremo Tribunal Federal sobre sua legalidade e procedência, não cabendo recurso da decisão".
59. Trecho da Extradição 1.114/STF.
60. A entrada no território nacional far-se-á somente pelos locais onde houver fiscalização dos órgãos competentes dos Ministérios da Saúde, da Justiça e da Fazenda (art. 22 do Estatuto do Estrangeiro).

pela Secretaria de Estado das Relações Exteriores (SERE), pelos consulados honorários. Os casos de dispensa de visto, por força de acordo firmado com base na reciprocidade, são indicados no Quadro de Regime de Vistos. As solicitações de visto devem ser feitas no exterior, diretamente às repartições consulares.

Já os casos de dispensa de visto são indicados no Quadro de Regime de Vistos e geralmente ocorrem por força de acordo firmado com base na reciprocidade. Porém, com a promulgação da Lei 12.968/2014 tornou-se possível a dispensa da exigência do visto de turista, negócios e de artista/desportista em caso de reciprocidade, por simples comunicação diplomática e sem a necessidade de acordo internacional. Assim, elimina-se o demorado trâmite para aprovação no Congresso Nacional (art. 49, I da CF) de um acordo internacional, cujo conteúdo era de simples reciprocidade de tratamento. Situação que marcava uma burocratização excessiva sem justificativa.

Os vistos de entrada são classificados em função da natureza da viagem e da estada no Brasil, em: **a)** visto diplomático (Vidip): concedido a autoridades e funcionários estrangeiros e de organismos internacionais que tenham *status* diplomático e viajem ao Brasil em caráter transitório ou permanente; **b)** visto oficial (Visof): concedido a autoridades e funcionários estrangeiros e de organismos internacionais que viajem ao Brasil em missão de caráter transitório ou permanente, incluídas, nessa definição, as missões de caráter científico-cultural, de cunho oficial, e a assistência técnica praticada no âmbito de acordos que contemplem a concessão de Visof a técnicos e peritos cooperantes; **c)** visto de cortesia (Vicor): concedido a personalidades e autoridades estrangeiras em viagem não oficial ao Brasil, para visitas por prazo não superior a 90 dias e também para os dependentes maiores de 21 anos e aos serviçais de funcionários diplomáticos, administrativos ou técnicos estrangeiros, designados para missão de caráter permanente no Brasil, bem como para os serviçais de funcionários do quadro do Ministério das Relações Exteriores de regresso de missão oficial no exterior; **d)** visto de turista (Vitur): concedido ao estrangeiro que viaje ao Brasil em caráter recreativo ou de visita, assim considerado aquele que não tenha intuito imigratório nem intenção de exercício de atividade remunerada; **e)** visto de trânsito (Vitra): concedido ao estrangeiro que, para atingir o país de destino, necessite transitar pelo território brasileiro – esse tipo de visto não será exigido quando o interessado, em viagem contínua, tenha de fazer escalas ou conexões no Brasil, sem abandonar a área de trânsito do porto ou aeroporto em que a escala ou a conexão ocorra; **f)** visto temporário (Vitem): veremos no subitem **6.7.1**; e **g)** visto permanente (Viper): veremos no subitem **6.7.2**.

É importante saber, que os vistos diplomáticos serão concedidos pelas missões diplomáticas e, excepcionalmente, mediante autorização da SERE, pelas repartições consulares. Já os vistos oficiais e os vistos de cortesia serão concedidos pelas missões diplomáticas e repartições consulares.

6.7.1. Vistos temporários

Os vistos temporários (Vitem) subdividem-se em função da atividade a ser desempenhada no país em: **a)** Vitem I – para missões culturais, de pesquisa ou estudos, e de assistência social, quando não contempladas pelo Vitem V; **b)** Vitem II – em viagem de negócios, assistência técnica e adoções; **c)** Vitem III – para artistas e desportistas; **d)** Vitem IV – para estudantes e bolsistas de instituições de ensino brasileiras, inclusive as de formação religiosa; **e)** Vitem V – para profissionais sob regime de contrato com empresa no Brasil ou com órgão do governo; **f)** Vitem VI – para correspondentes de meios de comunicação estrangeiros; e **g)** Vitem VII – para ministros de confissão religiosa, membros de instituto de vida consagrada ou ordem religiosa que viajem ao Brasil como missionários.

No caso dos Vitems II e III, o prazo de estada no Brasil é de até 90 dias. Os Vitems IV e VII, até um ano, com a possibilidade do Vitem IV ser prorrogado, quando for o caso, mediante prova do aproveitamento escolar e da matrícula. Nos demais casos, o correspondente à duração da missão (Vitem I), do contrato (Vitem V) ou da prestação de serviços (Vitem VI), comprovada perante a autoridade consular, observado o disposto na legislação trabalhista (art. 14 do Estatuto do Estrangeiro).

6.7.2. Vistos permanentes

O visto permanente pode ser concedido ao estrangeiro que pretenda se fixar definitivamente no Brasil, e a imigração objetivará, primordialmente, propiciar mão de obra especializada aos vários setores da economia nacional, visando à Política Nacional de Desenvolvimento em todos os aspectos e, em especial, ao aumento da produtividade, à assimilação de tecnologia e à captação de recursos para setores específicos (art. 16 do Estatuto do Estrangeiro). Cabe ressalvar que a concessão do visto permanente poderá ficar condicionada, por prazo não superior a cinco anos, ao exercício de atividade certa e à fixação em região determinada do território nacional (art. 18 do Estatuto do Estrangeiro).

Os vistos permanentes (Viper) subdividem-se em duas categorias: **a)** imigração dirigida; e **b)** imigração espontânea. As solicitações de vistos permanentes referentes à imigração dirigida estão contempladas pelos acordos bilaterais de imigração e devem ser informadas segundo o disposto nesses instrumentos. Já no âmbito da imigração espontânea, serão examinados exclusivamente pela SERE os casos de: **a)** reunião familiar; e **b)** transferência de rendimentos de aposentadoria.

Por fim, é possível ao estrangeiro domiciliado em cidade de país limítrofe, exercer atividade remunerada no Brasil independentemente de visto de permanência, mediante documento especial que o identifique e caracterize sua condição, podendo, inclusive, ser expedida carteira de trabalho e previdência social (art. 21 da Lei 6.815/1980).

6.7.3. Transformação dos vistos

Os vistos temporários V e VII podem ser transformados em visto permanente, mas o titular do visto temporário VII só conseguirá a transformação após o prazo de dois anos de residência no Brasil (art. 37, *caput* e § 1º, da Lei 6.815/1980). O art. 38 do Estatuto do Estrangeiro é peremptório ao vedar a legalização da estada de clandestino e de irregular, e a transformação em permanente, dos vistos de trânsito, de turista, temporário (Vitems I, II, III, IV e VI) e de cortesia.

Já o titular de visto diplomático ou oficial pode obter transformação desses vistos para temporário (Vitems I a VI) ou para permanente, ouvido o Ministério das Relações Exteriores e satisfeitas as exigências legais. Importante destacar que a transformação do visto oficial ou diplomático em temporário ou permanente importará na cessação de todas as prerrogativas, privilégios e imunidades decorrentes daqueles vistos (art. 39 da Lei 6.815/1980).

6.8. Extinção e sucessão

O grande princípio do tema é o da continuidade do Estado, pois, como visto no item **6.1**, todo Estado é um agrupamento humano estabelecido sobre um território determinado e guiado por um governo independente e, destarte, não é somente um produto convencional chancelado pelo direito, mas, antes de tudo, uma realidade física. Percebe-se o quão difícil é a extinção de um Estado.

6.8.1. Modalidades

6.8.1.1. Fusão

A fusão ocorre na hipótese em que dois ou mais Estados passam a constituir um único.

A fusão pode tomar várias formas, por exemplo: um Estado pode deixar de existir e se integrar a outro, como também dois Estados podem deixar de existir e formar um novo Estado.

6.8.1.2. Desmembramento e secessão

O desmembramento ou a secessão ocorrem pela formação de dois ou mais Estados provenientes da divisão de um Estado.

Como grande exemplo tem-se o processo de desmembramento da República Socialista Federativa da Iugoslávia.

6.8.1.3. Transferência territorial

A transferência territorial ocorre quando uma parcela territorial integrante de um Estado se transfere para outro.

Um exemplo é o Acre que, em 17.11.1903, com a assinatura do Tratado de Petrópolis, tornou-se posse definitiva do Brasil. O território passou para o domínio brasileiro em troca do pagamento de 2 milhões de libras esterlinas, de terras de Mato Grosso e do acordo sobre a construção da estrada de ferro Madeira-Mamoré.

Nessa hipótese não se configura surgimento ou desaparecimento de soberania, mas somente uma mudança da soberania incidente sobre a parcela territorial transferida.

6.8.2. Consequências

6.8.2.1. Nacionalidade

O reflexo da sucessão incide de forma variada sobre a nacionalidade. Se o que ocorreu foi a fusão de dois Estados, seus nacionais adquirem a nacionalidade do recém-criado Estado e, paralelamente, perdem sua antiga nacionalidade.

No caso de desmembramento, os habitantes do novo Estado adquirem automaticamente sua nacionalidade, perdendo a antiga e tendo um eventual direito de escolha. Da mesma maneira se procede na chamada transferência de território.

6.8.2.2. Bens públicos

A "propriedade" dos bens públicos passará ao Estado sucessor em cujo território se encontrem. Esse patrimônio, acessório do território, será sempre do Estado detentor da soberania incidente. Por outro lado, os bens imóveis e móveis localizados no exterior serão divididos pelos Estados sucessores de forma equitativa.

6.8.2.3. Dívida externa

O Estado resultante da fusão é responsável pelo conjunto das obrigações convencionais e dos débitos de seus integrantes. No desmembramento e na transferência territorial, vige o *princípio da repartição ponderada da dívida*, levando-se em conta principalmente a destinação que tenha sido dada ao produto dos empréstimos externos.

6.8.2.4. Tratados

A matéria é regulada pela Convenção de Viena sobre Sucessão de Estados em Matéria de Tratados, a qual foi assinada em 23.08.1978 e entrou em vigor em 1996.

Na hipótese de desmembramento de Estado, vige o princípio da tábula rasa, o que permite ao Estado recém-criado se ver diante de uma mesa vazia de obrigações convencionais, ou seja, começar do zero no que tange à participação em tratados. Tal princípio vige também no caso dos tratados multilaterais, mas o novo Estado pode escolher ser parte, devendo enviar uma notificação de sucessão ao depositário, observados, neste último caso, os limites impostos para o ingresso de novos Estados-Partes.

Na hipótese de fusão de Estado, os tratados multilaterais devem continuar em vigor; do contrário, o funcionamento do sistema internacional ficaria em perigo. Os tratados bilaterais devem ser renegociados caso não exista acordo em mantê-los.

Por fim, o art. 11 da Convenção supracitada determina que os tratados relativos às fronteiras não sofrem modificação alguma na ocorrência de qualquer modalidade de sucessão de Estados, tampouco as obrigações e os direitos estabelecidos em tratado relativo ao regime vigente na zona fronteiriça.

7. ORGANIZAÇÕES INTERNACIONAIS

As organizações internacionais (OIs) são constituídas pela vontade coletiva dos Estados ou por outras organizações internacionais, entre elas ou com Estados, e possuem personalidade jurídica de direito internacional. Essa personalidade é derivada, consoante visto no item **6.1**, e distinta da personalidade de seus membros, o que permite às OIs exprimir vontade própria – distinta da de seus Estados-Membros – ao agir nos domínios em que desenvolvem sua ação. Tal se dá tanto nas relações com seus membros quanto no relacionamento com outros sujeitos do Direito Internacional.

O protagonismo das organizações internacionais fica cada vez mais em evidência, pois o multilateralismo ocupa lugar de destaque na comunidade internacional. Com o tempo, percebeu-se a existência de problemas internacionais – por exemplo, o problema ambiental – que demandam respostas internacionais; nesse contexto, as respostas bilaterais não são tão eficazes. Ademais, a interdependência crescente dos Estados, nos mais diversos domínios, transformou as OIs no mecanismo por excelência da cooperação internacional.

Podem-se citar como grandes atores internacionais as Nações Unidas, de caráter universal, a União Europeia e a Organização dos Estados Americanos, de caráter regional. Ao lado dessas organizações intergovernamentais, cabe destacar a atuação das organizações não governamentais (ONGs) no cenário internacional. Todavia, deve-se lembrar que as ONGs não são criadas por Estados, nem são reguladas pelo Direito Internacional, mas pelo direito interno do país onde foram constituídas.

Em outras palavras, as ONGs aparecem como uma federação de organizações nacionais congêneres. Elas associam-se por possuírem objetivos comuns no plano internacional e podem ser classificadas em função de sua finalidade, como nestes exemplos: **a)** finalidade humanitária – Anistia Internacional, Cruz Vermelha Internacional, Assistência Médica Internacional (Médicos Sem Fronteiras) etc.; **b)** finalidade social, cultural e recreativa – Rotary Club International, Lions Clube etc.; **c)** finalidade política – Internacional Socialista etc.; **d)** finalidade desportiva – Fifa (Federação Internacional das Associações de Futebol), COI (Comitê Olímpico Internacional) etc.

Portanto, as ONGs não têm, em princípio, personalidade jurídica internacional, embora esse caráter tenha sido atribuído, de forma especial, ao Comitê Internacional da Cruz Vermelha pela comunidade internacional em função da prestação de verdadeiro serviço público em escala global – o que é confirmado pelos tratados firmados[61] e pelo exercício do direito de legação. Com isso, esse comitê pode relacionar-se diretamente com os Estados e as organizações intergovernamentais quando tratar das matérias abrangidas por seu campo específico de atuação.

Antes de passarmos a analisar mais detidamente a personalidade jurídica das organizações internacionais, cabe esclarecer que o presente item 7 foi desenvolvido com base na importante obra intitulada *Organizações Internacionais*[62].

7.1. Personalidade jurídica

Como já dito no subitem 2.1., as OIs possuem personalidade jurídica e esta pode ser dividida em interna e internacional. A interna aparece em relação aos seus Estados-Membros e aos Estados-Hospedeiros. Já a internacional está relacionada aos direitos, obrigações e prerrogativas em relação aos outros sujeitos de direito internacional.

A questão que suscita mais dúvidas é aquela referente a oponibilidade da personalidade jurídica internacional da OI em relação aos outros sujeitos de direito internacional (art. 35 da Convenção de Viena sobre Tratados). Ainda não existe um consenso em relação a todas OIs, mas pode-se afirmar, por exemplo, que a ONU e suas organizações especializadas ("constelação onusiana") têm personalidade jurídica internacional *erga omnes*, ou seja, extensível a todos os sujeitos de direito internacional, inclusive os estados não membros.

Tratando da personalidade jurídica internacional das OIs, de importância indiscutível mencionar o art. 6º da Convenção de Viena sobre o Direito dos Tratados entre Estados e Organizações Internacionais ou entre Organizações Internacionais: "a capacidade de uma organização internacional para celebrar tratados rege-se pelas regras dessa organização". Isto é, cada OI vai regular as características de sua personalidade jurídica. Todavia, cabe apontar que se o ato constitutivo de uma OI for omisso a esse respeito, isso não possibilitaria a contestação de sua personalidade jurídica (interna e internacional), pois esta é um atributo de toda organização social (como a OI o é), sem o qual não é possível agir em nome próprio no mundo do direito.

Mas existe uma distinção entre a personalidade jurídica internacional dos estados, que é plena, e a personalidade jurídica internacional das organizações internacionais, que é de certa forma limitada. A limitação ocorre em função do reconhecimento da personalidade jurídica estar umbilicalmente associado aos objetivos perseguidos pela OI. Dito de outro modo, a personalidade jurídica internacional das OIs é um atributo instrumental à prossecução dos objetivos sobre os quais têm competência para realizar. Ou seja, a limitação ocorre em função de seus objetivos. Já os Estados têm personalidade jurídica internacional *de per si*.

E a personalidade jurídica internacional é fundamental para as OIs, pois, como dito, todas desempenham missões que implicam uma capacidade de ação autônoma nas relações internacionais, exercida a par ou mesmo à margem dos Estados-Membros e, portanto, uma personalidade jurídica internacional distinta das destes.

Ademais, o art. 42 do CC assim dispõe: "São pessoas jurídicas de direito público externo os Estados estrangeiros e todas as pessoas que forem regidas pelo direito internacional público".

Por fim e a título histórico, importante dizer que a personalidade jurídica das organizações internacionais foi reconhecida no parecer consultivo da Corte Internacional de Justiça no caso *Folke de Bernadotte*[63]: "A Corte, em parecer consultivo de 11.04.1949, deixa claro que em semelhante hipótese, a própria organização sofre um dano em seus serviços, e a conta desse dano – que não se confunde com aqueles causados diretamente às vítimas e a seus sucessores – tem direito a uma reparação adequada. Transparece do texto a convicção de que, por igual, a organização, titular que é de personalidade jurídica distinta das de seus Estados componentes, pode acaso ser autora de um ilícito e sofrer as respectivas consequências. A responsabilidade internacional, assim, pode envolver organizações internacionais tanto como autoras quanto como vítimas do ato ilícito segundo o direito das gentes[64]".

7.1.1. Direito de legação

O direito de legação é a possibilidade de receber agentes diplomáticos (legação passiva) e de enviá-los (legação ativa). Os Estados e as organizações internacionais recebem e, geralmente, apenas os Estados enviam.

Como dito, as OIs normalmente apenas gozam do direito de legação passiva, ou seja, de acolher ou acreditar os representantes dos Estados (mediante uma missão permanente). É o caso da ONU, da OCDE, da OTAN etc.

Por outro lado, a Santa Sé e a Soberana Ordem de Malta gozam do direito de legação ativo e passivo.

Agora passemos a análise de algumas das possíveis classificações das OIs.

7.2. Classificação

7.2.1. Quanto ao âmbito geográfico

Podem classificar-se em *universais* ou *regionais*. São universais as OIs que têm por escopo tratar de assuntos que interessam a todos os países, e logo estão abertas para a associação de todos os países. Já regionais porque tratam de assuntos do interesse de uma parcela de países que se encontram geralmente numa mesma região e estão abertas somente para a associação destes países.

Exemplos de OIs de caráter universal são a ONU e suas agências especializadas. Cabe apontar algumas das principais organizações internacionais especializadas de vocação universal: **a)** Organização Internacional do Trabalho (OIT); **b)** Organização para a Alimentação e Agricultura (FAO); **c)** Organização para a Educação, Ciência e Cultura (UNESCO); **d)** Organização Mundial de Saúde (OMS); **e)** Organização Mundial para a Propriedade Intelectual (OMPI); **e)** Banco Mundial; **f)** Fundo Monetário Internacional (FMI). Tais organizações, como dito, fazem parte da chamada "constelação onusiana".

---

61. Convenções de Genebra de 1949.
62. Versal, João Mota (coordenador). 4.ed. Coimbra: Ed. Coimbra, 2010.
63. Conde sueco e mediador da ONU na Palestina que, no exercício de suas funções, foi assassinado por extremistas israelenses em Jerusalém, em 1948.
64. REZEK, Francisco. *Direito Internacional Público*. 11. ed. São Paulo: Ed. Saraiva, 2008. p. 269-270.

Constelação ou sistema onusiano é o conjunto de OIs que, embora detentoras de personalidade jurídica própria e fins específicos, coordenam sua atividade em função dos objetivos das Nações Unidas.

E exemplos de OIs de caráter regional são a União Europeia (UE), o Conselho da Europa, a Organização dos Estados Americanos (OEA), o Mercosul, a Organização da Unidade Africana, dentre outros. A Organização do Tratado do Atlântico Norte (OTAN) é um bom exemplo de OI regional, mesmo que seus membros não se encontrem geograficamente tão próximos.

7.2.2. Quanto ao âmbito funcional

Podem classificar-se em *de fins gerais* ou *de fins específicos*. São de fins gerais as OIs que têm por objetivo, consoante ao definido no respectivo pacto constitutivo, tratar de uma gama de assuntos referentes às relações pacíficas entre seus membros e a resolução de conflitos internacionais. Ao passo que são de fins específicos as OIs que têm por objetivo, consoante ao definido no respectivo pacto constitutivo, cuidar de assuntos particulares da cooperação internacional.

O exemplo mais emblemático de OI dirigida a fins gerais é a ONU, pois é a OI com a maior variedade de finalidades até hoje constituída. Outros exemplos são o Conselho da Europa, a Organização dos Estados Americanos (OEA) e a Organização da Unidade Africana.

E exemplos de OIs de fins específicos são: Organização dos Países Exportadores de Petróleo (OPEP), Organização das Nações Unidas para Agricultura e Alimentação (FAO), Fundo Monetário Internacional (FMI), Organização Internacional do Trabalho (OIT), Organização Mundial de Saúde (OMS), Organização para a Cooperação e Desenvolvimento Econômico (OCDE), dentre outras.

7.2.3. Quanto ao âmbito estrutural

Podem classificar-se em *de cooperação* ou *de integração*. Basicamente a caracterização de uma ou outra vai ser determinada pela extensão da transferência de competências que os Estados-Membros decidiram em favor das organizações em que participam.

As OIs de cooperação possuem basicamente tais características: **a)** competências limitadas; **b)** estrutura institucional simples; **c)** decisões tomadas por consenso ou unanimidade; e **d)** deliberações que só criam obrigações aos estados e não diretamente aos nacionais destes estados.

Já as OIs de integração ou supranacionais (que veremos bem no capítulo 9) possuem basicamente essas características: **a)** competências amplas; **b)** estrutura institucional complexa; **c)** decisões tomadas por maioria simples ou qualificada, e sempre vinculativas; **d)** deliberações que criam obrigações aos estados e aos seus nacionais; **e)** existência de órgãos próprios para o exercício do poder executivo e das atividades administrativas; **f)** existência de um tribunal independente (poder jurisdicional obrigatório) constituído no seio da própria organização.

As características apontadas para os dois tipos de OIs representam apenas um quadro geral. Na prática, é comum que uma OI colecione tanto as características típicas de uma OI de cooperação como de uma OI de integração. Neste caso, é necessária uma ponderação entre as funções da OI para inseri-la em uma das duas categorias.

Os dois grandes exemplos de OI de integração são a União Europeia e o Mercosul. E a grande maioria das organizações internacionais tem a estrutura de OI de cooperação.

7.2.4. Quanto ao âmbito participativo

Podem classificar-se em *abertas* ou *fechadas*. São abertas as que condicionem a participação dos países a certos requisitos objetivos. Um bom exemplo de OI aberta é a ONU, consoante ao texto de art. 4º, § 1º, da Carta das Nações Unidas.

Por seu lado, são fechadas as OIs que limitam a participação de estados por não apresentarem certos requisitos tidos como essenciais. Esta limitação é motivada pelo caráter, objetivo ou âmbito geográfico da OI. Um bom exemplo de OI fechada é o Conselho da Europa, pois esta organização só permite o ingresso de estado europeu que seja uma democracia representativa e pluralista, além de respeitador dos direitos humanos.

7.3. Imunidades e privilégios

As OIs também gozam de privilégios e imunidades, tal como os estados. Todavia, enquanto os estados (e seus agentes diplomáticos e consulares – ver subitem 6.5.5.) possuem tais privilégios com fundamento no princípio da reciprocidade, as OIs e seus funcionários os têm como condição para o desempenho, com plena liberdade, das funções determinadas no seu estatuto.

Geralmente, os privilégios e as imunidades são disciplinados no denominado *acordo de sede*, concluído com o estado ou estados-hospedeiros. Neste(s) estado(s) funcionará a sede da OI e seus centros de atividade. Um acordo de sede conhecido foi o firmado entre os EUA e a ONU em 1947.

Sobre a matéria, é importante apontar que os privilégios e as imunidades das OIs e dos seus agentes somente são válidas nos Estados-Membros. Todavia, os privilégios e as imunidades da ONU são válidas perante qualquer país, mesmo os não membros.

Os privilégios e as imunidades de que as OIs podem se beneficiar revestem natureza e extensão diversas e isto em função da natureza de cada OI e de suas correlatas competências. Mas, de um modo geral, podemos listar como imunidades e privilégios das OIs e seus agentes, os seguintes: **a)** imunidade de jurisdição[65]; **b)** inviolabilidade dos locais de atividade da organização internacional e o correspondente direito de assegurar a proteção desses locais; **c)** inviolabilidade de todos os bens da OI (não passíveis de requisição, confisco ou expropriação) – imunidade de execução; **d)** garantia de livre comunicação com o exterior; **e)** inviolabilidade dos arquivos em qualquer circunstância e onde quer que se encontrem; e **f)** imunidades fiscais.

Quanto à imunidade de jurisdição e execução, importante abordar brevemente os recursos extraordinários já indicados na nota de rodapé 46. Trata-se de uma reclamação trabalhista ajuizada contra a Organização das Nações Unidas (ONU) e sua agência Programa das Nações Unidas para o Desenvolvimento (PNUD), onde se pedia o afastamento da imunidade de jurisdição desse organismo internacional, a fim de executar a sentença concessiva de direitos trabalhistas em favor de brasileiro contratado pelo PNUD. Todavia, foi defendido, pelo Plenário e de forma majoritária (conforme o voto da rel. Min. Ellen Gracie), que a ONU e suas agências especializadas possuem imunidade de jurisdição e de execução relativamente a causas trabalhistas. Do contrário, configuraria uma violação da Seção 2 da Convenção sobre Privilégios e Imunidades das Nações Unidas[66], promulgada pelo Decreto 27.784/1950.

---

65. Vide RE 578543-MT/STF e RE 597368-MT/STF, rel. Min. Ellen Gracie.
66. "A Organização das Nações Unidas, seus bens e haveres, qualquer que seja sua sede ou o seu detentor, gozarão da imunidade de jurisdição, salvo na medida em que a Organização a ela tiver renunciado em determinado caso. Fica, todavia, entendido que a renúncia não pode compreender medidas executivas".

Interessante nesse caso foram as ponderações do Min. Teori Zavascki, que apontou que a não observância de tratados internacionais, já incorporados ao direito interno, ofenderia a Súmula Vinculante 10[67]. Ainda, sublinhou que, se cláusula pertencente a sistema estabelecido em compromissos internacionais fosse considerada inconstitucional, seria necessário, além de sua formal declaração interna de revogação ou de inconstitucionalidade, também a denúncia em foro internacional próprio.

Depois do breve estudo das possíveis classificações das OIs e de suas respectivas imunidades e privilégios, cabe verificarmos como se dá a criação, a extinção e a sucessão das organizações internacionais.

7.4. A Criação, a extinção e a sucessão

7.4.1. Criação das OIs

Como as OIs são constituídas pela vontade coletiva dos Estados ou por outras organizações internacionais, entre elas ou com Estados, pode-se afirmar que a criação das OIs dá-se normalmente por tratado internacional. Assim ocorreu com a dita primeira organização internacional: a Comissão Central do Reno. Esta Comissão foi instituída pela Ata Final do Congresso de Viena de 1815.

Foi dito "normalmente" porque existem exemplos de criação de OI por deliberação tomada no seio de uma OI. Nesta toada, a Resolução 2029 (XX) criou o Programa das Nações Unidas para o Desenvolvimento (PNUD) e a Resolução 1995 (XIX) criou a Comissão das Nações Unidas para o Comércio e o Desenvolvimento (CNUCED).

Percebe-se que estas duas OIs foram criadas para cumprir objetivos específicos que estão entre as finalidades das NU. Assim, pode-se vislumbrar a vontade dos Estados por trás das resoluções constitutivas dessas OIs, pois os estados criaram a ONU e concordaram em se empenhar com a persecução dos seus objetivos. Isto é, tal criação já estaria aceita pelos estados quando, primeiro, criaram a ONU.

7.4.2. Denominação do ato constitutivo

Antes de estudarmos o fenômeno da extinção das OIs, cabe prestar atenção ao fato de que os tratados constitutivos das OIs apresentam designações diferentes, mesmo que seja indiferente no plano prático. Segue alguns exemplos: **a)** Carta (Carta das NU); **b)** Estatuto (Estatuto do Conselho da Europa); **c)** Pacto (Pacto da Organização do Tratado do Atlântico Norte – OTAN); **d)** Convenção (Convenção de Estocolmo que criou a Associação Europeia de Comércio Livre); **e)** Constituição (Constituição da Organização Internacional do Trabalho – OIT); **f)** Tratado (Tratado de Roma – instituiu a Comunidade Europeia); e **g)** Resolução (Resolução 2029 (XX) que criou o Programa das Nações Unidas para o Desenvolvimento).

A lição que deve ser retirada é a de que, independentemente da designação, o ato constitutivo funciona como a "carta constitucional" da OI. Esta lição nos leva à consideração de que toda atividade desempenhada pela OI, incluída a produção das regras derivadas, deve ser subordinada ao estabelecido em sua carta constitutiva, sob pena de invalidade. A título conclusivo, cada OI tem uma ordem jurídica interna hierarquizada (no seu topo figura a carta constitutiva).

Outra consequência da lição aprendida é a da primazia da carta constitutiva da OI sobre os outros compromissos internacionais dos Estados-Membros. Tal ideia aparece no art. 103 da Carta das Nações Unidas: "No caso de conflito entre as obrigações dos Membros das Nações Unidas, em virtude da presente Carta e as obrigações resultantes de qualquer outro acordo internacional, prevalecerão as obrigações assumidas em virtude da presente Carta."

7.4.3. Extinção das OIs

As OIs são criadas, em regra, para funcionarem por tempo indeterminado. Mas existem alguns exemplos de instituição de OIs para viger por prazo determinado. Este é o caso da Comunidade Europeia do Carvão e Aço (CECA), criada pelo Tratado de Paris para viger pelo prazo de 50 anos.

Todavia, como dito, a regra é a criação de OIs para funcionarem por tempo indeterminado e a sua extinção ocorrerá consoante ao determinado no seu ato constitutivo (logicamente, apenas quando isto for previsto). De qualquer modo, a OI pode sempre se extinguir pela vontade dos próprios sujeitos de direito internacional que a criaram.

7.4.4. Sucessão das OIs

No terreno das sucessões das OIs, o mais corrente é que o patrimônio e as funções da OI extinta sejam transmitidos para uma OI existente ou uma a ser criada. Foi o que ocorreu em 1945, quando a ONU sucedeu à Sociedade das Nações (SDN). Outros exemplos são o Tribunal Internacional de Justiça (TIJ) que sucedeu o Tribunal Permanente de Justiça Internacional (TPJI), a Organização para a Cooperação e Desenvolvimento Econômico (OCDE) que sucedeu à Organização Europeia de Cooperação Econômica (OECE), entre outros.

Aqui também o ideal é que a própria OI discipline o seu processo sucessório, principalmente no tocante aos bens e aos feitos jurídicos dos atos adotados pela organização extinta. Uma sucessão bem regulada foi a da OECE pela OCDE.

Passemos a analisar as características e a atuação de algumas das principais Organizações Internacionais.

7.5. Organização das Nações Unidas (ONU)

A ONU é uma organização internacional que tem por objetivo facilitar a cooperação em matéria de Direito Internacional, segurança internacional, desenvolvimento econômico, progresso social, direitos humanos e a realização da paz mundial. Por isso, diz-se que é uma organização internacional de vocação universal.

Sua lei básica é a Carta das Nações Unidas, elaborada em São Francisco, de 25 de abril a 26.06.1945. A Carta tem como anexo o Estatuto da Corte Internacional de Justiça.

Conforme se depreende do conceito, os propósitos da ONU são: **a)** manter a paz e a segurança internacionais; **b)** desenvolver relações amistosas entre as nações; **c)** realizar a cooperação internacional para resolver os problemas mundiais de caráter econômico, social, cultural e humanitário, promovendo o respeito aos direitos humanos e às liberdades fundamentais; e **d)** ser um centro destinado a harmonizar a ação dos povos para a consecução desses objetivos comuns.

E os princípios que devem nortear a atuação da ONU e de seus membros são: **a)** da igualdade soberana de todos os seus membros; **b)** da boa-fé no cumprimento dos compromissos da Carta; **c)** da solução de controvérsias por meios pacíficos;

67. "Viola a cláusula de reserva de plenário (CF/1988, art. 97) a decisão de órgão fracionário de tribunal que, embora não declare expressamente a inconstitucionalidade de lei ou ato normativo do poder público, afasta sua incidência, no todo ou em parte".

d) da proibição de recorrer à ameaça ou ao emprego da força contra outros Estados; **e)** da assistência às Nações Unidas; **f)** da não intervenção em assuntos essencialmente nacionais.

A ONU reúne quase a totalidade dos Estados existentes. Entre estes, existem os membros originários e os eleitos. Estes últimos são admitidos pela Assembleia Geral mediante recomendação do Conselho de Segurança. E só podem ser admitidos os Estados "amantes da paz" que aceitarem as obrigações impostas pela Carta e forem aceitos como capazes de cumprir tais obrigações.

Os membros podem ser suspensos quando o Conselho de Segurança instalar uma ação preventiva ou coercitiva contra eles, como também expulsos quando violarem insistentemente os princípios da Carta. A expulsão é processada pela Assembleia Geral mediante recomendação do Conselho de Segurança.

Passemos agora a abordar pontualmente a parte principal do organograma do sistema ONU.

7.5.1. Assembleia Geral

A Assembleia Geral é composta de todos os membros da ONU, cabendo a cada Estado-Membro apenas um voto. Ela reúne-se em sessões ordinárias, uma vez por ano, e em sessões extraordinárias sempre que preciso for.

As decisões da Assembleia Geral são tomadas pela maioria simples dos membros presentes e votantes. Mas pode-se definir que o quórum será de dois terços quando tratar de questões consideradas importantes.

Entre algumas de suas funções, podem-se citar: **a)** aprovação do orçamento; **b)** eleição dos membros não permanentes do Conselho de Segurança e dos membros do Conselho Econômico e Social; **c)** nomeação do secretário-geral das Nações Unidas; e **d)** eleição, em conjunto com o Conselho de Segurança, dos juízes da Corte Internacional de Justiça.

7.5.2. Conselho de Segurança

No início, o Conselho de Segurança era composto de cinco membros permanentes (China, EUA, França, Reino Unido e URSS) e seis membros não permanentes, totalizando 11 membros, os quais eram eleitos pela Assembleia Geral para exercer mandato de dois anos, vedada a reeleição para o período seguinte. Depois de modificado em 1963, o Conselho de Segurança passou a ser composto dos mesmos cinco membros permanentes (China, EUA, França, Reino Unido e Rússia) e dez membros não permanentes, totalizando 15 membros, os quais continuam sendo eleitos pela Assembleia Geral para exercer mandato de dois anos, vedada a reeleição para o período seguinte. Cada membro do Conselho tem apenas um voto.

As decisões, quando processuais, dependem do voto afirmativo de nove membros. No restante das matérias, o mesmo quórum é necessário, mas com o acréscimo de que todos os membros permanentes devem votar afirmativamente – é o chamado *direito de veto*. Em que pese a Carta da ONU prever a unanimidade dos membros permanentes, a prática tem permitido que estes se abstenham da votação, o que configura a consensualidade, e não a unanimidade.

O Conselho de Segurança é o maior responsável pela manutenção da paz e da segurança internacionais.

7.5.3. Corte Internacional de Justiça (CIJ)

A Corte é o principal órgão judicial da ONU, substituindo a Corte Permanente de Justiça Internacional (CPJI) de 1922, que foi a primeira Corte internacional com jurisdição universal. A Corte funciona com base em seu estatuto e pelas chamadas *Regras da Corte* – espécie de código de processo.

A competência da Corte é ampla. Em relação à *ratione materiae*, a Corte pode analisar todas as questões levadas até ela, como também todos os assuntos previstos na Carta da ONU ou em tratados e convenções em vigor (art. 36, ponto 1, do Estatuto da CIJ). Já a competência *ratione personae* é mais limitada, pois a Corte só pode receber postulações de Estados, sejam ou não membros da ONU (art. 34, ponto 1, do Estatuto da CIJ).

O art. 36, ponto 2, do Estatuto da CIJ assim dispõe a cláusula facultativa de jurisdição obrigatória: "Os Estados-Partes do presente estatuto poderão, em qualquer momento, declarar que reconhecem como obrigatória *ipso facto* e sem acordo especial, em relação a qualquer outro Estado que aceite a mesma obrigação, a jurisdição do tribunal em todas as controvérsias jurídicas que tenham por objeto: **a)** a interpretação de um tratado; **b)** qualquer ponto de Direito Internacional; **c)** a existência de qualquer fato que, se verificado, constituiria violação de um compromisso internacional; e **d)** a natureza ou a extensão da reparação devida pela ruptura de um compromisso internacional". A declaração de reconhecimento da jurisdição da Corte pode ser feita pura e simplesmente ou sob condição de reciprocidade, ou ainda por prazo determinado (art. 36, ponto 3, do Estatuto da CIJ). Lembrando que a CIJ resolve qualquer dúvida que surgir sobre sua jurisdição (art. 36, ponto 6, do Estatuto da CIJ).

Portanto, a título conclusivo, "a Corte Internacional de Justiça não tem competência automática sobre os Estados, e estes só poderão ser obrigados à submissão da Corte se: estiver previsto em tratado de submissão de um conflito à CIJ; decisão voluntária das partes envolvidas por meio de um compromisso; aceitação de jurisdição da CIJ em processo proposto por outro Estado; declaração de submissão pela cláusula facultativa de jurisdição obrigatória[68]". Por fim, cabe lembrar que a cláusula facultativa de jurisdição obrigatória foi inventada pelo diplomata brasileiro Raul Fernandes.

O art. 96 da Carta da ONU prevê uma função consultiva para a Corte. Assim, qualquer organização internacional intergovernamental – especialmente os órgãos das Nações Unidas – pode requerer parecer consultivo à Corte. Percebe-se que os Estados-Membros não podem solicitar, diretamente, parecer consultivo à CIJ. Tal função permite à Corte ser um órgão produtor de doutrina internacional.

As decisões da Corte com base em sua competência contenciosa possuem caráter obrigatório (art. 59 do Estatuto da CIJ) e cada membro das Nações Unidas compromete-se a conformar-se com a decisão da Corte em qualquer caso em que for parte (art. 94, ponto 1, da Carta da ONU). Cabe dizer que se uma das partes em determinado caso deixar de cumprir as obrigações que lhe incumbem em virtude de sentença proferida pela Corte, a outra terá direito de recorrer ao Conselho de Segurança, que poderá, se o julgar necessário, fazer recomendações ou decidir sobre medidas a serem tomadas para o cumprimento da sentença (art. 94, ponto 2, da Carta da ONU). Já os pareceres consultivos não possuem caráter vinculativo.

Importante apontar também que a sentença da Corte é definitiva e inapelável. Todavia, em caso de controvérsia quanto ao seu sentido e alcance, e desde que solicitado por qualquer das partes, a Corte a interpretará (art. 60 do Estatuto da CIJ). Por sua vez, o pedido de revisão da sentença só pode

68. PORTELA, Paulo Henrique Gonçalves. **Direito Internacional Público e Privado**. 2. ed. Salvador: Ed. JusPodivm, 2010. p. 176-177.

ser feito em razão de fato novo suscetível de exercer influência determinante e que, na ocasião de ser proferida a sentença, era desconhecido da Corte e também da parte que solicita a revisão, contanto que tal desconhecimento não tenha sido devido a negligência (art. 61, ponto 1, do Estatuto da CIJ).

A Corte é composta de 15 juízes eleitos de três em três anos para um período de nove anos e com a possibilidade de reeleição. Mas não é possível que seja eleito mais de um juiz da mesma nacionalidade. Em relação às qualificações necessárias para ser eleito, cabe reproduzirmos o art. 2º do Estatuto: "a Corte será composta de um corpo de juízes independentes, eleitos sem atenção à sua nacionalidade, entre pessoas que gozem de alta consideração moral e possuam as condições exigidas em seus respectivos países para o desempenho das mais altas funções judiciárias, ou que sejam jurisconsultos de reconhecida competência em direito internacional".

Por fim, o art. 31, ponto 1, do Estatuto da CIJ dispõe que "os juízes da mesma nacionalidade de qualquer das partes conservam o direito de funcionar numa questão julgada pela Corte" e o ponto 3 do artigo prossegue: "se a Corte não incluir entre os seus membros nenhum juiz de nacionalidade das partes, cada uma destas poderá proceder à escolha de um juiz". Assim, perante um caso prático, o Estado envolvido que não tenha juiz da mesma nacionalidade na Corte poderá indicar um juiz de sua nacionalidade para participar do julgamento.

7.5.4. *Secretariado*

O Secretariado é o órgão executivo da ONU. No ápice desse órgão encontra-se o secretário-geral da ONU[69], eleito pela Assembleia Geral mediante recomendação do Conselho de Segurança.

O secretário-geral atua como o principal funcionário administrativo da Organização, devendo, conforme o art. 98 da Carta da ONU, estar presente em todas as reuniões da Assembleia Geral, do Conselho de Segurança e do Conselho Econômico e Social, além de desempenhar outras funções que lhe forem atribuídas por esses órgãos.

7.5.5. *Conselho Econômico e Social*

O Conselho Econômico e Social é composto de 54 membros das Nações Unidas, eleitos para um período de três anos; a reeleição é permitida. Por último, a deliberação toma corpo pela maioria dos membros presentes e votantes.

Algumas de suas funções são: **a)** realizar estudos e apresentar relatórios sobre assuntos internacionais de caráter econômico, social, cultural, educacional etc.; **b)** confeccionar recomendações à Assembleia Geral, aos membros das Nações Unidas e às entidades especializadas interessadas; **c)** promover a cultura de respeito e implementar os direitos humanos; **d)** convocar conferências sobre os assuntos de seu interesse.

7.5.5.1. *Comissão Econômica para a América Latina e o Caribe – CEPAL*

A CEPAL foi estabelecida, em 25.02.1948, pela Resolução 106 (VI) do Conselho Econômico e Social. Ela é uma das cinco comissões regionais das Nações Unidas e sua sede central está em Santiago, no Chile. E as suas sedes sub-regionais estão na Cidade do México (para a América Central) e em Porto Espanha (para o Caribe).

Sua grande missão era contribuir com o desenvolvimento econômico da América Latina, mediante a coordenação das ações tomadas para este fim e o auxílio para a melhora das relações econômicas entre os países-membros e destes com as demais nações do mundo. Posteriormente, sua função se ampliou com a entrada, por meio da Resolução 67/1984 do Conselho Econômico e Social, dos países do Caribe e com a assunção do objetivo de também promover o desenvolvimento social.

A Comissão é reconhecida como uma escola de pensamento especializada na análise das tendências econômicas e sociais de médio e longo prazo dos países latino-americanos e caribenhos.

Celso Furtado e Raúl Prebisch tiveram grande destaque na CEPAL. Prebisch foi seu secretário executivo de 1950 a 1963.

7.5.6. *Conselho de Tutela*

O Conselho de Tutela foi criado para controlar o exercício da tutela sobre territórios não autônomos. Esse Conselho sucedeu à Comissão de Mandatos da SDN.

Após a independência de Palau (último território sob tutela), em 01.11.1994, sua atividade foi suspensa, embora continue a existir formalmente.

7.6. Organização Mundial do Comércio

A OMC é uma organização internacional, com sede em Genebra, na Suíça, que tem por objetivo zelar pelas normas que regem o comércio entre os países, em nível mundial ou quase mundial. Por isso, diz-se que é uma organização internacional especializada de vocação universal.

De maneira mais ampla, a OMC é uma organização para liberalização do comércio, um fórum para que os governos negociem acordos comerciais e um lugar para que os governos resolvam suas diferenças comerciais. Ademais, é encarregada de aplicar um sistema de normas comerciais – o chamado sistema de resolução de controvérsias da OMC.

O antigo Acordo Geral de Tarifas e Comércio (Gatt, 1947) não era uma organização internacional, mas sim um acordo temporário que teve vigência de 1948 a 1994, ano em que foi absorvido pelo conjunto institucional mais amplo e mais estruturado que é a OMC. Tal acontecimento se deu na Rodada Uruguai de negociações do Gatt e tomou corpo mediante a Reunião Ministerial de Marrakesh, entrando em vigor em 01.01.1995 com sua ratificação (Decreto 1.355/1994). Sua estrutura comportava um acordo-base (instituidor da OMC), três anexos disciplinando acordos obrigatórios (entre eles a submissão do Estado-Membro ao sistema de solução de controvérsias) e um anexo cuidando de um facultativo.

Antes mesmo do Gatt tencionou-se fundar a Organização Internacional do Comércio (Carta de Havana) no âmbito da Conferência de Bretton Woods, na qual se criou o Banco Mundial com a finalidade de possibilitar a reconstrução da Europa e o Fundo Monetário Internacional (FMI) para regulação do câmbio internacional. Mas a Organização Internacional do Comércio não saiu do papel, sobretudo pelas limitações do executivo estadunidense.

A Conferência de Bretton Woods estabeleceu as regras para as relações comerciais e financeiras entre os países mais

69. Segue para informação a lista de todos os secretários-gerais da ONU: Trygve Lie (Noruega) – 1946-1953; Dag Hammarskjold (Suécia) – 1953-1961; U Thant (Mianmar, antiga Birmânia) – 1961-1971; Kurt Waldheim (Áustria) – 1972-1981; Javier Pérez de Cuellar (Peru) – 1982-1991; Boutros Boutros-Ghali (Egito) – 1992-1996; Kofi Annan (Gana) – 1997-2006; Ban Ki-moon (Coreia do Sul) – 2007-atualidade.

industrializados do mundo, ou seja, elaborou um sistema de regras, instituições (Banco Mundial e FMI[70]) e procedimentos para regular a política econômica internacional.

No âmbito da OMC, vige a regra do *single undertaking*, ou seja, os países que aderirem à Organização automaticamente adotam os Anexos 1, 2 (Entendimento Relativo às Normas e Procedimentos sobre Solução de Controvérsias) e 3 (Mecanismo de Exame de Políticas Comerciais) do Acordo Constitutivo da OMC. O Anexo 4 (Acordos Plurilaterais[71]) é opcional. Lembrando que o Anexo 1A cuida dos Acordos Multilaterais sobre Comércio de Bens, o Anexo 1B regula o Acordo Geral sobre o Comércio de Serviços (Gats) e o Anexo 1C disciplina o Acordo sobre Aspectos dos Direitos de Propriedade Intelectual.

A OMC pauta-se no livre-comércio e na igualdade entre os países e atua com base nos seguintes princípios: **a)** princípio da não discriminação – é a coletivização do princípio da nação mais favorecida. A cláusula da nação mais favorecida foi muito utilizada pela Inglaterra no século XVIII, que aproveitava sua teia de relacionamento global – fato incomum na época – para conseguir o melhor acordo comercial possível com todos os países. Em termos práticos, a Inglaterra firmava um tratado com um país "B" para diminuir as tarifas sobre certo produto e garantia que seu produto receberia o melhor tratamento possível com a inserção da cláusula da nação mais favorecida, pois, nesse caso, a Inglaterra tinha sempre de ser a nação mais favorecida. Assim, se o país "B" diminuísse ainda mais as tarifas sobre aquele produto em proveito do país "C", as tarifas em relação ao produto da Inglaterra abaixariam automaticamente. Essa cláusula já não é mais aceita na atualidade – assim se garante tratamento igual para todos os países. Importante dizer que esse princípio comporta duas exceções: uma são os acordos regionais caracterizados como união aduaneira ou zona de livre comércio (art. XXIV do Gatt) e a outra engloba a concessão de benefícios dos países desenvolvidos em proveito dos países em desenvolvimento, como também as concessões mútuas de benefícios entre países em desenvolvimento (Sistema Geral de Preferências); **b)** princípio da previsibilidade – para facilitar o acesso ao comércio internacional. Nesse princípio aparece a consolidação tarifária, que nada mais é que a determinação de um teto limitador da incidência tarifária em certos produtos oriundos do exterior. Assim, antes de exportar determinado produto para o país "A", já é possível saber o máximo possível de incidência tarifária. Todavia, cabe dizer que os Estados-Membros não são obrigados a consolidar todos os produtos, mas devem indicar na lista de concessões tarifárias quais deles foram consolidados e com que teto. Em outras palavras, "tarifa consolidada é o valor máximo (teto) de alíquota do imposto de importação que cada membro da OMC se compromete a aplicar para certos produtos do seu universo tarifário[72]"; **c)** princípio da concorrência leal – visa a garantir um comércio internacional justo; **d)** princípio da proibição da proteção nacional – a OMC, em geral, não permite a utilização de restrições quantitativas como forma de proteger a produção nacional. Melhor dizendo, não pode haver qualquer tratamento diferenciado que visa beneficiar os produtos nacionais em detrimento dos importados; e **e)** princípio do tratamento especial e diferenciado para os países em desenvolvimento – por esse princípio, por exemplo, os países em desenvolvimento têm vantagens tarifárias.

A estrutura institucional da OMC está assim definida: **a)** Conferência Ministerial – é o órgão supremo da OMC, do qual participam todos os Estados-Membros por meio de seus ministros das Relações Exteriores ou equivalentes; tem competência para decidir sobre qualquer matéria objeto dos acordos. Reúne-se a cada dois anos ou quando for necessário. Cada membro tem direito a um representante e um voto; **b)** Conselho Geral – é o órgão executivo da OMC, composto dos embaixadores ou dos enviados dos Estados-Membros. Cada membro tem direito a um representante e um voto; **c)** Órgão de Solução de Controvérsias – tem a função de dirimir as disputas comerciais entre os Estados-Membros e é composto dos integrantes do Conselho Geral, que se reúnem mensalmente; **d)** Órgão de Revisão de Política Comercial – tem a função de examinar as decisões governamentais, no âmbito do comércio dos Estados-Membros, com o intuito de identificar violações aos acordos celebrados; **e)** Conselho sobre Comércio de Bens, Conselho sobre Comércio de Serviços e Conselho sobre os Direitos de Propriedade Intelectual Relacionados ao Comércio – cuidam da implementação dos acordos específicos nessas áreas e subordinam-se ao Conselho Geral.

Por fim, as Rodadas de Negociação na história do sistema multilateral de comércio são:

Gatt:

1ª rodada: Genebra, 1947 – 23 países participantes; tema coberto: tarifas.

2ª rodada: Annecy, 1949 – 13 países participantes; tema coberto: tarifas.

3ª rodada: Torquay, 1950, 51 – 38 países participantes; tema coberto: tarifas.

4ª rodada: Genebra, 1955, 56 – 26 países participantes; tema coberto: tarifas.

5ª rodada: Dillon, 1960, 61 – 26 países participantes; tema coberto: tarifas.

6ª rodada: Kennedy, 1964, 67 – 62 países participantes; temas cobertos: tarifas e medidas *antidumping*.

7ª rodada: Tóquio[73], 1973, 79 – 102 países participantes; temas cobertos: tarifas, medidas não tarifárias, cláusula de habilitação.

8ª rodada: Uruguai, 1986, 93 – 123 países participantes; temas cobertos: tarifas, agricultura, serviços, propriedade intelectual, medidas de investimento, novo marco jurídico, OMC.

OMC[74]:

9ª rodada: Doha, 2001, ? – 149 países participantes; temas cobertos: tarifas, agricultura, serviços, facilitação de comércio, solução de controvérsias, regras em sentido geral.

A Rodada Doha, também conhecida como Rodada do Desenvolvimento, tem como motivação inicial a abertura de mercados agrícolas e industriais com regras que favoreçam a ampliação dos fluxos de comércio dos países em desenvolvimento. A Rodada

70. Ambas as instituições são agências especializadas das Nações Unidas e exercem funções complementares.

71. Anexo 4A – Acordo sobre Comércio de Aeronaves Civis; Anexo 4B – Acordo sobre Compras Governamentais; Anexo 4C – Acordo Internacional de Produtos Lácteos; Anexo 4D – Acordo Internacional sobre Carne Bovina.

72. TIMM, Luciano Benetti; RIBEIRO, Rafael Pellegrini; ESTRELLA, Angela T. Gobbi. **Direito do Comércio Internacional.** Rio de Janeiro: Ed. FGV, 2009. p. 124.

73. Até a Rodada Tóquio, os grandes participantes foram EUA e Europa.

74. No final de 2013, a OMC acordou uma revisão dos procedimentos alfandegários, o primeiro acordo multilateral concluído pela organização desde que foi fundada em 1995. As medidas, entretanto, só entrarão em vigor depois de serem aprovadas pelos parlamentos de dois terços dos Estados-Membros.

Doha surge devido ao desbalanceamento entre os interesses dos países em desenvolvimento e os países desenvolvidos durante a Rodada Uruguai, onde novas disciplinas sobre Propriedade Intelectual e Serviços foram propostas pelos países desenvolvidos.

As discussões são norteadas pelo princípio de compromisso único – "single undertaking" – tendo em vista um tratamento especial e diferenciado para países em desenvolvimento e países menos desenvolvidos (Parte IV do GATT 1994, Decisão de 28.11.1979, sobre Tratamento Mais Favorável e Diferenciado, Reciprocidade e Plena Participação de Países em Desenvolvimento).

Assim, a Rodada de Doha tem como principais objetivos:

i) redução dos picos tarifários, altas tarifas, escalada tarifária e barreiras não tarifárias em bens não agrícolas – Non-Agricultural Market Access – NAMA;

ii) discutir temas relacionados à agricultura – subsídios, apoio interno, redução de tarifas e crédito à exportação;

iii) negociar a liberalização progressiva em serviços, conforme estabelecido nas discussões do Acordo Geral sobre o Comércio de Serviços – GATS;

iv) ampliar o Acordo TRIMs – Trade Related Investment Measures, cujo alcance está relacionado aos investimentos em bens, abrangendo temas como escopo e definição, transparência, não discriminação, disposições sobre exceções e salvaguardas do balanço de pagamentos, mecanismos de consultas e solução de controvérsias entre os membros;

v) discutir a interação entre comércio e política de concorrência – princípios gerais de concorrência, de transparência, não discriminação, formação de cartéis, modalidades de cooperação voluntária e instituições de concorrência para os países em desenvolvimento;

vi) negociar maior transparência em compras governamentais;

vii) melhorar o arcabouço institucional ao comércio eletrônico;

viii) aprimorar os dispositivos do Acordo de Solução de Controvérsias, considerando os interesses e necessidades especiais dos países em desenvolvimento;

ix) conduzir negociações que aprimorem as disciplinas dos Acordos sobre *antidumping*, subsídios e medidas compensatórias, preservando seus conceitos básicos.

Até o presente momento ainda existem grandes divergências entre os membros que negociam um acordo global de comércio.

7.6.1. Sistema de solução de controvérsias

O sistema de solução de controvérsias da OMC, como dito acima, tem a função de dirimir as disputas comerciais entre os Estados-Membros e é basicamente dividido em cinco fases: consultas, painéis, apelação, implementação e retaliação. Cabe dizer que o sistema é fruto das normas, procedimentos e práticas elaborados desde o surgimento do Gatt em 1947[75].

Antes de analisar cada etapa, é importante destacar a mudança da regra do *consenso positivo*, vigente no Gatt, para a regra do *consenso negativo ou invertido*, norteadora do sistema de solução de controvérsias da OMC. Pela regra antiga era necessário um consenso de todos os membros do Gatt, inclusive o reclamado, para que um painel fosse instalado, um parecer técnico aprovado e retaliações comerciais fossem levadas a cabo pelo reclamante. Não é necessário mencionar a dificuldade desse sistema em funcionar, pois quase sempre o reclamado votava contra as medidas que o prejudicaria – assim, a regra antiga do consenso positivo impossibilitava, por razões políticas, o manuseio do importante sistema de solução de controvérsias da OMC. Por outro lado, todas essas etapas se tornaram praticamente automáticas com a regra do *consenso negativo ou invertido*, pois o painel só não é instalado se todos os Estados-Membros da OMC, incluído o reclamante, forem contra. O mesmo se aplica para aprovação do parecer técnico e para permissão de adoção de retaliações comerciais. Essa automatização das etapas permite a prevalência das decisões jurídicas sobre as decisões políticas no seio da OMC.

Outro ponto importante antes de adentrarmos a análise das etapas componentes do sistema de solução de controvérsias é a limitação *ratione personae*, ou seja, apenas os Estados podem iniciar uma disputa na OMC, nunca os atores privados.

As etapas processuais são as seguintes:

a) etapa de consultas: antes de solicitar a criação de um painel junto à OMC, as partes em desacordo devem utilizar as consultas bilaterais – bons ofícios, conciliação e mediação – por provocação do reclamante. A etapa de consultas é obrigatória e deve durar 60 dias;

b) etapa de painéis I: se as consultas bilaterais não funcionarem, o reclamante pode solicitar, por escrito, a criação de um painel junto à OMC, mas cabe lembrar que o reclamado tem o direito de impedir a instauração do painel na primeira reunião. O painel é formado a cada caso e é composto normalmente por três indivíduos independentes e altamente qualificados, que possuem a missão de apreciar objetivamente a questão colocada e elaborar um parecer com o objetivo de aclarar se o reclamado descumpriu ou não as regras do comércio internacional estabelecidas pela OMC. O parecer deverá ser entregue às partes no prazo de seis meses, contado da formação do painel, e ao Órgão de Solução de Controvérsias no prazo de nove meses, contado também da formação do painel. É importante dizer que os especialistas em direito e comércio internacional são indicados por cada Estado-Membro e devem ser aprovados pelo Órgão de Solução de Controvérsias;

c) etapa de painéis II: com o recebimento do parecer e sem a interposição do recurso de apelação, o Órgão de Solução de Controvérsias deve adotar o parecer no prazo de 60 dias – respeitando a regra do *consenso negativo*;

d) etapa da apelação: qualquer parte pode notificar o Órgão de Solução de Controvérsias de sua decisão de recorrer. O exercício do direito de recorrer fica condicionado ao respeito do prazo temporal, ou seja, 60 dias contados do recebimento do parecer elaborado pelo Órgão de Solução de Controvérsias. Nesse caso, o Órgão de Apelação terá o prazo de 60 dias para confeccionar um parecer sobre questões de direito da contenda comercial, lembrando que o Órgão de Apelação é um colegiado permanente que emite pareceres em sede de revisão e possui composição fixa (mandato de quatro anos, permitida uma reeleição[76]), a qual é escolhida por consenso entre todos os membros da OMC. Os relatórios do Órgão de Apelação são adotados pelo Órgão de Solução de Controvérsias e aceitos incondicionalmente pelas partes em litígio, salvo se o Órgão de Solução de Controvérsias decidir por consenso, incluindo o reclamante e o reclamado, não adotar o relatório confeccionado pelo Órgão de Apelação;

e) etapa da implementação: sendo aceita a reclamação, o reclamado apontado como o infrator deve tomar as medidas

75. Cabe recordar que o sistema de solução de controvérsias do antigo Gatt possuía apenas uma etapa de painéis, de cujas decisões não cabia recurso.

76. Art. 17, ponto 2, do Acordo sobre Normas e Procedimentos para Solução de Disputas.

necessárias para modificar a conduta censurada pelas regras da OMC, consoante determinado no parecer do painel ou do Órgão de Apelação. As medidas devem ser tomadas dentro de um prazo razoável, que não pode exceder 15 meses contados da adoção pelo Órgão de Solução de Controvérsias do parecer confeccionado pelo painel ou pelo Órgão de Apelação. Entretanto, o supracitado prazo pode ser prorrogado por decisão das partes;

f) etapa da retaliação: caso o Estado-Membro reclamado não cumpra a decisão do Órgão de Solução de Controvérsias após transcorridos 30 dias contados do final do prazo razoável, o Estado reclamante pode solicitar a permissão para adotar retaliações comerciais em desfavor do reclamado para, assim, buscar a compensação dos prejuízos sofridos. O termo técnico é suspensão de concessões. E "essa *suspensão de concessões* é uma autorização para o membro reclamante deixar de cumprir, em relação ao reclamado, obrigações decorrentes dos compromissos assumidos na OMC, em grau equivalente aos prejuízos decorrentes da infração às regras cometida pelo reclamado. Na prática, é uma autorização para impor retaliações comerciais[77]".

7.6.2. Mecanismos de defesa comercial

Depois de explicitado o sistema de solução de controvérsias da OMC, cabe apresentar sucintamente os três mecanismos de defesa comercial que os Estados podem utilizar para proteger a produção nacional.

7.6.2.1. Medidas compensatórias

Comecemos pelas *medidas compensatórias* (art. 4º do Acordo de Subsídios e Direitos Compensatórios – Decreto 93.962/1987), utilizadas para amortecer o potencial dano na importação de produtos que recebem subsídio em seu país de origem. Na prática, funciona com a imposição de sobretaxa para a importação desses produtos.

O "subsídio é qualquer contribuição financeira, suporte de renda ou preços concedido pelo governo ou órgão público, gerando um benefício (vantagem) privado, que seja específico para uma empresa ou setor industrial. Trata-se, portanto, de uma ação do governo que beneficia individualmente uma empresa ou setor industrial, reduzindo artificialmente os seus custos de produção[78]". Essa interferência estatal viola o princípio da concorrência leal, o qual visa a garantir um comércio internacional justo.

7.6.2.2. Antidumping

O *antidumping* também funciona com a imposição de sobretaxa para a importação de certos produtos (medida seletiva[79]). Todavia, ao contrário do subsídio, o *dumping*[80] é uma medida estritamente privada, isto é, praticada pelos atores privados.

Dito isso, cabe diferenciar a concorrência comercial leal da desleal, pois muitas vezes um produto com preço baixo oriundo do exterior está ancorado em competências bem realizadas, isto é, não viola o princípio da concorrência leal. Outras vezes, no entanto, o preço baixo é fruto de uma decisão que ambiciona prejudicar os fabricantes locais de produtos similares para, passado certo tempo e depois de eliminar tais concorrentes, dominar o mercado local de certo produto e, assim, impor tranquilamente seu preço diante da inexistência de concorrência.

Pelo descrito acima, fica claro que, no primeiro caso, o valor, apesar de ser baixo, é real, fruto do bom desempenho de competências. Entretanto, no segundo caso, o valor é baixo e irreal, fruto de um plano desleal de eliminar a concorrência em determinado setor. Dito isso, fica claro que situações que se encaixem no segundo caso violam o princípio da concorrência leal e autorizam a utilização da medida *antidumping*. Ainda mais restritivo é o considerando do Acordo Relativo à Implementação do Artigo VI do Acordo Geral sobre Tarifas Aduaneiras e Comércio ou Acordo *Antidumping*: "as práticas *antidumping* não devem constituir um entrave injustificável ao comércio internacional e (...) os direitos *antidumping* somente podem ser utilizados contra o *dumping* se este causa ou ameaça causar um dano considerável a uma indústria instalada ou se retarda sensivelmente a implantação de uma indústria[81]".

De suma importância é o art. 9º, ponto 1, do Acordo *Antidumping*: "Os direitos *antidumping* vigorarão somente durante o tempo e na medida necessária para neutralizar o *dumping* que estiver causando um dano". Todavia, o ponto 2 do artigo determina: "Quando se justificar, as autoridades encarregadas da investigação reexaminarão a necessidade de continuar a aplicar o direito *antidumping*, por iniciativa própria, ou por solicitação de qualquer parte interessada que justifique através de dados concretos a necessidade de tal reexame". E sempre os Estados devem relatar ao Comitê de Práticas *Antidumping* suas ações preliminares e finais (art. 14, ponto 4, do Acordo *Antidumping*).

As receitas oriundas da cobrança dos direitos *antidumping* e dos direitos compensatórios serão destinadas ao Ministério do Desenvolvimento, Indústria e Comércio Exterior, para aplicação na área de comércio exterior, conforme diretrizes estabelecidas pela Camex (art. 10, parágrafo único, da Lei 9.019/1995).

Por fim, cabe apontarmos a figura do *dumping* social. Tal medida garante que o produto tenha um valor mais barato do que o de mercado em função dos baixos salários pagos aos trabalhadores, do não respeito aos demais direitos trabalhistas, como também, em casos extremos, de utilização de trabalho escravo ou infantil.

7.6.2.3. Salvaguardas

Diferentemente das medidas de defesa anteriormente vistas, as salvaguardas não são utilizadas para defender a produção nacional contra um subsídio concedido por governo estrangeiro (medidas compensatórias) ou contra a deslealdade de um exportador estrangeiro (*antidumping*), mas sim para proteger temporariamente parcela da indústria nacional[82]

77. TIMM, Luciano Benetti; RIBEIRO, Rafael Pellegrini; ESTRELLA, Angela T. Gobbi. **Direito do Comércio Internacional.** Rio de Janeiro: Ed. FGV, 2009. p. 123.
78. TIMM, Luciano Benetti; RIBEIRO, Rafael Pellegrini; ESTRELLA, Angela T. Gobbi. **Direito do Comércio Internacional.** Rio de janeiro: Ed. FGV, 2009. p. 142.
79. Art. 8º, ponto 2, do Acordo *Antidumping*.
80. Art. 2º, ponto 1, do Acordo Relativo à Implementação do Art. VI do Acordo Geral sobre Tarifas Aduaneiras e Comércio: "Para os fins deste Código, um produto é objeto de *dumping*, isto é, introduzido no mercado de outro país a preço inferior ao seu valor normal, se o preço de exportação do produto, quando exportado de um país para outro, for inferior ao preço comparável, praticado no curso de operações comerciais normais, de um produto similar destinado ao consumo no país exterior".
81. Promulgado no Brasil pelo Decreto 93.941/1987.
82. Considera-se como indústria nacional o conjunto de produtores de bens similares ou diretamente concorrentes ao produto importado, estabelecido no território brasileiro, ou os produtores cuja produção total de bens similares ou diretamente concorrentes ao importado constitua uma proporção substancial da produção nacional de tais bens. O termo indústria inclui, ainda, as atividades ligadas à agricultura.

que será diretamente atingida com a abertura ao comércio internacional. Por exemplo, o setor têxtil é "fechado" no Brasil, ou seja, é proibida a importação de qualquer produto têxtil, eis que o governo brasileiro decide permitir a importação de produtos têxteis a partir de certo momento. Diante desse fato e para proteger o setor têxtil brasileiro, o governo impõe as salvaguardas, as quais podem ser na forma de sobretaxas (da mesma forma como o procedido nas medidas compensatórias e *antidumping*) ou na forma de limitações quantitativas com a determinação de quotas de importação.

Como dito, "no caso das salvaguardas não existe a questão de uma prática comercial desleal a ser *punida*. Trata-se de um problema específico da indústria nacional de determinado país, que ainda não tem condições de enfrentar a concorrência de produtos importados. Por isso, a imposição de medidas de salvaguarda é vinculada a um compromisso de reestruturação do setor beneficiado pela proteção e sujeita o país que as aplica a ter de outorgar compensações aos parceiros comerciais prejudicados com perda de exportações[83]". Portanto, o país prejudicado pode exigir compensações (art. 11 do Acordo sobre Salvaguardas). Por fim, tal matéria é tratada no Acordo sobre Salvaguardas da OMC.

7.7. União Europeia

Devido a uma maior proximidade temática, a União Europeia será analisada no item **10** (Direito Comunitário ou Direito da Integração).

8. SER HUMANO

A Declaração Universal dos Direitos Humanos de 1948 marca o início de um movimento de reconstrução da dignidade humana, após o vilipêndio sofrido com os terrores do nazifascismo. A partir de então, a proteção do ser humano dá-se também por um sistema internacional, ao contrário do que antes ocorria – a proteção dos direitos humanos ficava a cargo somente dos diplomas nacionais.

Visto que, o enfoque sobre a afirmação dos direitos do homem será deixado para a matéria de Direitos Humanos, o que importa analisar agora é o ser humano como sujeito de direito internacional.

A atribuição de personalidade jurídica internacional aos seres humanos data da última metade do século XX, sendo uma evolução do processo, mencionado acima, de reconstrução da dignidade humana. Destarte, o indivíduo adquiriu capacidade processual para pleitear direitos na esfera internacional. Lembrando-se que os tratados de direitos humanos atuam em harmonia com o direito interno, assim, vige o princípio do esgotamento dos recursos internos antes de se recorrer à tutela prestada pelos órgãos internacionais.

Outro fato que contribuiu para uma maior concretização da personalidade jurídica internacional do indivíduo foi, sem dúvida, a adoção do Estatuto do Tribunal Penal Internacional (TPI) pela Conferência de Roma em 17.07.1998. Tem-se, a partir de então, um tribunal permanente para julgar indivíduos acusados da prática de crimes de genocídio, crimes de guerra, crimes de agressão e crimes contra a humanidade. Tal fato corrobora com a ideia de responsabilidade internacional do indivíduo, consoante o que se iniciou com os Tribunais de Nurembergue e de Tóquio[84], e depois de Ruanda e da Iugoslávia.

Ora, só os sujeitos de direito internacional podem ser responsabilizados perante a comunidade internacional. Assim, sob esse prisma também se pode afirmar que o ser humano é um sujeito de direito internacional.

Essa emancipação do ser humano perante a comunidade internacional é consequência da corrosão do positivismo voluntarista, o qual defendia os Estados como únicos sujeitos de direito internacional e excluía o destinatário final das normas jurídicas: a pessoa humana.

Passemos agora à análise de alguns direitos, reconhecidos pelo ordenamento internacional, do ser humano.

8.1. Nacionalidade

A nacionalidade é o vínculo político existente entre o Estado soberano e o indivíduo. A Corte Internacional de Justiça definiu nacionalidade como o vínculo jurídico que tem por base um fato social de ligação, uma conexão genuína de existência, de interesses e de sentimentos, juntamente com a existência de direitos e deveres recíprocos[85].

O art. 15 da Declaração Universal dos Direitos Humanos determina que nenhum Estado pode arbitrariamente retirar do indivíduo sua nacionalidade ou seu direito de mudar de nacionalidade. E o art. 20 da Convenção Americana sobre Direitos Humanos, celebrada em São José da Costa Rica, dispõe que toda pessoa tem direito à nacionalidade do Estado em cujo território houver nascido, se não tiver direito a outra. Pela redação desses dois diplomas fica claro que o ordenamento internacional combate a apatridia. Apátrida é a condição do indivíduo que não possui nenhuma nacionalidade. Por outro lado, o polipátrida é o indivíduo que possui mais de uma nacionalidade.

E também fica nítido que a determinação da nacionalidade passou de ser um assunto totalmente interno, onde cada país estabelece as regras para aquisição e perda de nacionalidade (enfoque clássico) sem maiores considerações, e tornou-se um direito humano fundamental, o qual todo indivíduo tem direito. O papel fundamental para essa reorientação é exercido pelo direito internacional dos direitos humanos, tanto pelos seus diplomas internacionais, como pela interpretação levada à cabo pelos seus organismos judiciais ou órgãos de controle.

A nacionalidade será originária ou primária quando provier do nascimento – logo, involuntária –, e adquirida ou secundária quando resultar de alteração de nacionalidade por meio da naturalização ou em virtude de casamento – logo, voluntária. A nacionalidade originária pode ser a do Estado de nascimento

83. TIMM, Luciano Benetti; RIBEIRO, Rafael Pellegrini; ESTRELLA, Angela T. Gobbi. **Direito do Comércio Internacional.** Rio de Janeiro Ed. FGV, 2009. p. 142-143.

84. Tanto o Tribunal de Nurembergue como o de Tóquio foram instituídos para julgar os crimes de guerra e contra a humanidade perpetrados durante a Segunda Guerra Mundial. O Tribunal de Nurembergue tinha por missão julgar os líderes nazistas (o julgamento começou em 20.11.1945) e foi idealizado pelos Aliados (principais: EUA, URSS, Reino Unido e França) da Segunda Guerra, que escalou o Chefe da Justiça estadunidense, Robert Jackson, para ser seu coordenador. Cabe lembrar que a experiência de Nurembergue foi a primeira em que crimes de guerra foram julgados por um tribunal internacional. Já o Tribunal de Tóquio ou Tribunal Militar Internacional para o Extremo Oriente tinha por missão julgar os líderes do Império japonês (o julgamento começou em 03.05.1946) e também foi idealizado pelos Aliados da Segunda Guerra. Uma crítica que se faz aos dois tribunais é que se trata de uma "justiça dos vencedores".

85. *Caso Nottebom* (Liechtenstein vs. Guatemala), sentença exarada no dia 06.04.1955.

(*jus soli*) ou a de seus pais (*jus sanguinis*). No Brasil, o critério adotado para determinar quem é brasileiro nato é o *jus soli*, todavia, existem exceções que utilizam o critério *jus sanguinis* (art. 12, I, *b* e *c*, da CF/1988), logo, pode-se afirmar que o Brasil usa um critério misto para a fixação da nacionalidade.

Cabe mencionar a existência do instituto chamado *jus laboris*, o qual possibilita que o serviço em prol do Estado seja um elemento favorecedor e facilitador para obtenção da naturalização.

Outro direito do indivíduo, que é consequência da condição de nacional, é a proibição do banimento. Assim, nenhum Estado pode expulsar nacional seu, com destino a território estrangeiro ou a espaço de uso comum.

8.1.1. Nacionalidade no Brasil

O art. 12 da CF/1988 regula a condição de brasileiro nato e naturalizado, como também as situações de perda da nacionalidade brasileira.

Segundo o inc. I do art. 12, são brasileiros natos: a) os nascidos em território brasileiro, embora de pais estrangeiros, desde que estes não estejam a serviço de seu país; b) os nascidos no estrangeiro, de pai ou mãe brasileiros, desde que qualquer deles esteja a serviço do Brasil; e c) os nascidos no estrangeiro, de pai ou mãe brasileiros, desvinculados do serviço público, desde que sejam registrados em repartição brasileira competente ou venham a residir no território nacional e optem, a qualquer tempo, depois de atingida a maioridade, pela nacionalidade brasileira.

Deve-se comentar que a terceira hipótese exposta acima foi disciplinada pela EC 54/2007, que ainda criou o art. 95 do ADCT: "Os nascidos no estrangeiro entre 07.06.1994 e a data da promulgação desta Emenda Constitucional, filhos de pai brasileiro ou mãe brasileira, poderão ser registrados em repartição diplomática ou consular brasileira competente ou em ofício de registro, se vierem a residir na República Federativa do Brasil".

Consoante o inc. II do art. 12, são brasileiros naturalizados: **a)** os que, na forma da lei, adquiram a nacionalidade brasileira, exigidas aos originários de países de língua portuguesa apenas residência por um ano ininterrupto e idoneidade moral; e **b)** os estrangeiros de qualquer nacionalidade, residentes no Brasil há mais de 15 anos ininterruptos e sem condenação penal, desde que requeiram a nacionalidade brasileira (conhecida como naturalização extraordinária). A lei ordinária regulamentadora n. 6.815/1980 disciplina a possibilidade de aquisição da nacionalidade brasileira e, para tanto, exige, no mínimo, quatro anos de residência no Brasil, idoneidade, boa saúde e domínio do idioma (conhecida como naturalização ordinária). A naturalização só produzirá efeitos depois da entrega do certificado pelo juiz federal competente (arts. 119, *caput*, e 122, ambos da Lei 6.815/1980)[86]. Cabe destacar que a concessão da naturalização é faculdade exclusiva do Presidente da República (art. 7º da Lei 818/1949).

O § 1º do art. 12 da CF/1988 traz regra que permite conceder aos portugueses com residência permanente no Brasil, desde que haja reciprocidade em favor de brasileiros, os direitos e garantias fundamentais inerentes ao brasileiro naturalizado.

Por sua vez, o § 4º do art. 12 traz duas situações em que o brasileiro perderá a nacionalidade. Em uma delas (inciso II), a extinção do vínculo patrial pode atingir tanto o brasileiro nato (nacionalidade originária) quanto o naturalizado (nacionalidade derivada), bastando para isso que adquira outra nacionalidade, por naturalização voluntária. Tal possibilidade admite duas exceções: uma é no caso de a lei estrangeira reconhecer a nacionalidade originária; e a outra é quando a lei estrangeira impõe a naturalização ao brasileiro residente em país estrangeiro como condição para a permanência em seu território ou para o exercício de direitos civis. Na outra situação (inciso I), apenas o brasileiro naturalizado poderá perder a nacionalidade, o que ocorrerá quando a naturalização for cancelada, por sentença judicial, pelo exercício de atividade contrária ao interesse nacional. Nesse último caso, só é possível readquirir a nacionalidade brasileira por meio de ação rescisória, cabível somente quando a sentença judicial já estiver transitada em julgado.

O STF decidiu recentemente sobre a perda de nacionalidade de brasileiro nato no MS 33864, de 19/4/16. Segue resumo do caso apresentado pelo próprio site do STF:

"Por maioria de votos, a Primeira Turma do Supremo Tribunal Federal (STF) negou o Mandado de Segurança (MS) 33864, em que Cláudia Cristina Sobral, brasileira nata e naturalizada norte-americana, pedia a revogação de ato do ministro da Justiça que decretou a perda da cidadania brasileira por ter adquirido outra nacionalidade. A ação foi originariamente ajuizada no Superior Tribunal de Justiça que, após deferir liminar para suspender o ato, declinou da competência porque, como pende sobre a impetrante um pedido de extradição, que implica ato

86. Reforçando o aqui dito, pode-se apontar a Ext. 1223/República do Equador, rel. Min. Celso de Mello (Informativo 649 STF). Nessa decisão discutiu-se, em sede de *obiter dictum*, tema de grande relevo: "Em *obiter dictum*, **discutiu-se**, também, a **questão da possibilidade**, ou não, de o brasileiro naturalizado, **embora** condenado pela Justiça estrangeira, **vir a ser processado**, criminalmente, pelo mesmo fato, no Brasil. O Min. Celso de Mello, relator, abordou **a questão da eficácia extraterritorial** da lei penal brasileira **à luz do princípio** "aut dedere, aut punire". **Teceu** considerações de ordem doutrinária **no sentido** de que, em situações como a dos autos, viabilizar-se-ia a incidência da cláusula da extraterritorialidade da lei brasileira, condicionada, no entanto, ao atendimento dos requisitos dispostos no § 2º do art. 7º do CP ["Nos casos do inciso II, a aplicação da lei brasileira depende do concurso das seguintes condições: a) entrar o agente no território nacional; b) ser o fato punível também no país em que foi praticado; c) estar o crime incluído entre aqueles pelos quais a lei brasileira autoriza a extradição; d) não ter sido o agente absolvido no estrangeiro ou não ter aí cumprido a pena; e) não ter sido o agente perdoado no estrangeiro ou, por outro motivo, não estar extinta a punibilidade, segundo a lei mais favorável"]. **Aduziu** que essa sistemática objetivaria evitar a impunidade do nacional que delinquira alhures. **Todavia**, dessumiu do art. 14, 7, do Pacto Internacional sobre Direitos Civis e Políticos ("Ninguém poderá ser processado ou punido por um delito **pelo qual já foi** absolvido ou **condenado** por sentença passada em julgado, em conformidade com a lei e os procedimentos penais de cada país"), que este diploma — **qualquer que fosse** sua natureza, supralegal ou constitucional — **estaria acima** da legislação interna, **de sorte a inibir** a eficácia dela. **Assim**, mencionou que, aparentemente, **estaria tolhida** a possibilidade de o Brasil instaurar, contra quem já fora absolvido **ou condenado** definitivamente no exterior, **nova** persecução criminal **motivada** pelos mesmos fatos subjacentes à sentença penal estrangeira. Nesse ponto, o Min. Celso de Mello **sustentou** a existência, em nosso sistema jurídico, **da garantia constitucional** contra a dupla persecução penal **fundada** no mesmo fato delituoso. Por sua vez, o Min. Gilmar Mendes, tendo em conta a redação dos arts. 8º e 9º do CP, sinalizou que a legislação brasileira deveria ser atualizada para admitir a execução da pena no Brasil, o que seria condizente com a internacionalização do mundo, a fim de evitar a criação de verdadeiros paraísos penais. Nessa mesma linha, o Min. Ricardo Lewandowski vislumbrou que a aceitação de condenação imposta em outro país só poderia ocorrer em âmbito restrito de acordos bilaterais ou multilaterais, em que se reconhecesse que o Judiciário estrangeiro atuasse segundo as normas do *due process of law*. O Min. Ayres Britto observou que essas ponderações seriam resultado da "cosmopolitanização" do direito (Informativo 649 STF).

do presidente da República, a instância competente é o STF. A decisão do colegiado foi tomada na sessão desta terça-feira (19).

De acordo com os autos, ela se mudou para os Estados Unidos em 1990, onde se casou e obteve visto de permanência (green card). Em 1999, requereu nacionalidade norte-americana e, seguindo a lei local, declarou renunciar e abjurar fidelidade a qualquer outro estado ou soberania. Em 2007, ela voltou para o Brasil e, dias depois de sua partida, o marido, nacional norte-americano, foi encontrado morto, a tiros, na residência do casal. O governo dos Estados Unidos indiciou a impetrante por homicídio e requereu a extradição para que ela responda ao processo naquele país.

No mandado de segurança, a autora alega que a perda da nacionalidade brasileira seria desproporcional, pois a obtenção da cidadania norte-americana teve como objetivo a possibilidade de pleno gozo de direitos civis, inclusive o de moradia. O representante do Ministério Público Federal presente na sessão de hoje sustentou que, ao receber a nacionalidade norte-americana, Cláudia Sobral teria perdido, tacitamente, a nacionalidade brasileira, conforme estabelece o artigo 12, parágrafo 4º, inciso II, da Constituição Federal. Argumenta, ainda, que a tentativa de resgatar a nacionalidade brasileira é ato de má-fé e tem por objetivo evitar o processo criminal.

Em seu voto, o relator do processo, ministro Luís Roberto Barroso, considerou legítimo o ato do ministro da Justiça de cassação da nacionalidade, pois, apenas nos casos de reconhecimento de nacionalidade originária pela lei estrangeira é que não se aplica a perda a quem adquira outra nacionalidade. O ministro observou que a aquisição da cidadania americana ocorreu por livre e espontânea vontade, pois ela já tinha o green card, que lhe assegurava pleno direito de moradia e trabalho legal.

Ficaram vencidos os ministros Marco Aurélio, que entende que o direito à nacionalidade é indisponível, e Edson Fachin, que entende ser garantia fundamental o direito do brasileiro nato de não ser extraditado. O ministro Fachin salientou ainda que a revogação da portaria de cassação de cidadania não representa impunidade, pois, inviabilizada a extradição, é facultado ao Estado brasileiro, utilizando sua própria lei penal, instaurar a persecução penal."

8.1.2. *Disciplina constitucional da distinção entre brasileiros naturalizados e natos*

Segundo o art. 12, § 2º, da CF/1988, a lei não poderá estabelecer distinção entre brasileiros natos e naturalizados, salvo nos casos previstos na Constituição. Assim, segue a relação das únicas situações em que a CF/1988 disciplinou a distinção de tratamento entre brasileiros natos e naturalizados:

a) art. 12, § 3º, da CF/1988 – lista os cargos que só podem ser ocupados por brasileiros natos: presidente e vice-presidente da República; presidente da Câmara dos Deputados; presidente do Senado Federal; ministro do Supremo Tribunal Federal; carreira diplomática; oficial das Forças Armadas; e ministro de Estado da Defesa;

b) art. 5º, LI, da CF/1988 – o brasileiro nato nunca será extraditado e o naturalizado será em caso de crime comum, praticado antes da naturalização, ou de comprovado envolvimento em tráfico ilícito de entorpecentes e drogas afins;

c) art. 89, VII, da CF/1988 – lista os componentes do Conselho da República: entre eles, seis cidadãos brasileiros natos, com mais de 35 anos de idade, sendo dois nomeados pelo presidente da República, dois eleitos pelo Senado Federal e dois eleitos pela Câmara dos Deputados, todos com mandato de três anos, vedada a recondução;

d) art. 222 da CF/1988 – a propriedade de empresa jornalística e de radiodifusão sonora e de sons e imagens é privativa de brasileiros natos ou naturalizados há mais de dez anos, ou de pessoas jurídicas constituídas sob as leis brasileiras e que tenham sede no país.

8.2. Asilo

8.2.1. *Asilo territorial*

O asilo territorial é o acolhimento, pelo Estado, em seu território, de estrangeiro perseguido em seu país por causa de dissidência política, de delitos de opinião ou por crimes que, relacionados com a segurança do Estado, não configurem infração penal comum[87].

Pela visão tradicional do instituto, o Estado exerce, com fundamento em sua soberania, um poder discricionário na concessão de asilo e sua decisão deve ser respeitada pelos outros Estados. Deve-se lembrar, ainda, que o Estado asilante tem o direito de negar o asilo por motivos de segurança nacional. Porém "o asilo passou a ser regido também por tratados e declarações de direitos humanos de claro conteúdo consuetudinário no plano internacional (...) De fato, o asilo não é mais um tema exclusivamente nacional e não pode mais o Estado desprezar a necessidade de fundamentação adequada na decisão sobre asilo, para que cumpra os tratados de direitos humanos. A discricionariedade nacional é regrada e sua fundamentação pode ser rechaçada pelos órgãos internacionais. Por exemplo, se o Brasil denegar injustamente a concessão de asilo a um indivíduo que será perseguido em seu estado de origem (caso venha a ser devolvido), poderá ser processado perante a Corte Interamericana de Direitos Humanos por violação do Pacto de San José[88]".

Esse tipo de asilo é concedido pelo chefe de Estado e a decisão é constitutiva, com efeitos ex nunc.

8.2.2. *Asilo diplomático*

O asilo diplomático é o acolhimento, pelo Estado, em sua representação diplomática, do estrangeiro que busca proteção. É considerado uma forma provisória de asilo territorial, todavia, não assegura automaticamente sua concessão, a qual terá de ser processada para analisar o devido preenchimento de certas condições.

Essa modalidade de asilo tem grande aceitação na América Latina, sobretudo em função de seu passado de instabilidade política. A Convenção de Caracas de 1954[89] disciplina o instituto latino-americano denominado asilo diplomático. Seu art. 1º assim dispõe: "O asilo outorgado em legações, navios de guerra e acampamentos ou aeronaves militares, a pessoas perseguidas por motivos ou delitos políticos, será respeitado pelo Estado territorial, de acordo com as disposições desta Convenção. Para os fins desta Convenção, legação

87. Artigo XIV da Declaração Universal dos Direitos Humanos, artigo 22, ponto 7, da Convenção Americana sobre Direitos Humanos e artigo XXVII da *Declaração Americana de Direitos e Deveres do Homem*.

88. CARVALHO RAMOS, A. de "Asilo e Refúgio: semelhanças, diferenças e perspectivas" in CARVALHO RAMOS, André de; RODRIGUES, Gilberto; ALMEIDA, Guilherme Assis de. *60 anos de ACNUR – Perspectivas de futuro*. São Paulo: CLA Editora, 2011, p. 20/21.

89. Promulgada pelo Dec. 42.628, de 13.11.1957, pelo então Presidente Juscelino Kubitschek.

é a sede de toda missão diplomática ordinária, a residência dos chefes de missão, e os locais por eles destinados para esse efeito, quando o número de asilados exceder a capacidade normal dos edifícios. Os navios de guerra ou aeronaves militares, que se encontrarem provisoriamente em estaleiros, arsenais ou oficinas para serem reparados, não podem constituir recinto de asilo".

Os pressupostos do asilo diplomático são, em última análise, os mesmos do asilo territorial, isto é, a natureza política dos delitos atribuídos ao perseguido (que deve ser estrangeiro[90]) e a contemporaneidade da persecução ("estado de urgência").

Por fim, os locais onde esse asilo pode ocorrer são as missões diplomáticas – não as repartições consulares – e, por extensão, os imóveis residenciais cobertos pela inviolabilidade nos termos da Convenção de Viena sobre Relações Diplomáticas; e, ainda, consoante o costume, os navios de guerra porventura acostados ao litoral.

8.3. Refúgio

O refúgio é o acolhimento, pelo Estado, em seu território, de indivíduo perseguido ou que tenha fundado temor de perseguição por motivos de raça, religião, nacionalidade, grupo social ou opiniões políticas e, por isso, não possa retornar ao seu país de residência. Diferentemente do asilo, não exige a atualidade da perseguição (urgência).

Deve-se atentar que o refúgio tem por base a situação de indivíduo que se encontre fora de seu país de nacionalidade e não possa ou não queira, por temor, regressar ou a situação de apátrida, que esteja fora do país onde teve sua última residência habitual e não possa ou não queira, por temor, regressar a tal país. Além disso, é possível considerar refugiado todo aquele que for vítima de grave e generalizada violação de direitos humanos.

8.3.1. Diferenças: refúgio e asilo

Para diferenciar os dois institutos, cabe trazer as características do asilo (no seu corte tradicional) bem catalogadas por André de Carvalho Ramos: "1) é um instituto voltado à acolhida do estrangeiro alvo de perseguição política atual; 2) é direito do Estado e não do indivíduo, sendo sua concessão discricionária, não sujeita à reclamação internacional de qualquer outro Estado ou ainda do próprio indivíduo solicitante; 3) sua natureza jurídica é constitutiva, ou seja, não há direito do estrangeiro: ele será asilado apenas após a concessão, que tem efeito ex nunc; 4) pode ser concedido inclusive fora do território, nas modalidades do asilo diplomático e do asilo militar; 5) no Brasil, não há órgão específico ou trâmite próprio (tal qual no refúgio, onde existe o Conare): há livre atuação da diplomacia na análise do caso concreto[91]".

E agora as características do refúgio: "Em resumo, o refúgio possui as seguintes características: 1) é baseado em tratados de âmbito universal e ainda possui regulamentação legal específica no Brasil, com tramite e órgão colegiado específico; 2) buscar proteger um estrangeiro perseguido ou com fundado temor de perseguição (não exige a atualidade da perseguição); 3) a perseguição odiosa é de várias matrizes: religião, raça, nacionalidade, pertença a grupo social e opinião política, ou seja, a perseguição política é apenas uma das causas possíveis do refúgio; 4) pode ser invocado também no caso de indivíduo que não possa retornar ao Estado de sua nacionalidade ou residência em virtude da existência de violações graves e sistemáticas de direitos humanos naquela região – não é necessário uma perseguição propriamente dita; 5) o solicitante de refúgio tem o direito subjetivo de ingressar no território brasileiro, até que sua situação de refúgio seja decidida pelo CONARE (ou, em recurso, pelo Ministro da Justiça); 6) o refúgio é territorial; 7) a decisão de concessão do refúgio é declaratória, com efeito ex tunc, o que implica em reconhecer o direito do solicitante, caso preencha as condições, de obter o refúgio; 8) cabe revisão judicial interna das razões de concessão ou denegação, uma vez que o CONARE tem o dever de fundamentação adequada; 9) existe a vigilância internacional dos motivos do refoulement (rechaço)[92]".

8.4. Proteção diplomática

A proteção diplomática é a assunção de defesa de nacional por seu Estado.

A concessão de proteção diplomática é denominada endosso e exige alguns requisitos para ocorrer: **a)** a condição de nacional do indivíduo prejudicado (pessoa física ou jurídica); **b)** o esgotamento dos recursos internos (não só a existência de tais vias, como também sua acessibilidade, eficácia e imparcialidade); e **c)** a conduta escorreita do indivíduo reclamante (leia-se: não ter violado o ordenamento jurídico interno ou internacional).

Em outras palavras, o nacional – pessoa física ou jurídica – que for vítima de um procedimento estatal arbitrário no exterior e restar impossibilitado de fazer valer seus direitos, pede ao seu país que lhe represente, isto é, pede a proteção diplomática. Deve-se dizer que tal direito do indivíduo nacional não significa obrigação de seu Estado em conceder a proteção, o qual ficará livre para aquiescer ou não.

Discussões surgem quando aparece a dupla nacionalidade ou a múltipla nacionalidade. Neste caso, qualquer dos Estados patriais pode proteger o indivíduo contra terceiro Estado. Contudo, o endosso não poderá tomar corpo se a reclamação for contra um dos Estados patriais; tal impossibilidade tem por fundamento o princípio da igualdade soberana dos Estados.

Outro ponto importante sobre a matéria é a possibilidade de as organizações internacionais protegerem seus agentes, quando estes a seu serviço forem vítimas de ato ilícito. Tal possibilidade foi aventada no parecer consultivo da Corte Internacional de Justiça no caso Folke de Bernadotte[93]. A tal modalidade de endosso dá-se o nome de proteção funcional. Nesse sentido são as palavras de Francisco Rezek: "no parecer consultivo referente ao caso Bernadotte, a Corte de Haia revelou que não apenas os Estados podem proteger seus nacionais no plano internacional, mas também as organizações internacionais encontram-se habilitadas a semelhante exercício, quando um agente a seu serviço é vítima de ato ilícito. Não há entre o agente e a organização um vínculo de nacionalidade, mas um substitutivo deste para efeito de legitimar o endosso, qual seja o vínculo resultante da função exercida pelo indivíduo

90. Apenas o estrangeiro pode solicitar asilo, pois o nacional pode ingressar a qualquer momento no território de sua nacionalidade.

91. CARVALHO RAMOS, A. de "Asilo e Refúgio: semelhanças, diferenças e perspectivas" in CARVALHO RAMOS, André de; RODRIGUES, Gilberto; ALMEIDA, Guilherme Assis de. *60 anos de ACNUR – Perspectivas de futuro*. São Paulo: CLA Editora, 2011, p. 24.

92. CARVALHO RAMOS, A. de "Asilo e Refúgio: semelhanças, diferenças e perspectivas" in CARVALHO RAMOS, André de; RODRIGUES, Gilberto; ALMEIDA, Guilherme Assis de. *60 anos de ACNUR – Perspectivas de futuro*. São Paulo: CLA Editora, 2011, p. 39/40.

93. Conde sueco e mediador da ONU na Palestina que, no exercício de suas funções, foi assassinado por extremistas israelenses em Jerusalém, em 1948.

no quadro da pessoa jurídica em causa. A essa moderna variante da proteção diplomática dá-se o nome de proteção funcional[94]".

A consequência jurídica do endosso é transformar o Estado em *dominus litis*, ou seja, daí para a frente o Estado vai agir em nome próprio, sendo livre para escolher os meios para materializar a proteção, como também para transigir ou desistir no curso da proteção.

Por fim, sobre o tema cabe mencionar a doutrina ou cláusula Calvo. Segundo Francisco Rezek[95], essa cláusula fundou-se na ideia de que não deve o Direito Internacional prestigiar teorias aparentemente justas e neutras, cujo efeito prático é, no entanto, acobertar privilégios em favor de um reduzido número de Estados. Ministro das Relações Exteriores da Argentina, Carlos Calvo estatuiu, em 1868, que para os estrangeiros, assim como para os nacionais, as cortes locais haveriam de ser as únicas vias de recurso contra atos da administração. Dessa forma, o endosso deveria ser recusado pelas potências estrangeiras a seus nacionais inconformados. Desde o aparecimento dessa doutrina, uma cláusula se fez com frequência incorporar aos contratos de concessão e ajustes análogos, celebrados entre governos latino-americanos e pessoas físicas ou jurídicas estrangeiras, segundo cujos termos as últimas renunciam desde logo, e para todos os efeitos, à proteção diplomática de seus países de origem em caso de litígio relacionado ao contrato. Trata-se da chamada *renúncia prévia à proteção diplomática.*

9. RESPONSABILIDADE INTERNACIONAL

De forma geral, a responsabilidade internacional decorre de ato ilícito (comissivo ou omissivo), em face do ordenamento internacional (tratados, princípios e costumes), imputável ao agente de Estado ou de organização internacional[96] que cause dano a algum sujeito de direito internacional. Mas a responsabilidade internacional pode restar configurada mesmo por ato lícito, desde que cause prejuízo a algum sujeito de direito internacional. Nas palavras de Alberto do Amaral Júnior: "é a chamada responsabilidade civil do Estado no Direito Internacional Público[97]".

Assim, o causador de dano, por ilícito internacional, deve ao Estado prejudicado uma reparação adequada. Em outras palavras, "assim, pode-se considerar como incontestável a regra de que o Estado é internacionalmente responsável por todo ato ou omissão que lhe seja imputável e do qual resulte a violação de uma norma jurídica internacional ou de suas obrigações internacionais[98]".

Vale destacar que "o fundamento da responsabilidade internacional compõe-se de dois pilares: o dever de cumprir as obrigações internacionais livremente avençadas e a obrigação de não causar dano a outrem[99]".

Existem três teorias sobre a natureza jurídica da responsabilidade internacional: subjetivista, objetivista e mista. A teoria objetivista da responsabilização prescinde da culpa e do dolo, tal como regulada pelos ordenamentos jurídicos nacionais[100]. Assim, a responsabilidade do Estado ou da organização internacional restará configurada pela simples (sem prova de culpa e dolo) prática de ilícito internacional e pela consequente produção de dano a outro Estado ou a nacional de outro Estado, como também a agente de organização internacional. Entretanto, como regra geral, não se admite uma responsabilização objetiva em direito internacional (a regra é a teoria subjetivista ou da culpa), sendo sempre imperioso verificar a culpa ou o dolo no procedimento ilícito do Estado ou da organização internacional, exceto em casos especiais e tópicos – como, por exemplo, de danos advindos de atividades nucleares[101] (Tratado sobre Responsabilidade Internacional dos Estados por Danos Causados pela Exploração da Energia Nuclear, de 1963), da poluição marinha por óleo (Tratado sobre Danos Oriundos da Poluição Marinha por Óleo, de 1969) e do lançamento de objetos espaciais (Convenção sobre Responsabilidade Internacional por Danos Causados por Objetos Espaciais, de 1972)[102]. O Brasil é parte dos três diplomas internacionais citados, que cuidam de situações extremamente perigosas (*ultra-hazardous activities*).

Pelo dito, percebe-se que a regra geral é a da responsabilidade subjetiva dos Estados, ou seja, seus atos devem ser ilícitos e culposos – teoria da culpa[103]. Tal regra é excepcionada em situações específicas, em que a responsabilidade dos Estados será objetiva – teoria do risco. Nas palavras de Paulo Henrique Gonçalves Portela: "para a teoria objetivista, exige-se meramente o nexo causal entre o ato ilícito e a lesão daí decorrente[104]".

Cabe, por fim, apontar que a teoria mista exige para a configuração da responsabilidade internacional, por omissão, a prova de culpa, especificamente na modalidade de negligência. Por sua vez, nos atos comissivos bastará haver o nexo causal entre a conduta e o resultado prejudicial, tal qual ocorre na teoria objetivista.

Passemos à análise pontual dos elementos configuradores da responsabilidade internacional.

9.1. Elementos

9.1.1. Ato ilícito

O ato ilícito é um comportamento, comissivo ou omissivo, que viola o direito internacional *(convencional e costumeiro).*

De forma mais detalhada, "a responsabilidade pode ser delituosa ou contratual, segundo resulte de atos delituosos ou

94. **Direito Internacional Público.** 11. ed. São Paulo: Ed. Saraiva, 2008. p. 281.
95. **Direito Internacional Público.** 11. ed. São Paulo: Ed. Saraiva, 2008. p. 284.
96. **Vide art.** 57 do Projeto de Convenção sobre Responsabilidade dos Estados.
97. AMARAL JÚNIOR, Alberto do. **Manual do candidato: direito internacional,** p. 176.
98. ACCIOLY, Hildebrando; NASCIMENTO E SILVA; CASELLA, Paulo Borba. **Manual de Direito Internacional Público.** 19. ed. São Paulo: Ed. Saraiva, 2011. p. 385.
99. PORTELA, Paulo Henrique Gonçalves. **Direito Internacional Público e Privado.** 4. ed. Salvador: JusPodivm, 2012. p. 368-369.
100. Art. 186 do CC: "Aquele que, por ação ou omissão voluntária, negligência ou imprudência, violar direito e causar dano a outrem, ainda que exclusivamente moral, comete ato ilícito". E art. 927 do CC: "Aquele que, por ato ilícito (arts. 186 e 187), causar dano a outrem, fica obrigado a repará-lo".
101. Com previsão expressa no art. 21, XXIII, *d*, da Constituição brasileira.
102. Nesse sentido é a redação do art. 927, parágrafo único, do CC: "Haverá obrigação de reparar o dano, independentemente de culpa, nos casos especificados em lei, ou quando a atividade normalmente desenvolvida pelo autor do dano implicar, por sua natureza, risco para os direitos de outrem".
103. Tem por supedâneo o princípio de Direito romano *qui in culpa non est, natura ad nihil tenetur.*
104. **Direito Internacional Público e Privado.** 4. ed. Salvador: JusPodivm, 2012. p. 369.

da inexecução de compromissos contraídos"[105]. A jurisprudência tem apontado que a configuração do ato ilícito dá-se mais por violação de tratados e dos costumes internacionais.

9.1.2. Dano

O dano é o prejuízo sofrido, por algum sujeito de direito internacional, em função de ato ilícito perpetrado por alguma pessoa jurídica de direito internacional. Isto é, o ato ilícito, mencionado no subitem anterior, tem de causar dano a algum sujeito de direito internacional. Lembremos, ainda, que o dano pode ser material ou imaterial (moral). Caso não se configure o dano no caso concreto, não subsistirá o dever de reparar.

9.1.3. Nexo de causalidade

O *nexo de causalidade é o vínculo existente entre a conduta ilícita e o dano, ou seja, o dano deve decorrer diretamente do ato ilícito internacional.*

O ato ilícito, comissivo ou omissivo, deve ser imputado a uma pessoa jurídica de direito internacional. Importante asseverar que essa imputação é ficta, pois quem comete o ilícito é o agente, assim, é imprescindível que tenha praticado o ato ilícito na qualidade de oficial de órgão do Estado, e não como simples particular.

9.2. Outras considerações

A responsabilidade, no caso dos Estados, pode ser *direta* ou *indireta*. Será direta quando o ato ilícito for perpetrado por órgão de qualquer natureza ou nível hierárquico, e indireta quando o ato ilícito for praticado por dependência sua, como, por exemplo, um ilícito praticado por um dos estados componentes da República Federativa do Brasil.

O ato ilícito internacional normalmente é praticado por agentes do Poder Executivo. Mas é possível que o ilícito internacional resulte de atos oriundos do Poder Legislativo e do Judiciário. Entretanto, o ilícito internacional proveniente de ato dos particulares não dá causa, por si só, à responsabilidade internacional do Estado; necessário se faz comprovar a falta de diligência do Estado, notadamente em seus deveres de prevenção e de repressão.

Por outro lado, a configuração da responsabilidade do Estado não afasta *de per si* a responsabilidade pessoal de seus agentes (art. 58 do Projeto de Convenção sobre Responsabilidade dos Estados – *Draft articles on Responsibility of States for Internationally Wrongful Acts* – da Comissão de Direito Internacional da ONU).

A validade do ato em face da legislação interna é irrelevante para a responsabilidade internacional do Estado – ver arts. 1º, 2º e 3º do Projeto de Convenção sobre Responsabilidade dos Estados (*Draft articles on Responsibility of States for Internationally Wrongful Acts*), da Comissão de Direito Internacional da ONU.

9.3. Causas atenuantes e excludentes da ilicitude

São causas atenuantes, reconhecidas pela comunidade internacional, a imprecisão da regra internacional dita violada e o comportamento da vítima do ato ilícito.

As causas excludentes são: **a)** o consentimento (livre); **b)** a legítima defesa; **c)** as contramedidas; **d)** a força maior; **e)** o perigo; e **f)** o estado de necessidade. Tais causas excludentes da ilicitude encontram-se nos arts. 20 a 26 do Projeto de Convenção da Comissão de Direito Internacional das Nações Unidas sobre a Responsabilidade dos Estados por Danos Transfronteiriços.

Deve-se ponderar, por fim, que mesmo com o consentimento da vítima estará configurada a responsabilidade internacional quando normas *jus cogens* forem violadas.

9.4. Reparação do dano

O responsável pelo dano deverá efetuar uma reparação condizente com a extensão do dano sofrido pela outra personalidade jurídica internacional, trata-se da chamada reparação integral. Em outros termos, todo Estado tem a obrigação primária de respeitar o ordenamento jurídico internacional (convencional e costumeiro). Uma vez desrespeitada essa obrigação primária, nasce a secundária, que é o dever de reparar.

O retorno ao *status quo ante* é a melhor forma de reparação, destarte, é o objetivo primordial de toda reparação. Todavia, o que se observa na comunidade internacional é a reparação por indenização. Ou seja, resolve-se a reparação com o pagamento de valores monetários. Mas, segundo a jurisprudência internacional, tal indenização deve cobrir os danos materiais (dano emergente e lucros cessantes) e os morais, quando existirem. E é importante sublinhar que a reparação integral do dano inclui a possibilidade de impor sanções penais a indivíduos (arts. 34 e 58 do Projeto de Convenção sobre Responsabilidade dos Estados, da Comissão de Direito Internacional da ONU), as quais, por sua vez, nunca poderão ser aplicadas aos Estados.

Cabe atentar às outras possibilidades de reparação, como a garantia de não repetição dos atos ilícitos.

Por fim, o dano essencialmente moral deverá ser reparado por meio condizente com sua natureza, como, por exemplo, o desagravo público, o pedido formal de desculpas, a punição das pessoas responsáveis.

10. DIREITO COMUNITÁRIO

O direito comunitário é o ordenamento jurídico, em seu sentido lato, criado por um bloco regional de integração. Bloco regional, a exemplo do Mercosul e da União Europeia, é a associação de países regionalmente próximos com o intuito de prover a integração entre eles em diversos sentidos.

Existem inúmeras maneiras de proceder à integração regional, normalmente apontadas como um processo evolucional rumo à integralização máxima. Conforme a tipologia das etapas do processo de integração elaborada pelo economista húngaro Béla Balassa, são elas:

a) Zona de Preferência Tarifária – dois ou mais países gozam de tarifas mais baixas do que as aplicadas a outros que não possuem acordo preferencial. É o caso da Aladi (Associação Latino-Americana de Integração);

b) Zona de Livre-Comércio – os países do bloco reduzem drasticamente ou eliminam as tarifas alfandegárias ou não alfandegárias entre eles. É o caso do Nafta (Acordo de Livre-Comércio da América do Norte), formado por Estados Unidos, Canadá e México;

c) União Aduaneira – além de os países do bloco eliminarem as tarifas alfandegárias ou não alfandegárias entre eles, estabelecem as mesmas tarifas de importação (TEC – Tarifa Externa Comum) para o comércio internacional fora do bloco. O

105. ACCIOLY, Hildebrando; NASCIMENTO E SILVA; CASELLA, Paulo Borba. **Manual de Direito Internacional Público.** 19. ed. São Paulo: Ed. Saraiva, 2011. p. 385.

melhor exemplo é o Mercosul, apesar de este ser considerado uma união aduaneira imperfeita;

d) Mercado Comum – conserva as características da união aduaneira com acréscimo das outras liberdades fundamentais do mercado (livre circulação de pessoas, serviços e capitais). Percebe-se que na união aduaneira existe tão somente a livre circulação de bens. O exemplo foi a Comunidade Europeia – leia-se União Europeia antes da entrada em vigor do Tratado de Maastricht de 1993;

e) União Econômica e Monetária – conserva todas as características anteriormente apresentadas com o acréscimo de possuir uma política macroeconômica unificada. Percebe-se que a principal diferença entre o mercado comum e a união econômica e monetária reside na política macroeconômica coordenada do primeiro e na unificada do segundo. A título de solapar possíveis dúvidas, a adoção de moeda única não é condição para constituição da união econômica e monetária, mas sim o ponto alto de tal modalidade de integração. É o caso da União Europeia pós-Tratado de Maastricht.

Após a breve exposição sobre direito comunitário ou direito da integração, passemos à *análise pontual dos dois grandes exemplos de integração hoje existentes: Mercosul e União Europeia.*

10.1. Mercosul

O Mercosul é uma união aduaneira formada por Argentina, Uruguai, Brasil, Paraguai[106] e, mais recentemente, pela Venezuela (2012) também e funciona pela cooperação intergovernamental. Os Estados Associados do Mercosul são Chile (desde 1996), Colômbia e Equador (ambos desde 2004), Peru (desde 2003), Guiana e Suriname (ambos desde 2013). O México é estado observador e a Bolívia[107] é estado associado desde 1996 e, atualmente, encontra-se em processo de adesão. Cabe enfatizar que o Tratado de Assunção é aberto, mediante negociação, à adesão dos demais Países-Membros da ALADI.

Apesar da indiscutível personalidade jurídica de direito internacional ostentada pelo Mercosul, cabe reproduzir o muito citado art. 34 do Protocolo de Ouro Preto: "O Mercosul terá personalidade jurídica de Direito Internacional".

Importante sublinhar que o Mercosul é fundado na reciprocidade de direitos e obrigações entre os Estados-Partes (art. 2º do Tratado de Assunção) e o seu funcionamento é viabilizado por um sistema deliberativo que funciona via o consenso dos Estados-Partes.

A maneira escolhida pelo Mercosul para iniciar o processo de integração regional foi associar-se em forma de união aduaneira, mas seu fim último é constituir-se em mercado comum, seguindo os objetivos estabelecidos no Tratado de Assunção, por meio do qual o bloco foi fundado, em 1991. De forma mais detalhada, o objetivo primordial do Tratado de Assunção é a integração dos quatro Estados-Partes por meio da livre circulação de bens, serviços e fatores produtivos, do estabelecimento de uma Tarifa Externa Comum (TEC), da adoção de uma política comercial comum, da coordenação de políticas macroeconômicas e setoriais, e da harmonização de legislações nas áreas pertinentes

Segundo o art. 1º do Tratado de Assunção, o Mercado Comum implica: **a)** a livre circulação de bens, serviços e fatores produtivos entre os países por meio, entre outros aspectos, da eliminação dos direitos alfandegários e restrições não tarifárias à circulação de mercadorias e de qualquer outra medida de efeito equivalente; **b)** o estabelecimento de uma tarifa externa e de uma política comercial comuns em relação a Terceiros Estados ou agrupamentos de Estados, e a coordenação de posições em foros econômico-comerciais regionais e internacionais; **c)** a coordenação de políticas macroeconômicas e setoriais – de comércio exterior, agrícola, industrial, fiscal, monetária, cambial e de capitais, de serviços, alfandegária, de transportes e comunicações e outras que se acordem – entre os Estados-Partes, a fim de assegurar condições adequadas de concorrência entre eles; e **d)** o compromisso dos Estados-Partes de harmonizar suas legislações, nas áreas pertinentes, para lograr o fortalecimento do processo de integração.

Todavia, o Mercosul vem sendo considerado uma união aduaneira imperfeita devido a inúmeros problemas para sua implementação. Citem-se as exceções à Tarifa Externa Comum (TEC) impostas pelos países-membros em decorrência das assimetrias internas, como a conscientização de que o pacto não avançou na livre circulação de bens e de serviços, nem no completo desmantelamento das barreiras alfandegárias. Ademais, não foi estabelecido um regime de distribuição de receita aduaneira entre os membros do grupo.

Por outro lado, a dimensão social do bloco foi fortalecida pela criação do Instituto Social do Mercosul, com a finalidade de subsidiar a formulação de políticas sociais no âmbito regional. O estabelecimento da Comissão de Coordenação de Ministros de Assuntos Sociais do Mercosul, encarregada de apresentar propostas de trabalho relativas ao Plano Estratégico de Ação Social, reforça esse aspecto relevante do processo de integração. Ainda na vertente social, foi possível avançar em uma nova agenda para o Mercosul, com ênfase em áreas relevantes para os países da região, como Ciência, Tecnologia, Inovação e Capacitação. Destacam-se as seguintes iniciativas: criação do Sistema Integrado de Mobilidade no Mercosul (o Simercosul), que representa salto qualitativo e quantitativo nos programas de bolsas para estudantes e docentes no Mercosul; e criação da Rede Mercosul de Pesquisa, a partir da integração da infraestrutura das redes avançadas de pesquisa dos Estados-Partes.

Passemos à análise pontual dos principais órgãos do Mercosul, tanto os de capacidade decisória e natureza intergovernamental (Conselho do Mercado Comum, Grupo Mercado Comum e Comissão de Comércio) como os consultivos (Parlamento, Secretaria Administrativa e Foro Consultivo Econômico e Social).

10.1.1. Conselho do Mercado Comum (CMC)

Segundo o art. 3º do Protocolo de Ouro Preto, o Conselho do Mercado Comum (CMC) é o órgão superior do Mercosul e tem por finalidade a condução política do processo de integração e a tomada de decisões para assegurar o cumprimento dos objetivos estabelecidos pelo Tratado de Assunção e para lograr a constituição final do mercado comum.

106. Em junho de 2012, o Paraguai, na Cúpula de Mendoza, foi suspenso do bloco e também da Unasul após o duvidoso *"impeachment"* do ex-Presidente Fernando Lugo. Na mesma Cúpula foi aprovada a adesão da Venezuela ao bloco (oficializada no dia 31.07.2012). Cabe lembrar que o Paraguai era o único país que ainda não tinha aprovado a adesão da Venezuela ao bloco. E, portanto, com a sua suspensão, os entraves à entrada da Venezuela foram extirpados. O Paraguai já voltou oficialmente ao bloco (atualizado no dia 07.08.2015).

107. Em 2012 foi assinado o Protocolo de Adesão da Bolívia ao Mercosul, que, uma vez incorporado ao ordenamento jurídico dos Estados-Partes, fará do país andino o sexto membro pleno do bloco.

O CMC funciona como uma conferência ministerial, mantendo o caráter intergovernamental das instituições do Mercosul, e exerce a titularidade da personalidade jurídica do Mercosul. Ademais, deverá reunir-se toda vez que reputar-se oportuno e, ao menos uma vez por semestre, com a participação dos presidentes dos Estados-Membros.

Cabe apontar algumas funções do CMC: **a)** designar o diretor da Secretaria Administrativa do Mercosul; **b)** criar, modificar ou extinguir órgãos quando estimar necessário; **c)** negociar e firmar acordos em nome do Mercosul com terceiros países, grupos de países e organizações internacionais – podendo ainda delegar tais funções para o Grupo Mercado Comum; **d)** adotar decisões em matéria financeira e orçamentária.

O CMC manifestar-se-á mediante decisões, as quais serão obrigatórias para os Estados-Partes.

Sua composição reúne os ministros das Relações Exteriores e da Economia dos países-membros, e a presidência será exercida por rotação dos Estados-Partes, em ordem alfabética, pelo período de seis meses.

Por fim, o art. 37 do Protocolo de Ouro Preto determina que as decisões dos órgãos do Mercosul serão tomadas por consenso e com a presença de todos os Estados-Partes. O art. 2º, por sua vez, enumera os órgãos com capacidade decisória dentro do organograma do Mercosul: o Conselho do Mercado Comum, o Grupo Mercado Comum e a Comissão de Comércio do Mercosul.

10.1.2. *Grupo Mercado Comum (GMC)*

O Grupo Mercado Comum (GMC) é o órgão executivo do Mercosul e encontra-se subordinado ao CMC. As resoluções, decididas por consenso, são obrigatórias para os membros do Mercosul.

Entre suas funções, podem-se destacar: **a)** organização das reuniões do CMC; **b)** eleição do diretor da Secretaria Administrativa do Mercosul (SAM); **c)** aprovação dos orçamentos; **d)** aprovação do orçamento e da prestação de contas anual apresentada pela SAM.

O GMC é composto de quatro membros titulares e quatro membros suplentes por país, designados pelos respectivos governos, entre os quais devem constar representantes dos ministérios das Relações Exteriores e da Economia e dos bancos centrais.

Por fim, o GMC reunir-se-á de forma ordinária ou extraordinária. A primeira se realiza de maneira rotativa, por ordem alfabética, nos Estados-Membros, pelo menos uma vez a cada três meses. Já a segunda pode ocorrer a qualquer momento, desde que solicitada por um Estado-Membro.

10.1.3. *Comissão de Comércio do Mercosul (CCM)*

A Comissão de Comércio do Mercosul (CCM) exerce atividade consultiva e de assessoramento. Algumas de suas funções são: **a)** velar pela aplicação dos instrumentos de política comercial para o bom funcionamento da união aduaneira; **b)** tomar as decisões vinculadas à administração e à aplicação da Tarifa Externa Comum e dos instrumentos de política comercial acordados pelos Estados-Partes; **c)** propor a revisão das alíquotas tarifárias de itens específicos da Tarifa Externa Comum; **d)** propor ao GMC novas normas ou modificações às normas existentes sobre a matéria comercial e aduaneira etc.

O CCM é composto de quatro membros titulares e quatro membros suplentes indicados por país, e será coordenada pelos Ministérios das Relações Exteriores (art. 17 do Protocolo de Ouro Preto).

10.1.4. *Parlamento*

O Parlamento do Mercosul foi constituído em 06.12.2006, em substituição à Comissão Parlamentar Conjunta.

Entre suas funções, podem-se destacar: **a)** velar pela observância das normas do Mercosul; **b)** elaborar e publicar anualmente um relatório sobre a situação dos direitos humanos nos Estados-Membros; **c)** organizar reuniões públicas sobre questões vinculadas ao desenvolvimento do processo de integração, com entidades da sociedade civil e os setores produtivos; **d)** emitir declarações, recomendações e relatórios sobre questões vinculadas ao desenvolvimento do processo de integração etc. Sua atuação mais importante, entretanto, é elaborar pareceres sobre os projetos de normas, apresentadas pelo CMC antes de sua aprovação, que requerem aprovação legislativa nos Estados-Membros.

Percebe-se aqui a grande diferença entre o Mercosul e a União Europeia: enquanto no primeiro o processo de internalização dos tratados do bloco depende da aprovação legislativa de cada país-membro, na segunda vigora o princípio da aplicação imediata das normas comunitárias.

10.1.5. *Secretaria Administrativa do Mercosul (SAM)*

A Secretaria Administrativa do Mercosul (SAM) é o órgão que fornece apoio operativo em tarefas técnicas, administrativas e de organização a todos os outros órgãos do bloco (suas funções estão designadas no art. 32 do Protocolo de Ouro Preto).

Sua administração fica a cargo de um diretor, o qual deverá ser nacional de um dos Estados-Partes. Seu mandato é de dois anos, vedada a reeleição.

Trata-se do único órgão que funciona de forma ininterrupta e tem sede fixa (Montevidéu).

10.1.6. *Solução de controvérsias*

O Protocolo de Olivos[108] reorganizou o sistema de solução de controvérsias do Mercosul. Sua maior inovação foi a criação de um Tribunal Permanente de Revisão, o qual é encarregado de julgar, em grau de recurso, as decisões proferidas pelos tribunais arbitrais *ad hoc*, isto é, foi instituído o duplo grau de jurisdição para solução de controvérsias no Mercosul. Lembrando que o recurso é limitado a questões de direito tratadas na controvérsia e às interpretações jurídicas desenvolvidas no laudo do Tribunal Arbitral *Ad Hoc* (art. 17, ponto 2, do Protocolo de Olivos).

A título de sistematização, quando surgir alguma contenda envolvendo os países do bloco, o primeiro passo é aplicar as negociações diretas. Com o fracasso destas, passa-se ao Tribunal Arbitral *Ad Hoc* – funciona como primeira instância. Lembrando que, antes de as partes submeterem o caso ao Tri-

108. O art. 1º, ponto 1, do Protocolo de Olivos cuida do âmbito de aplicação do Protocolo: "As controvérsias que surjam entre os Estados-Partes sobre a interpretação, a aplicação ou o não cumprimento do Tratado de Assunção, do Protocolo de Ouro Preto, dos protocolos e acordos celebrados no marco do Tratado de Assunção, das Decisões do Conselho do Mercado Comum, das Resoluções do Grupo Mercado Comum e das Diretrizes da Comissão de Comércio do Mercosul serão submetidas aos procedimentos estabelecidos no presente Protocolo".

bunal Arbitral *Ad Hoc*, podem escolher (ou seja, é facultativa) a etapa intermediária, que toma corpo com o envio da contenda para o Grupo Mercado Comum, que promoverá estudos sobre a disputa e formulará recomendações não cogentes. Depois, com a provocação das partes, exerce-se o duplo grau de jurisdição mediante a análise da decisão do Tribunal Arbitral *Ad Hoc* pelo Tribunal Permanente de Revisão. Entretanto, pode-se passar diretamente das negociações diretas malsucedidas para o Tribunal Permanente de Revisão. Nesse último caso, o tribunal vai julgar a demanda de forma definitiva.

Assim, o procedimento compreende duas etapas: a fase diplomática e a jurisdicional. A primeira poderá começar por iniciativa dos Estados ou dos particulares, já a segunda somente toma curso por iniciativa dos Estados[109].

10.1.6.1. *Tribunal Arbitral Permanente de Revisão (TPR)*

O Tribunal Permanente é composto de cinco árbitros e tem sede permanente em Assunção, no Paraguai. Cada Estado-Membro envia um titular e um suplente por um período de dois anos, renovável por no máximo dois períodos consecutivos. Já o quinto árbitro é designado por um período de três anos não renovável e escolhido, por unanimidade ou por critério definido por unanimidade, numa lista de oito nomes. Esse árbitro tem de ter a nacionalidade de algum dos Estados-Membros.

Uma síntese do funcionamento do Tribunal seria a seguinte. Diante de controvérsia entre dois Estados-Partes, o tribunal funcionará com três árbitros, sendo dois destes nacionais dos Estados em litígio e o terceiro, que será o presidente, designado por sorteio, organizado pelo diretor da Secretaria Administrativa, entre os outros árbitros do tribunal. Se a controvérsia envolver três ou mais Estados, o tribunal funcionará com todos os seus cinco membros.

Entre suas funções, podem-se destacar: **a)** rever as decisões dos tribunais arbitrais *ad hoc* do Mercosul (os laudos emitidos *ex aequo et bono* não são suscetíveis de revisão); **b)** decidir como instância única quando as partes assim optarem; e **c)** pronunciar-se como instância única consultiva[110].

Por fim, os laudos do Tribunal *Ad Hoc* ou os do Tribunal Permanente de Revisão, conforme o caso, deverão ser cumpridos no prazo que os respectivos tribunais estabelecerem. Se não for estabelecido um prazo, os laudos deverão ser cumpridos no prazo de 30 dias seguintes à data de sua notificação. Se um Estado-Parte na controvérsia não cumprir total ou parcialmente o laudo do Tribunal Arbitral, a outra parte terá a faculdade, dentro do prazo de um ano, contado a partir do dia seguinte ao término do prazo de 30 dias ou de outro que o tribunal estabelecer, de iniciar a aplicação de medidas compensatórias temporárias, como a suspensão de concessões ou outras obrigações equivalentes, com vistas a obter o cumprimento do laudo.

10.1.7. *Outras considerações*

Por fim, segue a lista dos instrumentos normativos do Mercosul:

a) Tratado de Assunção – fundador do Mercosul;

b) Protocolo de Ouro Preto – trata da estrutura institucional do Mercosul;

c) Protocolo de Brasília – trata do sistema de solução de controvérsias;

d) Protocolo de Olivos – reorganiza o sistema de solução de controvérsias;

e) Protocolo de Ushuaia – dispõe sobre o compromisso democrático do Mercosul;

f) Protocolo Modificativo do Protocolo de Olivos;

g) Protocolo de Adesão da República Bolivariana da Venezuela ao Mercosul;

h) Protocolo Constitutivo do Parlamento do Mercosul.

10.2. União Europeia (UE)

A União Europeia (UE) é uma união econômica e monetária. Ela não é um superestado, mas sim uma entidade supranacional, ou, ainda melhor, uma entidade que funciona por cooperação supranacional. Pode-se também dizer, de uma perspectiva mais sociológica, que é um projeto de integração política que utiliza mecanismos econômicos como instrumento para sua evolução.

Sabe-se que, anteriormente ao atual estágio, alguns países europeus constituíram, pelo Tratado de Paris, em 1951, a Comunidade Europeia do Carvão e do Aço (Ceca), e, em 1957, esses países assinaram os Tratados de Roma, prorrogando e ampliando a cooperação estabelecida no âmbito da Ceca com a criação da Comunidade Econômica Europeia (CEE) e da Comunidade Europeia de Energia Atômica (Ceea).

A União Europeia foi formalmente criada pelo Tratado de Maastricht, assinado em 07.02.1992 e em vigor desde 1993, mas apenas obteve personalidade jurídica de direito internacional com o Tratado de Lisboa, em 2003. Hoje conta com 27 países-membros e continua em processo de ampliação.

Passemos à análise pontual dos principais órgãos supranacionais da União Europeia.

10.2.1. *Parlamento*

O Parlamento Europeu é o local onde os povos dos Estados-Membros são representados. A eleição dos deputados se dá mediante sufrágio universal direto, em escrutínios realizados simultaneamente em todos os países comunitários. Ele desempenha três funções principais: **a)** debate e aprova a legislação da UE (juntamente com o Conselho); **b)** fiscaliza outras instituições da UE, nomeadamente a Comissão, a fim de assegurar que funcionam de forma democrática; e **c)** debate e aprova o orçamento da UE (juntamente com o Conselho).

No entanto, há determinadas questões sensíveis que não se submetem ao Parlamento Europeu (processo legislativo especial referente a determinadas matérias fiscais, de políticas

---

109. O sistema de solução de controvérsias do Mercosul refere-se aos Estados-Partes (art. 1º, ponto 1, do Protocolo de Olivos). É interessante lembrar, entretanto, que é possível a formulação de reclamação por particulares em razão da sanção ou aplicação, por qualquer dos Estados-Partes, de medidas legais ou administrativas de efeito restritivo, discriminatórias ou de concorrência desleal, em violação do Tratado de Assunção, do Protocolo de Ouro Preto, dos protocolos e acordos celebrados no marco do Tratado de Assunção, das Decisões do Conselho do Mercado Comum, das Resoluções do Grupo Mercado Comum e das Diretrizes da Comissão de Comércio do Mercosul (art. 39 do Protocolo de Olivos). E os particulares afetados formalizarão as reclamações ante a Seção Nacional do Grupo Mercado Comum do Estado-Parte onde tenham sua residência habitual ou a sede de seus negócios (art. 40 do Protocolo de Olivos).

110. A Emenda Regimental 48 do STF disciplinou o acesso dos magistrados brasileiros, e também das partes nos processos, às opiniões consultivas do Tribunal Permanente de Revisão, que funcionam como pareceres sobre casos concretos e situações específicas em causas que envolvem direito internacional do bloco.

industrial e agrícola, entre outras), hipótese em que seu papel é apenas consultivo. Em todos os casos (processo legislativo ordinário ou especial) a iniciativa legislativa é da Comissão Europeia, embora o Parlamento possa solicitar que apresente propostas legislativas ao Conselho da UE.

10.2.2. Conselho

O Conselho Europeu é composto de um representante de cada Estado-Membro, cuja presidência é exercida rotativamente por seus integrantes no período de seis meses. Cabe ao Conselho definir as principais políticas para a manutenção e aperfeiçoamento da União Europeia.

10.2.3. Comissão

A Comissão Europeia deve garantir o respeito às regras e aos princípios comunitários, propor políticas ao Conselho com o fito de desenvolver as políticas comunitárias, como também executar as políticas comunitárias com suporte nas decisões do Conselho ou diretamente nos tratados.

É composta de nacionais dos Estados-Membros, nomeados de comum acordo pelos governos.

10.2.4. Tribunal de Justiça

O Tribunal de Justiça da União Europeia tem competência para anular os atos da Comissão, do Conselho ou emanados dos governos nacionais quando contrariarem os tratados, como também pronunciar-se, a pedido de tribunal ou juiz nacional, sobre a correta interpretação das normas comunitárias. Existe ainda a competência de emitir pareceres vinculantes sobre os acordos que a União Europeia firmar com Estados terceiros.

O tribunal é composto de 27 juízes, cada um indicado por um Estado-Membro e com mandato renovável de seis anos.

Deve-se ponderar, por fim, que o Tribunal exerce função de grande relevância na criação e na uniformização da interpretação das normas comunitárias.

10.3. Características do direito comunitário

Os elementos ou princípios que caracterizam o direito comunitário surgiram basicamente da jurisprudência do Tribunal de Justiça da União Europeia, que é a autoridade judiciária da União Europeia e responsável, em colaboração com os órgãos jurisdicionais dos Estados-Membros, pela aplicação e interpretação uniformes do direito comunitário.

O Tribunal de Justiça da União Europeia é composto de três jurisdições: o Tribunal de Justiça, o Tribunal Geral e o Tribunal da Função Pública.

Essas características funcionam como princípios gerais do direito comunitário, que auxiliam na superação das lacunas do direito e identificam a existência de uma ordem jurídica supranacional.

Passemos à análise pontual dos princípios gerais do direito comunitário.

10.3.1. Aplicação imediata

As normas comunitárias adquirem vigência de forma imediata na jurisdição interna de cada um dos Estados-Membros. Percebe-se que não é necessário o procedimento de incorporação (tal qual estudamos no subitem **5.7**), logo é um caso típico de aplicação da teoria monista, ou melhor, do monismo radical (rever o subitem **5.7**).

Esse princípio tem por consequência a impossibilidade de o Estado-Membro opor-se, por motivos de ordem legal e constitucional, à aplicação de normas comunitárias.

Cabe distinguir a situação do Mercosul aqui e lembrar que o STF reconheceu que não há disposição constitucional prevendo efeito direto ou aplicabilidade imediata das normas comunitárias, que se submetem à regra geral de incorporação ao sistema nacional[111].

10.3.2. Aplicação direta

Como consequência do princípio anterior, as normas do direito comunitário criam direitos e obrigações não somente para os Estados-Membros, mas também para seus cidadãos. Percebe-se uma grande diferença em relação ao direito internacional típico, pois enquanto este apenas tem incidência em relação aos Estados, o direito comunitário incide sobre os Estados e seus cidadãos.

Como consequência desse princípio, o juiz nacional é obrigado a reconhecer direitos concedidos diretamente por tratados, regulamentos, decisões comunitárias, ou seja, não é necessário que haja uma norma jurídica interna concedendo tal direito.

10.3.3. Aplicação por juízes nacionais

Como corolário dos princípios anteriores, os juízes ordinários dos Estados-Membros devem aplicar o direito comunitário. Tal situação permite afirmar que todo juiz nacional ordinário de um Estado-Membro é também juiz comunitário.

Esse princípio corrobora o que foi dito no subitem **10.2.4**: o Tribunal de Justiça é a autoridade judiciária da União Europeia e responsável, em colaboração com os órgãos jurisdicionais dos Estados-Membros, pela aplicação e interpretação uniformes do direito comunitário. Tal colocação nos leva a outra consideração, qual seja, o Tribunal de Justiça da União Europeia é a mais alta instância para todos os juízes ordinários dos Estados-Membros quando se tratar da aplicação do direito comunitário.

10.3.4. Aplicação predominante do direito comunitário

Esse princípio indica que, caso ocorra conflito entre normas comunitárias e nacionais (mesmo estas sendo de índole constitucional), as primeiras sempre vencerão. Contudo, cabe reforçar que não se trata de um princípio absoluto, podendo eventual colisão entre as duas ordens normativas ser solucionada, por exemplo, pela observância da norma constitucional de determinado país, desde que justificado no caso concreto.

Traz um pouco da ideia abordada no subitem **10.3.1** (aplicação imediata do direito comunitário): esse princípio tem por consequência a impossibilidade de o Estado-Membro opor-se, por motivos de ordem legal e constitucional, à aplicação de normas comunitárias.

Tal característica tem importância fundamental para o funcionamento do sistema comunitário, pois garante a uniformidade na aplicação do direito comunitário em todos os Estados-Membros, garantindo, assim, a eficiência dos órgãos comunitários.

10.4. Diferenças entre a União Europeia e o Mercosul

Os sistemas institucionais das duas organizações internacionais são formal e materialmente muito distintos. Para esclarecer esse hiato, vamos fazer algumas comparações de viés didático.

111. CR 8.279 AgR/AT.

10.4.1. *Finalidade política*

a) União Europeia: projeto de integração política que utiliza mecanismos econômicos como instrumento para sua evolução.

b) Mercosul: não visa a uma integração política.

c) balanço: na UE o mercado comum é o meio, já no Mercosul é a finalidade.

10.4.2. *Integração × cooperação*

a) União Europeia: existe concessão de poderes soberanos dos Estados para os órgãos de integração. Assim, ocorre a substituição dos interesses nacionais pelos interesses comuns.

b) Mercosul: não existe concessão de poderes soberanos dos Estados para os órgãos de integração. Assim, ocorre a preponderância dos interesses nacionais.

c) balanço: na UE tem-se integração e no Mercosul, cooperação.

10.4.3. *Autonomia institucional*

a) União Europeia: seus funcionários representam o interesse geral comunitário. Para ter uma ideia, na UE, quatro de suas cinco instituições são compostas de funcionários "neutros" (Comissão, Parlamento, Corte de Justiça e Tribunal de Contas). No quinto órgão, o Conselho, apesar de seus integrantes serem funcionários dos Estados-Membros, eles são obrigados a funcionar segundo as regras do sistema comunitário, ou seja, não podem deixar de lado o interesse desse sistema.

b) Mercosul: seus funcionários representam o interesse de seus respectivos Estados.

c) balanço: na UE tem-se autonomia institucional, já no Mercosul não.

10.4.4. *Autonomia legal*

a) União Europeia: as normas elaboradas por suas instituições têm aplicação imediata e direta, além de prevalência sobre o direito nacional dos Estados-Membros, e podem ser aplicadas pelos juízes nacionais ordinários.

b) Mercosul: as normas elaboradas por suas instituições não têm aplicação imediata e direta, além de não terem prevalência sobre o direito nacional dos Estados-Membros e não poderem ser aplicadas pelos juízes ordinários nacionais. Ou seja, as normas confeccionadas no seio do Mercosul só obrigam os Estados-Membros e dependem de incorporação para ter vigência na ordem jurídica interna dos Estados-Membros, ademais de só serem aplicadas pelos tribunais arbitrais *ad hoc* previstos no sistema do Mercosul.

c) balanço: na UE tem-se autonomia legal, já no Mercosul não.

11. TRIBUNAL PENAL INTERNACIONAL (TPI)

O Tribunal Penal Internacional (TPI) foi constituído na Conferência de Roma, em 17.07.1998, na qual se aprovou o Estatuto de Roma (tratado que não admite a apresentação de reservas), que só entrou em vigor internacionalmente em 01.07.2002 e passou a vigorar, para o Brasil, em 01.09.2002. A partir de então, tem-se um tribunal permanente para julgar **indivíduos**[112] acusados da prática de crimes de genocídio, de crimes de guerra, de crimes de agressão e de crimes contra a humanidade. Deve-se apontar que "*indivíduos*" diz respeito a quaisquer indivíduos, independentemente de exercerem funções governamentais ou cargos públicos (art. 27 do Estatuto de Roma), desde que, à data da alegada prática do crime, tenham completado 18 anos de idade.

Cabe destacar que nenhuma pessoa será considerada criminalmente responsável por uma conduta anterior à entrada em vigor do Estatuto de Roma – é a chamada irretroatividade *ratione personae*. O TPI é orientado pelos princípios da legalidade e da anterioridade penal, o que é bem delineado pela redação do art. 5º, ponto 2, do Estatuto de Roma.

A criação do TPI corrobora a ideia de responsabilidade internacional do indivíduo, consoante o que se iniciou com os Tribunais *Ad Hoc* de Nurembergue e de Tóquio, e depois de Ruanda e da Iugoslávia.

O Tribunal é uma entidade independente da ONU e tem sede em Haia, nos Países Baixos, contudo, sempre que entender conveniente, o Tribunal poderá funcionar em outro local, nos termos do Estatuto de Roma (art. 3º). Ademais, tem personalidade jurídica de direito internacional e é formado pela Presidência, Seção de Instrução, Seção de Julgamento em Primeira Instância, Seção de Recursos, Procuradoria e Secretaria.

As línguas oficiais do TPI são: árabe, chinesa, espanhola, francesa, inglesa e russa, ao passo que as línguas de trabalho são apenas a francesa e a inglesa, embora outras línguas oficiais possam ser usadas como língua de trabalho, conforme o regulamento processual (art. 50, ponto 2, do Estatuto de Roma).

A grande característica do Tribunal é sua *complementaridade*, isto é, a jurisdição do TPI somente será exercida caso a Seção de Instrução verificar que existem provas suficientes para o acusado ser levado para julgamento e concluir que algum sistema jurídico nacional tenha sido incapaz ou não tenha demonstrado interesse em julgar o caso. Esse último requisito pode ser verificado quando ocorrer demora injustificada no procedimento, falta de independência do Poder Judiciário e até falta de capacidade para realizar a justiça penal. Em outras palavras, a jurisdição do TPI tem caráter excepcional, isto é, os Estados têm primazia para investigar os crimes previstos no Estatuto de Roma. Cabe também destacar, consoante o que dispõe o art. 29 do Estatuto de Roma, que os crimes da competência do TPI não prescrevem.

A acusação, referente à prática de algum dos crimes tipificados no art. 5º do Estatuto de Roma, pode ser levada até o conhecimento do TPI, que tem jurisdição para julgar os crimes cometidos nos territórios dos Estados-Partes ou dos Estados que reconheçam sua competência, por meio de algum Estado-Parte, pelo Conselho de Segurança (nos termos do Capítulo VII da Carta da ONU) ou pelo procurador-geral do TPI.

Cabe destacar o importante papel desempenhado pelo procurador no processamento da acusação, pois fará, em primeira mão, a análise sobre a seriedade da dita acusação, podendo recolher informações suplementares junto aos Estados, aos órgãos da Organização das Nações Unidas, às Organizações Intergovernamentais ou Não Governamentais, ou outras fontes fidedignas que considere apropriadas, bem como recolher depoimentos escritos ou orais na sede do Tribunal (art. 15, ponto 2, do Estatuto de Roma). Ainda pode, por sua própria iniciativa, abrir um inquérito com base em informações sobre a prática de crimes da competência do Tribunal (art. 15, ponto 1, do Estatuto de Roma).

112. Percebe-se que aqui, ao contrário da responsabilidade internacional estudada no capítulo 9, a responsabilidade pelo ato internacional ilícito é imputada exclusivamente ao indivíduo. Além dos crimes tipificados no Estatuto de Roma, podemos citar o tráfico de drogas e de escravos e a pirataria como outros exemplos de atos ilícitos internacionais imputados exclusivamente ao indivíduo.

Se a acusação for devidamente processada e aceita pela Câmara Preliminar, o TPI poderá julgar o caso. E, caso condene o indiciado culpado[113], a pena imposta terá de respeitar o limite máximo de 30 anos (art. 77, ponto 1, *a*, do Estatuto de Roma). Todavia, caso o crime seja de extrema gravidade e as condições pessoais do condenado justificar, poderá ser aplicada a pena de prisão perpétua, todavia, essa pena poderá ser reexaminada com vistas à sua redução quando já tiver sido cumprido vinte e cinco anos de prisão. Concomitantemente, poderá ser aplicada a pena de multa e de confisco, caso restar comprovado que o culpado adquiriu bens de forma ilícita (art. 77 do Estatuto de Roma). Sobre a aplicação da pena, cabe ainda destacar o art. 103 do Estatuto de Roma que define que as penas privativas de liberdade serão cumpridas num Estado indicado pelo Tribunal a partir de uma lista de Estados que lhe tenham manifestado a sua disponibilidade para receber pessoas condenadas, ou seja, não existe uma prisão internacional criada pelo TPI.

Além de sanções de natureza penal, o TPI pode determinar a reparação às vítimas de crimes e respectivos familiares, principalmente por meio da restituição, da indenização ou da reabilitação. Ainda, o Tribunal poderá, de ofício ou por requerimento, em circunstâncias excepcionais, determinar a extensão e o nível dos danos, da perda ou do prejuízo causados às vítimas ou aos titulares do direito à reparação, com a indicação dos princípios nos quais fundamentou sua decisão (art. 75 do Estatuto de Roma).

Por fim, a grande inovação do Estatuto foi a criação do instituto da *entrega* ou *surrender*, ou seja, *a entrega de um Estado para o TPI (plano vertical), a pedido deste, de indivíduo que deva cumprir pena por prática de algum dos crimes tipificados no art. 5º do Estatuto de Roma. A título comparativo, a extradição é a entrega de um Estado para outro Estado (plano horizontal), a pedido deste, de indivíduo que em seu território deva responder a processo penal ou cumprir pena por prática de crime de certa gravidade.*

A grande finalidade do instituto da *entrega* é driblar o princípio da não extradição de nacionais e, logicamente, garantir o julgamento do acusado, pois o TPI não julga indivíduos à revelia. Assim, criou-se tal figura para permitir que o Estado entregue indivíduo que seja nacional seu ao TPI.

Em outras palavras, a *entrega* nada mais é do que o cumprimento de ordem emanada do Tribunal Penal Internacional. A legitimidade dessa autoridade reside no fato de o Tribunal realizar os anseios de justiça de toda a comunidade internacional, julgando e condenando autores de crimes nefastos para a humanidade. Assim, o Estado, como signatário do Estatuto de Roma, deve cooperar e entregar seu nacional para ser julgado pelo TPI. A título comparativo, a *entrega* é de interesse de toda a comunidade internacional, ao passo que a *extradição* é de interesse do país requerente.

O Brasil, com fundamento no art. 5º, LI e § 4º, da CF/1988, permite a entrega de nacional seu ao TPI, mas proíbe a extradição de nacional seu ao Estado requerente. Lembrando, com base no inc. LI supracitado, que existe uma exceção ao princípio da não extradição de nacionais no Brasil: trata-se do caso de brasileiro naturalizado que tiver comprovado envolvimento em tráfico ilícito de entorpecentes e drogas afins. Como curiosidade, cabe lembrar que os EUA não reconhecem a jurisdição do TPI.

Por fim, vamos definir pontualmente os crimes dispostos no art. 5º do Estatuto de Roma.

11.1. Crime de genocídio

A Convenção sobre a Prevenção e Repressão do Crime de Genocídio adotada pela Resolução 260 A (III) da Assembleia Geral das Nações Unidas, em 09.12.1948, definiu no art. 2º que *crime de genocídio é a conduta criminosa que tenha a intenção de destruir, no todo ou em parte, um grupo nacional, étnico, religioso ou racial.* Tal definição foi reproduzida no art. 6º do Estatuto de Roma.

O próprio art. 2º indica os tipos de crime considerados genocídio (também reproduzidos pelo art. 6º do Estatuto de Roma): **a)** assassinato de membros do grupo; **b)** atentado grave à integridade física e mental de membros do grupo; **c)** submissão deliberada do grupo a condições de existência que acarretarão sua destruição física, total ou parcial; **d)** medidas destinadas a impedir os nascimentos no seio do grupo; e **e)** transferência forçada das crianças do grupo para outro grupo.

O art. 3º dispõe que além do genocídio serão punidas as demais condutas: **a)** o acordo com vista a cometer genocídio; **b)** o incitamento, direto e público, ao genocídio; **c)** a tentativa de genocídio; e **d)** a cumplicidade no genocídio.

Por fim, é interessante lembrar que o crime de genocídio, quando praticado no estrangeiro por brasileiro ou pessoa domiciliada no Brasil, deve ser julgado pelo juiz brasileiro e terá a incidência da lei nacional (trata-se de uma das hipóteses de extraterritorialidade incondicionada – art. 7º, I, do CP).

11.2. Crime contra a humanidade ou de lesa humanidade

O art. 7º do Estatuto de Roma define que o *crime contra humanidade é a conduta criminosa cometida no quadro de um ataque, sistemático ou generalizado, contra qualquer população civil, desde que haja conhecimento desse ataque.*

O próprio art. 7º indica os tipos de crime considerados contra a humanidade: **a)** homicídio; **b)** extermínio; **c)** escravidão; **d)** deportação ou transferência forçada de uma população; **e)** prisão ou outra forma de privação da liberdade física grave, em violação das normas fundamentais de direito internacional; **f)** tortura; **g)** agressão sexual, escravatura sexual, prostituição forçada, gravidez forçada, esterilização forçada ou qualquer outra forma de violência no campo sexual de gravidade comparável; **h)** perseguição de um grupo ou coletividade que possa ser identificado, por motivos políticos, raciais, nacionais, étnicos, culturais, religiosos ou de gênero, ou ainda em função de outros critérios universalmente reconhecidos como inaceitáveis no direito internacional, relacionados com qualquer ato referido nessas alíneas ou com qualquer crime da competência do Tribunal; **i)** desaparecimento forçado de pessoas; **j)** crime de *apartheid*; e **k)** outros atos desumanos de caráter semelhante, que causem intencionalmente grande sofrimento ou afetem gravemente a integridade física ou a saúde física ou mental.

Apesar da definição normativa ora analisada, é importante destacar que muitos defendem, com base na definição consuetudinária de crime contra a humanidade, que os crimes acima

113. O Tribunal Penal Internacional condenou o político congolês Jean-Pierre Bemba por crimes de guerra e crimes contra a humanidade. Ele foi considerado culpado por ter promovido uma devastadora campanha de estupro, mortes e tortura na Repú-blica Centro-Africana nos anos de 2002 e 2003. Trata-se da primeira vez que o TPI condena alguém baseado no "princípio do comando" ou da "responsabilidade superior". Os juízes da Corte entenderam que Bemba não apenas falhou na responsabilidade de prevenir os crimes que foram cometidos por seus subordinados, como não os puniu pelo cometimento da violações - sendo, por esse motivo, ele próprio culpado pelos crimes. O julgamento foi presidido pela juíza brasileira Sylvia Steiner.

listados dispensariam o contexto de ataque, isto é, tais crimes seriam considerados como contra a humanidade mesmo que fossem praticados fora do contexto de um ataque contra uma certa população civil.

11.3. Crime de guerra

O art. 8º do Estatuto de Roma define que o *crime de guerra é a conduta criminosa cometida como parte integrante de um plano ou de uma política ou como parte de uma prática em larga escala desse tipo de crimes.*

O próprio art. 8º indica uma lista extensa dos tipos de crime considerados de guerra. Basicamente, eles foram disciplinados pelas Convenções de Genebra de 1949 e seus Protocolos Adicionais e pelo chamado direito de Haia, formado por acordos internacionais obtidos durante a Conferência de Paz de 1907.

11.4. Crime de agressão

O Estatuto de Roma não definiu o crime agressão. Assim, somente em junho 2010, na Conferência de Revisão do Estatuto de Roma, realizada em Kampala, capital de Uganda, o crime de agressão foi definido.

Crime de agressão é a conduta criminosa cometida por pessoa que detenha controle ou poder de direção efetivo sobre a ação política ou militar de um país, desde que sua conduta cause por sua gravidade, características e escala uma violação latente da Carta das Nações Unidas.

Além da prática do crime de agressão, serão punidos o planejamento, a preparação e a tentativa do crime de agressão.

Mas o TPI só pode exercer sua jurisdição em relação aos crimes de agressão quando pelo menos 30 Estados tenham ratificado sua previsão (o que ainda não aconteceu[114]).

114. Liechtenstein foi o primeiro país a ratificar o crime de agressão (08.05.2012).

4. Direito Internacional Privado

Renan Flumian

1. INTRODUÇÃO

O Direito Internacional Privado (DIPr) é composto de princípios e regras, sendo estas positivadas ou costumeiras, que têm por primordial função resolver os conflitos de leis no espaço.

Para um maior entendimento do conceito supracitado, faz-se necessário saber o que são e por que surgem tais conflitos.

O conflito de leis no espaço nada mais é do que a situação de existência de duas ou mais leis aplicáveis ao mesmo fato ou mesma relação jurídica, das quais ao menos uma pertence a um ordenamento jurídico estrangeiro. Em outras palavras, um fato ou uma relação jurídica que gera efeitos em dois ou mais ordenamentos jurídicos (leia-se Estados).

Assim, a causa do conflito de leis no espaço é o elemento estrangeiro (também chamado de estraneidade) contido na relação jurídica, situação que se afigura cada vez mais cotidiana em função do atual cosmopolitismo humano impulsionado pela globalização econômica, cultural e política. Ou seja, os elementos de estraneidade são aqueles que dão a uma relação – ou situação – jurídica o caráter internacional. Exemplos mais comuns que internacionalizam a relação jurídica de emprego encontram-se: a nacionalidade do empregado, a nacionalidade do empregador, o lugar da sede da empresa, o local da prestação de serviços e o foro da celebração do contrato.

O Direito Internacional Privado(função) auxilia o juiz nacional na determinação do direito aplicável aos casos, a ele submetido, que contenham elementos estrangeiros. Essa situação pode ocasionar a flexibilização do princípio da territorialidade das leis na medida em que prescreve, em determinados casos, a aplicação do direito estrangeiro pelo juiz nacional.

Mesmo que as normas de DIPr indiquem a aplicação de normas de direito material de natureza privada, a natureza de suas normas é de direito público, porque se dirigem ao juiz (o administrador da justiça em nome do Estado).

Para entendermos como o DIPr aparece como ferramenta de auxílio para o juiz brasileiro, passemos a estudar suas fontes.

2. FONTES

Consoante o estudado no item referente às fontes do DIPu, o art. 38, ponto 1, do Estatuto da Corte Internacional de Justiça (CIJ) determina que a função da Corte é decidir as controvérsias que lhe forem submetidas com base no direito internacional. Ademais, indica as fontes que serão utilizadas pelos juízes na confecção de suas decisões, a saber: *a)* as convenções internacionais; *b)* o costume internacional; *c)* os princípios gerais do direito; *d)* as decisões judiciárias; e *e)* a doutrina dos juristas mais qualificados das diferentes Nações. Por fim, aponta a possibilidade de a Corte decidir por equidade (*ex aequo et bono*), desde que convenha às partes (art. 38, ponto 2, do Estatuto da Corte).

Mesmo não constando do rol do art. 38, podem-se indicar também como fonte do direito internacional tanto as resoluções emanadas das organizações internacionais como os atos unilaterais dos Estados.

Até aqui se conserva semelhança com as fontes do DIPu, todavia, a fonte por excelência do DIPr é a lei interna, ou seja, cada Estado tem competência para legislar sobre direito internacional privado ("direito internacional privado autônomo").

Mas a grande característica da matéria na atualidade é a busca de harmonização e de uniformização mediante a produção convencional internacional ("direito internacional privado convencional e institucional"), até mesmo pela dita *soft law*.

Com ímpeto meramente classificatório, o direito internacional privado convencional é aquele que provém de tratados e convenções, e o direito internacional privado institucional é aquele que provém da produção normativa de blocos regionais de integração, como a União Europeia e o Mercosul.

Soft law indica as fontes que não são obrigatórias, mas que têm importante papel referencial para o juiz nacional e influenciam a confecção de regras tanto em nível convencional internacional como em nível autônomo nacional. Como exemplo, podem-se citar os princípios, códigos de conduta, recomendações, diretrizes, convenções não ratificadas etc. Percebe-se que algumas das fontes elencadas no art. 38 da CIJ caberiam no conceito de *soft law*.

No Brasil, a principal fonte do DIPr é a Lei de Introdução às Normas do Direito Brasileiro (Decreto-Lei 4.657/1942), que trata do DIPr nos arts. 7º a 17. Além dessa, é possível identificar na legislação nacional outros diplomas que abordam assuntos de interesse do DIPr, tais como: *a)* a Constituição Federal trata da sucessão internacional no art. 5º, XXXI, e da competência do STJ em temas de cooperação judiciária internacional no art. 105, I, *i*; *b)* o Código de Processo Civil trata da competência internacional do juiz brasileiro nos arts. 88 a 90 (arts. 21, 23 e 24 do NCPC); das cartas rogatórias nos arts. 236, 268, 260, 261, 262, 263 do NCPC; da prova do direito estrangeiro no art. 376 do NCPC; e, por fim, das sentenças estrangeiras nos arts. 960, § 2º, 961 e 965 do NCPC).

Antes de iniciarmos o estudo pormenorizado da Lei de Introdução às Normas do Direito Brasileiro, é importante analisar as principais organizações internacionais elaboradoras de regras do DIPr.

2.1. Conferência de Haia

É uma organização intergovernamental que tem por função trabalhar para a unificação progressiva das regras de direito internacional privado. Funciona por meio da reunião de seus membros (mais de 60 Estados) para a elaboração de tratados que busquem a unificação do DIPr. Pode-se afirmar que é a grande referência na atualização multilateral do direito internacional privado.

Seu estatuto constitutivo foi adotado em 1951 por ocasião da 7ª Conferência.

2.2. Instituto de Direito Internacional

Fundada em 1973 por juristas que se dedicavam ao estudo do direito internacional, é uma instituição privada que tem por função promover o estudo e o desenvolvimento do direito internacional. Funciona por meio de sessões anuais e de comissões científicas. Estas últimas emitem resoluções de caráter normativo.

2.3. Instituto Internacional para a Unificação do Direito Privado (Unidroit)

É uma organização intergovernamental que tem por função estudar as formas de harmonizar e de coordenar o direito internacional privado entre Estados e preparar gradualmente a adoção, pelos diversos Estados, de uma legislação de direito internacional privado uniforme.

Primeiramente fundado em 1926 como órgão auxiliar da Liga das Nações e depois restabelecido em 1940 por meio de um tratado multilateral que determinou seu Estatuto, funciona por meio de reuniões periódicas de seus membros e de grupos de estudos especiais.

Por fim, cabe ressaltar que as regras uniformes elaboradas pelo Instituto valem como tratados.

2.4. Conferências Especializadas Interamericanas sobre Direito Internacional Privado (Cidips)

A Assembleia Geral da Organização dos Estados Americanos (OEA) convoca as Cidips. Até hoje foram realizadas seis conferências, cada uma organizada por reuniões técnicas setoriais. Isto é, aplica-se o mesmo método da Conferência da Haia, ou seja, elaboram-se convenções sobre temas específicos.

Entre as vantagens das atividades desenvolvidas pelas Conferências Especializadas, enfatiza-se a aproximação entre os dois mais importantes sistemas jurídicos do continente: o sistema consuetudinário e o sistema de direito civil. Além disso, tem-se procurado criar convenções com normas não só conflituais, mas também substantivas, de forma a uniformizar o direito material dos países latino-americanos. Outras características das convenções originadas das Cidips são sua concepção universal, a permissão para reservas apenas de caráter especial e a inserção de cláusulas de interpretação para sua futura aplicação pelo juiz nacional.

2.5. Código Bustamante

Apesar de não ser uma organização internacional elaboradora de regras do DIPr, é importante citá-lo, pois é o tratado mais antigo no campo do DIPr ratificado pelo Brasil, e ainda em vigor.

O Código Bustamante é a denominação dada à Convenção de Havana de Direito Internacional Privado de 1928, aprovada no seio da Conferência Pan-Americana realizada na capital cubana nesse mesmo ano. Na prática, funciona como um código internacional de DIPr, logo, obra do direito internacional privado convencional.

Cuida de inúmeras matérias, mas encontra séria resistência, por parte dos magistrados brasileiros, para sua aplicação. Um ponto que suscita muitas dúvidas é o fato de o Código ser de aplicação universal ou com incidência limitada aos casos que envolvam pessoas ligadas (por domicílio ou pela nacionalidade) aos Estados-membros.

O movimento de uniformização e harmonização do DIPr na América Latina prosseguiu sobretudo com as Cidips, as quais estudamos no item anterior.

3. REGRAS DE CONEXÃO DA LEI DE INTRODUÇÃO ÀS NORMAS DO DIREITO BRASILEIRO

As regras de conexão do DIPr são indiretas, pois não resolvem os problemas materiais nem as questões processuais, apenas o conflito de leis no espaço. Melhor dizendo, não solucionam o caso, apenas indicam a solução, isto é, a(s) norma(s) jurídicas a ser(em) aplicada(s) para resolvê-lo.

As normas diretas preveem fatos e apontam soluções (resolvem diretamente o problema); já as indiretas não preveem fatos, mas indicam a lei a ser aplicada (resolvem indiretamente o problema).

Por fim, e antes de passarmos ao estudo das regras de conexão do DIPr brasileiro, é premente observar que as regras de conexão são utilizadas nos casos que envolvem relação jurídica ou fato dotados de elemento estrangeiro, isto é, relações jurídicas que gerem efeitos em dois ou mais ordenamentos jurídicos (leia-se Estados).

3.1. Art. 7º – *Lex domicilii*

> "Art. 7º A lei do país em que domiciliada a pessoa determina as regras sobre o começo e o fim da personalidade, o nome, a capacidade e os direitos de família."

A regra de conexão antiga era a da nacionalidade[1]. Assim, aplicava-se ao estatuto pessoal a lei da nacionalidade do interessado. Esse critério era muito criticado, pois não resolvia o problema dos apátridas e fazia com que um estrangeiro residente por muito tempo aqui, continuasse a ter seu estatuto pessoal determinado pelas leis de sua nacionalidade.

O critério atual gira em torno do domicílio da pessoa, ou seja, a regra de conexão é a *lex domicilii*. Assim, a lei do domicílio da pessoa determina as regras sobre o começo e o fim da personalidade, o nome, a capacidade e os direitos de família.

A configuração do domicílio só é regulada pela Convenção Interamericana sobre Domicílio das Pessoas Físicas no Direito Internacional Privado. Em que pese a Convenção não estar ratificada no Brasil, nada impede que o juiz brasileiro a utilize como uma fonte de *soft law*. O art. 2º da Convenção dispõe que o domicílio será determinado em tais circunstâncias e ordem: *a)* pelo lugar da residência habitual; *b)* pelo lugar do centro principal de seus negócios; *c)* na ausência dessas circunstâncias, considerar-se-á como domicílio o lugar da simples residência; *d)* em sua falta, se não houver simples residência, o lugar onde se encontrar.

No art. 6º, a Convenção determina: "quando uma pessoa tiver domicílio em dois Estados-partes, será considerada domiciliada naquele em que tiver a simples residência e, se tiver em ambos, preferir-se-á o lugar onde se encontrar".

3.1.1. § 1º do art. 7º – *Lex loci celebrationis*

> "§ 1º Realizando-se o casamento no Brasil, será aplicada a lei brasileira quanto aos impedimentos dirimentes e às formalidades da celebração."

A regra de conexão é a *lex loci celebrationis*. Assim, o casamento é regido, no que tange às suas formalidades, pela lei do local de sua celebração. Cabe especificar que essas formalidades estão disciplinadas nos arts. 1.525 a 1.542 do

---

1. Antes do advento do Dec.-lei 4.657/1942, o art. 8º da Lei de Introdução ao CC/1916 estabelecia como regra de conexão a nacionalidade.

CC/2002; os impedimentos matrimoniais se encontram disciplinados no art. 1.521 do CC/2002; e os casos de anulabilidade do casamento, no art. 1.550 do CC/2002.

Desse modo, o casamento realizado no exterior, o qual respeitou a lei do país de constituição do matrimônio, terá validade no Brasil desde que não ofenda a ordem pública (art. 17 da LINDB). Os limites à aplicação da lei estrangeira serão estudados no item 7.

Importante apontar o art. 1.544 do CC/2002, que dispõe sobre a obrigatoriedade de registro do casamento de brasileiros realizado no exterior. Tal registro deve dar-se no prazo de 180 dias contados da volta de um ou de ambos os cônjuges ao Brasil, no cartório do respectivo domicílio ou, em sua falta, no 1º Ofício da capital do Estado em que passarem a residir.

3.1.2. § 2º do art. 7º – Exceção à *lex loci celebrationis*

"§ 2º O casamento de estrangeiros poderá celebrar-se perante autoridades diplomáticas ou consulares do país de ambos os nubentes."

Seria como uma exceção à regra de conexão *lex loci celebrationis*, pois nubentes estrangeiros poderiam aqui se casar com base em sua lei da nacionalidade, desde que perante autoridades diplomáticas ou consulares do país de **ambos** os nubentes.

O parágrafo consagra indiretamente a lei da nacionalidade dos nubentes como regra de conexão. Assim, o casamento é regido, no que tange às suas formalidades, pela citada lei, mas o regime de bens continua sendo regulado pela lei do domicílio dos nubentes, consoante determina o art. *7º, caput*, da LINDB.

Como estamos falando de casamento, é interessante trazer uma informação. Os funcionários e funcionárias diplomáticos e consulares, conforme determina o art. *1º, caput*, da Lei 1.542/1952, só poderão casar-se com estrangeiros(as) após obterem licença do ministro de Estado das Relações Exteriores.[2] O art. *2º da lei supracitada dispõe: "O funcionário da carreira de Diplomata casado com pessoa de nacionalidade estrangeira não poderá servir ao país de origem do seu cônjuge, salvo decisão em contrário do Presidente da República". Por fim, não existe o tal impedimento se o matrimônio for contraído com brasileira naturalizada.*

3.1.3. § 3º do art. 7º – Primeiro domicílio conjugal – Invalidade do casamento

"§ 3º Tendo os nubentes domicílio diverso, regerá os casos de invalidade do matrimônio a lei do primeiro domicílio conjugal."

Caso o domicílio dos nubentes for diverso, aplicar-se-á, aos casos de invalidade do casamento, a lei do país do primeiro domicílio conjugal (regra de conexão subsidiária). Do contrário, aplica-se a lei do país do domicílio conjugal atual.

Primeiro domicílio conjugal não é necessariamente o do país em que foi realizado o casamento, pois os nubentes podem contratar matrimônio em um país e estabelecer-se em outro.

3.1.4. § 4º do art. 7º – Primeiro domicílio conjugal – Regime de bens

"§ 4º O regime de bens, legal ou convencional, obedece à lei do país em que tiverem os nubentes domicílio, e, se este for diverso, a do primeiro domicílio conjugal."

Caso o domicílio dos nubentes for diverso, aplicar-se-á, ao regime de bens, a lei do país do primeiro domicílio conjugal (regra de conexão subsidiária). Do contrário, aplica-se a lei do país do domicílio conjugal atual.

Primeiro domicílio conjugal, como visto, não é necessariamente o do país em que foi realizado o casamento, pois os nubentes podem contratar matrimônio em um país e estabelecer-se em outro.

Importante asseverar, com base na jurisprudência do STJ, que em ação de divórcio e partilha de bens de brasileiros, casados e residentes no Brasil, a autoridade judiciária brasileira tem competência para, reconhecendo o direito à meação e a existência de bens situados no exterior, fazer incluir seus valores na partilha[3].

3.1.5. § 5º do art. 7º – Modificação do regime de bens

"§ 5º O estrangeiro casado, que se naturalizar brasileiro, pode, mediante expressa anuência de seu cônjuge, requerer ao juiz, no ato de entrega do decreto de naturalização, se apostile ao mesmo a adoção do regime de comunhão parcial de bens, respeitados os direitos de terceiros e dada esta adoção ao competente registro."

O parágrafo abarca a modificação do regime de bens do casal após o casamento. No caso, é o estrangeiro casado que adquire a naturalização brasileira e, mediante expressa anuência de seu cônjuge, requer ao juiz a adoção do regime de comunhão parcial de bens, respeitados os direitos de terceiros e feito o competente registro. Essa regra tem como finalidade garantir ao casal a liberdade de gerenciamento do patrimônio conjugal e, ao mesmo tempo, proteger direitos de terceiros.

Ademais, guarda sintonia com o princípio da mutabilidade justificada do regime adotado (art. 1.639, § 2º, do CC/2002), o qual permite a alteração do regime de bens mediante autorização judicial em pedido motivado por ambos os cônjuges, apurada a procedência das razões invocadas e ressalvados os direitos de terceiros.[4]

---

2. O casamento dos funcionários diplomáticos é regulamentado pelos arts. 48 a 50 do Decreto 93.325/1986.

3. A regra do art. 7º, § 4º, e do art. 9º, ambos da LINDB, conduzem à aplicação da legislação brasileira, estando diretamente voltadas ao direito material vigente para a definição da boa partilha dos bens entre os divorciantes. Para o cumprimento desse mister, impõe-se ao magistrado, antes de tudo, a atenção ao direito material, que não excepciona bens existentes fora do Brasil, sejam eles móveis ou imóveis. Se fosse diferente, para dificultar o reconhecimento de direito ao consorte ou vilipendiar o que disposto na lei brasileira atinente ao regime de bens, bastaria que os bens de raiz e outros de relevante valor fossem adquiridos fora das fronteiras nacionais, inviabilizando-se a aplicação da norma a determinar a distribuição equânime do patrimônio adquirido na constância da união. A exegese não afronta o art. 23 do NCPC, pois esse dispositivo legal disciplina a competência internacional exclusiva do Poder Judiciário brasileiro para dispor acerca de bens imóveis situados no Brasil e para proceder a inventário e partilha de bens (móveis e imóveis) situados no Brasil. Dele se extrai que a decisão estrangeira que viesse a dispor sobre bens imóveis ou móveis (estes em sede de inventário e partilha) mostrar-se-ia ineficaz no Brasil. O reconhecimento de direitos e obrigações relativos ao casamento, com apoio em normas de direito material a ordenar a divisão igualitária entre os cônjuges do patrimônio adquirido na constância da união, não exige que os bens móveis e imóveis existentes fora do Brasil sejam alcançados, pela Justiça Brasileira, a um dos contendores, demanda apenas a consideração dos seus valores para fins da propalada equalização –REsp 1.410.958-RS, rel. Min. Paulo de Tarso Sanseverino, julgado em 22.04.2014 (Inform. STJ 544).

4. O STJ entende que essa alteração é possível inclusive para os casamentos ocorridos antes da entrada em vigor do atual Código Civil.

3.1.6. § 6º do art. 7º – *Divórcio realizado no exterior*

"§ 6º O divórcio realizado no estrangeiro, se um ou ambos os cônjuges forem brasileiros, só será reconhecido no Brasil depois de 1 (um) ano da data da sentença, salvo se houver sido antecedido de separação judicial por igual prazo, caso em que a homologação produzirá efeito imediato, obedecidas as condições estabelecidas para a eficácia das sentenças estrangeiras no país. O Superior Tribunal de Justiça, na forma de seu regimento interno, poderá reexaminar, a requerimento do interessado, decisões já proferidas em pedidos de homologação de sentenças estrangeiras de divórcio de brasileiros, a fim de que passem a produzir todos os efeitos legais."

O § 6º já não se encontra em compatibilidade com a ordem constitucional brasileira, porque a EC 66/2010 suprimiu a separação judicial como requisito prévio para pedir o divórcio, bem como a obrigatoriedade do prazo de um ano de separação judicial (antigo divórcio-conversão) ou de dois anos de separação de fato (antigo divórcio-direto).[5]

Dessa forma, o divórcio realizado no exterior, quando um ou ambos os cônjuges forem brasileiros, será homologado no Brasil sem o decurso do prazo de um ano da data da sentença estrangeira. Lembremos apenas que a homologação deverá obedecer às condições estabelecidas para a eficácia das sentenças estrangeiras no país. Tais condições serão estudadas no item 6.

3.1.7. § 7º do art. 7º – *Extensão do domicílio conjugal*

"§ 7º Salvo o caso de abandono, o domicílio do chefe da família estende-se ao outro cônjuge e aos filhos não emancipados, e o do tutor ou curador aos incapazes sob sua guarda."

Tal previsão encontra-se derrogada em função do art. 226, § 5º, da CF/1988. Isto é, o juiz brasileiro, quando da aplicação da lei brasileira, indicada pela regra de conexão domicílio, deverá levar em conta os valores constitucionais que irradiam sobre todo o ordenamento jurídico.

Assim, a releitura do § 7º é no sentido de que o **domicílio conjugal** (atribuído a ambos os cônjuges) se estende aos filhos incapazes e não emancipados (aplicação do critério da unidade do domicílio familiar).

3.1.8. § 8º do art. 7º – *Caracterização do domicílio*

"§ 8º Quando a pessoa não tiver domicílio, considerar-se-á domiciliada no lugar de sua residência ou naquele em que se encontre."

O parágrafo traz regra para determinar o domicílio da pessoa, o qual é o elemento de conexão para indicação da lei aplicável ao estatuto pessoal. Isto é, quando o domicílio for indeterminado, a pessoa será considerada domiciliada no lugar de sua residência ou naquele em que se encontre.

A doutrina conceitua o indivíduo sem domicílio como adômide. Mas sua caracterização é muito difícil, pois, como visto acima, se o domicílio do indivíduo for indeterminado, este será determinado pelo lugar de residência ou até mesmo onde se encontre. Para tal situação, Maria Helena Diniz diz tratar-se de um "concurso sucessivo de elementos de conexão, pois, faltando o critério de conexão principal, que é o domicílio, a lei indica dois critérios de conexão subsidiários, ou seja, o do lugar da residência ou o daquele em que a pessoa se achar, destinados a funcionar sucessivamente na medida em que o anterior não possa preencher sua função".[6]

3.2. Art. 8º – *Lex rei sitae*

"Art. 8º Para qualificar os bens e regular as relações a eles concernentes, aplicar-se-á a lei do país em que estiverem situados."

Trata-se da regra de conexão *lex rei sitae*, sobre a qualificação dos bens e a regulação das relações a eles concernentes. Ou seja, é a lei do local da situação dos bens que vai regulá-los (aplicação do princípio da territorialidade).

"Será preciso, ainda, não olvidar que a lex rei sitae regulará tão somente os bens móveis e imóveis considerados individualmente (uti singuli), pertencentes a nacionais ou estrangeiros, domiciliados ou não no país. Quando forem elementos de uma universalidade, afastado estará tal critério, pois a lei normalmente competente para regê-los sob esse aspecto é aquela a que se subordina o instituto correspondente. Assim, os bens considerados uti universitas, como o espólio, o patrimônio conjugal, escapam à aplicação da lex rei sitae, passando a se reger pela reguladora da sucessão (lex domicilii do autor da herança) (LINDB, art. 10); da sociedade conjugal (LINDB, art. 7º)."[7-8]

A título conclusivo: "É mister salientar que a capacidade para exercer direitos reais ou efetivar contratos a eles relativos rege-se pela *lex domicilii*, e a forma extrínseca dos atos negociais destinados à aquisição, transmissão e extinção de direitos reais obedece ao *locus regit actum*, mas as condições da constituição da aquisição, da transferência do direito real, p. ex., a exigência de tradição ou do assento no registro imobiliário, submetem-se à *lex rei sitae*".[9]

É importante esclarecer que os direitos reais dizem respeito às relações jurídicas proprietárias, possessórias ou de garantias sobre bens.

3.2.1. § 1º do art. 8º – *Lex domicilii do proprietário*

"§ 1º Aplicar-se-á a lei do país em que for domiciliado o proprietário, quanto aos bens móveis que ele trouxer ou se destinarem a transporte para outros lugares."

O parágrafo cuida de uma regra de conexão subsidiária – a lei do domicílio do proprietário (*lex domicilii* do proprietário) –, aplicada quando os bens estiverem em situação de intensa mobilidade e trânsito, o que tornaria impossível sua localização espacial para fins de aplicação da lei indicada pela regra de conexão *lex rei sitae*.

Assim, os bens móveis que estiverem em situação de intensa mobilidade terão como regra de conexão a lei do domicílio do proprietário. Ou seja, a qualificação desses bens e a regulação de suas relações serão determinados pela lei do domicílio do proprietário.

5. Ou seja, o divórcio agora pode ser feito sem que se aguarde o período de tempo e sem prévia separação judicial, sendo denominado pela doutrina como "divórcio-relâmpago". Ademais, pode ser feito em Cartório Extrajudicial, com presença de advogado e desde que sem filhos menores.

6. DINIZ, Maria Helena. **Lei de Introdução ao Código Civil interpretada**. 16. ed. São Paulo: Saraiva, 2011. p. 293.
7. DINIZ, *op. cit.*, p. 317.
8. No mesmo sentido, ler BASSO, Maristela. **Curso de Direito Internacional Privado**. 2. ed. São Paulo: Atlas, 2011. p. 191.
9. DINIZ, *op. cit.*, p. 319.

3.2.2. § 2º do art. 8º – *Lex domicilii* do possuidor

"§ 2º O penhor regula-se pela lei do domicílio que tiver a pessoa, em cuja posse se encontre a coisa apenhada."

Cuida de uma regra de conexão subsidiária – a lei do domicílio do possuidor (*lex domicilii* do possuidor) –, aplicada somente no tocante ao penhor, isto é, daquele que se encontrar com a posse direta da coisa empenhada, no momento da constituição dos direitos de garantia real.

O objetivo de tal regra é dar maior segurança ao negócio, pois o credor, após a tradição do bem dado em penhor, será o possuidor direto.

3.2.3. Navios, aeronaves e embarcações

Tais bens móveis são considerados de natureza especial, pois têm por característica a intensa circulação transfronteiriça e a pouca fixação em determinado território. Assim, são regrados pela lei de matrícula ou de seu abandeiramento, ou seja, a lei do país onde forem registrados por seu proprietário os regulará no que tange à qualificação e às relações a eles concernentes.

Essa regra de conexão não tem previsão na Lei de Introdução às Normas do Direito Brasileiro, mas é oriunda dos arts. 274 a 284 do Código Bustamante.

3.3. Art. 9º – *Locus regit actum*

"Art. 9º Para qualificar e reger as obrigações, aplicar-se-á a lei do país em que se constituírem."

Trata-se da regra de conexão *locus regit actum* sobre a qualificação e a regulação das obrigações (leia-se: seus aspectos extrínsecos). Ou seja, é a lei do local em que as obrigações foram constituídas que vai regulá-las.

É importante apontar que as obrigações surgem dos contratos, dos delitos e dos quase delitos (crimes praticados com culpa – negligência, imprudência e imperícia). Mas, em função do comércio internacional, os contratos adquirem grande destaque nas discussões do DIPr.

A regra do art. 9º, *caput*, tem por pressuposto que o local onde a obrigação foi constituída também será a sede da relação jurídica. Isso porque o DIPr tem por prática aplicar a lei do país-sede da relação jurídica, o que permite aplicar a lei do local onde a relação jurídica está produzindo efeitos. Dito isso, pode-se afirmar que o juiz brasileiro poderá aplicar a lei nacional (*lex fori*), sem afrontar o art. 9º, quando um contrato constituído no estrangeiro for executado majoritariamente no Brasil. E um exemplo comum desse caso é a aplicação da *lex loci executionis* aos contratos de trabalho celebrados no exterior, mas com a execução das atividades laborais tomando corpo inteiramente em solo brasileiro.

3.3.1. Autonomia da vontade

A autonomia da vontade como regra de conexão no tocante aos contratos é adotada na maioria dos países na atualidade. Tal regra privilegia a flexibilidade e promove um ambiente propício aos negócios. A título de exemplo, tal regra encontra-se insculpida na Convenção de Roma de 1980 e na Convenção Interamericana sobre Direito Aplicável aos Contratos Internacionais de 1994.

A autonomia da vontade apenas teria limitações ditadas pela ordem pública do país no qual o contrato vai ser executado. Isto é, faz-se necessário que a lei escolhida para reger o contrato não desrespeite a ordem pública do país-sede da execução do contrato. Leia-se aqui "ordem pública" como o conjunto de regras e princípios basilares de um certo ordenamento jurídico.

O art. 9º da LINDB funciona como um limitador da autonomia da vontade, na medida em que determina que as obrigações serão reguladas pela lei do país onde forem constituídas. Ora, em tal quadro as partes não podem escolher a lei aplicável ao contrato constituído. Todavia, se a lei do país onde a obrigação foi constituída permitir a autonomia da vontade sobre a escolha da lei incidente ao contrato, permitida estará a escolha da lei aplicável pelas partes, sendo limitada apenas pela ordem pública do país-sede da execução do contrato.

3.3.2. § 1º do art. 9º – *Lex loci executionis*

"§ 1º Destinando-se a obrigação a ser executada no Brasil e dependendo de forma essencial, será esta observada, admitidas as peculiaridades da lei estrangeira quanto aos requisitos extrínsecos do ato."

Não se trata de regra de conexão subsidiária, mas sim de regra unilateral, pois determina a aplicação da lei brasileira no tocante à forma essencial para a validade da obrigação constituída no exterior e que será executada no Brasil (*lex loci executionis*). Leia-se aqui "forma essencial" como requisitos para validade do negócio jurídico.

É interessante verificar que a regra do § 1º não colide, mas sim reforça a regra geral de conexão *locus regit actum*. Isso porque prescreve, além do respeito à forma essencial ditada pelo direito brasileiro, a aplicação da lei do local onde a obrigação se constituiu.

Um exemplo disso é a exigência estipulada pelo art. 108 do CC/2002: um negócio constituído no exterior que envolva a constituição ou a transferência de direitos reais sobre imóvel, situado no Brasil, com valor superior a 30 vezes o maior salário-mínimo vigente no país, dependerá para sua efetivação que se proceda à lavratura da escritura pública, caso não disponha a lei em contrário.

3.3.3. § 2º do art. 9º – Obrigação resultante do contrato

"§ 2º A obrigação resultante do contrato reputa-se constituída no lugar em que residir o proponente."

A regra do § 2º aplica-se aos contratos *entre ausentes* (leia-se: contratantes residentes em países diversos). Assim, a lei do país onde residir o proponente regulará e qualificará o contrato firmado entre ausentes. Em outras palavras, aplicar-se-á a lei brasileira sempre que a parte ofertante residir no Brasil. É necessário recordar que o art. 9º, *caput*, é aplicado aos contratos internacionais *entre presentes* e determina que é a lei do local em que as obrigações foram constituídas que vai regulá-las.

Importante é esclarecer o sentido correto do termo "residir". Maria Helena Diniz[10] derruba a pretensão de contradição entre o art. 9º, § 2º, da LINDB e o art. 435 do CC/2002 (aplicável aos contratos de índole nacional), pois aponta que o termo "residir" refere-se ao local "em que se encontra" ou "estabelece morada" (bem diferente da norma de DIPr internacional *lex domicilii* do proponente). Destarte, "o país onde residir o proponente" significa "o país onde ele estiver". E, por fim, ambos os artigos pregam a aplicação da lei do local onde foi feita a proposta.

10. DINIZ, *op. cit.*, p. 333.

Tal interpretação é condizente com o cosmopolitismo do mundo dos negócios, marcado pela intensa mobilidade dos potenciais contratantes.

3.4. Art. 10 – *Lex domicilii* do defunto ou do desaparecido

"Art. 10. A sucessão por morte ou por ausência obedece à lei do país em que domiciliado o defunto ou o desaparecido, qualquer que seja a natureza e a situação dos bens."

O artigo traz como regra de conexão a lei do país de último domicílio do defunto ou do desaparecido (*lex domicilii* do defunto ou do desaparecido) no que tange à regulação da sucessão por morte ou por ausência, qualquer que seja a natureza e a situação dos bens. Resta clara a concepção unitarista da sucessão, tal qual adotada nos países de tradição jurídica romano-germânica.

O contraponto seria a concepção pluralista da sucessão, adotada nos países de tradição jurídica *common law*. A título explicativo, a pluralidade sucessória prega que cada bem, individualmente considerado, deve ser regulado pela lei de sua localização (*lex rei sitae*).

Porém, a jurisprudência pátria vem tornando relativa a regra estipulada no art. 10 da LINDB, ou seja, relativizando a concepção unitarista da sucessão. Tome de exemplo trecho do REsp 1.362.400-SP[11] onde a relatividade do art. 10 é destacada: "Especificamente à lei regente da sucessão, pode-se assentar, de igual modo, que o art. 10 da LINDB, ao estabelecer a lei do domicílio do autor da herança para regê-la, não assume caráter absoluto. A conformação do direito internacional privado exige, como visto, a ponderação de outros elementos de conectividade que deverão, a depender da situação, prevalecer sobre a lei de domicílio do *de cujus*. Além disso, outras duas razões – a primeira de ordem legal; a segunda de ordem prática – corroboram com a conclusão de relatividade do disposto no art. 10, *caput*, da LINDB. No tocante ao primeiro enfoque, o dispositivo legal sob comento deve ser analisado e interpretado sistematicamente, em conjunto, portanto, com as demais normas internas que regulam o tema, em especial o art. 8º, *caput*, e § 1º do art. 12, ambos da LINDB e o art. 23 do NCPC. E, o fazendo, verifica-se que, na hipótese de haver bens imóveis a inventariar situados, simultaneamente, aqui e no exterior, o Brasil adota o princípio da pluralidade dos juízos sucessórios. Como se constata, a própria LINDB, em seu art. 8º, dispõe que as relações concernentes aos bens imóveis devem ser reguladas pela lei do país em que se encontrem. Inserem-se, inarredavelmente, no espectro de relações afetas aos bens imóveis aquelas destinadas a sua transmissão/alienação, seja por ato entre vivos, seja *causa mortis*, cabendo, portanto, à lei do país em que situados regê-las. Por sua vez, o NCPC, em seu art. 23 (abrangendo disposição idêntica à contida no § 2º do art. 12 da LINDB), é expresso em reconhecer que a jurisdição brasileira, com exclusão de qualquer outra, deve conhecer e julgar as ações relativas aos imóveis situados no país, assim como proceder ao inventário e partilha de bens situados no Brasil, independente do domicílio ou da nacionalidade do autor da herança. Sobressai, no ponto, a insubsistência da tese de que o Juízo sucessório brasileiro poderia dispor sobre a partilha de bem imóvel situado no exterior. Como assinalado, não resta sequer instaurada a jurisdição brasileira para deliberar sobre bens imóveis situados no estrangeiro, tampouco para proceder a inventario ou à partilha de bens imóveis sitos no exterior. O solo, em que se fixam os bens imóveis, afigura-se como expressão da própria soberania de um Estado e, como tal, não pode ser, sem seu consentimento ou em contrariedade ao seu ordenamento jurídico, objeto de ingerência de outro Estado. No ponto, já se pode antever a segunda razão – esta de ordem prática – a justificar a assertiva de que o art. 10 da LINDB encerra, de fato, regramento que comporta exceções. É que um provimento judicial emanado do juízo sucessório brasileiro destinado a deliberar sobre imóvel situado no exterior, além de se afigurar inexistente, pois, como visto, não instaurada sequer sua jurisdição, não deteria qualquer eficácia em outro país, destinatário da "ordem" judicial. Aliás, dentre os princípios que regem o Direito Internacional Privado, ganha cada vez mais relevo o da eficácia das decisões ou do Estado com melhor competência, informador da competência da *lex rei sitae* (lei da situação da coisa) para regular as relações concernentes aos bens imóveis, pois esta é a lei, inarredavelmente, que guarda melhores condições de impor a observância e o acatamento de seus preceitos. Assim, em havendo bens imóveis a serem inventariados ou partilhados simultaneamente no Brasil e no estrangeiro, a premissa de que a lei do domicílio do *de cujus*, sempre e em qualquer situação, regulará a sucessão, somente poderia ser admitida na remota – senão inexistente – hipótese de o Estado estrangeiro, cujas leis potencialmente poderiam reger o caso (em virtude de algum fator de conexão, v.g., situação da coisa, existência de testamento, nacionalidade etc.), possuir disposição legal idêntica à brasileira. Mais do que isso. Seria necessário que, tanto o Brasil, em que domiciliado a autora da herança, assim como o país estrangeiro, país em que situado o imóvel a ser inventariado, adotassem o princípio da unidade ou universalidade do juízo da sucessão e que, em ambos os países, o juízo sucessório fosse (com prejuízo de qualquer outra regra de conexão) o do domicílio do autor da herança. Todavia, em se tratando de bem imóvel situado no estrangeiro, circunstância que se relaciona diretamente com a própria soberania do Estado, difícil, senão impossível, cogitar a hipótese de este mesmo Estado estrangeiro dispor que a sucessão deste bem, nele situado, fosse regulada pela lei de outro país. No ordenamento jurídico nacional (art. 8º, *caput*, da LINDB, em conjunto com o art. 23 do NCPC – abrangendo disposição idêntica à contida no § 2º do art. 12 da LINDB), tal hipótese seria inadmissível. A exegese ora propugnada, encontra ressonância na especializada doutrina, que bem esclarece a inidoneidade (e mesmo ineficácia) do critério unitário para reger a sucessão de bens imóveis situados em mais de um Estado, em claro descompasso com as demais normas internas que tratam do tema. Ademais, a jurisprudência do STJ, na linha da doutrina destacada, já decidiu que, "Adotado no ordenamento jurídico pátrio o princípio da pluralidade de juízos sucessórios, inviável se cuidar, em inventário aqui realizado, de eventuais depósitos bancários existentes no estrangeiro. (REsp 397.769-SP,3ª Turma, *DJ* 19.12.2002)".

Conforme dito, a regra de conexão *lex domicilii* do defunto ou do desaparecido diz respeito aos aspectos intrínsecos do testamento, como, por exemplo, o conteúdo das disposições de última vontade, sua admissibilidade e os efeitos dela decorrentes. Por outro lado, os aspectos extrínsecos do testamento teriam como regra de conexão o *locus regit actum* (lei do local onde o negócio jurídico tenha se constituído). Como exemplos

11. Rel. Min. Marco Aurélio Bellize, julgado em 28.04.2015 (Inform. STJ 563).

de aspectos extrínsecos, podem-se apontar o respeito à forma legal e se o ato foi lavrado pela autoridade competente.

A Lei de Introdução às Normas do Direito Brasileiro não cuidou da comoriência,[12] portanto, é imperioso lançar mão do art. 29 do Código Bustamante, que assim determina: "As presunções de sobrevivência ou de morte simultânea, na falta de prova, serão reguladas pela lei pessoal de cada um dos falecidos em relação a sua respectiva sucessão". Ou seja, sem a existência de provas será aplicada a lei de domicílio do *de cujus* para regular a comoriência.[13]

Por fim, se a sucessão for regulada pela lei brasileira, cabe saber que a sucessão se abre no lugar do último domicílio do falecido (art. 1.785 do CC/2002).

3.4.1. § 1º do art. 10 – Exceção benéfica

"§ 1º A sucessão de bens de estrangeiros, situados no País, será regulada pela lei brasileira em benefício do cônjuge ou dos filhos brasileiros, ou de quem os represente, sempre que não lhes seja mais favorável a lei pessoal do *de cujus*."

Funciona como exceção benéfica, pois a regra de conexão do *caput* será afastada para aplicação da *lex fori* sobre a sucessão de bens de estrangeiros, situados no país, desde que não seja mais favorável para o cônjuge ou os filhos brasileiros a lei pessoal do *de cujus*.

Tal regra é reforçada pela mesma previsão insculpida na Constituição brasileira (art. 5º, XXXI). Ademais, é um exemplo de aplicação do princípio da pluralidade sucessória, o que destoa da concepção unitarista adotada pelo DIPr brasileiro.

3.4.2. § 2º do art. 10 – *Lex domicilii* do herdeiro ou do legatário

"§ 2º A lei do domicílio do herdeiro ou legatário regula a capacidade para suceder."

Funciona como exceção à lei do último domicílio do defunto, pois a capacidade para suceder será regulada pela lei do domicílio do herdeiro ou do legatário (*lex domicilii* do herdeiro ou do legatário).

Percebe-se que é a lei do último domicílio do *de cujus* que definirá quem é herdeiro ou não. Após a definição dos herdeiros, cabe verificar a capacidade para suceder de cada um. Tal verificação é balizada pela lei do domicílio do herdeiro.

3.5. Art. 11 – Lei do país de constituição das organizações de interesse coletivo

"Art. 11. As organizações destinadas a fins de interesse coletivo, como as sociedades e as fundações, obedecem à lei do Estado em que se constituírem."

O artigo traz como regra de conexão a lei do país de constituição das organizações de interesse coletivo (sociedade, fundação particular, associação, cooperativa) no que tange à regulação da criação, funcionamento e extinção da pessoa jurídica (critério da incorporação[14]).

Tal regra de conexão deu origem ao princípio do reconhecimento da pessoa jurídica de direito estrangeiro. Isto é, o reconhecimento dos entes coletivos de direito estrangeiro prescinde de ato de autoridade governamental de outras jurisdições; trata-se de um reconhecimento automático pela comunidade internacional. Todavia, tanto a criação de filiais em outras jurisdições como o regime de sua responsabilidade devem guardar respeito à lei do país em que forem se instalar.

Cabe apontar a existência da regra de conexão "lei do país-sede de atividades" no DIPr convencional (critério da sede social[15]). Essa regra aparece na Convenção Relativa ao Reconhecimento Jurídico das Companhias, Associações e Instituições Internacionais, no âmbito das Conferências da Haia. Mas na Convenção Interamericana sobre Conflitos de Leis em Matéria de Sociedades Mercantis, no âmbito da OEA, é a regra de conexão "lei do país de constituição das organizações" a adotada.

Por fim, o critério do controle excepciona a regra de atribuição da nacionalidade às pessoas jurídicas. Assim, a nacionalidade da pessoa jurídica é determinada pelos interesses nacionais que levaram à sua constituição, que são geralmente determinados pela nacionalidade dos possuidores do capital da sociedade.

3.5.1. § 1º do art. 11 – Autorização condicionada

"§ 1º Não poderão, entretanto, ter no Brasil filiais, agências ou estabelecimentos antes de serem os atos constitutivos aprovados pelo Governo brasileiro, ficando sujeitas à lei brasileira."

O parágrafo cuida de autorização condicionada para funcionamento de filiais, agências ou estabelecimentos de pessoa jurídica estrangeira no Brasil; condicionada porque não poderão aqui funcionar antes de ter seus atos constitutivos aprovados pelo governo brasileiro (ver também o art. 1.134 do CC/2002); após aprovação, ficam sujeitos à lei brasileira.

A sujeição à lei doméstica aplica-se somente às operações da pessoa jurídica no Brasil, ou melhor, em relação à filial, e não em relação à matriz.

É importante saber que a autorização concedida pelo governo brasileiro pode ser por ele cancelada caso a pessoa jurídica infrinja disposição de ordem pública ou pratique atos contrários aos fins declarados em seu estatuto. Tal regra está prevista no art. 1.125 do CC/2002.

Cada vez mais adquire importância tal regra, pois a realidade hodierna é marcada pela atuação transfronteiriça das organizações de interesse coletivo. Podem-se apontar como atores de grande importância no cenário internacional as empresas, as ONGs e as fundações com atuação transnacional. Essa característica traz consigo forte apelo para adaptação das legislações domésticas no sentido de facilitar a atuação das organizações transnacionais.

3.5.2. § 2º do art. 11 – Proibição de aquisição de bens imóveis

"§ 2º Os Governos estrangeiros, bem como as organizações de qualquer natureza, que eles tenham constituído, dirijam ou hajam investido de funções públicas, não poderão adquirir no Brasil bens imóveis ou susceptíveis de desapropriação."

12. Presunção jurídica de que duas ou mais pessoas morreram ao mesmo tempo em função de contexto fático marcado pela simultaneidade.
13. No Brasil, o art. 8º do CC/2002 assim disciplina a comoriência: "Se dois ou mais indivíduos falecerem na mesma ocasião, não se podendo averiguar se algum dos comorientes precedeu aos outros, presumir-se-ão simultaneamente mortos".
14. Ampla aplicação no direito inglês e estadunidense.
15. De grande aplicação nos países da Europa Continental.

O texto traz uma proibição no que se refere à aquisição de bens imóveis no Brasil. Segundo o § 2º do art. 11 da LINDB, o Estado estrangeiro ou a organização internacional ficam impedidos de adquirir bens imóveis ou suscetíveis de desapropriação no território brasileiro. O impedimento estende-se ainda às entidades criadas por Estados estrangeiros.

A razão de ser de tal regra é a proteção da soberania do Estado brasileiro.

3.5.3. § 3º do art. 11 – Exceção à proibição de aquisição de bens imóveis

> "§ 3º Os Governos estrangeiros podem adquirir a propriedade dos prédios necessários à sede dos representantes diplomáticos ou dos agentes consulares."

A regra estipulada no § 2º é excepcionada pela permissão conferida aos Estados estrangeiros de adquirir a propriedade dos prédios necessários à sede dos representantes diplomáticos ou dos agentes consulares. Essa exceção é pautada no princípio da proteção do exercício das atividades diplomáticas pelos Estados.

O princípio supracitado tem acolhida no DIPr convencional, consoante o que se vê na Convenção de Viena sobre Relações Diplomáticas, de 1961, e na Convenção de Viena sobre Relações Consulares, de 1963.

Importante, por fim, destacar no que tange à aplicação das regras de conexão, que segundo a Convenção so-bre Normas Gerais de Direito Internacional Privado, as questões prévias, preliminares ou incidentes que surjam em decorrência de uma questão principal não devem necessariamente ser resolvidas de acordo com a lei que regula esta última (art. 8º).

4. APLICAÇÃO DO DIREITO ESTRANGEIRO

Viu-se que com a aplicação da regra de conexão é possível determinar o direito material que vai regular o caso com elemento de estraneidade. Esse direito indicado pela norma indireta do DIPr pode ser tanto o nacional como o estrangeiro. Ou seja, em determinadas situações o juiz brasileiro terá de aplicar o direito estrangeiro.[16]

Tendo por base tal possibilidade, passemos agora ao estudo de algumas considerações importantes para o perfeito entendimento do tema "aplicação do direito estrangeiro pelo juiz brasileiro".

4.1. Proibição de reenvio ou devolução ou remissão – Art. 16 da LINDB

Como visto, o direito indicado pela regra de conexão e que incidirá no fato ou na relação jurídica com elemento estrangeiro é o direito material, tanto nacional como internacional.

Todavia, juízes de alguns países aplicavam não o direito material do país estrangeiro, mas sim seu DIPr, o que possibilitava, em algumas situações, o reenvio ou retorno, ou seja, a regra de conexão estrangeira indicava a *lex fori* como apta a resolver o caso misto.

Funciona como se a solução fosse enviada para o direito de certo país e o direito desse país a reenviasse (de volta ou para outro país). Em outras palavras, o reenvio é uma interpretação que despreza a norma material indicada pela regra de conexão e aplica DIPr estrangeiro para chegar a outra norma material, geralmente de índole nacional.

O reenvio pode ser de distintos graus: *a)* reenvio de 1º grau: refere-se a dois países, isto é, a legislação do país A remete à do país B, que reenvia para A; *b)* reenvio de 2º grau: refere-se a três países, situação em que a legislação de A remete à de B, que reenvia para C; *c)* e reenvio de 3º grau: refere-se a quatro países; é similar ao reenvio de 2º grau, com a diferença de que nesta a legislação de C remete à do país D.

Dentro desse quadro, ergue-se o art. 16 da LINDB e proíbe o juiz nacional de utilizar-se do reenvio. O juiz aplica o DIPr brasileiro para determinar o direito material aplicável, e, se este for estrangeiro, caberá ao magistrado aplicá-lo.

Interessante é perceber que o instituto do reenvio é um desfigurador das regras de conexão, pois a estas cabem solucionar os conflitos de leis no espaço, e, a partir do momento em que o DIPr brasileiro indicar o DIPr estrangeiro, ele não estará cumprindo com sua função.

4.2. Prova do direito estrangeiro –Art. 14 da LINDB

A aplicação da lei estrangeira, quando determinada pelo DIPr brasileiro, é uma obrigação do juiz, e não mera faculdade. Tanto é assim, que a doutrina brasileira tem entendimento robusto no sentido de aplicação *ex officio* do direito estrangeiro pelo magistrado.

A dúvida que o art. 14 da LINDB cria é no tocante à prova do texto e da vigência do direito estrangeiro. Como a Lei de Introdução não disciplina a forma como deve se dar a prova do texto e da vigência do direito estrangeiro, é interessante vermos o que dispõe o art. 409 do Código Bustamante: "A parte que invoque a aplicação do direito de qualquer Estado contratante em um dos outros, ou dela divirja, poderá justificar o texto legal, sua vigência e sentido mediante certidão, devidamente legalizada, de dois advogados em exercício no país de cuja legislação se trate".

O Código Bustamante ainda traz outra maneira de proceder à verificação do texto e da vigência do direito estrangeiro, insculpida no art. 410 (pela via diplomática). E os Estados se obrigam a fornecer a informação requerida sobre o texto e a vigência de seu direito (art. 411 do Código Bustamante).

Percebe-se que o juiz brasileiro terá o auxílio do Código Bustamante para bem aplicar o direito estrangeiro e utilizará o art. 14 da Lei de Introdução e o art. 376 do NCPC para exigir da parte que o invoca a prova de seu texto e de sua vigência, no caso de não o conhecer.

A título conclusivo, pode-se dizer que o juiz deve aplicar *ex officio* o direito estrangeiro, caso o conheça. Do contrário, pedirá que as partes provem o texto e a vigência desse direito. Mas caso seja inviável a produção da prova do teor e da vigência de lei estrangeira, o juiz brasileiro aplicará o direito nacional, pois o litígio não pode ficar sem solução (em função do princípio da proibição do *non liquet*).

16. "Caracterizada a norma estrangeira como lei e não fato, segue-se que sua ignorância não é admitida, que o juiz deve aplicá-la *ex officio*, que pode ser invocada a qualquer tempo, isto é, em qualquer fase do processo, e que, em nosso regime processual, pode ser objeto de recurso especial e de ação rescisória. O recurso especial se dará quando nossos tribunais negarem vigência à lei estrangeira competente, ou aplicando-a, lhe derem interpretação divergente da que lhe tenha sido dada por outro acórdão, também de tribunal brasileiro" (DOLINGER, Jacob. **Direito Internacional Privado**. 10. ed. Rio de Janeiro: Forense, 2012. p. 283).

Cabe mencionar a Convenção Interamericana sobre Prova e Informação acerca do Direito Estrangeiro, de 1979, que, no âmbito da OEA, foi incorporada pelo Brasil na segunda Cidip.

Por fim, deve-se dizer que a lei estrangeira, aplicada por força de dispositivo de Direito Internacional Privado brasileiro, se equipara à legislação federal brasileira, para efeito de admissibilidade de recurso especial, quando contrariada ou lhe for negada vigência pelo juiz nacional (STF, RE 93.131-7/MG, 2ª T., j. 17.12.1981, rel. Min. Moreira Alves, *DJ*23.04.1982).

4.3. Prova dos fatos ocorridos no estrangeiro – Art. 13 da LINDB

A prova dos fatos ou atos ocorridos no estrangeiro deverá ser feita com base na *lex loci*. É a lei do país onde ocorreu o fato ou o ato que vai regular o procedimento probatório (*locus regit actum*).

O mencionado acima transmite uma parte da regra disposta no art. 13 da LINDB. A outra parte que funciona como ressalva dispõe que o juiz não poderá se valer das provas **não admitidas** pelo direito brasileiro.

"Não admitidas" aparece sublinhada no trecho anterior como forma de contrastar com o texto literal do art. 13, que se refere às provas que a lei brasileira **não conheça**. Se prevalecesse o texto literal, teríamos uma mitigação do direito da parte de defender-se por meio de todas as provas em direito admitidas.

Portanto, deve ser aceito qualquer meio de prova, desde que lícito, conforme os ditames do ordenamento jurídico brasileiro, e que não viole a ordem pública (art. 17 da LINDB). Ademais, o art. 369 do NCPC dispõe nesse sentido: "Todos os meios legais, bem como os moralmente legítimos, ainda que não especificados neste Código, são hábeis para provar a verdade dos fatos, em que se funda a ação ou a defesa".

Nesse contexto, cabe apontar as Convenções da Haia sobre Direito Processual Civil de 1954 e sobre Obtenção de Prova no Estrangeiro em Matéria Civil e Comercial de 1970, além da Convenção Interamericana sobre Obtenção de Provas no Exterior de 1975, no âmbito da OEA. Na Convenção Interamericana adotou-se a carta rogatória como instrumento para solicitações, entre juízes, de recebimento e de colheita de provas.

5. COMPETÊNCIA INTERNACIONAL

Como estudado até agora, o juiz deve aplicar uma regra de conexão para determinar o direito aplicável ao caso com elemento estrangeiro. Todavia, antes de aplicar o DIPr brasileiro, cabe ao juiz perscrutar sobre sua competência, pois apenas se for competente poderá julgar o caso misto.

Assim, antes do conflito de leis no espaço, existiria um conflito internacional de jurisdição, que deve ser resolvido com suporte na *lex fori*, mais precisamente no art. 12 da LINDB e nos arts. 21, 23 e 24 no NCPC.

Passemos agora a analisar o campo do direito processual civil internacional.

5.1. Art. 12 da LINDB

> "Art. 12 É competente a autoridade judiciária brasileira, quando for o réu domiciliado no Brasil ou aqui tiver de ser cumprida a obrigação.
>
> § 1º Só à autoridade judiciária brasileira compete conhecer das ações relativas a imóveis situados no Brasil."

Da leitura do artigo, percebe-se uma diferença de tratamento, entre o *caput* e o § 1º, no que se refere à competência do juiz brasileiro. Essa diferença permite-nos assim dividir a competência do juiz brasileiro: *a)* competência concorrente: ação ajuizada contra réu domiciliado no Brasil ou ação sobre obrigação que deva ser cumprida no Brasil; e *b)* competência exclusiva: ação relativa à imóvel situado no Brasil.

Percebe-se que o art. 12 funciona como norma unilateral, pois determina em quais situações o juiz brasileiro terá competência para resolver casos dotados de elemento estrangeiro. O art. 12 é reforçado e complementado pelos arts. 21 e 23 do NCPC.

Como anunciado, a jurisdição internacional brasileira está prevista nas hipóteses dos arts. 21 e 23 do NCPC, mas o rol, segundo o STJ[17], não é exaustivo. Assim, pode haver processos que não se encontram na relação contida nessas normas, e que, não obstante, são passíveis de julgamento no Brasil. Deve-se analisar a existência de interesse da autoridade judiciária brasileira no julgamento da causa, na possibilidade de execução da respectiva sentença (princípio da efetividade) e na concordância, em algumas situações, pelas partes envolvidas, em submeter o litígio à jurisdição nacional (princípio da submissão). Porém, cabe destacar também que, para a doutrina clássica, apenas o art. 21 do NCPC é exemplificativo.

5.1.1. Competência concorrente ou relativa

Uma das hipóteses de competência concorrente é aquela da ação ajuizada contra réu domiciliado no Brasil. O princípio informador dessa regra é o *actios equitor forum rei*. Em outras palavras, a competência do juiz nacional é determinada pelo critério domiciliar, não importando a condição de estrangeiro do réu. Ademais, reputa-se domiciliada no Brasil a pessoa jurídica estrangeira que aqui tiver agência, filial ou sucursal (art. 21, parágrafo único, do NCPC).

Como o critério eleito para definir a competência é o domiciliar, cabe ao juiz bem definir domicílio. Em tal tarefa, lançará mão dos arts. 70 e 71 do CC/2002.

A regra do art. 71 do CC/2002 é de grande utilidade nos casos com elemento estrangeiro, pois a alegação de que o réu possui outra(s) residência(s), além da estabelecida no Brasil, não elidirá a competência do juiz nacional, pois qualquer uma delas poderá ser considerada seu domicílio. Cabe também esclarecer que "é também domicílio da pessoa natural, quanto às relações concernentes à profissão, o lugar onde esta é exercida" (art. 72 do CC/2002).

O art. 75 é utilizado para determinar o domicílio das pessoas jurídicas. A regra geral é que tenham domicílio no local em que funcionarem as respectivas diretorias e administrações, salvo a eleição de domicílio especial na forma do estatuto ou atos constitutivos (art. 75, IV, do CC/2002). Mesmo que a administração tiver sede no estrangeiro, será considerado domicílio, da pessoa jurídica, o local de seu estabelecimento no Brasil.

Outra hipótese de competência concorrente é a que cuida de obrigações, contratuais ou extracontratuais, que devam ser cumpridas no Brasil. Percebe-se que essa regra prescinde do critério domiciliar. Nesse sentido, o STJ decidiu que é vedado às partes dispor (ex.: cláusula de eleição de foro) sobre a com-

17. STJ, RO 64/SP (2008/0003366-4), 3ª T., j. 13.05.2008, rel. Min. Nancy Andrighi, *DJe* 23.06.2008.

petência concorrente de juiz brasileiro por força das normas fundadas na soberania nacional, não suscetíveis à vontade dos interessados.[18]

Um exemplo ordinário é o caso de um contrato internacional que estipule sua execução no Brasil. Tal situação torna o juiz brasileiro competente, mas, ao mesmo tempo, não torna incompetente, por exemplo, o juiz do país onde a obrigação foi constituída.

A terceira hipótese é a regulada pelo art. 21, III, do NCPC, que dispõe acerca da competência concorrente sobre ação originada de fato ocorrido ou de ato praticado no Brasil.

O art. 22 do NCPC expressamente atribui como parte da competência concorrente ou relativa da autoridade judiciária brasileira julgar ações de alimentos quando (i) o credor tiver domicílio ou residência no Brasil ou (ii) o réu mantiver vínculos no Brasil, tais como posse ou propriedade de bens, recebimento de renda ou obtenção de benefícios econômicos (inciso I do art. 22). O juiz brasileiro ainda é relativamente competente para julgar as seguintes ações: decorrentes de relações de consumo, quando o consumidor tiver domicílio ou residência no Brasil (inciso II do art. 22); e em que as partes, expressa ou tacitamente, se submeteram à jurisdição nacional (inciso III do art. 22).

O inciso I do artigo 22 acabou com as incertezas que existiam nas ações de alimentos que envolvem partes residentes em países diferentes. Além do que, facilita o acesso à justiça do alimentando (credor), pois este poderá executar, no Brasil, a sentença estrangeira que fixa os alimentos, desde que devidamente homologada pelo STJ. Essa nova redação legal prestigia o princípio constitucional do acesso à justiça (art. 5º, XXXV, da CF). Por sua vez, o inciso II do artigo 22 pôs um fim na discussão que existia sobre a competência concorrente do Brasil nas demandas que discutem defeitos e ilícitos decorrentes das relações consumeristas, sobretudo quando envolvem as corporações multinacionais[19].

Já o inciso III do artigo 22 do NCPC é a principal inovação em termos de competência internacional. Segundo esse dispositivo legal, qualquer pessoa ao redor do mundo poderia, em tese, escolher a jurisdição nacional para processar e julgar uma demanda que não tem nenhuma relação com o Brasil, nenhum ponto de conexão que justifique o julgamento da controvérsia por uma autoridade judiciária brasileira. Alguns doutrinadores já apontaram em tom de alarde que o Brasil poderia se tornar um novo foro internacional de resolução de conflitos. Porém, a autoridade judiciária poderá afastar sua aplicação com base nos princípios da inconveniência do foro e da efetividade. A causa deve ter um mínimo de contato com o Brasil para ser aqui processada.

Por fim, o artigo 25 do NCPC define que **não** compete à autoridade judiciária brasileira o processamento e o julgamento da ação quando houver cláusula de eleição de foro exclusivo estrangeiro em contrato internacional, arguida pelo réu na contestação. Essa previsão encerra a discussão, ainda existente na jurisprudência e em parte da doutrina, sobre a validade da cláusula de eleição de foro estrangeiro que exclui a competência da autoridade judiciária brasileira para os litígios decorrentes do contrato. Agora resta indiscutível que as partes têm a liberdade de, no contrato, renunciar à própria jurisdição estatal via convenção de arbitragem, até porque não seria possível submeter eventuais litígios, com exclusividade, à foro estrangeiro sem antes poder renunciar à jurisdição estatal.

5.1.2. Competência exclusiva ou absoluta

O juiz brasileiro terá competência exclusiva para conhecer das ações relativas a imóveis situados no Brasil. Essa competência exclusiva significa que nenhuma outra jurisdição poderá conhecer de ação que envolva bem imóvel situado no Brasil. Assim, por exemplo, sentença estrangeira sobre bem imóvel situado no Brasil nunca será reconhecida no Brasil, isto é, nunca irradiará efeitos em território nacional. A regra *forum rei sitae* aparece no art. 12, § 1º, da LINDB e no art. 23, I, no NCPC. Porém, cabe destacar que no Informativo 586 do STJ foi definido que é possível a homologação de sentença penal estrangeira que determine o perdimento de imóvel situado no Brasil em razão de o bem ser produto do crime de lavagem de dinheiro[20].

O art. 23, inc. II, do NCPC traz outra hipótese de competência exclusiva: "em matéria de sucessão hereditária, proceder à confirmação de testamento particular e ao inventário e à partilha de bens situados no Brasil, ainda que o autor da herança seja de nacionalidade estrangeira ou tenha domicílio fora do território nacional". A grande novidade aqui foi a previsão expressa da autoridade judiciaria brasileira para confirmar testamento particular.

O NCPC traz uma nova hipótese configuradora de competência exclusiva do juiz brasileiro. O inciso III do artigo 23 do

---

18. *Vide* STJ, REsp 804.306/SP, 3ª T., j. 19.08.2008, rel. Min. Nancy Andrighi, *DJe* 03.09.2008.

19. A Justiça brasileira é absolutamente incompetente para processar e julgar demanda indenizatória fundada em serviço fornecido de forma viciada por sociedade empresária estrangeira a brasileiro que possuía domicílio no mesmo Estado estrangeiro em que situada a fornecedora, quando o contrato de consumo houver sido celebrado e executado nesse local, ainda que o conhecimento do vício ocorra após o retorno do consumidor ao território nacional (Informativo 580 STJ).

20. É possível a homologação de sentença penal estrangeira que determine o perdimento de imóvel situado no Brasil em razão de o bem ser produto do crime de lavagem de dinheiro. De fato, a Convenção das Nações Unidas contra o Crime Organizado Transnacional (Convenção de Palermo), promulgada pelo Decreto n. 5.015/2004, dispõe que os estados partes adotarão, na medida em que o seu ordenamento jurídico interno o permita, as medidas necessárias para possibilitar o confisco do produto das infrações previstas naquela convenção ou de bens cujo valor corresponda ao desse produto (art. 12, 1, *a*), sendo o crime de lavagem de dinheiro tipificado na convenção (art. 6.º), bem como na legislação brasileira (art. 1.º da Lei n. 9.613/1998). Ademais, nos termos do CP: "Art. 9º A sentença estrangeira, quando a aplicação da lei brasileira produz na espécie as mesmas consequências, pode ser homologada no Brasil para: I – obrigar o condenado à reparação do dano, a restituições e a outros efeitos civis". Verifica-se, assim, que a lei brasileira também prevê a possibilidade de perda, em favor da União, ressalvado o direito do lesado ou de terceiro de boa-fé, do produto do crime, como um dos efeitos da condenação (art. 91, II, *b*, do CP). Nesse contexto, não prospera a alegação de que a homologação de sentença estrangeira de expropriação de bem imóvel – situado no Brasil – reconhecido como proveniente de atividades ilícitas ocasionaria ofensa à soberania nacional, pautada no argumento de que competiria à autoridade judiciária brasileira conhecer de ações relativas a imóvel situado no País, de acordo com o previsto no art. 12, § 1º, da LINDB, bem como no art. 89, I, do CPC/1973 [art. 23, I, do NCPC]. Com efeito, não se trata especificamente sobre a situação de bem imóvel, sobre a sua titularidade, mas sim sobre os efeitos civis de uma condenação penal determinando o perdimento de bem que foi objeto de crime de lavagem de capitais. Inclusive, é importante destacar que o bem imóvel não será transferido para a titularidade do país interessado, mas será levado a hasta pública, nos termos do art. 133 do CPP. SEC 10.612-FI, Rel. Min. Laurita Vaz, julgado em 18/5/2016, DJe 28/6/2016. Inf. 586 STJ.

NCPC dispõe que compete à autoridade judiciária brasileira, com exclusão de qualquer outra, em divórcio, separação judicial ou dissolução de união estável, proceder à partilha de bens situados no Brasil, ainda que o titular seja de nacionalidade estrangeira ou tenha domicílio fora do território nacional.

Por fim, o Novo CPC de maneira expressa definiu que não será homologada a decisão estrangeira na hipótese de competência exclusiva da autoridade judiciária brasileira (art. 964 do NCPC).

5.1.3. Exclusão de competência

O artigo 25 do Novo CPC dispõe que **não** compete à autoridade judiciária brasileira o processamento e o julgamento da ação quando houver cláusula de eleição de foro exclusivo estrangeiro em contrato internacional, arguida pelo réu na contestação. Todavia, tal previsão não se aplicará nos casos de competência exclusiva ou absoluta do juiz brasileiro.

5.2. Cooperação judiciária internacional

Para garantir a efetividade jurisdicional em tempos marcados pelo cosmopolitismo humano e impulsionados pela globalização econômica, cultural e política, é imprescindível a cooperação entre as diferentes jurisdições.

Muitas são as situações em que um juiz depende do Poder Judiciário de outro país para efetuar uma diligência judiciária ou qualquer ato desprovido de carga executória. O instrumento pelo qual um juiz doméstico pede auxílio a um juiz estrangeiro denomina-se carta rogatória. O juiz que pede é denominado rogante (carta rogatória ativa) e o que recebe, rogado (carta rogatória passiva).

A carta rogatória é meio processual adequado para a realização de diligências fora da jurisdição de um determinado Estado, compreendendo tanto os atos ordinatórios (ex.: citação, notificação judicial, cientificação, intimação etc.) como os instrutórios (ex.: coleta de provas) – o art. 27 do NCPC detalha quais vão ser os objetos da cooperação jurídica internacional[21]. Com o Novo CPC abriu-se expressamente a possibilidade de também executar, via carta rogatória, a decisão interlocutória estrangeira que concede medida de urgência (art. 960, § 1°, do NCPC)[22]. O fundamento para utilização das cartas rogatórias reside ou em um tratado regulando o instituto processual ou no acordo da reciprocidade, realizado pela via diplomática.

A Lei de Introdução às Normas do Direito Brasileiro dá as coordenadas sobre o assunto:

> *"Art. 12 (...)*
>
> *§ 2º A autoridade judiciária brasileira cumprirá, concedido o exequatur e segundo a forma estabelecida pela lei brasileira, as diligências deprecadas por autoridade estrangeira competente, observando a lei desta quanto ao objeto das diligências".*

Assim, pode-se afirmar que o juiz brasileiro (rogado), após concedido o *exequatur*, deverá cumprir a carta rogatória emitida pelo juiz estrangeiro (rogante). A redação do artigo 961 do NCPC deixa bem claro a necessidade prévia de concessão de *exequatur*: "A decisão estrangeira somente terá eficácia no Brasil após a homologação de sentença estrangeira ou a concessão do *exequatur* às cartas rogatórias, salvo disposição em sentido contrário de lei ou tratado".

Em relação ao *exequatur* ("execute-se"), é importante apontar que a carta rogatória deve respeitar a lei do país em que será cumprida (*lex fori* do juiz rogado – arts. 236, 260, 261, 262, 263, 268 e 960 do NCPC) e nunca violar a ordem pública brasileira (art. 17 da LINDB). De um modo geral, os requisitos para concessão do *exequatur*, já levando em conta os ditames do Novo CPC, são os seguintes: (**i**)ter o pedido de cooperação objeto da rogatória sido proferido por uma autoridade competente; (**ii**)ter o pleito sido precedido de citação regular, ainda que verificada a revelia; (**iii**)ser o pedido eficaz no país em que foi apresentado; (**iv**)não ofender a coisa julgada brasileira; (**v**)estar acompanhada de tradução oficial, salvo disposição que a dispense prevista em tratado;(**vi**) não haver manifesta ofensa à ordem pública; (**vii**)e, no caso de medidas de urgência concedidas sem audiência do réu, quando garantido o contraditório posterior[23].

Os efeitos do cumprimento ou da denegação da carta rogatória fazem apenas coisa julgada formal, ou seja, permitem a reapresentação da carta rogatória. Porém, cabe destacar que quando a matéria objeto do pedido fizer parte do âmbito de competência exclusiva ou absoluta da jurisdição brasileira (rever subitem 5.1.2), o *exequatur* não será concedido.

No Brasil, a competência para conceder *exequatur* às cartas rogatórias é do STJ.[24] Anteriormente era competência do STF, mas desde a edição da EC 45/2004 essa competência passou para o STJ (art. 105, I, *i*, da CF/1988). Cabe dizer que o STJ também é competente para homologar as sentenças estrangeiras (o que estudaremos no item 6).

O procedimento sofreu algumas alterações no NCPC, especialmente ditadas pelo art. 26[25]. Cabe antecipar como grande inovação a criação da figura da "autoridade central", que geralmente existe nos tratados multilaterais criados para reger com maior efetividade a cooperação judiciária internacional entre países parceiros. O NCPC trouxe capítulo específico sobre

21. "Art. 27. A cooperação jurídica internacional terá por objeto: I – citação, intimação e notificação judicial e extrajudicial; II – colheita de provas e obtenção de informações; III – homologação e cumprimento de decisão; IV – concessão de medida judicial de urgência; V -- assistência jurídica internacional; VI – qualquer outra medida judicial ou extrajudicial não proibida pela lei brasileira".

22. Porém, quando se tratar de decisões terminativas de processos judiciais, a execução delas, no Brasil, dependerá de prévia homologação pelo STJ.

23. PORTELA, Paulo Henrique Gonçalves. Direito Internacional Público e Privado. 7. ed. São Paulo: JusPodivm, 2015. p. 709.

24. A competência do STJ é apenas para processar as cartas rogatórias passivas, isto é, aquelas oriundas de juízos ou tribunais estrangeiros.

25. "A cooperação jurídica internacional será regida por tratado de que o Brasil faz parte e observará: I – o respeito às garantias do devido processo legal no Estado requerente; II – a igualdade de tratamento entre nacionais e estrangeiros, residentes ou não no Brasil, em relação ao acesso à Justiça e à tramitação dos processos, assegurando-se assistência judiciária aos necessitados; III – a publicidade processual, exceto nas hipóteses de sigilo previstas na legislação brasileira ou na do Estado requerente; IV – a existência de autoridade central para recepção e transmissão dos pedidos de cooperação; V – a espontaneidade na transmissão de informações a autoridades estrangeiras. § 1º Na ausência de tratado, a cooperação jurídica internacional poderá realizar-se com base em reciprocidade, manifestada por via diplomática. § 2º Não se exigirá a reciprocidade referida no § 1º para homologação de sentença estrangeira. § 3º Na cooperação jurídica internacional não será admitida a prática de atos que contrariem ou que produzam resultados incompatíveis com as normas fundamentais que regem o Estado brasileiro. § 4º O Ministério da Justiça exercerá as funções de autoridade central na ausência de designação específica."

a cooperação internacional, e é importante destacar o passo do legislador no sentido de deixar as regras brasileiras em maior sintonia com as práticas internacionais.

Como regra geral, o procedimento das cartas rogatórias é o seguinte: *a)* recebimento pelo presidente do STJ da carta enviada pelo Ministério das Relações Exteriores; *b)* após a concessão de *exequatur*, a carta rogatória é remetida para o juiz federal competente cumpri-la;[26] *c)* após o cumprimento, o juiz tem o prazo de dez dias para devolvê-la ao presidente do STJ, o qual a encaminhará ao Ministério da Justiça ou Ministério das Relações Exteriores, que retornará a carta rogatória ao juiz rogante. O procedimento apresentado é de jurisdição contenciosa e, assim sendo, as partes devem ter acesso às garantias do devido processo legal.

Por fim, deve-se dizer que o pedido para a produção de prova testemunhal mediante envio de carta rogatória não impede que o processo siga normalmente seu curso. A decisão é da Terceira Turma do Superior Tribunal de Justiça (STJ) e está em consonância com a redação do art. 377 no NCPC. Portanto, fica a critério do juiz a suspensão do processo, caso considere a efetivação da carta rogatória imprescindível para o julgamento da causa.[27]

5.2.1. *Protocolo de Las Leñas*

O Protocolo de Las Leñas criou um sistema regional de cooperação judiciária entre os países-membros do Mercosul: Argentina, Uruguai, Brasil, Paraguai e, mais recentemente, a Venezuela (2012). Esse sistema regional trouxe a figura da autoridade central (no Brasil, é o Ministério das Relações Exteriores) e estabeleceu um procedimento simplificado e mais célere para o cumprimento das cartas rogatórias.

A carta rogatória, consoante art. 8º do Protocolo, deverá ser cumprida de ofício pela autoridade jurisdicional competente do Estado rogado e somente poderá ser denegada quando atentar contra a ordem pública doméstica. Ou seja, o único óbice é a ordem pública.

Mesmo dentro do sistema regional de cooperação judicial criado pelo Protocolo, a carta rogatória deve respeitar a lei do país em que será cumprida[28] (*lex fori* do juiz rogado). Ademais, cria-se a possibilidade de estabelecer procedimento especial de tramitação desde que a pedido da autoridade judicial rogante.

26. Art. 109, X, da CF/1988: "Aos juízes federais compete processar e julgar: (...) X – os crimes de ingresso ou permanência irregular de estrangeiro, a execução de carta rogatória, após o 'exequatur', e de sentença estrangeira, após a homologação, as causas referentes à nacionalidade, inclusive a respectiva opção, e à naturalização".

27. "Nos casos em que há pedido de prova testemunhal por precatória ou rogatória formalizado antes do saneamento, o juiz possui duas opções: indeferi-la, caso a considere dispensável, ou deferi-la, hipótese em que não estará impedido de julgar a ação, muito menos suspender o processo. A prova apenas útil, esclarecedora ou complementar não deve impedir o processo de seguir seu trâmite regularmente" (trecho do voto da Ministra Nancy Andrighi no REsp 1132818/SP, 3ª T., j. 03.05.2012, *DJe* 10.05.2012).

28. O art. 12 do Protocolo de Las Leñas sobre Cooperação e Assistência Jurisdicional em Matéria Civil, Comercial, Trabalhista e Administrativa assim dispõe: "A autoridade jurisdicional encarregada do cumprimento de uma carta rogatória aplicará sua lei interna no que se refere aos procedimentos".

5.2.2. *Convenção Interamericana sobre Cartas Rogatórias*

No tocante às cartas rogatórias, existe também a Convenção Interamericana sobre Cartas Rogatórias, adotada no âmbito da OEA e ratificada pelo Brasil em 1995. Seu art. 2º assim dispõe: "Esta Convenção aplicar-se-á às cartas rogatórias expedidas em processos relativos à matéria civil ou comercial pelas autoridades judiciárias de um dos Estados-Partes nesta Convenção e que tenham por objeto: a) a realização de atos processuais de mera tramitação, tais como notificações, citações ou emprazamentos no exterior; b) o recebimento e obtenção de provas e informações no exterior, salvo reserva expressa a tal respeito".

No âmbito da OEA também existe a figura da autoridade central, responsável pelo recebimento e distribuição das cartas rogatórias provenientes de outro Estado, membro da OEA e signatário da Convenção (art. 4º).

O *exequatur* só será concedido se forem preenchidos dois requisitos: *a)* que a carta rogatória esteja *legalizada*; e *b)* que a carta rogatória e a documentação anexa estejam devidamente traduzidas para o idioma oficial do Estado requerido (art.5º). Todavia, o primeiro é flexibilizado pelo art. 6º da Convenção Interamericana: "Quando as cartas rogatórias forem transmitidas por via consular ou diplomática, ou por intermédio da autoridade central, será desnecessário o requisito da legalização".

Por fim, é o direito interno de cada país que vai definir a competência e a tramitação das cartas rogatórias recebidas (primeira parte do art. 10). Entretanto, a carta rogatória poderá ter tramitação especial, desde que solicitado pela autoridade judiciária rogante e não seja contrária à legislação do Estado requerido (segunda parte do art. 10).

5.3. Litispendência internacional

> "Art. 24. A ação proposta perante tribunal estrangeiro não induz litispendência e não obsta a que a autoridade judiciária brasileira conheça da mesma causa e das que lhe são conexas, ressalvadas as disposições em contrário de tratados internacionais e acordos bilaterais em vigor no Brasil. Parágrafo único. A pendência de causa perante a jurisdição brasileira não impede a homologação de sentença judicial estrangeira quando exigida para produzir efeitos no Brasil."

O Novo Código de Processo Civil manteve a linha adotada no antigo artigo 90 do CPC, que era muito criticado pela doutrina internacional, pois esta prega o *princípio da não simultaneidade*. Ou seja, a jurisdição competente para julgar o caso com elemento estrangeiro é aquela que for competente e à qual o fato foi submetido em primeiro lugar. Assim, a decisão terá validade nessa jurisdição e poderá ser objeto de homologação para também ter validade em outro(s) país(es) que recebe(m) os efeitos do caso com elemento estrangeiro.

A novidade fica por conta da ressalva no final do *caput* e do parágrafo único que não tinha correlação no código anterior. A ressalva acrescentada ao *caput* mais uma vez assinala o desejo do legislador pátrio de harmonizar a legislação interna com os preceitos internacionais, oriundos dos tratados e acordos bilaterais. Esse é um traço que acompanha a matéria na atualidade, onde cada vez mais os países buscam a harmonização e a uniformização das regras do Direito Internacional Privado mediante a produção convencional internacional[29].

29. O Direito Internacional Privado Convencional é aquele que provém de tratados e convenções, ao passo que o Direito Internacional Pri-

Além de demonstrar uma maturidade do legislador pátrio em relação aos riscos de possibilitar a configuração da responsabilidade internacional do estado brasileiro. Por sua vez, o parágrafo único, ao confirmar a regra do *caput*, permite a homologação da sentença estrangeira, a despeito de seu similar nacional. Trata-se de solução que deve limitar-se, contudo, aos casos em que o direito brasileiro admite (ou reconhece) concorrência de jurisdições[30]."

A proposta interpretativa que existia e pode ser replicada agora, é que o art. 24 seja relido em conjunto com o princípio do respeito à coisa julgada. Dessa forma, se uma decisão estrangeira foi homologada no Brasil, automaticamente o processo que corre no país sobre a mesma causa será extinto em respeito à coisa julgada estrangeira. Em respeito à coisa julgada nacional, não poderá ser homologada decisão oriunda da sucessividade entre processos que versem sobre a mesma causa que divirja da decisão nacional.

Em julgado importante do STJ,[31] o Ministro Teori Zavascki destacou que a ação intentada perante tribunal estrangeiro não induz a litispendência nem impede que a autoridade judiciária brasileira conheça da mesma causa e das que lhe são conexas. "Não é exclusiva, mas concorrente com a estrangeira, a competência da Justiça brasileira para, entre outras, a ação de divórcio, de alimentos ou de regime de guarda de bens, e mesmo a partilha de bens que não sejam bens situados no Brasil", afirmou o ministro.

Segundo Zavascki, a questão que se põe, em tais casos, é saber qual das duas sentenças prevalece, se a nacional ou a estrangeira. "Essa questão, como se percebe, diz respeito à eficácia do julgado, e não à homologabilidade da sentença estrangeira. A resposta se resolve pela prioridade da coisa julgada: prevalece a sentença que transitar em julgado em primeiro lugar, considerando-se, para esse efeito, relativamente à sentença estrangeira, o trânsito em julgado da decisão do STJ que a homologa, já que essa homologação é condição da eficácia da sentença homologanda", ressaltou o Ministro.

O Ministro ainda asseverou que a sentença estrangeira é homologada nos termos e nos limites em que foi proferida, o que significa que, quanto à partilha dos bens, sua eficácia fica limitada aos bens nela partilhados, não a outros. "Registre-se, outrossim, que as disposições da sentença estrangeira sobre alimentos e guarda dos filhos não inibem a sua posterior revisão perante o Judiciário brasileiro, em caso de superveniente alteração no Estado de fato".

Em outra decisão[32] de destaque, os ministros da Terceira Turma do STJ sublinharam que a sentença arbitral estrangeira homologada pelo Superior Tribunal de Justiça (STJ) justifica a extinção, sem julgamento de mérito, de processo judicial movido no Brasil com a mesma questão. Isto é, uma vez homologada a sentença, a extinção do processo judicial nacional, com o mesmo objeto, fundamenta-se na obrigatoriedade que a decisão arbitral adquire no Brasil por força da Convenção de Nova Iorque.

O Ministro Paulo de Tarso Sanseverino apontou que, de acordo com a Convenção de Nova Iorque, da qual o Brasil é signatário, a obrigatoriedade da sentença arbitral estrangeira deve ser assegurada pelos Estados-partes. Segundo os arts. 961 do NCPC e 36 da Lei 9.307/1996, a partir de sua homologação, essa sentença passa a ter plena eficácia no território nacional.

"A obrigatoriedade da sentença arbitral, de acordo com os arts. 18 e 31 da Lei 9.307/1996, significa, entre outras características, a impossibilidade de ser ela revista ou modificada pelo Poder Judiciário, o que lhe confere, no Brasil, o *status* de título executivo judicial, sendo executada da mesma forma que a sentença judicial", explicou o Ministro relator Sanseverino.

Por essa razão, finaliza o relator, não há como admitir a continuidade de processo nacional com o mesmo objeto da sentença homologada, o que poderia até mesmo configurar "ilícito internacional".

Por outro lado, o art. 24 do NCPC é claro ao afirmar que a ação intentada perante tribunal estrangeiro não induz litispendência no Brasil (*princípio da simultaneidade*). Portanto, todo caso com elemento estrangeiro decidido em outra jurisdição poderá ser objeto de julgamento no Brasil, haja vista o direito de ação e a competência da autoridade judiciária brasileira. Como vimos, o Novo Código de Processo Civil manteve o *princípio da simultaneidade* ressalvando a possibilidade de exceções ancoradas em tratados internacionais ou acordos bilaterais.

No entanto, essa posição, outrora indiscutível, começa a ser revista na jurisprudência consoante os julgados acima comentados, colocando o Brasil em sintonia com a doutrina e a prática internacionais

O ideal é que a decisão provenha da jurisdição onde o caso com elemento estrangeiro irradie mais efeitos ("sede do fato" de Savigny ou "centro de gravidade" de Otto Gierke) ou de qualquer jurisdição, desde que aplique o direito material do país "sede do fato".

Por fim, cabe destacar que a litispendência internacional regulada pelo direito brasileiro é aplicada em casos que envolvem a competência concorrente ou relativa do juiz brasileiro, como já destacado acima. Quando se tratar de casos ligados à competência exclusiva da autoridade judiciária brasileira, não será possível o reconhecimento do processo que corre no estrangeiro.

5.3.1. Protocolo de *Las Leñas*

O art. 22 do Protocolo de Las Leñas garante o respeito à coisa julgada proveniente de algum país-membro, como também defende o princípio da não simultaneidade; destarte, a ação intentada perante tribunal de algum país-membro induz à litispendência. Lembrando que tal regra só é válida na cooperação judicial entre os países-membros do Mercosul.

5.4. Interpretação do direito estrangeiro

Quando o juiz nacional, por intermédio das regras de conexão, tem de aplicar direito material estrangeiro ao caso a ele apresentado, não poderá utilizar-se de métodos interpretativos oriundos de sua própria jurisdição. Ou seja, para bem aplicar o direito estrangeiro terá de interpretá-lo com base nos métodos utilizados no país de origem desse

vado Institucional é aquele que provém da produção normativa de blocos regionais de integração, como a União Europeia e o Mercosul.

30. Bueno, Cassio Scarpinella – Novo Código de Processo Civil anotado/ Cassio Scarpinella Bueno. São Paulo: Saraiva, 2015. p. 61.

31. Em razão de sigilo judicial, o número desse processo não é divulgado (11.09.2012).

32. REsp 1.203.430, 3ª T., j. 20.09.2012, rel. Min. Paulo Sanseverino.

direito (art. 2º da Convenção sobre Regras Gerais de Direito Internacional Privado).

Do contrário, seria prejudicada até mesmo a função do DIPr, pois o direito material indicado, mediante procedimento interpretativo, poderia ser aplicado de maneira muito disforme se se comparar com sua aplicação dentro do sistema jurídico de seu país de origem.

6. HOMOLOGAÇÃO DE SENTENÇA ESTRANGEIRA[33]

A sentença judicial é um ato soberano, confeccionada pela autoridade judicial de um determinado Estado. Por ser um ato de soberania, a sentença, como todo ato soberano, incide apenas no território nacional e, destarte, é endereçada à população desse Estado.

Todavia, como vimos, alguns fatos ou relações jurídicas interessam a mais de um país. Assim, o juiz de um desses Estados exercerá sua competência e aplicará o direito material indicado por seu DIPr, mas, como dito, a decisão só valerá no território nacional do juiz prolator, apesar do interesse de outras jurisdições. É nesse contexto que surge a figura da homologação de sentença estrangeira.

Após a homologação pela autoridade competente, a sentença, já apta a produzir efeitos no país prolator, passa a produzir efeitos em outra jurisdição também.[34]

No Brasil, a competência para homologar sentenças estrangeiras é do STJ (art. 105, I, *i*, da CF/1988). Antes de iniciarmos o estudo do procedimento de homologação no Brasil, é importante adiantar que esse procedimento não examina o mérito da sentença estrangeira.[35] Ao STJ cabe apenas a análise dos requisitos formais e, de um viés mais subjetivo, a análise sobre a violação ou não da ordem pública brasileira (art. 17 da LINDB). O NCPC, no seu art. 961, § 3º[36], trouxe a possibilidade da autoridade judiciária brasileira deferir pedidos de urgência e realizar atos de execução provisória no processo de homologação de decisão estrangeira.

É importante sublinhar que a denegação da homologação para reconhecimento ou execução de sentença ou laudo arbitral estrangeiro por vício formal não obsta que a parte interessada renove o pedido, uma vez sanado o vício verificado. Ou seja, o rechaço da homologação não faz coisa julgada material. E, do ponto de vista material, a defesa somente poderá versar sobre a autenticidade dos documentos, a inteligência da decisão e a observância dos requisitos previstos na legislação. Lembrando que o estado estrangeiro interessado na homologação deve entrar com ação de homologação de decisão estrangeira (art. 960 do NCPC).

Outra consideração preliminar ao nosso estudo do procedimento homologatório é aquela referente ao tipo de sentença. Todo tipo de sentença (declaratória[37], constitutiva ou condenatória) e a sentença arbitral[38] podem ser objeto de homologação pelo STJ, porém, a sentença estrangeira de divórcio consensual não depende de homologação para produzir efeitos no Brasil (art. 961, § 5º, do NCPC), como também os títulos executivos extrajudiciais oriundos de país estrangeiro não dependem de homologação pelo Superior Tribunal de Justiça para serem aqui executados. O título, para ter eficácia executiva, há de satisfazer os requisitos de formação exigidos pela lei do lugar de sua celebração e indicar o Brasil como o lugar de cumprimento da obrigação (art. 784, § 3º, do NCPC).

Antes de passar ao estudo do procedimento homologatório brasileiro, cabe apontar um exemplo, com base na jurisprudência do STJ, onde não é possível homologar a sentença estrangeira: não é possível a homologação de sentença estrangeira na parte em que ordene, sob pena de responsabilização civil e criminal, a desistência de ação judicial proposta no Brasil. Isso porque essa determinação claramente encontra obstáculo no princípio do acesso à Justiça (CF, art. 5º, XXXV), que é cláusula pétrea da Constituição brasileira[39].

6.1. Procedimento homologatório brasileiro

> "Art. 15. Será executada no Brasil a sentença proferida no estrangeiro que reúna os seguintes requisitos:
>
> a) haver sido proferida por juiz competente;
>
> b) terem sido as partes citadas ou haver-se legalmente verificada à revelia;
>
> c) ter passado em julgado e estar revestida das formalidades necessárias para a execução no lugar em que foi proferida;
>
> d) estar traduzida por intérprete autorizado;
>
> e) ter sido homologada pelo Superior Tribunal de Justiça."

O art. 15 da LINDB deve ser conjugado com o art. 963[40]

33. Sentença estrangeira diz respeito à decisão emanada em outro país. Ou seja, o judiciário argentino prolata uma sentença com base no seu direito e por fundamento em sua soberania, e via o procedimento de homologação essa decisão pode irradiar efeitos em outros países. Agora sentença internacional diz respeito à decisão proveniente de Tribunal Internacional (ex.: Tribunal Penal Internacional e Corte Internacional de Justiça). Nesse caso não é necessário que a decisão seja submetida ao procedimento homologatório para irradiar efeitos no Brasil. Isso porque essa decisão foi tomada com base no Direito Internacional e pelo fato das cortes internacionais serem criadas pelos próprios Estados. Ou seja, o Brasil abriu mão de parte de sua soberania quando aquiesceu voluntariamente (via ratificação dos tratados que previam tais cortes) a se submeter à jurisdição de certas cortes constitucionais. O tema é trabalhado no meu texto de Direito Internacional Público que também faz parte desse livro.

34. Art. 961 do NCPC: "A decisão estrangeira somente terá eficácia no Brasil após a homologação de sentença estrangeira ou a concessão do exequatur às cartas rogatórias, salvo disposição em sentido contrário de lei ou tratado".. A sentença estrangeira homologada pelo STJ é título executivo judicial.

35. Vide STJ, SEC 651/FR, Corte Especial, j. 16.09.2009, rel. Min. Fernando Gonçalves, *DJe* 05.10.2009, e SEC 1.043/AR, Corte Especial, j. 28.05.2009, rel. Min. Arnaldo Esteves Lima, *DJe* 25.06.2009.

36. Existe a mesma previsão no art.216-G do RISTJ.

37. Em relação à sentença declaratória, é interessante notar que o parágrafo único do art. 15 da LINDB foi revogado pela Lei 12.036/2009. Antes as sentenças meramente declaratórias não necessitavam passar pelo procedimento homologatório para produzir efeitos em território brasileiro porque não possuíam carga executória.

38. Em procedimento arbitral estrangeiro, a regra aplicável para disciplinar a representação das partes e a forma de ingresso no litígio é a da lei a que elas se submeteram. Na falta de norma acordada, vale a legislação do país onde a sentença arbitral foi proferida. Isso é o que estabelecem a Lei 9.307/1996 e a Convenção de Nova Iorque (STJ, SEC 3709/EX, Corte Especial, j. 14.06.2012, rel. Min. Teori Albino Zavascki, *DJe* 29.06.2012). Sobre o tema, cabe pontuar que o Novo CPC definiu que a homologação de decisão arbitral estrangeira obedecerá ao disposto em tratado e na lei, aplicando-se, subsidiariamente, as disposições pertinentes à homologação constante do próprio NCPC (art. 960, § 3º, do NCPC).

39. SEC 854-US, rel. originário Min. Massami Uyeda, rel. para acórdão Min. Sidnei Beneti, julgado em 16.10.2013 (Inform. STJ 533).

40. Segue a redação do art. 963 do NCPC: "Constituem requisitos indispensáveis à homologação da decisão:

I – ser proferida por autoridade competente;

do NCPC e com o Regimento Interno do STJ[41] para a precisa definição dos requisitos necessários para a realização do procedimento homologatório, além de ter que respeitar os tratados em vigor no Brasil, conforme dispõe o art. 960, § 2º, do NCPC.

Passemos agora ao estudo de cada requisito do procedimento homologatório, isto é, ao que é necessário para que uma sentença ou laudo arbitral estrangeiro venham a ser homologados pelo STJ.

6.1.1. *Formalidades externas (arts. 15, c, LINDB; 963, I, do NCPC)*

Para que uma sentença seja objeto de homologação pelo STJ é imprescindível que ela esteja em conformidade, no que se refere às formalidades externas, com a legislação do país onde foi prolatada. Em outras palavras, a sentença tem de ser válida em seu país de origem. Além disso, o procedimento arbitral tem de estar de acordo com o compromisso arbitral ou cláusula compromissória para ser considerado válido.

6.1.2. *Competência do juízo prolator (arts. 15, a, LINDB; 963, I, NCPC; 216-D, I, RISTJ)*

A sentença tem de ser prolatada por juiz competente segundo as regras de competência do direito processual internacional. Não cabe ao STJ perscrutar sobre qual é o juízo competente para a confecção da sentença, mas apenas verificar se a sentença poderia ter sido proferida pelo juízo da qual emanou.

Sobre o tema cabe destacar é possível a homologação pelo STJ de sentença eclesiástica de anulação de matrimônio, confirmada pelo órgão de controle superior da Santa Sé. De início, o § 1º do art. 216-A do RISTJ prevê a possibilidade de serem homologados "os provimentos não judiciais que, pela lei brasileira, tiverem natureza de sentença". Nesse contexto, as decisões eclesiásticas confirmadas pelo órgão superior de controle da Santa Sé são consideradas sentenças estrangeiras para efeitos de homologação. Isso porque o § 1º do art. 12 do Decreto federal n. 7.107/2010 (que homologou o acordo firmado entre o Brasil e a Santa Sé, relativo ao Estatuto Jurídico da Igreja Católica no Brasil, aprovado pelo Decreto Legislativo n. 698/2009) determina que a "homologação das sentenças eclesiásticas em matéria matrimonial, confirmadas pelo órgão de controle superior da Santa Sé, será efetuada nos termos da legislação brasileira sobre homologação de sentenças estrangeiras". (Informativo 574 STJ).

6.1.3. *Citação e revelia (arts. 15, b, LINDB; 963, II, NCPC; 216-D, II, RISTJ)*

No momento da delibação, cabe ao STJ checar se a citação das partes envolvidas foi regularmente efetuada ou se a revelia foi corretamente configurada com supedâneo na legislação do país onde a sentença foi prolatada. Tal regra tem por supedâneo os princípios constitucionais do devido processo legal, da ampla defesa e do contraditório (art. 5º, LIV e LV, da CF/1988). Por ser direito fundamental, sempre devem ser respeitados.

Cabe apontar que, se o réu tem domicílio no Brasil, o único meio de citá-lo é mediante carta rogatória, a qual depende de *exequatur* do STJ para ser cumprida.[42] Quando o requerido se encontrar em local ignorado, incerto ou inacessível (art. 256 do NCPC), o STJ entende ser possível a citação por edital.[43]

6.1.4. *Trânsito em julgado (arts. 15, c, LINDB; 216-D, III, RISTJ)*

A sentença só será aqui homologada se tiver transitado em julgado no país onde foi prolatada. Esse requisito é reforçado pela redação da Súmula 420 do STF.[44]

Tal exigência provém da situação esdrúxula que poderia ocasionar a homologação de uma sentença estrangeira não transitada em julgado, pois, depois de irradiado seus efeitos no Brasil, ela poderia ser alvo de modificação por meio de recurso interposto no país onde foi prolatada.

6.1.5. *Tradução juramentada (arts. 15, d, LINDB; 963, V, NCPC; 216-C, RISTJ)*

O art. 224 do CC/2002 dispõe sobre a necessidade dos documentos redigidos em língua estrangeira serem traduzidos para o português para ter efeitos legais no país. A extensão dessa exigência para as sentenças estrangeiras foi uma construção jurisprudencial. Todavia, essa necessidade é premente. O Brasil possui o português como único idioma oficial, o qual deve ser utilizado para todos os fins dentro do território nacional (art. 13 da CF/1988).

6.1.6. *Não ofender a coisa julgada brasileira (963, IV, NCPC)*

Tal requisito foi previsto expressamente pelo Novo Código de Processo Civil, e reforça a ideia de que uma sentença estrangeira não poderá aqui ser homologada se já

II – ser precedida de citação regular, ainda que verificada a revelia;
III – ser eficaz no país em que foi proferida;
IV – não ofender a coisa julgada brasileira;
V – estar acompanhada de tradução oficial, salvo disposição que a dispense prevista em tratado;
VI – não conter manifesta ofensa à ordem pública.
Parágrafo único. Para a concessão do exequatur às cartas rogatórias, observar-se-ão os pressupostos previstos no *caput* deste artigo e no art. 962, § 2º."

41. A Resolução nº 9 do STJ (2004) que tratava, em caráter transitório, sobre competência acrescida ao STJ pela Emenda Constitucional nº 45/2004, foi revogada pela Emenda Regimental nº 18 (2014), que acrescentou novos dispositivos ao Regimento Interno do Superior Tribunal de Justiça (arts. 216-A a 216-N).

42. Tanto é assim que o STJ deixou de homologar sentença proferida pela Corte Magistrada de Jerusalém (STJ, SEC 7193/EX, Corte Especial, j. 18.04.2012, rel. Min. Felix Fischer, *Dje* 10.05.2012), que condenou Calina Projetos Culturais e Sociais Ltda. e o Museu de Arte de São Paulo Assis Chateaubriand (Masp) a indenizar o The Israel Museum (TIM) em virtude de inadimplemento contratual. Os ministros da Corte Especial do STJ, seguindo o voto do Ministro Félix Fischer, relator do processo, entenderam que a citação de pessoa domiciliada no Brasil para responder a processo judicial no exterior deve ser feita, necessariamente, por carta rogatória, sendo inadmissível sua realização por outras modalidades. Nas palavras do Ministro Félix Fischer: "De fato, em processo judicial oriundo do exterior, o entendimento consolidado neste STJ é no sentido de que o ato citatório praticado em face de pessoa domiciliada no estrangeiro deve ser realizado de acordo com as leis do país onde tramita a ação. Todavia, se a pessoa a ser citada for domiciliada no Brasil, é necessário que sua regular citação se dê por carta rogatória ou se verifique legalmente a ocorrência de revelia". Outro caso em que o STJ negou a homologação pelo não cumprimento correto do requisito "citação e revelia" é o SEC 10.154-EX, rel. Min. Laurita Vaz, julgado em 01.07.2014 (Inform. STJ 543).

43. Vide: STJ, SEC 1.325/PY, Corte Especial, j. 06.10.2010, rel. Min. Nancy Andrighi, *DJe* 09.11.2010.

44. "Não se homologa sentença proferida no estrangeiro sem prova do trânsito em julgado."

existir sentença proferida pelo juízo brasileiro e transitada em julgado sobre o mesmo caso.

6.1.7. Não ofender a ordem pública (arts. 17, LINDB; 963, VI, NCPC; 216-F, RISTJ)

Estudaremos tal requisito no item 7.

6.1.8. Homologação (arts. 15, e, LINDB)

A homologação é o ato final do procedimento homologatório. Assim, a sentença estrangeira só ganhará a chancela da homologação quando o STJ verificar que todos os requisitos determinados pela *lex fori* foram observados.[45]

Depois de conferir o respeito a todos os requisitos, o STJ homologará a sentença estrangeira, e esta passará a irradiar seus efeitos dentro do território brasileiro[46]. Cabe apontar que a execução da sentença estrangeira depois de homologada é de competência dos juízes federais (art. 109, X, da CF/1988)[47].

Conforme analisamos preliminarmente, os laudos arbitrais, para no Brasil irradiarem seus efeitos, também dependem da chancela homologatória conferida pelo STJ.

Por fim, os países podem confeccionar um tratado para regular de maneira específica como o procedimento de homologação pode ocorrer (veremos um exemplo no subitem 6.2.). Importante destacar que na ausência de tratado não se exigirá a *promessa de reciprocidade* para homologação da sentença estrangeira (§ 2ºdo art. 26 do Novo CPC).

6.1.9. Procedimento

Diante dos novos dispositivos acrescentados ao RISTJ pela Emenda Regimental nº 18, pode-se estabelecer, de forma resumida, o lado formal do procedimento de homologação. Assim, a parte interessada será citada para contestar o pedido no prazo de 15 dias, sendo sua defesa restrita à inteligência da decisão estrangeira, ausência de algum requisito formal ou ofensa à soberania nacional, dignidade da pessoa humana e/ou à ordem pública (216-H). Caso o requerido seja revel ou incapaz, será nomeado e pessoalmente notificado um curador especial (216-I) e, havendo contestação, serão admitidas réplica e tréplica em 05 dias (216-J). A competência nesses casos passará do Presidente do STJ à sua Corte Especial (216-K), que deverá dar vistas ao Ministério Público Federal para, querendo, impugnar o pedido no prazo de 10 dias (216-L). Por fim, as decisões do Presidente ou do Relator serão impugnáveis por meio de agravo (216-M). A execução das decisões estrangeiras homologadas se dará por carta de sentença perante o Juízo Federal competente (art. 965, NCPC e art. 216-N, RISTJ).

6.1.10. Jurisprudência

6.1.10.1. SEC 14.408-EX

O SEC 14.408-EX teve relatoria do Min. Luis Felipe Salomão e foi decidido por unanimidade (31/8/17). Ficou destacado que o fato da empresa se encontrar em recuperação judicial não obsta a homologação de sentença arbitral estrangeira.

Cinge-se a controvérsia a saber se o art. 6º da Lei 11.101/2005, que prevê a suspensão de todas as ações e execuções em face do devedor com o deferimento do processamento da recuperação judicial, constitui óbice à homologação de sentença arbitral estrangeira que imputa à recuperanda obrigação de pagar. É de sabença que o processo de homologação de sentença estrangeira tem natureza constitutiva, destinando-se a viabilizar a eficácia jurídica de um provimento jurisdicional alienígena no território nacional, de modo que tal decisão possa vir a ser aqui executada. A homologação é, portanto, um pressuposto lógico da execução da decisão estrangeira, não se confundindo, por óbvio, com o próprio feito executivo, o qual será instalado posteriormente - se for o caso -, e em conformidade com a legislação pátria. Nessa linha de intelecção, não há falar na incidência do art. 6º, § 4º, da Lei de Quebras como óbice à homologação de sentença arbitral internacional, uma vez que se está em fase antecedente, apenas emprestando eficácia jurídica a esse provimento, a partir do que caberá ao Juízo da execução decidir o procedimento a ser adotado. Ressoa evidente, portanto, que o processo de homologação de sentença estrangeira em face de recuperanda não exerce nenhum efeito coibitivo ao princípio da preservação da empresa. Ainda que assim não fosse, é certo que a suspensão da exigibilidade do direito creditório, prevista no mencionado dispositivo legal é temporária, não implicando a extinção do feito executivo, haja vista que a recuperação judicial de sociedade devedora não atinge o direito material do credor. (Informativo n. 610, STJ)

6.1.10.2. SEC 9.412-EX

O SEC 9.412-EX teve relatoria do Min. Felix Fischer e foi decidido por maioria (19/4/17). Ficou destacado que a prerrogativa de imparcialidade do julgador aplica-se à arbitragem e sua inobservância resulta em ofensa direta à ordem pública nacional – o que legitima o exame da matéria pelo Superior Tribunal de Justiça, independentemente de decisão proferida pela Justiça estrangeira acerca do tema.

Dos autos consta pedido de homologação de duas sentenças arbitrais proferidas nos Estados Unidos da América, relativas a contrato de alienação de quotas representativas de capital social de empresa do setor sucroalcooleiro, em que se alega – entre outras questões – ofensa à ordem pública brasileira decorrente da violação da imparcialidade do árbitro-presidente que proferiu as decisões contestadas. De início, convém ressaltar que para o procedimento de homologação de sentença estrangeira ou

45. A simplicidade das sentenças estrangeiras, a exemplo das proferidas nos EUA, não inibe a homologação cabível, quando presentes seus requisitos (STJ, SEC 868/US, Corte Especial, j. 06.08.2008, rel. Min. Nilson Naves, *DJe* 13.10.2008).

46. Importante apontar que a sentença estrangeira – ainda que preencha adequadamente os requisitos indispensáveis à sua homologação, previstos no art. 5º da Resolução 9/2005 do RISTJ [Revogada pela Emenda Regimental 18/2014] – não pode ser homologada na parte em que verse sobre guarda ou alimentos quando já exista decisão do Judiciário Brasileiro acerca do mesmo assunto, mesmo que esta decisão tenha sido proferida em caráter provisório e após o trânsito em julgado daquela. De início, cumpre destacar que a existência de sentença estrangeira transitada em julgado não impede a instauração de ação de guarda e de alimentos perante o Poder Judiciário Brasileiro, pois a sentença de guarda ou de alimentos não é imutável, haja vista o disposto no art. 35 do ECA: "a guarda poderá ser revogada a qualquer tempo, mediante ato judicial fundamentado, ouvido o Ministério Público". Além disso, o deferimento de *exequatur* à referida sentença estrangeira importaria ofensa à soberania da jurisdição nacional. Precedentes citados: SEC 4.830-EX, Corte Especial, *DJe*03.10.2013; e SEC 8.451-EX, Corte Especial, DJe 29.05.2013, SEC 6.485-EX, rel. Min. Gilson Dipp, julgado em 03.09.2014 (Inform. STJ 548).

47. O Novo CPC disciplinou sobre o tema no seu art. 965. Segue a redação: "O cumprimento de decisão estrangeira far-se-á perante o juízo federal competente, a requerimento da parte, conforme as normas estabelecidas para o cumprimento de decisão nacional. Parágrafo único. O pedido de execução deverá ser instruído com cópia autenticada da decisão homologatória ou do exequatur, conforme o caso".

concessão de *exequatur*, o ordenamento jurídico pátrio instituiu um sistema de contenciosidade limitada, no qual a impugnação fica restrita à inobservância das questões formais e à ocorrência de ofensa à soberania ou à ordem pública. Neste juízo de valor acerca do respeito à soberania e à ordem pública nacional, o STJ possui ampla liberdade para realizar o efetivo controle da decisão estrangeira antes de reconhecer sua eficácia no território nacional. Com efeito, a prerrogativa da imparcialidade do julgador é uma das garantias que resultam do postulado do devido processo legal, aplicável à arbitragem, mercê de sua natureza jurisdicional. A inobservância dessa prerrogativa ofende, diretamente, a ordem pública nacional. Além disso, só se tem por válida a renúncia à garantia da inafastabilidade da jurisdição estatal quando os árbitros gozam de independência e confiança das partes. Assim, a sentença proferida pela Justiça Federal americana à luz de sua própria legislação não tem o condão de obstar o exame do STJ quanto a possível ofensa à ordem pública nacional decorrente da alegada imparcialidade do árbitro presidente. Com base nessas premissas, tem-se que o art. 14 da Lei de Arbitragem (Lei n. 9.307/1996) prevê o impedimento para funcionar como árbitro das pessoas que tenham com as partes ou com o litígio que lhes for submetido alguma das relações que caracterizam os casos de impedimento ou suspeição de juízes, previstas, respectivamente, nos arts. 144 e 145 do NCPC. O desrespeito acarreta a nulidade da sentença arbitral, a teor do art. 32, II, da referida lei. Na hipótese, evidenciada a presença de elementos objetivos aptos a comprometer a imparcialidade e independência do árbitro presidente, que não foram revelados às partes como determina a lei, inviável a homologação das sentenças arbitrais, em respeito aos arts. 13, 14, *caput* e § 1º, 32, II e IV, 38, V, e 39, II, da Lei n. 9.307/1996 (Lei de Arbitragem). (Informativo n. 605, STJ)

6.1.10.3. SEC 10.612-FI

O SEC 10.612-FI teve relatoria do Min. Laurita Vaz (18/5/16). Ficou destacado que é possível a homologação de sentença penal estrangeira que determine o perdimento de imóvel situado no Brasil em razão de o bem ser produto do crime de lavagem de dinheiro.

De fato, a Convenção das Nações Unidas contra o Crime Organizado Transnacional (Convenção de Palermo), promulgada pelo Decreto n. 5.015/2004, dispõe que os estados partes adotarão, na medida em que o seu ordenamento jurídico interno o permita, as medidas necessárias para possibilitar o confisco do produto das infrações previstas naquela convenção ou de bens cujo valor corresponda ao desse produto (art. 12, 1, *a*), sendo o crime de lavagem de dinheiro tipificado na convenção (art. 6.º), bem como na legislação brasileira (art. 1.º da Lei n. 9.613/1998). Ademais, nos termos do CP: "Art. 9º A sentença estrangeira, quando a aplicação da lei brasileira produz na espécie as mesmas consequências, pode ser homologada no Brasil para: I – obrigar o condenado à reparação do dano, a restituições e a outros efeitos civis". Verifica-se, assim, que a lei brasileira também prevê a possibilidade de perda, em favor da União, ressalvado o direito do lesado ou de terceiro de boa-fé, do produto do crime, como um dos efeitos da condenação (art. 91, II, *b*, do CP). Nesse contexto, não prospera a alegação de que a homologação de sentença estrangeira de expropriação de bem imóvel – situado no Brasil – reconhecido como proveniente de atividades ilícitas ocasionaria ofensa à soberania nacional, pautada no argumento de que competiria à autoridade judiciária brasileira conhecer de ações relativas a imóvel situado no País, de acordo com o previsto no art. 12, § 1º, da LINDB, bem como no art. 23, I, do NCPC. Com efeito, não se trata especificamente sobre a situação de bem imóvel, sobre a sua titularidade, mas sim sobre os efeitos civis de uma condenação penal determinando o perdimento de bem que foi objeto de crime de lavagem de capitais. Inclusive, é importante destacar que o bem imóvel não será transferido para a titularidade do país interessado, mas será levado a hasta pública, nos termos do art. 133 do CPP. (Informativo n. 586, STJ)

6.2. Protocolo de *Las Leñas*

O Protocolo também criou um procedimento mais célere e simples para que as sentenças e os laudos arbitrais prolatados em um país-membro do Mercosul irradiem seus efeitos nos outros países-membros.

O procedimento regional encontra-se disciplinado nos arts. 18 a 24 do Protocolo, sendo sua grande característica o fato de as sentenças irradiarem seus efeitos nos outros Estados-membros após seguirem o procedimento adotado para o *exequatur* das cartas rogatórias. Ou seja, não é necessária a homologação da sentença prolatada por um Estado-membro do Mercosul.

O art. 20 do Protocolo disciplina os requisitos para concessão de *exequatur*: *a)* que venham revestidos das formalidades externas necessárias para que sejam considerados autênticos nos Estados de origem; *b)* que estejam, assim como os documentos anexos necessários, devidamente traduzidos para o idioma oficial do Estado em que se solicita seu reconhecimento e execução; *c)* que emanem de um órgão jurisdicional ou arbitral competente, segundo as normas do Estado requerido sobre jurisdição internacional; *d)* que a parte contra a qual se pretende executar a decisão tenha sido devidamente citada e tenha sido garantido o exercício de seu direito de defesa; *e)* que a decisão tenha força de coisa julgada e/ou executória no Estado em que foi ditada; *f)* que claramente não contrariem os princípios de ordem pública do Estado em que se solicita seu reconhecimento e/ou execução.

A parte interessada na execução da sentença em outro Estado-membro também poderá utilizar-se da figura da autoridade central, conforme vimos no subitem *5.2.1*.

7. ORDEM PÚBLICA – ART. 17 DA LINDB

> "Art. 17. As leis, atos e sentenças de outro país, bem como quaisquer declarações de vontade, não terão eficácia no Brasil quando ofenderem a soberania nacional, a ordem pública e os bons costumes."

Essa redação foi atualizada pelo art. 216-F do RISTJ, que assim dispõe: "Não será" homologada a sentença estrangeira que ofender a soberania nacional, a dignidade da pessoa humana e/ou a ordem pública". Percebe-se que o preceito duvidoso "bons costumes" foi substituído pela exigência de respeito à "dignidade humana". Com isso o legislador harmoniza a legislação pátria aos tratados de direitos humanos em vigor no Brasil e cumpre com sua responsabilidade assumida perante à comunidade internacional (sistema interamericano e global de proteção dos direitos humanos) de tutelar a dignidade da pessoa humana. O art. 963, VI, do NCPC também prevê a necessidade de respeito à ordem pública como requisito para um ato estrangeiro passar a irradiar efeitos no Brasil.

Da leitura desses comandos, percebe-se que existe um filtro em relação aos atos, leis, contratos e sentenças estrangeiras, pois tais só irradiarão seus efeitos no Brasil se não ofenderem a soberania nacional, a ordem pública e a dignidade humana.

Poderíamos, com finalidade meramente didática, englobar esses filtros na ideia de ordem pública, mais abrangente. A doutrina por muito tempo tentou estabelecer um conceito indubitável para ordem pública, o que restou infrutífero em função de sua abstratividade.

Todavia, podem-se considerar ordem pública os valores compartilhados por uma dada sociedade em determinado corte temporal (sentido amplo). Pela ideia, percebe-se que é uma noção abstrata e dinâmica, pois se modifica conforme a evolução/involução cultural da sociedade de um país. Em outras palavras, são as ideias políticas, econômicas, culturais etc. compartilhadas por grande parte de uma dada sociedade ou, como dito no subitem *3.3.1*, é o conjunto de regras e princípios basilares de um certo ordenamento jurídico (sentido jurídico).

Sua função dentro do DIPr é defender o sistema de valores de determinado país. Isso porque, por exemplo, uma sentença proveniente de um sistema de valores diverso poderia vir a romper com os valores compartilhados pela nação. Destarte, mesmo se o DIPr brasileiro indicar o direito estrangeiro como aplicável ao caso misto, o juiz poderá afastá-lo para proteger a ordem pública.

Assim, leis estrangeiras, atos ou negócios jurídicos celebrados no exterior (contrato, casamento, testamento etc.) e sentenças estrangeiras serão impedidos de irradiar efeitos no Brasil se atentarem contra a ordem pública. Também ficarão impedidos de aqui irradiar efeitos os laudos arbitrais que atentarem contra a ordem pública,[48] bem como existe limitação à escolha do direito aplicável à arbitragem (art. 2º, § 1º, da Lei 9.307/1996).

Um bom exemplo é a situação de sentenças estrangeiras que determinam o pagamento de dívidas de jogo contraídas no estrangeiro. Ora, tais não poderão ser cumpridas no Brasil por chocarem-se com a determinação do art. 814 do CC/2002. Sendo assim, desrespeitam a ordem pública brasileira. Porém, não afronta a soberania nacional ou a ordem pública a concessão de *exequatur* para citar alguém no Brasil a fim de que se defenda em ação de cobrança de dívida de jogo contraído em Estado estrangeiro no qual tal pretensão é lícita[49].

Um exemplo atual pode ver visualizado na SEC 854-US[50], onde o STJ asseverou que não é possível a homologação de sentença estrangeira na parte em que ordene, sob pena de responsabilização civil e criminal, a desistência de ação judicial proposta no Brasil. Isso porque essa determinação claramente encontra obstáculo no princípio do acesso à Justiça (art. 5º, XXXV, da CF), que é cláusula pétrea da Constituição brasileira.

48. Nesse sentido foi a decisão na SEC 978/GB, Corte Especial, j. 17.12.2008, rel. Min. Hamilton Carvalhido, *DJe* 05.03.2009: "Impossibilita a homologação da sentença arbitral estrangeira a ausência de assinatura na cláusula de eleição do juízo arbitral contida em contrato de compra e venda, no seu termo aditivo e na indicação de árbitro em nome da ora requerida, porquanto isso ofende o princípio da autonomia da vontade e a ordem pública (art. 4º, § 2º, da Lei 9.307/1996)" (**Inform.**381 do STJ).

49. AgRg na CR 3.198-US, julgado em 30/6/2008 (Inf. 362 STJ).

50. Informativo de Jurisprudência do STJ 533.

5. DIREITO EMPRESARIAL

Henrique Subi

1. TEORIA GERAL DO DIREITO EMPRESARIAL

1.1. Empresário

Com o advento do Código Civil (CC) de 2002, abandona-se a teoria dos atos de comércio sobre a qual se fundava o Direito Comercial e alarga-se o grupo de destinatários das respectivas normas, agora modernizadas pela adoção formal no país da **teoria da empresa** nascida na Itália. Assim, o Direito Empresarial deixa de acolher apenas os **comerciantes**, definidos em rol exaustivo, e abraça os **empresários**, definidos em conceito aberto pelo CC.

O art. 966 do CC define **empresário** como aquele que *exerce profissionalmente atividade econômica organizada para a produção ou a circulação de bens ou de serviços*. Para a caracterização do empresário, portanto, é necessária a concorrência de diversos elementos:

a) Profissionalismo: dizemos que determinada pessoa exerce um trabalho profissionalmente quando o faz com *habitualidade*, ou seja, *em caráter não eventual*, com frequência (ex.: a pessoa que vende seu próprio carro para outro particular unicamente quando está interessada em adquirir outro, não pode ser considerada um empresário do ramo de venda de veículos); *pessoalidade*, o que significa dizer que o empresário é aquele que exerce a atividade *em nome próprio* (empresária é a pessoa jurídica que figura como parte contratante e assume as responsabilidades pelo negócio e não seu eventual preposto – gerente, administrador – ou mesmo o sócio que por ela assina); e *monopólio das informações*, sendo profissional aquele que *detém os conhecimentos indispensáveis para a realização das atividades*, cabendo a ele decidir quais desses dados podem ou devem chegar ao conhecimento dos consumidores e demais figuras do mercado (ex.: insumos necessários, tecnologia empregada, riscos na utilização do produto ou serviço etc.);

b) Atividade econômica: para o Direito Empresarial, atividade econômica é aquela *com fins lucrativos*, que não devem jamais ser confundidos com o imprescindível superávit que qualquer atividade busca para perpetuar-se. Caracteriza-se a **finalidade lucrativa** com a *incorporação do lucro contábil da atividade ao patrimônio pessoal do empresário individual, ao titular da empresa individual de responsabilidade limitada ou com a divisão deste entre os sócios da pessoa jurídica empresária*. Ex.: uma ONG vende habitualmente doces caseiros para obter receita e financiar programas assistenciais. Para que essa organização sobreviva em seu intento, é fundamental que as receitas sejam maiores que as despesas. Porém, se o superávit é reaplicado na própria atividade, proporcionando assistência social a um número maior de pessoas, não estamos diante de uma sociedade empresária;

c) Organização: só é empresário aquele que organiza os **quatro fatores de produção** para o exercício de sua atividade econômica: **capital**, que são os *investimentos realizados no momento da constituição da empresa e os aportes financeiros exigidos ao longo de sua existência no mercado*; **mão de obra**, pois o empresário não trabalha sozinho, *ele deve contratar empregados ou colaboradores que o auxiliem na atividade* (a qual, lembre-se, ele exercerá sempre em nome próprio); **insumos**, que podem ser conceituados como *os bens que o empresário reúne e utiliza para consecução de seus objetivos*; e **tecnologia**, não necessariamente de ponta, mas o pleno conhecimento, pelo empresário, *dos métodos e dados importantes para a qualidade dos produtos ou serviços oferecidos*. Acompanhe o seguinte exemplo: suponha um senhor que ganhe a vida fazendo e vendendo pastéis em uma feira livre. Ele investe dinheiro em seu pequeno negócio (**capital**) e com ele compra ingredientes, temperos, estufa, panelas (**insumos**); a fim de conseguir atender a demanda da feira, contrata ajudantes para fritar os pastéis e anotar os pedidos dos clientes (**mão de obra**); e o sucesso de suas vendas depende diretamente do quanto ele conhece da arte de fazer pastéis, como a quantidade de fermento na massa, a temperatura correta do óleo ou quanto tempo o recheio dura na geladeira antes de estragar (**tecnologia**);

d) Produção ou circulação de bens ou serviços: trata-se, a nosso ver, do coração do conceito, pois de nada adianta alguém exercer profissionalmente uma atividade econômica organizada se esta atividade não se enquadrar em um dos **objetos** previstos no CC. São eles: **indústria** (produção de bens), **comércio** (circulação de bens), **prestação de serviços** (produção de serviços) e **agenciamento** (circulação de serviços – **agente** *é o empresário que aproxima o prestador de serviços do interessado em contratá-lo*, sendo exemplos o agente de viagens e o agente de determinado artista famoso que negocia o local e o valor das apresentações).

Se estivermos tratando de uma **sociedade por ações**, regularmente instituída na forma da Lei 6.404/1976, ela será sempre empresária, pouco importando sua tipicidade ao conceito analisado, por força do art. 982, parágrafo único, do CC.

1.1.1. Atividades não empresárias por determinação legal

Em suma, e como regra, basta avaliarmos se a atividade exercida pela pessoa física ou jurídica enquadra-se no conceito que estaremos diante de um empresário. Todavia, o CC exclui diretamente do Direito de Empresa as atividades *intelectuais, de natureza científica, literária ou artística*. Isso impõe que advogados, contadores (**atividades científicas**), escritores (**atividade literária**) e pintores ou músicos (**atividades artísticas**), por mais que exerçam profissionalmente tais atividades, incorporando todos os demais elementos do art. 966, por expressa determinação legal não serão considerados empresários.

Esses afazeres são considerados, juntamente com quaisquer outros que não se vinculem ao conceito, **atividades econômicas civis**, cujo regime jurídico será aquele previsto no Direito das Obrigações.

Aquele que exerce, por conta própria, atividades econômicas civis é chamado de **profissional liberal**.

Já a sociedade que não puder ser considerada empresária, por sua atividade não se enquadrar no conceito do art. 966 ou por expressa exclusão legal, será chamada de **sociedade simples**.

Existe, entretanto, uma possibilidade para que as atividades intelectuais sejam empresárias: basta que constituam **elemento de empresa**, que nada mais é do que *a transformação de uma atividade intelectual em um serviço que se desvincula da individualidade do cientista, literato ou artista, tornando-se pura atividade econômica*. Com efeito, usualmente esses profissionais são procurados por conta das qualidades de seu trabalho individual, sendo os resultados umbilicalmente ligados ao profissional, o que não se coaduna com a **teoria da empresa**.

Se, não obstante, o profissional expandir seus negócios de forma que seu escritório, sua clínica ou seu ateliê seja procurado pelo renome da organização e não mais pela individualidade do trabalho de seu proprietário, fica caracterizada a empresa. É o que ocorre, por exemplo, com uma grande clínica médica que conte com os serviços de diversos profissionais. Dificilmente, nesse caso, os pacientes dirigem-se à clínica para se consultar com seu fundador, que dá nome ao empreendimento, mas sim para serem atendidos por um dos diversos médicos que lá trabalham. O dono da clínica talvez nem mais exerça a medicina, dedicando-se exclusivamente à administração do negócio. Veja-se, a propósito, o Enunciado 195 JDC/CJF: "A expressão 'elemento de empresa' demanda interpretação econômica, devendo ser analisada sob a égide da absorção da atividade intelectual, de natureza científica, literária ou artística, como um dos fatores da organização empresarial".

A lei também exclui do regime jurídico empresarial as **cooperativas** (sem exceção) e o **produtor rural não registrado no órgão do Registro de Comércio**, que é a Junta Comercial. Quem se dedica à atividade rural (agricultura, pecuária ou extração) tem a opção de ser tratado como empresário ou não. Para a primeira hipótese, basta que requeira seu registro junto à Junta Comercial competente. Se não o fizer, não será empresário.

1.1.2. Configuração do empresário

Qualquer pessoa pode, em determinado momento, decidir lançar-se em alguma atividade empresária para auferir lucros com ela. Deve apenas escolher se o fará sozinho ou dividindo as responsabilidades e ganhos com terceiros.

A pessoa física que exerce sozinha, em nome próprio, atividade empresária é denominada **empresário individual**. Cuidado aqui: o empresário individual está "sozinho" porque prefere não ter sócios, mas deve sempre organizar mão de obra, contratando empregados e prepostos para que seja considerado empresário!

A principal característica do empresário individual é a ausência de separação patrimonial entre a atividade empresária e seu patrimônio pessoal. Isso implica que o empresário individual responde ilimitadamente pelas dívidas da empresa.

Temos ainda a **empresa individual de responsabilidade limitada (EIRELI)**, *espécie de pessoa jurídica cujo capital social é totalmente subscrito e integralizado por uma única pessoa*. Como bem define o Enunciado 3 da I Jornada de Direito Comercial do Conselho da Justiça Federal: "A Empresa Individual de Responsabilidade Limitada – EIRELI não é sociedade unipessoal, mas um novo ente, distinto da pessoa do empresário e da sociedade empresária". Com a atribuição da personalidade jurídica, forçoso reconhecer a autonomia patrimonial e negocial à EIRELI, e será ela, a pessoa jurídica, a ser considerada empresária, e não seu titular.

São requisitos para a constituição da EIRELI (art. 980-A do CC):

a) capital social de, no mínimo, 100 salários mínimos;

b) a pessoa física que constituir a EIRELI somente poderá figurar em uma única pessoa jurídica desta modalidade;

c) aplicação supletiva das normas que regem a sociedade limitada.

O novel dispositivo legal atribui, ainda, à EIRELI a remuneração decorrente da cessão de direitos patrimoniais de autor ou de imagem, nome, marca ou voz de que seja detentor o titular da pessoa jurídica, vinculados à atividade profissional.

Se a atividade, por outro lado, for exercida em conjunto de duas ou mais pessoas, dividindo-se os riscos do negócio, estaremos diante de uma **sociedade empresária**. Mais uma vez, atenção! Empresária é a pessoa jurídica, a sociedade, e não os sócios, diante da personalidade distinta que a pessoa jurídica ostenta diante de seus fundadores.

Sabemos que o termo **sociedade** está vinculado ao estudo das **pessoas jurídicas** no CC, sendo deste gênero uma das espécies. Surge, então, uma questão relevante: e as demais espécies de pessoas jurídicas, podem ser consideradas empresárias?

Para responder a essa indagação, basta visitarmos o conceito de cada uma delas no Código. Diz o art. 53 que as **associações** *são uniões de pessoas organizadas para fins não econômicos*, o que afasta sem rodeios a chance de serem consideradas empresárias; a **fundação** *somente poderá constituir-se para os fins previstos no* art. 62, parágrafo único, do CC, dos quais nenhum se coaduna com a atividade empresária; as **organizações religiosas**, por sua própria natureza, também não são voltadas para a produção ou circulação de bens ou serviços com fito de lucro; e, por último, os **partidos políticos** destinam-se a *assegurar, no interesse do regime democrático, a autenticidade do sistema representativo e a defender os direitos fundamentais definidos na Constituição Federal* (art. 1º da Lei 9.096/1995).

Restam, então, a empresa individual de responsabilidade limitada e a sociedade. A primeira analisamos acima, dentro do contexto do empresário individual, e obviamente pode ter natureza empresária. Quanto às pessoas jurídicas que se constituem pela união de duas ou mais pessoas com um objetivo comum, nota-se que a utilização do termo **sociedade empresária** não foi à toa. Dentre estas, ela é a única que se destina *ao exercício de atividade econômica e a partilha dos resultados entre os sócios*.

1.1.3. Capacidade para ser empresário

Antes de avaliar as regras sobre a capacidade para ser empresário, cumpre destacar que os mencionados ditames aplicam-se ao **empresário individual, ao titular de empresa individual de responsabilidade limitada** e ao **administrador** de sociedade empresária. Não se questiona a capacidade do sócio de sociedade empresária que não tenha poderes de administração, pois não praticará atos que a vinculem. As quotas sociais ou ações que o incapaz eventualmente detiver constituem parte de seu patrimônio, tendo ele unicamente direito à percepção dos lucros na proporção de sua participação no capital social. Vale frisar, contudo, que o art. 974, § 3º, do CC determina ainda que, para que se possa aceitar o incapaz como sócio, o *capital deve estar totalmente integralizado* e o *incapaz deve estar devidamente representado ou assistido*.

Enfim, são requisitos para o exercício de atividade empresária:

a) estar no pleno gozo da capacidade civil: isto é, deve tratar-se de pessoa maior de 18 anos de idade e que não se enquadre em qualquer hipótese de incapacidade absoluta ou relativa, nos termos dos arts. 3º e 4º do CC, com a redação dada pela Lei 13.146/2015 (Estatuto da Pessoa com Deficiência);

b) **não estar impedido de exercer empresa por determinação legal ou judicial**: são diversas as hipóteses previstas de impedimento para o exercício de atividade empresária no ordenamento jurídico. Ex.: **falido** não reabilitado civil e penalmente; **condenado** à pena acessória de vedação à atividade empresária prevista no art. 35, II, da Lei 8.934/1994; **leiloeiro oficial**; **funcionário público; devedores do INSS**; **deputados e senadores** etc. Caso haja violação do impedimento, a pessoa arcará com a responsabilidade administrativa e penal, mas não há qualquer alteração na órbita civil. A pessoa impedida não poderá invocar essa condição para eximir-se do adimplemento das obrigações contraídas, permanecendo estas integralmente válidas; não poderá requerer recuperação judicial ou extrajudicial da empresa, por ser equiparada a empresa irregular; pelo mesmo motivo, não poderá requerer a falência de devedor seu, mas poderá ter sua própria falência decretada.

Há divergência doutrinária sobre a possibilidade de o menor emancipado ser empresário. Alguns autores defendem a impossibilidade, pois a **emancipação** opera apenas efeitos civis e não penais, o que abriria portas para que o emancipado exercesse a empresa de forma temerária com o exclusivo fim de locupletar-se e saísse intocado por sua inimputabilidade em eventual persecução penal por crime falimentar.

A maioria, contudo, alinha-se em sentido diverso, dizendo que é perfeitamente possível o exercício de empresa pelo menor emancipado, dado que este é considerado absolutamente capaz pela legislação civil. Caso incorra em crime falimentar, este será tratado como **ato infracional** e sujeitará o emancipado a **medida socioeducativa**. Robustecemos o argumento anotando que uma das causas de emancipação, prevista no art. 5º, parágrafo único, inciso V, do CC é *o estabelecimento civil ou comercial, desde que (...) o menor com dezesseis anos completos tenha economia própria.*

Por exceção, o **incapaz**, absoluta ou relativamente, poderá ser empresário, desde que observados os seguintes itens:

a) não poderá iniciar uma nova empresa, apenas continuar empresa já existente;

b) deve, para tanto, obter autorização judicial (alvará);

c) os bens do incapaz que ele já possuía antes não respondem pelas dívidas da empresa e devem ser enumerados pelo juiz no alvará, exceto se os bens foram empregados na atividade;

d) deve ser representado ou assistido.

e) em caso de sociedade, o incapaz não pode ser administrador e o capital social deve estar totalmente integralizado.

Caso o representante ou assistente do incapaz torne-se impedido de exercer empresa, ele mesmo poderá nomear um ou mais **gerentes** *ad referendum* do juiz. Aliás, a rigor, o juiz pode nomear um gerente sempre que entender que tal diligência atenderá melhor aos interesses do incapaz.

1.1.4. Empresário casado

Cônjuges podem ser sócios um do outro, exceto se casados pelos regimes da **comunhão universal** ou da **separação obrigatória** de bens. Motivo: na comunhão universal, a sociedade não existiria verdadeiramente, seria uma ficção, dado que a total comunicação do patrimônio dos cônjuges, no qual se inserem as quotas sociais, impediria a caracterização da autonomia do patrimônio social e a divisão da responsabilidade entre eles. As quotas do marido pertenceriam também à mulher e vice-versa, tornando ambos, ao mesmo tempo, proprietários da totalidade do capital. Já na separação obrigatória, a constituição de uma sociedade poderia servir como instrumento de fraude ao isolamento do patrimônio dos nubentes imposto pela lei.

A regra deve ser observada indiferentemente para as sociedades empresárias ou sociedades simples (STJ, REsp 1058165/RS, *DJ* 14.04.2009) e abrange tanto a constituição originária da sociedade quanto a participação derivada, isto é, o ingresso superveniente de cônjuge em sociedade de que outro já participa (Enunciado 205 JDC/CJF).

Atente para o fato de que a sociedade entre cônjuges casados pelo regime da **separação convencional de bens** é totalmente permitida. A vedação opera apenas nos casos previstos no art. 1.641 do CC.

Ainda que não se trate de sociedade entre cônjuges, insta frisar que o empresário casado não sofre qualquer diminuição em seus poderes de administração da empresa. Não se exige **outorga uxória ou marital**, qualquer que seja o regime de bens, para a alienação ou oneração de imóveis que integrem o patrimônio da empresa, considerando a autonomia existente entre esta e o patrimônio do empresário. Ele não estará alienando bem particular, razão pela qual fica afastada a participação do cônjuge como condição de eficácia do ato.

1.2. Registro

A atividade empresária, além de ser um fato jurídico, é, sem sombra de dúvidas, um fato econômico de grande relevância, considerando seu potencial para gerar empregos, aumentar a oferta de produtos e serviços e incentivar o crescimento econômico do país, colocando mais recursos em circulação.

Nessa situação, o empresário irá estabelecer relações com inúmeras pessoas, como empregados, fornecedores e consumidores.

É por isso que a regularidade da atividade empresária depende da formalidade do **registro**, que se presta a *dar garantia, publicidade, autenticidade, segurança e eficácia aos atos jurídicos das empresas* (art. 1º, I, da Lei 8.934/1994). Com efeito, as características do registro conferem a segurança jurídica necessária para que as pessoas que pretendam contratar com determinado empresário possam verificar a conveniência de fazê-lo diante das informações ali constantes.

O **Registro Público de Empresas Mercantis (RPEM)** no Brasil está estruturado em dois níveis: nacional, exercido pelo **Departamento de Registro de Empresa e Integração (DREI), vinculado à Secretaria da Micro e Pequena Empresa**, com função supervisora, orientadora, coordenadora e normativa; e estadual, a cargo das **Juntas Comerciais**, cuja atribuição é justamente executar os serviços de registro impostos pela legislação.

A inscrição do empresário junto ao RPEM deve dar-se antes do início da atividade. O empresário que não registra seus atos constitutivos é considerado **irregular** e, como tal, sofrerá uma série de limitações na sua atividade:

a) não poderá contratar com o Poder Público;

b) não pode ser autor de pedido de falência contra qualquer de seus devedores (mas pode ter sua própria falência decretada);

c) não pode pedir recuperação judicial ou extrajudicial;

d) seus livros empresariais não fazem prova, implicando crime falimentar (art. 178 da Lei 11.101/2005);

e) não poderá requerer sua inscrição no Cadastro Nacional de Pessoas Jurídicas (CNPJ), o que acarretará a impossibilidade de emissão de notas fiscais e os consequentes problemas tributários;

f) os sócios somente poderão provar a existência da sociedade por escrito, enquanto terceiros podem fazê-lo por qualquer modo.

Note que o empresário irregular, como o próprio termo já indica, é empresário e deve ser tratado como tal. O registro é dever imposto por lei como requisito da **regularidade** do empresário, não de sua caracterização (Enunciado 199 JDC/CJF).

A Junta Comercial destina-se ao registro dos atos relativos aos empresários individuais, das empresas individuais de responsabilidade limitada, das sociedades empresárias e das cooperativas (mesmo não sendo estas empresárias). As sociedades simples são registradas no Cartório de Registro de Pessoas Jurídicas.

As sociedades de advogados, ainda que constituam, eventualmente, elemento de empresa, **nunca** são consideradas empresárias e são registradas exclusivamente na OAB (art. 15, § 1º, da Lei 8.906/1994). Falando de advogados, estes exercem papel fundamental no registro dos atos constitutivos da empresa, já que tais documentos somente serão aceitos se visados (rubricados) por advogado (art. 1º, § 2º, da Lei 8.906/1994).

1.2.1. Dos efeitos do registro

É com o registro da empresa que esta adquire **personalidade jurídica** e confere-se a **regularidade** do empresário.

Os documentos a serem registrados devem ser apresentados na Junta Comercial competente no prazo de 30 dias da assinatura para que produzam efeitos *ex tunc*, ou seja, retroativos à data da lavratura do instrumento. Caso o prazo não seja respeitado, os efeitos do registro serão *ex nunc*, valendo a data do efetivo arquivamento realizado na Junta, o que ocorre somente após a análise dos documentos e da concessão do registro pelo órgão.

O registro, como já salientado, garante **publicidade** aos atos empresariais a ele sujeitos, podendo qualquer pessoa consultar os arquivos da Junta Comercial e requerer a expedição de certidões independentemente de justificativa, bastando que recolha a respectiva taxa, se aplicável.

Dessa forma, o registro garante a oponibilidade *erga omnes* dos termos constantes dos atos arquivados, mas somente após as formalidades e com sua efetiva publicação. Ninguém pode alegar desconhecimento da situação da empresa se o ato já estava registrado. O empresário poderá, excepcionalmente, amparar-se em documento ainda não levado a arquivamento, porém terá o ônus de provar que o terceiro tinha dele real conhecimento.

O registro assegura, por fim, a **proteção** ao nome empresarial contra o uso indevido por terceiros, conforme veremos adiante.

1.2.2. Documentos que devem ser registrados

Serão obrigatoriamente arquivados:

a) os atos constitutivos e modificativos das empresas;

b) atos que importem na dissolução ou extinção da empresa;

c) a instituição de filial, sucursal ou agência, sendo que, se qualquer destas estabelecer-se em outro Estado da Federação, o registro deverá ser feito na Junta Comercial à qual estará submetida a filial e averbado naquela da respectiva sede;

d) o pacto antenupcial do empresário casado;

e) títulos de doação, herança ou legado de bens gravados com cláusula de inalienabilidade e incomunicabilidade;

f) a sentença que decretar ou homologar a separação judicial, ato de reconciliação e o divórcio do empresário;

g) a sentença que decretar a emancipação do incapaz.

Após o depósito do documento com o respectivo requerimento de registro, cabe à Junta Comercial a análise de seus aspectos formais, não podendo proceder ao arquivamento daqueles atos que contenham vícios de forma ou ofensa à legislação aplicável (ex.: empresa constituída por pessoa impedida de exercê-la). Verificando a ocorrência de tais defeitos, a Junta Comercial informará ao interessado que o registro não foi realizado, abrindo a oportunidade para que os vícios sejam corrigidos.

Note que a competência da Junta Comercial deve ficar limitada aos aspectos formais do documento, não podendo penetrar no mérito da empresa (seu objeto ou capital social declarado, por exemplo).

1.3. Escrituração

É o dever imposto pela lei ao empresário, à empresa individual de responsabilidade limitada e à sociedade empresária de *manter seu sistema de contabilidade em dia e conforme as melhores técnicas contábeis*. A escrituração da empresa é concretizada por meio dos **livros empresariais**, que podem ser divididos em:

a) Livros obrigatórios, que devem ser escriturados por todos os empresários e sociedades empresárias, sob pena de, não o fazendo, sofrerem as respectivas sanções. Há duas espécies de livros obrigatórios:

a1) Livros obrigatórios comuns, que são impostos a todo e qualquer tipo de empresa. Atualmente, o único desta espécie é o **Livro Diário**; e

a2) Livros obrigatórios específicos (ou especiais), que devem ser escriturados apenas se ocorrerem determinadas situações. Ex.: o **Livro Registro de Duplicatas** é obrigatório somente para as empresas que emitem esta espécie de título de crédito;

b) Livros facultativos (ou acessórios), que, como o próprio nome indica, servem para auxiliar o empresário na administração da atividade, mantendo um registro mais detalhado de suas operações. Não há sanções pela não escrituração de um livro facultativo. Ex.: **Livro Caixa**.

Considerando que a escrituração deve seguir o padrão contábil, é regra que ela seja realizada por um profissional que detenha os conhecimentos técnicos necessários, denominado **contabilista ou contador**, regularmente inscrito em seu conselho profissional. O art. 1.182 do CC abranda essa exigência na hipótese de não existir contabilista na localidade onde a empresa está estabelecida. Nesta situação, poderá o empresário indicar pessoa de sua confiança que repute hábil a efetuar a escrituração conforme a lei.

O dever de escrituração abrange também a obrigação de levantar anualmente o **balanço patrimonial** e o de **resultado econômico**. Trata-se de *documentos contábeis que demonstram a atual situação patrimonial da empresa*, como uma radiografia. O balanço patrimonial traz em seu bojo o total do ativo, do passivo e o patrimônio líquido da empresa, esmiuçados, cada um deles, em rubricas padronizadas por lei. O balanço de resultado econômico (ou demonstração da conta de lucros e perdas ou ainda, como conhecida na prática por força da Lei das Sociedades por Ações, **demonstração do resultado do exercício**) apresenta, pormenorizadamente, as receitas e despesas contabilizadas no período, apurando a existência de lucro ou prejuízo na empresa.

Os livros empresariais, dada sua importância, recebem um tratamento diferenciado quanto a seu valor probatório e confidencialidade. Com efeito, estando a escrituração em ordem e os livros devidamente autenticados pela Junta Comercial, os lançamentos neles constantes fazem prova a favor do empresário. Isso quer dizer que eventuais créditos neles registrados servem como prova de que a obrigação realmente existe. Ressalte-se que não configuram títulos executivos, tão somente elementos probatórios para o processo de conhecimento.

Em contrapartida, a existência de vícios intrínsecos ou extrínsecos na contabilidade derruba a eficácia probatória dos livros.

No que toca à confidencialidade, os arts. 1.190 e 1.191 do CC deixam claro que a obrigação de exibição dos livros depende de **mandado judicial** unicamente para dirimir as questões relativas à sucessão, comunhão ou sociedade, administração à conta de outrem ou falência. Na mesma esteira, destacamos que a apreensão dos livros somente se dará em caso de recusa na apresentação.

Questão interessante se coloca sobre o acesso das autoridades fazendárias aos livros empresariais no exercício da fiscalização. Naturalmente, a proibição de acesso aos livros a elas não se aplica (art. 1.193 do CC e 195 do CTN), pois, se assim não fosse, estaríamos esvaziando o poder de fiscalização da Fazenda Pública, tornando-o inócuo. Veja-se, a propósito, a Súmula 439 do STF: "estão sujeitos à fiscalização tributária ou previdenciária quaisquer livros comerciais, limitado o exame aos pontos objeto da investigação".

A parte final do Verbete Sumular merece atenção, pois deixa claro que a Fazenda, mesmo podendo muito, não pode tudo. A obrigação tributária acessória de franquear acesso aos livros está vinculada a potencial descoberta de tributos a pagar pelo contribuinte. O STJ já decidiu que a fiscalização municipal não pode exigir a exibição dos livros de empresário que não é contribuinte do ISS (STJ, REsp 539084/SP, *DJ* 18.10.2005).

1.4. Prepostos

São *quaisquer pessoas contratadas pelo empresário que atuam no interesse da empresa, representando-a perante terceiros*. Não percamos de vista que uma das características da atividade empresária é a **pessoalidade**, razão pela qual o preposto atua sempre em nome da empresa.

Os atos do **preposto**, desde que praticados dentro dos limites da atividade da empresa, trazem obrigações ao **preponente** (o empresário), independentemente de autorização escrita se o ato foi celebrado dentro do estabelecimento. Para os prepostos que atuam fora deste é necessária a atribuição de poderes por escrito.

A responsabilidade civil dos prepostos, no caso de suas ações causarem danos a terceiros, depende da verificação do elemento subjetivo do ilícito. Se agiram com culpa, a responsabilidade é do empresário-preponente, que terá ação de regresso contra o preposto. Caso tenham agido com dolo, sua responsabilidade será solidária com a empresa.

O preposto não pode, ainda, negociar por conta própria ou de terceiro ou praticar quaisquer atos de operação econômica do mesmo gênero de seu preponente. Ex.: um funcionário de uma loja de roupas não pode, em seu tempo livre e aproveitando-se da clientela e do conhecimento adquirido em seu emprego, passar a vender roupas em seu próprio nome. Se o fizer, deverá indenizar o preponente (que poderá, inclusive, reter o lucro das operações ilícitas efetuadas) e ainda poderá incorrer em crime contra a ordem econômica diante da concorrência desleal.

1.4.1. Gerente

O CC individualizou dois prepostos, considerando a importância da atividade por eles exercida. O primeiro deles é o **gerente**, *preposto de confiança do empresário nomeado para, permanentemente, praticar quaisquer atos necessários ao exercício dos poderes que lhe foram outorgados*.

É possível que o preponente limite os poderes do gerente. Entretanto, para que tal providência tenha eficácia perante terceiros, deve obrigatoriamente estar **averbada** na Junta Comercial, salvo se ficar provado que o terceiro dela tinha conhecimento.

O gerente é autorizado a estar em juízo em nome do empresário quanto às obrigações resultantes do exercício de sua função (art. 1.176 do CC).

1.4.2. Contabilista

É o preposto *responsável pela escrituração da empresa*. Os lançamentos efetuados por ele consideram-se, salvo comprovada má-fé, como se o próprio empresário os tivesse feito.

1.5. Nome empresarial

1.5.1. Conceito

É a *designação pela qual o empresário e a sociedade empresária são conhecidos nas suas relações de fundo econômico*. Da mesma forma que o nome civil da pessoa natural, o nome empresarial individualiza a empresa perante seus clientes, fornecedores e colaboradores. É o *elemento identificador da empresa no mercado*.

1.5.2. Espécies

O direito brasileiro acolhe duas espécies de nome empresarial:

a) firma, baseada no nome civil do empresário individual, do titular de empresa individual de responsabilidade limitada ou de um, alguns ou todos os sócios de sociedade empresária. Pode, opcionalmente, trazer o ramo de atividade da empresa. Tem dupla função: além de identificar a empresa, é também a assinatura que deve ser aposta nos documentos que obriguem o empresário. Ex.: os sócios da sociedade empresária que gire sob a firma "Paulo da Silva & Cia. Ltda." devem criar uma assinatura que contemple este nome, incluindo todos os seus elementos constituintes ("& Cia. Ltda.");

b) denominação, aplicável à empresa individual de responsabilidade limitada ou à sociedade empresária, pode basear-se no nome civil do titular ou dos sócios ou qualquer outro elemento linguístico, vulgarmente conhecido como "elemento fantasia". Deve, obrigatoriamente, adotar o ramo de atividade da empresa. Difere também da firma por não se constituir em assinatura da empresa. Ex.: os sócios da sociedade empresária que gire sob a denominação "Carcará Serviços Técnicos Ltda." devem assinar, cada um, sua própria assinatura civil.

1.5.3. Regras para formação do nome empresarial

O nome empresarial é composto por um **núcleo**, que é o verdadeiro elemento identificador do empresário (o nome civil ou, no exemplo acima, "Carcará"), **elemento identificador do tipo societário** (Ltda., S.A.), **elemento identificador do ramo de atividade** ("Serviços Técnicos", "Casa de Carnes") e **partículas gerais** ("& Cia"., "Irmãos").

O empresário individual comum somente pode adotar firma baseada em seu nome civil. Caso seja uma empresa individual de responsabilidade limitada, nos termos do art. 980-A, § 1º, do CC, deverá incluir a expressão "EIRELI" ao final do nome empresarial, **que poderá ser firma ou denominação**. Já as sociedades empresárias, a depender do tipo que adotem (cujos detalhes serão estudados no Capítulo 2), poderão optar por firma ou denominação, seguindo determinadas balizas. A fim de facilitar a visualização e o estudo, acompanhe o quadro abaixo:

Sociedade em conta de participação	- Não usa nome empresarial, pois sua existência não é divulgada.
Sociedade em nome coletivo	- Somente firma - Nome civil de um, alguns ou todos os sócios - Se faltar o nome de alguém, deve conter o elemento "e companhia" por extenso ou abreviado ("& Cia.")
Comandita simples	- Somente firma - Nome civil de um, alguns ou todos os sócios comanditados - Se faltar o nome de algum dos sócios comanditados, deve conter o elemento "e companhia" por extenso ou abreviado ("& Cia.")
Sociedade Limitada	- Firma ou denominação - Se firma: segue as regras da Sociedade em Nome Coletivo - Se denominação: deve constar o ramo de atividade - Sempre deve constar o elemento "limitada" por extenso ou abreviado ("Ltda.")
Comandita por ações	- Firma ou denominação - Se firma: a) Nome civil de um, alguns ou todos os sócios diretores ou administradores com responsabilidade ilimitada b) Se faltar o nome de algum deles, deve constar o elemento "e companhia" por extenso ou abreviado ("& Cia.") no final do nome - Se denominação, deve constar o ramo de atividade - Sempre deve constar o elemento "comandita por ações" por extenso ou abreviado ("C.A.")
Sociedade anônima	- Somente denominação - Deve constar o ramo de atividade - Deve constar o elemento "sociedade anônima", em qualquer parte, ou "companhia", no início ou no meio do nome (nunca no final), por extenso ou abreviado ("S.A." ou "Cia.") - Pode usar, como exceção, nome civil do fundador ou de pessoa que concorreu para o bom êxito da sociedade

Quanto às sociedades não empresárias, impera alguma controvérsia doutrinária sobre a possibilidade da **sociedade simples** adotar firma ou denominação. O CJF sacramentou a discussão no Enunciado 213 da III Jornada de Direito Civil: "O art. 997, inc. II, não exclui a possibilidade de sociedade simples utilizar firma ou razão social".

Entretanto, não se olvide que a interpretação doutrinária em comento refere-se à sociedade simples pura. Conforme explicaremos melhor adiante, a sociedade simples pode, se quiser, adotar qualquer dos **tipos societários** das sociedades empresárias contratuais (nome coletivo, comandita simples ou limitada) sem perder sua natureza de sociedade simples. Nessa situação, seu nome empresarial seguirá as regras estabelecidas para o tipo societário escolhido.

Já a **cooperativa**, por expressa determinação legal, gira somente por **denominação** na qual conste, obrigatoriamente, a partícula "cooperativa".

1.5.4. Efeitos do nome empresarial

A adoção de firma pelo empresário ou sociedade empresária implica *o reconhecimento de que o sócio cujo nome civil integra a firma possui responsabilidade ilimitada pelas obrigações sociais*. É o que ocorre com o empresário individual, com os sócios da sociedade em nome coletivo (ainda que estejam inseridos no nome empresarial pela expressão "& Cia.") e com os sócios comanditados na comandita simples (na comandita, existem duas classes de sócios: comanditados e comanditários. Os primeiros têm responsabilidade solidária e ilimitada pelas obrigações sociais e só eles podem praticar atos de administração. Os comanditários respondem apenas pelo valor de sua quota e não podem gerir a empresa). Caso seja incluído o nome civil de um sócio comanditário na firma da comandita simples, *ele será tratado como comanditado, ou seja, responderá solidária e ilimitadamente pelas obrigações da pessoa jurídica*.

Ostenta, ainda, o nome empresarial um **efeito patrimonial**, considerando que possui valor econômico. Ele *integra o* estabelecimento empresarial *como bem incorpóreo*. Com efeito, a reputação da empresa do mercado fica vinculada ao seu nome, de sorte que este pode passar a valer tanto ou mais que os próprios ativos da pessoa jurídica, se considerarmos que clientes e fornecedores procuram pelo estabelecimento diante do renome e da boa fama que ele goza.

1.5.5. Nome e outros designativos empresariais

O nome não é o único elemento identificador de que um empresário, EIRELI ou sociedade empresária pode valer-se na consecução de suas atividades. O mais importante é não confundirmos cada um deles, uma vez que se prestam a pontos distintos da atividade empresarial.

Nome empresarial, já vimos, é o *elemento identificador do* empresário, a forma como ele é conhecido no mercado. Sua proteção contra uso indevido é feita pela própria Junta Comercial, como consequência imediata do registro da empresa.

Título do estabelecimento é o *elemento identificador do* ponto comercial, é o *nome fantasia* do estabelecimento. Nada obsta que contenha elementos idênticos ao nome empresarial, mas são institutos distintos. Ex.: o "Restaurante Michelangelo" (título do estabelecimento) pode ter como nome empresarial "Andrade & Souza Comércio de Alimentos Ltda.". O título do estabelecimento também goza de proteção contra uso indevido por terceiros, a qual decorre das leis que coíbem a concorrência desleal.

Marca, por fim, *identifica determinado produto ou serviço*, e não o empresário ou seu estabelecimento. Ex.: Big Mac. Sua proteção é feita pelo registro da marca no Instituto Nacional de Propriedade Intelectual - INPI.

Havemos de lembrar, nos dias de hoje, igualmente a questão do **domínio de internet**, o endereço da *home page* digitado pelo usuário para ter acesso ao *estabelecimento virtual da empresa*. Ele também goza de proteção por meio de registro na Fundação de Amparo à Pesquisa do Estado de São Paulo - FAPESP. Todavia, havendo conflito entre o domínio registrado na FAPESP e marca registrada no INPI, a jurisprudência vem concedendo primazia a essa última (TJSP, AC 0043361-97.2005.8.26.0000 e 9180440-33.2003.8.26.0000, *DJ* 20.10.2010 e 19.01.2011).

1.5.6. Proteção do nome empresarial

Destacamos anteriormente que o nome empresarial possui valor econômico, integrando o **ativo intangível** da empresa. Por conta disso, nada mais natural que a lei crie mecanismos para proteção contra seu uso indevido.

Duas grandes razões fundamentam essa questão: a **proteção ao crédito**, considerando o grave dano causado à reputação do empresário caso alguém mal-intencionado utilize seu nome empresarial ou algum semelhante para praticar golpes no mercado, não honrando suas obrigações; e a **proteção à clientela**, que tem o direito de conhecer previamente o fornecedor do qual está adquirindo produtos ou serviços e de não ser ludibriada por nomes iguais ou semelhantes. Some-se a isso a possibilidade de **subtração de clientela**, já que o terceiro de má-fé pode locupletar-se pelo engano causado aos consumidores.

As regras de proteção ao nome seguem três princípios básicos:

a) Princípio da Veracidade: o nome empresarial, quando tiver por núcleo o nome civil de sócio, do titular da EIRELI ou do empresário individual, *deve representar o verdadeiro nome destes, a fim de que qualquer pessoa possa identificá-los*. São vedados, por isso, os apelidos (Tico, Pinguim, Alemão) e os hipocorísticos (Zé em vez de José, Chico no lugar de Francisco);

b) Princípio da Regulamentação: só está protegido o nome de empresa *regularmente registrada no órgão competente*, no caso a Junta Comercial do Estado;

c) Princípio da Novidade: *somente será admitido a registro nome empresarial que não seja idêntico ou semelhante a outro previamente registrado no mesmo Estado*. São considerados idênticos os nomes de escrita igual (homógrafos) e semelhantes os que têm a mesma sonoridade (homófonos – "Bestway" e "Bestiuei", por exemplo).

A análise da identidade ou semelhança deve considerar o nome empresarial por inteiro, exceto se se tratar de denominação que utilize elemento-fantasia incomum, hipóteses em que este será analisado isoladamente (art. 8º da IN DREI 15/2013).

O preceptivo deixa claro que a proteção do nome não se restringe ao uso por empresas ligadas à mesma atividade econômica. Uma vez que a proteção ao nome interliga-se com a proteção ao crédito do empresário, não faria sentido permitir o uso de nomes idênticos ou semelhantes em outros ramos empresariais pela inegável possibilidade de confusões que isso traria. É a opinião pacífica da doutrina.

Contudo, a jurisprudência alinha-se em outro sentido. Tanto o STF (RE 115820/RJ, *DJ* 26.02.1991) quanto o STJ (REsp 262643/SP, *DJ* 17.03.2010; e AgRg no REsp 757880/RS, *DJ* 11.02.2010) entendem que a proteção legal ao nome é **relativa**, o que permite o uso do mesmo núcleo por empresa de outro ramo de atividade e implica o dever de provar o prejuízo causado para fins de indenização.

Por derradeiro, resgatamos o conceito do **princípio da novidade** para anotar que a proteção ao nome *tem seu âmbito limitado ao Estado onde foi registrado*. Isso porque as Juntas Comerciais são órgãos estaduais e seria inviável exigir que a Junta Comercial do Amazonas soubesse quais nomes já constam nos assentamentos da Junta Comercial do Rio Grande do Sul.

Se o empresário desejar que seu nome esteja protegido em maior escala, *deve providenciar o registro dele em cada Junta Comercial onde quer garantir o uso exclusivo*, o que implica, para uma proteção nacional, o registro individual em todas as Juntas Comerciais do país (art. 11 da IN DREI 15/2013).

Ocorrerá a perda da proteção do nome empresarial como consequência do cancelamento do registro da empresa, que será efetivado voluntariamente ou de ofício pela Junta Comercial nos casos:

a) expiração do prazo da sociedade por prazo determinado;

b) transcurso do prazo de 10 (dez) anos sem que a empresa tenha promovido qualquer arquivamento da Junta Comercial, sendo que, antes do cancelamento, deve o órgão de registro de empresas promover a notificação do empresário, questionando seu interesse em manter-se em atividade;

c) liquidação da sociedade, conforme disposto no art. 1.168 do CC.

1.5.7. Alteração do nome empresarial

A alteração do nome da empresa pode dar-se de forma **voluntária,** situação que exige aprovação **unânime** dos sócios em reunião ou assembleia, ou **compulsória, obrigatória ou vinculada**, pelos motivos que seguem:

a) saída, retirada ou morte do sócio que figure no nome: em respeito ao **princípio da veracidade**, se determinado sócio tinha seu nome civil integrando o nome empresarial e, por qualquer das situações mencionadas, não mais pertence ao quadro social, deve o nome ser alterado para excluir o nome civil do sócio retirante ou falecido;

b) alteração da categoria de sócio: nas sociedades em comandita, apenas podem emprestar seu nome civil para compor o nome empresarial os sócios comanditados (na comandita simples) e os sócios diretores ou com poderes de administração (na comandita por ações). Se determinado sócio comanditado, por exemplo, em virtude de uma alteração contratual, tiver seu *status* alterado para sócio comanditário, deverá ser excluído seu nome civil da firma ou denominação, sob pena de continuar a responder ilimitadamente pelas dívidas sociais;

c) transformação da sociedade: ocorre *quando a sociedade altera seu tipo societário*, de limitada para sociedade por ações, por exemplo. Com isso, será obrigatória a adaptação do nome ao novo tipo escolhido;

d) alienação do estabelecimento: o nome empresarial, por si só, é inalienável. Contudo, é possível que, mediante autorização contratual, o adquirente do estabelecimento possa continuar usando o nome do antecessor. Na hipótese, deverá incluir seu nome civil antes da firma originária, qualificando-se como "sucessor de" (art. 1.164 do CC). Ex.: Magno Alves Sucessor de Silva & Silva Colchões Ltda.

e) lesão a direito de outrem: o controle do registro de nomes empresariais idênticos ou semelhantes deve ser prévio, ou seja, a Junta Comercial deve avaliar a possibilidade do registro antes de procedê-lo, em respeito ao **princípio da novidade**. Se mesmo assim o nome similar for registrado em ofensa a direito alheio, baseado na precedência do ato, deverá o mais recente ser alterado mediante provocação do interessado, podendo inclusive socorrer-se das vias judiciais para tanto.

1.6. Estabelecimento empresarial

1.6.1. Conceito

O estabelecimento é conceituado como *todo complexo de bens organizado pelo empresário, por empresa individual de responsabilidade limitada ou sociedade empresária para o exercício da empresa* (art. 1.142 do CC). Antigamente era denominado **fundo de comércio**.

No dia a dia, tendemos a usar o termo "empresa" e "estabelecimento" como sinônimos, apesar de não o serem. "Empresa" é a atividade econômica exercida, ao passo que "estabelecimento" é o *local onde ela é exercida*. *É a base física da empresa*.

O estabelecimento é composto por bens **corpóreos** (mesas, balcões, computadores...) e **incorpóreos** (título, marcas registradas, clientela...). Tais coisas, isoladamente, para pouco serviriam. Porém, quando o empresário, valendo-se de sua experiência e visão de negócios, reúne esses bens de forma organizada para deles usufruir com intuito de lucro, eles passam a ser considerados como um único corpo que possui valor econômico superior à soma de cada um de seus componentes separadamente. É o que denominamos **aviamento**.

Quanto à natureza jurídica, o estabelecimento é uma **universalidade de fato**, uma vez que a unificação dos bens e de sua destinação ocorre pelo e no interesse do empresário.

1.6.2. Alienação do estabelecimento

O estabelecimento, por força do aviamento, possui valor econômico autônomo e pode, em razão disso, ser objeto de contrato específico de alienação, mantendo-se a empresa em nome do proprietário original. *O contrato de alienação de estabelecimento empresarial chama-se* **trespasse**.

Não se perca de vista, de outro lado, que o estabelecimento, exatamente por integrar o ativo do empresário, é garantia de seus credores para o pagamento do passivo e, como tal, pode ser objeto de penhora total ou parcial. Desse modo, a inevitável redução do ativo imobilizado operada com a venda do estabelecimento deve ser avaliada e aprovada pelos credores para ser eficaz.

Por essa razão, o contrato de trespasse é celebrado entre alienante e adquirente, mas apresenta uma **condição de eficácia** perante os credores caso ao alienante não restem bens suficientes para solver seu passivo: estes devem ser notificados da pretensão da avença e aprová-la, expressa ou tacitamente, no prazo de 30 dias (art. 1.145 do CC). Caso o empresário-alienante não deseje depender de seus credores para ratificar a venda do estabelecimento, deve **pagar a todos** ou **demonstrar que mantém patrimônio suficiente para a quitação de seu passivo**.

O trespasse realizado sem as formalidades acima, ou seja, sem a satisfação pelo pagamento ou aprovação dos credores, configura ato de falência (art. 94, III, "c", da Lei 11.101/2005). O STJ já decidiu que a **alienação de parte essencial** do estabelecimento que o descaracterize como local de comércio ou indústria também configura o ato de falência (STJ, REsp 33762/SP, 26.02.1997).

Exsurge, ainda, como exigência para a eficácia perante terceiros da alienação, do usufruto e do arrendamento do estabelecimento o seu registro na Junta Comercial e sua publicação no Diário Oficial.

O adquirente do estabelecimento sucede o alienante em todas as dívidas regularmente contabilizadas, bem como nas obrigações trabalhistas e tributárias. É dever do interessado em comprar a unidade produtiva verificar o passivo do empresário, pois será responsável pelo adimplemento das obrigações, desde que regularmente registradas nos livros – o que é natural diante da inviabilidade de exigir-se do novel proprietário do estabelecimento o pagamento de dívidas inscritas somente na contabilidade paralela ("caixa 2"), a qual, além de proibida, nunca seria franqueada pelo alienante.

No que toca ao passivo trabalhista e tributário, destes não se exige o lançamento contábil para a responsabilização do adquirente, cabendo a este a avaliação do risco (STJ, AgRg no Ag 1225408/PR, *DJ* 23.11.2010).

Vale lembrar que somente as dívidas vinculadas ao estabelecimento objeto do trespasse é que serão sucedidas pelo adquirente e não todo o passivo do vendedor.

Já o alienante, mesmo com a plena validade e eficácia do contrato, continuará responsável solidário pelas dívidas contabilizadas pelo prazo de um ano, contado:

a) da publicação, para as dívidas vencidas no momento da celebração; e

b) do vencimento, para aquelas que estavam a vencer depois de fechado o acordo.

Como **efeito implícito** do trespasse, estabelece o art. 1.147 do CC a **cláusula de não restabelecimento**, que impõe ao alienante a *obrigação de não voltar a exercer a mesma atividade em outro estabelecimento na mesma localidade pelo prazo de 05 anos*. Leia-se "mesma localidade" como "mesmo município", conforme aponta a doutrina majoritária. A regra é posta para coibir a concorrência desleal, considerando que o alienante poderia carregar consigo a clientela se pudesse restabelecer-se na mesma cidade, diminuindo sobremaneira o faturamento do estabelecimento vendido. Não se questiona, de toda forma, a natureza dispositiva da norma, podendo o contrato de trespasse dispor diferentemente.

1.6.3. Proteção ao ponto

O ponto empresarial *é o local específico onde se encontra o estabelecimento, o endereço onde ele se instala*. Não se confunde com o próprio estabelecimento, que *é o conjunto de bens corpóreos e incorpóreos organizados para o exercício da empresa*, porque é dele **parte integrante**, sendo um de seus elementos imateriais.

Muitas vezes, o ponto possui valor econômico de grande vulto, pois a localização do estabelecimento é determinante, por exemplo, no volume e na captação da clientela. Em face disto, a lei protege o ponto explorado pelo empresário.

Notadamente, se o empresário escolhe como ponto um imóvel seu, a proteção decorrerá da Constituição Federal e de todas as normas garantidoras do direito de propriedade. Adicione-se a garantia de que, em caso de **desapropriação**, a indenização a que faz jus o proprietário deve incluir o valor do ponto e não apenas o imóvel.

Proteção específica do Direito Empresarial está prevista na Lei 8.245/1991. Trata-se da **renovação compulsória do contrato de locação**.

Temos, então, a hipótese de exploração de empresa em imóvel alheio, por meio de contrato de locação. Com o passar do tempo, o ponto empresarial vai ganhando força, fazendo com que mais e mais pessoas frequentem o local diante de sua visibilidade. Com a aproximação do fim do prazo de locação, haverá, potencialmente, um conflito de interesses: o locatário quer manter-se no local, pois trabalhou para construir a boa imagem da empresa e parte dela se funda no ponto; e o proprietário percebe que, agora que todos conhecem seu endereço, pode oferecer o imóvel à locação por um preço mais valorizado. Nesse embate, sobressai o interesse do empresário ou o direito de propriedade?

Optou a lei pela primeira opção. O **empresário** terá direito à renovação da locação, ainda que contra a vontade do proprietário, desde que:

a) o contrato tenha sido celebrado por escrito;

b) o contrato tenha prazo determinado de 05 anos, podendo o locatário somar vários contratos para atingir o mínimo exigido, desde que todos tenham sido celebrados por escrito e com prazo determinado. Não impede o exercício do direito o curto espaço de tempo entre cada renovação, tendo sido reconhecido como curto o lapso de um mês, mas não os prazos de seis, sete, doze ou vinte e quatro meses (STJ, AgRg no REsp 61436/SP, *DJ* 16.03.2006);

c) esteja o empresário explorando o mesmo ramo de atividade há, no mínimo, 03 anos ininterruptamente até a propositura da ação;

d) a ação renovatória deve ser ajuizada entre um ano e seis meses antes do fim do contrato, sob pena de decadência. Basta, para obstar a caducidade, a protocolização do pedido no foro competente (STF, AgRg no REsp 866672/MG, *DJ* 19.06.2007).

Atendidos aos requisitos, a renovação será concedida pelo prazo do último contrato celebrado, respeitando-se o máximo de 05 anos (STJ, REsp 693729/MG, *DJ* 22.08.2006).

Reitere-se que o direito à ação renovatória é garantido ao **empresário**, restando desprotegido, portanto, o ponto daqueles que exercem atividades civis não amparadas pelo Direito Empresarial nos termos do art. 966 do CC (profissionais liberais e sociedades simples).

De outra banda, o direito de propriedade do dono do imóvel, apesar de mitigado, não é totalmente suprimido. Em face da propositura de uma ação renovatória de locação, eventualmente caberá ao locador a **exceção de retomada**, defesa processual baseada em uma das seguintes situações:

a) necessidade de realizar obras que importem em radical transformação do imóvel por imposição do Poder Público;

b) realização de obras de valorização do imóvel;

c) retomada do imóvel para uso próprio, para fins não empresariais;

d) transferência de estabelecimento empresarial existente há mais de um ano, de cuja empresa o locador, o cônjuge, ascendente ou descendente do proprietário seja sócio com maioria do capital. Ainda assim, deve a empresa do locador ou de pessoa de sua família explorar outro ramo de atividade, exceto se a locação do imóvel compreender, inafastavelmente, o próprio estabelecimento (ex.: posto de gasolina);

e) proposta melhor de terceiro, sendo que o atual locatário sempre terá preferência para ofertas iguais;

f) insuficiência na proposta do locatário, ou seja, o valor que este pretende pagar não se coaduna com o atual valor de mercado do imóvel; e

g) não preenchimento dos requisitos da ação renovatória ou sua protocolização fora do prazo legal.

Independentemente da possibilidade do locador retomar o imóvel, é preciso verificar se assistirá direito de indenização ao locatário pela perda do ponto. Vejamos o quadro sinótico abaixo:

Fundamento da exceção de retomada	Direito à indenização
Obras impostas pelo Poder Público (item "a")	Sim, caso o locador não inicie as obras no prazo de 03 meses da desocupação
Obras de valorização (item "b")	Sim, caso o locador não inicie as obras no prazo de 03 meses da desocupação
Uso próprio (item "c")	Sim, se o locador não der o destino alegado no prazo de 03 meses da desocupação ou der destino diverso
Transferência de estabelecimento (item "d")	Sim, se o locador não der o destino alegado no prazo de 03 meses da desocupação, der destino diverso ou estabelecer-se no mesmo ramo do locatário, salvo a hipótese de locação que inclua o estabelecimento
Proposta melhor de terceiro (item "e")	Não
Insuficiência da proposta (item "f")	Não
Ausência dos requisitos (item "g")	Não (STJ, REsp 286321/SP, *DJ* 03.12.2001)

2. DIREITO SOCIETÁRIO

2.1. Conceito de sociedade

Na sociedade, *as pessoas reciprocamente se obrigam a contribuir, com bens ou serviços, para o exercício de atividade econômica e a partilha, entre si, dos resultados.*

Fundamenta-se a existência das sociedades na dificuldade natural do exercício de determinadas atividades econômicas. Diante de sua complexidade, as pessoas percebem que não conseguiriam alcançar o sucesso sozinhas, buscando alguém com projetos similares para dividir os riscos e os benefícios do negócio.

2.1.1. Personalidade jurídica

A sociedade é uma **pessoa jurídica de direito privado** (art. 44, II, do CC). Disso exsurge que ela possui **tríplice titularidade jurídica**, a saber:

a) **titularidade negocial**, que a transforma em sujeito de direitos autônomo, distinto da pessoa dos sócios que por ela praticam o ato;

b) **titularidade processual**, uma vez que pode ser parte em processo judicial; e

c) **titularidade patrimonial**, pois a criação da sociedade implica no surgimento de uma massa patrimonial que lhe é própria, também distinta do patrimônio dos sócios que a compõem.

Há, não obstante, sociedades que não adquirem personalidade jurídica, chamadas de **sociedades não personificadas**. Basta, por ora, sabermos que elas existem, deixando o detalhamento de suas características para mais adiante.

2.1.2. Desconsideração da personalidade jurídica

Também conhecida como **teoria da superação ou da penetração na personalidade jurídica**, ou ainda pelos seus termos originais "disregard of the legal entity" e "lifting the corporate veil", dado que foi desenvolvida no direito norte-americano.

A desconsideração *visa a responsabilizar os sócios por obrigação da sociedade por conta do uso ilegal da pessoa jurídica, prejudicando credores ou o interesse público.*

Deveras, é bastante comum o uso abusivo da pessoa jurídica pelo sócio que pretender locupletar-se ilicitamente, bastando, por exemplo, que torne inviável o pagamento dos credores e a exigência judicial desses créditos ao transferir todo o patrimônio da empresa para seu nome. Sendo a dívida da empresa, teoricamente, o patrimônio pessoal do sócio não pode ser atingido.

Só que estamos diante de uma fraude e, por isso, não poderia a lei ficar com as mãos atadas em prejuízo de credores ou do próprio interesse público. Por ordem judicial, então, pode-se **ignorar** a autonomia patrimonial da pessoa jurídica e atingir o patrimônio dos sócios para a quitação da dívida. Note bem: não estamos falando de extinção da pessoa jurídica ou da exclusão do sócio fraudador. A sociedade continua existindo para todos os demais fins com os mesmos sócios. Exclusivamente para a cobrança da dívida em questão o juiz determina que se desconsidere a existência da titularidade da pessoa jurídica para que o crédito possa ser satisfeito pela penhora de bem particular do sócio.

Finda a demanda, não restará nenhum indício da desconsideração.

Por se tratar de ato excepcional, que descarta a verdadeira razão de ser da sociedade, que é a separação patrimonial, devem ser obedecidos certos requisitos legais. A fonte desses requisitos irá variar conforme a natureza da dívida que interessa no exame do caso concreto, considerando que a teoria da desconsideração está prevista em diversos diplomas legais:

a) **no art. 50 do CC**, para dívidas civis e empresárias, exceto com consumidores, exige-se *abuso de finalidade da pessoa jurídica, caracterizado pelo desvio de finalidade ou confusão patrimonial*;

b) **no art. 135 do CTN**, para dívidas fiscais, exige-se *atuação com excesso de poderes ou com infração à lei, ao contrato ou ao estatuto social* por parte daqueles que administram a sociedade a qualquer título;

c) **no art. 28 do CDC**, para dívidas com consumidores, ela poderá ocorrer quando houver *abuso de direito, excesso de poder, infração da lei, fato ou ato ilícito, violação do contrato ou estatuto social, falência, insolvência, encerramento ou inatividade da pessoa jurídica provocados por má administração.*

O Direito do Trabalho, ao contrário do que muitos pensam, não tem regra própria sobre a desconsideração, aplicando-se por analogia o art. 50 do CC.

É fácil notar que as hipóteses previstas nos três Códigos são semelhantes, podendo ser sistematizadas em dois requisitos: **ordem judicial** e **prova de fraude na condução da pessoa jurídica**.

Alguns autores chamam a atenção para a existência de uma **teoria menor da desconsideração da personalidade jurídica**, que, ao contrário da **teoria maior**, já estudada, impõe a responsabilização pessoal do sócio em caso de **mera inadimplência** da pessoa jurídica, ou seja, faltando patrimônio a esta para adimplir suas obrigações, busca-se o patrimônio do sócio independentemente da ocorrência de fraude. Tal aspecto da desconsideração pode ser visto no art. 28, § 5º, do CDC, que autoriza a superação *sempre que a personalidade jurídica for, de alguma forma, obstáculo ao ressarcimento de prejuízos causados aos consumidores*. No mesmo sentido temos o art. 4º da Lei 9.605/1998, que autoriza a desconsideração para a compensação de danos ambientais. Algo similar é aplicado cotidianamente na Justiça do Trabalho, mesmo sem qualquer previsão legal específica.

Outro ponto que merece destaque é a **teoria da desconsideração da personalidade jurídica inversa**, na qual o credor particular do sócio busca judicialmente a possibilidade de executar bens sociais para a quitação da dívida. Considerando que a *disregard doctrine* foi desenvolvida para coibir qualquer uso abusivo da personalidade jurídica, o STJ pacificou a jurisprudência antes tormentosa atestando a possibilidade da desconsideração inversa no ordenamento pátrio (STJ, REsp 948117/MS, *DJ* 22.06.2010).

As disposições sobre a desconsideração da personalidade jurídica aplicam-se integralmente às empresas individuais de responsabilidade limitada, dado que se incluem dentre as pessoas jurídicas de direito privado, conforme a redação do art. 44 do CC dada pela Lei 12.441/2011. Ademais, a teoria da desconsideração foi a razão do veto imposto pela Presidência da República ao § 4º do art. 980-A, indicando seu uso irrestrito junto a esta nova espécie de pessoa jurídica.

Até a edição do Código de Processo Civil de 2015, a desconsideração da personalidade jurídica era decretada no curso do processo judicial sem maiores formalidades: normalmente, os requisitos eram analisados pelo juiz após simples petição do credor, no mais das vezes sem nem mesmo ouvir a parte contrária. Para sistematizar a questão e reduzir a possibilidade de arbitrariedades, o Novo CPC criou o incidente de desconsideração da personalidade jurídica (art. 133 e seguintes), que contempla expressamente inclusive a teoria da desconsideração inversa, que pode ser instaurado em qualquer tempo e grau de jurisdição, sempre garantido o contraditório e a instrução probatória.

2.2. Princípios de Direito Societário

2.2.1. Princípio da preservação da empresa

Prevê que o ordenamento jurídico cuide mais de *priorizar a sobrevivência da sociedade do que os interesses individuais de seus integrantes*. São exemplos a dissolução parcial da sociedade e a sociedade unipessoal temporária.

2.2.2. Princípio da defesa das minorias societárias

O pequeno investidor ou o titular de parte menor das quotas sociais *deve ter sua opinião e participação protegida pelo ordenamento em relação aos controladores e sócios majoritários*. Vemos sua aplicação no direito de recesso e competência para fiscalização.

2.2.3. Princípio da proteção às microempresas e empresas de pequeno porte

Com *status* constitucional (art. 179 da CF), *visa a conferir às pequenas empresas tratamento jurídico simplificado em suas relações sociais, tributárias e creditícias*. Um exemplo é o plano especial de recuperação judicial.

2.2.4. Princípio da liberdade contratual e da autonomia da vontade

Permeia todo o Direito Privado, representando que *os sócios são livres para dispor nas cláusulas do contrato social e nos demais atos negociais aquilo que bem entenderem*, devendo respeito apenas às normas de caráter cogente, estabelecidas em prol do interesse público.

2.3. Classificação das sociedades

2.3.1. Quanto à personalidade jurídica

a) Sociedades personificadas: são aquelas a que o ordenamento jurídico *confere personalidade jurídica*, com a autonomia daí decorrente, conforme estudado no item 2.1.1. São exemplos a sociedade simples, sociedade limitada e a sociedade por ações;

b) Sociedades não personificadas: ao contrário, são aquelas que *não detêm personalidade jurídica própria*, seja porque lhe falta o registro (sociedade em comum), seja porque os sócios não desejam divulgá-la (sociedade em conta de participação).

2.3.2. Quanto à atividade exercida

a) Sociedades empresárias: quando *exercerem atividade própria do empresário sujeito a registro* (art. 982 do CC);

b) Sociedades simples: por exclusão, são aquelas *constituídas para atividades excluídas do regime empresarial*, como as atividades intelectuais.

2.3.3. Quanto à responsabilidade dos sócios

a) Responsabilidade ilimitada: todos os sócios *respondem com seu patrimônio pessoal pela totalidade das dívidas contraídas pela sociedade*. Isto não exclui, como regra, o benefício de ordem, que prevê que primeiro são executados os bens sociais e, somente na insuficiência destes, serão alcançados os bens dos sócios;

b) Responsabilidade limitada: a responsabilidade do sócio *é limitada à integralização de sua participação no capital social, não respondendo mais por dívidas sociais a partir de então*. Em outras palavras, salvo exceções que serão estudadas oportunamente, depositando o sócio aquilo que ele se comprometeu a título de participação social (quotas ou ações), nada mais poderá ser-lhe imputado.

c) Sociedade mista: parte dos sócios detém responsabilidade limitada e parte ilimitada. Ocorre nas sociedades em comandita (simples e por ações), nas quais os sócios com poderes de administração respondem ilimitadamente pelas dívidas sociais e os demais apenas pelo valor de sua participação no capital social.

2.3.4. Quanto à forma de constituição e dissolução

a) Sociedades contratuais: são aquelas que *se constituem por um acordo de vontades entre os sócios, o contrato social*. Sua dissolução pode ser apenas parcial, autorizando-se os sócios minoritários a continuarem a empresa, mesmo contra a vontade da maioria. São reguladas pelo CC (em nome coletivo, comandita simples e limitada);

b) Sociedades institucionais (ou estatutárias): regulamentam-se por um *estatuto social, conjunto de regras estabelecidas pelos fundadores ao qual os novos sócios apenas aderem*. Pode ser dissolvida pela vontade da maioria e segue as regras da Lei 6.404/1976 (comandita por ações e sociedade por ações).

2.3.5. Quanto às condições de ingresso de novo sócio

a) Sociedade de pessoas (ou "intuitu personae"): o perfil individual de cada um é parte fundamental da reunião de sócios. Cada pessoa que participa da sociedade está ali porque possui conhecimentos que auxiliam no desenvolvimento do objeto social. Dessa forma, caso um sócio deseje abandonar a empresa ou vem a falecer, os demais *podem vetar o ingresso do terceiro no quadro social*. Essa competência, porém, não implica impenhorabilidade das quotas, tanto que o Novo CPC explicita o procedimento específico a ser seguido em caso de constrição das cotas sociais pelo credor no bojo de um processo de execução (arts. 861 e seguintes);

b) Sociedade de capital (ou "intuitu pecuniae"): ao contrário da sociedade "de pessoas", os sócios da sociedade "de capital" ingressam apenas com dinheiro. Há interesse na comunhão do esforço financeiro de cada um, não sendo relevantes as características pessoais dos sócios. Assim, *nenhum deles pode se opor à entrada de estranhos no quadro social*.

Não se perca de vista que toda sociedade pressupõe a existência de pessoas e de capital para sua constituição! A classificação se baseia na **preponderância** de um dos elementos na criação da sociedade.

Como regra, as sociedades institucionais são "de capital", considerando a negociabilidade ínsita das ações. Para as sociedades contratuais, em respeito ao princípio da autonomia da vontade, é necessário analisar o contrato social para verificar se se trata de uma sociedade "de pessoas" ou "de capital".

2.3.6. Quanto à nacionalidade

a) Sociedade nacional: *é aquela organizada conforme a lei brasileira e que tenha sede no País;*

b) Sociedade estrangeira: *as que têm sede em outro país ou que se constituam conforme legislação alienígena*. Não podem funcionar no Brasil sem autorização do Poder Executivo.

2.3.7. Quanto ao controle

a) Sociedade controlada: *sociedade de cujo capital outra sociedade possua a maioria dos votos nas deliberações e o poder de eleger a maioria dos administradores*;

b) Sociedade coligada (ou filiada): *sociedade em cujo capital outra sociedade tenha participação de 10% ou mais, sem controlá-la*;

c) Sociedade de simples participação: *sociedade em cujo capital outra sociedade tenha participação de menos de 10%*.

2.4. Sociedades não personificadas

2.4.1. Sociedade em comum

Por sociedade em comum o CC entende *a sociedade que não registrou seus atos constitutivos*, seja porque não os tem por escrito (**sociedade de fato**), seja porque simplesmente não levou o contrato ou estatuto a registro por qualquer outro motivo (**sociedade irregular**).

Independentemente da razão, importa que uma sociedade sem registro não ostenta os mesmos direitos daquela regularmente inscrita na Junta Comercial. Sobre as limitações negociais da sociedade em comum, *vide* item 1.2.

A par disso, os sócios de uma sociedade em comum têm **responsabilidade ilimitada e solidária** pelas obrigações sociais, todos eles. Mantêm, é certo, o benefício de ordem, **com exceção daquele que contratou pela sociedade**. Exemplo: três sócios de uma empresa não registram seus atos constitutivos. Em determinado negócio, um deles assina o contrato de compra de matéria-prima e, por dificuldades financeiras, a sociedade não paga a dívida. O patrimônio pessoal do sócio que assinou o contrato será executado juntamente com o patrimônio social, **porque ele não faz jus ao benefício de ordem**. Os outros dois sócios, caso os patrimônios anteriormente atingidos não sejam suficientes para quitar a obrigação, serão chamados **conjuntamente, porque solidários**, a responder com seu patrimônio particular pelo restante.

Isso ocorre porque, inexistindo personalidade jurídica, não há de se falar em titularidade patrimonial da sociedade. O art. 988 do CC define o patrimônio da sociedade em comum como *um patrimônio especial, formado pelos bens e dívidas da empresa, dos quais os sócios são titulares em comum*, vindo daí o nome da sociedade. O patrimônio não é dela, mas comum a todos os sócios.

2.4.2. Sociedade em conta de participação

É uma verdadeira exceção dentro do Direito Societário. A sociedade em conta de participação pode exercer atividade empresária e será, portanto, considerada como tal, **mas não é sujeita a registro**. Logo, não tem personalidade jurídica própria e vê impedida sua publicidade, dando-lhe conotação secreta.

E de fato esse é o principal atrativo na constituição de uma sociedade em conta de participação. Nessa modalidade, existem **sócios ostensivos** e **sócios participantes** (antigamente chamados, pelo parcialmente revogado Código Comercial, de **sócios ocultos**). Quem organiza, administra e pratica a atividade empresária são os **sócios ostensivos**, em conjunto ou separadamente, mas sempre **em seu próprio nome**. A sociedade ou os sócios participantes não aparecem no negócio. Quem se vincula perante terceiros é somente o sócio ostensivo, exclusiva e pessoalmente, ou seja, com **responsabilidade ilimitada**.

Os sócios participantes obrigam-se apenas perante o sócio ostensivo nos termos do contrato, sendo as partes livres para pactuar o que bem entenderem.

Sublinhamos novamente que a sociedade em conta de participação exerce atividade empresária, porém não está sujeita a registro na Junta Comercial. Nada impede, contudo, que os sócios resolvam registrar o contrato no **Cartório de Registro de Títulos e Documentos** unicamente para cercarem-se de maiores formalidades. Tal diligência **não confere personalidade jurídica à sociedade em conta de participação** (art. 993 do CC).

A diferença entre os tipos de sócio é relevante também em caso de falência. A quebra do sócio ostensivo **implica a dissolução da sociedade**, classificando-se como crédito quirografário eventuais dívidas com os sócios participantes. Já na falência de qualquer destes, **não se dissolve a sociedade**, devendo o contrato da sociedade em conta de participação seguir as regras expostas na Lei 11.101/2005 para os contratos bilaterais do falido (art. 994, §§ 2º e 3º, do CC).

2.5. Sociedades personificadas contratuais

2.5.1. Linhas gerais

O ato constitutivo sujeito a registro nas sociedades contratuais, como vimos, é o **contrato social**. Para que seja admitido pela Junta Comercial, porém, é imprescindível a verificação da concorrência de determinados requisitos:

a) requisitos dos contratos em geral: como qualquer outro contrato, o contrato social demanda *agente capaz* (os sócios devem estar no pleno gozo da capacidade civil e não serem impedidos de exercer empresa), *objeto lícito* (o objeto social, a atividade a ser exercida, não pode ser proibida por lei) e *forma prevista ou não prescrita em lei* (no caso, o contrato social deve ser escrito e visado por advogado);

b) pluralidade de sócios: não se concebe sociedade sem que haja ao menos dois sócios. A fim de que surja a autonomia patrimonial da sociedade, é basilar que mais de uma pessoa contribua para a formação do novo patrimônio, caso contrário estaremos diante de um empresário individual;

Não obstante, a legislação prevê duas situações excepcionais em que se permite a existência de apenas um sócio: a **unipessoalidade temporária**, quando se autoriza que o único sócio restante (por falecimento ou retirada dos demais) continue a exercer a empresa pelo prazo de **180 dias**, findo o qual deve restabelecer a pluralidade no quadro social ou requerer sua transformação para EIRELI sob pena de, se não o fizer, responder ilimitadamente pelas dívidas sociais (extingue-se a sociedade e a pessoa passa a ser vista como empresário individual); e a **companhia subsidiária integral**, prevista no art. 251 da Lei 6.404/1976, uma espécie de sociedade por ações cujo único acionista é uma sociedade brasileira.

c) constituição de capital: todos os sócios devem participar da constituição do capital social, com dinheiro, bens ou serviços (a contribuição com serviços é admitida apenas na sociedade simples pura e na cooperativa);

d) participação nos lucros e nas perdas: é nula qualquer disposição contratual que exclua sócio da divisão dos resultados da empresa, sejam eles positivos (lucros) ou negativos (prejuízos).

Deve-se atentar para o fato de que a vedação legal refere-se à **exclusão** do sócio da repartição dos resultados. Nada impede que se pactue uma distribuição diferenciada para determinados sócios, desde que todos recebam ou arquem com uma parte dos lucros ou das perdas, respectivamente, nos termos do contrato.

Ao lado dessas, o contrato social deve conter, ainda, as demais cláusulas obrigatórias previstas no art. 997 do CC.

Lembramos, por fim, que toda sociedade contratual se funda em um pressuposto fático denominado *affectio societatis*, que pode ser definido como *o vínculo gerado pela empatia existente entre os sócios, fazendo com que cada um acredite que necessita da presença dos demais para que a empresa tenha sucesso*. Não se trata de amizade ou afeição pessoal entre os sócios, mas sim de afeição profissional, baseada na confiança e na qualidade do trabalho desenvolvido. Os sócios podem, eventualmente, ser inimigos pessoais por motivos políticos, filosóficos etc., porém, enquanto entenderem que a empresa somente continuará dando certo com a presença do outro, por mais indesejável que ela seja, subsistirá a *affectio societatis*.

A quebra da *affectio* implica a dissolução parcial da sociedade (Enunciado 67 JDC/CJF).

2.5.2. Sociedades simples

a) Noções gerais

Já conhecemos a bipartição das sociedades em simples e empresárias, implicando que as primeiras não se submetem ao regime jurídico empresarial. O que justifica, então, seu estudo nessa disciplina? O fato de suas normas serem de **aplicação supletiva** para as sociedades empresárias.

A sociedade simples **pode** adotar, se quiser, um dos tipos sociais previstos no CC para as sociedades empresárias (nome coletivo, comandita simples ou limitada), estudados adiante. Se assim preferir, seguirá o regramento estabelecido para o tipo, com aplicação supletiva das suas normas; caso contrário, trata-se de **sociedade simples pura ou propriamente dita**, que se submete exclusivamente às normas da sociedade simples aqui estudadas.

Os sócios da sociedade simples pura têm **responsabilidade ilimitada**, resguardado o benefício de ordem, porém **não solidária**, ou seja, o sócio não responde por toda a dívida social. Sua responsabilidade fica adstrita **à proporção de sua participação no capital social**.

A lei presume, no silêncio do contrato, tratar-se de **sociedade "de pessoas"**, vedando-se o ingresso de terceiros por alienação ou sucessão de quotas sem o consentimento dos demais sócios.

A sociedade simples é a única que aceita a figura do **sócio de indústria** atualmente. O parcialmente revogado Código Comercial trazia uma espécie de sociedade denominada "sociedade de capital e indústria", na qual um ou alguns sócios integralizavam o capital social em dinheiro (o sócio de capital) e um ou alguns dos demais contribuíam apenas com serviços (o sócio de indústria).

O sócio de indústria deve prestar seus serviços exclusivamente junto à sociedade, sob pena de exclusão e suspensão no repasse dos lucros. Esses, aliás, serão calculados sobre a média do valor das quotas existentes.

b) Deliberações dos sócios

Os sócios tomarão suas decisões mediante deliberação por maioria do capital social (vence a posição defendida pelos sócios que somem maior parcela do capital). Havendo empate, considera-se a votação por cabeça (vence a posição defendida pelo maior número de sócios). Persistindo o empate, a decisão caberá ao juiz.

c) Administração

A administração da sociedade simples, por sua vez, pode ser cometida a sócio (ou a vários deles) ou a **terceiro estranho ao quadro social**. Em qualquer hipótese, o administrador pode ser nomeado no próprio contrato social ou por instrumento separado, que será averbado na Junta Comercial sob pena de o administrador responder pessoal e solidariamente com a sociedade. Os poderes conferidos no próprio contrato social são **irrevogáveis**, salvo por justa causa comprovada judicialmente. Os poderes conferidos por ato separado **podem ser revogados a qualquer momento**.

Não podem ser nomeados administradores: **condenados a penas que vedem, ainda que temporariamente, o acesso a cargos públicos; condenados por crime falimentar** (Lei 11.101/2005), **prevaricação** (art. 319 do CP), **peita ou suborno** (corrupção ativa e passiva – arts. 317 e 333 do CP), **concussão** (art. 316 do CP), **peculato** (art. 312 do CP), **crime contra a economia popular** (Lei 1.521/1951), **contra o sistema financeiro nacional** (Lei 7.492/1986), **contra as normas de defesa da concorrência e contra as relações de consumo** (Lei 8.137/1990), **crimes contra a fé pública** (arts. 289 a 311-A do CP) **e contra a propriedade** (arts. 155 a 184 do CP).

A responsabilidade dos administradores é *subjetiva*, devendo ser provado o dolo ou culpa pelo prejuízo causado. Nesse tópico, importante lembrar que o CC adotou a **teoria** *ultra vires* (art. 1.015, parágrafo único), que determina que *a sociedade não responde pelos atos praticados com excesso de poderes pelo administrador*, desde que:

c1) a limitação dos poderes estava regularmente registrada na Junta Comercial, presumindo-se seu conhecimento diante da publicidade do Registro Público de Empresas Mercantis;

c2) provada que a limitação era conhecida do terceiro que contratou, por qualquer outro meio;

c3) tratava-se de operação evidentemente estranha aos negócios da sociedade, ou seja, à realização do objeto social.

O STJ defende, de outro lado, a boa-fé do terceiro que contratou, imputando, nesse caso, a responsabilidade também à sociedade (REsp 704546/DF, *DJ* 01.06.2010).

d) Dissolução parcial

Por fim, cumpre destacar as hipóteses de dissolução da sociedade contratual, seja ela simples pura ou empresária. Após longa construção doutrinária e jurisprudencial, o CC positivou, ao lado da **dissolução total** (que opera a extinção da pessoa jurídica), a **dissolução parcial** da sociedade (encontrada na lei sob a epígrafe "resolução da sociedade em relação a um sócio"), que consagra o **princípio da continuidade da empresa.** Com efeito, até o início da vigência do CC em 2003, a lei civil dispunha que se determinado sócio não mais concordasse com os rumos da atividade, poderia requerer a dissolução total desta, apurando-se seus haveres. Porém, a jurisprudência já reconhecia que a quebra da *affectio societatis* não deveria levar à extinção da sociedade se os demais integrantes desta manifestassem interesse em continuá-la. Deveria apenas ser retirado o sócio descontente, pagando-lhe o que de direito.

Consagrada a **dissolução parcial**, encontramos no CC os seguintes fundamentos:

d1) vontade de sócio: situação imposta pela ausência superveniente da *affectio societatis*. Manifestando um dos sócios sua intenção em retirar-se, deve informar aos demais com 60 dias de antecedência, em se tratando de sociedade por prazo indeterminado; se a sociedade for a prazo certo, a retirada somente pode ocorrer comprovada judicialmente justa causa;

d2) exclusão de sócio: possível nos casos de ausência de integralização do capital pelo sócio nos termos estipulados no contrato (o chamado **sócio remisso**); falta grave no cumprimento de suas obrigações e incapacidade superveniente;

d3) falência de sócio: se pessoa jurídica;

d4) morte de sócio: se pessoa física. Nesse caso, é necessário verificar se o contrato social permite a entrada dos herdeiros ou não, pois na primeira hipótese não haverá dissolução da sociedade, a não ser que não interesse àqueles o ingresso na empresa;

d5) liquidação forçada de quota: determinada judicialmente após requerimento de credor particular do sócio, a fim de que seja usado para o adimplemento desta obrigação (art. 1.026, parágrafo único, do CC).

A **dissolução parcial** pode dar-se na via judicial, extrajudicial ou mesmo de pleno direito. Para facilitar a visualização, acompanhe o quadro abaixo:

Hipótese	Via
Vontade de sócio	– Extrajudicial, se a sociedade é de prazo indeterminado e respeitada a antecedência de 60 dias – Judicial, provando-se a justa causa, se a sociedade é de prazo determinado
Exclusão de sócio	– Extrajudicial, para o sócio remisso – Judicial, se fundada na prática de atos graves ou incapacidade superveniente
Falência de sócio	– De pleno direito
Morte de sócio	– Extrajudicial, inexistindo conflitos entre os sócios supérstites e os herdeiros – Judicial, havendo lide a ser solucionada (ex.: recusa dos sócios em proceder à apuração de haveres)
Liquidação forçada de quota	– De pleno direito

O sócio excluído ou seus herdeiros têm direito de receber o equivalente ao **valor patrimonial** das quotas, que *é aquele proporcional ao patrimônio líquido da sociedade no momento da dissolução*, apurado em balanço levantado especialmente para esta finalidade (conhecido como **balanço de determinação**). Não se confunde com o **valor nominal** da quota, que é aquele estampado no contrato social, nem com seu **valor econômico**, estabelecido pelo mercado, correspondendo ao valor da operação de compra e venda da quota social em uma negociação livre. A esse procedimento dá-se o nome de **apuração de haveres**.

Apesar de estar saindo da sociedade, o sócio que tem sua quota liquidada por qualquer motivo continua responsável pelas dívidas sociais contraídas anteriormente à sua saída por dois anos após a averbação do ato na Junta Comercial. E continuará responsável também pelas dívidas contraídas posteriormente à sua saída e antes da averbação do ato, pelo mesmo prazo de dois anos, se saiu por vontade própria ou foi excluído judicial ou extrajudicialmente.

O Código de Processo Civil de 2015 criou um procedimento especial para a dissolução parcial das sociedades nos arts. 599 e seguintes. A inovação é muito positiva, porque essa possibilidade de resolução da sociedade em relação a um ou alguns sócios foi criada com o Código Civil de 2002 e desde então carecia de um tratamento judicial específico.

Contudo, não podemos perder de vista que, se estivermos tratando da dissolução total da sociedade e sua consequente liquidação, deve ser aplicado o procedimento comum previsto no novo CPC, nos termos de seu art. 1.046, § 3º. Com isso, definitivamente ficam revogadas as disposições do CPC de 1939 ainda em vigor para a liquidação de sociedades.

e) Dissolução total

Resta falar da **dissolução total** da sociedade contratual. Esta tem como efeito a **extinção da pessoa jurídica**, devendo seu patrimônio ser rateado proporcionalmente entre os sócios após o pagamento do passivo em procedimento judicial ou extrajudicial. Durante o processo, a sociedade pode praticar apenas os atos jurídicos relacionados à liquidação, havendo, desde então, restrições ao livre exercício da atividade. Para resguardar a boa-fé e proteger os terceiros que com ela contratem nesta etapa, é obrigatório o aditamento de seu nome empresarial para que passe a constar a expressão "em liquidação".

As hipóteses de dissolução total estão elencadas no art. 1.033 do CC e dispersas em outros dispositivos, podendo ser assim resumidas:

e1) escoamento do prazo da sociedade por prazo determinado, a não ser que a atividade continue a ser exercida sem qualquer oposição, impondo sua prorrogação tácita por prazo indeterminado;

e2) deliberação unânime dos sócios, na sociedade por prazo determinado;

e3) deliberação da maioria absoluta dos sócios, na sociedade por prazo indeterminado;

e4) unipessoalidade por mais de 180 dias, salvo se o sócio remanescente requerer, junto ao Registro Público de Empresas Mercantis, a transformação do registro em empresário individual ou em empresa individual de responsabilidade limitada;

e5) extinção da autorização para funcionar, quando exigida por lei;

e6) encerramento do processo de falência;

e7) anulação do ato constitutivo da sociedade, exclusivamente por decisão judicial provocada por qualquer sócio;

e8) exaurimento ou inexequibilidade do objeto social, exclusivamente por decisão judicial provocada por qualquer sócio;

e9) qualquer outra hipótese prevista no contrato social.

Fala-se ainda da **dissolução de fato** da sociedade, caracterizada pela *venda do ativo e posterior divisão do produto entre* *os sócios, sem o regular pagamento do passivo e ignorando-se o procedimento de liquidação previsto em lei.* Normalmente, é seguida pelo abandono do estabelecimento comercial, situação comumente conhecida como "golpe na praça". Essa conduta é qualificada pela lei como **ato de falência** (art. 94, III, "f", da Lei 11.101/2005), impondo a decretação da quebra da empresa e eventual **crime falimentar** (art. 168 do mesmo diploma). Outrossim, responderão os sócios, independentemente do tipo societário, solidária e ilimitadamente pelas obrigações sociais diante da irregularidade de seus atos.

2.5.3. Sociedade em nome coletivo

Tipo societário contratual em que *os sócios possuem,* todos, *responsabilidade ilimitada pelas dívidas societárias.* Sem alterar essa premissa, os sócios podem dividir entre si as responsabilidades por meio de cláusula específica no contrato social.

Trata-se, necessariamente, de sociedade "de pessoas", sendo vedado o ingresso de terceiro estranho ao quadro social sem anuência dos sócios.

Apenas pessoas físicas podem ser sócias em nome coletivo, competindo a administração da sociedade obrigatoriamente a um, alguns ou todos os sócios. Não se permite a nomeação de administrador não sócio.

As causas de dissolução são as mesmas da sociedade simples, com uma única diferença: não se permite a liquidação forçada da quota de sócio por credor particular deste sem que antes se promova a **dissolução total** da sociedade (exatamente por se caracterizar como sociedade "de pessoas").

Nos demais aspectos, a sociedade em nome coletivo rege-se supletivamente pelas normas da sociedade simples.

2.5.4. Sociedade em comandita simples

Compõe, juntamente com a sociedade em conta de participação e com a sociedade em nome coletivo, o que a doutrina convencionou chamar de **sociedades contratuais menores**, diante de sua pouca expressividade prática.

A sociedade em comandita simples caracteriza-se pela *existência de duas classes de sócios: os comanditados e os comanditários.* Os primeiros, comanditados, são os únicos a quem podem ser conferidos os poderes de administração. Em contrapartida, responderão ilimitadamente pelas dívidas da empresa (sempre resguardado o benefício de ordem).

De outro lado, os comanditários não podem ser administradores e têm sua responsabilidade limitada ao valor de suas quotas. Cabe ao contrato social designar quem pertence a cada classe.

Considerando que apenas pessoas físicas podem ter responsabilidade ilimitada, conclui-se que **os sócios comanditados serão sempre pessoas físicas**. Nada obsta que pessoas jurídicas participem da comandita como sócias comanditárias.

Conforme já visto, somente os sócios comanditados podem emprestar seu nome civil para compor o nome empresarial. Caso sócio comanditário figure no nome, será tratado como se comanditado fosse, ou seja, arcará ilimitadamente com o passivo social até que seu nome civil seja retirado.

As diferenças entre as classes de sócios influenciam também a questão da sucessão: falecendo sócio comanditado, deve operar-se a dissolução parcial da sociedade, salvo se o contrato expressamente autorizar a entrada dos sucessores; já com o falecimento de sócio comanditário, a lógica se inverte: não haverá dissolução, integrando-se os herdeiros ao quadro social.

Há interessante regra para a unipessoalidade incidental na comandita: será extinta a sociedade se, no mesmo prazo de 180 dias, **faltar qualquer das categorias de sócio**. Perceba que pode haver uma dezena de sócios comanditados, mas, se falecer o único sócio comanditário, esta categoria deverá ser recomposta no prazo legal, sob pena de extinção.

Nas omissões da lei, a sociedade em comandita simples seguirá as regras da sociedade em nome coletivo, a qual, por sua vez, vale-se supletivamente daquilo estabelecido para a sociedade simples.

2.5.5. Sociedade limitada

a) Noções gerais

É a sociedade contratual mais comum nos dias de hoje, por impedir a extensão da responsabilidade pelas dívidas empresariais sobre o patrimônio dos sócios sem obrigá-los a curvar-se à larga burocracia das sociedades por ações. Conceitua-se como *a sociedade na qual os sócios têm sua responsabilidade limitada ao valor de suas quotas, mas todos respondem solidariamente pela integralização do capital social.*

O capital social, como em qualquer sociedade contratual, é dividido em **quotas** (ou cotas), que podem ser todas do mesmo valor ou não (o que é bastante incomum na prática) e são divididas entre os sócios no momento da criação da sociedade. Diz-se que, com a assinatura do ato constitutivo, os sócios **subscrevem** o capital social na proporção ajustada.

Deve seguir à subscrição o repasse de bens, dinheiro ou créditos dos sócios para a sociedade, fazendo nascer o patrimônio desta, já distinto do patrimônio pessoal dos contratantes. Esse ato denomina-se **integralização do capital social** e é o marco divisor da responsabilidade pessoal dos sócios, pois, nos termos da lei, estes respondem apenas **pelo capital subscrito e não integralizado de forma solidária**.

Acompanhe este exemplo prático: Alberto, Bruno e Carlos resolvem constituir uma sociedade limitada. Para tanto, estabelecem, no contrato social, que o capital é de R$ 100.000,00 dividido em quotas iguais de R$ 1.000,00 cada uma. No ato, Alberto **subscreve** 50 quotas (total de R$ 50.000,00 do capital social), Bruno **subscreve** 30 quotas (total de R$30.000,00 do capital) e Carlos **subscreve** 20 quotas (total de R$ 20.000,00 do capital).

Ato contínuo, Alberto **integraliza** sua parcela do capital transferindo para a pessoa jurídica a propriedade de um terreno no valor de R$ 50.000,00. Bruno **integraliza** sua parte em dinheiro, aplicando R$ 30.000,00 num fundo de investimentos em nome da sociedade. Carlos, por sua vez, informa aos demais que não detém no momento recursos financeiros bastantes para **integralizar** sua parte, deixando acertado que o fará dentro de um ano.

Assim, a empresa começa a funcionar e, naturalmente, contrairá dívidas. Se o patrimônio social não for suficiente para saldá-las, poderão os sócios ser alcançados **no limite do capital subscrito e não integralizado**, ou seja, até o montante de R$ 20.000,00, que é a parte de Carlos. Essa responsabilidade é **solidária**, respondendo todos os sócios pelos R$ 20.000,00, e também **limitada**, pois qualquer centavo acima deste valor não poderá ser cobrado nem mesmo dos sócios, devendo o credor arcar com o prejuízo.

Perceba, então, que, com a total **integralização** do capital social, nada mais poderá ser cobrado dos sócios. Ressalvadas as hipóteses de desconsideração da personalidade jurídica, restando débitos mesmo após a venda de todo o ativo na dissolução total da sociedade, os credores nada poderão exigir.

Frise-se que, no nosso exemplo, o sócio que eventualmente quitar a dívida no lugar de Carlos (o **sócio remisso**), terá direito de regresso contra este.

Por conta dessa sistemática, é vedada a participação de **sócio de indústria** (art. 1.055, § 2º, do CC), uma vez que é inviável a limitação de sua responsabilidade por este não contribuir com patrimônio para o capital social. Afinal, o sócio de indústria está sempre integralizando sua parte na sociedade enquanto presta os serviços a que se propôs.

Inexistindo disposição contratual expressa, a limitada é considerada sociedade "de pessoas". Pode ser administrada por sócio ou terceiro designado (que deve ser pessoa física – Enunciado 66 JDC/CJF), ambos no próprio contrato social ou por meio de instrumento separado que deve ser levado a registro.

b) Normas supletivas

Inovou o CC ao permitir aos sócios optar pela legislação que queiram aplicar supletivamente às sociedades limitadas. Caso o contrato social seja silente a respeito, aplicar-se-ão as normas da sociedade simples. Todavia, podem os sócios estabelecer expressamente que a sociedade limitada em questão será regida supletivamente pela **Lei das Sociedades por Ações (LSA – Lei 6.404/1976)**.

Cumpre sublinhar que as duas legislações não se excluem automaticamente: não são os sócios obrigados a adotar apenas uma ou outra regulamentação supletiva. Pode o contrato social elencar individualmente os pontos em que se valerá da LSA, deixando os demais assuntos para o ordenamento da sociedade simples (Enunciado 223 JDC/CJF).

c) Deliberações dos sócios

Existem duas formas dos sócios tomarem as decisões sobre questões relevantes atinentes à sociedade: a **assembleia** e a **reunião.** A forma deve estar fixada no contrato social.

A primeira, assembleia, é extensamente regulamentada pelo CC, devendo ser observada uma série de formalidades sob pena de nulidade na deliberação, tais como: publicação do ato convocatório por três vezes no Diário Oficial e em jornal de grande circulação, disponibilização prévia dos documentos relativos à prestação de contas dos administradores, registro da ata na Junta Comercial, entre outras.

A assembleia será a forma de deliberação **obrigatória** para as limitadas com *mais de 10 sócios.*

Sendo assim, para as sociedades que podem optar, há a possibilidade de as deliberações serem tomadas em reunião. A principal diferença desta para a assembleia é o fato dos sócios serem livres para dispor sobre suas regras no contrato social. A reunião se dará segundo as formalidades estabelecidas pelos sócios.

Ocorre que, para tanto, os sócios devem estabelecer expressamente a reunião como forma de deliberação e, *mais ainda*, devem elencar **todas** as regras que serão seguidas para as tomadas de decisões. Isso porque, considerando que o art. 1.079 do CC determina a aplicação das normas relativas à assembleia supletivamente para a reunião quando o contrato for omisso, a ausência de explicitação daquilo que os sócios queiram que seja diferente, ou menos burocrático, cairá por terra e eles serão obrigados a agir conforme manda a lei para a assembleia. Exemplo: se os sócios querem que a convocação para a reunião seja dada por telefone, isso deverá estar disposto no contrato. Caso negativo, terão de publicar a convocação no Diário Oficial e em jornal de grande circulação.

d) Quorum **de votação**

Em regra, as decisões são tomadas em reunião ou assembleia com base em maioria simples, ou seja, pela maioria de votos dos *presentes*, sendo o valor de cada voto proporcional à participação no capital social.

Havendo empate, urge avaliar quais as regras de aplicação supletiva estabelecidas para a limitada na hipótese de o contrato social nada dispor sobre o assunto. Sendo as da sociedade simples, já vimos que se calcula o desempate por sócio votante, todos com igual valor (voto por cabeça); persistindo o empate, devem recorrer ao Poder Judiciário. Se forem aplicadas as regras da LSA, esta determina, no art. 129, § 2º, que nova assembleia (ou reunião) seja realizada no prazo mínimo de dois meses para discutir apenas a matéria da divergência. Persistindo o empate, submete-se o caso ao juiz.

Sem prejuízo, a lei estabelece alguns assuntos que demandam maioria qualificada para a aprovação:

d1) unanimidade dos sócios: nomeação de administrador não sócio quando o capital social não esteja totalmente integralizado;

d2) 3/4 do capital social: modificação do contrato, incorporação, fusão e dissolução da sociedade e a cessação de seu estado de liquidação;

d3) 2/3 do capital social: nomeação de administrador não sócio com o capital totalmente integralizado e destituição do administrador **sócio** nomeado no contrato social;

d4) metade do capital social: designação e destituição do administrador sócio, determinação do modo de remuneração do administrador (sócio ou não) e pedido de recuperação judicial (consta ainda no inciso VIII do art. 1.071 do CC a concordata, que deve ser interpretada como o novo instituto da recuperação).

As decisões tomadas com base na lei ou no contrato social vinculam **todos** os sócios, inclusive os ausentes e eventuais dissidentes. Em contrapartida, decisões que afrontem a lei ou o contrato responsabilizam apenas aqueles que votaram favoravelmente a elas, de forma ilimitada, devendo os dissidentes fazer constar expressamente na ata sua contrariedade diante da postura da maioria, sob pena de serem igualmente responsabilizados pelos atos ilícitos praticados ou por eventuais danos causados a terceiros. Vemos aqui efeitos semelhantes ao da **desconsideração da personalidade jurídica**, razão pela qual não se cogita de sua decretação diante dos resultados práticos serem iguais (Enunciado 229 JDC/CJF).

Caso os sócios deliberem pela modificação do contrato, incorporação ou fusão da sociedade, o sócio dissidente terá *o direito de retirar-se da sociedade nos trinta dias subsequentes à assembleia ou reunião*, liquidando-se sua participação na sociedade conforme as regras da dissolução parcial. É o chamado **direito de recesso**.

e) Conselho Fiscal

É *órgão facultativo da sociedade limitada, que pode ser constituído para acompanhar e fiscalizar os trabalhos dos administradores e liquidantes da sociedade.* O Conselho Fiscal tem poderes para examinar os livros empresariais, convocar assembleia na omissão dos administradores e elaborar pareceres indicativos para as deliberações sociais.

Se constituído, será ocupado por três ou mais integrantes e seus respectivos suplentes, que podem ser sócios ou não, aplicando-se as mesmas limitações do acesso ao cargo de administrador. Outrossim, também não podem participar do Conselho Fiscal membros de outros órgãos da sociedade ou de outra por esta controlada, empregados de quaisquer delas, bem como cônjuges ou parentes até o terceiro grau destas pessoas.

Em consagração ao **princípio da defesa das minorias societárias**, os detentores de menos da metade do capital social têm o direito de eleger, separadamente, um dos membros do Conselho Fiscal.

f) Aumento e diminuição do capital social

O capital social, foi dito alhures, *é a base do patrimônio societário, seu próprio alicerce*, uma vez que consubstancia o investimento dos sócios na criação da sociedade empresária. É salutar que o tamanho do capital social corresponda ao vulto da atividade exercida, porque o capital social é garantia dos credores, dado que integra o patrimônio social.

Sendo assim, é natural que o capital social possa ser alterado ao longo da existência da sociedade. Para que seja aumentado, o único requisito é que ele já esteja *totalmente integralizado*. Os sócios terão direito de preferência na aquisição das novas quotas sociais.

Já sua diminuição é autorizada apenas se *houver perdas irreparáveis* ou *for excessivo em relação ao objeto social*.

Na primeira hipótese, que ocorrerá somente após a integralização do capital, os sócios suportarão as perdas mediante diminuição proporcional no valor das quotas. Na segunda, os sócios receberão de volta o valor excedente ou o terão descontado de eventuais dívidas existentes. Nesse caso, podem os credores quirografários contestar a decisão em até 90 dias, situação que *sobrestará a eficácia* da deliberação dos sócios até que seja realizado o pagamento ao credor.

Independentemente da motivação, a alteração do capital social implica alteração do contrato, devendo, portanto, ser levada a averbação.

g) Exclusão de sócio minoritário

Além das hipóteses de dissolução parcial da sociedade já estudadas no item 2.5.2, "d", plenamente aplicável às sociedades limitadas, o art. 1.085 do CC colaciona mais uma: a possibilidade dos sócios representantes da maioria do capital social *excluírem, extrajudicialmente, sócio que esteja pondo em risco a continuidade da empresa em virtude de atos de inegável gravidade*. Tais atos são aqueles contrários à lei ou ao contrato, como a ruptura do dever de fidelidade, negligência na defesa dos interesses sociais, uso da pessoa jurídica para a consecução de benefícios particulares em detrimento dos demais sócios, entre outros.

Para que seja imposta, a possibilidade de exclusão do minoritário por decisão assemblear deve estar prevista no contrato social, sendo-lhe sempre assegurada a ampla defesa. Nada obsta, também, que seja realizada em sociedade com apenas dois sócios, desde que um dele seja majoritário e sejam atendidas todas as exigências materiais e procedimentais já estudadas (Enunciado 17 da I Jornada de Direito Comercial do Conselho da Justiça Federal).

Havemos de ter cuidado para não confundir os institutos do art. 1.085, ora estudado, e do 1.030, que trata da exclusão *judicial* de sócio *majoritário*. Com efeito, o art. 1.030 é plenamente aplicável à sociedade limitada se esta tiver por regramento supletivo o da sociedade simples. Mas as possibilidades serão diversas: na hipótese do art. 1.030, a maioria *dos demais sócios* (votando por cabeça) podem deliberar pela exclusão *judicial* de qualquer sócio, inclusive majoritário; no art. 1.085, sócios detentores da *maioria do capital social* podem determinar, se assim previsto no contrato, a *exclusão extrajudicial* do sócio *minoritário*.

h) Dissolução

Aplicam-se irrestritamente à sociedade limitada as normas de dissolução parcial e dissolução total estudadas sobre a sociedade simples, independentemente da regência supletiva da LSA, em virtude da **natureza contratual** da limitada.

2.5.6. *Transformação, incorporação, fusão e cisão das sociedades contratuais*

Normalmente fundamentadas em razões econômicas, mercadológicas e de planejamento tributário, as **operações societárias** de transformação, incorporação, fusão e cisão são atos *tendentes a alterar a estrutura jurídica de uma ou mais empresas*, trazendo em seu bojo pontos relevantes concernentes aos direitos de terceiros e a responsabilidade dos sócios.

Transformação *é a alteração do tipo societário da pessoa jurídica*. A sociedade, por exemplo, pretende abrir seu quadro social para quaisquer interessados em investir no objeto da empresa, auxiliando a promover seu crescimento. Optam, então, por transformar a sociedade limitada existente em sociedade anônima, pulverizando o capital na Bolsa de Valores.

Para ser aprovada, a transformação depende de consentimento *unânime* dos sócios, exceto se outro *quorum* estiver previsto no contrato social. Nesse caso, eventual dissidente pode exercer seu direito de recesso.

A transformação em nenhuma hipótese acarretará prejuízo ou alteração na responsabilidade dos sócios diante dos credores já constituídos quando da operação. Falindo a sociedade, os credores anteriores à transformação poderão requerer junto ao juízo da quebra que a responsabilidade dos sócios siga o **tipo societário vigente na época da pactuação da dívida**, decisão judicial que somente beneficiará a esta espécie de credores.

Incorporação ocorre quando *uma ou mais sociedades (incorporadas) são absorvidas por outra (incorporadora), deixando de existir*. A empresa XY "engole" a empresa WZ, trazendo para seu próprio patrimônio toda a estrutura material e humana desta última, restando no mercado ao final da operação apenas a empresa XY.

A incorporadora sucederá a incorporada em todos os direitos e obrigações, sejam elas de âmbito civil, fiscal ou trabalhista.

A despeito de honrosos entendimentos em sentido contrário, não se exige que a empresa incorporadora seja de maior vulto e a incorporada menor, ou que a incorporadora seja lucrativa e a incorporada deficitária. Essa reorganização, chamada de **incorporação às avessas**, é importante instrumento de planejamento tributário em grupos empresariais e já está consolidada sua legalidade no âmbito administrativo (Câmara Superior de Recursos Fiscais, Recurso 107-137256, *DJ* 20.03.2006).

Temos **fusão** quando *duas ou mais empresas resolvem unir-se, criando uma empresa nova*. Ex.: a empresa XY resolve se fundir com a WZ para formarem a empresa AB, até então inexistente. Difere, portanto, da incorporação porque nesta uma das empresas envolvidas segue no mercado. Na fusão, as empresas fusionadas são extintas, deixando a empresa nova como sucessora nos direitos e obrigações de todas elas.

Na **cisão**, uma sociedade *transfere seu patrimônio para uma ou várias outras, já existentes ou criadas com esse patrimônio transferido*. A cisão pode ser **total** ou **parcial**: na cisão total, extingue-se a empresa cindida porque todo seu patrimônio foi transferido para outras; na cisão parcial, a empresa cindida continua operando com o patrimônio que lhe restou. Ex.: haverá cisão total quando a empresa AB dividir seu patrimônio de forma a criar as empresas XY e WZ.

As empresas resultantes da cisão, ou aquelas já existentes que recebem o patrimônio da cindida, sucederão esta nos direitos e obrigações na proporção do patrimônio que receberam.

É importante ressaltar que o CC estabelece as regras apenas para a reorganização societária das sociedades contratuais. Para as sociedades por ações, devemos aplicar as disposições da LSA. Note-se, todavia, que o CC não traça as normas aplicáveis à cisão, razão pela qual buscamos a LSA por analogia, integração a ser realizada sempre que o CC for omisso na matéria. Já o inverso não se concebe (aplicação analógica do CC para as sociedades por ações), diante da especificidade da LSA (Enunciados 70 e 231 JDC/CJF).

Em qualquer das operações, o credor que já ostentava esta condição e se sentir prejudicado com o ato, pode pedir a anulação deste no prazo *decadencial* de 90 dias, provando o prejuízo. Caso deseje, a nova pessoa jurídica pode consignar o pagamento a fim de extinguir a ação.

Se, por outro lado, no mesmo prazo de 90 dias contados da operação societária, ocorrer a falência da incorporadora ou da nova sociedade resultante da fusão ou da cisão, qualquer credor anterior poderá pedir a separação dos patrimônios, para que cada dívida seja arcada pela respectiva massa.

2.6. Sociedades personificadas institucionais (ou estatutárias)

2.6.1. *Linhas gerais*

Sociedades institucionais ou estatutárias são aquelas *cujo ato constitutivo é o estatuto social, conjunto de normas estabelecidas pelos fundadores ao qual os novos sócios aderem tão logo sejam integrados à sociedade*.

Seu capital social não é divido em quotas, mas em **ações**, o que torna as sociedades institucionais sempre sociedades "de capital". Isso porque a principal característica da ação é sua **negociabilidade**, podendo ser livremente alienadas. Tudo por uma só razão: o que as sociedades institucionais pretendem é a captação de investidores no mercado que acreditem no sucesso da empresa. Logo, a personalidade e habilidades individuais de cada sócio pouco importam, bastando que ingressem com o capital representado pelas ações que titularizem. A administração da sociedade fica a cargo da Diretoria e do Conselho de Administração, estudados adiante, cujos membros são indicados pelos sócios controladores.

A sociedade por ações é *sempre* empresária por força de lei, não se questionando sobre seu objeto (art. 982, parágrafo único, do CC).

2.6.2. *Sociedade em comandita por ações*

Trata-se de sociedade institucional na qual, diferentemente das sociedades anônimas, os diretores possuem responsabilidade ilimitada pelas obrigações sociais. Por conta disso, apenas eles podem figurar no nome empresarial, sob pena de quem nele aparecer ser tratado como se administrador fosse, tal qual na comandita simples.

Ademais, deliberações assembleares tendentes a mudar o objeto essencial da sociedade, prorrogar seu prazo de duração, reduzir o capital social e criar debêntures ou partes beneficiárias depende de anuência dos administradores.

Os diretores devem ser nomeados no próprio estatuto social e exercerão o cargo sem limite de tempo, podendo ser destituídos por votação de sócios que representem, no mínimo, **2/3 do capital social**. Ainda assim, o ex-diretor continuará pessoalmente responsável pelas obrigações contraídas durante sua gestão pelo prazo de **02 anos**.

No mais, a comandita por ações segue todas as regras estudadas a seguir para a sociedade anônima, com as exceções arroladas abaixo:

a) **responsabilidade dos administradores**, já comentada, inexistente nas sociedades por ações;

b) **os administradores obrigatoriamente são acionistas na comandita;**

c) **possibilidade de adoção de firma ou denominação como nome empresarial**, enquanto que a S.A. gira exclusivamente sob denominação;

d) **inexistência de Conselho de Administração na comandita por ações;**

e) **proibição de cláusula autorizativa de aumento do capital social;**

f) **proibição de emissão de bônus de subscrição.**

2.6.3. *Sociedade anônima*

Também chamada de **companhia**, a sociedade anônima *é espécie de sociedade institucional, cujo capital está dividido em ações e a responsabilidade dos sócios é limitada à subscrição destas*.

Seu regime jurídico não se encontra no CC, sendo que o próprio estabelece que as sociedades anônimas serão regulamentadas em lei especial. E andou bem ao fazê-lo, pois o vulto das atividades exercidas pelas companhias, bem como a especificidade de suas obrigações societárias e tributárias, não condizem com o regramento de uma lei geral como o CC.

A lei em questão é a 6.404/1976 (LSA), com as importantes alterações trazidas pela Lei 11.638/2007.

Dissemos anteriormente, e ora reiteramos, que a sociedade anônima é empresária por força de lei e deverá adotar, obrigatoriamente, **denominação** como nome comercial. Lembramos que o fato de girar sob denominação não proíbe a companhia de utilizar nome civil de *sócio fundador ou daquele que contribuiu de forma decisiva para o sucesso da empresa sem que isso desnature a natureza jurídica de denominação do nome*.

Cabe ao estatuto social indicar, com precisão, o objeto social da companhia, sendo permitido que este se restrinja à participação societária em outras empresas. É o que conhecemos na prática como *holding*. Tal situação (a participação em outras sociedades), ainda que não prevista expressamente no estatuto, é sempre permitida para a realização do objeto estatuído ou para a obtenção de benefícios fiscais (instrumento de planejamento tributário).

a) Responsabilidade dos sócios

A sociedade anônima tem como característica estruturante *a responsabilidade dos sócios limitada à integralização das ações subscritas*. Isso significa que o sócio responde exclusivamente pelo valor das ações que se comprometeu a adquirir. Uma vez pago, nenhuma dívida social ou de outro sócio poderá atingi-lo.

Este é um aspecto importante, pois é o que diferencia os sócios da companhia daqueles que estabelecem uma sociedade limitada. Nesta última, todos os sócios respondem solidariamente pela integralização do capital, tendo apenas direito de regresso contra o remisso. Na S.A., cada sócio responde exclusivamente pela integralização de suas ações e nada mais, o que o transforma, sob certo prisma, mais em investidor do que em sócio, considerando que não tem nenhuma relação ou responsabilidade pelos atos de seus pares.

b) Classificação das companhias

Nos termos do art. 4º da LSA, as sociedades anônimas podem ser **abertas** ou **fechadas.**

Companhia aberta é aquela que está *autorizada a negociar seus valores mobiliários (ações, debêntures, bônus de subscrição etc.) no mercado a eles dedicado*. **Companhia fechada**, por conseguinte, é aquela *cujos valores mobiliários não estão admitidos a transitar pelo mercado*. Perceba que não é a *efetiva negociação* de seus papéis que dita a classificação da S.A., mas o fato da negociação *ser ou não admitida*.

É claro que a tendência da sociedade aberta, após cumprir todos os requisitos e burocracias necessárias para obter a autorização, é pulverizar seu capital junto a investidores, ao passo que, na companhia fechada, dada a inexistência da autorização governamental, suas ações estarão sempre nas mãos dos sócios fundadores, sendo transmitidas por contratos particulares de compra e venda. Ressaltamos apenas que não é esse o critério legal de classificação.

Essa distinção traz importantes consequências, dado que companhias abertas e fechadas têm tratamento distinto na LSA em diversos pontos distribuídos pelo texto legal. Ademais, a diferença é estrutural. A sociedade anônima aberta tem perfil ostensivamente *institucional*, tendo papel importante na economia nacional diante da captação de recursos junto à poupança popular e pelo constante controle estatal existente sobre elas. As fechadas, por seu turno, resguardadas as diferenças jurídicas já estudadas, aproximam-se das sociedades contratuais, pois a ausência de autorização para negociar seus valores mobiliários no mercado impõe uma relação mais estreita entre os sócios, baseada na mútua confiança. Não estamos falando de outra coisa que não a *affectio societatis*.

Mas não descuidemos: tanto a companhia aberta quanto a fechada, a despeito do agora exposto, são conceituadas e classificadas como *sociedades institucionais*.

A autorização necessária para as sociedades anônimas abertas negociarem seu capital e outros papéis na Bolsa de Valores deve ser requerida junto à Comissão de Valores Mobiliários – CVM, autarquia federal criada pela Lei 6.385/1976 com o objetivo de regulamentar e supervisionar o mercado de capitais segundo as diretrizes estabelecidas pelo Banco Central e pelo Conselho Monetário Nacional – CMN. A ideia matriz de sua criação é a proteção do investidor e do próprio mercado financeiro contra práticas abusivas dos controladores das companhias. Reconhece-se nisto, inclusive, a natureza de direito metaindividual, sendo possível o manejo de ação civil pública para a remediação de eventuais atos ilícitos que ofendam o interesse coletivo dos investidores (Lei 7.913/1989).

c) Constituição da companhia

O procedimento de constituição de uma sociedade anônima é escalonado, comportando *três fases*:

c1) Requisitos preliminares: previstos nos arts. 80 e 81 da LSA, são obrigatórios tanto para as companhias abertas quanto para as fechadas. Envolvem a *subscrição por, pelo menos, duas pessoas de todas as ações que compõem o capital social; a realização imediata em dinheiro de no mínimo 10% do capital social; e o depósito no Banco do Brasil ou qualquer outra instituição financeira autorizada pela CVM desta parcela de dinheiro integralizada*.

c2) Constituição propriamente dita: a depender se tratamos de uma S.A. aberta ou fechada, esta etapa segue caminhos diametralmente opostos.

Nas companhias abertas, temos a chamada **constituição continuada (ou sucessiva)** em virtude de também ser subdividida em atos escalonados. Configura um procedimento voltado para a lisura da subscrição pública do capital, própria desta modalidade de sociedade por ações.

Inicia-se com o *registro prévio* da companhia em organização na CVM e com a contratação obrigatória de instituição financeira como intermediária; autorizada pela autarquia a emissão pública de ações, serão estas *oferecidas ao público*, que devem subscrevê-las junto à instituição financeira intermediária; por fim, com a subscrição de todo o capital social, devem os fundadores convocar a *assembleia constituinte*, onde os sócios deliberarão e aprovarão o estatuto social por maioria do capital e elegerão os membros do Conselho de Administração e do Conselho Fiscal.

As companhias fechadas operam sua constituição de forma mais simples, denominada **constituição simultânea**, tendo em vista que a subscrição de todo o capital social é particular, restrita aos sócios fundadores. Eles podem fazê-la por meio de assembleia geral ou por escritura pública. Num ou noutro caso, o projeto de estatuto aprovado ou a escritura pública, respectivamente, devem ser assinados por todos os sócios.

c3) Providências complementares: da mesma forma que os requisitos preliminares, estas providências são comuns a ambos os tipos de S.A. Traduzem-se no *registro do estatuto social mediante arquivamento na Junta Comercial* e, se o caso, a *transferência dos bens imóveis que o subscritor tenha entregado para formação do capital social*.

d) Valores mobiliários

Sabemos que a companhia aberta está autorizada a emitir valores mobiliários e negociá-los no mercado de capitais. Mas o que se entende por valores mobiliários?

São títulos representativos de investimentos financeiros relacionados à sociedade anônima emissora, que utiliza a receita proveniente de sua negociação para a consecução de seu objeto social. Já o investidor busca, com a compra do título, obter ganho financeiro sobre o valor investido, recuperando um montante maior do que pagou.

Existem diversos valores mobiliários que podem ser emitidos pelas companhias. Estudaremos apenas os cinco de maior importância.

d1) Ações

São parcelas representativas do capital social da empresa. Ao adquirir uma ação, a pessoa física ou jurídica torna-se *sócio* da companhia.

O valor da ação pode ser expresso de diversas maneiras. O estatuto social pode dar-lhes um **valor nominal**, que nada mais é do que *o quociente da divisão do capital social pelo número de ações emitidas*. Ele não é obrigatório, mas, se constar do estatuto o **preço de emissão** da ação, *que é o valor pago por quem a subscreve*, não poderá ser inferior a ele. Fala-se, ainda, em **valor patrimonial**, que *representa a participação efetiva do acionista junto ao patrimônio líquido da empresa*, constituindo o valor a que este tem direito na liquidação da sociedade; e **valor de negociação**, que é *aquele obtido pelo acionista quando transfere suas ações para um comprador interessado*.

As ações podem, ainda, ser categorizadas pela companhia: **ações ordinárias** são aquelas que *garantem ao acionista os direitos comuns de qualquer sócio*, como o voto em assembleia e a participação nos lucros e nas perdas, sem qualquer limitação ou restrição; ou **ações preferenciais, que** garantem ao seu titular *certas vantagens, como a prioridade na distribuição dos lucros ou no reembolso do capital*, porém, podem trazer restrições a direitos, inclusive o de voto. É obrigatória a emissão de ações ordinárias pela companhia e as preferenciais sem direito a voto não podem ultrapassar 50% do total das ações emitidas.

d2) Debêntures

São valores mobiliários que garantem ao seu titular um direito de crédito de médio ou longo prazo contra a companhia pelo valor e nas condições estabelecidas na escritura de emissão (taxa de juros, prazo para resgate, conversibilidade em ações etc.).

Em outras palavras, a debênture representa um empréstimo de numerário para a S.A. Necessitando esta captar valores no mercado, em vez de emitir ações e, assim, expandir seu capital e quadro social, a companhia pode valer-se da debênture, oferecendo-a àqueles que se interessarem pelo retorno financeiro deste empréstimo.

Por se assemelhar bastante ao contrato de mútuo, o debenturista, figurando como o mutuante, quem empresta o dinheiro, poderá ver seu crédito garantido por bens pertencentes ao ativo da sociedade ou não. Normalmente, quanto maior a segurança do negócio, atrelando-o a garantias reais, menor o retorno financeiro; por outro lado, quanto maior o risco, pela ausência de garantias, maior a taxa de juros e o ganho do debenturista.

Com isso em vista, a LSA prevê quatro espécies de debêntures: **com garantia real**, cujo pagamento está vinculado a um bem dado em garantia real (ex.: imóvel hipotecado em nome do debenturista); **com garantia flutuante**, quando o debenturista tem preferência na liquidação do ativo da companhia, mas não pode impedir a alienação de qualquer parte deste patrimônio como operação normal da empresa; **quirografárias**, ou seja, sem qualquer garantia; **subquirografárias**, as quais, em caso de liquidação da companhia, serão pagas com preferência unicamente sobre os sócios.

d3) Bônus de subscrição

Garantem ao seu titular preferência na subscrição de novas ações quando estas forem emitidas pela companhia. Trata-se da aquisição de um direito de preferência normalmente oferecido em conjunto para aqueles que acabam de subscrever ações ou debêntures, conferindo-lhes uma vantagem adicional futura e fidelizando-os junto à sociedade como investidores.

d4) *Commercial paper*

São títulos representativos de empréstimos tomados pela companhia no curto prazo, sendo esta sua principal diferença em relação às debêntures. O *commercial paper* tem como prazo de resgate, no mínimo, 30 e, no máximo, 180 dias.

d5) Partes beneficiárias

Representa uma exceção na lista apresentada de valores mobiliários por ser *exclusivo* das sociedades anônimas fechadas. As partes beneficiárias *visam a conferir, ao seu titular, direito de crédito eventual sobre a participação nos lucros da empresa, limitado a 10% do lucro total.*

Note que o detentor da parte beneficiária *não* se torna sócio. Ele apenas tem direito de, havendo lucro contábil apurado pela companhia, participar dele na proporção estipulada no título mobiliário. O único direito privativo dos acionistas, além da distribuição do lucro, que acompanha a parte beneficiária é o de *fiscalizar* os atos dos administradores, exatamente para conferir efetividade à participação nos resultados.

São comumente utilizadas como remuneração por serviços prestados por sócios, pelos fundadores ou mesmo por terceiros, podendo o estatuto social prever sua conversibilidade em ações.

e) Direitos e deveres do acionista

Como sócio da companhia, ao subscrever ações desta a pessoa física ou jurídica recebe, *incontinenti*, um plexo de direitos e deveres relacionados a esta condição e, portanto, indissociáveis de sua relação com a S.A.

O principal **dever** do acionista é a integralização das ações subscritas. Se não o fizer no prazo ajustado, será constituído em mora *de pleno direito*, podendo a companhia, a sua escolha: promover ação de execução para cobrança do débito, somado aos juros e multa estabelecidos no estatuto (sendo que esta última não pode ser superior a 10% do valor devido), servindo o boletim de subscrição como título executivo extrajudicial; ou mandar vender as ações do subscritor em Bolsa de Valores, por conta e risco deste.

A rigor, a S.A. pode promover as duas diligências cumulativamente (art. 107, § 3º, da LSA).

Podemos lembrar, ainda, o dever de *votar no interesse da sociedade*, reputando a LSA como *abusivo* o voto tendente a causar dano à companhia ou a outros acionistas ou a obter vantagem indevida. O acionista que assim proceder estará sujeito à responsabilização pelos danos que seu voto vier a causar para a sociedade, ainda que não tenha saído vencedor.

Quanto aos **direitos** do acionista, podemos elencar como fundamentais: participação nos lucros da empresa; participação naquilo que restar do ativo da companhia após sua liquidação com o pagamento de todo o passivo, na proporção das ações que possuir; fiscalização dos atos dos administradores; preferência na subscrição de novas ações, de partes beneficiárias conversíveis em ações, debêntures conversíveis em ações e bônus de subscrição; retirada da sociedade (o chamado **direito de recesso**) em caso de aprovação de alterações do estatuto social com as quais não concorde, recebendo na retirada o *valor patrimonial* de suas ações.

Perceba que o direito de voto não pode ser elencado como um direito fundamental de todos os acionistas diante da existência das *ações preferenciais*, que podem limitar o exercício deste.

É importante destacar, também, a figura do **acionista controlador**. Trata-se *da pessoa física ou jurídica, ou grupo de pessoas vinculadas por acordo de voto, que é titular de direitos de sócio que lhe assegurem, de forma permanente, a maioria dos votos nas deliberações em assembleia e o poder de eleger a* *maioria dos administradores* (art. 116 da LSA). É *imprescindível*, para sua caracterização, que o acionista controlador utilize *efetivamente* seu poder para dirigir os negócios sociais.

A figura do acionista controlador *pode* advir do fato de estarmos falando do **acionista majoritário**, mas o controlador com este não se confunde, pois o que importa é a titularidade da maioria das ações *com direito a voto*. Mais ainda, o acionista controlador pode possuir apenas uma ação, de natureza simbólica, bastando que seja apoiado por outros sócios representantes da maioria do capital com direito de voto por meio de um **acordo de acionistas**, estudado a seguir.

O acionista controlador é responsável pelos danos que cause à companhia ou aos seus sócios por atos praticados com abuso de poder. O art. 117, § 1º, da LSA traz rol *exemplificativo* de atos considerados abusivos. É *indispensável* a prova do dano, porém não se perquire sobre a intenção subjetiva do controlador, caracterizando-se, portanto, a *responsabilidade objetiva* por seus atos (STJ, REsp 798264/SP, *DJ* 06.02.2007).

f) Acordo de acionistas

Conceitua-se como *um pacto celebrado entre dois ou mais acionistas que, uma vez registrado junto à sede companhia, obriga esta a respeitá-lo.*

Os acionistas são livres para ajustarem o que bem entenderem no cotidiano da atividade empresarial, estando tais relações protegidas pelas regras aplicáveis aos contratos em geral. Quando este acordo versar sobre *compra e venda de ações ou preferência na aquisição, exercício do direito de voto ou concessão ou alteração do poder de controle*, estaremos diante do **acordo de acionistas** referido pela LSA, que deve ser arquivado na sede da empresa e, a partir de então, vincula os atos dos signatários e da própria companhia.

O acordo de acionistas é um contrato **plurilateral**, dado que congrega interesses convergentes na colaboração de todos os participantes, outorgando direitos e deveres a todos, bem como resta sempre aberto à adesão de novos signatários; e **parassocial**, pois devem respeito aos requisitos de validade dos contratos em geral e seguem o regime jurídico do Direito Civil, a despeito de seu objeto ser especificamente regulamentado pelo Direito Empresarial.

Exemplo clássico da vinculação da sociedade após o registro do contrato em sua sede é aquele da estipulação de preferência de um sócio na compra de ações pertencentes a outro. Caso não se cumpra o acordo, sendo as ações vendidas a terceiro que não o titular da preferência, a companhia não poderá registrar a transferência das ações realizada ao arrepio do acordo de acionistas, sendo garantido ao prejudicado o manejo de ação judicial para execução específica da avença.

g) Órgãos da sociedade anônima

Para viabilizar a administração da empresa de grande vulto normalmente exercida pela companhia, a LSA prevê a criação de quatro órgãos voltados, cada um, para determinado aspecto do gerenciamento da atividade. Podem ser *obrigatórios*, como a assembleia geral, ou *facultativos* em determinados casos, como o Conselho de Administração. Ademais, os órgãos previstos em lei não são os únicos possíveis de serem criados. A sociedade pode, no seu interesse, criar outros tantos quanto repute necessário para auxiliar na direção dos negócios.

g1) Assembleia geral

Órgão obrigatório e mais importante da companhia, constitui-se da *reunião de todos os sócios, com ou sem direito a voto, para deliberação e decisão de qualquer negócio relativo ao objeto da companhia ou de resoluções que julgarem convenientes à sua defesa e desenvolvimento.*

Como se vê, a LSA garante à assembleia geral amplos poderes sobre a administração da companhia, podendo ela decidir sobre qualquer assunto de interesse desta. Outrossim, existem questões que somente podem ser discutidas e decididas pela assembleia geral. Trata-se de **competência privativa**, prevista no art. 122 da LSA, sendo a única hipótese de delegação para os administradores o pedido urgente de autofalência ou recuperação judicial, mas sempre *ad referendum* da assembleia.

A competência para convocação será do Conselho de Administração, quando houver, ou dos diretores, devendo respeitar uma antecedência mínima de 08 dias nas companhias fechadas e 15 dias nas companhias abertas. As formalidades de convocação podem ser desconsideradas se todos os acionistas estiverem presentes.

Considera-se instalada a assembleia em primeira convocação se estiverem presentes representantes de, no mínimo, um quarto do capital social. Em segunda convocação, a assembleia ocorrerá com qualquer número de presentes. As votações, como regra, são tomadas por maioria simples de votos, sendo que cada ação ordinária dá direito a um voto. Além de outros artigos esparsos, a LSA exige *quorum* qualificado de maioria absoluta para a deliberação dos assuntos previstos no art. 136.

O acionista detentor de ações preferenciais sem direito a voto conserva intacto seu direito de participar da assembleia, podendo manifestar-se a qualquer momento (**direito de voz**).

A assembleia geral pode reunir-se por duas razões: *anualmente e obrigatoriamente nos quatro primeiros meses seguintes ao término do exercício social* (que coincide com o ano civil), para discussão das demonstrações financeiras do ano anterior; destinação do lucro e pagamento de dividendos; eleição dos administradores e do Conselho Fiscal, se o caso; e aprovação de correção da expressão monetária do capital social. Trata-se da **assembleia geral ordinária (AGO)**.

Ao seu lado, é possível a convocação de assembleia *a qualquer momento, para discussão de qualquer assunto que não seja privativo da AGO*. Hipótese esta na qual estaremos diante da **assembleia geral extraordinária (AGE)**. Nada obsta que AGO e AGE sejam realizadas na mesma data, hora e local, bem como reduzidas a termo na mesma ata, a qual deverá indicar a natureza dúplice da reunião de sócios (**assembleia geral ordinária e extraordinária – AGOE**).

g2) Conselho de Administração

Como o nome sugere, compete ao Conselho de Administração, quando existir, fixar as diretrizes gerais da administração da companhia, manifestando-se sobre assuntos estratégicos e sobre atos ou contratos a serem firmados nos termos do estatuto, bem como eleger, destituir e fiscalizar o trabalho dos diretores. Com estes não se confundem na medida em que os membros do Conselho *não podem* representar a S.A. perante terceiros ou praticar atos concretos de gestão.

O Conselho de Administração é *obrigatório* nas companhias abertas e nas sociedades de economia mista. Nas companhias fechadas, ele é *facultativo*.

Caso seja criado pelo estatuto social, será composto de, no mínimo, três conselheiros, eleitos *dentre os acionistas* pela assembleia geral e por ela destituíveis a qualquer tempo para um prazo máximo de 03 anos, permitida a reeleição.

g3) Diretoria

Cabe aos diretores *a representação da companhia e a prática de quaisquer atos de gestão, conforme descritos no estatuto social.*

Haverá, no mínimo, dois diretores, eleitos pelo Conselho de Administração ou, na sua falta, pela assembleia geral para um mandato de 03 anos, permitida a reeleição, *podendo ser acionistas ou não.*

Até 1/3 dos membros do Conselho de Administração poderá atuar cumulativamente como diretor.

g4) Conselho Fiscal

É órgão obrigatório, *porém não necessariamente permanente*, em todas as sociedades anônimas, com a função de *fiscalizar os atos dos administradores (conselheiros e diretores), opinando sobre as contas prestadas por estes, sobre as demonstrações financeiras e outros assuntos a serem debatidos pela assembleia geral.*

É composto por no mínimo 03 e no máximo 05 membros, acionistas ou não, eleitos pela assembleia geral, para cumprir suas funções até a próxima AGO, quando poderão ser reeleitos. A função de membro do Conselho Fiscal é indelegável.

Aos membros dos três últimos órgãos listados (Conselho de Administração, Diretoria e Conselho Fiscal) são impostos os **deveres de diligência** (conduta prudente no desempenho das funções), **de lealdade** (atuação conforme os interesses da companhia e não pessoais) e **de informar** (publicidade dos atos na forma da lei ou do estatuto). Todos eles responderão pelos atos ou omissões que causarem prejuízo à companhia se tiverem agido com dolo ou culpa no exercício de suas atribuições.

2.6.4. Dissolução da sociedade institucional

Criando um regime jurídico próprio, a LSA determina que a extinção da sociedade institucional pode dar-se por três fundamentos: **de pleno direito, por decisão judicial ou por decisão de autoridade administrativa**. A fim de facilitar a exposição e a classificação de todas as hipóteses, acompanhe o quadro sinóptico abaixo.

Fundamento	Hipóteses
De pleno direito	– Término do prazo de duração – Quando expressamente previsto no estatuto – Deliberação da assembleia geral – Unipessoalidade incidental, não restituída a pluralidade de acionistas até a AGO do ano seguinte – Extinção da autorização para funcionar – Incorporação, fusão ou cisão total
Por decisão judicial	– Anulação dos atos de constituição – Impossibilidade comprovada de alcançar seu objetivo social – Decretação da falência
Por decisão administrativa	– Nos casos e na forma previstas em leis especiais (ex.: falta de autorização para negociação de ações no mercado)

Qualquer que seja o fundamento da dissolução, a ela seguirá a **liquidação** da sociedade, *judicial ou extrajudicial.* Se extrajudicial, cabe à assembleia geral decidir sobre o modo de condução da liquidação e nomeação do liquidante, *que terá os mesmos deveres e responsabilidades dos administradores.*

Realizado o pagamento de todo o passivo da companhia, restando bens em nome desta serão rateados entre os acionistas na proporção de seus haveres após aprovação da assembleia.

3. TÍTULOS DE CRÉDITO

3.1. Conceito

A lei civil define título de crédito como *o documento necessário para o exercício do direito literal e autônomo nele contido* (art. 887 do CC). Esclarecendo melhor, o título de crédito representa uma obrigação jurídica de cunho patrimonial assumida por alguém, sendo que o credor, a fim de exigir o cumprimento desta no vencimento, deve apresentar o título ao devedor.

Mais do que isso, o título de crédito, como regra, consubstancia a própria obrigação, caracterizando sua *abstração.* Exemplo: não importa por qual razão a pessoa possui um cheque assinado por terceiro em mãos, ela terá direito ao valor nele escrito quando da apresentação na instituição financeira. Uma vez colocado em circulação, sendo transmitido a terceiro, o título se desvincula da relação jurídica que lhe deu origem. Suponha que Alberto pague suas compras no açougue com um cheque e, posteriormente, o dono do açougue entregue o mesmo cheque para um de seus fornecedores, Benedito. Alberto terá de pagar o dinheiro representado no cheque a Benedito, mesmo nunca o tendo visto antes na vida. Credor e devedor se unem exclusivamente pelo título, por isso diz-se que este é *abstrato.*

Esta regra, todavia, pode ser limitada pelas partes, que expressamente vinculam a emissão do título de crédito a outra obrigação. Bastante comum a prática de constar discriminadamente no contrato que as parcelas serão pagas mediante a quitação das notas promissórias emitidas no mesmo ato pelo devedor. Nesse caso, desde que o credor não negocie o título de crédito, mantendo-o consigo, continua o signatário das promissórias autorizado a alegar a **exceção de contrato não cumprido**, por exemplo, e não honrar os valores representados pelos títulos.

O estudo dos títulos de crédito recebe o nome de **Direito Cambiário (ou Cambial)**.

3.2. Princípios do Direito Cambiário

3.2.1. Princípio da cartularidade (ou da incorporação)

É credor do título aquele que o detém concretamente, fisicamente, quem o tem em mãos. *Cártula* é o instrumento material, o papel, que corporifica o título de crédito. Como já descrito, para que se exija o pagamento deste, inclusive em juízo, é obrigatória a apresentação da cártula;

3.2.2. Princípio da literalidade

Pode ser exigido do devedor apenas o que constar, literalmente, no título de crédito, seja o valor, as condições de pagamento ou garantia ou o prazo de vencimento. Pactuando as partes esta ou aquela cláusula relevante para o adimplemento da obrigação, deve esta ser escrita na cártula, sob pena de mostrar-se inexigível no futuro;

3.2.3. *Princípio da autonomia das relações cambiárias*

O mesmo título de crédito pode representar uma série de obrigações, todas elas decorrentes da obrigação patrimonial original assumida pelo devedor, como o aval e o endosso. *A nulidade de uma obrigação cambial não implica a nulidade das outras obrigações constantes do título.* Cada relação estabelecida na cártula é autônoma e eventuais vícios existentes em uma delas não desobriga o devedor a honrar o pagamento junto àquele que validamente detém o título. Esse princípio decorre da *abstração* do título de crédito supramencionada e implica, por sua vez, em outra regra: a **inoponibilidade de exceções pessoais a terceiros de boa-fé**.

Exemplifica-se: Jorge compra um colar de Pedro, pois este lhe garantiu que ele era fabricado em ouro. Como pagamento, Jorge emite uma nota promissória em favor de Pedro constando que a pagaria dali a 15 dias. Neste ínterim, Pedro **endossa** a nota promissória a Carlos, transferindo-lhe o crédito que ela representa, em pagamento de uma dívida. Em paralelo, Jorge descobre que o colar não é de ouro, mas sim de metal menos nobre. Chegada a data do vencimento, Carlos vai até Jorge para exigir o dinheiro. Pode Jorge negar-se a pagar por conta de ter recebido a coisa com vício? *Não.* Carlos, o detentor da cártula, nada tem a ver com isso. É **terceiro de boa-fé**. Jorge não pode alegar contra ele um argumento que possui contra Pedro, pois se trata de uma **exceção pessoal**. Cabe a Jorge pagar o valor da nota promissória a Carlos e, posteriormente, cobrar de Pedro abatimento no preço ou mesmo o desfazimento do negócio.

3.3. Características dos títulos de crédito

Duas são as características intrínsecas a todo título de crédito: a **negociabilidade** e a **executividade**.

O título, por força de sua abstração, é, como regra, *livremente negociável*, ou seja, *o crédito que ele representa pode ser transmitido a terceiros por simples tradição ou por meio de endosso*. A própria existência dos títulos de crédito se fundamenta na facilidade de sua circulação, o que permite agilizar sobremaneira os negócios jurídicos em que ele se insere. O emissor não se vincula, já se disse, exclusivamente ao credor original da cártula, *mas a qualquer pessoa que validamente a possua na data do vencimento*.

Além disso, a materialização da dívida em título de crédito confere maior segurança jurídica ao credor, por serem, todos eles, **títulos executivos extrajudiciais** (art. 784, I do NCPC), dispensando, assim, prévia ação de conhecimento para sua exigência em juízo.

Anote-se, ainda, que possui natureza jurídica de **coisa móvel**, com todas as implicações legais dessa classificação (pode ser objeto de furto, por exemplo).

3.4. Classificação dos títulos de crédito

3.4.1. *Quanto à previsão legal*

a) Típicos (ou nominados): são aqueles *previstos em lei, a qual traz o regime jurídico aplicável ao título*. Todos os títulos de crédito conhecidos são típicos: cheque, nota promissória, letra de câmbio e duplicata são os principais, regulamentados pelas respectivas leis que os criaram;

b) Atípicos (ou inominados): o CC não veda a possibilidade de criação de outros títulos de crédito, desde que atendam aos requisitos nele expostos. Serão regulamentados pelo próprio CC, que também serve de regramento supletivo para os títulos de crédito típicos (art. 903).

3.4.2. *Quanto à forma*

a) Vinculados: *tanto os requisitos materiais (de conteúdo) quanto os formais (tamanho, disposição das informações) são estabelecidos pela lei*. É o caso do cheque e da duplicata;

b) Não vinculados (ou de forma livre): *apenas os requisitos materiais estão previstos em lei*. Podem assumir qualquer forma, ou seja, serem representados em qualquer papel, de qualquer tamanho, bastando que expressem o conteúdo exigido pela norma. Entram aqui a nota promissória e a letra de câmbio.

3.4.3. *Quanto à estrutura*

a) Ordem de pagamento: existem *três* pessoas envolvidas na relação cambial original. O *sacador (ou emitente)* emite o título de crédito *determinando* que *sacado* pague ao *tomador (ou beneficiário)* determinada quantia. Não desnatura a ordem de pagamento o fato de sacador e tomador serem a mesma pessoa. É a estrutura da letra de câmbio, do cheque e da duplicata.

b) Promessa de pagamento: existem *duas* pessoas envolvidas na relação cambial original. O *sacador* emite o título *prometendo* pagar ao *tomador* determinada quantia. Aplica-se à nota promissória.

3.4.4. *Quanto às hipóteses de emissão*

a) Causais: *a lei autoriza sua emissão apenas em hipóteses específicas*. É o caso da duplicata, que somente pode ser emitida para representar compra e venda com pagamento a prazo ou prestação de serviços.

b) Não causais (ou abstratos): *podem ser emitidos em qualquer situação*. Cheque, letra de câmbio e nota promissória são títulos não causais, pois estão autorizados a representar obrigações de qualquer natureza.

3.4.5. *Quanto à circulação*

a) Ao portador: *transmite-se com a simples tradição*, a entrega física da cártula a terceira pessoa. Caracteriza-se pela ausência de indicação do tomador. Atualmente, o único título autorizado a ser emitido "ao portador" é o cheque de valor inferior a R$ 100,00;

b) Nominais "à ordem": *por indicar quem é seu beneficiário original*, caso este deseje transferir o crédito representado no título para terceiro deverá fazê-lo formalmente. Sua circulação está, destarte, *autorizada pela relação cambial conhecida por* endosso, que transmite ao novo credor todos os direitos relativos ao título. Estudaremos as regras aplicáveis ao endosso mais adiante;

c) Nominais "não à ordem": *sua circulação não está autorizada*, ao menos não por relações cambiais. Quer o sacador evitar a circulação do título, mantendo-se vinculado apenas ao beneficiário original expressamente indicado. Trata-se de cláusula excepcional, pois afronta a própria natureza do título, e, portanto, deve estar expressa. Caso seja feito o endosso, este não será considerado como tal, mas sim **cessão civil de crédito**, ou seja, relação de Direito Civil e não de Direito Cambiário. Sua diferença para o endosso será analisada junto com este.

Afaste-se, desde já, antiga dúvida sobre a correta aplicação dos termos *nominal* e *nominativo*: título de crédito que indica o tomador é *nominal*; título *nominativo* é espécie de título nominal, em que a transferência de titularidade, para ser eficaz perante o emitente, depende de registro em livro empresarial próprio (ex.: certificado de ações).

3.5. Nascimento da obrigação cambial

Ao longo do tempo, surgiram duas teorias sobre o momento em que o título considera-se emitido e, portanto, válido. Segundo a **teoria da criação**, *considera-se emitido o título no momento da assinatura, sendo válido ainda que entre em circulação contra a vontade do sacador.*

Já para os adeptos da **teoria da emissão**, *considera-se emitido o título no momento de sua entrega voluntária e efetiva pelo sacador ao beneficiário.* De nada vale, para esta teoria, estar o título completo e assinado sem que o seu emitente deliberadamente o ponha em circulação.

O CC adotou a teoria da criação, porém de forma abrandada. Lê-se *ipsis litteris* no art. 905, parágrafo único, a regra acima descrita caracterizadora de tal teoria. Não obstante, poderá o emitente recuperar o título das mãos de quem o detenha sem motivo justo (*abrandamento pela teoria da emissão*). Ocorre que, se terceira pessoa já está na posse do título e desconhece o vício de sua origem, evidenciando sua boa-fé, terá direito à quitação da cártula em seu favor, o que, mais uma vez, comprova a opção da Lei Civil pela teoria da criação.

3.6. Legislação aplicável aos títulos de crédito

A avaliação de quais normas vigem no País sobre os títulos de crédito é causa de antigas divergências doutrinárias e jurisprudenciais. Consolidando a posição majoritária extraída dos debates, e principalmente a pacificação do assunto pelo STF, temos o seguinte cenário: para o cheque, existe lei especial a ser observada (Lei 7.357/1985); para a duplicata, idem (Lei 5.474/1968); para a letra de câmbio e nota promissória, vigem entre nós as Convenções de Genebra Sobre Letra de Câmbio e Nota Promissória, também conhecidas como **Lei Uniforme** – LU, introduzidas no ordenamento pelos Decretos 57.595/1966 e 57.663/1966 *com reservas*, ou seja, *não aplicamos todos os itens do tratado internacional*; para os casos omissos relativos à letra de câmbio e à nota promissória, continua em vigor o Decreto 2.044/1908; havendo ainda casos omissos ou em complementação às regras dos demais títulos, recorremos ao CC, também regulador dos títulos de créditos atípicos.

3.7. Requisitos materiais gerais

Os títulos de crédito, para serem considerados como tais, necessitam apresentar em seu corpo determinadas informações obrigatórias. Neste diapasão, encontramos pontos cuja exigência é geral para todo e qualquer título e outros específicos para cada um. Dos gerais tratamos agora. Os específicos serão estudados posteriormente junto às regras afeitas a cada título.

Devem constar em toda cártula:

a) denominação do título, seu nome (cheque, duplicata etc.) no corpo do texto e na mesma língua da redação do título;

b) assinatura do subscritor, também chamado de *emitente* ou *sacador*;

c) identificação de quem deve pagar, constando, além do nome, documento oficial de identificação pessoal (RG, CPF, título de eleitor ou carteira de trabalho);

d) indicação precisa do valor a ser pago, em números ou por extenso;

e) data do vencimento, cuja omissão implica vencimento *à vista* (no momento de sua apresentação para pagamento). Além dessa modalidade, o vencimento pode ser estipulado *a certo termo da vista* (ex.: o título vence em 15 dias a partir da sua apresentação ao sacado), *a certo termo da data* (ex.: o título vence em 15 dias contados da data do saque) ou *em data certa* (ex.: o título vence no dia 15.03.2011);

f) data da emissão;

g) local da emissão e do pagamento, na falta, considera-se o domicílio do emitente ou do sacado, dependendo do título.

Tais requisitos, a despeito de serem obrigatórios, não o são desde o nascimento do título. Não há obstáculo legal para que este seja emitido ou mesmo circule incompleto (faltando a data do vencimento ou o valor a ser pago, por exemplo). As exigências devem se fazer presentes apenas no momento de sua cobrança ou do protesto, cabendo ao possuidor do título preenchê-las de boa-fé (STF, Súmula 387).

O preenchimento indevido por parte de um dos possuidores não pode ser oposto contra aquele que adquiriu o título de boa-fé, por conta da regra da inoponibilidade das exceções pessoais. O obrigado deve pagar o título conforme as determinações nele escritas (**princípio da literalidade**) e voltar-se contra aquele que o preencheu em desacordo com o pacto inicial.

Lembre-se, em derradeiro, que o título é *autônomo* em relação à obrigação que lhe deu origem. Isto implica que a falta de requisito legal obrigatório irá retirar sua natureza de título de crédito, porém, não implica nulidade do negócio original. A cártula *não é a própria obrigação, apenas a representa* (art. 888 do CC).

3.8. Títulos de crédito em espécie

3.8.1. Letra de câmbio

A letra de câmbio é o título de crédito por excelência, do qual se originaram todos os outros e o próprio estudo do Direito Cambiário (termo, aliás, derivado de *cambial*, sinônimo bastante utilizado de letra de câmbio). Isso porque sobre ela se aplicam todos os institutos de Direito Cambiário, sendo neste ponto a mais completa das cártulas. Assim, por questões didáticas, iniciamos por ela nossa incursão nas espécies de títulos de crédito, dado que seu estudo permite um conhecimento amplo do tema, autorizando que tratemos, quanto aos demais títulos, somente de suas especificidades em cada ato cambiário.

Letra de câmbio é título de crédito à ordem, que se cria por meio do saque, *completando-se pelo* aceite, *que se transfere por* endosso *e se garante por* aval.

Trata-se, na estrutura, de uma *ordem de pagamento*. Com isso, sabemos que existem três pessoas envolvidas na relação cambial. Acompanhe o esquema gráfico abaixo:

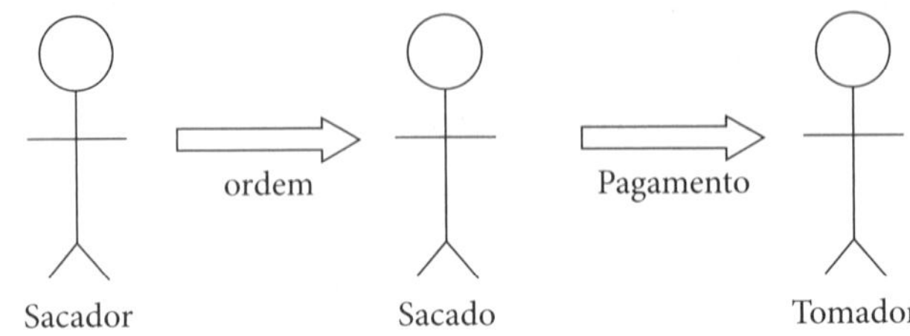

Denomina-se *saque* o ato de constituição do título de crédito, o qual, segundo a **teoria da criação** por nós adotada, completa-se com a *assinatura* da cártula. *Sacador*, portanto, é quem emite a letra de câmbio.

Ele o faz porque tem uma dívida com alguém, chamado de *tomador*, o beneficiário do crédito. Porém, ele também tem um crédito com terceira pessoa. Logo, a fim de simplificar as relações obrigacionais existentes, o sacador emite uma *ordem de pagamento* para que seu devedor, o *sacado*, pague certo valor ao tomador. Chegada a data do vencimento, o tomador, *que detém a cártula*, leva-a ao sacado para cobrança. Assim, tanto o sacador quita sua dívida com o tomador quanto o sacado extingue sua obrigação com o sacador (caso os valores sejam os mesmos).

Repise-se que sacador e tomador, ou mesmo sacador e sacado, *podem ser a mesma pessoa*, conforme o art. 3º da LU.

Resta apontar os requisitos específicos para a validade da letra de câmbio: o *termo "letra de câmbio"* no corpo do texto e na mesma língua da redação do título; *mandado puro e simples* de pagar determinada quantia, ou seja, a ordem de pagamento sem qualquer condição; a ausência de indicação do local do pagamento implica *domicílio do sacado*, indicando que, salvo disposição em contrário, a letra consubstancia *dívida quesível*; é *vedada* a emissão de letra de câmbio ao portador; a ausência de indicação do local de emissão da letra faz presumir que esta foi passada no *domicílio do sacador*.

Há, ainda, outro efeito importante do saque: a vinculação do sacador como *coobrigado pelo pagamento do título*. Ao emitir a letra determinando que o sacado pague-a ao tomador, o sacador assume os riscos do sacado não fazê-lo, de forma justificada ou injustificada. Em qualquer das situações, o tomador poderá cobrar a dívida do próprio sacador, afinal existe entre eles uma relação jurídica obrigacional preexistente à própria letra de câmbio.

Entretanto, deve o tomador buscar o pagamento primeiramente com o sacado. Ele é o *devedor principal* do título. O sacador, e outros personagens que poderão ingressar depois na relação cambial, são classificados como *coobrigados*, detentores do benefício de ordem no momento do pagamento. Podem ser chamados a honrar a obrigação apenas se o devedor principal e seu avalista, caso existente, não o fizerem no vencimento do título.

a) Aceite

Aceite *é o ato cambiário que vincula o sacado como devedor principal da letra de câmbio*. A partir deste momento, ele passa a ser denominado **aceitante**.

Para tanto, deve o aceitante apor sua assinatura no anverso do título. O aceite pode ser dado no verso da cártula, mas nesse caso o ato deve ser identificado (a assinatura do aceitante deve vir precedida da palavra "aceito" ou qualquer outra com o mesmo sentido). Diante do **princípio da literalidade**, o aceite deve ser dado no próprio título, não se reconhecendo o ato praticado por instrumento separado.

O aceite é *irretratável*, mas não obrigatório. O sacado não é obrigado a aceitar a letra, ainda que realmente tenha uma dívida com o sacador. Em caso de recusa do aceite, opera-se o *vencimento antecipado* do título, devendo este ser *protestado por falta de aceite* até o primeiro dia útil seguinte para que o tomador possa acionar o sacador. Note que o vencimento antecipado faz letra morta do prazo de pagamento eventualmente constante na cambial e o protesto é *indispensável* para que o tomador tenha direito de cobrar os coobrigados.

Situação equivalente ocorre nas hipóteses de **aceite limitativo** (*o aceitante aceita apenas parte do valor expresso na letra*) ou **aceite modificativo** (*o aceitante aceita o valor total, mas impõe modificações nas condições de pagamento, como o prazo de vencimento*), ambas espécies do gênero **aceite parcial**. Totalmente lícita, esta modalidade vincula o aceitante nos exatos termos de seu ato, mas também opera o vencimento antecipado *de toda a dívida* para os coobrigados. Afinal, se o aceite foi apenas parcial, é certo dizer que houve também uma recusa.

Para evitar que os efeitos da falta de aceite (como o vencimento antecipado) voltem contra si, pode o sacador inserir na letra de câmbio a cláusula "não aceitável". Com ela, o tomador não deve levar o título para aceite pelo sacado, mas, se o fizer, a recusa não implicará vencimento antecipado da obrigação cambial. É importante frisar que a cláusula "não aceitável" *não desonera o sacador como coobrigado*, tão somente permite que ele seja cobrado no prazo de vencimento inicialmente pactuado. É proibida a inclusão da cláusula nas letras que vencem a certo termo da vista, já que nestas o prazo de vencimento começa a correr justamente do aceite.

A LU permite, outrossim, o **aceite domiciliado**, no qual o aceitante, caso o local de pagamento seja seu próprio domicílio, ao aceitar a letra, *indica outro domicílio para o adimplemento da obrigação*. A decorrência prática disso é a alteração da competência para a cobrança judicial da dívida não paga, pois esta se estabelece na praça de pagamento indicada na cártula.

Em qualquer das modalidades, ou mesmo recusando-se a aceitar, o sacado não pode reter consigo a letra de câmbio, dado que o tomador dela necessita para promover o protesto por falta de aceite e a ação cambial contra os coobrigados (**princípio da cartularidade**).

A letra deve ser apresentada para aceite em certo prazo, a depender da modalidade do vencimento: para letras vencíveis a certo termo da data ou em data certa, o título deve ser levado ao sacado *até o prazo do vencimento*; nos casos de vencimento à vista ou a certo termo da vista, *em até um ano contado da data do saque*. Prazo diverso, contudo, pode ser estipulado pelo sacador. Em qualquer das situações, o desrespeito ao prazo de apresentação gera a perda do direito de cobrança em relação aos coobrigados.

Apresentada a letra, o sacado tem direito de exigir *que ela lhe seja reapresentada novamente em 24 horas*, dando a si mesmo tempo para ponderar sobre a conveniência de exarar ou não seu aceite. É o que a doutrina chama de **prazo de respiro**.

b) Endosso

É o ato cambiário destinado a transferir a titularidade do crédito e todos os direitos decorrentes do título para terceira pessoa. Obviamente, está presente apenas nos títulos nominais, pois aqueles ao portador transmitem-se com a simples tradição da cártula, e à ordem, já que a inserção da cláusula "não à ordem", como vimos, limita a transferência do crédito pela via cambiária.

O endosso serve à negociabilidade do título, fazendo com que o crédito circule de forma mais rápida e simples. Para o endosso, basta a assinatura do endossante no verso do título. O ato pode ser indicado no anverso, mas para tanto deverá ser identificado por meio de expressão clara de que se trata de um endosso.

Segue-se ao endosso a entrega da cártula ao endossatário. Nem poderia ser diferente, dado que este, atual credor do valor expresso no título, dela precisará para exigir o pagamento do devedor principal ou de outros coobrigados. É por esse motivo que *é proibido o* endosso parcial (ou limitado), aquele que transfere somente parte do crédito. Se fosse válido, seria exigido que tanto endossante quanto endossatário estivessem na posse do título para cada um exigir sua parte, possibilidade que não se vislumbra.

Também não vale o **endosso condicionado**. Qualquer condição que acompanhe o ato cambial é considerada não escrita.

Mister destacar que, mesmo transferindo o crédito e entregando o título ao endossatário, o endossante continua presente na cadeia de cobrança. Conclui-se, então, que o endosso tem *dois efeitos*: a *transferência do crédito* e todos os direitos relativos ao título e a *vinculação do endossante como coobrigado*. Se no vencimento não for paga a dívida pelo aceitante, o legítimo possuidor do título pode cobrá-lo de qualquer coobrigado, categoria que, sabemos agora, inclui, além do sacador, os endossantes.

O endosso pode ser realizado *até a data do protesto por falta de pagamento ou o escoamento de seu prazo*. Se realizado posteriormente, recebe o nome de **endosso póstumo (ou tardio)** e é considerado *cessão civil do crédito*, que é ato civil, e não endosso propriamente dito, que é ato cambial. Terá a mesma consequência o endosso exarado em título "não à ordem".

Destacamos abaixo as principais diferenças entre endosso e cessão civil:

Endosso	Cessão civil de crédito
Ato regulamentado pelo Direito Cambial	Ato regulamentado pelo Direito Civil
Unilateral	Bilateral
Somente permitido no próprio título	Pode ser feito em instrumento separado
Responde pela existência do crédito e vincula o endossante ao seu pagamento	Responde apenas pela existência do crédito, não se vinculando ao pagamento
Inoponibilidade das exceções pessoais	Pode o devedor opor ao cessionário as exceções pessoais que tinha contra o cedente

Pode, ainda, o endosso ser **em preto** ou **em branco**. **Endosso em preto** *é aquele que identifica o endossatário*; **endosso em branco**, em contrapartida, *é aquele que não o identifica*. O endossatário do endosso em preto pode endossar posteriormente o título por meio de endosso em branco. Quem recebe a cártula por endosso em branco *pode transformá-lo em endosso em preto*, inserindo seu nome após o ato. Note que o endosso em branco, por não identificar o endossatário, legitima qualquer pessoa a estar na posse do título, tornando-o *ao portador*. A simples tradição da cambial, por aquele que a recebeu por meio de endosso em branco, é perfeitamente apta a transferir o crédito (porque falamos de título ao portador) e *não vincula aquele que a entrega como coobrigado pelo pagamento*.

Em qualquer dos casos, o endossante pode inserir no endosso a cláusula "não à ordem", evitando, assim, a livre circulação do crédito. A razão disso reside na vontade do endossante de vincular-se apenas ao endossatário original, não desejando ser chamado a pagar a dívida para pessoa estranha.

É possível, outrossim, que o endossante *não deseje se vincular como coobrigado*. Este ato não desnatura o endosso, mas, por se tratar de exceção ao disposto na legislação, há de ser expresso por meio da **cláusula "sem garantia"**, devendo este termo constar do endosso.

Não há limite no número de endossos permitidos na mesma cártula, prevendo a LU que deve ser anexada uma folha em branco ao título para que as assinaturas sejam apostas na hipótese de não haver mais espaço no corpo deste documento.

Bastante comum na doutrina é a diferenciação entre **endosso próprio** e **endosso impróprio**. *Próprio é o endosso que opera os dois efeitos que lhe são naturais*: a transferência do crédito e todos os direitos relativos ao título e a vinculação do endossante como coobrigado. **Endosso impróprio** *é aquele que tem outro objetivo que não a transferência do crédito, garantindo ao possuidor da cártula apenas os demais direitos a ela relativos*.

Fala-se em **endosso-mandato (ou endosso-procuração)** quando *o título é endossado exclusivamente para que o endossatário cobre a dívida em nome do endossante, agindo como seu representante*, continuando o crédito de propriedade deste último. Por atuar o endossatário em nome do endossante, o devedor pode opor ao pagamento unicamente as exceções pessoais que detenha contra o endossante. Responderá o endossatário nesse caso, porém, se extrapolar os limites do mandato (STJ, Súmula 476).

Endosso-caução (ou endosso-pignoratício ou endosso-garantia) é espécie de endosso impróprio que *transfere a posse da cártula ao endossatário como garantia do pagamento de uma dívida pelo endossante*. Adimplida a obrigação, retorna para este o título para que execute a cobrança dos devedores da relação cambiária. Caso o endossante não cumpra sua obrigação, e somente neste momento, terá o endossatário que recebeu a cártula em garantia a plena titularidade dos direitos a ela relativos.

Em derradeiro, anote-se o conceito de **endosso de retorno**, que ocorre quando *o endossatário é pessoa já obrigada no título*, ou seja, um endossante anterior. Exemplo: A endossa o título a B, que por sua vez o endossa a C, que vem a endossá-lo para A. Este último ato é o endosso de retorno. Nesse exemplo, caso A venha a endossar o título para D, seu ato receberá o nome de **reendosso**, que pode ser definido como *o novo endosso realizado por aquele que já era endossante*. Em outras palavras, *é o endosso praticado por quem recebeu a cambial por meio de endosso de retorno*.

c) Aval

Aval *é o ato cambiário por meio do qual uma pessoa torna-se garantidora de outra na obrigação do pagamento*. Ao avalizar a obrigação, um terceiro, até então estranho ao título ou mesmo alguém já obrigado, garante o pagamento caso seu avalizado não o faça.

O instituto é bastante similar à fiança do Direito Civil. Por isso, da mesma forma que fizemos com o endosso e a cessão civil de crédito, estabelecemos as diferenças conceituais do aval e da fiança no quadro abaixo:

Aval	Fiança
Ato regulamentado pelo Direito Cambial	Ato regulamentado pelo Direito Civil
Somente permitido no próprio título	Pode ser feito em instrumento separado
Inoponibilidade das exceções pessoais	Pode o devedor opor ao fiador as exceções pessoais que tinha contra o afiançado
Não existe benefício de ordem	O fiador tem direito de ser cobrado apenas se o afiançado não pagar

Costuma-se dizer que o avalista é *devedor igual* ao avalizado, isto é, ele se obriga no título no mesmo *status* daquele que garante: se avaliza a obrigação do aceitante, será tratado também como *devedor principal*; se avaliza o sacador ou qualquer endossante, será equiparado a *coobrigado*. A principal implicância dessa regra é a necessidade (para os coobrigados) ou desnecessidade (para o devedor principal) do protesto para serem incluídos no polo passivo da cobrança da dívida.

O aval é dado pela simples assinatura do avalista no anverso do título. Pode ser feito no verso, desde que identificado o ato pela expressão "em aval" ou qualquer outra equivalente.

Regra importante decorre do **princípio da autonomia das relações cambiais** no que tange ao aval. Ele é considerado como uma relação autônoma diante daquela assumida pelo avalizado. Isso significa que, mesmo sendo declarada nula, por qualquer motivo, a obrigação do avalizado (é pessoa absolutamente incapaz, por exemplo), *subsiste a obrigação do avalista*. Segue-se o mesmo raciocínio em caso de falência do avalizado, caso seja pessoa jurídica.

Denomina-se **aval antecipado** aquele dado em prol do sacado antes que este aceite a letra. Igualmente em face da autonomia do aval já mencionada, o aceite do sacado *não é* requisito para a validade do aval. O avalista continua obrigado ao pagamento independentemente da postura do sacado.

Tal como o endosso, o aval pode ser **em preto** ou **em branco**, conforme identifique ou não o avalizado, respectivamente. O aval em branco considera-se dado em favor do *sacador*. Nos termos da Súmula 189 do STF: "Avais em branco e superpostos consideram-se simultâneos e não sucessivos". Isso significa que, se dois ou mais avalistas lançam sua assinatura na cambial sem indicar o avalizado, considera-se que são todos avalistas do sacador (**aval simultâneo**), e não avalistas de outros avalistas (**aval sucessivo**).

A LU permite o **aval parcial (ou limitado)**, quando *o avalista garante apenas parte da dívida*. Diante do **princípio da literalidade**, deve a parcela garantida constar expressamente no próprio título.

Reconhece-se, da mesma forma, o aval dado após o *vencimento* da dívida cambial como válido. *Não o será*, todavia, o aval exarado após o *protesto* do título.

Quanto à **outorga uxória ou marital** para a validade do aval, o STJ firmou posicionamento de que ela **não é necessária**, porque limita a circulação do crédito – aliás, a própria razão de ser dos títulos de crédito. Afastou, assim, a aplicação do art. 1.647, III, do CC para o aval (STJ, REsp 1.526.560, j. mar/2017).

d) Pagamento do título

Para tratarmos das variadas situações que podem ocorrer no momento do pagamento da cártula, considere o esquema abaixo como exemplo geral:

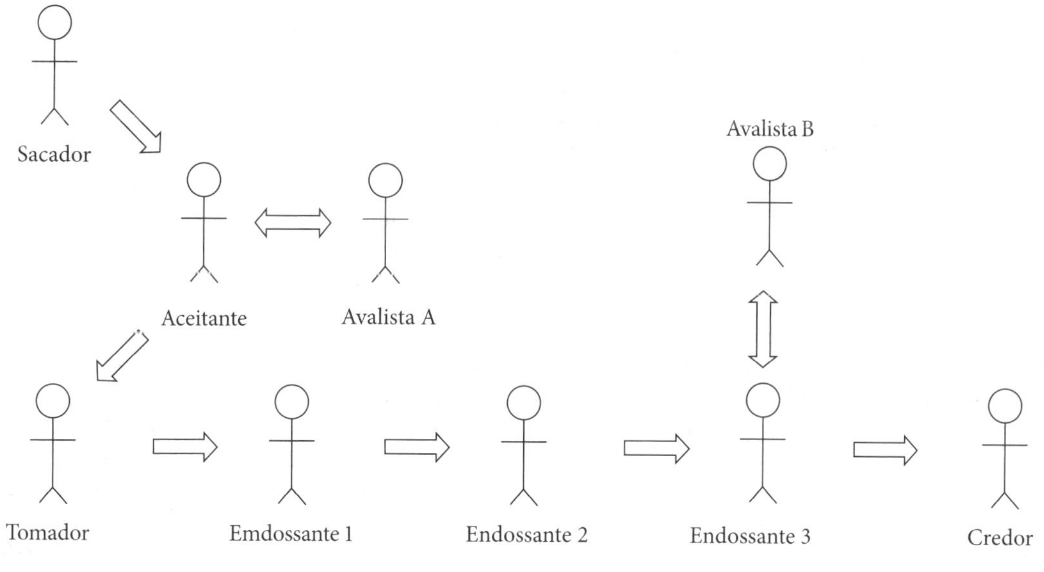

Chegada a data do vencimento, deve o credor do título levá-lo até o aceitante para pagamento, pois, como vimos, em regra o título de crédito representa **dívida quesível**, sendo o aceitante seu *devedor principal*.

Se o aceitante pagar o título, *estão extintas todas as relações jurídicas representadas pela cártula*, pois a obrigação foi cumprida pelo verdadeiro sujeito passivo. De outra banda, se o pagamento foi realizado pelo avalista do aceitante, as demais relações cambiais também se extinguem, *exceto aquela que vincula avalista e aceitante*. Com efeito, o avalista mantém seu **direito de regresso** contra o avalizado e pode buscar com este o ressarcimento pelo que pagou.

Agora, se é um dos coobrigados ou seu avalista que paga, *este ato desonera todos os coobrigados que lhe sejam posteriores na cadeia de circulação da cambial*, podendo buscar o ressarcimento com qualquer outro devedor anterior.

Exemplo: se o Endossante 3 paga o credor, ele pode ser ressarcido por qualquer um dos outros, pois todos são anteriores na cadeia. Se é o Endossante 1 quem paga, *ele não poderá cobrar o Endossante 2, nem o Endossante 3, nem o Avalista B, que são posteriores na cadeia*. Deverá voltar-se contra o Tomador, o Aceitante, o Avalista A ou mesmo o Sacador. Quando este (Sacador) é quem paga o título, como todos os demais são posteriores, resta-lhe cobrar o Aceitante e seu Avalista.

Quem realiza o pagamento tem o direito de ficar com a cártula (**princípio da cartularidade**), na qual deverá ser registrada a respectiva quitação (**princípio da literalidade**), a fim de evitar o endosso do título já pago a terceiro de boa-fé, que terá o direito de receber o valor nele representado (**princípio da autonomia das relações cambiais**).

É possível o pagamento parcial. Nesse caso, o credor mantém a posse do título, nele apondo o recibo relativo ao montante que recebeu.

Igualmente em decorrência do **princípio da literalidade**, o coobrigado que paga o título deve riscar deste seu endosso ou aval e todos que lhe sejam posteriores, mantendo íntegras apenas as relações cambiárias prévias.

e) Protesto

Havendo recusa de pagamento pelo aceitante ou seu avalista, deve o credor promover o **protesto por falta de pagamento** no Tabelionato de Protestos para que mantenha íntegro seu direito de acionar os *coobrigados e respectivos avalistas*. **Protesto** pode ser definido como *o ato extrajudicial e solene que constitui o devedor em mora no cumprimento de sua obrigação*.

Há divergência sobre o prazo para que o protesto seja realizado: a LU impõe o prazo de dois dias úteis após o vencimento, porém o Brasil assinalou uma reserva à entrada em vigor deste artigo, razão pela qual alguns autores sustentam que se aplica o art. 28 do Decreto 2.044/1908, o qual determina que o protesto seja realizado no dia útil seguinte ao vencimento. À míngua de decisões judiciais sobre o tema, a maioria da doutrina defende a aplicação do Decreto, não só pela questão da reserva, como também por se tratar de um prazo decadencial que, se não observado, extinguirá o direito de crédito contra os coobrigados no título. Por sua importância, é salutar cumprir o prazo mais exíguo, de um dia útil, imposto pelo Decreto 2.044/1908.

Escoado o prazo sem que tenha sido realizado o protesto, repise-se, perde o credor o direito de cobrar a dívida cambial de *todos* os coobrigados e seus avalistas, mantendo-se apenas o aceitante e seu garantidor. É por esse motivo que dizemos que o protesto é *necessário* em relação aos coobrigados e *facultativo* quanto ao aceitante.

Encontra-se exceção a essa regra se o título for sacado com a **cláusula "sem despesas"**, ou termo equivalente, que *exclui a obrigatoriedade do protesto para cobrança dos coobrigados e avalistas, desde que tenha sido incluída pelo sacador*. A rigor, qualquer endossante pode incluir a cláusula, mas nesse caso *estará liberando o credor do protesto apenas em relação a si mesmo*.

O **cancelamento** do protesto pode ser realizado após o pagamento do título, mediante sua apresentação ao Tabelião pelo devedor, considerando que a posse da cambial pelo devedor faz presumir a quitação. Sendo impossível a apresentação da cártula original, o devedor pode provar o pagamento mediante declaração escrita do credor que o recebeu (com firma reconhecida).

Pedidos de cancelamento do protesto fundados em outros argumentos que não o pagamento não podem ser atendidos diretamente pelo Tabelião. Mostra-se inafastável, nessas hipóteses, a determinação judicial obtida em ação própria, comumente conhecida como *sustação de protesto*. A causa de pedir mais comum é o dano moral decorrente do protesto indevido do título (porque, por exemplo, ainda não chegou seu vencimento) diante da inevitável restrição ao crédito na praça ao empresário que sucederá ao ato do Tabelião. Nessa hipótese, responderá pelos danos decorrentes do protesto indevido relacionado com a existência de vícios formais no título também o endossatário que o promover, ressalvado direito de regresso contra os endossantes e avalistas (STJ, Súmula 475).

Não se esqueça de que, ao lado do protesto por falta de pagamento, é cabível também o *protesto por falta de aceite*, comentado supra, quando o sacado se recusa a aceitar a ordem emitida pelo sacador. Para que o tomador possa voltar-se contra este, consubstanciando o vencimento antecipado da dívida, o protesto por falta de aceite é *obrigatório*.

3.8.2. Nota promissória

Diferentemente da letra de câmbio, a nota promissória é uma **promessa de pagamento**, e não uma ordem. Disso decorre que *o próprio sacador é o devedor da quantia representada pelo título*:

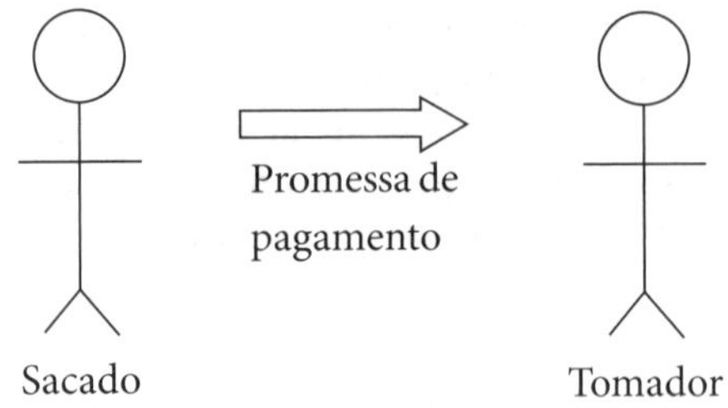

A estrutura da nota promissória como uma promessa de pagamento cria, portanto, *apenas uma relação jurídica*: aquele que saca a nota promissória (sacador) compromete-se a pagar certa quantia ao beneficiário da cártula (tomador) no vencimento nela expresso.

Ante a ausência da figura do sacado, *não há que se falar em aceite*, pois não existe qualquer ordem para outrem pagar a quantia. Com o saque, o emitente automaticamente se vincula ao pagamento como *devedor principal do título*. Seria absurdo exigir que o tomador, em determinado prazo, oferecesse o documento para aceite pela própria pessoa que o emitiu e, já com esse ato, prometeu pagar a quantia.

Para que se caracterize como título de crédito, a nota promissória deve apresentar os seguintes requisitos: o *termo "nota promissória"* no corpo do texto e na mesma língua deste; a *promessa pura e simples* (incondicionada) de pagar quantia determinada; *lugar do pagamento*, cuja ausência impõe que ele seja feito no *local da emissão*; *nome do beneficiário*, sendo proibida a emissão de nota promissória ao portador; *local e data da emissão*, sendo que a ausência da data *desnatura* o documento como título de crédito, já que é informação fundamental para verificar a capacidade das partes e a prescrição, ao passo que na ausência do local será considerado o *domicílio do subscritor*; a *assinatura do emitente*; e a *época do pagamento*, ou seja, o prazo de vencimento.

Quanto ao vencimento da nota promissória, não podemos nos furtar a colacionar robusta divergência doutrinária que cerca o tema. Ninguém discute a possibilidade de a nota ser sacada com vencimento em data certa, a certo termo da data ou à vista. Coloca-se o embate entre os doutrinadores, contudo, sobre a possibilidade de saque de nota promissória *a certo termo da vista*. Rubens Requião e Victor Eduardo Rios Gonçalves, entre outros, negam a cláusula, argumentando que ela pressupõe a existência do aceite. Se este não se exige na nota promissória, inviável o vencimento a certo termo da vista.

Fábio Ulhôa Coelho e Fran Martins, acompanhados de outros renomados doutrinadores, admitem o vencimento a certo termo da vista na nota promissória escorados no art. 78 da LU, o qual, realmente, expõe as regras a serem seguidas nessa hipótese.

Na nota sacada a certo termo da vista, tem o tomador a obrigação de levá-la ao sacador no prazo de um ano contado da emissão para que o título seja **visado**, apondo-se a data deste ato, *que em nenhum momento se confunde com o aceite*. Não tem natureza de obrigação cambial. Sua função é exclusivamente demarcar o termo inicial do vencimento a certo termo da vista.

Dispõe, ainda, a LU que o visto do sacador sem que seja datado cria a possibilidade de o título ser **protestado** pela falta dessa informação. Nesse caso, reputa-se a data do protesto como início do lapso temporal indicado na cártula para o vencimento.

a) Aceite

Repise-se, não há aceite na nota promissória.

b) Endosso, aval e pagamento do título

Seguem-se as mesmas regras indicadas para a letra de câmbio.

c) Protesto

Igualmente, devem ser aplicadas as determinações da letra de câmbio, isto é, o protesto é *facultativo* para o devedor principal e seu avalista e *obrigatório* para a cobrança de qualquer coobrigado ou respectivo avalista. Cabe, unicamente, um cuidado: na nota promissória, o *sacador é devedor principal*, e não coobrigado como na letra de câmbio, de forma que, contra ele, o *protesto é facultativo*.

d) Nota promissória vinculada e o STJ

É possível, e cada vez mais comum, a emissão de notas promissórias como *garantias* vinculadas a determinado contrato. Seja em parcelas ou quota única, com o pagamento pelo devedor a nota é entregue a este acompanhada do respectivo recibo de quitação. Por outro lado, se configurado o inadimplemento, os títulos são executados no Poder Judiciário.

Essa hipótese, é bom que se diga, *não altera* a classificação da nota promissória como **título de crédito não causal** (item 3.4.4). O contrato celebrado entre as partes não é *a causa determinante* do saque da cártula, como se exige para os títulos causais. As partes somente concordam que as notas promissórias sigam anexas ao pacto, vinculadas a este no tanto em que representam a dívida assumida. Não perdem sua autonomia como títulos de crédito, *sendo plenamente negociáveis*.

Entretanto, não é assim que o STJ enxerga a questão. Para o Colendo Tribunal Superior, há que se distinguir o contrato ao qual se vincula a nota promissória para saber se esta mantém sua autonomia ou não.

Neste estudo, segue-se uma regra bastante simples: se o contrato que deu origem às promissórias *possuir a força de título executivo extrajudicial*, elas mantêm sua autonomia, podendo ser livremente negociadas no mercado, subsistindo todas as regras até aqui estudadas. Na outra mão, caso o contrato de origem *não seja título executivo extrajudicial*, as cártulas perdem a autonomia, ficando eternamente vinculadas ao acordo. Entende o STJ que as notas foram emitidas justamente para entregar ao contrato a força da executividade, a qual obviamente se perderia caso a nota promissória fosse endossada e, assim, acabasse por anular um dos itens do acordo de vontades. Veja a Súmula 258 do STJ: "A nota promissória vinculada a contrato de abertura de crédito não goza de autonomia em razão da iliquidez do título que a originou".

A vinculação entre nota promissória e contrato é tamanha que o mesmo tribunal aceita que este complete requisito essencial à validade daquela, já tendo decidido que a falta de data na promissória não a descaracteriza se a data pode ser apurada pela assinatura do contrato (STJ, REsp 968320/MG, *DJ* 19.08.2010).

3.8.3. Cheque

Regulado pela Lei 7.357/1985, cheque *é o título de crédito que representa ordem de pagamento à vista do sacador contra banco ou instituição financeira*. Como ordem de pagamento, estabelece relação jurídica cambiária entre três pessoas, mas aqui temos uma característica peculiar quanto ao sacado: trata-se de instituição financeira regularmente inscrita no Banco Central.

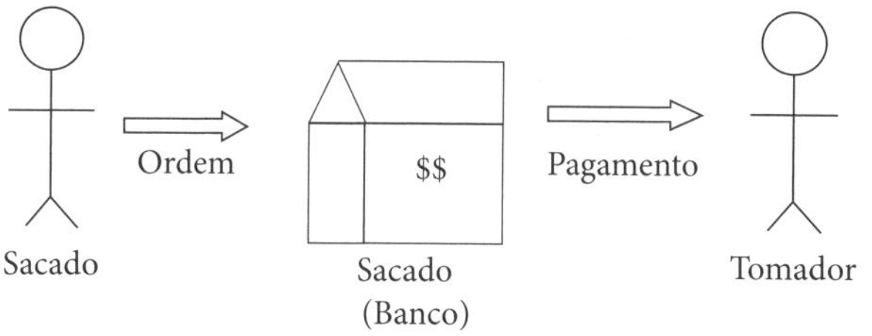

Disso decorre, ao contrário da letra de câmbio, que o sacado só pode ser pessoa jurídica e deve existir um relacionamento anterior entre este e o sacador. Enquanto nos demais títulos de crédito não se pressupõe que os credores e devedores cambiários tenham antes se obrigado mutuamente por qualquer motivo, para a emissão de um cheque é *imprescindível* que o sacador seja correntista do banco sacado, ou seja, que já exista um contrato que vincula a ambos antes mesmo da emissão da cártula.

Outra característica diferenciadora do cheque, a qual não deixa de ser uma decorrência lógica da regra anterior, é o fato do banco sacado *não arcar* com o pagamento do título. O dinheiro entregue pela instituição financeira ao tomador no momento em que este apresenta o cheque para pagamento *pertence ao sacador do título*, que anteriormente o depositou no banco para sua segurança pessoal. A ordem não é dada, a rigor, para que o sacado quite a dívida, mas sim para que o banco retire da conta-corrente do sacador o dinheiro suficiente para pagar o título.

Não obstante, é totalmente possível que sacador e tomador sejam a mesma pessoa. É a hipótese de o correntista sacar um cheque em seu próprio favor para depositá-lo em outra instituição financeira onde também possui aplicações.

Além disso, é salutar recordar que o cheque é título **não causal**, podendo ser emitido em qualquer hipótese e com completa autonomia sobre a relação jurídica obrigacional que o embasa, e **de forma vinculada**, devendo sua impressão seguir as diretrizes colocadas na Resolução 885/1983 do Banco Central. É por isso que todos os cheques que conhecemos, não importa de qual banco ele seja, têm todos o mesmo tamanho, formato e informações impressas. Diferentemente da letra de câmbio e da nota promissória, que podem ser emitidas em qualquer papel, digitadas ou manuscritas, desde que contenham os requisitos essenciais estudados, só vale como cheque o documento com as características materiais e formais elencadas pelo Banco Central.

São requisitos específicos do cheque: a palavra *cheque* no corpo do texto e escrita na mesma língua deste; a *ordem incondicional* de pagar quantia em dinheiro; o *nome do banco ou da instituição financeira* a quem a ordem é dirigida (sacado); o *local de pagamento*, sendo considerado, na falta, o lugar do estabelecimento do banco sacado e, também não constando este, no lugar da emissão; o *local da emissão*, sendo considerado aquele escrito junto ao nome do emitente, se houver; a *data da emissão*, podendo ser preenchida pelo credor até a apresentação do título; e a *assinatura* do sacador.

O valor a pagar representado pelo cheque deve ser escrito em algarismos e por extenso, conforme o modelo aprovado pelo Banco Central. Caso exista qualquer divergência entre os valores numérico e por extenso, prevalece este último. Se forem escritos valores diferentes mais de uma vez (seja numericamente, seja por extenso), prevalece o menor.

Conceitualmente, o cheque se paga *à vista*, ou seja, seu vencimento se dá no momento da apresentação ao banco sacado. Considera-se *não escrita* qualquer cláusula que imponha prazo diferente de pagamento (art. 32 da Lei 7.357/1985), sendo, portanto, *totalmente ineficaz* (veja item **e5** abaixo).

a) Aceite

O cheque *não admite aceite*, porque o banco, ainda que ocupe a posição de sacado, *não tem obrigação cambial*.

Como vimos, o dinheiro utilizado para pagamento da cártula pertence ao sacador, cabendo ao sacado unicamente a custódia do numerário e sua entrega ao legítimo portador do título. Dessa forma, ele *não* se responsabiliza pelo seu pagamento, devendo, em caso de falta de provisão de fundos, o tomador cobrar o valor devido do emitente do cheque.

Não podemos confundir a espécie denominada **cheque visado** (item **e1**, abaixo) com aceite, dado que naquela hipótese o banco *também* não assume qualquer obrigação cambial, conforme se verá.

b) Endosso

Atualmente, o cheque é o único título de crédito que se permite que seja emitido **ao portador**, desde que seu valor não ultrapasse R$ 100,00. Na prática, todavia, este limite não é observado diante da possibilidade do legítimo possuidor preencher de boa-fé os requisitos faltantes na cártula, o que acaba permitindo que o cheque, qualquer que seja o valor, circule livremente ("ao portador") e a pessoa que desejar resgatá-lo no banco complete-o com seu nome no instante do depósito.

Sendo nominal, o cheque circula por endosso, que deverá ser *incondicional*, em preto ou em branco. O modelo de cheque em circulação no País tem incluída por padrão a cláusula "à ordem", a fim de consagrar a facilidade de circulação que é ínsita aos títulos de crédito. Nada obsta, contudo, que o sacador risque o texto da cláusula, transformando o cheque em nominal "não à ordem" e, assim, restringindo a possibilidade de endossos. No mais, aplicam-se todas as regras estudadas para a letra de câmbio.

c) Aval

Ao cheque serão aplicadas as regras já estudadas sobre o aval para a letra de câmbio, anotando que o aval em branco *presume-se dado ao sacador* e que o *banco sacado é proibido de ingressar na relação cambiária como avalista de quem quer que seja*.

d) Pagamento do título

Sendo ordem de pagamento à vista, o cheque vence no momento de sua apresentação para pagamento no banco sacado, que pode pagá-lo em dinheiro para o apresentante ou, a pedido deste, creditá-lo na respectiva conta bancária que possua.

Não se permite, por outro lado, que o credor retenha o título pelo tempo que desejar antes de apresentá-lo. Confere-lhe a lei prazo para tanto: 30 dias para cheques de mesma praça e 60 dias para cheques de praças diferentes. A *praça* em questão é a de *emissão* do cheque quando comparada com a do *estabelecimento* do banco sacado. Assim, se consta no cheque como local de emissão o *mesmo município* da agência bancária onde o sacador mantém suas economias, o prazo de apresentação é de 30 dias. Se forem municípios diferentes, 60 dias.

O transcurso do prazo sem apresentação da cártula impõe a perda do direito de cobrança de eventuais coobrigados e seus avalistas e o endosso feito depois disso terá efeito de mera cessão civil de crédito (**endosso póstumo**). Outrossim, o tomador também não poderá responsabilizar o sacador caso não existam mais fundos na conta por circunstância alheia à vontade deste (ex.: falência do banco responsável pela conta corrente, confisco das reservas pelo Governo). Perceba que não é a simples falta de fundos, por dolo ou mero descontrole nas contas pessoais, que exclui a responsabilidade do sacador e seus avalistas. Nesses casos, continua o beneficiário habilitado a manejar a competente ação de execução contra os devedores da cártula até que se dê a prescrição desta (STF, Súmula 600).

Se, muito embora findo o prazo, houver fundos disponíveis na conta do correntista, o banco pagará o cheque. Diga-se que, para haver recusa de pagamento, deve o sacado fundar-se em *motivo justo*, tais como: falta de provisão de fundos, ausência de requisito essencial, incongruência da assinatura, contraordem ou sustação etc.

e) Espécies de cheque

A Lei 7.357/1985 e os costumes empresariais aceitam uma variedade de tipos de cheque, cada um com uma certa função:

e1) Cheque visado

O emitente do *cheque nominal* ou qualquer pessoa que legitimamente o possua, *desde que ainda não tenha recebido qualquer endosso*, pode requerer da instituição financeira sacada que esta *verifique a existência de fundos* na conta do sacador e, havendo-os suficientes, *reserve o valor da cártula para pagamento quando da apresentação*. Para formalizar o ato, o banco lança no título um visto, assinatura ou qualquer outra forma de declaração juntamente com a data no verso da cártula. A este título damos o nome de **cheque visado**.

Como antes mencionado, não se pode confundir o visto lançado pelo banco com o ato cambiário do aceite. O visto não gera qualquer obrigação cambial e, por isso, não torna o banco devedor do pagamento da dívida. Sua obrigação é unicamente de bloquear o valor na conta para entregá-lo ao credor no momento do pagamento.

Entretanto, caso o banco vise o cheque, mas não reserve o numerário, se não houver mais fundos suficientes quando o tomador apresentar o cheque para pagamento, o *banco deve pagar*, mantendo seu direito de regresso contra o correntista. Isso *não* faz do sacado um garantidor do pagamento. Aplica-se a ele, no caso, uma sanção pelo descumprimento de sua obrigação legal.

A reserva fica garantida durante o prazo de apresentação do cheque. Vencido este sem qualquer notícia do credor requerendo o pagamento, o banco libera a quantia bloqueada para uso do sacador.

e2) Cheque administrativo

Espécie de cheque *no qual sacador e sacado são a mesma pessoa, ou seja, uma instituição financeira*. Deve ser, obrigatoriamente, *nominal*.

O cheque administrativo é aquele emitido pelo banco contra si mesmo, obrigando-se a pagar por ele quando apresentado pelo legítimo possuidor. Sua vantagem está na certeza de liquidez, pois seu pagamento advém das reservas financeiras do próprio banco.

e3) Cheque para ser creditado em conta

Trata-se de *cláusula inserida no cheque pelo sacador que visa a proibir seu pagamento em dinheiro pelo banco sacado, podendo exclusivamente ter seu valor creditado na conta corrente do beneficiário*.

Para sua caracterização, basta que o emitente escreva a expressão "para ser creditado em conta", ou qualquer outra equivalente, no anverso do cheque, no sentido transversal. Com isso, o credor não poderá receber o pagamento pelo cheque em dinheiro no caixa, devendo obrigatoriamente depositá-lo em sua conta.

A ideia é garantir maior segurança ao sacador, que poderá sempre buscar a identificação da pessoa para quem foi pago o título.

e4) Cheque cruzado

Tem exatamente a mesma função do cheque para ser creditado em conta, qual seja, *a proibição do pagamento direto, em dinheiro, ao apresentante, forçando sua liquidação por meio de depósito bancário* para posterior identificação do beneficiário caso necessário.

O cheque cruzado se caracteriza pela aposição de duas linhas transversais paralelas no anverso do cheque. O cruzamento pode ser **em preto (ou especial)**, caso o emitente ou qualquer outro possuidor legítimo identifique, entre as linhas transversais, o nome do banco onde o cheque deve ser apresentado, ou **em branco (ou geral)**, quando não constam tais informações, podendo o cheque ser apresentado para pagamento em qualquer instituição financeira.

e5) Cheque pré-datado (ou pós-datado)

Talvez esta seja a modalidade de cheque mais comum no mercado, mas é fato que ela *não encontra respaldo na legislação*. Define-se como um costume empresarial, no qual *o emitente inclui no cheque cláusula que garante a existência de fundos em data futura, aceitando o tomador apresentá-lo apenas quando da chegada da data combinada*. Caracteriza-se com a expressão "bom para" ou qualquer outra equivalente no anverso da cártula.

A Lei 7.357/1985 opõe-se literalmente à existência do cheque pré-datado, pois conceitua o cheque como *ordem de pagamento à vista* e reputa *não escrita qualquer menção em contrário* (art. 32). Isso significa que a pessoa que saca um cheque nessas condições fecha um "acordo de cavalheiros" com o tomador, acreditando que este não apresentará o cheque antes da data marcada. Porém, se o fizer, o banco ignora a cláusula (pois se considera como não escrita) e paga o valor se houver fundos.

Não se pode negar, de outra sorte, a força do costume no nosso ordenamento jurídico. Tanto é que o STJ editou a Súmula 370, que reconhece no cheque pré-datado uma fonte de direitos e obrigações: "Caracteriza dano moral a apresentação antecipada de cheque pré-datado".

3.8.4. Duplicata

Título de crédito criado no Brasil pela Lei 5.474/1968, a duplicata é conceituada como *ordem de pagamento emitida pelo empresário em decorrência de contrato de compra e venda de mercadoria com pagamento a prazo superior a 30 dias ou prestação de serviços*.

Do conceito podemos extrair que a duplicata é **ordem de pagamento**, que cria a estrutura de duas relações jurídicas já conhecida. Devemos destacar as peculiaridades da duplicata: o sacador do título é o *credor da dívida*, o comerciante ou prestador de serviços, e o sacado aquele que deve pagar a obrigação a prazo. Isso ocorre porque *sacador e tomador são a mesma pessoa*, ou seja, o comerciante emite a duplicata determinando que o sacado, seu cliente, pague-lhe a quantia devida no prazo combinado:

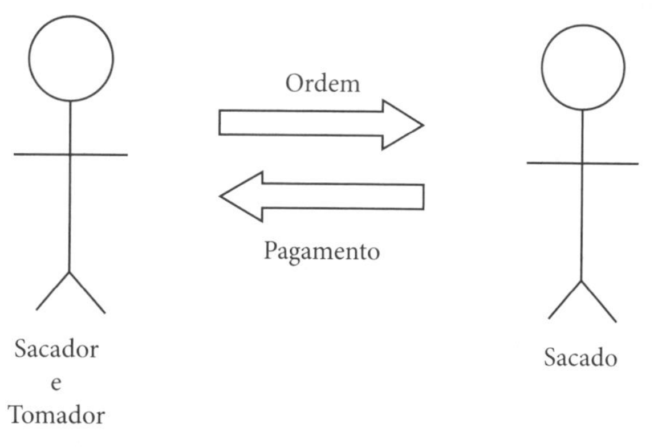

Além disso, a duplicata é **título causal**, de forma que só pode ser emitida em face de uma compra e venda de mercadoria na qual se pactue o pagamento com prazo superior a trinta dias ou prestação de serviços. É emitida pelo próprio empresário em seu favor para que ele tenha a possibilidade de negociar mais facilmente esse crédito a ser satisfeito no futuro para obter capital de giro, por exemplo.

Finalizada a compra e venda, o vendedor deve emitir uma **fatura**, documento empresarial que relaciona as mercadorias negociadas individualizadas em quantidade, natureza e preço. Com base nessa fatura, ele sacará a duplicata, ordenando o pagamento ao sacado, que não é ninguém menos que o comprador.

Trata-se, ainda, de **título de forma vinculada**, sendo seu formato e conteúdo regidos pela própria Lei 5.474/1968, que elenca seus requisitos específicos: a denominação *duplicata*; *data de emissão*; *número de ordem*; *número da fatura da qual a duplicata foi extraída*; *vencimento*, que só pode ser em data certa ou à vista; *nome e domicílio do vendedor e do comprador*; *valor a pagar*, em algarismos e por extenso; *local do pagamento*; *cláusula "à ordem"*, sendo proibida a *emissão* de duplicata "não à ordem" (a cláusula pode ser aposta posteriormente por endossante); *a declaração pelo comprador do reconhecimento da dívida*, a ser assinada quando do aceite; *a assinatura do sacador*, que é o vendedor da mercadoria.

Obviamente, o vendedor ou prestador de serviços não é obrigado a emitir duplicatas para toda venda ou prestação de serviços a prazo que realizar. Porém, ela é o único título de crédito que pode ser emitido vinculado a uma fatura. Optando o empresário pela emissão da duplicata, ele deverá manter, como **livro empresarial obrigatório**, o Livro de Registro de Duplicatas.

a) Aceite

Outra característica intrínseca e exclusiva da duplicata é o fato do aceite ser *obrigatório* pelo sacado. Com efeito, por representar uma obrigação nascida em um contrato de compra e venda ou prestação de serviços, é natural que o adquirente (agora sacado) seja compelido a pagar o que combinou por força do contrato. A emissão da cártula é uma liberalidade do fornecedor para que ele possa negociar esse crédito no mercado, de forma que sua existência vincula o sacado.

Sendo assim, deve o sacador encaminhar a duplicata para aceite no prazo máximo de 30 dias contados da emissão. Se o vencimento for à vista, o aceitante deve devolvê-la com seu aceite e acompanhada do pagamento. Caso contrário, tem o prazo de 10 dias para remetê-la de volta ao sacador após a prática do ato cambiário (aceite).

O sacado é obrigado a devolver a duplicata. Todavia, por ser título de aceite obrigatório, ainda que ele não a remeta de volta ao sacador, considerar-se-á realizado o aceite e vinculado o sacado como *devedor principal*. Diante dessas possibilidades, temos três tipos de aceite da duplicata:

a1) **aceite ordinário**: quando sacado apõe seu aceite na cártula e devolve-a ao sacador;

a2) **aceite por comunicação**: quando o sacado *não devolve a duplicata*, mas *comunica* o sacador de seu aceite;

a3) **aceite por presunção**: com ou sem devolução do título, reputa-se aceito com o *recebimento* das mercadorias ou serviços pelo adquirente.

Se o sacado não devolver nem comunicar ao sacador seu aceite, poderá este promover o **protesto por falta de aceite ou por falta de devolução do título.** A ausência destes atos, contudo, não retira o direito ao **protesto por falta de pagamento**, se o caso. De toda forma, o protesto será obrigatório para o exercício do direito de crédito contra os coobrigados.

A recusa ao aceite somente será legítima e aceita nos casos de *avaria* ou *não recebimento* das mercadorias ou serviços; *vícios*, defeitos e diferenças na quantidade ou na qualidade do produto ou serviço; e *divergência* nos prazos e preços ajustados. Nessas hipóteses, o sacado devolve a duplicata sem aceite juntamente com as razões escritas de sua recusa.

b) Endosso e aval

Para o endosso e para o aval, aplicam-se as regras já estudadas para a letra de câmbio, anotando-se apenas que *o aval em branco presume-se dado à pessoa de cuja assinatura o avalista lançar a sua logo abaixo.* Se incabível a aplicação da regra, *considera-se avalizado o sacado.*

c) Pagamento do título

Não há novidades diante de tudo que já foi estudado para os demais títulos. Devedor principal é o aceitante e seus avalistas, coobrigados são os endossantes e seus avalistas, contra os quais o protesto do título, seja por falta de aceite, de devolução ou de pagamento, é obrigatório.

Mas, e se o sacado não devolve a duplicata? Como fica o protesto (e a futura execução) diante do princípio da cartularidade?

A Lei 5.474/1968 determina que o protesto seja realizado, em caso de **aceite por comunicação**, por meio da carta que indica o aceite. Se **aceite por presunção**, tira-se o protesto de acordo com o *comprovante de recebimento das mercadorias.* Faltando qualquer destes documentos, ocorre o chamado **protesto por indicação**, hipótese na qual o sacador enuncia ao Tabelião as características da duplicata emitida e não aceita ou devolvida, servindo a certidão de protesto inclusive como título executivo extrajudicial.

d) Triplicata

Ocorrendo a perda ou extravio da duplicata original, o art. 23 da Lei 5.474/1968 permite a emissão de uma segunda via (ou cópia), que recebe o nome de **triplicata** e *detém os mesmos efeitos do documento original.*

O costume empresarial aceita a emissão de triplicata em caso de *ausência de devolução do título* ao sacador, que a envia, então, a protesto. Aliás, costuma-se emitir a triplicata sempre que o comprador retém a duplicata. Perceba-se que não se trata de hipótese de perda ou extravio, *faltando-lhe embasamento legal*, porém não há porque negar-se validade ao costume se não há prejuízo para as partes interessadas.

e) Protesto

O art. 13, § 4º, da Lei nº 5.474/1968 estabelece prazo diferente para levar a duplicata a protesto: 30 dias, em vez do dia útil seguinte conforme estudamos para a letra de câmbio, a nota promissória e o cheque.

3.9. Ação cambial

A grande vantagem do credor com a emissão de um **título de crédito é o fato dele se constituir como um título executivo extrajudicial** (art. 784, I, do CPC), prescindindo, portanto, sua cobrança judicial de prévia ação de conhecimento. *A ação de execução de título de crédito, pelo seu não pagamento no prazo, denomina-se* **ação cambial**.

Sujeito ativo da ação cambial é o *legítimo possuidor do título*, que presumivelmente detém o crédito nele representado. **Sujeito passivo** é o *devedor principal* do título, bem como qualquer *coobrigado*, desde que o credor *tenha promovido o protesto no prazo legal.* Isso porque a obrigação cambial é **solidária**, podendo ser cobrada integralmente de qualquer das pessoas constantes do título. Aquele que pagar, naturalmente, terá direito de regresso contra o devedor principal ou outro coobrigado que lhe seja anterior na cadeia de circulação da cártula, como já vimos.

É competente o *foro do local do pagamento indicado no título.* Na sua falta, deve ser observada a regra supletiva para cada título, analisada individualmente quando do estudo de cada um deles.

A apresentação da cártula original, completa em seus requisitos e sem rasuras, *é documento essencial à propositura da ação cambial*, devendo a inicial ser rejeitada na sua falta. Admite-se, excepcionalmente, a execução sem a juntada do título caso este esteja servindo de prova em outro processo, situação na qual o documento será substituído por certidão do cartório onde corre aquele processo atestando que o título original realmente encontra-se acostado àqueles autos.

É importante frisar que hipótese semelhante pode ocorrer com a ação cambial para cobrança de duplicata, dado o costume do devedor de não a devolver ao sacador após o aceite. Isso ocorrendo, servirá como título executivo a própria certidão do protesto por falta de aceite ou de devolução do título. Em caso de aceite por presunção, valerá o comprovante de entrega da mercadoria devidamente assinado pelo aceitante.

Promovida a ação cambial, o executado defende-se por meio dos **embargos à execução**. Terá, porém, limitada a matéria de defesa a *defeitos formais do título, exceções pessoais contra o exequente, falsidade da assinatura* ou *ausência de requisito essencial para propositura da ação.* Note que a natureza executiva da ação cambial não autoriza a produção de provas ou o questionamento do direito de crédito. O ônus da prova será sempre do executado.

3.10. Prescrição

Vencido o título, nasce para o titular do crédito a pretensão de executá-lo via ação cambial, que se extingue com a prescrição, no prazo estabelecido pela LU ou nas leis específicas.

Para a letra de câmbio e a nota promissória, aplicam-se os seguintes prazos: *03 anos*, para a cobrança contra o devedor principal ou seus avalistas; *01 ano*, para a cobrança contra qualquer dos coobrigados; *06 meses*, quando se tratar de direito de regresso do coobrigado que pagou, querendo voltar-se contra *outro coobrigado*. A execução contra o devedor principal seguirá sempre o prazo mais largo de 03 anos.

À duplicata aplicam-se os mesmos prazos, *com exceção do direito de regresso dos coobrigados uns contra os outros, que será de 01 ano*.

No que tange ao cheque, os prazos são mais curtos: *serão sempre de 06 meses, seja contra o sacador, endossantes ou no direito de regresso de um coobrigado contra outro*.

Os títulos de crédito atípicos, regulamentados pelo CC, prescrevem no prazo de três anos, em qualquer hipótese, conforme previsto no art. 206, § 3º, VIII, do mesmo diploma legal.

O termo inicial do prazo prescricional também varia de acordo com a situação: contra o devedor principal, conta-se *do vencimento do título*; contra os coobrigados, a partir *do protesto*; no caso da ação de regresso, o prazo inicia na *data do pagamento*. Especificamente em relação ao cheque, vale a pena conhecer o Enunciado 40 da I Jornada de Direito Comercial do Conselho da Justiça Federal: "O prazo prescricional de 6 (seis) meses para o exercício da pretensão à execução do cheque pelo respectivo portador é contado do encerramento do prazo de apresentação, tenha ou não sido apresentado ao sacado dentro do referido prazo. No caso de cheque pós-datado apresentado antes da data de emissão ao sacado ou da data pactuada com o emitente, o termo inicial é contado da data da primeira apresentação."

Prescrita a ação cambial, ainda será cabível a propositura de ação de conhecimento com base no locupletamento sem causa do devedor principal do título, prevista no Decreto 2.044/1908, para a letra de câmbio, nota promissória e duplicata, e na Lei 7.357/1965, para o cheque (Enunciado 463 JDC/CJF).

Não obstante, exsurge como opção para o portador de título prescrito a **ação monitória**. Afinal, a cártula não deixa de ser um documento escrito. A prescrição desnatura sua eficácia executiva, mas ele continua a representar uma obrigação contraída pelas partes de pagar determinada soma em dinheiro. É, inclusive, entendimento sumulado do STJ, estampado no Verbete 299: "É admissível ação monitória fundada em cheque prescrito".

3.11. Títulos de crédito impróprios

Resumidamente, após verificarmos todas as características e nuances dos títulos de crédito típicos, podemos apontar como seus elementos identificadores *a aplicação dos princípios da cartularidade, da literalidade e da autonomia, sua negociabilidade pelo endosso e sua eficácia como título executivo extrajudicial*.

Existem documentos, no entanto, que muito se aproximam da categoria dos títulos de crédito, porque apresentam algumas, *mas não todas*, dessas características. Por lhes faltar exequibilidade, ou não se lhes aplicar este ou aquele princípio, não são títulos de crédito propriamente ditos. Porém, como circulam facilmente (muitas vezes com a simples tradição) e sua apresentação impõe ao devedor a satisfação do direito neles contido, são chamados de **títulos de crédito impróprios**.

Em outras palavras, *são aqueles documentos que legitimam o seu portador a exigir determinada quantia de outrem, sem, contudo, revestir-se de todos os requisitos necessários para sua classificação como título de crédito*.

A doutrina classifica os títulos de crédito impróprios em quatro categorias, a saber: **títulos de legitimação**, que são aqueles cuja simples posse autoriza o exercício do crédito, sem serem reconhecidos como títulos executivos (ex.: ingressos de cinema, bilhetes premiados de loteria); **títulos representativos**, que representam a custódia de bens pelo terceiro não proprietário e autorizam a negociação dela pelo dono sem prejuízo da custódia, ou seja, sem implicar o deslocamento da mercadoria (ex.: *warrant*, emitido por armazéns-gerais; conhecimento de transporte, emitido pelas transportadoras); **títulos de financiamento**, emitidos em operações financeiras destinados ao incremento de determinada atividade econômica, que somente não se classificam como títulos de crédito pela possibilidade de constituição de direito real sobre coisa alheia (hipoteca ou penhor) no próprio título (ex.: cédula hipotecária); **títulos de investimento**, que representam parcelas de um contrato de mútuo, emitidos com a intenção de captar recursos junto a investidores (ex.: certificados de depósito bancário – CDBs). Havemos de destacar que as debêntures *poderiam* estar aqui elencadas, porém esta possibilidade se afasta diante da existência de regime jurídico próprio (o dos valores mobiliários, previsto na LSA) para sua regulamentação.

4. PROPRIEDADE INTELECTUAL

4.1. Conceito

Direito Industrial, ou Direito sobre a Propriedade Intelectual, pode ser definido como o *conjunto de normas jurídicas que regulamenta a produção intelectual das pessoas, determinando os requisitos para sua proteção contra o uso indevido e a exclusividade na exploração econômica por um certo período de tempo*.

A fim de estimular a inovação e a evolução humana, o ordenamento jurídico garante que aquele que desenvolver algo novo, produto de sua própria criação, terá sobre esta produção direitos de exclusividade no uso, podendo proibir, ainda que judicialmente, qualquer pessoa de utilizar ou mencionar sua obra sem sua expressa autorização.

Nota-se, então, que o Direito Industrial é parcela do já conhecido **direito de propriedade**, pois o autor ou inventor relaciona-se com sua obra como o titular do domínio de qualquer outro bem. É por isso que a propriedade intelectual está igualmente prevista na CF, no art. 5º, inciso XXIX, que dispõe: "*a lei assegurará aos autores de inventos industriais privilégio temporário para sua utilização, bem como proteção às criações industriais, à propriedade das marcas, aos nomes de empresa e a outros signos distintivos*".

A proteção sobre a propriedade intelectual resulta na criação de dois institutos jurídicos: a **patente** e o **registro**. Em nosso dia a dia é muito comum ouvirmos, ou mesmo utilizarmos, a expressão: "tal escritório trabalha com marcas e patentes". Havemos de ter cuidado, pois assim dizendo estamos confundindo continente com conteúdo. **Marca** é uma das criações humanas que pode ser objeto de **registro**, logo, não pode andar ao lado da **patente** como se fosse instituto análogo. Melhor, e o correto, é dizer que o tal escritório é especialista em "patentes e registros".

Patente é o privilégio de utilização concedido para uma **invenção** ou **modelo de utilidade**, criações que, conforme se explicará melhor adiante, são novidades que antes não estavam disponíveis para a sociedade. Já o **registro** volta-se à proteção do uso dos **desenhos industriais** e das **marcas**, conceitos abstratos que identificam e individualizam produtos e serviços do empresário em relação aos demais concorrentes.

A patente e o registro são concedidos após a análise dos requisitos legais pelo Instituto Nacional de Propriedade Intelectual (INPI), autarquia federal criada em 1970, a qual teve suas funções revistas com a edição da Lei 9.279/1996, que hoje cuida entre nós do Direito Industrial. Cabe ao INPI, em linhas gerais, executar, em âmbito nacional, as normas que regulam a propriedade intelectual e manifestar-se sobre a conveniência da assinatura ou retificação de tratados internacionais sobre a mesma matéria.

4.2. Características comuns às patentes e aos registros

4.2.1. Temporariedade

A titularidade de uma patente ou registro garante ao seu proprietário *privilégio temporário de utilização exclusiva sobre o objeto patenteado ou registrado*. Anote, pois, que tanto a patente quanto o registro não são vitalícios. Da mesma forma que é do interesse do Estado garantir a propriedade, também a intelectual, para que se incentive sua produção, não é menos verdade que muitas vezes o objeto protegido é de grande utilidade social e sua exploração, em algum momento, deve ser franqueada para que a produção em massa do bem traga os benefícios decorrentes da livre concorrência, como a queda dos preços.

4.2.2. Natureza jurídica

A patente e o registro são considerados **coisas móveis** para todos os efeitos.

4.2.3. Integram o patrimônio do titular

O que significa que as patentes e os registros *podem ser objeto de negócios jurídicos*, como a **alienação** e a **cessão dos direitos de uso**, bem como integram o monte partível nas hipóteses de **sucessão**, sendo transmissível aos herdeiros pelo prazo que restar; sua proteção judicial, em caso de violação, pode ser exercida inclusive por meio das **ações possessórias** (STJ, REsp 7196/RJ, *DJ* 10.06.1991).

4.3. Patentes

4.3.1. Invenção

É a criação de algo novo, até então desconhecido da sociedade, originário da atividade intelectual humana. O ser humano, diante de uma necessidade, tende a procurar uma solução para facilitar sua vida. Algumas pessoas têm a aptidão de criar coisas para suprir essas necessidades. Ex.: em algum momento da história, alguém ficou cansado de ter de esperar várias horas para que a carne cozinhasse e ficasse macia para consumo. Fruto de sua atividade criativa, inventou a panela de pressão e poderia ter patenteado sua obra.

4.3.2. Modelo de utilidade

Pode ser definido como *o item que, agregado a outro já existente, implica aumento de sua utilidade, permitindo uso mais amplo, mais seguro ou mais econômico do produto.* Perceba que não se trata de invenção propriamente dita porque o modelo de utilidade não existe por si mesmo, sendo obrigatoriamente vinculado a produto já industrializado. Ainda assim, é ato inventivo do gênio humano e, como tal, merece proteção autônoma àquela do produto melhorado. Ex.: usando a panela de pressão que alguém inventou e mandou produzir em massa, um cozinheiro notou que, caso a válvula entupisse, a panela explodia. Resolveu, por isso, desenvolver um modelo de utilidade para que a panela se tornasse mais segura, criando a válvula de segurança acoplada na tampa.

4.3.3. Requisitos da patente

Para ser patenteável, a invenção e o modelo de utilidade devem contar, cumulativamente, com os seguintes requisitos:

a) **novidade**: o produto a ser patenteado deve ser novo, assim entendido *aquele cuja elaboração não está compreendida no estado da técnica*. Explicando melhor, ainda que fosse até então totalmente desconhecido do sujeito criador, a invenção ou modelo de utilidade não pode ser algo já dominado pelos peritos na área. A Lei 9.279/1996 considera, também, estado da técnica tudo aquilo que já foi divulgado ou tornado acessível ao público;

b) **inventividade**: além de novos, a invenção ou o modelo de utilidade *não podem ser mera decorrência do estado da técnica*, isto é, devem ir além da simples aplicação lógica de regras ou combinações já existentes. Decorre de atividade inventiva o produto que espelha um verdadeiro progresso na área do conhecimento;

c) **possibilidade de industrialização**: somente pode ser objeto de patente aquilo que é também suscetível de produção industrial, consideradas as possibilidades atuais da indústria, nacional ou internacional. Não será concedido o privilégio, por exemplo, para o protótipo de um carro voador que necessita, para sua construção, de minerais encontrados apenas no solo lunar;

d) **ausência de impedimentos**: a Lei 9.279/1996 estabelece limites para a concessão de patentes de invenções e modelos de utilidade, ainda que supridos os requisitos anteriores. São impedidas as patentes de *produtos ofensivos à moral, aos bons costumes, à segurança ou à saúde públicas; substâncias resultantes de transformação do núcleo atômico (radioativas); e seres vivos*. Estes últimos, *excepcionalmente*, podem ser objeto de patente se apresentarem características que a espécie não alcançaria em condições naturais. É o caso dos organismos geneticamente modificados – OGM – também conhecidos como *transgênicos*.

4.3.4. Procedimento

A apresentação do pedido de patente é denominada **depósito** e deve ser feito no INPI acompanhado dos documentos indicados na lei.

Recebido o pedido, o INPI o manterá em sigilo pelo prazo de 18 meses, após o qual será **publicado** e restará disponível para análise de qualquer interessado (o pedido, não a patente propriamente dita). A etapa da publicação é omitida quando se tratar de patente de interesse para a segurança nacional, ficando o pedido sob sigilo por todo o procedimento.

Passe-se, então, para a **análise dos requisitos** e, verificada a patenteabilidade, será concretizada a **concessão da patente** por meio da respectiva *carta-patente*, único documento hábil a comprovar o privilégio de exploração econômica daquele produto.

Não é demais lembrar que no Brasil vigora o **princípio da anterioridade da patente**, que determina que o titular do privilégio será aquele que *primeiro obteve a concessão da patente*, retroagindo os efeitos desta à data do depósito do pedido. Isso significa que, se alguém iniciar a exploração indevida do produto ou processo patenteado antes da emissão da carta-patente, deverá, ainda assim, indenizar o titular desta pelos prejuízos causados.

Sobre este assunto, o Brasil é signatário de um tratado internacional conhecido como **União de Paris**, que determina a igualdade de direitos e obrigações entre nacionais e estrangeiros no processamento e nos prazos da patente, bem como a verificação da prioridade da patente entre países signatários do pacto. Por exemplo, se um estrangeiro comprova que obteve uma patente em seu país, e esta nação é também signatária da União de Paris, pode o titular da patente estrangeira requerer o reconhecimento de sua prioridade no INPI, desde que o faça no prazo de 12 meses.

4.3.5. Prazo

A patente de invenção garante o privilégio para seu titular pelo prazo de 20 anos, *contados da data do depósito*. A lei estabelece, no entanto, um prazo mínimo para o benefício, considerando a demora natural no processamento do pedido: 10 anos, *contados da data da concessão*.

Em se tratando de modelo de utilidade, os prazos são menores: 15 anos, *contados do depósito*, sendo no mínimo 07 anos de usufruto do privilégio, *a partir de sua efetiva concessão*.

Não há qualquer hipótese de prorrogação de prazo.

4.3.6. Licença compulsória

Mencionamos anteriormente que, por ingressar a patente no patrimônio do titular, este pode negociá-la livremente, inclusive *abrindo seu uso para terceiros mediante contrato*, que se denomina **licenciamento**. Aqui, licenciamento voluntário.

Há situações, contudo, em que o titular é *obrigado* a promover o licenciamento, diante do interesse público e da função social que deve ser exercida pela patente. Nestes termos, ocorre o **licenciamento compulsório** *quando o titular exercer os direitos da patente de forma abusiva, principalmente pelo abuso de poder econômico* (ex.: aumento arbitrário dos lucros); *pela ausência de industrialização do produto no território nacional; e pela comercialização insatisfatória da produção segundo as necessidades do mercado*, ou seja, o titular disponibilizar a oferta do produto em quantidades muito inferiores à demanda nacional.

O art. 71 da Lei 9.279/1996, por sua vez, autoriza o Poder Executivo Federal, em caso de emergência nacional ou interesse público, declarar a utilidade da patente e determinar seu licenciamento compulsório **de ofício**, estabelecendo o prazo de vigência da licença e a possibilidade de prorrogação. O Decreto 3.201/1999, que regulamenta o art. 71 da LPI, e abre ainda a possibilidade do próprio Estado explorar a invenção objeto da patente licenciada (art. 9º), normalmente pela constituição de empresas públicas ou sociedades de economia mista.

É importante frisar que não estamos falando de **quebra de patente**, que se configura com a violação do direito do titular do privilégio. As hipóteses supratratadas continuam se caracterizando como **licenciamento**, razão pela qual o dono da patente será remunerado pelos empresários que buscarem a exploração do produto ou processo patenteado por meio do licenciamento compulsório.

4.3.7. Extinção da patente

São hipóteses de extinção da patente, situação na qual *o produto ou processo antes protegido passam para o domínio público*:

a) término do prazo, também chamado de *extinção natural da patente*, lembrando sempre do prazo mínimo garantido por lei contado da concessão da patente;

b) caducidade, que se opera *dois anos após a primeira licença compulsória*. Ou seja, determinada a licença compulsória, se ao longo de dois anos continuarem presentes os motivos que ensejaram sua decretação, a patente se extinguirá por caducidade;

c) renúncia à patente, possível apenas se o ato não causar prejuízos a terceiros (ex.: pessoas físicas ou jurídicas que obtiveram a licença para exploração do titular do privilégio);

d) falta de pagamento da "retribuição anual", que é a taxa de manutenção da patente devida ao INPI enquanto esta estiver em vigor;

e) falta de representante no Brasil, nas hipóteses em que o titular da patente for domiciliado no exterior.

As hipóteses de extinção da patente são todas definitivas, com exceção da falta de pagamento da retribuição anual. Nesse caso, o titular da patente pode requerer sua restauração no prazo de três meses da notificação da extinção se promover o pagamento da taxa faltante.

4.4. Registro

4.4.1. Desenho industrial

Desenho industrial, ou *design*, é *a forma utilizada para a fabricação de determinado objeto, abrangendo seu formato, as linhas do desenho e suas cores, cuja reunião cria um conjunto estético passível de ser aplicado na industrialização de um produto*. Exemplos comuns de desenhos industriais registráveis são aqueles utilizados para a fabricação de veículos.

Para ser admitido a registro, é necessário que o desenho industrial seja **novo**, ou seja, *o resultado visual criado não esteja compreendido no estado da técnica* (valendo aqui o mesmo conceito que aprendemos para as patentes); seja **original**, *não repetido, que não se confunde com outros desenhos já conhecidos*; e não haja **impedimento legal**, pois, nos termos da Lei 9.279/1996, não serão registrados os desenhos *ofensivos à moral, aos bons costumes, à honra ou imagem das pessoas, aqueles atentatórios à liberdade de consciência e formas comuns, vulgares ou necessárias*.

É imperioso ter em mente que **novidade** e **originalidade** são requisitos diferentes: a novidade preocupa-se com a *técnica*, o conhecimento dos peritos do setor sobre o assunto, ao passo que a originalidade é eminentemente *estética*, cuidando unicamente do apelo visual criado pelo *design*.

4.4.2. Marca

Pincelamos o conceito de marca ao tratar de sua diferença em relação ao nome empresarial e ao título do estabelecimento (item 1.5.5, supra). **Marca** é *o designativo visualmente perceptível (símbolos, expressões ou desenhos) que identifica determinado produto ou serviço do empresário*. Pela marca, o consumidor conhece o produto que está comprando, suas qualidades e diferenças em relação aos outros produtos, sendo que muitas vezes ignora quem é o fabricante ou prestador do serviço. Nisto se fundamenta a proteção da marca por meio do registro, pelo inegável valor comercial que possui no mercado.

São requisitos indispensáveis para o registro da marca: a **novidade relativa**, não se exigindo que o designativo seja absolutamente novo – o que deve ser nova é sua utilização como elemento identificador de determinado produto ou serviço; **a não colidência com marca notória**, as quais, ainda que não registradas, têm sua proteção assegurada pela União de Paris (ex.: Coca-Cola); e **a ausência de impedimento legal**, uma vez que a lei proíbe o registro, além daquilo que seja ofensivo à moral e aos bons costumes, de brasões ou emblemas oficiais, de letras, algarismos ou datas sem elementos diferenciadores suficientes ou ainda a reprodução ou imitação de elemento característico de título de estabelecimento ou nome empresarial de terceiros, a fim de evitar confusão junto aos consumidores (Lei 9.279/1996, art. 124).

É mister colocar que a proteção conferida pelo registro da marca é também **relativa**, pois está restrita à categoria empresarial na qual seu titular se insere. Na prática, o INPI divide as atividades empresariais em grupos, garantindo a exclusividade no uso da marca apenas em relação a outros integrantes da mesma categoria. No mesmo diapasão, não há presunção absoluta de prejuízo pelo uso indevido de marca registrada, cabendo ao titular do registro provar o dano causado (STJ, REsp 333105/RJ, *DJ* 02.06.2005).

4.4.3. Procedimento

Aplica-se ao registro, no que couber, as mesmas regras estudadas para a concessão de patentes, inclusive as anotações concernentes à União de Paris, alterando-se, unicamente, que o pedido de prioridade elaborado por estrangeiro deve ser feito no prazo de *06 meses quando se tratar de registro.*

4.4.4. Prazo

O registro de desenho industrial vigora pelo prazo de *10 anos*, contados da data do depósito, e *pode ser prorrogado por até 03 períodos sucessivos de 05 anos cada.* A retribuição devida ao INPI pela concessão do registro incide a cada prazo quinquenal.

Para a marca, o prazo de registro inicial é também de *10 anos*, contados da data da concessão do registro, porém *pode ser prorrogado sucessivas vezes por igual período, sem qualquer limite.* Exige a lei, unicamente, que o pedido de extensão do prazo seja efetuado sempre no último ano de vigência do registro. A retribuição ao INPI é *decenal*, ou seja, devida a cada 10 anos.

4.4.5. Extinção do registro

A extinção do registro dá-se nas mesmas hipóteses já estudadas para a patente: **término do prazo**, sem o requerimento da prorrogação, quando possível; **caducidade**, *apenas no caso de marca*, que se opera se sua exploração econômica não for iniciada no prazo de 05 anos contados da concessão, se houver a interrupção desta exploração por 05 anos consecutivos, ou pela alteração substancial da marca; **renúncia** ao direito conferido pelo registro; **ausência de pagamento da retribuição**; e **ausência de procurador habilitado no Brasil**, caso o titular do registro seja domiciliado no exterior.

4.5. Quadro sinóptico

Para bem fixar os conceitos aprendidos neste capítulo, acompanhe o quadro apresentado abaixo:

Direito Industrial			
Patentes		Registros	
Invenção	Modelo de utilidade	Design	Marcas
20 anos, contados do depósito	15 anos, contados do depósito	10 anos, contados do depósito	10 anos, contados da data da concessão de registro
Mínimo de 10 anos	Mínimo de 07 anos	Prorrogável por três períodos de 05 anos	Prorrogável por períodos iguais e sucessivos
Proteção integral	Proteção integral	Proteção integral	Proteção restrita à atividade do empresário

5. CONTRATOS EMPRESARIAIS

5.1. Noções gerais

A sistemática dos contratos empresariais (ainda chamados por grande parte da doutrina nacional de "contratos mercantis", por motivos históricos) em nada diverge da teoria geral dos contratos válida para todo o Direito Civil.

Afinal, em termos práticos, *considera-se contrato empresarial aquele no qual ambas as partes são empresárias.* Não há uma lista específica separando contratos empresariais de contratos civis. A identificação de um e outro é feita para a caracterização das partes. Se tanto o polo ativo quanto o polo passivo da avença são ocupados por pessoas físicas ou jurídicas que se enquadram no conceito de empresário previsto no art. 966 do CC, estaremos diante do contrato empresarial. Caso negativo, será contrato civil.

Repise-se que, na prática, tal distinção gera pouquíssimos efeitos. Aplicamos a ambas as categorias os mesmos princípios, a saber: **função social do contrato, boa-fé objetiva** e *pacta sunt servanda*, sendo igualmente possíveis os reconhecimentos da cláusula *rebus sic stantibus* e a alegação da **exceção de contrato não cumprido**. Todos estes temas são abordados pelo Direito Civil e têm a mesma eficácia no Direito Empresarial.

Há de se ter cuidado com apenas um detalhe: a possibilidade de incidência do Código de Defesa do Consumidor, o que afasta o regime jurídico empresarial. É possível que credor e devedor da obrigação sejam empresários e o contrato seja regido pelo Direito do Consumidor. Isso ocorrerá quando o empresário adquirente do produto ou serviço for o seu destinatário final sem que este se integre à cadeia produtiva, bem como pela hipossuficiência nas informações disponíveis sobre o produto ou serviço (STJ, REsp 814060/RJ, *DJ* 06.04.2010).

5.2. Compra e venda empresarial (ou mercantil)

Trata-se do contrato empresarial por excelência, visto que qualquer atividade econômica depende da transferência de propriedade de bens materiais e imateriais para desenvolver-se.

Conforme se depreende do art. 481 do CC, *pelo contrato de compra e venda, um dos contratantes se obriga a transferir o domínio de certa coisa, e o outro, a pagar-lhe certo preço em dinheiro.*

Antigamente, havia previsão expressa da compra e venda mercantil, com regras próprias, no Código Comercial. Com a revogação deste diploma pelo CC, cabe exclusivamente a este, desde sua vigência, a regulação deste contrato, tanto no âmbito civil quanto no âmbito empresarial.

Sendo assim, todas as normas ali previstas são aplicáveis à compra e venda empresarial: requisitos para formação do contrato (*acerto entre as partes sobre a coisa e o preço*), extinção da avença, cláusula de retrovenda, venda com reserva de domínio etc.

Cuidaremos, diante do escopo deste trabalho, unicamente dos aspectos específicos que a compra e venda pode tomar no Direito Empresarial.

5.2.1. *Contrato de fornecimento*

Configura-se o **fornecimento** com *a negociação de cunho geral sobre compras e vendas sucessivas, mantendo-se as mesmas condições para todas elas, durante determinado período de tempo.* Assim, temos um contrato de fornecimento quando, por exemplo, o dono de uma padaria firma um pacto com determinado atacadista para fornecimento de refrigerantes para seu comércio. Neste contrato, constará que a padaria irá celebrar "n" contratos de compra e venda com aquele atacadista, adquirindo "x" latas de refrigerante em cada uma delas, sempre com preço e forma de pagamento predeterminados.

Podemos definir o contrato de fornecimento como *a aglutinação de diversos contratos de compra e venda.* A vantagem de sua celebração é o aumento no poder de barganha na negociação entre as partes, podendo o comprador exigir um preço menor para os produtos diante da garantia que regularmente os adquirirá com o seu fornecedor.

5.2.2. *Venda mediante amostra e venda a contento*

Duas modalidades de compra e venda previstas no CC e bastante comuns na prática do comércio: a venda mediante amostra e a venda a contento, a despeito de similares, não comportam confusão em seus conceitos.

Venda mediante amostra *é aquela na qual o vendedor, previamente à celebração da avença, disponibiliza ao comprador uma amostra, protótipo ou modelo da coisa objeto do contrato, garantindo que esta comportará as mesmas características apresentadas pela amostra.* Nesse caso, se a coisa vendida realmente corroborar aquilo que foi visto na amostra, não poderá o comprador desistir do contrato. Por outro lado, e um tanto óbvio, constatada a desconformidade entre a coisa vendida e a amostra, pode o comprador exigir que aquela seja substituída por outra que confira com os caracteres do modelo previamente apresentado ou pleitear a resolução do contrato.

Na **venda a contento**, *o vendedor disponibiliza ao comprador a própria coisa objeto da negociação, autorizando que este a retenha por certo prazo para apreciação.* Impõe-se uma **condição suspensiva** na compra e venda, não se aperfeiçoando o contrato até que o comprador, expressa ou tacitamente, manifeste seu agrado. Pode figurar também como **condição resolutiva**: nessa hipótese, a compra e venda será considerada perfeita com a tradição da coisa, sendo lícito ao comprador resolver o contrato se esta não lhe agradar.

5.2.3. *Incoterms*

São cláusulas relativas à responsabilidade de cada parte no transporte da mercadoria objeto da compra e venda. Criados para padronizar os contratos internacionais, os *incoterms* têm hoje aplicação irrestrita nas transações empresariais porque representam, com precisão, a extensão da responsabilidade do comprador e do vendedor.

Existem treze *incoterms* catalogados pela Câmara de Comércio Internacional de Paris em 1936, escalonados em ordem crescente de responsabilidade *do vendedor*. Apresentamos abaixo os principais e mais utilizados:

a) EXW – Ex Works: o comprador assume, com exclusividade, os riscos e responsabilidades do transporte. Cabe ao vendedor apenas notificá-lo da data e local onde a mercadoria está à disposição para retirada;

b) FOB – Free on board: o vendedor garante a entrega da mercadoria dentro do navio ou outro meio de transporte indicado pelo comprador, arcando também com os gastos do desembaraço para exportação, quando for o caso. O transporte em si e as despesas da importação, se aplicáveis, são de responsabilidade do comprador;

c) CFR – Cost and freight: o vendedor assume as despesas relativas ao transporte da mercadoria até o local de destino (porto, aeroporto ou garagem) indicado pelo comprador, inclusive aquelas decorrentes da exportação, quando for o caso. Ao comprador restam as despesas da importação, se aplicáveis, e o risco de avaria ou dano ocorrido durante o transporte;

d) CIF – Cost, insurance and freight: bastante similar a CFR, sendo acrescida a responsabilidade do vendedor também pela contratação do seguro de transporte, retirando o risco de perdas do comprador;

e) DDP – Delivered duty paid: cabe ao vendedor entregar as mercadorias no estabelecimento empresarial designado pelo comprador, respondendo pelo transporte, despesas de exportação e importação, se o caso, e riscos advindos da movimentação da carga, mediante a contratação de seguro.

5.3. Faturização (ou *factoring* ou fomento mercantil)

Voltado à obtenção de capital de giro pelo empresário, o contrato de **faturização** pressupõe *a cessão de determinado crédito obtido pelo empresário por uma venda a prazo para uma instituição faturizadora, que adianta o valor ao empresário e fica com o direito de receber o pagamento pelo devedor, inclusive acionando-o judicialmente se for o caso.*

Há, portanto, duas partes no contrato de faturização: o **faturizado**, que é o empresário que realizou a venda a prazo, o cedente do crédito; e o **faturizador**, que pode ser qualquer pessoa, física ou jurídica, não necessariamente uma instituição financeira.

Aplicam-se ao contrato de *factoring* as regras previstas no CC sobre cessão de crédito: o faturizado não responde pela solvência do devedor, apenas pela existência do crédito; é necessário dar ciência ao sujeito passivo da obrigação sobre a faturização, para que este possa realizar o pagamento corretamente; *se o devedor pagar ao faturizado antes de receber a notificação, não poderá ser compelido a pagar novamente ao faturizador.*

O contrato de faturização é **oneroso** e **bilateral**, por criar direitos e obrigações para ambas as partes. Isso porque o faturizador, como arcará com o risco do inadimplemento do devedor, cobra uma remuneração do faturizado, já que este recebe imediatamente o numerário a que tem direito. Normalmente, a remuneração é descontada do montante que o faturizador repassa ao faturizado no momento do contrato.

É fundamental afastar a recorrente confusão entre o *factoring* e o **contrato de desconto bancário.** Este, como o próprio nome sugere, é celebrado necessariamente perante instituição financeira, a qual *não garante o pagamento do crédito*, ou seja, se o devedor não honrar a obrigação, o banco pode cobrá-la do empresário que cedeu o crédito, direito de regresso inexistente no fomento mercantil.

5.4. Franquia (ou *franchising*)

Pelo contrato de **franquia**, *o franqueador cede ao franqueado o direito de uso de marca ou patente, associado ao direito de distribuição exclusiva ou semiexclusiva de produtos ou serviços e, eventualmente, também ao direito de uso de tecnologia de implantação e administração de negócio ou sistema operacional desenvolvidos ou detidos pelo franqueador, mediante remuneração direta ou indireta, sem que, no entanto, fique caracterizado vínculo empregatício* (art. 2º da Lei 8.955/1994).

Note que estamos diante de um contrato **típico**, por ser expressamente regulamentado em lei.

A franquia, em resumo, permite que um empresário comercialize produtos ou serviços criados por outro, mediante remuneração. Esta, usualmente, se dá pelo pagamento de uma taxa fixa no momento da concretização da avença e pelo repasse periódico de determinado percentual do faturamento do franqueado.

A principal característica da franquia é a *autonomia do franqueado*. Deveras, o vínculo existente entre as partes resume-se à autorização de uso da marca ou da patente e a remuneração devida por este uso (denominada *royalties*). Não há qualquer outra hierarquia entre eles, nem mesmo trabalhista. O franqueado é empresa independente do franqueador, sendo livre nas suas decisões empresariais.

Não se nega, contudo, que esta autonomia é *relativa*, pois o franqueado é obrigado a seguir determinações do franqueador no que tocar *aos produtos ou serviços oferecidos*. Neste sentido, não pode o franqueado adquirir insumos que não aqueles indicados pelo franqueador, ou ainda oferecer descontos ou preços diferenciados sem a autorização daquele.

Documento imprescindível para a validade do contrato é a **circular de oferta de franquia**, na qual o franqueador expõe ao interessado em adquirir a franquia as principais características do negócio, que deve ser apresentada com, no mínimo, 10 dias de antecedência da assinatura de qualquer contrato, pré-contrato ou pagamento de qualquer taxa, sob pena de **anulabilidade** do contrato de franquia assinado sem o respeito a essa regra.

A circular de oferta de franquia deve conter os requisitos expostos no art. 3º da Lei 8.955/1994, entre eles o modelo do contrato-padrão a ser assinado. Por conta disso, resta inquestionável que o contrato de franquia é, por natureza, um **contrato de adesão**. Porém, é mister esclarecer que esta característica, por si só, não autoriza a incidência do CDC nas relações entre franqueador e franqueado. E nem poderia, uma vez que este não é o destinatário final das mercadorias ou serviços adquiridos do franqueador, não se enquadrando no conceito legal de consumidor. O STJ já decidiu que a cláusula de eleição de foro colocada no contrato de franquia, se não causa empecilhos ao acesso ao Judiciário pelo interessado, é totalmente legítima (REsp 813481/DF, *DJ* 11.03.2008).

5.5. Arrendamento mercantil (ou *leasing*)

5.5.1. Evolução histórica

A origem do contrato de arrendamento mercantil é um tanto incerta. Há diversas passagens na História identificadas pelos doutrinadores como as primeiras manifestações de negócios jurídicos semelhantes ao *leasing*. Rodolfo de Camargo Mancuso encontra-o já na Babilônia, sob a égide do Código de Hamurabi, na Grécia e em Roma. Sua posição, porém, mostra-se um tanto extremada. É claro que as civilizações antigas são, em grande monta, o berço do Direito Privado, mas atribuir-lhes a idealização do contrato de arrendamento mercantil parece-nos exagerado.

Para outros, o *leasing* tem origem com o *Lend and Lease Act* do governo norte-americano. Em 1941, durante a Segunda Guerra Mundial, os EUA concordaram em fornecer armamentos aos países aliados sob a condição deles serem adquiridos ou devolvidos ao final da guerra. Essa "opção de compra" realmente é uma marcante semelhança com o arrendamento mercantil que conhecemos hoje, contudo concordamos com Maria Helena Diniz ao refutar esse dado como a semente do *leasing*. Afinal, tratou-se de um ato político, não um negócio jurídico.

Enfim, a primeira vez que o contrato em comento foi celebrado nos moldes comerciais foi em 1952, no estado americano da Califórnia, por D. P. Boothe Jr., que era um empresário do ramo de alimentos. Ele celebrou com o governo dos EUA um contrato de fornecimento de gêneros alimentícios para o exército de seu país e percebeu, logo depois, que não possuía maquinário suficiente para atender à demanda. Teve a ideia, então, de oferecer a um banco que adquirisse os bens em nome próprio e permitisse seu uso mediante uma contraprestação periódica, considerando que não possuía bens suficientes para dar em garantia de um empréstimo. A instituição financeira concordou com a proposta e seu sucesso fez com que D. P. Boothe Jr. abrisse a *U. S. Leasing Company*, responsável pela divulgação do novo modelo de negócio em todo o mundo.

No Brasil, o *leasing* foi introduzido na década de 60, ainda sem qualquer normatização. Seu fundamento era basicamente a liberdade de contratar e a autonomia da vontade, permitindo às partes celebrá-lo independentemente de previsão legal. Todavia, sua popularização chamou a atenção das autoridades fazendárias, que exigiram ao menos sua regulamentação para fins fiscais. Com isso, foi editada a Lei 6.099/1974, que tratou oficialmente do arrendamento mercantil no país pela primeira vez. Seguiram-lhe diversas normatizações infralegais, principalmente oriundas do Banco Central do Brasil, que buscaram ampliar a concretude das normas aplicáveis ao *leasing*. Atualmente, além do mencionado diploma legal, o *leasing* é regulado pela Resolução 2.309/1996 do BACEN.

5.5.2. Conceito

O ***leasing*** está previsto na Lei 6.099/1974 e pode ser definido, *grosso modo*, como um *contrato de aluguel no qual o locatário tem, ao final do prazo estipulado, a opção de devolver o bem, renovar a locação ou comprar a coisa, deduzido do preço o valor já pago a título de aluguel.*

Explicando melhor, no *leasing* uma pessoa física ou jurídica (o arrendatário), diante da necessidade de uso de determinado bem, entra na **posse direta** da coisa que *pertence e continua pertencendo* ao arrendador (*obrigatoriamente pessoa jurídica*), mediante uma contribuição mensal. Possibilita-se, assim, ao empresário valer-se do bem que precisa sem ter de dispor do valor para uma compra e venda.

A empresa arrendadora, segundo parâmetros estabelecidos pelo Banco Central, deve ser sociedade anônima ou instituição financeira previamente autorizada pela autarquia em ambos os casos. Ademais, deve constar na denominação utilizada pela empresa a expressão "arrendamento mercantil".

Além das partes do contrato, arrendador e arrendatário, há ainda a figura do **fornecedor**, que é o empresário que fornece o bem objeto do arrendamento. Nada obsta que ele se confunda com o arrendador, ou seja, que esse realize o negócio jurídico com um bem que já é de sua propriedade, desde que isso ocorra na modalidade de ***leasing* financeiro**, que estudaremos a seguir (art. 13 da Resolução 2.309/1996 do BACEN).

5.5.3. Elementos do contrato

Estão previstos no art. 5º da Lei 6.099/1974:

a) **prazo do contrato:** o *leasing* deve ser celebrado, necessariamente, por prazo determinado;

b) **valor da contraprestação e a periodicidade do pagamento:** a remuneração devida à arrendadora não precisa ser mensal, porém o intervalo de pagamento também não poderá *exceder um semestre*, como regra geral, *ou um ano em caso de atividades rurais*;

c) **opção de compra ou renovação do contrato:** para a validade da cláusula, a faculdade deve ser atribuída ao *arrendatário*;

d) **preço para opção de compra ou critério para sua fixação.**

Além desses itens, a Resolução 2.309/1996 do BACEN ainda exige:

e) **a completa descrição do bem arrendado**, que pode ser móvel ou imóvel;

f) **as despesas e encargos adicionais;**

g) **condições para eventual substituição dos bens arrendados;**

h) **demais responsabilidades que vierem a ser convencionadas, entre elas as decorrentes de uso indevido do bem, contratação de seguro, danos causados a terceiros e ônus por vícios dos bens arrendados;**

i) **atribuição de poder de fiscalização da arrendadora em relação à conservação dos bens arrendados, podendo exigir a adoção de providências indispensáveis à sua preservação;**

j) **responsabilidade do arrendatário em caso de inadimplemento (cuja multa não poderá ultrapassar 2% do valor em atraso), destruição, perecimento ou desaparecimento dos bens arrendados;**

k) **a possibilidade de o arrendatário transferir os direitos e obrigações do contrato a terceiro, desde que com anuência expressa da entidade arrendadora.**

5.5.4. Modalidades de leasing

5.5.4.1. Leasing financeiro

É aquele em que *as contraprestações e demais pagamentos previstos no contrato, devidos pela arrendatária, sejam normalmente suficientes para que a arrendadora recupere o custo do bem arrendado durante o prazo contratual de operação e, adicionalmente, obtenha um retorno sobre os recursos investidos; as despesas de manutenção, assistência técnica e serviços correlatos à operacionalidade do bem arrendado sejam de responsabilidade da arrendatária; e o preço para o exercício da opção de compra seja livremente pactuado, podendo ser, inclusive, o valor de mercado do bem arrendado.*

Esse longo enunciado representa o art. 5º da Resolução 2.309/1996 do BACEN, que conceitua oficialmente a modalidade do arrendamento mercantil financeiro. Seu conhecimento é essencial para fins de concurso público, por isso não pudemos evitar sua transcrição. Por outro lado, o conceito não é tão difícil quanto parece.

O cerne do arrendamento mercantil financeiro é o trecho que diz "*a arrendadora recupere o custo do bem arrendado durante o prazo contratual de operação e, adicionalmente, obtenha um retorno sobre os recursos investidos*". Isso significa que é **a própria arrendadora que adquire o bem e transfere sua posse direta ao arrendatário** e o valor cobrado deverá **gerar lucro** para a arrendadora. Em outras palavras, o que mais interessa aqui é o **ganho econômico** com o contrato, por isso é chamado de *leasing* **financeiro**. Normalmente, é celebrado por instituições que se destinam exclusivamente a celebrar contratos de arrendamento mercantil.

O *leasing* financeiro deve ser celebrado com **prazo mínimo de 2 anos**, caso a vida útil do bem seja *igual ou inferior a 5 anos*, e **prazo mínimo de 3 anos** para os demais bens. Exercida a opção de compra antes desse interregno, o contrato de *leasing* se desnatura e passará a ser tratado como uma compra e venda mercantil com pagamento a prazo.

5.5.4.2. Leasing operacional

É aquele no qual *as contraprestações a serem pagas pela arrendatária contemplem o custo de arrendamento do bem e os serviços inerentes a sua colocação à disposição da arrendatária, não podendo o valor presente dos pagamentos ultrapassar 90% do custo do bem; o prazo contratual seja inferior a 75% do prazo de vida útil econômica do bem; o preço para o exercício da opção de compra seja o valor de mercado do bem arrendado; e não haja previsão de pagamento do Valor Residual Garantido – VRG* (art. 6º da Resolução 2.309/1996 do BACEN), que é uma parcela a ser paga durante a execução do contrato com a finalidade de amortizar o valor devido ao final caso se exerça a opção de compra.

Salta aos olhos a maior limitação que incide no regulamento do *leasing* operacional. Nessa modalidade, que alguns autores chamam de *leasing* impuro ou atípico, a intenção das partes é mais voltada à transferência da propriedade do bem ao arrendatário ao final do contrato. O núcleo do negócio é a **utilização e aquisição** do bem pelo arrendatário, por isso *leasing* **operacional**. Aproxima-se da locação, porque a obrigação de preservação e manutenção do bem é da instituição arrendadora, dela se diferenciando na medida em que o pagamento das contraprestações periódicas serve de abatimento do preço de compra em caso do exercício dessa opção.

O *leasing* operacional deve ser celebrado com **prazo mínimo de 90 dias** e **prazo máximo equivalente a 75% da vida útil econômica do bem**. Essa "vida útil econômica" é dada por regulamentos e instruções da Secretaria da Receita Federal do Brasil, que estabelecem em quanto tempo cada espécie de bem perde totalmente seu valor de mercado. Tecnicamente, esse período é conhecido como **depreciação**.

Alguns autores, como Fran Martins, ainda distinguem o *leasing* financeiro e o *leasing* operacional a partir da **possibilidade de rescisão unilateral do contrato**, *proibida no primeiro e possível, mediante aviso prévio, no segundo.*

5.5.4.3. Leasing *de retorno*

Também conhecido como *sale and lease back, cession-bail* ou retroarrendamento, nada mais é do que uma variação do *leasing* financeiro, na qual *o bem arrendado é de propriedade do arrendatário, que transfere a propriedade para o arrendador, mas mantém a posse direta com base no contrato de arrendamento entre eles celebrado.*

5.5.4.4. Leasing *impróprio*

Também conhecido como *self leasing* ou *leasing* consigo mesmo, é a espécie de arrendamento mercantil celebrado entre pessoas **vinculadas**, assim entendidas aquelas *coligadas ou interdependentes, direta ou indiretamente*, nos termos do art. 27 da Resolução 2.309/1996 do BACEN.

Subdivide-se em ***self leasing* por vinculação**, onde ocorre propriamente o contrato *entre diferentes pessoas, porém vinculadas uma a outra*, e ***manufacture leasing***, celebrado diretamente entre o *fornecedor do bem e o arrendatário.*

Ambas as hipóteses **não são reconhecidas** no Direito brasileiro como modalidades de arrendamento mercantil válidas, por força, respectivamente, do art. 28, incisos I e III, da Resolução 2.309/1996 do BACEN. Isso significa que, uma vez celebradas, não terão o mesmo tratamento tributário ou empresarial previsto para as demais modalidades.

5.5.5. Obrigações das partes

A doutrina elenca as seguintes obrigações para o **arrendador:**

a) adquirir o bem atendendo estritamente às determinações do arrendatário;

b) garantir a integridade do bem, zelando por sua procedência e qualidade no momento da aquisição;

c) contratar seguro para o bem arrendado;

d) entregar a posse direta do bem ao arrendatário sem impor obstáculos injustificados;

e) não intervir ou turbar a posse direta do arrendatário durante o uso do bem.

Já para o **arrendatário**, podemos arrolar as seguintes obrigações:

a) pagar a contraprestação avençada no vencimento;

b) utilizar o bem para os fins e nos limites do que constar do instrumento contratual;

c) zelar pela preservação e conservação do bem, agindo como se proprietário fosse;

d) abster-se de alterar ou modificar, sem anuência do arrendador, o equipamento ou seus elementos constitutivos;

e) informar imediatamente o arrendador em caso de esbulho ou turbação na posse praticados por terceiro;

f) adimplir os impostos incidentes sobre a transação e demais obrigações tributárias eventualmente aplicáveis;

g) abster-se de realizar quaisquer negócios com o bem arrendado, principalmente aqueles tendentes a dele dispor, considerando que se trata de coisa alheia.

Caso o arrendatário fique em atraso com o pagamento das parcelas, ainda que exista cláusula resolutiva do contrato expressa para essa hipótese, é obrigatória a prévia notificação do devedor para constituí-lo formalmente em mora (STJ, Súmula 369). Cumprida a formalidade e continuando o devedor em falta, com a resolução do contrato torna-se cabível a **reintegração de posse** do bem se este não for devolvido.

Vale salientar, entretanto, que hodiernamente o STJ tem adotado a **teoria do adimplemento substancial**, a qual afasta a possibilidade de resolução do contrato e consequente reintegração de posse se o arrendatário já pagou um número expressivo de parcelas. Nesse caso, mantém-se o direito ao crédito, o qual deverá ser exercido pelas vias executórias comuns. A aplicação da teoria é objeto de análise casuística: já se aceitou sua alegação em caso de pagamento de 30 das 36 parcelas convencionadas (REsp 1.200.105/AM, *DJ* 19.06.2012). No mesmo sentido: REsp 272.739/MG, *DJ* 02.04.2001 e REsp 1.051.270/RS, *DJ* 05.09.2011.

5.5.6. Revisão do contrato e cláusulas abusivas

Sobre a possibilidade de revisão das cláusulas contratuais do arrendamento mercantil, a jurisprudência pátria aceita sem ressalvas a aplicação da **teoria da imprevisão** e a cláusula *rebus sic stantibus*, que buscam preservar o equilíbrio econômico-financeiro do negócio jurídico. Nesse diapasão, é cediço nos julgados do STJ, por exemplo, que a elevação abrupta da cotação de moeda estrangeira, como ocorrido com o dólar norte-americano em janeiro de 1999, representa fato superveniente capaz de ensejar a revisão das cláusulas contratuais. É importante ressaltar, outrossim, que a indexação das parcelas em moeda estrangeira só é permitida com a comprovação da captação de recursos no exterior (art. 9º da Resolução 2.309/1996 do BACEN). Veja-se, por exemplo, REsp 897.591/PB, *DJ* 06.08.2009.

Merece atenção o fato da Súmula 263 do STJ ter sido cancelada pelo Colendo Tribunal em 2003. O verbete previa que a cobrança antecipada do VRG (ou seja, antes do termo final do contrato) descaracterizava o *leasing*, transformando-o em verdadeira compra e venda a prazo. As razões do cancelamento invocaram o brocardo *pacta sunt servanda*, consagrando a autonomia da vontade. Se as partes deliberaram pela possibilidade de cobrança antecipada no *leasing*, o acordo deve ser respeitado, não descaracterizando o arrendamento mercantil. Este novo posicionamento acabou consolidado na Súmula 293 do STJ.

Já no que toca à existência de cláusulas abusivas no contrato de arrendamento mercantil, o STJ tem farta jurisprudência no sentido de que **não** se trata de matéria de ordem pública cognoscível de ofício pelo Poder Judiciário. Não tendo sido objeto de impugnação específica no recurso de apelação, não poderá ser considerada pelo Tribunal de 2ª instância em seu julgamento, em consagração ao princípio do *tantum devolutum quantum apellatum* (AgRg no Ag 807.558/SC, *DJ* 30.06.2011; AgRg no REsp 759.965/RS, *DJ* 17.12.2007).

Para o Sodalício Superior, não se considera abusiva a imposição da obrigação ao arrendatário de contratação de seguro para o bem arrendado, exceto se a aludida contratação tiver de ser feita com uma instituição seguradora específica (REsp 1.060.515/DF, *DJ* 04.05.2010).

5.6. Contratos de colaboração

Sob esta larga rubrica, encontram-se os contratos nos quais *um empresário (colaborador) atua no sentido de criar ou ampliar o mercado de determinado produto ou serviço fabricado ou prestado por outro empresário (fornecedor)*. A função do colaborador é levar o produto ou serviço do fornecedor até onde o consumidor em potencial está, investindo em publicidade, estoques e estratégias de vendas em troca de uma remuneração.

Os contratos de colaboração podem ser divididos entre **contratos por aproximação** e **contratos por intermediação**. Existe uma única diferença entre eles: nos contratos por aproximação, o colaborador *nada adquire* do fornecedor. É o caso da **comissão** e da **representação**. Já na intermediação, o colaborador *adquire* o produto do fornecedor para revendê-lo, como ocorre, em regra, na **distribuição**.

5.6.1. Comissão

Na **comissão** empresarial, *um empresário (comissário) obriga-se a realizar negócios em prol de outro (comitente), mas em nome próprio*. Em outros termos: o comissário, mediante remuneração, celebra contratos com terceiros cujo objeto é o produto ou serviço fornecido pelo comitente. Mas quem figura no contrato como parte *é o comissário*, obrigando-se perante o terceiro pelo adimplemento da avença. O comitente, muitas vezes, fica anônimo, por razões estratégicas.

A linha entre a **comissão** e o **mandato** é muito tênue: separa-os apenas o fato de o *comissário obrigar-se perante terceiros*, contratando em seu próprio nome, ao passo que o mandatário, desde que aja dentro dos limites dos poderes que lhe foram outorgados, atua em nome do mandante e, por isso, não se responsabiliza pelo cumprimento do acordo.

No mais, os contratos são idênticos, aplicando-se a disciplina legal do mandato à comissão.

Não se deixe esquecer que o negócio fechado pelo comissário é feito *em prol do comitente* e é a este que pertence, em princípio, o risco. Caso, por exemplo, o terceiro que comprou produtos por meio de acordo com o comissário não pague o combinado no prazo, o prejuízo é do comitente. O comissário continua a fazer jus a sua remuneração.

Essa regra, contudo, pode ser excepcionada por expressa determinação das partes. Trata-se da **cláusula** *del credere*, pela qual o risco do *inadimplemento* é transferido para o comissário, que responde solidariamente com o terceiro. Obviamente, a remuneração nesse caso tenderá a ser maior. Anote-se que *os demais riscos, como vícios na coisa ou evicção, continuam entregues ao comitente*.

Comissão é também o nome da remuneração devida ao comissário pelo seu trabalho, devida, repita-se, mesmo que o terceiro não cumpra sua parte no acordo, exceto se presente a cláusula *del credere*.

5.6.2. Representação (ou agência)

Nesta espécie de contrato, prevista na Lei 4.886/1965 e no CC (no qual recebeu o nome de **agência**), *um empresário (representante) obriga-se a localizar potenciais interessados nos produtos ou serviços de outro (representado) e obter, para este, pedidos de compra e venda ou prestação de serviços*. O representante comercial é **colaborador por aproximação** por excelência: sua função é apresentar o produto do representado para eventuais interessados e encaminhar-lhe os consequentes pedidos.

O representante tem *autonomia* no exercício de sua função, devendo observar as diretrizes do representado apenas no que disserem respeito à forma de organização da atividade com foco na maior quantidade de vendas. Se as ingerências do representado tornarem-se excessivas, extrapolando o viés empresarial e caracterizando a *subordinação* do representante, estaremos olhando para um verdadeiro contrato de trabalho, ainda que o contrato celebrado entre as partes diga diferentemente.

As obrigações do representante e do representado vão além, respectivamente, de empregar a mesma diligência que teria para a venda de seus próprios produtos e pagar a retribuição pactuada. A mais importante delas refere-se à **cláusula de exclusividade**.

O representante *pode ser obrigado a trabalhar exclusivamente para um representado*. Trata-se de **exclusividade de representação** e deve ser *expressamente* prevista no contrato para cada praça de atuação. Se as partes acertaram a exclusividade de representação para a cidade "X" e, ao longo da execução dos trabalhos, o representante é autorizado a também atuar na cidade "Y", *deverá respeitar a exclusividade de representação apenas na cidade "X", a não ser que haja aditivo contratual específico para incluir a segunda* (STJ, REsp 229761/ES, *DJ* 05.12.2000).

Já o representado *não pode vender diretamente seus produtos na zona delimitada para a atuação de representante comercial já contratado para aquela área*. Fala-se, aqui, de **exclusividade de zona** e ela é *implícita* nos contratos de representação empresarial omissos. Ou seja, se o representado pretende afastá-la, deve fazê-lo expressamente no acordo. O art. 27, "d", da Lei 4.886/1965 estatui a obrigatoriedade da delimitação da zona de atuação do representante no contrato. Violada a regra, operando o representado uma venda direta na zona do representante, este fará jus à remuneração respectiva.

A representação, não raro, pode ser confundida com a **comissão** e mesmo com o **mandato**, com quem também muito se assemelha. Para suplantar qualquer dúvida, apresentamos as diferenças entre os três contratos no quadro sinóptico a seguir:

Mandato	Mandatário atua em nome do mandante	Tem poderes para fechar acordo
Comissão	Comissário atua em nome próprio	Tem poderes para fechar acordo
Representação	Representante atua em nome próprio	Não tem poderes para fechar acordo

Outra diferença importante entre a **comissão** e a **representação** é que nesta, por força do disposto no art. 43 da Lei 4.886/1965, é **vedada** a inclusão da cláusula *del credere*.

5.6.3. Distribuição

O contrato de **distribuição** não difere da representação, exceto por dois aspectos: primeiro, *na distribuição, o distribuidor tem à sua disposição (posse direta) as mercadorias do distribuído, enquanto que, na representação (ou agência), o representado as mantém consigo até o adimplemento da obrigação pactuada com terceiro* (art. 710 do CC).

Segundo, enquanto a representação é necessariamente um contrato de colaboração por aproximação, porque o representado não tem poderes para fechar o negócio em nome do representante, *a distribuição pode assumir duas figuras distintas: a distribuição-aproximação e a distribuição-intermediação*.

A distribuição-aproximação, mais difícil de ser vista na prática, opera-se nos mesmos moldes da representação, porém tendo o distribuidor a posse direta das coisas a serem vendidas. Os bens ficam em seu poder a título de **depósito**.

Na distribuição-intermediação, mais comum, por sua vez, o distribuidor *adquire* os produtos do distribuído para *revendê-los*. Atua, destarte, em nome próprio e obriga-se perante terceiro porque é *proprietário* das mercadorias vendidas. É o exemplo dos postos de combustíveis.

Pela similitude, aplicam-se à distribuição as mesmas regras estudadas sobre a representação, exceto quando se tratar de distribuição-intermediação de veículos automotores. Para este setor da economia existe a Lei 6.729/1979 (com as alterações realizadas pela Lei 8.132/1990), que denomina tal contrato como **concessão comercial**. Vem daí o termo usual do cotidiano "concessionária de veículos". Nesta hipótese, o CC é usado apenas como legislação supletiva, devendo ser observados os ditames da legislação especial.

6. DIREITO FALIMENTAR

6.1. Resumo histórico

É sabido que a Lei 11.101/2005, doravante denominada apenas Lei de Falências (LF), revogou expressamente o Decreto-lei 7.661/1945. Tal alteração legislativa trouxe importantes evoluções para o Direito Falimentar.

A principal delas foi o acolhimento integral da **teoria da empresa**, estampada no CC, garantindo a aplicação de seus benefícios a todos aqueles que sejam considerados *empresários*. A legislação anterior, elaborada sob a vigência do vetusto Código Comercial, creditava o regime jurídico falimentar apenas aos *comerciantes*, apesar da jurisprudência, ao longo das décadas, ter ampliado substancialmente seu campo de incidência.

Outrossim, foi extinta a **concordata**, sendo criada em seu lugar a **recuperação da empresa**. A diferença é tanto teórica quanto prática: inicialmente, verificamos que a criação do instituto da recuperação, em substituição à concordata, demonstra que a LF preocupa-se em bem diferenciar a empresa economicamente viável da inviável. Às empresas viáveis, que lhes seja dado o direito de tentar se recuperar após um período de crise econômica; às inviáveis, a falência.

Na prática, os conceitos se afastam ainda mais: a concordata previa apenas a dilação do prazo de vencimento das dívidas, em uma fórmula engessada que, no mais das vezes, em nada ajudava a empresa a não falir; a recuperação, veremos detalhadamente adiante, prevê a *liberdade de elaboração do plano de recuperação*. Atendidos a certos requisitos legais, o empresário em dificuldade é livre para elencar as diligências necessárias para sua recuperação, submetendo sua proposta aos credores. Nada mais correto, afinal são eles os principais interessados no recebimento de seus créditos, sendo certo que, com a quebra do devedor, a chance de recebê-los diminui consideravelmente.

6.2. Princípios de Direito Falimentar

6.2.1. Princípio da conservação da empresa viável

Consagrado, como vimos, pela criação do instituto da recuperação da empresa, que visa a manter funcionando a empresa que apresente viabilidade econômica, não se impondo sua falência exclusivamente por força de um período de instabilidade;

6.2.2. Princípio da equivalência dos créditos (par conditio creditorum)

Segundo o qual *todos os credores terão tratamento equitativo*, priorizando-se o recebimento proporcional por todos eles do que a satisfação integral de apenas alguns. Deve se destacar, porém, que o princípio não veda a criação de uma *ordem de preferência* no pagamento, que efetivamente existe. A questão é: dentro da mesma classe de credores, o valor disponível para pagamento deve ser rateado entre todos;

6.2.3. Princípio da prevalência dos interesses dos credores

A falência e a recuperação da empresa, a despeito de se revestirem como procedimentos judiciais, são institutos voltados à satisfação das obrigações contraídas pelo devedor. É claro que o Estado tem interesse tanto na continuação da empresa viável quanto na extinção da empresa inviável (e é este o motivo do Poder Judiciário interceder em ambos os casos), mas os principais interessados são os credores, que devem ser ouvidos antes de todas as decisões judiciais e, muitas vezes, são soberanos naquilo que deliberarem.

6.3. Órgãos de administração da falência e da recuperação

6.3.1. Juiz

Por força do mandamento constitucional que veda a exclusão da apreciação do Poder Judiciário qualquer lesão ou ameaça de lesão a direito (art. 5º, XXXV, da CF), a falência e a recuperação de empresas serão, em regra, efetivadas por meio de procedimento judicial.

Em síntese, cabe ao juiz presidir o processo, decretando a falência, autorizando a recuperação e decidindo sobre todas as demais questões controvertidas debatidas no bojo dos autos, ouvidos os demais órgãos quando a lei exigir. Compete-lhe, também, a nomeação do **administrador judicial** e a homologação do quadro-geral de credores.

6.3.2. Ministério Público

Na vigência do Decreto-lei 7.661/1945, o Ministério Público deveria acompanhar integralmente todos os processos de falência e concordata ajuizados, entendendo-se que sua presença como *custos legis* era inafastável diante do interesse público envolvido na falência de qualquer empresa.

O projeto de lei aprovado, que resultou na atual LF, trazia comando no mesmo sentido. Entretanto, o artigo foi vetado pelo Presidente da República, questionando a existência de um interesse público geral no procedimento falimentar e igualmente visando a uma celeridade maior no processamento da quebra e da recuperação.

Com isso, a atuação do *Parquet* fica restrita aos casos expressamente previstos na LF, podendo, por exemplo, impugnar o quadro-geral de credores, recorrer de decisões judiciais e devendo ser intimado dos leilões realizados para a venda do ativo da empresa, sob pena de nulidade.

6.3.3. Administrador judicial

Pessoa de confiança do juiz e nomeada por este para administrar o complexo de bens e dívidas do empresário falido (massa falida) *durante o processo de falência ou para acompanhar a execução do plano de recuperação, no caso de recuperação judicial da empresa.*

A figura do administrador judicial vem para substituir duas outras previstas na legislação anterior, que denominava **síndico** o responsável pela administração da falência e **comissário** o indivíduo designado para acompanhamento da concordata. Suas funções permanecem, essencialmente, as mesmas. Acontece que na atual LF ambos levam o mesmo nome.

Suas atribuições estão previstas no art. 22 da LF, divididas entre as atribuições comuns na recuperação judicial e na falência (inciso I), exclusivas da recuperação judicial (inciso II) e exclusivas da falência (inciso III). Todas elas estão inseridas no conceito apresentado.

Para exercê-las, o administrador judicial tem direito de receber remuneração fixada pelo juiz, em montante não superior a 5% do valor devido aos credores da empresa em recuperação ou do valor de venda dos bens na falência. Se o devedor em crise for microempresa ou empresa de pequeno porte, o limite da recuperação do administrador judicial é reduzido a 2%. Essa diminuição ocorre porque a remuneração do administrador judicial é paga pelo devedor ou sua respectiva massa falida.

Destacamos, ainda, que compete ao administrador judicial a *elaboração do quadro-geral de credores*, que é a lista de pessoas físicas e jurídicas que comprovaram possuir créditos junto ao falido ou empresário em recuperação, relacionados discriminadamente pelo valor desses créditos e sua classe (trabalhistas, credores com garantia real e os demais, reunidos em uma só classe junto com os quirografários).

Vale ressaltar, ainda, que o administrador judicial é o vínculo da empresa falida ou em recuperação com o juiz. Ele tem poderes de convocar a assembleia geral de credores sempre que entender necessário para a tomada de decisões que afetem o interesse destes e pode, para bem exercer seu ofício, contratar auxiliares ou empresas especializadas com autorização judicial, *sob pena dele próprio responder pela remuneração desses profissionais*.

O administrador judicial pode ser **substituído** pelo juiz, quando tiver de afastar-se de suas obrigações por motivos justificados (ex.: para tratar da própria saúde), hipótese em que receberá sua remuneração proporcionalmente aos serviços prestados. Situação diferente é a **destituição** do administrador judicial. Aqui, estamos falando de *sanção* para o administrador omisso ou negligente no cumprimento de seus deveres. O juiz pode destituir o administrador sempre que entender que este não agiu com a diligência necessária. Há, outrossim, uma hipótese legal específica de destituição: caso o administrador não apresente seus relatórios obrigatórios no prazo previsto em lei (art. 23, parágrafo único, da LF).

Destituído o administrador judicial, *ele perde o direito à remuneração*. Efeito idêntico ocorrerá quando as contas finais apresentadas pelo administrador forem reprovadas pelo juiz, decisão que servirá de título executivo para indenização da massa falida.

A remuneração do administrador judicial é fixada pelo juiz, limitada a 5% do valor devido aos credores submetidos à recuperação judicial ou do valor de venda dos bens na falência. Esse patamar é reduzido para 2% no caso de falência ou recuperação de microempresa ou empresa de pequeno porte (art. 24, §§ 1º e 5º, da LF).

6.3.4. Assembleia geral de credores

Em poucas palavras, definimos a assembleia geral de credores como *o órgão colegiado formado por todos os credores do falido ou do devedor em recuperação judicial, reunido para deliberar sobre questões afetas aos interesses daqueles.*

A despeito de sua importância, e também de sua competência exclusiva para decisão de alguns temas, não há previsão de convocação obrigatória da assembleia geral no processo de falência. Ela será convocada pelos próprios credores (representantes de, no mínimo, 25% dos créditos de determinada classe) ou pelo administrador judicial quando as circunstâncias justificarem. Já na recuperação, há **convocação obrigatória** para a aprovação do plano de recuperação elaborado pelo devedor, exceto se este for microempresa ou empresa de pequeno porte que opte pelo plano previamente estabelecido pela LF, conforme se verá.

A assembleia geral se instala, em primeira convocação, se estiverem presentes credores que representem *mais da metade dos créditos de cada classe*. Em segunda convocação, os trabalhos se iniciam com qualquer número de credores.

É possível que um credor seja representado por outra pessoa na assembleia. Em se tratando de mandato específico, o procurador deve entregar o instrumento de procuração ao administrador judicial até 24 horas antes daquela prevista para instalação da assembleia. Podem, ademais, os **sindicatos de trabalhadores** representarem seus membros nas assembleias, desde que apresentem, *até 10 dias antes*, lista nominal dos trabalhadores que pretendem representar. Na eventualidade do mesmo credor constar da lista de mais de um sindicato, até 24 horas antes da assembleia ele deve indicar por qual deles quer ser representado, sob pena de não ser representado por nenhum (art. 37, § 6º, inciso I, da LF).

Como já aventado, uma vez instalada a assembleia-geral, os credores são divididos em quatro classes: credores trabalhistas e com créditos decorrentes de acidente de trabalho; credores com garantia real; credores com privilégio geral e especial, credores quirografários e credores subordinados; e credores que se enquadrem como microempresa ou empresa de pequeno porte. Como regra, as deliberações são aprovadas *pela maioria simples dos créditos presentes*, independentemente de classe. O voto de cada credor é proporcional ao valor do crédito, isto é, cada real em crédito vale um voto.

Para que serve, então, a divisão dos credores em classes? Algumas deliberações exigem que a matéria seja votada *separadamente em cada classe, sendo aprovada pela maioria dos créditos em cada uma delas*, para ser considerada aprovada. São exemplos a formação do **Comitê de Credores** e a votação do plano de recuperação judicial.

Podem votar todos os credores assim reconhecidos pelo quadro-geral elaborado pelo administrador judicial, mesmo que este ainda não tenha sido homologado pelo juiz.

Por fim, é importante trazer à baila o ditame do art. 40 da LF, que proíbe a concessão de liminares para suspender ou adiar a realização de assembleia geral em virtude da pendência de discussão judicial sobre a existência do crédito, seu valor ou classificação. O artigo é polêmico, porque aparentemente destoa do **princípio da indeclinabilidade da jurisdição**, previsto no art. 5º, inciso XXXV, da CF. A maioria dos autores acusa-o de inconstitucionalidade. Não obstante, ainda não existem posicionamentos dos Tribunais Superiores sobre o tema.

6.3.5. Comitê de Credores

O **Comitê de Credores** *é um órgão colegiado simplificado, formado por representantes das quatro classes de credores, com o objetivo de fiscalizar o trabalho do administrador judicial e manifestar suas opiniões nos casos previstos em lei.*

É formado por um membro e dois suplentes escolhidos em cada classe de credores. Atenção, *pois aqui as classes são divididas diferentemente*: trabalhistas e créditos decorrentes de acidente de trabalho; credores com garantia real e *com privilégio especial*; credores quirografários *e com privilégio geral*; credores que se enquadrem como microempresa ou empresa de pequeno porte. Não é obrigatório que todas elas estejam representadas no Comitê, afinal é possível que no caso concreto sequer existam credores de uma ou outra classe.

Nas deliberações do Comitê, *cada classe tem direito a um voto*, decidindo-se por maioria. Em caso de empate, decidirá o administrador judicial e, se este não puder votar (porque o Comitê delibera sobre sua destituição, por exemplo), o empate será dirimido pelo juiz.

Aplicam-se aos membros do Comitê as mesmas regras previstas para o administrador judicial no que tange à substituição e destituição.

A criação do Comitê é *facultativa*. Na sua ausência, suas atribuições serão desempenhadas pelo administrador judicial.

6.4. Falência

6.4.1. Conceito

Falência *é o estado de insolvência do devedor empresário, caracterizada pela insuficiência no valor de seus ativos (bens e direitos patrimoniais) para o pagamento de todo seu passivo (obrigações vencidas e vincendas), ainda que por mera presunção legal.*

A falência é decretada por meio de processo judicial de competência *do foro da Justiça Estadual da comarca do principal estabelecimento do devedor*. Perceba dois pontos importantes: um, a competência é *sempre* da Justiça Estadual Comum, não havendo previsão de competência da Justiça Federal para julgamento de processos falimentares; dois, a competência *não se estabelece pela sede do devedor*, mas sim pelo seu *principal estabelecimento*, que é aquele em que se concentra o maior volume de negócios (há entendimento doutrinário no sentido de que o conceito abrange, na verdade, o *local de onde partem as decisões empresariais* – Enunciado 466 JDC/CJF). Na hipótese de empresa estrangeira, deve-se avaliar qual de suas filiais no território nacional é aquela com maior movimentação.

Pelo processo de falência, instala-se o **concurso de credores** (daí porque o processo falimentar é também chamado de **concursal**), cujo objetivo é o pagamento proporcional de todas as dívidas, evitando-se a preferência de alguns no recebimento exclusivamente porque cobrou primeiro o devedor em detrimento de outros cujas dívidas venceriam posteriormente. Sendo de mesma classe, os credores receberão conjuntamente na proporção de seus créditos.

6.4.2. Sujeito passivo da falência

Pode ser réu no processo de falência *o empresário, pessoa física ou jurídica, regular ou irregular*. Lembre-se que o empresário irregular, pessoa física ou sociedade em comum, *pode falir, porém não lhe é autorizado requerer a falência de outrem* (item 1.2, letra "b").

A par desta regra, o art. 2º da LF destaca pessoas que *não estão sujeitas* ao regime jurídico falimentar, a despeito de serem empresárias: a empresa pública e a sociedade de economia mista; instituições financeiras; cooperativas de crédito; consórcios; entidades de previdência complementar (previdência privada); planos de saúde; seguradoras; sociedades de capitalização; e outras entidades que a lei eventualmente equiparar a estas.

O motivo da exclusão é a natureza das atividades elencadas, que, devido ao grande vulto econômico que normalmente apresentam, preferiu o legislador deixar as hipóteses de insolvência dessas empresas a cargo da legislação especial. Por isso dizemos que essas entidades não entram em falência, mas em **liquidação**.

A despeito de não figurar tecnicamente como sujeito passivo no processo falimentar, a decretação da falência da sociedade acarreta a falência do *sócio com responsabilidade ilimitada*, que sofrerá as mesmas limitações da sociedade falida nas obrigações patrimoniais e quanto ao impedimento para exercício de nova empresa.

6.4.3. Sujeito ativo da falência e hipóteses de decretação

O estudo de quem pode requerer a falência de outrem está umbilicalmente ligado às hipóteses legais de decretação da quebra.

Diante disso, é fundamental, primeiro, avaliarmos quando a lei determina que a falência do devedor empresário seja decretada:

a) impontualidade injustificada: quando o devedor, *sem relevante razão de direito, não paga no vencimento obrigação líquida representada em título ou títulos executivos protestados cuja soma seja superior a 40 salários mínimos.*

Se este é o fundamento do pedido, a falência pode ser requerida por qualquer credor cujo crédito seja superior a 40 salários mínimos, desde que os títulos executivos sejam líquidos (também considerados aqueles que dependam de simples cálculos aritméticos – STJ, AgRg no Ag 1073663/PR, *DJ* 03.02.2011) e já estejam protestados (sendo que a notificação do protesto para fins falimentares *exige a identificação da pessoa que a recebeu* – STJ, Súmula 361). É permitido que vários credores se reúnam para atingir o valor mínimo exigido na lei, participando do processo falimentar como **litisconsortes ativos**.

Pode, também, ocorrer a **autofalência**, situação na qual *o próprio devedor requer a quebra*, que será analisada posteriormente. Além do próprio devedor, pessoalmente ou seu sócio, se for pessoa jurídica, a lei autoriza o pedido de falência elaborado pelo *cônjuge sobrevivente, qualquer herdeiro ou pelo inventariante*, em caso de falecimento do empresário individual.

b) execução frustrada: caracterizada pela **tríplice omissão**, quando *o devedor, em processo de execução de título judicial ou extrajudicial, não paga, não deposita o valor em juízo nem nomeia bens à penhora para garantir a execução.*

Não se configura a execução frustrada caso a nomeação de bens à penhora seja intempestiva (STJ, REsp 741053/SP, *DJ* 20.10.2009).

Nesse caso, além da hipótese da autofalência, *qualquer credor* pode ingressar com o pedido de quebra, *não se exigindo o valor mínimo.*

c) atos de falência: previstos no art. 94, inciso III, da LF, *são atos do devedor que a lei presume fraudulentos e indicativos de sua insolvência.* São exemplos clássicos a liquidação precipitada de ativos e o abandono de estabelecimento (usualmente conhecido como "golpe na praça").

O próprio artigo estabelece que os atos nele previstos não serão considerados como fundamento do pedido de falência se integrarem plano de recuperação judicial do devedor regularmente aprovado. Havemos de ter cuidado, pois esta parte do artigo demanda **interpretação restritiva**. Boa parte dos atos previstos são **nulos** ou **anuláveis**, como a realização de negócios simulados, e isso não poderia nunca estar previsto em plano de recuperação. O mesmo ocorre com o abandono do estabelecimento.

O pedido judicial de falência do devedor fundado em ato de falência segue a mesma regra da execução frustrada: é lícito a qualquer credor formulá-lo, independentemente do valor de seu crédito, esteja ele vencido ou não.

Sublinhamos uma vez mais que a lei diz *qualquer credor*, podendo este ser empresário ou não (ex.: é possível que o empresário individual tenha sua falência requerida por seu advogado por conta de uma dívida líquida não paga sem motivo justo em valor superior a 40 salários mínimos). Se for empresário, *deve estar regularmente inscrito na Junta Comercial.*

6.4.4. A sentença de decretação da falência e seus efeitos

A sentença judicial que decreta a quebra da empresa tem natureza **constitutiva** (não obstante seja costumeiramente conhecida como *sentença declaratória de falência*), pois altera a situação jurídica do devedor, modificando, criando e extinguindo direitos de todos os envolvidos.

Outra característica que merece nota é que, apesar da nomenclatura legal de *sentença*, trata-se de **decisão interlocutória especial**, porque encerra uma fase processual e inicia outra – a falência propriamente dita, conforme se verá adiante. Assim, o recurso cabível contra a sentença que decreta a falência é o **agravo de instrumento**, nos termos do CPC, sendo cabível a retratação pelo juiz.

Da sentença declaratória de falência decorre uma série de efeitos:

a) afastamento do devedor ou de seus sócios de suas atividades: o empresário individual ou sócios da sociedade falida ficam impedidos de exercer qualquer atividade empresarial até sua reabilitação;

b) indisponibilidade dos bens e criação da massa falida: com a quebra, o falido *perde o direito de dispor sobre seus bens*, que serão arrecadados para posterior venda e pagamento dos credores. O patrimônio do devedor e do *sócio com responsabilidade ilimitada* passa a ser considerado uma *universalidade de fato*, que se denomina **massa falida objetiva**. Arrecadados todos os bens do devedor e do sócio com responsabilidade ilimitada, sua administração deve ser feita em conjunto, sendo proibidos quaisquer atos de alienação ou oneração individual sem a concordância do administrador judicial e do Comitê.

Fala-se, também, na formação da **massa falida subjetiva**, que é *o conjunto de credores do falido*;

c) nomeação do administrador judicial: cuja função primordial, já vimos, é a administração da massa falida e a elaboração do quadro-geral de credores;

d) suspensão das ações judiciais promovidas contra o falido e do respectivo prazo prescricional: a partir da decretação da quebra, o juízo que a determinou passa a ser o único competente para tratar das questões patrimoniais envolvendo o devedor. Dessa forma, todos aqueles que detêm créditos junto a este devem *habilitá-los* junto ao juízo falimentar. É o fenômeno da **força atrativa (ou** ***vis attractiva*****)**, que cria o **juízo universal da falência**.

Há, porém, ações judiciais que não se sujeitam ao juízo universal, continuando a correr nas varas originais até o trânsito em julgado da sentença. É o caso das *ações trabalhistas, das execuções fiscais, das ações de competência da Justiça Federal, aquelas cujo devedor seja o autor da demanda ou nas que envolverem quantia ilíquida.*

Em todos esses casos, ao final do processo, o credor, munido do título executivo judicial, deve habilitar-se no juízo falimentar para que seu crédito seja classificado na ordem legal de pagamento, com exceção da Fazenda Pública, cujo crédito não depende de habilitação para ser pago (art. 187 do CTN).

Para garantir a existência de valores para pagamento desses créditos reconhecidos fora do juízo falimentar, o juiz que receber a petição inicial e o próprio devedor regularmente citado devem informar o juiz responsável pelo processo de falência para que seja efetuada a reserva das importâncias que estimarem devidas;

e) fixação do termo legal da falência: o termo legal é *o período anterior à decretação da quebra no qual os atos jurídicos com escopo patrimonial praticados pelo devedor são considerados suspeitos e, destarte, ineficazes perante a massa falida.* Deve o juiz fixar a data inicial deste período, não podendo esta ser estabelecida mais de 90 dias antes do pedido de falência, do pedido de recuperação judicial (se este precedeu à falência) ou do primeiro protesto por falta de pagamento (excluídos aqueles eventualmente cancelados).

A existência do termo legal fundamenta-se no fato de que o devedor é, certamente, o primeiro a saber que a empresa vai mal e pode vir a falir. Sob esta óptica, determina a lei que alguns atos, elencados no art. 129, *não produzam efeitos* perante a massa falida, *independentemente da intenção ou não de fraudar os credores.* Repise-se que é hipótese de **ineficácia do ato**, que permanece válido diante do contratante de boa-fé e que, portanto, poderá cobrar do devedor os efeitos da evicção;

f) suspensão das atividades da empresa: a fim de manter íntegro o patrimônio existente no momento da decretação da falência, a regra é que as atividades da empresa sejam suspensas para a arrecadação dos bens e sua posterior venda para pagamento dos credores.

Entretanto, por vezes é mais interessante para os próprios credores que a empresa continue funcionando, diante de sua produtividade. Se recomendável, o juiz pode determinar então a **continuação provisória da empresa**, que será gerida pelo administrador judicial;

g) contratos do falido: a rigor, a decretação da falência não tem nenhum efeito direto e automático sobre os contratos firmados pelo empresário falido. *Os contratos não se resolvem de pleno direito com a falência*, continuando válidos. O que nasce é o dever do administrador judicial de *avaliar a conveniência de cumprir cada contrato*, devendo fazê-lo exclusivamente se for de interesse da massa, ou seja, se o cumprimento do acordo evitar o aumento do passivo ou permitir a manutenção ou preservação dos ativos, ouvido o Comitê de Credores. Caso contrário, o administrador judicial não deve honrá-lo.

Não pode, em contrapartida, o outro contratante ser deixado sem resposta, na dúvida sobre o cumprimento da avença. Estabelece, então, a LF que a outra parte deve interpelar o administrador judicial em até 90 dias contados de sua nomeação sobre a intenção ou não de adimplemento. Silente o administrador ou resolvendo este pelo não cumprimento, caberá indenização ao contratante em valor apurado em processo ordinário que constituirá **crédito quirografário**.

As determinações estudadas aplicam-se tanto aos contratos bilaterais quanto aos unilaterais. Há, a par, algumas determinações específicas para certos tipos de contratos, nos quais não há espaço para discricionariedade do administrador judicial: ele deve seguir os ditames da lei.

Além das diversas hipóteses colacionadas pelo art. 119 da LF, dispõe o Diploma Falimentar que os contratos de mandato e comissão nos quais o falido seja parte *são encerrados de pleno direito* com a falência, *exceto os mandatos para representação judicial*.

As contas-correntes bancárias são também encerradas com a decretação da quebra, arrecadando-se eventual saldo para composição da massa falida.

6.4.5. *Sentença denegatória de falência*

Se não for caso de decretação da quebra, seja porque o requerente não preenche os requisitos legais, seja porque não restou plenamente configurada qualquer das hipóteses legais (impontualidade injustificada, execução frustrada ou ato de falência), ou ainda diante do pagamento efetuado pelo devedor, o juiz extinguirá o processo com resolução do mérito por meio de sentença, esta sim com natureza definitiva, da qual caberá recurso de **apelação**, recebido no duplo efeito.

6.4.6. *Ordem de pagamento dos créditos*

Como estudado anteriormente, um dos principais objetivos do juízo concursal da falência é o pagamento proporcional de todos os credores. Isso, porém, não estabelece igualdade de condições entre todos eles no recebimento dos créditos, pois a LF cria uma ordem de preferência no pagamento do passivo da massa falida.

O valor total dos débitos e o valor individual a qual cada credor tem direito em cada classe de pagamento são discriminados no **quadro-geral de credores**, elaborado pelo administrador judicial com base nas informações fornecidas pelo falido e posteriormente homologado pelo juiz. Só receberá o dinheiro a pessoa que estiver devidamente inscrita no quadro-geral, sendo possível sua impugnação para incluir crédito, alterar o valor reconhecido ou questionar sua inclusão em determinada classe.

O pagamento, portanto, será realizado na ordem seguinte:

a) **antecipação de créditos trabalhistas de natureza alimentar**: *havendo dinheiro em caixa*, deve o administrador judicial antecipar o pagamento dos *salários* vencidos nos 03 meses anteriores à decretação da falência, até o limite de 05 salários mínimos por trabalhador;

b) **restituições em dinheiro**, conforme art. 86, parágrafo único, da LF (*vide* item 6.4.8, infra);

c) **créditos extraconcursais:** são aqueles previstos no art. 84 da LF, os quais, como o nome sugere, *não existiam no momento da criação do concurso de credores, ou seja, são os débitos da massa falida e não do devedor falido*. Figuram aqui, basicamente, as despesas realizadas para a administração da massa falida, como a remuneração do administrador judicial, e as dívidas surgidas depois da decretação da quebra, como os tributos cujos fatos geradores sejam posteriores à sentença declaratória de falência;

d) **créditos decorrentes da legislação do trabalho, limitados a 150 salários mínimos por trabalhador, e decorrentes de acidente de trabalho**: neste momento, são pagos todos os créditos decorrentes da legislação trabalhista (férias, 13º salário etc.), *deduzida eventual antecipação recebida* (conforme item "a", que se refere exclusivamente a *salários*), até o limite de 150 salários mínimos por trabalhador. O que exceder este teto será classificado como *crédito quirografário*.

Quanto aos créditos decorrentes de acidente de trabalho, encontram-se neste mesmo patamar, *porém não são limitados pelo teto imposto aos créditos trabalhistas*;

e) **créditos com garantia real, até o limite do valor do bem gravado**: são dívidas do falido nas quais este *ofertou garantia real para pagamento* (penhor, hipoteca, anticrese, debêntures com garantia real etc.). Recebem após os credores trabalhistas, porém, os pagamentos aqui também são limitados, sendo quitados com preferência somente até o valor de avaliação do bem dado em garantia. O que exceder é classificado como *crédito quirografário*;

f) **créditos tributários**: abrangem *tributos de qualquer natureza, cujos fatos geradores sejam anteriores à decretação da quebra* (os posteriores são extraconcursais) *e já estejam inscritos em dívida ativa*. Ficam excluídas as multas tributárias, expressamente colocadas após os créditos quirografários. O valor a ser pago neste momento, portanto, inclui apenas o tributo, os juros e a correção monetária;

g) **créditos com privilégio especial**: previstos no art. 964 do CC, as microempresas e empresas de pequeno porte e outros esparsos na legislação extravagante, além daqueles em favor dos microempreendedores individuais, microempresas ou empresas de pequeno porte;

h) **créditos com privilégio geral**: previstos no art. 965 do CC, em artigos esparsos da legislação extravagante e, o mais importante, no art. 67, parágrafo único, da LF, que concede privilégio geral ao *fornecedor de bens ou serviços que continuar a provê-los normalmente após o pedido de recuperação judicial*, caso a falência venha a ser decretada. Este fornecedor seria mero credor quirografário, mas, como auxiliou o devedor em recuperação, tem como benefício a subida de seu crédito na escala de pagamento;

i) **créditos quirografários**: *são aqueles sem nenhum tipo de garantia ou privilégio*, decorrentes de títulos de crédito ou contratos sem pactos acessórios de garantia real. Seu conceito é residual: *qualquer crédito que não se enquadrar nas demais categorias, será considerado quirografário*;

j) **multas contratuais e por infrações das leis penais, administrativas e tributárias**: dado seu caráter de penalidade, a LF optou por deixar o pagamento das multas em plano inferior. Importante é o pagamento do valor principal, corrigido monetariamente e com aplicação dos juros de mora. A cláusula penal será adimplida apenas se houver dinheiro disponível após o pagamento dos credores quirografários. Com a atual redação da LF, fica superada a Súmula 565 do STF, que, sob a vigência do Decreto-lei 7.661/1945, afastava do juízo falimentar a cobrança das multas fiscais moratórias;

k) **créditos subordinados**: criação da LF em 2005, trata-se dos últimos créditos a serem quitados. Sua classificação decorre expressamente da lei (tal como nos créditos com privilégio especial e geral), sendo possível elencar *as debêntures sem garantia real e os créditos dos sócios e administradores sem vínculo empregatício*.

Nunca é demais ressaltar que a existência de créditos em classe mais elevada *impede* o pagamento das classes inferiores. Com a venda total do ativo, os fundos levantados serão usados para o pagamento dentro de cada classe na ordem indicada, passando para a próxima apenas com a quitação integral dos créditos existentes nas categorias mais privilegiadas.

6.4.7. *Ação revocatória*

Ação judicial típica do processo falimentar, a ação revocatória *destina-se a obter declaração de ineficácia perante a massa falida ou a revogação de atos praticados pelo devedor antes da decretação da quebra, compreendidos ou não dentro do termo legal da falência.*

Tais atos são considerados ineficazes perante a massa diante da existência efetiva ou presumida de fraude contra os credores. A ação pode ser proposta por qualquer deles, pelo administrador judicial ou pelo Ministério Público no prazo *decadencial* de 03 anos, contados da decretação da falência.

A LF traz duas espécies de ação revocatória. Em dizeres mais técnicos, a *causa de pedir* na ação revocatória será uma de duas, previstas, respectivamente, nos arts. 129 e 130 da lei.

No art. 129, encontramos a **ineficácia objetiva**, que independe da comprovação da intenção de fraudar os credores pelo falido ou da má-fé do outro contratante, que pode saber ou não do estado crítico da empresa. O rol é *taxativo*, bastando ao interessado provar sua ocorrência. Por força da presunção legal, pode o juiz inclusive declará-la *de ofício*, dispensando a propositura da ação.

O art. 130, por seu turno, fundamenta a ação revocatória na **ineficácia subjetiva**, ou seja, a ineficácia do ato somente será declarada *se comprovada a intenção do devedor de fraudar os credores e o conluio fraudulento (*consilium fraudis*) com o outro contratante, que se beneficia do ato conhecendo a intenção nefasta da outra parte.* Aqui temos um conceito aberto, pois qualquer ato fraudulento, de qualquer natureza, pode ser declarado ineficaz se provada a fraude. O resultado, considerada a má-fé que envolve o ato, *não é de simples ineficácia perante a massa, mas sim de revogação daquele.*

Em resumo:

Ação revocatória	
Art. 129	Art. 130
Ineficácia objetiva	Ineficácia subjetiva
Ineficácia perante a massa	Revogação do ato
Rol taxativo	Conceito aberto
Independe da intenção de fraudar	*Consilium fraudis*
Pode ser declarada de ofício	Necessariamente mediante provocação

A jurisprudência traz uma questão muito interessante atinente à caracterização da ineficácia objetiva. Acompanhe o raciocínio: uma das hipóteses de ineficácia objetiva é a alienação do estabelecimento sem consentimento dos credores (art. 129, VI), ato que se caracteriza com o contrato de **trespasse**. Como já estudado, o trespasse transfere a terceiro todo o estabelecimento empresarial, tratado como *universalidade de fato*. É certo que as mercadorias em estoque constituem um dos elementos corpóreos do estabelecimento, porém, sua venda regular é parte integrante do desenvolvimento da atividade econômica, razão pela qual não pode ser considerada como alienação *do estabelecimento*. Sendo assim, é descabida a ação revocatória para pleitear a declaração da ineficácia de atos cotidianos da empresa, ainda que praticados em estado pré-falimentar (STJ, REsp 1079781/RS, *DJ* 14.09.2010).

6.4.8. *Pedido de restituição*

Sabemos que uma das primeiras determinações do administrador judicial, após sua nomeação, é a *arrecadação dos bens do falido e do sócio com responsabilidade ilimitada*, que na prática se resumem a todos aqueles que estejam na posse direta ou indireta destas pessoas. Pode acontecer, contudo, que dentro desse universo existam bens que *não pertencem ao falido* (ex.: um dos veículos estacionados dentro da fábrica pertencia a terceiro estranho ao quadro societário, que ali o deixou temporariamente), ou que a ele foram entregues em virtude de compra e venda para pagamento a prazo nos *15 dias que antecederam a quebra* (e ainda não foram pagos).

Ressalte-se que o limite temporal de 15 dias é específico para a hipótese de compra e venda a prazo. Para todas as demais, inclusive aquelas que autorizam a restituição em dinheiro, pouco importa o momento no qual o falido obteve a posse da coisa ou do valor a ser restituído (STJ, Súmula 133).

Em ambas as hipóteses, compete ao proprietário do bem ou ao vendedor o **pedido de restituição**, espécie de ação judicial em que se requer *a devolução do bem arrecadado ou seu equivalente em dinheiro.*

A restituição em dinheiro só será deferida:

a) se a coisa não mais existir ao tempo do pedido de restituição;

b) para os valores decorrentes de adiantamento de contrato de câmbio para exportação, nos termos da Lei 4.728/1965;

c) dos valores entregues ao devedor pelo contratante de boa-fé se declarada a revogação ou ineficácia do contrato por força de ação revocatória.

A restituição em dinheiro é feita *logo após o adiantamento das verbas salariais de natureza alimentar*, conforme dispõe o art. 86, parágrafo único, da LF. Com essa redação, impõe-se que seja dada nova interpretação à Súmula 307 do STJ, editada sob a égide do Decreto-lei 7.661/1945, que dispõe: "A restituição de adiantamento de contrato de câmbio, na falência, deve ser atendida antes de qualquer crédito". Hodiernamente, por "qualquer crédito" devemos entender "créditos concursais e extraconcursais", mantendo-se a preferência dos créditos estritamente salariais relativos aos três meses anteriores à quebra, até o limite de 05 salários mínimos por trabalhador, mesmo diante do dever de restituição.

Pendente de julgamento o pedido de restituição, fica suspensa a disponibilidade da coisa arrecadada até o trânsito em julgado daquele, devendo a massa falida ou qualquer outra pessoa indicada pelo administrador judicial cuidar para que o bem não pereça. Ao final, julgado procedente o pedido de restituição, o proprietário deve ressarcir os gastos realizados com a conservação da coisa.

Indeferida a restituição, o crédito do requerente será anotado no quadro-geral de credores seguindo a classificação já conhecida.

Em qualquer caso (procedente ou improcedente o pedido de restituição), cabe *apelação sem efeito suspensivo.*

6.4.9. *Procedimento judicial*

O processo judicial da falência é escalonado, sendo sempre dividido em três etapas, qualquer que seja o fundamento do pedido.

Inicia-se com a fase **pré-falimentar**, na qual serão discutidos os motivos ensejadores da quebra, garantidos o contraditório e a ampla defesa do devedor; com a decretação da falência, abre-se a fase **falimentar propriamente dita**, na qual se opera a realização do ativo e pagamento do passivo da massa; por fim, verificados os requisitos legais, conclui-se o procedimento pelo **encerramento** da falência. Vamos analisar cada uma dessas fases em separado:

a) Fase pré-falimentar

Inicia-se com o ajuizamento do pedido de falência pelas pessoas autorizadas (*vide* item 6.4.3, supra). Fundada em impontualidade injustificada, a petição inicial deve vir acompanhada do título vencido *devidamente protestado*; se a causa de pedir for a execução frustrada, junta-se a *certidão do cartório* onde corre o processo de execução.

O devedor será citado para, *em 10 dias*, apresentar defesa e/ou realizar o **depósito elisivo**, que nada mais é do que *o depósito em juízo do valor cobrado pelo autor da ação*, com o fito de quitar a dívida e extinguir o processo. A apresentação de contestação e o depósito elisivo são independentes, abrindo-se, destarte, ao réu, três opções ao comparecer ao processo: *somente apresentar a contestação*, seguindo-se a produção de provas, se necessária, e o julgamento da lide pelo juiz; *apresentar a contestação e promover o depósito elisivo*, caso em que este se apresenta como **garantia do juízo**, ou seja, o processo continua até o julgamento pelo juiz, *mas a falência não poderá ser decretada em hipótese alguma*, mandando o magistrado que o requerente levante o valor caso seja procedente o pedido de quebra; ou *realizar apenas o depósito elisivo*, situação na qual o juiz simplesmente declara elidida a falência, condenando o devedor ao pagamento das verbas de sucumbência.

O valor do depósito elisivo deve compreender a dívida principal, correção monetária, juros de mora e honorários do advogado (STJ, Súmula 29).

O art. 98, parágrafo único, da LF autoriza expressamente o depósito elisivo nos pedidos de falência fundados em impontualidade injustificada ou execução frustrada, deixando de fora aquele baseado em ato de falência. Isso levou alguns autores a defender a impossibilidade de depósito elisivo nesta hipótese. Outros, porém, argumentam que o depósito elisivo sempre é possível porque configura pagamento da dívida, retirando do autor da ação a qualidade de credor e, portanto, sua legitimidade ativa. O tema ainda é controverso, não tendo os Tribunais Superiores se pronunciado sobre a questão.

Os argumentos possíveis de serem apresentados pelo réu em sua contestação podem ser limitados dependendo do fundamento do pedido. Acusado da prática de ato de falência, há plena liberdade na contestação a fim de provar a inocorrência do ato ou que mantém ativo suficiente para saldar suas dívidas. Já contra a alegação de impontualidade injustificada ou execução frustrada, sua contestação deve cingir-se a demonstrar a existência de justo motivo para não honrar o título ou o processo executório prévio (prescrição, pagamento anterior, falsidade da assinatura etc.).

O devedor pode, em adição, como uma quarta alternativa, no prazo da defesa *ingressar com pedido de recuperação judicial*, que suspenderá o processo falimentar.

Por fim, lembre-se da possibilidade da falência ser requerida pelo próprio devedor (a **autofalência**), prevista no art. 105 da LF. Sua característica peculiar é o fato *de não haver contestação*, por óbvio, devendo o juiz apenas verificar se o pedido está corretamente instruído com os documentos comprobatórios de seu estado de insolvência: se estiver, decreta a quebra; se não, determina a emenda da inicial.

b) Fase falimentar

Inicia-se com o trânsito em julgado da sentença declaratória de falência e visa a *saldar as dívidas do falido na ordem estabelecida no quadro-geral de credores* mediante a **arrecadação** dos bens e sua posterior **realização** (venda para terceiros).

Ao assumir suas funções, o administrador judicial deve fazer publicar uma primeira relação de credores com base em informações que lhe serão fornecidas pelo próprio falido ou seus sócios. Abre-se, então, prazo de *15 dias* para **impugnações** sobre a existência de determinado crédito, seu valor ou a classificação que lhe foi dada, bem como para que credores que não tenham sido relacionados promovam a **habilitação** de seus créditos, provando sua existência e valor. Destaque-se que a falência *opera o vencimento antecipado de todas as dívidas do falido*, devendo os respectivos credores habilitar seus créditos ainda que vincendos. Podem impugnar créditos o Comitê, se existente, o devedor, os credores e o Ministério Público.

Os pedidos são deduzidos *junto ao administrador judicial*, que publicará suas conclusões por meio de nova lista de credores no prazo de *45 dias*. Desta lista, caberão novas reclamações, agora formuladas ao juiz, em até *10 dias*.

Resolvidas as pendências, o juiz homologa o quadro-geral de credores.

Mesmo após a homologação do quadro, é possível a inclusão de créditos que nele ainda não constem. É a chamada **habilitação retardatária**, que seguirá o rito ordinário previsto no CPC. A rigor, recebe a nomenclatura de *habilitação retardatária qualquer pedido de inclusão de crédito posterior ao primeiro prazo para habilitações.*

Em paralelo a estes procedimentos, e deles totalmente independente, o administrador judicial pode começar a **realização do ativo**, pela alienação dos bens arrecadados após a avaliação pelo valor de mercado.

O art. 140 da LF estabelece uma ordem de preferência nos lotes a serem alienados, tudo com o escopo de facilitar a continuação da empresa: venda dos *estabelecimentos em bloco*; venda das *filiais ou unidades produtivas isoladamente*; alienação *em bloco dos bens que integram cada um dos estabelecimentos*; e venda *isolada dos bens individualmente considerados.*

Outras modalidades de alienação podem ser autorizadas pelo juiz mediante requerimento do administrador judicial ou do Comitê de Credores no interesse da massa.

As alienações serão promovidas mediante leilão por lances orais, propostas fechadas ou pregão, a critério do juiz, ouvidos, mais uma vez, o administrador judicial e o Comitê.

Frise-se, em derradeiro, que o Ministério Público deve ser intimado pessoalmente de *todos* os atos de alienação, sob pena de nulidade.

No que tange à realização do ativo, as inovações trazidas em 2005 pela nova LF eram há muito esperadas pela doutrina e jurisprudência, bem como pelo próprio mercado, que viu na possibilidade de venda dos bens arrecadados antes mesmo da consolidação do quadro-geral de credores (antes proibida pelo Decreto-lei 7.661/1945) um grande avanço no pagamento dos créditos. Isso porque, não raro, diante da complexidade dos incidentes apresentados ao longo do processo falimentar, o ativo do falido se deteriorava completamente, esvaindo-se seu valor de mercado e impossibilitando, destarte, a quitação das dívidas.

Outra mudança substancial que abriu caminho para que as alienações promovidas no bojo da falência garantissem resultado satisfatório foi a previsão expressa de que *ficam afastadas as sucessões nas dívidas trabalhistas e tributárias sobre os estabelecimentos do falido adquiridos nessa condição* (alienação judicial no processo falimentar). Sabemos que, como regra, o adquirente de um estabelecimento empresarial herda o passivo trabalhista e tributário do antigo proprietário. Em se tratando de venda decorrente de falência, é natural a existência de débitos dessa natureza, o que acabava por afastar eventuais interessados no arremate. Ato contínuo, os bens acabavam vendidos isoladamente por valor muito menor, uma vez que era desconsiderado o **aviamento**, e as atividades da empresa acabavam encerradas, acarretando o desemprego de todos os seus trabalhadores.

Na nova sistemática, credores trabalhistas e tributários receberão seus créditos na ordem estabelecida pela lei, nada podendo cobrar do novo adquirente do estabelecimento.

Naturalmente, a LF se preocupou com a abertura de certa margem para fraudes que o benefício implica. Afinal, bastaria que o próprio devedor adquirisse seu estabelecimento por meio de outra pessoa jurídica para recebê-lo de volta isento das dívidas que auxiliaram a caracterizar sua insolvência. Para evitar esse efeito colateral nefasto, o art. 141, § 1º, dispõe que *haverá a sucessão nas dívidas* se for identificado que o adquirente é *sócio da sociedade falida ou de sociedade controlada pelo falido*; *parente, em linha reta ou colateral até quarto grau, consanguíneo ou afim, do falido ou de sócio da sociedade falida*; ou *agente* ("laranja") *do falido com o objetivo de fraudar a sucessão*.

c) Encerramento da falência

Realizado o ativo e pagos os credores até o esgotamento das forças da massa, deve o administrador judicial apresentar suas contas finais ao juiz no prazo de 30 dias, as quais, após a publicação em jornal de grande circulação, podem ser impugnadas por qualquer interessado ou pelo Ministério Público em até 10 dias. Rejeitadas as contas, *o administrador é destituído e perde seu direito à remuneração*. Da sentença do juiz que julga as contas do administrador cabe **apelação**.

Aprovadas as contas, deve o juiz *declarar encerrada a falência* por sentença. O trânsito em julgado desta marca o termo inicial da prescrição das obrigações do falido, cujos prazos *ficaram suspensos durante todo o trâmite do processo falimentar*.

O empresário que teve sua falência decretada fica *impedido de exercer nova empresa* até que suas obrigações sejam extintas. É a chamada **reabilitação do falido**, que deve ser obtida por sentença judicial provando o interessado uma das seguintes situações:

c1) pagamento de todos os créditos;

c2) pagamento de mais de 50% dos créditos quirografários após a realização de todo o ativo, sendo autorizado que o interessado deposite o valor necessário para atingir o limite mínimo;

c3) decurso do prazo de 05 anos, contado do encerramento da falência, se o falido não tiver sido condenado por crime falimentar;

c4) decurso do prazo de 10 anos, contado do encerramento da falência, se o falido houver sido condenado por crime falimentar. Nessa hipótese, pode o juiz penal, *expressa e motivadamente*, estender os efeitos da inabilitação por até 05 anos após o cumprimento da pena, sendo autorizada eventual reabilitação penal antes do término do prazo para que o falido obtenha a declaração de extinção de suas obrigações.

6.5. Recuperação judicial

Substituta da antiga concordata, a recuperação judicial *é o procedimento que visa a preservar o funcionamento da empresa viável que atravessa período de crise econômico-financeira*. Atendidos aos requisitos legais, o empresário que acredita que o momento desfavorável pelo qual passa é temporário pode requerer em juízo que sejam autorizadas medidas que permitam que a empresa se recupere, procurando, assim, causar o mínimo prejuízo possível aos credores (cujo crédito encontraria maiores dificuldades para ser satisfeito em uma falência) e continuar no mercado. Essas medidas são previstas no **plano de recuperação judicial**, elaborado pelo próprio empresário e aprovado pelos seus credores reunidos em assembleia geral.

6.5.1. Disposições comuns à recuperação judicial e à falência

Aplicam-se à recuperação judicial os conceitos aprendidos na falência sobre o papel do juiz, do Ministério Público, da Assembleia geral e do Comitê de Credores, do administrador judicial e da elaboração do quadro-geral de credores. Devemos atentar, não obstante, às pequenas diferenças abaixo discriminadas:

a) os créditos tributários não estão sujeitos à recuperação judicial. Muito ao contrário, é um dos requisitos para a concessão do benefício a juntada de certidão negativa de débitos tributários. A despeito de serem excluídos do plano de recuperação, o art. 68 da LF autoriza que as Fazendas Públicas e o INSS defiram parcelamentos de seus créditos para devedores em recuperação e que garantam às microempresas e empresas de pequeno porte um prazo de parcelamento, no mínimo, 20% superior ao concedido para as demais empresas;

b) também não estão sujeitos à recuperação judicial os seguintes créditos: propriedade fiduciária de bens móveis ou imóveis, arrendamento mercantil, compra e venda de imóveis gravada com cláusula de irrevogabilidade ou irretratabilidade, compra e venda com reserva de domínio e adiantamento de contrato de câmbio para exportação;

c) o administrador judicial não substitui os administradores da empresa, sendo sua função *acompanhar a execução do plano de recuperação pelo próprio devedor*.

6.5.2. Plano de recuperação

O instituto da recuperação judicial representou significativo avanço no tratamento da empresa em crise quando comparado à concordata. Esta tinha um formato fechado, autorizando apenas a moratória no pagamento dos créditos por determinado período de tempo.

A recuperação, por sua vez, deixa o devedor livre para propor as alterações que entender necessárias nas suas obrigações vencidas ou vincendas para que tenha condições de reerguer a empresa. A lista de meios de recuperação apresentada no art. 50 da LF é *meramente exemplificativa*, envolvendo a concessão de maior prazo para pagamento, a venda de estabelecimentos, o perdão de multas etc.

Existem apenas algumas restrições que o empresário deve atentar quando da elaboração do plano:

a) não é possível prever prazo maior do que 01 ano para pagamento das dívidas trabalhistas;

b) não é possível prever prazo maior do que 30 dias para pagamento de créditos estritamente salariais vencidos nos 03 meses anteriores à concessão da recuperação, até o limite de 05 salários mínimos por trabalhador.

Frise-se que, na hipótese do plano prever a venda de estabelecimentos ou unidades produtivas isoladas, a adjudicação será feita em leilão nos mesmos moldes da falência, ou seja, *não haverá sucessão das dívidas ao adquirente*, respeitadas também as exceções já estudadas (*vide* item 6.4.9, "b", supra).

6.5.3. Processamento do pedido de recuperação

São autorizados a ajuizar o pedido de recuperação, além do próprio empresário individual ou sociedade empresária, o cônjuge sobrevivente, seus herdeiros, o inventariante e o sócio remanescente da sociedade empresária em caso de falecimento do empresário.

O rito procedimental é dividido *em duas etapas*: o **deferimento do processamento da recuperação** e a **apresentação, aprovação e execução do plano de recuperação**.

Para que o devedor em crise tenha *deferido* seu pedido de recuperação, é necessária a concorrência dos seguintes requisitos:

a) exercício regular de atividade empresária há mais de dois anos;

b) não ser falido, ou, se já o foi, ter tido suas obrigações declaradas extintas por sentença transitada em julgado;

c) não ter sido beneficiado com recuperação judicial há menos de 05 anos;

d) não ter sido condenado ou não ter, como administrador ou sócio controlador, pessoa condenada por crime falimentar.

Além disso, o empresário deve comprovar a viabilidade da empresa, demonstrando os motivos da crise que atravessa e por que estes são passageiros, bem como quais as vantagens obtidas com a recuperação judicial. Para embasar seus argumentos, o interessado deve apresentar, junto com a petição inicial, os documentos arrolados no art. 51 da LF, que incluem, exemplificativamente: *suas demonstrações contábeis dos últimos três exercícios sociais; relação nominal e completa de credores, com indicação pormenorizada do crédito de cada um; relação integral dos empregados e da folha de pagamento; certidão de regularidade do registro da empresa na Junta Comercial etc.*

6.5.4. Efeitos do processamento da recuperação

O deferimento do processamento da recuperação judicial *suspende a tramitação e a prescrição das ações individuais em curso contra o devedor*, tal qual ocorre na falência. Todavia, aqui a suspensão *não poderá exceder 180 dias em nenhuma hipótese*: findo o lapso temporal, os processos retomam seu curso normal. Entende a doutrina, por outro lado, que tal prazo pode ser excepcionalmente prorrogado, desde que o retardamento do feito não possa ser imputado ao devedor (Enunciado 42 da I Jornada de Direito Comercial do Conselho da Justiça Federal).

Além disso, *desde a distribuição do pedido*, o devedor fica proibido de alienar ou onerar bens ou direitos de seu ativo permanente, salvo com autorização judicial precedida de consulta ao Comitê fundada em evidente utilidade aos credores, salvo se a providência estiver prevista no plano de recuperação.

Por fim, a partir desse momento o juízo que deferiu o processamento torna-se competente para tratar de quaisquer conflitos relacionados com a recuperação judicial, *exceto se a lide envolver bens não abrangidos pelo plano de recuperação judicial* (STJ, Súmula 480).

6.5.5. Apresentação, aprovação e execução do plano

Cumpridos os requisitos, o juiz *defere o processamento da recuperação judicial*, que não se confunde com o benefício propriamente dito. A decisão apenas inaugura a segunda fase do procedimento de recuperação.

Com a concessão judicial, o empresário que pleiteia a recuperação deve apresentar o **plano de recuperação judicial** para ser exposto ao crivo de seus credores *no prazo máximo de 60 dias*, sob pena de ter sua falência decretada. Se qualquer dos credores impugnar o plano, deve ser convocada uma **assembleia geral de credores**.

Nesta reunião, constituída exclusivamente para análise do plano apresentado pelo devedor, os credores são organizados nas três classes já conhecidas: trabalhistas e titulares de crédito decorrente de acidente de trabalho; credores com garantia real; credores com privilégio especial, geral, quirografários e subordinados.

A assembleia fatalmente terminará com um dos quatro resultados seguintes:

a) aprovação do plano: para que o plano seja considerado aprovado, *é imprescindível que receba maioria de votos em todas as classes existentes, em votação independente.* Na classe dos credores trabalhistas e dos credores que se enquadrem como microempresa ou empresa de pequeno porte, *estes votam por cabeça*, independentemente do valor de seus créditos, sendo considerado o plano aprovado pela concordância da maioria dos presentes; nas outras duas classes, o valor do voto *é proporcional ao valor do crédito*, sendo aprovado pela obtenção de votos favoráveis representantes da *maioria dos créditos presentes* e, *cumulativamente*, pela maioria simples dos *credores presentes*. Em qualquer das classes, não tem direito a voto e não será considerado na apuração do quórum necessário para aprovação o credor que não tiver o valor ou as condições de pagamento de seu crédito alterados pelo plano de recuperação;

b) aprovação do plano com alterações: os credores estão autorizados a propor alterações no plano de recuperação. Estas, porém, devem ser *ratificadas* pelo devedor e não podem representar alterações prejudiciais ao valor ou forma de pagamento de obrigações relativas apenas a *credores ausentes à assembleia*;

c) rejeição total do plano: hipótese na qual o devedor *terá sua falência decretada pelo juiz*; e

d) apoio ao plano: quando este não obteve o quórum de aprovação previsto em lei, mas obteve, cumulativamente, *voto favorável da maioria dos credores que representem mais da metade dos créditos presentes na assembleia*, independentemente de classe; *aprovação, nos termos da lei, em duas das quatro classes* (ou em uma delas, caso só existam duas); e *voto favorável de, no mínimo, 1/3 dos credores das classes que rejeitaram o plano.* Nesta situação, o juiz pode conceder a recuperação judicial, desde que não implique tratamento diferenciado entre os credores da classe que a rejeitou.

Aprovado o plano (diretamente ou por meio de decisão do juiz no caso de apoio ao plano), *tem início sua execução* por intermédio de decisão judicial que defere *o benefício da recuperação judicial*, da qual cabe recurso de **agravo de instrumento**. Esta decisão tem natureza de **título executivo judicial**, o que significa que, se o devedor em recuperação descumprir qualquer de suas obrigações previstas no plano, o credor respectivo pode promover a execução individual específica ou pedir a **convolação** da recuperação em falência.

6.5.6. *Efeitos da concessão da recuperação*

A recuperação judicial abrange *todos os créditos do devedor existentes na data do pedido*, vencidos ou vincendos, e todos se submeterão ao que estiver disposto no plano de recuperação, ainda que seus titulares não o tenham pessoalmente aprovado ou sejam objeto de execução específica (STJ, AgRg no Ag 1297876/SP, *DJ* 18.11.2010).

Ademais, será nomeado pelo juiz o administrador judicial, que, na recuperação, não substitui os administradores. Estes continuam a gerenciar a empresa, cabendo ao administrador apenas fiscalizar a execução do plano, *exceto se*:

a) houverem sido condenados por sentença criminal trânsita por crime falimentar, crime contra o patrimônio, contra a economia popular ou contra a ordem econômica;

b) houver indícios veementes da prática de crime falimentar;

c) houverem agido com dolo, simulação ou fraude contra os interesses dos credores;

d) houverem efetuado gastos pessoais manifestamente excessivos em relação à sua situação patrimonial, ou despesas sociais injustificáveis pelo seu vulto diante do capital social ou o gênero do negócio;

e) houverem descapitalizado injustificadamente a empresa;

f) houverem simulado ou omitido crédito ao apresentar a relação de credores na petição inicial;

g) negarem-se a prestar as informações solicitadas pelo administrador judicial ou pelo Comitê; e

f) o afastamento estiver previsto no plano de recuperação.

Nesses casos, o próprio devedor ou seus administradores serão afastados e o juiz designará um **gestor judicial** para administrar a empresa e dar cumprimento ao plano de recuperação. Até que o juiz o faça, tal incumbência caberá ao administrador judicial.

Por fim, mandará o juiz que seja inserido no nome empresarial do devedor a expressão "Em Recuperação Judicial", a fim de conferir a devida publicidade ao fato, possibilitando àqueles que venham a contratar com o beneficiado ter ciência de sua condição econômico-financeira.

6.5.7. *Encerramento da recuperação judicial*

Será declarada encerrada a recuperação judicial com o *cumprimento de todas as obrigações previstas no plano de recuperação que se vencerem nos 02 anos seguintes aos da concessão do benefício*. Dentro desse prazo, o inadimplemento de qualquer obrigação pode ensejar a **convolação** da recuperação em falência.

Havendo previsão no plano de obrigações a vencer em prazo superior a 02 anos, estas, obviamente, também deverão ser cumpridas pelo devedor, *porém não estaremos mais no âmbito da recuperação, já encerrada*. Assim, seu descumprimento pode ser objeto de execução individual específica ou *pedido de falência com base na impontualidade injustificada ou execução frustrada*, não se autorizando a convolação.

Com a declaração do encerramento, serão pagas as custas judiciais e providenciada a retirada da expressão "Em Recuperação Judicial" do nome empresarial do beneficiado.

6.5.8. *Convolação da recuperação em falência*

Trata-se de hipóteses nas quais a recuperação judicial será *automaticamente convertida em falência* mediante sentença do juiz:

a) pela não apresentação do plano de recuperação no prazo de 60 dias contados do deferimento do processamento do benefício;

b) pela rejeição do plano pela assembleia geral de credores (exceto se houver apoio ao plano);

c) pelo descumprimento de qualquer obrigação prevista no plano de recuperação dentro do prazo de 02 anos contados do início de sua execução.

Com a convolação, as obrigações sujeitas à recuperação terão restituídas suas características originais, sendo então classificadas no quadro-geral de credores da falência, descontados os valores eventualmente já pagos. Já aqueles que contrataram com o devedor em recuperação *depois* da concessão do benefício, serão classificados como *créditos extraconcursais*.

É importante ressaltar que, durante a execução do plano, nada impede que novos credores promovam pedido de falência da empresa com base na impontualidade injustificada ou execução individual frustrada, pois estes credores não se submetem à recuperação judicial.

6.5.9. *A recuperação judicial da microempresa e da empresa de pequeno porte*

A Lei Complementar 123/2006, no (art. 3º, I e II), considera **microempresa** aquela que apresenta *faturamento (receita bruta) anual inferior a R$360.000,00* e **empresa de pequeno porte** aquela cujo *faturamento anual inferior a R$4.800.000,00.*

Cumprindo o dispositivo constitucional que determina a concessão de tratamento simplificado e diferenciado para as pequenas empresas, a LF criou, como faculdade para estas, a possibilidade de apresentarem um plano simplificado de recuperação judicial. Como vantagem, o plano é prefixado em lei e não depende de aprovação dos credores; como desvantagem, exatamente por ser prefixado em lei, não dá margem para a criação de novos mecanismos de recuperação.

Em breve síntese, o plano simplificado deve prever o pagamento de todos os créditos (exceto os previstos nos §§ 3º e 4º do art. 49 da Lei de Falências, as restituições em dinheiro, os créditos fiscais e os decorrentes de repasses de recursos oficiais) em no máximo 36 parcelas mensais e sucessivas, corrigidas monetariamente e acrescidas de juros equivalentes à Taxa SELIC, sendo que a primeira parcela será paga em no máximo 180 dias contados da distribuição do pedido.

A opção da ME e da EPP pelo plano especial traz ainda outras peculiaridades:

a) o devedor dependerá de autorização do juiz, ouvido o administrador judicial e o Comitê, para aumentar suas despesas ou contratar empregados;

b) ele não acarreta a suspensão das ações e da prescrição relativas aos créditos não abrangidos pelo plano;

c) apesar da aprovação do plano não depender de assembleia geral de credores, é possível que estes voluntariamente se reúnam e, mediante manifestação de mais da metade de qualquer das classes de credores (lembrando que os trabalhistas e os que se enquadrem como microempresa ou empresa de pequeno porte votam por cabeça, enquanto os demais votam proporcionalmente ao seu crédito), requeiram ao juiz a improcedência do pedido.

6.6. Recuperação extrajudicial

Ao lado da recuperação judicial, a LF criou o instituto da **recuperação extrajudicial**, consistente *na elaboração de um plano de recuperação da empresa pelo devedor em crise e negociado diretamente com os credores, sem a interferência direta do Poder Judiciário.*

Cabe ao juiz, no caso, unicamente a homologação do plano já assinado pelo empresário e seus credores, conferindo-lhe maior segurança jurídica e a natureza de título executivo judicial.

6.6.1. Requisitos

A homologação do plano de recuperação extrajudicial depende dos mesmos requisitos exigidos para o pedido de recuperação judicial, com uma diferença: *será vedado se estiver pendente pedido de recuperação judicial ou se já tiver um plano de recuperação judicial ou extrajudicial homologado há menos de 02 anos.*

6.6.2. Credores sujeitos ao plano

Diferentemente do que ocorre na recuperação judicial, aqui não é necessário que todos os credores de determinada classe se submetam ao plano. Pode o devedor *escolher com quais credores quer negociar*, mantendo os demais alheios às disposições pactuadas e, portanto, com suas obrigações íntegras, sem nenhuma alteração.

A lei veda que seja objeto do plano de recuperação extrajudicial *os débitos trabalhistas e decorrentes de acidente de trabalho, as dívidas tributárias e todos aqueles também expressamente excluídos da recuperação judicial (vide* item 6.5.1, "b", *supra).*

Dentre as demais classes existentes (garantia real, privilégio especial e geral, quirografários e subordinados), os credores que estiverem nominalmente listados no plano de recuperação estarão vinculados a ele com a homologação do juiz, *a qual será obrigatória*:

a) se todos os credores listados assinarem o plano de recuperação, manifestando sua adesão a ele. Nesta hipótese, o que temos na verdade é um contrato, que deveria ser observado por todos os signatários independentemente da homologação, em homenagem ao princípio do *pacta sunt servanda*;

b) se mais de 3/5 dos credores listados em cada classe assinarem o plano. Aqui, sim, estamos diante da novidade legislativa. Com a aprovação por maioria qualificada dos credores de cada classe, a homologação judicial *sujeitará todos os credores listados no plano às avenças nele incluídas, ainda que não tenham manifestado sua concordância com a aposição de sua assinatura.* Reitere-se que serão vinculados apenas os credores nominalmente arrolados no instrumento; os que dele não constarem não serão afetados. Se esta situação é apresentada ao juiz, deve o empresário interessado na recuperação extrajudicial fazer juntar, também, os documentos mencionados nos arts. 162 e 163, § 6º, da LF, consistentes em demonstrações financeiras e contábeis, que esclareçam a situação patrimonial da empresa.

6.6.3. Procedimento da homologação

Distribuído o pedido de homologação, *os credores não poderão desistir de sua adesão*, salvo com a concordância expressa de todos os demais participantes, *inclusive o devedor.* Ao receber o pedido, o juiz o fará publicar, por meio de edital, no diário oficial e em jornal de grande circulação. O edital conferirá prazo ao devedor para comunicar, por carta, todos os credores participantes do plano da distribuição do pedido, as condições do plano e o prazo para impugnação.

Tal prazo é de *30 dias*, contados da publicação do edital. Qualquer credor, comprovando esta condição, poderá impugnar o plano, *seja dele participante ou não*. Suas alegações, entretanto, estão limitadas a:

a) não preenchimento do percentual mínimo de 3/5 de concordância em cada classe de credores;

b) prática de ato de falência;

c) descumprimento de qualquer outro requisito legal;

d) simulação de crédito; ou

e) vício na representação dos credores que o subscreveram.

Havendo impugnação, o devedor se manifestará em 05 dias e os autos serão conclusos ao juiz para decisão em igual prazo. Da sentença cabe apelação *sem efeito suspensivo.*

6. DIREITO DO CONSUMIDOR

Wander Garcia

1. ANTECEDENTES HISTÓRICOS

O século XX foi marcado pelo processo de industrialização do Brasil. Esse processo levou ao aparecimento da chamada "sociedade de consumo", que tem as seguintes peculiaridades:

a) **produção em série** de produtos, ou seja, produção em grandes quantidades e diversidade;

b) **distribuição em massa de produtos e serviços**, destacando-se o aparecimento de grandes centros comerciais, tais como supermercados, shoppings e lojas de departamento;

c) **publicidade em grande escala**, no oferecimento de produtos e serviços, inclusive a publicidade por meio de *merchandising*;

d) **oferecimento generalizado de crédito** ao consumidor;

e) formalização das aquisições por **contrato de adesão**.

Essas peculiaridades levaram ao aparecimento de uma situação de verdadeira desigualdade entre fornecedores e consumidores, propiciando o aparecimento de uma legislação de defesa do segundo.

2. LEGISLAÇÃO

Entre a entrada em vigor do antigo Código Civil (em 1917) e os dias atuais houve grande lapso temporal em que o consumidor não recebeu proteção legal alguma.

Por conta disso, a Constituição de 1988 deixou claro que deveria ser elaborado um Código de Defesa do Consumidor, que acabou por vir ao mundo jurídico por meio da Lei 8.078/1990.

É importante destacar que a Constituição determinou a elaboração de um Código de **Defesa** do Consumidor, e não de um mero código de relações de consumo. Isso significa que o código deveria trazer (e trouxe!) normas que tomam partido em favor do consumidor, tratando-o de maneira especial, com vantagens e prerrogativas maiores do que as do fornecedor, tudo com vistas a deixar mais equilibrada a relação jurídica entre os dois.

A Constituição de 1988 estava tão preocupada com o grande desequilíbrio que havia entre o fornecedor e o consumidor, que acabou por trazer várias normas acerca da proteção do consumidor, conforme se pode verificar na seguinte relação:

a) art. 48, ADCT: *"o Congresso Nacional, dentro de cento e vinte dias da promulgação da Constituição, elaborará código de defesa do consumidor"*.

b) art. 5º, XXXII, CF: *"o Estado promoverá, na forma da lei, a defesa do consumidor"*. Repare que a defesa do consumidor é cláusula pétrea, pois está no art. 5º da CF.

c) art. 1º, inciso III, CF: é fundamento da República a *"dignidade da pessoa humana"*. Essa dignidade das pessoas deve estar protegida em todos os aspectos de sua personalidade, tais como a pessoa como *trabalhadora*, como parte de uma *família*, como *presidiária*, como *consumidora* etc.

d) art. 150, § 5º, CF: *"a lei determinará medidas para que os consumidores sejam esclarecidos acerca dos impostos que incidam sobre mercadorias e serviços"*. A Lei 12.741/2012 regulamenta o assunto.

e) art. 170, CF: um dos princípios da ordem econômica é a *"defesa do consumidor"*. Aliás, a finalidade da ordem econômica é *"assegurar a todos existência digna, conforme os ditames da justiça social"*.

Passemos, agora, ao estudo dos princípios do Direito do Consumidor, que decorrem das normas expressas na Lei 8.078/1990.

3. PRINCÍPIOS DO DIREITO DO CONSUMIDOR

3.1. Introdução

Em primeiro lugar, faz-se necessário lembrar que os **princípios** são *normas jurídicas de especial relevância e alta carga valorativa, que, além de vincular, servem de vetor interpretativo a todos os destinatários do direito.*

São, então, (1) alicerces do ordenamento jurídico, (2) normas vinculantes, (3) vetores interpretativos, (4) normas relevantes, além de deter (5) alta carga valorativa.

Nesse sentido, os princípios têm posição especial no ordenamento jurídico. Eles não só instituem normas a serem aplicadas diretamente às relações de consumo, como também orientam a aplicação das outras normas previstas no CDC e nos contratos de consumo.

Os princípios do CDC incidem não somente sobre as regras do próprio CDC, como também em relação a *regras* previstas em leis especiais, em que se possa vislumbrar a existência de uma relação de consumo. Por exemplo, podemos citar a Lei de Plano de Saúde. Caso haja um conflito entre uma *regra* dessa lei e uma *regra* do CDC, prevalece a *regra* da Lei de Plano de Saúde, pois esta é uma lei especial em relação ao CDC. No entanto, se houver um conflito entre uma regra da Lei de Plano de Saúde e um princípio do CDC, prevalece o princípio do CDC, pois os *princípios* têm hierarquia material em relação às meras *regras*.

Feita a presente introdução, passemos ao estudo dos princípios em espécie.

3.2. Princípio da vulnerabilidade

Esse princípio pode ser **conceituado** como *aquele que impõe o reconhecimento da vulnerabilidade do consumidor no mercado de consumo.*

O princípio está previsto no art. 4º, I, do CDC.

O CDC traz **presunção absoluta** da vulnerabilidade do consumidor, vulnerabilidade essa que pode ser verificada nos seguintes aspectos: econômico (ex.: consumidor x poder econômico do banco), físico (ex.: consumidor x riscos de acidente aéreo), informativo (ex.: consumidor x desconhecimento das condições reais de financiamento), técnico (ex.: consumidor x ignorância sobre o funcionamento de equipamentos eletrônicos) e científico (ex.: consumidor x ignorância dos efeitos de um medicamento).

O reconhecimento da vulnerabilidade do consumidor faz com que a lei trate o consumidor de modo diferenciado.

Vejamos alguns **exemplos** de situações que revelam esse tratamento desigual entre o consumidor e o fornecedor:

a) *"as cláusulas contratuais serão interpretadas de maneira mais favorável ao consumidor"* (art. 47 do CDC);

b) *o* consumidor pode desistir de contrato feito fora do estabelecimento no prazo de 7 dias (art. 49), também pode desistir de alguns outros contratos, em alguns casos com direito ao reembolso de quantias pagas, ressalvados alguns descontos (art. 53).

O princípio da vulnerabilidade se relaciona com os princípios da *igualdade*, do *equilíbrio* e do *protecionismo*.

3.3. Princípio da ordem pública e do interesse social

Esse princípio pode ser **conceituado** como *aquele que dispõe ser o CDC uma lei que estabelece normas de ordem pública e interesse social.*

O princípio está previsto no art. 1º do CDC.

O fato de o CDC ser uma norma de **ordem pública** tem as seguintes consequências:

a) o juiz pode conhecer de ofício o foro de eleição abusivo; o STJ é pacífico nesse sentido; no entanto, o STJ não admite que o juiz, de ofício, reconheça a nulidade de outras cláusulas contratuais (*vide*, por exemplo, a Súmula 381 do STJ, pela qual, "nos contratos bancários, é vedado ao julgador conhecer, de ofício, da abusividade das cláusulas);

b) não há preclusão para alegação de uma nulidade de pleno direito (art. 51 do CDC), que pode ser suscitada em qualquer grau de jurisdição; um exemplo é a alegação feita somente por ocasião de um recurso de apelação de que dada multa em contrato de consumo é ilegal. Essa tese se contrapõe ao *princípio do dispositivo*, previsto no CPC. Assim, essa segunda consequência não é pacífica, devendo-se aguardar pronunciamento específico dos tribunais a respeito dessa possibilidade.

O fato de o CDC ser uma norma de **interesse social** tem como consequência a possibilidade de o Ministério Público defender certos direitos individuais do consumidor.

Isso porque, apesar de o art. 127 da CF só autorizar ao Ministério Público a defesa de *interesses individuais indisponíveis*, esse mesmo dispositivo confere ao *Parquet* o dever de defender os *interesses sociais*.

Assim, o Ministério Público pode defender interesses individuais homogêneos quando houver interesse social envolvido, como nos casos de educação e saúde.

Nesse sentido, a Súmula 643 do STF estabelece que "o Ministério Público tem legitimidade para promover ação civil pública cujo fundamento seja a ilegalidade de reajuste de mensalidades escolares".

Porém, o Ministério Público não tem legitimação, por não haver interesse social envolvido, para atuar em benefício de segurado, em caso de seguro obrigatório de veículo. Nesse sentido, a Súmula 470 do STJ estabelece que "o Ministério Público não tem legitimidade para pleitear, em ação civil pública, a indenização decorrente do DPVAT em benefício do segurado".

3.4. Princípio do dever de informar

Esse princípio pode ser **conceituado** como *aquele que estabelece o dever de o fornecedor informar de modo adequado e claro as características, uso, risco e preço dos produtos e serviços.*

São exemplos de aplicação prática do princípio as seguintes regras do CDC:

a) é dever do fornecedor informar de modo adequado e claro os produtos e serviços e todas as suas características, tais como qualidades, quantidade, composição, preço, garantia, prazos de validade e origem, entre outros dados, bem como sobre os riscos que apresentem à saúde e segurança dos consumidores (art. 31 do CDC);

b) o contrato não obrigará o consumidor se este não tomar conhecimento prévio de seus termos ou se o instrumento for redigido de modo a dificultar a sua compreensão (art. 46).

O Estatuto da Pessoa com Deficiência (Lei 13.146/2015) estabeleceu a seguinte redação ao parágrafo único do art. 6º do CDC: "A informação de que trata o inciso III do caput deste artigo deve ser acessível à pessoa com deficiência, observado o disposto em regulamento". Esse inciso III mencionado dispõe que são direitos básicos do consumidor "a informação adequada e clara sobre os diferentes produtos e serviços, com especificação correta de quantidade, características, composição, qualidade, tributos incidentes e preço, bem como sobre os riscos que apresentem". Ou seja, a partir da vigência desse estatuto (segundo o art. 127 dele, em 180 dias após a publicação da lei, no caso o dia 07.07.2015), e nos termos do regulamento que será feito para a aplicação dessa norma, os produtos e serviços devem trazer as informações mencionadas (quantidade, características, composição, qualidade, tributos incidentes e preço) deverão vir acessíveis às pessoas com deficiência, sem prejuízo da norma prevista no art. 69 do mesmo estatuto: "O poder público deve assegurar a disponibilidade de informações corretas e claras sobre os diferentes produtos e serviços ofertados, por quaisquer meios de comunicação empregados, inclusive em ambiente virtual, contendo a especificação correta de quantidade, qualidade, características, composição e preço, bem como sobre os eventuais riscos à saúde e à segurança do consumidor com deficiência, em caso de sua utilização, aplicando-se, no que couber, os arts. 30 a 41 da Lei 8.078, de 11.09.1990. § 1º Os canais de comercialização virtual e os anúncios publicitários veiculados na imprensa escrita, na internet, no rádio, na televisão e nos demais veículos de comunicação abertos ou por assinatura devem disponibilizar, conforme a compatibilidade do meio, os recursos de acessibilidade de que trata o art. 67 desta Lei, a expensas do fornecedor do produto ou do serviço, sem prejuízo da observância do disposto nos arts. 36 a 38 da Lei 8.078, de 11 de setembro de 1990. § 2º Os fornecedores devem disponibilizar, mediante solicitação, exemplares de bulas, prospectos, textos ou qualquer outro tipo de material de divulgação em formato acessível".

Da mesma forma, o Estatuto da Pessoa com Deficiência estabeleceu a seguinte redação ao § 6º do art. 43 do CDC: "Todas as informações de que trata o caput deste artigo devem ser disponibilizadas em formatos acessíveis, inclusive para a pessoa com deficiência, mediante solicitação do consumidor". Esse *caput* do art. 43 trata do direito que tem o consumidor de ter acesso às informações existentes em cadastros, fichas, registros e dados pessoais e de consumo arquivados sobre ele, bem como sobre as suas respectivas fontes, no que diz respeito aos bancos de dados e cadastros de consumidor, como são os serviços de proteção ao crédito (ex.: SPC, Serasa etc.).

O princípio da informação impõe não só *informações*, como também algumas *explicações*. Nesse sentido, o STJ determina que, na venda de alimentos, não é suficiente colocar "contém glúten". É necessário que o fabricante explique as consequências disso (Inform. 417 do STJ).

Por outro lado, quanto ao tema das etiquetas em supermercado, o STJ entende que não é mais necessário colocar etiqueta com o preço em cada produto, pois a Lei 10.962/2004 admite, hoje, a utilização do sistema de código de barras, além de outros métodos previstos nessa lei.

3.5. Princípio da prevenção

Esse princípio pode ser **conceituado** como *aquele que obriga o fornecedor a tomar todas as precauções para evitar qualquer tipo de dano ao consumidor.*

Decorrem de tal princípio as seguintes regras:

a) o dever de informação ostensiva dos **perigos** e da **forma de uso** dos produtos (arts. 8º e 9º do CDC);

b) a **proibição** de venda de produto ou serviço de **alto grau de nocividade** ou **periculosidade** (art. 10 do CDC);

c) no caso de **conhecimento ulterior** do perigo, o fornecedor deve **comunicar** o fato às **autoridades competentes** e aos **consumidores**, mediante **anúncios publicitários** (art. 10, § 1º, do CDC), efetivando-se o **"recall";**

d) sempre que tiverem conhecimento da periculosidade de produtos ou serviços à saúde ou segurança dos consumidores, a União, os Estados, o Distrito Federal e os Municípios deverão informá-los a respeito (art. 10, § 3º, do CDC).

Com base nesse princípio a Lei 13.486/2017 acrescentou ao art. 8º o do CDC a seguinte disposição: "O fornecedor deverá higienizar os equipamentos e utensílios utilizados no fornecimento de produtos ou serviços, ou colocados à disposição do consumidor, e informar, de maneira ostensiva e adequada, quando for o caso, sobre o risco de contaminação".

3.6. Princípio da reparação integral dos danos

Esse princípio pode ser **conceituado** como *aquele que impõe reparação de todos os danos causados ao consumidor.*

O princípio, que decorre do disposto no art. 6º, VI, do CDC, tem as seguintes **consequências**:

a) há de se reparar os **danos patrimoniais** e **morais** (art. 6º, VI);

b) há de se reparar os danos **individuais**, **coletivos** e **difusos** (art. 6º, VI).

Por conta desse princípio, o STJ entende que não pode haver **tabelamento** para fixação de danos materiais e morais: no sentido de haver valor fixo legal ou jurisprudencial limitando indenizações, como havia no Código Brasileiro de Telecomunicações, que não foi recepcionado pela CF/1988, por decisão do STF. O que há é, em matéria de danos morais, alguns parâmetros indicados pelo STF, para que não sejam fixadas indenizações em valor desproporcional

Segundo entendimento do STF a proibição do tabelamento indenizatório só cede se houver um tratado internacional assinado pelo Brasil, como é o caso dos tratados que envolvem o transporte aéreo internacional.

3.7. Princípio da responsabilidade objetiva

Esse princípio pode ser **conceituado** como a*quele pelo qual o fornecedor responde, independentemente da existência de culpa, pelos danos causados aos consumidores.*

O princípio decorre do disposto nos arts. 12 a 18 do CDC, que serão vistos oportunamente.

Por conta da responsabilidade objetiva, o fornecedor só conseguirá se eximir de sua responsabilidade se provar uma das seguintes situações: a) que não colocou o produto no mercado; b) que o produto ou o serviço não é defeituoso; c) que a culpa é exclusiva da vítima ou de terceiro.

O **objetivo é garantir a efetiva reparação dos danos**, uma vez que a **prova da culpa** é muito difícil.

Esse princípio impôs uma mudança de paradigma. Com a entrada em vigor do CDC, em vez de a vítima sofrer sozinha os efeitos dos danos causados numa relação de consumo, passou a ocorrer uma **socialização dos danos**, em que todos pagam pelos danos ocorridos, já que o fornecedor embutirá no preço o risco do seu negócio, que aumentou muito com a instituição da responsabilidade objetiva.

É importante ressaltar que o princípio da responsabilidade objetiva tem uma exceção no CDC, qual seja: a responsabilidade pessoal do **profissional liberal** deve ser apurada mediante a verificação de culpa (art. 14, § 4º, do CDC). Ou seja, a responsabilidade do fornecedor profissional liberal, como o médico, é *subjetiva* no âmbito das relações de consumo.

3.8. Princípio da solidariedade

Esse princípio pode ser conceituado como *aquele que estabelece que, tendo* mais de um autor a ofensa, *todos respondem solidariamente, independentemente da existência de culpa* (art. 7º, parágrafo único, do CDC).

Confira algumas consequências práticas do princípio:

a) o plano de saúde responde por dano causado por médico conveniado;

b) a agência de turismo responde por dano causado em hotel por ela recomendado, bem como pelos defeitos na prestação dos serviços que integram o pacote;

c) a corretora de seguro pode responder junto com a seguradora, quando não apresentar informação adequada;

d) a empresa aérea responde junto com a fabricante de um avião que tiver caído por problema na fabricação deste;

e) a concessionária de veículos responde junto com a montadora pelo conserto de veículo vindo com vício de fabricação.

Porém, o STJ entende não haver essa solidariedade no seguinte caso: "o provedor de buscas de produtos à venda on-line que não realiza qualquer intermediação entre consumidor e vendedor não pode ser responsabilizado por qualquer vício da mercadoria ou inadimplemento contratual" (REsp 1.444.008-RS, DJe 9/11/2016).

É importante destacar que, na responsabilidade pelo *fato do produto*, também chamada de responsabilidade por *defeito* ou *acidente de consumo*, o comerciante não responde junto com o fabricante da coisa que tiver causado o acidente, conforme se pode verificar do art. 12 do CDC. Assim, caso um veículo tenha defeito de fabricação e tal defeito venha a causar um *acidente de consumo*, o comerciante não responderá pela indenização pelos danos morais e materiais causados, mas somente a montadora responderá por tais danos, tratando-se de uma exceção ao princípio da solidariedade entre os fornecedores.

Por fim, é imperioso lembrar que, havendo solidariedade entre os fornecedores, o consumidor poderá acionar apenas um deles e cobrar desse um a obrigação por inteiro. Em seguida, o fornecedor que responder ingressará com ação de regresso contra os demais fornecedores.

Acerca da solidariedade, confira, ainda, os seguintes artigos do CDC: 18, 19, 25, 28, § 3º e 34.

3.9. Princípio da facilitação da defesa dos direitos do consumidor

Esse princípio pode ser **conceituado** como *aquele que estabelece que a defesa do consumidor será facilitada por meio de normas de direito material e processual, bem como por atuação específica do Estado.*

Confira algumas *consequências práticas* ou *expressões* do princípio:

a) o Estado deve manter assistência jurídica gratuita e promotorias, delegacias e juizados específicos (art. 5º do CDC);

b) a responsabilidade objetiva facilita a defesa dos direitos do consumidor;

c) as ações coletivas facilitam a defesa dos consumidores em juízo;

d) a possibilidade de inversão do ônus da prova também facilita a defesa do consumidor em juízo.

Quanto à inversão do ônus da prova, o CDC dispõe que esta pode ser deferida "quando, a critério do juiz, for verossímil a alegação ou quando for ele hipossuficiente, segundo as regras ordinárias de experiências" (art. 6º, VIII).

Adotou-se, assim, a chamada Teoria da Carga Dinâmica, pela qual a *carga* (ou *ônus da prova*) pode ser modificada pelo juiz.

O STJ é pacífico, hoje, no sentido de que a **inversão do ônus da prova não é automática** (*ope legis*), dependendo de decisão judicial (*ope iudices*). Só há uma exceção em que o ônus da prova é invertido automaticamente pela lei, sendo de responsabilidade direta do fornecedor. Trata-se do ônus da prova sobre a veracidade da *publicidade*, que pertence a quem a patrocina (art. 38 do CDC), ou seja, ao anunciante.

No mais, para que o juiz determine a inversão do ônus da prova, é necessário que ele verifique a existência de um dos seguintes **requisitos**: a) verossimilhança das alegações do consumidor; b) hipossuficiência do consumidor.

Repare que basta a configuração de **um** dos dois requisitos para que o juiz determine a inversão do ônus da prova, sendo que a hipossuficiência não se confunde com a vulnerabilidade, já que esta é presumida e está ligada ao direito material, ao passo que a hipossuficiência tem relação com o direito processual.

O STJ entende que a inversão do ônus da prova não impõe que a parte desfavorecida com a medida pague a **prova pericial**. No entanto, a não realização desse tipo de prova acabará prejudicando aquele que tem o ônus probatório.

Por fim, vale salientar que o STJ entende que o **Ministério Público também pode requerer a inversão do ônus da prova**, já que, em última análise, o *Parquet* atua, em juízo, na defesa da coletividade, que, no caso das relações de consumo, é composta de consumidores.

3.10. Princípio da modificação e da revisão contratual

Esse princípio pode ser **conceituado** como *aquele que, pondo fim ao dogma do "pacta sunt servanda", estabelece o* direito de modificação *das cláusulas contratuais que estabeleçam* prestações desproporcionais, *bem como o* direito de revisão *das cláusulas contratuais* em razão de fatos supervenientes que as tornem excessivamente onerosas (art. 6º, V).

O **direito de modificação** incide sobre aquelas cláusulas que já nascem desproporcionais, abusivas (ex.: cláusula que diz que só o fornecedor pode rescindir unilateralmente o contrato).

Já o **direito de revisão** incide sobre cláusulas que nasceram proporcionais, mas que se tornaram excessivamente onerosas por um fato superveniente. Um exemplo é a cláusula de indexação de contrato de *leasing* pela variação cambial que se torna excessivamente onerosa por um aumento abrupto e altíssimo no preço do dólar.

Quanto ao direito de revisão, perceba-se que se trata de faculdade mais ampla do que a trazida na Teoria da Imprevisão, prevista nos arts. 317 e 478 do Código Civil. Neste diploma legislativo, a lei exige, para a aplicação do direito à revisão, que o fato superveniente seja *extraordinário* e *imprevisível*, requisito este não exigido no CDC.

Assim, caso um contrato seja indexado pela variação cambial e o valor do dólar suba significativamente (fato superveniente), tornando excessivamente onerosa a cláusula para o consumidor, este terá direito à revisão contratual, pouco importando se a variação para cima do câmbio é extraordinária ou não, e se é previsível ou não.

3.11. Princípio da boa-fé objetiva

Esse princípio pode ser **conceituado** como *aquele que impõe ao fornecedor e ao consumidor presumirem e praticarem os atos da relação de consumo com boa-fé, entendida esta como aquela extraída da ética.*

Repare que o CDC adotou a concepção ética (objetiva) da boa-fé, e não a concepção individual (subjetiva) da boa-fé. Ou seja, o juiz deve verificar se os contratantes agiram de boa-fé comparando as atitudes destes com a boa-fé extraída da sociedade (boa-fé objetiva) e não com a boa-fé individual do juiz ou de uma pessoa qualquer, ou seja, o que o juiz ou terceiro entendem, particularmente, o que é agir de boa-fé numa dada situação (boa-fé subjetiva).

Há jurisprudência do STJ, de lavra do Min. Rui Rosado, que dispõe ferir o princípio da boa-fé a conduta de um fornecedor (uma instituição financeira) de pedir a busca e apreensão de um veículo alienado fiduciariamente, em face da inadimplência tão somente da **última** parcela de um financiamento, providência esta que, por sua desproporção e deslealdade, caracteriza ato que afronta a boa-fé objetiva. No caso, o fornecedor deve simplesmente fazer a cobrança da parcela não paga, não sendo razoável retirar o carro do consumidor por conta do não pagamento de apenas uma parcela do financiamento.

4. RELAÇÃO JURÍDICA DE CONSUMO

4.1. Importância da temática

Para que se aplique o CDC é necessário que se configure uma relação de consumo ou alguma hipótese em que o CDC equipare algumas pessoas a consumidor.

Para a configuração de uma relação de consumo são necessários três elementos: a) o *objetivo* (a existência de um produto *ou* de um serviço); b) o *subjetivo* (a existência de um fornecedor *e* de um consumidor); e c) o *finalístico* (a aquisição ou utilização de produto ou serviço como destinatário final).

Esses elementos serão estudados nos itens que seguem.

4.2. Elementos subjetivos

A relação de consumo só se configura, quanto ao elemento *subjetivo*, se, num dado caso concreto, estiver presente um consumidor *e* um fornecedor.

O **consumidor** é toda pessoa física ou jurídica que adquire ou utiliza produto ou serviço como destinatário final (art. 2º do CDC).

Repare que a *pessoa jurídica* também pode ser consumidora. Ou seja, é possível que uma empresa adquira algum produto e venha a pedir a proteção do CDC.

Para que isso aconteça, é necessário que se configurem os outros elementos para a formação de uma relação de consumo.

Já o **fornecedor** é definido como *toda pessoa física ou jurídica, pública ou privada, nacional ou estrangeira, bem como os entes despersonalizados, que desenvolvem atividade de produção, montagem, criação, construção, transformação, importação, exportação, distribuição ou comercialização de produtos ou prestação de serviços* (art. 3º, *caput*, do CDC).

Repare que uma *pessoa física* também pode ser fornecedora. São exemplos o médico, o arquiteto, o fisioterapeuta, que atuam de modo autônomo.

Quanto às pessoas jurídicas, repare que as *pessoas jurídicas de direito público* (União, Estados, DF, Municípios, autarquias, agências reguladoras, fundações públicas e associações públicas) também podem ser fornecedoras. Tal situação não é muito comum, pois tais pessoas costumam celebrar contratos regidos pelo direito público e não pelo direito privado. Mas em situações excepcionais pode-se configurar uma relação de consumo com a presença de uma pessoa jurídica de direito público, como é o caso da prestação de serviço de reprografia por parte de uma repartição pública, situação em que se aplicará o CDC e não uma norma de direito público.

As *pessoas jurídicas estrangeiras* também podem ser fornecedores para fim de aplicação do CDC. Tal situação pode ocorrer quando uma pessoa jurídica estrangeira vem a atuar em território nacional, como ocorre com companhias aéreas que fazem escalas de voo no Brasil. Caso, nessa escala no Brasil, a empresa aérea venda produtos aos passageiros, aplicar-se-á o CDC.

Há um acórdão muito interessante do STJ que responsabiliza uma empresa multinacional, mas com unidade constituída sob as leis brasileiras (a "Panasonic"), por problema em filmadora adquirida em unidade do exterior. O consumidor, mesmo tendo adquirido a filmadora em viagem, conseguiu a condenação da empresa brasileira, pertencente à mesma marca. De acordo com o STJ, *"o mercado consumidor, não há como negar, vê-se hoje 'bombardeado' diuturnamente por intensa e hábil propaganda, a induzir a aquisição de produtos, notadamente os sofisticados de procedência estrangeira, levando em linha de conta diversos fatores, dentre os quais, e com relevo, a respeitabilidade da marca. Se empresas nacionais se beneficiam de marcas mundialmente conhecidas, incumbe-lhes responder também pelas deficiências dos produtos que anunciam e comercializam, não sendo razoável destinar-se ao consumidor as consequências negativas dos negócios envolvendo objetos defeituosos"* (REsp 63.981/SP).

Enfim, as disposições do CDC sobre as pessoas jurídicas como fornecedoras é tão ampla, que se pode concluir que toda pessoa jurídica está sujeita, em tese, à aplicação do CDC.

Além das pessoas físicas e das pessoas jurídicas, os *entes despersonalizados* também podem ser fornecedores. Nesse sentido, pessoas que se reúnem, sem formalização jurídica, para desenvolver atividades no mercado de consumo, também respondem perante o CDC, como é o caso de camelôs e sociedades de fato.

Por fim, não basta que se esteja diante de uma pessoa física, de uma pessoa jurídica ou de um ente despersonalizado, para que se tenha um fornecedor. Para que se tenha um fornecedor que responda perante o CDC tais entes devem *"desenvolver atividades"* de produção, montagem, criação, comércio, prestação de serviço etc.

Isso significa que só será fornecedor aquele que *pratica uma atividade* de produção, montagem, comércio etc., ficando de fora do conceito de fornecedor aquele que pratica uma única conduta de produção, montagem, venda etc.

Assim, uma pessoa física, que só tem um imóvel, e que o vende a outra pessoa (a um vizinho, por exemplo) não será considerada fornecedora, pois não "desenvolve atividade" de venda, tendo feito tal contrato numa situação isolada, aplicando-se o Código Civil ao negócio celebrado entre as partes. Ao contrário, uma incorporadora, cujo objetivo é justamente incorporar e vender imóveis, será considerada fornecedora, aplicando-se o CDC ao negócio entabulado.

Por fim, há de se ressaltar que é fornecedor quem desenvolve as seguintes atividades: de *produção, montagem, criação, construção, transformação, importação, exportação, distribuição* ou *comercialização de produtos* ou *prestação de serviços*.

Dessa forma, o fornecedor é o gênero, que tem como espécies o produtor, o montador, o criador, o construtor, o transformador, o importador, o exportador, o distribuidor, o comerciante e o prestador de serviços.

4.3. Elementos objetivos

A relação de consumo só se configura, quanto ao elemento *objetivo*, se estiver presente um produto *ou* um serviço.

O **produto** é qualquer bem, móvel ou imóvel, material ou imaterial (art. 3º, § 1º, do CDC).

Quanto aos produtos imateriais, pode-se citar como exemplo a aquisição de um CD com um programa antivírus.

Já o **serviço** é qualquer *atividade fornecida no mercado de consumo, mediante remuneração*, inclusive as de natureza bancária, financeira, de crédito e securitária, *salvo as decorrentes das relações de caráter trabalhista* (art. 3º, § 2º, do CDC).

Há três pontos a se ressaltar no que diz respeito ao **conceito de serviço**.

O primeiro é que, para que se tenha um serviço regido pelo CDC, deve-se tratar de uma *atividade fornecida no mercado de consumo*.

Atividades fornecidas no mercado de consumo são aquelas que envolvem oferta ao mercado, produção em série, oferecimento ao público, ofertas em veículos de comunicação etc.

Nesse sentido, atividades que não envolvam *oferta ao público* (ex.: encomenda de um quadro a um pintor famoso), *produção em série* (ex.: prestação de serviço especializadíssimo a uma grande montadora de automóveis) ou *grande possibilidade de publicidade* (ex.: serviço de advocacia) tendem a não ser consideradas *"atividades fornecidas no mercado de consumo"* e, portanto, não envolvem relação de consumo, mas relação regida pelo Código Civil, por exemplo.

O segundo ponto a destacar é o fato de que, para que se tenha um serviço regido pelo CDC, deve-se tratar de serviço prestado *mediante remuneração*. Assim, serviços puramente gratuitos, como os serviços prestados por uma entidade assistencial, não são considerados serviços para efeito de aplicação do CDC.

Há de se tomar certo cuidado, pois alguns serviços têm remuneração indireta e, dessa forma, estão sujeitos à incidência do CDC.

Um exemplo é a "lavagem grátis", oferecida por alguns postos de gasolina para quem abastece o carro com um número mínimo de litros. Nesse caso, a tal lavagem grátis não é tão grátis assim... O custo dessa lavagem está embutido no preço do combustível, de modo que, havendo qualquer problema no serviço de lavagem oferecido, é possível dizer que se aplica o CDC, por envolver serviço remunerado indiretamente.

O terceiro ponto a destacar é o fato de que não se caracteriza como serviço regido pelo CDC os serviços *decorrentes das relações de caráter trabalhista*. Tais serviços são regidos pela CLT e não pelo CDC.

Por fim, o CDC, que define serviço como qualquer "atividade" fornecida no mercado de consumo, acaba por trazer alguns exemplos de atividades que são regidas pelo próprio Código, quais sejam: atividades de natureza bancária, financeira, de crédito e securitária.

O CDC resolveu trazer expressamente essas indicações, pois o legislador já imaginava que haveria muitos questionamentos, principalmente das instituições financeiras e de seguro, que iriam tentar fugir da sua aplicação.

Mesmo com indicação expressa de que tais atividades estão sujeitas à incidência do CDC, houve muitos questionamentos dessas instituições, o que levou o STJ a editar súmulas confirmando a aplicação do CDC em relação a contratos bancários (Súm. 297), a contratos de plano de saúde (Súm. 469) e a contratos de previdência privada em relação às entidades abertas de previdência complementar. Nesse sentido, o STJ, ao cancelar a Súmula 321, editou a Súmula 563: "o Código de Defesa do Consumidor é aplicável às entidades abertas de previdência complementar, não incidindo nos contratos previdenciários celebrados com entidades fechadas" (DJe 29/02/2016).

4.4. Elemento finalístico

A relação de consumo só se configurará, quanto ao elemento *finalístico*, se o consumidor adquirir ou utilizar produto ou serviço como **destinatário final**.

Dessa forma, não é suficiente que se tenha um consumidor, um fornecedor e um produto ou serviço para que se tenha uma relação de consumo. Faz-se necessário que o consumidor adquira ou utilize o produto ou serviço como *destinatário final* destes.

Configurados todos esses requisitos, teremos uma relação de consumo, relação esta que será regida pelo CDC.

O problema é que a expressão "destinatário final" é bastante vaga e sujeita a muitas controvérsias.

Vamos a um exemplo. É possível dizer que um taxista é destinatário final de um táxi quando adquire o veículo numa concessionária? No *plano fático*, o taxista é destinatário final, pois compra o carro para ficar com ele e não para revendê-lo. Ou seja, o destino final fático do táxi é o próprio taxista. Já no *plano econômico*, o taxista não é destinatário final, pois o carro é utilizado numa atividade econômica, que transcende a figura do taxista. Ou seja, o destino final econômico do táxi atinge outras pessoas que não só o taxista.

Em suma, de acordo com a definição que se dê à expressão *destinatário final*, pode-se incluir ou excluir determinada relação da incidência do CDC.

Isso levou à formulação de diversas teorias a respeito da definição de destinatário final. Confira-as:

A **teoria finalista (ou subjetiva)** propõe que *consumidor é aquele que adquire produto ou serviço como* destinatário final fático e econômico.

Assim, só é consumidor quem usa o produto não profissionalmente. Por exemplo, é consumidor aquele que adquire produtos num supermercado para consumo em família, pois tais produtos não serão utilizados profissionalmente.

Por outro lado, não é consumidor quem adquire produtos ou serviços para uso profissional ou empresarial. Por exemplo, não é consumidor aquele que adquire *insumos*, *matéria-prima* e *bens de capital* para usar numa produção industrial. Vale lembrar que não é considerado aquisição de insumo a contratação de empresa de seguradora, por concessionária de veículo, para proteger os veículos enquanto expostos na loja. Isso porque "se a sociedade empresária firmar contrato de seguro visando proteger seu patrimônio (destinação pessoal), mesmo que seja para resguardar insumos utilizados em sua atividade comercial, mas sem integrar o seguro nos produtos ou serviços que oferece, haverá caracterização de relação de consumo, pois será aquela destinatária final dos serviços securitários. Situação diversa seria se o seguro empresarial fosse contratado para cobrir riscos dos clientes, ocasião em que faria parte dos serviços prestados pela pessoa jurídica" (STJ, REsp 1.352.419-SP, j. 19.08.2014). Assim como também há relação de consumo "entre a sociedade empresária vendedora de aviões e a sociedade empresária administradora de imóveis que tenha adquirido avião com o objetivo de facilitar o deslocamento de sócios e funcionários. O STJ, adotando o conceito de consumidor da teoria finalista mitigada, considera que a pessoa jurídica pode ser consumidora quando adquirir o produto ou serviço como destinatária final, utilizando-o para atender a uma necessidade sua, não de seus clientes. No caso, a aeronave foi adquirida para atender a uma necessidade da própria pessoa jurídica – o deslocamento de sócios e funcionários –, não para ser incorporada ao serviço de administração de imóveis" (STJ, AgRg no REsp 1.321.083-PR, j. 09.09.2014).

O STJ adotou essa teoria. Por conta disso, esse tribunal exclui da aplicação do CDC, por exemplo, os contratos de empréstimos bancários feitos por empresas para incrementar sua atividade econômica.

Já a **teoria maximalista** propõe que *consumidor é aquele que adquire produto ou serviço como* destinatário final fático, *pouco importando se é ou não destinatário final econômico.*

Assim, basta que alguém adquira um produto ou serviço para si, sem intuito de revenda, para que se tenha uma relação de consumo, o que faz com que também seja consumidor aquele que usa o produto profissionalmente, desde que não o revenda, já que, neste caso, não seria destinatário final fático.

Portanto, quem compra insumos e bens de capital, desde que não seja para revenda ou aluguel, é considerado consumidor, o que faz com que uma empresa que contraia um empréstimo bancário para incrementar sua atividade seja considerada consumidora.

Essa teoria acaba protegendo pessoas que não precisam de uma proteção especial, isto é, empresas de enorme porte podem ser protegidas pelo CDC em contratos nos quais não estejam em situação de vulnerabilidade.

Por fim, a **teoria intermediária** propõe que *consumidor é aquele que adquire produto ou serviço como destinatário final fático e econômico, podendo-se também aplicar o CDC em caso de comprovação de vulnerabilidade técnica, jurídica ou econômica.*

O STJ vem, aos poucos, rendendo-se a essa teoria. Na verdade, essa teoria adota a teoria finalista (que exige destinação fática e econômica para se configurar uma relação de consumo), mas admite a aplicação do CDC em casos em que se comprove que o adquirente de produto ou serviço é vulnerável.

Quando uma empresa é do tipo microempresa ou empresa individual, o STJ costuma entender que há vulnerabilidade, justificando a aplicação do CDC, desde que haja, pelo menos, destinação final fática. Um exemplo está no Informativo 441 do STJ, em que se entendeu que uma empresa dessa natureza, que havia adquirido uma máquina de bordar, tinha direito à proteção do CDC. Outro exemplo está no Informativo 383 do STJ, em que se entendeu que um caminhoneiro tinha, também, direito à proteção do CDC.

Sobre a questão, vale a pena citar interessante decisão do STJ: "a jurisprudência desta Corte, no tocante à matéria relativa ao consumidor, tem mitigado os rigores da teoria finalista para autorizar a incidência do Código de Defesa do Consumidor nas hipóteses em que a parte (pessoa física ou jurídica), embora não seja tecnicamente a destinatária final do produto ou serviço, se apresenta em situação de vulnerabilidade. O Acórdão recorrido destaca com propriedade, porém, que a recorrente é uma sociedade de médio porte e que não se vislumbra, no caso concreto, a vulnerabilidade que inspira e permeia o Código de Defesa do Consumidor" (REsp 1.027.165/ES, *DJe* 14.06.2011).

O STJ também costuma denominar essa nova forma de encarar a teoria finalista como finalismo aprofundado. Nesse sentido, vale também citar o seguinte precedente: "a jurisprudência do STJ, tomando por base o conceito de consumidor por equiparação previsto no art. 29 do CDC, tem evoluído para uma aplicação temperada da teoria finalista frente às pessoas jurídicas, num processo que a doutrina vem denominando finalismo aprofundado, consistente em se admitir que, em determinadas hipóteses, a pessoa jurídica adquirente de um produto ou serviço pode ser equiparada à condição de consumidora, por apresentar frente ao fornecedor alguma vulnerabilidade, que constitui o princípio-motor da política nacional das relações de consumo, premissa expressamente fixada no art. 4º, I, do CDC, que legitima toda a proteção conferida ao consumidor. A doutrina tradicionalmente aponta a existência de três modalidades de vulnerabilidade: técnica (ausência de conhecimento específico acerca do produto ou serviço objeto de consumo), jurídica (falta de conhecimento jurídico, contábil ou econômico e de seus reflexos na relação de consumo) e fática (situações em que a insuficiência econômica, física ou até mesmo psicológica do consumidor o coloca em pé de desigualdade frente ao fornecedor). Mais recentemente, tem se incluído também a vulnerabilidade informacional (dados insuficientes sobre o produto ou serviço capazes de influenciar no processo decisório de compra). A despeito da identificação *in abstracto* dessas espécies de vulnerabilidade, a casuística poderá apresentar novas formas de vulnerabilidade aptas a atrair a incidência do CDC à relação de consumo. Numa relação interempresarial, para além das hipóteses de vulnerabilidade já consagradas pela doutrina e pela jurisprudência, a relação de dependência de uma das partes frente à outra pode, conforme o caso, caracterizar uma vulnerabilidade legitimadora da aplicação da Lei 8.078/1990, mitigando os rigores da teoria finalista e autorizando a equiparação da pessoa jurídica compradora à condição de consumidora. Hipótese em que revendedora de veículos reclama indenização por danos materiais derivados de defeito em suas linhas telefônicas, tornando inócuo o investimento em anúncios publicitários, dada a impossibilidade de atender ligações de potenciais clientes. A contratação do serviço de telefonia não caracteriza relação de consumo tutelável pelo CDC, pois o referido serviço compõe a cadeia produtiva da empresa, sendo essencial à consecução do seu negócio. Também não se verifica nenhuma vulnerabilidade apta a equipar a empresa à condição de consumidora frente à prestadora do serviço de telefonia. Ainda assim, mediante aplicação do direito à espécie, nos termos do art. 257 do RISTJ, fica mantida a condenação imposta a título de danos materiais, à luz dos arts. 186 e 927 do CC/2002 e tendo em vista a conclusão das instâncias ordinárias quanto à existência de culpa da fornecedora pelo defeito apresentado nas linhas telefônicas e a relação direta deste defeito com os prejuízos suportados pela revendedora de veículos" (REsp 1.195.642/RJ, *DJe* 21.11.2012).

De qualquer forma, o STJ entendeu inaplicável o CDC na relação entre "o fornecedor de equipamento médico-hospitalar e o médico que firmam contrato de compra e venda de equipamento de ultrassom com cláusula de reserva de domínio e de indexação ao dólar americano, na hipótese em que o profissional de saúde tenha adquirido o objeto do contrato para o desempenho de sua atividade econômica" (REsp 1.321.614-SP, DJ 03.03.2015).

4.5. Outros entendimentos jurisprudenciais sobre o tema

A jurisprudência vem tomando uma série de decisões acerca da existência ou não de relação de consumo em determinadas situações.

Confira relação com casos em que se entende que **não há relação de consumo**:

a) na relação entre o condômino e o condomínio edilício, já que não se configura a definição de prestação de serviço prevista no CDC (STJ, AgRg no Ag 1.122.191, *DJe* 01.07.2010);

b) na locação de imóvel urbano, já que há lei específica tratando da questão, a Lei 8.245/1991 (STJ, AgRg no Ag 1.089.413, *DJe* 28.06.2010);

c) na relação entre o Fisco e os contribuintes de impostos e taxas, já que há um regime de direito público específico para a questão;

d) na relação entre o INSS e seus segurados, já que também há um regime jurídico de direito público específico para a questão (STJ, REsp 143.092);

e) no consumo de energia elétrica não residencial (art. 25 da MP 2.198-4 – "MP do Apagão");

f) na atividade profissional desenvolvida pelo advogado, já que este não atua no mercado de consumo, além de haver lei específica regulando sua responsabilidade, a Lei 8.906/1994 (STJ, REsp 532.377/RJ);

g) no contrato de crédito educativo, pois o objeto do contrato é um programa de governo, em benefício do estudante, sem conotação de serviço bancário (STJ, REsp 1.256.227, *DJe* 21.08.2012).

Confira, agora, relação com casos em que se entende que **há relação de consumo**:

a) na alienação fiduciária (art. 53 do CDC);

b) no *leasing* (STJ, AgRg no REsp 275.391/MG);

c) no contrato bancário (Súmula 297 do STJ);

d) na previdência privada em relação às entidades abertas de previdência complementar (Súmula 563 do STJ);

e) nos planos de saúde (Súmula 469 do STJ);

f) nos contratos de transporte aéreo;

g) quanto ao beneficiário de serviço público que não seja daqueles que só o Estado pode prestar, como segurança pública, justiça etc. (art. 22 do CDC). Ex.: consumidor de água, luz, energia e telefonia;

h) na doação de sangue feita a um hospital que cobra o sangue do paciente que irá recebê-lo;

i) entre torcedores e entidades do esporte (Estatuto do Torcedor);

j) nos serviços prestados gratuitamente na internet, mas que sejam remunerados indiretamente por anúncios, como é o caso do Google; todavia, há de se verificar no caso concreto se o serviço foi defeituoso, considerando o que legitimamente se espera; nesse sentido o STJ decidiu que o serviço do Google "deve garantir o sigilo, a segurança e a inviolabilidade dos dados cadastrais de seus usuários, bem como o funcionamento e a manutenção das páginas na Internet que contenham os blogs individuais desses usuários. No que tange à fiscalização do conteúdo das informações postadas por cada usuário, não se trata de atividade intrínseca ao serviço prestado, de modo que não se pode reputar defeituoso, nos termos do art. 14 do CDC, o site que não examina e filtra o material nele inserido". (...) "Não bastasse isso, a verificação antecipada, pelo provedor, do conteúdo de todas as informações inseridas na web eliminaria – ou pelo menos alijaria – um dos maiores atrativos da Internet, que é a transmissão de dados em tempo real". (...) "Contudo, essas normas não livram indiscriminadamente os provedores de responsabilidade pelo tráfego de informações em seus sites. Há, como contrapartida, o dever de, uma vez ciente da existência de mensagem de conteúdo ofensivo, retirá-la imediatamente do ar, sob pena, aí sim, de responsabilização" (REsp 1.192.208, *DJe* 02.08.2012). Aliás, sobre essa temática vale trazer interessante decisão do STJ, para o qual "A sociedade empresária gestora de portal de notícias que disponibilize campo destinado a comentários de internautas terá responsabilidade solidária por comentários, postados nesse campo, que, mesmo relacionados à matéria jornalística veiculada, sejam ofensivos a terceiro e que tenham ocorrido antes da entrada em vigor do marco civil da internet (Lei 12.965/2014)". Por fim, vale citar importante decisão sobre a não correspondência entre o argumento de pesquisa e o resultado em provedor de busca na internet: "Não há dano moral quando o provedor de busca, mesmo após cientificado pelo consumidor, exibe associação indevida entre o argumento de pesquisa (o nome desse consumidor) e o resultado de busca (o sítio eletrônico cujo conteúdo nocivo ao consumidor já tenha sido corrigido pelo responsável da página eletrônica)". Porém, "O provedor de busca cientificado pelo consumidor sobre vínculo virtual equivocado entre o argumento de pesquisa (nome de consumidor) e o resultado de busca (sítio eletrônico) é obrigado a desfazer a referida indexação, ainda que esta não tenha nenhum potencial ofensivo". Ambas as decisões foram tomadas pelo STJ no REsp 1.582.981-RJ, DJe 19/5/2016.

4.6. Consumidores equiparados

O Código de Defesa do Consumidor também se aplica a outras situações em que não se configuram exatamente os elementos da relação de consumo mencionados.

Isso porque o CDC criou a figura dos consumidores equiparados, que recebem a proteção do regime jurídico especial previsto na lei consumerista, mesmo não se tratando do consumidor-padrão, do consumidor *standard*.

O consumidor-padrão (consumidor *standard*), como já sabemos, é a *pessoa que adquire ou utiliza produto/serviço como destinatário final* (art. 2º do CDC).

Mas é equiparada a consumidor a coletividade de pessoas, *ainda que indetermináveis, que haja intervindo nas relações de consumo* (art. 2º, parágrafo único).

Outro caso de consumidor equiparado é o dos **consumidores bystanders**. Estes consistem *nas vítimas do evento decorrente de responsabilidade pelo fato do produto ou serviço* (art. 17 do CDC). Um exemplo é o pedestre que acaba sendo atropelado por um acidente ocorrido com um ônibus. A vítima (o pedestre) não é consumidor-padrão, pois não adquire nem utiliza o serviço de transporte coletivo oferecido no ônibus acidentado. No entanto, essa pessoa, por ser vítima de um acidente de consumo, é equiparada a consumidor, levando o nome de consumidor "bystander". Como consumidor equiparado, essa pessoa receberá todas as vantagens da aplicação do CDC.

Mas há ainda um terceiro caso de consumidor equiparado, que é o das *pessoas, determináveis ou não,* expostas às práticas comerciais *de oferta, publicidade, práticas abusivas, cobranças de dívidas e bancos de dados e cadastros de consumidores* (art. 29 do CDC). Pode-se citar como exemplos os telespectadores de televisão que assistem a uma propaganda e uma pessoa que teve seu nome incluído indevidamente no Serasa. Ainda que os telespectadores ou a pessoa negativada não tenham adquirido ou utilizado produto ou serviço algum, tais pessoas são equiparadas a consumidores e recebem a proteção do CDC.

5. RESPONSABILIDADE PELO FATO DO PRODUTO OU DO SERVIÇO (DEFEITO)

A responsabilidade pelo **fato do produto ou do serviço** também é chamada de responsabilidade por **defeito** ou de responsabilidade por **acidente de consumo**.

Tal responsabilidade pode ser **conceituada** como *a obrigação de indenizar por danos causados por defeito ou falta de informação de produto ou serviço.*

Um exemplo é um problema no freio de um veículo que causa um acidente com vítima. Outro exemplo é um problema em tratamento estético que causa a queda de todo o cabelo de uma pessoa.

Repare que o *defeito* consiste num tipo de problema de um produto ou de um serviço que causa um dano à *saúde* ou à *segurança* de uma pessoa, ensejando direito à indenização.

É por isso que o *defeito* costuma ser conceituado como um "problema externo" do produto ou do serviço. Ou seja, não se trata de um simples problema interno num produto (ex.: uma televisão que não funciona), mas de problema externo, que causa um dano à saúde ou à segurança do consumidor (ex.: uma televisão que dá um choque no consumidor).

Confira, agora, os **requisitos** da responsabilidade pelo fato do produto ou do serviço:

a) *existência de um defeito do produto ou serviço, ou falta de informação acerca de um produto ou serviço*;

b) *dano relacionado à saúde ou segurança do consumidor*;

c) *nexo de causalidade* entre o defeito, ou falta de informação, e o dano.

Repare que, na narrativa do primeiro requisito, nada se escreveu quanto à necessidade de haver conduta *culposa* ou *dolosa* por parte do fornecedor.

Isso porque a responsabilidade no CDC é *objetiva*, não depende de comprovação de conduta culposa ou dolosa do fornecedor para que se configure.

A única exceção é a dos *profissionais liberais*. Estes somente responderão mediante a comprovação de culpa ou dolo de sua parte (art. 14, § 4º, do CDC). Assim, um médico, um dentista, um fisioterapeuta, um encanador, um eletricista e qualquer outro profissional liberal, caso atuem como autônomos, e não no contexto de uma pessoa jurídica, responderão apenas *subjetivamente*, ou seja, se atuarem com culpa ou dolo.

A responsabilidade desses profissionais só será objetiva caso se configurem outras circunstâncias que levem a uma responsabilidade objetiva, como a prevista no art. 927, parágrafo único, do CC (*atividade de risco*) ou como a existência de uma *obrigação de resultado*, tal como a obrigação de um médico cirurgião plástico.

De toda forma, em qualquer dos dois casos, nada impede que o juiz inverta o ônus da prova e determine que o próprio profissional liberal demonstre que não agiu com culpa ou dolo.

Ainda quanto ao primeiro requisito (*existência de um defeito do produto ou serviço, ou falta de informação acerca de um produto ou serviço*), há de se tratar, agora, acerca das características do conceito de defeito em sentido amplo.

O **defeito**, em sentido amplo, pode ser conceituado como a situação em que um produto ou serviço *não oferece a segurança que dele legitimamente se espera.*

Para se verificar se há a existência ou não de um *defeito*, deve-se levar em consideração os seguintes pontos:

a) apresentação ou modo de fornecimento do produto ou serviço;

b) resultado e riscos que razoavelmente se espera do produto ou serviço;

c) época em que o produto ou serviço foi colocado no mercado.

O CDC estabelece que não há defeito pelo simples fato de haver um produto ou serviço de melhor qualidade. Assim, não é porque um dado veículo de luxo tem freios com funcionalidades bem mais avançadas que os demais veículos que não os têm estejam com defeito.

Outra questão importante é a das *espécies* de defeitos. São **tipos de defeitos** os seguintes:

a) de concepção: projeto, design (ex.: uma embalagem de extrato de tomate cortante);

b) de produção: fabricação, construção, montagem (ex.: um freio montado errado pela montadora);

c) de informação: falta desta quanto à utilização e riscos do produto ou serviço (exs.: a falta de informação sobre riscos de um pesticida ou sobre a profundidade de uma piscina num hotel).

Quanto aos **sujeitos da relação jurídica** de responsabilidade, temos os *sujeitos ativos*, ou seja, aqueles que têm direito a uma indenização, e os *sujeitos passivos*, ou seja, aqueles que deverão arcar com a indenização decorrente do fato do produto ou do serviço.

São **sujeitos ativos** da relação de responsabilidade os seguintes:

a) a vítima que adquiriu ou utilizou produto ou serviço;

b) a vítima de um acidente de consumo, ainda que não tenha adquirido ou utilizado o produto ou o serviço respectivo (art. 17 do CDC).

São **sujeitos passivos** da relação de responsabilidade os seguintes:

a) o fabricante (art. 12 do CDC);

b) o produtor (art. 12 do CDC);

c) o construtor, nacional ou estrangeiro (art. 12 do CDC);

d) o importador (art. 12 do CDC);

e) o prestador de serviço (art. 14 do CDC).

Observe que não são todos os *fornecedores* que respondem quando há acidente de consumo. O *comerciante*, por exemplo, não responde por esse tipo de evento. Assim, caso o consumidor compre um veículo numa concessionária (*comerciante*) e esse veículo tenha um problema que venha a causar um acidente vitimando o consumidor, este só poderá ingressar com pedido indenizatório em face da montadora do veículo (*fabricante*), não cabendo ação contra o *comerciante* (a concessionária). Já num acidente aéreo causado por problema no avião, o consumidor lesado (ou sua família, caso este venha a falecer) pode ingressar com ação tanto em face da empresa aérea (*prestador de serviço*), como em face da montadora do avião (*fabricante*), podendo ingressar com ação também contra o *fabricante da peça* do avião que tiver causado o problema (art. 25, § 2º, do CDC: *"sendo o dano causado por componente ou peça incorporada ao produto ou serviço, são responsáveis solidários seu fabricante, construtor ou importador e o que realizou a incorporação").*

No entanto, há alguns casos em que o *comerciante* responderá por um acidente de consumo. São os seguintes (art. 13 do CDC):

a) se o fabricante, o construtor, o produtor ou o importador não puderem ser identificados (ex.: produtos vendidos *in natura* numa quitanda);

b) se o produto for fornecido sem identificação clara de seu fabricante, produtor, construtor ou importador (ex.: produtos vendidos sem que constem na embalagem dados suficientes sobre seu fabricante ou importador);

c) se o comerciante não conservar adequadamente os produtos perecíveis (ex.: produtos que dependem de refrigeração, mas que não passam por tal procedimento à noite, pelo fato de um dado supermercado desligar as geladeiras no período noturno).

Uma vez ocorridas as situações "a" e "b", o comerciante que tiver que pagar alguma indenização poderá ingressar com ação de regresso contra os demais responsáveis (fabricante, importador etc.), nos termos do art. 13, parágrafo único, do CDC.

Tema relevante em matéria de acidente de consumo é o das **excludentes de responsabilidade** do fornecedor.

Com relação às excludentes de responsabilidade, o fornecedor não responderá se *provar* o seguinte (arts. 12, § 3º, e 14, § 3º, do CDC):

a) *que não colocou o produto no mercado.* Ex.: o fornecedor demonstra em juízo que o produto com problema tinha sido furtado de sua fábrica antes de finalizada sua produção, tendo sido colocado no mercado por pessoas que cometeram crime de receptação;

b) *que inexiste defeito.* Ex.: em perícia judicial, o fornecedor consegue demonstrar que o freio de um carro acidentado não estava com problema, tendo o acidente outra causa;

c) *que houve culpa exclusiva do consumidor.* Ex.: em perícia judicial o fornecedor consegue demonstrar que o consumidor sofreu um acidente de consumo por mau uso da coisa ou sem seguir regras explícitas de segurança;

d) *que houve culpa exclusiva de terceiro.* Exs.: em instrução probatória, o fornecedor demonstra que não havia problema no produto, mas que uma assistência técnica não autorizada, ao mexer neste, acabou causando o problema; outro exemplo é a empresa de ônibus demonstrar que terceiro lançou uma pedra dentro do ônibus, causando a lesão no passageiro deste.

A doutrina controverte sobre se o caso fortuito ou de força maior também é causa excludente da responsabilidade por acidente de consumo.

Muitos dizem que não, pois a lei não traz expressamente essa possibilidade, mas somente as apontadas anteriormente (arts. 12, § 3º, e 14, § 3º, do CDC).

No entanto, prevalece o entendimento de que tais eventos são, sim, causas excludentes da responsabilidade, desde que o fortuito tenha ocorrido após o encerramento do processo produtivo.

Trata-se da famosa diferença entre o *fortuito interno* e o *fortuito externo*. O primeiro é aquele que ocorre durante o processo produtivo, não excluindo a responsabilidade. E o segundo é aquele que ocorre após o fim do processo produtivo, excluindo a responsabilidade.

Para melhor entendermos a questão, vamos a dois exemplos.

Imagine que no meio da produção de um refrigerante um raio tenha atingido as instalações elétricas de uma indústria, ocasionando falta de energia e problemas na produção. Imagine, agora, que um consumidor tenha comprado um produto fabricado nessas condições e tenha sofrido um dano por conta de um problema no produto. Ora, o fortuito causador de tudo ocorreu no bojo do processo de produção (*fortuito interno*), estando, portanto, na esfera de controle do fornecedor. Dessa forma, este irá responder pelos danos causados, não sendo o fortuito uma causa excludente de responsabilidade.

Imagine agora que, no bojo do processo produtivo, não tenha ocorrido problema algum, e que um consumidor compre um produto isento de que qualquer problema. Imagine que, posteriormente à aquisição do produto, este venha a ser atingido por um raio, já na casa do consumidor. Ora, agora temos um *fortuito externo* que, certamente, exclui a responsabilidade do fornecedor, que não tem nada a ver com o ocorrido.

A respeito do tema, vale trazer a interessante Súmula 479 do STJ: "as instituições financeiras respondem objetivamente pelos danos gerados por fortuito interno relativo a fraudes e delitos praticados por terceiros no âmbito de operações bancárias" (*DJe* 01.08.2012). Um exemplo é o caso em que instituição financeira entrega talonário de cheque a terceiro que, em nome do correntista, passa a emitir várias cártulas sem fundos, gerando negativação do nome deste. Trata-se de defeito na prestação de serviço (art. 14 do CDC), cabendo pretensão indenizatória, com prazo prescricional de 5 anos (art. 27 do CDC), conforme decisão do STJ tomada no REsp 1.254.883-PR, j. 03.04.2014.

O STJ entende, assim, que roubo a consumidores ocorridos em agências bancárias não excluem a responsabilidade dos bancos, por se tratar de evento previsível, diferente, por exemplo, de roubos ocorridos no interior de lojas ou postos de gasolina, em que o dono do estabelecimento não responde junto ao consumidor pelo fato de terceiro. Voltando à questão dos bancos, o STJ entende que os Correios que prestam serviços de "banco postal" respondem como os bancos por roubos aos consumidores (REsp 1.183.121-SC, DJ 07.04.2015).

Outro tema relevante em matéria de responsabilidade por fato do produto é o da **prescrição**. Isso porque esse tipo de responsabilidade consiste em o fornecedor pagar uma indenização ao consumidor, e a condenação de alguém a pagar uma indenização envolve prazo prescricional. Lembre-se de que não se deve confundir o *vício* (problema interno do produto), que possibilita que o consumidor peça o *conserto* da coisa, com o *defeito* (problema externo do produto que atinge a saúde ou a segurança do consumidor), que possibilita que o consumidor peça uma *indenização* por danos materiais e morais. Neste item estamos estudando o instituto do defeito e, portanto, é preciso verificar qual é o prazo prescricional para se exercer em juízo a pretensão indenizatória.

A resposta a essa pergunta está no art. 27 do CDC, que estabelece que "prescreve em cinco anos a pretensão à reparação pelos danos causados por fato do produto ou do serviço (...), iniciando-se a contagem do prazo a partir do conhecimento do dano e de sua autoria".

Há dois pontos importantes na regra. O primeiro é quanto ao prazo, que é de **5 anos**, sendo certo que, se existir prazo maior no Código Civil, prevalece o prazo do Código Civil, pois o CDC veio para melhorar os direitos do consumidor e não para reduzi-los. O segundo ponto é o termo *a quo* do prazo de 5 anos. Repare que esse prazo só começa a contar do conhecimento do dano **e** de sua autoria. Ou seja, não conhecido o dano, o prazo não tem início ainda. É necessário o conhecimento deste e também o conhecimento da autoria do dano para que o prazo se inicie.

Em matéria de responsabilidade da indústria de cigarro por danos causados aos consumidores, o STJ, apesar de estar julgando improcedente tais ações (v., por exemplo, REsp 1.197.660, *DJe* 01.08.2012), vem entendendo, especificamente quanto ao prazo prescricional para o seu ingresso, que este se inicia, no mínimo, após a lei que determinou que constasse de cada maço de cigarro informação sobre os malefícios deste.

6. RESPONSABILIDADE PELO VÍCIO DO PRODUTO OU DO SERVIÇO (VÍCIO)

A responsabilidade por *vício* pode ser **conceituada** como a *obrigação de sanar problemas intrínsecos de produtos ou serviços.*

Os vícios são problemas de *qualidade* e *quantidade* de produtos ou serviços. Um exemplo é a compra de uma televisão que não funciona (problema de qualidade) ou a compra de alimento numa embalagem que indica 5 kg, mas que, na verdade, tem apenas 4,5 kg do produto.

Repare, nos dois casos, que o problema é *intrínseco*, ou seja, a coisa tem um problema interno, mas que não causa (ou não causou ainda) um dano à saúde ou à segurança do consumidor.

Havendo vício, o consumidor não terá, num primeiro momento, direito a uma indenização, como ocorre quando há um defeito (*acidente de consumo* ou *fato do produto ou do serviço*). O consumidor, a princípio, terá direito ao conserto da coisa, no problema de qualidade, e direito à complementação do peso ou medida, no problema de quantidade.

Assim, não se pode confundir o instituto do *vício*, que será aprofundado neste capítulo, com o instituto do *defeito*, que foi visto no capítulo anterior.

Os vícios podem gerar nos produtos ou serviços as seguintes **características (ou tipos de vícios)**:

a) *impropriedade ao consumo*. Exs.: produto com validade vencida, deteriorado, adulterado, falsificado, nocivo, perigoso ou em desacordo com as normas;

b) *inadequação ao consumo*. Ex.: televisão que não funciona;

c) *diminuição de valor*. Ex.: veículo novo vindo com um risco no capô;

d) *disparidade na informação*. Ex.: veículo novo vindo sem algum acessório informado em sua propaganda;

e) *quantidade menor*. Ex.: produto com 100 ml a menos do que o informado na embalagem.

Uma vez constatado o vício, a responsabilidade do fornecedor é **objetiva**, ou seja, independe de culpa ou dolo de sua parte.

É importante consignar que, em caso de vício em serviço prestado por profissional liberal (ex.: serviço prestado com disparidade com a proposta feita pelo profissional), a responsabilidade deste também é objetiva. Ou seja, apesar de o profissional liberal responder *subjetivamente* na responsabilidade por *defeito* (art. 14, § 4º, do CDC), esse mesmo profissional, na responsabilidade por *vício* (art. 20 do CDC), responde *objetivamente*.

Quanto aos **sujeitos da relação jurídica** de responsabilidade, temos os sujeitos ativos, ou seja, aqueles que têm direito ao conserto do problema ou à reexecução dos serviços, e os sujeitos passivos, ou seja, aqueles que deverão desfazer o vício do produto ou do serviço.

São **sujeitos ativos** da relação de responsabilidade por vício os seguintes:

a) o adquirente do produto ou serviço. Ex.: a pessoa que compra uma televisão com problema numa loja;

b) o destinatário do produto ou serviço. Ex.: a pessoa que ganha de presente um produto com problema.

Vale dizer, é sujeito ativo o consumidor-padrão, ou seja, aquele que adquire ou utiliza produto ou serviço.

São **sujeitos passivos** da relação de responsabilidade: os fornecedores em geral (arts. 18, *caput*, 19, *caput*, e 20, *caput*, do CDC).

Repare que todos os fornecedores respondem. Não se exclui, aqui, o *comerciante*. Assim, se alguém compra uma televisão com problema numa loja, é possível reclamar que o vício seja sanado não só pela empresa que montou a televisão (*fabricante*), como também pela empresa que a vendeu (*comerciante*).

Aliás, os fornecedores envolvidos nessa cadeia comercial (comerciante, produtor, fornecedor etc.) respondem *solidariamente*. Ou seja, o consumidor pode escolher apenas um dos fornecedores e tentar fazer valer todos os seus direitos em face do que foi escolhido.

Há comerciantes que costumam dizer que só trocarão equipamentos eletrônicos com problema se a reclamação se der em até 10 dias, por exemplo. E que, depois, o consumidor deverá buscar seus direitos com o fabricante. Trata-se de prática totalmente contrária ao que a lei determina, pois, o *comerciante* tem responsabilidade objetiva e solidária com o *fabricante* na responsabilidade por *vício*, devendo atender ao consumidor durante todo o prazo de garantia.

Em matéria de vício, a lei quer facilitar a vida do consumidor, que pode buscar seus direitos diretamente com o *comerciante*, facultado a este o ingresso com ação regressiva, num segundo momento, contra o *fabricante* do produto.

Outro ponto importante a respeito do sujeito passivo da responsabilidade é o fato de que a ignorância do *fornecedor* sobre a existência do vício não exime sua responsabilidade (art. 23 do CDC). Aliás, nem mesmo uma disposição contratual é capaz de eximir a responsabilidade do fornecedor por vícios em produtos (art. 24 do CDC).

Resta saber agora **quais direitos** tem o consumidor em caso de vício em produto e em serviço.

Comecemos com o **vício de qualidade do produto** (art. 18 do CDC). O consumidor tem dois passos a tomar.

O **1º passo** consiste em *reclamar a substituição das partes viciadas*. Ou seja, o consumidor deve procurar qualquer dos fornecedores envolvidos (fabricante ou comerciante) e pedir o conserto do vício. Por exemplo, deve buscar a loja onde comprou a televisão e pedir que a televisão com problema seja consertada.

Naturalmente, o **consumidor deve procurar** extrajudicialmente o fornecedor dentro do prazo de garantia (30 dias para produto não durável e 90 dias para produto durável, ressalvada a existência de garantia contratual, que é complementar). E para que o consumidor comprove que reclamou dentro do prazo de garantia, é importante que o consumidor reclame por escrito ou guarde algum documento que demonstre que levou o produto para conserto em determinada data.

Em seguida, o fornecedor instado a sanar o vício terá o prazo máximo de **30 dias** para consertar o produto. Em geral, as pessoas se assustam quando ficam sabendo que o fornecedor tem um prazo tão grande para sanar o vício. No entanto, esse prazo está previsto na lei (art. 18, § 1º, do CDC). De qualquer forma, é bom informar que, por ocasião da celebração do contrato, as partes podem convencionar prazo diferente para sanar o vício, que poderá variar de 7 a 180 dias, sendo que, caso o contrato seja de adesão, a cláusula com modificação de prazo deverá ser convencionada em separado, por meio de manifestação expressa do consumidor (art. 18, § 2º, do CDC).

Caso o fornecedor sane os vícios do produto, ótimo, a questão estará resolvida. No entanto, caso o fornecedor se recuse a consertar o produto ou não o faça no prazo de 30 dias, o consumidor deve partir para o segundo passo.

O **2º passo** consiste em o consumidor ingressar em juízo para exigir, alternativamente e à sua escolha, uma das seguintes opções:

a) substituição do produto por outro da mesma espécie, em perfeitas condições de uso;

b) restituição imediata da quantia paga, atualizada, sem prejuízo de eventuais perdas e danos;

c) abatimento proporcional do preço.

O consumidor é livre para escolher qualquer das opções anteriores. No exemplo da televisão, o consumidor tem direito de pedir uma nova televisão, da mesma marca e modelo, mas em perfeitas condições de uso (opção "a"), podendo haver substituição por outro de espécie diferente, mediante complemento ou restituição de preço (art. 18, § 4º, do CDC); ou poderá pedir a rescisão do contrato, entregando a televisão para fornecedor e recebendo o dinheiro de volta, atualizado monetariamente, sem prejuízo de se pedir uma indenização por perdas e danos (opção "b"); ou poderá pedir um desconto, por conta do problema na televisão (opção "c").

Logo que tiver ciência inequívoca de que o fornecedor não irá sanar o vício, o consumidor deverá tomar uma providência urgente. Isso porque o prazo de garantia, que fica suspenso quando o consumidor pede que o vício seja sanado, volta a correr logo que há a ciência inequívoca da negativa de resolução do problema. Assim, o consumidor pode até fazer mais uma tentativa extrajudicial de resolver o problema, mas o ideal é que ingresse imediatamente com ação fazendo uma das três escolhas mencionadas, evitando, assim, que se opere a decadência, pelo fim do prazo de garantia sem ingresso com a ação competente.

Em suma, o consumidor que se deparar com um vício de qualidade num produto deve, em primeiro lugar, pedir que o vício seja sanado (1º passo) e, caso não obtenha sucesso, deve ingressar com ação fazendo uma das três escolhas mencionadas.

No entanto, a lei estabelece três casos em que o consumidor poderá pular o primeiro passo, buscando diretamente qualquer das três escolhas mencionadas (art. 18, § 3º, do CDC). Trata-se da chamada *tutela antecipada de direito material*.

A lei confere esse direito ao consumidor em três casos, quais sejam:

a) se, em razão da extensão do vício, a substituição das partes viciadas *puder comprometer a qualidade ou características do produto*;

b) se a substituição das partes viciadas *diminuir o valor do produto*;

c) se se tratar de *produto essencial*.

A título de exemplo, imagine que você tenha comprado um pão em fatias num supermercado e que, ao chegar em casa, verifique que tal pão está mofado. Nesse caso, não há como substituir as partes viciadas *sem comprometer o produto*, o que possibilita que volte ao supermercado e passe diretamente ao 2º passo, pedindo outro pão no lugar (substituição do produto) ou o desfazimento da compra (rescisão do contrato). O abatimento no preço não se coloca no presente caso, pois um pão mofado não tem valor algum. De qualquer forma, como você terá um bom prazo de garantia pela frente, nada impede que busque resolver a questão extrajudicialmente, partindo para uma ação judicial apenas se a questão não for resolvida imediatamente.

Outro caso em que cabe a tutela antecipada de direito material é quando o produto é *essencial*. O problema é que a expressão produto essencial é muito vaga é dá margem a muitas interpretações. Ademais, o que para alguns é essencial para outros pode não ser, o que gera muita controvérsia nessa matéria.

A título de exemplo, a 3ª Câmara de Coordenação e Revisão da Procuradoria-Geral da República, aprovou enunciado (Enunciado 8, de 29.06.2011), com o seguinte teor: "o aparelho de telefone celular é produto essencial, para os fins previstos no art. 18, § 3º, da Lei 8.078/1990 (CDC)". Aliás, o Departamento de Proteção e Defesa do Consumidor (DPDC), do Ministério da Justiça, também já havia tomado decisão nesse sentido. No entanto, há ação judicial questionando a decisão tomada pelo DPDC, estando a questão *sub judice*.

Esse exemplo foi trazido apenas para que você comece a refletir sobre o instituto da tutela antecipada e sobre sua aplicação aos chamados *produtos essenciais*. Para o consumidor, quase tudo será produto essencial (telefone, televisão, carro, alimentos etc.). Já o fornecedor sempre defenderá a tese de que um dado produto não é essencial, como vem acontecendo agora com o telefone celular.

Ainda em relação ao vício de qualidade de produtos ou serviços, há interessante decisão do STJ dispondo o seguinte: "Responde solidariamente por vício de qualidade do automóvel adquirido o fabricante de veículos automotores que participa de propaganda publicitária garantindo com sua marca a excelência dos produtos ofertados por revendedor de veículos usados" (REsp 1.365.609-SP, DJ 25.05.2015).

Vamos agora ao estudo das providências que o consumidor deve tomar quando houver um **vício de quantidade do produto** (art. 19 do CDC).

Nesse caso, o consumidor não tem que cumprir os dois passos, podendo passar direto para a escolha de uma das seguintes alternativas:

a) substituição do produto por outro da mesma espécie, sem o vício de quantidade;

b) restituição imediata da quantia paga, atualizada, sem prejuízo de eventuais perdas e danos;

c) abatimento proporcional do preço;

d) complementação do peso ou medida.

Em relação ao vício de qualidade do produto, repare que há uma opção a mais, qual seja, a possibilidade de o consumidor pedir a "complementação do peso ou medida", providência pertinente aos vícios de quantidade.

Ocorrendo vício de quantidade em produto, o consumidor deve, portanto, partir direto para qualquer uma das opções mencionadas e, caso o fornecedor não atenda à sua solicitação, o consumidor deverá, no prazo de garantia, ingressar com ação judicial para fazer valer sua escolha.

Resta agora fazer o estudo das providências que o consumidor deve tomar quando houver um **vício na prestação de serviço** (art. 20 do CDC).

Nesse caso, o consumidor também não tem que cumprir os dois passos, podendo passar direto para a escolha de uma das seguintes alternativas:

a) **reexecução dos serviços**, sem custo adicional e quando cabível;

b) **restituição** imediata da quantia paga, atualizada, sem prejuízo de eventuais perdas e danos;

c) **abatimento** proporcional do preço.

Em relação ao vício de qualidade do produto, repare que no lugar da opção "substituição do produto" está a opção "reexecução dos serviços".

Ocorrendo vício na prestação de serviço, o consumidor deve, portanto, partir direto para qualquer uma das opções mencionadas e, caso o *fornecedor* (*prestador de serviço*) não atenda à sua solicitação, o consumidor deverá, ainda no prazo de garantia, ingressar com ação judicial para fazer valer sua escolha.

Por fim, há de se discutir o **prazo decadencial** para o consumidor reclamar dos vícios em produto ou serviço. Enquanto na responsabilidade por *defeito* o prazo é prescricional (de 5 anos), na responsabilidade por *vício* o prazo é decadencial (de 30 ou 90 dias).

Esse prazo é também chamado prazo de *garantia legal*, pois se trata de um prazo previsto na lei (art. 26 do CDC).

O **prazo** varia de acordo com o tipo de produto ou serviço. Se estes forem *não duráveis*, o prazo para reclamar é de 30 dias. Já se forem *duráveis* o prazo é de 90 dias (art. 26 do CDC). E, se houver garantia contratual, esta será somada à garantia legal (art. 50 do CDC).

O **termo inicial** da contagem desse prazo varia de acordo com o tipo de vício. Se o vício for *aparente*, o prazo de garantia começa a contar da entrega efetiva do produto ou do término da execução dos serviços (art. 26, § 1º, do CDC). Já se o vício for *oculto*, o prazo se inicia no momento em que ficar evidenciado o defeito (art. 26, § 3º, do CDC).

Um ponto a ser comentado é que, no âmbito do CDC, o vício pode ser tanto *oculto* como *aparente*, diferentemente do Código Civil, em que somente vício *oculto* confere direitos ao comprador da coisa.

Outro ponto a comentar é o fato de que, quando o vício é *aparente*, o prazo de garantia deve começar a ser contado logo. Afinal de contas, trata-se de um vício aparente, de fácil percepção. Assim, o prazo se inicia com a entrega efetiva do produto ou com o término da execução dos serviços.

Já se o vício é *oculto*, o prazo de garantia se inicia apenas no momento em que ficar evidenciado o "defeito" (a lei deveria ter usado a expressão "vício"), o que pode acontecer anos depois da entrega do produto ou do término da execução dos serviços.

Outro ponto importante é que, havendo garantia contratual, o início da contagem do prazo de decadência para a reclamação de vícios do produto (art. 26 do CDC) se dá após o encerramento daquela (REsp 984106/SC, DJE 20/11/2012).

Outra questão fundamental quanto ao prazo de garantia é a possibilidade de **suspensão do prazo decadencial**. Tal suspensão se dá nos seguintes casos:

a) no momento da reclamação comprovadamente formulada pelo consumidor perante o fornecedor, até a resposta negativa correspondente, que deve ser transmitida de forma inequívoca; segundo o STJ, "a reclamação obstativa da decadência, prevista no art. 26, § 2º, I, do CDC pode ser feita documentalmente ou verbalmente" (REsp 1.442.597-DF, DJe 30/10/2017);

b) no momento da instauração de inquérito civil até o seu encerramento.

Isso significa que, se o consumidor comprou um produto durável há 10 dias e efetuou reclamação para que o produto fosse consertado, o prazo de 90 dias ficará suspenso até que o fornecedor responda inequivocamente que não vai consertar a coisa. Uma vez feita essa resposta negativa, o prazo voltará a correr e o consumidor terá 80 dias para ingressar com ação contra o fornecedor.

Havendo inquérito civil pendente, o prazo decadencial também fica suspenso, tudo conforme o disposto no art. 26, § 2º, do CDC.

Por fim, vale trazer à colação a Súmula 477 do STJ: "a decadência do art. 26 do CDC não é aplicável à prestação de contas para obter esclarecimentos sobre cobrança de taxas, tarifas e encargos bancários" (*DJe* 19.06.2012).

É muito comum que vícios em produtos ou serviços gerem dissabor no consumidor, que perde tempo e fica aborrecido com esses problemas. Porém, o STJ entende que, nesses casos, não cabe pedido de dano moral, pois tais dissabores são próprios da sociedade de consumo. Todavia, em casos mais graves, como num caso em que um consumidor tinha comprado um carro zero km e teve que ir grande quantidade de vezes à concessionária para fazer reparos, aí sim cabe indenização por danos morais (STJ, REsp 1.443.268-DF, j. 03.06.2014). Porém, o STJ entendeu ser hipótese de dano moral *in re ipsa* o caso em que "companhia aérea, além de atrasar desarrazoadamente o voo de passageiro, deixe de atender aos apelos deste, furtando-se a fornecer tanto informações claras acerca do prosseguimento da viagem (em especial, relativamente ao novo horário de embarque e ao motivo do atraso) quanto alimentação e hospedagem (obrigando-o a pernoitar no próprio aeroporto), tem-se por configurado dano moral indenizável *in re ipsa*, independentemente da causa originária do atraso do voo" (REsp 1.280.372-SP, j. 07.10.2014).

7. DESCONSIDERAÇÃO DA PERSONALIDADE JURÍDICA DA SOCIEDADE *(DISREGARD OF THE LEGAL ENTITY)*

Como regra, a personalidade de uma pessoa jurídica é distinta da personalidade daquelas pessoas que a compõem, de modo que somente a primeira responde com seu patrimônio por suas dívidas.

Nada obstante, permite-se que, em algumas situações, seja desconsiderada a personalidade da pessoa jurídica, atingindo a personalidade das próprias pessoas que a compõem.

O art. 28 do CDC estabelece as seguintes **hipóteses de desconsideração** da personalidade:

a) abuso de direito;

b) excesso de poder;

c) infração da lei;

d) fato ou ato ilícito;

e) violação dos estatutos ou contrato social;

f) quando houver falência, estado de insolvência, encerramento ou inatividade da pessoa jurídica, provocados por má administração;

g) sempre que a personalidade for obstáculo ao ressarcimento de prejuízos causados ao consumidor.

Repare, no item "f", que não é qualquer falência, estado de insolvência ou encerramento ou inatividade da pessoa jurídica que leva à desconsideração da personalidade, mas somente quando tais fatos tenham sido causados por má administração do fornecedor.

De qualquer forma, no plano prático, basta verificar a extensão da regra prevista no item "g" para perceber que, **na verdade, sempre que necessário, caberá desconsideração** da personalidade do fornecedor para atingir o patrimônio de seus sócios.

Nesse sentido, o Superior Tribunal de Justiça vem entendendo que o CDC adotou a **Teoria Menor da Desconsideração**, pela qual há "menos" requisitos para que esta se dê. No caso, exige-se apenas a dificuldade em penhorar bens do fornecedor, não sendo necessário comprovar fatos adicionais, como abuso da personalidade, confusão patrimonial, dentre outros, como se dá no âmbito das relações regidas pelo Código Civil (art. 50 do CC).

Tema correlato, mas que não se confunde com o instituto da desconsideração da personalidade, é a possibilidade de se responsabilizar pessoas jurídicas integrantes de **grupos societários**, **sociedades consorciadas** e **sociedades coligadas**.

Assim, há de se investigar, agora, como se deve proceder em caso do fornecedor responsável estar no contexto de sociedades múltiplas.

Quanto às *sociedades integrantes de grupos societários e sociedades controladas* (art. 265 da Lei 6.404/1976 – sociedade controladora e sua controlada podem constituir grupo de sociedades, mediante convenção, para combinar recursos e esforços para a realização de seus objetos), a responsabilidade é *subsidiária*.

Quanto às *sociedades consorciadas* (art. 278 da Lei 6.404/1976 – aliança para a execução conjunta de determinado empreendimento), a responsabilidade é *solidária*.

E quanto às sociedades coligadas (art. 243, § 1º, da Lei 6.404/1976 – são coligadas as sociedades nas quais a investidora tenha influência significativa), só respondem por *culpa*.

8. PRÁTICAS COMERCIAIS

8.1. Introdução,

No tema das práticas comerciais estuda-se a *oferta*, a *publicidade*, as *práticas abusivas*, a *cobrança de dívidas* e o *banco de dados* e *cadastros de consumidores*.

Para fins de estudo das práticas comerciais, o art. 29 do CDC dispõe que "*equiparam-se aos consumidores todas as pessoas determináveis ou não expostas às práticas nele previstas*".

Ou seja, qualquer pessoa exposta a uma prática comercial, mesmo que não se enquadre no conceito de consumidor-padrão (ou *standard*), será equiparada a consumidor e terá direito à proteção do CDC.

Passemos ao estudo dos temas citados.

8.2. Oferta

Em sentido amplo, oferta pode ser **conceituada** como o "veículo que transmite uma mensagem, seja ela *informação* ou *publicidade*".

Um exemplo de *informação* é a resposta que o gerente ou atendente dá ao consumidor.

Um exemplo de *publicidade* é um anúncio em revista.

A oferta, em sentido amplo, segue o **princípio da vinculação**, que tem o seguinte teor: "*toda* informação ou publicidade, *suficientemente precisa, veiculada por* qualquer forma ou meio de comunicação *com relação a produtos e serviços oferecidos ou apresentados*, obriga o fornecedor *que a fizer veicular ou dela se utilizar* e integra o contrato *que vier a ser celebrado*" (art. 30).

Ou seja, a oferta vincula fortemente o fornecedor. Aliás, este (o fornecedor) "*é solidariamente responsável pelos atos de seus prepostos ou representantes autônomos*" (art. 34 do CDC). Assim, ofertas feitas pelos prepostos ou representantes autônomos do fornecedor de um produto ou serviço vinculam esse fornecedor, que responde solidariamente com as pessoas mencionadas.

Por conta do princípio da vinculação, o CDC estabelece que, **em caso de recusa à oferta**, o consumidor poderá, alternativamente e à sua livre escolha (art. 35):

a) exigir o cumprimento forçado da obrigação, nos termos da oferta, apresentação ou publicidade (execução específica);

b) aceitar outro produto ou prestação de serviço equivalente;

c) rescindir o contrato, com direito à restituição de quantia eventualmente antecipada, monetariamente atualizada, e perdas e danos.

Ainda no contexto da oferta em sentido amplo, existe o **princípio da informação adequada**, que tem o seguinte teor (art. 31 do CDC): "*a oferta e apresentação de produtos ou serviços devem assegurar* informações *corretas*, claras, precisas, ostensivas *e em língua portuguesa sobre suas características, qualidades, quantidade, composição, preço, garantia, prazos de validade e origem, entre outros dados, bem como sobre os riscos que apresentam à saúde e segurança dos consumidores*".

Assim, o fornecedor é obrigado a informar sobre tudo que é relevante para o consumidor, e tal princípio é extremamente rigoroso no CDC.

Uma das espécies de oferta, como se viu, é a **publicidade**. E tal instituto (o da publicidade) tem, também, alguns regramentos específicos.

De acordo com o CDC, a publicidade obedece ao **princípio da identificação**, pelo qual esta "*deve ser veiculada de tal forma que o consumidor, fácil e imediatamente, a identifique como tal*" (art. 36, *caput*, do CDC). Por conta disso, ferem o princípio citado aquelas propagandas que têm o mesmo estilo editorial das reportagens de jornal.

Outro princípio que incide sobre a publicidade é o **princípio da veracidade**, pelo qual "*o fornecedor, na publicidade de seus produtos ou serviços, manterá, em seu poder, para informação dos* *legítimos interessados, os dados fáticos, técnicos e científicos que dão sustentação à mensagem*" (art. 36, parágrafo único, do CDC).

Por conta disso "*o ônus da prova da veracidade e correção da informação ou comunicação publicitária cabe a quem as patrocina*" (art. 38 do CDC).

A doutrina denomina a hipótese de **inversão legal ou obrigatória da prova**, pois a própria lei já estabelece a inversão do ônus da prova, não sendo necessário que o juiz tome qualquer decisão nesse sentido.

O CDC veda a *publicidade enganosa* e a *publicidade abusiva* (art. 37 do CDC). Para tanto, a lei traz as seguintes distinções:

a) publicidade enganosa: "*é enganosa qualquer modalidade de informação ou comunicação de caráter publicitário,* inteira ou parcialmente falsa, *ou, por qualquer outro modo, mesmo por omissão,* capaz de induzir em erro o consumidor *a respeito da natureza, características, qualidade e quantidade, propriedades, origem, preço e quaisquer outros dados sobre produtos e serviços*". Ex.: é enganosa a publicidade de um posto de gasolina que anuncia um preço e cobra outro. O CDC prossegue e estabelece que "*a publicidade é* enganosa *por omissão quando deixar de informar sobre* dado essencial *do produto ou serviço*".

b) publicidade abusiva: "*é abusiva, dentre outras, a publicidade* discriminatória *de qualquer natureza, a que* incite à violência, explore o medo ou a superstição, se aproveite da deficiência de julgamento e experiência da criança, desrespeite valores ambientais, *ou que seja capaz de* induzir o consumidor a se comportar de forma prejudicial ou perigosa *à sua saúde ou segurança*". Ex.: é abusiva a publicidade de um veículo em que se incite o consumidor a dirigir acima dos limites de velocidade estabelecidos na lei.

É importante perceber que, enquanto na propaganda enganosa a preocupação é de ordem mais econômica, na propaganda abusiva, a preocupação é mais voltada para a saúde, a segurança e a dignidade dos consumidores.

Por fim, vale citar jurisprudência do STJ sobre propaganda comparativa – aquela em que uma empresa compara as qualidades de seu produto ou serviço com a de outra empresa. Confira: "É lícita a propaganda comparativa entre produtos alimentícios de marcas distintas e de preços próximos no caso em que: a comparação tenha por objetivo principal o esclarecimento do consumidor; as informações veiculadas sejam verdadeiras, objetivas, não induzam o consumidor a erro, não depreciem o produto ou a marca, tampouco sejam abusivas (art. 37, § 2º, do CDC); e os produtos e marcas comparados não sejam passíveis de confusão" (REsp 1.377.911-SP, j. 02.10.2014).

8.3. Práticas abusivas

As práticas abusivas podem ser **conceituadas** como as *práticas utilizadas pelo fornecedor e vedadas pelo CDC, por serem lesivas à boa-fé, à vulnerabilidade e à liberdade de escolha do consumidor*.

As práticas abusivas podem se dar na fase de produção ou na fase de venda do produto ou serviço, e podem ser pré ou pós contratuais.

Uma informação importante é que o rol de práticas abusivas previsto no art. 39 do CDC é **meramente exemplificativo**. Há hipóteses de práticas abusivas por todo o CDC, como é o caso da publicidade disfarçada e o emprego de peça usada em conserto de produtos.

Confira as práticas abusivas previstas no art. 39 do CDC:

I. fazer venda casada e **exigir condição quantitativa, salvo justa causa**.

Ex.1: lanchonete que só aceita venda conjunta de lanche, batata frita e refrigerante (venda casada);

Ex.2: cinema que só vende copos de refrigerante com conteúdo mínimo de 700 ml (condição quantitativa);

Ex.3: um fabricante que só comercializa açúcar em embalagens mínimas de 1 Kg pratica algo justificável, ou seja, com justa causa, de modo que não faz prática abusiva; da mesma forma, um supermercado que limita a aquisição de produtos em até 5 unidades também atua com justa causa, pois confere oportunidade a outros consumidores;

Ex.4: Súm. STJ 356 – "É legítima a cobrança da tarifa básica pelo uso dos serviços de telefonia fixa";

Ex.5: Súm. STJ 473 – "O mutuário do SFH não pode ser compelido a contratar o seguro habitacional obrigatório com a instituição financeira mutuante ou com a seguradora por ela indicada" (*DJe* 19.06.2012);

Ex. 6: O STJ entendeu que "Configura dano moral coletivo *in re ipsa* a realização de venda casada por operadora de telefonia consistente na prática comercial de oferecer ao consumidor produto com significativa vantagem – linha telefônica com tarifas mais interessantes do que as outras ofertadas pelo mercado – e, em contrapartida, condicionar a aquisição do referido produto à compra de aparelho telefônico" (REsp 1.397.870-MG, DJ 10.12.2014).

II. recusar atendimento à demanda de consumidor, na medida do estoque.

Ex.: postos de gasolina que esperam um aumento no valor do produto para vendê-lo ao consumidor; taxista que não aceita transportar o consumidor para um trecho muito curto;

III. promover fornecimento de produto ou serviço, sem solicitação do consumidor.

Sanção: equiparam-se à amostra grátis os serviços prestados e os produtos remetidos ou entregues sem solicitação. Ex.: "couvert" deixado na mesa de restaurante sem que o consumidor tenha pedido; cartão de crédito enviado ao endereço do consumidor sem que este tenha pedido; aliás, segundo a Súmula STJ 532, "Constitui prática comercial abusiva o envio de cartão de crédito sem prévia e expressa solicitação do consumidor, configurando-se ato ilícito indenizável e sujeito à aplicação de multa administrativa";

IV. aproveitar da fraqueza ou ignorância do consumidor;

V. exigir do consumidor vantagem manifestamente excessiva.

O STJ entende que uma instituição financeira não pode cobrar tarifa pela emissão de boleto bancário (Inf. 423);

VI. executar serviços sem prévios orçamento e autorização, salvo costume entre as partes.

O art. 40 do CDC dispõe que o orçamento deve discriminar mão de obra, materiais, condições de pagamento, início e término dos serviços e, salvo estipulação em contrário, o valor orçado tem validade de 10 dias, contado de seu recebimento;

VII. repassar informação depreciativa de consumidor no exercício de seu direito;

VIII. colocar no mercado de consumo produto em desacordo com as normas técnicas.

Ex.: produtos que não respeitem as normas do INMETRO;

IX. recusar venda a quem se dispõe comprar mediante pronto pagamento;

X. elevar sem justa causa o preço de produtos ou serviços.

O STJ invocava esse dispositivo para proibir diferença de preço para pagamento em dinheiro, cheque ou cartão (In. 427); Porém, a Lei 13.455/2017 estabeleceu o contrário, conforme se vê de seu art. 1º, *caput*: "Fica autorizada a diferenciação de preços de bens e serviços oferecidos ao público em função do prazo ou do instrumento de pagamento utilizado". Assim, agora é possível que o fornecedor dê descontos para pagamento por meio de dinheiro em espécie, em vez de uso de cartão de crédito por exemplo. Essa mesma lei dispôs o seguinte: "O fornecedor deve informar, em local e formato visíveis ao consumidor, eventuais descontos oferecidos em função do prazo ou do instrumento de pagamento utilizado" (art. 2º, alterando o art. 5º-A, da Lei 10.962/2004).

XI. aplicar fórmula ou índice de reajuste diverso do previsto no contrato;

XII. deixar de estipular prazo para cumprimento ou início da obrigação.

XIII. permitir o ingresso em estabelecimentos comerciais ou de serviços de um número maior de consumidores que o fixado pela autoridade administrativa como máximo. (Incluído pela Lei n.º 13.425, de 2017).

8.4. Cobrança de dívidas

Quanto aos **limites** na cobrança de débitos, o consumidor inadimplente não será exposto a ridículo nem será submetido a qualquer tipo de constrangimento ou ameaça (art. 42, *caput*, do CDC).

Quanto às consequências de uma **cobrança indevida**, o consumidor cobrado indevidamente tem direito à repetição do indébito, por valor igual ao dobro do que pagou em excesso, acrescido de correção e juros legais, salvo engano justificável (art. 42, parágrafo único, do CDC).

Repare que essa pena incide tanto na cobrança judicial como na extrajudicial. Mas é necessário que o pagamento tenha sido feito pelo consumidor para que ele tenha direito à aplicação da sanção da devolução em dobro em desfavor do fornecedor.

Por fim, vale trazer à baila o disposto no art. 42-A do CDC, pelo qual em todos os **documentos de cobrança de débitos** apresentados ao consumidor deverão constar o nome, o endereço e o número de inscrição no Cadastro de Pessoas Físicas - CPF ou no Cadastro Nacional de Pessoa Jurídica - CNPJ do fornecedor do produto ou serviço correspondente. Em outras palavras, os documentos de cobrança devem deixar claro quem é o fornecedor que está promovendo a cobrança, deixando essa mais justa e transparente.

8.5. Banco de dados e Cadastro de Consumidores

O tema em tela diz respeito aos Serviços de Proteção ao Crédito, como SPC e SERASA, mas também abrange o sistema de informações que o Banco Central compartilha com os bancos, que é o SISBACEN.

O fato é que o CDC permite que o nome do consumidor seja negativado nesses bancos de dados. Todavia, há regras bem rígidas a serem seguidas, para que não haja abuso na prática de "sujar" o nome do consumidor no mercado de consumo.

Um dos princípios mais importantes nessa matéria é o que estabelece o **direito à informação**, ou seja, o consumidor terá amplo acesso às informações existentes em cadastros, fichas, registros e dados pessoais e de consumo arquivados sobre ele, bem como sobre as suas respectivas fontes (art. 43 do CDC).

Outra regra diz respeito à **caducidade da informação**. De acordo com ela, o cadastro não pode conter informações negativas referentes a período superior a 5 anos, sendo que, consumada a prescrição da cobrança do débito, o dado também não pode mais ser oferecido aos interessados (art. 43, § 5º, do CDC).

Em nossa opinião, a regra é muito clara: a informação negativa a respeito do consumidor deve ser apagada quando consumada a prescrição da cobrança, respeitado o prazo máximo de 5 anos.

No entanto, por conta das regras atinentes à ação monitória, que permite que alguém ingresse com essa ação no prazo de até 5 anos, o STJ editou a Súmula 323, que tem o seguinte teor: "a inscrição do nome do devedor pode ser mantida nos serviços de proteção ao crédito até o prazo máximo de 5 anos, independentemente da prescrição da execução".

Essa súmula faz com que, na prática, alguém que dê um cheque sem fundo fique com o nome negativado por 5 anos, já que, mesmo com a prescrição do cheque se dando em período bem inferior, a possibilidade de ingressar com monitória faz com que se possa deixar a informação negativa enquanto couber a propositura dessa ação de rito especial para a cobrança do valor expresso no cheque.

Quanto ao termo inicial desse prazo de 5 anos o STJ decidiu que "o termo inicial do prazo de permanência de registro de nome de consumidor em cadastro de proteção ao crédito (art. 43, § 1º, do CDC) inicia-se no dia subsequente ao vencimento da obrigação não paga, independentemente da data da inscrição no cadastro" (REsp 1.316.117-SC, DJe 19/8/2016).

Uma regra muito relevante acerca dos bancos de dados é sobre a **comunicação de abertura de cadastro.** Confira essa regra: "a abertura de cadastro, ficha, registro e dados pessoais e de consumo deve ser comunicada por escrito ao consumidor, quando não solicitada por ele" (art. 43, § 2º, do CDC). Porém, não é necessário que essa carta de comunicação ao consumidor seja enviada com o AR (aviso de recebimento), conforme entendimento do STJ (Súmula 404). Por outro lado, a ausência de prévia comunicação ao consumidor da inscrição do seu nome em cadastros de proteção ao crédito, prevista no art. 43, § 2º, do CDC, enseja o direito à compensação por danos morais. (AgRg nos EDcl no AREsp 146564/SP, DJ 01/10/2014).

Ademais, uma vez que algum apontamento seja feito no nome do consumidor, este, sempre que encontrar inexatidão nos seus dados e cadastros, poderá exigir sua imediata correção, devendo o arquivista, no prazo de 5 dias úteis, comunicar a alteração aos eventuais destinatários das informações incorretas (art. 43, § 3º, do CDC). Repare que o prazo é de 5 dias úteis e não de 5 dias corridos.

Resta dúvida de qual é o prazo para o credor da dívida informar ao banco de dados que promove a negativação que o consumidor já pagou integralmente o débito. Como a lei não tem disposição a respeito, o STJ tem decidido que esse prazo também é de 5 dias úteis, por analogia ao prazo que o arquivista do banco de dados tem para fazer a correção nas informações sobre o consumidor. *Vide* a respeito o REsp 1.424.792-BA, j. 10.09.2014.

No dia a dia, há dois grandes tipos de problemas do consumidor com a negativação de seu nome.

O primeiro problema se dá quando há negativação indevida por conta de informação equivocada dada pelo credor (uma instituição financeira, por exemplo). Nesse caso, não se deve ingressar com ação contra o Serviço de Proteção ao Crédito (o Banco de Dados), mas contra o credor que deu a informação equivocada (a instituição financeira, no exemplo dado).

O segundo tipo de problema se dá quando se mantém uma informação indevida no Banco de Dados mesmo após ciência inequívoca, por parte do Serviço de Proteção ao Crédito, do erro no apontamento. Nesse caso, sim, deve-se ingressar com ação diretamente contra o Banco de Dados (por exemplo, contra a Serasa).

Sobre o tema, vale trazer à colação os seguintes entendimentos jurisprudenciais:

a) Súm. STJ 359: "cabe ao órgão mantenedor do Cadastro de Proteção ao Crédito a notificação do devedor antes de proceder à inscrição";

b) Súm. STJ 404: "é dispensável o aviso de recebimento (AR) na carta de comunicação ao consumidor sobre a negativação de seu nome em bancos de dados e cadastros";

c) Súm. STJ 385: "da anotação irregular em cadastro de proteção ao crédito, não cabe indenização por dano moral, quando preexistente legítima inscrição, ressalvado o direito ao cancelamento";

d) STJ: discussão judicial da dívida não é suficiente para suspender a negativação do nome; o consumidor há de demonstrar requisitos para a concessão de tutela de urgência;

e) Súm. STJ 380: "a simples propositura da ação de revisão de contrato não inibe a caracterização da mora do autor";

f) Súm. STJ 548: "incumbe ao credor a exclusão do registro da dívida em nome do devedor no cadastro de inadimplentes no prazo de cinco dias úteis, a partir do integral e efetivo pagamento do débito";

g) Súm. STJ 550: "a utilização de escore de crédito, método estatístico de avaliação de risco que não constitui banco de dados, dispensa o consentimento do consumidor, que terá o direito de solicitar esclarecimentos sobre as informações pessoais valoradas e as fontes dos dados considerados no respectivo cálculo";

h) Súm. STJ 572: "o Banco do Brasil, na condição de gestor do Cadastro de Emitentes de Cheques sem Fundos (CCF), não tem a responsabilidade de notificar previamente o devedor acerca da sua inscrição no aludido cadastro, tampouco legitimidade passiva para as ações de reparação de danos fundadas na ausência de prévia comunicação".

Fechando o presente item, vale lembrar que hoje também existe o chamado cadastro de adimplemento, regulamentado pela Lei 12.414/2011. Essa lei disciplina a formação e a consulta a banco de dados com informações sobre o histórico do crédito de uma pessoa física ou jurídica.

A ideia é que os chamados "bons pagadores" possam se beneficiar dessa condição, contraindo financiamentos ou vendas a prazo com juros mais baixos.

9. PROTEÇÃO CONTRATUAL

9.1. Disposições gerais

Uma vez que o consumidor celebre um contrato com o fornecedor, o primeiro passa a receber uma proteção especial, que é a proteção contratual, prevista nos arts. 46 e seguintes do CDC.

A primeira regra de proteção é a que estabelece dois **pressupostos de vinculação do consumidor a um contrato**. Esses pressupostos são os seguintes: a) a oportunidade de conhecimento prévio de seu conteúdo; b) a existência de redação e apresentação de fácil compreensão.

Confira a regra do art. 46 do CDC: "os contratos que regulam as relações de consumo não obrigarão os consumidores, se não lhes for dada oportunidade de tomar conhecimento prévio de seu conteúdo, ou se os respectivos instrumentos forem redigidos de modo a dificultar a compreensão de seu sentido e alcance."

Outra importante regra de proteção contratual é a da **interpretação mais favorável** ao consumidor (art. 47 do CDC), cujo teor é a seguinte: *"as cláusulas contratuais serão interpretadas de maneira mais favorável ao consumidor"*.

Repare que no CDC não é necessário que a cláusula contratual seja ambígua para que se busque a interpretação mais favorável ao consumidor. Repare, outrossim, que tal regra vale para qualquer contrato de consumo e não só para contratos de adesão.

Isso faz com que o disposto no art. 47 do CDC não se confunda com o disposto no art. 423 do CC, que tem regra semelhante, mas que somente se aplica se houver cláusula ambígua e desde que se trate de contrato de adesão.

Outra regra importante de proteção contratual é a que estabelece a **vinculação de escritos.** Confira (art. 48 do CDC): *"as declarações de vontade constantes de escritos particulares, recibos e pré-contratos relativos às relações de consumo vinculam o fornecedor, ensejando inclusive execução específica, nos termos do art. 84 e parágrafos"*.

Essa regra é interessante, devendo o consumidor, quando for comprar um imóvel, por exemplo, guardar os rascunhos das propostas, bem como outros documentos e escritos, pois tais elementos vinculam o fornecedor e permitem que o consumidor ingresse com ação buscando execução específica das obrigações decorrentes desses escritos.

Outra regra bastante importante é a que assegura o **direito de arrependimento nas compras feitas fora de estabelecimento comercial,** também chamada de **denúncia vazia do contrato de consumo**. Confira a regra (art. 49): *"o consumidor pode desistir do contrato, no prazo de sete dias a contar de sua assinatura ou do ato de recebimento do produto ou serviço, sempre que a contratação de fornecimento de produtos ou serviços ocorrer fora do estabelecimento comercial, especialmente por telefone ou a domicílio. (...) Se o consumidor exercitar o direito de arrependimento previsto neste artigo, os valores eventualmente pagos, a qualquer título, durante o prazo de reflexão, serão devolvidos, de imediato, monetariamente atualizados"*.

Repare que esse direito só existe em compras feitas fora do estabelecimento comercial (exs.: por telefone, em domicílio, pela internet). Repare, também, que o consumidor tem 7 dias corridos, e não 7 dias úteis, para exercer seu direito de arrependimento, sendo que esse prazo começa a ser contado do momento em que o consumidor estiver com o produto em sua disponibilidade, o que coincide, normalmente, com a entrega do produto ou serviço. Por fim, repare que o consumidor tem direito de receber tudo o que pagou de volta, inclusive com correção monetária.

9.2. Cláusulas abusivas

Conforme já visto, o CDC é uma norma de ordem pública (art. 1º), ou seja, uma norma que não pode ser afastada pela vontade das partes.

Assim, quando uma cláusula contratual está em desacordo com as normas do CDC, tal cláusula é considerada *nula* e não meramente *anulável*.

O art. 51 do CDC usa, inclusive, uma expressão bem chamativa, dispondo que as cláusulas contratuais contrárias ao Código "são nulas de pleno direito". Essa expressão "de pleno direito" é apenas um reforço, para lembrar que a nulidade é uma sanção jurídica que se aplica automaticamente, ou seja, independentemente de alguém ingressar com uma ação para a anulação do negócio.

Por conta disso, toda vez que uma cláusula contratual violar o CDC, ter-se-á, imediatamente, uma cláusula que não pode produzir efeitos. O ingresso com ação posterior serve apenas para declarar a nulidade, pois essa sanção já está aplicada pelo próprio Direito quando se acorda uma cláusula que fere o CDC.

Para facilitar a vida do consumidor, o art. 51 do CDC traz um rol exemplificativo de cláusulas contratuais consideradas nulas de pleno direito.

Trata-se de **rol exemplificativo**, pois qualquer cláusula contratual que esteja em desacordo com qualquer princípio ou regra do CDC é considerada nula de pleno direito (art. 51, XV, do CDC), independente de constar casuisticamente de algum inciso do art. 51 do CDC.

Passemos à análise das hipóteses previstas no art. 51 do CDC, que considera nulas de pleno direito, dentre outras, as cláusulas que:

I. impossibilitem, exonerem ou atenuem a responsabilidade do fornecedor por vícios de qualquer natureza dos produtos e serviços ou impliquem renúncia ou disposição de direitos. Nas relações de consumo entre o fornecedor e o consumidor pessoa jurídica, a indenização poderá ser limitada, em situações justificáveis.

Repare que, se o consumidor é *pessoa física*, não cabe cláusula alguma que mitigue ou exclua a responsabilidade do fornecedor. Nesse sentido, o STJ entende que é nula qualquer cláusula que exonere o estabelecimento por furto ocorrido em seu estacionamento (Súmula 130). No entanto, se o consumidor for *pessoa jurídica* e houver motivo justificável, é cabível convenção entre as partes *limitando* a indenização, mas não é cabível convenção impossibilitando ou exonerando o fornecedor de pagar indenização;

II. subtraiam ao consumidor a opção de reembolso de quantia já paga, nos casos previstos no CDC.

Um exemplo de nulidade nesse caso é a cláusula contratual que retira do consumidor o direito de arrependimento em contratos celebrados fora de estabelecimento comercial (art. 49 do CDC);

III. transfiram responsabilidades a terceiros.

Um exemplo é a cláusula contratual que dispõe que o consumidor só poderá acionar a seguradora do fornecedor, e nunca este diretamente;

IV. estabeleçam obrigações consideradas iníquas, abusivas, que coloquem o consumidor em desvantagem exagerada, ou sejam incompatíveis com a boa-fé ou a equidade.

Por exemplo, é considerada abusiva a cláusula que limita os dias de internação por parte de plano de saúde (Súmula 302 do STJ).Da mesma forma, de acordo com a Súmula 597 do STJ, "a cláusula contratual de plano de saúde que prevê carência para utilização dos serviços de assistência médica nas situações de emergência ou de urgência é considerada abusiva se ultrapassado o prazo máximo de 24 horas contado da data da contratação".

Para facilitar a aplicação desse inciso, o CDC presume exagerada, entre outras, a vontade que (art. 51, § 1º, do CDC):

i) ofende os princípios fundamentais do sistema;

ii) restringe direitos ou obrigações fundamentais inerentes à natureza do contrato, de tal modo a ameaçar seu objeto ou o equilíbrio contratual;

iii) mostre-se excessivamente onerosa ao consumidor, considerando-se a natureza e conteúdo do contrato, o interesse das partes e outras circunstâncias peculiares ao caso.

Exemplo de cláusula exagerada (portanto, abusiva) é a que fixa foro de eleição oneroso ao consumidor.

Na alienação de unidades autônomas em regime de incorporação imobiliária, o STJ considera abusiva a cobrança pelo promitente-vendedor do serviço de assessoria técnico-imobiliária (SATI), ou atividade congênere, vinculado à celebração de promessa de compra e venda de imóvel, uma vez que compete ao próprio fornecedor o dever de prestar ao consumidor informações claras, adequadas e precisas acerca de seus produtos e serviços, não podendo exigir que o consumidor contrate e pague terceiros para esse fim (REsp 1.599.511-SP, DJe 6/9/2016), podendo o consumidor pedir o dinheiro de volta diretamente da incorporadora (REsp 1.551.968-SP, DJe 6/9/2016), ficando sujeito ao prazo prescricional de três anos (REsp 1.551.956-SP, DJe 6/9/2016). Por outro lado, o STJ não entendeu haver abusividade da incorporadora quando esta transfere o dever de pagamento de comissão de corretagem para o consumidor, se o faz observando certos requisitos. Confira: "e válida a cláusula contratual que transfere ao promitente-comprador a obrigação de pagar a comissão de corretagem nos contratos de promessa de compra e venda de unidade autônoma em regime de incorporação imobiliária, desde que previamente informado o preço total da aquisição da unidade autônoma, com o destaque do valor da comissão de corretagem" (REsp 1.599.511-SP, DJe 6/9/2016).

V. vetado;

VI. estabeleçam inversão do ônus da prova em prejuízo do consumidor.

Qualquer cláusula nesse sentido é totalmente nula. Não há exceções. Vale lembrar que o ônus da prova, em qualquer ação de conhecimento, é sempre do autor da demanda. No entanto, no âmbito do CDC, o juiz poderá inverter o ônus da prova em favor do consumidor, não em favor do fornecedor (art. 6º, VIII, do CDC). E, no caso de publicidade, a própria lei já inverte o ônus da prova sobre a veracidade e a correção desta, dispondo que aquele que patrocina a comunicação tem o ônus da prova correspondente;

VII. determinem a utilização compulsória de arbitragem.

Por conta desse inciso, é nula a cláusula num contrato de consumo que determina que eventual controvérsia entre as partes será dirimida por meio da arbitragem. Dessa forma, a arbitragem só será cabível quando o consumidor, após ter assinado o contrato, acaba por aceitá-la livremente;

VIII. imponham representante para concluir ou realizar outro negócio jurídico pelo consumidor.

Um exemplo é aquela situação em que o consumidor autoriza que uma terceira pessoa emita nota promissória em seu nome, situação vedada pelo inciso em tela e pela Súmula 60 do STJ;

IX. deixem ao fornecedor a opção de concluir ou não o contrato, embora obrigando o consumidor;

X. permitam ao fornecedor, direta ou indiretamente, variação do preço de maneira unilateral;

XI. autorizem o fornecedor a cancelar o contrato unilateralmente, sem que igual direito seja conferido ao consumidor;

XII. obriguem o consumidor a ressarcir custos de cobrança de sua obrigação, sem que igual direito lhe seja conferido contra o fornecedor;

Nessa seara, o STJ já decidiu que "não é abusiva a cláusula prevista em contrato de adesão que impõe ao consumidor em mora a obrigação de pagar honorários advocatícios decorrentes de cobrança extrajudicial" (REsp 1.002.445-DF, DJe 14/12/2015).

XIII. autorizem o fornecedor a modificar unilateralmente o conteúdo ou a qualidade do contrato, após sua celebração.

Os cinco incisos anteriores têm o mesmo sentido, qual seja, o de deixar claro que determinadas prerrogativas contratuais só serão válidas se forem atribuídas igualmente às duas partes, ou seja, ao fornecedor e ao consumidor;

XIV. infrinjam ou possibilitem violação de normas ambientais.

Para que um contrato atenda à sua função social, não basta que haja equilíbrio e justiça entre as partes contratuais. É necessário, também, que as cláusulas contratuais não firam direitos coletivos, como os expressados nas normas ambientais;

XV. estejam em desacordo com o sistema de proteção ao consumidor.

Conforme já escrito, esse inciso cria uma regra de extensão, que torna o art. 51 do CDC uma norma que traz efetivamente um rol exemplificativo de cláusulas abusivas. Assim, qualquer cláusula contratual que fira uma norma prevista no CDC, independente do caso se enquadrar nos demais incisos desse artigo, é considerada nula de pleno direito;

XVI. possibilitem a renúncia do direito de indenização por benfeitorias necessárias.

As benfeitorias necessárias são aquelas indispensáveis à conservação da coisa. No Direito Civil, até o possuidor de má-fé que tiver de sair da coisa tem direito de ser indenizado pelas benfeitorias necessárias que fizer. Se assim é com o possuidor de má-fé, não é possível ser diferente com o consumidor, que merece sempre uma proteção especial. Assim, um consumidor que comprar uma casa a prestação e tiver de devolvê-la terá direito de ser indenizado pelas benfeitorias necessárias que fizer, mesmo que haja cláusula contratual em sentido contrário.

Uma vez que uma cláusula contratual é nula, isso não quer dizer que o contrato inteiro será nulo. Vige, no caso, o princípio da conservação dos contratos. No entanto, quando a nulidade da cláusula importar em ônus excessivo a qualquer das partes, é possível que a melhor solução seja a extinção do contrato como um todo. Nesse sentido, confira o § 2º do art. 51 do CDC: *"a nulidade de uma cláusula contratual abusiva não invalida o contrato, exceto quando de sua ausência, apesar dos esforços de integração, decorrer ônus excessivo a qualquer das partes"*.

Por fim, vale trazer uma palavra sobre a chamada ação anulatória geral, prevista no § 4º do art. 51 do CDC: *"é facultado a qualquer consumidor ou entidade que o represente requerer ao Ministério Público que ajuíze a competente ação para ser declarada a nulidade de cláusula contratual que contrarie o disposto neste Código ou de qualquer forma não assegure o justo equilíbrio entre direitos e obrigações das partes"*.

Considerando que o Ministério Público só pode defender interesses individuais indisponíveis e interesses sociais (art. 127, *caput*, da CF), tal ação só será cabível nos contratos que envolverem tais interesses, como é o caso do contrato educacional.

9.3. Fornecimento de produtos ou serviços que envolva outorga de crédito ou concessão de financiamento ao consumidor (art. 52)

Cada vez mais o consumidor celebra contratos que envolvem crédito puro (ex.: empréstimo de dinheiro) ou financiamento para aquisição de um bem (ex.: aquisição de um carro, de um imóvel ou de um aparelho eletrônico).

Normalmente, o consumidor está em grande desvantagem nessas transações, já que precisa do crédito, de um lado, e tem, do outro, a presença de grandes e impositivas empresas, como são as instituições financeiras.

É por isso que o CDC estabelece regras específicas sobre esse tipo de contratação.

A primeira regra é a da **informação**. De acordo com o disposto no art. 52 do CDC, o fornecedor deverá, entre outros requisitos, **informar** o consumidor, *prévia* e *adequadamente*, sobre o seguinte:

a) preço do produto ou serviço em moeda corrente nacional;

b) montante dos juros de mora e da taxa efetiva anual de juros;

c) acréscimos legalmente previstos;

d) número e periodicidade das prestações;

e) soma total a pagar, com e sem financiamento.

Outra regra importante diz respeito ao **limite de multa de mora**. De acordo com o disposto no art. 52, § 1º, do CDC, as multas de mora decorrentes do inadimplemento de obrigações no seu termo não poderão ser superiores a dois por cento (2%) do valor da prestação.

Repare que o CDC não traz limitação à taxa de **juros compensatórios**. Tais taxas devem respeitar, portanto, o disposto no Código Civil, que limita os juros ao mesmo índice aplicável aos débitos com a Fazenda Pública (art. 591 c.c. art. 406 ambos do CC). Todavia, as instituições financeiras não são obrigadas a respeitar tal limite. Já quanto aos **juros moratórios**, o STJ determina que "nos contratos bancários não regidos por legislação específica, os juros moratórios poderão ser fixados em até 1% ao mês".

Por fim, há uma última regra protetiva do consumidor sobre o assunto. Trata-se do **direito do consumidor liquidar antecipadamente o débito**, total ou parcialmente, mediante **redução proporcional dos juros e demais acréscimos** (art. 52, § 2º, do CDC). Assim, um consumidor que tenha tomado um empréstimo para pagar em 24 meses, por exemplo, poderá, a qualquer momento, não só pagar antecipadamente todas as parcelas ou parte das parcelas que ainda irão vencer, como também receber um abatimento no valor das prestações adiantadas, tendo em vista a redução proporcional dos juros e demais acréscimos.

Repare que esse direito só vale para contratos de crédito ou de financiamento. Portanto, caso alguém tenha feito um contrato de arrendamento mercantil (*leasing*), que é uma locação com opção de compra, e queira antecipar parcelas da locação, não haverá o direito à redução proporcional no valor das parcelas, pois não se trata, no plano jurídico, de um empréstimo, mas de uma locação. Ao contrário, se um carro estiver sendo adquirido por meio de alienação fiduciária, cabe redução proporcional dos juros, pois esse contrato nada mais é do que um mútuo (empréstimo de dinheiro), com o carro dado em garantia.

9.4. Compra e venda de móveis ou imóveis por prestações e alienação fiduciária

Nos contratos de *compra e venda de móveis ou imóveis por prestações* (ex.: compra de um terreno a prazo, diretamente do loteador) e no *contrato de alienação fiduciária* (aquisição de veículo mediante empréstimo bancário garantido pela alienação em confiança do veículo à instituição financeira) há uma regra muito interessante que protege o consumidor no caso de resolução do contrato, que será vista após a exemplificação feita nos dois próximos parágrafos.

Normalmente, quando o consumidor não tem mais condições de arcar com as prestações nas aquisições mencionadas, o contrato acaba se resolvendo e o fornecedor recebe de volta a coisa. Nos exemplos dados, o loteador volta a ficar com o terreno e a instituição financeira fica com o carro.

Porém, é comum, nesses casos, que o fornecedor queira ficar também com todo ou quase todo o valor já pago pelo consumidor.

Para que isso não aconteça, o CDC estabelece a seguinte regra (art. 53): "*(...) consideram-se nulas de pleno direito as cláusulas que estabeleçam a* perda total *das prestações pagas em benefício do credor que, em* razão do inadimplemento, pleitear a resolução do contrato e a retomada do produto alienado".

Partindo do exemplo da aquisição do terreno, caso no compromisso de compra e venda respectivo haja cláusula dispondo que o consumidor perderá o valor das parcelas pagas, tal disposição será nula de pleno direito.

O STJ entende que o consumidor tem direito de receber de volta todas as parcelas que já tenha pagado, abatido 10% do valor, para compensar o fornecedor. Naturalmente, caso o consumidor chegue a usar a coisa que teve de devolver, o fornecedor terá direito de ficar com quantia superior aos 10%, sob pena de enriquecimento sem causa do consumidor.

Outro ponto é que o STJ é pacífico no sentido de que a restituição das parcelas pagas (com o abatimento permitido) deve ser feita imediatamente, e não diferido no tempo. Nesse sentido: "em contratos submetidos ao Código de Defesa do Consumidor, é abusiva a cláusula contratual que determina a restituição dos valores devidos somente ao término da obra ou de forma parcelada, na hipótese de resolução de contrato de promessa de compra e venda de imóvel, por culpa de quaisquer contratantes. Em tais avenças, deve ocorrer a imediata restituição das parcelas pagas pelo promitente comprador – integralmente, em caso de culpa exclusiva do promitente vendedor/construtor, ou parcialmente, caso tenha sido o comprador quem deu causa ao desfazimento. Precedentes citados: AgRg no Ag 866.542-SC, 3.ª T., *DJe* 11.12.2012; REsp 633.793-SC, 3.ª T., *DJ* 27.06.2005; e AgRg no REsp 997.956-SC, 4.ª T., *DJe* 02.08.2012". (REsp 1.300.418-SC, Rel. Min. Luis Felipe Salomão, j. 13.11.2013). No mesmo sentido é o teor da Súmula 543 do STJ: "Na hipótese de resolução de contrato de promessa de compra e venda de imóvel submetido ao Código de Defesa do Consumidor, deve ocorrer a imediata restituição das parcelas pagas pelo promitente comprador – integralmente, em caso de culpa exclusiva do promitente vendedor/construtor, ou parcialmente, caso tenha sido o comprador quem deu causa ao desfazimento (DJe 31/08/2015).

O CDC traz, ainda, uma importante regra sobre o **contrato de consórcio**. Confira (art. 53, § 2º, do CDC): "*nos contratos do sistema de* consórcio *de produtos duráveis, a compensação ou a restituição das parcelas quitadas, na forma deste artigo, terá* descontada, *além da* vantagem econômica auferida com a fruição, *os* prejuízos que o desistente ou inadimplente causar ao grupo". *Vale dizer que, segundo a Súmula STJ 538, "As administradoras de consórcio têm liberdade para estabelecer a respectiva taxa de administração, ainda que fixada em percentual superior a dez por cento."*

9.5. Contratos de adesão[1]

O CDC **conceitua** o contrato de adesão como "*aquele cujas cláusulas tenham sido* aprovadas pela autoridade competente *ou* estabelecidas unilateralmente *pelo fornecedor de produtos ou serviços, sem que o consumidor* possa discutir ou modificar substancialmente seu conteúdo" (art. 54).

Repare que há **duas espécies** de contrato de adesão, quais sejam: a) contratos com cláusulas estabelecidas pela Administração Pública; b) contratos estabelecidos unilateralmente pelo fornecedor, sem que o consumidor possa discutir ou modificar substancialmente seu conteúdo.

O fato de o consumidor conseguir inserir alguma cláusula num formulário de um contrato estabelecido unilateralmente pelo fornecedor não desnatura esse contrato, que continua de adesão (art. 54, § 1º, do CDC). Ou seja, um contrato originariamente de adesão só deixará de sê-lo se o consumidor conseguir discutir e modificá-lo substancialmente.

O fato de um contrato de consumo ser, também, um contrato de adesão tem os seguintes **efeitos**:

a) o contrato recebe normalmente a proteção geral prevista no CDC;

b) o contrato recebe, adicionalmente, três proteções específicas para o contrato de adesão (art. 54, §§ 2º, 3º e 4º, do CDC).

A primeira proteção específica para o contrato de adesão é o chamado **direito de escolha** em caso de possibilidade de resolução do negócio. Confira a regra (art. 54, § 2º, do CDC): "nos contratos de adesão admite-se cláusula resolutória, desde que a alternativa, cabendo a escolha ao consumidor (...)".

Vamos ao exemplo. Imagine que um consumidor tenha

---

1. O atual Código Civil traz algumas disposições acerca dos contratos de adesão por ele regidos:
"Art. 423. Quando houver no contrato de adesão cláusulas ambíguas ou contraditórias, dever-se-á adotar a interpretação mais favorável ao aderente."
"Art. 424. Nos contratos de adesão, são nulas as cláusulas que estipulem a renúncia antecipada do aderente a direito resultante da natureza do negócio."

celebrado um compromisso de compra e venda de um apartamento com uma construtora e que, depois de pagar várias parcelas, torne-se inadimplente. Imagine, ainda, que se trata de um contrato de adesão (e normalmente tais contratos são mesmo de adesão) e que haja cláusula resolutiva expressa, ou seja, cláusula dispondo que o não pagamento de prestações importará na resolução do contrato. Pois bem, quando a lei dispõe que a cláusula resolutória é uma alternativa cuja escolha compete ao consumidor, está dizendo que o consumidor tem duas alternativas numa situação dessas, quais sejam: a) aceitar a resolução do contrato; b) purgar a mora para evitar a resolução do contrato.

No exemplo em tela, o consumidor tem, então, a opção de manter o contrato, desde que pague as parcelas atrasadas, ou seja, desde que purgue a mora.

A segunda proteção específica diz respeito às **características da redação contratual em geral**. Os contratos de adesão devem ter sua redação geral dotada dos seguintes atributos, de modo a facilitar a compreensão pelo consumidor (art. 54, § 3º, do CDC):

a) redação em termos claros;

b) redação com caracteres ostensivos e legíveis, cujo tamanho da fonte não será inferior ao corpo 12 (doze).

Caso um contrato não respeite tal disposição, estaremos diante de um contrato nulo, nos termos do art. 51, XV, do CDC.

A terceira proteção específica diz respeito às **características da redação quanto às cláusulas limitativas de direito**. Todo contrato de adesão tem uma série de cláusulas que limitam os direitos do consumidor. Tais cláusulas deverão ser redigidas com **destaque**, permitindo sua imediata e fácil compreensão.

A redação com destaque significa **ou** letra maior, **ou** negrito **ou** sublinhado. Caso alguma cláusula limitativa de direito num contrato de adesão regido pelo CDC não esteja assim redigida, será nula de pleno direito, nos termos do art. 51, XV, do CDC.

10. SANÇÕES ADMINISTRATIVAS NAS RELAÇÕES DE CONSUMO

10.1. Introdução

O CDC prevê a *proteção civil* do consumidor, o que é feito por meio de ações judiciais coletivas ou individuais. Prevê também a *proteção criminal* deste, o que é feito por meio de ações penais públicas incondicionadas, diante dos diversos tipos penais previstos no próprio CDC. E, por fim, prevê a proteção administrativa do consumidor, que é feita por todos os entes políticos (União, Estados, Distrito Federal e Municípios), no exercício do chamado poder de polícia administrativa (arts. 55 a 60 do CDC).

A Constituição Federal, em seu art. 24, V e VIII, dispõe que é competência concorrente da União, Estados e Distrito Federal legislar sobre direito do consumidor, cabendo à União traçar as normas gerais e aos Estados e Distrito Federal suplementar a legislação federal, sem prejuízo, por óbvio, da competência dos Municípios para legislar sobre assuntos de interesse local.

O CDC é justamente a **norma geral** de que trata a CF, norma geral essa que traz também a proteção administrativa das relações de consumo, a qual deve, em cada esfera de atuação dos entes políticos, ser regulamentada para aplicação das sanções administrativas.

No âmbito da União, tal regulamentação da proteção administrativa foi veiculada por meio do Decreto 2.181/1997, pelo qual se trouxe a forma como será realizado o poder de polícia em estudo, estabelecendo os órgãos incumbidos da fiscalização, as hipóteses de prática ilícita, as sanções aplicáveis (em consonância com as previstas no CDC) e a gradação da sanção.

10.2. Poder de polícia nas relações de consumo

O poder de polícia nas relações de consumo pode ser **conceituado** como a *atividade do Poder Público de condicionar a atividade dos fornecedores* baixando normas *(União, Estados e Distrito Federal) relativas à produção, industrialização, distribuição e consumo de produtos e serviços, bem como* fiscalizando e controlando *(União, Estados Distrito Federal e Municípios) tais itens e também a publicidade respectiva, tudo no interesse da preservação da vida, da saúde, da segurança, da informação e do bem-estar do consumidor.*

Num primeiro momento, o **poder de polícia** atua por meio da edição de leis. Trata-se do poder de polícia em sentido amplo, que *consiste no fato de a União (normas gerais) e os Estados e Distrito Federal (suplementando a legislação federal)* baixarem leis *trazendo os limites da conduta dos fornecedores e o tipo de sanção administrativa correspondente a cada descumprimento dos limites legais da sua conduta*. A maior expressão do poder de polícia em sentido amplo é justamente o CDC, que traz os limites das atividades dos fornecedores e as sanções administrativas aplicáveis.

Num segundo momento, temos o **poder de polícia em sentido estrito**, que se dá por meio de regulamentos administrativos e atos concretos. Esse poder de polícia, também chamado de polícia administrativa, consiste *na atuação da Administração Pública de* fiscalizar e controlar *as atividades dos fornecedores, estabelecendo, num primeiro momento, regulamentos para fiel execução das leis acima, e, num segundo momento, expedindo atos administrativos, na observação concreta da conduta dos fornecedores, a fim de verificar se estes estão cumprindo ou não as leis acima referidas, aplicando, se for o caso, a sanção administrativa correspondente*. É expressão da polícia administrativa um fiscal do Procon fiscalizar o cumprimento da lei de consumo, aplicando as sanções administrativas previstas no CDC.

Os órgãos federais, estaduais, do Distrito Federal e municipais com atribuições para **fiscalizar e controlar** o mercado de consumo manterão comissões permanentes para elaboração, revisão e atualização dos **regulamentos** atinentes à fiscalização e ao controle administrativo das atividades dos fornecedores.

Para garantir a efetividade da fiscalização e o controle administrativo, o CDC confere aos órgãos públicos poderes semelhantes aos que tem o Ministério Público **(poder de notificação ou requisição)**, facultando a tais órgãos a expedição de notificações aos fornecedores para que, sob pena de desobediência, prestem informações sobre questões de interesse do consumidor, resguardado o segredo industrial.

10.3. Sanções administrativas cabíveis

As sanções administrativas a seguir expostas são aquelas que cada ente político (União, Estados, DF e Municípios), em função do regulamento que fizer para fiel execução da lei, poderá prever para o exercício do poder de polícia administrativa local.

Tais sanções devem ser aplicadas pela autoridade administrativa, no âmbito de sua atribuição, de forma cumulativa ou não, inclusive por *medida cautelar* antecedente ou incidente de procedimento administrativo.

Vejamos, então, as sanções administrativas previstas no CDC, atentando para o fato de que, com exceção da multa, que pode ser estipulada livremente pelo regulamento para qualquer tipo de prática ilícita nas relações de consumo, as demais só podem ser aplicadas para um âmbito previamente definido pelo CDC. Confira-se:

a) multa: será graduada de acordo com a gravidade da infração, a vantagem auferida e a condição econômica do fornecedor, aplicando-se mediante procedimento administrativo e revertendo-a para o fundo de direitos difusos correspondente a cada ente político; seu valor será de 200 a 3 milhões de UFIRs ou índice que venha a substituí-la;

b) apreensão do produto;

c) inutilização do produto;

d) cassação do registro do produto junto ao órgão competente;

e) proibição de fabricação do produto;

f) suspensão de fornecimento de produtos e serviço;

g) revogação de concessões ou permissão de uso: aplicada à concessionária de serviço público, quando violar obrigação legal ou contratual.

As sanções mencionadas (itens "b" a "g") serão aplicadas pela administração, mediante procedimento administrativo, assegurada ampla defesa, quando forem constatados vícios de quantidade ou de qualidade por inadequação ou insegurança do produto ou serviço;

h) suspensão temporária da atividade;

i) cassação de licença do estabelecimento ou atividade;

j) interdição, total ou parcial, de estabelecimento, de obra ou de atividade;

k) intervenção administrativa: será aplicada sempre que as circunstâncias de fato desaconselharem a cassação de licença, a interdição ou a suspensão da atividade.

As sanções anteriores (itens "h" a "k") serão aplicadas mediante procedimento administrativo, assegurada ampla defesa, quando o fornecedor reincidir na prática das infrações de maior gravidade previstas no Código e na legislação de consumo;

l) imposição de contrapropaganda: será cominada quando o fornecedor incorrer na prática de propaganda enganosa ou abusiva, sempre às expensas do infrator, devendo ser divulgada da mesma forma, frequência e dimensão e, preferencialmente, no mesmo veículo, local, espaço e horário, de forma capaz de desfazer o malefício da publicidade enganosa ou abusiva.

11. SISTEMA NACIONAL DE DEFESA DO CONSUMIDOR – SNDC

São **integrantes** do SNDC os órgãos federais, estaduais, do Distrito Federal e municipais e as entidades privadas de defesa do consumidor (art. 105 do CDC).

O órgão de coordenação política do sistema é o Departamento Nacional de Defesa do Consumidor (da Secretaria Nacional de Defesa do Consumidor, do Ministério da Justiça), o qual deverá:

I. planejar, elaborar, propor, coordenar e executar a política nacional de proteção ao consumidor;

II. receber, analisar, avaliar e encaminhar consultas, denúncias ou sugestões apresentadas por entidades representativas ou pessoas jurídicas de direito público ou privado;

III. prestar aos consumidores orientação permanente sobre seus direitos e garantias;

IV. informar, conscientizar e motivar o consumidor através dos diferentes meios de comunicação;

V. solicitar à polícia judiciária a instauração de inquérito policial para a apreciação de delito contra os consumidores, nos termos da legislação vigente;

VI. representar ao Ministério Público competente para fins de adoção de medidas processuais no âmbito de suas atribuições;

VII. levar ao conhecimento dos órgãos competentes as infrações de ordem administrativa que violarem os interesses difusos, coletivos, ou individuais dos consumidores;

VIII. solicitar o concurso de órgãos e entidades da União, Estados, do Distrito Federal e Municípios, bem como auxiliar a fiscalização de preços, abastecimento, quantidade e segurança de bens e serviços;

IX. incentivar, inclusive com recursos financeiros e outros programas especiais, a formação de entidades de defesa do consumidor pela população e pelos órgãos públicos estaduais e municipais;

XIII. desenvolver outras atividades compatíveis com suas finalidades.

Para consecução de seus objetivos, o Departamento Nacional de Defesa do Consumidor poderá solicitar o concurso de órgãos e entidades de notória especialização técnico-científica.

12. CONVENÇÃO COLETIVA DE CONSUMO

A convenção coletiva de consumo pode ser **conceituada** como a *convenção escrita estabelecida entre as entidades civis de consumidores e as associações de fornecedores ou sindicatos de categoria econômica, que tem por fim regular relações de consumo e por objeto estabelecer condições relativas ao preço, à qualidade, à quantidade, à garantia e características de produtos e serviços, bem como reclamação e composição do conflito de consumo* (art. 107 do CDC).

Quanto às **formalidades**, a convenção, além de dever ser escrita, apenas se tornará obrigatória a partir do registro do instrumento no cartório de títulos e documentos.

Quanto à **abrangência** da convenção, esta somente obrigará os filiados às entidades signatárias.

Além disso, não se exime de cumprir a convenção o fornecedor que se desligar da entidade em data posterior ao registro do instrumento.

13. DEFESA DO CONSUMIDOR EM JUÍZO: INDIVIDUAL E COLETIVA

13.1. Tipos de interesses

A defesa do consumidor em juízo poderá se dar individual ou coletivamente. A **defesa coletiva** será exercida quando se tratar de um dos seguintes interesses (art. 81, parágrafo único, do CDC):

I. interesses ou direitos difusos: os transindividuais, de natureza indivisível, de que sejam titulares pessoas indeterminadas e ligadas por circunstâncias de fato. Ex.: direito ao meio ambiente ecologicamente equilibrado;

II. interesses ou direitos coletivos: os transindividuais, de natureza indivisível, de que seja titular grupo, categoria ou classe de pessoas ligadas entre si ou com a parte contrária por uma relação jurídica base. Ex.: direito dos integrantes de um consórcio de carro;

III. interesses ou direitos individuais homogêneos: os decorrentes de origem comum. Ex.: direito das vítimas de um acidente aéreo.

13.2. Legitimados concorrentes para a defesa coletiva

Segundo o CDC, são legitimados para a defesa dos interesses coletivos em sentido amplo os seguintes (art. 82 do CDC):

I. Ministério Público;

II. União, Estados, Distrito Federal e Municípios;

III. entidades da administração pública direta e indireta;

IV. órgãos da administração pública direta ou indireta, especificamente destinadas à defesa dos interesses e direitos protegidos pelo CDC;

IV. associações legalmente constituídas há pelo menos 1 (um) ano e que incluam entre seus fins institucionais a defesas dos interesses e direitos protegidos pelo CDC, dispensada a autorização assemblear.

O requisito de pré-constituição pode ser dispensado pelo juiz nas ações que visem à proteção de interesses individuais homogêneos, quando haja manifesto interesse social evidenciado pela dimensão ou características do dano, ou pela relevância do bem jurídico a ser protegido (art. 82, § 1º, do CDC).

O novo Código de Processo Civil, cuja entrada em vigor em março de 2016[2], estabelece, em seu art. 139, X, que ao juiz incumbe "quando se deparar com diversas demandas individuais repetitivas, oficiar o Ministério Público, a Defensoria Pública e, na medida do possível, outros legitimados a que se referem o art. 5º da Lei 7.347, de 24.07.1985, e o art. 82 da Lei 8.078, de 11.09.1990, para, se for o caso, promover a propositura da ação coletiva respectiva".

13.3. Tipos de ações admissíveis para proteção dos direitos do consumidor

O art. 83 do CDC dispõe que, para a defesa dos direitos e interesses protegidos pelo Código, são admissíveis todas as espécies de ações capazes de propiciar sua adequada e efetiva tutela.

Vale dizer, pode o autor escolher o *rito* procedimental que deseja imprimir à demanda (rito sumário, rito ordinário, rito do mandado de segurança etc.), bem como pode pedir qualquer tipo de *provimento* jurisdicional (provimento declaratório, provimento constitutivo, provimento condenatório, provimento mandamental, provimento executivo *latu sensu*), devendo escolher qual *rito* e *provimento* será mais eficaz para atender ao direito pleiteado.

Vale lembrar que o provimento mandamental é o melhor deles, já que, em tal caso, o juiz, na sentença, determina que alguém faça ou deixe de fazer alguma coisa, determinação essa que será enviada por ofício à pessoa destinatária da ordem, sem necessidade de abertura de processo de execução de sentença, o que a torna menos burocrática, além da vantagem de, em caso de seu descumprimento, configurar-se o crime de desobediência à ordem judicial, o que torna a sentença muitíssimo eficaz.

O veto presidencial ao dispositivo que tratava da possibilidade de se ingressar com ação mandamental foi inócuo, eis que o fato de se admitir todas as espécies de ações já é suficiente para que se possa ingressar com tal espécie de pedido.

13.4. Provimento jurisdicional final e tutela antecipada nas obrigações de fazer ou não fazer

O art. 84 do CDC traz uma série de regras interessantes acerca dos comandos judiciais cabíveis nas ações que tenham por objeto obrigação de fazer. Confira:

a) *na ação que tenha por objeto o cumprimento de obrigação de fazer ou não fazer, o juiz concederá a tutela específica da obrigação ou determinará providências que assegurem o resultado prático equivalente ao do adimplemento;*

b) *sendo relevante o fundamento da demanda e havendo justificado receio de ineficácia do provimento final, é lícito ao juiz conceder a tutela liminarmente ou após justificação prévia, citando o réu.*

Na busca de tal tutela específica, o CDC traz incentivos negativos ao réu para cumprir o que o autor da ação deseja, e o faz dizendo que o *juiz poderá, na hipótese de concessão da tutela antecipada ou na sentença, impor multa diária ao réu, independentemente de pedido do autor, se for suficiente ou compatível com a obrigação, fixando prazo razoável para o cumprimento do preceito.*

Vale ressaltar, todavia, que *a multa só será exigível do réu após o trânsito em julgado da sentença favorável ao autor, mas será devida desde o dia em que se houver configurado o descumprimento.*

O juiz poderá, ainda, determinar as medidas necessárias, tais como busca e apreensão, remoção de coisas e pessoas, desfazimento de obra, impedimento de atividade nociva, além de requisição de força policial.

Com todas as possibilidades previstas no CDC para que uma obrigação de fazer seja cumprida pelo fornecedor, a conversão da obrigação em perdas e danos somente será admissível se por elas optar o autor ou se for impossível a tutela específica ou a obtenção do resultado prático correspondente.

13.5. Isenção de custas

Nas ações coletivas não haverá adiantamento de custas, emolumentos, honorários periciais e quaisquer outras despesas.

Nada obstante, o juiz condenará a associação autora a pagar ao réu os honorários advocatícios, custas e demais despesas em caso de litigância de má-fé, hipótese em que a associação autora e os diretores responsáveis pela propositura da ação serão solidariamente condenados ao décuplo das custas, sem prejuízo de responsabilidade por perdas e danos.

2. Para Didier, "o prazo da vacância do CPC/2015 deve ser contado em ano, e não em dias. Isso significa que o início de sua vigência ocorrerá no dia 18 de março de 2016". Luiz Guilherme Marinoni, Daniel Mitidiero e Sérgio Cruz Arenhart "se restringem a indicar 16.03.2016 como a data em que o novo CPC deve entrar em vigor (Novo código de processo civil comentado. São Paulo: RT, 2015, p. 991)". Disponível em: [http://portalprocessual.com/sobre-o-inicio-da-vigencia-do--cpc2015/]. Acesso em: 04.08.2015.

13.6. Ação de regresso e denunciação da lide

Na hipótese do art. 13, parágrafo único do CDC (que traz as exceções em que há responsabilidade do comerciante por fato do produto), a ação de regresso do comerciante contra o fornecedor responsável poderá ser ajuizada em processo autônomo, facultada a possibilidade de prosseguir-se nos mesmos autos, vedada a denunciação da lide.

13.7. Ações coletivas para a defesa de interesses individuais homogêneos

Veremos agora o específico regime das ações coletivas destinadas à defesa dos interesses individuais homogêneos.

Os legitimados para propositura desse tipo de demanda são exatamente aqueles a que nos referimos acima (MP, entes e órgãos da Administração Pública Direta e Indireta e associações), devendo-se salientar que o Ministério Público, por ser o interesse em questão normalmente disponível, só terá legitimidade quando os interesses individuais homogêneos tiverem expressão para a coletividade, como os que dizem respeito à *saúde* ou à *segurança* das pessoas, o acesso à *educação*, a prestação de serviços públicos, bem como quanto àqueles em que haja *grande dispersão dos lesados*.

O STJ reconhece, pacificamente, a legitimidade do MP para defender consumidores contra mensalidades abusivas praticadas por escolas privadas.

Quanto aos serviços públicos, o STJ também reconhece a legitimidade do Ministério Público para defender interesses individuais homogêneos relativos a desrespeito de direitos de usuários de serviço de telefonia (REsp 568.734, *DJe* 29.06.2012).

Os legitimados para as ações de que trata o presente item proporão as respectivas ações em nome próprio e no interesse das vítimas ou seus sucessores, ação civil coletiva essa que buscará a efetivação da responsabilidade pelos danos individualmente sofridos.

O Ministério Público, se não ajuizar a ação, atuará sempre como fiscal da lei.

A competência para esse tipo de demanda segue um regime um pouco diferente daquela prevista na Lei de Ação Civil Pública (que é a do *local do dano*) e do ECA (que é a do *local da ação ou omissão*).

O CDC ressalva a competência da Justiça Federal, dizendo que é competente para a causa a justiça local (art. 93):

I. no foro do lugar onde ocorreu ou deva ocorrer o dano, quando de âmbito local;

II. no foro da Capital do Estado ou no do Distrito Federal, para os danos de âmbito nacional ou regional, aplicando-se as regras do Código de Processo Civil aos casos de competência concorrente.

Vale dizer, a competência aqui só será a do foro do local onde ocorreu ou deva ocorrer o dano se este for de âmbito local. Caso o dano seja de âmbito regional, a competência será a do foro da Capital do Estado correspondente e, em sendo o dano de âmbito nacional, a competência será a do foro do Distrito Federal.

Outra questão importante nesse tipo de ação é a preocupação com a situação dos lesados que queiram intervir na demanda coletiva ou que já ingressaram com alguma demanda individual.

Por isso é que a lei dispõe que, proposta a ação, será publicado edital no órgão oficial a fim de que os interessados possam intervir no processo como litisconsortes, sem prejuízo de ampla divulgação pelos meios de comunicação social por parte dos órgãos de defesa do consumidor (art. 94 do CDC).

Julgada procedente a demanda, far-se-á uma condenação genérica, que simplesmente fixa a responsabilidade dos réus pelos danos causados (art. 95 do CDC). Isso porque existem diversas pessoas naquela situação, não sendo o caso de se chamar todas para apuração do *quantum* do dano que cada uma sofreu, o que pode ser relegado para um momento posterior, o da liquidação de sentença.

A liquidação e a execução de sentença poderão ser promovidas tanto pela vítima e seus sucessores como também pelos legitimados à propositura dessa ação coletiva (art. 97 do CDC).

A execução coletiva, promovida pelos legitimados de que trata o art. 82, abrange as vítimas cujas indenizações já tiverem sido fixadas em sentença de liquidação, sem prejuízo do ajuizamento de outras execuções (art. 98 do CDC).

A execução coletiva far-se-á com base em certidão das sentenças de liquidação, da qual deverá constar a ocorrência ou não do trânsito em julgado.

É competente para a execução o juízo:

I. da liquidação da sentença ou da ação condenatória, no caso de execução individual;

II. da ação condenatória, quando coletiva a execução.

No primeiro caso (execução individual), perceba-se que há uma opção para aquele que ajuíza uma ação individual. Este pode escolher tanto o juízo por onde pediu a liquidação individual da sentença como o juízo que exarou a sentença condenatória coletiva em seu favor.

No segundo caso (execução coletiva), é prevento o juízo por onde correu a ação condenatória correspondente.

Vale ressaltar que em caso de concurso de créditos decorrentes de condenação prevista na Lei de Ação Civil Pública e de indenizações pelos prejuízos individuais resultantes do mesmo evento, estas terão preferência de pagamento (art. 99 do CDC). Vale dizer, ocorrido um evento que gera indenização à coletividade como um todo e também àquelas pessoas que tiveram danos individualizados, os créditos dessas terão preferência em relação aos da coletividade.

Assim, a destinação da importância recolhida ao Fundo criado pela lei de Ação Civil Pública ficará sustada enquanto pendentes de decisão de segundo grau as ações de indenização pelos danos individuais, salvo na hipótese de o patrimônio do devedor ser manifestamente suficiente para responder pela integralidade das dívidas.

Por fim, há questão importante a se comentar, que diz respeito à inércia do interessado em liquidar e executar seus danos individuais. Decorrido o prazo de 1 ano sem habilitação de interessados em número compatível com a gravidade do dano, poderão os legitimados do art. 82 promover a liquidação e a execução da indenização devida (art. 100 do CDC). O produto da indenização devida reverterá para o Fundo criado pela Lei 7.347/1985.

13.8. Ações de responsabilidade do fornecedor de produtos e serviços

Passemos, agora, ao comentário das especificidades das ações que envolvam responsabilidade do fornecedor de produtos e serviços, responsabilidade essa que pode ser tanto por fato do produto ou do serviço como por vício do produto ou do serviço.

De acordo com o artigo 101 do CDC, a ação de responsabilidade civil do fornecedor de produtos e serviços, sem prejuízo das disposições há pouco vistas (disposições gerais e ação coletiva para defesa de interesses individuais homogêneos), terá as seguintes particularidades:

a) competência: *a ação pode ser proposta no domicílio do autor*; vale dizer, além do domicílio do réu, poderá ser promovida facultativamente no domicílio do autor, normalmente o próprio consumidor;

b) admissão de chamamento ao processo: *o réu que houver contratado seguro de responsabilidade poderá chamar ao processo o segurador, vedada a integração do contraditório pelo Instituto de Resseguros do Brasil. Nesta hipótese, a sentença que julgar procedente o pedido condenará o réu nos termos do art. 80 do CPC. Se o réu houver sido declarado falido, o administrador judicial será intimado a informar a existência de seguro de responsabilidade facultando-se, em caso afirmativo, o ajuizamento de ação de indenização, diretamente contra o segurador, vedada a denunciação da lide ao Instituto de Resseguros do Brasil e dispensado o litisconsórcio obrigatório como este.*

Segundo a kk, "Na ação de cobrança do seguro DPVAT, constitui faculdade do autor escolher entre os foros do seu domicílio, do local do acidente ou ainda do domicílio do réu.

Uma questão muito interessante nesse tipo de ação de responsabilidade do fornecedor de produtos e serviços é a possibilidade de os legitimados de agir na forma do CDC poderem propor ação visando a compelir o Poder Público competente a proibir, em todo o território nacional, a produção, divulgação, distribuição ou venda, ou a determinar alteração na composição, estrutura, fórmula ou acondicionamento de produto, cujo uso ou consumo regular se revele nocivo ou perigoso à saúde pública ou à incolumidade pessoal. Ex.: Procon ingressar com ação para compelir o Poder Público a proibir a fabricação de produtos com insumos agrícolas transgênicos não autorizados.

13.9. Coisa julgada

O regime da coisa julgada nas ações coletivas do CDC é bem diferente do previsto nas ações individuais em geral, que costumam ter limites subjetivos restritos e pouca flexibilidade.

Vejamos, então, esse regime diferenciado.

Dispõe o art. 103 do CDC que nas ações coletivas nele previstas a sentença fará coisa julgada:

I. *erga omnes*, exceto se o pedido for julgado improcedente por insuficiência de provas, hipótese em que qualquer legitimado poderá intentar outra ação, com idêntico fundamento, valendo-se de nova prova, **na hipótese dos interesses difusos**;

II. *ultra partes*, mas limitadamente ao grupo, categoria ou classe, salvo improcedência por insuficiência de provas, nos termos do inciso anterior, **nas hipóteses de interesses coletivos**;

III. *erga omnes*, apenas no caso de procedência do pedido, para beneficiar todas as vítimas e seus sucessores, **na hipótese de interesses individuais homogêneos.**

Para efeito de fixação da matéria, seguem abaixo dois quadros, um sobre as características dos interesses difusos, coletivos e individuais homogêneos e outro com a questão da coisa julgada nesse tema.

Interesses	Grupo	Objeto	Origem	Disposição	Exemplos
Difusos	indeterminável	indivisível	situação de fato	indisponível	interesse das pessoas na despoluição de um rio
Coletivos	determinável	indivisível	relação jurídica	disponível apenas pelo grupo	interesse dos condôminos de edifício na troca de um elevador com problema
Individ. Homog.	determinável	divisível	origem comum	disponível individualmente	interesse de vítimas de acidente rodoviário em receber indenização

	Procedência	Improcedência	Improcedência por falta de provas	Observação
Difusos	*erga omnes*	*erga omnes*	**sem eficácia** *erga omnes*	**Interesses individuais não ficam prejudicados pela improcedência**
Coletivos	*ultra partes*, limitada ao grupo categoria ou classe	*ultra partes*	**sem eficácia** *ultra partes*	**Interesses individuais não ficam prejudicados pela improcedência**
Individuais homogêneos	*erga omnes*, para beneficiar vítimas e sucessores, salvo se a vítima, ciente da ação coletiva, preferiu continuar com a ação individual	**sem eficácia** *erga omnes*	**sem eficácia** *erga omnes*	**Interesses individuais não ficam prejudicados pela improcedência**

Um ponto importante é a criação de um novo tipo de julgado, o de **improcedência por falta de provas**, o qual beneficia terceiros que não participaram da ação e que não puderam contribuir na prova nela feita.

Não bastasse isso, mesmo que uma ação seja julgada improcedente (não se trata da improcedência por falta de provas), os efeitos da coisa julgada dessa ação, quando veiculados interesses difusos ou coletivos, **não prejudicarão interesses e direitos individuais dos integrantes da coletividade, do grupo, categoria ou classe**. Vale dizer, mesmo após uma improcedência da questão numa ação coletiva, será possível que uma pessoa prejudicada ingresse com ação individual buscando seus direitos.

A preocupação do CDC é tão grande em resguardar interesses individuais que os efeitos da coisa julgada prevista na Lei de Ação Civil Pública, que também são *erga omnes*, limitados à competência territorial do órgão prolator, também não prejudicarão as ações de indenização por danos pessoalmente sofridos, propostas individualmente ou na forma prevista no CDC; mas, procedente o pedido, beneficiarão as vítimas e seus sucessores, que poderão proceder à liquidação e à execução nos termos dos dispositivos relativos à ação coletiva para defesa de interesses individuais homogêneos.

Aplica-se o disposto no parágrafo anterior à sentença penal condenatória.

As ações coletivas, relativas às hipóteses de interesses difusos e coletivos, não induzem litispendência para as ações individuais (art. 104 do CDC). Vale dizer, as ações individuais promovidas na pendência de ações para defender direitos difusos ou coletivos não serão extintas, já que é a lei que diz não se induzir litispendência nesse caso.

Porém, os efeitos da coisa julgada *erga omnes* ou *ultra partes*, relativos às hipóteses de interesses coletivos e individuais homogêneos, não beneficiarão os autores das ações individuais, se não for requerida sua suspensão no prazo de 30 (trinta) dias, a contar da ciência nos autos do ajuizamento da ação coletiva. Isto é, podem correr juntas ações para defesa de interesses difusos e individuais homogêneos, de um lado, e ações individuais, de outro, mas, caso os autores das ações individuais não requeiram sua suspensão dentro do prazo de 30 dias do conhecimento de que foi ajuizada ação coletiva correspondente, os efeitos da coisa julgada daquelas ações não os beneficiarão.

7. Direito Civil

Wander Garcia

1. PRINCÍPIOS DO DIREITO CIVIL E LEI DE INTRODUÇÃO ÀS NORMAS DO DIREITO BRASILEIRO – LINDB

1.1. Princípios do Direito Civil

Miguel Reale, coordenador da comissão que redigiu o anteprojeto que deu origem ao novo Código, salienta que esse é norteado por três **princípios**: o da socialidade, o da eticidade e o da operabilidade. Tais princípios fazem refletir os elementos acima apontados.

O **princípio da socialidade** é aquele que *impõe prevalência dos valores coletivos sobre os individuais.*

Já o **princípio da eticidade** é aquele que *impõe a justiça e a boa-fé nas relações civis.*

O **princípio da operabilidade**, por sua vez, é *aquele que impõe soluções viáveis, operáveis e sem grandes dificuldades na aplicação do direito.* Está contido nesse princípio o da **concreção**, pelo qual *o legislador deve criar leis pensando em situações as mais concretas possíveis, evitando ser muito abstrato, ou quando não possível, dando poderes ao juiz para resolver o conflito de modo a melhor atender às diretrizes legais.* O princípio da operabilidade é identificado no Código Civil, por exemplo, quando este confere ao juiz papéis mais abrangentes, tais como papel de *juiz moderador* (ex.: juiz que pode reduzir o valor de multas, caso abusivas) e de *juiz com maior discricionariedade* (ex.: juiz que está diante de cláusulas gerais e conceitos jurídicos indeterminados, que permitem que esse agente busque a melhor solução para o caso concreto, diante das diretrizes traçadas pela lei).

Apesar de não mencionado expressamente por Miguel Reale, entendemos que também norteia o Código Civil o princípio da **dignidade da pessoa humana**, que é *aquele que impõe respeito aos múltiplos aspectos da personalidade humana, como a moral, a intelectual e a física.* A existência de um capítulo no Código Civil destinado exclusivamente aos direitos da personalidade, somada à previsão constitucional da proteção da dignidade da pessoa humana demonstram que o princípio em tela informa o atual Código Civil.

E também não há como negar que o Código Civil ainda dá primazia à **propriedade individual**, à **autonomia da vontade** e à **igualdade**. A primeira é garantida pela Constituição e pelo Código Civil. A segunda ainda é a fonte inicial da formação das relações jurídicas civis. E a igualdade, entendida em seu sentido amplo (tratar igualmente os iguais e desigualmente os desiguais), é o princípio que fundamenta as relações privadas, na qual se busca o equilíbrio entre as partes, diferentemente do que ocorre nas relações públicas, em que há supremacia do interesse público sobre o interesse privado, em nítida situação de desequilíbrio.

A partir dessas observações, é possível criar uma Teoria dos Princípios Basilares, ou seja, uma teoria que visa a identificar quais são os princípios do Direito Civil que inspiram e norteiam todos os outros princípios e regras desse macrossistema.

Nesse sentido, pode-se dizer que são **princípios basilares** do Direito Civil os seguintes: a) **autonomia da vontade**; b) **igualdade**; c) **propriedade individual**; d) **solidariedade social** (contendo as ideias de socialidade, eticidade e dignidade da pessoa humana); e e) **operabilidade**.

Além dos princípios basilares, e abaixo deles, temos os **princípios-norma**, que são as *normas jurídicas aplicáveis a determinada categoria de relações, dotadas de especial relevância e alta carga valorativa.* São exemplos desses princípios os da função social dos contratos (aplicável aos contratos), da boa-fé objetiva (aplicável aos contratos), da função social da propriedade (aplicável ao direito de propriedade), da igualdade entre os filhos (aplicável ao direito de família e sucessões), entre outros.

Tais princípios têm as seguintes características: a) têm aplicação *direta e imediata* aos casos concretos; b) têm *hierarquia* em relação às meras regras-norma, hierarquia essa que é chamada de *hierarquia material* caso estejam previstos em leis da mesma categoria das regras (ex.: há hierarquia material, e não formal, entre um princípio previsto no Código Civil e uma mera regra prevista no mesmo Código); c) servem de *elemento integrativo* e de *vetor interpretativo* aos aplicadores do Direito.

Por fim, temos os **princípios gerais do direito**, que são as *diretrizes políticas, sociais e jurídicas extraídas do sistema jurídico como um todo.* Um exemplo desse princípio é o da *presunção de boa-fé.* Tais princípios somente são aplicados em caso de lacunas, ou seja, em casos de vazio no sistema jurídico. E, mesmo assim, tais princípios são só chamados caso a lacuna não possa ser resolvida com a *analogia* e os *costumes.* Dessa forma, tais princípios não têm aplicação direta e imediata aos casos concretos, dependendo, para sua aplicação, da existência de lacuna que não possa ser suprida pelos elementos mencionados.

1.2. LEI DE INTRODUÇÃO ÀS NORMAS DO DIREITO BRASILEIRO

1.2.1. Finalidade da Lei de Introdução às Normas do Direito Brasileiro

A primeira lei que tratou da introdução às normas do Direito Brasileiro foi a Lei 3.071/1916 (antigo Código Civil), que o fazia em seus artigos 1º a 21. Essas normas foram revogadas pelo Decreto-Lei 4.657/1942, atualmente em vigor.

A Lei de Introdução às Normas do Direito Brasileiro é norma introdutória do Direito como um todo, e não apenas do Direito Civil, como parecia ser, diante do nome que detinha antes (Lei de Introdução ao Código Civil). Tal lei, na verdade, tem **três finalidades**.

A primeira delas, e a que mais se sobressai, é a de **regular a forma de aplicação das leis em geral**: a) o início e a duração de sua obrigatoriedade (arts. 1º e 2º); b) os mecanismos de integração em caso de lacuna (art. 4º); c) os critérios de interpretação (art. 5º); e d) os meios de preservação da segurança jurídica em face da edição de novas normas (art. 6º).

A segunda finalidade é a de **regular o direito internacional privado brasileiro** (arts. 7º a 17).

A última é a de **regular os atos civis praticados no estrangeiro pelas autoridades consulares brasileiras** (arts. 18 e 19).

A primeira finalidade incide não só sobre a aplicação das normas de Direito Civil, mas sobre o Direito como um todo, ressalvada a existência de uma lei especial dispondo de modo contrário. Por exemplo, em Direito Penal, sob o argumento de que existe uma lacuna, não será possível valer-se da analogia para considerar crime um tipo de conduta ainda não regulada pelo Direito, por haver vedação dessa forma de integração na lei penal.

Neste texto veremos as principais regras da LINDB que interessam diretamente ao Direito Civil, devendo o leitor buscar os detalhes específicos de outros ramos jurídicos, tais como o Direito Internacional e a Hermenêutica, nos textos correspondentes.

1.2.2. Fontes do Direito

Quando se pergunta "quais são as fontes do Direito", fica sempre a dúvida sobre a qual fonte a indagação se refere. Existem *fontes criadoras* do Direito (legislador, por exemplo). Há *fontes formais* do Direito (a lei, por exemplo). Há *fontes históricas* do Direito (fatos históricos marcantes que deram origem à modificação de uma lei).

As **fontes formais** do Direito podem ser divididas em duas espécies: principais e acessórias.

As **fontes formais principais** são: a lei, a analogia, o costume e os princípios gerais do direito. Como adotamos o sistema romano-germânico, de início, só a lei é fonte formal principal. Apenas em caso de lacuna é que se admite que o aplicador se valha da analogia, do costume e dos princípios gerais, nessa ordem, como fonte formal jurídica (art. 4º da LINDB).

Para completo entendimento do assunto, é importante destacar que, por lei, deve-se entender norma constitucional, lei ordinária, lei complementar, lei delegada, resolução legislativa, decreto legislativo e medida provisória.

Já as **fontes formais secundárias ou acessórias** são: os decretos, as resoluções administrativas, as instruções normativas, as portarias etc. São acessórias pois guardam obediência a uma fonte principal.

Doutrina e jurisprudência são consideradas, tradicionalmente, como *fontes não formais* ou *fontes indiretas* (mediatas). Isso porque trazem preceitos não vinculantes. São também consideradas *fontes meramente intelectuais* ou *informativas*.

Há de se fazer alguns temperamentos com relação à jurisprudência. Isso porque, apesar de um entendimento reiterado pelos tribunais não ter força de lei, a Emenda Constitucional 45/2004 estabeleceu que o Supremo Tribunal Federal poderá, após reiteradas decisões sobre matéria constitucional, aprovar súmula, que terá efeito vinculante e incidirá sobre a validade, a interpretação e a eficácia de normas determinadas acerca das quais haja controvérsia (art. 103-A da CF).

Tais súmulas, ainda que declarativas em relação ao que é Direito, poderão ser consideradas verdadeiras fontes formais, já que têm eficácia *erga omnes*.

1.2.3. Lei

1.2.3.1. Conceito e características

Em sentido estrito, pode-se **conceituar** a **lei** como o *ato do Poder Legislativo imperativo, geral, originário e autorizador de se exigir do Estado a garantia de seu cumprimento mediante o uso de coação física, se necessário.*

1.2.3.2. Classificação

As leis podem ser **classificadas** a partir de diversos **critérios**. Vejamos alguns:

a) Quanto à sua **natureza**: podem ser *substantivas* ou *adjetivas*.

Substantivas *são as que estabelecem os direitos e deveres das pessoas em suas atividades e relações pessoais e profissionais*. São também chamadas de *materiais*.

Adjetivas *são as que regulamentam os atos de um processo, o qual tem por objetivo fazer valer as normas materiais.* São também chamadas de normas *processuais* ou *formais*;

b) Quanto à **hierarquia**: são escalonadas em *constitucionais, complementares* e *ordinárias*. As normas complementares estão em posição superior às ordinárias, não só porque exigem quórum especial (art. 69 da CF), como porque, segundo a Constituição, têm o condão de dispor sobre a elaboração das leis (art. 59, parágrafo único), o que se deu com a edição da Lei Complementar 95/1998;

c) Quanto à **competência** ou **extensão territorial**: são *federais, estaduais/distritais* e *municipais*;

d) Quanto ao **alcance**: podem ser *gerais* ou *especiais*.

Gerais *são as que regulam uma dada relação jurídica, a par de outra lei que regula um determinado aspecto daquela relação.* Assim, o Código Civil, ao tratar do contrato de locação é uma lei geral (arts. 565 e ss.), ao passo que a Lei 8.245/1991 é uma lei especial, pois trata apenas de um determinado aspecto da locação, no caso a locação de imóvel urbano.

Especiais *são as que regulam sozinhas uma relação jurídica por inteiro ou um determinado aspecto de uma relação jurídica regulada de modo genérico por outra lei.* Além da Lei de Locações, podem ser citados o Código de Defesa do Consumidor e o Estatuto da Criança e do Adolescente.

A classificação é importante para efeito de se descobrir qual é a lei aplicável ao caso concreto. Entre uma lei especial e uma lei geral, ainda que a lei geral seja posterior, deve-se aplicar a lei especial. Isso porque se presume que esta tratou com mais detalhe do assunto.

É importante ressaltar que **uma lei pode ser especial em relação a uma e geral em relação a outra**. Por exemplo, em relação à compra e venda prevista no Código Civil, as normas sobre o assunto previstas no CDC são especiais. Mas em relação à Lei de Alienação Fiduciária (Decreto-Lei 911/1969), as normas do CDC são consideradas gerais.

Outra observação importante é que **uma lei pode ser especial e ao mesmo tempo principiológica**. É o caso do CDC. Em relação ao CC, trata-se de uma lei especial. Em relação a outras leis especiais, como se viu acima, pode ser considerada lei geral. Nada obstante, como o CDC traz uma série de princípios, e como os princípios são normas que se sobrepõem a meras regras, é possível que o CDC prevaleça em relação a uma lei que, em princípio, traz normas especiais em relação às suas. Só que isso só acontecerá quando houver um conflito entre um princípio do CDC e uma mera regra da lei especial. É o que aconteceu em matéria de indenização por extravio de bagagens. Em que pese haver leis estipulando um tabelamento na indenização, prevalece na jurisprudência do STJ o princípio da reparação integral dos danos (art. 6º, VI, CDC).

1.2.3.3. *Existência, validade, eficácia, vigência, vigor e desuso*

O processo de elaboração das leis tem as seguintes etapas: iniciativa, discussão, votação, sanção (ou veto, com posterior recusa ao veto), promulgação e publicação.

A **sanção**, que pode ser expressa ou tácita (CF, art. 66, § 3º) é a *aquiescência dada pelo Chefe do Poder Executivo ao projeto de lei aprovado*. Permite-se também o veto, motivado pela inconstitucionalidade ou contrariedade do projeto ao interesse público, hipótese em que o Poder Legislativo poderá rejeitá lo ("derrubá-lo"), por voto da maioria absoluta dos deputados e senadores, em sessão conjunta.

Após a sanção ou a recusa ao veto, passa-se à **promulgação**, que é o *ato pelo qual o Poder Executivo autentica a lei, atestando sua existência e determinando sua obediência*. O Executivo tem quarenta e oito horas contadas da sanção ou da comunicação da recusa ao veto para proceder à promulgação. Caso não o faça, o Presidente do Senado o fará e, se este não o fizer em igual prazo, caberá ao Vice-Presidente do Senado fazê-lo (CF, art. 66, § 7º).

Feita a promulgação, vem a **publicação**, que é *a divulgação oficial da nova lei, possibilitando seu conhecimento público*.

Em seguida à publicação, temos uma situação eventual pela qual pode passar uma lei, o chamado **período de vacância**, que é o *lapso temporal entre a data da publicação da lei e um termo prefixado na própria lei ou em outro diploma legislativo, durante o qual aquela não pode ainda produzir efeitos*. Esse intervalo entre a data da publicação da lei e sua entrada em vigor chama-se *vacatio legis*.

Segundo a LINDB, não havendo disposição em contrário, a lei começa a vigorar em todo o país quarenta e cinco dias após sua publicação. Nos estados estrangeiros, a obrigatoriedade da lei brasileira, quando for admitida, inicia-se três meses após oficialmente publicada (art. 1º, *caput* e § 1º). Adotou-se o princípio da *vigência sincrônica*, já que haverá vigência simultânea em todo o território nacional, ou seja, *prazo único* para entrada em vigor no país. Tal princípio se contrapõe ao da *vigência progressiva*, pelo qual a lei vai entrando em vigor no país segundo prazos que variam de acordo com a região[1]. Já nos estados estrangeiros, o prazo é outro, de modo que os agentes de nossas representações diplomáticas e os que têm fora do Brasil interesses regulados pela lei brasileira, por exemplo, só ficam obrigados após o período de três meses acima aludido.

Repare que, no silêncio, temos o período de vacância de quarenta e cinco dias, que poderá ser modificado mediante expressa indicação na lei de que entrará em vigor em outro termo. Segundo a Lei Complementar 95/1998, deve-se reservar a cláusula "entra em vigor na data da sua publicação" apenas para as leis de pequena repercussão. Quanto às demais, deve-se fixar um período de vacância que contemple prazo razoável para que dela se tenha amplo conhecimento (art. 8º, *caput*, da LC 95/1998). O Código Civil, por exemplo, entrou em vigor um ano após sua publicação (art. 2.044 do CC). A contagem do prazo dar-se-á com a inclusão da data da publicação e do último dia do prazo, entrando em vigor no dia subsequente à sua consumação integral (art. 8º, § 1º, da LC 95/1998).

Há períodos de vacância fixados na própria Constituição, como os previstos nos art. 150, III, "b" e "c", e 195, § 6º (no que concerne à cobrança de tributos).

Pode ocorrer de, no curso do período de vacância, ser necessária nova publicação da lei destinada a alguma correção. Nesse caso, o prazo de vacância começará a correr mais uma vez a partir da data da nova publicação (art. 1º, § 3º, da LINDB).

Pode ocorrer também de, após o período de vacância, ser necessária nova publicação da lei para o mesmo fim. Nesse caso, como a lei já estava em vigor, os efeitos que ela produziu até aquele momento serão respeitados. A LINDB é expressa no sentido de que as correções serão consideradas lei nova (art. 1º, § 4º), de modo que novo período de vacância deverá ser computado.

A partir dos eventos narrados (promulgação, publicação e período de vacância) é importante trazer à tona as noções de existência, vigência, vigor, validade e eficácia.

Segundo a maioria dos doutrinadores, a **existência** da lei ocorre *após a sanção ou a rejeição ao veto* (Pontes de Miranda, José Afonso da Silva, Manuel Gonçalves Ferreira Filho, Michel Temer, Luiz Alberto David Araujo e Alexandre de Moraes). A própria Constituição dá a entender que isso ocorre ao mencionar a "lei" como ato a ser promulgado (art. 66, § 7º). A promulgação, como se viu, apenas atesta a exis-

1. Segundo a anterior LINDB, a obrigatoriedade das leis, quando não se fixasse outro prazo, "começaria no Distrito Federal, três dias depois de oficialmente publicada, quinze dias no Estado do Rio de Janeiro, trinta dias nos Estados Marítimos e no de Minas Gerais, cem dias nos outros, compreendidas as circunscrições não constituídas em Estado".

tência da lei. Nesse sentido é ato declaratório. E promulgação é uma verdadeira autenticação, ou seja, uma declaração de que a lei existe, é válida e que deverá ser cumprida, pois tem aptidão para vir a produzir efeitos.

A existência, todavia, não se confunde com a validade. Quando se tem existente uma lei, tem-se também uma presunção de que também é válida. A própria promulgação já atesta a existência e a validade da lei. Nada obstante, pode ser que o Poder Judiciário reconheça sua inconstitucionalidade. Se tal reconhecimento se der no bojo de uma ação direta de inconstitucionalidade, após seu trânsito em julgado será desfeita definitivamente a presunção de validade que a lei detinha. A **validade**, portanto, é *qualidade da lei de ter sido produzida segundo as condições formais e materiais previstas na ordem jurídica.*

Mas não basta que a lei exista e seja válida. Esta há de ter **eficácia**, que é a *qualidade da lei de poder produzir efeitos jurídicos.* A lei só a terá se cumprir as chamadas *condições de eficácia do ato normativo*, que são: a) a promulgação; b) a publicação; c) o decurso do período de vacância, quando existir. As duas primeiras condições também são chamadas de *atos de integração da eficácia da lei.* É importante anotar que algumas normas constitucionais, por dependerem de outra para produzirem efeitos, têm eficácia limitada.

Diante de tais noções, passemos aos conceitos de vigor e de vigência.

Vigor é a *qualidade da lei de poder produzir efeitos jurídicos.* Vigor quer dizer força. A lei só tem força quando pode produzir efeitos. E a lei só pode produzir efeitos depois de preenchidas as condições anteriormente aludidas. É por isso que o art. 1º da LINDB dispõe que a lei começa a "vigorar" após publicada.

Já a **vigência** é o *tempo em que a lei existiu podendo produzir efeitos.* Para alguns é o *tempo em que a lei é válida.* Vigência não é qualidade. Vigência é período de tempo. Perceba que a vigência requer dois elementos: "existência" e "efeitos". Assim, uma lei promulgada, mas não publicada, não teve vigência, uma vez que, apesar de existir, não pode produzir "efeitos". O mesmo se dirá de uma lei que ainda estiver em período de vacância. Uma lei que ainda produza efeitos, mas que já estiver revogada não está em vigência. Isso porque, apesar de produzir efeitos, não tem mais "existência". Isso ocorre com o Código Civil anterior. Ele ainda regula algumas relações (produz "efeitos"), mas está revogado (não tem mais "existência").

Assim, pode ser que uma lei tenha vigor, mas não tenha mais vigência. O CC antigo ainda produz efeitos (tem vigor), mas não existe mais (não tem vigência).

Por fim, vale trazer à tona a noção de **desuso** e **costume negativo**, que são as *circunstâncias de a lei, em que pese poder produzir efeitos jurídicos, não ter utilidade, no primeiro caso, ou estar sendo descumprida por destinatários do Direito, sem que haja sua exigência ou aplicação pelos agentes estatais competentes, no segundo.* Um exemplo de *desuso* é a lei que trata da proibição de caça de um tipo de animal que já está extinto. E um exemplo de *costume negativo* é o que se deu em relação ao crime de adultério. O Código Penal, em que pese vigente quanto a esse crime, não vinha sendo aplicado quando cometido o tipo penal em questão, que veio a ser retirado da ordem jurídica.

Cabe anotar que existem juristas ou jusfilósofos que apresentam noções diferentes das que colocamos. É o caso de Kelsen, para quem a *eficácia* tem a ver com o plano concreto, tem relação com o que chamamos de desuso. E o que chamamos de eficácia, para Kelsen, é vigência.

1.2.3.4. Vigência da lei

1.2.3.4.1. Princípio da obrigatoriedade

Ao conceituarmos a lei, vimos que é um ato imperativo, um ato que prescreve conduta às pessoas. De nada valeria a lei se os destinatários de seus comandos tivessem a faculdade de cumpri-los ou não. É fundamental para a efetividade da ordem jurídica que as pessoas sejam de fato obrigadas a cumprir a lei.

Nesse sentido, o art. 3º da LINDB dispõe que "ninguém se escusa de cumprir a lei, alegando que não a conhece". Esse dispositivo consagra o princípio da obrigatoriedade (*ignorantia legis neminem excusat*).

A justificativa do princípio apresenta três teorias: a) a da *presunção legal* de que a lei, publicada, passa a ser de conhecimento de todos; b) a da *ficção* de que todos passam a conhecer a lei com sua publicação; c) e a da *necessidade social* de que assim seja, possibilitando uma convivência harmônica. Esta é a teoria mais aceita.

A Lei das Contravenções Penais, em seu art. 8º, mitiga o princípio ao dispor que "no caso de ignorância ou errada compreensão da lei, quando escusáveis, a pena pode deixar de ser aplicada".

A ignorância da lei, nos demais casos, é inescusável. O que se admite é que haja um erro (não ignorância) *sobre a ilicitude do fato* (art. 21 do CP) ou *de direito* (art. 139, III, do CC), a ensejar isenção ou diminuição de pena no primeiro caso e anulabilidade no segundo.

1.2.3.4.2. Vigência da lei no tempo

Neste tópico estuda-se o princípio da continuidade e a revogação das leis e também o conflito das leis no tempo.

Princípio da continuidade é *aquele pelo qual a lei terá vigência enquanto outra não a modificar ou a revogar.* Ou seja, a regra é a de que as leis têm caráter permanente. Mas há exceções à regra.

Há casos em que a lei tem **vigência temporária** (leis temporárias), que cessará nas seguintes hipóteses: a) advento de termo (prazo) fixado para sua duração; b) implemento de condição resolutiva (leis circunstanciais); c) consecução de seus fins.

A lei **também poderá perder vigência:** a) pela não recepção em função de nova ordem constitucional; b) por suspensão de sua execução pelo Senado, em razão de declaração incidental de inconstitucionalidade pelo STF; ou c) pelo trânsito em julgado de ação destinada ao controle concentrado de constitucionalidade, em caso de reconhecimento da inconstitucionalidade.

A revogação é a *supressão de uma lei por outra*. Existem variadas espécies de revogação, daí a pertinência de proceder a sua classificação:

a) Quanto à **extensão**: pode ser *total* ou *parcial*.

Revogação total (ou ab-rogação) é *a supressão integral da lei anterior*. O art. 2.045 do atual Código Civil revogou por inteiro o Código anterior.

Revogação parcial (ou derrogação) é *a supressão de parte da lei anterior*;

b) Quanto *à* **forma de sua execução**: pode ser *expressa* ou *tácita*.

Revogação expressa é *aquela em que a lei nova declara inequivocamente a supressão de dada lei*. O atual Código Civil, como se viu, revogou expressamente a Lei 3.071/1916 (CC anterior) em seu art. 2.045.

Revogação tácita é *aquela em que a lei nova, apesar de não declarar inequivocamente que a lei antiga está sendo suprimida, mostra-se incompatível com ela ou regule inteiramente a matéria de que essa tratava*.

A *incompatibilidade* se dá, por exemplo, quando uma lei nova permite algo que a antiga proibia. Ou quando a primeira proíbe algo que a segunda permite. Chama-se também revogação indireta.

A *regulamentação por inteiro de uma matéria* se dá quando a nova lei esgota a matéria da qual a lei anterior tratava. Assim, ainda que a nova Lei de Falências não fizesse referência expressa à revogação da lei anterior, o fato é que esta ficaria revogada, uma vez que aquela regula por inteiro a matéria dessa. Chama-se também revogação global.

Anote-se que é possível que uma lei revogada continue a produzir efeitos. Exemplo disso é a disposição do art. 2.038 do atual CC, que determina a continuidade da aplicação do CC/1916 para as enfiteuses já existentes quando da entrada em vigor do primeiro. Trata-se da *ultratividade* ou *pós-atividade da lei*.

É importante anotar que, "salvo disposição em contrário, a lei revogada não se restaura por ter a lei revogadora perdido a vigência" (art. 2º, § 3º, da LINDB). Ou seja, se uma lei "A" é revogada por uma lei "B", e a tal lei "B" é revogada pela lei "C", a lei "A" não fica restaurada. Isso quer dizer que não existe o efeito repristinatório (restaurador) da primeira lei revogada. O que pode acontecer é a lei "C" expressamente dizer que novamente entrará em vigor a lei "A". Neste caso teremos uma lei nova e não exatamente uma repristinação.

De qualquer forma, ainda que não adotado como regra pela nossa LINDB, vamos conceituar o instituto da **repristinação**, *que consiste na restauração da lei revogada, em virtude da lei revogadora ter perdido a vigência*. O instituto em tela só é admitido quando a lei expressamente restaurar a lei anterior.

Em resumo, a lei perde vigência nas seguintes hipóteses: a) fim do prazo ou do motivo que enseja sua vigência (lei temporária); b) suspensão da execução pelo Senado, em razão de declaração incidental de inconstitucionalidade pelo STF; c) trânsito em julgado de ação destinada ao controle concentrado de constitucionalidade, em caso de reconhecimento da inconstitucionalidade; d) não recepção em função de nova ordem constitucional; e) revogação por outra lei.

Tema pertinente a esse tópico é o conflito de leis no tempo. Será que toda lei posterior revoga a lei anterior? A resposta é negativa. O critério **cronológico** *ou* **temporal** (*lex posterior derogat legi priori*) cede em função dos critérios **hierárquico** (*lex superior derogat legi inferiori*) e da **especialidade** (*lex specialis derogat legi generali*).

Assim, uma lei nova não revoga um dispositivo constitucional que com ela esteja em contrariedade, pois a norma constitucional, em que pese mais antiga, tem *hierarquia* superior à norma infraconstitucional. Prevalece o critério hierárquico sobre o cronológico.

Do mesmo modo, uma lei geral nova não revoga uma lei especial velha, pois o critério da *especialidade* prevalece. A norma é especial quando possui em sua hipótese de incidência todos os elementos da norma geral e mais alguns *especializantes*. Presume-se que, na feitura da lei especial, procurou-se tratar com mais detalhe as particularidades do tema, da questão. O princípio da isonomia, que impõe tratar os desiguais de modo desigual, fundamenta a ideia de que o especial prevalece sobre o geral. Assim, o Estatuto da Criança e do Adolescente e o Código de Defesa do Consumidor não ficaram revogados pelo novo Código Civil, já que trazem normas especiais em relação a este. Prevalece o critério da especialidade sobre o cronológico.

Deve-se tomar cuidado, todavia, com um aspecto. Muitas vezes uma lei preponderantemente geral, como é o Código Civil, contém normas especiais, que, assim, podem revogar normas anteriores com ele incompatíveis. É o caso da matéria referente ao condomínio edilício, que é uma questão única, não passível de tratamento estanque, e que foi regulada por inteiro no atual Código Civil. Por trazer normas especiais, os arts. 1.331 a 1.358 do CC revogaram substancialmente a Lei 4.591/1964, mesmo sendo esta uma lei especial.

Deve-se tomar cuidado com a afirmativa de que "a lei especial revoga a lei geral". Às vezes, a lei especial apenas está regulando uma das categorias abrangidas pela lei geral, não a revogando, portanto. O Código Civil anterior, de modo geral, regulava os vícios redibitórios. Veio o CDC e regulou os vícios do produto ou do serviço para uma relação de consumo. A lei geral não ficou revogada. Continua a ser aplicada de modo genérico. Apenas não se aplica àquela categoria de negócios considerados *relação de consumo*. Ou seja, a lei especial não revogou a geral. Apenas retirou um espectro de sua incidência.

No tema aplicação da lei no tempo é, ainda, importante anotar que a lei nova, apesar de ter efeito imediato e geral, deve respeitar o ato jurídico perfeito, o direito adquirido e a coisa julgada (art. 6º da LINDB). A Constituição, em seu art. 5º, XXXVI, reforça o princípio ao dispor que "a lei não prejudicará o direito adquirido, o ato jurídico perfeito e a coisa julgada".

Trata-se do **princípio da irretroatividade da lei**.

A **coisa julgada** pode ser conceituada como a *qualidade da sentença de mérito de o seu comando ser imutável. Isso se dá com o trânsito em julgado da decisão*.

O **direito adquirido** é *aquele que já se incorporou ao patrimônio de seu titular, uma vez que preenchidos, sob a vigência da lei anterior, os requisitos para a aquisição do direito*. Para a LINDB, "consideram-se adquiridos assim os direitos que seu titular, ou alguém por ele, possa exercer, como aqueles cujo começo do exercício tenha termo prefixo, ou condição preestabelecida inalterável, a arbítrio de outrem" (art. 6º, § 2º).

O **ato jurídico perfeito** é *aquele já consumado segundo a lei vigente ao tempo em que se efetuou* (art. 6º, § 1º, da LINDB).

A lei não pode *prejudicar* tais valores, mas pode *beneficiar*. É por isso que a lei penal que beneficia o acusado retroage (art. 5º, XL, da CF) e que a lei tributária também retroage em alguns casos (art. 106 do CTN).

Não se deve confundir *retroatividade* com *aplicabilidade imediata*. A lei não pode atingir, para prejudicar, fatos passados, mas pode ser aplicada de modo imediato para fatos que ocorrerem depois de sua vigência, ainda que relacionados com fatos anteriores.

Nesse sentido, é importante trazer à tona a diferenciação feita pelo art. 2.035 do Código Civil, que, no tocante aos negócios e demais atos jurídicos constituídos antes da vigência do CC de 2002, traz as seguintes regras:

a) a *validade* desses atos subordina-se à legislação da época em que foram feitos;

b) os *efeitos* desses atos, produzidos após a vigência do novo Código, a esse se subordinam, salvo se as partes tiverem previsto determinada forma de execução.

Em suma, quanto aos fatos antigos (validade do negócio) aplica-se a lei antiga. Quanto aos fatos novos (efeitos ocorridos após a vigência da lei nova), aplica-se a lei posterior.

O problema é que o art. 2.035 foi além e criou uma norma bastante polêmica, que permite que o novo Código retroaja na seguinte situação:

c) convenção alguma prevalecerá, porém, se contrariar preceitos de ordem pública, tais como os estabelecidos pelo CC para assegurar a função social da propriedade e dos contratos.

Trata-se da chamada retroatividade média, em que se atingem os efeitos ainda pendentes de um ato jurídico anterior, verificados antes da lei nova[2]. Todavia, há diversas decisões do STF proibindo esse tipo de retroatividade, mesmo nos casos em que a lei nova é de ordem pública (ADI 493/DF; RE 188.366, RE 205.193, RE 205.999, RE 159.979 e RE 263.161).

Com efeito, é comum distinguir a retroatividade em três espécies[3].

A *retroatividade máxima*, também chamada de *restitutória*, consiste em alcançar situações jurídicas consolidadas (ato jurídico perfeito, direito adquirido e coisa julgada) cujos efeitos já se efetivaram no mundo jurídico e fenomênico. Ou seja, consiste em a nova lei *alcançar negócios e atos jurídicos findos*. Um exemplo de retroatividade máxima é a situação em que uma lei que diminuísse a taxa de juros para uma determinada obrigação estipulasse que os credores dessas obrigações, já satisfeitos por ocasião da nova lei, devolvessem as quantias recebidas a mais.

A *retroatividade média* consiste em alcançar situações jurídicas consolidadas e exigíveis (ato jurídico perfeito, direito adquirido e coisa julgada), mas que ainda não foram realizadas. Ou seja, consiste em a nova lei alcançar obrigações certas e já vencidas, mas ainda não pagas. Um exemplo de retroatividade média é a situação em que uma lei que diminuísse a taxa de juros para uma determinada obrigação estipulasse que os credores dessas obrigações, ainda não satisfeitos por ocasião da nova lei, tivessem que aceitar o pagamento dos juros passados e futuros com base na nova lei.

A *retroatividade mínima* consiste em alcançar efeitos *futuros* de situações jurídicas consolidadas e exigíveis (ato jurídico perfeito, direito adquirido e coisa julgada), mas ainda não realizadas. Ou seja, consiste em a nova lei alcançar efeitos *futuros* de obrigações já vencidas e ainda não pagas. Um exemplo de retroatividade mínima é a situação em que uma lei que diminuísse a taxa de juros para uma determinada obrigação estipulasse que os credores dessas obrigações, ainda não satisfeitos por ocasião da nova lei, tivessem que aceitar o pagamento dos juros futuros (juros após a edição da nova lei) com base no novo diploma legal.

Há, ainda, outro instituto jurídico relacionado ao tema, a chamada *aplicação imediata da lei*. Esta abrange a retroatividade mínima e também outra situação, qual seja, a situação de lei nova se aplicar a situações jurídicas ainda não consolidadas. Um exemplo desse segundo caso é a aplicação imediata da lei processual nova, em relação a processos judiciais em curso, desde que não se fira a coisa julgada e que se respeite os atos regularmente praticados com base na antiga lei.

É sempre bom lembrar que a proibição à retroatividade maléfica da lei está prevista na própria Constituição e não em uma lei infraconstitucional (art. 5º, XXXVI, da CF). Isso faz com que uma norma desta natureza não possa excepcionar uma norma constitucional, pouco importando se a lei infraconstitucional é ou não de ordem pública.

Nesse sentido, confira o posicionamento pacífico do Supremo Tribunal Federal;

> "Contrato de prestação de serviços. Lei 8.030/1990. Retroatividade mínima. Impossibilidade. É firme, no Supremo Tribunal Federal, a orientação de que não cabe a aplicação da Lei 8.030/1990 a contrato já existente, ainda que para atingir efeitos futuros, pois redundaria em ofensa ao ato jurídico perfeito. Agravo regimental a que se nega provimento." (RE 388607, Rel. Min. JOAQUIM BARBOSA, 2ª T., DJ 28.04.2006) (g.n.)

Mesmo a retroatividade mínima, segundo o Supremo Tribunal Federal, só é permitida se provier de uma norma constitucional. Confira:

> "Pensões especiais vinculadas a salário mínimo. Aplicação imediata a elas da vedação da parte final do inciso IV do

2. A retroatividade máxima ocorre quando a lei nova ataca a coisa julgada ou fatos já consumados. Essa, não há dúvida, só pode se dar por atuação do Poder Constituinte Originário.
3. *Vide*, a respeito, José Carlos de Matos Peixoto (*Curso de Direito Romano*, Editorial Peixoto, 1943, tomo I, p. 212-213) e também a ADI 493/DF, do STF, cuja relatoria foi do Min. Moreira Alves (DJ 04.09.1992).

artigo 7º da Constituição de 1988. Já se firmou a jurisprudência desta Corte no sentido de que os dispositivos constitucionais têm vigência imediata, alcançando os efeitos futuros de fatos passados (retroatividade mínima). Salvo disposição expressa em contrário – e a Constituição pode fazê-lo –, eles não alcançam os fatos consumados no passado nem as prestações anteriormente vencidas e não pagas (retroatividades máxima e média). Recurso extraordinário conhecido e provido"(RE 140499, Rel. Min. MOREIRA ALVES, 1ª T., DJ 09.09.1994) (g.n.).

Dessa forma, tirando as situações de aplicação imediata da lei, não se pode retroagir lei nova para prejudicar direito adquirido, coisa julgada e ato jurídico perfeito.

1.2.3.4.3. Vigência da lei no espaço

Nesse tema vige o princípio da **territorialidade**, para o qual *a lei tem aplicação dentro do território do Estado que a expediu*. Esse princípio decorre da soberania estatal. A ideia de território estende-se também a outros espaços, como os navios e aeronaves de guerra, onde se encontrarem.

Admite-se, todavia, que a lei estrangeira, em determinadas hipóteses, tenha eficácia em nosso território, ou seja, admite-se a **extraterritorialidade**. Isso se dá com fundamento na solidariedade internacional. A aplicação da lei estrangeira em outro território tem por finalidade proteger a pessoa em território estrangeiro e regular os efeitos de atos estrangeiros que venham a se cumprir no país. Em virtude da existência de exceções é que se diz que adotamos o princípio da **territorialidade moderada**.

Todavia, em nenhuma hipótese poderá ser aplicada uma lei estrangeira (bem como atos, sentenças e declarações de vontade) que ofenda a soberania nacional, a ordem pública e os bons costumes do país (art. 17 da LINDB).

Chama-se **estatuto pessoal** o conjunto de normas que rege o estrangeiro pela lei de seu país de origem. Um estrangeiro que estiver em nosso país poderá carregar consigo um conjunto de normas estrangeiras que regulará seus direitos no Brasil. Esses temas são estudados com profundidade no Direito Internacional.

1.2.3.5. Aplicação da lei

1.2.3.5.1. Interpretação da lei

Interpretar é *extrair o sentido e o alcance da lei, com vistas a sua posterior aplicação.*

A interpretação que nos interessa não é um fim em si mesmo. Ela objetiva extrair da lei normas jurídicas para aplicação aos casos concretos, possibilitando que o Direito cumpra seu papel de garantir uma convivência justa entre as pessoas.

A grande questão é que a lei é estática em relação à realidade fenomênica. As leis permanecem vigentes anos a fio, ao passo que os fatos e valores sociais mudam com maior rapidez. É por isso que compete ao intérprete extrair da lei normas jurídicas, atentando para a situação fático-valorativa em que se encontram os fatos a serem subsumidos para efeito de aplicação da lei.

Cabe ao intérprete, portanto, dar vida ao texto da lei. Nesse sentido, várias comparações são feitas pela doutrina. O intérprete está para a lei, assim como o ator está para o texto que irá representar, ou assim como o cantor está para o texto da música que irá cantar. Atores e cantores darão vida àqueles textos, a partir da técnica e da emoção. Intérpretes darão vida aos textos de lei, a partir de técnicas que considerem os fenômenos fáticos e valorativos que envolvem a questão.

As **técnicas interpretativas** são tão importantes que, para seu estudo, foi se formando uma verdadeira ciência, que é chamada de **hermenêutica**. Pode-se defini-la, portanto, como *a ciência da interpretação.*

A **técnica gramatical** *consiste em verificar o significado das palavras, isolada e sintaticamente, atendendo à pontuação e à colocação dos vocábulos.* Usa-se também a expressão *interpretação literal* para fazer referência a essa técnica.

A **técnica lógica** *consiste na análise dos períodos da lei, combinando-os entre si mediante um raciocínio lógico, de modo a se atingir uma perfeita compatibilidade.*

A **técnica sistemática** *consiste em relacionar os vários dispositivos legais que guardam pertinência com o tema no sistema jurídico, de modo a buscar uma resposta única e trabalhada.*

A **técnica histórica** *consiste em averiguar os antecedentes da norma, desde as circunstâncias fáticas e valorativas que a precederam (*occasio legis*) até as discussões e deliberações legislativas, de modo a verificar a razão de sua existência (*ratio legis*).*

A **técnica teleológica** *consiste em averiguar o sentido e o alcance da lei partindo dos fins sociais a que ela se dirige, bem como adaptando-a às exigências do bem comum* (art. 5º da LINDB).

A utilização das técnicas de interpretação pode levar a **resultados** *declarativos (ou especificadores), restritivos* e *extensivos*. Em determinadas matérias existem óbices, decorrentes de sua própria natureza, a alguns dos resultados possíveis. Por exemplo, em Direito Penal, não se pode interpretar um tipo penal de modo a que se chegue a um resultado extensivo em relação ao texto da lei. Quando se tem uma exceção, também não se pode interpretar de modo a que se chegue a um resultado extensivo. A própria ordem jurídica se encarrega de colocar óbices a determinados resultados. O art. 114 do CC, por exemplo, dispõe que os negócios jurídicos benéficos (como uma doação) e a renúncia "interpretam-se estritamente".

1.2.3.5.2. Integração das lacunas

O Direito tem por objetivo regular o comportamento humano, de modo a garantir uma convivência justa entre as pessoas. Para tanto, são editadas inúmeras leis. Como se viu, é a partir dessas que se vão extrair as normas jurídicas destinadas a regular as variadas questões que se apresentarem no mundo fenomênico. O aplicador partirá da lei, adaptada à realidade fático-valorativa daquele momento histórico. O problema é quando não há lei regulando aquele fato. Estar-se-á diante de uma lacuna.

As **causas** das lacunas são as seguintes: a) impossibilidade de o legislador lograr êxito em regular todas as questões de interesse da sociedade; b) superveniência de modificações fáticas e sociais sem que a lei acompanhe a nova realidade.

É importante anotar que o juiz somente pode colmatar (preencher a lacuna) para o caso concreto que decide. Exceção a essa regra somente pode se dar por meio do mandado de injunção, importante na colmatagem da lacuna enquanto não sobrevier lei preenchendo o vazio. Tal possibilidade não vinha sendo admitida pelo Supremo Tribunal Federal. Todavia, no mandado de injunção que pedia o reconhecimento de mora abusiva do Congresso em legislar sobre o direito de greve do servidor público, o STF resolveu permitir que esse direito fosse exercido, aplicando-se a Lei de Greve para o setor privado por analogia.

Antes de verificarmos quais são as medidas que deve tomar o aplicador da lei para preencher uma lacuna, vejamos as **espécies** de lacuna reconhecidas pela doutrina: a) **normativa**, quando não houver lei regulando determinado caso; b) **ontológica**, quando houver norma regulando o caso, mas essa não corresponder à realidade fático-valorativa, tendo em vista modificações substanciais nos fatores sociais; c) **axiológica**, quando houver norma, mas essa for injusta, levar a situações iníquas, absurdas.

Seja qual for o tipo de lacuna, deve-se recorrer ao art. 4º da LINDB, que dispõe: "quando a lei for omissa, o juiz decidirá o caso de acordo com a analogia, os costumes e os princípios gerais do direito".

A lei não permite que o juiz se exima de decidir. Deve o magistrado aplicar a norma legal, e, na sua falta, as três fontes referidas, sucessivamente.

O juiz só decidirá por equidade nos casos previstos em lei (art. 140, parágrafo único, do NCPC), como o previsto no art. 11, II, da Lei 9.307/1996. Isso não impede que o juiz, ao aplicar a lei, busque a forma mais equânime de fazê-lo. Ou seja, deve o juiz agir com "equidade dentro da lei". O que não pode é ignorar a lei e simplesmente decidir do modo que entender ser mais equânime. Reconhece a doutrina que também é possível valer-se da equidade quando haja lacuna e nenhum dos critérios previstos na lei consiga integrá-la. De qualquer forma, entendemos ser difícil que isso se configure, pois, um dos princípios gerais de direito, último recurso a ser utilizado em caso de lacuna, é o da igualdade, que remete justamente à ideia de equidade.

Em matéria de prova, ou seja, no que concerne a questões de "fato" (e não de "direito"), "em falta de normas jurídicas particulares, o juiz aplicará as regras de experiência comum subministradas pela observação do que ordinariamente acontece e ainda as regras de experiência técnica, ressalvado, quanto a esta, o exame pericial" (art. 375 do NCPC).

A **integração** pode ser definida como *o processo de preenchimento de lacunas, mediante a aplicação da analogia, dos costumes e dos princípios gerais do direito, nessa ordem, criando-se norma individual para o caso*. Repare que há uma ordem de preferência na utilização das fontes. Comecemos com a primeira.

Decidir de acordo com a analogia *consiste em aplicar, a um acontecimento não regulado por uma norma jurídica, outra norma prevista para hipótese semelhante*. São necessários os seguintes procedimentos: a) comparar as semelhanças entre as hipóteses; b) avaliar se a semelhança justifica um tratamento jurídico idêntico. O fundamento da utilização da analogia é o princípio da igualdade. Utiliza-se muito aqui os argumentos vistos, especialmente o argumento *a fortiori*, que compreende o "a maiori ad minus" e o "a minori ad maius". Não sendo possível a utilização da analogia, deve-se recorrer aos costumes.

Decidir de acordo com o costume *consiste em aplicar as normas decorrentes da prática reiterada de determinado ato, com a convicção de sua obrigatoriedade jurídica*. O costume, que é fonte formal secundária do direito, tem dois elementos: a) o objetivo (o uso); e b) o subjetivo (a crença na sua obrigatoriedade). Em relação à lei, são divididos em: a) *contra legem* (contrários à lei); b) *praeter legem* (quando não estiver regulado em lei); c) *secundum legem* (quando a lei já o reconhece). As normas costumeiras a serem aplicadas na forma do art. 4º da LINDB são aquelas *praeter legem*. O costume contra a lei só poderá ser aplicado nos casos de lacuna superveniente, ou seja, naqueles casos em que a lei não acompanhou as mudanças na sociedade, continuando a prescrever comandos patentemente em descompasso com a nova realidade. Só em situações muito excepcionais é que se pode admitir tal possibilidade. Não sendo possível valer-se dos costumes, socorre-se dos princípios gerais de direito.

Decidir de acordo com os princípios gerais de direito *consiste em aplicar as ideias políticas, sociais e jurídicas subjacentes ao sistema jurídico*. Se a questão fática posta à aplicação da lei pode ser resolvida pela utilização de um princípio de direito pertinente aos fatos apresentados, não estaremos diante de lacuna. Deve-se a ela aplicar o princípio, que é lei voltada para o caso. Quando não houver lei ou princípio jurídico pertinente ao caso é que estaremos diante de lacuna. Não sendo possível recorrer à analogia e ao costume, recorre-se aos princípios gerais do direito, que, como o próprio nome diz, não são especiais em relação àquela questão. São princípios que norteiam o direito como um todo, como: o da igualdade, o da legalidade, o da presunção de boa-fé, o da proibição do locupletamento ilícito, o da dignidade da pessoa humana etc.

1.2.3.5.3. Correção das antinomias

Muitas vezes o problema não é de ausência de lei ou de normas, mas de existência de mais de uma norma conflitando entre si. Não se tem nesse caso lacuna, a ensejar uma integração; tem-se antinomia, a ensejar uma correção, que também só terá efeito para o caso concreto em que o Direito será aplicado.

Pode-se **conceituar** o instituto da **antinomia** como a *situação de conflito entre duas ou mais normas jurídicas*.

Quanto ao critério de solução do conflito, a antinomia pode ser dividida em duas **espécies**: a) **aparente**, *quando a própria lei tiver critério para a solução do conflito*; b) **real**, *quando não houver na lei critério para a solução do conflito*.

A ordem jurídica prevê critérios para a solução de antinomias aparentes. São eles: a) o **hierárquico** (*lex superior derogat legi inferiori*), pelo qual a lei superior prevalece sobre a de hierarquia inferior; b) o **cronológico** *ou* **temporal** (*lex posterior derogat legi priori*), pelo qual a lei posterior prevalece sobre a anterior; e c) o da **especialidade** (*lex specialis derogat legi generali*), pela qual a lei especial prevalece sobre a geral.

Caso não seja possível solucionar o conflito pela utilização dos critérios mencionados, estaremos diante de uma antinomia de segundo grau, já que o conflito não será entre simples normas, mas entre os critérios (hierárquico, cronológico e de especialidade). Confira-se os metacritérios para a solução de antinomias de segundo grau. Entre o: a) **hierárquico e o cronológico**, prevalece o hierárquico (norma superior-anterior), pois a competência é mais forte que o tempo; b) **da especialidade e o cronológico**, prevalece o da especialidade (norma especial-anterior), em face do princípio da igualdade, admitindo-se exceções no caso concreto; c) **hierárquico e o da especialidade**, não é possível estabelecer um metacritério de antemão, com alguma vantagem para o critério hierárquico, em virtude da competência.

2. PARTE GERAL

2.1. Pessoas naturais

2.1.1. Generalidades

O Direito regula a relação jurídica entre as pessoas. E quais são os elementos de uma relação jurídica? São três: a) **sujeitos de direito**, que são os entes que podem fazer parte de uma relação jurídica, normalmente pessoas (um animal, por exemplo, não pode fazer parte de uma relação jurídica, mas apenas ser um objeto dela); b) um **objeto**, que é, de modo imediato, uma obrigação (de dar, de fazer de não fazer), e, de modo mediato, o bem da vida buscado (um móvel, um imóvel, um semovente, a honra, a vida etc.); e c) um **acontecimento** que faz nascer a tal relação, uma vez que não é qualquer fato do mundo fenomênico que gera uma "relação jurídica", sendo necessário que essa situação esteja prevista numa norma jurídica como apta a fazer criar, a modificar ou a extinguir um direito.

A partir da noção do que regula o Direito (relação jurídica) e de que somente pessoas (naturais ou jurídicas) podem fazer parte de uma relação jurídica, mostra-se, assim, a importância de estudar as pessoas. Excepcionalmente, um ente não personalizado, ou seja, alguém que não seja uma pessoa também poderá fazer parte de uma relação jurídica, como o espólio e o nascituro. De qualquer forma, vamos ao estudo das pessoas naturais, que, como se viu, são, por excelência, elementos essenciais das relações jurídicas.

2.1.2. Conceito de pessoa natural

Pessoa natural *é o ser humano*. O Código Civil, em seu art. 1º, dota de personalidade o ser humano.

2.1.3. Personalidade

Personalidade *é a qualificação conferida pela lei a certos entes, que entrega a estes aptidão ou capacidade genérica para adquirir direitos e contrair obrigações*. Ou seja, é uma qualificação legal que confere capacidade jurídica a certos entes. O direito confere tal qualificação jurídica a toda pessoa, inclusive à pessoa jurídica.

Assim, a personalidade pode ser vista como o atributo que a ordem jurídica confere a entes de adquirir/contrair genericamente direitos e obrigações. Quem tem personalidade é, então, sujeito de direito, qualificação que não se pode dar a um animal, por exemplo, já que tais entes não podem adquirir direitos ou contrair obrigações.

Para *atuar* na vida jurídica é necessário, como regra, ter personalidade jurídica. A origem da palavra traz esse sentido. Em latim, *persona* significa a máscara que os atores usavam para a amplificação de sua voz. Para *atuar* no teatro, portanto, tais máscaras também eram necessárias (*per sonare*).

Deve-se tomar cuidado com a expressão **"sujeito de direito"**, visto que há entes que não têm personalidade, mas que são sujeitos de direitos, tais como o nascituro, o espólio, a massa falida, o condomínio edilício, a herança jacente e a herança vacante. Neste caso, não existe aptidão genérica para contrair direitos e obrigações, mas aptidão específica para contrair certos direitos e certas obrigações ligadas às finalidades do ente.

Enquanto uma pessoa, *sujeito de direito personificado*, por ter personalidade, pode fazer tudo o que a lei não proíbe (art. 5º, II, da CF), um *sujeito de direito não personificado* só pode fazer o que a lei permite.

O **nascituro**, por exemplo, não tem personalidade jurídica, mas a lei põe a salvo, desde a concepção, direitos que possa ter (art. 2º do CC). Isso significa que o nascituro é um sujeito de direito, mas não quer dizer que tenha personalidade, ou seja, que tenha aptidão genérica para realizar atos e negócios jurídicos.

O **condomínio edilício** também. Não tem personalidade, ou seja, não tem qualificação que o habilita a praticar qualquer ato jurídico que não seja proibido em lei, mas, por ser um *sujeito de direito despersonificado*, só está habilitado a praticar atos permitidos expressa ou implicitamente em lei, como contratar funcionários e serviços de manutenção. A **massa falida** também é um *sujeito de direito despersonificado*, tendo autorização especial para praticar atos úteis à administração dos bens arrecadados do empresário falido, podendo cobrar créditos desse, por exemplo.

Resta saber quando um ente passa a ser qualificado como dotado de personalidade. Ou seja, quando se tem o **início da personalidade**. No que concerne à pessoa jurídica, veremos em capítulo próprio. Quanto à pessoa natural, dispõe o art. 2º do CC que "a personalidade civil da pessoa começa do nascimento com vida".

O entendimento predominante sobre o que seja **nascimento com vida** é no sentido de que este se dá no exato instante em que a pessoa dada à luz respira. São dois requisitos, portanto: a) separação do ventre materno; e b) respiração. Das múltiplas funções vitais, o primeiro movimento de inspiração do ar atmosférico para os pulmões caracteriza o nascimento com vida. Caso respire, ainda que uma só vez, pode-se dizer que nasceu com vida, e que, portanto, chegou a adquirir personalidade, pouco importando se tem ou não forma humana e se tem ou não aptidão, perspectiva para viver[4].

4. Na França condiciona-se a tutela dos direitos do nascituro à viabilidade da vida fora do útero por parte do nascido. Na Espanha, exige-se que o recém-nascido tenha forma humana e tenha vivido 24 horas, para que possa adquirir personalidade. A ideia de que se deve ter forma humana é um resquício do tempo em que se achava ser possível o nascimento de um ser da relação entre um ser humano e um animal. Na Argentina, a simples concepção já dá início à personalidade.

Adotamos, portanto, a **teoria *natalista***, segundo a qual o nascimento com vida faz nascer a personalidade, em detrimento de outras teorias, como a *concepcionista*, para qual a personalidade já se inicia com a fecundação do óvulo e as que consideram que o início da personalidade depende de outros fatores, como a *viabilidade de vida*.

De qualquer forma, ainda que em perfeito estado quanto às demais faculdades de saúde, caso o ente que venha a nascer (separe-se do ventre materno) não respire, não terá adquirido personalidade. A entrada de ar nos pulmões da criança é que determina a aquisição da personalidade, ainda que por pouco instantes. Há vários exames periciais para que se faça tal constatação e o mais conhecido é a *docimasia hidrostrática de Galeno*, pela qual se coloca fragmentos dos pulmões em meio líquido, a fim de se verificar se houve ou não inspiração.

O **nascituro**, ou seja, *aquele que já foi concebido, mas ainda não nasceu com vida*, não tem personalidade, como se viu. Todavia, dispõe o art. 2º do CC que "a lei põe a salvo, desde a concepção", seus direitos. Em outras palavras, o nascituro é um *sujeito de direito despersonificado*. Grande parte dos direitos atribuídos a esse sujeito de direito tem sua aquisição subordinada à implementação de uma condição suspensiva, qual seja, a de que *nasça com vida*. Caso nasça com vida, o direito do nascituro se consolida como existente desde a data da concepção, retroagindo, portanto, seus efeitos.

De qualquer forma, permite a lei que determinados interesses possam ser protegidos desde a concepção, por meio de provimentos cautelares. Dentre seus direitos, vale lembrar os direitos à vida (art. 5º da CF e CP), à filiação (art. 1.596 do CC), à integridade física, a alimentos, a uma adequada assistência pré-natal (art. 8º do ECA), a um curador que represente e zele por seus interesses, a ser contemplado por doação (art. 542 do CC), dentre outros.

2.1.4. Capacidade jurídica

Capacidade jurídica pode ser **conceituada** como *a aptidão conferida pela ordem jurídica para adquirir direitos e contrair obrigações*[5].

Só tem capacidade jurídica, ou seja, capacidade para praticar atos jurídicos, os entes eleitos pelo Direito. É a ordem jurídica que dirá quem tem capacidade.

Ao distribuir capacidade a certos entes o Direito faz algumas distinções. É por isso que há três **espécies de capacidade**: a) a capacidade de direito (de gozo ou de fruição); b) a capacidade de fato (ou de exercício); e c) a capacidade excepcional (ou especial).

Capacidade de direito consiste na *aptidão genérica conferida pela ordem jurídica para adquirir direitos e contrair deveres*.

Capacidade de fato consiste na *aptidão genérica conferida pela ordem jurídica para, sozinho, adquirir direitos e contrair deveres*.

Capacidade excepcional consiste na *aptidão especial conferida pelo Direito para adquirir direitos e contrair deveres*.

No primeiro caso, repare que a aptidão é genérica, ou seja, é possível adquirir todos os direitos e contrair todos os deveres que não forem vedados. Essa *aptidão genérica* para a prática de atos da vida civil é consequência de se ter personalidade, pois, segundo o CC, "toda *pessoa* é capaz de direitos e deveres na ordem civil" (art. 1º). Assim, uma criança de três anos, um adulto, uma pessoa jurídica, todos, só por serem pessoas, terão capacidade de direito. Isso possibilita que uma criança receba uma herança (aquisição de direitos) e tenha um imóvel em seu nome locado (o que importa em contrair deveres).

No segundo caso, repare que a pessoa pode praticar sozinha os atos da vida jurídica. Trata-se de um *plus*. Confere-se aqui a possibilidade de se adquirir um direito e de se contrair uma obrigação por si só, ou seja, sem que seja necessário que o interessado seja representado ou assistido por outrem. Aqui é diferente. Nem toda pessoa tem a capacidade de fato. Não seria conveniente, por exemplo, que uma criança de três anos, que tem capacidade para adquirir direitos e contrair deveres, exercesse-os sozinha. Como regra, só tem capacidade de fato ou de exercício os maiores de dezoito anos.

Assim, uma criança pode receber uma doação (uma vez que, por ter personalidade, tem *capacidade de direito*, pode adquirir direitos) e também pode vender bens (já que, repita-se, tem aptidão genérica não só para adquirir direitos, como para contrair obrigações), mas não poderá praticar tais atos pessoalmente (diretamente), mas apenas por meio de seu representante legal (seus pais, por exemplo). Vale dizer, os pais dessa criança é que assinarão o contrato de compra e venda do bem que essa pessoa adquirir. Caso uma pessoa não tenha capacidade de fato, terá de ser representada ou assistida por outra pessoa, na forma da lei. Ou seja, quem não tiver capacidade de fato dependerá da *mediação* de outro para a prática de atos jurídicos válidos.

No terceiro caso, repare que o ente não tem aptidão genérica, mas aptidão especial. Não pode fazer tudo o que a lei não proíbe (aptidão genérica). Só pode fazer o que a lei autoriza (aptidões excepcionais). Essa terceira capacidade é própria daqueles entes que não são pessoas, mas em favor dos quais a lei faculta a prática de certos atos da vida jurídica. É o caso do nascituro, do espólio, da massa falida etc. O espólio não pode praticar qualquer ato, mas somente aqueles que a lei autoriza, e, mesmo assim, mediante autorização judicial como regra.

Diante das duas primeiras situações, surgem mais dois conceitos: a) o de capacidade de plena; e b) o de incapacidade.

Capacidade plena é a que *decorre da titularização das capacidades de direito e de fato*.

Incapacidade é a *inexistência de parte ou de toda capacidade de fato*. A incapacidade pode ser relativa ou absoluta. Será relativa quando não se tenha parte da capacidade de fato, como ocorre com o pródigo, por exemplo, que pode praticar alguns atos jurídicos sozinhos e outros, não. Será absoluta quando não haja qualquer capacidade de fato, como ocorre com uma criança de três anos, por exemplo.

Em outras palavras: na *incapacidade* ou se estará diante de um *absolutamente incapaz* (aquele que não pode praticar sozinho nenhum ato, devendo ser representado) ou de um

5. O termo capacidade tem origem no latim *capere*, que significa apoderar-se, adquirir, apanhar.

relativamente incapaz (aquele que não pode praticar sozinho alguns atos, devendo ser assistido por alguém com capacidade plena para a sua prática).

É importante notar que a expressão "incapacidade" no Código Civil (arts. 3º e 4º) só se refere às *pessoas*, ficando de fora a análise da terceira situação (capacidade especial ou excepcional).

2.1.5. Legitimação

Não se deve confundir o instituto da capacidade, que abrange a capacidade de direito e de fato, como vimos, com o da legitimação.

A **legitimação** consiste na *aptidão específica do sujeito de direito para a prática de certos atos jurídicos*. A capacidade consiste na aptidão *genérica* para a prática de atos.

Assim, uma pessoa adulta, mesmo tendo capacidade (de direito e de fato) para praticar atos da vida civil, não tem legitimação para vender um imóvel a um dos filhos, sem autorização de seu cônjuge e dos demais descendentes (art. 496 do CC). Tem capacidade plena para vender seus bens, podendo fazê-lo em relação à pessoa que quiser num primeiro momento, mas não tem legitimação para fazê-lo em relação a um de seus filhos, sem que haja autorização dos demais. Se o fizer, o ato será inválido não por falta de capacidade, mas por falta de legitimação, ou seja, por falta de aptidão específica para a prática do ato "compra e venda".

A **ilegitimação**, portanto, pode ser conceituada como a *restrição específica ao sujeito de direito para a prática de determinados atos da vida civil com certas pessoas ou em relação a certos negócios ou bens*. São impedimentos circunstanciais. Outros exemplos de ilegitimidade são os seguintes: o tutor não pode adquirir bem do tutelado (art. 1.749, I, do CC); o casado, exceto no regime de separação absoluta de bens, não pode alienar imóveis sem a autorização do outro cônjuge (art. 1.647, I, do CC); o que comete ato de indignidade não pode herdar (art. 1.814, II, do CC); os casos de impedimento matrimonial (art. 1.521 do CC).

2.1.6. Incapacidade

Incapacidade também pode ser **conceituada** como a *restrição legal genérica ao exercício dos atos jurídicos*. Outro conceito é o seguinte: *inexistência de parte ou de toda capacidade de fato*.

Toda pessoa tem capacidade de *direito* (ou de *gozo*). Portanto, a incapacidade a que faz referência a lei (arts. 3º e 4º) é tão somente a incapacidade de *fato* (ou de *exercício*).

Como já dito, não seria conveniente, por exemplo, que uma criança de três anos, que tem capacidade para adquirir direitos e contrair deveres, exercesse-os sozinha.

Passemos, então, ao estudo dos absolutamente e dos relativamente incapazes.

2.1.7. Absolutamente incapazes

Absolutamente incapazes são *os que não podem exercer sozinhos qualquer ato jurídico* (art. 3º do CC).

Ou seja, são os completamente privados de praticar, por si sós, atos da vida civil. A prática de atos em seu nome só poderá ser feita por *representantes*, que assinam sozinhos os atos, sob pena de nulidade absoluta daqueles por ventura realizados pessoalmente pelo incapaz (art. 166, I, do CC).

O absolutamente incapaz, apesar de *ter* (de gozar) o direito, não pode *exercer* direta e pessoalmente nenhum aspecto dos atos da vida jurídica a ele relativos, que são praticados diretamente por seu representante legal, sob pena de serem declarados atos nulos.

A *representação* supre a incapacidade absoluta e é feita pelos pais, na hipótese de se tratar de menor sob o poder familiar (art. 1.690 do CC); pelo tutor, na hipótese de menor sob tutela (art. 1.747, I, do CC); e, quando a lei trazia outras hipóteses além da do menor de 16 anos, como absolutamente incapaz, pelo curador, nos demais casos (arts. 1.781 e 1.747, I, do CC).

A representação legal, ora comentada, não se confunde com a representação convencional (mandato). De qualquer forma, aplica-se às duas hipóteses o art. 119 do CC, pelo qual é "**anulável** o negócio concluído pelo **representante em conflito de interesses** com o representado, se tal fato era ou devia ser de conhecimento de quem com aquele tratou" (g.n.).

A **incapacidade absoluta**, portanto, pode ser conceituada como a *proibição total do exercício do direito pelo incapaz*. O direito é tão radical nesse ponto que, ainda que os atos beneficiem os absolutamente incapazes, serão nulos se não praticados por seus representantes.

Confiram-se as **espécies** de absolutamente incapazes antes da modificação no art. 3º do Código Civil, promovida pelo art. 114 da Lei 13.146/2015 (Estatuto da Pessoa com Deficiência), que passou a considerar absolutamente incapazes apenas os menores de 16 anos:

a) Os menores de 16 anos.

Os menores de 16 anos não teriam, segundo a lei, atingido o discernimento para distinguir o que podem ou não fazer e mesmo para discernir o que lhes é ou não conveniente.

Tais menores eram chamados de *impúberes*, reservando-se a expressão menores *púberes* aos que tinham entre 16 e 18 anos. Essas denominações são impróprias em relação ao que dispõe hoje a lei, visto que a puberdade não se inicia aos 16 anos, mas bem antes.

b) Os que, por enfermidade ou deficiência mental, não tiverem o necessário discernimento para a prática dos atos da vida civil.

Fábio Ulhoa Coelho distingue *enfermidade* de *deficiência* mental. Diz que deficiência mental é um *estado* e, como tal, em poucos casos, poderá ser evitada ou curada. Já a enfermidade mental é uma lesão à saúde, de efeitos mais ou menos prolongados, com maior possibilidade de cura.

Assim, aquele que é são e passa a desenvolver uma doença mental deve ser considerado um *enfermo* mental; aquele que já nascer com o problema mental, um *deficiente* mental.

Podemos **conceituar enfermidade** ou **deficiência mental** como *o comprometimento das faculdades mentais que possibilitam à pessoa discernir o que melhor atende ao seu bem-estar*.

Mas não basta que haja uma enfermidade ou uma deficiência mental para que se configure essa espécie de absolutamente incapaz. É necessário que, de tal problema, resulte a **ausência do necessário discernimento** para a prática de atos da vida civil.

Ou seja, é necessário que a pessoa não tenha um *mínimo* de discernimento para a prática dos atos da vida civil. Quando a lei faz referência à *ausência do necessário discernimento*, só pode ter em mente, dada a gravidade da restrição, aqueles que não têm discernimento nenhum para a prática de atos. Assim, deve-se ler a expressão "não tiverem o necessário discernimento" como "não tiverem o mínimo discernimento" ou "não tiverem discernimento algum". Aquele que tem algum discernimento, mas que seja um discernimento reduzido, será um relativamente incapaz, como se verá.

A **senilidade**, por si só, não é causa bastante para que a pessoa seja interditada, o que somente se dará se a velhice por ventura originar um estado patológico, como a arteriosclerose, devendo-se verificar se de fato o discernimento sofreu abalo. Se a doença apenas o reduziu, o idoso será considerado relativamente incapaz; se o extirpou por completo, absolutamente incapaz.

Também não gera a incapacidade jurídica a **deficiência física**. Um cego ou surdo, por exemplo, são pessoas capazes, podendo exercer diretamente seus direitos e deveres. Tornam-se incapazes ou plenamente capazes nas mesmas situações que o não deficiente físico.

O que existe são algumas regras protetivas em determinadas situações, como na feitura do testamento, na qual o cego, por exemplo, só pode fazê-lo na modalidade pública (art. 1.867 do CC).

Novidade trazida pelo atual Código Civil era a possibilidade de o enfermo (não necessariamente mental) e o deficiente físico, voluntariamente, requererem que o juiz nomeie curador para cuidar de todos ou alguns de seus negócios ou bens (art. 1.780), tudo a facilitar a prática de atos de seu interesse. Tal situação se assemelha a um mandato, com a diferença de que o curador tem o dever de prestar contas com muito mais rigor. Difere da curatela normal pelo fato de o curatelado poder, a qualquer tempo, pedir seu levantamento.

Essa disposição do art. 1.780 do Código Civil foi revogada pela Lei 13.146/2015, que, no seu lugar criou o instituto da "Tomada de Decisão Apoiada", previsto no art. 1.783-A, o qual tem o seguinte teor:

> "**Art. 1.783-A.** A tomada de decisão apoiada é o processo pelo qual a pessoa com deficiência elege pelo menos 2 (duas) pessoas idôneas, com as quais mantenha vínculos e que gozem de sua confiança, para prestar-lhe apoio na tomada de decisão sobre atos da vida civil, fornecendo-lhes os elementos e informações necessários para que possa exercer sua capacidade.
>
> § 1º Para formular pedido de tomada de decisão apoiada, a pessoa com deficiência e os apoiadores devem apresentar termo em que constem os limites do apoio a ser oferecido e os compromissos dos apoiadores, inclusive o prazo de vigência do acordo e o respeito à vontade, aos direitos e aos interesses da pessoa que devem apoiar.
>
> § 2º O pedido de tomada de decisão apoiada será requerido pela pessoa a ser apoiada, com indicação expressa das pessoas aptas a prestarem o apoio previsto no *caput* deste artigo.
>
> § 3º Antes de se pronunciar sobre o pedido de tomada de decisão apoiada, o juiz, assistido por equipe multidisciplinar, após oitiva do Ministério Público, ouvirá pessoalmente o requerente e as pessoas que lhe prestarão apoio.
>
> § 4º A decisão tomada por pessoa apoiada terá validade e efeitos sobre terceiros, sem restrições, desde que esteja inserida nos limites do apoio acordado.
>
> § 5º Terceiro com quem a pessoa apoiada mantenha relação negocial pode solicitar que os apoiadores contra-assinem o contrato ou acordo, especificando, por escrito, sua função em relação ao apoiado.
>
> § 6º Em caso de negócio jurídico que possa trazer risco ou prejuízo relevante, havendo divergência de opiniões entre a pessoa apoiada e um dos apoiadores, deverá o juiz, ouvido o Ministério Público, decidir sobre a questão.
>
> § 7º Se o apoiador agir com negligência, exercer pressão indevida ou não adimplir as obrigações assumidas, poderá a pessoa apoiada ou qualquer pessoa apresentar denúncia ao Ministério Público ou ao juiz.
>
> § 8º Se procedente a denúncia, o juiz destituirá o apoiador e nomeará, ouvida a pessoa apoiada e se for de seu interesse, outra pessoa para prestação de apoio.
>
> § 9º A pessoa apoiada pode, a qualquer tempo, solicitar o término de acordo firmado em processo de tomada de decisão apoiada.
>
> § 10. O apoiador pode solicitar ao juiz a exclusão de sua participação do processo de tomada de decisão apoiada, sendo seu desligamento condicionado à manifestação do juiz sobre a matéria.
>
> § 11. Aplicam-se à tomada de decisão apoiada, no que couber, as disposições referentes à prestação de contas na curatela."

c) Os que, mesmo por causa transitória, não puderem exprimir sua vontade.

Não poder exprimir a vontade é o mesmo que *ter obstruída, por motivo físico ou psíquico, a possibilidade de manifestação da vontade*. Quem estiver nessa condição, ainda que por uma causa transitória, será considerado absolutamente incapaz.

Pode até se tratar de alguém que tenha discernimento. Basta que não consiga manifestar sua vontade para que possa ser interditada a fim de que outro se expresse por ela.

É importante, ainda, notar que a impossibilidade de exprimir a vontade gerará a incapacidade absoluta, ainda que temporária. Vale trazer como exemplo a situação daquele que se encontra em coma profundo.

Os surdos-mudos que não consigam exprimir sua vontade, por não terem recebido educação adequada, também podem se enquadrar na espécie.

Essa hipótese de incapacidade absoluta (Os que, mesmo por causa transitória, não puderem exprimir sua vontade) agora é hipótese de incapacidade relativa (art. 4º, III, do Código Civil).

A modificação no art. 3º do Código Civil promovida pelo Estatuto da Pessoa com Deficiência teve *vacatio legis* de 180 dias, contados de 07 de julho de 2015.

Agora esses dois casos que não dizem respeito ao menor de 16 anos (os que, por enfermidade ou deficiência mental, não tiverem o necessário discernimento para a prática dos atos da vida civil; e os que, mesmo por causa transitória, não puderem exprimir sua vontade), caso acometam uma pessoa maior farão com que esta pessoa ou seja considerada plenamente capaz ou, caso se enquadre em qualquer dos casos do art. 4º do Código Civil (os ébrios habituais e os viciados em tóxico, aqueles que, por causa transitória ou permanente, não puderem exprimir sua vontade; e os pródigos), seja considerada relativamente incapaz.

O objetivo dessa lei é proteger a dignidade da pessoa com deficiência, eliminando os casos que davam ensejo à interdição absoluta de uma pessoa e diminuindo também os casos que davam ensejo à incapacidade relativa, já que ficou excluída essa incapacidade quanto àqueles que têm Síndrome de Down, por exemplo, dada a abolição da hipótese dessa incapacidade para aquele que não tivesse desenvolvimento mental completo.

2.1.8. Relativamente incapazes

Relativamente incapazes são *os que não podem exercer sozinhos a grande maioria dos atos civis, necessitando de assistência de alguém com capacidade plena, que praticará junto com o incapaz os atos jurídicos de seu interesse* (art. 4º do CC).

Será anulável a prática de ato jurídico sem a presença de assistente (art. 171, I, do CC). Essa supre a incapacidade. Uma diferença que se tem aqui é que, caso o incapaz não queira praticar o ato, esse não se realizará, pois ele é quem o pratica, ainda que assistido.

Além disso, a lei permite que o relativamente incapaz exerça sozinho alguns atos civis. Aquele que tem entre 16 e 18 anos, por exemplo, pode sozinho (sem assistência): aceitar mandato (art. 666 do CC), fazer testamento (art. 1.860, parágrafo único, do CC), ser testemunha em atos jurídicos (art. 228, I, do CC), dentre outros.

Os pródigos, por sua vez, podem praticar sozinhos todos os atos de mera administração de seu patrimônio (art. 1.782 do CC). Por fim, vale lembrar que o Código Civil em vigor inovou ao dispor que o juiz, quantos aos relativamente incapazes, assinará, segundo as potencialidades da pessoa, os limites da curatela, podendo dispor quais atos o incapaz poderá praticar sozinho (o art. 1.772 do CC trouxe a inovação em questão e, mesmo tendo sido revogado no ponto, foi substituído por regra equivalente – art. 755, I e II, do NCPC).

Com as modificações legislativas, hoje os relativamente incapazes são as seguintes pessoas:

a) entre 16 e 18 anos;

b) ébrios habituais e viciados em tóxico;

c) aqueles que, por causa transitória ou permanente, não puderem exprimir sua vontade;

d) pródigos.

Confiram-se as **espécies** de relativamente incapazes antes da modificação feita pelo Estatuto da Pessoa com Deficiência:

a) Os maiores de 16 e menores de 18 anos.

A experiência de vida dos que têm entre 16 e 18 anos não é, presume a lei, suficiente para que sejam considerados plenamente capazes. De outra parte, essas pessoas têm maior grau de amadurecimento que os menores de 16 anos, portanto, merecem tratamento diferenciado.

Praticado um ato civil que não esteja autorizado a fazer sozinho, sem a assistência de um responsável legal, o ato será anulável. Entretanto, o menor não poderá invocar sua pouca idade para eximir-se da obrigação que tenha contraído, quando dolosamente a tiver ocultado, ao ser inquirido pela outra parte, ou se espontaneamente se disser maior (art. 180 do CC).

Ademais, "a incapacidade relativa de uma das partes não pode ser invocada pela outra em benefício próprio, nem aproveita aos cointeressados capazes, salvo se, neste caso, for indivisível o objeto do direito ou da obrigação comum" (art. 105 do CC).

Apesar de não ser questão específica dos relativamente incapazes, deve-se destacar que "ninguém poderá reclamar o que, por uma obrigação anulada, pagou a um incapaz, se não provar que reverteu em proveito dele a importância paga" (art. 181 do CC).

O menor relativamente incapaz, além de poder aceitar mandato (art. 666 do CC), fazer testamento (art. 1.860, parágrafo único, do CC) e ser testemunha em atos jurídicos (art. 228, I, do CC), pode também celebrar contrato de trabalho e ser eleitor (art. 14, § 1º, II, "c", da CF).

Apesar de não se tratar de questão específica do relativamente incapaz, também vale ressaltar que, em matéria de responsabilidade civil, o CC inovou ao dispor, no art. 928, que "o incapaz responde pelos prejuízos que causar, se as pessoas por ele responsáveis não tiverem obrigação de fazê-lo ou não dispuserem de meios suficientes. Parágrafo único. A indenização prevista neste artigo, que deverá ser equitativa, não terá lugar se privar do necessário o incapaz ou as pessoas que dele dependam".

É importante destacar, quanto ao menor relativamente incapaz, que o art. 116 do ECA dispõe que o adolescente que praticar ato infracional com reflexos patrimoniais poderá responder pelo ressarcimento do dano. Daí o enunciado 40 do CJF, que tem o seguinte teor: "o incapaz responde pelos prejuízos que causar de maneira subsidiária ou excepcionalmente, como devedor principal, na hipótese do ressarcimento devido pelos adolescentes que praticarem atos infracionais, nos termos do art. 116 do Estatuto da Criança e do Adolescente, no âmbito das medidas socioeducativas ali previstas".

Essa hipótese de relativamente incapaz (os maiores de 16 e menores de 18 anos) foi mantida pela alteração promovida pela Lei 13.146/2015.

b) Os ébrios habituais, os viciados em tóxicos e os que, por deficiência mental, tenham discernimento reduzido.

Deve-se entender por **ébrio habitual** o *dependente de álcool, ou seja, o alcoólatra ou dispsômano.* Hoje vem sendo muito usada a expressão "alcoólico" para designar o dependente de álcool, uma vez que a expressão "alcoólatra" tem caráter muito pejorativo na sociedade.

Quanto aos **toxicômanos,** não há dúvida quanto à necessidade de haver dependência, já que a lei usa a expressão "viciados", que a identifica.

Quer-se evitar nos dois casos, principalmente, a ruína econômica do indivíduo. Vale salientar que, caso a dependência leve a situações como: a) impossibilidade de a pessoa se expressar; ou b) enfermidade mental que propicie a ausência do necessário discernimento, estaremos diante de hipótese de incapacidade absoluta.

O Decreto 4.294/1921 equiparava os toxicômanos a psicopatas, criando-se duas hipóteses de interdição, a depender do caso (plena ou limitada). O novo Código supera a matéria, valendo lembrar que, em se considerando o indivíduo relativamente incapaz, esse tem o benefício de verem fixados limites à curatela (art. 1.772 do CC, revogado pelo NCPC, que manteve a regra – art. 755, I e II, do NCPC), ou seja, o juiz assinará, segundo o estado ou o desenvolvimento mental do interdito, as restrições ao incapaz.

A terceira hipótese do dispositivo é a do **portador de deficiência mental que tiver um discernimento reduzido**, questão já tratada no tópico precedente. Vale lembrar que, aqui, existe ainda alguma capacidade de entendimento, mas menor que a daquele que está com a plena faculdade mental.

As hipóteses dos "ébrios habituais" e dos "viciados em tóxicos", como relativamente incapazes, foram mantidas pela alteração promovida pela Lei 13.146/2015, mas a hipótese daqueles que "por deficiência mental, tenham discernimento reduzido" foi excluída por essa lei.

c) Os excepcionais, sem desenvolvimento mental completo.

Maria Helena Diniz ensina que tal situação abrange os fracos de mente, os surdos-mudos e os portadores de anomalia psíquica, que apresentem sinais de desenvolvimento mental incompleto, comprovados e declarados em sentença de interdição, tornando-os incapazes de praticar atos na vida civil, sem a assistência de um curador.

Serve como exemplo, também, a situação de alguns portadores da síndrome de Down.

Excepcionais *com desenvolvimento mental completo* são totalmente capazes. Excepcionais *sem o desenvolvimento mental completo* são relativamente capazes. E excepcionais *sem o necessário discernimento* eram considerados absolutamente incapazes antes da edição da Lei 13.146/2015.

De qualquer forma, essa hipótese de relativamente incapaz (os excepcionais, sem desenvolvimento mental completo) foi excluída pela alteração promovida pela Lei 13.146/2015.

d) Os pródigos.

Podemos definir **pródigo** como *aquele que dissipa seu patrimônio sem controle.*

A prodigalidade pode se dar das seguintes formas: a) *oniomania*, perturbação mental que provoca o portador a adquirir descontroladamente tudo o que tiver vontade; b) *cibomania*, perturbação que leva à dilapidação patrimonial em jogos de azar; c) *imoralidade*, que leva ao descontrole de gastos para satisfação de impulsos sexuais.

O pródigo, em verdade, só fica privado da prática de atos que possam comprometer o seu patrimônio, não podendo, sem assistência de seu curador, alienar, emprestar, dar quitação, transigir, hipotecar, agir em juízo e praticar atos que não sejam de mera administração (*vide* arts. 1.767, V, e 1.782 do CC). Pode casar (mas não dispor sobre o regime de bens sozinho), mudar de domicílio, exercer o poder familiar, contratar empregados domésticos etc.

Essa hipótese de relativamente incapaz (os pródigos) foi mantida pela alteração promovida pela Lei 13.146/2015.

A Lei 13.146/2015 estabeleceu como hipótese de relativamente incapaz a daqueles "que, por causa transitória ou permanente, não puderem exprimir a sua vontade". Tirando a hipótese dos dependentes químicos e dos pródigos é nessa hipótese que se tentará enquadrar casos mais graves de problemas mentais (por exemplo, os psicopatas), para que estes sejam considerados relativamente incapazes também e, assim, poderem ser interditados.

2.1.9. Interdição

No que se refere aos incapazes por motivo de idade, o simples fato de a terem inferior a 16 anos (absolutamente incapazes) e entre 16 e 18 anos (relativamente incapazes) já faz com que sejam reconhecidos como tais.

Já no que se refere aos demais casos de incapacidade, somente um pronunciamento judicial e o preenchimento de certas formalidades fará com que não se questione a condição de incapaz de uma dada pessoa.

O art. 1.767 do CC prevê os casos em que caberá a interdição ou a curatela, que, agora com a modificação feita pelo Estatuto da Pessoa com Deficiência, limitam-se aos casos de incapacidade relativa previstos nos incisos II, III e IV do art. 4º do Código Civil, quais sejam, os ébrios habituais e os viciados em tóxico; aqueles que, por causa transitória ou permanente, não puderem exprimir sua vontade; e os pródigos. Vale lembrar que, apesar da eliminação da interdição para pessoas com desenvolvimento mental incompleto ou sem o necessário discernimento, agora cabe interdição daqueles que não podem exprimir a sua vontade por motivo transitório, os quais, em que pese serem considerados incapazes naquela situação, não podiam ser interditados antes dessa modificação.

O processo de interdição é o meio adequado ao pronunciamento judicial da incapacidade. Seu objetivo é aferir a existência e, se for o caso, o grau de incapacidade de uma pessoa.

Segundo o art. 747 do NCPC, são legitimados ativos para a demanda: o cônjuge ou companheiro, os parentes ou tutores; pelo representante da entidade em que se encontra abrigado o interditando e o Ministério Público, este só em caso de doença mental grave se os demais legitimados não existirem ou não promoverem a interdição ou por serem incapazes.

Estranhamente, o novo Código de Processo Civil, que entrou em vigor em 18 de março de 2016, revogou os arts. 1.768 a 1.773 do Código Civil, dispositivos esses que, à exceção dos arts. 1.770 e 1.773, tiveram novas redações trazidas pelo Estatuto da Pessoa com Deficiência, norma posterior que acabou por trazer conteúdos muito próximos do que estava previsto antes da alteração feita pelo NCPC, sendo de rigor que o leitor leia o texto do Estatuto da Pessoa coma Deficiência.

Antes de pronunciar a interdição o juiz, que pode ser acompanhado de especialista, entrevistará minuciosamente o interditando (art. 751 do NCPC).

Pronunciada a interdição, o juiz determinará, segundo as potencialidades, habilidades, vontades e preferências da pessoa, os limites da curatela (art. 755, I e II, do CC). Segundo o § 1º do art. 755, "a curatela deve ser atribuída a quem melhor possa atender aos interesses do curatelado".

Segundo o art. 1.775, *caput* e parágrafos, do CC, a nomeação do curador segue a seguinte ordem preferencial: cônjuge ou companheiro; na falta, os pais; na falta desses, os descendentes mais próximos. São os casos de curatela legítima. Não havendo pessoas nessa condição, compete ao juiz a escolha do curador (curatela dativa).

Segundo o art. 1.775-A, acrescido pela Lei 13.146/2015, "Na nomeação de curador para a pessoa com deficiência, o juiz poderá estabelecer curatela compartilhada a mais de uma pessoa".

Quanto às pessoas que, por causa transitória ou permanente, não puderem exprimir a sua vontade, "receberão todo o apoio necessário para ter preservado o direito à convivência familiar e comunitária, sendo evitado o seu recolhimento em estabelecimento que os afaste desse convívio", nos termos da nova redação dada pela Lei 13.146/2015.

A autoridade do curador estende-se à pessoa e aos bens dos filhos do curatelado (art. 1.778 do CC).

Em que pese prevalecer o entendimento de que a sentença é declaratória (declara que a pessoa é incapaz), e não constitutiva, tende-se a proteger o terceiro de boa-fé nos negócios praticados antes das publicações retroindicadas. O terceiro só será preterido em seu direito no caso de não ter havido interdição quando da feitura do negócio se houver prova de que a incapacidade era notória.

Por fim, vale ressaltar que nosso direito não admite os chamados *intervalos lúcidos*, em que se tentaria provar que o incapaz estava bem quando da prática de um dado negócio. Assim, são sempre nulos os atos praticados pelo curatelado enquanto estiver nessa condição.

A lei prevê o levantamento da interdição cessada a causa que a determinou. A incapacidade termina, normalmente, por desaparecerem as causas que a determinaram, como na hipótese de cura de enfermidade mental. Deve ser feita a averbação no Registro Público competente da sentença que põe fim à interdição.

O novo Código de Processo Civil traz as normas processuais sobre a interdição em seus arts. 747 a 758, valendo salientar que, ao nosso ver, eventual dúvida entre norma do novo CPC e norma trazida pelo Estatuto da Pessoa com Deficiência sobre a mesma questão, prevalecerá este último diploma, por ser norma elaborada posteriormente, ainda que os diplomas entraram em vigor em momentos diferentes.

2.1.10. Emancipação

Emancipação pode ser **conceituada** como o *fim da menoridade antes da idade prevista em lei* ou como a antecipação da capacidade plena.

A **consequência** imediata da emancipação é *habilitar a pessoa à prática de todos os atos da vida civil* (art. 5º, *caput*, do CC). Outras consequências são a possibilidade de o emancipado ser responsabilizado civilmente sem benefício algum e a cessação do direito automático de pedir pensão alimentícia.

As espécies de emancipação são as seguintes:

a) Voluntária (ou direta): é a concedida pelos pais, ou por um deles na falta do outro, mediante instrumento público inscrito no Registro Civil competente (Lei 6.015/1973, art. 29, IV, 89 e 90), independentemente de homologação judicial, ao menor que tenha 16 anos completos.

Há de se ponderar que doutrina e jurisprudência consideram que a emancipação voluntária não exonera os pais da responsabilidade pelos atos ilícitos praticados pelo filho que ainda não tiver completado 18 anos. Confira-se: "a única hipótese em que poderá haver responsabilidade solidária do menor de 18 anos com seus pais é ter sido emancipado nos termos do art. 5º, parágrafo único, inciso I, do no Código Civil" (Enunciado 41 das JDC/CJF);

b) Judicial: é a concedida pelo juiz, ouvido o tutor, desde que o menor tenha 16 anos completos;

c) Legal: é a que decorre da ocorrência de certos eventos previstos em lei. Tal emancipação não depende de registro para produzir efeitos. Eventual demanda promovida para ver reconhecida a emancipação nos casos abaixo tem mera função de gerar maior segurança jurídica ao interessado.

O **casamento** é a primeira causa, seja qual for a idade do nubente. Pode acontecer de ocorrer emancipação até de alguém que se casou antes da idade núbil, por suprimento judicial. Não faz sentido que uma pessoa que constituiu família continue sob a autoridade de outrem. A emancipação não é afetada pelo fim do casamento, salvo em caso de invalidação deste quanto ao que estiver de má-fé, segundo corrente majoritária.

Outra causa é o **exercício *de emprego público efetivo***. Vale ressaltar que, aqui, também não há idade mínima prevista na lei. Estão excluídas situações temporárias, tais como estágios, contratações temporárias e investidura em cargo em comissão. De qualquer forma, será hipótese pouco provável de acontecer, visto que, normalmente, os estatutos do funcionalismo preveem a idade mínima de 18 anos para o ingresso em função pública.

Outro motivo é a **colação de grau em curso superior**, que também independe da idade. Trata-se de mais uma hipótese bastante rara, mormente agora em que a maioridade é atingida aos 18 anos.

E, ainda, pelo ***estabelecimento civil ou comercial, ou pela existência de relação de emprego, desde que, em função deles, o menor com 16 anos completos tenha economia própria***. O fato de o menor ter economia própria, ou seja, conseguir prover seu próprio sustento, é demonstração de que é dotado de experiência e amadurecimento suficientes para a prática de atos da vida civil. Entendemos que eventual demissão superveniente do emancipado não o torna novamente incapaz, já que os requisitos para a emancipação são de difícil configuração e demonstram efetivamente o amadurecimento necessário para o exercício pleno dos atos da vida civil.

2.1.11. Fim da personalidade

Deve-se tratar, agora, do **fim da personalidade**. Dispõe o art. 6º do CC que "a existência da pessoa natural termina com a morte". Com a morte, extingue-se a personalidade, passando-se os direitos e as obrigações do morto (essas no limite das possibilidades da herança) aos seus sucessores. Tais direitos e obrigações, denominados espólio, não têm personalidade, ou seja, não têm a qualificação que lhes conferiria a autorização genérica para praticar atos jurídicos; mas são sujeitos de direitos, visto que estão autorizados, por meio das pessoas indicadas na lei, a praticar certos atos, como ingressar com ação para cobrar determinada quantia devida ao monte.

São **consequências** da morte as seguintes: extinção do poder familiar, dissolução do casamento, abertura da sucessão, extinção dos contratos personalíssimos; mas fica mantida a vontade expressada pelo falecido em testamento e preservam-se alguns direitos da personalidade (relativos ao cadáver, à imagem, ao nome e aos direitos de autor).

A **morte** pode ser de três tipos: real, civil e presumida.

Morte real é *aquela certa, que pode ser atestada por exame médico*. Constatada a morte de uma pessoa, um médico fará um atestado de óbito. Na falta desse profissional, duas pessoas qualificadas que tiverem presenciado ou verificado a morte o farão. Com base no atestado de óbito será feita a lavratura do assento de óbito no Registro Público competente. A partir desse assento é que será extraída a certidão de óbito. O enterro depende dessa certidão. A cremação será feita em virtude de vontade do falecido ou por motivo de saúde pública, dependendo de atestado de 2 (dois) médicos ou de médico legista e, caso se trate de morte violenta, de autorização judicial.

Comoriência é a *presunção de morte simultânea, que se aplica quando duas ou mais pessoas falecerem na mesma ocasião, sem que se possa determinar quem morreu primeiro*.

A importância do tema está no direito das sucessões. Se um dos mortos na mesma ocasião tiver falecido primeiro, isso poderá fazer com que o outro seja seu herdeiro. Se considerarmos que a morte se deu simultaneamente, nenhum dos dois herdará do outro.

Na França, a solução é diferente. Cria-se uma escala de possibilidades. Entre homem e mulher, presume-se que a mulher morreu primeiro. Entre o mais novo e o mais velho, presume-se que esse faleceu primeiro.

Morte civil é *aquela em que a lei considera morta para a prática de atos da vida jurídica pessoa ainda viva*. Trata-se de instituto abolido nas legislações modernas. No passado, era sanção que recaía sobre os escravos e sobre outras pessoas, por motivos políticos ou religiosos. Há resquícios do instituto em nossa lei na regulamentação da indignidade e da deserdação, nas quais o herdeiro excluído da sucessão é considerado "como se morto fosse" (arts. 1.814, 1.816 e 1.961 a 1.963 do CC).

Morte presumida é *a que decorre de declaração judicial da morte, sem decretação de ausência, em caso de perigo de vida ou guerra, ou de declaração de ausência quando se autoriza a abertura de sucessão definitiva*.

Com efeito, o art. 6º do CC diz que se tem a **morte presumida** "quanto aos ausentes, nos casos em que a lei autoriza a abertura da sucessão definitiva".

O art. 7º do CC assevera que "pode ser declarada a morte presumida, **sem a decretação de ausência**: I – se for extremamente provável a morte de quem estava em perigo de vida; II – se alguém, desaparecido em campanha ou feito prisioneiro, não for encontrado até 2 (dois) anos após o término da guerra", dispondo o dispositivo em seu parágrafo único que "a declaração da morte presumida, nesses casos, somente poderá ser requerida depois de esgotadas as buscas e averiguações, devendo a sentença fixar a data provável do falecimento".

2.1.12. Ausência

Em caso de ***ausência***, ou seja, de uma pessoa **desaparecer** de seu domicílio sem deixar notícias ou procurador a quem caiba administrar seus bens e tenha interesse em fazê-lo, e de não ter se configurada nenhuma das hipóteses acima, pode o interessado ou o Ministério Público requerer ao juiz a **declaração de ausência** da pessoa, nomeando em favor dela um **curador** (o cônjuge, o companheiro, os pais ou os descendentes do desaparecido, nessa ordem, ou, na falta, alguém nomeado pelo juiz), que procederá à **arrecadação** dos bens do ausente, tudo na forma dos arts. 22 a 26 do CC (**fase da curadoria do ausente**).

Passado **1 (um) ano da arrecadação** dos bens do ausente, ou, se há procurador, passados 3 (três) anos, poderão os interessados requerer que se: a) declare a ausência; e que se b) **abra provisoriamente a sucessão**, que produzirá efeitos após 180 dias da publicação da respectiva sentença pela imprensa, efetuando-se o inventário e partilha dos bens (**fase da sucessão provisória**). *Vide* arts. 26 a 36 do CC.

Passados **10 (dez) anos do trânsito em julgado da sentença que abriu a sucessão provisória** ou 5 (cinco) anos das últimas notícias do ausente que já contar com 80 (oitenta) anos, poderão os interessados requerer a **sucessão definitiva**, procedendo-se ao **levantamento das cauções** que tiverem sido exigidas daqueles herdeiros que não eram ascendentes, descendentes ou cônjuges do ausente (**fase da sucessão definitiva**).

Caso o ausente não apareça nos 10 (dez) anos seguintes à abertura da sucessão definitiva, não terá mais direito algum às coisas deixadas. Se comparecer nesse período, terá direito aos bens existentes no estado em que se acharem, os sub-rogados em seu lugar, ou o preço que os herdeiros e demais interessados tiverem recebido pelos bens alienados depois daquele tempo.

Se, nos 10 (dez) anos a que se refere o parágrafo anterior, o ausente não regressar e **não houver interessado algum**, os bens arrecadados passarão ao Município ou ao Distrito Federal, se localizados nas respectivas circunscrições, incorporando-se à União se situados em território federal.

As disposições sobre a sucessão definitiva, no caso, estão nos arts. 37 a 39 do CC.

Por fim, vale anotar que, hoje, o ausente não é mais considerado um *incapaz*, mas alguém ***presumido morto*** pela lei a partir do momento em que é aberta a sucessão definitiva.

2.2. Direitos da Personalidade

2.2.1. Conceito de Direitos da Personalidade

Direitos da Personalidade *são aqueles que protegem características inerentes à pessoa*. São direitos que recaem sobre nossos atributos naturais e suas projeções sociais.

Os objetos de tais direitos são, portanto, os seguintes aspectos próprios da pessoa: a) sua integridade física (vida, corpo, partes do corpo); b) sua integridade intelectual (liberdades de pensamento e de expressão, autorias científica e artística); e c) sua integridade moral (intimidade, vida privada, honra, imagem e nome).

O CC preferiu não conceituar direitos da personalidade, mas dispôs que são intransmissíveis, irrenunciáveis e que seu exercício não é passível de sofrer limitações (art. 11 do CC).

De início, são protegidas as características próprias da pessoa natural. Todavia, o nascituro e a pessoa jurídica, no que couber, também estarão resguardados. O primeiro, em virtude do disposto no art. 2º, segunda parte, do CC. E o segundo, em razão do art. 52 do mesmo Código.

Já a pessoa jurídica terá protegidos interesses como o nome, a imagem e o segredo. Reconhecendo a existência de uma honra objetiva em favor desse tipo de pessoa, o STJ sumulou que "a pessoa jurídica pode sofrer dano moral" (Súmula 227).

2.2.2. Regime Jurídico Geral

Os direitos da personalidade são:

a) Absolutos: *oponíveis contra todos* ("erga omnes"). Esses direitos geram deveres de abstenção por parte de cada um de nós, inclusive do Estado. Enquanto num contrato há relatividade (só há efeitos relativamente a cada contratante), o direito à imagem, por exemplo, gera efeitos em face de todos, tratando-se, assim, de um direito oponível de modo absoluto;

b) Intransmissíveis: *não passíveis de cessão à esfera jurídica de outrem*. Adriano de Cupis ensina que "nos direitos da personalidade a intransmissibilidade reside na natureza do objecto, o qual (...) se identifica com os bens mais elevados da pessoa, situados, quanto a ela numa relação de natureza orgânica. Por força deste nexo orgânico o objecto é inseparável do originário sujeito: a vida, a integridade física, a liberdade, a honra etc., de Tício não podem vir a ser bens de Caio em virtude de uma impossibilidade que se radica na natureza das coisas. Nem o ordenamento jurídico pode consentir que o indivíduo se despoje daqueles direitos que, por corresponderem aos bens mais elevados, têm o caráter de essencialidade" (*Os direitos da personalidade*, Lisboa: Livraria Moraes, p. 46 e s., 1961).

É importante destacar que a *titularidade* do direito é que não pode ser transmitida. O *exercício* do direito, todavia, pode ser transferido. Um exemplo: não se pode transmitir a um terceiro direito moral de que conste o nome do autor (ou um pseudônimo por ele criado) na obra de sua autoria. Mas é possível que se transfira a uma editora o direito de explorar economicamente a obra, reproduzindo-a e vendendo vários de seus exemplares. No segundo caso não se transferiu o direito como um todo, mas *parcela dos poderes* que tem o seu titular;

c) Irrenunciáveis: *não são passíveis de rejeição por parte de seu titular*. Não se pode renegar direitos da personalidade. Difere da intransmissibilidade, pois aquela diz respeito à cessão a um terceiro, ao passo que a renúncia abrange situações de desistência, de renegação. Assim, não se pode vender um órgão em virtude da intransmissibilidade. Não se pode pôr fim à vida em virtude da irrenunciabilidade;

d) Indisponíveis: *não são passíveis de se abrir mão, de disposição*. Essa regra, na verdade, engloba as duas anteriores. Quer dizer que os direitos da personalidade não podem ser transmitidos, objetos de renúncia ou objetos de abandono. É bom anotar que alguns poderes inerentes aos direitos de personalidade podem ser objetos de disposição, tais como os poderes de doar em vida órgãos, preenchidos determinados requisitos, de consentir na exposição da imagem e de permitir o acesso a informações da vida privada (sigilo bancário, por exemplo). Aliás, quanto aos dois últimos interesses, é possível que razões de interesse público justifiquem sua exposição, mesmo sem o consentimento do titular do direito;

e) Ilimitados: *abrangem interesses imanentes ao ser humano, ainda que não mencionados expressamente pela lei ou que não identificados pela ciência.*

Assim, mesmo que não identificados expressamente como direitos da personalidade, têm essa natureza os direitos a alimentos, ao planejamento familiar, à dignidade, ao culto religioso etc.

f) Imprescritíveis: *não são passíveis de perda pelo decurso do tempo*. Não é porque o autor de um texto o fez há 30 anos, por exemplo, que perderá os direitos de personalidade correspondentes. Por outro lado, violado o direito, e nascida a pretensão de reparação civil, começa a correr prazo prescricional. Normalmente, o prazo para se pedir uma indenização pela violação do direito é de 3 anos. Exemplo da imprescritibilidade dos direitos da personalidade é o que diz respeito à pretensão para a compensação por danos morais em razão de acontecimentos que maculam tão vastamente os direitos da personalidade, como a tortura e a morte. Nesse sentido, o Superior Tribunal de Justiça reconhece ser imprescritível tal pretensão quando se tratar de perseguição política na época da ditadura (AgRg no RE 1.163.157);

g) Impenhoráveis: *não são passíveis de constrição judicial*. Dessa forma, não posso penhorar um órgão de uma pessoa, nem o seu nome, muito menos os direitos morais que têm em relação à obra que tiver criado. Mas é possível a penhora de frutos econômicos dos interesses protegidos pelos direitos da personalidade, ressalvada a quantia correspondente ao necessário para a sobrevivência do autor (NCPC, art. 833, IV);

h) Inexpropriáveis: *não são passíveis de desapropriação*. O Estado pode, mediante indenização, despojar compulsoriamente uma pessoa de sua propriedade, em caso de interesse público. Nada obstante, não poderá fazê-lo em relação a direitos da personalidade, ideia que decorre de se tratar de direito indisponível;

i) Vitalícios: *acompanham a pessoa até a sua morte*. Alguns direitos, inclusive, são resguardados mesmo depois da morte, como o respeito ao corpo do morto, à sua honra e à sua memória, bem como os direitos morais do autor. Prova disso é que o parágrafo único do art. 12 do CC diz que tem legitimação para fazer cessar a ameaça ou a lesão a direito da personalidade do morto, o cônjuge sobrevivente, ou qualquer parente em linha reta, ou colateral até o quarto grau.

Vale também ressaltar que os direitos da personalidade, entre si, não excluem uns aos outros. Um direito pode até preponderar sobre outro, mas nunca excluí-lo. O Enunciado 274 JDC/CJF dispõe que "em caso de colisão entre eles, como nenhum pode sobrelevar os demais, deve-se aplicar a técnica da ponderação".

2.2.3. Garantias do Regime Jurídico Geral

Violado ou ameaçado de ser violado um direito da personalidade, pode-se reclamar em juízo as seguintes sanções (CC, art. 12):

a) cessação da ameaça ou da lesão ao direito;

b) perdas e danos;

c) demais sanções previstas em lei.

Assim, se alguém verificar a existência de uma foto sua num *outdoor* com fins publicitários, sem a necessária autorização, poderá pedir a retirada do cartaz (a) e uma indenização por danos materiais e morais porventura existentes (b). Um autor que verificar a reprodução indevida de sua obra também poderá pedir sua retirada de circulação (a), uma indenização por danos materiais e morais (b), além de poder ficar com os exemplares da obra reproduzida e de poder representar o ofensor na esfera criminal (c).

Repare que a lei permite um atuar repressivo (para cessar a lesão) e uma atitude preventiva (em caso de ameaça de lesão). Para fins destas possibilidades, será de grande valia a ação cominatória, valendo trazer à tona as normas que se extraem do art. 497 do NCPC.

São partes legítimas para requerer a aplicação de tais sanções a própria pessoa lesada, por si ou por seu representante, e, caso já falecida, o cônjuge sobrevivente, ou qualquer parente em linha reta, ou colateral até o quarto grau (art. 12, parágrafo único, do CC). Repare que há uma lacuna nesse dispositivo. Não se incluiu o companheiro no rol dos legitimados. Se a finalidade da lei é possibilitar que pessoas presumidamente próximas ao morto e que também são sucessoras dele estejam legitimadas, não há justificativa para a exclusão do companheiro, que também tem presumida afetividade em relação ao falecido, além de ser sucessor deste.

Nesse sentido, o Enunciado 275 das Jornadas de Direito Civil entende que o rol dos legitimados presentes nos arts. 12 e 20 do CC compreende o companheiro.

E o Enunciado 398, das mesmas Jornadas, entende que as medidas previstas no art. 12, parágrafo único, do CC podem ser invocadas por qualquer uma das pessoas ali mencionadas de forma concorrente e autônoma. Por fim, o Enunciado 399 prevê que os poderes conferidos aos legitimados para a tutela *post mortem* dos direitos da personalidade, nos termos dos arts. 12, parágrafo único, e 20, parágrafo único, do CC, não compreendem a faculdade de limitação voluntária.

2.2.4. Regimes Jurídicos Especiais

O CC disciplina de modo especial a proteção do próprio corpo (arts. 13 a 15 do CC), o direito ao nome (arts. 16 a 19), a proteção aos escritos, à palavra e à imagem (art. 20) e a proteção à vida privada (art. 21).

2.2.4.1. Proteção do corpo

2.2.4.1.1. Disposição do corpo em vida

O art. 13 do CC traz a seguinte **regra**: *é defeso o ato de disposição do próprio corpo, quando importar diminuição permanente da integridade física, ou contrariar os bons costumes.*

O parágrafo único e o *caput* do art. 13 trazem as seguintes **exceções**: a) em caso de *exigência médica;* e b) *para fins de transplante*, na forma estabelecida em lei especial.

Isso significa que não se pode dispor do corpo em duas situações: a) se isso importar em diminuição permanente da integridade física; b) se houver contrariedade aos bons costumes. Mas se estará autorizado: a) em caso de exigência médica; e b) para fins de transplante.

A expressão *diminuição permanente* proíbe, portanto, que alguém corte o próprio braço ou a própria perna, uma vez que tais condutas são irreversíveis. E a frase *contrariar bons costumes* proíbe, por exemplo, que alguém se machuque intencionalmente, mesmo que sem diminuição permanente da integridade física.

Os bens jurídicos tutelados pelo dispositivo são a saúde humana e os bons costumes. Assim, não fere a lei a colocação de adereços (brincos, *piercings*), uma vez que, se é que importam em diminuição permanente, não afetam a saúde da pessoa. O mesmo se pode dizer de cirurgias plásticas, que, se feitas segundo as regras técnicas, não afetam a saúde da pessoa, além de não contrariarem os bons costumes.

Nos casos em que houver exigência médica, como quando se amputa uma perna por motivo de doença ou se retira parte do intestino em virtude de câncer, ou até quando se faz cirurgia para a redução do estômago, a diminuição permanente estará autorizada. Entende-se abarcado no requisito da "exigência médica" a cirurgia de mudança de sexo, já que a doutrina entende que essa expressão refere-se tanto ao bem-estar físico quanto ao bem-estar psíquico do disponente (v. Enunciados 6 e 276 das JDC/CJF). Nesse sentido, a Resolução 1.955/2010 do Conselho Federal de Medicina traz os requisitos para a cirurgia de mudança de sexo.

A outra exceção (para fins de transplante) está regulada na Lei 9.434/1997. Essa lei permite a disposição de tecidos (não se regula a disposição de sangue, de esperma e de óvulo), órgãos ou partes do corpo vivo, atendidos os seguintes requisitos (art. 9º da Lei):

a) deverá ser gratuita a disposição;

b) deverá o doador ser capaz; o incapaz só poderá doar medula óssea, desde que ambos os pais e o juiz autorizem e não haja risco para sua saúde; a gestante só poderá doar tecido para transplante de medula óssea, desde que não haja risco à sua saúde ou ao feto;

c) dever-se-á tratar de órgãos duplos, de partes de órgãos, tecidos ou partes do corpo cuja retirada não impeça o organismo doador de continuar vivendo sem risco para a sua integridade e não represente grave comprometimento de suas aptidões vitais e saúde mental e não cause mutilação ou deformação inaceitável;

d) deverá estar presente uma necessidade terapêutica comprovadamente indispensável ao receptor;

e) deverá o doador autorizar, preferencialmente por escrito e diante de testemunhas, especificamente o tecido, o órgão ou a parte do corpo objeto da retirada;

f) deverá o juiz autorizar a doação, salvo em relação à medula óssea e em relação à doação para cônjuge ou parentes consanguíneos até quarto grau inclusive;

g) poderá o doador revogar a doação a qualquer momento antes de sua concretização;

h) a realização de transplantes ou enxertos só poderá ser realizada por estabelecimento de saúde autorizado pelo SUS.

2.2.4.1.2. Disposição do corpo para depois da morte

O art. 14 do CC traz a seguinte **regra**: *é válida, com objetivo científico ou altruístico, a disposição gratuita do próprio corpo, no todo ou em parte, para depois da morte.*

A expressão *objetivo científico* diz respeito aos casos em que se deixa o corpo ou partes do corpo para fins de estudos (ex.: para uma faculdade de medicina). Já a expressão *objetivo altruístico* se refere aos casos em que está a se preocupar com o bem-estar alheio, como quando se deixa elemento do corpo para fins de transplante em favor de quem precisa de um tecido (ex.: córnea), de um órgão (ex.: coração) ou de parte do corpo (ex.: fígado).

A Lei 9.434/1997 permite a retirada *post mortem* de tecidos (não se regula a disposição de sangue, de esperma e de óvulo), órgãos ou partes do corpo humano, destinados a transplante ou tratamento, atendidos os seguintes requisitos (arts. 3º a 8º da Lei):

a) deverá ser gratuita a disposição;

b) deverá ser precedida de diagnóstico de morte encefálica, constatada e registrada por dois médicos não participantes das equipes de remoção e transplante; os prontuários médicos serão mantidos na instituição por um período mínimo de 5 anos;

c) deverá ser admitida a presença de médico de confiança da família do falecido no ato de comprovação e atestação da morte encefálica;

d) deverá ser feita mediante o *consenso afirmativo* do doador, não se presumindo sua vontade em doar; não existindo indicação da vontade do falecido (por meio de um documento, por exemplo), a retirada dependerá da autorização do cônjuge ou parente, maior de idade, obedecida a linha sucessória, reta ou colateral, até o segundo grau inclusive, firmada em documento subscrito por duas testemunhas presentes à verificação da morte (parece-nos haver lacuna na ausência do companheiro na regra); o Enunciado 277 das JDC/CJF é no sentido de que a manifestação expressa do doador de órgão em vida prevalece sobre a vontade dos familiares; assim, a aplicação do art. 4º da Lei 9.434/1997 (que trata da autorização ou não pelos familiares) ficou restrita à hipótese de silêncio do potencial doado. Ainda no que concerne ao consentimento, o art. 14, parágrafo único, do Código Civil, fundado no consentimento informado, não dispensa o consentimento dos adolescentes para a doação de medula óssea prevista no art. 9º, § 6º, da Lei 9.434/1997 por aplicação analógica dos arts. 28, § 2º (alterado pela Lei 12.010/2009), e 45, § 2º, do ECA (Enunciado 402 JDC/CJF);

e) poderá o doador revogar a doação a qualquer momento;

f) é vedada a remoção quanto a pessoas não identificadas;

g) após a retirada, o corpo será condignamente recomposto para ser entregue, em seguida, aos parentes do morto ou seus responsáveis legais para sepultamento;

h) a realização de transplantes ou enxertos só poderá ser realizada por estabelecimento de saúde autorizado pelo SUS.

2.2.4.1.3. Tratamento e intervenção cirúrgica

O art. 15 do CC traz a seguinte **regra**: *ninguém pode ser constrangido a submeter-se, com risco de vida, a tratamento médico ou intervenção cirúrgica.*

Três princípios permeiam a regra em questão.

Pelo **princípio da informação**, *o paciente tem o direito de receber todas as informações relativas à sua situação, à possibilidade de tratamento e aos respectivos riscos* (*vide* arts. 6º, III, e 31 do CDC).

De acordo com o **princípio da autonomia**, *o profissional deve respeitar a vontade do paciente ou de seu representante, se aquele for incapaz.*

Já pelo **princípio da beneficência**, *a atuação médica deve buscar o bem-estar do paciente, evitando, sempre que possível, danos e riscos.*

A partir de tais princípios e da regra enunciada, percebe-se que o paciente tem o *direito de recusa a tratamento arriscado*. Assim, informado de que uma cirurgia para retirada de um tumor da cabeça gera um risco de morte, este é quem escolherá se deseja ou não fazê-la.

Quando não for possível consultar o paciente, e havendo situação de iminentes riscos para sua vida, o tratamento ou a intervenção cirúrgica deverão ser realizados, não respondendo o médico por constrangimento ilegal (art. 146, § 3º, I, do CP). Em situações como essas, o médico age em verdadeiro estado de necessidade, que é uma excludente da ilicitude.

Todavia, considerando preceito constitucional, o Enunciado 403 das JDC/CJF faz a seguinte ressalva: "art. 15: O direito à inviolabilidade de consciência e de crença, previsto no art. 5º, VI, da Constituição Federal, aplica-se também à pessoa que se nega a tratamento médico, inclusive transfusão de sangue, com ou sem risco de morte, em razão do tratamento ou da falta dele, desde que observados os seguintes critérios: a) capacidade civil plena, excluído o suprimento pelo representante ou assistente; b) manifestação de vontade livre, consciente e informada; e c) oposição que diga respeito exclusivamente à própria pessoa do declarante".

2.2.4.2. Escritos, palavra e imagem

O art. 20 do CC traz a seguinte **regra**: *a divulgação de escritos, a transmissão da palavra, ou a publicação, a expo-*

sição ou a utilização da imagem de uma pessoa poderão ser proibidas, a seu requerimento e sem prejuízo da indenização que couber, se lhe atingirem a honra, a boa fama ou a respeitabilidade, ou se se destinarem a fins comerciais.

O próprio art. 20 traz as seguintes **exceções** à impossibilidade de exposição daqueles interesses: a) se houver *autorização* da pessoa; b) se *necessário à administração da justiça*.

Ou seja, não se pode expor os escritos, a palavra e a imagem das pessoas em duas situações: a) se lhe atingir a honra; b) se tiver fins comerciais. Mas é possível expor tais interesses: a) se houver autorização; b) se necessário à administração da justiça.

A expressão *se lhe atingirem a honra, a boa fama ou a respeitabilidade* proíbe que alguém tenha, por exemplo, veiculada sua imagem de uma maneira difamatória. A frase *se se destinarem a fins comerciais* proíbe, por exemplo, que alguém tenha publicada sua foto em um informe publicitário ou em uma revista de "fofocas" sem sua autorização.

É importante lembrar que as **garantias** que a lei traz ao lesado são as seguintes: a) proibir a exposição; b) reclamar indenização. Apesar da não referência à aplicação das demais sanções previstas em lei, tal como está previsto no art. 12 (regime jurídico geral), tal providência é possível, como no caso em que a conduta do ofensor também configura crime (injúria, difamação ou calúnia, por exemplo). Ou quando se prevê o direito de resposta, proporcional ao agravo (art. 5º, V, da CF).

Em se tratando de morto ou de ausente, são partes **legítimas**: a) o cônjuge; b) os ascendentes ou descendentes. Em relação ao regime jurídico geral, repare que aqui não se elegeu os parentes colaterais até o quarto grau como legitimados. Repare, ainda, que mais uma vez parece haver uma lacuna, ao não se legitimar o companheiro.

São três os interesses protegidos pelas regras: a) os escritos (expressados em documento); b) a palavra (expressada pela voz); c) a imagem (retrato e atributo).

Os **escritos** encontram regramento especial na Lei 9.610/1998 (Lei sobre Direitos Autorais), que protege "os textos de obras literárias, artísticas ou científicas", dentre outros (art. 7º da Lei).

As **palavras** também encontram regramento especial nessa Lei, que protege "as conferências, alocuções, sermões e outras obras da mesma natureza", dentre outras (art. 7º da Lei).

Quanto à **imagem**, essa deve ser dividida em duas espécies.

a) imagem-retrato: *consiste na reprodução gráfica da figura humana, podendo se referir a partes do corpo também, como a voz e as pernas*. São exemplos: o retrato, o desenho, a fotografia e a filmagem de uma pessoa. A imagem-retrato está protegida pelo art. 5º, X, da CF, pelo qual "são invioláveis a intimidade, a vida privada, a honra e a *imagem* das pessoas, assegurado o direito a indenização pelo dano material ou moral decorrente de sua violação";

b) imagem-atributo: *consiste no conjunto de características sociais do indivíduo, ou de dada pessoa jurídica, que o identifica socialmente*. Enquanto a imagem-retrato condiz com o retrato físico da pessoa, a imagem-atributo se refere a seu retrato social. A proteção a essa imagem está prevista no art. 5º, X, da CF, pelo qual fica assegurado "o direito de resposta, proporcional ao agravo, além da indenização por dano material, moral ou à *imagem*". Nessa, os agentes danosos são os meios de comunicação, ideia tirada do texto do dispositivo, que fala também em direito de resposta, extensível às pessoas jurídicas. Havendo violação da imagem-atributo, deve haver indenização, independente de demonstração de prejuízo econômico ou mesmo existência de dor profunda, mas simplesmente pelo *dano à imagem*, devendo a indenização seguir critério facilitado, distinto do dano material e moral. Repare que fala em "indenização por dano material, moral ou à imagem".

É importante trazer à tona alguns **temperamentos** à proteção em tela. Nenhum direito é absoluto. O direito à preservação da imagem encontra pontos de atrito com a *liberdade de expressão e de comunicação* e com o *direito de acesso à informação*.

O Supremo Tribunal Federal, no julgamento da ADPF 130 (p. em 06.11.2009), ao julgar não recepcionada pela Constituição a Lei de Imprensa (Lei 5.250/1967), **exarou entendimento no sentido de que, na ponderação de interesses entre os dois blocos de direitos da personalidade citados (liberdade de imprensa e de expressão x imagem, honra, intimidade e vida privada) prepondera o primeiro bloco, impedindo-se a censura prévia**. O segundo bloco incide posteriormente para fins de direito de resposta e responsabilidade civil, penal e administrativa.

É claro que não é qualquer fato que poderá ser livremente veiculado pela imprensa. Deve-se tratar de fato relevante para o indivíduo em sociedade. Caso contrário, pode haver abuso e, portanto, ensejo à reparação do dano causado ao ofendido. Tal se dá, por exemplo, com a divulgação por um jornal ou uma revista de elementos da intimidade ou da vida privada de artistas sem seu consentimento. Nesse caso, não há fato relevante para a vida social, conceito nobre, mas "fuxico", "fofoca", o que não está protegido no relevante direito de informação jornalística.

A manifestação abusiva da expressão, apesar de não poder ser censurada, pode sofrer coerções posteriores, principalmente as que envolvem o direito de resposta e a indenização por danos materiais e morais.

2.2.4.3. *Vida privada*

O art. 21 do CC traz a seguinte **regra**: *a vida privada da pessoa natural é inviolável, e o juiz, a requerimento do interessado, adotará as providências necessárias para impedir ou fazer cessar ato contrário a esta norma.*

É importante destacar que a **garantia** que a lei traz ao lesado é a seguinte: pode-se pedir ao juiz que impeça ou faça cessar a violação da vida privada. Apesar de não prevista no dispositivo, eventual violação também dá ensejo a que se reclame indenização (art. 5º, X, da CF). E, em que pese também a não referência à aplicação das demais sanções previstas em lei, tal como está previsto no art. 12 (regime jurídico geral), tal providência é possível, como no caso em que a conduta do ofensor também configura crime (interceptação indevida de conversa telefônica, por exemplo), em que se faculta a persecução criminal.

Apesar de o dispositivo se referir apenas à vida privada, são dois os interesses protegidos pela regra: a) a própria vida privada; e b) a intimidade.

Os direitos de inviolabilidade da vida privada e da intimidade são espécies do gênero **direito à privacidade**, *que é aquele de a pessoa manter informações privadas a seu respeito sob seu controle exclusivo*. Tal direito se traduz no direito de ser deixado tranquilo ou em paz.

A **intimidade**, por sua vez, é *o espaço que a pessoa tem consigo*. Diz respeito aos seus pensamentos, segredos, dúvidas existenciais e sonhos. O diário particular de uma pessoa contém informações sobre sua intimidade.

A **vida privada** consiste nos *espaços exteriores privados, ligados às relações familiares, de amizade e profissionais das pessoas*. Aqui temos suas correspondências e conversas telefônicas, os sigilos bancário e fiscal, as relações amorosas etc.

2.2.4.4. Direitos autorais

Quanto aos direitos autorais, a matéria é exaustivamente tratada na Lei 9.610/1998, que regula os direitos de autor e os que lhe são conexos, reputados bens móveis para fins legais (art. 3º).

Tal lei **protege**, por exemplo, os textos de obras literárias, artísticas ou científicas, as obras musicais, coreográficas, fotográficas e cinematográficas, o desenho, a pintura, a escultura, dentre outras (art. 7º).

Não são objeto da proteção dos direitos autorais ideias, sistemas, métodos, projetos ou conceitos matemáticos como tais, formulários em branco, texto de atos oficiais, informações de uso comum como calendários, nomes, títulos isolados etc. (art. 8º).

A proteção à obra intelectual abrange o seu título, se original. A lei considera **autor** a pessoa física criadora de obra literária, artística ou científica, sem prejuízo da proteção às pessoas jurídicas nos casos previstos em lei (art. 11).

Não depende de registro a proteção aos direitos autorais (art. 18), podendo o autor registrar sua obra no órgão público de que trata o art. 17 da Lei 5.988/1973 (art. 19).

Pertencem ao autor os direitos **patrimoniais** e **morais** sobre a obra que criou (art. 22). Os **direitos morais** do autor, inalienáveis e irrenunciáveis (art. 27), são, dentre outros, os seguintes: a) o de reivindicar, a qualquer tempo, a autoria da obra; b) o de ter seu nome ou sinal indicado como sendo o do autor na utilização de sua obra; c) o de conservar a obra inédita; d) o de assegurar sua integridade, opondo-se a quaisquer modificações; e e) o de modificá-la (art. 24).

Os primeiros quatro direitos são transmitidos aos sucessores por morte do autor. No que concerne aos direitos patrimoniais, depende de autorização prévia e expressa do autor a utilização da obra por outrem. Os herdeiros podem explorar economicamente a obra por 70 anos contados de 1º de janeiro do ano subsequente ao do falecimento do autor (como regra), ou da publicação da obra (no caso de obras anônimas ou pseudônimas), ou da sua divulgação (quanto às obras audiovisuais e fotográficas), conforme os arts. 41 a 44. Findo o período, a obra passará ao **domínio público**, o mesmo ocorrendo se não houver sucessores do autor falecido ou se for obra de autor desconhecido, ressalvada a proteção legal aos conhecimentos étnicos e tradicionais (art. 45).

Não constituem ofensa aos direitos autorais: a) a reprodução, em um só exemplar, de pequenos trechos, para uso privado do copista, desde que feita por este, sem intuito de lucro; b) a citação de passagens de qualquer obra, para fins de estudo ou crítica, indicando-se nome do autor e a origem da obra; c) o apanhado de lições em escola, vedada a publicação sem autorização expressa; d) a utilização de obras para demonstração à clientela; e) a representação teatral ou musical no recesso familiar ou para fins didáticos, na escola e sem fim lucrativo; f) as paráfrases e paródias que não forem reproduções da obra nem lhe impliquem descrédito; e g) a representação de obras situadas permanentemente em logradouros públicos (arts. 46 a 48).

A **transferência** dos direitos patrimoniais poderá ser dos seguintes tipos: a) transmissão total (salvo os direitos morais e os excluídos pela lei; se for definitiva, dependerá de contrato escrito); b) cessão total ou parcial (faz-se por escrito e se presume onerosa).

O titular do direito violado poderá requerer: i) a apreensão dos exemplares reproduzidos ou a suspensão da divulgação, ii) sem prejuízo da indenização cabível, iii) bem como a perda em seu favor dos exemplares apreendidos e iv) o pagamento do preço dos que tiverem sido vendidos (art. 102). Responde solidariamente com o contrafator aquele que vender, expuser, distribuir ou tiver a obra reproduzida com fraude.

2.2.4.5. Nome

Os arts. 16 a 18 do CC trazem a seguinte **regra**: *toda pessoa tem direito ao nome, que não pode ser empregado de modo que exponha a pessoa ao desprezo público, ainda que sem intenção difamatória, ou para fins de propaganda comercial sem autorização do seu titular.* Neste espeque, no que tange a propaganda comercial, prevê o Enunciado 278 JDC/CJF: *A publicidade que divulgar, sem autorização, qualidades inerentes a determinada pessoa, ainda que sem mencionar seu nome, mas sendo capaz de identificá-la, constitui violação a direito da personalidade*

O art. 19 dispõe que *o pseudônimo adotado para atividades lícitas goza da proteção que se dá ao nome.*

Por ser objeto de direito da personalidade, o nome é intransferível, irrenunciável e indisponível. O **princípio da imutabilidade**, todavia, sofre **exceções,** quando houver:

a) modificação no estado de filiação ou de paternidade: em virtude da procedência de ação negatória de filiação; reconhecimento, judicial ou voluntário, de paternidade; ou realização ou desfazimento de adoção. Muda-se o sobrenome apenas, salvo no caso de adoção de menores, em que é possível que se altere inclusive o prenome, a pedido do adotante ou do adotado (art. 47, § 5º, do ECA);

b) alteração do nome de um dos pais: modificando-se o nome familiar de um dos pais, será necessário fazer o mesmo em relação aos filhos;

c) casamento: qualquer um dos nubentes pode adotar o nome do outro (art. 1.565, § 1º, do CC);

d) dissolução da sociedade conjugal e do casamento: não é obrigatória a perda do nome do outro na separação e no divórcio (arts. 1.578 e 1.571, § 2º, do CC). Todavia, a requerimento do inocente e desde que não se revele prejuízo à outra parte, pode-se perder compulsoriamente o direito de continuar usando o nome de casado. Pode também o cônjuge inocente renunciar, a qualquer momento, ao direito de usar o sobrenome do outro;

e) pela união estável: o companheiro pode pedir ao juiz a averbação do patronímico do companheiro no seu registro de nascimento;

f) vontade daquele que tem entre 18 e 19 anos: o art. 56 da LRP faculta ao interessado, no primeiro ano após ter atingido a maioridade civil, requerer a alteração de seu nome, desde que não prejudique os apelidos de família, averbando-se a alteração que será publicada pela imprensa. Presume-se que, nessa fase da vida, a alteração do nome não vá prejudicar interesses de terceiros e do próprio Estado, uma vez que, no período que antecede essa idade, a pessoa não comete crime, nem tem capacidade para, sozinho, praticar atos da vida civil. Preserva-se também a individualidade da pessoa, que porventura não esteja satisfeita com o seu prenome. O pedido pode ser feito administrativamente. Admite-se também para tornar composto o prenome simples e para acrescentar o patronímico de um dos pais ou dos avós;

g) erro gráfico evidente: o art. 110 da LRP dispõe que a correção de erros de grafia poderá ser processada a partir do próprio cartório onde se encontrar o assentamento, mediante petição assinada pelo interessado, que será remetida ao Ministério Público e ao juiz, que despachará no prazo de 48 horas. Exemplo dessa situação é o daquele que recebeu o nome de "Osvardo", quando deveria ser "Osvaldo". Também ocorre quando se troca o "i" pelo "e" ou o "s" pelo "x" quando da grafia do patronímico. Prova-se o erro, neste caso, pela comparação com os documentos dos demais membros da família;

h) exposição do portador do nome ao ridículo: o art. 55, parágrafo único, da LRP impede que os oficiais do registro civil registrem prenome suscetíveis de expor ao ridículo seus portadores. Para que essa regra seja eficaz, há de se reconhecer que, caso o oficial atenda ao pedido dos pais numa situação dessas, nada impede que no futuro busque-se a modificação do nome em razão dessa circunstância. Nomes como Bin Laden e Adolph Hitler poderão dar ensejo ao pedido de modificação. Mas já houve casos em que se admitiu a modificação de nomes bastante comuns, como Raimunda;

i) apelido público notório: o art. 58 da LRP dispõe que o prenome é definitivo, admitindo-se sua substituição por apelidos públicos notórios. São exemplos: Lula, Xuxa e Pelé. A redação dada pela Lei 9.708/1998 ao dispositivo em questão permite a "substituição" do prenome e não a mera "inserção" apelido público notório. Houve casos de modificação de "Amarildo" para "Amauri" e de "Maria" para "Marina". Basta provar em juízo que a pessoa é conhecida publicamente (no trabalho, na família, entre amigos etc.) por nome diverso do que consta em seus documentos. A prova se faz por testemunhas, por correspondências, por cadastros etc.;

j) necessidade para a proteção de vítimas e testemunhas de crimes: o § 7º do art. 57 da LRP admite a alteração de nome completo para proteção de vítimas e testemunhas de crimes, bem como de seu cônjuge, convivente, ascendentes, descendentes, inclusive filhos menores e dependentes, mediante requerimento ao juiz competente dos registros públicos, ouvido o MP;

k) homonímia: a redação do art. 57, *caput*, da LRP, traz uma norma um tanto quanto aberta, que possibilita modificações em outras situações excepcionais, como a homonímia;

l) cirurgia de mudança de sexo: contrariando entendimento tradicional no sentido da impossibilidade de modificação do nome por parte do transexual, o STJ vem admitindo tal possibilidade, inclusive autorizando a modificação do **gênero** (de masculino para feminino ou de feminino para masculino), para que conste de toda sua documentação referência exclusiva ao novo sexo civil, facilitando a inserção social e profissional.

2.3. Pessoas Jurídicas

2.3.1. Conceito

Pode-se **conceituar** pessoa jurídica como o *grupo humano criado na forma da lei e dotado de personalidade jurídica própria para a realização de fins comuns.*

As pessoas jurídicas são, então, *sujeitos de direito personalizados*, de modo que têm aptidão genérica para adquirir direitos e obrigações compatíveis com sua natureza.

No que concerne aos direitos da personalidade, o Código Civil assegura que "aplica-se às pessoas jurídicas, no que couber, a proteção dos direitos da personalidade" (art. 52).

A título de exemplo, é compatível com a pessoa jurídica a proteção de sua integridade moral, daí porque o Superior Tribunal de Justiça assegura indenização por danos morais a tais entes.

2.3.2. Requisitos para a sua regular constituição

As pessoas jurídicas de direito público são criadas pela Constituição ou por meio de leis específicas. Já as pessoas jurídicas de direito privado têm sua criação regulada pelo Código Civil.

A doutrina aponta diversos requisitos para a constituição de uma pessoa jurídica. São os seguintes:

a) vontade humana criadora, ou seja, intenção de criar pessoa jurídica distinta de seus membros;

b) observância das condições legais para a sua instituição;

c) objetivo lícito;

d) ato constitutivo, ou seja, documento escrito, denominado estatuto (nas associações e sociedades institucionais), escritura pública/testamento (nas fundações), contrato social (nas sociedades contratuais) e lei (nas autarquias);

e) autorização ou aprovação do Poder Executivo, quando necessário, ou seja, nos poucos casos em que a lei condiciona a criação da pessoa jurídica à autorização mencionada (exs.: empresas estrangeiras, montepio, caixas econômicas, bolsas de valores etc.);

f) **autorização de lei específica**, no caso de pessoas jurídicas de direito privado estatais;

e) **registro**, ou seja, arquivamento dos atos constitutivos no Registro Público competente, em se tratando de pessoa jurídica de direito privado.

O art. 45 do Código Civil dispõe que o **surgimento**, ou seja, a **existência legal** da pessoa jurídica de direito privado começa com sua **inscrição** no Registro Público competente. Dessa forma, o **início da personalidade** da pessoa jurídica de direito privado se dá com o **registro competente**.

O registro declarará o seguinte (art. 46 do CC):

I. a denominação, os fins, a sede, o tempo de duração e o fundo social, quando houver;

II. o nome e a individualização dos fundadores ou instituidores, e dos diretores;

III. o modo por que se administra e representa, ativa e passivamente, judicial e extrajudicialmente;

IV. se o ato constitutivo é reformável no tocante à administração, e de que modo;

V. se os membros respondem, ou não, subsidiariamente, pelas obrigações sociais;

VI. as condições de extinção da pessoa jurídica e o destino do seu patrimônio, nesse caso.

Havendo ilegalidade no ato de constituição da pessoa jurídica de direito privado, o interessado terá três anos para exercer o direito de anulá-lo, contado o prazo da publicação de sua inscrição no registro público (art. 45, parágrafo único, do CC). O prazo é decadencial e, após o seu decurso, todos os vícios ficarão convalidados.

O **ato constitutivo deve ser arquivado** nos seguintes registros públicos: a) na OAB (se se tratar de sociedade de advogados); b) na Junta Comercial (se se tratar de sociedade empresária); c) no Cartório de Pessoas Jurídicas (se se tratar de sociedades simples, fundações e associações).

Os partidos políticos, depois de arquivarem seus atos constitutivos no Cartório de Pessoas Jurídicas, adquirindo personalidade jurídica, devem registrar seus estatutos no Tribunal Superior Eleitoral (art. 17, § 2º, da CF). Os sindicatos, após o registro no Cartório, também devem comunicar sua criação ao Ministério do Trabalho.

As **sociedades empresárias** são pessoas jurídicas de direito privado, com fins lucrativos, cujo objeto é o exercício de atividade econômica organizada para a produção ou a circulação de bens ou de serviços (art. 982 c/c art. 966, ambos do CC). Por exemplo, uma indústria.

Já as **sociedades simples** são pessoas jurídicas de direito privado que admitem como objeto o exercício de profissão intelectual, de natureza científica, literária ou artística, ainda que com o concurso de auxiliares ou colaboradores, salvo se o exercício da profissão constituir elemento de empresa. Por exemplo, uma sociedade que reúne quatro médicos, que agem como profissionais liberais independentes um do outro.

As sociedades que não forem objeto de inscrição no Registro Público são consideradas **sociedades despersonificadas** (em comum, irregulares ou de fato).

O art. 986 do CC dispõe que, enquanto não inscritos os atos constitutivos, as **sociedades despersonificadas ficarão sujeitas às seguintes disposições**: a) os sócios, nas relações entre si ou com terceiros, somente por escrito podem provar a existência da sociedade, mas os terceiros podem prová-la de qualquer modo (art. 987); b) os bens e dívidas sociais constituem patrimônio especial, do qual os sócios são titulares em comum (art. 988); c) os bens sociais respondem pelos atos de gestão praticados por qualquer dos sócios, salvo pacto expresso limitativo de poderes, que somente terá eficácia contra o terceiro que o conheça ou deva conhecer (art. 989); d) todos os sócios respondem solidária e ilimitadamente pelas obrigações sociais, excluído do benefício de ordem, previsto no art. 1.024 do CC, aquele que contratou pela sociedade (art. 990); e) reger-se-á a sociedade pelas regras mencionadas, observadas, subsidiariamente e, no que com ela forem compatíveis, as normas da sociedade simples (art. 986).

2.3.3. *Funcionamento das pessoas jurídicas*

Cada espécie de pessoa jurídica tem sua peculiaridade no que concerne ao seu funcionamento.

Todavia, o Código Civil traz algumas regras a esse respeito, que são as seguintes:

a) obrigam a pessoa jurídica os atos dos administradores, exercidos nos limites de seus poderes definidos no ato constitutivo (art. 47); nesse sentido, aquele que tem contato com um administrador de uma pessoa jurídica deve verificar os poderes que o ato constitutivo outorga a essa pessoa; se os atos praticados pelo administrador da pessoa jurídica estiverem dentro dos limites definidos no ato constitutivo, a pessoa jurídica ficará obrigada, sejam quais forem os termos contratuais estabelecidos por seus administrador, ressalvada a aplicação da teoria da aparência em casos específicos.

b) se a pessoa jurídica tiver administração coletiva, as decisões se tomarão pela maioria de votos dos presentes, salvo se o ato constitutivo dispuser de modo diverso (art. 48);

c) decai em três anos o direito de anular as decisões a que se refere a alínea anterior, quando violarem a lei ou estatuto, ou forem eivadas de erro, dolo, simulação ou fraude (art. 48, parágrafo único);

d) se a administração da pessoa jurídica vier a faltar, o juiz, a requerimento de qualquer interessado, nomear-lhe-á administrador provisório (art. 49).

Verificadas as regras de funcionamento da pessoa jurídica, é o caso, agora, de verificarmos sua dissolução.

2.3.4. *Extinção das pessoas jurídicas*

A pessoa jurídica dissolve-se pelas seguintes causas:

a) **convencional**, por deliberação de seus membros, conforme o quórum estabelecido nos estatutos ou na lei;

b) **administrativa**, em razão de decisão administrativa que, nos termos da lei, determine o fim da pessoa jurídica, quando esta dependa de aprovação ou autorização do Poder Público para funcionar e pratique atos nocivos ou contrários aos seus fins;

c) **judicial**, quando se configura algum dos casos de dissolução previstos em lei ou no estatuto e a sociedade continua a existir, obrigando um dos sócios a ingressar em juízo.

Sobre a **dissolução** de uma pessoa jurídica do tipo **sociedade**, confira as **hipóteses legais** não abarcadas pelas causas *convencionais* e *administrativas* (arts. 1.033 e 1.034 do CC):

a) vencimento do prazo de duração;

b) falta de pluralidade de sócios, não reconstituída no prazo de cento e oitenta dias (não se aplica essa extinção caso o sócio remanescente requeira a transformação da sociedade para empresário individual ou empresa individual de responsabilidade limitada);

c) anulação da constituição, por ilegalidade;

d) exaurimento do seu fim social;

e) verificação da inexequibilidade dos fins sociais ou da existência de atividade nociva que justifique a extinção da sociedade (essa última hipótese é de ordem doutrinária e jurisprudencial, servindo de exemplo a extinção de algumas torcidas organizadas por ordem da Justiça).

Não se deve confundir as expressões **dissolução, liquidação** e **cancelamento** da inscrição da pessoa jurídica, a qual importará na sua extinção definitiva.

Num primeiro momento, verificam-se causas que levam à **dissolução** da pessoa jurídica (convenção, decisão administrativa ou decisão judicial). A pessoa jurídica, neste momento, ainda não está extinta, mas está em processo de extinção. Num segundo momento, inicia-se a **liquidação**, devendo os administradores providenciar imediatamente a investidura do liquidante e restringir a gestão própria aos negócios inadiáveis, vedadas novas operações, pelas quais responderão solidária e ilimitadamente. **Encerrada a liquidação**, promover-se-á o **cancelamento da inscrição** da pessoa jurídica.

Segundo o art. 51 do CC, nos casos de dissolução da pessoa jurídica ou cassada a autorização para seu funcionamento, ela **subsistirá** para os **fins de liquidação**, até que essa se conclua.

Far-se-á, no registro onde a pessoa jurídica estiver inscrita, **a averbação de sua dissolução**.

As disposições para a liquidação das **sociedades** aplicam-se, no que couber, **às demais pessoas jurídicas de direito privado**. Nesse sentido, vale ler as disposições acerca da liquidação das sociedades, presentes nos arts. 1.102 a 1.112 do CC. É também objetivo da liquidação a partilha dos bens entre os sócios. Tal partilha se fará de modo proporcional à participação de cada um no capital social. No caso das associações e fundações, há regras próprias que serão analisadas em seguida.

Quanto à transformação, incorporação, fusão e cisão das sociedades, matéria afeta ao Direito Empresarial, confira o disposto nos arts. 1.113 a 1.122 do CC.

2.3.5. Desconsideração da personalidade jurídica

2.3.5.1. Conceito

O instituto da desconsideração da personalidade jurídica pode ser conceituado como *a declaração de ineficácia da personalidade jurídica para determinados fins, atingindo diretamente o patrimônio dos sócios ou administradores de pessoa jurídica, a fim de evitar fraude ou abuso de direito.*

O art. 50 do Código Civil permite que *os efeitos de certas e determinadas relações de obrigações sejam estendidos* aos bens pessoais dos administradores ou sócios da pessoa jurídica cuja personalidade está sendo desconsiderada. Em outras palavras, admite-se que obrigações da pessoa jurídica sejam suportadas por sócios e administradores desta.

É por isso que o conceito faz referência à *declaração de ineficácia* da personalidade jurídica. Isso ocorre porque a pessoa jurídica não é desconstituída, mas declarada ineficaz em relação a certas e determinadas obrigações.

Assim, se uma pessoa natural utiliza uma pessoa jurídica para cometer fraudes, as obrigações contraídas por essa poderão repercutir na esfera dos bens pessoais da pessoa natural, com a desconsideração da sua personalidade.

A desconsideração prevista no Código Civil é chamada de *desconsideração direta.*

Resta saber se o Código Civil brasileiro também admite a **desconsideração inversa**. Nessa desconsideração, como o próprio nome diz, desconsidera-se a pessoa natural do sócio ou administrador de uma pessoa jurídica para o fim de atingir o patrimônio da própria pessoa jurídica da qual faz parte o primeiro. Um exemplo pode aclarar o instituto. Imagine que alguém que deseja se separar de seu cônjuge sem ter de repartir bens que está em seu nome, passe tais bens para uma pessoa jurídica da qual é sócio, ficando esvaziado patrimonialmente como pessoa natural. Nesse caso, a desconsideração inversa atua para o fim de, na separação judicial, o juiz desconsiderar a autonomia da natural em relação à pessoa jurídica, determinando que os bens que pertencem à última sejam partilhados com o cônjuge prejudicado, como se fossem bens pertencentes à pessoa natural do cônjuge que perpetrou a fraude.

Apesar da desconsideração inversa não estar expressa no Código Civil, a doutrina e a jurisprudência a admitem, tendo em vista que essa desconsideração visa a evitar e reprimir justamente a mesma conduta, qual seja, o abuso da personalidade. Vale dizer que o novo Código de Processo Civil faz menção expressa à desconsideração inversa da personalidade jurídica (art. 133, § 2º).

Confira também o Enunciado 283 das JDC/CJF, que comenta o art. 50 do CC: "é cabível a desconsideração da personalidade denominada inversa para alcançar bens de sócio que se valeu da pessoa jurídica para ocultar ou desviar bens pessoais, com prejuízo de terceiros".

2.3.5.2. Hipóteses que ensejam a desconsideração

O Código Civil adotou a *teoria maior* da desconsideração. De acordo com essa teoria, para que a desconsideração se dê, é necessário, além da dificuldade em responsabilizar a pessoa jurídica (normalmente, essa dificuldade ocorre quando a pessoa jurídica acionada está insolvente, mas a doutrina entende que não é necessária a demonstração da insolvência para que se proceda à desconsideração – Enunciado 281 das JDC/CJF), a presença de outros requisitos.

No caso, exige-se que tenha havido *abuso de personalidade*. Esse abuso, nos termos do art. 50 do Código Civil, pode ser de duas espécies:

a) **desvio de finalidade:** ou seja, a utilização da pessoa jurídica para fim diverso daquele para a qual foi criada. Por exemplo, utilização de pessoa jurídica para emissão de notas fiscais frias;

b) **confusão patrimonial:** ou seja, situação em que os bens dos sócios das pessoas jurídicas se confundem com os bens dela.

A confusão patrimonial é típica das situações em que o sócio recebe, para si, créditos da pessoa jurídica, ou em que esta recebe para si créditos do sócio.

Existem empresas que não têm bens em nome próprio, mas somente no nome dos sócios. Isso pode prejudicar credores, que poderão pedir a desconsideração da personalidade.

A *teoria menor* da desconsideração, não adotada pelo Código Civil, propugna que a desconsideração da personalidade jurídica pode se dar toda vez que ela for obstáculo ao ressarcimento do dano, não sendo necessária demonstração de fraude ou abuso. Essa teoria tem esse nome porque exige *menos* requisitos para que se dê a aplicação do instituto.

Há diversas situações que caracterizam o abuso de personalidade. Porém, a doutrina aponta que o encerramento irregular das atividades da pessoa jurídica não basta, por si só, para caracterizar o abuso da personalidade jurídica (Enunciado 282 das JDC/CJF), sendo necessário que tal encerramento tenha se dado com o objetivo de dificultar o cumprimento de suas obrigações, caracterizando o desvio de finalidade. Nesse sentido decidiu o STJ no EREsp 1.306.553-SC, DJ 12.12.2014.

Aliás, é bom remarcar que a doutrina entende que os casos que ensejam desconsideração da personalidade nas relações civis (*desvio de finalidade* e *confusão patrimonial*) devem ser interpretados restritivamente (Enunciado 146 das JDC/CJF), por serem exceções à regra que estabelece a autonomia entre a pessoa jurídica e a pessoa de seus sócios ou administradores. Há de se lembrar de que o Código Civil adotou a teoria maior da desconsideração, diferente da Lei de Crimes Ambientais e do CDC, que adotaram a teoria menor da desconsideração, que traz menos requisitos para que esta se dê.

2.3.5.3. Legitimado ativo

De acordo com o art. 50 do CC, podem requerer a desconsideração qualquer *interessado* ou o *Ministério Público*, esse quando couber sua intervenção.

O **Ministério Público** pode intervir em ações em que se estiver diante de interesses indisponíveis, bem como em ações coletivas e de falência, entre outras. Nesses casos, o *Parquet* é legitimado para requerer a desconsideração da personalidade.

O **interessado** é, normalmente, o credor da obrigação que está sendo satisfeita pela pessoa jurídica. Aqui se está diante de alguém que tem interesse jurídico na desconsideração.

A doutrina vem reconhecendo que a teoria de desconsideração, prevista no art. 50 do Código Civil, pode ser invocada pela pessoa jurídica, em seu favor. Exemplo dessa situação se dá quando bens da pessoa jurídica são passados para o nome de um dos sócios com o fito de prejudicar credores. A pessoa jurídica, interessada em solver suas obrigações, pode, em tese, requerer a desconsideração para que se atinja o patrimônio que está em nome do sócio que cometeu a fraude. Naturalmente, tal situação só acontecerá na prática se esse sócio não mais estiver no comando administrativo da empresa.

2.3.5.4. Legitimado passivo

De acordo com o art. 50 do CC, a desconsideração da personalidade pode atingir o patrimônio tanto de *sócios* como de *administradores da sociedade*.

Assim, deve-se ressaltar, de início, que não só sócios, como também mero administrador não sócio, estão sujeitos à incidência do instituto.

Outra observação importante é que, apesar da lei fazer referência à palavra "sócio", a desconsideração da pessoa jurídica pode atingir também associados e outros membros de pessoas jurídicas. Ou seja, o instituto não se aplica apenas à *sociedade*, mas também às associações, fundações e outras pessoas jurídicas que não têm fins lucrativos ou econômicos.

Nesse sentido, confira o Enunciado 284 das JDC/CJF: "as pessoas jurídicas de direito privado sem fins lucrativos ou de fins não econômicos estão abrangidas no conceito de abuso da personalidade jurídica".

Vale, ainda, indagar se, uma vez ocorrido abuso da personalidade (por desvio de finalidade ou confusão patrimonial), pode-se atingir o patrimônio de qualquer sócio e administrador, independente de dolo específico de sua parte quanto ao abuso perpetrado.

Na análise literal do art. 50 do CC, chega-se à conclusão de que se adotou a teoria objetiva no caso. No entanto, em face do princípio da proporcionalidade, a doutrina vem entendendo que o sócio ou administrador que desconhece o abuso não responde com seu patrimônio pessoal.

Nesse sentido, confira o Enunciado 7 das JDC/CJF: "só se aplica a desconsideração quando houver prática de ato irregular, e, limitadamente, aos administradores ou sócios que nela hajam incorrido".

2.3.5.5. Questões processuais

O Superior Tribunal de Justiça vem entendendo que aquele que sofre a desconsideração da personalidade num processo judicial, respondendo com seu próprio patrimônio por obrigações alheias, passa a ser **parte** do processo (REsp 258.812, DJ 18.12.2006).

O STJ também entende que a desconsideração da personalidade **é possível na fase da execução de sentença**, mesmo que quem sofra os efeitos da desconsideração não tenha sido chamado a participar do processo de conhecimento que levou à formação do título que se estiver executando (REsp 920.602, DJ 23.06.2008). Naturalmente, o afetado pela desconsideração terá direito de se defender, exercendo plenamente o contraditório e a ampla defesa, garantindo-se o devido processo legal.

O novo Código de Processo Civil regulamentou as questões processuais sobre a desconsideração da personalidade jurídica, trazendo as seguintes regras:

"**Art. 133.** O incidente de desconsideração da personalidade jurídica será instaurado a pedido da parte ou do Ministério Público, quando lhe couber intervir no processo.

§ 1º O pedido de desconsideração da personalidade jurídica observará os pressupostos previstos em lei.

§ 2º Aplica-se o disposto neste Capítulo à hipótese de desconsideração inversa da personalidade jurídica.

Art. 134. O incidente de desconsideração é cabível em todas as fases do processo de conhecimento, no cumprimento de sentença e na execução fundada em título executivo extrajudicial.

§ 1º A instauração do incidente será imediatamente comunicada ao distribuidor para as anotações devidas.

§ 2º Dispensa-se a instauração do incidente se a desconsideração da personalidade jurídica for requerida na petição inicial, hipótese em que será citado o sócio ou a pessoa jurídica.

§ 3º A instauração do incidente suspenderá o processo, salvo na hipótese do § 2º.

§ 4º O requerimento deve demonstrar o preenchimento dos pressupostos legais específicos para desconsideração da personalidade jurídica.

Art. 135. Instaurado o incidente, o sócio ou a pessoa jurídica será citado para manifestar-se e requerer as provas cabíveis no prazo de 15 (quinze) dias.

Art. 136. Concluída a instrução, se necessária, o incidente será resolvido por decisão interlocutória.

Parágrafo único. Se a decisão for proferida pelo relator, cabe agravo interno.

Art. 137. Acolhido o pedido de desconsideração, a alienação ou a oneração de bens, havida em fraude de execução, será ineficaz em relação ao requerente."

2.3.5.6. Outras leis

O instituto da desconsideração da personalidade, como se viu, não está previsto unicamente no Código Civil.

O instituto está previsto também em outras leis.

O Código de Defesa do Consumidor, por exemplo, admite expressamente a desconsideração da personalidade em seu art. 28. O dispositivo parece, num primeiro momento, adotar a teoria maior da desconsideração. Essa conclusão decorre do fato de que o dispositivo traz requisitos adicionais à insolvência para que a desconsideração se dê.

Todavia, o § 5º do art. 28 traz regra de extensão que admite a desconsideração da personalidade toda vez que esta for obstáculo ao ressarcimento do dano. Isso fez com que o STJ tenha entendimento de que o CDC adotou a Teoria Menor da Desconsideração, pela qual basta a demonstração de insolvência do devedor.

A Lei de Crimes Ambientais (Lei 9.605/1998) também adotou a Teoria Menor da Desconsideração, como se pode verificar do disposto no seu art. 4º.

A desconsideração também está presente na CLT (art. 2º, § 2º) e no CTN (art. 134, VII).

2.3.6. Classificação das pessoas jurídicas

2.3.6.1. Quanto à nacionalidade

Quanto à **nacionalidade**, as pessoas jurídicas podem ser divididas em **nacionais** e **estrangeiras**.

Pessoas jurídicas nacionais são aquelas organizadas e constituídas conforme a lei brasileira, tendo no País sua sede e administração (art. 1.126 do CC). **Pessoas jurídicas estrangeiras** são aquelas de fora do País, que não possuem as características citadas.

A sociedade estrangeira não poderá funcionar no País sem autorização do Poder Executivo. Se autorizada, sujeitar-se-á lei brasileira quanto aos atos aqui praticados, devendo ter representante no Brasil. Nesse caso, poderá nacionalizar-se, transferindo sua sede para o território nacional (arts. 1.134 a 1.141 do CC).

2.3.6.2. Quanto à estrutura interna

Quanto à **estrutura interna**, as pessoas jurídicas podem ser divididas em **corporações** e **fundações**.

As **corporações** (*universitas personarum*) são um conjunto ou reunião de pessoas que formam uma pessoa jurídica. O elemento marcante aqui são as *pessoas*. São exemplos de corporações as sociedades e as associações.

As **fundações** (*universitas bonorum*) são um conjunto ou reunião de bens que formam uma pessoa jurídica. O elemento marcante aqui são os bens. Diferentemente das corporações, que normalmente costumam ter fins voltados à satisfação de seus membros, as fundações têm objetivos externos, estabelecidos pelo instituidor da pessoa jurídica.

2.3.6.3. Quanto à atuação

Quanto à atuação, as pessoas jurídicas podem ser de direito público e de direito privado.

As **pessoas jurídicas de direito público** são de duas espécies:

a) externo: países e organizações internacionais;

b) interno: União, Estados, Distrito Federal, Municípios, autarquias, agências reguladoras, associações Públicas (consórcios públicos de direito público) e fundações públicas.

As **pessoas jurídicas de direito privado** podem ser subdivididas nas seguintes espécies (art. 44):

a) sociedades: *são pessoas jurídicas com objetivo de lucro*; as cooperativas são consideradas sociedades simples;

b) associações: *são pessoas jurídicas constituídas de pessoas que se reúnem para realização de fins não econômicos*; têm objetivos científicos, artísticos, educativos, culturais, políticos, corporativos, esportivos etc.;

c) fundações: *são acervos de bens, que recebem personalidade jurídica para realização de fins determinados de interesse público, de modo permanente e estável*; o elemento marcante é o patrimonial;

d) entidades religiosas: têm o regime jurídico das associações; são livres a criação, a organização, a estruturação interna e o funcionamento das organizações religiosas, sendo vedado ao poder público negar-lhes reconhecimento ou registro dos atos constitutivos e necessários ao seu funcionamento.

e) partidos políticos: têm o regime jurídico das associações; os partidos políticos serão organizados e funcionarão conforme o disposto em lei específica;

f) consórcios públicos de direito privado: são pessoas jurídicas formadas pela reunião de entes federativos para a gestão conjunta de serviços que podem ser exercidos por pessoas de direito privado;

g) empresas individuais de responsabilidade limitada: trata-se de nova espécie, introduzida pela Lei 12.441/2011; verificar explicações no capítulo de Direito Empresarial deste livro.

De acordo o Enunciado 142 das JDC/CJF, "os partidos políticos, os sindicatos e as associações religiosas possuem natureza associativa, aplicando-se-lhes o Código Civil".

Acerca das organizações religiosas o Enunciado 143 das JDC/CJF defende que "a liberdade de funcionamento das organizações religiosas não afasta o controle de legalidade e legitimidade constitucional de seu registro, nem a possibilidade de reexame, pelo Judiciário, da compatibilidade de seus atos com a lei e com seus estatutos".

2.3.7. Espécies de pessoa jurídica

2.3.7.1. Associações

Como se viu, **associações** *são pessoas jurídicas constituídas de pessoas que se reúnem para realização de fins não econômicos*. Ou seja, as associações não podem ter por objetivo gerar lucro. O instituto está regulamentado nos arts. 53 a 61 do Código Civil.

Não há, entre os associados, direitos e obrigações recíprocos. Nas associações todos têm um interesse comum, que no caso é o de realizar fins não econômicos relacionados à ciência, à arte, à educação, à cultura, ao esporte, à política, à defesa de classe, à defesa de minorias e de valores importantes para a sociedade, para a religião etc.

A CF assegura a liberdade de associação para fins lícitos. Qualquer pessoa pode se associar. Mas o associado pode se retirar a qualquer tempo, não podendo ser obrigado a permanecer associado. Vale anotar que, em relação às associações de moradores, o STJ decidiu que as taxas de manutenção criadas por estas não obrigam os não associados ou que a elas não anuíram (REsp 1356251/SP, DJE 01.07.2016).

Sob pena de **nulidade**, o **estatuto das associações conterá (art. 54)**:

I. a denominação, os fins e a sede da associação;

II. os requisitos para a admissão, demissão e exclusão dos associados;

III. os direitos e deveres dos associados;

IV. as fontes de recursos para sua manutenção;

V. o modo de constituição e de funcionamento dos órgãos deliberativos;

VI. as condições para a alteração das disposições estatutárias e para a dissolução;

VII. a forma de gestão administrativa e de aprovação das respectivas contas.

Os associados devem ter **direitos iguais, mas** o estatuto poderá instituir categorias com vantagens especiais **(art. 55)**.

Ainda quanto aos direitos, **nenhum associado poderá ser impedido de exercer direito ou função que lhe tenha sido legitimamente conferido**, a não ser nos casos e pela forma previstos na lei ou no estatuto. Assim, num clube, por exemplo, não é possível impedir a entrada de um associado que não esteja pagando sua colaboração mensal, salvo se o estatuto dispuser expressamente que o direito de frequentar o clube ficará cerceado em caso de inadimplemento **(art. 58)**.

A **qualidade de associado é intransmissível se** o estatuto não dispuser o contrário. Assim, ninguém pode ceder sua qualidade de associado numa associação de classe por exemplo. Todavia, em se tratando de clubes esportivos, é comum que o estatuto permita a transmissão da qualidade de associado **(art. 56)**.

Mesmo se o associado for titular de quota ou fração ideal do patrimônio da associação, a transferência daquela não importará, de per si, na atribuição da qualidade de associado ao adquirente ou ao herdeiro, salvo disposição diversa do estatuto. Essa regra decorre do fato de que a qualidade de associado é intransmissível.

A **exclusão** do associado é admitida, preenchidos os seguintes requisitos **(art. 57)**:

a) reconhecimento de **justa causa**;

b) prévio **procedimento que assegure direito de defesa**, nos termos do estatuto;

c) direito a **recurso**, nos termos do estatuto.

Compete privativamente à **assembleia geral:** a) destituir os administradores; e b) alterar o estatuto. Para as deliberações mencionadas é exigido decisão da assembleia especialmente convocada para esse fim, cujo quórum será o estabelecido no estatuto, bem como os critérios de eleição dos administradores **(art. 59, parágrafo único)**.

A **convocação dos órgãos deliberativos** far-se-á na forma do estatuto, garantido a 1/5 (um quinto) dos associados o direito de promovê-la **(art. 60)**.

Dissolvida a associação, **o remanescente** do seu patrimônio líquido, depois de deduzidas, se for o caso, as quotas ou frações ideais pertencentes a algum associado, **será destinado a entidade de fins não econômicos designada no estatuto**, ou, omisso este, por deliberação dos associados, **a instituição municipal, estadual ou federal, de fins idênticos ou semelhantes (art. 61)**.

Por cláusula do estatuto ou, em seu silêncio, por deliberação dos associados, podem esses, antes da destinação do remanescente referida, receber em restituição, atualizado o respectivo valor, as contribuições que tiverem prestado ao patrimônio da associação **(art. 61, § 1º)**.

Não existindo no Município, no Estado, no Distrito Federal ou no Território, em que a associação tiver sede, instituição nas condições indicadas, o que remanescer do seu patrimônio deve ser se entregue à Fazenda do Estado, do Distrito Federal ou da União **(art. 61, § 2º)**.

2.3.7.2. Fundações

Como se viu, **fundações** *são acervos de bens, que recebem personalidade jurídica para realização de fins determinados de interesse público, de modo permanente e estável.*

O elemento marcante nas fundações é o patrimonial. Aqui não se tem propriamente uma reunião de pessoas com vistas a dada finalidade. Aqui se tem reunião de bens com vistas à consecução de objetivos não econômicos.

O Código Civil estabelece que a fundação somente poderá constituir-se para fins religiosos, morais, culturais ou de assistência. O Enunciado 8 das JDC/CJF é no sentido de que "a constituição da fundação para fins científicos, educacionais ou de promoção do meio ambiente está compreendida no Código Civil, art. 62, parágrafo único". O Enunciado 9 vai além e defende que o art. 62, parágrafo único, do CC "deve ser interpretado de modo a excluir apenas as fundações com fins lucrativos".

No entanto, a Lei 13.151/2015 alterou o Código Civil para dispor, no parágrafo único de seu art. 62, que a fundação **somente** poderá constituir-se para fins de: "assistência social; cultura, defesa e conservação do patrimônio histórico e artístico; educação; saúde; segurança alimentar e nutricional; defesa, preservação e conservação do meio ambiente e promoção do desenvolvimento sustentável; pesquisa científica, desenvolvimento de tecnologias alternativas, modernização de sistemas de gestão, produção e divulgação de informações e conhecimentos técnicos e científicos; promoção da ética, da cidadania, da democracia e dos direitos humanos; atividades religiosas."

O instituto está regulamentado nos arts. 62 a 69 do CC.

A criação de uma fundação depende, *grosso modo*, de um ato de dotação de bens (por testamento ou escritura pública), da elaboração do estatuto (com apreciação do Ministério Público) e do registro no Cartório das Pessoas Jurídicas.

Para criar uma fundação, seu **instituidor** fará, por **escritura pública ou testamento**, **dotação especial de bens livres**, especificando o fim a que se destina e declarando, se quiser, a maneira de administrá-la. Quando insuficientes para constituir a fundação, os bens a ela destinados serão, se de outro modo não dispuser o instituidor, incorporados em outra fundação que se proponha a fim igual ou semelhante.

Constituída a fundação por negócio jurídico entre vivos, o instituidor é obrigado a transferir-lhe a propriedade, ou outro direito real, sobre os bens dotados, e, se não o fizer, serão registrados, em nome dela, por mandado judicial.

As pessoas responsabilizadas pelo instituidor pela aplicação do patrimônio, tendo ciência do encargo, formularão logo o estatuto da fundação projetada, submetendo-o, em seguida, à aprovação da autoridade competente (o Ministério Público), com recurso ao juiz. Se o estatuto não for elaborado no prazo assinado pelo instituidor ou, não havendo prazo, em cento e oitenta dias, a incumbência caberá ao Ministério Público.

Velará pelas fundações o **Ministério Público do Estado** onde situadas. O Código Civil dispõe que, se a fundação funcionar no Distrito Federal ou em Território, caberá o encargo ao Ministério Público Federal. No entanto, na ADI 2.794-8, o STF entendeu que o dispositivo é inconstitucional, por violar as atribuições do Ministério Público do Distrito Federal. E a Lei 13.151/2015 veio a corrigir o problema introduzindo a regra de que "Se funcionarem no Distrito Federal ou em Território, caberá o encargo ao Ministério Público do Distrito Federal e Territórios" (art. 66, § 1º).

Se a fundação estender sua atividade por mais de um Estado, caberá o encargo, em cada um deles, ao respectivo Ministério Público.

Para que se possa **alterar o estatuto** da fundação, é mister que a reforma:

I. seja deliberada por **dois terços** dos indivíduos competentes para gerir e representar a fundação;

II. **não contrarie ou desvirtue o fim desta**;

III. seja **aprovada pelo órgão do Ministério Público** no prazo máximo de 45 (quarenta e cinco) dias, findo o qual ou no caso de o Ministério Público a denegar, poderá o juiz supri-la, a requerimento do interessado.

Quando a alteração não houver sido aprovada por **votação unânime**, os administradores da fundação, ao submeterem o estatuto ao órgão do Ministério Público, requererão que se dê ciência à minoria vencida para impugná-la, se quiser, em dez dias.

Tornando-se **ilícita**, **impossível** ou **inútil** a finalidade a que visa a fundação, **ou vencido o prazo de sua existência**, o órgão do Ministério Público, ou qualquer interessado, promover-lhe-á a **extinção**, **incorporando-se o seu patrimônio**, salvo disposição em contrário no ato constitutivo ou no estatuto, **em outra fundação**, designada pelo juiz, que se proponha a fim igual ou semelhante.

2.4. Domicílio

2.4.1. Conceito

Domicílio *é a sede jurídica da pessoa.*

O instituto do domicílio é de grande importância para o Direito. As pessoas fazem parte de diversas relações, de natureza civil, empresarial, processual, administrativa, tributária, eleitoral etc.; e, em todas essas, precisam ser encontradas para responder por suas obrigações. Esse ponto de referência é o domicílio, que vem do latim *domus*, que quer dizer "casa" ou "morada". O instituto está regulamentado nos arts. 70 a 78 do CC.

2.4.2. Domicílio da pessoa natural

O **domicílio da pessoa natural** *é local onde ela estabelece sua residência com ânimo definitivo.*

Repare que o domicílio da pessoa natural tem dois elementos, o **objetivo** (ato de fixação em determinado local) e o **subjetivo** (ânimo definitivo de permanência).

Não se deve confundir *morada* (local onde a pessoa natural se estabelece provisoriamente), *residência* (que, pressupondo maior estabilidade, é o lugar onde a pessoa natural se estabelece habitualmente) e *domicílio*, que requer *residência* com *ânimo definitivo*.

O **domicílio básico**, que é o local onde se estabelece a residência com ânimo definitivo, pode ser **modificado**, desde que a pessoa natural **transfira sua residência** com a **intenção manifesta de o mudar**. A prova da intenção resultará do que declarar a pessoa às municipalidades dos lugares, que deixa, e para onde vai, ou, se tais declarações não fizer, da própria mudança, com as circunstâncias que a acompanharem.

Caso a pessoa natural **tenha mais de uma residência**, considera-se domicílio *qualquer uma delas*. Trata-se do caso, por exemplo, daquele que reside numa cidade durante a semana e, em outra, nos finais de semana.

Caso a pessoa natural **não tenha residência habitual**, é domicílio *o lugar onde for encontrada (domicílio aparente ou ocasional)*.

Quanto às **relações profissionais**, é **também** domicílio da pessoa natural *o local onde estas são exercidas*. Se a pessoa exercer profissão em lugares diversos, cada um deles constituirá domicílio para as relações que lhe corresponderem.

Tem **domicílio necessário**, ou seja, domicílio que não pode ser fixado por sua própria vontade, mas por vontade da lei, as seguintes pessoas: a) o **incapaz**, sendo seu domicílio o de seu representante ou assistente; b) o **servidor público**, sendo seu domicílio o local onde exerce permanentemente suas atribuições; c) o **militar**, sendo seu domicílio o local onde servir, e, sendo da Marinha ou da Aeronáutica, a sede do comando a que se encontrar imediatamente subordinado; d) o **marítimo**, sendo seu domicílio o do local onde o navio estiver matriculado; e) o **preso**, sendo seu domicílio o lugar em que cumprir a sentença.

Vale citar a Súmula 383 do Superior Tribunal de Justiça, pela qual "a competência para processar e julgar as ações conexas de interesse do menor é, em princípio, do foro do domicílio do detentor de sua guarda".

O **agente diplomático do Brasil**, que, citado no estrangeiro, alegar extraterritorialidade sem designar onde tem, no país, seu domicílio, poderá ser demandado no Distrito Federal ou no último ponto do território brasileiro onde o teve.

2.4.3. Domicílio das pessoas jurídicas

O domicílio da pessoa jurídica *é o local onde funcionarem as respectivas diretorias ou administrações, ou aquele eleito no estatuto.*

Caso tenha mais de um estabelecimento em lugares diferentes, cada um deles será considerado domicílio para os atos nele praticados.

Se a administração, ou diretoria, tiver a sede no estrangeiro, haver-se-á por domicílio da pessoa jurídica, no tocante às obrigações contraídas por cada uma das suas agências, o lugar do estabelecimento, sito no Brasil, a que ela corresponder.

Quanto às pessoas jurídicas de direito público, o domicílio é, da União, o Distrito Federal, dos Estados e Territórios, as respectivas capitais, e do Município, o lugar onde funcione a administração municipal.

2.4.4. Domicílio nos contratos

Admite-se nos contratos escritos que os contratantes especifiquem o domicílio onde se exercitem e cumpram os direitos e obrigações deles resultantes.

É possível, portanto, estabelecer o foro de eleição para a hipótese de se ingressar com ação judicial.

Em matéria de relação de consumo, caso o foro de eleição tenha sido fixado de modo a dificultar a defesa do aderente em juízo, pode o juiz declinar de ofício de sua competência, reconhecendo a ineficácia da cláusula de eleição de foro (art. 63, § 3º, do NCPC).

2.5. Bens

2.5.1. Conceito

Na acepção do Código Civil *bens são toda utilidade física ou ideal que sejam objeto de um direito subjetivo.*

Nesse sentido, não há como confundir *bens* com *coisas*. O primeiro abrange utilidades materiais e imateriais, ao passo que as coisas dizem respeito às utilidades materiais, corpóreas.

Dessa forma, há bens que não são coisas, tais como a honra e a imagem.

Os *bens* são vocacionados a ser *objetos* de uma *relação jurídica*, a qual também tem a *pessoa* como um de seus elementos.

2.5.2. Classificação dos bens

2.5.2.1. Bens considerados em si mesmos

2.5.2.1.1. Imóveis/móveis

Considerados em si mesmos, ou seja, analisados em seu aspecto intrínseco, os bens têm uma primeira classificação que leva em conta sua mobilidade ou não.

Saber se um bem é imóvel ou não é importante por diversos motivos. Por exemplo, bens imóveis só se adquirem pelo registro, ao passo que móveis, pela tradição. Ademais, os primeiros dependem de outorga uxória para alienação e os segundos, não. Os prazos para usucapião são distintos, sendo maiores em se tratando de bens imóveis. A hipoteca e o direito real de garantia incidem sobre imóvel, ao passo que o penhor, sobre móvel.

Bens imóveis *são aqueles que não podem ser transportados de um lugar para outro sem alteração de sua substância.* Por exemplo, um terreno. São bens **imóveis** os seguintes:

a) ***imóveis por natureza***: o solo;

b) imóveis por acessão: tudo quanto se incorporar ao solo, natural ou artificialmente; aqui temos como exemplos de *bem imóvel por **acessão natural*** as árvores, frutos pendentes, pedras, fontes e cursos de água; já de *bens imóveis por **acessão artificial*** temos como exemplo as construções e as plantações, já que as últimas importam num atuar humano e não em nascimento espontâneo. Construções provisórias (que se destinam a remoção ou retirada), como os circos, parques de diversão, barracões de obra, entre outras, não são consideradas acessões. No Código Civil de 1916 havia ainda os bens imóveis por acessão intelectual, contudo tal modalidade foi extinta, nos termos do Enunciado 11 das JDC/CJF.

c) **imóveis por determinação legal**:

i) os **direitos reais sobre imóveis**, tais como a propriedade e a hipoteca;

ii) as **ações que asseguram direitos reais sobre imóveis**, tal como a ação reivindicatória;

iii) o **direito à sucessão aberta**, ou seja, o direito de herança, enquanto não tiver sido feita a partilha de bens, pouco importando a natureza dos bens deixados na herança; a renúncia de uma herança é, portanto, uma renúncia de bem imóvel, devendo ser feita mediante escritura pública ou termo nos autos (art. 1.806, CC) e autorização do cônjuge.

O Código Civil dispõe, ainda, que **não perdem o caráter de bens imóveis**:

a) as **edificações que, separadas do solo, mas conservando a sua unidade, forem removidas para outro local**; aqui se pode usar como exemplo casas pré-fabricadas, transportadas de um local para outro;

b) os **materiais provisoriamente separados de um prédio, para nele se reempregarem;** aqui se pode utilizar como exemplo parte de um telhado retirada para manutenção que depois será recolocada em seu lugar.

O atual Código Civil não faz referência aos imóveis por *acessão intelectual*, ou seja, àqueles bens que, mesmo não sendo imóveis, passavam a ser considerados como tal por vontade do proprietário da coisa. O instituto, previsto no Código anterior, era útil naquelas situações em que se queria unir um bem imóvel (uma fazenda, por exemplo) com bens nele empregados (tratores, máquinas, ferramentas etc.) para que tudo fosse considerado uma coisa só, o que repercutiria em caso de garantias, alienações e outros negócios. O atual Código não mais permite essa imobilização por vontade do dono e, em substituição, criou o instituto da *pertença*, que será visto logo adiante.

Bens móveis *são os passíveis de deslocamento sem alteração de sua substância*. Por exemplo, um livro. São bens móveis os seguintes:

a) **móveis por natureza**: os bens suscetíveis de remoção por força alheia, sem alteração da substância ou destinação econômico-social, ex.: um livro, um computador, alimentos, uma casa pré-fabricada, que, enquanto exposta à venda ou transportada, é um móvel também, porém, uma vez incorporada ao solo, passa a ser imóvel, permanecendo com essa natureza se for retirada do solo para ser incorporada em outro lugar, como se viu quando tratamos dos imóveis;

b) **semoventes**: também são móveis por natureza; a diferença é que esses bens são suscetíveis de movimento próprio, também sem que haja alteração da substância ou destinação econômico-social. Ex.: um cachorro.

c) **móveis por determinação legal:**

i) as **energias que tenham valor econômico**, como a energia elétrica;

ii) os **direitos reais sobre objetos móveis**, como o penhor;

iii) as **ações correspondentes a direitos reais sobre objetos móveis**, como a reintegração de posse em relação a bens móveis;

iv) os **direitos pessoais de caráter patrimonial**, como os créditos em geral, o fundo de comércio, as quotas e ações de sociedades e os direitos de autor;

v) as **ações sobre direitos pessoais de caráter patrimonial**, como a ação indenizatória;

d) **móveis por antecipação**: são os bens incorporados ao solo, mas com a intenção de separá-los e convertê-los em móveis, como as árvores destinadas ao corte e os frutos ainda não colhidos.

Não perdem o caráter de bens móveis os **materiais destinados a alguma construção enquanto não forem empregados**, como os materiais que acabam de ser comprados em uma loja de materiais de construção.

Readquirem a qualidade de bens móveis os provenientes da **demolição** de algum prédio. No caso da demolição, que é diferente daquela situação em que os bens serão reempregados no imóvel, os objetos de demolição (portas, batentes, azulejos etc.) voltam a ser móveis.

Os **navios** e as **aeronaves** são bens móveis. Porém, podem ser imobilizados para fins de hipoteca, que é direito real de garantia sobre imóveis (v. art. 1.473, VI e VII, do CC, bem como o art. 138 da Lei 7.656/1986 – Código Brasileiro de Aeronáutica).

2.5.2.1.2. Fungíveis/infungíveis

Bens fungíveis *são os móveis que podem ser substituídos por outros da mesma espécie, qualidade e quantidade*. Ex.: dinheiro.

Repare que, para ser fungível, o bem precisa, em primeiro lugar, ser *móvel*. Ademais, deve ser daquele tipo de móvel que pode ser substituído por outro da mesma espécie, qualidade e quantidade. Um quadro pintado por um renomado pintor, por exemplo, não pode ser considerado fungível, dada a impossibilidade de sua substituição por outro equivalente. O mesmo se pode dizer de uma casa, que, por se tratar de bem imóvel, é, nos termos da lei, infungível, **ressalvada** disposição convencional entre as partes em sentido contrário.

Bens infungíveis *são os imóveis ou os móveis que não podem ser substituídos por outros da mesma espécie, qualidade e quantidade*. Exs.: uma casa e uma obra de arte.

Essa classificação é útil, pois há contratos que só recaem sobre bens fungíveis (ex.: mútuo). E outros que só recaem sobre bens infungíveis (ex.: comodato). Ademais, para a compensação de dívidas, é necessário que estas sejam líquidas, vencidas e fungíveis. A expressão fungibilidade também aparece para classificar as obrigações e em matéria de ações possessórias e recursos, quando se admite o conhecimento de uma ação ou um recurso por outro.

2.5.2.1.3. Consumíveis/inconsumíveis

Bens consumíveis *são os móveis cujo uso importa sua destruição ou os destinados à alienação*. Ex.: alimentos em geral.

Repare que, para ser consumível, o bem precisa, em primeiro lugar, ser móvel. Ademais, deve ser daquele tipo de móvel que, uma vez usado, destrói-se imediatamente, como é o caso dos alimentos. Também são considerados consumíveis, para fins legais, os bens que forem destinados à alienação. Isso porque, uma vez alienados, também não têm mais utilidade para o vendedor.

Bens inconsumíveis *são os imóveis ou os móveis cujo uso não importa sua destruição e que não esteja destinado à alienação.* Ex.: uma obra de arte que ornamenta a casa de alguém, um carro, uma casa.

Essa classificação é útil, pois os bens consumíveis não podem ser objeto de usufruto. Se o forem, configurando-se o *usufruto impróprio*, o usufrutuário, ao final, deve devolver o equivalente.

Ademais, o CDC adotou classificação semelhante, que divide os bens em **duráveis** e **não duráveis**. Os primeiros ensejam reclamação por vícios em até 90 dias, ao passo que os segundos, em até 30 dias (art. 26 do CDC).

2.5.2.1.4. Divisíveis/indivisíveis

Bens divisíveis *são os que se podem fracionar sem alteração da substância, boa diminuição de valor ou prejuízo do uso a que se destinam.* Ex.: quantia em dinheiro.

Tais bens, mesmo sendo fisicamente divisíveis, podem tornar-se indivisíveis por disposição de *lei* ou por *vontade das partes*.

Bens indivisíveis *são os que, caso fracionados, sofrem alteração da substância, boa diminuição de valor ou prejuízo ao uso a que se destinam, bem como os que, em virtude da lei ou da vontade das partes, receberam essa qualificação.*

Os bens podem ser indivisíveis pelas seguintes causas: a) **por natureza**, como o animal, um carro, uma obra de arte; b) **por determinação legal**, como as servidões prediais (art. 1.386 do CC), a hipoteca (art. 1.421 do CC), o direito dos coerdeiros até a partilha (art. 1.791, CC) e a impossibilidade de desmembramento de lote cuja área seja inferior a 125 m² (art. 4º, II, da Lei 6.766/1979); c) **por vontade das partes**, por convenção que torna coisa comum indivisa por prazo não superior a 5 anos, suscetível de prorrogação (art. 1.320, § 1º, do CC).

Essa classificação é útil em matéria de cumprimento das obrigações em que houver mais de um devedor ou credor. Caso a prestação seja indivisível, mesmo que não haja solidariedade entre os devedores, cada um deles responderá pela dívida por inteiro (art. 259, CC). A classificação também tem relevância quando há um condomínio sobre um dado bem e se deseja extinguir esse condomínio. Se a coisa for divisível, a extinção será mais simples. Já, se for indivisível, diferente será o procedimento para a divisão (arts. 1.320 e 1.322 do CC).

2.5.2.1.5. Singulares/Coletivos

Bens singulares *são os bens que, embora reunidos, se consideram de per si, independentemente dos demais.* Ex.: são singulares, quando considerados em sua individualidade, um boi, uma árvore, um livro etc. Já se cada um deles for considerado agregado a outros, formando um todo, ter-se-á bens coletivos ou uma universalidade de fato. Assim, temos bens coletivos num rebanho de gado, numa floresta e numa biblioteca, respectivamente.

Os bens singulares podem ser de duas **espécies**:

a) *singulares simples*, quando suas partes, da mesma espécie, estão ligadas pela própria natureza (um boi, p. ex.);

b) *singulares compostos*, quando suas partes se acham ligadas pela indústria humana (uma casa, p. ex.).

O Código Civil anterior conceituava os **bens coletivos** ou **universais** como *aqueles que se encaram agregados em um todo*. Tais bens consistem na reunião de vários bens singulares, que acabam formando um todo com individualidade própria. Os bens coletivos são chamados também de universais ou de universalidades. Há duas espécies de universalidades:

a) *universalidades de fato*, que consistem na pluralidade de bens singulares que, pertinentes à mesma pessoa, tenham destinação unitária (exs.: rebanho e biblioteca); os bens que formam essa universalidade podem ser objeto de relações jurídicas próprias; assim, pode-se destacar um boi do rebanho e vendê-lo isoladamente;

b) *universalidade de direito*, que consiste no complexo de relações jurídicas de uma pessoa, dotadas de valor econômico (exs.: herança, patrimônio, fundo de comércio, massa falida etc.); a diferença entre a universalidade de fato e a de direito é que a primeira se forma a partir da vontade do titular, ao passo que a segunda decorre da lei, que pode, em determinados casos, criar alguns obstáculos à alienação em separado de partes desse todo.

2.5.2.2. Bens reciprocamente considerados

2.5.2.2.1. Principais/acessórios

Considerados em si mesmos, ou seja, analisados um em comparação com outro, os bens podem ser principais e acessórios.

Saber se um bem é principal ou acessório é importante, pois o acessório segue o principal. O contrário, não. E isso pode ter várias repercussões, como em matéria de formação, validade e extinção dos negócios jurídicos.

A doutrina aponta as seguintes relações entre o bem principal e o bem acessório: a) a natureza do acessório tende a ser a mesma do principal, tendo em vista o princípio da gravitação; assim, sendo o solo bem imóvel (por natureza), a árvore também o é (por acessão); b) o acessório acompanha o principal em seu destino, salvo disposição legal ou convencional em contrário; c) o proprietário do principal é proprietário do acessório.

Bens principais *são os bens que existem por si, ou seja, independentemente da existência de outros bens.* São exemplos o solo e um contrato de locação etc. Os bens principais têm existência própria, autônoma.

Bens acessórios *são aqueles cuja existência depende da existência de outro, do principal.* São exemplos uma árvore (que depende da existência do solo) e um contrato de fiança locatícia (que depende de um contrato de locação).

São **espécies de bens acessórios**:

a) os produtos: *utilidades da coisa que não se reproduzem*, por exemplo, os recursos minerais; são utilidades que se retiram da coisa, diminuindo-lhe a quantidade, porque não se reproduzem periodicamente, como pedras, metais etc.; o Código Civil dispõe que, apesar de ainda não separados do bem principal, os produtos podem ser objeto de negócio jurídico; assim, o dono de um sítio pode vender um caminhão de areia (produto) desse imóvel, mesmo antes de separar a areia do local;

b) os frutos: *utilidades que se reproduzem, podendo ser civis, naturais ou industriais*. Exs.: juros e alugueres (frutos civis), frutos de uma árvore (frutos naturais) e produção de uma fábrica (frutos industriais); quanto ao seu estado, os frutos podem ser *pendentes* (enquanto unidos à coisa que os produziu), *percebidos ou colhidos* (depois de separados da coisa que os produziu), *estantes* (os separados e armazenados ou acondicionados para venda), *percipiendos* (os que deviam ser, mas não foram colhidos e percebidos) e os *consumidos* (os que não existem mais porque foram utilizados); o Código Civil também dispõe que, apesar de ainda não separados do bem principal, os produtos podem ser objeto de negócio jurídico;

Obs.: saber o que é e o que não é produto e fruto, e a situação em que cada fruto se encontra é relevante principalmente em matéria possessória; o possuidor de boa-fé que venha a perder a coisa possuída tem direitos diferentes em relação a esses bens, comparado com o possuidor de má-fé, matéria vista no tópico de Direito das Coisas;

c) as pertenças: *são bens móveis que, não constituindo partes integrantes de outros bens, estão destinados a estes de modo duradouro*. São exemplos os móveis de uma casa e os tratores e equipamentos de uma fazenda. Repare que os bens citados a) são **móveis**, b) **não estão integrados na coisa** de modo que sua retirada comprometesse sua substância, e c) **são bens destinados de modo duradouro** à casa e à fazenda. As pertenças, como se percebe, são bens acessórios. E os bens acessórios, como regra, seguem o bem principal. Assim, em tese, a venda de uma fazenda importaria também na venda dos tratores e equipamentos da fazenda. No entanto, o atual Código Civil resolveu regulamentar o instituto das pertenças justamente para excepcionar essa regra. O art. 94 diz que os negócios jurídicos que digam respeito ao principal **não abrangem as pertenças**. No entanto, o próprio Código Civil dispõe que as pertenças seguirão o principal **caso** haja *disposição de lei, de vontade* ou *circunstancial* em contrário. Assim, vendida uma fazenda, os tratores não fazem parte desse negócio. Vendida uma casa, os móveis dela também não acompanham a venda. No entanto, se a lei dispuser o contrário, se as partes convencionarem o contrário (ex.: vende-se uma fazenda com "porteira fechada") ou se as circunstâncias em que o negócio estiver sendo feito der a entender que as pertenças acompanharão o bem principal, a regra de que a pertença não segue o principal fica excepcionada;

d) as benfeitorias: *são melhoramentos feitos em coisa já existente*. Por exemplo, um novo quarto construído numa casa já pronta. Diferem das acessões, que consistem na criação de coisa nova, como é o caso de uma casa construída num terreno vazio. As benfeitorias têm as seguintes espécies: i) **voluptuárias** (*são as de mero deleite* – não aumentam o uso habitual do bem, ainda que o tornem mais agradável ou sejam de elevado valor), ii) **úteis** (*são as que aumentam ou facilitam o uso do bem*) e iii) **necessárias** (*são as indispensáveis à conservação do bem ou a evitar que este se deteriore*). Não se consideram benfeitorias os melhoramentos ou acréscimos sobrevindos ao bem sem a intervenção do proprietário, possuidor ou detentor. O instituto da benfeitoria se diferencia do instituto da pertença, pois a primeira passa a ser parte integrante da coisa. Assim, vendido o bem principal, a benfeitoria nele realizada, apesar de ser bem acessório, acompanhará o bem principal, ao contrário do que acontece ordinariamente com a pertença. Saber a natureza da benfeitoria (se voluptuária, útil ou necessária) também é relevante em matéria de Direito das Coisas, pois também há tratamento diferenciado acerca dos direitos que têm os possuidores de boa e de má-fé em relação à coisa que perderam. Em matéria de desapropriação o tema também é pertinente, pois, uma vez feito o decreto expropriatório, o expropriado não terá mais direito a indenizações decorrentes de benfeitorias que fizer posteriormente na coisa, salvo se se tratar de benfeitoria necessária, em qualquer caso, e se se tratar de benfeitoria útil autorizada pelo Poder Público.

2.5.2.3. *Bens públicos*

Essa temática é desenvolvida em Direito Administrativo, para onde remetemos o leitor.

2.6. Fatos Jurídicos

2.6.1. Fato jurídico em sentido amplo

Em sentido amplo, **fato jurídico** *é todo acontecimento natural ou humano que produz efeito jurídico*, ou seja, qualquer acontecimento que se dê no mundo fenomênico que gere uma consequência jurídica é considerado fato jurídico. Assim, se alguém jogar uma pedra em outra pessoa causando dano a esta, certamente se está diante de um fato jurídico, pois o acontecimento (jogar uma pedra causando dano) gera como consequência jurídica o dever de indenizar. Por outro lado, caso alguém pegue nas mãos uma pedra e a devolva ao chão, jogando-a, não haverá consequência jurídica alguma, caracterizando-se o que se convencionou chamar de **fato simples**.

O fato jurídico pode ser de variadas espécies. Confira:

1. **Fato jurídico em sentido estrito:** *é o acontecimento natural que produz efeitos jurídicos*. Exs.: nascimento, morte, decurso do tempo, raio, temporal etc. O fato jurídico em sentido estrito pode ser tanto um fato ordinário (como a morte natural e o decurso do tempo) como um fato extraordinário (como um tufão numa dada localidade);

2. **Ato jurídico:** *é o acontecimento humano que produz efeitos jurídicos*. O ato jurídico em sentido estrito pode ser dividido em duas espécies, quais sejam, os atos ilícitos e os atos lícitos:

2.1. **Atos ilícitos:** *são os atos humanos contrários ao Direito, que produzem efeitos jurídicos não queridos pelo agente*. Exemplo de ato ilícito é o atropelamento de A por B, tendo A agido com imprudência. Esse acontecimento terá como efeito o surgimento de um dever por parte de A de indenizar B, efeito certamente não querido por A;

2.2. **Atos lícitos:** *são os atos humanos conformes ao Direito, que geram efeitos jurídicos normalmente queridos pelo agente.* Os atos lícitos podem ser divididos em três espécies, quais sejam, os atos jurídicos em sentido estrito, os negócios jurídicos e os atos-fatos jurídicos:

a) Atos jurídicos em sentido estrito (não negocial): *são simples comportamentos humanos, voluntários, conscientes e conformes ao Direito, cujos efeitos jurídicos são predeterminados pela lei.* Aqui, não há liberdade de escolha por parte do agente dos efeitos jurídicos que resultarão de seu comportamento. São exemplos de ato jurídico em sentido estrito a tradição (entrega da coisa), o reconhecimento de um filho, o perdão, a confissão, a mudança de domicílio, a ocupação, o achado de um tesouro, a notificação etc. Para ilustrar as características do instituto, tomemos o exemplo do reconhecimento de um filho. Esse ato humano é voluntário, consciente e conforme ao Direito. Porém, os efeitos que dele decorrem (por exemplo, quanto ao estado familiar e o dever de prestar alimentos) não podem ser negociados pelo agente. Não é possível, por exemplo, reconhecer um filho desde que os alimentos sejam fixados até determinado valor. Aqui há mera atuação da vontade, mera intenção. Costumam, por fim, ser potestativos;

b) Negócio jurídico: *são declarações de vontade qualificadas, cujos efeitos são regulados pelo próprio interessado.* Aqui, há liberdade de escolha por parte daquele ou daqueles que praticam o ato. Os agentes declaram sua vontade e têm poder de negociar os efeitos jurídicos que nasceram de sua declaração. São exemplos o testamento (negócio jurídico unilateral) e o contrato de compra e venda (negócio jurídico bilateral). Nos dois casos, os agentes têm como estipular as condições dos atos praticados. Vigora nos negócios jurídicos o princípio da liberdade negocial. Os efeitos jurídicos dos atos praticados não estão predeterminados na lei, como ocorre no ato jurídico em sentido estrito. Os efeitos jurídicos são negociados e estipulados pelos próprios interessados, respeitando a lei, é claro;

c) Atos-fatos jurídicos: *são simples comportamentos humanos conformes ao Direito, mas desprovidos de intencionalidade ou consciência (voluntariedade) quanto aos efeitos jurídicos que dele resultarão.* Ex.: quando uma criança ou algum outro absolutamente incapaz *acha um tesouro*, independente do elemento volitivo, ou seja, da intenção de procurar e de ficar dono do bem, o Direito atribuirá metade dos bens achados a essas pessoas (art. 1.264 do CC). Aqui, o direito leva em conta apenas o *ato material* de achar, pouco importando o elemento volitivo. É por isso que se fala em ato-fato, uma vez que o comportamento fica entre o *ato* (por ser humano) e o *fato* (da natureza, por não serem relevantes a consciência e a vontade).

Passaremos, agora, ao estudo dos **negócios jurídicos**, começando por sua classificação.

2.6.2. Classificação dos negócios jurídicos

2.6.2.1. Quanto ao número de vontades para a formação

Unilaterais *são negócios que se aperfeiçoam com uma única manifestação de vontade.* Ex.: testamento e renúncia de herança. Podem ser receptícios (a vontade deve se tornar conhecida do destinatário para produzir efeitos – ex.: revogação de mandato) ou não receptícios (conhecimento por parte de outras pessoas é irrelevante – ex.: testamento, confissão de dívida).

Bilaterais *são os negócios que se aperfeiçoam com duas manifestações, coincidentes sobre o objeto.* Ex.: contratos em geral. O fato de existir mais de uma pessoa em cada um dos dois polos contratuais não faz com que o ato deixe de ser bilateral.

Plurilaterais *são os negócios que envolvem mais de duas partes ou polos.* Ex.: contrato de sociedade com três ou mais sócios.

2.6.2.2. Quanto às vantagens

Gratuitos *são os negócios em que apenas uma das partes aufere benefícios.* Ex.: doação sem encargo.

Onerosos *são negócios em que todos os contratantes auferem vantagens e também encargos.* Ex.: compra e venda.

Bifrontes: *são tipos de negócios que podem ser gratuitos ou não, de acordo com a vontade das partes.* Ex.: mútuo, depósito e mandato. Os contratos citados podem ou não ser objetos de remuneração em favor do mutuante, do depositante e do mandante. Caso haja remuneração o contrato será um negócio jurídico oneroso. Caso não haja, o contrato será um negócio jurídico gratuito. Deve-se tomar cuidado para não confundir classificação dos negócios jurídicos com a classificação dos contratos. Na Parte Geral, estudam-se as classificações dos negócios jurídicos apenas.

2.6.2.3. Quanto à autonomia

Principais *são os negócios que existem independentemente da existência de outros.* Ex.: contrato de locação de imóvel.

Acessórios *são os negócios cuja existência depende da de outro, o negócio principal.* Ex.: o contrato de fiança locatícia.

Os negócios acessórios seguem a sorte dos negócios principais. Assim, se um contrato principal é considerado nulo e se extingue, o contrato de fiança também ficará extinto. O contrário não acontece, ou seja, o negócio acessório não determina a sorte do negócio principal.

2.6.2.4. Quanto à forma

Solenes (formais) *são os negócios que devem obedecer à forma prescrita em lei.* Ex.: escritura, se envolver compra e venda de imóvel; aliás, se essa compra e venda for de valor superior a 30 salários mínimos, será necessária escritura pública. Ressalta-se, contudo que, conforme Enunciado 289 JDC/CJF,

> *o valor de 30 salários mínimos constante no art. 108 do Código Civil brasileiro, em referência à forma pública ou particular dos negócios jurídicos que envolvam bens imóveis, é o atribuído pelas partes contratantes, e não qualquer outro valor arbitrado pela Administração Pública com finalidade tributária.*

Se a forma for exigida como condição de *validade* do negócio jurídico (ex.: escritura para a venda de imóveis) a sua falta torna o negócio jurídico nulo, por se tratar de formalidade *ad solemnitatem*. Mas, se determinada forma tiver por objetivo apenas a *prova* do ato (ex.: registro do compromisso de compra e venda no Registro de Imóveis), estar-se-á diante de formalidade *ad probationem tantum* e sua falta não gera a nulidade do ato, mas apenas sua ineficácia perante terceiros. Há casos especiais em que, como base no princípio da primazia da vontade, o descumprimento das formalidades legais do ato não gerará a sua nulidade. É o que se dá com determinados vícios de forma no testamento, se mantida a higidez da manifestação de vontade do testador (REsp 1.677.931-MG, Rel. Min. Nancy Andrighi, por unanimidade, julgado em 15/8/2017, DJe 22/8/2017).

Não solenes *são os negócios de forma livre.* Aliás, no Direito Privado, a regra é a liberdade das formas. Ou seja, quando a lei não impuser determinada forma para a prática de um negócio, os interessados poderão escolher a forma que mais lhe aprouverem, tais como a forma verbal, escrita etc.

2.6.3. Reserva mental

O atual Código Civil inovou em relação ao Código anterior ao regulamentar o instituto da reserva mental.

De acordo com este instituto, "a manifestação de vontade subsiste ainda que o seu autor haja feito a reserva mental de não querer o que manifestou, salvo se dela o destinatário tinha conhecimento" (art. 110).

A reserva mental é, na verdade, a emissão de uma declaração de vontade não querida em seu íntimo, tendo por objetivo enganar o destinatário dessa declaração de vontade.

Um exemplo pode aclarar a regra. Imagine que "A" manifeste perante "B" que emprestará a este determinada quantia em dinheiro, sendo que "A", no seu íntimo, faz uma reserva no sentido de que não fará o tal empréstimo. Essa situação pode se dar, por exemplo, numa situação de crise financeira de "B", que diz que irá se suicidar, caso não consiga um empréstimo.

Pois bem, o Código Civil dispõe que essa reserva mental feita por "A" não afeta a declaração de vontade que fez. Ou seja, a reserva mental feita é **irrelevante para o direito**.

Todavia, na hipótese de o destinatário da manifestação da vontade (no caso, "B") ter ciência dessa reserva mental (no caso, saiba que "A", no seu íntimo, não tem intenção declarada), o Código Civil dispõe que a manifestação de vontade de "A" **é como se não existisse e não precisa ser cumprida**. Tal solução se dá, pois, nesse caso, como "B" está ciente da reserva, não está sendo enganado e, portanto, não precisa da proteção legal.

2.6.4. Representação

Quando alguém tiver de praticar um negócio jurídico, pode praticar sozinho ou por meio de um representante. O representante é, então, aquele que atua em nome do representado.

Os **requisitos** e os **efeitos** da **representação legal** (que decorre da lei) são os estabelecidos nas normas respectivas; os da **representação voluntária** (que decorre de acordo entre as partes) são os da Parte Especial deste Código.

Assim, o estudo específico dos vários tipos de representação, que vai da representação legal que os pais fazem de seus filhos à representação que ocorre em relação às pessoas jurídicas e à representação em virtude de mandato, deve ser feito nas disposições pertinentes previstas no Código Civil e em outras leis.

Porém, a Parte Geral do Código, nos arts. 115 a 120, traz regras acerca da representação, regras essas que ora serão estudadas.

Os poderes de representação, como se sabe, podem ser conferidos por lei (representação legal) ou pelo interessado (representação voluntária).

No entanto, o representante, quando atua, é obrigado a demonstrar que é legítimo representante sob pena de, não o fazendo, responder pelos atos cometidos com excesso. Confira: "O representante é obrigado a provar às pessoas, com quem tratar em nome do representado, a sua qualidade e a extensão de seus poderes, sob pena de, não o fazendo, responder pelos atos que a estes excederem" (art. 118).

Essa regra faz com que o representante tenha todo interesse em ser bem transparente com as pessoas com quem contratar, para que estas, posteriormente, não possam alegar algo em seu desfavor. Além disso, compete ao representante apenas atuar nos limites de seus poderes.

Nesse sentido, o Código Civil assegura que "a manifestação de vontade pelo representante, nos limites de seus poderes, produz efeitos em relação ao representado" (art. 116 do CC). Ou seja, desde que o representante aja segundo os limites em que pode atuar, o representado, seja qual for o negócio praticado, fica vinculado à manifestação de vontade proferida pelo representante junto a terceiros.

Todavia, há negócios que o representante, mesmo tendo praticado nos limites dos poderes que tinha, não pode praticar, pelo fato de a lei trazer uma presunção de que esse tipo de negócio pode ser prejudicial ao representado.

O primeiro caso é dos negócios feitos pelo representante em **conflito de interesses** com o representado. Há casos em que o representante pratica atos em nome do representado, no qual há um interesse do representante que, se atendido, acabará prejudicando o representado. Tal se dá, por exemplo, quando um vizinho dá procuração a outro vizinho para que este vote em nome do primeiro numa assembleia condominial, e, numa das deliberações da assembleia, o procurador é chamado a votar sobre se o responsável pelo ressarcimento com gastos decorrentes de infiltração no prédio é ele, o representante, ou seu vizinho, o representado. Caso os outros vizinhos que participaram da votação tenham ciência de que o que está sendo votado está em conflito de interesses, o voto deste contra o vizinho representado deverá ser anulado. Confira, a respeito, o teor do art. 119 do CC: "É anulável o negócio concluído pelo representante em conflito de interesses com o representado, se tal fato era ou devia ser do conhecimento de quem com aquele tratou. Parágrafo único. É de cento e oitenta dias, a contar da conclusão do negócio ou da cessação da incapacidade, o prazo de decadência para pleitear-se a anulação prevista neste artigo".

Outro caso polêmico é o do chamado **contrato consigo** mesmo, em que o representante, em nome do representado, faz um contrato deste consigo mesmo. Por exemplo, "A" é representante de "B" e resolve comprar um imóvel de "B", usando a procuração que ele deu para si. O contrato terá como partes "A" e "B", mas "A" estará atuando, ao mesmo tempo, em nome próprio e como representante de "B". O Código Civil repudia esse tipo de situação e só permite o contrato consigo mesmo nos casos em que a **lei** o admite expressamente (p. ex., para alienar determinado bem, por determinado preço – art. 685 do CC) e também nos casos em que o **representante autorizar** previamente esse tipo de contratação. Confira, a respeito, o art. 117 do Código Civil: "Salvo se o permitir a lei ou o representado, é anulável o negócio jurídico que o representante, no seu interesse ou por conta de outrem, celebrar consigo mesmo. Parágrafo único. Para esse efeito, tem-se como celebrado pelo representante o negócio realizado por aquele em quem os poderes houverem sido subestabelecidos".

O parágrafo único do art. 117 trata da hipótese em que "A" recebe procuração de "B" e substabeleceu poderes de representação a "C". Nesse caso, se "A" celebrar contrato, em nome próprio, com "B", representado por "C", a lei considera que "A" está celebrando contrato consigo mesmo, afinal de contas "C" foi escolhido por "A" para esse intento, que se presume fraudulento.

Em suma, o contrato consigo mesmo (autocontrato) é vedado como regra, só se admitindo quando a lei permitir ou quando o representado expressamente o autorizar. A proibição, aliás, também existe no Código de Defesa do Consumidor (art. 51, VIII).

2.6.5. Planos da existência, da validade e da eficácia do negócio jurídico

O negócio jurídico pode ser analisado nos planos da existência, da validade e da eficácia.

O **plano da existência** tem em mira verificar os **elementos** necessários para que um negócio jurídico se repute **existente** no mundo jurídico.

Uma vez existente um negócio jurídico, é caso de perquirir acerca do **plano da validade**, no qual se verifica se o negócio está ou não **conforme à ordem jurídica**.

Mas não basta. Muitas vezes um negócio jurídico *existe* e é *válido*, porém ainda não produz *efeitos*. Por isso, há de se investigar acerca do **plano da eficácia**, no qual se analisa se o negócio jurídico está ou não **produzindo efeitos**.

Nossa tarefa, agora, é analisar os três planos, começando pelo plano da existência.

2.6.6. Elementos de existência do negócio jurídico

São elementos de existência do negócio jurídicos os seguintes: *manifestação de vontade*, *finalidade negocial* e *idoneidade do objeto*.

2.6.6.1. Manifestação de vontade

A vontade manifestada é pressuposto básico para que um negócio exista. Naturalmente, para que haja manifestação de vontade, faz-se necessária a presença de um *agente emissor* dessa vontade, daí porque é desnecessária a indicação desse elemento, assim como também entendemos desnecessária a indicação do elemento *forma*, uma vez que o elemento manifestação de vontade pressupõe a existência de uma dada forma.

A **manifestação de vontade** pode ser **expressa**, **tácita** e **presumida**.

A **manifestação expressa** é aquela que se realiza pela palavra *falada* ou *escrita*, ou por *gestos*, explicitando a intenção do agente.

A **manifestação tácita** é aquela que se revela pelo *comportamento* do agente. Exemplo de manifestação tácita é o fato de alguém, diante de uma doação com encargo ofertada por outrem, nada dizer a respeito, mas logo em seguida recolher imposto de transmissão por doação, comportamento esse que demonstra ter concordado com a oferta, operando a manifestação tácita de vontade.

A **manifestação presumida** é aquela que decorre de presunções legais. A diferença entre a manifestação tácita e a presumida é que esta decorre de situações regulamentadas expressamente pela lei, como as previstas nos arts. 322, 323, 324, 539 e 1.807 do CC. Um exemplo é a situação em que o doador fixa prazo para o donatário declarar se aceita ou não a liberalidade. Desde que o donatário, ciente do prazo, não faça dentro dele a declaração, entender-se-á que aceitou, se a doação não for sujeita a encargo (art. 539 do CC).

Resta a dúvida se o **silêncio**, por si só, pode importar anuência, que é um tipo de manifestação de vontade. O Código Civil, em seu art. 111, dispõe que o silêncio importa anuência, quando as circunstâncias ou os usos o autorizarem, e não for necessária a declaração de vontade expressa. Dessa forma, não basta mero silêncio para que se entenda ter havido manifestação de vontade tácita. É necessário que haja outras circunstâncias ou comportamentos (ou mesmo alguma disposição legal, como o art. 539 do CC) que levem à conclusão de anuência. Ademais, é necessário que o negócio não seja daqueles que reclamam declaração de vontade expressa.

2.6.6.2. Finalidade negocial

A simples existência de uma manifestação de vontade não garante que estamos diante de um negócio jurídico.

Como se viu, não há como confundir o ato jurídico em sentido estrito com o negócio jurídico. Este se diferencia daquele exatamente pela existência de uma finalidade negocial.

Isso porque negócios jurídicos *são aquelas declarações de vontade qualificadas, cujos efeitos são regulados pelo próprio interessado*. Os agentes declaram sua vontade e têm poder de negociar os efeitos jurídicos que nasceram de sua declaração.

Assim, o reconhecimento de um filho, por exemplo, não é um negócio jurídico, pois não tem fim negocial. Ao contrário, um testamento e um contrato são negócios jurídicos, pois têm fim negocial. Nos dois casos, os agentes têm como estipular as condições dos atos praticados. Vigora nos negócios jurídicos o princípio da liberdade negocial, como se viu.

2.6.6.3. *Objeto idôneo*

De nada valerá haver uma declaração de vontade se esta não recair sobre algum objeto. Ademais, também não é suficiente que a declaração recaia sobre um objeto que não tenha pertinência ao negócio que se deseja fazer.

2.6.7. *Pressupostos de validade do negócio jurídico*

São pressupostos de validade do negócio jurídico os seguintes: *manifestação de vontade livre, agente emissor da vontade capaz, legitimação, objeto lícito, possível e determinável, obediência à forma, quando prescrita em lei, inexistência de outras hipóteses de nulidade e anulabilidade.*

2.6.7.1. *Manifestação de vontade livre*

A existência de uma manifestação de vontade é requisito de existência do negócio jurídico. Mas a existência de uma manifestação de vontade *livre* é requisito de validade do negócio jurídico.

Assim, negócios praticados por alguém mediante erro, dolo ou coação são negócios inválidos, por não se configurar, em tais casos, vontade livre.

A coação moral irresistível (ex.: ameaça de matar alguém que não praticar um negócio jurídico) gera a invalidade do negócio jurídico. Já a coação física irresistível (ex.: pegar à força o dedo polegar de alguém com o fito de fazer a pessoa "assinar" um contrato com sua digital) não chega sequer a configurar uma manifestação de vontade, de modo que se está diante de um negócio inexistente, e não diante de um negócio inválido.

2.6.7.2. *Agente capaz*

Não basta que o agente tenha expressado vontade livre. Para que o negócio jurídico seja válido, é necessário que o agente tenha capacidade de fato, ou seja, capacidade de exercício.

Caso um absolutamente incapaz pratique um negócio jurídico por si só, ou seja, sem que o faça por meio de seu representante, ter-se-á uma nulidade absoluta. Já caso um relativamente incapaz pratique um negócio jurídico sozinho, ou seja, sem a presença de seu assistente, ter-se-á uma nulidade relativa.

2.6.7.3. *Legitimação*

Não basta a capacidade geral para que o ato seja válido. O agente também deve ter aptidão específica para a prática do ato que deseja. Nesse sentido, alguém casado pelo regime de comunhão parcial e com filhos não poderá alienar um imóvel a um dos filhos sem a autorização dos outros e do cônjuge, por carecer de legitimação.

2.6.7.4. *Objeto lícito, possível e determinável*

Objeto lícito é aquele que não contraria o direito como um todo. Aqui, analisa-se se não há alguma norma no sistema jurídico que considera ilícito dado objeto.

Objeto possível é aquele possível jurídica e fisicamente. A possibilidade jurídica diz respeito à inexistência de alguma proibição direta do Código Civil. A possibilidade física diz respeito à possibilidade, ainda que difícil, de o objeto ser reproduzido no mundo fenomênico.

2.6.8. *Pressupostos de eficácia do negócio jurídico*

2.6.8.1. *Inexistência de termo suspensivo pendente*

Termo suspensivo *é o evento futuro e certo que condiciona o início dos efeitos do contrato.* Por exemplo, um contrato de locação que traz uma cláusula estabelecendo que o locatário só poderá adentrar o imóvel após dez dias de sua celebração.

2.6.8.2. *Inexistência de condição suspensiva pendente*

Condição suspensiva *é o evento futuro e incerto que condiciona o início dos efeitos do contrato.* Por exemplo, um contrato de doação que prevê que o donatário só será proprietário da coisa se vier a se casar com determinada pessoa.

2.6.9. *Elementos acidentais do negócio jurídico*

2.6.9.1. *Condição*

Cláusula acertada pelas partes que subordina o efeito do negócio jurídico a evento futuro e incerto. Espécies:

a) condição suspensiva: *a que subordina a eficácia inicial do ato a sua implementação.* Ex.: "se você se casar, começarei a te pagar uma pensão";

b) condição resolutiva: *a que faz com que o ato deixe de produzir efeitos.* Ex.: "se você se casar, deixarei de te pagar a pensão".

Condições proibidas: as contrárias à lei, à ordem pública e aos bons costumes; as que privam o ato de todos os efeitos (perplexas); as que sujeitam o negócio ao puro arbítrio de uma das partes (as puramente potestativas é que são proibidas – ex.: pagarei se quiser; as simplesmente potestativas podem ser válidas – ex.: doarei se fores bem em sua apresentação); as físicas (nenhum ser humano seria capaz) ou juridicamente (proibida na lei) impossíveis. Todas elas tornam o negócio nulo. As condições impossíveis, quando resolutivas, têm-se por inexistentes.

Regras finais: reputa-se verificada a condição se maliciosamente retardada pela parte a quem prejudica. Por outro lado, reputa-se não verificada a condição se maliciosamente levada a efeito por quem dela aproveita.

2.6.9.2. *Termo*

É a data acertada à qual fica subordinado o efeito do negócio jurídico. Ou seja, é o dia em que começa ou em que se extingue a eficácia do negócio jurídico. O termo convencional consiste em evento futuro e certo. Mas a data exata pode ser certa (se definida) ou incerta (ex.: dia da morte).

2.6.9.3. *Encargo (ou modo)*

Cláusula acessória às liberalidades pela qual se impõe uma obrigação ao beneficiário. Considera-se não escrito o encargo ilícito ou impossível, salvo se constituir o motivo determinante da liberalidade, quando invalida o negócio jurídico.

2.6.10. *Defeitos do negócio jurídico (geram sua anulabilidade – ato anulável)*

2.6.10.1. *Erro ou ignorância*

O erro ou ignorância pode ser **conceituado** como *o engano cometido pelo próprio agente.* O instituto está previsto nos arts. 138 a 144 do CC.

Para tornar o ato anulável, o erro deve ser:

a) **substancial** (essencial): quanto à sua natureza, seu objeto, suas qualidades;

b) **escusável**.

c) **real:** o prejuízo deve ser a causa determinante do negócio.

Exemplo de erro é a situação em que alguém pensa estar fazendo um contrato de doação, mas está fazendo uma compra e venda.

O erro acidental (relativo a questões secundárias) não gera a anulabilidade do ato.

A respeito do erro, o Código Civil traz, ainda, as seguintes regras:

a) o falso motivo só vicia a declaração de vontade quando expresso como razão determinante;

b) a transmissão errônea da vontade por meios interpostos é anulável nos mesmos casos em que o é a declaração direta;

c) O erro de indicação da pessoa ou da coisa, a que se referir a declaração de vontade, não viciará o negócio quando, por seu contexto e pelas circunstâncias, se puder identificar a coisa ou pessoa cogitada;

d) o erro de cálculo apenas autoriza a retificação da declaração de vontade;

e) o erro não prejudica a validade do negócio jurídico quando a pessoa, a quem a manifestação de vontade se dirige, oferecer-se para executá-la na conformidade da vontade real do manifestante.

2.6.10.2. Dolo

O dolo pode ser **conceituado** como *o erro provocado pela parte contrária ou por terceiro, por meio de expediente malicioso.* O instituto está previsto nos arts. 145 a 150 do Código Civil.

Exemplo de dolo é a adulteração de quilometragem de veículo, feita pelo vendedor, em prejuízo do comprador.

Para tornar o ato anulável o dolo deve ser:

a) **essencial;**

b) **com malícia;**

c) **determinante;**

d) **não recíproco.**

O dolo acidental também não enseja a anulação do ato, mas enseja a reparação por perdas e danos, circunstância que não acontece no caso de erro acidental.

A respeito do dolo, o Código Civil traz, ainda, as seguintes regras:

a) nos negócios jurídicos bilaterais, o silêncio intencional de uma das partes a respeito de fato ou qualidade que a outra parte haja ignorado constitui omissão dolosa, provando-se que sem ela o negócio não se teria celebrado;

b) pode também ser anulado o negócio jurídico por dolo de terceiro se a parte a quem aproveite dele tivesse ou devesse ter conhecimento; em caso contrário, ainda que subsista o negócio jurídico, o terceiro responderá por todas as perdas e danos da parte a quem ludibriou;

c) o dolo do representante legal de uma das partes só obriga o representado a responder civilmente até a importância do proveito que teve; se, porém, o dolo for do representante convencional, o representado responderá solidariamente com ele por perdas e danos;

d) se ambas as partes procederem com dolo, nenhuma pode alegá-lo para anular o negócio ou reclamar indenização.

2.6.10.3. Coação

A coação pode ser **conceituada** como *a ameaça que constrange alguém à prática de um negócio.* O instituto está previsto nos arts. 151 a 155 do Código Civil.

Exemplo de coação é o contrato assinado por alguém mediante ameaça de morte.

Para tornar o negócio anulável, a ameaça deve ser:

a) **da parte que aproveita ou de terceiro, com conhecimento daquela**;

b) **determinante**;

c) **grave:** veem-se aspectos subjetivos das partes;

d) **injusta:** mal prometido não é exercício regular de direito; se for, a ameaça não é injusta;

e) **iminente;**

f) **relativa ao paciente, sua família ou seus bens.**

Se a coação disser respeito a pessoa não pertencente à família do paciente, o juiz, com base nas circunstâncias, decidirá se houve coação.

A respeito da coação, o Código Civil traz, ainda, as seguintes regras:

a) ao apreciar a coação, ter-se-ão em conta o sexo, a idade, a condição, a saúde, o temperamento do paciente e todas as demais circunstâncias que possam influir na gravidade dela;

b) não se considera coação a ameaça do exercício normal de um direito, nem o simples temor reverencial;

c) vicia o negócio jurídico a coação exercida por terceiro se dela tivesse ou devesse ter conhecimento a parte a que aproveite e esta responderá solidariamente com aquele por perdas e danos;

d) subsistirá o negócio jurídico se a coação decorrer de terceiro sem que a parte a que aproveite dela tivesse ou devesse ter conhecimento; mas o autor da coação responderá por todas as perdas e danos que houver causado ao coacto.

2.6.10.4. Estado de perigo

O estado de perigo pode ser **conceituado** como *a assunção de obrigação excessivamente onerosa com o intuito de salvar a si ou a alguém de sua família de grave dano conhecido da outra parte.* O instituto está previsto no art. 156 do CC.

Exemplo de estado de perigo é a exigência de cheque-caução em hospital.

O ato cometido em situação de estado de perigo é anulável. Mas há corrente doutrinária que entende que o ato deveria ser válido, determinando-se apenas o ajuste das prestações.

2.6.10.5. Lesão

A lesão pode ser **conceituada** como *a assunção de prestação manifestamente desproporcional ao valor da prestação oposta por premente necessidade ou inexperiência.* O instituto está previsto no art. 157 do CC.

Exemplo de lesão é a compra de imóvel que vale R$ 500 mil por R$ 100 mil, por inexperiência de quem vende. Outro exemplo é a venda de um apartamento por 40% do seu preço de mercado para pagar resgate de sequestro não conhecido da outra parte.

O STJ reconhece a configuração do instituto em contrato no qual o advogado, aproveitando-se de desespero do cliente, firmou contrato pelo qual sua remuneração seria de 50% do benefício econômico gerado pela causa (REsp 1.155.200, DJ 02.03.2011).

O instituto requer a configuração de dois **elementos** para se caracterizar:

a) elemento objetivo: prestação manifestamente desproporcional;

b) elemento subjetivo: premente necessidade ou inexperiência.

Quanto ao requisito subjetivo "inexperiência", o Enunciado 410 das Jornadas de Direito Civil traz o seguinte entendimento: "art. 157: A inexperiência a que se refere o art. 157 não deve necessariamente significar imaturidade ou desconhecimento em relação à prática de negócios jurídicos em geral, podendo ocorrer também quando o lesado, ainda que estipule contratos costumeiramente, não tenha conhecimento específico sobre o negócio em causa".

O instituto não incide quanto a atos unilaterais, pois há de se comparar a existência de duas prestações.

Na lesão, não há necessidade de existir: a) situação de perigo; b) conhecimento da situação pela outra parte.

O ato praticado mediante lesão é anulável. Porém, o negócio pode ser mantido se a parte prejudicada receber uma compensação.

2.6.10.6. Fraude contra credores

A fraude contra credores **dá-se com** *a transmissão de bens ou remissão de dívidas feitas pelo devedor já insolvente ou por elas reduzido à insolvência*. O instituto está previsto nos arts. 158 a 165 do CC.

São **requisitos** da fraude contra credores os seguintes:

a) consilium fraudis: conluio fraudulento (elemento subjetivo); nos negócios gratuitos, o conluio é presumido; nos negócios onerosos, a existência de ações contra o alienante configuram-no;

b) evento danoso: prejuízo (elemento objetivo);

c) ação própria: pauliana ou revocatória.

Confira as diferenças entre a **fraude contra credores** e a **fraude à execução:** a) vício social X ato atentatório da Justiça; b) depende de ação própria X reconhecimento na própria execução; c) gera anulação do negócio X gera ineficácia do negócio perante o credor.

A respeito da fraude contra credores, o Código Civil traz, ainda, as seguintes regras:

a) se o adquirente dos bens do devedor insolvente ainda não tiver pagado o preço e este for, aproximadamente, o corrente, desobrigar-se-á depositando-o em juízo, com a citação de todos os interessados; se inferior, o adquirente, para conservar os bens, poderá depositar o preço que lhes corresponda ao valor real;

b) a ação poderá ser intentada contra o devedor insolvente, a pessoa que com ele celebrou a estipulação considerada fraudulenta, ou terceiros adquirentes que hajam procedido de má-fé;

c) o credor quirografário que receber do devedor insolvente o pagamento da dívida ainda não vencida ficará obrigado a repor, em proveito do acervo sobre que se tenha de efetuar o concurso de credores, aquilo que recebeu;

d) presumem-se fraudatórias dos direitos dos outros credores as garantias de dívidas que o devedor insolvente tiver dado a algum credor;

e) presumem-se, porém, de boa-fé e valem os negócios ordinários indispensáveis à manutenção de estabelecimento mercantil, rural, ou industrial, ou à subsistência do devedor e de sua família:

f) anulados os negócios fraudulentos, a vantagem resultante reverterá em proveito do acervo sobre que se tenha de efetuar o concurso de credores; se esses negócios tinham por único objeto atribuir direitos preferenciais, mediante hipoteca, penhor ou anticrese, sua invalidade importará somente na anulação da preferência ajustada.

g) Somente os credores do devedor que já o eram ao tempo do ato é que podem pleitear a anulação deste.

2.6.11. Atos nulos

São atos **nulos** os seguintes (art. 166 do CC):

a) os celebrados por pessoa absolutamente incapaz;

b) os de objeto ilícito, impossível ou indeterminável;

c) os que tiverem motivo determinante, comum a ambas as partes, ilícito;

d) os que não revestirem a forma prescrita em lei;

e) os que preterirem alguma solenidade que a lei considere essencial para sua validade;

f) os que tiverem por objeto fraudar lei imperativa;

g) os que a lei taxativamente declarar nulo, ou proibir-lhe a prática, sem cominar sanção;

h) o negócio jurídico simulado, mas subsistirá o que se dissimulou, se válido for na substância e na forma.

Qualquer interessado ou o MP, quando cabível, pode alegar a nulidade e o juiz pode pronunciá-la de ofício (art. 168 do CC).

O negócio nulo não pode ser convalidado pelo decurso do tempo e também não é suscetível à confirmação pela vontade das partes (art. 169 do CC), salvo situações excepcionais devidamente justificadas por outros valores de maior expressão protegidos pela lei.

A sanção de nulidade opera de pleno direito. Assim, a ação judicial respectiva resulta em sentença de natureza declaratória, com eficácia *ex tunc*.

Quanto à **simulação**, essa pode ser de duas espécies:

a) absoluta: *quando não se quer negócio algum* (ex.: divórcio simulado para fugir de responsabilidade civil);

b) relativa: *quando se encobre um negócio querido.*

Na simulação relativa, temos as seguintes situações:

i) **negócio simulado:** *o que se declara, mas não se quer. O negócio simulado é nulo.* Ex.: doação de um imóvel;

ii) **negócio dissimulado:** *o que se pretende de verdade.* O negócio dissimulado pode ser mantido, desde que válido na forma e na substância.

2.6.12. Atos anuláveis

São atos **anuláveis** os seguintes (art. 171 do CC):

a) os praticados por relativamente incapaz;

b) os com defeito (erro, dolo, coação, estado de perigo, lesão ou fraude contra credores);

c) outros previstos em lei, como no caso de falta de legitimação.

O negócio anulável pode ser confirmado pelas partes, inclusive tacitamente (caso já tenha sido cumprido com ciência do vício), salvo direito de terceiro.

Só os interessados podem alegar a anulabilidade.

O prazo decadencial para pleitear a anulação é de 2 anos, como regra. Todavia, para anulação nos casos "a" e "b", o prazo é de 4 anos.

A sanção de anulabilidade não opera de pleno direito, dependendo de provocação da parte interessada. Assim, a sentença respectiva tem natureza constitutiva e eficácia *ex nunc.*

2.6.13. Anulabilidade X Nulidade

Para fechar o tema das invalidades no Código Civil, faz-se necessário fazer uma análise comparativa entre os institutos da anulabilidade e da nulidade. Confira a comparação, que traz, primeiro, informação sobre a anulabilidade e, depois, sobre a nulidade:

a) interesse envolvido: privado x público;

b) legitimidade para alegar: só interessados x interessados, MP e juiz de ofício;

c) possibilidade confirmação: admite x não admite;

d) consequência do decurso do tempo: convalesce (em regra: 2 anos) x não convalesce;

e) ação cabível: anulatória x declaratória de nulidade;

f) efeitos da sentença: não retroage (*ex nunc*) x retroage (*ex tunc*);

g) possibilidade de aproveitamento: pela *convalidação* x pela *conversão* em outro ato.

2.7. Prescrição e decadência

2.7.1. Prescrição

2.7.1.1. Conceito

É a causa extintiva da pretensão por seu não exercício no prazo estipulado pela lei. Diz respeito às ações condenatórias.

2.7.1.2. Características

a) parte que se beneficia só pode renunciar ao direito após o decurso do prazo (art. 191 do CC);

b) prazos não podem ser alterados por convenção (art. 192 do CC);

c) pode-se reconhecê-la em qualquer grau de jurisdição (art. 193 do CC);

d) relativamente incapaz e PJ têm ação contra responsáveis por ela (art. 195 do CC);

e) prescrição iniciada contra uma pessoa continua a correr contra o seu sucessor (art. 196 do CC).

f) A exceção prescreve no mesmo prazo em que a pretensão.

2.7.1.3. Não corre prescrição

a) entre os cônjuges, na constância da sociedade conjugal; tendo em vista a finalidade legal, essa regra deve se estender também aos companheiros;

b) entre ascendentes e descendentes, durante o poder familiar;

c) entre tutelados ou curatelados e seus tutores ou curadores, durante a tutela ou curatela;

d) contra os incapazes de que trata o art. 3º;

e) contra os ausentes do País em serviço público da União, dos Estados ou dos Municípios;

f) contra os que se acharem servindo nas Forças Armadas, em tempo de guerra;

g) pendendo condição suspensiva;

h) não estando vencido o prazo;

i) pendendo ação de evicção.

2.7.1.4. Interrompem a prescrição (uma única vez)

a) o despacho do juiz, mesmo incompetente, que ordenar a citação, se o interessado a promover no prazo e na forma da lei processual;

b) o protesto, nas condições do item antecedente;

c) o protesto cambial;

d) a apresentação do título de crédito em juízo de inventário ou em concurso de credores;

e) qualquer ato judicial que constitua em mora o devedor;

f) qualquer ato inequívoco, ainda que extrajudicial, que importe reconhecimento do direito pelo devedor.

Observações:

a) a prescrição interrompida recomeça a correr da data do ato interruptivo ou do último ato do processo que a interrompeu;

b) a prescrição pode ser interrompida por qualquer interessado;

c) a interrupção da prescrição por um credor não aproveita aos outros; semelhantemente, a interrupção operada contra o codevedor, ou seu herdeiro, não prejudica aos demais coobrigados (art. 204);

d) exceção: interrupção por um credor solidário aproveita aos outros, assim como a interrupção efetuada contra o devedor solidário envolve os demais e seus herdeiros;

e) a interrupção operada contra um dos herdeiros do devedor solidário não prejudica os outros herdeiros ou devedores senão quando se trate de obrigações e direitos indivisíveis (acessório não segue o acessório);

f) a interrupção produzida contra o principal devedor prejudica o fiador (acessório segue o principal).

2.7.1.5. *Prazos*

2.7.1.5.1. Geral

A prescrição ocorre em 10 anos quando a lei não lhe haja fixado prazo menor (art. 205 do CC).

2.7.1.5.2. Especiais (art. 206 do CC)

a) 1 ano: pretensão de hotéis, segurado contra segurador (pedido de pagamento suspende prazo), tabeliães, peritos etc.;

b) 2 anos: prestação de alimentos, a partir dos vencimentos;

c) 3 anos: alugueres, ressarcimento por enriquecimento sem causa, reparação civil, seguro obrigatório (ex. DPVAT) etc.

d) 4 anos: pretensão relativa à tutela, da prestação de contas;

e) 5 anos: cobrança de dívidas líquidas constantes de instrumentos; pretensão de profissionais liberais, contado da conclusão dos serviços; pretensão do vencedor para haver do vencido o que despendeu em juízo.

2.7.2. *Decadência*

2.7.2.1. *Conceito*

É a causa extintiva do direito potestativo pelo seu não exercício no prazo estipulado pela lei.

Diz respeito às ações constitutivas.

2.7.2.2. *Características*

a) salvo disposição legal, não se aplicam os casos de impedimento, suspensão e interrupção (art. 207 do CC);

b) não corre prazo decadencial contra absolutamente incapaz (art. 208 do CC);

c) é nula a renúncia à decadência legal (art. 209 do CC), mas a decadência convencional pode ser alterada;

d) o juiz deve conhecer de ofício decadência legal (art. 210 do CC);

e) pode-se reconhecê-la a qualquer tempo (art. 211 do CC);

f) "o prazo decadencial para o ajuizamento da ação rescisória prorroga-se para o primeiro dia útil seguinte, caso venha a findar no recesso forense, sendo irrelevante a controvérsia acerca da natureza do prazo para ajuizamento da ação, se prescricional ou decadencial, pois, em ambos os casos, o termo *ad quem* seria prorrogado (EREsp 667.672-SP, DJe 26.06.2008). Desse modo, na linha do precedente da Corte Especial e outros precedentes do STJ, deve-se entender cabível a prorrogação do termo *ad quem* do prazo prescricional no caso" (STJ, REsp 1.446.608-RS, j. 21.10.2014).

3. DIREITO DAS OBRIGAÇÕES

3.1. Introdução

3.1.1. *Conceito*

Obrigação *é o vínculo jurídico que confere ao credor (sujeito ativo) o direito de exigir do devedor (sujeito passivo) o cumprimento de determinada* prestação *positiva ou negativa.*

3.1.2. *Elementos*

3.1.2.1. *Sujeitos*

Trata-se do elemento subjetivo. De acordo com esse elemento, toda obrigação tem duas classes de sujeitos, o ativo (credor) e o passivo (devedor) **(devedor)**.

3.1.2.2. *Objeto*

Aqui temos o elemento objetivo. Toda obrigação requer um objeto, ou seja, uma *conduta humana* a ser cumprida. O objeto pode ser dividido em dois. O objeto imediato, que será dar, fazer ou não fazer. Já o objeto mediato será "o que" se vai dar, fazer ou não fazer. Por exemplo, quem tem uma dívida de R$ 500 está diante de uma obrigação cujo objeto imediato é "dar" e o objeto mediato é o "dinheiro". Para que o negócio seja válido, seu objeto (tanto o imediato como o mediato) deve ser lícito, possível jurídica e fisicamente, e determinável (art. 166, II, do CC). Assim, se um contrato estipular a obrigação de entregar a herança de pessoa viva, esse negócio será nulo, pois seu objeto é impossível juridicamente.

3.1.2.3. *Vínculo jurídico*

Não basta a existência de sujeitos e de um objeto para que se constitua uma obrigação. Se duas pessoas estiverem simplesmente conversando e uma delas estiver com um livro nas mãos, não terá se formado obrigação alguma. Agora, se essas pessoas combinarem a venda do livro, aí sim ter-se-á criado um vínculo jurídico, com obrigações para as duas partes, inclusive. Um fica obrigado a entregar o livro; o outro, a pagar um preço.

3.1.3. *Fontes das obrigações*

Como seu viu, para se criar uma obrigação não bastam sujeitos e objeto. Há de se ter um fato jurídico apto, ou seja, um acontecimento do mundo fenomênico que faça nascer a obrigação. Quais seriam, então, essas fontes das obrigações? Em última análise, a lei é sempre a fonte, pois é ela que estabelecerá os fatos que fazem nascer uma obrigação. Mas que tipos de fatos a lei considera aptos para nascer uma obrigação?

São fontes de obrigações os *atos ilícitos* (geram obrigações de indenizar, normalmente), os *contratos* (geram obrigações variadas, como entregar uma coisa, pagar um preço), as *declarações unilaterais de vontade* (*vide* a respeito a promessa de recompensa, a gestão de negócios, o pagamento indevido e o enriquecimento sem causa) e *outros fatos ou situações rotuladas especificamente pela lei* (como a obrigação de pagar tributo, a obrigação de pagamento de alimentos a parentes e a obrigação de indenizar por fato de terceiro).

3.2. Classificação das Obrigações

3.2.1. *Quanto à possibilidade de exigência*

3.2.1.1. *Obrigação civil*

É aquela que pode ser exigida por meio de ação judicial. São exemplos a obrigação de entregar uma coisa, na compra venda, e a obrigação de pagar alugueres, na locação.

3.2.1.2. Obrigação natural

É aquela que não pode ser exigida por meio de ação judicial, mas, caso cumprida voluntariamente, não pode ser repetida. Ou seja, o devedor não é obrigado a cumpri-la, mas, se o fizer, o credor não é obrigado a devolver o que recebeu. A retenção (*soluti retentio*) é único efeito da obrigação natural. São exemplos as obrigações relativas a dívidas prescritas (art. 882 do CC) e dívidas de jogo (art. 814 do CC). *Vide* também art. 564, III, do CC. A obrigação natural diz respeito a uma dívida inexigível, portanto, não passível de compensação.

3.2.2. Quanto à extensão

3.2.2.1. Obrigação de resultado

É aquela em que o devedor se compromete a atingir determinado fim, sob pena de responder pelo insucesso. São exemplos a obrigação do vendedor de entregar a coisa vendida, a obrigação do transportador de levar o passageiro são e salvo ao destino e a obrigação do cirurgião plástico em cirurgias de natureza estética.

3.2.2.2. Obrigação de meio

É aquela em que o devedor se compromete a empregar seus conhecimentos e técnicas com vistas a alcançar determinando fim, pelo qual não se responsabiliza. São exemplos as obrigações dos médicos e dos advogados. Tais profissionais se obrigam a fazer o melhor, mas não se obrigam, por exemplo, a curar, no primeiro caso, e a ganhar uma ação, no segundo.

Essa classificação é importante em matéria de responsabilidade civil contratual.

3.2.3. Quanto aos elementos acidentais

3.2.3.1. Obrigação pura e simples

É aquela que produz efeitos normalmente, por não estar sujeita a condição, termo ou encargo.

3.2.3.2. Obrigação condicional

É aquela cujos efeitos estão subordinados a evento futuro e incerto.

3.2.3.3. Obrigação a termo

É aquela cujos efeitos estão subordinados a evento futuro e certo.

3.2.3.4. Obrigação com encargo ou modal

É aquela que estabelece um gravame a ser cumprido pelo credor.

3.2.4. Quanto ao momento do cumprimento

3.2.4.1. Obrigação de execução instantânea ou momentânea

É aquela que se cumpre imediatamente após a sua constituição. Um exemplo é a obrigação de pagamento à vista.

3.2.4.2. Obrigação de execução diferida

É aquela que se cumpre em um só ato, mas em momento futuro. Por exemplo, quando se combina que a entrega será feita 60 dias após a constituição da obrigação.

3.2.4.3. Obrigação de execução continuada, periódica ou de trato de sucessivo

É aquela que se cumpre por meio de atos reiterados e protraídos no tempo. Um exemplo é a obrigação de pagar parcelas de um financiamento.

Essa classificação é importante para efeito de aplicação da regra da imprevisão (arts. 317 e 478 do CC).

3.2.5. Quanto à liquidez

3.2.5.1. Obrigação líquida

É aquela cujo objeto está determinado. Por exemplo, quando alguém se obriga a pagar R$ 500. Está-se diante de uma obrigação líquida.

3.2.5.2. Obrigação ilíquida

É aquela cujo objeto não está determinado. Por exemplo, quando alguém atropela uma pessoa, que sofre danos materiais diversos e morais. De início, a obrigação de indenizar não é líquida.

Essa classificação é importante em matéria de configuração da mora (o art. 397 do CC considera em mora, de pleno direito, o devedor que descumpre obrigações positivas e líquidas); de compensação (o art. 369 dispõe que esta só é possível entre dívidas vencidas, de coisas fungíveis e líquidas); e de imputação do pagamento (o art. 352 exige, para que o devedor indique a dívida que está pagando, que esta seja vencida e líquida).

3.2.6. Quanto à existência por si só

3.2.6.1. Obrigação principal

É aquela que existe por si só. São exemplos as decorrentes do contrato de compra e venda (de entregar uma coisa e de pagar um preço).

3.2.6.2. Obrigação acessória

É aquela cuja existência depende da existência da principal. São exemplos a multa (cláusula penal) e juros de mora.

Essa classificação é importante para efeito de aplicação da seguinte regra: "o acessório segue o principal". Por exemplo, a nulidade do principal leva à nulidade do acessório. O contrário não ocorre, claro. Nosso Código acolhe tal regra em vários dispositivos, como nos arts. 92, 184, 233 e 364.

3.2.7. Quanto à natureza do direito

3.2.7.1. Obrigação correspondente a direito pessoal

É aquela travada diretamente entre pessoas, em que o patrimônio do devedor fica sujeito ao seu cumprimento.

3.2.7.2. *Obrigação correspondente a direito real*

É aquela em que todas as pessoas ficam sujeitas a respeitar a relação entre uma pessoa e uma coisa. Também é chamada de *ônus real*.

3.2.7.3. *Obrigação propter rem*

É aquela à qual o titular de direito sobre uma coisa, exatamente por estar nessa situação jurídica, fica sujeito. Trata-se de uma obrigação híbrida. Recai sobre uma pessoa (direito pessoal), mas por força de um direito real. São exemplos a obrigação do possuidor de uma coisa de não prejudicar a segurança, o sossego e a saúde de um prédio vizinho (art. 1.277 do CC), a obrigação dos donos de imóveis confinantes de concorrerem para as despesas de tapumes divisórios (art. 1.297, § 1°, do CC), a obrigação de um condômino de contribuir para as despesas de conservação da coisa (art. 1.315 do CC), a obrigação do titular da coisa de arcar com os débitos tributários a ela pertinentes (art. 130 do CTN). Repare, no caso das despesas condominiais e tributárias, que o novo proprietário da coisa, tenha ou não dado causa à dívida contraída para o seu uso, fica sujeito ao seu pagamento, com possível penhora da coisa com vistas à satisfação do crédito. É por isso que a obrigação também é denominada *ambulatorial*.

3.2.8. *Quanto aos seus elementos*

3.2.8.1. *Obrigação simples*

É aquela que só tem um sujeito ativo, um sujeito passivo e um objeto. Por exemplo, a obrigação de "A" entregar um carro a "B".

3.2.8.2. *Obrigação composta ou complexa*

É aquela que tem mais de um sujeito ativo, de um sujeito passivo ou de um objeto. Por exemplo, obrigações com vários credores ou com vários devedores (pluralidade subjetiva). Nesses casos podem-se ter obrigações divisíveis, indivisíveis ou solidárias, o que será visto a seguir. Outro exemplo é a obrigação de "A" entregar a "B" uma casa e um carro, ou uma casa ou um carro (pluralidade objetiva). No primeiro caso temos obrigação cumulativa (ou conjuntiva). No segundo, obrigação alternativa (ou disjuntiva).

3.3. Modalidades das obrigações

3.3.1. *Obrigação de dar*

3.3.1.1. *Conceito*

É aquela de entregar ou restituir uma coisa. Na compra e venda, temos a *entrega* da coisa. No comodato, a *restituição*. Essas duas formas de dar são espécies do gênero *tradição*.

No nosso direito, só se adquire a propriedade de uma coisa móvel com a *tradição*, de modo que, enquanto essa não se der, o devedor da coisa (vendedor) permanece proprietário dela. Isso gera as seguintes consequências (art. 237 do CC): a) a coisa perece para o dono (*res perit domino*); b) os melhoramentos e acrescidos na coisa até a tradição beneficiam o dono, que poderá exigir aumento no preço.

3.3.1.2. *Regras para o caso de perecimento da coisa (perda total)*

a) *se ocorrer antes da tradição ou pendente condição suspensiva, sem culpa do devedor*, resolve-se a obrigação retornando as partes ao estado anterior. Por exemplo, se, por força maior, um carro a ser entregue pelo vendedor tem perda total em virtude de uma inundação. Eventual valor pago pelo comprador será devolvido pelo vendedor. No caso de pender condição suspensiva a situação é a mesma. Um exemplo é a disposição "se passar no vestibular, te dou este carro". Se antes da aprovação no vestibular o carro perecer sem culpa do devedor, a obrigação ficará resolvida. *Vide* art. 234 do CC;

b) *se ocorrer antes da tradição ou pendente condição suspensiva, com culpa do devedor*, o credor tem direito a receber o equivalente em dinheiro, mais perdas e danos. Por se exemplo, se, por imprudência do vendedor, esse, após ter vendido ou prometido carro, envolve-se em batida com perda total do veículo. Terá de devolver ao comprador o dinheiro que eventualmente receber, além de indenizá-lo por perdas e danos. No caso daquele que recebeu a promessa, terá de dar a ele o equivalente em dinheiro, mais perdas e danos. *Vide* arts. 234 e 236 do CC;

c) *se ocorrer antes da tradição e a obrigação for de restituir*, a obrigação ficará resolvida. São casos como o dever de restituir que cabe ao comodatário e ao depositário. Como se viu, a coisa perece para o dono, ou seja, o comodante e o depositando suportarão a perda. Todavia, se aquele que recebeu a coisa para restituir agir com culpa, responderá pelo equivalente em dinheiro, mais perdas e danos. Muitas vezes, inclusive, a culpa é presumida. Vide arts. 235 e 236 do CC;

d) *se ocorrer após a tradição*, o problema é do credor, pois a coisa perece para o dono. Mas há exceções. Por exemplo, se a coisa vier a perecer por já estar com problema quando da sua entrega (ex.: cavalo com moléstia respiratória). O devedor responderá por esse vício redibitório.

3.3.1.3. *Regras para o caso de deterioração da coisa (perda parcial)*

Um exemplo de deterioração da coisa é a perda do estepe do carro. As regras são semelhantes. Se não houver culpa do devedor, a obrigação fica resolvida, ressalvada a possibilidade de o credor ficar com a coisa, com abatimento no preço (art. 235 do CC). Já se houver culpa do devedor, poderá o credor exigir o equivalente em dinheiro mais perdas e danos, ou aceitar a coisa no estado, mais perdas e danos (art. 236). Quanto à deterioração da coisa nas obrigações de restituição, o credor a receberá no estado em que se encontre. Já se houver culpa do devedor, este responderá pelo equivalente, mais perdas e danos (art. 240).

3.3.1.4. *Coisa certa ou incerta*

A coisa incerta há de ser pelo menos determinável, de modo que a lei exige a indicação, pelo menos, do **gênero** e da **quantidade** da coisa. Se faltar um ou outro, o objeto será indeterminável. Então, se for indicado que a coisa é "laranja" e que a quantidade é "50 quilos" não haverá problema. A qualidade será determinada quando houver a escolha das laranjas pelo devedor. Esse, todavia, não pode escolher a de pior qualidade. Deve escolher pelo menos a de meio-termo. A escolha da coisa também tem o nome de **concentração** e, salvo estipulação em contrário, compete ao devedor. Feita a escolha e cientificado o credor, acaba a incerteza, a coisa torna-se certa, determinada. Antes da escolha, não pode o devedor alegar perda ou deterioração da coisa (art. 246 do CC), pois o gênero nunca perece (*genuns nunquam perit*). Ficaria estranho mesmo dizer que não há laranjas e que a obrigação não pode ser cumprida. Se o devedor não as possui mais, que as consiga com terceiro. Só se pode fazer esse tipo de alegação se se tratar de gênero limitado, ou seja, restrito a certo lugar. Por exemplo, quando se combina de entregar laranjas de certo sítio e elas não existirem mais.

3.3.2. Obrigação de fazer

3.3.2.1. Conceito

É aquela em que o devedor presta atos ou serviços.

3.3.2.2. Espécies

a) personalíssima (*intuitu personae*, infungível ou imaterial), em que só o devedor pode cumprir a obrigação, seja porque assim se estabeleceu (o contrato diz que o devedor cumprirá pessoalmente a obrigação), seja porque sua própria natureza impede a substituição do devedor (por exemplo, na contratação de um cantor para um show ou de um artista plástico para fazer uma escultura);

b) impessoal (fungível ou material), em que não é necessário que o devedor cumpra pessoalmente a obrigação, ou seja, para o credor o importante é que o objeto seja prestado, ainda que por terceiro.

Há também obrigação de fazer no contrato preliminar (*pacto de contrahendo*), que é aquele em que se faz uma promessa de fazer contrato futuro. É o caso do compromisso de compra e venda, por exemplo.

3.3.2.3. Regras em caso de não cumprimento da obrigação de fazer

a) *Se a obrigação for personalíssima e se tornar impossível sem culpa do devedor*, ficará resolvida (art. 248 do CC). Por exemplo, se o cantor não conseguir chegar a tempo ao show por ter ficado preso na estrada em virtude de deslizamento de terra na pista (*impossibilidade*);

b) *se a obrigação for personalíssima e se tornar impossível por culpa do devedor*, ficará transformada em obrigação de indenizar por perdas e danos (art. 248). Por exemplo, se o cantor sair com muito atraso para fazer o show e não chegar a tempo (*impossibilidade*);

c) *se a obrigação for personalíssima e houver recusa do devedor*, ficará transformada em obrigação de indenizar por perdas e danos (art. 247). Por exemplo, se o cantor, por vontade própria, avisar, a uma semana do show, que não irá comparecer para a apresentação (*recusa*). Repare que, nesse caso, a obrigação ainda não se tornou impossível. A solução dada pelo CC para o caso (perdas e danos) não é a única. O CC parte do pressuposto de que não se pode constranger fisicamente o devedor a cumprir a obrigação. Por outro lado, o NCPC, no art. 499, dispõe que a obrigação somente se converterá em perdas e danos se o autor o requerer ou se impossível a tutela específica ou a obtenção de tutela pelo resultado prático correspondente. No caso, sem forçar fisicamente o devedor, é possível valer-se de instrumento de coação indireta, a cominação de multa diária (*astreinte*) para fazê-lo cumprir a obrigação. Nesse sentido é também o art. 84 do CDC. Ou seja, há duas saídas para o caso: c1) pleitear a transformação da obrigação de fazer em obrigação de indenizar perdas e danos; c2) exigir judicialmente o cumprimento da obrigação, por meio de demanda cominatória, sem prejuízo de indenização por demais perdas e danos;

d) *se a obrigação for impessoal e se tornar impossível sem culpa do devedor*, ficará resolvida (art. 248 do CC). Por exemplo, se o eletricista não puder comparecer para fazer um reparo nas instalações elétricas de uma casa de show por ter ficado preso na estrada que dá acesso ao local em virtude de deslizamento de terra na pista;

e) *se a obrigação for impessoal e se tornar impossível por culpa do devedor*, ficará transformada em obrigação de indenizar por perdas e danos (art. 248). Por exemplo, se o eletricista não puder comparecer para fazer um reparo nas instalações elétricas de uma casa de show por ter saído com muito atraso e não chegar a tempo;

f) *se a obrigação for impessoal e houver recusa ou mora do devedor*, o credor tem três opções: f1) pleitear a transformação da obrigação de fazer em obrigação de indenizar perdas e danos; f2) exigir judicialmente o cumprimento da obrigação, por meio de demanda cominatória, sem prejuízo de indenização por demais perdas e danos; f3) fazer executar a obrigação por terceiro à custa do devedor (art. 249 do CC). A novidade está na terceira possibilidade, pois o atual Código faculta ao credor, em caso de urgência, executar ou mandar executar o fato independentemente de autorização judicial, sendo depois ressarcido (art. 249, parágrafo único). Por exemplo, se um encanador é contratado para comparecer num determinado dia para consertar um vazamento numa casa e, passado tal dia, e mesmo já tendo recebido, ele não comparecer e a casa ficar inundada ou na iminência de sê-lo, pode o credor contratar outro encanador, ressarcindo-se depois com o primitivo contratado;

g) *se a obrigação for de emitir declaração de vontade*, o credor poderá se aproveitar do disposto no art. 501 do NCPC. Se se tratar de imóvel, cabe a ação de adjudicação compulsória (Dec.-lei 58/1937; Lei 649/1949; Lei 6.766/1979).

3.3.3. Obrigação de não fazer

3.3.3.1. Conceito

É aquela em que o devedor deve se abster de praticar um ato ou uma atividade. Também é chamada de *obrigação negativa* ou *obrigação de abstenção*. São exemplos a obrigação de não construir acima de certa altura ou de não divulgar determinado segredo.

3.3.3.2. Regras para o caso de não cumprimento da obrigação de não fazer, ou seja, caso se faça o que se combinara não fazer

a) *Se a obrigação se tornar impossível sem culpa do devedor*, ficará resolvida (art. 250 do CC). Tal ocorre quando se tornar impossível a abstenção do ato. Por exemplo, se alguém que se obrigou a não construir um muro for obrigado pelo Município a fazê-lo;

b) *se a obrigação se tornar impossível por culpa do devedor*, ficará transformada em obrigação de indenizar por perdas e danos (art. 248, por analogia);

c) *se o devedor praticar o ato a cuja abstenção se obrigara*, o credor terá duas opções: c1) pleitear a transformação da obrigação de não fazer em obrigação de indenizar por perdas e danos; c2) exigir judicialmente o cumprimento da obrigação, por meio de demanda cominatória, sem prejuízo de indenização por demais perdas e danos;

d) *se o devedor praticar o ato por culpa sua*, ficará transformada em obrigação de indenizar por perdas e danos (art. 248, por analogia).

3.3.4. Obrigação alternativa

3.3.4.1. Conceito

É a aquela que tem dois ou mais objetos e que se extingue com a prestação de um deles. Há previsão de mais de um objeto, mas o devedor se exonera cumprindo apenas um deles. Por exemplo, uma pessoa se obriga a entregar seu carro ou sua moto. Entregando um ou outro, está exonerado da obrigação.

3.3.4.2. Escolha

Compete ao devedor como regra (*favor debitoris*). Mas as partes podem estipular que a escolha compete ao credor ou a terceiro. A escolha só se considera feita após comunicação à parte contrária. O não exercício do direito de escolha no prazo acarreta decadência para o seu titular.

3.3.4.3. Impossibilidade de uma das prestações

Subsiste o débito em relação à(s) outra(s). Se houver culpa do devedor e a escolha couber ao credor, caso esse tenha interesse na obrigação que se impossibilitou, terá direito ao valor dela com perdas e danos.

3.3.4.4. Impossibilidade de ambas as prestações

Se não houver culpa do devedor, a obrigação será extinta. Se houver culpa e competir a ele a escolha, pagará o valor da que se impossibilitou por último, mais perdas e danos; e se competir ao credor a escolha, esse poderá reclamar o valor de qualquer das obrigações, mais perdas e danos.

3.3.4.5. Obrigação alternativa x obrigação facultativa

Na segunda, existe faculdade para o devedor de substituir o objeto da prestação. Por exemplo, uma pessoa se obriga a entregar seu carro, podendo substituí-lo pela entrega de sua moto. A diferença é que se trata de obrigação simples (só tem um objeto). Se o carro perecer, a obrigação fica extinta. O credor só pode exigir o cumprimento da obrigação principal.

3.3.5. Obrigações divisíveis e indivisíveis

3.3.5.1. Conceito de obrigação divisível

É aquela em que cada um dos devedores só está obrigado a cumprir sua cota-parte da dívida e cada um dos credores só pode exigir sua parte do crédito. Por exemplo, se "A" e "B" (devedores) devem R$ 1.000,00 a "C" (credor), "A" está obrigado a pagar R$ 500 para "C".

3.3.5.2. Conceito de obrigação indivisível

É aquela em que, por conta da impossibilidade de divisão do objeto, cada devedor está obrigado pela totalidade da prestação e cada credor pode exigi-la por inteiro. Por exemplo, se "A" e "B" (devedores) devem um carro a "C", esse pode exigir de "A" ou de "B" a coisa, independentemente de cada um ser responsável por parte do débito. Aquele que cumprir a obrigação sub-roga-se no direito do credor em relação aos outros coobrigados. Se houver mais de um credor, o devedor deverá a todos conjuntamente. A indivisibilidade pode ser das seguintes espécies: a) física ou natural (ex.: animal vivo); b) legal (ex.: menor fração de imóvel rural); c) por motivo econômico (ex.: pedra preciosa); e d) por motivo determinante do negócio (ex.: terreno adquirido para construção de um shopping). A obrigação indivisível difere da solidária, pois, caso a primeira se converta em perdas e danos, cada devedor ficará obrigado apenas pela sua cota-parte.

3.3.6. Obrigação solidária

3.3.6.1. Conceito

É aquela em que há mais de um credor ou mais de um devedor, cada um com direito, ou obrigado, à dívida toda. Por exemplo, se "A" e "B" (devedores) devem R$ 1.000,00 a "C" e "D", os últimos podem exigir, juntos ou isoladamente, os R$ 1.000,00 integrais só de "A" ou só de "B". A solidariedade pode recair só sobre os devedores (solidariedade passiva), só sobre os credores (solidariedade ativa) ou sobre ambos os polos (solidariedade mista).

3.3.6.2. Formação da obrigação solidária

A solidariedade não se presume. Ela decorre da lei (solidariedade legal) ou da vontade das partes (solidariedade convencional).

3.3.6.3. Solidariedade ativa

É aquela em que qualquer um dos credores pode exigir sozinho a totalidade da obrigação junto ao devedor. Por exemplo, os titulares de uma conta-corrente. Eles são credores solidários dos valores depositados, podendo exigir do banco a entrega de todo o numerário. O devedor pode se exonerar da dívida pagando-a a qualquer dos credores. No entanto, se já tiver sido demandado por algum deles (é necessário citação), só poderá a esse pagar em razão do princípio da prevenção. O credor que tiver recebido a prestação responderá perante os outros. Com a morte do credor solidário, desaparece a solidariedade em relação aos herdeiros isoladamente considerados. Se a prestação for convertida em perdas e danos, subsiste a solidariedade.

3.3.6.4. *Solidariedade passiva*

É aquela em que cada um dos devedores pode ser demandado a cumprir a totalidade da obrigação junto ao credor. Com a morte de um dos devedores solidários, só se pode cobrar de um herdeiro, isoladamente, a quota correspondente ao seu quinhão hereditário. Se houver impossibilidade da obrigação por culpa de um dos devedores, todos continuam solidários pelo valor da coisa em dinheiro, mas pelas perdas e danos só responde o culpado. Se houver inexecução da obrigação, todos respondem pelos juros solidariamente, mas o culpado deverá ressarcir os demais. As defesas comuns (ex.: prescrição) podem ser alegadas por qualquer devedor solidário. Já as defesas pessoais (ex.: erro, coação) só podem ser alegadas pelo devedor a que disserem respeito. O credor pode renunciar à solidariedade total (em relação a todos os devedores) ou parcialmente (em relação a um deles, por exemplo). O devedor que tiver pagado a obrigação terá direito de regresso contra os demais. A presunção é a de que as cotas de cada devedor são iguais. Se um dos codevedores for insolvente, sua quota será dividida igualmente por todos.

3.3.6.5. *Aspectos processuais*

No processo de conhecimento, cabe ao devedor solidário valer-se do chamamento ao processo. Já no processo de execução, quando couber, é possível alegar o benefício de ordem, que é a faculdade de o executado indicar à penhora bens livres de outro devedor solidário.

3.4. Transmissão das obrigações

3.4.1. *Introdução*

O tema diz respeito à alteração no aspecto subjetivo da obrigação, no caso a substituição dos sujeitos que ocupam um dos polos da relação obrigacional. Aqui, não se fala em alteração nos demais elementos da obrigação (objeto e vínculo).

3.4.2. *Cessão de crédito*

3.4.2.1. *Conceito*

É o negócio jurídico bilateral pelo qual o credor transfere a outrem, a título oneroso ou gratuito, os seus direitos na relação obrigacional. Há três figuras: o cedente (credor que transmite o crédito), o cessionário (terceiro que recebe o crédito) e o cedido (o que continua devedor).

3.4.2.2. *Limites materiais*

Como regra, qualquer crédito pode ser objeto de cessão, salvo por impossibilidade decorrente: a) da natureza da obrigação (ex.: alimentos de direito de família); b) da lei (ex.: crédito penhorado); e c) da convenção com o devedor (*pacto de non cedendo*).

3.4.2.3. *Forma*

Como regra, cabe qualquer forma admitida em lei. Todavia, se a cessão tiver por objeto direito que só pode ser transmitido por escritura pública, há de se obedecer esta forma (ex.: cessão de direitos hereditários).

3.4.2.4. *Eficácia perante terceiros*

Para que tenha eficácia frente a terceiros, a cessão deverá ser feita por instrumento público ou por instrumento particular com as formalidades da procuração e com registro no Cartório de Títulos e Documentos.

3.4.2.5. *Eficácia perante o devedor cedido*

Para tanto, a cessão depende de notificação do devedor ou de sua ciência manifestada por escrito. Antes da notificação, o devedor pode pagar ao cedente, exonerando-se da dívida. Depois, só se exonera se pagar ao cessionário. É no momento da ciência da cessão que o devedor deve alegar as exceções pessoais de que disponha em relação ao cedente, como a compensação, sob pena de se presumir que delas tenha aberto mão.

3.4.2.6. *Responsabilidade do cedente*

Se a cessão for a título oneroso, o cedente fica responsável pelo seguinte: a) pela existência do crédito quando da cessão; b) pela sua qualidade de credor; e c) pela validade da obrigação. Já se for a título gratuito, o cedente só responde pela existência do crédito se tiver procedido de má-fé. Em qualquer caso, só haverá responsabilidade pelo débito se o cedente tiver assumido expressamente a responsabilidade pela solvência do cedido. Nesse caso teremos a cessão pro solvendo, e a responsabilidade é apenas pelo que o cedente tiver recebido do cessionário, acrescido de juros e despesas com a cessão.

3.4.3. *Assunção de dívida (cessão de débito)*

3.4.3.1. *Conceito*

É o negócio jurídico bilateral pelo qual um terceiro (assuntor) assume a posição de devedor. O que ocorre é tão somente a substituição no plano passivo, sem que haja extinção da dívida, de modo que não se confunde com a novação subjetiva passiva, em que nasce uma obrigação nova.

3.4.3.2. *Espécies*

a) Expromissão: *é o contrato entre o credor e o terceiro, pelo qual esse assume a posição de novo devedor, sem a participação do devedor originário;*

b) Delegação: *é o contrato entre o devedor originário (delegante) e o terceiro (delegatário), com a concordância do credor.*

3.4.3.3. *Efeitos*

a) Liberatórios: o devedor originário fica desvinculado do pagamento da dívida. Essa é a regra;

b) cumulativos: o devedor originário continua vinculado, servindo a assunção de reforço da dívida, com solidariedade entre os devedores. A doutrina também chama a hipótese de adesão, coassunção ou adjunção à dívida. Trata-se de caso que depende de convenção expressa. Essa hipótese não se confunde com a fiança, pois o novo devedor responde por dívida própria.

3.5. Adimplemento e extinção das obrigações

3.5.1. Introdução

As obrigações podem ser extintas de dois modos. O modo satisfatório ocorre quando o credor recebe a prestação ou tira algum proveito. A satisfação pode ser direta (ex.: pagamento) ou indireta (ex.: compensação). O modo não satisfatório ocorre quando a obrigação fica extinta sem qualquer proveito para o credor (ex.: remissão, prescrição, novação etc.).

3.5.2. Pagamento

3.5.2.1. Conceito

É o efetivo cumprimento da prestação. O termo "pagamento" vale para designar o cumprimento de qualquer modalidade obrigação (de dar, fazer ou não fazer).

3.5.2.2. Elementos essenciais

a) Existência de obrigação que justifique o pagamento, sob pena de se tratar de pagamento indevido, possibilitando repetição de indébito;
b) intenção de pagar (*animus solvendi*), sob pena de se tratar de pagamento por engano, também possibilitando repetição;
c) cumprimento da prestação;
d) presença de sujeito que paga (*solvens*);
e) presença daquele a quem se paga (*accipens*).

3.5.2.3. Quem deve pagar

Qualquer interessado na extinção da obrigação pode pagar. Assim, além do devedor, pode pagar o terceiro interessado, ou seja, aquele que poderia ter seu patrimônio atingido caso a dívida não fosse paga (ex.: fiador, avalista, sócio, adquirente de imóvel hipotecado etc.). Nesse caso, o *solvens* (terceiro interessado) fica sub-rogado nos direitos do credor originário. Já o pagamento feito por terceiro não interessado (por interesse moral ou afetivo, por exemplo), em nome próprio, apenas autoriza esse a reembolsar-se do que pagar, sem sub-rogação nos direitos do credor. A obrigação original fica extinta, nascendo obrigação nova. Se o terceiro não interessado agir em nome do devedor, terá feito uma liberalidade, ficando a obrigação resolvida, sem direito de regresso em face daquele. Por fim, é importante destacar que, se o devedor tinha meios de impedir a cobrança do credor, o terceiro que pagar sem sua autorização não terá direito a qualquer reembolso.

3.5.2.4. A quem se deve pagar

O pagamento deve ser feito ao credor, ao seu representante ou aos seus sucessores. O pagamento feito a qualquer outra pessoa não tem efeito liberatório. O devedor, apesar de poder acionar quem receber indevidamente, continuará obrigado ao pagamento. Porém, há situações em que o pagamento feito a terceiro desqualificado tem valor: a) se houver ratificação pelo credor; b) se reverter em proveito do credor; c) se for feito de boa-fé ao credor putativo, ou seja, àquele que parecia, objetivamente, ser o credor (ex.: herdeiro aparente). De outra parte, há situações em que o pagamento feito ao credor não terá valor: a) se for feito ao credor incapaz de dar quitação, salvo se reverteu em seu proveito; b) se o devedor tiver sido intimado da penhora e mesmo assim pagar ao credor.

3.5.2.5. Objeto do pagamento

O pagamento deve coincidir com a coisa devida. Assim, o credor não é obrigado a receber prestação diversa da pactuada, ainda que mais valiosa. Da mesma forma, só se pode constranger o credor a receber o todo, não em partes. As dívidas em dinheiro deverão ser pagas no vencimento, em moeda corrente (real) e pelo valor nominal. Quanto ao valor nominal, a própria lei admite a convenção de aumento progressivo de prestações sucessivas, dando força à ideia de dívida de valor (e não de dívida de dinheiro). O reajuste automático de prestação tem o nome de cláusula de escala móvel. A Lei 10.192/2001 considera nula de pleno direito a estipulação de reajuste em periodicidade inferior a um ano. Também se admite a revisão da obrigação "quando, por motivos imprevisíveis, sobrevier desproporção manifesta entre o valor da prestação devida e o do momento de sua execução" (art. 317 do CC). Adotou-se a teoria da imprevisão. Outrossim, são nulas as convenções de pagamento em ouro ou em moeda estrangeira. A ideia é preservar o curso forçado da moeda nacional. Há exceções no Dec.-Lei 857/1969 e na Lei 6.423/1977 (ex.: importação e exportação). Presumem-se a cargo do devedor as despesas com o pagamento e a quitação.

3.5.2.6. Lugar do pagamento

É aquele onde o devedor deve cumprir a obrigação e o credor exigir seu cumprimento. A regra é o domicílio do devedor (dívida quesível ou *quérable*). Mas por motivo legal, convencional ou circunstancial é possível que a obrigação tenha de ser cumprida no domicílio do credor (dívida portável ou *portable*). Se o pagamento consistir na tradição de um imóvel ou em prestações relativas a imóvel, far-se-á no lugar onde estiver situado o bem. Será válido o pagamento feito em lugar diverso se houver motivo grave que justifique isso e não haja prejuízo para o credor. Vale ressaltar que o pagamento reiteradamente feito em outro lugar faz presumir que o credor renunciou à previsão respectiva feita em contrato. Trata-se da aplicação do princípio da boa-fé objetiva e da eticidade, por meio dos institutos da *supressio*, consistente na possibilidade de supressão de uma obrigação contratual pelo não exercício pelo credor, gerando uma legítima expectativa no devedor de que essa abstenção se prorrogará no tempo, e da *surrectio*, consistente na obtenção de um direito que não existia, face à reiterada prática de conduta diversa pelas partes.

3.5.2.7. Tempo do pagamento

Salvo disposição legal ou contratual em contrário, pode o credor exigir imediatamente o pagamento. O credor poderá cobrar a dívida antes do vencimento se: a) o devedor cair em falência ou concurso de credores; b) os bens do devedor, hipotecados ou empenhados, forem penhorados em execução por outro credor; c) cessarem, ou se tornarem insuficientes, as garantias do débito, fidejussórias ou reais, e o devedor, intimado, negar-se a reforçá-las.

3.5.3. Pagamento em consignação

3.5.3.1. Conceito

Forma especial de pagamento, por meio de depósito judicial ou em estabelecimento bancário, cabível quando houver mora do credor ou risco para o devedor na realização do pagamento direto. Serve para a entrega de qualquer objeto, só não se admite para a obrigação de fazer ou não fazer. Se for feito por processo de conhecimento, a sentença tem natureza declaratória. Para que o devedor fique exonerado da obrigação, a consignação deve cumprir os mesmos requisitos exigidos para a validade do pagamento quanto às pessoas, ao objeto, modo, tempo e lugar. O depósito em estabelecimento bancário só é admitido quando a prestação for em dinheiro.

3.5.3.2. Cabimento

a) Se o credor não puder, ou, sem justa causa, recusar receber o pagamento, ou dar quitação na devida forma;

b) se o credor não for, nem mandar receber a coisa no lugar, tempo e condição devidos;

c) se o credor for incapaz de receber, for desconhecido, declarado ausente, ou residir em lugar incerto ou de acesso perigoso ou difícil;

d) se ocorrer dúvidas sobre quem deva legitimamente receber o objeto do pagamento;

e) se pender litígio sobre o objeto do pagamento.

3.5.4. Pagamento com sub-rogação

3.5.4.1. Conceito

É a operaçao pela qual a dívida se transfere a terceiro que a pagou, com todos os seus acessórios. Tem-se aqui uma sub-rogação subjetiva, uma vez que há troca de devedor. Extingue-se a obrigação com relação ao credor original. Por outro lado, transferem-se ao novo credor todos os direitos, ações, privilégios e garantias do primitivo em relação à dívida.

3.5.4.2. Espécies

a) Legal ou automática: *é a que opera de pleno direito,* em favor:

a1) do credor que paga a dívida do devedor comum; aqui temos um devedor com dois credores, sendo que um desses paga o outro para evitar o fim do patrimônio do devedor, por exemplo;

a2) do adquirente do imóvel hipotecado, que paga o credor hipotecário, bem como do terceiro que efetiva o pagamento para não ser privado de direito sobre o imóvel;

a3) do terceiro interessado, que paga a dívida pela qual era ou podia ser obrigado, no todo ou em parte;

b) convencional: *é a que decorre da vontade das partes* e que se verifica nos seguintes casos:

b1) quando o credor recebe o pagamento de terceiro e expressamente lhe transfere todos os seus direitos;

b2) quando terceira pessoa empresta ao devedor a quantia precisa para solver a dívida, sob a condição de ficar o mutuante sub-rogado nos direitos do credor satisfeito. Ex.: contratos de mútuo pelo Sistema Financeiro da Habitação.

3.5.5. Imputação do pagamento

3.5.5.1. Conceito

É a indicação ou determinação da dívida a ser quitada quando uma pessoa obrigada por dois ou mais débitos, líquidos e vencidos, da mesma natureza e com o mesmo credor só pode pagar um deles.

3.5.5.2. Regra geral

Cabe ao devedor indicar, no ato do pagamento, qual dívida deseja saldar.

3.5.5.3. Ausência de indicação pelo devedor

Nesse caso, o credor fará a indicação por meio da quitação. Se a indicação não for feita, dar-se-á a imputação legal:

a) o pagamento será imputado primeiro nos juros vencidos e depois no capital;

b) o pagamento será imputado primeiro nas dívidas vencidas há mais tempo;

c) se todas forem vencidas no mesmo tempo, imputa-se na mais onerosa;

d) se todas forem iguais, imputa-se proporcionalmente.

Por fim, é importante trazer à colação a orientação fixada pela Súmula 464 do STJ: "a regra de imputação de pagamentos estabelecida no art. 354 do CC não se aplica às hipóteses de compensação tributária".

3.5.6. Dação em pagamento

3.5.6.1. Conceito

É o acordo de vontades por meio do qual o credor aceita receber prestação diversa da que lhe é devida. Na dação o que é alterado na relação obrigacional é apenas o objeto, sendo que credor e devedor permanecem os mesmos. Por exemplo, uma pessoa devia R$ 1.000,00 e combina com o credor que pagará com a entrega de uma bicicleta. Trata-se de contrato real, pois só se aperfeiçoa com a tradição. Se for determinado o preço da coisa dada em pagamento, as relações entre as partes regular-se-ão pelas normas do contrato de compra e venda.

3.5.6.2. Efeitos

Extingue a obrigação original. Todavia, se houver evicção, ficará restabelecida a prestação primitiva, ficando sem efeito a quitação dada.

3.5.7. Novação

3.5.7.1. Conceito

É a criação de obrigação nova para extinguir a anterior. Trata-se, ao mesmo tempo, de causa extintiva e geradora de obrigações. Decorre da vontade dos interessados, não da lei.

3.5.7.2. Requisitos de validade

a) **Existência de obrigação anterior**: assim, não podem ser objeto de novação obrigações nulas ou extintas. Todavia, sujeitam-se a novação as obrigações anuláveis, haja vista que esta pode ser confirmada pela novação;

b) **constituição de nova dívida**: há de ser algo efetivamente novo e válido. Se a nova dívida for nula será restabelecida a obrigação anterior;

c) **intenção de novar ou *animus novandi***: o CC aduz que o ânimo de novar pode ser expresso ou tácito, porém deve ser *inequívoco*. Se assim não o for a segunda obrigação simplesmente confirma a primeira. Trata-se de requisito subjetivo, muitas vezes de difícil demonstração, mormente no que tange à forma tácita. Assim, o ideal é que a manifestação seja exarada de forma expressa para que não restem dúvidas.

3.5.7.3. Espécies

a) **objetiva ou real:** quando houver modificação no próprio objeto da obrigação. Por exemplo, substitui-se obrigação em dinheiro para obrigação de não fazer;

b) **subjetiva ou pessoal:** quando houver substituição de um dos sujeitos da obrigação anterior; não se confunde com a cessão de crédito e a assunção de dívida, pois na novação o vínculo anterior é extinto e cria-se um novo. Pode ser:

b1) **ativa:** quando houver substituição do credor, formando-se nova dívida entre devedor e terceiro;

b2) **passiva:** quando houver substituição do devedor. Será chamada novação por expromissão quando o devedor é substituído sem o seu consentimento; se for por ordem do devedor, chama-se delegação, sendo necessária a anuência do credor.

c) **mista ou subjetiva-objetiva:** quando, ao mesmo tempo, houver substituição do objeto e de algum dos sujeitos da obrigação anterior.

3.5.8. Compensação

3.5.8.1. Conceito

É a extinção das obrigações entre duas pessoas que são, ao mesmo tempo, credora e devedora uma da outra. As obrigações ficam extintas até onde se compensarem. Por exemplo, se "A" deve R$ 1.000,00 a "B" e este, R$ 800 a "A", pela compensação, a segunda obrigação fica extinta, remanescendo uma dívida de R$ 200 de "A" para "B".

3.5.8.2. Espécies

a) **Legal:** é a que decorre da lei, automaticamente. Nesse caso, o devedor poderá alegar a compensação na contestação (exceção de compensação) ou em embargos do devedor. Por se tratar de questão dispositiva, o juiz não pode pronunciá-la de ofício, salvo em relação a honorários advocatícios fixados na própria sentença;

b) **Convencional:** é a que decorre da vontade das partes.

3.5.8.3. Requisitos da compensação legal

a) **Reciprocidade das obrigações**; a exceção é a situação do fiador, que poderá opor compensação de crédito do devedor para com o credor;

b) **prestações líquidas e vencidas**; dívida prescrita não pode ser oposta, pois, de acordo com o art. 190 do CC, a exceção prescreve no mesmo prazo que a pretensão;

c) **coisas fungíveis**; ou seja, as coisas a serem compensadas devem ser do mesmo gênero e qualidade.

3.5.8.4. Impedimentos à compensação

Tanto a vontade (impedimento convencional) como a lei (impedimento legal) podem estabelecer restrições à compensação. São casos de impedimento legal:

a) se uma das dívidas provier de furto, roubo ou esbulho (atos ilícitos);

b) se uma das dívidas se originar de comodato (bem infungível), depósito (bem infungível) ou alimentos (crédito incompensável);

c) se uma das dívidas for de coisa não suscetível de penhora (bem fora do comércio);

d) se a compensação se der em prejuízo de terceiros (boa-fé objetiva).

Em relação a débitos fiscais, a legislação especial é que trata do tema.

3.5.9. Confusão

Confusão é a extinção da obrigação pela reunião, em uma única pessoa, das qualidades de credora e devedora na relação jurídica. A confusão pode ser total ou parcial. O processo será extinto, sem julgamento de mérito. Um exemplo é um herdeiro que recebe de herança um crédito contra si mesmo.

3.5.10. Remissão das dívidas

Consiste na exoneração da dívida do devedor, por liberalidade do credor. A lei exige concordância do devedor. Assim, trata-se de negócio jurídico bilateral. A remissão não pode prejudicar terceiros. Se isso ocorrer, pode ser configurada a fraude contra credores. A remissão pode ser expressa, tácita (ex.: quitação total após pagamento parcial) ou presumida (ex.: devolução voluntária do título).

3.6. Inadimplemento das obrigações

3.6.1. Introdução

Nem sempre a obrigação é cumprida como estipulado entre o credor e o devedor. Nesses casos, fala-se em inadimplemento, que pode ser absoluto (ou definitivo) ou relativo (ou mora). Aliás, o descumprimento de deveres acessórios, anexos e instrumentais (decorrentes do princípio da boa-fé objetiva) também podem configurar o inadimplemento.

O **inadimplemento absoluto** *ocorre na hipótese de o credor estar impossibilitado de receber a prestação devida, seja porque é impossível o cumprimento, seja porque a prestação já não lhe é útil*. Será total quando a prestação por inteiro não puder ser cumprida e parcial se apenas uma parte da prestação não puder ser cumprida. O critério para distinguir o inadimplemento absoluto da mora não é só a impossibilidade da prestação. Também ocorre o primeiro quando a prestação já não for útil ao credor. Assim, se o vestido de uma noiva chega após o casamento, não se tem simples mora, mas inadimplemento absoluto. O descumprimento de obrigação de não fazer acarreta, sempre, inadimplemento absoluto, uma vez que não há mais como cumprir o que foi combinado.

O **inadimplemento relativo** *ocorre na hipótese em que ainda for possível e útil a realização da prestação, apesar da inobservância do tempo, do lugar e da forma devidos.* No exemplo anterior, caso o vestido de noiva devesse ser entregue vinte dias antes do casamento, mas isso só ocorrer dez dias antes do evento, estar-se-á diante de mora, não de inadimplemento absoluto. A distinção entre a primeira e o segundo é importante, pois esse enseja cobrança de perdas e danos, sem direito à prestação, ao passo que aquela enseja cobrança de perdas e danos, bem como da própria prestação.

O **inadimplemento culposo** (absoluto ou relativo) faz com que o devedor tenha de responder por perdas e danos, juros, atualização monetária e honorários de advogado (caso tenha sido contratado um). É importante consignar que, na responsabilidade civil contratual ou negocial, a culpa é presumida. Assim, se alguém deixar de cumprir uma obrigação contratual, presume-se que agiu com culpa. Basta o credor fazer a prova do inadimplemento, não sendo necessário que prove algum fato imputável ao devedor. Esse só fica exonerado da responsabilidade se demonstrar alguma excludente, como o caso fortuito ou de força maior ou a culpa exclusiva de terceiro. Já na responsabilidade civil extracontratual subjetiva (culposa), o credor é que tem o ônus da prova da culpa do causador do dano. Nos contratos benéficos ou gratuitos, aquele que pratica a liberalidade só responde se agir com dolo. Assim, na doação pura e simples, o doador só responde pela impossibilidade de entrega da coisa doada caso tenha agido com dolo (ex.: se tiver destruído a coisa).

O **inadimplemento fortuito** não gera, em princípio, obrigação de indenizar. Segundo o art. 393 do CC, o devedor não responde pelos prejuízos resultantes do caso fortuito ou força maior, salvo se expressamente houver por eles se responsabilizado. Assim, só haverá responsabilidade no fortuito se o devedor assumir essa obrigação.

Dívida x responsabilidade: não se deve confundir as duas. A primeira é o elemento pessoal (*Schuld*), ao passo que a segunda, o patrimonial (*Haftung*). Um devedor, enquanto estiver em dia, tem uma dívida. Quando incorrer em inadimplência, passa a ter uma responsabilidade, ou seja, todos os seus bens passam a ser a garantia do pagamento da dívida, salvo bens impenhoráveis. O Direito coloca à disposição do credor meios para que este consiga satisfazer de modo específico seu crédito. Não sendo possível isso, a obrigação converte-se em perdas e danos, ficando o patrimônio do devedor sujeito a esse pagamento.

3.6.2. Mora

3.6.2.1. Conceito

Quanto ao devedor, consiste no não pagamento, e quanto ao credor, na não aceitação do pagamento no tempo, lugar e forma devidos. É importante ressaltar que a diferença entre mora e inadimplemento absoluto é que, na primeira, a obrigação ainda pode ser cumprida.

3.6.2.2. Mora do devedor (mora solvendi ou debitoris)

3.6.2.2.1. Espécies

a) Mora *ex re* (ou de pleno direito): *é aquela em que o fato que a ocasiona está previsto objetivamente na lei.* Assim, a mora é automática. Basta que ocorra o fato para que se configure a mora. Ex.: quando a obrigação tem data de vencimento. O CC estabelece que "o inadimplemento da obrigação, positiva e líquida, no seu termo, constitui de pleno direito em mora o devedor" (art. 397 do CC). Trata-se das chamadas obrigações impuras, em que se aplica a regra do *dies interpellat pro homine.* Outra regra de mora automática é a seguinte: "nas obrigações provenientes de ato ilícito, considera-se o devedor em mora, desde que o praticou" (art. 398 do CC);

b) mora *ex persona* (ou por ato da parte): *é aquela que depende de providência por parte do credor para que se caracterize.* Por exemplo, a que depende de interpelação judicial ou extrajudicial, protesto ou mesmo citação do devedor. Aliás, caso ainda não esteja configurada a mora num dado caso, a citação válida terá sempre esse efeito segundo o art. 240 do NCPC. O CC estabelece que "não havendo termo, a mora se constitui mediante interpelação judicial ou extrajudicial" (art. 397, parágrafo único). Trata-se das chamadas obrigações perfeitas, em que, por não haver vencimento, a mora depende de notificação. Mas há casos em que, mesmo havendo termo (vencimento) estabelecido, a lei determina que a mora só se configurará após notificação extrajudicial ou judicial. É o caso dos compromissos de compra de venda e da alienação fiduciária em garantia.

Ressalta-se que a cobrança de encargos e parcelas indevidas ou abusivas impede a caracterização da mora do devedor (Enunciado 354 JDC/CJF).

3.6.2.2.2. Pressupostos

a) Exigibilidade da prestação; ou seja, termo vencido ou condição suspensiva implementada;

b) inexecução culposa; assim, se o devedor conseguir provar que a inexecução ocorreu por caso fortuito ou força maior, fica excluída a mora;

c) viabilidade do cumprimento tardio; ou seja, não se estará diante de mora se a inexecução da obrigação tornar inútil ao credor seu cumprimento posterior; nesse caso tem-se inadimplemento absoluto.

Vale observar que a "simples propositura da ação de revisão de contrato não inibe a caracterização da mora do autor" (Súmula 380 do STJ).

3.6.2.2.3. Efeitos

Caracterizada a mora, o credor tem duas opções:

a) exigir o cumprimento da obrigação, mais o pagamento de todos os prejuízos que a mora causar, incluindo perdas e danos, juros, atualização monetária e honorários de advogado;

b) enjeitar a prestação, exigindo a satisfação de todas as perdas e danos, caso a prestação, devido à mora, tornar-se inútil aos seus interesses.

Obs.: estando o devedor em mora, esse responderá, inclusive, pela impossibilidade da prestação. Trata-se do efeito que a doutrina chama de perpetuação da obrigação (*perpetuatio obligationis*). O devedor responde mesmo que a impossibilidade decorra de caso fortuito ou de força maior. Só não responderá se provar que o dano teria ocorrido mesmo que tivesse cumprido a prestação a termo (*exceção de dano inevitável*).

3.6.2.3. *Mora do credor (mora accipiendi ou credendi)*

3.6.2.3.1. Pressupostos

a) Vencimento da obrigação; o credor não é obrigado a receber antes do tempo; todavia, se o vencimento já tiver ocorrido e o credor não quiser receber, estará configurada sua mora, independentemente de culpa do credor; se não houver vencimento, o devedor deverá notificar para constituição em mora;

b) efetiva oferta da prestação pelo devedor ao credor;

c) recusa injustificada em receber; assim, não se configura a mora se o credor tem justo motivo para não aceitar o pagamento, como no caso de haver diferença entre o que deveria ser cumprido e o que é oferecido.

Obs.: o ônus da prova da mora do credor é do devedor. É por isso que o devedor deve propor ação de consignação em pagamento, exonerando-se da obrigação e evitando a incidência de penalidades e indenizações.

3.6.2.4. *Purgação da mora*

É a atitude voluntária da parte que tem por finalidade sanar o cumprimento defeituoso da obrigação pelo seu efetivo adimplemento. O devedor em mora deve oferecer a prestação mais a importância dos prejuízos decorrentes do dia da oferta. O credor em mora deve oferecer o recebimento, sujeitando-se aos efeitos da mora até a mesma data.

3.6.3. *Perdas e danos. Características*

a) Incidem quando há inadimplemento obrigacional;

b) dependem da existência de dano;

c) incluem os *danos emergentes* (o que efetivamente se perdeu) e os *lucros cessantes* (o que razoavelmente se deixou de lucrar);

d) incluem os danos materiais (ou patrimoniais) e os danos morais (ou de natureza extrapatrimonial);

e) só incluem os prejuízos efetivos e os lucros cessantes por efeito direto e imediato (nexo de causalidade entre os danos sofridos pelo credor e o inadimplemento do devedor);

f) quando se trata de dívida em dinheiro, as perdas e danos incluem os *danos emergentes* (a própria prestação + atualização monetária + custas e honorários de advogado) e os *lucros cessantes* (juros de mora); o juiz pode conceder *indenização suplementar*, quando for provado que os juros de mora não cobrem o prejuízo e não houver pena convencional;

g) os juros de mora são contados desde a citação; isso não ocorre nas indenizações por ato ilícito e nos casos de mora *ex re*.

3.6.4. *Juros legais*

A lei usa a expressão juros legais no capítulo que trata dos juros moratórios. Como se sabe, juros moratórios são aqueles que têm caráter indenizatório pelo retardamento no cumprimento da obrigação. Esses juros também têm caráter punitivo. Não se deve confundir os juros moratórios com os juros remuneratórios (ou compensatórios). Esses são devidos como forma de remunerar o capital emprestado (ex.: taxa de juros do cheque especial). A lei estabelece as seguintes regras para os juros moratórios:

a) as partes podem convencionar os juros moratórios no percentual de até 12% ao ano;

b) se as partes não convencionarem os juros moratórios, estes serão fixados "segundo a taxa que estiver em vigor para a mora do pagamento de impostos devidos à Fazenda Nacional", ou seja, segundo a taxa Selic; o STJ vem entendendo que se aplica a taxa Selic, não incidindo, cumulativamente, correção monetária, uma vez que ela já embute essa correção (EResp 727.842/SP, DJ 20.11.2008).

c) ainda que não se alegue prejuízo, o devedor é obrigado ao pagamento de juros moratórios, inclusive quando não se deve dinheiro, fixando-se, nesse caso, valor pecuniário para o cálculo dos juros devidos.

3.6.5. *Cláusula penal*

3.6.5.1. *Conceito*

É a obrigação acessória que incide caso uma das partes deixe de cumprir a obrigação principal. Por exemplo, fixa-se o pagamento de uma multa de 10% caso o aluguel não seja pago em dia. Decorre de convenção entre as partes. Essa cláusula pode ser estipulada tanto para a mora como para o inadimplemento absoluto.

3.6.5.2. *Finalidades*

a) **meio de coerção:** trata-se incentivo ao fiel cumprimento da obrigação;

b) **prefixação de perdas e danos:** ou seja, independentemente de provar a existência de danos, o credor pode exigi-la do devedor em caso de não cumprimento da obrigação.

3.6.5.3. *Indenização suplementar*

Como regra, a cláusula penal é *substitutiva* (ou *disjuntiva)*, ou seja, o credor não poderá pedir indenização suplementar. Todavia, caso haja previsão de que a cláusula penal é apenas uma indenização mínima, o credor poderá pedir a complementação, hipótese em que teremos a *clausula penal cumulativa*.

Amenizando um pouco a regra, o Enunciado 430 das Jornadas de Direito Civil entende que, em se tratando de contrato de adesão, não há necessidade de convenção prevendo a possibilidade de indenização suplementar caso o valor do dano supere o valor da cláusula penal. Nesse sentido, confira: "art. 416, parágrafo único: no contrato de adesão, o prejuízo comprovado do aderente que exceder ao previsto na cláusula penal compensatória poderá ser exigido pelo credor independentemente de convenção".

3.6.5.4. *Espécies*

a) compensatória: *é a estipulada para a hipótese de total inadimplemento da obrigação*; nesse caso, o credor só poderá exigir a multa, uma vez que a prestação já não pode mais ser cumprida;

b) moratória ou compulsória: *é a estipulada para evitar o retardamento culposo no cumprimento da obrigação ou para dar segurança especial a uma cláusula determinada*; nesse caso, o credor poderá exigir a prestação e a multa.

3.6.5.5. Limites da cláusula penal

a) valor: a multa não pode exceder o valor da obrigação principal, ou seja, seu valor máximo é de 100%. Já no CDC, a multa é de até 2% sobre o valor da prestação no fornecimento de crédito; a Lei de Usura limita a multa em 10% para os contratos de mútuo; a legislação que regula compromissos de compra e venda de imóveis também a limita em 10%; em relação às despesas de condomínio, a taxa máxima é de 2%;

b) redução equitativa: se a obrigação principal tiver sido cumprida em parte, ou se o montante da penalidade for manifestamente excessivo, a penalidade deve ser reduzida equitativamente pelo juiz (art. 413 do CC).

3.6.6. Arras ou sinal

3.6.6.1. Conceito

É o bem entregue por um dos contratantes a outro como confirmação do contrato e princípio de pagamento. Trata-se de pacto acessório e contrato real (só se aperfeiçoa com a entrega do dinheiro ou da coisa).

3.6.6.2. Espécies

a) confirmatórias: *são as utilizadas para confirmar o negócio.* Se quem pagar as arras desistir do contrato, ficará sem elas em favor da outra parte. Já se quem recebeu as arras desistir do contrato, deverá devolvê-las em dobro, com atualização monetária, juros e honorários de advogado. As arras confirmatórias servem de prefixação das perdas e danos. Se os prejuízos superarem seu valor, pode-se pedir indenização suplementar;

b) penitenciais: *são as utilizadas para a prefixação das perdas e danos, no caso de qualquer das partes desistir do contrato.* A regra é igual à das arras confirmatórias. A diferença é que aqui não cabe pedido de indenização suplementar.

Segundo o STJ, na hipótese de inexecução do contrato, revela-se inadmissível a cumulação das arras com a cláusula penal compensatória, sob pena de ofensa ao princípio do *non bis in idem*, sem prejuízo de a parte prejudicada pelo inadimplemento culposo exigir indenização suplementar, provando maior prejuízo, valendo as arras como taxa mínima (REsp 1.617.652-DF, Rel. Min. Nancy Andrighi, por unanimidade, julgado em 26/09/2017, DJe 29/09/2017).

4. DIREITO DOS CONTRATOS

4.1. Conceito, natureza jurídica, existência, validade, eficácia, formação, estipulação em favor de terceiro e promessa por fato de terceiro e contrato com pessoa a declarar

4.1.1. Conceito de contrato

Contrato *é o acordo de vontades para o fim de adquirir, resguardar, modificar ou extinguir direitos*, conforme lição de Clóvis Bevilaqua. Trata-se de uma das fontes humanas geradoras de obrigações. As outras são: a) as declarações unilaterais da vontade; b) os atos ilícitos. Esse conceito abrange tanto os contratos principais como os acessórios. O Direito Romano distinguia *contrato* de *convenção*. Essa era o gênero, que tinha como espécies o *contrato* e o *pacto* (hoje chamado contrato acessório).

4.1.2. Natureza jurídica do contrato

O contrato tem a seguinte natureza jurídica:

a) é fato jurídico (e não fato simples), pois o contrato é um acontecimento que gera *efeitos jurídicos*;

b) é **fato jurídico em sentido amplo** (e não fato jurídico em sentido estrito), pois o contrato é um fato jurídico *humano* e não da natureza;

c) é **ato lícito** (e não ato ilícito), pois o contrato produz efeitos *desejados* pelo agente;

d) é **negócio jurídico** (e não ato jurídico em sentido estrito), pois o contrato tem *fim negocial*, de regulamentar uma dada situação, não se tratando de mera intenção, como a escolha de um domicílio;

f) é **negócio jurídico bilateral ou plurilateral** (e não negócio jurídico unilateral), pois a *formação* de um contrato depende de mais de uma vontade, e não de apenas uma, como o testamento.

4.1.3. Existência, validade e eficácia

O negócio jurídico pode ser avaliado em três planos: da existência, da validade e da eficácia.

O **plano da existência** analisa os requisitos necessários para a *formação* do contrato. Não preenchidos quaisquer dos elementos de existência do contrato, o acontecimento sequer tem repercussão na esfera jurídica. Por exemplo, se uma pessoa não autoriza outra a prestar um serviço de manutenção de seu carro, o contrato respectivo não se formou, não existe na esfera jurídica.

O **plano da validade** analisa os requisitos necessários para que o contrato *não sofra as sanções* de nulidade ou de anulabilidade, sanções essas que podem impedir que o contrato produza efeitos.

O **plano da eficácia** analisa os momentos em que o contrato regular *inicia e termina a produção de seus efeitos.*

4.1.3.1. Elementos de existência do contrato

4.1.3.1.1. Exteriorização de vontade

Consiste na manifestação de vontade expressa ou tácita. A manifestação expressa *é aquela exteriorizada de modo inequívoco*. Pode ser verbal, escrita ou gestual. A manifestação tácita *é aquela que decorre de um comportamento*. Por exemplo, uma pessoa recebe uma proposta para ganhar um bem em doação e, sem nada dizer, recolhe o imposto de transmissão de bens, aceitando tacitamente a doação.

4.1.3.1.2. Acordo de vontades (consentimento)

Consiste na coincidência de vontades no sentido da formação do contrato. Assim, para existir um contrato, não basta a exteriorização de uma vontade. São necessárias duas vontades coincidentes. Não se admite, portanto, a existência do autocontrato ou contrato consigo mesmo. O que pode haver é que um mandatário celebre contrato figurando, de um lado, em nome do mandante e, de outro, em nome próprio. Por exemplo, "A" celebra um contrato com "B", sendo que "A" recebeu uma procuração de "B" para atuar em nome desse. Não é sempre que o Direito autoriza uma situação dessas. O art. 117 do CC, inclusive, dispõe que, "salvo se o permitir a lei ou o representado, é anulável o negócio jurídico que o representante, no seu interesse ou por conta de outrem, celebrar consigo mesmo".

4.1.3.1.3. Finalidade negocial

Consiste na vontade de regulamentar uma dada relação jurídica, o que difere da simples intenção manifestada por uma determinada vontade. Assim, quem celebra um contrato de compra e venda busca regulamentar uma dada relação jurídica, celebrando um *negócio jurídico*. Já aquele que muda de domicílio manifesta apenas uma intenção, sem buscar a regulamentação de uma relação jurídica em especial.

4.1.3.1.4. Apreciação pecuniária

Consiste na existência de um elemento econômico no acordo de vontades. A patrimonialidade é considerada, pela doutrina, como ínsita a todo e qualquer tipo de contrato, ainda que existente apenas no caso de descumprimento do dever principal.

4.1.3.1.5. Elementos especiais

Há determinados contratos que exigem, para sua formação, a presença de outros elementos. É o caso dos contratos reais, que exigem, para a sua existência, a entrega da coisa. Por exemplo, o mútuo (empréstimo de coisa fungível) só passa a existir quando há tradição.

4.1.3.2. Pressupostos de validade do contrato

4.1.3.2.1. Vontade livre

Consiste na vontade externada sem vícios. O pressuposto não é preenchido, por exemplo, se a vontade resulta de erro, dolo ou coação, situações em que o contrato será considerado anulável (art. 171, II, CC).

4.1.3.2.2. Capacidade das partes

Consiste na aptidão genérica para, pessoalmente, praticar os atos da vida civil. O incapaz, para que seja parte de um contrato válido, deve ser assistido (se relativamente incapaz) ou representado (se absolutamente incapaz), sob pena de o ato ser anulável (art. 171, I, do CC) ou nulo (art. 166, I, do CC), respectivamente.

4.1.3.2.3. Legitimação das partes

Consiste na aptidão específica para a prática de certos atos da vida civil. O cônjuge que aliena bem imóvel sem a anuência de seu consorte, salvo no regime de separação absoluta, não tem legitimação. O ato por ele praticado é considerado anulável (art. 1.647, I, c/c art. 1.649, do CC).

4.1.3.2.4. Obediência à forma, quando prescrita em lei

Trata-se de requisito que só incidirá se houver forma imposta por lei. Se a lei civil nada dispuser sobre a forma, essa será de livre escolha das partes. Normalmente, um contrato de compra e venda de móvel não requer forma especial; já um contrato de compra e venda de imóvel sempre requer forma especial, no caso a forma escrita. Aliás, se o imóvel for de valor superior a 30 salários mínimos, a forma é ainda mais especial, uma vez que é exigida escritura pública. A desobediência à forma torna o contrato nulo (art. 166, IV, do CC), salvo se se tratar de forma estabelecida em lei apenas para efeito probatório.

4.1.3.2.5. Objeto lícito, possível e determinável

Tanto o objeto *imediato*, ou seja, a obrigação de dar, fazer ou não fazer, como o objeto *mediato* da obrigação, isto é, o bem econômico sobre o qual ele recai (coisa ou serviço), devem respeitar tais imposições. **Objeto lícito** *é aquele que não atenta contra a ordem jurídica como um todo*. Um exemplo de contrato com objeto ilícito é o contrato de sociedade para a exploração de prostituição. **Objeto possível juridicamente** *é aquele que não está proibido expressamente pela lei*. Um exemplo de contrato impossível juridicamente é o que trata de herança de pessoa viva (art. 426 do CC). **Objeto determinável** *é aquele indicado ao menos pelo gênero e pela quantidade*. O contrato com objeto ilícito, impossível ou indeterminável é considerado nulo (art. 166, II, do CC).

4.1.3.2.6. Inexistência de configuração de outras hipóteses legais de ato anulável ou nulo

Além dos casos mencionados, a lei estabelece outras hipóteses que geram invalidade. São exemplos de ato anulável os casos de **fraude contra credores** (arts. 158 e ss. do CC) e de ato nulo os **contratos que tiverem como objetivo fraudar lei imperativa** (ex.: contratos que violarem o princípio da função social) e os que **a lei taxativamente declarar nulo, ou proibir a sua prática, sem cominar sanção** (art. 166, VI e VII, do CC).

4.1.3.3. Pressupostos de eficácia do contrato

4.1.3.3.1. Inexistência de termo suspensivo pendente

Termo suspensivo *é o evento futuro e certo que condiciona o início dos efeitos do contrato*. Por exemplo, um contrato de locação que traz uma cláusula estabelecendo que o locatário só poderá adentrar ao imóvel após dez dias de sua celebração.

4.1.3.3.2. Inexistência de condição suspensiva pendente

Condição suspensiva *é o evento futuro e incerto que condiciona o início dos efeitos do contrato*. Por exemplo, um contrato de doação que prevê que o donatário só será proprietário da coisa se vier a se casar com determinada pessoa.

4.1.4. Formação dos contratos

4.1.4.1. Introdução

Antes de se formar, o contrato passa por uma fase, a fase pré-contratual, que também é chamada de fase de puntuação, de tratativas ou de negociações preliminares. Em seguida, as partes podem fazer um contrato preliminar (que é aquele que acerta a celebração de um contrato futuro), podem fazer um contrato definitivo ou podem não fazer contrato algum.

Portanto, há de se separar bem três situações: a) fase de negociações preliminares à formação do contrato; b) contrato preliminar; c) contrato definitivo.

A fase de negociações preliminares não gera, como regra, obrigações entre aqueles que negociam. Todavia, a doutrina e a jurisprudência evoluíram no sentido de dar mais responsabilidade aos envolvidos nessa fase. Com base no princípio da boa-fé, vem se entendendo que, se na fase das negociações preliminares forem criadas fortes expectativas em um dos negociantes, gerando inclusive despesas de sua parte, o outro negociante deverá responder segundo a chamada responsabilidade pré-contratual, instituto jurídico que se aplica apenas à fase de negociações preliminares, daí o nome "pré-contratual". Nesse sentido, vale transcrever trecho da obra de Maria Helena Diniz sobre o assunto: "todavia, é preciso deixar bem claro que, apesar de faltar obrigatoriedade aos entendimentos preliminares, pode surgir, excepcionalmente, a responsabilidade civil para os que deles participam, não no campo da culpa contratual, mas no da aquiliana. Portanto, apenas na hipótese de um dos participantes criar no outro a expectativa de que o negócio será celebrado, levando-o a despesas, a não contratar com terceiro ou a alterar planos de sua atividade imediata, e depois desistir, injustificada e arbitrariamente, causando-lhe sérios prejuízos, terá, por isso, a obrigação de ressarcir todos os danos. Na verdade, há uma responsabilidade pré-contratual, que dá certa relevância jurídica aos acordos preparatórios, fundada não só no princípio de que os interessados deverão comportar-se de boa-fé, prestando informações claras e adequadas sobre as condições do negócio (...), mas também nos arts. 186 e 927 do Código Civil, que dispõem que todo aquele que, por ação ou omissão, dolosa ou culposa, causar prejuízo a outrem fica obrigado a reparar o dano" (*Curso de Direito Civil Brasileiro*, vol. 3, 26ª ed., São Paulo: Saraiva, p. 42, 2010).

Nada obstante, entre a fase de tratativas e a celebração do contrato em si, há atos com consequência jurídica relevante. Tais atos são a "oferta" e a "aceitação", essenciais à formação do contrato.

4.1.4.2. Oferta, proposta ou policitação

A oferta pode ser **conceituada** como *a declaração de vontade pela qual o proponente (policitante) leva ao conhecimento do oblato os termos para a conclusão de um contrato.*

Para que vincule, a oferta deve ter os seguintes **requisitos**:

a) seriedade: não pode ser brincadeira;

b) clareza: não pode ser ambígua;

c) completude: deve indicar todos os aspectos essenciais do contrato (preço e coisa);

d) com destinatário: deve ser dirigida a alguém ou ao público.

O **efeito** da oferta é *obrigar* o proponente aos seus termos, **salvo se**:

a) o contrário dela resultar;

b) a natureza ou as circunstâncias levarem a outra conclusão;

c) seus termos evidenciarem a falta de obrigatoriedade.

Ademais, a oferta **deixa de ser obrigatória** nos seguintes casos (art. 428 do CC):

a) *se feita sem prazo à pessoa presente, não for imediatamente aceita*; considera-se presente a pessoa que contrata por telefone ou outro meio semelhante; cuidado, pois, no CDC, o orçamento, caso não estipule prazo de validade, terá prazo de 10 dias;

b) *se feita sem prazo a pessoa ausente, tiver decorrido tempo suficiente para chegar a resposta ao conhecimento da outra parte (prazo moral)*; é exemplo de ausência a oferta feita por e-mail ou correspondência;

c) *se feita com prazo a pessoa ausente, não tiver sido expedida a resposta no tempo estipulado*;

d) *se houver retratação anterior ou simultânea à chegada da proposta ao conhecimento da outra parte.*

4.1.4.3. Aceitação

A aceitação pode ser **conceituada** como *a adesão integral do oblato à proposta formulada.*

Para que a aceitação leve à formação do contrato são necessários os seguintes **requisitos** (arts. 431 e 432 do CC):

a) deve ser expedida no prazo;

b) não deve conter adições, restrições ou modificações;

c) deve ser expressa.

A aceitação **tácita** só se admite se há costume entre as partes (art. 111 do CC) ou nos casos legais (ex.: silêncio do donatário em face de doação oferecida por alguém – art. 539 do CC).

Uma vez que a aceitação foi feita cumprindo os requisitos legais, seu **efeito** jurídico será a criação do vínculo contratual.

No entanto, o vínculo não será criado nos seguintes casos:

a) se houver retratação (art. 433 do CC); nesse caso, a retratação deve chegar ao conhecimento do proponente junto ou antes da aceitação;

b) se, embora expedida a tempo, por motivo imprevisto, a aceitação chegar tarde ao conhecimento do proponente (ex.: por problema nos correios), conforme art. 430 do CC; nesse caso, o proponente ficará liberado, mas deverá comunicar imediatamente o fato ao aceitante, sob pena de responder por perdas e danos.

4.1.4.4. Teorias sobre o momento da conclusão dos contratos entre ausentes

De acordo com o **sistema da informação (ou cognição)**, o contrato se forma no momento em que o policitante toma conhecimento da aceitação pelo oblato. O problema é que nunca se sabe exatamente quando isso ocorre.

Já o sistema da **agnição (declaração)** contempla as seguintes **espécies**:

a) declaração propriamente dita: o contrato se forma assim que se faz a declaração de aceitação, ou seja, assim que o oblato escreve a resposta com a aceitação; o problema é que essa resposta pode ser rasgada logo em seguida;

b) recepção: o contrato se forma no momento em que o proponente recebe a declaração de aceitação; também é complicada essa espécie, pois não há como o aceitante ter certeza do momento em que o proponente recebe a declaração de aceitação;

c) expedição: o contrato se forma no momento em que a declaração de aceitação é expedida; essa espécie é mais aceita, pois traz um dado mais objetivo; ademais, está prevista expressamente no *caput* do art. 434 do CC.

Porém, os contratos não se formarão nos seguintes casos (art. 434 do CC):

a) se houver retratação da aceitação;

b) se for estipulado prazo para chegar à aceitação e essa não chegar;

c) se for estipulado que o proponente deseja esperar a resposta (recepção).

Quanto ao contrato eletrônico, não há previsão expressa a respeito no Código Civil. Porém, a doutrina aponta que ele se forma com a recepção (Enunciado JDC/CJF 173).

4.1.5. *Estipulação em favor de terceiro (arts. 436 a 438 do CC)*

A estipulação em favor de terceiro pode ser **conceituada** como *o contrato pelo qual uma pessoa (estipulante) convenciona em seu próprio nome com outra (promitente) uma obrigação a ser prestada em favor de terceiro (beneficiário).*

São exemplos desse contrato o seguro de vida, a doação com encargo em favor de terceiro e os divórcios consensuais, nos quais se fazem estipulações em favor de filhos.

Esse contrato tem as seguintes características:

a) é uma exceção ao princípio da relatividade dos contratos;

b) contraentes devem ter capacidade de fato, mas, quanto aos beneficiários, basta que tenham capacidade de direito e legitimação (ex.: o concubino de alguém casado não tem legitimidade para ser beneficiário de contrato de seguro estipulado por esse);

c) o estipulante pode substituir o beneficiário, ou seja, o terceiro designado no contrato, independentemente da sua anuência e da do outro contratante;

d) o estipulante pode exigir o cumprimento da obrigação estipulada em favor de terceiro;

e) ao terceiro, em favor de quem se estipulou a obrigação, também é permitido exigi-la, ficando, todavia, sujeito às condições e normas do contrato, se a ele anuir.

4.1.6. *Promessa de fato de terceiro (arts. 439 e 440 do CC)*

A promessa de fato de terceiro pode ser **conceituada** como *o contrato pelo qual uma das partes se compromete a conseguir o consentimento de terceiro para a prática de um ato.*

Um **exemplo** desse tipo de promessa é uma produtora de eventos prometer que um cantor fará um show.

O **objeto** desse tipo de contrato é a *obrigação de conseguir o consentimento do outro*. Trata-se, então, de obrigação de *fazer*, do tipo obrigação de *resultado*.

O **descumprimento** do contrato pelo promitente gera perdas e danos. Não é possível fazer execução específica, pois é uma obrigação que envolve ato de terceiro, não havendo como obrigar o terceiro a cumprir o que não acertou.

Todavia, o promitente não terá de arcar com perdas e danos nos seguintes casos:

a) se a prestação se tornar impossível (ex.: pelo falecimento do cantor);

b) se o promitente tiver se obrigado a conseguir a anuência de seu cônjuge e, por conta do descumprimento, o cônjuge ficar sujeito ao pagamento das perdas e danos (ex.: promitente promete conseguir que a esposa assine contrato de fiança).

Quanto à situação do **terceiro**, há duas possibilidades:

a) num primeiro momento, o terceiro não tem obrigação alguma, pois não prometeu nada a ninguém;

b) porém, caso o terceiro venha a anuir com a promessa feita pelo promitente, o terceiro passa a ser devedor único, ao passo que o promitente, devedor primário, ficará liberado.

4.1.7. *Contrato com pessoa a declarar (arts. 467 a 471 do CC)*

O contrato com pessoa a declarar pode ser **conceituado** como *o contrato pelo qual uma pessoa (nomeante) reserva--se a faculdade de indicar outra (nomeado) para adquirir os direitos e assumir as obrigações respectivas.*

Esse contrato é muito comum em leilões de objeto de grande valor. Nesses casos, o verdadeiro comprador, não querendo revelar sua identidade, combina que uma outra pessoa irá fazer os lances e arrematar a coisa, podendo, depois, indicar o verdadeiro comprador para a assinatura dos documentos definitivos.

Em matéria de compromisso de compra e venda esse tipo de cláusula também é comum. Por exemplo, alguém faz um compromisso de compra e venda para comprar um terreno e consegue uma cláusula contratual pela qual o promitente vendedor, uma vez pagas todas as parcelas, deverá passar o imóvel em nome do compromissário comprador ou em nome de pessoa por esse indicada. Tal também ocorre quando um particular vende um carro numa loja de veículos, ficando estipulado que o carro será passado para o nome da pessoa indicada pela loja de automóveis. Nesses dois últimos exemplos, esse tipo de cláusula é utilizada para diminuir despesas com tributos e outras obrigações.

Essa **indicação deve ser comunicada** à outra parte no prazo de cinco dias da conclusão do contrato se outro não tiver sido estipulado.

A **aceitação** da pessoa nomeada deve cumprir os seguintes **requisitos**: a) deve ser expressa; b) deve se revestir da mesma forma que as partes usaram para o contrato originário.

Uma vez **aceita a nomeação**, a pessoa nomeada adquire os direitos e assume as obrigações decorrentes do contrato, a partir do momento em que esse foi celebrado, ou seja, a aceitação **retroage** à data do contrato originário.

Porém, se a **nomeação não for aceita**, o contrato **permanece** entre os contratantes originários.

Aliás, o contrato permanecerá entre contratantes originários nos seguintes casos:

a) se não houver indicação (nomeação) de alguma pessoa no prazo fixado;

b) se não houver aceitação pelo nomeado;

c) se for indicado um incapaz;

d) se for indicado um insolvente no momento da nomeação.

4.2. Princípios dos contratos

4.2.1. Princípio da autonomia da vontade

É aquele que assegura a liberdade de contratar, consistente na escolha entre celebrar ou não um contrato e na faculdade de escolher com quem, o que e como contratar.

4.2.2. Princípio da força obrigatória (obrigatoriedade, intangibilidade)

É aquele pelo qual o contrato faz lei entre as partes. Esse princípio decorre do anterior e estabelece a ideia de *pacta sunt servanda*. Em virtude dele, as partes são obrigadas a cumprir o combinado e não podem modificar unilateralmente o contrato.

4.2.3. Princípio da relatividade

É aquele pelo qual os efeitos dos contratos só são produzidos entre as partes. Decorre do princípio da autonomia da vontade.

4.2.4. Princípio da função social dos contratos

Aquele que só legitima e protege contratos que objetivam trocas úteis, justas e não prejudiciais ao interesse coletivo. Tal princípio é inspirado na diretriz de sociabilidade do atual Código Civil, que, traduzida para o plano contratual, impõe que o ele seja instrumento de adequado convívio social.

Consequências do princípio:

a) Os contratos devem ser **úteis**, ou seja, devem ser de interesse das partes. Assim, não é útil o contrato que estabelece a venda casada, em que um comerciante, por exemplo, é obrigado a adquirir cervejas e refrigerantes, quando seu interesse é apenas adquirir refrigerantes;

b) os contratos devem ser **justos**, ou seja, devem ser equilibrados. O contrato deve ser meio de negociação sadia de interesses e não meio de opressão. As cláusulas não podem ser abusivas, leoninas. Esse princípio impõe respeito à solidariedade, à justiça social e à dignidade da pessoa humana. Assim, não é justo o contrato que estabelece prestações exageradas ou desproporcionais, como, por exemplo, o contrato que estabelece que um contratante fica exonerado de qualquer responsabilidade pelo serviço prestado ou que estabelece que o comprador deve renunciar à indenização por benfeitorias necessárias que fizer no imóvel que tiver de ser devolvido.

c) os contratos devem **respeitar o interesse coletivo**, ou seja, não podem prejudicar os interesses difusos e coletivos, tais como o direito ao meio ambiente ecologicamente equilibrado. O próprio art. 170 da CF dispõe que um dos princípios da ordem econômica é a defesa do meio ambiente. A ideia central aqui é a promoção de um *desenvolvimento sustentável*.

O juiz, diante dessa cláusula geral, deverá se valer das *regras de experiência* e das *conexões sistemáticas*, ou seja, da utilização de regras previstas em outros diplomas legislativos que estabeleçam valores concernentes ao equilíbrio contratual.

4.2.5. Princípio da boa-fé objetiva

Aquele que impõe aos contratantes guardar em todas as fases que envolvem o contrato o respeito à lealdade.

Consequências do princípio:

a) Os contratantes devem ser **leais**, ou seja, devem agir com honestidade, retidão, respeito, cuidado e probidade.

b) deve-se analisar a conduta dos contratantes segundo os parâmetros da **boa-fé objetiva**, ou seja, o que se entende como atitude de boa-fé na sociedade. Trata-se da concepção ética de boa-fé e não da concepção individual, subjetiva, de boa-fé. Assim, não se verifica o que pensa um dos contratantes sobre o que é agir de boa-fé. Verifica-se o que pensa a sociedade sobre isso. O juiz, diante dessa cláusula geral, também deverá se valer das *regras de experiência* e das *conexões sistemáticas*, ou seja, da utilização de regras previstas em outros diplomas legislativos que estabeleçam valores concernentes à boa-fé.

Exemplo de aplicação prática do princípio é o trazido no Enunciado 432 das Jornadas de Direito Civil, *in verbis*: "art. 422: Em contratos de financiamento bancário, são abusivas cláusulas contratuais de repasse de custos administrativos (como análise do crédito, abertura de cadastro, emissão de fichas de compensação bancária etc.), seja por estarem intrinsecamente vinculadas ao exercício da atividade econômica, seja por violarem o princípio da boa-fé objetiva".

O princípio se aplica desde a fase das tratativas contratuais, passando pela fase de celebração, execução, extinção e até após o contrato. E o juiz também usará o princípio para interpretar, corrigir e até declarar nulas uma cláusula contratual ou todo o contrato se, depois de todo esforço interpretativo, não puder mantê-lo.

O princípio da boa-fé objetiva também é fundamentado, hoje, na imposição de reparação de danos originados na fase pré-contratual. Com efeito, quando pessoas estão em tratativas para celebrar um contrato, mas tal tratativa é de tal monta que gera expectativa legítima de que o contrato vá ser concluído, havendo rompimento das tratativas e prejuízo material a alguma das partes, de rigor, em homenagem ao princípio da boa-fé objetiva, o reconhecimento da responsabilidade civil em desfavor da parte infratora.

O princípio da boa-fé objetiva também faz com que fique vedado às partes comportamento contraditório, ou seja, o chamado *venire contra factum proprium*, fazendo valer o dever de confiança e lealdade entre as partes.

4.3. Classificação dos contratos

4.3.1. Quanto aos efeitos (ou quanto às obrigações)

4.3.1.1. Contratos unilaterais

São aqueles em que há obrigações para apenas uma das partes. São exemplos a doação pura e simples, o mandato, o depósito, o mútuo (empréstimo de bem fungível – dinheiro, p. ex.) e o comodato (empréstimo de bem infungível). Os três últimos são unilaterais, pois somente se formam no instante em que há entrega da coisa (são contratos reais). Entregue o dinheiro, por exemplo, no caso do mútuo, esse contrato estará formado e a única parte que terá obrigação será o mutuário, a de devolver a quantia emprestada (e pagar os juros, se for mútuo feneratício).

4.3.1.2. *Contratos bilaterais*

São aqueles em que há obrigações para ambos os contratantes. Também são chamados de sinalagmáticos. A expressão "sinalagma" confere a ideia de reciprocidade às obrigações. São exemplos a prestação de serviços e a compra e venda.

4.3.1.3. *Contratos bilaterais imperfeitos*

São aqueles originariamente unilaterais, que se tornam bilaterais por uma circunstância acidental. São exemplos o mandato e o depósito não remunerados. Assim, num primeiro momento, o mandato não remunerado é unilateral (só há obrigações para o mandatário), mas, caso esse incorra em despesas para exercê-lo, o mandante passará também a ter obrigações, no caso a de ressarcir o mandatário.

4.3.1.4. *Contratos bifrontes*

São aqueles que originariamente podem ser unilaterais ou bilaterais. São exemplos o mandato e o depósito. Se for estipulada remuneração em favor do mandatário ou do depositário, estar-se-á diante de contrato bilateral, pois haverá obrigações para ambas as partes. Do contrário, será unilateral, pois haverá obrigações apenas para o mandatário ou para o depositário.

Importância da classificação: a classificação é utilizada, por exemplo, para distinguir contratos em que cabe a exceção de contrato não cumprido. Apenas nos contratos bilaterais é que uma parte pode alegar a exceção, dizendo que só cumpre a sua obrigação após a outra cumprir a sua. Nos contratos unilaterais, como só uma das partes tem obrigações, o instituto não se aplica. Isso vale tanto para a inexecução total (hipótese em que se alega a *exceptio non adimplecti contractus*) como para a inexecução parcial (hipótese em que se alega a *exceptio non rite adimplecti contractus*), previstas no art. 476 do CC, e ainda para a exceção de insegurança, prevista no art. 477 do CC.

4.3.2. *Quanto às vantagens*

4.3.2.1. *Contratos gratuitos*

São aqueles em que há vantagens apenas para uma das partes. Também são chamados de benéficos. São exemplos a doação pura e simples, o depósito não remunerado, o mútuo não remunerado e o comodato.

4.3.2.2. *Contratos onerosos*

São aqueles em que há vantagens para ambas as partes. São exemplos a compra e venda, a prestação de serviços, o mútuo remunerado (feneratício) e a doação com encargo.

Não se deve confundir a presente classificação com a trazida anteriormente e achar que todo contrato unilateral é gratuito e que todo contrato bilateral é oneroso. Como exemplo de contrato unilateral e oneroso pode-se trazer o mútuo feneratício.

Importância da classificação: a) os institutos da evicção e dos vícios redibitórios somente são aplicados aos contratos onerosos; b) na fraude contra credores, em se tratando de contratos gratuitos celebrados por devedor insolvente ou reduzido à insolvência, o *consilium fraudis* é presumido. Nos contratos onerosos, por sua vez, tal *consilium* deve ser provado; c) na responsabilidade civil, essa se configura por mera culpa de qualquer das partes em contratos onerosos, ao passo que, nos contratos gratuitos, quem detém o benefício só responde se agir com dolo; d) na interpretação dos contratos, essa será estrita (não ampliativa) nos contratos gratuitos ou benéficos.

4.3.3. *Quanto ao momento de formação*

4.3.3.1. *Contrato consensual*

É aquele que se forma no momento do acordo de vontades. São exemplos a compra e venda e o mandato. Nesse tipo de contrato, a entrega da coisa (tradição) é mera execução.

4.3.3.2. *Contrato real*

É aquele que somente se forma com a entrega da coisa. São exemplos o comodato, o depósito e o mútuo. Nesses contratos a entrega da coisa é requisito para a formação, a existência do contrato.

4.3.4. *Quanto à forma*

4.3.4.1. *Contratos não solenes*

São aqueles de forma livre. São exemplos a compra e venda de bens móveis, a prestação de serviços e a locação. A regra é ter o contrato forma livre (art. 107 do CC), podendo ser verbal, gestual ou escrito, devendo obedecer a uma forma especial apenas quando a lei determinar.

4.3.4.2. *Contratos solenes*

São aqueles que devem obedecer a uma forma prescrita em lei. São exemplos a compra e venda de imóveis (deve ser escrita, e, se de valor superior a 30 salários mínimos, deve ser por escritura pública), o seguro e a fiança.

A forma, quando trazida na lei, costuma ser essencial para a validade do negócio (forma *ad solemnitatem*). Porém, em algumas situações, a forma é mero meio de prova de um dado negócio jurídico (forma *ad probationem tantum*).

4.3.5. *Quanto às qualidades pessoais dos contratantes*

4.3.5.1. *Contratos impessoais*

São aqueles em que a prestação pode ser cumprida, indiferentemente, pelo devedor ou por terceiro. Em obrigações de dar, por exemplo, não importa se é o próprio devedor ou terceiro quem cumpre a obrigação, mas sim que essa seja cumprida.

4.3.5.2. *Contratos personalíssimos*

São aqueles celebrados em razão de qualidades pessoais de pelo menos um dos contratantes, não podendo a respectiva prestação ser cumprida por terceiro. Também são chamados de contratos *intuitu personae*. Geralmente, nesse tipo de contrato, há obrigações de fazer. Os elementos confiança, qualidade técnica e qualidade artística são primordiais. São exemplos a contratação de um pintor renomado para realizar uma obra de arte e a contratação de um cantor para se apresentar numa casa de espetáculos. Nesses dois exemplos, a *pessoalidade* é da natureza do contrato. Entretanto, é possível que, por vontade dos contratantes, fique estipulado o caráter personalíssimo desse.

Importância da classificação: a) em caso de não cumprimento da obrigação, em se tratando de contrato impessoal, o credor tem, pelo menos, duas opções, quais sejam, mandar executar a obrigação por terceiro à custa do devedor ou simplesmente requerer indenização por perdas e danos; no caso de contrato personalíssimo, todavia, a obrigação não cumprida se converte em obrigação de pagar perdas e danos, já que só interessa seu cumprimento pelo devedor e não por terceiro; b) em caso de falecimento do devedor, em se tratando de contrato impessoal, a obrigação fica transmitida aos herdeiros, que deverão cumpri-la nos limites das forças da herança; no caso de contrato personalíssimo, por sua vez, o falecimento do devedor antes de incorrer em mora importa a extinção do contrato, não transferindo as obrigações respectivas aos herdeiros daquele. De acordo com o STJ, em razão da natureza personalíssima do contrato entre o cliente e o advogado, "Não é possível a estipulação de multa no contrato de honorários para as hipóteses de renúncia ou revogação unilateral do mandato do advogado, independentemente de motivação, respeitado o direito de recebimento dos honorários proporcionais ao serviço prestado" (REsp 1.346.171-PR, DJe 7/11/2016).

4.3.6. Quanto à existência de regramento legal

4.3.6.1. Contratos típicos (ou nominados)

São os que têm regramento legal específico. O CC traz pelo menos vinte contratos típicos, como a compra e venda, a doação e o mandato. Leis especiais trazem diversos outros contratos dessa natureza, como o de locação de imóveis urbanos (Lei 8.245/1991), de incorporação imobiliária (Lei 4.561/1964) e de alienação fiduciária (Decreto-Lei 911/1969).

4.3.6.2. Contratos atípicos (ou inominados)

São os que não têm regramento legal específico, nascendo da determinação das partes. Surgem da vida cotidiana, da necessidade do comércio. São exemplos o contrato de cessão de clientela, de agenciamento matrimonial, de excursão turística e de feiras e exposições. Apesar de não haver regulamentação legal desses contratos, o princípio da autonomia da vontade possibilita sua celebração, observados alguns limites impostos pela lei. O art. 425 do CC dispõe que "é lícito às partes estipular contratos atípicos, observadas as normas gerais fixadas neste Código". Assim, as pessoas podem criar novas figuras contratuais, desde que respeitem os seguintes preceitos do CC: os da parte geral (ex.: o objeto deve ser lícito, possível e determinável) e os da teoria geral das obrigações e dos contratos (ex.: deve atender ao princípio da função social dos contratos). De qualquer modo, nesse tipo de contrato as partes devem trazer maiores detalhes acerca de seu regramento, dada a inexistência de regulação legal da avença.

4.3.6.3. Contratos mistos

São os que resultam da fusão de contratos nominados com elementos particulares, não previstos pelo legislador, criando novos negócios contratuais. Exemplo é o contrato de exploração de lavoura de café, em que se misturam elementos atípicos com contratos típicos, como a locação de serviços, a empreitada, o arrendamento rural e a parceria agrícola.

4.3.7. Quanto às condições de formação

4.3.7.1. Contratos paritários

São aqueles em que as partes estão em situação de igualdade, podendo discutir efetivamente as condições contratuais.

4.3.7.2. Contratos de adesão

São aqueles cujas cláusulas são aprovadas pela autoridade competente ou estabelecidas unilateralmente sem que o aderente possa modificar ou discutir substancialmente seu conteúdo. Exemplos: contratos de financiamento bancário, seguro e telefonia. A lei estabelece que a inserção de uma cláusula no formulário não desnatura o contrato, que continua de adesão.

Importância da classificação: Os contratos de adesão têm o mesmo regime jurídico dos contratos paritários, mas há algumas diferenças pontuais. Se o contrato de adesão for regido pelo Direito Civil, há duas regras aplicáveis: a) as cláusulas ambíguas devem ser interpretadas favoravelmente ao aderente (art. 423 do CC); b) a cláusula que estipula a renúncia antecipada do aderente a direito resultante da natureza do contrato é nula (art. 424 do CC). Já se o contrato de adesão for regido pelo CDC, há duas regras peculiares a esse contrato (art. 54 do CDC): a) os contratos de adesão admitem cláusula resolutória, mas essas são alternativas, cabendo a escolha ao consumidor, ou seja, é ele quem escolhe se deseja purgar a mora e permanecer com o contrato ou se prefere a sua resolução; b) as cláusulas limitativas de direito devem ser redigidas com destaque, permitindo sua imediata e fácil identificação, sendo que o desrespeito a essa regra gera a nulidade da cláusula (art. 54, § 4º, c/c o art. 51, XV, do CDC).

4.3.8. Quanto à definitividade

4.3.8.1. Contratos definitivos

São aqueles que criam obrigações finais aos contratantes. Os contratos são, em sua maioria, *definitivos*.

4.3.8.2. Contratos preliminares

São aqueles que têm como objeto a realização futura de um contrato definitivo. Um exemplo é o compromisso de compra e venda. Os contratos preliminares devem conter os requisitos essenciais do contrato a ser celebrado, salvo quanto à forma. Assim, enquanto a compra e venda definitiva de um imóvel deve ser por escritura pública, o compromisso de compra e venda pode ser por escritura particular. Além disso, o contrato preliminar deve ser levado a registro para ter eficácia perante terceiros. Assim, um compromisso de compra e venda não precisa ser registrado para ser válido, mas sem a formalidade não há como impedir que um terceiro o faça antes, pois, não registrando, carregará esse ônus. De qualquer forma, o compromissário comprador, uma vez pagas todas as parcelas do compromisso, tem direito à adjudicação compulsória, independentemente da apresentação do instrumento no Registro de Imóveis. O compromissário deve apenas torcer para que alguém não tenha feito isso antes. As regras sobre o contrato preliminar estão nos artigos 462 e 463 do CC:

a) **consequência imediata do contrato preliminar:** desde que não conste cláusula de arrependimento, qualquer das partes pode exigir a celebração do contrato definitivo, assinalando prazo à outra. É importante ressaltar que, em matéria de imóveis, há diversas leis impedindo a cláusula de arrependimento;

b) **consequência mediata do contrato preliminar:** esgotado o prazo mencionado sem a assinatura do contrato definitivo, a parte prejudicada pode requerer ao Judiciário que supra a vontade do inadimplente, conferindo caráter definitivo ao contrato preliminar, salvo se a isso se opuser a natureza da obrigação.

4.3.9. *Quanto ao conhecimento prévio das prestações*

4.3.9.1. *Contrato comutativo*

É aquele em que as partes, de antemão, conhecem as prestações que deverão cumprir. Exs.: compra e venda, prestação de serviços, mútuo, locação, empreitada etc. A maior parte dos contratos tem essa natureza.

4.3.9.2. *Contrato aleatório*

É aquele em que pelo menos a prestação de uma das partes não é conhecida de antemão. Ex.: contrato de seguro.

4.3.10. *Quanto ao momento de execução*

4.3.10.1. *Contratos instantâneos*

São aqueles em que a execução se dá no momento da celebração. Um exemplo é a compra e venda de pronta entrega e pagamento.

4.3.10.2. *Contratos de execução diferida*

São aqueles em que a execução se dá em ato único, em momento posterior à celebração. Constitui exemplo a compra e venda para pagamento em 120 dias.

4.3.10.3. *Contratos de trato sucessivo ou de execução continuada*

São aqueles em que a execução é distribuída no tempo em atos reiterados. São exemplos a compra e venda em prestações, a locação e o financiamento pago em parcelas.

Importância da classificação: para efeito de discernir que tipo de contrato está sujeito à regra da imprevisão. Tal instituto, previsto nos arts. 478 a 480 do CC, só é aplicável aos contratos de execução diferida e de execução continuada, visto que não se pode conceber que uma prestação possa se tornar excessivamente onerosa por um fato novo em contratos em que a execução se dá no mesmo instante de sua celebração.

4.4. Onerosidade excessiva

4.4.1. *Introdução*

A Primeira Guerra Mundial trouxe sérias consequências à execução dos contratos, principalmente os de longo prazo. Isso fez com que ganhasse força a ideia de que está implícita em todo pacto uma cláusula pela qual a obrigatoriedade de seu cumprimento pressupõe a inalterabilidade da situação de fato que deu origem à sua formação. Tratava-se da chamada cláusula *rebus sic stantibus* ("enquanto as coisas estão assim"). Enquanto as condições fáticas existentes quando da celebração do contrato estiverem inalteradas, as disposições desse serão obrigatórias. Modificadas tais condições, causando desequilíbrio entre os contratantes, há de se alterar suas disposições. No Brasil, houve certa resistência a essa ideia, uma vez que o país acabara de ganhar um novo Código Civil (o de 1916), que não fazia referência ao assunto. Isso fez com que a ideia do *rebus sic stantibus* acabasse sendo aceita desde que os novos fatos fossem extraordinários e imprevisíveis, daí porque entre nós ganhou o nome de Teoria da Imprevisão. Mesmo assim, era só uma teoria. Algumas leis até trataram da questão, mas sempre de modo pontual. São exemplos a Lei de Alimentos, a Lei de Locações e a Lei de Licitações e Contratos Administrativos. Sobreveio o Código de Defesa do Consumidor, que inovou ao permitir a revisão contratual por onerosidade excessiva, independentemente de fato imprevisível. E em 2003, com a entrada em vigor do atual CC, previu-se para qualquer contrato regido pelo Direito Civil o instituto da "resolução por onerosidade excessiva", contudo novamente vinculada à ocorrência de fatos imprevisíveis. Como se verá, o CC adotou um nome infeliz ("resolução"), pois, em caso de onerosidade excessiva por fato imprevisível, deve-se, em primeiro lugar, buscar a revisão contratual e não a extinção do contrato.

4.4.2. *Requisitos para aplicação da regra da imprevisão*

O CC exige o seguinte para que se tenha direito à revisão ou à resolução do contrato:

a) o contrato deve ser de execução continuada ou diferida;

b) a prestação de uma das partes deve se tornar excessivamente onerosa;

c) a outra parte deve ficar com extrema vantagem;

d) o desequilíbrio deve ser decorrência de acontecimentos extraordinários e imprevisíveis.

O primeiro requisito é óbvio, pois num contrato de execução instantânea não há tempo para que a prestação fique excessivamente onerosa.

O segundo requisito impõe que a perda seja razoável. Pequenas perdas não possibilitam a revisão contratual.

O requisito de extrema vantagem para a outra parte vem sendo atenuado pela doutrina. Em virtude do princípio da função social dos contratos, basta que uma das partes fique com a prestação excessivamente onerosa para que possa pleitear a revisão contratual.

Por fim, exige-se acontecimento extraordinário e imprevisível. O requisito afasta acontecimentos ordinários, como é o caso da inflação. O problema é que, no mundo moderno e na realidade brasileira, quase tudo é previsível e quase tudo acontece com uma certa frequência. A inflação é previsível. O aumento do dólar também. Assim, num primeiro momento, somente situações extremas, como a guerra ou a ocorrência de uma catástrofe causada pela natureza, preencheriam o requisito. Isso fez com que a doutrina flexibilizasse a regra, apontando que os "motivos imprevisíveis" que autorizam a revisão contratual podem estar relacionados tanto com uma causa imprevisível (guerra, ciclone etc.) como um resultado imprevisível (o quanto aumenta o dólar, por exemplo).

4.4.3. Consequência da configuração do instituto

O devedor poderá pedir em juízo a resolução do contrato, retroagindo os efeitos da sentença para a data da citação (art. 478 do CC). Trata-se de consequência extremamente radical e que fere os princípios da conservação dos contratos, da função social, da boa-fé objetiva e da proibição de exercício abusivo dos direitos, bem como das disposições dos arts. 317 e 480 do CC. Assim, deve-se buscar, em primeiro lugar, a revisão contratual, que só não será efetivada se for inviável, para só então partir-se para a resolução do contrato.

Se a parte prejudicada ingressar diretamente com pedido de resolução do contrato, o art. 479 do CC dispõe que a medida poderá ser evitada se o réu se oferecer a modificar equitativamente as condições do pacto. O juiz analisará se a proposta é ou não equitativa, verificando se há ou não boa-fé dos contratantes.

4.4.4. Revisão no CDC

O CDC não exige fato extraordinário e imprevisível para que haja o direito de revisão contratual. Basta um fato superveniente que gere uma excessiva onerosidade (art. 6º, V, do CDC). Nesse particular, é bom lembrar que não se deve confundir o direito de *revisão* com o de *modificação contratual*. Essa existirá quando a cláusula contratual for originariamente desproporcional, ou seja, quando já nascer abusiva; e aquela existirá quando o contrato nascer equilibrado e se tornar excessivamente oneroso.

4.4.5. Revisão na locação de imóvel urbano

A revisão do aluguel requer apenas dois requisitos: a) aluguel fora do valor de mercado; b) 3 (três) anos de vigência do contrato ou de acordo anterior (arts. 19, 68, 69 e 70, da Lei do Inquilinato).

4.5. Evicção

4.5.1. Conceito

É a perda da coisa adquirida onerosamente, em virtude de decisão judicial ou administrativa que a atribui a outrem por motivo anterior à aquisição. A expressão vem do latim *evincere*, que significa ser vencido. O exemplo comum é daquele que adquire onerosamente um bem de quem não é dono, vindo a perdê-lo por uma ação movida pelo verdadeiro proprietário da coisa. Quem aliena direito sobre o bem tem, assim, o dever de garantir que era seu titular e que a transferência o atribuirá realmente ao adquirente. Trata-se da garantia quanto a defeitos do direito, diferente da garantia concernente aos vícios redibitórios, que diz respeito ao uso e gozo da coisa. O instituto da evicção tem três personagens, quais sejam, o **alienante** (aquele que transferiu o direito sobre a coisa, e que não era seu verdadeiro titular), o **evicto** (aquele que adquiriu o direito sobre a coisa, mas foi vencido numa demanda promovida por terceiro, verdadeiro titular de tal direito) e o **evictor** ou **evencente** (terceiro reivindicante da coisa, que vence a demanda que promoveu contra o adquirente).

4.5.2. Incidência

O instituto incide tanto na perda da posse como na perda do domínio sobre a coisa; a perda pode ser parcial ou total; deve se tratar de contrato oneroso; a garantia subsiste mesmo na compra feita em hasta pública; a privação da coisa, configuradora da evicção, pode se dar tanto por decisão judicial, como por decisão administrativa.

4.5.3. Garantia

Ocorrendo a evicção, o evicto se voltará contra o alienante para fazer valer os seguintes direitos:

a) de *restituição integral do preço ou das quantias pagas*; o preço será o do valor da coisa na época em que se evenceu;

b) de *indenização dos frutos que tiver sido obrigado a restituir*;

c) de *indenização pelas despesas dos contratos e pelos prejuízos que diretamente resultarem da evicção;* assim, as despesas contratuais com escritura pública, registro e imposto de transmissão, bem como qualquer outra que decorra diretamente da perda da coisa, como a correção monetária e os juros, deverão ser indenizadas;

d) de *ressarcimento das custas judiciais e dos honorários do advogado por ele constituído;*

e) de *pagamento das benfeitorias necessárias ou úteis que fizer, não abonadas pelo reivindicante.*

Observação: no caso de a evicção ser parcial, mas considerável, como na hipótese de o evicto perder setenta por cento do bem que comprou, ele terá duas opções. Além de poder pedir a restituição da parte do preço correspondente ao desfalque sofrido, pode optar pela rescisão do contrato, com a devolução total do preço pago. Deve-se deixar claro, todavia, que, além de parcial, deve ser considerável a evicção (art. 455).

Segundo o STJ, "a pretensão deduzida em demanda baseada na garantia da evicção submete-se ao prazo prescricional de três anos." (REsp 1.577.229-MG, DJe 14/11/2016.).

4.5.4. Possibilidades de alteração da garantia

4.5.4.1. Possibilidades

Segundo o art. 448 do CC, é facultado às partes, desde que por cláusula expressa, reforçar, diminuir ou excluir a responsabilidade pela evicção.

Assim, pode-se estipular expressamente que, em caso de evicção, o adquirente terá direito à devolução do preço com um acréscimo de cinquenta por cento, por exemplo, punição que reforça a garantia.

Pode-se também diminuir e até excluir a responsabilidade pela evicção, estipulando-se expressamente que, em caso de perda da coisa, o adquirente não terá direito à devolução do preço por inteiro (diminuição) ou do valor total pago (exclusão).

Entretanto, o art. 449 do CC dispõe que, mesmo havendo cláusula excluindo a garantia contra evicção (a chamada cláusula genérica de exclusão ou cláusula de irresponsabilidade), se esta vier a ocorrer, o evicto ainda assim terá direito ao pagamento do preço pago pela coisa, salvo se tiver ciência do risco da evicção e assumido expressamente esse risco. Há, portanto, dois tipos de exclusão estabelecidos em lei: a exclusão parcial e a exclusão total.

4.5.4.2. *Exclusão parcial*

Dá-se quando há mera cláusula que exclui a garantia (ex.: fica excluída a garantia que decorre da evicção). Neste caso, o evicto continuará tendo direito à devolução do preço pago pela coisa, ficando excluídos somente os demais direitos que decorrem da evicção (indenização dos frutos, despesas, prejuízos, sucumbência e benfeitorias). Tal limitação da autonomia da vontade decorre da necessidade de dar guarida ao princípio do não enriquecimento sem causa. Aqui temos uma *cláusula genérica de exclusão da garantia*.

4.5.4.3. *Exclusão total*

Dá-se quando presentes três requisitos. O primeiro deles consiste na a) existência de uma cláusula de exclusão da garantia, como aquela dada anteriormente como exemplo. Além disso, é necessário que b) o evicto tenha ciência do risco da evicção, como na hipótese em que é informado que corre uma demanda reivindicatória promovida por terceiro em face do alienante. Por fim, é imprescindível que, ciente do risco de perda da coisa, c) o evicto o tenha assumido, vale dizer, é necessário assunção do risco por parte do adquirente. Trata-se da chamada *cláusula específica de exclusão da garantia*. O art. 449 do CC não impõe textualmente que os dois últimos requisitos (ciência e assunção do risco da evicção) estejam expressos numa cláusula contratual, de modo que se pode admitir sua comprovação de outra forma.

4.5.5. *Requisitos para exercer a garantia que decorre da evicção*

a) *perda total ou parcial* do domínio, da posse ou do uso da coisa alienada;

b) *onerosidade da aquisição*, salvo a doação para casamento com certa e determinada pessoa;

c) *inexistência de cláusula de irresponsabilidade*. Caso exista, só se terá direito ao preço pago.

d) *anterioridade do direito do evictor*. O alienante não responderá se o direito do evictor sobre a coisa só se der após sua transferência ao adquirente.

e) *denunciação da lide ao alienante*. Segundo o revogado art. 456 do CC, "para poder exercer o direito que da evicção lhe resulta o adquirente notificará do litígio o alienante imediato, ou qualquer dos anteriores, quando e como lhe determinarem as leis do processo". Tal notificação se dá por meio da denunciação da lide (art. 70, I, do antigo CPC, atual art. 125, I, do NCPC). Ao sofrer a ação por parte de terceiro, deveria o adquirente denunciar da lide ao alienante para que este possa conhecer da demanda e coadjuvá-lo na defesa do direito. Na vigência do dispositivo revogado ficava a dúvida se, não feita a denunciação da lide, teria o evicto algum direito. Num primeiro momento a resposta seria negativa, eis que tanto o CC quanto o antigo CPC dispunham que tal notificação (ou denunciação) era obrigatória para "poder exercer o direito que da evicção resulta". A explicação para tal obrigatoriedade, sob pena de perda do direito, encontrava-se no fato de que o alienante não pode sofrer os efeitos de uma demanda da qual não teve ciência. Nada obstante, no plano do direito processual, tem-se entendido que a obrigatoriedade existe para que se possa exercitar o direito de regresso no próprio processo. O STJ entende que a obrigatoriedade da denunciação é tão somente para exercer o direito de regresso no mesmo processo, não impedindo que se ingresse com ação autônoma em seguida, para o fim de fazer valer diante do alienante os direitos que decorrem da evicção, entendimento que encontra arrimo no princípio que veda o enriquecimento sem causa. A revogação do art. 456 do CC junto com o texto do NCPC sobre a denunciação da lide, dispondo que ela agora é "admissível" (e não mais "obrigatória") reforçam o entendimento que o STJ já tinha a respeito, tornando o requisito em questão apenas necessário quando se quiser aproveitar o próprio processo originário para resolver a questão.

4.6. Vícios redibitórios

4.6.1. *Conceito*

São problemas ocultos presentes em coisas recebidas em virtude de contrato comutativo, que as tornem impróprias ao uso a que são destinadas ou lhes diminuam o valor. O instituto está previsto nos arts. 441 a 446 do CC. São exemplos um carro com motor ruim e um apartamento com infiltração, vícios que o comprador nem sempre pode perceber. O fundamento do instituto é o princípio da garantia quanto à coisa. Não se deve confundir o instituto dos vícios redibitórios com o do erro e do dolo. O vício é um problema na coisa, ao passo que o erro e o dolo são problemas na vontade. Além disso, o vício possibilita a redibição do contrato ou o abatimento no preço, ao passo que o erro e o dolo ensejam a anulação do contrato.

4.6.2. *Requisitos para a configuração do instituto*

a) prejuízo sensível ao uso ou ao valor da coisa;

b) problema imperceptível à diligência ordinária do adquirente (vício oculto);

c) problema já existente ao tempo da entrega da coisa;

d) contrato oneroso e comutativo.

4.6.3. *Efeitos*

Configurado o vício, o adquirente poderá ingressar com uma das seguintes ações (denominadas ações edilícias):

4.6.3.1. *Ação redibitória*

É aquela que objetiva a rescisão do contrato. Nesta ação pede-se a extinção do contrato, com a devolução do valor recebido e o pagamento das despesas do contrato. Se o alienante sabia do vício, o adquirente pode também pedir indenização por perdas e danos.

4.6.3.2. Ação estimatória (quanti minoris)

É aquela que tem por finalidade a obtenção do abatimento do preço.

Observação: o prazo para ingressar com as ações acima é decadencial, uma vez que nos dois casos estamos diante de prazo previsto na Parte Especial do CC, bem como de pretensões de natureza constitutiva (rescisão e modificação do contrato, respectivamente).

4.6.4. Prazo para ingressar com a ação

a) se a coisa for móvel: 30 dias.

b) se a coisa for imóvel: 1 ano.

4.6.5. Termo a quo

Conta-se o prazo da (do):

4.6.5.1. Data da entrega efetiva

Quando o adquirente não estava na posse da coisa.

4.6.5.2. Data da alienação

Quando o adquirente estava na posse da coisa. Nesse caso, o prazo fica reduzido à metade.

4.6.5.3. No momento em que o adquirente tiver ciência do vício

Quando este, além de oculto, só poderá ser conhecido mais tarde, dada a sua natureza. Neste caso, a lei estipula um prazo máximo para *ciência* do vício. Esse prazo é de 180 dias para móvel e de 1 ano para imóvel. Assim, se uma pessoa comprar um carro com esse tipo de vício e vier a descobri-lo 170 dias depois, cumpriu o primeiro prazo, qual seja, o prazo de 180 dias para a tomada de ciência do problema na coisa. Em seguida, começará o segundo prazo, o de *garantia* para ingressar com uma das ações mencionadas. No caso, o prazo será de 30 dias, por se tratar de móvel. Mas, se a pessoa só tem ciência do vício 190 dias após a aquisição, o *prazo para ciência* do vício terá terminado, ficando prejudicado o direito. Nessa hipótese, nem se começa a contar o *prazo de garantia*.

Confira a respeito o seguinte acórdão do STJ: "Quando o vício oculto, por sua natureza, só puder ser conhecido mais tarde (art. 445, § 1º, CC), o adquirente de bem móvel terá o prazo de trinta dias (art. 445, *caput*, do CC), a partir da ciência desse defeito, para exercer o direito de obter a redibição ou abatimento no preço, desde que o conhecimento do vício ocorra dentro do prazo de cento e oitenta dias da aquisição do bem" (REsp 1.095.882-SP, DJ 19.12.2014).

4.6.6. Garantia contratual

O CC estabelece que "não correrão os prazos da garantia legal na constância da garantia contratual" (art. 446). Isso significa que, havendo garantia voluntária (ex.: até a próxima Copa do Mundo), primeiro se conta o prazo dela, para só depois se contar o prazo da garantia legal. Todavia, a lei dispõe que, havendo garantia voluntária (= a garantia contratual), o adquirente deve denunciar eventual defeito que a coisa tiver ao alienante no prazo de 30 dias após seu descobrimento, sob pena de decadência. Ou seja, a lei dá com uma mão (diz que os prazos de garantia voluntária e legal devem ser somados), mas tira com a outra (estabelece um procedimento diferente, que obriga o adquirente a avisar a ocorrência do defeito ao alienante 30 dias após essa descoberta), prazo independente do de garantia. Aqui temos o chamado "prazo de aviso". De qualquer forma, nunca haverá decadência em prazo menor que o próprio prazo de garantia legal (30 dias para móvel e 1 ano para imóvel).

4.6.7. Vício redibitório no CC X Vício no CDC

Abaixo elencamos 11 (onze) diferenças básicas entre o vício redibitório (instituto do Código Civil) e o vício (instituto do CDC):

a) O CC trata de vícios em coisas; o CDC, de vício em produto ou serviço;

b) No CC, o vício tem de ser oculto; no CDC, pode ser oculto ou aparente;

c) No CC, a doutrina exige sensível prejuízo; no CDC, não há essa exigência;

d) No CC, a garantia é de 30 dias para móvel e de 1 ano para imóvel; no CDC, de 90 dias para produto durável e de 30 dias para produto não durável;

e) No CC, o termo *a quo* do prazo pode ser as datas da entrega (vício oculto simples), da alienação (adquirente já na posse da coisa) e da ciência do vício (vício oculto de conhecimento tardio); no CDC, as datas da entrega (vício aparente) e da ciência do vício (vício oculto);

f) No CC, há prazo máximo para tomar ciência de vício oculto de conhecimento tardio (180 dias para móvel e 1 ano para imóvel) e prazo para avisar o defeito quando há garantia contratual (30 dias); no CDC, não existem tais prazos;

g) No CC, o prazo de garantia é para entrar com ação redibitória ou estimatória; no CDC, é para pedir o conserto da coisa aos fornecedores (o fornecedor terá 30 dias para consertar), salvo se a coisa for essencial ou o conserto puder comprometê-la, quando se autoriza pedir diretamente outra coisa;

h) No CC, o prazo de garantia não se suspende, nem se interrompe; no CDC, com a reclamação (comprovada) pedindo o conserto da coisa, o prazo de garantia fica suspenso, voltando a correr com a recusa em consertar, quando então o prazo restante passa a ser para entrar com uma ação contra o fornecedor;

i) No CC, cabem as ações redibitória (extinção do contrato) e estimatória (abatimento do preço); no CDC, as ações redibitória, estimatória e a ação para substituição do produto por outro da mesma espécie;

j) No CC, o adquirente só tem direito a perdas e danos se o alienante sabia do vício; no CDC, todo dano deve ser indenizado, independentemente da ciência do vício pelo fornecedor (responsabilidade objetiva);

k) No CC, é possível diminuir ou excluir a garantia, se houver circunstância justificável; no CDC, só é possível a limitação da garantia e, mesmo assim, se o consumidor for pessoa jurídica.

4.7. Extinção dos contratos

4.7.1. Execução

Esta é a forma normal de extinção dos contratos. Na compra e venda a execução se dá com a entrega da coisa (pelo vendedor) e com o pagamento do preço (pelo comprador).

4.7.2. Invalidação

O contrato anulável produz seus efeitos enquanto não for anulado pelo Poder Judiciário. Uma vez anulado (decisão constitutiva), o contrato fica extinto com efeitos "ex nunc". Já o contrato nulo recebe do Direito uma sanção muito forte, sanção que o priva da produção de efeitos desde o seu início. A parte interessada ingressa com ação pedindo uma decisão declaratória, decisão que deixa claro que o contrato nunca pode produzir efeitos, daí porque essa decisão tem efeitos "ex tunc". Se as partes acabaram cumprindo "obrigações", o juiz as retornará ao estado anterior.

4.7.3. Resolução

Confira as hipóteses de extinção do contrato pela resolução:

4.7.3.1. Por inexecução culposa

É aquela que decorre de culpa do contratante. Há dois casos a considerar:

a) se houver cláusula resolutiva expressa (pacto comissório), ou seja, previsão no próprio contrato de que a inexecução deste gerará sua extinção, a resolução opera de pleno direito, ficando o contrato extinto. Presente a cláusula resolutiva expressa, o credor que ingressar com ação judicial entrará apenas com uma ação declaratória, fazendo com que a sentença tenha efeitos *ex tunc*. A lei protege o devedor em alguns contratos, estabelecendo que, mesmo existindo essa cláusula, ele tem o direito de ser notificado para purgar a mora (fazer o pagamento atrasado) no prazo estabelecido na lei.

b) se não houver cláusula resolutiva expressa, a lei estabelece a chamada **"cláusula resolutiva tácita"**, disposição que está implícita em todo contrato, e que estabelece que o seu descumprimento permite que a outra parte possa pedir a resolução do contrato. Neste caso, a resolução dependerá de interpelação judicial para produzir efeitos, ou seja, ela não ocorre de pleno direito. Repare que não basta mera interpelação extrajudicial. Os efeitos da sentença judicial serão "ex nunc".

É importante ressaltar que a parte lesada pelo inadimplemento (item *a* ou *b*) tem duas opções (art. 474 do CC): a) pedir a resolução do contrato; ou b) exigir o cumprimento do contrato. Em qualquer dos casos, por se tratar de inexecução culposa, caberá pedido de indenização por perdas e danos. Se houver cláusula penal, esta incidirá independentemente de prova de prejuízo (art. 416 do CC). Todavia, uma indenização suplementar dependerá de convenção no sentido de que as perdas e os danos não compreendidos na cláusula penal também serão devidos.

4.7.3.2. Por inexecução involuntária

É aquela que decorre da impossibilidade da prestação. Pode decorrer de caso fortuito ou força maior, que são aqueles fatos necessários, cujos efeitos não se consegue evitar ou impedir. Esta forma de inexecução exonera o devedor de responsabilidade (art. 393 do CC), salvo se este expressamente assumiu o risco (art. 393 do CC) ou se estiver em mora (art. 399 do CC).

4.7.3.3. Por onerosidade excessiva

Conforme vimos, no caso de onerosidade excessiva causada por fato extraordinário e imprevisível, cabe revisão contratual. Não sendo esta possível, a solução deve ser pela resolução do contrato, sem ônus para as partes. A resolução por onerosidade excessiva está prevista no art. 478 do CC.

4.7.4. Resilição

4.7.4.1. Conceito

É a extinção dos contratos pela vontade de um ou de ambos contratantes. A palavra-chave é *vontade*. Enquanto a resolução é a extinção por inexecução contratual ou onerosidade excessiva, a resilição é a extinção pela vontade de uma ou de ambas as partes.

4.7.4.2. Espécies

a) bilateral, *que é o acordo de vontades para pôr fim ao contrato* (**distrato**). A forma para o distrato é a mesma que a lei exige para o contrato. Por exemplo, o distrato de uma compra e venda de imóvel deve ser por escritura, pois esta é a forma que a lei exige para o contrato. Já o distrato de um contrato de locação escrito pode ser verbal, pois a lei não exige documento escrito para a celebração de um contrato de locação. É claro que não é recomendável fazer um distrato verbal no caso, mas a lei permite esse procedimento.

b) unilateral, *que é a extinção pela vontade de uma das partes* (**denúncia**). Essa espécie de resilição só existe por exceção, pois o contrato faz lei entre as partes. Só é possível a denúncia unilateral do contrato quando: i) houver previsão contratual ou ii) a lei expressa ou implicitamente autorizar. Exemplos: em contratos de execução continuada com prazo indeterminado, no mandato, no comodato e no depósito (os três últimos são contratos feitos na base da confiança), no arrependimento de compra feita fora do estabelecimento comercial (art. 49 do CDC) e nas denúncias previstas na Lei de Locações (arts. 46 e 47 da Lei 8.245/1991). A lei exige uma formalidade ao denunciante. Este deverá notificar a outra parte, o que poderá ser feito extrajudicialmente. O efeito da denúncia é "ex tunc". Há uma novidade no atual CC, que é o "aviso prévio legal". Esse instituto incide se alguém denuncia um contrato prejudicando uma parte que fizera investimentos consideráveis. Nesse caso, a lei dispõe que a denúncia unilateral só produzirá efeitos após um prazo compatível com a amortização dos investimentos (art. 473, parágrafo único).

4.7.5. *Morte*

Nos contratos impessoais, a morte de uma das partes não extingue o contrato. Os herdeiros deverão cumpri-lo segundo as forças da herança. Já num contrato personalíssimo (contratação de um advogado, contratação de um cantor), a morte da pessoa contratada extingue o contrato.

4.7.6. *Rescisão*

A maior parte da doutrina encara a rescisão como gênero, que tem como espécies a resolução, a resilição, a redibição etc.

4.8. Compra e venda

4.8.1. *Introdução*

Na fase primitiva da civilização havia apenas troca ou permuta de objetos. Isso porque não havia denominador comum de valores. Em seguida, algumas mercadorias passaram a ser utilizadas como padrão monetário (ouro, prata, cabeça de gado). Aliás, cabeça de gado chamava *pecus*, o que deu origem à palavra pecúnia. Até que surgiu o papel-moeda, que é um elemento representativo de um padrão monetário. Isso possibilitou grande circulação de riqueza, tornando o contrato de compra e venda o mais comum dos contratos.

4.8.2. *Conceito*

É o contrato pelo qual um dos contratantes (vendedor) se obriga a transferir o domínio de coisa corpórea ou incorpórea, e outro (comprador), a pagar-lhe certo preço em dinheiro ou valor fiduciário equivalente. Ou seja, um dá uma coisa (um alimento, um móvel, um eletrodoméstico) e o outro dá dinheiro ou outro valor fiduciário (cheque, por exemplo). Perceba que compra e venda não transfere a propriedade da coisa, mas apenas obriga uma das partes a transferir a coisa a outro.

4.8.3. *Sistemas*

Quanto aos efeitos dos contratos de compra e venda, existem três:

4.8.3.1. *Francês*

Nesse sistema o contrato tem o poder de transferir o domínio da coisa. Ou seja, celebrado o contrato de compra e venda, independentemente da tradição (na coisa móvel) ou do registro (na coisa imóvel), a propriedade dela já é do comprador.

4.8.3.2. *Romano*

Nesse sistema o contrato apenas cria obrigações. O descumprimento do contrato gera perdas e danos.

4.8.3.3. *Brasileiro*

Adotamos o sistema romano, com poucas exceções. Assim, o contrato de compra e venda gera obrigações e não transferência direta da propriedade.

4.8.4. *Classificação*

O contrato de compra e venda é bilateral, consensual, oneroso, comutativo e não solene (salvo os direitos reais sobre imóveis).

4.8.5. *Elementos*

4.8.5.1. *Consentimento*

a) deve recair sobre uma coisa e um preço (elemento de existência);

b) deve recair sobre a natureza do contrato e sobre o objeto (elemento de validade); não recaindo, pode-se estar diante de erro ou dolo;

c) deve ser livre e espontâneo (elemento de validade); não o será se houver coação;

d) deve surgir de agente capaz (elemento de validade).

4.8.5.2. *Preço*

a) deve ter peculiaridade (ser ou representar dinheiro), seriedade (ser verdadeiro, real, sob pena de ser simulação) e certeza (certo ou determinável);

b) a lei admite o preço segundo: i) acordo entre os contratantes; ii) arbítrio de terceiro escolhido pelas partes; iii) tabelamento oficial; iv) taxa de mercado ou bolsa em certo dia e lugar; v) índices ou parâmetros (p. ex.: valor do petróleo);

c) a lei admite, excepcionalmente, convenção de venda sem fixação de preço, desde que essa seja a intenção das partes, hipótese em que se considera o tabelamento oficial ou o preço corrente das vendas habituais do vendedor;

d) o preço é livre, mas existem alguns temperamentos, que podem tornar o contrato anulável, como, por exemplo, em "Negócios da China" (aplicação do instituto da lesão – art. 157 do CC) e no estado de perigo (art. 156 do CC).

4.8.5.3. *Coisa*

a) pode ser corpórea (móveis e imóveis) ou incorpórea (ações, direito de autor, créditos);

b) deve ser existente, ainda que de modo potencial; se for inexistente por ter perecido (ex.: casa destruída), a venda é nula; se for sobre coisa futura sem assunção de risco, a venda é sob condição; se for coisa futura com assunção de risco, a venda é aleatória;

c) deve ser individuada, ou seja, determinada ou determinável; se for coisa incerta, deve ser indicada ao menos quanto ao gênero e à quantidade; o devedor escolherá, pelo menos, a de termo médio;

d) deve ser disponível, ou seja, alienável natural, legal e voluntariamente (não pode conter cláusula de inalienabilidade) e pertencente ao vendedor. Neste caso, não sendo o vendedor dono da coisa, a venda poderá ser convalidada se ele vier a adquiri-la posteriormente e estiver de boa-fé (art. 1.268 do CC).

4.8.6. *Efeitos da compra e venda*

4.8.6.1. *Principais*

a) gera obrigações recíprocas de entregar a coisa e pagar o preço;

b) gera responsabilidades por vícios redibitórios e pela evicção.

4.8.6.2. *Secundários*

a) responsabilidade pelos riscos da coisa: até a tradição, é do vendedor; se houver mora no recebimento, é do comprador; se for entregue ao transportador indicado ao vendedor, é do comprador;

b) responsabilidade pelos riscos do preço: até o pagamento, é do comprador; após o pagamento e em caso de mora em receber, é do vendedor;

c) responsabilidade pelas despesas de escritura e registro: é do comprador, salvo convenção diversa;

d) responsabilidade pela tradição: é do vendedor, salvo convenção diversa;

e) responsabilidade pelas dívidas pretéritas que gravam a coisa até a tradição: é do vendedor, salvo convenção diversa; se a obrigação for *propter rem*, o comprador terá direito de regresso contra o vendedor;

f) direito de retenção da coisa: até o pagamento, o vendedor não é obrigado a entregar a coisa, salvo nas vendas a crédito e convenção em contrário.

4.8.7. *Limitações à compra e venda*

4.8.7.1. *Venda de ascendente a descendente*

É anulável, salvo se houver consentimento dos outros descendentes e do cônjuge. A ideia é impedir vendas por preços mais baixos, prejudicando herdeiros. Repare que isso só ocorre na venda. A doação não precisa do consentimento. Porém, o donatário deverá colacionar os bens recebidos em vida, no inventário do doador, quando este falecer, salvo se houver dispensa disso.

4.8.7.2. *Aquisição por pessoa encarregada de zelar pelos interesses do vendedor*

É nula. Exemplos: aquisição pelo tutor, curador, administrador, juiz, servidor público etc.

4.8.7.3. *Venda de fração ideal de coisa indivisível em condomínio*

Os consortes terão direito de preferência. Um exemplo é de três pessoas donas de um mesmo imóvel. Caso uma delas queira vender sua parte, deverá oferecer às outras, que terão preferência na aquisição. Não respeitada tal preferência, o prejudicado poderá depositar o preço dentro de 180 dias da transmissão. Se os dois consortes prejudicados tiverem interesse na coisa, tem primazia o que tiver benfeitorias de maior valor na coisa, o que tiver maior quinhão e o que fizer o primeiro depósito, nessa ordem.

4.8.7.4. *Venda entre cônjuges*

Só é possível em relação a bens excluídos da comunhão.

4.8.8. *Venda ad mensuram*

4.8.8.1. *Conceito*

Aquela em que o preço estipulado é feito com base nas dimensões do imóvel. Ex.: alguém compra um terreno em que se deixou claro que os 360 m² têm o valor de R$ 50 mil.

4.8.8.2. *Consequência*

A área do imóvel deverá efetivamente corresponder às dimensões dadas.

4.8.8.3. *Tolerância*

A lei admite uma diferença de até 1/20 da área total enunciada.

4.8.8.4. *Exclusão da tolerância*

a) se houver exclusão expressa no contrato;

b) se o comprador provar que não teria realizado o negócio se soubesse da diferença.

4.8.8.5. *Direitos do comprador*

Poderá pedir o complemento da área (ação *ex empto* ou *ex vendito*). Não sendo possível, terá a opção entre pedir a resolução do contrato ou o abatimento proporcional do preço.

4.8.9. *Venda ad corpus*

4.8.9.1. *Conceito*

Aquela em que o imóvel é vendido como coisa certa e discriminada, sendo meramente enunciativa eventual referência às suas dimensões. Ex.: consta do contrato que a área tem mais ou menos 20.000 m².

4.8.9.2. *Consequência*

Pouco importa a área efetiva do imóvel. Não haverá complemento ou devolução do preço.

4.8.10. *Retrovenda*

4.8.10.1. *Conceito*

Cláusula pela qual o vendedor reserva-se o direito de reaver o imóvel que está sendo alienado, em certo prazo, restituindo o preço mais despesas feitas pelo comprador (art. 505 do CC). Ou seja, é aquela situação em que alguém vende um imóvel, mas assegura o direito de recomprá-lo em certo prazo, pelo mesmo preço da venda anterior. Infelizmente esse instituto é muito utilizado na agiotagem. O Judiciário vem reconhecendo a simulação quando o intuito da retrovenda é servir de garantia para uma dívida.

4.8.10.2. *Direito de retrato*

O prazo máximo para esse direito é de 3 anos. Trata-se de prazo decadencial.

4.8.11. *Preferência*

4.8.11.1. *Conceito*

Convenção em que o comprador se obriga a oferecer ao vendedor a coisa que aquele vai vender, para que este use seu direito de prelação na compra, tanto por tanto (art. 513). Por exemplo, é aquela situação em que alguém compra um andar de um prédio comercial para instalar sua empresa e, já pensando no futuro crescimento, estabelece com o vendedor, que é dono da sala vizinha, que quer preferência na aquisição da segunda sala, caso o vendedor queira vendê-la no futuro.

4.8.11.2. *Exercício do direito*

Havendo interesse em vender a coisa, o vendedor deverá notificar o titular do direito de preferência para que este diga se tem interesse em adquiri-la, no mínimo, pelo mesmo valor da proposta recebida pelo vendedor. Não havendo prazo estipulado, o titular do direito de preferência terá 3 dias, se a coisa for móvel, e 60 dias, se a coisa for imóvel, para manifestar-se, sob pena de decadência. O prazo máximo que pode ser convencionado para esse tipo de manifestação é de 180 dias, se a coisa for móvel, e de 2 anos, se imóvel.

4.8.11.3. *Descumprimento do direito*

A preferência contratual, se preterida, enseja apenas direito de o prejudicado pedir perdas e danos ao ofensor. Não há direito de perseguir a coisa. Por isso, não se deve confundir esse direito de preferência com outros direitos de preferência que decorrem da lei, que admitem a persecução da coisa, como no caso da preferência que existe entre coproprietários de um bem indivisível, quando um deles deseja vender sua fração ideal.

4.9. Contrato estimatório (venda em consignação)

O contrato estimatório pode ser **conceituado** como *aquele em que o consignante entrega bens móveis ao consignatário, para que este os venda, pagando àquele o preço ajustado, ou restitua a coisa ao consignante no prazo ajustado.*

Trata-se da famosa **venda em consignação**, muito comum nas vendas de carros, livros, joias, obra de arte, artesanato, bebidas. Atualmente, há muitas lojas de veículo consignado. O dono do veículo leva o automóvel à loja, deixando-o lá, em consignação, para que a loja tente vender o veículo. Uma vez vendido o veículo, o valor mínimo combinado será entregue ao dono do veículo, ficando o valor pago a mais com a loja de veículos.

A vantagem desse contrato é que o vendedor final (ex.: a loja de veículos) não precisar ter um grande capital de giro, pois não tem que comprar bens para revender.

Quanto à **coisa consignada**, há de se observar as seguintes regras:

a) não pode ser objeto de constrição em favor dos credores do consignatário, enquanto não pago integralmente o preço (art. 536 do CC); isso ocorre, porque o consignatário (ex.: loja de veículos consignados) não é dono da coisa, mas apenas a mantém para tentar vendê-la a terceiro;

b) não pode ser alienada pelo consignante antes de lhe ser restituída ou de ser comunicada restituição (art. 537 do CC); ou seja, o consignante (dono da coisa) deve respeitar a posição do consignatório; porém, o consignante pode pedir a coisa de volta, sendo que, uma vez restituída a coisa, o consignante poderá vendê-la a quem bem entender;

c) se não puder ser restituída, ainda que por fato não imputável ao consignatário, este deverá pagar o preço (art. 535 do CC); por exemplo, se o carro, que estava na loja de carros, vier a se perder, o consignatário (loja de veículos) deverá pagar o preço da coisa ao consignante (dono do carro).

Quanto à **classificação**, o contrato é *típico*, *bilateral*, *oneroso* e *real*.

O contrato estimatório tem, ainda, as seguintes **características**:

a) transfere-se a posse e o poder de disposição (e não a propriedade);

b) a propriedade continua com o consignante, até que seja vendida a terceiro ou adquirida pelo consignatário, mas o consignante não pode alienar a coisa antes de ser devolvida ou comunicada a sua restituição (art. 537 do CC);

c) o consignante fixa **preço de estima**, ou seja, o preço mínimo que ele deseja receber pela coisa consignada; esse preço deve ser abaixo do de mercado e o consignatário deve pagar esse preço, ficando com a diferença do valor pago a maior;

d) o consignatário, findo o contrato, pode devolver o bem, ficar com ele (pagando o preço estimado) ou vendê-lo a terceiro (pagando o preço estimado);

e) decorrido o prazo sem entrega da coisa pelo consignatário, cabe reintegração de posse;

f) o consignante, caso não receba o valor pela coisa vendida pelo consignatário, não deve acionar o terceiro, mas o consignatário.

Quanto ao **consignatário**, temos as seguintes regras:

a) tem poderes de posse e de disposição (ou seja, tem um *mandato* para vender a coisa);

b) tem por obrigação principal uma obrigação alternativa, qual seja, de vender a coisa, de ficar com a coisa ou de devolver a coisa no prazo combinado, sendo que, nos dois últimos casos, deve pagar o preço estimado;

c) tem por obrigação acessória arcar com as despesas de custódia e venda da coisa, salvo acordo entre as partes.

Quanto ao **consignante**, temos as seguintes regras:

a) tem poderes de fixar o preço de estima;

b) tem poder de propriedade compatível com o poder do consignatário; tem a posse indireta apenas, podendo retomar após o decurso do prazo; notificado o consignatário sem que este devolva a coisa, caberá reintegração de posse;

c) tem por obrigação não poder dispor da coisa no curso do contrato.

4.10. Doação

O contrato de doação pode ser **conceituado** como *o contrato em que uma pessoa, por liberalidade, transfere de seu patrimônio bens ou vantagens para o de outra, mediante aceitação desta* (art. 538 do CC).

Quanto à **classificação**, a doação é contrato:

a) gratuito: há vantagem apenas para uma das partes;

b) unilateral: há obrigação apenas para uma das partes, salvo na doação com encargo (contrato bilateral);

c) consensual: constitui-se com o mero acordo de vontades, não sendo necessária a entrega da coisa, ou seja, não é contrato *real*;

d) solene/formal: ou seja, há forma prescrita em lei, que deve ser obedecida; no caso, o art. 541, *caput*, e parágrafo único, do CC impõe forma escrita (pública ou privada), salvo bens móveis e de pequeno valor, se lhes seguir incontinenti a tradição.

São **características** do contrato de doação as seguintes:

a) a contratualidade: trata-se de contrato "inter vivos", não se confunde com o testamento, que é ato "causa mortis"; ademais, a doação gera direitos pessoais, direitos típicos de um contrato;

b) o "animus donandi": a doação depende da existência de intenção de praticar uma liberalidade;

c) a transferência de bens ou direitos do patrimônio do doador ao patrimônio do donatário; ou seja, é necessário que haja enriquecimento de um lado e empobrecimento de outro;

d) a necessidade de aceitação do donatário: ou seja, a doação não se aperfeiçoa enquanto beneficiário não a aceitar (art. 539 do CC); a aceitação pode ser das seguintes espécies:

d1) expressa: por exemplo, a feita no próprio instrumento de doação; na doação com encargo só cabe aceitação expressa;

d2) tácita: é aquela que decorre de comportamento do donatário; por exemplo, se o donatário recolhe imposto de transmissão, é sinal que aceitou tacitamente a doação;

d3) presumida: é aquela em que o doador fixa prazo para aceitação ou não da doação, sendo que o donatário é notificado das condições e do prazo para aceitação, deixando transcorrer o prazo "in albis".

No contrato de doação, há **casos particulares**, em que se têm regras específicas:

a) absolutamente incapaz: dispensa-se aceitação, se a doação for pura e simples (art. 543 do CC), já que, nesse tipo de doação, presume-se o benefício para o incapaz; porém, na doação com encargo, o representante legal deve aceitar ou não a doação;

b) nascituro: nesse caso a aceitação será feita pelo representante legal deste (art. 542 do CC);

c) doação em contemplação de casamento futuro: não pode ser impugnada por falta de aceitação; ficará sem efeito se o casamento não se realizar (art. 546 do CC).

Vejamos, agora, aos **requisitos especiais** da doação:

a) subjetivos:

Os **absoluta ou relativamente incapazes** não podem, em regra, doar, nem por seu representante.

Os **cônjuges** não podem doar sem autorização (salvo no regime de separação absoluta), salvo doações remuneratórias de móveis (serviço prestado), doações módicas, doações *propter nuptias* (art. 1.647, parágrafo único, do CC) e doação de bens próprios (salvo imóveis – art. 1.642, II, do CC).

O **cônjuge adúltero** não pode fazer doação a seu cúmplice, sob pena de anulabilidade.

Art. 550 do CC; aliás, "a doação do cônjuge adúltero ao seu cúmplice pode ser anulada pelo outro cônjuge, ou por seus herdeiros necessários, até dois anos depois de dissolvida a sociedade conjugal".

A doação entre **consortes** não é possível, se casados pelo regime de comunhão universal, mas é possível nos demais casos, sendo que essa doação importará em adiantamento do que cabe ao cônjuge donatário, na herança.

O falido não pode doar porque não está na administração da coisa, além do que a doação seria lesiva; é cabível, em alguns casos, a ação pauliana (fraude contra credores – art. 158 do CC).

O ascendente pode doar a **descendente**, mas tal doação importará em adiantamento da legítima (art. 544 do CC), devendo o valor da doação ser colacionado no inventário (arts. 2.002 do CC e 639 do NCPC), salvo se o doador, no instrumento de doação ou por testamento, dispensar a colação, dispondo que a doação está saindo da metade disponível (arts. 1.847, 2.005 e 2.006 do CC).

Cabe doação a **sociedade não constituída** (entidade futura), mas tal doação caducará se a entidade não for criada em dois anos da liberalidade (art. 554 do CC).

b) objetivos:

Só podem ser doadas as coisas ***in commercio***; partes do corpo não podem ser doadas, portanto; salvo excepcionalmente, nos casos previstos em lei;

É nula a **doação universal**, ou seja, a doação de todos os bens, sem reserva de parte do patrimônio ou renda suficiente para subsistência do doador (art. 548 do CC). A finalidade da regra é evitar a penúria do doador, garantindo-lhe a dignidade (art. 1º, III, da CF). É possível evitar a sanção de nulidade, fazendo-se reserva de usufruto em favor do doador.

É nula a doação inoficiosa, ou seja, de parte excedente à de que o doador poderia dispor em testamento no momento em que doa (art. 549 do CC).

c) requisito formal:

A doação deve ser escrita, podendo ser verbal nos casos já mencionados.

Confira, agora, as **espécies** de doação:

a) pura e simples: é a doação feita por mera liberalidade, sem condição, termo, encargo ou outra restrição. Não perdem esse caráter as doações meritórias (p. ex., para um grande cientista) e a doação remuneratória ou gravada, no que exceder o valor dos serviços ou gravame.

b) modal ou com encargo (ou onerosa): é a doação em que o doador impõe ao donatário uma incumbência específica em benefício próprio (ex.: cuidar do doador), de terceiro (ex.: cuidar do tio doente do doador) ou do interesse geral (ex.: construir uma escola). Se o encargo for ilícito ou impossível, deve ser ignorado. Havendo encargo, é interessante que haja um prazo para o seu cumprimento. Não havendo, deve-se notificar o donatário, assinando prazo razoável para cumprir (art. 562 do CC). Podem exigir o cumprimento o doador, seus herdeiros, os beneficiários do encargo e o Ministério Público, neste caso, se o encargo for do interesse geral, desde que depois da morte do doador, sem que este tenha agido. Em caso de mora no cumprimento da obrigação, o doador pode, ainda, revogar a doação.

c) doação remuneratória: é a doação em que, sob aparência de liberalidade, há firme propósito do doador de pagar serviços prestados pelo donatário ou alguma vantagem que haja recebido deste. Não perde caráter de liberalidade no valor excedente ao valor dos serviços remunerados.

d) doação condicional: é a doação que produz ou deixa de produzir efeitos segundo evento futuro e incerto.

e) doação em forma de subvenção periódica: essa doação parece com a prestação de alimentos (art. 545 do CC), ficando extinta com a morte do doador, salvo se este dispôs de modo diverso, ou seja, que a subvenção periódica continuará.

f) doação com cláusula de reversão: é aquela doação em que o doador estipula a volta dos bens ao seu patrimônio se sobreviver ao donatário (art. 547 do CC). A venda da coisa, estando ainda vivo o doador, é anulável.

g) doação a termo: é aquela doação que tem termo final ou inicial. Ex.: pelo prazo de 10 anos.

h) doação conjuntiva: é a doação feita em comum a mais de uma pessoa. A lei presume que a doação é distribuída por igual. Haverá direito de acrescer, caso venha a faltar um dos donatários, apenas no caso de doação para marido e mulher, subsistindo na totalidade a doação para o cônjuge sobrevivo (art. 551 do CC).

Quanto à **revogação da doação**, pode ser por ingratidão ou por inexecução da obrigação.

Vejamos primeiro a revogação por **ingratidão**.

O art. 556 do CC dispõe que não se pode renunciar antecipadamente ao direito de revogar uma doação, por ingratidão.

Confira as **hipóteses** de **revogação da doação por ingratidão** (art. 557 do CC):

a) se o donatário atentou contra a vida do doador ou cometeu crime de homicídio doloso contra ele;

b) se cometeu contra ele ofensa física;

c) se o injuriou gravemente ou o caluniou;

d) se, podendo ministrá-los, recusou ao doador os alimentos de que este necessitava.

A revogação também é possível se as ofensas mencionadas se derem contra o cônjuge, ascendente, descendente, ainda que adotivo, ou irmão do doador (art. 558 do CC).

O prazo decadencial para ingressar com ação com vistas à revogação da doação é de 1 ano, contado da chegada ao conhecimento do doador o fato que autorizar a sua autoria (art. 559 do CC).

A **legitimidade ativa** para ingressar com essa ação é apenas do doador (trata-se de ação personalíssima), não se transmitindo aos herdeiros, que podem, no máximo, prosseguir na ação intentada pelo doador, caso este venha a falecer.

No caso de homicídio doloso a ação caberá aos herdeiros do doador, salvo perdão por parte deste (art. 561 do CC).

Já a **legitimidade passiva** para a ação visando à revogação da doação é do donatário.

A revogação por ingratidão não prejudica os direitos adquiridos por **terceiros**, nem obriga o donatário a restituir os frutos percebidos antes da citação válida; mas o sujeita a pagar os posteriores, e, quando não possa restituir em espécie as coisas doadas, a indenizá-la pelo meio-termo do seu valor (art. 563 do CC).

Não se revogam por ingratidão (art. 564 do CC):

a) as doações puramente remuneratórias;

b) as oneradas com encargo já cumprido;

c) as que se fizerem em cumprimento de obrigação natural;

d) as feitas para determinado casamento.

Passemos agora ao estudo da revogação da doação por **inexecução do encargo** se o donatário incorrer em mora (art. 562 do CC). Não havendo prazo para o cumprimento, o doador poderá notificar judicialmente o donatário, assinando-lhe prazo razoável para que cumpra a obrigação assumida. Podem exigir o cumprimento do encargo o doador, os herdeiros, os beneficiários do encargo e o Ministério Público (se o encargo for de interesse geral, depois da morte do doador, se este nada tiver feito - art. 553 do CC).

4.11. Empréstimo

O empréstimo é o gênero, que tem como espécies o *comodato* e o *mútuo*.

O empréstimo permite que alguém utilize coisa alheia, com o dever de restituir a coisa ao final.

4.11.1. Comodato

O comodato pode ser **conceituado** como *o empréstimo gratuito de coisas não fungíveis* (art. 579 do CC).

Outro conceito de comodato é o seguinte: *é o contrato pelo qual uma pessoa entrega a outra, gratuitamente, coisa não fungível para que a utilize e depois restitua.*

O comodato é um *empréstimo de uso*, já que a coisa é devolvida depois, ao passo que o mútuo é um *empréstimo de consumo*, já que a coisa (fungível) acaba sendo consumida, devolvendo-se o equivalente.

O comodato tem as seguintes **características**:

a) é unilateral: ou seja, gera obrigações apenas para o comodatário, já que é um contrato que se forma apenas com a entrega da coisa; acidentalmente, o comodato pode gerar obrigações para o comodante, hipótese em que se terá um contrato bilateral imperfeito;

b) é gratuito: ou seja, somente o comodatário aufere vantagens; se for estipulada remuneração, desfigura-se para aluguel; não desfigura o contrato a existência de pequeno encargo, como cuidar das plantas, dos pássaros, ou seja, não pode ser uma contraprestação;

c) é real: ou seja, perfaz-se com a tradição do objeto (art. 579, 2ª parte, do CC); na falta de entrega não se tem comodato, mas no máximo contrato preliminar (promessa de comodato);

d) é não solene: ou seja, não há forma especial para sua validade.

O comodato tem os seguintes **requisitos**:

a) subjetivos:

administradores de bens alheios, especialmente de incapazes (tutores, curadores), não podem dá-los em comodato, pois não seria administração normal a cessão gratuita do uso; nesses casos, o comodato só seria possível mediante autorização judicial;

não há necessidade de que o comodante seja proprietário da coisa dada em comodato; por exemplo, o usufrutuário pode dar a coisa em comodato; porém, o locatário não pode assim agir, sob pena de despejo.

b) objetivos:

Deve se tratar de coisa não fungível, podendo ser móvel ou imóvel.

Quanto à **duração**, o contrato de comodato tem as seguintes características:

a) é temporário; se fosse perpétuo, seria uma doação;

b) possibilidades:

b1) se não tiver prazo convencional (duração indeterminada), tem-se o comodato "ad usum" ou com "tempo presumido"; nesse caso presumir-se-lhe-á pelo tempo necessário para o uso concedido (art. 581 do CC); exs.: empréstimo para fazer um curso em São Paulo por 6 meses ou empréstimo de um trator para uma colheita; a retomada antes do prazo, nesse caso, só será possível em caso de necessidade imprevista e urgente reconhecida pelo juiz, como quando o comodante fique doente e precise fazer um tratamento na cidade onde se encontra o imóvel dado em comodato;

b2) se tiver prazo convencional certo, deve-se respeitá-lo; a retomada antes do termo final só será possível em caso de necessidade imprevista e urgente (art. 581 do CC).

Quanto às **obrigações do comodatário**, temos as seguintes:

a) como obrigação principal, deve *conservar* a coisa como se sua fosse (art. 582 do CC); não basta o cuidado elementar; correndo risco o objeto, o comodatário deve dar preferência à coisa comodada no salvamento (art. 583 do CC), mas não é necessário que arrisque a própria vida;

b) *não usar* a coisa, senão de acordo com o contrato ou a natureza dela (art. 582 do CC; não é possível cedê-la a terceiro, mudar a sua destinação (ex.: de residencial para comercial), sob pena de responsabilidade por perdas e danos;

c) arcar com as *despesas* normais com uso e gozo da coisa emprestada (ex.: limpeza, condomínio, tributos), não podendo recobrá-las do comodante (art. 584 do CC); porém, o comodatário não responde por despesas extraordinárias (ex.: infiltração, problemas na fundação), mas, se urgentes, deve reparar e depois cobrar do comodante;

d) restituir a coisa "in natura", o que deverá ser feito no prazo ajustado ou, na falta, quando lhe for reclamado, ressalvado o tempo necessário ao uso concedido (finalidade), ou, ainda, em caso de necessidade imprevista e urgente (art. 581 do CC); não restituída a coisa, deve-se constituir em mora o comodatário (por meio de notificação), com posterior ingresso com ação de reintegração de posse; constituído o comodatário em mora, este responderá, até restituir a coisa, pelo aluguel desta que for arbitrado pelo comodante (art. 582 do CC);

e) responder pelo dano à coisa, por culpa ou dolo; responderá também por caso fortuito ou de força maior se, correndo risco o objeto dado em comodato, salvar seus bens primeiro (art. 583 do CC) ou se estiver em mora (arts. 582 e 399 do CC);

f) responder solidariamente se houver mais de um comodatário simultaneamente sobre uma coisa (arts. 585 e 275 a 285, do CC).

São **obrigações do comodante**:

a) reembolsar o comodatário pelas despesas extraordinárias e urgentes que este fizer, ressalvado o direito de retenção em favor deste; porém, o comodante não tem obrigação de restituir as despesas normais e o valor das benfeitorias úteis e voluptuárias não autorizadas por ele;

b) indenizar o comodatário pelos vícios ocultos que escondeu dolosamente e não preveniu.

O comodato fica **extinto** nas seguintes hipóteses:

a) com o advento do termo convencionado;

b) pela resolução, por iniciativa do comodante, em caso de descumprimento de suas obrigações;

c) por sentença, a pedido do comodante, provada a necessidade imprevista e urgente;

d) pela morte do comodatário, se o contrato for "intuito personae"; ex.: morte de paralítico que recebeu cadeira de rodas;

e) pelo distrato;

f) pela alienação da coisa emprestada.

4.11.2. Mútuo

O mútuo pode ser **conceituado** como o *empréstimo de coisas fungíveis* (art. 586 do CC).

Trata-se de contrato pelo qual uma das partes transfere uma coisa fungível a outra, obrigando-se esta a restituir-lhe coisa do mesmo gênero, da mesma qualidade e na mesma quantidade.

Diferentemente do comodato, que é um empréstimo de uso, o mútuo é um empréstimo de consumo.

Um exemplo é o empréstimo de dinheiro, já que este é coisa fungível. O dinheiro emprestado será consumido pelo mutuário, que, mais tarde, devolverá a mesma quantia, mas não necessariamente o mesmo dinheiro que recebeu.

Outro exemplo é empréstimo de café que um vizinho faz para o outro. Quem recebe o café irá consumi-lo. Em seguida, deverá restituir o café, procurando comprar outro da mesma marca e na mesma quantidade emprestada.

Por conta dessa característica do mútuo (empréstimo de consumo), a doutrina aponta que esse contrato transfere a propriedade da coisa emprestada, o que pode ser visualizado com tranquilidade no exemplo do empréstimo de café. O café a ser devolvido em seguida será outro.

O mútuo tem as seguintes **características**:

a) é unilateral: ou seja, gera obrigações apenas para o mutuário; isso ocorre porque o mútuo só se forma com a entrega da coisa, e, uma vez formado, somente o mutuário tem deveres;

b) é gratuito, se não houver remuneração para o mutuante; e é oneroso, se houver remuneração para o mutuante; o mútuo oneroso é denominado mútuo feneratício; em caso de mútuo destinado a fins econômicos (empréstimo de dinheiro feito em favor de uma empresa) presumem-se devidos juros (art. 591 do CC), vale dizer, presume-se que se trata de mútuo oneroso; mútuo destinado a fins econômicos é aquele não feito por amizade, cortesia ou espírito de solidariedade;

c) é real, pois somente passa a existir com a tradição da coisa; assim, o empréstimo de dinheiro somente se perfaz quando há a entrega do dinheiro; mesmo que já haja um contrato de mútuo assinado, enquanto não houver a entrega de dinheiro, o contrato não é considerado existente, tratando-se, nessa fase, de mera promessa de mutuar;

d) é não solene: ou seja, não se exige forma especial.

O mútuo tem os seguintes **requisitos**:

a) subjetivos:

o mutuante deve estar habilitado a obrigar-se;

o mutuário também deve estar habilitado; por exemplo, no caso de mútuo feito a pessoa menor, sem prévia autorização do representante legal, o valor emprestado não pode ser reavido nem do mutuário nem de seus fiadores (art. 588 do CC); trata-se de proteção contra a exploração gananciosa da sua inexperiência; porém, deixa-se de aplicar a pena nos seguintes casos (art. 589 do CC): i) se o representante ratificar posteriormente; ii) se o menor, ausente o representante, contrair empréstimo para seus alimentos habituais; iii) se o menor tiver bens ganhos com seu trabalho, de modo a que eventual execução futura não ultrapasse as forças do patrimônio do menor; iv) se o empréstimo reverter em benefício do menor; v) se o menor entre 16 e 18 anos tiver obtido o empréstimo maliciosamente (art. 180 do CC).

b) objetivos:

É necessário que a coisa seja fungível e de propriedade do mutuante.

Quanto à **duração**, o contrato de mútuo tem as seguintes características (arts. 590 e 592 do CC):

a) a restituição da coisa emprestada deve ser feita no prazo convencionado, que, inexistindo, dá ensejo às seguintes regras:

a1) se for produtos agrícolas: devolve-se até a próxima colheita;

a2) se for dinheiro: o prazo do mútuo será de 30 dias, pelo menos;

a3) se for outra coisa fungível: o mútuo se dará pelo período de tempo que declarar mutuante; ou seja, este, a todo tempo, poderá intimar o devedor para restituir no prazo razoável que estipular;

a4) se o mutuário sofrer notória mudança em sua situação econômica: pode-se exigir a restituição antes do vencimento (art. 590 do CC).

São **obrigações do mutuário:**

a) restituir o que recebeu, em coisas do mesmo gênero, qualidade e quantidade, no prazo estipulado (art. 586 do CC); é válida a cláusula de devolver a coisa equivalente ou seu valor no momento da restituição; em relações de consumo, a restituição total ou parcial do valor emprestado antes do prazo definido no contrato acarreta a redução proporcional dos juros e demais acréscimos (art. 52, § 2º, do CDC); não sendo possível a devolução do gênero, por causa não imputável ao devedor, substitui-se pelo equivalente pecuniário; indenização por perdas e danos só se houver culpa do mutuário;

b) pagar juros, se convencionados, ou se se trata de mútuo com fins econômicos; não se deve confundir os juros compensatórios (remuneração do capital) com os juros moratórios ou legais (pela mora); os juros legais são devidos desde a citação; quanto aos limites legais aos juros compensatórios, o art. 591 do CC estabelece que estes não podem exceder a taxa estipulada no art. 406 do CC (taxa dos juros legais), que é a Taxa Selic, a qual já contém correção monetária e juros; a capitalização de juros é vedada, salvo se feita anualmente e expressamente prevista em contrato (REsp 1.388.972-SC, DJe 13/3/2017); a cumulação de juros compensatórios com juros moratórios é possível, pois cada um tem sua origem, mas não é possível cumulá-los com comissão de permanência; todavia, a regra de limitação de juros e de proibição de capitalização de juros não se aplica às instituições financeiras, inclusive às administradoras de cartão de crédito (Medida Provisória 2.170-36/2001); o conceito de instituição financeira pode ser encontrado no art. 17 da Lei 4.595/1964 e na LC 105/2001);

c) pagar correção monetária, também chamada de cláusula de escala móvel; essa correção não se confunde com os juros; porém, quando aplicada a Taxa Selic, é importante observar que essa taxa já embute juros e correção monetária; porém, se os juros e a correção monetária forem estipulados especificamente, há de se tomar cuidado para que os juros estejam dentro dos limites (salvo instituição financeira), bem como se a correção monetária também está dentro dos limites, valendo salientar que a Lei do Plano Real (Lei 10.192/2001) considera nula a estipulação de correção monetária em periodicidade inferior a um ano;

d) responder pelos riscos da coisa desde a tradição (art. 587 do CC).

Em acréscimos às informações dadas sobre o mútuo praticado por **instituições financeiras** (item "b" acima vale trazer alguns entendimentos do STJ a esse respeito:

a) são inaplicáveis aos juros remuneratórios dos contratos de mútuo bancário as disposições do art. 591 c/c o art. 406 do CC/2002. (AgRg no AREsp 602087/RS, DJE 07.08.2015);

b) as instituições financeiras não se sujeitam à limitação dos juros remuneratórios estipulada na Lei de Usura (Decreto 22.626/1933) (AgRg no REsp 1543201/SC, DJE 09.10.2015);

c) as cooperativas de crédito e as sociedades abertas de previdência privada são equiparadas a instituições financeiras, inexistindo submissão dos juros remuneratórios cobrados por elas às limitações da Lei de Usura. (AgRg no REsp 1264108/RS, DJE 19.03.2015);

d) as empresas administradoras de cartão de crédito são instituições financeiras e, por isso, os juros remuneratórios por elas cobrados não sofrem as limitações da Lei de Usura. (Súmula 283/STJ) (AgRg no AREsp 387999/RS, DJE 12.02.2015);

e) É inviável a utilização da taxa referencial do Sistema Especial de Liquidação e Custódia – SELIC como parâmetro de limitação de juros remuneratórios dos contratos bancários (AgRg no AREsp 287604/RS, DJE 0.12.2014);

f) O simples fato de os juros remuneratórios contratados serem superiores à taxa média de mercado, por si só, não configura abusividade. (AgRg no AgRg no AREsp 602850/MS, DJE 11.09.2015);

g) É admitida a revisão das taxas de juros remuneratórios em situações excepcionais, desde que caracterizada a relação de consumo e que a abusividade (capaz de colocar o consumidor em desvantagem exagerada – art. 51, § 1 º, do CDC) fique cabalmente demonstrada, ante às peculiaridades do julgamento em concreto. (AgRg no AREsp 720099/MS, DJE 11.09.2015);

h) Nos contratos bancários, na impossibilidade de comprovar a taxa de juros efetivamente contratada – por ausência de pactuação ou pela falta de juntada do instrumento aos autos –, aplica-se a taxa média de mercado, divulgada pelo Bacen, praticada nas operações da mesma espécie, salvo se a taxa cobrada for mais vantajosa para o devedor. (Súmula 530/STJ) (REsp 1545140/MS, DJE 05/10/2015; AgRg no REsp 1380528/RS, DJE 15.09.2015);

i) Nos contratos bancários, é vedado ao julgador conhecer, de ofício, da abusividade das cláusulas. (Súmula 381/STJ) (AgRg no REsp 1419539/RS, DJE 07.05.2015);

j) Os empréstimos com desconto em folha de pagamento (consignação facultativa/voluntária) devem limitar-se a 30% (trinta por cento) dos vencimentos do trabalhador, ante a natureza alimentar do salário e do princípio da razoabilidade. (AgRg no AREsp 435294/MG, DJE 08.10.2015);

k) Podem as partes convencionar o pagamento do Imposto sobre Operações Financeiras e de Crédito (IOF) por meio de financiamento acessório ao mútuo principal, sujeitando-o aos mesmos encargos contratuais. (AgRg no REsp 1532484/PR, DJE 11.09.2015);

l) É possível a cobrança de comissão de permanência durante o período da inadimplência, à taxa média de juros do mercado, limitada ao percentual previsto no contrato, e desde que não cumulada com outros encargos moratórios. (Súmula 472/STJ) (AgRg no AREsp 722857/PR, DJE 24.09.2015).

5. RESPONSABILIDADE CIVIL

5.1. Introdução

Esse tema é dividido em duas partes. A primeira referente às pessoas que têm a obrigação de indenizar, bem como as hipóteses em que a indenização é devida. E a segunda referente à própria indenização, em temas como a extensão do valor da indenização e as características das indenizações por danos morais, materiais e estéticos.

Não se deve confundir o regime de responsabilidade civil previsto no Código Civil, com o regime previsto no Código de Defesa do Consumidor e em outras leis especiais em relação ao primeiro código. Se uma dada situação fática se caracterizar como relação de consumo, o que pressupõe a existência de um fornecedor, de um lado, e um consumidor destinatário final, de outro, aplica-se o regime do CDC, que é diferente do regime do Código Civil.

5.2. Responsabilidade subjetiva

5.2.1. Hipótese de incidência (art. 186)

De acordo com o art. 186 do Código Civil, aquele que, por ação ou omissão voluntária, negligência ou imprudência, violar direito e causar dano a outrem, ainda que exclusivamente moral, comete ato ilícito.

Essa é hipótese de incidência da responsabilidade subjetiva. Ou seja, aquele cuja conduta se subsumir na hipótese legal mencionada, que traz elementos subjetivos para se configurar (dolo ou culpa ou sentido estrito), terá de indenizar a pessoa que sofrer o dano respectivo.

Observe que o texto legal traz, assim, os seguintes pressupostos para configuração dessa responsabilidade:

conduta + culpa *lato sensu* (culpa *stricto sensu*/dolo) + nexo de causalidade + dano

a) Conduta humana comissiva ou omissiva; naturalmente que a omissão só será juridicamente relevante se o agente tinha o dever jurídico de agir, pois ninguém é obrigado a fazer ou deixar de fazer algo senão em virtude de lei;

b) Culpa *lato sensu*; ou seja, a presença de dolo (ação ou omissão voluntária, ou seja, intencional) ou culpa em sentido estrito, podendo esta se tratar de negligência (deixar de agir com cuidado), imprudência (agir sem cuidado) ou imperícia (falta de observância das regras técnicas);

c) Nexo de causalidade: é a relação entre a conduta do agente e ao dano experimentado pela vítima.

d) Dano: é o prejuízo efetivamente sofrido, podendo ser de ordem material, estética ou moral.

5.2.2. Consequência (art. 927)

Aquele que cometer ato ilícito, ou seja, aquele que praticar ato que se enquadra na hipótese de incidência mencionada, *fica obrigado a reparar dano.* Trata-se do dever de indenizar, previsto como consequência legal da prática de um ato ilícito, no bojo do art. 927 do CC.

5.3. Responsabilidade objetiva

Diferentemente da responsabilidade subjetiva, que depende de dolo ou de culpa em sentido estrito para se configurar, a responsabilidade objetiva se configura sem esses elementos subjetivos, bastando, assim, a presença dos seguintes requisitos: a) conduta humana; b) nexo de causalidade; c) dano.

Cada vez mais nosso ordenamento jurídico há hipóteses legais de responsabilidade objetiva, muitas delas inclusive previstas como regras específicas no próprio Código Civil. Também se verifica importantes hipóteses dessa responsabilidade nos direitos administrativo, ambiental e do consumidor, entre outros.

Confira, agora, casos em que se tem ou responsabilidade objetiva no Código Civil.

5.3.1 Casos previstos em lei

5.3.1.1. Produtos postos em circulação (art. 931)

De acordo com o art. 931 do CC, os empresários individuais e as empresas respondem independentemente de culpa pelos danos causados pelos ***produtos*** *postos em circulação.* Tem-se aqui típica responsabilidade objetiva. Um exemplo é o dano causados por insumo vendido a uma indústria. Repare que essa hipótese até se parece com a prevista nos arts. 12 e 14 do CDC, mas há diferença. A primeira é que no CDC a regra vale tanto para produto, como para serviço. E no CC só vale para produto. Outra diferença é que, em se tratando de uma relação regida pelo CC, somente empresários individuais e empresas respondem dessa forma, o mesmo não acontecendo se for outro tipo de pessoa, tais como meras pessoas naturais, pessoas jurídicas não empresariais e entes despersonalizados.

5.3.1.2. *Responsabilidade pelo fato de 3º (arts. 932 e 933)*

Aqui tem-se a chamada responsabilidade **indireta**. Trata-se daquela situação em que alguém não fez nada, mas acaba respondendo pelo ato de alguém que causou um dano a outrem, daí porque se fala em responsabilidade pelo fato de terceiro. Nesses casos, cujas hipóteses já serão vistas, o verdadeiro causador do dano geralmente pode responder por este, mas a lei permite que se acione um responsável no seu lugar.

Vejamos as hipóteses:

a) Pais por filhos menores sob sua autoridade e companhia; para o STJ, a emancipação voluntária não exclui responsabilidade do pai;

b) Tutor e curador nos mesmos casos;

c) Empregador por empregados, no exercício do trabalho; para o STF, é presumida a culpa do patrão (Súmula 341); para o STJ, o tomador de serviço não responde por empresa terceirizada;

d) Dono de hotel por hóspedes;

e) Partícipe de crime, sem ganho, até o limite de sua participação.

5.3.1.3. *Dono ou detentor de animal (art. 936)*

De acordo com o art. 936 do CC, o *dono ou detentor* do animal ressarcirá o dano por este causado, se não provar culpa da vítima ou força maior.

De acordo com o Enunciado 452 JDC/CJF, a responsabilidade no caso é objetiva, admitindo duas excludentes, quais seja, culpa exclusiva da vítima e força maior.

5.3.1.4. *Prédio em ruína (art. 937)*

De acordo com o art. 937 do CC, *o dono de edifício ou construção responde pelos danos que resultarem de sua ruína se esta provier de falta de reparos, cuja necessidade fosse manifesta.*

5.3.1.5. *Coisas caídas ou lançadas (art. 938)*

De acordo com o art. 938 do CC, *aquele que habitar prédio, ou parte dele, responde pelo dano proveniente das coisas que dele caírem ou forem lançadas em lugar indevido.*

5.3.2. *Atividade de risco (art. 927, parágrafo único)*

Também se tem hipótese de responsabilidade objetiva no CC a decorrente da atividade de risco. Todavia, pela sua importância, de rigor tratar em item separado.

Com efeito, o art. 927, parágrafo único, do CC dispõe que *quando a atividade normalmente desenvolvida pelo autor do dano implicar, por sua natureza, risco para os direitos de outrem, haverá obrigação de reparar o dano, independentemente de culpa.*

Importante consignar que a expressão "direitos de outrem" abrange não apenas a vida e a integridade física, mas também outros direitos, de caráter patrimonial ou extrapatrimonial (Enunciado 555 JDC/CJF).

Um exemplo dessa situação é um acidente com um helicóptero particular, matando terceiros. Repare que não há uma relação de consumo no caso, de modo que não se aplica a responsabilidade objetiva prevista no CDC. Porém, em se tratando o ato de andar de helicóptero uma conduta que, por sua natureza, traz riscos para terceiros, a responsabilidade no caso é objetiva e sequer é necessário que o autor da ação indenizatória tenha de provar que houve dolo ou culpa em sentido estrito no caso.

De acordo com os Enunciados 38 e 448 do JDC/CJF, configura-se o risco quando a atividade causar a pessoa determinada um ônus maior do que aos demais membros da coletividade ou sempre que a atividade normalmente desenvolvida, mesmo sem defeito e não essencialmente perigosa, induza, por sua natureza, risco especial e diferenciado aos direitos de outrem, salientando-se que são critérios de avaliação desse risco, entre outros, a estatística, a prova técnica e as máximas de experiência.

5.3.3. *Ato ilícito por abuso de direito (art. 187)*

Outro caso importante de responsabilidade objetiva, apesar de se ter um ato definido pela lei como "ato ilícito" (tradicionalmente associado com a responsabilidade subjetiva), é o da responsabilidade por abuso de direito.

De acordo com o art. 187 do CC, "*também comete ato ilícito o titular de um direito que, ao exercê-lo, excede manifestamente os limites impostos pelo seu fim econômico ou social, pela boa-fé ou pelos bons costumes*".

E, como se sabe, quem comete ato ilícito, tem o dever de reparar o dano.

Porém, repare que na definição de abuso de direito a lei em momento algum exige conduta dolosa ou culposa em sentido estrito daquele que propicia o dano, de modo que a doutrina aponta que se tem, no caso, responsabilidade objetiva, conforme já mencionado.

O abuso de direito também é chamado de **ato emulativo.**

Como exemplos dessa conduta, temos os seguintes:

excesso na liberdade de informação;

excesso no exercício da propriedade (direito de vizinhança);

excesso na legítima defesa.

Acerca da temática do abuso de direito, confira, ainda, os seguintes enunciados das Jornadas de Direito Civil:

a) 413 – Art. 187: Os bons costumes previstos no art. 187 do CC possuem natureza subjetiva, destinada ao controle da moralidade social de determinada época, e objetiva, para permitir a sindicância da violação dos negócios jurídicos em questões não abrangidas pela função social e pela boa-fé objetiva.

b) 414 – Art. 187: A cláusula geral do art. 187 do Código Civil tem fundamento constitucional nos princípios da solidariedade, devido processo legal e proteção da confiança, e aplica-se a todos os ramos do direito.

5.4. Excludentes de responsabilidade em geral

As excludentes de responsabilidade são as hipóteses previstas expressa ou implicitamente na lei que afastam a responsabilidade civil, ou seja, o dever de indenizar. Confira-se:

5.4.1. Legítima defesa

Consiste naquela situação atual ou iminente de injusta agressão a si ou terceiro, propiciando que o agente use dos meios necessários para repelir essa agressão. Um exemplo é aquela situação em que uma pessoa atira em outro que está apontando contra si uma arma de fogo e ameaçando atirar. Naturalmente que o agente que agir em legítima defesa terá sua responsabilidade afastada, salvo se agir com excesso, pelo qual responderá.

5.4.2. Exercício regular de direito

Consiste na conduta de alguém que, mesmo causando um prejuízo a outrem, é considerada regular pela lei, não se enquadrando em hipótese de legítima defesa ou de estado de necessidade. Por exemplo, se você protestar um devedor que não lhe pagar um título protestável, naturalmente estará causando um prejuízo ao devedor, mas este não terá direito de ser indenizado pelo simples fato de você estar atuando no exercício regular de um direito.

5.4.3. Estrito cumprimento de dever legal

Consiste na conduta de alguém que tem o dever legal de atuar, mesmo causando um dando a outrem. Um exemplo é o do policiar que prende alguém em flagrante pela prática de um crime. Naturalmente que a pessoa que está sendo presa sofre um prejuízo, mas não se trata de um dano indenizável.

5.4.4. Estado de necessidade

Consiste em deteriorar ou distribuir coisa alheia, ou mesmo em causar uma lesão a uma pessoa, *a fim de remover perigo iminente.* A lei considera que esse ato *será legítimo quando as circunstâncias o tornarem absolutamente necessário, não excedendo os limites do indispensável para a remoção do perigo.* Porém, se o terceiro atingido não for o causador do perigo, o agente responde perante esse terceiro, com direito de ação regressiva contra verdadeiro culpado pela situação que o levou a agir premido do estado de necessidade. Um exemplo é o seguinte: "A", fechado por "B", desvia carro, batendo em um terceiro ("C") para não atropelar alguém; "A", apesar do estado de necessidade, responderá perante o terceiro ("C"), podendo ingressar com ação de regresso contra "B", culpado por tudo.

5.4.5. Caso fortuito ou de força maior

Consiste no fato necessário, cujos efeitos não são passíveis de se evitar ou impedir (art. 393, parágrafo único, do CC). Um exemplo é de um tornado de grande expressão ou de um terremoto, que venha a causar danos a certas pessoas.

De acordo com o Enunciado 443 das Jornadas de Direito Civil, "o caso fortuito e a força maior somente serão considerados como excludentes da responsabilidade civil quando o fato gerador do dano não for conexo à atividade desenvolvida".

Por conta disso, para o STJ, roubo em posto de gasolina é considerado força maior, excluindo a responsabilidade do estabelecimento. Já roubo em agência bancária é evento previsível e esperado em se tratando desse tipo de atividade (bancária), não caracterizando, assim, força maior, ou seja, não afastando a responsabilidade de indenizar por parte do banco.

Outro entendimento importante é o fixado na Súmula 479 do STJ: "As instituições financeiras respondem objetivamente pelos danos gerados por fortuito interno relativo a fraudes e delitos praticados por terceiros no âmbito de operações bancárias".

5.4.6. Culpa exclusiva da vítima

Consiste em dano casado exclusivamente por conduta da vítima deste, sem que haja qualquer tipo de liame necessário entre a conduta de terceiros e o dano causado. Ex.: alguém se joga na frente de um carro e é atropelado.

Vale observar que se o caso envolver a chamada culpa concorrente (ou seja, ao mesmo tempo há culpa da vítima e do ofensor), não se estará diante de excludente de responsabilidade, mas apenas de uma hipótese de alteração do valor da indenização.

5.4.7. Fato de terceiro

Consiste em dano causado exclusivamente por conduta de terceiro, sem que haja qualquer tipo de liame necessário entre a conduta de alguém que se deseja imputar e o dano causado. Ex.: arremesso de pedra em ônibus, ferindo passageiro (STJ). Vale salientar que a extinção da punibilidade criminal não acarreta exoneração da responsabilidade, salvo negativa de autoria ou do fato.

5.5. Sujeitos passivos do direito à indenização

5.5.1. Autores e coautores da ofensa

5.5.2. Responsáveis indiretos

a) Responsáveis por atos de terceiros (arts. 932 e 933);

b) Súmula STJ 130: a **empresa responde, perante o cliente, pela reparação de dano/furto em seu estacionamento;**

c) Súmula STF 492: empresa **locadora** de veículos responde civil e solidariamente com o locatário pelos danos por este causados a terceiro, no uso do carro locado;

d) Súmula STJ 132: a ausência de registro da transferência não implica responsabilidade do antigo dono resultante de acidente que envolva o **veículo alienado**.

5.5.3. Solidariedade

Se a ofensa tiver mais de um autor, todos responderão solidariamente pela reparação (art. 942).

Um exemplo de solidariedade está na Súmula STJ 221: são civilmente responsáveis pelo ressarcimento de dano, decorrente de publicação pela imprensa, tanto o autor do escrito quanto o proprietário do veículo de divulgação.

Porém, essa súmula não se aplica em relação aos provedores de internet e redes sociais. Nesse sentido, se um usuário de rede social posta conteúdo ofensivo a terceiro, este não poderá pedir indenização por danos materiais e morais junto à empresa provedora daquele portal. Tal empresa só poderá ser acionada se, mesmo após ter sido comunicada a respeito da mensagem ofensiva, não a tiver excluído.

Outro exemplo de solidariedade é o trazido pelo STJ, no REsp 343.649, quando se decidiu que, quem permite que terceiro conduza seu veículo, é responsável solidário pelos danos culposamente causados por este.

5.6. Sujeitos ativos do direito à indenização

5.6.1. Vítima direta

Ex.: aquele que sofreu o acidente.

5.6.2. Vítima indireta

Ex.: os familiares próximos da vítima do acidente.

Tem-se no caso danos morais **reflexos** ou por **ricochete**. Neste passo, ressalta-se que no plano patrimonial, a manifestação do dano reflexo ou por ricochete não se restringe às hipóteses previstas no art. 948 do Código Civil (Enunciado n. 560 JDC/CJF).

Trata-se do *préjudice d'affection,* pois o instituto é fundado no princípio da afeição.

O STJ admite o dano indireto, sendo comum fixar-se indenização por danos morais em favor de pessoas muito próximas da vítima de um homicídio, tais como pais, filhos, irmãos, cônjuge e companheiro.

5.7. Reparação dos danos

5.7.1. Regra

De acordo com o art. 942 do Código Civil, "Os bens do responsável pela ofensa ou violação do direito de outrem ficam sujeitos à reparação do dano causado; e, se a ofensa tiver mais de um autor, todos responderão solidariamente pela reparação".

Repare que essa regra vale para qualquer tipo de responsabilidade civil, seja ela objetiva ou subjetiva.

Uma vez fixada essa vinculação entre os bens do responsável pela ofensa e o direito do ofendido em ver o seu dano reparado, de rigor entender como se fixará a indenização.

A primeira regra a ser considerada é a seguinte: a indenização mede-se pela extensão do dano. Parece óbvio, mas é regra fundamental. Trata-se do princípio da reparação integral dos danos. Exemplo de aplicação prática do princípio é a Súmula 281 do STJ, que impede a tarifação do dano moral.

Todavia, há exceções a essa regra, que serão vistas agora.

5.7.2. Exceções ao princípio da reparação integral

a) Se houver **excessiva desproporção** entre a *gravidade da culpa* e o *dano* o juiz pode reduzir equitativamente a indenização (art. 944, parágrafo único);

b) Se houver **culpa recíproca**, a indenização será *proporcional*, levando em conta os graus de culpa;

c) O **incapaz** responde *subsidiária* e *equitativamente.*

Neste último caso responde subsidiariamente, pois só terá a obrigação de indenizar se o seu responsável não responder ou não dispuser de meios. E responde **equitativamente,** pois, caso o incapaz responda, o valor da indenização não poderá privá-lo do necessário para a sua subsistência. Um exemplo de situação que abarca os dois requisitos é caso de um incapaz rico, cujo curador não tenha meios para responder. Adotou-se na hipótese a **Teoria do Patrimônio Mínimo,** de modo a garantir sempre um patrimônio para o incapaz, criando a **Responsabilidade Mitigada e Subsidiária.** Por fim, importante mencionar que há entendimento doutrinário no sentido de que pais, tutores e curadores também se beneficiam dessa limitação quando o pagamento da indenização puder prejudicar a subsistência do incapaz (Enunciado CJF 39).

5.7.3. Espécies de danos

5.7.3.1. Dano material

O dano a material pode ser classificado nas seguintes espécies:

a) danos emergentes: *o que efetivamente se perdeu;* ex.: conserto do veículo, medicamentos, tratamentos;

b) lucros cessantes: *o que razoavelmente se deixou de lucrar;* ex.: renda que profissional liberal deixa de auferir por ficar 30 dias sem trabalhar;

c) decorrente da **"Perda de uma Chance":** aquele decorrente da possibilidade de buscar posição jurídica mais vantajosa que **muito provavelmente** ocorreria; ex.: voo atrasado a impedir posse de aprovado em concurso. De acordo com o Enunciado 444 das Jornadas de Direito Civil, "a responsabilidade civil pela perda de chance não se limita à categoria de danos extrapatrimoniais, pois, conforme as circunstâncias do caso concreto, a chance perdida pode apresentar também a natureza jurídica de dano patrimonial. A chance deve ser séria e real, não ficando adstrita a percentuais apriorísticos". O STJ reconheceu a aplicabilidade dessa teoria no seguinte caso: "Tem direito a ser indenizada, com base na teoria da perda de uma chance, a criança que, em razão da ausência do preposto da empresa contratada por seus pais para coletar o material no momento do parto, não teve recolhidas as células-tronco embrionárias. No caso, a criança teve frustrada a chance de ter suas células embrionárias colhidas e armazenadas para, se eventualmente fosse preciso, fazer uso delas em tratamento de saúde. (...) Essa chance perdida é, portanto, o objeto da indenização" (REsp 1.291.247-RJ, J. em 19.08.2014).

5.7.3.2. Dano estético

Consiste em modalidade de dano própria das situações de alteração corporal que causa desagrado e repulsa, tais como cicatrizes, marcas e aleijões. Sobre esse dano o STJ editou a Súmula 387, dispondo o dano estético é cumulável com o dano moral.

5.7.3.3. Dano moral

O dano moral, que será adiante visto com mais vagar, além de cumulável com o dano estético, conforme visto, é cumulável com o dano material, conforme Súmula 37 do STJ.

5.7.4. Na demanda antes de vencida a dívida (art. 939)

Nesse caso o credor ficará obrigado a i) esperar o tempo que faltava para o vencimento; ii) descontar os juros correspondentes, embora estipulados; iii) pagar as custas em dobro.

5.7.5. *Na demanda por dívida já paga (art. 940)*

Nesse caso o credor ficará obrigado a pagar ao devedor o dobro do que houver cobrado.

5.7.6. *Na demanda com pedido maior que o devido (art. 940)*

Nesse caso o credor ficará obrigado a pagar ao devedor o equivalente do que dele exigir. Porém, há uma **excludente**: as penas previstas nos arts. 939 e 940 não se aplicarão quando o autor **desistir** da ação antes de contestada a lide, salvo ao réu o direito de haver indenização por algum prejuízo que prove ter sofrido.

5.7.7. *Homicídio (art. 948)*

Nesse caso, os familiares que ingressarem com ação contra o ofensor para requerer:

a) despesas com tratamento da vítima, seu funeral e o luto da família (ex.: médico + enterro + dano moral);

b) alimentos às pessoas a quem o morto os devia, levando-se em conta a duração provável da vida da *vítima*, tratando-se da famosa "pensão".

5.7.8. *Lesão à saúde (art. 949)*

Nesse caso, a vítima pode ingressar com ação contra o ofensor para requerer:

a) despesas do tratamento e dos lucros cessantes até ao fim da convalescença, além de prejuízos provados (art. 949);

b) se resultar defeito impedindo o ofendido de exercer profissão ou diminuindo sua capacidade de trabalho, a indenização incluirá pensão correspondente à importância do trabalho para quem se inabilitou ou da depreciação sofrida (art. 950);

c) o prejudicado, se preferir, poderá exigir que a indenização seja arbitrada e paga de uma só vez, em vez de pensão.

O disposto nos arts. 948 a 950 aplica-se ao caso de danos causados no exercício de atividade profissional.

5.7.9. *Esbulho (art. 952)*

Nesse caso, a vítima pode ingressar com ação contra o ofensor para requerer:

a) havendo usurpação ou esbulho do alheio, indenização, que abrange: i) valor das deteriorações; ii) lucros cessantes;

b) faltando a coisa, reembolsa-se o equivalente pelo preço ordinário e de afeição, desde que este não supere àquele.

5.7.10. *Injúria, difamação e calúnia (art. 953)*

Nesse caso, a vítima pode ingressar com ação contra o ofensor para requerer:

a) indenização, que consistirá na reparação do dano que delas resulte ao ofendido.

b) se o ofendido não puder provar prejuízo material, o juiz fixará, equitativamente, o valor da indenização.

5.7.11. *Ofensa à liberdade pessoal (art. 954)*

Nesse caso tem-se dano causado por cárcere privado e prisão ilegal (por denúncia falsa ou má-fé). A indenização consistirá no pagamento das perdas e danos que sobrevierem ao ofendido, e, se este não provar prejuízo, juiz fixará equitativamente o valor da indenização.

5.8. Dano moral

5.8.1. *Conceito*

*Consiste na **ofensa ao patrimônio moral** de pessoa, tais como o nome, a honra, a fama, a imagem, a intimidade, a credibilidade, a respeitabilidade, a liberdade de ação, a autoestima, o respeito próprio e a afetividade.*

5.8.2. *Sujeitos passivos do dano moral*

a) **Pessoas naturais**; ex.: atropelamento da esposa de alguém, causando morte;

b) **Pessoas jurídicas** (Súmula 227 do STJ), sendo que, nesse caso, o dano moral advém da ofensa à honra **objetiva** da pessoa jurídica. A honra objetiva consiste na reputação, no conceito que a sociedade possui acerca do sujeito; ex.: difamação do nome de um restaurante da cidade;

c) **Coletividade:** o STJ está dividido sobre essa possibilidade, apesar de haver disposição legal expressa acerca do cabimento de indenização por dano moral em caso de danos coletivos ou difusos (art. 6º, VII, do CDC).

5.8.3. *Prova do dano moral*

a) **Pessoa natural:** a simples lesão ao patrimônio moral da pessoa natural caracteriza o dano moral, não sendo necessário prova da ocorrência desse dano; ex.: mãe não precisa demonstrar que sentiu morte do filho; na inexecução de um contrato não existe tal presunção;

b) **Pessoa jurídica:** o fato lesivo deve ser devidamente demonstrado para caracterizar o dano moral (Enunciado 189/CJF).

c) **Dano moral *in re ipsa*:** para o STJ, determinadas condutas geram dano moral, sem necessidade de demonstração ou prova da ocorrência deste, mesmo quando a vítima for pessoa jurídica; por exemplo, a inscrição indevida em cadastro de inadimplentes e a publicação não autorizada da imagem de pessoa, com fins econômicos ou comerciais (Súmula STJ 403).

5.8.4. *Exemplos de casos em que cabe dano moral*

Súmula STJ 388
A simples devolução indevida de cheque caracteriza dano moral.

Súmula STJ 370
Caracteriza dano moral a apresentação antecipada de cheque pré-datado.

Súmula STJ 227
A pessoa jurídica pode sofrer dano moral.

Outros casos são os seguintes: a) de abandono afetivo; vide, por exemplo, STJ, REsp 1.159.242, j. 24.04.2012; b) de ocultação da verdade, por cônjuge, quanto à paternidade biológica; vide, por exemplo, STJ, REsp 922.462, j. 04.04.2013. Na mesma decisão em que se reconheceu a responsabilidade do cônjuge infiel, afastou-se a responsabilidade do cúmplice ("amante"). c) abandono material (REsp 1.087.561-RS, Rel. Min. Raul Araújo, por unanimidade, julgado em 13/6/2017, DJe 18/8/2017).

5.8.5. *Exemplos de casos em que não cabe dano moral*

Súmula STJ 385
Anotação irregular em cadastro de crédito não gera dano moral se já existe legítima inscrição.

Informativo 350 STJ
Descumprimento de contrato, por si só, não gera dano moral.

Outro caso em que não cabe dano moral é aquele em que um produto é comprado e, por ter problema, precisa ir ao conserto, sendo certo que esse mero dissabor, salvo situações excepcionais, não enseja indenização por dano moral.

5.8.6. *Critérios para fixação da indenização*

Nessa difícil tarefa o juiz deve ter em vista que a condenação por danos morais atende um critério reparador à vítima ao mesmo tempo que deve ter cunho pedagógico-punitivo ao autor da lesão. Não obstante a existência de tais parâmetros, o tema sobre a fixação do *quantum* indenizatório ainda é bastante controvertido na jurisprudência e costuma levar em conta parâmetros como os seguintes:

a) Reflexos pessoais e sociais da ação ou omissão;
b) Possibilidade de superação física ou psicológica;
c) Extensão e duração dos efeitos da ofensa;
d) Situação social, política e econômica dos envolvidos;
e) Condições em que ocorreu a ofensa ou prejuízo moral;
f) Intensidade do sofrimento ou humilhação;
g) Grau de dolo ou culpa;
h) Existência de retratação espontânea;
i) Esforço efetivo para minimizar a ofensa;
j) Perdão, tácito ou expresso.

5.8.7. *Valores médios fixados pelo STJ*

a) **falecimento**: R$ 200 mil em favor de filhos, pais, cônjuges, companheiros e irmãos;

b) **lesão grave**, gerando incapacidade irreversível: R$ 150 mil em favor da vítima direta, R$ 50 mil em favor de pais ou cônjuge e R$ 10 mil para irmão;

c) **prisão indevida**: R$ 100 mil;

d) **publicação de notícia inverídica:** R$ 22,5 mil;

e) **recusa em cobrir tratamento médico:** R$ 20 mil;

f) **protesto indevido:** R$ 10 mil;

g) **cancelamento injustificado de voo:** R$ 8 mil.

Ressalta-se, contudo, que se trata apenas de valores médios, pois consoante Enunciado 550 JDC/CJF a quantificação da reparação por danos extrapatrimoniais não deve estar sujeita a tabelamento ou a valores fixos.

Vale citar que o STJ vem **reformando** decisões que fixam indenização em valor não aproximado dos valores médios por ele praticados.

5.8.8. *Encargos de condenação*

a) **correção monetária:** é devida desde a data da fixação da indenização por dano moral (sentença ou acórdão); segundo a Súmula 362 do STJ, "A correção monetária do valor da indenização do dano moral incide desde a data do arbitramento";

b) **juros moratórios:** são devidos desde a data do evento danoso (Súmula STJ 54);

c) **honorários:** incidem também sobre o valor fixado a título de danos morais.

5.9. Pensão segundo o STJ

Seguem alguns parâmetros para a fixação de pensão em caso de falecimento no âmbito do STJ:

5.9.1. *Falecimento de pai/mãe, com filhos menores*

Pensão devida até 25 anos do filho, quando presumidamente este terá concluído sua formação.

5.9.2. *Falecimento de cônjuge ou companheiro*

Pensão devida até quando a vítima fizesse 70 anos.

5.9.3. *Falecimento de filho menor em família de baixa renda*

Pensão devida desde quando a vítima tivesse 14 anos, até quando fizesse 65 anos; valor cairá à metade quando vítima fizesse 25, pois se presume que teria contraído família e não mais poderia ajudar tanto os pais.

5.9.4. *Falecimento de filho maior que ajudava família*

Pensão devida vitaliciamente à família, diminuindo o valor quando a vítima fizesse 25 anos.

5.9.5. *Encargos de condenação*

a) **correção monetária:** é devida desde o evento danoso;

b) **juros moratórios:** são devidos desde a data do evento danoso (Súmula STJ 54);

c) **honorários:** incidem sobre as parcelas vencidas e 12 parcelas vincendas.

5.10. Cumulação de indenização por danos materiais ou morais com pensão previdenciária

A jurisprudência do STJ é pacífica no sentido de que "o benefício previdenciário é diverso e independente da indenização por danos materiais ou morais, porquanto, ambos têm origens distintas. Este, pelo direito comum; aquele, assegurado pela Previdência. A indenização por ato ilícito é autônoma em relação a qualquer benefício previdenciário que a vítima receba" (AgRg no AgRg no REsp 1.292.983-AL, DJe 07.03.2012) (REsp 776.338-SC, J. 06.05.2014).

6. DIREITO DAS COISAS

6.1. Introdução

Para formar uma relação jurídica são necessários três elementos: a) *sujeitos de direito*, b) *bens* e um c) *fato* que faça nascer a relação. Para visualizarmos esses três elementos, vamos imaginar um contrato de compra e venda, que é uma das principais relações jurídicas de que trata o Direito. Esse contrato requer a existência de um vendedor e de um comprador (*sujeito de direito*), de uma coisa de expressão econômica (*bem*) e de um acordo de vontade sobre o preço da coisa (*fato* que faz nascer a relação jurídica).

A Parte Geral do Direito Civil trata da capacidade dos *sujeitos de direito*. Cuida ainda das classificações e do regime jurídico básico dos *bens*. E também cuida de trazer regulamentação básica acerca dos *fatos e negócios jurídicos*.

O Direito das Obrigações e o Direito Contratual focam na relação jurídica obrigacional formada. Tratam principalmente dos direitos e deveres das *pessoas* que entabulam negócios jurídicos. Repare que o objetivo maior aqui é regulamentar **direitos pessoais**, ou seja, *direitos e deveres entre pessoas determinadas, em que uma pode exigir uma prestação da outra*.

Já o Direito das Coisas tem como objetivo maior regulamentar relações jurídicas em que o elemento marcante é uma coisa corpórea (a posse, por exemplo), bem como relações que estabeleçam **direito reais**, que *são direitos que estabelecem um poder jurídico, direto e imediato, do titular sobre a coisa, com exclusividade e contra todos*.

Em suma, no Direito das Coisas estuda-se a **posse** (de bens móveis ou imóveis) e os **direitos reais**, ou seja, aqueles direitos que se têm sobre uma coisa, com exclusividade e contra todos (propriedade, superfície, servidão, usufruto, uso, habitação, penhor, hipoteca e anticrese).

Nossa primeira tarefa será tratar da posse para em seguida tratar dos direitos reais sobre coisas móveis e imóveis.

6.2. Posse

6.2.1. Conceito de posse

É o exercício, pleno ou não, de algum dos poderes inerentes à propriedade (art. 1.196 do CC). É a *exteriorização da propriedade*, ou seja, a *visibilidade da propriedade*. Os poderes inerentes à propriedade são *usar*, *gozar* e *dispor* da coisa, bem como *reavê-la* (art. 1.228). Assim, se alguém estiver, por exemplo, *usando* uma coisa, como o locatário e o comodatário, pode-se dizer que está exercendo *posse* sobre o bem.

6.2.2. Teoria adotada

Há duas teorias sobre a posse. A primeira é a **Teoria Objetiva** (de Ihering), para a qual a posse se configura como a mera *conduta de dono*, pouco importando a apreensão física da coisa e a vontade de ser dono dela. Já a segunda, a **Teoria Subjetiva** (de Savigny), entende que a posse só se configura se houver a apreensão física da coisa (*corpus*), mais a vontade de tê-la como própria (*animus domini*). Nosso CC adotou a Teoria Objetiva de Ihering, pois não trouxe como requisito para a configuração da posse a apreensão física da coisa ou a vontade de ser dono dela, mas apenas que se tenha uma conduta de proprietário. Assim, uma pessoa que paga os impostos de um sítio e coloca um caseiro para cuidar da área, mesmo não tendo apreensão física sobre a coisa por inteiro e que não tenha em sua cabeça um ânimo de dono, exerce posse, pois sua conduta revela uma conduta de proprietário, ou seja, uma exteriorização da propriedade.

6.2.3. Detenção

É aquela situação em que alguém conserva a posse em nome de outro e em cumprimento às suas ordens e instruções. É muito importante entender o instituto da detenção, pois ele traz exceções ao conceito de posse. Um exemplo típico é o do caseiro. Quem olhasse de longe poderia chegar à conclusão de que um caseiro exerce posse sobre um imóvel de que cuida. Em geral, caseiros usam e cuidam da coisa, exteriorizando um dos poderes da propriedade. Todavia, o próprio art. 1.198 do CC exclui do conceito de posse a situação em que se encontra um detentor. Assim, o caseiro em relação a imóvel de que cuida e o funcionário público em relação aos móveis da repartição têm mera *detenção* sobre a coisa, não recebendo os direitos típicos daquele que exerce *posse*.

6.2.4. Classificação da posse

6.2.4.1. Posse direta e indireta

Quanto ao campo de seu exercício (art. 1.197 do CC).

a) posse indireta: *é aquela exercida por quem cedeu, temporariamente, o uso ou o gozo da coisa a outra pessoa*. São exemplos as exercidas pelo locador, nu-proprietário, comodante e depositante. O possuidor indireto ou mediato pode se valer da proteção possessória.

b) posse direta: *é aquela exercida por quem recebeu o bem, temporariamente, para usá-lo ou gozá-lo, em virtude de direito pessoal ou real*. Vale lembrar que o possuidor direto ou imediato também pode se valer de proteção possessória, inclusive contra o proprietário da coisa que exerça a posse indireta e que perturbe a sua posse.

6.2.4.2. Posse individual e composse

Quanto à simultaneidade de seu exercício (art. 1.199 do CC).

a) posse individual: *é aquela exercida por apenas uma pessoa*.

b) composse: *é a posse exercida por duas ou mais pessoas sobre coisa indivisa*. São exemplos a posse dos cônjuges sobre o patrimônio comum e dos herdeiros antes da partilha. Na composse *pro diviso* há uma divisão de fato da coisa.

6.2.4.3. Posse justa e injusta

Quanto à existência de vícios objetivos (art. 1.200 do CC).

a) posse justa: *é aquela que não for violenta, clandestina ou precária*. Assim, é justa a posse não adquirida pela força física ou moral (não violenta), não estabelecida às ocultas (não clandestina) e não originada do abuso de confiança por parte de quem recebe a coisa com o dever de restituí-la (não precária). Perceba que os vícios equivalem, no Direito Penal, aos crimes de roubo, furto e apropriação indébita.

b) posse injusta: *é aquela originada do esbulho*. Em caso de violência ou clandestinidade, a posse só passa a existir após a cessação da violência ou da clandestinidade (art. 1.208 do CC). Já em caso de precariedade (ex.: um comodatário passa a se comportar como dono da coisa), a posse deixa de ser justa e passa a ser injusta diretamente. É importante ressaltar que, cessada a violência ou a clandestinidade, a posse passa a existir, mas o vício que a inquina faz com que o Direito a considere injusta. E, mesmo depois de um ano e dia, a posse continua injusta, só deixando de ter essa característica se houver aquisição da coisa, o que pode acontecer pela usucapião, por exemplo. A qualificação de posse injusta é relativa, valendo apenas em relação ao anterior possuidor da coisa. Em relação a todas as outras pessoas, o possuidor injusto pode defender a sua posse.

6.2.4.4. *Posse de boa-fé e de má-fé*

Quanto à existência de vício subjetivo (art. 1.201 do CC).

a) posse de boa-fé: *é aquela em que o possuidor ignora o vício ou o obstáculo que impede a aquisição da coisa.* É de boa-fé a posse daquele que crê que a adquiriu de quem legitimamente a possuía. Presume-se de boa-fé o possuidor com **justo título**, ou seja, *aquele título que seria hábil para transferir o direito à posse, caso proviesse do verdadeiro possuidor ou proprietário da coisa.*

b) posse de má-fé: *é aquela em que o possuidor tem ciência do vício ou do obstáculo que impede a aquisição da coisa.* A posse de boa-fé pode se transmudar em posse de má-fé em caso de ciência posterior do vício. A citação para a demanda que visa à retomada da coisa tem o condão de alterar o caráter da posse.

Obs.: saber se a posse de alguém é de boa-fé ou de má-fé interfere no direito à indenização pelas benfeitorias feitas, no direito de retenção, no direito aos frutos, no prazo de prescrição aquisitiva (usucapião), na responsabilidade por deterioração da coisa etc.

6.2.4.5. *Posse nova e velha*

Quanto ao tempo da posse.

a) posse nova: *é aquela de menos de ano e dia.*

b) posse velha: *é aquela de mais de ano e dia.* Essa classificação, prevista no CC anterior, não tem correspondente no atual CC.

Não se deve confundir esse conceito com os de **ação de força nova** (que é a ação possessória promovida dentro de ano e dia da turbação ou do esbulho) e **ação de força velha** (que é a ação possessória promovida após ano e dia do esbulho). Esses conceitos decorrem do art. 558 do NCPC, que estabelece que na ação de força velha o autor da demanda não poderá se valer do rito especial possessório, que prevê a concessão de liminar. Deve o interessado ingressar com ação pelo procedimento comum, nada impedindo, todavia, que seja beneficiado com tutela de urgência, preenchidos seus requisitos, conforme vem entendendo o STJ.

6.2.4.6. *Posse natural e jurídica*

Quanto à origem.

a) posse natural: *é a que decorre do exercício do poder de fato sobre a coisa.*

b) posse civil ou jurídica: *é que decorre de um título*, não requerendo atos físicos ou materiais.

6.2.5. *Aquisição da posse*

6.2.5.1. *Conceito*

Adquire-se a posse desde o momento em que se torna possível o exercício, em nome próprio, de qualquer dos poderes inerentes à propriedade (art. 1.204).

6.2.5.2. *Aquisição originária*

É aquela que não guarda vínculo com a posse anterior. Ocorre nos casos de: **a) Apreensão,** *que consiste na apropriação unilateral da coisa sem dono* (abandonada – *res derelicta*, ou de ninguém – *res nullius*) ou na retirada da coisa de outrem sem sua permissão (cessadas a violência ou a clandestinidade); **b) Exercício do direito**, como no caso da servidão constituída pela passagem de um aqueduto em terreno alheio; **c) Disposição**, que consiste em alguém dar uma coisa ou um direito, situação que revela o exercício de um poder de fato (posse) sobre a coisa.

6.2.5.3. *Aquisição derivada*

É aquela que guarda vínculo com a posse anterior. Nesse caso, a posse vem gravada dos eventuais vícios da posse anterior. Essa regra vale para a sucessão a título universal (art. 1.206 do CC), mas é abrandada na sucessão a título singular (art. 1.207 do CC). Ocorre nos casos de **tradição**, *que consiste na transferência da posse de uma pessoa para outra, pressupondo acordo de vontades.* A tradição pode ser de três tipos:

a) Tradição real: *é aquela em que há a entrega efetiva, material da coisa.* Ex.: entrega de um eletrodoméstico para o comprador. No caso de aquisição de grandes imóveis não há necessidade de se colocar fisicamente a mão sobre toda a propriedade, bastando a referência a ela no título. Trata-se da chamada ***traditio longa manu***.

b) Tradição simbólica: *é aquela representada por ato que traduz a entrega da coisa.* Exemplo: entrega das chaves de uma casa.

c) Tradição consensual: é aquela decorrente de contrato, de acordo de vontades. Aqui temos duas possibilidades. A primeira é a ***traditio brevi manu***, que *é aquela situação em que um possuidor em nome alheio passa a possuir a coisa em nome próprio.* É o caso do locatário que adquire a coisa. Já a segunda é o **constituto possessório**, *que é aquela situação em que um possuidor em nome próprio passa a possuí-la em nome de outro, adquirindo a posse indireta da coisa.* É o caso do dono que vende a coisa e passa a nela ficar como locatário ou comodatário.

6.2.6. *Perda da posse*

6.2.6.1. *Conceito*

Perde-se a posse quando cessa, embora contra a vontade do possuidor, o poder sobre o bem. É importante ressaltar, quanto ao ausente (no sentido de não ter presenciado o esbulho), que este só perde a posse quando, tendo notícia desta, abstém-se de retomar a coisa ou, tentando recuperá-la, é violentamente repelido (art. 1.224).

6.2.6.2. *Hipóteses de perda posse*

a) Abandono: *é a situação em que o possuidor renuncia à posse, manifestando voluntariamente a intenção de largar o que lhe pertence;* ex.: quando alguém atira um objeto na rua;

b) Tradição com intenção definitiva: *é a entrega da coisa com o ânimo de transferi-la definitivamente a outrem;* se a entrega é transitória, não haverá perda total da posse, mas apenas perda temporária da posse direta, remanescendo a posse indireta;

c) Destruição da coisa e sua colocação fora do comércio;

d) Pela posse de outrem: nesse caso a perda da posse se dá por esbulho, podendo a posse perdida ser retomada.

6.2.7. *Efeitos da posse*

Aquele que exerce posse tem uma série de direitos. Esses direitos vão variar de acordo com o tempo de posse (usucapião), o fato de ser de boa-fé ou não, dentre outras variáveis. Confira-se os efeitos:

6.2.7.1. *Percepção dos frutos*

Quando o legítimo possuidor retoma a coisa de outro possuidor, há de se resolver a questão dos frutos percebidos ou pendentes ao tempo da retomada. De acordo com o caráter da posse (de boa ou de má-fé) haverá ou não direitos para aquele que teve que entregar a posse da coisa. Antes de verificarmos essas regras, vale trazer algumas definições.

6.2.7.1.1. Conceito de frutos

São utilidades da coisa que se reproduzem (frutas, verduras, filhotes de animais, juros etc.). Diferem dos **produtos**, que *são as utilidades da coisa que não se reproduzem* (minerais, por exemplo).

6.2.7.1.2. Espécies de frutos quanto à sua natureza

a) civis (como os alugueres e os juros), b) naturais (como as maçãs de um pomar) e c) industriais (como as utilidades fabricadas por uma máquina).

6.2.7.1.3. Espécies de frutos quanto ao seu estado

a) pendentes (são os ainda unidos à coisa que os produziu); b) percebidos ou colhidos (são os já separados da coisa que os produziu); c) percebidos por antecipação (são os separados antes do momento certo); d) percipiendos (são os que deveriam ser colhidos e não o foram); e) estantes (são os já separados e armazenados para fim de venda); f) consumidos (são os que não existem mais porque foram utilizados).

6.2.7.1.4. Direitos do possuidor de boa-fé

Tem direito aos frutos que tiver percebido enquanto estiver de boa-fé (art. 1.214).

6.2.7.1.5. Inexistência de direitos ao possuidor de boa-fé

Não tem direito às seguintes utilidades: **a)** aos frutos pendentes quando cessar a sua boa-fé; **b)** aos frutos percebidos antecipadamente, estando já de má-fé no momento em que deveriam ser colhidos; **c)** aos produtos, pois a lei não confere esse direito, como faz com os frutos. De qualquer forma, é importante ressaltar que nos casos dos itens "a" e "b", apesar de ter que restituir os frutos colhidos ou o seu equivalente em dinheiro, terá direito de deduzir do que deve as despesas com a produção e o custeio.

6.2.7.1.6. Situação do possuidor de má-fé

Este responde por todos os frutos colhidos e percebidos, bem como pelos que, por sua culpa, deixou de perceber, desde o momento em que se constituiu de má-fé. Todavia, tem direito às despesas de produção e custeio (art. 1.216 do CC), em virtude do princípio do não enriquecimento sem causa.

6.2.7.2. *Responsabilidade por perda ou deterioração da coisa*

Quando o legítimo possuidor retoma a coisa de outro possuidor, também há de se resolver a questão de eventual perda ou destruição da coisa, bem como de eventual deterioração ou degradação da coisa, que passa a ter seu valor diminuído.

6.2.7.2.1. Responsabilidade do possuidor de boa-fé

Não responde pela perda ou deterioração às quais não der causa (art. 1.217 do CC).

6.2.7.2.2. Responsabilidade do possuidor de má-fé

Como regra, responde pela perda ou deterioração da coisa, só não tendo esse dever se provar que de igual modo esses acontecimentos se dariam, caso a coisa estivesse com o reivindicante dela (art. 1.218 do CC). Um exemplo de exoneração da responsabilidade é a deterioração da coisa em virtude de um raio que cai sobre a casa.

6.2.7.3. *Indenização por benfeitorias e direito de retenção*

Outra questão importante de se verificar quando o legítimo possuidor retoma a coisa de outro possuidor é a de eventual benfeitoria feita pelo segundo. De acordo com o caráter da posse (de boa ou de má-fé) haverá ou não direitos para aquele que teve que entregar a posse da coisa. Antes de verificarmos essas regras, é imperativo trazer algumas definições.

6.2.7.3.1. Conceito de benfeitorias

São os melhoramentos feitos em coisa já existente. São bens acessórios. Diferem da **acessão**, que *é a criação de coisa nova.* Uma casa construída no solo é acessão, pois é coisa nova, já uma garagem construída numa casa pronta é benfeitoria, pois é um melhoramento em coisa já existente.

6.2.7.3.2. Espécies de benfeitorias

a) benfeitorias necessárias são as que se destinam à conservação da coisa (ex.: troca do forro da casa, em virtude do risco de cair); b) benfeitorias úteis são as que aumentam ou facilitam o uso de uma coisa (ex.: construção de mais um quarto numa casa pronta); c) benfeitorias voluptuárias são as de mero deleite ou recreio (ex.: construção de uma fonte luminosa na entrada de uma casa).

6.2.7.3.3. Direitos do possuidor de boa-fé

Tem direito à **indenização** pelas benfeitorias necessárias e úteis que tiver feito, podendo, ainda, levantar as benfeitorias voluptuárias, desde que não deteriore a coisa. A indenização se dará pelo valor atual da benfeitoria. Outro direito do possuidor de boa-fé é o de retenção da coisa, enquanto não for indenizado por benfeitorias úteis e necessárias que tiver realizado na coisa (art. 1.219 do CC). Significa que o possuidor não é obrigado a entregar a coisa enquanto não for ressarcido. O direito deve ser exercido no momento da contestação da ação que visa à retomada da coisa, devendo o juiz se pronunciar sobre a sua existência. Trata-se de um excelente meio de coerção para recebimento da indenização devida. Constitui verdadeiro direito real, pois é direito que não se converte em perdas e danos. Segundo o STJ, nos contratos de locação, é válida a cláusula de renúncia à indenização das benfeitorias e ao direito de retenção (REsp 1411420/DF, REPDJE 01.02.2016). Ademais, aplicam-se, por analogia, os direitos de indenização e retenção previstos no art. 35 da Lei de Locações às acessões edificadas no imóvel locado (REsp 1411420/DF, REPDJE 01.02.2016).

6.2.7.3.4. Direitos do possuidor de má-fé

Tem direito apenas ao ressarcimento das benfeitorias necessárias que tiver feito, não podendo retirar as benfeitorias voluptuárias (art. 1.220 do CC). Trata-se de uma punição a esse possuidor, que só é ressarcido pelas benfeitorias necessárias, pois são despesas que até o possuidor legítimo teria que fazer. O retomante escolherá se pretende indenizar pelo valor atual ou pelo custo da benfeitoria. O possuidor de má-fé não tem direito de retenção da coisa enquanto não for indenizado pelas benfeitorias necessárias que eventualmente tiver realizado.

6.2.7.4. Usucapião

A posse prolongada, e que preenche outros requisitos legais, dá ensejo a outro efeito da posse, que é a aquisição da coisa pela usucapião.

6.2.7.5. Proteção possessória

A posse também tem por efeito o de gerar direito de o possuidor defendê-la contra a perturbação e a privação de seu exercício, provocadas por terceiro.

6.3. Direitos reais

6.3.1. Conceito de direito real

É o poder, direto e imediato, do titular sobre a coisa, com exclusividade e contra todos. Perceba que esses direitos envolvem os seguintes elementos: a) sujeito ativo, que pode ser qualquer pessoa; b) sujeito passivo, que é toda a coletividade, ou seja, todos nós temos que respeitar os direitos reais das pessoas; em caso de violação do direito real, passa-se a ter um sujeito passivo determinado; c) bem: é a coisa de expressão econômica sobre a qual o titular do direito tem poder; d) poder direto e imediato sobre a coisa. O direito real difere do direito pessoal, pois este gera uma relação entre pessoas determinadas (princípio da relatividade) e, em caso de sua violação, converte-se em perdas e danos. No direito real, ao contrário, seu titular pode perseguir a coisa sobre a qual tem poder, não tendo que se contentar com a conversão da situação em perdas e danos.

6.3.2. Princípios do direito real

6.3.2.1. Princípio da aderência

Aquele pelo qual se estabelece um vínculo entre o sujeito e a coisa, independentemente da colaboração do sujeito passivo. No direito pessoal, o vínculo depende da colaboração de pelo menos duas pessoas, ou seja, o gozo do direito depende da intermediação de outra pessoa.

6.3.2.2. Princípio do absolutismo

Aquele pelo qual os direitos reais são exercidos contra todos ("erga omnes"). Por exemplo, quando alguém é proprietário de um imóvel, todos têm que respeitar esse direito. Daí surge o *direito de sequela* ou o *jus persequendi*, pelo qual, violado o direito real, a vítima pode perseguir a coisa, em vez de ter de se contentar com uma indenização por perdas e danos.

6.3.2.3. Princípio da publicidade (ou visibilidade)

Aquele pelo qual os direitos reais só se adquirem depois do registro do título na matrícula (no caso de imóvel) ou da tradição (no caso de móvel). Por ser o direito real oponível *erga omnes*, é necessária essa publicidade para que sejam constituídos. Os direitos pessoais, por sua vez, seguem o consensualismo, ou seja, basta o acordo de vontades (o consenso) para que sejam constituídos.

6.3.2.4. Princípio da taxatividade

Aquele pelo qual o número de direitos reais é limitado pela lei. Assim, por acordo de vontades não é possível criar uma nova modalidade de direito real, que são *numerus clausus*. São direitos que afetam terceiros, daí a necessidade de previsão legal. Os direitos pessoais, por sua vez, não são taxativos, podendo ser criados pelas partes interessadas (art. 425 do CC), daí porque são chamados *numerus apertus*.

6.3.2.5. Princípio da tipificação

Aquele pelo qual os direitos reais devem respeitar os tipos existentes em lei. Assim, o acordo de vontades não tem o condão de modificar o regime jurídico básico dos direitos reais.

6.3.2.6. Princípio da perpetuidade

Aquele pelo qual os direitos reais não se perdem pelo decurso do tempo, salvo as exceções legais. Esse princípio se aplica ao direito de propriedade. Os direitos pessoais, por sua vez, têm a marca da transitoriedade.

6.3.2.7. Princípio da exclusividade

Aquele pelo qual não pode haver direitos reais, de igual conteúdo, sobre a mesma coisa. Por exemplo, o nu-proprietário e o usufrutuário não têm direitos iguais quanto ao bem objeto do usufruto. No caso de condomínio (duas ou mais pessoas proprietárias de um bem), cada uma tem porção ideal na coisa, exclusivas e distintas.

6.3.2.8. *Princípio do desmembramento*

Aquele que permite o desmembramento do direito matriz (propriedade), constituindo-se direitos reais sobre coisas alheias. Ou seja, pelo princípio é possível desmembrar um direito real (propriedade, por exemplo) em outros direitos reais (uso, por exemplo).

6.3.3. *Espécies de direito real*

Propriedade, superfície, servidão, usufruto, uso, habitação, direito do promitente comprador de imóvel, penhor, hipoteca e anticrese.

6.4. Propriedade

6.4.1. *Características gerais*

6.4.1.1. *Conceito*

É o direito real que faculta ao seu titular (o proprietário) os poderes de usar, gozar e dispor da coisa, bem como de reavê-la de quem quer que injustamente a possua ou detenha (art. 1.228 do CC).

6.4.1.2. *Função social da propriedade*

O direito de propriedade deve ser exercido em consonância com as suas finalidades econômicas e sociais e de modo que sejam preservados, de conformidade com o estabelecido em lei especial, a flora, a fauna, as belezas naturais, o equilíbrio ecológico e o patrimônio histórico e artístico, bem como evitada a poluição do ar e das águas (art. 1.228, § 1º).

6.4.1.3. *Vedação ao abuso de direito*

São defesos os atos que não trazem ao proprietário qualquer comodidade, ou utilidade, e sejam animados pela intenção de prejudicar outrem (art. 1.228, § 2º).

6.4.1.4. *Extensão física da propriedade do solo*

Abrange a do espaço aéreo e subsolo correspondentes, em altura e profundidade úteis ao seu exercício. Todavia, essa propriedade não abrange os recursos minerais (salvo os de emprego imediato na construção civil, desde que não submetidos a transformação industrial) e os potenciais de energia hidráulica (arts. 1.229 e 1.230).

6.4.2. *Formas de aquisição da propriedade imóvel*

A propriedade imóvel pode ser adquirida por diversas formas. O modo corrente é a aquisição pelo **registro** do título (escritura de compra e venda, escritura de doação) na matrícula. É possível também a aquisição pela **usucapião**, pela **acessão**, pela **sucessão *causa mortis*** e pela **desapropriação**.

6.4.2.1. *Registro na matrícula do imóvel*

6.4.2.1.1. Conceito

Consiste no ato de registrar o título translativo da alienação do imóvel (escritura de compra e venda ou de doação) na matrícula existente no Registro de Imóveis (art. 1.245 do CC).

6.4.2.1.2. Momento da aquisição da propriedade imóvel

No Direito Brasileiro, a propriedade imóvel não se adquire com o contrato de compra e venda ou de doação. Enquanto o contrato não for registrado na matrícula do imóvel, o comprador não adquirirá a propriedade do bem (art. 1.245, § 1º, do CC). Isso porque o Brasil adotou o sistema romano-germânico. No sistema francês, a propriedade imóvel é adquirida no momento da conclusão do contrato de compra e venda ou de doação.

6.4.2.1.3. Presunção de veracidade do Registro Público

Nosso Direito estabelece a presunção de veracidade nas informações constantes do Registro de Imóveis. Assim, enquanto não há ação para a decretação da invalidade do registro, e o respectivo cancelamento, o adquirente continua a ser considerado dono do imóvel (art. 1.245, § 2º, do CC).

6.4.2.1.4. Início dos efeitos do registro

O registro é eficaz desde o momento em que se apresentar o título ao oficial do registro e este prenotar no protocolo. Esse efeito só não existirá se o interessado tiver de complementar a documentação apresentada e não o fizer no prazo de trinta dias (art. 1.246 do CC; art. 188 da Lei de Registros Públicos).

6.4.2.2. *Usucapião*

6.4.2.2.1. Conceito

É a forma de aquisição originária da propriedade, pela posse prolongada no tempo e o cumprimento de outros requisitos legais. A usucapião também é chamada de prescrição aquisitiva. Essa forma de aquisição da propriedade independe de registro no Registro de Imóveis. Ou seja, cumpridos os requisitos legais, o possuidor adquire a propriedade da coisa. Assim, a sentença na ação de usucapião é meramente declaratória da aquisição da propriedade, propiciando a expedição de mandado para registro do imóvel em nome do adquirente, possibilitando conhecimento de todos da nova situação. A aquisição é originária, ou seja, não está vinculada ao título anterior. Isso faz com que eventuais restrições que existirem na propriedade anterior não persistam quanto ao novo proprietário.

6.4.2.2.2. Requisitos

São vários os requisitos para a aquisição da propriedade pela usucapião. Vamos enumerar, neste item, apenas os requisitos que devem ser preenchidos em todas as modalidades de usucapião, deixando os requisitos específicos de cada modalidade para estudo nos itens abaixo respectivos. Os requisitos gerais são os seguintes:

a) posse prolongada no tempo: não basta mera detenção da coisa, é necessária a existência de posse, e mais, de posse que se prolongue no tempo, tempo esse que variará de acordo com o tipo de bem (móvel ou imóvel) e outros elementos, como a existência de boa-fé, a finalidade da coisa etc.;

b) posse com *animus domini*: não basta a mera posse; deve se tratar de posse com ânimo de dono, com intenção de proprietário; essa circunstância impede que se considere a posse de um locatário do bem, como hábil à aquisição da coisa;

c) posse mansa e pacífica: ou seja, posse sem oposição; assim, se o legítimo possuidor da coisa se opôs à posse, ingressando com ação de reintegração de posse, neste período não se pode considerar a posse como mansa e pacífica, como sem oposição;

d) posse contínua: ou seja, sem interrupção; não é possível computar, por exemplo, dois anos de posse, uma interrupção de um ano, depois mais dois anos e assim por diante; deve-se cumprir o período aquisitivo previsto em lei sem interrupção.

6.4.2.2.3. Usucapião extraordinário – Requisitos

a) tempo: 15 anos; o prazo ficará reduzido para 10 anos se o possuidor houver estabelecido no imóvel a sua moradia habitual, ou nele realizado obras ou serviços de caráter produtivo (art. 1.238, *caput* e parágrafo único, do CC);

b) requisitos básicos: posse "mansa e pacífica" (sem oposição), "contínua" (sem interrupção) e com "ânimo de dono".

6.4.2.2.4. Usucapião ordinário – Requisitos

a) tempo: 10 anos; o prazo ficará reduzido para 5 anos se preenchidos dois requisitos: a) se o imóvel tiver sido adquirido onerosamente com base no registro constante do respectivo cartório; b) se os possuidores nele tiverem estabelecido a sua moradia ou realizado investimentos de interesse social e econômico (art. 1.242, *caput* e parágrafo único, do CC);

b) requisitos básicos: posse "mansa e pacífica" (sem oposição), "contínua" (sem interrupção) e com "ânimo de dono";

c) boa-fé e justo título: como o prazo aqui é menor, exige-se do possuidor, no plano subjetivo, a boa-fé, e no plano objetivo, a titularidade de um título hábil, em tese, para transferir a propriedade.

6.4.2.2.5. Usucapião especial urbano – Requisitos

a) tempo: 5 anos (art. 1.240 do CC);

b) requisitos básicos: posse "mansa e pacífica" (sem oposição), "contínua" (sem interrupção) e com "ânimo de dono";

c) tipo de imóvel: i) área urbana; ii) tamanho de até 250 m2;

d) finalidade do imóvel: utilização para a moradia do possuidor ou de sua família;

e) requisitos negativos: i) que o possuidor não seja proprietário de outro imóvel urbano ou rural; ii) que o possuidor não tenha já sido beneficiado pelo direito ao usucapião urbano.

De acordo com o STJ, "não obsta o pedido declaratório de usucapião especial urbana o fato de a área do imóvel ser inferior à correspondente ao "módulo urbano" (a área mínima a ser observada no parcelamento de solo urbano por determinação infraconstitucional). Isso porque o STF, após reconhecer a existência de repercussão geral da questão constitucional suscitada, fixou a tese de que, preenchidos os requisitos do artigo 183 da CF, cuja norma está reproduzida no art. 1.240 do CC, o reconhecimento do direito à usucapião especial urbana não pode ser obstado por legislação infraconstitucional que estabeleça módulos urbanos na respectiva área em que situado o imóvel (dimensão do lote)" (RE 422.349-RS, DJe 27.05.2016).

6.4.2.2.6. Usucapião urbano coletivo – Requisitos

a) tempo: 5 anos (art. 10 da Lei 10.257/2001 – Estatuto da Cidade);

b) requisitos básicos: posse "mansa e pacífica" (sem oposição), "contínua" (sem interrupção) e com "ânimo de dono";

c) tipo de imóvel: a) área urbana; b) tamanho superior a 250 m2;

d) finalidade do imóvel: a) utilização para a moradia; b) população de baixa renda;

e) requisitos negativos: i) que o possuidor não seja proprietário de outro imóvel urbano ou rural; ii) que seja impossível identificar o terreno ocupado por cada possuidor.

6.4.2.2.7. Usucapião especial rural – Requisitos

a) tempo: 5 anos (art. 1.239 do CC);

b) requisitos básicos: posse "mansa e pacífica" (sem oposição), "contínua" (sem interrupção) e com "ânimo de dono";

c) tipo de imóvel: i) área de terra em zona rural; ii) tamanho de até 50 hectares;

d) finalidade do imóvel: i) utilização para a moradia do possuidor ou de sua família; ii) área produtiva pelo trabalho do possuidor ou de sua família;

e) requisito negativo: a terra não pode ser pública.

6.4.2.2.8. Usucapião especial urbana familiar – Requisitos (introduzida pela Lei 12.424/2011)

a) tempo: 2 anos (art. 1.240-A do CC);

b) requisitos básicos: posse "mansa e pacífica" (sem oposição), "contínua" (sem interrupção) e com "ânimo de dono";

c) tipo de imóvel: a) área urbana; b) tamanho de até 250 m2;

d) finalidade do imóvel: utilização para a moradia do possuidor ou de sua família;

e) tipo de posse: posse direta, com exclusividade;

f) requisito específico: imóvel cuja propriedade o possuidor dividia com ex-cônjuge ou ex-companheiro que tenha abandonado o lar;

g) requisitos negativos: i) que o possuidor não seja proprietário de outro imóvel urbano ou rural; ii) que o possuidor não tenha já sido beneficiado pelo direito ao usucapião urbano;

h) consequência: o possuidor abandonado adquire o domínio integral do imóvel.

Confira agora alguns Enunciados das Jornadas de Direito Civil sobre a usucapião especial urbana familiar:

a) "498 – A fluência do prazo de 2 (dois) anos previsto pelo art. 1.240-A para a nova modalidade de usucapião nele contemplada tem início com a entrada em vigor da Lei 12.424/2011";

b) "499 – A aquisição da propriedade na modalidade de usucapião prevista no art. 1.240-A do Código Civil só pode ocorrer em virtude de implemento de seus pressupostos anteriormente ao divórcio. O requisito "abandono do lar" deve ser interpretado de maneira cautelosa, mediante a verificação de que o afastamento do lar conjugal representa descumprimento simultâneo de outros deveres conjugais, tais como assistência material e sustento do lar, onerando desigualmente aquele que se manteve na residência familiar e que se responsabiliza unilateralmente pelas despesas oriundas da manutenção da família e do próprio imóvel, o que justifica a perda da propriedade e a alteração do regime de bens quanto ao imóvel objeto de usucapião";

c) "500 – A modalidade de usucapião prevista no art. 1.240-A do Código Civil pressupõe a propriedade comum do casal e compreende todas as formas de família ou entidades familiares, inclusive homoafetivas";

d) "501 – As expressões "ex-cônjuge" e "ex-companheiro", contidas no art. 1.240-A do Código Civil, correspondem à situação fática da separação, independentemente de divórcio";

e) "502 – O conceito de posse direta referido no art. 1.240-A do Código Civil não coincide com a acepção empregada no art. 1.197 do mesmo Código".

6.4.2.3. Posse pro labore (desapropriação privada)

O atual CC criou nova hipótese que dá ensejo à aquisição forçada da propriedade. Essa hipótese prevê, de um lado, que o possuidor que sofra a reivindicação da coisa tenha utilizado esta em obras e serviços de relevante interesse social e econômico, e que, de outro, tenha interesse em pagar indenização para o proprietário da área. Tanto a doutrina como a jurisprudência já se manifestaram no sentido de que esta modalidade de desapropriação é constitucional (Enunciado 82 JDC/CJF).

6.4.2.3.1. Conceito

Consiste no direito de o possuidor de extensa área permanecer/adquirir compulsoriamente a coisa, pagando justa indenização ao proprietário do imóvel, desde que preenchidos os demais requisitos legais.

6.4.2.3.2 Requisitos

a) posse ininterrupta por mais de 5 anos; b) boa-fé do possuidor; c) extensa área; d) considerável número de possuidores; e) realização de obras e serviços considerados pelo juiz de interesse social e econômico relevante. Perceba que, diferentemente da usucapião coletiva, a desapropriação privada não requer moradia, mas requer boa-fé e pagamento de justa indenização.

6.4.2.3.3. Operacionalização

Por ocasião da reivindicação da coisa, os interessados deverão requerer ao juiz a fixação de justa indenização devida ao proprietário, que, paga, ensejará registro da sentença no Registro de Imóveis para o fim de atribuir a propriedade aos possuidores (art. 1.228, §§ 4º e 5 º).

6.4.2.4. Acessão

6.4.2.4.1. Conceito

É modo originário de aquisição da propriedade, pelo qual fica pertencendo ao proprietário tudo quanto se une ou se incorpora ao seu bem (art. 1.248 do CC).

6.4.2.4.2. Espécies

a) **natural:** consiste na união do acessório ao principal advinda de acontecimento natural (formação de ilhas, aluvião, avulsão e abandono);

b) **artificial (industrial):** resulta de trabalho humano.

6.4.2.4.3. Requisitos

a) conjunção entre duas coisas, até então separadas;

b) caráter acessório de uma das duas, em confronto com a outra; uma é principal (coisa acedida) e a outra, acessória (coisa acedente).

6.4.2.4.4. Princípios básicos para a solução de problemas quando o acessório vem de terceiro

a) **princípio de que o acessório segue o principal:** assim, normalmente o dono da coisa principal fica com a coisa acessória vinda do bem de terceiro.

b) **princípio do não enriquecimento sem causa:** faz com que, sempre que possível, o proprietário prejudicado tenha direito à indenização pela incorporação de coisa sua a um bem de outra pessoa.

6.4.2.4.5. Formação de ilhas em rios não navegáveis (art. 1.248, I, do CC, e art. 23 do Código de Águas)

a) **conceito:** *depósito paulatino de materiais (trazidos pela corrente) ou rebaixamento de águas, deixando descoberta e a seco parte do fundo ou do leito.*

b) **titularidade:** a área de terras formada passa a ser do proprietário ribeirinho, a depender de sua formação.

c) **ilha formada no meio do rio:** passa a pertencer aos proprietários ribeirinhos fronteiros, na proporção de suas testadas.

d) **ilha formada entre a linha que divide o álveo:** quando a ilha se forma na metade mais próxima a uma das margens, esta pertencerá ao proprietário ribeirinho do lado da formação.

e) **ilha formada pelo desdobramento de um novo braço do rio:** nesse caso, os proprietários das margens que perderam o braço serão donos da área.

6.4.2.4.6. Aluvião (art. 1.250 do CC)

a) **conceito:** *acréscimo natural e imperceptível de terras às margens dos rios.* Ocorre quando a terra vai se depositando em uma margem do rio, formando um novo pedaço de terra. A doutrina denomina aluvião imprópria aquela situação em que esse pedaço de terra se forma pelo afastamento de águas, que descobrem parte do álveo, ou seja, parte da área coberta pelas águas.

b) **titularidade:** essa nova área de terra passa a ser do proprietário dos terrenos marginais, na proporção de suas testadas.

6.4.2.4.7. Avulsão (art. 1.251 do CC)

a) **conceito:** *deslocamento de uma porção de terra de um prédio a outro por força natural violenta.*

b) consequências: i) o dono do outro prédio adquire propriedade do acréscimo se indenizar ou não houver reclamação em 1 ano; ii) se não houver o pagamento da indenização reclamada, o dono do prédio deve aquiescer na remoção do acréscimo.

6.4.2.4.8. Abandono de álveo (art. 1.252 do CC)

a) conceito: *é o rio que seca ou que se desvia em virtude de fenômeno natural.* O álveo é a superfície coberta pelas águas, de modo que o abandono de álveo é a seca do rio, que fica descoberto, abandonado.

b) titularidade: a área formada pertencerá aos proprietários ribeirinhos das duas margens, ficando, cada um, proprietário até o local onde se tinha a linha média do álveo.

6.4.2.4.9. Acessões artificiais

a) conceito: *são as que resultam de um comportamento humano.* São exemplos as construções e as plantações.

b) características: i) dá-se de móveis a imóveis; ii) a acessão existente em terreno presume-se feita pelo proprietário e à sua custa, até prova em contrário; iii) fazendo ou não a acessão, como regra, o proprietário do bem principal fica dono do acessório (da acessão); iv) não pode haver enriquecimento sem causa.

c) acessão em terreno próprio com elementos alheios: por exemplo, planta em seu terreno com semente alheia; nesse caso o proprietário do terreno adquire a propriedade da semente, mas deve pagar ao dono do material o seu valor, bem como pagar perdas e danos, se agiu de má-fé (art. 1.254 do CC).

d) acessão com elementos próprios em terreno alheio: por exemplo, uma pessoa planta sementes suas no terreno de alguém ou edifica com materiais próprios no terreno de outrem; nesse caso, o proprietário das sementes ou dos materiais os perde para o proprietário do terreno, tendo direito de indenização pelo valor dos elementos, caso esteja de boa-fé. Se o valor da acessão exceder consideravelmente o valor do terreno e aquele que plantou ou edificou estiver de boa-fé, este poderá adquirir a propriedade do solo se pagar indenização (art. 1.255 do CC).

e) construção em solo próprio, que invade solo alheio: é o caso de alguém que constrói em terreno próprio, mas que acaba por invadir parte de terreno alheio. A lei permite que o construtor de boa-fé que invadiu área de até um vigésimo do solo alheio fique dono da parte invadida, desde que o valor da construção exceda o dessa parte e que pague indenização que represente o valor da área perdida e a desvalorização da área remanescente. O possuidor de má-fé só terá o mesmo direito na hipótese de não ser possível demolir a porção invasora sem grave prejuízo à sua construção, desde que paguem indenização correspondente a dez vezes o valor que pagaria se estivesse de boa-fé. Para o caso de construções que excedam um vigésimo do terreno alheio, o invasor de má-fé pagará indenização em dobro, ao passo que o possuidor de boa-fé tem direito de adquirir a área invadida se também pagar o valor que a invasão acrescer à sua construção (arts. 1.258 e 1.259).

6.4.3. Perda da propriedade imóvel

6.4.3.1. Alienação

6.4.3.1.1. Conceito

Consiste na venda, na doação, na troca ou na dação em pagamento.

6.4.3.1.2. Efeitos

Os efeitos da perda da propriedade são subordinados ao registro do título translatício no Registro de Imóvel (art. 1.275, parágrafo único, do CC).

6.4.3.2. Renúncia

6.4.3.2.1. Conceito

Ato unilateral pelo qual o proprietário declara expressamente o seu intuito de abrir mão da coisa. Tem como condição não acarretar prejuízos a terceiro.

6.4.3.2.2. Efeitos

Os efeitos da perda da propriedade dependem do registro do ato renunciativo, que deverá se consubstanciar numa escritura pública (art. 108 do CC) ou num termo judicial (art. 1.806 do CC – herança).

6.4.3.3. Abandono

6.4.3.3.1. Conceito

Ato unilateral pelo qual o proprietário se desfaz da coisa, a partir de conduta que revela não mais querer conservá-la em seu patrimônio.

6.4.3.3.2. Presunção absoluta da intenção de abandonar

O atual CC presumiu o abandono de forma absoluta na hipótese de o proprietário da coisa a) cessar os atos de posse sobre ela e b) deixar de satisfazer os ônus fiscais (deixar de pagar o IPTU ou o ITR). Nesse caso, não se encontrando o imóvel na posse de outrem, deverá ser arrecadado como bem vago, passando, três anos depois, à propriedade do Município onde se encontrar, se se tratar de imóvel urbano, ou à propriedade da União, se se tratar de imóvel rural.

6.4.3.4. Perecimento do imóvel

6.4.3.4.1 Conceito

Consiste na sua destruição por ato voluntário ou involuntário. Exemplo do primeiro caso é o incêndio proposital. E, do segundo, o raio, o furacão e o terremoto.

6.4.3.4.2. Efeitos

Em última análise, o dono da construção ou da plantação continua proprietário do solo.

6.4.3.5. Desapropriação

6.4.3.5.1. Conceito

Consiste no despojamento compulsório do proprietário do imóvel por parte do Poder Público, que fica obrigado a pagar justa indenização.

6.4.3.5.2. Efeitos

A desapropriação só se consuma com o pagamento integral da indenização devida. Até este momento, o Poder Público poderá desistir da aquisição da área. Não desistindo e havendo o pagamento da indenização, o juiz determina o registro da sentença respectiva no Registro de Imóveis.

6.4.3.6. Outras hipóteses

Também se perde a propriedade pela usucapião, pela dissolução da sociedade conjugal, pela sentença em ação reivindicatória, pelo implemento de condição resolutiva, pelo confisco (art. 243 da CF) e pela desapropriação privada (art. 1.228, §§ 4º e 5º, CC), dentre outros casos.

6.4.4. Aquisição da propriedade móvel

6.4.4.1. Ocupação

6.4.4.1.1. Conceito

Modo de aquisição originário da propriedade de coisa móvel e sem dono, por não ter sido ainda apropriada ("res nullius"*) ou por ter sido abandonada (*"res derelicta"*)* (art. 1.263 do CC).

6.4.4.1.2. Ocupação x Descoberta

A descoberta difere da ocupação, por se referir a coisa perdida pelo seu proprietário. O regime jurídico da **descoberta** determina que aquele que ache coisa alheia perdida há de restituí-la ao dono ou legítimo possuidor. Se não o encontrar, entregará a coisa achada à autoridade competente. Aquele que restituir terá direito a uma recompensa não inferior a 5% do seu valor, e à indenização pelas despesas que houver feito, se o dono não preferir abandoná-la. Decorridos sessenta dias da divulgação da notícia pela autoridade por imprensa ou edital, não se apresentando quem comprove a propriedade da coisa, será esta vendida em hasta pública e, deduzidas do preço as despesas, mais a recompensa do descobridor, pertencerá o remanescente ao Município onde se achou o objeto perdido. Sendo a coisa de pequeno valor, o Município poderá dá-la a quem a achou (art. 1.233 a 1.237 do CC). A doutrina chama a recompensa pela entrega da coisa de "achádego" e o descobridor de "inventor".

6.4.4.2. Achado do tesouro

6.4.4.2.1. Conceito de tesouro

Consiste no depósito antigo de coisas preciosas, oculto e de cujo dono não haja memória (art. 1.264 do CC).

6.4.4.2.2. Conceito do achado do tesouro

Consiste na descoberta casual desse depósito antigo.

6.4.4.2.3. Consequências possíveis

a) será dividido por igual entre o proprietário do prédio e aquele que achar a coisa; b) pertencerá por inteiro ao proprietário do prédio se foi quem achou, se foi quem determinara a pesquisa para encontrá-lo ou se achado por terceiro não autorizado a procurar; c) havendo enfiteuse, este terá o direito que corresponde ao proprietário da coisa.

6.4.4.3. Usucapião

6.4.4.3.1. Conceito

Modo originário de aquisição da propriedade pela posse prolongada da coisa. Também se aplicam à usucapião de bem móvel as regras dos arts. 1.243 e 1.244 do CC.

6.4.4.3.2. Usucapião ordinário

Requer posse ininterrupta e sem oposição por três anos, além de boa-fé e justo título (art. 1.260 do CC).

6.4.4.3.3. Usucapião extraordinário

Requer apenas posse ininterrupta e sem oposição por cinco anos (art. 1.261 do CC).

6.4.4.4. Tradição

6.4.4.4.1. Conceito

Consiste na entrega da coisa móvel ao adquirente, com a intenção de lhe transferir o domínio, em razão de título translativo da propriedade. Aqui, vale a mesma observação feita para a aquisição de bens imóveis pelo registro na matrícula, ou seja, vale lembrar que o simples acordo de vontades (contrato) não transfere a propriedade da coisa móvel, sendo necessária a tradição, que é o que dá visibilidade, publicidade ao negócio, daí o fato de o Direito estabelecer que só ela tem o condão de transferir a propriedade (art. 1.267 do CC).

6.4.4.4.2. Espécies de tradição

Vide aquisição e perda da posse (itens 6.2.5 e 6.2.6).

6.4.4.4.3. Tradição por quem não é proprietário

Nesse caso, não há alienação da propriedade, exceto se forem preenchidos os seguintes requisitos: a) a coisa for oferecida ao público (em leilão público ou estabelecimento comercial); b) a coisa for transferida em circunstâncias tais que, ao adquirente de boa-fé, pareça que o alienante é dono da coisa. Outra possibilidade de o negócio valer é o vendedor adquirir posteriormente a propriedade, estando o adquirente de boa-fé (art. 1.268 do CC).

6.4.4.4.4. Tradição decorrente de negócio nulo

O CC dispõe que não transfere a propriedade a tradição, quando tiver por título um negócio nulo. Um exemplo é a entrega de um bem vendido por um absolutamente incapaz (art. 1.268, § 2º, do CC).

6.4.4.5. Especificação

6.4.4.5.1. Conceito

É modo de aquisição da propriedade pela transformação de coisa móvel em espécie nova, em virtude de trabalho ou indústria do especificador, desde que não seja possível reduzi-la à forma primitiva (art. 1.269 do CC). Um exemplo é o trabalho feito por artesão em matéria-prima da qual não é dono. O fundamento do instituto é a valorização do trabalho e da função social da propriedade.

6.4.4.5.2. Requisitos

a) bem móvel; b) matéria-prima alheia; c) impossibilidade de retorno ao estado anterior.

6.4.4.5.3. Consequências

a) especificador de boa-fé: vira proprietário da coisa se o valor da coisa especificada exceder consideravelmente o da matéria-prima; deve indenizar o prejudicado; se o valor da coisa especificada não exceder o da matéria-prima, o possuidor de boa-fé tem direito de ser indenizado.
b) especificador de má-fé: a coisa especificada pertencerá ao dono da matéria-prima, sem direito de indenização em favor do especificador.

6.4.4.6. Confusão/Comissão/Adjunção

6.4.4.6.1. Incidência dos institutos

Nas situações em que coisas pertencentes a pessoas diversas se mesclarem, sem possibilidade de separá-las (art. 1.272, § 1º, do CC).

6.4.4.6.2. Confusão

É a mistura entre coisas líquidas. Ex.: água e álcool.

6.4.4.6.3. Comissão

É a mistura entre coisas secas ou sólidas. Ex.: açúcar e farinha.

6.4.4.6.4. Adjunção

É a justaposição de coisas, sem possibilidade de destacar acessório do principal. Ex.: duas coisas coladas.

6.4.4.6.5. Consequências

a) se for possível a separação: não haverá problema, bastando a entrega de cada coisa ao seu proprietário;
b) se não for possível a separação ou esta exigir gasto excessivo: nasce um condomínio forçado, cabendo, a cada um, quinhão proporcional ao valor da coisa que entrou para a mistura.
c) se uma das coisas for principal: o dono dela ficará proprietário de tudo, indenizando os outros.
d) se a mescla foi operada de má-fé: aquele que estiver de boa-fé decidirá se pretende ou não ficar com a coisa, assegurado, em qualquer caso, o direito de receber uma indenização.

6.5. Condomínio

6.5.1. Conceito

É o direito de propriedade de mais de uma pessoa sobre a mesma coisa, cabendo a cada uma delas a totalidade dos poderes inerentes ao domínio, sendo que o exercício desses poderes é limitado pelos direitos dos demais (art. 1.314 do CC).

6.5.2. Direitos e exercício dos direitos

No plano qualitativo, todos os condôminos podem usar, reivindicar e gravar a coisa, bem como alhear parte ideal dela; por outro lado, não podem alterar a destinação da coisa e dar posse a estranhos; já no plano quantitativo, os condôminos devem dividir as despesas proporcionalmente, deliberar sobre a administração da coisa pela maioria e dividir os frutos na proporção de seus quinhões.

6.5.3. Classificação

6.5.3.1. Quanto à origem

a) **convencional (voluntário):** *é o resultante do acordo de vontades*, como a aquisição conjunta de um bem; b) **incidental (eventual):** *é o resultante de causas alheias à vontade dos condôminos*, como a herança deixada para vários herdeiros; c) **forçado (legal):** *é o resultante de imposição da ordem jurídica, como consequência do estado de indivisão da coisa*, como as paredes, cercas, muros e valas.

6.5.3.2. Quanto à forma

a) ***pro diviso:*** *é aquele em que a comunhão existe juridicamente, mas não de fato, dado que cada condômino exerce atos sobre parte certa e determinada do bem*; b) ***pro indiviso:*** *é aquele em que a comunhão existe de fato e de direito.*

6.5.4. Quota ideal

6.5.4.1. Conceito

É a fração que, no bem indiviso, cabe a cada consorte. Repare que o direito recai sobre o bem todo, mas com algumas limitações quantitativas em relação a alguns poderes de proprietário.

6.5.4.2. Consequências **a)** possibilita o cálculo do montante das vantagens e ônus atribuíveis a cada um dos comunheiros;
b) possibilita direitos plenos (de usar e reivindicar, por exemplo) e direitos limitados (aos frutos, à repartição de despesas e a deliberações);
c) a fração deve estar no título; no silêncio, presumem-se iguais os quinhões.

6.5.5. Direitos dos condôminos

6.5.5.1. Usar da coisa conforme sua destinação e sobre ela exercer todos os direitos compatíveis com a indivisão

Assim, não é possível impedir ou atrapalhar o uso por parte do outro, nem mudar a destinação do bem, muito menos dar posse, uso ou gozo a estranhos, sem autorização dos demais.

6.5.5.2. Reivindicar os bens de terceiros

O condômino pode ingressar sozinho com a ação reivindicatória ou reintegratória de posse.

6.5.5.3. Alhear ou gravar sua parte

A alienação deve respeitar o direito de preferência em favor dos demais condôminos (art. 504 do CC); já o gravame (instituição de hipoteca, por exemplo) só incidirá sobre a parte ideal pertencente ao condômino.

6.5.5.4. Direito de pedir a divisão

6.5.6. Deveres dos condôminos

1. **Concorrer para as despesas** de conservação e divisão da coisa, na proporção de sua parte.

2. **Responder pelas dívidas** contraídas em proveito da comunhão, presumindo-se o rateio na proporção dos quinhões.

3. **Responder pelos frutos** que percebeu da coisa e pelo **dano** que lhe causou.

6.5.7. Extinção do condomínio

6.5.7.1. Regra geral

A todo tempo será lícito ao condomínio exigir a divisão da coisa comum (art. 1.320 do CC).

6.5.7.2. Exceções

a) existindo pacto de não dividir, cujo prazo máximo é de cinco anos, suscetível de prorrogação posterior; b) pela vontade do doador ou do testador; c) por determinação judicial, se houver graves razões aconselhando.

6.5.7.3. Meios

a) Coisa divisível: divide-se fisicamente, de acordo com os quinhões.

b) Coisa indivisível: a) verifica-se se um dos consortes tem interesse em adjudicar tudo para si, com a concordância de todos; não sendo possível, b) vende-se e reparte-se o apurado, sendo que há direito de preferência do condômino em relação a estranhos. É importante ressaltar que as regras do direito de preferência em caso de venda voluntária de fração ideal (art. 504 do CC) são diferentes das regras do mesmo direito em caso de divisão forçada (art. 1.322 do CC).

6.5.8. Administração do condomínio

6.5.8.1. Escolha do administrador

A maioria escolherá o administrador, que pode ser estranho ao condomínio (art. 1.323 do CC).

6.5.8.2. Poderes do administrador

Este não poderá praticar atos que exigem poderes especiais, como alienar, por exemplo.

6.5.8.3. Quórum para deliberações

Estas serão tomadas pela maioria absoluta; a maioria será calculada pelo valor dos quinhões. Em caso de empate, decidirá o juiz, a requerimento de qualquer condômino, ouvidos os outros (art. 1.325, §§ 1º e 2º, do CC).

6.5.9. Condomínio edilício

6.5.9.1. Conceito

É o condomínio caracterizado pela existência de uma propriedade comum ao lado de uma propriedade privativa (art. 1.331 do CC). Nesse caso temos a) *unidades autônomas*, tais como apartamentos, escritórios, salas, lojas e garagens; e b) *partes comuns*, tais como o terreno, a estrutura do edifício, o telhado, os corredores, as escadas, as áreas de lazer.

6.5.9.2. Natureza

É um sujeito de direito despersonificado, já que a lei autoriza sua atuação em juízo, bem como a contratação de serviços e de funcionários.

6.5.9.3. Instituição

Ocorre com o a) **Ato de Instituição**, que discrimina e individualiza as unidades, e nasce de ato *inter vivos* ou de testamento, registrado no Registro de Imóveis (art. 1.332, *caput* e I, do CC); b) **Convenção**, que, aprovada por 2/3 das frações ideais, traz os direitos e deveres dos condôminos, devendo ser também registrada no Registro Imobiliário para ser oponível contra terceiros. c) **Regulamento** (ou Regimento Interno), que consiste no documento que completa a convenção, tecendo minúcias sobre o funcionamento do condomínio edilício. O quórum para alteração do regimento interno do condomínio edilício pode ser livremente fixado na convenção (Enunciado 248 JDC/CJF). A alteração da convenção depende do voto de 2/3 dos condôminos.

6.5.9.4. Estrutura interna do condomínio

a) Unidades autônomas: nenhuma unidade pode ser privada de saída para a via pública; o proprietário pode alugar, ceder ou gravar sua unidade, independente de autorização dos outros condôminos, que também não têm direito de preferência na aquisição da unidade do vizinho; o direito de preferência só existe no caso de o condômino resolver alugar sua garagem a estranhos; para efeitos tributários, cada unidade é prédio isolado; vale salientar que, de acordo com a alteração promovida pela lei 12.607/2012 junto ao art. 1.331, § 1º, do CC, os abrigos para veículos só poderão ser alienados ou alugados a pessoas estranhas ao condomínio se houver autorização expressa na convenção de condomínio;

b) Áreas comuns: cada consorte pode utilizá-las sem dano, incômodo ou embaraço aos demais; são insuscetíveis de divisão e de alienação.

6.5.9.5. Deveres e sujeições dos condôminos

a) contribuir para as despesas na proporção de sua fração ideal, salvo disposição em contrário na convenção, não podendo votar na assembleia se não estiver quite;

b) pagar juros de 1% ao mês e multa de até 2% caso não pague sua contribuição; quanto à multa, o Enunciado 505 das Jornadas de Direito Civil entende que "é nula a estipulação que, dissimulando ou embutindo multa acima de 2%, confere suposto desconto de pontualidade no pagamento da taxa condominial, pois configura fraude à lei (Código Civil, art. 1336, § 1º), e não redução por merecimento";

c) não alterar a fachada;

d) preservar o sossego, a salubridade, a segurança e os bons costumes;

e) pagar multa correspondente até o quíntuplo do valor atribuído à contribuição para as despesas condominiais, se não cumprir reiteradamente os seus deveres perante o condomínio, conforme a gravidade das faltas e a reiteração, independentemente das perdas e danos que se apurem, mediante deliberação de três quartos dos condôminos restantes. O condômino ou o possuidor que, por seu comportamento antissocial gerar incompatibilidade de convivência com os demais condôminos ou possuidores poderá ser compelido a pagar multa de até dez vezes o valor de sua contribuição, de acordo com as disposições legais e convencionais aplicáveis ao caso concreto; o Enunciado 508 das Jornadas de Direito Civil entende que "verificando-se que a sanção pecuniária mostrou-se ineficaz, a garantia fundamental da função social da propriedade (arts. 5º, XXIII, da CRFB e 1.228, § 1º, do CC) e a vedação ao abuso do direito (arts. 187 e 1.228, § 2º, do CC) justificam a exclusão do condômino antissocial, desde que a ulterior assembleia prevista na parte final do parágrafo único do art. 1.337 do Código Civil delibere a propositura de ação judicial com esse fim, asseguradas todas as garantias inerentes ao devido processo legal.

Seguem algumas decisões jurisprudenciais do STJ a respeito:

a) o prazo prescricional aplicável à pretensão de cobrança de taxas condominiais é de cinco anos, de acordo com art. 206, § 5º, I, do Código Civil (AgInt no AREsp 883973/DF, DJE 20.06.2016);

b) havendo compromisso de compra e venda não levado a registro, a responsabilidade pelas despesas de condomínio pode recair tanto sobre o promitente vendedor quanto sobre o promissário comprador, dependendo das circunstâncias de cada caso concreto. (AgInt no AREsp 733185/SP, DJE 01.06.2016);

c) as cotas condominiais possuem natureza *proptem rem*, razão pela qual os compradores de imóveis respondem pelos débitos anteriores à aquisição (AgRg no AREsp 215906/RO, DJE 28.03.2016);

d) é possível a penhora do bem de família para assegurar o pagamento de dívidas oriundas de despesas condominiais do próprio bem (AgRg no AgRg no AREsp 198372/SP, DJE 18.12.2013);

e) "o condomínio, independentemente de previsão em regimento interno, não pode proibir, em razão de inadimplência, condômino e seus familiares de usar áreas comuns, ainda que destinadas apenas a lazer. Isso porque a adoção de tal medida, a um só tempo, desnatura o instituto do condomínio, a comprometer o direito de propriedade afeto à própria unidade imobiliária, refoge das consequências legais especificamente previstas para a hipótese de inadimplemento das despesas condominiais e, em última análise, impõe ilegítimo constrangimento ao condômino (em mora) e aos seus familiares, em manifesto descompasso com o princípio da dignidade da pessoa humana" (REsp 1.564.030-MG, DJe 19.08.2016).

6.5.9.6. Administração do condomínio

a) Exercício: dá-se pelo síndico, cujo mandato é de até dois anos, permitida a reeleição.

b) Competência do síndico: representa ativa e passivamente o condomínio, em juízo ou fora dele; pode ser condômino ou pessoa natural ou jurídica estranha.

c) Assembleia: a Geral Ordinária tem por objeto aprovar, por maioria dos presentes, o orçamento das despesas, a contribuição dos condôminos e a prestação de contas. Já a Extraordinária é convocada pelo síndico ou por 1/4 dos condôminos.

d) Quórum: salvo quando exigido quórum especial, as deliberações da assembleia serão tomadas, em primeira convocação, por maioria dos votos dos condôminos presentes que representem pelo menos metade das frações ideais. Em segunda votação, a assembleia poderá deliberar por maioria dos votos presentes. Depende da aprovação de 2/3 dos votos dos condôminos a alteração da convenção. A mudança de destinação do edifício depende da unanimidade.

6.6. Direitos reais de fruição

6.6.1. Introdução

Os direitos reais sobre coisas alheias podem ser de gozo ou fruição (superfície, servidão, usufruto, uso, habitação), de garantia (penhor, hipoteca, anticrese) ou de aquisição (compromisso de compra e venda). Os direitos reais estudados neste capítulo consistem no desmembramento do direito de propriedade para permitir que o beneficiário do direito use e/ou goze da coisa alheia.

6.6.2. Superfície

6.6.2.1. Conceito

Direito real pelo qual o proprietário concede a outrem, por tempo determinado, gratuita ou onerosamente, a faculdade de construir ou de plantar em seu terreno (art. 1.369 do CC, e arts. 21 a 24 da Lei 10.257/2001).

6.6.2.2. Instituição

Mediante escritura pública devidamente registrada no Registro de Imóvel; não é possível por meio de testamento.

6.6.2.3. Direitos do proprietário do solo (fundieiro ou concedente)

a) pode receber quantia (à vista ou parceladamente), caso se combine a onerosidade do direito de superfície; o nome do pagamento é "solarium";

b) pode adquirir a construção ou a plantação, extinto o direito, independentemente de indenizar o superficiário, salvo convenção em contrário;

c) tem direito de preferência na alienação do direito de superfície.

6.6.2.4. Direitos do superficiário

a) pode plantar ou construir no terreno; não se autoriza obra no subsolo, salvo se inerente ao objeto da concessão;

b) pode transferir o direito a terceiros, e, por morte, a herdeiros; não há a figura do laudêmio, comissão devida ao dono da coisa, na enfiteuse;

c) tem direito de preferência na alienação do imóvel.

6.6.2.5. Deveres do superficiário

a) deve pagar o "solarium", se onerosa;

b) responde pelos encargos e tributos incidentes sobre o imóvel.
c) deve manter a destinação para o qual foi prevista.

6.6.2.6. *Extinção*

a) pela consolidação, que ocorre pela fusão, na mesma pessoa, do direito de superfície e do direito de propriedade; b) por ter se dado destinação diversa da estabelecida pelo bem; c) pelo advento do termo; d) pela renúncia do superficiário; e) pelo distrato; f) pelo perecimento do bem gravado; g) pelo não uso do direito de construir, no prazo convencionado; h) pela desapropriação do solo ou do direito.

6.6.2.7. *Diferenças em relação à enfiteuse*

Esta se constitui por testamento; o enfiteuta tem direito ao resgate da coisa, preenchidos requisitos legais; a enfiteuse confere todos os poderes inerentes ao domínio; a enfiteuse é perpétua, ao passo que a superfície é temporária; a enfiteuse prevê pagamento de laudêmio (comissão) ao proprietário, em caso de venda do direito.

6.6.2.8. *Diferenças em relação ao direito de superfície do Estatuto da Cidade (EC)*

Este vale para imóveis urbanos, ao passo que o do CC, para imóveis rurais; o previsto no EC pode ser por tempo determinado ou indeterminado; abrange o direito de usar o solo, o subsolo e o espaço aéreo; não limita o direito à feitura de construção ou plantação.

6.6.3. *Servidão*

6.6.3.1. *Conceito*

É o direito real de gozo que proporciona utilidade para o prédio dominante e grava o prédio serviente, que pertence a dono diverso (art. 1.378). Um exemplo é a servidão pela qual um prédio fica proibido de construir acima de certa altura, a fim de beneficiar outro. Outro exemplo é a servidão de passagem, em que um prédio que não tem entrada para a rua (prédio dominante) se beneficia com a possibilidade de utilização do prédio vizinho (prédio serviente) para passagem de pessoas e veículos. É importante ressaltar que o direito só recai sobre imóveis, bem como que não se liga a uma pessoa, mas a um prédio. O dono deste fica adstrito apenas pelo fato de ser proprietário da coisa. O imóvel que se beneficia com a servidão leva o nome de *dominante*, ao passo que o que recebe o gravame é chamado *serviente*.

6.6.3.2. *Finalidade*

Proporcionar valorização do prédio dominante, tornando-o mais útil, agradável ou cômodo. O instituto é muito utilizado para corrigir desigualdades naturais entre prédios ou para estabelecer padrões estéticos ou de comodidade entre imóveis.

6.6.3.3. *Características do direito de servidão*

a) perpétuo: tem duração indefinida, como regra. Mas é possível instituir servidão a termo ou com condição (servidão *ad tempus*).

b) indivisível: mesmo no caso de divisão do prédio dominante ou do prédio serviente, a restrição continua a gravar cada uma das partes do prédio serviente, salvo se a restrição perder sentido (art. 1.386 do CC).

c) inalienável: como a restrição é feita pela necessidade do prédio dominante, não há que se falar em transferência da restrição, por alienação, a outro prédio.

6.6.3.4. *Classificação quanto ao modo de exercício*

a) servidões contínuas: *são as que subsistem e se exercem independentemente de ato humano direto*. São exemplos as servidões de passagem de água (aqueduto), de energia elétrica (passagem de fios, cabos ou tubulações), de iluminação (postes) e de ventilação.

b) servidões descontínuas: *são as que dependem de ação humana atual para seu exercício e subsistência*. São exemplos a servidão de trânsito, de tirar água de prédio alheio e de pastagem em prédio alheio. Essas servidões podem ser positivas ou negativas. Serão **positivas** quando o proprietário dominante tem direito a uma utilidade do serviente (exs.: servidão de passagem ou de retirada de água). Serão **negativas** quando o proprietário dominante tiver simplesmente o direito de ver o proprietário serviente se abster de certos atos (ex.: servidão de não edificar em certo local ou acima de dada altura).

6.6.3.5. *Classificação quanto à exteriorização*

a) servidões aparentes: *são as que se revelam por obras ou sinais exteriores, visíveis e permanentes*. São exemplos a servidão de trânsito e de aqueduto.

b) servidões não aparentes: *são as que não se revelam externamente*. São exemplos as de não construir em certo local ou acima de dada altura.

Obs.: a classificação é importante, pois somente as servidões aparentes podem ser adquiridas por usucapião (art. 1.379 do CC).

6.6.3.6. *Classificação quanto à origem*

a) servidões legais: *são as que decorrem de lei*. Ex.: passagem forçada.

b) servidões materiais: *são as que derivam da situação dos prédios*. Ex.: servidão para escoamento de águas.

c) servidões convencionais: *são as que resultam da vontade das partes*. Ex.: as constituídas por contrato ou testamento, com posterior registro no Registro de Imóveis.

6.6.3.7. *Constituição das servidões*

As servidões se constituem por **negócio jurídico** (contrato ou testamento) registrado no Registro de Imóveis; por **sentença judicial** (em ação de divisão, para possibilitar a utilização dos quinhões partilhados – arts. 596 e 597 do NCPC) e por **usucapião**.

6.6.3.8. *Ações judiciais*

a) ação confessória: *é a que visa ao reconhecimento da existência da servidão;* é promovida pelo dono do prédio dominante; b) **ação negatória:** *é a que visa à negativa da existência da servidão;* é promovida pelo dono do prédio serviente; c)

manutenção ou reintegração de posse: *promovidas para reprimir algumas violações ao exercício da servidão.*

6.6.3.9. Extinção da servidão

a) pela **renúncia**; b) pela **cessação da utilidade**; c) pelo **resgate**, pelo dono do prédio serviente; d) pela **confusão** (dono dos dois prédios passa a ser uma pessoa só); e) pela **usucapião**, nas servidões aparentes; f) pelo **perecimento** da coisa; g) pelo **decurso do prazo ou da condição**; h) pela **desapropriação**.

6.6.3.10. Passagem forçada

a) conceito: *direito assegurado ao proprietário do prédio encravado (sem acesso para a via pública) de, mediante pagamento de indenização, constranger vizinho a lhe dar passagem* (art. 1.285 do CC).

b) finalidade: *atender a função econômica e social da propriedade.*

c) sujeito passivo: normalmente, é o proprietário contíguo; porém, se não for suficiente a colaboração deste, pode-se atingir o vizinho não imediato; procura-se o imóvel que mais natural e facilmente se preste à passagem.

d) requisitos: i) **encravamento natural**, que é aquele não provocado pelo dono do prédio encravado (ex.: não tem esse direito quem vendeu a área que possibilitava sua passagem, salvo contra quem tiver comprado a área – art. 1.285, § 2º, do CC); ii) **encravamento absoluto**, que é aquele em que não há outra saída, ainda que uma saída difícil e penosa; iii) **menor ônus possível ao serviente**, ou seja, procura-se a passagem junto ao vizinho cujo imóvel mais natural e facilmente se prestar ao intento, bem como a passagem que menos atrapalhe o vizinho no uso de seu imóvel; iv) **pagamento de indenização**, ou seja, o vizinho que tiver que dar a passagem deverá ser indenizado pelos danos que suportar com essa medida forçada.

e) extinção: a passagem forçada fica extinta i) no caso de abertura de estrada que passe ao lado da divisa do prédio encravado, bem como ii) no caso de a área encravada ser anexada a outra não encravada.

f) diferenças entre "servidão de passagem ou de trânsito" e "passagem forçada": a primeira decorre de negócio jurídico, ao passo que a segunda decorre da lei; a primeira nem sempre decorre de um imperativo (pode ser instituída apenas para mais comodidade ou facilidade), ao passo que a segunda decorre de um imperativo, já que se tem um prédio encravado; na primeira não se fala em indenização (pode até envolver pagamento, pois muitas vezes decorre de um contrato), já na segunda a indenização decorre da própria lei; a primeira está regulada no âmbito dos direitos reais, ao passo que a segunda, mesmo encerrando as características de direito real, está no âmbito do direito de vizinhança.

6.6.4. Usufruto

6.6.4.1. Conceito

É o direito real conferido a alguém de retirar temporariamente de coisa alheia os frutos e as utilidades que ela produz, sem alterar-lhe a substância (art. 1.390 do CC). Repare que o usufrutuário pode não só *usar* a coisa (por exemplo, habitar uma casa dada em usufruto), como também pode *fruir*, tirar os frutos da coisa (no mesmo exemplo, pode alugar a coisa para terceiro, tirando renda dela). O proprietário da coisa é chamado *nu-proprietário*, ao passo que o beneficiário do usufruto e denominado *usufrutuário*.

6.6.4.2. Características

a) temporário: o usufruto extingue-se no prazo ajustado ou com a morte do usufrutuário; no caso da pessoa jurídica, a lei traz com prazo máximo o de 30 anos do início do exercício do usufruto (art. 1.410, III, do CC).

b) direito real: diferente do comodato, que é um empréstimo de coisa infungível que gera mero direito pessoal, no usufruto tem-se um direito real, ou seja, um direito que é oponível *erga omnes*.

c) inalienável: não é possível ceder *o direito ao usufruto*; todavia, o mero *exercício do direito ao usufruto* pode ser transmitido, de modo gratuito ou oneroso (art. 1.393 do CC); assim, se "A" for titular de um usufruto, não poderá passar esse direito para "B". "A" será sempre o usufrutuário da coisa. Mas poderá passar o exercício desse direito, possibilitando, por exemplo, que "B" possa usar e fruir da coisa na qualidade de locatário dela, por exemplo. Em virtude da inalienabilidade do direito ao usufruto, não é possível penhorá-lo para vender o *direito ao usufruto* a terceiro. Todavia, pode o juiz penhorar o *exercício do direito ao usufruto*, por exemplo, nomeando um administrador para alugar a coisa a terceiro, de modo a gerar renda para pagamento da dívida exequenda. Quando a dívida toda tiver sido paga, será levantada a penhora sobre o *exercício do direito ao usufruto*, e o titular do *direito ao usufruto* volta a gozar integralmente da coisa.

6.6.4.3. Constituição do usufruto

O usufruto se constitui por **determinação legal** (ex.: a lei estabelece o usufruto dos pais sobre os bens do filho menor – art. 1.689, I, do CC); por **negócio jurídico** (contrato ou testamento) registrado no Registro de Imóveis; e por **usucapião**.

6.6.4.4. Objeto

O usufruto pode recair sobre a) um ou mais bens **móveis** ou **imóveis** (assim, pode recair até sobre títulos de crédito); ou sobre b) a totalidade ou parte de um **patrimônio**.

6.6.4.5. Classificação quanto à origem

a) usufruto legal: *é o que decorre da lei.* Ex.: dos pais em relação aos bens dos filhos menores;

b) usufruto convencional: *é o que decorre de negócio jurídico.* Ex.: o pai doa imóveis aos seus filhos, mas estipula que ficará com usufruto desses bens.

6.6.4.6. Classificação quanto à duração

a) usufruto temporário: *é o que tem prazo certo de vigência.*

b) usufruto vitalício: *é o que perdura até a morte do usufrutuário ou enquanto não sobrevier causa legal extintiva.*

6.6.4.7. Classificação quanto ao objeto

a) **usufruto próprio:** *é o que tem por objeto coisas inconsumíveis, cujas substâncias são conservadas, podendo ser restituídas ao nu-proprietário.*

b) **usufruto impróprio:** *é o que incide sobre bens consumíveis.* Com a extinção do usufruto, devolve-se coisa equivalente.

6.6.4.8. Classificação quanto aos titulares

a) **usufruto simultâneo:** *é o constituído em favor de duas ou mais pessoas, ao mesmo tempo, extinguindo-se gradativamente em relação a cada uma das que falecerem, salvo expressa estipulação de direito de acrescer.* Assim, a regra é que, instituído usufruto em favor de mais de duas pessoas, com o falecimento de uma delas, a sua parte não vai para quem continuar vivo. A parte da pessoa falecida só será acrescida aos que sobreviverem se houver estipulação expressa desse direito de acrescer (art. 1.411 do CC) ou no caso de legado de usufruto (art. 1.946 do CC).

b) **usufruto sucessivo:** *é o constituído em favor de uma pessoa, para que depois de sua morte transmita a terceiro. É vedado pela lei.*

6.6.4.9. Direitos do usufrutuário

a) de posse, uso, administração e percepção dos frutos da coisa; **b)** de transferir o exercício do direito ao usufruto, gratuita ou onerosamente.

6.6.4.10. Deveres do usufrutuário

a) inventariar, antes de assumir o usufruto, os bens que receber, determinando o estado em que se acham; b) dar caução (fidejussória ou real) se lhe exigir o dono da coisa; se o usufrutuário não der caução, não poderá administrar a coisa; no caso de doação em que o doador reserva a si o usufruto da coisa doada (ex.: pai doa ao filho, mantendo o usufruto da coisa), não haverá obrigação de prestar caução; c) velar pela conservação dos bens e entregá-los, findo o usufruto; d) pagar as despesas ordinárias de conservação, bem como prestação e tributos devidos pela posse ou rendimento da coisa usufruída; e) dar ciência ao dono de qualquer lesão contra a posse da coisa, ou contra o direito do usufrutuário.

6.6.4.11. Extinção

O usufruto fica extinto com a) a renúncia ou desistência do direito; b) a morte do usufrutuário; c) o advento do termo final; d) a extinção da pessoa jurídica ou, se ela perdurar, após o decurso de 30 anos; e) a cessação do motivo que deu origem ao direito; f) a destruição da coisa (salvo se for consumível); g) a consolidação da propriedade e do usufruto na mesma pessoa; h) a culpa do usufrutuário prevista no art. 1.410, VII, do CC; i) pelo não uso, a não fruição da coisa.

6.6.5. Uso

6.6.5.1. Conceito

É o direito real que, a título gratuito ou oneroso, autoriza uma pessoa a retirar temporariamente de coisas alheias todas as utilidades para atender às suas próprias necessidades e às de sua família (art. 1.412 do CC). Repare que *direito real de uso* autoriza não só o uso da coisa, como também a percepção de frutos dela. Nesse sentido, é instituto que se aproxima do usufruto. A diferença é que o *usuário* não pode retirar os frutos além das necessidades próprias e de sua família. Essas necessidades serão avaliadas segundo a condição social e o lugar onde viver o *usuário*. É também chamado de *usufruto restrito*.

6.6.5.2. Características

É temporário, indivisível, intransmissível e personalíssimo (ou seja, deve ser exercido pessoalmente pelo *usuário* e sua família).

6.6.5.3. Objeto

O *uso* pode recair sobre bens móveis ou imóveis.

6.6.5.4. Constituição

Corre por negócio jurídico (contrato ou testamento), sentença judicial ou usucapião.

6.6.5.5. Regime jurídico

É o previsto acima, aplicando-se, no que couber, as disposições relativas ao usufruto.

6.6.6. Habitação

6.6.6.1. Conceito

É o direito real temporário de ocupar gratuitamente coisa alheia, para morada do titular e de sua família (art. 1.414 do CC). Perceba que é ainda mais restrito que o uso, pois só permite a *morada* do titular do direito e de sua família. Outra diferença é que é gratuito, ou seja, não há contrapartida em favor do dono da coisa.

6.6.6.2. Características

É temporário, indivisível, intransmissível, personalíssimo e gratuito.

6.6.6.3. Objeto

A habitação só pode recair sobre "casa", cujo conceito abrange apartamentos.

6.6.6.4. Constituição

Corre por negócio jurídico (contrato ou testamento) ou lei (*vide* art. 1.831 do CC – cônjuge sobrevivente).

6.6.6.5. Regime jurídico

É o previsto anteriormente, aplicando-se, no que couber, as disposições relativas ao usufruto. É importante ressaltar que o habitador não pode alugar ou emprestar a coisa, mas tão somente morar nela.

6.6.7. Laje

A lei 13.465/2017 inseriu no rol de direitos reais do Código Civil a **laje**, regulamentada nos arts. 1.510-A e seguintes.

Esse direito real consiste em o proprietário de uma construção-base ceder a superfície superior ou inferior de sua construção a fim de que o titular da laje mantenha unidade distinta daquela originalmente construída sobre o solo, contemplando o espaço aéreo ou o subsolo de terrenos públicos ou privados, tomados em projeção vertical, como unidade imobiliária autônoma, e não contemplando as demais áreas edificadas ou não pertencentes ao proprietário da construção-base.

Confira outras características desse direito real:

a) o titular do direito real de laje responderá pelos encargos e tributos que incidirem sobre a sua unidade;

b) os titulares da laje, unidade imobiliária autônoma constituída em matrícula própria, poderão dela usar, gozar e dispor;

c) é expressamente vedado ao titular da laje prejudicar com obras novas ou com falta de reparação a segurança, a linha arquitetônica ou o arranjo estético do edifício, observadas as posturas previstas em legislação local.

6.7. Direitos reais em garantia

6.7.1. Introdução

Como se viu, os direitos reais sobre coisas alheias podem ser de gozo ou fruição (superfície, servidão, usufruto, uso, habitação), de garantia (penhor, hipoteca, anticrese) ou de aquisição (compromisso de compra e venda). Os direitos reais estudados neste capítulo têm por objeto servir de garantia especial para o recebimento de créditos. Todo credor tem direito de cobrar a dívida do devedor, com penhora de bens deste para satisfação do crédito. Mas muitas vezes os credores têm interesse em convencionar segurança especial para o recebimento do crédito. Essa garantia pode ser pessoal (fidejussória) ou real. Exemplo de garantia pessoal é o aval ou a fiança. O problema é que essa garantia não é tão segura como a real, pois o fiador ou o avalista podem ficar sem patrimônio, caso em que o credor não terá como satisfazer o seu crédito. Já a garantia real, que será estudada agora, é muito mais segura, pois, independentemente de quem estiver com a coisa dada em garantia, o credor com garantia real poderá persegui-la para satisfação do seu crédito. Ou seja, a garantia real é muito mais eficaz, pois o bem dado em garantia fica vinculado ao pagamento da dívida. Como os direitos reais em garantia estão sempre ligados a uma dívida, sua natureza é de direitos reais *acessórios*.

6.7.2. Efeitos

Os direitos reais em garantia geram os seguintes efeitos:

a) direito de preferência: os credores hipotecários (de hipoteca) e pignoratícios (de penhor) têm preferência no pagamento de seus créditos, em relação a outros credores que não tiverem o mesmo direito (art. 1.422 do CC). Uma vez arrematada em juízo a coisa, o credor com garantia real receberá primeiro, e, havendo sobras, serão pagos os demais credores. Havendo mais de uma hipoteca, terá preferência aquele que tiver prioridade na inscrição, ou seja, aquele que tiver a garantia mais antiga.

b) direito de sequela: consiste no poder de o credor com garantia real perseguir e reclamar a coisa dada em garantia de qualquer pessoa.

c) direito de excussão: consiste no poder de promover a venda judicial da coisa dada em garantia, após o vencimento da dívida. Esse direito é diferente na anticrese.

d) indivisibilidade: o pagamento de uma ou mais prestações da dívida não importa em exoneração da garantia, salvo convenção entre as partes.

6.7.3. Requisitos para a validade da garantia

a) **Capacidade geral** para os atos da vida civil; b) **Capacidade especial para alienar**; c) **Legitimidade** (ex.: presença de outorga uxória); d) **Existência de bem suscetível de alienação** (ex.: não pode ser dado em garantia um bem público).

6.7.4. Requisitos para a constituição e a eficácia da garantia

a) **especialização**, que consiste na descrição pormenorizada do bem, do valor do crédito, do prazo para pagamento e da taxa de juros; b) **publicidade**, que consiste no Registro de Imóveis (para hipoteca, anticrese e penhor rural) ou no Registro de Títulos e Documentos (para penhor convencional).

6.7.5. Cláusula comissória

Consiste na estipulação que autoriza o credor a ficar com a coisa dada em garantia, caso a dívida não seja paga. Nosso direito proíbe essa cláusula, considerando nula estipulação nesse sentido. Assim, deixando o devedor de pagar em dia sua dívida, estará sujeito à execução judicial da coisa, e não à perda automática dela (art. 1.428 do CC). O objetivo da lei é evitar a agiotagem.

6.7.6. Penhor

Esse direito real em garantia recai sobre coisa **móvel** e fica constituído de acordo com a **tradição**, a transferência efetiva da posse da coisa ao credor (art. 1.431 do CC), que passa a ser depositário da coisa. No penhor rural, industrial, mercantil e de veículos as coisas empenhadas ficam na posse do devedor, que as deve guardar e conservar.

Por se tratar de contrato solene, deverá ser levado a registro, sendo que no penhor comum este se dará no Cartório de Títulos de Documentos.

Extingue-se o penhor extinguindo-se a obrigação, perecendo a coisa, renunciando o credor, com a confusão, com a adjudicação judicial, a remissão ou a venda da coisa empenhada.

6.7.7. Hipoteca

Esse direito real em garantia recai sobre os **imóveis** e seus acessórios, o domínio direto, o domínio útil, as estradas de ferro, os navios, as aeronaves, dentre outros. A hipoteca abrange as ações e melhoramentos feitos posteriormente no imóvel (arts. 1.473 e 1.474 do CC).

A hipoteca deve ser registrada no cartório do lugar do imóvel.

A lei considera nula a cláusula que proíbe o proprietário alienar a coisa, mas o adquirente terá de suportar a garantia que recai sobre o bem.

O dono do imóvel hipotecado pode constituir outra hipoteca sobre ele, mediante novo título, em favor do mesmo ou de outro credor, respeitada a prioridade da primeira hipoteca.

Extingue-se a hipoteca pela extinção da obrigação principal, pelo perecimento da coisa, pela resolução da propriedade, pela renúncia do credor, pela remição, pela arrematação ou adjudicação, e pela averbação do cancelamento do registro.

6.7.8. Anticrese

Pode-se conceituar a anticrese *como o direito real em garantia em que o devedor entrega imóvel ao credor, que recebe o direito de perceber os frutos e rendimentos da coisa, para compensação da dívida* (art. 1.506 do CC).

O credor anticrético pode administrar os bens dados em anticrese e fruir seus frutos e utilidades, mas deverá apresentar anualmente balanço, exato e fiel, de sua administração.

7. DIREITO DE FAMÍLIA

7.1. Introdução

7.1.1. Conceito de direito de família

O Direito de família pode ser **conceituado** como o *conjunto de normas que regulam o casamento, a união estável, a filiação, a adoção, o poder familiar (direito parental), os alimentos, a tutela e a curatela (direito assistencial protetivo).*

Esse direito **rege** as seguintes relações familiares:

a) pessoais/afetivas, como os deveres entre os cônjuges (fidelidade), os conviventes e os pais e filhos (educação);

b) patrimoniais, como as que envolvem a sociedade conjugal (regime de bens);

c) assistenciais, como a assistência material entre cônjuges e entre pais e filhos, e tutor e tutelado.

Tais relações são protegidas em virtude de **interesses superiores** (família como "base da sociedade" - art. 226, *caput*, da CF) e não individuais, o que faz com que os princípios dos direitos meramente obrigacionais não possam ser aplicados diretamente em matéria de direito de família.

Em outras palavras, tendo em vista os direitos envolvidos, que não se resumem à questão patrimonial, envolvendo questões pessoais, afetivas e assistenciais, o direito de família reclama **regras próprias**, diferentes das regras típicas do direito obrigacional.

7.1.2. Objeto do direito de família

O objeto do direito de família é justamente a "**família**", que, em sua concepção *lata*, têm as seguintes espécies:

a) família matrimonial: decorrente do casamento;

b) família informal (natural)**:** decorrente da união estável;

c) família monoparental: formada por qualquer dos pais e seus descendentes;

d) família substituta: decorrente de guarda ou tutela;

e) famílias plurais: abrange as uniões fundadas no afeto, tais como as famílias:

f) anaparental: sem pais; com parentes ou amigos; ex.: a jurisprudência entende que há bem de família em imóvel com duas irmãs (STJ, Resp. 57.606);

g) homoafetiva: decorrente de união de pessoas do mesmo sexo (ex.: o STF, na ADI 4.277 e ADPF 132, decidiu que a união estável pode ser constituída por pessoas do mesmo sexo);

h) eudemonista: baseada no afeto, mas com busca da felicidade individual (ex.: casal que tem um relacionamento livre ou aberto).

Vale salientar, quanto à **união estável homoafetiva**, que o STF, na ADI 4.277 e na ADPF 132, julgadas em 05.05.2011, tomou a seguinte decisão: pela procedência das ações e com efeito vinculante, no sentido de dar interpretação conforme a Constituição Federal **para excluir qualquer significado do artigo 1.723 do Código Civil que impeça o reconhecimento da união entre pessoas do mesmo sexo como entidade familiar**.

A decisão teve por **fundamento** o art. 3º, IV, da CF, que veda qualquer tipo de discriminação.

Como consequência, a união estável homoafetiva passa a ter a mesma regulamentação da união estável entre homem e mulher (deveres, alimentos, sucessões etc.; sobre o direito a alimentos no caso vide a decisão do STJ no REsp 1.302.467-SP, DJ 25.03.2015), o que faz com que se chegue à conclusão de que o instituto da conversão da união estável em casamento também possa se dar quanto às uniões estáveis homoafetivas, questão que ainda gera alguns debates, apesar de já ter ocorrido grande número de conversões de união estável homoafetiva em casamento.

Mais do que isso, há precedente do STJ, no sentido de que se pode admitir o casamento direto de pessoas do mesmo sexo, como forma de fazer valer a diretiva que o STF deu ao julgar as ações acima mencionadas. O dispositivo da decisão tem o seguinte teor: "dou provimento ao recurso especial para afastar o óbice relativo à diversidade de sexos e para determinar o prosseguimento do processo de habilitação de casamento, salvo se por outro motivo as recorrentes estiverem impedidas de contrair matrimônio".

Não bastasse, o Conselho Nacional de Justiça, invocando o posicionamento do STF e mencionada decisão do STJ resolveu editar a Resolução 175, de 14 de maio de 2013, dispondo ser "vedada às autoridades competentes a recusa de habilitação, celebração de casamento civil ou de conversão de união estável em casamento entre pessoas de mesmo sexo" (art. 1º). A resolução foi além e dispôs que "a recusa prevista no artigo 1º implicará a imediata comunicação ao respectivo juiz corregedor para as providências cabíveis" (art. 2º). Em outras palavras, a partir dessa decisão, os Cartórios competentes passaram a ser obrigados a proceder ao casamento civil de pessoas do mesmo sexo, e mais, tal casamento pode ser dar diretamente, ou seja, independentemente conversão da união estável em casamento.

Após essa resolução milhares de casamentos de pessoas do mesmo sexo foram e vem sendo realizados.

Todavia, é bom lembrar que o STF não deu seu posicionamento, ainda, tanto sobre a possibilidade de conversão da união estável homoafetiva em casamento, como sobre a possibilidade de casamento homoafetivo direto, limitando-se a reconhecer essa união como uma união estável com idêntica proteção que a união estável entre pessoas de sexo diverso.

De qualquer forma, acreditamos que dificilmente o STF irá rever as decisões tomadas pelo STJ e pelo CNJ, devendo prevalecer tais decisões e todos os casamentos que vêm sendo realizados. Mas é importante que o leitor acompanhe eventuais futuras decisões do STF a esse respeito do tema.

7.2. Princípios do Direito de Família

Conforme já visto, o direito de família reclama regulamentação peculiar, já que os interesses envolvidos não se limitam a questões patrimoniais. Nesse sentido, confira os princípios específicos desse direito:

a) dignidade da pessoa humana: previsto no art. 1º, III, CF, admite que até a pessoa solteira tenha direito à proteção do bem de família;

b) solidariedade familiar: previsto no art. 3º, I, CF, impõe dever de assistência moral, espiritual e material; aliás, por conta desse princípio, o STJ já reconheceu direito a alimentos na união estável mesmo antes da Lei de 8.971/1994, que admitiu pela primeira vez esse tipo de direito; outro exemplo de aplicação do princípio é o cabimento de pedido de alimentos até mesmo depois do divórcio, em casos excepcionais;

c) igualdade entre os filhos: previsto no art. 227, § 6º, CF, reconhece igualdade absoluta entre os filhos, havidos ou não do casamento, adotivos, ou nascidos por inseminação artificial;

d) igualdade entre cônjuges e companheiros: previsto art. 226, § 5º, CF, admite que o homem use o **nome** da mulher e peça **alimentos**; determina a igualdade na chefia familiar, mas admite tratamento diferenciado entre os consortes, em situações especiais, como as que envolvem a Lei Maria da Penha (Lei 11.340/2006);

e) não intervenção na família: previsto no art. 1.513 do CC e no art. 226, § 7º, da CF, assegura que o planejamento familiar é de livre decisão do casal, permitindo ao Estado que apenas colabore com esse planejamento, e nunca determine coisa alguma nessa seara;

f) maior interesse da criança, adolescente e jovem: previsto no art. 227 CF, admite até que a ordem cronológica dos interessados numa adoção seja quebrada, para que uma criança venha a ficar com alguém que esteja no final da fila, mas que tenha já a guarda da criança e esteja numa situação avançada de afetividade com esta;

g) princípio da paternidade responsável: estabelece que *o estado de filiação é personalíssimo, indisponível e imprescritível*, decorrendo do direito à convivência familiar; esse princípio tem por consequência a ideia de que a investigação de paternidade é imprescritível e de que o Estado deve agir na busca de quem é o pai de uma criança de mãe solteira; aliás, esse direito, às vezes, contrapõe-se ao direito de intimidade da mulher (liberdade de relacionamentos sexuais e sigilo de parceiros); a Lei 8.560/1992 impõe que o Juiz Corregedor do Registro Civil deve ouvir a mãe e pode ser que ela não queira falar, não havendo sanção jurídica para o silêncio da mãe sobre a paternidade de seu filho;

h) princípio da função social da família: previsto no art. 226 da CF, estabelece que a família é a base da sociedade, merecendo proteção especial do Estado, como se dá quando se institui bem de família ou quando se determina a união de cônjuges funcionários públicos, quando cada um está lotado numa localidade;

i) princípio da afetividade: estabelece que *a afeição é o fundamento maior das relações familiares*, tendo por **consequência** a **desbiologização da paternidade**, que faz com que se reconheça que o vínculo de paternidade é mais ligado ao afeto do que ao elemento biológico, o que fez criar o chamado novo parentesco civil, decorrente da parentalidade socioafetiva, baseada na posse do estado de filho.

Um exemplo do princípio da afetividade é o padrasto ter legitimidade para entrar com destituição de poder familiar do pai biológico ausente da criança criada pelo padrasto, ação essa preparatória de adoção.

Outro exemplo do último princípio é a decisão do STJ no sentido de que a pessoa que reconhece filho sabendo que não era filho seu não pode pedir cancelamento do registro, salvo prova de vício de consentimento. Essa decisão está na linha de pensamento do Enunciado 339 do CJF, que propõe não poder ser rompida a relação de paternidade em detrimento de filho.

7.3. Casamento civil

7.3.1. Conceito

O casamento pode ser **conceituado** como o *vínculo jurídico entre um homem e uma mulher, estabelecido mediante intervenção estatal, e que cria deveres de comunhão de vida (moral, espiritual e material) e constitui a família.*

Atualmente, a família não é criada somente pelo casamento. A diferença é que, com o casamento, passa a existir uma presunção absoluta de que o casal forma uma família.

O preço dessa presunção absoluta é justamente a necessidade de participação do Estado na criação desse vínculo, o que é feito por meio de autoridade investida em função delegada pelo Estado para esse fim.

7.3.2. Natureza jurídica

Há várias teorias para explicar a natureza jurídica do casamento. Confira:

a) Teoria Contratualista: *o casamento é um contrato civil especial*; essa teoria tem raízes no direito canônico; trata-se de uma teoria um pouco falha, pois não há como se aplicar as disposições gerais dos contratos para regulamentar o casamento, que reclama regras próprias;

b) Teoria Institucionalista: *o casamento é uma instituição social e jurídica própria, possuindo regras diferenciadas e* *de ordem pública*; de acordo com essa teoria o acordo de vontades (típico de um contrato) é só no momento inicial de escolha pelo casamento; em seguida, quem dita as regras é a lei, o que faz com que não se possa confundir o casamento com um contrato, já que neste a autonomia da vontade tem mais força; além disso, o contrato é sempre temporário, ao passo que o casamento é feito para durar, e não para ser temporário;

c) Teoria Eclética (ou mista): o casamento é um ato complexo, podendo ser considerado um contrato na sua formação, mas uma instituição no seu conteúdo.

A doutrina rejeita a Teoria Contratualista, de modo que as duas últimas teorias são as mais acolhidas.

7.3.3. Princípios do casamento

O casamento segue uma série de princípios, dentre os quais se destacam os seguintes:

a) liberdade na escolha do nubente;

b) solenidade do ato nupcial (garantem consentimento, publicidade e validade);

c) submissão a normas de ordem pública;

d) caráter permanente;

e) comunhão de vida exclusiva, a exigir fidelidade (art. 1.566, I).

7.3.4. Elementos de existência

Parte da doutrina entende que, quanto aos vícios, o casamento só pode ser *válido*, *nulo* ou *anulável*, não havendo que se falar em casamento *inexistente*. Esse é o caso, por exemplo, de Silvio Rodrigues.

Porém, há casos em que não há como se reconhecer um mínimo de juridicidade para se dizer que o casamento existe.

Isso fez com que a doutrina majoritária apontasse os chamados **requisitos de existência** do casamento, que são os seguintes:

a) diversidade de sexo (art. 1.514 do CC): "homem e mulher"; vale salientar que a questão vem sofrendo modificação, de maneira que remetemos o leitor ao item 7.1.2., letra "g";

b) consentimento (art. 1.514 do CC): "declaração de vontade de estabelecer vínculo conjugal";

c) declaração do juiz na celebração de que estão "casados" (art. 1.514 do CC).

Diferente do que ocorre quanto às nulidades e anulabilidades, não é necessário que a inexistência seja declarada em juízo, nem muito menos que se ingresse com ação ordinária para o reconhecimento da inexistência do casamento.

7.3.5. Impedimentos matrimoniais

7.3.5.1. Conceito

Os impedimentos matrimoniais podem ser conceituados como *as situações previstas e especificadas em lei, que, permanente ou temporariamente, proíbem o casamento.*

O rol de impedimentos matrimoniais é taxativo e inclui situações positivas ou negativas, de fato ou de direito, e físicas ou jurídicas.

A lei trata de forma diferenciada as chamadas "causas suspensivas", em relação aos chamados "impedimentos dirimentes públicos ou absolutos". Confira a seguir o que significa cada um desses institutos.

7.3.5.2. Causas suspensivas

As causas suspensivas podem ser **conceituadas** como *os fatos que suspendem o processo de celebração do casamento a ser realizado, se arguidos antes das núpcias, e que tornam o casamento irregular, se realizado, ensejando sanções aos nubentes.*

Por **exemplo**, caso o filho do curador de alguém deseje casar com a pessoa curatelada, e alguém legitimado denuncia isso antes do casamento, o casamento ficará suspenso até que cesse a relação de curatela e restem saldadas as respectivas contas. No entanto, se o casamento acabar se realizando, pelo fato de ninguém legitimado ter feito a denúncia, esse casamento receberá uma sanção, no caso, o regime de bens será obrigatoriamente o de separação de bens (art. 1.641, I, do CC).

Assim, há dois tipos de **consequências jurídicas** quando está presente uma causa suspensiva:

a) se o casamento ainda não tiver sido realizado, este ficará suspenso, até que a causa suspensiva deixe de existir;

b) se o casamento já tiver sido realizado, será considerado um casamento irregular, tem por sanção a obrigatoriedade do regime de separação de bens (art. 1.641, I, do CC).

São **legitimados** para arguir as causas suspensivas da celebração do casamento as seguintes pessoas: a) parentes em linha reta de um dos nubentes (consanguíneos e afins); b) colaterais até segundo grau (consanguíneos e afins), nos termos do art. 1.524 do CC.

O **prazo** para a arguição é de 15 dias, contados da afixação do edital de proclamas, publicado pelo oficial após a entrega da documentação em ordem pelos interessados em se casar.

A arguição exige **forma** escrita, apresentando o arguinte declaração escrita e assinada, instruída com as provas do fato alegado, ou com a indicação do lugar onde possam ser obtidas (art. 1.529 do CC).

Havendo impugnação, o oficial do registro dará aos nubentes **nota da oposição**, indicando os fundamentos, as provas e o nome de quem a ofereceu (art. 1.530 do CC). Podem os nubentes requerer prazo razoável para fazer prova contrária aos fatos alegados e promover as ações civis e criminais contra o oponente de má-fé.

Cumpridas as formalidades legais e verificada a inexistência de fato obstativo, o oficial do registro extrairá o **certificado de habilitação** (art. 1.531 do CC), que terá eficácia de 90 dias, contados da data em que foi extraído o certificado.

São **hipóteses** de casos suspensivos os seguintes:

a) o viúvo ou a viúva que tiver filho do cônjuge falecido, enquanto não fizer inventário dos bens do casal e der partilha aos herdeiros; o objetivo é evitar a confusão patrimonial de filhos com a nova sociedade conjugal; são sanções para o casamento realizado nessas circunstâncias a obrigatoriedade do regime de separação de bens (art. 1641, I, do CC) e a hipoteca legal de seus imóveis em favor dos filhos (art. 1.489, II, do CC); os nubentes podem pedir ao juiz que não seja aplicada a sanção se provarem que não haverá prejuízo aos herdeiros (art. 1.523, parágrafo único, do CC);

b) a viúva, ou a mulher cujo casamento se desfez por ser nulo ou ter sido anulável, até 10 meses depois do começo da viuvez, ou da dissolução da sociedade conjugal; o objetivo é evitar confusão de sangue ("turbatio sanguinis"), conflito de paternidade; a sanção para o casamento realizado nessas circunstâncias é a obrigatoriedade do regime de separação de bens (art. 1.641, I, do CC); os nubentes podem pedir ao juiz que não seja aplicada a sanção se provarem que a viúva deu à luz filho no período ou que não está grávida (art. 1.523, parágrafo único, do CC);

c) o divorciado enquanto não houver sido homologada ou decidida a partilha dos bens do casal; o objetivo é evitar confusão patrimonial; a sanção para o casamento realizado nessas circunstâncias é a obrigatoriedade do regime de separação de bens (art. 1641, I, do CC); os nubentes podem pedir ao juiz que não seja aplicada a sanção se provarem que não haverá prejuízo ao ex-cônjuge (art. 1.523, parágrafo único, do CC);

d) o tutor ou o curador e os seus descendentes, ascendentes, irmãos, cunhados ou sobrinhos, com a pessoa protegida, enquanto não cessar a tutela ou curatela e não estiverem saldadas as respectivas contas; o objetivo é evitar consentimento não espontâneo; a sanção para o casamento realizado nessas circunstâncias é a obrigatoriedade do regime de separação de bens (art. 1641, I, do CC); os nubentes podem pedir ao juiz que não seja aplicada a sanção se provarem que não haverá prejuízo (art. 1.523, parágrafo único, do CC).

7.3.5.3. Impedimentos dirimentes públicos ou absolutos

7.3.5.3.1. Questões gerais

Conforme já visto, os impedimentos matrimoniais podem ser **conceituados** como *as situações previstas e especificadas em lei, que, permanente ou temporariamente, proíbem o casamento*.

A **consequência jurídica** do casamento realizado em hipótese em que está presente um impedimento matrimonial é a *invalidade* do casamento.

Qualquer pessoa capaz é **legitimada** para a oposição de impedimento, o que deve ser feito levando ao conhecimento do oficial perante o qual se processa a habilitação ou perante o juiz, os quais serão obrigados a declarar de ofício o impedimento, assim que tiverem conhecimento deste (art. 1.522, parágrafo único, do CC).

A constatação da existência de impedimentos tem os seguintes **efeitos**: a) impossibilita a obtenção do certificado de habilitação; b) adia o casamento, enquanto o impedimento persistir; c) torna nulo o casamento por ventura realizado (art. 1.548, II, do CC).

7.3.5.3.2. Impedimentos em espécie

7.3.5.3.2.1. Resultantes de parentesco

Não podem casar (art. 1.521, I a V, do CC):

a) os ascendentes com os descendentes, seja o parentesco natural ou civil; por exemplo, não é possível o casamento de pai com filho, ou de avô com neta;

b) os afins em linha reta; trata-se do parentesco que se estabelece entre um dos cônjuges ou companheiros e os parentes na linha reta do outro; repare que o impedimento por afinidade só existe quanto aos fins na linha reta; por exemplo, não podem casar o sogro com a nora, ou o padrasto com a enteada; vale lembrar que "na linha reta, a afinidade não se extingue com a dissolução do casamento ou união estável" (art. 1.595, § 2º, do CC); a união estável também gera o vínculo de afinidade (art. 1.595 do CC); já o cunhadio desaparece com o fim do casamento, sendo possível que ex-cunhados se casem;

c) o adotante com quem foi cônjuge do adotado e o adotado com quem o foi do adotante; por exemplo, imagine que "A" e "B", casados, venham a se separar; em seguida "A" adota "C"; pois bem, "B" e "C" não poderão se casar, embora não tenha se formado vínculo de afinidade entre eles;

d) os irmãos, unilaterais ou bilaterais; os irmãos são unilaterais quando têm apenas um dos pais em comum (serão irmãos consanguíneos se o pai é comum e uterinos se a mãe é comum); os irmãos são bilaterais quando têm os dois pais em comum, hipótese em que são chamados germanos; naturalmente, o impedimento também existe entre irmãos quando um deles é adotado;

e) entre colaterais até o terceiro grau inclusive; colaterais são os parentes que descendem de um tronco comum sem descenderem um do outro (vai até ancestral comum); repare que o impedimento vai até o 3º grau, de modo que primos, que são parentes em 4º grau, podem se casar; a regra do impedimento até o 3º grau traz uma exceção, que é o casamento de tios e sobrinhos, cujo impedimento é vencível segundo o Dec.-lei 3.200/1941; para tanto, é necessário que dois médicos atestem a sanidade, afirmando não ser inconveniente para a saúde deles e da prole o casamento; uma vez que não haja problema, nubentes recebem certificado pré-nupcial; o Enunciado CJF 98 entende que o decreto-lei em questão ainda está em vigor;

f) o adotado com o filho do adotante; essa regra é um pouco estranha, pois tais pessoas ("adotado" e "filho do adotante") já são considerados irmãos para todos os fins (art. 41, *caput*, do ECA), o que faz com que a regra seja desnecessária; aproveitando o ensejo, vale lembrar que o adotado se desliga do vínculo com seus pais e parentes biológicos, salvo os impedimentos matrimoniais (art. 41, *caput*, do ECA).

7.3.5.3.2.2. Resultantes de vínculo

Não podem casar (art. 1.521, VI, do CC) **as pessoas casadas.**

Nossa lei proíbe a bigamia, que é considerado crime (art. 235 do CP). O conceito de família, no Direito brasileiro, tem base monogâmica.

Aquele que tiver interesse em casar e quiser fazê-lo de novo, deverá apresentar certidão de óbito, documento que revele a morte presumida (arts. 22 a 39 e 1.571, § 1º, do CC; quanto ao ausente, é necessário ter ocorrido a abertura da sucessão definitiva) ou registro da sentença do divórcio.

Aquele que é casado e se casa de novo, além de cometer crime, sujeita-se, ainda, à sanção de nulidade do segundo casamento (art. 1.548, II, do CC).

Por fim, vale salientar que não gera o impedimento a existência de casamento religioso não inscrito no registro civil (art. 1.515 do CC).

7.3.5.3.2.3. Resultantes de crime

Não podem casar (art. 1.521, VII, do CC) **o cônjuge sobrevivente com o condenado por homicídio ou tentativa de homicídio contra o seu consorte.**

O impedimento diz respeito a condutas dolosas, o que pode ser facilmente verificado pelo fato de a lei fazer referência à "tentativa", que reclama dolo.

A lei exige que haja condenação, o que exclui a situação daquele que ainda não tenha sido condenado, bem como absolvições e reconhecimento da prescrição.

Vale lembrar que a lei também considera crime "contrair casamento, conhecendo a existência de impedimento que lhe cause a nulidade absoluta" (art. 237 do CP).

7.3.6. Casamento nulo e casamento anulável

Os arts. 1.548 a 1.564 do Código Civil tratam do tema "invalidade do casamento".

O art. 1.548 do Código Civil estabelece o seguinte caso de **nulidade** do casamento:

o contraído por infringência de impedimento; aqui só entram os impedimentos dirimentes ou absolutos (art. 1.521 do CC), não entrando as causas suspensivas, uma vez que estas não tornam o casamento nulo, mas apenas irregular.

São **legitimados** para a ação de nulidade os interessados e o Ministério Público (art. 1.549 do CC). São interessados o cônjuge, o ascendente, os descendentes, os irmãos, os filhos do leito anterior, os colaterais sucessíveis e os credores.

A sentença tem **natureza declaratória**, ou seja, reconhece uma situação já ocorrida, daí por que tem eficácia ***ex tunc***, retroagindo seus efeitos à data da celebração do casamento.

De qualquer maneira, o casamento nulo pode produzir **alguns efeitos**. O art. 1.561 do CC dispõe que, embora nulo ou anulável, o casamento produz todos os efeitos até a data da sentença em relação aos filhos. Em relação aos cônjuges, o casamento só produzirá esses efeitos em favor daquele que estava de boa-fé, ou seja, daquele que ignorava o impedimento matrimonial.

Já o art. 1.550 do Código Civil estabelece os seguintes casos de **anulabilidade** do casamento:

a) de quem não completou a idade mínima para casar (idade núbil); aqui temos os menores de 16 anos (absolutamente incapazes), porém, não se anulará o casamento de que resultou gravidez (art. 1.551 do CC); além disso, o menor que não atingiu idade núbil poderá, após atingi-la, confirmar o casamento com a autorização de seus representantes ou com o suprimento judicial (art. 1.553 do CC); tem legitimidade para pedir a anulação do casamento, nesse caso, o próprio menor, seus representantes legais e seus ascendentes (art. 1.552 do CC), ação que deve ser ajuizada no prazo de 180 dias do dia que perfez idade, no caso da ação a ser promovida pelo menor, e da data do casamento, no caso de ação a ser promovida pelos demais legitimados (art. 1.560, § 1º, do CC);

b) do menor em idade núbil, quando não autorizado por seu representante legal; aqui temos alguém que já tem 16 anos, mas ainda não completou 18 anos; essas pessoas precisam de autorização do representante legal para casar; não a tendo, o casamento é anulável; o instrumento de autorização para casamento deverá ser transcrito na escritura antenupcial (art. 1.537 do CC); se houver discordância entre os responsáveis, ou entre o menor e os responsáveis, pode-se recorrer ao juiz, podendo este conceder o suprimento judicial, hipótese em que o regime de bens será obrigatoriamente o de separação de bens; os responsáveis (pais ou tutores) podem revogar o seu consentimento até a celebração do casamento (art. 1.518 do CC); a ação anulatória deve ser promovida em 180 dias; são legitimados para pedir a anulação do casamento o incapaz, ao deixar de sê-lo (contado o prazo do dia em que cessar a incapacidade) seus representantes legais (contado o prazo da data do casamento) e os herdeiros necessários (contado o prazo da morte do incapaz); de qualquer forma, há um óbice à anulação, qual seja, não se anulará o casamento quando à sua celebração houverem assistido os representantes legais do incapaz, ou tiverem, por qualquer modo, manifestado sua aprovação (art. 1.555, § 2º, do CC);

c) por vício da vontade consistente em erro essencial sobre a pessoa; considera-se erro essencial sobre a pessoa do outro cônjuge (art. 1.557 do CC): c1) o que diz respeito à sua identidade, sua honra e boa fama, sendo esse erro tal que o seu conhecimento ulterior torne insuportável a vida em comum ao cônjuge enganado (ex.: marido ou esposa garoto ou garota de programa); c2) a ignorância de crime, anterior ao casamento, que, por sua natureza, torne insuportável a vida conjugal (repare que não há necessidade de trânsito em julgado); c3) a ignorância, anterior ao casamento, de defeito físico irremediável que não caracterize deficiência ou de moléstia grave e transmissível, por contágio ou por herança, capaz de pôr em risco a saúde do outro cônjuge ou de sua descendência; o erro deve ser determinante, ou seja, de tal gravidade que, caso o cônjuge que se engana o conhecesse, não teria se casado; o erro deve, então, ser sobre fato anterior ao ato nupcial, desconhecido do cônjuge e que torne insuportável a vida em comum; vale salientar que o defloramento da mulher ignorado pelo marido não é mais causa de anulabilidade do casamento; a legitimidade para ingressar com a ação em tela é apenas do cônjuge que cometeu o erro, que terá três anos para ingressar com a ação respectiva, sendo que, caso se mantenha a coabitação após a ciência do erro, o casamento ficará convalidado, salvo nos casos de defeito físico irremediável que não caracterize deficiência e moléstia grave e transmissível (art. 1.559 do CC);

d) por vício da vontade consistente em coação; considera-se coação a situação em que o consentimento de um ou de ambos os cônjuges houver sido captado mediante fundado temor de mal considerável e iminente para a vida, saúde e a honra, sua ou de seus familiares; a ação de anulação deve ser promovida pelo próprio coacto (art. 1.559 do CC), no prazo de quatro anos a contar da celebração do casamento (art. 1.560, IV, do CC), mas a coabitação, havendo ciência do vício, convalida o casamento.

e) do incapaz de consentir ou manifestar, de modo inequívoco, o consentimento; deve-se tratar de incapacidade duradoura, em que se tem mero discernimento reduzido, pois, se não houver discernimento algum, há a hipótese de nulidade de casamento; o prazo para ajuizar a ação é de 180 dias, contados da celebração do casamento;

f) realizado pelo mandatário, sem que ele ou o outro contraente soubesse da revogação do mandato, e não sobrevindo coabitação entre os cônjuges; o prazo para ajuizar a ação é 180 dias, contados da data em que o mandante tiver conhecimento da celebração;

g) por incompetência da autoridade celebrante; cuidado, pois há três situações a considerar; se a incompetência for relativa, temos um casamento anulável; se a incompetência for absoluta (por exemplo, o casamento foi feito pelo Prefeito da cidade), o casamento é considerado inexistente, e se a autoridade celebrante é daquelas que exerce "função de fato" (ou seja, foi investida irregularmente na função, mas atua publicamente como juiz de casamento há um bom tempo, agindo de boa-fé), o casamento será considerado válido se registrado no Registro Civil (art. 1.554 do CC); o prazo para ingressar com ação é de dois anos, contados da celebração (art. 1.560, II, do CC).

Vale salientar que o Estatuto da Pessoa com Deficiência (Lei 13.146/2015) criou o § 2º para o art. 1.550 do Código Civil, com o seguinte teor: "A pessoa com deficiência mental ou intelectual em idade núbia poderá contrair matrimônio, expressando sua vontade diretamente ou por meio de seu responsável ou curador".

Por fim, vale a pena trazer **tabela com a diferença de regime jurídico** entre o regime de invalidade da Parte Geral do Código Civil e o regime de invalidade dos Casamentos:

INVALIDADE - PARTE GERAL	INVALIDADE - CASAMENTO
1) o ato nulo não produz efeito algum (arts. 166 e 167 do CC); 2) o ato nulo se conhece de ofício (art. 168, parágrafo único, do CC); os anuláveis dependem de provação de ação própria; 3) se o ato for nulo, qualquer interessado ou o Ministério Público são partes legítimas para a ação; se o ato for anulável, o rol de legitimados é mais restrito, normalmente admitindo que somente os interessados ou seus representantes ingressem com a respectiva ação; 4) não há foro privilegiado para as ações de invalidade; 5) não há segredo de justiça para as ações de invalidade; 6) não há, como regra, intervenção obrigatória do Ministério Público para as ações de invalidade.	1) o casamento nulo pode produzir alguns efeitos; 2) a decretação de invalidade depende de ação própria; 3) se o casamento for nulo, qualquer interessado ou o Ministério Público são partes legítimas para a ação (art. 1.549 do CC); se o casamento for anulável, o rol de legitimados é mais restrito, normalmente admitindo que somente o cônjuge ou seus representantes ingressem com a respectiva ação; 4) há segredo de justiça nas ações de invalidade de casamento (art. 189, II, do NCPC); 5) por envolver questão de estado, há obrigatoriedade de intervenção do Ministério Público nas ações de invalidade de casamento; 6) a ação de invalidade do casamento pode ser precedida de pedido de separação de corpos (art. 1.562 do CC), cabendo, também, pedido de alimentos provisionais; 7) não há mais recurso de ofício, também chamado de reexame necessário nas ações de invalidade de casamento (art. 496 do NCPC); 8) as sentenças nas ações de invalidade devem ser averbadas no livro de casamentos; 9) o efeito da ação de *nulidade* de casamento é *ex tunc*, ou seja, retroage à data da celebração (art. 1.563 do CC); já nas ações de anulação de casamento (casamento anulável) os efeitos são *ex nunc*.

7.3.7. Espécies de casamento

7.3.7.1. Casamento putativo

O casamento putativo pode ser **conceituado** como *aquele que, embora nulo ou anulável, foi contraído de boa-fé por um ou por ambos os cônjuges* (art. 1.561 do CC).

A **boa-fé** consiste na ignorância, ao tempo da celebração do casamento, da existência de impedimentos à união conjugal, podendo se tratar de erro de fato (ex.: não se sabe que duas pessoas que se casam são irmãos) ou erro de direito (ex.: não se sabe que é proibido o casamento entre tios e sobrinhos).

A boa-fé é **presumida**, mas admite prova em contrário.

A proteção que se dá ao cônjuge de boa-fé no casamento putativo também vem sendo estendida para aquele que sofre coação. Este, apesar de ter ciência do vício no casamento, merece proteção equivalente àquele que está de boa-fé, por uma questão de justiça.

A **sentença** que proclama a invalidade do casamento é o ato adequado para que se declare que o casamento é putativo. O juiz pode fazer tal declaração de ofício ou a requerimento das partes.

Uma vez reconhecido o casamento putativo, o casamento, mesmo nulo, **produzirá seus efeitos até o dia da sentença anulatória** (art. 1.561 do CC), ou seja, a sentença terá efeitos *ex nunc*.

Isso faz com que a anulação do casamento não afete direitos adquiridos até a data da decisão anulatória.

Assim, o cônjuge inocente (de boa-fé) adquire a meação dos bens do casal e permanece emancipado, caso tenha casado quando ainda não tinha 18 anos.

Os filhos ficam sempre com seus direitos preservados nos casamentos nulos ou anuláveis, pouco importando se seus pais estão ou não, os dois, de boa-fé.

Quando o casamento for anulado por culpa de um dos cônjuges, este incorrerá na perda de todas as vantagens havidas do cônjuge inocente e na obrigação de cumprir as promessas que lhe fez no contrato antenupcial (art. 1.564, I e II, do CC).

7.3.7.2. Casamento nuncupativo

O casamento nuncupativo é **conceituado** como *aquele contraído em situação de iminente risco de vida, sem possibilidade da presença da autoridade ou de seu substituto* (art. 1.540 do CC).

Nesse caso, o casamento será celebrado na presença de seis testemunhas, que com os nubentes não tenham parentesco em linha reta, ou, na colateral, até segundo grau.

A doutrina também denomina esse casamento como de "viva voz", ou "*in articulo mortis*" ou "*in extremis vitae momentis*", que significa "nos últimos momentos de vida".

Realizado o casamento, devem as testemunhas comparecer perante a autoridade judicial mais próxima, dentro de dez dias, pedindo que lhes tome por termo a declaração de:

a) que foram convocadas por parte do enfermo;

b) que este parecia em perigo de vida, mas em seu juízo;

c) que, em sua presença, declararam os contraentes, livre e espontaneamente, receber-se por marido e mulher.

Autuado o pedido e tomadas as declarações, o juiz procederá às diligências necessárias para verificar se os contraentes tinham ou não impedimentos matrimoniais ou causas suspensivas.

Verificada a idoneidade dos cônjuges para o casamento, assim o decidirá a autoridade competente, com recurso voluntário às partes.

Em seguida, o juiz mandará registrar a decisão no livro do Registro dos Casamentos, sendo que o assento assim lavrado retrotrairá os efeitos do casamento, quanto ao estado dos cônjuges, à data da celebração.

Serão dispensadas as formalidades apontadas se o enfermo convalescer e puder ratificar o casamento na presença da autoridade competente e do oficial do registro.

7.3.7.3. Casamento por procuração

O Código Civil admite o casamento por procuração (art. 1.542 do CC).

Porém, a procuração deve se dar por instrumento público e com poderes especiais, sendo que o mandato tem eficácia por até noventa dias.

A revogação do mandato não necessita chegar ao conhecimento do mandatário; mas, celebrado o casamento sem que o mandatário ou o outro contraente tivessem ciência da revogação, responderá o mandante por perdas e danos.

Só por instrumento público se poderá revogar o mandato.

7.3.7.4. Casamento em caso de moléstia grave

O casamento em caso de moléstia grave pode ser **conceituado** como *aquele realizado em caso de moléstia grave, estando um dos nubentes impedido de se locomover* (art. 1.539 do CC).

Esse casamento não se confunde com o nuncupativo. Primeiro porque, aqui, não há iminente perigo de vida, mas moléstia que apenas impede o nubente de se locomover. Segundo porque, aqui, há menos testemunhas que no casamento nuncupativo. E terceiro porque, aqui, não há necessidade de buscar apreciação judicial, diferente do que ocorre no casamento nuncupativo.

No casamento em caso de moléstia grave o juiz de casamentos irá celebrá-lo onde se encontrar o impedido, sendo urgente, ainda que à noite, fazendo-se necessário a presença de duas testemunhas que saibam ler e escrever.

A falta ou impedimento da autoridade competente para presidir o casamento suprir-se-á por qualquer dos seus substitutos legais e a do oficial do Registro Civil por outro *ad hoc*, nomeado pelo presidente do ato.

O termo avulso, lavrado pelo oficial *ad hoc*, será registrado no respectivo registro dentro de cinco dias, perante duas testemunhas, ficando arquivado.

7.3.7.5. Casamento perante autoridade diplomática ou consular

Esse casamento pode ser **conceituado** como *aquele constituído entre brasileiros e celebrado no estrangeiro, perante autoridades diplomáticas ou cônsules brasileiros* (art. 1.544 do CC).

Há uma formalidade a cumprir: o casamento deverá ser registrado em 180 dias, a contar da volta de um ou de ambos os cônjuges ao Brasil, no cartório do respectivo domicílio, ou, em sua falta, no 1º Ofício da Capital do Estado em que passarem a residir.

7.3.7.6. Casamento religioso com efeitos civis

Esse casamento pode ser **conceituado** como *aquele que, celebrado perante autoridade religiosa, cumpre os requisitos habilitatórios previstos na lei civil e é inscrito no Registro Público* (art. 1.515 do CC). O instituto também está presente no art. 226, § 2º, da CF, pela qual "o casamento religioso tem efeitos civis, nos termos da lei".

Na prática, esse casamento significa que os nubentes, em seguida ao casamento religioso, levam a documentação para demonstrar que cumprem os requisitos de habilitação para o casamento civil, bem como documentação que demonstra que casaram no religioso, para o fim de passarem a ser considerados também casados no regime civil.

A vantagem desse casamento é o fato de que não será necessária a celebração civil. Além disso, todos os efeitos civis retroagirão à data do casamento religioso.

Há duas possibilidades para a concretização desse registro:

a) habilitação civil anterior ao casamento religioso (art. 1.516, § 1º, do CC):

✓ faz-se habilitação civil;

✓ recebe-se certidão, da qual constará o prazo de eficácia da habilitação, que é de 90 dias da data em que for extraído o certificado;

✓ faz-se o casamento religioso dentro desse prazo;

✓ faz-se o registro civil dentro de 90 dias da realização do casamento religioso; trata-se de prazo decadencial, a ser cumprido mediante a comunicação do celebrante ao ofício competente, ou por iniciativa de qualquer interessado; ultrapassado esse prazo, o registro depende de nova habilitação.

✓ **b)** habilitação civil posterior ao casamento religioso:

✓ casa-se no religioso;

✓ faz-se a habilitação civil;

✓ dentro do prazo de eficácia da habilitação (90 dias), requer-se o registro, com prova do casamento religioso (certidão de casamento religioso tirada do registro eclesiástico).

7.3.8. Efeitos do casamento

7.3.8.1. Efeitos sociais

São efeitos sociais do casamento os seguintes:

a) a criação da família matrimonial, atendendo à vontade do art. 226 da Constituição Federal, que, apesar de proteger a família originada de outras fontes, tem interesse em que se facilite o casamento;

b) o estabelecimento do vínculo de afinidade entre cada cônjuge e os parentes do outro (art. 1.595 do CC);

c) a emancipação do consorte de menor idade (art. 5º, parágrafo único, II, do CC).

7.3.8.2. Efeitos pessoais

São efeitos pessoais do casamento os seguintes:

a) a fidelidade mútua (arts. 1.566, I, e 1.573, I, do CC), que implica no abstenção de cada consorte de praticar relações sexuais com terceiro; o adultério é considerado motivo suficiente para o reconhecimento da impossibilidade da vida em comum; de qualquer forma, a lei vem atenuando algumas regras em torno da questão da fidelidade para admitir o reconhecimento de filho adulterino no casamento (interpretação *a contrario sensu* do disposto no art. 1.611 do CC); porém, o filho havido fora do casamento, reconhecido por um dos cônjuges, não poderá residir no lar conjugal sem o consentimento do outro; outra flexibilização da lei diz respeito àqueles casos em que duas pessoas permanecem casadas, mas estão separadas de fato; nesse caso, o art. 1.723, § 1º, do CC admite que um dos separados de fato constitua união estável com terceiro, ainda que continue formalmente casado com o outro;

b) a coabitação (arts. 1.566, II, 1.511 e 1.797, I, do CC), que implica vida em comum, no domicílio conjugal, com convivência sexual; a coabitação admite que um dos cônjuges se ausente do domicílio para atender a encargos públicos, ao exercício de profissão, ou a interesses particulares relevantes; não há como exigir a coabitação em juízo, mas a sua falta deliberada enseja pedido de divórcio;

c) a mútua assistência (art. 1.566, III, do CC), implicando assistência material, moral e espiritual;

d) o respeito e consideração mútuos (arts. 1.566, V, e 1.573, III, do CC), que implica a sinceridade e o zelo pela honra e dignidade do outro;

e) a igualdade de direitos e deveres entre marido e mulher (art. 1.511 do CC e art. 226, § 5º, da CF), que implica a igualdade material e também a igualdade no exercício da direção de sociedade conjugal (arts. 1.567 e 1.570 do CC); marido e mulher devem atuar em colaboração, no interesse do casal e dos filhos; havendo divergência, qualquer dos cônjuges poderá recorrer ao juiz, que decidirá tendo em consideração àqueles interesses; se estiver impedido qualquer dos cônjuges, o outro exercerá com exclusividade a direção da família, cabendo-lhe a administração dos bens; os cônjuges são obrigados a concorrer, na proporção de seus bens e dos rendimentos do trabalho, para o sustento da família e a educação dos filhos, qualquer que seja o regime patrimonial; qualquer dos nubentes poderá adotar o sobrenome do outro (art. 1.565, § 1º, do CC);

f) o sustento, a guarda e a educação dos filhos (art. 1.566, IV, do CC); esse efeito impõe o regular exercício do poder familiar, que é um poder-dever (art. 1.634 do CC), o que inclui o dever de assistir e representar seus filhos (art. 1.690 do CC); *sustento* significa prover a subsistência material (alimentos, vestuário e medicamentos); *guarda* significa ter os filhos em sua companhia, vigiá-los e reclamá-los de qualquer que injustamente os possua; *educar* significa prover a educação moral (exigir que lhe prestem obediência, respeito e serviços próprios da idade), intelectual e fisicamente (de acordo com condições econômicas e sociais), tudo com carinho, dedicação e amor, sob pena de suspensão ou destituição do poder familiar (arts. 1.637 e 1.638 do CC), sem prejuízo do dever de arcar com alimentos (art. 1.696 do CC).

7.3.8.3. Efeitos patrimoniais

São efeitos patrimoniais do casamento os seguintes:

a) cria a sociedade conjugal, que será delineada de acordo com o regime de bens (direitos, deveres e restrições);

b) estabelece o direito sucessório em favor do cônjuge sobrevivente, que é herdeiro necessário (art. 1.845 do CC); aliás, o cônjuge sobrevivente pode ingressar na primeira classe em alguns casos (art. 1.829 do CC); o cônjuge só não será herdeiro em caso de já ter havido, ao tempo da morte do outro, separação judicial ou de fato há mais de 2 anos, salvo se não há culpa do sobrevivente (art. 1.830 do CC); outro direito do cônjuge sobrevivente é o direito real de habitação relativamente ao imóvel destinado à residência da família (art. 1.831 do CC);

c) **pais devem administrar bens do filho menor**, não podendo dispor destes;

d) **impõe o dever de alimentar entre os cônjuges e em favor dos filhos**;

e) **institui o bem de família** (Lei 8.009/1990 e art. 1.711 do CC).

7.4. Bem de família

7.4.1. *Questões gerais*

Existem duas regulamentações para o bem de família. A primeira delas está prevista na Lei 8.009/1990 e trata do bem de família legal, que é aquele que decorre da própria lei, sem necessidade de qualquer medida por parte dos beneficiários. A segunda regulamentação se encontra nos arts. 1.711 e seguintes do Código Civil e diz respeito ao bem de família voluntário, que é aquele destinado por ato de vontade dos cônjuges, mediante escritura pública ou testamento.

7.4.2. *Bem de família voluntário*

A **aplicação** desse instituto se dá quando o casal ou a entidade familiar possuir vários imóveis utilizados como residência e não desejam que a impenhorabilidade recaia sobre o de menor valor.

Imagine um casal com duas residências, uma de R$ 200 mil e outra de R$ 300 mil. A Lei 8.009/1990 garante a eles a impenhorabilidade de uma das residências, no caso a de menor valor (art. 5º da Lei 8.009/1990), salvo se outro imóvel tiver sido registrado.

É nessa hora que entra em campo o Código, que regula o bem de família voluntário. Esse casal poderá, por meio de escritura pública ou testamento, dispor que o imóvel de R$ 300 mil é o imóvel a ser protegido pelo bem de família, e toda a regulamentação nesse sentido está nos arts. 1.711 a 1.722 do Código Civil.

A **instituição** do bem de família voluntário, conforme mencionado, deve se dar por *escritura pública* ou *testamento*, lavrados pelos cônjuges ou pessoas de outra entidade familiar.

O terceiro poderá igualmente instituir bem de família por testamento ou doação, dependendo a eficácia do ato da aceitação expressa de ambos os cônjuges beneficiados ou da entidade familiar beneficiada.

Para constituição do bem de família, é necessário, ainda, *registro* de seu título no Registro de Imóveis (art. 1.714 do CC).

O bem de família voluntário pode se **estender**, no máximo, a 1/3 do patrimônio líquido da entidade familiar.

O bem de família consistirá em **prédio residencial urbano ou rural**, com suas pertenças e acessórios, destinando-se em ambos os casos a domicílio familiar, e poderá abranger **valores mobiliários**, cuja renda será aplicada na conservação do imóvel e no sustento da família.

A **consequência** da instituição do bem de família é a isenção de execução por dívidas posteriores à sua instituição, salvo as que provierem de *tributos* relativos ao prédio, ou de despesas de *condomínio* (art. 1.715 do CC).

O **prazo** de isenção de proteção do bem de família durará enquanto viver um dos cônjuges, ou, na falta destes, até que os filhos completem a maioridade (art. 1.716 do CC).

A dissolução da sociedade conjugal não extingue o bem de família. Porém, dissolvida a sociedade conjugal pela morte de um dos cônjuges, o sobrevivente poderá pedir a extinção do bem de família, se for o único bem do casal.

Extingue-se, igualmente, o bem de família com a morte de ambos os cônjuges e a maioridade dos filhos, desde que não sujeitos a curatela.

7.4.3. *Bem de família legal*

A Lei 8.009/1990 é uma lei de ordem pública que, por si só, qualifica determinados bens como bens de família, independentemente de qualquer outra providência por parte dos interessados.

Uma vez que um bem é qualificado como bem de família, tal bem passa a ser considerado **impenhorável**, ressalvadas algumas exceções legais.

Confira os **requisitos** para um bem ser considerado bem de família legal:

a) deve se tratar de imóvel residencial;

b) deve se tratar de imóvel próprio do casal ou da entidade familiar.

A impenhorabilidade **compreende** o imóvel sobre o qual se assentam a construção, as plantações, as benfeitorias de qualquer natureza e todos os equipamentos, inclusive os de uso profissional, ou *móveis que guarnecem a casa*, desde que quitados.

Quanto aos móveis que guarnecem a casa estão protegidos o televisor, a geladeira, o sofá, o dormitório, dentre outros. Mas não estão protegidos os automóveis, as obras de arte e os adornos suntuosos.

Se se tratar de um imóvel locado, apenas os móveis que guarnecem a casa serão considerados impenhoráveis.

A **consequência** da instituição do bem de família é a isenção da impenhorabilidade desses bens quanto a dívidas civis, comerciais, fiscais, previdenciárias ou de outra natureza, contraídas pelos beneficiários desse instituto.

Porém, a lei estabelece exceções, em que bens de família serão considerados penhoráveis. Confira:

a) pelo titular do crédito decorrente do financiamento destinado à construção ou à aquisição do imóvel, no limite dos créditos e acréscimos constituídos em função do respectivo contrato;

b) pelo credor de pensão alimentícia, resguardados os direitos, sobre o bem, do seu coproprietário que, com o devedor, integre união estável ou conjugal, observadas as hipóteses em que ambos responderão pela dívida (nova redação dada pela Lei 13.144/2015);

c) para cobrança de impostos, predial ou territorial, taxas e contribuições devidas em função do imóvel familiar;

d) para execução de hipoteca sobre o imóvel oferecido como garantia real pelo casal ou pela entidade familiar;

e) por ter sido adquirido com produto de crime ou para execução de sentença penal condenatória a ressarcimento, indenização ou perdimento de bens;

f) por obrigação decorrente de fiança concedida em contrato de locação. Referida hipótese foi objeto de certa polêmica no passado, pois sustentava-se que a penhora do único imóvel do fiador feriria o direito constitucional à moradia. Contudo, atualmente os tribunais superiores tem se posicionado pela constitucionalidade do dispositivo.

A jurisprudência entende que a cobrança de débitos condominiais está contida na exceção trazida no item "d" mencionado.

Outra exceção trazida na lei é a seguinte (art. 4º): não se beneficiará do bem de família legal aquele que, sabendo-se insolvente, adquire de má-fé imóvel mais valioso para transferir a residência familiar, desfazendo-se ou não da moradia antiga. Neste caso, poderá o juiz, na respectiva ação do credor, transferir a impenhorabilidade para a moradia familiar anterior, ou anular-lhe a venda, liberando a mais valiosa para execução ou concurso, conforme a hipótese.

Quando a residência familiar constituir-se em imóvel rural, a impenhorabilidade restringir-se-á à sede de moradia, com os respectivos bens móveis, e, nos casos do art. 5º, XXVI, da Constituição, à área limitada como pequena propriedade rural.

Vale informar, ainda, que o STJ é pacífico, hoje, no sentido de que pessoa solteira também recebe a proteção do bem de família. Confira, a esse respeito, a Súmula 364 do STJ: "o conceito de impenhorabilidade de bem de família abrange também o imóvel pertencente a pessoas solteiras, separadas e viúvas".

Outro entendimento importante a respeito do tema é fixado na Súmula 486 do STJ: "É impenhorável o único imóvel residencial do devedor que esteja locado a terceiros, desde que a renda obtida com a locação seja revertida para a subsistência ou a moradia da sua família".

O STJ também exarou interessante entendimento sobre a proteção do bem de família quando o imóvel se encontra no nome da empresa do sócio devedor: "A impenhorabilidade do bem de família no qual reside o sócio devedor não é afastada pelo fato de o imóvel pertencer à sociedade empresária. A jurisprudência do STJ tem, de forma reiterada e inequívoca, pontuado que a impenhorabilidade do bem de família estabelecida pela Lei 8.009/1990 está prevista em norma cogente, que contém princípio de ordem pública, e a incidência do referido diploma somente é afastada se caracterizada alguma hipótese descrita em seu art. 3º (EREsp 182.223-SP, Corte Especial, DJ 7/4/2003). Nesse passo, a proteção conferida ao instituto de bem de família é princípio concernente às questões de ordem pública, não se admitindo sequer a renúncia por seu titular do benefício conferido pela lei, sendo possível, inclusive, a desconstituição de penhora anteriormente feita" (EDcl no AREsp 511.486-SC, DJe 10.03.2016).

Por fim, o STJ tem afastado a proteção legal ao bem de família, quando se configura tentativa de fraude à execução, caracterizando abuso de direito. Confira a seguinte decisão: "Deve ser afastada a impenhorabilidade do único imóvel pertencente à família na hipótese em que os devedores, com o objetivo de proteger o seu patrimônio, doem em fraude à execução o bem a seu filho menor impúbere após serem intimados para o cumprimento espontâneo da sentença exequenda. De início, cabe ressaltar que o STJ tem restringido a proteção ao bem de família com o objetivo de prevenir fraudes, evitando prestigiar a má-fé do devedor. (...) Trata-se de sopesar a impenhorabilidade do bem de família e a ocorrência de fraude de execução. Assim, é preciso considerar que, em regra, o devedor que aliena, gratuita ou onerosamente, o único imóvel, onde reside a família, está, ao mesmo tempo, dispondo da proteção da Lei 8.009/1990, na medida em que seu comportamento evidencia que o bem não lhe serve mais à moradia ou subsistência. Do contrário, estar-se-ia a admitir o *venire contra factum proprium*" (REsp 1.364.509-RS, J. 10.06.2014).

7.5. Regime patrimonial do matrimônio (Direito Patrimonial)

7.5.1. Conceito

O regime patrimonial do matrimônio pode ser **conceituado** como o *conjunto de normas aplicáveis às relações e interesses econômicos resultantes do casamento.*

Trata-se do estatuto patrimonial dos consortes.

A lei não permite que os cônjuges disponham livremente sobre esse assunto, devendo estes aceitar o regime de bens que a lei estabelece como regra (regime da comunhão parcial de bens) ou pactuar um dos outros regimes previstos e regulamentados exaustivamente na lei civil.

7.5.2. Princípios

São princípios do direito patrimonial dos cônjuges os seguintes:

a) variedade de regime de bens; há quatro tipos de regime, quais sejam, comunhão universal, comunhão parcial, separação de bens e participação final dos aquestos;

b) liberdade dos pactos antenupciais (arts. 1.639, 1.640, parágrafo único, 1.655 e 1.641, I a III, do CC), podendo os cônjuges, como regra, escolher o regime que lhes convém, não estando adstritos aos regimes tipificados, podendo, assim, combiná-los entre si (art. 1.639 do CC); porém, há limites para isso; os cônjuges devem respeitar preceitos de ordem pública e também os fins e a natureza do matrimônio; dessa forma, não poderão retirar do regime de bens os deveres inerentes ao casamento, nem muito menos privar um ao outro do poder familiar, da igualdade, e também não poderão alterar a vocação hereditária; o princípio da liberdade dos pactos antenupciais cede para alguns casos em que a lei obriga o regime de separação de bens (art. 1.641 do CC), tais como no casamento contraído com causa suspensiva, no casamento de alguém que dependa de suprimento judicial e no casamento de pessoa maior de 70 anos (alterado pela Lei 12.344/2010); quanto à última exceção (casamento de maior de 70 anos) parte da doutrina entende que essa norma fere os princípios da dignidade da pessoa humana e da igualdade;

c) **mutabilidade justificada do regime adotado** (art. 1.639, § 2º, do CC), sendo admissível a alteração do regime de bens, mediante autorização judicial em pedido motivado de ambos os cônjuges, apurada a procedência das razões invocadas e ressalvados os direitos de terceiros; o STJ entende que essa alteração é possível inclusive para os casamentos ocorridos antes da entrada em vigor do atual Código Civil, em função do princípio da igualdade; de qualquer maneira, a modificação de regime de bens depende de autorização judicial (com intervenção do MP, para evitar o abuso de ascendência), de pedido motivado de ambos os cônjuges e de apuração da procedência das razões invocadas (para evitar fraude ou dano), ficando ressalvados, sempre, os direitos de terceiros;

d) **formalidade**, valendo salientar que o pacto antenupcial (arts. 1.653 a 1.657 do CC) é *contrato solene, realizado antes do casamento, por meio do qual as partes dispõem o regime de bens que vigorará no matrimônio* (art. 1.639, § 1º, do CC); o pacto deve ser celebrado por meio de escritura pública, sob pena de nulidade (art. 1.653 do CC), com posterior registro em livro especial no registro imobiliário do domicílio do casal, como requisito de eficácia perante terceiros; o pacto antenupcial será considerado ineficaz se o casamento não lhe seguir (art. 1.653 do CC); caso os nubentes concordem com o regime que a lei recomenda – o regime de comunhão parcial – bastará que estes reduzam a termo a opção pela comunhão parcial (art. 1.640, parágrafo único, do CC), não sendo necessária a elaboração de escritura pública.

e) **imediata vigência na data da celebração do casamento**.

7.5.3. Disposições comuns aos variados regimes de bens

Cada regime de bens (comunhão parcial, comunhão universal etc.) tem as suas peculiaridades. Porém, todos os regimes de bens têm, em comum, as seguintes regras:

O cônjuge **pode livremente**, sem autorização do outro (arts. 1.642 e 1.643 do CC):

a) **praticar todos os atos de disposição e de administração necessários ao desempenho de sua profissão**, salvo alienar ou gravar de ônus real os bens imóveis;

b) **administrar os bens próprios**;

c) **desobrigar ou reivindicar imóveis gravados ou alienados sem o seu consentimento ou sem suprimento judicial**;

d) **demandar a extinção de fiança, doação ou aval realizados pelo outro cônjuge sem o seu consentimento**; porém, o terceiro, prejudicado com a sentença favorável ao autor, terá direito regressivo contra o cônjuge, que realizou o negócio jurídico, ou seus herdeiros (art. 1.646 do CC);

e) **reivindicar bens comuns doados ou transferidos pelo outro cônjuge ao concubino, salvo se o bem tiver sido adquirido pelo esforço comum destes ou se o casal estiver separado de fato por mais de 5 anos**; aliás, segundo o art. 550 do CC, a doação do cônjuge adúltero ao seu cúmplice pode ser anulada pelo outro cônjuge, ou por seus herdeiros necessários, até dois anos depois de dissolvida a sociedade conjugal;

f) **comprar, inclusive a crédito, as coisas necessárias à economia doméstica**; por exemplo, pode o cônjuge fazer compras em supermercado sem autorização do outro;

g) **obter, por empréstimo, as quantias que a aquisição dessas coisas possa exigir**; aliás, as dívidas contraídas para esses fins obrigam solidariamente ambos os cônjuges (art. 1.644 do CC);

h) **praticar atos que não lhes forem vedados expressamente**; por exemplo, dispor por testamento bem imóvel próprio ou doar bem móvel particular, como um carro pertencente só a um dos cônjuges.

Por outro lado, o cônjuge **não pode**, sem a autorização do outro, salvo regime de separação absoluta (art. 1.647 do CC):

a) **alienar ou gravar de ônus real os bens imóveis**; nesse caso, falta legitimação ao cônjuge; tais bens, os imóveis, são considerados bens de raiz, ou seja, bens importantes para a família, de modo que a lei vai exigir o consenso do casal para a alienação ou o gravame sobre tais bens;

b) **pleitear, como autor ou réu, acerca desses bens ou direitos**; por exemplo, na ação reivindicatória será necessária a presença de ambos os cônjuges, diferente do que ocorre em mera ação possessória ou em ações relacionada à locação, pois não há direito real nesses casos;

c) **prestar fiança ou aval**; havendo violação dessa norma, apenas o cônjuge que não tiver autorizado o ato tem legitimidade para pedir a anulação deste; ademais, pode esse cônjuge ingressar com embargos de terceiro para excluir sua meação de eventual penhora, salvo quando a dívida tiver sido contraída com vistas a atender as necessidades da economia doméstica, ou seja, quando a dívida for contraída em proveito da família; quanto ao tema, a Súmula 332 do STJ fixou o entendimento de que "a fiança prestada sem autorização de um dos cônjuges implica a ineficácia total da garantia";

d) **fazer doação de bens comuns ou que possam integrar futura meação**; assim, o cônjuge não pode doar bens que pertencem aos dois, sem autorização do outro; também não pode doar bens que integrarão futura meação (isso acontece no regime de participação final dos aquestos); no entanto, essa regra tem uma exceção, que é no caso da doação remuneratória; assim, um cônjuge não precisa de autorização do outro para doar bens comuns quando essa doação tem por objetivo remunerar alguém que tenha prestado um serviço para o cônjuge doador, como uma doação feita a um dentista que tiver tratado, sem cobrar, o cônjuge doador; ademais, são válidas as doações nupciais feitas aos filhos quando casarem ou estabelecerem economia separada.

O problema é que há casos em que um cônjuge se recusa a autorizar o outro cônjuge a cometer um dos atos citados, gerando uma situação de conflito entre os dois.

Nesses casos, é possível que o **juiz supra a outorga**, quando a denegação de autorização se dê sem justo motivo. Um exemplo é a situação de uma família sem dinheiro para pagar as mínimas contas, mas que mantém uma casa de praia que sequer é frequentada. Nesse caso, o juiz, a pedido de um dos cônjuges, pode autorizar a venda do imóvel, ainda que o outro cônjuge não concorde com isso.

Também é cabível o suprimento da outorga pelo juiz se for impossível que um dos cônjuges conceda a outorga (art. 1.648, *caput*, do CC), como no caso deste estar em coma, sem que haja curador nomeado para responder por seus atos.

Resta saber agora qual é a **consequência jurídica** da prática de um ato sem autorização do cônjuge. O art. 1.649 do CC estabelece que, nesses casos, o ato praticado será considerado anulável, podendo o outro cônjuge (ou seus herdeiros) pleitear a anulação até dois anos do fim da sociedade conjugal. Porém, a aprovação posterior do ato, feita por instrumento público ou por instrumento particular autorizado, torna o ato válido, e, portanto, não mais passível de anulação.

Vale salientar que, quando um dos cônjuges não puder exercer a administração dos bens que lhe incumbe, segundo o regime de bens, caberá ao outro (art. 1.651):

a) gerir os bens comuns e os do consorte;

b) alienar os bens móveis comuns;

c) alienar os imóveis comuns e os móveis ou imóveis do consorte, mediante autorização judicial.

Outra regra geral importante é a que dispõe que o cônjuge que estiver na posse dos bens particulares do outro será para com este e seus herdeiros responsável (art. 1.652):

a) como usufrutuário, se o rendimento for comum;

b) como procurador, se tiver mandato expresso ou tácito para os administrar;

c) como depositário, se não for usufrutuário, nem administrador.

7.5.4. Regime de comunhão parcial

Esse regime pode ser **conceituado** como *aquele em que se comunicam os bens que sobrevierem ao casal, na constância do casamento, salvo exceções legais* (art. 1.658 do CC).

Esse regime é o estabelecido pela lei, quando os nubentes não quiserem aderir a outro regime de bens.

Nesse regime, **excluem-se da comunhão** (art. 1.659 do CC):

a) os bens que cada cônjuge possuir ao casar e os sub-rogados em seu lugar;

b) os bens recebidos na constância do casamento, por doação ou sucessão, e os sub-rogados em seu lugar;

c) bens adquiridos com valores exclusivamente pertencentes a um dos cônjuges em sub-rogação dos bens particulares;

d) as obrigações anteriores ao casamento;

e) as obrigações provenientes de atos ilícitos, salvo reversão em proveito do casal;

f) os bens de uso pessoal, os livros, os instrumentos da profissão, desde que não integrem fundo de comércio ou patrimônio de sociedade da qual pertença o consorte;

g) os proventos do trabalho pessoal de cada cônjuge;

h) as pensões, os meio-soldos (metade do soldo que o Estado paga ao militar reformado), os montepios (pensão de instituto de previdência) e outras rendas semelhantes;

i) os bens cuja aquisição tiver por título causa anterior ao casamento (art. 1.661 do CC), por exemplo, os reivindicados antes do casamento, com sentença depois; ou o dinheiro recebido depois do casamento, mas relativo à venda feita antes deste.

Entram na comunhão (art. 1.660 do CC):

a) os bens adquiridos onerosamente na constância do casamento, ainda que em nome de um dos cônjuges; presunção: presumem-se adquiridos na constância do casamento os bens móveis, salvo prova em contrário (art. 1.662 do CC);

b) os bens adquiridos por fato eventual, com ou sem concurso de trabalho ou despesa anterior; por exemplo, os bens ganhados em loteria, ou por aluvião ou avulsão;

c) os bens recebidos por doação, herança ou legado em favor de ambos;

d) as benfeitorias em bens particulares de cada cônjuge; presumem-se feitas com esforço comum;

e) os frutos dos bens comuns e particulares, percebidos na constância ou pendentes ao tempo em que cessar a comunhão.

Outro tema importante é quanto à sujeição dos bens comuns (pertencentes a ambos os cônjuges) e dos bens particulares (pertencentes a apenas um dos cônjuges), a certas dívidas.

Nesse sentido, **os bens comuns respondem** (art. 1.664 do CC) pelas obrigações contraídas pelo marido/mulher para atender aos encargos da família, às despesas de administração e às despesas decorrentes da lei.

Por outro lado, **os bens comuns não respondem** (art. 1.666 do CC) pelas dívidas contraídas pelo cônjuge na administração de seus bens particulares; por exemplo, na contratação de advogado.

Quanto aos **bens particulares, estes podem responder**:

a) pelas dívidas da compra ou do empréstimo feitos quanto às coisas necessárias à economia doméstica em virtude da solidariedade;

b) pelas dívidas contraídas na administração dos bens particulares;

c) pelas dívidas em geral contraídas por seu proprietário.

7.5.5. Regime de comunhão universal

Esse regime pode ser **conceituado** como *aquele que importa a comunicação de todos os bens presentes e futuros dos cônjuges e suas dívidas passivas, salvo exceções legais* (art. 1.667 do CC).

Nesse regime, **excluem-se da comunhão** (art. 1.668 do CC):

a) os bens recebidos por doação ou herança com cláusula de incomunicabilidade e os sub-rogados em seu lugar; porém, é bom lembrar que a cláusula de incomunicabilidade prevista em testamento deve ser devidamente motivada, devendo haver justa causa, se disser respeito aos bens da legítima (art. 1.848 do CC);

b) bens gravados de fideicomisso e o direito do herdeiro fideicomissário, antes de realizada a condição suspensiva; nesses casos, temos direitos provisórios ou eventuais, de modo que não há mesmo como entrarem na comunhão;

c) as dívidas anteriores ao casamento, salvo as despesas com seus aprestos (exs.: preparativos, enxoval e outras despesas para o casamento) ou se reverterem em proveito comum (ex.: imóvel residencial do casal);

d) as doações antenupciais feitas para um dos cônjuges ao outro com cláusula de incomunicabilidade;

e) os bens de uso pessoal, os livros e os instrumentos de profissão; os proventos do trabalho pessoal de cada cônjuge, as pensões, meio-soldos, montepios e outras rendas semelhantes.

Por outro lado, **entram na comunhão**:

a) todos os outros bens presentes e futuros dos cônjuges, inclusive os frutos (doados com incomunicabilidade) dos bens não comunicáveis percebidos ou vencidos na constância - art. 1.669 do CC;

b) todas as dívidas passivas, salvo as invalidadas; aqui não entram somente as dívidas que geraram proveito da família ou que se refiram a bens comuns; aqui entram todas as dívidas passivas;

c) as despesas com os aprestos do casamento;

d) as despesas anteriores ao casamento que se reverterem em proveito comum (ex.: o apartamento comprado para o casal).

Extinta a comunhão e efetuada a divisão do ativo e do passivo, cessará a responsabilidade de cada um dos cônjuges para com os credores do outro (art. 1.671 do CC).

Por fim, há de se ressaltar que se deve aplicar ao regime de comunhão universal o disposto para o regime da comunhão parcial, quanto à *administração* dos bens.

7.5.6. Regime de participação final nos aquestos

Esse regime pode ser **conceituado** como *aquele em que cada cônjuge possui patrimônio próprio, e lhe cabe, à época da dissolução da sociedade conjugal, direito à metade dos bens adquiridos pelo casal onerosamente na constância do casamento* (art. 1.672 do CC).

Trata-se de um regime misto. Durante a sociedade conjugal, assemelha-se ao regime de separação total de bens. Dissolvida a sociedade conjugal, equivale ao regime de comunhão parcial.

Nesse regime, **excluem-se da comunhão**:

a) os bens que cada um possuía ao casar e os adquiridos, a qualquer título, na constância do casamento (art. 1.673 do CC);

b) as dívidas contraídas por um dos cônjuges, antes ou depois do casamento; porém, as dívidas contraídas após o casamento, que tiverem revertido em proveito do outro entrarão na comunhão (art. 1.677 do CC).

Quanto à **administração** e à **disposição** de bens durante o casamento, temos as seguintes regras:

a) cada cônjuge *administra* livremente seus bens particulares (art. 1.673, parágrafo único, do CC);

b) cada cônjuge *aliena* livremente seus bens *móveis* particulares (art. 1.673, parágrafo único, do CC);

c) por *pacto antenupcial*, pode-se convencionar que cada cônjuge *aliena* livremente seus bens *imóveis* particulares (art. 1.656 do CC); ou seja, a regra é não haver esse direito em favor dos cônjuges, mas a lei admite que o pacto antenupcial atribua aos cônjuges a possibilidade de alienar livremente seus bens particulares;

d) quanto às demais restrições previstas no art. 1.647 do CC e não mencionadas no item acima, devem ser obedecidas pelos que optaram pelo regime de participação final nos aquestos; assim, nenhum cônjuge pode, sem autorização do outro, prestar fiança ou aval (art. 1.647, III, do CC).

Quanto aos **efeitos patrimoniais da dissolução da sociedade conjugal**, deve-se seguir o seguinte procedimento:

a) calcula-se o *montante dos aquestos existentes*, ou seja, dos bens onerosamente adquiridos na constância do casamento (art. 1.674 do CC); vale salientar que a lei presume que os bens móveis tenham sido adquiridos durante o casamento, salvo prova em contrário;

b) em seguida, *exclui-se* dessa soma de patrimônios próprios os bens *anteriores* ao casamento (e os sub-rogados em seu lugar), os bens que cada cônjuge tiver recebido por *sucessão* (ex.: herança) ou *liberalidade* (ex.: doação), e as *dívidas* relativas a esses bens;

c) em seguida, *computa-se* o valor das *doações* feitas por um dos cônjuges, sem a necessária autorização do outro; nesse caso o bem poderá ser reivindicado pelo cônjuge prejudicado ou por seus herdeiros, ou declarado no monte partilhável, por valor equivalente ao da época da dissolução (art. 1.675 do CC);

d) em seguida, *computa-se* o valor dos *bens alienados em detrimento da meação* ou reivindica-se tais bens (art. 1.676 do CC); a lei está fazendo referência aos bens alienados indevidamente (por exemplo, por falta de autorização do outro cônjuge);

e) feitas tais contas, chega-se ao montante dos aquestos à data em que cessou a convivência, seja por separação, divórcio ou morte (art. 1.683 do CC);

f) procede-se à divisão desse montante, ficando metade para cada um dos cônjuges (meação); a lei propõe a divisão desses bens em natureza; porém, não sendo possível nem conveniente essa divisão, calcular-se-á o valor de alguns ou de todos para reposição em dinheiro ao cônjuge não proprietário; não sendo possível a reposição em dinheiro, serão avaliados e, mediante autorização judicial, alienados tantos bens quantos bastarem (art. 1.684, *caput*, e parágrafo único, do CC).

O Código Civil estabelece, ainda, que as dívidas de um cônjuge, quando superiores à sua meação, não obrigam ao outro ou aos seus herdeiros (art. 1.686 do CC).

Por fim, a lei é expressa no sentido de que o direito à meação **não** é renunciável, cessível ou penhorável na vigência do regime matrimonial (art. 1.682 do CC). Trata-se de uma proteção ao cônjuge, que, numa situação qualquer de vulnerabilidade, poderia renunciar a direito muito importante para a sua subsistência. Há de se tomar cuidado, pois a meação, em si, é impenhorável, porém não são impenhoráveis os bens que a compõem.

7.5.7. Regime de separação de bens

Esse regime pode ser **conceituado** como *aquele em que os bens permanecerão sob a propriedade, administração* *e fruição exclusiva de cada um dos cônjuges, que os poderá livremente alienar ou gravar com ônus real* (art. 1.687 do CC).

O regime de separação típico é *absoluto*, não comportando limitação quanto à propriedade exclusiva de cada cônjuge. Todavia, nada impede que, por pacto antenupcial, os nubentes instituam um regime de separação *limitada* de bens.

O atual Código Civil **aumentou os poderes** de cada cônjuge sobre o seu patrimônio exclusivo. Isso se deu, pois o art. 1.647 do CC estabelece algumas limitações aos cônjuges (exs.: não podem, sem autorização do outro, alienar imóveis, prestar fiança e aval etc.), mas tais limitações não se aplicam aos que estão num regime de separação absoluta de bens (art. 1.647, *caput*, do CC).

Por outro lado, ambos os cônjuges devem **contribuir** para as despesas do casal na proporção dos rendimentos de seu trabalho e de seus bens, salvo estipulação em contrário em pacto antenupcial.

Normalmente, o regime de separação de bens se dá por vontade dos nubentes, sendo instituído por meio de pacto antenupcial (separação voluntária de bens).

Porém, há casos em que o regime de separação de bens é obrigatório, ou seja, em que a lei não dá outra alternativa aos nubentes, que devem, necessariamente, submeter-se a esse regime, que a doutrina costuma chamar de "separação legal de bens". Confira os casos:

a) quanto às pessoas que o contraírem com inobservância das **causas suspensivas** da celebração do casamento;

b) quanto à pessoa **maior de 70 anos**;

c) quanto a todos os que dependerem, para casar, de **suprimento judicial**.

Quanto as causas previstas nos itens 'a" e "c", a obrigatoriedade da separação de bens não impede a alteração do regime caso tenha sido superada a causa que a tiver imposto.

Nos casos de separação legal de bens, era muito comum ocorrer situações de grande injustiça, como no caso de um casal criar um bom patrimônio com esforço comum, mas os bens acabarem por ficar no nome de um dos cônjuges apenas. Nesses casos, findo o casamento, o cônjuge sem bens em seu nome ficava totalmente ao relento, o que não era correto.

Por conta disso, a jurisprudência passou a entender que aquestos (bens onerosamente adquiridos na constância do casamento) deveriam ser divididos entre os cônjuges. Nesse sentido, confira a Súmula 377 do STF: "no regime de separação legal de bens, comunicam-se os adquiridos na constância do casamento".

Tal medida não deve ser tomada em relação aos casados pelo regime de separação voluntária de bens. O Superior Tribunal de Justiça vem reafirmando a necessidade de se respeitar a vontade dos cônjuges no sentido de separar os patrimônios de cada qual. No entanto, em casos excepcionalíssimos, de enorme injustiça, pode-se admitir a participação patrimonial de um cônjuge sobre determinado bem do outro, como no caso a seguir transcrito: "o regime jurídico da separação de bens voluntariamente estabelecido é imutável e deve ser observado, admitindo-se, todavia, excepcionalmente, a participação patrimonial de um cônjuge sobre bem do outro, se efetivamente demonstrada, de modo concreto, a aquisição patrimonial pelo esforço comum, caso dos autos, em que uma das fazendas foi comprada mediante permuta com cabeças de gado que pertenciam ao casal." (STJ, REsp 286.514/SP, j. 02.08.2007).

7.6. Dissolução da sociedade conjugal

7.6.1. Emenda Constitucional 66/2010

A redação antiga do art. 226, § 6º, da CF dispunha que "o casamento civil pode ser dissolvido pelo divórcio, após prévia separação judicial por mais de um ano nos casos expressos em lei, ou comprovada separação de fato por mais de dois anos".

Havia, então, duas espécies de divórcio, quais sejam:

a) o divórcio-conversão, que exigia mais de um ano de separação judicial, para que pudesse ser requerido;

b) divórcio-direto: que exigia mais de 2 anos de separação de fato, para que pudesse ser requerido.

No entanto, a EC 66/2010 modificou a redação do dispositivo citado, para o fim de dispor o seguinte:

"O casamento pode ser dissolvido pelo divórcio".

Ou seja, o divórcio, agora, pode ser feito sem aguardar-se período de tempo e sem prévia separação judicial.

Ademais, tudo isso pode ser feito em Cartório Extrajudicial, com presença de advogado, desde que sem filhos menores. Caso as questões referentes aos filhos menores já tiverem sido resolvidas prévia e judicialmente, o tabelião de notas poderá lavrar escrituras públicas de dissolução conjugal.

A inexistência de menção à separação judicial no texto constitucional faz com que esse instituto possa ser considerado não recepcionado pela nova ordem constitucional. No entanto, para quem não pensa assim, pode-se dizer que o instituto da separação judicial cairá em desuso ou terá muito pouco uso, pois, se duas pessoas não querem mais ficar casadas, por que fariam, primeiro, a separação judicial, para depois fazer o divórcio, se podem, agora, passar direto para o divórcio, sem necessidade de esperar tempo algum, já que não há mais requisito temporal na Constituição Federal? De qualquer forma, a questão ainda encontra certa divergência no ordenamento, haja vista que o Conselho Federal de Justiça já se manifestou contra a extinção da separação, *in verbis*: A Emenda Constitucional 66/2010 não extinguiu o instituto da separação judicial e extrajudicial (Enunciado 514 JDC/CJF).

O fato é que o chamado divórcio-relâmpago já pegou e vem sendo a tônica, agora, quando um casal não quer mais manter o casamento.

Nesse sentido, vale informar que o Conselho Nacional de Justiça, chamado a se manifestar sobre assunto, alterou a sua Resolução 35, para admitir o divórcio extrajudicial mesmo que não cumpridos os prazos de 2 anos de separação de fato (antigo divórcio-direto) e de 1 ano de separação judicial (antigo divórcio-conversão), não entrando no mérito se ainda existe a possibilidade de alguém preferir, antes do divórcio, promover separação judicial.

Na prática, a EC 66/2010 vem sendo aplicada normalmente pelos Cartórios Extrajudiciais, para permitir o divórcio direto, sem necessidade de cumprir os prazos mencionados, tudo indicando que o instituto da separação judicial venha, como dito, no mínimo, a cair em desuso ou em pouquíssimo uso.

7.6.2. *Hipóteses de dissolução da sociedade conjugal e do casamento*

Antes da mudança na Constituição Federal fazia mais sentido a distinção entre as hipóteses de dissolução da sociedade conjugal e as hipóteses de dissolução do casamento.

A dissolução da sociedade conjugal se dá nos seguintes casos (art. 1.571 do CC):

a) pela morte de um dos cônjuges;

b) pela nulidade ou anulação do casamento;

c) pela separação judicial;

d) pelo divórcio.

Já a dissolução do casamento, isto é, do vínculo matrimonial propriamente dito, se dá nas seguintes hipóteses (art. 1.571, § 1º, do CC):

a) pela morte de um dos cônjuges (inclusive presunção quanto ao ausente – abertura da sucessão definitiva);

b) pela nulidade ou anulação do casamento;

c) pelo divórcio.

Depois da EC 66/2010, a tendência é não mais se buscar a separação judicial, mas sim o divórcio diretamente, o que fará com que se extinga, ao mesmo tempo, a sociedade conjugal (e, portanto, os deveres conjugais e o regime patrimonial) e o casamento (o vínculo matrimonial).

7.6.3. *Divórcio consensual*

Quando um casal tem interesse comum em se divorciar, está-se diante de hipótese de divórcio consensual. Conforme já escrito, com a EC 66/2010, esse casal não tem de esperar tempo algum, nem mesmo se submeter a prévia separação, para conseguir o divórcio. Basta que ingresse em juízo com esse pedido, ou que faça tal requerimento em cartório extrajudicial, se não houver filhos incapazes e desde que se façam representar por advogado, para que o divórcio aconteça.

Resta saber se é possível pedir o divórcio consensual no curso do primeiro ano de casamento. Para alguns doutrinadores isso não é possível, pois mesmo para a mera separação consensual a lei exige que se trate de duas pessoas casadas há mais de um ano (art. 1.574 do CC), quanto mais para o divórcio, que é providência mais forte. No entanto, entendemos que, como não há limitação nesse sentido no novo texto constitucional, não há que se cumprir esse requisito, apesar de pensarmos, no plano pessoal, que é absolutamente temerário duas pessoas se casarem e já buscarem a separação logo no primeiro ano de casamento, sem buscar, por mais tempo, meios de se entender como casal.

7.6.4. *Divórcio não consensual*

Situação diversa é aquela em que um quer se divorciar, e o outro, não. A jurisprudência vinha atenuando os rigores quanto aos requisitos para que alguém buscasse em juízo a separação de outrem, para o fim de entender que o simples fato de alguém buscar a separação já demonstra a impossibilidade da comunhão de vida, não sendo necessário que também demonstre grave violação dos deveres do casamento.

Esse entendimento decorre do fato de que há um princípio maior envolvido na temática, que é o princípio da liberdade.

Todavia, quem assim agisse, buscando a separação mesmo contra a vontade do outro, estaria sujeito às sanções cabíveis àquele que é o causador do fim do relacionamento, como perder o nome de casado e receber alimentos apenas para a sua subsistência.

Pois bem. Se assim o era com a separação judicial, também deve ser com relação ao divórcio relâmpago. O princípio da igualdade fará com que aquele que não mais deseje ficar casado tenha direito de ingressar com ação contra o outro cônjuge, para o fim de pedir o divórcio forçado, mas arcando com as consequências dessa sua ação, como as mencionadas no parágrafo anterior.

De qualquer forma, recomenda-se a leitura do disposto nos arts. 1.571 a 1.582 do Código Civil, pois algumas regras relativas à separação judicial podem aparecer num exame, ainda que, para nós, esse instituto não faça mais sentido hoje.

Por outro lado, faz-se necessário aguardar as decisões judiciais que se tomarão a respeito desse assunto a partir de agora, tratando-se de tema ainda muito aberto e que não deveria, ao menos em nossa opinião, ser objeto de certas perguntas em provas e exames neste momento.

7.7. União Estável

A união estável tem **natureza jurídica** de entidade familiar (art. 226, § 3º, da CF).

O **conceito tradicional** de união estável é o seguinte: *consiste na convivência pública, contínua e duradoura entre um homem e uma mulher, com o objetivo de constituição de família* (art. 1.723 do CC).

Todavia, esse conceito, hoje, deve levar em conta o posicionamento do STF acerca da **união estável homoafetiva**. Com efeito, o Excelso Pretório, na ADI 4.277 e na ADPF 132, julgadas em 05.05.2011, tomou a seguinte decisão: pela procedência das ações e com efeito vinculante, no sentido de dar interpretação conforme a Constituição Federal *para excluir qualquer significado do artigo 1.723 do Código Civil que impeça o reconhecimento da união entre pessoas do mesmo sexo como entidade familiar.*

O *decisum* teve por **fundamento** o art. 3º, IV, da CF, que veda qualquer tipo de discriminação.

Como consequência, a união estável homoafetiva passa a ter a mesma regulamentação da união estável entre homem e mulher (deveres dos companheiros, alimentos, sucessões). Aliás, há até quem entenda que o instituto da conversão da união estável em casamento também possa se dar quanto às uniões estáveis homoafetivas, questão que ainda vai gerar muito debate, pois tal entendimento significaria dizer que é possível não só a união estável homoafetiva, como também o casamento homoafetivo.

Na prática, algumas conversões de união estável homoafetiva em casamento já foram autorizadas pelo Poder Judiciário, mas a questão ainda não chegou a ser conhecida pelo STF, que, por enquanto, só assegurou a possibilidade de haver uma união estável entre pessoas do mesmo sexo.

Em relação ao **histórico** da união estável, nosso direito passou por várias fases. Num primeiro momento não havia direito algum para quem estivesse numa relação dessas, mas apenas restrições. Em seguida, passou-se a denominar esse tipo de relação como "concubinato", passando a jurisprudência, aos poucos, a conferir certos direitos, principalmente à concubina. Confira, nesse sentido, a Súmula 380 do STF: "comprovada a existência da sociedade de fato entre os concubinos, é cabível sua dissolução judicial com a partilha do patrimônio adquirido pelo esforço comum".

Sobreveio a Constituição de 1988, que, em seu art. 226, § 3º, estabeleceu que, "para efeito de proteção do Estado, é reconhecida a união estável entre o homem e a mulher como entidade familiar, devendo a lei facilitar sua conversão em casamento".

Com o advento da Constituição de 1988, a terminologia mudou. Passou-se a usar a expressão "união estável", reservando a expressão "concubinato" para as relações estáveis entre duas pessoas impedidas de se casar. Por exemplo, "A" e "B" são casados, mas "B" mantém "C" como amante, não estão cumpridos os requisitos de uma união estável. Nesse caso, entre "B" e "C" tem-se um concubinato, que não gera os direitos da união estável.

Em seguida veio a Lei 8.971/1994, que regulamentou o *conceito* de união estável (exigindo cinco anos ou existência de filho comum), os *direitos sucessórios* (usufruto de parte de bens deixados pelo companheiro e herança, na falta de ascendentes ou descendentes do companheiro falecido) e direito à *metade* de certos bens em caso de falecimento do companheiro (companheiro sobrevivente passa a ter direito à metade dos bens resultantes de atividade decorrente do esforço comum).

Dois anos depois adveio a Lei 9.278/1996, mudando o *conceito* de união estável (sem exigir requisito temporal, mas apenas a convivência duradoura, pública e contínua, de homem e mulher, com o objetivo de constituir família). Quanto aos direitos, estabelece o direito à meação, já na constância da união estável, de certos bens; estabelece o direito de administração comum dos bens comuns; estabelece o direito a alimentos em caso de dissolução da sociedade conjugal; estabelece o direito real de habitação sobre o imóvel de residência da família, em caso de falecimento do companheiro; estabelece regra sobre a conversão da união estável e casamento; e institui o segredo de justiça para as ações e a vara de família como juízo delas.

Por fim, adveio o **atual Código Civil**, que, em seus arts. 1.723 a 1.727, estabelece uma série de regras sobre a união estável. Confira:

a) quanto ao *conceito* desta, manteve o conceito trazido pela Lei 9.278/1996;

b) quanto aos impedimentos, estabelece que a união estável não se configura quando ocorrerem os *impedimentos* para o casamento; no entanto, caso alguém seja casado, mas separado de fato ou judicialmente, nada impede que esse alguém constitua uma união estável; repare que a existência de *causas suspensivas* não impede a configuração da união estável;

c) estabelece os deveres dos companheiros (lealdade, respeito e assistência, guarda, sustento e educação dos filhos);

d) estabelece o regime de comunhão parcial de bens (igual ao casamento);

e) estabelece regra sobre a conversão da união estável em casamento;

f) estabelece o conceito de concubinato ("relações não eventuais entre o homem e a mulher, impedidos de casar").

O art. 1.790 do CC trata dos direitos sucessórios do companheiro, estabelecendo que "a companheira ou o companheiro participará da sucessão do outro, quanto aos bens adquiridos onerosamente na vigência da união estável, nas condições seguintes: a) se concorrer com filhos comuns, terá direito a uma quota equivalente à que por lei for atribuída ao filho; b) se concorrer com descendentes só do autor da herança, tocar-lhe-á a metade do que couber a cada um daqueles; c) se concorrer com outros parentes sucessíveis, terá direito a um terço da herança; d) não havendo parentes sucessíveis, terá direito à totalidade da herança.

Porém, o STF declarou inconstitucional esse art. 1.790 do CC, que estabelecia uma diferenciação entre os regimes sucessórios entre cônjuges e companheiros, devendo-se aplicar a ambos o regime estabelecido no art. 1.829 do CC (RE 646721/RS, rel. Min. Marco Aurélio, red. p/ o ac. Min. Roberto Barroso, j. 10.5.2017).

O Código Civil também estabelece que é possível ingressar com ação de dissolução de união estável, podendo o companheiro ingressante, comprovando a necessidade, requerer previamente cautelar de separação de corpos (art. 1.562 do CC).

Outra regra sobre a união estável encontra-se no art. 1.595, § 2º do CC, pelo qual "na linha reta, a afinidade não se extingue com a dissolução do casamento ou da união estável".

Quanto aos **requisitos** da configuração da união estável, são os seguintes:

a) inexistência de impedimento para o casamento, ressalvada a situação de alguém casado, que esteja separado de fato ou judicialmente (STJ, AgRg nos EDcl no AgRg no AREsp 710780/RS, DJE 25.11.2015); o STJ também entende que não é possível o reconhecimento de união estáveis simultâneas (AgRg no AREsp 609856/SP, DJE 19/05/2015), além de estar sendo mais duro com o chamado concubinato, ao assentar entendimento segundo o qual não há possibilidade de se pleitear indenização por serviços domésticos prestados com o fim do casamento ou da união estável, tampouco com o cessar do concubinato, sob pena de se cometer grave discriminação frente ao casamento, que tem primazia constitucional de tratamento (AgRg no AREsp 770596/SP, DJE 23.11.2015);

b) diversidade de sexos: esse requisito está superado após a decisão do STF mencionada, que admite a união estável entre pessoas do mesmo sexo (união homoafetiva);

c) continuidade das relações sexuais: requisito implícito;

d) convivência duradoura: estabilidade na relação;

e) convivência pública: notoriedade de afeições recíprocas; pode ser convivência notória, porém discreta, limitada ao conhecimento de amigos, familiares e vizinhos; não requer publicidade, mas não pode se tratar de uma relação absolutamente secreta;

f) objetivo de constituir família: não se configura simplesmente pelo fato de suas pessoas dividirem despesas; também não é necessário que se queira ter filhos; mas há necessidade de formar uma parceria de natureza afetivo-amorosa com caráter duradouro. Segundo o STJ, "o fato de namorados projetarem constituir família no futuro não caracteriza união estável, ainda que haja coabitação", vez que "a coabitação entre namorados, a propósito, afigura-se absolutamente usual nos tempos atuais, impondo-se ao Direito, longe das críticas e dos estigmas, adequar-se à realidade social. Por oportuno, convém ressaltar que existe precedente do STJ no qual, a despeito da coabitação entre os namorados, por contingências da vida, inclusive com o consequente fortalecimento da relação, reconheceu-se inexistente a união estável, justamente em virtude da não configuração do *animus maritalis* (REsp 1.257.819-SP, Terceira Turma, DJe 15.12.2011)" (REsp 1.454.643-RJ, DJe 10.03.2015).

A **prova** da união estável pode se dar de variadas maneiras, tais como pela certidão de nascimento de filho comum, certidão de casamento religioso, contrato de locação de imóvel residencial, declaração de dependência no INSS/IR, contrato de plano de saúde, correspondência, fotos e recibos; testamento etc.

Caso os companheiros queiram um reconhecimento formal de sua relação, mas não seja o caso de ingressar com ação de dissolução de união estável, podem ingressar com uma ação declaratória de existência de união estável ou com ação de justificação judicial (art. 381, § 5º, do NCPC).

As novas disposições do Código Civil sobre união estável valem para uniões em curso quando de sua entrada em vigor, respeitadas, naturalmente, situações jurídicas já consolidadas com base na lei anterior.

Quanto aos **deveres pessoais**, os companheiros devem obedecer aos seguintes deveres:

a) lealdade e respeito: a fidelidade está implícita;

b) assistência: tanto a moral como a material (dever alimentar);

c) guarda, sustento e educação dos filhos.

A coabitação não é dever absoluto, não sendo sequer necessária à caracterização da união estável, conforme entendimento do STF (Súmula 382).

Quanto ao **regime patrimonial**, temos as seguintes regras:

a) os companheiros poderão estabelecer o regime patrimonial de sua relação, o que deve ser feito mediante contrato escrito; não é necessário que se trate de uma escritura pública, podendo ser mero escrito particular; no entanto, é muito comum que esse documento seja produzido em Cartório de Títulos e Documentos, como forma de se garantir o arquivamento de uma cópia do documento em registro público; todavia, "não é lícito aos conviventes atribuírem efeitos retroativos ao contrato de união estável, a fim de eleger o regime de bens aplicável ao período de convivência anterior à sua assinatura" (STJ, REsp 1.383.624-MG, DJ 12.06.2015), pois nem no casamento isso é possível;

b) caso não haja contrato escrito especificando as regras do regime patrimonial entre os companheiros, aplicar-se-á às relações patrimoniais, no que couber, o regime de comunhão parcial de bens (art. 1.725 do CC); ou seja, não será necessário verificar quais bens foram adquiridos com o esforço comum dos companheiros, como se fazia no passado, adotando-se o regime jurídico da comunhão parcial de bens, pelo qual, como regra, comunicam-se os bens adquiridos na constância da união estável; dessa forma, são incomunicáveis os bens particulares adquiridos anteriormente à união estável ou ao casamento sob o regime de comunhão parcial, ainda que a transcrição no registro imobiliário ocorra na constância da relação (REsp 1324222/DF, DJE 14.10.2015); é também consequência direta desse regime o entendimento do STJ segundo o qual a valorização patrimonial dos imóveis ou das cotas sociais de sociedade limitada, adquiridos antes do início do período de convivência, não se comunica, pois não decorre do esforço comum dos companheiros, mas de mero fator econômico (REsp 1349788/RS, DJE 29.08.2014); porém, quanto aos frutos desses bens (ex: dividendos, lucros e aluguéres) a regra é outra, entendendo o STJ que a incomunicabilidade do produto dos bens adquiridos anteriormente ao início da união estável (art. 5º, § 1º, da Lei 9.278/1996) não afeta a comunicabilidade dos frutos, conforme previsão do art. 1.660, V, do Código Civil de 2002. (REsp 1349788/RS, DJE 29.08.2014);

c) na união estável de pessoa maior de setenta anos (art. 1.641, II, do CC/02), impõe-se o regime da separação obrigatória, sendo possível a partilha de bens adquiridos na constância da relação, desde que comprovado o esforço comum (EREsp 1171820/PR, DJE 21.09.2015).

Por fim, vale trazer à tona os principais **efeitos jurídicos** da união estável:

a) gera o direito a alimentos (arts. 1.694 e 1.708 do CC);

b) gera direito à sucessão do outro;

c) estabelece o regime de comunhão parcial de bens, salvo contrato escrito entre os companheiros (art. 1.725 do CC);

d) confere direito real de habitação sobre o imóvel de residência da família, em caso de falecimento do companheiro (art. 7º, parágrafo único, da Lei 9.278/1996); tal direito favorece o companheiro sobrevivente enquanto sobreviver ou não constituir nova união ou casamento; isso porque o STJ entende que o companheiro sobrevivente tem esse direito sobre o imóvel no qual convivia com o falecido, ainda que silente o art. 1.831 do atual Código Civil (REsp 1203144/RS, DJE 15.08.2014); por outro lado, não subsiste o direito real de habitação se houver copropriedade sobre o imóvel antes da abertura da sucessão ou se, àquele tempo, o falecido era mero usufrutuário do bem (STJ, REsp 1184492/SE, DJE 07.04.2014);

e) permite que o convivente tenha direito de usar o nome do outro (art. 57 da Lei 6.015/1973);

f) assegura ao companheiro a condição de dependente para os fins legais (ex.: imposto de renda; benefício previdenciário);

g) outorga ao companheiro o direito de continuar a locação, havendo morte do outro (art. 11, I, da Lei 8.245/1991);

h) obriga os companheiros a declarar a existência de união estável nos instrumentos com terceiros, sob pena de configurar má-fé; nessa linha é também a seguinte decisão do STJ: "A invalidação da alienação de imóvel comum, fundada na falta de consentimento do companheiro, dependerá da publicidade conferida à união estável, mediante a averbação de contrato de convivência ou da decisão declaratória da existência de união estável no Ofício do Registro de Imóveis em que cadastrados os bens comuns, ou da demonstração de má-fé do adquirente" (REsp 1.424.275-MT, DJ 16.12.2014);

i) permite o uso de tutela provisória para afastar o outro do lar (art. 297 do NCPC e art. 1.562 do CC);

j) permite a adoção;

k) legitima o companheiro prejudicado a ingressar com embargos de terceiro para excluir sua meação de eventual penhora indevida;

l) faculta aos companheiros o direito de pleitear a conversão da união estável em casamento, mediante pedido destes ao juiz e assento no Registro Civil (art. 1.726 do CC);

m) impõe aos companheiros os deveres especiais previstos no art. 1.724 do CC (lealdade, respeito etc.).

7.8. Alimentos

Os alimentos podem ser **conceituados** como *a prestação que podem alguns parentes, os cônjuges ou os companheiros pedir uns aos outros, consistentes no necessário para que uma pessoa possa viver, fixada segundo a necessidade do reclamante e a possibilidade da pessoa obrigada.*

Não se deve **confundir** *alimentos* como *dever de sustento*, já que o segundo se dá quando se está na companhia daquele que precisa de auxílio. Assim, o pai que mora com o filho menor tem *dever de sustento* em relação a este. Já o pai que não mora com o filho menor tem o *dever de prestar alimentos* ao filho.

Os alimentos podem ser assim **classificados**:

a) quanto à natureza

✓ naturais (necessários): destinados à satisfação das necessidades primárias da vida (comer, vestir, habitar) indispensáveis à subsistência (art. 1.694, § 2º, do CC);

✓ civis (côngruos): destinados a manter a condição social, inclusive educação, do alimentando (art. 1.694 do CC). Como consequência direta disso o STJ entende que a base de cálculo da pensão alimentícia fixada sobre o percentual do vencimento do alimentante abrange o décimo terceiro salário e o terço constitucional de férias, salvo disposição expressa em contrário. (AgRg no AREsp 642022/RS, DJE 20.10.2015). Vale destacar que é possível a fixação da pensão alimentícia com base em determinado números de salário mínimo (AgRg no AREsp 031519/DF, DJE 11.09.2015).

b) quanto à causa jurídica

✓ legais (legítimos): decorrem da lei (ex.: devidos pelo parentesco, casamento ou companheirismo);

✓ voluntários: decorrem de declaração de vontade *inter vivos* ou *causa mortis*; um exemplo é o legado de alimentos, estipulado em testamento;

✓ indenizatórios (ressarcitórios): são os resultantes de responsabilidade civil.

Essa classificação é importante, pois a prisão civil do alimentante, admitida pelo art. 5º, LXVII, da CF só cabe quanto aos alimentos legais, não sendo admitida nos demais casos.

c) quanto à finalidade

definitivos (regulares): são os de caráter permanente, fixados pelas partes ou por decisão judicial definitiva; tais alimentos podem, todavia, ser revistos se sobrevier mudança nas possibilidades ou nas necessidades (art. 1.699 do CC);

provisórios: são os fixados liminarmente na ação de alimentos de rito especial (Lei 5.478/1968); essa ação reclama prova pré-constituída (prova de parentesco ou da obrigação de alimentos), devendo o juiz, ao despacho do pedido, fixar alimentos provisórios (art. 4º);

provisionais (*ad litem*): são os fixados em medida cautelar, preparatória ou incidental, de ação de separação judicial, de divórcio, de nulidade ou anulação do casamento ou de alimentos, inclusive os gravídicos;

d) quanto ao momento a partir do qual são devidos

✓ atuais: postulados a partir do ajuizamento da ação;

✓ futuros: devidos a partir da sentença;

✓ pretéritos: no Brasil não são devidos, pois pessoa, bem ou mal, conseguiu sobreviver, não havendo como entrar com ação para a fixação de alimentos, pedindo que sejam pagos alimentos para período anterior à sua fixação.

A ***obrigação alimentar*** tem as seguintes **características**:

a) é transmissível, já que a obrigação de prestar alimentos transmite-se aos herdeiros do devedor, na forma do art. 1.694 do CC (art. 1.700 do CC), respeitados os limites das forças da herança; repare que é a própria obrigação que se transmite, e não apenas as eventuais prestações atrasadas; por exemplo, se alguém deve alimentos a uma ex-esposa, e esse alguém vem a falecer, a obrigação alimentar permanece e os herdeiros do falecido deverão continuar arcando com a pensão alimentícia, no limites das forças da herança.

b) é divisível e comum, ou seja, a obrigação alimentar não é solidária, como regra, de modo que, havendo mais de um devedor, cada qual responde por sua cota-parte (STJ Resp. 50.153-9/94); como se sabe, a solidariedade não se presume, decorrendo da lei ou da vontade; e a lei não estabelece a solidariedade em matéria de obrigação alimentar; assim, se dois avós (paterno e materno) devem alimentos em favor de um neto, cada qual será obrigado a pagar a sua cota-parte, não sendo possível exigir a obrigação por inteiro de apenas um dos devedores; aliás, caso apenas um devedor seja acionado em juízo, este poderá chamar os demais devedores a integrar a lide (art. 1.698 do CC); de qualquer forma, há um caso em que a obrigação alimentar é solidária; trata-se da obrigação alimentar devida em favor do idoso (art. 12 da Lei 10.741/2003);

O ***direito aos alimentos*** tem as seguintes **características**:

a) é personalíssimo, pois é um direito que só existe pela necessidade do alimentando, não podendo ser transferido a terceiro;

b) é incessível, pois o crédito de alimentos não pode ser objeto de cessão a terceiro; porém, as prestações atrasadas (vencidas) são consideradas créditos comuns, podendo ser cedidas (art. 1.707 do CC);

c) é impenhorável, pois é direito fundamental, relacionado à sobrevivência da pessoa, não podendo ser afetado por constrição judicial (art. 1707 do CC);

d) é incompensável, ou seja, não é passível de compensação, que é meio de extinção de obrigação; tal regra se encontra no art. 1.707 do CC; de qualquer forma, é possível a compensação de prestações alimentares quando houver adiantamentos dessas prestações (RT 616/147) e, em outros casos excepcionais, para que não haja enriquecimento sem causa (REsp 982.857/RJ, *DJe* 03.10.2008); porém, segundo o STJ, não é possível a compensação dos alimentos fixados em pecúnia com parcelas pagas *in natura* (AgRg no AREsp 586516/SP, DJE 31.03.2016).

e) é irrepetível, ou seja, uma vez pagos, não podem ser reclamados de volta, não importando sua natureza; isso se dá porque, uma vez prestados os alimentos, presume-se que estes serão consumidos; de qualquer forma, pode-se pedir devolução dos alimentos se houver novo casamento do alimentando e o desconto em folha demorou a cessar; ademais, caso alguém tenha pagado alimentos a filho que, posteriormente, descobre não ser seu, não haverá possibilidade de pedir de volta os alimentos prestados ao alimentando, mas nada impede que o alimentante ingresse com ação de ressarcimento de danos em face do pai biológico da criança;

f) é intransacionável, pois, já que o direito a alimentos é indisponível e personalíssimo, não há como considerá-lo passível de transação (art. 841 do CC); por conta disso, esse direito não pode ser objeto de juízo arbitral; todavia, há de se tomar cuidado com a questão terminológica, pois a lei não admite transação quanto ao direito aos alimentos em si, e não em relação ao *quantum* (ao valor) da prestação alimentar, já que o valor pode ser negociado;

g) é imprescritível, ou seja, o direito de pedir alimentos não tem prazo para se exercer; todavia, uma vez que uma pensão alimentícia já está fixada, o direito de cobrar prestações vencidas prescreve, e isso acontece no prazo de 2 anos, contados da data em que cada prestação vencer (art. 206, § 2º, do CC – antes era 5 anos), isto é, a prescrição ocorre mensalmente; então, não se deve confundir o direito de pedir alimentos (que é imprescritível) com a pretensão de cobrar prestações alimentares vencidas (que prescreve em 2 anos da data em que cada prestação vencer);

h) é irrenunciável, ou seja, o direito a alimentos não pode ser objeto de disposição, já que guarda relação com o próprio direito à vida, que é direito fundamental e de ordem pública; todavia, é possível *deixar de exercer o direito a alimentos* (art. 1.707 do CC), situação que não se confunde com a renúncia ao direito a alimentos, pois, no primeiro caso, deixa-se de pedir alimentos por um tempo, ao passo que a renúncia é definitiva, de modo que não pode se dar; outra exceção diz respeito à renúncia a prestações atrasadas, que também é admitida, por se tratar de meros créditos vencidos e não exercidos; sobre o tema, vale lembrar a Súmula 379 do STF, pela qual "no acordo de desquite não se admite renúncia aos alimentos, que poderão ser pleiteados ulteriormente, verificados os pressupostos legais"; se em algum documento aquele que tem direito a alimentos escrever que "renuncia" aos alimentos, deve-se entender que se trata de uma dispensa provisória destes, salvo se o cônjuge tenha sido aquinhoado com bens e rendas suficientes para sua manutenção, não sabendo conservá-los;

i) é atual, ou seja, é exigível imediatamente; por conta disso, é possível até pedir a prisão civil do devedor, em certos casos, como meio coativo bastante eficaz para que os alimentos sejam pagos. Confira decisões do STJ a esse respeito:

✓ O débito alimentar que autoriza a prisão civil do alimentante é o que compreende as três prestações anteriores ao ajuizamento da execução e as que se vencerem no curso do processo, nos termos do art. 528, § 7º, do NCPC (HC 312551/SP, DJE 11.05.2016);

✓ O atraso de uma só prestação alimentícia, compreendida entre as três últimas atuais devidas, já é hábil a autorizar o pedido de prisão do devedor, nos termos do artigo 528, § 3º, do NCPC (AgRg no AREsp 561453/SC, DJE 27.10.2015);

✓ O pagamento parcial da obrigação alimentar não impede a prisão civil do devedor (HC 350101/MS, DJE 17.06.2016);

✓ A real capacidade econômico-financeira do alimentante não pode ser aferida por meio de *habeas corpus* (HC 312551/SP, DJE 11.05.2016).

Confira, agora, os **pressupostos da obrigação alimentar**:

a) necessidade do reclamante: a necessidade se dá quando não se tem bens suficientes, nem se pode prover, pelo seu trabalho, à própria mantença (art. 1.695 do CC); por exemplo, por se tratar de filho em idade de formação escolar, ou pelo fato de alguém estar doente ou em idade avançada; é importante ressaltar que, quando a necessidade dos alimentos se der por culpa de quem os pleiteia, os alimentos serão apenas os indispensáveis à *subsistência* (art. 1.694, § 2º, do CC);

b) possibilidade da pessoa obrigada: a obrigação alimentar só atinge quem tem possibilidade de prestar alimentos, não atingindo, portanto, quem possui somente o necessário à sua subsistência, salvo os que decorrem do poder familiar, pois, nesse caso, os pais devem dar um jeito para prestar alimentos. No entanto, a mera constituição de nova família pelo alimentante não acarreta a revisão automática da quantia estabelecida em favor dos filhos advindos de união anterior, devendo-se observar a realidade no caso concreto (AgRg no AREsp 452248/SP, DJE 03.08.2015).

Quanto aos **meios** ou **modalidades** de prestação alimentar, confira as espécies (art. 1.701 do CC):

a) própria: fornecimento, em casa, de hospedagem e sustento, mais educação, quando menor;

b) imprópria: pagando pensão periódica – juiz pode intervir – art. 1.701, parágrafo único, do CC.

Quanto às **pessoas obrigadas** a prestar alimentos, temos as seguintes:

a) ascendentes, em favor dos descendentes (ex.: pai deve para filho);

b) descendentes, em favor dos ascendentes (ex.: filho deve para o pai);

c) cônjuges;

d) companheiros;

e) irmãos.

O STJ entende que o rol de responsáveis é taxativo, de modo que outros parentes não têm o dever alimentar. Nesse sentido, já se decidiu que as tias não devem alimentos aos sobrinhos (STJ, REsp 1.032.846, j. 18.12.2008).

Confira, agora, as **regras sobre a ordem preferencial** da obrigação alimentar em relação a ascendentes, descendentes e irmãos (arts. 1.696 a 1.698 do CC):

a) num primeiro momento, a obrigação recai sobre *pais* e *filhos* entre si (reciprocamente);

b) na falta destes, a obrigação cabe aos demais *ascendentes*, na ordem de sua proximidade; por exemplo, na falta do pai, o avô deve alimentos para o neto;

c) na falta de ascendentes, a obrigação cabe aos *descendentes*, na ordem da sucessão; por exemplo, se um pai não tem mais um ascendente para arcar com alimentos em seu favor, poderá pedir alimentos para seu filho, preenchidos os pressupostos da obrigação alimentar;

d) na falta de descentes, a obrigação cabe aos irmãos, unilaterais ou bilaterais (germanos), sem distinção ou preferência;

e) se o parente, que deve em primeiro lugar, não estiver em condições de suportar totalmente o encargo, serão chamados a concorrer os de grau imediato; por exemplo, se o pai não tem condições de arcar com o valor mínimo necessário para a subsistência de seu filho, pode-se chamar o seu pai (avô da criança) para arcar com o complemento do encargo; cuidado, pois a responsabilidade dos avós não é direta, mas subsidiária e complementar; assim, não se pode querer acionar os avôs diretamente, só porque estes têm melhores condições; deve-se acionar primeiramente o pai ou a mãe da criança e, caso estes se virem impossibilitados de prestá-la, total ou parcialmente, somente aí pode ser intentada a ação contra os avós (progenitores), para que estes arquem com toda a pensão ou com o complemento desta, respectivamente (STJ, AgRg no REsp 1358420/SP, DJE 21.03.2016). Da mesma forma, o falecimento do pai do alimentando não implica a automática transmissão do dever alimentar aos avós. É orientação do STJ que a responsabilidade dos avós de prestar alimentos é subsidiária, e não sucessiva. Essa obrigação tem natureza complementar e somente exsurge se ficar demonstrada a impossibilidade de os genitores proverem os alimentos de seus filhos (REsp 1.249.133-SC, DJe 02.08.2016).

De acordo com a Súmula 596 do STJ, "A obrigação alimentar dos avós tem natureza complementar e subsidiária, somente se configurando no caso de impossibilidade total ou parcial de seu cumprimento pelos pais".

Interessante o conteúdo do Enunciado 341 JDC/CJF ao prever que a relação socioafetiva pode ser elemento gerador de obrigação alimentar.

Vale ressaltar que, sendo várias as pessoas obrigadas a prestar alimentos, todas devem concorrer na proporção dos respectivos recursos, e, intentada ação contra uma delas, poderão as demais ser chamadas a integrar a lide (art. 1.698 do CC).

Quanto aos alimentos devidos aos filhos, em tese, os valores são devidos até que o filho atinja a maioridade. No entanto, o STJ entende que o cancelamento da pensão não é automático quando se atinge a maioridade (Súmula 358 do STJ: o cancelamento de pensão alimentícia de filho que atingiu a maioridade está sujeito à decisão judicial, mediante contraditório, ainda que nos próprios autos. É necessário verificar se a necessidade ainda existe, sendo que, caso o filho esteja ainda em período de estudos, a pensão será mantida até o fim destes, salvo se o filho já mantém economia própria. Segundo esse tribunal é devido alimentos ao filho maior quando comprovada a frequência em curso universitário ou técnico, por força da obrigação parental de promover adequada formação profissional. (AgRg nos EDcl no AREsp 791322/SP, DJE 01.06.2016).

Quanto aos alimentos entre cônjuges, a orientação jurisprudencial atualmente é no sentido de que devem ser fixados, quando efetivamente cabíveis, "por tempo determinado, sendo cabível o pensionamento alimentar sem marco final tão somente quando o alimentado (ex-cônjuge) se encontrar em circunstâncias excepcionais, como de incapacidade laboral permanente, saúde fragilizada ou impossibilidade prática de inserção no mercado de trabalho. Precedentes citados: REsp 1.290.313-AL, Quarta Turma, DJe 07.11.2014; REsp 1.396.957-PR, Terceira Turma, DJe 20.06.2014; e REsp 1.205.408-RJ, Terceira Turma, DJe 29.06.2011". (REsp 1.496.948-SP, DJe 12.03.2015). Ou seja, os alimentos devidos entre ex-cônjuges devem ter caráter excepcional, transitório e devem ser fixados por prazo determinado, exceto quando um dos cônjuges não possua mais condições de reinserção no mercado do trabalho ou de readquirir sua autonomia financeira (REsp 1370778/MG, DJE 04.04.2016).

Verifique, agora, os **meios para assegurar o pagamento** da pensão alimentícia:

a) ação de alimentos, para reclamá-los (Lei 5.478/1968);

b) execução por quantia certa (art. 528, § 1º, do NCPC);

c) penhora em vencimentos (art. 833, IV, do NCPC);

d) desconto em folha de pagamento da pessoa obrigada (art. 529 do CPC);

e) prisão do devedor (art. 21 da Lei 5.478/1968, e art. 528, § 3º, do NCPC).

Vale lembrar que o Ministério Público tem legitimidade ativa para ajuizar ação/execução de alimentos em favor de criança ou adolescente, nos termos do art. 201, III, da Lei 8.069/1990 (STJ, REsp 1327471/MT, DJE 04.09.2014). De acordo com a Súmula 594 do STJ, "O Ministério Público tem legitimidade ativa para ajuizar ação de alimentos em proveito de criança ou adolescente independentemente do exercício do poder familiar dos pais, ou do fato de o menor se encontrar nas situações de risco descritas no art. 98 do Estatuto da Criança e do Adolescente, ou de quaisquer outros questionamentos acerca da existência ou eficiência da Defensoria Pública na comarca".

Na execução de alimentos também é possível o protesto (art. 526, § 3º, do NCPC) e a inscrição do nome do devedor nos cadastros de proteção ao crédito (STJ, REsp 1469102/SP, DJE 15.03.2016).

Quanto à possibilidade de **revisão (redução ou majoração)** da pensão alimentícia, bem como de sua **exoneração**, o Código Civil traz a seguinte disposição: "se, fixados os alimentos, sobrevier mudança na situação financeira de quem os supre, ou na de quem os recebe, poderá o interessado reclamar ao juiz, conforme as circunstâncias, exoneração, redução ou majoração do encargo" (art. 1.699 do CC).

7.9. Relações de parentesco

7.9.1. Disposições gerais sobre as relações de parentesco

São **parentes em linha reta** as pessoas que estão umas para com as outras na relação de ascendentes e descendentes. Assim, são parentes em linha reta o filho, o pai, o avô etc. (art. 1.591 do CC).

São **parentes em linha colateral ou transversal**, até o quarto grau, as pessoas provenientes de um só tronco, sem descenderem uma da outra (art. 1.592 do CC). Assim, são parentes em linha colateral os tios, sobrinhos, primos etc. O limite é o quarto grau, de modo que os filhos dos primos de alguém não são parentes desse alguém para fins da lei civil.

Quanto às **espécies** de parentesco, este pode ser **natural** ou **civil**, conforme resulte de consanguinidade ou outra origem (art. 1.593 do CC). Essa disposição vem sendo utilizada pela doutrina e pela jurisprudência para justificar parentesco com base em critérios não biológicos, como o parentesco decorrente do vínculo socioafetivo.

O parentesco socioafetivo, tão comentado hoje no Direito de Família, faz com que os conceitos trazidos aumentem ainda mais, para incluir no conceito de família relações socioafetivas que se enquadram no conceito de posse no estado de filho. Um exemplo é a relação em que uma pessoa ("A") se casa com outra ("B") que já tem um filho ("C"), sendo que, no dia a dia, "A" acaba assumindo e exercendo o papel duradouro de pai de "C". Tal relação revela a chamada *posse no estado de filho*, fazendo com que passe a existir relação de parentesco entre "A" e "C".

Essa discussão, hoje, não é mais de caráter puramente doutrinário. Trata-se de questão que encontra fundamento legal no Código Civil e que, amplamente aceita pela doutrina, já vem sendo aplicada pela jurisprudência.

No plano legal, o art. 1.593 do Código Civil, mencionado, é que justifica essa conclusão.

O fato de a lei civil aceitar que o parentesco civil resulte de "outra origem" faz com que a lei abra campo para que tal outra origem possa se fundar na afinidade com os parentes do cônjuge, na adoção, na reprodução assistida heteróloga e também na afetividade com a pessoa com a qual alguém firmar relação de pai e filho.

Nesse sentido, no plano doutrinário, confira os Enunciados 103 e 256, das Jornadas de Direito Civil, do Conselho da Justiça Federal:

> "103. Art. 1.593: O Código Civil reconhece, no art. 1.593, outras espécies de parentesco civil além daquele decorrente da adoção, acolhendo, assim, a noção de que há também parentesco civil no vínculo parental proveniente quer das técnicas de reprodução assistida heteróloga relativamente ao pai (ou mãe) que não contribuiu com seu material fecundante, quer da **paternidade socioafetiva, fundada na posse do estado de filho**." (g.n.)

> "256. Art. 1.593: A posse do estado de filho (**parentalidade socioafetiva**) constitui modalidade de **parentesco civil**." (g.n.)

No plano jurisprudencial, o parentesco civil socioafetivo vem sendo aceito pelo Superior Tribunal de Justiça. Confira:

> "Reconhecimento de filiação. Ação declaratória de nulidade. Inexistência de relação sanguínea entre as partes. Irrelevância diante do vínculo socioafetivo. – O reconhecimento de paternidade é válido se reflete a existência duradoura do vínculo socioafetivo entre pais e filhos. A ausência de vínculo biológico é fato que por si só não revela a falsidade da declaração de vontade consubstanciada no ato do reconhecimento. A relação socioafetiva é fato que não pode ser, e não é, desconhecido pelo Direito. Inexistência de nulidade do assento lançado em registro civil. – O STJ vem dando prioridade ao critério biológico para o reconhecimento da filiação naquelas circunstâncias em que há dissenso familiar, onde a relação socioafetiva desapareceu ou nunca existiu. Não se pode impor os deveres de cuidado, de carinho e de sustento a alguém que, não sendo o pai biológico, também não deseja ser pai socioafetivo. A *contrario sensu*, se o afeto persiste de forma que pais e filhos constroem uma relação de mútuo auxílio, respeito e amparo, é acertado desconsiderar o vínculo meramente sanguíneo, para reconhecer a existência de filiação jurídica. – Recurso conhecido e provido" (REsp 878.941/DF, Rel. Ministra Nancy Andrighi, Terceira Turma, julgado em 21.08.2007, *DJ* 17.09.2007, p. 267).

> "Será possível o reconhecimento da paternidade socioafetiva após a morte de quem se pretende reconhecer como pai.". (REsp 1.500.999-RJ, DJe 19.04.2016).

Diferente é a situação de alguém que pensa ser pai de uma criança nascida na constância de uma união estável, tornando-se pai registral da criança, mas em seguida descobre por exame de DNA que não é pai e deixa de manter contato com a criança. Nesse último caso, o STJ entende que é cabível a desconstituição da paternidade registral (REsp 1.330.404-RS, DJ 19.02.2015).

Por outro lado, a paternidade biológica também tem sido bastante valorizada mesmo quando o filho não tenha tido vínculo socioafetiva com os pais biológicos. Nesse sentido confira a seguinte decisão do STJ:

"Direito civil. Direito ao reconhecimento de paternidade biológica. O filho tem direito de desconstituir a denominada "adoção à brasileira" para fazer constar o nome de seu pai biológico em seu registro de nascimento, ainda que preexista vínculo socioafetivo de filiação com o pai registral" (REsp 1.417.598-CE, DJe 18.02.2016).

Dando continuidade ao estudo do parentesco, o art. 1.594 do CC ensina como se deve contar os **graus de parentesco**: "contam-se, na linha reta, os graus de parentesco pelo número de gerações, e, na colateral, também pelo número delas, subindo de um dos parentes até ao ascendente comum, e descendo até encontrar o outro parente".

Outro tema importante é o do **vínculo de afinidade**. De acordo com o Código Civil, cada cônjuge ou companheiro é aliado aos parentes do outro pelo vínculo da afinidade (art. 1.595). Porém, o parentesco por afinidade limita-se aos ascendentes, aos descendentes e aos irmãos do cônjuge ou companheiro. Assim, o primo da esposa de alguém não é parente por afinidade desse alguém. Por fim, vale lembrar que, na linha reta, a afinidade não se extingue com a dissolução do casamento ou da união estável. Ou seja, sogra e genro nunca poderão se casar. Mas cunhado e cunhada poderão se casar.

7.9.2. Da filiação

Tema relevante em matéria de relação de parentesco é o da filiação.

De acordo com o art. 1.596 do CC, "os filhos, havidos ou não da relação de casamento, ou por adoção, terão os mesmos direitos e qualificações, proibidas quaisquer designações discriminatórias relativas à filiação". Esse dispositivo está a garantir o **princípio da igualdade** entre os filhos previsto no art. 227, § 6º, da CF.

Outra questão importante diz respeito à presunção de filiação. Essa presunção existe quando há um casamento. Porém, o art. 1.597 do CC traz regras específicas sobre o assunto, pelas quais presumem-se concebidos na constância do casamento os filhos:

a) nascidos cento e oitenta dias, pelo menos, *depois* de estabelecida a convivência conjugal;

b) nascidos nos trezentos dias subsequentes à dissolução da sociedade conjugal, por morte, separação judicial, nulidade e anulação do casamento;

c) havidos por fecundação artificial homóloga, mesmo que falecido o marido; homóloga é a fecundação com material genético vindo do marido e da mulher;

d) havidos, a qualquer tempo, quando se tratar de embriões excedentários, decorrentes de concepçao artificial homóloga. Finda a sociedade conjugal, na forma do art. 1.571, essa regra somente poderá ser aplicada se houver autorização prévia, por escrito, dos ex-cônjuges para a utilização dos embriões excedentários, só podendo ser revogada até o início do procedimento de implantação desses embriões (Enunciado 107 JDC/CJF);

e) havidos por inseminação artificial heteróloga, desde que tenha prévia autorização do marido; heteróloga é a fecundação com material genético vindo da mulher e de um terceiro (doador do material genético); para que o filho nascido nessas condições seja presumido do marido da mãe, é necessário autorização deste quanto ao procedimento feito por sua mulher.

A filiação materna ou paterna pode resultar de casamento declarado nulo, ainda mesmo sem as condições do putativo (art. 1.617 do CC).

A prova da impotência do cônjuge para gerar, à época da concepção, **ilide** a presunção da paternidade (art. 1.599 do CC).

Por outro lado, **não basta** o adultério da mulher, ainda que confessado, para ilidir a presunção legal da paternidade (art. 1.600 do CC). Além disso, não basta a confissão materna para excluir a paternidade (art. 1.602 do CC).

Cabe ao marido o **direito de contestar** a paternidade dos filhos nascidos de sua mulher, sendo tal ação imprescritível (art. 1.601 do CC). Contestada a filiação, os herdeiros do impugnante têm direito de prosseguir na ação. Contudo, essa ação não é cabível se a filiação tiver origem em procriação assistida heteróloga, autorizada pelo marido nos termos do inc. V do art. 1.597, cuja paternidade configura presunção absoluta (Enunciado 258 JDC/CJF). Ademais, o conhecimento da ausência de vínculo biológico e a posse de estado de filho obstam a contestação da paternidade presumida (Enunciado 520 JDC/CJF).

A filiação prova-se pela certidão do termo de nascimento registrada no Registro Civil (art. 1.603 do CC). No fato jurídico do nascimento, mencionado no art. 1.603, compreende-se, à luz do disposto no art. 1.593, a filiação consanguínea e também a socioafetiva (Enunciado 108 JDC/CJF). Ninguém pode vindicar estado contrário ao que resulta do registro de nascimento, salvo provando-se erro ou falsidade do registro (art. 1.604 do CC).

Na falta, ou defeito, do termo de nascimento, poderá provar-se a filiação por qualquer modo admissível em direito (art. 1.605 do CC):

a) quando houver começo de prova por escrito, proveniente dos pais, conjunta ou separadamente;

b) quando existirem veementes presunções resultantes de fatos já certos.

A restrição da coisa julgada oriunda de demandas reputadas improcedentes por insuficiência de prova não deve prevalecer para inibir a busca da identidade genética pelo investigando (Enunciado 109 JDC/CJF).

A ação de prova de filiação compete ao filho, enquanto viver, passando aos herdeiros, se ele morrer menor ou incapaz (art. 1.606 do CC). Se iniciada a ação pelo filho, os herdeiros poderão continuá-la, salvo se julgado extinto o processo.

7.9.3. Do reconhecimento dos filhos fora do casamento

No item anterior vimos como funciona a presunção de filiação quando se estão no bojo de um casamento.

Resta estudar agora o reconhecimento de filhos fora do casamento.

A maternidade da criança é algo sobre o que não há dúvida, pois o hospital atesta quem é mãe de uma dada criança. Porém, a paternidade, quando o pai não é casado com a mãe da criança, depende de reconhecimento da filiação por esse pai.

O art. 1.607 do CC dispõe que o filho havido fora do casamento pode ser reconhecido pelos pais, conjunta ou separadamente.

Esse reconhecimento é ato muito sério, daí porque a lei o considera **irrevogável**, ainda que tenha sido feito em testamento (art. 1.610 do CC). Não bastasse, são ineficazes a condição e o termo apostos ao ato de reconhecimento do filho (art. 1.613 do CC).

Em se tratando de **filho maior**, este não pode ser reconhecido sem o seu consentimento, e o menor pode impugnar o reconhecimento, nos quatro anos que se seguirem à maioridade, ou à emancipação (art. 1.614 do CC).

O reconhecimento pode ser feito das seguintes **formas**:

a) no registro do nascimento;

b) por escritura pública ou escrito particular, a ser arquivado em cartório;

c) por testamento, ainda que incidentalmente manifestado;

d) por manifestação direta e expressa perante o juiz, ainda que o reconhecimento não haja sido o objeto único e principal do ato que o contém.

Quanto ao **momento** em que o reconhecimento pode se dar, este pode preceder o nascimento do filho ou ser posterior ao seu falecimento, se ele deixar descendentes.

Porém, há casos em que alguém reconhece um filho fora do casamento, mas esse alguém é casado com outra pessoa. Nesse caso, a lei permite o reconhecimento, mas dispõe que o filho havido fora do casamento, reconhecido por um dos cônjuges, não poderá residir no lar conjugal sem o consentimento do outro (art. 1.611 do CC).

O filho reconhecido, enquanto menor, ficará sob a guarda do genitor que o reconheceu, e, se ambos o reconheceram e não houver acordo, sob a de quem melhor atender aos interesses do menor (art. 1.612 do CC).

Caso não haja reconhecimento espontâneo pelos pais, é possível que se ingresse com ação de investigação, cuja sentença que julgar procedente produzirá os mesmos efeitos do reconhecimento, mas poderá ordenar que o filho se crie e eduque fora da companhia dos pais ou daquele que lhe contestou essa qualidade (art. 1.616 do CC).

Sobre a questão, vale citar a Súmula 301 do STJ, pela qual "em ação investigatória, a recusa do suposto pai a submeter-se ao exame de DNA induz presunção *juris tantum* de paternidade".

Quanto à questão da maternidade, uma vez que esta constar do termo do nascimento do filho, a mãe só poderá contestá-la provando a falsidade do termo, ou das declarações nele contidas (art. 1.608 do CC).

7.9.4. Do poder familiar

O poder familiar é um **direito-poder** dos pais em relação aos **filhos menores** (art. 1.630 do CC). No passado, esse poder tinha o nome de pátrio poder.

Esse poder é exercido por **ambos os pais**, sendo que, caso haja divergência entre esses, qualquer deles pode recorrer ao juiz para a solução do desacordo.

Na falta ou impedimento de um deles, o outro exercerá o poder familiar com exclusividade.

Esse poder faz com que os pais tenham os seguintes **direitos/responsabilidades** em relação aos filhos menores (art. 1.634 do CC, com novas redações introduzidas pela Lei 13.058/2014):

a) dirigir-lhes a criação e educação;

b) exercer a guarda unilateral ou compartilhada nos termos do art. 1.584 do CC;

c) conceder-lhes ou negar-lhes consentimento para casarem;

d) conceder-lhes ou negar-lhes consentimento para viajarem ao exterior;

e) conceder-lhes ou negar-lhes consentimento para mudarem sua residência permanente para outro Município;

f) nomear-lhes tutor por testamento ou documento autêntico, se o outro dos pais não lhe sobreviver, ou o sobrevivo não puder exercer o poder familiar;

g) representá-los judicial e extrajudicialmente até os 16 (dezesseis) anos, nos atos da vida civil, e assisti-los, após essa idade, nos atos em que forem partes, suprindo-lhes o consentimento;

h) reclamá-los de quem ilegalmente os detenha;

i) exigir que lhes prestem obediência, respeito e os serviços próprios de sua idade e condição.

Caso os pais não estejam mais juntos, o poder familiar dos dois **continua existindo**. Porém, há que se verificar como ficará a guarda.

A Lei 13.058/2014 alterou disposições do Código Civil (arts. 1.583, 1.584, 1.585 e 1.634) e trouxe importante novidade nesse terreno.

Essa lei estabelece que a regra, agora, é a guarda compartilhada dos pais em relação aos filhos. Confira o disposto no § 2º do art. 1.584 do Código Civil: "Quando não houver acordo entre a mãe e o pai quanto à guarda do filho, encontrando-se ambos os genitores aptos a exercer o poder familiar, será aplicada a guarda compartilhada, salvo se um dos genitores declarar ao magistrado que não deseja a guarda do menor". Repare que a regra é a guarda compartilhada, regra essa que só cederá, segundo a lei, em três casos: a) se houver acordo dos pais em sentido contrário; b) se o juiz verificar que somente um dos genitores está apto a exercer o poder familiar (o STJ exige que essa declaração se dê prévia ou incidentalmente à ação de guarda, por meio de decisão judicial - REsp 1.629.994-RJ, DJe 15/12/2016); c) se um dos genitores declarar ao juiz que não deseja a guarda do menor. Não ocorrendo qualquer dessas hipóteses, o juiz determinará que a guarda seja compartilhada, o que impõe que as decisões do dia a dia do filho devam ser decididas por ambos os pais, bem como que, sempre que possível e conveniente para os filhos, a residência também seja compartilhada, morando os filhos com os dois pais alternadamente. Quanto a este último ponto (residência compartilhada) é possível que, dados os contornos do caso concreto, a residência não seja alternada, remanescendo a guarda compartilhada em todos os demais aspectos que não digam respeito à residência em si e devendo se fazer valer a regra legal de que "o tempo de convívio com os filhos deve ser dividido de forma equilibrada com a mãe e o pai, sempre tendo em vista as condições fáticas e os interesses dos filhos".

No caso de não haver guarda compartilhada, o pai ou mãe que não detém a guarda não participa de todas as decisões do dia a dia do filho, mas permanece com o direito de supervisionar os interesses do filho e, para possibilitar essa supervisão, qualquer dos genitores será parte legítima para solicitar informações e/ou prestação de contas, objetivas ou subjetivas, em assuntos ou situações que direta ou indiretamente afetem a saúde física e psicológica e a educação de seus filhos (art. 1.583, § 5º).

Por fim, voltando à guarda compartilhada, vale elencar as demais regras introduzidas pela Lei 13.058/2014:

> "**Art. 1.584.**
>
> (...)
>
> § 3º Para estabelecer as atribuições do pai e da mãe e os períodos de convivência sob guarda compartilhada, o juiz, de ofício ou a requerimento do Ministério Público, poderá basear-se em orientação técnico-profissional ou de equipe interdisciplinar, que deverá visar à divisão equilibrada do tempo com o pai e com a mãe.
>
> § 4º A alteração não autorizada ou o descumprimento imotivado de cláusula de guarda unilateral ou compartilhada poderá implicar a redução de prerrogativas atribuídas ao seu detentor.
>
> § 5º Se o juiz verificar que o filho não deve permanecer sob a guarda do pai ou da mãe, deferirá a guarda a pessoa que revele compatibilidade com a natureza da medida, considerados, de preferência, o grau de parentesco e as relações de afinidade e afetividade.
>
> § 6º Qualquer estabelecimento público ou privado é obrigado a prestar informações a qualquer dos genitores sobre os filhos destes, sob pena de multa de R$ 200,00 (duzentos reais) a R$ 500,00 (quinhentos reais) por dia pelo não atendimento da solicitação."
>
> "**Art. 1.585.** Em sede de medida cautelar de separação de corpos, em sede de medida cautelar de guarda ou em outra sede de fixação liminar de guarda, a decisão sobre guarda de filhos, mesmo que provisória, será proferida preferencialmente após a oitiva de ambas as partes perante o juiz, salvo se a proteção aos interesses dos filhos exigir a concessão de liminar sem a oitiva da outra parte, aplicando-se as disposições do art. 1.584."

Quanto ao poder familiar, este se **extingue** nos seguintes casos:

a) pela morte dos pais ou do filho;

b) pela emancipação do filho;

c) pela maioridade;

d) pela adoção;

e) por decisão judicial, nos casos de perda do poder familiar.

É importante que fique claro que o pai ou a mãe que contrai novas núpcias, ou estabelece união estável, não perde, quanto aos filhos do relacionamento anterior, os direitos ao poder familiar, exercendo-os sem qualquer interferência do novo cônjuge ou companheiro.

A **suspensão** do poder familiar se dará quando o pai ou a mãe (art. 1.637 do Código Civil):

a) abusarem de sua autoridade;

b) forem condenados criminalmente em sentença cuja pena exceda a dois anos de prisão.

Já a **perda** do poder familiar se dará quando o pai ou a mãe (art. 1.638 do Código Civil):

a) castigarem imoderadamente o filho;

b) deixarem o filho em abandono;

c) praticarem atos contrários à moral e aos bons costumes;

d) incidirem, reiteradamente, no abuso de autoridade.

e) entregar de forma irregular o filho a terceiros para fins de adoção. (Incluído pela Lei n.º 13.509, de 2017).

Além disso, verificada a hipótese de maus-tratos, opressão ou abuso sexual impostos pelos pais ou responsáveis, a *autoridade judiciária* poderá determinar, como **medida cautelar**, o *afastamento* do agressor da moradia comum, com fixação provisória de alimentos de que necessitem a criança ou adolescente dependente do agressor (art. 130 do Estatuto da Criança e do Adolescente).

Desvios e problemas decorrentes de culpa grave reiterada ou de dolo no exercício do poder familiar pelos pais devem ensejar suspensão do poder familiar e até perda do poder familiar, neste caso se configuradas as hipóteses do art. 1.638 do Código Civil.

Merece a aplicação das sanções os pais que utilizam o filho para atividades ilícitas, como as relacionadas ao tráfico ou a prostituição infantil. Tais casos revelam quase ausência total de valores positivos por parte dos pais, e, tudo indica, por parte dos filhos também, a justificar as medidas drásticas apontadas.

As sanções de suspensão e perda do poder familiar vêm sendo aplicadas também nos casos em que pais deixam de cuidar e de educar seus filhos, ainda que não tenha acontecido resultado lesivo visível num primeiro momento.

Outro caso que justifica a aplicação das medidas de suspensão e perda do poder familiar é o que decorre da chamada *alienação parental.*

A chamada Síndrome da Alienação Parental (SAP), também conhecida pela sigla em inglês PAS, recebeu esse nome de Richard Gardner, e consiste na situação em que o pai ou a mãe de uma criança a treina para romper os laços afetivos com o outro genitor, criando fortes sentimentos de ansiedade e temor em relação ao outro genitor. Exemplos de atuação nesse sentido são: a) exclusão do outro genitor da vida dos filhos; b) interferência nas visitas do outro genitor; c) ataque à relação entre filho e o outro genitor; d) ataque à imagem do outro genitor.

É importante não confundir a alienação parental com a síndrome, que pode ou não decorrer desta. A **alienação parental** é o afastamento do filho de um dos genitores, provocado pelo outro. Já a **síndrome da alienação parental** são as consequências emocionais e comportamentais que atingem a vítima da alienação parental.

Há estudos que revelam que 80% dos filhos de pais divorciados já sofreram algum tipo de alienação parental.

Porém, somente em caso mais graves é cabível a suspensão e até a perda do poder familiar. A esse respeito, *vide* o seguinte precedente, relatado pela brilhante Desembargadora do Tribunal de Justiça do Rio Grande do Sul, Desembargadora Maria Berenice Dias:

> "Destituição do poder familiar. Abuso sexual. Síndrome da alienação parental. Estando as visitas do genitor à filha sendo realizadas junto a serviço especializado, não há justificativa para que se proceda a destituição do poder familiar. A denúncia de abuso sexual levada a efeito pela genitora, não está evidenciada, havendo a possibilidade de se estar frente à hipótese da chamada síndrome da alienação parental.

Negado provimento" (TJRS, AI 70015224140, j. 12.07.2006).

Além da alienação parental, há outro caso de grave descumprimento de dever de educação familiar. Trata-se da situação em que o pai ou a mãe não se relacionam com o filho, não cumprindo minimamente o dever de amparo afetivo, moral e intelectual. A situação vem sendo chamada doutrinariamente de **abandono afetivo** ou **abandono moral**.

Pais que assim agem estão sujeitos à perda do poder familiar por praticarem a conduta descrita no art. 1.638, II, do Código Civil.

Confira decisão do Superior Tribunal de Justiça destituindo mãe do poder familiar por conta de abandono afetivo:

> "Direito civil. Pátrio poder. Destituição por abandono afetivo. Possibilidade. Art. 395, inciso II, do Código Civil [de 1916] c/c art. 22 do ECA. Interesses do menor. Prevalência. - Caracterizado o abandono efetivo, cancela-se o pátrio poder dos pais biológicos. Inteligência do art. 395, II do Código Bevilacqua, em conjunto com o art. 22 do Estatuto da Criança e do Adolescente. Se a mãe abandonou o filho, na própria maternidade, não mais o procurando, ela jamais exerceu o pátrio poder." (REsp 275.568-RJ, rel. Humberto Gomes de Barros, j. 18.05.2004).

Por outro lado, fica também a discussão sobre que outras sanções ou consequências são cabíveis. No caso, a maior discussão é se cabe ou não reparação civil no caso.

O Superior Tribunal de Justiça, que não aceitava a tese de que cabe condenação ao pai ao pagamento de indenização por danos morais, mudou de posição. Confira:

> "Civil e processual civil. Família. Abandono afetivo. Compensação por dano moral. Possibilidade.
>
> 1. Inexistem restrições legais à aplicação das regras concernentes à responsabilidade civil e o consequente dever de indenizar/compensar no Direito de Família.
>
> 2. O cuidado como valor jurídico objetivo está incorporado no ordenamento jurídico brasileiro não com essa expressão, mas com locuções e termos que manifestam suas diversas desinências, como se observa do art. 227 da CF/1988.
>
> 3. Comprovar que a imposição legal de cuidar da prole foi descumprida implica em se reconhecer a ocorrência de ilicitude civil, sob a forma de omissão. Isso porque o *non facere*, que atinge um bem juridicamente tutelado, leia-se, o necessário dever de criação, educação e companhia - de cuidado - importa em vulneração da imposição legal, exsurgindo, daí, a possibilidade de se pleitear compensação por danos morais por abandono psicológico.
>
> 4. Apesar das inúmeras hipóteses que minimizam a possibilidade de pleno cuidado de um dos genitores em relação à sua prole, existe um núcleo mínimo de cuidados parentais que, para além do mero cumprimento da lei, garantam aos filhos, ao menos quanto à afetividade, condições para uma adequada formação psicológica e inserção social.
>
> 5. A caracterização do abandono afetivo, a existência de excludentes ou, ainda, fatores atenuantes - por demandarem revolvimento de matéria fática - não podem ser objeto de reavaliação na estreita via do recurso especial.
>
> 6. A alteração do valor fixado a título de compensação por danos morais é possível, em recurso especial, nas hipóteses em que a quantia estipulada pelo Tribunal de origem revela-se irrisória ou exagerada.
>
> 7. Recurso especial parcialmente provido. (REsp 1159242/SP, Rel. Ministra Nancy Andrighi, Terceira Turma, julgado em 24.04.2012, *DJe* 10.05.2012)."

8. DIREITO DAS SUCESSÕES

8.1. Sucessões em Geral

8.1.1. Introdução

A **sucessão** ***causa mortis*** pode ser **conceituada** como *a transmissão de um patrimônio em razão da morte de seu titular*.

São **espécies de sucessão** ***causa mortis*** as seguintes:

a) testamentária: é a que se verifica quando o destino dos bens se dá por disposição de última vontade do próprio autor da herança, manifestada por meio de testamento;

b) legítima, **legal** ou **"ab intestato":** é regulada pela lei de forma supletiva; ou seja, quando não há testamento ou quando este for parcial, tiver sido declarado nulo ou tiver caducado.

Quanto aos seus **efeitos**, há os seguintes tipos de sucessão:

a) a título universal: quando o sucessor (herdeiro) recebe todo o patrimônio do defunto ou uma fração da universalidade que este patrimônio representa;

b) a título singular: quando o sucessor (legatário) é contemplado com bem certo e individualizado, ou com vários bens determinados, só existe por testamento.

Já a **herança** pode ser **conceituada** como *o patrimônio deixado pelo morto, formado não só pelos bens materiais do falecido, mas também os seus direitos (créditos ou ações) e suas obrigações*.

A herança é considerada bem **imóvel**, além de bem **indivisível**, equivale a um condomínio, antes da partilha.

Os **fundamentos** da sucessão hereditária são os seguintes:

a) propriedade: há necessidade de os bens permanecerem com titulares, de modo que a propriedade possa continuar sendo (ou possa vir a ser) aproveitada, atendendo à sua função social (continuidade);

b) família: é conveniente não se deixar desamparadas pessoas bem próximas ao falecido, como filhos (presumida necessidade); ademais, é oportuno deferir às pessoas presumida ou efetivamente ligadas com afeição ao *de cujus* o patrimônio deste, de modo a propiciar-lhes melhor condição material de vida (presumida afeição);

c) liberdade: esse princípio é a favor da possibilidade de escolha do destino do patrimônio formado pelo autor da herança, dentro dos limites legais (liberdade); o princípio é exercido pela elaboração de um testamento.

8.1.2. Abertura da sucessão

O **momento** da abertura da sucessão é o da morte do "de cujus". A morte natural é comprovada pela certidão passada pelo oficial. Nos demais casos, faz-se necessária uma decisão judicial.

A abertura da sucessão tem as seguintes **consequências**:

a) os herdeiros sucessíveis sobrevivos recebem, sem solução de continuidade, a propriedade e a posse dos bens do defunto (art. 1.784 do CC); a exceção se dá quanto ao legatário (aquele que recebe um bem certo por meio de testamento); nesse caso, desde a abertura da sucessão, a coisa passa a pertencer a este, salvo se pender condição suspensiva; porém, não se defere de imediato a ele a posse da coisa (art. 1.923, *caput*, e § 1º, do CC);

b) faz iniciar o prazo de 2 meses para a instauração do inventário (art. 611 do NCPC).

O momento da sucessão também é relevante para a aferição da lei aplicável a esta. No caso, o art. 1.787 do CC dispõe que regula a sucessão e a legitimação para suceder a lei vigente ao tempo de sua abertura. Vale ressaltar que os princípios legais que regem a sucessão e a partilha não se confundem: a sucessão é disciplinada pela lei em vigor na data do óbito; a partilha deve observar o regime de bens e o ordenamento jurídico vigente ao tempo da aquisição de cada bem a partilhar (STJ, REsp 1118937/DF, DJE 04.03.2015).

Quanto ao **lugar**, a sucessão abre-se no lugar do último domicílio do falecido (art. 1.785 do CC).

8.1.3. Leis aplicáveis

Lei material: inicialmente importante ter em mente que bens localizados fora do território nacional serão inventariados fora do Brasil. Logo, essa competência escapa da jurisdição brasileira. A lei material é aquela que vai indicar quem é o herdeiro, quanto ele vai herdar, em qual proporção, concorrendo com quem. Normalmente é o Código Civil, mas nem sempre.

Regra de ouro: Para bens situados no Brasil, a lei material que será aplicada para reger a sucessão do falecido é a *lei do domicílio do de cujus*, ainda que este domicílio seja no exterior (art. 10 da LINDB). Ex: cidadão brasileiro, deixa uma casa no Brasil e seu último domicílio foi a Venezuela. Tendo em vista que há bens no Brasil, necessariamente esse bem terá de ser inventariado sob nossas regras processuais em território brasileiro. Porém o Código Civil a ser aplicado será o Venezuelano. Essa regra, todavia, comporta exceção: caso o cidadão tenha deixado esposa e filhos de nacionalidade brasileira, aplicar-se-á a lei mais favorável a estes. O juiz comparará a lei do domicílio do *de cujus* com a lei brasileira e escolherá a mais benéfica ao cônjuge e aos filhos (art. 10, § 1º, da LINDB).

Como visto, a lei material em linhas gerais indica quem serão os herdeiros. Obtida essa resposta, num segundo momento é necessário verificar se esse herdeiro/legatário possui *capacidade sucessória* para herdar aquele patrimônio. Para tanto, será necessário que se verifique a lei do domicílio do herdeiro/legatário (art. 10, § 2º, da LINDB). Ex: cidadão Paraguaio deixa um bem no Brasil. Seu último domicílio era o Chile e deixou um filho na nacionalidade Chilena que mora na Suíça. Vejamos: 1) o inventário tramitará no Brasil, pois o bem está no Brasil; 2) O Código Civil aplicável será o Chileno, pois o Chile foi o último domicílio do *de cujus*. Por meio dessa Lei encontraremos o herdeiro, no caso o filho; 3) Para saber se esse filho pode receber essa herança, ou seja, se tem capacidade sucessória para tanto deve-se consultar do Código Civil Suíço.

Lei processual: é a lei que vem efetivar as diretrizes do direito material. Define o foro competente para o ajuizamento da ação de inventário. Abre-se a sucessão no *lugar do último domicílio do falecido*. Havendo mais de um domicílio, ou não havendo domicílio fixo aplica-se as regras do art. 70 e seguintes do CC e art. 48 do NCPC. Por tratar-se de regra de competência territorial, temos um caso de competência relativa. Assim, caso o *de cujus* tenha bens em outro local que não o do seu último domicílio, havendo a concordância de todos os herdeiros, é possível que a ação tramite em local diverso.

8.1.4. Herança e sua administração

O **objeto** da sucessão hereditária é a **herança**, ou seja, o *patrimônio do falecido, constituído pelo conjunto de direitos e obrigações que se transmitem com a morte do "de cujus"*.

Todavia, há direitos e obrigações que não se transmitem: a) direitos personalíssimos (ex.: poder familiar, direitos políticos, obrigação de fazer infungível - art. 247 do CC); b) uso, usufruto e habitação.

A herança tem as seguintes **características**:

a) natureza imobiliária: para efeitos legais, a sucessão aberta é um *imóvel* (art. 80, II do CC); como consequência, para a cessão da herança é necessário escritura pública (art. 1.793 do CC) e autorização do cônjuge, salvo se casados no regime da separação absoluta de bens;

b) indivisibilidade: o direito dos coerdeiros quanto à propriedade e à posse da herança não pode ser dividido até a partilha (art. 1791, parágrafo único, do CC); como consequência, observa-se as normas relativas ao condomínio forçado; assim, cada condômino pode reivindicar tudo sozinho; além disso cada condômino deve colaborar com a conservação da coisa;

c) unidade: a herança defere-se como um todo unitário, ainda que vários sejam os herdeiros (art. 1.791, *caput*, do CC); dessa forma, não é possível dividir a herança em vários espólios; todavia, com a partilha cessa o estado de indivisão retroativamente, formando-se o quinhão hereditário de cada herdeiro. União estável é exceção.

No que diz respeito à cessão da herança, somente é cabível a cessão da ***quota* hereditária** (fração ideal na herança), e mesmo assim só por escritura pública. Na hipótese de o herdeiro resolver ceder apenas o ***direito* que possui sobre um bem certo e determinado**, ter-se-á uma cessão ineficaz, só produzindo efeitos se, após a partilha, o bem em questão por ventura vier a ser atribuído ao herdeiro que fez a disposição.

Deve-se respeitar o direito de preferência dos coerdeiros (art. 1.794 do CC); se mais de um herdeiro quiser a coisa, entre eles se distribui o quinhão cedido (art. 1.795, parágrafo único, do CC), na proporção das respectivas quotas hereditárias; o coerdeiro a quem não se der conhecimento da cessão poderá, depositado o preço, haver para si a cota cedida a estranho, se o requerer até 180 dias após a transmissão. Se o herdeiro for casado, é necessária a autorização do cônjuge, já que a herança é considerada imóvel enquanto estiver aberta (art. 80, II, do CC)

É importante ressaltar que o herdeiro **não responde por encargos superiores às forças da herança**. Incumbe-lhe, porém, a prova do excesso, salvo se houver inventário que a escuse, demonstrando o valor dos bens herdados (art. 1.792 do CC).

A Lei determina que a administração da herança caberá, sucessivamente (art. 1.797 do CC):

a) ao cônjuge ou companheiro, se com o outro convivia ao tempo da abertura da sucessão;

b) ao herdeiro que estiver na posse e administração dos bens, e, se houver mais de um nessas condições, ao mais velho;

c) ao testamenteiro;

d) à pessoa de confiança do juiz, na falta ou escusa das indicadas nos incisos antecedentes, ou quando tiverem de ser afastadas por motivo grave levado ao conhecimento do juiz.

8.1.5. Vocação hereditária

Tem bastante relevância para o direito das sucessões a **capacidade para suceder**, que pode ser conceituada como *a aptidão da pessoa para receber bens deixados pelo "de cujus"*.

Não se trata da capacidade civil genérica, mas da legitimação da pessoa para receber bens por sucessão *causa mortis*.

Deve-se verificar a capacidade para suceder no momento em que se verifica a abertura da sucessão.

Na **sucessão legítima**, tem legitimidade para suceder as seguintes pessoas: a) já nascidas; ou b) já concebidas no momento da abertura da sucessão (art. 1.798 do CC).

Na **sucessão testamentária**, tem legitimidade para suceder as seguintes pessoas:

a) os filhos, ainda não concebidos, de pessoas indicadas pelo testador, desde que vivas estas ao abrir-se a sucessão;

b) as pessoas jurídicas já constituídas no momento da morte do testador;

c) as pessoas jurídicas, cuja organização for determinada pelo testador sob a forma de fundação.

Não tem capacidade para suceder as seguintes pessoas (art. 1.801 do CC):

a) a pessoa que, a rogo, escreveu o testamento, nem o seu cônjuge ou companheiro, ou os seus ascendentes e irmãos.

b) as testemunhas do testamento;

c) o concubino do testador casado, salvo se este, sem culpa sua, estiver separado de fato do cônjuge há mais de cinco anos.

d) o tabelião, civil ou militar, ou o comandante ou escrivão, perante quem se fizer, assim como o que fizer ou aprovar o testamento.

São **nulas** as disposições testamentárias em favor de pessoas **não legitimadas** a suceder, ainda quando simuladas sob a forma de contrato oneroso, ou feitas mediante interposta pessoa (art. 1.802 do CC). Para esse fim, presumem-se pessoas interpostas os ascendentes, os descendentes, os irmãos e o cônjuge ou companheiro do não legitimado a suceder. Por exemplo, se o testador deixa bens para o filho de sua concubina, essa disposição será nula, pois o filho é descendente da concubina, caracterizando a proibição de usar interposta pessoa para burlar a regra que a ilegitima para a sucessão.

O testador só poderá testar em favor do filho do concubino quando se tratar de um filho seu também (art. 1.803 do CC).

8.1.6. Aceitação da herança

A **aceitação da herança** pode ser **conceituada** como *o ato jurídico unilateral pelo qual o herdeiro, legítimo ou testamentário, manifesta livremente sua vontade de receber a herança ou o legado que lhe é transmitido*.

Uma vez **aceita** a herança, torna-se **definitiva** sua transmissão ao herdeiro, **desde a abertura da sucessão**.

Por outro lado, quando o herdeiro **renuncia** à herança, a transmissão tem-se por **não verificada** (art. 1.804 do CC).

Confira, agora, as **espécies de aceitação**:

a) expressa: se resulta de manifestação escrita do herdeiro (art. 1.805 do CC);

b) tácita: se resulta de comportamento próprio da qualidade de herdeiro (art. 1.805 do CC); por exemplo, pela tomada de providências, por parte do herdeiro, para fazer a cessão onerosa da herança; ou pela postura de cobrar devedores da herança; segundo o STJ, "o pedido de abertura de inventário e o arrolamento de bens, com a regularização processual por meio de nomeação de advogado, implicam a aceitação tácita da herança" (REsp 1.622.331-SP, DJe 14/11/2016);

c) presumida: decorrente do silêncio do herdeiro após ser instado pelo juiz, provocado por interessado, após 20 dias da abertura da sucessão (art. 1.807 do CC);

d) aceitação pelos credores: caso o herdeiro prejudique seus credores, renunciando a uma herança, os próprios credores poderão aceitar a herança, em nome do renunciante (art. 1.813 do CC); a habilitação dos credores se fará no prazo de 30 dias seguintes ao conhecimento do fato; pagas as dívidas do renunciante, prevalece a renúncia quanto ao remanescente, que será devolvido aos demais herdeiros.

O Código Civil estabelece as seguintes **limitações** à aceitação da herança:

a) não se pode aceitar a herança **parcialmente**, **sob condição** ou **a termo** (art. 1.808 do CC);

b) a aceitação é **irrevogável** (art. 1.812 do CC).

O herdeiro, chamado, na mesma sucessão, a mais de um quinhão hereditário, sob títulos sucessórios diversos, pode livremente deliberar quanto aos quinhões que aceita e aos que renuncia (art. 1.808, § 2º, do CC).

Falecendo o herdeiro, antes de aceitar, essa prerrogativa passa aos seus herdeiros, salvo condição suspensiva pendente (art. 1.809 do CC). Se o herdeiro morre antes do advento da condição suspensiva ele não adquire o direito à herança, haja vista que a condição suspensiva não confere direito adquirido, mas apenas direito eventual. Assim, descabida a possibilidade de aceitação pelos herdeiros.

8.1.7. Renúncia da herança

A **renúncia da herança** pode ser **conceituada** como *o ato jurídico unilateral pelo qual o herdeiro declara expressamente que não aceita a herança ou legado a que tem direito* (art. 1.806 do CC).

São **requisitos** da renúncia os seguintes:

a) capacidade jurídica do renunciante;

b) forma prescrita em lei: instrumento público ou termo judicial (art. 1.806 do CC);

c) inadmissibilidade de condição ou termo (art. 1.808 do CC);

d) não realização de ato equivalente à aceitação, já que a aceitação é irrevogável (art. 1.812 do CC);

e) impossibilidade de repúdio parcial (art. 1.808 do CC).

A renúncia da herança tem os seguintes **efeitos**:

a) considera-se que a transmissão da herança não foi verificada (art. 1.804, parágrafo único, do CC);

b) os herdeiros do renunciante não o representarão (art. 1.811 do CC);

c) a parte do renunciante será acrescida à dos outros herdeiros da mesma classe e, sendo ele o único desta, devolve-se aos da classe subsequente (art. 1.810 do CC);

d) a renúncia é irrevogável (art. 1.812 do CC);

e) se houve verdadeira renúncia, o renunciante não haverá de pagar imposto de transmissão de bens *causa mortis*; porém, se deu-se o nome de renúncia algo que, na verdade, é a cessão da herança para alguém, haverá de ser pago imposto de transmissão.

8.1.8. Excluídos da sucessão por indignidade

A **exclusão da sucessão por indignidade** pode ser **conceituada** como *a pena civil que priva do direito à herança herdeiros ou legatários que cometerem atos graves contra o autor da herança ou pessoa próxima a ele, taxativamente enumerados em lei.*

Tal exclusão **opera-se** da seguinte maneira: a) verifica-se se um herdeiro ou legatário cometeu algum dos atos que a lei considera de indignidade enquanto o autor da herança era vivo; b) os legitimados devem ingressar com ação judicial visando a que o juiz reconheça a indignidade e aplique a pena, no prazo previsto na lei.

Repare que o autor da herança não tem participação alguma no processo de exclusão do indigno da herança.

São causas de **exclusão** da sucessão as seguintes condutas de herdeiros ou legatários (art. 1.814 do CC):

a) quando houverem sido autores, coautores ou partícipes de homicídio doloso ou tentativa deste contra a pessoa de cuja sucessão se tratar: seu cônjuge, seu companheiro, seu ascendente, seu descendente; repare que deve se tratar de crime contra a vida; deve-se tratar, ainda, de crime doloso; não é necessária a prévia condenação criminal; um exemplo, a situação de uma filha que mata ou manda matar os pais;

b) quando houverem acusado caluniosamente em juízo autor da herança (denunciação caluniosa – art. 339 do CP) ou incorrerem em crime contra a honra deste, ou de seu cônjuge ou companheiro;

c) quando por violência ou meios fraudulentos atentarem contra a liberdade de testar do autor da herança de dispor livremente de seus bens por ato de última vontade; por exemplo, um herdeiro constranger o testador a fazer algo, ou impedi-lo de revogar o testamento etc.

Quanto à declaração jurídica de indignidade, esta não opera de pleno direito, devendo ser declarada por sentença proferida em ação ordinária.

A **legitimidade** para propor essa ação é daquele que tiver **legítimo interesse**. Por exemplo, o coerdeiro, o legatário e o fisco, na falta de sucessores. No caso do inciso I do art. 1.814 (herdeiros ou legatários que houverem sido autores, co-autores ou partícipes de homicídio doloso, ou tentativa deste, contra a pessoa de cuja sucessão se tratar, seu cônjuge, companheiro, ascendente ou descendente), o Ministério Público também tem legitimidade para demandar a exclusão do herdeiro ou legatário (regra incluída no art. 1.815 do CC pela Lei n.º 13.532/2017).

A exclusão do herdeiro ou legatário ficará prejudicada se o autor da herança, por meio de testamento ou documento autêntico, reabilitar o indigno (art. 1.818 do CC).

O prazo decadencial para o ingresso da ação é de 4 anos contados da abertura da sucessão (art. 1.815 do CC). Não é possível a propositura dessa ação enquanto o autor da herança ainda estiver vivo.

São *pessoais* os **efeitos** da exclusão da herança ou do legado por indignidade. Assim, o excluído é considerado *como se morto fosse* (art. 1.816 do CC), podendo seus descendentes representá-lo na herança do falecido.

São válidas as alienações onerosas de bens hereditários a terceiros de boa-fé e os atos de administração legalmente praticados pelo herdeiro, antes da sentença de exclusão; mas aos herdeiros subsiste, quando prejudicados, o direito de demandar-lhes perdas e danos.

O excluído da sucessão é obrigado a restituir os frutos e rendimentos que dos bens da herança houver percebido, mas tem direito a ser indenizado das despesas com a conservação destes.

A **deserdação** é instituto semelhante à indignidade, porém com ela não se confunde. A deserdação é *o ato unilateral do testador, que se aperfeiçoa com êxito em ação ordinária proposta por interessado, que exclui da sucessão herdeiro necessário, por testamento, motivado em causas taxativamente previstas em lei.* As causas são as mesmas da indignidade (art. 1.962 do CC), mais ofensa física, injúria grave, relações ilícitas no âmbito familiar (com a madrasta, padrasto, enteado etc.) e desamparo em alienação mental ou grave enfermidade.

A deserdação só atinge os *herdeiros necessários*, ao passo que a exclusão por indignidade atinge qualquer herdeiro ou legatário.

A deserdação deve ser feita por testamento, o qual é obrigado a expor expressamente a declaração da sua causa (art. 1.964 do CC).

Além disso, o interessado deverá ingressar com ação para provar a causa da deserdação, no prazo de 4 anos, a contar da data da abertura do testamento.

8.2. Sucessão legítima

8.2.1. Direito de representação

O **direito de representação** pode ser **conceituado** como *a convocação legal de parentes do falecido a suceder em todos os direitos em que ele sucederia se vivo fosse* (art. 1.851 do CC).

A finalidade do direito de representação é preservar a equidade, reparando a perda sofrida pelo representante, pela morte prematura do representado.

São **requisitos** para o exercício do direito de representação os seguintes:

a) haver o representado falecido antes do autor da herança;

b) dar-se a representação só na linha reta (art. 1.833 do CC – "ad infinitum") e na linha transversal em benefício dos sobrinhos (filhos do irmão falecido – art. 1.840 do CC);

c) descender o representante do representado.

São **efeitos** do direito de representação os seguintes:

a) os representantes herdam exatamente o que caberia ao representado se vivo fosse e sucedesse (art. 1.854 do CC); ou seja, herdam por estirpe, e não por cabeça;

b) o quinhão do representado partir-se-á por igual entre os representantes (art. 1.855 do CC);

c) a quota que os representantes receberem não responde por débitos do representado (já que não entrou no seu patrimônio), mas só por débitos do "de cujus";

d) mas representantes terão que trazer à colação bens recebidos em doação por representado;

e) o direito de representação só se opera na sucessão legítima, nunca na testamentária.

8.2.2. Ordem de vocação hereditária (art. 1.829 do CC)

De acordo com o art. 1.829 do Código Civil, a sucessão legítima defere-se na seguinte ordem:

I. **aos descendentes, em concorrência com o cônjuge sobrevivente**

Porém, estão fora da primeira classe os seguintes cônjuges sobreviventes:

a) casados sob o regime da comunhão universal;

b) casados sob o regime da separação obrigatória de bens (separação legal, e não a separação convencional);

c) casados sob regime da comunhão parcial, quando o autor da herança não houver deixado bens particulares;

De outra parte, está dentro da primeira classe o cônjuge sobrevivente casado sob os regimes de separação convencional de bens (STJ, REsp 1.382.170-SP, DJ 26.05.2015) e de comunhão parcial, quando o autor da herança houver deixado bens particulares. Nessa última hipótese (cônjuge sobrevivente casado sob o regime de comunhão parcial deixando bens particulares, o STJ entende que essa concorrência com os descendentes somente se dará quanto aos bens particulares do acervo hereditário. Confira:

"Direito civil. Sucessão *Causa mortis* e regime de comunhão parcial de bens.

O cônjuge sobrevivente casado sob o regime de comunhão parcial de bens concorrerá com os descendentes do cônjuge falecido apenas quanto aos bens particulares eventualmente constantes do acervo hereditário. O art. 1.829, I, do CC estabelece que o cônjuge sobrevivente concorre com os descendentes do falecido, salvo se casado: i) no regime da comunhão universal; ou ii) no da separação obrigatória de bens (art. 1.641, e não art. 1.640, parágrafo único); ou, ainda, iii) no regime da comunhão parcial, quando o autor da herança não houver deixado bens particulares. Com isso, o cônjuge supérstite é herdeiro necessário, concorrendo com os descendentes do morto, desde que casado com o falecido no regime: i) da separação convencional (ou consensual), em qualquer circunstância do acervo hereditário (ou seja, existindo ou não bens particulares do falecido); ou ii) da comunhão parcial, apenas quando tenha o *de cujus* deixado bens particulares, pois, quanto aos bens comuns, já tem o cônjuge sobrevivente o direito à meação, de modo que se faz necessário assegurar a condição de herdeiro ao cônjuge supérstite apenas quanto aos bens particulares. Dessa forma, se o falecido não deixou bens particulares, não há razão para o cônjuge sobrevivente ser herdeiro, pois já tem a meação sobre o total dos bens em comum do casal deixados pelo inventariado, cabendo a outra metade somente aos descendentes deste, estabelecendo-se uma situação de igualdade entre essas categorias de herdeiros, como é justo. Por outro lado, se o falecido deixou bens particulares e não se adotar o entendimento ora esposado, seus descendentes ficariam com a metade do acervo de bens comuns e com o total dos bens particulares, em clara desvantagem para o cônjuge sobrevivente. Para evitar essa situação, a lei estabelece a participação do cônjuge supérstite, agora na qualidade de herdeiro, em concorrência com os descendentes do morto, quanto aos bens particulares. Assim, impõe uma situação de igualdade entre os interessados na partilha, pois o cônjuge sobrevivente permanece meeiro em relação aos bens comuns e tem participação na divisão dos bens particulares, como herdeiro necessário, concorrendo com os descendentes. A preocupação do legislador de colocar o cônjuge sobrevivente na condição de herdeiro necessário, em concorrência com os descendentes do falecido, assenta-se na ideia de garantir ao cônjuge supérstite condições mínimas para sua sobrevivência, quando não possuir obrigatória ou presumida meação com o falecido (como ocorre no regime da separação convencional) ou quando a meação puder ser até inferior ao acervo de bens particulares do morto, ficando o cônjuge sobrevivente (mesmo casado em regime de comunhão parcial) em desvantagem frente aos descendentes. Noutro giro, não se mostra acertado o entendimento de que deveria prevalecer para fins sucessórios a vontade dos cônjuges, no que tange ao patrimônio, externada na ocasião do casamento com a adoção de regime de bens que exclua da comunhão os bens particulares de cada um. Com efeito, o regime de bens tal qual disciplinado no Livro de Família do Código Civil, instituto que disciplina o patrimônio dos nubentes, não rege o direito sucessório, embora tenha repercussão neste. Ora, a sociedade conjugal se extingue com o falecimento de um dos cônjuges (art. 1.571, I, do CC), incidindo, a partir de então, regras próprias que regulam a transmissão do patrimônio do *de cujus*, no âmbito do Direito das Sucessões, que possui livro próprio e específico no Código Civil. Assim, o regime de bens adotado na ocasião do casamento é considerado e tem influência no Direito das Sucessões, mas não prevalece tal qual enquanto em curso o matrimônio, não sendo extensivo a situações que possuem regulação legislativa própria, como no direito sucessório". (REsp 1.368.123-SP, DJe 08.06.2015).

É importante observar que o cônjuge sobrevivente <u>não tem direito</u> à herança se, no momento da morte, estava separado judicialmente ou de fato por mais de dois anos, salvo prova, neste caso, de que a convivência se tornara impossível sem a culpa dele.

Se o cônjuge sobrevivente concorrer com os descendentes, seu quinhão será, em princípio, igual ao que couber a cada um deles por cabeça, mas a quota do cônjuge sobrevivente não poderá ser menor do que ¼ da herança, caso seja ascendente dos herdeiros com quem concorrer (art. 1.832 do CC).

II. **aos ascendentes, em concurso com o cônjuge**

O cônjuge terá direito a 1/3 da herança, se concorrer com ambos os pais do *de cujus*; e à metade, se concorrer com um só deles, ou com ascendentes de outro grau (ex.: avós).

III. **ao cônjuge sobrevivente**

Na falta de descendentes e de ascendentes, o cônjuge sobrevivente terá direito a toda a herança, sem qualquer distinção quanto ao regime de bens.

IV. **aos colaterais**

Primeiramente são chamados os irmãos do morto (pode haver representação dos filhos de irmão falecido). Depois, os sobrinhos. Os tios só serão convocados quando não existir sobrinho algum. Na falta de tios, chama-se os colaterais de quarto grau (primos, tios-avós e sobrinhos-netos).

8.2.3. *Sucessão dos descendentes*

A sucessão dos descendentes se dá da seguinte forma:

a) **por cabeça**, "per capita" ou por direito próprio (todos são do mesmo grau): a herança é dividida em partes iguais, de acordo com o número de herdeiros;

b) **por estirpe ou por direito de representação**: quando concorrem descendentes de graus diferentes.

Por exemplo: "A" tem 3 filhos ("B", "C" e "D"); "B" morre antes de "A" e deixa 2 filhos ("B1" e "B2"), que serão os representantes de "B", "C" e "D" recebem 1/3 da herança; "B1" e "B2", 1/6 cada.

Ou seja, o quinhão do representado (pré-morto, indigno ou deserdado) é dividido entre os representantes ("B1 e "B2").

Não existe direito de representação na linha ascendente. Na colateral, só é deferido em favor dos sobrinhos do morto, quando concorrerem com os irmãos deste (art. 1.853 do CC).

8.2.4. *Sucessão do companheiro*

O companheiro sobrevivente, embora seja herdeiro legítimo, não é *necessário* (ao contrário do cônjuge sobrevivente).

De acordo com o art. 1.790, participará da sucessão do outro, quanto aos bens adquiridos onerosamente na vigência da união estável, nos seguintes termos:

I. se concorrer com filhos comuns, terá direito a uma quota equivalente à que por lei for atribuída ao filho;

II. se concorrer com descendentes só do autor da herança, tocar-lhe-á a metade do que couber a cada um deles;

III. se concorrer com outros parentes sucessíveis, terá direito a um terço da herança;

IV. não havendo parentes sucessíveis, terá direito à totalidade da herança.

Porém, o STF declarou inconstitucional esse art. 1.790 do CC, que estabelecia uma diferenciação entre os regimes sucessórios entre cônjuges e companheiros, devendo-se aplicar a ambos o regime estabelecido no art. 1.829 do CC (RE 646721/RS, rel. Min. Marco Aurélio, red. p/ o ac. Min. Roberto Barroso, j. 10.5.2017).

Os fundamentos da decisão foram: a) não pode haver hierarquização entre famílias; b) violação da igualdade; c) violação da dignidade da pessoa humana; d) proibição à proteção deficiente; e) vedação ao retrocesso.

8.2.5. *Herdeiros necessários*

São **herdeiros necessários** os *descendentes*, os *ascendentes* e o *cônjuge* (art. 1.845 do CC). Repare que o *companheiro* não é considerado herdeiro necessário.

Os herdeiros necessários têm uma **vantagem**, qual seja: pertence a eles, de pleno direito, a metade dos bens da herança, constituindo a *legítima*.

Calcula-se a **legítima** sobre o valor dos bens existentes na abertura da sucessão, abatidas as dívidas e as despesas do funeral, adicionando-se, em seguida, o valor dos bens sujeitos a colação (art. 1.847 do CC).

A legítima, a princípio, **não pode ser gravada** pelo autor da herança. Todavia, **se houver justa causa**, declarada no testamento, pode o testador estabelecer cláusula de inalienabilidade, impenhorabilidade e de incomunicabilidade sobre os bens da legítima (art. 1.848 do CC). Mediante autorização judicial e havendo justa causa, podem ser alienados os bens gravados, convertendo-se o produto em outros bens, que ficarão sub-rogados nos ônus dos primeiros.

Com relação à outra metade da herança (metade disponível), o autor da herança pode destiná-la a todos àqueles que têm capacidade para suceder. Aliás, se o testador deixar a algum herdeiro necessário sua parte disponível, ou algum legado, esse herdeiro não perderá o direito à legítima.

Para excluir da sucessão os herdeiros colaterais, basta que o testador disponha de seu patrimônio sem os contemplar, pois tais herdeiros, por não serem herdeiros necessários, não têm a eles reservado a legítima.

8.3. Sucessão testamentária

A **sucessão testamentária** pode ser **conceituada** como *aquela que decorre de expressa manifestação de última vontade, em testamento ou codicilo.*

Por meio do testamento, o testador pode fazer disposições patrimoniais e não patrimoniais. Neste passo, além de poder dispor sobre os seus bens, poderá reconhecer filhos, nomear tutor, reabilitar o indigno, tecer orientações sobre o seu funeral, criar fundação etc.

Extingue-se em 5 anos o **prazo para impugnação de sua validade**, a partir de seu registro.

São **características** do testamento as seguintes:

a) é personalíssimo: ou seja, não pode ser feito por procurador;

b) é negócio jurídico unilateral, ou seja, aperfeiçoa-se com única declaração de vontade;

c) é proibido o testamento conjuntivo ou de mão comum ou mancomunado, já que a lei veda o pacto sucessório, tendo em vista a revogabilidade do testamento;

d) é negócio jurídico solene, gratuito, revogável, *causa mortis* (só tem efeito após a morte do testador).

Quanto à **capacidade para testar**, é conferida aos plenamente capazes e aos maiores de 16 anos, sem necessidade de assistência.

São **formas ordinárias** de testamento as seguintes:

a) testamento público: *é o escrito por tabelião, de acordo com as declarações do testador, que pode se servir de notas, devendo ser lavrado o instrumento e lido em voz alta pelo primeiro ao segundo e a 2 testemunhas (ou pelo testador na presença dos demais), com posterior assinatura de todos.* É dever do tabelião atestar a sanidade mental do testador. O documento deve ser lavrado em língua portuguesa. Caso o tabelião não entenda o idioma do testador, deverá se valer de tradutor público. Pode ser escrito manualmente ou mecanicamente, bem como ser feito pela inserção de declaração de vontade em partes impressas de livro de notas, desde que rubricadas todas as páginas pelo testador, se mais de uma; o surdo deverá ler ou designar quem o leia, se não souber; ao cego só se permite testamento público, que lhe será lido duas vezes (pelo tabelião e uma testemunha); o analfabeto só pode utilizar essa forma;

b) testamento cerrado (secreto ou místico): *é o escrito pelo testador ou outra pessoa (a seu rogo) e por aquele assinado, desde que aprovado pelo tabelião, que o recebe na presença de 2 testemunhas, com a declaração pelo testador de que se trata de seu testamento e quer que seja aprovado, lavrando-se auto de aprovação, que deve ser lido, em seguida, ao testador e às testemunhas, assinando todos;* deve-se cerrar e coser o instrumento aprovado; ao final, entrega-se ao testador e lança-se no livro local a data em que o testamento foi aprovado e entregue. Note que no testamento cerrado o tabelião não tem conhecimento do conteúdo do testamento. Sua função é apenas a de aprová-lo, seguindo as formalidades legais. Esse testamento pode ser escrito em língua nacional ou estrangeira; quem não saiba (analfabeto) ou não possa (cego) ler, não pode utilizá-lo; o surdo-mudo pode, desde que escreva todo o seu teor a mão e o assine; o juiz só não o levará em consideração se achar vício externo que o torne eivado de nulidade ou suspeito de falsidade;

c) testamento particular (hológrafo): Trata-se de testamento elaborado pelo próprio testador, sem a presença do tabelião. *Pode ser escrito de próprio punho ou mediante processo mecânico, devendo ser lido e assinado por quem o escreveu, na presença de pelo menos três testemunhas, que o devem subscrever.* Morto o testador, o testamento deverá ser levado à juízo, com a citação dos herdeiros legítimos. As testemunhas também serão intimadas. O testamento apenas será confirmado se as testemunhas estiverem de acordo sobre o fato da disposição, ou ao menos sobre a sua leitura perante elas e reconhecerem as próprias assinaturas, bem como a do testador. Caso alguma testemunha falte, por morte ou ausência, se pelo menos uma delas o reconhecer, o testamento poderá ser confirmado, se o juiz entender que há prova suficiente de sua veracidade. Apenas em circunstâncias excepcionais o testamento particular sem testemunhas pode ser confirmado pelo juiz, desde que tenha sido escrito de próprio punho e assinado pelo testador.

Já o **codicilo** *trata-se de ato de última vontade destinado a disposições de pequeno valor.* Toda pessoa capaz de testar poderá, mediante escrito particular seu, datado e assinado, fazer disposições especiais sobre seu enterro, sobre esmolas de pouca monta a certas e determinadas pessoas, ou, independentemente, aos pobres de certo lugar, assim como legar móveis, roupas ou joias, de pouco valor, de seu uso pessoal, e ainda nomear ou instituir testamenteiros.

Revoga-se o codicilo por outro (expressamente) ou por testamento posterior, de qualquer natureza, que não o confirme ou modifique.

São **testamentos especiais:** os marítimos, aeronáuticos e militares, sendo utilizados em situações emergenciais.

Quanto às **disposições testamentárias**, consistem em regras interpretativas do testamento, que apenas serão aplicadas caso a vontade do falecido não tenha sido manifestada de forma clara a inconteste. Quando a cláusula testamentária for suscetível de interpretações diferentes, prevalecerá a que melhor assegure a observância da vontade do testador. Confira algumas regras:

a) regras proibitivas:

✓ não cabe nomeação de herdeiro a termo (salvo nas disposições fideicomissárias), considerando-se não escrita a fixação de data ou termo;

✓ não cabe disposição com condição captatória (é proibido o pacto sucessório);

✓ é nula a cláusula que se refira a pessoa incerta, cuja identidade não se possa averiguar.

b) regras permissivas:

✓ a nomeação pode ser pura e simples, quando não haja qualquer condição ou ônus;

✓ a nomeação pode ser feita sob condição suspensiva ou resolutiva, desde que lícitas e possíveis, ou mediante encargo (para certo fim ou modo), que pode ser exigido do beneficiário, não se falando em revogação pelo descumprimento, salvo se expressamente prevista pelo testador, e, ainda, por certo motivo.

São **anuláveis** as disposições testamentárias inquinadas de **erro, dolo ou coação**. Extingue-se em quatro anos o direito de anular a disposição, contados de quando o interessado tiver conhecimento do vício.

Instituto importante em matéria de sucessão testamentária é o do **legado**. Este pode ser **conceituado** como a *coisa certa e determinada deixada a alguém (legatário), por testamento ou codicilo.* O legado pode ser de coisas, crédito, quitação de dívida, alimentos, usufruto, imóvel, dinheiro, renda ou pensão vitalícia.

A aquisição do legado é diferente da regra geral da aquisição da herança, que se dá com a *saisine*. Isso porque, aberta a sucessão, o legatário adquire apenas a propriedade de coisa, se esta for coisa certa, existente no acervo. No entanto, se tratar de coisa incerta (escolhe-se a de qualidade média), só adquire essa coisa quando da partilha. Quanto à posse, o legatário não tem como exigi-la imediatamente. Poderá apenas pedi-la aos herdeiros, que verificarão quanto à possibilidade, não podendo obtê-la por sua própria autoridade. Os frutos, todavia, pertencem ao legatário desde a morte do testador, salvo o de dinheiro, que decorre da mora.

Outro tema relevante na sucessão testamentária é o da **caducidade**. Segundo o Código Civil, um testamento deixa de produzir efeitos pela nulidade, pela revogação ou pela caducidade, que se dá pela falta do objeto (modificação substancial feita pelo testador, alienação da coisa, evicção ou perecimento) ou pela falta do beneficiário (por exclusão, renúncia, falta de legitimação ou morte – não há direito de representação).

Questão bastante interessante é relativa ao **direito de acrescer**, temática que se coloca quando o testador contempla vários beneficiários, deixando-lhes a mesma herança ou coisa, em porções não determinadas, e um dos concorrentes vem a faltar.

Nesse caso, não havendo substituto designado pelo testador, será acrescido ao quinhão dos coerdeiros ou colegatários conjuntamente contemplados o quinhão daquele que vem a faltar, salvo se estes têm cotas hereditárias determinadas.

Confira um exemplo em que caberá o direito de acrescer: "deixo o imóvel X a Fulano e Beltrano". Vindo a faltar Fulano, Beltrano ficará com a parte do primeiro, pelo direito de acrescer.

No entanto, esse direito não se aplica no seguinte caso: "deixo metade do imóvel X a Fulano e metade do imóvel X a Beltrano". Nesse caso, vindo a faltar Fulano, e não havendo substituto para ele, sua cota vai aos herdeiros legítimos.

Falando em substituto, o instituto da **substituição** pode ser **conceituado** como *a indicação de certa pessoa para recolher a herança ou legado, caso o nomeado venha a faltar*.

A substituição pode ser **vulgar** ou **fideicomissária:**

a) substituição vulgar e recíproca: é a que se verifica quando o testador nomeia um herdeiro ou legatário para receber a quota que caberia àquele que não quis ou não pôde receber; é *recíproca* quando os herdeiros ou legatários são nomeados substitutos uns dos outros.

b) substituição fideicomissária: é aquela em que o testador (fideicomitente) institui alguém como fiduciário para ser seu herdeiro ou legatário e receber a herança ou legado quando for aberta a sucessão, mas estabelece que seu direito será resolvido, em favor de outrem (fideicomissário), por razão de sua morte, após determinado prazo, ou depois de verificada certa condição.

O art. 1.952 do Código Civil só permite a substituição fideicomissária em favor dos não concebidos ao tempo da morte do testador. Caso o fideicomissário contemplado no testamento já tenha nascido quando da abertura da sucessão, a lei determina que o direito de propriedade dos bens abrangidos pelo testamento seja a ele transmitida imediatamente, mas o fiduciário terá direito de usufruto sobre tais bens, até que seja verificada a condição ou o termo estabelecido no testamento.

O art. 1.959 do Código Civil considera nulos os fideicomissos além de segundo grau.

Outro tema relevante é o da **revogação do testamento**.

Segundo o art. 1.969 do Código Civil, "o testamento pode ser revogado pelo mesmo modo e forma como pode ser feito."

Dessa forma, o testamento deve ser revogado por outro testamento.

A revogação pode ser das seguintes espécies: a) *expressa* (ou *direta*); b) *tácita* ou *indireta* (ex.: o novo testamento tem disposições incompatíveis com o anterior); c) *total*; d) *parcial*; e) real (quando o testamento cerrado ou particular for destruído com o consentimento do testador).

Já o **rompimento do testamento** consiste na ineficácia deste pelo fato de o testador não ter conhecimento da existência de herdeiros necessários seus, quando da elaboração do testamento.

O art. 1.973 do Código Civil dispõe que "sobrevindo descendente sucessível ao testador, que não o tinha ou não o conhecia quando testou, rompe-se o testamento em todas as suas disposições, se esse descendente sobreviver ao testador".

Por fim, vale uma palavra acerca de instituto que vem sendo objeto de muitas controvérsias atualmente, o chamado "testamento vital", documento que estabelece disposições sobre o tipo de tratamento de saúde, ou não tratamento, que a pessoa deseja no caso de não ter condições de manifestar a sua vontade.

A doutrina, calcada no princípio da dignidade da pessoa humana, vem entendendo que é válida essa declaração de vontade, desde que expressa em documento autêntico (vide, por exemplo, o Enunciado 528 do CJF).

8.4. Inventário e partilha

O inventário e a partilha visam à divisão dos bens deixados pelo "de cujus". Para tanto, procede-se à apuração do quinhão de cada herdeiro, seguindo-se à partilha de bens.

Havendo testamento ou interessado incapaz, proceder-se-á ao inventário judicial. Porém, se todos forem capazes e concordes, poderá fazer-se o inventário e a partilha por **escritura pública**, a qual constituirá título hábil para o registro imobiliário.

As modalidades e procedimentos do inventário são regulados pela lei processual civil.

Tema relevante em sede de inventário é o dos **sonegados**.

A **sonegação** pode ser conceituada como *a ocultação dolosa dos bens da herança, ou sujeitos à colação.*

A consequência dessa conduta é a perda do direito que o sonegador teria sobre os bens sonegados. Porém, o reconhecimento desse comportamento e a perda desse direito dependem de ação própria.

Outro instituto relevante em matéria de inventário e partilha é o da **colação**. Esta pode ser **conceituada** como *a restituição ao monte do valor das liberalidades recebidas do autor da herança por seus descendentes, a fim de nivelar as legítimas*.

O autor da herança pode, por meio de testamento ou no próprio título da liberalidade, **dispensar** o beneficiário do ato da colação, dispondo que a liberalidade está saindo da parte disponível de sua herança.

Está dispensado de colacionar o descendente que, ao tempo da realização da doação, não seria chamado à sucessão na qualidade de herdeiro necessário (p. ex.: neto que recebe quando o avô tem filhos vivos).

Os ascendentes não são obrigados a colacionar.

O objeto da colação é o *valor* das doações certo ou estimativo, que lhes atribuir o ato de liberalidade. Em complemento, o Enunciado 119 JDC/CJF: ensina que: *Para evitar o enriquecimento sem causa, a colação será efetuada com base no valor da época da doação, nos termos do caput do art. 2.004, exclusivamente na hipótese em que o bem doado não mais pertença ao patrimônio do donatário. Se, ao contrário, o bem ainda integrar seu patrimônio, a colação se fará com base no valor do bem na época da abertura da sucessão, nos termos do art. 639 do NCPC, de modo a preservar a quantia que efetivamente integrará a legítima quando esta se constituiu, ou seja, na data do óbito (resultado da interpretação sistemática do art. 2.004 e seus parágrafos, juntamente com os arts. 1.832 e 884 do Código Civil).*

Apenas as doações é que deverão ser trazidas à colação, não estando sujeitos a esta os *gastos ordinários* do ascendente com o descendente, tais como: despesas com educação, estudo, sustento, vestuário, saúde, casamento, ou os feitos no interesse da defesa do filho em processo-crime, pouco importando, neste último caso, o desfecho do processo, ou seja, se houve absolvição ou condenação.

Segundo o STJ, "O filho do autor da herança tem o direito de exigir de seus irmãos a colação dos bens que receberam via doação a título de adiantamento da legítima, ainda que sequer tenha sido concebido ao tempo da liberalidade" (REsp 1.298.864, DJ 29.05.2015).

8. Direito Processual Civil (Novo CPC)

Luiz Dellore

Introdução: Sistema Processual à Luz do Novo Código de Processo Civil (Lei 13.105/2015, já com alterações)

Em março de 2015 foi publicada a **Lei 13.105/2015**, o **Novo Código de Processo** Civil (NCPC). Ainda que existam muitas repetições em relação ao Código de Processo Civil anterior, de 1973 (CPC/1973), existem diversas novidades, importantes modificações e, sem dúvidas, um bom número de polêmicas.

Como em relação a qualquer diploma legislativo importante, apenas após a pacificação de alguns temas por parte dos tribunais superiores é que haverá o mínimo de certeza em relação a determinados assuntos. Além disso, vale destacar que, *antes mesmo da vigência do NCPC*, já houve alteração legislativa. A Lei 13.256/2016 modificou mais de uma dezena de artigos, com destaque para novidades quanto à ordem cronológica e aos recursos para tribunais superiores. – e, depois dessa, outras duas leis também já alteraram o Código: Lei 13.363/2016 e Lei 13.465/2017 Além disso, tramitam outros projetos de lei para modificar o NCPC sendo que se alguma alteração vier a ser realizada, será divulgada e comentada no site da Editora Foco e em redes sociais do autor.

O NCPC muda a estrutura do sistema processual. O CPC/1973 era dividido em 5 livros (conhecimento, execução, cautelar, procedimentos especiais e disposições finais e transitórias). O NCPC é dividido em *Parte Geral e Parte Especial*, além de contar com um *Livro Complementar* (para as disposições transitórias).

A **Parte Geral do NCPC** se aplica a *todos os processos e procedimentos* e regula questões como princípios (Livro I), regras de competência (Livro II), juiz e partes (Livro III), forma do ato processual (Livro IV), tutela provisória (Livro V) e formação, suspensão e extinção do processo (Livro VI). Ela vai dos arts. 1º ao 317. No CPC/1973, tudo isso era basicamente enfrentado no Livro I (Processo de Conhecimento). Assim, se algum **tema estiver regulado na Parte Geral**, pode-se concluir que isso *se aplica não só ao processo de conhecimento, mas também ao processo de execução e aos recursos*. Assim, é possível se afirmar que a **teoria geral do processo** *está regulada na Parte Geral do NCPC*.

A **Parte Especial** é dividida em **três livros**: I – processo de conhecimento e cumprimento de sentença; II – processo de execução e III – processo nos tribunais e meios de impugnação das decisões; ela vai dos arts. 318 ao 1.044. Como se percebe, o **NCPC acaba com o processo cautelar** da forma que ele era previsto no CPC/1973 (Livro III do antigo Código, com as cautelares nominadas e inominadas). *Toda situação de urgência é regulada no Livro V da Parte Geral* (tutela provisória), sendo esse um dos temas mais modificados no NCPC – e, já se pode adiantar, com muitas polêmicas.

No **Livro I da Parte Especial**, o *Título I* regula o **Processo de Conhecimento**, especificamente o *procedimento comum* (não mais se fala em rito ordinário, pois *deixa de existir o rito sumário*). Trata da petição inicial e da defesa do réu, passando pelas provas e audiências, para chegar até a sentença e a coisa julgada. Vai do art. 319 ao 512. O *Título II* regula o **Cumprimento da Sentença** (ou seja, o adimplemento do título executivo judicial) e a defesa desse devedor, via impugnação. Vai do art. 513 ao 538. Por fim, *Título III* regula os **procedimentos especiais** (alguns procedimentos especiais do CPC/1973 são mantidos, outros são excluídos e há inovações). Vai do art. 539 e 770.

O **Livro II da Parte Especial** regula o **Processo de Execução**. É o tema que menos alteração sofreu no NCPC, em relação ao Código anterior – mas, ainda assim, há algumas importantes inovações, como a possibilidade de *penhora de salário*. As regras, que regulam tanto a postulação do exequente como do executado (defesa por meio dos embargos à execução, vão do art. 771 ao 925).

Já o **Livro III da Parte Especial**, em seu *Título I* regula a tramitação dos **processos nos tribunais**, abordando as atribuições do relator (*deixa de existir a figura do revisor*) e como se dará o julgamento colegiado. O regramento vai do art. 926 ao 993. Por sua vez, o *Título II* trata do importante tema dos *recursos*, compreendendo os art. 994 ao 1.044.

Após essas duas partes, há ainda o **Livro Complementar** (fora da Parte Geral ou Especial) trata das *regras de transição*, ou seja, as *disposições finais e transitórias* (revogações e direito intertemporal). O assunto é tratado do art. 1.045 ao 1.072. Trata-se de um Código, portanto, menor que o anterior, que tinha 1.220 artigos.

Sugere-se ao leitor que prestará a OAB que, ao estudar, sempre leve em consideração essa análise do Código do ponto de vista macro, a partir desses seus livros e títulos. Tendo a visão do todo, fica mais fácil compreender cada um dos temas.

Feita essa introdução a respeito do NCPC, passa-se à análise do processo civil brasileiro à luz do novo diploma legal.

1. TEORIA GERAL DO PROCESSO CIVIL (PARTE GERAL DO NCPC)

1.1. Lide e Formas de solução da lide

1.1.1. Introdução

O homem vive em sociedade e necessita dos mais diversos bens, que não existem em número suficiente para todos – ou seja, são escassos. Diante disso, há conflitos entre as pessoas que compõem a sociedade para a obtenção de determinados bens. Para tentar regular a vida em sociedade, surgem regras de comportamento (direito positivo).

Porém, a existência de regras não é suficiente para evitar ou eliminar todos os conflitos que podem surgir. Nessas situações, caracteriza-se a *insatisfação* – que é um fator de instabilidade. Ou seja, para se manter a paz social, os *conflitos, litígios ou lides devem ser eliminados.*

1.1.2. Lide

A **lide** é a *pretensão qualificada pela resistência*, conforme clássica definição do autor italiano Carnelutti.

Já que a lide é um fator antissocial, deve ser pacificada. Se os litigantes não observam espontaneamente as regras de comportamento (*normas primárias*), então deverá haver a aplicação de sanções (*normas secundárias*).

1.1.3. Formas de solução da lide

A evolução da solução da lide, ao longo da história, pode ser assim sintetizada:

(i) **Autotutela**: *imposição da decisão por uma das partes, especialmente pela força.*

(ii) **Autocomposição**: *um ou ambos os litigantes abrem mão da sua pretensão.*

(iii) **Arbitragem facultativa**: *os litigantes, espontaneamente, buscam um terceiro de sua confiança para decidir a lide (normalmente o ancião ou líder religioso).*

(iv) **Arbitragem obrigatória**: *o Estado impõe a obrigação de se solucionar a lide via um árbitro, vedando a autotutela.*

(v) **Jurisdição**: *poder estatal de aplicar o direito em relação a uma lide.*

(vi) **ADRs**: da sigla em inglês, *formas alternativas de decisão da lide.*

1.1.4. ADR (alternative dispute resolution – formas alternativas de solução da lide) ou MASC (meios alternativos de solução de conflitos)

Nos últimos anos – e especialmente com o NCPC – há um estímulo no Brasil aos métodos alternativos de solução da lide, dentre os quais se destacam:

a) **conciliação**: *o conciliador busca o consenso entre os litigantes e tem uma postura propositiva, sugerindo soluções para as partes.* Tem previsão no NCPC.

b) **mediação**: *o mediador busca o consenso entre os litigantes e tem uma postura de induzir que as próprias partes encontrem a solução.* Após longo período sem regulamentação legal, passou a ser *previsto no NCPC* e, também, *na Lei 13.140/2015* (diploma aprovado após o NCPC, mas com vigência anterior– e que tem *alguns conflitos com o Código*).

c) **arbitragem**: *as partes estabelecem que a decisão da lide será proferida por um árbitro privado, que conheça a matéria em debate e não por um juiz do Poder Judiciário.* Uma vez que haja a opção pela arbitragem, não é possível a utilização da jurisdição. É prevista pela *Lei 9.307/1996*, que sofreu *importantes reformas com a Lei 13.129/2015.* Não se deve confundir a moderna arbitragem (ADR / MASC) com a arbitragem facultativa mencionada no tópico anterior.

Um ponto comum às ADRs é que não há decisão judicial. Uma forma de distinguir as três figuras é a seguinte:

✓ – o **mediador** é *terceiro* que busca o acordo entre as partes, *mas sem sugerir a solução* (NCPC, art. 165, § 3º), sendo a mediação destinada a situações em que há prévio contato entre as partes (como questões de família ou vizinhança);

✓ – o **conciliador** é *terceiro* que busca o acordo entre as partes, *sugerindo a solução*(NCPC, art. 165, § 2º), sendoa conciliação mais adequada para situações em que não havia prévio contato entre as partes (como nas indenizações, tal qual um acidente de veículo);

✓ – o **árbitro** é *terceiro* que irá *decidir a lide*,sendo que, após a definição prévia entre as partes (em contrato) de que o conflito será solucionado pela arbitragem, a decisão do árbitro será vinculante e independerá da vontade das partes em acolhê-la (Lei 9.307/1996, art. 31).

Os métodos alternativos de solução da lide têm sido muito estimulados. Nesse sentido, o CNJ editou a Resolução 125, cuja ementa é a seguinte "Dispõe sobre a Política Judiciária Nacional de tratamento adequado dos conflitos de interesses no âmbito do Poder Judiciário e dá outras providências". E, com o NCPC (que prevê uma *audiência de conciliação e mediação praticamente obrigatória*) e a Lei 13.140/2015 (Lei da Mediação) e Lei 13.129/2015 (que alterou a Lei de Arbitragem), o panorama é que haverá ainda mais estímulo a esses métodos de solução, inclusive para desafogar a jurisdição que está absolutamente abarrotada.

1.2. Jurisdição e competência

1.2.1. Conceito de jurisdição: poder estatal de aplicar o direito (decidir) em relação a um caso concreto (lide).

A jurisdição é exercida pelos juízes, que são escolhidos pelo próprio Estado. Apesar de a jurisdição ser una e indivisível, como função estatal, existem algumas classificações.

1.2.2. Divisão da jurisdição conforme a lide debatida (matéria objeto do conflito)

Por questões de conveniência e melhor divisão do trabalho, não é todo juiz do Brasil que irá julgar toda e qualquer causa. Entende-se que é conveniente uma divisão conforme a lide em discussão.

Desta forma, há uma especialização conforme a matéria debatida em juízo. Assim, há diversos ramos da jurisdição. No atual sistema constitucional brasileiro, a divisão existente é a seguinte:

<table>
<tr><td rowspan="2">Ordinária (comum)</td><td>Federal (CF, art. 109, I)</td></tr>
<tr><td>Estadual (CF, art. 125)</td></tr>
<tr><td rowspan="3">Extraordinária (especializada)</td><td>Eleitoral (CF, art. 118)</td></tr>
<tr><td>Trabalhista (CF, art. 111)</td></tr>
<tr><td>Penal Militar (CF, art. 122)</td></tr>
</table>

Conforme a lide discutida em juízo, um dos ramos do Poder Judiciário será o competente para apreciar a causa em detrimento dos demais.

A partir da natureza da lide debatida, deve-se analisar se a questão é da competência de uma das três Justiças Especializadas (Eleitoral, Trabalhista ou Penal Militar). Se não for, conclui-se se tratar de causa de competência da Justiça Comum (Federal ou Estadual).

Na Justiça Comum, deve-se analisar se algum ente federal é parte do processo (CF, art. 109, I: União, autarquias ou empresas públicas federais): se for, a competência será da Justiça Federal; se não for, a competência será da Justiça Estadual – que, portanto, é a residual. Mas, ainda assim, é a que tem a maior quantidade de causas e juízes.

1.2.3. Conceito de competência

É a medida, parcela, parte da jurisdição. Ou seja, a pesar de todo juiz ser investido na jurisdição, *cada magistrado tem uma parcela, um pedaço da jurisdição*, para julgar determinadas causas. Isto é a competência.

1.2.4. Divisão da competência

Existem diversos critérios para a classificação da competência. Aqui destacamos os mais relevantes.

1.2.4.1. Em relação ao juiz brasileiro ou juiz estrangeiro

Há **competência concorrente** quando o *juiz brasileiro e o juiz de outro país podem tratar da matéria* (NCPC, arts. 21 e 22). Isso ocorre nas seguintes situações:

(i) réu, qualquer que seja a sua nacionalidade, domiciliado no Brasil;

(ii) obrigação tiver de ser cumprida no Brasil;

(iii) o fundamento da demanda seja fato ocorrido ou de ato praticado no Brasil.

(iv) ação de alimentos, se o autor for domiciliado ou residente no Brasil ou se o réu tiver algum vínculo no Brasil (bens, renda ou benefícios econômicos);

(v) ação envolvendo relação de consumo, e o consumidor for domiciliado ou residente no Brasil (compras pela internet se inserem aqui).

(vi) ação em que as partes se submetem à jurisdição nacional (ou seja, quando há o processo no Brasil e nao há impugnação pelo réu, *ainda que não se esteja diante de uma das hipóteses anteriores*).

Nestes casos, a decisão estrangeira, para ser executada no Brasil, deve inicialmente passar pelo procedimento de **homologação de decisão estrangeira (NCPC, arts. 960 e ss.)**, procedimento de competência *exclusiva do STJ* (NCPC, art. 960, § 2º e CF, art. 105, I, "i").

Excepcionalmente, a **decisão estrangeira de tutela de urgência**, poderá ser executada no Brasil, via carta rogatória, *pelo próprio juiz competente para cumprir tal medida de urgência, sem a homologação do STJ*, (NCPC, art. 960, § 4º).

Além disso, fala-se em **competência exclusiva** quando *somente o juiz brasileiro pode tratar da matéria* (NCPC, art. 23). Verifica-se nas seguintes hipóteses:

(i) ações relativas a imóveis situados no Brasil;

(ii) ações relativas à sucessão hereditária, para proceder à confirmação de testamento particular e ao inventário e à partilha de bens situados no Brasil, ainda que o autor da herança seja de nacionalidade estrangeira ou tenha domicílio fora do território nacional. Nesses casos, *sempre terá de existir um processo perante um juiz brasileiro*;

(iii) em *divórcio, separação judicial ou dissolução de união estável, para* proceder à *partilha de bens situados no Brasil*, ainda que o titular seja de nacionalidade estrangeira ou tenha domicílio fora do território nacional. Nesses casos, tal qual no anterior, sempre terá de existir um processo perante um juiz brasileiro.

O art. 25 do NCPC inova ao afirmar *não competir à Justiça brasileira* o julgamento da demanda quando houver **cláusula de eleição de foro exclusivo estrangeiro em contrato internacional**, arguida pelo réu na contestação. Tal regra, por certo, *não se aplica nos casos de competência internacional exclusiva*.

Além disso, os arts. 26 e ss. do NCPC tratam da **Cooperação Internacional**. Há diversos novos dispositivos sobre o tema, no sentido do *cumprimento de uma decisão estrangeira do Brasil ou o contrário*. O tema será regido por tratado do qual o Brasil é signatário. Devem ser observadas algumas *premissas, para que uma decisão proferida no exterior possa ser cumprida no Brasil ou vice-versa*:

(i) devido processo legal no Estado requerente;

(ii) igualdade de tratamento entre nacionais e estrangeiros, residentes ou não no Brasil, assegurada a assistência judiciária aos necessitados;

(iii) publicidade, salvo nos casos de segredo de justiça;

(iv) autoridade central, para recepção e transmissão de pedidos de cooperação;

(v) espontaneidade na transmissão de informações a autoridades estrangeiras.

A **autoridade central** é o *órgão administrativo responsável por dar andamento às atribuições referentes à cooperação internacional*. Na ausência de previsão específica, *no Brasil será realizada pelo Ministério da Justiça* (NCPC, art. 26, § 4º).

São três os **instrumentos de cooperação jurídica internacional**: *auxílio direto, carta rogatória e homologação de decisão estrangeira* (esta última já mencionada acima).

O **auxílio direto** é *modalidade simplificada de cooperação internacional*, na qual é desnecessária qualquer análise pelo STJ (NCPC, art. 28). Como exemplo, requerimento de informações a respeito do andamento de processos judiciais no Brasil (NCPC, art. 30, I).

A **carta rogatória** (*exequatur* – possibilidade de cumprimento da ordem estrangeira no Brasil) tramitará perante o STJ e terá natureza de jurisdição contenciosa, de modo que deve observar o princípio do devido processo legal. Contudo, é vedada a revisão do mérito da decisão estrangeira no Brasil (NCPC, art. 36).

1.2.4.2. Tipos e espécies de competência:

A questão é regulada pelo NCPC, arts. 62 e 63.

Os dois *tipos* são a **competência absoluta**, *fundada em interesse público, que não pode ser alterada por vontade das partes*, e a **competência relativa**, *fundada no interesse das partes, e que pode ser alterada se estas assim quiserem*.

Como *espécies da competência absoluta* há:

✓ **(i) competência em razão da matéria:** *Justiça Federal, Estadual ou Trabalhista? Vara Cível, Criminal ou Família?*

✓ **(ii) competência em razão da pessoa: o fato de a** *União* **participar do litígio influencia na fixação da competência? (A menção específica à competência em razão da pessoa é inovação do NCPC).**

✓ **(iii) competência em razão da função** ou **competência hierárquica:** *competência originária em 1º grau (regra) ou em grau superior? (Exceção, como em casos de foro por prerrogativa de função).*

Em relação ao item ii, se houver participação de *ente federal no processo* (União, empresa pública federal, autarquia federal, fundação federal e ainda conselhos de fiscalização profissional, como a OAB), a causa deverá ser julgada pela Justiça Federal – salvo nas exceções constitucionais (CF, art. 109, I, parte final).

Assim, não são julgadas pela Justiça Federal as sociedades de economia mista, ou seja, as empresas que têm capital da União e privado, especialmente com ações na Bolsa de Valores. Assim, Petrobrás e Banco do Brasil (sociedades de economia mista) são julgadas pela Justiça Estadual, ao passo que Caixa Econômica Federal e Correios (empresas públicas) são julgados na Justiça Federal. Mas, considerando a especialidade da matéria, (i) tratando-se de ação discutindo questões trabalhistas contra essas empresas, a competência será da Justiça do Trabalho e (ii) sendo caso de falência ou recuperação judicial, a competência sempre será da Justiça Estadual.

Em relação à *discussão entre Justiça Federal e Estadual*, duas súmulas do STJ foram reproduzidas no art. 45 do NCPC: (i) cabe ao juiz federal apreciar se há necessidade de participação do órgão federal (Súmula 150/STJ) e (ii) se o ente federal for excluído, deve o juiz federal devolver o processo ao juiz estadual, e não suscitar conflito de competência (Súmula 224/STJ).

No caso das três espécies de competência absoluta, ainda que haja contrato entre as partes escolhendo que a lide será solucionada por outro órgão judiciário, isso não será aceito pelo juiz (exatamente porque se trata da competência absoluta, em que não há liberdade das partes para alterá-la).

Como espécies da competência relativa há:

✓ **(i) competência territorial**: *São Paulo ou Rio de Janeiro? Belo Horizonte ou Curitiba?*

✓ **(ii) competência em razão do valor**: *Juizado Especial ou Vara tradicional da Justiça Estadual?*

Nestes casos, diferentemente do que se expôs em relação à competência absoluta, é possível se falar em **foro de eleição**: *podem as partes optar, em contrato, por um órgão judiciário situado em comarca distinta daquela prevista em lei como a territorialmente competente.* Exatamente porque esta competência se funda no interesse das partes.

No tocante à **competência em razão do valor** apesar de se tratar de incompetência relativa, no sistema brasileiro atual não há espaço para contrato entre as partes a seu respeito. *A única possibilidade que se tem é a escolha, pelo autor, do JEC ou da vara tradicional da Justiça Estadual. Curioso é apontar que o NCPC, tendo a oportunidade de ter alterado a regulamentação quanto à competência em razão do valor, não o fez.*

Das espécies acima indicadas, as mais debatidas no Exame da OAB são a competência em razão da matéria (que antes do NCPC englobava, também, os debates quanto a competência em razão da pessoa) e a competência territorial.

Conforme o tipo de competência (absoluta ou relativa), há distinções em relação às consequências para o processo. E isso é importante especialmente em relação às **situações de incompetência**. Além disso, importante modificação do NCPC é que, a partir de agora, a **forma de arguir a incompetência** é *sempre a mesma*, seja incompetência absoluta ou relativa.

No quadro a seguir, verificam-se as distinções entre os tipos de competência (absoluta e relativa) em relação a três situações: (i) se o juiz pode se reconhecer como incompetente de ofício, (ii) como a parte ré pode alegar a incompetência e (iii) caso a parte não alegue a incompetência no momento esperado, qual a consequência para o processo. Assim, vejamos o quadro a seguir:

Tipo de competência/ Distinções	Conhecimento de ofício pelo juiz (ou a parte precisa provocar?)	Forma de arguição pelo réu	Consequências da não arguição
Absoluta	Sim, de ofício (NCPC, art. 64, § 1º)	Preliminar de contestação (NCPC, art. 64)	Pode ser alegada / conhecida a qualquer tempo e grau de jurisdição (NCPC, art. 64, § 1º) Após coisa julgada, cabe rescisória (NCPC, art. 966, II)
Relativa	Não, a parte precisa provocar* (NCPC, art. 65)	Preliminar de contestação (NCPC, art. 64) – novidade do NCPC	Prorrogação da competência (NCPC, art. 65)

Em regra, o juiz deve *conhecer de ofício a incompetência absoluta* e *não pode conhecer de ofício a incompetência relativa* (Nesse sentido, STJ, Súmula 33: "A incompetência relativa não pode ser declarada de ofício").

Contudo, em relação ao **conhecimento de ofício da incompetência relativa pelo juiz**, há uma **exceção** (NCPC, art. 63, § 3º– por isso o asterisco no quadro acima). Tratando-se de situação em que há *eleição de foro, com cláusula abusiva, poderá o juiz de ofício declarar que a cláusula é ineficaz,* remetendo os autos ao juízo do foro do domicílio do réu. Como exemplo (mas não a única situação*), em relação de consumo, cláusula de eleição de foro em prejuízo do consumidor.*

Como já mencionado, o NCPC unificou a forma de se arguir a incompetência: a parte ré sempre deverá se valer da contestação, alegando essa defesa em preliminar.

Alegada a incompetência pelo réu, considerando os princípios do contraditório e vedação de decisão surpresa (vide item 1.3 abaixo), deverá a parte autora se manifestar. Acolhida a incompetência, os autos serão remetidos ao juiz competente; rejeitada a incompetência, os autos permaneceram perante o mesmo juízo. Dessa decisão, pelo NCPC (art. 1.015), *não cabe agravo de instrumento*. Em relação à *incompetência absoluta*, possivelmente (i) a jurisprudência *aceitará o agravo de instrumento* (interpretando o rol do art. 1.015 como exemplificativo) ou (ii) *aceitará o mandado de segurança*. Isso porque é incongruente admitir-se rescisória de decisão referente à incompetência absoluta, mas não agravo. Já há diversas decisões a respeito do tema: tanto admitindo agravo, como admitindo MS ou mesmo afirmando que é irrecorrível a decisão. A palavra final acerca do tema será do STJ.

Ainda em relação à incompetência absoluta, o § 3º do art. 64 do NCPC regula o que ocorre com decisões proferidas por magistrado que posteriormente se dá por incompetente de forma absoluta: (i) em regra, serão *conservados os efeitos da decisão já proferida* pelo juiz, até nova decisão do juiz competente; (ii) excepcionalmente, poderá ser revogada a decisão, *pelo próprio juiz que a prolatou*, ao reconhecer sua incompetência.

No tocante a não arguir a incompetência, é conveniente debater o **conceito de preclusão**: trata-se da *perda de uma faculdade processual pela parte*. Ou seja, a parte poderia ter realizado algum ato processual, mas não o fez – e, assim, perdeu a possibilidade de fazê-lo.

Como a incompetência absoluta pode ser alegada a qualquer tempo e grau de jurisdição, percebe-se que não há a preclusão. E, inclusive, após a formação da coisa julgada, ainda é possível se utilizar a ação rescisória pelo prazo de dois anos contados do trânsito em julgado (NCPC, arts. 966, II e 975, *caput*).

Por outro lado, se a parte não impugnar a incompetência relativa no prazo da contestação (como preliminar), não será possível realizar essa alegação posteriormente. Portanto, percebe-se que a incompetência relativa preclui. Denomina-se **prorrogação da competência** o fenômeno pelo qual *o juiz antes relativamente incompetente passa a ser relativamente competente, diante da ausência de alegação de incompetência territorial*. Somente ocorre a prorrogação no tocante à incompetência relativa.

1.2.5. Critérios para fixação da competência territorial

O CPC e leis extravagantes bem regulam a fixação da competência territorial.

No tocante à competência para o ajuizamento, existem *duas regras gerais e diversas exceções* (NCPC, arts. 48 e 53).

As **regras gerais** são as seguintes:

(i) na hipótese de **direito pessoal** ou **direito real sobre móveis**, a competência para o julgamento da causa será o *foro do domicílio do réu* (NCPC, art. 46).

(ii) tratando-se de **direito real sobre imóveis**, competente para julgar a lide será o *foro do local da coisa* (NCPC, art. 47).

Em relação ao art. 46 do NCPC, existem algumas situações adicionais previstas no dispositivo legal. Se o *réu tiver mais de um domicílio*, "será demandado no foro de qualquer deles"; se tiver *domicílio incerto ou desconhecido*, "será demandado onde for encontrado ou no foro do domicílio do autor"; caso *não tenha domicílio ou residência no Brasil*, a ação "será proposta no foro do domicílio do autor", sendo que *se também o autor residir fora do Brasil*, a ação "será proposta em qualquer foro"; se houver litisconsórcio passivo com *réus com domicílios distintos*, o autor poderá optar por qualquer dos foros; a *execução fiscal* será proposta no foro do domicílio / residência do réu ou no lugar onde for encontrado (NCPC, art. 46, §§ 1º a 5º).

Já em relação ao art. 47 do CPC, apesar de se tratar de competência territorial (e, portanto, em regra passível de modificação pela vontade das partes), o § 1º traz casos em que **não cabe foro de eleição**: "O autor pode optar pelo foro do domicílio do réu ou de eleição, **se o litígio não recair** sobre *direito de propriedade, vizinhança, servidão, divisão e demarcação de terras e nunciação de obra nova*". Por sua vez, o § 2º destaca que a ação possessória imobiliária será proposta no foro da situação da coisa.

Assim, nesses casos, obrigatoriamente a competência será do local do imóvel, *não se admitindo a modificação por vontade das partes*. Trata-se, nesses casos, por opção legislativa, de *competência absoluta*, mesmo que envolva território.

Ademais, como já exposto, *além destas duas regras gerais* (arts. 46 e 47 do NCPC), existem diversas **exceções** tanto no próprio NCPC como em leis extravagantes.

No NCPC, o tema é tratado nos arts. 48 e 53:

✓ – no **inventário, partilha, arrecadação, cumprimento de disposições de última vontade ou impugnação de partilha extrajudicial**: foro do *último domicílio do falecido* – mesmo foro competente para todas as ações em que o espólio for réu (NCPC, art. 48);

✓ – porém, se o falecido **não possuía domicílio certo**, competente será o *foro da situação dos bens imóveis* (NCPC, art. 48, parágrafo único, I); se existiam bens imóveis em lugares diferentes, o *foro de qualquer desses bens* (NCPC, art. 48, parágrafo único, II); ou, se não houver bens imóveis, *foro de qualquer dos bens do espólio* (NCPC, art. 48, parágrafo único, III);

✓ – nas demandas em que o **ausente for réu**: *foro de seu último domicílio* (NCPC, art. 49);

✓ – quando o **réu for incapaz**: *foro do domicílio de seu representante ou assistente* (CPC, art. 50);

✓ – no momento em que a **União for autora**: seção judiciária (termo para foro na Justiça Federal) do *domicílio do réu* (CF, art. 109, § 1º e NCPC, art. 51);

✓ – quando a **União for ré**, há 3 possíveis foros, cuja escolha é do autor (*foros concorrentes*): (a) domicílio do autor, (b) local do ato ou fato que deu origem à demanda ou onde está a coisa objeto do litígio, (c) Distrito Federal (CF, art. 109, § 2º e NCPC, art. 51, parágrafo único).

✓ – quanto ao Estado ou DF, aplicam-se as mesmas regras relativas à União – sendo possível o ajuizamento, quando o Estado for réu, não no DF, mas na capital do respectivo Estado (NCPC, art. 52);

✓ – no **divórcio (e ações correlatas quanto à vida em comum)**: a) foro do *domicílio do guardião do filho incapaz (isto é, no domicílio de quem tiver a guarda do filho que for menor ou incapaz); b)* se não houver filho incapaz, no foro do último domicílio do casal; c) se nenhum morar no último domicílio do casal, no domicílio do réu (NCPC, art. 53, I). Assim, **não** existe mais a previsão legal de *foro da mulher*;

✓ – na **ação de alimentos**: foro do domicílio de *quem pleiteia alimentos* (NCPC, art. 53, II);

✓ – na ação envolvendo **estatuto do idoso** (Lei 10.741/2003), na residência do idoso (NCPC, art. 53, III, *e*);

✓ – na ação **indenizatória relativa à serventia notarial ou de registro**, na *sede do próprio cartório extrajudicial* (NCPC, art. 53, III, *f*);

✓ – nas ações de **reparação de danos**, no *lugar do ato ou fato* (NCPC, art. 53, IV, *a*);

✓ – nas indenizações decorrentes de **acidente de veículo (inclusive aeronave) ou dano decorrente de delito**: foro do *local do fato* ou do *domicílio do autor* (NCPC, art. 53, V);

✓ – nas lides envolvendo **relações de consumo**: foro do *domicílio do consumidor* (CDC, art. 101, I);

✓ – nas **ações de despejo**, se não houver foro de eleição: foro do *local do imóvel* (Lei 8.245/1991, art. 58, II).

Como se pode perceber, em muitas dessas situações de exceção, o legislador buscou facilitar o acesso à justiça para a parte mais fraca, ou seja, para a parte **hipossuficiente** (salvo em relação ao tabelião ou registro). Assim, inverteu a regra de que é competente o foro do domicílio do réu.

Contudo, vale destacar que, como se está diante de competência territorial (relativa) e como essas exceções servem para facilitar a postulação em juízo para os autores, nada impede que o autor ajuíze a causa no domicílio do réu.

Se a **União ou ente federal intervier**, haverá a *remessa do processo ao juízo federal* – salvo se for recuperação judicial, falência, insolvência, acidente do trabalho, causa de competência da justiça eleitoral ou do trabalho (NCPC, art. 45, I e II).

1.2.6. Exemplos de fixação de Justiça e foro competentes

Para concluir este tópico, vale analisar alguns exemplos de fixação de competência, tanto em relação à competência em razão da matéria e pessoa, como em relação à competência territorial.

a) batida de carro entre particulares, ocorrida em São Paulo, autor domiciliado em Santos e réu domiciliado em Campinas:

Justiça Estadual, foro competente: São Paulo ou Santos (NCPC, art. 53, V);

b) batida de carro entre uma ambulância da Secretaria de Saúde do Estado do Rio de Janeiro e um particular, ocorrida no Rio de Janeiro, autor domiciliado em Niterói:

Justiça Estadual, foro competente: Rio de Janeiro ou Niterói (NCPC, art. 53, V);

c) batida de carro entre uma ambulância do Ministério da Saúde e um particular, ocorrida em Belo Horizonte, autor domiciliado em Betim:

Justiça Federal (CF, art. 109, I), foro competente: Belo Horizonte ou Betim (NCPC, art. 53, V);

d) usucapião de imóvel situado em São José dos Pinhais, possuidor e proprietários particulares, domiciliados em Curitiba:

Justiça Estadual, foro competente: São José dos Pinhais (CPC, art. 47);

e) despejo por falta de pagamento de imóvel situado em Recife, locador domiciliado em Olinda, locatário domiciliado em Recife:

Justiça Estadual, foro competente: Recife (Lei 8.245/1991, art. 58, II – local do imóvel, salvo se houver foro de eleição);

f) reclamação trabalhista de empregado da Caixa Econômica Federal (empresa pública federal), que reside e trabalha em Manaus:

✓ Justiça do Trabalho, foro competente: Manaus. Apesar de a reclamada ser ente federal, a justiça especializada atrai a competência em relação à Justiça Comum (CF, art. 109, I, parte final e NCPC, art. 45, II);

g) ação indenizatória de danos morais de empregado contra sua empregadora. Empregado domiciliado em Vila Velha, empresa sediada em Vitória:

Justiça do Trabalho, foro competente: Vila Velha. Apesar de o dano moral ser um instituto típico do direito civil e não da área trabalhista, a competência é da Justiça do Trabalho (CF, art. 114, VI e NCPC, art. 45, II);

h) acidente do trabalho em que o acidentado pleiteia uma diferença em relação ao que é pago pelo INSS a título de auxílio-acidente. Acidente ocorrido na Comarca de Imbituba/SC, que não tem Justiça Federal (subseção judiciária mais próxima: Florianópolis):

✓ Justiça Estadual, foro competente: Imbituba. Apesar do INSS ser Federal, no acidente do trabalho, por previsão constitucional, considerando o objetivo de facilitar o acesso à justiça do acidentado, a competência é da Justiça Estadual – com recurso julgado pelo TJ (CF, art. 109, I, parte final e NCPC, art. 45, I);

i) acidente do trabalho em que o acidentado pleiteia danos morais afirmando que o acidente somente ocorreu por culpa do seu empregador. Acidente ocorrido em Porto Alegre:

Justiça do Trabalho, foro competente: Porto Alegre. A jurisprudência do STF fixou a competência da Justiça do Trabalho para se pleitear danos decorrentes de acidente do trabalho em face do empregador (CF, art. 114, VI – STF, CC 7204, j. 29.06.2005 e NCPC, art. 45, I).

1.2.7. Alterações da competência após o ajuizamento da demanda

A respeito da modificação da competência o NCPC em grande parte reproduz o que constava do CPC/1973 e da jurisprudência do STJ.

A regra prevista na legislação processual é a ***perpetuatio jurisdictionis***, ou seja, *a competência é fixada no momento do registro ou distribuição da inicial, sendo irrelevantes as posteriores alterações que porventura ocorram* (CPC, art. 43). Contudo, por questões de celeridade e conveniência, algumas vezes é possível que haja a modificação da competência.

Assim, em regra, se o réu mudar de endereço durante o trâmite do processo, não haverá redistribuição da causa.

Porém, o próprio art. 43 do CPC, que prevê a *perpetuatio*, traz *exceções*: haverá a redistribuição se (i) houver supressão do órgão judiciário perante o qual tramitava a causa ou (ii) houver alteração da competência absoluta (matéria, pessoa ou hierarquia/função).

Assim, se uma vara for extinta ou se mudar a competência da vara (de vara cível para vara de família), aí será possível a redistribuição da causa.

Por sua vez, a competência pode ser alterada se houver **conexão** (*duas ou mais demandas que têm a mesma causa de pedir ou o pedido* – NCPC, art. 55) ou **continência** (*duas ou mais demandas em que há identidade de partes e de causa de pedir, mas o pedido de uma é mais amplo que o das demais* – NCPC, art. 56).

A **consequência da conexão** é a *reunião dos processos*, para que haja julgamento conjunto. A finalidade é (i) evitar decisões contraditórias e (ii) prestigiar a economia processual. Porém, **só haverá a reunião** de processos *se ambos estiverem no mesmo grau de jurisdição* (NCPC, art. 55, § 1º – exatamente como previsto na Súmula 235 do STJ).

Inova o NCPC ao trazer *situações concretas e afirmar que nelas há conexão* (**conexão legal** – NCPC, art. 55, § 2º). Somente há 2 hipóteses de conexão legal no Código: (i) execução de título executivo extrajudicial e processo de conhecimento relativo à mesma dívida e (ii) execuções fundadas no mesmo título executivo.

Outra inovação do NCPC é a possibilidade de **reunião de processos semelhantes**, *mesmo que não haja conexão* (NCPC, art. 55, § 3º). Contudo, a regulamentação dessa situação foi muito sucinta, sem maiores explicações de quais os requisitos ou vedações para que isso ocorra. Porém, *não parece ser possível aplicar esse dispositivo às "ações de massa"* (situações que se repetem às centenas ou milhares no país), pois o sistema prevê o incidente de resolução de demandas repetitivas para solucionar esses casos (NCPC, art. 976 e ss.).

Como **consequência da continência** (NCPC, art. 57), pode haver (i) a *reunião dos processos* (pelos motivos já expostos em relação à conexão) ou (ii) a *extinção de um deles* (inovação na legislação). O critério para verificar se deve haver reunião ou extinção consta da legislação: a) se a **ação que tiver o pedido mais amplo** *for ajuizada antes* (ou seja, o pedido continente), a demanda posterior é uma repetição, em grau menor. Sendo assim, haverá a *extinção do segundo processo*; b) se a **ação menos abrangente for anterior**, a ação continente, que trará mais argumentos e pedido mais amplo, não poderá ser extinta, caso em que *haverá a reunião.*

Se a situação de conexão ou continência determinar a *reunião das demandas*, a **prevenção** é que *determinará qual o juízo responsável pelo julgamento de ambas as demandas*, ou seja, o juiz que primeiro tiver tido contato com a lide é que julgará as causas conexas ou continentes. O **critério de prevenção** eleito pelo NCPC é distinto e mais simples que o existente no CPC/1973 (que trazia regras distintas). No novo Código, a *prevenção sempre será apurada pela distribuição ou registro* (NCPC, art. 59)

Utiliza-se o **conflito de competência** se *um ou mais juízes entenderem que são competentes ou incompetentes para julgar a mesma causa* (NCPC, art. 66). O conflito será usado se houver dúvida entre dois ou mais juízes a respeito de quem deverá julgar a causa (por força de conexão, continência, prevenção, acessoriedade).

O conflito pode ser suscitado pelo juiz, MP ou partes (NCPC, art. 951). O conflito pode ser **negativo** (os dois juízes entendem que são *incompetentes* para julgar a causa) ou **positivo** (os dois juízes entendem que são *competentes* para julgar a causa).

O conflito é decidido pelo Tribunal que seja hierarquicamente superior aos dois juízes envolvidos no conflito. Ou seja:

✓ se o conflito for entre o juiz de direito da 1ª Vara Cível do Rio de Janeiro e o juiz de direito da 2ª Vara Cível de Niterói, competente para julgar o conflito será o TJRJ;

✓ – se o conflito for entre o juiz da 1ª Vara Federal do Rio de Janeiro e o juiz de direito da 2ª Vara Cível de Niterói, competente para julgar o conflito será o STJ.

1.3. Princípios processuais

Os **princípios** são a *base na qual se assenta qualquer ramo do Direito, permeando toda sua aplicação. Dão ao sistema um aspecto de coerência e ordem.* Assim, os princípios processuais dão coerência e lógica ao sistema processual.

Existem princípios na Constituição e na legislação infraconstitucional. O NCPC, além de trazer novos princípios processuais, optou por *positivar, no âmbito infraconstitucional, diversos princípios que antes eram somente constitucionais.* A repetição de princípios processuais constitucionais no âmbito do NCPC acaba por *impedir que se discuta*, no âmbito do STF, via recurso extraordinário, os princípios processuais civis. Isso porque a jurisprudência do STF é firme ao apontar que não cabe RE para discutir "violação reflexa" à Constituição: se há algum dispositivo violado do ponto de vista infraconstitucional, só existe eventual violação à CF de forma reflexa, e isso não pode ser discutido pela via do RE.

Os artigos iniciais do NCPC tratam dos princípios processuais – sob a nomenclatura de **"normas fundamentais do processo civil"**. A seguir, serão analisados os princípios do processo civil brasileiro – tanto os previstos na CF, quanto os previstos no NCPC (bem como os que estão previstos em ambos os diplomas). Além disso, ao final deste tópico serão analisados dispositivos legais que também estão inseridos no tópico inicial do NCPC, ainda que não sejam tecnicamente princípios.

1.3.1. Princípio do acesso à justiça (inafastabilidade do controle jurisdicional)

O **princípio do acesso à justiça** garante que *o jurisdicionado, diante de uma lide, poderá buscar a solução via jurisdição, sendo indevidas quaisquer limitações à possibilidade de se acionar o Judiciário.* É previsto na CF, art. 5º, XXXV: "a lei não excluirá da apreciação do Poder Judiciário lesão ou ameaça a direito". E também no NCPC, art. 3º: "não se excluirá da apreciação jurisdicional ameaça ou lesão a direito".

Como subprincípio decorrente do acesso à justiça, o NCPC aponta que o "Estado promoverá, sempre que possível, a solução consensual dos conflitos" (art. 3º, § 2º), destacando o forte incentivo à conciliação e à mediação no novo sistema processual (a mediação prevista tanto no NCPC como na Lei 13.140/2015 – sendo que existem algumas incompatibilidades entre os novos diplomas).

Um exemplo de limitação do acesso à justiça seria a dificuldade de a parte pobre arcar com as custas do processo. Para tanto, de modo a garantir o acesso à justiça, há a previsão da assistência jurídica (CF, art. 5º, LXXIV, e art. 98 e ss. do NCPC).

Por fim, destaque-se que houve discussão se a arbitragem (forma de ADR, como já visto) violaria o acesso à justiça, já que veda a possibilidade de discussão da lide perante o Judiciário. Prevalece a posição de que, diante da opção das partes pela arbitragem, não há violação ao princípio (STF, SE 5206 AgR, Tribunal Pleno, j. 12.12.2001, *DJ* 30.04.2004). Para reforçar esse entendimento, o art. 3º, § 1º, do NCPC expressamente aponta que é "permitida a arbitragem, na forma da lei" (Lei 9.307/1996, alterada pela Lei 13.129/2015).

1.3.2. Princípio do devido processo legal

Este é um princípio pelo qual muito dos demais princípios são extraídos. É previsto na CF, art. 5º, LIV: "ninguém será privado da liberdade ou de seus bens sem o devido processo legal". Para o processo civil, é certo que o princípio se refere à perda de bens.

O princípio se aplica a diversas situações (há alta abstração) e indica as condições mínimas para o trâmite do processo.

Pode-se definir o **princípio do devido processo legal** como o *princípio que determina que o Estado-juiz não deve agir de qualquer forma, mas sim de uma forma específica, prevista em lei (regras previamente estabelecidas)*. E, sem essa forma, não é possível à parte perder seus bens em virtude de um processo judicial. Tanto o autor como o réu são beneficiários do princípio.

Mais recentemente, doutrina e jurisprudência têm falado em **devidoprocesso legal formal** (conceito acima exposto) e, também, em **devido processo legal substancial** (ou **material**), o qual *assegura que uma sociedade só será submetida a leis razoáveis* (também denominado princípio da razoabilidade das leis).

1.3.3. Princípio da ampla defesa

O **princípio da ampla defesa** é a *garantia de qualquer réu de ter plenas condições de apresentar seus argumentos de defesa*. Pode ser entendido como o princípio do acesso à justiça sob a perspectiva do réu. É positivado no art. 5º, LV, da CF: "aos litigantes (...) são assegurados o contraditório e ampla defesa, com os meios e recursos a ela inerentes".

O dispositivo constitucional faz menção a "recursos" inerentes à ampla defesa. Não se deve entender o termo em seu sentido técnico processual (ato que busca revisão de uma decisão judicial), mas sim como meios para que a defesa seja plenamente exercitada.

Porém, a ampla defesa não significa que tudo aquilo que o réu pretende alegar ou provar deve ser levado em consideração. O juiz deve analisar a pertinência e a conveniência das provas e das alegações.

1.3.4. Princípio do contraditório

O **princípio do contraditório** pode ser assim definido: *quando uma parte se manifesta, a outra também deve ter a oportunidade de fazê-lo*. É positivado no art. 5º, LV, da CF, reproduzido no tópico acima.

Trata-se de um binômio: "informação e possibilidade de manifestação". O primeiro é indispensável; o segundo é opcional, ou seja, não haverá violação ao princípio se a parte, ciente (informada), não se manifestar.

Além da previsão constitucional, o contraditório é encontrado no NCPC, em dois dispositivos.

O art. 9.º traz a visão clássica de o juiz não decidir sem ouvir a parte contrária, salvo exceções previstas no parágrafo único, como no caso de tutela de urgência.

Assim, em casos de urgência, a concessão de alguma medida pelo juiz antes da manifestação da parte contrária *não importa em violação ao princípio* – desde que, posteriormente, a outra parte seja ouvida. Este seria o pedido de liminar *inaudita altera parte* (sem que se ouça a outra parte). Não é que o contraditório não existe, ele é apenas diferido (adiado) para um momento seguinte, considerando a urgência do caso concreto.

O art. 7º do NCPC preceitua que a igualdade (vide item 1.3.6) é uma das formas pelas quais se atinge o efetivo contraditório.

1.3.4.1. Princípio da vedação de decisões surpresa

Inova o NCPC ao trazer, no art. 10, o contraditório sob outro ângulo: da *impossibilidade de o juiz decidir sem que tenha dado às partes oportunidade de se manifestar*. Mesmo que se trate de matéria que possa ser apreciada de ofício. Trata-se da **vedação de "decisões surpresa"**.

Como exemplo, se o juiz for reconhecer a prescrição, ainda que possa fazer isso de ofício, *terá antes de ouvir a parte a respeito desse tema*. Se assim não proceder, haverá uma decisão surpresa, o que é vedado por este dispositivo.

Assim, o binônmio (vide item acima) passa a ser um **trinônimo**: informação + possibilidade de manifestação + **resposta do Judiciário**. Trata-se do **contraditório efetivo** previsto no NCPC.

A ideia da vedação de prolação de decisão surpresa é permitir que a parte apresente argumentos para afastar a tese que possivelmente seria acolhida – ou seja, para efetivamente ter a *oportunidade de convencer o magistrado*, antes da prolação da decisão (*visão mais moderna do princípio do contraditório*).

Para alguns autores, isso nada mais é que o princípio do contraditório. Porém, como o próprio NCPC o aponta em dispositivo que não o do contraditório, é importante conhecer as duas facetas do tema.

Por fim, vale destacar que, inegavelmente, a aplicação do princípio faz com que o *processo demore mais* – o que poderia trazer algum conflito com o princípio da razoável duração do processo – vide item 1.3.10.

1.3.5. Princípio do juiz natural (princípio da vedação do tribunal de exceção)

O **princípio do juiz natural** preceitua que o *órgão julgador competente para determinada causa deve existir e ser conhecido antes de ocorrido o fato a ser julgado*. É previsto no art. 5º da CF, em dois incisos: "XXXVII – não haverá juízo ou tribunal de exceção" e "LIII – ninguém será processado nem sentenciado senão pela autoridade competente".

Assim, o juiz natural é o juiz competente previsto em lei (Constituição e Códigos) para julgar a lide em abstrato, antes mesmo de sua ocorrência.

O objetivo do princípio é garantir a *imparcialidade* do julgador, a qual é usualmente deixada de lado quando se cria um tribunal *ad hoc* (para determinado ato, após a sua ocorrência).

Não se deve confundir o juiz natural com a identidade física do juiz (princípio processual que existia no CPC/1973 e não mais existe no NCPC).

1.3.6. Princípio da isonomia (princípio da igualdade)

Pelo **princípio da isonomia** *o juiz deve tratar, no âmbito do processo, as partes da mesma forma*. Há previsão na CF, art. 5º, *caput* ("Todos são iguais perante a lei") e no NCPC, art. 7º (o qual prevê que o juiz deve assegurar "às partes paridade de tratamento em relação ao exercício de direitos e faculdades processuais"). A igualdade deve ser observada em todos os aspectos do processo.

Assim, prevê o princípio que o Judiciário deve tratar os litigantes da mesma forma, sem que haja benefícios em prol de um e em detrimento do outro. Como exemplo, os prazos processuais devem ser os mesmos tanto para o autor como para o réu.

Contudo, por vezes a própria legislação cria situações processuais distintas entre os litigantes. E isso se justifica pela necessidade de se equilibrar a posição entre as partes, em virtude de uma prévia desigualdade, ou seja, o princípio da igualdade também significa tratar desigualmente os desiguais – na medida de suas desigualdades (ex.: isenção de custas somente para a parte hipossuficiente).

1.3.7. Princípio da proibição de provas ilícitas

O princípio da **proibição da prova ilícita** deixa claro que "são inadmissíveis, no processo, as provas obtidas por meios ilícitos" (CF, art. 5º, LVI). O valor que se busca proteger é a intimidade das pessoas (também protegida na CF, art. 5º, X).

Se uma prova ilícita for levada ao processo, esta não deverá ser levada em conta pelo magistrado no momento do julgamento.

Derivada uma prova lícita de uma inicialmente ilícita, o entendimento majoritário é de que persiste a nulidade (esta é a denominada **teoria do fruto da árvore envenenada**).

1.3.8. Princípio da publicidade

O **princípio da publicidade** prevê que *os atos processuais e a tramitação do processo devem ser, em regra, públicos*. É previsto no art. 93, IX, da CF: "todos os julgamentos dos órgãos do Poder Judiciário serão públicos (...)". No NCPC, há repetição desse comando no art. 11 e também menção à publicidade no art. 8º.

Porém, não se trata de um princípio absoluto, já que há situações em que o processo pode ser sigiloso. E isso é previsto na própria CF, no art. 5º, LX: "a lei só poderá restringir a publicidade dos atos processuais quando a defesa da intimidade ou o interesse social o exigirem".

Assim, em certos casos – como nas discussões envolvendo direito de família –, tendo em vista a defesa da intimidade, o processo não será público para terceiros, em virtude do **segredo de justiça** (NCPC, arts. 11 e 189).

1.3.9. Princípio da motivação (princípio da fundamentação)

Pelo **princípio da motivação** *toda decisão proferida pelo Poder Judiciário deverá ser fundamentada, explicada, motivada pelo magistrado que a profere*. É positivado na CF, art. 93, IX: "todos os julgamentos dos órgãos do Poder Judiciário serão públicos, e fundamentadas todas as decisões (...)". Tal qual na CF, o NCPC prevê no art. 11 a publicidade e a fundamentação das decisões.

A finalidade é que as partes saibam a razão pela qual seus argumentos foram aceitos ou, principalmente, negados. Inclusive de modo a se ter condições de impugnar a decisão, via recurso. Caso não haja motivação, a decisão será nula.

Merece destaque, no NCPC, a forma pela qual a motivação das decisões judiciais é tratada. O art. 489, § 1º, aponta situações em que **não há** *adequada motivação*. Por esse dispositivo, não são fundamentadas decisões (sentença, acórdão ou interlocutória) que (i) se limitem à *indicação, à reprodução ou à paráfrase de ato normativo*, sem explicar sua relação com a causa ou a questão decidida; (ii) empreguem *conceitos jurídicos indeterminados*, sem explicar o motivo concreto de sua incidência no caso; (iii) invoquem motivos que se *prestariam a justificar qualquer outra decisão*; (iv) *não enfrentem todos os argumentos deduzidos no processo* capazes de, em tese, *infirmar (afastar) a conclusão adotada pelo julgador*; (v) se limitem a *invocar precedente ou enunciado de súmula*, sem demonstrar que o *caso sob julgamento se ajusta àqueles fundamentos*; (vi) *deixarem de seguir súmula ou jurisprudência* invocadas pela parte, *sem demonstrar a existência de distinção no caso em julgamento ou a superação do entendimento*. A respeito do tema, vide item 2.3.7.1.

1.3.10. Princípio da duração razoável do processo (princípios da economia e da celeridade)

O **princípio da duração razoável do processo** foi inserido na Constituição pela EC 45/2004 (Reforma do Judiciário). Nos termos do art. 5º, LXXVIII, "a todos, no âmbito judicial e administrativo, são assegurados a razoável duração do processo e os meios que garantam a celeridade de sua tramitação".

E, no NCPC, está previsto no art. 4º. A inovação no Código é que *há menção específica à satisfação*, o que sinaliza que o princípio não se restringe apenas à fase de conhecimento, mas também ao cumprimento de sentença e execução.

É a expressão positivada dos princípios implícitos da economia processual e da celeridade (parte da doutrina trata estes dois princípios como sinônimos).

Para os que entendem existir diferença, o **princípio da economia processual** busca *um processo econômico não só em relação ao tempo, como também recursos humanos, recursos materiais, custos etc.* Já quando se fala em **princípio da celeridade**, *a ideia é um processo que não tenha uma duração prolongada.*

1.3.11. Princípio do duplo grau de jurisdição

Como não se tem previsão explícita (pois não previsto na CF ou na legislação infraconstitucional), há quem entenda não se tratar de um princípio. Contudo, a posição majoritária é que se trata de um *princípio implícito*, que decorre do devido processo legal e, também, da previsão de recursos e tribunais no sistema processual-constitucional brasileiro.

O **princípio do duplo grau de jurisdição** pode ser definido como a *possibilidade de reexame de uma decisão judicial, por um outro órgão jurisdicional, usualmente superior.*

Contudo, reconhece-se que em algumas hipóteses o princípio pode ser excepcionado. Como exemplos, podem ser apontados os acórdãos proferidos em causas de competência originária do STF (ex.: ADI – Ação Direta de Inconstitucionalidade). A questão é mais complexa no âmbito processual penal, pois há previsão do duplo grau no Pacto de San José da Costa Rica (Convenção Americana sobre Direitos Humanos); porém, não há essa previsão para o processo civil.

1.3.12. Princípio da inércia (princípio dispositivo)

O **princípio da inércia** determina que, *para a atuação do Judiciário visando a solucionar uma lide, há necessidade de* *manifestação da parte interessada.* Ou seja, o Judiciário fica inerte até que seja provocado pelo autor. O princípio está previsto nos arts. 2º do NCPC e tem por objetivo garantir a imparcialidade do juiz. Mas o mesmo artigo preceitua que, uma vez retirado o Judiciário da inércia, aí o processo tramita por impulso oficial.

Apesar de a *regra* ser o Judiciário inerte, existem algumas *exceções* no sistema, em que a própria legislação afirma que o juiz poderá agir *de ofício* (ou seja, sem provocação da parte). Por exemplo, ao apreciar matérias de ordem pública, como vícios processuais (NCPC, art. 485, § 3º) – porém, reitere-se que, mesmo nesses casos, deverá ser dada à parte a oportunidade de se manifestar, para evitar a prolação de decisão-surpresa (vide item 1.3.4.1 acima).

1.3.13. Princípio da congruência (princípio da adstrição do juiz ao pedido ou da correlação)

Como decorrência do princípio dispositivo, há o **princípio da congruência**, o qual aponta que *o juiz apenas pode conceder o que foi pedido pela parte.* É previsto nos arts. 141 e 492 do NCPC.

Se o Judiciário somente pode se movimentar se provocado pela parte (princípio dispositivo), é certo que tal Poder não deve conceder algo além do que foi pleiteado pela parte.

Se o juiz conceder algo fora do que foi pedido, fala-se em decisão *extra petita* (a parte pede dano material e o juiz concede dano moral). Se o juiz conceder algo além do que foi pedido, fala-se em decisão *ultra petita* (a parte pede R$ 10 mil de dano moral e o juiz concede R$ 20 mil de dano moral). Nesses dois casos, há nulidade da decisão.

1.3.14. Princípio do convencimento motivado do juiz (livre convencimento?)

O **princípio do convencimento motivado** regula a avaliação das provas existentes nos autos e está previsto no art. 371 do NCPC. Assim, *o juiz não está vinculado a qualquer prova em específico, mas ao conjunto probatório como um todo – contudo, ao decidir, terá de indicar os motivos que deram base a seu convencimento.*

Ou seja, uma prova não vale mais que a outra. E um exemplo claro disto é que o juiz não está vinculado à conclusão do perito no laudo pericial (NCPC, art. 479). Porém, reitere-se, deverá fundamentar o porquê de não acolher ou acolher determinada prova. Relembre-se que o princípio da motivação (item 1.3.9 acima) já aponta esta necessidade.

No CPC/1973, este princípio era denominado de **livre convencimento motivado**. No NCPC, como se percebe, houve a supressão da palavra "livre". Alguns autores sustentam que essa alteração legislativa *muda a forma de apreciação da prova pelo juiz*; outros afirmam que *não houve qualquer alteração*, pois o juiz sempre terá de apreciar a prova e, com base nas especificidades do caso concreto e sua percepção, julgar (pois o julgador não é uma máquina, mas um ser humano). Independentemente desse debate, o importante é conhecer que houve a alteração legislativa quanto ao princípio.

1.3.15. Princípio da oralidade

O **princípio da oralidade** é aquele que *estimula a realização dos atos processuais por meio verbal; ou seja, mediante a realização de audiências.* Para que se compreenda este princípio, é de se entender que a **finalidade da oralidade** é *aproximar o juiz das partes e das provas*, o que se verificar a partir de alguns *subprincípios.*

No NCPC, houve uma sensível redução da oralidade em relação ao que era previsto no CPC/1973 (exatamente porque, no sistema anterior, a jurisprudência acabou por afastar do cotidiano forense alguns aspectos da oralidade).

Houve, por exemplo, a *supressão do princípio da identidade física do juiz*, que determinava que o juiz que produziu a prova era o juiz que deveria julgar a causa.

Em relação à *audiência*, que no CPC/1973 sempre seria conduzida pelo juiz, será *conduzida por mediador ou conciliador*, quando se tratar do *ato inaugural* (NCPC, art. 334, § 1º). Porém, prevê o NCPC que o juiz poderá determinar o comparecimento das partes em juízo, para "inquiri-las sobre os fatos da causa" (art. 139, VIII), o que demonstra que o NCPC ainda prevê o contato entre juízes e partes e prova (**princípio da imediatidade**).

Assim, não houve a total abolição da oralidade, mas sua mitigação. Além da imediatidade, podemos apontar que permanece no NCPC:

a) princípio da concentração: a *instrução deve ser reduzida a um número mínimo de audiências* **(audiência una – NCPC, art. 365), e a um rápido julgamento após o término da instrução (30 dias, segundo o NCPC, art. 366);**

b) princípio da irrecorribilidade das interlocutórias: na linha do acima exposto, deve-se *evitar que, a cada interlocutória, o processo seja suspenso.* Assim, apenas algumas situações de interlocutórias, devidamente previstas em lei, é que poderão ser impugnadas por agravo de instrumento (NCPC, art. 1.015);

1.3.16. Princípio da boa-fé (lealdade processual)

O processo acarreta sempre a manifestação de ambas as partes (vide princípio do contraditório). É certo que a ida ao Judiciário decorre da existência da lide, o que muitas vezes significa um grau acentuado de animosidade entre os litigantes. Contudo, o processo em si não pode ser um local de conflito.

Daí o **princípio da boa-fé**, que *busca evitar uma atuação desleal ou fraudulenta das partes e de seus advogados, no âmbito do processo, prevendo sanções processuais para quem assim atue.* Apesar do foco do princípio ser as partes, aplica-se, também, a todos que atuam no processo (NCPC, art. 5º).

No CPC/1973, não havia menção expressa à boa-fé dentre os princípios. Mas havia indicativo de qual deveria ser a conduta ética das partes no processo, o que se denominava de **princípio da lealdade processual**. Assim, é possível se falar que boa-fé e lealdade, neste contexto, são *sinônimas.*

Como expressão do princípio pode-se destacar a existência da **litigância de má-fé**, *figura processual que prevê multa à parte que agir contra a boa-fé ou deslealmente no processo* (NCPC, arts. 80 e 81).

A parte (autor, réu, terceiro) é considerada litigante de má-fé *quando* (NCPC, art. 80):

✓ I – deduzir pretensão ou defesa contra texto expresso de lei ou fato incontroverso;

✓ II – alterar a verdade dos fatos;

✓ III – usar do processo para conseguir objetivo ilegal;

✓ IV – opuser resistência injustificada ao andamento do processo;

✓ V – proceder de modo temerário em qualquer incidente ou ato do processo;

✓ VI – provocar incidentes manifestamente infundados;

✓ VII – interpuser recurso com intuito manifestamente protelatório.

A condenação em litigância de má-fé importa, conforme art. 81 do NCPC, em:

(i) *multa* entre *1% e 10% do valor corrigido da causa*; se o valor da causa for irrisório ou inestimável, a multa poderá ser de até 10 salários mínimos (NCPC, art. 81, § 2º);

(ii) *indenização* à parte contrária pelos danos sofridos, honorários advocatícios e despesas. Essa indenização será desde logo fixada pelo juiz ou, se não for possível, liquidada por arbitramento, nos próprios autos – *inexistindo limite legal para o seu valor*.

A imposição da pena por litigância de má-fé poderá ser imposta **de ofício ou a requerimento da parte** (NCPC, art. 81), sendo revertida para a parte contrária (NCPC, art. 96).

Se houver litisconsórcio entre os litigantes de má-fé, haverá condenação de forma proporcional ou mesmo de forma solidária, se os litigantes se coligaram para lesar a parte contrária (NCPC, art. 81, § 1º).

Figura *análoga* à litigância de má-fé é o "**ato atentatório à dignidade da Justiça**".

É previsto na parte geral do NCPC, para duas das condutas esperadas das partes (previstas no art. 77, deveres das partes):

– cumprir com exatidão as decisões jurisdicionais, de natureza provisória ou final, e não criar embaraços à sua efetivação (inc. IV);

– não praticar inovação ilegal no estado de fato de bem ou direito litigioso (inc. VI).

Assim, entendeu o NCPC que essas duas *condutas são mais graves que as demais*. Assim, são qualificadas de ato atentatório à dignidade da justiça (não litigância de má-fé), sendo aplicável *multa de até 20% do valor da causa*, que será *revertida ao Estado* e não à parte contrária (art. 77, §§ 2º e 3º). Não se cumula a multa por ato atentatório com a multa por litigância de má-fé, mas é possível que haja a cumulação com outras multas processuais (art. 77, § 4º).

Além disso, prevê o NCPC o **ato atentatório à dignidade da justiça no processo de execução** (aplicado analogicamente para o cumprimento de sentença), para quando o executado (NCPC, art. 774):

✓ I – frauda a execução;

✓ II – se opõe maliciosamente à execução, empregando ardis e meios artificiosos;

✓ III – dificulta ou embaraça a realização da penhora;

✓ IV – resiste injustificadamente às ordens judiciais;

✓ V – intimado, não indica quais são e onde se encontram os bens sujeitos à penhora e os respectivos valores, nem exibe prova da propriedade.

Se o executado assim proceder, o juiz poderá aplicar **multa** *de até 20% do valor atualizado do débito* objeto da execução, sem prejuízo de outras sanções, sendo que a *multa reverterá em proveito do* **exequente** e será exigível na própria execução (NCPC, art. 774, parágrafo único).

Ou seja, (i) na parte geral há multa por litigância de má-fé e ato atentatório, com valores distintos (até 10% e até 20%, respectivamente), (ii) nada impede que na execução haja multa por má-fé e ato atentatório e (iii) o destinatário da multa por ato atentatório à dignidade da justiça é distinto em relação à parte geral (Estado) ou na execução e cumprimento de sentença (parte contrária).

1.3.17. Princípio da cooperação

O art. 6º do NCPC inova ao prever o **princípio da cooperação**, destacando que *todos os sujeitos do processo devem "cooperar entre si para que se obtenha, em tempo razoável, decisão de mérito justa e efetiva"*. Qual seria efetivamente o significado desse novo princípio?

Não há dúvida de que apresenta alguma correlação com o princípio da boa-fé, acima exposto. Assim, a tendência é que, ao menos no início da vigência do NCPC, é que o princípio da cooperação se aproxime da boa-fé e lealdade processual.

Assim, do ponto de vista das partes, a cooperação poderia ser vista como um limite ao contraditório, no sentido de não se ter um contraditório nocivo, que viole a boa-fé. É certo que cooperar *não pode significar que um advogado tenha de abrir mão da estratégia de atuar em prol de seu cliente*.

Como exemplos, (i) saneamento compartilhado, em que as partes apontam quais são os pontos controvertidos (NCPC, art. 357, § 3º), (ii) dever de exibição de documentos (NCPC, art. 396 e ss.), (iii) dever de manter endereço (inclusive *e-mail*) atualizado perante o Judiciário (NCPC, art. 246, § 1º) e (iv) de uma forma geral, a possibilidade de se definir o procedimento da demanda, por meio do negócio jurídico processual (o NJP, previsto no NCPC, art. 190 –vide item 1.7.2).

Do ponto de vista do juiz, o princípio seria o dever de cooperar com a parte, informando e esclarecendo-a antes de proferir alguma decisão.

Como exemplos, (i) a vedação de decisão-surpresa, prevista no art. 10 do NCPC (e já analisada no item 1.3.4.1 acima), (ii) a necessidade de decisão quanto à distribuição do ônus da prova antes da instrução (NCPC, art. 357, III) e (iii) o dever de o magistrado indicar qual ponto da inicial deve ser emendado, não cabendo apenas se falar "emende a inicial" (NCPC, art. 321).

1.3.18. Princípios relacionados às nulidades

É importante que, no processo, haja a observância de formas, de maneira que se garanta segurança aos litigantes (princípio do devido processo legal). Contudo, dúvida não há de que a observância irrestrita das formas engessa o andamento do processo (em violação ao princípio da razoável duração do processo).

Neste contexto é que se inserem os princípios relacionados às nulidades (isso porque a inobservância de forma, a rigor, acarreta a nulidade do ato processual, ou seja, sua repetição).

Merecem destaque os seguintes princípios:

a) princípio da instrumentalidade das formas, pelo qual *ainda que a forma prevista em lei não for observada, o juiz considerará válido o ato se, realizado de outro modo, alcançar-lhe a finalidade* (NCPC, art. 277). Logo, *só haverá nulidade se houver prejuízo* (regra do *pas de nullitèsansgrief* – CPC, art. 282, § 1º).

b) princípio da causalidade: *decretada a nulidade de um ato, os que dele decorrerem também devem ser reconhecidos como nulos* (NCPC, art. 281).

c) princípio da conservação: *não há nulidade dos atos posteriores que sejam independentes daquele que foi anteriormente anulado* (NCPC, art. 283).

1.3.19. Princípio da eventualidade

O processo tem por finalidade a solução da lide e deve seguir sempre com essa finalidade. Nesta linha, para evitar demora na tramitação do processo (princípio da razoável duração do processo), fala-se em **preclusão**. Ou seja, em regra, o processo não pode voltar para uma fase anterior.

Assim, o **princípio da eventualidade** aponta que *a parte, no momento em que se manifestar, deverá trazer todos os argumentos e pedidos possíveis, visto que, em regra, não é possível fazê-lo em momento posterior*.

Para ilustrar, vale trazer o exemplo da contestação em que réu deverá apresentar *todos* seus argumentos de defesa, ainda que contraditórios (NCPC, art. 336).

1.3.20. Outros princípios mencionados nos artigos iniciais do NCPC

Em um contexto de trazer para o NCPC cláusulas gerais – que permitem ao juiz uma margem de discricionariedade (e, assim, maior liberdade no julgar) – o art. 8º do Código destaca que o juiz, ao decidir deverá observar o ordenamento jurídico (leis), mas observando os *fins sociais* e as *exigências do bem comum*, promovendo a *dignidade da pessoa humana* e observando a *proporcionalidade* e a *razoabilidade*.

Esse mesmo art. 8º do NCPC destaca que o juiz deverá observar os princípios da *legalidade* (CF, art. 5º, II), da *publicidade* (CF, art. 93, IX – já tratado no item 1.3.8 acima) e da *eficiência* (CF, art. 37, *caput*). Ou seja, mais três princípios constitucionais reproduzidos no NCPC – sendo que a publicidade é reforçada no art. 11, em conjunto com o *princípio da motivação* (também presente na CF, art. 93, IX e igualmente já visto no item 1.3.9 supra).

1.3.21. Regra do julgamento cronológico

Finalizando a parte inicial do NCPC (que trata das normas fundamentais, ou seja, a parte principiológica), mas não se tratando tecnicamente de um princípio, há a previsão de **julgamento das demandas em ordem cronológica** (art. 12).

Este é um dos dispositivos alterados durante a vacatio legis (Lei 13.256/2016), sendo importante conhecer a modificação.

A redação original era a seguinte: "Os juízes e os tribunais **deverão** obedecer à ordem cronológica de conclusão para proferir sentença ou acórdão.".

Considerando essa previsão, uma vez que a causa fosse à *conclusão para julgamento*, deveria ser *observada essa ordem cronológica de conclusão para prolação das **sentenças***: primeiro teria de ser sentenciada a causa mais antiga, para somente depois ser sentenciada a causa mais recente.

Também *nos tribunais* deveria ser observada essa regra, considerando a conclusão para prolação de **acórdão**

Contudo, com a alteração legislativa, a redação do artigo ficou a seguinte: Art. 12. Os juízes e os tribunais atenderão, **preferencialmente**, à ordem cronológica de conclusão para proferir sentença ou acórdão.

Ou seja: de um comando para o julgador (deverão obedecer) passou-se para uma mera sugestão ao magistrado (atenderão, preferencialmente). Portanto, não haverá qualquer consequência se a ordem cronológica não for observada.

De qualquer forma, o dispositivo não foi revogado, de modo que que haverá essa preferência para o julgamento em ordem cronológica, no tocante às sentenças e acórdãos. Mas isso não se verifica, por falta de previsão legal, às decisões interlocutórias (de 1º grau) e às decisões monocráticas de relator (no âmbito dos tribunais).

Pela redação mantida, em cada uma das varas de juízes ou gabinetes de desembargadores ou de ministros, deverá ser elaborada uma **lista com a ordem dos processos** que estão conclusos para decisão final (NCPC, art. 12, § 1º). Essa lista deverá estar *disponível não só na vara ou gabinete, mas também na internet* (e, por certo, demandará considerável tempo dos servidores do cartório para sua elaboração – do ponto de vista prático, poucas são as varas e tribunais que adotam essa lista, sendo isso realizado especialmente em cartórios onde há autos eletrônicos, e isso já é feito pelo sistema.

Não há *previsão, no NCPC de consequência ou qualquer penalidade caso a ordem cronológica não seja observada* (há previsão de processo disciplinar contra o escrevente se esse servidor não *publicar* as decisões em ordem cronológica – NCPC, art. 153, § 5º). Em tese, seria possível representação perante a Corregedoria local ou CNJ. Em virtude da ausência de sanção processual, é possível vislumbrar que esse dispositivo não será efetivamente aplicado em muitos órgãos do Judiciário. Mas, para fins de exames, o texto legal deve ser conhecido.

O próprio NCPC traz diversas **exceções à ordem cronológica**: são pelo menos *29 hipóteses, divididas em 9 incisos*. Ou seja, nesses diversos casos, a ordem cronológica não precisará ser observada. Destacamos aqui as principais situações em que isso ocorre (NCPC, art. 12, § 2º):

- homologação de acordo,
- julgamento de causas massificadas (seja em julgamento de recursos repetitivos ou incidente de resolução de demandas repetitivas),
- sentença sem resolução do mérito (art. 485),
- decisão monocrática do relator, no âmbito dos tribunais (art. 932),
- julgamento de embargos de declaração e agravo interno;
- preferências legais, como no caso de idoso;
- metas do CNJ;
- situações de urgência.

Contudo, é de se reiterar que, como o julgamento em ordem cronológica é *opcional*, esses incisos acabam tendo pouca relevância prática.

1.4. Partes, procuradores, sucumbência e justiça gratuita, Juiz, Conciliador e Mediador, Ministério Público, Defensoria Pública e Fazenda Pública em juízo

1.4.1. Partes e capacidades

Para que se saiba quem pode figurar como parte no âmbito do Poder Judiciário, é necessário que se conheça as diversas capacidades existentes:

a) capacidade de ser parte: *pode ser parte em um processo judicial quem tem a possibilidade de ser titular de direitos – assim, trata-se de conceito ligado à personalidade jurídica* (CC, art. 1º).

Apesar disso, para resolver questões de ordem prática, a legislação processual por vezes concede capacidade de ser parte a entes despersonalizados. É, por exemplo, o caso do espólio, que é representado pelo inventariante (cf. NCPC, art. 75, V, VI, VII e XI). Uma situação concreta que gerou muita polêmica foi pacificada com a edição da Súmula 525 do STJ: "A Câmara de Vereadores não possui personalidade jurídica, apenas personalidade judiciária, somente podendo demandar em juízo para defender os seus direitos institucionais".

Como se percebe, ou há ou não há capacidade de ser parte, não sendo possível falar em correção dos polos da relação processual no caso de incapacidade de ser parte – o processo será extinto.

b) capacidade processual *(legitimatio ad processum): é a capacidade de figurar no processo judicial por si mesmo, sem o auxílio de outrem.*

Não se deve confundir esta figura com a condição da ação *legitimidade de parte* (*legitimatio ad causam*), adiante enfrentada.

A regra do NCPC (art. 71) é que os absolutamente incapazes (CC, art. 3º) devem ser representados, ao passo que os relativamente incapazes (CC, art. 4º) devem ser assistidos.

Há de se atentar que o Estatuto da Pessoa com Deficiência (Lei 13.146/2015) alterou o Código Civil, especificamente para passar a prever que pessoas com deficiência não são incapazes.

Para exemplificar: uma criança tem capacidade de ser parte (pode pleitear alimentos, por exemplo), mas não pode figurar, sozinha, no processo. Assim, não tem capacidade processual, devendo estar acompanhada para que haja a supressão de sua incapacidade processual. Diferentemente da incapacidade de ser parte, a incapacidade processual pode ser suprida (NCPC, art. 76).

Por sua vez, há algumas pessoas que, apesar de não serem incapazes à luz da legislação civil, têm restrições em sua capacidade processual. É a hipótese dos *litigantes casados*.

Em regra, não há qualquer distinção entre solteiros e casados. A *exceção* envolve as **ações reais imobiliárias**, *salvo no caso do regime* de separação total de bens (NCPC, art. 73). Neste caso, ou há litisconsórcio ou há autorização do cônjuge para se ingressar em juízo – via outorga uxória (prestada pela esposa ao marido) ou outorga marital (prestada pelo marido à esposa). A inovação do NCPC se refere à expressa *menção à união estável* (art. 73, § 3º) – o que já era admitido pela jurisprudência. A lei prevê a necessidade de participação do companheiro *apenas quando constar dos autos a informação de que existe união estável* – isso de modo a evitar atitudes de má-fé, no sentido de trazer essa informação para os autos após anos de tramitação do processo, de modo a acarretar a nulidade do processo.

O legislador assim previu considerando que a discussão envolvendo direitos reais imobiliários em tese pode influenciar toda a família. É uma visão que dá maior valor ao bem imóvel que se justificava na década de 1970, mas não na segunda década do século XXI (mas não houve alteração no NCPC).

c) capacidade postulatória: *é a capacidade plena de representar as partes em juízo; a capacidade de falar, de postular perante os órgãos do Poder Judiciário.* Em regra, o advogado é o titular da capacidade postulatória (NCPC, art. 103).

Porém, há casos em que a lei concede capacidade postulatória à própria parte – mas isso não impede a postulação por meio de um advogado. As situações são as seguintes:

✓ – Juizados Especiais Cíveis, nas causas de até 20 salários mínimos (Lei 9.099/1995, art. 9º) – e, também, Juizado Especial Federal e Juizado da Fazenda Pública Estadual (nesses casos, diante da omissão legislativa, o entendimento majoritário é que não há a limitação de 20 salários, sendo cabível a atuação da parte sem advogado até o teto desses juizados, regulados pela Lei 10.259/2001 e Lei 12.153/2009, respectivamente);

✓ – ação de alimentos (Lei 5.478/1968, art. 2º);

✓ – *habeas corpus*;

✓ – reclamações trabalhistas (CLT, art. 791), cabendo lembrar que essa capacidade, para o TST, não é irrestrita (Súmula 425 do TST: "O *jus postulandi* das partes, estabelecido no art. 791 da CLT, limita-se às Varas do Trabalho e aos Tribunais Regionais do Trabalho, não alcançando a ação rescisória, a ação cautelar, o mandado de segurança e os recursos de competência do Tribunal Superior do Trabalho").

✓ A prova de que houve a outorga de poderes ao advogado se dá pelo contrato de mandato, cujo instrumento é a procuração (vide item 1.4.4 abaixo).

✓ Existindo **vício de capacidade que possa ser sanado**, inicialmente o juiz deverá determinar a *correção* da falha (NCPC, art. 76, *caput*). Se não houver a correção da falha, existem *consequências distintas*, conforme o grau de jurisdição e o polo da parte.

✓ Caso o vício não seja sanado e o **processo estiver em 1º grau**, existem *3 possibilidades* (NCPC, art. 76, § 1º): (i) *extinção* do processo *sem resolução de mérito* (art. 485, IV), se o vício tivesse de ser *sanado pelo autor*; (ii) *revelia* (art. 344), se o vício tivesse de ser *sanado pelo réu*; (iii) *exclusão do processo ou revelia*, se o vício tivesse de ser *sanado por terceiro* (terceiro no polo ativo: exclusão do processo; terceiro no polo passivo: revelia).

✓ Caso o vício não seja sanado e o **processo estiver no tribunal** (intermediário ou superior), existem 2 possibilidades (NCPC, art. 76, § 2º): (i) *não conhecimento* do recurso, se o vício tivesse de ser *sanado pelo recorrente*; (ii) *desentranhamento das contrarrazões*, se o vício tivesse de ser *sanado pelo recorrido*. Assim, não mais poderá ser aplicado o entendimento de tribunal superior de impossibilidade de correção de procuração (vício de capacidade postulatória) no âmbito do STJ ou STF.

1.4.2. *Alteração das partes após o ajuizamento da demanda (sucessão processual)*

Em regra, *realizada a citação, descabe a alteração do pedido ou da causa de pedir; consequentemente, impede-se a modificação das partes* (NCPC, art. 329).

Contudo, existem algumas *exceções*. Dá-se o nome **sucessão processual** à *alteração das partes em um processo judicial* (NCPC, art. 108). Não deve ser confundida com a **substituição processual**, que *importa em pleitear direito alheio em nome próprio* (NCPC, art. 18).

Um exemplo de sucessão processual é a hipótese de *falecimento* de uma das partes (NCPC, art. 110) quando – após a suspensão do processo (NCPC, art. 313, I) – o sucessor ingressará nos autos para assumir a posição processual do falecido. Isso ocorrerá mediante um procedimento especialmente denominado *habilitação* (NCPC, art. 687).

Outro exemplo em que pode ocorrer a sucessão é a *alienação de objeto litigioso*. Neste caso, quem adquire o bem poderá ingressar no processo no lugar da parte que alienou o bem

– desde que haja consentimento da parte contrária (NCPC, art. 109, § 1º). Se não houver o consentimento, o adquirente poderá intervir no processo como assistente litisconsorcial do alienante (NCPC, art. 109, § 2º).

1.4.3. Curador especial

O CPC prevê, para determinados casos, a figura de um **curador especial**. Trata-se de um *advogado nomeado pelo juiz para postular em nome de determinada parte que apresenta uma situação de hipossuficiência*.

Deverá existir a curatela especial nas seguintes situações (NCPC art. 72):

(i) *incapaz sem representante legal* (inova o NCPC ao esclarecer que a curatela durará *enquanto subsistir a incapacidade*);

(ii) ao *réu preso*, que for revel (ou que venha a ser preso durante a fluência do prazo de contestação – STJ, REsp 1.032.722/PR, 4.ª T., j. 28.08.2012, *DJe*. 15.10.2012, Informativo/STJ 503) e

(iii) ao réu revel citado por edital ou por hora certa (ou seja, *citação ficta*).

Em regra, compete à própria parte buscar o seu advogado. Mas, nesses casos, diante de alguma dificuldade (*situação de hipossuficiência*), o magistrado é quem providencia o patrono (que recebe o nome de curador especial), em observância aos princípios da ampla defesa e do contraditório.

1.4.4. Mandato

Como visto acima, a parte usualmente será representada em juízo por um advogado. O *contrato que regula a relação cliente – advogado* é o **mandato**. A **procuração** é o *instrumento do mandato e prova que a parte é representada pelo advogado*.

Em regra, ao apresentar qualquer manifestação, o advogado já junta ao processo a procuração. Contudo, em *situações de urgência*, é possível que o advogado pleiteie alguma providência jurisdicional sem a apresentação da procuração, requerendo prazo para tanto – de 15 dias, prorrogáveis por mais 15 dias (CPC, art. 104).

✓ A **procuração geral para o foro** (procuração com a cláusula *ad judicia*) permite que o advogado realize os principais atos do processo.

✓ Para *situações específicas*, há necessidade de constar da procuração os *poderes especiais*, que são os seguintes – existindo novidades em relação ao CPC/1973 (NCPC, art. 105):

✓ **(i)** receber citação,

✓ **(ii)** confessar,

✓ **(iii)** reconhecer a procedência do pedido,

✓ **(iv)** transigir,

✓ **(v)** desistir,

✓ **(vi)** renunciar ao direito sobre o qual se funda a ação,

✓ **(vii)** receber,

✓ **(viii)** dar quitação,

✓ **(ix)** firmar compromisso e

✓ **(x)** assinar declaração de hipossuficiência econômica.

Inova o NCPC ao determinar que da procuração conste o *nome, número de inscrição e endereço da sociedade de advogados* – se o advogado fizer parte de alguma, por certo (NCPC, art. 105, § 3º). Além disso, a procuração, salvo previsão em sentido contrário constante do próprio instrumento, é eficaz por toda a tramitação do processo, inclusive o cumprimento de sentença (NCPC, art. 105, § 4º).

1.4.4.1. Formas de extinção do mandato

A legislação civil prevê o **término do mandato** nas seguintes hipóteses (CC, art. 682):

(i) renúncia ou revogação;

(ii) morte ou interdição das partes (seja cliente ou advogado);

(iii) mudança de estado que inabilite o mandante a conferir poderes (como uma alteração societária que altere quem, na empresa, possa outorgar mandato) ou o mandatário para exercê-los (perda da capacidade postulatória pelo advogado, que pode ocorrer por força de uma suspensão perante a OAB, dentre outras razões);

(iv) pelo término do prazo ou pela conclusão do negócio.

A **renúncia** é o *ato pelo qual o advogado deixa de representar o cliente*. Pode o advogado "renunciar ao mandato a qualquer tempo, *provando (...) que comunicou a renúncia ao mandante*, a fim de que este nomeie substituto" (NCPC, art. 112). Ou seja, se não houver a comprovação no processo de que houve a ciência ao cliente, a renúncia não será válida. Mas, mesmo que comprovada a ciência da renúncia, *o advogado continuará a representar o mandante nos autos por 10 dias*, de modo a não lhe causar prejuízo (NCPC, art. 112, § 1º). Porém, se houver *mais de um advogado com poderes* e só houver a *renúncia de um* dos advogados, não há necessidade processual de comunicar a renúncia.

Por outro lado, a **revogação** é o *ato pelo qual o cliente desconstitui o advogado da sua função de mandatário*. Do ponto de vista processual, o CPC não traz a necessidade de o cliente (mandante) comprovar que deu ciência ao advogado (mandatário) da revogação. Pela lei processual, a parte que revoga o mandato deve, no mesmo ato, constituir novo advogado (NCPC, art. 111). Contudo, à luz da ética profissional, o novo mandatário deve dar ciência ao anterior de que está assumindo a causa.

Havendo **morte do advogado**, sua **interdição** ou a **perda de sua capacidade postulatória**, é fácil concluir que haverá um defeito de representação, já que o cliente não terá quem o represente dotado de capacidade postulatória. Nesse caso, *o processo será suspenso* (CPC, art. 313, I) e o juiz concederá *prazo de 15 dias para que seja nomeado novo advogado* pelo cliente, sob pena de extinção (se a morte envolver o patrono do autor) ou revelia (se em relação ao advogado do réu). É o que prevê o NCPC, art. 313, § 3º.

Por fim, caso não se verifique qualquer uma das hipóteses acima indicadas, com término do processo (trânsito em julgado e arquivamento), também há a extinção do mandato.

1.4.5. Sucumbência e honorários sucumbenciais

O **ônus da sucumbência** é *a condenação ao pagamento das despesas (custas processuais, honorários periciais e outras) e honorários advocatícios, pela parte vencida*. Tem previsão no NCPC, art. 85, ou seja, os honorários estão incluídos no ônus da sucumbência.

Ainda que o advogado atue em causa própria e seja o vencedor, há a condenação na sucumbência.

O NCPC traz diversas inovações quanto aos honorários (o art. 85 é o que mais tem parágrafo no NCPC, são 19).

✓ São devidos honorários *não só na ação principal*, mas também (NCPC, art. 85, § 1º):

✓ - na reconvenção;

✓ - no cumprimento de sentença, provisório ou definitivo;

✓ - na execução, resistida ou não, e

✓ - nos recursos, cumulativamente ao fixado em 1º grau.

✓ Os honorários serão *fixados*, em 1º grau, entre *10% e 20%*. A **base de cálculo** será (i) o valor da *condenação* ou - inovação - (ii) do *proveito econômico* ou (iii) do *valor atualizado da causa* (art. 85, § 2º). Esse critério se aplica mesmo ao caso de improcedência de pedido. Se o *valor da causa for muito baixo* ou o *proveito econômico irrisório*, o juiz fixará os honorários de *forma equitativa* (NCPC, art. 85, § 8º) - ou seja, fixará os honorários em quantia superior, considerando as especificidades do caso concreto.

✓ Nas causas em que a **Fazenda Pública for parte**, a fixação dos honorários observará critérios legais e percentuais de modo escalonado, entre 10%/20% até 1%/3%. Quanto maior a base de cálculo, menor o percentual. Por exemplo:

✓ **(i)** mínimo de 10% e máximo de 20% sobre o valor da condenação/proveito econômico obtido até 200 salários mínimos;

✓ **(ii)** mínimo de 8% e máximo de 10% sobre o valor da condenação/proveito econômico obtido entre 200 e 2.000 salários (art. 85, § 3º) - e assim sucessivamente.

✓ Importante novidade é a **fixação de honorários em grau recursal**. O tribunal, ao julgar o recurso, *majorará os honorários fixados anteriormente*, levando em conta o trabalho adicional realizado em grau recursal. Assim, se em primeiro grau foi fixado o montante de 10% da condenação a título de honorários, o tribunal poderá fixar mais 5% quando do julgamento do recurso. Contudo, será *vedado*, no cômputo geral da fixação de honorários devidos ao advogado do vencedor, *ultrapassar os limites estabelecidos para a fase de conhecimento*, ou seja, o teto de 20%, quando esse for o critério a ser aplicado (art. 85, § 11).

✓ A lei é omissa em apontar **quais recursos** admitirão a sucumbência recursal. Será, sem dúvidas, cabível na maior parte dos recursos, como a apelação, o recurso especial e o recurso extraordinário. Contudo, há algumas dúvidas que terão de ser solucionadas pela jurisprudência.

✓ Os honorários fixados em grau recursal são *cumuláveis* com multas e outras sanções processuais (§ 12).

✓ O NCPC reafirma que os *honorários constituem direito do advogado* e têm *natureza alimentar*, sendo titulares dos mesmos privilégios de créditos oriundos da legislação trabalhista (art. 85, § 14).

✓ O § 14 do art. 85 do NCPC, inovando, *veda a compensação dos honorários* advocatícios em caso de *sucumbência parcial*, promovendo a superação da Súmula 306 do STJ ("Os honorários advocatícios devem ser compensados quando houver sucumbência recíproca, assegurado o direito autônomo do advogado à execução do saldo sem excluir a legitimidade da própria parte").

✓ Se a decisão transitada em julgado for *omissa quanto ao direito aos honorários* ou seu valor, será cabível *ação autônoma* para sua definição e cobrança (art. 85, § 18); a previsão gera a *superação da parte final da Súmula 453 do STJ* ("Os honorários sucumbenciais, quando omitidos em decisão transitada em julgado, não podem ser cobrados em execução ou em ação própria").

✓ **Advogados públicos***perceberão honorários sucumbenciais nos termos da lei* (art. 85, § 19). Assim, salvo regras específicas de determinadas carreiras da advocacia pública (que já recebem honorários de sucumbência), *enquanto não houver edição de lei específica, não haverá o pagamento dos honorários*.

✓ No caso de **sucumbência mínima**, a responsabilidade pela sucumbência será na íntegra do outro litigante (art. 86, parágrafo único).

✓ Se houver **litisconsórcio**, haverá o *pagamento dos honorários pelos vencidos*, devendo a sentença distribuir expressamente quanto cada parte arcará. Contudo, se a *sentença for omissa* - e não houver embargos de declaração quanto ao ponto - então haverá *solidariedade entre todos os vencidos*. Trata-se de interessante inovação prevista no § 2º do art. 87.

✓ No caso de **transação**, se não houver previsão de *quem arca* com as despesas, estas serão *divididas igualmente* (art. 90, § 2º). Se a transação ocorrer antes da sentença, haverá dispensa do pagamento de eventuais custas remanescentes (art. 90, § 3º).

✓ Se o réu **reconhecer a procedência do pedido** e, ao mesmo tempo, **cumprir a obrigação** que reconheceu, haverá redução dos honorários pela metade. Trata-se de mais uma situação envolvendo desconto nos honorários sucumbenciais para estimular o cumprimento da obrigação (e esta novidade do NCPC - art. 90, § 4º).

1.4.6. *Justiça Gratuita*

✓ No sistema anterior, a questão relativa à justiça gratuita era tratada fora do CPC, na Lei 1.060/1950. No NCPC, o assunto passa a ser regulado no próprio Código.

✓ O assunto e regulado dos arts. 98 ao 102 do NCPC. Apesar disso, não houve a total revogação da Lei 1.060/1950 (vide art. 1.072, III, do NCPC).

✓ O NCPC regula a **concessão e revogação da gratuidade de justiça**, que é a *isenção de custas e despesas, para os que têm insuficiência de recursos*.

✓ Distingue-se a justiça gratuita da **assistência judiciária gratuita** (que é a *prestação de serviços jurídicos no Judiciário* - ou seja, a indicação do advogado, principalmente a cargo da Defensoria Pública vide item 1.4.10 abaixo) da **assistência jurídica** (que é a *prestação completa de serviços jurídicos ao necessitado* - não só a prestação jurisdicional, mas também esclarecimento de eventuais dúvidas; vide CF, art. 5º, LXXIV).

✓ Nada impede que uma parte que contrata *advogado particular* pleiteie e receba a gratuidade de justiça (NCPC, art. 99, § 3º).

✓ O NCPC afirma que a gratuidade de justiça *engloba não só as taxas e custas*, mas também (i) honorários do *perito*, (ii) exame de DNA e *outros exames* necessários no caso concreto, (iii) depósito para *interposição de recurso ou propositura de ação rescisória* e (iv) valores devidos a *cartórios extrajudiciais* em decorrência de registros ou averbações necessários à efetivação da decisão judicial (art. 98, § 1º).

✓ Contudo, *não estão incluídas* na gratuidade eventuais multas processuais impostas ao beneficiário da justiça gratuita (art. 98, § 4º).

✓ Se o beneficiário da justiça gratuita **não tiver êxito na causa** (seja figurando do lado ativo ou passivo da demanda), *deverá ser condenado a arcar com os honorários advocatícios da parte contrária* (art. 98, § 2º). Mas somente será possível executar os honorários se, no *prazo de 5 anos*, o credor demonstrar que o beneficiário está com *condições financeiras* aptas a responder pelo débito (art. 98, § 3º).

✓ A gratuidade de justiça é **direito da parte**, seja *pessoa física ou jurídica* (art. 98). Porém, *só a pessoa física tem presunção* na afirmação da hipossuficiência econômica (art. 99, § 3º), devendo a pessoa jurídica provar sua situação econômica (exatamente como previsto na Súmula 481 do STJ, editada à luz do CPC/1973: "Faz jus ao benefício da justiça gratuita a pessoa jurídica com ou sem fins lucrativos que demonstrar sua impossibilidade de arcar com os encargos processuais)".

✓ A justiça gratuita pode ser **requerida a qualquer momento** (NCPC, art. 99): (i) na petição inicial; (ii) na contestação; (iii) na petição de ingresso de terceiro e (iv) no recurso. Ou seja, cabe pleitear a gratuidade em qualquer momento do processo – mesmo durante a tramitação da causa em primeiro grau, após a inicial e antes do recurso.

✓ Se o requerimento de gratuidade for formulado *quando da interposição do recurso*, o recorrente *não terá de recolher o preparo* – não sendo possível se falar em deserção até eventual decisão do relator que indeferir e determinar o recolhimento das custas (NCPC, art. 99, § 7º).

✓ Quanto ao **critério para a concessão da gratuidade**, a lei não traz critérios objetivos, tratando-se de decisão que ficará a cargo do magistrado, conforme o caso concreto. O NCPC apenas traz o *direito à gratuidade no caso de "insuficiência de recursos para pagar as custas, despesas processuais e honorários advocatícios"* (NCPC, art. 98).

✓ *Não é possível ao juiz indeferir de plano a gratuidade* (NCPC, art. 99, § 2º). Se o magistrado não estiver convencido da presença dos requisitos, deverá determinar que a parte *comprove sua situação* de hipossuficiência econômica.

✓ Inova o NCPC ao prever a concessão de **justiça gratuita parcial**, que pode se configurar de duas formas distintas: (i) reconhecimento da *gratuidade para alguns dos atos do processo* ou apenas a *redução de parte das despesas* (NCPC, art. 98, § 5º) e (ii) *parcelamento de despesas*, "se for o caso" (NCPC art. 98, § 6º). O Código, porém, não traz qualquer *critério* para a aplicação dessas duas novas figuras.

✓ Concedida a gratuidade, pode a parte contrária **impugnar a concessão da justiça gratuita**. Inicialmente, haverá a discussão do tema *perante o próprio juiz que concedeu o benefício* (e não por recurso), *nos próprios autos* (e não mais em apartado, como no CPC/1973). Assim, deferido o pedido, a parte contrária *poderá oferecer impugnação na contestação, na réplica, nas contrarrazões* de recurso ou, nos casos de pedido superveniente ou formulado por terceiro, por meio de *petição simples*, a ser apresentada no prazo de 15 dias (NCPC, art. 100).

✓ Da decisão que *aprecia a impugnação*, cabe **recurso** (NCPC, art. 101). Assim: (i) se o juiz *indeferir a gratuidade* pleiteada por qualquer das partes, o recurso cabível será o *agravo de instrumento*; (ii) se a *impugnação* à justiça gratuita *for acolhida*, o recurso cabível será o *agravo de instrumento*; (iii) se o magistrado decidir quanto à gratuidade (para deferi-la ou não, seja relacionada à impugnação ou não) *na própria sentença*, o recurso cabível será a *apelação*.

✓ *Transitada em julgado a decisão que revogou a gratuidade*, a parte que teve o benefício cassado deverá *recolher todas as despesas do processo*, em prazo fixado pelo juiz (NCPC, art. 102). *Caso não haja o recolhimento*, se o ex-beneficiário for o *autor*, o processo será *extinto*; se for o *réu*, não haverá o deferimento de qualquer ato requerido por essa parte até que haja o pagamento (NCPC, art. 102, parágrafo único) – dispositivo de duvidosa constitucionalidade.

1.4.7. Juiz (poderes, impedimento e suspeição)

O NCPC, em relação aos **poderes do juiz**, em parte repete o CPC/1973 (ao destacar que o juiz deve assegurar *igualdade de tratamento às partes*, velar pela *duração razoável do processo*, reprimir *ato contrário à dignidade da justiça* e tentar a *autocomposição entre as partes*). Mas existem algumas novidades, com destaque para as seguintes (NCPC, art. 139):

(i) possibilidade de (a) *dilação dos prazos processuais* e (b) *alteração da ordem de produção das provas*, considerando o caso concreto (a dilação de prazos só pode ser determinada antes de encerrado o prazo regular);

(ii) possibilidade de determinar *medidas coercitivas* para assegurar o cumprimento de *ordem judicial*, inclusive nas ações que tenham por objeto *prestação pecuniária* (ou seja: é possível se cogitar de multa-diária para uma obrigação de pagar). Além disso, a doutrina começa a debater se seria possível, com base no art. 139, IV do NCPC, a **atipicidade dasmedidas executivas** mais incisivas.Ou seja, a possibilidade de o juiz, diante da ineficiência da penhora e mesmo da multa diária, aplicar outras medidas coercitivas, como, por exemplo, a retenção de carteira de motorista e de passaporte ou o cancelamento de cartão de crédito até que a dívida seja paga. Já existem decisões nesse sentido, mas a questão ainda é polêmica e está em aberto nos tribunais;

(iii) possibilidade de o juiz determinar o *suprimento de pressupostos processuais* e o *saneamento de outros vícios processuais*;

(iv) quando *diante de diversas demandas individuais repetitivas*, pode o juiz oficiar o MP, a Defensoria Pública e outros legitimados *para que se promova a ação coletiva*.

Como não poderia deixar de ser, busca o NCPC que o magistrado seja imparcial – bem como seus auxiliares, pois não só o magistrado pode ser parcial, mas outros partícipes do processo (NCPC, art. 148). Assim, seguem existindo as figuras do **impedimento e suspeição**.

São hipóteses de *impedimento* do juiz (NCPC, art. 144):

I – atuar em processo que antes *interveio como mandatário da parte, perito, MP* ou prestou depoimento como testemunha;

II – atuar em processo em *outro grau de jurisdição*, se *antes proferiu decisão*;

III – atuar em processo no qual *estiver postulando* (como defensor, advogado ou MP) *cônjuge, companheiro ou parente até o terceiro grau*;

IV – atuar em processo quando *ele próprio, cônjuge ou companheiro, ou parente (consanguíneo ou afim) até o terceiro grau for parte*;

V – atuar em processo quando for *sócio ou membro da direção de pessoa jurídica que for parte no processo*;

VI – atuar em processo quando for herdeiro presuntivo, donatário ou empregador de qualquer das partes;

VII – atuar em processo que for *parte instituição de ensino com a qual tenha relação de emprego ou decorrente de contrato de prestação de serviços;*

VIII – polêmica inovação, quando for parte *cliente do escritório de advocacia de seu cônjuge, companheiro ou parente, consanguíneo ou afim, em linha reta ou colateral, até o terceiro grau inclusive*, mesmo que patrocinado por advogado de outro escritório;

IX – quando o magistrado for autor de demanda contra a parte ou seu advogado.

São hipóteses de *suspeição* do juiz (NCPC, art. 145):

I – o magistrado que for *amigo íntimo ou inimigo* das *partes ou de seus advogados;*

II – o magistrado que *receber presentes* de pessoas que tiverem interesse na causa, que *aconselhar alguma das partes* acerca do objeto da causa ou que *subministrar meios para atender às despesas do litígio*;

III – quando *qualquer das partes for sua credora ou devedora*, de seu cônjuge ou companheiro ou de parentes destes, em linha reta até o terceiro grau, inclusive;

IV – se for *interessado no julgamento* do processo em favor de qualquer das partes.

Cabe, ainda, a suspeição por *motivo de foro íntimo* (NCPC, art. 145, § 1º).

Quanto à **forma** de se apontar a parcialidade do juiz e de seus auxiliares, **não existe mais exceção de impedimento e suspeição** (prevista no CPC/1973). No NCPC, no prazo de 15 dias a partir do conhecimento do fato, *a parte deve alegar o impedimento ou a suspeição, em petição específica dirigida ao juiz do processo.* Nessa peça, será indicado o fundamento da recusa quanto ao magistrado e poderá haver juntada de documentos e indicação de testemunhas (NCPC, art. 146).

Se o juiz não se declarar impedido ou suspeito, o incidente será encaminhado ao tribunal, e haverá o sorteio de um relator, que poderá conceder efeito suspensivo ou não (NCPC, art. 146, § 2º).

1.4.8. Conciliador e Mediador

Considerando o grande estímulo que o NCPC dá às formas alternativas de solução dos conflitos (ADR, especialmente conciliação e mediação), é certo que a figura do conciliador e mediador ganha força no Código. Assim, inova o NCPC ao trazer uma seção específica para esses profissionais (arts. 165 a 175).

✓ **Conciliadores e mediadores** são *profissionais alheios ao conflito, cuja intervenção imparcial busca permitir que as partes cheguem ao consenso.* Como já exposto no item 1.1.4, o **mediador** é *terceiro* que busca o acordo entre as partes, *mas sem sugerir a solução, atuando preferencialmente nos casos em que houver vínculo anterior entre as partes, como no direito de família* (NCPC, art. 165, § 3º), ao passo que o **conciliador** é *terceiro* que busca o acordo entre as partes, *sugerindo a solução*, atuando preferencialmente nos casos em que *não houver vínculo anterior entre as partes*, como em acidentes de veículos (NCPC, art. 165, § 2º).

Considerando as especificidades de cada situação, a mediação pode ser desenvolvida *em mais de uma sessão*, ao passo que a conciliação, em regra, se realiza com *uma reunião*. Contudo, não há vedação para que haja mais de uma audiência para a conciliação.

A mediação não era regulada no CPC/1973 (que só tratava da conciliação), mas é prevista no NCPC e, também, na Lei 13.140/2015 (que é posterior ao NCPC, mas cuja *vacatio* é menor). Apesar de existirem *pontos comuns*, há *distinções entre as duas leis*, o que já é objeto de polêmica.

Prevê a legislação a criação dos **centros judiciários de solução consensual de conflitos**, ou "Cejuscs" (NCPC, art. 165, Lei 13.140/2015, art. 24 e Resolução CNJ 125/2010, art. 8º). Esses centros serão "responsáveis pela *realização de sessões e audiências de conciliação e mediação e pelo desenvolvimento de programas* destinados a auxiliar, orientar e *estimular a autocomposição*" (NCPC, art. 165).

A composição e a organização dos centros serão definidas em cada tribunal, observando-se as normas do CNJ (NCPC, art. 165, § 1º; Lei 11.340/2015, art. 24, parágrafo único). Assim, há espaço para se reconhecer as especificidades de cada local.

São **princípios da mediação e da conciliação** a *independência*, a *imparcialidade*, a *autonomia da vontade*, a *confidencialidade*, a *oralidade*, a *informalidade* e a *decisão informada* (NCPC, art. 166). Por sua vez, a Lei 13.140/2015, a mediação será orientada pelos seguintes princípios (art. 2º): I – *imparcialidade* do mediador; II – *isonomia* entre as partes; III – *oralidade*; IV – *informalidade*; V – *autonomia da vontade* das partes; VI – *busca do consenso*; VII – *confidencialidade*; VIII – *boa-fé*. A seguir, são analisados os princípios mais relevantes.

Pelo **princípio da independência**, os *conciliadores e mediadores devem atuar de forma autônoma*, sem subordinação, vinculação ou influência de pessoas ou órgãos. Pode o mediador ou conciliador recusar, suspender ou interromper a sessão se ausentes as condições necessárias para seu bom desenvolvimento (Resolução CNJ 125/2010, anexo III, art. 1º, V).

A **imparcialidade**, tal qual em relação ao juiz, representa a *ausência de comprometimento de qualquer ordem em relação aos envolvidos no conflito* Na Resolução CNJ 125/2010, imparcialidade é o dever de agir com ausência de favoritismo, preferência ou preconceito, assegurando que valores e conceitos pessoais não interfiram no resultado do trabalho – jamais sendo possível aceitar qualquer espécie de favor ou presente (Resolução CNJ 125/2010, anexo III, art. 1º, IV).

A **autonomia da vontade** é a *intenção manifestada por pessoa capaz, com liberdade.* A Resolução 125/2010 do CNJ reconhece ser a autonomia da vontade o dever de respeitar os diferentes pontos de vista dos envolvidos, assegurando-lhes que cheguem a uma decisão voluntária e não coercitiva com liberdade para tomar as próprias decisões (Anexo III, art. 2º, II).

Pelo **princípio da decisão informada**, a parte deve ser *plenamente informada quanto aos seus direitos em relação à sessão consensual* (Resolução 125/2010 do CNJ, anexo III, art. 1º, II). Porém, que mediadores e conciliadores *não devem atuar como advogados de qualquer das partes*, por força da imparcialidade acima exposta.

A **confidencialidade** é fundamental para que as *partes possam negociar com tranquilidade e transparência*, contando com a *garantia de que o que disserem não será usado contra eles posteriormente.* Assim, se infrutífera a conciliação ou mediação, a *proposta formulada na audiência não deverá constar no termo* – salvo se houver acordo entre as partes (NCPC, art. 166, § 1º). Caso haja violação da confidencialidade, *essa prova deverá ser considerada ilícita.*

Ainda que a doutrina aponte qual seria o caminho para as sessões consensuais, há *flexibilidade no procedimento*, inclusive considerando a **informalidade** dos métodos alternativos (NCPC, art. 166, § 4º). Como exemplo, a possibilidade de o mediador se reunir com as partes, *em conjunto ou separadamente* (Lei 13.140/2015, art. 19).

O NCPC prevê a necessidade de **duplo cadastramento**, ou seja, o *profissional* (pessoa física) ou *câmaras privadas de conciliação e mediação* (pessoa jurídica) deverão se inscrever em *cadastro nacional* e, também em *cadastro perante o TJ ou TRF* que atuarão (NCPC, art. 167).

Quanto à **capacitação mínima**, o conciliador ou mediador deverá realizar um "*curso realizado por entidade credenciada, conforme parâmetro curricular definido pelo CNJ em conjunto com o Ministério da Justiça*" (NCPC, art. 167, § 1º). Em relação ao mediador, a lei própria exige que o profissional seja *pessoa capaz graduada há pelo menos dois anos em curso de ensino superior* de instituição reconhecida pelo Ministério da Educação (Lei 11.340/2015, art. 11).

Além disso, a lei permite que haja **concurso público para mediadores e conciliadores judiciais**. Escolhido o profissional, o tribunal remeterá ao diretor do foro os dados necessários para que seu nome passe a *constar da respectiva lista a ser observada na distribuição alternada e aleatória*, respeitado o princípio da igualdade dentro da mesma área de atuação profissional (NCPC, art. 167, § 2º). A Lei de Mediação **não se refere a concurso**, mas o cadastramento de mediadores pelos tribunais e o custeio das despesas pelas partes (Lei 13.140/2015, arts. 12 e 13)

No cadastro deverão ser informados todos os *dados relevantes para a atuação do profissional*, como o número de processos de que participou, o sucesso ou insucesso da atividade, a matéria sobre a qual versou a controvérsia e outros dados que o tribunal julgar relevantes (NCPC, art. 167, § 3º). O objetivo é que, a partir desses dados, que serão classificados sistematicamente e publicados ao menos anualmente pelos tribunais, possa haver *conhecimento da população, realização de estatísticas e avaliação dos meios consensuaise dos profissionais* (NCPC, art. 167, § 4º).

O conciliador e o mediador *podem ser advogados*. Porém, onde estiverem cadastrados, estarão **impedidos** *para a advocacia nos juízos em que desempenham suas funções* (NCPC, art. 167, § 5º). Vale destacar que essa restrição *não consta* na Lei 13.140/2015.

Pode o tribunal optar por estruturar **quadro próprio de conciliadores e mediadores** (ou seja, não de terceiros cadastrados), a ser **preenchido por concurso público de provas e títulos** (NCPC, art. 167, § 6º).

Em linha com a liberdade das partes quanto ao procedimento (vide, adiante, o negócio jurídico processual), o Código permite que as **partes escolham o facilitador** (seja o conciliador, mediador ou câmara privada de meios consensuais – NCPC, art. 168), sendo que o *escolhido poderá ou não estar cadastrado no tribunal* (NCPC, art. 168, § 1º). Se não houver esse acordo, então haverá *distribuição aleatória entre os profissionais cadastrados no tribunal* (NCPC, art. 168, § 2º). Vale esclarecer que a legislação permite, se recomendável à luz das especificidades do caso concreto, a designação de *mais de um mediador ou conciliador* (NCPC, art. 168, § 3º).

Quanto à **remuneração**, o facilitador será remunerado pelo *trabalho realizado, conforme tabela fixada pelo tribunal, a partir de parâmetros do CNJ* (NCPC, art. 169). Apesar disso, o próprio Código prevê a possibilidade de **trabalho voluntário** (NCPC, art. 169, § 1º). Além disso, será exigida **atuação gratuitade pessoas jurídicas**; se uma câmara privada se cadastrar para atuar mediante remuneração, deverá suportar percentual de atuações gratuitas como contrapartida de seu credenciamento (NCPC, art. 169, § 2º).

Considerando a necessária imparcialidade, o **mediador ou conciliador pode ser impedido** (NCPC, art. 148, II, sendo que as hipóteses de impedimento, tratadas no tópico acima, estão no art. 144). Nesse caso, o próprio facilitador deverá informar isso ao coordenador do Cejusc, que procederá a nova distribuição (NCPC, art. 170). Se o impedimento se verificar *depois de já iniciado o procedimento*, este será interrompido, para nova distribuição (NCPC, art. 170, parágrafo único). Não há menção, neste art. 170, à *suspeição* do mediador ou conciliador. Contudo, há menção no art. 173, II (ao tratar da atuação indevida do conciliador) e na Lei 13.140/2015, que aponta serem *aplicáveis ao mediador as hipóteses legais de impedimento e suspeição* do juiz (art. 5º). Portanto, dúvida não há quanto à aplicação do impedimento e suspeição aos conciliares e mediadores.

Também para garantir a imparcialidade, a legislação cria **impedimento para o conciliador ou mediador exercer a advocacia**, para as *partes litigantes*, no prazo de *1 ano contado do término da última audiência em que atuaram* (NCPC, art. 172). De se destacar que o tema não foi tratado no Estatuto da OAB dentre os impedimentos, o que pode gerar debates quanto à sua legalidade (Lei 8.906/1994, art. 28).

A legislação ainda prevê uma **impossibilidade temporária para o exercício da função** (por questões de saúde, férias ou quaisquer outras razões). Nesse caso, o conciliador ou mediador informará o fato ao centro, para evitar *novas distribuições* e morosidade (NCPC, art. 171).

A **exclusão de conciliadores e mediadores** é prevista para aquele *facilitador que atuar indevidamente*. O Código tipifica as seguintes situações (NCPC, art. 173):

I – agir com *dolo ou culpa* na condução da conciliação ou da mediação ou violar os deveres decorrentes do art. 166, §§ 1º e 2º (princípios acima analisados);

II – atuar em procedimento de mediação ou conciliação, apesar de *impedido ou suspeito*.

A apuração dessas faltas será realizada por meio de procedimento administrativo, sendo cabível o afastamento cautelar do facilitador pelo juiz, pelo prazo de 180 dias (NCPC, art. 173, §§ 1º e 2º).

A União, Estados, DF e Municípios poderão criar câmaras de mediação e conciliação com atribuições relacionadas à solução consensual de **conflitos no âmbito administrativo**, para (i) dirimir conflitos entre órgãos e entes da própria administração, (ii) conciliação em conflitos envolvendo o ente estatal e (iii) celebração de TAC – termo de ajustamento de conduta (NCPC, art. 174 e Lei 13.140/2015, art. 32).

1.4.9. Ministério Público

O **Ministério Público**, **MP** ou ***Parquet*** *é instituição permanente, essencial à função jurisdicional e destinada à preservação dos valores fundamentais do Estado* (defesa da ordem jurídica, regime democrático e interesses sociais – CF, art. 127).

A Constituição Federal (art. 128) divide o MP em MPE (Ministério Público Estadual – atua perante a Justiça Estadual) e MPU (Ministério Público da União). O MPU compreende o MP Federal (atua perante o STF, o STJ e a Justiça Federal) e, também, MP do Trabalho (Justiça do Trabalho), MP Militar (Justiça Militar da União) e MPDFT (Distrito Federal e Territórios).

No que interessa para o processo civil, pertinente à atuação do MPE e do MPF, as carreiras são assim divididas:

Órgão	1º grau	2º grau	Chefia
MPE	Promotor de Justiça	Procurador de Justiça	Procurador-Geral de Justiça
MPF	Procurador da República	Procurador Regional da República	Procurador-Geral da República

A atuação do MP em um processo judicial pode se dar de duas formas:

✓ parte em que o MP postula como qualquer autor, principalmente no âmbito coletivo, mediante a ação civil pública (defesa do consumidor, meio ambiente, educação, criança, idoso, patrimônio público etc.);

✓ fiscal da ordem jurídica (*custos legis*), em que o MP se manifesta opinando e verificando se o interesse da coletividade em debate está sendo adequadamente analisado pelo Judiciário. Esta atuação se dá em processos individuais e coletivos; mas, se o MP não for autor de uma demanda coletiva, obrigatoriamente atuará como fiscal da ordem jurídica (no CPC/1973 o termo utilizado era "fiscal da lei").

O MP atuará "na defesa da ordem jurídica, do regime democrático e dos interesses e direitos sociais e individuais indisponíveis" (NCPC, art. 176) e, especificamente como fiscal da ordem jurídica, se manifestará nas seguintes hipóteses (NCPC, art. 178):

I - em demandas que envolvam interesse público ou social (ou seja, basicamente as que envolvam a participação de um ente estatal ou em que a lide interesse à coletividade);

II - em demandas que envolvam interesses de incapazes;

III - em litígios coletivos pela posse de terra rural ou urbana;

Vale destacar que o NCPC *não prevê* a atuação do MP em discussões envolvendo *estado da pessoa e direito de família* (poder familiar, tutela, curatela, interdição, casamento, declaração de ausência e disposições de última vontade) - salvo se se tratar de interesse de menor, pois aí será incapaz (inc. II).

A não manifestação do MP quando ele deveria ter sido ouvido acarreta a nulidade do processo (NCPC, art. 279).

Em relação às **prerrogativas processuais** do MP, há o direito de ser intimado pessoalmente e a existência de prazos em dobro (NCPC, art. 180) - salvo se a legislação trouxer prazo específico para o MP (NCPC, art. 180, § 2º).

Apesar da existência de prazo diferenciado, se após o decurso do prazo fixado pelo juiz não houver a manifestação do MP quando estiver atuando como fiscal da ordem jurídica (e, portanto, não apresentar seu parecer), o juiz determinará o prosseguimento dos autos mesmo sem a manifestação ministerial (NCPC, art. 180, § 1º).

1.4.10. Defensoria Pública

A **Defensoria Pública** é instituição destinada à "*orientação jurídica*, a promoção dos direitos humanos e a defesa dos direitos individuais e coletivos *dos necessitados, em todos os graus, de forma integral e gratuita*" (NCPC, art. 185 - vide, também, CF, art. 134).

Trata-se, assim, da instituição encarregada de prestar *assistência jurídica integral e gratuita aos cidadãos financeiramente hipossuficientes.*

A Defensoria, para realizar sua função institucional de maneira adequada, goza de *vantagens (prerrogativas) processuais*, as quais devem ser observadas em qualquer processo e grau de jurisdição.

Dentre as principais **prerrogativas processuais**, destacam-se as seguintes:

(i) *intimação pessoal do defensor* (NCPC, art. 186, § 1º). Pela lei específica da Defensoria, a **intimação** será necessariamente para o próprio defensor, *por entrega dos autos com vista* (LC 80/1994, art. 44, I).

(ii) *prazo em dobro* para manifestação nos processos judiciais (NCPC, art. 186 e LC 80/1994: art. 44, I). Essa regra diz respeito a *todos os prazos processuais* (cuja inobservância poderia ensejar na preclusão) - inclusive para *escritórios de prática de faculdades ou outras entidades* que prestem assistência jurídica mediante convênio com a Defensoria (NCPC, art. 186, § 2º).

Porém, *não se aplica o prazo em dobro* às situações *de direito material* (prescrição e decadência). Também não se aplica a hipóteses em que houver previsão legal expressa de prazo para a Defensoria (NCPC, art. 186, § 4º).

A pedido da Defensoria, pode o juiz determinar a intimação da parte assistida, quando o ato processual depender de providência específica da parte (NCPC, art. 186, § 2º) - regra que se justifica pelo fato de, muitas vezes, o defensor ter dificuldade de contato com o assistido.

Além disso, a Defensoria é responsável pelo exercício da **curadoria especial** (NCPC, art. 72, parágrafo único e LC 80/1994, art. 4º, XVI).

No âmbito do processo civil, como já visto (item 1.4.3 acima), o juiz dará curador especial **(i)** ao incapaz, se não tiver representante legal, ou se os interesses deste colidirem com os daquele, enquanto durar a incapacidade; **(ii)** ao réu preso, bem como ao revel citado por edital ou com hora certa, enquanto não for constituído advogado (NCPC, art. 72). Ressalte-se que, nesses casos, *não é necessária a comprovação da incapacidade econômica* para que haja a atuação da Defensoria Pública.

1.4.11. Fazenda Pública em juízo e Advocacia Pública

Por **Fazenda Pública** entenda-se o *Estado em juízo*. No conceito incluem-se a *União, os Estados, os Municípios, o Distrito Federal e as respectivas autarquias e fundações*, excluindo-se as empresas públicas e as sociedades de economia mista (cuja natureza é de pessoa jurídica de direito privado e, portanto, sujeitam-se à disciplina processual destinada às *entidades privadas*).

Na qualidade de instituição que está em juízo postulando em nome do Estado (zelando pelo interesse público), ostenta situação processual diferenciada, seja no polo ativo ou passivo. O NCPC prevê regras processuais específicas para a Fazenda e, também, tem capítulo para a Advocacia Pública.

1.4.11.1. Prazos processuais diferenciados

A Fazenda Pública dispõe de **prazo** em *dobro para todas as suas manifestações processuais (NCPC, art. 183). Portanto, atenção para o fato de não mais se falar em prazo em quádruplo para contestar, que era a previsão do CPC/1973.*

Isto se aplica em qualquer procedimento (comum ou especial) e qualquer processo (conhecimento ou execução). A prerrogativa só não aplicará quando houver regra específica fixando prazo próprio *(NCPC, art. 183, § 2º)*, como no caso dos Juizados Especiais, em que os prazos para a Fazenda Pública são todos especificamente previstos em lei (Lei 10.259/2001, art. 9º e Lei 12.153/2009, art. 7º).

1.4.11.2. Citação

A citação, de uma forma geral, será analisada mais adiante nesta obra. Apenas se diga, no momento, que quando a **Fazenda Pública for ré**, *a citação ocorrerá por oficial de justiça, não sendo possível sua realização por correio (NCPC, art. 247, III).*

A citação da União, Estados, DF, dos Municípios e de suas respectivas autarquias e fundações de direito público: o ato citatório deverá ser realizado *perante o órgão de Advocacia Pública* responsável pela representação judicial de tais entes (NCPC, art. 242, § 3º).

Ainda, a Lei 11.419/2006, que dispõe sobre a informatização do processo judicial, prevê a possibilidade de a citação da Fazenda ocorrer por **meio eletrônico**, *desde que o ente público tenha se cadastrado previamente no Poder Judiciário*, devendo os autos ser disponibilizados na íntegra para o citando (arts. 2º, 5º e 6º da lei em questão). Avançando no assunto, o NCPC destaca que União, Estados, DF, Municípios e entidades da administração indireta deverão manter cadastro nos sistemas de processo eletrônico, para que recebam citação por correio eletrônico (NCPC, art. 246, § 2º).

Portanto, em **autos físicos**, a citação da Fazenda será por *oficial de justiça, perante a Procuradoria*; em **autos eletrônicos**, onde houver citação por *correio eletrônico*, esse será o meio de citação da Fazenda.

1.4.11.3. Custas e honorários

A Fazenda Pública está *dispensada do pagamento* das **custas** e dos **emolumentos** (que ostentam natureza tributária e cuja dispensa encontra fundamento na confusão como causa excludente da obrigação), mas *não do pagamento* das **despesas em sentido estrito** (que se destinam a remunerar terceiros cuja responsabilidade é auxiliar a atividade do Estado-juiz, como por exemplo, os *honorários do perito judicial* - Súmula 232 do STJ: "A Fazenda Pública, quando parte no processo, fica sujeita à exigência do depósito prévio dos honorários do perito").

Quanto aos **honorários advocatícios**, o NCPC traz diversas inovações em relação à Fazenda, especialmente trazendo uma situação de escalonamento dos honorários (percentual menor quanto maior for o valor da causa ou conteúdo econômico da demanda - NCPC, art. 85, § 3º). O assunto já foi enfrentado no item 1.4.5 acima.

1.4.11.4. Dispensa de pagamento de preparo e do depósito da ação rescisória

São *dispensados de preparo os recursos interpostos pela Fazenda Pública* (NCPC, art. 1.007, § 1º), a qual também se encontra liberada de depósito prévio recursal, quando exigido (art. 1º-A da Lei 9.494/1997).

A Fazenda também não tem de recolher o *depósito de 5%para ajuizamento da ação rescisória* (NCPC, art. 968, § 1º - dispositivo que menciona "União, aos Estados, ao Distrito Federal, aos Municípios, às suas respectivas autarquias e fundações de direito público, ao Ministério Público, à Defensoria Pública e aos que tenham obtido o benefício de gratuidade da justiça").

1.4.11.5. Remessa necessária

Em regra, para que haja a apreciação da causa por parte do Tribunal, necessária a interposição de recurso (vide capítulo 5). Porém, para resguardar o interesse público, *mesmo que não haja recurso, a decisão desfavorável à Fazenda será examinada pelo 2º grau.* É esta a figura da **remessa necessária** (NCPC, art. 496), que não tem natureza recursal.

Importante consignar que isso não impede que haja o recurso por parte da Fazenda. Assim, (i) se houver recurso, o Tribunal o analisará – e, também, caso algo não tenha sido impugnado, o reexame necessário; (ii) se não houver o recurso, haverá exclusivamente a análise do reexame necessário.

Assim, em síntese, a eficácia da sentença de mérito está condicionada à confirmação da decisão pelo Tribunal de segundo grau, nas seguintes hipóteses:

✓ - sentença proferida contra a União, os Estados, o Distrito Federal, os Municípios, e as respectivas autarquias e fundações de direito público (NCPC, art. 496, I);

✓ - sentença que julgar procedentes, no todo ou em parte, os embargos à execução fiscal (NCPC, art. 496, II).

Porém, **não haverá remessa necessária** quando:

(i) a *condenação, ou o proveito econômico obtido, for de valor certo e líquido* inferior a (NCPC, art. 496, § 3º): (a) 1000 salários mínimos, para a União e entes federais, (b) 500 salários mínimos, para Estados, DF e respectivos entes, bem como capitais dos Estados e (c) 100 salários mínimos, para os demais municípios e respectivos entes;

(ii) a *sentença estiver fundada em forte precedente jurisprudencial*, a saber (NCPC, art. 496, § 4º): (a) súmula de tribunal superior, (b) acórdão proferido em recurso repetitivo, (c) entendimento firmado em incidente de resolução de demandas repetitivas ou assunção de competência; (d) entendimento constante em orientação vinculante firmada no âmbito do respectivo ente público ("súmula administrativa" da AGU, por exemplo).

1.4.11.6. Tutela provisória contra a Fazenda Pública

Existem **restrições legais quanto ao uso dos provimentos de urgência em face da Fazenda Pública**.

O NCPC, como se verá adiante, trata da tutela de urgência e tutela da evidência sob o título de "tutela provisória". Considerando a visão restritiva da concessão de medidas sumárias contra a Fazenda, muito possivelmente a jurisprudência irá firmar-se no sentido de que as *restrições existentes se aplicam a todas as espécies de tutelas provisórias.*

Os óbices à concessão de medidas de urgência contra a Fazenda estão especificados no art. 1º da Lei 8.437/1992 e art. 1º da Lei 9.494/1997, e se refere *tanto à tutela antecipada* (NCPC, art. 303) quanto à *tutela específica das obrigações de fazer* (NCPC, art. 497).

Em síntese, não se afigura cabível a tutela antecipada contra a Fazenda Pública nos seguintes casos:

(a) quando providência semelhante não puder ser concedida em ações de mandado de segurança, em virtude de vedação legal (art. 1º da Lei 8.437/1992); ou seja, que tenha por objeto a compensação de créditos tributários, a entrega de mercadorias e bens provenientes do exterior, a reclassificação ou equiparação de servidores públicos e a concessão de aumento ou a extensão de vantagens ou pagamento de qualquer natureza (art. 7º, § 2º, da Lei 12.016/2009);

(b) quando impugnado ato de autoridade sujeita, na via de mandado de segurança, à competência originária de Tribunal (art. 1º, § 1º, da Lei 8.437/1992), o que, todavia, não se aplica aos processos de ação popular e de ação civil pública (art. 1º, § 2º, da Lei 8.437/1992);

(c) quando esgotar, no todo ou em qualquer parte, o objeto da ação (art. 1º, § 3º, da Lei 8.437/1992);

(d) quando o objeto for a compensação de créditos tributários ou previdenciários (art. 1º, § 5º, da Lei 8.437/1992 e Súmula 212 do STJ: "A compensação de créditos tributários não pode ser deferida em ação cautelar ou por medida liminar cautelar ou antecipatória").

Apesar dessas limitações legais, a *jurisprudência admite a concessão de tutela antecipada contra a Fazenda em situações de extrema urgência* para a parte, como no caso de pedidos de remédios não concedidos no sistema de saúde e necessários à sobrevivência do autor.

1.5. Litisconsórcio e intervenção de terceiros

1.5.1. Litisconsórcio

Entende-se por **litisconsórcio** a *situação em que há pluralidade de partes na relação jurídica processual em qualquer dos polos.*

Justifica-se o litisconsórcio considerando que a lide pode envolver não apenas a parte "A" de um lado e a parte "X" do outro, mas sim as partes "A" e "B" contra as partes "X" e "Y".

Não se deve confundir o litisconsórcio com o processo coletivo. No litisconsórcio, há pluralidade de partes, todas devidamente indicadas; no processo coletivo um autor coletivo formula algum pedido em prol de uma coletividade de pessoas (determinadas, determináveis ou indetermináveis, conforme o caso).

No que se refere ao litisconsórcio, o NCPC não trouxe mudanças.

Existem diversas *classificações* envolvendo o litisconsórcio, sendo que os Exames da OAB usualmente indagam exatamente a respeito de tais divisões.

1.5.1.1. Classificação quanto ao polo da relação processual

Em relação ao polo em que os litisconsortes se encontram, é possível se falar em:

(i) litisconsórcio passivo: aquele em que *existem, no mesmo processo, dois ou mais réus*;

(ii) litisconsórcio ativo: verifica-se quando *há, no mesmo processo, dois ou mais autores*;

(iii) litisconsórcio misto ou **recíproco**: situação na qual, *ao mesmo tempo, há mais de um autor e mais de um réu.*

Como se percebe, não há maiores dificuldades em relação a esta classificação. A base legal para estas situações encontra-se no NCPC, art. 113, *caput*.

1.5.1.2. Classificação quanto ao momento de formação do litisconsórcio

Existem dois momentos em que o litisconsórcio pode ter início:

(iv) litisconsórcio originário ou **inicial**: aquele *formado desde o início da demanda, já indicado na petição inicial*;

(v) litisconsórcio superveniente, incidental ou **ulterior**: o qual é *formado em momento posterior ao início da demanda.*

O litisconsórcio superveniente usualmente se verifica por força de uma determinação de emenda da inicial por parte do juiz.

1.5.1.3. Classificação quanto à necessidade de existência do litisconsórcio

A classificação que ora se apresenta responde à seguinte indagação: em determinado caso, é *obrigatória* a existência do litisconsórcio para que o processo tenha sua tramitação válida? Conforme a resposta, haverá:

(vi) litisconsórcio facultativo: situação na qual *há pluralidade de litigantes por opção das partes* (ou seja, apesar de existir, o litisconsórcio *não é obrigatório* para a validade do processo);

(vii) litisconsórcio necessário: situação na qual *há pluralidade de litigantes porque a lei ou a relação jurídica objeto do litígio assim determinam* (ou seja, o litisconsórcio *é obrigatório* sob pena de extinção do processo sem resolução do mérito).

Para facilitar a compreensão, vale apresentar exemplos.

Dois vizinhos de um mesmo condomínio assinam a mesma operadora de TV a cabo. Por força de problemas da empresa, há cobrança indevida, inscrição em cadastros restritivos de crédito e cancelamento do sinal. É *possível* que ambos ingressem em juízo com uma única ação indenizatória? Sim. Mas é *obrigatório* que assim procedam? Não.

O exemplo trata de uma situação de *litisconsórcio facultativo*. Nos termos do NCPC, art. 113, essa modalidade de litisconsórcio é possível nas seguintes situações (uma situação a menos que o CPC/1973):

I – comunhão de direitos ou obrigações em relação à lide;

II – conexão pelo pedido ou pela causa de pedir;

III – afinidade de questões por ponto comum de fato ou de direito.

Contudo, a experiência mostrou que um *litisconsórcio ativo facultativo com muitos autores não é conveniente* para a tramitação de um processo. Isso porque há dificuldades tanto para o juiz organizar o processo como para o réu se defender. Imagine que o problema com a TV a cabo envolve todos os 300 apartamentos de um condomínio com vários edifícios. Seria complicada a tramitação de uma demanda com inúmeros autores.

Denomina-se **(viii) litisconsórcio multitudinário, plúrimo** ou **múltiplo** *o grande número de litisconsortes ativos facultativos em um processo judicial.* Neste caso, o Código permite que o *juiz desmembre o processo*, criando *vários outros com um número menor de autores.* Aponta o NCPC que o juiz pode assim proceder, no processo de conhecimento (inclusive liquidação e cumprimento de sentença) ou execução, quando o elevado número de litisconsortes "comprometer a rápida solução do litígio ou dificultar a defesa" (NCPC, art. 113, § 1º). Se o réu requerer o desmembramento ao juiz, será *interrompido o prazo para contestar*, que reiniciará quando da intimação da decisão judicial a respeito da limitação do litisconsórcio multitudinário (NCPC, art. 113, § 2º).

Outro exemplo: autor ingressa em juízo pleiteando a usucapião de um terreno cuja proprietária, no registro de imóveis, é uma mulher casada. Nesse caso, o polo passivo *deverá trazer*, obrigatoriamente, o cônjuge. Isso porque em demandas envolvendo direitos reais imobiliários, a lei assim determina (NCPC, art. 73, § 1º, I). Se o marido não estiver no polo passivo, o juiz determinará a emenda da inicial. Se não for cumprida a determinação do juiz, *o processo será extinto, sem resolução do mérito* (NCPC, art. 115, parágrafo único). Ou seja, a participação do litisconsorte *é obrigatória* para a normal tramitação do processo. Este segundo exemplo, portanto, é de uma situação de *litisconsórcio necessário* (NCPC, art. 114).

Quando **não observado o litisconsórcio necessário**, as consequências estão no art. 115 do NCPC: (i) se o litisconsórcio for *necessário unitário* (vide item abaixo), haverá total nulidade da sentença, com a devolução dos autos para a origem para que haja a integração (mediante citação) dos litisconsortes necessários; (ii) se o litisconsórcio for *necessário simples*, a decisão proferida será válida, mas apenas ineficaz em relação a quem não integrou a relação processual.

1.5.1.4. Classificação quanto à necessidade de mesma decisão para os litisconsortes

Uma vez existente o litisconsórcio, a pergunta que se faz a seguir é: a decisão a ser proferida no processo tem de ser a mesma para os litisconsortes? Conforme a resposta, teremos:

(ix) litisconsórcio comum ou **simples**: situação na qual *a decisão de mérito não necessariamente será a mesma para os litisconsortes*;

(x) litisconsórcio unitário: situação na qual *a decisão de mérito deverá ser a mesma para os litisconsortes, invariavelmente* (NCPC, art. 116)

Vale destacar que, no litisconsórcio simples, a decisão judicial *poderá* ou não ser a mesma – o juiz terá liberdade para julgar o pedido procedente para um e improcedente para o outro, ou mesmo procedente ou improcedente para ambos. Como exemplo, vale imaginar uma demanda indenizatória em virtude de um "engavetamento" em que dois motoristas que sofreram o dano acionam, em um único processo (litisconsórcio ativo) o réu, causador do acidente. Conforme a prova dos autos, poderá o juiz julgar o pedido procedente para ambos ou procedente para um e improcedente para o outro.

Já no litisconsórcio unitário, ao contrário, uma vez que determinada decisão for proferida para um, *obrigatoriamente também o será no mesmo sentido para o outro* – seja pela procedência ou improcedência. Basta visualizar, a título de exemplo, uma demanda em que o MP ingressa em juízo pleiteando a anulação de um casamento. Ora, é certo que a decisão para a esposa e para o marido terá de ser a mesma (NCPC, art. 116). Não há como o casamento ser nulo para um e não o ser para o outro cônjuge. Outro exemplo de litisconsórcio unitário envolve uma situação em que se busca a anulação de um contrato de compra e venda, sendo que os vendedores são 2 (cônjuges). Ou se anula a compra e venda para ambos, ou não se anula; não há como se ter decisões distintas quanto à anulação da contração celebrada.

Os litisconsortes serão considerados como **litigantes distintos**. Porém, inova o NCPC ao afirmar que isso *não se aplica no litisconsórcio unitário*, momento em que os "atos e as omissões de um não prejudicarão os outros, mas os poderão beneficiar" (NCPC, art. 117).

1.5.1.5. Litisconsórcio facultativo é sempre simples? E litisconsórcio necessário é sempre unitário?

Em regra, o litisconsórcio facultativo é simples. Da mesma forma, *em regra*, o litisconsórcio necessário é unitário. Para ilustrar, basta analisar os exemplos mencionados nos tópicos anteriores, que fazem parte da regra.

Contudo, não estamos diante de sinônimos. Assim, nem todo litisconsórcio facultativo é simples. E nem todo litisconsórcio unitário é necessário. Há exceções.

Há situações nas quais o **litisconsórcio é necessário e simples**: ou seja, *precisa existir o litisconsórcio, mas a decisão pode ser distinta para os litisconsortes* (ex.: usucapião de área que compreende mais de um imóvel no cartório de imóveis, sendo que são distintos os proprietários de cada uma delas).

E há casos em que o **litisconsórcio é facultativo e unitário**: ou seja, *não precisa existir o litisconsórcio, mas, já que existe, a decisão tem de ser a mesma para os litigantes* (ex.: dois condôminos ingressam em juízo pleiteando a anulação de determinada reunião de condomínio).

1.5.2. Intervenção de terceiros

A **intervenção de terceiros**, como se depreende do próprio nome, *permite que terceiro (ou seja, alguém que não é o autor ou o réu) passe a participar da relação processual*. A finalidade da intervenção é a economia processual: considerando que já existe uma lide em debate, aproveita-se para discuti-la em todos os aspectos, inclusive naquele envolvendo terceiro.

1.5.2.1. Mudanças no NCPC

O NCPC trouxe **importantes inovações** para as intervenções de terceiro.

No CPC/1973 existiam 5 intervenções de terceiro (assistência, oposição, nomeação, denunciação e chamamento).

No NCPC:

(i) *oposição deixou de ser intervenção de terceiro* e passou a ser procedimento especial (NCPC, art. 682 e ss. – vide item 3.10.),

(ii) houve *inserção do incidente de desconsideração da personalidade jurídica* (NCPC, arts. 133 a 137) e do *amicus curiae* (NCPC, art. 138), e

(iii) *nomeação à autoria deixou de existir*, cabendo agora ao réu, ao alegar ilegitimidade, apontar quem é o efetivo réu (NCPC, art. 339).

Assim, **o réu, na contestação, ao alegar ilegitimidade passiva**, *deverá indicar quem deveria figurar como réu, desde que tenha conhecimento dessa informação*. Se assim não fizer, terá de arcar com as *despesas processuais* e *indenizar o autor* pelos prejuízos decorrentes da falta de indicação. Trata-se de algo totalmente novo no sistema.

Voltando às intervenções de terceiro, existem duas *modalidades* de intervenção no sistema processual:

✓ **intervenção espontânea**: aquela em que *o terceiro, que está fora do processo, espontaneamente busca seu ingresso em uma determinada demanda*;

✓ **intervenção provocada**: aquela na qual *uma das partes litigantes (autor ou réu) busca trazer o terceiro para o processo*.

No NCPC:

a) são intervenções espontâneas: (i) assistência; e (ii) *amicus curiae*.

b) são intervenções provocadas: (i) denunciação; (ii) chamamento; (iii) incidente de desconsideração da personalidade jurídica e (iv) *amicus curiae*.

Como se percebe, a intervenção do *amicus curiae* pode ser espontânea ou provocada.

1.5.2.2. Assistência

Na **assistência,** *terceiro busca seu ingresso no processo para auxiliar o assistido* (seja o autor, seja réu).

Contudo, para que a assistência seja possível, é necessário existir **interesse jurídico**, e não meramente interesse econômico ou moral (NCPC, art. 119).

Para entender o que significa interesse jurídico, basta verificar se *a decisão judicial proferida na demanda proposta entre "A" e "B" irá influenciar a esfera jurídica de "C"*. Se a resposta for positiva, haverá interesse jurídico e, portanto, será admitida a assistência. Se o interesse não for jurídico, *talvez* possa ser hipótese (dependendo de quem for o terceiro e das especificidades da causa) de ingresso como *amicus curiae*.

Para visualizar o exposto, basta imaginar um despejo entre locador e locatário – sendo que existe sublocação. Se houver a decretação do despejo, a esfera jurídica do sublocatário estará sendo violada – daí a existência do interesse jurídico para justificar a figura da assistência.

Por outro lado, analisando a discussão judicial envolvendo o título de um campeonato, dois clubes de futebol litigam para saber quem deve ficar com tal troféu. Um torcedor, por mais fanático que seja, não terá a sua *esfera jurídica* alterada se a taça permanecer ou não com seu time. Assim, nesse caso não existiria interesse jurídico capaz de permitir o uso da assistência.

Logo, reitere-se, cabe a assistência quando houver interesse jurídico do terceiro. Contudo, há uma *exceção*. Tratando-se de causa que interesse à União, há lei permitindo a assistência mesmo que exista apenas interesse econômico (Lei 9.469/1997, art. 5º, parágrafo único). É a chamada **assistência anômala ou anódina**.

Quanto ao **cabimento**, a assistência cabe em *qualquer procedimento e em todos os graus de jurisdição*, mas o assistente receberá o processo no estado em que ele se encontra. Ou seja, não se voltará a uma fase anterior para que o assistente possa realizar algum ato (NCPC, art. 119, parágrafo único). Como a assistência está inserida na parte geral do Código, é de concluir que, a partir do NCPC, também será admitida no processo de execução.

Quanto ao **procedimento**, o terceiro atravessará uma petição pleiteando seu ingresso no feito. Se a parte contrária do assistido ou mesmo o assistido não concordarem com o pedido de ingresso do assistente, caberá *impugnação*, sem suspender o processo– a ser ofertada em 15 dias (prazo agora é maior – NCPC, art. 120). Além disso, pode *o juiz, de plano, rejeitar o ingresso do assistente*, especialmente se clara a ausência de interesse jurídico (NCPC, art. 120, parte final).

Da decisão quanto ao ingresso do assistente é cabível o **recurso** de *agravo de instrumento* (NCPC, art. 1.015, IX).

Existem duas modalidades de assistência:

✓ **1) assistência simples** ou **adesiva** (NCPC, arts. 121 a 123): *o assistente não dispõe da lide, ou seja, o assistente não pode ir além do que fizer o assistido*. Assim, se o assistido não recorrer, não pode o assistente fazê-lo; não pode o assistente se opor à desistência ou reconhecimento do pedido assistido.

✓ A decisão a ser proferida irá influenciar a relação jurídica existente entre assistente e assistido. É o exemplo do sublocatário.

✓ O assistente simples não é parte, por isso não é coberto pela coisa julgada, mas por uma estabilização distinta denominada *justiça da decisão*, que eventualmente poderá ser afastada (NCPC, art. 123).

✓ **2) assistência litisconsorcial** (NCPC, art. 124): *o assistente dispõe da lide, ou seja, o assistente pode ir além do que fizer o assistido*. Logo, se não houver recurso do assistido, poderá o assistente recorrer; se assistido desistir do processo, pode prosseguir o assistente.

✓ A decisão a ser proferida irá *influenciar a relação jurídica entre o assistente e a parte contrária do assistido*. Como exemplo, uma ação possessória envolvendo um imóvel que é um condomínio; se houver o ajuizamento por parte de apenas um dos condôminos, o outro poderá ingressar no feito como assistente litisconsorcial.

✓ O art. 124 afirma expressamente que o assistente litisconsorcial é "litisconsorte da parte principal". Assim, diferentemente do assistente simples, o *assistente litisconsorcial é parte* (litisconsórcio superveniente). Poderia ter sido desde o início, mas não o foi.

1.5.2.3. Denunciação da lide

A **denunciação da lide** tem por finalidade *fazer com que terceiro venha a litigar em conjunto com o denunciante e, se houver a condenação deste, o denunciado irá ressarcir o prejuízo do denunciante*.

Ou seja, como se pode perceber é, na realidade, uma *ação de regresso* – a qual tramita em conjunto com a ação principal.

No NCPC, diferentemente do Código anterior, a denunciação **é admissível** (art. 125, *caput*). Assim, se a denunciação for indeferida, não for proposta ou não for permitida, não há qualquer problema: *sempre será possível utilizar ação autônoma* (NCPC, art. 125, § 1º).

Pela legislação (NCPC, art. 125), duas são as hipóteses em que é cabível a denunciação:

(i) o *comprador pode denunciar o vendedor* na hipótese de *evicção* (CC, art. 447 – ou seja, se "A" vende para "B" um imóvel e, posteriormente, "C" ingressa em juízo contra "B" afirmando que o imóvel é seu, "B" pode denunciar "A" – que terá de indenizar "B" se o pedido de "C" for procedente e a denunciação for acolhida).

(ii) o réu pode denunciar *aquele que tem obrigação de indenizar, por força de lei ou contrato* (o exemplo típico é o réu em uma ação indenizatória acionar sua seguradora).

Em relação à denunciação na evicção, há novidade: o sistema passa a **vedar sucessivas denunciações da lide**, dentro do mesmo processo. No NCPC, só é possível a denunciação do alienante imediato (ou seja, quem vendeu) e de mais uma. Logo, somente são possíveis duas denunciações nos mesmos autos.

No exemplo acima, "B" pode denunciar "A" (que foi quem lhe vendeu o imóvel) e "A" poderá (em *única denunciação sucessiva*) denunciar "Z", que foi quem lhe vendeu. Mas, "Z" não poderá denunciar "X", que foi de quem ele adquiriu o bem. Mas poderá se valer, como visto, de *ação autônoma*.

Cabe a **denunciação pelo autor**, realizada na *petição inicial*, hipótese em que o denunciado *pode passar a ser litisconsorte ativo do denunciante e aditar a inicial* (NCPC, art. 127).

A **denunciação pelo réu** (a mais comum) é realizada na *contestação*. E o NCPC prevê três possibilidades (art. 128):

(i) *denunciado contesta o pedido do autor* (nesse caso, a demanda principal terá de um lado o autor e, do outro, em litisconsórcio, o denunciante [réu original] e o denunciado);

(ii) *denunciado revel em relação à denunciação*, ou seja, o denunciado se abstém de contestar a denunciação (nessa hipótese, para o denunciado, há revelia em relação à denunciação e o denunciante, réu na ação principal, poderá (a) prosseguir normalmente com a sua defesa apresentada na ação principal ou (b) abrir mão dessa defesa na ação principal e prosseguir apenas com a busca da procedência da denunciação, de modo a transferir para o denunciado a provável condenação da ação principal);

(iii) *denunciado confessa o alegado na ação principal*, ou seja, o denunciado admite como verdadeiros, os fatos narrados pelo autor na petição inicial da ação principal (nesse caso, surge a possibilidade de o denunciante (a) prosseguir normalmente com a sua defesa apresentada na ação principal ou (b) abrir mão dessa defesa na ação principal, para prosseguir apenas com a busca da procedência na ação de regresso).

O CPC/1973 *previa a suspensão* do processo quando determinada a citação do denunciado. Não há essa previsão no NCPC. Portanto, o processamento da denunciação **não suspende o processo**.

A **sentença**, ao final, julgará o pedido e a denunciação ao mesmo tempo. Se o *denunciante for vencido na ação principal*, passa o juiz à análise da denunciação (NCPC, art. 129). Se o *denunciante for vencedor* na ação principal, então a denunciação não será analisada, por falta de interesse de agir – mas haverá custas e honorários *em favor do denunciado* (NCPC, art. 129, parágrafo único – inovação do NCPC).

Assim, no caso de procedência da ação e denunciação do réu, tem-se que *a sentença condena o réu a ressarcir o autor e também condena o denunciado a ressarcir o denunciante*. Nessa situação, pode o autor requerer o **cumprimento da sentença contra o denunciado**, nos limites da condenação na ação de regresso. Trata-se de inovação do NCPC (art. 128, parágrafo único), em linha com o que vinha decidindo a jurisprudência à luz do CPC/1973 (nesse sentido, no tocante à denunciação e contrato de seguro, a questão consta da Súmula 537 do STJ: "Em ação de reparação de danos, a seguradora denunciada, se aceitar a denunciação ou contestar o pedido do autor, pode ser condenada, direta e solidariamente junto com o segurado, ao pagamento da indenização devida à vítima, nos limites contratados na apólice").

1.5.2.4. Chamamento ao processo

O **chamamento ao processo** tem por finalidade *fazer com que terceiros (outros devedores solidários) venham a litigar em conjunto com o chamante*. A *principal distinção* entre o chamamento e a denunciação é que *neste não há a necessidade de se provar que o terceiro também é responsável pelo débito* (diferentemente da denunciação, em que há uma verdadeira ação de regresso). Ou seja, aceito o chamamento, já é certo que haverá responsabilização do chamado.

As hipóteses de cabimento do chamamento são as seguintes (NCPC, art. 130):

(i) do devedor principal (afiançado), quando apenas o fiador tiver sido colocado no polo passivo (situação frequente, na qual o fiador chama o locatário que não pagou o aluguel);

(ii) dos demais fiadores, quando apenas um fiador tiver sido colocado no polo passivo (basta pensar, também, dois fiadores no contrato de locação, mas apenas um é acionado);

(iii) dos demais devedores solidários, quando apenas um tiver sido colocado no polo passivo.

Como se pode perceber das três hipóteses, *o chamante é responsável pelo débito, mas também existem outros responsáveis* (devedores solidários, fiadores, devedor principal).

Só cabe o **chamamento pelo réu**, e a intervenção deverá é apresentada pelo réu na contestação (NCPC, art. 131).

Se o chamamento for deferido pelo juiz, o chamado terá de ser citado. E deve o *réu-chamante providenciar as diligências necessárias* para esse ato processual (como, por exemplo, pagamento de custas ou retirada de carta precatória para distribuição). A inércia do réu-chamante acarretará a revogação da decisão que determinou o chamamento. Concede o NCPC o prazo de *30 dias* para o réu providenciar a citação (*mesma comarca*) e *2 meses para comarcas distintas* (art. 131, parágrafo único). Eventual falha ou morosidade no serviço forense, por óbvio, não poderá prejudicar a parte interessada.

A sentença que julgar *procedente o pedido* em face do réu-chamante também será título executivo para que aquele que pagar o débito possa exigi-lo do devedor principal ou dos demais codevedores, na proporção que couber a quem pagou (NCPC, art. 132).

Exemplo: determinada obrigação tem dois devedores solidários. Apenas "A" é colocado no polo passivo. "A" – mesmo sendo responsável pela dívida na sua totalidade – chama "B" para que venha também a figurar no polo passivo. Se "A" for condenado e pagar todo o débito, poderá executar "B" para receber metade do valor pago (se for essa a proporção da garantia de cada um prevista no contrato).

1.5.2.5. Incidente de desconsideração da personalidade jurídica

Como já mencionado, o **incidente de desconsideração da personalidade jurídica** é novidade no NCPC. Trata-se do *procedimento necessário para que permita a desconsideração da personalidade jurídica*. É cabível em todas as fases do processo de conhecimento, no cumprimento de sentença e na execução de título executivo extrajudicial (NCPC, art. 134). O incidente é usado tanto na desconsideração da personalidade da pessoa jurídica, para se chegar aos bens do sócio, como também na desconsideração da personalidade do sócio, para se chegar nos bens da pessoa jurídica (a chamada **desconsideração inversa** – NCPC, art. 133, § 2º).

O requerimento do incidente de desconsideração deverá demonstrar o *preenchimento dos requisitos legais para a desconsideração* (a saber: CDC, 28 ou CC, 50). Considerando que o NCPC se aplica subsidiariamente ao processo do trabalho, a rigor técnico o incidente deveria ser *também aplicado na Justiça do Trabalho* (resta saber como será a jurisprudência trabalhista, mas a tendência é que não se aplique).

A instauração do incidente *suspenderá o processo* (NCPC, art. 134, § 2º).

O NCPC prevê que, instaurado o incidente, o sócio ou a pessoa jurídica serão *citados para se manifestar* e requerer as provas cabíveis em até 15 dias (NCPC, art. 135).

Concluída a instrução, se necessária, o incidente de desconsideração da personalidade jurídica será resolvido por *decisão interlocutória*, de modo que cabível *agravo de instrumento* (NCPC, art. 1.015, IV); se a decisão for proferida pelo *relator*, caberá *agravo interno* (NCPC, art. 136).

É possível que, desde a *petição inicial do processo de conhecimento já se pleiteie a desconsideração* da personalidade jurídica. Nesse caso, não haverá necessidade de incidente, pois o tema será debatido no próprio processo principal. Assim, portanto, não será o caso de suspensão do processo (NCPC, art. 134, § 3º).

Acolhido o pedido de desconsideração, eventual alienação ou oneração de bens será considerada **fraude de execução**, será *ineficaz em relação ao requerente* (NCPC, art. 137).

1.5.2.6. Amicus curiae

O NCPC passa a regular a figura do ***amicus curiae* ou "amigo da Corte"**. A proposta é que este *terceiro, defendendo uma posição institucional* (que não necessariamente coincida com a das partes) *intervenha para apresentar argumentos e informações proveitosas à apreciação da demanda.*

O magistrado, considerando a *relevância da matéria, a especificidade do tema objeto da demanda ou a repercussão social da controvérsia*, poderá, *por decisão irrecorrível*, de ofício ou a requerimento das partes – ou de quem pretenda ser o *amicus curiae* – solicitar ou admitir a participação de pessoa natural ou jurídica, órgão ou entidade especializada, com representatividade adequada, no prazo de *15 dias de sua intimação* (NCPC, art. 138).

Seria possível, então, se falar em *amicus curiae* em todos os graus de jurisdição e processos? E mesmo em demandas individuais ou somente coletivas?

Considerando a redação do art. 138 (que não faz restrição) e a localização do tema no NCPC (parte geral), é de se concluir pelo amplo cabimento do *amicus* – desde que uma causa relevante, tema que tenha especificidade ou repercussão social da controvérsia (ou seja, situações um tanto quanto subjetivas). E, pelo Código, essa decisão quanto ao ingresso do amigo da corte seria *irrecorrível.*

Vale destacar que o interesse do amigo da Corte *não é jurídico*, mas institucional, moral, político, acadêmico, intelectual ou outro.

✓ O *amicus* não era previsto no CPC/1973, mas já era previsto em leis específicas, e utilizado no controle concentrado de constitucionalidade no STF e no *julgamento de recursos repetitivos* (hipótese expressamente mencionada no NCPC – art. 138, § 3º).

✓ O grande objetivo do *amicus curiae* é **qualificar o contraditório**.

✓ Admitido o amigo da Corte, o juiz definirá quais são seus **poderes** (NCPC, art. 138, § 2º). A lei apenas prevê que o *amicus curiae* não poderá recorrer, salvo para *embargar de declaração* e no caso de julgamento do incidente de *resolução de demandas repetitivas*, quando, portanto, admissíveis outros recursos (NCPC, art. 138, §§ 1º e 3º).

1.6. Pressupostos processuais, elementos da ação e condições da ação

1.6.1. Introdução

Como já visto, pelo princípio da inércia, o Poder Judiciário só atua se provocado. E a forma de provocar o Estado é mediante o **processo**, que é o *instrumento que o Estado coloca à disposição dos litigantes para solucionar a lide (administrar justiça).*

Por sua vez, já que a autotutela em regra é vedada, é direito da parte poder acionar o Judiciário. Assim, **ação** é o *direito que as partes têm ao processo.*

Os conceitos acima expostos usualmente não são pedidos em Exames da OAB, mas sua compreensão é importante para que se tenha a base para entender os três temas objeto deste tópico – os quais são usualmente perguntados em conjunto, apesar de serem institutos distintos.

1.6.2. Pressupostos processuais

A análise dos processos e dos procedimentos existentes no NCPC será realizada mais adiante, no próximo capítulo, por questões didáticas.

No momento, analisa-se a figura dos **pressupostos processuais**, que *são requisitos que devem estar presentes para que o processo tenha seu início (pressupostos de existência) e desenvolvimento (pressupostos de validade) de forma regular.*

Conforme o autor consultado, há variação entre a classificação dos pressupostos processuais. Optamos por seguir a nomenclatura existente no CPC/1973 e mantida no NCPC, que fala em *pressupostos de constituição e de desenvolvimento válido e regular do processo* (NCPC, art. 485, IV).

Assim:

✓ – **pressupostos de existência**: são *aqueles sem os quais não é possível sequer se falar em processo* (jurisdição, citação, capacidade postulatória e petição inicial);

✓ – **pressupostos de validade**: *são aqueles necessários para que o processo seja válido e regular* (petição inicial apta, citação válida, capacidade processual do autor, competência do juízo e imparcialidade do juiz).

Nestas situações, ausentes os pressupostos de existência ou validade, o processo será extinto, sem resolução do mérito (novamente, NCPC, art. 485, IV).

Contudo, há também os **pressupostos negativos**, que *são aqueles requisitos que, uma vez presentes, acarretam a extinção do processo sem resolução de mérito* (NCPC, art. 485, V). Seriam a litispendência (NCPC, art. 337, §§ 1º a 3º), coisa julgada (NCPC, art. 337, § 4º) e perempção (CPC, art. 486, §

3º). E, para alguns autores, também a convenção de arbitragem (NCPC, art. 337, X).

1.6.3. Elementos identificadores da ação

Os **elementos identificadores da ação** ou **elementos identificadores da demanda** são *elementos que permitem concluir que uma ação é idêntica ou semelhante à outra. São as partes, causa de pedir e pedido* (NCPC, art. 319, II, III e IV).

Para que se compreenda melhor tais elementos, cabe uma breve explicação:

✓ – **partes**: *autor e réu na relação jurídica processual*;

✓ – **causa de pedir**: *fatos e fundamentos jurídicos pelos quais o autor ingressa em juízo*;

✓ – **pedido**: *objetivo da parte quando busca o Judiciário.*

A importância concreta dos elementos identificadores é (i) verificar se uma ação é idêntica à outra e (ii) saber o que ocorrerá diante de ações idênticas ou semelhantes.

Se houver a **tríplice identidade** – ou seja, *mesmas partes, causa de pedir ou pedido* –, haverá *litispendência ou coisa julgada* (NCPC, art. 337, §§ 1º a 4º).

A **litispendência** se verifica quando *estão em trâmite, ao mesmo tempo, duas ações idênticas*; a **coisa julgada** ocorre *quando a primeira ação idêntica já transitou em julgado*. Nestes casos, haverá a extinção do segundo processo, sem resolução do mérito (NCPC, art. 485, V).

Em outras palavras, *a partir da análise dos elementos da ação é que se poderá verificar se há pressupostos processuais negativos* – e por isso é que há alguma dificuldade na compreensão do tema.

De seu turno, se houver semelhança entre duas demandas, fala-se em *conexão* ou *continência* – o que acarreta a reunião dos dois processos para julgamento conjunto. O tema já foi antes debatido (item 1.2.7 supra).

1.6.4. Condições da ação

Para que haja a apreciação do mérito (solução da lide), é necessário que estejam presentes tanto os pressupostos processuais como as condições da ação.

As **condições da ação** podem ser definidas como os *requisitos para que uma ação possa existir e ser processada perante o Judiciário*. Ou seja, o direito de ação não é irrestrito, mas sim *condicionado* pelas condições de ação – trata-se de uma disciplina do direito de agir, para que o Judiciário não se manifeste a respeito de demandas que seriam absolutamente inviáveis.

No CPC/1973, três eram as condições da ação. No NCPC, são duas – seguindo a evolução do pensamento do autor italiano LIEBMAN, que inicialmente defendia três, mas posteriormente passou a defender duas condições da ação (houve supressão da possibilidade jurídica do pedido).

Assim, pelo NCPC, art. 485, VI, são condições da ação:

✓ – **legitimidade de partes**: *coincidência/identidade entre as partes na relação jurídica processual e na relação jurídica material* (para o processo judicial do divórcio [relação material], são partes legítimas no processo o marido e a mulher);

✓ – **interesse de agir**: *necessidade e adequação do provimento jurisdicional pleiteado* (se ainda não houve o vencimento de uma dívida, não há falta de pagamento e, então, não há *necessidade* de se buscar o Judiciário; se o autor utiliza um processo ou procedimento indevido em relação ao pedido formulado, fala-se em *inadequação*);

A **carência da ação** (NCPC, art. 337, XI) é a *ausência de uma das condições da ação*. Nesta situação, *o autor será carecedor da ação*. Diante disso, o processo será extinto sem resolução do mérito (NCPC, art. 485, VI).

Em relação às mudanças existentes no NCPC, vale destacar:

– a situação que antes era configurada como *possibilidade jurídica do pedido* (como um pedido de usucapião de área pública, vedado pelo sistema), poderia ser hoje qualificada como de falta de interesse de agir – ou seja, o fim dessa condição da ação *não significa que o sistema passe a permitir pedidos impossíveis*;

– o novo Código deixa de trazer as expressões "condição da ação" ou "carência da ação", de modo que alguns autores sustentam que isso não mais existe no processo brasileiro (e que seriam pressupostos processuais); porém, considerando a força da tradição, o mais provável é que siga se utilizando (e pedindo em provas) as expressões consagradas no direito processual brasileiro.

1.7. Dos atos processuais

1.7.1. Da forma dos atos processuais

Forma é aquilo que dá *eficácia e validade ao ato ao processual*, o que se consegue com a observância do **tempo, lugar e modo** referente a tal ato (ou seja: onde, quando e como é realizado o ato processual). Não observada a forma prevista em lei, haverá a nulidade do ato processual.

Tal qual no Código anterior, o NCPC prevê o **princípio da liberdade das formas** (art. 188: os *atos processuais independem de forma determinada*, salvo quando a lei a exigir) e **instrumentalidade das formas** (art. 188, parte final: são válidos os atos que, realizados de outro modo, *preencham a finalidade essenciale*, também, art. 276). Assim, só há nulidade se houver prejuízo, conforme a máxima *pas de nullitè sans grief* (não há nulidade sem prejuízo – art. 282, § 1º).

Tem-se, portanto, no Código, a chamada **primazia do mérito**: a nulidade somente será reconhecida em último caso; sempre que possível, a causa será julgada no mérito (NCPC, art. 282, § 2º. Quando puder decidir o mérito a favor da parte a quem aproveite a decretação da nulidade, o juiz não a pronunciará nem mandará repetir o ato ou suprir-lhe a falta). Isso se verifica tanto em 1º grau quanto na parte recursal.

Além disso, quem deu causa à nulidade não pode dela se beneficiar, ou seja, alegá-la e ter a nulidade a partir de algo que provocou (art. 276). Isso seria "alegar a própria torpeza".

Reafirmando o princípio da publicidade (NCPC, art. 8º), o art. 189 destaca que os atos processuais são públicos, mas há processos que tramitam em **segredo de justiça**:

(i) quando o "*interesse público ou social*" assim exigirem;

(ii) nas causas de *direito de família* (casamento, separação de corpos, divórcio, separação, união estável, filiação, alimentos e guarda de crianças e adolescentes);

(iii) em processos nos quais constem dados protegidos pelo *direito constitucional à intimidade*;

(iv) relativos à *arbitragem* e cumprimento de carta arbitral – desde que haja confidencialidade comprovada em juízo.

Inova o Código ao prever que, mesmo nos processos que tramitam em segredo de justiça, o *terceiro que demonstra interesse jurídico* na causa pode requerer ao juiz "certidão do dispositivo da sentença", e da partilha de bens decorrentes de divórcio ou separação (art. 189, § 2º).

1.7.2. Negócio Jurídico Processual (NJP) e calendarização

Prevê o NCPC a ampla realização do **negócio jurídico processual**, que permite a *alteração procedimental*. Se o processo debater *direitos que admitam autocomposição*, é lícito às *partes plenamente capazes estipular mudanças no procedimento* para ajustá-lo às especificidades da causa e *convencionar sobre seus ônus, poderes, faculdades e deveres processuais* (NCPC, art. 190). Isso pode ser definido antes (em cláusula contratual que tratar da solução de eventuais conflitos) ou durante o processo (por contrato ou petição conjunta nos autos).

Em síntese: *as partes poderão, de comum acordo, alterar o procedimento para o julgamento de sua causa.*

O juiz, de ofício ou a requerimento, *controlará a validade das convenções sobre procedimento*, recusando-lhes aplicação em casos de nulidade, inserção abusiva em contrato de adesão (o que, portanto, tende a afastar o NJP de relações de consumo) ou situações em que uma parte se encontre em manifesta situação de vulnerabilidade (NCPC, art. 190, parágrafo único). A dúvida, aqui, é saber *quais os limites do NJP* celebrado entre as partes. Isso somente será efetivamente definido pela jurisprudência do STJ, após diversos debates.

Como **exemplos** de NJP podem ser cogitados:

–escolha de *foro de eleição* onde tramitará a demanda (o que já existia no sistema anterior; a única hipótese em que isso já acontecia);

–*não realização da audiência* de conciliação ou mediação (art. 334);

– estipulação acerca do ônus da prova, de modo distinto do que previsto em lei (art. 373, *caput* e § 3º);

–escolha do perito e sua remuneração, bem como dos quesitos (art. 471).

Além disso, NCPC inova ao prever, na sequência, o **"calendário processual"** (art. 191). Isso significa que *as partes e o juiz podem, de comum acordo, fixar calendário para a prática de atos processuais*. Quando isso ocorrer, tal calendário *vincula as partes e o juiz*, e os prazos nele previstos somente serão modificados em casos excepcionais e devidamente justificados (NCPC, art. 191, § 1º). No mais, considera-se *dispensada a intimação das partes* para a prática de ato processual ou a realização de audiência cujas datas tiverem sido designadas no calendário (NCPC, art. 191, § 2º).

Ou seja, se as partes estipularem no calendário que o prazo para apresentação de quesitos é a data "x" e a audiência será realizada na data "y", não haverá necessidade de intimação para esses atos processuais.

1.7.3. Dos pronunciamentos do juiz (ou "dos atos do juiz")

A **sentença** é definida como o pronunciamento pelo qual o juiz, com ou sem resolução de mérito, finda a fase cognitiva do procedimento comum ou extingue a execução (NCPC, art. 203, § 1º).

A **decisão interlocutória** é considerada todo pronunciamento judicial de *natureza decisória* que não se enquadra na definição de sentença (NCPC, art. 203, § 2º). Ou seja, um critério por exclusão, em relação à sentença.

Os **despachos** são os demais pronunciamentos do juiz praticados no processo, de ofício ou a requerimento (NCPC, art. 203, § 3º). Ou seja, um critério por exclusão, em relação à sentença e interlocutória.

O **acórdão** é o julgamento colegiado o tribunal (NCPC, art. 204).

O NCPC também prevê **a decisão monocrática do relator** (NCPC, art. 932, III, IV e V), que é a decisão proferida por desembargador ou ministro (membro de tribunal, portanto), mas de forma individual, apenas pelo relator.

Os despachos, as decisões interlocutórias, o dispositivo das sentenças e a ementa dos acórdãos serão **publicados no Diário de Justiça Eletrônico** (NCPC, art. 205, § 3º). E por certo que isso também se refere à monocrática, mas o legislador foi omisso no artigo em questão – quanto a ela, se houver ementa poderá ser apenas a ementa publicada; caso contrário, deverá ser publicada a decisão na íntegra.

1.7.4. Do tempo dos atos processuais

Os atos processuais devem ser realizados nos **dias úteis, das 6h às 20h** (NCPC, art. 212). Diferentemente do CPC/1973, não há mais necessidade de *autorização do juiz* para realizar as citações, intimações e penhoras "no período de férias forenses, onde as houver, e nos feriados ou dias úteis *fora do horário estabelecido neste artigo*" (NCPC, art. 212, § 2º). Porém, deve ser respeitada a inviolabilidade do domicílio à noite (CF, art. 5º, XI).

São **feriados**, além dos declarados em lei, "os sábados, os domingos e os dias em que não haja expediente forense" (NCPC, art. 216).

Se o processo não for eletrônico, a petição deverá "ser protocolada no horário de funcionamento do fórum ou tribunal" (NCPC, art. 212, § 3º). Sendo processo eletrônico, o ato pode ser realizado a qualquer hora do dia (NCPC, art. 213).

1.7.5. Dos prazos

Existem importantes novidades no NCPC quanto aos prazos.

Se o **prazo não estiver previsto em lei**, *o juiz determinará em quanto tempo* deverá ser realizado determinado ato processual, levando em conta a "complexidade do ato" (NCPC, art. 218, § 1º). Se o juiz não determinar prazo, este será de *5 dias* (NCPC, art. 218, § 3º).

Em relevante inovação para afastar um dos aspectos mais nocivos da "jurisprudência defensiva", o NCPC prevê que o **ato praticado antes do início do prazo será tempestivo** (art. 218, § 4º). Ou seja, o advogado pode recorrer antes da publicação da decisão, sem risco de que se fale em intempestividade.

A **contagem de prazos** teve mudanças significativas:

(i) na contagem de *prazo em dias*, estabelecido por lei ou pelo juiz, *apenas os dias úteis serão computados* (NCPC, art. 219) – sendo que essa previsão somente se aplica aos**prazos**

processuais e não aos prazos de direito material, como os prescricionais (NCPC, art. 219, parágrafo único).

A dúvida é saber quais são os prazos processuais, pois existem algumas situações polêmicas, como o prazo para pagar (no cumprimento de sentença e na execução). Outro debate é se nos Juizados Especiais, no processo penal e no processo do trabalho também haverá a contagem de prazos dessa forma (como há regra específica de contagem de prazo no CPP e na CLT, é de se entender que a contagem de prazos, nesses casos, é em dias corridos e não úteis. Quanto aos Juizados, há grande polêmica, com alguns Estados fazendo contagem em dias úteis e outros em dias corridos. Será necessário aguardar a definição da jurisprudência para se ter segurança quanto ao tema. O Conselho Federal da OAB já se manifestou no sentido de que, nos Juizados, a contagem de prazo *deveria*ser em dias úteis).

De qualquer forma, as Jornadas de Direito Processual do CJF (Conselho da Justiça Federal) aprovaram, em agosto de 2017, os seguintes enunciados, que tratam exatamente dessas polêmicas relativas a prazos.

Enunciado 19: O prazo em dias úteis previsto no art. 219 do CPC aplica-se também aos *procedimentos regidos pelas Leis n. 9.099/1995, 10.259/2001 e 12.153/2009* (apesar disso, a questão segue com divergências no cotidiano dos Juizados Especiais).

Enunciado 89: Conta-se em dias úteis o prazo do *caput* do art. 523 do CPC (ou seja, no cumprimento de sentença o prazo para pagamento deve ser contado em dias úteis – nesse sentido, também já há um precedente do STJ: REsp 1.693.784).

(ii) haverá *suspensão de curso do prazo entre 20 de dezembro e 20 de janeiro*, período no qual não poderão ocorrer audiências – exatamente para que o advogado possa usufruir alguns dias de descanso e férias (NCPC, art. 220). Apesar de prazos suspensos nesse período, pela lei o Poder Judiciário deverá seguir em funcionamento (NCPC, art. 220, § 1º).

A **forma de contagem de prazo** (inicialmente disponibilização no diário oficial, depois publicação no próximo dia útil, com a exclusão do dia do início e inclusão do dia do término) segue a mesma prevista no CPC/1973 (NCPC, art. 224) – salvo pela não contagem nos dias úteis (art. 219).

Também há previsão de **prazos para magistrados e auxiliares**. O juiz proferirá: despachos em até 5 dias; decisões interlocutórias em 10 dias e sentenças em 30 dias (NCPC, art. 226). Em qualquer grau de jurisdição, havendo motivo justificado, o juiz pode exceder, por igual tempo, os prazos a que está submetido (NCPC, art. 227).

É mantida a previsão de **prazo em dobro para litisconsortes com advogados distintos** (art. 229). A novidade é a menção do NCPC quanto ao prazo em dobro para todas as manifestações e "em qualquer juízo ou tribunal, independentemente de requerimento". Contudo, *não se aplica* a regra do prazo em dobro *nos processos eletrônicos* (NCPC, art. 229, § 2º).

1.7.6. Da comunicação dos atos processuais

O NCPC prevê a existência de 4 cartas (art. 237). Três já existentes no sistema anterior: **carta precatória** (*realização de atos entre comarcas distintas*), **carta rogatória** (*realização de atos entre países distintos*), **carta de ordem** (*realização de atos entre graus de jurisdição distintos* – do tribunal para o 1º grau, por exemplo). E uma novidade: **carta arbitral** (*realização de atos entre órgão do Poder Judiciário e juízo arbitral*).

Caso exista *sentença de mérito favorável ao réu que transitar em julgado antes da citação*, deverá o escrivão comunicar o resultado do julgamento ao réu (NCPC, art. 241).

Citação é o ato pelo qual o *réu, executado ou interessado é convocado para integrar a relação processual* (NCPC, art. 238).

A citação poderá ser feita por **5 formas**: correio, oficial de justiça, escrivão, edital ou meio eletrônico (NCPC, art. 246).

A *citação por correio será a regra*, salvo nas ações de estado, quando o citando for incapaz, pessoa de direito público ou residir em local não atingido pelo serviço postal (NCPC, art. 247, I, II, III e IV). Também *não se realizará a citação por correio* se o autor, desde a petição inicial, requerer, *de forma justificada*, que ela seja feita de outra forma (NCPC, art. 247, V).

A *citação por escrivão ou chefe de secretaria* ocorrerá se o citando comparecer em cartório (NCPC, art. 246, III).

Há inovação em relação à **forma de citação das empresas**: com *exceção de microempresas e empresas de pequeno porte*, as empresas públicas e privadas deverão manter *cadastro nos sistemas de processo em autos eletrônicos*, para efeito de recebimento de citações e intimações, que serão efetuadas preferencialmente por esse meio (NCPC, art. 246, § 1º).

Se a **citação for para pessoa jurídica**, e não for por meio eletrônico, será *válido o ato* se a carta for entregue (i) a pessoa com *poderes de gerência* ou (ii) a funcionário *responsável pelo recebimento de correspondências*. Ou seja, a entrega para o porteiro, aceita pela jurisprudência, passa a ser prevista também no NCPC (art. 248, § 2º).

Com regras distintas do decidido pela jurisprudência do STJ à luz do sistema anterior, o NCPC prevê especificamente a **citação de pessoas físicas em condomínios** edilícios ou loteamentos com controle de acesso. Nesses casos, será válida a citação entregue a *funcionário da portaria* responsável pelo recebimento de correspondência; porém, o porteiro poderá *negar-se a recebê-la* se declarar, por escrito e sob as penas da lei, que o destinatário da correspondência está ausente (NCPC, art. 248, § 4º).

A **citação por oficial de justiça** (ou mandado) será realizada quando não possível a citação por correio ou quando esta for infrutífera (NCPC, art. 249).

Muda o número de diligências necessárias à **citação por hora certa**: quando, por *duas vezes*, o oficial de justiça tiver procurado o citando em seu domicílio ou residência sem o encontrar, deverá, havendo suspeita de ocultação, intimar qualquer pessoa da família ou, em sua falta, qualquer vizinho de que, no dia útil imediato, voltará a fim de efetuar a citação na hora que designar (NCPC, art. 252).

Por sua vez, na *citação por hora certa referente a moradores de condomínios* edilícios ou loteamentos com controle de acesso, será válida a intimação feita a funcionário da portaria responsável pelo recebimento de correspondência (NCPC, art. 252, parágrafo único).

A **citação por edital** será feita (NCPC, art. 256): (i) quando *desconhecido ou incerto o citando*; (ii) quando *ignorado*, incerto ou inacessível *o lugar em que se encontrar o citando* e (iii) nos demais casos expressos em lei (por exemplo, se o país que recusar o cumprimento de carta rogatória – NCPC, art. 256, § 1º).

Para fins de citação por edital, o citando será considerado em local ignorado ou incerto quando *infrutíferas as tentativas de localização do réu*. E isso ocorre inclusive mediante requisição pelo juízo de informações sobre seu *endereço nos cadastros* de órgãos públicos ou de concessionárias de serviços públicos (NCPC, art. 256, § 3º).

Importante inovação é a **publicação do edital na internet e não mais em jornal**. Tanto na *página do próprio tribunal*, quanto na *plataforma de editais do CNJ* (NCPC, art. 257, II).

Apesar dessa previsão de publicação do edital na internet, *poderá o juiz*, conforme as peculiaridades da comarca, determinar a publicação do edital *também em "jornal local de ampla circulação"* ou "outros meios" (NCPC, art. 257, parágrafo único).

A parte que requerer citação por edital, alegando *dolosamente* a ocorrência das circunstâncias autorizadoras para sua realização, incorrerá em *multa de 5 salários mínimos* (NCPC, art. 258).

Afirma o Código ser necessária a publicação de editais em três hipóteses (art. 259): I – na ação de usucapião de imóvel; II – nas ações de recuperação ou substituição de título ao portador; III – em qualquer ação em que seja necessária, por determinação legal, a provocação, para participação no processo, de interessados incertos ou desconhecidos.

Intimação é o ato pelo qual se dá ciência a alguém dos atos do processo (NCPC, art. 269).

Pode o **próprio advogado promover a intimação do advogado da parte contrária**, *por meio do correio*, juntando aos autos *cópia do ofício de intimação e do aviso de recebimento*; o ofício de intimação deverá ser instruído com *cópia do despacho, da decisão ou da sentença* (NCPC, art. 269, §§ 1º e 2º). Cabe também a *intimação da Fazenda Pública* dessa forma – devendo a intimação ser enviada para o órgão de Advocacia Pública responsável pela representação judicial do respectivo ente (NCPC, art. 269, § 3º).

Sempre que possível (ou seja, se já houver tecnologia nesse sentido), as intimações serão realizadas por meio eletrônico (NCPC, art. 270).

Além de seguir existindo a intimação em nome do advogado, será possível requerer a **intimação em nome da sociedade de advogados** inscrita na OAB – seja em conjunto com o nome do advogado, seja apenas em nome da sociedade (NCPC, art. 272, §§ 1º e 2º).

Conforme jurisprudência sedimentada do STJ no sistema anterior, se houver **requerimento expresso para publicação em nome de determinado profissional**, as intimações deverão trazer o nome desse patrono, *sob pena de nulidade* (NCPC, art. 272, § 5º).

1.8. Da tutela provisória

1.8.1. Visão geral do tema no NCPC

Em uma das mais incisivas mudanças do novo sistema processual, o NCPC muda consideravelmente o panorama em relação às **situações de urgência**. Vale destacar, desde logo, que diversas são as dúvidas e polêmicas, sendo que muitas questões somente serão pacificadas pelo STJ, depois de alguns anos de debates.

Antes, **tutela antecipada e processo cautelar** eram tratados em *livros separadas* e eram *requeridos de maneiras distintas* (nos mesmos autos e em autos apartados, respectivamente). Agora, ainda que haja distinção entre as duas, ambas as formas de se tutelar a urgência estão *no mesmo livro* e com *mecanismo de se requerer bem semelhante*.

Sob a denominação **tutela provisória** o NCPC reuniu o *regramento referente à tutela de urgência e à tutela de evidência* (esta última, inovação).

Nas disposições gerais relativas ao assunto, consta que a "**tutela provisória** pode ter por fundamento *urgência ou evidência*" (NCPC, art. 294).

Assim, **tutela provisória é gênero**, dentro do qual existem *duas espécies*: **tutela de urgência e tutela de evidência**. De seu turno, a espécie *tutela de urgência* se divide em duas subespécies: tutela de urgência **cautelar** e tutela de urgência **antecipada** (art. 294, parágrafo único). Vejamos no quadro:

Gênero	Espécies	Subespécies
Tutela provisória	Tutela de urgência	Tutela cautelar
		Tutela antecipada
	Tutela de evidência	--

A **distinção** entre a tutela cautelar e de urgência está na sua finalidade: a tutela cautelar busca *resguardar* o resultado do processo, ou seja, evitar o perecimento do bem ou do direito objeto de discussão até que o processo termine (tutela*acautelatória*); já a tutela antecipada busca *satisfazer* o direito da parte, desde logo, antes do término do processo (tutela *satisfativa*).

A **tutela de urgência** (qualquer delas) poderá ser *requerida em caráter antecedente ou incidental* (NCPC, art. 294, parágrafo único). A tutela antecedente é aquela pleiteada *antes – ouem conjunto – como pedido principal* formulado pela parte. Já a incidental é pleiteada *depois de já existir o processo principal*, mediante simples petição.

No caso da **concessão em caráter antecedente**, teremos algo *semelhante com a antiga cautelar preparatória*, com recolhimento de custas, mas *sem se falar em processo em apartado*. Tudo será pleiteado nos mesmos autos, ao mesmo tempo: o pedido principal e o pedido de urgência, ou apenas o pedido de urgência.

Em relação à **tutela de urgência incidental**, o *procedimento passa a ser bem simples*: em processo que já tramita, basta apresentar uma *petição apontando os requisitos e requerendo uma medida de urgência*. Sem custas (NCPC, art. 295), cópias de autos ou qualquer outra formalidade.

O juiz poderá determinar as medidas que considerar adequadas para **efetivar a tutela provisória**, que observará, no que couber, as *normas referentes ao cumprimento provisório da sentença* (NCPC, art. 297, *caput*, e parágrafo único).

Na **decisão** que conceder, negar, modificar ou revogar a tutela provisória *o juiz motivará seu convencimento de modo claro e preciso* (NCPC art. 298).

1.8.2. Da tutela de urgência

São **requisitos da tutela de urgência**: a) elementos que evidenciem a *probabilidade do direito*; b) *perigo de dano* ou risco ao resultado útil do processo (NCPC, art. 300). Assim, tem-se uma *coincidência de requisitos entre a cautelar e a antecipação de tutela* (subespécies da espécie tutela de urgência, como já visto). Não há mais menção aos termos *fumus bonisiurs* (fumaça do bom direito) e *periculum in mora* (perigo da demora); de qualquer forma, pela tradição, é possível concluir que continuarão a ser utilizados no cotidiano forense.

Para deferir a tutela de urgência o juiz poderá, conforme o caso, exigir **caução** real ou fidejussória idônea para ressarcir danos que a outra parte possa vir a sofrer, podendo a *caução ser dispensada se a parte economicamente hipossuficiente não puder oferecê-la* (NCPC, art. 300, § 1º). Ou seja, ficará a critério do juiz, caso a caso, determinar a prestação de caução ou não.

A **concessão** da tutela de urgência poderá se verificar *liminarmente* ou após *audiência de justificação prévia*, quando se poderá fazer prova dos requisitos para sua concessão (NCPC, art. 300, § 2º). Ou seja, ficará a critério do juiz, caso a caso, designar essa audiência ou não.

Tal qual no sistema anterior, há dispositivo **vedando a concessão de tutela antecipada** ("tutela de urgência de natureza antecipada") se **houver perigo de irreversibilidade** (NCPC, art. 300, § 3º). *Ou seja, não se concede a tutela de urgência antecipada se a situação não puder voltar ao que era antes (ao status quo ante).*

Porém, no sistema anterior, a jurisprudência temperava essa regra. Isso porque há muitas situações em que, *ainda que haja o risco de irreversibilidade, se não concedida a antecipação de tutela, haverá o risco de perecimento de um direito de grande relevância* (como, por exemplo, o direito à vida). É o que alguns denominam de **irreversibilidade recíproca** (não é um termo usual na jurisprudência, mas já foi utilizado pela OAB em provas anteriores).

Nesses casos, o juiz deve avaliar qual o direito que deve prevalecer e, se o caso, *conceder a antecipação de tutela, ainda que irreversível*, com base nos princípios da proporcionalidade e razoabilidade. É a posição dominante formada à luz do Código anterior e que, possivelmente, seguirá no NCPC. Como exemplo, o debate relativo a questões de saúde, como se percebe do seguinte trecho de julgado do STJ:

> "*É possível a antecipação da tutela, ainda que haja perigo de irreversibilidade do provimento, quando o mal irreversível for maior*, como ocorre no caso de não pagamento de pensão mensal destinada a custear tratamento médico da vítima de infecção hospitalar, visto que a falta de imediato atendimento médico causar-lhe-ia *danos irreparáveis de maior monta do que o patrimonial*" (STJ, REsp 801.600/CE, *DJe* 18.12.2009).

Como já apontado em tópico anterior (item 1.4.11.6 acima), existem diversas **restrições quanto à concessão de tutela antecipada contra o Estado** (Lei 9.494/1997, art. 1º) – o que deve ser lido, à luz do NCPC, como **vedação à tutela provisória**. Contudo, exatamente como em relação à irreversibilidade, *a situação vem sendo mitigada pela jurisprudência*.

Assim, quando envolver direito à vida e à saúde, admite-se a concessão de tutela antecipada mesmo em face da Fazenda Pública, como se percebe do seguinte julgado, ao se manifestar a respeito do art. 1º da Lei 9.494/1997: "(...) o referido artigo deve ser interpretado de forma restritiva, *de modo a não existir vedação legal à concessão de antecipação dos efeitos da tutela contra a Fazenda Pública nas hipóteses em que envolvam o pagamento de verba de natureza alimentar*, como ocorre no presente caso" (STJ, AgRg no REsp 726.697/PE, *DJe* 18.12.2008).

A **tutela de urgência cautelar** pode ser efetivada mediante *arresto, sequestro, arrolamento de bens, registro de protesto contra alienação de bem* e qualquer outra medida idônea para asseguração do direito (NCPC, art. 301).

Temos, aqui, uma grande dificuldade: qual o **requisito e procedimento para essas medidas cautelares**? A lei é absolutamente omissa. Frise-se que essa é a **única menção** às antigas cautelares nominadas do CPC/1973. Assim, há total *ausência de regulamentação dessas medidas* – que, mencionadas expressamente, poderão seguir sendo utilizadas (especialmente arresto e sequestro, as mais frequentes no cotidiano forense).

Diante da ausência de regulamentação legal, o *procedimento será bem aberto*, cabendo ao juiz decidir não só o mérito (requisitos para sua concessão), mas também a forma de tramitação (efetivamente, o procedimento).

A **tendência**, especialmente no início da vigência do NCPC, é que *seguirão sendo aplicados os requisitos e procedimentos previstos no CPC/1973*. Ou seja, mesmo revogado o CPC/1973, é possível que suas regras inspirem a utilização dessas tutelas de urgência cautelares.

Descabe discorrer a respeito do sistema revogado. De qualquer forma, considerando a omissão legislativa, apenas se destaca, aqui, a principal distinção entre o arresto, sequestro e arrolamento (repita-se, à luz do Código anterior):

a) arresto:

✓ utilizado por um *credor qualificado* (com título executivo ou outro documento representativo da dívida) em face de um *devedor desqualificado* (que busca se ausentar ou alienar bens para ficar sem patrimônio);

✓ tem por finalidade *evitar a dilapidação do patrimônio*, de modo que o requerente tenha êxito numa futura execução de quantia certa (isto é, que ainda existam bens penhoráveis);

✓ tem por objeto *qualquer bem* do requerido;

✓ o arresto tende a se converter, na sequência da demanda, em *penhora*;

b) sequestro:

✓ utilizado quando houver *disputa a respeito da posse ou propriedade de um bem*;

✓ tem por finalidade *evitar o perecimento de determinado bem*, de modo que o requerente tenha êxito numa futura execução de entrega de coisa certa;

✓ tem por objeto um *bem específico* do requerido;

✓ o sequestro tende a se converter, na sequência da demanda, em *depósito*;

c) arrolamento:

✓ utilizado quando houver *disputa a respeito da posse ou propriedade de bens indeterminados*;

✓ tem por finalidade *evitar o perecimento de tais bens*, além de se saber *quais são* e quantos são os bens em disputa;

✓ ou seja, é instrumento próximo ao sequestro. A distinção entre as duas cautelares é que, no sequestro, sabe-se exatamente qual bem se quer proteger; no arrolamento, *quer-se saber quais são os bens, além de protegê-los*;

✓ tem por objetivo *arrolar* (obter um rol, uma relação) *e proteger* um conjunto de bens na posse do requerido (como em casos de direito de família e entre sócios).

✓ **Efetivada a tutela de urgência** (cautelar ou antecipatória) e **posteriormente reformada**, deverá o *autor reparar o dano processual causado ao réu* (NCPC, art. 302), com a indenização fixada preferencialmente nos mesmos autos (NCPC, art. 302, parágrafo único).

1.8.2.1. Do procedimento da tutela antecipada antecedente

A **tutela antecipada antecedente** vem prevista para os casos em que a urgência for *anterior ou contemporânea (conjunta) à propositura da ação.* Nessas hipóteses, a petição inicial *pode limitar-se ao requerimento da tutela antecipada* e à indicação do pedido de tutela final com a exposição da lide, do direito que se busca realizar e do perigo de dano ou risco ao resultado útil do processo (NCPC, art. 303). Sendo essa a escolha do autor, haverá *recolhimento de custas* e o *valor da causa* deverá levar em consideração o *pedido de tutela final*, e não apenas o valor relativo à antecipação de tutela (NCPC, art. 303, § 4º).

Ou seja, **pode se pedir somente a tutela antecipada** indicando a petição *qual será o pedido principal* – que não mais será uma "ação principal", pois o pedido será elaborado posteriormente, nos mesmos autos. Haverá, posteriormente, um complemento da petição inicial.

Se concedida a tutela antecipada antecedente, o autor deverá **aditar a petição inicial** para complementar sua argumentação, juntar novos documentos e confirmar o pedido de tutela final, em 15 dias ou outro prazo maior que o juiz fixar (NCPC, art. 303, § 1º, I). No aditamento, *não haverá* a necessidade de recolhimento de *novas custas* (NCPC, art. 303, § 3º). Feito o aditamento, o réu será *citado para comparecer à audiência de conciliação ou de mediação* (NCPC, art. 303, § 1º, II); não havendo acordo, somente aí haverá o início do prazo para contestação (NCPC, art. 303, § 1º, III).

Se o autor não aditar a petição inicial para elaborar o pedido principal, haverá a *extinção do processo sem resolução do mérito* (NCPC, art. 303, § 2º).

Se a **tutela antecipada for indeferida,** o juiz determinará a *emenda da inicial*, em *5 dias, sob pena de extinção do processo sem resolução do mérito* (art. 303, § 6º). Atenção para esse *prazo de 5 dias*, que é um dos poucos prazos do NCPC de poucos dias – e, inclusive, bem inferior ao prazo de aditamento no caso de concessão da liminar (15 dias ou mais, como exposto acima).

Importante – e polêmica – inovação do NCPC é a previsão de **estabilização da tutela antecipada**: a *tutela antecipada concedida se tornará estável se da decisão que a conceder não for interposto recurso* (NCPC, art. 304). Já debate a doutrina se a menção a "recurso" deve ser entendida como o *uso do agravo ou se é possível se interpretar que seria qualquer impugnação à decisão judicial concessiva da antecipação de tutela* – inclusive a própria contestação. Por cautela, até que haja a definição do tema pelo STJ, o mais seguro é interpretar "recursos" exatamente da forma técnica que consta no NCPC (ou seja, *embargos de declaração e/ou agravo de instrumento*).

Uma vez estabilizada a antecipação de tutela, o *processo será extinto* e qualquer das partes poderá **ingressar com novo processo judicial** para *rever, reformar ou invalidar a tutela antecipada estabilizada* em até 2 anos contados da ciência da decisão extintiva (NCPC, art. 304, §§ 1º, 2º e 5º). Assim, se não houver essa ação para afastar a estabilidade da tutela antecipada, estaríamos diante de **coisa julgada**? Pelo Código, não, pois se afirma que a decisão que concede a tutela *não fará coisa julgada* (NCPC, art. 304, § 6º), mas sim que há **estabilidade dos efeitos da tutela antecipada**, que só será *afastada por decisão na demanda que buscar alterar a tutela estabilizada.* Também já diverge a doutrina a respeito de a estabilização ser ou não coisa julgada.

Do cotejo dos arts. 303 e 304 percebe-se uma **incongruência quanto à estabilização da antecipação de tutela**. De um lado, o NCPC afirma que, *não realizado o aditamento*, o processo será *extinto* (art. 303, § 2º). Do outro, afirma o Código que *só há estabilização* se não houver recurso do réu e *aditamento do autor* (art. 304, § 1º). O tema já é polêmico.

Uma *possível interpretação* é entender que, **não havendo recurso do réu** contra a decisão que concede a tutela antecipada, há **2 opções ao autor**: (i) *aditar a inicial* – e, assim, não haverá a estabilização da tutela antecipada, mas o prosseguimento do processo ou (ii) *não aditar a inicial* – hipótese em que não haverá a extinção, mas sim a estabilização da tutela antecipada (e, eventualmente, poderá o autor ingressar com nova medida judicial para pleitear o pedido principal).

Para melhor compreensão, vale exemplificar. Pensemos uma inscrição indevida em cadastro restritivo de crédito. Tutela provisória de urgência antecipada requerida de forma antecedente (apenas a exclusão de cadastro restritiva), apontando como futuro pedido principal indenização por danos morais. **Tutela antecipada deferida para excluir o nome do cadastro restritivo de crédito**. Possibilidades:

(i) *réu agrava* e *autor não adita* a inicial: *não há estabilização* da tutela antecipada e o processo será *extinto sem resolução do mérito*;

(ii) *réu agrava* e *autor adita* a inicial, pleiteando danos morais: não há estabilização da tutela antecipada e o processo prosseguirá;

(iii) *réu não agrava* e *autor não adita* a inicial: *estabilização da tutela antecipada* (no sentido de a inscrição ser indevida) e *extinção do processo*, com mérito (procedência do pedido de tutela antecipada). Se o autor quiser pleitear danos morais, poderá, mas por meio de nova demanda.

A tutela antecipada **conservará seus efeitos** enquanto não revista, reformada ou invalidada por decisão de mérito (art. 304, § 3º);

1.8.2.2. Do procedimento da tutela cautelar antecedente

No tópico anterior, houve a análise da tutela antecipada antecedente. Neste tópico, analisa-se a outra tutela de urgência que pode ser requerida de forma antecedente: a **tutela cautelar antecedente**.

Neste caso, a *petição inicial* da ação que buscar tal tutela *indicará a lide e seu fundamento*, a *exposição sumária do direito* que visa assegurar e o *perigo de dano* ou risco ao resultado útil do processo (NCPC, art. 305). São requisitos semelhantes ao do antigo processo cautelar, existente no CPC/1973. Também deverá existir valor da causa e recolhimento de custas (interpretação que decorre do NCPC, art. 308, caput, parte final).

Se o autor assim quiser, o *pedido principal pode ser formulado juntamente com o pedido de tutela cautelar* (NCPC, art. 308, § 1º). Exatamente como previsto para a tutela antecipada antecedente.

Se o juiz entender que o **pedido tem natureza antecipada**, deverá observar o *regramento relativo à tutela antecipada* (NCPC, art. 305, parágrafo único). Ou seja, é a **fungibilidade entre as tutelas de urgência**. Contudo, *não há artigo específico no sentido inverso*, quanto à antecipação de tutela. Assim, não há previsão legal de possibilidade de o juiz receber a antecipação de tutela como cautelar. Mas resta verificar como será a jurisprudência em relação ao tema (no sistema anterior, da mesma forma só existia previsão de fungibilidade da antecipada para a cautelar, mas a jurisprudência admitia a fungibilidade de mão dupla). De qualquer forma, pela lei processual, **somente há estabilização da tutela antecipada** (que tem natureza *satisfativa*) e **não da tutela cautelar** (que busca apenas *resguardar* o direito debatido) – afinal, incongruente falar que algo acautelatório se estabilize.

No caso da tutela cautelar antecedente, o réu será **citado para contestar** em *5 dias* (NCPC, art. 306). Trata-se de um *prazo curto*, que não é a regra no NCPC. Se não houver contestação, haverá **revelia**, com a presunção de veracidade dos fatos narrados, afirmando o Código que o juiz deverá *decidir em 5 dias* (NCPC, art. 307). Se houver contestação, o trâmite da demanda será pelo **procedimento comum** do processo de conhecimento (NCPC, art. 307, parágrafo único).

Efetivada a tutela cautelar, o *pedido principal terá de ser formulado pelo autor no prazo de 30 dias*, caso em que será apresentado nos *mesmos autos* em que já deduzido o pedido cautelar (NCPC, art. 308). O complemento da demanda, em relação ao pedido principal, *não demandará novas custas processuais* (NCPC, art. 308) e será possível *aditar a causa de pedir* (NCPC, art. 308, *caput* e § 2º).

Apresentado o pedido principal, as *partes serão intimadas para comparecer à audiência de conciliação ou mediação*; não havendo autocomposição, o prazo para contestação terá fluência a partir desse momento (NCPC, art. 308, §§ 3º e 4º).

Cessa a eficácia da tutela cautelar antecedente se (NCPC, art. 309):

I – não houver a *apresentação do pedido principal* em 30 dias;

II – a tutela cautelar não for *efetivada* em 30 dias;

III – o *pedido principal for improcedente* ou o *processo for extinto sem mérito*.

Se isso ocorrer, somente será possível formular novo pedido se houver novo fundamento (nova causa de pedir).

Em regra, o **indeferimento do pedido cautelar não obsta a formulação do pedido principal**. A exceção se refere à hipótese em que *reconhecida a prescrição e decadência na análise do pedido cautelar* (NCPC, art. 310). Ou seja, nesse caso a coisa julgada do processo cautelar terá de ser observada no processo principal.

1.8.3. Da tutela da evidência

Com esse nome específico, trata-se de uma **novidade na legislação**. Mas é possível vislumbrar uma semente desse novo instituto no CPC/1973, especialmente no antigo art. 273, § 6º (tutela antecipada com base em pedidos incontroversos).

A **tutela da evidência** busca resguardar um *direito evidente*; ou seja, é uma *tutela provisória que não depende de urgência* (exatamente por isso não é denominada de tutela de urgência, a outra espécie de tutela provisória).

A **tutela da evidência será concedida**, *independentemente* da demonstração de *perigo de dano ou de risco ao resultado útil do processo*. O Código a prevê em **4 situações** (art. 311):

I – ficar caracterizado *abuso do direito de defesa* ou manifesto propósito protelatório da parte (tutela de evidência **penalizadora da má-fé**;

II – *as alegações de fato puderem ser comprovadas apenas documentalmente* e houver *tese firmada em julgamento de casos repetitivos ou súmula vinculante* (tutela de evidência fundada em **tese firmada em tribunal superior**)

III – se tratar de *pedido reipersecutório fundado em prova documental* adequada do *contrato de depósito*, caso em que será decretada a ordem de entrega do objeto custodiado sob cominação de multa (tutela de evidência em **contrato de depósito**);

IV – a petição inicial for instruída com *prova documental suficiente dos fatos constitutivos do direito do* autor, a que o *réu não oponha prova* capaz de gerar dúvida razoável (tutela de evidência **fundada em prova incontroversa**).

Afirma o Código que nos casos dos incs. II e III será possível a **concessão liminar** da tutela de evidência (art. 311, parágrafo único).

Exemplo, ainda que não haja uma situação de perigo grave, a tese debatida é tão firme que já consta de súmula vinculante; nesse caso, o autor não deve aguardar o término do processo para usufruir o seu pedido (tutela de evidência fundada em tese firmada em tribunal superior – que poderá ser concedida em caráter liminar).

1.8.4. Síntese da tutela provisória no NCPC

Como se sabe, a resposta do Poder Judiciário a um pedido formulado pelo autor não é imediata. Contudo, há situações nas quais não é necessário aguardar o término do processo para que o Judiciário conceda o pleiteado pela parte. É para isso que se pleiteia uma "**liminar**", ou seja, *uma decisão no início do processo*.

No NCPC, o tema é tratado sob o título **tutela provisória**.

A tutela provisória pode ser concedida com base na **urgência**: *antecipação de tutela* e *cautelar*. Do ponto de vista formal, ambas são pleiteadas da mesma forma: ou *durante o processo* de conhecimento que já tramita (**incidentalmente**) ou mesmo *antes de se debater o pedido principal* (tutela de urgência **antecedente**). É possível, também, pedi-las *junto com o pedido principal*, na mesma petição inicial. *Não* se pede em **processo apartado**. Se a tutela de urgência for pleiteada de forma antecedente, há necessidade de se **aditar a petição inicial**, para se *formular o pedido principal*, sob pena de extinção.

Mas qual a **distinção entre antecipação de tutela e cautelar**?

A **finalidade da cautelar** *é resguardar o pedido principal* (caráter *conservativo* – visa a evitar o perecimento do direito).

A **finalidade da antecipação de tutela** *é, desde logo, antecipar os efeitos de uma futura decisão de mérito* (caráter *satisfativo* – já se quer a fruição do direito).

Apesar de na teoria ser simples diferenciar o cabimento de cada uma (*distinção entre assegurar e satisfazer*), na prática há dificuldades. Tanto porque cada juiz pode ter um entendimento, como porque há situações que podem ser enquadradas nas duas hipóteses.

Diante disso, haveria **fungibilidade entre as tutelas de urgência**, ou seja, entre cautelar e antecipação de tutela? O NCPC apenas prevê que o pedido cautelar possa ser apreciado, pelo juiz, como de tutela antecipada (NCPC, art. 305, parágrafo único). Mas, diante de somente essa previsão, pode existir também o contrário, ou seja, o juiz receber um *pedido cautelar como se fosse tutela antecipada*? No CPC/1973, a jurisprudência entendia que a fungibilidade era de mão dupla (ou seja, fungibilidade nos dois sentidos). No NCPC, o tema ainda está em aberto. De qualquer forma, é certo que**apenas a tutela antecipada pode ser estabilizada**, e não o pedido cautelar (art. 304). Por essa razão, se a parte pleitear uma tutela antecipada e o juiz a receber como tutela cautelar, não será possível sua estabilização. Mas, novamente, resta verificar como será a jurisprudência quanto ao tema.

Por fim, além da tutela provisória fundada na urgência, o NCPC inova ao trazer a tutela provisória (antes da sentença, em cognição sumária) *fundada no direito evidente*: **tutela de evidência**. Há 4 hipóteses em que isso é cabível, sendo que em duas delas é possível a *concessão liminar*. A **finalidade da tutela de evidência** é *inverter o ônus do tempo do processo*: se já existe direito razoavelmente plausível em favor do autor, por que haveria necessidade de se aguardar a sentença para sua fruição? Essa é a ideia da tutela da evidência.

1.9. Formação, suspensão e extinção do processo (parte geral)

O presente tópico trata da formação, suspensão e extinção do processo em relação a todos os processos e procedimentos. Cada um dos processos (conhecimento e execução) terá especificidades, especialmente em relação à extinção.

1.9.1. Formação

Como já visto, a *jurisdição é inerte (princípio dispositivo)*, razão pela qual a parte deve provocar o Judiciário para que tenha início o processo (NCPC, art. 2º).

A regra constante da parte inicial do art. 312 é a seguinte: "considera-se proposta a ação quando a petição inicial for protocolada (...)". Porém, para o réu, somente surtem os efeitos da formação após a sua citação (vide art. 240 quanto aos efeitos da citação para o réu).

De qualquer forma, há a **formação do processo** *no momento em que a petição inicial é protocolada em juízo.*

Assim, são **requisitos de constituição da relação processual**:

✓ *petição inicial escrita em português* (NCPC, art. 192);

✓ *subscrita por advogado ou defensor público;* e *endereçada a juiz.*

1.9.2. Suspensão do processo

Apesar de os princípios da celeridade e da duração razoável do processo permearem todo o sistema processual, por vezes se faz necessária a **suspensão do processo**, ou seja, *a paralisação do trâmite processual.*

Não obstante, qualquer que seja a hipótese de suspensão, *atos urgentes podem ser praticados durante o período em que o processo está suspenso* – salvo se houver alegação de *impedimento ou suspeição* do juiz (NCPC, art. 314).

É importante consignar que suspensão do processo é algo distinto da suspensão ou interrupção do prazo processual.

É necessária previsão legal para que haja a suspensão do processo, sendo que o Código prevê diversas situações para tanto.

O principal dispositivo que trata do tema é o art. 313 do NCPC, que traz as seguintes **hipóteses de suspensão**:

(i) Pela *morte ou perda da capacidade processual* de qualquer das *partes*, de seu representante legal ou de seu procurador.

O autor, quando falece, deixa de deter capacidade de ser parte. Um idoso que é interditado perde sua capacidade processual. Um advogado que é desligado dos quadros da OAB não é mais dotado de capacidade postulatória. Nestes três exemplos, o processo não pode prosseguir. Mas preferível à extinção de plano é a *suspensão, até que a incapacidade seja solucionada.*

Contudo, se a falha não for suprida, sendo em relação ao autor, o processo será extinto sem mérito; sendo em relação ao réu, será decretada a revelia (NCPC, art. 313, § 3º). Inova o NCPC ao apontar que, no caso de óbito da parte, se não houver habilitação, o juiz determinará a suspensão de ofício e buscará que haja o ingresso dos herdeiros (NCPC, art. 313, § 2º).

(ii) Por *convenção das partes.*

Se as partes estão em vias de celebrar um acordo para pôr fim ao processo, o prosseguimento do feito pode dificultar as negociações. Daí a conveniência de suspender o processo.

Contudo, o *prazo máximo para que o processo fique suspenso é de seis meses* (NCPC, art. 313, § 4º). Após tal período, o processo deverá retomar seu curso;

(iii) Quando houver *alegação de impedimento ou suspeição.*

Lembrando que não há mais a figura da exceção, se a parte impugnar a imparcialidade do juiz (ou de outro auxiliar do juízo), é conveniente que se aguarde a decisão dessa questão com a suspensão do processo.

(iv) Quando for admitido o *incidente de resolução de demandas repetitivas (IRDR).*

O IRDR (art. 976) é uma das grandes novidades do NCPC. Quando ele for admitido, para que se decida a questão repetitiva, impõe-se a suspensão de todos os outros processos que discutam a mesma tese jurídica. A rigor, o prazo máximo de suspensão é de 1 ano, mas eventualmente poderá esse prazo ser majorado (NCPC, art. 980, parágrafo único).

(v) Quando a *sentença de mérito depender do julgamento de outra causa ou de prova requisitada a outro juízo* (quando houver *prejudicialidade externa).*

Ao se falar em prejudicialidade, significa dizer que *antes da solução da questão principal* (o pedido, aquilo que deverá ser apreciado pelo juiz), *deve ser solucionada a questão prejudicial em debate em outro processo.* O objetivo da suspensão pela prejudicialidade externa é evitar que haja a prolação de decisões conflitantes.

No que diz respeito à suspensão decorrente de prova a ser produzida em outro juízo, o exemplo é a *expedição de carta precatória para oitiva de testemunha.* Ou seja, o processo "principal" fica sobrestado até que a prova em questão seja produzida.

Considerando a morosidade que isso acarreta, houve alteração legislativa: apenas quando se tratar de prova "imprescindível" é que a carta terá o condão de suspender o processo (NCPC, art. 377).

Por fim, o processo só poderá ficar suspenso pela alínea V pelo prazo máximo de 1 ano (NCPC, art. 313, § 4º);

(vi) Por motivo de *força maior.*

Para fins deste inciso, deve-se entender por força maior a situação imprevisível, alheia à vontade das partes e do juiz que torne impossível a realização de determinado ato processual. Se isso ocorrer, o processo estará suspenso e, consequentemente, prorrogados os prazos para realização daquele ato processual. Como exemplo da segunda década do século XXI, as fortes chuvas que destruíram diversos fóruns em cidades do Sudeste do Brasil.

(vii) Quando se discutir em juízo *questão decorrente de acidentes e fatos da navegação de competência do Tribunal Marítimo.*

O Tribunal Marítimo é órgão administrativo que aprecia questões relativas ao Direito Marítimo (tema que ganha prestígio no NCPC). Assim, se houver o debate de acidente marítimo em apreciação perante o Tribunal Marítimo, eventual processo judicial sobre esse tema deverá ser suspenso. Trata-se, portanto, de mais uma situação de prejudicialidade externa (como no inc. V). Não há previsão legal de prazo máximo de suspensão, mas por uma interpretação teleológica, também deve ser aplicado o prazo máximo de 1 ano (NCPC, art. 313, § 4º).

(viii) Quando do *nascimento ou adoção de filho*, sendo a mãe ou o pai a *única advogada ou advogado* da causa. Trata-se de inovação decorrente da Lei n. 13.363/2016, que não constava nem do CPC/1973, nem da redação original do NCPC.

Essa previsão consta dos incisos IX e X do art. 313 do NCPC. Assim, haverá a suspensão do processo quando houver parto ou adoção. Porém, não se trata de algo automático e que ocorre em todas as situações de paternidade ou maternidade.

Para que haja a suspensão do processo, (i) o pai ou mãe devem ser o *único(a)* patrono(a) do processo, (ii) deve ser *apresentada nos autos* a certidão de nascimento para comprovar o parto ou o termo judicial que tenha concedido a adoção e (iii) deve o advogado(a) ter *notificado o cliente* a respeito do tema.

O prazo de suspensão é diferenciado entre pai e mãe: 30 dias para a mulher e 8 dias para o homem

1.9.3. Extinção do processo

O processo em determinado momento terá de chegar a seu final. *O término do processo se dará pelas mais diversas razões.* É o que se denomina de **extinção do processo**.

Termina o NCPC sua parte geral falando de extinção do processo, e que ela **se dará por sentença** (art. 316). Porém, as hipóteses de sentença com e sem resolução de mérito (*conhecimento*) ou quando cabe a extinção na *execução* estão previstas apenas na parte especial (arts. 485, 487 e 924).

Em linha com o princípio da cooperação e contraditório, destaca o NCPC que, **antes de proferir decisão sem resolução de mérito**, o juiz deverá *conceder prazo* à parte para que, se possível, corrija o vício que acarretaria a extinção (NCPC, art. 317).

2. PROCESSO DE CONHECIMENTO

2.1. Processos e procedimentos

O processo mais regulamentado no Código é o processo de conhecimento, que será analisado neste capítulo.

Mas, para que se entenda bem o tema, é necessário, inicialmente, realizar uma breve análise dos conceitos de processo, procedimento e rito.

✓ **Processo** é o *instrumento que o Estado coloca à disposição dos litigantes para solucionar a lide (administrar justiça).*

✓ **Procedimento** é a *forma, modo, maneira pela qual o processo se exerce.*

✓ **Rito** é a *forma, modo, maneira pela qual o procedimento se desenvolve.* No NCPC, deixa de ter relevância esta subclassificação de rito.

Ou seja, são três conceitos correlacionados, porém distintos.

2.1.1. Processos no NCPC

O NCPC conhece 2 tipos de processos (cf. Livro I e II da Parte Especial do Código):

a) **Processo de conhecimento** (tutela cognitiva): *há crise de certeza, ou seja, não se sabe quem tem razão até que o juiz decida. Visa a uma sentença de mérito, que decidirá a lide.*

Por sua vez, o processo de conhecimento pode ser classificado conforme o pedido formulado, o provimento pretendido ou a sentença obtida, da seguinte forma:

(i) pedido condenatório: impõe ao réu uma obrigação de pagar, dar, fazer, não fazer etc.;

(ii) pedido constitutivo (positivo ou negativo): constitui, modifica ou extingue uma relação jurídica (na constitutiva positiva, há a constituição de uma relação jurídica; na constitutiva negativa, há a extinção de uma relação jurídica);

(iii) pedido declaratório (positivo ou negativo): declara a (in) existência de uma relação jurídica.

Ainda, para alguns, há ainda o pedido **mandamental** e **executivo *lato sensu*,** que podem ser vistos como uma variação do pedido condenatório. Nesses pedidos, não há necessidade de novo processo para executar a decisão judicial, mas haverá a sequência do procedimento, seja por uma ordem do juízo para alguém cumprir a obrigação (tutela *mandamental*), seja com atos realizados pelo próprio Judiciário, os chamados atos de sub-rogação (tutela *executiva lato sensu*).

b) **Processo de execução** (tutela satisfativa): *há crise de adimplemento, ou seja, já se sabe quem tem razão, mas não há a satisfação do direito do credor por parte do devedor. Para ser utilizado, é necessário título executivo e inadimplemento.*

Como se vê, no NCPC **o processo cautelarfoi extinto** (e existia no CPC/1973). No novo Código, a cautelar (não mais processo autônomo) pode ser requerida de forma antecedente ou junto com a petição inicial (vide capítulo 1.8, a respeito da tutela provisória).

2.1.2. Procedimentos no CPC

Como já exposto, procedimento é a forma pela qual o processo se desenvolve. Cada processo terá seus próprios procedimentos.

No NCPC, o panorama é o seguinte:

a) No *processo de conhecimento*, há os seguintes procedimentos:

(i) comum, *que é o procedimento-padrão, a ser utilizado na maior parte das causas* (NCPC, art. 318);

(ii) especial, *que apresenta distinções em relação ao procedimento comum*, de modo a decidir a lide de forma mais adequada (NCPC, Título III do Livro I da Parte Especial, art. 539 e ss., além de leis extravagantes);

O procedimento comum (que é o procedimento padrão, o mais amplo e usual), é aplicado de forma subsidiária aos procedimentos especiais e também ao processo de execução (art. 318, parágrafo único).

b) No *processo de execução*, não há um procedimento comum e outros especiais. O que existem são **diversos tipos de procedimentos**, *cada um correspondente a cada uma das diversas espécies de execução* (alimentos, entrega de coisa, contra a Fazenda etc.).

No tocante ao **procedimento comum do processo de conhecimento**, há importante *mudança* em relação ao que existia no

CPC/1973. No Código anterior, o procedimento comum *se dividia no rito ordinário e sumário*. No NCPC, houve a **extinção do rito sumário**; sendo assim, **não mais se justifica a existência de um rito ordinário**. Logo, no NCPC somente existe, *no processo de conhecimento, procedimento comum* (art. 318 e ss.) *e especial* (art. 539 e ss.).

Diante do exposto, é possível apresentar o seguinte quadro síntese em relação ao NCPC.

Processo	Procedimento
1) Conhecimento	1.1) Comum; 1.2) Especial.
2) Execução	2.1) pagar quantia; 2.2) fazer ou não fazer; 2.3) alimentos etc. (Diversos, conforme a espécie de obrigação).

A título de comparação, no sistema anterior (CPC/1973) o quadro era o seguinte:

Processo	Procedimento	Rito
1) Conhecimento	1.1) Comum; 1.2) Especial.	1.1.1) Ordinário; 1.1.2) Sumário.
2) Execução	2.1) pagar quantia; 2.2) fazer ou não fazer; 2.3) alimentos etc. (Diversos, conforme a espécie de obrigação).	-
3) Cautelar	3.1) inominadas; 3.2) nominadas.	-

2.1.3. Procedimentos no processo de conhecimento

Considerando o panorama geral exposto, é possível analisar os procedimentos no processo de conhecimento:

(i) procedimento comum: *é a base, a norma que se aplica de forma subsidiária aos demais.*

É o procedimento regulado com mais vagar pelo NCPC, é o mais completo, com maior número de atos (inicial, contestação, réplica etc.) e fases mais facilmente distinguíveis (postulatória, saneadora, instrutória, decisória e cumprimento de sentença);

(ii) procedimentos especiais: *surgem diante da impossibilidade de solução a determinados problemas pelo procedimento comum. A finalidade é adequar o procedimento ao direito material debatido.*

As diferenças, em relação ao procedimento paradigma (comum), são previstas em lei e podem estar nos prazos, na previsão de liminar, na modificação/concentração das fases processuais etc.

2.1.4. Distinção concreta entre os procedimentos

Para visualizar a distinção entre os diversos procedimentos, cabe apresentar exemplos.

Basta visualizar um **pedido condenatório**, que pode tramitar:

✓ pelo procedimento *comum*;

✓ pelo procedimento *especial* (condenação a pagar alimentos).

Procedimento comum (trâmite em 1º grau) – possível algumas variações
1) inicial;
2) audiência de conciliação ou mediação (NCPC, art. 334);
3) contestação, em 15 dias (NCPC, art. 335).
4) réplica; em 15 dias (NCPC, art. 351)
5) saneamento (NCPC, art. 357);
6) audiência de instrução (NCPC, art. 358);
7) alegações finais/memoriais (NCPC, art. 364);
7) sentença (passível de recurso).

Procedimento especial – alimentos (Lei 5.478/1968, trâmite em 1º grau)
1) inicial
2) audiência de conciliação, instrução e julgamento: - tentativa de conciliação; - apresentação de contestação; - produção de provas; - alegações finais.
3) sentença – que inclusive poderá ser proferida na própria audiência (passível de recurso, que será recebido só no efeito devolutivo).

Como se percebe da análise dos dois trâmites, as diferenças de procedimento são eminentemente práticas e perceptíveis de verificação a partir da análise do passo a passo procedimental das demandas.

2.2. Formação, suspensão e extinção do processo de conhecimento

Uma vez verificada a distinção entre processo e procedimento, é possível verificar como todos os processos de conhecimento (independentemente do procedimento) se formam e chegam a seu término. Aqui se retoma o que inicialmente foi exposto em relação a todos os processos (parte geral, item 1.9).

2.2.1. Formação do processo de conhecimento

✓ *Não há significativas distinções entre a formação de qualquer processo e o processo de conhecimento. Assim, vide item 1.9.1.*

2.2.2. Suspensão do processo de conhecimento

Idem acima. Vide Item 1.9.2.

2.2.3. Extinção do processo de conhecimento

✓ *No tocante à formação, suspensão e extinção do processo, o ponto em que há distinção entre a parte geral (muito genérica) e a parte especial (específica) é este, relativo à* **extinção do processo**.

✓ *Tal qual no sistema anterior, o NCPC separa a* **extinção sem resolução do mérito** *(por questões formais) e a* **extinção com resolução do mérito** *(em que há a composição da lide, com o pedido efetivamente apreciado). Curioso é destacar que a parte geral para expressamente em* **extinção** *do processo, por sentença (art. 316), mas* *os artigos específicos que tratam do tema no processo de conhecimento não se referem nem à extinção, nem à sentença.*

2.2.3.1.Decisão sem resolução do mérito

A decisão sem resolução do mérito (NCPC, art. 485) em regra, extinguirá o processo. Porém, se houver mais de um pedido ou litisconsorte, e houver decisão sem mérito em relação a tal pedido ou parte, então não haverá extinção do processo, pois prosseguirá a relação processual em relação ao outro pedido ou parte. Por isso é que o NCPC não se refere à extinção no *caput* do artigo que trata da hipótese em que o juiz não resolve o mérito.

São hipótese de **decisão sem resolução do mérito**:

(i) *indeferimento da inicial* (NCPC, art. 330; o § 1º traz casos de *inépcia da inicial*).

Nas hipóteses em que o *vício da petição inicial for sanável*, deverá o juiz determinar *sua emenda* (NCPC, arts. 317 e 321). Contudo, (i) se, mesmo após a determinação, *não houver a emenda* ou (ii) *se o vício for grave e não admitir correção*, então haverá o indeferimento da inicial e *o magistrado extinguirá o processo, sem resolução do mérito.*

(ii) *o processo ficar parado* por mais de um ano por *negligência das partes.*

Este inciso retrata o *abandono do processo por ambos* os litigantes;

(iii) *autor abandona* a causa por mais de 30 dias.

Já este inciso retrata o *abandono do autor.*

Nos 2 casos de abandono (incs. II e III), *as partes devem ser intimadas pessoalmente, antes da decisão sem mérito* (NCPC, art. 485, § 1º). A providência se justifica por força de hipóteses como, por exemplo, a morte do advogado sem ciência do cliente. Se houver a decisão sem mérito por abandono de ambas as partes, as *custas do processo* serão pagas proporcionalmente pelas partes; se for abandono do autor, o autor arcará integralmente com custas e honorários (NCPC, art. 485, § 2º).

Se o *réu já tiver apresentado a contestação*, a extinção pelo abandono do autor depende de requerimento do réu (NCPC, art. 485, § 6º).

(iv) *falta de requisitos de constituição* ou *validade* do processo.

Haverá extinção do processo *se não estiverem presentes os pressupostos processuais de existência e validade* (tema já antes tratado – cf. item 1.6.2 supra);

(v) *perempção, litispendência* e *coisa julgada.*

A litispendência e a coisa julgada (NCPC, art. 337, §§ 1º a 4º) já foram analisadas no item 1.6.3. A **perempção** é a *situação na qual, se o autor provocar a extinção do processo por 3 vezes por força do abandono, o juiz, no 4º ajuizamento extinguirá o processo sem resolução do mérito* – nesse caso, porém, será possível à parte alegar em defesa seu direito (NCPC, art. 486, § 3º).

(vi) falta de legitimidade ou interesse processual (*carência de ação).*

A *falta de uma das condições da ação* já foi antes analisada (item 1.6.4);

(vii) *convenção de arbitragem ou* reconhecimento de *competência pelo juízo arbitral.*

Se as partes celebraram contrato no qual estipulam que, *diante da lide, a solução será pela via da arbitragem, a causa não pode ser decidida pelo Poder Judiciário*, mas sim por um árbitro (Lei 9.307/1996). Daí a extinção sem resolução de mérito. Inova o NCPC ao mencionar reconhecimento da competência pelo juiz arbitral; ou seja, o árbitro, ao reconhecer sua competência para apreciar determinada lide, acaba por esvaziar a competência do Poder Judiciário.

(viii) *autor desiste* da ação.

A desistência é distinta da renúncia (NCPC, art. 487, III, "c"). *A primeira, por ser sem mérito, admite a repropositura da mesma ação. A segunda, por ser com mérito, forma coisa julgada* e impede a repropositura. Assim, o autor *desiste do processo*, ao passo que *renuncia ao direito.*

A partir do momento em que é *oferecida a contestação pelo réu, a desistência do autor depende da concordância do réu* (NCPC, art. 485, § 4º). Além disso, define o NCPC que a desistência *só é admitida até a sentença* – afinal, com a sentença, ou a parte recorre ou se submete à decisão, não mais sendo possível a desistência do processo (NCPC, art. 485, § 5º).

(ix) ação for *intransmissível.*

Se o direito discutido em juízo for **intransmissível** (basicamente as hipóteses de direito personalíssimo), *o falecimento da parte* (o suposto titular do direito) *não permite que haja a sucessão da posição jurídica processual.* O grande exemplo é o divórcio; assim, com a morte de uma das partes, extingue-se o processo de divórcio e passa a parte sobrevivente a ser viúva.

Em todos os incisos do art. 485 do NCPC ora apresentados, *a sentença é terminativa*, ou seja, processual, não decide a lide. Assim, **em regra, admite-se a repropositura da ação**. Porém, se a extinção se deu por litispendência, indeferimento, falta de pressupostos ou condição da ação ou convenção de arbitragem, a propositura da nova ação depende da correção do vício que causou a extinção anteriormente (NCPC, art. 486, § 1º). Contudo, para a repropositura ou nova propositura, é necessário o recolhimento das custas e honorários do processo anterior (NCPC, art. 486, § 2º).

A relação do art. 486, § 1º leva à confirmação de que *não cabe a repropositura no caso de coisa julgada e perempção.*

Se for **possível ao juiz apreciar o mérito a favor do réu** (item abaixo), mas também houver um *argumento capaz de levar o processo à extinção sem mérito*, deverá o juiz apreciar o mérito (NCPC, art. 488). Trata-se de uma opção do Código que prestigia a decisão do mérito – pois essa resolve a lide e é coberta pela coisa julgada.

Por fim, vale destacar que houve supressão de inciso em relação ao CPC/1973: no Código anterior, havia também a previsão de extinção do processo sem mérito no caso de *confusão* entre autor e réu (**confusão** se verifica *quando as duas partes da relação processual se encontram em uma única parte na relação jurídica de direito material.* Como não é lícito alguém litigar contra si mesmo, o processo deve ser extinto. Como exemplo, a fusão de duas empresas que estavam litigando). A supressão não significa que seja possível a parte litigar contra si mesmo – mas sim que a extinção se dará por outro motivo – como a falta de interesse de agir superveniente (art. 485, VI).

2.2.3.2. Decisão com resolução do mérito

O art. 487 do NCPC contém 3 incisos e **5 situações dedecisão de mérito**. Apesar disso, apenas na hipótese prevista no *inc. I é que há efetivamente decisão do juiz*, aceitando ou não o pedido apresentado pelas partes. Nas demais hipóteses, o magistrado simplesmente se manifesta a respeito de uma situação que, pelo Código, também tem o condão de resolver o mérito.

Não se trata de extinção do processo, pois, a rigor, após a sentença haverá o prosseguimento do feito, com a fase de cumprimento de sentença. Além disso, na nova sistemática do Código, cabe também a decisão parcial de mérito (NCPC, art. 356, vide item 2.3.5.3).

São **hipóteses em que há resolução do mérito** (NCPC, art. 487):

(i) juiz julga *procedente ou improcedente* o pedido do autor na inicial ou pelo réu, na reconvenção.

É a conclusão esperada – e mais frequente – de um processo judicial.

Além disso, o sistema prevê a improcedência liminar do pedido, ou seja, a hipótese em que, sem a citação do réu, o pedido já é julgado improcedente. Isso já existia no Código anterior, mas passou por modificações no NCPC. Cabe a **improcedência liminar** nos seguintes casos (NCPC, art. 332):

a) quando o pedido contrariar *súmula* do STJ, STF – e também do Tribunal de Justiça, quanto a direito local;

b) decisão proferida em *recurso repetitivo* (STF ou STJ), incidente de resolução de demandas repetitivas ou incidente de assunção de competência;

c) quando o juiz verificar, desde logo, prescrição ou decadência (NCPC, art. 332, § 1º).

Apelando o autor contra a sentença de improcedência liminar, o juiz poderá se retratar em 5 dias; caso o faça, o processo seguirá; se não, determinará a citação do réu para apresentar contrarrazões em 15 dias (NCPC, art. 332, §§ 3º e 4º). Não interposta apelação contra a sentença de improcedência liminar, o réu será intimado do trânsito em julgado da sentença (NCPC, art. 332, § 2º).

(ii) juiz reconhece a *decadência* ou a *prescrição*.

Transcorrido determinado lapso temporal, não será mais lícito à parte buscar o Judiciário para satisfazer sua pretensão – com isso ocorre a consumação da **prescrição e decadência**. Vale destacar que o juiz pode conhecer de ofício da prescrição, antes mesmo da contestação do réu (como visto no item "c" logo acima); mas, fora esse caso, por força do princípio da vedação de decisões surpresa, deverá o juiz ouvir as partes antes de reconhecer a prescrição ou decadência (NCPC, art. 487, parágrafo único).

Este tema é usualmente objeto de questões de concursos, com respostas erradas: *prescrição e decadência importam em extinção com resolução do mérito*. Foi uma opção legislativa para que a sentença fosse coberta pela *coisa julgada*;

(iii) *réu* reconhece a *procedência do pedido (seja na ação ou reconvenção)*.

Reconhecimento do pedido é a *concordância do réu com o pedido formulado pelo autor*. É importante destacar que *não se trata de revelia* (ausência de contestação), mas sim de submissão à pretensão do autor;

(iv) as partes *transigem*.

É a hipótese de *acordo entre as partes*. Como se sabe, a **transação** *envolve concessões recíprocas para encerrar o litígio*, ou seja, cada parte cede um pouco de sua pretensão e resistência;

(v) autor *renuncia ao direito* sobre que se funda a ação.

Como já exposto em relação ao art. 485, é *fundamental que se diferencie a desistência* (NCPC, art. 485, VIII) *da renúncia* (NCPC, art. 487, III, "c"). A desistência atinge o direito processual, acarreta a extinção sem mérito e assim permite uma nova propositura da mesma ação. Já na **renúncia** *o autor abre mão de sua pretensão, o ato atinge o direito material*. E isso acarreta a extinção com mérito, a sentença é coberta pela coisa julgada e assim não cabe a repropositura.

As três últimas hipóteses estão inseridas no art. 487, III, dispositivo que se refere à **homologação** por parte do juiz. Assim, não há propriamente decisão (como no inc. I), mas sim homologação de uma solução decorrente da atuação das partes.

As hipóteses ora enfrentadas, em que há *análise do mérito*, importam em **decisão definitiva** (NCPC, art. 487). Com o *trânsito em julgado de uma decisão definitiva*, tem-se a *coisa julgada material* (NCPC, art. 502).

2.3. Procedimento comum

Como já acima exposto, este é o procedimento-padrão, a base dos demais processos e procedimentos e que, portanto, encontra a maior regulação por parte do CPC.

2.3.1. Hipóteses de utilização do procedimento comum

Será utilizado o procedimento comum por *exclusão*: se não for hipótese de algum procedimento especial (previsto no NCPC ou em lei extravagante), então este será o utilizado.

Trata-se, portanto, do procedimento residual.

2.3.2. Petição inicial e seus requisitos

Os **requisitos da petição inicial** estão previstos no NCPC, art. 319. Em grande parte, é reprodução do art. 282 do CPC/1973, mas há algumas alterações.

Diante da clareza, vale reproduzir o artigo:

> **Art. 319.** A petição inicial *indicará*:
>
> I – o juízo a que é dirigida (*endereçamento*);
>
> II – os nomes, os prenomes, o estado civil, a existência de união estável, a profissão, o número de inscrição no Cadastro de Pessoas Físicas ou no Cadastro Nacional da Pessoa Jurídica, o endereço eletrônico, o domicílio e a residência do autor e do réu (*qualificação*);
>
> III – o fato e os fundamentos jurídicos do pedido (*causa de pedir*);
>
> IV – o pedido com as suas especificações (*pedido*);
>
> V – o *valor da causa*;
>
> VI – as provas com que o autor pretende demonstrar a verdade dos fatos alegados (*provas*);
>
> VII – a opção do autor pela realização ou não de audiência de conciliação ou de mediação (*interesse na audiência inaugural*).

Em relação ao sistema anterior, destaca-se o seguinte:

✓ – *deixa* de ser requisito da inicial o **requerimento de citação do réu**. Mas, claro, se o advogado quiser colocar esse requisito (especialmente para indicar a forma de citação) não haverá qualquer problema;

✓ – quanto à **qualificação** das partes, o autor *deverá indicar na petição inicial mais dados*: a existência de união estável e o endereço eletrônico e autor e réu;

✓ – caso não disponha dos **dados necessários para qualificar de modo completo o réu**, o autor poderá, na petição inicial, *requerer ao juiz diligências para que isso seja obtido* (NCPC, art. 319, § 1º).

✓ – o autor deverá indicar **se quer ou não a audiência inaugural de conciliação ou mediação;**

– segue existindo a previsão do art. 285-B do CPC/1973 (hipótese de **revisão de contratos bancários**), agora no art. 330, § 2º: "Nas ações que tenham por objeto a *revisão de obrigação* decorrente de empréstimo, de financiamento ou de alienação de bens, o autor terá de, *sob pena de inépcia*, discriminar na petição inicial, dentre as obrigações contratuais, *aquelas que pretende controverter, além de quantificar o valor incontroverso do débito*". E, nesse caso, o *incontroverso terá de continuar a ser pago* (§ 3º).

O projeto aprovado pelo Congresso previa a possibilidade de **conversão de ação individual em coletiva**, quando se estivesse diante de uma demanda que pudesse ter um potencial de repetição. Porém, o dispositivo foi *vetado* (art. 333). Ainda que vetado, pode ser objeto de alguma pergunta na OAB, por isso é feita menção do tema (de qualquer forma, permaneceu no sistema a previsão de o **juiz poder oficiar algum ente legitimado para ajuizar ação coletiva**, quando vislumbrar *multiplicidade de causas* – NCPC, art. 139, X).

Os requisitos ora analisados são previstos para a *inicial do procedimento comum*. Mas, como já dito, também se aplicam aos *demais processos e procedimentos*, com algumas diferenças.

Se a **petição inicial não trouxer algum dos requisitos**, o juiz determinará a *emenda da inicial* (NCPC, arts. 317 e 321). Contudo, se o autor não proceder à emenda, haverá o *indeferimento da inicial*, com a extinção do processo sem resolução do mérito (NCPC, art. 485, I). Por sua vez, **se o vício da inicial for grave** e sequer permitir a emenda, poderá o magistrado *desde logo extinguir o processo* (NCPC, art. 330). Nessas situações, fala-se em **indeferimento liminar da inicial**, hipóteses em que o processo é extinto sem resolução do mérito e *semhaver a citação do réu*.

Também é possível se falar em **improcedência liminar da inicial**, situação na qual *o pedido é julgado improcedente (portanto, decisão de mérito), sem a citação do réu* (o assunto já foi tratado no item 2.2.3.2 acima).

Descabe a procedência liminar do pedido, pois é necessário o contraditório e ampla defesa do réu (porém, o sistema prevê a figura da tutela de evidência, como já enfrentado).

Considerando os diversos **requisitos da petição inicial**, na sequência será feita a análise de alguns dos requisitos com mais vagar (daqueles que não foram analisados em outros momentos).

2.3.2.1. *Causa de pedir*

Causa de pedir: na terminologia do CPC, *são os fatos e fundamentos jurídicos do pedido* (Por que o autor pede em juízo determinada providência?).

Observemos que não se deve confundir **fundamentos jurídicos** (consequência jurídica pretendida pelo autor, decorrente dos fatos narrados) com **fundamentos legais** (base legal, artigos de lei).

A causa de pedir é integrada *apenas pelos fundamentos jurídicos*. Assim, ainda que a parte mencione determinados artigos na inicial, poderá o juiz julgar com base em outros dispositivos – desde que não altere os fatos ou fundamentos jurídicos levados aos autos pelo autor.

Para que haja a **alteração da causa de pedir** após o ajuizamento da inicial, deve ser observado o seguinte (NCPC, art. 329):

(i) até a citação: *permitido, sem qualquer restrição*, bastando uma petição do autor;

(ii) após a citação: permitido, *desde que o réu concorde* (hipótese em que haverá possibilidade de manifestação do réu, no prazo mínimo de 15 dias, sendo possível requerimento de prova suplementar);

(iii) após o saneamento do processo: *inadmissível*.

Essa é exatamente a **mesma regra em relação à alteração do pedido** após o ajuizamento.

2.3.2.2. *Pedido*

Pedido: *é aquilo que o autor pede quando aciona o Judiciário*.

O CPC/1973 apontava que o pedido deveria ser certo *ou* determinado – e a doutrina apontava que esse era um erro, pois deveria ser "e" e não "ou". O NCPC deixa isso claro que o **pedido deve ser certo** (art. 322) **e determinado** (art. 324).

A **certeza do pedido** diz respeito ao verbo, à *providência jurisdicional*. Ou seja, fazer menção, no pedido, a condenar, declarar ou constituir.

Ainda que a parte não peça, compreende-se no pedido (NCPC, art. 322, § 1º – o que por alguns é chamado de *pedido implícito*):

(i) *juros legais*;

(ii) *correção monetária*;

(iii) verbas de *sucumbência*, ou seja, custas e honorários;

(iv) *prestações sucessivas* que se vencerem durante o processo, enquanto durar a obrigação (NCPC, art. 323);

(v) *multa diária* (astreintes), na tutela específica das obrigações de fazer, não fazer ou entregar coisa (NCPC, art. 536, *caput* e § 1º).

Interpretação do pedido: inovando em relação ao Código anterior (que apontava que o pedido deveria ser interpretado de forma *restritiva*), o NCPC prevê que o pedido vai ser *interpretado conforme "o conjunto da postulação e observará o princípio da boa-fé"* (art. 322, § 2º). Ou seja, o juiz terá mais margem para interpretar o pedido: não só com base naquilo que estiver ao final da petição inicial, no tópico "do pedido", mas também a peça como um todo.

A **determinação do pedido** diz respeito ao complemento, ao *bem da vida*. Ou seja, ao se pedir a condenação (certeza do pedido), indicar de *quanto* se quer a condenação.

Apesar de a regra ser a determinação do pedido, o NCPC admite a formulação de **pedido genérico**, em hipóteses específicas (art. 324, § 1º):

I – nas *ações universais*, se o autor não puder individuar os bens demandados (ações que envolvem *um conjunto de bens, uma universalidade*, tais como o espólio, uma biblioteca, a massa falida. Basta imaginar um filho buscando o patrimônio de um pai falecido. O autor ingressará com uma petição de herança [réus *condenados* a entregar ao autor seu quinhão – pedido certo], mas não conseguirá delimitar *o valor exato dos bens correspondentes ao seu quinhão*, pois não se sabe o *quantum debeatur*);

II – quando *não for possível determinar*, desde logo, as *consequências do ato ou do fato* (como exemplo, um acidente envolvendo a explosão de um botijão de gás em um restaurante. O cliente poderá ter de ficar meses em tratamento médico. Mesmo antes de ficar totalmente recuperado, o cliente já poderá ingressar em juízo contra o restaurante. E os danos, porém, ainda não podem ser determinados de modo definitivo);

III – quando a determinação do objeto ou do valor da condenação *depender de ato que deva ser praticado pelo réu* (O exemplo típico para esta situação é a *prestação de contas: conforme as contas prestadas, será possível verificar se há e quanto é o valor a ser pago*).

Tomando posição em relação a uma polêmica doutrinária, o NCPC deixa clara a **impossibilidade de indenização por dano moral como pedido genérico**, o que era admitido pela jurisprudência do STJ no Código anterior (considerando ser uma situação em que "não era possível determinar, desde logo, as consequências" do ato ou fato, inc. II). O NCPC aponta que, na demanda indenizatória, *inclusive a fundada em dano moral*, o valor da causa será a *quantia pretendida* (art. 292, V); com isso, não se mostra mais possível pleitear o dano moral sem indicar, na inicial, o valor pretendido.

O sistema admite a **cumulação de pedidos**, ou seja, a elaboração de *mais de um pedido, mesmo que não conexos, em face do mesmo réu*. Será possível a **cumulação** quando (NCPC, art. 327, § 1º):

1) os pedidos forem *compatíveis*;

2) competente o *mesmo juízo;*

3) adequado o *mesmo procedimento* (ou utilização do procedimento comum, sem prejuízo do uso de "técnicas processuais diferenciadas previstas nos procedimentos especiais" para um dos pedidos cumulados, desde que não haja incompatibilidade com o procedimento comum).

A legislação permite o **pedido alternativo**, *que é aquele em que o autor formula dois pedidos para ver acolhido um, indistintamente*. Pede-se a entrega do bem comprado ou o dinheiro de volta (NCPC, art. 325 – o devedor pode cumprir a prestação de mais de um modo), sem preferência por parte do autor. Se qualquer dos pedidos for acolhido, estará satisfeito o autor.

O **pedido subsidiário** se verifica quando *o autor formula um pedido principal e, somente se este não puder ser acolhido, formula um pedido subsidiário/eventual*. Pede-se o cumprimento do contrato como pedido principal e, somente se isso não for possível, pleiteia-se indenização por perdas e danos (NCPC, art. 326). Aqui há, portanto, preferência por parte do autor – que somente estará totalmente satisfeito se for acolhido o pedido principal.

A doutrina também fala em **pedido sucessivo** (não previsto na legislação), quando há cumulação de pedidos, mas *o segundo pedido depende, do ponto de vista lógico, do acolhimento do primeiro*. Assim, numa investigação de paternidade cumulada com alimentos, somente após o acolhimento do pedido de reconhecimento da paternidade é que se pode cogitar de concessão do pedido de alimentos.

Em relação à **modificação do pedido**, repete-se o acima exposto quanto à causa de pedir (NCPC, art. 329):

(i) até a citação: *permitido, sem qualquer restrição*, bastando uma petição do autor;

(ii) após a citação: permitido, *desde que o réu concorde* (hipótese em que haverá possibilidade de manifestação do réu, no prazo mínimo de 15 dias, sendo possível requerimento de prova suplementar);

(iii) após o saneamento do processo: *inadmissível*.

2.3.2.3. *Provas*

Prova: o objetivo da prova *é influir no convencimento do juiz quanto aos fatos trazidos pelas partes (NCPC, art. 369)*.

Cabe relembrar que, pela Constituição, *provas ilícitas são inadmissíveis* (CF, art. 5º, LVI).

O **momento principal de produção de prova oral** é a *audiência de instrução* (NCPC, art. 361). Tratando-se de *documentos, já na inicial e contestação* devem ser juntados.

A regra é que *somente os fatos devem ser provados*, mas não o direito (há *exceção* prevista no NCPC, art. 376: o juiz poderá determinar que a parte prove "direito municipal, estadual, estrangeiro ou consuetudinário").

Fato incontroverso (aquele que *não é objeto de impugnação pela parte contrária*) e **fato notório** (aquele que é de *conhecimento comum dos litigantes*) *independem de prova* (NCPC, art. 374).

Da mesma forma, *aquilo que ordinariamente ocorre* – as chamadas **máximas de experiência** – também não precisa ser provado (NCPC, art. 375). Como exemplo, a culpa num acidente de veículo, com base no que ordinariamente ocorre, é do veículo que está atrás.

O **momento de requerer a produção das provas** é na *inicial e na contestação*. O **juiz irá decidir a respeito de qual prova será produzida** *no saneamento* (NCPC, art. 357, II: fixação dos pontos controvertidos a respeito dos quais haverá prova). Além disso, *cabe ao juiz deferir provas de ofício* (NCPC, art. 370).

O NCPC contempla previsão sobre a **prova emprestada**: o juiz *poderá admitir o uso* de prova produzida em outro processo, atribuindo-lhe o *valor que considerar adequado, observado o contraditório* (art. 372).

No CPC/1973, havia o princípio do *livre convencimento motivado* do juiz. No NCPC, há o **princípio do convencimento motivado**, pois fala-se em "razões da formação" do convencimento, mas sem a menção a "livre" (art. 371): "O juiz apreciará a *prova constante dos autos*, independentemente do sujeito que a tiver promovido, e *indicará na decisão as razões da formação de seu convencimento*".

Quanto ao **ônus da prova**, *em regra, é de quem alega*.

Assim, compete:

✓ – **ao autor**, provar *o fato constitutivo do seu direito* (NCPC, art. 373, I);

✓ – **ao réu**, provar *o fato impeditivo, modificativo ou extintivo do direito do autor* (NCPC, art. 373, II).

Inovação do Código é a previsão da **distribuição dinâmica do ônus da prova** (ou carga dinâmica do ônus da prova), mecanismo que já vinha sendo aplicado pela jurisprudência e debatido pela doutrina mesmo antes do NCPC.

Em casos previstos em lei ou diante de peculiaridades da causa relacionadas: (i) à impossibilidade ou excessiva *dificuldade de cumprir o encargo de provar* ou (ii) à *maior facilidade de obtenção* da prova do fato contrário, *poderá o juiz atribuir o ônus da prova de modo diverso por meio de decisão fundamentada*, caso em que deverá dar à parte a oportunidade de se desincumbir do ônus que lhe foi atribuído (NCPC, art. 373, § 1º).

Em linha com a carga dinâmica, vale destacar, como exemplos, nas **relações de consumo**, em que é possível a *inversão do ônus da prova*, desde que presente a hipossuficiência do consumidor ou verossimilhança da alegação (CDC, art. 6º, VIII).

Se o autor não se desvencilhar de seu ônus: *improcedência do pedido*, sendo vedada a repropositura, diante da coisa julgada que se forma (NCPC, art. 487, I).

2.3.2.3.1. Meios de provas

No tocante aos **meios de prova**, o Código traz os seguintes:

(i) *ata notarial* **(NCPC, art. 384)**

(ii) *depoimento pessoal* (NCPC, art. 385);

(iii) *confissão* (NCPC, art. 389)

(iv) *exibição de documento ou coisa* (NCPC, art. 396)

(v) *documental* (NCPC, art. 405);

(vi) *testemunhal* (NCPC, art. 442);

(vii) *pericial* (NCPC, art. 464); e

(viii) *inspeção judicial* (NCPC, art. 481).

A seguir, segue análise dos principais aspectos de cada um dos meios de prova.

(i) ata notarial

A ata notarial é meio de prova que não era previsto no CPC/1973, apesar de já ser utilizado no cotidiano forense. Sua previsão é conveniente para não haver dúvidas quanto à sua utilização.

Realizada em cartório extrajudicial (e, por isso, dotada de fé pública), a ata notarial serve para a produção de prova em uma situação *em que a prova possa desaparecer* (como para provar o conteúdo de páginas da internet, que podem ser alteradas ou excluídas posteriormente; a ata certifica o que foi visualizado naquele momento em que se acessou determinada página).

A ata notarial poderá atestar ou documentar a *existência e o modo de existir de algum fato*. É possível que *imagem ou som gravados* em arquivos eletrônicos conste da ata notarial (NCPC, art. 384, parágrafo único).

(ii) Depoimento pessoal

É o *interrogatório das partes*, seja o *autor ou o réu* (NCPC, art. 385).

Existem *limitações ao dever de depor em juízo*, como em situações de sigilo ou autoincriminação (NCPC, art. 388) – que **não se aplicam** em causas de estado e de direito de família (NCPC, art. 388, parágrafo único).

O depoimento pessoal é *requerido pelo juiz ou pela parte contrária* (NCPC, art. 385, *caput*). Assim, não é requerido *pelo próprio depoente*.

Pode ocorrer, no depoimento pessoal, a **pena de confesso**: se a *parte não comparecer* ou, comparecendo, *recusar-se a responder* o que lhe for perguntado, *presumir-se-ão confessados os fatos contra ela* alegados (NCPC, art. 385, § 1º).

No momento da colheita da prova, *quem ainda não depôs não pode ficar na sala de audiência* ouvindo o outro depoimento pessoal (NCPC, art. 385, § 2º).

A parte depoente *não pode ler suas respostas*, mas é permitido levar *breves anotações* (NCPC, art. 387). A parte não presta compromisso de dizer a verdade.

O depoimento pessoal da parte que residir em comarca, seção ou subseção judiciária diversa daquela onde tramita o processo poderá ser **colhido por meio de videoconferência** ou outro recurso tecnológico de transmissão de sons e imagens em tempo real, o que poderá ocorrer, inclusive, *durante a realização da audiência de instrução e julgamento* (NCPC, art. 385, § 3º).

Dúvida que surgirá é se o depoimento pessoal das partes será feito **mediante reperguntas** (como no Código anterior) **ou mediante perguntas dos próprios advogados** – como é a novidade em relação à prova testemunhal (NCPC, art. 459). Como não há previsão do tema na seção própria do depoimento pessoal, é de se concluir que a forma de inquirição será a mesma da prova testemunhal – ou seja, perguntas formuladas pelos advogados e não pelo juiz.

(iii) Confissão

Entende-se por **confissão** a *situação na qual a parte admite a verdade de um fato contrário ao seu interesse* (NCPC, art. 389).

A confissão pode ser *judicial ou extrajudicial*.

A **confissão judicial** pode ser:

✓ – *real*, ou seja, efetivamente aconteceu; ou

✓ – *ficta*, quando resulta de sanção por alguma recusa da parte.

A **confissão judicial real** pode ser:

✓ – *espontânea*, quando realizada *pelo próprio confitente*, sem provocação; ou

✓ – *provocada*, quando obtida mediante *interrogatório*.

Assim, percebe-se que a confissão pode ocorrer por meio *documental* ou no *depoimento pessoal*.

(iv) Exibição de documento ou coisa

Pode o *juiz determinar que seja exibido determinado documento ou coisa* (NCPC, arts. 396 e 401).

O destinatário da ordem pode ser:

✓ – *o réu* (NCPC, art. 396). Se o réu estiver com o documento/coisa e não o exibir, *admitem-se como verdadeiros os fatos que o requerente queria provar* com o que seria exibido (NCPC, art. 400).

✓ – *terceiro* (NCPC, art. 401). Se terceiro estiver com o documento/coisa e não o exibir, o *juiz poderá determinar apreensão*, inclusive com força policial, sendo que o terceiro incorrerá no crime de desobediência (NCPC, art. 403, parágrafo único).

✓ Inova o Código ao permitir que o juiz adote medidas coercitivas (tais como multa diária) para que se obtenha o documento ou coisa (NCPC, art. 400, parágrafo único) – diferentemente da jurisprudência quanto ao tema à luz do CPC/1973 (Súmula 372 do STJ).

(v) Prova documental

O **momento de produção** da prova documental é *na inicial e na contestação* (NCPC, art. 434).

Fora estes momentos, só podem ser juntados (NCPC, art. 435):

a) *documentos novos* (prova de fatos posteriores aos narrados à inicial);

b) documentos para *rebater documentos produzidos pela parte contrária.*

Toda vez que um *documento for juntado, a parte contrária deverá ter a oportunidade de se manifestar, em 15 dias* (NCPC, art. 437, § 1º).

Se uma das partes entender que o documento é falso, deverá **arguir a falsidade** – na contestação, réplica ou em petição simples, 15 dias após a juntada do documento (NCPC, art. 430).

Apresentado o documento por uma das partes, se a outra não o *impugnar no momento seguinte* (arguição de falsidade na contestação, réplica ou simples petição, como visto acima), há *preclusão* e considera-se autêntico o documento (NCPC, art. 411, III).

Em relação à reprodução realizada por **foto, vídeo ou áudio**, o NCPC afirma que isso é válido (art. 422). Mas trata-se de presunção relativa, pois é certo que a parte contrária pode impugnar esse documento.

Tratando-se de **foto digital ou obtida na internet**, *deverá ser apresentada a "autenticação mecânica", que deve ser interpretado como (i) o arquivo digital que traz a foto ou (ii) o arquivo e as informações da página na internet de onde essa foto foi retirada. Tratando-se de foto obtida na internet, ainda é possível se realizar a ata notarial (art. 384).*

Se a foto estiver em **jornal ou revista impressa**, *deverá ser juntado aos autos o original onde apareceu essa foto. Contudo, muitas vezes isso pode ser insuficiente para eventual perícia – e talvez seja necessária a apresentação do próprio arquivo eletrônico (existente junto à imprensa), conforme o caso concreto. E o juiz, por certo, terá poderes para isso.*

O § 3º do art. 422 destaca que o **e-mail**, *para fins de prova, equipara-se a fotografia. Assim, deverá ser juntada a "autenticação eletrônica" (arquivo eletrônico e não só a mensagem impressa, para fins de eventual perícia). Mas o dispositivo não trata da força probante do e-mail (como o NCPC fez com o telegrama), mas sim dos aspectos formais para aceitação da prova. E cabe sempre lembrar que o juiz tem o convencimento motivado (art. 371).*

(iii) Prova testemunhal

É o *interrogatório de terceiros, que não são parte no processo* (NCPC, art. 442).

A parte deve apresentar *rol de testemunhas* no saneamento (NCPC, art. 357, §§ 4º e 5º).

Há a apresentação do rol de testemunhas para (i) permitir que haja a *intimação das testemunhas* se as partes assim requererem e (ii) para que a *parte contrária saiba*, antes da audiência, *quem são as testemunhas.*

Cada parte poderá apresentar *até 10 testemunhas*, mas o juiz pode dispensar *mais do que 3 sobre o mesmo fato* (NCPC, art. 357, § 6º), sendo possível, conforme a complexidade da causa, limitar o número de testemunhas (NCPC, art. 357, § 7º).

Após a apresentação do rol, só cabe a **substituição da testemunha** que (NCPC, art. 451):

✓ – *falecer*;

✓ – por *enfermidade* não tiver condições de depor; ou

✓ – que mudou de endereço e *não foi encontrada pelo oficial* de justiça.

Em regra, a **testemunha será ouvida em juízo**, perante o juiz da causa, na audiência de instrução. Porém, pode haver (i) *produção antecipada de prova* (art. 381), (ii) oitiva por *carta* (precatória, rogatória ou de ordem – art. 453, II) ou ainda, inovação do NCPC, (iii) oitiva por *videoconferência* – que pode até mesmo ocorrer durante a própria audiência de instrução (art. 453, § 1º).

Inovação do NCPC está no art. 455: compete ao **próprio advogado intimar a testemunha** para que compareça em juízo, e isso será feito via carta com aviso de recebimento, pelos *correios*. Se não houver o envio do AR pelo advogado e a testemunha não comparecer, presume-se sua *desistência*. Se o advogado preferir, pode apenas comunicar a testemunha por outros meios – mas, se a testemunha se ausentar, também se presume a desistência.

Contudo, ainda permanece a possibilidade de **intimação da testemunha pelo Judiciário** (NCPC, § 4º do art. 455): (i) se frustrada a intimação via AR (ou se, desde logo, o juiz assim determinar), (ii) quando a testemunha for servidor público, (iii) quando a testemunha for arrolada pelo MP ou Defensoria ou (iv) quando a testemunha for autoridade.

A testemunha, *no início do depoimento*, presta o **compromisso de dizer a verdade** (NCPC, art. 458).

Quanto ao **procedimento da oitiva**, serão ouvidas primeiro as testemunhas que foram arroladas pelo *autor*, depois pelo *réu*. E uma testemunha não ouve o depoimento da outra. Porém, há inovação: é possível que o juiz, em comum acordo com as partes, *altere a ordem de oitiva das testemunhas*, qualquer que seja a ordem (NCPC, art. 456, parágrafo único).

Quanto à **indagação das testemunhas**, deixa de existir o modelo das *reperguntas* (em que o advogado pergunta ao juiz, que então formula a repergunta para a testemunha) e passa o *advogado a formular as perguntas diretamente para o depoente* (NCPC, art. 459). Isso já consta do art. 212 do CPP, por força de reforma de 2008.

As perguntas são inicialmente formuladas pelo advogado que arrolou a testemunha e, posteriormente, pelo outro advogado. Pode o juiz (i) formular perguntas, antes ou depois das partes e (ii) indeferir as perguntas que forem impertinentes, repetição de outra ou quiserem induzir a resposta.

Pode o juiz determinar a oitiva da **testemunha referida** (mencionada por uma das testemunhas ouvidas) ou realização de acareação entre testemunhas ou entre testemunha e parte. Inova o NCPC ao esclarecer que a *acareação poderá ser feita por videoconferência* e por regular como a acareação será realizada – por reperguntas do juiz e não por perguntas diretas dos advogados (art. 461).

Não podem ser testemunhas as pessoas (NCPC, art. 447):

a) incapazes, ou seja:

✓ – o *interdito* por enfermidade mental;

✓ – o que, acometido por retardamento mental, ao tempo em que *ocorreram os fatos, não podia discerni-los*; ou não está *habilitado a transmitir as percepções*;

✓ – o *menor de 16 anos*;

✓ – o *cego e o surdo*, quando a *ciência do fato depender dos sentidos* que lhes faltam;

b) impedidas, a saber:

✓ – o *cônjuge, o companheiro, o ascendente e o descendente* em qualquer grau, ou colateral, até o terceiro grau;

✓ – o que é *parte* na causa;

✓ – o que *intervém em nome de uma parte* (tutor, representante legal da pessoa jurídica ou o advogado que assista ou tenha assistido as partes);

c) **suspeitas**, que são:

✓ – o *inimigo* da parte, ou o seu *amigo* íntimo;

✓ – o que tiver *interesse no litígio*.

Se necessário, *pode o juiz ouvir essas pessoas*, mas não como testemunhas e sim com o *informantes*, que não prestam compromisso (NCPC, art. 447, §§ 4º e 5º).

Se o juiz aceitar ouvir uma testemunha que não deveria ser ouvida, o advogado da parte contrária poderá apresentar a **contradita**, *que é exatamente a alegação de que a testemunha é incapaz, suspeita ou impedida* (NCPC, art. 457, § 1º).

(iv) Prova pericial

A **prova pericial** consiste em *exame, vistoria ou avaliação* (NCPC, art. 464) e é utilizada *quando há a necessidade de conhecimentos técnicos a respeito de qualquer disciplina – salvo direito* (NCPC, art. 464, § 1º, I).

De início, já se esclareça que há **três possibilidades de perícia** no NCPC: (i) *prova técnica simplificada* (art. 464, § 2º), (ii) perícia *comum* (arts. 465 e ss.) e (iii) perícia *consensual* (art. 471).

Como já visto, houve importante **alteração quanto à escolha do perito**. Deverá o juiz escolher os peritos a partir de um *cadastro mantido pelo tribunal* (NCPC, art. 156, § 1º). *Somente* se não houver profissional cadastrado para o local onde está a vara é que haverá livre escolha pelo juiz (§ 5º) – sempre devendo ser escolhido profissional que tenha conhecimento técnico para a perícia.

Permite o NCPC a possibilidade de substituição da perícia por **prova técnica simplificada**, quando o "ponto controvertido for de menor complexidade" (art. 464, § 2º). Contudo, o Código não especifica o que seja esse ponto de menor complexidade, de modo que isso terá de ser verificado no caso concreto. Como exemplo, podemos cogitar o de um *tablet* com um problema e a verificação do que causou esse problema (defeito ou mau uso); isso, em tese, seria algo mais simples que permitiria a substituição.

A prova técnica simplificada é uma *perícia mais informal* que conta apenas com o *depoimento verbal do especialista* (esse é o termo utilizado pelo NCPC, e não perito) sem a necessidade de formalizar quesitos, assistente técnico ou apresentação de laudo escrito (art. 464, § 3º). O especialista poderá realizar apresentação ao prestar os esclarecimentos ao juiz (art. 464, § 4º), sendo que sua oitiva ocorrerá na audiência de instrução ou em outra audiência designada pelo juiz especificamente para ouvi-lo.

Em situação complexa que demande conhecimentos técnicos de mais de uma área do conhecimento, pode o juiz nomear **mais de um perito** e podem as partes indicar mais de um assistente técnico (art. 475 do NCPC).

Existem inovações no **procedimento da perícia**.

De início, diante da *necessidade de prova pericial*, deverá o juiz nomear um *perito especialista no objeto da perícia*, fixando prazo para apresentação do laudo (NCPC, art. 465).

Após a **nomeação do perito**, as partes terão o prazo de 15 para se manifestarem, quanto (i) impedimento ou suspeição do perito, (ii) indicação de assistente técnico e (iii) apresentação de quesitos.

Após essa manifestação, será a vez do perito falar nos autos, em 5 dias, momento em que (i) formulará *proposta de honorários*, (ii) *apresentará seu currículo*, principalmente demonstrando sua especialização na área objeto da perícia e (iii) indicará seus *contatos profissionais*, inclusive correio eletrônico, para ser intimado.

A seguir, nova manifestação das partes, no prazo de 5 dias, para que digam a respeito dos honorários sugeridos pelo perito.

Com essas informações, o **juiz fixará os honorários periciais** e determinará o pagamento da quantia. A responsabilidade pelo pagamento é de *quem requereu a perícia* ou de ambas as partes (metade para cada), se (a) a prova for determinada de ofício ou (b) a perícia foi requerida pelo autor e pelo réu. Em regra, apenas após o pagamento integral dos honorários é que terá início a confecção do laudo. Inova o NCPC ao permitir o **pagamento de metade antes da perícia** e a outra metade somente após a apresentação do laudo e prestados os esclarecimentos (art. 465, § 4º). Isso será requerido pelas partes e decidido pelo juiz.

Inovação quanto aos honorários periciais é a previsão de sua *redução*, pelo juiz, caso a perícia seja inconclusiva ou deficiente (art. 465, § 5º).

Se a perícia for realizada por *carta precatória*, é possível que o perito e assistentes técnicos sejam definidos apenas no juízo de destino (art. 465, § 6º). Como exemplo, a situação em que será realizada a perícia para avaliar um imóvel em Comarca distante 500 km do juízo de origem. Muito melhor, por certo, a nomeação de perito no juízo deprecado.

O **perito deve ser imparcial**, mas não os assistentes técnicos, que são de confiança das partes (NCPC, art. 466). Assim, *há impedimento e suspeição para o perito*, mas não para os assistentes. Porém, isso não significa que os assistentes podem agir de má-fé, podendo ser penalizados se isso ocorrer.

Caso requerido pelas partes, admite-se que o *perito ou assistente técnico preste esclarecimentos em audiência*. Para isso, as perguntas a serem respondidas pelo perito devem ser formuladas na *forma de quesitos* (NCPC, art. 477, § 3º).

Considerando o princípio do convencimento motivado, *o juiz não está vinculado ao laudo pericial* (NCPC, art. 479) e pode, quando entender que a questão não está bem esclarecida, determinar a realização de *nova perícia* (NCPC, art. 480).

Fundada na maior liberdade que o Código dá às partes de definirem o procedimento, existe a **perícia consensual** (NCPC, art. 471).

Somente é possível o uso da perícia consensual se: (i) as partes forem *capazes* e (ii) o litígio puder ser revolvido por *acordo* entre as partes. Ao requererem essa modalidade de perícia, as partes já deverão indicar: (a) o *perito* (escolhido de comum acordo pelas partes, sem interferência do juiz), (b) os *assistentes técnicos*, (c) *data e local* da realização da perícia e (d) *quesitos* que deverão ser respondidos pelo perito. Uma vez apresentado o requerimento de perícia consensual, o juiz poderá deferir ou indeferir o pleito.

O Código é expresso ao destacar que a perícia consensual é efetiva prova pericial (art. 471, § 3º), *não sendo caso de uma perícia consensual e perícia usual* ao mesmo tempo.

Inova o NCPC ao prever os **requisitos do laudo pericial** (art. 473):

(i) relatório, que é a exposição do objeto da perícia,

(ii) fundamentação, que é composta da análise técnica do perito somada à indicação do método utilizado e justificativa de sua escolha (inclusive em relação a ser um método usualmente utilizado nessa área do conhecimento),

(iii) conclusão, com a resposta a todos os quesitos deferidos pelo juiz.

Concluído o laudo, o perito deverá protocolá-lo em juízo. A seguir, as *partes e assistentes técnicos poderão se manifestar no prazo comum de 15 dias.* Existindo alguma dúvida, terá o perito mais 15 dias para esclarecer os pontos levantados nas manifestações. Após os esclarecimentos periciais, se ainda existir alguma dúvida, as partes poderão requerer novos esclarecimentos (formulando novos quesitos), que serão prestados na audiência de instrução (art. 477).

(v) Inspeção judicial

A **inspeção** é meio de prova no qual *o juiz vai ao local dos fatosinspecionar pessoas ou coisas, a fim de se esclarecer sobre determinada questão que interesse à decisão da causa* (NCPC, art. 481).

A lei parte da premissa que, em determinadas hipóteses, *somente a observação pessoal é que poderá subsidiar a tomada de decisão* (NCPC, art. 483). Assim, o juiz irá até onde se encontra a pessoa ou coisa.

É possível que o *juiz seja acompanhado por peritos* (NCPC, art. 482) e *pelas partes* (CPC, art. 483, parágrafo único).

2.3.2.4. *Citação*

Citação é o *ato pelo qual o réu (ou quem está no polo passivo) é convocado para integrar a relação processual* (NCPC, art. 238). Assim, uma vez realizada a citação válida do réu no processo, não haverá nova citação dessa parte, no mesmo processo. Pelo NCPC, não mais é requisito da petição inicial (era requisito no CPC/1973).

Não se deve confundir a citação com outras figuras.

A **intimação** é o *ato pelo qual se dá ciência a alguém dos atos e termos do processo* (NCPC, art. 269). Assim, tanto o réu como o autor (como terceiros) podem ser intimados diversas vezes em um processo.

Inova o NCPC ao permitir que o *advogado promova a intimação do advogado da parte contrária*, enviando pelo correio, com aviso de recebimento, carta (**ofício de intimação)** *com cópia da decisão judicial a que se quer dar ciência* à parte contrária (NCPC, art. 269, §§ 1º e 2º).

No mais, a **notificação** *é procedimento especial de jurisdição voluntária utilizado para manifestar qualquer intenção de modo formal* (NCPC, art. 726).

Portanto, no processo civil, apenas a citação e a intimação são *formas de comunicação de ato processual.*

O NCPC conhece 5 **modalidades de citação**:

(i) citação por *correio*, que é a *regra* e poderá ocorrer para qualquer comarca do país (CPC, art. 247).

O carteiro entregará ao citando carta registrada e colherá a assinatura do réu no recibo (aviso de recebimento – AR). A respeito do tema, a Súmula 429 do STJ, editada com base no sistema anterior: "A citação postal, quando autorizada por lei, exige o aviso de recebimento";

Tratando-se de **pessoa jurídica**, será válida a entrega da carta (i) a *pessoa com poderes de gerência geral* ou (ii) a *funcionário responsável pelo recebimento de correspondências* – que é o mais comum (NCPC, art. 248, § 2º).

Em relação a **pessoas físicas**, inova o Código, que *não* acolhe entendimento do STJ quanto ao tema: em *condomínios edifícios* ou *loteamentos com controle de acesso*, será válida a entrega da carta a *funcionário da portaria responsável pelo recebimento de correspondência*, que poderá recusar o recebimento, se declarar, por escrito, sob as penas da lei, que o *destinatário da correspondência está ausente* (NCPC, art. 248, § 4º).

(ii) citação por *oficial de justiça* ou *por mandado*, que é a forma de citação mais segura, pois realizada por servidor público que tem fé pública. Será realizada *quando a lei assim determinar* (maior segurança), por *opção do autor* ou quando *infrutífera a citação por correio* (NCPC, art. 249).

São hipóteses em que a lei determina a **citação obrigatoriamente por oficial de justiça** (NCPC, art. 247):

✓ – ações de *estado* (principalmente estado familiar – direito de família, por ser hipótese de direito indisponível);

✓ – citando pessoa *incapaz*;

✓ – citando *pessoa de direito público* (Fazenda Pública);

✓ – local *não atendido pela entrega domiciliar de correspondência*;

✓ – quando o *autor, justificadamente, requerer de outra forma.*

✓ Há alteração em relação ao Código anterior, com a supressão da menção ao *processo de execução*; ou seja, o NCPC *permite a citação no processo de execução por correio.*

A **citação por hora certa** é *citação realizada por oficial de justiça*, mas com algumas características específicas. Quando o *oficial tiver "suspeita de ocultação" do réu* e, por **2 *(duas)*** *vezes*, não encontrá-lo em seu endereço, *informará que voltará no dia útil imediato, em hora designada, e fará a citação a qualquer pessoa da família ou, se não houver, qualquer vizinho* (NCPC, art. 252) e, se o réu residir em condomínio edilício ou loteamento com controle de acesso, na pessoa do porteiro (NCPC, art. 252, parágrafo único).

No dia marcado, o *oficial de justiça retornará e, caso não encontre o réu, fará a citação por hora certa*, ainda que o réu esteja se ocultando em outra cidade. A citação será considerada realizada mesmo que o terceiro se ausente ou recuse a receber a citação (NCPC, art. 253, §§ 1º e 2º).

Realizada a citação por hora certa, será enviada ao réu carta, telegrama ou *e-mail* informando a realização do ato citatório (NCPC, art. 254).

(iii) citação por *edital* ocorre quando (i) *desconhecido ou incerto o citando*, (ii) *ignorado*, incerto ou inacessível *o lugar onde está o citando* (NCPC, art. 256).

No caso de *réu no exterior*, se o *país de destino recusar o cumprimento da rogatória*, considera-se lugar inacessível e, assim, permitida a citação por edital (NCPC, art. 256, § 1º).

No caso de ser *inacessível o lugar em que se encontrar o réu*, a notícia de sua citação será divulgada também pelo *rádio*, se na comarca houver emissora (NCPC, art. 256, § 2º).

O *réu será considerado em local ignorado ou incerto* se infrutíferas as tentativas de sua localização, inclusive mediante requisição pelo juízo de informações sobre seu endereço nos *cadastros de órgãos públicos ou de concessionárias de serviços públicos*, como empresas de telefonia, bancos, receita federal, justiça eleitoral (NCPC, art. 256, § 3º).

A citação por edital tem os seguintes **requisitos** (NCPC, art. 257):

I - a *afirmação do autor* ou a *certidão do oficial* informando a presença de uma das hipóteses que autorize essa modalidade de citação;

II - a *publicação do edital na internet*, na página do tribunal local e do CNJ, devendo isso ser certificado nos autos (*poderá* o juiz determinar a publicação do edital em *jornal local* ou *outros meios*, considerando as peculiaridades da comarca);

III - a determinação do *prazo* (entre 20 e 60 dias), fluindo da data da publicação única ou, havendo mais de uma, da primeira;

IV - a advertência de que será *nomeado curador especial em caso de revelia.*

Tanto a *citação por hora certa como a citação por edital* são, na verdade, *situações de ficção jurídica de que a citação se realizou, com a ciência do réu.* Por isso são hipóteses de **citação ficta**. Nesses casos, se o réu for revel, para garantir o contraditório, deverá ser *nomeado curador especial* (NCPC, art. 72, II), isto é, ainda que sem contato como réu, um advogado apresentará contestação, buscando defender a pessoa que foi citada de forma ficta. Nesta hipótese, cabe a *contestação por negativa geral* (NCPC, art. 341, parágrafo único).

Se o autor **requerer dolosamente a citação do réu por edital** (ou seja, sem que presentes suas hipóteses autorizadoras), lhe será aplicada multa de 5 vezes o salário mínimo, que reverterá para o citando (NCPC, art. 258).

No mais, prevê o NCPC a publicação de editais de citação nas seguintes hipóteses (art. 259):

I - na ação de *usucapião* de imóvel;

II - na ação de *recuperação ou substituição de título ao portador*;

III - em qualquer ação em que seja necessária, por determinação legal, a provocação, para participação no processo, de *interessados incertos ou desconhecidos.*

(iv) citação por *meio eletrônico*, realizada por correio eletrônico ou outra forma de comunicação eletrônica. É regulada pela Lei 11.419/2006.

Não muito utilizado no sistema anterior, o NCPC busca dar grande estímulo a este meio citatório. Tanto é que determina que **todas as empresas** (salvo ME e EPP), privadas e públicas, bem como a **Fazenda Pública** (União, Estados e Municípios, além de entes da administração direta) deverão manter "*cadastro nos sistemas de processo em autos eletrônicos*, para efeito de recebimento de *citações e intimações*, as quais serão *efetuadas preferencialmente por esse meio*".

(iv) citação pelo *escrivão ou chefe de secretaria*. Pouco comum, utilizada para a hipótese em que o citando comparecer em cartório.

Os **efeitos da citação** encontram-se no NCPC, art. 240:

(i) induz *litispendência;*

(ii) torna a *coisa litigiosa;*

(iii) constitui *em mora o devedor;* e

(iv) *interrompe a prescrição.*

2.3.2.5. Valor da causa

Valor da causa: *toda* demanda cível, seja de jurisdição contenciosa ou voluntária, ação ou reconvenção, terá *valor certo da causa* (NCPC, art. 291).

A *fixação* do valor da causa é realizada por dois critérios:

✓ **fixação legal ou obrigatória**: a atribuição do valor *já foi previamente definida pelo legislador.*

✓ **fixação voluntária**: como não há previsão legal para fixar o valor da causa, este será *livremente fixado a partir de uma estimativa do autor.*

As hipóteses de fixação legal estão no NCPC, art. 292:

(i) na *ação de cobrança de dívida*, a soma monetariamente corrigida do principal, dos juros e de eventuais outras penalidades, até a propositura da ação;

(ii) na ação que tiver por objeto a existência, validade, cumprimento, modificação, resolução, resilição ou rescisão de *ato jurídico*, o *valor do ato ou de sua parte controvertida* (hipótese de discussão relativa a contrato);

(iii) na *ação de alimentos*, a soma de *12 prestações mensais* pedidas pelo autor;

(iv) na ação de *divisão, de demarcação e de reivindicação*, o valor de avaliação da área ou do bem objeto do pedido;

(v) na ação *indenizatória*, **inclusive a de** *dano moral*, **o valor pretendido (portanto, não mais cabe dano moral como pedido genérico, sem se especificar, na inicial, o valor que se quer receber);**

(vi) havendo *cumulação de pedidos*, a quantia correspondente à *soma dos valores* de todos eles;

(vii) sendo *alternativos os pedidos*, o de *maior valor*;

(viii) se houver também *pedido subsidiário*, o valor do *pedido principal.*

Quando se tratar de *relação continuativa* com *prestações vencidas e vincendas*, o valor da causa deverá *levar em conta ambas*, da seguinte forma (NCPC, art. 292, §§ 1º e 2º):

✓ *soma das prestações vencidas e vincendas se a obrigação tem tempo inferior a um ano* (ex.: o contrato é de 10 meses. Há débito de 2 parcelas e ainda faltam 5. O valor da causa será a soma das 2 já vencidas mais as 5 restantes = 7 parcelas);

✓ *soma das parcelas vencidas mais 1 ano* das prestações vincendas se a *obrigação for por tempo indeterminado ou durar mais de um ano* (ex.: não foram pagas 2 prestações e ainda faltam 20; nesse caso, o valor da causa considerará as 2 vencidas mais 12 vincendas = 14 parcelas).

Também há hipótese de fixação legal em legislação extravagante. O principal exemplo é a Lei do Inquilinato (Lei 8.245/1991), que prevê, na *ação de despejo*, o valor da causa em *12 vezes o valor mensal do aluguel* (art. 58, III).

Se o **valor da causa estiver errado**, o *juiz poderá corrigi-lo de ofício* (não mais determinando que o autor emende a inicial), inclusive intimando o autor para que recolha as custas faltantes (NCPC, art. 292, § 3º).

Para **impugnar o valor da causa**, há simplificação: deixa de existir a peça específica para isso e passa a ser cabível a discussão do tema em *preliminar de contestação* (NCPC, art. 293).

A **importância do valor da causa** é *processual e fiscal*:

(i) no *Juizado Especial Cível* é determinante para a fixação da competência (até 40 salários mínimos) e também para a obrigatoriedade ou não de advogado (até 20 salários a própria parte é dotada de capacidade postulatória);

(ii) é base de cálculo para *multas e outras penas* impostas pelo juiz (como litigância de má-fé);

(iii) *pode ser o parâmetro para a fixação dos honorários do advogado* (NCPC, art. 85, §§ 2º e 6º);

(iv) do ponto de vista fiscal, o valor da causa *é a base de cálculo para o pagamento das custas.*

2.3.3. *Audiência de conciliação ou de mediação*

Na mais relevante **alteração procedimental do procedimento comum**, o NCPC prevê a designação de uma **audiência inaugural de conciliação ou mediação**, a ser *conduzida, onde houver, por conciliador ou mediador* (NCPC, art. 334, § 1º). A respeito de quem é o conciliador ou mediador (e informações adicionais quanto à mediação e conciliação), vide item 1.4.8.

As previsões do NCPC quanto ao tema, **no tocante à mediação**, terão de ser *compatibilizadas com a Lei da Mediação* (Lei 13.140/2015, lei posterior ao NCPC, mas que entrou antes em vigor).

Estando *em termos a petição inicial* (observância dos requisitos acima expostos) e *não sendo caso de improcedência liminar*, o **juiz designará audiência de conciliação ou mediação** com *antecedência mínima de 30 dias*, devendo ser *citado o réu pelo menos 20 dias antes* (NCPC, art. 334). Ou seja, pelo Código, é uma audiência que ocorrerá na maior parte das vezes.

É possível, se o caso concreto assim demandar, **mais de uma audiência consensual** que terá de ser realizada, no máximo, até *2 meses da data de realização da primeira* (NCPC, art. 334, § 2º).

Pelo NCPC, **somente não haverá a audiência de conciliação ou mediação** nas seguintes hipóteses (art. 334, § 4º):

I - se *ambas as partes manifestarem*, expressamente, *desinteresse* na composição consensual;

O *autor* deixará clara essa vontade na *petição inicial* (NCPC, art. 319, VII) e o *réu*, em *petição própria* para isso, *10 dias antes da audiência* (NCPC, art. 334, § 5º).

II - quando *não se admitir a autocomposição*–como, por exemplo, nos casos envolvendo a Fazendo Pública em que não for possível acordo, tratando-se de direito indisponível (como uma discussão tributária ainda não pacificada na jurisprudência).

A Lei de Mediação **não prevê** *hipótese em que a audiência de mediação não ocorra*. Porém, na Lei 13.140/2015, há previsão do princípio da autonomia (art. 2º, V) - de modo que, eventualmente, será possível sustentar a não realização da audiência com base nesse princípio.

Do ponto de vista prática, diversos juízes, no Brasil inteiro, não estão designando essas audiências, muitas vezes afirmando a falta de estrutura para sua realização. Mas, frise-se, não há base legal para isso. E, pensando em Exame de OAB de 1ª fase, a resposta deve ser no sentido da legislação.

Em polêmica previsão, o **não comparecimento injustificado da parte à audiência conciliatória** é considerado *ato atentatório à dignidade da justiça* e sancionado com *multa de até 2% da vantagem econômica pretendida ou do valor da causa*, revertida em favor da União ou do Estado (NCPC, art. 334, § 8º).

Vale destacar que essa previsão somente faz menção à *conciliação*. Além disso, na Lei de Mediação não há previsão de multa para a ausência. Resta verificar se a jurisprudência fará a distinção entre as duas figuras (audiência de conciliação e de mediação) e, especialmente, como será a interpretação relativa à multa.

As partes deverão comparecer à audiência de conciliação ou mediação **acompanhadas por advogado** (NCPC, art. 334, § 9º), sendo possível a **constituição de representante**, desde que *com poderes para negociar* (NCPC, art. 334, § 10).

Pelo Código, a **pauta das audiências de conciliação e mediação** será organizada de modo a respeitar o *intervalo mínimo de 20 minutos* entre o início de cada audiência (NCPC, art. 334, § 12).

Será possível a realização da **audiência de conciliação ou mediação por meio eletrônico** (NCPC, art. 334, § 7º).

Se houver acordo nessa audiência, será reduzido a termo e homologado por sentença (NCPC, art. 334, § 11). A Lei de Mediação prevê que, se o **conflito for solucionado pela mediação antes da citação do réu**, *não serão devidas custas judiciais finais* (art. 29).

Não realizado o acordo, terá início o prazo para contestação.

2.3.4. *Defesa do réu*

O tema foi objeto de profundas modificações no NCPC.

Antes, o réu, citado, poderia apresentar uma série de peças para se defender (exceções e impugnações). Há importante **simplificação**, sendo basicamente cabível a contestação.

2.3.4.1. *Contestação*

A **contestação** é a *resistência do réu ao pedido do autor*.

O réu poderá oferecer **contestação**, no **prazo de 15 dias**, *contado* a partir (NCPC, art. 335):

I - da *audiência de conciliação/ mediação*, ou da última sessão de conciliação, quando qualquer parte não comparecer ou, comparecendo, não houver autocomposição;

II - do *protocolo do pedido de cancelamento da audiência* de conciliação/mediação apresentado pelo réu, quando ambas as partes tiverem manifestado desinteresse na via consensual;

III - da *juntada* aos autos do mandado ou carta de citação, nos demais casos.

Pelo **princípio da eventualidade**, *toda matéria de defesa*, ainda que contraditória, *deve ser alegada* na contestação, sob pena de *preclusão* (NCPC, art. 336).

Contudo, há *exceções*. Tratando-se de *matéria de ordem pública* (como condições da ação e pressupostos processuais), cabe a alegação em momento posterior (portanto, não há preclusão - NCPC, art. 485, § 3º).

Decorrente do princípio da eventualidade, há o **ônus da impugnação específica** (NCPC, art. 341). Ou seja, *se determinado fato não for especificamente impugnado, presume-se que seja verdadeiro*.

Portanto, em regra, não cabe a **contestação por negativa geral** (situação em que o réu simplesmente afirma que "tudo que está na inicial não é verdadeiro", sem trazer sua versão aos fatos). A *exceção* é a contestação apresentada pelo *defensor público, advogado dativo e curador especial* (NCPC, art. 341, parágrafo único).

A **defesa do réu**, na contestação, pode ser de *mérito* ou *processual*.

A **defesa de mérito** (NCPC, art. 336 e 341) *impugna os fatos e é baseada na relação jurídica de direito material.*

Pode tanto ser a *resistência às alegações da inicial* (negam-se os fatos) ou a apresentação de *fato impeditivo, modificativo ou extintivo do direito do autor* (apresenta-se um fato que afasta a pretensão do autor - NCPC, art. 350).

Como exemplo de **fato impeditivo**, a *incapacidade do contratante*; como exemplo de **fato modificativo**, a *compensação*, e como exemplo de **fato extintivo**, o *pagamento*.

A apresentação de *defesa de mérito busca a improcedência do pedido* (prolação de sentença em que há resolução do mérito - NCPC, art. 487, I).

Já a **defesa processual** (NCPC, arts. 337, 485 e 330) *impugna a relação de direito processual, ou seja, aspectos formais-burocráticos da causa* (pressupostos processuais e condições de ação). Como é *anterior ao mérito*, costuma também ser denominada **preliminar**.

A alegação de uma *defesa processual* pode acarretar:

✓ a *extinção do processo sem resolução de mérito*, desde que haja a respectiva previsão no NCPC, art. 485 (ex.: litispendência: art. 337, V, c/c art. 485, V);

✓ a *possibilidade de correção da falha* (emenda) sob pena de extinção (ausência de recolhimento de custas: art. 337, XII, c/c art. 330, I);

✓ a *alteração do juízo que julgará a causa* (incompetência absoluta: art. 337, II).

Defesas processuais trazidas pelo Código, que o réu irá alegar antes de discutir o mérito (preliminarmente - NCPC, art. 337):

I - *vício de citação*;

II - *incompetência absoluta e relativa (***novidade** *no NCPC, quanto à relativa)*;

III - *incorreção do valor da causa (***novidade** *no NCPC)*;

IV-inépcia da inicial (NCPC, art. 330, § 1º);

V - *perempção*;

VI - *litispendência*;

VII - *coisa julgada*;

VIII - *conexão (apesar da ausência de menção na lei, também a continência - curioso que o NCPC não corrigiu essa omissão)*;

IX - *incapacidade de parte, defeito de representação, falta de autorização (incapacidade: criança sem representação; defeito de representação: falta de procuração do advogado nos autos; falta de autorização: há casos em que o cônjuge precisa de autorização para litigar - NCPC, art. 73)*;

IX - *convenção de arbitragem*;

XI - *ausência de legitimidade de parte ou interesse processual (no sistema anterior, falava-se em* **carência de ação**, possivelmente o termo carência seguirá sendo utilizado e pedido em provas de concursos jurídicos);

XII - falta de *caução* ou *prestação prevista em lei (como principal exemplo de prestação prevista em lei, a ausência de recolhimento de custas)*;

XIII - *indevida concessão de gratuidade de justiça(***novidade** *no NCPC)*.

Como se percebe, *diversos argumentos de defesa já foram analisados em momentos anteriores*. Seja ao se discutir condições da ação e pressupostos processuais, seja ao se tratar das hipóteses de extinção do processo sem mérito. Isso demonstra que o processo civil é um sistema, em que *inicial, contestação e decisão estão conectadas*.

O NCPC inova ao apontar preliminares que antes existiam.

Mas, o Código também muda o sistema anterior em relação à **reconvenção**. Antes, em peça apartada; agora, na própria contestação. A reconvenção é o *pedido formulado pelo réu, contra o autor, nos próprios autos do processo*.

Assim, no NCPC, o réu deverá formular, *na própria contestação, pedido contra o autor* (NCPC, art. 343) - bastando abrir um tópico específico para isso na peça de defesa (preliminar, mérito e reconvenção).

Oferecida a reconvenção pelo réu, o *autor será intimado*, na pessoa do seu advogado, para apresentar resposta (contestar) em 15 dias (NCPC, art. 343, § 1º).

Uma vez apresentada, a reconvenção passa a ser **autônoma** *em relação à ação*; assim, a desistência ou extinção da ação não obsta o prosseguimento da reconvenção (NCPC, art. 343, § 2º).

A reconvenção pode ser proposta com *litisconsórcio passivo* - contra o autor e terceiro; ou em *litisconsórcio ativo* - pelo réu e terceiro (NCPC, art. 343, §§ 3º e 4º).

Apresentada a reconvenção, haverá a **anotação no distribuidor**, de modo que se saiba que o *autor é réu na reconvenção*, para fins de expedição de *certidão negativa de feitos judiciais* (NCPC, art. 286, parágrafo único).

2.3.4.2. Alterações em relação ao CPC/1973

Como se percebe do tópico anterior, inúmeras são as mudanças na defesa do réu em relação ao sistema do Código anterior. Considerando o histórico de provas, é possível vislumbrar que a OAB trará uma série de questões em relação a esse tema (o que realmente já verificou após a vigência do NCPC). Por isso, para facilitar, este tópico é uma síntese daquilo que mudou.

Deixa de existir no NCPC:

(i) a exceção de incompetência relativa: o tema passa a ser alegado em *preliminar de contestação* (NCPC, art. 337, II).

(ii) a exceção de impedimento e suspeição: o tema passa a ser alegado em *petição específica para isso*, sem maiores formalidades ou necessidade de autuação em apartado (NCPC, art. 146) - mas há a suspensão do processo (NCPC, art. 313, III).

(iii) a ação declaratória incidental, pois a *questão prejudicial será coberta pela coisa julgada* (NCPC, art. 503, § 1º).

(iv) a impugnação ao valor da causa: a matéria será *alegada na própria contestação*, em preliminar (NCPC, arts. 293 e 337, III).

(v) a impugnação à justiça gratuita: a gratuidade será impugnada *nos próprios autos*, na próxima peça que a parte impugnante apresentar, após a concessão da gratuidade (NCPC, art. 100).

(vi) a reconvenção como peça autônoma, que agora será apresentada como um tópico da própria contestação (NCPC, art. 343);

(vii) a nomeação à autoria: Se o réu alegar, na contestação, que é *parte ilegítima* e tiver conhecimento de quem é a parte legítima, *deverá indicar isso na defesa*, sob pena de arcar com as despesas processuais e indenizar o autor pelos prejuízos (NCPC, art. 339).

Por sua vez, quando houver essa **indicação do réu correto**, poderá o autor, em 15 dias, *alterar a petição inicial para promover a troca de réus* (NCPC, art. 338). Nesse caso, haverá pagamento de *honorários* entre 3% e 5% do valor da causa, *em favor do advogado do réu excluído* (NCPC, art. 338, parágrafo único).

2.3.4.3. *Revelia*

Como já visto, o princípio do contraditório pode ser traduzido em um binômio: informação e possibilidade de manifestação. Assim, é obrigatório que o réu seja citado para, querendo, contestar.

Mas, o que é obrigatório é a *oportunidade de contestar*. Portanto, para a validade do processo, *não é obrigatória a existência de contestação*.

Nesse contexto, há a **revelia**, que é a *ausência de contestação* (NCPC, art. 344).

As **consequências** ou **efeitos** da revelia são:

(i) a *presunção de veracidade* dos fatos alegados pelo autor (NCPC, art. 344) e

(ii) os *prazos contra o revel* sem advogado nos autos fluirão da *data de publicação da decisão no diário oficial* (NCPC, art. 346 - trata-se de **inovação** do NCPC o comando para se publicar).

Assim, numa investigação de paternidade, se o réu for revel, por se tratar de direito indisponível, *ainda assim haverá necessidade de dilação probatória* (DNA). E, diante de dois réus, se um contestar, *em relação à matéria que for comum à defesa dos dois*, o fato será controvertido e, portanto, haverá *necessidade de prova*.

Contudo, há *exceções* em relação aos dois efeitos da revelia:

Assim, **não haverá presunção de veracidade**, mesmo que haja ausência de contestação, se (NCPC, art. 345):

I - houver *litisconsórcio passivo* e algum dos réus *contestar*;

II - o litígio versar sobre *direitos indisponíveis*;

III - a petição inicial não trouxer *instrumento que a lei considere indispensável à prova do ato*;

IV - as *alegações* de fato do autor forem *inverossímeis ou* forem *contraditórias* com a prova dos autos (**novidade** do NCPC).

A partir do momento em que o revel constituir advogado, então seu *patrono será normalmente* **intimado das decisões pelo diário oficial**. Pode, a qualquer tempo, o revel nomear advogado - mas isso não importará em qualquer repetição de ato, pois o processo é recebido "no estado em que se encontrar" (NCPC, art. 346, parágrafo único).

Além disso, inova o Código ao apontar que será **lícita a produção de provas pelo revel**, desde que o réu nomeie advogado a tempo de praticar os "atos processuais indispensáveis" à produção da prova (NCPC, art. 349).

Assim, o réu revel tem, no NCPC, muito mais direitos processuais que no Código anterior.

2.3.4.4. *Síntese da defesa do réu*

Em importante simplificação quanto ao que existia no CPC/1973, o réu pode, no prazo da contestação:

1) arguir o impedimento ou suspeição do juiz

2) contestar, momento em que poderá:

a) utilizar de intervenções de terceiro provocadas (denunciar da lide, chamar ao processo, requerer a desconsideração da personalidade jurídica ou o ingresso de *amicus curiae*);

b) apresentar diversas preliminares, dentre as quais a ilegitimidade, com possibilidade de *indicação do réu correto*;

c) discutir o mérito, via defesa direta ou indireta.

Dessas manifestações, apenas o impedimento ou suspeição **suspendem o processo**.

2.3.5. *Providências preliminares e julgamento conforme o estado do processo*

2.3.5.1. *Visão geral*

No procedimento comum, após a inicial e contestação, os autos voltam para o juiz verificar qual deve ser o desenrolar do processo. Conforme as alegações realizadas no processo, é possível que algumas **providências preliminares** sejam tomadas.

É o que se verifica no caso de *necessidade de produção de prova* (NCPC, arts. 348 e 349) ou *contestação* que traga matéria de *mérito* (NCPC, art. 350) ou *processual* (NCPC, art. 351)

Assim, após a manifestação do réu em defesa, é possível que as partes sejam instadas a se manifestar a respeito da produção de provas e/ou a apresentar réplica.

Depois de cumpridas as providências preliminares, ou caso estas não sejam necessárias, então procederá o juiz ao **julgamento conforme o estado do processo** (NCPC, art. 353).

Assim, antes do início da fase instrutória, o juiz deve verificar se estão presentes os requisitos para que se verifique uma dessas três situações: (i) *extinção do processo*, (ii) *julgamento antecipado do mérito*, (iii) *julgamento antecipado parcial do mérito* e (iv) *saneamento e organização do processo*.

2.3.5.2. *Providências preliminares*

Como acima exposto, são duas (no CPC/1973, havia também a previsão de ação declaratória incidental, extinta no NCPC - vide item 2.3.4.2 supra):

a) especificação de provas (NCPC, arts. 348 e 349). É cabível em 2 hipóteses:

(i) o juiz deve determinar a produção de provas pelo *autor* quando, apenas da *ausência de contestação, não houver a presunção de veracidade* e o autor ainda não tiver requerido as provas;

(ii) o juiz aceitará a produção de provas *pelo réu* que, mesmo *revel, ingresse nos autos com advogado a tempo de realizar os atos relativos à produção de provas* (como, por exemplo, apresentar rol de testemunhas tempestivamente).

Como já visto, há casos em que a ausência de contestação não acarreta a presunção de veracidade - como nos casos de *direito indisponível* (NCPC, art. 345).

b) réplica (NCPC, arts. 350 e 351): de modo a *garantir o contraditório*, o autor apresentará sua manifestação em relação aos argumentos e documentos apresentados pelo réu na contestação.

O prazo para réplica foi *ampliado*. Se o réu alegar *fato impeditivo, modificativo ou extintivo* do direito do autor, este será ouvido no prazo de 15 dias, permitindo-lhe o juiz a produção de prova.

Do mesmo modo, caso o *réu alegue qualquer das matérias preliminares* (previstas no art. 337), o juiz determinará a oitiva do autor no prazo de 15 dias, permitindo-lhe a produção de prova.

Vale destacar que o termo "réplica" não consta nos artigos ora analisados, apesar de aparecer em 3 dispositivos do NCPC (arts. 100, 430 e 437).

Verificando a existência de **irregularidades ou de vícios sanáveis**, o juiz determinará sua correção em *prazo não superior a 30 dias* (NCPC, art. 352).

2.3.5.3. *Julgamento conforme o estado do processo*

Findas as providências preliminares, o juiz deverá apreciar se o processo tem condições de prosseguir ou se já é possível a prolação de sentença. É o julgamento de que ora se trata.

No CPC/1973, eram 3 formas; agora, são **4**: (i) extinção do processo, (ii) julgamento antecipado do mérito, (iii) julgamento antecipado parcial do mérito (**novidade**) e (iv) saneamento e organização do processo.

a) extinção do processo (NCPC, art. 354)

Se presente uma das hipóteses do art. 485 do CPC (ou seja, *defesa processual*), o magistrado proferirá *sentença terminativa* (extinção sem resolução do mérito).

Se não ocorrer nenhuma das hipóteses de sentença terminativa (NCPC, art. 485), deverá o juiz analisar se está presente alguma das *hipóteses previstas no art. 487, II e III*. Se isso ocorrer, também o feito já será sentenciado – mas sentença *com resolução de mérito*.

Relembrando, as hipóteses do art. 487 em questão são as seguintes:

- prescrição e decadência;
- transação;
- renúncia à pretensão formulada na ação;
- reconhecimento da procedência do pedido.

b) julgamento antecipado do mérito ou do pedido (NCPC, art. 355 – no CPC/1973, julgamento antecipado da *lide*)

Se não for o caso de extinção (art. 354), passa o magistrado a analisar a possibilidade de **julgamento antecipado do mérito** (art. 355), que *é a decisão de mérito em que o juiz acolhe ou rejeita o pedido (NCPC, art. 487, I), sem dilação probatória* (daí o "*antecipado*" do julgamento).

O **julgamento antecipado é permitido** nas seguintes hipóteses (NCPC, art. 355):

(i) quando *não houver a necessidade de produção de outras provas* além das já constantes nos autos – ou seja, (a) a questão de *mérito for unicamente de direito*, ou, (b) sendo de *direito e de fato, não houver necessidade de outra prova além da documental*;

(ii) quando ocorrer à *revelia e houver presunção de veracidade*.

Assim, nessas hipóteses, sinaliza a lei que *a causa já reúne elementos suficientes para o seu julgamento*, sendo desnecessária a produção de provas;

c) julgamento antecipado parcial do mérito (NCPC, art. 356 – novidade do NCPC)

O NCPC contempla a possibilidade de serem proferidas *decisões parciais quanto aos pedidos formulados pelo autor*, ao prever o **julgamento antecipado parcial do mérito**.

O juiz decidirá parcialmente o mérito quando um ou mais dos pedidos formulados ou parcela deles (art. 355):

I – mostrar-se *incontroverso*;

II – estiver em condições de imediato julgamento (*julgamento antecipado do mérito*, como acima analisado).

Ou seja, se houver um *pedido de dano moral cumulado com dano material*, e o juiz entender que o dano moral já tem os seus requisitos previstos sem a necessidade de prova oral, mas que o dano material demanda perícia, o juiz deverá: (i) proferir **decisão parcial quanto ao dano moral**, já julgando procedente o pedido e (ii) determinar a **instrução quanto ao dano material**. Trata-se de inovadora previsão legislativa.

Para evitar dúvidas, afirma o NCPC que o **recurso** cabível da decisão que *julga parcialmente o mérito é o agravo de instrumento* (NCPC, art. 356, § 5º).

A parte poderá **liquidar ou executar**, desde logo, a *obrigação reconhecida na decisão que julgar parcialmente o mérito*, independentemente de caução, *ainda que haja recurso interposto* contra ela (art. 356, § 2º). *Com o trânsito em julgado* da decisão, a execução será *definitiva* (art. 356, § 3º).

d) saneamento e organização do processo (NCPC, art. 357)

O NCPC busca reforçar o **saneamento do processo**, ou seja, o momento em que *o juiz "limpa" o processo das questões formais burocráticas, de modo a partir para a instrução do feito*.

Assim, *não sendo o caso* de extinção do processo ou julgamento antecipado da lide (total ou parcial), o juiz proferirá *decisão de saneamento e de organização do processo* para (NCPC, art. 357):

I – resolver as *questões processuais pendentes*, se houver;

II – delimitar as *questões de fato* sobre as quais recairá a *atividade probatória*, especificando os meios de prova admitidos;

III – definir a distribuição do *ônus da prova*;

IV – delimitar as *questões de direito relevantes* para a decisão do mérito;

V – designar, se necessário, *audiência de instrução e julgamento*.

Realizado o saneamento do processo, as partes terão o direito de pedir **esclarecimentos** ou solicitar ajustes no prazo comum de *5 dias*, findo o qual a decisão se torna estável (NCPC, art. 357, § 1º).

Inova o NCPC ao prever que as partes poderão apresentar ao juiz, para homologação, a **delimitação consensual** sobre as *questões de fato* sobre as quais recairá a prova e as *questões de direito* relevantes para a decisão de mérito. Esse acordo, uma vez *homologado*, *vinculará as partes e o juiz* (NCPC, art. 357, § 2º).

Outra novidade é o **saneamento compartilhado**: se a causa apresentar *complexidade* em matéria de fato ou de direito, o juiz deverá designar *audiência para que o saneamento seja feito em cooperação com as partes*. Nesse caso, o juiz convidará as partes a *esclarecer suas alegações* (NCPC, art. 357, § 3º). Se essa audiência for designada, esse será o momento para se apresentar o **rol de testemunhas** (NCPC, art. 357, § 5º).

Se não houver a audiência de saneamento compartilhado, mas tiver sido determinada a produção de **prova testemunhal**, o juiz fixará *prazo comum não superior a 15 dias* para que as partes apresentem **rol de testemunhas** (NCPC art. 357, § 4º). O número máximo de testemunhas será 10, sendo 3, no máximo, para a prova de cada fato (NCPC, art. 357, § 6º). Apesar disso, será possível a **limitação do número de testemunhas pelo juiz** levando em conta a *complexidade da causa* e dos *fatos individualmente considerados* (NCPC, art. 357, § 7º).

Caso determine a produção de **prova pericial**, o juiz deverá *nomear perito* especializado no objeto da perícia, e, se possível, estabelecer, desde logo, *calendário* para sua realização (NCPC, art. 357, § 8º).

Pelo NCPC, as **pautas de audiência** deverão ser preparadas com *intervalo mínimo de 1 hora* entre as audiências (NCPC, art. 357, § 9º).

2.3.6. Audiência de instrução

Não sendo hipótese de *julgamento antecipado da lide* e se houver *prova a ser produzida em audiência*, será designada **audiência de instruçãoe julgamento** (NCPC, art. 358 e ss.).

No início da audiência (antes da instrução), o juiz tentará a *conciliação, mesmo que antes tenha se utilizado algum método de solução consensual* (NCPC, art. 359).

Quanto ao **poder de polícia** do juiz para organizar a audiência, cabe ao magistrado (NCPC, art. 360):

I – manter a *ordem* e o decoro na audiência;

II – ordenar que se *retirem da sala de audiência* os que se comportarem inconvenientemente;

III – requisitar, quando necessário, *força policial*;

IV – tratar com *urbanidade* as partes, os advogados, os membros do Ministério Público e da Defensoria Pública e qualquer pessoa que participe do processo;

V – *registrar em ata*, com exatidão, *todos os requerimentos* apresentados em audiência.

A **ordem das provas**, na audiência de instrução, é, *preferencialmente*, a seguinte (NCPC, art. 361):

(i) oitiva do *perito e dos assistentes técnicos* para esclarecimentos, a partir de quesitos antes formulados (destaque-se que o laudo já terá sido elaborado previamente);

(ii) *depoimento pessoal das partes*; primeiro do autor, depois do réu (é proibido, a quem ainda não depôs, assistir ao interrogatório da outra parte – NCPC, art. 385, § 2º);

(iii) oitiva de *testemunhas*; primeiro do autor, depois do réu.

Enquanto **estiver ocorrendo depoimentos** (do perito, assistentes técnicos, partes ou testemunhas), *não poderão* os advogados e o Ministério Público intervir ou apartear, *sem licença do juiz* (NCPC, art. 361, parágrafo único).

Pode ocorrer o **adiamento da audiência** nas seguintes situações (NCPC, art. 362):

(i) *convenção* das partes;

(ii) *impossibilidade de comparecer*, por *motivo justificado*, relativa a *qualquer pessoa* que dela deva necessariamente participar;

(iii) *atraso injustificado* do início da audiência, em tempo *superior a 30 minutos* do horário marcado.

Havendo **antecipação ou adiamento da audiência**, o juiz, de ofício ou a requerimento da parte, determinará a *intimação dos advogados* ou da sociedade de advogados para ciência da nova designação (NCPC, art. 363).

Ao **final da audiência**, as partes apresentam *alegações finais orais*, ou por escrito (*memoriais*), em *prazo sucessivo de* 15 dias, sendo garantido o acesso aos autos *(NCPC, art. 364, caput e § 2º)*.

O **prazo para a prolação de decisão** é ao *final da audiência ou 30 dias* (NCPC, art. 366).

A **audiência poderá ser integralmente gravada** em imagem e em áudio, em meio digital ou analógico, desde que assegure o rápido acesso das partes e dos órgãos julgadores, observada a legislação específica. A gravação também *poderá ser realizada diretamente por qualquer das partes*, independentemente de autorização judicial (NCPC, art. 367, §§ 5º e 6º).

Por fim, prevê o Código que a **audiência será pública**, ressalvadas as exceções legais de segredo de justiça (NCPC, art. 368).

2.3.7. Sentença, coisa julgada e ação rescisória

2.3.7.1. Sentença

Sentença, de maneira didática, pode ser entendida *como o ato em que juiz aprecia o pedido em 1º grau de jurisdição*. A sentença pode ser com ou sem resolução de mérito (NCPC, arts. 485 e 487).

Pela redação do Código (art. 203, § 1º), sentença é "o pronunciamento por meio do qual o juiz, com fundamento nos arts. 485 e 487, põe fim à *fase cognitiva do procedimento comum*, bem como *extingue a execução*".

Porém, nos arts. 485 e 487 o NCPC *não faz menção à sentença*, pois o novo sistema permite que uma *decisão interlocutória também aprecie o mérito*.

Quanto às situações de decisão com e sem mérito, o tema já foi enfrentado nos itens 2.2.3.1 e 2.2.3.2 supra.

São **elementos para a sentença**: *relatório, fundamentação e dispositivo* (NCPC, art. 489).

✓ Uma das grandes inovações – e polêmicas – do NCPC é a **exigência de melhor motivação das decisões**. Diverge a doutrina quanto à conveniência do dispositivo. E, de modo geral, a magistratura critica a inovação. Trata-se de tema ligado ao princípio da fundamentação das decisões (vide item 1.3.9 acima).

✓ **Não será considerada fundamentada** a *decisão* (seja interlocutória, sentença ou acórdão – e, ainda que não haja menção expressa na lei, deve-se incluir nessa relação também a decisão monocrática) que (NCPC, art. 489, § 1º):

✓ I – se *limitar a indicar*, reproduzir ou parafrasear *ato normativo*, sem explicar sua relação com a causa ou a questão decidida;

✓ II – empregar *conceitos jurídicos indeterminados* sem explicar a causa concreta de sua incidência;

✓ III – invocar motivos que se prestariam a *justificar qualquer outra decisão*;

✓ IV – não enfrentar *todos os argumentos deduzidos no processo* capazes de, em tese, infirmar a conclusão adotada;

✓ V – se limitar a *invocar precedente* ou enunciado de súmula, sem identificar seus fundamentos determinantes nem demonstrar que o caso se ajusta àqueles fundamentos;

✓ VI – *deixar de seguir enunciado de súmula*, jurisprudência ou precedente invocado pela parte, sem demonstrar a existência de distinção no caso ou a superação do entendimento.

✓ Além disso, no caso de **colisão entre normas**, "o juiz deve *justificar* o *objeto e os critérios gerais da ponderação efetuada*, enunciando as razões que autorizam a interferência na norma afastada e as premissas fáticas que fundamentam a conclusão" (NCPC, art. 489, § 2º).

✓ Se essa nova fundamentação da decisão **não for observada**, cabíveis *embargos de declaração* (NCPC, art. 1.022, parágrafo único, II). Contudo, ainda que a sentença esteja com vício de fundamentação, se o processo estiver em **condições de imediato julgamento**, deverá o tribunal *desde logo decidir o mérito* – ao invés de anular a decisão e determinar a prolação de nova por parte do juiz de origem (NCPC, art. 1.013, § 3º, IV).

A sentença deve *refletir o pedido* formulado pela parte na inicial sob pena de ser *viciada* (NCPC, art. 141 e 492):

✓ – se o juiz conceder *além do que foi pedido* (foi pleiteado R$ 10 mil de danos e o juiz concedeu R$ 15mil), haverá julgamento *ultra petita*;

✓ – se o juiz conceder algo *diferente do que foi pedido* (a parte pediu dano moral, o juiz concedeu dano material), haverá julgamento *extra petita*;

✓ – se o juiz conceder *aquém do que foi pedido* (a parte formulou pedidos cumulados: danos materiais e danos morais, mas o juiz somente aprecia o dano material pleiteado), haverá julgamento *infra petita* (ou *citra petita*).

✓ A decisão condenatória produz **hipoteca judiciária** (NCPC, art. 495, § 1º), ou seja, a *possibilidade de averbar a sentença na matrícula do imóvel* – para que terceiros tenham ciência dessa situação ao eventualmente cogitar de adquirir o bem. Porém, se houver *reforma ou invalidação dessa decisão*, o autor responderá, independentemente de culpa, pelos *danos* decorrentes da constituição da garantia (NCPC, art. 495, § 5º).

✓ Em relação à **tutela específica**, o NCPC (art. 497 e ss.) em grande parte repete o Código anterior (art. 461 e ss.).

✓ Assim, na ação que tenha por objeto a **prestação de fazer ou de não fazer**, o juiz concederá a *tutela específica ou determinará providências que assegurem a obtenção de tutela* pelo resultado prático equivalente (NCPC, art. 497).

✓ Na concessão da *tutela específica* destinada a inibir a prática, a reiteração ou a continuação de um *ilícito*, ou a sua remoção, é *irrelevante a demonstração da ocorrência de dano* ou da existência de culpa ou dolo (NCPC, art. 497, parágrafo único). Ou seja, o réu não pode apontar a inexistência de culpa para não ser compelido a cumprir uma determinada prática.

✓ Somente haverá **conversão da obrigação em perdas e danos** (NCPC, art. 499) se:

✓ **(i)** o *autor* assim requerer;

✓ **(ii)** for *impossível a tutela específica* ou a obtenção de tutela pelo resultado prático equivalente.

✓ Caberá **indenização por perdas e danos** independentemente da multa fixada para *compelir o réu ao cumprimento específico da obrigação* (NCPC, art. 500). Logo, não há *bis in idem* na *astreinte e na indenização*, pois as naturezas são distintas.

✓ A multa periódica (**astreinte**) *independe de requerimento da parte* e poderá ser aplicada em *qualquer momento* (na tutela provisória ou na sentença no processo de conhecimento, ou na fase de execução). A multa deve ser *suficiente e compatível* com a obrigação e que se determine prazo razoável para cumprimento do preceito (NCPC, art. 537).

✓ A *multa* poderá, de ofício ou a requerimento da parte, ser *alterada pelo juiz*, seja quanto ao valor ou periodicidade – e inclusive ser *excluída* (NCPC, art. 537, § 1º). Ou seja, **não há preclusão quanto à multa**, conforme já definido pela jurisprudência do STJ.

✓ E essa **modificação da multa** poderá ocorrer quando (NCPC, art. 537, § 1º):

✓ I – se tornar *insuficiente ou excessiva*;

✓ II – o obrigado demonstrou *cumprimento parcial superveniente da obrigação* ou justa causa para o descumprimento.

✓ De modo a evitar debates jurisprudenciais, o NCPC expressamente define que o **beneficiário da multa** é o *credor / exequente* (NCPC, art. 537, § 2º), e não o Estado.

2.3.7.2. Coisa julgada

Coisa julgada é definida, no NCPC, como a *imutabilidade e indiscutibilidade da decisão de mérito não mais sujeita a recurso* (NCPC, art. 502).

Imutabilidade e indiscutibilidade não são sinônimos, mas tampouco são definidos pela lei, de modo que seus conceitos são objeto de divergência doutrinária.

Imutabilidade é a *impossibilidade de nova análise de uma lide já antes julgada e com trânsito em julgado*, o que se atinge com a *extinção do segundo processo, sem mérito*.

Já a **indiscutibilidade** é a *impossibilidade de se rediscutir, em 2ª demanda* semelhante à primeira (não idêntica, pois aí seria imutabilidade) aquilo que foi decidido com força de coisa julgada na 1ª demanda (algo que se verifica com mais frequência em relações jurídicas continuativas ou sucessivas).

Muda o NCPC os **limites objetivos da coisa julgada** (*qual parte* da decisão é coberta pela coisa julgada), antes, apenas a questão principal. Agora, *há coisa julgada também quanto à resolução de questão prejudicial*, decidida *expressa e incidentemente* no processo, se:

I – dessa resolução *depender o julgamento do mérito*;

II – a seu respeito tiver havido *contraditório prévio e efetivo*, não se aplicando no caso de revelia;

III – o juízo tiver *competência em razão da matéria* e da pessoa para resolvê-la como questão principal (art. 503, § 1º).

Por isso, não há, no NCPC, a previsão da ação declaratória incidental, que existia no sistema anterior. Mas nada impede que se formule uma ação declaratória para pleitear que a questão prejudicial seja apreciada, de modo que não existirá dúvidas quanto à formação da coisa julgada. Nesse sentido, o Enunciado 35/CJF: *Considerando os princípios do acesso à justiça e da segurança jurídica, persiste o interesse de agir na propositura de ação declaratória a respeito da questão prejudicial incidental, a ser distribuída por dependência da ação preexistente, inexistindo litispendência entre ambas as demandas (arts. 329 e 503, § 1º, do CPC).*

Divide-se a coisa julgada em duas espécies:

✓ **coisa julgada formal**: *é a imutabilidade da sentença, no próprio processo em que foi prolatada*, não admitindo mais reforma (atinge qualquer sentença – inclusive as sentenças terminativas, processuais). Uma vez transitada em julgado a decisão, *cabe a repropositura* (NCPC, art. 486 Contudo, se a extinção for por litispendência, inépcia da inicial, arbitragem, falta de pressupostos processuais ou condições da ação, *somente será admitida a repropositura se houver a correção do vício* (NCPC, art. 486, § 1º);

coisa julgada material: é a verdadeira coisa julgada, *a imutabilidade e indiscutibilidade da sentença não só no processo em que foi proferida – mas também para qualquer outro processo* (atinge somente as *sentenças com julgamento de mérito*).

Não haverá a extensão da coisa julgada se no processo houver *restrições probatórias* ou *limitações à cognição* que impeçam o aprofundamento da análise da questão prejudicial (art. 503, § 2º).

Essa inovação já traz *polêmicas*.

Muda o NCPC também os **limites subjetivos da coisa julgada** (*quem* é atingido pela coisa julgada). Quanto ao tema, o CPC/1973 destacou que a *coisa julgada não beneficiaria nem prejudicaria* terceiros. No NCPC, afirma o art. 506 que a sentença **não prejudica** terceiros. Contudo, a parte inicial deste dispositivo destaca que a sentença "faz coisa julgada às partes entre as quais é dada". Também já debate a doutrina o real alcance dessa modificação – mesmo se algum. Resta aguardar a jurisprudência. Acerca do tema, o Enunciado 36/CJF: *O disposto no art. 506 do CPC não permite que se incluam, dentre os beneficiados pela coisa julgada, litigantes de outras demandas em que se discuta a mesma tese jurídica.*

O art. 508 do NCPC traz a previsão da **eficácia preclusiva da coisa julgada** (princípio do *deduzido e dedutível*): com o trânsito em julgado "considerar-se-ão deduzidas e repelidas todas as alegações e as defesas que a parte poderia opor assim ao acolhimento como à rejeição do pedido".

Uma vez transitada em julgado a decisão e tendo esta sido coberta pela coisa julgada, há ainda possibilidade de impugnação. Trata-se da ação rescisória (NCPC, art. 966).

2.3.7.3. *Ação Rescisória (AR)*

2.3.7.3.1. Finalidade e cabimento

A **finalidade da AR** é *rescindir decisão de mérito transitada em julgado*. Assim, trata-se de uma *revisão da coisa julgada* em hipóteses expressamente previstas na legislação.

É possível, conforme o caso, não só *a rescisão do julgado* (**juízo rescindente**), mas também que *seja proferida uma nova decisão* (**juízo rescisório**).

Decisões que podem ser impugnadas por AR:

✓ – *sentença;*

✓ – *decisão interlocutória*, que tenha apreciado o mérito da causa;

✓ – *acórdão*, proferido por Tribunal de 2º grau ou Tribunal Superior;

✓ – *decisão monocrática*, proferida por relator no Tribunal e que tenha julgado o mérito.

Percebe-se, então, que *qualquer decisão que apreciar o mérito de maneira final* poderá ser impugnada por AR. Trata-se de *inovação* em relação ao sistema anterior, o que pode ser percebido a partir do *caput* do art. 966, o qual destaca que a **decisão de mérito**, *transitada em julgado*, pode ser rescindida (no sistema anterior, falava-se em sentença e acórdão).

Cabimento da AR. As decisões que admitem **o uso da rescisória** estão especificamente previstas em lei (NCPC, art. 966):

I – proferidas por *juiz corrupto (prevaricação, concussão ou corrupção)*;

II – proferidas por *juiz impedido* ou *juízo absolutamente incompetente*;

III – resultarem de *dolo ou coação da parte vencedora* ou de *colusão* entre as partes;

IV – que *ofenderem coisa julgada* anteriormente formada;

V – que *violem manifestação norma jurídica (literal disposição de lei, no CPC/1973)*;

VI – fundadas em *prova falsa – seja apurada em processo crime, seja demonstrada na própria rescisória*;

VII – quando o autor, após o trânsito em julgado, obtiver *prova nova*;

VIII – fundadas em *erro de fato verificável* do exame dos autos;

Quanto às hipóteses de cabimento, merece destaque o seguinte:

(i) deixa de ser cabível AR fundada na *invalidação de confissão, desistência ou transação* (art. 485, VIII, do CPC/1973). Para tentar diminuir os *debates quanto ao cabimento da AR ou da ação anulatória*, o NCPC estipula que os "atos de disposição de direitos, praticados pelas partes ou por outros participantes do processo e homologados pelo juízo, bem como os atos homologatórios praticados no curso da execução, estão *sujeitos à anulação*, nos termos da lei" (art. 966, § 4º). Ou seja, utiliza-se, nesse caso, a anulatória (ajuizada em 1º grau) e não a rescisória.

(ii) admite-se **AR para impugnar decisão processual** (não de mérito) que *impeça nova propositura da demanda ou a admissibilidade de recurso* (NCPC, art. 966, § 2º);

(iii) é possível a **AR fundada em um capítulo da decisão** (NCPC, art. 966, § 3º).

2.3.7.3.2. Prazo

Prazo decadencial para ajuizamento da AR: *2 anos, contados do trânsito em julgado* da última decisão proferida no processo (NCPC, art. 975).

A menção a "última decisão" parece adotar a jurisprudência do STJ quanto ao tema, definida antes do NCPC.

Imaginemos o trânsito em julgado de um *capítulo da sentença* em 1º grau e de outro capítulo da decisão no Tribunal. Nesses casos, haveria *mais de um prazo para ajuizamento da AR*? O STJ pacificou a questão, afirmando que era *somente um prazo* e contado do *trânsito da última decisão*. A questão foi definida na Súmula 401: "O prazo decadencial da ação rescisória *só se inicia quando não for cabível qualquer recurso do último pronunciamento judicial*".

Se o dia final do prazo expirar em dia não útil (férias, recesso, feriados ou dia sem expediente forense), o prazo será prorrogado até o 1º dia útil subsequente (NCPC, art. 975, § 1º), como já pacificado pelo STJ no sistema anterior.

O **termo inicial de AR fundada em prova nova** (NCPC, art. 966, VII), *não será o trânsito em julgado*, mas sim a *data de "descoberta da prova nova"*. Porém, nesse caso, será observado o *prazo máximo de 5 anos*, contado do trânsito em julgado da última decisão proferida no processo (NCPC, art. 975, § 2º). Portanto, o próprio Código traz uma situação de prova nova com prazo superior a 2 anos do trânsito.

Os defensores da tese da **relativização da coisa julgada** (ou coisa julgada inconstitucional) buscam desconstituir a coisa julgada mesmo após o prazo de 2 anos. Para esses, em *casos graves, situações repugnantes*, quando em jogo a *dignidade da pessoa humana*, deveria ser aceita a AR mesmo após o prazo previsto em lei.

Como exemplos:

(i) a situação em que se decidiu a investigação de paternidade quando ainda não existia o DNA. E, hoje, com esse exame, percebe-se que a decisão judicial não refletiu a realidade (a tese já foi acolhida pelo STJ e STF – neste último, com julgado com repercussão geral, RE 363.889);

(ii) os casos em que há decisão condenando a Fazenda Pública a indenizar alguém em valores elevados e, posteriormente, descobre-se que a condenação era indevida (como numa desapropriação milionária em que, depois do prazo da AR, descobre-se que a área já era do ente expropriante). Neste aspecto, segue a divergência jurisprudencial, mas há precedentes favoráveis à relativização.

Com a inovação do art. art. 975, § 2º acima analisada, resta verificar se o prazo máximo da relativização passará a ser de 5 anos – o que será definido pela jurisprudência.

2.3.7.3.3. Competência

Trata-se de ação **competência originária** *dos Tribunais.*

Se ajuizada para atacar *sentença ou decisão interlocutória*, sempre será *competente o Tribunal de 2º grau.*

Se for atacar *acórdão de Tribunal, o próprio Tribunal* (de 2º grau ou Superior) julgará a AR.

Porém, se *o Tribunal Superior* se limitou a *não conhecer do recurso*, daí a competência *é do Tribunal de 2º grau.*

Ou seja, tratando-se de acórdão a ser rescindido, a *competência é do último Tribunal que apreciou o mérito da causa.*

Inova o NCPC ao prever que, se for **reconhecida a incompetência de determinado tribunal** para o julgamento da AR, o *autor será intimado para emendar a inicial*, adequando ao outro tribunal que se entender competente (art. 968, § 5º). A inovação é relevante para evitar que haja extinção e, assim, decadência na repropositura (o que muito ocorria no sistema anterior).

2.3.7.3.4. Petição inicial e procedimento

A **petição inicial da AR** deve observar o art. 968 c/c art. 319 do NCPC e deve trazer:

✓ – endereçamento (*tribunal*);

✓ – partes (*partes, terceiro prejudicado ou MP* – NCPC, art. 967);

✓ – causa de pedir (fundada no *art. 966 do NCPC*);

✓ – pedido (*rescisão* [juízo rescindente] e, eventualmente, *nova decisão* [juízo rescisório] – NCPC, art. 968, I);

✓ – valor da causa;

✓ – além de custas, deve haver recolhimento de **5% sobre o valor da causa**, que reverterá à parte ré em caso de improcedência (NCPC, art. 968, II), existindo teto de *1000 salários mínimos* (NCPC, art. 968, § 2º). Contudo, *não necessita ser recolhido* pela União, Estados, Municípios, autarquias e fundações ligadas a esses entes, MP, Defensoria e beneficiários da gratuidade de justiça (NCPC, art. 968, § 1º).

A AR tem **procedimento especial** (NCPC, art. 966 e ss.) e tem o seguinte trâmite:

Procedimento especial da AR (ressalvadas as distinções, o NCPC determina a observância do procedimento comum -art. 970, parte final)
1) inicial diretamente no Tribunal;
2) citação; – cabe tutela provisória para obstar o cumprimento de sentença (NCPC, art. 969).
3) contestação (prazo: 15 a 30 dias – NCPC, art. 970);
4) instrução (pode ser realizada por carta de ordem para o órgão que proferiu a decisão rescindenda– NCPC, art. 972);
5) após a instrução, memoriais no prazo de 10 dias, sucessivamente às partes (NCPC, art. 973);
6) decisão (acórdão); – cabe, conforme o resultado da ação, embargos de declaração, REsp e RE do acórdão que julga a AR.

2.3.7.4. Liquidação de sentença

✓ A **liquidação** se insere no *processo de conhecimento* e é a última atividade *antes que tenha início a fase de cumprimento de sentença*. É principalmente utilizada para *título executivo judicial*, mas também é possível sua utilização para o título executivo extrajudicial.

✓ Pelo NCPC, somente há **2 modalidades de liquidação**: *por arbitramento* e *pelo procedimento comum* (denominada, no sistema anterior, de liquidação por artigos).

✓ A **liquidação por cálculo** *deixou de ser tratada como modalidade de liquidação* no NCPC. Contudo, é necessária a *indicação do valor exato a ser executado* (apresentação da **memória de cálculo atualizada**) para o início do cumprimento de sentença (NCPC, art. 509, § 2º). Portanto, no NCPC a liquidação por cálculo não demanda um incidente prévio de liquidação, o que é necessário nas demais formas de liquidação.

✓ A **liquidação por arbitramento** será utilizada quando "determinado pela sentença, convencionado pelas partes ou exigido pela natureza do objeto da liquidação" (NCPC, art. 509, I). Será realizada por *documentos juntados pelas partes* (produzidos fora dos autos e submetidos posteriormente ao contraditório) ou, se o juiz entender insuficiente para chegar ao valor do dano, por *perícia* (NCPC, art. 510). No sistema anterior, somente era admitida a perícia.

✓ A **liquidação pelo procedimento comum** ocorrerá quando "houver *necessidade de alegar e provar fato novo*" (NCPC, art. 509, II), ou seja, será possível ampla produção probatória (por documentos, testemunhas ou perícia). Nessa hipótese, discute-se um *fato novo nunca debatido no processo*.

✓ Para diferenciar as duas liquidações: na liquidação pelo procedimento comum, como visto, o fato novo não foi debatido no processo, ao passo que na liquidação por arbitramento discute-se fato já antes debatido no processo de conhecimento - porém, à época, não houve necessidade ou conveniência de se apurar o prejuízo decorrente de tal fato.

✓ Para exemplificar:

✓ **(i)** queda de material de uma construção, atingindo pessoa que passava na rua. Pedido genérico de condenação (para pagamento de *todos* os danos decorrentes dessa situação) e sentença ilíquida. Na liquidação, pede-se o pagamento da fisioterapia. Isso não foi debatido no processo, de modo que se trata de fato novo, cabível a **liquidação pelo procedimento comum**.

✓ **(ii)** queda de um poste em fazenda, matando um animal. Pedido genérico de condenação para lucros cessantes (tudo que aquele animal poderia ter produzido em vida) e sentença ilíquida. Na liquidação, aponta-se qual seria, em média, o tempo útil de vida do animal e quais seriam os valores daí decorrentes. Algo que já foi mencionado desde o início do processo, mas que antes da verificação da responsabilidade do réu, talvez não fosse conveniente fazer. No caso, **liquidação por arbitramento** – seja por documentos (laudos realizados fora dos autos) ou por perito designado pelo juiz.

3. PROCEDIMENTOS ESPECIAIS (TÍTULO III DO LIVRO I DA PARTE ESPECIAL DO NCPC)

3.1. Visão geral

Como já exposto, o NCPC conhece 2 processos (conhecimento e execução).

No **processo de conhecimento**, existem *dois procedimentos*: comum e especial (não mais existe a subdivisão, no procedimento comum, em rito ordinário e sumário).

O **procedimento é especial** quando apresentar *algo de distinto do procedimento comum*.

Em síntese, a divisão procedimental no processo de conhecimento é a seguinte:

(i) procedimento comum: *é a base, a tramitação que se aplica de forma subsidiária a todos os processos e procedimentos*;

(ii) procedimentos especiais: *surgem diante da impossibilidade de solução de determinados problemas pelo procedimento comum. A finalidade é adequar o procedimento ao direito material debatido.*

As diferenças dos procedimentos especiais, em relação ao procedimento paradigma (comum), são previstas em lei e podem estar nos prazos, na previsão de liminar, na modificação/concentração das fases processuais etc.

Mas é importante destacar que *não há apenas um procedimento especial*. São diversos procedimentos especiais, cada qual com alguma distinção em relação ao procedimento padrão.

Assim, diante de uma lide que deve ser solucionada via processo de conhecimento, **deve-se inicialmente verificar se existe algum procedimento especial**.

Se existir, deverá ser utilizado referido procedimento. Se não existir, parte-se para o procedimento comum.

Assim, **a escolha do procedimento é feita por exclusão**:

1º) verificar se há *procedimento especial*; se não houver, parte-se para;

2º) *procedimento comum*.

Portanto, é importante que **bem se conheça quais são os procedimentos especiais** – e são diversos. Há procedimentos especiais **no NCPC** e também **em leis extravagantes.**

No NCPC, há procedimentos especiais de**jurisdição contenciosa** e procedimentos especiais de**jurisdição voluntária.** Fora do NCPC, diversas leis extravagantes preveem procedimentos especiais.

3.1.1. *Jurisdição contenciosa e voluntária*

Consoante visto desde o início, a base para que exista o processo é a lide.

Contudo, há situações nas quais, mesmo sem a lide, há necessidade de se acionar o Judiciário. Nestes casos, fala-se em *jurisdição voluntária* por oposição à *jurisdição contenciosa*.

Assim:

✓ – **jurisdição contenciosa**: *existe conflito entre as partes, o Judiciário atuará para compor a lide* (refere-se a tudo o quanto já foi exposto ao longo dos capítulos);

✓ – **jurisdição voluntária** ou **graciosa**: não há lide, trata-se de verdadeira *administração pública, via Judiciário, de interesses privados*.

A respeito das distinções entre jurisdição voluntária e contenciosa, cabe apresentar o seguinte quadro:

Jurisdição contenciosa	Jurisdição voluntária (NCPC, art. 719)
Existe lide	Inexiste lide
Existem partes (NCPC, art. 77)	Existem interessados (NCPC, art. 720)
Juízo de legalidade estrita (NCPC, art. 140, parágrafo único)	Juízo de equidade (NCPC, art. 723, parágrafo único)

No sistema anterior, havia previsão legal no sentido de a *sentença da jurisdição voluntária não fazer coisa julgada* (CPC/1973, art. 1.111). Esse dispositivo *não foi repetido no NCPC*, de modo que, como já apontado por parte da doutrina no sistema anterior, é de se concluir que a **decisão da jurisdição voluntária é coberta pela coisa julgada**, tal qual ocorre com a decisão da jurisdição contenciosa.

De qualquer forma, se houver alteração do quadro fático (modificação da causa de pedir), será possível a propositura de nova demanda – exatamente porque **não haverá a tríplice identidade** que configura a existência de demandas idênticas.

3.1.2. *Procedimentos especiais no NCPC*

Há novidades nos procedimentos especiais, em relação ao sistema anterior.

De início, apresenta-se um panorama geral de como o tema é tratado no NCPC:

Título III – Dos Procedimentos Especiais

Capítulo I – Da Ação de Consignação em Pagamento

Capítulo II – Da Ação de Exigir Contas

Capítulo III – Das Ações Possessórias

Capítulo IV – Da Ação de Divisão e da Demarcação de Terras Particulares

Capítulo V – Da Ação de Dissolução Parcial de Sociedade

Capítulo VI – Do Inventário e da Partilha

Capítulo VII – Dos Embargos de Terceiro

Capítulo VIII – Da Oposição

Capítulo IX – Da Habilitação

Capítulo X – Das Ações de Família

Capítulo XI – Da Ação Monitória

Capítulo XII – Da Homologação do Penhor Legal

Capítulo XIII – Da Regulação de Avaria Grossa

Capítulo XIV – Da Restauração de Autos

Capítulo XV – Dos Procedimentos de Jurisdição Voluntária

Seção I – Disposições Gerais

Seção II – Da Notificação e da Interpelação

Seção III – Da Alienação Judicial

Seção IV – Do Divórcio e da Separação Consensuais, da Extinção Consensual de União Estável e da Alteração do Regime de Bens do Matrimônio

Seção V – Dos Testamentos e dos Codicilos

Seção VI – Da Herança Jacente

Seção VII – Dos Bens dos Ausentes

Seção VIII – Das Coisas Vagas

Seção IX – Da Interdição

Seção X – Disposições Comuns à Tutela e à Curatela

Seção XI – Da Organização e da Fiscalização das Fundações

Seção XII – Da Ratificação dos Protestos Marítimos e dos Processos Testemunháveis Formados a Bordo

Em síntese, em relação ao sistema anterior há procedimentos especiais que foram mantidos (como possessórias e monitórias), outros que foram excluídos (como depósito e ação de nunciação de obra nova) e outros incluídos (como dissolução parcial de sociedade, ações de família e procedimentos relativos ao direito marítimo).

Outra exclusão como procedimento especial que merece destaque é da **ação de usucapião** (que, portanto, passa a seguir o procedimento comum), mas que passa a ser prevista a possibilidade de **usucapião extrajudicial** (NCPC, art. 1.071 – vide item 3.6 abaixo).

No mais, além dos procedimentos especiais previstos no Código, há outros previstos em legislação extravagante (como ação de alimentos, mandado de segurança e os processos coletivos de uma forma geral).

É certo que inviável a análise, nesta obra, considerando sua finalidade e por limitações de espaço, de **todos os procedimentos especiais** existentes no sistema processual brasileiro.

Assim, opta-se por apresentar aqui os **procedimentos especiais mais utilizados** e aqueles que têm a **maior probabilidade de estarem no Exame da OAB** – considerando as *provas anteriores* **da FGV** e o *momento de transição* entre Códigos que vivemos.

Mas a **sugestão ao leitor** é que ao menos faça a *leitura do texto seco do NCPC*, entre os arts. 539 a 770 (artigos que tratam dos procedimentos especiais no Código).

Assim, a seguir, passa-se à análise de alguns procedimentos especiais em espécie. Iniciando por procedimentos previstos no NCPC para, a seguir, tratar de procedimentos especiais previstos em legislação extravagante.

3.2. Ações possessórias

Na legislação civil, o **possuidor** é definido como *quem "tem de fato o exercício (...) de algum dos poderes inerentes à propriedade"* (CC, art. 1.196).

Quando a *causa de pedir* de uma demanda **tiver por base a posse**, estaremos diante de uma *ação possessória*.

Quando a *causa de pedir* de uma demanda **tiver por base a propriedade**, estaremos diante de uma *ação petitória*. Dentre as petitórias, há a ação de imissão na posse e a reivindicatória (que buscam a obtenção da *posse a partir de sua propriedade*), que seguem o procedimento comum, pois não há previsão específica dessas demandas no NCPC.

Assim, somente as possessórias é que têm um procedimento especial. Vale destacar que, em grande parte, há repetição do Código anterior no NCPC, em relação às possessórias.

O NCPC prevê **3 ações possessórias**:

(i) **reintegração** de posse, no caso de *esbulho* (*perda* da posse);

(ii) **manutenção** de posse, no caso de *turbação* (*perturbação* da posse, sem perdê-la);

(iii) **interdito proibitório** (*ameaça* de ser molestado na posse).

O **procedimento das possessórias é** *distinto* por que:

a) possibilidade de liminar:

Cabe *liminar na possessória* (NCPC, arts. 558 e 562) na hipótese de posse nova (ou seja, de *menos de ano e um dia*). Não se trata de uma tutela provisória (NCPC, art. 294), mas sim de uma liminar com requisitos distintos: *prova da posse e tempo da moléstia*;

b) fungibilidade das ações possessórias:

Em virtude do *dinamismo dos fatos* em relação à posse, mesmo se o autor ajuizar uma determinada ação e a situação for (ou se transformar) em outra, *desde que provados os fatos, deverá o juiz conceder a proteção possessória* (NCPC, art. 554).

c) audiência de justificação:

Se o juiz não se convencer, pelos documentos, a respeito da *concessão ou não da liminar*, deverá ser **designada audiência de justificação** para formar a convicção (NCPC, art. 562).

A **petição inicial** da possessória deve trazer a (i) posse do autor, (ii) moléstia ocorrida em relação à posse e (iii) data da turbação ou esbulho (NCPC, art. 561). A inicial pode **cumular pedidos**, além da proteção da posse, (i) condenação em perdas e danos, (ii) indenização dos frutos, (iii), imposição de medida de apoio (tal como multa) para (a) evitar nova violação à posse e (b) para que haja cumprimento da tutela provisória ou final (NCPC, art. 555).

Na **contestação**, pode o réu *formular pedido em face do autor*, em relação a: (i) perdas e danos e (ii) própria proteção possessória (NCPC, art. 556 – o que será feito pela reconvenção, na própria contestação).

Traz o NCPC novidades quanto às possessórias envolvendo **litígio coletivo pela posse** ou propriedade de imóvel.

Na possessória em que figure no **polo passivo grande número de pessoas**, serão feitas a *citação pessoal dos ocupantes* encontrados no local e a *citação por edital dos demais*, determinando-se a intimação do MP e, se envolver pessoas em situação de hipossuficiência econômica, da Defensoria Pública. Para tal citação pessoal, o oficial de justiça *procurará os ocupantes no local por uma vez*, citando-se por edital os que não forem encontrados (NCPC, art. 554, § 2º). O juiz deverá determinar que se dê **ampla publicidade** da existência dessa ação e dos prazos processuais, podendo, para tanto, valer-se de *anúncios em jornal ou rádio locais*, da publicação de cartazes na região do conflito e de outros meios (NCPC, art. 554, § 3º).

Além disso, quando o *esbulho ou a turbação afirmado tiver ocorrido há mais de ano e dia*, o juiz, antes de apreciar o pedido de liminar, deverá designar *audiência de mediação* a realizar-se em até 30 dias (NCPC, art. 565).

Se **concedida mas não executada a liminar** possessória no prazo de 1 ano a contar da data de distribuição, caberá ao juiz designar *audiência de mediação* com a presença do Ministério Público (NCPC, art. 565, §§ 1º e 2º).

O juiz poderá comparecer à área objeto do litígio (**inspeção judicial**) quando sua *presença se fizer necessária à efetivação da tutela jurisdicional* (NCPC, art. 565, § 3º). Essa prova pode ser realizada de ofício, mas também, por certo, requerida pelas (NCPC, art. 481).

Os **órgãos responsáveis pela política agrária e pela política urbana** da União, Estado e Município onde se situe a área objeto do litígio, *poderão ser intimados para a audiência*, a fim de se manifestarem sobre seu interesse no processo e sobre a existência de possibilidade de solução para o conflito possessório (NCPC, art. 565, § 4º).

3.3. Ação monitória

A **ação monitória** é *procedimento mais célere para os casos em que autor dispõe de prova escrita sem eficácia de título executivo, que traduza obrigação de (i) pagar quantia, (ii) entregar coisa móvel ou imóvel ou (iii) adimplir obrigação de fazer ou não fazer* (NCPC, art. 700).

Assim, no NCPC há ampliação do cabimento da monitória, para incluir a entrega de coisa imóvel e obrigação de fazer e não fazer.

Não é possível a utilização do processo de execução, por *falta de título executivo*, mas *já há prova escrita* de onde decorre o dever de pagar, de entregar coisa ou de obrigação de fazer.

Por **prova escrita sem eficácia de título** deve-se entender:

(i) aquele *produzido pelo réu ou que tenha sua participação*; mas "o que interessa, na monitória, é a possibilidade de formação da convicção do julgador a respeito de um crédito, e não a adequação formal da prova apresentada a um modelo predefinido" (STJ, REsp 925.584/SE, 4.ª T., j. 09.10.2012, *DJe* 07.11.2002, **Informativo** 506);

(ii) também a *prova oral documentada*, produzida de forma antecipada (NCPC, art. 700, § 1º).

Havendo **dúvida quanto à idoneidade de prova** documental apresentada na inicial, o juiz *intimará o autor para, querendo, emendar a petição inicial*, adaptando-a ao procedimento comum (NCPC, art. 700, § 5º). A inovação do NCPC busca evitar que se discuta o cabimento da monitória, para se focar na análise do mérito.

Na **petição inicial** da monitória, incumbe ao autor indicar, conforme o caso (NCPC, art. 700, § 2º), sob pena de indeferimento (NCPC, art. 700, § 4º):

I – a *importância devida* (com *memória de cálculo*);

II – o *valor atual da coisa* reclamada;

III – o *conteúdo patrimonial em discussão* ou o proveito econômico perseguido.

Cabe **monitória contra a Fazenda Pública** (NCPC, art. 700, § 6º e Súmula 339 do STJ). Sendo ré a Fazenda Pública, não apresentada defesa, serão aplicadas as *regras do reexame necessário*, observando-se a seguir, no que couber, o cumprimento de sentença (NCPC, art. 701, § 4º).

Na monitória, admite-se a **citação por qualquer meio** permitido para o procedimento comum (NCPC, art. 700, § 7º e Súmula 282 do STJ, especificamente quanto à permissão de citação por edital).

Na monitória **cabe a reconvenção**, mas é vedado o oferecimento de *reconvenção à reconvenção* (NCPC, art. 702, § 6º e Súmula 292 do STJ).

Além disso, com base na jurisprudência do STJ (formada no sistema anterior), não é necessário, na **monitória fundada em cheque prescrito**, tratar do negócio que deu origem ao débito. Nesse sentido, *Súmula 531 do STJ*: "Em ação monitória fundada em cheque prescrito ajuizada contra o emitente, é dispensável a menção ao negócio jurídico subjacente à emissão da cártula".

Sendo evidente o direito do autor, o juiz deferirá a **expedição de mandado** de pagamento, de entrega de coisa ou para execução de obrigação de fazer ou de não fazer, concedendo ao réu *prazo de 15 dias* para o *cumprimento e o pagamento de honorários* advocatícios de *5% do valor atribuído à causa* (NCPC, art. 701).

Haverá a **constituição do título executivo judicial**, independentemente de qualquer formalidade, *se não realizado o pagamento e não apresentados embargos*, observando-se, no que couber, o procedimento do cumprimento de sentença (NCPC, art. 701, § 2º); verificada tal hipótese, **cabe ação rescisória** da decisão de *deferimento da expedição do mandado de pagamento* (NCPC, art. 701, § 3º).

Admite-se, na ação monitória, o pedido de **parcelamento da dívida** previsto no art. 916 do NCPC (art. 701, § 5º).

Os **embargos à ação monitória** (contestação da monitória) podem se fundar em *matéria passível de alegação como defesa no procedimento comum* (NCPC, art. 702, § 1º).

Quando o réu alegar que o autor pleiteia quantia superior à devida, deverá declarar de imediato o valor que entende correto, apresentando demonstrativo discriminado e atualizado da dívida. Se não o fizer, os embargos serão liminarmente rejeitados, se esse for o seu único fundamento, e, se houver outro fundamento, os embargos serão processados, mas o juiz deixará de examinar a alegação de excesso (NCPC, art. 702, §§ 2º e 3º).

O autor será **intimado para responder aos embargos** no prazo de *15 dias* (NCPC art. 702, § 5º);

A *critério do juiz*, os **embargos serão autuados** em *apartado*, se parciais, constituindo-se de pleno direito o título executivo judicial em relação à parcela incontroversa (NCPC, art. 702, § 7º).

Cabe **apelação** contra a sentença que *acolhe ou rejeita os embargos* (NCPC, art. 702, § 9º).

Os embargos monitórios **somente suspendem a ação monitória até o julgamento de primeiro grau**. Daí porque pode se concluir que, de forma distinta da regra geral de duplo efeito no NCPC, o *recurso de apelação da sentença da monitória será recebido sem efeito suspensivo* (NCPC, art. 702, § 4º). Resta verificar se esse será mesmo o entendimento jurisprudencial.

O juiz condenará ao pagamento de **multa de até 10% sobre o valor da causa** nos seguintes casos (NCPC, art. 702, § 10):

a) se o *autor propuser, indevidamente e de má-fé*, a monitória; multa em favor do réu;

b) se o réu opuser *embargos de má-fé*; multa em favor do autor.

3.4. Ações de família

O NCPC cria um capítulo próprio para regular o procedimento das **ações familiares**, para as demandas contenciosas de *divórcio, separação, reconhecimento e extinção de união estável, guarda visitação e filiação*.

Em linha com o novo sistema processual, o NCPC afirma que nessas ações "todos os esforços serão empregados para a solução consensual da controvérsia, devendo o juiz dispor do auxílio de profissionais de outras áreas de conhecimento para a mediação e a conciliação" (NCPC, art. 694).

Cabe a **suspensão do processo** enquanto os litigantes se submetem a *mediação extrajudicial* ou *atendimento multidisciplinar* (NCPC, art. 694, parágrafo único). A Lei de Mediação vai além, afirmando que a *suspensão se impõe* (Lei 13.140/2015, art. 16) e que é *irrecorrível a decisão que suspende o processo*, apesar de ser possível o deferimento de *medidas urgentes* mesmo durante a suspensão (Lei 13.140/2015, art. 16 §§ 1º e 2º).

Mas a *grande novidade procedimental quanto às ações de família* é a previsão de que a **citação do réu**, para a audiência de conciliação ou mediação, será realizada **sem cópia da petição inicial** (contrafé). O *mandado conterá apenas os dados necessários à audiência*, sendo assegurado ao réu o direito de examinar o conteúdo da inicial a qualquer tempo, em cartório (NCPC, art. 695, § 1º). A Lei de Mediação **não traz previsão nesse sentido**. Há dúvidas quanto à constitucionalidade desse dispositivo. Resta verificar como será a jurisprudência.

A **citação** para a ação familiar será feita na *pessoa do réu* e deve ocorrer com *antecedência mínima de 15 dias da data da audiência* de mediação ou conciliação (NCPC, art. 695, §§ 2º e 3º).

Na **audiência**, as partes devem estar acompanhadas de *advogado* (NCPC, art. 695, § 4º). Na **mediação extrajudicial**, não há essa obrigatoriedade, mas é *mera opção* (Lei 13.140/2015, art. 10).

O **MP** somente intervirá quando houver *interesse de incapaz*, e deverá ser *ouvido previamente à homologação de eventual acordo* (NCPC, art. 698).

Quando houver, no processo, discussão sobre fato relacionado a **abuso ou a alienação parental**, o juiz, ao tomar o depoimento do incapaz, deverá estar *acompanhado por especialista* (NCPC, art. 699).

3.5. Divórcio, separação e extinção de união estável consensuais (jurisdição voluntária)

Como exemplo de jurisdição voluntária, há o **divórcio consensual**. De início, cabe recordar que, desde a EC 66/2010, a rigor, não haveria mais a necessidade de se falar em separação, visto que é possível *desde logo partir-se para o divórcio*. Contudo, o NCPC optou por seguir utilizando o termo **separação consensual**.

Assim, se marido e mulher não mais querem continuar casados, se estão de acordo a respeito de bens e alimentos, ou seja, se não há nenhuma pendência, *inexiste lide*. Contudo, ainda assim há necessidade de participação estatal no divórcio.

Se não houver filhos menores (ou nascituro), será inclusive possível que se vá a um cartório extrajudicial para se proceder ao *divórcio via escritura pública*, devendo os cônjuges estar assistidos por advogado (NCPC, art. 733). A escritura *independe de homologação* judicial e é título hábil para qualquer *ato de registro*, bem como para *levantamento de importância depositada em instituições financeiras* (NCPC, art. 733, § 1º).

Não obstante, se assim preferirem ou **se houver filhos menores**, será realizado um divórcio consensual *perante o Judiciário* (CPC, art. 731).

A legislação prevê requisitos mínimos para a petição do divórcio e separação consensuais, que será instruída com certidão de casamento e eventual pacto antenupcial, bem como assinada por ambos os cônjuges (NCPC, art. 731):

(i) a *descrição e partilha dos bens* comuns;

(ii) a *pensão alimentícia* entre os *cônjuges*;

(iii) o acordo relativo à *guarda dos filhos incapazes e visita*;

(iv) a *contribuição para criar e educar os filhos (alimentos)*.

Diante da inexistência de lide, é possível que um único advogado postule em favor de ambos os cônjuges.

Assim, mediante a *verificação dos requisitos* previstos em lei, o *juiz homologará o divórcio* e a sentença será levada aos registros civis (NCPC, art. 733).

A lei processual **deixa de prever a audiência de ratificação** que constava no sistema anterior (CPC/1973, art. 1.122).

O **mesmo procedimento** se aplica para a *extinção de união estável consensual* (NCPC, art. 732) e para *mudança de regime de bens de casamento* (NCPC, art. 734).

Quanto à **alteração do regime de bens do casamento** o juiz, ao receber a petição inicial, determinará a *intimação do Ministério Público* e a *publicação de edital* que divulgue a pretendida alteração de bens, somente podendo *decidir depois de 30 dias* da publicação do edital (NCPC, art. 734, § 1º). Os cônjuges podem propor ao juiz *meio alternativo de divulgação da alteração do regime de bens*, a fim de resguardar direitos de terceiros (NCPC, art. 734, § 2º).

3.6. Ação de usucapião

*A **usucapião** é uma das formas de aquisição originária da propriedade, quando há o exercício da posse por determinado tempo* (CC, arts. 1.238 a 1.244).

Para que seja reconhecida a usucapião, é necessária a conjugação de 4 elementos:

(i) *posse ininterrupta*, isto é, a posse vem sendo exercida ao longo dos anos sem que tenha ocorrido sua perda em algum momento (admite-se a soma das posses dos antecessores com a finalidade de obter o tempo exigido pela lei);

(ii) *posse incontestada*, que implica o exercício pacífico da posse, sem oposição;

(iii) o possuidor esteja com *ânimo de dono*, exteriorizando atos condizentes à figura do proprietário;

(iv) o *decurso do tempo* exigido em lei.

a) Espécies de usucapião:

(i) extraordinária (CC, art. 1.238): independe de título ou de boa-fé, basta o exercício manso, pacífico e ininterrupto da posse por 15 (quinze) anos (CC, art. 1.238, parágrafo único. O prazo será de dez anos se o possuidor houver estabelecido no imóvel a sua moradia habitual, ou nele realizado obras ou serviços de caráter produtivo);

(ii) ordinária (CC, art. 1.242): depende de justo título e boa-fé, quando o possuidor estabeleceu sua moradia habitual ou realize serviços de caráter produtivo, pelo prazo de 10 (dez) anos (CC, art. 1.242, parágrafo único. O prazo para a aquisição será de cinco anos quando o imóvel for adquirido onerosamente, com base no registro em cartório, cancelado posteriormente, desde que o possuidor tenha estabelecido moradia);

(iii) especial rural (CC, art. 1.239): o prazo é de 5 (cinco) anos quando o possuidor morar no imóvel rural ou o utilizar para a produção de seu trabalho, não possuir outro imóvel em seu nome e a área não exceda a 50 hectares;

(iv) especial urbana (CC, art. 1.240): o prazo é 5 (cinco) anos, para área de até 250 metros quadrados, desde que o possuidor não seja proprietário de outro imóvel e utilize para moradia;

(v) coletivo (Lei 10.257/2001, art. 10 – Estatuto da Cidade): o prazo para aquisição da propriedade coletiva é de 5 (cinco) nos casos em que a área, com mais de 250 metros quadrados, esteja ocupada por população de baixa renda com destinação para moradia, não sendo possível identificar os terrenos ocupados por cada família e não havendo proprietários de outros imóveis;

(vi) familiar (CC, art. 1.240-A): o prazo para o ex-cônjuge ou companheiro adquirir a propriedade do imóvel urbano, de até 250 metros quadrados, que dividia com o parceiro até o abandono, é de 2 (dois) anos, desde que permaneça utilizando o imóvel para moradia, ininterruptamente e sem oposição.

Havia previsão de procedimento especial no CPC/1973 para a ação de usucapião. Porém, isso não foi repetido no NCPC. Logo, o procedimento passa a ser o comum.

Porém, ainda que o procedimento seja o comum, há algumas especificidades no procedimento da ação de usucapião, como por exemplo a publicação de edital, para que terceiros eventualmente tenham ciência da existência desse processo (art. 259, I) – exatamente como o procedimento especial antes existente previa.

Contudo, há importante inovação, não no âmbito judicial, mas no extrajudicial.

O art. 1.071 do NCPC **alterou a Lei de Registros Públicos** (Lei 6.015/1973), para inserir o art. 216-A, que trata da **usucapião extrajudicial** (a Lei 11.977/2009 já trazia a possibilidade de usucapião reconhecida em cartório, no caso do art. 183 da CF). Por sua vez, a Lei n. 13.465/2017 já procedeu a nova modificação no referido art. 216-A da Lei n. 6.015/1973.

Assim, agora há **opção** entre o pedido extrajudicial de usucapião e via jurisdicional. Pode a parte optar por formular o pedido **diretamente no cartório do registro de imóveis da comarca em que se situa o imóvel** usucapiendo. Não há menção a tamanho ou utilização do imóvel.

O interessado deverá apresentar **requerimento** ao cartório competente, instruindo-o com *diversos documentos*: (i) *ata notarial* atestando o tempo de posse, (ii) *planta e memorial descritivo* assinado por profissional legalmente habilitado, (iii) *certidões negativas* dos distribuidores da comarca da situação do imóvel e do domicílio do requerente, (iii) justo título ou outros documentos que demonstrem *origem da posse*, continuidade, natureza e tempo, tais como o pagamento dos impostos e taxas incidentes sobre o imóvel.

Se a planta (item ii acima) não tiver a assinatura de qualquer um dos titulares de direitos registrados ou averbados na matrícula do imóvel usucapiendo ou na matrícula dos imóveis confinantes, o titular será notificado pelo registrador competente, pessoalmente ou pelo correio com aviso de recebimento. Feita a notificação, o titular terá o prazo de 15 dias para manifestar consentimento expresso, interpretado o **silêncio como concordância** (art. 216-A, § 2º importante *novidade* inserida pela Lei n. 13.465/2017).

O oficial de registro de imóveis dará **ciência** à União, ao Estado, ao Município, para que se manifestem, em quinze dias, sobre o pedido; tal comunicação será feita pessoalmente, pelo oficial de registro de títulos e documentos, ou por correio, com aviso de recebimento (art. 216-A, § 3º).

Para que **terceiros interessados tenham ciência** e possam se manifestar em até 15 dias, o oficial de registro de imóveis promoverá a *publicação de edital em jornal de grande circulação*, onde houver (art. 216-A, § 4º).

Se não houver impugnações, estando a documentação em ordem, não havendo pendência de diligências e no silêncio dos titulares (vide o exposto acerca do art. 216-A, § 2º acima), o *oficial de registro de imóveis registrará a aquisição do imóvel com as descrições apresentadas*, sendo permitida a abertura de matrícula, se for o caso (art. 216-A, § 6º).

Se o **pedido extrajudicial for rejeitado**, isso *não impedirá o ajuizamento de ação de usucapião* (art. 216-A, § 9º).

3.7. Ação de exigir contas

No Código anterior havia a "ação de prestação de contas", que poderia ser proposta tanto por quem poderia exigir como por quem deveria prestar as contas. No NCPC, **deixa de existir** procedimento especial *para quem pretende prestar as contas*. Por isso a nova legislação altera o nome para "**ação de exigir contas**".

Quem afirmar ser titular do direito de exigir contas requererá a citação do réu para que as *preste ou ofereça contestação no prazo de 15 dias* (NCPC, art. 550).

Se as *contas forem prestadas*, o autor terá também 15 dias para se manifestar (NCPC, art. 550, § 2º).

Na **petição inicial**, o autor especificará as *razões pelas quais exige as contas*, instruindo a peça com *documentos comprobatórios dessa necessidade*, se existirem.

A **impugnação das contas** apresentadas pelo réu deverá ser fundamentada e *especificar o lançamento questionado* (NCPC, art. 550, *caput* e § 3º).

A decisão que julgar **procedente o pedido** condenará o réu a *prestar as contas no prazo de 15 dias*, sob pena de não lhe ser lícito impugnar as que o autor apresentar (art. 550, § 5º).

Apresentando o réu as contas, o feito terá prosseguimento. **Se o réu não fizer isso**, o *autor as apresentará* no prazo de 15 dias, podendo o juiz determinar a realização de exame pericial, se necessário (NCPC, art. 550, § 6º).

As contas do réu serão **apresentadas na forma adequada**, especificando-se as *receitas*, a aplicação das *despesas* e os investimentos, se houver (NCPC, art. 551).

Se o autor apresentar impugnação específica e fundamentada, o juiz estabelecerá prazo razoável para que o réu apresente os documentos justificativos dos lançamentos individualmente impugnados (art. 550, § 1º).

3.8. Ação de divisão e demarcação de terras particulares

Em grande parte, houve repetição do procedimento da ação divisória e demarcatória.

Merecem destaque as seguintes **modificações**:

✓ retiradas as regras relativas ao *trabalho de campo dos técnicos.*

✓ possibilidade de realização da *divisão e demarcação por escritura pública*, desde que todos os interessados sejam maiores, capazes e estejam de acordo (NCPC, art. 571).

✓ tratando-se de imóvel georreferenciado, com averbação no registro de imóveis, pode o juiz *dispensar a realização de prova pericial* (NCPC, art. 573).

A **ação demarcatória pode ser cumulada com reintegração de posse**, porque, além de julgar procedente o pedido determinando o traçado da linha demarcanda, a sentença proferida na ação demarcatória *determinará a restituição da área invadida*, se houver, declarando o domínio ou a posse do prejudicado, ou ambos (NCPC, art. 581, parágrafo único).

A **citação** dos réus será feita por *correio*, mas também há previsão de *publicação por edital* (NCPC, art. 576).

Quanto à **prova**, antes de proferir a sentença, o *juiz nomeará um ou mais peritos* para levantar o traçado da linha demarcanda (NCPC, art. 579).

Na **ação de divisão**, o juiz nomeará *um ou mais peritos para promover a medição do imóvel* e as operações de divisão deverão observar a legislação especial que dispõe sobre a identificação do imóvel rural (NCPC, art. 590). O **perito** deverá indicar *diversas informações* (as vias de comunicação existentes, as construções e as benfeitorias, com a indicação dos seus valores e dos respectivos proprietários e ocupantes, as águas principais que banham o imóvel e quaisquer outras informações que possam concorrer para facilitar a partilha. – NCPC, art. 590, parágrafo único).

As partes serão ouvidas sobre o cálculo e o plano da divisão no **prazo comum** de *15 dias*. Após, o juiz deliberará a partilha (NCPC, art. 596).

3.9. Da ação de dissolução parcial de sociedade

Inova o NCPC ao regular procedimento para **dissolução parcial de sociedade**.

A ação de dissolução parcial de sociedade pode ter por **pedido** (NCPC, art. 599):

I – a *resolução da sociedade* empresária contratual ou simples em relação ao sócio falecido, excluído ou que exerceu direito de retirada ou recesso; **e**

II – a *apuração de haveres do sócio falecido*, excluído ou que exerceu direito de retirada ou recesso; **ou**

III – *somente a resolução ou a apuração de haveres.*

A ação pode ter por objeto também a *sociedade anônima de capital fechado* quando demonstrado, por acionista(s) que representem 5% ou mais do capital social, que não pode preencher o seu fim (NCPC, art. 599, § 2º).

Em relação à **legitimidade**, a ação de dissolução parcial de sociedade pode ser proposta (CPC, art. 600):

I – pelo *espólio do sócio falecido*, quando a totalidade dos sucessores não ingressar na sociedade;

II – pelos *sucessores*, após concluída a partilha do sócio falecido;

III – pela *sociedade*, se os sócios sobreviventes não admitirem o ingresso do espólio ou dos sucessores do falecido na sociedade, quando esse direito decorrer do contrato social;

IV – pelo *sócio que exerceu o direito de retirada ou recesso*, se não tiver sido providenciada, pelos demais sócios, a alteração contratual consensual formalizando o desligamento, depois de transcorridos 10 dias do exercício do direito;

V – pela *sociedade*, nos casos em que a lei não autoriza a exclusão extrajudicial;

VI – pelo *sócio excluído.*

Também o *cônjuge ou companheiro do sócio* cujo casamento, união estável ou convivência terminou poderá requerer a apuração de seus haveres na sociedade, que serão pagos à conta da quota social titulada por este sócio (NCPC, art. 600, parágrafo único).

Quanto ao **procedimento**, os sócios e a sociedade serão citados para, *no prazo de 15 dias, concordar com o pedido ou apresentar contestação* (NCPC, art. 601). Em interessante inovação, afirma o NCPC que a **sociedade não precisa ser citada** se *todos os seus sócios forem citados*; mas, ainda assim, ficará *sujeita aos efeitos da decisão e à coisa julgada* (NCPC, art. 601, parágrafo único).

Em síntese, o pedido da ação poderá compreender (i) *dissolução parcial* da sociedade, (ii) *apuração de haveres* e (iii) pedido de *indenização compensável com o valor dos haveres* a apurar (NCPC, art. 602).

Se houver manifestação expressa e unânime pela **concordância da dissolução**, o juiz a *decretará*, passando-se imediatamente à fase de *liquidação* (NCPC, art. 603). Nesse caso, *não haverá condenação em honorários advocatícios* de nenhuma das partes, e as custas serão rateadas segundo a participação das partes no capital social (NCPC, art. 603, § 1º).

Se houver **contestação**, observar-se-á o *procedimento comum*, mas a liquidação da sentença seguirá o procedimento especial ora em análise (NCPC, art. 603, § 2º).

Em relação à **apuração dos haveres**, o juiz (NCPC, art. 604):

I – fixará a *data da resolução* da sociedade;

II – definirá o *critério de apuração dos haveres*, a partir do disposto no contrato social;

III – nomeará o *perito*.

O juiz determinará à sociedade ou aos sócios que nela permanecerem que *deposite em juízo a parte incontroversa dos haveres devidos*, sendo que o depósito poderá ser *desde logo levantando* pelo ex-sócio, espólio ou sucessores (NCPC, art. 604, §§ 1º e 2º).

Quanto à **data da resolução da sociedade**, esta será (NCPC, art. 605):

I – no caso de *falecimento* do sócio, a do *óbito*;

II – na *retirada imotivada*, o *sexagésimo dia seguinte ao do recebimento*, pela sociedade, da *notificação do sócio retirante*;

III – no *recesso*, o dia do recebimento, pela sociedade, da *notificação do sócio dissidente*;

IV – na *retirada por justa causa* de sociedade por prazo determinado e na exclusão judicial de sócio, a do *trânsito em julgado da decisão que dissolver a sociedade*; e

V – na *exclusão extrajudicial*, a data da assembleia ou da reunião de sócios que *a tiver deliberado*.

Se o contrato social for omisso, o juiz definirá, como critério de apuração de haveres, o *valor patrimonial apurado em balanço* de determinação, tomando-se por referência a *data da resolução* e avaliando-se bens e direitos do ativo, tangíveis e intangíveis, a preço de saída, além do passivo também a ser apurado de igual forma (NCPC, art. 606). Em todos os casos em que seja necessária a realização de perícia, a nomeação do perito recairá preferencialmente sobre especialista em avaliação de sociedades (NCPC, art. 606, parágrafo único).

A *data da resolução e o critério de apuração* de haveres podem ser *revistos pelo juiz*, a pedido da parte, a qualquer tempo antes do início da perícia (NCPC, art. 607).

Até a data da resolução, integram o *valor devido* ao ex-sócio, ao espólio ou aos sucessores a *participação nos lucros ou os juros sobre o capital próprio* declarados pela sociedade e, se for o caso, a remuneração como administrador (NCPC, art. 608) porém, *após a data da resolução*, o ex-sócio, o espólio ou os sucessores terão direito apenas à *correção monetária* dos valores apurados e aos *juros contratuais ou legais* (NCPC, art. 608, parágrafo único).

Uma vez apurados, os haveres do sócio retirante serão *pagos conforme disciplinar o contrato social* e, no caso de omissão do contrato social, conforme § 2º do art. 1.031 do CC (NCPC, art. 609).

3.10. Da Oposição

Como já exposto, no CPC/1973 a oposição era intervenção de terceiros (vide 1.5.2.1.). Inova o NCPC ao classificá-la como procedimento especial.

Apesar dessa modificação topológica, seu **cabimento** segue o mesmo previsto no sistema anterior: *quem pretender*, no todo ou em parte, *a coisa ou o direito sobre que controvertem autor e réu* poderá, até ser proferida a sentença, *oferecer oposição* contra ambos (NCPC, art. 682).

Como grande exemplo, uma situação em que A e B litigam afirmando que são titulares de determino bem imóvel; se C *entende que ele é o efetivo titular, ingressa com a oposição contra A e B*, em litisconsórcio passivo necessário. Assim, o **opoente litiga contra todos**.

O **procedimento** também não sofreu alterações em relação ao sistema anterior:

✓ a oposição deve seguir os requisitos de uma petição inicial – que é, pois se trata de ação (NCPC, art. 683);

✓ a oposição será *distribuída por dependência*;

✓ os opostos serão *citados pessoa de seus advogados*, para contestar em 15 dias (NCPC, art. 683, parágrafo único).

✓ a oposição será *apensada aos autos* e tramitará *simultaneamente* à ação originária, sendo ambas julgadas pela mesma sentença (NCPC, art. 685);

✓ se a oposição for proposta *após o início da audiência de instrução*, o juiz suspenderá o curso do processo ao fim da produção das provas, salvo se concluir que a unidade da instrução atende melhor ao princípio da duração razoável do processo (NCPC, art. 685, parágrafo único).

O juiz, ao sentenciar, se for o caso de julgar ambas ações ao mesmo tempo, apreciará *inicialmente a oposição* – que é prejudicial em relação ao pedido original, constante da ação (NCPC, art. 686). Afinal, retomando o exemplo anterior, se o juiz reconhecer que o opoente C é o titular do bem imóvel, por óbvio que prejudicado o pedido de A contra B quanto à titularidade do mesmo bem.

No âmbito do CPC/1973, a oposição era objeto de diversas questões de bancas de concursos, no contexto das intervenções de terceiros. A tendência é que isso se repita em relação ao NCPC.

3.12. Mandado de segurança individual

A partir deste tópico, passa-se à análise de alguns procedimentos especiais previstos fora do NCPC.

O **mandado de segurança***é o instrumento adequado para proteger direito líquido e certo não amparado por* habeas corpus *ou* habeas data, *quando o responsável pela ilegalidade ou abuso de poder for autoridade pública ou agente de pessoa jurídica no exercício de atribuições do Poder Público* (Lei 12.016/2009, art. 1º).

O direito líquido é certo é aquele que independe de outra prova que não a documental.

O prazo para impetração do mandado de segurança é decadencial de 120 (cento e vinte) dias contados da ciência do ato impugnado (Lei 12.016/2009, art. 23). A decadência se refere ao uso do instrumento, sendo possível o ajuizamento da demanda pelas vias ordinárias até a prescrição da pretensão.

Procedimento:

1) Petição inicial: deverá demonstrar a ofensa ao direito líquido e certo, indicando a autoridade coatora do ato;
2) Liminar: é possível a concessão de liminar (Lei 12.016/2009, art. 7º, III) – sendo que existem restrições à concessão de liminares contra a Fazenda Pública (Lei 9.494/1997);
3) Após prestadas as informações pela autoridade coatora, o MP será ouvido (Lei 12.016/2009, art. 12);
4) Se a sentença for concessiva da ordem, há reexame necessário (Lei 12.016/2009, art. 14, § 1º).

3.13. Ação de despejo por falta de pagamento

*O inadimplemento do inquilino quanto à obrigação de pagar os aluguéis autoriza o ajuizamento da **ação de despejo**.* Essa ação pode ainda ser cumulada com a cobrança dos aluguéis e acessórios da locação (Lei 8.245/1991, art. 62, I).

Portanto, a **legitimidade ativa** é do locador, enquanto que a **legitimidade passiva** recai sobre o inquilino e seus fiadores (quanto a esses, em relação à cobrança, não quanto ao despejo em si).

O foro competente para o ajuizamento da ação é da situação do imóvel, salvo se houver cláusula de foro de eleição no contrato (Lei 8.245/1991, art. 58, II).

Procedimento:

1) Petição inicial: deverá fazer prova do contrato de locação e das parcelas vencidas e não pagas pelo locatário, através de demonstrativo de débito;
2) Citação do réu: o réu pode contestar (negando o direito constitutivo do autor) ou purgar a mora (com o objetivo de evitar a rescisão do contrato) no prazo de 15 dias contados da citação;
2.a) o depósito efetuado como purgação da mora admite complementação, em caso de insuficiência (Lei 8.245/1991, art. 62, III);
3) Sentença: com o julgamento de procedência da ação será expedido mandado de despejo, que conterá o prazo de 30 (trinta) dias para a desocupação voluntária. Se após a notificação do decurso do prazo o inquilino permanecer no imóvel, na realização do despejo poderá ser utilizada a força (Lei 8.245/1991, art. 65).

A dúvida é se, com o NCPC, haverá a audiência de conciliação e mediação (art. 334) na ação de despejo. A resposta tende a ser negativa, considerando o procedimento próprio da ação de despejo. Contudo, resta verificar como será a jurisprudência a respeito do tema.

3.14. Juizados Especiais

Atualmente existem três Juizados, que compõem um *sistema*.

No âmbito da Justiça Estadual existe o **Juizado Especial Cível** (Lei 9.099/1995), uma *opção* (em relação à Justiça Comum Estadual) para os litigantes com causas de *até 40 salários mínimos*.

De seu turno, na área federal, há o **Juizado Especial Federal** (Lei 10.259/2001), que tem *caráter obrigatório* para o julgamento das demandas com valor *até 60 salários mínimos*, bem como a aplicação subsidiária da Lei 9.099/1995.

E, também na esfera estadual, há o **Juizado da Fazenda Pública Estadual** (Lei 12.153/2009), para o julgamento de causas com valor de *até 60 salários mínimos* – sendo que, *onde estiver instalado, terá caráter obrigatório*. A lei teve sua vigência a partir de junho de 2010 e prevê que os juizados *devem ser instalados em até 2 anos*.

Mas, afinal, **o que são os Juizados?**

Trata-se tanto de (i) um *procedimento distinto* do comum previsto no NCPC, como também (ii) a criação de uma *estrutura paralela* em relação à usual formatação da Justiça (em 2º grau, Colégio Recursal e não Tribunal).

Assim, é certo que haverá distinção em relação ao procedimento de causas perante os Juizados e causas perante a Justiça tradicional. Tanto é assim que no capítulo de recursos foi aberto um tópico específico para recursos nos Juizados.

3.14.1. JEC (Lei 9.099/1995)

Os Juizados buscam **a simplificação e a desburocratização do processo** (art. 2º).

Nesta linha, a inicial será mais simples que o NCPC, art. 319. São **requisitos da inicial** (art. 14, § 1º):

(i) *qualificação* das partes;

(ii) fatos e fundamentos de forma *sucinta*;

(iii) *pedido e valor.*

Podem ser **autores no JEC** (art. 8º, § 1º):

✓ – pessoas físicas *capazes*;

✓ – *ME, EPP e microempreendedores individuais*;

✓ – Organização da Sociedade Civil de Interesse Público (*OSCIP*);

✓ – *sociedades de crédito ao microempreendedor.*

No tocante à capacidade postulatória, a própria parte é dotada nas *causas até 20 salários mínimos*, não havendo necessidade de advogado (art. 9º).

Não podem ser réus (art. 8º, *caput*):

✓ – *incapaz*;

✓ – *preso*;

✓ – pessoas jurídicas de *direito público*;

✓ – *massa falida.*

✓ – *Insolvente civil*

Causas que **não são admitidas no JEC** (art. 3º, § 2º):

✓ – *família* (alimentos e estado);

✓ – *fiscal;*

✓ – *falência;*

✓ – interesse do *Estado.*

Visando à simplificação, há **institutos do CPC vedados no JEC**:

✓ – intervenção de *terceiros* (art. 10);

✓ – citação por *edital* (art. 18, § 2º);

✓ - *reconvenção* (art. 31 - admite-se pedido contraposto);

✓ - *ação rescisória* (art. 59).

O **procedimento do JEC** é:

1) inicial;
2) audiência de conciliação;
3) audiência de instrução (apresentação de contestação/oitiva de testemunhas e depoimento pessoal, se for o caso/alegações finais);
4) sentença (passível de recurso para o Colégio Recursal) que não poderá ser ilíquida (art. 38, parágrafo único);
5) após trânsito em julgado: formação do título - cumprimento de sentença perante o próprio JEC (art. 52).

Como já exposto, há polêmica quanto à contagem do prazo nos Juizados, pois a legislação é omissa e muitos juízes não aplicam o previsto no NCPC, ao argumento de que no Juizado prevalece o "princípio da celeridade". A questão não está pacificada no cotidiano forense, mas houve a edição do enunciado 19 do CJF a respeito do tema: *O prazo em dias úteis previsto no art. 219 do CPC aplica-se também aos procedimentos regidos pelas Leis n. 9.099/1995, 10.259/2001 e 12.153/2009.*

3.14.2. JEF (Lei 10.259/2001) e JEFP (Lei 12.153/2009)

Aplica-se de forma subsidiária aos demais Juizados a Lei 9.099/1995.

Além do procedimento, o destaque para o JEF e o JEFP é que no polo passivo encontram-se entes estatais. No **JEF**, *entes públicos federais*; no **JEFP**, *entes públicos estaduais e municipais*.

Outro destaque é que o pagamento não é feito por precatório, mas sim por requisição de pequeno valor, *muito mais ágil*.

Quanto ao **procedimento**:

JEF
1) inicial;
2) audiência de conciliação e instrução OU; 2a) contestação em 30 dias e, se necessário, audiência de instrução;
3) sentença (passível de recurso para o Colégio Recursal);
4) após trânsito em julgado: formação do título - pagamento será efetuado em 60 dias, independentemente de precatório (requisição de pequeno valor - "RPV" - art. 17).

JEFP
1) inicial;
2) audiência de conciliação (com supervisão do juiz - art. 16);
3) audiência de instrução;
4) sentença;
5) após trânsito em julgado, formação do título - execução perante o próprio juizado. - quanto à execução, poderá ser por "obrigação de pequeno valor", em até 60 dias, ou precatório (art. 13): lei específica de cada ente estipulará até qual quantia será via OPV e a partir de qual valor será por precatório. - o art. 13, § 3º, estipula que, na ausência de lei, serão os seguintes valores para pagamento via OPV: (i) 40 salários mínimos, quanto aos Estados e ao Distrito Federal; (ii) 30 salários mínimos, quanto aos Municípios. - se não houver o pagamento da OPV no prazo, será possível o sequestro de renda pública, dispensada a oitiva da Fazenda (art. 13, § 1º).

3.14.3. Recursos nos Juizados

O sistema recursal dos Juizados é distinto em relação ao previsto no NCPC. O assunto será tratado no item 5.3. abaixo.

3.15. Ação de alimentos (processo de conhecimento)

Considerando a **urgência na prestação de alimentos**, para a sobrevivência de quem deles necessita, é certo que *o procedimento-padrão seria insuficiente.*

Daí o procedimento previsto na *Lei 5.478/1968 para o processo de conhecimento,* bem como o *NCPC, art. 538 para o cumprimento de sentença e art. 911 para o processo de execução.*

Trata-se, portanto, de um **procedimento mais concentrado** que o comum:

1) inicial;
2) alimentos provisórios (art. 4º);
3) audiência de conciliação, instrução e julgamento (art. 9º): - tentativa de conciliação; - apresentação de contestação; - produção de provas; - alegações finais.
3) sentença - que inclusive poderá ser proferida na própria audiência (art. 11, parágrafo único).

O art. 4º da Lei 5.478/1968 prevê a figura dos **alimentos provisórios**, que serão concedidos pelo juiz até mesmo de ofício no momento em que determina a citação do réu.

Cabe esclarecer que a lei em questão somente pode ser utilizada quando se estiver diante de **dever alimentar pré-constituído** (ou seja, paternidade, cônjuge, companheiro).

Se não se tratar dessa hipótese, não cabe o uso do célere procedimento previsto na Lei 5.478/1968. Então terá de ser utilizado o *procedimento comum*. É, por exemplo, o que ocorre com a *investigação de paternidade.*

Portanto, **não cabe**, na *investigação de paternidade, a figura dos alimentos provisórios.* Mas, para resguardar a parte, cabe **tutela de urgência para os alimentos,** *desde que presentes os requisitos* (NCPC, art. 300 - elementos que evidenciem *a probabilidade do direito* e o *perigo de dano* ou ao resultado útil do processo).

É certo que é mais fácil obter os alimentos provisórios (pois decorrem de prova pré-constituída) do que alimentos via tutela de urgência (pois dependem de prova).

Em relação à execução e cumprimento de sentença, o assunto é regulado no próprio NCPC (vide item 4.5 abaixo).

4. PROCESSO DE EXECUÇÃO E CUMPRIMENTO DE SENTENÇA

4.1. Visão geral e pontos em comum entre execução e cumprimento

Como já exposto, o NCPC tem dois processos: conhecimento e execução.

Porém, a parte final do processo de conhecimento envolve o cumprimento de sentença (que é o adimplemento do título judicial). Assim, o cumprimento de sentença é tratado no Livro I da Parte Especial, ao passo que o processo de execução é tratado no Livro II da Parte Especial.

Contudo, existem **inúmeras semelhanças** entre cumprimento de sentença e execução. Por isso, por questões didáticas e para facilitar o estudo, opta-se por tratar dos dois assuntos em sequência, e não separadamente, como consta do NCPC.

A fase de **cumprimento de sentença**, inserida no final do processo de conhecimento (Título II do Livro I da Parte Especial do NCPC), regula o *inadimplemento de uma obrigação decorrente de uma decisão judicial* (ou, de forma mais ampla, de um *título executivo judicial*).

Por sua vez, o **processo de execução** (Livro II da Parte Especial do NCPC) regula o *inadimplemento de uma obrigação decorrente de um título executivo extrajudicial.*

Portanto, o panorama é o seguinte:

Forma de execução	Requisitos
Processo de execução (Livro II da Parte Especial do NCPC - processo autônomo)	Inadimplemento + Título executivo extrajudicial
Cumprimento de sentença (Livro II da Parte Especial do NCPC - parte final do processo de conhecimento)	Inadimplemento + Título executivo judicial

Essas são as premissas para que se entenda o quadro executivo do processo civil brasileiro. Apesar de serem sistemas distintos, por vezes *o procedimento* a ser observado no processo de execução e na fase de cumprimento de sentença é o mesmo. Daí a necessidade de muita atenção para não confundir um sistema com o outro.

No mais, **aplica-se o procedimento de um ao outro**, de forma *subsidiária*. Nesse sentido:

(i) Art. 513. O cumprimento da sentença será feito segundo as regras deste Título, *observando-se, no que couber e conforme a natureza da obrigação, o disposto no Livro II da Parte Especial* deste Código (ou seja, aplica-se ao cumprimento de sentença as regras da execução);

(ii) Art. 771. Este Livro regula o procedimento da *execução fundada em título extrajudicial*, e suas disposições aplicam-se, também, no que couber, aos procedimentos especiais de execução, *aos atos executivos realizados no procedimento de cumprimento de sentença*, bem como aos efeitos de atos ou fatos processuais a que a lei atribuir força executiva. Parágrafo único. *Aplicam-se subsidiariamente à execução as disposições do Livro I da Parte Especial* (ou seja, este artigo afirma que se aplica ao cumprimento de sentença as regras da execução e vice-versa).

Portanto, são **requisitos necessários para a execução e para o cumprimento de sentença** o *inadimplemento* e o *título executivo*. Vale destacar que, na nomenclatura do NCPC, o termo utilizado é **exigibilidade da obrigação** e não inadimplemento (NCPC, art. 786).

De seu turno, se houver *inadimplemento*, mas *não houver título executivo*, não cabe a execução. No caso, terá de ser utilizado o **processo de conhecimento** (com diversas opções de procedimento, conforme o caso).

Por sua vez, se *não houver inadimplemento*, mas houver *título executivo*, tampouco cabe a execução. No caso, a rigor, *terá de se esperar* até que haja o *vencimento do título* e eventual inadimplemento (basta imaginar uma nota promissória com data futura). Contudo, caso o devedor, antes do vencimento do título, passe a alienar seu patrimônio, então se estará diante de uma *situação de urgência*, sendo cabível a tutela de urgência cautelar (no caso, o *arresto* – NCPC, art. 301).

Vale destacar uma importante inovação do NCPC: **se existir título executivo extrajudicial**, mas a parte tiver alguma *dúvida* quanto à sua liquidez, certeza ou exigibilidade, é **possível optar pelo processo de conhecimento**. É a previsão do art. 785: A existência de título executivo extrajudicial *não impede a parte de optar pelo processo de conhecimento*, a fim de obter título executivo judicial.

Conforme o **tipo de obrigação**, haverá um *procedimento distinto* para tramitar a execução ou cumprimento de sentença. E aqui mais um ponto em comum entre as duas modalidades.

São **procedimentos do processo de execução**:

(i) para a *entrega de coisa*

(ii) das obrigações de *fazer ou de não fazer*

(iii) por *quantia certa*

(iv) *contra a Fazenda Pública*

(v) de *alimentos*

São **procedimentos da fase de cumprimento de sentença**:

(i) de obrigação de *pagar quantia*,

(ii) de obrigação de prestar *alimentos*,

(iii) de obrigação de pagar quantia certa pela *Fazenda Pública*,

(iv) que reconheça a exigibilidade de *obrigação de fazer, de não fazer ou de entregar coisa.*

Assim, ainda que, em número, haja distinção, a divisão é exatamente a mesma.

4.2. Processo de execução

4.2.1. Princípios da execução

É certo que, em regra, *os princípios processuais do processo* (vistos na parte geral) **também se aplicam à execução.**

Como exemplo: devido processo legal, contraditório, ampla defesa, lealdade e boa-fé, publicidade, motivação etc.

Contudo, existem **princípios específicos** do processo executivo.

4.2.1.1. Princípio do título executivo

O **princípio do título executivo** significa que a *atividade executiva demanda existência de prévio título*, no qual se reconhece a existência de uma obrigação.

E o título pode decorrer de *atos jurisdicionais anteriores* (título executivo judicial) ou de documento reconhecido pela lei como capaz de dar início à execução (título executivo extrajudicial).

Ou seja: sem título, não há execução.

Dessa afirmação tem-se que *nulla executio sine titulo* (nula a execução se não houver título).

A base legal para o princípio está no art. 798, I, "a" do NCPC: Ao propor a execução, incumbe ao exequente: I – instruir a petição inicial com: *a)* o título executivo extrajudicial.

Cabe destacar que, considerando a previsão de tutela provisória no sistema processual, há quem afirme ser possível uma "**execução sem título permitida**" – ou seja, a existência de *atos executivos mesmo sem a efetiva formação do título*. Contudo, a posição majoritária é no sentido de que os atos executivos decorrentes da tutela de urgência têm previsão legal. Assim, *o título seria a decisão antecipatória* (em regra, por meio de decisão interlocutória)

4.2.1.2. Princípio da taxatividade dos títulos executivos

Só é *título executivo o documento expressamente previsto em lei*. Esse é o **princípio da taxatividade dos títulos executivos.**

Não é possível às partes – ainda que credor e devedor assim entendam – *criar um título executivo que não esteja previsto em lei*.

Contudo, vale destacar que a legislação prevê uma considerável *liberdade em relação à criação de título* – como, por exemplo, quanto à confissão de dívida a partir de um documento assinado pelo devedor e duas testemunhas (NCPC, art. 784, III).

Alguns ainda apontam a existência do princípio da **tipicidade dos títulos executivos**. A distinção seria no sentido de, além estar previsto em lei, o *título deve preencher os requisitos exigidos pela lei*.

A justificativa para a existência do princípio da taxatividade (e / ou da tipicidade) é que o executado deve ter a segurança de saber se está participando – ou não – da formação de um título executivo.

4.2.1.3. Princípio do resultado / da efetividade da execução forçada

O processo executivo é voltado para a satisfação do direito do exequente. E o *objetivo do processo é entregar ao exequente*, na medida do possível, *tutela idêntica a que obteria mesmo sem o processo*.

Assim, interessa ao exequente a obtenção do bem da vida pretendido – e não a substituição por dinheiro. Este é o **princípio do resultado** ou da **efetividade da execução forçada.**

Contudo, vale destacar que, por vezes – especialmente pensando em uma obrigação de fazer – *talvez não seja possível a opção pretendida (a tutela específica)*, de modo que, então, a possibilidade que resta é a conversão dessa obrigação em perdas e danos (dinheiro). Nesse sentido, o NCPC, art. 499: A obrigação *somente será convertida em perdas e danos se o autor o requerer ou se impossível a tutela específica* ou a obtenção de tutela pelo resultado prático equivalente.

4.2.1.4. Princípio da atipicidade dos meios executivos

O **princípio da atipicidade** (ou da **concentração dos poderes de execução**) destaca que o juiz tem um *rol exemplificativo de poderes para se atingir o resultado da execução* (vide princípio do resultado, tratado acima).

Como exemplo, próprio para a **tutela específica:** NCPC, art. 536, § 1º: (...) o juiz poderá determinar, *entre outras medidas*, a imposição de multa, a busca e apreensão, a remoção de pessoas e coisas, o desfazimento de obras e o impedimento de atividade nociva, podendo, caso necessário, requisitar o auxílio de força policial.

A menção a "entre outras medidas" é que se refere à aticipidade. No CPC/1973, isso somente era permitido para a tutela específica das obrigações de fazer, não fazer e entrega de coisa.

Porém, inova o NCPC ao afirmar que **também para a obrigação de pagar** existe a possibilidade de aticipidade dos meios executivos. É a previsão do art. 139, IV, ao apontar que o juiz poderá "*determinar todas as medidas indutivas, coercitivas, mandamentais ou sub-rogatórias* necessárias para assegurar o *cumprimento de ordem judicial*, inclusive nas ações que *tenham por objeto prestação pecuniária*". Resta verificar como será a jurisprudência a respeito desse princípio, na obrigação de pagar.

4.2.1.5. Princípio da menor onerosidade

O **princípio da menor onerosidade** é um dos mais importantes da execução, e busca *proteger o executado*.

Sem dúvidas deve a execução permitir que se atinja o adimplemento do título executivo (princípio do resultado).

Contudo, *isso não pode ser feito a qualquer custo*. Assim, o princípio visa a proteger o executado contra *atos que sejam excessivos para a satisfação do direito do exequente, de modo que o executado fique em situação muito desfavorável*. Como exemplo, a previsão de *impenhorabilidade do bem de família*.

O princípio está positivado no NCPC, art. 805: Quando por vários meios o exequente puder promover a execução, o *juiz mandará que se faça pelo modo menos gravoso para o executado*.

Porém, inova o NCPC ao apontar, também, uma postura ativa do executado para que haja a aplicação do princípio da menor onerosidade: não basta ao executado buscar a aplicação do princípio, mas ele deve também indicar alternativas para que a execução prossiga. É a previsão do parágrafo único do art. 805: Ao executado que alegar ser a medida executiva mais gravosa *incumbe indicar outros meios mais eficazes e menos onerosos*, sob pena de manutenção dos atos executivos já determinados. Importante inovação que traz o equilíbrio entre a defesa do executado e a efetividade da execução.

4.2.1.6. Princípio da disponibilidade

Na execução busca-se a *satisfação do direito do exequente*, o que se atinge por uma série de atos (penhora, avaliação, expropriação etc.). Portanto, não se discute se o executado deve ou não. Logo, *o resultado do processo* **somente beneficia ao exequente**, *mas não ao executado*.

Nessa perspectiva, a *disponibilidade de quem está no polo ativo* (**princípio dispositivo** – parte dispõe da lide) *no processo executivo é ainda maior* do que no processo de conhecimento.

No processo de conhecimento, como visto, para o autor desistir do processo após a apresentação da contestação, o réu deve concordar (NCPC, art. 485, § 4º).

Na execução, *o exequente pode desistir do processo independentemente da apresentação de defesa do executado.*

Assim, pelo **princípio da disponibilidade**, *pode o exequente, sem qualquer interferência do executado* (NCPC, art. 775):

(i) prosseguir com a execução por completo;

(ii) desistir dela por completo;

(iii) desistir de alguns atos executivos.

Porém, em relação à **defesa do executado** (seja via embargos à execução ou impugnação ao cumprimento de sentença), a regra é um pouco distinta, assemelhando-se ao que se verifica no processo de conhecimento. (NCPC, art. 775, parágrafo único). Assim, na desistência da execução, observar-se-á o seguinte:

a) serão extintos os embargos e impugnação que versarem apenas sobre questões processuais, pagando o exequente as custas e os honorários advocatícios;

b) nos demais casos, a extinção dependerá da concordância do impugnante ou embargante.

4.2.1.7. Princípio da patrimonialidade

Pelo **princípio da patrimonialidade** tem-se que *a execução atinge o patrimônio da pessoa, e não a própria pessoa.*

Os bens do executado é que são os responsáveis pela satisfação do direito do exequente – e não seu corpo. Afinal, a execução é voltada para a satisfação do direito do exequente (*princípio do resultado / efetividade*), mas é preciso que se respeite os direitos fundamentais do executado (*princípio da menor onerosidade*).

Nesse sentido, a **vedação da prisão civil por dívida**, salvo em relação ao devedor de alimentos (Súmula Vinculante 25: É ilícita a prisão civil de depositário infiel, qualquer que seja a modalidade de depósito).

4.2.2. Legitimidade de parte

Tal qual se fala em legitimidade no processo de conhecimento, isso se verifica *também no processo de execução.*

A **regra** e no sentido de a *parte legítima ativa ser o credor da obrigação*, ao passo que a *parte legítima passiva ser o devedor.*

4.2.2.1. Legitimidade ativa

A **legitimidade ativa para a execução** é tratada no art. 778 do NCPC.

A *classificação* é a seguinte:

a) **Legitimidade ativa ordinária**, que pode ser:

a.1) **primária ou originária**;

a.2) **derivada ou superveniente**.

b) **Legitimidade ativa extraordinária**

Na legitimidade **ordinária**, o *exequente vai a juízo em nome próprio, postular direito próprio.*

Na legitimidade **extraordinária** (admissível apenas nos casos previstos em lei), o *exequente vai a juízo em nome próprio postular direito de outro.*

Na legitimidade ativa ordinária **primária**, *a obrigação foi constituída em favor do credor que consta no título, ou a quem a lei atribui o título.*

De seu turno, na legitimidade ativa ordinária **derivada**, a obrigação *foi constituída em favor de um credor, mas houve ato de transmissão para um novo credor* (seja de título extrajudicial ou judicial).

O art. 778, *caput*, do NCPC trata da legitimidade *ativa ordinária primária*:

> **Art. 778.** Pode promover a execução forçada *o credor a quem a lei confere título executivo.*

Ocorre em qualquer título de crédito, como um cheque.

Mas, também, verifica-se em relação ao advogado e seus honorários sucumbenciais. Isso porque a legislação aponta que o advogado é titular dos honorários de sucumbência. Lei 8.906/1994, art. 23:

Os honorários incluídos na condenação, por arbitramento ou sucumbência, pertencem ao advogado, tendo este direito autônomo para executar a sentença nesta parte (...).

Porém, é possível à própria parte exequente, em nome próprio, executar os honorários do advogado (o que é frequente no cotidiano forense).

Nesse caso: *legitimidade ativa extraordinária* (parte pleiteando, em seu próprio nome, o direito de seu advogado).

O art. 778, § 1º, do NCPC trata da legitimidade *ativa ordinária derivada*:

> § 1º Podem *promover a execução forçada ou nela prosseguir, em sucessão* ao exequente originário: (...) II – o *espólio*, os herdeiros ou os sucessores do credor, sempre que, por morte deste, lhes for transmitido o direito resultante do título executivo;

Ou seja, situação típica de falecimento do pai e sequência da execução pelo filho; contudo, não se aplica a direitos personalíssimos.

Além disso, há outros incisos:

> III – o cessionário, quando o direito resultante do título executivo lhe foi transferido por *ato entre vivos;*

A distinção deste inciso em relação ao II é que, no anterior, o ato de transferência do crédito é *mortis causa.*

> IV – o sub-rogado, nos casos de sub-rogação legal ou convencional.

A situação típica deste inciso é a do fiador que paga a dívida, para então assumir a mesma posição jurídica do credor originário, em relação ao devedor principal.

Em relação à legitimidade ativa *extraordinária*, uma das principais situações diz respeito à atuação do MP. Tanto que é a previsão legislativa constante do NCPC.

> § 1º Podem promover a execução forçada ou nela prosseguir, em sucessão ao exequente originário:
>
> I – o Ministério Público, nos casos previstos em lei.

4.2.2.2. Legitimidade passiva

A **legitimidade passiva** para a execução, de forma análoga ao exposto quanto à ativa, pode ser dividida em ordinária **primária** e ordinária **derivada ou superveniente**. Considerando o princípio do título, *não se fala em legitimidade extraordinária passiva.*

A legitimidade passiva *primária* trata da situação mais usual. Nesse sentido:

> **Art. 779.** A execução pode ser promovida contra:
>
> I - o *devedor*, reconhecido como tal no título executivo."

Já a legitimidade passiva derivada se verifica quando há a transmissão da obrigação do devedor originário para outrem, em hipóteses previstas em lei.

> "**Art. 779** (...):
>
> II - o *espólio, os herdeiros ou os sucessores do devedor*."

Contudo, vale destacar que, tratando-se de obrigação personalíssima, isso não se transmite aos herdeiros do falecido.

> "**Art. 779** (...) III - o *novo devedor*, que assumiu, *com o consentimento do credor, a obrigação* resultante do título executivo;"

Como se percebe, a "cessão do débito" (*assunção da dívida por terceiro*) *depende do consentimento do credor* (e a cessão do crédito, porém, *independe do consentimento do devedor*).

> "**Art. 779** (...) IV - o *fiador do debito constante em título extrajudicial*;"

O inciso trata do garantidor do direito do exequente em juízo.

> "**Art. 779** (...) V - o responsável *titular do bem vinculado por garantia real* ao pagamento do débito";

Existindo bem que tenha garantia real, ainda que haja a transferência, o ônus segue a coisa (característica do direito real)

> "**Art. 779** (...) VI - o responsável tributário, assim definido em lei".

Hipótese em que a legislação tributária cria a obrigação para terceiro que não necessariamente o devedor original.

4.2.2.3. *Intervenção de terceiros na execução*

Em relação às **intervenções de terceiros**, o entendimento majoritário, no sistema anterior, era de não ter cabimento na execução (salvo a assistência).

Considerando que o NCPC coloca as intervenções de terceiro na parte geral, agora seriam **cabíveis quaisquer intervenções no processo de execução** – especialmente o incidente de desconsideração da personalidade jurídica. Mas resta verificar como será a jurisprudência a respeito disso.

4.2.3. *Responsabilidade patrimonial*

Não se deve confundir *legitimidade com responsabilidade*.

A **responsabilidade patrimonial** ou **executiva** se refere ao *patrimônio que será invadido em virtude do processo de execução.*

É *possível* que haja coincidência entre as figuras, mas *não necessariamente o devedor é o responsável patrimonial.*

O **executado**:

✓ - é legitimado passivo para a execução,

✓ - pode ter seu patrimônio invadido,

✓ - tem responsabilidade executiva

É a situação de **responsabilidade patrimonial primária**.

É o mais usual, em que o *próprio executado tenha responsabilidade patrimonial.* E isso se refere aos seus bens "presentes e futuros" (NCPC, art. 789) - enquanto não verificada a prescrição.

Mas também existe a **responsabilidade patrimonial secundária**. Nesse caso, desde que previsto em lei, *admite-se a sujeição de bens de terceiro à execução judicial* (principal artigo: NCPC, 790).

Cabe destacar que a responsabilidade executiva é uma situação de *sujeição que independe da vontade da parte*, mas sim *da lei.*

O texto legal tem a seguinte redação:

> "**Art. 790.** São sujeitos à execução os bens:
>
> I - do **sucessor a título singular**, tratando-se de execução fundada em *direito real ou obrigação reipersecutória.*
>
> II - do **sócio**, nos termos da lei;
>
> III - do **devedor**, ainda que *em poder de terceiros;*
>
> IV - do **cônjuge ou companheiro**, nos casos em que *seus bens próprios* ou de sua meação *respondem pela dívida.*
>
> V - *alienados ou gravados* com ônus real em **fraude à execução**;
>
> VI - cuja *alienação ou gravação* com ônus real tenha sido *anulada em razão* do reconhecimento, em ação autônoma, de **fraude contra credores**;
>
> VII - do responsável, nos casos de **desconsideração da personalidade jurídica**.

Por fim, cabe analisar a responsabilidade dos **herdeiros**. O tema é regulado no NCPC, art. 796:

> "**Art. 796.** O espólio responde pelas dívidas do falecido; mas, feita a partilha, *cada herdeiro responde por elas na proporção da parte que na herança lhe coube*."

Assim, se o devedor contrai a dívida e falecer, a *responsabilidade executiva poderá recair sobre patrimônio do espólio*, se ainda houver inventário pendente. Mas **não se herda dívida** e não se fala em responsabilidade secundária dos herdeiros. Os herdeiros só pagam com base naquilo que eventualmente perceberam a título de sucessão.

4.2.4. *Dos requisitos necessários para qualquer execução*

Retomando o exposto anteriormente, são requisitos necessários para se realizar qualquer execução autônoma:

(i) inadimplemento / exigibilidade: *devedor não satisfaz a obrigação certa, líquida e exigível prevista no título executivo* (NCPC, art. 786);

(ii) título executivo extrajudicial: *documento que traduz uma obrigação e permite a propositura do processo de execução* (NCPC, art. 784).

Somente cabe o processo de execução autônomo quando *existirem ambos os requisitos.*

Além disso, a execução deve estar fundada em **título de obrigação líquida, certa e exigível** (NCPC, art. 783).

O processo de execução *busca a satisfação do crédito do exequente*. Mas essa satisfação deve respeitar o executado. Daí a legislação prever expressamente o **princípio da menor onerosidade** (vide NCPC, art. 805 e item 4.2.1.5 acima).

4.2.5. Do título executivo extrajudicial

Os títulos executivos extrajudiciais estão previstos no NCPC, art. 784:

(i) *títulos de crédito* (letra de câmbio, nota promissória, duplicata, debênture e cheque);

Contudo, não há total identidade entre títulos de crédito e executivo: existem títulos de crédito que não são títulos executivos e existem títulos executivos que não são títulos de crédito.

(ii) *escritura pública ou outro documento público assinado pelo devedor;*

(iii) *documento particular assinado pelo devedor e por 2 testemunhas* (um dos mais usuais no cotidiano forense);

(iv) *instrumento de transação* referendado pelo MP, Defensoria Pública, advocacia pública, advogado das partes ou conciliador / mediador credenciado por tribunal;

(v) os *contratos com garantia real* (hipoteca, penhor, anticrese) e *contratos garantidos com caução*

(vi) *contrato de seguro de vida em caso de morte;*

(vii) o *crédito decorrente da enfiteuse*, ou seja, *foro* (pensão anual paga ao senhorio - CC/1916, art. 678) e *laudêmio* (compensação dada ao senhorio quando da alienação do domínio útil do imóvel - CC/1916, art. 683);

(viii) o *crédito, documentalmente comprovado, decorrente de aluguel de imóvel*, e *acessórios* (taxas e despesas de condomínio);

Este inciso (que não prevê a necessidade de duas testemunhas, como no inc. II) permite a *execução de crédito de aluguel de imóvel não pago*, bem como de *encargos*, tais como IPTU, luz, condomínio - desde que comprovados documentalmente e com os acessórios previstos em contrato.

(ix) a *CDA* (certidão de dívida ativa), ou seja, os créditos tributários devidos à União, aos Estados, ao Distrito Federal e Territórios, e aos Municípios;

(x) o *crédito referente ao condomínio (contribuições ordinárias ou extraordinárias de condomínio edilício), previstas na respectiva convenção ou aprovada em assembleia, desde que documentalmente comprovada;*

Cabe destacar que, em relação ao *condomínio*, trata-se de inovação como título executivo, pois no sistema anterior isso demandava *processo de conhecimento do condomínio contra o condômino inadimplente* (e era uma das hipóteses de utilização do sumário).

(xi) a *certidão expedida por cartório extrajudicial (serventia notarial ou de registro), relativa a emolumentos e despesas devidas pelos atos cartoriais, conforme tabelas estabelecidas em lei.*

São também executivos outros títulos mencionados em leis esparsas (NCPC, art. 784, XII). Como exemplos:

✓ - TAC - termo de ajustamento de conduta (Lei 7.347/1985, art. 5º, § 6º);

✓ - decisão do TCU que determine pagamento de quantia (CF. art. 71, § 3º);

- cédula de crédito bancário (CCB - Lei 10.931/2004, art. 28: "seja pela soma nela indicada, seja pelo saldo devedor demonstrado em planilha de cálculo, ou nos extratos da conta-corrente").

Como se percebe da leitura do rol acima, *os títulos executivos extrajudiciais são criados sem a participação do Poder Judiciário.*

A origem é a vontade das partes, desde que observados os requisitos previstos na legislação. Assim, uma confissão de dívida assinada somente pelo devedor, apesar de ser prova documental, não é título executivo. Já uma confissão de dívida assinada pelo devedor e por duas testemunhas é título executivo (NCPC, art. 784, III).

A legislação admite a **cumulação de execuções**. Ou seja, *é lícito ao exequente, sendo o mesmo executado, cumular várias execuções, mesmo que em títulos diferentes, desde que o juiz seja competente e o procedimento seja o mesmo* (NCPC, art. 780).

É conveniente destacar que a *sentença arbitral não é título executivo extrajudicial*, visto que não se encontra nos incisos do mencionado art. 784 (vide item 4.3.2 infra).

4.2.6. Das diversas espécies de execução

Conforme o **tipo de obrigação inadimplida**, a execução terá um *trâmite diferenciado*. Assim, não há uma única, mas sim *diversas espécies de execução*, sendo que cada uma dessas espécies terá um *procedimento próprio.*

Abaixo, indicamos as **espécies de execução previstas no CPC**, destacando como se *dá seu início*, visto que é exatamente neste momento da tramitação que se percebe a distinção entre elas. Além disso, há execuções previstas em leis extravagantes, como a execução fiscal (Lei 6.830/1980).

É certo que a espécie mais relevante é a execução de quantia certa (obrigação de pagar), em que o executado é citado para pagar, sob pena de penhora; por isso, esta modalidade de execução será tratada com maior atenção.

Mas, antes de analisar as diversas execuções, vejamos os pontos comuns a todas as execuções.

4.2.6.1. Dos requisitos de todas as execuções

Porém, o NCPC aponta alguns **requisitos que se referem a qualquer execução**.

A petição inicial deve ser **instruída** com (NCPC, art. 798, I):

(i) o *título executivo* extrajudicial;

(ii) o *demonstrativo do débito atualizado* até a data de propositura da ação (no caso de *execução por quantia certa*);

O **demonstrativo de débito** tem novos requisitos (NCPC, art. 798, parágrafo único): o *índice de correção monetária* adotado; a *taxa de juros* aplicada; os *termos inicial e final* de incidência do índice de correção monetária e da taxa de juros utilizados; a *periodicidade da capitalização* dos juros, se for o caso; a especificação de *desconto obrigatório* realizado.

(iii) a *prova* de que se verificou a *condição ou ocorreu o termo*, se for o caso;

(iv) a *prova*, se for o caso, de que *adimpliu a contraprestação* que lhe corresponde ou que lhe assegura o cumprimento.

No mais, a petição inicial deve **indicar** (NCPC, art. 798, II):

a) a *espécie de execução* de sua preferência, quando por mais de um modo puder ser realizada;

b) os *nomes completos do exequente e do executado* e seus *números de inscrição* no Cadastro de Pessoas Físicas ou no Cadastro Nacional da Pessoa Jurídica;

c) os *bens suscetíveis de penhora*, sempre que possível.

Deve ainda o exequente requerer a **intimação de terceiros** que possam ter *alguma relação com o bem penhorado* (NCPC, art. 799, que menciona o *credor hipotecário*, titular do usufruto, promitente comprador ou vendedor, superficiário, sociedade em caso de penhora de quota etc.). Ainda, se o exequente assim requerer, deverá a petição inicial trazer o pedido de **tutela de urgência** (NCPC, art. 799, VIII).

Existindo **falha na inicial** (incompleta ou sem documentos indispensáveis, como o demonstrativo de débito), o juiz determinará a *emenda*, no prazo de 15 dias, sob pena de indeferimento (NCPC, art. 801).

Se a inicial estiver em termos, o juiz determinará a **citação** (NCPC, art. 802), o que interrompe a prescrição (que retroage à data da propositura da ação - NCPC, art. 802, parágrafo único). Vale relembrar que a citação na execução poderá ser realizada pelo *correio*.

4.2.6.1.1. Da prescrição intercorrente

Inova o NCPC ao expressamente prever a **prescrição intercorrente** (o que antes era admitido pela jurisprudência, mas sem previsão legal).

Prevê o NCPC que a execução será *suspensa se o executivo não possuir bens penhoráveis* (NCPC, art. 921, III). Nesse caso, o processo ficará suspenso pelo prazo de 1, durante o qual se suspenderá a prescrição (art. 921, § 1º).

Após esse prazo, se ainda não existirem bens penhoráveis, o processo será arquivado (art. 921, § 2º). Se forem encontrados bens, haverá o desarquivamento (art. 921, § 3º). *Passado o prazo de 1 ano* sem manifestação do exequente, então **começa a correr o prazo da prescrição intercorrente** (art. 921, § 4º).

Ocorrido o prazo da prescrição, após oitiva das partes, o juiz poderá, mesmo de ofício, reconhecer a prescrição intercorrente e extinguir o processo (art. 921, § 5º e 924, V).

4.2.6.2. Da execução para entrega de coisa

Prevista no NCPC, art. 806 e ss., é utilizada diante do *inadimplemento de uma obrigação de entregar*, conforme previsto no título executivo extrajudicial. É também denominada de **tutela específica das obrigações**, exatamente porque se busca que o executado *cumpra especificamente a obrigação de entregar a que se comprometeu.*

O executado é citado para, dentro de 15 dias, *entregar a coisa. Cabe a fixação de multa diária* (*astreinte*) para o caso de não haver a entrega (NCPC, art. 806, § 1º). Ou seja, a forma de se compelir o executado a entregar a coisa é a *astreinte*.

Se a coisa já tiver sido alienada, será expedido mandado contra o terceiro adquirente, que somente será ouvido após o depósito da coisa (NCPC, art. 808).

4.2.6.3. Da execução de obrigação de fazer e de não fazer

Prevista no NCPC, art. 814 e ss., é utilizada diante do *inadimplemento de uma obrigação de fazer ou não fazer*, prevista em título executivo extrajudicial. É também denominada de **tutela específica das obrigações**, exatamente porque se busca que o executado *cumpra especificamente a obrigação de fazer a que se comprometeu.*

O executado é citado para *fazer ou não fazer algo*, no prazo que o juiz fixar, se não houver previsão no título (NCPC, art. 815).

O juiz, ao despachar a inicial, fixará **multa** por período de atraso e data a partir do qual será devida (NCPC, art. 814). Ou seja, a forma de se compelir o executado a fazer ou deixar de fazer algo é a *astreinte*. Se o título já tiver previsão do valor da multa, o juiz poderá reduzi-lo, se for excessivo (NCPC, art. 814, parágrafo único).

Se no prazo fixado o executado não satisfizer a obrigação, *poderá o exequente requerer* que (i) *seja a obrigação realizada por terceiro à custa do executado* ou (ii) converter a obrigação de fazer em *indenização* (NCPC, arts. 816 e 817). E isso nos próprios autos da execução, sem a necessidade de um novo processo.

Já ao executado cabe *cumprir a obrigação* ou apresentar *embargos à execução*, que não dependem de penhora (NCPC, art. 914).

4.2.6.4. Da execução contra a Fazenda Pública

Prevista no NCPC, art. 910, é utilizada diante do *inadimplemento de uma obrigação de pagar, em que o devedor é a Fazenda Pública* (União, Estados, Municípios e suas autarquias e fundações - ou seja, pessoas jurídicas de direito público).

Assim, entes estatais com personalidade jurídica de direito privado não se inserem no conceito. Portanto, *empresas públicas e sociedades de economia mista são executadas pelo regime geral*, possuindo patrimônio próprio e penhorável.

A execução poderá ser fundada em título executivo judicial ou extrajudicial. No sistema anterior, havia alguma dúvida quanto à possibilidade de execução de título extrajudicial contra a Fazenda, afastada pela Súmula 279 do STJ: "*É cabível execução por título extrajudicial contra a Fazenda Pública*".

Quanto ao título extrajudicial, há *apenas o art. 910*, cujo § 3º remete aos arts. 534 e 535 do NCPC (vide item *4.3.3.1* abaixo). Além disso, aplica-se o art. 100 da CF.

O ente estatal é citado para *apresentar embargos, no prazo de 30 dias* (art. 910, *caput*). Nos embargos, poderá a Fazenda apresentar **qualquer matéria de defesa**, que poderia ser alegada no processo de conhecimento (art. 910, § 2º). Assim, os embargos da Fazenda não apresentam distinção procedimental quanto aos embargos em geral (NCPC, art. 914 e ss.).

Não há penhora, já que *bens públicos são impenhoráveis* (NCPC, art. 833, I e CC, art. 100).

Não opostos embargos ou transitada em julgado a decisão que os rejeitar, o pagamento se dará mediante **precatório** (CF, art. 100), que *é a requisição de pagamento de dívida judicial que o Tribunal encaminha ao órgão estatal devedor*.

A depender da natureza do débito (se dívida alimentícia ou não – CF, art. 100, § 1º), este será ou não pago com preferência sobre os demais, destacando-se que as **obrigações ou requisições de pequeno valor** (OPV ou RPV) não se submetem ao regime dos precatórios.

Assim, os precatórios se classificam em:

1) Comuns: são expedidos por ordem própria e decorrem de verbas que não são diferenciadas.

2) De natureza alimentícia (CF, art. 100, § 1º): compreendem aqueles *decorrentes de salários, vencimentos, proventos, pensões e suas complementações, benefícios previdenciários e indenizações por morte ou por invalidez*, fundadas em responsabilidade civil, em virtude de sentença judicial transitada em julgado.

3) Alimentícios de pessoas idosas (60 anos ou mais) **ou que possuem doença grave** (CF, art. 100, § 2º): além de alimentícios tais quais os anteriores, há a característica específica do credor.

4) RPV ou OPV: nesse caso, o pagamento deve ser prontamente realizado pela Fazenda, *sem necessidade de precatório*.

4.2.6.5. Da execução de alimentos

Ainda que se trate de uma obrigação de pagar, há um procedimento próprio para a execução dos alimentos, considerando que o direito em questão é necessário à sobrevivência do credor.

Há distinção entre a execução de título extrajudicial (arts. 911 a 913) e o cumprimento de sentença de alimentos (art. 528 a 533).

Contudo, como há pontos em comuns, o assunto será tratado em conjunto, em tópico próprio (item *4.5.* abaixo).

4.2.7. Da execução de quantia certa

Esta é a espécie de execução mais utilizada no cotidiano forense, é a mais regulada pelo NCPC, suas regras aplicam-se de forma subsidiária às demais espécies de execução (especialmente no tocante à expropriação de bens) e, também, esta é a *mais pedida no Exame de Ordem*. Assim, será a execução analisada com mais vagar.

No CPC/1973 havia a *execução de quantia certa contra devedor solvente* (a que agora é analisada) e a *execução de quantia contra devedor insolvente* (a "falência civil"), que **não é regulada pelo NCPC**. O art. 1.052 do NCPC destaca que, até edição de lei específica, as execuções contra devedor insolvente *serão reguladas pelas regras do CPC/1973* (ou seja, não é todo o CPC/1973 que deixou de ser aplicado).

4.2.7.1. Petição inicial

Diante do *inadimplemento* e de um *título executivo extrajudicial que traga obrigação de pagar*, será utilizada a **execução por quantia certa** (NCPC, art. 829).

A petição inicial do processo de execução segue a lógica da inicial do processo de conhecimento, com os seguintes requisitos:

(i) endereçamento (NCPC, art. 319, I)

A **competência para ajuizar a execução** (NCPC, art. 781) é ampla, sendo possível a propositura no *foro do domicílio do executado, foro de eleição constante do título ou foro da situação dos bens* que serão penhorados.

(ii) qualificação das partes (NCPC, art. 319, II)

A **legitimidade para a execução** é apurada a partir da análise do título executivo extrajudicial;

(iii) demonstração do *inadimplemento / exigibilidade da obrigação* e da *existência de título* (NCPC, art. 319, III)

São **documentos essenciais** à propositura da execução o *título executivo* e o *demonstrativo de débito*;

(iv) valor da causa (NCPC, art. 319, V)

Nos termos do NCPC, art. 292, I, o valor da causa será a *quantia pleiteada na execução*.

Quando admitida a execução, é permitido ao credor **dar publicidade a respeito da existência da execução**. Para tanto, o exequente poderá obter *certidão*, com identificação das partes e valor da causa, "*para fins de averbação* no registro de imóveis, de veículos ou de outros bens sujeitos a penhora, arresto ou disponibilidade" (NCPC, art. 828). *Essa averbação não impede a alienação do bem, mas dá ciência a terceiros, os quais não poderão alegar desconhecimento a respeito da execução*.

Estando em termos a petição inicial, o juiz determinará a *citação do executado*, que poderá ser feita por correio.

Se o executado não for encontrado, será realizada nova diligência pelo oficial de justiça e, se o caso, haverá citação por hora certa ou por edital.

Há uma situação específica: se o *oficial de justiça não encontrar o executado*, mas *encontrar bens passíveis de penhora*, será possível a constrição de bens. Contudo, *não se trata de penhora*, que somente pode ser realizada após a citação (vide tópico abaixo).

Essa constrição é o **arresto executivo ou pré-penhora** (não confundir com a cautelar de arresto), previsto no art. 830 do NCPC: A jurisprudência admite que esse arresto seja feito por *meio eletrônico* (*on-line* – STJ, REsp 1.370.687-MG, Informativo 519 do STJ).

4.2.7.2. Penhora

No caso de execução de quantia, se não houver o pagamento do débito, haverá a **penhora**, que *é a constrição judicial de bem do executado, capaz de garantir o pagamento do débito exequendo*. Uma vez efetivada a penhora, a avaliação do bem será realizada pelo oficial de justiça (NCPC, art. 870).

O devedor responde pela execução com seus *bens presentes e futuros* (NCPC, art. 789). Ou seja, se durante a tramitação do processo o devedor adquirir algum bem, será possível a penhora.

Pode o exequente, já na inicial do processo de execução, *indicar os bens do executado que devem ser penhorados* (NCPC, art. 829, § 1º), que serão penhorados – salvo se outros forem *indicados pelo executado* e aceitos pelo juiz, diante da *demonstração de que a constrição será menos onerosa e não trará prejuízo ao exequente*.

Poderá o juiz determinar que o *executado indique quais são, onde estão e quanto valem os bens passíveis de penhora*, sob pena de ato atentatório à dignidade da justiça, que acarreta a imposição de multa (NCPC, art. 774, V).

Efetivada a penhora, será nomeado um **depositário** (e, como já exposto, não há mais a prisão do depositário infiel). E o *depositário só será o executado se o exequente concordar ou nos casos de difícil remoção do bem* (NCPC, art. 840, § 2º).

Se o oficial, *ao tentar citar o devedor, não encontrá-lo, mas encontrar bens penhoráveis* poderá **arrestar tais bens** (NCPC, art. 830). Não se trata de penhora, visto que esta somente pode ocorrer após a citação e se não houver o pagamento do débito. Uma vez efetivado o arresto e não encontrado o devedor, o credor deverá providenciar sua citação por edital. Após tal ato, *o arresto será convertido em penhora* (NCPC, art. 830, § 3º). Não se deve confundir esse arresto do processo executivo com o arresto cautelar, pois são figuras distintas.

Pode o exequente requerer a **penhora *on-line* de bens do executado** (NCPC, art. 854 e ss.). Porém, há inovações no procedimento.

Inicialmente, após requerimento do exequente, o juiz, *sem dar ciência ao executado*, determinará às instituições financeiras que *tornem indisponíveis ativos financeiros* do executado (NCPC, art. 854). O juiz deverá cancelar, em 24 horas, eventual *indisponibilidade excessiva* (NCPC, art. 854, § 1º).

Efetivada a indisponibilidade, o executado será intimado e terá prazo de 5 dias para comprovar que (§ 2º e 3º):

I – as quantias tornadas indisponíveis são impenhoráveis;

II – ainda remanesce indisponibilidade excessiva de ativos financeiros.

Somente *após essa manifestação* é que haverá **efetivamente a penhora**, e então a instituição financeira deverá transferir o montante penhorado para conta à disposição do juízo (§ 5º).

Assim, a penhora *on-line* somente ocorrerá **após a citação**; já o arresto executivo do art. 830 (inclusive *on-line*), ocorrerá **antes da citação** (REsp 1.370.687-MG, informativo 519 do STJ).

No mais, o NCPC ainda prevê expressamente a **penhora** de:

✓ – *créditos* (art. 855);

✓ – *quotas ou ações de sociedades* (art. 861 – inovação);

✓ – *empresa*, outros *estabelecimentos e semoventes* (art. 862; inovação quanto aos semoventes);

✓ – *percentual de faturamento* de empresa (art. 866);

✓ – *frutos e rendimentos* de coisa móvel ou imóvel (art. 867 – o que era *usufruto* de bem móvel ou imóvel no sistema anterior).

4.2.7.2.1. Impenhorabilidades

O sistema brasileiro tem diversas **impenhorabilidades**, *situações nas quais, por força de lei, a penhora não é permitida, com o fim de proteger o executado e a sociedade.*

A Lei 8.009/1990 trata da *impenhorabilidade do bem de família*, apontando ser impenhorável o imóvel destinado à residência, bem como os móveis que o guarnecem (art. 1º e parágrafo único).

Mas há exceções à impenhorabilidade, previstas na própria lei. Dentre outras, merecem destaque as seguintes situações nas quais se admite a penhora (Lei 8.009/1990, art. 3º):

> "III – pelo credor de pensão alimentícia, resguardados os direitos, sobre o bem, do coproprietário que, com o devedor, integre união estável ou conjugal (inclusão da ressalva quanto ao cônjuge pela Lei 13.144/2015);
>
> IV – para cobrança de impostos, predial ou territorial, taxas e contribuições devidas em função do imóvel familiar;
>
> VII – por obrigação decorrente de fiança concedida em contrato de locação."

Vale destacar que o inc. I do art. 3º da Lei 8.009/1990, que previa a possibilidade de penhora do bem de família em virtude de créditos de trabalhadores da própria residência, foi *revogado* pela LC 150/2015 (Lei do Trabalho Doméstico).

De seu turno, o NCPC trata do tema no art. 833, trazendo diversas impenhorabilidades:

(i) os *bens inalienáveis* e os declarados, por ato voluntário, não sujeitos à execução (exemplo dos *bens públicos*);

(ii) os *móveis*, pertences e utilidades domésticas que guarnecem a *residência do executado* – salvo os de *elevado valor* e os *supérfluos* (os não utilizados para as necessidades de um médio padrão de vida);

(iii) os *vestuários* e os *bens de uso pessoal* do executado – salvo se de *elevado valor*;

(iv) os *salários*, remunerações, aposentadorias e pensões de uma forma geral – *salvo* para pagamento de *pensão alimentícia* e quando o valor mensal percebido for **superior a 50 salários mínimos** (NCPC, art. 883, § 2º – inovação relevante que afasta o paradigma da total impenhorabilidade do salário);

(v) os *instrumentos* necessários ao *exercício da profissão* (livros, ferramentas etc. – salvo se tais bens tenham sido *objeto de financiamento e estejam vinculados em garantia* a negócio jurídico ou quando *respondam por dívida de natureza alimentar, trabalhista ou previdenciária* – § 3º);

(vi) o *seguro de vida*;

(vii) os *materiais necessários para obras em andamento*, salvo se essas forem penhoradas;

(viii) a *pequena propriedade rural*, desde que trabalhada pela família;

(ix) os *recursos públicos* recebidos por instituições privadas para aplicação compulsória em *educação, saúde ou assistência social*;

(x) *até o limite de 40 salários mínimos*, a quantia depositada em *caderneta de poupança* (para o STJ, qualquer aplicação e não só a poupança – REsp 1.230.060-PR, informativo 547 do STJ; incidindo as mesmas acima mencionadas em relação ao salário, visto acima);

(xi) os *recursos do fundo partidário*, recebidos por partido político;

(xii) os *créditos* oriundos de *alienação de unidades imobiliárias sob regime de incorporação*, vinculados à execução da obra.

4.2.7.3. Procedimento da execução por quantia certa contra devedor solvente

A finalidade desta espécie de execução é expropriar bens do executado para satisfazer o crédito do exequente.

Na sequência, é apresentado o procedimento desta modalidade de execução:

1) Inicial é instruída com:
- título executivo extrajudicial (NCPC, art. 798, I, a); e
- demonstrativo do débito atualizado (NCPC, art. 798, I, b).

2) Estando em termos a inicial, o juiz:
- fixa, no despacho inicial, honorários de 10% sobre o valor da causa. Se houver o pagamento em 3 dias, os honorários serão reduzidos à metade (art. 827, § 1º). Se houver embargos protelatórios, honorários majorados para 20% (§ 2º);
- determina a citação do executado, para pagar o débito em 3 dias, contados da citação. (NCPC, art. 829);
- se não houver pagamento, haverá a penhora e avaliação, por oficial de justiça (NCPC, art. 870) – dos bens indicados pelo exequente; salvo se o executado indicar bens que configurem situação menos onerosa a ele e que não traga prejuízo ao exequente (NCPC, art. 829, § 1º e 2º).

2.1) Recebida a petição inicial executiva, poderá o exequente obter certidão da execução (identificadas as partes e valor da causa), para "averbação no registro de imóveis, de veículos ou de outros bens sujeitos a penhora, arresto ou indisponibilidade" (NCPC, art. 828).
Quando isso for efetivado, deverá ser comunicado ao juízo (§ 1º).
Se for realizada penhora no valor total da dívida, o exequente deverá providenciar, em 10 dias, o cancelamento das averbações dos bens não penhorados (§ 2º).
Se o exequente assim não fizer, o juiz fará de ofício (§ 3º).
No caso de averbação indevida ou não cancelada, caberá indenização por perdas e danos (§ 5º).

2.2) Além disso, cabe a inscrição do devedor em cadastro restritivo de crédito.
A previsão está no art. 782 do NCPC.
- § 3º. A requerimento da parte, o juiz pode determinar a inclusão do nome do executado em cadastros de inadimplentes.
- § 4º A inscrição será cancelada imediatamente se for efetuado o pagamento, se for garantida a execução ou se a execução for extinta por qualquer outro motivo.
No mais, prevê o NCPC que o mesmo se aplica ao cumprimento de sentença definitivo de título judicial (NCPC, art. 782, § 5º).

3) Se o oficial de justiça não encontrar o executado: arresto executivo dos bens (art. 830) que, segundo jurisprudência do STJ, poderá ser on-line.
A citação pode ser feita por correio (NCPC, art. 247 e, para afastar alguma resistência dos juízes, o enunciado 85 CJF: *Na execução de título extrajudicial ou judicial (art. 515, § 1º, do CPC) é cabível a citação postal*). E há menção específica à citação por hora certa e edital (NCPC, art. 830, § 1º e 2º).
O executado, reconhecendo o crédito do exequente e comprovando o depósito de 30% do valor devido, pode requerer o parcelamento do restante em 6 vezes (com juros e correção). Com isso, renuncia ao direito de embargar (NCPC, art. 916).

4) Após a citação, cabem embargos.

5) Não suspensa a execução ou rejeitados os embargos: tentativa de alienação do bem penhorado (NCPC, art. 875).

6) Prosseguindo a execução, haverá a tentativa de expropria**ção do bem penhorado**, que poderá ocorrer de três maneiras, na seguinte ordem:
(i) adjudicação ao exequente, em que o próprio exequente receberá o bem como forma de pagamento, pelo valor da avaliação (NCPC, art. 876);
(ii) alienação por iniciativa particular, em que o exequente tentará alienar o bem para quem não é parte no processo (NCPC, art. 880); ou
(iii) leilão judicial eletrônico ou presencial, alienação realizada no bojo do processo judicial (NCPC, art. 881).

7) A primeira opção é a adjudicação por parte do exequente, pelo preço da avaliação. Se não houver êxito nessa, passa-se às demais. Se, ao final, não houver êxito, há nova oportunidade para adjudicar, podendo ser requerida nova avaliação (NCPC, art. 878).

8) A segunda opção é a alienação por iniciativa particular, mediante requerimento do exequente, também pelo valor da avaliação, por conta própria ou corretor ou leiloeiro credenciados perante o Judiciário (NCPC, art.880).

9) Se não houver êxito nas hipóteses anteriores, haverá leilão, preferencialmente presencial (NCPC, art. 882).
A definição do preço mínimo do bem no leilão, condições de pagamento e garantia serão definidas pelo juiz (NCPC, 885).
Será preço vil (e, portanto, não poderá ser aceito) o preço inferior ao mínimo estipulado pelo juiz ou, não tendo sido fixado preço mínimo, o preço inferir a 50% do valor da avaliação (NCPC, art. 891, parágrafo único).
Será publicado edital com todas as informações do bem, inclusive data do 1º e 2º leilões – o 2º para o caso de não haver interessados no 1º (NCPC, art. 886, V).
Não podem oferecer lance algumas pessoas, dentre as quais o juiz e demais servidores na localidade onde servirem, leiloeiros e advogados (NCPC, art. 890). Portanto, o próprio exequente pode oferecer lance.

10) Expropriado o bem (seja pela adjudicação, alienação ou arrematação), é possível ao executado impugnar a expropriação, via ação autônoma (NCPC, art. 903, § 4º).
Portanto, deixam de existir os embargos de 2ª fase (embargos à arrematação/adjudicação) e passa a ser cabível uma ação autônoma par desconstituir a expropriação, em que o arrematante será litisconsorte necessário.

11) Ao final, extinção da execução.
NCPC, art. 924. Extingue-se a execução quando:
I – a petição inicial for indeferida;
II – a obrigação for satisfeita;
III – o executado obtiver, por qualquer outro meio, a extinção total da dívida;
IV – o exequente renunciar ao crédito;
V – ocorrer a prescrição intercorrente.

4.2.8. Da defesa do executado: embargos

A defesa do executado, na execução de título executivo extrajudicial, dá-se via **embargos do devedor** ou **embargos à execução**.

Os embargos correspondem a um *processo de conhecimento*, com trâmite por um *procedimento especial* (NCPC, art. 914 e ss.). Na execução, em regra, não se discute defesa. Assim, a defesa é por petição inicial, em processo autônomo - distribuído por dependência.

Não há necessidade de **garantir o juízo** para embargar (NCPC, art. 914).

Matérias que podem ser alegadas nos embargos (NCPC, art. 917):

(i) *inexequibilidade do título* ou *inexigibilidade da obrigação*;

(ii) *penhora incorreta* ou *avaliação errônea*;

(iii) *excesso de execução* ou *cumulação indevida* de execuções;

(iv) *retenção por benfeitorias* necessárias ou úteis, nos casos de *entrega de coisa certa*;

(v) *incompetência absoluta ou relativa do juízo da execução;*

(vi) *qualquer matéria de defesa*, visto que **ainda não houve prévia manifestação do Poder Judiciário**.

Há **excesso de execução** quando (NCPC, art. 917, § 2º):

✓ **(i)** o exequente pleiteia *quantia superior à do título*;

✓ ***(ii)*** *recai sobre coisa diversa* daquela declarada no título;

✓ ***(iii)*** *processa-se de modo diferente* do que foi determinado na sentença;

✓ **(iv)** o exequente, *sem cumprir a prestação* que lhe corresponde, *exige o adimplemento da prestação do devedor*;

✓ **(v)** o *exequente não prova que a condição se realizou*.

Caso se alegue **excesso de execução com base em quantia superior à devida**, o *embargante deverá indicar o valor que entende correto*, com demonstrativo de cálculo, *sob pena de rejeição liminar dos embargos ou não consideração desse argumento* (NCPC, art. 917, § 4º).

4.2.8.1. Prazo para embargar

O prazo para embargar é de *15 dias*, contado da *juntada aos autos do mandado de citação* da execução ou da juntada do AR (NCPC, arts. 915 e 231, I e II).

Diferentemente do que ocorre no processo de conhecimento:

✓ se houver *mais de um executado*, o prazo será contado *individualmente, salvo na hipótese de cônjuges* ou companheiros, quando o prazo será contado a partir da juntada do comprovante de citação do último (NCPC, art. 915, § 1º);

✓ ainda que existam litisconsortes com advogados distintos, *não haverá aplicação do prazo em dobro* do art. 229 do NCPC (NCPC, art. 915, § 3º).

Como já mencionado, no prazo para embargar pode o executado reconhecer que deve depositar 30% do valor devido e requerer o parcelamento do restante em 6 parcelas mensais (NCPC, art. 916).

4.2.8.2. Efeito suspensivo nos embargos

✓ Em regra, os embargos não terão efeito suspensivo; ou seja, mesmo quando apresentados os embargos, prossegue normalmente a execução (NCPC, art. 919).

✓ Contudo, poderá o juiz, a requerimento do embargante, conceder **efeito suspensivo aos embargos** quando (NCPC, art. 919, § 1º):

✓ presentes os requisitos para a *tutela provisória*;

✓ garantida a execução por penhora, depósito ou caução.

✓ Ou seja: os embargos não dependem de penhoras, mas o efeito suspensivo depende.

✓ No mais, ainda que concedido o efeito suspensivo, isso *não impedirá a penhora ou avaliação* dos bens (NCPC, art. 919, § 5º).

4.2.8.3. Procedimento dos embargos à execução

Trata-se de processo de conhecimento que tramita por procedimento especial (NCPC, art. 914 e ss.):

1) Citado, o executado pode (a) parcelar a dívida, (b) permanecer silente ou (c) embargar, em 15 dias. 2) Inicial: - é distribuída por dependência à execução e será autuada em apartado (NCPC, art. 914, § 1º); - será instruída com cópias das peças relevantes presentes na execução (NCPC, art. 914, § 1º); - independe de penhora (NCPC, art. 914). 2.1) O juiz rejeitará liminarmente os embargos quando (NCPC, art. 918): - intempestivos - no indeferimento ou improcedência liminar - se protelatórios (* ato atentatório à dignidade justiça)
3) Em regra, os embargos não são recebidos no efeito suspensivo (NCPC, art. 919). 3.1) Somente será atribuído efeito suspensivo (com a suspensão de quaisquer atos executivos) se estiverem presentes, ao mesmo tempo, os seguintes requisitos (NCPC, art. 919, § 1º): (i) garantia do juízo (penhora, depósito ou caução); (ii) requisitos da tutela de urgência (relevantes alegações e perigo de dano). A concessão do efeito suspensivo não impede a penhora nem avaliação dos bens (NCPC, art. 919, § 5º).
3) Recebidos os embargos, réu nos embargos (embargado) poderá se manifestar em 15 dias (CPC, art. 920).
4) Se necessário, haverá dilação probatória. Caso contrário, julgamento antecipado do mérito (NCPC, art. 920, II)
5) Decisão mediante sentença da qual caberá apelação Embargos protelatórios são penalizados com multa por ato atentatório à dignidade da justiça (NCPC, art. 918, parágrafo único).

4.2.9. Da defesa de terceiro no processo de execução: embargos de terceiro

Se há execução entre "A" e "B" e o executado entende que a penhora ou o valor são indevidos, a defesa se dá via embargos à execução, como visto acima.

Contudo, é possível que na execução entre "A" e "B" ocorra a penhora de bem de "C". Neste caso, a defesa se dá via **embargos de terceiro**.

4.2.9.1. Cabimento

Os **embargos de terceiro** são utilizados *quando há turbação ou esbulho por ato judicial* (penhora, depósito, arresto etc.) *de bem daquele que não é parte no processo*, seja processo de execução, de conhecimento ou cautelar.

Os embargos podem ser utilizados por quem tem *propriedade e posse* (senhor e possuidor) ou apenas por quem tem *posse* (possuidor).

Cabe também a *utilização pelo cônjuge* para defesa de sua *meação* (NCPC, art. 674, § 2º, I).

4.2.9.2. Procedimento

Trata-se de *processo de conhecimento* que tramita por *procedimento especial* (NCPC, art. 674 e ss.). Distribuídos por dependência, são autuados em apartado (NCPC, art. 676).

Quanto ao **prazo, não há um termo específico** (NCPC, art. 675):

✓ sendo constrição ocorrida **em** *processo de conhecimento*, **não há prazo** específico, sendo possível a oposição dos embargos *até o trânsito em julgado da sentença*;

✓ sendo constrição ocorrida em *processo de execução ou cumprimento de sentença*, até *5 dias* após a adjudicação, alienação ou arrematação, mas *antes da assinatura da respectiva carta*.

Será **réu nos embargos de terceiro** a *parte que pleiteou* e/ou que *teve proveito com a constrição judicial (NCPC, art. 677, § 4º)*. No tocante à **sucumbência**, assim preceitua a Súmula 303 do STJ: "Em embargos de terceiro, *quem deu causa à constrição indevida deve arcar com os honorários advocatícios*".

Deverá o embargante *provar a posse ou propriedade e a qualidade de terceiro*, juntando documentos e indicando testemunhas (NCPC, art. 677).

Se o juiz entender que está *provada a posse ou propriedade*, poderá *suspender as medidas constritivas sobre o bem litigioso* (NCPC, art. 678), podendo determinar a prestação de caução, salvo se a parte for economicamente hipossuficiente (NCPC, art. 678, parágrafo único).

O embargado poderá apresentar *contestação* no prazo de *15 dias*, a partir daí se seguirá o procedimento comum (NCPC, art. 679).

Ao final, o juiz proferirá sua sentença.

4.3. Cumprimento de sentença

4.3.1. Dos requisitos necessários para o cumprimento de sentença

Retomando o já explanado acima, são requisitos necessários para o cumprimento de sentença:

(i) inadimplemento / exigibilidade: *o não cumprimento espontâneo da obrigação fixada na sentença* (NCPC, art. 786);

(ii) título executivo judicial: *documento que traduz uma obrigação e permite o início da fase de cumprimento de sentença* (NCPC, art. 515).

Somente cabe o cumprimento de sentença quando *existirem ambos os requisitos.*

4.3.2. Do título executivo judicial

Os títulos executivos judiciais estão previstos no NCPC, art. 515:

(i) as *decisões proferidas no processo civil* (obrigação de pagar quantia, obrigação de fazer, não fazer, entregar coisa – destaque para a menção à **decisão** e não mais *sentença*, considerando a nova sistemática do NCPC, com a possibilidade de diversas decisões de mérito ao longo do procedimento);

(ii) a *decisão homologatória de autocomposição judicial;*

(iii) a *decisão homologatória de autocomposição extrajudicial de qualquer natureza;*

O inc. II e o inc. III são iguais? Não. No inc. II, há demanda na qual se formula pedido e, depois, há o acordo. No inc. III, não há demanda prévia, e as partes apenas celebram o acordo e o submetem à homologação do juiz (e o acordo pode, eventualmente, não passar pelo Judiciário e poderá ser título executivo extrajudicial).

(iv) o *formal e a certidão de partilha*, quanto aos participantes do processo de inventário (inventariante, herdeiros e sucessores);

(v) o *crédito do auxiliar da justiça (custas, emolumentos ou honorários aprovados por decisão judicial – isso era, no CPC/1973, título executivo extrajudicial);*

(vi) a *sentença penal condenatória transitada em julgado;*

(vii) a *sentença arbitral;*

(viii) a *sentença estrangeira homologada pelo STJ;*

(ix) a *decisão interlocutória estrangeira, após exequatur do STJ;*

Dos títulos executivos judiciais, vale destacar que:

✓ como se percebe do inc. VII, a **sentença arbitral**, que é a *decisão proferida por um árbitro no bojo da arbitragem*, apesar de *não ter a intervenção do Judiciário* (se há arbitragem, não se manifesta o Judiciário) é considerada título judicial;

✓ a atividade do árbitro se restringe apenas à fase de conhecimento. Para a execução forçada (no caso, cumprimento de sentença), apenas o Estado pode ingressar no patrimônio do executado;

✓ nas hipóteses de decisões proferidas fora do Judiciário (sentença arbitral, penal ou estrangeira), *não houve prévia manifestação do juízo cível*, razão pela qual haverá necessidade de **citação do devedor** para o cumprimento de sentença – isso porque o processo de conhecimento foi realizado (i) perante árbitro, (ii) Judiciário estrangeiro ou (iii) Judiciário brasileiro no âmbito penal (NCPC, art. 515, § 1º);

✓ já em relação aos *demais casos*, como já houve um *processo perante o juízo cível*, haverá necessidade apenas de **intimação do devedor** para o cumprimento de sentença.

4.3.3. Das diversas espécies de cumprimento de sentença

Tal qual exposto em relação ao processo de execução, conforme o *tipo de obrigação prevista no título executivo judicial*, será *variável a formado cumprimento de sentença.*

Conforme o NCPC:

✓ – tratando-se de *obrigação de fazer, não fazer e entregar coisa*, deve ser observado o art. 536 e ss. (análogo à execução de título extrajudicial – vide itens 4.2.6.2 e 4.2.6.3);

✓ – tratando-se de *obrigação de pagar alimentos*, deve ser observado o art. 538 e ss. (vide item 4.5 infra);

✓ – tratando-se de *obrigação de pagar quantia pela Fazenda*, deve ser observado o art. 534 e s., que será analisado abaixo.

✓ – tratando-se de *obrigação de pagar*, deve ser observado o art. 523 e ss., que será analisado abaixo.

4.3.3.1. Do cumprimento de sentença de obrigação de pagar quantia pela Fazenda Pública

Inova o NCPC ao prever e regular o procedimento do **cumprimento de sentença contra a Fazenda** (inclusive sendo *aplicável de forma subsidiária ao procedimento de execução* contra a Fazenda – item 4.2.6.4 supra). No sistema anterior, apenas havia a execução contra a Fazenda, mesmo em relação a título judicial.

Contudo, apesar de se aplicar o cumprimento de sentença, **não se aplica à Fazenda a multa** para o *não pagamento em 15 dias* (art. 534, § 2º).

O art. 534 do NCPC regula a petição que dá início ao cumprimento, que deverá trazer um **completo demonstrativo de débito**, que conterá: (i) o *nome completo* e o número de inscrição no Cadastro de Pessoas Físicas ou no Cadastro Nacional da Pessoa Jurídica do exequente; (ii) o índice de *correção monetária* adotado; (iii) os *juros* aplicados e as respectivas taxas; (iv) o *termo inicial e o termo final dos juros e da correção* monetária utilizados; (v) a *periodicidade da capitalização* dos juros, se for o caso; (vi) a especificação dos *eventuais descontos obrigatórios* realizados. Trata-se de demonstrativo igual ao que deve ser apresentado na execução e no cumprimento de sentença.

Se houver mais de um exequente, cada um deverá apresentar seu próprio demonstrativo (art. 534, § 1º).

Em relação à defesa pela Fazenda, o ente estatal será *intimado*, na pessoa do seu representante judicial, por carga, remessa ou meio eletrônico, para, querendo, **impugnar o cumprimento de sentença**, no prazo de *30 dias* (NCPC, art. 535).

Podem ser alegadas as seguintes matérias (NCPC, art. 535):

I – *falta ou nulidade da citação* se, na fase de conhecimento, o processo correu à *revelia*;

II – *ilegitimidade* de parte;

III – *inexequibilidade* do título ou *inexigibilidade* da obrigação;

IV – *excesso de execução* ou *cumulação indevida* de execuções;

V – *incompetência absoluta ou relativa* do juízo da execução;

VI – *qualquer causa modificativa ou extintiva da obrigação*, como pagamento, novação, compensação, transação ou prescrição, desde que *supervenientes ao trânsito em julgado da sentença.*

Existe **restrição para a matéria de defesa** a ser alegada considerando a *coisa julgada* que se formou no processo de conhecimento. Por isso, somente matéria posterior ao trânsito.

Se não houver impugnação ou for rejeitada a impugnação (NCPC, art. 535, § 3º):

I – expedir-se-á, por intermédio do presidente do tribunal, *precatório* em favor do exequente;

II – por ordem do juiz, dirigida à autoridade na pessoa de quem o ente público foi citado para o processo, o pagamento de *obrigação de pequeno valor* será realizado no *prazo de 2 meses* contado da entrega da requisição, mediante depósito na agência de banco oficial mais próxima da residência do exequente.

Se houver impugnação parcial, caberá execução da parte não impugnada (NCPC, art. 535, § 4º).

4.3.4. Do cumprimento de sentença para obrigação de pagar

4.3.4.1. Competência e natureza da execução

Como já exposto, a fase de cumprimento de sentença é a fase final do processo de conhecimento com pedido condenatório.

A **competência para a fase de cumprimento de sentença** é prevista no NCPC, art. 516:

(i) *tribunais*, nas causas de sua *competência originária*;

(ii) *juízo que processou a causa no primeiro grau.*

(iii) *juízo cível competente*, no caso de *sentença penal condenatória, arbitral ou estrangeira* (a rigor, o domicílio do executado)

Poderá o *exequente, em II e III, optar* pelo juízo do *local onde se encontram bens* sujeitos à expropriação OU pelo do *atual domicílio do executado* – casos em que o credor requererá a remessa dos autos ao novo juízo competente (NCPC, art. 516, parágrafo único).

Em relação à **natureza do cumprimento**, conforme a *estabilidade do título executivo*, é possível que o cumprimento de sentença seja provisório ou definitivo.

Utiliza-se o **cumprimento definitivo** quando se tratar de *decisão transitada em julgado ou não mais passível de impugnação, como a sentença arbitral.*

Já a **execução provisória** é utilizada quando (i) *a decisão ainda não transitou em julgado, e o recurso interposto não foi recebido no efeito suspensivo*; ou seja, somente é dotado de efeito devolutivo e (ii) na *tutela provisória.*

Nesse sentido, art. 520: *O cumprimento provisório da sentença impugnada por recurso desprovido de efeito suspensivo* será realizado da mesma forma que o cumprimento definitivo, sujeitando-se ao seguinte regime: (...)

E não se refere apenas à sentença, nos termos do art. 519: Aplicam-se as disposições relativas ao *cumprimento da sentença, provisório* ou definitivo, e à liquidação, no que couber, *às decisões que concederem tutela provisória.*

Como no cumprimento provisório há possibilidade de alteração da decisão exequenda, há *regras especiais* para seu prosseguimento (NCPC, art. 520):

(i) corre por *iniciativa e responsabilidade do exequente*, que se obriga, se a sentença for reformada, a *reparar os danos* que o executado haja sofrido;

(ii) exigência de *caução* para: a) levantamento de dinheiro, e b) atos que importem transferência de posse ou alienação de propriedade.

É possível que a **caução seja dispensada** (CPC, art. 521) desde que:

(i) o *crédito for alimentar, qualquer que seja sua origem*;

(ii) o exequente demonstrar *estado de necessidade*;

(iii) pender o agravo contra decisão de inadmissão do REsp ou RE com base em repetitivo (art. 1.042, II e III);

(iv) a decisão a ser provisoriamente cumprida estiver em consonância com firme decisão de tribunal (*súmula ou repetitivo*).

Como são situações distintas (não complementares), é de se concluir que os **requisitos não são cumulativos**.

Ainda que presente alguma das situações que dispensem a caução, ela poderá ser mantida, se sua dispensa puder resultar "manifesto risco de grave dano de difícil ou incerta reparação" (NCPC, art. 521, parágrafo único).

4.3.4.2. *Penhora e expropriação de bens*

No tocante à penhora (e impenhorabilidades) e à expropriação dos bens (adjudicação, alienação por iniciativa particular e hasta pública), *aplica-se integralmente ao cumprimento de sentença as regras previstas para o processo de execução* (cf. item 4.2.7.2 supra).

4.3.4.3. *Procedimento da fase de cumprimento de sentença de pagar quantia*

Da mesma forma que a execução de quantia é a mais frequente, também o *cumprimento de sentença para pagar quantia* é o mais usual no cotidiano forense, o mais regulado pelo NCPC e o mais pedido nas provas de concursos jurídicos.

O procedimento está previsto no art. 523 e ss. do NCPC.

1) Proferida decisão condenatória e não havendo pagamento espontâneo pelo réu, o autor requererá o início do cumprimento de sentença (art. 523). 1.1) Esse requerimento deverá ser instruído com completa memória do débito, bem como já indicar bens (art. 524) – sendo possível requerer a penhora on-line.
2) Intimado o réu, se não houver pagamento no prazo de 15 dias, incidirá multa e honorários, no valor de 10% cada (art. 523, § 1º). 2.1) Na falta de pagamento, haverá penhora e avaliação de bens necessários à satisfação do débito (art. 523).
3) Poderá o executado apresentar impugnação (art. 525).
4) Se a impugnação não suspender o cumprimento de sentença ou, ao final, for rejeitada, ocorrerá a alienação do bem penhorado.
5) Expropriação de bens segue as regras da execução de título extrajudicial: - adjudicação pelo credor; - alienação por iniciativa particular; - leilão.
6) A seguir, a extinção da fase de cumprimento de sentença. Aplicação subsidiária: - destas regras para o cumprimento provisório (Art. 527. Aplicam-se as disposições deste Capítulo ao cumprimento provisório da sentença, no que couber); - das regras do processo de execução para o cumprimento de sentença (art. 513).

Uma questão que foi objeto de grande polêmica é **termo inicial do prazo de 15 dias para pagamento, sob pena de multa de 10%**: a partir da intimação do executado ou do trânsito em julgado da decisão? A lei anterior era omissa.

O *caput* do art. 523 do NCPC é claro: o início do prazo depende da intimação do executado (essa foi a posição a que chegou o STJ, no REsp 940.274/MS, *DJe* 31.05.2010). Porém, não especificou o legislador se esse prazo seria em *dias úteis ou corridos*; ou seja, se o prazo de pagamento é processual ou de direito material (NCPC, art. 219, parágrafo único). A doutrina está dividida e a questão foi assim definida no Enunciado 89 CJF: *Conta-se em dias úteis o prazo do caput do art. 523 do CPC.* Nesse mesmo sentido, já há um precedente do STJ: REsp 1.693.784).

Outra questão polêmica: cabe a regra do parcelamento da dívida na execução (NCPC, art. 916 ao cumprimento de sentença? No sistema anterior, a jurisprudência do STJ admitia (REsp 1.264.272-RJ, Informativo 497 do STJ). Contudo, o art. 916, § 7º foi expresso ao **vedar o parcelamento para o cumprimento de sentença**. Resta verificar se a legislação realmente será cumprida pela jurisprudência.

4.3.5. *Da defesa do devedor no cumprimento de sentença*

4.3.5.1. *Da impugnação*

A **impugnação** é a *defesa do executado prevista no NCPC para a fase de cumprimento de sentença.*

O **prazo** para impugnar é de 15 dias, contados a partir do término do prazo de 15 dias para pagamento voluntário (item acima).

A regra está prevista no art. 525 do NCPC:

Transcorrido *o prazo previsto no art. 523* sem o pagamento voluntário, *inicia-se o prazo de 15 (quinze) dias para que o executado* (...) apresente, nos próprios autos, sua *impugnação.*

Há **prazo em dobro** no caso de litisconsortes com advogados distintos (NCPC, art. 525, § 3º).

Inova o NCPC em relação ao prazo e, também, em relação à peça ser sempre nos **mesmos autos**, bem como quanto à **desnecessidade de penhora para impugnar** (NCPC, art. 525, *caput*).

Considerando que o cumprimento de sentença tem por *base um título executivo judicial* e, assim, *já houve prévia manifestação do Poder Judiciário*, há **restrição quanto à matéria** a ser alegada na impugnação. Não se pode discutir novamente o mérito (se a quantia a ser paga é ou não devida), pois aí haveria *violação à coisa julgada.*

Assim, **somente as seguintes matérias podem ser alegadas na impugnação** (NCPC, art. 525, § 1º):

(i) *falta ou nulidade da citação*, se na fase de conhecimento o processo correu à *revelia*;

(ii) *ilegitimidade* **de parte;**

(iii) *inexigibilidade do título* ou *inexigibilidade da obrigação*

(iv) *penhora incorreta* ou *avaliação errônea*;

(v) *excesso de execução* ou *cumulação indevida* de execuções (aqui se aplica tudo quanto foi *antes exposto* a respeito do tema nos embargos à execução; inclusive deverá o impugnante *declarar de imediato o valor que entende correto*, sob pena de rejeição liminar da impugnação – NCPC, art. 525, §§ 4 e 5º).

(vi) *incompetência absoluta ou relativa do juízo da execução;*

(vii) qualquer *causa impeditiva, modificativa ou extintiva da obrigação* (pagamento, compensação, transação etc.), desde que *superveniente à sentença* (porque se anterior à sentença, isso já está protegido pela coisa julgada).

Considera-se também **inexigível** o *título judicial fundado em lei declarada inconstitucional pelo STF, seja* em controle difuso ou concentrado (NCPC, art. 525, § 12), sendo que a decisão do STF deve ser anterior ao trânsito em julgado da decisão exequenda (§ 14) – se a decisão for posterior, deverá ser utilizada a rescisória, cujo prazo será contado a partir do trânsito em julgado da decisão do STF (§ 15).

4.3.5.1.1. Do procedimento da impugnação

O procedimento da impugnação é o seguinte:

1) Findo o prazo de 15 dias para pagar, o executado pode impugnar (NCPC, art. 525).
2) Somente algumas matérias podem ser alegadas na impugnação (NCPC, art. 525, § 1º). 2.1) Cabe rejeição liminar se impugnação (i) intempestiva ou (ii) no excesso de execução, não houver indicação do valor.
3) Em regra, a impugnação não suspende o cumprimento de sentença (NCPC, art. 525, § 6º). Contudo, poderá ser concedido o efeito suspensivo, desde que presentes, ao mesmo tempo: (i) fundamentos da impugnação forem relevantes; e (ii) prosseguimento do cumprimento possa causar ao executado grave dano de difícil ou incerta reparação.
4) A impugnação será autuada nos mesmos autos (NCPC, art. 525, caput).
5) Recebida a impugnação, deve ser aberta vista ao impugnado, para exercer o contraditório, no prazo de 15 dias (não há previsão legal nesse sentido)
6) Se necessário, dilação probatória.
7) Após instrução ou se esta desnecessária: decisão do juiz, que poderá colocar fim ao cumprimento (se acolher integralmente a impugnação que entender nada ser devido) ou não (se rejeitada, total ou parcialmente, ou se for impugnação **parcial – pois aí prossegue a fase de cumprimento).** 7.1) Sendo assim, variável o recurso cabível, conforme a extinção do cumprimento ou não (apelação ou agravo de instrumento).

4.4. Da exceção de pré-executividade

Não há previsão no Código a respeito desta defesa – seja no anterior, seja no NCPC. Trata-se de criação jurisprudencial e doutrinária.

Em síntese, a **exceção de pré-executividade** (ou **objeção de executividade**) busca *permitir a defesa do devedor sem que haja a penhora*. No sistema anterior, sem penhora, não cabia a defesa do executado.

Cabe a exceção em situações nas quais *há grave vício no cumprimento de sentença, em relação à matéria a respeito da qual o juiz poderia se manifestar de ofício*, tais como:

✓ ausência de uma das *condições da ação*;

✓ ausência de *pressupostos processuais*;

✓ *prescrição*.

Só cabe a exceção se o *vício for flagrante* e for *desnecessária a dilação probatória*.

Porém, em 2006 para os embargos à execução e no NCPC para a impugnação, **a defesa do executado independe de penhora**. Assim, a rigor, não mais haveria interesse no uso da exceção de pré-executividade.

Contudo, se a defesa não foi utilizada (intempestiva) ou foi usada sem que determinado argumento tenha sido apresentado? Se o argumento for de ordem pública, cabe a sua alegação extemporânea?

Vejamos o que diz o NCPC (itálicos nossos). "Art. 803. É nula a execução se:

I – o título executivo extrajudicial não corresponder a obrigação certa, líquida e exigível;

II – o executado não for regularmente citado;

III – for instaurada antes de se verificar a condição ou de ocorrer o termo.

Parágrafo único. *A nulidade de que cuida este artigo* será pronunciada pelo juiz, de ofício ou a requerimento da parte, *independentemente de embargos à execução*."

Ora, esse parágrafo aponta o uso de defesa sem embargos, por simples petição – ou seja, exatamente a ideia da exceção de pré-executividade. Assim, ainda que o NCPC não mencione seu nome, essa defesa segue sendo possível no novo sistema, para as situações graves da execução.

Além das 3 situações mencionadas no art. 803, cabe ainda a exceção para prescrição, desde que seja reconhecível de plano (STJ, REsp 915.503/PR, 4.ª T., j. 23.10.2007, *DJ* 26.11.2007).

4.5. Da execução e cumprimento de sentença de alimentos

Como antes exposto, existem diversos pontos em comum quanto à execução e cumprimento de alimentos. Por isso, o tema será tratado em conjunto, neste momento.

Inicialmente, haverá a análise dos institutos que se aplicam a ambos os tipos de títulos; após, haverá a análise procedimento separada.

4.5.1. Disposições comuns à execução e ao cumprimento

O **crédito alimentar** é diferenciado, pois dele decorre a *sobrevivência do alimentando* (dever de prover do alimentante).

Por isso, há a consequência de **prisão civil** do devedor de alimentos, no caso de "inadimplemento voluntário e inescusável de obrigação alimentar" (CF, art. 5º, LXVII).

A respeito da **prisão**, indaga-se:

1) Em qual **regime** ocorre a prisão?

Art. 528 (...) § 4º A prisão será cumprida em *regime fechado*, devendo o preso ficar *separado dos presos comuns*.

2) A prisão **afasta o débito**?

Art. 528 (...) § 5º O *cumprimento da pena não exime o executado do pagamento* das prestações vencidas e vincendas.

3) Qual **período de débito** permite a prisão?

Foi inserido no NCPC o que já constava da Súmula 309 do STJ (prisão civil somente em relação às últimas três parcelas).

Art. 528 (...) § 7º O débito alimentar que *autoriza a prisão civil* do alimentante é o que compreende *até as 3 (três) prestações anteriores* ao ajuizamento da execução e *as que se vencerem no curso do processo*.

Portanto, somente é possível executar os **alimentos sob pena de prisão** em relação às *últimas 3 prestações mensais*. Quanto às *demais parcelas vencidas*, executa-se os **alimentos sob pena de penhora.**

E vale lembrar que, apesar da previsão constitucional de *prisão civil em duas hipóteses* (dívida alimentar e depositário infiel - CF, art. 5º, LXVII), o STF pacificou que **não cabe a prisão do depositário infiel** (Súmula Vinculante 25: É ilícita a prisão civil de depositário infiel, *qualquer que seja a modalidade do depósito*).

Inova o NCPC ao prever o **protesto** da decisão que fixa de alimentos:

Art. 528, § 1º. Caso o executado, no prazo referido no *caput*, não efetue o pagamento, não prove que o efetuou ou não apresente justificativa da impossibilidade de efetuá-lo, *o juiz mandará protestar* o pronunciamento judicial, aplicando-se, no que couber, o disposto no art. 517.

Assim, antes mesmo da prisão civil, o juiz *determinará o protesto da decisão* que fixou os alimentos.

O NCPC já prevê o protesto de qualquer decisão (art. 517).

Porém, há distinções entre o protesto da decisão de alimentos e das demais:

(i) nas outras decisões condenatórias, há *necessidade de trânsito em julgado*;

(ii) nas demais decisões condenatórias, o protesto é feito *a requerimento da parte*; no caso dos alimentos, *é determinado de ofício pelo juiz.*

Outra novidade é a possibilidade de **desconto de até 50% dos vencimentos** do executado:

Art. 529, § 3º Sem prejuízo do *pagamento dos alimentos vincendos*, o débito objeto de execução pode ser *descontado dos rendimentos ou rendas* do executado, *de forma parcelada*, nos termos do *caput* deste artigo, contanto que, *somado à parcela devida, não ultrapasse cinquenta por cento de seus ganhos líquidos.*

Assim, se um devedor de alimentos passa a receber salário, poderá haver, além do desconto em folha das parcelas mensais, um desconto adicional em relação às parcelas devidas.

Quanto ao **procedimento,** no NCPC há 4 possibilidades. A distinção se dá em relação ao **tipo de título** (*judicial ou extrajudicial*) e **tempo de débito** (*pretérito ou recente*):

4.5.2. Cumprimento de sentença de alimentos

Tratando-se de título executivo judicial (sentença de alimentos), é possível que existam dois procedimentos:

(i) cumprimento de sentença, sob pena de prisão (arts. 528 a 533): para débitos recentes, *executado intimado pessoalmente para pagar, em 3 dias*;

(ii) cumprimento de sentença, sob pena de penhora (art. 528, § 8º): para débitos pretéritos, *executado intimado para pagar, em 15 dias, sob pena de multa de 10% (art. 523)*;

Em relação à **defesa no cumprimento de sentença**:

(i) sendo procedimento **sob pena de prisão**, o executado deverá pagar, provar que pagou ou apresentar *justificativa de alimentos*, apontando motivos que justifiquem o inadimplemento (NCPC, art. 528, § 1º). Porém, somente será aceita a justificativa de fato "que gere a impossibilidade absoluta de pagar justificará o inadimplemento" (§ 2º).

(ii) sendo procedimento **sob pena de penhora**, cabível será a *impugnação*, sem qualquer especificidade.

4.5.3 Execução de alimentos

Tratando-se de título executivo extrajudicial (escritura pública ou outro título extrajudicial de alimentos), também é possível que existam dois procedimentos:

(iii) execução de alimentos, fundada em título executivo extrajudicial, **sob pena de prisão**, para débitos recentes (arts. 911 e 912): *executado será citado para pagar, em 3 dias (art. 528)*;

(iv) execução de alimentos, fundada em título executivo extrajudicial, **sob pena de penhora**, para débitos pretéritos (art. 913): *executado será citado para pagar, em 3 dias (art. 829).*

Em relação à **defesa na execução** de alimentos:

✓ quanto ao exposto em (iii) acima (sendo o procedimento **sob pena de prisão)**, cabível também a *justificativa de alimentos*, tal qual no cumprimento de sentença (art. 911, parágrafo único. Aplicam-se, no que couber, os §§ 2º a 7º do art. 528).

✓ quanto ao exposto em (iv) acima (sendo o procedimento **sob pena de penhora)**: cabíveis os *embargos*, sem qualquer especificidade.

4.6. Outros conceitos relacionados ao processo de execução

Estes temas são usualmente pedidos no Exame da OAB.

4.6.1. Fraudes

Diante da *alienação de bens que poderiam ser objeto de penhora*, fala-se em fraudes:

a) fraude à execução: é a *ineficácia de alienação feita pelo devedor após a citação em processo - de conhecimento ou execução -, que possa levá-lo à insolvência* (NCPC, art. 792).

A Súmula 375 do STJ pacificou que: "O reconhecimento da fraude à execução depende do registro da penhora do bem alienado ou da prova de má-fé do terceiro adquirente".

Para ser reconhecida a fraude à execução, *não há necessidade de uma nova ação judicial;* o reconhecimento será requerido no bojo do processo que já tramita e no qual já houve a citação. Assim, se o réu, citado no processo judicial, alienar seus bens a ponto de ficar sem patrimônio, poderá ser reconhecida a fraude;

A hipótese mais frequente é a seguinte:

"Art. 792. A alienação ou a oneração de bem é considerada fraude à execução:

(...)

IV - quando, *ao tempo da alienação* ou da oneração, *tramitava contra o devedor ação capaz de reduzi-lo à insolvência;*"

Mas não é a única hipótese

"Art. 792. A alienação ou a oneração de bem é considerada fraude à execução:

I - quando sobre o bem pender *ação fundada em direito real* ou com pretensão reipersecutória, desde que a pendência do processo tenha sido *averbada* no respectivo registro público, se houver;

II - quando tiver sido *averbada, no registro do bem, a pendência do processo de execução*, na forma do art. 828;

III – quando tiver sido averbado, no registro do bem, *hipoteca judiciária* ou outro ato de constrição judicial originário do processo onde foi arguida a fraude;"

Como exemplo, uma demanda reivindicatória em que se pleiteia determinado imóvel. O réu aliena o imóvel durante a tramitação desse processo.

Se o resultado da demanda for:

1) extinção sem resolução de mérito – não há problema;

2) improcedência – não há problema

3) procedência – problema: autor tem direito à propriedade, mas o bem foi alienado. Nesse caso, pode-se falar em fraude, nos termos do inc. I do art. 792.

Além disso, o inc. V do art. 792 fala "nos demais casos expressos em lei". Um dos exemplos é a alienação após o incidente de desconsideração da personalidade jurídica (arts. 133 e 792, § 3º).

Traz o NCPC algumas **inovações** quanto à fraude à execução:

– afirma o Código, tal qual já reconhecia a doutrina, que a alienação em fraude é **ineficaz** quanto ao exequente (art. 792, § 1º);

– no caso de aquisição de bem *não sujeito a registro*, o **terceiro adquirente tem o ônus** de provar que adotou as cautelas necessárias para a aquisição do bem, mediante a *exibição das certidões pertinentes*, obtidas no domicílio do vendedor e no local onde se encontra o bem (§ 2º).

– **antes de declarar a fraude** à execução, o juiz deverá *intimar o terceiro adquirente*, que poderá se defender via *embargos de terceiro, no prazo de 15 dias* (§ 4º).

b) fraude contra credores: é a *alienação realizada pelo devedor, que o levará à insolvência, com finalidade de prejudicar o credor em eventual processo judicial* (CC, arts. 158 e ss.).

Ocorre *antes da citação em qualquer processo judicial*. Tem como **requisitos** o *eventum damni* (dano – reduzir o devedor à insolvência) e o *consilium fraudis* (fraude – prejudicar o credor).

Há necessidade de um processo judicial (*ação pauliana*), em que serão litisconsortes passivos quem alienou e quem adquiriu o bem.

Trata-se de demanda que tramita pelo procedimento comum ordinário, que necessita de prova dos dois requisitos para que seja reconhecida a fraude e o juiz determine que a situação volte ao *status quo ante* (ou seja, que o bem deixe a esfera do terceiro e volte à do alienante – para que seja possível, no processo oportuno, ser objeto de penhora).

Vale destacar que somente há legitimidade do credor quirografário (CC, art. 158) e somente é possível o ajuizamento por quem já era credor quando da alienação (CC, art. 158, § 2º).

4.6.2. Remição e remissão

Estas figuras podem acarretar a extinção da execução. Mas são distintas, o que, usualmente, acarreta dúvidas:

(i) remissão da dívida: *perdão da dívida pelo credor* (CC, art. 385), hipótese que acarreta a extinção da execução (NCPC, art. 924, IV);

(ii) remição da execução: *liberação total da execução em virtude do pagamento, antes da adjudicação, alienação ou arrematação* (NCPC, art. 826), hipótese que também acarreta a extinção da execução (NCPC, art. 924, II).

Perceba-se que a *remição depende do pagamento total da execução*. Assim, **não há remição envolvendo um bem específico**.

Se estiver para ser adjudicado ao credor *um determinado bem*, poderão pessoas ligadas ao devedor obter a liberação daquele bem específico.

Ou seja, *poderão adjudicar, nas mesmas condições do credor, o cônjuge, ascendente e descendente do executado*, bem como o credor com garantia real ou outros credores que tenham penhorado o bem (NCPC, art. 876, § 5º).

Havendo mais de um interessado, haverá licitação; para a mesma oferta, *a preferência será do cônjuge / companheiro, ascendente e descendente, nessa ordem* (NCPC, art. 876, § 6º).

5. RECURSOS E PROCESSOS NOS TRIBUNAIS

5.1. Teoria Geral dos Recursos

O tema recursos é muito frequente da Banca da OAB 1ª fase, com grande incidência de perguntas. Com o NCPC, como há diversas alterações no assunto, acredita-se que o tema seguirá sendo muito frequente nas provas.

Inicialmente será apresentada uma visão geral dos recursos (ou seja, a teoria geral dos recursos) para, depois, tratar-se especificamente de cada um deles.

É importante ter a visão do todo, bem como dos recursos excluídos no NCPC, visto que as perguntas da banca podem tratar de vários recursos ao mesmo tempo (e mesmo de recursos do sistema anterior) – e não apenas de um aspecto específico de determinado recurso.

5.1.1. Conceito

Recurso, na linha da definição de Barbosa Moreira, é o "remédio voluntário e idôneo a ensejar, dentro do mesmo processo, a reforma, a invalidação, o esclarecimento ou a integração da decisão judicial impugnada".

A existência dos recursos decorre dos princípios processuais da ampla defesa, do contraditório e do duplo grau de jurisdição.

Pelo **princípio da taxatividade**, *somente a lei pode prever quais são os recursos* – que são os previstos no NCPC, art. 994.

Da soma do conceito de recurso e do princípio da taxatividade, é possível concluir que:

a) a remessa necessária não é recurso.

A **remessa necessária (reexame necessário no CPC/1973)** é a *situação na qual a sentença é contrária à Fazenda Pública (União, Estados, Municípios e suas autarquias e fundações) e, mesmo sem recurso, a decisão de 1º grau tem de ser confirmada pelo Tribunal* (NCPC, art. 496).

Só não haverá a remessa necessária se (NCPC, art. 496, §§ 3º e 4º):

✓ (i) quando a *condenação ou proveito econômico for de valor certo e líquido inferior* a (a) 1.000 salários mínimos para a União, autarquias e fundações federais; (b) 500 salários mínimos para os Estados, o Distrito Federal, autarquias e fundações de direito público estaduais e os Municípios que forem capitais dos Estados; (c) 100 salários mínimos para todos os demais Municípios e autarquias e fundações de direito público municipais;

(ii) quando a *sentença estiver fundada* em (a) súmula de tribunal superior; (b) acórdão proferido pelo STF ou pelo STJ em julgamento de recursos repetitivos; (c) entendimento firmado em incidente de resolução de demandas repetitivas ou de assunção de competência; (d) entendimento coincidente com orientação vinculante firmada no âmbito administrativo do próprio ente público, consolidada em manifestação, parecer ou súmula administrativa.

b) ações de impugnação autônomas não são recursos.

As **ações de impugnação autônomas**, *apesar de impugnarem decisões judiciais, assim o fazem mediante a instauração de uma nova relação processual*, ou seja, *não se trata da mesma relação processual na qual a decisão foi proferida.*

Como exemplos, a *ação rescisória* (que busca desconstituir a coisa julgada – NCPC, art. 966), o mandado de segurança e o *habeas corpus* contra decisão judicial. Nessas três situações, há a instauração de uma nova relação processual;

c) pedido de reconsideração não é recurso.

O **pedido de reconsideração** é a *petição na qual a parte, uma vez que um pleito seu não foi atendido, busca a reconsideração por parte do juiz.* No cotidiano forense é utilizado com frequência pelos advogados, mas, como não está previsto no art. 994, não é recurso.

Assim, não modifica em nada o prazo para interposição do recurso cabível. Ou seja: se o juiz indeferir a tutela de urgência e a parte apresentar pedido de reconsideração, esta peça *não alterará* o prazo para interposição do agravo de instrumento.

5.1.1.1. Incidentes e ações previstas nos tribunais (NCPC)

Além disso, os seguintes *incidentes* e *ações* que tramitam nos tribunais e estão previstos no Livro III da Parte Geral do NCPC também não são recursos:

(i) incidente de **arguição de inconstitucionalidade** (NCPC, art. 948): considerando o sistema difuso-concreto brasileiro, qualquer juiz pode declarar a inconstitucionalidade de um diploma legal, incidentalmente no processo (como questão prejudicial).

Mas quando isso ocorrer no âmbito dos tribunais há necessidade de decisão da maioria dos membros do tribunal, em obediência à "cláusula de reserva de plenário" (CF, art. 97 e Súmula Vinculante 10).

(ii) conflito de competência (NCPC, art. 951): quando *dois ou mais juízes se considerarem competentes ou incompetentes para julgar uma mesma causa*, cabe o conflito de competência (vide item 1.2.7 acima).

O conflito será suscitado no Tribunal, e o relator determinará a manifestação dos juízos envolvidos. Se um juiz for o suscitante, poderá somente ser ouvido o suscitado (art. 954).

Pode o relator designar um dos juízes para decidir, em caráter provisório, as questões urgentes.

Se já houver jurisprudência dominante, cabe o julgamento do conflito de forma monocrática (art. 955, parágrafo único).

(iii) homologação de decisão estrangeira (NCPC, art. 960): a decisão estrangeira, para ingressar no sistema processual brasileiro, depende de *prévia homologação perante o STJ.* Isso porque é necessário verificar se a decisão estrangeira pode ser aqui aplicada, considerando as regras de competência internacional concorrente e exclusiva (vide item 1.2.4.1 acima), não se admitindo a homologação de decisão em caso de competência exclusiva do juiz brasileiro (NCPC, art. 964). Por isso, eventualmente cabe *decisão homologatória parcial* (NCPC, art. 961, § 2º).

Inova o NCPC ao prever que também a **decisão interlocutória estrangeira** pode ser homologada, via carga rogatória (NCPC, art. 960, § 1º) – inclusive a que concede medida de urgência (NCPC, art. 962). Também há previsão de homologação de **decisão arbitral estrangeira** (NCPC, art. 960, § 3º).

A decisão estrangeira de **divórcio consensual não precisa ser homologada no STJ**, cabendo a *qualquer juiz apreciar a validade da decisão estrangeira*, quando o tema por submetido perante o Judiciário brasileiro (NCPC, art. 961, §§ 5º e 6º).

São **requisitos** para a homologação da decisão estrangeira (NCPC, art. 963):

I – ser proferida por *autoridade competente*;

II – ser *precedida de citação regular*, ainda que verificada a revelia;

III – ser *eficaz no país em que foi proferida*;

IV – *não ofender a coisa julgada brasileira*;

V – estar acompanhada de *tradução oficial*, salvo disposição que a dispense prevista em tratado;

VI – não conter manifesta *ofensa à ordem pública.*

(iv) incidente de resolução de demandas repetitivas (IRDR – NCPC, art. 976): trata-se de uma das principais inovações do NCPC, busca a *racionalidade e igualdade na apreciação de processos de massa, em que se debata o mesmo tema repetitivo.* Assim, busca maior agilidade e rapidez em causas repetitivas.

O **IRDR será instaurado** quando houver, simultaneamente (NCPC, art. 976): I – efetiva *repetição de processos* que contenham *controvérsia sobre a mesma questão unicamente de direito*; II – *risco* de ofensa à *isonomia e à segurança jurídica.*

Não será cabível o IRDR quando um dos tribunais superiores (STF ou STJ), no âmbito de sua respectiva competência, *já tiver afetado recurso repetitivo* para definição de tese sobre questão de direito material ou processual repetitiva (NCPC, art. 976, § 4º).

Admitido o incidente, o relator (NCPC, art. 982):

I – *suspenderá os processos pendentes, individuais ou coletivos*, que tramitam no Estado ou na região, conforme o caso;

II – poderá *requisitar informações* a órgãos em cujo juízo tramita processo no qual se discute o objeto do incidente, que as prestarão em 15 dias;

III – intimará o *MP* para, querendo, manifestar-se em até 15 dias.

O relator *ouvirá partes e interessados*, que no prazo comum de 15 dias, poderão requerer juntada de documentos e diligências necessárias para a elucidação da questão de direito controvertida (NCPC, art. 983).

O julgamento, realizado perante o órgão previsto no regimento interno como responsável pela uniformização de jurisprudência do tribunal, deverá **ocorrer em até um ano** (NCPC, arts. 978 a 980). **Se não for julgado em até 1 ano**, *cessa a suspensão dos demais processos* – salvo se o relator decidir em sentido contrário (NCPC, art. 980, parágrafo único).

Julgado o incidente, a tese jurídica será aplicada (NCPC, art. 985):

I – a *todos os processos* individuais ou coletivos que versem sobre *idêntica questão de direito* e que tramitem *na área de jurisdição do tribunal*, inclusive àqueles que tramitem nos *juizados especiais* do respectivo Estado ou região;

II – aos *casos futuros que versem idêntica questão de direito* e que venham a tramitar no território de competência do tribunal, salvo hipótese de revisão.

Não observada a tese adotada no IRDR, além do recurso cabível, será possível o uso de *reclamação* (NCPC, art. 985, § 1º).

Do julgamento do mérito do incidente *caberá recurso extraordinário ou especial* (NCPC, art. 987), que será recebido no efeito suspensivo, sendo presumida a repercussão geral para o RE (NCPC, art. 987, § 1º). Da decisão do IRDR será admitido *recurso do amicus curiae* (NCPC, art. 138, § 3º).

Apreciado o **mérito do recurso por tribunal superior**, a tese jurídica adotada será *aplicada em todo o território nacional a todos os processos* individuais ou coletivos que versem sobre idêntica questão de direito (NCPC, art. 987, § 2º).

(v) incidente de assunção de competência (IAC – NCPC, art. 947): novidade no sistema, este incidente é cabível quando o julgamento de recurso, de remessa necessária ou de processo de competência originária envolver *relevante questão de direito, com grande repercussão social, sem repetição em múltiplos processos* (art. 947).

Ou seja, o órgão para fixação de jurisprudência do tribunal avocará o julgamento de determinado recurso, tal qual ocorre com o IRDR, mas sem se tratar de questão de massa. Vale pensar em uma situação que cause grande repercussão e que seria originariamente julgada por uma câmara ou turma, mas que se entenda conveniente já ser julgada por um órgão do tribunal composto por mais magistrados. Como exemplo, uma ação civil pública ambiental que envolva uma obra necessária para mitigar a falta de água; pela relevância, poderia ser submetido ao incidente de assunção.

O relator proporá, de ofício ou a requerimento, que seja o recurso, a remessa necessária ou o processo de competência originária julgado pelo órgão colegiado que o regimento indicar. Reconhecido o interesse público, o órgão colegiado apreciará o incidente e o acórdão proferido vinculará todos os juízes e órgãos fracionários (§ 3º). Aplica-se o IAC quando ocorrer *relevante questão de direito* a respeito da qual seja *conveniente a prevenção ou a composição de divergência* entre câmaras ou turmas do tribunal (§ 4º).

O debate que poderá surgir é se o IAC importaria na violação do juiz natural, pois poderia haver, desde logo, o julgamento por parte de um determinado órgão que já se sabe, de antemão, a composição (especialmente se for o órgão especial ou corte especial o responsável regimental pelo julgamento).

(vi) reclamação (NCPC, art. 988): trata-se de *ação*, não de recurso, que ganha relevo no âmbito do NCPC. Já é prevista em diversos outros diplomas, como a Lei 8.038/1990, art. 13 e ss. com a finalidade de preservar a autoridade de tribunal.

O NCPC, a reclamação é o meio cabível para (art. 988):

I – *preservar a competência* do tribunal;

II – garantir a *autoridade das decisões* do tribunal;

III – garantir a *observância de decisão do STF* em controle concentrado de constitucionalidade e súmula vinculante;

IV – garantir a *observância de acórdão proferido em julgamento de IRDR* ou em incidente de *assunção de competência*.

Ou seja, será possível utilizar a reclamação, para qualquer tribunal (intermediário ou superior):

a) se a *competência ou decisão* de tribunal não for observada;

b) se a decisão de *ADIN, ADC, ADPF, súmula vinculante, IRDR e IAC* não forem observadas;

c) se a decisão proferida em *RE ou REsp repetitivo* não for observada (não há expressa menção aos repetitivos nos incisos do art. 988 do NCPC, mas pela interpretação sistemática assim se conclui).

Por sua vez, não será admitida a reclamação (NCPC, art. 988, § 5º):

a) proposta após o trânsito em julgado da decisão reclamada (de modo que, além da reclamação, deverá ser utilizado o recurso cabível);

b) proposta para garantir a observância de acórdão de recurso extraordinário com repercussão geral reconhecida ou de acórdão proferido em RE ou REsp repetitivos, quando não esgotadas as instâncias ordinárias.

A restrição mencionada em b) foi incluída pela Lei 13.256/2016. Assim, na redação original do NCPC, se um juiz de 1º grau não observasse o precedente fixado em repetitivo, já caberia apelação (para o Tribunal intermediário) e reclamação (para o STJ). Com a redação final, somente após a prolação do acórdão pelo tribunal é que será possível o uso da reclamação – em conjunto, portanto, com o RE ou REsp.

Ao **despachar a reclamação**, o relator (NCPC, art. 989):

I – *requisitará informações* da autoridade a quem for imputada a prática do ato impugnado, que as prestará em 10 dias;

II – se necessário, *ordenará a suspensão do processo* ou do ato impugnado para evitar dano irreparável;

III – determinará a *citação do beneficiário da decisão impugnada*, que terá prazo de 15 dias para apresentar sua *contestação*.

Ao final, julgando **procedente a reclamação**, o tribunal *cassará a decisão exorbitante* de seu julgado ou *determinará medida adequada à solução da controvérsia* (NCPC, art. 992).

5.1.2. Finalidade dos recursos

Como já visto, o recurso impugna a decisão judicial e três são as possíveis finalidades de um recurso: invalidação, reforma e integração.

a) invalidação ou **anulação da decisão**: *caso a decisão impugnada não tenha observado a forma processual prevista para determinado ato, deverá ser anulada.* Portanto, a decisão será retirada do mundo jurídico e haverá a repetição do ato anulado pelo juiz de origem.

Assim, a decisão será viciada em virtude de um erro procedimental (*error in procedendo*), defeito de forma que macula a sua validade. O vício de forma ocorre porque uma norma de natureza processual não foi observada (como, por exemplo, a manifestação do MP quando uma das partes for menor).

b) reforma da decisão: *caso a decisão impugnada não tenha aplicado a correta solução para lide, deverá ser reformada.* Isto é, o Tribunal já proferirá uma decisão que substituirá a anterior.

Assim, a decisão será viciada não em relação à forma, mas sim quanto ao conteúdo, ao mérito, à lide, ou seja, houve um erro de julgamento (*error in judicando*). Em tal situação, o Tribunal reformará a decisão;

c) integração da decisão: *caso a decisão impugnada seja obscura, contraditória ou omissa cabem esclarecimentos ou complementos– ou seja, a integração da decisão.*

Neste caso, o próprio órgão prolator da decisão (e não um órgão superior) é que irá complementá-la. Os embargos de declaração são o recurso típico para a integração de uma decisão.

Além disso, o NCPC destaca também outra função dos recursos: a de **uniformização da jurisprudência**. Nesse sentido, os arts. 926 e 927 são relevantes para buscar uma *valorização e vinculação da jurisprudência aos precedentes.*

Nesse sentido, os tribunais deverão dar *publicidade aos seus precedentes*, organizando-os por questão jurídica decidida e divulgando-os, preferencialmente, na rede mundial de computadores (NCPC, art. 927, § 5º).

Os tribunais devem **uniformizar sua jurisprudência** e mantê-la *estável, íntegra e coerente* (NCPC, art. 926).

Para tanto, juízes e tribunais *observarão* (NCPC, art. 927):

I - as decisões do STF em *controle concentrado* de constitucionalidade;

II - os enunciados de *súmula vinculante*;

III - os acórdãos em *incidente de assunção de competência* ou de *resolução de demandas repetitivas* e em julgamento de *recursos extraordinário e especial repetitivos*;

IV - os enunciados das *súmulas do STF* em matéria constitucional e do *STJ* em matéria infraconstitucional; (ou seja, todas as súmulas, agora, deverão ser observadas)

V - a orientação do *plenário ou do órgão especial* aos quais estiverem vinculados.

Considera-se **julgamento de casos repetitivos**, que poderão enfrentar questões de direito *material ou processual*, a decisão proferida em (NCPC, art. 928:

I - incidente de resolução de demandas repetitivas (*IRDR*);

II - recursos *especial e extraordinário repetitivos.*

A **alteração de tese jurídica** adotada em enunciado de súmula ou em julgamento de casos repetitivos poderá ser *precedida de audiências públicas* e da participação de pessoas, órgãos ou entidades que possam contribuir para a rediscussão da tese (art. 927, § 2º). E, caso haja mudança da orientação jurisprudencial, os tribunais superiores poderão *modular os efeitos da alteração*, considerando razões de interesse social ou segurança jurídica (NCPC, art. 927, § 3º) - ou seja, mudar a jurisprudência, mas apenas a partir determinado momento. A mudança de jurisprudência observará a *necessidade de fundamentação adequada e específica*, considerando os princípios da segurança jurídica, da proteção da confiança e da isonomia (art. 927, § 4º).

5.1.3. *Enumeração dos recursos existentes no processo civil brasileiro*

São recursos no processo civil (NCPC, art. 994):

I - apelação (NCPC, art. 1.009);

II - agravo de instrumento (NCPC, art. 1.015);

III - agravo interno (NCPC, art. 1.021);

IV - embargos de declaração (NCPC, art. 1.022);

V - recurso ordinário constitucional (ROC - NCPC, art. 1.027, e CF, art. 102, II, e 105, II);

VI - recurso especial (REsp - NCPC, art. 1.029, e CF, art. 105, III);

VII - recurso extraordinário (RE - NCPC, art. 1.029, e CF, art. 102, III);

VIII - agravo em recurso especial ou extraordinário (NCPC, art. 1.042);

IX - embargos de divergência (NCPC, art. 1.043).

Além destes, há ainda a modalidade de **recurso adesivo** para alguns dos acima arrolados (NCPC, art. 997, § 1º):

✓ - apelação adesiva;

✓ - RE adesivo;

✓ - REsp adesivo.

Por fim, é de se destacar que existem algumas distinções em relação ao JEC (vide último item deste capítulo 5).

5.1.4. *Cabimento de cada recurso*

Para cada espécie de decisão judicial a lei processual prevê um determinado recurso. E apenas um recurso. Este é **princípio da unirrecorribilidade ou unicidade**: *para cada decisão só cabe um tipo de recurso.*

Assim, não é possível, ao mesmo tempo, para uma mesma decisão e com a mesma finalidade, utilizar-se de apelação e agravo.

Para saber o cabimento de cada recurso, a regra mais fácil é analisar a natureza da decisão: *conforme a natureza da decisão impugnada, determina-se o recurso cabível.*

Para tanto, é necessário que se saiba quais são as possíveis decisões que o Poder Judiciário pode proferir. E isso é variável conforme o grau de jurisdição.

O sistema processual diferencia as decisões proferidas por um juiz de 1º grau das decisões proferidas no âmbito dos Tribunais intermediários - seja Tribunal de Justiça (TJ - Justiça Estadual), Tribunal Regional Federal (TRF - Justiça Federal) ou Tribunais Superiores (STJ e STF).

Em 1º grau de jurisdição, ***três são as possíveis decisões de um juiz*** (NCPC, art. 203):

a) sentença (§ 1º): *decisão que põe fim à fase de conhecimento em 1º grau de jurisdição, resolvendo o mérito* (NCPC, art. 487) *ou não* (NCPC, art. 485);

b) decisão interlocutória (§ 2º): *decisão que soluciona questão incidente, mas não põe fim ao processo - ou seja, que não é sentença*; e

c) despacho (§ 3º): *decisão que simplesmente dá andamento ao processo, sem ser dotada de efetivo caráter decisório por não resolver qualquer ponto controvertido - ou seja, o que não é sentença nem interlocutória.*

A partir da identificação das decisões, fica mais simples compreender o cabimento dos recursos:

✓ - da *sentença* cabe *apelação* (NCPC, art. 1.009);

✓ - da *decisão interlocutória*, cabe *agravo de instrumento* (NCPC, art. 1.015 - agravo retido deixa de existir);

✓ - do *despacho* não cabe recurso, trata-se, portanto, de *decisão irrecorrível* (NCPC, art. 1.001).

Destaca se que esta apresentação é apenas uma visão geral, já que o estudo de cada recurso, individualmente, será feito adiante.

No âmbito dos Tribunais, ***duas são as possíveis decisões de um desembargador (TJ ou TRF) ou Ministro (STJ ou STF):***

d) acórdão: *decisão colegiada, proferida por três ou mais julgadores* (NCPC, art. 204);

e) decisão monocrática: *decisão proferida por apenas um julgador (relator), possível em hipóteses específicas* (NCPC, art. 932, III, IV e V).

É certo que o relator poderá proferir decisões monocráticas sem efetiva carga decisória ("despacho"). Porém, a lei não traz essa previsão legal em relação aos atos proferidos nos Tribunais. Assim, a rigor técnico, temos apenas em decisão monocrática e acórdão no âmbito dos Tribunais.

Quando um recurso é distribuído ao Tribunal, é sorteado um **relator**, *julgador que será o responsável pela elaboração do relatório e, na sessão de julgamento, lerá aos demais julgadores o seu relatório e voto*. Assim, é a figura central no julgamento colegiado.

Deixa de existir o revisor, magistrado que, no sistema anterior, após o estudo do caso pelo relator, também analisava o processo. Assim, além do relator, em um tribunal intermediário, *outros dois magistrados também votarão*, mas sem acesso prévio aos autos (salvo pedido de vista): o **segundo** e o **terceiro** magistrados.

Na redação original do NCPC, seria possível o julgamento de recursos (e processos de competência originária) que não admitem sustentação oral por meio eletrônico, ou seja, de forma colegiada mas sem passar por sessão pública de julgamento. Porém, o dispositivo (art. 945) foi revogado pela Lei 13.256/2016.

Quando o recurso tiver *clara falha processual* ou quando a *matéria já estiver pacificada, poderá o relator julgar sem a participação dos pares*: esta é a **decisão monocrática**. 3 são os possíveis resultados do julgamento monocrático:

✓ - **não conhecer** do recurso inadmissível, prejudicado ou que não tenha impugnado os fundamentos da decisão recorrida (NCPC, art. 932, III);

✓ - **conhecer e negar provimento** ao recurso que for contrário à jurisprudência dominante (NCPC, art. 932, IV);

✓ - **conhecer e dar provimento** ao recurso, após a possibilidade de contrarrazões, se a decisão recorrida for contrária a jurisprudência dominante (NCPC, art. 932, V).

Pela redação do art. 932, IV e V, *somente será possível o julgamento monocrático de mérito* se houver (i) *súmula* do STF, STF ou tribunal local (portanto, seja súmula vinculante do STF ou não); (ii) acórdão dos tribunais superiores em *RE ou REsp repetitivos* e (iii) decisão em incidente de resolução de demandas repetitivas ou incidente de assunção de competência (*IRDR ou IAC*). No sistema anterior, para o julgamento monocrático bastava *jurisprudência dominante*, a critério do relator. Assim, pelo texto legal, houve **diminuição da possibilidade de julgamento monocrático** – resta verificar como isso ocorrerá na prática (se será observada a redução ou se os tribunais irão alargar a interpretação do dispositivo).

Diferenciado um acórdão de uma decisão monocrática, novamente fica mais simples a compreensão dos recursos cabíveis:

(i) de *decisões monocráticas* cabe:

✓ - *agravo interno* – no sistema anterior também conhecido por "legal" ou "regimental" (NCPC, art. 1.021);

✓ - *agravo em recurso especial e em recurso extraordinário* (NCPC, art. 1.042, com cabimento restrito).

Lembrando que, no caso de decisão monocrática sem carga decisória ("despacho"), não haverá interesse recursal para impugnar essa decisão;

(ii) de *acórdãos* cabem *os demais recursos* (ou seja, que *não são cabíveis de decisão de 1º grau ou de monocrática)*:

✓ - Recurso ordinário (ROC - NCPC, art. 1.027);

✓ - Recurso especial (REsp - NCPC, art. 1.029);

✓ - Recurso extraordinário (RE - NCPC, art. 1.029); e

✓ - Embargos de divergência (NCPC, art. 1.043).

Reitera-se que aqui apenas se traz uma visão geral, já que o estudo de cada recurso, individualmente, será feito adiante.

Além disso, há recurso **cabível de qualquer ato judicial com carga decisória**: *embargos de declaração* (NCPC, art. 1.022 - obscuridade, omissão, contradição e erro material).

5.1.4.1. Síntese do cabimento dos recursos no processo civil

De modo a sintetizar o cabimento de cada um dos recursos, tal qual acima indicado, cabe apresentar um quadro:

Grau de jurisdição	Decisão	Recurso cabível
1º grau	Sentença	- Apelação
1º grau	Decisão interlocutória	- Agravo de instrumento
1º grau	Despacho	- Irrecorrível
2º grau ou grau Superior	Decisão monocrática	- Agravo interno - Agravo em REsp e em RE
2º grau ou grau Superior	Acórdão	- REsp - RE - ROC - Embargos de divergência
* Todos	* Qualquer uma com carga decisória (menos despacho)	* Embargos de declaração

Como é possível perceber, os *embargos de declaração* assumem uma *função distinta* no sistema recursal: como servem para *esclarecer* uma decisão, podem ser utilizados para *qualquer tipo delas.*

Mas não cabe de uma sentença, ao mesmo tempo, apelação e embargos de declaração. Inicialmente a parte deverá ingressar com embargos de declaração e, depois, se ainda houver necessidade, ingressará com a apelação. Trata-se do princípio da unirrecorribilidade, como já visto.

E o cabimento de cada recurso é bem especificado na legislação processual. Assim, salvo algumas poucas situações, não há dúvida a respeito de qual o recurso cabível. Daí não ser positivado, em nosso país, o **princípio da fungibilidade recursal** - que *é a possibilidade do recebimento de um recurso por outro, quando houver dúvida objetiva a respeito de qual é o recurso cabível para determinada situação.*

Reitere-se: tal princípio *não está previsto na lei* e somente é admitido pela jurisprudência em pouquíssimas situações, nas quais haja divergência a respeito do recurso cabível, na doutrina e na jurisprudência. Apesar de não positivar a fungibilidade como princípio, o NCPC prevê ao menos 3 situações de *recebimento de um recurso pelo outro* (sem, contudo, mencionar o termo fungibilidade): (i) embargos de declaração recebidos como agravo interno (art. 1.024, § 3º), (ii) recurso especial recebido como extraordinário (art. 1.032) e (iii) recurso extraordinário recebido como especial (art. 1.033).

Uma situação que ainda provoca erros no cotidiano forense e no exame da OAB– mas que *não* permite o uso da fungibilidade, já que pacificada na jurisprudência e na doutrina – é a *exclusão de um litisconsorte do processo*: se "A" ingressa em juízo em face de "B" e "C" e o juiz exclui "C" da relação processual, alegando ser ele parte ilegítima, qual a natureza da decisão? Sentença ou interlocutória? E qual o recurso cabível? Apelação ou agravo?

Conforme firme jurisprudência, como o processo prossegue entre "A" e "B", não houve extinção. Assim, é cabível o *agravo* (STJ, AgRg no REsp 1.204.587/MG, *DJe* 04.02.2011). Corroborando esse entendimento, o art. 1.015, VII, do NCPC destaca caber *agravo de instrumento* da decisão que *exclui litisconsorte*.

5.1.4.2. Cabimento do recurso adesivo

O recurso pode ser interposto na sua modalidade principal ou, quando cabível, na sua modalidade adesiva. Nos termos do art. 997, § 2º, II, do NCPC, cabe o recurso adesivo para a apelação, REsp e RE.

O **recurso principal** *é aquele interposto pela parte no prazo previsto, sem se preocupar com a conduta da parte contrária.* Não havendo o total acolhimento do que foi pleiteado (ou seja, sucumbência), *cada parte pode interpor seu recurso de forma independente.*

Já o **recurso adesivo** *é aquele interposto fora do prazo originalmente previsto; se "A" recorreu de forma principal, mas "B" não, este terá uma segunda chance: no prazo das contrarrazões poderá interpor recurso adesivo.* Só cabe em caso de *sucumbência recíproca* (ou seja, cada parte perdeu um pouco).

Para bem entender o recurso adesivo, é necessária a compreensão do **princípio da vedação da *reformatio in pejus***, ou seja, *vedação da reforma para pior em desfavor do recorrente, no âmbito de apenas um recurso por ele interposto.* Assim, em regra, o Tribunal não pode, ao apreciar o recurso interposto por "A" (sendo que "B" não recorreu), piorar sua situação. Assim, *se apenas uma das partes recorreu, sua situação ou é melhorada ou é mantida.* A vedação da *reformatio in pejus* decorre do princípio da inércia. Contudo, a jurisprudência afirma que, caso se trate de *matéria de ordem pública, será possível ao Tribunal analisar a questão*, sem que isso importe em *reformatio in pejus* (STJ, EDcl nos EDcl no REsp 998.935/DF, 3.ª T., *DJe* 04.03.2011).

Para ilustrar o exposto, vale um exemplo: "A" ingressa em juízo pleiteando indenização por danos materiais de R$ 10 mil. O juiz concede R$ 5 mil a título de danos. Podem autor e réu apelar de forma autônoma (porque ambos sucumbiram, ainda que parcialmente – NCPC, art. 997). Mas, se somente "A" apelar pleiteando a majoração da indenização, o Tribunal somente poderá manter em R$ 5 mil ou aumentar a condenação – nunca diminuir (*reformatio in pejus*). *Contudo*, se no prazo de resposta da apelação "B" apresentar *apelação adesiva* (em peça apartada à das contrarrazões – NCPC, art. 997, § 1º), *poderá o Tribunal também diminuir a indenização.*

É importante destacar que a admissibilidade do recurso adesivo vincula-se à do recurso principal. Ou seja: se o principal não for conhecido por intempestividade ou houver a desistência do recurso, também não será conhecido o recurso adesivo (NCPC, art. 997, § 2º, III).

5.1.5. Juízo de admissibilidade e juízo de mérito

O recurso pode ser objeto de duas análises: inicialmente, uma análise da *admissibilidade recursal* e, se esta for positiva, passa-se à análise do *mérito recursal.*

No **juízo de admissibilidade** *será verificado se estão presentes os requisitos formais para que o recurso seja analisado* (requisitos de admissibilidade, semelhante à verificação das condições da ação e pressupostos processuais em 1º grau).

Se tais requisitos estiverem *ausentes*, o recurso **não será conhecido** ou *não será admitido.*

Por outro lado, uma vez *presentes os requisitos*, então o recurso **será conhecido** ou *admitido.*

Somente se conhecido o recurso passa-se à próxima fase, que é o **juízo de mérito**, ou seja, *a efetiva análise da impugnação realizada pelo recorrente em seu recurso.*

No mérito recursal é que haverá a análise dos erros da decisão impugnada, isto é, do *error in procedendo* (erro no processamento) e/ou do *error in judicando* (erro no julgamento).

O resultado do juízo de mérito pode ser pelo **provimento** ou **não provimento** do recurso.

Em *síntese*: inicialmente há o *conhecimento* (admissão) do recurso para que depois seja analisado o mérito (objeto) recursal, com o *provimento* ou *não provimento.* Assim, a ausência dos pressupostos ou requisitos de admissibilidade leva ao *não conhecimento* ou à *não admissão* do recurso – e, se isso ocorrer, *não* se fala em provimento ou desprovimento.

5.1.5.1. Requisitos de admissibilidade recursal

Há grande divergência na doutrina a respeito da classificação dos requisitos de admissibilidade recursal – mas, pelo foco desta obra, não é viável a análise das diversas classificações. Uma das mais aceitas (e já perguntada em *provas da OAB elaboradas pela FGV*) é a divisão dos requisitos de admissibilidade em *intrínsecos e extrínsecos.* Assim, será esta a classificação aqui apresentada.

Os **requisitos intrínsecos** (ou **pressupostos intrínsecos**) *se referem à própria decisão impugnada.* Ou seja, são *verificados considerando-se conteúdo e forma de uma decisão judicial.* Há de se analisar a decisão judicial para apurar esses requisitos. Três são os requisitos intrínsecos: *cabimento, legitimidade recursal* e *interesse recursal.*

Por outro lado, os **requisitos extrínsecos** (ou **pressupostos extrínsecos**) *se referem a fatores externos à decisão judicial impugnada.* Assim, *para sua verificação, não se leva em conta a decisão em si.* Os requisitos extrínsecos são os seguintes: *tempestividade, preparo, regularidade formal* e *inexistência de fato impeditivo ao direito de recorrer.*

Do acima exposto, percebe-se que são sete os requisitos de admissibilidade. Na sequência, haverá a análise de cada um deles.

(i) cabimento: *o recurso interposto deverá ser aquele previsto na lei para a impugnação do tipo de decisão atacada.* É o que já foi exposto no item 5.1.4.1 acima.

Se for interposto agravo de uma sentença, o recurso não será conhecido por não ser o cabível.

Traçando um paralelo com as condições da ação, este requisito pode ser entendido como a *possibilidade jurídica* de interposição do recurso conforme a decisão.

(ii) legitimidade para recorrer: *o recurso somente poderá ser interposto por quem tem legitimidade recursal, ou seja, partes, MP e terceiro prejudicado* (NCPC, art. 996).

O MP pode recorrer seja na condição de parte, seja como fiscal da lei. O terceiro prejudicado, quando afetado por uma decisão, pode recorrer: trata-se de intervenção de terceiros na fase recursal.

Se o filho do autor ingressar com recurso para impugnar uma decisão, o recurso não será conhecido por ausência de legitimidade para recorrer.

Traçando um paralelo com as condições da ação, este requisito pode ser entendido como a *legitimidade de parte na esfera recursal.*

(iii) interesse em recorrer: *o recorrente só tem necessidade na interposição do recurso quando houver perdido (ou seja, quando houver sucumbência).*

Há sucumbência ainda que a parte tenha decaído de mínima parte do pedido. Assim, se o autor pediu 100 e recebeu 99,99, há sucumbência e, portanto, interesse recursal.

Logo, se o pedido foi julgado totalmente improcedente e o réu recorrer, o recurso não será conhecido por falta de interesse recursal – já que não houve qualquer sucumbência de sua parte, salvo se não tiver ocorrido condenação dos honorários e custas em favor do réu (mas aí haverá sucumbência).

Traçando um paralelo com as condições da ação, este requisito pode ser entendido como o *interesse de agir na esfera recursal.*

(iv) tempestividade: *interposição do recurso no prazo fixado em lei.* Será considerado intempestivo o recurso interposto fora do prazo previsto na legislação processual.

Há situações em que o prazo recursal é em dobro:

✓ – para o MP, Fazenda Pública e Defensoria (NCPC, arts. 180, 183 e 186);

✓ – para os litisconsortes com advogados distintos (NCPC, art. 229).

Se houver interposição de agravo no prazo de 20 dias, o recurso não será conhecido pela intempestividade – salvo se estivermos diante de alguma das hipóteses acima indicadas.

Em regra, os recursos no NCPC terão **prazo de 15 dias**; como *exceção, os embargos de declaração*, cujo prazo é de 5 dias (NCPC, art. 1.003, § 5º).

Quanto ao recurso remetido pelo correio, será considerada como data de interposição a *data da postagem* (NCPC, art. 1.003, § 4º).

Compete ao *recorrente* demonstrar, no *ato da interposição do recurso*, a ocorrência de feriado local (NCPC, art. 1.003, § 6º). Debatia a doutrina se seria possível a comprovação posterior, com base no art. 932, p.u. Porém, a Corte Especial do STJ já apreciou o assunto e decidiu que não: portanto, descabe comprovação posterior do feriado local, de modo que se a parte *não* comprovar isso no momento da interposição, o recurso será intempestivo (AREsp 957821).

É tempestivo o *recurso interposto antes da publicação da decisão* judicial impugnada (NCPC, art. 218, § 4º).

(v) preparo: *a interposição de alguns recursos depende do pagamento de custas e porte de remessa e retorno (custo do correio), sob pena de deserção.*

Em processo eletrônico, não há porte de remessa e retorno (NCPC, art. 1.007, § 3º).

Se houver recolhimento *a menor*, cabe a complementação do preparo, no prazo de 5 dias; se mesmo após a concessão de prazo não houver o complemento, então o recurso será deserto (NCPC, art. 1.007, § 2º).

Se não houver *nenhum recolhimento*, haverá a possibilidade de pagamento do preparo e porte, *em dobro*, sob pena de não será conhecido pela deserção (inovação do NCPC, art. 1.007, § 4º). Contudo, nesse caso do pagamento em dobro, não será possível a complementação do preparo (NCPC, art. 1.007, § 5º).

Caso haja erro no preenchimento da guia de custas, não poderá se falar em deserção, devendo o relator intimar o recorrente para sanar o vício, em 5 dias (NCPC, art. 1.007, § 7º).

(vi) inexistência de fato impeditivo ao direito de recorrer: este requisito, diferentemente dos demais, é negativo – assim, *se houver algum fato impeditivo, o recurso não será conhecido.*

Existem três fatos impeditivos:

a) desistência: *uma vez interposto, pode a parte, a qualquer momento e sem a concordância da parte contrária, desistir do recurso* (NCPC, art. 998). Havendo a desistência, prevalecerá a decisão que foi impugnada pelo recurso que posteriormente foi objeto da desistência.

Contudo, a desistência não impede a análise da *questão que já tenha sido reconhecida para julgamento via REsp ou RE repetitivos* **(NCPC, art. 998, parágrafo único).**

b) renúncia: *antes da interposição do recurso, podem as partes (ou uma das partes) renunciar ao direto de recorrer, também sem a necessidade de concordância da parte contrária* (NCPC, art. 999).

A diferença entre a renúncia e a desistência é que, na primeira, ainda não houve a interposição do recurso; na segunda, isso já ocorreu.

c) aquiescência (concordância): *a concordância decorre de um ato incompatível com a vontade de recorrer* (NCPC, art. 1.000). Pode ser expressa ou tácita.

Se, ao ser prolatada uma sentença condenatória, o réu prontamente realizar o pagamento, isso significa concordância com a decisão. Assim, se posteriormente vier a ser interposto recurso, *não será conhecido pela aquiescência.*

Se, após a prolação de uma sentença, o autor apresentar petição afirmando que abre mão do direito de recorrer e, posteriormente, interpuser apelação, *o recurso não será conhecido pela renúncia.*

Se, após a prolação de uma sentença e interposição da apelação, a parte recorrente peticionar afirmando que não mais quer a análise do recurso, *este não será conhecido pela desistência.*

(vii) regularidade formal: *este é um requisito de admissibilidade que não se insere em nenhum dos outros antes expostos e que se* *refere a aspectos formais envolvendo os recursos*. Existem requisitos gerais, iguais para todos os recursos, bem como requisitos específicos, variando conforme os recursos.

Como exemplos de requisitos gerais, a apresentação do recurso em petição escrita, em português, assinada pelo advogado, além da existência de impugnação que tenha relação com a decisão recorrida. Como exemplo de requisitos específicos, a juntada das cópias necessárias para instruir o agravo de instrumento.

Assim, se um agravo de instrumento for interposto sem as peças necessárias, o recurso não será conhecido por falta de regularidade formal.

A regularidade formal diz respeito aos requisitos formais que não se inserem em nenhum dos outros requisitos de admissibilidade acima expostos.

No CPC/1973, *em regra, havia preclusão consumativa* quanto aos requisitos de admissibilidade: ou seja, se a parte interpusesse o recurso sem determinado requisito, em regra, não seria possível a correção da falha e o recurso não seria conhecido.

Há importante alteração nesse ponto no NCPC. Pelo art. 938, § 1º, **constatada a ocorrência de vício sanável**, inclusive que possa ser conhecido de ofício, o relator determinará a *correção da falha*, no próprio tribunal ou em 1º grau. O NCPC não explicita o que seria o *vício sanável*, mas uma interpretação sistemática e pautada no acesso à justiça leva à conclusão de que, considerando os 7 requisitos de admissibilidade acima expostos, somente a intempestividade e existência de fato impeditivo ao direito de recorrer não poderiam ser sanados.

5.1.6. Efeitos da interposição dos recursos

Uma vez interposto o recurso e recebido pelo magistrado, este indicará em quais *efeitos o recurso será recebido*.

Os *dois principais efeitos* são o devolutivo e o suspensivo. Mas parte da doutrina aponta a existência de outros requisitos – e aqui apresentaremos o que já foi objeto de pergunta em exames anteriores da OAB.

a) efeito suspensivo: *impede que a decisão judicial surta seus efeitos imediatamente*. Portanto, apesar da prolação de uma decisão judicial a favor de uma das partes, o efeito suspensivo impede que os efeitos de tal decisão sejam desde logo observados. Assim, se uma sentença condena o réu a pagar R$ 10 mil e há interposição da apelação, o efeito suspensivo impede a efetiva execução da quantia.

Como *regra*, os recursos **não possuem efeito suspensivo**, não impedindo a eficácia da decisão (NCPC, art. 995). Contudo, sempre será possível pleitear ao relator a atribuição de efeito suspensivo, se (i) houver risco de dano grave e (ii) ficar demonstrada a probabilidade de provimento do recurso (NCPC, art. 995, parágrafo único).

b) efeito devolutivo: *é a possibilidade de nova discussão da matéria impugnada por parte do Poder Judiciário* (a "devolução" não é ao mesmo juiz que prolatou a decisão recorrida, mas sim ao Judiciário).

Como se pode concluir, todos os recursos são dotados de efeito devolutivo.

A regra do efeito devolutivo é que o Tribunal somente irá apreciar o que foi objeto de apelação. Assim, se houve sentença condenando a pagar danos morais e materiais e o réu somente apela dos danos morais, usualmente o Tribunal somente apreciará a questão dos danos morais – até por força do princípio da vedação da *reformatio in pejus*, como já visto.

Contudo, tratando-se de matérias que o juiz pode conhecer *de ofício*, será possível a *atuação do Tribunal mesmo sem provocação da parte*. Como exemplo, as condições da ação. Portanto, na hipótese acima, mesmo que a apelação apenas trate dos danos morais, se o desembargador entender que alguma parte é legítima, poderá assim concluir, extinguindo o processo;

c) efeito translativo: como visto acima, a base do efeito devolutivo é o princípio dispositivo. O Tribunal só aprecia o que a parte impugnar no recurso. Porém, por vezes o Tribunal pode ir além (como no exemplo acima, exatamente por força de matérias que podem ser conhecidas de ofício pelo Tribunal).

Para alguns autores, como Nelson Nery Jr., esse seria o **efeito translativo** do recurso, ou seja, *a possibilidade de que o Tribunal aprecie algumas questões não apresentadas na impugnação da parte*;

d) efeito expansivo: o mesmo autor indicado no trecho anterior reconhece também a existência do **efeito expansivo** do recurso, o que significa dizer que, por vezes, *a apreciação do recurso pode acarretar uma decisão mais abrangente que seu próprio objeto*. Como exemplo, o fato de o recurso de um dos litisconsortes unitários, uma vez provido, aproveitar ao outro litisconsorte (NCPC, art. 1.005).

Tanto o *efeito translativo* como o *efeito expansivo* podem ser interpretados como *variações do efeito devolutivo*. Porém, como já exposto, por vezes o Exame da OAB menciona textualmente esses dois efeitos. Mas, no texto legal, não há menção a esses termos.

5.2. Recursos em espécie

5.2.1. Apelação

5.2.1.1. Cabimento

Cabe apelação de *sentença*, qualquer que seja o *procedimento*, seja *sentença definitiva* (mérito – NCPC, art. 487) ou *sentença terminativa* (sem resolução de mérito – NCPC, art. 485).

Portanto, só cabe de *decisão proferida por juiz de 1º grau*.

Da sentença proferida no JEC cabe recurso inominado (Lei 9.099/1995, art. 41).

5.2.1.2. Prazo/custas

O prazo para apelar é de *15 dias* (NCPC, art. 1.003, § 5º). Da mesma forma, é de 15 dias o prazo para responder ao recurso (contrarrazões de apelação – NCPC, art. 1.010, § 1º).

Há custas.

5.2.1.3. Efeitos

Há, como em todos os recursos, efeito devolutivo.

Em regra, há o *efeito suspensivo* (NCPC, art. 1.012).

As *exceções*, nas quais não há o efeito suspensivo, estão previstas em lei – tanto no NCPC (art. 1.012, § 1º, incisos) como em legislação extravagante:

(i) sentença que homologa divisão ou demarcação;

(ii) sentença que condena a pagar alimentos;

(iii) sentença que extingue sem resolução de mérito ou julga improcedente os embargos à execução;

(iv) sentença que julga procedente o pedido de instituição de arbitragem;

(v) sentença que confirma, concede ou revoga a tutela provisória;

(vi) sentença que decreta a interdição;

(vii) sentenças previstas na Lei de Locação, como a que decreta o despejo (Lei 8.245/1991, art. 58, V).

Nesses casos, publicada a sentença, poderá a parte interesse pleitear o cumprimento provisório depois da publicação da sentença (NCPC, art. 1.012, § 2º), sendo que o apelante poderá formular eventual pedido de concessão de efeito suspensivo, diretamente no tribunal (§ 3º).

5.2.1.4. Processamento (interposição/julgamento)

A seguir será apresentada a tramitação de uma apelação, desde sua interposição em 1º grau até a conclusão do julgamento, no Tribunal. Vale esclarecer que o processamento da apelação é a base do processamento dos demais recursos.

5.2.1.4.1. Em 1º grau

A apelação é *interposta em 1º grau* (juízo *a quo*), em petição que deverá trazer (NCPC, art. 1.010) o nome e a qualificação das partes, exposição do fato e do direito, razões do pedido de reforma ou de decretação de nulidade (*error in judicando* e *error in procedendo*) e pedido de nova decisão.

O juiz intimará o apelado para apresentar contrarrazões e, se houver apelação adesiva, também intimará o apelante para as contrarrazões (NCPC, art. 1.010, §§ 1º e 2º).

Não haverá juízo de admissibilidade e o juiz remeterá o processo ao tribunal. Portanto, *não cabe o não conhecimento pelo juiz* de origem nem a indicação de *quais são os efeitos do recurso de apelação.*

Em regra, ao receber a apelação, *o juiz não pode reconsiderar a sentença.* Contudo, há *exceções:*

(i) tratando-se de *indeferimento da inicial* (NCPC, art. 331), ou seja, quando *houver grave vício processual na inicial, que sequer permita a emenda*; e

(ii) tratando-se de qualquer extinção sem resolução de mérito (NCPC, art. 485, § 7º), portanto, a hipótese mencionada no item anterior (art. 485, I), também está inserida nesta previsão; e

(iii) tratando-se de *improcedência liminar* (NCPC, art. 332, § 3º), ou seja, quando *já houver jurisprudência pacífica contrária ao pedido do autor.*

Somente nestes casos, *poderá o juiz reconsiderar a sentença, determinando a citação do réu e o* normal prosseguimento da causa. *Caso não haja a reconsideração* por parte do juiz, os autos serão encaminhados ao Tribunal. Se ainda não tiver havido a citação do réu (sempre nos casos i e iii e às vezes no caso ii), apenas *após a citação do réu*, para apresentar contrarrazões do recurso, é que os autos irão ao Tribunal (NCPC, arts. 331, § 1º e 332, § 4º).

5.2.1.4.2. No Tribunal

Uma vez remetida a apelação ao Tribunal, será *distribuída a um relator* (desembargador que ficará responsável pela principal análise do recurso). Essa distribuição será realizada imediatamente (NCPC, art. 1.011) - ou seja, ainda que não venha a ser julgada desde logo, já se saberá quem é o relator responsável pela causa (CF, art. 93, XV).

Como já exposto, sendo a hipótese de vício processual ou de jurisprudência dominante (NCPC, art. 932), *poderá o relator decidir a apelação monocraticamente*, seja para não conhecer, seja para conhecer e dar ou negar provimento. Não sendo a hipótese de julgamento monocrático, *o relator elaborará relatório* e *voto*, para julgamento pelo órgão colegiado (NCPC, art. 1.011). Reitere-se que não mais há a necessidade de envio prévio para outro desembargador (o revisor, no sistema anterior).

Quando o recurso estiver em condições de julgamento (afirma o NCPC que será em 30 dias - art. 931), o relator enviará os autos, já com relatório, para a secretaria do tribunal. O presidente do órgão julgador designará *dia para julgamento*, devendo ser a pauta publicada no diário oficial, para ciência das partes e interessados (NCPC, art. 934). Deve haver prazo mínimo de 5 dias entre a publicação da pauta e a sessão de julgamento (NCPC, art. 935).

No dia da sessão de julgamento, a ordem será a seguinte (NCPC, art. 937):

✓ - leitura do relatório pelo relator;

✓ - se assim quiserem, sustentação oral dos advogados das partes, cabível na apelação, ROC, REsp, RE, embargos de divergência, ação rescisória, MS, reclamação e agravo de instrumento interposto contra interlocutórias que versem sobre tutela provisória - sustentação essa que poderá ser feita via videoconferência (§ 4º); portanto, **não cabe sustentação oral** no agravo interno, embargos de declaração e parte dos agravos de instrumento (vale destacar que, na versão aprovada no congresso, era **admissível** a *sustentação em agravo interno* interposto de decisão monocrática que julgou apelação, recurso ordinário, REsp ou RE - porém, o dispositivo foi **vetado**);

✓ - leitura do voto do relator;

✓ - voto do segundo e terceiro magistrados.

Se algum dos magistrados não estiver em condições de proferir o voto (dúvida quanto ao julgamento), poderá **pedir vista** - ou seja, *retirar de julgamento o recurso para estudo, retomando-o futuramente.*

Pelo Código, o prazo de vista é de 10 dias, após o qual o recurso será reincluído em pauta na sessão seguinte à data da inclusão (NCPC, art. 940). Poderá o relator pedir prorrogação de prazo por mais 10 dias (§ 1º). Passado esse prazo, *o presidente do órgão julgador requisitará o processo* para julgamento na próxima sessão. Se o magistrado que pediu vista ainda não se sentir habilitado a votar, o presidente convocará *substituto para proferir voto* (§ 2º). Resta verificar se, na prática forense, esse procedimento será observado ou se será ignorado nos tribunais (como ocorreu com qualquer outra tentativa de limitar prazo de vista).

Se houver voto vencido, deverá necessariamente ser declarado e considerado parte do acórdão, inclusive para fins de prequestionamento (NCPC, art. 941, § 3º). E, nesse caso, ainda que não mais existam embargos infringentes, deverá haver o prosseguimento do julgamento (NCPC, art. 942, vide item 5.2.10.2 infra).

Se o acórdão não for publicado no prazo de 30 dias contados da data da sessão do julgamento (e isso pode ocorrer com a demora na revisão e liberação do voto pelo relator), as notas taquigráficas do julgamento serão publicadas, independentemente de revisão, e substituirão o acórdão (NCPC, art. 944). Competira ao presidente do órgão julgador (turma, câmara, seção ou pleno / órgão especial) lavrar as "conclusões e a ementa" e mandar publicar o acórdão (NCPC, art. 944, parágrafo único).

O tribunal apreciará a matéria impugnada pela parte, na apelação (efeito devolutivo - NCPC, art. 1.013). Porém, poderá o tribunal julgar todas as questões suscitadas e discutidas no processo, ainda que não tenham sido solucionadas, *desde que relativas ao capítulo impugnado* (NCPC, art. 1.013, § 1º).

A **teoria da causa madura** é ampliada no Código. Ou seja, se o processo estiver em condições de imediato julgamento, o tribunal *deve decidir desde logo o mérito* quando (NCPC, art. 1.013, §§ 3º e 4º):

I - reformar *sentença sem resolução de mérito*;

II - decretar a *nulidade da sentença por não ser ela congruente* com os limites do pedido ou da causa de pedir (ou seja, decisão *extra ou ultra petita*);

III - constatar a *omissão no exame de um dos pedidos*, hipótese em que poderá julgá-lo (ou seja, decisão *infra petita*);

IV - decretar a *nulidade de sentença por falta de fundamentação* (portanto, se a sentença não observar a exaustiva fundamentação, a rigor, não haverá a volta ao 1º grau para nova fundamentação, mas sim o julgamento de mérito perito pelo tribunal).

V - se reformada *sentença que reconheça a decadência ou a prescrição*, o tribunal, se possível, *julgará desde logo o mérito*, sem determinar o retorno do processo ao juízo de primeiro grau.

Em relação à teoria da causa madura, a dúvida que se coloca é se essa previsão viola o princípio do duplo grau. A jurisprudência responde de forma negativa, sempre lembrando que (i) cabe recurso dessa decisão e (ii) que o princípio do duplo grau, em algumas situações, pode ser afastado.

5.2.1.5. Apelação adesiva

Conforme já exposto, cabe o recurso adesivo quando houver *sucumbência recíproca*. Assim, se a sentença for de parcial procedência, autor e réu poderão *apelar de forma autônoma*.

Mas, *se apenas uma das partes apelar de forma autônoma*, a outra pode, no prazo das contrarrazões, apresentar **apelação adesiva**. O objetivo da apelação adesiva é *tentar melhorar a situação do apelante adesivo* quando do julgamento pelo Tribunal (a qual somente poderia piorar no julgamento da apelação da outra parte, em virtude da vedação da *reformatio in pejus*).

A apelação adesiva apresenta *todos os requisitos de admissibilidade*, tal qual a apelação principal. A única distinção envolve o prazo de interposição: em vez de 15 dias contados da intimação da sentença, são 15 dias contados a partir da intimação para apresentação de contrarrazões à apelação da parte contrária - ou seja, no prazo para responder à apelação, poderá a parte interpor sua apelação adesiva.

Outra distinção entre a apelação adesiva e a autônoma diz respeito à admissibilidade. No caso de duas apelações autônomas, cada qual terá sua admissibilidade apreciada separadamente. Em outras palavras, se a apelação do autor for deserta, não será conhecida, se a apelação do réu tiver as custas recolhidas, será conhecida.

Já no caso da apelação adesiva, sua *admissibilidade dependerá da admissibilidade da apelação principal*. Ou seja, inicialmente há o juízo de admissibilidade da apelação principal e, somente se esta for conhecida, haverá o juízo de admissibilidade da apelação adesiva. É certo que, conforme a observância ou não dos requisitos de admissibilidade, *pode ser conhecida a principal e não conhecida a adesiva*.

Contudo, *o inverso não pode ocorrer*. Se por qualquer razão a *apelação principal não for conhecida, não será conhecida a apelação adesiva* (NCPC, art. 997, § 2º, III). Assim, se a apelação principal for deserta, a apelação adesiva não será conhecida - ainda que traga corretamente as custas. Outro exemplo: interpostas as apelações principal e adesiva, se o apelante principal desistir da sua apelação, nenhuma das duas apelações será processada.

5.2.2. Agravo de instrumento

No sistema anterior, além do instrumento, havia o retido, que ora deixa de existir (vide item 5.2.10.1 infra).

A respeito do cabimento de agravo no JEC (Lei 9.099/1995), consultar o último tópico deste capítulo.

5.2.2.1. Cabimento

Cabe agravo de instrumento de *decisão interlocutória* (NCPC, art. 203, § 2º), proferida por magistrado de 1º grau.

Contudo, inova o NCPC ao apresentar um **rol taxativo de hipóteses de cabimento** do agravo. Assim, somente caberá agravo de instrumento das decisões interlocutórias que versem sobre (NCPC, art. 1.015):

I - *tutelas provisórias*;

II - *mérito* do processo;

III - rejeição da alegação de *convenção de arbitragem*;

IV - *incidente de desconsideração da personalidade jurídica*;

V - rejeição do *pedido de gratuidade* da justiça ou acolhimento do pedido de sua revogação;

VI - *exibição ou posse de documento ou coisa*;

VII - *exclusão de litisconsorte*;

VIII - rejeição do pedido de *limitação do litisconsórcio*;

IX - admissão ou inadmissão de *intervenção de terceiros*;

X - concessão, modificação ou revogação do *efeito suspensivo aos embargos à execução*;

XI - *redistribuição do ônus da prova* nos termos do art. 373, § 1º;

XII - inciso vetado;

XIII - *outros casos* expressamente referidos em lei (como exemplos, a decisão que extingue apenas parte do processo e a decisão de julgamento antecipado parcial o mérito - respectivamente, NCPC, arts. 354, parágrafo único e 356, § 5º).

Também cabe AI contra decisões interlocutórias proferidas na *liquidação de sentença*, no *cumprimento de sentença*, na *execução* e no procedimento especial do *inventário* (NCPC, art. 1.015, parágrafo único).

Pelo NCPC, somente nessas hipóteses caberia o agravo de instrumento. Porém, existem **outras situações relevantes** (como a incompetência, especialmente a absoluta) que ficaram de fora do rol de cabimento do AI. Para esses casos, debate a doutrina *se cabível agravo de instrumento de forma ampliativa* (portanto, o rol não seria taxativo) ou se seria o uso de *mandado de segurança*. A jurisprudência definirá a questão. Até o momento, a questão segue polêmica: alguns tribunais aceitam o AI (sendo rol exemplificativo o art. 1.015), outros aceitam o mandado de segurança (como sucedâneo de recurso) e alguns, bem restritivos, não aceitam nenhuma das opções. O primeiro precedente do STJ foi no sentido de *ampliar* o cabimento do agravo, para permitir seu uso em outras hipóteses (REsp 1.679.909). Porém, ainda é cedo para dizer que essa é a posição que prevalecerá.

5.2.2.2. Prazo/custas

O prazo para interposição do agravo de instrumento é de *15 dias* (NCPC, art. 1.003, § 5º). Da mesma forma, é de 15 dias o prazo para responder ao recurso (contraminuta ou contrarrazões de agravo de instrumento – NCPC, art. 1.019, II).

Há possibilidade de cobrança de custas e porte de retorno (NCPC, art. 1.017, § 1º), sendo que isso é regulamentado no âmbito de cada Tribunal (no âmbito da Justiça Federal, é cobrado em todas as regiões; na Justiça Estadual, a maioria dos Estados cobra). Para fins de OAB, a posição mais segura é entender pela *existência de custas de preparo*.

5.2.2.3. Efeitos

Há, como em todos os recursos, efeito devolutivo.

Em regra, não há o *efeito suspensivo*. Mas, poderá o relator, se presentes os requisitos, atribuir *efeito suspensivo ou antecipação de tutela recursal*. Apesar da omissão da lei (NCPC, art. 1.019, I) é de se entender que são os requisitos usuais da tutela provisória (boa fundamentação e perigo da demora).

Cabe o **efeito suspensivo** *se a decisão de 1º grau for positiva*, ou seja, se o juiz conceder a liminar pleiteada pelo autor, *o réu agrava de instrumento pleiteando a suspensão dos efeitos daquela decisão*.

Por sua vez, cabe a **antecipação de tutela recursal** *se a decisão de 1º grau for negativa*. Ou seja, se o juiz negar a liminar pleiteada pelo autor, *o autor agrava de instrumento pleiteando a concessão da antecipação de tutela recursal*. Seria o denominado "efeito suspensivo ativo", *terminologia não técnica*, que por vezes é utilizada no cotidiano forense e em Exames da OAB.

5.2.2.4. Processamento (interposição/julgamento)

O agravo de instrumento é interposto *diretamente no Tribunal*. Trata-se do *único* recurso interposto diretamente no juízo *ad quem* (NCPC, art. 1.016).

A petição do agravo deve trazer (NCPC, art. 1.016):

I – os nomes das *partes*;

II – a exposição do *fato e do direito*;

III – as *razões do pedido de reforma ou de invalidação* da decisão e o próprio *pedido*;

IV – o *nome e o endereço completo dos advogados* constantes do processo.

O agravante desde logo se dirige ao Tribunal. Assim, para que se saiba qual a discussão, o recurso deverá trazer *cópias do processo*. Exatamente essas cópias é que *formam o instrumento*, que dá nome ao recurso (ainda que os autos sejam eletrônicos).

Existem **cópias necessárias ou obrigatórias** e **cópias facultativas**. São as seguintes (CPC, art. 1.017):

I – *obrigatoriamente*, com cópias da *petição inicial*, da *contestação*, da *petição que ensejou a decisão agravada*, da própria *decisão agravada* (para que se saiba qual a decisão recorrida), da *certidão da respectiva intimação* ou outro documento oficial que comprove a *tempestividade* e das *procurações* outorgadas aos advogados do agravante e do agravado (para que se saiba se o advogado do agravante tem poderes e quem é o advogado do agravado que deverá ser intimado para responder ao agravo);

II – com *declaração de inexistência de qualquer dos documentos referidos no inciso I*, feita pelo advogado do agravante, sob pena de sua responsabilidade pessoal;

III – *facultativamente*, com *outras peças* que o agravante reputar úteis.

No sistema anterior, caso não fossem juntadas cópias necessárias, não era possível a correção do instrumento e o recurso não seria conhecido. No NCPC, **se faltar alguma cópia obrigatória** – ou existir outro vício sanável – o relator deverá intimar o agravante para que corrija o recurso (NCPC, arts. 932, parágrafo único e 1.017, § 3º).

O agravo é interposto diretamente no Tribunal, de modo que o juiz de origem não tem ciência da interposição do recurso. Por isso, **poderá** o agravante requerer a juntada, no juízo de origem, da petição do agravo interposto e da relação de documentos que o instruíram (NCPC, art. 1.018). Quando o juiz de 1º grau receber essa petição, poderá reconsiderar a decisão agravada (juízo de retratação), caso em que o agravo de instrumento será considerado prejudicado (NCPC, art. 1,018, § 1º).

Frise-se que a juntada do agravo na origem é uma **opção** do agravante, tratando-se de *processo eletrônico*.

Se os autos forem físicos, a juntada do agravo na origem é um **dever**, cabendo ao agravante providenciar a juntada do recurso na origem, *no prazo de 3 dias* (NCPC, art. 1.018, § 2º). Caso o agravante não cumpra essa providência, desde que *alegado e provado pelo agravado*, o recurso não será conhecido (NCPC, art. 1.018, § 3º). Assim, não poderá o agravo não ser conhecido pela falta da observância pelo relator, de ofício – isso *depende da provocação do agravado*. A lógica dessa previsão é que o agravado tem de ter ciência do agravo de instrumento perante o juízo de origem, não sendo obrigado a se locomover ao tribunal para ter ciência de qual o teor do recurso (ou seja, se o processo for eletrônico, não há essa necessidade – daí a distinção proposta pelo legislador entre autos físicos e eletrônicos).

O agravo de instrumento será distribuído a um relator, que poderá proceder da seguinte forma (NCPC, art. 1.019):

– **julgar de forma monocrática,** *não conhecendo ou conhecendo e negando provimento ao recurso* (NCPC, art. 932, III e IV) – se houver grave vício processual ou jurisprudência pacífica contra o agravante;

– conceder, liminarmente, **efeito suspensivo ou antecipação de tutela recursal**;

– intimar o agravado para apresentar resposta, em 15 dias;

– determinar a intimação do MP, para se manifestar em 15 dias.

Não há mais a previsão de pedir *informações ao juiz de origem* ou *conversão do agravo de instrumento em retido* (exatamente porque não mais existe o agravo retido).

Após a manifestação do agravado, poderá o relator: (i) julgar monocraticamente, para dar provimento ao recurso (NCPC, art. 932, V) ou (ii) elaborar voto para julgamento colegiado, pautando o recurso. Pelo Código, o agravo deve julgado em até 1 mês contado da intimação do agravado (NCPC, art. 1.020).

5.2.3. Embargos de declaração

5.2.3.1. Cabimento

Cabem **embargos de declaração** (NCPC, art. 1.022) de *qualquer pronunciamento judicial com caráter decisório* (sentença, decisão interlocutória, decisão monocrática e acórdão).

O recurso se presta a complementar uma decisão judicial que contenha *obscuridade, omissão, contradição ou erro material.*

Decisão **obscura** *é aquela que não é clara, que não permite a correta compreensão de seus termos.*

Decisão **omissa** *é aquela na qual o juiz não se manifesta a respeito de questão ou pedido que ele deveria se manifestar.*

Decisão **contraditória** *é aquela que apresenta em seu bojo duas afirmações inconciliáveis.*

Erro material é a *situação na qual haja alguma informação impertinente à lide em análise* (como o nome errado na parte)

Nestes casos, há vício na decisão, a qual precisa ser aclarada, complementada e esclarecida. E isso deve ser realizado *pelo próprio órgão que prolatou a decisão.*

O NCPC traz algumas situações que, por força de lei, já são consideradas como de **omissão** (NCPC, art. 1.022, parágrafo único):

I – deixe de se manifestar sobre *tese firmada em julgamento de casos repetitivos ou em incidente de assunção de competência* aplicável ao caso sob julgamento;

II – incorra em qualquer das *condutas descritas no art. 489, § 1º (fundamentação exaustiva da sentença).*

5.2.3.2. Prazo/custas

Os embargos de declaração serão opostos em *5 dias* (NCPC, art. 1.023). Trata-se do único recurso cujo prazo não é de 15 dias. Caso existam litisconsortes com advogados distintos, há prazo em dobro (NCPC, art. 229 e 1.023, § 1º).

Se houver necessidade de contraditório nos embargos (vide item 5.2.3.4 abaixo), o prazo também será de 5 dias (NCPC, art. 1.023, § 2º).

Não há preparo (CPC, art. 1.023, parte final).

5.2.3.3. Efeitos

Há, como em todos os recursos, efeito devolutivo. E, neste caso, haverá a devolução não só ao Judiciário como *ao próprio órgão prolator* da decisão embargada.

Quanto ao *efeito suspensivo*, o NCPC afastou polêmica antes existente: não há efeito suspensivo (NCPC, art. 1.026).

✓ Além disso, opostos os declaratórios, haverá a *interrupção do prazo para interposição do outro recurso cabível* para impugnar a decisão, *para ambas as partes* (NCPC, art. 1.026). A interrupção do prazo significa que há novo prazo para recorrer, na íntegra.

✓ Logo, diante da prolação de uma sentença de parcial procedência, se o autor embarga de declaração no 5º dia do prazo, há a interrupção do prazo para apelar tanto do autor quanto do réu. Ou seja, quando da decisão dos embargos, haverá novo prazo de 15 dias para ambas as partes apelarem.

5.2.3.4. Processamento (interposição/julgamento)

Os embargos de declaração são *opostos perante o órgão prolator da decisão embargada* (juiz ou relator no âmbito dos Tribunais). O recurso será julgado exatamente por tal órgão (NCPC, art. 1.024, *caput* e § 1º), ou seja, tratando-se de embargos de declaração, *os juízos* a quo *e* ad quem *são o mesmo.*

Pelo NCPC, os embargos devem ser julgados pelo juiz em 5 dias (art. 1024) e devem ser apresentados em mesa pelo relator, na sessão subsequente (art. 1.024, § 1º).

Tratando-se de *declaratórios opostos de decisão monocrática*, os embargos deverão ser julgados *apenas pelo relator*, novamente de forma unipessoal. Contudo, caso se entenda que os embargos buscam reformar a decisão embargada, será possível ao relator *converter os declaratórios em agravo interno*, mas intimando previamente o recorrente para complementar as razões recursais (NCPC, art. 1.024, §§ 2º e 3º), para julgamento colegiado.

Não cabe a utilização, ao mesmo tempo, de embargos de declaração e de outro recurso. Portanto, diante de uma sentença, inicialmente a parte deve opor declaratórios para, somente após a decisão dos embargos, interpor a apelação. Assim é, pois (i) não se sabe se haverá ou não a modificação da sentença (o que pode alterar o interesse recursal); e (ii) por força do princípio da unirrecorribilidade recursal.

Portanto, em síntese, o processamento dos embargos de declaração será o seguinte:

✓ – oposição pela parte recorrente;

✓ – apreciação dos embargos pelo próprio órgão prolator da decisão embargada;

✓ – com a publicação da decisão dos embargos, recomeça a correr o prazo recursal para ambas as partes.

A rigor, o objetivo dos embargos é esclarecer a decisão. Contudo, excepcionalmente, haverá efetivamente uma *mudança da decisão.* Nestes casos, fala-se em *efeitos infringentes* ou *modificativos* dos embargos de declaração. Nesse caso, deverá o embargado ser intimado para exercer o contraditório, no prazo de 5 dias (NCPC, art. 1.023, § 2º). Trata-se de inovação legislativa que acolhe a jurisprudência pacífica do STJ. Ou seja, havendo a *possibilidade de efeitos infringentes*, deverá ser exercido o contraditório, com a apresentação de *contrarrazões de embargos de declaração*, para garantir a igualdade entre as partes e evitar a prolação de decisão surpresa.

É possível que, diante de uma sentença, uma das partes apele e a outra embargue de declaração. Nesse caso, *se houver modificação da sentença pelos embargos*, a parte que apelou poderá *complementar ou alterar suas razões recursais*, nos limites da modificação da decisão, no prazo de 15 dias (NCPC, art. 1.024, § 4º). Contudo, se os embargos não forem providos e a sentença permanecer a mesma, *não haverá necessidade de ratificação da apelação, que será conhecida independentemente de qualquer motivo* (NCPC, art. 1.024, § 5º – dispositivo que afasta a Súmula 418 do STJ).

Outra possibilidade de utilização dos embargos é para fins de *prequestionamento* em relação aos recursos especial e extraordinário. Logo, se o acórdão é omisso no tocante aos dispositivos de lei apontados como violados, cabem declaratórios para que haja a manifestação do Tribunal nesse sentido. Inova o NCPC ao afirmar que a *simples oposição dos declaratórios já supre o requisito* do *prequestionamento*, ainda que os declaratórios sejam inadmitidos ou rejeitados (NCPC, art. 1.025).

Por fim, se o recurso for utilizado de forma protelatória, há previsão de multa de 2% sobre o valor da causa. No caso de reiteração de declaratórios protelatórios, a multa é majorada para 10% – e para a interposição de qualquer outro recurso há a necessidade de recolhimento da multa, salvo se o recorrente for a Fazenda ou beneficiário da justiça gratuita, que recolherão o valor ao final do processo (NCPC, art. 1.026, §§ 2º e 3º). Se já tiverem sido rejeitados e considerados protelatórios 2 declaratórios, não se admitirá novo recursos de embargos (NCPC, art. 1.026, § 4º).

5.2.4. Recurso ordinário (recurso ordinário constitucional)

5.2.4.1. Cabimento

O **recurso ordinário** tem um cabimento bem específico (NCPC, art. 1.027): é apenas cabível de acórdão denegatório de ação constitucional (mandado de segurança, *habeas corpus*, *habeas data*, mandado de injunção) originária de Tribunal.

Cabe, portanto, de *decisão não concessiva da ordem* de ações propostas diretamente nos Tribunais, e será julgado pelo STJ ou STF. Como tem previsão constitucional (CF, art. 102, II e 105, II), é também denominado de recurso ordinário constitucional. Caso a *decisão seja concessiva, não caberá ROC*, mas sim outro recurso para Tribunal Superior (REsp ou RE).

A hipótese mais comum de cabimento de ROC para o STJ é a de decisão denegatória de HC ou MS de competência originária do TJ ou TRF (CF, art. 105, II, *a* e *b*). Já a hipótese mais frequente de ROC para o STF ocorre no momento em que é denegado HC ou MS de competência originária dos Tribunais Superiores (CF, art. 102, II, *a*).

Há, ainda, *outra hipótese, pouco frequente, de cabimento de ROC* (NCPC, art. 1.027, II, *b*): causas em que forem partes, de um lado, Estado estrangeiro ou organismo internacional e, do outro, Município ou pessoa residente ou domiciliada no País. *Tais causas tramitam, em 1º grau, perante a Justiça Federal* (CF, art. 109, II) e o *ROC será julgado pelo STJ*. Assim, da sentença proferida nesse processo, caberá ROC, a ser julgado pelo STJ. E da interlocutória, caberá agravo de instrumento, igualmente julgado pelo STJ (NCPC, art. 1.027, § 1º). Ou seja, excepcionalmente, não haverá julgamento por Tribunal de 2º grau, mas somente pelo 1º grau da Justiça Federal e o recurso ordinário ou agravo, pelo STJ.

5.2.4.2. Prazo/custas

No âmbito cível, o prazo para interposição do recurso ordinário é de *15 dias* (NCPC, art. 1.003, § 5º). Da mesma forma, é de 15 dias o prazo para responder ao recurso (contrarrazões de recurso ordinário – NCPC, art. 1.028, § 2º).

Há necessidade de *custas* (STJ, RMS 29.228/SE, 2.ª T., j. 26.05.2009, *DJe* 04.06.2009).

Tratando de *recurso ordinário de decisão denegatória de HC* (ainda que interposto de hipótese de prisão civil, como no caso de alimentos não pagos), o prazo de interposição é de *5 dias* (Lei 8.038/1990, art. 30), não havendo custas de preparo.

5.2.4.3. Efeitos

Há, como em todos os recursos, efeito devolutivo.

Não há efeito suspensivo.

5.2.4.4. Processamento (interposição/julgamento)

A tramitação do ROC tem por modelo a *tramitação da apelação*, inclusive em relação à *teoria da causa madura* (NCPC, art. 1.027, § 2º).

O recurso ordinário será interposto na origem (NCPC, art. 1.028, § 2º) e, após as contrarrazões, será remetido para o Tribunal de destino (juízo *ad quem* – STJ ou STF), independentemente de juízo de admissibilidade (NCPC, art. 1.028, § 3º).

A competência para julgamento será:

✓ – do *STJ*, no caso de acórdão denegatório *proferido nos TJs ou TRFs;*

✓ – do *STF*, no caso de acórdão denegatório *proferido por Tribunais Superiores.*

O ROC garante o duplo grau de jurisdição de decisão denegatória de ações constitucionais.

Por fim, para afastar eventuais dúvidas, cabe esclarecer que, se um *mandado de segurança for impetrado em 1º grau* e for negado por sentença, *cabe apelação* a ser julgada pelo Tribunal de 2º grau. Mas, se a *competência originária desse mandado de segurança for de Tribunal de 2º grau, caberá recurso ordinário para o STJ.*

5.2.5. Agravos de 2º grau

De decisões monocráticas proferidas no âmbito dos Tribunais (por desembargadores ou Ministros), é cabível agravo, em duas modalidades: **agravo interno** e **agravo em recurso especial e em recurso extraordinário**. Cada um dos recursos será analisado de forma separada.

5.2.5.1. Agravo interno (regimental ou legal)

5.2.5.1.1. Cabimento

Cabe **agravo interno** *de decisão monocrática proferida por relator de recurso* (NCPC, art. 1.021). No sistema anterior, por ausência de nomenclatura específica, era também chamado de *agravo regimental ou agravo legal*. Com a opção legislativa de nominá-lo, a tendência é a *prevalência do nome agravo interno.*

Já se apontou que é possível ao relator, diante de erro processual ou jurisprudência pacífica, decidir monocraticamente o recurso (NCPC, art. 932, III a V – vide item 5.1.4 acima). Também é possível ao relator apreciar, de forma unipessoal, uma tutela de urgência. *Contra essas decisões monocráticas é que cabe o agravo interno.*

Com a interposição do agravo, provido ou não o recurso, *a decisão monocrática irá se transformar em decisão colegiada (acórdão).*

5.2.5.1.2. Prazo/custas

O prazo para interposição do agravo interno de *15 dias* (NCPC, art. 1.003, § 5º). Há contrarrazões (inovação do NCPC), a ser apresentada também em 15 dias (NCPC, art. 1.021, § 2º).

Não há custas na maioria dos Estados e no âmbito da Justiça Federal (mas, em alguns tribunais estaduais, há previsão de custas).

5.2.5.1.3. Efeitos

Há, como em todos os recursos, efeito devolutivo.

Não há o efeito suspensivo.

5.2.5.1.4. Processamento (interposição/julgamento)

A interposição do recurso é bem simples e segue o procedimento previsto no regimento interno dos Tribunais (NCPC, art. 1.021). *Não há necessidade de cópias* (instrumento) *ou qualquer outra formalidade.*

O recurso é interposto nos próprios autos (por isso *agravo interno*), *dirigido ao relator* que proferiu a decisão monocraticamente. Deverá o argumento *impugnar especificadamente os fundamentos da decisão agravada*, sob pena de não conhecimento do recurso (NCPC, art. 1.021, § 1º).

Deverá ser aberta vista ao agravo, para apresentar contrarrazões, no prazo de 15 dias (NCPC, art. 1.021, § 2º), sendo que no sistema anterior, não havia previsão (no Código ou nos regimentos internos dos tribunais) nesse sentido.

Se o *relator reconsiderar* (revogando a decisão monocrática), o recurso antes interposto volta a ter sua tramitação normal (NCPC, art. 1.021, § 2º). Assim, se uma apelação foi julgada monocraticamente e o relator reconsiderar, haverá o processamento normal da apelação para um julgamento colegiado.

Caso o relator não reconsidere, o recurso será *pautado, para julgamento colegiado e prolação de acórdão.*

Inova o NCPC, quanto ao agravo interno, para:

✓ – *vedar que o relator, ao julgar o agravo interno, apenas se limite a reproduzir os fundamentos da decisão agravada* (NCPC, art. 1.021, § 3º)

✓ – se o agravo interno for declarado *inadmissível ou improcedente em votação unânime*, **deverá** ser imposta multa, em decisão fundamentada, entre 1% e 5% do valor atualizado da causa; a interposição de qualquer outro recurso fica condicionado ao depósito prévio da multa – salvo para a Fazenda e beneficiário da justiça gratuita, que recolherão a multa ao final do processo (NCPC, art. 1.021, §§ 4º e 5º).

Logo, pelo NCPC, se for proferida decisão monocrática e a parte interpuser o agravo interno, para esgotar as vias ordinárias e poder, depois, valer-se do especial, já haverá multa e necessidade de seu recolhimento para ser possível o especial.

5.2.5.2. Agravo em recurso especial e em recurso extraordinário

5.2.5.2.1. Cabimento

O estudo do cabimento deste recurso demanda maior atenção. O sistema era um no âmbito do CPC/1973, houve **profunda alteração no NCPC** mas, ainda durante a vacatio legis, houve **nova alteração legislativa** (Lei 13.256/2016) para que se **voltasse ao que existia no CPC/1973.**

A modificação quanto a este recurso está ligada à admissibilidade do recurso especial e extraordinário. No âmbito do CPC/1973, a admissibilidade do REsp e RE era feita na origem (vide idem 5.2.6 a seguir).E, da decisão que não admitia esse recurso, cabia *agravo nos próprios autos, na tentativa de "destrancar" (ou "fazer subir") o recurso para tribunal superior.* Na versão original do NCPC, a admissibilidade não mais era feita na origem (mas diretamente no Tribunal Superior), de modo que o agravo em recuso especial e em recurso extraordinário tinha um cabimento bem mais restrito que antes, basicamente restrito às situações envolvendo recursos repetitivos (acerca do tema, vide item 5.2.8 abaixo). Mas, com a Lei 13.256/2016, a admissibilidade voltou para o Tribunal de origem, de modo que o agravo em recurso especial e em recurso extraordinário se prestam a "destrancar" ou "fazer subir" para o tribunal superior o recuso não admitido.

Ou seja, o cabimento do agravo em recurso especial e extraordinário (NCPC) é o mesmo do antigo agravo nos próprios autos (CPC/1973), com algumas modificações quanto ao seu trâmite.

Assim, caberá o agravo quando o tribunal de origem, por seu presidente ou vice-presidente, inadmitir recurso extraordinário ou recurso especial, salvo quando fundada na aplicação de entendimento firmado em regime de repercussão geral ou em julgamento de recursos repetitivos (NCPC, art. 1.042): Em relação à situação decidida com base em repetitivo, vide item 5.2.8 infra.

Também é utilizado no âmbito processual penal e no processo do trabalho (em relação ao recurso de revista).

No sistema processual anterior, no cotidiano forense, o nome mais comum para esse recurso era "agravo de decisão denegatória" – que não constava da lei. Assim, é possível que esse nome siga sendo usado no dia a dia.

5.2.5.2.2. Prazo/custas

O prazo para interposição do agravo em REsp ou RE é de *15 dias* (NCPC, art. 1.003, § 5º). Da mesma forma, é de 15 dias o prazo para responder ao recurso (contraminuta ou contrarrazões de agravo – NCPC, art. 1.042, § 3º).

Não há custas (NCPC, art. 1.042, § 2º).

5.2.5.2.3. Efeitos

Há, como em todos os recursos, efeito devolutivo.

Não há o *efeito suspensivo*. Eventualmente, em casos de urgência, é possível a concessão de efeito suspensivo ao REsp e RE, mas não ao agravo.

5.2.5.2.4. Processamento (interposição/julgamento)

O agravo será *interposto no Tribunal de origem*, endereçado ao órgão responsável pelo processamento do recurso especial e extraordinário (presidência ou vice-presidência, conforme o regimento interno de cada tribunal) e que prolatou a decisão agravada (NCPC, art. 1.042, § 2º).

Não há necessidade de qualquer documento, porque se está recorrendo nos próprios autos, que já traz todas as peças do processo.

O agravado será intimado para apresentar resposta e – caso não haja retratação (ou seja, a admissibilidade que antes foi negativa passe a ser positiva) – *os autos serão remetidos ao Tribunal Superior*, para apreciação do agravo (NCPC, art. 1.042, § 4º). Se houver retratação, os autos serão remetidos para o Tribunal Superior, para apreciação do REsp ou RE (e não do agravo).

Se forem dois recursos concomitantes (REsp e RE) e ambos não forem admitidos, deverá o recorrente interpor dois agravos (NCPC, art. 1.042, § 6º). Nesse caso, os autos primeiro irão para o STJ (§ 7º) e, depois, se ainda for o caso de julgamento do agravo em RE, para o STF (§ 8º).

No Tribunal Superior, será possível o julgamento do agravo em conjunto com o próprio REsp e RE – hipótese em que será possível sustentação oral (NCPC, art. 1.042, § 5º).

Quanto ao julgamento do agravo, será observado tanto o CPC (que permite até mesmo o julgamento monocrático – art. 932, III, IV e V), bem como o regimento interno do STJ e do STF.

5.2.6. Recurso especial (REsp)

5.2.6.1. Cabimento

Cabe **recurso especial** *de acórdão que violar legislação infraconstitucional ou quando Tribunais diversos derem interpretação distinta a um mesmo dispositivo legal infraconstitucional* (CF, art. 105, III e NCPC, art. 1.029).

Destaca-se que é cabível o REsp pela **divergência externa** e não pela divergência interna, ou seja, deve-se apontar o *dissenso jurisprudencial em relação a outro Tribunal* e não no próprio Tribunal. Nesse sentido, caso se ingresse com o REsp de um julgado do TJSP, *não cabe apontar que o próprio TJSP tem posição divergente* ao do acórdão recorrido (Súmula 13 do STJ: A divergência entre julgados do mesmo tribunal não enseja recurso especial) – mas sim que a decisão do TJSP diverge da de qualquer outro Tribunal do país, inclusive o próprio STJ ou mesmo o TRF da 3ª Região (Tribunal Regional Federal situado em São Paulo).

Para o cabimento do REsp, o acórdão *não* deve admitir outros recursos, ou seja, *não cabe REsp de decisão monocrática* (será cabível o REsp após o agravo regimental). Portanto, só cabe REsp quando **esgotados os demais recursos**.

Na hipótese de o acórdão violar, ao mesmo tempo, dispositivo do NCPC e da CF, serão **cabíveis, simultaneamente, recurso especial e recurso extraordinário**. Porém, cada recurso irá atacar matérias distintas: *REsp, a violação à legislação infraconstitucional; RE, a violação à Constituição.*

Nesse caso de interposição conjunta, os autos serão *remetidos ao STJ*; se o relator do recurso especial considerar prejudicial o recurso extraordinário, em decisão irrecorrível sobrestará o julgamento e remeterá os autos ao STF. Se o *relator do recurso extraordinário*, em decisão irrecorrível, rejeitar a prejudicialidade, devolverá os autos ao STJ para o julgamento do recurso especial (NCPC, art. 1.031, §§ 2º e 3º).

5.2.6.2. Prazo/custas

O prazo para interposição do REsp é de *15 dias* (NCPC, art. 1.003, § 5º). Da mesma forma, é de 15 dias o prazo para responder ao recurso (contrarrazões de REsp - NCPC, art. 1.030).

Há *custas* (Lei 11.636/2007).

5.2.6.3. Outros requisitos de admissibilidade

Além dos requisitos de admissibilidade usualmente existentes, o REsp tem também outros requisitos. E isso se justifica porque se trata de um recurso cuja finalidade não é simplesmente rediscutir a causa (como ocorre na apelação), mas discutir a *unidade da interpretação da legislação infraconstitucional.*

Assim, com o REsp o STJ busca *evitar a regionalização do direito.* Exatamente por isso **não se discute matéria fática** em tal recurso, mas apenas *matéria de direito* (Súmula 5 do STJ: A simples interpretação de cláusula contratual não enseja recurso especial; Súmula 7 do STJ: A pretensão de simples reexame de prova não enseja recurso especial).

Ou seja, não será conhecido REsp que discuta se determinado fato ocorreu ou não. Debate-se no REsp, *à luz de determinados fatos já fixados* no Tribunal de origem, *qual o direito aplicável.*

Apesar de não ser possível discutir fato, o REsp permite a **discussão de matéria de mérito ou processual**. Cabe, portanto, o recurso tanto por *violação ao CC* (ou CDC ou Lei de Locação etc.) como por *violação ao NCPC.*

Para que bem se delimite a discussão da matéria de direito, é também requisito do REsp o **prequestionamento**, que *é a apreciação do artigo de lei pelo Tribunal* a quo *durante o julgamento do acórdão recorrido.* Ou seja, é o debate, pelos julgadores de origem, dos dispositivos apontados como violados no REsp (Súmula 282 do STF: É inadmissível o recurso extraordinário, quando não ventilada, na decisão recorrida, a questão federal suscitada).

Assim, *se o Tribunal de origem não tiver se manifestado sobre determinado dispositivo legal apontado como violado no REsp, não terá ocorrido o prequestionamento.*

Para bem se entender a questão, vale mencionar um exemplo. Diante de uma sentença de improcedência, o autor recorre e, em sua apelação, destaca que houve a violação de determinado artigo do CC. *Na própria apelação, requer a expressa manifestação do Tribunal a respeito daquele dispositivo legal para fins de prequestionamento.* Se o Tribunal não se manifestar a respeito do dispositivo, não haverá prequestionamento. Nesse caso, *pode a parte se valer dos embargos de declaração*, apontando *omissão* no acórdão quanto à análise do dispositivo legal apontado como violado. E, como já antes visto, pelo NCPC, acolhido ou não os embargos de declaração, o **prequestionamento ficto** *estará realizado* (NCPC, art. 1.025). Fica, portanto, superada a posição do STJ pacificada no sistema anterior (Súmula 211 do STJ: Inadmissível recurso especial quanto à questão que, a despeito da oposição de embargos declaratórios, não foi apreciada pelo Tribunal *a quo*).

Em importante inovação, afirma o art. 1.029, § 3º que o STJ poderá "*desconsiderar vício formal de recurso tempestivo* ou determinar sua correção, desde que *não o repute grave*". Ou seja, é uma oportunidade que se dá para que o mérito recursal seja apreciado – resta verificar qual a amplitude que a jurisprudência dará à expressão **vício formal grave**.

5.2.6.4. Efeitos

Há, como em todos os recursos, efeito devolutivo.

Não há, em regra, o *efeito suspensivo*.

Contudo, é possível que se tente atribuir *efeito suspensivo ao REsp*. A previsão está no NCPC, art. 1.029, § 5º – dispositivo cuja redação original foi alterada pela Lei 13.256/2016). A petição requerendo o efeito suspensivo será dirigida:

I – ao STJ, no período compreendido entre a publicação da decisão de admissão do recurso e sua distribuição, ficando o relator designado para seu exame prevento para julgá-lo;

II – ao *relator no STJ*, se já distribuído o recurso;

III – ao presidente ou ao vice-presidente do tribunal recorrido, no período compreendido entre a interposição do recurso e a publicação da decisão de admissão do recurso,assim como no caso de o recurso ter sido sobrestado, por força de recurso repetitivo.

Tem-se, portanto, no que se refere à competência, basicamente a reprodução, no NCPC, daquilo que foi sedimentado na jurisprudência do STF, à luz do CPC/1973 (Súmula 634/STF: Não compete ao Supremo Tribunal Federal conceder medida cautelar para dar efeito suspensivo a recurso extraordinário que ainda não foi objeto de juízo de admissibilidade na origem.Súmula 635/STF: Cabe ao Presidente do Tribunal de origem decidir o pedido de medida cautelar em recurso extraordinário ainda pendente do seu juízo de admissibilidade).

5.2.6.5. Processamento (interposição/julgamento)

O REsp é interposto no *Tribunal de origem*, endereçado à presidência ou vice-presidência, conforme o regimento interno próprio de cada tribunal (NCPC, art. 1.029). Deve a petição recursal indicar (i) exposição do *fato e do direito*, (ii) demonstração do *cabimento* e (iii) *razões do pedido* de reforma ou invalidação da decisão recorrida.

Tratando-se de REsp fundado em *dissídio jurisprudencial* (divergência em relação a julgado de outro Tribunal – CF, art. 105, III, *c*), obrigatoriamente terá de ser instruído com o *acórdão paradigma* (a decisão do outro Tribunal). A *divergência é comprovada* mediante certidão, cópia ou citação do repositório de jurisprudência oficial (inclusive em mídia eletrônica), ou ainda via *reprodução do julgado disponível na internet*, com indicação da fonte (art. 1.029, § 1º). Deverá o recorrente mencionar as *circunstâncias que identifiquem ou assemelhem os casos confrontados* (o chamado "**cotejo analítico**" entre o acórdão recorrido e paradigma).

Nesse REsp fundado em dissídio jurisprudencial, é muito comum o recurso não ser admitido ao argumento de "situações fáticas distintas" entre os acórdãos. Por causa disso, inicialmente foi incluído o § 2º ao art. 1.029 do NCPC ("Quando o recurso estiver fundado em dissídio jurisprudencial, é vedado ao tribunal inadmiti-lo com base em fundamento genérico de que as circunstâncias fáticas são diferentes, sem demonstrar a existência da distinção"). Contudo, com a Lei 13.256/2016, esse parágrafo foi revogado.

Interposto o REsp, a *parte contrária é intimada* para apresentar as contrarrazões, em 15 dias (NCPC, art. 1.030). Em tal peça é possível impugnar não só o mérito, mas também a admissibilidade do recurso. Com as razões e contrarrazões do REsp, o recurso estará pronto para sua admissibilidade.

Em relação à admissibilidade do REsp, há de se ter bastante atenção, pois a questão passou por diversas alterações:

(i) no âmbito do CPC/1973, a admissibilidade do REsp e RE era feita na origem, ou seja, pela presidência do Tribunal intermediário;

(ii) na versão original do NCPC (Lei 13.105/2015), a admissibilidade não mais seria feita na origem, mas apenas e diretamente no STJ;

(iii) com a Lei 13.256/2016, a admissibilidade voltou para o Tribunal de origem, sendo que, no caso de inadmissão do REsp, cabível o agravo em recurso especial para tentar que o REsp seja admitido (como exposto no item 5.2.5.2 acima).

Ao proceder à admissibilidade, existem diversas possibilidades ao desembargador que a realiza (inovações da Lei 13.256/2016), a saber (art. 1.030).

I – negar seguimento a recurso especial interposto contra acórdão que esteja em conformidade com entendimento do STJ, proferido com base em julgamento de recursos repetitivos;

II – encaminhar o processo ao órgão julgador (a turma ou câmara que proferiu o acórdão), para realização do juízo de retratação, se o acórdão recorrido divergir do entendimento do STJ proferido com base em julgamento de recursos repetitivos (ou seja, depois da prolação do acórdão, houve a decisão do repetitivo no STJ);

III – sobrestar o recurso que versar sobre controvérsia de caráter repetitivo ainda não decidida pelo STJ;

IV – selecionar o recurso como representativo de controvérsia, para que venha a ser julgado como repetitivo pelo STJ;

V – proceder à admissibilidade do REsp, e, no caso de admissão, remeter o recurso ao STJ, desde que: a) o recurso ainda não tenha sido submetido ao regime de julgamento de recursos repetitivos; b) o recurso tenha sido selecionado como representativo da controvérsia; ou c) o tribunal recorrido tenha refutado o juízo de retratação.

Dessas decisões monocráticas acima arroladas, é possível recorrer (art. 1.030, §§ 1º e 2º):

(i) tratando-se de inadmissão por ausência de requisito de admissibilidade (inciso V), cabe agravo em recurso especial (art. 1.042, já exposto no item 5.2.5.2);

(ii) tratando-se de decisão relativa a recurso repetitivo (negar seguimento, inciso I ou sobrestar, inciso III), cabe agravo interno (art. 1.021), a ser julgado perante o próprio tribunal de origem, sem que haja possibilidade – pela legislação – de se chegar ao tribunal superior.

Como se percebe, é um sistema complexo, com diversas possibilidades de julgamento e variação quanto aos recursos (e, pelo Código, somente recorríveis as decisões acima indicadas).

No mais, uma vez o REsp no STJ, se o ministro relator entender que o *recurso especial versa sobre questão constitucional*, concederá *prazo de 15 dias* para que o recorrente *demonstre a repercussão geral e se manifeste sobre a questão constitucional*; cumprida a diligência, o relator remeterá o recurso ao STF que, em juízo de admissibilidade, poderá devolvê-lo ao STJ (NCPC, art. 1.032). Ou seja, tem-se uma situação de conversão do recurso especial em recurso extraordinário (e existe também a previsão no sentido inverso - vide item 5.2.7.5 abaixo).

Não mais existe a figura do *REsp retido, que* existia no sistema anterior.

5.2.7. Recurso extraordinário (RE)

O RE apresenta uma série de similitudes em relação ao REsp. Assim, grande parte do que foi acima exposto também aqui se aplica.

5.2.7.1. Cabimento

Cabe **recurso extraordinário** de *acórdão que violar a Constituição* (CF, art. 102, III e NCPC, art. 1.029).

Há uma situação posterior à EC 45/2004 à qual se deve atentar: nos termos do art. 102, III, *d*, da CF, *cabe RE de acórdão que julgar válida* **lei local contestada em face de lei federal**. A tendência, diante dessa situação, seria afirmar que caberia o REsp (e era assim antes da EC 45/2004). Mas houve a alteração porque a *competência legislativa* (que disciplina a solução do problema) *é prevista na Constituição.*

Para o cabimento do RE, o acórdão não deve admitir outros recursos, ou seja, não cabe RE de acórdão que admita infringentes ou de decisão monocrática. Portanto, tal qual ocorre quanto ao REsp, só cabe RE quando **esgotados os demais recursos**.

Na hipótese de o acórdão violar, ao mesmo tempo, dispositivo do NCPC e da CF, serão **cabíveis, simultaneamente, recurso especial e recurso extraordinário**. Porém, cada recurso irá atacar matérias distintas: *REsp, a violação à legislação infraconstitucional; RE, a violação à Constituição.*

Nesse caso de interposição conjunta, os autos serão *remetidos ao STJ*; se o relator do recurso especial considerar prejudicial o recurso extraordinário, em decisão irrecorrível sobrestará o julgamento e remeterá os autos ao STF. Se o *relator do recurso extraordinário*, em decisão irrecorrível, rejeitar a prejudicialidade, devolverá os autos ao STJ para o julgamento do recurso especial (NCPC, art. 1.031, §§ 2º e 3º).

5.2.7.2. Prazo/custas

O prazo para interposição do RE é de *15 dias* (NCPC, art. 1.003, § 5º). Da mesma forma, é de 15 dias o prazo para responder ao recurso (contrarrazões de RE - NCPC, art. 1.030).

Há custas (tabela divulgada pelo STF).

5.2.7.3. Outros requisitos de admissibilidade

Tal qual o REsp, também o RE tem distinções quanto à admissibilidade. Assim, além dos requisitos de admissibilidade usualmente existentes, o RE tem também outros requisitos. E isso se justifica porque se trata de um recurso cuja finalidade não é simplesmente rediscutir a causa (como ocorre, por exemplo, na apelação), mas sim buscar o *respeitoe* a *unidade na interpretação da Constituição.*

Ou seja, com o RE, busca o STF *zelar pela supremacia da Constituição*, por isso **não se discute matéria fática** em tal recurso, mas apenas *matéria de direito*. Mas o RE permite a **discussão de matéria de mérito ou processual**, isto é, cabe o recurso tanto por *violação a norma processual ou norma material contida na Constituição.*

Também há a necessidade de **prequestionamento**, nos moldes do já debatido quando se tratou do tema no REsp.

Igualmente ao já exposto para o REsp, o art. 1.029, § 3º prevê que o STF poderá "*desconsiderar vício formal de recurso tempestivo* ou determinar sua correção, desde que *não o repute grave*". Ou seja, é uma oportunidade que se dá para que o mérito recursal seja apreciado - resta verificar qual a amplitude que a jurisprudência dará à expressão **vício formal grave**.

Por fim, a partir da EC 45/2004 (CF, art. 102, § 3º), há um novo requisito de admissibilidade específico para o RE: a **repercussão geral da questão constitucional**. Por esse requisito, *o STF somente conhecerá um RE que seja relevante não só para as partes, mas para a sociedade como um todo (ou seja, a existência de questões relevantes do ponto de vista econômico, político, social ou jurídico, que ultrapassem os interesses subjetivos da causa).*

Isso significa que o STF não irá se manifestar a respeito de uma "briga de vizinhos". O tema está regulado, do ponto de vista infraconstitucional, no NCPC pelos arts. 1.035.

A **competência** para apreciar a existência da repercussão geral é *exclusiva do STF*. O recurso *não será conhecido se2/3 (dois terços) dos Ministros do STF* (8 dos 11) entenderem pela *ausência da repercussão geral*. A decisão sobre a presença da repercussão é irrecorrível (NCPC, art. 1.035, *caput*).

O recorrente deverá demonstrar, em preliminar do RE, a existência da repercussão geral (NCPC, art. 1.035, § 2º).

A repercussão geral decorre de lei (ou seja, há *repercussão geral presumida*) se o acórdão recorrido (NCPC, art. 1.035, § 3º):

I - *contrariar súmula ou jurisprudência dominante* do *STF*;

II - tenha reconhecido a *inconstitucionalidade de tratado ou de lei federal*, nos termos do art. 97 da Constituição Federal.

Além dessas duas situações, na versão original do NCPC, havia ainda menção a repercussão geral presumida quando a decisão tivesse sido proferida "em *julgamento de casos repetitivos*" - mas esse inciso foi revogado por força da Lei 13.256/2016.

Reconhecida a repercussão geral, o relator determinará a *suspensão de todos os processos*, individuais ou coletivos, que tratem daquele tema, em todo o país (NCPC, art. 1.035, § 5º). Prevê o Código que o recurso que tiver a repercussão geral reconhecida deverá ser "julgado no prazo de 1 ano" (§ 9º). Contudo, se não ocorrer o julgamento do RE com repercussão geral em 1 ano, não há qualquer consequência prevista na lei (na versão original do NCPC, o § 10º previa que cessaria a suspensão dos processos passado esse prazo de 1 ano - porém, o dispositivo foi revogado pela Lei 13.256/2016).

Negada a repercussão geral, a presidência do tribunal intermediário negará seguimento aos recursos extraordinários sobrestados na origem que versem sobre matéria idêntica (art. 1.035, § 8º).

5.2.7.4. Efeitos

Há, como em todos os recursos, efeito devolutivo.

Não há, em regra, o *efeito suspensivo*.

Quanto à concessão de efeito suspensivo, a regra é a mesma do REsp: é possível que haja a atribuição de efeito suspensivo ao RE, sendo a competência variável (vide item 5.2.6.4 acima).

5.2.7.5. *Processamento (interposição/julgamento)*

O processamento do RE é igual ao do REsp (vide item 5.2.6.5 acima):

✓ - interposto no *Tribunal de origem*, endereçado à Presidência (NCPC, art. 1.029);

✓ - a parte contrária terá prazo de 15 dias para apresentar contrarrazões, podendo impugnar o mérito e a admissibilidade do RE (NCPC, art. 1.030);

✓ - o NCPC inicialmente previa a admissibilidade apenas no destino, mas a Lei 13.256/2016 devolveu a admissibilidade à origem (vide, novamente, item 5.2.6.5).

Ao proceder à admissibilidade, existem diversas possibilidades ao desembargador que a realiza (inovações da Lei 13.256/2016), a saber (art. 1.030).

I - negar seguimento a RE que discuta questão à qual o STF não tenha reconhecido a existência de repercussão geral ou a RE interposto contra acórdão que esteja em conformidade com entendimento do STF proferido no regime de repercussão geral ou a RE interposto contra acórdão que esteja em conformidade com entendimento do STF proferido no julgamento de recursos repetitivos;

II - encaminhar o processo ao órgão julgador (a turma ou câmara que proferiu o acórdão), para realização do juízo de retratação, se o acórdão recorrido divergir do entendimento do STF proferido nos regimes de repercussão geral ou de recursos repetitivos (ou seja, depois da prolação do acórdão, houve a decisão do repetitivo no STJ);

III - sobrestar o recurso que versar sobre controvérsia de caráter repetitivo ainda não decidida pelo STF;

IV - selecionar o recurso como representativo de controvérsia constitucional, para julgamento como repetitivo;

V - proceder à admissibilidade do RE, e, no caso de admissão, remeter o recurso ao STF, desde que: a) o recurso ainda não tenha sido submetido ao regime de repercussão geral ou de recursos repetitivos; b) o recurso tenha sido selecionado como representativo da controvérsia; ou c) o tribunal recorrido tenha refutado o juízo de retratação.

Dessas decisões monocráticas acima arroladas, é possível recorrer (art. 1.030, §§ 1º e 2º):

(i) tratando-se de inadmissão por ausência de requisito de admissibilidade (inciso V), cabe agravo em recurso especial (art. 1.042, já exposto no item 5.2.5.2);

(ii) tratando-se de decisão relativa a recurso repetitivo (negar seguimento, inciso I ou sobrestar, inciso III), cabe agravo interno (art. 1.021), a ser julgado perante o próprio tribunal de origem, sem que haja possibilidade - pela legislação - de se chegar ao tribunal superior.

Como se percebe, é um sistema complexo, com diversas possibilidades de julgamento e variação quanto aos recursos (e, pelo Código, somente recorríveis as decisões acima indicadas).

No mais, uma vez o RE no STF, se o relator considerar como **reflexa a ofensa à Constituição** afirmada no recurso extraordinário, por pressupor a revisão da interpretação de lei federal ou de tratado, *o tribunal remeterá o recurso ao STJ para julgamento como recurso especial* (NCPC, art. 1.033). Trata-se da conversão do RE em REsp. Nesse caso, não há necessidade de se intimar o recorrente para emendar seu recurso (o que existe no caso de conversão do REsp para o RE - vide item 5.2.6.5 acima).

✓ Deixou de existir o *RE retido*.

5.2.8. *REsp e RE repetitivos*

Considerando a *massificação das causas* e a necessidade de *segurança jurídica e isonomia*, foram buscadas alternativas para a racionalidade do sistema processual. Assim, em reforma do CPC/1973, surgiu o REsp repetitivo.

No NCPC, REsp e RE repetitivos são regulados da mesma forma.

Assim, **REsp repetitivo** e **RE repetitivo** (NCPC, arts. 1.036 a 1.041) se prestam a tutelar situações em que *houver multiplicidade de recursos com fundamento em idêntica questão de direito.* Sendo este o caso, *os recursos mais representativos serão afetados para julgamento como repetitivo, ficando os demais suspensos.* A decisão *a ser proferida pelo tribunal superior nesse recurso repetitivo servirá como base para os demais recursos que estavam suspensos.*

E, como já visto, essa decisão deverá ser **observada pelos demais magistrados** (NCPC art. 927, III); caso não seja, será possível a *utilização da reclamação* (NCPC, art. 988, II e § 5º, II).

De forma simplificada, a tramitação de um repetitivo observa a seguinte ordem:

(i) escolha dos recursos representativos (somente recursos com a presença de todos os requisitos de admissibilidade)

(ii) decisão de afetação, com suspensão de outros processos análogos (que discutam a mesma tese jurídica)

(iii) julgamento do repetitivo

(iv) aplicação e observância do procedente em relação aos demais processos que envolvam a mesma tese jurídica.

Se, dentre os **recursos sobrestados**, houver *algum que seja intempestivo*, o interessado pode requerer que esse recurso seja inadmitido. Diante disso, o recorrente será ouvido, em 5 dias e, a seguir, haverá decisão do presidente. Se a decisão não afastar a afetação, cabe o agravo interno, para o próprio tribunal (NCPC, art. 1.036, § 3º, com a redação da Lei 13.256/2016).

Feita a escolha dos recursos, o *relator, no tribunal superior*, (i) identificará qual a questão a ser submetida, (ii) sobrestará todos os processos que versem sobre a questão, em todo país (não só recursos, mas qualquer demanda, individual ou coletiva), (iii) poderá requisitar o envio, pelos tribunais, de um recurso representativo da controvérsia (ou, ele mesmo, escolher outros recursos, já existentes no Tribunal Superior, independentemente da escolha pelo tribunal de origem).

Prevê o Código que o recurso repetitivo deverá ser "julgado no prazo de 1 ano" (NCPC, art. 1.037, § 4º). Contudo, se não ocorrer o julgamento do repetitivo em 1 ano, não há qualquer consequência prevista na lei (na versão original do NCPC, o § 5º previa que cessaria a suspensão dos processos passado esse prazo de 1 ano - porém, o dispositivo foi revogado pela Lei 13.256/2016).

Após a **decisão de afetação**, o relator poderá (NCPC, art. 1.038):

I - *solicitar ou admitir amicus curiae*

II – designar *audiência pública*

III – requisitar *informações aos tribunais*

Em relação aos **processos sobrestados** (NCPC, art. 1.037, §§ 8º a 13):

a) haverá a *intimação das partes*;

b) as partes podem pedir *prosseguimento de seu recurso* com fundamento em *distinção*

c) se *indeferido esse pedido de afastar o sobrestamento*, caberá agravo de instrumento (se processo estiver em 1º grau) ou agravo interno (se o processo estiver no Tribunal).

Julgado o recurso repetitivo, ocorrerá o seguinte em relação aos recursos sobrestados (NCPC, arts. 1.039 a 1.041):

I – se o recurso sobrestado for REsp ou RE e estiver na origem: (a) inadmissão dos recursos (se a tese for contrária à fixada no repetitivo) ou reexame pela Câmara ou Turma (se a tese fixada for no sentido do pleiteado pelo recorrente);

II – se a causa for sobrestada antes desse momento processual, o juiz ou relator deverão *aplicar a tese definida*, sob pena de *reclamação;*

III – haverá, ainda, a *comunicação a órgãos, entes ou agências* com atribuição para *fiscalizar o cumprimento* da decisão proferida no repetitivo. Assim, por exemplo, se houver um repetitivo contra banco, o BACEN será oficiado para fiscalizar a obrigação imposta pela decisão judicial.

Por fim, o **julgamento do repetitivo ainda permite**:

(i) a *desistência nos sobrestados em 1º grau, sem concordância do réu* (só haverá isenção de custas e honorários se a desistência ocorrer antes da citação); e

(ii) autoriza *julgamento liminar de improcedência, dispensa remessa necessária* e permite o *julgamento monocrático pelo relator.*

5.2.9. *Embargos de divergência*

5.2.9.1. *Cabimento*

Os **embargos de divergência** são utilizados somente no âmbito do STJ e STF, após o julgamento do REsp ou do RE. Assim, *são cabíveis quando o acórdão proferido no julgamento do REsp/RE divergir do julgamento proferido por outro órgão colegiado do próprio Tribunal* (NCPC, art. 1.043).

Portanto, a finalidade é *pacificar internamente as divergências de entendimento.*

Assim, quando do julgamento de algum REsp, se o STJ já tiver julgado de alguma outra maneira a questão, por algum outro órgão interno do Tribunal, serão cabíveis os embargos de divergência. O mesmo se diga quando do julgamento de um RE pelo STF.

Na redação original do NCPC havia um aumento nas hipóteses de cabimento dos embargos de divergência, admitindo o recurso também no tocante à *admissibilidade do recurso* (e não só mérito) e também, nos processos de competência originária, de quaisquer julgados que divergissem do tribunal (ou seja, poderia haver divergência entre reclamação e REsp). Contudo, a Lei 13.256/2016 revogou essas duas inovações, que constavam dos incisos II e IV do art. 1.043.

Em síntese, o cabimento ficou da seguinte forma (NCPC, art. 1.043, I e III):

a) – em recurso extraordinário ou em recurso especial, *divergir do julgamento de qualquer outro órgão do mesmo tribunal*, sendo os acórdãos, embargado e paradigma, *de mérito*;

b) em recurso extraordinário ou em recurso especial, *divergir do julgamento de qualquer outro órgão do mesmo tribunal*, sendo um *acórdão de mérito* e *outro que não tenha conhecido do recurso*, embora tenha apreciado a controvérsia;

Cabe o recurso para discutir teses firmadas entre dois recursos, de órgão internos distintos – seja de matéria processual ou material (NCPC, art. 1.043, § 2º). Cabe ainda o recurso de julgado da *mesma turma*, se tiver havido *mudança na composição* (NCPC, art. 1.043, § 3º).

O recurso é previsto em um único artigo no NCPC, comparado com os demais recursos, não é muito frequente, seja no cotidiano forense ou no Exame da OAB – na maior parte das vezes, a Ordem coloca este recurso como uma resposta errada, para *confundir o candidato* em relação a outros recursos.

5.2.9.2. *Prazo/custas*

O prazo para interposição dos embargos de divergência é de *15 dias* (NCPC, art. 1.003, § 5º). Da mesma forma, é de 15 dias o prazo para responder ao recurso (contrarrazões de embargos de divergência) – o NCPC não prevê tal prazo, mas essa é a praxe nos regimentos internos e, ainda, é o prazo por força do princípio da isonomia entre os litigantes.

Há necessidade de *custas* (STJ, Lei 11.636/2007 e STF, RISTF, art. 57 e Tabela B de custas).

5.2.9.3. *Efeitos*

Há, como em todos os recursos, efeito devolutivo.

Não há efeito suspensivo, tal qual ocorre com o REsp e o RE.

Além disso, a interposição do recurso no STJ interrompe o prazo para interposição do RE, por qualquer das partes (NCPC, art. 1.044, § 1º).

5.2.9.4. *Processamento (interposição/julgamento)*

Os embargos de divergência são endereçados ao próprio relator do recurso. Após a vista à parte contrária para contrarrazões, haverá o julgamento.

O art. 1.044 do NCPC dispõe que o procedimento dos embargos de divergência seguirá o previsto nos regimentos internos dos Tribunais (RISTJ, arts. 266 e 267; RISTF, arts. 330 a 336).

5.2.10. *Recursos que deixaram de existir no NCPC*

Buscando simplificar o sistema, o NCPC extinguiu dois recursos que existiam no sistema anterior. Contudo, na verdade não se trata de uma extinção plena, mas sim uma transformação envolvendo os recursos.

Por essa razão, especialmente no início da vigência, vale visualizar o que foi extinto e qual a modificação realizada, pois isso pode ser objeto de questões por parte da OAB.

5.2.10.1. *Agravo retido*

No sistema do CPC/1973, ao lado do agravo de instrumento, havia também o agravo retido para impugnar decisões interlocutórias. No Código anterior, tratando-se de decisão interlocutória, *a regra era o cabimento do agravo retido*, pois somente cabia o agravo de instrumento em hipóteses de urgência.

E, se a parte não interpusesse o agravo retido, haveria preclusão quanto àquela decisão interlocutória. Por isso, o agravo retido era utilizado para *evitar a preclusão*.

No NCPC, **deixa de existir o agravo retido**. Assim, proferida uma decisão interlocutória não agravável de instrumento, se a parte não fizer nada, *não haverá preclusão*. Mas, após a prolação da sentença, *em preliminar de apelação ou de contrarrazões de apelação, a questão deverá ser impugnada - sob pena de preclusão* (ou seja, a preclusão dessa interlocutória não ocorrerá em 15 dias após sua publicação, mas somente após o prazo de apelação da sentença - por isso parte da doutrina fala em *preclusão elástica*).

A questão vem assim regulada no NCPC.

Art. 1.009, § 1º As *questões resolvidas na fase de conhecimento*, se a *decisão a seu respeito não comportar agravo de instrumento*, não são cobertas pela preclusão e devem ser *suscitadas em preliminar de apelação*, eventualmente interposta contra a decisão final, *ou nas contrarrazões*.

5.2.10.2. *Embargos infringentes*

No sistema do CPC/1973, cabiam *embargos infringentes de acórdão não unânime que reformasse decisão de mérito, no bojo de apelação ou rescisória*. Ou seja, quando houvesse uma decisão "m.v." (maioria de votos, "2x1") seria possível a utilização dos infringentes.

Existiam muitas *divergências quanto ao cabimento dos embargos infringentes*, de modo que, em um primeiro momento de tramitação do Código, o recurso simplesmente deixou de existir. Mas, ao final da tramitação, a ideia de *voto vencido justificar novo julgamento voltou*. Não como recurso, mas como técnica de julgamento.

Assim, deixa de existir o recurso de embargos infringentes. Porém, se houver **voto vencido no momento do julgamento de apelação** (não de agravo), o *julgamento não termina*. Diante de um 2x1, serão convocados novos desembargadores, para que haja nova sessão de julgamento, com 5 desembargadores (os 3 que inicialmente votaram, mais 2 magistrados). Inclusive, se no órgão julgador houver número suficiente de magistrados, poderá o julgamento prosseguir a mesma sessão.

Portanto, mesmo sem vontade da parte, de ofício, haverá novo julgamento do recurso, inclusive com possibilidade de novas sustentações orais.

A inovação dessa técnica de julgamento vem assim prevista no NCPC:

"Art. 942. Quando o *resultado da apelação for não unânime*, o julgamento terá *prosseguimento em sessão a ser designada com a presença de outros julgadores*, que serão convocados nos termos previamente definidos no regimento interno, em *número suficiente para garantir a possibilidade de inversão do resultado* inicial, assegurado às partes e a eventuais terceiros o *direito de sustentar oralmente suas razões* perante os novos julgadores.

§ 1º *Sendo possível, o prosseguimento do julgamento dar-se-á na mesma sessão*, colhendo-se os votos de outros julgadores que porventura componham o órgão colegiado."

5.3. Recursos nos Juizados Especiais

5.3.1. *Visão geral*

Até o tópico anterior houve a apresentação dos recursos previstos no NCPC. No âmbito dos Juizados Especiais, porém, existe sensível distinção no que diz respeito aos recursos - o que justifica, portanto, um tópico específico para enfrentar o tema.

Contudo, neste momento não se apresenta exatamente o que são os Juizados Especais (para tanto, conferir o item 3.14 supra, quando se tratou de procedimentos especiais).

De qualquer forma, apenas é necessário esclarecer que hoje existem três Juizados Especiais Cíveis, a saber:

✓ - Juizado Especial Cível (causas cíveis entre particulares, até 40 salários mínimos - Lei 9.099/1995);

✓ - Juizado Especial Federal (causas cíveis com ente federal como réu até 60 salários mínimos - Lei 10.259/2001); e

✓ - Juizado Especial da Fazenda Pública (causas cíveis com entes estatais estaduais e municipais como réus, até 60 salários mínimos - Lei 12.153/2009).

Considerando o objetivo de *celeridade*, o sistema recursal dos Juizados é bem mais *simples* do que o previsto no NCPC. E há alguma distinção entre o JEC e os demais Juizados, como se verá a seguir.

5.3.2. *JEC (Lei 9.099/1995)*

Considerando a Lei 9.099/1995 e a Constituição, no JEC existem três recursos:

✓ - recurso inominado;

✓ - embargos de declaração; e

✓ - recurso extraordinário.

A Lei 9.099/1995 prevê *recurso para impugnar a sentença*. Diante da ausência de nome, a doutrina e a jurisprudência passaram a denominá-lo de **recurso inominado** (art. 41), a ser interposto no *prazo de 10 dias* (art. 42), dependendo de *preparo* (art. 42, § 2º), em regra, *somente com efeito devolutivo* (art. 43).

Quanto ao *processamento* do recurso inominado, é *semelhante ao da apelação*. Após o recebimento, será aberta vista à parte contrária para *contrarrazões* e então o recurso será encaminhado ao **Colégio Recursal**, *órgão que é composto de juízes de 1º grau e que, de forma colegiada, decidirão o recurso*.

No mais, segundo entendimento majoritário, não cabe o recurso na modalidade adesiva, por falta de previsão legal.

Das decisões de 1º e 2º grau do Juizado cabem **embargos de declaração** (art. 48), no prazo de *5 dias* (art. 49).

O art. 1.064 do NCPC alterou o art. 48 da Lei 9.099/1995 para *deixar as hipóteses de cabimento dos declaratórios, no JEC, iguais às do Código de Processo* (antes dessa alteração, era possível também embargar no caso de *dúvida*).

Outra alteração promovida pelo NCPC (art. 1.065) foi apontar que, também no JEC, os embargos de declaração *interrompem o prazo para os outros recursos* (antes, a Lei 9.099/1995 previa a suspensão).

Portanto, as alterações que o NCPC fez na Lei 9.099/1995 foram para **igualar o regime dos embargos de declaração** no JEC e NCPC – o que é excelente, pois não se justificam as decisões antes existentes.

No JEC é admissível, também, o **recurso extraordinário**, *se o acórdão do Colégio Recursal violar a Constituição* (CF, art. 102, III) – com todos os requisitos e formas como já acima exposto.

Por outro lado, **não cabe no JEC**, por falta de previsão legal:

✓ – *agravo ou qualquer recurso contra decisões interlocutórias*. Em alguns Estados, em casos de urgência, admite-se o agravo (como em São Paulo). Mas o entendimento que prevalece (e, portanto, o *mais seguro para a OAB* – também constantedo FONAJE, Enunciado 15: "Nos Juizados Especiais não é cabível o recurso de agravo, exceto nas hipóteses dos artigos 544 e 557 do CPC") é pelo *não cabimento do agravo*, com a admissão, em situações excepcionais, do *mandado de segurança*; esse enunciado faz referência ao CPC/1973;

✓ – *recurso especial*. Mesmo que uma decisão do Colégio Recursal viole legislação federal ou jurisprudência do STJ, não será cabível o REsp (neste sentido, Súmula 203 do STJ: "Não cabe recurso especial contra decisão proferida por órgão de segundo grau dos Juizados Especiais").

Contudo, diante de dificuldades que essa situação causou no cotidiano forense, inicialmente se admitiu a reclamação para o STJ, de modo a impugnar decisões do Colégio Recursal em claro confronto com a jurisprudência do Tribunal (STF, EDcl no RE 571.572/BA, Tribunal Pleno, j. 26.08.2009, DJe 27.11.2009 e Resolução STJ 12/2009). Mas, com a vigência do NCPC (e aumento do uso da reclamação), o STJ editou nova resolução, determinando a competência da reclamação para os TJs (Resolução 3/2016). Isso *até que se crie, no JEC, um incidente de uniformização de jurisprudência* (vide item abaixo).

5.3.3. *JEF (Lei 10.259/2001) e JEFP (Lei 12.153/2009)*

As leis que criaram o JEF e o JEFP, no tocante aos recursos, são muito semelhantes.

A base recursal é a mesma já prevista no JEC (*a Lei 9.099/1995 é aplicada de forma subsidiária*). Assim, tal qual acima exposto, *são cabíveis*:

✓ – recurso inominado;

✓ – embargos de declaração; e

✓ – recurso extraordinário.

Mas, além disso, há a previsão de:

✓ – **recurso de decisão interlocutória** (ou seja, **agravo** – apesar de a Lei não fazer menção a este nome), *desde que se trate de tutela de urgência* (Lei 10.259/2001, arts. 4º e 5º; e Lei 12.153/2009, arts. 3º e 4º);

✓ – **incidente ou pedido de uniformização**, *a ser utilizado caso haja divergência entre os diversos Colégios Recursais ou entre estes e o STJ* (Lei 10.259/2001, art. 14; e Lei 12.153/2009, art. 18). Mas vale destacar que o incidente, apesar de impugnar acórdão de Colégio Recursal, *não tem natureza recursal*.

5.3.4. *Interação entre NCPC e Juizados*

Do exposto em relação aos Juizados, percebe-se que estamos diante de sistemas distintos (inclusive considerando a necessidade de uso da reclamação, conforme exposto no item 5.3.2 acima).

Porém, o NCPC, em alguns pontos, busca aproximar os 2 sistemas:

✓ – **a tese firmada no IRDR** *também deverá ser observada perante os Juizados*, qualquer deles (NCPC, art. 985, I, parte final);

✓ – aplica-se o **incidente de desconsideração da personalidade jurídica** *aos Juizados Especiais* (NCPC, art. 1.062).

Porém, não há previsão quanto à aplicação de diversos dispositivos do NCPC aos Juizados, o que será decidido paulatinamente pela jurisprudência. Como exemplo de dúvida, a *contagem de prazos em dias úteis*. Como não há previsão de como se conta prazo nos Juizados, a rigor, deveria ser aplicada a contagem de prazos somente em dias úteis, também nos Juizados (posição mais técnica, inclusive considerando a aplicação subsidiária do CPC ao sistema do Juizado – art. 27 da Lei 12.153/2009). Pelo outro lado, considerando a celeridade e informalidade que permeiam o Juizado, é possível que se sustente que não há a contagem de prazos em dias úteis.Há enunciado da ENFAM (Escola Nacional de Formação e Aperfeiçoamento de Magistrados) no sentido de os prazos serem em dias úteis; mas há enunciado do FONAJE (Fórum Nacional dos Juizados Especiais) no sentido inverso. A questão está bastante polêmica no cotidiano forense, com uma tendência de prevalecer os prazos em dias corridos. Porém, vale dizer que a posição do Conselho Federal da OAB é no sentido de defender os prazos em dias úteis.

6. REVOGAÇÕES E VIGÊNCIA

Vale ainda tecer alguns comentários a respeito de algumas previsões constantes das disposições finais e transitórias.

Ao entrar em vigor, as disposições do NCPC **se aplicarão desde logo aos processos pendentes**, observado o ato jurídico processual perfeito – ou seja, o que já foi realizado não terá de ser refeito (direito intertemporal).

Fica, portanto, **revogado o CPC/1973** (NCPC, art. 1.046).

Apesar da aplicação imediata do NCPC, as disposições relativas ao **rito sumário e procedimentos especiais revogados** *serão aplicadas* às ações propostas até o início da vigência do Novo Código, *desde que ainda não tenham sido sentenciadas* (NCPC, art. 1.046, § 1º).

Enquanto não editada lei específica, **as execuções contra devedor insolvente** (procedimento não previsto no NCPC) seguirão o *previsto no CPC/1973*, arts. 748 e ss. (portanto, apesar do Código revogado, seguirá sendo aplicado nesse ponto).

O art. 1.072 traz a **revogação de inúmeros artigos de diversos diplomas legislativos**, com destaque para revogações no *Código Civil* (8 artigos, dentre os quais o art. 456), Lei 1.060/1950 – *Lei da Justiça Gratuita* (8 artigos), Lei 8.038/1990 – *Lei dos Recursos* (11 artigos) e Lei 5.478/1968 – *Lei de Alimentos* (3 artigos).

Em relação ao término da *vacatio legis* e efetivo **início da vigência do NCPC**, o art. 1.045 destaca que o Código entra em vigor "após decorrido *1 (um) ano da data de sua publicação oficial*". A sanção ocorreu em 16.03.2015, ao passo que a publicação no *D.O.U.* se deu em 17.03.2015. A partir daí, houve divergência quanto à efetiva vigência do Código.

Prevaleceu o entendimento de que o Código entrou em vigor no dia 18.03.2016, após manifestação administrativa do STJ e do CNJ.

7. VISÃO GERAL DO PROCESSO COLETIVO

Para concluir, conveniente brevemente destacar alguns pontos relativos ao processo coletivo. Trata-se apenas de uma visão geral, sem que se aprofunde no tema, que não é enfrentado no NCPC, mas em legislação extravagante. Algumas perguntas de processo coletivo vêm sendo formuladas nos últimos exames de OAB da FGV.

7.1. Introdução

O CPC e o NCPC tratam a lide do ponto de vista do *indivíduo* versus *indivíduo* (ou, eventualmente, vários autores contra vários réus, em litisconsórcio). É a *atomização* das demandas.

Na *sociedade de massas* em que vivemos, muitos conflitos passaram a ocorrer em grande quantidade, de forma análoga (consumidor, meio ambiente, idoso, criança etc.).

Assim, a solução clássica do CPC não *mais se mostra a adequada*: surge a necessidade de solução desses litígios de uma única vez, em uma demanda coletiva (tanto pela **economia processual**, como de modo a **evitar decisões contraditórias**). Daí se falar em *molecularização das demandas, em detrimento da atomização.*

Nesse contexto é que surge a tutela coletiva. Isso porque os institutos clássicos do CPC não se aplicam, da mesma forma, ao processo coletivo – especialmente do ponto de vista da **legitimidade, objeto (pedido) e coisa julgada.**

7.2. Conceito

Segundo AntonioGidi: "Ação coletiva é a ação proposta por um *legitimado autônomo (legitimidade)*, em defesa de um *direito coletivamente considerado (objeto)*, cuja *imutabilidade* do comando da sentença atingirá uma comunidade ou *coletividade (coisa julgada)*".

7.3. Instrumentos para a tutela coletiva

1) Ação popular (Lei 4.717/1965).

Quando surgiu, não tinha a abrangência coletiva que hoje a ela se dá (não era vista como um instrumento de defesa dos direitos coletivos).

A *legitimidade ativa é do cidadão* (prova da cidadania é feita com *título de eleitor*).

Presta-se à *defesa do patrimônio público* (declaração de nulidade dos atos lesivos a qualquer ente ligado ao Estado).

É um *procedimento especial* por apresentar diversas distinções em relação ao procedimento comum ordinário:

✓ – *prazo para contestar* de 20 dias, prorrogáveis por mais 20 (art. 7º, § 2º, IV);

✓ – *coisa julgada* (art. 18)

✓ – *duplo grau* no caso de *improcedência ou carência* (art. 19).

A decisão que reconhecer a lesividade de um ato ao patrimônio público beneficiará a toda a coletividade.

2) Ação civil pública (Lei 7.34719/85 - LACP).

Marca o *efetivo início* na defesa dos *interesses coletivos*. Pode ser utilizada para a defesa do:

(i) meio ambiente;

(ii) consumidor;

(iii) bens de valor artístico, estético, histórico, turístico e paisagístico;

7.4. Distinção entre direitos difusos, coletivos e individuais homogêneos

A partir do CDC, é possível diferenciar as três categorias de direitos coletivos *lato sensu*:

(i) os **direitos difusos** são dotados de *natureza transindividual*, com destaque para a *indivisibilidade do bem jurídico* em litígio (CDC, art. 81, parágrafo único, I).

Os titulares *são pessoas indeterminadas e indetermináveis*, ligadas por *circunstâncias de fato* (não idênticas circunstâncias).

Se houver *solução para um*, haverá solução *para todos.*

Ex.: publicidade enganosa via TV ou jornal; direito a respirar ar puro; existência de um remédio perigoso no mercado.

(ii) os **direitos coletivos** (*stricto sensu*) também têm *natureza transindividual* e também há a *indivisibilidade do bem jurídico* em litígio (CDC, art. 81, parágrafo único, II).

Mas há um *número determinável de titulares*, ligados entre si ou com a parte contrária, *por uma relação jurídica base* (há um grupo, categoria ou classe de pessoas). Essa relação entre as pessoas *não nasce com a lesão*, mas é anterior.

Ao se atender o interesse de um dos titulares, por ser indivisível, irá atender a todos.

Ex.: advogados de determinada comarca com dificuldades de acesso ao fórum; membros de determinado sindicato em relação a um problema bancário; estudantes de uma mesma escola quanto às mensalidades.

(iii) os **direitos individuais homogêneos** têm *natureza individual*, há homogeneidade e o dano *decorre de origem comum* (CDC, art. 81, parágrafo único, III).

O titular é perfeitamente *individualizado e determinado*, trata-se de um *direito divisível.*

Assim, a *defesa coletiva é por conveniência.*

Ex.: consumidores que adquiriram o mesmo carro com defeito; pessoas que sofreram danos com a queda de um avião ou explosão de um *shopping*.

É de se destacar que **não há litispendência entre ação coletiva e ação individual**, porém, *se houver ciência da ação coletiva, o indivíduo deverá requerer a suspensão de seu processo, caso contrário não irá se beneficiar da decisão coletiva* (CDC, art. 104).

7.5. Coisa julgada

A coisa julgada no processo coletivo é *secundum eventum litis*, ou seja, *depende do resultado da demanda* (CDC, art. 103).

(i) Tratando-se de **direitos difusos**, a coisa julgada será *erga omnes* no caso de procedência, ou seja, a coisa julgada só terá *eficácia em relação a todos* (entes coletivos e indivíduos) se o pedido for julgado *procedente.*

Se for *improcedente por insuficiência de provas*, qualquer legitimado poderá intentar *outra ação, mediante nova prova.*

Se for improcedente, mas não por falta de provas, *outro legitimado não poderá ingressar em juízo,* mas será possível o *ajuizamento da ação individual* (CDC, art. 103, § 1º).

(ii) Tratando-se de **direitos coletivos**, a situação é semelhante aos direitos difusos.

A coisa julgada será *ultra partes*, mas *limitada* ao grupo, categoria ou classe. Assim:

✓ - se *procedente*, atinge os *entes legitimados* para a ação coletiva e os *indivíduos pertencentes ao grupo*;

✓ - se *improcedente por falta de provas*, é possível a propositura de nova ação coletiva por qualquer legitimado;

✓ - se improcedente (desde que não por falta de provas) atinge os legitimados coletivos, *mas não impede a propositura de demandas individuais.*

(iii) Por fim, tratando-se de **direitos individuais homogêneos,** haverá coisa julgada *erga omnes* na hipótese de *procedência.*

No caso de improcedência (qualquer que seja a causa), o indivíduo, salvo se não tiver se habilitado como litisconsorte, *poderá propor ação individual.*

Outro ponto de relevo é a **abrangência territorial da decisão coletiva**. Apesar de o art. 16 da LACP afirmar que *o limite é a competência do órgão jurisdicional prolator da decisão*, a jurisprudência do STJ, apesar de ainda não sedimentada, *vem afastando essa regra*, dizendo que a abrangência é conforme o dano (ou seja, pode ser nacional).

7.6. Execução/cumprimento de sentença da tutela coletiva.

Diante da condenação em processo coletivo, *cada um dos indivíduos* (vítima ou sucessores) pode, com base na sentença coletiva, *habilitar-se para buscar a execução da quantia que lhe beneficia* (CDC, art. 97).

Também cabe a liquidação e a execução pelos legitimados coletivos, mas a jurisprudência, em regra, restringe-a para uma atuação subsidiária, caso não haja efetiva execução dos legitimados (CDC, art. 98).

Caso não existam habilitados em número suficiente em comparação com o tamanho do dano, pode existir a **execução em prol de um fundo** (fundo federal de direitos difusos ou fundos em cada um dos Estados) cujos *recursos serão aplicados em favor da coletividade.* É a denominada *fluid recovery* (recuperação fluída), prevista no art. 100 do CDC.

9. Direito Administrativo

Wander Garcia

1. REGIME JURÍDICO-ADMINISTRATIVO

1.1. CONCEITO DE REGIME JURÍDICO

Regime jurídico pode ser conceituado como *o conjunto harmônico de princípios e normas que incidem sobre determinada categoria ou instituto de direito.*

No sentido mais amplo possível, há dois grandes regimes jurídicos, o de direito público e o de direito privado.

1.2. Direito público e direito privado

Costuma-se dividir o direito objetivo nessas duas grandes espécies. Tal divisão é feita tendo em vista a diferença de **regime jurídico**.

No **regime jurídico de direito público,** vigem dois princípios basilares, quais sejam, o da *supremacia do interesse público sobre o privado* e o da *indisponibilidade do interesse público*.

Pelo princípio da **supremacia do interesse público sobre o privado**, a relação entre o Estado e o particular é *vertical*, ou seja, há uma *hierarquia*. Isso se expressa em institutos como a *desapropriação*, da qual o particular não pode se esquivar, e as *cláusulas exorbitantes*, que permitem ao Poder Público modificar unilateralmente um contrato administrativo, independentemente da concordância do contratado.

Já pelo princípio da **indisponibilidade do interesse público**, o Estado fica obrigado a velar pela proteção incondicional e irrestrita dos bens e interesses do povo. Em virtude desse princípio, o agente público só pode fazer o que a vontade do povo (expressa na lei) permite, obedecendo-se ao *princípio da legalidade*. Além disso, tal princípio vai exigir que em todas as compras estatais se busquem as melhores condições, daí a necessidade de se fazer *licitação*. Os *bens públicos* são, ainda, inalienáveis, impenhoráveis e imprescritíveis.

No **regime jurídico de direito privado**, por sua vez, há dois princípios basilares, quais sejam, o da *igualdade* e o da *autonomia da vontade*.

Pelo **princípio da igualdade**, as pessoas estão numa relação *horizontal*, ou seja, não há uma hierarquia entre elas. Assim, ninguém pode tomar a propriedade do outro à força (*autotutela*). Um contratante não pode mudar unilateralmente um contrato independentemente da vontade da parte contrária.

Não se deve esquecer, todavia, que a igualdade supõe tratar os iguais igualmente e os desiguais desigualmente, de modo que em algumas situações, como no caso dos incapazes, algumas pessoas poderão ter mais direitos do que outras.

Pelo **princípio da autonomia da vontade**, as pessoas podem fazer tudo o que quiserem, salvo o que a lei proíbe. Assim, diferentemente do que ocorre com os agentes públicos, se não houver proibição legal, os particulares podem agir à vontade. Podem doar bens, podem comprar onde quiserem e o que quiserem.

E **como se sabe** se uma dada situação de fato será regida pelo direito público ou pelo direito privado?

As relações fáticas em que houver o Estado em **qualquer dos polos** serão regidas pelo direito público, salvo quando o Estado estiver se valendo, com a permissão legal, de um instituto de direito privado, como quando emite um cheque ou quando é locatário de um imóvel. No mais, ou seja, quando estiver celebrando um contrato, desapropriando, aplicando sanções ou atuando em suas demais tarefas, estará sendo regido pelos princípios e regras do direito público.

São ramos do Direito Público Interno os Direitos Constitucional, Administrativo, Tributário, Ambiental, Processual do Trabalho, Processual Civil, Processual Penal, Penal, entre outros. São ramos do Direito Público Externo o Direito Internacional Público, que regula as relações entre Estados e organismos internacionais, e o Direito Internacional Privado, que regula as relações entre pessoas ligadas a diferentes Estados.

As **demais relações**, ou seja, as relações entre particulares, ou aquelas em que o Estado atua em pé de igualdade com o particular, são regidas pelo direito privado.

O Direito Administrativo, que nos interessa na presente obra, tem, assim, **natureza jurídica** (também chamada de **taxinomia**) de Direito Público.

1.3. Conceito de Direito Administrativo

Vários critérios foram utilizados para tentar conceituar o Direito Administrativo.

O primeiro foi o critério do "Poder" (o direito administrativo regula a autoridade estatal), que se seguiu aos critérios do "Serviço Público" (o direito administrativo regula os **serviços públicos** em geral – **serviços públicos** em sentido amplo, portanto), do "Poder Executivo" (o direito administrativo regula a atividade do Poder Executivo), das "Relações Jurídicas" (o direito administrativo regula as relações entre a Administração e os administrados), "Teleológico" (o direito administrativo regula a atividade do Estado para cumprir os seus fins) e ao critério da "Administração Pública".

Nesse último critério, o Direito Administrativo é o conjunto de princípios que regem a Administração Pública. Trata-se do critério mais adotado entre os juristas.

1.4. Atividade administrativa

A Administração Pública tem deveres extremamente importantes para com a sociedade. Tais deveres englobam tarefas de *segurança*, de *fiscalização e controle* de condutas antissociais, de regulação e de oferecimento de *serviços essenciais*, como educação, saúde, energia elétrica, água, transporte, de fomento, dentre outros. Para que tais deveres sejam devidamente cumpridos é necessário que haja um regime jurídico diferenciado, um **regime jurídico de direito público**, que tem, conforme já visto, duas grandes marcas: a) supremacia do interesse público sobre o interesse privado; b) indisponibilidade do interesse público.

Porém, não se pode esquecer que o Poder Público age em **três grandes atividades**, quais sejam: a) *atividade legislativa*, de elaborar leis; b) *atividade administrativa*, de executar direta e concretamente a lei; c) *atividade jurisdicional*, de aplicar a lei, mediante provocação, com o fito de compor conflitos de interesse caracterizados por pretensões resistidas.

A *atividade legislativa* é objeto do Direito Constitucional, destacando-se o tema do "processo legislativo".

A *atividade jurisdicional* é objeto do Direito Processual (penal, civil, do trabalho etc.).

Já a *atividade administrativa* é objeto do Direito Administrativo. Esse ramo do Direito regula o chamado **regime jurídico administrativo**, que também pode ser definido como *o conjunto harmônico de princípios e normas que regem a Administração Pública, em sua função de realizar concreta, direta e imediatamente os fins desejados pelo Estado.*

É importante destacar que o Direito Administrativo rege toda e qualquer atividade da Administração, seja ela do Executivo, do Legislativo ou do Judiciário, já que os dois últimos poderes também exercem (atipicamente) atividades administrativas. Por exemplo, quando exercer o poder disciplinar sobre servidores ou fazer licitação para adquirir bens.

Assim, um membro do Poder Judiciário (magistrado) pratica tanto atos jurisdicionais (ex.: quando exara uma sentença) como atos administrativos (ex.: quando aplica uma advertência ao servidor do fórum).

Enfim, todos os poderes têm sua Administração Pública e, assim, praticam atos administrativos, inclusive o Poder Judiciário e o Poder Legislativo, que apesar de o fazê-lo atipicamente, atua, assim, em atividade administrativa.

1.5. Origem do Direito Administrativo

Só é possível falar-se em regime jurídico administrativo com o aparecimento do Estado de Direito, em que a lei passa a valer tanto para os administrados como para o administrador.

Tal se deu com o declínio dos regimes absolutistas, marcados pela vontade incontrastável dos soberanos, e que foi perdendo espaço, até se extinguir, após a Declaração dos Direitos do Homem e do Cidadão na França (1789) e a Declaração de Independência dos Estados Unidos (1796).

Os Estados de Direito, por sua vez, valeram-se da ideia de separação dos Poderes desenvolvida por Montesquieu (*O Espírito das Leis*, 1748), segundo o qual faz-se necessária a distribuição de tarefas entre órgãos distintos para que não haja a perniciosa concentração de poder numa pessoa só. Por outro lado, para que cada órgão que receba um poder não abuse deste, faz-se também necessário que haja um sistema de controle de um poder pelo outro.

A partir do aparecimento desses dois elementos – a) subordinação do Estado à lei (Estado de Direito) e b) divisão de tarefas entre órgãos estatais com sistema de controle de um pelo outro (Separação de Poderes) – tem-se os pressupostos para existência do Direito Administrativo.

1.6. Fontes do Direito Administrativo

Quando se pergunta "quais são as fontes do Direito", fica sempre a dúvida sobre a qual fonte a indagação se refere. Existem *fontes criadoras* do Direito (legislador, por exemplo). Há *fontes formais* do Direito (a lei, por exemplo). Há *fontes históricas* do Direito (fatos históricos marcantes que deram origem à modificação de uma lei).

As **fontes formais** do Direito podem ser divididas em duas espécies: principais e acessórias.

As **fontes *formais principais*** são: a lei, a analogia, o costume e os princípios gerais do direito. Como adotamos o sistema romano-germânico, de início, só a lei é fonte formal principal. Apenas em caso de lacuna é que se admite que o aplicador se valha da analogia, do costume e dos princípios gerais, nessa ordem, como fonte formal jurídica (art. 4º da LINDB).

Quanto ao costume, que consiste na **prática reiterada de determinado ato, com a convicção de sua obrigatoriedade jurídica**, não se confunde com a praxe administrativa que é a prática burocrática rotineira adotada na Administração, sendo que o primeiro é considerado fonte formal e o segundo não é considerado fonte do Direito Administrativo, apesar de se tratar de meio útil para resolver problemas administrativos, desde que atendido o princípio da legalidade.

Para completo entendimento do assunto, é importante destacar que, por lei, deve-se entender norma constitucional, lei ordinária, lei complementar, lei delegada, resolução legislativa, decreto legislativo e medida provisória.

Já as **fontes *formais secundárias ou acessórias*** são: os decretos, as resoluções administrativas, as instruções normativas, as portarias etc. São acessórias pois guardam obediência a uma fonte principal.

Doutrina e jurisprudência são consideradas, tradicionalmente, como *fontes não formais* ou *fontes indiretas* (mediatas). Isso porque trazem preceitos não vinculantes. São também consideradas *fontes meramente intelectuais* ou *informativas*.

Há de se fazer alguns temperamentos com relação à jurisprudência. Isso porque, apesar de um entendimento reiterado pelos tribunais não ter força de lei, a Emenda Constitucional 45/2004 estabeleceu que o Supremo Tribunal Federal poderá, após reiteradas decisões sobre matéria constitucional, aprovar súmula, que terá efeito vinculante e incidirá sobre a validade, a interpretação e a eficácia de normas determinadas acerca das quais haja controvérsia (art. 103-A da CF).

Tais súmulas, ainda que declarativas em relação ao que é Direito, poderão ser consideradas verdadeiras fontes formais, já que têm eficácia *erga omnes*.

1.7. Conceito de Administração Pública

O Estado tem três Poderes independentes e harmônicos entre si (Legislativo, Executivo e Judiciário). Porém, é por meio da **Administração Pública** que o Estado atua, tratando-se esta do aparelhamento necessário à realização de sua finalidade.

Em sentido ***formal***, Administração Pública é o conjunto de órgãos instituídos para consecução dos fins do Governo (que é o comando, a iniciativa).

Em sentido ***material***, é o conjunto das funções necessárias aos serviços públicos em geral.

E em sentido ***operacional***, é o desempenho sistemático dos serviços estatais.

O fato é que a Administração é o instrumento de que se vale o Estado para pôr em prática as opções políticas do Governo.

Tal atuação se dará por intermédio de *entidades* (pessoas jurídicas), *órgãos* (centros de decisão) e de *agentes* (pessoas investidas em cargos, empregos e funções).

1.8. Sistemas de Controle Jurisdicional da Administração

Acerca do Sistemas de Controle Jurisdicional da Administração há duas espécies: a) o sistema do contencioso administrativo (sistema francês); b) o sistema judiciário (sistema inglês).

O Brasil adotou o segundo, ou seja, o sistema da jurisdição única, de maneira que compete apenas ao Poder Judiciário a jurisdição sobre o controle de atos administrativos postos em disputa.

Na Europa continental, por sua vez, há órgãos independentes e autônomos da própria Administração destinados a efetuar o controle dos atos administrativos. Trata-se da chamada *dualidade de jurisdição* (ou *contencioso administrativo*), em que um órgão exerce a jurisdição sobre os atos administrativos e o Poder Judiciário a exerce sobre os demais atos e fatos jurídicos. Na França, por exemplo, o Conselho de Estado é quem faz esse papel de exercer a jurisdição sobre atos administrativos, ficando o Judiciário responsável pelos demais conflitos de interesse. Quanto ao Conselho de Estado há os chamados tribunais administrativos, que se sujeitam a ele, que funciona como juízo de apelação, de cassação e até de juízo originário e único de determinados litígios administrativos.

Em suma, o Brasil adotou outro sistema, o anglo-americano, em que não existe essa dualidade, cabendo apenas ao Poder Judiciário exercer a jurisdição, de modo que é este que faz todo e qualquer controle jurisdicional sobre atos administrativos.

Como exceção, temos a possibilidade de um ato da Administração vir a ser apreciado por uma corte de arbitragem, mas nos casos taxativamente estabelecidos em lei, que, em verdade, se limitam a tratar de aspectos comerciais e técnicos não relacionados a determinações administrativas que busquem assegurar o interesse público. Por exemplo, o art. 23-A da Lei 8.987/1995 permite o uso de arbitragem em matéria de concessões de serviço público. Isso significa que, caso a Administração modifique o regulamento do serviço a ser prestado pela concessionária, aumentando os custos desta mas sem um aumento no mesmo patamar na remuneração da concessionária, esta poderá discutir a questão junto a uma corte arbitral, mas limitada à questão da remuneração, não podendo querer que uma corte arbitral discuta se foi de interesse público ou não a modificação no regulamento do serviço, discussão essa que, ressalvado o mérito administrativo, só poderá ser feita no âmbito do Poder Judiciário.

2. PRINCÍPIOS DO DIREITO ADMINISTRATIVO

2.1. Introdução

Princípios *são normas jurídicas de especial relevância e alta carga valorativa que, além de vincular, servem de vetor interpretativo a todos os destinatários do Direito.*

Os princípios gerais do Direito Administrativo decorrem de dois outros basilares, quais sejam, o da supremacia do interesse público sobre o privado e o da indisponibilidade do interesse público.

2.2. Princípios basilares do direito administrativo (supraprincípios ou superprincípios)

O princípio da ***supremacia do interesse público sobre o interesse privado***[1] parte da ideia de que o fim do Estado é o bem comum, e não o individual. Assim, deve prevalecer o interesse público, o interesse comum, e não o interesse particular que cada um tem.

Essa supremacia pode ser verificada nas seguintes *prerrogativas* da Administração: a) presunção de legitimidade dos atos administrativos; b) prazos maiores no processo civil; c) prazo prescricional menor contra o Estado; d) imperatividade, exigibilidade, coercibilidade e autoexecutoriedade de boa parte dos atos administrativos, atributos esses que permitem a autotutela da Administração, que não precisa buscar o Poder Judiciário para a imposição de grande parte de seus atos.

A doutrina diferencia a chamada *supremacia estatal geral*, que incide sobre todas as pessoas, da *supremacia estatal especial*, que incide sobre as pessoas com quem o Estado tem relação jurídica específica. A submissão de todos nós às leis de trânsito é um exemplo da supremacia estatal geral. Já a submissão das concessionárias de serviço público às imposições do Poder Concedente é exemplo da supremacia estatal especial.

O princípio da **indisponibilidade do interesse público**, por sua vez, decorre da ideia de República (coisa de todos).

1. Celso Antônio Bandeira de Mello define interesse público como o "interesse resultante do conjunto dos interesses que os indivíduos pessoalmente têm quando considerados em sua qualidade de membros da Sociedade e pelo simples fato de o serem" (*Curso de Direito Administrativo*, p. 59). Aliás, o interesse público pode ser primário (verdadeiro interesse público) ou secundário, interesse que diz respeito apenas à pessoa jurídica estatal (que não é verdadeiro interesse público), como o interesse de arrecadar mais tributos.
Hely Lopes Meirelles, por sua vez, entende por interesse público as "aspirações ou vantagens licitamente almejadas por toda a comunidade administrada, ou por uma parte expressa de seus membros" (*Direito Administrativo Brasileiro*, p. 81).

Ele indica que os interesses públicos não podem ser objeto de disposição, devendo o Poder Público velar por sua proteção e promoção. A ordem jurídica trará o perfil do que é interesse público, cabendo à Administração Pública buscar seu atendimento. Decorrem desse princípio os seguintes: a) princípio da legalidade; b) princípio da isonomia; c) princípio da motivação; d) princípio da publicidade, dentre outros.

Passemos, agora, ao estudo dos demais princípios do Direito Administrativo, que, repita-se, são expressões dos dois acima referidos.

2.3. Princípios do Direito Administrativo em espécie

2.3.1. Princípio da legalidade

Esse princípio pode ser **conceituado** como *aquele pelo qual a Administração Pública só pode fazer o que a lei determinar ou permitir.*

O princípio da legalidade está **previsto** expressamente no art. 37, *caput*, da CF.

Trata-se de princípio próprio do Estado de Direito. Aliás, o Direito Administrativo nasce justamente com o aparecimento desse tipo de Estado.

O princípio em questão afirma que a atividade administrativa é sublegal, devendo expedir comandos complementares à lei. É muito famosa a frase de Seabra Fagundes a respeito da legalidade: "administrar é aplicar a lei de ofício".

Na **prática**, isso significa que a Administração Pública não pode fazer coisa alguma sem que haja uma lei prévia dizendo que ela está autorizada ou tem a obrigação de fazê-la.

Recentemente, tomei conhecimento de um **exemplo** interessante: o Prefeito de uma determinada cidade resolveu baixar um ato administrativo determinando que todo o comércio local fechasse aos domingos, sem que houvesse lei alguma na cidade trazendo essa determinação. Tal conduta fere o princípio da legalidade, pois o Prefeito só poderia ter agido se houvesse uma lei municipal nesse sentido.

O Chefe do Poder Executivo tem o poder de regulamentar a lei, e não de fazer a própria lei. Nesse sentido, o art. 84, IV, da CF dispõe que o Presidente da República – e os demais Chefes do Executivo (Prefeito e Governador) – tem competência para expedir decretos e regulamentos para a fiel execução da *lei*. Esses decretos têm por objetivo explicar a lei e dizer como ela deverá ser cumprida.

Ou seja, no Brasil temos *regulamentos de execução de lei*, e não *regulamentos autônomos de lei*.

No exemplo dado, o Prefeito daquela cidade poderia baixar um regulamento para o fim de executar a lei que proíbe o comércio aos domingos, caso a lei existisse (regulamento de execução de lei). Mas não poderia criar a própria proibição do comércio por meio de um decreto (regulamento autônomo de lei).

O princípio da legalidade é tão forte que no Direito brasileiro há pouquíssimas **exceções**.

A primeira exceção diz respeito aos *regulamentos autônomos de lei*. O art. 84, VI, da CF criou duas exceções, em que o Chefe do Executivo poderá, por decreto, fazer algo que somente a lei poderia fazer: a) dispor sobre a organização e funcionamento da administração federal, quando não implicar aumento de despesa nem criação ou extinção de órgãos públicos; b) dispor sobre a extinção de funções ou cargos públicos, quando vagos.

Um exemplo da situação "a" é um Prefeito, por decreto, transformar uma secretaria municipal em outra secretaria municipal (ex.: transformar a secretaria de administração em secretaria de gestão pública). O que não é possível é extinguir ou criar um órgão público, mas transformar um órgão é plenamente possível.

Um exemplo da situação "b" é um Prefeito, por decreto, extinguir 30 cargos de telefonista da prefeitura, por estarem vagos esses cargos e não haver mais interesse em provê-los, em virtude da tecnologia dos sistemas de telefonia não mais requerer tantos cargos de telefonista numa repartição pública.

A segunda exceção ao princípio da legalidade é a *medida provisória* (art. 62, CF). Com efeito, a medida provisória, apesar de não ser *lei em sentido estrito*, tem *força de lei*.

Assim, é possível que uma medida provisória, mesmo que não haja lei sobre um dado assunto, inove na ordem jurídica e determine algo para a Administração Pública.

Parte da doutrina faz uma diferenciação entre a *legalidade* e a *reserva legal*. Há matérias que podem ser reguladas por lei e por medida provisória, hipótese em que se fala em obediência à legalidade. Há matérias que só podem ser reguladas por lei em sentido formal, hipótese em que se fala em obediência à reserva legal. As matérias mencionadas no parágrafo anterior obedecem ao princípio da reserva legal. Como exemplo, temos o direito penal, matéria que só pode ser regulada por lei, nunca por decreto ou medida provisória (art. 5º, XXXIX, CF).

Vale, também, diferenciar o princípio da legalidade para a Administração, com o **princípio da legalidade para o particular**. O primeiro está previsto no art. 37, *caput*, da CF, ao passo que o segundo, no art. 5º, II, da CF ("ninguém será obrigado a fazer ou deixar de fazer alguma coisa senão em virtude de lei"). O primeiro dispõe que a Administração só pode fazer o que a lei determinar ou permitir, enquanto que o segundo dispõe que o particular pode fazer o que bem entender, a não ser o que a lei proibir. Portanto, a Administração está amarrada, presa. Ela só pode fazer algo se a lei desamarrar e permitir que esse algo seja feito. Já o particular está livre, podendo fazer o que quiser. Ele só ficará impedido de fazer algo quando vier uma lei proibindo que ele o faça.

Por fim, importante darmos uma palavra sobre o **princípio da juridicidade**. Esse princípio pode ser visto como estágio evolutivo atual do princípio da legalidade, pois exige do administrador público atuação em conformidade não só com a lei, em sentido formal, mas com todo o direito; muito mais do que respeitar a *legalidade estrita*, o que se espera hoje é que o administrador atenda ao *Direito* como um todo, ou seja, busque uma decisão de acordo com a *juridicidade* ou *legitimidade*, daí a ideia de que, mais do que o respeito ao princípio da legalidade, o administrador tem que respeitar o princípio da juridicidade.

2.3.2. Princípio da impessoalidade

Esse princípio pode ser **conceituado** como *aquele que impõe tratamento igualitário às pessoas, respeito à finalidade e também a ideia de que os atos dos agentes públicos devem ser imputados diretamente à Administração Pública e nunca à pessoa do agente.*

O princípio da impessoalidade está **previsto** expressamente no art. 37, *caput*, da CF.

Repare que o princípio tem três comandos: a) *impõe igualdade de tratamento*; b) *impõe respeito ao princípio da finalidade*; c) impõe *neutralidade do agente*, que não pode fazer autopromoção.

Um exemplo de violação ao primeiro comando ("a") é o agente público, responsável para julgar a concessão de alvarás para construção, dar prioridade aos pedidos de alvará formulados por amigos seus em detrimento das demais pessoas que tiverem pedido o alvará em data anterior.

Um exemplo de violação ao segundo comando ("b") é o agente público usar um ato que tem uma finalidade legal "X" com o objetivo de atender a uma finalidade "Y", como ocorre quando se utiliza o ato "remoção" - cuja finalidade é organizar melhor as funções de agentes públicos ou transferir um agente público para outro local, a pedido deste - com a finalidade de punição.

Um exemplo de violação ao terceiro comando ("c") é um Prefeito determinar a utilização de um símbolo usado na sua campanha eleitoral em todas as obras da prefeitura. Tal situação é expressamente vedada pelo art. 37, § 1º, da CF, que dispõe que a publicidade oficial deverá ter caráter educativo, informativo ou de orientação social, dela não podendo constar nomes, *símbolos* ou imagens que caracterizem *promoção pessoal.*

O terceiro comando do princípio da impessoalidade também tem outros tipos de reflexo. Um deles é a possibilidade de reconhecer a validade de atos praticados por funcionário público irregularmente investido no cargo ou função sob o fundamento de que tais atos configuram atuação do órgão e não do agente público. Isso ocorre, pois, se todos os atos praticados pela Administração são *imputados* diretamente a esta (o agente público é neutro, ou seja, é um mero órgão da Administração), mesmo os atos praticados por alguém irregularmente investido em função pública poderão ser considerados válidos já que, em última análise, são atos da Administração e podem ser preservados se estiverem de acordo com as demais normas jurídicas.

2.3.3. Princípio da moralidade administrativa

Esse princípio pode ser **conceituado** como *aquele que impõe obediência à ética da Administração, consistente no conjunto de preceitos da moral administrativa, como o dever de honestidade, lealdade, boa-fé e probidade.*

O princípio está **previsto** expressamente no art. 37, *caput*, da CF.

O art. 11 da Lei 8.429/1992 (Lei de Improbidade Administrativa) juridiciza (torna jurídico) preceitos morais a serem seguidos, como a *honestidade* e a *lealdade* às instituições.

Todavia, a Constituição não determina que a moralidade exigida por seu art. 37, *caput*, esteja juridicizada. Aliás, se assim o fosse, bastaria a exigência de respeito ao princípio da legalidade. A Constituição também não está se referindo à moralidade comum, pois o art. 5º, LXXIII, da CF, ao tratar das hipóteses de cabimento de ação popular, é mais específico no tema e usa a expressão completa, qual seja, "moralidade administrativa", que é a moralidade no interior da administração e não no bojo da sociedade como um todo.

Assim, quando a Constituição exige, também, respeito à moralidade está impondo o dever de atendimento a moralidade administrativa (e não à moralidade comum), mas não está se referindo a uma moralidade juridicizada[2], mas a uma moralidade extraída da prática diária da boa administração. Ou seja, está-se exigindo um comportamento com respeito aos padrões éticos de boa-fé, decoro, lealdade, honestidade e probidade. Aliás, nesse sentido é o disposto no art. 2º, parágrafo único, IV da Lei 9.784/1999, no Código de Ética Profissional do Servidor Público Federal (Decreto 1.171/1994) e na Lei 8.112/1990.

São exemplos de atos que ferem o princípio da moralidade administrativa os seguintes: a) Prefeito e Câmara aumentam a remuneração dos agentes públicos em demasia a fim de se fortalecerem e de inviabilizarem economicamente a gestão posterior; b) Prefeito e Câmara geram grande diminuição de impostos para a gestão seguinte, com a mesma finalidade espúria mencionada; c) desapropriação realizada com o fim de prejudicar um inimigo político; d) uso de cartões corporativos do governo para gastos de ordem pessoal.

Não é necessária lesão ao erário para o desrespeito a esse princípio. Um prefeito que desapropria um imóvel com a finalidade de prejudicar um inimigo político estará sujeito à invalidação dessa desapropriação pela violação ao princípio da moralidade, mesmo que o imóvel fosse necessário mesmo e que não houvesse, então, prejuízo econômico com o ato.

2.3.4. Princípio da publicidade

Esse princípio pode ser **conceituado** como *aquele que impõe ampla divulgação dos atos oficiais, para conhecimento público e início dos efeitos externos.*

O princípio da publicidade está **previsto** expressamente no art. 37, *caput*, da CF.

O conceito apresentado revela que o princípio tem dois grandes **sentidos**: a) garantir que todos tenham conhecimento das coisas que acontecem na Administração Pública;

2. Vale dizer, todavia, que a doutrina *não é pacífica* sobre esse entendimento, ou seja, de que a noção de moralidade administrativa não depende da moralidade juridicizada. Celso Antônio Bandeira de Mello, por exemplo, entende, com base em estudo de Márcio Cammarosano, que "não é qualquer ofensa à moral social que se considerará idônea para dizer-se ofensiva ao princípio jurídico da moralidade administrativa" (*Curso de Direito Administrativo*. 26. Ed., p. 120). Em outro extremo, Maria Sylvia Zanella Di Pietro entende, fundamentada na lição de Manoel de Oliveira Franco Sobrinho, que "mesmo os comportamentos ofensivos da moral comum implicam ofensa ao princípio da moralidade administrativa" (*Direito Administrativo*. 25. ed., p. 79), ou seja, mesmo a imoralidade comum viola o princípio em questão.

b) garantir que os atos oficiais só tenham efeitos externos após sua publicação.

Com isso, os cidadãos em geral poderão exercer sua cidadania, questionando atos governamentais, solicitando o controle destes e até ingressando com ações contra atos que estejam em desacordo com a ordem jurídica. Da mesma forma, o Ministério Público e as demais pessoas legitimadas também terão elementos para fazer esse tipo de controle.

As pessoas individualmente prejudicadas também recebem a proteção do princípio da publicidade. Um exemplo é aquele que recebe uma multa de trânsito. Tal pessoa só terá de pagar a multa se receber uma notificação oficial no prazo previsto em lei. A notificação é, portanto, requisito de eficácia da multa aplicada. O art. 281, parágrafo único, II, da Lei 9.503/1993, dispõe que o auto de infração será arquivado e seu registro julgado insubsistente se não houver, no prazo máximo de 30 dias, notificação da autuação.

Nesse sentido, é importante reforçar a ideia de que a *publicidade* dos atos oficiais é requisito de ***eficácia*** dos atos administrativos, e não requisito de *existência* ou de *validade* destes.

Por outro lado, o princípio da publicidade tem **exceções**. Ou seja, há casos em que o interesse público justificará que determinados atos oficiais sejam deixados em sigilo, ainda que temporariamente.

Confira os casos em que se admite o sigilo dos atos oficiais: a) para a defesa da segurança da sociedade e do Estado; b) em investigações policiais; c) para o resguardo da inviolabilidade da intimidade, da vida privada, da honra e da imagem das pessoas.

A Lei 12.527/2011 regula o acesso à informação previsto no inciso XXXIII do art. 5º, da CF ("todos têm direito a receber dos órgãos públicos informações de seu interesse particular, ou de interesse coletivo ou geral, que serão prestadas no prazo da lei, sob pena de responsabilidade, ressalvadas aquelas cujo sigilo seja imprescindível à segurança da sociedade e do Estado").

Essa lei se aplica a todos os entes federativos. Por conta dela, houve um movimento muito amplo no sentido de os entes da Administração Pública passarem a divulgar pela internet a remuneração e o subsídio dos agentes públicos, por se tratar de obrigação que decorre dos termos da lei.

Essa lei trata também dos requisitos do pedido de acesso a informações aos órgãos e entidades estatais (arts. 10 a 14) e também das restrições de acesso à informação (arts. 21 a 31).

Uma regra fundamental da lei dispõe que "não poderá ser negado acesso à informação necessária à tutela judicial ou administrativa de direitos fundamentais" (art. 21).

A lei detalha melhor os casos em que cabe sigilo por motivo de segurança da sociedade e do Estado (art. 23), sigilo esse que varia entre 5, 15 e 25 anos (informações reservada, secreta e ultrassecreta, respectivamente), bem como os casos em que cabe sigilo por motivo de respeito à intimidade, vida privada, honra e imagem das pessoas, que poderão ter seu acesso restrito pelo prazo máximo de 100 anos (art. 31).

Por fim, vale lembrar que a propaganda oficial não pode caracterizar promoção pessoal (*vide* novamente o art. 37, § 1º, CF), devendo ser objetiva e com caráter informativo, educativo ou de orientação social.

2.3.5. Princípio da eficiência

Esse princípio pode ser **conceituado** como *aquele que impõe o dever de a Administração Pública atender satisfatoriamente às necessidades dos administrados, bem como de o administrador público fazer o melhor, como profissional, diante dos meios de que dispõe.*

Para José Afonso da Silva, eficiência significa fazer acontecer com racionalidade, o que implica medir os custos que a satisfação das necessidades públicas importam em relação ao grau de utilidade alcançado (*Curso de Direito Constitucional Positivo*, Ed. Malheiros). O ilustre autor completa a afirmação dizendo que o princípio da eficiência "orienta a atividade administrativa no sentido de conseguir os melhores resultados com os meios escassos de que se dispõe e a menor custo".

O princípio da eficiência está **previsto** no art. 37, *caput*, da CF, por força da EC 19/1998, que o introduziu expressamente na Constituição.

Porém, mesmo antes da EC 19/1998, já se falava na Constituição em controle interno dos Poderes para atender a eficiência (art. 74, II, CF), de modo que o princípio estava no mínimo implícito na redação original da Constituição.

Ocorre que, com a **Reforma do Estado**, ocorrida em 1998, percebeu-se a necessidade de trazer um princípio geral de eficiência. Tal reforma estava preocupada em diminuir o controle de meios (administração burocrática) e focar no controle de fins (administração gerencial), controle este que se volta para os resultados, ou seja, para a eficácia.

Para concretizar o princípio da eficiência, a EC 19/1998 também trouxe para o servidor público mais um requisito para adquirir a estabilidade, qual seja, o de que passe por uma *avaliação especial de desempenho*, sendo que, mesmo depois de adquiri-la, deverá se submeter a *avaliações periódicas de desempenho*, podendo ser exonerado, caso não seja aprovado em qualquer delas (art. 41, § 1º, III, da CF). Para a Administração, a EC em questão trouxe a possibilidade de realização de *contrato de gestão*, aumentando a autonomia dos órgãos e entidades públicos em troca da fixação de metas de desempenho a cumprir (art. 37, § 8º, CF).

2.3.6. Princípio da segurança jurídica

2.3.6.1. Considerações gerais

Esse princípio pode ser **conceituado** como *aquele que impõe a exigência de maior estabilidade nas relações jurídicas de forma a se atender ao interesse público.*

O princípio da segurança jurídica não está **previsto** expressamente na CF. Porém, está implícito no art. 5º, XXXVI, pelo qual a lei não pode prejudicar o direito adquirido, o ato jurídico perfeito e a coisa julgada.

No plano infraconstitucional, o princípio está previsto expressamente no art. 2º, *caput*, da Lei 9.784/1999.

O princípio da segurança jurídica tem as seguintes **consequências**:

a) decorre dele o dever de respeitar o direito adquirido, o ato jurídico perfeito e a coisa julgada (art. 5º, XXXVI, CF); exemplo de aplicação dessa regra foi a decisão do STF que impediu que nova norma do Ministério da Educação aumentasse os requisitos para a concessão de financiamento estudante pelo FIES em relação a estudantes que já vinham se beneficiando do financiamento (ADPF 341, J. 27.05.2015);

b) permite a convalidação de atos anuláveis, ou seja, de atos que podem ser repetidos sem o vício que os inquinava;

c) permite a conversão de atos nulos em atos de outra categoria, na qual serão válidos;

d) permite a manutenção de atos nulos expedidos há muito tempo, desde que haja excepcionalíssimo interesse público (ex.: loteamento popular antigo feito sem autorização administrativa);

e) proíbe a aplicação retroativa de nova interpretação por parte da Administração (inciso XIII do parágrafo único do art. 2º da lei acima referida); tal proibição visa a preservar a boa-fé, a confiança do administrado na Administração;

f) protege expectativas legítimas de promessas firmes. Ex.: permissão de uso de bem público dada pelo Estado com prazo determinado, que acaba sendo revogada antes do final do prazo; com base no princípio da proteção da confiança, é possível que o permissionário requeira em juízo que continue com a permissão ou que receba indenização pela quebra da confiança;

g) não gera direito adquirido a regime funcional ou contratual;

h) "a garantia da irretroatividade da lei, prevista no art. 5º, XXXVI, da Constituição da República, não é invocável pela entidade estatal que a tenha editado" (Súmula 654 do STF);

i) "os valores recebidos de boa-fé pelo servidor público, quando pagos indevidamente pela Administração Pública em função de interpretação equivocada de lei, não devem ser devolvidos" (STJ, AgRg no Ag 1.423.790, DJ 30.11.2012).

2.3.6.2. Coisa julgada, direito adquirido e ato jurídico perfeito

No tema aplicação da lei no tempo é, ainda, importante anotar que a lei nova, apesar de ter efeito imediato e geral, deve respeitar o ato jurídico perfeito, o direito adquirido e a coisa julgada (art. 6º da LINDB). A Constituição, em seu art. 5º, XXXVI, reforça o princípio ao dispor que "a lei não prejudicará o direito adquirido, o ato jurídico perfeito e a coisa julgada".

Trata-se do **princípio da irretroatividade da lei**.

A **coisa julgada** pode ser conceituada como a *qualidade da sentença de mérito de o seu comando ser imutável. Isso se dá com o trânsito em julgado da decisão.*

O **direito adquirido** é *aquele que já se incorporou ao patrimônio de seu titular, uma vez que preenchidos, sob a vigência da lei anterior, os requisitos para a aquisição do direito*. Para a LINDB, "consideram-se adquiridos assim os direitos que seu titular, ou alguém por ele, possa exercer, como aqueles cujo começo do exercício tenha termo prefixo, ou condição preestabelecida inalterável, a arbítrio de outrem" (art. 6º, § 2º).

O **ato jurídico perfeito** é *aquele já consumado segundo a lei vigente ao tempo em que se efetuou* (art. 6º § 1º, da LINDB).

A lei não pode *prejudicar* tais valores, mas pode *beneficiar*. É por isso que a lei penal que beneficia o acusado retroage (art. 5º, XL, da CF) e que a lei tributária também retroage em alguns casos (art. 106 do CTN).

Não se deve confundir *retroatividade* com *aplicabilidade imediata*. A lei não pode atingir, para prejudicar, fatos passados, mas pode ser aplicada de modo imediato para fatos que ocorrerem depois de sua vigência, ainda que relacionados com fatos anteriores.

Dessa forma, tirando as situações de aplicação imediata da lei, não se pode retroagir lei nova para prejudicar direito adquirido, coisa julgada e ato jurídico perfeito.

De qualquer forma, em se tratando de Direito Administrativo, é sempre possível que, respeitadas as hipóteses legais, haja desapropriação de um direito protegido por esses institutos, pagando-se, sempre, indenização prévia, justa em dinheiro.

2.3.6.3. Princípio da proteção à confiança legítima

O princípio da segurança jurídica pode ser considerado em dois aspectos: a) no aspecto objetivo, está ligado à irretroatividade das leis e das novas interpretações, e a finalidade é proteger o próprio sistema (endossegurança); b) no aspecto subjetivo, está ligado ao princípio da proteção à confiança legítima.

O princípio da proteção à confiança legítima foi criado pela jurisprudência alemã após a 2ª Guerra Mundial, período em que se buscou uma reação a atos que afetaram repentina e bruscamente os administrados.

De acordo com esse princípio, quando (1) o Estado expede um ato conclusivo capaz de gerar confiança no administrado, (2) levando este a praticar determinada conduta no sentido da expectativa criada pelo Estado, (3) este fica adstrito a manter a sua palavra mesmo se o ato for ilegal, (4) salvo má-fé do administrado.

Um exemplo interessante é a situação em que a administração outorga ao particular uma permissão de serviço público pelo prazo de 4 anos, tratando-se de prazo ideal para a amortização de investimentos pelo permissionário e recebimento de retorno compatível pelo seu trabalho, sendo que, dois anos depois, a permissão vem a ser revogada. Nesse caso, mesmo havendo previsão legal de que a permissão de serviço público é precária, podendo, assim, ser revogada a qualquer tempo independentemente de licitação, o fato é que o particular recebeu um ato conclusivo (permissão) que gerou a confiança legítima de que seria mantido até o final do período de 4 anos (por conta do prazo específico no documento, da necessidade de 4 anos para amortizações e lucros e da inexistência de má-fé pelo particular), devendo o estado manter sua promessa, sua palavra, não revogando a permissão antes do tempo. A aplicação do princípio da confiança fará com que o Estado tenha de voltar atrás na revogação do ato ou tenha essa revogação do ato anulada. Em o Estado demonstrando interesse público na anulação do ato, a aplicação do princípio determinará a condenação do Estado a pagar indenização pela perda antecipada da permissão pelo particular.

Uma vez violado princípio da proteção à confiança legítima, a correção dessa medida, pode, assim, dar-se por variados instrumentos. Pode ser o caso de anulação do ato que viola o princípio. Pode ser o caso de condenação do Estado no pagamento de indenização. Pode ser o caso de uma medida específica, como é o caso da determinação de nomeação de uma pessoa aprovada num concurso dentro das vagas previstas no edital, pois o STF, nesse tipo de caso, vem dizendo que o princípio da confiança é violado quando o edital prevê certo número de vagas num concurso público, mas os servidores aprovados dentro desse limite não vêm a ser nomeados.

2.3.7. Princípio da razoabilidade

Esse princípio pode ser **conceituado** como *aquele que impõe o dever de agir dentro de um padrão normal, evitando-se negligência e excesso e atuando de forma compatível entre os meios e fins previstos na lei.*

O princípio da razoabilidade não está expresso na Constituição Federal.

Porém, o art. 5º, LXXVIII, da CF, introduzido pela EC 45/2004, introduziu o direito à *razoável* duração do processo judicial e administrativo. A expressão "razoável", apesar de ligada à questão do processo célere, acaba trazendo à tona o valor da razoabilidade.

Assim, o princípio da razoabilidade continua implícito de modo geral na CF, mas pelo menos está expresso para fins de duração do processo no nosso Texto Maior.

Apesar disso, ele pode ser encontrado exposto em alguns textos infralegais, como o da Constituição do Estado de São Paulo (art. 111) e no art. 2º, *caput*, da Lei de Processo Administrativo Federal (Lei 9.784/1999).

Além do mais, o art. 2º, parágrafo único, VI, da Lei 9.784/1999 também acaba por tratar do princípio da razoabilidade ao trazer a seguinte obrigação à Administração em seus atos: "adequação entre meios e fins, vedada a imposição de obrigações, restrições e sanções em medida superior àquelas estritamente necessárias ao atendimento do interesse público".

São **exemplos** de violação ao princípio da razoabilidade os seguintes: a) demissão de um agente público, quando era suficiente uma suspensão; b) cumulação indistinta de todas as sanções por ato de improbidade administrativa, mesmo em casos mais leves, como de violação a princípios da administração; c) requisição administrativa de bens ou serviços em quantidade maior do que a necessária; d) dissolução de passeata pacífica por meio de arma de fogo.

O princípio somente tem **incidência** em relação a atos *discricionários*, não incidindo em relação a atos *vinculados*. Isso porque, quando um ato é vinculado, a Administração só tem uma opção de ato a ser praticado, não havendo que se falar em mais de uma possibilidade e, portanto, que o ato fere a razoabilidade. Porém, quando se tem um ato discricionário, existe mais de uma opção para o administrador, ocasião em que se poderá discutir se a atitude tomada está ou não de acordo com a razoabilidade.

Uma dúvida muito frequente é se o princípio da razoabilidade é sinônimo do **princípio da proporcionalidade**. Essa dúvida ganha ainda mais relevância pelo fato de o art. 2º, *caput*, da Lei 9.784/1999 dispor que a Administração deve respeitar a *razoabilidade* e também a *proporcionalidade*.

Há quem defenda que os dois princípios são sinônimos. Outros defendem que um está contido no outro. No caso, a proporcionalidade é medida da razoabilidade.

Na prática, costuma-se usar a expressão "proporcionalidade" para situações que envolvem quantidade. São situações em que se tem um "meio" (por exemplo, a possibilidade de aplicação de mais de um valor de multa) e "fim" (punir e prevenir que alguém cometa a infração). Por exemplo, se uma multa poderia variar de R$ 100 a R$ 1.000,00 e acaba sendo fixada em R$ 1.000,00, pode-se dizer, a depender da gravidade desta, que houve violação ao princípio da proporcionalidade.

A expressão "razoabilidade" acaba sendo utilizada para outras situações que não envolvem questão matemática, mas sim a busca de uma conduta igualitária da Administração. Por exemplo, se um Prefeito, mesmo diante do caos na área da saúde, resolver fazer uma obra para reformar a praça em frente ao hospital, em detrimento de maiores investimentos no próprio serviço de saúde, diz-se que houve violação ao princípio da razoabilidade. Nesse caso, o investimento na praça (que beneficia pessoas que nela brincam e passeiam) é discriminatório e desigual em relação à falta de investimento na saúde (considerando o caos em que se está e que a questão da saúde envolve o valor mais importante de todos, que é a vida)? Na análise dessa relação de congruência o princípio da razoabilidade orientará para a busca da medida mais igualitária e menos discriminatória.

Outras diferenças apontadas são as seguintes: a) quanto à origem, a razoabilidade se desenvolveu no direito anglo-saxônico (na Inglaterra, sob o prisma do devido processo legal em geral, trazido na Magna Carta; nos EUA, sob o prisma do devido processo legal substantivo), ao passo que a proporcionalidade, no direito germânico; b) quanto ao âmbito de incidência, o princípio da proporcionalidade é aplicado quando se está diante de uma relação em que há "meio" e "fim", ao passo que o da razoabilidade, quando se está diante de uma relação de "critério distintivo" e "medida tomada", em que se deve buscar a igualdade, ou seja, uma relação de congruência entre o "critério distintivo" e a "medida tomada"; b) quanto ao conteúdo valorativo, a razoabilidade de fundamento nas noções de racionalidade e equilíbrio (mais subjetivas) e a proporcionalidade, nas noções de adequação, necessidade e ponderação (mais objetivas).

Quanto ao princípio da proporcionalidade, o STF, no julgamento do RE 466.343-1, especificou que esse princípio, quando aplicado na restrição a direitos fundamentais, deve levar em conta os seguintes critérios:

a) adequação: eficácia do meio escolhido;

b) necessidade: uso do meio menos restritivo ou gravoso para atingir a finalidade, face ao indivíduo paciente;

c) proporcionalidade em sentido estrito: ponderação entre os benefícios alcançados com o ato e os danos por ele causados.

Quanto à ordem correta de aplicação do princípio, é a seguinte: primeiro analisa-se, de fato, se há colisão de direitos fundamentais; depois descreve-se o conflito identificando os pontos relevantes do caso e, por fim, faz-se o exame, sucessivo, da adequação, da necessidade e da proporcionalidade em sentido estrito.

Outro ponto importante, agora quanto ao princípio da razoabilidade, é que este costuma ser **usado contra** a Administração, mas, muitas vezes, o contrário também acontece.

Isso porque, de um lado, o princípio pode ser visto como um *dever-poder*, ou seja, antes de tudo os poderes públicos só se justificam como instrumento dos deveres públicos, daí porque não se deve agir nunca com excesso (sem razoabilidade) para atingir os deveres existentes. De outro lado, o princípio pode ser visto como um *poder-dever*, de modo que se deve respeitar a decisão discricionária de um agente público desde que ela seja aceitável (razoável), ainda que algumas pessoas não concordem com seu conteúdo.

De qualquer forma, e agora tratando dos dois princípios em tela, o fato é que são instrumentos essenciais na limitação dos excessos e abusos do Estado e devem ser invocados, sob qualquer dos nomes citados, para evitar que isso aconteça ou para fazer cessar ou reparar condutas estatais que desrespeitem esses valores.

2.3.8. *Princípio da motivação*

Esse princípio pode ser **conceituado** como *aquele que impõe ao administrador público o dever de indicar, prévia ou contemporaneamente, os pressupostos de fato e de direito que determinam a decisão ou o ato, de forma explícita, clara e congruente.*

O princípio da motivação **não está previsto** expressamente no art. 37, *caput*, da CF.

Porém, o princípio pode ser encontrado para as decisões do Poder Judiciário e do Ministério Público (art. 93, IX, da CF c/c art. 129, § 4º, da CF), que devem ser devidamente fundamentadas, sob pena de nulidade.

Apesar de não haver previsão genérica do princípio da motivação na Constituição Federal, há na legislação infraconstitucional. O art. 2º, *caput*, da Lei 9.784/1999 faz referência expressa à motivação como princípio a ser obedecido por toda a Administração Direta e Indireta, de todos os poderes.

O princípio da motivação **decorre** do aparecimento do Estado de Direito, em que a única vontade que impera é a da lei e não a pessoal, de modo que a Administração tem de justificar seus atos. Ele é reforçado pelo princípio da moralidade e pela ampliação do acesso ao Judiciário, que também exigirão a motivação como forma de preservar a probidade administrativa e permitir que as pessoas possam impugnar atos da Administração em juízo.

Uma dúvida muito comum é se a obrigatoriedade de motivação é **regra** ou **exceção**. A pergunta tem pertinência, pois o art. 50 da Lei 9.784/1999 traz um rol de casos em que a motivação é necessária. Com isso, para alguns, ela só seria obrigatória quando a lei determinar.

Porém, não se deve esquecer que a motivação é um princípio e, como tal, é uma norma que tem hierarquia material em relação a algumas regras, como a prevista no art. 50 da Lei 9.784/1999. Não bastasse isso, o rol de casos em que a motivação é obrigatória é tão amplo que se pode afirmar: a regra é que os atos administrativos que afetem direitos devem ser motivados.

Assim, só não haverá o dever de motivar quando a lei expressamente o dispensar, como é o caso da nomeação e da exoneração para cargo em comissão, que são livres, ou seja, não dependem de motivação por aquele que comete tais atos.

Nos demais casos, a motivação é requisito de validade do ato administrativo atinente à *forma*.

Vale ressaltar, todavia, que, caso se esteja diante de *ato vinculado* e em situação cuja motivação seja óbvia, e ainda haja respeito aos demais requisitos de validade, este poderá ser mantido se demonstrada a ausência de prejuízo. Nessa hipótese, a motivação não deixa de ser obrigatória, podendo o servidor vir a ser responsabilizado por sua ausência, mas o ato pode ser mantido no mundo jurídico, desde que possa ser demonstrado que antecede à lei quanto aos demais aspectos.

Nos *atos discricionários*, por sua vez, a falta de motivação gera sua invalidação, sob pena de se permitir a invenção de motivos em momento posterior. Todavia, há entendimentos doutrinários e jurisprudenciais no sentido de que, excepcionalmente, é possível que um ato discricionário sem motivação possa ser convalidado, desde que a administração promova motivação posterior que demonstre de modo inquestionável o seguinte: a) que o motivo extemporaneamente alegado preexistia; b) que esse motivo era idôneo para justificar o ato; c) que o motivo foi a razão determinante da prática do ato (STJ, AgRg no RMS 40.427-DF).

A **motivação *aliunde***, consistente na declaração de concordância com os fundamentos apresentados em outra manifestação anteriormente expedida, é admitida e largamente utilizada na Administração Pública. Ter-se-á por motivação do ato aquela à qual faz referência. Ex.: a autoridade expede um ato adotando como fundamento parecer que o precede.

Vale lembrar que, quando se tratar de decisões de órgãos colegiados ou de decisões orais, a motivação deve constar da respectiva ata ou termo escrito.

2.3.9. *Princípio da autotutela*

Esse princípio pode ser **conceituado** como *aquele que impõe o dever de a Administração Pública anular seus próprios atos, quando eivados de vício de ilegalidade, e o poder de revogá-los por motivo de conveniência e oportunidade, respeitados os direitos adquiridos.*

O princípio da autotutela não está **previsto** expressamente no art. 37, *caput*, da CF.

Porém o princípio é muito conhecido e está previsto na Súmula 473 do STF e no art. 53 da Lei 9.784/1999.

Perceba-se que, diante de *ilegalidade*, fala-se em dever (ato vinculado) de anular. E que diante de motivo de *conveniência e oportunidade*, fala-se em poder (ato discricionário) de revogar. O nome do princípio remete à ideia de que a Administração agirá sozinha, ou seja, sem ter de levar a questão ao Poder Judiciário.

Um exemplo de aplicação da autotutela consiste em a Administração, tomando ciência da ilegalidade na concessão de uma licença para construir, promover sua anulação de ofício.

Outro exemplo consiste em a Administração, após ter concedido uma autorização para uso de um bem público para que uma comunidade feche uma rua por um dia para realizar uma festa local, revogar a autorização dada por conta da ciência de um fato novo que torna inconveniente a manutenção da autorização outorgada ao particular.

Tanto a anulação como a revogação poderão se dar independentemente de apreciação judicial.

2.3.10. Princípio do controle judicial dos atos administrativos

Esse princípio pode ser **conceituado** como *aquele que impõe que todo ato administrativo seja passível de controle por parte do Poder Judiciário, ainda que se trate de ato discricionário, desde que esse controle se atenha aos aspectos de legalidade, razoabilidade e moralidade.*

Tal controle se justifica tanto pelo fato de estarmos num Estado de Direito como porque existe o **princípio da universalidade da jurisdição**, pelo qual *a lei não excluirá da apreciação do Poder Judiciário lesão ou ameaça de lesão a direito* (art. 5º, XXXV, CF).

2.3.11. Outros princípios

A doutrina também aponta como princípios do Direito Administrativo os seguintes: **finalidade** (impõe à Administração que só pratique atos voltados ao interesse público), **especialidade** (ligado à descentralização administrativa, impõe que as pessoas jurídicas criadas pelo Estado – autarquias, por exemplo – atuem de acordo com a finalidade definida em lei), **controle ou tutela** (ligado ao anterior, impõe que a Administração Direta fiscalize os entes que tiver criado, com o objetivo de garantir a observância de suas finalidades legais), **continuidade** (impõe que os serviços públicos não sejam interrompidos), **responsabilidade do Estado** (impõe responsabilidade objetiva a este) tratando também dos princípios da **hierarquia**, do **interesse público**, da **ampla defesa** e do **contraditório**, entre outros.

3. PODERES DA ADMINISTRAÇÃO PÚBLICA

3.1. Considerações gerais

Os poderes têm *caráter instrumental*, uma vez que são os meios pelos quais a Administração busca atingir seu fim, qual seja, a proteção e promoção do interesse público.

Por conta disso, a doutrina costuma associar a ideia de poder à de dever, daí porque muitos autores dizem que a Administração tem, na verdade, um *poder-dever* ou um *dever-poder*, como prefere Celso Antônio Bandeira de Mello.

Enfim, os poderes conferidos à Administração só existem com o objetivo de atender seus **deveres** – dever de agir, dever de eficiência, dever de probidade e dever de prestar contas.

Considerando a importância dos poderes para atender os objetivos da Administração, esses são irrenunciáveis. Ademais, não se pode manejá-los sem que o agente tenha *competência* (ou teremos excesso de poder) ou, ainda que competente, quando se desvia da finalidade para a qual existe aquele ato (caso de desvio de poder).

3.2. Definições de Hely Lopes Meirelles

Hely Lopes Meirelles traz as seguintes definições dos poderes administrativos (*Direito Administrativo Brasileiro*. 26. ed. São Paulo: Malheiros. p. 109 a 123):

a) poder vinculado – "é aquele que o Direito Positivo – a lei – confere à Administração Pública para a prática de ato de sua competência, determinando os elementos e requisitos necessários à sua formalização";

b) poder discricionário – "é o que o Direito concede à Administração, de modo explícito, para a prática de atos administrativos com liberdade na escolha de sua conveniência, oportunidade e conteúdo";

c) poder hierárquico – "é o de que dispõe o Executivo para distribuir e escalonar as funções de seus órgãos, ordenar e rever a atuação de seus agentes, estabelecendo a relação de subordinação entre os servidores do seu quadro de pessoal";

d) poder disciplinar – "é a faculdade de punir internamente as infrações funcionais dos servidores e demais pessoas sujeitas à disciplina dos órgãos e serviços da Administração";

e) poder regulamentar – "é a faculdade de que dispõem os Chefes de Executivo (Presidente da República, Governadores e Prefeitos) de explicar a lei para sua correta execução, ou de expedir decretos autônomos sobre matéria de sua competência ainda não disciplinada por lei";

f) poder de polícia – "é a faculdade de que dispõe a Administração Pública para condicionar e restringir o uso e gozo de bens, atividades e direitos individuais, em benefício da coletividade ou do próprio Estado".

3.3. Poderes vinculado e discricionário

Repare que a diferença entre o **poder vinculado** e o **poder discricionário** é que, no primeiro, a lei deixa bem *determinados* os elementos e requisitos necessários à prática de um ato, ao passo que, no segundo, a lei confere *margem de escolha* para a Administração quanto à conveniência, a oportunidade e o conteúdo do ato.

No exercício de um ato ou poder vinculado, não será possível ao administrador público fazer apreciações pessoais, subjetivas, uma vez que está muito claro na lei *quando* deve agir e a *forma* desse agir. São atos vinculados os seguintes: concessão de aposentadoria voluntária e multa de trânsito por excesso de velocidade.

No exercício de um ato ou poder discricionário, é dado ao administrador público utilizar critério de conveniência e oportunidade para discernir *quando* deve agir ou a *forma* desse agir. Observe que não existe arbitrariedade ou liberdade total para Administração, mas sim *margem de liberdade* para que essa, no caso concreto, verifique a melhor providência a ser tomada.

Nesse sentido, todo ato discricionário tem uma parte vinculada, em que o agente estará adstrito ao que dispuser a lei. A *competência*, por exemplo, sempre é vinculada, já que a lei sempre determina quem é competente.

No entanto, Hely Lopes Meirelles entende que três requisitos dos atos administrativos são sempre vinculados:

competência, *forma* e *finalidade* (interesse público). Ou seja, a competência discricionária é sempre *parcialmente vinculada*, não conferindo, assim, *total liberdade* para o agente público, mas apenas *margem de liberdade* para este.

Dessa forma, o *mérito* de um ato discricionário, ou seja, a margem de liberdade que remanesce ao agente público se situará nos requisitos *motivo* e/ou *objeto*.

O Judiciário não pode se imiscuir no *mérito* administrativo, sob pena de violação ao princípio da independência dos Poderes. Todavia, o Judiciário pode apreciar os seguintes aspectos de um ato discricionário: de *legalidade*, de *razoabilidade* e de *moralidade*.

São exemplos de atos discricionários os seguintes: a autorização de uso de bem público para que o particular realize um evento e a autorização para compra de uma arma (Lei 10.826/2003).

3.4. Poderes hierárquico e disciplinar

Repare que a diferença entre o poder hierárquico e o poder disciplinar é que o primeiro diz respeito ao dia a dia das relações de subordinação (escalonamento de funções, ordens, revisão de atos), ao passo que o segundo só atua quando houver um ilícito disciplinar, possibilitando à Administração a aplicação de sanções disciplinares.

O **poder hierárquico** *é aquele conferido* ao *agente público para organizar a estrutura da Administração e fiscalizar a atuação de seus subordinados, expressando-se na distribuição e orientação das funções, na expedição de ordens e na revisão dos atos dos demais agentes, numa relação de ampla subordinação*.

Esse poder se dá de *órgão* para *órgão* ou de *cargo* para *cargo*. Dessa forma, a hierarquia não se confunde com o *controle* (*supervisão ministerial* ou *tutela*), pois este se dá de *pessoa jurídica* para *pessoa jurídica*. A hierarquia confere amplos poderes ao órgão superior, ao passo que o controle somente permite que a entidade controladora fiscalize a controlada no que a lei dispuser e quanto a possíveis desvios de finalidade da entidade.

A delegação e a avocação são institutos muito ligados ao poder hierárquico e serão vistos no item 4.4.2.2.1.

O **poder disciplinar** é *aquele conferido ao agente público para aplicação de sanções ou penalidades aos demais agentes, dada a prática de uma infração disciplinar*.

Perceba que, em relação ao poder hierárquico, o poder disciplinar é mais específico, direcionando-se tão somente à atividade de punir ou não um agente por infração funcional, enquanto aquele é mais amplo, dizendo respeito à organização, orientação e revisão de atos.

Por outro lado, é bom salientar que o poder disciplinar não se dirige apenas sobre os servidores públicos. O conceito doutrinário desse poder engloba não só a atividade disciplinar dos agentes públicos, como também a que se dirige a outras pessoas que mantêm relação jurídica com a Administração, já que esse poder é a faculdade de punir internamente as infrações funcionais dos servidores e demais pessoas sujeitas à disciplina dos órgãos e serviços da Administração.

O poder disciplinar pode ser tanto vinculado como discricionário e depende do que dispuser a lei a respeito.

O ato decorrente do poder disciplinar deve ser devidamente motivado. Aliás, dois aspectos são muito importantes nesse poder: a) a necessidade de apuração da falta com contraditório e ampla defesa; b) o dever de motivar.

Mais à frente veremos outros elementos referentes ao processo administrativo disciplinar.

3.5. Poder regulamentar

Conforme já visto, o poder regulamentar pode ser **conceituado** como a *faculdade de que dispõem os Chefes de Executivo de explicar a lei para sua correta execução ou de expedir decretos autônomos sobre matéria de sua competência ainda não disciplinada por lei*.

Na **prática**, o poder regulamentar se dá pela edição de decretos regulamentares, ou seja, de decretos que explicam a lei, propiciando sua fiel execução.

Vamos a um **exemplo**. Imagine uma lei municipal que estabelece a proibição de emissão de ruído acima de determinado limite após as 22 horas. Esse tipo de lei costuma trazer a proibição em si, o limite de decibéis para os diferentes locais de um município (zonas residenciais, zonas comerciais, em frente a hospitais etc.) e a sanção aplicável em caso de descumprimento. Porém, tais leis não entram em detalhes sobre como serão aplicadas no plano concreto. É nessa hora que entra o regulamento. O Prefeito, por meio de um decreto, detalhará como a fiscalização deverá ser feita, que tipo de aparelho poderá aferir o limite de decibéis, além de outras regras necessárias à fiel execução da lei.

O poder regulamentar consiste justamente em o Chefe do Executivo emitir regulamentos com vistas à operacionalização do cumprimento da lei.

É por isso que o exercício desse poder não pode inovar na ordem jurídica, ou seja, criar direitos ou obrigações novos. Esse poder tem por objetivo apenas regulamentar o que a lei estabeleceu, não podendo passar por cima dela.

Conforme já visto quando estudamos o princípio da legalidade, só excepcionalmente são cabíveis *decretos autônomos de lei*, valendo citar os dois casos previstos no art. 84, VI, da Constituição, em que um decreto poderá inovar na ordem jurídica, atentando, claro, aos limites estabelecidos no dispositivo.

No mais, a regra é que os decretos sejam *voltados à execução de lei*.

Passemos agora às **características** do poder regulamentar:

a) é exercido pelo *Chefe do Poder Executivo*;

b) é *indelegável*;

c) o meio utilizado para trazer ao mundo jurídico o regulamento é o *decreto* (ato-forma);

d) objetiva tão somente *propiciar a fiel execução da lei*, não podendo, como regra, ir além do que ela dispõe, ou seja, *não podendo inovar* na ordem jurídica;

e) o Congresso Nacional tem competência para sustar atos normativos do Executivo que exorbitem o poder regulamentar (art. 49, V, CF);

f) há leis que são de eficácia contida, por dizerem ser necessário regulamento para produzirem efeitos (condição suspensiva, portanto).

Não se deve confundir o **poder normativo** com o **poder regulamentar**. Aquele tem conceito mais amplo, que abrange tanto o poder regulamentar, como poder de editar outros atos normativos infralegais. O poder normativo pode ser exercido por outros agentes além do Chefe do Executivo (único que pode praticar o poder regulamentar). Por exemplo, exercem poder normativo um Ministro de Estado (art. 84, parágrafo único, da CF) e uma agência reguladora, tudo nos termos da lei e dos regulamentos.

3.6. Poder de polícia

3.6.1. *Conceito de poder de polícia em sentido amplo*

Conforme já vimos, o poder de polícia pode ser **conceituado** como *a faculdade de que dispõe a Administração Pública para condicionar e restringir o uso e gozo de bens, atividades e direitos individuais, em benefício da coletividade ou do próprio Estado.*

O conceito em tela **abrange** duas situações: a) as leis, que trazem as limitações administrativas aos direitos, à liberdade e à propriedade das pessoas; b) a polícia administrativa, consistente na atividade de fiscalizar a conformidade do comportamento das pessoas aos limites estabelecidos pela lei.

Portanto, o poder de polícia em sentido amplo abrange tanto a lei como a fiscalização com vistas a verificar se a aquela está sendo cumprida.

Vejamos um exemplo. Em matéria de trânsito, o Código de Trânsito Brasileiro é o instrumento que traz a *limitação administrativa*, ao passo que os agentes de trânsito exercem a fiscalização, a *polícia administrativa.*

3.6.2. *Conceito de poder de polícia em sentido estrito (polícia administrativa)*

A **polícia administrativa** pode ser **conceituada** como *a atividade da Administração Pública, expressa em atos normativos ou concretos, de condicionar a liberdade e a propriedade dos indivíduos aos ditames da lei, mediante ação fiscalizadora, ora preventiva, ora repressiva.*

A polícia administrativa é sempre sublegal, ou seja, atua no sentido de fazer com que a lei seja cumprida.

Para tanto, a polícia administrativa vale-se não só de atos concretos (ex.: multas) como também de atos normativos (ex.: regulamentos).

A tarefa primordial da polícia administrativa é impor um *não fazer* ("non facere"). Para tanto, os agentes administrativos atuarão *preventivamente* (ex.: fazendo vistorias) e *repressivamente* (ex.: aplicando sanções, apreendendo produtos, removendo veículos etc.).

Dessa forma, a polícia administrativa é essencialmente **negativa**, já que impõe um não fazer. Há casos, porém, em que será positiva, como quando o poder de polícia se dá para que o proprietário atue concretamente para atender à função social da propriedade.

3.6.3. *Características da polícia administrativa*

O poder de polícia em sentido estrito ou polícia administrativa tem as seguintes **características**:

a) provém privativamente de autoridade pública, ou seja, não é permitida sua delegação ao particular. A este somente é possível ser credenciado para **contribuir materialmente** com o poder de polícia, como no caso de empresa que controla radares fotográficos de trânsito, mas a declaração de vontade será, ao final, da autoridade pública, que, com base nesses elementos materiais, poderá aplicar ou não uma multa de trânsito; ou seja, o poder de polícia não pode ser delegado para entidade privada (STF, ADI 1.717/DF, DJ 29.03.2003), mas é possível que o particular receba (por contrato de prestação de serviço ou por credenciamento) a incumbência de colaborar, com atividades materiais, com a administração pública;

b) é imposto coercitivamente pela administração, independente da concordância do particular, sem necessidade de buscar o Poder Judiciário; Hely Lopes Meirelles denomina esse atributo de autoexecutoriedade;

c) abrange de forma genérica as atividades e a propriedade, diferentemente da servidão e da requisição administrativas, que abrangem atividades e pessoas *específicas.*

Por conta da generalidade do poder de polícia, seu exercício *não gera direito de indenização* em favor do particular. Ao contrário, seu exercício é fato que enseja a cobrança de uma *taxa* a ser paga pelo particular.

Parte da doutrina aponta que o poder de polícia é **discricionário**. Porém, isso nem sempre ocorre. Vai depender do texto da lei que cria a limitação administrativa. Se a lei é bem clara e objetiva sobre o que está proibido e sobre qual conduta o agente público deve tomar, como ocorre com boa parte das normas do Código de Trânsito, está-se diante de competência vinculada e não competência discricionária. Já se a lei traz conceito vago sobre a hipótese que enseja uma atuação, bem como possibilita que seja aplicada mais de uma sanção para o agente infrator, aí sim teremos uma competência discricionária.

Em outras palavras, a lei que estabelece o condicionamento à liberdade e à propriedade das pessoas (poder de polícia em sentido amplo) pode tanto trazer conceitos claros e objetivos, ensejando uma competência vinculada (ex.: "o recuo de frente dos imóveis residenciais deve ser de 4 metros"), como trazer conceitos fluidos e vagos e/ou mais de uma opção ao agente público, ensejando competência discricionária (ex.: "em caso de violação da presente lei, será aplicada multa de R$ 1.000,00 a R$ 5.000,00, de acordo com a gravidade da infração").

Por fim, resta saber se o poder de polícia possibilita que a Administração sempre **use a força** para fazer valer seus atos. Hely Lopes Meirelles chama esse atributo de "coercibilidade", ao passo que Celso Antônio Bandeira de Mello chama esse atributo de "autoexecutoriedade". Para Hely, a expressão "autoexecutoriedade" designa a simples possibilidade de a Administração fazer imposições ao particular, sem recorrer ao Judiciário, sendo a coercibilidade um *plus*, que permite o uso da força.

A possibilidade de a Administração impor comandos de não fazer sem buscar o Poder Judiciário é pacífica, decorrendo da imperatividade (na linguagem de Celso Antônio Bandeira de Mello) e da autoexecutoriedade (na linguagem de Hely Lopes Meirelles).

Já a possibilidade de a Administração, após ter imposto um comando, fazer o uso da força para fazer valer o comando (*autoexecutoridade* para Celso Antônio e *coercibilidade* para Hely), não é a regra, mas a exceção em matéria de poder de polícia.

Com efeito, a Administração só pode usar a força para que faça valer suas determinações de polícia em caso de urgência ou quando a lei expressamente determinar. Do contrário, terá de buscar a prestação jurisdicional.

Assim, caso uma lei proíba ruídos acima de um dado limite e uma lanchonete, já autuada, continue gerando ruídos excessivos, a interdição do estabelecimento só será possível se a lei local expressamente previr tal possibilidade. Do contrário, o Município deverá ingressar com ação de interdição de estabelecimento.

Vale dizer que o STJ vem estabelecendo limites ao poder de polícia quando a Administração pretende utilizá-lo para cumprir finalidade arrecadatória. Confira-se a respeito as seguintes súmulas desse Tribunal:

> **Súmula STJ 510:** A liberação de veículo retido apenas por transporte irregular de passageiros não está condicionada ao pagamento de multas e despesas.

> **Súmula STJ 127:** É ilegal condicionar a renovação da licença de veículo ao pagamento de multa, da qual o infrator não foi notificado.

3.6.4. *Polícia administrativa x polícia judiciária*

Não se pode confundir a *polícia administrativa* (exs.: fiscalizações de vigilância sanitária, de trânsito e de construções), com a *polícia judiciária* (ex.: investigação feita pela polícia civil).

Tais polícias têm as seguintes **diferenças**:

a) a primeira age sobre *ilícitos administrativos*, ao passo que a segunda age sobre *ilícitos penais*;

b) a primeira age sobre *bens* e *pessoas*, ao passo que a segunda age sobre *pessoas*;

c) a primeira atua por *variados órgãos*, ao passo que a segunda atua pela *polícia civil* e pela *polícia federal*;

d) a primeira tem atuação *preventiva, repressiva e punitiva*, ao passo que a segunda costuma atuar *repressivamente*, voltada a investigar ilícitos penais;

e) a primeira é custeada por taxas, ao passo que a segunda, por impostos.

A polícia militar, por sua vez, faz o chamado *policiamento ostensivo*. Esse policiamento pode ser considerado uma espécie à parte de polícia. Porém, vários autores consideram a polícia militar como *polícia administrativa de segurança pública*.

A guarda municipal, de sua parte, tem por função a proteção municipal preventiva. É competência geral das guardas municipais a proteção dos bens, serviços e logradouros públicos municipais e instalações do Município (art. 4º, *caput*, da Lei 13.022/2014). São competências específicas das guardas municipais, dentre outras, respeitadas as competências dos órgãos federais e estaduais, prevenir e inibir, pela presença e vigilância, bem como coibir, infrações penais ou administrativas e atos infracionais que atentem contra os bens, serviços e instalações municipais; colaborar, de forma integrada com os órgãos de segurança pública, em ações conjuntas que contribuam com a paz social; exercer competências de trânsito que lhes forem conferidas; encaminhar ao delegado de polícia, diante de flagrante delito, o autor da infração, preservando o local do crime, quando possível e sempre que necessário (art. 5º da Lei 13.022/2014). Assim, verifica-se que as guardas municipais também exercem polícia administrativa, em geral relacionada à segurança pública.

3.6.5. *Princípio da intranscendência das sanções administrativas e das medidas restritivas de direito*

O art. 5º, XLV, da CF dispõe que "nenhuma pena passará da pessoa do condenado, podendo a obrigação de reparar o dano e a decretação do perdimento de bens ser, nos termos da lei, estendidas aos sucessores e contra eles executadas, até o limite do valor do patrimônio transferido".

Essa disposição constitucional alcança não só sanções penais, como também sanções administrativas.

3.6.6. *Prazo para a ação punitiva (Lei 9.873/1999)*

Praticado um ilícito administrativo, a Administração Pública passa a ter um prazo para exercer a **ação punitiva**.

De acordo com o art. 1º da Lei 9.873/1999, a ação punitiva da Administração Pública Federal, direta e indireta, prescreve em **5 (cinco) anos**. No entanto, quando o fato objeto da ação punitiva da Administração também constituir crime, a prescrição reger-se-á pelo prazo previsto na lei penal.

Esse prazo será contado dos seguintes **momentos**:

a) como regra: da prática do ato;

b) nas infrações permanentes ou continuadas: do dia em que tiver cessado.

É possível também que ocorra a **prescrição intercorrente**. Esta se dá quando o procedimento administrativo ficar parado por mais de 3 anos, pendente de julgamento ou despacho. Configurada a prescrição intercorrente, os autos serão arquivados de ofício ou mediante requerimento da parte interessada, sem prejuízo da apuração da responsabilidade funcional decorrente da paralisação, se for o caso.

Interrompe-se a prescrição da **ação punitiva**:

a) pela notificação ou citação do indiciado ou acusado, inclusive por meio de edital;

b) por qualquer ato inequívoco que importe apuração do fato;

c) pela decisão condenatória recorrível;

d) por qualquer ato inequívoco que importe em manifestação expressa de tentativa de solução conciliatória no âmbito interno da administração pública federal.

Suspende-se a prescrição durante a vigência de compromissos de cessação ou de desempenho.

Em matéria de trânsito há regra específica. Por conta de tal regra, o STJ é pacífico no sentido da indispensabilidade de uma primeira notificação quando da autuação da infração de trânsito, oportunizando-se, assim, o exercício do direito ao contraditório e à ampla defesa. A autoridade de trânsito terá o prazo de 30 dias para notificar o infrator para que se defenda. Não o fazendo no prazo legal, deverá o auto de infração ser arquivado e seu registro julgado insubsistente, a teor do art. 281, parágrafo único, inciso II, do CTB (STJ, REsp 951.915/RS).

Uma vez constituída uma sanção pecuniária decorrente da ação punitiva, começa a correr o prazo para a **ação de execução** da administração pública federal.

Esse prazo também é de 5 (cinco) anos, contados da constituição definitiva do crédito não tributário (art. 1º-A da Lei 9.873/1999).

Interrompe-se o prazo prescricional da **ação executória**:

a) pelo despacho do juiz que ordenar a citação em execução fiscal;

b) pelo protesto judicial;

c) por qualquer ato judicial que constitua em mora o devedor;

d) por qualquer ato inequívoco, ainda que extrajudicial, que importe em reconhecimento do débito pelo devedor;

e) por qualquer ato inequívoco que importe em manifestação expressa de tentativa de solução conciliatória no âmbito interno da administração pública federal.

3.6.7. Setores da polícia administrativa e competência

São **setores** comuns da polícia administrativa os seguintes: segurança pública; ordem pública; tranquilidade pública; higiene e saúde pública; defesa do consumidor; defesa do patrimônio estético, artístico, histórico e paisagístico; moralidade pública; economia popular; trânsito; meio ambiente etc.

Quanto à **competência** para o poder de polícia, Hely Lopes Meirelles traz a resposta: *"é competente para dada medida de polícia administrativa quem for competente para legislar sobre a matéria"*, ressalvada a competência dos Municípios para suplementar a legislação federal e a competência concorrente dos Estados.

4. ATOS ADMINISTRATIVOS

4.1. Conceito de ato administrativo

O **ato administrativo** pode ser **conceituado** como *a declaração do Estado, ou de quem lhe faça as vezes, no exercício de prerrogativas públicas, destinada a cumprir direta e concretamente a lei.*

Repare que um ato jurídico só será ato administrativo se contiver os seguintes elementos:

a) presença do *Estado* ou de alguém que lhe faça as vezes, como é o tabelião e o registrador;

b) ato praticado com *prerrogativas públicas*, ou seja, com supremacia estatal em relação à outra parte ou ao destinatário do ato;

c) ato destinado a executar a lei no caso concreto, fazendo-o de ofício.

Assim, nem todo ato da Administração é ato administrativo. Caso não haja prerrogativas ou não se busque a execução da lei no caso concreto, não se terá um ato administrativo.

Confira alguns atos que são "atos da Administração", mas não "atos administrativos":

a) *atos regidos pelo Direito Privado.* Exs.: locação de prédio para uso do Poder Público; escritura de compra e venda; emissão de cheque; tais atos não têm os atributos (as qualidades e forças) do ato administrativo; vale ressaltar que os atos antecedentes dos citados devem obedecer ao Direito Público;

b) *atos materiais*: fatos administrativos. Exs.: cirurgia, ministração de aula, serviço de café, pavimentação; não há declaração, prescrição do Estado;

c) *atos políticos:* são os atos de governo, praticados com grande margem de discrição e diretamente em obediência à Constituição, no exercício de função pública. Exs.: indulto, iniciativa de lei, veto, sanção; são amplamente discricionários.

Por outro lado, há atos administrativos que não são praticados pelo Poder Executivo, como os da vida funcional do Poder Judiciário e do Poder Legislativo (contratação de servidores, licitação para obras e aquisições).

Os dirigentes de entidades da Administração Indireta e os executores de serviços delegados podem praticar atos que se equiparam a atos administrativos típicos, tornando-os passíveis de controle por meio de mandado de segurança e ação popular.

4.2. Perfeição, validade e eficácia

Os atos administrativos, que são espécies de atos jurídicos, também podem ser verificados segundos os planos da existência, da validade e da eficácia.

Para tanto, vale conhecer os seguintes conceitos:

a) perfeição: *situação do ato cujo processo formativo está concluído*; ato perfeito é o que completou o ciclo necessário à sua formação (plano da existência). Ex.: decisão administrativa que acaba de ser redigida e assinada pela autoridade;

b) validade: *adequação do ato às exigências normativas* (plano da validade). Ex.: a decisão administrativa mencionada (já existente, portanto), que esteja, também, de acordo com a lei;

c) eficácia: *situação em que o ato está disponível para produção de efeitos típicos* (plano da eficácia). Ex.: ato existente e válido, cuja condição suspensiva ou o termo que o acometia já se implementou, habilitando-o à produção de efeitos, situação que ocorre quando se autoriza o uso de bem público ao particular apenas 10 dias após a expedição do ato de autorização.

4.3. Silêncio administrativo

De acordo com o princípio da legalidade nem mesmo uma declaração expressa da Administração pode se dar sem que a lei permita ou determine tal declaração. Consequentemente, com o silêncio da Administração não poderia ser diferente.

Assim, apenas quando a lei expressamente atribuir algum efeito jurídico ao silêncio administrativo é que este produzirá algum efeito.

Nesse sentido, caso um particular faça um pedido para a Administração e a lei dispuser expressamente que a inexistência de resposta num certo prazo (silêncio) importa em aprovação do pedido, aí sim o silêncio terá efeito jurídico, no caso o de se considerar aprovada a solicitação feita.

Já se um particular faz um pedido e a lei nada dispuser a respeito do que acontece em caso de silêncio administrativo, o particular não poderá considerar atendido o pedido, por conta do aludido princípio da legalidade.

Nesse caso o particular tem o direito de buscar o Judiciário, para que este se pronuncie a respeito. Se havia prazo para manifestação da Administração sem que esta o tenha cumprido, configura-se hipótese de abuso de poder e o particular pode buscar o Judiciário sem maiores justificativas. Já se não havia prazo para a Administração se manifestar, o particular deve buscar o Judiciário alegando inobservância do princípio da razoável duração do processo (art. 5º, LXXVIII, da CF).

Em qualquer dos casos relatados no parágrafo acima, o particular pode, em se tratando de ato vinculado o que ele busca da Administração, pedir para que o juiz substitua a voz da Administração e ele mesmo já acate o pedido do administrado, tratando-se provimento constitutivo (de uma decisão administrativa) e que pode vir acompanhado de um provimento condenatório ou mandamental para cumprimento de obrigações de fazer por parte da Administração. Por outro lado, em se tratando de ato discricionário o que o particular busca junto à Administração, não poderá o juiz substituir a vontade da Administração, adentrando no mérito administrativo, devendo o juiz impor apenas que a Administração decida, o que se pode fazer mediante um provimento que estipule multa diária ou um provimento mandamental direcionado ao administrador público, que, caso descumpra a decisão, estará sujeito a responder por crime de desobediência à ordem legal de funcionário público (art. 330 do Código Penal)

4.4. Requisitos do ato administrativo

Hely Lopes Meirelles ensina que o ato administrativo tem os seguintes **requisitos**: *competência, forma, motivo, finalidade e objeto.*

Já Celso Antônio Bandeira de Mello prefere separar os **elementos de existência** (conteúdo, forma e pertinência à função administrativa) dos **pressupostos de validade** do ato administrativo (sujeito competente capaz e não impedido; motivo; requisitos procedimentais; finalidade; causa; formalização).

Nesse sentido, vale a pena trazer os dois entendimentos doutrinários.

4.4.1. Requisitos do ato administrativo segundo Hely Lopes Meirelles

Os cinco requisitos do ato administrativo para Hely Lopes Meirelles coincidem com os requisitos mencionados no art. 2º, parágrafo único, da Lei 4.717/1965 (Lei de Ação Popular).

O primeiro deles é a **competência**, que consiste na *medida da atribuição legal de cargos, órgãos ou entidades.*

São vícios de competência os seguintes: a) usurpação de função: alguém se faz passar por agente público sem o ser, ocasião em que o ato será inexistente; a) excesso de poder: alguém que é agente público acaba por exceder os limites de sua competência (ex.: fiscal do sossego que multa um bar que visita por falta de higiene); o excesso de poder torna nulo ato, salvo em caso de incompetência relativa, em que será considerado anulável; a) função de fato: exercida por agente que está irregularmente investido em cargo público, apesar de a situação ter aparência de legalidade; nesse caso, os atos praticados serão considerados válidos se houver boa-fé.

O segundo requisito é o **objeto**, que *é o conteúdo do ato, aquilo que o ato dispõe, decide, enuncia, opina ou modifica na ordem jurídica.*

O objeto deve ser lícito, possível e determinável, sob pena de nulidade. Ex.: o objeto de um alvará para construir é a licença.

O terceiro requisito é a **forma**, que consiste no conjunto de *formalidades necessárias para a seriedade do ato.* A seriedade do ato impõe: a) respeito à forma propriamente dita; b) motivação.

O quarto requisito é o **motivo**, que consiste no *fundamento de fato e de direito que autoriza a expedição do ato.* Ex.: o motivo da interdição de estabelecimento consiste no fato de este não ter licença (motivo de fato) e de a lei proibir o funcionamento sem licença (motivo de direito).

De acordo com a Teoria dos Motivos Determinantes, o motivo invocado para a prática do ato condiciona sua validade. Dessa forma, provando-se que o motivo é inexistente, falso ou mal qualificado, o ato será considerado nulo.

E o quinto requisito é a **finalidade**, que *é o bem jurídico objetivado pelo ato.* Ex.: proteger a paz pública, a salubridade, a ordem pública.

Cada ato administrativo tem uma finalidade.

O **desvio de poder (ou de finalidade)** *ocorre quando um agente exerce uma competência que possuía, mas para alcançar finalidade diversa daquela para a qual foi criada.*

Não se deve confundir o *excesso de poder* (vício de sujeito) com o *desvio de poder* (vício de finalidade), espécies do gênero abuso de autoridade.

4.4.2. Elementos e pressupostos do ato administrativo segundo Celso Antônio Bandeira de Mello

4.4.2.1. Elementos de existência do ato administrativo

4.4.2.1.1. Conteúdo

Consiste no que o ato estabelece, dispõe, decide, enuncia, opina ou modifica na ordem jurídica. Trata-se do *objeto* a que se refere Hely Lopes Meirelles.[3] Ex.: quando alguém recebe

3. O objeto é trazido por Hely como requisito de validade do ato administrativo, devendo ser lícito, possível e determinado.

um alvará para construir uma casa, o conteúdo desse ato é uma *licença*. Para que estejamos diante de um ato administrativo, o conteúdo deve ter *pertinência em relação à função administrativa*. Do contrário, teremos apenas um *ato jurídico* que não é o do tipo *ato administrativo*.

4.4.2.1.2. Forma

Trata-se do revestimento exterior do ato, do modo pelo qual esse revela sua existência. Basta ter um objeto e uma forma qualquer para que o ato exista. Se o ato vai ser válido ou não quanto a esse último aspecto, isso será visto no pressuposto *formalização*. São exemplos de forma as seguintes: escrita, verbal e gestual.

4.4.2.2. Pressupostos de validade do ato administrativo

4.4.2.2.1. Sujeito

É quem produz o ato. O sujeito deve ser **capaz**, **não impedido** e **competente** para que o ato seja válido.

Quanto à **capacidade**, o ato expedido por agente público que se torna *incapaz*, desde que preencha os demais requisitos legais e seja do tipo vinculado, será considerado válido, já que no Direito Administrativo o que importa é o atendimento do fim previsto em lei. No entanto, se um incapaz pratica um ato discricionário, esse ato será necessariamente inválido, pois não há como dar margem de liberdade a quem não tem capacidade civil.

Quanto aos casos de **impedimento** para atuar em processo administrativo, estes estão previstos no art. 18 da Lei 9.784/1999, valendo citar como exemplo o impedimento de um servidor que tenha interesse direto ou indireto em dada matéria que a ele seria submetida.

Com relação à **competência**, esta *é a medida do poder atribuído a cargo público, órgão público ou entidade da Administração*.

A competência só pode ser instituída pela *lei*, daí a frase de Caio Tácito de que "não é competente quem quer, mas quem pode, segundo a norma de Direito".

A competência é *intransferível* e *improrrogável* pela simples vontade do agente.

Porém, o exercício da competência pode ser delegado e avocado nos limites das normas que regulam a Administração Pública.

Confira os requisitos para a **delegação de competência** (arts. 12 a 14, Lei 9.784/1999):

a) órgão ou titular de cargo podem delegar;

b) desde que não haja impedimento legal;

c) desde que seja apenas parte da competência;

d) deve ser a outro órgão ou titular de cargo, mesmo que não subordinado hierarquicamente;

e) deve ser conveniente em razão de índole técnica, social, econômica, jurídica ou territorial;

f) pode ser de órgão colegiado ao respectivo presidente;

g) não podem ser delegados:

g1) edição de ato normativo;

g2) decisão de recurso administrativo;

g3) matérias de competência exclusiva de órgão ou autoridade;

h) depende de publicação do ato de delegação no D.O.;

i) ato deve especificar matérias e poderes transferidos, a duração e objetivos da delegação e o recurso cabível;

j) é revogável a qualquer tempo;

k) decisões adotadas por delegação devem mencionar expressamente essa qualidade.

Quanto à **avocação** de competência, confira as regras previstas no art. 15 da Lei 9.784/1999:

a) é a passagem da competência de órgão hierarquicamente inferior para superior;

b) é temporária;

c) é excepcional, dependendo de motivos relevantes devidamente justificados.

Os atos expedidos por agente incompetente serão quase sempre nulos. São **vícios de competência** os seguintes:

a) usurpação de função: *consiste na situação em que alguém se faz passar por agente público sem o ser*; o ato será no mínimo nulo, mas, para a maioria dos doutrinadores, trata-se de ato inexistente;

b) excesso de poder: *ocorre na hipótese em que alguém que é agente público acaba por exceder os limites de sua competência*. Ex.: fiscal do sossego público que multa um bar que visita por falta de higiene; o ato será nulo, pois a incompetência é material, já que o fiscal deveria atuar na matéria "sossego público" e não na matéria "vigilância sanitária"; entende-se que, em se tratando de vício de *incompetência relativa* (territorial, por exemplo), o ato será anulável e não nulo;

c) função de fato: *é aquela exercida por agente que está irregularmente investido no cargo público, apesar da situação ter aparência legal*. O ato não será anulado se estiver conforme a lei quanto aos demais pressupostos, prevalecendo o princípio da segurança jurídica, dada a boa-fé e a aparência de legalidade. O agente, todavia, terá anulada sua nomeação, desligando-se da função que exercia[4].

4.4.2.2.2. Motivo

É o fato que autoriza ou exige a prática do ato. Se o motivo está previsto em lei, o ato é vinculado. Se não estiver previsto, o ato é discricionário. Voltando àqueles requisitos trazidos por Hely Lopes Meirelles, o *motivo*, para ele, consiste não só no fundamento de *fato*, mas também no de *direito*, que autoriza a expedição do ato. Na classificação que ora estudamos, *motivo* é tão somente o *fato* autorizador, enquanto que o fundamento de direito é o pressuposto de validade que veremos a seguir, que está dentro da *formalização*.

A chamada **teoria dos motivos determinantes** dispõe que *o motivo invocado para a prática do ato condiciona sua validade*. Se se provar que o motivo é inexistente, falso ou mal qualificado, o ato será nulo. Exs.: caso uma licitação

---

4. Outro exemplo é o previsto no art. 1.554 do Código Civil: "subsiste o casamento celebrado por aquele que, sem possuir a competência exigida em lei, exercer publicamente as funções de juiz de casamentos e, nessa qualidade, tiver registrado o ato no Registro Civil".

seja revogada sob o único fundamento de que não há disponibilidade orçamentária, a prova da inexistência de tal situação torna o ato de revogação nulo; caso a exoneração de ocupante de um cargo em comissão tenha sido motivada em fato inexistente, ainda que a motivação não seja obrigatória no caso, o ato é considerado nulo.

Aliás, segundo o STJ, configura-se vício de legalidade a falta de coerência entre as razões expostas no ato e o resultado nele contido (MS 13.948, *DJe* 07.11.2012).

Não se deve confundir o motivo do ato (algo concreto, do mundo dos fatos – o motivo da apreensão de uma lotação, por exemplo, é a inexistência de autorização para circulação) com o motivo legal (fundamento legal, algo abstrato). Em suma, tal teoria dispõe que os atos administrativos, quando forem motivados, ficam vinculados aos motivos expostos, para todos os fins de direito. Os motivos devem, portanto, coincidir com a realidade, sob pena de o ato ser nulo, mesmo se a motivação não era necessária.

Distinção importante é a que se faz entre **motivo** e **móvel.** Motivo é o fato que autoriza o ato, enquanto móvel é a intenção, a vontade do agente. Se o ato é vinculado, não interessa o móvel do agente. Já se o ato é discricionário, o móvel viciado (ex.: por buscar uma perseguição política, como a desapropriação de imóvel de um inimigo político), ainda que atenda ao "fim legal", torna o ato nulo.

Também se faz relevante diferenciarmos **motivo** e **motivação**. O primeiro é o fato, enquanto o segundo integra a *formalização*[5] (pressuposto de validade do ato que se verá em seguida), consistindo a *motivação* na exposição do motivo de fato e da sua relação de pertinência com a fundamentação jurídica e com o ato praticado. Como regra, a motivação é obrigatória, só deixando de existir tal dever se a lei expressamente autorizar.

4.4.2.2.3. Requisitos procedimentais

São os outros atos jurídicos indispensáveis à prática do atual. Ex.: é necessário o concurso para que haja a nomeação; para que se conceda a licença, deve haver solicitação.

4.4.2.2.4. Finalidade

É o bem jurídico objetivado pelo ato. Ex.: proteger a paz pública, a salubridade, a ordem pública. Cada espécie de ato administrativo tem uma finalidade. Para cada fim a ser alcançado há um ato que será o instrumento para sua realização. Se alguém utiliza um ato administrativo para alcançar finalidade diversa daquela para o qual fora criado, este alguém estará cometendo um desvio de poder ou de finalidade.

Assim, o **desvio de poder ou desvio de finalidade** consiste em *o agente se servir de um ato administrativo para satisfazer finalidade alheia à sua natureza.* Esse tipo de conduta gera a nulidade do ato, conforme a Lei de Ação Popular.

5. A falta de motivação, portanto, é problema na *forma*. Já a situação em que se tem motivação, mas se invoca um motivo falso ou inexistente, é problema no *motivo* (*vide* teoria dos motivos determinantes).

Esse desvio pode se manifestar das seguintes formas:

a) quando o agente busca finalidade alheia ao interesse público, ex.: prejudicar inimigo, favorecer amigo;

b) quando o agente busca finalidade pública, mas alheia à categoria do ato que utiliza, ex.: *remove-se* alguém com a finalidade de punição, quando o correto seria aplicar uma *pena disciplinar*, como demissão, suspensão, advertência etc.

Vale destacar que não se deve confundir o *excesso de poder* (vício de sujeito, de competência) com o *desvio de finalidade ou desvio de poder* (vício de finalidade), os quais são espécies do *gênero abuso de autoridade*, que, aliás, é fundamento para que se ingresse com mandado de segurança (art. 5º, LXIX, CF).

4.4.2.2.5. Causa

É o vínculo de pertinência entre o motivo e o conteúdo do ato. Para que um ato administrativo atenda o pressuposto de validade *causa*, é necessário que haja correlação lógica entre o motivo e o conteúdo do ato em função de sua finalidade.

No âmbito da causa se examinam a *razoabilidade* e a *proporcionalidade*, que são vistas olhando o conteúdo do ato, o seu motivo e a intensidade necessária para atingir a finalidade.

Um exemplo de situação que não atende ao pressuposto de validade *causa* é a utilização de arma de fogo para dissolver uma passeata pacífica.

Não se deve confundir o *motivo* com a *causa*. O *motivo* é fundamento de fato e de direito que autoriza a prática do ato, não se confundindo com a *causa*, que é relação de adequação, de proporcionalidade entre o motivo invocado e o ato praticado. Ambos (motivo e causa) são requisitos ou pressupostos de validade do ato administrativo. Há problema no motivo quando o fato ou o direito invocado é falso ou inadequado, respectivamente. Há problema na causa quando o ato praticado é desproporcional aos motivos invocados, em função da finalidade do ato.

4.4.2.2.6. Formalização

É a específica maneira pela qual o ato deve ser externado, incluindo o dever de motivação.

Assim, além de todo ato administrativo dever ser exteriorizado (o que requer uma forma qualquer), cumpre que seja de dado modo (específica forma). Ex.: o contrato oriundo de uma concorrência pública deve ser *escrito*. Mas não é só, para que o ato atenda ao pressuposto de validade *formalização*, é necessário que ele seja *motivado*, ou seja, que contenha a exposição do motivo de fato, do motivo de direito e do vínculo entre eles e o ato praticado.

Excepcionalmente, alguns aspectos de formalização podem ser irrelevantes à validade do ato. Nesses casos, tornam o ato apenas irregular. Por exemplo, quando há omissão de elemento relativo a simples padronização, como é o caso de uma certidão de objeto e pé expedida em papel não timbrado.

No entanto, como regra, a falta de motivação gera a nulidade do ato.

Por fim, vale lembrar que, enquanto no Direito Privado vige o princípio da liberdade das formas, no Direito Público a solenidade é a regra, de modo que a forma é substancial.

4.5. Atributos do ato administrativo

4.5.1. Noções gerais

Em primeiro lugar nunca se deve confundir os *requisitos*, *pressupostos* ou *elementos* do ato com os *atributos* (qualidades, prerrogativas) deste, tema de que cuidaremos agora.

Os atributos dos *atos administrativos* não existem, como regra, nos *atos jurídicos em geral* (do Direito Privado). A ordem jurídica dispensa tratamento diferenciado aos atos administrativos, já que eles, sendo instrumentos de atuação da Administração Pública para realizar a proteção e a promoção do interesse público, devem ter prevalência sobre os outros, como condição de garantia desse interesse público almejado.

Assim, tais poderes não existem em benefício da Administração, mas se justificam como forma de prover o bem comum. Exprimem a supremacia do interesse público.

Vejamos tais *atributos* ou *notas peculiares* dos atos administrativos.

4.5.2. Atributos em espécie

4.5.2.1. Presunção de legitimidade

É a qualidade que reveste tais atos de se presumirem verdadeiros e conforme ao direito, até prova em contrário.

Perceba que o princípio traz duas presunções: a) de veracidade dos fatos; b) de legalidade do ato praticado.

Trata-se de presunção *juris tantum* (presunção relativa) de legitimidade e não de presunção *juris et de jure* (presunção absoluta). Um exemplo desse atributo é o ato que constata a omissão do particular de promover a limpeza de um terreno de sua propriedade e que determina sua feitura. Tal ato presume-se verdadeiro quanto à constatação da falta de limpeza e legal quanto à determinação dada. O particular fica com o ônus de provar o contrário.

A presunção de legitimidade decorre do princípio da legalidade, pois, como esse princípio informa toda a atuação administrativa, presume-se que a Administração tenha cumprido a lei, valendo lembrar que tal presunção admite prova em contrário.

A existência de tal presunção é interessante administrativamente falando, pois torna mais célere e eficiente a atividade administrativa. Isso porque a presunção de legitimidade dos atos administrativos autoriza a sua imediata execução, mesmo que tenham sido impugnados, salvo se se conseguir sua suspensão ou anulação administrativa ou judicial.

4.5.2.2. Imperatividade

É a qualidade pela qual os atos administrativos se impõem a terceiros, independentemente de sua concordância.

Esse atributo é também chamado de *poder extroverso*.

Essa qualidade do ato administrativo permite que a Administração mande no particular, independentemente de sua concordância.

Partindo do exemplo dado no item anterior, imperatividade significa que a Administração pode *determinar* que o particular faça a limpeza de seu terreno, sem que tenha de ter a concordância deste ou que tenha de buscar autorização do Poder Judiciário.

É importante deixar claro que nem todos os atos administrativos são dotados de imperatividade. Os atos enunciativos e negociais não têm esse atributo, já que esta qualidade é desnecessária à sua operatividade.

A lei é que vai dispor quais atos são dotados de imperatividade.

4.5.2.3. Exigibilidade

É a qualidade em virtude da qual a Administração pode compelir terceiros a cumprir o determinado, mediante coação indireta.

Aqui já se presume a constituição da obrigação (a imperatividade), com o *plus* de se poder impelir o terceiro à observância do dever, sem necessidade de se recorrer ao Poder Judiciário, por meio da aplicação de certas sanções, como multas e advertências. No Direito Francês é denominada *privilège du préalable*.

Continuando o exemplo dado nos itens anteriores, o atributo significa que, após o particular ter sido notificado para limpar seu terreno (imperatividade), pode a Administração, na inércia deste, aplicar uma *multa* (exigibilidade = coação indireta), a fim de compelir indiretamente o particular a cumprir o que fora determinado.

Repare que aqui há punição, mas não há desconstituição do ato ilegal.

4.5.2.4. Autoexecutoriedade

É a qualidade pela qual o Poder Público pode compelir materialmente o administrado, sem busca da via judicial, ao cumprimento da obrigação que impôs e exigiu.

Veja-se que a autoexecutoriedade é ainda mais forte que a exigibilidade, uma vez que a primeira admite que a Administração use da coação direta (coação material), que significa fazer uso da força.

No Direito Francês é denominada *privilège d'action d'office*.

Partindo do exemplo que vínhamos dando, a autoexecutoriedade significa que, depois de notificar o particular para limpar o terreno (imperatividade) e aplicar a multa (exigibilidade), a Administração pode, por si própria, invadir o terreno do particular, fazer a limpeza e mandar a conta dos custos de seu ato (autoexecutoriedade).

Outros exemplos desse atributo são a requisição de bens e serviços particulares, no caso de iminente perigo público, e dissolução de passeata com o uso da força, a fim de possibilitar a passagem de uma ambulância por uma via pública, a interdição de uma obra, a apreensão de mercadorias falsificadas, a apreensão do veículo por violação de certas normas de trânsito, entre outros.

Repare que aqui há sanção e também desconstituição do ato ilegal.

É bom deixar claro que a autoexecutoriedade não é atributo de todo ato administrativo. Trata-se de atributo excepcional, que existe nos seguintes casos:

a) quando a lei expressamente autorizar;

b) quando a medida for condição indispensável à eficaz garantia do interesse público;

c) quando a medida for urgente e não houver via judiciária de igual eficácia à disposição da Administração, ocasião em que se entende que a medida é permitida implicitamente pela lei.

Vale observar que Hely Lopes Meirelles chama de autoexecutoriedade a possibilidade de a Administração impor seus atos independentemente de pronunciamento do Poder Judiciário, chamando de **coercibilidade** a possibilidade de a Administração usar a força.

Parte da doutrina também denomina de executoriedade o que chamamos neste item de autoexecutoriedade.

Ademais, Hely Lopes Meirelles entende que a coercibilidade é a regra em matéria de atos da administração (e não exceção, como pensa a maior parte da doutrina), só não sendo possível ser utilizada quando a lei expressamente o proibir, como é o caso da cobrança de tributos e multas já impostos e não pagos, em que será necessário promover-se uma execução fiscal junto ao Poder Judiciário.

4.5.2.5. Tipicidade

Alguns doutrinadores, com destaque para Maria Sylvia Zanella Di Pietro, entendem que há, ainda, um quinto atributo do ato administrativo.

Trata-se do atributo da **tipicidade**, pela qual *o ato administrativo deve corresponder a figuras definidas previamente pela lei como aptas a produzir determinados resultados.*

Isso significa que os atos administrativos devem respeitar os tipos definidos na lei.

Para nós, todavia, o que se define por tipicidade nada mais é do que *pressuposto de validade* do ato administrativo e não *atributo* deste.

Com efeito, *atributos* são *prerrogativas* dos atos administrativos, e a tipicidade não nos parece uma prerrogativa do ato administrativo, mas o requisito de validade deste.

No entanto, em exames e concursos públicos, a tipicidade é tratada como atributo dos atos administrativos, de modo que fica a notícia de que, aparecendo o instituto, deve-se lembrar que a doutrina o trata como atributo do ato administrativo.

4.6. Formas de extinção dos atos administrativos

4.6.1. Cumprimentos de seus efeitos

Os atos administrativos *nascem, produzem seus efeitos* e se *extinguem* num determinado momento. O ideal é que os atos administrativos se extingam pelas vias naturais. E a via natural de extinção do ato administrativo é o cumprimento de seus efeitos. Uma vez que um ato administrativo cumpriu seu papel, produzindo os efeitos para os quais foi expedido, entende-se que o ato foi extinto. Como exemplo, temos uma autorização da Prefeitura para que seja feita uma festa na praça da cidade, autorização esta que ficará extinta no momento em que a festa terminar, uma vez que seus efeitos foram cumpridos.

4.6.2. Desaparecimento do sujeito ou do objeto sobre o qual recai o ato

Todo ato administrativo recai ou sobre um *sujeito* ou sobre um *objeto*. Por exemplo, a nomeação de um servidor público recai sobre um sujeito, no caso sobre a pessoa nomeada. Já o tombamento de um imóvel recai sobre um objeto, no caso o bem tombado.

Perceba que a razão de existir do ato administrativo nos dois exemplos citados é justamente a presença de uma pessoa, no primeiro caso, e de um objeto, no segundo caso.

Caso a pessoa ou o objeto venha a desaparecer, o ato administrativo correspondente perderá sua razão de ser e, consequentemente, será extinto.

Assim, no primeiro exemplo, morrendo o servidor nomeado, o ato administrativo de nomeação restará extinto, ocorrendo automaticamente a vacância do cargo. Da mesma forma, vindo a desaparecer o bem tombado (por um incêndio de grandes proporções, por exemplo), o ato administrativo de tombamento também ficará extinto.

4.6.3. Contraposição

A contraposição pode ser **conceituada** como a *extinção de um ato administrativo pela prática de outro antagônico ao primeiro.*

Um exemplo é o ato de *exoneração* de um servidor público. Tal ato, uma vez praticado, faz com que a *nomeação* do mesmo servidor, feita no passado, fique automaticamente extinta, já que a primeira (exoneração) é totalmente antagônica à segunda (nomeação).

4.6.4. Cassação

A cassação pode ser **conceituada** como a *extinção de um ato que beneficia um particular por este não ter cumprido os deveres para dele continuar gozando.*

Portanto, o **motivo** da cassação de um ato administrativo é o fato de seu beneficiário ter descumprido obrigações que foram estipuladas como contrapartida para que o interessado conseguisse se beneficiar desse ato.

Por exemplo, a pessoa que tem a permissão de uso de um bem público e que não vem pagando o preço público correspondente poderá vir a ter cassado o ato de permissão.

Outro exemplo diz respeito à autorização de porte de arma de fogo. Um dos deveres de quem tem o porte é não ser pego em estado de embriaguez ou sob efeito de entorpecentes. Assim sendo, caso o detentor de porte de arma seja pego numa dessas duas situações, terá a autorização correspondente cassada, nos termos do art. 10, § 2º, do Estatuto do Desarmamento – Lei 10.826/2003.

A cassação não se confunde com a revogação. Enquanto a primeira tem por motivo o descumprimento de obrigações pelo beneficiário do ato, a segunda tem por motivo a ocorrência de um fato novo não relacionado ao beneficiário que torna inconveniente ao interesse público a manutenção do ato.

A cassação também não se confunde com a anulação, pois nessa a extinção do ato se dá pela ocorrência de uma ilegalidade por ocasião de sua formação, ao passo que a cassação consiste numa ilegalidade praticada pelo beneficiário ocorrida depois da prática do ato administrativo. Enfim, na cassação, o ato, embora legítimo na sua origem e formação, torna-se ilegal na sua execução.

4.6.5. *Caducidade*

A caducidade pode ser **conceituada** como a *extinção de um ato porque a lei não mais o permite.* Trata-se de extinção por invalidade superveniente.

Um exemplo é a permissão de serviço público dada a alguém para exercer o transporte coletivo urbano por meio de *vans* ou peruas. Imaginemos que, depois de conferida a permissão, advenha uma lei municipal criando nova modelagem no serviço de transporte coletivo para o fim de abolir o transporte por meio de *vans,* admitindo apenas o transporte por meio de ônibus e micro-ônibus. Nesse caso, todas as permissões conferidas aos chamados perueiros ficarão extintas, pela ocorrência do instituto da caducidade.

Enfim, a caducidade nada mais é do que a extinção de um ato administrativo pela ilegalidade superveniente, ou seja, pelo fato de uma lei editada posteriormente à prática do ato não mais permitir que esse tipo de ato exista.

4.6.6. *Revogação*

A revogação pode ser **conceituada** como a *extinção de um ato administrativo legal ou de seus efeitos por outro ato administrativo pela ocorrência de fato novo que torna o ato inconveniente ou inoportuno, respeitando-se os efeitos precedentes (ex nunc).*

Em suma, a revogação é extinção do ato administrativo por motivo de conveniência ou oportunidade.

Um exemplo disso é a revogação de um certame licitatório para a construção de uma praça temática pela ocorrência de fato novo consistente na abrupta diminuição da arrecadação de um município, fazendo com que não seja mais conveniente ao interesse público fazer gastos com a construção de praças, considerando as dificuldades econômicas que o município passou a ter.

Outro exemplo é a revogação da permissão de uso de bem público concedida a uma pessoa jurídica, pelo fato de um Município passar a ter interesse em utilizar o imóvel, para fins de atender, por exemplo, à demanda crescente por creches na cidade.

Repare, nos dois casos, que as situações narradas não contemplam ilegalidade alguma a propiciar a anulação, nem descumprimento de deveres pelo beneficiário do ato, a propiciar cassação, nem lei posterior incompatível com o ato, a propiciar a caducidade.

As situações narradas revelam que, após a expedição de um ato administrativo totalmente de acordo com a lei, aconteceram fatos novos que fizeram com que o interesse público se direcionasse para o fim de extinguir o ato, dando-se a esta extinção o nome de revogação.

O **sujeito ativo da revogação** é a *Administração Pública,* por meio de autoridade administrativa competente para o ato, podendo ser seu superior hierárquico. O Poder Judiciário nunca poderá revogar um ato administrativo, já que se limita a apreciar aspectos de legalidade deste e nunca aspectos de conveniência ou oportunidade. O Judiciário só poderá anular atos administrativos por ele mesmo praticados, como na hipótese em que um provimento do próprio Tribunal é revogado por este.

Quanto ao **objeto da revogação,** tem-se que essa recai sobre *o ato administrativo ou relação jurídica dele decorrente,* salientando-se que o ato administrativo deve ser *válido,* pois, caso seja inválido, estaremos diante de hipótese que enseja anulação. É importante ressaltar que não é possível *revogar* um ato administrativo já extinto, dada a falta de utilidade em tal proceder, diferente do que se dá com a *anulação* de um ato extinto, que, por envolver a retroação de seus efeitos (a invalidação tem efeitos *ex tunc*), é útil e, portanto, possível.

O **fundamento da revogação** é a *mesma regra de competência que habilitou o administrador à prática do ato que está sendo revogado,* devendo-se lembrar que só cabe falar-se em revogação nas hipóteses de ato discricionário.

Já o **motivo da revogação** é a *inconveniência ou inoportunidade* da manutenção do ato ou da relação jurídica gerada por ele. Isto é, o administrador público faz apreciação ulterior e conclui pela necessidade da revogação do ato para atender ao interesse público.

Quanto aos **efeitos da revogação**, essa suprime o ato ou seus efeitos, mas respeita aqueles que já transcorreram. Ou seja, opera-se da data da revogação em diante, não negando os efeitos operados ao tempo de sua vigência. Trata-se de eficácia *ex nunc,* portanto.

Quanto aos **limites ao poder de revogar**, a doutrina aponta que são atos irrevogáveis os seguintes: a) os que a lei assim declarar; b) os atos já exauridos, ou seja, que cumpriram seus efeitos; c) os atos vinculados, já que não se fala em conveniência ou oportunidade, dado que o agente só tem uma opção; d) os meros ou puros atos administrativos (exs.: certidão, voto dentro de uma comissão de servidores); e) os atos de controle; f) os atos complexos (praticados por mais de um órgão em conjunto); g) os atos que geram direitos adquiridos[6].

A doutrina administrativa observa que a jurisprudência reconhece como irrevogáveis os atos que geram *direitos subjetivos* para o destinatário, noção que, a nosso ver, deve estar compreendida na ideia de *direito adquirido.*

Quanto aos *atos gerais* ou *regulamentares,* estes são, por sua natureza, revogáveis em qualquer tempo e em quaisquer circunstâncias, respeitando-se os efeitos produzidos.

Tema relevante é o atinente à relação entre **revogação** e **indenização.** Por respeitar os efeitos precedentes (a revogação não retroage – *ex nunc*) e por não poder atingir direitos adquiridos, a *revogação legítima* não gera direito à indenização, salvo se envolver uma relação contratual.

6. A Lei de Introdução às Normas do Direito Brasileiro, em seu art. 6º, § 2º, dispõe: "consideram-se adquiridos assim os direitos que o seu titular, ou alguém por ele, possa exercer, como aqueles cujo começo do exercício tenha termo prefixo, ou condição preestabelecida inalterável, a arbítrio de outrem".

Nada obstante, caso o Poder Público tenha a intenção de atingir efeitos passados (*ex tunc*), só lhe resta desapropriar o direito, indenizando por completo o particular, como no caso em que, após expedida uma licença para construir, decida a Administração alterar o traçado de via pública, o que impede a obra na forma aprovada.

No que concerne à **revogação da revogação** (ou revogação de um ato revocatório), no Direito Administrativo, diferente do que ocorre com as leis, entendemos, assim como Celso Antônio Bandeira de Mello, que é admitido o efeito repristinatório. Ou seja, revogado o ATO X pelo ATO Y e, em seguida, o ATO Y pelo ATO Z, fica restaurado o ATO X. Assim, a revogação de um ato revocatório de outro tem natureza constitutiva do primeiro. Porém, essa tese não é admitida por inúmeros doutrinadores, como José dos Santos Carvalho Filho e o saudoso Diógenes Gasparini, de acordo com os quais, também no Direito Administrativo, só é possível a repristinação por expressa disposição normativa.

4.6.7. Anulação (invalidação)

A anulação pode ser **conceituada** como a *extinção do ato administrativo ou de seus efeitos por outro ato administrativo ou por decisão judicial, por motivo de ilegalidade, com efeito retroativo (ex tunc).*

Em suma, a anulação é extinção do ato administrativo por motivo de ilegalidade.

Um exemplo é a anulação de uma permissão de uso de bem público para a instalação de uma banca de jornais por ter sido conferida sem licitação.

O **sujeito ativo da invalidação** pode ser tanto o *administrador público* como o *juiz*. A Administração Pública poderá invalidar de ofício ou a requerimento. Já o Poder Judiciário só poderá invalidar um ato por provocação ou no bojo da uma lide.

A possibilidade de o Poder Judiciário anular atos administrativos decorre do fato de estarmos num Estado de Direito (art. 1º, CF), em que a lei deve ser obedecida por todos. Decorre também do princípio da inafastabilidade da jurisdição ("a lei não excluirá da apreciação do Poder Judiciário lesão ou ameaça a direito" – art. 5º, XXXV, da CF) e da previsão constitucional do mandado de segurança, do *habeas data* e da ação popular, que só fazem sentido se se permitir que o Judiciário possa anular atos administrativos.

O **objeto da invalidação** é o ato administrativo inválido ou os efeitos de tal ato (relação jurídica). Por exemplo, quando se anula uma licitação, há de se anular a licitação em si e a relação jurídica dela decorrente, no caso o contrato administrativo.

O **fundamento** da anulação é o dever de obediência ao princípio da legalidade. Não se pode conviver com a ilegalidade. Portanto, o ato nulo deve ser invalidado.

O **motivo da invalidação** é a *ilegalidade* do ato e da eventual relação jurídica por ele gerada. Hely Lopes Meirelles diz que o motivo da anulação é a *ilegalidade* ou a *ilegitimidade* do ato, diferente da revogação, que tem por motivo a *inconveniência ou inoportunidade*. Fala-se em *ilegalidade* ou *ilegitimidade* do ato para ressaltar que a anulação deve ser feita não só quando haja violação frontal ao que dispõe o texto legal (ilegalidade), mas também quando haja abuso, por excesso ou desvio de poder, ou mesmo quando se viole princípios do Direito (ilegitimidade).

Quanto ao **prazo para que se efetive a invalidação**, Hely Lopes Meirelles diz que, em que pese a inclinação da doutrina para a ideia de que não há prazo para anulação do ato administrativo, a jurisprudência vem atenuando tal afirmativa para dizer que se deve manter atos ilegítimos praticados e operantes há longo tempo e que já produziram efeitos perante terceiros de boa-fé, de modo a fazer valer o princípio da segurança jurídica.

Na esfera federal, a Lei 9.784/1999 dispõe em seu art. 54: "o direito da Administração de anular os atos administrativos de que decorram efeitos favoráveis para os destinatários decai em cinco anos, contados da data em que foram praticados, salvo comprovada má-fé".

Nesse sentido, temos duas situações:

a) prazo para anular ato que beneficia alguém de boa-fé: 5 anos;

b) prazo para anular ato que beneficia alguém de má-fé: não há prazo, porém, em virtude do princípio da segurança jurídica há quem entenda que se deva aplicar ao caso o maior prazo previsto no Código Civil, que é de 15 anos (art. 1.238 – usucapião extraordinária). Vale lembrar, ainda, que a boa-fé é presumida, de modo que compete à Administração Pública que pretender anular o ato ou outro autor de ação para o mesmo fim (por exemplo, o autor popular e o Ministério Público) o ônus da prova.

Quanto ao termo *a quo* do prazo de 5 anos previsto para o primeiro caso, temos as seguintes situações:

a) regra: o prazo de 5 anos começa a correr da data em que o ato foi praticado;

b) no caso de atos com efeitos patrimoniais contínuos: o prazo de 5 anos começa a correr da percepção do primeiro pagamento.

O art. 54, § 2º, da Lei 9.784/1999 traz regra interessante, que tem o seguinte teor: "considera-se exercício do direito de anular qualquer medida de autoridade administrativa que importe impugnação à validade do ato".

Essa regra faz com que a decadência não se opere se, no curso dos cinco anos de prazo, a autoridade administrativa tome medida que importe impugnação à validade do ato.

É importante ressaltar que o prazo em questão é um prazo *decadencial* e não *prescricional*. Dessa forma, não incidem as regras de suspensão e interrupção da prescrição previstas no Código Civil.

Outro ponto importante é que a regra ora estudada está prevista na Lei de Processo Administrativo Federal, o que não impede que Municípios e Estados-membros estabeleçam regras sobre o prazo decadencial para anular atos administrativos, como é o caso do Estado de São Paulo, que, em sua Lei de Processo Administrativo, estabelece que o prazo decadencial para anular atos ilegais é de 10 (dez) anos, contados de sua produção (art. 10, I, da Lei Estadual 10.177/1998). Dessa forma, deve-se verificar, no âmbito de cada ente federativo, se existe lei estabelecendo prazo diferenciado para a anulação de atos administrativos ilegais. Caso não haja ato normativo local nesse sentido, aplicar-se-ão, por analogia, as regras previstas na Lei 9.784/1999.

Considerando o posicionamento do STF no MS 31.736/DF (j. em 10.09.2013), há de se tomar cuidado quanto ao início do prazo decadencial no caso de aposentadoria. Considerando que esta é considerada um ato complexo, que só se torna perfeito e acabado quando, após a aposentadoria ser deferida pela Administração, é confirmada pelo Tribunal de Contas respectivo, o prazo decadencial para anular uma ilegalidade numa aposentadoria concedida não se inicia do deferimento desta pela Administração, mas sim da data em que o Tribunal de Contas tiver aprovado ou não o ato. No caso julgado pelo STF a aposentadoria foi deferida pela Administração em 1992 e, apenas em 2012 o Tribunal de Contas analisou e decidiu por ilegalidades em seu cálculo. Porém, a aposentada, que já estava nessa qualidade desde 1992, não conseguiu anular a decisão do Tribunal de Contas, sob o argumento do transcurso do prazo de 5 anos para a anulação de atos que beneficiam terceiros de boa-fé. Isso porque, segundo o STF, esse prazo não chegou correr, já que o ato de aposentadoria só se aperfeiçoou em 2012 (e não em 1992), sendo que os 5 anos para anular alguma ilegalidade no ato como um todo só tem início em 2012. Por outro lado, o plenário do STF também assentou que, nesse tipo de caso, havendo boa-fé do servidor público que recebe valores indevidos a título de aposentadoria, só a partir da data em que for ela julgada ilegítima pelo órgão competente (no exemplo dado acima, em 2012) deverá ser devolvida a quantia recebida a maior após essa data (MS 26085, DJ 09.06.2011). Não se deve, todavia, confundir o reconhecimento de nulidades pelos Tribunais de Contas quanto a aposentadorias (que é um ato completo, ou seja, que só se forma quando o Tribunal de Contas a aprova), como o mesmo reconhecimento quando se tratar de outros tipos de atos não complexos, como uma promoção. Nesse último caso, após deferida a promoção, o Tribunal de Contas tem 5 anos para exercer o controle de legalidade dos atos administrativos (no caso, declarar a sua ilegalidade e determinar a sua anulação a tempo), contados da data em que a Administração deferiu a promoção (*vide*, a respeito: STF, MS 26404/DF, j. em 29.10.2009).

De rigor lembrar que a anulação de atos que geram uma relação jurídica constituída a pessoas não pode se dar simplesmente porque se verificou uma ilegalidade e se está dentro do prazo de 5 anos para que se dê. É necessário que se verifique se não é o caso de convalidação, bem como que se instaure o adequado procedimento e que se respeite às garantias constitucionais do **devido processo legal, da ampla defesa e do contraditório** (STF, AI 587487 AgR/RJ).

Por fim, ainda em relação decadência quinquenal para anular atos prevista na Lei 9.784/1999, o STJ entende que os atos administrativos praticados anteriormente ao advento da Lei 9.784/1999 estão sujeitos ao prazo decadencial de 5 anos, porém, contado da entrada em vigor da lei que estabeleceu esse prazo (9.784/1999), qual seja, 01.02.1999, e não da prática do ato (REsp 1.270.474-RN, j. em 18.10.2012).

No que concerne aos **efeitos da invalidação,** como o ato nulo já nasce com a sanção de nulidade, a declaração se dá retroativamente, ou seja, com efeito *ex tunc*. Invalidam-se as consequências passadas, presentes e futuras do ato, já que, do ato ilegal não nascem direitos. A anulação importa no desfazimento do vínculo e no retorno das partes ao estado anterior. Tal regra é atenuada em face dos terceiros de boa-fé. Assim, a anulação da nomeação de um agente público, por exemplo, surte efeitos em relação a este (que é parte da relação jurídica anulada), mas não em relação aos terceiros destinatários dos atos por este praticado, desde que tal ato respeite a lei quanto aos demais aspectos.

Tema relevante é o atinente aos **tipos de invalidade** ou **tipos de vícios dos atos administrativos** e os respectivos **meios de correção.**

A doutrina majoritária (corrente quaternária) entende que podem ocorrer os seguintes **vícios** nos atos administrativos:

a) atos administrativos **inexistentes**, que, de tão absurdos que são, sequer precisam ter declarada sua inexistência;

b) atos administrativos **nulos**, que devem ser anulados no prazo decadencial;

c) atos administrativos **anuláveis**, que podem ser convalidados, permanecendo na ordem jurídica;

d) atos administrativos **irregulares**, que são aqueles que contêm vício formal de pouca relevância, devendo permanecer na ordem jurídica.

Hely Lopes Meirelles defendia a ideia de que não havia, no Direito Administrativo, atos anuláveis, pois a anulabilidade é instituto do direito privado, em que se pode dispor de certos interesses. Para esse respeitado doutrinador, o ato administrativo ou era nulo ou era válido e só.

Confira, agora com mais detalhes, a definição dos tipos de vícios dos atos administrativos:

a) atos inexistentes: *são os que assistem ao campo do absurdo jurídico, do totalmente intolerável*; tais atos não produzem efeito algum. Exs.: instrução de um agente policial a outro para torturar um bandido; prática de usurpação de função, ou seja, conduta de alguém que se faz passar por agente público, praticando ato da alçada deste;

b) atos irregulares: *são aqueles que padecem de vícios formais irrelevantes, reconhecíveis de plano, em que há descumprimento de norma que tem por único objetivo impor padronização interna dos atos*; tais atos não devem ser invalidados. Ex.: certidão feita pela autoridade competente, mas em papel não timbrado;

c) atos nulos (nulidade absoluta): *são os que a lei assim declare ou aqueles sobre os quais a convalidação seja racionalmente impossível, pois, se o conteúdo fosse repetido, seria repetida a ilegalidade*[7]; a nulidade absoluta é grave, devendo o ato ser anulado, salvo se já tiver operado o prazo decadencial para tanto. Exs.: nomeação para cargo efetivo feita sem

7. Hely Lopes Meirelles diz que a nulidade pode ser *explícita* ou *virtual*. "É explícita quando a lei a comina expressamente, indicando os vícios que lhe dão origem; é virtual quando a invalidade decorre da infringência de princípios específicos do Direito Público, reconhecidos por interpretação das normas concernentes ao ato. Em qualquer destes casos, porém, o ato é ilegítimo ou ilegal e não produz qualquer efeito válido entre as partes, pela evidente razão de que não se pode adquirir direitos contra a lei." O art. 166, VII, do Código Civil traz as duas espécies de ato nulo referentes a essa classificação.

concurso público; contrato feito sem licitação, quando não incidia nenhuma hipótese de dispensa ou inexigibilidade desta;

d) **atos anuláveis (nulidade relativa):** *são os que podem ser repetidos sem o vício originário*; a nulidade relativa é vício de menor gravidade, sendo possível a convalidação do ato. Ex.: ato expedido por autoridade com incompetência territorial; ato praticado com particular relativamente incapaz; ato praticado mediante erro ou dolo.

Vistos os vícios concernentes à questão da validade, passemos ao estudo dos **meios integradores da invalidade** ou **sanatória**.

A **convalidação (ou saneamento)** *é a supressão da invalidade de um ato pela expedição de outro, com efeitos retroativos.* Incide sobre os atos *anuláveis*, tornando-os válidos com efeito retroativo.

A convalidação só poderá ser feita se o ato puder ser repetido sem o vício que o inquinava ou se, apesar de se estar diante de ato com vício insanável, haja excepcional e patente interesse público na sua preservação. No primeiro caso, geralmente incide sobre vícios de sujeito (competência) e de forma (descumprimento de forma que não seja substancial), os quais, sanados, importam em convalidação do ato anterior, cuja maior vantagem é ter efeito retroativo, efeito que não existiria com a simples expedição de um novo ato, sem aproveitamento do anterior viciado.

Vejamos, agora, os **requisitos** que a doutrina aponta como essenciais para que seja possível a convalidação: a) possibilidade de o ato ser expedido novamente, sem o vício originário; b) prejuízo maior se não se mantiver o ato viciado; c) inexistência de prejuízo ao erário e a terceiro; d) boa-fé; e) inexistência de impugnação prévia do ato.

O art. 55 da Lei 9.784/1999 admite expressamente a convalidação, devendo a Administração, sempre que possível, optar por ela. Todavia, há uma hipótese em que a Administração poderá optar entre convalidar e não convalidar um ato anulável. Trata-se do caso em que se têm *atos discricionários praticados por autoridade incompetente.* Nesse caso, a autoridade que for a competente não fica obrigada a convalidar o ato viciado, dada a margem de liberdade que detém para praticá-lo.

A convalidação será chamada de *ratificação* nas hipóteses em que há vício de incompetência, não podendo incidir nos casos em que essa for outorgada com exclusividade ou em razão de matéria.[8]

Quanto ao vício de *forma*, a convalidação só será possível se essa não for essencial à validade do ato. Há de se lembrar que a forma abrange a forma propriamente dita (escritura pública, escritura particular, ato verbal etc.) e a motivação. Quanto à motivação, a sua ausência, caso se esteja diante de *ato vinculado* e em situação cuja motivação seja óbvia e passível de demonstração futura, verificando-se que houve respeito aos demais requisitos de validade do ato, este poderá ser mantido se demonstrada a ausência de prejuízo. Já quanto aos *atos discricionários*, a falta de motivação gera sua invalidação, sob pena de se permitir a invenção de motivos em momento posterior. Todavia, há entendimentos doutrinários e jurisprudenciais no sentido de que, excepcionalmente, é possível que um ato discricionário sem motivação possa ser convalidado, desde que a administração promova motivação posterior que demonstre de modo inquestionável o seguinte: a) que o motivo extemporaneamente alegado preexistia; b) que esse motivo era idôneo para justificar o ato; c) que o motivo foi a razão determinante da prática do ato (STJ, AgRg no RMS 40.427-DF).

Quanto ao *motivo* e à *finalidade*, fica difícil falar-se em convalidação. O mesmo se pode dizer quanto ao *objeto*. Neste caso, poderá caber a *conversão*, que é instituto jurídico que não se confunde com a *convalidação*.

Vejamos, agora, um *exemplo* de convalidação. Imagine a nomeação de um servidor feita por um Ministro de Estado, quando a competência era da alçada do Presidente da República, seguindo-se a delegação por parte deste para a referida nomeação. O ato originário contém vício (falta de competência), que pode ser sanado, pela convalidação, mediante *ratificação* do Presidente da República ou, após a delegação da competência, *confirmação* pelo Ministro de Estado.

A **conversão (ou sanatória)** *consiste no aproveitamento de um ato inválido, tornando-o ato de outra categoria, com efeito retroativo à data do ato original.*

A conversão incide sobre atos nulos, aproveitando-os em outra categoria de atos. A palavra-chave aqui é "aproveitar".

Diferentemente da convalidação, que mantém o ato na categoria de atos em que ele é praticado, na conversão aproveita-se o ato nulo para uma outra situação, para uma outra categoria de atos.

Um exemplo é a *permissão* de uso de bem público concedida sem licitação (permissão nula!), que acaba sendo convertida numa *autorização* de uso de bem público (outra categoria de ato!), que não requer licitação.

Outro exemplo é a nomeação de um agente público para um cargo de provimento *efetivo*, sem realização de concurso público, que acaba sendo convertida em nomeação para cargo em *comissão*, que não requer prévia aprovação em concurso público.

O instituto da conversão está previsto no Código Civil. Confira: "art. 170. Se, porém, o negócio nulo contiver os requisitos de outro, subsistirá este quando o fim a que visavam as partes permitir supor que o teriam querido, se houvesse previsto a nulidade".

Por fim, vale ressaltar que a conversão, assim como a convalidação, tem efeito retroativo, ou seja, ficam mantidos todos os atos praticados no período antecedente ao saneamento, salvo, naturalmente, se houver má-fé.

Não sendo possível a conversão ou a convalidação do ato, mas remanescendo clara a necessidade de mitigar consequências graves para o interesse público decorrentes da anulação do ato, a doutrina também discute a possibilidade de efetivar a **modulação dos efeitos anulatórios**, providên-

8. Outra expressão pertinente, mas que não se confunde com a convalidação e a *ratificação*, é a *confirmação*, que consiste na renúncia ao poder de anular o ato ilegal, o que é diferente de sanar o vício do ato, corrigindo-o (convalidação).

cia que, em matéria de controle de constitucionalidade, é bastante comum quando se declara a inconstitucionalidade de um ato normativo. Um exemplo é o caso de se anular o alvará de construção de um conjunto de quatro prédios construídos como habitação popular, quando as duas primeiras torres já tiverem sido erguidas. Pode ser que a melhor medida seja manter a integridade das duas primeiras torres já construídas, fazendo-se uma compensação em relação às demais torres a serem construídas, desde que o vício que gerou à anulação tenha relação com a medida mitigadora das novas torres, não sendo possível que tal modulação se dê, por exemplo, caso todas as torres (as já construídas e as por construir) estejam situadas em área de manancial, hipótese em que somente a demolição de tudo deve ser admitida.

4.7. Classificação dos atos administrativos

4.7.1. Quanto à liberdade de atuação do agente

Ato vinculado *é aquele em que a lei tipifica objetiva e claramente a situação em que o agente deve agir e o único comportamento que poderá tomar.* Tanto a situação em que o agente deve agir como o comportamento que vai tomar são únicos e estão clara e objetivamente definidos na lei, de forma a inexistir qualquer margem de liberdade ou apreciação subjetiva por parte do agente público. Ex.: licença para construir, concessão de aposentadoria.

Ato discricionário *é aquele em que a lei confere margem de liberdade para avaliação da situação em que o agente deve agir ou para escolha do melhor comportamento a ser tomado.*

Seja na situação em que o agente deve agir, seja no comportamento que vai tomar, o agente público terá uma margem de liberdade na escolha do que mais atende ao interesse público. Neste ponto fala-se em *mérito administrativo*, ou seja, na valoração dos motivos e escolha do comportamento a ser tomado pelo agente.

Vale dizer, o agente público fará apreciação subjetiva, agindo segundo o que entender ser mais conveniente e oportuno ao interesse público.

Reconhece-se a discricionariedade nos seguintes casos, dentre outros:

a) quando a regra que traz a competência do agente traz *conceitos fluidos*, como *bem comum, moralidade, ordem pública* etc.;

b) quando a lei *não traz um motivo* que enseja a prática do ato, como, por exemplo, a que permite nomeação para cargo em comissão, de livre provimento e exoneração;

c) quando *há mais de uma opção* para o agente quanto ao momento de atuar, à forma do ato (ex.: verbal, gestual ou escrita), à sua finalidade ou ao conteúdo (ex.: possibilita-se que o agente público, diante de uma infração administrativa, escolha se deve fazer uma advertência, aplicar uma multa ou fazer uma apreensão).

A discricionariedade sofre alguns *temperamentos*, de modo a fazer com que a margem de liberdade seja a mais estreita possível e a preservar o princípio da legalidade. Confira:

a) todo ato discricionário é *parcialmente regrado ou vinculado*; a competência, por exemplo, é sempre vinculada; aliás, Hely Lopes Meirelles entende que a competência, a forma e a finalidade são sempre vinculadas, conforme vimos;

b) só há discricionariedade *nas situações marginais*, nas zonas cinzentas; assim, situações que envolvem certa subjetividade, mas encontram na sociedade quase que um consenso, não ensejam margem de liberdade para o agente público; por exemplo, caso o agente público encontre duas pessoas fazendo sexo no meio da rua, ainda que um ou outro possa achar que isso não é imoral, o fato é que é indubitável no pensamento médio que a conduta é imoral, fazendo com que o agente, em que pese estar diante de um conceito fluído ("moralidade pública"), deva agir reconhecendo a existência de uma situação de imoralidade; em suma, o temperamento em tela lembra a todos que a situação concreta (o colorido do caso concreto) diminui a margem de liberdade conferida ao agente público.

c) não há discricionariedade volitiva para a Administração na chamada "discricionariedade técnica"; esta se dá quando a solução de alguma controvérsia administrativa exija o conhecimento técnico especializado, como de um engenheiro ou de um médico; por exemplo, havendo dúvida sobre se algum imóvel está ou não em perigo de desabamento, na hipótese de um engenheiro chamado pela Administração para fazer a análise em questão concluir pelo risco de desabamento, não caberá à Administração invocar a discricionariedade para dizer que pensa diferente e que não vai determinar a interdição ou a demolição do bem, pois no caso tem-se discricionariedade técnica, em que a Administração fica vinculada à manifestação conclusiva do profissional que exarou seu entendimento técnico sobre a questão.

Questão muito importante quanto aos atos discricionários é saber se o Judiciário poderá apreciá-los.

A resposta a essa pergunta é positiva, ou seja, o Judiciário pode sim apreciar atos discricionários. Porém, só poderá fazê-lo quanto aos seguintes aspectos:

a) legalidade: todo ato discricionário é parcialmente *regrado* ou *vinculado* e, especificamente quanto a esse ponto, o Poder Judiciário poderá apreciar o ato discricionário; imagine uma competência que diga que "o Governador, em caso de falta grave, poderá suspender ou demitir o servidor público, mediante contraditório e ampla defesa"; trata-se de um ato discricionário, pois a expressão "falta grave" é bastante fluida, sem contar o fato de que o governador tem duas opções, "demitir" ou "suspender" o agente; porém, mesmo se tratando de um ato discricionário, há elementos vinculados nesse ato; um deles é a competência, pois só o Governador pode praticar o ato; outro é fato de que o governador só tem duas opções, de modo que, se tomar uma terceira medida (por exemplo, "demissão a bem do serviço público"), estará saindo dos limites do ato discricionário; além disso, o Governador é obrigado a garantir o contraditório e a ampla defesa; pois bem, se qualquer desses pontos vinculados do ato discricionário for desrespeitado, poderá o Judiciário, fazendo o controle de legalidade, anular o referido ato;

b) moralidade: todo ato discricionário está sujeito a cumprir o princípio da moralidade, que está previsto no art. 37, *caput*, da

CF; assim, caso um ato discricionário fira a moralidade (por exemplo, a desapropriação do imóvel de um inimigo político de um Prefeito), poderá ser anulado pelo Poder Judiciário;

c) razoabilidade: todo ato discricionário está sujeito a cumprir o princípio da razoabilidade, que está previsto no art. 2º, *caput*, da Lei 9.784/1999; assim, caso um ato discricionário fira a razoabilidade ou a proporcionalidade (por exemplo, desapropria-se área bem maior do que a necessária para a implantação de um projeto da Administração), poderá ser anulado pelo Poder Judiciário. Em matéria de controle de políticas públicas frequentemente o Judiciário analisa a razoabilidade na eleição de prioridades feita pela Administração, determinando, muitas vezes, a implementação de políticas públicas determinadas pela Constituição e que eventualmente tiverem sido relegadas a segundo plano sem justificativa razoável. Nesses casos, costuma-se exarar sentença determinando que a Administração Pública adote providências administrativas e respectiva previsão orçamentária para implantação ou ampliação da política pública faltosa.

Em suma, o Judiciário pode sim apreciar um ato discricionário, mas apenas quanto aos aspectos de legalidade, razoabilidade e moralidade, não sendo possível a revisão dos critérios adotados pelo administrador (o *mérito administrativo*), se tirados de dentro da margem de liberdade a ele conferida pelo sistema normativo.

4.7.2. Quanto às prerrogativas da administração

Atos de império são os *praticados no gozo de prerrogativas de autoridade*. Ex.: interdição de um estabelecimento.

Atos de gestão são os *praticados sem uso de prerrogativas públicas, em igualdade com o particular, na administração de bens e serviços*. Ex.: contrato de compra e venda ou de locação de um bem imóvel.

Atos de expediente *são os destinados a dar andamento aos processos e papéis que tramitam pelas repartições, preparando-os para decisão de mérito a ser proferida pela autoridade*. Ex.: remessa dos autos a uma autoridade, para que esta tome uma decisão, conduta que tem o nome de "levar os autos à conclusão".

A distinção entre ato de gestão e de império está em desuso, pois era feita para excluir a responsabilidade do Estado pela prática de atos de império, de soberania. Melhor é distingui-los em atos regidos pelo *direito público* e pelo *direito privado*.

4.7.3. Quanto à formação da vontade

Atos simples *decorrem de um órgão, seja ele singular ou colegiado*. Ex.: nomeação feita pelo Prefeito; deliberação de um conselho ou de uma comissão.

Atos complexos *decorrem de dois ou mais órgãos, em que as vontades se fundem para formar um único ato*. Ex.: decreto do Presidente, com referendo de Ministros; para o STF, a aposentadoria de um servidor, como depende de deferimento da Administração e do Tribunal de Contas, também é ato complexo.

Atos compostos *decorrem de dois ou mais órgãos, em que a vontade de um é instrumental em relação à vontade de outro, que edita o ato principal*. Aqui existem dois atos pelo menos: um principal e um acessório. Um exemplo é a nomeação do Procurador-Geral da República, que depende de prévia aprovação pelo Senado. Outro exemplo são os atos que dependem de aprovação ou homologação. Não se deve confundir atos compostos com atos de um procedimento, vez que, enquanto os segundos são o encadeamento de atos tendentes ao ato principal, os primeiros resultam de dois ou mais órgãos e não têm por elemento marcante a sucessão de atos preparatórios de um ato final, diferentemente do procedimento.

4.7.4. Quanto aos efeitos

Ato constitutivo *é aquele em que a Administração cria, modifica ou extingue direito ou situação jurídica do administrado*. Exs.: permissões de serviço público e de uso de bem público, penalidades, revogação de atos, autorizações, dentre outros.

Ato declaratório *é aquele em que a Administração reconhece um direito que já existia*. Exs.: admissão, licença, homologação, isenção, anulação.

Ato enunciativo *é aquele em que a Administração apenas atesta dada situação de fato ou de direito*. Não produz efeitos jurídicos diretos. São juízos de conhecimento ou de opinião. Exs.: certidões, atestados, informações e pareceres.

4.7.5. Quanto à estrutura

Atos concretos *são aqueles que dispõem sobre uma única situação, sobre um caso concreto*. Ex.: exoneração de um agente público.

Atos abstratos *são aqueles que dispõem sobre reiteradas e infinitas situações*. Ex.: regulamento.

4.7.6. Outra classificação

Atos normativos *são aqueles que contêm comando geral da Administração Pública, com o objetivo de executar a lei*. Exs.: regulamentos (da alçada do Chefe do Executivo), instruções normativas (da alçada dos Ministros de Estado), regimentos, resoluções etc.

Atos ordinatórios *são aqueles que disciplinam o funcionamento da Administração e a conduta funcional de seus agentes*. Exs.: instruções (são escritas e gerais, destinadas a determinado *serviço público*), circulares (escritas e de caráter uniforme, direcionadas a determinados *servidores*), avisos, portarias (expedidas por chefes de órgãos – trazem determinações gerais ou especiais aos subordinados, designam alguns servidores, instauram sindicâncias e processos administrativos etc.), ordens de serviço (determinações especiais ao *responsável* pelo ato), ofícios (destinados às *comunicações* escritas entre autoridades) e despacho (contém *decisões* administrativas).

Atos negociais *são declarações de vontade coincidentes com pretensão do particular*. Exs.: licença, autorização e protocolo administrativo.

Atos enunciativos *são aqueles que apenas atestam, enunciam situações existentes*. Não há prescrição de conduta (determinações) por parte da Administração. Exs.: certidões, atestados, apostilas e pareceres.

Atos punitivos *são as sanções aplicadas pela Administração aos servidores públicos e aos particulares.* Exs.: advertência, suspensão e demissão; multa de trânsito.

4.8. Atos administrativos em espécie

4.8.1. Quanto ao conteúdo

Autorização *é o ato administrativo unilateral, discricionário e precário pelo qual a Administração faculta ao particular, em proveito deste, o uso privativo de bem público ou o desempenho de uma atividade, os quais, sem esse consentimento, seriam legalmente proibidos.* Exs.: autorização de uso de praça para realização de festa beneficente ou evento cultural; autorização para compra e registro ou para porte de arma. A autorização se baseia no poder de polícia, fazendo-se juízo de conveniência e oportunidade acerca da sua concessão ou não. Trata-se de ato *constitutivo*.

Licença *é o ato administrativo unilateral e vinculado pelo qual a Administração faculta àquele que preencha requisitos legais o exercício de uma atividade.* Exs.: licença para construir; licença para dirigir veículos automotores. A licença também se baseia no poder de polícia, havendo juízo de legalidade somente. Trata-se de ato *declaratório*, daí porque, enquanto na autorização se fala em interesses, na licença se fala em direitos subjetivos, pois cumpridos os requisitos para a licença o interessado tem direito de exigi-la, diferentemente do que acontece quanto à autorização.

Admissão é o *ato unilateral e vinculado pelo qual a Administração reconhece ao particular que preencha requisitos legais o direito à prestação de um serviço público.* Exs.: admissão de aluno em escola ou universidade pública; admissão de paciente em hospital; admissão de pessoa carente em programa de assistência social.

Permissão *é o ato administrativo unilateral, discricionário e precário, pelo qual a Administração faculta ao particular a execução de serviço público ou a utilização privativa de bem público, mediante licitação.* Exs.: permissão para taxista ou perueiro efetuar transporte remunerado de passageiros; permissão para que uma banca de jornal se instale numa calçada ou praça públicas. Vale lembrar que, por ser precária, pode ser revogada a qualquer momento sem que o particular tenha direito à indenização. Ademais, diferentemente da autorização, a permissão depende de licitação.

Concessão *é o ato bilateral (contrato) e não precário pelo qual a Administração faculta a uma pessoa jurídica a execução de serviço público ou a utilização privativa de bem público, mediante licitação na modalidade concorrência.* Exs.: concessão dada a uma empresa de ônibus para que efetue transporte remunerado de passageiros; concessão dada a um restaurante para que utilize espaço público num aeroporto. Por não ser precária, o particular tem direito de ver mantida a concessão. Todavia, caso haja interesse público na sua revogação, este prevalece sobre o do particular, o qual terá direito à indenização pela revogação da concessão, diferentemente do que ocorre na autorização e na permissão, que são atos precários, ou seja, passíveis de revogação sem direito à indenização em favor do interessado. Confira algumas diferenças entre a concessão e a permissão: a) a primeira só pode ser concedida a pessoa jurídica, ao passo que a segunda, a pessoa física ou jurídica; b) a primeira é contratual, ao passo que a segunda é precária, podendo ser revogada sem direito à indenização em favor do permissionário; c) a primeira deve ser concedida após licitação na modalidade concorrência, ao passo que a segunda pode ser concedida por meio de outras modalidades licitatórias; d) a primeira é formalizada mediante *contrato de concessão*, ao passo que a segunda, mediante *contrato de adesão*.

Credenciamento *é o ato ou contrato formal pelo qual a administração pública confere a um particular (pessoa física ou jurídica), normalmente sem prévia licitação, a prerrogativa de exercer certas atividades materiais ou técnicas, em caráter instrumental ou de colaboração com o Poder Público, a título oneroso, remuneradas, na maioria das vezes, diretamente pelos interessados.* Um exemplo de credenciamento é o ato que ocorre com as empresas de autoescola, que recebem credenciamento do Poder Público para a prática de certas atividades em colaboração com este (aulas, exames etc.), sem licitação e com cobrança dos interessados. Inexistindo viabilidade técnica de competição, está-se diante de hipótese de inexigibilidade (art. 25, *caput*, da Lei 8.666/1993). Assim, é inexigível a licitação nas hipóteses em que o credenciamento é aberto para outorga a todos os interessados habilitados, já que inexistente a possibilidade teórica de competição.

Aprovação *é o ato unilateral e discricionário pelo qual se exerce o controle prévio ou posterior do ato administrativo.* A aprovação é um tipo de *controle* que analisa a *conveniência e a oportunidade* do ato controlado. Ex.: aprovação dada pelo Senado à indicação do Presidente para nomeação de Ministro para o Supremo Tribunal Federal. Em tese, o Senado pode rejeitar a indicação, não a aprovando, por considerá-la não conveniente, em vista de não ter o indicado reputação ilibada, por exemplo.

Homologação *é o ato unilateral e vinculado pelo qual se reconhece a legalidade de um ato administrativo.* A homologação é um tipo de *controle* que analisa apenas o *cumprimento das formalidades legais*, não entrando no mérito dos atos praticados. Ex.: homologação de uma licitação ou de um concurso público pela autoridade superior à comissão de licitação, autoridade essa que controlará exclusivamente a legalidade dos procedimentos, sem entrar no mérito dos julgamentos feitos.

Parecer *é o ato pelo qual órgãos consultivos da Administração emitem opinião técnica sobre assunto de sua competência.* Podem ser de três tipos: ***facultativo*** (o parecer é pedido se a autoridade quiser); ***obrigatório*** (a autoridade é obrigada a solicitar o parecer, em que pese não ser obrigada a acatá-lo) e ***vinculante*** (a autoridade é obrigada a solicitar o parecer e a acatar o seu conteúdo – ex.: parecer médico). O STF vem decidindo que o parecer jurídico que deve ser dado sobre minuta de editais, de contratos e de convênios é um parecer vinculante (MS 24.584), pois o art. 38, parágrafo único, da Lei 8.666/1993 dispõe que o setor jurídico deve *aprovar* tais minutas, o que revela que o parecer é verdadeira *decisão administrativa* e não mera opinião técnica. Dessa forma, havendo alguma ilegalidade, o parecerista responde como se fosse autor da minuta por ele aprovada, ficando sujeito, por exemplo, a multas pelo Tribunal de Contas e a ações populares, ações civis públicas e ações por improbidade administrativa, valendo lembrar, todavia, que a responsabilidade do agente público não é objetiva: depende de culpa ou dolo, nos casos de ressarcimento do erário, e de dolo em algumas modalidades de improbidade administrativa.

Visto *é o ato administrativo unilateral pelo qual a autoridade atesta a regularidade formal de outro ato administrativo.* Ex.: pedido de férias de um agente, que recebe o visto de seu chefe (o qual observa sua regularidade formal) antes deste encaminhar para o chefe subsequente apreciá-lo.

Protocolo administrativo *é o ato negocial pelo qual o Poder Público acerta com o particular a realização de determinado empreendimento ou atividade ou a abstenção de certa conduta.*

4.8.2. Quanto à forma

Decreto *é a forma de que se revestem os atos individuais ou gerais, emanados do Chefe do Poder Executivo.* Exs.: nomeação e exoneração de agentes públicos (atos individuais); regulamentos (atos gerais que têm por objeto proporcionar a fiel execução da lei – artigo 84, IV, CF). Não existe, como regra, *regulamento autônomo* em nosso direito, uma vez que ele sempre deve estar adstrito ao que dispõe uma lei, nunca podendo existir por si só; ou seja, no Brasil a regra é termos *regulamentos de execução* de lei. Como vimos, a EC 32/2001 modificou o artigo 84, VI, da CF, permitindo que o Presidente, por meio de decreto, disponha de matérias que somente a lei poderia dispor. Trata-se de situação que excepciona a regra no sentido de que não há regulamentos autônomos em nosso direito.

Resolução e portaria *são as formas de que se revestem os atos, gerais ou individuais, emanados de autoridades que não sejam o Chefe do Executivo.* Ex.: no Estado de São Paulo, a resolução é própria dos Secretários de Estado, enquanto as portarias são a forma de que se revestem os atos das autoridades até o Diretor de Serviço. Assim, em cada ente político se instituirá a forma que deve revestir os atos de cada autoridade. Importa lembrar, ainda, que as resoluções e portarias trarão, além de atos *individuais* próprios de tais autoridades, atos *gerais* consistentes em instruções para cumprimento das leis e regulamentos.

Circular *é o instrumento de que se valem as autoridades para transmitir ordens internas a seus subordinados.*

Despacho *é o ato administrativo que contém decisões das autoridades sobre assunto de interesse individual ou coletivo submetido à sua apreciação.* ***Despacho normativo*** é aquele que aprova uma decisão sobre assunto de interesse geral, ficando esta obrigatória para toda a administração, além de valer para todos que estiverem na mesma situação.

Alvará é *a forma pela qual a Administração confere licença ou autorização para a prática de ato ou exercício de atividade sujeita ao poder de polícia do Estado.* Exs.: alvará de construção (instrumento que confere e prova a licença); alvará para porte de arma (instrumento da autorização conferida).

4.9. Procedimento administrativo

Não se deve confundir o ato administrativo com o procedimento administrativo. O segundo *consiste na sucessão encadeada de atos que propiciam a formação do ato final objetivado pela Administração.*

Assim, um procedimento é uma sucessão de atos, não se confundindo com cada ato em si.

Na verdade, ficaria melhor falar-se em *processo administrativo* para designar a definição dada, reservando-se a expressão procedimento administrativo para designar o *rito* a ser seguido.

Porém, em Direito Administrativo a expressão *procedimento administrativo* acaba sendo usada para designar *processo administrativo.*

De qualquer forma, é bom lembrar que há processos administrativos típicos, como o processo disciplinar e o processo de licitação, cuja característica marcante é ter uma regulamentação específica em lei própria. Os processos administrativos que não tiverem regulamentação própria devem seguir o disposto na Lei de Geral de Processo Administrativo (Lei 9.784/1999).

5. ORGANIZAÇÃO DA ADMINISTRAÇÃO PÚBLICA

5.1. Considerações gerais

O Estado tem três Poderes independentes e harmônicos entre si (Legislativo, Executivo e Judiciário). Porém, é por meio da Administração Pública que o Estado atua, tratando-se esta do aparelhamento necessário à realização de sua finalidade.

Em sentido *formal*, Administração Pública é o conjunto de órgãos instituídos para consecução dos fins do Governo (que é o comando, a iniciativa).

Em sentido *material*, é o conjunto das funções necessárias aos serviços públicos em geral.

E em sentido *operacional*, é o desempenho sistemático dos serviços estatais.

Vale trazer também classificação formulada por Diogo de Figueiredo Moreira Neto, que classifica a Administração Pública, sob o critério da *natureza dos interesses*, em administração extroversa e introversa, e, sob o critério *subjetivo*, em direta e indireta (*Curso de Direito Administrativo.* 14. ed. Rio de Janeiro: Forense. p. 115 e ss.). Quanto à primeira classificação, enquanto a administração pública extroversa é finalística, pois ela é atribuída especificamente a cada ente político, cumprindo a divisão constitucional de competências, a administração pública introversa é instrumental, visto que é atribuída genericamente a todos os entes, para que possam atingir aqueles objetivos.

O fato é que, de qualquer forma a Administração, em qualquer caso, é o meio de que se vale o Estado para pôr em prática as opções políticas do Governo.

Tal atuação se dará por intermédio de *entidades* (pessoas jurídicas), *órgãos* (centros de decisão) e de *agentes* (pessoas investidas em cargos, empregos e funções).

5.2. Conceitos básicos sobre a organização da Administração Pública

O objetivo deste tópico é efetuar uma série de distinções e conceitos de grande valia para o estudo sistematizado do tema proposto.

A primeira distinção trata da relação entre a pessoa jurídica e os órgãos estatais.

As **pessoas jurídicas estatais** *são entidades integrantes da estrutura do Estado e dotadas de personalidade jurídica*, ou seja, de aptidão genérica para contrair direitos e obrigações.

Já os **órgãos públicos** *são centros de competência integrantes das pessoas estatais instituídos para o desempenho das funções públicas por meio de agentes públicos*. São, portanto, parte do corpo (pessoa jurídica).

Cada órgão é investido de determinada competência, dividida entre seus cargos.

Apesar de não terem personalidade jurídica, têm prerrogativas funcionais, o que admite até que interponham mandado de segurança, quando violadas (tal capacidade processual, todavia, só têm os órgãos independentes e os autônomos).

Todo ato de um órgão é imputado diretamente à pessoa jurídica da qual é integrante, assim como todo ato de agente público é imputado diretamente ao órgão ao qual pertence (trata-se da chamada "teoria do órgão", que se contrapõe à teoria da representação ou do mandato, conforme se verá no capítulo seguinte). Deve-se ressaltar, todavia, que a representação legal da entidade é atribuição de determinados agentes, como o Chefe do Poder Executivo e os Procuradores.

Tema importante acerca dos órgãos públicos é a sua **classificação**. Passemos, então, ao estudo da classificação dos órgãos, levando em conta os ensinamentos de Hely Lopes Meirelles.

Quanto à **posição**, os órgãos públicos podem ser:

a) órgãos *independentes*: são os originários da Constituição e representativos dos Poderes do Estado (Legislativo, Executivo e Judiciário); aqui estão todas as corporações legislativas, chefias de executivo e tribunais e juízo singulares;

b) órgãos *autônomos*: são os que estão na cúpula da Administração, logo abaixo dos órgãos independentes, tendo autonomia administrativa, financeira e técnica, segundo as diretrizes dos órgãos a eles superiores; aqui estão os Ministérios, as Secretarias Estaduais e Municipais, a AGU, dentre outros;

c) órgãos *superiores*: são os que detêm poder de direção quanto aos assuntos de sua competência, mas sem autonomia administrativa e financeira, tais como os gabinetes, as procuradorias judiciais, os departamentos, as divisões, dentre outros;

d) órgãos *subalternos*: são os que se acham na base da hierarquia entre órgãos, tendo reduzido poder decisório, com atribuições de mera execução, tais como as portarias e as seções de expediente.

Quanto à **estrutura**, os órgãos podem ser:

a) *simples* ou *unitários*: constituídos por um só centro de competência;

b) *compostos*: constituídos pelo conjunto de outros órgãos menores, com atividades-fim idênticas ou auxiliares. Ex.: Ministério da Saúde.

Quanto à **atuação funcional**, os órgãos podem ser:

a) *singulares* ou *unipessoais*: são os que atuam por um único agente. Ex.: Presidência da República;

b) *colegiados* ou *pluripessoais*: são os que atuam por manifestação conjunta da vontade de seus membros. Exs.: corporações legislativas, tribunais e comissões.

Outra distinção relevante para o estudo da estrutura da Administração Pública é a que se faz entre **desconcentração e descentralização**.

A **desconcentração** *é a distribuição interna de atividades administrativas, de competências*. Ocorre de *órgão* para *órgão* da entidade. Ex.: competência no âmbito da Prefeitura, que poderia estar totalmente concentrada no órgão Prefeito Municipal, mas que é distribuída internamente aos Secretários de Saúde, Educação etc.

Já a **descentralização** *é a distribuição externa de atividades administrativas, que passam a ser exercidas por pessoa ou pessoas distintas do Estado*. Dá-se de *pessoa jurídica* para *pessoa jurídica* como técnica de especialização. Ex.: criação de autarquia para titularizar e executar um dado serviço público, antes de titularidade do ente político que a criou. A descentralização pode ser de duas espécies:

a) na descentralização **por serviço**, a lei atribui ou autoriza que outra pessoa detenha a *titularidade* e a execução do serviço; repare que é necessária lei; aqui, fala-se em *outorga* do serviço;

b) na descentralização **por colaboração**, o contrato ou ato unilateral atribui à outra pessoa a *execução* do serviço; repare que a delegação aqui se dá por contrato, não sendo necessária lei; o particular colabora, recebendo a execução do serviço e não a titularidade deste; aqui, fala-se também em *delegação* do serviço e o caráter é transitório.

Há também outra distinção importante, relacionada à Administração Direta e Indireta.

A **Administração Direta** *compreende os órgãos integrados no âmbito direto das pessoas políticas (União, Estados, Distrito Federal e Municípios)*. Repare que todos os órgãos dos entes políticos fazem parte da Administração Direta, de modo que a prefeitura, a câmara de vereadores, os tribunais judiciais, os tribunais de contas, o ministério público, dentre outros, são parte integrante da administração, já que são órgãos, e não pessoas jurídicas criadas pelos entes políticos.

Já a **Administração Indireta** *compreende as pessoas jurídicas criadas pelo Estado para titularizar e exercer atividades públicas (autarquias, fundações públicas, agências reguladoras e associações públicas) e para agir na atividade econômica ou em atividades não típicas de Estado (empresas públicas, sociedades de economia mista, fundação privadas criadas pelo Estado e consórcios públicos de direito privado)*. Repare que a Administração Indireta é composta de pessoas jurídicas (e não de órgãos!) criadas pelos entes políticos.

Outra classificação relevante para o estudo do tema em questão é a que segue.

As **pessoas jurídicas de direito público** *são os entes políticos e mais as autarquias e fundações públicas, uma vez que todas essas pessoas são criadas para exercer típica atividade administrativa, o que impõe que tenham, de um lado, prerrogativas de direito público, e, de outro, restrições de direito público, próprias de quem gere coisa pública*[9]. São espécies de pessoas jurídicas de direito público as seguintes: autarquias, fundações públicas, agências reguladoras e associações públicas (consórcios públicos de direito público).

As **pessoas jurídicas de direito privado estatais** *são as empresas púbicas e as sociedades de economia mista, visto que são criadas para exercer atividade econômica, devendo ter os mesmos direitos e restrições das demais pessoas jurídicas privadas, em que pese tenham algumas restrições adicionais, pelo fato de terem sido criadas pelo Estado*. São espécies de pessoas jurídicas de direito privado estatais as seguintes: empresas públicas, sociedades de economia mista, fundações privadas criadas pelo Estado e consórcios públicos de direito privado.

Para fecharmos essa introdução, é necessário conhecermos também a distinção seguinte.

A **hierarquia** *consiste no poder que um órgão superior tem sobre outro inferior, que lhe confere, dentre outras prerrogativas, uma ampla possibilidade de fiscalização dos atos do órgão subordinado.*

O **controle (tutela** ou **supervisão ministerial)** *consiste no poder de fiscalização que a pessoa jurídica política tem sobre a pessoa jurídica que criou, que lhe confere tão somente a possibilidade de submeter a segunda ao cumprimento de seus objetivos globais, nos termos do que dispuser a lei.* Ex.: a União não pode anular um ato administrativo de concessão de aposentadoria por parte do INSS (autarquia por ela criada), por não haver hierarquia, mas pode impedir que o INSS passe a comercializar títulos de capitalização, por exemplo, por haver nítido desvio dos objetivos globais para os quais fora criada a autarquia. Aqui não se fala em *subordinação*, mas em *vinculação administrativa*.

Esses poderes todos se dão sobre as entidades da Administração Indireta em geral, ressalvada a condição das agências reguladoras, que têm maior autonomia, como se verá no item respectivo adiante.

5.3. Administração indireta

5.3.1. Autarquias

As autarquias podem ser **conceituadas** como as *pessoas jurídicas de direito público, criadas por lei específica, para titularizar atividade administrativa.* Realizam atividades próprias (típicas) da Administração Direta, as quais são passadas para as autarquias para agilizar, facilitar e principalmente especializar a prestação dos serviços públicos. O Dec.-lei 200/1967 define autarquia como "o serviço autônomo, criado por lei, com personalidade jurídica, patrimônio e receita próprios, para executar atividades típicas da Administração Pública, que requeiram, para seu melhor funcionamento, gestão administrativa e financeira descentralizada" (art. 5º, I).

São um prolongamento, um *longa manus* do Estado. Qualquer ente político (União, Estados-membros, Distrito Federal e Municípios) pode criar uma autarquia, desde que por lei específica e para realizar atividades típicas da Administração.

A autarquia deve ser criada por lei específica, lei essa que tem o poder de conferir personalidade jurídica a ela, não sendo necessário levar atos constitutivos ao Registro Público. Porém, a organização da autarquia se estabelece por decreto, que aprovará o regulamento ou o estatuto da entidade. A lei criadora da entidade tratará também do patrimônio inicial, já transferindo ou autorizando sua transferência, da entidade criadora para a entidade criada.

A expressão autarquia vem dos termos *autós* (= próprio) e *arquia* (=governo), o que nos ajuda a lembrar que a autarquia tem autonomia administrativa e financeira.

São exemplos de autarquia os seguintes entes: INSS, CADE, Banco Central, INCRA e USP.

Quando a autarquia tiver algumas diferenças em relação às autarquias tradicionais, diz-se que se está diante de autarquia de regime especial.

Vejamos as **características** das autarquias.

São dotadas de **capacidade administrativa**, ou seja, podem ser *titulares* de serviço público, mas o mesmo não acontece com as sociedades de economia mista e empresas públicas, por exemplo, que, no máximo, podem *executar* um serviço público. Ou seja, as autarquias podem receber *outorga do serviço* mais do que a mera delegação deste.

Isso significa que as autarquias poderão *regulamentar, fiscalizar e executar* o serviço público de que são titulares, podendo repassar o último (execução do serviço) ao particular, mediante concessão de serviço público.

Em outras palavras, as autarquias desempenham **atribuições típicas de Estado**. O Decreto-Lei 200/1967, em seu art. 5º, I, deixa claro que a autarquia só pode ser criada para exercer atividade típica da Administração, o que exclui sua criação para exercer atividade meramente econômica, por exemplo.

As autarquias possuem **autonomia (capacidade de autoadministração)**. Por serem *pessoas jurídicas* (e não *órgãos* da Administração Direta), são sujeitos de direitos e obrigações, e têm gestão administrativa e financeira própria. Não se trata, portanto, de autonomia em sentido político, já que estão sujeitas a controle das entidades maiores a que se vinculam, mas autonomia administrativa.

Por serem pessoas de direito público, as autarquias têm **responsabilidade objetiva** (art. 37, § 6º, da CF). Justifica-se esse tipo de responsabilização pelo fato de agirem em atividades típicas da Administração Direta. Aliás, as autarquias respondem diretamente por seus atos, não podendo a entidade criadora ser chamada a responder solidariamente.

9. *Vide* art. 41 do Código Civil. O parágrafo único deste artigo faz referência às *pessoas de direito público com estrutura de direito privado*, que serão regidas, no que couber, pelas normas do CC. A referência é quanto às fundações públicas, às quais aplicam-se as normas do CC apenas quando não contrariarem os preceitos de direito público.

A entidade matriz só responderá *subsidiariamente*, ou seja, na falta de patrimônio suficiente da autarquia.

As autarquias têm um regime jurídico muito próximo ao dos entes políticos, dada a natureza de suas atividades. Trata-se do chamado **regime jurídico de direito público**, cujas regras são apresentadas a seguir.

Na relação com a Administração Direta, as autarquias estão sujeitas ao **controle** (*supervisão ministerial* ou *tutela*). A entidade criadora da autarquia tem o poder de influir sobre esta apenas para exigir o cumprimento dos objetivos públicos para os quais foi criada, e para que harmonize sua conduta à atuação administrativa global do Estado.

Perceba-se, portanto, que o controle não permite que a Administração Direta demita um servidor público de uma autarquia, por exemplo, ou invalide um contrato administrativo que esta tenha celebrado. O controle só poderá ser feito de forma global sobre os rumos que a autarquia tem tomado. A lei que cria a autarquia é que dará os contornos e a forma de exercício do controle.

Entre a entidade criadora e a autarquia há mera vinculação, ou seja, mero poder de correção finalística do serviço autárquico.

Esse controle pode se dar nas seguintes frentes: a) controle político (ex.: nomeação de seus dirigentes pelo Executivo); b) controle administrativo (ex.: supervisão ministerial quanto à correção finalística da autarquia); c) controle financeiro (pelo Tribunal de Contas e outros meios trazidos na lei).

No que concerne à relação com terceiros, as **prerrogativas administrativas** (não as políticas) do Estado são transmitidas às autarquias. Assim, as autarquias têm as seguintes prerrogativas ou sujeições:

a) expedem verdadeiros **atos administrativos**, com todos os ***atributos*** do ato administrativo, quais sejam, presunção de legitimidade, imperatividade, exigibilidade e autoexecutoriedade;

b) celebram contratos administrativos, regidos pela Lei 8.666/1993;

c) devem **licitar** para celebrar contratos, concessões e permissões;

d)devem promover **concurso público** para admissão de pessoal;

e) devem contratar pessoal pelo **regime estatuário**, como regra; dada a natureza das atividades de uma autarquia (atividade administrativa, e não meramente econômica), o vínculo com seus agentes deve ser o de ***cargo público***, criado por *lei* e regido pelo *estatuto* dos funcionários públicos, e não pela CLT, salvo para atribuições subalternas;

f) possuem **bens públicos**, portanto, bens inalienáveis, imprescritíveis e impenhoráveis; dessa forma, a execução de valores em face de uma autarquia deverá ultimar-se mediante a expedição de precatório;

g) possuem **imunidade de impostos sobre o patrimônio, renda e serviços** (art. 150, VI, "a", CF), quanto a atividades vinculadas às finalidades essenciais da pessoa e desde que não haja contraprestação ou pagamento de preços ou tarifas para o exercício;

h) possuem **prerrogativas processuais próprias** da Fazenda Pública, como recurso de ofício quando cabível (art. 10 da Lei 9.469/1997), prazo em dobro para manifestações processuais (art. 183, *caput*, do NCPC), juízo privativo da entidade estatal a que pertencem, ampliação do prazo para desocupação em caso de despejo; prescrição quinquenal de suas dívidas passivas, execução fiscal de seus créditos inscritos, dentre outras.

Nas relações internas, por serem pessoas jurídicas de direito público (sujeitas ao regime jurídico de direito público), devem respeitar as normas de direito financeiro (normas orçamentárias) e o regime de pessoal é o mesmo da Administração Direta, em que a regra é o regime estatutário.

5.3.2. Fundações públicas de direito público

As fundações públicas de direito público podem ser conceituadas como *autarquias que tomam como substrato um patrimônio personalizado.*

Enfim, tais fundações são autarquias, cujo elemento patrimonial é o mais relevante. Trata-se da personalização de um patrimônio, cujo objetivo é a titularização de uma atividade administrativa.

São exemplos dessas fundações a FUNAI, o IPEA, a FUNDAP e a FAPESP.

Tais autarquias tomam o nome de fundação, pois, aqui, o elemento patrimônio prepondera em detrimento do elemento humano, ocorrendo o inverso com a autarquia típica.

Quanto ao **regime jurídico**, é idêntico ao das autarquias, para o qual se remete o leitor.

Existem, todavia, algumas diferenças entre as autarquias e as fundações públicas.

A primeira delas já foi apontada: as fundações têm como elemento preponderante o patrimonial.

A segunda diz respeito à criação de tais entes. Parte da doutrina entende que tais entidades são *criadas por lei específica*, por se tratarem de verdadeiras autarquias (ex.: Maria Sylvia Zanella Di Pietro). Por outro lado, outra parte da doutrina entende que a fundação deve ter sua criação *autorizada por lei específica*. Isso significa que, autorizada por lei a criação de uma fundação, deve esta ser efetivamente criada com o registro de seus atos constitutivos no Cartório do Registro Civil das Pessoas Jurídicas. A razão dessa discórdia diz respeito ao texto do art. 37, XIX, da CF, que não esclarece se está fazendo referência às fundações públicas, às fundações privadas ou a ambas.

A última diferença reside no fato de que, no que concerne às fundações, a Constituição dispõe que lei complementar definirá as áreas de sua atuação (art. 37, XIX, CF), também havendo dissenso doutrinário sobre se o dispositivo está fazendo referência às fundações públicas de direito público, às fundações privadas criadas ou a ambas.

Não se pode confundir as fundações públicas com as fundações privadas criadas pelo Estado. Isso porque nada impede que o Estado crie fundações com personalidade de direito privado, sendo apenas necessário que haja autorização legal. Muitas vezes deseja-se criar uma pessoa jurídica, cujo elemento patrimonial terá caráter preponderante, para um fim de interesse público, mas que não trate de típica atividade administrativa.

Em tal hipótese, cria-se uma fundação privada, com regime jurídico de direito privado. Nesse caso haverá fiscalização por parte do Ministério Público, na forma da lei civil.

Portanto, o critério que diferencia uma *fundação pública de direito público* de uma *fundação privada criada pelo Estado* é a natureza da atividade da pessoa jurídica criada. Se se tratar de típica atividade administrativa, será uma fundação pública. Se não, uma fundação privada.

Uma fundação estatal criada para fiscalizar o meio ambiente certamente será uma fundação pública de direito público, recebendo o regime jurídico de uma autarquia, com as diferenças acima apontadas. Já uma fundação estatal criada para ser uma mera biblioteca pública, por não atuar em atividade típica de Estado, é uma fundação privada criada pelo Estado, recebendo o regime de direito privado, que será visto mais à frente.

5.3.3. Agências reguladoras

As agências reguladoras podem ser **conceituadas** como *autarquias sob regime especial, encarregadas do exercício do poder normativo e fiscalizador das concessões e permissões de serviço público, bem como do poder de polícia sobre certas atividades.*

A atual política de passar ao setor privado a execução dos serviços públicos, reservando ao Estado a regulamentação e fiscalização dos vários setores relativos a tais serviços, trouxe a necessidade de criar entes, com natureza de pessoa jurídica de direito público, para desempenhar tal papel de regulação e fiscalização, a fim de preservar o interesse dos usuários e da coletividade em geral.

Assim, foram criadas autarquias especiais, com o nome de agências reguladoras, servindo de exemplo as seguintes: ANEEL (regula e fiscaliza o setor de geração, transmissão e distribuição de energia elétrica), ANATEL (regula e fiscaliza o setor de telecomunicações), ANP (regula e fiscaliza as atividades econômicas exercidas pela Petrobras e outros concessionários do setor), ANVISA (regula e fiscaliza a produção e a comercialização, sob o aspecto da vigilância sanitária, de medicamentos, alimentos, cosméticos etc.), ANS (regula e fiscaliza o setor de saúde complementar), ANA (regula e fiscaliza as atividades decorrentes do aproveitamento dos recursos hídricos, bem como o direito de uso de água em rios da União – águas), ADENE (desenvolvimento do Nordeste), ANTT (transportes), ANCINE (cinema), dentre outras.

O **regime jurídico** das agências reguladoras é igual ao das autarquias, com algumas peculiaridades, daí porque se diz que tais agências são *autarquias sob regime especial*, uma vez que, diferente das autarquias tradicionais, as leis que criaram as agências reguladoras trouxeram algumas diferenças em seu regime jurídico. Vejamos:

a) os dirigentes das agências reguladoras são nomeados pelo Presidente da República, com prévia *aprovação pelo Senado*;

b) os dirigentes das agências reguladoras têm *mandato fixo*, só podendo ser destituídos pelo cometimento de crime, improbidade administrativa ou descumprimento injustificado das políticas estabelecidas para o setor ou pelo contrato de gestão, situação que, em tese, confere maior isenção a tais agentes;

c) os ex-dirigentes das agências estão sujeitos à chamada "quarentena", ou seja, no período de tempo em que continuam vinculados à autarquia após o exercício do cargo, ficam impedidos de prestar serviços às empresas que estavam sob sua regulamentação ou fiscalização;

d) têm *poder normativo* reconhecido pela Constituição Federal (art. 21, XI), já que são *órgãos reguladores*; tal poder deve, todavia, ficar adstrito ao que dispuser as leis de criação dessas agências.

Vale lembrar que a autonomia financeira de tais agências se dá não só com o aporte de verbas orçamentárias, como também em relação à cobrança de taxas pelo exercício do poder de polícia, além de multa por descumprimento de preceitos legais ou contratuais.

5.3.4. Agências executivas

A expressão "agências executivas" designa um *qualificativo atribuível a autarquias e fundações integrantes da Administração Federal, por iniciativa do Ministério Supervisor e com anuência do Ministério da Administração, à entidade que haja celebrado contrato de gestão com aquele e possua um plano estratégico de reestruturação e desenvolvimento institucional.*

Tal possibilidade de qualificação veio a partir da introdução do princípio da eficiência pela EC 19/1998.

De um lado, são dadas maiores autonomia e prerrogativas às autarquias e fundações que tiverem interesse em receber tal qualificativo e, de outro, são atribuídas metas de desempenho e eficiência a serem atingidas.

A existência do contrato de gestão e o cumprimento dos demais requisitos permitirão a qualificação em questão, habilitando a entidade a receber as vantagens previstas na lei.

Tal figura jurídica é trazida na Lei 9.649/1998 (vide o art. 51 e também o Decreto 2.487/1998).

A lei dispõe que a qualificação de agência executiva é feita pelo Presidente da República, após a iniciativa e a anuência previstas acima. Para que seja implementada é necessário ainda a celebração do chamado contrato de gestão, que fixará o plano estratégico de reestruturação e melhoria do desempenho da pessoa, contrato esse que tem prazo mínimo de um ano.

Uma das maiores vantagens conferidas às autarquias e fundações que receberem essa qualificação consiste na ampliação dos limites de isenção ao dever de licitar para as agências executivas (art. 24, XXIV, da Lei de Licitações): aumenta-se o valor para dispensa de licitação em seu âmbito para o montante de 20% do limite previsto para a utilização da modalidade convite.

5.3.5. Consórcios públicos

Com a edição da Lei 11.107/2005, duas novas pessoas jurídicas estatais foram criadas. Ambas têm o nome de *consórcio público*, mas uma é de direito público (associação pública) e outra é de direito privado (consórcio público de direito privado).

Tais consórcios consistem na *reunião de entes políticos* (União, Estados, DF e Municípios) para formação de *pessoas jurídicas* com vistas à *gestão associada de serviços públicos.*

Como antecedentes do assunto, podemos citar a Lei 8.080/1990, que assim dispunha: "art. 10. Os municípios poderão constituir consórcios para desenvolver em conjunto as ações e os serviços de saúde que lhes correspondam. § 1º Aplica-se aos consórcios administrativos intermunicipais o princípio da direção única, e os respectivos atos constitutivos disporão sobre sua observância" (...).

Na prática, os municípios acabavam montando associações civis, regidas pelo Código Civil.

Até que veio o disposto na nova redação do art. 241 da Constituição e, depois, a Lei 11.107/2005, possibilitando o aparecimento de consórcios públicos com regimes mais claros e definidos.

Os consórcios públicos têm por **finalidade mediata** a realização de objetivos de *interesse comum* dos entes políticos. Nesse sentido, os consórcios públicos diferem dos contratos, já que estes têm em mira a satisfação de interesses contrapostos das partes e não de *interesses comuns.* Ademais, os consórcios públicos são pessoas jurídicas, ao passo que os contratos não são pessoas jurídicas.

As **finalidades imediatas** dos consórcios podem ser das seguintes naturezas:

a) regulação e fiscalização de serviços públicos (art. 2º, § 3º, da Lei 11.107/2005), como a criação de uma agência reguladora de saneamento básico por parte de Estado e alguns Municípios;

b) mera prestação de serviço público (art. 1º, § 3º, da lei citada), como a criação de um hospital público por parte de vários Municípios (consórcio intermunicipal de saúde).

É importante ressaltar que o consórcio público não pode ter fins econômicos (art. 4º, IV), ou seja, não pode visar ao lucro. Dessa forma, os consórcios públicos de direito privado não poderão ser criados se for necessário investimento privado.

Vejamos com mais detalhe, agora, as duas **espécies** de consórcios públicos.

As **associações públicas** são criadas para exercer atividade típica de Estado. Assim, são pessoas de direito público, de natureza autárquica (art. 41, IV, do CC). Tais entidades integram a Administração Indireta de todos os entes consorciados (art. 6º, § 1º, da Lei 11.107/2005). Um exemplo de consórcio público dessa natureza (consórcio público de direito público) é a criação de uma pessoa jurídica por entes políticos em associação para a *fiscalização* do meio ambiente numa dada região.

Já os **consórcios públicos de direito privado** são criados para o exercício de atividades que não são exclusivas do Estado. Nesse sentido, são pessoas de direito privado estatais. Um exemplo de consórcio público dessa natureza é um hospital público criado por entes políticos em associação.

O **regime jurídico** das associações públicas segue o regime geral das pessoas de direito público, aplicando-se o regime especial da lei 11.107/2005 e, subsidiariamente, a legislação das associações civis (art. 15). A aplicação do regime geral das pessoas de direito público fará com que tais consórcios pratiquem atos administrativos, tenham bens públicos, contratem agentes públicos, como regra, pelo regime estatutário, dentre outras características do regime autárquico, já vistas no presente texto.

Já o regime dos consórcios públicos de direito privado segue o regime geral das pessoas privadas estatais, aplicando o regime especial da Lei 11.107/2005 e, subsidiariamente, a legislação das associações civis (art. 15). A aplicação do regime geral das pessoas de direito privado estatais fará com que tais consórcios pratiquem atos regidos pelo direito privado, tenham bens privados (portanto penhoráveis), contratem agentes públicos, como regra, pelo regime celetista, dentre outras características do regime de direito privado, a serem vistas no próximo item.

A **criação** dos consórcios públicos segue o seguinte trâmite:

1) Subscrição de Protocolo de Intenções entre os entes políticos, com os seguintes pontos:

a) denominação, finalidade, espécie, prazo e sede;

b) identificação dos consorciados e da área;

c) critérios de representação do consórcio;

d) regulamentação da assembleia geral; número de votos de cada consorciado (ao menos 1);

e) eleição e mandato do representante (Chefe do Executivo);

f) autorização e limites para a gestão associada de serviços públicos;

2) Publicação do Protocolo na imprensa oficial;

3) Ratificação do Protocolo por lei de cada ente;

4) Celebração do **Contrato de Consórcio Público** (art. 5º), que pode se dar por apenas parcela dos celebrantes do protocolo.

O início da personalidade dos consórcios públicos se dá da seguinte forma:

a) nas associações públicas, com a vigência das leis de ratificação do protocolo de intenções;

b) nos consórcios de direito privado, segundo a lei civil, ou seja, após o arquivamento do estatuto social no registro público competente.

Os entes consorciados devem fazer, ano a ano, um **Contrato de Rateio**, que terá por objetivo tratar dos recursos econômicos necessários para a manutenção do consórcio.

Por fim, vale ressaltar que a Lei 11.107/2005 introduziu a possibilidade de qualquer dos entes consorciados contratar entidade ou órgão pertencente a outro ente consorciado para a prestação de serviços públicos, tudo isso sem licitação, configurando uma nova espécie de dispensa (art. 24 da Lei 8.666/1993). Esse contrato, que se assemelha a um Contrato de Concessão de Serviço Público, tem o nome de **Contrato de Programa**.

5.3.6. Empresas estatais ou governamentais

As empresas estatais podem ser **conceituadas** como *pessoas jurídicas de direito privado especial, cuja criação se dá pelo Estado, autorizado por lei específica, com a finalidade de* *executar serviço público ou explorar atividade econômica não ligada a esse tipo de serviço, em caráter suplementar, desde que necessário aos imperativos da segurança nacional ou a relevante interesse coletivo.*

O § 1º do art. 173 da Constituição dispõe que "a lei estabelecerá o estatuto jurídico da empresa pública, da sociedade de economia mista e de suas subsidiárias que explorem atividade econômica de produção ou comercialização de bens ou de prestação de serviços"[10]. Essa lei somente veio ao nosso ordenamento jurídico no ano de 2016 (Lei 13.303/2016, publicada em 1º de julho de 2016), sendo que a empresa pública e a sociedade de economia mista constituídas anteriormente à sua vigência deverão, no prazo de 24 (vinte e quatro) meses, promover as adaptações necessárias à adequação ao disposto na lei (art. 91), permanecendo regidos pela legislação anterior procedimentos licitatórios e contratos iniciados ou celebrados até o final desse prazo.

Partindo do texto constitucional mencionado, repare que tais entidades são criadas, então, para agir na atividade econômica, seja na área de produção ou comercialização de produtos (ex.: Petrobras), seja na prestação de serviços (ex.: Correios).

Deve ficar registrado, dessa forma, que tais empresas realizam típica atividade econômica e por isso têm regime jurídico de direito privado, de modo que não podem ser chamadas a titularizar serviço público, mas apenas para serem suas delegatárias, ou seja, apenas para a mera execução desse tipo de serviço.

Passemos à análise das características das empresas estatais:

a) possuem um **regime jurídico de direito privado**, ou seja, aquele próprio das empresas privadas, como determina a CF, inclusive no que tange aos direitos e obrigações do direito civil e comercial (**igualdade em contratos**, por exemplo), do direito do trabalho (regime de contratação será o da **CLT** e as controvérsias julgadas pela Justiça do Trabalho), do direito tributário (**não há imunidade tributária**) e do direito processual civil (**não têm prerrogativas** quanto aos prazos, custas e reexame necessário);

b) estão sujeitas à **responsabilidade civil subjetiva**, salvo quando prestarem serviço público, hipótese em que a responsabilidade será objetiva (art. 37, § 6º, da CF), ou quando incidir outro tipo de responsabilidade objetiva prevista em lei (ex.: matéria ambiental, relação de consumo, danos causados pela circulação de produtos e danos decorrentes do desenvolvimento de atividade de risco, conforme arts. 927, parágrafo único, e 931, ambos do Código Civil);

c) possuem **bens privados**, (art. 98, CC) bens esses que poderão ser utilizados, onerados, penhorados ou alienados na forma estatutária e independentemente de autorização legislativa especial, porque tal autorização está implícita na lei que autorizou a criação da empresa e lhe outorgou os poderes necessários para realizar suas atividades, como nos ensina Hely Lopes Meirelles; vale ressaltar que, no caso de a empresa estatal executar serviço público, os bens que estiverem afetados ao serviço não poderão ser penhorados, como decorrência do princípio da continuidade do serviço público;

d) devem observar regras de **governança corporativa**, de **transparência** e de estruturas, práticas de gestão de riscos e de controle interno, composição da administração e, havendo acionistas, mecanismos para sua proteção, na forma da Lei 13.303/2016, editada após a divulgação de novos escândalos de corrupção em empresas estatais, especialmente na Petrobras. Exemplos de instrumentos criados por essa lei com vistas a evitar problemas éticos são o dever de a estatal elaborar Código de Conduta e Integridade (art. 9º, § 1º) e a previsão de requisitos técnicos para a nomeação de membros da diretoria e o do Conselho de Administração, aí incluídas indicações de ordem estritamente política (art. 17).

Apesar das características apontadas acima, não se deve esquecer que as pessoas de direito privado estatais foram criadas pelo Estado, fazendo parte da Administração Indireta estatal. Dessa forma, o **regime jurídico de direito privado** delas é ***especial***, sofrendo tais entidades sujeições que as empresas puramente privadas não têm:

a) devem promover concurso público para admissão de pessoal;

b) devem promover licitação para a celebração de contratos; trata-se agora de um tipo de licitação especial prevista na Lei 13.303/2016 (art. 28 e seguintes), e não mais da licitação prevista na Lei 8.666/93; a Lei 13.303/2016 traz regulamentação extensa e detalhada de tudo que envolve a licitação e os contratos das empresas estatais, de modo que a Lei 8.666/1993 não deve ser mais aplicada, salvo nas exceções trazidas na novel lei, como no caso de aplicação das normas penais previstas na Lei 8.666/1993 (art. 41);

c) são fiscalizadas pelo Tribunal de Contas;

d) obedecem aos princípios da Administração Pública e seus agentes são equiparados a funcionários públicos para efeitos penais e de improbidade administrativa;

e) os dirigentes de empresas estatais estão sujeitos ao mandado de segurança quando exerçam funções delegadas do Poder Público;

f) apesar de terem autonomia administrativa e financeira, sofrem o controle ou supervisão da entidade criadora, bem como condicionantes legais e constitucionais (*vide* artigo 169, § 1º, da CF);

g) seus agentes estão sujeitos ao teto salarial previsto no art. 37, XI, da CF, nos casos estabelecidos no § 9º do art. 37, não havendo tal submissão quando a empresa estatal não for dependente economicamente da entidade que a tiver criado;

h) seus agentes estão sujeitos à proibição de acumulação remunerada de cargos, empregos ou funções na Administração (art. 37, XVII, CF);

10. Tal estatuto trazido na lei deve dispor sobre: "I – sua função social e formas de fiscalização pelo Estado e pela sociedade; II – a sujeição ao regime jurídico próprio das empresas privadas, inclusive quanto aos direitos e obrigações civis, comerciais, trabalhistas e tributários; III – licitação e contratação de obras, serviços, compras e alienações, observados os princípios da administração pública; IV – a constituição e o funcionamento dos conselhos de administração e fiscal, com a participação de acionistas minoritários; V – os mandatos, a avaliação de desempenho e a responsabilidade dos administradores".

i) não estão sujeitas à falência (art. 2º, I, da Lei 11.101/2005).

Quanto à questão da imunidade tributária, a imunidade recíproca, que alcança as entidades autárquicas, não alcança, como se viu, as empresas estatais. Porém, há duas exceções, que uma empresa estatal tem o direito à imunidade recíproca. São elas:

a) quando a empresa estatal tem monopólio sobre certo serviço público, como os Correios e a Infraero; *vide* STF, RE 601.392;

b) quando a empresa estatal tem capital totalmente público ou praticamente todo público, tem função absolutamente pública e não concorre no mercado, por exemplo, porque não cobra por seus serviços; um exemplo foi um caso julgado pelo STF em que se reconheceu essa imunidade a um hospital federal, revestido da forma sociedade de economia mista, em que o capital era 99,9% federal e que atendia exclusivamente pelo Sistema Único de Saúde, ou seja, sem atuar no mercado (RE 580264, j. 16.12.2010); outro exemplo foi o reconhecimento dessa imunidade, também pelo STF, a uma sociedade de economia mista (Codesp) que presta o serviço de Administração Portuária, com controle acionário quase total da União (99,97%), sendo que a entidade, apesar de cobrar por seus serviços, não o faz com o intuito de lucro e não concorre com outras empresas privadas (RE 253.472/SP).

Quanto à criação, as empresas estatais dependem de **autorização de lei específica.**

Observe-se que, diferente da autarquia, que é *criada* por lei específica, as empresas estatais têm sua criação *autorizada* por lei específica, de maneira que tal criação só se efetiva com o arquivamento dos atos constitutivos da sociedade na Junta Comercial.

Qualquer um dos entes políticos pode criar uma empresa estatal. Vale salientar que também depende de autorização legislativa, em cada caso, a criação de subsidiárias de empresas estatais, assim como a participação de qualquer delas em empresa privada (art. 37, XX, CF). Assim, a Constituição exige que a autorização legislativa seja específica e se dê a cada vez que uma nova subsidiária é criada, usando no inciso a expressão "em cada caso".

No que concerne ao **objeto** das empresas estatais, a Constituição atual deixa claro que a sua criação só se justifica quando, excepcionalmente, o Estado tenha de agir na *atividade econômica*. Tais empresas poderão, por exemplo, ser concessionárias de serviço público (executam o serviço público, mas não são titulares deste, sob pena de terem de obedecer ao regime jurídico próprio das autarquias e fundações públicas). E também podem simplesmente agir em atividades econômicas que não importem em prestação de serviço público.

Sua atuação se dá em **atividade econômica suplementar**, não sendo possível que o Estado crie à vontade empresas estatais. Isso ocorre porque, como se sabe, a ordem econômica é fundada na livre-iniciativa, na propriedade privada e na livre concorrência, daí porque apenas excepcionalmente pode o Estado nela agir.

Nesse sentido, o art. 173 da CF determina que o Estado só poderá agir na atividade econômica em duas hipóteses:

a) quando houver *relevante interesse público*, como na fabricação de remédio caro para combater a AIDS;

b) quando houver *imperativo de segurança nacional*, como na fabricação de material bélico em caso de guerra.

Essas são as características das empresas estatais, valendo, portanto, tanto para as empresas públicas como para as sociedades de economia mista. Vejamos agora as diferenças entre esses dois tipos de ente.

As **empresas públicas** são empresas estatais com as seguintes peculiaridades:

a) constituídas por qualquer modalidade societária admitida (S/A, Ltda. etc.);

b) com capital social formado integralmente por recursos da União, dos Estados, do Distrito Federal e dos Municípios; sendo que "desde que a maioria do capital votante permaneça em propriedade da União, do Estado, do Distrito Federal ou do Município, será admitida, no capital da empresa pública, a participação de outras pessoas jurídicas de direito público interno, bem como de entidades da administração indireta da União, dos Estados, do Distrito Federal e dos Municípios" (art. 3º, parágrafo único, da Lei 13.303/2016); caso a União faça parte de uma empresa pública, a maioria do capital votante deve ser de sua propriedade da União (art. 5º do Dec.-lei 900/1969); no mais,

c) caso sejam da União, têm foro na Justiça Federal (art. 109, I e IV, da CF) na área cível e criminal, salvo quanto às contravenções penais, cujo julgamento é da competência da Justiça Comum;

d) são exemplos desse tipo de empresa a Caixa Econômica Federal, os Correios e o SERPRO.

As **sociedades de economia mista** são empresas estatais com as seguintes peculiaridades:

a) constituídas somente pela forma de sociedade anônima (S/A);

b) possuem necessariamente capital privado e público, sendo que a maioria das ações com direito a voto devem pertencer à União, aos Estados, ao Distrito Federal, aos Municípios ou a entidade da administração indireta;

c) a Justiça Comum é o foro próprio de tais sociedades mesmo sendo federais;

d) são exemplos desse tipo de empresa o Banco do Brasil, a Petrobras e a Sabesp.

5.4. Entes de cooperação (paraestatais)

5.4.1. Noções gerais

Tradicionalmente, a expressão "entidade paraestatal" era utilizada para designar não só aquelas entidades criadas pelo particular para fins de interesse público, como também as empresas estatais (sociedades de economia e empresa pública).

Porém, como as empresas estatais fazem parte da Administração Indireta, ou seja, não seguem paralelas ao Estado, mas são parte integrante deste, hoje a expressão "paraestatal", no âmbito doutrinário, designa tão somente aquelas entidades do terceiro setor, ou seja, os entes de cooperação do Estado.

De qualquer forma, é necessário tomar certos cuidados, pois ainda há muitas leis, que, por serem antigas, utilizam a expressão entidade paraestatal para se referirem também às empresas estatais.

A partir de tal observação, podemos **conceituar** as entidades paraestatais como *aquelas pessoas jurídicas de direito privado dispostas paralelamente ao Estado, executando atividade de interesse público.*

Vejamos, agora, quatro tipos de ente de cooperação (serviços sociais autônomos, organizações sociais, OSCIPs e simples organizações da sociedade civil).

5.4.2. Serviços Sociais Autônomos

Os **serviços sociais autônomos** *são pessoas jurídicas de direito privado, sem fins lucrativos, vinculadas a categorias profissionais e destinadas ao fomento de assistência social, educacional ou de saúde, podendo receber recursos públicos e contribuições parafiscais.* São entidades desse tipo o SESC, o SENAI, o SENAC e o SESI.

São **características** dessas entidades, que prestam serviços de interesse público, as que seguem:

a) são pessoas jurídicas de direito privado não criadas pelo Estado (são tão somente oficializadas, qualificadas como tal pelo Estado);

b) o regime de seus empregados é celetista;

c) não têm prerrogativas públicas, ou seja, não gozam de privilégios administrativos, fiscais e processuais;

d) nem estão diretamente submetidas à obrigatoriedade de realização de concurso público e licitação (STF, RE 789.874/DF, j. 17.09.2014), o que não exclui o dever de agirem de forma proba, devendo criar processos seletivos e de contratações que estejam em acordo com os princípios da impessoalidade, da moralidade e da eficiência, já que tais entidades manejam recursos públicos;

e) seus funcionários são equiparados a agentes públicos, sujeitos à prática de crimes funcionais e de ato de improbidade administrativa, já que gerem recursos públicos;

f) as ações movidas contra essas entidades devem ser julgadas, salvo interesse direto da União, na Justiça Comum e não na Justiça Federal (STF, RE 414375/SC);

g) seus dirigentes estão sujeitos a mandado de segurança, bem como cabe ação popular em caso de lesão ao patrimônio da entidade;

h) são obrigados a prestar contas junto ao Tribunal de Contas (art. 5.º, V, da Lei 8.443/1992);

i) os dirigentes dessas entidades são obrigados a juntar, à documentação correspondente à prestação de contas junto ao Tribunal de Contas, cópia da declaração de rendimentos e de bens, relativa ao período-base da gestão, de conformidade com a legislação do Imposto sobre a Renda (art. 4º da Lei 8.730/1993 e STJ, REsp 1.356.484-DF, j. 05.02.2013);

j) possuem estrutura de sociedades civis, associações e fundações privadas;

k) atribuída a qualificação de serviço social autônomo, a entidade passa a recolher contribuições parafiscais de associados e a ser destinatária de dotações orçamentárias;

l) por receberem auxílio público ficam sujeitas a controle finalístico e à prestação de contas para o Poder Público.

5.4.3. Organizações Sociais – OS (Lei 9.637/1998)

Já as **organizações sociais** são *entidades privadas, sem fins lucrativos, cujas atividades se dirigem ao ensino, pesquisa científica, desenvolvimento tecnológico, proteção e conservação do meio ambiente, cultura, saúde, qualificadas como tal por decisão do Ministro respectivo da atividade e do Ministro da Administração Federal e Reforma do Estado.*

A qualificação de uma entidade como organização social é um instrumento que permite a transferência de certas atividades de interesse público ao setor privado, sem necessidade de concessão ou permissão, tratando-se de nova forma de parceria com valorização do terceiro setor, possibilitando, de outra parte, maior controle sobre as entidades que recebem recursos públicos para fins coletivos.

O instituto das organizações sociais está regulamentado, no âmbito federal, na Lei 9.637/1998.

São exemplos de organizações sociais algumas Santas Casas de Misericórdia (hospitais privados filantrópicos), que receberam tal qualificação, celebraram contrato de gestão com a Administração Pública e vêm recebendo equipamentos, pessoal e dinheiro estatais para a prestação do serviço público de saúde para a população.

São **requisitos** para que seja atribuída a qualificação de organização social a uma entidade os seguintes:

a) não ter fins lucrativos, devendo os excedentes ser aplicados em suas atividades;

b) ter fim social de interesse coletivo;

c) ter conselho de administração como órgão superior, com presença de mais de 50% de representantes do governo e de entidades civis;

d) decisão dos Ministros indicados no conceito, qualificando a entidade.

Uma vez recebida a qualificação de organização social, a entidade poderá firmar contrato de gestão com o Poder Público, contrato este que fixará os termos da parceria, como as atividades a serem desempenhadas pela entidade e a colaboração a ser oferecida pelo Estado, que poderá consistir em aporte de bens públicos em permissão de uso, recursos do orçamento e até servidores públicos.

Os serviços contratados pelo Poder Público junto à organização social, a partir do contrato de gestão, não dependem de licitação, tratando-se de caso de dispensa de licitação previsto no art. 24 da Lei 8.666/1993.

A partir desse momento, a organização social deverá promover a publicidade de seus atos, estará sujeita ao controle do Tribunal de Contas e à verificação periódica do atendimento das metas a que tiver se submetido.

Assim como os serviços sociais autônomos, as organizações sociais não são obrigadas a promover concurso público para a admissão de seu pessoal, nem a promover licitação para a realização de contratos com terceiros, devendo, todavia, efetuar tais despesas mediante obediência aos princípios da impessoalidade, da moralidade e da eficiência.

Caso ocorra descumprimento, pela entidade, do contrato de gestão, apurado em processo administrativo com ampla defesa, será feita sua desqualificação, que importará em reversão (devolução) dos bens públicos que estavam sendo utilizados pela entidade privada.

O STF, em Ação Direta de Inconstitucionalidade, decidiu algumas questões em relação às organizações sociais, acolhendo em parte o pedido, para conferir interpretação conforme a Constituição à Lei 9.637/1998 e ao inciso XXIV do art. 24 da Lei 8.666/1993, para explicitar que: " a) o procedimento de qualificação das organizações sociais deveria ser conduzido de forma pública, objetiva e impessoal, com observância dos princípios do "caput" do art. 37 da CF, e de acordo com parâmetros fixados em abstrato segundo o disposto no art. 20 da Lei 9.637/1998; b) a celebração do contrato de gestão fosse conduzida de forma pública, objetiva e impessoal, com observância dos princípios do "caput" do art. 37 da CF; c) as hipóteses de dispensa de licitação para contratações (Lei 8.666/1993, art. 24, XXIV) e outorga de permissão de uso de bem público (Lei 9.637/1998, art. 12, § 3º) deveriam ser conduzidas de forma pública, objetiva e impessoal, com observância dos princípios do "caput" do art. 37 da CF; d) a seleção de pessoal pelas organizações sociais seria conduzida de forma pública, objetiva e impessoal, com observância dos princípios do "caput" do art. 37 da CF, e nos termos do regulamento próprio a ser editado por cada entidade; e e) qualquer interpretação que restringisse o controle, pelo Ministério Público e pelo Tribunal de Contas da União, da aplicação de verbas públicas deveria ser afastada" (ADI 1923, J. 16.04.2015).

As Organizações Sociais (OSs) não se confundem com as **Organizações da Sociedade Civil de Interesse Público (OSCIPs)**, regulamentadas pela Lei 9.790/1999.

a) As primeiras atuam em atividades em que o Estado deveria atuar (ex.: saúde, educação etc.), apesar de não se tratarem de atividades exclusivas do Estado, ao passo que as segundas atuam em atividades de utilidade pública, em relação às quais o Estado tem interesse de fomento, tais como promoção da segurança alimentar, da ética e da paz;

b) As OSCIPs, na verdade, são entidades que recebem o **fomento** do Estado, por exemplo, para defender os consumidores, os idosos, os homossexuais etc.;

c) As OSs são qualificadas mediante aprovação do Ministro supervisor e do Ministro da Administração Federal e Reforma do Estado, ao passo que as OSCIPs são qualificadas pelo Ministro da Justiça;

d) As OSs celebram com a Administração *contrato de gestão*, ao passo que as OSCIPs celebram *termo de parceria*.

5.4.4. *Organizações da Sociedade Civil de Interesse Público – OSCIPs (Lei 9.790/1999)*

Podem receber a qualificação de OSCIP pessoas jurídicas de direito privado, sem fins lucrativos, que atuem observando o princípio da universalização dos serviços, e cujos objetivos sociais tenham ao menos uma das seguintes finalidades (art. 3º da lei): "I – promoção da assistência social; II – promoção da cultura, defesa e conservação do patrimônio histórico e artístico; III – promoção gratuita da educação, observando-se a forma complementar de participação das organizações de que trata esta Lei; IV – promoção gratuita da saúde, observando-se a forma complementar de participação das organizações de que trata esta Lei; V – promoção da segurança alimentar e nutricional; VI – defesa, preservação e conservação do meio ambiente e promoção do desenvolvimento sustentável; VII – promoção do voluntariado; VIII – promoção do desenvolvimento econômico e social e combate à pobreza; IX – experimentação, não lucrativa, de novos modelos socioprodutivos e de sistemas alternativos de produção, comércio, emprego e crédito; X – promoção de direitos estabelecidos, construção de novos direitos e assessoria jurídica gratuita de interesse suplementar; XI – promoção da ética, da paz, da cidadania, dos direitos humanos, da democracia e de outros valores universais; XII – estudos e pesquisas, desenvolvimento de tecnologias alternativas, produção e divulgação de informações e conhecimentos técnicos e científicos que digam respeito às atividades mencionadas neste artigo; XIII – estudos e pesquisas para o desenvolvimento, a disponibilização e a implementação de tecnologias voltadas à mobilidade de pessoas, por qualquer meio de transporte".

A Lei 9.790/1999 estabelece, ainda, que a dedicação dessas entidades nessas finalidades pode ser tanto na execução direta de programas, como na prestação de serviços intermediários de apoio a outras organizações sem fins lucrativos e a órgãos que atue em áreas afins (art. 3º, parágrafo único).

As pessoas jurídicas interessadas na qualificação como OSCIP, além de não ter fins lucrativos e de atuar nas finalidades estabelecidas no art. 3º da referida lei, devem ainda atender aos requisitos estabelecidos no art. 4º da lei, relacionados aos componentes de resguardo da legalidade, da impessoalidade, da moralidade, da publicidade, da economicidade e da eficiência na atuação da entidade, bem como não se tratar de entidade não passível de qualificação, que são as seguintes (art. 2º da lei): "I – as sociedades comerciais; II – os sindicatos, as associações de classe ou de representação de categoria profissional; III – as instituições religiosas ou voltadas para a disseminação de credos, cultos, práticas e visões devocionais e confessionais; IV – as organizações partidárias e assemelhadas, inclusive suas fundações; V – as entidades de benefício mútuo destinadas a proporcionar bens ou serviços a um círculo restrito de associados ou sócios; VI – as entidades e empresas que comercializam planos de saúde e assemelhados; VII – as instituições hospitalares privadas não gratuitas e suas mantenedoras; VIII – as escolas privadas dedicadas ao ensino formal não gratuito e suas mantenedoras; IX – as organizações sociais; X – as cooperativas; XI – as fundações públicas; XII – as fundações, sociedades civis ou associações de direito privado criadas por órgão público ou por fundações públicas; XIII – as organizações creditícias que tenham quaisquer tipo de vinculação com o sistema financeiro nacional a que se refere o art. 192 da Constituição Federal".

Preenchidos os requisitos e apresentados os documentos de que trata o art. 5º da lei federal, compete ao Ministro da Justiça decidir sobre a possibilidade ou não da qualificação.

Uma vez qualificada como OSCIP, a entidade fica habilitada para a celebração, com o Poder Público, de Termo de Parceria (art. 9º), destinado à formação do vínculo de cooperação entre as partes, para o fomento e a execução das atividades de interesse público previstas no já referido art. 3º da lei.

O Poder Público não é obrigado a fazer parceria com a entidade que for qualificada como OSCIP.

A celebração de Termo de Parceria será precedida de consulta aos Conselhos de Políticas Públicas das áreas correspondentes de atuação existentes, nos respectivos níveis de governo. Assim, no âmbito da Secretaria de Educação ou da Secretaria de Assistência Social de dado Estado ou Município, por exemplo, deverá ser constituído o conselho respectivo, para o fim acima indicado.

O Termo de Parceria tratará, entre outras questões essenciais, do objeto, das metas e resultados, e da avaliação de desempenho das entidades respectivas (art. 10, § 2º).

É importante lembrar que as OSCIPs têm o dever legal de atender ao princípio da universalização dos serviços (art. 3º), atendendo, assim, a todos que procurarem a entidade, ressalvados os casos em que houver limitação máxima de pessoas pelo tipo de atendimento, ocasião em que se deve atender a todos dentro do limite de vagas existentes e segundo as metas acertadas com o Poder Público e com critérios de admissão que respeitem a impessoalidade e a moralidade.

Em função do princípio da legalidade, é necessário que os Estados, Distrito Federal e Municípios tenham lei local operacionalizando a realização de termo de parceria com as OSCIPs. Além de autorização que o Poder Público local qualifique e celebre termo de parceria com OSCIPs, a lei local pode estabelecer requisitos como tempo de existência da OSCIP, experiência na área de atuação, qualificações especiais para celebrar termo de parceria em determinadas atividades, entre outros requisitos.

Apesar de a lei federal não exigir licitação para a celebração de Termo de Parceria com OSCIPs, em respeito aos princípios da isonomia e da indisponibilidade do interesse público, faz necessário que cada ente regulamente procedimento com vistas a assegurar tais valores. Isso implica na previsão de chamamentos públicos, que tragam critérios os mais objetivos possíveis, para a escolha, dentre as entidades interessadas, da que melhor atende ao interesse público.

Vale lembrar que a Constituição Federal, regra matriz sobre o dever de licitar, não impõe licitação pública para "o fomento e a execução das atividades de interesse público" previstas na Lei 9.790/1999, mas apenas para a contratação de obras, prestação de serviços, alienações e compras da Administração Pública (art. 37, XXI).

Dessa forma, para atender à isonomia e à indisponibilidade do interesse cabe fazer seleção nos termos do regulamento local, que poderá instituir, por exemplo, procedimento de Chamamento Público ou de Concurso de Projetos para a hipótese, procedimento que agora está regulamento em lei geral sobre parcerias.

Um exemplo de OSCIP já implementada no setor é a Escola de Pais do Brasil – Seccional de Florianópolis, entidade sem fins econômicos, declarada de utilidade pública e credenciada pelo Ministério da Justiça como Organização da Sociedade Civil de Interesse Público – OSCIP, que organiza seminários, ministra cursos e ciclos de debates nas redes particular e pública de ensino, em empresas e centros comunitários e onde quer que se solicite sua atividade. Atua na prevenção e na busca por soluções de problemas ligados à família e à cidadania.

5.4.5. Organizações da Sociedade Civil – OSC (Lei 13.019/2014)

A Lei 13.019/2014, o chamado Marco Regulatório das Organizações da Sociedade Civil (MROSC), institui normas gerais para as parcerias entre a administração pública e organizações da sociedade civil, em regime de mútua cooperação, para a consecução de finalidades de interesse público e recíproco, mediante a execução de atividades ou de projetos previamente estabelecidos em planos de trabalho inseridos em termos de colaboração, em termos de fomento ou em acordos de cooperação. (art. 1º).

Essa lei veio em resposta à "CPI das ONGs", que constatou que havia um grande número de ONGs no país que trabalhavam de forma irregular, servindo, muitas vezes, de laranjas para o desvio de recursos públicos. A CPI constatou também que, mesmo em entidades que não eram de fachada, havia vários vícios na celebração e execução dos convênios (esse era o nome do instrumento utilizado para o acerto dessas parcerias com a Administração Pública, nome esse que agora não mais poderá ser utilizado para designar esse tipo de parceria), como a ausência de processo seletivo para a celebração do convênio, a ferir, muitas vezes, o princípio da impessoalidade, a ausência de instrumento adequado de prestação de contas e também a ausência de metas e de controle de resultados. Naturalmente que há muitas entidades seríssimas nesse setor, que, vale lembrar, é essencial para a consecução de atividades de interesse público em nosso País, mas já estava mais do que na hora de vir uma lei que pudesse sanear os vícios mencionados, além de tratar de outras questões de suma importância para esse tipo de parceria.

Antes de tratarmos com mais detalhe desse tipo de parceria, de rigor pontuar que essa lei se aplica às parcerias que envolvam ou não transferências de recursos financeiros, mas não se aplica às hipóteses previstas no art. 3º da lei, como, por exemplo, às transferências de recursos homologadas pelo Congresso Nacional ou autorizadas pelo Senado Federal naquilo em que as disposições dos tratados, acordos e convenções internacionais específicas conflitarem com a Lei.

Na prática, esse tipo de parceria acontece muito nas seguintes áreas: a) assistência social; b) educação; c) saúde; d) esporte; e) cultura; f) direitos humanos.

São exemplos as parcerias celebradas com entidades sem fins lucrativos (organizações da sociedade civil) para acolhimento de crianças sem família, para acolhimento de pessoas sem habitação, para realização de atividades com crianças e adolescentes em situação de risco no contraturno das aulas, atendimento a moradores de rua, acolhimento de idosos, apoio a famílias e indivíduos que vivenciam violação de direitos, dentre eles a violência física, psicológica, sexual, cumprimento de medidas socioeducativas em meio aberto, dentre outros.

Para que uma entidade possa realizar esse tipo de parceria há de atender aos seguintes requisitos:

a) enquadrar-se no conceito de organização da sociedade civil, que é a *entidade privada sem fins lucrativos que não distribua entre os seus sócios ou associados, conselheiros, diretores, empregados, doadores ou terceiros eventuais resultados, sobras, excedentes operacionais, brutos ou líquidos, dividendos, isenções de qualquer natureza, participações ou parcelas do seu patrimônio, auferidos mediante o exercício de suas atividades, e que os aplique integralmente na consecução do respectivo objeto social, de forma imediata ou por meio da constituição de fundo patrimonial ou fundo de reserva, bem como as demais entidades mencionadas nas alíneas "b" e "c" do inciso I do art. 2º da Lei 13.019/2014*;

b) ser regida por normas de organização interna que estabeleça o seguinte: i) objetivos voltados à promoção de atividades e finalidades de relevância pública e social; ii) que, em caso de dissolução da entidade, o respectivo patrimônio líquido seja transferido a outra pessoa jurídica de igual natureza que preencha os requisitos desta Lei e cujo objeto social seja, preferencialmente, o mesmo da entidade extinta; iii) escrituração de acordo com os princípios fundamentais de contabilidade e das Normas Brasileiras de Contabilidade; importante salientar que celebração de meros acordos de cooperação (aqueles acordos que não envolvam transferência de recursos), só será exigido o requisito "i" e que, quanto às entidades religiosas, estão dispensados os requisitos "i" e "ii".

c) possuir: no mínimo, um, dois ou três anos de existência, com cadastro ativo, comprovados por meio de documentação emitida pela Secretaria da Receita Federal do Brasil, com base no Cadastro Nacional da Pessoa Jurídica – CNPJ, conforme, respectivamente, a parceria seja celebrada no âmbito dos Municípios, do Distrito Federal ou dos Estados e da União, admitida a redução desses prazos por ato específico de cada ente na hipótese de nenhuma organização atingi-los; experiência prévia na realização, com efetividade, do objeto da parceria ou de natureza semelhante; instalações, condições materiais e capacidade técnica e operacional para o desenvolvimento das atividades ou projetos previstos na parceria e o cumprimento das metas estabelecidas.

A Administração Pública, por sua vez, deverá criar, caso não já tenha, Conselho de Política Pública ("para atuar como instância consultiva, na respectiva área de atuação, na formulação, implementação, acompanhamento, monitoramento e avaliação de políticas públicas"), Comissão de Seleção (órgão colegiado responsável pelo Chamamento Público, espécie de certame licitatório para a escolha da entidade) e a Comissão de Monitoramento e Avaliação (órgão colegiado destinado a avaliar as parcerias), conforme incisos IX, X e XI do art. 2º da Lei 13.019/2014.

Dentre os princípios e diretrizes a serem respeitados nesse tipo de parceria, destacam-se os da transparência, do controle social das ações públicas e da priorização do controle de resultados, tendências cada vez mais fortes no direito administrativo.

Conforme já comentado, os instrumentos a serem firmados com as organizações da sociedade civil não mais poderão ser chamados de convênio, que passam a ser apenas os acordos de mútua cooperação entre entes políticos. Agora os instrumentos firmados por essas entidades com o Poder Público passam a se chamar termo de colaboração e termo de fomento, usando-se sempre o nome "termo de colaboração", ficando reservado a nomenclatura "termo de fomento" para as parcerias decorrentes de planos de trabalho que foram propostos pelas organizações da sociedade civil (arts. 16 e 17 da Lei 13.019/2014). Importante consignar que a lei prevê também um instrumento com o nome de "acordo de colaboração", que é aquele que não envolve transferência de recursos financeiros.

Mas a celebração desses termos de colaboração e de fomento dependem de um processo seletivo, que tem o nome de chamamento público. Mas antes desse procedimento, é necessário que a Administração crie um Plano de Trabalho (art. 22 da Lei 13.019/2014), que será executado pela entidade vencedora do certame. A partir desse plano, faz-se um edital de chamamento, que, sempre que possível, deve estabelecer critérios e indicadores a serem seguidos (especialmente objetos, metas, custos e indicadores, quantitativos ou qualitativos, de avaliação de resultados (art. 23, parágrafo único, da Lei 13.019/2014), sendo que o grau de adequação da proposta aos objetivos específicos do programa ou ação em que se insere o objeto da parceria e, quando for o caso, ao valor da referência constante do chamamento público é critério obrigatório de julgamento (art. 27, *caput*, da Lei 13.019/2014). A lei prevê, ainda, a inversão de fases nesse procedimento, de modo que primeiro se faz a etapa competitiva e se ordena as propostas.

Uma vez finalizado o chamamento público e celebrado o termo de colaboração ou o termo de fomento, passa-se à execução desses termos, cujo grande destaque é a prestação de contas a ser feita pelo parceiro junto ao Poder Público. Nesse ponto, vale lembrar que, num termo de colaboração ou de fomento, não há relação de crédito e débito (não há obrigações recíprocas, mas sim repasse de recursos pelo Poder Público, para que sejam alocadas pelas entidades nos objetivos comuns acertados. Por isso é que a entidade parceira tem o dever de prestar contas, que se dará mediante a apresentação de dois relatórios (art. 66 da Lei 13.019/2014): a) Relatório de Execução do Objeto, voltado para as atividades desenvolvidas com vistas à execução do objetivo (ex: como se deu o atendimento às crianças, idosos etc.); b) Relatório de Execução Financeira, voltado à descrição das despesas e receitas efetivamente realizadas.

Com relação à prestação de contas financeira, importante ressaltar que a entidade não está obrigada a fazer licitação para a aquisição de produtos e serviços no mercado com o dinheiro recebido pelo Poder Público. Porém, é obrigado a gastar esses recursos com respeito aos princípios da legalidade, da moralidade, da boa-fé, da probidade, da impessoalidade, da economicidade, da eficiência, da isonomia, da publicidade, da razoabilidade e do julgamento objetivo e a busca permanente de qualidade e durabilidade.

Quanto ao prazo da parceria, a lei não traz limite, mas dispõe que deverá constar do termo de colaboração ou de fomento a vigência e as hipóteses de prorrogação (art. 42, VI). De qualquer forma, por analogia, entendemos que, em se tratando de serviços públicos contínuos, há de se admitir o limite máximo previsto na Lei 8.666/1993, que é total de 60 meses, já contidas as prorrogações ordinárias, sem prejuízo da prorrogação extraordinária prevista no art. 57, § 4º, da Lei 8.666/1993.

A lei prevê, ainda, sanções graves às seguintes pessoas: a) às entidades que executarem a parceria em desacordo com o plano de trabalho e com as normas da lei e legislação específica (art. 73); b) e aos agentes públicos e particulares beneficiários ou que concorrem pelo ato, pela prática de atos de improbidade administrativa, sendo que a lei cria diversos tipos novos de improbidade (art. 77).

Em termos de disposições transitórias, a lei só entrará em vigor para os Municípios em 1º de janeiro de 2017, salvo se ato administrativo local determinar a sua aplicação imediata.

Vale salientar que a Lei 13.019/2014 sofreu drásticas mudanças com a edição da Lei 13.204/2015 que alterou em diversos pontos, retirando, de um lado, boa parte das regras moralizadoras e importantes previstas na redação originária da lei, o que é lastimável, mas também tornando viável, de outro lado, a aplicação da lei em pontos que estavam confusos ou exagerados na redação originária, o que é salutar.

5.5. Ordem dos Advogados do Brasil – OAB

A natureza jurídica da OAB foi exaustivamente debatida pelo Supremo Tribunal Federal na ADI 3.026-4/DF.

A decisão proferida pelo STF na ADI mencionada anota que a OAB não é uma autarquia especial e não integra a Administração Indireta como outro tipo de pessoa jurídica, de modo que não se sujeita ao controle estatal.

Por outro lado, o STF reconhece que a OAB presta, sim, um *serviço público*.

Na prática isso significa que a OAB, de um lado, não é obrigada a fazer concursos públicos, licitações e a se submeter à fiscalização do TCU e ao regime estatutário dos agentes públicos, podendo contratar pelo regime celetista.

De outro lado, por ser um *serviço público*, a OAB pode fiscalizar os advogados e também tem direito a vantagens tributárias.

Na ementa do acórdão, o STF deixa claro que a OAB não é integrante da Administração Indireta, tratando-se de uma figura ímpar no País, no caso, um *Serviço Público Independente*.

O acórdão também conclui que a OAB não pode ser comparada às demais entidades de fiscalização profissional, pois não está voltada exclusivamente a finalidades corporativas, possuindo finalidade institucional.

6. AGENTES PÚBLICOS

6.1. CONCEITO DE AGENTES PÚBLICOS

Os agentes públicos podem ser **conceituados** como *os sujeitos que servem ao Poder Público como instrumentos de sua vontade, mesmo que o façam apenas ocasionalmente.*

Saber quem é agente público é importante para diversos fins, tais como verificação de cabimento de mandado de segurança em face de ato de dada autoridade, submissão a certas restrições de direito público, sujeição à aplicação especial da lei penal, sujeição à Lei de Improbidade Administrativa, sujeição à Lei de Abuso de Autoridade, dentre outras situações.

No entanto, as leis trazem diferentes conceitos de agente público para efeito de determinar quem está e quem não está a ela sujeito. Por exemplo, o conceito de agente público na Lei de Improbidade Administrativa é muito mais amplo que o conceito previsto no Código Penal.

Tal situação é plenamente possível, pois cada lei deverá definir quem está a ela sujeito.

De qualquer forma, o conceito trazido por nós é um conceito geral que pode ser aplicado independentemente das especificidades de cada lei.

6.2. Natureza da atuação dos agentes públicos

Neste item comumente são estudadas as teorias do *mandato*, da *representação* e da *presentação*.

A terceira teoria, qual seja, a de que a natureza da atuação do agente público perante o Poder Público é de *presentação*, é a mais adotada, dispensando a análise aprofundada das demais, pelos seguintes motivos:

a) a natureza transitória e revogável do mandato (teoria do mandato) não se coaduna com a estabilidade dos agentes públicos;

b) a representação (teoria da representação) é forma de integração da vontade dos incapazes, e o Estado não é incapaz;

c) na presentação, o Estado se faz presente por um de seus órgãos, um agente público, de modo que todos os atos são imputados diretamente a ele (Estado), teoria que se coaduna com a realidade.

A **teoria da presentação** fez com que se desenvolvesse a *teoria do órgão*, de acordo com a qual todo ato expedido por um agente público é imputado diretamente à Administração Pública.

De fato, quando um agente público pratica um ato, esse agente está se fazendo presente (presentando) como Estado. No fundo, quem pratica o ato é o próprio Estado, e não o agente público, que é um mero presentante deste.

Essa conclusão tem várias consequências, dentre as quais a de que, causado um dano a terceiro por conduta de agente estatal, o Estado responderá objetivamente, não sendo sequer possível que a vítima ingresse com ação diretamente em face do agente público, devendo acionar o Estado, que, regressivamente, poderá se voltar em face do agente público que tiver agido com culpa ou dolo (art. 37, § 6º, da CF).

6.3. Classificação dos agentes públicos

Segundo Celso Antônio Bandeira de Mello, os agentes públicos podem ser classificados da forma como vemos nos enunciados adiante.

Agentes políticos *são os titulares de cargos estruturais à organização política do país.* Seu vínculo com o Estado não é de natureza profissional, mas política. A relação jurídica com o Estado é estatutária (não contratual), descendendo da própria Constituição.

São exemplos de agentes políticos o Presidente da República, Governadores, Prefeitos, Senadores, Deputados, Vereadores, Secretários de Governo, Ministros de Estado.

Há controvérsia sobre a inclusão dos juízes e promotores na aludida espécie. Se se encarar como discrímen da classificação o fato de serem titulares de cargos estruturais no âmbito da organização política do País (e não no sentido de fazerem política, no sentido pejorativo da palavra), há de se chegar à conclusão de que tais agentes são, efetivamente, agentes políticos.

Servidores estatais *são todos aqueles que mantêm com as entidades da Administração Direta e Indireta, públicas ou privadas, relação de trabalho de natureza profissional em caráter não eventual, sob vínculo de dependência.* Subdividem-se em dois grupos:

a) **servidores públicos:** são aqueles servidores estatais que atuam junto ao ente político e respectivas pessoas de direito público (autarquias e fundações públicas); podem ser titulares de *cargo público* (regime estatutário), sendo esta a regra (exs.: escreventes, delegados e fiscais), ou de *emprego público* (regime celetista); no primeiro caso, terão o nome de *servidores titulares de cargo público;* no segundo, de *servidores empregados*, que são os admitidos para funções materiais subalternas, contratados por necessidades temporárias de excepcional interesse público ou remanescentes do regime anterior à CF/1988;

b) **servidores de pessoas governamentais de direito privado:** são os que atuam como empregados, sob regime trabalhista, nas empresas públicas e sociedades de economia mista.

Já os **particulares em colaboração com a Administração**, por sua vez, *são os que, sem perder a qualidade de particulares, exercem função pública, ainda que em caráter episódico.* Subdividem-se nos seguintes grupos:

a) requisitados para prestação de atividade pública. Exs.: jurados e mesários;

b) gestores de negócios públicos que atuam em situações de necessidade pública premente;

c) contratados por locação civil de serviços. Ex.: advogado contratado para sustentação oral;

d) concessionários e permissionários de serviços públicos, bem como delegados de função ou ofício público. Ex.: notários e tabeliães.

Outra classificação importante dos agentes públicos é a que os divide nas seguintes espécies:

Agentes políticos: *vide* correspondente acima.

Agentes administrativos: *vide* servidores estatais.

Agentes honoríficos: *cidadãos convocados para prestar, transitoriamente, serviço ao Estado, em razão de sua honorabilidade.* Não há remuneração. Ex.: mesários eleitorais, jurados do Tribunal do Júri.

Agentes delegados: *particulares que recebem delegação para executar atividade, obra ou serviço público, agindo em nome próprio e por sua conta e risco, mediante remuneração advinda do Estado ou dos usuários dos serviços.* Ex.: tabeliães, oficiais de registro, concessionários de serviço público.

Agentes credenciados: *particulares que recebem uma incumbência específica para representar a Administração.* São remunerados. Aqui a transitoriedade é maior que na espécie anterior. Ex.: advogado renomado contratado por Prefeitura para fazer sustentação oral num julgamento perante o Tribunal; advogado que tem convênio com o Estado para representar necessitados em juízo em nome destes.

Outra classificação possível, feita diante do texto constitucional, é a que divide os servidores públicos em: a) agentes políticos, b) servidores públicos em sentido estrito ou estatutários; c) empregados públicos; d) contratados por tempo determinado.

Por fim, vale dar uma palavra sobre os militares. Esses têm estatuto próprio, podendo ser considerados servidores estatutários também.

Porém, para alguns autores, como Maria Sylvia Zanella Di Pietro, os *militares* devem ser considerados uma espécie à parte de agentes públicos, dadas as peculiaridades de seu regime jurídico.

Assim, para quem tem esse entendimento, haveria quatro grandes grupos de agentes públicos: a) agentes políticos; b) servidores públicos; c) militares; d) particulares em colaboração com a Administração.

6.4. Espécies de vínculos: cargos, empregos e funções

6.4.1. *Cargos públicos*

Os cargos públicos podem ser **conceituados** como as *mais simples unidades de competência a serem exercidas por agente público, devendo ser criados por lei.*

Os cargos públicos são próprios das pessoas jurídicas de direito público. Além de serem criados por lei, qualquer alteração nas atribuições do cargo somente pode ocorrer por meio de lei formal (STF, MS 26.740-DF).

Os cargos públicos podem ser efetivos ou em comissão (esse será visto no próximo item). Os titulares de **cargos efetivos** (também chamados de servidores públicos) devem passar por concurso público, podem adquirir estabilidade e se submetem ao regime estatutário, daí porque tais cargos são reservados a agentes públicos em que o dever de isenção e a responsabilidade são grandes, o que não ocorre, por exemplo, na contratação de servidores temporários, que serão chamados para empregos públicos, como se verá.

É importante consignar, desde já, que a EC 19/1998 suprimiu a obrigatoriedade do regime jurídico único, supressão essa que está suspensa no momento por decisão do STF em ADI que questiona a ausência de votação no Congresso quanto a essa modificação.

De qualquer forma, a exigência de regime jurídico único, que consta da redação original do art. 39, *caput*, da CF, quer dizer apenas que não é possível haver mais de um estatuto de funcionário público para reger os servidores com **cargo público** na Administração Direta e Indireta. Há de existir um "único" estatuto de funcionário público no âmbito das pessoas jurídicas de direito público da administração direta e indireta de um dado ente federativo. Por exemplo, na esfera federal, não é possível que haja dois estatutos de servidores públicos (a Lei 8.112/1990 e uma outra lei), de modo a um estatuto servir para uma parte dos servidores e outro, para outra parte. A única exceção se dá quanto aos militares, que têm estatuto próprio. Outra possibilidade diz respeito à concorrência de um regime jurídico geral (no caso federal, a Lei 8.112/1990), com leis específicas tratando de alguma particularidade de uma carreira. Ademais, nada impede que as pessoas contratadas para um mero núcleo de encargo de trabalho (emprego) sejam regidas pela CLT.

Outro ponto importante acerca do regime jurídico dos servidores estatutários é que não é possível que estes celebrem acordos ou convenções coletivas e trabalho, pois a Administração Pública está sujeita ao princípio da legalidade, não se autorizando que se conceda por convenção ou acordo coletivo vantagens a servidores públicos, já que essas concessões dependem de lei de iniciativa do Executivo (art. 61, § 1º, II, "a" e "c", da CF) e de prévia dotação orçamentária (art. 169, § 1º, I e II, da CF). Vide a respeito a decisão proferida pelo STF na ADI 554/MT. A celebração de convenções e acordos coletivos de trabalho é direito exclusivo dos trabalhadores da iniciativa privada, sujeitos ao regime celetista (art. 7º, XXVI, da CF).

6.4.2. Funções públicas

Em sentido amplo, as funções públicas abrangem as funções em confiança, os estágios, as contratações temporárias (art. 37, IX, da CF) e a contratação de agentes de saúde e de combate a endemias (art. 198, § 4º, da CF).

De um lado, temos essas funções públicas em sentido amplo e, de outro, temos os *cargos públicos* e os *empregos públicos*.

Em sentido estrito, as funções públicas dizem respeito às *funções em confiança*, que podem ser conceituadas como *o conjunto de atribuições, criadas por lei, correspondente a encargos de direção, chefia e assessoramento, a serem exercidas exclusivamente por titular de cargo efetivo, da confiança da autoridade que as preenche.*

A função em confiança está prevista no art. 37, V, CF (não confundir com cargo em comissão, também previsto neste inciso, que pode ser preenchido por pessoas que não fizeram concurso público, que não são da carreira).

Assim, só quem já tem um cargo efetivo na Administração pode ser chamado para uma função de confiança (para ser chefe de uma seção, por exemplo).

A qualquer momento o servidor pode perder uma função em confiança, ocasião em que voltará a ocupar o cargo efetivo que antes detinha.

Enfim, quando uma determinada lei criar uma função de direção, chefia ou assessoramento e dispuser que só quem tem cargo efetivo poderá assumir essa função, estaremos diante de uma *função em confiança* e não diante de um *cargo em comissão*.

6.4.3. Empregos públicos

Os empregos públicos podem ser **conceituados** como *núcleos de encargos de trabalho, a serem preenchidos por contratados pelo regime jurídico celetista, contratual.*

O regime celetista tem por característica **maior rigidez** do que o regime estatutário. Isso porque um contrato faz lei entre as partes (*pacta sunt servanda*), ao passo que o Estatuto de Funcionário Público, que rege os detentores de cargo, é uma lei que pode ser modificada a qualquer momento sem que o agente público tenha direito adquirido ao regime funcional que tinha antes.

Outra diferença entre o regime celetista e o regime estatutário é a de que o primeiro **não admite a aquisição de estabilidade** como regra, ao passo que esse instituto é próprio aos regidos pelo regime estatutário que detenham cargo efetivo, o mesmo não acontecendo em relação aos estatutários que detêm cargo em comissão.

Apesar de o empregado público ter regime funcional celetista e submeter-se obrigatoriamente ao Regime Geral da Previdência Social, a admissão de pessoas para um emprego público depende de **concurso público**.

Outro ponto importante diz respeito aos **casos em que é possível utilizar o regime celetista**, ou seja, em que se permite a contratação de agentes públicos para um emprego público. Os casos são os seguintes:

a) pessoas jurídicas de direito privado estatais: todos os agentes serão contratados para emprego público, ou seja, pelo regime celetista;

b) pessoas jurídicas de direito público: serão contratados para emprego público, pelo regime celetista, aqueles que tiverem atribuições subalternas (ex.: telefonista, jardineiro etc.).

No último caso, os empregados públicos, apesar de serem celetistas, têm direito à estabilidade própria dos que têm cargos públicos, conforme vem decidindo a jurisprudência (Súmula 390 do TST).

Assim, um empregado público da União tem direito à estabilidade, ao passo que um empregado público do Banco do Brasil não tem esse direito.

Ainda nesse tema, existe grande discussão se a dispensa de empregado público em pessoa jurídica de direito privado estatal (por exemplo, no Banco do Brasil) precisa ser motivada.

Respondendo a essa pergunta o Tribunal Superior do Trabalho entende que a motivação é dispensável (TST, OJ-I 247). Todavia, a motivação faz-se necessária nos Correios, que, apesar de ser uma pessoa jurídica de direito privado estatal, por ter o monopólio de sua atividade, está submetido a várias sujeições das pessoas jurídicas de direito público, dentre elas àquela de motivar seus atos.

Não bastasse, o STF, além do que já se decidia em relação aos Correios, passou a decidir que, em se tratando de empresa pública ou sociedade de economia mista ***prestadoras de serviço público***, a dispensa depende de motivação em qualquer caso, pois tais empresas estatais não são como as estatais meramente exploradoras de atividade econômica, tendo, assim, um regime jurídico privado, mas com mais condicionantes públicos, como é o caso do dever de motivação em caso de dispensa de agentes públicos; confira: "em atenção, no entanto, aos princípios da impessoalidade e isonomia, que regem a admissão por concurso público, a dispensa do empregado de empresas públicas e sociedades de economia mista que prestam serviços públicos deve ser motivada, assegurando-se, assim, que tais princípios, observados no momento daquela admissão, sejam também respeitados por ocasião da dispensa; a motivação do ato de dispensa, assim, visa a resguardar o empregado de uma possível quebra do postulado da impessoalidade por parte do agente estatal investido do poder de demitir" (STF, RE 589.998, *DJ* 12.09.2013). Repare que essa regra não se aplica às empresas estatais meramente ***exploradoras de atividade econômica***.

6.5. Cargo público

6.5.1. Classificação quanto à posição

Isolados são os cargos que não estão subdivididos em classes. Então, não há promoção.

De carreira são os cargos subdivididos em classes. Cada classe indica uma promoção.

Quadro é o conjunto de todos os cargos, isolados e de carreira. A **carreira** é composta de **classes** (crescentes), que é o conjunto de cargos da mesma natureza de trabalho. Por fim temos os **cargos,** que são as menores unidades de competência. **Lotação** é o número de servidores que devem ter exercício em cada repartição.

No âmbito federal, por exemplo, há um quadro para cada unidade básica de organização, ou seja, tem-se um quadro para cada Ministério.

6.5.2. Classificação quanto à vocação de retenção dos ocupantes

Podem ser de **provimento em comissão** (de ocupantes provisórios – demissíveis *ad nutum*), de **provimento efetivo** (de ocupantes permanentes) e de **provimento vitalício** (permanentes com maiores garantias).

Cargos em comissão *são unidades de competência a serem preenchidas por servidores de carreira nos casos, condições e percentuais mínimos previstos em lei.*

Repare que é possível que tais cargos sejam preenchidos sem que o ocupante faça concurso público.

Outras características do cargo em comissão são as seguintes:

a) seu caráter é provisório, sendo ocupado por pessoas de confiança, que podem ser nomeadas e exoneradas livremente (*ad nutum*);

b) o regime funcional dos cargos em comissão é estatutário e não celetista; dessa forma, é o Estatuto de Funcionários Públicos que rege os servidores com cargo em comissão, estatuto esse que não se aplicará na parte que trata do direito à estabilidade, pois esse direito não existe em favor daqueles que detêm cargo em comissão;

c) o regime previdenciário dos ocupantes de cargo em comissão é o Regime Geral da Previdência Social e não o Regime Próprio de Previdência dos funcionários públicos, regime aplicável apenas aos servidores que detêm cargo efetivo;

d) só podem ser criados cargos em comissão para atribuições em que o elemento confiança é indispensável (para chefia, direção e assessoramento); o STF declara com frequência a inconstitucionalidade de leis que criam cargos em comissão para atribuições eminentemente técnicas, como as de cargos para médico, auditor, jornalista, psicólogo, enfermeiro, motorista etc. (v., p. ex., ADI 3602), deixando claro que esses cargos devem ser efetivos, providos, assim, por concurso público.

Vale ressaltar que, em que pese o art. 37, V, CF dispor que a nomeação para cargo em comissão é livre, podendo ser chamado quem nunca fez concurso público algum, a lei que criar cargos em comissão deverá trazer percentuais mínimos deles que devem ser providos por servidores de carreira.

Cargos de provimento efetivo são a regra em matéria de cargos públicos, dependendo de concurso público de provas ou de provas e títulos seu provimento.

Enquanto os cargos em comissão têm como marca a transitoriedade, os cargos efetivos têm por nota a permanência, daí a possibilidade de o servidor, preenchidos certos requisitos, auferir a estabilidade, que é o direito de não ser demitido, salvo se incidir em falta grave, apurada em processo administrativo, ou em consequência da avaliação periódica, assegurada a ampla defesa, dentre outras situações que veremos a seguir.

Cargos de provimento vitalício são aqueles cujo elemento permanência é ainda mais intenso, uma vez que seus ocupantes só podem perdê-lo por meio de sentença transitada em julgado. É atributo dos magistrados (art. 95, I, CF), membros do Ministério Público (art. 128, § 5º, I, "a", CF) e membros dos Tribunais de Contas (art. 73, § 3º, CF). Seu provimento pode ou não depender de concurso público. E a vitaliciedade ocorre após dois anos de exercício, se o ingresso foi por concurso (juízes e promotores), ou logo após a posse, se por indicação (Ministros dos Tribunais Superiores, por exemplo).

6.5.3. Provimento em cargo público

Consiste no ato de designação de alguém para titularizar cargo público. É da alçada do chefe do Poder, ou do Presidente ou Procurador-Geral, quanto ao Tribunal de Contas e ao Ministério Público, respectivamente. Pode haver delegação dessa competência.

Os provimentos podem ser de vários tipos, de acordo com a natureza da designação.

Nomeação *é o provimento autônomo de servidor em cargo público*. Por ela, determinada pessoa é designada para titularizar cargo público independentemente de ter tido algum vínculo com o cargo. Caso não compareça, a nomeação será declarada sem efeito.

Não se deve confundir a **nomeação** (designação) com a **posse**, que é ato seguinte, consistente na aceitação do cargo, em que ocorre o fenômeno da **investidura**. Com esta (a investidura) forma-se a relação jurídica funcional, marcando o início dos direitos e deveres funcionais, bem como as restrições, impedimentos e incompatibilidades. Na Lei 8.112/1990, o prazo para tomar posse é de 30 dias. Por fim, ocorrerá outra situação que é a **entrada em exercício**, que no âmbito federal deve-se dar até 15 dias após a posse. Como a posse já estabelece a relação jurídica, caso o agente não entre em exercício, não se pode tão somente nomear outra pessoa, devendo, antes, exonerar-se o agente faltoso. Mas se houver nomeação sem que o nomeado tome posse, basta que seja chamada a pessoa seguinte na classificação, pois a primeira nomeação será declarada sem efeito.

A Lei 8.112/1990 admite posse por **procuração específica** (art. 13, § 3º, da Lei 8.112/1990).

O art. 13 da Lei de Improbidade Administrativa (Lei 8.429/1992) dispõe que "a posse e o exercício de agente público ficam condicionados à apresentação de declaração dos bens e valores que compõem o seu patrimônio privado, a fim de ser arquivada no serviço de pessoal competente". Tal declaração deve abranger qualquer espécie de bem e valor patrimonial e, quando for o caso, abrangerá também os do cônjuge ou companheiro, dos filhos e de outros que sejam dependentes. Deve ser anualmente atualizada e também na data em que o agente deixar o serviço público. Prescreve a lei, ainda, que será punido com demissão a bem do serviço público, sem prejuízo de outras sanções cabíveis, o agente que se recusar a prestar declarações de bens, dentro do prazo determinado, ou que as prestar falsamente.

Promoção (ou acesso) *é o ato de designação para titularizar cargo superior da própria carreira.* Consiste em ato de provimento derivado vertical. É feita pelo Chefe do Poder. No caso do Poder Executivo, seu Chefe (que age por decreto) pode delegá-la para o Ministro ou Secretário, que agirão por resolução ou portaria. É importante consignar a respeito da promoção que: "a União, os Estados e o Distrito Federal manterão escolas de governo para a formação e o aperfeiçoamento dos servidores públicos, constituindo-se a participação nos cursos um dos requisitos para a promoção na carreira, facultada, para isso, a celebração de convênios ou contratos entre os entes federados" (art. 39, § 2º, CF).

Readaptação *é o ato de designação para titularizar cargo compatível com a limitação física ou mental que advier ao agente público.* É uma espécie de transferência para um cargo compatível e com funções, escolaridade e vencimentos equivalentes. Caso o agente revele incapacidade permanente para o trabalho, conceder-lhe-á a aposentadoria por invalidez, não se falando em readaptação.

Reversão é o *ato de designação para que o aposentado volte a titularizar cargo, por não mais persistir o motivo da aposentadoria.* Pode ser de ofício ou a pedido. Não se deve confundir com a reversão ocorrida no campo das concessões de serviço público, pela qual os bens que o concessionário utilizava na prestação do serviço público passam ao Poder Público com a extinção da avença. A reversão a pedido depende de previsão legal.

No âmbito da Lei 8.112/1990 a reversão cabe em dois casos (art. 25): a) por invalidez, cessados os motivos da aposentadoria; b) no interesse da Administração, a pedido e em até 5 anos.

Aproveitamento *é o ato de designação do servidor que estava em disponibilidade para que volte a titularizar cargo público.* Trata-se do reingresso de servidor estável que se encontra em disponibilidade. Esta (a disponibilidade) é o ato pelo qual o Poder Público transfere para a inatividade remunerada servidor estável cujo cargo venha a ser extinto ou ocupado por outrem em decorrência de reintegração, com proventos proporcionais.

Reintegração *é ato de reinvestidura do servidor estável, quando invalidada sua demissão por decisão administrativa ou judicial.* Geralmente, a reintegração decorre de decisão judicial que declara nula a demissão do agente público. Reintegrado o servidor, terá direito ao ressarcimento de todas as vantagens perdidas no período em que esteve demitido.

Tema correlato com a reintegração é o que diz respeito à comunicabilidade da instância criminal e da esfera administrativa.

Como regra, as instâncias civil, administrativa e criminal são independentes. Porém a instância criminal produzirá efeitos nas demais quando importar em absolvição por inexistência do fato ou por negativa de autoria (art. 126 da Lei 8.112/1990). A mera absolvição criminal por falta de provas não é suficiente para que o agente público demitido na esfera administrativa leve essa sentença à Administração para pedir sua reintegração. Essa só vai acontecer se a absolvição do agente demitido for por inexistência material do fato ou negativa de autoria.

Recondução *é o retorno do servidor estável ao cargo que antes titularizava, por ter sido inabilitado no estágio probatório de outro cargo ou por ter sido desalojado pela reintegração daquele cuja vaga ocupou.* A recondução, na primeira hipótese, depende de previsão expressa no estatuto local.

6.5.4. *Investidura*

A investidura *consiste na posse do cargo.*

Com a investidura, a relação jurídica fica efetivamente formada.

A partir de tal evento já há titularidade de cargo, ficando o agente sujeito a ser exonerado. Além disso, inicia-se uma série de deveres, tais como de: honestidade, imparcialidade, legalidade, lealdade, obediência (não estando o servidor obrigado a cumprir as ordens manifestamente ilegais), conduta ética, dentre outros.

Impedimentos e incompatibilidades também passam a existir, como o impedimento de contratar com a Administração ou a incompatibilidade com o exercício de certas atividades particulares, dentre outros.

Direitos também se iniciam, como o de exercício do cargo, dentre outros que serão vistos quando se tratar do sistema remuneratório.

6.5.5. *Entrada em exercício*

Consiste no efetivo exercício da atividade ligada ao cargo. Trata-se do início do desempenho das atribuições, com os consequentes efeitos remuneratórios e previdenciários.

6.5.6. *Desinvestidura (vacância)*

Consiste no desligamento do agente público correspondente à sua destituição do cargo, do emprego ou da função. Passemos à análise das hipóteses que geram a vacância.

Falecimento: a morte do agente torna vago o cargo, o emprego ou a função.

Aposentadoria: *a transferência para a inatividade remunerada,* seja ela voluntária, compulsória ou por invalidez, gera o desligamento do agente, a vacância, não podendo o servidor permanecer trabalhando no cargo que detinha. O agente público somente poderá cumular a aposentadoria com outra remuneração se for nomeado para um cargo em comissão ou se detiver mandato eletivo, respeitando, na somatória do que receber, o teto remuneratório respectivo.

Perda do cargo, emprego ou função: *é o desligamento em virtude de sentença judicial em ação penal ou de improbidade administrativa*. O art. 92, I, do Código Penal diz ser efeito da condenação a perda do cargo, emprego ou função se aquela consistir em prisão de 1 (um) ano ou mais em crime contra administração, ou se consistir em prisão por tempo superior a 4 (quatro) anos nos demais crimes. Tal efeito da condenação penal deve estar motivadamente declarado na sentença para incidir. Quanto à ação civil por ato de improbidade administrativa, a perda do cargo é sanção típica do reconhecimento da prática de ato ímprobo. Quantos aos militares oficiais, há as seguintes particularidades previstas no art. 142, § 3º, da CF: "VI – o oficial só perderá o posto e a patente se for julgado indigno do oficialato ou com ele incompatível, por decisão de tribunal militar de caráter permanente, em tempo de paz, ou de tribunal especial, em tempo de guerra".

Dispensa: *é o desligamento daquele admitido pelo regime da CLT sem que haja justa causa*. Conforme já mencionado, tal ato só deve ser motivado se se tratar de empregado público de pessoa jurídica de direito público e de empregados de empresa pública e sociedade de economia mista *prestadoras de serviço público*. Todavia, tais dispensas devem respeitar critérios gerais e igualitários, a fim de que se respeite a legalidade, a moralidade, a razoabilidade e a eficiência.

Demissão: *é o desligamento por justa causa quando há infração disciplinar*. Tem natureza punitiva, sancionatória, o que a difere da exoneração, própria para os desligamentos que não têm tal natureza. A demissão por infração disciplinar depende de processo administrativo em que se assegure ampla defesa, seja para servidores estáveis, seja para servidores que ainda estão em estágio probatório.

Exoneração: *é o desligamento a pedido ou de ofício, sempre com caráter não punitivo*. De ofício, pode ser *imotivada* (no caso dos titulares de cargo em comissão) ou *motivada*, nas hipóteses de não satisfação do estágio probatório (Súmula 21 do STF: "funcionário em estágio probatório não pode ser exonerado nem demitido sem inquérito ou sem as formalidades legais de apuração de sua capacidade"[11]) ou quando o agente não entrar em exercício.

A EC 19/1998 prevê mais duas hipóteses de exoneração motivada.

A primeira se dá em caso de **avaliação insatisfatória de desempenho.** Isso porque, a partir de tal emenda, é requisito para adquirir a estabilidade a aprovação em **avaliação *especial* de desempenho** (feita por comissão instituída para essa finalidade após os 3 anos de estágio probatório – art. 41, § 4º, CF) e, mesmo após adquirir-se a estabilidade, o servidor estará sujeito a **avaliações *periódicas* de desempenho** (procedimento que será regulamentado na forma de lei complementar, assegurada ampla defesa – art. 41, § 1º, III, CF), sendo que, não aprovado em qualquer dos dois tipos de avaliação, será exonerado.

Trata-se de exoneração e não de demissão porque não se trata de punição por infração, mas de desligamento por simples falta de aptidão. Quanto à avaliação periódica de desempenho, há outro dispositivo constitucional incidente que dispõe que a lei complementar estabelecerá *critérios e garantias especiais para a perda do cargo pelo servidor público estável que, em decorrência das atribuições de seu cargo efetivo, desenvolva atividades exclusivas de Estado. Na hipótese de insuficiência de desempenho, a perda do cargo somente ocorrerá mediante processo administrativo em que lhe sejam assegurados o contraditório e a ampla defesa* (art. 247, CF). Perceba-se que, para tal situação, a previsão é de processo administrativo e não apenas ampla defesa.

A segunda nova espécie de exoneração se dá **para atender limite de despesas com pessoal ativo e inativo** (art. 169, § 4º). A Lei de Responsabilidade Fiscal traz limites máximos de despesas com pessoal ativo e inativo, consistentes nos seguintes percentuais da receita corrente líquida: 50% (União) e 60% (Estados e Municípios). Em caso de superação desse limite, deve-se exonerar pessoal, consoante os critérios trazidos na Lei 9.801/1999, que estabelece a necessidade de se começar a tentativa de readequação dos gastos reduzindo em pelo menos 20% os cargos em comissão e as funções de confiança, passando à exoneração dos não estáveis, para só após exonerar servidores estáveis e, mesmo assim, desde que ato normativo motivado de cada um dos Poderes especifique a atividade funcional, o órgão ou unidade objeto da redução e traga os seguintes critérios combinados: menor tempo de serviço, maior remuneração e menor idade.

O servidor que perde cargo por esse motivo fará jus a indenização correspondente a um mês de remuneração por um ano de serviço. O cargo será extinto, vedada a criação de outro semelhante por pelo menos 4 anos.

Sobre o tema vacância de cargo, havia grande discussão quanto à existência de direito ao FGTS quando esta se desse por contratação de servidor público sem concurso público. O STF acabou por dirimir a questão, sob o fundamento de que se trata, na espécie, de efeitos residuais de fato jurídico que existira, não obstante reconhecida sua nulidade, considerando-se, assim, constitucional a disposição nesse sentido contida no art. 19-A da Lei 8.036/1990. Porém, o STF entende que, afora o direito aos salários e ao FGTS depositado, a inconstitucionalidade do ato não permite o pagamento, no caso, das verbas rescisórias relativas ao aviso-prévio, à gratificação natalina, às férias e respectivo terço, à indenização

---

11. A respeito do direito de defesa do servido em estágio probatório, confira as seguintes decisões: "O servidor público ocupante de cargo efetivo, ainda que em estágio probatório, não pode ser exonerado *ad nutum, com* base em decreto que declara a desnecessidade do cargo, sob pena de ofensa à garantia do devido processo legal, do contraditório e da ampla defesa. Incidência da Súmula 21 do STF." (STF, RE 378041/MG); "Firmou-se neste Superior Tribunal de Justiça a tese segundo a qual é desnecessária a instauração de processo administrativo disciplinar para exoneração de servidor em estágio probatório, sendo suficiente a abertura de sindicância em que observados o contraditório e a ampla defesa. Precedentes. 2. Afasta-se a alegação de cerceamento de defesa se assegurado, no processo administrativo que resultou na exoneração do servidor, o direito à ampla defesa e ao contraditório." (STJ, RMS 21.012/MT, DJe 23.11.2009)

referente ao seguro-desemprego e à multa prevista na CLT (RE 705.140/RS, j. 28.08.2014).

6.6. Vedação ao nepotismo (Súm. Vinculante 13)

A Súmula Vinculante 13 do STF proíbe a contratação de parentes no âmbito dos três Poderes. Confira o teor da súmula, dividida em diversos pedaços, para que possa ser melhor compreendida:

a) "A nomeação de cônjuge, companheiro ou parente em linha reta, colateral ou por afinidade, até o 3º grau, inclusive, (...)

b) (...) da autoridade nomeante ou de servidor da mesma pessoa jurídica investido em cargo de direção, chefia ou assessoramento (...)

c) (...) para o exercício de cargo em comissão ou de confiança ou, ainda, de função gratificada (...)

d) (...) na administração pública direta e indireta em qualquer dos Poderes da União, dos Estados, do DF e dos Municípios, (...)

e) (...) compreendido o ajuste mediante designações recíprocas, (...)

f) (...) viola a Constituição Federal."

Repare que a proibição abrange tanto parentes consanguíneos como parentes por afinidade ("a"), até 3º grau, incluindo, ainda, o cônjuge e o companheiro.

Repare também que o parente que não pode ser nomeado ("b") é o parente de duas pessoas: da autoridade que faz a nomeação e de alguém que esteja investido em cargo em comissão naquele ente. Assim, parentes de quem assina as nomeações e parentes de alguém que já tenha um cargo em comissão num ente estatal estão impossibilitados de serem nomeados. Todavia, com relação a este último caso o STF parece ter relativizado a proibição, estabelecendo que a presunção relativa de nepotismo pode ser desfeita a partir da análise do caso concreto. Confira:

"Nomeação de servidor e nepotismo - Em conclusão de julgamento, a Segunda Turma, por maioria, reputou improcedente pedido formulado em reclamação na qual se discutia a prática de nepotismo em face de nomeação de servidor público. No caso, servidor público teria sido nomeado para ocupar o cargo de assessor de controle externo de tribunal de contas de Município. Nesse mesmo órgão, seu tio, parente em linha colateral de 3º grau, já exerceria o cargo de assessor-chefe de gabinete de determinado conselheiro — v. Informativo 796. A Turma observou que não haveria nos autos elementos objetivos a configurar o nepotismo, uma vez que a incompatibilidade dessa prática com o art. 37, "caput", da CF não decorreria diretamente da existência de relação de parentesco entre pessoa designada e agente político ou servidor público, mas da presunção de que a escolha para ocupar cargo de direção, chefia ou assessoramento fosse direcionada a pessoa com relação de parentesco com alguém com potencial de interferir no processo de seleção. Assim, em alguma medida, violaria o princípio da impessoalidade — princípio que se pretendera conferir efetividade com a edição do Enunciado 13 da Súmula Vinculante — vedar o acesso de qualquer cidadão a cargo público somente em razão da existência de relação de parentesco com servidor que não tivesse competência para selecioná-lo ou nomeá-lo para o cargo de chefia, direção ou assessoramento pleiteado, ou que não exercesse ascendência hierárquica sobre aquele que possuísse essa competência. Ressaltou que, na espécie, não haveria qualquer alegação de designações recíprocas mediante ajuste. Além disso, seria incontroversa a ausência de relação de parentesco entre a autoridade nomeante — conselheiro do tribunal de contas — e a pessoa designada. Ademais, ao se analisar a estrutura administrativa da Corte de Contas não se verificara a existência de hierarquia entre os cargos de chefe de gabinete da presidência e de assessor de controle externo. Vencido o Ministro Gilmar Mendes (relator)" (Rcl 18564/SP, j. 23.2.2016).

Outro ponto que merece ser ressaltado é que o impedimento de nomeação de terceiro é para o exercício de cargo em comissão ou de função de confiança no ente ("c"), nada impedindo que alguém preste um concurso público para cargo efetivo numa entidade em que um parente seu seja autoridade nomeante ou já tenha um cargo em comissão, sendo que, aprovado no concurso, o terceiro terá direito à nomeação para o cargo respectivo.

A proibição em tela não se dirige só à Administração Direta, atinge também toda a Administração Pública Indireta ("d").

A súmula também veda o nepotismo cruzado ("e"). Tal prática consiste em autoridades de entes diversos combinarem de um nomear o parente do outro. Esse tipo de ajuste recíproco tem claro objetivo de fraudar a proibição do nepotismo e é considerado prática vedada pela súmula vinculante.

Ao final, a súmula conclui dizendo que esse tipo de prática viola a Constituição, sendo certo que o STF fundou sua decisão no princípio da moralidade, previsto no art. 37, *caput*, da CF.

Apesar de o texto da súmula não indicar, o STF entende que a vedação ao nepotismo tem uma exceção, qual seja, a súmula não incide sobre a nomeação de servidores para cargo de natureza política. Confira decisão a respeito:

"Impossibilidade de submissão do reclamante, Secretário Estadual de Transporte, agente político, às hipóteses expressamente elencadas na Súmula Vinculante 13, por se tratar de cargo de natureza política. 2. Existência de precedente do Plenário do Tribunal: RE 579.951/RN, rel. Min. Ricardo Lewandowski, DJE 12.09.2008." (STF, Rcl 6.650 MC-AgR, DJ 21.11.2008)

Por fim, a regra que veda o nepotismo não impede que parentes sirvam sob a direção imediata de outro parente quando se está diante de servidores admitidos mediante prévia aprovação em concurso público para cargo efetivo (STF, ADI 524/ES, J. 20.05.2015).

6.7. Acessibilidade a cargos e empregos na Constituição

6.7.1. Oportunidade a brasileiros e estrangeiros

Segundo o art. 37, I, da CF, *"os cargos, empregos e funções públicas são acessíveis aos brasileiros que preencham os requisitos estabelecidos em lei, assim como aos estrangeiros, na forma da lei"*.

Essa regra garante a possibilidade de que todos possam vir a ser agentes públicos (preenchidos certos requisitos, claro).

Repare que, enquanto a norma relativa aos brasileiros é de eficácia contida ou restringível (o que a faz produzir imediatamente efeitos, em que pese a lei poder restringi-los), a norma relativa aos estrangeiros é diferente, dando a ideia de ter eficácia limitada (o que a faz depender de uma lei para produzir efeitos).

Quanto aos brasileiros, a regra não faz distinção entre os natos e os naturalizados. Nada obstante, o § 3º do art. 12 da CF dispõe: "são privativos de brasileiro nato os cargos: I - de Presidente e Vice-Presidente da República; II - de Presidente da Câmara dos Deputados; III - de Presidente do Senado Federal; IV - de Ministro do Supremo Tribunal Federal; V - da carreira diplomática; VI - de oficial das Forças Armadas; VII - de Ministro de Estado da Defesa".

6.7.2. Requisitos de ingresso no serviço público

O texto constitucional, tal como configurado hoje, permite que sejam estabelecidos requisitos para o ingresso no serviço público.

Porém, para que tais requisitos estejam em acordo com a Lei Maior, é necessário que atendam ao seguinte:

a) estejam **previstos em lei** (art. 37, I, da CF); decretos, resoluções e outros instrumentos não são suficientes para inserir no edital a previsão de exame psicotécnico; deve ser lei em sentido formal (STF, AI 529.219 Agr, DJ 26.03.2010);

b) sejam **objetivos**, **científicos** e **pertinentes**, sob pena de violação ao princípio da isonomia (art. 5º, *caput*, da CF);

c) sejam passíveis de **recurso** e **impugnação**, sob pena de violação aos princípios do contraditório e da ampla defesa; *vide*, por exemplo, o REsp 1.046.586 (STJ).

Assim, requisitos ligados ao sexo, à idade, ao exame psicotécnico, dentre outros, são compatíveis com a Constituição, desde que atendam aos itens mencionados.

Nesse sentido, confira três súmulas do STF:

a) Súmula 683: "o limite de idade para a inscrição em concurso público só se legitima em face do art. 7º, XXX, da Constituição, quando possa ser justificado pela natureza das atribuições do cargo a ser preenchido"; segundo o STF, O limite de idade, quando regularmente fixado em lei e no edital de determinado concurso público, há de ser comprovado no momento da inscrição no certame, e não no momento da posse (ARE 840.592/CF, J. 23.06.2015);

b) Súmula 684: é inconstitucional o veto não motivado à participação de candidato a concurso público";

c) Súmula 686: só por lei se pode sujeitar a exame psicotécnico a habilitação de candidato a cargo público". Nesse sentido é também a Súmula Vinculante STF n. 44: "Só por lei se pode sujeitar a exame psicotécnico a habilitação de candidato a cargo público".

O STF e o STJ consideram não pertinentes, entre outros, os seguintes requisitos para o ingresso no serviço público:

a) exigência de prova física desproporcional à cabível habilitação aos cargos de escrivão, papiloscopista, perito criminal e perito médico-legista de Polícia Civil (STF, Ag. Reg. no RE 505.654-DF);

b) exigência de sexo masculino para concurso de ingresso em curso de formação de oficiais de polícia militar estadual, requisito que fere a isonomia, traduzindo-se em indevido discrímen de gênero (STF, RE 528.684/MS, j. 03.09.2013);

c) exigência que não haja inquérito penal ou ação penal não transitada em julgada contra o candidato, requisito que fere o princípio da presunção de inocência (STF, Ag. Reg. no ARE 713.138-CE); ou seja, "na fase de investigação social em concurso público, o fato de haver instauração de inquérito policial ou propositura de ação penal contra candidato, por si só, não pode implicar a sua eliminação" (STJ, AgRg no RMS 39.580-PE, j. 11.02.2014);

d) a exigência de que o candidato não tenha tatuagem, ressalvadas situações que violem valores constitucionais; confira: "Editais de concurso público não podem estabelecer restrição a pessoas com tatuagem, salvo situações excepcionais em razão de conteúdo que viole valores constitucionais (...). Entretanto, tatuagens que representassem obscenidades, ideologias terroristas, discriminatórias, que pregassem a violência e a criminalidade, discriminação de raça, credo, sexo ou origem, temas inegavelmente contrários às instituições democráticas, poderiam obstaculizar o acesso a função pública. Eventual restrição nesse sentido não se afiguraria desarrazoada ou desproporcional. Essa hipótese, porém, não seria a do recorrente que teria uma tatuagem tribal, medindo 14 por 13 cm." (STF, RE 898450/SP, j. 17.08.2016).

O STF também entendeu não recepcionado pela Constituição de 1988 o disposto no art. 10 da Lei 6.880/1980 que permitia que regulamentos da Marinha, do Exército e da Aeronáutica estipulassem requisitos de ingresso nas forças armadas. Com isso, o STF, ciente de que inúmeros concursos até o reconhecimento da não recepção estipularam limites de idade para o ingresso nas carreiras das Forças Armadas, acabou por modular os efeitos da decisão proferida no recurso extraordinário com reconhecimento de repercussão geral, para o fim de manter a validade dos editais e regulamentos dos concursos publicados até 31.12.2012 (RE 600.885-RS).

Há decisões do STJ no sentido de que "o candidato a cargo público federal pode ser eliminado em exame médico admissional, ainda que a lei que discipline a carreira não confira caráter eliminatório ao referido exame. Isso porque a inspeção de saúde é exigência geral direcionada a todos os cargos públicos federais (arts. 5º, VI, e 14 da Lei 8.112/1990), daí a desnecessidade de constar expressamente na lei que disciplina a carreira da qual se pretende o ingresso. Ademais, a referida inspeção clínica não se confunde com o teste físico ou psicológico, os quais são exigências específicas para o desempenho de determinados cargos e, portanto, devem possuir previsão legal em lei específica. Precedente citado: REsp 944.160-DF, Quinta Turma, DJe 06.12.2010." (STJ, AgRg no REsp 1.414.990-DF, j. 03.04.2014).

No mais, há interessante súmula do STJ, que trata do **momento** em que se pode exigir comprovação de requisito relacionado ao exercício do cargo: *"o diploma ou habilitação legal para o exercício do cargo deve ser exigido na posse e não na inscrição para o concurso público"* (Súmula 266).

6.7.3. *A jurisprudência e o exame psicotécnico*

O STF e o STJ firmaram jurisprudência no sentido de que é possível exigir exame psicotécnico nos concursos públicos, com caráter eliminatório, desde que se atenda a três requisitos: a) previsão expressa do exame em lei formal; b) existência de critérios objetivos, científicos e pertinentes; c) recorribilidade. *Vide*, por exemplo, decisão do STJ no RMS 43.416-AC, j. 18.02.2014.

A **previsão expressa em lei formal** traz vários desdobramentos.

Em primeiro lugar, decretos, resoluções e outros instrumentos normativos não são suficientes para que se insira no edital a previsão de exame psicotécnico, devendo-se tratar de lei em sentido formal (STF, AI 529.219 Agr, DJ 26.03.2010). Isso porque o art. 37, I, da CF dispõe que somente a lei pode estabelecer requisitos para a acessibilidade a cargos, empregos e funções. Essa disposição deu ensejo à edição da Súmula 686 do STF ("só por lei se pode sujeitar a exame psicotécnico a habilitação de candidato a concurso público").

Em segundo lugar, a lei deve ser objetiva e específica quanto à exigência do citado exame, não sendo suficiente que faça referência a expressões como "submissão a exame de aptidão física e mental". Nesse sentido, o STF entende que a previsão contida na CLT (art. 168) não é suficiente para se exigir exame psicotécnico quanto a empregos públicos na Administração Pública (RE 559.069, DJ 12.06.2009). Da mesma forma, exames psicotécnicos em concursos da Magistratura vêm sendo corretamente impugnados, pelo fato de o art. 78 da Lei Orgânica da Magistratura não ser objetivo quanto à previsão de exame psicotécnico.

Os **critérios objetivos, científicos e pertinentes** também trazem vários desdobramentos.

Os tribunais superiores não entendem pertinente o chamado teste "profissiográfico", pelo qual se tenta verificar se o candidato tem perfil psicológico compatível com a profissão. De fato, esse tipo de teste tem caráter bastante subjetivo e ofende os princípios da igualdade e da impessoalidade. Uma coisa é verificar se alguém tem alguma patologia incompatível com a profissão desejada. Outra é verificar se alguém atende ao modelo ou perfil psicológico esperado para a profissão. Essa última tentativa é inconstitucional.

Outro desdobramento diz respeito à necessidade de o edital trazer os critérios do exame de modo claro e objetivo. Nesse sentido, as seguintes condutas são vedadas: a) simples previsão genérica de exame psicotécnico; b) previsão de exame psicotécnico, mas com mera informação de que este será feito segundo critérios científicos; c) previsão de exame psicotécnico, mas com critérios vagos e subjetivos, ainda que com descrições longas.

E quanto à **recorribilidade**, o edital deve prever, e a Administração deve respeitar, o seguinte: a) a necessidade do laudo trazer motivação adequada, especificando de modo claro, congruente, transparente e objetivo os fundamentos de sua conclusão; b) a necessidade do laudo ser entregue ao candidato logo em seguida à sua elaboração; c) a necessidade de prazo para a interposição de recurso, com oportunidade de apresentação de laudo divergente por outro profissional, contratado pelo candidato; d) a necessidade de julgamento do recurso, com apreciação específica e motivada sobre os pontos levantados pelo candidato. Sobre a recorribilidade, vale ler o AI 539.408 AgR, relatado pelo Min. Celso de Melo, do STF.

Vale ressaltar que os tribunais superiores vêm também entendendo que, quando houver violação ao primeiro requisito (previsão expressa em lei formal), o candidato estará dispensado de fazer o exame. Já quando houver violação ao requisito que determina a observância de critérios objetivos e de motivação, é necessário fazer novo exame (STJ, AgRg no Ag 1.291.819, DJ 21.06.2010), não ficando o candidato dispensado de fazê-lo, nem podendo este substituir o exame feito por outro exame realizado em concurso público diverso. Quanto aos demais requisitos, relacionados à previsão editalícia clara, científica e pertinente, entendemos que sua ausência macula a regra do edital correspondente, ficando o candidato dispensado do exame psicotécnico em atenção aos princípios da proteção da confiança e da segurança jurídica.

Por fim, caso o candidato prejudicado queira ingressar com o mandado de segurança, deverá promovê-lo no prazo de 120 dias contados da publicação do edital, se desejar impugnar as formalidades nele previstas (STJ, RMS 29.776, DJ 19.10.2009), ou no prazo de 120 dias do resultado do exame psicotécnico, se desejar impugnar aspectos relativos ao exame em si (STJ, AgRg no REsp 1.052.083, DJ 01.06.2009). De qualquer maneira, desejando ingressar com ação pelas vias comuns, o prazo para tanto é de 5 anos, contados do ato impugnado (STJ, REsp 984.946, DJ 29.11.2007).

6.7.4. *Obrigatoriedade do concurso*

O artigo 37, II, da CF tem o seguinte teor: *"a investidura em cargo ou emprego público depende de aprovação prévia em concurso público de provas ou de provas e títulos, de acordo com a natureza e a complexidade do cargo ou emprego, na forma prevista em lei, ressalvadas as nomeações para cargo em comissão declarado em lei de livre nomeação e exoneração"*.

Esse dispositivo cria uma regra que determina a realização de concurso para a admissão de pessoal na Administração.

Todavia, como toda regra, essa também tem exceção. Não será necessário concurso público nas nomeações para cargo em comissão.

Da mesma forma, não há necessidade de promover concurso público nas contratações temporárias de excepcional interesse público, sendo suficiente que se faça mero processo seletivo.

6.7.5. *Validade do concurso público*

Segundo o art. 37, III, da CF, *"o prazo de validade do concurso público será de até dois anos, prorrogável uma vez, por igual período"*.

Detalhe: a lei dispõe que a validade é de *até* 2 anos e não *de* dois anos. Ex.: se for fixado no edital como de um ano o prazo de validade do concurso, tal prazo poderá ser prorrogado, mas terá que ser *somente uma vez* e pelo *mesmo* período de um ano, de modo que, caso prorrogado, o prazo total do exemplo será de 2 anos de validade do concurso.

Os candidatos de um concurso não têm direito subjetivo à determinação de prorrogação do prazo de validade de um concurso. Trata-se de decisão discricionária da Administração. Porém, já se decidiu que, apesar de a Administração não estar obrigada a prorrogar o prazo de validade dos concursos, se novos cargos vierem a ser criados, durante esse prazo de validade, mostra-se de todo recomendável que se proceda a essa prorrogação (STF, RE 581.113-C).

6.7.6. Direitos do aprovado em concurso público

No passado, o aprovado em concurso público tinha apenas o direito de não ser *preterido* na ordem de classificação (art. 37, IV, da CF), lembrando que não há preterição na ordem de classificação quando a Administração nomeia candidatos menos bem colocados por força de ordem judicial (STF, Ag. Reg. no AI 698.618-SP). Dessa forma, a aprovação no concurso gerava ao candidato mera *expectativa de direito*, cabendo à administração a análise *discricionária* da conveniência ou não em nomear os candidatos aprovados.

Diante de alguns abusos, os tribunais começaram a reconhecer o direito à nomeação em situações em que a Administração Pública, no prazo de validade do concurso, *externava* de alguma maneira que tinha interesse em nomear novos servidores. Um exemplo eram as situações em que se abria *novo concurso* no prazo de validade do anterior ou em que se nomeava outro servidor (inclusive agentes terceirizados temporários: STF, Ag. Reg. no RE 739.426-MA; STJ, AgRg no RMS 33.893, DJ 30.11.2012) para exercer as *mesmas funções* do cargo para o qual o candidato fora aprovado.

Em seguida, o STF e o STJ passaram a entender também que o candidato aprovado em concurso tem *direito* de ser nomeado *no limite das vagas previstas no respectivo edital*, uma vez que a Administração, ao estabelecer o número de vagas, *vincula-se* a essa escolha e cria expectativa nos candidatos, impondo-se as nomeações respectivas, em respeito aos princípios da *boa-fé*, *razoabilidade*, *isonomia* e *segurança jurídica*. *Vide*, por exemplo, a didática decisão proferida pelo STF no RE 598.099.

É bom consignar que o STF até admite que a Administração deixe de nomear os aprovados no limite das vagas do edital se houver ato *motivado* demonstrando a existência de fato novo que torne inviável a nomeação. Tal ato, todavia, poderá ser controlado pelo Judiciário (RE 227.480, DJ 21.08.2009). De qualquer forma, na prática, será muito difícil que a Administração consiga justificar a existência de motivo que inviabiliza as nomeações, pois somente razões *pertinentes*, *novas*, *imprevisíveis* e *justificadas antes da impugnação de candidatos* à ausência de sua nomeação atendem ao princípio da *adequada motivação*. O STF, em outra decisão, resumiu assim os requisitos que devem estar previstos em conjunto para caracterizar essa situação excepcional: "a) superveniência, ou seja, vinculadas a fatos posteriores à publicação do edital; b) imprevisibilidade, isto é, determinadas por circunstâncias extraordinárias; c) gravidade, de modo a implicar onerosidade excessiva, dificuldade ou mesmo impossibilidade de cumprimento efetivo das regras editalícias; d) necessidade, traduzida na ausência de outros meios, menos gravosos, de se lidar com as circunstâncias" (RE 598.099, j. 10.08.2011).

A Administração também não será obrigada a nomear o servidor nessas condições caso o concurso tenha sido feito por conta da instalação de um novo órgão e esse órgão não vem a ser criado no período de validade do concurso (STF, RE 748.105 AgR/DF, j. 17.09.2013).

Feitas essas ressalvas, vale anotar outras características desse direito.

A primeira delas diz respeito ao efeito das *desistências* de outros candidatos nomeados no concurso. Por exemplo, alguém aprovado na 919ª posição, num concurso com 770 vagas previstas no edital, 633 nomeados e 150 desistências têm direito de ser nomeado? Segundo o STJ, a resposta é positiva. Isso porque as desistências devem ser *somadas* ao total de vagas previsto no edital. No caso (aliás, esse é um caso real – STJ, RMS 21.323, DJ 21.06.2010), somando-se as 770 vagas do edital com as 150 desistências dos nomeados, a administração pública fica obrigada a nomear até o classificado na 920ª posição.

A segunda característica diz respeito ao efeito da *criação de novas vagas* durante o prazo de validade do concurso. Nesse ponto, o STJ *não* vem reconhecendo o direito à nomeação daqueles que, com as novas vagas, estariam classificados no limite da somatória destas com as vagas do edital (AgRg no RMS 26.947, DJ 02.02.2009).

A terceira observação diz respeito a *efeito econômico* da não nomeação de um aprovado no limite das vagas do edital. Nessa seara, o STJ também não vem reconhecendo o direito à indenização pelo período pretérito à efetiva nomeação, pois entende não ser correto receber-se retribuição sem o efetivo exercício do cargo (AgRg no REsp 615.459/SC, DJe 07.12.2009). Todavia, quando há preterição na ordem de classificação, ou seja, quando alguém deixa de ser nomeado em favor de outro que está em pior classificação, o STJ entende devida a indenização, com pagamento de vencimentos retroativos à data da impetração judicial (MS 10.764/DF, DJ 01.10.2009).

A quarta observação diz respeito ao *momento adequado* para o ingresso com ação judicial visando à nomeação no limite das vagas do edital. Nesse ponto, ainda não há posição específica de nossos tribunais superiores. Mas há algumas pistas. O STJ entende que há interesse processual em se promover a ação ainda durante o prazo de validade do concurso (RMS 21.323, DJ 21.06.2010), o que permitiria, em nossa opinião, o ingresso da ação logo após a homologação do certame. E o mesmo STJ entende que também há interesse processual em promover a ação após o prazo de validade do concurso. Tratando-se de mandado de segurança, o STJ entende que o prazo decadencial de 120 se inicia da data que expirar a validade do concurso (AgRg no RMS 21.165/MG, DJ 08.09.2008).

De qualquer forma, o STF já decidiu que a posse dada a parte dos aprovados gera direito imediato de posse aos demais aprovados no limite das vagas do edital, seja nas vagas existentes, seja nas que vierem a vagar no prazo de validade do concurso (Ag. Reg. no AI 728.699-RS). Por exemplo, caso o edital preveja 40 vagas e, logo após a homologação do concurso, 25 aprovados sejam nomeados, os aprovados entre a 26a e a 40a colocações tem direito também de serem nomeados imediatamente.

Em suma, o fato é que o candidato a concursos públicos vem cada vez mais recebendo o apoio da jurisprudência dos tribunais superiores. E essa informação é útil não só para resolver questões que pedem o conhecimento dessas novidades, como também para que o candidato corra atrás dos seus direitos caso esses sejam violados.

6.7.7. *Acesso a novas carreiras sem concurso público*

Infelizmente, é muito comum a tentativa de burlar o instituto do concurso público, "promovendo" um servidor de uma carreira, para outra carreira, sem concurso público. Colocamos "promovendo" entre parêntesis, pois uma promoção só pode se dar dentro de uma carreira. Quando um servidor vai de uma carreira para outra carreira sem concurso, tem-se o que muitos chamam de acesso. O servidor passou num concurso para uma carreira "X" (carreira essa onde se esperar que terá promoções, mas dentro da própria carreira) e acaba sendo designado para uma carreira "Y", carreira totalmente diferente da primeira, sem concurso público. Por exemplo, o servidor entra numa carreira de "Técnico" e, sem concurso, consegue mudar para uma carreira de "Analista". Esse tipo de acesso a uma nova carreira é uma fraude, uma burla ao princípio do concurso público, pois o servidor prestou concurso para uma carreira (com grau de dificuldade e conteúdos diversos) e passa a outra carreira sem concursos e preterindo muitas pessoas que gostariam de prestar o concurso para essa segunda carreira, mas não têm essa oportunidade, por conta de servidores de outra carreira passarem para essa carreira diversa e que certamente teria muitos interessados se um concurso pra ela fosse aberto.

A Constituição de 1988 é clara: a investidura em cargo público efetivo depende de concurso (art. 37, II). Portanto, quando a Administração, mesmo diante de uma lei autorizativa, nomeia um servidor que estava num cargo "X" para um cargo "Y" sem concurso, está cometendo uma grande inconstitucionalidade, ferindo o princípio da acessibilidade aos cargos públicos, conforme julgou o STF, por exemplo, na ADI 917/MG (j. 06.11.2013), na qual se "julgou procedente pedido formulado em ação direta para declarar a inconstitucionalidade do §§ 1º ao 5º do artigo 27 da Lei 10.961/1992, do Estado de Minas Gerais, que dispõem sobre o acesso como forma de provimento dos cargos públicos naquela unidade federativa. Apontou-se que a norma impugnada permitiria que o procedimento de acesso viabilizasse a investidura em cargo de carreira diversa por meio de provimento derivado. Asseverou-se não haver base constitucional para manter na norma estadual o instituto do acesso a novas carreiras por seleções internas. Ponderou-se que essa forma de provimento privilegiaria indevidamente uma categoria de pretendentes que já possuía vínculo com a Administração estadual, em detrimento do público externo. Destacou-se que a norma estaria em antagonismo com o postulado da universalidade que, por imposição constitucional, deveria reger os procedimentos seletivos destinados à investidura em cargos, funções ou empregos públicos".

Vale observar que o STF, em outro caso no qual reconheceu a inconstitucionalidade da ascensão funcional, decidiu que não é possível que um servidor que tenha se beneficiado com essa ascensão, mas ainda não tenha uma situação sedimentada no novo cargo, invoque os princípios da segurança jurídica e da boa-fé para ficar no cargo novo, pois entendeu que é inviável invocar esses princípios no caso em que se pretende *o reconhecimento de uma nova posição jurídica incompatível com a Constituição e não a preservação de uma situação concreta sedimentada* (Ag. Reg. no RE 602.264-DF).

Ainda nesse sentido, o STF editou a Súmula Vinculante n. 43, que assim dispõe: "É inconstitucional toda modalidade de provimento que propicie ao servidor investir-se, sem prévia aprovação em concurso público destinado ao seu provimento, em cargo que não integra a carreira na qual anteriormente investido".

6.7.8. *Direito à segunda chamada em teste de aptidão física*

Esse tema que sofreu modificação na jurisprudência do STF, que agora entende que "os candidatos em concurso público não têm direito à prova de segunda chamada nos testes de aptidão física em razão de circunstâncias pessoais, ainda que de caráter fisiológico ou de força maior, salvo contrária disposição editalícia". Entendeu-se que não há ofensa ao princípio da isonomia e que o direito à segunda chamada poderia tornar o concurso infindável, além de gerar alto custo para a Administração. Por conta da mudança de posicionamento, e para que ficasse respeitado o princípio da segurança jurídica, atribuiu-se à decisão os efeitos da repercussão geral para o fim de assegurar a validade das provas de segunda chamada ocorridas até a data da conclusão do julgamento em questão (RE 630.733, j. 15.05.2013).

6.7.9. *Direito à anulação de questões de concursos*

Tema recorrente na jurisprudência é o direito do candidato de requerer a anulação de certas questões de concursos públicos. Geralmente, esse pedido é feito nas seguintes situações: a) quando a questão é formulada fora do conteúdo programático previsto no edital; b) quando a questão foi mal elaborada e apresenta problema no seu mérito.

A princípio, a jurisprudência do STF é no sentido de que o Judiciário é incompetente para substituir-se à banca examinadora de concurso público no reexame de critérios de correção das provas e de conteúdo das questões formuladas. Assim, quanto às alegações de que a questão está fora do conteúdo programático, por exemplo, basta que um tema esteja previsto de forma genérica no edital, para que, desde que haja um mínimo de conexão desse tema com o perguntado na questão que se deseja anular, para que Judiciário afaste a possibilidade de proceder à anulação da questão, mormente em mandado de segurança, que não permite dilação probatória (STF, MS 30.860/DF, j. 28.08.2012). E havendo dúvida sobre se uma questão foi corretamente elaborada ou não, o Judiciário deve evitar se substituir à banca examinadora.

Porém, o mesmo STF entende que, havendo erro grosseiro, o Judiciário pode ser reconhecer a ilegalidade. Um exemplo foi o caso em que questões de Direito Civil do concurso para Procurador da República foram anuladas pelo STF por restar patente sua ofensa ao que dispõe o

Código Civil (MS 30.859/DF, 28.08.2012). Por outro lado, o STF também já decidiu que os critérios adotados por banca examinadora de concurso público não podem ser revistos pelo Judiciário (RE 632.853, J. 23.04.2015).

6.7.10. *Cláusula de barreira*

Outro tema recorrente é o da constitucionalidade ou não da chamada cláusula de barreira (ou afunilamento). Essa cláusula é aquela utilizada quando um concurso tem mais de uma fase e se estipula no edital que só serão corrigidas as provas da outra fase referente a um número determinado de candidatos aprovados. Por exemplo, o edital do concurso pode prever uma nota de corte e dizer que, dentre os que atingiram a nota de corte, apenas 200 candidatos passarão para a próxima fase do concurso.

O STF entende que esse tipo de condição de passagem para outra fase é norma de avaliação e de classificação a critério do organizador do exame, tratando-se, ainda, de cláusula que atinge a todos indistintamente, daí porque não se pode considerá-la discriminatória (MS 30195 AgR-DF, j. 26.06.2012). Vide, também, o RE 635.739/AL, j. 19.02.2014, pelo STF. Vide, também, o RE 635.739/AL, j. 19.02.2014, pelo STF.

6.7.11. *Legitimação do Ministério Público para questionar itens de editais de concursos*

Sobre esse tema, o STF entende que o Ministério Público tem legitimidade, pois lhe é conferido atuar, mesmo quando se está diante de interesse individual homogêneo, quando presente o interesse social (RE 216.443/MG, j. 28.08.2012). No caso mencionado, o Ministério Público estadual ajuizara ação civil pública em torno de concurso para diversas categorias profissionais de uma prefeitura, tendo questionado que a pontuação adotada privilegiaria candidatos os quais já integrariam o quadro da Administração Pública Municipal, circunstância que revela que a matéria cuidada na ação tinha a relevância exigida a justificar a legitimidade do Ministério Público estadual.

6.7.12. *Direitos da pessoa com deficiência*

Segundo o art. 37, VIII, da CF, *"a lei reservará percentual dos cargos e empregos públicos para as pessoas portadoras de deficiência e definirá os critérios para a sua admissão"*.

A respeito dessa regra, confira as seguintes decisões do STF:

"Recurso ordinário em mandado de segurança interposto de acórdão do Superior Tribunal de Justiça que entendeu ser plausível o cálculo da quantidade de vagas destinadas à específica concorrência de acordo com o número de turmas do curso de formação. Os limites máximo e mínimo de reserva de vagas para específica concorrência tomam por base de cálculo a quantidade total de vagas oferecidas aos candidatos, para cada cargo público, definido em função da especialidade. Especificidades da estrutura do concurso, que não versem sobre o total de vagas oferecidas para cada área de atuação, especialidade ou cargo público, não influem no cálculo da reserva. Concurso público. Provimento de 54 vagas para o cargo de Fiscal Federal Agropecuário. Etapa do concurso dividida em duas turmas para frequência ao curso de formação. Convocação, respectivamente, de 11 e 43 candidatos em épocas distintas. Reserva de quatro vagas para candidatos portadores de deficiência. Erro de critério. Disponíveis 54 vagas e, destas, reservadas 5% para específica concorrência, três eram as vagas que deveriam ter sido destinadas à específica concorrência. A convocação de quarto candidato, ao invés do impetrante, violou direito líquido e certo à concorrência no certame" (RMS 25.666, Rel. Min. Joaquim Barbosa, julgamento em 29.09.2009, Segunda Turma, DJE de 04.12.2009).

"A exigência constitucional de reserva de vagas para portadores de deficiência em concurso público se impõe ainda que o percentual legalmente previsto seja inferior a um, hipótese em que a fração deve ser arredondada. Entendimento que garante a eficácia do art. 37, VIII, da CF, que, caso contrário, restaria violado" (RE 227.299, Rel. Min. Ilmar Galvão, julgamento em 14.06.2000, Plenário, DJ de 06.10.2000). No mesmo sentido: RE 606.728-AgR, Rel. Min. Cármén Lúcia, julgamento em 02.12.2010, Primeira Turma, DJE de 01.02.2011.

Repare que o STF firmou as seguintes posições:

a) na reserva de vagas para deficientes (concorrência específica), esses só concorrem entre si;

b) para o cálculo do número de vagas reservadas, deve-se fazer o arredondamento "para cima" da fração.

Vale, por fim, trazer a seguinte decisão do STJ sobre a não caracterização de pessoa com deficiência para fins de aplicação das regras de acessibilidade a essa pessoa, quando se tratar de alguém com surdez unilateral: "Candidato em concurso público com surdez unilateral não tem direito a participar do certame na qualidade de deficiente auditivo. Isso porque o Decreto 5.296/2004 alterou a redação do art. 4º, II, do Decreto 3.298/1999 – que dispõe sobre a Política Nacional para Integração de Pessoa Portadora de Deficiência e excluiu da qualificação "deficiência auditiva" os portadores de surdez unilateral. Vale ressaltar que a jurisprudência do STF confirmou a validade da referida alteração normativa. Precedente citado do STF: MS 29.910 AgR, Segunda Turma, DJe 01.08.2011." (MS 18.966-DF, j. 02.10.2013). O STJ editou a Súmula 552 a respeito do tema: "O portador de surdez unilateral não se qualifica como pessoa com deficiência para o fim de disputar as vagas reservadas em concursos públicos.".

6.7.13. *Vagas reservadas aos negros ("Cotas")*

A Lei 12.990/2014 reservou aos negros 20% das vagas oferecidas nos concursos públicos para provimento de **cargos efetivos** e **empregos públicos** no âmbito da administração pública federal, das autarquias, das fundações públicas, das empresas públicas e das sociedades de economia mista controladas pela União (art. 1º).

Essa **reserva de vagas** obedece às seguintes regras (arts. 2º a 4º):

a) será aplicada sempre que o número de vagas oferecidas no concurso público for igual ou superior a 3 (três), sendo que, na hipótese de quantitativo fracionado para o número de vagas reservadas a candidatos negros, esse será aumentado para o primeiro número inteiro subsequente, em caso de fração igual ou maior que 0,5 (cinco décimos), ou diminuído para número inteiro imediatamente inferior, em caso de fração menor que 0,5 (cinco décimos);

b) constará expressamente dos editais dos concursos públicos, que deverão especificar o total de vagas correspondentes à reserva para cada cargo ou emprego público oferecido;

c) poderão concorrer a essas vagas candidatos negros, considerados como aqueles que se autodeclararem pretos ou pardos no ato da inscrição no concurso público, conforme o quesito cor ou raça utilizado pelo IBGE, sendo que, na hipótese de constatação de declaração falsa, o candidato será eliminado do concurso e, se houver sido nomeado, ficará sujeito à anulação da sua admissão ao serviço ou emprego público, após procedimento administrativo em que lhe sejam assegurados o contraditório e a ampla defesa, sem prejuízo de outras sanções cabíveis;

d) os candidatos negros concorrerão concomitantemente às vagas reservadas e às vagas destinadas à ampla concorrência, de acordo com a sua classificação no concurso, sendo que os candidatos negros aprovados dentro do número de vagas oferecido para ampla concorrência não serão computados para efeito do preenchimento das vagas reservadas; já no caso de desistência de candidato negro aprovado em vaga reservada, a vaga será preenchida pelo candidato negro posteriormente classificado;

e) na hipótese de não haver número de candidatos negros aprovados suficiente para ocupar as vagas reservadas, as vagas remanescentes serão revertidas para a ampla concorrência e serão preenchidas pelos demais candidatos aprovados, observada a ordem de classificação.

f) quanto à nomeação dos candidatos aprovados, esta respeitará os critérios de alternância e proporcionalidade, que consideram a relação entre o número de vagas total e o número de vagas reservadas a candidatos com deficiência e a candidatos negros;

A lei entrou em vigor na data de sua publicação e terá vigência pelo prazo de 10 (dez) anos (lei temporária), não se aplicando aos concursos cujos editais já tivessem sido publicados antes de sua entrada em vigor (art. 6º).

6.7.14. *Contratação temporária*

O art. 37, IX, da CF, traz a seguinte disposição: *"a lei estabelecerá os casos de contratação por tempo determinado para atender a necessidade temporária de excepcional interesse público"*.

Cada ente político poderá legislar para o fim de regulamentar o dispositivo acima transcrito.

A Lei 8.745/1993 traz, para a esfera federal, os casos em que cabe esse tipo de contratação, servindo de exemplo aquela em situação de calamidade pública, combate a surtos endêmicos ou para recenseamento. A lei em questão traz um *regime jurídico administrativo* próprio, que não se confunde com o *regime trabalhista* (celetista), a afastar a competência da Justiça Trabalhista.

Geralmente o prazo máximo de contratação é de 12 meses, findo o qual o contrato se extingue.

Permite-se, em algumas situações, prorrogação do contrato.

É importante relatar que não é possível prever a contratação temporária para a admissão de servidores para funções burocráticas ordinárias e permanentes. Assim, o STF entendeu inconstitucional lei do Estado do Rio Grande do Norte que criou contratação temporária para Defensor Público (ADI 3.700). Confira outra decisão do STF a respeito do tema: "Servidor público: contratação temporária excepcional (CF, art. 37, IX): inconstitucionalidade de sua aplicação para a admissão de servidores para funções burocráticas ordinárias e permanentes" (ADI 2.987).

O STF consolidou entendimento no sentido de que é necessária a conjugação de quatro requisitos para que se possa efetivar uma contratação temporária (ADI 3430/ES): **a)** os casos excepcionais devem estar previstos em lei de modo específico (com o texto legal especificando a contingência fática que, presente, justificaria a contratação) e não de modo genérico (dando ao Chefe do Executivo poderes amplos para definir os casos desse tipo de contratação); **b)** o prazo de contratação seja predeterminado; **c)** a necessidade seja temporária; e **d)** o interesse público seja excepcional.

A contratação temporária não exige concurso público, mas é necessário fazer um processo seletivo simplificado para garantir um mínimo de moralidade, devendo esse ser dispensado em situações justificadas, procedendo-se à análise de *curriculum*. Nesse sentido, confira a seguinte decisão do STF:

"A regra é a admissão de servidor público mediante concurso público: CF, art. 37, II. As duas exceções à regra são para os cargos em comissão referidos no inciso II do art. 37, e a contratação de pessoal por tempo determinado para atender a necessidade temporária de excepcional interesse público. CF, art. 37, IX. Nessa hipótese, deverão ser atendidas as seguintes condições: a) previsão em lei dos cargos; b) tempo determinado; c) necessidade temporária de interesse público; d) interesse público excepcional" (ADI 2.229).

Conforme mencionado, os contratados são regidos pelo regime *sui generis* estabelecido na lei citada, não sendo correto dizer que são contratados pelo regime celetista, já que eles têm um estatuto próprio.

Assim sendo, compete à Justiça Comum e não à Justiça do Trabalho julgar as controvérsias decorrentes dessa relação, conforme vem decidindo pacificamente o STF (ADI 3.395-MC-DF).

6.8. Direito de greve e de sindicalização

A Constituição de 1988, em sua redação original, contemplava o direito de greve no serviço público, mas o condicionava à edição de uma *lei complementar*.

Essa lei acabou não sendo editada e o STF, chamado a se pronunciar, decidiu, num mandado de injunção julgado nos anos 90, que o direito de greve do servidor era norma de eficácia limitada, não sendo ser exercido enquanto não fosse regulamentado.

Na ocasião, o STF se limitou a declarar a mora legislativa, adotando a teoria não concretista, pela qual o mandado de injunção não se presta a suprir lacunas legislativas, mas apenas a constatar a mora, quando esta existir.

Sobreveio a EC 19/1998, pela qual o direito de greve do servidor ficava mantido, sendo ser exercido nos termos e limites definidos em *lei específica* (art. 37, VII).

Outra década se passou sem a edição da tal lei específica. Até que, em 2007, o STF, rompendo com sua tradição em mandado de injunção, adotou a teoria concretista geral, julgando procedente novos mandados de injunção sobre o assunto (MIs 670/ES, 708/DF e 712/PA), para declarar *mora legislativa abusiva* e **conceder ao servidor o direito de exercer greve**, observados os preceitos da Lei 7.783/1989, que trata da greve na iniciativa privada.

A decisão resolveu preencher uma lacuna legislativa, com efeitos *erga omnes*, utilizando-se da analogia para determinar a utilização da lei referida até que adviesse a lei específica preconizada na Constituição.

A partir dessa decisão, começaram a surgir várias discussões sobre os contornos do direito de greve.

Sobre os **serviços que não podem ser objeto de greve**, além das proibições constitucionais relativas aos *militares das forças armadas* e aos *policiais militares* (art. 142, § 3º, IV, c/c art. 42, § 1º da CF), há entendimento do Min. Eros Grau no sentido de que *policiais civis* também não podem entrar em greve. Aliás, para esse Ministro, o direito de greve não é absoluto. Há serviços públicos em que a coesão social impõe que sejam prestados plenamente, em sua totalidade.

Nesse sentido, Eros Grau entende ser proibida a greve nos serviços de *segurança pública*, de *administração da Justiça*, de *arrecadação tributária* e de *saúde pública* (Recl 6.568, DJ 25.09.2009), posição que ainda não está pacificada no STF.

No STJ, por sua vez, vem se admitindo a greve nos mais variados setores, salvo os proibidos pela Constituição. No entanto, levando em conta os princípios da supremacia do interesse público e da continuidade do serviço público, esse tribunal vem, caso a caso, estipulando um **percentual mínimo** de pessoal a continuar trabalhando a fim de que não haja paralisação total dos serviços.

A título de exemplo, o STJ, considerando o período eleitoral, definiu em 80% o mínimo de servidores necessários na Justiça Eleitoral (Pet 7.933, DJ 08.06.2010). Para a Justiça Federal, fixou-se em 60% o mínimo de servidores em serviço (Pet 7.961, DJ 18.06.2010). E para os médicos peritos do INSS, determinou-se que 50% mantivessem o trabalho (Pet 7.985, DJ 25.06.2010).

Para fazer valer suas decisões o STJ vem fixando o pagamento de **multa** à entidade representante dos trabalhadores no caso de descumprimento de decisão relativa à greve. Trata-se de multa diária, que vem sendo fixada entre R$ 50 mil e R$ 100 mil para sindicatos de grande porte.

Outro ponto interessante diz respeito à possibilidade de **corte nos vencimentos** dos grevistas. No STJ, ainda há controvérsia a respeito. O posicionamento tradicional admite o corte (STJ, MS 15.272-DF). Mas há decisão no sentido de que, por se tratar de direito Constitucional do servidor e envolver verba alimentar, o corte prévio é proibido, devendo-se buscar a compensação dos dias paralisados sob pena de reposição ao erário dos vencimentos pagos (MC 16.744, DJ 10.05.2010). É bom lembrar que a Lei 8.112/1990 dispõe que só por lei e por mandado judicial é possível o desconto de vencimentos (art. 45). Ademais, ainda não foi instituído um Fundo de Greve, com contribuições para o exercício desse direito Constitucional. Nada impede, todavia, que se determine que o servidor grevista reponha, posteriormente, as horas não trabalhadas.

Por fim, vale lembrar que não é possível **exonerar ou demitir** servidor por ter participado de movimento grevista. Há várias leis no país dispondo que o servidor em estágio probatório que participar de greve deve ser exonerado. Tais leis ferem o direito constitucional de greve e o princípio da isonomia, segundo o STF (ADI 3.235, DJ 12.03.2010).

É importante ressaltar, ainda, que a Constituição veda a greve dos militares das Forças Armadas (art. 142, § 3º, IV, CF) e, por extensão, dos militares dos Estados-membros, do Distrito Federal e dos Territórios (art. 42, § 1º, CF).

Quanto ao direito de sindicalização, o art. 37, VI, da CF estabelece que *"é garantido ao servidor público civil o direito à livre associação sindical"*. Aqui também incide vedação aos militares (art. 142, § 3º, IV, CF).

6.9. Proibição de acumulação remunerada

A Constituição traz regra proibindo a acumulação remunerada de cargos públicos (art. 37, XVI).

Nada obstante, desde que haja compatibilidade de horários, admite-se a acumulação remunerada nos seguintes casos: a) de dois cargos de professor; b) um cargo de professor com outro, técnico ou científico; c) a de dois cargos ou empregos privativos de profissionais da saúde com profissões regulamentadas (alteração feita por força da EC 34/2001).

Quanto à **extensão da regra**, deve-se ressaltar que a proibição vale também para empregos e funções e abrange autarquias, fundações, empresas públicas, sociedades de economia mista, suas subsidiárias e sociedades controladas, direta ou indiretamente, pelo Poder Público.

Outros casos trazidos na Constituição de permissão de acumulação remunerada são os seguintes: a) magistrados e membros do Ministério Público: permite-se acumulação com um cargo ou função de professor (art. 95, parágrafo único, I, e art. 128, § 5º, II, "d", ambos da CF, respectivamente); b) vereador: pode acumular, mas desde que haja compatibilidade de horários (art. 38, III, CF); caso não haja tal compatibilidade, o eleito deve se afastar do cargo, emprego ou função que tinha, tendo a faculdade de escolher qual remuneração deseja receber como vereador, se a que detinha antes ou a prevista para o cargo eletivo; c) prefeito: não pode acumular, devendo afastar-se do cargo, emprego ou função que detinha, podendo optar pela remuneração (art. 38, II, CF); d) mandato eletivo federal, estadual e distrital: ficará afastado do cargo, emprego ou função anterior (art. 38, I, CF), sem poder optar pela remuneração.

Nos casos de afastamento, o tempo de serviço do mandato será contado para todos os fins do cargo, emprego ou função originais (previdenciários, para concessão de quinquênios etc.), exceto promoção por merecimento.

A **finalidade** de tal regra é evitar que o exercício de várias funções possa comprometer a boa qualidade do serviço, atendendo também a critérios de moralidade (quanto aos cargos em comissão), bem como à necessidade de se permitir que outras pessoas possam ter oportunidade de acesso a cargos, empregos ou funções públicas. As exceções, por sua vez, visam a melhor aproveitar pessoas que tenham capacidade técnica e científica para dadas atribuições.

Vale salientar que, mesmo nos casos em que há permissão de acumulação remunerada de cargos públicos (casos que tem rol taxativo na Constituição), tem-se que cumprir ainda o requisito da **compatibilidade de horários**, dos dois cargos que se pretende acumular. Por conta disso o TCU decidiu no Acórdão 2.133/05 que o limite máximo de horas de trabalho nos dois cargos em que se pretende a acumulação é de 60 horas semanais, decisão fundamentada na presunção de que, mais do que isso, haveria comprometimento da qualidade do serviço. Todavia, o STJ tem decidido que esse limite não tem força normativa, nem há lei estabelecendo carga horária máxima, seja diária, seja semanal. Dessa forma, a compatibilidade de horários deve ser vista caso a caso, não se fazendo fazer presunção de que 60 horas é o máximo permitido por semana (AgRg no AREsp 291.919-RJ, j. em 18.04.2013).

Há de se ressaltar também que em qualquer dos casos de acumulação comentados neste item faz-se mister respeitar o disposto no inciso XI do art. 37 da Constituição quanto aos **tetos remuneratórios**. Assim sendo, a somatória dos valores recebidos em acumulação não pode ultrapassar o teto respectivo, sofrendo o agente um corte na folha de pagamento se tal ocorrer.

Diante das regras sobre proibição de acumulação remunerada de cargo, emprego ou função, confira-se a casuística do STF e do STJ a respeito do tema:

a) é vedada a acumulação dos cargos e remuneração de vereador e secretário municipal, sendo esta interpretação sistemática dos arts. 36, 54 e 56 da CF, bem como o princípio da separação dos Poderes (STF, RE 497.554/PR);

b) é vedada a acumulação dos cargos de médico com cargo de perito criminal da polícia civil na modalidade médico veterinário (STF, RE, 248.248);

c) é vedada a acumulação dos cargos de inspetor escolar com o de supervisor pedagógico, pois não diz respeito à exceção, que deve ser interpretada estritamente, em que se permite a acumulação de dois cargos de professor ou um técnico com um de professor (STF, RE 382.389);

d) é vedada a acumulação de dois cargos de jornalista (STF, RE 463.028);

e) é permitida a acumulação de cargo de médico militar com o de professor de instituição pública de ensino; primeiro porque o médico militar não desempenha função típica de militar, circunstância, que, se existisse, impediria a acumulação; segundo porque a Constituição admite a acumulação de cargo de *professor* com cargo *técnico ou científico*, sendo que o cargo de médico é considerado técnico ou científico, pois sua ocupação pressupõe formação em área especializado do conhecimento, dotada de método próprio (STJ, RMS 39.157);

Tema correlato é o da **acumulação de remuneração com aposentadoria.** Também, como regra, é proibida. Como exceção pode existir tal acumulação se os cargos da ativa e da inatividade forem cumuláveis entre si. Outra exceção importante é a que permite a acumulação da aposentadoria com a remuneração de um cargo em comissão ou de um mandato eletivo (art. 37, § 10, CF). Perceba que a regra que veda a percepção simultânea de proventos de aposentadoria com remuneração de cargo, emprego ou função diz respeito tão somente às aposentadorias especiais, ou seja, a dos ocupantes de cargos efetivos (art. 40, CF), a dos militares estaduais (art. 42, CF) e a dos militares das Forças Armadas (art. 142, CF). Essa acumulação não é vedada quando se trata de acumulação de proventos de aposentadoria com remuneração proveniente de contratação temporária (STJ, REsp 1.298.503, DJ 13.04.2015).

Porém, não se admite acúmulo tríplice de provimentos e vencimentos de professor, mesmo que decorrentes de aprovações em concursos públicos posteriores à vigência da EC 20/98 (STF: AI 545.424 AgRg, DJ de 25.03.2013; AI 529.499 AgR, DJ 17.11.2010).

6.10. Estabilidade e estágio probatório

O instituto da *estabilidade* está previsto no art. 41 da CF. A partir do texto constitucional, a doutrina aponta três requisitos para sua aquisição: a) nomeação para "cargo efetivo", em virtude de concurso público; b) "três anos de efetivo exercício" no cargo; c) aprovação em "avaliação especial de desempenho por comissão instituída para essa finalidade".

O primeiro requisito ("cargo efetivo") foi introduzido pela EC 19/1998. A redação anterior exigia apenas que o "servidor" fosse nomeado em virtude de concurso, não havendo referência ao cargo ser efetivo ou não, o que permitia que servidores celetistas em geral pudessem pleitear a estabilidade.

A atual redação, porém, parece ter deixado claro que somente servidores titulares de verdadeiros cargos efetivos teriam direito à estabilidade.

Porém, o TST, chamado a se manifestar sobre o tema, concluiu que os "servidores celetistas" das pessoas jurídicas de direito público (União, Estados, DF, Municípios, autarquias, fundações públicas, agências reguladoras e associações públicas) também têm direito à estabilidade, direito esse que só não existe para os celetistas das pessoas jurídicas de direito privado estatal, como a empresa pública e a sociedade de economia mista (Súmula 390 do TST).

Quanto ao segundo requisito ("três anos de efetivo exercício"), esse também foi alterado pela EC 19/1998. Na redação original exigiam-se dois anos de efetivo exercício. Essa redação fazia com que a Administração Pública estipulasse como estágio probatório o período de dois anos, porque esse estágio sempre foi considerado o tempo de efetivo exercício em que se verificaria se o servidor empossado tinha ou não aptidão para auferir a definitiva titularidade do cargo.

Ocorre que a Constituição foi alterada, aumentando o tempo de exercício para três anos, e os estatutos de funcionário público não acompanharam essa modificação. Exemplo disso é o próprio estatuto federal (Lei 8.112/1990). Isso fez com que os tribunais, num primeiro momento, decidissem que o prazo para estágio probatório é um e o prazo de efetivo exercício para adquirir a estabilidade é outro. Esse posicionamento tinha repercussão prática, pois há direitos que só existem após o fim do estágio probatório (ex.: direito de promoção) e, sendo esse mais curto, pessoas que ainda não tinham estabilidade poderiam gozar desses direitos após os dois anos de estágio.

O STF (STA 269 AgR, DJ 26.02.2010) e o STJ (MS 12.523/DF, DJ 18.08.2009) se posicionaram no sentido de que o período de estágio probatório deve coincidir com o período de efetivo exercício para a aquisição da estabilidade, no caso, ambos os períodos são de 3 anos e correm conjuntamente, pouco importando a redação do estatuto local.

Vale ressaltar que esses tribunais vêm entendendo que os períodos de estágio probatório e efetivo exercício ficam suspensos quando o servidor é afastado ou cedido para outro órgão (STJ, RMS 23.689, DJ 07.06.2010).

Ademais, para o STF (MS 22.744, DJ 26.11.2004) e para o STJ (RMS 23.689, DJ 07.06.2010), não pode o servidor em estágio probatório aposentar-se voluntariamente, uma vez que o estágio probatório constitui etapa final do processo seletivo para a aquisição da titularidade do cargo público.

Passando ao terceiro requisito para a estabilidade ("avaliação especial de desempenho por comissão instituída para essa finalidade"), o primeiro ponto exigido pelo STF (AI 623.854, DJ 23.10.2009) e pelo STJ (RMS 20.934, DJ 01.02.2010) é que seja um procedimento que não é de natureza disciplinar (não sendo necessário cumprir os requisitos do processo disciplinar), mas que assegure o devido processo legal, o que impõe observância do contraditório e da ampla defesa. Assim, exige-se que o servidor possa apresentar defesa, instruir o procedimento com provas e ter contra si exarada decisão devidamente motivada.

Outro direito do servidor é que a avaliação de desempenho ocorra no limite dos três anos de efetivo exercício. Isso significa que, após o transcurso desse prazo, sem a realização da avaliação, o servidor pode ser considerado estável, pois a desídia da Administração não pode ser a ele imputada, presumindo-se que o servidor teve reconhecida sua aptidão.

Após o transcurso dos três anos de efetivo exercício, o servidor pode até ser exonerado por inaptidão para o cargo, mas desde que a avaliação de desempenho tenha se dado durante o período de estágio probatório e a exoneração tenha sido motivada nas suas conclusões (STJ, RMS 23.504, DJ 02.08.2010).

Outro posicionamento diz respeito a quem deve proceder à avaliação de desempenho. Nesse sentido, o STJ entende que não há violação ao art. 41 da CF quando a chefia imediata promove a avaliação de desempenho do servidor, funcionando a Comissão de Avaliação como órgão revisor e como órgão emissor do parecer final do estágio probatório (RMS 23.504, DJ 02.08.2010).

Também já restou pacificado que o servidor que sai de um cargo numa dada administração (por exemplo, de policial militar) e vai para outro cargo na mesma administração (por exemplo, de policial civil) não pode aproveitar o estágio probatório anteriormente cumprido (STJ, RMS 20.934, DJ 01.02.2010).

Vale igualmente lembrar que os servidores em estágio probatório não podem sofrer restrições que não decorram explícita ou implicitamente da lei. Nesse sentido, o STF proíbe a discriminação dos não estáveis, caso lei ou ato normativo estabeleça que estes, se participarem de greve durante o estágio probatório, estão sujeitos à exoneração (ADI 3.235, DJ 12.03.2010). Servidor em estágio probatório tem, portanto, direito de greve.

Ficam, então, noticiadas as principais decisões sobre a estabilidade e o estágio probatório, devendo o candidato ficar atento a outras decisões, uma vez que o tema é corrente na jurisprudência.

6.11. Disponibilidade

É a colocação do servidor estável em inatividade remunerada, até seu adequado aproveitamento em outro cargo, com proventos proporcionais ao seu tempo de serviço.

Trata-se de direito do servidor, desde que estável, que ocorre nas seguintes situações: a) quando o cargo é extinto; b) quando o cargo é declarado desnecessário; c) quando um servidor é reintegrado e volta para o cargo para onde foi chamado um novo servidor, ficando este desalojado por não ter um cargo de origem, podendo, se já estável, ser colocado em disponibilidade.

É importante ressaltar que só tem esse direito quem já é estável (*vide* § 3º do art. 41 da CF). Nesse sentido, dispõe a Súmula 22 do STF que: "o estágio probatório não protege o funcionário contra a extinção do cargo".

Nunca se deve esquecer de que a CF é taxativa no sentido de que na disponibilidade a remuneração será proporcional ao tempo de serviço do agente. Antes da EC 19/1998, o STF entendia que era integral, portanto é bom saber que agora é proporcional.

A disponibilidade a que estão sujeitos os juízes e promotores não implica remuneração proporcional, sob pena de ofensa à vitaliciedade a que têm direito, de maneira que será integral a remuneração para essas situações.

6.12. Sistema remuneratório

Para que se possa entender o sistema remuneratório dos servidores públicos, de rigor verificar os seguintes conceito:

a) remuneração (estipêndio/vencimentos): devida à grande massa de servidores, corresponde ao padrão fixado em lei (vencimento), mais vantagens pessoais;

b) salário: devido aos empregados públicos da Administração Direta e Indireta, vale dizer, àqueles regidos pela CLT;

c) subsídio: modalidade de remuneração fixada em parcela única e devida aos agentes políticos (art. 39, § 4º, CF: fala-se em membro de Poder, detentor de mandato eletivo, Ministros de Estado e Secretários Estaduais e Municipais), membros do Ministério Público, aos Policiais (art. 144, § 9º, CF), Procuradores de Estado, Defensores Públicos, Procuradores da Fazenda Nacional e integrantes da Advocacia Geral da União (art. 135), bem como Ministros dos Tribunais de Contas. O § 8º do art. 39 da CF abre possibilidade de a remuneração dos servidores organizados em carreira ser também por subsídio, nos termos de lei. Vale ressaltar que no subsídio não se fala em vantagens pessoais, já que se trata de parcela única, vedado o acréscimo de qualquer gratificação, adicional, abono, prêmio, verba de representação ou outra espécie remuneratória, obedecido ao teto remuneratório constitucional. Entretanto, os direitos gerais dos servidores previstos no § 3º do art. 39 da CF permanecem.

d) adicionais: devidos por tempo de serviço ou função especial, que exige conhecimentos especializados ou um regime próprio de trabalho. O adicional se relaciona com o tempo (adicional de tempo) ou com a função (adicional de função – ex.: por dedicação integral, por nível universitário);

e) gratificações: devidas por condições personalíssimas ou por anormalidades no desempenho da função, com característica de precariedade. As gratificações se relacionam com o servidor (pessoal: por ter filho – salário família etc.) ou com o serviço (segurança, insalubridade ou onerosidade);

f) indenizações: mero ressarcimento de despesas efetuadas pelo agente no desempenho de atividade pública, não se incorporando na remuneração. Ex.: ajuda de custo (mudança), diárias (despesas para viagem a trabalho) e auxílio-transporte (condução para o trabalho).

A par dos conceitos acima, tem-se como fundamental também verificar os seguintes princípios ou regras desse sistema:

a) proibição de efeito cascata: vantagens e gratificações não podem incidir umas sobre as outras. Nesse sentido, *vide* o inciso XIV do artigo 37 da CF: *"os acréscimos pecuniários percebidos por servidor público não serão computados nem acumulados para fins de concessão de acréscimos ulteriores"*.

b) fixação por lei e revisão geral anual: *a remuneração e o subsídio somente poderão ser fixados ou alterados por lei específica, observada a iniciativa privativa em cada caso. Fica assegurada revisão geral anual, sempre na mesma data e sem distinção de índices.* O STF é pacífico no sentido de que não é possível que iniciativa ou emenda parlamentar disponha sobre o aumento de remuneração dos servidores, de iniciativa privativa do Executivo (arts. 61, § 1º, II, "a", e 63, I, ambos da CF), sendo que a fixação ou alteração de remuneração depende de lei específica (art. 37, X, da CF), ficando vedada a ainda que a lei estabeleça vinculação ou equiparação remuneratórias para efeito de remuneração de pessoal (art. 37, XIII, da CF), conforme se pode conferir na ADI 64/RO. No que diz respeito aos membros da polícia no Distrito Federal, o STF editou a Súmula Vinculante 39: "Compete privativamente à União legislar sobre vencimentos dos membros das polícias civil e militar e do corpo de bombeiros militar do Distrito Federal".

c) teto remuneratório: a EC 41/2003 modificou o inciso XI do art. 37 da CF, que antes trazia como teto único o subsídio dos Ministros do STF, estabelecendo um teto nacional existente também no subsídio mensal, em espécie, dos Ministros do STF, bem como subtetos. Na esfera da união vale o teto nacional para todos os Poderes. Nos Estados e DF tem-se como subtetos no âmbito do Executivo o subsídio do Governador, no âmbito do Legislativo o subsídio dos Deputados estaduais/distritais e no âmbito do Judiciário o subsídio dos Desembargadores do TJ, limitado este a 90,25% do subsídio dos Ministros do STF. A EC 47/2005 permite aos Estados e ao DF, por meio de emenda às respectivas constituições e Lei Orgânica, adotar como limite único o subsídio dos Desembargadores do TJ, não se aplicando a regra aos subsídios dos deputados estaduais e distritais e dos vereadores. Nos Municípios, o subteto é o subsídio do Prefeito. Estabeleceu-se, ainda, como subteto para os membros do MP, Procuradores e Defensores Públicos, o subsídio dos Desembargadores do TJ. Vale salientar que o valor do que deve estar sentido no teto abrange a remuneração e o subsídio, os proventos, pensões ou outra espécie remuneratória, percebidos cumulativamente ou não, incluídas as vantagens pessoais ou de qualquer outra natureza. Além disso, a regra do teto atinge os ocupantes de cargos, funções e empregos públicos da administração, direta, autárquica e fundacional, membros dos Poderes da União, dos Estados, do DF e dos Municípios, detentores de mandato eletivo e demais agentes políticos. Aplica-se também às empresas públicas e sociedades de economia mista e suas subsidiárias que receberem recursos da União, dos Estados, do Distrito Federal ou dos Municípios para pagamento de despesas de pessoal ou custeio em geral (art. 37, § 9º, CF).

Vale ressaltar que o STF vinha entendendo que "as vantagens pessoais percebidas antes da entrada em vigor da EC 41/2003 não se computam para fins de cálculo do teto constitucional" (MS 27565, j. 18.10.2011). Nesse caso, reconheceu-se a procurador da república aposentado o direito de, a partir da data da impetração, continuar a receber, sem redução, o montante bruto que percebia anteriormente à EC 41/2003, até a sua total absorção pelas novas formas de composição de seus proventos. Porém, o mesmo STF reconheceu a eficácia imediata do abate-teto sobre salários e proventos de servidores públicos ativos e inativos e a inclusão de vantagens pessoais no teto remuneratório , em decisão que entendeu por bem "fixar a tese de que o teto de remuneração estabelecido pela Emenda Constitucional 41/2003 é de eficácia imediata, submetendo às referências de valor máximo nela fixadas todas as verbas remuneratórias percebidas pelos servidores de União, estados e municípios, ainda que adquiridas sob o regime legal anterior" (RE 609.381, j. 02.10.2014).

d) proibição de vinculação ou equiparação: *é vedada a vinculação ou equiparação de quaisquer espécies remuneratórias para efeito de remuneração dos servidores*; o STF entende violada essa regra quando se vincula o reajuste de vencimentos ao incremento da arrecadação de ICMS (RE 218.874/SC) ou que vincula o reajuste do subsídio do governador ao reajuste concedido aos servidores (ADI 3491); o mesmo tribunal editou a Súmula Vinculante 37, tratando, ainda, da proibição de aumento de vencimento dos servidores com fundamento na isonomia ("Não cabe ao Poder Judiciário, que não tem função legislativa, aumentar vencimentos de servidores públicos sob o fundamento de isonomia"); vide, a respeito, a decisão proferida pelo STF no RE 592.317/RJ, j. 28.08.2014;

e) irredutibilidade: *os subsídios e os vencimentos são irredutíveis* (art. 37, XV, CF); o STF entende que fere esse princípio o aumento na carga de trabalho do servidor sem o consequente aumento na remuneração (RE 255792/MG); entende também que o princípio é violado quando se desconta a remuneração de servidor afastado de suas funções por responder por processo penal em face da acusação de cometimento de crime funcional (RE 482.006); entende ainda que a aplicação do teto remuneratório previsto na EC 41/2003 não fere direito adquirido nem o princípio da irredutibilidade, eis que que os excessos eventualmente percebidos fora dessas condições, ainda que com o beneplácito de disciplinas normativas anteriores, não estariam amparados pela regra da irredutibilidade, ressaltando, ademais, que o pagamento de remunerações superiores aos tetos de retribuição, além de se contrapor a noções primárias de moralidade, de transparência e de austeridade na administração dos gastos com custeio, representaria gravíssima quebra da coerência hierárquica essencial à organização do serviço público (RE 609.381, j. 02.10.2004);

f) proibição de indexação: o STF editou a Súmula Vinculante n. 42, com o seguinte teor: "É inconstitucional a vinculação do reajuste de vencimentos de servidores estaduais ou municipais a índices federais de correção monetária";

g) publicação obrigatória: "os Poderes Executivo, Legislativo e Judiciário publicarão anualmente os valores do subsídio e da remuneração dos cargos e empregos públicos" (art. 39, § 6º, CF).

h) direitos dos ocupantes de cargos públicos: o § 3º do artigo 39 da Constituição dispõe que se aplica aos servidores ocupantes de cargo público o disposto no art. 7º, IV, VII, VIII, IX, XII, XIII, XV, XVI, XVII, XVIII, XIX, XX, XXII e XXX.

Confira o disposto no incisos citados do art. 7º da CF: IV e VII (salário mínimo), VIII (décimo terceiro salário), IX (remuneração de trabalho noturno superior à do diurno), XII (salário-família ao trabalhador de baixa renda), XIII (jornada diária não superior a 8 horas e semanal não superior a 44 horas, facultadas compensações), XV (repouso semanal remunerado), XVI (hora extra superior em pelo menos 50% da hora normal), XVII (férias anuais, com 1/3 a mais de remuneração), XVIII (licença à gestante de 120 dias), XIX (licença-paternidade), XX (proteção do mercado de trabalho da mulher), XXII (redução dos riscos do trabalho) e XXX (proibição de diferença de salário, função ou admissão por discriminação).

6.13. Aposentadoria

Consiste na transferência para a inatividade remunerada, cumpridos certos requisitos. Vejamos os tipos de aposentadoria:

Por invalidez: deve ser invalidez permanente, sendo os proventos proporcionais ao tempo de contribuição, exceto se decorrente de acidente em serviço, moléstia profissional ou doença grave contagiosa ou incurável, na forma da lei.

Compulsória: aos 75 anos de idade, com proventos proporcionais ao tempo de contribuição. Antes a aposentadoria em questão se dava aos 70 anos. Porém, a EC 88/2015 estabeleceu que essa aposentadoria passava a se dar aos 75 anos para ministros do STF, dos Tribunais Superiores e do TCU, podendo o legislativo estender para as demais carreiras públicas essa regra, o que acabou sendo feito pelo Congresso Nacional, de modo que agora a aposentadoria compulsória se dá aos 75 anos para todos os cargos públicos.

Voluntária: a pedido do interessado.

a) com remuneração proporcional ao tempo de serviço: aos 65 anos/homem e 60 anos/mulher;

a) com remuneração integral: aos 60 anos/homem (mínimo de 35 anos de contribuição) e 55 anos/mulher (mínimo de 30 anos de contribuição).

As aposentadorias mencionadas ficam condicionadas a que o agente tenha tempo mínimo de 10 anos de efetivo exercício no serviço público e 5 anos no cargo efetivo em que se dará a aposentadoria.

No caso de professor que comprove exclusivo e efetivo magistério na educação infantil/ensino fundamental/ensino médio reduz-se em 5 anos a idade e o tempo de contribuição para a concessão de aposentadoria voluntária integral. Nesse tema o STF entende que, "salientando que a atividade docente não se limita à sala de aula, e que a carreira de magistério compreende a ascensão aos cargos de direção da escola, o Tribunal, por maioria, julgou parcialmente procedente o pedido formulado para conferir interpretação conforme, no sentido de assentar que as **atividades mencionadas de exercício de direção de entidade escolar e as de coordenação e assessoramento pedagógico também gozam do benefício, desde que exercidas por professores**" (ADI 3.772/DF – g.n.).

Vale consignar que a Constituição abre espaço para o fim da aposentadoria com limite na remuneração integral. Confira-se a redação trazida pela EC 20/1998 ao § 14 do art. 40: *"a União, os Estados, o Distrito Federal e os Municípios, desde que instituam regime de previdência complementar para os seus respectivos servidores titulares de cargo efetivo, poderão fixar, para o valor das aposentadorias e pensões a serem concedidas pelo regime de que trata este artigo, o limite máximo estabelecido para os benefícios do regime geral de previdência social de que trata o art. 201".* O § 15 do mesmo artigo diz que a lei complementar disporá sobre as normas gerais para instituição do regime de previdência complementar em questão.

A possibilidade citada não saiu do papel, daí porque o constituinte derivado editou a EC 41/2003 limitando o valor dos benefícios previdenciários dos agentes públicos e determinando a instituição de previdência complementar fechada, de natureza pública e na modalidade de contribuição definida.

Assim, dispôs o texto constitucional que os proventos serão calculados considerando as remunerações utilizadas como base para as contribuições do servidor aos regimes de que tratam os arts. 40 e 201 da CF, na forma da lei (art. 40, § 3º), estabelecendo como limite máximo para o valor dos benefícios do regime geral do art. 201 a quantia de R$ 2.400,00, reajustada a partir da publicação da EC 41/2003 pelos índices aplicados aos benefícios do regime geral (art. 5º, EC/1941).

Quanto à previdência complementar dos servidores públicos, foi criada na esfera federal pela Lei 12.618/2012, sobre a qual vale fazer os seguintes apontamentos:

a) essa lei entrou totalmente em vigor, quanto ao Poder Executivo, com a edição do Decreto 7.808, publicado em 21 de setembro de 2012 (*vide* art. 33 da Lei 12.618/2012), decreto esse que criou a Fundação de Previdência Complementar do Servidor Público Federal do Poder Executivo (Funpresp-Exe); quanto ao Poder Judiciário, com a edição da Resolução STF 496/2012, publicada em 29.10.2012; e quanto à Câmara dos Deputados, ao Senado Federal e ao Tribunal de Contas da União, estes três órgãos celebraram, em 31.01.2013, Convênio de adesão à Funpresp-Exe, como patrocinadores do plano sob administração desta; com isso agentes públicos federais que ingressaram no serviço público após as datas mencionadas passaram a ter como limite máximo de aposentadoria o previsto para o Regime Geral de Previdência (art. 3º, I, da Lei 12.618/2012), mas com a possibilidade de complementar esse valor com o regime de previdência complementar; porém, servidores que tenham ingressado no serviço público até data anterior ao início da vigência de previdência complementar poderão, mediante prévia e expressa opção, aderir ao regime de previdência complementar (art. 1º, § 1º, da Lei 12.618/2012), mas aplicando-se a ele o limite máximo estabelecido para os benefícios do regime geral de previdência, o que, mesmo havendo um benefício especial em favor desses servidores mais antigos que aderirem (art. 3º, §§ 1º e 2º, da Lei 12.618/2012), fará com que dificilmente um servidor que tenha ingressado no serviço público antes da vigência do regime em questão tenha interesse em aderir a ele;

b) o regime de previdência complementar é aplicável não só aos servidores públicos do Executivo em geral, como também do Judiciário, do Legislativo, Ministério Público da União (MPU) e Tribunal de Contas da União (TCU), como também aos membros do Judiciário, do MPU e do TCU, ou seja, atingindo juízes federais e do trabalho, desembargadores, ministros dos tribunais superiores, procuradores da república e do trabalho e ministros dos tribunais de contas;

c) a lei define como **patrocinadores** a União, suas autarquias e fundações, como **participante**, o servidor titular de cargo e o membro de poder, que aderirem aos planos de benefícios administrados pelas entidades; e como **assistidos**, o participante ou o seu beneficiário em gozo de benefício de prestação continuada (art. 2º da Lei 12.618/2012);

d) os planos de benefício da Lei 12.618/2012 são estruturados na modalidade de **contribuição definida**, sendo que a alíquota que incidirá sobre o valor que superar o benefício do regime geral da previdência (art. 16 e ss.) e será definida pelo servidor anualmente, com o servidor e o patrocinador pagando a mesma alíquota, até o limite de 8.5% no caso da alíquota a ser paga pelo patrocinador; assim, imaginemos que o teto do regime geral de previdência fosse de R$ 2.400,00 (esse é o valor original quando da reforma da previdência, mas é reajustado constantemente desde lá); imagine agora que um servidor federal que adira ao regime de previdência complementar ganhe R$ 8.000,00 por mês; nesse caso, sobre R$ 2.400,00 serão devidas as contribuições correntes da União e do servidor; e sobre a diferença entre o que ganha o servidor e o teto da previdência geral (diferença que, no caso, é de R$ 5.600,00), incidirá alíquota para fazer frente à previdência complementar, sendo que o servidor é quem define, todo ano, quanto quer pagar de alíquota (por exemplo, 7% sobre esses R$ 5.600,00) e a União fica obrigada a contribuir com a mesma alíquota (no caso, 7% também), não devendo a União contribuir com mais de 8,5%; já servidores que não ganham mais do que R$ 2.400,00, também podem contribuir para a previdência complementar, mas não haverá contribuição da União, de modo que o benefício complementar desse tipo de servidor tende a ser proporcionalmente menor do que o benefício de um servidor que ganha mais de R$ 2.400,00.

Além disso, a reforma constitucional estabeleceu a obrigatoriedade de os Estados, DF e Municípios instituírem contribuição previdenciária de seus servidores, para o custeio, em benefício destes, do regime previdenciário do art. 40, cuja alíquota não será inferior à da União (11%).

Estipulou ainda a contribuição dos inativos e pensionistas, que incidirá em percentual igual ao estabelecido para os servidores ativos, mas incidente apenas sobre os valores que superem o limite máximo para os benefícios do regime geral (art. 40, § 18º, CF).

No que concerne à pensão por morte, estabeleceu-se que a lei disporá sobre o assunto e o benefício será igual, caso aposentado o falecido, aos proventos deste até o limite do art. 201 mais 70% da parcela excedente ao limite, e, caso na ativa o falecido, à remuneração deste até o limite do art. 201 mais 70% da parcela excedente a este limite (art. 40, § 7º, CF). Tal disposição, todavia, não se aplica aos militares das Forças Armadas (art. 10, EC 41/2003) e quanto aos pensionistas dos militares dos Estados, DF e Territórios aplica-se o que for fixado em lei específica do respectivo ente estatal.

Quanto à revisão dos benefícios previdenciários, determinou-se o fim da paridade com a remuneração dos servidores ativos, assegurando-se apenas o reajuste dos benefícios para preservar seu valor real, conforme critérios estabelecidos em lei (art. 40, § 8º, CF). Tal regra também não é aplicável aos militares das Forças Armadas (art. 10, EC 41/2003).

Ademais, é sempre bom lembrar que o STF é pacífico no sentido de que, não havendo redução dos proventos percebidos pelo inativo, não há inconstitucionalidade na lei que estabelece, para a carreira, o sistema de vencimento único, com absorção de outras vantagens remuneratórias (Ag. Reg. no RE 634.732/PR). Ou seja, alteração no regime da carreira na gera direitos aos servidores inativos, desde que não haja irredutibilidade. Por exemplo, "desde que mantida a irredutibilidade, o servidor inativo, embora aposentado no último patamar da carreira anterior, não tem direito adquirido de perceber proventos correspondentes aos da última classe da nova carreira reestruturada por lei superveniente" (RE 606.199, j. 09.10.2013). Porém, "as vantagens remuneratórias de caráter geral conferidas a servidores públicos, por serem genéricas, são extensíveis a inativos e pensionistas" (STF, RE 596.962/MT, j. 21.08.2014).

A lei não pode estabelecer contagem de tempo de contribuição fictício, como, por exemplo, dizer que férias não gozadas pelo servidor equivale a 3 meses de tempo de contribuição para efeito de aposentadoria.

O tempo de contribuição federal, estadual ou municipal será contado para efeito de aposentadoria e o tempo de serviço correspondente para efeito de disponibilidade. Também se contará o tempo de contribuição para o regime geral, a chamada contagem recíproca (art. 201, § 9º, CF).

Aliás, vale ressaltar que, hoje, o requisito não é mais *tempo de serviço*, mas *tempo de contribuição*.

O art. 8º da EC 20/1998 trazia a regra de transição para os servidores que já o eram quando de sua edição. Agora, tal regra foi modificada pelo art. 2º da EC 41/2003, a qual também estabeleceu regra de transição para aqueles que ingressaram no serviço público até a data de sua publicação (art. 6º, EC 41/2003).

Quanto à aposentadoria especial de que trata o art. 40, § 4º, da CF (p. ex., por trabalhar em atividades insalubres), o STF, diante da mora legislativa em regulamentar a questão, reconheceu que "enquanto não editada a lei reguladora do direito assegurado constitucionalmente, o critério a ser levado em conta é o da Lei 8.213/1991, mais precisamente o definido no artigo 57, adotando-se os parâmetros previstos para os trabalhadores em geral (Ag. Reg. no ARE 727.541-MS). Nesse sentido é a Súmula Vinculante STF 33.

Quanto ao ocupante exclusivamente de cargo em comissão (ou seja, aquele não seja servidor já com cargo efetivo), aplica-se as regras previdenciárias do regime geral de previdência (art. 40, § 13, da CF), e não as regras acima sobre o regime próprio de previdência do servidor público. Nesse sentido, não se aplica, por exemplo, a regra da aposentadoria compulsória a quem tenha cargo em comissão, de modo que uma pessoa com 80 ou 90 anos (e há casos disso) pode trabalhar no poder público num cargo em comissão.

Por fim, importante consignar que o STF editou a Súmula Vinculante 55, com o seguinte teor: "O direito ao auxílio-alimentação não se estende aos servidores inativos".

6.14. Processo administrativo disciplinar

É aquele destinado à apuração de faltas disciplinares, violação de deveres funcionais e imposição de sanções a servidores públicos.

6.14.1. Garantias e princípios

a) contraditório e ampla defesa: *"aos litigantes, em processo judicial ou administrativo, e aos acusados em geral são assegurados o contraditório e ampla defesa, com os meios e recursos a ela inerentes"* (art. 5º, LV, CF). *Vide* também a Lei 9.784/1999, aplicável subsidiariamente às leis federal e locais que tratam do processo disciplinar; vale salientar, que, apesar das inúmeras garantias contidas nesse princípio, o STF, na Súmula Vinculante 5, não entende que a falta de defesa técnica por advogado no processo disciplinar, por si só, ofenda o contraditório e a ampla defesa; ou seja, a falta de advogado não gera a presunção de desrespeito a esse princípio, se forem preservados os três elementos dessa garantia, que são os seguintes: "a) *o direito de manifestação* (que obriga o órgão julgador a informar à parte contrária dos atos praticados no processo e sobre os elementos dele constantes); b) *o direito de informação sobre o objeto do processo* (que assegura ao defendente a possibilidade de se manifestar oralmente ou por escrito sobre os elementos fáticos e jurídicos contidos no processo); e c) o direito de ver os seus argumentos contemplados pelo órgão incumbido de julgar (que exige do julgador capacidade de apreensão e isenção de ânimo para contemplar as razões apresentadas)" (STF, RE 434.059/DF);

b) juiz natural: *"ninguém será processado nem sentenciado senão pela autoridade competente"* (art. 5º, LIII, CF);

c) vedação da prova ilícita: *"são inadmissíveis, no processo, as provas obtidas por meios ilícitos"* (art. 5º, LVI, CF). Ex.: não é possível requerer a interceptação telefônica em processo administrativo disciplinar (Lei 9.296/1996); porém, o STJ admite a utilização dessa prova, em processo disciplinar, na qualidade de "prova emprestada", caso tenha sido produzida em ação penal, e desde que devidamente autorizada pelo juízo criminal e com a observância das diretrizes da Lei 9.296/1996 (MS 16.146, j. 22.05.2013); de acordo com a Súmula 591 do STJ, " É permitida a prova emprestada no processo administrativo disciplinar, desde que devidamente autorizada pelo juízo competente e respeitados o contraditório e a ampla defesa", não se considera ilícita a prova quando feita pela própria vítima (interlocutor) de fiscal que exigia propina, bem como não se considera flagrante preparado (mas flagrante esperado) no caso em que a solicitação de dinheiro pelo fiscal se dera dias antes de sua prisão (quando não mais se dependia do flagrante para a configuração do delito) e a equipe policial apenas permaneceu alerta, sem instigar a atuação do fiscal (STJ, RMS 19.785); também não se consideram provas ilícitas "As informações obtidas por monitoramento de e-mail corporativo de servidor público não configuram prova ilícita quando atinentes a aspectos não pessoais e de interesse da Administração Pública e da própria coletividade, sobretudo quando exista, nas disposições normativas acerca do seu uso, expressa menção da sua destinação somente para assuntos e matérias afetas ao serviço, bem como advertência sobre monitoramento e acesso ao conteúdo das comunicações dos usuários para cumprir disposições legais ou instruir procedimento administrativo" (RMS 48.665-SP, DJe 5/2/2016).

d) direito ao silêncio, *in dubio pro reo*, presunção de inocência e ônus da prova da Administração; por conta do princípio da presunção de inocência, não é possível cortar remuneração preventivamente, mas é cabível o afastamento cautelar do agente; por conta do ônus da prova da Administração não é possível que esta simplesmente coloque o ônus da prova sobre o servidor e atue de modo tendencioso e direcionado a culpabilizá-lo (STJ, MS 10.906);

e) gratuidade: não se pode cobrar custas do agente público;

f) oficialidade: instaurado e desenvolvido de ofício pela Administração;

g) formalismo moderado: deve-se ter em mente a instrumentalidade das formas, respeitando sempre a ampla defesa e o contraditório; por conta disso, o STJ entende, por exemplo, que a prorrogação *motivada* do prazo para a conclusão dos trabalhos da comissão em processo administrativo disciplinar não acarreta, por si só, a nulidade do procedimento (MS 16.031, j. 26.06.2013); por conta disso, "o excesso de prazo para a conclusão do processo administrativo disciplinar não gera, por si só, qualquer nulidade no feito, desde que não seja prejuízo para o acusado. Isso porque não se configura nulidade sem prejuízo (*pas de nulité sans grief*)" (RMS 33.628-PE, j. 02.04.2013). Nesse sentido é a Súmula 592 do STJ.

h) motivação: a motivação já um imperativo decorrente do regime republicano, do princípio da inafastabilidade da jurisdição (sem a motivação, como se vai exercer esse direito, demonstrando ao Judiciário uma ilegalidade ou abuso de poder) e do princípio da moralidade administrativa, mas esse princípio (da motivação) é ainda mais importante quando se pratica atos que restringem ou interferem nos direitos de terceiro; em matéria disciplinar, então, é ainda mais importante que a Administração motive adequadamente seus atos, explicitando e explicando as razões de seu convencimento; porém, isso não quer dizer que a Administração tem o dever de fazer o exame detalhado de cada argumento trazido pelas partes (STF, Ag. Reg. no ARE 637.958-MG);

i) respeito aos demais princípios administrativos: o STJ determinou a anulação de demissão certa ocasião, por ofensa aos princípios da impessoalidade (art. 37, *caput*, da CF) e da imparcialidade (art. 18 da Lei 9.784/1999), pelo fato de o processo administrativo ter sido instaurado por um dos investigados e também pelo fato de uma das testemunhas também se tratar de investigado, tendo prestado depoimento sem o compromisso de dizer a verdade (MS 14.233, DF).

Já no **plano substancial**, além do respeito aos princípios e regras administrativos em geral, destaque-se a relevância de decidir consoante os princípios da **legalidade**, da **moralidade** e, mais do que nunca, da **razoabilidade** e da **proporcionalidade**. Quanto aos dois últimos princípios, o Judiciário tem, inclusive, anulado a aplicação de penas de demissão (determinando que a Administração aplique nova pena, mas agora proporcional), quando há violação à razoabilidade ou proporcionalidade (STJ, RMS 29.290-MG). O Judiciário também tem anulado penas disciplinares quando se demonstra que a autoridade apenadora comete desvio de finalidade, apenando o servidor por perseguição ou interesse de natureza diversa, mas não prevista em lei, por violação aos princípios da impessoalidade (e imparcialidade), moralidade e razoabilidade (STJ, MS 14.959-DF).

6.14.2. Incidência

O processo administrativo é obrigatório para as hipóteses em que são cabíveis sanções mais graves, tais como:

a) demissão;

b) perda do cargo;

c) suspensão por mais de 30 dias;

d) cassação da aposentadoria;

e) destituição de cargo em comissão como punição (diferente da livre exoneração).

6.14.3. Fases do processo administrativo

a) Instauração: por portaria, auto de infração, representação ou despacho da autoridade;

b) Instrução: produção de provas com participação do acusado;

c) Defesa: deve ser ampla e efetiva;

d) Relatório: elaborado pelo presidente da comissão (que deve ser formada por pessoas estáveis de cargo idêntico ou superior ao processado); trata-se de mera peça opinativa, não vinculando autoridade julgadora;

(As quatro fases anteriores também são chamadas de **inquérito**)

e) Julgamento: decisão final, que deve ser motivada e fundamentada pela autoridade competente, por exemplo, pelo Prefeito, Secretário dos Negócios Jurídicos. Vale salientar que o STJ entende que não é obrigatória a intimação do interessado para apresentar alegações finais após o relatório final do processo administrativo disciplinar, não havendo previsão legal nesse sentido (MS 18.090-DF, j. 08.05.2013).

Cabe recurso administrativo e ao Judiciário, que não adentra ao mérito do julgamento, mas ao respeito às formalidades, aos aspectos de legalidade. Em caso de anulação judicial da demissão, haverá reintegração do agente, com direito a indenização.

6.14.4. Meios sumários

Sindicância: meio sumário de investigação, destinado à apuração preliminar de fatos com dois objetivos, que devem ser vistos no prazo de 30 dias:

a) Aplicação de sanções menos severas: multa, repreensão e suspensão de até 30 dias;

b) Processo preparatório: meio de convencimento para instauração de processo administrativo ou arquivamento da peça de instauração.

Verdade sabida: aquela testemunhada ou conhecida inequivocamente pelo superior hierárquico e que enseja sanção leve. Alguns estatutos admitem que a partir dela se imponha sanção, desde que se garanta ampla defesa ou contraditório. Porém, trata-se de instituto inconstitucional, pois há de sempre de se garantir contraditório e ampla defesa.

Termo de Declarações: servidor, confessando a falta, aceita a sanção aplicável, desde que não se exija processo disciplinar. Também é inconstitucional, pois sempre há de se garantir contraditório e ampla defesa.

O STF entende inconstitucional esses dois meios, sob o argumento de que não é "admissível que o Estado, em tema de restrição à esfera jurídica de qualquer cidadão e de seus servidores, exerça a sua autoridade de maneira abusiva ou arbitrária, de modo a desprezar, no exercício de sua atividade, o postulado da plenitude de defesa, visto que o reconhecimento da legitimidade ético-jurídica de qualquer medida imposta pelo Poder Público de que resultem, como no caso, consequências gravosas no plano dos direitos e garantias individuais exige a observância da garantia do devido processo" (ADI 2120/AM).

6.14.5. Sanções disciplinares

Normalmente, os estatutos dos funcionários públicos estabelecem as seguintes sanções disciplinares:

a) demissão;

b) demissão a bem do serviço público;

c) suspensão;

d) advertência, repreensão;

e) multa.

Porém, o estatuto local tem liberdade para estabelecer outros tipos de sanções disciplinares.

6.14.6. *Comunicabilidade de instâncias*

A regra é a da independência das instâncias cível, administrativa e criminal. A absolvição ocorrida no juízo criminal somente se comunicará à instância administrativa se se tratar de "absolvição por negativa de autoria" ou de "absolvição por inexistência do fato", e nunca se for "absolvição por falta de provas".

De qualquer forma, o exercício do poder disciplinar pelo Estado não está sujeito ao encerramento da perseguição criminal, nem se deixar influenciar, como se viu, por eventual sentença absolutória nessa instância, salvo nos casos mencionados (STF, MS 23.190/RJ, j. 01.08.2013; STJ, MS 18.090-DF, j. 08.05.2013).

Deve-se acrescentar que, de acordo com a Súmula 18 do STF, *"pela falta residual, não compreendida na absolvição pelo juízo criminal, é admissível a punição administrativa do servidor público"*.

7. IMPROBIDADE ADMINISTRATIVA

7.1. Conceito de improbidade administrativa

É o ato de imoralidade qualificada pela lei que importa em enriquecimento ilícito do agente, prejuízo ao erário ou violação dos princípios da administração pública e que enseja, em processo judicial promovido pela pessoa jurídica lesada ou pelo Ministério Público, a aplicação das seguintes sanções: suspensão dos direitos políticos, perda da função pública, indisponibilidade dos bens, ressarcimento ao erário, perda de bens e valores acrescidos ilicitamente, multa civil e proibição de contratar com a administração pública ou dela receber benefícios. Tudo sem prejuízo das sanções penais, civis e administrativas.

Atualmente, o regime jurídico da improbidade está previsto na CF (art. 37, § 4º) e na Lei 8.429/1992 (Lei de Improbidade Administrativa).

7.2. Modalidades de improbidade administrativa

A Lei 8.429/1992 estabelece quatro modalidades de ato de improbidade administrativa.

A primeira modalidade é a de **enriquecimento ilícito (art. 9º)**. Essa modalidade consiste em o agente auferir vantagem patrimonial indevida em razão do exercício da atividade pública. São exemplos de improbidade nessa modalidade os seguintes: receber comissão, propina; utilizar bem ou funcionário públicos em proveito próprio; adquirir bens desproporcionais à renda, dentre outros.

O STJ é pacífico no sentido de que é necessário dolo para a configuração dessa modalidade.

A segunda modalidade é a de atos que causam **prejuízo ao erário (art. 10)**. Essa modalidade consiste em o agente, por ato doloso ou culposo, ensejar perda patrimonial, desvio, malbaratamento ou dilapidação dos bens das entidades. São exemplos de improbidade nessa modalidade os seguintes: permitir ou facilitar que bem público seja desviado para particular, ou que seja alienado por preço inferior ao de mercado; realizar operações financeiras sem observância das normas legais; conceder benefício fiscal sem observância da lei; frustrar licitação; ordenar ou permitir realização de despesas não autorizadas; dentre outros.

O STJ é pacífico no sentido de que essa modalidade pode se configurar tanto mediante conduta dolosa como mediante conduta culposa em sentido estrito (EREsp 875.163/RS, DJ 30.06.2010).

A terceira modalidade é que importa em **violação a princípios da Administração Pública (art. 11)**. Essa modalidade consiste em o agente violar dolosamente deveres de honestidade, imparcialidade, legalidade e lealdade às instituições. São exemplos de improbidade nessa modalidade os seguintes: praticar ato visando a fim proibido em lei ou diverso daquele previsto na regra de competência (desvio de finalidade), retardar ou deixar de praticar ato de ofício, revelar fato que deva permanecer em segredo, negar publicidade aos atos oficiais, deixar de prestar contas.

O STJ é pacífico no sentido de que é necessário dolo para a configuração dessa modalidade.

A jurisprudência do STJ afastou todas as teses de responsabilidade objetiva em qualquer das modalidades citadas.

E, nos casos em que se exige dolo, a jurisprudência desse tribunal esclareceu que se trata do *dolo genérico*, consistente na "vontade de realizar fato descrito na norma incriminadora" (REsp 765.212/AC, j. em 02.03.2010).

A quarta modalidade de ato de improbidade é a que importa em **concessão ou aplicação indevida de benefício financeiro ou tributário (art. 10-A)**.

Segue relação dos tipos de improbidade previstos na Lei 8.429/1992, com grifos e comentários nossos:

Dos Atos de Improbidade Administrativa que Importam **Enriquecimento Ilícito**

Art. 9º Constitui ato de improbidade administrativa importando enriquecimento ilícito **auferir qualquer tipo de vantagem patrimonial indevida em razão** do exercício de cargo, mandato, função, emprego ou atividade nas entidades mencionadas no art. 1º desta lei, **e notadamente**: *(a expressão "e notadamente revela que o rol abaixo é exemplificativo, de modo que o* caput *já traz um tipo genérico dessa modalidade; ademais, aqui se exige dolo e não é necessário que haja lesão ao erário).*

I – **receber**, para si ou para outrem, **dinheiro, bem móvel ou imóvel**, ou **qualquer outra vantagem econômica**, direta ou indireta, a título de comissão, percentagem, gratificação ou presente de quem tenha interesse, direto ou indireto, **que possa ser atingido ou amparado por ação ou omissão decorrente das atribuições do agente público**;

II – **perceber vantagem econômica**, direta ou indireta, **para facilitar** a aquisição, permuta ou locação de bem móvel ou imóvel, ou a contratação de serviços pelas entidades referidas no art. 1º por preço superior ao valor de mercado;

III – **perceber vantagem econômica**, direta ou indireta, **para facilitar** a alienação, permuta ou locação de bem público ou o fornecimento de serviço por ente estatal por preço inferior ao valor de mercado;

IV – **utilizar**, em obra ou serviço **particular**, veículos, máquinas, equipamentos ou material de qualquer natureza, de propriedade ou à disposição de qualquer das entidades mencionadas no art. 1º desta lei, bem como o trabalho de servidores públicos, empregados ou terceiros contratados por essas entidades; o STJ reconheceu que incide o dispositivo na utilização, por Prefeita, de procuradores municipais para defendê-la na Justiça Eleitoral em casos envolvendo uso indevido de dinheiro público e abuso de autoridade e do poder econômico quando candidata à reeleição (REsp 908.790-RN, j. em 20.10.2009); também foi reconhecida a aplicação do dispositivo num caso em que um Prefeito usou vinte funcionários públicos em horário de expediente na construção de casa para a sua moradia (STJ, REsp 867.146-SC);

V – **receber vantagem econômica de qualquer natureza**, direta ou indireta, **para tolerar** a exploração ou a prática de jogos de azar, de lenocínio, de narcotráfico, de contrabando, de usura ou de qualquer outra atividade ilícita, ou **aceitar promessa** de tal vantagem;

VI – **receber vantagem econômica de qualquer natureza**, direta ou indireta, **para fazer declaração falsa** sobre medição ou avaliação em obras públicas ou qualquer outro serviço, ou sobre quantidade, peso, medida, qualidade ou característica de mercadorias ou bens fornecidos a qualquer das entidades mencionadas no art. 1º desta lei;

VII – **adquirir**, para **si** ou para **outrem**, no exercício de mandato, cargo, emprego ou função pública, **bens de qualquer natureza cujo valor seja desproporcional à evolução do patrimônio ou à renda do agente público**;

VIII – **aceitar emprego, comissão ou exercer atividade de consultoria ou assessoramento** para pessoa física ou jurídica **que tenha interesse suscetível** de ser atingido ou amparado por ação ou omissão decorrente das atribuições do agente público, durante a atividade;

IX – **perceber vantagem econômica** para **intermediar** a liberação ou aplicação de verba pública de qualquer natureza;

X – **receber vantagem econômica de qualquer natureza**, direta ou indiretamente, **para omitir** ato de ofício, providência ou declaração a que esteja obrigado;

XI – **incorporar**, por qualquer forma, **ao seu patrimônio** bens, rendas, verbas ou valores integrantes do acervo patrimonial das entidades mencionadas no art. 1º desta lei;

XII – **usar**, **em proveito próprio**, bens, rendas, verbas ou valores integrantes do acervo patrimonial das entidades mencionadas no art. 1º da lei.

Vale ressaltar que o STJ entende que não há necessidade de lesão ao patrimônio público para a configuração de ato de improbidade que importante enriquecimento ilícito (REsp 1.412.214-PR, DJe 28.03.2016).

Dos Atos de Improbidade Administrativa que Causam **Prejuízo ao Erário**

Art. 10. Constitui ato de improbidade administrativa que causa lesão ao erário **qualquer ação ou omissão, dolosa ou culposa, que enseje** perda patrimonial, desvio, apropriação, malbaratamento ou dilapidação dos bens ou haveres das entidades referidas no art. 1º desta lei, e notadamente: *(repare que a modalidade se configura mediante conduta culposa ou dolosa)*

I – **facilitar ou concorrer** por qualquer forma **para a incorporação** ao patrimônio particular, de pessoa física ou jurídica, de bens, rendas, verbas ou valores integrantes do acervo patrimonial das entidades mencionadas no art. 1º desta lei;

II – **permitir ou concorrer** para que pessoa física ou jurídica privada **utilize** bens, rendas, verbas ou valores integrantes do acervo patrimonial das entidades mencionadas no art. 1º desta lei, **sem a observância das formalidades legais ou regulamentares aplicáveis à espécie**;

III – **doar** à pessoa física ou jurídica bem como ao ente despersonalizado, ainda que de fins educativos ou assistências, bens, rendas, verbas ou valores **do patrimônio de qualquer das entidades** mencionadas no art. 1º desta lei, **sem observância** das formalidades legais e regulamentares aplicáveis à espécie;

IV – **permitir ou facilitar** a alienação, permuta ou locação de bem integrante do patrimônio de qualquer das entidades referidas no art. 1º desta lei, ou ainda a prestação de serviço por parte delas, **por preço inferior ao de mercado**;

V – **permitir ou facilitar** a aquisição, permuta ou locação de bem ou serviço **por preço superior ao de mercado**;

VI – **realizar operação financeira** sem observância das normas legais e regulamentares ou aceitar garantia insuficiente ou inidônea;

VII – **conceder benefício administrativo ou fiscal** sem a observância das formalidades legais ou regulamentares aplicáveis à espécie;

VIII – **frustrar a licitude de processo licitatório ou de processo seletivo para celebração de parcerias com entidades sem fins lucrativos, ou dispensá-los indevidamente;** o STJ afastou decisão que condenara agentes por improbidade neste tipo, ao fundamento de que o elemento subjetivo (culpa ou dolo) não foram comprovados, e dano ao erário, essencial para a configuração da modalidade, não aconteceu, em virtude de pagamento da quantia de R$ 50 mil pela Administração correspondeu efetivamente a uma prestação de serviço (REsp 1.038.777-SP, j. 03.02.2011);

IX – **ordenar ou permitir** a realização de despesas não autorizadas em lei ou regulamento;

X – **agir negligentemente na arrecadação de tributo ou renda**, bem como no que diz respeito à **conservação do patrimônio público**;

XI – **liberar verba pública** sem a estrita observância das normas pertinentes **ou influir** de qualquer forma para a sua aplicação irregular;

XII – **permitir, facilitar ou concorrer** para que **terceiro se enriqueça ilicitamente**; o STJ entende que a configuração do art. 10, XII, da Lei 8.429/1992 só é pertinente em caso de comprovada demonstração, nos autos, do nexo de causalidade entre o enriquecimento de terceiro e o prejuízo da Administração (REsp 842.428-ES);

XIII – **permitir que se utilize**, em obra ou serviço particular, veículos, máquinas, equipamentos ou material de qualquer natureza, de propriedade ou à disposição de qualquer das entidades mencionadas no art. 1º desta lei, bem como o trabalho de servidor público, empregados ou terceiros contratados por essas entidades.

XIV – **celebrar contrato ou outro instrumento** que tenha por objeto a prestação de serviços públicos por meio da gestão associada sem observar as formalidades previstas na lei;

XV – **celebrar contrato** de rateio de consórcio público sem suficiente e prévia dotação orçamentária, ou sem observar as formalidades previstas na lei.

XVI – **facilitar ou concorrer, por qualquer forma, para a incorporação, ao patrimônio particular de pessoa física ou jurídica, de bens, rendas, verbas ou valores públicos transferidos pela administração pública a entidades privadas** mediante celebração de parcerias, sem a observância das formalidades legais ou regulamentares aplicáveis à espécie;

XVII – **permitir ou concorrer para que pessoa física ou jurídica privada utilize bens, rendas, verbas ou valores públicos transferidos pela administração pública a entidade privada mediante celebração de parcerias**, sem a observância das formalidades legais ou regulamentares aplicáveis à espécie;

XVIII – **celebrar parcerias da administração pública com entidades privadas sem a observância das formalidades legais ou regulamentares aplicáveis à espécie;**

XIX – **agir negligentemente na celebração, fiscalização e análise das prestações de contas de parcerias firmadas pela administração pública com entidades privadas;**

XX – **liberar recursos de parcerias firmadas pela administração pública com entidades privadas sem a estrita observância das normas pertinentes ou influir de qualquer forma para a sua aplicação irregular.**

Dos Atos de Improbidade Administrativa Decorrentes de **Concessão ou Aplicação Indevida de Benefício Financeiro ou Tributário.**

Art. 10-A. Constitui ato de improbidade administrativa qualquer **ação ou omissão para conceder, aplicar ou manter benefício financeiro ou tributário contrário** ao que dispõem o *caput* e o § 1º do art. 8º-A da Lei Complementar n. 116, de 31 de julho de 2003. (Incluído pela Lei Complementar n.º 157, de 2016)

A Lei 13.019/2014, que trata do Marco Regulatório para Celebração de Parcerias com Organizações da Sociedade Civil, criou os incisos XVI a XXI e deu nova redação ao inciso VIII do art. 10 da Lei 8.429/1992, além criar o inciso VIII do art. 11 da mesma lei.

Dos Atos de Improbidade Administrativa que Atentam Contra os **Princípios da Administração Pública**

Art. 11. Constitui ato de improbidade administrativa que atenta contra os princípios da administração pública qualquer **ação ou omissão que viole os deveres** de honestidade, imparcialidade, legalidade, e lealdade às instituições, e notadamente: *(aqui se exige dolo e não se exige lesão ao erário)*

I – **praticar ato visando fim proibido em lei ou regulamento** ou diverso daquele previsto, na regra de competência; O STJ entendeu configurado o dispositivo em caso no qual um prefeito repassara a um hospital vultosa verba consignada no orçamento municipal em razão do incêndio sofrido pelo hospital; porém omitiu o caráter público de tal quantia e divulgou na imprensa que tratava-se de sua doação particular, daí porque foi condenado pela prática de improbidade à suspensão de seus direitos políticos por três anos e ao pagamento das custas processuais (REsp 884.083-PR); o STJ entendeu configurado o dispositivo e também o *caput* do art. 11 (neste caso, por violação aos princípios da moralidade, finalidade, legalidade e interesse público), em caso no qual vereadores de um município exigiram de seus assessores comissionados a entrega de percentual dos seus vencimentos para o pagamento de outros servidores não oficiais (assessores informais), bem como para o custeio de campanhas eleitorais e despesas do próprio gabinete (REsp 1.135.767-SP); O STJ enquadrou a tortura de preso custodiado em delegacia praticada por policial como ato que se enquadra nesta hipótese (REsp 1.177.910-SE, DJe 17.02.2016);

II – **retardar ou deixar de praticar, indevidamente, ato de ofício**; o STJ afastou a aplicação desse dispositivo a um caso em que agente público agiu com desídia e negligência, mas sem demonstração de que teria agido com dolo, ainda que eventual (REsp 875.163-RS, j. 19.05.2009);

III – **revelar fato ou circunstância** de que tem ciência em razão das atribuições e que deva permanecer em segredo;

IV – **negar publicidade aos atos oficiais**;

V – **frustrar a licitude de concurso público**; o STJ entendeu não configurar o ilícito a contratação temporária de servidores e sua prorrogação sem concurso, quando amparadas em legislação local, a afastar o dolo genérico, essencial para a configuração dessa modalidade de improbidade (EDcl no AgRg no AgRg no AREsp 166.766-SE, j. em 23.10.2012); por outro lado, o STJ reconheceu a aplicação do dispositivo em caso no qual a contratação sem concurso se deu e ainda o agente público contratante postergou por 8 anos a eficácia do ato ímprobo (REsp 915.322-MG); da mesma forma, o STJ aplicou o dispositivo a agente que determinou a contratação de servidores para trabalhar em banco estatal, sem concurso, mediante manutenção de vários contratos de fornecimento de mão de obra, via terceirização de serviços; não se aplicou os arts. 9º e 10 da Lei 8.429/1992, por ausência de prova quanto a enriquecimento ilícito e a prejuízo ao erário, respectivamente, mas se aplicou o art. 11, por violação do dispositivo e também dos princípios da moralidade e da impessoalidade (REsp 772.241-MG); o STJ também aplicou o dispositivo e o *caput* do art. 11 em caso no qual um Prefeito, acompanhado de várias pessoas, foi a um clube local para participar de baile de carnaval de natureza privada; todavia, o porteiro advertiu-lhe que apenas ele e seus familiares poderiam adentrar o recinto; indignado, o Prefeito desferiu a ele e a outros uma série de impropérios e deixou o local, mesmo após a autorização dada pelo diretor social para o ingresso de todos e, não satisfeito, no seguinte dia, entendeu cassar a licença conferida ao clube e impedir suas festividades no último dia do carnaval, até mediante o expediente de cavar valetas nas ruas de acesso ao local; ao final, foi condenado a ressarcir o gasto com a abertura da valeta (sanção essa – de ressarcimento – rara de se aplicar quando se tem a modalidade do art. 11 da Lei 8.429/1992), a pagar multa de 10 vezes a sua remuneração e a ficar proibido de contratar com o Poder Público (REsp 897.499-SP);

VI – **deixar de prestar contas** quando esteja obrigado a fazê-lo;

VII – **revelar ou permitir que chegue ao conhecimento de terceiro**, antes da respectiva divulgação oficial, teor de medida política ou econômica capaz de afetar o preço de mercadoria, bem ou serviço;

VIII – descumprir as normas relativas à celebração, fiscalização e aprovação de contas de parcerias firmadas pela administração pública com entidades privadas;

IX – deixar de cumprir a exigência de requisitos de acessibilidade previstos na legislação.

O STJ reconheceu que configura a modalidade do art. 11 as seguintes condutas:

a) de professor da rede pública de ensino, que, aproveitando-se dessa situação assedia sexualmente seus alunos (REsp 1.255.120-SC, j. 21.05.2003);

b) de médico que emite laudo médico de sua competência em seu próprio benefício (AgRg no AREsp 73.968-SP, j. em 02.10.2012).

O STJ também afasta o reconhecimento de improbidade quando o agente público, mesmo cometendo uma ilegalidade, não tenha atuado, num sentido amplo, com imoralidade, desídia, desvio ético ou desonestidade. Afinal, a expressão improbidade significa desonestidade e, não havendo ofensa a esse bem jurídico, não há falar-se em responsabilidade por ato de improbidade administrativa. Um exemplo foi o de um Prefeito que permitiu o uso de um imóvel público a título precário, sem que houvesse lei autorizando (contrariando assim a lei orgânica local), para abrigar, sob a orientação de servidores em trabalho voluntário, crianças sujeitas a abusos e maus-tratos, durante a noite e finais de semana, pois à época não havia nem conselho tutelar no local (REsp 1.129.277-RS, j. em 04.05.2010). Reconheceu-se que o ato foi praticado com o intuito de assegurar direitos fundamentais a crianças e adolescentes e que a eventual ilegalidade na formalização não é suficiente para caracterizar ato de improbidade, sem prejuízo de que a questão seja corrigida.

7.3. Sanções ou penas pela prática de improbidade administrativa

A Lei 8.429/1992 estabelece as seguintes sanções para aquele que pratica o ato de improbidade (art. 12):

a) suspensão dos direitos políticos: de 8 a 10, de 5 a 8 e de 3 a 5 anos, para os arts. 9º, 10 e 11, respectivamente;

b) perda da função pública;

c) indisponibilidade dos bens (§ 4º do art. 37 da CF);

d) ressarcimento ao erário;

e) perda de bens e valores acrescidos ilicitamente;

f) multa civil: no valor de até 3 (três) vezes o valor do *acréscimo patrimonial* do agente, no caso do art. 9º; no valor de até 2 (duas) vezes o valor do *dano*, no caso do art. 10; e no valor de até 100 vezes a *remuneração percebida* pelo agente, no caso do art. 11;

g) proibição de contratar com a Administração Pública ou dela receber benefícios ou incentivos fiscais ou creditícios, direta ou indiretamente, ainda que por intermédio de pessoa jurídica da qual seja sócio majoritário, por 10, 5 e 3 anos, para os artigos 9º a 11, respectivamente.

Na hipótese prevista no art. 10-A (nova modalidade de improbidade) as sanções são: perda da função pública, suspensão dos direitos políticos de 5 (cinco) a 8 (oito) anos e multa civil de até 3 (três) vezes o valor do benefício financeiro ou tributário concedido (Incluído pela Lei Complementar n.º 157/2016).

As quatro primeiras sanções foram criadas expressamente pela CF, enquanto as demais foram criadas pela Lei 8.429/1992.

Na fixação das penas previstas nesta Lei o juiz levará em conta a extensão do dano causado, assim como o proveito patrimonial obtido pelo agente.

A aplicação das sanções independe de dano ao erário (art. 21, I) e da aprovação ou rejeição de contas pelo órgão de controle interno ou Tribunal de Contas (art. 21, II).

Porém, **em casos em que não se demonstrar lesão ao erário**, como na contratação de servidores sem concurso ou de empresas sem licitação, mas que acabarem trabalhando ou prestando serviço, não cabe a aplicação da sanção de ressarcimento ao erário, não havendo dano, para que não haja enriquecimento sem causa da Administração, sem prejuízo da aplicação de outras sanções previstas no art. 12 da Lei 8.429/1992 (STJ, REsp 1.238.466-SP).

Quanto **à aprovação de contas pelo Tribunal de Contas**, a jurisprudência do STJ vem aplicando o dispositivo citado (REsp 593.522-SP), asseverando que a sua aprovação não inibe a atuação do Poder Judiciário para exame de sua legalidade e constitucionalidade, pois as cortes de contas municipais não exercem jurisdição e não têm atribuição para anular atos lesivos ao patrimônio público, visto que exercem função auxiliar ao Legislativo (art. 5º, XXXV, c/c o art. 71, X, §§ 1º e 2º da CF/1988).

No tocante à **cumulação das sanções previstas no art. 12 da Lei 8.429/1992**, o STJ entendeu que estas não podem ser cumuladas de modo indistinto, em obediência ao princípio da proporcionalidade (REsp 626.204/RS, DJ 06.09.2007).

Na prática, somente em casos gravíssimos, como de enriquecimento ilícito do agente (art. 9º), justifica-se a cumulação de todas as sanções previstas no art. 12.

Casos que envolvam violação a princípios (art. 11) e prejuízo ao erário (art. 10), desde que não dolosos, dão ensejo, normalmente, apenas a multa civil e ressarcimento do dano (AgRg no AgRg no Ag 1.261.659/TO, DJ 07.06.2010).

Por outro lado, reconheceu-se ser hipótese de aplicar a grave sanção de suspensão dos direitos políticos, mesmo em caso em que não havia enriquecimento ilícito do agente, num caso de contratação, por vereadores, de funcionários fantasmas (STJ, REsp 1.025.300).

Aliás, em matéria de aplicação das sanções, vale trazer à colação outro entendimento do STJ, esse no sentido de que a aplicação da sanção de demissão/perda do cargo, em caso de prática de ato de improbidade, não é de competência exclusiva da autoridade judiciária, podendo ser feita pela autoridade administrativa, dada a independência das instâncias (AgRg no MS 15.054/DF, DJ 18.05.2010).

Ou seja, a aplicação das sanções por improbidade administrativa independe da aplicação de sanções nas esferas administrativa e penal, dada a independência das instâncias, claramente determinada no art. 12, *caput*, da Lei 8.429/1992. Assim, o fato de um agente público estar sofrendo um processo disciplinar que pode levá-lo à demissão não interfere na continuidade da ação de improbidade, que pode também levá-lo à perda do cargo.

7.4. Sujeitos do ato de improbidade administrativa

São **sujeitos passivos**, ou seja, podem ser vítimas do ato de improbidade as seguintes pessoas (art. 1º, *caput* e parágrafo único, da Lei 8.429/1992):

a) pessoas jurídicas de direito público e de direito privado integrantes da Administração Direta e Indireta;

b) empresa incorporada ao patrimônio público;

c) entidade para cuja criação ou custeio o Estado tenha contribuído ou contribua com mais de 50% do patrimônio ou da receita anual;

d) entidade para cuja criação ou custeio o erário haja concorrido ou concorra com menos de 50% do patrimônio ou da receita anual; nesse caso a *sanção patrimonial* fica limitada à repercussão do ilícito sobre a contribuição dos cofres públicos;

e) entidades que recebam subvenção, benefício ou incentivo, fiscal ou creditício, de órgãos ou empresas públicas (ressarcimento só da contribuição pública); nesse caso a *sanção patrimonial* também fica limitada à repercussão do ilícito sobre a contribuição dos cofres públicos.

São **sujeitos ativos**, ou seja, praticam atos de improbidade as seguintes pessoas (arts. 2º e 3º da Lei 8.429/1992):

a) *agentes públicos*, ou seja, todo aquele que exerce, ainda que transitoriamente ou sem remuneração, por eleição, nomeação, designação, contratação ou qualquer outra forma de investidura ou vínculo, mandato, cargo, emprego ou função nas entidades mencionadas acima como sujeitos passivos; aqui temos os chamados *agentes próprios* de improbidade;

b) aquele que *induziu* ou *concorreu* para a prática do ato (art. 3º);

c) particular *beneficiado*, direta ou indiretamente, pelo ato (art. 3º). Vale informar que o STJ tem entendimento de que "não é possível o ajuizamento de ação de improbidade administrativa exclusivamente em face de particular, sem a concomitante presença de agente público no polo passivo da demanda" (REsp 1.171.017-PA, j. 25.02.2014).

No tocante aos *sujeitos ativos* do ato de improbidade, o STF fixou entendimento de que os **agentes políticos** que respondam por crime de responsabilidade (exs.: Presidente, Ministros de Estado, desembargadores, entre outros) não estão sujeitos à incidência da Lei 8.429/1992 (RE 579.799, DJ 19.12.2008), dada a similitude das sanções nas duas esferas. No entanto, findo o mandato do agente político sujeito à aplicação da Lei de Crime de Responsabilidade (Lei 1.079/1950), é possível que este seja acionado com fundamento na Lei 8.429/1992, seja porque não haverá mais dupla sujeição a regimes que ensejam responsabilidade política, seja para que o agente público não fique impune. Esse foi o entendimento exarado pelo STF na AC 3585 AgR/RS.

Todavia, o STF não incluiu os Prefeitos nesse rol, apesar destes responderem por crime de responsabilidade (Rcl 6034, DJ 29.08.2008), sob o argumento de que apenas as autoridades com foro de prerrogativa de função para o processo e o julgamento por crime de responsabilidade, elencadas na Constituição Federal (arts. 52, I e II; 96, III; 102, I, "c"; 105, I, *a*, e 108, I, *a*, todos da CF/1988), não estão sujeitas a julgamento também na Justiça cível comum pela prática da improbidade administrativa (vide também o REsp 1.034.511-CE, j. 01.09.2009, do STJ), o que não é o caso do Prefeito.

Porém, há que não concorde com isso, por entender que não faz sentido que o Prefeito responda nas duas esferas (por crime de responsabilidade e por improbidade administrativa), com o mesmo tipo de consequência, já que essas duas esferas são bem semelhantes quanto às sanções cabíveis. E o caso foi considerado de repercussão geral, estando o STF para reapreciar em breve a questão.

Quanto aos sujeitos ativos impróprios de improbidade (art. 3º), o STJ já admitiu que uma ação de improbidade fosse mantida após a exclusão de agentes públicos do polo passivo da demanda, mesmo restando como réus, além da sociedade de economia mista na qual se deram os fatos, apenas particulares (REsp 1.138.523, j. 23.02.2010).

Quanto ao sucessor daquele que causar lesão ao patrimônio público ou se enriquecer ilicitamente, o art. 8º da Lei 8.429/1992, respeitando o princípio constitucional da intranscendência das sanções e restrições de direito (art. 5º, XLV, da CF), dispõe que aquele está sujeito às cominações desta lei, mas até o limite do valor da herança. No caso, o sucessor terá de suportar a perda de bens ou valores acrescidos ilicitamente ao patrimônio do falecido, o ressarcimento ao erário pelo ato cometido pelo falecido e a multa civil imposta ao falecido que tenha praticado o ato de improbidade, enfim, todas as sanções econômicas aplicadas a este, serão suportadas pelos sucessores do *de cujus*, nos limites das forças da herança, ou seja, os sucessores arcarão com esses valores até o valor da herança, não tendo obrigação de suportar com seu patrimônio pessoal anterior ao falecimento do sucedido, as dívidas deixadas por este.

7.5. Processo

São **legitimados ativos** o Ministério Público e a pessoa jurídica interessada (art. 17). Qualquer pessoa poderá representar à autoridade administrativa competente (ou ao MP) para instaurar investigação a fim de apurar a prática do ato (art. 14). Comissão processante dará ciência ao MP e ao Tribunal de Contas da existência de procedimento (art. 15). A Fazenda Pública, se for o caso, promoverá ações para complementação do ressarcimento do patrimônio público (art. 17, § 2º).

Caso a ação tenha sido promovida pelo MP, aplica-se o disposto no § 3º do art. 6º da Lei 4.717/1965, chamando-se a pessoa jurídica lesada para contestar, abster-se de contestar o pedido ou atuar ao lado do autor, de acordo com o interesse público (§ 3º do art. 17).

O Ministério Público, se não for parte, será obrigatoriamente fiscal da lei, sob pena de nulidade.

As **cautelares** previstas pela Lei 8.429/1992 são as seguintes:

a) Sequestro (art. 16): havendo fundados indícios de responsabilidade. O pedido pode incluir investigação, exame e bloqueio de bens, contas bancárias e aplicações financeiras no exterior;

b) Indisponibilidade de bens (art. 7º): recairá sobre bens que assegurem ressarcimento (arresto) e sobre o acréscimo patrimonial (pode ser sequestro);

c) Afastamento do agente público (art. 20, parágrafo único): quando a medida for necessária à instrução processual, sem prejuízo da remuneração, podendo ser determinada pela autoridade judicial ou administrativa competente; o STJ é claro no sentido de que o afastamento cautelar do agente de seu cargo é excepcional e configura-se tão somente com a demonstração de um comportamento do agente público que, no exercício de suas funções ou em razão delas, importe efetiva ameaça à instrução processual (REsp 895.415-BA).

Apesar de não prevista na Lei de Improbidade, é cabível também a cautelar de exibição de documentos para fins de quebra do sigilo bancário ou fiscal do agente.

Quanto à medida cautelar de **indisponibilidade de bens**, tutela de urgência que visa garantir eventual condenação pecuniária resultante de improbidade administrativa, o STJ entende que tal medida pode alcançar bens adquiridos anteriormente à prática do ato de improbidade (REsp 839936/PR, DJ 01.08.2007), mesmo que se tratem de bem de família (REsp 806.301/PR, DJ 03.03.2008). Porém, o mesmo STJ já decidiu que "os valores investidos em aplicações financeiras cuja origem remonte a verbas trabalhistas não podem ser objeto de medida de indisponibilidade em sede de ação de improbidade administrativa", ressalva a penhora dos rendimentos dessa aplicação (REsp. 1.164.037-RS, j. 20.02.2014).

O STJ também entende que a decretação da medida prescinde da individualização de bens na petição inicial e requer apenas o *fumus boni juris*, estando o *periculum in mora* implícito na lei (REsp 1.177.290/MT, DJ 01.07.2010), sendo possível, inclusive, que seja determinada antes do recebimento da petição inicial da ação de improbidade (AgRg no REsp 1.317.653-SP, j. em 07.03.2013), em medida cautelar preparatória ou incidental, *inaudita altera pars*, ou seja, sem a oitiva da parte contrária (REsp 1.078.640-ES).

Por fim, o STJ determina que a medida só incide sobre as bases patrimoniais da futura sentença condenatória, incluído o valor de eventual multa civil (AgRg nos EDcl no REsp 637413/RS, DJ 21.08.2009), não podendo atingir todo o patrimônio do acusado de ato ímprobo, se não for necessário (AgRg no REsp 1.191.497-RS, j. 20.11.2012).

O **procedimento** previsto pela lei é o comum (art. 17), com notificação do requerido, antes do recebimento da inicial, para oferecer resposta por escrito no prazo de 15 dias (defesa preliminar), podendo o juiz rejeitar a ação se convencido da inexistência do ato, da improcedência da demanda ou da inadequação da via eleita (§ 8º).

O STJ ainda não se pacificou sobre a ausência de oportunidade para os réus apresentarem **defesa preliminar** antes do recebimento da inicial (art. 17, § 7º, da Lei 8.429/1992) constituir cerceamento de defesa que gera nulidade absoluta do processo desde sua origem. Há acórdãos nesse sentido (REsp 883.795/SP, DJ 26.03.2008), mas também há decisões no sentido de que a nulidade só existirá se houver demonstração do efetivo prejuízo (REsp 1.174.721/SP, DJ 29.06.2010).

Por fim, é importante ressaltar que a lei **veda** expressamente qualquer tipo de transação, acordo ou conciliação na ação por improbidade administrativa (art. 17, § 1º, da Lei 8.429/1992). Essa disposição foi objeto da Medida Provisória 703, de 18 de dezembro de 2015, que, no ponto, revoga completamente essa proibição de transação, acordo ou conciliação. Todavia, esta MP teve vigência encerrada e a regra que veda a transação, acordo ou conciliação em ações de improbidade restou mantida em nosso ordenamento jurídico.

Quanto à **competência** para o ajuizamento da ação de improbidade, não havendo disposição na lei a esse respeito, é de rigor valer-se do contido nas regras gerais sobre ações civis públicas, devendo prevalecer o disposto no artigo 2º da Lei 7.347/1985, que diz competente, de forma funcional (*rectius*: absoluta), o foro do local onde ocorrer o dano, com a peculiaridade de que nas causas em que a União, entidade autárquica ou empresa pública federal forem autoras, rés, assistentes ou oponentes, a competência será da Justiça Federal, junto ao juízo da seção judiciária que abranger a área em que se configurou o dano, dada a posição exarada pelo Supremo Tribunal Federal a respeito, a qual deu origem ao cancelamento da Súmula 183 do Superior Tribunal de Justiça.

No que pertine à existência de **foro por prerrogativa de função** na ação por improbidade, a questão acabou se esvaziando com a não submissão da maior parte dos agentes políticos à Lei 8.429/1992. No entanto, no caso do Prefeito, como a lei continua se aplicando a este, a questão é relevante. Nesse ponto, o STF declarou inconstitucional a alteração feita no art. 84, § 2º, do Código de Processo Penal, que estendia o foro privilegiado da esfera penal às ações de improbidade, que são consideradas ações cíveis (ADI 2.797, DJ 19.12.2006). Assim, as ações de improbidade contra os Prefeitos devem ser promovidas em primeira instância.

A **sentença** aplicará as sanções e determinará o pagamento ou a reversão dos bens, conforme o caso, em favor da pessoa jurídica (art. 18).

Vale ressaltar que a perda da função pública e a suspensão dos direitos políticos só produzirão efeitos com o trânsito em julgado da sentença condenatória (art. 20, *caput*).

7.6. Prescrição (art. 23)

No que diz respeito ao **prazo prescricional** para o exercício da pretensão de aplicar as sanções de improbidade administrativa, o STF entende que a pretensão é imprescritível quanto à sanção de ressarcimento do erário. Aliás, o STF foi além ao interpretar o art. 37, § 5º, da CF e consagrou entendimento de que são imprescritíveis as pretensões de ressarcimento ao erário toda vez que este é causado por ato ilícito do ofensor, seja um ato de improbidade ou não, seja um ato praticado por agente público ou não (MS 26.210, DJ 10.10.2008).

Quanto à aplicação das **demais sanções**, têm-se os seguintes prazos (art. 23): a) 5 anos: após o término do exercício do mandato, de cargo em comissão ou de função de confiança; b) no prazo da lei específica quanto à prescrição para faltas punidas com demissão a bem do serviço público, para os casos de cargo efetivo e emprego público (normalmente 5 anos contados da data do fato); c) até 5 anos da data da apresentação à administração pública da prestação de contas final pelas entidades referidas no parágrafo único do art. 1º da Lei 8.429/1992.

Resta saber qual regra deve ser aplicada quanto aos servidores detentores de cargo efetivo, mas que praticaram o ato em momento que estavam em cargos em comissão ou função de confiança. O STJ apreciou a questão e entendeu que se deveria aplicar a regra pertinente ao servidor efetivo (REsp 1.060.529/MG, DJe 18.09.2009), regra essa normalmente mais favorável ao agente público, uma vez que o termo *a quo* do prazo prescricional tem início logo após a prática do ato.

Nos casos de mais de um réu, entendeu-se que o prazo prescricional corre individualmente, de acordo com as condições de cada um (STJ, REsp 1.185.461/PR, DJ 17.06.2010).

E no caso de reeleição de Prefeito, entendeu-se que o prazo começa a fluir do término do segundo mandato (REsp 1.153.079/BA, DJ 29.04.2010).

Segundo o STJ, "Nas ações civis por ato de improbidade administrativa, interrompe-se a prescrição da pretensão condenatória com o mero ajuizamento da ação dentro do prazo de cinco anos contado a partir do término do exercício de mandato, de cargo em comissão ou de função de confiança, ainda que a citação do réu seja efetivada após esse prazo" (REsp 1.391.212-PE, j. 02.09.2014).

7.7. Disposições penais

A Lei 8.429/1992 tipifica, no âmbito penal, a seguinte conduta:

"Art. 19. Constitui crime a representação por ato de improbidade contra agente público ou terceiro beneficiário, quando o autor da denúncia o sabe inocente.

Pena: detenção de seis a dez meses e multa.

Parágrafo único. Além da sanção penal, o denunciante está sujeito a indenizar o denunciado pelos danos materiais, morais ou à imagem que houver provocado."

Para configurar o tipo, é necessário que alguém represente um terceiro acusando-o de ter cometido ato de improbidade que, na verdade, não fora cometido. É necessário que aquele que faz a representação (o autor da denúncia) saiba que o terceiro é inocente. Sem elemento o crime não se configura. E é até bom que assim o seja, para que as pessoas não tenham medo de representar contra terceiros por ato de improbidade. Somente aquele que está de má-fé (por saber que o terceiro é inocente) é que deve temer fazer uma representação nessas condições.

Interessante disposição é a prevista no parágrafo único do art. 19, que assevera que o autor da denúncia indevida está sujeito, ainda, a indenizar o denunciado pelos danos materiais, morais ou à imagem que houver provocado. Apesar de o dever de indenizar já ser uma consequência legal em desfavor de quem é condenado por cometer um crime que causa danos à esfera civil de alguém (o art. 91, I, do CP estabelece que é efeito da condenação "tornar certa a obrigação de indenizar o dano causado pelo crime"), a menção à indenização por danos morais e à imagem acaba por evidenciar à necessidade de indenizar todos os danos causados à vítima da representação.

Vale lembrar que, para apurar qualquer ilícito previsto nesta lei, inclusive o penal, o Ministério Público, de ofício, a requerimento de autoridade administrativa ou mediante representação formulada de acordo com o disposto no art. 14 da Lei 8.429/1992, poderá requisitar a instauração de inquérito policial, ou, no caso de ilícito não penal, a instauração de procedimento administrativo.

8. BENS PÚBLICOS

8.1. Conceito de bens públicos

Bens públicos são aqueles pertencentes às pessoas jurídicas de direito público interno (art. 98 do CC), podendo ser móveis ou imóveis, corpóreos ou incorpóreos. Todos os outros bens são particulares, seja qual for a pessoa a que pertencerem (segunda parte do art. 98 em questão). Assim, bens pertencentes à União, Estados, DF, Municípios, autarquias, agências reguladoras, fundações públicas de direito público e consórcios públicos de direito público são sempre bens públicos. Mas os bens pertencentes às empresas públicas, sociedades de economia mista, fundações governamentais de direito privado e consórcios públicos de direito privado são bens privados, portanto, passíveis de penhora, usucapião e alienação. Com maior motivo ainda, os bens das pessoas naturais e das jurídicas não privadas são todos bens privados também.

Porém, há certos bens adquiridos por pessoas privadas que podem ser públicos. Isso ocorre quanto aos bens adquiridos pelos concessionários de serviço público que tiverem duas características: a) forem afetados ao serviço público; b) forem reversíveis ao final da concessão (art. 35, § 1º, da Lei 8.987/1995). *Vide* o caso, por exemplo, de uma torre de energia elétrica adquirido por uma concessionária da área. Finda a concessão, esses bens são revertidos ao patrimônio público, de modo que pode se dizer que o Poder Concedente (sempre pessoa de direito público) é proprietário com termo suspensivo de tais bens (*v.* art. 131 do CC e 18 da Lei 8.987/1995). O STJ entende que "O imóvel da Caixa Econômica Federal vinculado ao Sistema Financeiro de Habitação deve ser tratado como bem público, sendo, pois, imprescritível" (REsp 1.448.026-PE, DJe 21/11/2016).

Não se deve confundir o conceito de *bem público* com a noção de *domínio público* em sentido amplo, que abrange tanto os bens pertencentes ao Estado (bens públicos), como aqueles em relação aos quais sua utilização subordina-se às normas estabelecidas por este (bens particulares de interesse público) e ainda as coisas inapropriáveis individualmente, mas de fruição geral da coletividade (*res nullius*). Assim, tal ideia abrange tanto o domínio patrimonial (sobre os bens públicos) como o domínio eminente (sobre todas as coisas de interesse público), entendido esse como o poder político pelo qual o Estado submete à sua vontade todas as coisas de seu território, no ensinamento de Hely Lopes Meirelles. Em nome do domínio eminente é que são estabelecidas as limitações administrativas, as servidões etc.

8.2. Classificação dos bens públicos

Segundo sua destinação, os bens públicos podem ser classificados da seguinte forma (art. 99 do Código Civil):

a) bens de uso comum do povo (ou do domínio público): *são os destinados a uso público, podendo ser utilizados indiscriminadamente por qualquer do povo.* Ex.: mares, rios, estradas, ruas e praças. Não há direito de uso exclusivo ou privilégios na utilização de tais bens. Apesar de destinados ao uso indistinto de todos, podem assumir caráter gratuito ou oneroso, na forma da lei (art. 103 do CC: *"o uso comum dos bens públicos pode ser gratuito ou retribuído, conforme for estabelecido legalmente pela entidade a cuja administração pertencer").* Ex.: zona azul, pedágio, ancoragem em portos;

b) bens de uso especial (ou do patrimônio administrativo indisponível): *são aqueles destinados à execução dos serviços públicos ou a servirem de estabelecimento para os entes públicos.* Ex.: edifícios onde estão as repartições públicas, equipamentos e veículos públicos; teatros, museus, universidades, bibliotecas, escolas públicas e hospitais; cemitérios e mercados públicos. Também são chamados de bens de uso especial aqueles que têm destinação específica, como museus, universidades, ou ainda aqueles utilizados pelos concessionários e permissionários do Poder Público;

c) bens dominicais[12] **(ou do patrimônio disponível)**: *são aqueles que não têm destinação específica, nem se encontram sujeitos ao uso comum do povo.* São bens que simplesmente integram o patrimônio do Estado e que, eventualmente, podem ser alienados. Ex.: terrenos de marinha, terras devolutas, prédios em renda etc. O CC não os trata como inalienáveis, dispondo que "podem ser alienados, observadas as exigências da lei" (art. 101), o que não quer dizer que podem ser objeto de penhora, visto que a execução contra as pessoas de direito público se faz, de acordo com o art. 100 da CF, mediante a expedição de precatório.

8.3. Afetação e desafetação

Em regra, todos os bens públicos ingressam no patrimônio público afetados por destinação específica.

Afetação *significa vinculação de um bem a uma destinação específica.* Decorre de um fato natural, da lei ou de ato administrativo. Uma avenida é afetada (destinada) à circulação de veículos e pessoas. O local onde fica uma repartição pública é afetado ao uso do Poder Público para consecução de seus fins.

Desafetação *consiste na retirada da destinação dada ao bem público, com o consequente ingresso do bem na categoria dos bens dominicais.* A desafetação só pode ocorrer em virtude de lei ou de ato administrativo decorrente de autorização legislativa.

8.4. Regime jurídico dos bens públicos

Os bens públicos são gravados de uma série de condicionantes decorrentes do fato de pertencerem ao povo e de terem destinações voltadas à coletividade, direta ou indiretamente. Confira as regras decorrentes desse regime jurídico especial.

a) São **inalienáveis**, o que significa que não podem ser vendidos ou doados, salvo se passarem para a categoria de bens dominicais. São **requisitos para alienação**[13] **de bens imóveis:** (1) presença de interesse público devidamente justificado, (2) desafetação, (3) avaliação, (4) autorização legislativa e (5) licitação na modalidade concorrência. Em sendo bens móveis não serão necessárias a desafetação e a autorização legislativa. Há *dispensa de autorização legislativa* também na alienação de bens por pessoas de direito privado estatais. Há *dispensa de licitação*, se imóveis, em caso de dação em pagamento, doação ou venda para outro órgão ou ente público; permuta; investidura (aquisição de área pública isoladamente inaproveitável; a Lei 9.648/1998, que trouxe redação ao § 3º do art. 17 da Lei 8.666/1993, também considera investidura a "alienação aos legítimos possuidores diretos ou, na falta destes, ao Poder Público, de imóveis para fins residenciais construídos em núcleos urbanos anexos a usinas hidrelétricas, desde que considerados dispensáveis na fase de operação dessas unidades e não integrem a categoria de bens reversíveis ao final da concessão"); disposições em geral para programas habitacionais. No caso de bens móveis, a dispensa de licitação ocorre na doação social, na permuta, venda de ações, títulos e bens produzidos pelos entes e venda de materiais e equipamentos para órgãos e entes públicos.

Instituto próximo da questão ora tratada é a *legitimação de posse*, que consiste na transferência do domínio de terra devoluta ou área pública sem utilização para particular ocupante. O Estatuto da Terra traz a regulamentação da questão na esfera federal. Trata-se de transferência de domínio voluntária, ou seja, distinta da usucapião (não voluntária), que é vedada quanto aos bens públicos;

b) São **imprescritíveis**, o que significa que não são passíveis de usucapião (prescrição aquisitiva). O art. 183, § 3º, da CF dispõe que os imóveis públicos não serão adquiridos por usucapião. O art. 191, parágrafo único, da CF repete tal regra. O art. 102 do Código Civil também dispõe dessa forma, sem que traga a restrição de que se trate de bem imóvel, já que dispõe que "os *bens públicos* não estão sujeitos a usucapião" (g.n.)[14];

c) Também são **impenhoráveis**, o que inclui a vedação de serem objeto de garantia. Isso decorre do fato de que os bens públicos devem estar disponíveis para que o Estado desenvolva suas atividades, o que não se coaduna com a entrega em garantia ou para penhora. A regra em questão não vale para os bens das pessoas jurídicas de direito privado estatais (sociedade de economia mista e empresas públicas),

12. José Cretella Júnior e José Cretella Neto diferenciam "bem dominical" de "bem dominial". Ensinam que "dominial é gênero, que abrange os três tipos de bens públicos, incluindo-se, entre estes tipos, o bem dominical, ou bem do patrimônio privado do Estado. Logo, dominial é gênero de que dominical é espécie".

13. *Vide* art. 17 da Lei 8.666/1993 (Lei de Licitações e Contratos).

14. *Vide* também a Súmula 340 do STF.

salvo se forem concessionárias de serviço público, hipótese em que apenas os bens afetados ao serviço serão impenhoráveis. A impossibilidade de oneração dos bens públicos encontra exceção nas operações de crédito por antecipação de receita (art. 167, IV, CF) e nos débitos com a União (art. 167, § 4º, CF).

A **execução contra o Estado** é feita por meio de precatório (art. 100 da CF). Os pagamentos das Fazendas serão feitos na **ordem cronológica de apresentação desses** (requisição do Presidente do Tribunal) e à conta do crédito respectivo, sem indicação dos casos ou pessoas. É **obrigatória a inclusão no orçamento** das entidades de direito público de verba para pagamento de débitos oriundos de sentença transitada em julgado, constante de precatório **apresentado até 1º de julho**, fazendo-se o **pagamento até o final do exercício seguinte**, em valor atualizado. **Exceções:** débitos alimentares e débitos de pequeno valor (valores distintos conforme capacidade do ente político), que seguem regra própria. Vale lembrar que o pagamento de precatório fora da ordem cronológica pode gerar sequestro (art. 100, § 6º, CF). O não pagamento, por sua vez, pode gerar pedido de intervenção no ente (art. 34, V, "a", e 35, I, CF).

Vale ressaltar que todos os bens públicos são impenhoráveis, inclusive os bens dominicais.

No entanto, há situações excepcionais em que os bens públicos podem ser objeto de constrição judicial.

O STJ vem admitindo a penhora de dinheiro público quando a Fazenda Pública não cumpre decisões judiciais que determinam o fornecimento de medicamentos e tratamentos na área da saúde.

A jurisprudência é calcada no postulado da proporcionalidade, fazendo com que, na ponderação entre a regra constitucional do precatório com os princípios constitucionais da dignidade da pessoa humana e da proteção integral da saúde, preponderem os dois últimos valores.

8.5. Formas de aquisição e uso dos bens públicos

8.5.1. *Aquisição*

Pode se dar por desapropriação ou por compra, a qual dependerá de prévia licitação, salvo os casos de dispensa e inexigibilidade. Adquire-se também por dação em pagamento, permuta, penhora e sucessão.

8.5.2. *Uso dos bens públicos*

a) uso livre: ocorre quanto aos bens de uso comum do povo, respeitando-se as leis e sem que haja exclusividade, ainda que momentânea;

b) autorização de uso: ato unilateral, discricionário e precário, em que se faculta uso em caráter episódico, no interesse do particular. Ex.: fechar rua para festa; circo; carga pesada;

c) permissão de uso: ato unilateral, discricionário e precário, no interesse coletivo, que faculta uso com maior permanência do bem público, mediante licitação. Ex.: banca de jornal, barracas, feiras, box em mercado municipal;

d) concessão de uso: contrato que transfere o uso por prazo certo para finalidade específica, mediante licitação. Não há precariedade, vale dizer, a revogação antes do prazo contratual gera direito à indenização. Ex.: restaurante ou lanchonete em aeroporto ou rodoviária;

e) concessão de direito real de uso: contrato pelo qual se transfere, como direito real, o uso remunerado ou gratuito de imóvel não edificado, mediante licitação. Serve para urbanização, industrialização e cultivo de terra (Dec.-lei 271/1967). O direito real confere mais estabilidade à concessão feita, que fica oponível até ao Poder Público, ressalvada a possibilidade de desapropriação;

f) concessão de uso especial (MP 2.220/2001; art. 183, § 1º, da CF): como não se admite usucapião de bem público, nas hipóteses em que forem preenchidos os requisitos legais para o usucapião especial urbano até 30.06.2001 há direito do ocupante à concessão de uso especial, que se constitui administrativa ou judicialmente;

g) cessão de uso: consiste na atribuição gratuita da posse de um bem público de entidade ou órgão para outro, possibilitando ao cessionário a utilização nas condições estabelecidas no termo, por prazo certo ou indeterminado. Trata-se de ato de colaboração entre os entes públicos. Caso se trate de cessão externa, é necessária autorização legal.

Quando uma pessoa ocupa um bem público fora das situações mencionadas acima, está-se diante de uma ilegalidade. Um exemplo é um particular que invade um bem público e nele resolve construir um imóvel. Se o bem fosse privado, teríamos configurado o instituto da posse, mesmo se tratando de uma posse injusta. A posse, mesmo que injusta, pode gerar efeitos fortíssimos, como a usucapião e o direito à proteção possessória. Porém, em se tratando de bem público isso não ocorre. Não há que se falar em **posse** sobre bem público e, consequentemente, em *proteção possessória, retenção por benfeitorias* ou *usucapião*. Assim, o particular que ocupa nessas condições um bem público tem, segundo a doutrina e a jurisprudência, mera **detenção**. A detenção não gera efeito possessório algum e, assim, o Poder Público pode ingressar com ação de reintegração de posse e, mesmo se se tratar de ocupação antiga, o particular não poderá impedir que a Administração consiga uma liminar, sob alegação (do particular) de que tem uma posse antiga. Não havendo, posse, mas mera detenção, o particular não tem como defender a sua permanência no imóvel. Porém, caso o particular esteja exercendo atos típicos de posse em bem público do tipo *dominical*, o STJ entende que tem direito a proteção possessória em face de terceiro, também *particular*, com quem estiver em litígio (REsp 1.296.964-DF, DJe 7/12/2016).

8.6. Espécies de bens na CF (da União)

8.6.1. *Os que atualmente lhe pertencem e os que lhe vierem a ser atribuídos*

8.6.2. *Terras devolutas indispensáveis à defesa*

São da União as terras devolutas indispensáveis à defesa:

a) das fronteiras, fortificações e construções militares;

b) das vias federais de comunicação;

c) da preservação ambiental, definidas em lei.

Terras devolutas são as terras vazias, sem proprietário ou não afetadas a nada, representando bem disponível estatal (art. 5º do Decreto-lei 9.760/1946). As da União são as voltadas à preservação ambiental e defesa de fronteiras, fortificações e vias federais de comunicação, definidas em lei (art. 20, II, da CF). São do Estado as que não forem da União e dos Municípios as atribuídas por aqueles às edilidades. A Lei 6.383/1976 trata da discriminação das terras devolutas da União, sob responsabilidade do INCRA, podendo ser administrativa ou judicial. O art. 29 da referida lei diz que o ocupante de terras públicas, quando as tenha tornado produtivas com o seu trabalho e o de sua família, fará jus à legitimação da posse de área contínua de até 100 hectares, preenchidos os requisitos legais.

Vale citar, ainda, a Lei 601/1850, que tem o seguinte teor: "Art. 3º São terras devolutas: § 1º As que não se acharem aplicadas a algum uso público nacional, provincial ou municipal. § 2º As que não se acharem no domínio particular por qualquer título legítimo, nem forem havidas por sesmarias e outras concessões do Governo Geral ou Provincial, não incursas em comisso por falta do cumprimento das condições de medição, confirmação e cultura. § 3º As que não se acharem dadas por sesmarias, ou outras concessões do Governo, que, apesar de incursas em comisso, forem revalidadas por esta Lei. § 4º As que não se acharem ocupadas por posses, que, apesar de não se fundarem em título legal, forem legitimadas por esta Lei".

8.6.3. *Terras tradicionalmente ocupadas pelos índios*

São da União as terras tradicionalmente ocupadas pelos índios.

Os índios têm posse permanente e usufruto exclusivo das riquezas do solo, dos rios e dos lagos nelas existentes.

O aproveitamento dos demais recursos só se dará com autorização do Congresso Nacional, garantida a participação nos resultados.

8.6.4. *Lagos e rios*

São da União os lagos e rios:

a) de terrenos de seu domínio;

b) que banhem mais de um Estado;

c) que sirvam de limite com outros países;

d) que se estendam a território estrangeiro ou dele provenham, inclusive os terrenos marginais.

8.6.5. *Terrenos de marinha*

São da União os terrenos de marinha.

São aqueles formados pela porção de terras banhadas pelas águas dos rios navegáveis ou pelas águas do mar (art. 20, VII, da CF). O art. 2º do Decreto-lei 9.760/1946 os define como a faixa de 33 metros da linha do preamar médio de 1831 para a parte da terra. O particular que ocupar parte de terreno de marinha, mediante a devida outorga (enfiteuse ou aforamento, ou mesmo mero regime de ocupação), pagará à União taxa de Administração (art. 127 do Dec.-lei 9.760/1946). E caso o ocupante venha a transferir a terceiros, mediante alienação a título oneroso, esse direito sobre o bem (chamado "domínio útil"), deverá pagar o chamado laudêmio (art. 5º do Dec.-lei 2.398/1987). Aliás, o pagamento de laudêmio à União é devido não só quando há transferência do domínio ou de ocupação, seja para terceiros, seja para integralizar cotas de empresa, como também quando há transferência do direito a benfeitorias no bem (AgRg no AREsp 429.801/PE, DJe 25.02.2014). Aliás, no caso de irregularidade da ocupação, a União, independentemente de fazer a cobrança devida pela ocupação do bem, pode buscar a anulação dos registros da ocupação, podendo fazê-lo administrativamente (sem necessidade de ação judicial), "em razão do atributo da presunção de legitimidade e executoriedade do ato administrativo, justificando-se, inclusive, a inversão do ônus da prova a cargo dos" ocupantes (Resp 409.303-RS, DJ 14.10.2012).

8.6.6. *Mar territorial*

É da União o mar territorial, consistente na faixa de 12 milhas, contadas do litoral continental, sobre a qual o Estado exerce poderes de soberania (art. 20, VI, da CF e Lei 8.617/1993).

8.6.7. *Recursos da zona econômica exclusiva*

São da União os recursos da zona econômica exclusiva, que consiste na faixa de 12 a 200 milhas, sobre a qual o Estado exerce poderes de exploração dos recursos naturais do mar (art. 20, V, da CF e Lei 8.617/1993).

8.6.8. *Recursos naturais da plataforma continental*

São da União os recursos naturais da plataforma continental, que consiste no prolongamento natural das terras da superfície sob a água do mar, porção de terras submersas que apresentam a mesma estrutura geológica das terras do continente (art. 20, V, da CF e Lei 8.617/1993).

8.6.9. *Ilhas*

São da União as ilhas:

a) fluviais (de rios) e lacustres (de lagos) nas zonas limítrofes com outros países; as demais são dos Estados;

b) oceânicas (no oceano);

c) costeiras (próximas à costa), excluídas as de terceiros.

8.6.10. *Recursos minerais, inclusive dos subsolos*

São da União os recursos minerais, inclusive dos subsolos.

É assegurada a participação (ou compensação financeira) no resultado da exploração de petróleo, gás natural, potencial hídrico e outros recursos minerais, no respectivo território, plataforma continental, mar territorial e zona econômica exclusiva, em favor dos Estados, DF, Municípios e União, nos termos da lei (art. 20, § 1º, da CF).

9. INTERVENÇÃO DO ESTADO NA ORDEM ECONÔMICA E NO DIREITO DE PROPRIEDADE

9.1. Intervenção do Estado na propriedade privada

9.1.1. *Introdução*

A propriedade há de atender duas funções: a função individual, mais ligada aos interesses do proprietário; e à função social, ligada ao interesse da sociedade.

Para garantir que a propriedade atenda à sua função social, o Estado nela intervém com vista a preservar os seguintes valores:

a) uso seguro da propriedade: por exemplo, criando leis (Código de Obras) e fiscalizando seu cumprimento;

b) uso organizado da propriedade: por exemplo, criando leis de zoneamento e fiscalizando seu cumprimento;

c) uso legítimo da propriedade: por exemplo, criando leis que impõem o silêncio após dado horário e fiscalizando seu cumprimento;

d) uso social da propriedade: por exemplo, valendo-se dos institutos da desapropriação, servidão, requisição, ocupação temporária;

e) preservação do meio ambiente; por exemplo: valendo-se do instituto do tombamento.

O foco do estudo da intervenção na propriedade recairá sobre as limitações administrativas, exemplificadas nos itens "a" a "c", e também sobre os demais institutos mencionados como exemplos nos itens "d" e "e".

9.1.2. *Limitação administrativa*

É a imposição unilateral, geral e gratuita, que traz os limites dos direitos e atividades particulares de forma a condicioná-los às exigências da coletividade. Ex.: proibição de construir sem respeitar recuos mínimos; proibição de instalar indústria ou comércio em determinadas zonas da cidade; leis de trânsito, de obras e de vigilância sanitária; lei do silêncio.

A limitação administrativa pode ser de três tipos: *positiva* (ex.: imposição de construção de muro ou de limpar o imóvel), *negativa* (ex.: limitação da altura de uma obra) ou *permissiva* (ex.: permitir vistoria de imóvel pelo Poder Público).

Perceba-se a identidade entre a limitação administrativa e o poder de polícia. Enquanto o poder de polícia é a atividade condicionadora dos direitos aos seus limites, a limitação é o próprio limite que o particular deve observar e que o Poder Público deve levar em conta na sua atividade de poder de polícia.

Nem a limitação administrativa, nem a atividade de condicionamento dos direitos feita pelo Poder Público (poder de polícia), ensejarão indenização ao particular, visto que são imposições que atingem a todos igualmente, não prejudicando ninguém especificamente, mas apenas traçando os limites do direito que cada um de nós temos.

São diferenças entre limitação administrativa e servidão: a primeira não é ônus real, ao passo que a segunda é ônus real; aquela é gratuita (atingindo a todos), enquanto esta é onerosa (pois atinge um bem em particular); a limitação importa e traça deveres de não fazer (*non facere*), já a segunda em deveres de suportar (*pati*) – *suportar* é mais amplo que *não fazer*).

9.1.3. *Requisição de bens ou serviços*

É o ato pelo qual o Estado determina e efetiva a utilização de bens ou serviços particulares, mediante indenização ulterior, para atender necessidades públicas urgentes e transitórias, ou seja, em caso de iminente perigo público.

O **requisito** para requisição de *bens* está previsto na CF, em seu artigo 5º, XXV: *no caso de iminente perigo público, a autoridade competente poderá usar de propriedade particular, assegurada ao proprietário indenização ulterior, se houver dano.*

São situações de iminente perigo público uma inundação, um incêndio, a falta de alimento etc. Em caso de inundação, por exemplo, pode o Poder Público, para dar guarida àqueles que poderão ter sua casa invadida pela água, requisitar o ginásio de um clube particular para abrigo de tais pessoas. Após isso, o particular será indenizado.

O fundamento do instituto consiste no estado de necessidade pública. O artigo 22, inciso III, da CF, diz caber privativamente à União legislar sobre "requisições civis ou militares, em caso de iminente perigo público e em tempo de guerra". A requisição administrativa de bens e serviços é tratada pela Lei Delegada 4/1962 e pelo Decreto-lei 2/1966, enquanto que as requisições civis e militares em tempo de guerra estão reguladas pelo Decreto-lei 4.812/1942.

São **diferenças entre desapropriação e requisição** as seguintes: a desapropriação só se refere a *bens*, enquanto a requisição pode ser de *bens* ou *serviços;* a primeira é direcionada a *aquisição* do bem, ao passo que a segunda busca apenas seu *uso*, de forma que a desapropriação visa atender a necessidades *permanentes* e a requisição, a necessidades *transitórias;* a primeira depende de *acordo ou processo* para se efetivar, a segunda é *autoexecutável;* a desapropriação depende de *indenização prévia*, a requisição dá ensejo a *indenização posterior* desde que haja dano.

9.1.4. *Ocupação temporária (ou provisória)*

Consiste no direito de uso do Poder Público sobre um bem particular não edificado, de forma transitória, remunerada ou gratuita, com o objetivo de executar obras, serviços ou atividades públicas.

O artigo 36 do Decreto-lei 3.365/1941 (Lei de Desapropriação) prevê tal ocupação: *é permitida a ocupação temporária, que será indenizada, a final, por ação própria, de terrenos não edificados, vizinhos às obras e necessários à sua realização. O expropriante prestará caução, quando exigida.*

Quanto às diferenças entre a ocupação e a requisição, a primeira incide sobre bens, enquanto a segunda sobre *bens* e *serviços*; a requisição é típica de situações de urgência, enquanto a ocupação não tem essa característica necessariamente; o exemplo de ocupação mais comum (o trazido acima) prevê que ela só se dá sobre terrenos não edificados e mediante caução (se exigida), enquanto a requisição incide sobre qualquer bem e sem caução.

Em leis esparsas existem outros tipos de ocupação, como aquela destinada a fazer pesquisas acerca da existência de minérios em bens particulares, medida que evita uma desapropriação do bem com posterior ciência de que a suspeita de que havia minério no local era infundada.

9.1.5. *Servidões administrativas*

É o ônus real de uso imposto pela Administração a um bem particular, com objetivo de assegurar a realização de obras e serviços públicos, assegurada indenização ao particular, salvo se não houver prejuízo.

São exemplos de servidão os seguintes: instalação de linhas e torres de transmissão de energia elétrica em bem particular; servidão de aqueduto; e servidão para instalação de placas indicativas de ruas em imóveis particulares (nesse caso geralmente não haverá dano ao particular, não se podendo falar em indenização).

Institui-se tal ônus real tal qual a desapropriação para aquisição da propriedade de um bem. Há necessidade de ato declaratório da utilidade pública da servidão (art. 40 do Dec.-lei. 3.365/1941: *o expropriante poderá constituir servidões, mediante indenização* ***na forma desta lei***), com consequente tentativa de acordo para indenização, que, infrutífera, ensejará processo judicial para sua instituição. Assim, os *títulos* para instituição da servidão podem ser tanto o **acordo administrativo** como a **sentença judicial**. Após isso, um dos dois será **registrado** no Cartório Imobiliário, *constituindo*, finalmente, o direito real em tela.

A indenização segue a sorte daquela prevista para a desapropriação. A Súmula 56 do STJ tem o seguinte teor: *na desapropriação para instituir servidão administrativa são devidos juros compensatórios pela limitação do uso da propriedade.* O único cuidado que se deve ter ao ler a presente súmula é não confundir servidão com limitação administrativa.

São diferenças gerais entre a servidão administrativa e a servidão civil: a primeira é ônus real do Poder Público sobre a propriedade, enquanto a segunda é ônus real de um prédio (dominante) em face de outro prédio (serviente); aquela tem serventia pública (utilidade pública) e esta tem serventia privada (utilidade privada e bem certo).

9.1.6. Tombamento

O tombamento pode ser **conceituado** como o *ato do Poder Público que declara de valor histórico, artístico, paisagístico, turístico, cultural ou científico, bens ou locais para fins de preservação.*

O instituto está regulamentado no Dec.-lei 25/1937.

Quanto ao **objeto**, o tombamento pode alcançar tanto bens imóveis individualmente considerados (um prédio histórico), um conjunto arquitetônico (o Pelourinho, em Salvador), um bairro (o Centro do Rio de Janeiro), uma cidade (Ouro Preto) e até um sítio natural. Pode também alcançar bens móveis, como a mobília da casa de um personagem histórico, como Santos Dumont.

Admite-se o chamado *tombamento cumulativo*, que é o tombamento de um mesmo bem por mais de um ente político.

A **instituição** do tombamento pode ser *voluntária* (por requerimento do próprio dono da coisa) ou *contenciosa*. A última impõe a notificação do proprietário para, no prazo de 15 dias, impugnar, se quiser, a intenção do Poder Público de tombar a coisa. Uma vez concluído pelo tombamento, este será feito mediante inscrição do ato num dos quatro Livros do Tombo (Paisagístico, Histórico, Belas Artes e Artes Aplicadas). Em se tratando de imóvel, o ato também deve ser registrado no Registro de Imóveis.

É importante ressaltar que, com a notificação do proprietário, ocorre o *tombamento provisório*, que já limita o uso da coisa por seu dono.

Além de poder ser instituído por *ato administrativo*, o tombamento também pode advir de *ato legislativo* (por exemplo, o art. 216, § 5º, da CF, pelo qual "ficam tombados os documentos e sítios detentores de reminiscências históricas dos antigos quilombos") ou *ato judicial*. No terceiro caso, o juiz, diante de uma ação coletiva (ex.: ação popular ou ação civil pública), determina a inscrição do tombamento no Livro do Tombo.

Quanto aos **efeitos** do tombamento, temos, entre outros, os seguintes: a) o proprietário deverá conservar a coisa (se não tiver recursos, deve levar ao conhecimento do Poder Público, que fica autorizado legalmente a executar a obra); b) o proprietário não pode reparar, pintar ou restaurar a coisa, sem prévia autorização especial do Poder Público; c) os vizinhos não podem reduzir a visibilidade da coisa tombada, nem colocar anúncios sem prévia autorização especial; d) o bem tombado, se for um bem público, ou seja, pertencente a uma pessoa jurídica de direito público, é inalienável; e) o bem tombado não pode sair do País, salvo se por prazo curto, sem alienação, para fim de intercâmbio cultural e mediante autorização do Poder Público; g) o proprietário do bem tombado tem direito de ser indenizado, caso sofra restrição especial que o prejudique economicamente.

A Constituição traz uma norma especial sobre o tombamento do patrimônio cultural ao dispor que "ficam tombados todos os documentos e os sítios detentores de reminiscências históricas dos antigos quilombos" (art. 216, § 5º).

O Dec.-lei 25/1937 é de leitura obrigatória para se conhecer mais sobre o instituto do tombamento.

9.1.7. Expropriação (art. 243 da CF)

A expropriação pode ser **conceituada** como a retirada da propriedade de alguém sem o pagamento de indenização alguma.

O instituto é cabível nas seguintes **hipóteses** (art. 243 da CF, com nova redação dada pela EC 81/2014):

a) sobre propriedades rurais e urbanas de qualquer região do País onde forem localizadas culturas ilegais de plantas psicotrópicas ou a exploração de trabalho escravo na forma da lei;

b) sobre bem apreendido em decorrência de tráfico ilícito de entorpecentes e drogas afins e da exploração de trabalho escravo.

Os bens expropriados terão a seguinte **destinação**:

a) propriedades serão expropriadas e destinadas à reforma agrária e a programas de habitação popular, sem qualquer indenização ao proprietário e sem prejuízo de outras sanções previstas em lei;

b) o bem será confiscado e reverterá a fundo especial com destinação específica, na forma da lei.

Resta estudar agora a desapropriação, que consiste na retirada da propriedade de terceiro, mas mediante o devido pagamento.

9.1.8. *Desapropriação*

9.1.8.1. *Fundamentação legal*

O instituto da desapropriação está regulamentado nos seguintes diplomas: Constituição Federal – arts. 5º, XXIV, 182, § 3º, 184, 185 e 243; Decreto-lei 3.365/1941 (utilidade e necessidade pública), Lei 4.132/1962 (interesse social), Decreto-Lei 1.075/1970 (imissão provisória na posse em imóveis residenciais urbanos), Lei 8.257/1991 (glebas com culturas ilegais de plantas psicotrópicas), Lei 8.629/1993 (reforma agrária), Lei Complementar 76/1993 (rito sumário de contraditório especial para reforma agrária) e Lei 10.257/2001 (desapropriação por interesse social como instrumento de política urbana).

9.1.8.2. *Direito material*

Pode-se **conceituar** a desapropriação como o *procedimento pelo qual o Poder Público, fundado em necessidade pública, utilidade pública ou interesse social, compulsoriamente adquire para si um bem certo, em caráter originário, mediante indenização prévia, justa e pagável em dinheiro, salvo no caso de imóveis em desacordo com a função social da propriedade, hipóteses em que a indenização far-se-á em títulos da dívida pública.*

A desapropriação é expressão do princípio da supremacia do interesse público sobre o particular. É muito comum que entrem em choque dois interesses. De um lado, o Poder Público, interessado muitas vezes em utilizar um dado imóvel particular para, por exemplo, construir uma escola, um hospital ou uma repartição pública. De outro, o particular interessado em não alienar nem ceder um imóvel do qual é titular do direito de propriedade. Entre o interesse do Poder Público e o interesse do particular, prevalecerá o primeiro, ou seja, o Poder Público poderá exigir que o particular entregue o bem de sua propriedade, e, em troca, o particular terá direito de ser indenizado, indenização que será, em regra, prévia, justa e pagável em dinheiro.

A desapropriação é **forma originária de aquisição da propriedade**, não se vinculando, portanto, ao título anterior. Isso significa, por exemplo, que as dívidas do imóvel ficam sub-rogadas no preço pago pela desapropriação e não mais neste (art. 31 do Decreto-lei 3.365/1941). Ademais, mesmo que se tenha desapropriado imóvel de pessoa que não era seu dono, não haverá invalidade (ou seja, não há direito de reivindicação por terceiro – art. 35 do Decreto-lei 3.365/1941), ressalvado o direito de o verdadeiro dono se insurgir contra o que se supunha dono do imóvel.

A **competência para legislar** sobre desapropriação é privativa da União (art. 22, II, CF).

São **fases** da desapropriação a **declaratória,** em que o ente declara de utilidade pública determinada área a ser desapropriada, e a **executória**, em que são tomadas providências concretas para efetivar a manifestação de vontade anterior. Tenta-se, em primeiro lugar, fazer um acordo com o proprietário (desapropriação extrajudicial). Não sendo frutífera tal tentativa, ingressa-se com ação de desapropriação.

A **competência para a primeira fase** (competência para declarar bem de utilidade pública ou interesse social) é dos entes políticos (União, Estados, DF e Municípios), do DNIT (Lei 10.233/2001) e da ANEEL (art. 10 da Lei 9.074/1995).

A **competência para a segunda fase** (competência para executar a desapropriação) é dos entes políticos, autarquias e fundações públicas; concessionárias de serviço público ou entes delegados pelo Poder Público, desde que autorizados expressamente pela lei ou pelo contrato (art. 3º do Decreto-lei 3.365/1941).

O **objeto** da desapropriação é qualquer bem (móvel ou imóvel, material ou imaterial, inclusive o espaço aéreo e o subsolo), exceto moeda corrente nacional (salvo moedas raras), pessoas e direitos personalíssimos. O objeto deve também ser existente, preciso, certo e possível. É cabível a desapropriação do espaço aéreo e do subsolo quando de sua utilização pelo Poder Público resultar prejuízo patrimonial ao proprietário do solo.

Bem público pode ser desapropriado. A União pode desapropriar de todos os entes, além dos particulares. Estados desapropriam dos Municípios e dos particulares. Municípios, só dos particulares. Quando a desapropriação se dá sobre bem público, além de se respeitar os limites acima, deve ser precedida de autorização legislativa.

Por fim, vale destacar que não é possível a autodesapropriação, ou seja, a desapropriação de bem da própria pessoa.

A **declaração de utilidade pública** consiste no ato pelo qual o Poder Público manifesta intenção de adquirir compulsoriamente determinado bem submetendo-o à sua força expropriatória. Deve-se identificar o *bem*, seu *destino* e o *dispositivo legal* que autoriza o ato. Faz-se por decreto, normalmente. O Poder Legislativo pode tomar a iniciativa, cabendo ao Executivo efetivá-la. Ao Poder Judiciário é vedado decidir se se verificam ou não os casos de utilidade pública (art. 9º do Dec.-lei 3.365/1941).

São **efeitos da declaração:** a) submete o bem à força expropriatória do Estado; **b) fixa o estado** dos bens, o que não significa que não possa ser vendido ou alterado (importante, pois o Estado deverá indenizar as benfeitorias necessárias efetuadas posteriormente; as benfeitorias úteis, por sua vez, só serão indenizadas pelo Estado se este autorizar sua realização; as voluptuárias nunca serão indenizadas); **c) confere ao Poder Público o direito de penetrar** no bem, com auxílio de força policial se o caso (art. 7º do Dec.-lei 3.365/1941 – tal efeito demonstra a autoexecutoriedade do Decreto); **d) dá início ao prazo de caducidade** da declaração.

A **caducidade da declaração** consiste na perda de sua validade pelo decurso do tempo sem que o Poder Público promova os atos concretos de expropriação, ficando inviabilizada a desapropriação. Nas hipóteses de desapropriação por **utilidade pública, o prazo de caducidade é de 5 anos** (art. 10 Decreto-lei 3.365/1941). No caso de desapropriação por **interesse social, a caducidade se dá após 2 anos** (art. 3º da Lei 4.132/1962). A desapropriação por interesse social se dá quando não se cumpre a função social da propriedade, sendo as demais por utilidade ou necessidade pública. Caso haja a caducidade, somente **decorrido 1 ano** poderá haver nova declaração sobre aquele bem.

Imissão provisória de posse é a transferência da posse do bem objeto de desapropriação para o expropriante, já no início da lide, concedida pelo Juiz, se o Poder Público declarar urgência e depositar, em Juízo, a favor do proprietário, importância fixada segundo critério legal.

A **indenização** será sempre **justa**, **prévia** e, como regra, em **dinheiro**. Mas quando não se atender à função social, seja em área urbana, seja em área rural, a desapropriação decorrente de tal situação implicará pagamento por títulos públicos, resgatáveis anual e sucessivamente. Vale dizer, em que pese o pagamento seja prévio, não será em dinheiro, mas em títulos resgatáveis anualmente. Vejamos as hipóteses de pagamento com títulos públicos:

Imóvel rural: a União é competente para desapropriá-lo quando o fundamento é o não atendimento à função social; o pagamento é feito em títulos da dívida agrária, com cláusula de preservação do valor real, resgatáveis em até 20 anos, a partir do segundo ano de emissão do título. Cuidado, pois as benfeitorias úteis e necessárias são indenizadas em dinheiro (art. 184, § 1º, da CF).

Imóvel urbano: o Município é o competente para desapropriá-lo quando o fundamento é o não atendimento à função social da propriedade (imóvel não edificado, subutilizado ou não utilizado). Depende de lei específica, para a área incluída no Plano Diretor, a exigência, nos termos de lei federal, de que o proprietário promova o adequado aproveitamento do imóvel, sob pena de, sucessivamente, determinar-se o parcelamento ou edificação compulsórios, instituir-se IPTU progressivo no tempo, para só depois, mantida a situação, efetivar-se a desapropriação. Nesse caso o pagamento será feito em títulos da dívida pública (de emissão previamente aprovada pelo Senado), resgatáveis em até 10 anos, em parcelas anuais, iguais e sucessivas, assegurados o valor real da indenização e os juros legais. Não há previsão de pagamento em dinheiro das benfeitorias, talvez porque geralmente não haverá benfeitoria alguma (art. 182 da CF).

Não há indenização (confisco): na expropriação de propriedades rurais e urbanas de qualquer região, onde forem localizadas culturas ilegais de plantas psicotrópicas ou a exploração de trabalho escravo, o mesmo ocorrendo com bens de valor econômico apreendidos em decorrência de tráfico ilícito de entorpecentes e drogas afins e da exploração de trabalho escravo. Há, portanto, o confisco de tais bens, que serão utilizados em projetos sociais (assentamentos, cultivos, instituições, recuperação, fiscalização etc.).

A **justa indenização** compreende o valor de mercado do imóvel, abrangendo os danos emergentes e os lucros cessantes do proprietário. Inclui juros moratórios, compensatórios, correção monetária e honorários advocatícios. Os juros moratórios, segundo a MP 2.183-56/2001, correm a partir de 1º de janeiro do exercício seguinte ao que o pagamento deveria ser feito. Os juros compensatórios são contados desde o momento da imissão antecipada na posse, pois, a partir daí, o proprietário não mais terá a disponibilidade do bem, devendo ser compensado por isso. A correção monetária é contada desde a realização do laudo pericial que fixa o valor do bem expropriado. Os honorários são fixados tendo por base de cálculo a diferença entre o oferecido pelo Poder Público e o fixado pelo Poder Judiciário.

Consuma-se a desapropriação com o pagamento da indenização, pois a Constituição diz que a desapropriação requer prévia (e justa) indenização. É importante saber qual o momento em que se consuma a desapropriação, a fim de concluir-se até quando o Poder Público pode dela desistir. Destarte, pode-se desistir da desapropriação até o último momento anterior ao do pagamento da indenização. Deve-se ressaltar que eventuais danos causados ao particular devem ser ressarcidos.

Desapropriação por zona *é aquela de área maior do que a necessária à realização de obra ou serviço, para abranger zona contígua a ela, tendo em vista* reservá-la *para o futuro ou* revendê-la, *se extraordinária valorização for decorrência da desapropriação a ser efetuada.* Ou seja, consiste em desapropriar área maior do que a necessária naquele momento, com a finalidade de garantir espaço para realização de obras no futuro ou com o objetivo de revender a área maior desapropriada, quando houver valorização muito grande do local, a fim de não causar enriquecimento sem causa ao antigo proprietário. A declaração de utilidade deve compreendê-las, mencionando qual é para revenda e qual será para o desenvolvimento da obra (art. 4º do Decreto-lei 3.365/1941). Parte da doutrina defende que o Poder Público deveria, no caso de valorização, cobrar o tributo contribuição de melhoria, já que se trata de alternativa menos gravosa ao proprietário, entendimento não compartilhado pela jurisprudência do STF.

Direito de extensão *consiste na faculdade do expropriado de exigir que na desapropriação se inclua a parte restante do bem que se tornou inútil ou de difícil utilização.* Deve ser exercido quando da realização do acordo administrativo ou no bojo da ação de desapropriação, sob pena de se considerar que houve renúncia.

Segundo o art. 20 do Dec.-lei 3.365/1941, a contestação somente poderá versar sobre dois pontos: a) vício do processo judicial; b) impugnação do preço. Qualquer outra questão deverá ser decidida por ação autônoma.

Quanto ao vício do processo judicial pode-se alegar, em preliminar, tanto defeitos processuais (ausência de pressupostos processuais) como aqueles relativos à ação (ausência de condição de ação).

Quanto à impugnação ao preço, o que se permite é discutir o *quantum* ofertado pelo Poder Público na sua petição inicial.

Por outro lado, pode o particular exercer o direito de extensão, ou seja, o direito *de exigir que na desapropriação se inclua a parte restante do bem que se tornou inútil ou de difícil utilização*, na própria contestação, apresentando outra avaliação do bem, abrangendo a integralidade do imóvel, e não apenas a parte incluída no plano de desapropriação, conforme entendimento do Superior Tribunal de Justiça.

O fundamento jurídico desse direito também é a norma constitucional que determina a fixação da justa indenização (art. 5º, XXIV). Isso porque, caso o expediente da desapropriação parcial com esvaziamento econômico da área remanescente não fosse impedido, a justa indenização, por vias transversas, estaria sendo prejudicada.

Não bastasse isso, há diversas outras normas repelindo esse tipo de conduta e conferindo ao prejudicado o direito de extensão. Por exemplo, há a Lei Complementar 76/1993, que dispõe sobre o procedimento sumário de desapropriação para fins de reforma agrária, e que contempla expressamente, em seu art. 4º, o direito de extensão.

Retrocessão *importa no direito do ex-proprietário de reaver o bem expropriado que não foi utilizado em finalidade pública.* O requisito aqui é o desvio de finalidade, a chamada tredestinação, utilizando-se o bem expropriado em fim não público. Não configura o instituto a utilização do bem em destinação distinta da prevista no decreto expropriatório, quando a nova finalidade for de interesse público.

9.1.8.3. Direito processual na desapropriação direta

9.1.8.3.1. Competência

O foro competente para o julgamento de ação de desapropriação é o da situação da área desapropriada. No caso da Justiça Federal, a regra permanece, ou seja, é competente o juízo federal onde se situa o imóvel objeto da demanda.

9.1.8.3.2. Legitimidade

a) Ativa: podem propor a ação de desapropriação as pessoas competentes para a fase de execução da desapropriação (vistas acima), ou seja, os entes políticos, as autarquias e as fundações públicas, as concessionárias de serviço público e os entes delegados pelo Poder Público também poderão, desde que autorizados expressamente por lei ou por contrato (art. 3º do Dec.-lei 3.365/1941);

b) Passiva: sofre a ação de desapropriação o proprietário do bem.

9.1.8.3.3. Petição inicial

A petição inicial conterá:

a) preenchimento dos requisitos previstos na legislação processual civil;

b) oferta do preço;

c) exemplar do contrato, ou do jornal oficial, em que foi publicado o decreto (serve cópia autenticada);

d) planta ou descrição do bem e suas confrontações.

9.1.8.3.4. Imissão provisória na posse

Muitas vezes, o Poder Público não tem como esperar o final da ação de desapropriação para adentrar no bem. As demandas sociais costumam ser urgentes. Nesses casos, o Poder Público pode pedir para ingressar imediatamente no imóvel. São necessários dois requisitos para a imissão provisória na posse (art. 15, *caput*, do Dec.-lei 3.365/1941), analisados abaixo.

Alegação de urgência: aqui, há três observações a serem feitas. A primeira, no sentido de que basta a mera alegação de urgência para que o requisito seja preenchido, ou seja, não é necessária a demonstração da urgência em juízo, por se tratar de questão de conveniência e oportunidade da administração pública; a segunda, no sentido de que essa alegação pode acontecer tanto no decreto expropriatório, como em momento posterior; e a terceira, no sentido de que a alegação de urgência não poderá ser renovada e obrigará o expropriante a requerer a imissão provisória dentro do prazo improrrogável de 120 dias.

Depósito imediato de quantia arbitrada pelo juiz, na forma da lei: aqui, há duas observações importantes a serem feitas. A primeira, no sentido de que não se busca, nessa fase, a fixação do real valor de mercado do imóvel que está sendo desapropriado; o que temos aqui são critérios estabelecidos pela lei para que o magistrado, num juízo preliminar, chegue a um valor razoável para determinar a imissão provisória na posse; a segunda observação é a de que existem duas regulamentações sobre a imissão provisória na posse:

a) regra (art. 15, § 1º, do Dec.-lei 3.365/1941): a imissão será autorizada mediante depósito que observe um dos seguintes critérios: a1) valor equivalente a, pelo menos, vinte vezes o valor locativo do imóvel; a2) valor venal do imóvel, desde que atualizado no ano fiscal anterior; a3) no caso de inexistência de atualização do venal do imóvel, o juiz fixará o valor do depósito observando a data da fixação do valor venal e a valorização ou desvalorização ocorridas posteriormente. Na prática, acaba sendo utilizado o valor venal atualizado. O STF emitiu a Súmula 652, dispondo ser constitucional a utilização dos critérios citados. O expropriado poderá levantar até 80% do valor depositado, após as providências do art. 34 do Dec.-lei 3.365/1941;

b) regra para desapropriação de prédios residenciais urbanos (arts. 1º a 4º do Dec.-lei 1.075/1970): a imissão será autorizada com o simples depósito do preço oferecido na petição inicial de desapropriação, todavia, caso o expropriado, em 5 dias da intimação da oferta, impugne o preço oferecido, o juiz, servindo-se de perito avaliador (caso necessário), fixará, em 48 horas, o valor provisório do imóvel; se o valor arbitrado for maior do que o oferecido na inicial pelo Poder Público, o juiz só admitirá a imissão provisória se este complementar o depósito para que esta atinja a metade do valor arbitrado. O expropriado poderá levantar a totalidade do valor depositado (ou seja, 50% do *preço depositado e complementado*) ou, quando o valor arbitrado for igual ou menor ao dobro do preço oferecido, é lícito ao expropriado optar por levantar 80% do *preço oferecido*.

9.1.8.3.5. Contestação

Segundo o art. 20 do Dec.-lei 3.365/1941, a contestação somente poderá versar sobre dois pontos: a) vício do processo judicial; b) impugnação do preço. Qualquer outra questão deverá ser decidida por ação autônoma.

Quanto ao vício do processo judicial pode-se alegar, em preliminar, tanto defeitos processuais (ausência de pressupostos processuais) como aqueles relativos à ação (ausência de condição de ação).

Quanto à impugnação ao preço, o que se permite é discutir o *quantum* ofertado pelo Poder Público na sua petição inicial.

É importante ressaltar que, caso o particular queira exercer o direito de extensão, ou seja, o direito *de exigir que na desapropriação se inclua a parte restante do bem que se tornou inútil ou de difícil utilização*, poderá fazê-lo na contestação, apresentando outra avaliação do bem, abrangendo a integralidade do imóvel, e não apenas a parte incluída no plano de desapropriação. Segundo o STJ, "o pedido e extensão formulado na contestação em nada ofende o art. 20 do Decreto-lei 3.365/1941" (Resp. 882.135/SC, DJ 17.05.2007, e Resp. 816.535/SP, DJ 16.02.2007).

O fundamento jurídico desse direito também é a norma constitucional que determina a fixação da justa indenização (art. 5º, XXIV). Isso porque, caso o expediente da desapropriação parcial com esvaziamento econômico da área remanescente não fosse impedido, a justa indenização, por vias transversas, estaria sendo prejudicada.

Além disso, há diversas outras normas repelindo esse tipo de conduta e conferindo ao prejudicado o direito de extensão. Por exemplo, há a Lei Complementar 76/1993, que dispõe sobre o procedimento sumário de desapropriação para fins de reforma agrária, e que contempla expressamente, em seu art. 4º, o direito de extensão. Para Carvalho Filho, "essas leis mais novas demonstram, à evidência, que o legislador nunca quis banir o direito de extensão do ordenamento jurídico. Ao contrário, restabeleceu-o expressamente em outras leis como que para indicar que em todos os casos de desapropriação, e presentes os mesmos pressupostos, é assegurado ao proprietário usar de seu direito de extensão". (*Manual de Direito Administrativo*, 18ª edição, Rio de Janeiro: Lumen Juris, p. 770, 2007).

Para Celso Antônio Bandeira de Mello pode-se discutir, ainda, no bojo da ação expropriatória, vícios na declaração de utilidade pública, inclusive desvio de finalidade: "se o proprietário puder objetivamente e indisputavelmente demonstrar que a declaração de utilidade pública não é um instrumento para a realização dos fins a que se preordena, mas um recurso ardiloso para atingir outro resultado, o juiz deverá reconhecer-lhe o vício e, pois, sua invalidade; cumpre que tal apreciação possa ser feita até mesmo na ação expropriatória, que, se assim não fora, de nada valeria ao particular demonstrar-lhe o vício posteriormente, pois, uma vez integrado o bem, ainda que indevidamente, ao patrimônio público – *ex vi* do art. 35 do Decreto-lei 3.365/1941 –, a questão resolver-se-ia por perdas e danos, donde ser ineficiente tal meio para garantir ao proprietário despojado a proteção estabelecida no art. 5º, XXIV, da Carta Magna" (*Curso de Direito Administrativo*, 24ª edição, São Paulo: Malheiros, pp. 866-7, 2007).

Cuidado, pois é excepcional a possibilidade de discutir a questão referida no parágrafo anterior, na ação de desapropriação. Como regra, esse tipo de questão deve ser objeto de ação própria.

9.1.8.3.6. Procedimento

Na fase judicial a desapropriação se desenvolve segundo o seguinte procedimento:

a) petição inicial, com os requisitos já mencionados, e eventual requerimento de imissão provisória na posse;

b) havendo requerimento de imissão provisória na posse, o juiz deve tomar as providências mencionadas (fixar valor para depósito e proceder à imissão na posse);

c) ao despachar a inicial o juiz deverá tomar duas providências: c1) determinar a citação do réu; c2) designar um perito de sua livre escolha para proceder à avaliação dos bens;

d) feita a citação, a ação seguirá o rito comum

9.1.8.3.7. Sentença

A sentença deverá tratar dos seguintes assuntos:

a) das impugnações processuais alegadas em preliminares;

b) do *quantum* indenizatório, que deverá ser fixado levando em conta o valor de mercado do bem (a Constituição fala em "justa indenização"), os danos emergentes e os lucros cessantes, a partir do livre convencimento do juiz em face das avaliações do perito e das argumentações das partes e de seus assistentes técnicos;

c) dos consectários legais, tais como juros compensatórios, juros moratórios, correção monetária, custas e despesas processuais e honorários advocatícios.

Sobre os valores principais e os consectários legais, no caso de desapropriação se efetivar, temos o seguinte:

a) valor de mercado do bem: o juiz deverá arbitrar quantia que corresponda ao valor do mercado do bem, com todas as benfeitorias que já existiam no imóvel antes do ato expropriatório; quanto às benfeitorias feitas posteriormente, serão pagas as necessárias e as úteis, estas quando realizadas com autorização do expropriante. Se houver desapropriação de parte de um imóvel, tornando a parte remanescente economicamente inviável, pode-se pedir indenização pelo valor total do bem, exercendo o chamado direito de extensão;

b) danos emergentes e lucros cessantes: aqui entram os valores que o juiz pode arbitrar para desmonte e transporte de equipamentos instalados e em funcionamento (art. 25, parágrafo único, do Dec.-lei 3.365/1941), os valores devidos ao proprietário da coisa que tiver fundo de comércio próprio no local (ponto comercial), os valores relativos à valorização ou depreciação de eventual área remanescente, pertencente ao réu (art. 27, *caput*, do Dec.-lei 3.365/1941), dentre outros; quanto aos lucros cessantes, deve-se tomar cuidado para que não haja cumulação indevida deles com juros compensatórios (STJ, Resp. 509.854/RS, DJ 17.04.2007);

c) juros compensatórios: esses juros são devidos quando o Poder Público promove a imissão provisória na posse do imóvel. Nessa circunstância, o expropriado poderá levantar parte do valor depositado em juízo, mas só receberá o valor total (de mercado) do seu bem após a sentença definitiva; é sobre a diferença entre o valor total do bem e o valor ofertado por ocasião da imissão provisória na posse da coisa que incidirão os juros compensatórios. São juros justos, pois o proprietário da coisa, ao se ver desprovido dela, deixa de poder auferir renda com o bem, sendo correto que receba juros compensatórios quanto a essa diferença. Assim, os juros compensatórios são **contados** da imissão na posse (art. 15-A do Dec.-lei 3.365/1941, acrescentado pela MP 2.183/2001). A medida provisória referida estabeleceu, também, que os juros compensatórios seriam "de até 6% (seis por cento) ao ano"; todavia, o STF, na ADI 2.332-2, deferiu liminar para suspender a eficácia da expressão "de até 6% ao ano" e também para determinar "que a base de cálculo dos juros compensatórios será a diferença eventualmente apurada entre

80% do preço ofertado em juízo e o valor do bem fixado na sentença". A ideia de substituir a expressão "preço ofertado em juízo" pela expressão "80% do preço ofertado em juízo" tem razão no fato de que, normalmente, o expropriado só levanta 80% do preço depositado em juízo; com relação ao montante dos juros, com a retirada da expressão, remanesce a regra estabelecida na Súmula 618 do STF, pela qual a taxa de juros compensatórios é de 12% ao ano. Por fim, vale a pena dizer que os juros compensatórios são devidos mesmo que o imóvel não produza renda, pois o STF suspendeu a eficácia dos §§ 1º e 2º do art. 15-A do Dec.-lei 3.365/1941;

d) juros moratórios: esses juros são devidos quando há atraso, pelo Poder Público, do pagamento que deverá efetuar pela desapropriação. Como o pagamento, de regra, é feito por precatório, esse atraso só passa a existir "a partir de 1º de janeiro do exercício seguinte àquele em que o pagamento deveria ser feito, nos termos do art. 100 da Constituição" (art. 15-B do Dec.-lei 3.365/1941); o mesmo dispositivo estabelece que esses juros serão de 6% ao ano. Esse dispositivo não foi alterado pelo STF;

e) correção monetária: é contada desde a realização do laudo pericial que fixa o valor do bem expropriado;

f) custas e despesas processuais: são de responsabilidade do Poder Público os honorários periciais, no caso de o valor por ele oferecido ser majorado pelo magistrado;

g) honorários advocatícios: os honorários serão fixados entre 0,5 e 5% da diferença entre o valor oferecido pelo Poder Público e o valor fixado pelo Poder Judiciário (art. 27, § 1º, do Dec.-lei 3.365/1941, com a redação dada pela MP 2.183-56/2001), diferença que deve ser atualizada. No mesmo parágrafo do art. 27, havia previsão de que os honorários não poderiam ultrapassar os R$ 151 mil; todavia, na ADI 2.332-2 o STF também suspendeu a eficácia da expressão. É importante ressaltar que na base de cálculo dos honorários advocatícios devem ser incluídas as parcelas devidas a título de juros moratórios e compensatórios, também devidamente atualizados, nos termos da Súmula 131 do STJ.

9.1.8.3.8. Recursos

Na desapropriação, cabem os recursos à moda do que ocorre nas ações de rito comum. Assim, a título de exemplo, da decisão interlocutória cabe agravo, ao passo que da sentença terminativa ou de mérito cabe apelação. Das decisões proferidas pelos Tribunais Estaduais ou Federais, cabem, por exemplo, recurso especial ou recurso extraordinário.

No que concerne aos efeitos do recurso de apelação, temos as seguintes regras (art. 28 do Dec.-lei 3.365/1941):

a) se interposta pelo expropriado: terá efeito apenas devolutivo;

b) se interposta pelo Poder Público: terá efeito devolutivo e suspensivo.

Por fim, é fundamental lembrar que, no caso de a sentença condenar a Fazenda Pública em quantia superior ao dobro da oferecida na petição inicial, ficará sujeita ao duplo grau de jurisdição.

9.1.8.3.9. Desistência da desapropriação

Conforme já escrito, pode-se desistir da desapropriação até o último momento anterior ao do pagamento da indenização. Deve-se ressaltar que os danos causados ao particular devem ser ressarcidos. Assim, a desistência só se efetivará se o Poder Público: a) fizer o pedido antes de ultimada a desapropriação; b) ressarcir o expropriado de todos os danos que tiver; c) pagar as despesas processuais; d) devolver o bem.

Todavia, o STJ vem entendendo que há um quinto requisito que deve ser atendido, qual seja, o de que não tenha havido substanciais alterações no imóvel por parte do Poder Público, tornando impossível a restituição no estado em que se encontrava antes da imissão provisória (STJ, REsp 132.398/SP – Min. Hélio Mosimann, DJ 19.10.1998). Porém, "é ônus do expropriado provar a existência de fato impeditivo do direito de desistência da desapropriação." (REsp 1.368.773-MS,, DJe 2/2/2017.).

9.1.8.3.10. Intercorrências no pagamento da indenização fixada na sentença

A quantia fixada na sentença será paga por meio da expedição de precatório, ressalvadas as quantias definidas pela lei como de pequeno valor. Do valor fixado na sentença somente será abatido o montante que já tiver sido depositado por eventual imissão provisória na posse que tiver sido executada.

O pagamento por meio de precatório segue a sorte do art. 100, § 5º, da Constituição Federal: "é obrigatória a inclusão, no orçamento das entidades de direito público, de verba necessária ao pagamento de seus débitos oriundos de sentenças transitadas em julgado, constantes de precatórios judiciários, apresentados até 1º de julho, fazendo o pagamento até o final do exercício seguinte, quando terão seus valores atualizados monetariamente". Cabe ao Presidente do Tribunal que proferir a decisão exequenda determinar o pagamento integral (art. 100, § 6º, da CF).

Nos trâmites relativos ao pagamento dos precatórios podem ocorrer as seguintes intercorrências:

a) preterição da ordem cronológica: é o caso de um credor ter depositada a quantia a que tem direito antes de outro com ordem cronológica mais antiga; nesse caso, o credor mais antigo poderá ingressar com "pedido de sequestro da quantia necessária à satisfação do seu débito", que deve ser feito para o Presidente do Tribunal que tiver determinado a expedição do precatório;

b) não efetivação do depósito no prazo previsto no § 1º do art. 100 da CF: nesse caso, incidem as hipóteses dos arts. 34, V, "a", e 35, I, da CF, que permitem a intervenção da União nos Estados e dos Estados nos Municípios, quando deixar de ser paga, sem motivo de força maior, por dois anos consecutivos, a dívida fundada.

9.1.8.3.11 Pagamento integral

Efetuado o pagamento integral do valor da indenização, será expedido mandado de imissão na posse, valendo a sentença como título para registro no Registro de Imóveis.

9.1.8.4. Retrocessão

Infelizmente, é muito comum o Poder Público desapropriar um imóvel e não utilizá-lo posteriormente numa atividade de interesse público. Em algumas vezes, o Poder Público simplesmente não utiliza o imóvel. Em outras, utiliza, mas em atividades que não são de interesse público.

O Superior Tribunal de Justiça vem, em matéria de desapropriação, fazendo a distinção entre tredestinação lícita e tredestinação ilícita.

A tredestinação consiste na mudança de destinação de um imóvel desapropriado.

Como se sabe, quando se expede o decreto expropriatório, é necessário indicar a finalidade daquela desapropriação que se deseja fazer. Assim, indica-se no decreto se a finalidade é construir uma escola, construir um hospital, construir casas populares, alargar uma via pública etc. A tredestinação ocorre quando a Administração Pública, de posse do imóvel desapropriado, acaba utilizando-o em finalidade distinta da prevista inicialmente.

Ocorre que essa mudança de finalidade pode se dar para atender outra demanda de interesse público. Um exemplo dessa situação é a desapropriação de uma área para construir uma escola e depois acabar construindo um hospital. Nesse caso, tem-se a tredestinação lícita, não sendo possível questionar a desapropriação realizada e os atos subsequentes.

Outra possibilidade é a de a Administração mudar a finalidade da desapropriação realizada para o fim de atender uma demanda que não é de interesse público. Um exemplo é desapropriar uma área para construir uma escola e depois ceder essa área para um comerciante local montar uma loja de venda de automóveis. Nesse caso, tem-se a tredestinação ilícita, que autoriza a nulidade do ato consequente e a retomada da coisa pelo anterior proprietário, que tem o direito de retrocessão.

Nesses casos, fica a dúvida: o antigo proprietário poderá reivindicar o imóvel de volta, devolvendo os valores que tiver recebido, terá direito a uma mera indenização ou não terá direito algum?

Para responder a essa pergunta, temos que tratar do instituto da retrocessão.

Pelo conceito tradicional, **retrocessão** *importa no direito do ex-proprietário de reaver o bem expropriado que não foi utilizado em finalidade pública*. O requisito, como se viu, é o desvio de finalidade, a chamada tredestinação, utilizando-se o bem expropriado em finalidade não pública. Não configura o instituto a utilização do bem em finalidade distinta da prevista no decreto expropriatório, quando a nova finalidade for de interesse público.

A primeira regra sobre o assunto foi o art. 1.150 do CC/1916, cujo texto era imperativo: o Poder Público oferecerá o imóvel ao ex-proprietário, caso não tenha o destino que deu origem à desapropriação, pelo preço que o foi. Apesar da imperatividade do texto, dando a entender tratar-se de direito real do antigo proprietário, por estar o dispositivo no capítulo do direito pessoal de preferência, foi muito forte a corrente no sentido de que o direito do ex-proprietário era meramente pessoal.

Sobreveio o art. 35 do Decreto-lei 3.365/1941, cuja redação não permite a reivindicação do bem, após desapropriado. Com a entrada em vigor desse decreto-lei, ganhou força a tese de que a retrocessão tratava-se de mero direito pessoal do antigo proprietário.

Todavia, alguns acórdãos do STF também reconheceram o caráter de direito real do ex-proprietário.

O STJ, por sua vez, já há alguns anos entende tratar-se de direito real o direito do ex-proprietário, conforme se vê do seguinte acórdão: Edcl. no REsp 623.511/RJ, DJ 26.09.2005.

Há três temas bastante polêmicos que devem, ainda, ser aclarados.

O primeiro é concernente ao seguinte ponto: quando o imóvel não é utilizado em finalidade alguma pelo Poder Público, qual é o prazo para se considerar o bem não utilizado para fins de exercício do direito de retrocessão?

A resposta a essa pergunta depende da modalidade de desapropriação envolvida:

a) na desapropriação por interesse social, prevalece a tese de que o prazo é de 2 anos, visto que, segundo o art. 3º da Lei 4.132/1962, é o prazo para que o Poder Público adote "as providências de aproveitamento do bem expropriado";

b) na desapropriação para reforma agrária, o art. 16 da Lei 8.629/1993 estabelece o prazo de três anos, contados da data de registro do título translativo de domínio, para que o órgão expropriante destine a respectiva área aos beneficiários da reforma agrária;

c) na desapropriação por descumprimento da função social em imóvel urbano, o art. 8º da Lei 10.257/2001 dispõe que o Município tem o prazo de cinco anos para proceder ao adequado aproveitamento do imóvel, contado de sua incorporação ao patrimônio público;

d) na desapropriação por utilidade ou necessidade públicas, não há, na lei, prazo máximo para a ocupação do bem pelo Poder Público, prevalecendo a tese de que o prazo, então, será de 5 anos, mantendo-se a harmonia com o prazo de caducidade do decreto expropriatório, à moda do que acontece para esses dois prazos na desapropriação por interesse social.

O segundo ponto é relativo ao prazo para ingressar com a ação de retrocessão. Prevalece o entendimento de que se deve utilizar o prazo prescricional previsto para os direitos reais. Como o art. 205 do CC não faz distinção entre ações reais e pessoais, deve-se utilizar o prazo geral previsto no dispositivo, que é de 10 anos. Se o entendimento prevalecente fosse de que a retrocessão é direito pessoal, o prazo seria o previsto para ações indenizatórias contra o Poder Público.

O último ponto diz respeito à autonomia da ação que deverá ser aforada. Nesse sentido, é pacífico que se deve ingressar com ação própria, não sendo possível aproveitar a ação de desapropriação originária.

Por fim, é importante ressaltar que "ao imóvel desapropriado para implantação de parcelamento popular, destinado às classes de menor renda, não se dará outra utilização nem haverá retrocessão" (art. 5º, § 3º, do Dec.-lei 3.365/1941).

Confira acórdão do STJ reconhecendo o caráter real do direito de retrocessão, e, consequentemente, que o prazo prescricional respectivo é o das ações de natureza real:

> "1. A jurisprudência desta Corte e do STF adotou corrente no sentido de que a ação de retrocessão é de natureza real e, portanto, aplica-se o art. 177 do CC/1916 e não o prazo quinquenal de que trata o Decreto 20.910/1932. 2. Recurso especial provido." (STJ, REsp 2006.01546994, DJ 14.03.2007).

9.1.8.5. Situação jurídica de terceiros

Há quatro tipos de terceiros que podem ter seus direitos afetados por uma desapropriação. Confira:

a) verdadeiro proprietário da coisa, que não consta como réu na ação de desapropriação: quanto a essa pessoa, incide o art. 35 do Dec.-lei 3.365/1941, que dispõe que "os bens expropriados, uma vez incorporados à Fazenda Pública, não podem ser objeto de reivindicação, ainda que fundada em nulidade do processo de desapropriação"; assim, o verdadeiro proprietário deve acionar aquele que recebeu a indenização e buscar a satisfação dos seus interesses por meio de perdas e danos, ou seja, o Poder Público, por adquirir de forma originária o bem objeto de expropriação, não sofre os efeitos da evicção;

b) credor do expropriado: quanto ao credor com garantia real, incide o art. 31 do Dec.-lei 3.365/1941, pelo qual "ficam sub-rogados no preço quaisquer ônus ou direitos que recaiam sobre o bem expropriado", ou seja, o credor com direito real sobre a coisa passará a ter direito real sobre a quantia depositada em juízo, operando-se, inclusive, o vencimento antecipado da dívida; já o credor sem garantia especial poderá pedir a penhora dos valores depositados em juízo;

c) locatário do expropriado: aquele que é locatário de um imóvel que está sendo desapropriado não tem direito de manter a locação. Esse contrato fica extinto e o locatário poderá pedir indenização do Poder Público pelos danos que tiver, por exemplo, pela perda do fundo de comércio (ponto comercial). O fundamento desse pedido é a responsabilidade objetiva do Estado pelos danos causados às pessoas e o deve ser deduzido em ação própria de indenização (art. 20 do Dec.-lei 3.365/1941);

d) vizinho do expropriado: segundo o art. 37 do Dec.-lei 3.365/1941, "aquele cujo bem for prejudicado extraordinariamente em sua destinação econômica pela desapropriação de área contígua terá direito a reclamar perdas e danos do expropriante".

9.1.8.6. Desapropriação indireta

Infelizmente, é comum que o Poder Público se aproprie de bem particular sem observância dos requisitos da declaração e da indenização prévia. O nome dessa situação é **desapropriação indireta**, que também pode ser conceituada como *a abusiva e irregular apropriação do imóvel particular pelo Poder Público, com sua consequente integração no patrimônio público, sem obediência às formalidades e cautelas do processo de expropriação e que abre ao lesado o recurso à via judicial para ser indenizado.*

Perceba que para configurar o instituto da desapropriação indireta não basta o mero apossamento administrativo, ou seja, não basta uma invasão do Poder Público, por seus agentes, em um imóvel particular. É necessário que haja uma invasão somada a uma utilização do bem numa situação de interesse público.

Um exemplo bem comum da desapropriação indireta é a utilização de uma área particular para construção de um trecho de uma estrada.

Apesar da abusividade do procedimento, o Poder Público tem direito de ser mantido no bem, preenchido o requisito de sua utilização em atividade de interesse público. O fundamento desse direito é o próprio art. 35 do Dec.-lei 3.365/1941, que assegura que "os bens expropriados, uma vez incorporados à Fazenda Pública, não podem ser objeto de reivindicação, ainda que fundada em nulidade do processo de desapropriação. Qualquer ação, julgada procedente, resolver-se-á em perdas e danos". Trata-se do princípio do fato consumado.

Também fundamentam o instituto o art. 5º, XXIV, da CF, e o art. 15, § 3º, do Decreto-lei 3.365/1941. O primeiro porque determina o pagamento de indenização justa quando ocorre desapropriação, o que deve ocorrer tanto para aquela que respeita as regras jurídicas e, principalmente, para aquelas feitas de modo abusivo e irregular. E o segundo dispositivo porque estabelece valer para a desapropriação indireta a disciplina dos juros compensatórios, em matéria de desapropriação, quando houver imissão provisória na posse.

O particular prejudicado tem direito de ingressar com ação de indenização por desapropriação indireta.

A legitimidade ativa para a demanda é do proprietário do imóvel. Por envolver a perda da propriedade, há decisões que entendem ter a ação natureza real, de modo que o cônjuge do proprietário deve participar da demanda (STJ, REsp 64.177, DJ 25.09.1995).

A legitimidade passiva da ação é da pessoa jurídica de direito público responsável pela incorporação do bem ao seu patrimônio.

Sob o argumento de que a ação se funda em direito real sobre o imóvel, há decisões do STF no sentido de que a competência é do foro do local onde ele se encontra (STF, RE 111.988). O STJ vem julgando nesse sentido (STJ, CC 46.771-RJ, DJ 19.09.2005).

O prazo prescricional para ingressar com a ação de indenização por desapropriação indireta, nos termos da Súmula 119 do STJ, é de 20 anos. O fundamento da súmula é que esse é o prazo para a usucapião extraordinária de bens imóveis, sob a égide do antigo Código Civil (arts. 550 e 551). Todavia, no atual CC, o prazo da usucapião extraordinária é de 15 anos, como regra, e de 10 anos, quando o possuidor houver estabelecido no imóvel sua moradia habitual, ou nele realizado obras ou serviços de caráter produtivo, conforme o art. 1.238 do CC.

A **indenização** deve abarcar os seguintes pontos:

a) valor de mercado do bem: observar o mesmo item da desapropriação direta; se houver desapropriação indireta de parte de um imóvel, tornando a parte remanescente economicamente inviável, pode-se pedir indenização pelo valor total do bem, exercendo o chamado direito de extensão;

b) danos emergentes e lucros cessantes: observar o mesmo item da desapropriação direta;

c) juros compensatórios: aqui, os juros compensatórios são devidos desde a ocupação do imóvel pelo Poder Público. Os juros incidirão sobre o total de indenização, uma vez que, diferente da desapropriação direta, não há diferença entre o valor fixado na sentença e o valor ofertado, pois aqui não se fala em valor ofertado; os juros, aqui, terão o mesmo percentual dos juros compensatórios na desapropriação direta, uma vez que foi suspensa pelo STF a disposição que estabelecia juros de até 6% ao ano (*vide* art. 15-A, § 3º, do Dec.-lei 3.365/1941). Assim, remanesce a regra estabelecida na Súmula 618 do STF, pela qual a taxa de juros compensatórios é de 12% ao ano;

d) juros moratórios: esses juros são devidos quando há atraso, pelo Poder Público, do pagamento que deverá efetuar pela desapropriação. Como o pagamento, de regra, é feito por precatório, esse atraso só passa a existir "a partir de 1º de janeiro do exercício seguinte àquele em que o pagamento deveria ser feito, nos termos do art. 100 da Constituição" (art. 15-B do Dec.-lei 3.365/1941); o mesmo dispositivo estabelece que esses juros serão de 6% ao ano, mas ele não foi alterado pelo STF;

e) correção monetária: é contada desde a realização do laudo pericial que fixa o valor do bem expropriado;

f) custas e despesas processuais: são de responsabilidade do Poder Público os honorários periciais, inclusive quanto ao adiantamento das quantias para fazer frente a essas despesas (STJ, REsp 788.817, j. 19.06.2007);

g) honorários advocatícios: o Dec.-lei 3.365/1941 dispõe que, à moda do que ocorre na desapropriação direta, os honorários serão fixados entre 0,5 e 5% da diferença entre o valor oferecido pelo Poder Público e o valor fixado pelo Poder Judiciário (art. 27, §§ 1º e 3º, do Dec.-lei 3.365/1941, com a redação dada pela MP 2.183-56/2001), todavia, como não há diferença entre valor fixado pelo juiz e valor ofertado pelo Poder Público, já que este se apoderou do bem sem seguir os trâmites legais, devem incidir os honorários sobre o valor total da condenação, prevalecendo os parâmetros previstos na legislação processual civil, conforme lição de José Fernandes Carvalho Filho (*Manual de Direito Administrativo*, 18ª edição, Rio de Janeiro: Lumen Juris, 2007, p. 767). É importante ressaltar que na base de cálculo dos honorários advocatícios devem ser incluídas as parcelas devidas a título de juros moratórios e compensatórios, também devidamente atualizados, nos termos da Súmula 131 do STJ.

9.1.8.7. Desapropriação por não atendimento à função social da propriedade

Em área rural, a desapropriação-sanção deve atender às seguintes regras (art. 184 da CF):

a) União é quem tem competência para a desapropriação para reforma agrária pelo não cumprimento da função social da propriedade;

b) o pagamento será feito com títulos da dívida agrária, resgatáveis em até 20 anos, a partir do 2º ano de sua emissão;

c) as benfeitorias úteis e necessárias serão indenizadas em dinheiro;

d) não cabe desapropriação para reforma agrária: i) em caso de pequena e média propriedade rural se o proprietário não tiver outra; ii) em caso de propriedade produtiva.

Em área urbana, a desapropriação-sanção deve atender às seguintes regras (art. 182 da CF):

a) o Município desapropria o imóvel urbano que não estiver cumprindo a função social da propriedade;

b) o pagamento será feito com títulos da dívida pública, de emissão aprovada pelo Senado, resgatáveis em até 10 anos, em parcelas anuais, iguais e sucessivas;

c) o Estatuto da Cidade estabelece que o valor a ser apurado é o *valor venal* e não haverá *lucros cessantes*;

d) são requisitos para a aplicação do instituto os seguintes: i) lei federal, plano diretor municipal, lei municipal específica indicando áreas que devem ser utilizadas; ii) notificação para parcelamento, edificação ou utilização compulsória (1 ano para projeto e 2 anos para iniciar as obras); iii) IPTU progressivo por 5 anos, com alíquota de até 15%, no máximo dobrando a cada ano.

Cumpridos os requisitos mencionados, e permanecendo a propriedade sem cumprir a sua função social, o Município pode ingressar com ação de desapropriação-sanção.

10. RESPONSABILIDADE CIVIL DO ESTADO

10.1. Evolução histórica e teorias sobre a responsabilidade estatal

A responsabilidade patrimonial do Estado passou pelas seguintes fases:

a) fase da irresponsabilidade: nessa fase, o Estado não respondia por danos causados aos particulares, sob o argumento de que o poder soberano dos reis era divino, de modo que não era correto dizer que o rei errava ("the king can do no wrong");

b) fase civilista: nessa fase, o Estado passou a responder, mas apenas se o dano tivesse sido causado por *culpa ou dolo de um funcionário estatal*; assim, caso o motorista de uma Prefeitura, por exemplo, atropelasse alguém por conta de uma manobra imprudente, o Estado responderia civilmente pela respectiva indenização;

c) fase publicista: nessa fase, o Estado passou a responder civilmente mediante a aplicação de institutos jurídicos mais adequados às características estatais, ou seja, segundo princípios próprios do direito público, daí o nome de fase *publicista*; pertencem a essa fase a responsabilização estatal segundo dois fundamentos:

c1) **culpa administrativa:** aqui, o Estado responde se o dano tiver origem num *serviço defeituoso*; por exemplo, caso alguém sofra um acidente automotivo pelo fato de haver uma enorme cratera numa rua já há alguns meses, caracteriza-se o serviço estatal defeituoso e, consequentemente, a culpa administrativa a ensejar a responsabilidade civil do Estado. Repare que, aqui, o foco não é a culpa do *funcionário*, mas a culpa do *serviço*, também chamada de culpa anônima do serviço, pois não se analisa a conduta de alguém em especial, mas o desempenho do serviço público;

c2) **risco administrativo:** aqui, o Estado responde objetivamente pelos danos que causar, ou seja, basta que uma conduta estatal cause um dano indenizável a alguém para que o Estado tenha de responder civilmente, pouco importando se há culpa do funcionário ou se há culpa administrativa. Um exemplo é um policial atirar para se defender e a bala acabar atingindo um terceiro (a chamada "bala perdida"); nesse caso, pouco importa se o policial agiu com culpa ou não, respondendo o Estado objetivamente. O princípio maior que rege a Teoria do Risco Administrativo é o da igualdade, não sendo justo que a vítima sofra sozinha por conduta estatal que, em tese, beneficia a todos; a teoria em questão objetiva que haja igualdade nos ônus e encargos sociais.

A responsabilidade fundada no **risco administrativo** é a regra hoje no direito brasileiro, que, assim, impõe que o Estado responda objetivamente pelos danos que seus agentes causarem a terceiros (art. 37, § 6º, da CF).

A responsabilidade objetiva estatal tem como marco histórico o famoso Caso Blanco, em que uma menina fora atropelada por veículo público e ficou decidido que o Poder Judiciário (que analisava casos cíveis, com princípios próprios) não era o competente para conhecer da questão, mas sim o Conselho de Estado (que analisava casos afetos ao Poder Público), que deveria aplicar princípios próprios do direito público, como o da igualdade e da legalidade, que impõem a indenização ao particular que é lesado em detrimento de uma atividade de proveito à coletividade.

Por fim, é bom ressaltar que a responsabilidade objetiva no Brasil admite excludentes de responsabilidade do Estado, de modo que não adotamos a **Teoria do Risco Integral**, que não admite excludentes, mas a **Teoria do Risco Administrativo**, conforme mencionado, teoria essa que admite excludentes de responsabilidade.

A Teoria do Risco Integral vem sendo aplicada, sem controvérsia alguma, na responsabilidade por *dano nuclear*, seja o responsável pelo dano o Estado ou o particular. Além dos casos previstos na CF, o STF entende que lei infraconstitucional também pode estabelecer novos casos de responsabilidade estatal com risco integral (ADI-4976, J. 07.05.2014).

10.2. Modalidades de responsabilidade

Conforme vimos no item anterior, a responsabilidade do Estado, como regra, é objetiva, fundada no *risco administrativo*.

Porém, a jurisprudência vem reconhecendo que, em alguns casos, a responsabilidade estatal é subjetiva, fundada na *culpa administrativa*.

Assim sendo, pode-se dizer, hoje, que há duas modalidades de responsabilidade civil estatal.

A primeira modalidade é a **responsabilidade objetiva**. Trata-se da regra em matéria de responsabilidade do Estado, nos termos do art. 37, § 6º, da CF. A responsabilidade é objetiva em duas situações:

a) por conduta comissiva do Estado: nesse caso pode-se dizer que o Estado causou materialmente um dano, já que atuou positivamente (comissivamente), o que faz incidir o texto do art. 37, § 6º, da CF, que não reclama conduta culposa ou dolosa para que o Estado responda civilmente por danos causados a terceiros; são exemplos de *condutas comissivas* a bala perdida de um policial, a agressão feita por agente público com arma da corporação, a transfusão de sangue contaminado com HIV em hospital público, a interdição indevida de um estabelecimento comercial, um acidente com um carro oficial dirigido de modo imprudente, dentre outros. O art. 37, § 6º, da CF estabelece que essa responsabilidade objetiva alcança as pessoas jurídicas de direito público (entes políticos, mais entidades com natureza autárquica) e as pessoas jurídicas de direito privado prestadoras de serviços públicos;

b) por atividade de risco estatal: nesse caso, temos situações em que não se sabe muito bem se o Estado age numa conduta comissiva ou omissiva; por exemplo, imagine um depósito de explosivos das Forças Armadas, que acaba por pegar fogo, gerando inúmeros danos na vizinhança. Perceba que pouco importa se a conduta estatal é comissiva ou omissiva, pois como a atividade de armazenar explosivos é uma atividade de risco, aplica-se o disposto no art. 927, parágrafo único, do Código Civil, para efeito de responsabilizar o Estado objetivamente; vale ressaltar que qualquer pessoa, de direito público ou de direito privado, responde objetivamente por danos causados por atividades de risco que pratiquem.

A segunda modalidade é a **responsabilidade subjetiva**. Trata-se de exceção em matéria de responsabilidade do Estado. A responsabilidade será subjetiva em três situações:

a) por conduta omissiva do Estado: nesse caso não se pode dizer que o Estado causou materialmente um dano, pois uma omissão não é capaz de "causar" coisa alguma, situação que impede a aplicação da responsabilidade objetiva prevista no art. 37, § 6º, da CF, que se aplica quando o Estado, por seus agentes, "causa" um dano a terceiro; por outro lado, não é possível simplesmente aplicar o Código Civil nesse tipo de situação (omissiva), pois esse Código é fundado em princípios de Direito Privado, e a responsabilidade estatal deve ser fundada em princípios de Direito Público; assim sendo, em caso de conduta omissiva do Estado, esse responderá **subjetivamente**, mas com fundamento na **culpa administrativa** e não na culpa do funcionário público. A culpa administrativa ocorre quando se demonstra que o serviço é **defeituoso** (a chamada "falta do serviço"), ou seja, quando se demonstra que o serviço: i) não funcionou, ii) funcionou atrasado ou iii) funciona mal; tal apreciação é feita levando-se em conta o que legitimamente se espera do serviço estatal. São exemplos de condutas omissivas estatais que costumam gerar responsabilidade por envolver serviço defeituoso o não recapeamento de ruas pelo Poder Público, propiciando acidentes automobilísticos; a falta de limpeza de bueiros e córregos, propiciando alagamentos e deslizamentos de imóveis; a morte de detento ocasionada por outro detento, salvo casos em que seja impossível a tomada de providências do Estado para evitar a morte de um detento, hipótese em que fica rompido o nexo causal da sua omissão com o resultado danoso (STF, RE 841526/RS, j. 30.03.2016); a ausência de fiscalização ambiental pelo Estado, propiciando danos ambientais; a existência de animal em estrada, causando acidente; a falha no semáforo, causando acidente; o acidente em sala de aula de escola pública, machucando aluno; dentre outros. Todavia, a jurisprudência não costuma responsabilizar o Estado por atos causados por um fugitivo da prisão, que, tempos depois da fuga, comete crimes, causando danos a terceiros; por enquanto, o STF e o STJ vêm entendendo que a responsabilidade do Estado por omissão é subjetiva; vale ressaltar que o STF tem decisão no sentido de que a responsabilidade estatal por atos omissivos ***específicos*** é objetiva; um exemplo de caso de omissão específica do Estado é a agressão física a aluno por colega, em escola estadual, hipótese em que a responsabilidade estatal será objetiva, com base na Teoria do Risco Administrativo (STF, ARE 697.326 AgR/RS, DJ 26.04.2013); não se pode confundir uma *conduta omissiva genérica* (ex: o Estado não conseguir evitar todos os furtos de carros), com uma *conduta omissiva específica* (ex: o Estado ter o dever de vigilância sobre alguém e não evitar o dano); no primeiro caso, o Estado responde *subjetivamente*, só cabendo indenização se ficar provado que o serviço foi defeituoso (ex: um policial presencia um furto e nada faz); no segundo caso, o Estado responde *objetivamente*, não sendo necessário perquirir sobre se o serviço estatal foi ou não defeituoso;

b) por condutas omissivas ou comissivas de pessoas jurídicas de direito privado estatais exploradoras de atividade econômica: essas pessoas não são alcançadas pela responsabilidade objetiva prevista no art. 37, § 6º, da CF; dessa forma, a regulamentação de sua responsabilidade cabe ao direito privado e este, como regra, estabelece a responsabilidade civil subjetiva, em que a pessoa jurídica só responderá se um agente seu agir mediante conduta culposa ou dolosa (art. 186 do Código Civil). Todavia, o caso concreto pode envolver situação que gere responsabilidade objetiva, não pela Constituição Federal, mas pela legislação infraconstitucional; por exemplo, se a pessoa jurídica em tela causar dano em virtude de atividade de risco, responderá objetivamente (art. 927, parágrafo único, do CC); o mesmo acontecerá se se tratar de uma relação de consumo (por exemplo, a relação entre o Banco do Brasil e seus clientes);

c) quanto à responsabilidade civil do agente público: nesse caso, o próprio art. 37, § 6º, da CF estabelece que o agente público só responderá por danos causados a terceiros se agir com culpa ou dolo e, mesmo assim, apenas em ação regressiva movida pelo Poder Público, não sendo possível que a vítima ingresse com ação indenizatória diretamente contra o agente público que lhe causar dano.

10.3. Fundamentos da responsabilidade objetiva e motivos que a ensejam

São fundamentos da responsabilidade objetiva do Estado os princípios da **igualdade** e da **legalidade**.

De acordo com o princípio da *igualdade*, não é isonômico que uma pessoa sofra danos por obra do Estado, que age em favor de todas as outras pessoas, e não seja indenizada por isso.

O princípio da *legalidade*, por sua vez, não permite que o Estado haja de forma a causar danos às pessoas, pois isso é ilegal. Agindo assim, o Estado, fica, então, com a obrigação de reparar o dano.

Há quem complemente os fundamentos expostos neste estudo para dizer que a responsabilidade objetiva do Estado fundamenta-se, também, no princípio da **solidariedade social**, previsto no art. 3º da CF.

Quanto aos motivos que ensejam a responsabilidade objetiva estatal, a doutrina destaca que as funções estatais (ex.: atuação policial, realização de grandes obras etc.) ensejam danos mais intensos do que o normal, o que faz com que o Estado mereça um tratamento diferenciado, no sentido de responder efetivamente quando causá-los a terceiros.

O fato é que os deveres públicos colocam o Estado permanentemente obrigado a agir no mundo dos fatos. Não bastasse isso, o Estado possui o direito de usar a força, o que dá ensejo a maior causação de danos.

O administrado, por sua vez, não tem como se evadir dos perigos gerados pelo Estado, já que esse dita os termos de sua atividade.

Tudo isso faz com que somente a responsabilidade objetiva do Estado seja apta a garantir o efetivo ressarcimento a todas as pessoas sujeitas aos perigos causados pelo Poder Público.

10.4. Pressupostos ou requisitos da responsabilidade objetiva

Considerando os elementos vistos no item 10.2, é possível, agora, sistematizar os requisitos para que o Estado responda objetivamente.

Grosso modo, os requisitos são três: a) conduta comissiva (não é necessário que haja culpa ou dolo); b) dano indenizável; c) nexo de causalidade entre a conduta e o dano.

Adensando melhor essas ideias, temos como primeiro requisito da responsabilidade objetiva o seguinte: **fato ou ato de agente das pessoas jurídicas de direito público ou das pessoas privadas prestadoras de serviço público.**

Dois pontos devem ser ressaltados.

O primeiro, quanto ao fato de que as pessoas jurídicas de direito público, como também as pessoas jurídicas de direito privado prestadoras de serviço público (ex.: Correios), respondem objetivamente.

O segundo, quanto ao fato de que tais pessoas respondem pelos atos lesivos praticados por seus agentes contra terceiros, desde que esses agentes tenham agido "na qualidade de agentes públicos".

Assim, se um servidor público, no final de semana, vai a um bar e acaba se desentendendo com alguém, espancando esse alguém e gerando uma série de sequelas nele, o Estado não irá responder por esse ato, pois o agente público não atuou, no caso, na qualidade de agente público.

De qualquer forma, é bom ressaltar que, se um agente público usa a arma da corporação para causar um dano a alguém, mesmo que isso ocorra em período de folga, o Estado responderá objetivamente.

O segundo requisito – **dano indenizável** – requer que o dano causado a terceiro tenha os seguintes requisitos:

a) lesão a *direito* da vítima, vale dizer, à esfera juridicamente protegida do indivíduo;

b) **dano *certo*** (dano necessário, não apenas eventual), ***especial*** (dano que atinge pessoas em particular e não coletividade em geral) e ***anormal*** (dano que ultrapassa os problemas e dificuldades comuns da vida em sociedade; ex.: uma pequena fila numa repartição pública ou o pó de uma obra pública não configuram o dano anormal, não gerando indenização).

O terceiro requisito – **nexo de causalidade entre a conduta estatal e o dano** – impõe que haja um nexo entre o ato estatal e o dano causado a terceiro. O STF entende que não há nexo de causalidade quando um detento foge da prisão e, tempos depois, comete crimes ou com a ajuda de comparsas (STF, AR 1.376). Todavia, houve um caso em que um presidiário, que já havia fugido sete vezes da prisão, acabou por estuprar um menor de 12 anos, caso esse que levou o STF a entender que havia nexo de causalidade, uma vez que, se a lei de execução penal tivesse sido corretamente aplicada, o preso estaria em regime fechado e não teria conseguido fugir pela oitava vez e cometido o crime (STF, RE 409.203).

Por fim, vale dizer que o STF entende que também é objetiva a responsabilidade do Estado quando este causa danos aos seus próprios agentes públicos (RE 435.444-RS).

10.5. Excludentes da responsabilidade do Estado

Conforme visto no item 10.1, o Brasil adota a Teoria do Risco Administrativo em matéria de responsabilidade do Estado e não a Teoria do Risco Integral.

Assim sendo, a responsabilidade do Estado admite excludentes.

Confira os casos em que se reconhece que a responsabilidade estatal ficará excluída: a) força maior (ex.: um tornado causa estragos em diversos imóveis de uma cidade); b) culpa exclusiva de terceiro; c) culpa exclusiva da vítima.

A culpa concorrente da vítima e do Estado não exclui a responsabilidade estatal, gerando apenas atenuação do *quantum* indenizatório.

10.6. Responsabilidade do agente público. Denunciação da lide do agente público que causou o dano e direito de regresso

O agente público, segundo o art. 37, § 6º, da CF, responde pelos danos que causar a terceiros, perante a pessoa com quem trabalha, se agir com culpa ou dolo.

Ou seja, os agentes públicos têm dupla proteção: a) a primeira é de só responder se agirem com culpa ou dolo; b) a segunda, de não poderem ser acionados diretamente pelo terceiro lesado.

Quanto a esse segundo aspecto, fica, então, a notícia de que o terceiro lesado só poderá ingressar com ação diretamente contra o Poder Público. Em seguida, em ação de regresso, o agente público que tiver atuado com culpa ou dolo pode ser acionado pelo Poder Público para que este se ressarça dos prejuízos que teve de arcar por conta do agente público responsável pelo dano.

Assim, não cabe a responsabilidade "per saltum" da pessoa natural do agente público (STF, RE 327.904, rel. Min. Carlos Brito, j. em 15.08.2006 – Informativo 436), devendo o juiz julgar extinta, por ilegitimidade de parte, eventual ação promovida pelo terceiro lesado em face do agente público.

Resta saber se o Estado poderá, logo que acionado pelo terceiro lesado, denunciar da lide o agente público, criando demanda paralela a ser julgada em sentença única.

O Superior Tribunal de Justiça vem aceitando a denunciação da lide nesses casos. Porém, vem crescendo o entendimento de que a denunciação da lide somente é possível quando a causa de pedir trazida na ação de responsabilidade seja a narração de uma conduta culposa ou dolosa do agente público. Nesse caso, como a ação já é fundada na culpa, não há problema em se denunciar da lide o agente público, eis que a sua culpa já estará sendo discutida na demanda principal.

Porém, quando a petição inicial se funda, fática e juridicamente, na responsabilidade objetiva do Estado, parece-nos temerário que o juiz admita eventual denunciação da lide do Poder Público. Isso porque ela não se coaduna com a ideia de responsabilidade objetiva, que visa a uma indenização pronta e rápida que não aconteceria se pudesse ser chamado o agente público para responder, instaurando-se uma lide paralela, em que se tivesse que discutir sua culpa ou seu dolo.

Aliás, o STJ é pacífico no sentido de que a ação de denunciação da lide não importa na perda do direito do Estado de ingressar com ação de regresso contra o servidor, já que o Estado tem garantido o direito de se ressarcir na própria Constituição Federal (art. 37, § 6º, da CF).

Vale lembrar que, uma vez que o Estado arque com indenização em favor de terceiro e o agente público responsável pelo ato danoso tenha agido com culpa ou dolo, o Estado nem sempre terá de ingressar com ação de regresso, sendo possível, desde que haja concordância do agente público, desconto da indenização em folha de pagamento, na forma da lei, e desde que seja parceladamente, de modo a não comprometer a subsistência do agente e de sua família.

10.7. Responsabilidade das pessoas jurídicas prestadoras de serviço público

Conforme já visto, a responsabilidade dessas pessoas, nos termos do art. 37, § 6º, da CF, também é objetiva. Assim, as concessionárias de serviço público, por exemplo, nas áreas de água e esgoto, energia elétrica, telefonia, transporte público, dentre outras, respondem pelos danos que seus agentes causarem, independentemente de culpa.

É importante ressaltar que o STF vinha entendendo que a responsabilidade objetiva dos concessionários (prevista no art. 37, § 6º, da CF) só existiria em relação ao usuário do serviço e não em relação a terceiro não usuário, que sofre dano no contexto da prestação de um serviço público. O terceiro deveria buscar responsabilização da concessionária com fundamento em outras regras jurídicas.

No entanto, houve **mudança** na orientação jurisprudencial, para admitir a responsabilidade objetiva também em favor do não usuário do serviço público. Confira: "A responsabilidade civil das pessoas jurídicas de direito privado prestadoras de serviço público é objetiva relativamente a terceiros usuários e não usuários do serviço, segundo decorre do art. 37, § 6º, da Constituição Federal. II – A inequívoca presença do nexo de causalidade entre o ato administrativo e o dano causado ao terceiro não usuário do serviço público, é condição suficiente para estabelecer a responsabilidade objetiva da pessoa jurídica de direito privado" (STF, RE 591874).

O STF passou a entender que a expressão "terceiros", contida no dispositivo constitucional citado, inclui os terceiros não usuários do serviço público. Primeiro porque não há restrição redacional nesse sentido, não se podendo fazer interpretação restritiva do dispositivo constitucional. Segundo porque a Constituição, interpretada à luz do princípio da isonomia, não permite que se faça qualquer distinção entre os chamados "terceiros", usuários e não usuários do serviço público, uma vez que todos podem sofrer dano em razão da ação administrativa estatal. Terceiro porque os serviços públicos devem ser prestados de forma adequada e em caráter geral, estendendo-se, indistintamente, a todos os cidadãos, beneficiários diretos ou indiretos da ação estatal.

10.8. Responsabilidade das pessoas de direito privado estatais exploradoras de atividade econômica

O § 6º do art. 37 da Constituição Federal estabelece ser objetiva a responsabilidade das pessoas jurídicas de *direito público* e das pessoas jurídicas de *direito privado prestadoras de serviço público*.

Nesse sentido, pessoa jurídica de direito privado *exploradora de atividade econômica* não se enquadra na regra matriz da responsabilidade objetiva do Estado.

Ao contrário, tais entidades estão submetidas, como regra, ao regime jurídico próprio das empresas privadas, inclusive quanto às obrigações civis, o que inclui a responsabilidade civil (art. 173, § 1º, II, da CF), que, no Direito Privado, como regra, ainda é de natureza subjetiva.

Todavia, é bom ressaltar que o regime jurídico de direito privado, no que tange à responsabilidade civil, sofreu muitas transformações, deixando de ser calcado sempre na responsabilidade subjetiva e passando a trazer regras bastante abrangentes de responsabilidade objetiva.

Dessa forma, dependendo do tipo de relação jurídica existente entre as partes e dos contornos fáticos que envolveram a atuação da empresa estatal, pode-se caracterizar situação que enseja responsabilidade objetiva também. E isso não por conta do art. 37, § 6º, da Constituição, que não se aplica ao caso, mas por conta das próprias regras de Direito Privado.

Por exemplo, caso se configure, no caso concreto, relação de consumo ou hipótese de vítima equiparada a consumidor, a responsabilidade da empresa será objetiva. Outra possibilidade é de, apesar de a relação jurídica entre vítima e empresa ser regulada pelo Código Civil, configurar-se dano causado por atividade de risco (art. 927, parágrafo único, do CC) ou por circulação de produtos (art. 931 do CC), situações essas para as quais o atual Código Civil estabelece responsabilidade objetiva.

10.9. Responsabilidade por obra pública

Quando é o próprio Estado que executa uma obra por agentes públicos pertencentes aos quadros da própria Administração, não há dúvida alguma de que o Estado responde objetivamente por danos causados a terceiros.

A dúvida sobre se o Estado responde ou não existe quando a obra pública causadora de dano foi encomendada pelo Estado a uma empreiteira, ou seja, a um particular que tenha celebrado contrato administrativo com a Administração Pública.

A Lei 8.666/1993, que regula as licitações e os contratos administrativos, é clara ao dispor que o contratado é responsável pelos danos causados a terceiros, decorrentes de sua culpa ou dolo na execução do contrato (art. 70). O dispositivo também esclarece que tal responsabilidade não fica excluída ou reduzida pela fiscalização ou acompanhamento pelo órgão interessado.

Assim sendo, não há responsabilidade primária e solidária do Estado pelos danos causados por obras realizadas por empreiteira contratada deste.

Mas há duas situações em que o Estado poderá responder por conta de uma obra pública que tiver encomendado a um empreiteiro.

O primeiro caso diz respeito às situações em que os danos causados a terceiros são produzidos por motivo inerente à obra encomendada pelo Estado. São aquelas situações em que o contratado não age com culpa ou dolo, mas, em virtude de características próprias da obra, danos serão inevitáveis. Por exemplo, em caso de nivelamento de ruas, é praticamente inexorável a causação de danos, vez que casas à margem da via ficarão em nível mais baixo ou mais elevado que esta.

O segundo caso diz respeito à hipótese em que o contratado pela Administração, culpado pelos danos decorrentes da obra, não tem recursos para arcar com os ônus decorrentes da responsabilidade civil que carrega. Nesse caso, o Estado, por ser o patrocinador da obra e por agir em favor de toda a coletividade, deve indenizar os danos causados, socializando a sua reparação em favor daquele que sofreria sozinho caso não fosse indenizado. Tem-se, no caso, responsabilidade subsidiária do Estado.

10.10. Responsabilidade do tabelião e do registrador

Tanto o tabelião como o registrador respondem objetivamente perante terceiros, nos termos do que determina o art. 37, § 6º, da CF.

Além disso, o Estado, que confere uma delegação a essas pessoas, também responde objetivamente e diretamente pelos danos por eles causados. Confira a casuística: "RESPONSABILIDADE OBJETIVA – ESTADO – RECONHECIMENTO DE FIRMA – CARTÓRIO OFICIALIZADO. Responde o Estado pelos danos causados em razão de reconhecimento de firma considerada assinatura falsa. Em se tratando de atividade cartorária exercida à luz do artigo 236 da Constituição Federal, a responsabilidade objetiva é do notário, no que assume posição semelhante à das pessoas jurídicas de direito privado prestadoras de serviços públicos

– § 6º do artigo 37 também da Carta da República." (STF, 2ª T., RE 201.595/SP, relator Min. MARCO AURÉLIO, DJ 20.04.2001); e "RESPONSABILIDADE CIVIL. NOTÁRIO. LEGITIMIDADE PASSIVA *AD CAUSAM*. RESPONSABILIDADE OBJETIVA DO ESTADO DE PERNAMBUCO PELOS DANOS CAUSADOS PELO TITULAR DE SERVENTIA EXTRAJUDICIAL NÃO OFICIALIZADA. PRECEDENTES. A responsabilidade civil por dano causado a particular por ato de oficial do Registro de Imóveis é pessoal, não podendo o seu sucessor, atual titular da serventia, responder pelo ato ilícito praticado pelo sucedido, antigo titular. Precedentes. Recurso especial provido." (STJ, 3ª T., REsp 696.989/PE, Rel. Ministro CASTRO FILHO, julgado em 23.05.2006, DJ 27.11.2006 p. 278)

O Ofício de Notas não é uma pessoa jurídica, mas sim uma estrutura organizada para a prestação de serviços notariais. Tal estrutura é organizada técnica e administrativamente pelo notário, que é uma pessoa física a quem é delegado o exercício da atividade notarial, mediante concurso público.

O notário exerce, então, função pública, sendo tratado pela doutrina como um particular em colaboração com o Poder Público. Trata-se, na verdade, de um agente público delegado, ou seja, de um agente público que recebe a delegação de um serviço público, que será prestado em nome próprio e por conta e risco do notário.

Assim sendo, a pessoa física titular da serventia extrajudicial é quem responde, com seu patrimônio pessoal, por eventuais danos causados a terceiros por atos praticados por si ou por seus prepostos. Nesse sentido é o disposto no art. 22 da Lei 8.935/1994. O notário, responsabilizado, poderá exercer o direito de regresso no caso de culpa ou dolo de seus prepostos.

Porém, não se pode olvidar de que a atividade prestada pelo notário é uma atividade administrativa e, portanto, de interesse estatal. Por isso, o Estado também responde pelos atos praticados pelos notários e seus prepostos.

Como tais serviços são organizados pelos Estados-membros, estes serão os responsáveis civilmente pelos prejuízos causados a terceiros, nos termos do art. 37, § 6º, da CF.

Segundo o STF, a responsabilidade civil do notário e a do Estado são objetivas, no caso.

Assim, o terceiro lesado poderá propor ação contra o notário, contra o Estado ou contra ambos, sendo que é objetiva tanto a responsabilidade da pessoa física do notário como a responsabilidade da pessoa jurídica do Estado-membro respectivo.

Vale ressaltar que há decisão do STJ com entendimento um pouco diferente. No caso, entende este Tribunal que se deve ingressar com ação em face do notário e, caso este não possa suportar a indenização, aí sim caberá acionar o Estado subsidiariamente (STJ, REsp 1.163.652/PE, DJ 01.07.2010).

Porém, uma novidade promete gerar muita discussão nesse terreno. O artigo 22 da Lei 8.935/1994 teve sua redação alterada pela Lei 13.286/2016, constando agora que notários, registradores e seus substitutos e escreventes designados somente respondem se agirem mediante conduta culposa ou dolosa, o que se contrapõe ao entendimento jurisprudencial, calcado no texto constitucional, de que respondem de forma objetiva, ou seja, independentemente de culpa ou dolo. Há de se aguardar, portanto, se haverá ou não novo entendimento jurisprudencial a respeito.

10.11. Responsabilidade por atos legislativos e jurisdicionais

O Estado não responde, como regra, pela edição de leis que prejudiquem alguém.

Tal regra só cede nas seguintes situações: a) se uma lei declarada inconstitucional causa danos ao particular; b) em caso de lei de efeito concreto causar dano a uma pessoa em particular (ex: criação de Parque Florestal em área privada).

O Estado também não responde, como regra, pela expedição de decisões que prejudiquem alguém. Como exceção temos: a) o caso de erro judiciário, que é aquele reconhecido em revisão criminal ou o decorrente de prisão de alguém além do tempo permitido; reconhecido o erro judiciário, a responsabilidade do Estado é objetiva, não sendo necessário demonstração de culpa ou dolo do magistrado responsável pelo caso (STF, RE 505393/PE); b) os casos em que o juiz responde pessoalmente por dolo, fraude, recusa, omissão ou retardamento injustificado de providências de seu ofício, nos termos do legislação processual civil; c) os casos de erro grave (ex: prisão de alguém sem qualquer envolvimento com o fato criminoso – *vide* o caso do "Bar Bodega" no Informativo 570 do STF – RE 385943/SP).

10.12. Responsabilidade por atos do Ministério Público

O Ministério Público não é pessoa jurídica, mas órgão da Administração Direta da União (Ministério Público da União – art. 128 da CF) e dos Estados-membros.

Assim, não tendo o Ministério Público personalidade jurídica, não há como responsabilizá-lo civilmente por seus atos.

Por outro lado, a responsabilidade do Estado é, como regra, objetiva, de modo que quando um órgão estatal causa um dano a terceiro, a pessoa jurídica estatal correspondente tem de responder, ressalvada a ação de regresso em face do agente público que tiver agido com culpa ou dolo, no caso, o membro do Ministério Público.

Esse é o posicionamento do STF (AI 552.366 AgR, DJ 28.10.2009).

10.13. Responsabilidade subsidiária

O Estado responde subsidiariamente pelos danos causados pelas seguintes pessoas que estiverem atuando em atividades que ele mesmo deveria prestar: a) pessoas jurídicas de direito público da Administração Indireta (autarquias, fundações públicas, agências reguladoras e associações públicas); b) pessoas jurídicas de direito privado prestadoras de serviço público; c) pessoas jurídicas de direito privado executoras de obra pública, por danos decorrentes dessa obra.

Há de se ressaltar que a responsabilidade subsidiária, para acontecer, depende da impotência econômica ou financeira da entidade estatal.

10.14. Prescrição

Até pouco tempo atrás não havia controvérsia alguma sobre qual era o prazo prescricional para o exercício da pretensão indenizatória em face do Estado.

Doutrina e jurisprudência eram uníssonas no sentido de que esse prazo era de 5 anos, nos termos do art. 1º do Decreto 20.910/1932, que regula a prescrição contra a Fazenda Pública.

Porém, com a entrada em vigor do atual Código Civil, que estabelece que o prazo prescricional para ações indenizatórias é de 3 anos (art. 206, § 3º, V), uma forte corrente passou a considerar que esse prazo também deveria ser aplicado às ações indenizatórias em face da Fazenda Pública. Isso porque o art. 10 do Decreto 20.910/1932 prevê que o prazo de 5 anos nele previsto "não altera as prescrições de menor prazo, constantes das leis e regulamentos, as quais ficam subordinadas às mesmas regras". Dessa forma, como o prazo previsto no Código Civil é, atualmente, um prazo "menor" do que o de 5 anos previsto no Decreto mencionado, dever-se-ia aplicar o prazo previsto no Código, fazendo com que a prescrição de ações de reparação civil em geral tivesse prazo de 3 anos contra a Fazenda Pública.

A questão hoje é bastante controversa.

Porém, o STJ, que estava bastante dividido, tem-se encaminhado no sentido de que o prazo continua de 5 anos (AgRg no Ag 1.364.269, DJ 24.09.2012). O argumento da primeira turma é no sentido de que o prazo de 5 anos é um prazo histórico, previsto em norma especial e igual a uma série de outros prazos de prescrição previstos para o exercício de pretensão indenizatória de outras naturezas em face do Estado (EResp 1.081.885/RR, rel. Hamilton Carvalhido, DJ 01.02.2011). Ao contrário, o prazo previsto no Código Civil é prazo destinado a regular as relações de Direito Privado.

Para resolver de vez a questão, em recurso repetitivo restou estabelecido pelo STJ que as ações patrimoniais passivas ou ativas de que seja parte a Fazenda Pública regem-se pelo prazo prescricional previsto no Decreto 20.910/1932. Vale a pena replicar ementa a respeito do tema: "ADMINISTRATIVO. PROCESSUAL CIVIL. RESPONSABILIDADE CIVIL DO ESTADO. AÇÃO DE INDENIZAÇÃO CONTRA A FAZENDA PÚBLICA. PRAZO PRESCRICIONAL. DECRETO 20.910/1932. QUINQUENAL. TEMA OBJETO DE RECURSO REPETITIVO. SÚMULA 168/STJ. INCIDÊNCIA. 1. A jurisprudência desta Corte firmou-se no sentido de que a prescrição contra a Fazenda Pública é quinquenal, mesmo em ações indenizatórias, uma vez que é regida pelo Decreto 20.910/1932. (AgRg nos EAREsp 53471 / RS, relator Ministro Humberto Martins, 1ª Seção, j. 27.02.2013).

Há de se aguardar, agora, como se posicionará a jurisprudência em relação à responsabilização civil de *pessoas jurídicas* que causarem danos à Administração por condutas definidas na Lei 12.846, de 1º de agosto de 2013. Parece-nos que, de acordo com essa lei, a prescrição da pretensão do Poder Público de buscar a reparação civil no caso mencionado (de pessoa jurídica cuja conduta incida no art. 5º da lei), voltará a ser de 5 anos, nos termos de seu art. 25, *caput*. Apesar de a lei ter usado uma terminologia totalmente inadequada ("prescrição da infração"), parece-nos que dispositivo citado **não fez** distinção entre a aplicação de sanções civis (como a de reparação civil, que, inclusive, envolve verdadeiro prazo *prescricional*) e administrativas (que, em verdade, envolve prazo decadencial, apesar de ser comum a lei usar a palavra "prescrição" para abranger prazos decadenciais também), de modo que o prazo prescricional de 5 anos se aplicaria tanto às sanções civis, como às sanções administrativas para as pessoas jurídicas que praticarem condutas definidas no art. 5º da Lei 12.846/2013.

Ainda em relação à questão da prescrição, há dois casos específicos em que o prazo prescricional para a ação indenizatória estão definidos por existir regra especial estabelecendo tais prazos, sem que haja exceção quanto à sua aplicação. O primeiro é prazo para ingresso de ação indenizatória por desapropriação indireta (prazo prescricional de 10 anos) e o segundo é para ingresso de ação indenizatória por restrições decorrentes de atos do Poder Público (prazo prescricional de 5 anos – art. 10 do Dec.-lei 3.365/1941).

Por fim, de rigor lembrar que há três casos de imprescritibilidade da pretensão de reparação civil, quais sejam: a) ressarcimento do erário; b) ressarcimento de dano ambiental; c) ressarcimento de danos por perseguição política, prisão e tortura durante a ditadura militar. Quanto a esse último caso, *vide*, por exemplo, o AgRg no Ag 1.428.635, julgado pelo STJ em 02.08.2012.

Vale, também, uma palavra sobre o termo *a quo* da contagem do prazo prescricional.

No caso, esse prazo é contado da data do fato ou do ato lesivo. Todavia, caso o dano tenha sido causado por conduta considerada crime na esfera penal, o prazo prescricional começará a fluir a partir do trânsito em julgado da ação penal (STJ, AgRg no Ag 1383364/SC, DJ 25.05.2011).

10.15. Responsabilidade civil e administrativa de pessoas jurídicas (Lei 12.846/2013)

A Lei 12.846, de 1º de agosto de 2013, dispõe sobre a responsabilização **objetiva**, nas esferas administrativa e civil, de **pessoas jurídicas**, pela prática, por estas, de atos contrários à Administração Pública, **inclusive** atos contrários à Administração Pública estrangeira, ainda que cometidos no exterior (arts. 1º e 28).

Essa responsabilidade objetiva, todavia, somente se aplica quanto aos atos lesivos **definidos no art. 5º da Lei** (por exemplo: fraude à licitação), e desde que a pessoa que tenha cometido tais atos seja uma pessoa jurídica. As demais pessoas (pessoas físicas ou naturais) e os demais casos (ilícitos não previstos no art. 5º da Lei 12.846/2013), continuam regulamentados pelas leis existentes ao tempo da Lei 12.846/2013, podendo se tratar tanto de responsabilidade subjetiva (quando se aplicar o artigo 186 do Código Civil, por exemplo), como de responsabilidade objetiva (quando se aplicar os artigos 927, parágrafo único e 931 do Código Civil, também por exemplo).

Outro requisito para que haja a responsabilidade administrativa e civil da pessoa jurídica perante a Administração é que os atos lesivos respectivos tenham sido praticados em seu **interesse ou benefício**, ainda que não exclusivamente em seu interesse ou benefício (art. 2º).

As sanções administrativas podem ser aplicadas **sem intervenção do Judiciário** no caso de aplicação de *multa* e de *publicação extraordinária de decisão condenatória* (art. 6º). A multa variará de 0,1% a 20% do faturamento bruto da pessoa jurídica no último exercício anterior ao da instauração do processo administrativo, em valor nunca inferior à vantagem auferida. Quanto à publicação extraordinária de decisão condenatória, consiste em se determinar a publicação, às expensas da pessoa jurídica infratora, de extrato da decisão condenatória em meio de comunicação de grande circulação, em edital afixado pelo prazo mínimo de 30 dias no próprio estabelecimento ou no local da atividade, e no sítio eletrônico da pessoa jurídica.

Quanto às demais sanções administrativas previstas no art. 19 da Lei (que incluem o perdimento de bens, a suspensão ou interdição parcial de atividades, a dissolução compulsória da pessoa jurídica e a proibição de contratar com a Administração), bem como quanto à reparação civil, cabe ao Poder Público ingressar com **ação judicial**, para que o Judiciário promova a devida responsabilização. A ação em questão seguirá o rito da Lei de Ação Civil Pública (art. 21, *caput*), e pode ser ajuizada não só por meio das procuradorias dos entes públicos, como também pelo Ministério Público (art. 19, *caput*), sendo, que na omissão das autoridades administrativas, este poderá também pedir em juízo a aplicação das sanções previstas no art. 6º da Lei.

É importante ressaltar que a aplicação das sanções previstas na lei ora comentada **não afeta** os processos de responsabilização e aplicação de penalidades decorrentes dos atos de improbidade nos termos da Lei 8.429/1992 e de ilícitos alcançados pela Lei 8.666/1993 ou outras normas de licitação e contratos (art. 30).

Quanto à **decadência** ou **prescrição** para aplicar as sanções previstas na Lei, o prazo é de 5 anos, contados da data da ciência da infração ou, no caso de infração permanente ou continuada, do dia em que tiver cessado (art. 25). Na esfera administrativa ou judicial, a prescrição será interrompida com a instauração de processo que tenha por objeto a apuração da infração.

Outro ponto importante da lei, que deverá provocar mais efetividade na apuração dessas infrações, é a regulamentação do chamado **acordo de leniência** (art. 16). De acordo com o texto legal, "A autoridade máxima de cada órgão ou entidade pública poderá celebrar acordo de leniência com as pessoas jurídicas responsáveis pela prática dos atos previstos nesta Lei que colaborem efetivamente com as investigações e o processo administrativo, sendo que dessa colaboração resulte:

I – a identificação dos demais envolvidos na infração, quando couber;

II – a obtenção de informações e documentos que comprovem o ilícito sob apuração."

Vale ressaltar que o acordo de leniência somente poderá ser celebrado se preenchidos, cumulativamente, os seguintes requisitos:

"I – a pessoa jurídica seja a primeira a se manifestar sobre seu interesse em cooperar para a apuração do ato ilícito;

II – a pessoa jurídica cesse completamente seu envolvimento na infração investigada a partir da data de propositura do acordo;

III – a pessoa jurídica admita sua participação no ilícito e coopere plena e permanentemente com as investigações e o processo administrativo, comparecendo, sob suas expensas, sempre que solicitada, a todos os atos processuais, até seu encerramento."

Outro ponto importante é que o acordo de leniência celebrado pela autoridade administrativa terá os seguintes efeitos (art. 16, § 2º):

"A celebração do acordo de leniência isentará a pessoa jurídica das sanções previstas no inciso II do art. 6º e no inciso IV do art. 19 e reduzirá em até 2/3 (dois terços) o valor da multa aplicável."

É importante dizer que o acordo de leniência **não exime** a pessoa jurídica da obrigação de reparar integralmente o dano causado e **deve estipular** as condições necessárias para assegurar a efetividade da colaboração e o resultado útil do processo administrativo e quando estipular a obrigatoriedade de reparação do dano poderá conter cláusulas sobre a forma de amortização, que considerem a capacidade econômica da pessoa jurídica.

Por fim, seguem outras características desse acordo, previstas nos arts. 16 e 17:

a) "Os efeitos do acordo de leniência serão estendidos às pessoas jurídicas que integram o mesmo grupo econômico, de fato e de direito, desde que firmem o acordo em conjunto, respeitadas as condições nele estabelecidas" (§ 5º);

b) "A proposta de acordo de leniência somente se tornará pública após a efetivação do respectivo acordo, salvo no interesse das investigações e do processo administrativo" (§ 6º);

c) "Não importará em reconhecimento da prática do ato ilícito investigado a proposta de acordo de leniência rejeitada" (§ 7º);

d) "Em caso de descumprimento do acordo de leniência, a pessoa jurídica ficará impedida de celebrar novo acordo pelo prazo de 3 (três) anos contados do conhecimento pela administração pública do referido descumprimento" (§ 8º);

e) "A celebração do acordo de leniência interrompe o prazo prescricional dos atos ilícitos previstos nesta Lei." (§ 9º);

f) "A Controladoria-Geral da União – CGU é o órgão competente para celebrar os acordos de leniência no âmbito do Poder Executivo federal, bem como no caso de atos lesivos praticados contra a administração pública estrangeira" (§ 10);

g) "A administração pública poderá também celebrar acordo de leniência com a pessoa jurídica responsável pela prática de ilícitos previstos na Lei 8.666, de 21 de junho de 1993, com vistas à isenção ou atenuação das sanções administrativas estabelecidas em seus arts. 86 a 88" (art. 17).

Por fim, importante destacar que "os órgãos ou entidades dos Poderes Executivo, Legislativo e Judiciário de todas as esferas de governo deverão informar e manter atualizados, para fins de publicidade, no **Cadastro Nacional de Empresas Inidôneas e Suspensas - CEIS**, de caráter público, instituído no âmbito do Poder Executivo federal, os dados relativos às sanções por eles aplicadas, nos termos do disposto nos arts. 87 e 88 da Lei 8.666, de 21 de junho de 1993" (art. 23 - g.n.).

11. LICITAÇÃO PÚBLICA

11.1. Finalidades ou objetivos

A Administração Pública, para cumprir suas tarefas, **precisa realizar muitos contratos**. A maior parte deles envolve **aquisição** de bens, serviços e obras. Mas há também situações em que a Administração **aliena** bens ou faz **permissões e concessões**.

No entanto, é fundamental que a Administração Pública, previamente à contratação, siga um procedimento destinado a preservar certos princípios. Esse procedimento tem o nome de **licitação**.

A Lei 8.666/1993, em sua redação original, dispunha que a licitação tinha por finalidade atender aos seguintes objetivos (art. 3º, *caput*): a) garantir a observância do princípio da **isonomia**; b) garantir a seleção da proposta **mais vantajosa** para a administração.

A simples existência de um processo de licitação já evita que interessados em contratar com a Administração Pública sejam excluídos dessa possibilidade, o que preserva o princípio da igualdade. Além disso, a existência de concorrência entre interessados, por si só, já é capaz de obrigá-los a formular a mais vantajosa proposta possível, o que atende ao princípio da indisponibilidade do interesse público.

Mas como tais finalidades da licitação devem ser buscadas da maneira mais efetiva possível, não basta que a licitação seja procedimento obrigatório para contratações da Administração Pública. É necessário, também, que todas as regras do procedimento sejam direcionadas ao máximo atendimento desses objetivos.

Um exemplo de regra que visa a garantir o princípio da isonomia é a que veda a criação de requisitos de habilitação que não estejam dispostos no art. 27 e seguintes da Lei 8.666/1993.

Um exemplo de regra que visa a garantir a proposta mais vantajosa para a Administração é a que estabelece, na modalidade pregão, que os licitantes, depois de apresentadas suas propostas, terão oportunidade de fazer lances verbais com vistas a se chegar a melhor proposta possível (art. 4º, VIII, da Lei 10.520/2002).

A Lei 12.349/2010 alterou o art. 3º, *caput*, da Lei 8.666/1993, criando uma terceira finalidade para a licitação, qual seja: promover o **desenvolvimento nacional sustentável**.

Exemplo de regra que visa a promover o desenvolvimento nacional sustentável é a que estabelece que, em caso de empate, terão preferência as propostas relativas a bens e serviços produzidos no País (art. 3º, § 2º, II, da Lei 8.666/1993).

Em resumo, a licitação tem três finalidades: a) garantir a isonomia; b) garantir a proposta mais vantajosa para a administração; c) promover o desenvolvimento nacional sustentável.

11.2. Legislação

A **regra-matriz** da licitação encontra-se no art. 37, XXI, da Constituição Federal, *in verbis*: "ressalvados os casos especificados na legislação, as obras, serviços, compras e alienações serão contratados mediante processo de licitação pública que assegure igualdade de condições a todos os concorrentes, com cláusulas que estabeleçam obrigações de pagamento, mantidas as condições efetivas da proposta, nos termos da lei, o qual somente permitirá as exigências de qualificação técnica e econômica indispensáveis à garantia do cumprimento das obrigações".

Repare que a regra-matriz traz, pelo menos, os seguintes princípios licitatórios:

a) princípio da obrigatoriedade da licitação, pelo qual qualquer contrato deve ser por ela precedido, ressalvados os casos especificados na lei;

b) princípio da isonomia, pelo qual se deve assegurar "igualdade de condições a todos os concorrentes", bem como só se permitirá exigências de qualificação "indispensáveis à garantia do cumprimento das obrigações", de modo a garantir que interessados na licitação não sejam excluídos sem justa causa;

c) princípio da indisponibilidade, pelo qual só se permitirá exigências de qualificação "indispensáveis à garantia do cumprimento das obrigações", o que garante o maior número possível de licitantes, medida que tende a fazer com que haja maior concorrência e, consequentemente, melhores propostas;

d) princípio da proporcionalidade, também decorrente da ideia de que só se permitirá exigências de qualificação "indispensáveis à garantia do cumprimento das obrigações", o que faz com a Administração não faça exigências que não sejam estritamente necessárias para cumprir as finalidades do processo de licitação;

e) princípio do devido procedimento administrativo, pelo qual as contratações da Administração devem ser feitas mediante *processo* de licitação pública, o que faz com que fique reduzida a discricionariedade da Administração, que deve seguir ritos e regras previstos em lei.

Uma vez estabelecida a regra-matriz da licitação, a Constituição Federal tratou de dispor sobre quem tem **competência para legislar** nessa matéria. Nesse sentido, o art. 22, XXVII, da CF estabelece que compete privativamente à União legislar sobre "normas gerais de licitação e contratação, em todas as modalidades, para as administrações públicas diretas, autárquicas e fundacionais da União, Estados, Distrito Federal e Municípios, obedecido o disposto no art. 37, XXI, e para as empresas públicas e sociedades de economia mista, nos termos do art. 173, § 1º, III".

Assim, a CF elegeu a **União** como responsável, privativamente, pela edição de **normas gerais** sobre licitação.

Normas gerais sobre licitação *são aquelas que tratam de questões que reclamam tratamento homogêneo em todo o País*. Já as **normas especiais** sobre licitação *são aquelas que tratam* *de questões que requerem tratamento peculiar no âmbito do ente local ou aquelas que envolvam a operacionalização da aplicação da lei geral no ente local.*

Argumentando ofensa à competência da União, o STF entendeu inconstitucional uma lei do Distrito Federal que criava, no âmbito da licitação, restrições a empresas que discriminarem na contratação de mão de obra (ADI 3.670, DJ 18.05.2007). O Pretório Excelso também entendeu inconstitucional lei do estado do Rio Grande do Sul que criava, também no âmbito da licitação, preferência a licitantes que usassem *softwares* livres ou sem restrições proprietárias (ADI 3.059, DJ 20.08.2004).

Por outro lado, na ADI 927, o STF entendeu que as disposições da Lei 8.666/1993 que tratam da doação de bem imóvel e da permuta de bem móvel têm aplicação apenas à União, já que as questões relativas ao destino de bens públicos estão ligadas ao autogoverno dos demais entes políticos quanto ao seu patrimônio público, envolvendo questão de interesse local a justificar certas normas especiais por parte destes.

Outra decisão do STF a favor de lei local considerada constitucional em face da competência da União para editar normas gerais sobre licitação foi a que aprovou legislação municipal que proibia agentes políticos e seus parentes de contratar com o município. Asseverou-se que, diante das leis gerais da União, estados e municípios podem legislar para complementar tais normas e adaptá-las às suas realidades. O STF também assentou que a referida norma municipal foi editada com base no art. 30, II, da CF, e em homenagem aos princípios da impessoalidade e moralidade administrativa, bem como com prevenção a eventuais ao interesse público e ao patrimônio do município, sem restringir a competição entre os licitantes (RE 423560/M, j. 29.05.2012).

Outro ponto importante sobre o disposto no art. 22, XXVII, da CF é o fato de ter sido feita uma ressalva para as empresas públicas e sociedades de economia mista, que devem obedecer ao art. 173, § 1º, III, da CF, introduzida pela EC 19/1998.

Esse dispositivo tem o seguinte teor: "§ 1º A lei estabelecerá o estatuto jurídico da empresa pública, da sociedade de economia mista e de suas subsidiárias que explorem atividade econômica de produção ou comercialização de bens ou de prestação de serviços, dispondo sobre: (...) III – licitação e contratação de obras, serviços, compras e alienações, observados os princípios da administração pública."

Essa lei somente sobreveio no ano de 2016 (Lei 13.303/2016, que trata da licitação e dos contratos das empresas estatais nos arts. 28 e seguintes). Assim, durante mais de 20 anos as estatais tiveram que obedecer às normas da Lei 8.666/1993, sendo que agora devem obediência à Lei 13.303/2016, que traz regulamentação extensa e detalhada de tudo que envolve a licitação e os contratos das empresas estatais, de modo que a Lei 8.666/1993 não deve ser mais aplicada, salvo quanto à sua regra de transição (prazo de 24 meses para adaptação de regras e aplicação da lei anterior a licitações e contratos iniciados ou celebrados até o final desse prazo) e nas exceções trazidas na novel lei, como no caso de aplicação das normas penais previstas na Lei 8.666/93 (art. 41).

O art. 175 da CF também trata do instituto da licitação quando dispõe que a concessão e a permissão de serviços públicos devem se dar "sempre através de licitação".

Resta, agora, tecer umas palavras sobre a licitação na legislação infraconstitucional.

Nesse sentido, confira as principais leis que fazem referência ao instituto:

a) Lei 8.666/1993, a mais importante delas, traz normas gerais sobre licitações e contratos da Administração Pública;

b) Lei 10.520/2002, que trata da licitação na modalidade pregão; o Decreto 3.555/2000 regulamenta o procedimento do pregão na esfera federal; o Decreto 5.450/2005 define o procedimento a ser adotado no pregão eletrônico;

c) Lei Complementar 123/2006, que, em seus arts. 42 a 49-A, contém normas sobre licitação, favorecendo as microempresas e empresa de pequeno porte;

d) Lei 12.462/2011, que institui o Regime Diferenciado de Contratações Públicas – RDC;

e) Lei 11.488/2007, que, em seu art. 34, determina a aplicação da Lei Complementar 123/2006 às sociedades cooperativas;

f) Lei 8.987/1995, que trata da permissão e concessão de serviço público, inclusive quanto à licitação cabível à espécie;

g) Lei 11.079/2004, que trata das parcerias público-privadas, inclusive quanto à licitação cabível à espécie;

h) Lei 12.232/2010, que trata da licitação quanto aos contratos de serviços de publicidade;

i) Lei 9.472/1997, que estabelece novas modalidades licitatórias para a ANATEL, o pregão e a consulta (art. 54);

j) Lei 9.648/1998, que dispensa a licitação para a celebração de contratos de prestação de serviços com as organizações sociais;

k) Lei 11.107/2005 que, regulamentando os consórcios públicos, dobra o limite de valor para a contratação direta por essas entidades;

l) Lei 13.019/2014, com as alterações feitas promovidas pela Lei 13.204/2015, que, ao regulamentar a celebração de parcerias com organizações da sociedade civil, regulamenta o processo seletivo denominado "chamamento público", que tem por finalidade escolher a entidade que celebrará o respectivo termo de colaboração ou termo de fomento;

m) Lei 13.303/2016, que dispõe sobre o estatuto jurídico da empresa pública, da sociedade de economia mista e de suas subsidiárias, no âmbito da União, dos Estados, do Distrito Federal e dos Municípios.

11.3. Princípios da licitação

O art. 3º da Lei 8.666/1993 estabelece os seguintes princípios da licitação: a) legalidade; b) impessoalidade; c) moralidade; d) igualdade; e) publicidade; f) probidade administrativa; g) vinculação ao instrumento convocatório; h) do julgamento objetivo; e e) os princípios correlatos.

Para guardar, lembre-se de que há quatro princípios da Administração (legalidade, impessoalidade, moralidade e publicidade) mais os seguintes: igualdade (que já está no conceito de impessoalidade), probidade (que já está no conceito de moralidade), vinculação ao instrumento convocatório e julgamento objetivo. O princípio da eficiência não está expresso no art. 3º da Lei 8.666/1993, mas, naturalmente, aplica-se à licitação, já que está expresso na Constituição Federal (art. 37, *caput*).

O princípio da **legalidade** impõe que a Administração só faça, numa licitação, o que a lei determina ou autoriza. Assim, não pode a Administração desconsiderar o disposto na Lei 8.666/1993, criando, por exemplo, novas regras sobre dispensa de licitação, modalidades de licitação novas, tipos de licitação novos, dentre outras.

O princípio da **impessoalidade** impõe que a Administração trate os licitantes de modo igualitário, não promovendo perseguições ou favorecimentos indevidos. Esse princípio também impõe que seja respeitado o princípio da finalidade, o que faz com que a licitação não possa ser utilizada para outras finalidades que não as três que o instituto tem, quais sejam, garantir a isonomia, garantir a proposta mais vantajosa para a Administração e promover o desenvolvimento nacional sustentável.

O princípio da **igualdade**, contido no princípio da impessoalidade, tem efeito relevante no que diz respeito às restrições que a Administração faz a que certas pessoas contratem com ela. Ademais, o princípio também incide quando a Administração quer ter direitos adicionais aos que já estão estipulados como cláusulas exorbitantes. Por conta disso, a Administração não pode inventar novas cláusulas exorbitantes que não estejam expressamente permitidas em lei, sob pena de ferir não só o princípio da legalidade como também o da igualdade. Há casos, todavia, em que é possível restringir a participação de certas pessoas em procedimentos licitatórios, das cooperativas na licitação para a contratação de prestação de serviços com locação de mão de obra, quando o trabalho, por sua natureza, demandar necessidade de subordinação, ante os prejuízos que podem advir para a Administração Pública caso o ente cooperativo se consagre vencedor no certame e não cumpra suas obrigações (REsp 1.204.186, DJ 29.10.2012).

Os princípios da **moralidade** e da **probidade** impõem que a Administração Pública aja sempre de forma honesta, proba, leal e de boa-fé. O princípio impede, por exemplo, que haja favorecimento indevido a algum licitante, o que também é vedado pela aplicação do princípio da impessoalidade. Impede, também, que a Administração se valha de sua condição privilegiada para fazer exigências indevidas do licitante ou contratante. Certa vez tomei conhecimento de uma situação em que um órgão público, que deixou em aberto vários pagamentos a uma empresa fornecedora, condicionou a emissão de um atestado de cumprimento da obrigação por parte desta para apresentar declaração dando por quitados todos os débitos dos órgãos públicos. No caso, a fornecedora acabou aceitando essa situação surreal, pois precisava desse atestado para participar de outro certame licitatório. A conduta da Administração Pública, no caso, foi lastimável e merece total reprovação, pois viola o princípio da boa-fé objetiva, corolário do princípio da moralidade.

O princípio da **publicidade** impõe uma série de providências em matéria de licitação. Uma delas é a exigência de que seja publicado em diário oficial e em jornal de grande circulação aviso contendo o resumo dos editais, inclusive com indicação de onde os interessados poderão ler seu texto integral (art. 21 da Lei 8.666/1993). Outra exigência é a de que todas as compras feitas pela Administração sejam objeto de publicidade em órgãos de divulgação ou em quadro de avisos de amplo acesso público (art. 16 da Lei 8.666/1993). As contratações sem licitação (licitação dispensada, dispensabilidade e inexigibilidade) também serão objeto de publicação na imprensa oficial, no prazo de 5 dias, como condição de eficácia dos atos (art. 26 da Lei 8.666/1993). Será obrigatória audiência pública nas licitações cujo valor estimado for superior a R$ 150 milhões (art. 39 da Lei 8.666/1993). Além disso, a publicação resumida do instrumento de contrato ou de seus aditamentos na imprensa oficial, que é condição indispensável para sua eficácia, será providenciada pela Administração até o quinto dia útil do mês seguinte ao de sua assinatura, para ocorrer no prazo de vinte dias daquela data, qualquer que seja seu valor, ainda que sem ônus (art. 61, parágrafo único, da Lei 8.666/1993). Atos que afetem direitos dos licitantes serão publicados na imprensa oficial, caso os prepostos destes não estiverem presentes nos atos respectivos (art. 109, § 1º, da Lei 8.666/1993). Os Tribunais de Contas e os órgãos integrantes do sistema de controle interno poderão solicitar para exame, até o dia imediatamente anterior à data do recebimento das propostas, cópia do edital de licitação já publicado (art. 113, § 2º, da Lei 8.666/1993). Os órgãos da Administração poderão expedir normas relativas aos procedimentos operacionais a serem observados na execução das licitações, no âmbito de sua competência, observadas as disposições da Lei 8.666/1993, sendo que tais normas, após aprovação da autoridade competente, deverão ser publicadas na imprensa oficial (art. 115 da Lei 8.666/1993). As sociedades de economia mista, empresas e fundações públicas e demais entidades controladas direta ou indiretamente pela União editarão regulamentos próprios devidamente publicados, ficando sujeitas às disposições da Lei 8.666/1993. Os regulamentos mencionados, no âmbito da Administração Pública, após aprovados pela autoridade de nível superior à que estiverem vinculados os respectivos órgãos, sociedades e entidades, deverão ser publicados na imprensa oficial (art. 119 da Lei 8.666/1993).

Em que pese todo esse dever de publicidade, na modalidade de licitação convite não será necessária a publicação de aviso do edital na imprensa e em jornal de grande circulação. Aliás, nessa modalidade de licitação sequer há edital. O que existe é a elaboração de uma carta-convite, que será enviada a pelo menos três fornecedores, convidando-os a participar de licitação e oferecer proposta para a Administração. A publicidade à qual se reduz esse convite é a publicação desse instrumento convocatório em local apropriado da Administração (art. 22, § 3º, da Lei 8.666/1993).

O princípio da **vinculação ao instrumento convocatório** determina que, além das disposições legais, a Administração deve seguir, rigorosamente, os termos do edital ou do convite. Assim, todas as disposições do instrumento convocatório têm de ser seguidas, sejam as que tratam dos requisitos de habilitação e dos critérios de julgamento da licitação, sejam as que tratam dos termos em que serão celebrados o futuro contrato administrativo. No mesmo sentido do princípio da vinculação ao instrumento convocatório estão também as regras da "vinculação ao termo que dispensou ou declarou inexigível a licitação" e da "vinculação à proposta do licitante vencedor", nos termos do art. 55, XI, da Lei 8.666/1993 ("a vinculação ao edital de licitação ou ao termo que a dispensou ou a inexigiu, ao convite e à proposta do licitante vencedor"). Um exemplo de aplicação desse princípio foi a decisão do STJ que manteve decisão administrativa de excluir licitante de certame licitatório em virtude de atraso de dez minutos após o horário previsto no edital para o início da sessão (REsp 421.946-DF).

O princípio do **julgamento objetivo** se dirige a dois momentos da licitação. Primeiro quanto à estipulação dos critérios de julgamento. Nesse sentido, o art. 40, VII, da Lei 8.666/1993 impõe que o edital indique, obrigatoriamente, critério de julgamento, com disposições claras e parâmetros objetivos. Segundo, quanto ao julgamento em si, que será feito em momento posterior. Nesse sentido, "no julgamento das propostas, a Comissão levará em consideração os critérios objetivos definidos no edital ou convite", sendo "vedada a utilização de qualquer elemento, critério ou fator sigiloso, subjetivo ou reservado que possa ainda que indiretamente elidir o princípio da igualdade entre os licitantes" (art. 44, § 1º, da Lei 8.666/1993). Ademais, "o julgamento das propostas será objetivo, devendo a Comissão de licitação ou o responsável pelo convite realizá-lo em conformidade com os tipos de licitação, os critérios previamente estabelecidos no ato convocatório e de acordo com os fatores exclusivamente nele referidos, de maneira a possibilitar sua aferição pelos licitantes e pelos órgãos de controle" (art. 45 da Lei 8.666/1993). A lei está tão preocupada com o dever de julgamento objetivo que há vários outros dispositivos reforçando a sua necessidade: arts. 30, § 8º, 31, §§ 2º e 5º, 42, § 5º, 46, § 1º, I, § 2º, I, e § 3º, todos da Lei 8.666/1993.

11.4. Quem deve licitar?

O art. 1º, parágrafo único, da Lei 8.666/1993 responde à pergunta formulada neste item. Confira: "subordinam-se ao regime desta Lei, além dos órgãos da administração direta, os fundos especiais, as autarquias, as fundações públicas, as empresas públicas, as sociedades de economia mista e demais entidades controladas direta ou indiretamente pela União, Estados, Distrito Federal e Municípios".

Em resumo, pode-se dizer que estão sujeitos à Lei 8.666/1993 os seguintes entes:

a) os entes políticos (União, Estados, Distrito Federal e Municípios);

b) as pessoas jurídicas de direito público (autarquias, fundações públicas, agências reguladoras e associações públicas);

c) as pessoas jurídicas de direito privado estatais (empresas públicas, sociedades de economia mista, fundações privadas criadas pelo Estado e consórcios públicos de direito privado), devendo-se lembrar que, especificamente com relação às empresas públicas, sociedades de economia mista e suas subsidiárias, a licitação e os contratos são regidas agora pela Lei 13.303/2016;

d) as entidades controladas direta ou indiretamente pelos entes políticos;

e) os fundos especiais.

Repare que as entidades paraestatais, ou seja, entidades não criadas pelos Estados, mas que atuam em atividades de utilidade pública, não têm o dever de licitar.

Assim, não são obrigadas a licitar as entidades do Sistema "S", as Organizações Sociais (OS) e as Organizações da Sociedade Civil de Interesse Público (OSCIPs). Nesse sentido, confira a seguinte decisão do Tribunal de Contas da União (TCU): "é assente que as entidades do Sistema 'S' não estão obrigadas a seguir rigorosamente os ditames da Lei 8.666/1993, todavia têm que observar os princípios constitucionais gerais da Administração Pública" (TCU, Acórdão 88/08, DOU 01.02.2008).

Apesar de tais entidades não precisarem fazer a licitação segundo a Lei 8.666/1993, elas devem fazer seus gastos observando, dentre outros, os princípios da impessoalidade, da moralidade e da eficiência.

A OAB também não tem o dever de licitar. Na ADI 3.026-4, o STF decidiu que a OAB não é uma autarquia especial e não integra a Administração Indireta como outro tipo de pessoa jurídica, de modo que não se sujeita ao controle estatal. Por outro lado, o STF reconhece que a OAB presta, sim, um serviço público. Na prática isso significa que a OAB, de um lado, não é obrigada a fazer concursos públicos, **licitações** e a se submeter à fiscalização do TCU e ao regime estatutário dos agentes públicos, podendo contratar pelo regime celetista. De outro, por ser um serviço público, a OAB pode fiscalizar os advogados e também tem direito a vantagens tributárias. Na ementa do acórdão, o STF deixa claro que a OAB não é integrante da Administração Indireta, tratando-se de uma figura ímpar no País, no caso, um Serviço Público Independente. O acórdão também conclui que a OAB não pode ser comparada às demais entidades de fiscalização profissional, pois não está voltada exclusivamente a finalidades corporativas, possuindo finalidade institucional.

11.5. Contratação direta

11.5.1. Pressupostos da licitação

A Constituição Federal estabelece que a Administração deve, como regra, contratar apenas mediante licitação (art. 37, XXI, da CF). Todavia, o próprio dispositivo citado admite que a lei preveja situações em que a contratação poderá ser direta, ou seja, sem licitação.

Nesse sentido, a doutrina aponta os pressupostos para que a licitação se dê. Confira:

a) pressuposto lógico: para que seja possível a realização da licitação, deve existir pluralidade de objetos e de ofertantes; caso o objeto seja singular ou o fornecedor seja exclusivo, estará inviabilizada a licitação;

b) pressuposto jurídico: também será necessário que a realização da licitação seja conveniente ao interesse público. Ex.: não é de interesse público que o Estado que tenha uma empresa de Imprensa Oficial faça licitação para que seja escolhida outra empresa para publicar seu Diário Oficial, devendo contratar diretamente com aquela;

c) **pressuposto fático:** não fará sentido fazer-se a licitação acaso não compareça nenhum interessado.

11.5.2. Grupos de contratação direta

Há três grupos de contratação direta. Confira:

a) **licitação dispensada (art. 17):** relativa à alienação de bens públicos; a lei traz um rol taxativo desses casos; não há discricionariedade para a Administração, que, nos casos indicados, não deve fazer licitação;

b) **dispensa de licitação (art. 24):** o art. 24 traz os casos em que daria para fazer a licitação, mas a lei autoriza sua não realização; trata-se de rol taxativo de casos de dispensa; há discricionariedade para a Administração decidir se vai ou não realizar a licitação no caso concreto; a lei faculta a dispensa, sem obrigar que a Administração não realize a licitação;

c) **inexigibilidade de licitação (art. 25):** o art. 25 estabelece que, quando a licitação é inviável ("não tem como ser feita"), é hipótese de sua inexigibilidade; tal dispositivo traz um rol de casos de inviabilidade, mas se trata de um rol exemplificativo; aqui não há discricionariedade para a Administração, que, nos casos de inviabilidade, não deve fazer licitação.

11.5.3. Licitação dispensada

O art. 17 da Lei 8.666/1993 prevê diversos casos de licitação dispensada, tema visto na matéria "bens públicos". De qualquer forma, vale fazer a lembrança de alguns casos.

Quanto aos **imóveis**, a alienação depende de interesse público, *autorização legislativa*, avaliação e licitação, dispensada esta na:

a) dação em pagamento;

b) doação para Administração ou para programas sociais;

c) investidura (alienação a proprietário lindeiro de área remanescente ou resultante de obra pública inaproveitável isoladamente).

Quanto aos **móveis**, a alienação depende de interesse público, avaliação e licitação, dispensada esta na doação social, na permuta entre órgãos da Administração e outros casos.

11.5.4. Dispensa de licitação

O art. 24 estabelece trinta e quatro hipóteses de dispensa de licitação. Para facilitar a compreensão, classificaremos essas hipóteses em cinco grupos.

11.5.4.1. Em razão do valor (I e II)

a) contratos de até 10% do valor limite para o convite, ou seja:

R$ 15 mil para obras e serviços de engenharia;

R$ 8 mil para compras e serviços;

b) contratos de até 20% do valor limite para o convite, se feitos por consórcios públicos e agências executivas (§ 1º do art. 24), lembrando que quanto às empresas estatais tudo o que diz respeito a licitação, contratação direta e contrato agora está regulamentado em outra lei, no caso da Lei 13.303/2016.

Obs.: não é possível o **fracionamento** de contratações que possam ser feitas de uma só vez, para que não haja violação reflexa da lei.

11.5.4.2. Em razão de situações excepcionais

a) em caso de **guerra** ou **grave perturbação da ordem** (III) – ex.: greve;

b) em caso de **calamidade pública** ou **emergência** (IV):

ex.: desmoronamento de uma ponte;

somente para os bens/serviços relacionados à urgência;

por, no máximo, 180 dias, vedada prorrogação do contrato;

c) em caso de **licitação deserta** (V):

caso não haja interessados à licitação e esta não possa ser repetida sem prejuízo, mantidas as condições do edital.

Obs.: não se deve confundir **licitação deserta** com **licitação fracassada**; na última, aparecem interessados, mas esses ou são inabilitados ou são desclassificados, não cabendo dispensa, mas concessão de prazo para os licitantes apresentarem nova documentação;

d) quando a União tiver que intervir no **domínio econômico** para regular preços ou normalizar o abastecimento (VI);

e) em caso de **rescisão contratual**, para conclusão do remanescente de obra; contrata-se o 2º melhor classificado nas condições oferecidas pelo vencedor do certame (XI).

11.5.4.3. Em razão do objeto

a) Para *compra* ou *locação* de **imóvel** pela Administração (X):

ex.: aluguel de imóvel para instalar uma creche municipal;

imóvel destinado a finalidade precípua da Administração;

imóvel com instalação/localização ideais para Administração;

imóvel com valor compatível com o de mercado;

b) Para *aquisição* ou *restauração* de **obras de arte** e **objetos históricos** (XV):

desde que de autenticidade certificada;

desde que compatível com finalidade do órgão.

11.5.4.4. Em razão da pessoa

a) na contratação de **instituição brasileira** de pesquisa, ensino, desenvolvimento institucional ou recuperação de preso, **com** inquestionável reputação ético-profissional e **sem** fins lucrativos (XIII):

ex: contratação da FGV para uma consultoria;

b) na contratação de serviços de **organizações sociais** para atividades contempladas no contrato de gestão (XXIV).

11.5.4.5. Outros casos

VII. quando as propostas apresentadas consignarem preços manifestamente superiores aos praticados no mercado nacional, ou forem incompatíveis com os fixados pelos órgãos oficiais competentes, casos em que, observado o parágrafo único [§ 3º] do art. 48 da Lei 8.666/1993 e, persistindo a situação, será admitida a adjudicação direta dos bens ou serviços por valor não superior ao constante do registro de preços, ou dos serviços;

VIII. para a aquisição, por pessoa jurídica de direito público interno, de bens produzidos ou serviços prestados por órgão ou entidade que integre a Administração Pública e que tenha sido criado para esse fim específico em data anterior à vigência da Lei 8.666/1993, desde que o preço contratado seja compatível com o praticado no mercado;

IX. quando houver possibilidade de comprometimento da segurança nacional, nos casos estabelecidos em decreto do Presidente da República, ouvido o Conselho de Defesa Nacional;

XII. nas compras de hortifrutigranjeiros, pão e outros gêneros perecíveis, no tempo necessário para a realização dos processos licitatórios correspondentes, realizadas diretamente com base no preço do dia;

XVI. para a impressão dos diários oficiais, de formulários padronizados de uso da administração, e de edições técnicas oficiais, bem como para prestação de serviços de informática a pessoa jurídica de direito público interno, por órgãos ou entidades que integrem a Administração Pública, criados para esse fim específico;

XIV. para a aquisição de bens ou serviços nos termos de acordo internacional específico aprovado pelo Congresso Nacional, quando as condições ofertadas forem manifestamente vantajosas para o Poder Público;

XVII. para a aquisição de componentes ou peças de origem nacional ou estrangeira, necessários à manutenção de equipamentos durante o período de garantia técnica, junto ao fornecedor original desses equipamentos, quando tal condição de exclusividade for indispensável para a vigência da garantia;

XVIII. nas compras ou contratações de serviços para o abastecimento de navios, embarcações, unidades aéreas ou tropas e seus meios de deslocamento quando em estada eventual de curta duração em portos, aeroportos ou localidades diferentes de suas sedes, por motivo de movimentação operacional ou de adestramento, quando a exiguidade dos prazos legais puder comprometer a normalidade e os propósitos das operações e desde que seu valor não exceda ao limite previsto na alínea "a" do inciso II do art. 23 da Lei 8.666/1993;

XIX. para as compras de material de uso pelas Forças Armadas, com exceção de materiais de uso pessoal e administrativo, quando houver necessidade de manter a padronização requerida pela estrutura de apoio logístico dos meios navais, aéreos e terrestres, mediante parecer de comissão instituída por decreto;

XX. na contratação de associação de portadores de deficiência física, sem fins lucrativos e de comprovada idoneidade, por órgãos ou entidades da Administração Pública, para a prestação de serviços ou fornecimento de mão de obra, desde que o preço contratado seja compatível com o praticado no mercado;

XXI. para a aquisição ou contratação de produto para pesquisa e desenvolvimento, limitada, no caso de obras e serviços de engenharia, a 20% (vinte por cento) do valor de que trata a alínea "b" do inciso I do *caput* do art. 23;[15]

XXII. na contratação de fornecimento ou suprimento de energia elétrica e gás natural com concessionário, permissionário ou autorizado, segundo as normas da legislação específica;

XXIII. na contratação realizada por empresa pública ou sociedade de economia mista com suas subsidiárias e controladas, para a aquisição ou alienação de bens, prestação ou obtenção de serviços, desde que o preço contratado seja compatível com o praticado no mercado;

XXV. na contratação realizada por Instituição Científica e Tecnológica – ICT ou por agência de fomento para a transferência de tecnologia e para o licenciamento de direito de uso ou de exploração de criação protegida;

XXVI. na celebração de contrato de programa com ente da Federação ou com entidade de sua administração indireta para a prestação de serviços públicos de forma associada nos termos do autorizado em contrato de consórcio público ou em convênio de cooperação;

XXVII. na contratação da coleta, processamento e comercialização de resíduos sólidos urbanos recicláveis ou reutilizáveis, em áreas com sistema de coleta seletiva de lixo, efetuados por associações ou cooperativas formadas exclusivamente por pessoas físicas de baixa renda reconhecidas pelo poder público como catadores de materiais recicláveis, com o uso de equipamentos compatíveis com as normas técnicas, ambientais e de saúde pública;

XXVIII. para o fornecimento de bens e serviços, produzidos ou prestados no País, que envolvam, cumulativamente, alta complexidade tecnológica e defesa nacional, mediante parecer de comissão especialmente designada pela autoridade máxima do órgão;

XXIX. na aquisição de bens e contratação de serviços para atender aos contingentes militares das Forças Singulares brasileiras empregadas em operações de paz no exterior, necessariamente justificadas quanto ao preço e à escolha do fornecedor ou executante e ratificadas pelo Comandante da Força;

XXX. na contratação de instituição ou organização, pública ou privada, com ou sem fins lucrativos, para a prestação de serviços de assistência técnica e extensão rural no âmbito do Programa Nacional de Assistência Técnica e Extensão Rural na Agricultura Familiar e na Reforma Agrária, instituído por lei federal;

XXXI. nas contratações visando ao cumprimento do disposto nos arts. 3º, 4º, 5º e 20 da Lei 10.973, de 2 de dezembro de 2004, observados os princípios gerais de contratação dela constantes;

---

15. § 3º A hipótese de dispensa prevista no inciso XXI do *caput*, quando aplicada a obras e serviços de engenharia, seguirá procedimentos especiais instituídos em regulamentação específica. § 4º Não se aplica a vedação prevista no inciso I do *caput* do art. 9º à hipótese prevista no inciso XXI do *caput*.

XXXII. na contratação em que houver transferência de tecnologia de produtos estratégicos para o Sistema Único de Saúde - SUS, no âmbito da Lei 8.080, de 19 de setembro de 1990, conforme elencados em ato da direção nacional do SUS, inclusive por ocasião da aquisição destes produtos durante as etapas de absorção tecnológica;

XXXIII. na contratação de entidades privadas sem fins lucrativos, para a implementação de cisternas ou outras tecnologias sociais de acesso à água para consumo humano e produção de alimentos, para beneficiar as famílias rurais de baixa renda atingidas pela seca ou falta regular de água;

XXXIV. para a aquisição por pessoa jurídica de direito público interno de insumos estratégicos para a saúde produzidos ou distribuídos por fundação que, regimental ou estatutariamente, tenha por finalidade apoiar órgão da administração pública direta, sua autarquia ou fundação em projetos de ensino, pesquisa, extensão, desenvolvimento institucional, científico e tecnológico e estímulo à inovação, inclusive na gestão administrativa e financeira necessária à execução desses projetos, ou em parcerias que envolvam transferência de tecnologia de produtos estratégicos para o Sistema Único de Saúde - SUS, nos termos do inciso XXXII deste artigo, e que tenha sido criada para esse fim específico em data anterior à vigência desta Lei, desde que o preço contratado seja compatível com o praticado no mercado;

XXXV. para a construção, a ampliação, a reforma e o aprimoramento de estabelecimentos penais, desde que configurada situação de grave e iminente risco à segurança pública. (Incluído pela Lei n.º 13.500, de 2017).

11.5.5. Inexigibilidade de licitação

O art. 25 da Lei 8.666/1993 dispõe que a licitação é inexigível quando houver **inviabilidade de competição.** O mesmo dispositivo apresenta um rol exemplificativo (três hipóteses) de casos em que existe tal **situação.**

11.5.5.1. Em caso de fornecedor exclusivo (I)

Por exemplo, quando há um único fornecedor de um medicamento. Outro exemplo é a contratação de serviço postal, que só pode ser feito pelos Correios, que tem o monopólio desse serviço.

A lei traz a seguinte disposição sobre esse caso de inexigibilidade: "para aquisição de materiais, equipamentos ou gêneros que só possam ser fornecidos por produtor, empresa ou representante comercial exclusivo, vedada a preferência de marca, devendo a comprovação de exclusividade ser feita através de atestado fornecido pelo órgão de registro do comércio do local em que se realizaria a licitação ou a obra ou serviço, pelo Sindicato, Federação ou Confederação Patronal, ou, ainda, pelas entidades equivalentes".

Trata-se de situação em que seria inútil licitar, dada a impossibilidade de competição.

Não se deve, todavia, confundir a exclusividade de produtor-vendedor com a exclusividade comercial. A primeira sempre gera a inexigibilidade. Já a segunda depende de se aferir a exclusividade do vendedor na praça de comércio em que se esteja realizando a licitação. Em caso positivo, estar-se-á em caso de inexigibilidade; se negativo, não.

No convite, considera-se como praça de comércio a localidade. Na tomada de preços, observando-se o registro cadastral. E na concorrência, o País.

Não se deve confundir, outrossim, fornecedor exclusivo com *preferência de marca*. Essa não é permitida pela Lei de Licitações, que só abre exceção quando se trata da dispensa de certame para aquisição de certos equipamentos pelas Forças Armadas, preenchidos os requisitos legais, a fim de manter a *padronização*.

11.5.5.2. Caso seja necessário contratar serviço singular (II)

Serviço singular é aquele serviço técnico *diferenciado*, não podendo se tratar de um serviço *comum*. Um exemplo é a necessidade de contratar uma consultoria para a modelagem de uma parceria público-privada, serviço que, efetivamente, é singular. Já a contratação de um escritório de advocacia para o ingresso com uma ação simples, como uma ação de revisão contratual, não envolve serviço singular, mas serviço comum, corrente.

Uma vez havendo necessidade de contratar um serviço singular, deve-se contratar *profissional com notória especialização*.

A lei traz a seguinte disposição sobre esse caso de inexigibilidade: "*para a contratação de serviços técnicos enumerados no art. 13 desta Lei, de natureza singular, com profissionais ou empresas de notória especialização, vedada a inexigibilidade para serviços de publicidade e divulgação*".

Repare que a lei dispõe que <u>não há</u> possibilidade de contratar por inexigibilidade serviços de publicidade ou divulgação.

11.5.5.3. Na contratação de artista (III)

A lei traz a seguinte disposição sobre esse caso de inexigibilidade: "para contratação de profissional de qualquer setor artístico, diretamente ou através de empresário exclusivo, desde que consagrado pela crítica especializada ou pela opinião pública".

11.5.6. Formalidades para a contratação direta

As dispensas, as inexigibilidades e o retardamento previsto no art. 8º, parágrafo único, da Lei 8.666/1993 deverão ser feitos mediante os seguintes requisitos, conforme o caso (art. 26 da Lei 8.666/1993):

a) existência de um processo administrativo;

b) justificativa da não realização da licitação;

c) justificativa de preço - pesquisa de preço;

d) razão da escolha do fornecedor;

e) comunicação, em 3 dias úteis, à autoridade superior, para ratificação;

f) publicação da contratação, em 5 dias, para eficácia do ato.

11.5.7. Responsabilidade em caso de superfaturamento

O art. 25, § 2º, da Lei 8.666/1993 estabelece nos casos de inexigibilidade e em qualquer dos casos de dispensa, se comprovado superfaturamento, que respondem *solidariamente* pelo dano causado à Fazenda Pública o *fornecedor ou o prestador de serviços* e o *agente público* responsável, sem prejuízo de outras sanções legais cabíveis.

11.6. Fases da licitação

11.6.1. Fase interna

O procedimento licitatório importa numa sucessão de atos com vistas à escolha do vencedor do certame.

Essa sucessão de atos pode ser dividida, num primeiro momento, em duas grandes etapas, quais sejam: a fase interna e a fase externa da licitação.

A fase interna consiste no conjunto de preparativos feitos no interior da Administração, prévios à publicação do edital ou ao envio da carta-convite.

Dentre os principais atos da fase interna, destacam-se os seguintes:

a) *abertura de processo administrativo, devidamente autuado, protocolado e numerado*;

b) *solicitação de contratação com indicação sucinta do objeto*, ou seja, o órgão interessado indicará a necessidade de se fazer a compra, da contratação de serviço, da contratação de obra etc.;

c) *verificação acerca da existência de dotação orçamentária para a despesa*, ou seja, verifica-se se há previsão orçamentária para a contratação solicitada pelo órgão interessado;

d) *verificação do impacto orçamentário-financeiro*, ou seja, verifica-se se, no momento, há recursos financeiros disponíveis;

e) *autorização para abertura de licitação e designação de comissão especial de licitação, de leiloeiro ou de responsável pelo convite, de acordo com o caso*;

f) *realização de audiência pública, quando for o caso*; essa audiência é necessária quando o valor estimado para uma licitação ou conjunto de licitações com objetos similares (simultâneas ou sucessivas) for superior a R$ 150 milhões (são simultâneas aquelas que têm objetos similares e com realização prevista em intervalo de até 30 dias; são sucessivas aquelas com objetos similares, cujo edital da mais recente tenha data anterior a 120 dias do término do contrato resultante da licitação antecedente);

g) *elaboração ou finalização do texto da minuta do edital*;

h) *exame e aprovação da minuta do edital pela assessoria jurídica da Administração*; vale lembrar que o STF entende que o parecer da assessoria jurídica tem natureza jurídica de decisão (*parecer vinculante*), o que faz com que o assessor jurídico responda por qualquer irregularidade no edital que tiver aprovado;

i) *aprovação do edital*; ou seja, autoridade competente deverá apreciar a minuta e aprovar o edital.

Antes de passarmos para a fase externa da licitação, vale tratar um pouco sobre as pessoas que dirigirão os trabalhos numa licitação.

Nesse sentido, o art. 51 da Lei 8.666/1993 estabelece que a licitação será processada e julgada por comissão permanente ou especial de, *no mínimo, 3 (três) membros*, sendo pelo menos *2 (dois) deles* servidores qualificados pertencentes aos quadros *permanentes* dos órgãos da Administração responsáveis pela licitação. Ou seja, só um membro pode ser daqueles que têm cargo em comissão.

No caso de convite, a Comissão de licitação, excepcionalmente, nas pequenas unidades administrativas e em face da exiguidade de pessoal disponível, poderá ser substituída por servidor formalmente designado pela autoridade competente.

A Comissão para julgamento dos pedidos de inscrição em registro cadastral, sua alteração ou cancelamento será integrada por profissionais legalmente habilitados no caso de obras, serviços ou aquisição de equipamentos.

Os membros das Comissões de licitação responderão *solidariamente* por todos os atos praticados pela Comissão, salvo se posição individual divergente estiver devidamente fundamentada e registrada em *ata lavrada* na reunião em que tiver sido tomada a decisão.

A investidura dos membros das Comissões permanentes *não excederá a 1 (um) ano*, vedada a recondução da totalidade de seus membros para a mesma comissão no período subsequente.

No caso da modalidade *concurso*, o julgamento será feito por uma comissão especial integrada por pessoas de reputação ilibada e reconhecido conhecimento da matéria em exame, servidores públicos ou não.

11.6.2. Fase externa

Uma vez que a minuta do edital estiver aprovada, passa-se à fase externa da licitação, fase essa que tem os seguintes momentos:

11.6.2.1. Publicação do instrumento convocatório

Nessa etapa, temos duas possibilidades.

Se se tratar de licitação na modalidade **convite**, não há edital. O instrumento convocatório é a **carta-convite**, que deverá ser remetida a pelo menos 3 interessados, cadastrados ou não na Administração.

Repare que devem ser feitos, no mínimo, 3 convites. O ideal é fazer o maior número possível. Ademais, há de se convidar tanto pessoas cadastradas como pessoas não cadastradas na Administração.

Por fim, faz-se necessário afixar cópia da carta-convite em quadro de aviso da Administração.

Nas demais modalidades de licitação, o instrumento convocatório tem o nome de **edital**.

O edital é o *ato pelo qual são convocados os interessados e estabelecidas as condições que regerão o certame*, devendo **tratar**, obrigatoriamente, do seguinte (art. 40 da Lei 8.666/1993):

a) **regras procedimentais:** *modalidade* de licitação (*caput*); *objeto* do certame (I); onde estão as *informações* relevantes (IV, V e VIII); quais são as *datas* para recebimento dos envelopes com a documentação e a proposta e para início da abertura dos envelopes (*caput*); *forma de apresentação* das propostas (VI);

b) **condições de participação:** qualificação para participação na licitação (VI), em conformidade com os artigos 27 a 31; disciplina sobre a participação de consórcios no certame;

c) critérios de julgamento: *tipo* de licitação, tais como menor preço, melhor técnica etc. (*caput*); *critérios de avaliação* das propostas (VII); *padrão mínimo de qualidade*;

d) futuro contrato: *direitos* e *obrigações* de cada parte (pagamento, entrega e prazos); *prerrogativas extraordinárias* da Administração Pública; modos de *recomposição* da equação econômico-financeira (reajustes e revisões); hipóteses de *rescisão contratual*; *sanções* cabíveis e sua quantificação;

e) anexo: o edital deve trazer em anexo as especificações complementares e a minuta do futuro contrato a ser celebrado.

Qualquer modificação no edital exige divulgação pela mesma forma que se deu no texto original, reabrindo-se o prazo inicialmente estabelecido, exceto quando, inquestionavelmente, a alteração não afetar a formulação das propostas (art. 21, § 4º, da Lei 8.666/1993).

Os prazos estabelecidos para a apresentação da proposta pelo licitante serão contados a partir da última publicação do edital resumido ou da expedição do convite, ou ainda da efetiva disponibilidade do edital ou do convite e respectivos anexos, prevalecendo a data que ocorrer mais tarde (art. 21, § 3º, da Lei 8.666/1993).

O edital poderá ser impugnado. Essa **impugnação** obedece às seguintes regras (art. 41):

a) pode ser feita por um *interessado* e também por qualquer *cidadão*;

b) o prazo para o *cidadão* impugnar é até de *5 dias úteis* da data da abertura dos envelopes de habilitação, devendo a Administração julgar e responder à impugnação em até *3 dias úteis*;

c) o prazo para o *licitante* impugnar é até o 2º dia útil da data da abertura dos envelopes de habilitação ou da data da sessão de leilão.

A impugnação feita tempestivamente pelo licitante não o impedirá de participar do processo licitatório até o trânsito em julgado da decisão a ela pertinente.

A inabilitação do licitante importa preclusão do seu direito de participar das fases subsequentes.

Independentemente dos prazos para impugnação, nada impede que qualquer licitante, contratado ou pessoa jurídica ou física, represente para o Ministério Público, para o órgão de controle interno da Administração ou para o Tribunal de Contas acerca de irregularidades que encontrar (art. 113, § 1º).

A Administração Pública poderá, nos editais de licitação para a contratação de serviços, exigir da contratada que um percentual mínimo de sua mão de obra seja oriundo ou egresso do sistema prisional, com a finalidade de ressocialização do reeducando, na forma estabelecida em regulamento (art. 40, § 5º, incluído pela Lei 13.500/2017).

11.6.2.2. Habilitação

11.6.2.2.1. Conceito

A expressão "habilitação" ora é utilizada para designar um *procedimento* (uma série de atos, portanto), ora é utilizada para designar um *ato administrativo* só.

Na sua **acepção procedimental**, a habilitação *é o conjunto de atos destinados a apurar a idoneidade e a capacitação de um sujeito para contratar com a Administração Pública.*

Já na **acepção de ato administrativo**, a habilitação *é o ato pelo qual a Administração Pública decide se um sujeito é dotado da idoneidade necessária para a participação na licitação.*

Em termos práticos, essa fase licitatória tem por fim verificar se o interessado tem *idoneidade* e *capacitação* para vir a contratar com a Administração Pública. O foco aqui não é verificar qual interessado tem a melhor proposta comercial (isso é visto na fase de julgamento e classificação), mas se o interessado tem aptidão para vir a ser contratado pela Administração Pública.

A Constituição Federal, em seu art. 37, XXI, acaba por trazer duas disposições sobre a habilitação, que são as seguintes: a) "processo de licitação pública que assegure igualdade de condições a todos os concorrentes"; e b) processo de licitação em que só se permite "exigências de qualificação técnica e econômica indispensáveis à garantia do cumprimento das obrigações".

O princípio da igualdade admite certas restrições à participação de interessados na licitação. Um exemplo é uma licitação para fornecimento de combustível para uma Prefeitura, em que o edital estabelece que só poderão participar do certame postos de gasolina que estejam situados até 15 km do pátio de carros da Prefeitura. Trata-se de limitação lícita, pois, se um posto de gasolina muito distante ganhar o certame, a Prefeitura gastará muita gasolina para ir ao posto abastecer os carros.

No caso relatado, a restrição à participação tem pertinência. Porém, há várias situações em administrações públicas no País que criam restrições impertinentes e, portanto, violadoras do princípio da igualdade. Confira, a respeito, a seguinte decisão do STF: "LICITAÇÃO PÚBLICA. Concorrência. Aquisição de bens. Veículos para uso oficial. **Exigência de que sejam produzidos no Estado-membro**. Condição compulsória de acesso. Art. 1º da Lei 12.204/1998, do Estado do Paraná, com a redação da Lei 13.571/2002. Discriminação arbitrária. Violação ao princípio da isonomia ou da igualdade. Ofensa ao art. 19, II, da vigente Constituição da República. Inconstitucionalidade declarada. Ação direta julgada, em parte, procedente. Precedentes do Supremo. É inconstitucional a lei estadual que estabeleça como condição de acesso a licitação pública, para aquisição de bens ou serviços, que a empresa licitante tenha a fábrica ou sede no Estado-membro" (STF, ADI 3583, DJ 13.03.2008).

As exigências, além de atender à isonomia, devem estar previstas em lei (princípio da legalidade) e ser indispensáveis à garantia do cumprimento das obrigações pelo interessado. Confira decisão do Tribunal de Contas da União (TCU), que se deparou com exigência em edital não prevista em lei:

"Além disso, para a habilitação de interessado em participar de licitação só pode ser exigida a documentação exaustivamente enumerada nos arts. 27 a 31 da Lei de Licitações e Contratos, onde não há menção à necessidade de comprovação de que a empresa não tenha entre seus sócios participante de outra entidade que esteja em situação de inadimplência em contratação anterior com a Administração Pública." (TCU, Acórdão 991/06, DOU 26.06.2006).

11.6.2.2.2. Momento

Após a publicação do edital, segue-se um prazo para os interessados na licitação apresentarem dois envelopes para a Administração. O primeiro envelope é composto dos documentos que comprovam a *idoneidade* e a *capacitação* do licitante (documentos de habilitação) e o segundo traz documento com a proposta comercial do licitante (documentos de proposta).

A fase de habilitação consiste justamente em abrir o envelope contendo os documentos de habilitação e em verificar se o interessado atende às qualificações necessárias à participação no certame.

Resta saber em que momento isso deve ser feito, ou seja, quando é que ocorre a fase de habilitação.

Como **regra**, a habilitação ocorre logo após o recebimento dos dois envelopes mencionados e antes da abertura dos envelopes com a proposta (art. 43 da Lei 8.666/1993). Em outras palavras, a habilitação normalmente ocorre após a publicação do edital e antes da fase de julgamento e classificação.

O procedimento de habilitação envolve os seguintes atos:

a) os documentos poderão ser apresentados em *original*, por qualquer processo de *cópia autenticada* por cartório competente ou por *servidor da administração ou publicação em órgão da imprensa oficial* (art. 32);

b) os envelopes serão abertos e os documentos apreciados (art. 43, I);

c) os licitantes presentes e a comissão rubricarão todos os documentos (art. 43, § 2º);

d) os licitantes que demonstrarem os requisitos de qualificação serão habilitados;

e) os licitantes que não demonstrarem os requisitos de qualificação serão inabilitados;

f) caso não haja recurso por parte dos inabilitados, serão devolvidos a estes os envelopes fechados contendo as respectivas propostas; havendo recurso, os envelopes fechados só serão devolvidos quando e se o recurso for denegado (art. 43, II);

g) a inabilitação posterior de um licitante só poderá acontecer se houver fatos supervenientes ou se fatos que já ensejavam a inabilitação só forem conhecidos após o julgamento;

h) após a fase de habilitação, não cabe desistência de proposta, salvo por motivo justo decorrente de fato superveniente e aceito pela comissão (art. 43, § 6º);

i) se todos os licitantes forem inabilitados, a Administração poderá fixar aos licitantes o prazo de 8 dias úteis para a apresentação de nova documentação escoimada das causas referidas que levaram à inabilitação, facultada, no caso de convite, a redução deste prazo para três dias úteis (art. 48, § 3º).

Na **tomada de preços**, o momento da habilitação é um pouco diferente. Isso porque, nessa modalidade, só poderá participar da licitação aquele que já esteja previamente cadastrado ou que apresente os documentos para o devido cadastro até o 3º dia anterior à data do recebimento das propostas.

Assim, na tomada de preços temos a chamada *habilitação prévia* e não a *habilitação preliminar*, que é aquela que ocorre após o edital (e que é a regra, como vimos).

Num primeiro momento, só pode participar da tomada de preços quem já esteja previamente *cadastrado*, ou seja, que já tenha a documentação de habilitação já apresentada à Administração.

Os arts. 34 a 37 da Lei 8.666/1993 tratam dos registros cadastrais, que são muito comuns nos órgãos e entidades da Administração Pública que realizam frequentemente licitações. O registro cadastral deve estar permanentemente aberto aos interessados, devendo a unidade responsável proceder, no mínimo anualmente, ao chamamento público para a atualização dos registros existentes e ingresso de novos interessados, sendo autorizado que unidades administrativas utilizem registros cadastrais de outros órgãos ou entidades da Administração Pública.

O interessado que já tem registro cadastral receberá um documento cujo nome é "certificado de registro cadastral" (art. 32, § 2º, da Lei 8.666/1993), o qual será apresentado quando for participar de uma tomada de preços.

Já o interessado em participar de uma tomada de preços que não estiver previamente cadastrado tem a possibilidade de participar da licitação desde que atenda às condições exigidas para cadastramento até o 3º dia anterior à data do recebimento das propostas. Ou seja, publicado o edital de uma tomada de preços, o interessado deverá correr para conseguir seu cadastramento, nos termos dos arts. 34 a 37 da Lei 8.666/1993 e das demais regras locais, até o momento acima referido.

Caso a *comissão do certame* ou a *comissão de cadastramento*, no momento do recebimento dos envelopes com a proposta, não tenha tido tempo ainda de analisar se os documentos apresentados para cadastro são suficientes, deverá a comissão de licitação receber a proposta sob condição, vale dizer, condicionada à regularidade do cadastro solicitado, que será verificada em seguida. Nesse caso, procede-se de modo semelhante à concorrência, pois a comissão vai ter que parar e verificar a qualificação antes de abrir os envelopes das propostas, podendo marcar outra data para tanto, se for o caso.

Já quanto ao **convite**, ao **concurso**, ao **leilão** e ao **fornecimento de bens para pronta entrega**, pode-se dispensar, no todo ou em parte, a documentação dos arts. 28 a 31. Ou seja, na prática, seguem o critério de habilitação preliminar, mas, em alguns casos, pode a Administração dispensar todas ou algumas das exigências de qualificação. No entanto, a regularidade do interessado com a Seguridade Social é exigência de qualificação que não pode ser dispensada em hipótese alguma, nos termos do art. 195, § 3º, da CF.

Por fim, no **pregão** temos uma inversão de fases. Primeiro é aberto o envelope com as propostas comerciais, passando à existência de lances verbais e a uma negociação com o melhor classificado e depois é aberto o envelope com os documentos de habilitação do melhor classificado no certame (art. 4º, XII, da Lei 10.520/2002). Ou seja, primeiro vem a fase de julgamento e classificação e depois a de habilitação. Aqui, fala-se em **habilitação posterior**.

Em resumo, o momento da habilitação, em regra, é logo após a publicação do edital (*habilitação preliminar*), mas se dará antes do edital na tomada de preços (*habilitação prévia*) e após o julgamento e classificação no pregão (*habilitação posterior*).

11.6.2.2.3. Documentação a ser apresentada (qualificação)

O art. 27 da Lei 8.666/1993 dispõe que, nas licitações, exigir-se-á dos interessados, exclusivamente, documentação relativa a:

a) habilitação jurídica;

b) qualificação técnica;

c) qualificação econômico-financeira;

d) regularidades fiscal e trabalhista;

e) regularidade quanto ao trabalho de menores.

A **habilitação jurídica** consiste na *comprovação da existência de capacidade de fato e da titularidade de condições para contratar com a Administração Pública*. São exigidos, conforme o caso, os seguintes documentos (art. 28 da Lei 8.666/1993):

a) cédula de identidade;

b) registro comercial, no caso de empresa individual;

c) ato constitutivo, estatuto ou contrato social em vigor, devidamente registrado, em se tratando de sociedades comerciais, e, no caso de sociedades por ações, acompanhado de documentos de eleição de seus administradores;

d) inscrição do ato constitutivo, no caso de sociedades civis, acompanhada de prova de diretoria em exercício;

e) decreto de autorização, em se tratando de empresa ou sociedade estrangeira em funcionamento no País, e ato de registro ou autorização para funcionamento expedido pelo órgão competente, quando a atividade assim o exigir.

A **regularidade fiscal** *consiste na existência de inscrição nos cadastros públicos de contribuinte e na inexistência de débitos fiscais exigíveis*. São exigidos, conforme o caso, os seguintes documentos (art. 29 da Lei 8.666/1993):

a) prova de inscrição no Cadastro de Pessoas Físicas (CPF) ou no Cadastro Geral de Contribuintes (CGC);

b) prova de inscrição no cadastro de contribuintes estadual ou municipal, se houver, relativo ao domicílio ou sede do licitante, pertinente ao seu ramo de atividade e compatível com o objeto contratual;

c) prova de regularidade para com a Fazenda Federal, Estadual e Municipal do domicílio ou sede do licitante, ou outra equivalente, na forma da lei;

d) prova de regularidade relativa à Seguridade Social e ao Fundo de Garantia por Tempo de Serviço (FGTS), demonstrando situação regular no cumprimento dos encargos sociais instituídos por lei.

Há de se ressaltar que só se pode exigir do licitante a apresentação de inscrições e certidões pertinentes. Assim, uma empresa prestadora de serviço não é obrigada a apresentar demonstração de inscrição no Fisco estadual, nem certidão negativa de tributo estadual.

Da mesma forma, não se pode exigir certidões com requisitos formais que podem não ser uniformes nas mais variadas esferas administrativas brasileiras. Nesse sentido, confira a seguinte decisão do STJ: "A despeito da vinculação ao edital a que se sujeita a Administração Pública (art. 41 da Lei 8.666/1993), afigura-se ilegítima a exigência da apresentação de certidões comprobatórias de regularidade fiscal quando não são fornecidas, do modo como requerido pelo edital, pelo município de domicílio do licitante" (STJ, REsp 974854/MA, DJ 16.05.2008).

A **qualificação técnica** *consiste na idoneidade técnica para a execução do objeto licitado, mediante a demonstração de experiência anterior na execução de contrato similar e da disponibilidade de pessoal e de equipamentos indispensáveis*. Podem ser exigidos, conforme o caso, os seguintes documentos (art. 30 da Lei 8.666/1993):

a) registro ou inscrição na entidade profissional competente (capacidade genérica);

b) comprovação de aptidão para desempenho de atividade pertinente e compatível em características, quantidades e prazos com o objeto da licitação (capacidade específica);

c) indicação das instalações e do aparelhamento e do pessoal técnico adequados e disponíveis para a realização do objeto da licitação, bem como da qualificação de cada um dos membros da equipe técnica que se responsabilizará pelos trabalhos (capacidade operacional);

d) comprovação, fornecida pelo órgão licitante, de que recebeu os documentos e, quando exigido, de que tomou conhecimento de todas as informações e das condições locais para o cumprimento das obrigações objeto da licitação;

e) prova de atendimento de requisitos previstos em lei especial, quando for o caso.

As qualificações previstas nos itens "b" e "c" serão feitas por **atestados** fornecidos por pessoas jurídicas de direito público ou privado. Caso se trate de serviços ou obras, será necessário que os atestados sejam registrados nas entidades profissionais competentes.

A respeito da exigência de atestados, um exemplo é uma licitação para construir uma rodovia. Certamente, o edital exigirá, como qualificação técnica, dentre outros requisitos, que os licitantes apresentem atestado de que já fizeram obra semelhante, requisito indispensável para se aferir sua aptidão para executar a obra caso venha a ganhar a licitação. Por se tratar de obra, tal atestado deverá ser registrado na entidade profissional competente.

Quanto à capacitação técnico-profissional (pessoal técnico especializado), a exigência deve se limitar à comprovação do licitante de possuir em seu quadro permanente, na data prevista para entrega da proposta, profissional detentor de atestado de responsabilidade técnica por execução de obra ou serviço de características semelhantes, limitadas estas exclusivamente às parcelas de maior relevância e valor significativo do objeto da licitação, vedadas as exigências de quantidades mínimas ou prazos máximos. Tais profissionais deverão participar da obra ou serviço objeto da licitação, admitindo-se a substituição por profissionais de experiência equivalente ou superior, desde que aprovada pela administração.

Será sempre admitida a comprovação de aptidão por meio de certidões ou atestados de obras ou serviços similares de complexidade tecnológica e operacional equivalente ou superior.

É vedada a exigência de comprovação de atividade ou de aptidão com limitações de tempo ou de época ou ainda em locais específicos, ou quaisquer outras não previstas na Lei 8.666/1993 que inibam a participação na licitação.

As exigências mínimas relativas a instalações de canteiros, máquinas, equipamentos e pessoal técnico especializado, considerados essenciais para o cumprimento do objeto da licitação, serão atendidas mediante a apresentação de relação explícita e da declaração formal da sua disponibilidade, sob as penas cabíveis, vedadas as exigências de propriedade e de localização prévia.

Admite-se a exigência de experiência anterior: "é lícita cláusula em edital de licitação exigindo que o licitante, além de contar, em seu acervo técnico, com um profissional que tenha conduzido serviço de engenharia similar àquele em licitação, já tenha atuado em serviço similar. Esse entendimento está em consonância com a doutrina especializada que distingue a qualidade técnica profissional da qualidade técnica operacional e com a jurisprudência do STJ, cuja Segunda Turma firmou o entendimento de que 'não fere a igualdade entre os licitantes, tampouco a ampla competitividade entre eles, o condicionamento editalício referente à experiência prévia dos concorrentes no âmbito do objeto licitado, a pretexto de demonstração de qualificação técnica, nos termos do art. 30, II, da Lei 8.666/1993' (REsp 1.257.886-PE, j. 03.11.2011). Além disso, outros dispositivos do mesmo art. 30 permitem essa inferência. Dessa forma, o § 3º do art. 30 da Lei 8.666/1993 estatui que existe a possibilidade de que a comprovação de qualificação técnica se dê por meio de serviços similares, com complexidade técnica e operacional idêntica ou superior. Ainda, o § 10 do art. 30 da mesma lei frisa ser a indicação dos profissionais técnicos responsáveis pelos serviços de engenharia uma garantia da administração" (STJ, RMS 39.883-MT, Rel. Min. Humberto Martins, j. 17.12.2013).

Segundo o art. 30, § 8º, da Lei 8.666/1993, no caso de obras, serviços e compras de grande vulto, de alta complexidade técnica, poderá a Administração exigir dos licitantes a metodologia de execução, cuja avaliação, para efeito de sua aceitação ou não, antecederá sempre à análise dos preços e será efetuada exclusivamente por critérios objetivos.

Entende-se por licitação de alta complexidade técnica aquela que envolva alta especialização como fator de extrema relevância para garantir a execução do objeto a ser contratado, ou que possa comprometer a continuidade da prestação de serviços públicos essenciais.

O Tribunal de Contas da União (TCU), chamado a interpretar várias das disposições acima em caso concreto, exarou interessante decisão, que determinou à Administração Pública que:

> "9.3.4. Abstenha-se de exigir comprovação de vínculo empregatício do responsável técnico de nível superior com a empresa licitante, uma vez que extrapola as exigências de qualificação técnico-profissional, definidas no art. 30, II e § 1º, da Lei 8.666/1993.
>
> 9.3.5. Abstenha-se de exigir, para a comprovação de qualificação técnico-operacional dos licitantes, os requisitos de propriedade e de localização prévia dos equipamentos a serem utilizados na obra, conforme o disposto no § 6º do art. 30 da Lei 8.666/1993.
>
> 9.3.6. Não exija, como requisito para habilitação dos licitantes, a apresentação de certificados de qualidade e outros documentos que não integrem o rol da documentação exigida por lei, para comprovação de capacidade técnica, nos termos do inciso II c/c o § 1º, ambos do art. 30 da Lei 8.666/1993, abstendo-se especialmente de exigir certificado do Programa Brasileiro de Qualidade e Produtividade de Habitat (PBQPH) – Nível A, aceitando-o, se for o caso, apenas como critério de pontuação técnica.
>
> 9.3.7. Abstenha-se de efetuar exigência de quantitativos mínimos de serviços nos atestados técnico-profissionais, para fins de qualificação técnico-profissional, ante a expressa vedação do art. 30, § 1º, I, da Lei 8.666/1993" (TCU Acórdão 608/08, Plenário, DOU 14.05.2008).

A **qualificação econômico-financeira** *consiste em o licitante ter recursos financeiros e situação econômica adequados à satisfatória execução do objeto da contratação.* Podem ser exigidos, conforme o caso, os seguintes documentos (art. 31 da Lei 8.666/1993):

a) balanço patrimonial e demonstrações contábeis do último exercício social, já exigíveis e apresentados na forma da lei, que comprovem a boa situação financeira da empresa, vedada a sua substituição por balancetes ou balanços provisórios, podendo ser atualizados por índices oficiais quando encerrado há mais de 3 (três) meses da data de apresentação da proposta;

b) certidão negativa de falência, concordata ou recuperação judicial expedida pelo distribuidor da sede da pessoa jurídica, ou de execução patrimonial, expedida no domicílio da pessoa física;

c) garantia, nas mesmas modalidades e critérios previstos no "caput" e § 1º do art. 56 da Lei 8.666/1993, limitada a 1% (um por cento) do valor estimado do objeto da contratação.

A exigência de *índices* limitar-se-á à demonstração da capacidade financeira do licitante para assumir compromissos caso seja contratado, vedada a exigência de valores mínimos de faturamento anterior, índices de rentabilidade ou lucratividade.

A Administração, nas *compras para entrega futura* e na *execução de obras e serviços*, poderá exigir capital mínimo ou patrimônio líquido mínimo, ou ainda as garantias previstas no § 1º do art. 56 da Lei 8.666/1993, como dado objetivo de comprovação da qualificação econômico-financeira dos licitantes e para efeito de garantia ao adimplemento do contrato a ser ulteriormente celebrado.

O capital mínimo ou o valor do patrimônio líquido a que nos referimos não poderá exceder a 10% (dez por cento) do valor estimado da contratação, devendo a comprovação ser feita relativamente à data da apresentação da proposta, na forma da lei, admitida a atualização para esta data por meio de índices oficiais.

Poderá ser exigida, ainda, a relação dos compromissos assumidos pelo licitante que importem diminuição da capacidade operativa ou absorção de disponibilidade financeira (dívidas do licitante!), calculada esta em função do patrimônio líquido atualizado e sua capacidade de rotação.

A comprovação de boa situação financeira da empresa será feita de forma objetiva, pelo cálculo de índices contábeis previstos no edital e devidamente justificados no processo administrativo da licitação que tenha dado início ao certame, vedada a exigência de índices e valores não usualmente adotados para correta avaliação de situação financeira suficiente ao cumprimento das obrigações decorrentes da licitação.

O Tribunal de Contas da União (TCU), chamado a interpretar questão atinente à qualificação econômico-financeira em caso concreto, exarou interessante decisão: "Os índices e seus valores devem ser fixados de modo a avaliar a capacidade financeira da empresa em cumprir com suas obrigações contratuais. Não é fazendo comparações com a capacidade econômico-financeira das maiores empresas do ramo (índices de liquidez geral e de liquidez corrente iguais ou superiores a 3,00) que se aferirá a capacidade econômico-financeira para a execução de determinado contrato. A obra em questão, devido a seu porte, não necessita da capacidade técnica, operacional e econômico-financeira de grandes construtoras, de grandes empresas de capital aberto, mas, antes, se destina a empresas locais e regionais de médio porte (TCU, Acórdão 1.899/06, Plenário, DOU 16.10.2006).

A **regularidade quanto ao trabalho de menores** *consiste em o licitante cumprir o disposto no inciso XXXIII do art. 7º da CF, que proíbe o trabalho noturno, perigoso e insalubre a menor de 18 anos, bem como qualquer trabalho a menores de 16 anos, salvo na condição de aprendiz, a partir de 14 anos.*

O licitante deve demonstrar essa qualificação por meio da apresentação de uma declaração de regularidade.

O descumprimento dessa regra, caso descoberto no futuro, ensejará a rescisão do contrato administrativo (art. 78, parágrafo único, XVIII, da Lei 8.666/1993).

Resta saber como fica o atendimento aos requisitos de habilitação quando um **consórcio** de empresas participa como licitante.

Em primeiro lugar, é importante dizer que o edital deve prever se é possível ou não a participação de um consórcio de empresas.

Caso o edital preveja essa possibilidade, há de determinar o seguinte aos consorciados:

a) que comprovem o *compromisso* público ou particular, subscrito pelos consorciados, de constituir formalmente o consórcio, caso venham a ser contratados; a constituição e o registro do consórcio serão feitos antes da celebração do contrato;

b) que indiquem a *empresa líder* do consórcio, que será responsável por este e deverá atender às condições de liderança previstas no edital, valendo salientar que somente empresa brasileira pode ser líder de consórcio;

c) que fica *proibida a participação* de empresa consorciada, na mesma licitação, por meio de mais de um consórcio ou isoladamente;

d) que ficam responsáveis *solidariamente* pelos atos praticados em consórcio, tanto na fase de licitação, quanto na de execução do contrato.

Resta saber, agora, quais regras regerão o cumprimento dos requisitos para a habilitação quando se tem um consórcio de empresas disputando a licitação. Confira:

a) cada consorciado deve apresentar os documentos de habilitação (arts. 28 a 31 da Lei 8.666/1993);

b) para efeito de qualificação técnica, admite-se o somatório dos quantitativos de cada consorciado, na proporção de sua respectiva participação;

c) para efeito de qualificação econômico-financeira, admite-se o somatório dos valores de cada consorciado, na proporção de sua respectiva participação;

d) pode a administração estabelecer, para o consórcio, um acréscimo de até 30% dos valores exigidos para licitante individual, inexigível este acréscimo para os consórcios compostos, em sua totalidade, por micro e pequenas empresas assim definidas em lei.

A **regularidade trabalhista** *consiste na inexistência de débitos inadimplidos perante a Justiça do Trabalho (Lei 12.440/2011).*

A prova dessa regularidade se dá pela CNDT (Certidão Negativa de Débitos Trabalhistas), expedida eletrônica e gratuitamente.

O interessado não obterá CNDT se em seu nome constar inadimplemento de obrigações estabelecidas em sentença transitada em julgado, acordos judiciais e acordos firmados perante o Ministério Público do Trabalho ou Comissão de Conciliação Prévia

Todavia, verificada a existência de débitos garantidos por penhora suficiente ou com exigibilidade suspensa, será expedida Certidão Positiva de Débitos Trabalhistas em nome do interessado com os mesmos efeitos da CNDT.

A CNDT certificará a empresa em relação a todos os seus estabelecimentos, agências e filiais e o seu prazo de validade é de 180 dias contados de sua emissão.

11.6.2.3. Julgamento e classificação

Essa fase consiste na *verificação objetiva da conformidade das propostas com os critérios previamente estabelecidos, bem como na ordenação da melhor para a pior para a Administração.*

Nessa fase, deve a Administração abrir os envelopes que contêm as *propostas comerciais* dos licitantes.

Vale lembrar que, aqui, as propostas também devem ser rubricadas pelos licitantes presentes e pela comissão (art. 43, § 2º, da Lei 8.666/1993).

As propostas devem ser analisadas, em primeiro lugar, quanto à sua aptidão. Havendo vícios na proposta, o licitante será desclassificado.

Confira os vícios que ensejam desclassificação:

a) vício formal: *consiste no descompasso da proposta com as regras e padrões estipulados no edital ou na lei.* Dentre os vícios formais está a existência de proposta que faz referência à proposta de outro (ex.: "a proposta da empresa é R$ 0,01 centavo mais barata que a proposta mais barata dos demais licitantes");

b) vício material: *consiste no descompasso da proposta com o objeto licitado.* Um exemplo é uma licitação para adquirir papel A4, mas que recebe uma proposta para papel A3;

c) vício quanto à exequibilidade: *consiste na existência de proposta de valor insuficiente para cobrir os custos do fornecedor.* Imagine uma licitação para comprar combustível, em que o fornecedor vencedor oferece o preço de R$ 1,39 para fornecer gasolina, tendo a Administração feito pesquisa de preço e encontrado como valor de mercado a quantia de R$ 2,90; ora, com um preço desses, ou a gasolina é roubada ou é "batizada"; esse preço é manifestamente inexequível. A lei exige que a proposta seja *manifestamente inexequível* para que seja desclassificada, devendo-se levar em conta os parâmetros estabelecidos no § 1º do art. 41 da Lei 8.666/1993;

d) outros vícios: não se admitirá proposta que apresente preços global ou unitários simbólicos, irrisórios ou de valor zero, incompatíveis com os preços dos insumos e salários de mercado, acrescidos dos respectivos encargos, ainda que o ato convocatório da licitação não tenha estabelecido limites mínimos, exceto quando se referirem a materiais e instalações de propriedade do próprio licitante, para os quais ele renuncie a parcela ou à totalidade da remuneração (art. 44, § 3º, da Lei 8.666/1993).

Quando todos os licitantes são inabilitados, quando todas as propostas forem desclassificadas, a Administração poderá fixar aos licitantes o prazo de 8 dias úteis para a apresentação de outras propostas escoimadas de vícios, facultada, no caso de convite, a redução deste prazo para 3 dias úteis.

Em seguida à verificação de vícios nas propostas, deve a Administração julgar aquelas consideradas aptas, procedendo-se, depois, à classificação das que forem aceitas.

Não se considerará qualquer oferta de vantagem não prevista no edital ou no convite, inclusive financiamentos subsidiados ou a fundo perdido, nem preço ou vantagem baseada nas ofertas dos demais licitantes.

O julgamento e a classificação variarão de acordo com o tipo de licitação (menor preço, maior lance, melhor técnica etc.), tema que será visto em item adiante.

11.6.2.4. Homologação

A homologação *é o ato pelo qual se examina a regularidade do procedimento licitatório.*

A autoridade competente (por exemplo, o Secretário Municipal de Administração) deve verificar a regularidade do procedimento e, estando este em ordem, deve homologar o certame licitatório.

11.6.2.5. Adjudicação

A adjudicação *é o ato pelo qual se atribui o objeto do certame ao vencedor da licitação.*

Como regra, a adjudicação é feita após a homologação (art. 43, VI, da Lei 8.666/1993).

Porém, na modalidade de licitação pregão, primeiro é feita a adjudicação e, depois, a homologação (art. 4º, XXI e XXII, da Lei 10.520/2002).

São efeitos da adjudicação os seguintes:

a) o direito de o adjudicatório não ser preterido, caso a Administração faça a contratação;

b) a vinculação do adjudicatário à proposta por ele feita;

c) a liberação dos demais licitantes para retirar documentos e levantar garantias.

Apesar da vinculação do adjudicatário, decorridos 60 (sessenta) dias da data da entrega das propostas, sem a convocação para a contratação, esse ficará liberado dos compromissos assumidos (art. 64, § 3º, da Lei 8.666/1993).

A recusa injustificada do adjudicatário em assinar o contrato, aceitar ou retirar o instrumento equivalente, dentro do prazo estabelecido pela Administração, caracteriza o descumprimento total da obrigação assumida, sujeitando-o às penalidades legalmente estabelecidas (art. 81 da Lei 8.666/1993).

11.7. Modalidades de licitação

11.7.1. Concorrência

A expressão "modalidades" significa "procedimento", "rito". Não se deve confundir *modalidade* de licitação (concorrência, tomada de preços, convite etc.) com *tipo* de licitação (menor preço, melhor técnica etc.). A primeira, como se viu, diz respeito ao *procedimento* a ser seguido pela Administração. O segundo diz respeito ao *critério de julgamento* a ser seguido pela Administração.

A concorrência pode ser **conceituada** como *a modalidade destinada a transações de grande vulto e a casos especiais elencados na lei, que permite a participação de qualquer interessado que, na fase inicial de habilitação, comprove possuir os requisitos mínimos de qualificação exigidos no edital.*

Essa modalidade tem **destinação obrigatória** para os contratos de:

a) **grande vulto**, ou seja, para *obras e serviços de engenharia* de valor superior a R$ 1,5 milhão, e, quanto às *compras e demais serviços*, de valor superior a R$ 650 mil;

b) **compra de imóveis**, de qualquer valor;

c) **alienações de imóveis**, de qualquer valor; vale salientar que também se admite o leilão para alienação de imóveis adquiridos em processos judiciais e por dação em pagamento (art. 19 da Lei 8.666/1993);

d) **alienação de móveis**, quando estes forem avaliados em valor superior a R$ 650 mil; se o valor for inferior a essa quantia, pode-se usar a modalidade tomada de preços ou leilão (art. 17, § 6º, da Lei 8.666/1993);

e) **concessões de direito real de uso** (art. 23, § 3º, da Lei 8.666/1993);

f) **concessões de serviço público** (art. 2º, II, da Lei 8.987/1995);

g) **licitações internacionais**, de qualquer valor; vale salientar que, nas licitações internacionais, é cabível também a tomada de preços, quando o órgão ou entidade dispuser de cadastro internacional de fornecedores, bem como convite, se não houver fornecedor do bem ou serviço no País (art. 23, § 3º, da Lei 8.666/1993);

h) aquisição de bens por sistema de registro de preços (art. 15, § 3º, I, da Lei 8.666/1993): vale salientar que o registro de preços também pode ser feito por meio da modalidade pregão (art. 11 da Lei 10.520/2002); o Sistema de Registro de Preços é um procedimento que a Administração pode adotar perante compras rotineiras de bens padronizados (ex.: material de escritório, medicamentos): presumindo que adquirirá tais bens múltiplas vezes, a Administração abre licitação, e aquele que oferecer a cotação mais baixa terá seus preços registrados para quando a Administração precisar; não se trata de modalidade de licitação, já que inclusive é precedida de uma (concorrência ou pregão), mas de procedimento a ser feito para situações de fornecimento contínuo.[16]

Essa modalidade tem **destinação facultativa** para os casos em que couber modalidade licitatória de menor expressão, tais como tomada de preços e convite (art. 23, § 4º, da Lei 8.666/1993).

A concorrência tem como **principais características** as seguintes:

a) prazos maiores: o prazo mínimo entre a publicação do aviso do edital e o recebimento das propostas é de 30 dias, como regra, e de 45 dias se o contrato a ser celebrado contemplar o regime de empreitada integral ou quando a licitação for do tipo "melhor técnica" ou "técnica e preço" (art. 21, § 2º, I, "b", e II, "a", da Lei 8.666/1993); há de se lembrar que o prazo é contado da última publicação do aviso do edital; além disso, na contagem do prazo, deve-se excluir o dia do início e incluir o dia do vencimento (art. 110 da Lei 8.666/1993);

b) universalidade: a concorrência admite a participação de qualquer interessado que atenda, na fase inicial de habilitação preliminar, os requisitos de qualificação previstos no edital (art. 22, § 1º, da Lei 8.666/1993), ou seja, não é necessário que o interessado esteja previamente cadastrado para participar da concorrência, daí porque se fala em acesso universal ao certame; todavia, na fase de habilitação, aquele licitante que não cumprir os requisitos de qualificação será inabilitado;

c) habilitação preliminar: conforme já mencionado, a habilitação, na concorrência, é feita logo após a publicação do edital e antes do julgamento das propostas, daí porque se fala em *habilitação preliminar*, diferente da tomada de preços (*habilitação prévia*) e do pregão (*habilitação posterior*).

11.7.2. Tomada de preços

A tomada de preços pode ser **conceituada** como *a modalidade destinada a transações de médio vulto, que só permite a participação de interessados devidamente cadastrados ou que atendam às condições do cadastro até o 3º dia anterior à data do recebimento das propostas, observada a necessária qualificação* (art. 22, § 2º, da Lei 8.666/1993).

Essa modalidade tem **destinação prevista** para os contratos de:

a) médio vulto, ou seja, para *obras e serviços de engenharia* de valor até R$ 1,5 milhões, e, quanto às *compras e demais serviços*, de valor até R$ 650 mil;

b) licitações internacionais, quando o órgão ou a entidade dispuser de cadastro internacional de fornecedores, bem como convite, se não houver fornecedor do bem ou serviço no País (art. 23, § 3º, da Lei 8.666/1993).

Essa modalidade tem **destinação facultativa** para os casos em que couber o convite, modalidade licitatória de menor expressão (art. 23, § 4º, da Lei 8.666/1993).

Existe uma **proibição** muito séria, que tem em mira evitar fraudes na utilização das modalidades licitatórias.

É vedada a utilização da modalidade "tomada de preços" para parcelas de uma mesma obra ou serviço, ou ainda para obras e serviços da mesma natureza e no mesmo local que possam ser realizadas conjunta e concomitantemente, sempre que o somatório de seus valores caracterizar o caso de concorrência, exceto para as parcelas de natureza específica que possam ser executadas por pessoas ou empresas de especialidade diversa daquela do executor da obra ou serviço (art. 23, § 5º, da Lei 8.666/1993).

A ideia da lei é evitar fracionamentos de contratos para que se utilize tomada de preços quando caberia concorrência.

A tomada de preços tem como **principais características** as seguintes:

a) prazos intermediários: o prazo mínimo entre a publicação do aviso edital e o recebimento das propostas é de 15 dias, como regra, e de 30 dias quando a licitação for do tipo "melhor técnica" ou "técnica e preço" (art. 21, § 2º, II, "b", e III, da Lei 8.666/1993); há de se lembrar que o prazo é contado da última publicação do aviso do edital; além disso, na contagem do prazo, deve-se excluir o dia do início e incluir o dia do vencimento;

b) prévio cadastro: o interessado em participar da licitação deve já ter um registro cadastral, ou seja, deve ter um documento cujo nome é *certificado de registro cadastral* (art. 32, § 2º, da Lei 8.666/1993), documento esse que será apresentado por ele quando for participar da tomada de preços; caso o interessado não tenha cadastro prévio, poderá participar da licitação desde que atenda às condições exigidas para cadastramento até o 3º dia anterior à data do recebimento das propostas; ou seja, publicado o edital, o interessado deverá correr para conseguir seu cadastramento, nos termos dos arts. 34 a 37 da Lei 8.666/1993 e das demais regras locais, até o momento acima referido.

11.7.3. Convite

O convite pode ser **conceituado** como *a modalidade destinada a transações de menor vulto, na qual se deve convidar ao menos três interessados, cadastrados ou não, permitida a participação de outros interessados cadastrados*

16. Cada registro valerá por um ano. O § 3º do art. 15 da Lei dispõe que o sistema de registro de preços será regulamentado por decreto, atendidas as peculiaridades regionais, observado o seguinte: I – seleção feita mediante concorrência; II – estipulação prévia do sistema de controle e atualização dos preços registrados; III – validade do registro não superior a 1 ano. O § 4º, por sua vez, assevera que a existência de preços registrados não obriga a Administração a firmar as contratações que deles poderão advir, ficando-lhe facultada a utilização de outros meios, respeitada a legislação relativa às licitações, sendo assegurado ao beneficiário do registro preferência em igualdade de condições.

que manifestarem interesse com antecedência de até 24 horas da data da apresentação das propostas (art. 22, § 3º, da Lei 8.666/1993).

Essa modalidade tem **destinação** para os contratos de **menor vulto**, ou seja, para *obras e serviços de engenharia* de valor até R$ 150 mil, e, quanto às *compras e demais serviços*, de valor até R$ 80 mil.

Aqui também existe aquela séria **proibição**, que tem em mira evitar fraudes na utilização das modalidades licitatórias.

É vedada a utilização da modalidade "convite" para parcelas de uma mesma obra ou serviço, ou ainda para obras e serviços da mesma natureza e no mesmo local que possam ser realizadas conjunta e concomitantemente sempre que o somatório de seus valores caracterizar o caso de tomada de preços ou concorrência, exceto para as parcelas de natureza específica que possam ser executadas por pessoas ou empresas de especialidade diversa daquela do executor da obra ou serviço (art. 23, § 5º, da Lei 8.666/1993).

A ideia da lei é evitar fracionamentos de contratos para que se utilize convite, quando caberia tomada de preços ou concorrência.

O convite tem como **principais características** as seguintes:

a) prazo menor: o prazo mínimo entre a publicação do aviso edital e o recebimento das propostas é de 5 dias *úteis*, contados da expedição do convite (art. 21, § 2º, IV, e § 3º, da Lei 8.666/1993); há de se lembrar que o prazo é contado da última publicação do aviso do edital; além disso, na contagem do prazo, deve-se excluir o dia do início e incluir o dia do vencimento;

b) publicidade reduzida: no convite, a publicidade se reduz à expedição de carta-convite a pelo menos três interessados e à afixação de cópia do convite no quadro de avisos da Administração Pública;

c) participação restrita a convidados ou cadastrados: confira as regras (art. 22, §§ 3º, 6º e 7º, da Lei 8.666/1993):

c1) devem ser convidados pelo menos três interessados, cadastrados ou não;

c2) se existir na praça mais de três interessados, a cada novo convite, deve-se chamar, no mínimo, um cadastrado que não tenha sido ainda convidado, até que todos os cadastrados sejam convidados;

c3) quando, por limitações do mercado ou manifesto desinteresse dos convidados, for impossível a obtenção do número mínimo de licitantes, pode-se convidar número menor, desde que haja a devida motivação, sob pena de repetição do convite;

c4) interessados em participar da licitação podem fazê-lo mesmo que não tenham sido convidados, desde que sejam cadastrados na repartição e que manifestem interesse até 24 horas da data da apresentação das propostas; é necessário, então, que o interessado faça um requerimento nesse prazo; a doutrina entende que só se pode exigir prévio cadastro desse interessado não convidado se a Administração tiver exigido habilitação no convite feito no caso concreto;

d) habilitação facultativa: a fase de habilitação não é obrigatória no convite, podendo ser dispensada no todo ou em parte (art. 32, § 1º, da Lei 8.666/1993); porém, a regularidade com a Seguridade Social deve sempre ser exigida, por força de determinação prevista na Constituição Federal (art. 195, § 3º, da CF);

e) direção dos trabalhos: a regra é que a licitação pelo convite seja dirigida por uma comissão de licitação, como nas modalidades concorrência e tomada de preços; porém, em pequenas unidades, pode substituí-la por servidor formalmente designado (art. 51, § 1º, da Lei 8.666/1993).

11.7.4. Concursos

O concurso pode ser **conceituado** como *a modalidade destinada à escolha de trabalho técnico, científico ou artístico, mediante prêmios ou remuneração ao vencedor* (art. 22, § 4º, da Lei 8.666/9193).

Essa modalidade tem **destinação** para a *premiação de trabalhos* técnicos (ex.: concurso para a escolha do melhor projeto arquitetônico), científicos (ex.: concurso para a escolha da melhor monografia jurídica) e artísticos (exs.: concursos para escolha de melhores hino, brasão da cidade, fotografia, poema etc.).

O concurso tem como **principais características** as seguintes:

a) prazo: o prazo mínimo entre a publicação do aviso do edital e o recebimento do trabalho pronto é de 45 dias; há de se lembrar que o prazo é contado da última publicação do aviso do edital; além disso, na contagem do prazo, deve-se excluir o dia do início e incluir o dia do vencimento; o prazo é grande, pois o interessado não vai entregar uma mera proposta, mas já entregará o trabalho pronto;

b) regulamento: o edital deve, no mínimo, fazer referência ao local onde está o regulamento do concurso; deve também indicar a qualificação exigida dos participantes (ex.: dizer que o concurso é só para os estagiários de uma Prefeitura); deve, ainda, traçar as diretrizes e a forma de apresentação do trabalho, bem como as condições de realização e os prêmios a serem dados ao(s) vencedor(es); se o objeto do concurso for um projeto (ex.: projeto arquitetônico), o vencedor deverá autorizar sua execução a qualquer tempo, segundo a conveniência da Administração;

c) habilitação facultativa: a fase de habilitação não é obrigatória no concurso, podendo ser dispensada no todo ou em parte (art. 32, § 1º, da Lei 8.666/1993);

d) julgamento: o julgamento será feito por uma comissão especial integrada por pessoas de reputação ilibada e reconhecido conhecimento da matéria em exame, servidores públicos ou não (art. 51, § 5º, da Lei 8.666/1993).

11.7.5. Leilão

O leilão pode ser **conceituado** como *a modalidade destinada à venda de bens móveis inservíveis, de produtos apreendidos ou penhorados, de imóveis adquiridos em processo judicial ou por dação em pagamento e de ativos, ações e outros direitos relacionados ao Programa Nacional de Desestatização.*

Essa modalidade tem **destinação** indicada no conceito, valendo salientar, quanto à desestatização, que essa é regulamentada na Lei 9.491/1997.

O leilão tem como **principais características** as seguintes:

a) **prazo:** o prazo mínimo entre a publicação do aviso do edital e a sessão de leilão é de 45 dias; há de se lembrar que o prazo é contado da última publicação do aviso do edital; além disso, na contagem do prazo, deve-se excluir o dia do início e incluir o dia do vencimento;

b) **tipo de licitação:** como o leilão visa à alienação de bens, o tipo licitatório cabível (critério de julgamento) é o de maior lance; esse deve ser igual ou superior ao valor da avaliação; os lances são verbais ou mediante procedimentos tecnológicos;

c) **habilitação facultativa:** a fase de habilitação não é obrigatória no leilão, podendo ser dispensada no todo ou em parte (art. 32, § 1º, da Lei 8.666/1993);

d) **direção dos trabalhos:** pode ser cometida a leiloeiro oficial ou a servidor designado pela Administração (art. 53 da Lei 8.666/1993).

11.7.6. Pregão

Essa modalidade de licitação não está prevista na Lei 8.666/1993, mas na Lei 10.520/2002. Trata-se de modalidade aplicável à Administração Pública Direta e Indireta de todos os entes políticos (União, Estados, DF e Municípios).

O pregão pode ser **conceituado** como *a modalidade destinada à aquisição de bens e serviços comuns, caracterizada pela inversão de fases, aumento dos momentos de competição, celeridade, oralidade e redução de exigências para a participação.*

Essa modalidade é **destinada** à aquisição de *bens e serviços comuns.*

Bens e serviços comuns são "aqueles cujos padrões de desempenho e qualidade possam ser objetivamente definidos no edital, por meio de especificações usuais no mercado" (art. 1º, parágrafo único, da Lei 10.520/2002).

Enfim, bens e serviços comuns são aqueles que têm especificações usuais no mercado.

São exemplos de *bens comuns* os seguintes: água mineral, combustível, material hospitalar, medicamentos, material de limpeza, móveis, veículos, computadores, dentre outros.

São exemplos de *serviços comuns* os seguintes: de digitação, de manutenção, de assinatura (de TV, revista e telefonia móvel), de copa, de garçom, de ascensorista, de lavanderia, de limpeza, de reprografia, de vigilância, dentre outros.

O fato é que, nos dias de hoje, quase tudo tem especificação usual no mercado e, portanto, quase tudo pode ser adquirido pela Administração mediante a modalidade pregão.

Aliás, é bom ressaltar que não há limitação de valor para aquisição mediante o pregão. Assim, até mesmo uma compra de milhões de reais, que ensejaria concorrência, pode ser feita pelo pregão.

A única exigência é que se trate de bens e serviços comuns.

Nada obstante, há situações que não ensejam o uso de pregão. Um exemplo é a contratação de uma obra. A *obra* não está no conceito nem de *serviço*, nem de *compra de bens*, para fins de licitação (art. 6º, I, II e III, da Lei 8.666/1993). Como regra, também não é possível a utilização de pregão para alienação de bens e para as locações imobiliárias.

Serviços de engenharia, ao contrário, desde que sejam serviços com especificações usuais no mercado, como o serviço de terraplenagem, podem ser contratados mediante pregão.

O pregão tem como **principais características** as seguintes (Lei 10.520/2002):

a) **prazo:** o prazo mínimo entre a publicação do aviso do edital e a data para a apresentação das propostas (data da sessão de pregão) é de *8 dias úteis* (art. 4º, V);

b) **tipo de licitação**: menor preço (art. 4º, X);

c) **direção dos trabalhos:** haverá um pregoeiro e a respectiva equipe de apoio, sendo que esta será integrada em sua maioria por servidores ocupantes de cargo efetivo ou emprego na Administração Pública (art. 3º, IV);

d) **inversão de fases:** primeiro vem a fase de *julgamento* e depois a de *habilitação*; primeiro vem a *adjudicação* e depois a *homologação* (art. 4º, VII, XII, XXI e XXII);

e) **lances verbais:** faz-se uma classificação provisória e depois selecionam-se as melhores propostas (1ª classificada mais propostas até 10% superiores, garantidas três propostas diferentes) para uma fase de lances verbais, com vistas a alcançar a proposta mais vantajosa para a Administração (art. 4º, VIII);

f) **negociação do preço:** o licitante que chegar à melhor proposta estará sujeito, ainda, a uma negociação de preço que o pregoeiro fará caso o proposto não atinja um valor aceitável (art. 4º, XI, XVI e XVII);

g) **exigências vedadas:** é vedada a exigência de *garantia da proposta*, de *aquisição de edital* por interessado e de pagamento de *taxas* (salvo de reprografia) (art. 5º);

h) **redução das exigências de habilitação** (art. 4º, XIII);

i) **concentração dos atos do certame na sessão de pregão:** faz-se tudo na sessão, inclusive a adjudicação do objeto do certame, se não houver recurso;

j) **recurso único e oral** (art. 4º, XVIII).

Quanto ao **procedimento** da fase externa do pregão, confira o passo a passo:

a) publicação do edital;

b) antes de iniciar a sessão pública, faz-se o credenciamento do licitante ou de seus representantes, que devem identificar-se e, conforme o caso, comprovar a existência de poderes para a formulação de propostas e para a prática de todos os demais atos inerentes ao certame;

c) aberta a sessão, os interessados apresentarão uma *declaração de habilitação* (declaração dando ciência de que cumprem os requisitos de habilitação) e entregarão os *envelopes contendo a proposta comercial*;

d) *abertura dos envelopes com a proposta comercial*;

e) *desclassificação* de eventuais propostas com vícios;

f) elaboração de *classificação provisória*;

g) *seleção das propostas* que passarão aos lances verbais; deve-se selecionar o 1º classificado (autor da oferta de valor mais baixo) e os autores das ofertas com preços até 10% superiores àquela; há de se garantir, no mínimo, três propostas diferentes; repare que não são três licitantes diferentes, mas três propostas de valor diferente, o que faz com que, muitas vezes, haja bem mais do que três licitantes nessa fase, bastando que haja licitantes com propostas de valor igual;

h) *início de nova disputa*, com *lances verbais* e sucessivos, até se chegar ao melhor lance possível;

i) *classificação definitiva*, levando em conta também os que não foram selecionados para os lances verbais, mas excluindo os que já foram desclassificados;

j) *negociação* com o autor da oferta de menor valor;

k) *exame da aceitabilidade* da proposta de menor valor;

l) *declaração da aceitabilidade da proposta* ou nova negociação com outro classificado;

m) *abertura do envelope de habilitação* da oferta com preço aceitável;

n) *saneamento de eventuais falhas* nos documentos de habilitação;

o) *declaração de habilitação* do licitante que tem preço aceitável ou exame sucessivo das ofertas subsequentes até apuração de uma aceitável e que atenda aos requisitos de habilitação;

p) *declaração do licitante vencedor*;

q) consulta aos licitantes sobre o interesse em apresentar *recurso*;

r) *adjudicação do objeto do certame ao vencedor na própria sessão de pregão*, caso não haja recurso; o recurso deve ser interposto na própria sessão de pregão (por meio do pregoeiro), apresentando-se o motivo; em seguida, a sessão ficará suspensa e o recorrente terá 3 dias para apresentar suas razões, seguindo-se o prazo de 3 dias para os demais licitantes se manifestarem;

s) *elaboração e subscrição da ata da sessão*;

t) *homologação do certame pela autoridade competente* (não é o pregoeiro, mas a autoridade superior) e publicação da decisão homologatória;

u) *empenho de despesa*;

v) *convocação do vencedor* para celebração do contrato; vale salientar que o prazo de validade das propostas é de 60 dias, se outro não estiver fixado no edital;

x) havendo recusa do adjudicatário, negociação com os próximos classificados, até que haja preço aceitável com condições de habilitação;

z) *celebração do contrato*.

Vale salientar que a Lei 10.520/2002 admite o pregão por meio eletrônico, cuja regulamentação se encontra no Decreto 5.450/2005 para o âmbito da União.

Esse decreto dispõe que o pregão eletrônico deve ser utilizado preferencialmente em relação ao pregão presencial.

Uma diferença básica do pregão eletrônico para o pregão presencial é o fato de que, no primeiro, o interessado deve estar previamente credenciado no SICAF – Sistema de Cadastramento Unificado de Fornecedores.

11.7.7. Vedação

Por fim, vale citar que é **vedada** a criação de outras modalidades de licitação ou a combinação das previstas em lei (art. 22, § 8º, da Lei 8.666/1993).

Assim, não é possível que qualquer dos entes da Administração Pública venha a criar uma nova modalidade de licitação, ou mesmo combinar modalidades para o fim de criar uma inédita modalidade licitatória.

Somente por meio de lei – e deve se tratar de uma lei federal, pois somente a União poderá legislar sobre normas gerais em matéria de licitação – é que é possível criar uma nova modalidade licitatória.

Um exemplo é o **pregão**, que foi criado pela Lei 10.520/2002.

Outro exemplo é a modalidade de licitação denominada **consulta**, que é exclusiva da Agência Nacional de Telecomunicações – ANATEL. O art. 54 da Lei 9.472/1997 estabelece que essa agência pode utilizar o procedimento da consulta mediante procedimentos próprios determinados por atos normativos expedidos pela agência, desde que não seja para a contratação de obras e serviços de engenharia.

11.8. Tipos de licitação

Não se deve confundir as *modalidades* de licitação (ou procedimentos licitatórios – concorrência, convite etc.) com *tipos* de licitação (ou critérios de julgamento – menor preço, melhor técnica etc.).

Feita tal observação, vejamos os tipos de licitação.

11.8.1. Menor preço

Esse tipo é o mais comum em matéria de licitação. Isso porque a Administração adquire muitos bens, e esse tipo é o adequado para as compras e aquisições estatais.

Esse tipo de licitação é compatível com as modalidades concorrência, tomada de preços, convite e pregão.

Devem ser desclassificadas as propostas com preço simbólico, irrisório, de valor zero ou impraticável, tanto para mais como para menos.

A lei diz que serão desclassificadas as propostas com preços manifestamente inexequíveis ou que não venham a ter demonstrada sua viabilidade por meio de documentação da coerência com os custos dos insumos e a produtividade.

Em caso de empate, têm preferência, sucessivamente, os bens e serviços:

a) produzidos no País;

b) produzidos ou prestados por empresas brasileiras;

c) produzidos ou prestados por empresas que invistam em pesquisa e desenvolvimento de tecnologia no País;

d) produzidos ou prestados por empresas que comprovem cumprimento de reserva de cargos prevista em lei para pessoa com deficiência ou para reabilitado da Previdência Social e que atendam às regras de acessibilidade previstas na legislação.

Permanecendo o empate, far-se-á um sorteio, em ato público, para o qual todos os licitantes serão convocados, vedado qualquer outro processo.

11.8.2. Maior lance ou oferta

Esse tipo de licitação é próprio para a alienação de bens móveis e imóveis e concessão de direito real de uso de bens públicos.

Esse tipo de licitação é compatível com as modalidades concorrência e leilão.

11.8.3. Melhor técnica e técnica e preço

Esses tipos de licitação são utilizados exclusivamente para *serviços de natureza predominantemente intelectual*, em especial na elaboração de projetos, cálculos, fiscalização, supervisão e gerenciamento, de engenharia consultiva em geral e, em particular, para elaboração de estudos técnicos preliminares e projetos básicos e executivos, bem como para contratação de bens e serviços de informática.

Quanto aos bens e serviços de informática cabe também o pregão (e não a concorrência, própria dos casos em que se usa o tipo melhor técnica), ressalvadas as aquisições em que a técnica é realmente importante e que os produtos não possam ser definidos por especificações usuais de mercado. Nesse sentido, o TCU tem o seguinte entendimento: "alerta ao DNIT no sentido de que as contratações para aquisição de bens e serviços de informática não precisam ser realizadas, necessariamente, sob a forma de licitação do tipo 'técnica e preço', podendo também ocorrer sob a forma de pregão, conforme já tratado pelo TCU em diversos julgados precedentes, a exemplo dos Acórdãos de 237/2009-P, 144/2008-P, 2.658/2007-P, 1.782/2007-P, 1.114/2006-P, 2.138/2005-P, 2.094/2004-P, 1.182/2004-P, 740/2004-P (com redação alterada pelo Acórdão 1.299/2006- P) e 313/2004-P (item 1.6.2, TC-019.930/2008-9, Acórdão 819/2009-Plenário)".

Excepcionalmente, utilizar-se-á esse tipo de licitação para fornecimento de bens, execução de obras ou prestação de serviços de grande vulto, quando dependentes de tecnologia sofisticada, desde que haja autorização expressa da autoridade de maior nível hierárquico da Administração promotora da licitação.

No tipo "melhor técnica", o ato convocatório fixará preço máximo a ser pago. Há três tipos de documentos: com a qualificação, com a proposta técnica e com a proposta de preço. Deve-se seguir o seguinte procedimento:

a) abertura de *envelope com a documentação de habilitação*;

b) quanto aos habilitados, abertura do *envelope com a proposta técnica*; tal proposta seguirá os termos do edital e poderá tratar da capacitação e experiência; da metodologia e organização; da tecnologia e dos recursos materiais; da qualificação das equipes técnicas;

c) *avaliação e classificação das propostas técnicas*;

d) *valorização mínima* das propostas técnicas;

e) abertura dos envelopes com as *propostas de preço* daqueles que têm a valorização mínima;

f) negociação entre os licitantes, considerando a melhor proposta técnica e o menor preço com valorização mínima, até se chegar ao vencedor.

No tipo "melhor técnica e preço" far-se-á a classificação das propostas segundo critério de média nas notas respectivas. Deve-se seguir o seguinte procedimento:

a) abertura de *envelope com a documentação de habilitação*;

b) quanto aos habilitados, abertura do *envelope com a proposta técnica*; tal proposta seguirá os termos do edital e poderá tratar da capacitação e experiência; da metodologia e organização; da tecnologia e dos recursos materiais; da qualificação das equipes técnicas;

c) avaliação e classificação das *propostas técnicas*;

d) será feita a avaliação e a valorização das *propostas de preços*, de acordo com critérios objetivos preestabelecidos no instrumento convocatório;

e) a classificação dos proponentes far-se-á de acordo com a *média ponderada das valorizações das propostas técnicas e de preço*, de acordo com os pesos preestabelecidos no instrumento convocatório.

11.9. Licitação com participação de Microempresa (ME) e Empresa de Pequeno Porte (EPP)

Em primeiro lugar, vale trazer a definição dessas empresas (art. 3º da Lei Complementar 123/2006):

a) microempresa: empresário ou pessoa jurídica que aufira, em cada ano-calendário, receita bruta igual ou inferior a R$ 360 mil;

b) empresa de pequeno porte: empresário ou pessoa jurídica que aufira, em cada ano-calendário, receita bruta superior a R$ 360 mil e igual ou inferior a R$ 3,6 milhões.

Considera-se receita bruta o produto da venda de bens e serviços nas operações de conta própria, o preço dos serviços prestados e o resultado nas operações em conta alheia, não incluídas as vendas canceladas e os descontos incondicionais concedidos.

Não poderá se beneficiar do tratamento jurídico diferenciado previsto na Lei Complementar 123/2006 a pessoa jurídica:

a) de cujo capital participe outra pessoa jurídica;

b) que seja filial, sucursal, agência ou representação, no País, de pessoa jurídica com sede no exterior;

c) de cujo capital participe pessoa física que seja inscrita como empresário ou seja sócia de outra empresa que receba tratamento jurídico diferenciado nos termos da Lei Complementar, desde que a receita bruta global ultrapasse o limite de R$ 3,6 milhões;

d) cujo titular ou sócio participe com mais de 10% (dez por cento) do capital de outra empresa não beneficiada pela Lei Complementar, desde que a receita bruta global ultrapasse o limite de R$ 3,6 milhões;

e) cujo sócio ou titular seja administrador ou equiparado de outra pessoa jurídica com fins lucrativos, desde que a receita bruta global ultrapasse o limite de R$ 3,6 milhões;

f) constituída sob a forma de cooperativas, salvo as de consumo;

g) que participe do capital de outra pessoa jurídica;

h) que exerça atividade de banco comercial, de investimentos e de desenvolvimento, de caixa econômica, de sociedade de crédito, financiamento e investimento ou de crédito imobiliário, de corretora ou de distribuidora de títulos, valores mobiliários e câmbio, de empresa de arrendamento mercantil, de seguros privados e de capitalização ou de previdência complementar;

i) resultante ou remanescente de cisão ou qualquer outra forma de desmembramento de pessoa jurídica que tenha ocorrido em um dos 5 (cinco) anos-calendário anteriores;

j) constituída sob a forma de sociedade por ações.

k) cujos titulares ou sócios guardem, cumulativamente, com o contratante do serviço, relação de pessoalidade, subordinação e habitualidade.

Para fins dos benefícios tributários previstos na lei complementar há outras pessoas jurídicas excluídas (art. 17). Mas para fins das vantagens decorrentes do acesso aos mercados, basta verificar os requisitos de faturamento já citados, bem como as pessoas jurídicas que estão excluídas do benefício.

Confira agora os direitos conferidos a uma ME ou EPP na licitação:

a) comprovação diferida da regularidade fiscal: nas licitações públicas, a comprovação de regularidade fiscal das MEs e EPPs somente será exigida para efeito de assinatura do contrato (art. 42 da LC 123/2006); as MEs e EPPs, por ocasião da participação em certames licitatórios, deverão apresentar toda a documentação exigida para efeito de comprovação de regularidade fiscal, mesmo que esta apresente alguma restrição, hipótese em que será assegurado o prazo de 5 (cinco) dias úteis, cujo termo inicial corresponderá ao momento em que o proponente for declarado o vencedor do certame, prorrogáveis por igual período, a critério da Administração Pública, para a regularização da documentação, pagamento ou parcelamento do débito e emissão de eventuais certidões negativas ou positivas com efeito de certidão negativa; a não regularização da documentação nesse prazo implicará decadência do direito à contratação, sem prejuízo das sanções previstas no art. 81 da Lei 8.666/1993, sendo facultado à Administração convocar os licitantes remanescentes, na ordem de classificação, para a assinatura do contrato, ou revogar a licitação (art. 43 da LC 123/2006);

b) empate ficto: nas licitações será assegurada, como critério de desempate, preferência de contratação para as MEs e EPPs; entende-se por empate aquelas situações em que as propostas apresentadas pelas microempresas e empresas de pequeno porte sejam iguais ou até 10% (dez por cento) superiores à proposta melhor classificada (na modalidade de pregão, o intervalo percentual será de até 5% (cinco por cento) superior ao melhor preço). Ocorrendo o empate, a ME ou EPP melhor classificada poderá apresentar proposta de preço inferior àquela considerada vencedora do certame, situação em que será adjudicado em seu favor o objeto licitado; não ocorrendo a contratação da ME ou EPP, serão convocadas as remanescentes que porventura se enquadrem nessa condição, na ordem classificatória, para o exercício do mesmo direito; no caso de equivalência dos valores apresentados pelas MEs e EPPs que se encontrem nos intervalos estabelecidos, será realizado sorteio entre elas para que se identifique aquela que primeiro poderá apresentar melhor oferta. Na hipótese da não contratação de uma ME ou EPP, o objeto licitado será adjudicado em favor da proposta originalmente vencedora do certame; o empate ficto somente se aplicará quando a melhor oferta inicial não tiver sido apresentada por microempresa ou empresa de pequeno porte; no caso de pregão, a ME ou EPP melhor classificada será convocada para apresentar nova proposta no prazo máximo de 5 (cinco) minutos após o encerramento dos lances, sob pena de preclusão (arts. 44 e 45 da LC 123/2006);

c) cédula de crédito microempresarial: a ME e a EPP titulares de direitos creditórios decorrentes de empenhos liquidados por órgãos e entidades da União, Estados, Distrito Federal e Município não pagos em até 30 (trinta) dias contados da data de liquidação poderão emitir cédula de crédito microempresarial;

d) tratamento diferenciado: nas contratações públicas da administração direta e indireta, autárquica e fundacional, federal, estadual e municipal, deverá ser concedido tratamento diferenciado e simplificado para as microempresas e empresas de pequeno porte objetivando a promoção do desenvolvimento econômico e social no âmbito municipal e regional, a ampliação da eficiência das políticas públicas e o incentivo à inovação tecnológica, sendo que, no que diz respeito às compras públicas, enquanto não sobrevier legislação estadual, municipal ou regulamento específico de cada órgão mais favorável à microempresa e empresa de pequeno porte, aplica-se a legislação federal (art. 47 da LC 123/2006, com redação dada pela LC 147/2014);

e) licitação exclusiva para ME e EPP: a administração pública **deverá** realizar processo licitatório destinado exclusivamente à participação de microempresas e empresas de pequeno porte nos itens de contratações cujo valor seja de até R$ 80.000,00 (oitenta mil reais); repare que a lei se refere aos itens de contratações e não à somatória dos itens reunidos num mesmo procedimento licitatório;

f) subcontratação obrigatória para ME e EPP: a administração pública **poderá** realizar processo licitatório em que seja exigida dos licitantes a subcontratação de microempresa ou de empresa de pequeno porte especificamente no que tange às licitações voltadas à aquisição de obras e serviços; ressalta-se que essa regra só vale para obras e serviços (e não para compras) e é faculdade da Administração, e não obrigação, como na regra anterior;

g) cota obrigatória para ME e EPP: a administração pública **deverá** realizar processo licitatório em que se estabeleça cota de até 25% (vinte e cinco por cento) do objeto para a contratação de microempresas e empresas de pequeno porte, em certames para a aquisição de bens de natureza divisível; apesar de a lei não fixar esse cota em 25% sempre (ou seja, no caso concreto, pode variar de qualquer número acima do número zero até os 25%), a lei obriga que essa cota seja estabelecida nos certames licitatórios, desde que se trate de certame cujo objeto seja a aquisição de bens de natureza divisível.

Na hipótese da subcontratação obrigatória (item "f"), os empenhos e pagamentos do órgão ou entidade da administração pública poderão ser destinados diretamente às microempresas e empresas de pequeno porte subcontratadas.

Não se aplicam os três últimos itens nos seguintes casos:

a) não houver um mínimo de 3 (três) fornecedores competitivos enquadrados como microempresas ou empresas de pequeno porte sediados local ou regionalmente e capazes de cumprir as exigências estabelecidas no instrumento convocatório;

b) o tratamento diferenciado e simplificado para as microempresas e empresas de pequeno porte não for vantajoso para a administração pública ou representar prejuízo ao conjunto ou complexo do objeto a ser contratado;

c) a licitação for dispensável ou inexigível, nos termos dos arts. 24 e 25 da Lei 8.666, de 21 de junho de 1993, excetuando- se as dispensas tratadas pelos incisos I e II do art. 24 da mesma Lei, nas quais a compra deverá ser feita preferencialmente de microempresas e empresas de pequeno porte, aplicando-se o disposto no inciso I do art. 48.

11.10. Licitação e promoção do desenvolvimento nacional

A Lei 12.349/2010 alterou o art. 3º da Lei 8.666/1993 para o fim de estabelecer um novo objetivo para a licitação, qual seja, a *promoção do desenvolvimento nacional sustentável.*

Para tanto, essa lei trouxe as seguintes ferramentas, previstas nos §§ 5º (alterado pela Lei 13.146/2015) a 13 do art. 3º da Lei 8.666/1993:

a) margem de preferência ordinária: nos processos de licitação, poderá ser estabelecida margem de preferência para: a) *bens e serviços produzidos ou prestados por empresas que comprovem cumprimento de reserva de cargos prevista em lei para pessoa com deficiência ou para reabilitado da Previdência Social e que atendam às regras de acessibilidade previstas na legislação*; b) *produtos manufaturados e para serviços nacionais que atendam a normas técnicas brasileiras*; essa margem de preferência será estabelecida com base em estudos revistos periodicamente, em prazo não superior a 5 (cinco) anos, que levem em consideração: geração de emprego e renda; efeito na arrecadação de tributos federais, estaduais e municipais; desenvolvimento e inovação tecnológica realizados no País; custo adicional dos produtos e serviços; e em suas revisões, análise retrospectiva de resultados;

b) margem de preferência adicional: para *os produtos manufaturados e serviços nacionais resultantes de desenvolvimento e inovação tecnológica realizados no País*, poderá ser estabelecida margem de preferência adicional àquela prevista no item anterior.

As margens de preferência por produto, serviço, grupo de produtos ou grupo de serviços referidas acima serão definidas pelo Poder Executivo federal, não podendo a soma delas ultrapassar o montante de 25% (vinte e cinco por cento) sobre o preço dos produtos manufaturados e serviços estrangeiros.

As margens de preferências mencionadas não se aplicam aos bens e aos serviços cuja capacidade de produção ou prestação no País seja inferior:

a) à quantidade a ser adquirida ou contratada;

b) ao quantitativo fixado com fundamento no § 7º do art. 23 da Lei 8.666/1993, quando for o caso.

A margem de preferência ordinária poderá ser estendida, total ou parcialmente, aos bens e serviços originários dos Estados Partes do Mercado Comum do Sul – Mercosul.

A título de exemplo do item ora estudado, o Decreto 7.709/2012 dá margem de preferência de 25% e 15% para aquisições de motoniveladora e pás mecânicas, escavadores, carregadoras e retroescavadeiras nacionais.

Os editais de licitação para a contratação de bens, serviços e obras poderão, mediante prévia justificativa da autoridade competente, exigir que o contratado promova, em favor de órgão ou entidade integrante da administração pública ou daqueles por ela indicados a partir de processo isonômico, medidas de compensação comercial, industrial, tecnológica ou acesso a condições vantajosas de financiamento, cumulativamente ou não, na forma estabelecida pelo Poder Executivo federal.

Nas contratações destinadas à implantação, manutenção e ao aperfeiçoamento dos sistemas de tecnologia de informação e comunicação, considerados estratégicos em ato do Poder Executivo federal, a licitação poderá ser restrita a bens e serviços com tecnologia desenvolvida no País e produzidos de acordo com o processo produtivo básico de que trata a Lei 10.176, de 11 de janeiro de 2001.

Será divulgada na internet, a cada exercício financeiro, a relação de empresas favorecidas em decorrência das margens de preferência, com indicação do volume de recursos destinados a cada uma delas.

É importante registrar que as preferências em questão e nas demais normas de licitação e contratos devem privilegiar o tratamento diferenciado e favorecido às microempresas e empresas de pequeno porte na forma da lei (art. 3º, § 14, e 5º-A da Lei 8.666/1993). Por outro lado, as preferências dispostas no art. 3º da Lei 8.666/1993 prevalecem sobre as demais preferências previstas na legislação quando estas forem aplicadas sobre produtos ou serviços estrangeiros (art. 3º, § 15, da Lei 8.666/1993).

11.11. RDC – Regime Diferenciado de Contratações Públicas

A Lei 12.462/2011 estabelece o RDC – Regime Diferenciado de Contratações Públicas, aplicável **exclusivamente** às contratações necessárias à realização (art. 1º):

a) das Olimpíadas/2016 e Paraolimpíadas/2016;

b) da Copa das Confederações/2013 e Copa do Mundo/2014;

c) das obras de infraestruturas e serviços para os aeroportos das capitais do Estados distantes até 350 km das cidades sedes dos mundiais referidos acima;

d) das ações do Programa de Aceleração do Crescimento – PAC;

e) das obras e serviços de engenharia no âmbito do Sistema Único de Saúde – SUS;

f) das obras e serviços de engenharia para construção, ampliação e reforma e administração de estabelecimentos penais e unidades de atendimento socioeducativo;

g) das ações no âmbito da segurança pública;

h) das obras e serviços de engenharia, relacionadas a melhorias na mobilidade urbana ou ampliação de infraestrutura logística; e

i) dos contratos a que se refere o art. 47-A;

j) das ações em órgãos e entidades dedicados à ciência, à tecnologia e à inovação.

A opção pelo RDC **afasta** a aplicação da Lei 8.666/1993 (art. 1º, § 2º).

A Lei de RDC acrescenta os **princípios** da "economicidade" e da "eficiência", que não estavam expressos na Lei 8.666/1993 (art. 3º).

Essa lei também admite a chamada **contratação integrada**, ou seja, contratar uma empresa para fazer tudo, do projeto básico e executivo, à execução, testes e pré-operação (art. 9º).

Prevê ainda a chamada locação "built to suit", pela qual "A administração pública poderá firmar contratos de locação de bens móveis e imóveis, nos quais o locador realiza prévia aquisição, construção ou reforma substancial, com ou sem aparelhamento de bens, por si mesmo ou por terceiros, do bem especificado pela administração" (art. 47-A).

Também inovou ao admitir **remuneração variável** do contratado, vinculada ao desempenho, com base em metas, qualidade, sustentabilidade e prazos (art. 10).

A licitação se desenrola nas seguintes **fases**, nesta ordem: preparatória, publicação do instrumento convocatório (com prazos menores[17]), apresentação de propostas ou lances, julgamento, habilitação, recursal e encerramento (adjudicar e homologar – art. 12).

Quanto aos **tipos de licitação**, a lei prevê os seguintes: menor preço ou maior desconto, técnica e preço, melhor técnica e conteúdo artístico, maior oferta de preço ou maior retorno econômico (art. 18).

Outra inovação interessante é a vedação do **nepotismo** nas contratações diretas, ou seja, nas contratações sem licitação (art. 37).

11.12. Licitação e Sistemas de Defesa

A Lei 12.598/2012 estabelece normas especiais para compras, contratações e desenvolvimento de produtos e sistemas de defesa.

Exemplo de norma especial e a promoção de **licitação exclusiva** para as chamadas EED – Empresas Estratégicas de Defesa, pessoa jurídica credenciada pelo Ministério da Defesa, com sede, operação, pesquisa e desenvolvimento de tecnologia no Brasil.

11.13. Revogação da licitação

A revogação da licitação é possível, desde que fundada em situação ulterior aferida pela autoridade competente que a justifique, ou seja, que torne conveniente ou oportuna a extinção do certame, sempre respeitando a ampla defesa e o contraditório e mediante motivação.

A revogação da licitação tem efeitos *ex nunc*, já que, até a sua ocorrência, não havia nenhuma ilegalidade, daí porque, se já há vencedor e a licitação for revogada licitamente, deve-se indenizá-lo das eventuais despesas que já teve.

Caso a licitação seja revogada ilicitamente, indeniza-se o prejudicado completamente.

11.14. Anulação da licitação

A anulação da licitação deve ser de ofício ou provocada, assegurada a ampla defesa e o contraditório, e tem por motivo ilegalidade ocorrida no certame (art. 59 da Lei 8.666/1993).

Anulada a licitação, o contrato também fica anulado automaticamente, se já celebrado.

A anulação tem efeitos *ex tunc*, não gerando indenização, ressalvado o que o contratado já realizou e desde que ele não tenha sido o culpado pela anulação.

Ou seja, indenizar-se-á só o que está de boa-fé e apenas quanto ao que já foi executado, valendo lembrar que a boa-fé é presumida.

A revogação só poderá ser feita pela autoridade competente e não pelo órgão julgador do certame, diferente do que ocorre na anulação, que pode ser feita pela comissão ou pelas demais autoridades competentes, bem como pelo Poder Judiciário.

12. CONTRATOS ADMINISTRATIVOS

12.1. Conceito de contrato administrativo

O contrato administrativo pode ser conceituado *como o acordo de vontades entre a Administração e terceiros pertinente a obras, serviços, compras, alienações ou locações, em que existem cláusulas exorbitantes em favor da primeira, preservado o equilíbrio econômico-financeiro entre as partes.*

Repare que um contrato só será do tipo "contrato administrativo" se o acordo de vontades cumprir os seguintes requisitos: a) presença da *Administração Pública*; b) existência de cláusulas que coloquem a Administração em *posição de supremacia* em relação à outra parte contratante; c) *reciprocidade nas obrigações*, que devem ser pertinentes a obras, serviços, compras, alienações ou locações.

---

17. Art. 15. Será dada ampla publicidade aos procedimentos licitatórios e de pré-qualificação disciplinados por esta Lei, ressalvadas as hipóteses de informações cujo sigilo seja imprescindível à segurança da sociedade e do Estado, devendo ser adotados os seguintes prazos mínimos para apresentação de propostas, contados a partir da data de publicação do instrumento convocatório:
I – para aquisição de bens:
a) 5 (cinco) dias úteis, quando adotados os critérios de julgamento pelo menor preço ou pelo maior desconto; e
b) 10 (dez) dias úteis, nas hipóteses não abrangidas pela alínea a deste inciso;
II – para a contratação de serviços e obras:
a) 15 (quinze) dias úteis, quando adotados os critérios de julgamento pelo menor preço ou pelo maior desconto; e
b) 30 (trinta) dias úteis, nas hipóteses não abrangidas pela alínea a deste inciso;
III – para licitações em que se adote o critério de julgamento pela maior oferta: 10 (dez) dias úteis; e
IV – para licitações em que se adote o critério de julgamento pela melhor combinação de técnica e preço, pela melhor técnica ou em razão do conteúdo artístico: 30 (trinta) dias úteis.

Quanto ao terceiro requisito, vale destacar que o contrato administrativo não se confunde com o convênio administrativo, pois, no primeiro, há obrigações recíprocas (um quer uma coisa ou serviço e o outro quer uma remuneração em dinheiro), ao passo que no segundo há interesses comuns (os convenentes querem desenvolver um projeto comum, dividindo tarefas), estabelecendo-se uma parceria para unir esforços no cumprimento desse interesse comum.

Preenchidos tais requisitos, estar-se-á diante de um contrato administrativo, cujo regime jurídico, naturalmente, é diferenciado em relação ao dos contratos privados.

Vale lembrar que a regulamentação dos contratos administrativos está prevista na Lei 8.666/1993, sendo que, agora, em se tratando de contrato de empresas públicas, sociedades de economia mista e suas subsidiárias a regulamentação é integralmente dada pela Lei 13.303/2016, ressalvada a regra de transição nela prevista (art. 91).

12.2. Características principais do contrato administrativo

O contrato administrativo tem duas características marcantes. A primeira delas é a existência de **cláusulas exorbitantes** em favor do Poder Público, que tem mais direitos que o particular em relação às *cláusulas regulamentares* do contrato. A segunda é o direito ao **equilíbrio econômico-financeiro**, o que faz com que ambas as partes tenham direito a que as *cláusulas econômicas* do contrato mantenham o equilíbrio que detinham quando de sua celebração.

Vamos a um exemplo. A Administração, em virtude de ter cláusulas exorbitantes em seu favor, pode, unilateralmente, modificar uma cláusula contratual para o fim de determinar que o contratado forneça mais produtos do que o previsto no contrato. Esse direito da Administração existe justamente porque há **cláusulas exorbitantes** em seu favor, cláusulas essas que existem apenas quanto às *cláusulas regulamentares* do contrato (ex.: prazos, quantidade, especificações etc.). O contratado será obrigado a cumprir essa ordem da Administração, mas terá, de outra parte, direito a que seja mantido o **equilíbrio econômico-financeiro**, ou seja, a que seja mantido o equilíbrio das *cláusulas econômicas* do contrato. Isso se dará mediante o aumento da quantia a ser paga para o contratado, que, tendo de trazer mais produtos, deverá receber mais por isso.

As **cláusulas exorbitantes** se justificam, pois, a Administração, diferentemente do particular, age em nome de toda a coletividade, de forma que tais poderes são indispensáveis à preservação do interesse público buscado na contratação.

O art. 58 da Lei 8.666/1993 exemplifica esse tipo de cláusula ao dispor que a Administração tem a prerrogativa de interferir nos contratos para:

a) modificá-los, unilateralmente, para melhor adequação às finalidades de interesse público, respeitados os direitos do contratado;

b) rescindi-los, unilateralmente, nos casos especificados no inc. I do art. 79 da Lei 8666/1993;

c) fiscalizar-lhes a execução;

d) aplicar-lhes sanções motivadas pela inexecução total ou parcial do ajuste;

e) nos casos de serviços essenciais, ocupar, provisoriamente, bens móveis, imóveis, pessoal e serviços vinculados ao objeto do contrato, na hipótese de necessidade de acautelar apuração administrativa de faltas contratuais pelo contratado, bem como na hipótese de rescisão do contrato administrativo (essa cláusula era muito utilizada nas concessões de serviço público; porém, com a edição da Lei 8.987/1995, passou-se a aplicar as regras específicas desta lei).

Quanto à característica da **manutenção do equilíbrio econômico-financeiro**, vale salientar que essa ela tem raiz constitucional, estando prevista no art. 37, XXI, do Texto Maior, no ponto em que o dispositivo assevera que o processo de licitação pública deve assegurar "*igualdade de condições a todos os concorrentes, com cláusulas que estabeleçam obrigações de pagamento, mantidas as condições efetivas da proposta* (...)". Além disso, também está prevista na Lei 8.666/1993, que estabelece que as cláusulas econômicas de contrato administrativo não podem ser alteradas sem a concordância do contratado, devendo ser revistas se houver alteração contratual que desequilibre a equação econômico-financeira original (art. 58, § 1º, da Lei 8.666/1993).

12.3. Regime jurídico do contrato administrativo

Como se sabe, os contratos administrativos têm seu regime jurídico delineado na Lei 8.666/1993. Porém, além dessa lei, a Constituição e outros diplomas legislativos também participam da formação do precitado regime jurídico.

Sobre o tema, confira o art. 54 da Lei 8.666/1993: "os contratos administrativos de que trata esta Lei regulam-se pelas suas cláusulas e pelos preceitos de direito público, aplicando-se-lhes, supletivamente, os princípios da teoria geral dos contratos e as disposições de direito privado".

Assim, pode-se sistematizar a questão, concluindo-se que se aplicam aos contratos administrativos as seguintes normas jurídicas, sucessivamente:

1º) CF: ex.: princípio da eficiência;

2º) Lei 8.666/1993 e Preceitos de Direito Público: ex.: casos de rescisão;

3º) Cláusulas editalícias e contratuais;

4º) Princípios da Teoria Geral dos Contratos: ex.: princípio da função social dos contratos;

5º) Disposições de Direito Privado: ex.: regras sobre vícios redibitórios (Código Civil e CDC), desconsideração da personalidade jurídica (art. 50 do Código Civil), cláusula penal máxima (art. 412 do Código Civil), juiz pode reduzir valor de multa, se excessiva, como no caso de uma multa de 88% reduzida para 10% (*vide* REsp 330.677).

12.4. Formalização do contrato administrativo

Para um contrato administrativo ser celebrado são necessários os seguintes requisitos:

a) ato administrativo motivado especificando a necessidade de contratação;

b) solicitação com indicação do objeto a ser contratado e de sua quantidade;

c) constatação da existência de recurso próprio para a despesa;

d) verificação do impacto orçamentário-financeiro; não basta haver previsão orçamentária. No curso de cada exercício financeiro há de se verificar se existem recursos em caixa, respeitando-se as cotas trimestrais de despesas fixadas (art. 47 da Lei 4.320/1964) e há de se obedecer também a outros requisitos legais (ex.: art. 42 da Lei de Responsabilidade Fiscal - LC 101/2000);

e) autorização para abertura de licitação;

f) elaboração e aprovação de edital;

g) reserva de recursos;

h) *licitação*, salvo dispensa ou inexigibilidade desta;

i) *convocação do adjudicatário*: estipula-se prazo para o adjudicatário (vencedor da licitação) comparecer para assinar o contrato (art. 64, *caput*, da Lei 8.666/1993), o qual pode ser prorrogado uma vez, com justificativa do contratado (art. 64, § 1º, da Lei 8.666/1993). Decorridos 60 dias da data de entrega das propostas, sem convocação, o adjudicatário fica liberado do dever de assinar o contrato, ou seja, fica liberado dos compromissos assumidos (art. 64, § 3º, da Lei 8.666/1993). Se o convocado não assinar contrato, a Administração tem duas opções (art. 64, § 2º, da Lei 8.666/1993): i) convocar o licitante remanescente, nas mesmas condições do vencedor; ou ii) revogar o certame;

j) os contratos devem conter determinadas cláusulas *escritas* acerca do *regime de execução, reajustes, condições de pagamento e atualização, prazos de início, execução, conclusão, multas e rescisão; garantias (caução, seguro, fiança);*

k) *devem ser escritos*, sendo nulo o contrato verbal com a Administração, salvo o de pequenas compras de pronto pagamento, assim entendidas aquelas de valor não superior a 5% do limite para aquisições por convite. A lei admite em alguns casos o regime de adiantamento (art. 68 da Lei 4.320/1964), em que se entrega numerário ao servidor para gasto futuro. Isso deve acontecer apenas nos casos definitivos em lei, como, por exemplo, no pagamento de diárias;

l) o *instrumento* do contrato é obrigatório nos casos de concorrência e de tomada de preços, bem como nas dispensas e inexigibilidades compreendidas naquelas modalidades, e facultativo nas compras de entrega imediata e sem obrigações futuras, bem como nos demais casos escritos não compreendidos nas duas modalidades acima, nos quais pode ser substituído por carta-contrato, nota de empenho de despesa, autorização de compra ou ordem de execução de serviço. A minuta do futuro contrato integrará sempre o edital;

m) o *contrato* tem como condição de *eficácia* a publicação de seu resumo na Imprensa Oficial, a qual deve se dar até o 5º dia útil do mês seguinte à sua assinatura e até 20 dias após esta, seja de que valor for;

n) faculta-se à Administração a exigência de *garantias* a fim de assegurar a execução do contrato, devendo estar prevista no edital. O particular deve escolher entre caução, em dinheiro ou títulos da dívida pública, seguro-garantia ou fiança bancária. A garantia não pode exceder a 5% do valor do contrato, salvo quanto a obras, serviços e fornecimentos de grande vulto envolvendo alta complexidade técnica e riscos financeiros consideráveis, quando o limite poderá ser elevado até a 10% do valor do contrato. A garantia será liberada ou restituída após a execução, e, quando em dinheiro, será atualizada monetariamente.

12.5. Alterações dos contratos (art. 65 DA LEI 8.666/1993)

12.5.1. Unilaterais

São as alterações feitas por imposição da Administração. As modificações aqui permitidas, que serão a seguir expostas, são feitas unilateralmente pela Administração, mas não podem implicar alteração do objeto contratual, sob pena de se caracterizar burla ou fraude à licitação feita. Permitem-se apenas alterações no projeto ou meramente quantitativas. Vejamos as alterações permitidas (art. 65, I):

a) qualitativa: *quando houver modificação do projeto ou das especificações para melhor adequação técnica aos seus objetivos;*

b) quantitativa: *quando necessária a modificação do valor contratual em decorrência de acréscimo ou diminuição quantitativa de seu objeto, nos limites permitidos na lei.*

No caso de alteração do projeto ou especificações (alteração qualitativa), temos duas situações típicas:

a) situações novas: por exemplo, decisão judicial impondo que dada obra atenda a preceitos técnicos em matéria de acústica;

b) situações existentes, mas desconhecidas: o solo se revela diferente do imaginado (ex.: tem muita pedra; tem falha geológica), impondo fundação diferenciada.

Um bom projeto básico evita isso, o que faz com que os tribunais de contas tenham cada vez mais recomendado a feitura de bons projetos antes que um edital de licitação seja elaborado.

A alteração qualitativa não admite que seja alterado o próprio objeto contratual. Assim, não é possível alterar o objeto contratual de cimento para tijolo, por exemplo.

Já quando é necessária a modificação do valor contratual em decorrência de acréscimo ou diminuição nas obras, serviços e compras, temos os seguintes limites:

a) acréscimo: até 25% do valor inicial; tratando-se de reforma, é possível acréscimo de até 50% do valor inicial;

b) diminuição: até 25% do valor inicial.

Não são computados nos limites os *reajustes* e *revisões*.

As alterações de valor devem levar em conta os ganhos e as perdas de escala.

12.5.2. Bilaterais

São as autorizadas pela lei, sendo feitas de comum acordo entre as partes, ou por processo judicial promovido pelo interessado, para restabelecer o equilíbrio inicial quando houver prejuízo significativo causado por um dos seguintes fatos:

a) força maior ou caso fortuito: alteração que requer i) desequilíbrio contratual, ii) evento lesivo consistente em força maior ou caso fortuito e iii) configuração de álea econômica extraordinária e extracontratual (prejuízo significativo). Ex.: uma grande chuva destrói uma obra pública em andamento, executada por uma construtora contratada pela Administração;

b) sujeições ou interferências imprevistas: *descoberta de um óbice natural ao cumprimento do contrato na forma prevista*. Ex.: descoberta de que o terreno em que o particular deverá construir a obra contratada é rochoso, aumentando em demasia os custos para a realização da fundação. Preenchidos os requisitos de desequilíbrio e configuração de álea extraordinária, também se enseja a alteração bilateral;

c) fato da administração: *toda ação ou omissão da Administração que se dirige e incide direta e especificamente sobre o contrato, retardando ou impedindo sua execução*. Ex.: atraso do Poder Público na entrega do imóvel para feitura de uma obra contratada com o particular. Esta alteração unilateral também gera, por óbvio, direito ao reequilíbrio econômico-financeiro[18]. Para alteração do contrato motivada pelo fato da administração é necessário: i) desequilíbrio contratual, ii) fato da administração e iii) configuração de álea econômica extraordinária e extracontratual (prejuízo significativo);

d) fato do príncipe: *fato geral do Poder Público que afeta substancialmente o contrato, apesar de não se dirigir especificamente a ele*. Ex.: mudança de política cambial por parte do Banco Central (STJ, ROMS 15.154);

e) modificação tributária: *criação, alteração ou extinção de tributo ou encargo legal que interfira diretamente nos preços (custos) para mais ou para menos* (art. 65, § 5º). Assim, aumentos significativos em tributos como ISS, ICMS, IPI, dentre outros, geram o direito à revisão contratual. Note que o aumento no imposto sobre a renda não interfere nos custos de uma empresa, mas apenas na renda desta, não ensejando a revisão contratual; da mesma forma, a criação da CPMF não enseja a revisão, por não gerar um prejuízo significativo, segundo o Tribunal de Contas da União (TCU);

f) aplicação da Teoria da Imprevisão: caso não se configure nenhuma das hipóteses acima, é possível invocar-se cláusula genérica para alteração contratual, que requer *desequilíbrio contratual causado pela sobrevinda de fatos imprevisíveis ou previsíveis, porém de consequências incalculáveis, retardadores ou impeditivos da execução do contrato*. Vale dizer, são necessários: i) desequilíbrio contratual ulterior, ii) imprevisibilidade ou previsibilidade de consequência incalculável e iii) retardamento ou impedimento da execução do ajustado (prejuízo significativo). Ex.: advento de guerra causando aumento demasiado no preço do petróleo, atingindo contratos em curso; crise mundial aumentando muito o dólar.

Não caberá revisão contratual nos seguintes casos: a) de culpa do contratado; b) de evento existente antes das propostas; c) de ausência de prejuízo significativo.

A jurisprudência entende que não dá ensejo à revisão contratual dois fatos: a) dissídio coletivo, por se tratar de algo previsível (STJ, REsp 668.376), ressalvadas situações excepcionais; b) inflação, por também se tratar de fato previsível e que é compensado pelo instituto do *reajuste* e não da *revisão*.

18. Art. 65: (...) "§ 6º Em havendo alteração unilateral do contrato que aumente os encargos do contratado, a Administração deverá restabelecer, por aditamento, o equilíbrio econômico-financeiro inicial."

O reajuste *é a atualização monetária em contratos de trato sucessivo, feita a cada 12 meses*. Ele difere da revisão, pois esta decorre de evento *extraordinário*, ao passo que o reajuste decorre de evento *ordinário*.

O reajuste tem como termo inicial a data prevista para a apresentação da proposta do licitante (art. 40, XI, da Lei 8.666/1993 e art. 3º, § 1º, da Lei 10.192/2001), nos termos do que decide o STJ (REsp 846.367/RS).

Em caso de atraso no pagamento, incide correção monetária mensal (Lei do Plano Real).

Por fim, e voltando à questão da *revisão* contratual, caso qualquer das situações ocorridas anteriormente leve a uma consequência tal que a revisão contratual não consiga trazer novamente o equilíbrio originário, o contrato deverá ser extinto.

12.6. Execução do contrato

Dispõe o artigo 66 da Lei 8.666/1993 que o contrato deverá ser executado fielmente: *Art. 66. O contrato deverá ser executado fielmente pelas partes, de acordo com as cláusulas avençadas e as normas desta lei, respondendo cada uma delas pelas consequências de sua inexecução total ou parcial.*

O contrato administrativo, portanto, faz lei entre as partes, que devem cumpri-lo integralmente.

Nada obstante, como se viu, tal regra sofre as seguintes exceções:

a) a Administração pode modificar unilateralmente condições contratuais;

b) nestes casos, e naqueles outros em que se configurarem hipóteses de desequilíbrio econômico-financeiro, deve-se promover sua modificação.

Outra questão importante nesta matéria é o fato de que a Administração deverá manter um representante para fiscalizar a execução dos contratos, enquanto o contratado deve indicar um preposto, aceito pela primeira, para acompanhar a execução do ajuste.

Deve-se destacar, ainda, que o contratado, na execução do ajuste, não pode deixar de cumprir suas obrigações por suspensão do contrato de até 120 dias, bem como por atraso no seu pagamento por até 90 dias. Vale dizer: a exceção de contrato não cumprido não pode ser alegada pelo particular em tais condições, em que pese poder ser alegada pelo Poder Público, se a culpa é do particular.

O contratado tem como prestação principal adimplir o objeto contratual, devendo também: observar as normas técnicas adequadas, empregar o material apropriado, sujeitar-se aos acréscimos e supressões legais, executar pessoalmente o objeto do contrato (a execução é pessoal, mas não personalíssima, daí a possibilidade de contratar terceiros para colaborar ou até para executar partes, desde que nos limites admitidos pela Administração na execução do contrato – *vide* art. 72, por exemplo, que trata da subcontratação), atender aos encargos trabalhistas, previdenciários, fiscais e comerciais decorrentes da execução, bem como manter o preposto acima indicado.

Vale ressaltar que, na execução do contrato, o particular é responsável pelas obrigações que contrair, as quais não poderão ser imputadas ao Poder Público: "*Art. 71. O contratado é responsável pelos encargos trabalhistas, previdenciários, fiscais e comerciais resultantes da execução do contrato.*"

Assim sendo, a Administração não poderá ser acionada por terceiros, em virtude de atos do contratado.

A Lei 9.032/1995, todavia, dispõe que a Administração Pública responde solidariamente com o contratado pelos *encargos previdenciários* resultantes da inexecução do contrato, nos termos do art. 31 da Lei 8.212/1991.

O TST também admite que a Administração responda por encargos trabalhistas no caso de terceirização de serviços, como nos contratos em que a Administração faz com empresas de vigilância, limpeza, dentre outros. Porém, a responsabilidade da Administração é subsidiária e depende de que esta tenha agido de forma culposa na aplicação da Lei 8.666/1993 (conforme Súmula 331 do TST, após as decisões do STF proferidas na Rcl 8150 e na ADC 16). O STF estabeleceu que "a imputação da culpa *in vigilando* ou *in elegendo* à Administração Pública, por suposta deficiência na fiscalização da fiel observância das normas trabalhistas pela empresa contratada, somente pode acontecer nos casos em que se tenha a efetiva comprovação da ausência de fiscalização. Nesse ponto, asseverou que a alegada ausência de comprovação em juízo da efetiva fiscalização do contrato não substitui a necessidade de prova taxativa do nexo de causalidade entre a conduta da Administração e o dano sofrido" (RE 760931/DF, j. 30.3.2017).

Executado o contrato, esse será recebido provisoriamente pela Administração, em até 15 dias da comunicação escrita do contratado, pelo responsável pelo acompanhamento e definitivamente por servidor ou comissão designada pela autoridade, após decurso do prazo de observação ou vistoria que ateste a adequação do objeto ao contrato, tudo sem prejuízo da responsabilidade civil pela solidez e segurança da obra ou do serviço (art. 73).

A **inexecução total ou parcial** do contrato enseja sua rescisão, com as consequências contratuais e as previstas em lei ou regulamento (art. 77). O art. 78 da Lei 8.666/1993 enumera os motivos para rescisão do contrato, dentre eles os seguintes:

a) o não cumprimento ou o cumprimento irregular de cláusulas contratuais;

b) a lentidão no seu cumprimento, o atraso injustificado no início, a paralisação sem justa causa e sem prévia comunicação;

c) a subcontratação não admitida no contrato;

d) o desatendimento das determinações regulares da autoridade designada para acompanhamento de sua execução;

e) razões de interesse público (revogação do contrato);

f) *suspensão* da execução por mais de 120 dias ou *atraso* por mais de 90 dias; em ambos os casos a extinção será opção do contratado, não cabendo rescisão, todavia, se houver calamidade pública, grave perturbação da ordem interna ou guerra;

g) caso fortuito ou força maior impeditivos da execução.

Os casos de rescisão serão formalmente motivados nos autos do processo administrativo, assegurados o contraditório e a ampla defesa. Quando a rescisão não se der por culpa do contratado (incisos XII a XVII do art. 78), esse será ressarcido dos prejuízos que houver sofrido, tendo ainda direito à devolução da garantia, pagamento pela execução até a rescisão e pagamento do custo da desmobilização. A rescisão pelo não cumprimento das cláusulas contratuais acarretará, sem prejuízo das sanções legais, na assunção imediata do objeto pela Administração, com a ocupação e utilização do local, instalações, equipamentos, material e pessoal empregados na execução do contrato necessários à sua continuidade e retenção dos créditos decorrentes do contrato até o limite dos prejuízos causados à Administração.

Os artigos 86 e seguintes tratam das sanções administrativas cabíveis em caso de inexecução parcial ou total do contrato, garantida prévia defesa, servindo como exemplo: advertência, multa, suspensão temporária de participação em licitação e impedimento de contratar por prazo não superior a 2 anos, declaração de inidoneidade para licitar ou contratar com a Administração enquanto durarem os motivos da punição ou até que seja promovida a reabilitação perante a autoridade, que depende de cumprimento de sanções e ressarcimento ao erário, podendo-se aplicar as duas últimas sanções também aos profissionais que tiverem dado causa ao ilícito.

Quanto a sanção de inidoneidade para licitar ou contratar com a Administração, ela se irradia para todas as esferas de governo. Assim, na esteira de um exemplo tirado da jurisprudência do STJ, uma empresa que tenha recebido essa sanção de um município, por ter fornecido medicamento adulterado a este, ficará impedida de contratar com todos os outros municípios, Estados, DF e União (Resp 520.553). Porém, essa sanção tem efeitos futuros, ou seja, não alcança os contratos em curso quando de sua aplicação, sem prejuízo de que, dentro de cada contrato em curso possa haver sua rescisão por específicas inexecuções em cada contrato (STJ, MS 13.964/DF).

Quanto à possibilidade do TCU declarar a inidoneidade de empresa privada para participar de licitações, o STF entende que esse tribunal tem competência, na esteira do disposto no art. 46 da Lei 8.443/1992 – Lei Orgânica do TCU (MS 30.788/MG, J. 21.05.2015).

12.7. Extinção do contrato

O contrato administrativo se extingue pelas seguintes causas:

a) conclusão do objeto ou decurso do tempo: quanto à questão da duração do contrato, é importante que fique claro que todo contrato administrativo deve ter prazo determinado e respeitar os créditos orçamentários; quanto aos serviços contínuos (ex.: limpeza, vigilância merenda etc.), cabem sucessivas prorrogações, limitando-se a contratação total a até 60 meses, sendo que, em casos excepcionais, devidamente justificados e mediante autorização da autoridade superior, cabe outra prorrogação, por mais 12 meses, totalizando 72 meses; já quanto a serviços relativos à segurança nacional, o prazo máximo do contrato é de 120 meses;

b) acordo entre as partes (rescisão amigável ou bilateral): ocorre por acordo entre as partes, desde que haja interesse público. A extinção bilateral também é chamada de distrato;

c) culpa da Administração (rescisão judicial): a chamada *rescisão judicial* ocorre por ação judicial promovida pelo particular, que não pode promover a extinção do ajuste unilateralmente. O particular deverá trazer como fundamento o descumprimento, por parte do Poder Público, de obrigações contratuais. Conforme já escrito, o particular não pode alegar a exceção de contrato não cumprido até 120 dias de suspensão do contrato e 90 dias de atraso no pagamento; a suspensão do contrato consiste em a Administração dizer para o contratado que é para ele suspender o cumprimento de suas obrigações, período em que também não receberá quantia alguma; o atraso no pagamento é pior, pois o particular deve continuar cumprindo com suas obrigações, mas nada poderá fazer para rescindir o contrato se o atraso não superar 90 dias. Naturalmente, o contratado prejudicado pela suspensão ou atraso no contrato poderá, posteriormente, requerer compensação financeira pelos danos que suportar com essas condutas da Administração;

d) por vontade da Administração (rescisão unilateral ou administrativa): essa forma de extinção é promovida pela Administração, respeitando o contraditório e a ampla defesa, nos seguintes casos:

d1) anulação: por motivo de *ilegalidade* na licitação ou no contrato;

d2) revogação: por inconveniência ou inoportunidade; nesse caso, o STJ entende o seguinte: "esta Corte Superior já se pronunciou no sentido de que a rescisão do contrato administrativo por ato unilateral da Administração Pública, sob justificativa de interesse público, impõe ao contratante a obrigação de indenizar o contratado pelos prejuízos daí decorrentes, como tais considerados não apenas os danos emergentes, mas também os lucros cessantes. Precedentes. É que, sob a perspectiva do Direito Administrativo Consensual, os particulares que travam contratos com a Administração Pública devem ser vistos como parceiros, devendo o princípio da boa-fé objetiva (e seus corolários relativos à tutela da legítima expectativa) reger as relações entre os contratantes público e privado" (REsp 1240057/AC, *DJe* 21.09.2011);

d3) inexecução do contrato pelo contratado.

12.8. Outras questões referentes a contratos administrativos

Uma questão que aparece com certa frequência é saber se é possível a aplicação do instituto da **arbitragem** para regular contratos administrativos.

A jurisprudência vem entendendo que essa possibilidade existe, caso se trate de empresas estatais, dada a natureza dos interesses de que cuidam tais empresas.

Não há norma na Lei 8.666/1993 estabelecendo a possibilidade de aplicação da mediação e da arbitragem quanto às pessoas jurídicas de direito público.

Porém, em matéria de concessão de serviço público e de parceria público-privada, a lei admite que o edital preveja a utilização de arbitragem para a resolução de disputas decorrentes ou relacionadas ao contrato (art. 23-A da Lei 8.987/1995 e art. 11, III, da Lei 11.079/2004).

Naturalmente, a arbitragem não poderá discutir cláusulas regulamentares desses contratos, podendo incidir apenas sobre questões de outra natureza.

Outra questão bastante polêmica é quanto à possibilidade de **retenção de pagamento da contratada pela não manutenção da regularidade fiscal**. O STJ entende que não é possível *retenção* por esse motivo, já que não há previsão legal nesse sentido, lembrando que o objetivo da retenção é cobrir prejuízos causados pelo contratado e multas aplicadas pela Administração (arts. 80, IV, e 87, § 2º). Porém, é possível *rescindir* o contrato no caso por descumprimento de cláusula essencial desse.

12.9. Contratos administrativos versus Convênios

No Direito Administrativo há diversas espécies de negócios bilaterais. São exemplos desses negócios o contrato administrativo, o contrato regido pelo direito privado, a concessão de serviço público, a concessão de uso de bem público, o convênio, o consórcio, o contrato de gestão e o termo de parceria.

Mas há duas categorias que podem ser tomadas como gênero. A primeira delas é o **contrato em sentido** amplo, que abrange o contrato administrativo, o contrato regido pelo direito privado e as concessões. E a segunda delas são os **convênios em sentido amplo**, que abrange os convênios em sentido estrito, o consórcio, o contrato de gestão e o termo de parceria.

Contratos e convênios têm em comum o fato de serem negócios jurídicos bilaterais. E têm como diferenças as seguintes: a) no primeiro há interesses contrapostos, ao passo que no segundo há interesses e objetivos comuns; b) no primeiro existe relação de crédito e débito, podendo o contratado aplicar o dinheiro que receber como remuneração como bem lhe convier, ao passo que no segundo os recursos recebidos por um dos convenentes devem ser aplicados para alcançar os objetivos comuns de ambas as partes; c) no primeiro, os contratantes são considerados "partes" e não têm o dever de prestar contas sobre o uso dos recursos relativos à remuneração de cada qual, ao passo que no segundo os convenentes são considerados "partícipes" e têm o dever de prestar contas sobre a aplicação dos recursos recebidos.

Um convênio deverá observar os preceitos do art. 116 da Lei 8.666/1993, bem como, nos celebrados com a União, às disposições da Instrução Normativa 1/1997, da Secretaria do Tesouro Nacional.

Vale ressaltar que há na legislação, hoje, previsão de outras formas de vínculo para a gestão associadas de certos serviços públicos, por meio da celebração de convênios de cooperação e até pela criação conjunta, pelos entes políticos, de pessoas jurídicas, denominadas consórcios públicos (vide, a respeito, o art. 241 da CF e a Lei 11.107/2005).

Segundo jurisprudência do Supremo Tribunal Federal (STF), é inconstitucional a exigência de autorização legislativa para a celebração de convênio ou consórcio: "A jurisprudência do Supremo Tribunal Federal é firme no sentido de que a regra que subordina a celebração de acordos ou convênios firmados por órgãos do Poder Executivo à autorização prévia ou ratificação da Assembleia Legislativa, fere o princípio da independência e harmonia dos poderes (art. 2º da CF)" (ADI 342/PR, DJ 11.04.2003).

Por outro lado, sempre que possível, deve-se promover certame concorrencial com vistas a se preservar os princípios da impessoalidade, da moralidade e da eficiência.

Isso porque não há lei geral federal determinado que, previamente à celebração de convênios, há de se fazer licitação pública, porém, em homenagem aos princípios citados, de rigor, sempre que possível, entabular o acordo após disputa entre interessados que leve em conta critérios isonômicos e protetores do interesse público. Por meio de edital de chamamento, por exemplo, pode-se buscar uma boa disputa entre interessados, quando a Administração quiser celebrar convênio com alguma entidade privada.

Já quanto ao consórcio público, a sua constituição, que se dá entre entes políticos, por óbvio não requer licitação. Porém, quando o consórcio público estiver constituído enquanto pessoa jurídica, a sua contratação pelos entes políticos consorciados não requer licitação, mas as contratações feitas pelo próprio consórcio (ex: compras de materiais e equipamentos), aí sim requerem este certame.

Por fim, vale citar mencionar que, de acordo com a Lei 13.019/2014, são regidos pelo art. 116 da Lei 8.666/1993: a) convênios entre entes federados ou pessoas jurídicas a eles vinculadas; b) convênios e contratos celebrados com entidades filantrópicas e sem fins lucrativos nos termos do § 1º do art. 199 da Constituição Federal.

13. SERVIÇO PÚBLICO

13.1. Conceito de serviço público

O serviço público pode ser conceituado como *toda atividade oferecida aos administrados, prestada pelo Estado ou por concessionário, sob regime de Direito Público.*

São exemplos de serviço público os serviços de fornecimento de energia, água, telefone, transporte coletivo, coleta de lixo, dentre outros.

13.2. Instituição de serviços públicos

A Constituição Federal e as leis federais, estaduais ou municipais são os instrumentos aptos a instituir os serviços públicos.

Assim, não é possível que o Chefe do Executivo, por exemplo, por meio de decreto determine que um dado serviço, antes privado, passe a ser público. Ou seja, caso determinado Município queira estabelecer que o serviço funerário é um serviço público, será necessário que uma lei local traga essa disposição.

São exemplos de serviços públicos criados pela Constituição Federal os seguintes: serviço postal, telecomunicações, radiodifusão sonora e de sons e imagens, energia elétrica, navegação aérea, aeroespacial, infraestrutura aeroportuária, transporte ferroviário, portos, transporte rodoviário, transporte coletivo urbano, seguridade social, saúde, educação, dentre outros.

13.3. Características dos serviços públicos

Quando a CF ou a lei elegem um dado serviço como público, o Poder Público passa a ser o ***titular*** de serviço, ou seja, passa a ter o direito e o dever de **regulamentar**, **fiscalizar** e **executar** o serviço.

Com relação à **execução**, ou seja, à sua mera prestação aos usuários, o Poder Público pode passar seu exercício ao particular, por meio de concessão ou permissão de serviço público, precedidas de licitação.

O Estado continuará a ser titular, dono do serviço, ditando as regras e fiscalizando sua prestação, e o particular ficará com seu exercício, em troca do qual receberá uma remuneração.

Há serviços, todavia, inerentes à própria ideia de Estado (como o de polícia judiciária, polícia administrativa, jurisdição, dentre outros), que não podem ser concedidos, eis que são ***serviços próprios do Estado***, ou seja, ***de execução privativa deste***.

Há, de outra parte, serviços, como educação e saúde, em que o particular não precisa receber concessão ou permissão do Poder Público para prestá-lo, ficando, todavia, sujeito à fiscalização estatal (arts. 199 e 209 da CF, respectivamente).

A Lei 8.987/1995 dispõe sobre o regime de concessão e permissão da prestação de serviços previsto no art. 175 da Constituição Federal.

A Lei 13.460/2017 dispõe sobre participação, proteção e defesa dos direitos do usuário dos serviços públicos da administração pública. Essa lei equivale a um Código de Defesa do Usuário do Serviço Público e não afasta as disposições específicas sobre serviços sujeitos à regulação ou supervisão nem a aplicação do Código do Consumidor quando caracterizada relação de consumo. A lei se aplica a todos os entes da Federação, segundo a *vacatio legis* de seu art. 25. Destacam-se na lei os capítulos sobre: direitos e deveres básicos dos usuários, manifestações dos usuários (denúncias, sugestões etc.), instituição de Ouvidorias e de Conselhos de Usuários, e avaliação continuada dos serviços públicos. Acerca da Ouvidoria, a lei estabelece que esta encaminhará a decisão administrativa final ao usuário, observado o prazo de 30 dias, prorrogável de forma justificada uma única vez, por igual período, podendo a ouvidoria solicitar informações e esclarecimentos diretamente a agentes públicos do órgão ou entidade a que se vincula, e as solicitações devem ser respondidas no prazo de 20 dias, prorrogável de forma justificada uma única vez, por igual período (art. 16).

13.4. Serviço adequado

O art. 6º da Lei 8.987/1995 impõe a que o serviço público seja adequado, estabelecendo que **serviço adequado** é o que satisfaz as seguintes condições:

a) generalidade: *todos devem ter acesso ao serviço, garantido o tratamento equânime aos usuários que estiverem na mesma situação;*

b) eficiência: os serviços públicos devem ser atuais e atender satisfatoriamente aos interesses dos usuários;

c) segurança: os serviços devem ser seguros, não causando danos ao particular;

d) cortesia: os usuários devem ser tratados com urbanidade, respeito, educação e atenção;

e) atualidade: compreende a modernidade das técnicas, do equipamento e das instalações e a sua conservação, bem como a melhoria e a expansão do serviço;

f) modicidade das tarifas: ou seja, as tarifas devem ter preços acessíveis. A modicidade impõe uma tarifa acessível, o que não significa que o poder concedente tenha que subsidiar o serviço. Se uma tarifa, para ser módica, leva o serviço a se tornar deficitário, há de ser bem prudente em termos de responsabilidade fiscal, podendo ser que o modelo escolhido tenha sido inadequado (já que se deve usar a parceria público-privada quando as tarifas são insuficientes) ou que a concessionária esteja gerindo mal o serviço. Problemas de déficit devem ser resolvidos, num primeiro momento, pelo aumento de tarifa (sem que esta deixa de ser acessível), bem como verificar se o edital da concessão permite que se institua outras fontes de renda, como a publicidade. O uso de dinheiro do orçamento para cobrir tarifas deficitárias deve ser avaliado com calma. Há casos em que isso pode se revelar injusto socialmente, pois pessoas que não usam dado serviço podem estar tendo que contribuir com ele (pois o dinheiro do orçamento público é de todos nós) e pessoas com renda considerável podem estar tendo a ajuda do dinheiro do povo para cobrir serviços públicos não usadas pelas camadas mais pobres. Um exemplo seria um aporte de dinheiro público para marinas públicas usadas por iates privados. Se acontecesse haveria uma grande injustiça social. Nesse caso, a tarifa cobrada dos donos dos iates têm que cobrir o custo e lucro da respectiva concessão.

g) regularidade e continuidade: *impõe que o serviço esteja sempre à disposição para utilização coletiva.* O serviço público não pode ser interrompido, mesmo em caso de greve, quando será mantido para garantir o mínimo à população, salvo em situação de emergência ou após aviso prévio por: a) razões de ordem técnica ou segurança; b) inadimplemento do usuário, considerado o interesse da coletividade. O STJ admite o corte do serviço por inadimplemento, desde que haja comunicação prévia (REsp 783.575/RS), corte esse que pode atingir tanto os particulares, como a Administração. Não cabe o corte, porém, em quatro casos:

i) em relação a *serviços essenciais*, como de um hospital ou uma creche (STJ, AgRg no Edcl na Susp. de Liminar 606/CE);

ii) em relação a *débitos antigos* (STJ AgRg no Ag 88.502); apenas o débito presente enseja o corte; débitos antigos devem ser cobrados pelas vias ordinárias;

iii) em caso de *cobrança por aferição unilateral por fraude no medidor* (STJ, REsp 975.314); nesse caso, como é a concessionária que estipula o valor a ser pago, não seria correto que ela pudesse cortar o serviço;

iv) em caso de *cobrança feita junto ao atual usuário do serviço por débito pretérito de usuário anterior*; aliás, o atual usuário sequer pode ser cobrado pela dívida do usuário anterior (STJ, AgRg no REsp 1.327.162, DJ 28.09.2012).

13.5. Classificação dos serviços públicos

13.5.1. Quanto à obrigatoriedade

a) compulsórios: *são os de utilização obrigatória;* por conta disso, são remunerados por taxa (regime tributário), como o serviço de coleta de lixo;

b) facultativos: *são os de utilização não obrigatória*; portanto, são remunerados por tarifa ou preço público (regime não tributário), como o de transporte coletivo.

13.5.2. Quanto à essencialidade

a) serviços públicos: *são os que a Administração presta diretamente à comunidade por serem essenciais à sobrevivência do grupo social* (exs.: defesa, polícia); tais serviços também são chamados de *pró-comunidade* ou *próprios do Estado;*

b) serviços de utilidade pública: *são os prestados pela Administração ou concessionários, por ser conveniente que haja regulamentação e controle* (exs.: luz, gás, telefone); tais serviços são chamados de *pró-cidadão* ou *impróprios do Estado.*

13.5.3. Quanto aos destinatários

a) *uti singuli*: *são os que têm usuários determinados* (ex.: água, luz);

b) *uti universi*: *são os que têm usuários indeterminados* (ex.: segurança).

13.5.4. Quanto à finalidade

a) administrativos: *são os executados para atender às necessidades da Administração ou preparar outros serviços que serão prestados ao público;*

b) industriais/comerciais: *são os que produzem renda para quem os presta, por meio de tarifa ou preço público* (ex.: correios); os **serviços públicos econômicos**, por sua possibilidade de lucro, representam atividades de caráter mais industrial e comercial, tais como o de energia elétrica, e normalmente são prestados pelos particulares;

c) sociais: *são os definidos pela Constituição como serviços sociais*, como o de educação, saúde etc.; os **serviços públicos sociais** são aqueles destinados a atender às necessidades básicas da população, tais como assistência médica e educacional. São serviços normalmente deficitários, que podem ser prestados pelo Estado ou **por particulares**.

14. CONCESSÕES DE SERVIÇO PÚBLICO

14.1. Conceito de concessão de serviço público

A concessão de serviço público pode ser conceituada como a *atribuição pelo Estado, mediante licitação, do exercício de um serviço público de que é titular, a alguém que aceita prestá-lo em nome próprio, por sua conta e risco, nas condições fixadas e alteráveis unilateralmente pelo Poder Público, ressalvada a manutenção do equilíbrio econômico-financeiro do contrato*[19].

A matéria vem regulamentada na Lei 8.987/1995, nos termos das diretrizes apontadas no art. 175 da Constituição Federal[20].

19. *Vide* a obra de Celso Antônio Bandeira de Mello.
20. "Art. 175. Incumbe ao Poder Público, na forma da lei, diretamente ou sob regime de concessão ou permissão, sempre através de licitação, a prestação de serviços públicos.
Parágrafo único. A lei disporá sobre:
I – o regime das empresas concessionárias e permissionárias de serviços públicos, o caráter especial de seu contrato e de sua prorrogação, bem como as condições de caducidade, fiscalização e rescisão da concessão ou permissão;
II – os direitos dos usuários;

14.2. Noções gerais acerca da concessão de serviço público

O concessionário de serviço público recebe o **exercício (e não a titularidade)** dos serviços públicos. Assim, só se concede o exercício do serviço público e não sua titularidade, que continua com o Estado, o qual, por ser dele titular, ditará as regras e fiscalizará o exercício concedido ao particular. A saúde e a educação, apesar de serem serviços públicos, não dependem de concessão para que os particulares as prestem, bastando autorizações, em alguns casos. O objetivo da concessão é o de obter o melhor serviço possível.

Quanto à **remuneração** do concessionário, esta se dará por tarifa, subsídio e outros meios alternativos, como a publicidade, a qual é muito comum e pode ser verificada nos anúncios publicitários afixados nos ônibus de transporte coletivo.

A natureza da concessão não é simplesmente contratual, mas complexa. Trata-se de relação jurídica com três partes:

a) ato regulamentar: ato unilateral do Poder Público que fixa as condições de funcionamento, organização e modo da prestação dos serviços, podendo ser alterado unilateralmente também, de acordo com as necessidades públicas;

b) ato condição: concordância do concessionário, que aceita submissão ao ato regulamentar e às demais condições;

c) contrato: instrumento no qual estará prevista a questão financeira, garantindo-se, para o presente e para o futuro, o equilíbrio econômico-financeiro dos contratantes; caso haja alteração regulamentar ou outra alteração extracontratual que cause desequilíbrio, deve o Poder Público reequilibrar o contrato, mantendo a proporção, a igualdade inicial.

O Estado muda, unilateralmente, a regulamentação (as cláusulas regulamentares, que trazem as especificações de como e em que condições os serviços devem ser prestados), só respeitando a natureza do objeto do contrato e a equação econômico-financeira (cláusulas regulamentares que trazem as especificações sobre a parte econômica do contrato).

14.3. Formalidades para a realização da concessão

Uma vez que um serviço é considerado público e se trate de um daqueles que o Estado pode fazer concessão, esta dependerá dos seguintes requisitos para que aconteça:

a) lei: esta deverá autorizar a concessão ou permissão do serviço público;

b) licitação na modalidade concorrência: além de ser necessária a realização de licitação, ela deve se dar, em matéria de concessão de serviço público, naquela modalidade mais abrangente, qual seja, a concorrência.

Quanto à licitação para a outorga de concessão, o julgamento será feito segundo um dos seguintes critérios: a) menor valor da tarifa; b) maior oferta pela concessão; c) melhor proposta técnica com preço fixado no edital; d) combinação de proposta técnica com valor da tarifa; e) combinação de proposta técnica com o preço da concessão; f) melhor preço da concessão, após aprovação da proposta técnica; g) menor tarifa, após aprovação da proposta técnica.

A Lei 9.491/1997, que regula o Programa Nacional de Desestatização, traz a modalidade leilão como adequada à respectiva licitação.

14.4. Poderes do concedente

A Lei 8.987/1995 estabelece que o titular do serviço público (concedente) tem os seguintes poderes numa concessão de serviço públicos:

a) de inspeção e fiscalização: vê-se desempenho, cumprimento de deveres e de metas;

b) de alteração unilateral das cláusulas regulamentares: respeitados o equilíbrio financeiro e os limites legais (p. ex., não pode alterar a natureza do objeto da concessão);

c) de intervenção: em casos de comprometimento do serviço público, a Administração pode intervir na concessionária para regularizar a situação; ex.: intervenção em empresa de ônibus que não está desempenhando corretamente seu papel, mesmo após notificações e aplicação de multa;

d) extinção da concessão antes do prazo: a extinção pode se dar, dentre outros motivos, por conveniência e oportunidade do concedente para melhorar o serviço público (encampação ou resgate), ou por falta cometida pelo concessionário (caducidade);

e) aplicação de sanções ao concessionário inadimplente: multas, por exemplo.

14.5. PRAZO

A Lei 8.987/1995 não estabelece prazo máximo ou mínimo para a concessão de serviço público.

Portanto, faz-se necessário que o edital de concorrência pública para a outorga da concessão estabeleça qual será o prazo do contrato celebrado com o vencedor do certame.

Admite-se prorrogação da concessão, desde que haja previsão editalícia.

14.6. Transferência da concessão e do controle acionário da concessionária

A lei autoriza a transferência da concessão se a Administração previamente anuir, o que parece burlar a ideia de licitação, a nosso ver.

Por maior razão, a lei também autoriza a transferência do controle acionário da pessoa jurídica vencedora da licitação, também desde que haja anuência do Poder Concedente.

O art. 27 da Lei 8.987/1995 dispõe ser causa de caducidade da concessão (extinção por culpa do particular) a transferência da concessão ou do controle acionário sem tal anuência do Poder Concedente.

14.7. Direitos do concessionário

O concessionário tem dois direitos básicos:

a) manutenção do equilíbrio econômico-financeiro do contrato no decorrer de sua execução;

III – a política tarifária;
IV – a obrigação de manter serviço adequado."

b) não sofrer exigência de prestação **estranha ao objeto da concessão**.

Uma vez garantidos esses direitos, o concessionário é obrigado a cumprir as determinações regulamentares do Poder Concedente, que, de acordo com as exigências do interesse público, modificará as cláusulas regulamentares do serviço, estabelecendo os detalhes de como este deverá ser prestado.

14.8. Formas de extinção

a) Advento do termo contratual: forma usual, em que termina o prazo da concessão e ela fica extinta. Os bens aplicados no exercício do serviço são revertidos para o Poder Concedente, nos termos previstos no edital. Hely Lopes Meirelles denomina tal forma de extinção como reversão, porque há retorno do serviço ao Poder Concedente. Preferimos não tratar da hipótese por este nome, uma vez que o instituto da reversão, que será visto a seguir, é a *consequência* da extinção da concessão e não uma *forma* de sua extinção.

b) Rescisão judicial: forma de extinção feita a pedido de qualquer um dos "contratantes". Como o Poder Público pode extinguir de ofício a concessão, geralmente a rescisão judicial será pedida pelo concessionário, por culpa do Poder Concedente. Na ação pode-se pleitear indenização por não ter havido, ainda, amortização do investimento feito pelo concessionário. Os serviços prestados pela concessionária não poderão ser interrompidos ou paralisados até a decisão judicial transitar em julgado. Extinta a concessão, os bens também são revertidos para o poder público, para garantia da continuidade do serviço público, na forma prevista no edital.

c) Rescisão consensual: mútuo acordo, com reversão dos bens da mesma forma.

d) Rescisão por ato unilateral do Poder Concedente:

d1) encampação ou resgate: é o encerramento da concessão por ato do Poder Concedente, durante o transcurso do prazo inicialmente fixado, *por motivo de conveniência e oportunidade administrativa* (espécie de revogação) sem que o concessionário haja dado causa ao ato extintivo. Depende de lei específica que o autorize, como forma de proteção ao concessionário e também porque geralmente enseja grandes custos. É necessária prévia indenização, que compense o investimento ainda não amortizado, bem como que faça frente aos lucros cessantes pela extinção prematura do contrato de concessão, já que não há culpa do concessionário. Bens revertem ao Poder Concedente. Ex.: fim dos bondes.

d2) caducidade ou decadência: encerramento da concessão antes do prazo, *por inadimplência do concessionário*[21]. Depende de prévio processo administrativo, com direito a ampla defesa, para apuração da falta grave do concessionário, processo que só poderá ser acionado após comunicação detalhada à concessionária dos descumprimentos contratuais referidos no § 1º do art. 38 da Lei, dando-lhe prazo para regularização. Além das hipóteses previstas em tal dispositivo, é também causa da caducidade a transferência da concessão ou do controle acionário sem prévia anuência do Poder Concedente (art. 27). A declaração de caducidade será feita por decreto do Poder Concedente. Só se indeniza a parcela não amortizada, uma vez que houve culpa daquele que exercia o serviço público. Da eventual indenização devida serão descontados os valores relativos a multas contratuais e danos causados pela concessionária.

d3) anulação da concessão: é o encerramento da concessão quando esta for outorgada com vício jurídico. Se não houve má-fé por parte do concessionário, este terá direito à indenização pelas despesas que teve e para a amortização do investimento.

d4) falência da concessionária: faz com que se extinga a concessão feita.

d5) extinção da empresa ou morte do concessionário: também faz extinguir a concessão.

14.9. Reversão dos bens

Consiste na *passagem ao Poder Concedente dos bens do concessionário aplicados no serviço público como consequência da extinção da concessão, cuja finalidade é manter a continuidade do serviço público.*

A reversão se dará nos limites definidos no edital de convocação para a licitação, assegurando-se ao concessionário a amortização do investimento que fez. Ex.: frota de ônibus de empresa que teve sua concessão extinta passa para o Poder Público.

14.10. Responsabilidade do concessionário

Cabe lembrar aqui que o § 6º do artigo 37 da CF, que prevê a responsabilidade objetiva do Estado, dispõe que *as pessoas jurídicas de direito privado prestadoras de serviço público* respondem pelos danos que seus agentes, nessa qualidade, causarem a terceiros.

Daí se conclui não somente que a responsabilidade dos concessionários é objetiva, como também que o Estado não responderá pelos danos causados por tais pessoas jurídicas a terceiros, mas sim o próprio concessionário.

21. "Art. 38. A inexecução total ou parcial do contrato acarretará, a critério do poder concedente, a declaração de caducidade da concessão ou a aplicação das sanções contratuais, respeitadas as disposições deste artigo, do art. 27, e as normas convencionadas entre as partes.
§ 1º A **caducidade da concessão poderá ser declarada pelo poder concedente quando**:
I – o serviço estiver sendo prestado de forma inadequada ou deficiente, tendo por base normas, critérios, indicadores e parâmetros definidores de qualidade do serviço;
II – a concessionária descumprir cláusulas contratuais ou disposições legais ou regulamentares concernentes à concessão;
III – a concessionária paralisar o serviço ou concorrer para tanto, ressalvadas as hipóteses decorrentes de caso fortuito ou força maior;
IV – a concessionária perder as condições econômicas, técnicas ou operacionais para manter a adequada prestação do serviço concedido;
V – a concessionária não cumprir as penalidades impostas por infrações, nos devidos prazos;
VI – a concessionária não atender a intimação do poder concedente no sentido de regularizar a prestação do serviço;
VII – a concessionária não atender a intimação do poder concedente para, em 180 (cento e oitenta) dias, apresentar a documentação relativa a regularidade fiscal, no curso da concessão, na forma do art. 29 da Lei 8.666, de 21 de junho de 1993."

O Poder Público responderá apenas subsidiariamente (ou seja, após o esgotamento do patrimônio da concessionária), desde que o dano tenha sido causado na prestação do serviço público.

14.11. Permissões de serviço público

O **conceito tradicional** de permissão de serviço público é o seguinte: *ato unilateral e precário, "intuito personae", por meio do qual o Poder Público transfere a alguém o exercício de um serviço público, mediante licitação.*

Apesar da confusão na doutrina e na jurisprudência, principalmente após a Constituição de 1988 (que parece dar natureza contratual à permissão) e a Lei 8.987/1995 (que também utiliza a palavra "contrato de adesão" para designá-la), deve-se encarar a permissão como *ato unilateral, precário e sem direito à indenização por extinção unilateral,* adotando-se seu conceito tradicional, já que o art. 2º, IV, da Lei 8.987/1995 é claro ao dispor que a permissão é precária, característica essa incompatível com a ideia de contrato, que é vínculo firme, que faz lei entre as partes, e não vínculo precário.

Assim, a Administração deve ser muito responsável quando analisa se um caso concreto é hipótese de concessão ou de permissão de serviço público. Se este requisitar grandes investimentos (ex.: serviço de transporte coletivo de massa), a Administração deverá outorgar concessão. Senão, poderá ser outorgada permissão (ex.: serviço de transporte individual por táxi).

Isso não foi respeitado no passado, principalmente na concessão do serviço de transporte coletivo, em que se outorgava permissão, quando deveria ser concessão.

Dessa forma, tendo em vista o princípio da boa-fé, da presunção de legitimidade dos atos da Administração e da relevância desses fatos, em casos em que caberia concessão e fora dada permissão, caso haja revogação dessa antes do tempo, deve-se usar o regime jurídico da concessão para reger as consequências decorrentes de tal intenção do Poder Público.

Nesse sentido, Maria Sylvia Zanella Di Pietro traz a diferenciação entre a permissão tradicional e a **permissão condicionada ou qualificada**, ensinando o seguinte: "A rigor, a autorização de uso e a permissão de uso são precárias, enquanto a concessão é estável. Na prática administrativa, tem-se admitido autorização e permissão com prazo (sendo chamadas de condicionadas ou qualificadas), o que confere ao beneficiário a mesma estabilidade que decorre da concessão e, portanto, o mesmo direito à indenização, em caso de revogação do ato antes do prazo estabelecido. Confundem-se, nessas hipóteses, os institutos da autorização e permissão, de um lado, e a concessão, de outro."

Com o fim de fecharmos o raciocínio, podemos conferir as disposições da Lei 8.987/1995 acerca da concessão e da permissão de serviço público:

a) concessão de serviço público: *a delegação de sua prestação, feita pelo Poder Concedente, mediante licitação, na modalidade concorrência, à pessoa jurídica ou consórcio de empresas que demonstre capacidade para o seu desempenho, por sua conta e risco e por prazo determinado* (art. 2º, II);

b) permissão de serviço público: *a delegação, a título precário, mediante licitação, da prestação de serviços públicos, feita pelo Poder Concedente à pessoa física ou jurídica que demonstre capacidade para o seu desempenho, por sua conta e risco* (art. 2º, IV).

Por outro lado, o art. 40 da Lei 8.987/1995 estabelece que "a permissão de serviço público será formalizada mediante **contrato de adesão** que observará os termos desta lei, das demais normas pertinentes e do edital de licitação, inclusive quanto à precariedade e à revogabilidade unilateral do contrato pelo poder concedente. Parágrafo único. Aplica-se às permissões o disposto nesta lei." (g.n.)

Diante de todo o exposto, confiram-se as principais diferenças entre os institutos da concessão e da permissão:

a) enquanto a concessão tem efetiva natureza contratual, a permissão é precária, não dando ensejo a indenização pela sua extinção (a lei diz que se formalizará a permissão mediante um *contrato* de adesão, mas deixa claro, mais de uma vez, sua precariedade), salvo em caso de permissão condicionada ou qualificada;

b) a concessão só pode ser atribuída a pessoa jurídica ou consórcios de empresas, enquanto que a permissão pode ser atribuída tanto a pessoa jurídica quanto física;

c) a concessão requer licitação na modalidade concorrência, ao passo que permissão apenas requer licitação, não havendo necessidade de que se utilize a modalidade em questão.

14.12. Concessão de serviço público precedida da execução de obra pública

O art. 2º, inciso III, da Lei 8.987/1995 define tal concessão como "a construção total ou parcial, conservação, reforma, ampliação ou melhoramento de quaisquer obras de interesse público, delegada pelo poder concedente, mediante licitação, na modalidade concorrência, à pessoa jurídica ou consórcio de empresas que demonstre capacidade para a sua realização, por sua conta e risco, de forma que o investimento da concessionária seja remunerado e amortizado mediante a exploração do serviço ou da obra por prazo determinado."

14.13. Parcerias Público-Privadas

14.13.1. Introdução

A tão esperada Lei da Parceria Público-Privada é mais uma etapa da chamada Reforma do Estado, que se iniciou em meados da década de 1990, e que tinha e tem por finalidade reduzir a participação do Estado na execução de tarefas econômicas, próprias do particular.

São **marcos** dessa reforma: a) o Programa de Privatização do Governo Federal, caracterizado pela venda de ações e de outros ativos de empresas estatais; b) a criação das agências reguladoras, com consequente incremento das concessões de serviços públicos aos particulares; c) e as parcerias público-privadas.

Tais parcerias foram criadas sob os seguintes **argumentos**: a) necessidade de investimentos na área da infraestrutura; b) carência de recursos públicos atuais para esses investimentos; c) desinteresse do setor privado na sua realização, principalmente em setores incapazes de gerar remuneração direta compatível com o custo do empreendimento.

A ideia central da parceria, portanto, é unir duas forças, a pública e a privada, com garantias especiais e reforçadas de que o parceiro privado será efetiva e adequadamente remunerado.

Mesmo antes da lei federal que hoje regula a matéria, diversos Estados-membros já haviam legislado sobre o tema, como Minas Gerais (Lei 14.868/2003), Goiás (Lei 14.910/2004), Santa Catarina (Lei 12.930/2004) e São Paulo (Lei 11.688/2004).

Diante desse quadro, qual lei deverá prevalecer, a local ou a federal? A lei federal é expressa ao dispor que se aplica à administração direta e indireta da União, dos Estados, do Distrito Federal e dos Municípios. Assim, e considerando que compete à lei federal traçar normas gerais de licitação e contratação (art. 22, XXVII, da CF), as leis locais serão aplicadas no que não contrariar as normas gerais previstas na Lei 11.079/2004.

14.13.2. Conceito de PPP

A partir das disposições da lei, elaboramos um conceito de parceria público-privada: *é o contrato de prestação de serviços ou de concessão de serviços públicos e de obras públicas, de grande vulto e de período não inferior a 5 anos, caracterizado pela busca da eficiência na realização de seu escopo e pela existência de garantias especiais e reforçadas para o cumprimento da necessária contraprestação pecuniária do parceiro público ao parceiro privado, financiado pelo mercado financeiro.*

Confira o conceito, agora, esquematizado:

✓ contrato de prestação de serviços ou de concessão de serviços públicos ou de obras públicas:

✓ de grande vulto (igual ou superior a R$ 10 milhões, conforme estabeleceu a Lei 13.529/2017);

✓ de período não inferior a 5 anos;

✓ caracterizado pela busca da eficiência na realização de seu escopo;

✓ e pela existência de garantias especiais e reforçadas;

✓ para o cumprimento da necessária contraprestação pecuniária do parceiro público ao parceiro privado;

✓ financiado pelo mercado financeiro.

14.13.3. Espécies

A lei usa a expressão "modalidades" de parceria para fazer referência ao tema. Por ser uma expressão que indica o "procedimento licitatório" (concorrência, tomada de preços etc.), preferimos reservar a palavra "modalidade" para tratar do *procedimento* do certame para a contratação da parceria, e a palavra "espécie" para tratar das duas *formas* de parceira.

A **concessão patrocinada** *é a concessão de serviços públicos ou de obras públicas em que, além das tarifas cobradas dos usuários, faz-se necessária uma contraprestação pecuniária do parceiro público ao parceiro privado* (art. 2º, § 1º, da Lei 11.079/2004).

São exemplos de concessão patrocinada as relativas a concessões para o saneamento básico, para construção e reforma de rodovias e para a consecução de outros serviços públicos delegáveis em que as tarifas a serem cobradas não sejam suficientes para cobrir os custos do concessionário.

A *concessão patrocinada* é muito parecida com a *concessão de serviço público* prevista na Lei 8.987/1995. A diferença é que, na primeira, as tarifas cobradas dos usuários do serviço (por exemplo, o pedágio de uma rodovia) não são suficientes para cobrir os custos do serviço e a remuneração da concessionária, o que faz com que seja necessário um "patrocínio" por parte do parceiro público (o Poder Público), que pagará uma contraprestação ao parceiro privado (ao concessionário do serviço).

Já a **concessão administrativa** *é contrato de prestação de serviços (qualificados) de que a Administração seja usuária direta ou indireta* (art. 2º, § 2º, da Lei 11.079/2004).

Quando a Administração contrata a prestação de um serviço do particular, essa contratação é regulada pela Lei 8.666/1993, tratando-se de um *contrato administrativo* simples.

Porém, quando a Administração contrata serviços de que seja usuária direta ou indireta, serviços esses que não têm como objetivo único o fornecimento de mão de obra, o fornecimento e instalação de equipamentos ou a execução de obra pública, aí sim teremos o instituto da concessão administrativa, uma das duas espécies de parceria público-privada.

São exemplos de concessão administrativa a construção de centros administrativos para as instalações do Poder Público, de hospitais, de escolas, de presídios etc. Perceba-se que, em qualquer dos casos, não há tarifa a ser paga pelos usuários, mas só contraprestação a ser paga pelo Poder Público.

Assim, na concessão administrativa temos as seguintes características:

a) não há cobrança de tarifa de usuários;

b) não cabe se tiver como objeto único o fornecimento de mão de obra, o fornecimento e instalação de equipamentos ou a execução de obra pública;

c) são exemplos a construção de escolas, hospitais e presídios, desde que o concessionário não se limite a fazer as construções, tendo também como tarefa a administração desses equipamentos públicos.

A criação das duas concessões especiais mencionadas fez com que a lei se referisse às demais concessões, regidas pela Lei 8.987/1995, como **concessões comuns** (art. 2º, § 3º, da Lei 11.079/2004). Estas continuarão a ser utilizadas para os casos em que as tarifas dos usuários forem suficientes para cobrir os custos do contratado, o prazo contratual for inferior a 5 anos ou o valor do contrato, inferior a R$ 20 milhões.

14.13.4. Diretrizes

O art. 4º da Lei 11.079/2004 elenca as diretrizes que deverão ser observadas na contratação de parceria público-privada. Vejamos:

a) Busca da eficiência no cumprimento das missões estatais e no emprego dos recursos públicos. Decorrem desta diretriz as regras que estabelecem:

a1) o dever de criação de critérios objetivos de avaliação de desempenho do parceiro privado (art. 5º, VII);

a2) a realização de vistoria dos bens reversíveis (art. 5º, X);

a3) a necessidade de compartilhamento com a Administração de ganhos efetivos do parceiro decorrentes da redução do risco de crédito dos financiamentos utilizados pelo parceiro privado (art. 5º, IX);

b) Responsabilidade fiscal na celebração e na execução das parcerias. Decorrem desta diretriz as regras que estabelecem:

b1) a elaboração de estimativa de impacto-financeiro nos exercícios em que deva vigorar a parceria (art. 10, II);

b2) a necessidade de compatibilidade entre o contrato e as leis de diretrizes orçamentárias e do plano plurianual (art. 10, III e V);

b3) a necessidade de autorização legislativa específica para as concessões patrocinadas em que mais de 70% da remuneração do parceiro for paga pela Administração (art. 10, § 3º);

c) Respeito ao interesse dos destinatários dos serviços. Decorrem desta diretriz as regras que estabelecem a necessidade de que haja previsão contratual de mecanismos para:

c1) a preservação da atualidade da prestação dos serviços;

c2) a avaliação do desempenho do parceiro privado, segundo critérios objetivos (art. 5º, V e VII);

d) Transparência dos procedimentos e das decisões. Decorrem desta diretriz as regras que estabelecem:

d1) a submissão da minuta de edital a consulta pública, com prazo mínimo de 30 dias para o oferecimento de sugestões (art. 10, VI);

d2) a necessidade de fixação no contrato das penalidades aplicáveis à Administração e aos parceiros privados (art. 5º, II), providência rara nos contratos administrativos;

e) Repartição objetiva dos riscos entre as partes. Decorre desta diretriz a regra que estabelece a repartição de riscos, inclusive os referentes a caso fortuito, força maior, fato do príncipe e álea econômica extraordinária (art. 5º, III);

f) Respeito aos interesses do parceiro privado. Decorrem desta diretriz as regras que estabelecem:

f1) a vigência do contrato compatível com a amortização dos investimentos, não inferior a 5, nem superior a 35 anos, incluindo eventual prorrogação (art. 5º, I);

f2) a aplicação automática das cláusulas de atualização monetária (art. 5º, § 1º);

f3) a possibilidade de as obrigações pecuniárias da Administração terem garantias especiais, tais como vinculação de receitas, instituição de fundos especiais, contratação de seguro-garantia, oferecimento de garantias prestadas por instituições financeiras, organismos internacionais, e fundo garantidor e empresa estatal criados para esta finalidade (art. 8º);

g) Diferimento dos valores a serem pagos pelo Poder Público. Decorre dessa diretriz a regra que estabelece que a contraprestação da Administração será obrigatoriamente *precedida* da entrega do serviço (art. 7º). Ou seja, primeiro o parceiro privado faz sua parte e apenas após a Administração faz o pagamento. Não mais se fará pagamentos mensais mediante medições dos serviços prestados. O pagamento se dará apenas após a conclusão da obra. A lei permite que a Administração, nos termos do contrato, efetue pagamento da contraprestação relativa a parcela fruível de serviço objeto do contrato de parceria.

14.13.5. Características marcantes

Das sete diretrizes apontadas, as três primeiras ("a", "b" e "c") já estavam adequadamente definidas em lei (*vide* as Leis 8.987/1995 e 8.666/1993, e a Lei de Responsabilidade Fiscal). A quarta e a quinta ("d" e "e") geravam uma série de dúvidas. E a sexta e a sétima ("f" e "g") são bem inovadoras.

A sétima diretriz é bem interessante, pois cria um modelo novo. Para fazer frente à escassez de recursos para o presente, a Administração se reserva o direito de **só pagar** sua contraprestação ao parceiro privado **quando** este disponibilizar o serviço objeto do contrato. Assim, somente após a construção da escola, do hospital, do presídio, da rodovia, é que a Administração pagará sua contraprestação. Além de não gastar agora, a Administração se livra de uma série de transtornos decorrentes das medições mensais para pagamento, das revisões contratuais e dos problemas na condução e na fiscalização do contratado. Este, por sua vez, ganha em eficiência, pois se compromete a entregar um projeto pronto.

E como o modelo resolve o problema do financiamento do particular? Afinal de contas, como o parceiro privado conseguirá fazer tão grandes investimentos sem o aporte de recursos pela Administração mês a mês? A solução encontrada pela lei é o financiamento no mercado financeiro.

A lei dispõe que, antes da celebração do contrato, deverá ser criada uma Sociedade de Propósito Específico (SPE), cuja incumbência é implantar e gerir o objeto da parceria. Tal sociedade poderá assumir a forma de companhia aberta, com valores mobiliários admitidos a negociação no mercado. Deve obedecer a padrões de governança corporativa e adotar contabilidade e demonstrações financeiras padronizadas. A Administração não poderá ser titular da maioria de seu capital votante (art. 9º).

Trata-se de uma sociedade criada pelo *próprio* parceiro privado, ou seja, pelo vencedor do certame licitatório para a consecução de suas atividades. Há pelo menos três vantagens na criação da SPE: a) evita a figura do consórcio na execução do contrato, focando a cobrança da execução do serviço numa pessoa apenas; b) permite que valores mobiliários dessas empresas sejam vendidos, atraindo investimento; c) possibilita que a empresa consiga empréstimos em bancos de fomento, também para atrair investimentos.

Eis o novo modelo. O parceiro privado tomará empréstimos no mercado financeiro para realizar investimentos para o parceiro público, que somente começará a pagar sua contraprestação após a disponibilização do serviço.

E como o modelo resolve o problema do risco em se emprestar dinheiro para parceiros da Administração? Afinal de contas, no Brasil o Poder Público é useiro e vezeiro em não pagar os particulares. A solução encontrada pela lei foi dar garantias especiais e reforçadas de que o parceiro irá receber sua contraprestação e, consequentemente, terá como pagar o mercado financeiro pelos investimentos feitos.

A questão está colocada na sexta diretriz do item anterior, que estabelece dois princípios: a) o da *garantia da amortização do investimento*; e b) o da *garantia da satisfação efetiva e imediata do crédito*. O primeiro se revela com a fixação de prazos mínimos de vigência da parceria. Já o segundo, com a criação de garantias especiais e reforçadas em favor do parceiro privado.

As garantias passam por fianças bancárias e seguros e preveem até a instituição de um "fundo garantidor ou uma empresa estatal criada para essa finalidade" (art. 8º, V).

Para o âmbito da União, a lei autorizou que as pessoas de direito público correspondentes (União, autarquias, fundações públicas), seus fundos especiais e suas empresas públicas dependentes (as duas últimas só apareceram com a Lei 12.409/2011) participem, no limite global de R$ 6 bilhões do que chamou de Fundo Garantidor de Parcerias Público-Privadas (FGP), de natureza privada e patrimônio próprio separado do patrimônio pessoal de seus participantes. Tal fundo está sendo formado por aporte de bens (dinheiro, imóveis dominicais, móveis) e direitos (ações excedentes ao necessário para o controle de sociedades de economia mista, e títulos da dívida pública) dos participantes, também chamados de cotistas. Empresa especializada será incumbida de avaliar os bens e direitos transferidos (art. 16).

O FGP será criado, administrado, gerido e representado, judicial e extrajudicialmente, por instituição financeira controlada, direta ou indiretamente, pela União, que zelará pela manutenção de sua rentabilidade e liquidez (art. 17).

O estatuto e o regulamento do FGP devem deliberar sobre a política de concessão de garantias, inclusive no que se refere à relação entre ativos e passivos do Fundo (art. 18, *caput*). A garantia será prestada nas seguintes modalidades: fiança, sem benefício de ordem para o fiador; penhor de bens móveis e hipoteca de bens imóveis, ambos do Fundo; alienação fiduciária; garantia, real ou pessoal, vinculada ao patrimônio de afetação do Fundo (art. 18, § 1º).

A garantia poderá ser acionada a partir do 15º dia do vencimento de título exigível aceito pelo parceiro público. No caso de emissão de fatura não aceita, mas também não rejeitada expressa e motivadamente, a garantia poderá ser acionada transcorridos 45 dias de seu vencimento (art. 18, §§ 4º e 5º). A quitação do débito pelo Fundo importará sua sub-rogação nos direitos do parceiro privado.

Se necessário, os bens e direitos do fundo poderão ser objeto de constrição judicial e alienação para satisfazer as obrigações garantidas (art. 18, § 7º).

O FGP poderá usar parcela da cota da União para prestar garantia aos seus fundos especiais, às suas autarquias, às suas fundações públicas e às suas empresas estatais dependentes (art. 18, § 8º, incluído pela Lei 12.409/2011).

Toda essa sistemática de garantias especiais tem uma razão: conforme visto, o Poder Público não costuma pagar em dia seus fornecedores, gerando grande insegurança por parte destes, principalmente quanto à realização de grandes investimentos. O não pagamento pela Administração ensejava a propositura de ação judicial, com recebimento do crédito, ao final, após a expedição de precatórios.

Se de um lado, resolve o problema, de outro, a solução sofre críticas de alguns, no sentido de que é inconstitucional, porque trata de modo diferente os credores do Poder Público. Não satisfeitos seus créditos, uma parte dos credores (aqueles que têm outros contratos com a Administração) deve recorrer ao Judiciário, e só receberá após a expedição de um precatório. A outra parte (a dos que têm uma parceria público-privada) receberá sem ter que esperar por um precatório judicial.

Críticas à parte, é bom destacar que os demais entes da federação também poderão criar, por meio de lei, fundo com características semelhantes ou mesmo uma empresa estatal (como foi o caso de São Paulo, que criou a Companhia Paulista de Parcerias), uma vez que essa garantia é prevista de modo genérico (para todos os entes políticos) no art. 8º, V, da Lei 11.079/2004.

Por fim, vale destacar um ponto bastante polêmico, que é o da possibilidade de o edital (e o respectivo contrato) prever que se possa usar a arbitragem para a solução dos conflitos entre os parceiros. Dispõe o inciso III do art. 11 da Lei 11.079/2004 que tais instrumentos poderão prever "o emprego dos mecanismos privados de resolução de disputas, inclusive a arbitragem, a ser realizada no Brasil e em língua portuguesa, nos termos da Lei 9.037, de 23 de setembro de 1996, para dirimir conflitos decorrentes ou relacionados ao contrato". De nossa parte, entendemos que esse mecanismo de solução de conflitos só poderá incidir quanto a questões de ordem estritamente técnica não jurídica, tais como questões econômicas, contábeis e de engenharia. O princípio da indisponibilidade do interesse público impede que decisões de ordem administrativa sejam revistas por órgão que não seja a própria Administração ou o Poder Judiciário.

14.13.6. Procedimento e tipo licitatório

O *procedimento* ou *modalidade* de licitação para contratação da parceria é o da concorrência. O rito, todavia, sofre duas alterações marcantes. De um lado, traz a previsão de regras semelhantes às do pregão. De outro, permite o saneamento de falhas cometidas pelos licitantes. Quanto ao tipo licitatório, também temos novidade.

Vejamos as novidades:

a) Inversão de fases. O art. 13 dispõe que o edital *poderá* prever a inversão das fases de habilitação e julgamento. Quanto a este, há previsão de que possa ser precedido de uma etapa chamada de "qualificação de propostas técnicas", desclassificando-se os licitantes que não alcançarem a pontuação mínima (art. 12, I). Repare que não se trata de "qualificação habilitatória", mas de valoração de propostas técnicas;

b) Lances verbais. Com relação às propostas econômicas, o edital definirá se haverá apenas "propostas escritas em envelopes lacrados" ou se haverá "propostas escritas, seguidas de lance em viva voz" (art. 12, III);

c) Tipo de "menor valor da contraprestação a ser paga pela Administração". Na verdade, trata-se do famoso tipo "menor preço" adaptado às características das parcerias. A lei também admite o tipo "melhor proposta em razão da combinação do menor valor da contraprestação a ser paga pela Administração com o critério de melhor técnica, de acordo com os pesos estabelecidos no edital" (*vide* art. 12, II);

d) Saneamento de falhas. O edital poderá prever a possibilidade de saneamento de falhas, de complementação de insuficiências ou ainda de correções de caráter formal no curso do procedimento, desde que o licitante possa satisfazer as exigências dentro do prazo fixado no instrumento convocatório (art. 12, IV).

10. DIREITO TRIBUTÁRIO

Robinson Barreirinhas

1. INTRODUÇÃO

O Estado atua de diversas formas para atender às expectativas do povo: conduzindo a política monetária (emitindo moeda, orientando os juros no mercado), regulamentando setores da economia (por meio das agências reguladoras, por exemplo), administrando empresas estatais etc.

Mas uma das principais formas de atuação estatal refere-se à política fiscal ou orçamentária, relativa à prestação de serviços públicos (por meio de despesas públicas) e à arrecadação dos recursos financeiros necessários para isso.

A principal fonte de receitas à disposição do Estado é a tributação, ou seja, o recolhimento de tributos pelos cidadãos e sociedades, na forma da lei.

O direito tributário regula a relação jurídica estabelecida por lei entre o Fisco (arrecadador dos tributos) e os contribuintes e responsáveis (sujeitos passivos, que recolhem os tributos ao Fisco) no âmbito da tributação.

Assim, as normas tributárias referem-se à obrigação tributária principal (cujo objeto é o recolhimento de tributos e penalidades pecuniárias), às obrigações acessórias (relativas aos deveres instrumentais a cargo dos contribuintes e responsáveis, como emissão de nota fiscal, prestação de informações, registros fiscais etc.), além da própria atividade arrecadatória (lançamento, cobrança, processo administrativo, formas de extinção do crédito etc.).

2. TRIBUTO – DEFINIÇÃO

2.1. A definição é dada pela lei complementar federal

No sistema jurídico brasileiro, compete à lei complementar federal, entre outras coisas, definir o que é *tributo, conforme dispõe o art. 146, III, a, da CF:*

> **Art. 146.** Cabe à lei complementar:
>
> (...)
>
> III – estabelecer normas gerais em matéria de legislação tributária, especialmente sobre:
>
> a) definição de tributos e de suas espécies, (...);

No âmbito puramente financeiro, pelo enfoque do ente arrecadador, o tributo é definido como receita corrente derivada, nos termos do art. 9º da Lei 4.320/1964.

Pelo enfoque da relação entre o Fisco e os sujeitos passivos, a norma nacional que define tributo é o Código Tributário Nacional – CTN.

Ambos os normativos (Lei 4.320/1964 e CTN) são formalmente leis ordinárias, mas materialmente leis complementares. Significa que, embora tenham sido aprovados como leis ordinárias, foram recepcionados pela Constituição Federal como leis complementares.

Antes de estudarmos especificamente a definição dada pelo CTN, é interessante anotarmos que a função essencial dos tributos é arrecadatória, representando a receita básica necessária para o sustento financeiro do Estado. Trata-se da *função fiscal.*

É muito importante, entretanto, a utilização dos tributos como ferramenta de intervenção social e econômica – a *função extrafiscal.*

Finalmente, há autores que se referem à *função parafiscal* dos tributos, quando a lei delega a sujeição ativa a determinada entidade que arrecada os valores e os utiliza para cumprimento de suas importantes funções de interesse público. Por exemplo, a União tem competência para instituir e cobrar as contribuições de interesse de categorias profissionais (art. 149 da CF), mas delega a sujeição ativa ao Conselho Regional de Medicina, que passa a cobrar a contribuição devida pelos médicos em sua região e, ademais, fica com os recursos arrecadados (não os repassa para a União).

Funções dos Tributos	
Fiscal	arrecadatória, receitas para o funcionamento do Estado.
Extrafiscal	intervenção no mercado, interferências nas relações privadas.
Parafiscal	arrecadação em favor de entidades paraestatais, que cobram e ficam com os recursos.

2.2. Código Tributário Nacional

O Código Tributário Nacional, como dito, embora formalmente lei ordinária, foi recepcionado pela Constituição Federal como lei complementar.

É por essa razão que eventuais mudanças no CTN devem, necessariamente, ser veiculadas por lei complementar federal.

Nos termos do art. 146, III, *a*, da CF, o art. 3º do CTN *define* o que é tributo:

> **Art. 3º** Tributo é toda prestação pecuniária compulsória, em moeda ou cujo valor nela se possa exprimir, que não constitua sanção de ato ilícito, instituída em lei e cobrada mediante atividade administrativa plenamente vinculada.

Vamos analisar, a seguir, cada um dos aspectos dessa definição.

2.3. Tributo é prestação

O tributo é definido, pelo CTN, como *prestação.*

Prestação é o objeto de relação obrigacional (= aquilo que o devedor deve fazer em relação ao credor, aquilo que o credor pode exigir do devedor).

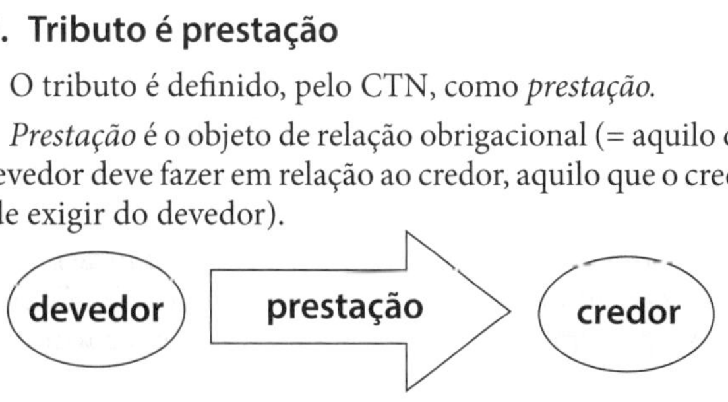

No Direito Tributário, o devedor é conhecido como *sujeito passivo* e o credor é o *sujeito ativo.*

Mais adiante, veremos que o sujeito passivo pode ser o contribuinte ou o responsável tributário.

2.4. Tributo é prestação pecuniária

O tributo refere-se à entrega de *dinheiro* pelo devedor ao credor. O objeto da relação obrigacional tributária corresponde a uma quantia em moeda. É isso que significa o termo *pecuniária*.

Não há tributo *in labore* (= trabalho) ou *in natura* (= entrega de algum outro bem que não seja dinheiro).

Não são tributos: prestação de serviço militar, serviço eleitoral, entrega de sacas de café.

Tampouco são tributos: obrigações tributárias acessórias, como emissão de nota fiscal ou escrituração de livros.

O art. 3º do CTN traz a expressão *em moeda ou cujo valor nela se possa exprimir*, o que apenas confirma o conceito, pois o termo *pecuniária* já indica exatamente isso.

Salientamos que a forma de pagamento não altera a natureza pecuniária (cheque, vale postal, estampilha, papel selado, processo mecânico – art. 162 do CTN).

Em regra, somente quando a quantia em reais (moeda corrente nacional) chega aos cofres do Fisco é que há cumprimento da obrigação tributária principal (por exemplo, quando o cheque é compensado).

As diversas modalidades de extinção do crédito (dação de imóvel em pagamento) ou a penhora em execução não alteram tampouco a natureza pecuniária.

2.5. Tributo é prestação compulsória

O tributo independe da vontade do devedor. É isso que significa prestação *compulsória*.

Diferentemente das obrigações do direito privado, a obrigação tributária não surge a partir de um ato de vontade.

Quando alguém concorda em comprar um automóvel, por exemplo, surge a obrigação de pagar uma quantia em dinheiro ao vendedor (= prestação pecuniária), mas ela somente surgiu porque o indivíduo optou por isso. Não há, nesse caso, compulsoriedade (embora haja obrigatoriedade).

A obrigação tributária é *ex lege*, ou seja, surge a partir da *vontade da lei*.

É por isso que há fato gerador, e não ato gerador dos tributos (a vontade ou mesmo a capacidade do agente é irrelevante).

A expressão *instituída em lei* no art. 3º do CTN apenas reforça esse conceito, já que ninguém pode ser obrigado a fazer algo independentemente de sua vontade senão em virtude de lei – art. 5º, II, da CF.

Vale dizer: se algo é compulsório, como a prestação pecuniária, é preciso que haja lei nesse sentido.

2.6. Tributo não é sanção por ato ilícito

O fato gerador (o que faz surgir o tributo) é sempre lícito (auferir renda, ser proprietário de algo etc.).

Não fazem surgir tributo: atrasar o pagamento de imposto, ultrapassar limite de velocidade no trânsito etc. (ilícitos). Embora possam surgir obrigações pecuniárias a partir desses ilícitos (pagamento de multa), não se trata de tributo!

São tributados os fatos lícitos, ainda que realizados ilicitamente (por ex., renda auferida por promotor de jogo do bicho – aplicação do brocardo *pecunia non olet*). Perceba que auferir renda, em si, é ato lícito, ainda que realizado por meios criminosos.

Ao direito tributário interessa, nesses casos, apenas o fato gerador tributário (por exemplo, auferir renda), que é fato lícito, o que não afasta eventual responsabilidade criminal.

2.7. Tributo é cobrado mediante atividade administrativa plenamente vinculada

O sujeito ativo deve cobrar o tributo sem qualquer margem para juízo de conveniência ou oportunidade (não há discricionariedade).

Ocorrendo o fato gerador, o tributo deve ser exigido em estrita conformidade com a lei (não há, tampouco, arbitrariedade).

O lançamento é atividade vinculada, sob pena de responsabilidade funcional (art. 142, parágrafo único, do CTN).

3. ESPÉCIES TRIBUTÁRIAS

3.1. Critério para a classificação (CTN)

As espécies tributárias também são definidas por lei complementar federal.

O CTN, em seu art. 4º, dá o critério para essa classificação, determinando que a natureza *específica* do tributo é indicada por seu *fato gerador:*

> **Art. 4º** A natureza jurídica específica do tributo é determinada pelo *fato gerador* da respectiva obrigação, sendo irrelevantes para qualificá-la: (...)

A doutrina acrescenta que a natureza é determinada pelo *fato gerador e* pela base de cálculo.

Se o fato gerador for a propriedade de veículo automotor, estaremos diante do IPVA (imposto estadual que incide sobre esse domínio). Sua base de cálculo deve ser o *valor do automóvel*, que tem direta correspondência com o fato gerador. A base de cálculo não poderia ser a renda do proprietário, por exemplo, o que indicaria outra natureza específica (do imposto de renda, no caso).

3.2. Aspectos irrelevantes para qualificar a natureza específica (art. 4º, I e II, do CTN)

É irrelevante para qualificar a natureza específica do tributo:

a) denominação e demais características formais adotadas pela lei; ou

b) a destinação legal do produto da sua arrecadação.

Assim, o nome dado pelo legislador não altera a natureza do tributo. Tampouco é relevante a destinação dada aos valores arrecadados pelo Fisco (veremos a importante exceção do empréstimo compulsório, mais adiante).

3.3. Espécies tributárias

A doutrina clássica classificou os tributos em três espécies: impostos, taxas e contribuições de melhoria. São essas as espécies indicadas no art. 145 da CF e no art. 5º do CTN.

Trata-se da *teoria tripartida.*

Mais modernamente, a *teoria pentapartida* reconhece a existência de duas outras espécies tributárias: os empréstimos compulsórios e as contribuições especiais (alguns autores referem-se a contribuições *parafiscais*).

Espécies Tributárias		
Teoria Pentapartida	Teoria Tripartida	Impostos
		Taxas
		Contribuições de melhoria
		Empréstimos compulsórios
		Contribuições especiais

3.4. Impostos

3.4.1. *Definição de imposto*

A definição dessa espécie tributária é dada pelo art. 16 do CTN:

> Art. 16. Imposto é o tributo cuja obrigação tem por *fato gerador* uma situação independente de qualquer atividade estatal específica, relativa ao contribuinte.

Perceba que a definição refere-se ao fato gerador (critério definidor), que é qualquer situação que não esteja ligada a uma atividade estatal específica, voltada ao contribuinte.

Por essa razão, o imposto é conhecido como *tributo não vinculado.*

São exemplos de fatos geradores de impostos: auferir renda, ser proprietário de algo, promover circulação de mercadoria, industrializar produtos, importar etc.

Note que essas situações não se relacionam com atividade estatal. Diferentemente das taxas, por exemplo, em que há sempre uma prestação de serviço ou fiscalização (= atividades estatais específicas voltadas aos contribuintes), que estudaremos mais adiante.

3.4.2. *Características dos impostos*

O art. 145, § 1º, da CF refere-se à pessoalidade e à graduação segundo a capacidade econômica do contribuinte, como características dos impostos, *sempre que possível.*

> **Art. 145,** § 1º, da CF – Sempre que possível, os impostos terão *caráter pessoal* e serão *graduados* segundo a *capacidade econômica* do contribuinte.

Embora a legislação tributária deva ser genérica (a mesma para todos), é possível que o legislador adote determinadas características pessoais como critérios para a cobrança do tributo. Por exemplo, a legislação do imposto de renda procura onerar menos o cidadão que tenha mais dependentes (= pessoalidade), pois presume que ele tem menor capacidade econômica.

Pela capacidade contributiva (= capacidade econômica), quem tem mais condições econômicas deve contribuir com mais para a manutenção do Estado (deve pagar mais tributos).

A progressividade das alíquotas, que veremos mais a fundo em seguida, é instrumento pelo qual se dá a gradação segundo a capacidade econômica do contribuinte.

O legislador não pode vincular a receita arrecadada com impostos à determinada despesa (*não afetação*), mas há exceções em relação à saúde e à educação, por exemplo (art. 167, IV, da CF).

3.4.3. *Progressividade*

A progressividade das alíquotas em relação à base de cálculo, poderosa ferramenta para graduação da tributação segundo a capacidade econômica dos contribuintes, implica alíquotas maiores para bases de cálculo maiores – não é simples proporcionalidade.

Veja esse exemplo fictício, com duas pessoas (Pedro e Maria) com salários de R$ 1.000,00 (mil reais) e R$ 10.000,00 (dez mil reais). Na segunda linha, hipótese de proporcionalidade, com alíquota única de imposto sobre essas rendas. Na terceira linha, hipótese de progressividade, com alíquota superior para cálculo do imposto incidente sobre o salário maior:

	Pedro: salário de R$ 1 mil		Maria: salário de R$ 10 mil	
Proporcionalidade:	10%	R$ 100,00	10%	R$ 1 mil
Progressividade:	5%	R$ 50,00	10%	R$ 1 mil

Perceba que há sempre proporcionalidade quando uma alíquota única (10%, no exemplo) incide sobre uma base de cálculo variável (renda do contribuinte, no caso). Isso, repetimos, não é progressividade.

A progressividade somente existe quando há diversas alíquotas escalonadas, incidindo as maiores sobre as bases maiores.

Devem ser progressivos, segundo a Constituição Federal, o imposto de renda (IR) e o imposto territorial rural (ITR).

Pode ser progressivo, segundo a Constituição Federal, o imposto predial e territorial urbano (IPTU). Interessante notar que, além da progressividade em relação à base de cálculo, esse imposto municipal comporta também a progressividade no tempo, como ferramenta do direito urbanístico (art. 182, § 4º, II, da CF).

O STF vinha entendendo que outros impostos reais não poderiam ter alíquotas progressivas em relação ao valor da base de cálculo, considerando inexistir expressa previsão constitucional (ver Súmula 656 do STF). Ocorre que recentemente a Suprema Corte reviu a questão, especificamente em relação ao ITCMD, reconhecendo que o imposto pode ser progressivo, atendendo assim o princípio da capacidade contributiva (RE 562.045-0/RS – repercussão geral, Pleno, j. 01.02.2008, rel. Min. Ricardo Lewandowski, *DJe* 29.02.2008).

3.5. Taxas

3.5.1. *Definição e tipos*

A Constituição Federal prevê taxas pelo exercício do poder de polícia (= fiscalização) ou pela prestação de determinados serviços públicos.

> **Art. 145**, II, da CF – taxas, em razão do *exercício do poder de polícia* ou pela utilização, efetiva ou potencial, de *serviços públicos* específicos e divisíveis, prestados ao contribuinte ou postos a sua disposição;

Há somente esses dois tipos de taxa. Não existe, por exemplo, taxa pelo uso de bem público.

3.5.2. Características gerais das taxas

A taxa é tributo *vinculado* à determinada atividade estatal voltada ao contribuinte (o oposto do imposto!).

A base de cálculo não pode ser idêntica à do imposto (art. 145, § 2º, da CF e art. 77, parágrafo único do CTN).

A Constituição Federal usa o termo *própria*, mas o STF acolheu o texto mais restritivo do CTN, que impede o uso de base de cálculo *idêntica* à de imposto:

> Súmula Vinculante 29 do STF: É constitucional a adoção, no cálculo do valor de taxa, de um ou mais elementos da base de cálculo própria de determinado imposto, desde que *não haja integral identidade* entre uma base e outra.

3.5.3. Taxa pelo exercício do poder de polícia

O art. 78 do CTN define *poder de polícia*, cujo exercício permite a cobrança de taxa:

> **Art. 78** do CTN. Considera-se poder de polícia atividade da administração pública que, limitando ou disciplinando direito, interesse ou liberdade, regula a prática de ato ou abstenção de fato, em razão de interesse público (...)

São as taxas de *fiscalização*, que devem ser efetivas, ainda que a cobrança seja periódica (o STJ afastou a Súmula 157, admitindo taxa na renovação de licença).

A base de cálculo deve refletir o custo da fiscalização, ou seja, deve ter relação com a despesa realizada pela administração com o exercício do poder de polícia.

3.5.4. Taxa de serviço

3.5.4.1. Definição e características

A taxa de serviço incide apenas no caso de serviços *específicos* e *divisíveis*.

> **Art. 145**, II, da CF – taxas, (...) pela utilização, efetiva ou potencial, de serviços públicos *específicos* e *divisíveis*, prestados ao contribuinte ou postos a sua disposição;

São os serviços prestados *uti singuli*, ou seja, quando é possível identificar quanto cada pessoa se utilizou dele.

Exemplos: coleta de lixo, emissão de passaporte, serviços judiciários. Em todos esses casos, é possível indicar, pelo menos em tese, quanto cada cidadão utilizou do serviço.

Não é o caso, por exemplo, do serviço de limpeza de ruas e praças, em relação ao qual é impossível identificar quanto cada cidadão utilizou (é serviço *uti universi*, prestado indistintamente a toda a coletividade, que não permite a cobrança de taxa).

Veja a Súmula Vinculante STF 41: O serviço de iluminação pública não pode ser remunerado mediante taxa.

3.5.4.2. Serviços de utilização compulsória

Há serviços que são essenciais para o interesse público (interessa à coletividade que todos sejam atendidos).

Nesses casos, a utilização é compulsória, ou seja, todos devem utilizá-los, mesmo contra sua vontade.

A prestação desses serviços de utilização compulsória permite a cobrança de taxa pela utilização potencial, desde que o serviço esteja à disposição do usuário (arts. 77, *caput, in fine*, e 79, I, *b*, do CTN). Assim, mesmo que o cidadão não utilize efetivamente o serviço, deverá pagar a taxa.

Exemplo: coleta de lixo domiciliar. Se o caminhão de lixo passa em frente ao imóvel do cidadão, a taxa poderá ser cobrada, ainda que nenhum resíduo seja produzido ou coletado (= utilização potencial).

3.5.4.3. Serviços de utilização não compulsória

Há serviços indelegáveis, ínsitos à soberania.

Esses serviços não são de utilização compulsória.

Há certa facultatividade, que não é total, pois, em determinadas circunstâncias, o cidadão não tem escolha senão valer-se do serviço.

Nesses casos, a taxa somente pode ser cobrada no caso de utilização efetiva do serviço (não há cobrança pela simples disponibilização do serviço, como no caso dos de utilização compulsória).

Exemplos: serviços judiciais, de emissão de passaporte etc.

3.5.4.4. As duas categorias de serviços taxáveis

Veja o seguinte resumo a respeito dos serviços específicos e divisíveis que podem ser taxados: de utilização compulsória (permitem cobrança pela simples disponibilização) e de utilização não compulsória (permitem cobrança apenas quando há efetiva prestação e utilização).

Serviços de utilização compulsória	- Essenciais ao interesse público; - Permitem cobrança também pela utilização potencial, quando o serviço está à disposição do contribuinte; - Exemplo: coleta de lixo residencial.
Serviços de utilização não compulsória	- Indelegáveis, ínsitos à soberania; - Permitem cobrança apenas pela utilização efetiva; - Exemplos: emissão de passaporte, judiciais.

3.5.4.5. Não permitem cobrança de taxa

Vejamos os serviços que *não* permitem a cobrança de taxa.

Serviços *uti universi*: limpeza de ruas e praças, segurança pública, iluminação urbana. São aqueles que não permitem a identificação do uso por cada um dos cidadãos.

Quanto você utilizou de iluminação pública no mês passado? Essa pergunta não pode ser respondida, pois o serviço é *uti universi*.

Serviços de utilização totalmente facultativa (admitem preço público): cópia simples de autos judiciais, publicidade em equipamentos públicos. Há, nesse caso, concorrência com serviços privados.

Uso de espaços públicos (admite preço público). Lembre-se que, no Brasil, não há taxa pelo uso de bens públicos.

Serviços prestados por concessionárias de serviço público, remunerados por tarifa paga pelo usuário: fornecimento de água, esgoto, energia, *pedágio*. O Judiciário pacificou o entendimento nesse sentido (concessionária de serviço público cobra tarifa e não tributo).

3.6. Contribuição de melhoria

3.6.1. Definição

Contribuição de melhoria é o tributo cujo fato gerador é a valorização imobiliária decorrente de obra pública (art. 81 do CTN).

Trata-se de tributo *vinculado* a determinada atividade estatal, mediatamente (indiretamente) voltada ao contribuinte (= obra pública que gera valorização imobiliária).

Permitem a cobrança de contribuição de melhoria: construção de praças, escolas, hospitais, avenidas que valorizem o imóvel próximo.

Não permitem a cobrança: simples manutenção de equipamentos (recapeamento de rua, reforma da praça, conserto de viaduto) ou obras que desvalorizem o imóvel.

3.6.2. *Limites para cobrança da contribuição de melhoria*

O Fisco não pode cobrar contribuições de melhoria além de um limite total (valor global arrecadado) e de um limite individual (montante exigido de cada contribuinte).

Limite total: é o valor da despesa realizada com a obra (a soma dos valores cobrados de cada contribuinte não pode ultrapassar o custo total da obra). O Fisco não pode "ter lucro" com a cobrança da contribuição de melhoria. A jurisprudência é pacífica no sentido de que esse limite total subsiste no sistema tributário brasileiro, mas há entendimento doutrinário *minoritário* em contrário.

Limite individual: é o acréscimo de valor que da obra resultar para cada imóvel beneficiado (não se pode exigir de cada contribuinte mais do que a valorização do seu imóvel). O art. 12 do Dec.-Lei 195/1967 refere-se ao limite anual de 3% do maior valor fiscal do imóvel.

3.6.3. *Procedimento*

Não se pode esquecer que a contribuição de melhoria, sendo tributo, depende de lei.

Ademais, é necessária a publicação prévia de edital, com informações detalhadas a respeito da obra e da valorização esperada em relação aos imóveis, com prazo mínimo de 30 dias para impugnação pelos interessados (art. 82 do CTN):

> **Art. 82.** A lei relativa à contribuição de melhoria observará os seguintes requisitos mínimos:
>
> I – publicação prévia dos seguintes elementos:
>
> a) memorial descritivo do projeto;
>
> b) orçamento do custo da obra;
>
> c) determinação da parcela do custo da obra a ser financiada pela contribuição;
>
> d) delimitação da zona beneficiada;
>
> e) determinação do fator de absorção do benefício da valorização para toda a zona ou para cada uma das áreas diferenciadas, nela contidas;
>
> II – fixação de prazo não inferior a 30 (trinta) dias, para impugnação pelos interessados, de qualquer dos elementos referidos no inciso anterior;
>
> III – regulamentação do processo administrativo de instrução e julgamento da impugnação a que se refere o inciso anterior, sem prejuízo da sua apreciação judicial.
>
> § 1º A contribuição relativa a cada imóvel será determinada pelo rateio da parcela do custo da obra a que se refere a alínea *c*, do inciso I, pelos imóveis situados na zona beneficiada em função dos respectivos fatores individuais de valorização.
>
> § 2º Por ocasião do respectivo lançamento, cada contribuinte deverá ser notificado do montante da contribuição, da forma e dos prazos de seu pagamento e dos elementos que integram o respectivo cálculo.

3.7. Empréstimo compulsório

3.7.1. *Hipóteses*

Diferentemente dos impostos, taxas e contribuições de melhoria (espécies tributárias conforme a teoria tripartida), o empréstimo compulsório não é definido pelo fato gerador, mas sim pelas hipóteses que permitem sua instituição (determinadas despesas extraordinárias e investimentos públicos).

> **Art. 148** da CF. A União, mediante lei complementar, poderá instituir empréstimos compulsórios:
>
> I – para atender a despesas extraordinárias, decorrentes de calamidade pública, de guerra externa ou sua iminência;
>
> II – no caso de investimento público de caráter urgente e de relevante interesse nacional, observado o disposto no art. 150, III, "b".

Há somente essas duas hipóteses que permitem a instituição do tributo. Não subsiste aquela prevista no art. 15, III, do CTN (não foi recepcionada pelo sistema tributário atual).

3.7.2. *Empréstimos compulsórios: características*

Apenas a União detém a competência para a instituição de empréstimos compulsórios.

A instituição, a modificação e a extinção exigem lei complementar federal (não basta simples lei ordinária – não é possível por medida provisória, portanto).

Como já dito, a Constituição Federal não indica fatos geradores.

Reiteramos que a instituição do empréstimo compulsório é possível apenas nas duas hipóteses previstas no art. 148 da CF: despesa extraordinária (calamidade pública ou guerra externa) e investimento público urgente e de relevante interesse nacional.

No caso de despesa extraordinária, não se observa a anterioridade (princípio que será estudado mais adiante), de modo que o tributo pode ser cobrado no mesmo ano em que for instituído.

A aplicação dos recursos provenientes de empréstimo compulsório será vinculada à despesa que fundamentou sua instituição (art. 148, parágrafo único, da CF). Trata-se de espécie tributária em que a destinação dos recursos arrecadados é relevante para sua caracterização.

A lei deve fixar o prazo e as condições de resgate. Não se pode esquecer que é um empréstimo, ou seja, deve ser devolvido, e o legislador deve indicar quando e como.

3.8. Contribuições especiais

As contribuições especiais são caracterizadas por sua finalidade e não pelo fato gerador (diferentemente, portanto, dos impostos, taxas e contribuições de melhoria).

Alguns autores referem-se a elas como contribuições *parafiscais*.

É comum serem classificadas como tributos vinculados à atividade estatal, ainda que indiretamente.

Há as seguintes contribuições especiais, todas definidas por sua finalidade (arts. 149, 149-A e 195 da CF):

a) sociais;

b) intervenção no domínio econômico (CIDE);

c) interesse das categorias profissionais ou econômicas;

d) custeio de regimes próprios dos servidores;

e) custeio do serviço de iluminação pública.

3.8.1. *Contribuições sociais*

3.8.1.1. *Definição e características*

Contribuições sociais são tributos da competência da *União*, cuja *finalidade* é o custeio da seguridade social (previdência, saúde e assistência).

Submetem-se apenas ao princípio da anterioridade nonagesimal (estudaremos mais adiante).

As contribuições sociais previstas expressamente pelo art. 195 da CF são veiculadas por lei ordinária.

Entretanto, a União pode criar outras contribuições sociais, além daquelas expressamente previstas no dispositivo citado, hipótese em que a instituição deve ser por lei complementar (art. 195, § 4º, da CF). Ademais, essas outras contribuições não poderão ser cumulativas nem podem repetir base de cálculo ou fato gerador de outra já existente (aplicação do art. 154, I, da CF).

3.8.1.2 *Contribuições sociais previstas expressamente no art. 195 da CF*

O art. 195 da CF prevê expressamente a cobrança das seguintes contribuições sociais:

a) dos empregadores, das empresas e equiparados (i) sobre folha de salários e rendimentos pagos a pessoas físicas, (ii) sobre a receita ou o faturamento e (iii) sobre o lucro;

b) dos trabalhadores e equiparados;

c) sobre concursos de prognósticos (loterias);

d) dos importadores.

Como já dito, a União pode instituir outras contribuições, por lei complementar, observado o art. 154, I, da CF.

3.8.1.3 *Contribuições sociais: outras normas (arts. 149 e 195 da CF)*

As contribuições sociais (e as CIDEs):

a) não incidem sobre receitas decorrentes de exportação;

b) incidem sobre importações;

c) suas alíquotas podem ser *ad valorem* (tendo por base o faturamento, a receita bruta ou o valor da operação e, no caso de importação, o valor aduaneiro) ou específicas (tendo por base a unidade de medida adotada).

A pessoa em débito com a seguridade social, conforme lei, não pode contratar com o Poder Público, nem dele receber benefícios ou incentivos fiscais ou creditícios.

São *isentas* (imunes) as entidades beneficentes de assistência social, atendidos os requisitos legais.

O produtor rural e o pescador artesanal em economia familiar (sem empregados permanentes) contribuem sobre o resultado da comercialização da produção.

As contribuições sociais devidas pelos empregadores e equiparados poderão ter alíquotas ou bases de cálculo diferenciadas, em razão da atividade econômica, da utilização intensiva de mão de obra, do porte da empresa ou da condição estrutural do mercado de trabalho.

É vedada a concessão de remissão ou anistia (perdão) de contribuições sociais sobre salários e rendimentos pagos e de contribuições devidas pelos empregados e equiparados em valor superior ao fixado em lei complementar.

A lei definirá setores para os quais as contribuições sobre receita, faturamento e importadores serão não cumulativas.

Essa não cumulatividade aplica-se à substituição gradual, total ou parcial, da contribuição sobre salários e rendimentos pagos, pela contribuição sobre receita ou faturamento.

3.8.2. *Contribuições de intervenção no domínio econômico – CIDE*

3.8.2.1. *Definição*

As CIDEs são tributos da União cuja *finalidade* é *extrafiscal*, de intervenção no mercado.

Temos hoje no Brasil a CIDE sobre combustíveis, a CIDE sobre remessas ao exterior e as contribuições ao Sistema "S", por exemplo.

As CIDEs (e as contribuições sociais):

a) não incidem sobre receitas decorrentes de exportação;

b) incidem sobre importações;

c) suas alíquotas podem ser *ad valorem* (tendo por base o faturamento, a receita bruta ou o valor da operação e, no caso de importação, o valor aduaneiro) ou específicas (tendo por base a unidade de medida adotada).

3.8.2.2. *CIDE sobre combustíveis – art. 177, § 4º, da CF*

Contribuição relativa à importação ou à comercialização de petróleo, gás natural e derivados, além de álcool combustível.

Pode ter alíquotas diferenciadas por produto e uso e que podem ser reduzidas e restabelecidas pelo Executivo, não se submetendo à anterioridade.

Os recursos arrecadados destinam-se a subsidiar preços ou transporte dos combustíveis, financiar projetos ambientais relacionados à indústria do petróleo e gás e programas de infraestrutura em transportes.

3.8.3. *Contribuições de interesse de categorias profissionais ou econômicas*

3.8.3.1. *Definição*

São tributos da União, mas cobrados por entidades de classe, que ficam com os recursos arrecadados para que possam realizar suas atividades (= *parafiscalidade*).

As contribuições para os conselhos profissionais (CREA, CRM, CRC etc.) e a contribuição sindical são exemplos de contribuições de interesse de categorias profissionais ou econômicas.

Não é o caso da contribuição confederativa, que não tem natureza tributária (não é compulsória).

3.8.4. *Contribuições dos servidores*

3.8.4.1. *Definição*

São tributos dos entes políticos (União, Estados, DF e Municípios), cuja *finalidade* é o custeio dos regimes próprios de previdência dos servidores.

Perceba que, diferentemente da contribuição social, da CIDE e da contribuição de interesse de categorias, a competência, nesse caso, não é exclusiva da União.

3.8.4.2 *Características*

A instituição da contribuição dos servidores, para custeio dos sistemas próprios de previdência, é obrigatória para Estados, Distrito Federal e Municípios.

Ademais, a alíquota cobrada não pode ser inferior à da contribuição a cargo dos servidores efetivos da União (11%).

3.8.5. Contribuição para custeio do serviço de iluminação pública (COSIP, CIP ou CCSIP)

3.8.5.1. *Definição*

Tributo municipal e do DF, cuja *finalidade*, como o nome indica, é custear a iluminação pública.

Os municípios sempre tentaram cobrar taxas de iluminação pública, que eram derrubadas na Justiça, pois o serviço é *uti universi*.

Atendendo ao pleito das cidades, o constituinte derivado criou essa contribuição especial, prevista no art. 149-A da CF.

3.8.5.2. *Características*

Pode ser cobrada na fatura de consumo de energia elétrica (o consumidor pode ser o contribuinte).

É comum a cobrança por valores fixos, até para não se confundir com o ICMS.

4. COMPETÊNCIA TRIBUTÁRIA E SUJEIÇÃO ATIVA

4.1. Definição de competência

Competência tributária refere-se à possibilidade da União, dos Estados, do DF e dos Municípios (= entes políticos, entes tributantes) instituírem, modificarem e extinguirem tributos.

> Competência tributária é a atribuição dada pela Constituição Federal à União, aos Estados, ao Distrito Federal e aos Municípios para instituírem, alterarem e extinguirem tributos por meio de lei.

Compreende a *competência legislativa* plena para criar, alterar e extinguir tributos (art. 6º do CTN), ou seja, só tem competência tributária quem tem competência legislativa (= entes políticos).

A competência tributária (= competência para legislar) não se confunde com sujeição ativa (= ocupação do polo ativo da obrigação tributária, capacidade tributária ativa, para cobrar o tributo).

A distribuição da receita da arrecadação (art. 6º, parágrafo único, do CTN) ou a parafiscalidade não alteram a competência tributária fixada constitucionalmente.

4.2. Disposições constitucionais

A Constituição Federal não institui tributos, apenas fixa as competências.

Somente os entes políticos (União, Estados, DF e Municípios) têm competência tributária. Uma autarquia, por exemplo, pode até ser sujeito ativo (cobrar o tributo), mas jamais terá competência tributária, pois nunca poderá legislar a respeito do tributo.

O Distrito Federal acumula as competências estaduais e municipais.

Nos Territórios Federais (hoje não há), os impostos estaduais serão da competência da União, assim como os municipais, se não houver Municípios. Caso o Território Federal seja dividido em Municípios, cada um deles cobrará os tributos municipais.

4.3. Classificação tradicional

Dentre diversas classificações, há uma clássica, bastante exigida em exames, que divide as competências em: privativa, comum, residual e extraordinária.

A competência privativa refere-se aos impostos.

A competência comum atine aos tributos que podem ser instituídos e cobrados por qualquer ente político, caso das taxas e das contribuições de melhoria.

A competência residual é aquela da União, prevista no art. 154, I, da CF. Somente ela pode instituir outros impostos além daqueles previstos expressamente na Constituição Federal (Estados, Distrito Federal e Municípios somente podem instituir os impostos listados taxativamente na Constituição Federal).

Finalmente, fala-se da competência extraordinária, também da União, para instituir imposto por simples lei ordinária em caso de guerra externa ou sua iminência – art. 154, II, da CF.

Competência privativa	- dos entes políticos em relação aos impostos.
Competência comum	- dos entes políticos, para taxas e contribuições de melhoria.
Competência residual	- da União, que pode criar outros impostos além dos listados na CF.
Competência extraordinária	- da União, para imposto em caso de guerra externa ou sua iminência.

4.3.1. Competência privativa – impostos

A Constituição Federal lista os impostos federais, estaduais e municipais, sendo que cada ente político somente pode legislar a respeito dos respectivos tributos.

O IR somente pode ser instituído pela União. O IPVA somente pelos Estados e DF. O IPTU apenas pelos Municípios e DF. Daí a *privatividade* a que se refere essa classificação.

4.3.2. Competência comum – taxas e contribuições de melhoria

Todos os entes políticos podem criar taxas e contribuições de melhoria, em relação a suas fiscalizações, seus serviços e suas obras.

Por essa razão, afirma-se que há competência *comum* em relação a essas espécies tributárias.

4.3.3. Competência residual da União

A Constituição Federal lista taxativamente todos os impostos Estaduais (ITCMD, IPVA e ICMS) e Municipais (ITBI, IPTU e ISS).

A listagem dos impostos federais, entretanto, não é taxativa.

A União, e somente ela, pode criar outros impostos além dos listados na Constituição Federal. Daí a competência *residual*.

Eventual imposto no âmbito da competência residual deve ser instituído por lei complementar, deverá ser não cumulativo e não poderá ter fato gerador ou base de cálculo de outro já existente (art. 154, I, da CF), ou seja, não pode haver bitributação ou *bis in idem*.

4.3.4. *Competência extraordinária da União*

A União pode criar o imposto extraordinário em caso de guerra externa ou sua iminência - art. 154, II, da CF.

Essa competência é exercida por simples lei ordinária (não se exige lei complementar, como no caso da competência residual).

A Constituição Federal não indica o fato gerador desse imposto extraordinário (apenas a hipótese que dá ensejo à sua criação - guerra externa ou sua iminência).

Assim, o legislador federal pode escolher qualquer fato gerador, inclusive algum já existente (pode haver bitributação ou *bis in idem*).

O imposto extraordinário deve ser suprimido, gradualmente, cessadas as causas de sua criação (o art. 76 do CTN prevê prazo de 5 anos para isso).

4.4. Características da competência

A doutrina costuma indicar algumas características da competência tributária (não confunda com a classificação antes estudada, que usa terminologia semelhante).

A competência é

a) privativa: somente o ente competente pode legislar acerca de seus tributos; não há, em regra, isenções heterônomas - art. 151, III, da CF;

b) indelegável: o ente político não pode delegar a outro a competência legislativa (pode delegar a sujeição ativa, que veremos mais adiante, mas não a competência tributária);

c) incaducável e irrenunciável: o decurso de tempo não afasta a competência, nem pode haver renúncia;

d) inalterável: a legislação não pode alterar os conceitos, institutos e formas utilizados pela Constituição Federal para delimitar as competências - art. 110 do CTN;

e) facultativa: o ente político não é obrigado a instituir, efetivamente, todos os tributos de sua competência (embora possa haver sanções no âmbito do direito financeiro, por conta da responsabilidade fiscal).

4.5. Exercício da competência

Em regra, cada ente político exerce sua competência tributária por meio de *lei ordinária*.

Alguns tributos federais exigem lei complementar: empréstimo compulsório, imposto da competência residual, outras contribuições sociais (não previstas expressamente na Constituição Federal) e imposto sobre grandes fortunas.

Medida provisória e lei delegada substituem lei ordinária, mas não lei complementar. Por exemplo, é possível alterar a alíquota do imposto de renda por medida provisória (substituindo a lei ordinária federal), mas não sua base de cálculo, pois esta última deve ser regulada por lei complementar federal (art. 146, III, *a*, da CF).

4.6. Conflito de competência

Há *bitributação* quando dois entes políticos pretendem tributar a mesma situação, o que não é permitido, em princípio. Por exemplo, se a União cobra ITR e o Município exige IPTU sobre o mesmo imóvel, há indevida bitributação.

Há *bis in idem* quando o mesmo ente político pretende tributar duas vezes a mesma situação, o que tampouco se admite. Por exemplo, o Município cobra ITBI no momento em que o cidadão registra a escritura de compra e venda e, posteriormente, quando leva ao registro imobiliário.

4.7. Tabela resumo: a competência de cada ente

Veja a seguinte tabela com os tributos da competência da cada ente político, para estudo e memorização.

União	- II, IE, IR, IPI, IOF, ITR, imposto sobre grandes fortunas (art. 153 da CF); - imposto extraordinário, imposto da competência residual (art. 154 da CF); - empréstimo compulsório (art. 148 da CF); - contribuições especiais (sociais, CIDE, categorias profissionais ou econômicas - arts. 149 e 195 da CF).
Estados e DF	- ITCMD, ICMS e IPVA (art. 155 da CF).
Municípios e DF	- ITBI, IPTU, ISS (art. 156 da CF). - Contribuição para custeio dos serviços de iluminação pública (art. 149-A da CF).
Todos os entes	- taxas, contribuições de melhoria (art. 145, II e III, da CF); - contribuição dos servidores para custeio do regime previdenciário próprio (art. 149, § 1º, da CF).

4.8. Sujeição ativa

4.8.1. *Definição e características*

Sujeito ativo é o credor da obrigação tributária, quem ocupa o polo ativo da relação obrigacional tributária. Refere-se à capacidade tributária ativa, à aptidão para cobrar o crédito tributário.

Em regra, sujeito ativo é o próprio ente competente (União, Estado, DF ou Município), mas o legislador pode indicar outra pessoa (normalmente autarquia) para cobrar o tributo (= delegação da capacidade ativa).

Não há solidariedade ativa, ou seja, não há dois sujeitos ativos tributários em relação ao mesmo tributo.

4.8.2. *Desmembramento*

Se houver desmembramento de Estado ou de Município, o novo ente político criado sub-roga-se dos direitos do ente originário, aplicando sua legislação. Ou seja, o novo Estado ou Município irá cobrar os tributos relativos aos fatos geradores ocorridos em seu território, à luz da legislação do ente político originário, até que produza sua própria legislação:

> CTN, Art. 120. Salvo disposição de lei em contrário, a pessoa jurídica de direito público, que se constituir pelo desmembramento territorial de outra, sub-roga-se nos direitos desta, cuja legislação tributária aplicará até que entre em vigor a sua própria.

4.9. Delegação

O ente competente pode delegar a sujeição ativa por meio de lei:

> CTN, Art. 7º A competência tributária é indelegável, salvo atribuição das funções de arrecadar ou fiscalizar tributos, ou de executar leis, serviços, atos ou decisões administrativas em matéria tributária, conferida por uma pessoa jurídica de direito público a outra (...).

Não confunda: a competência tributária (competência para legislar acerca do tributo) é indelegável, mas o legislador pode delegar a sujeição ativa, isto é, indicar outra pessoa (normalmente autarquia) para ocupar o polo ativo da obrigação tributária.

4.10. Parafiscalidade

Há *parafiscalidade* quando o sujeito ativo delegado fica com os recursos arrecadados para realizar suas atividades essenciais.

É o caso dos conselhos profissionais (CREA, CAU, CRF, CRC etc.), que cobram tributo federal (contribuição de interesse de categoria) e ficam com os valores (não os repassam à União).

Perceba que a competência tributária em relação a essas contribuições é da União, nos termos do art. 149 da CF, ou seja, somente ela pode legislar acerca desses tributos (a competência é indelegável). Mas quem ocupa o polo ativo da obrigação (quem exige o tributo) é o Conselho profissional, que fica com o valor arrecadado.

4.11. O caso do ITR

Os Municípios podem optar por fiscalizar e cobrar o ITR federal, ficando com 100% da arrecadação – arts. 153, § 4º, III, e 158, II, *in fine*, da CF.

É um caso excepcional em que a própria Constituição prevê uma espécie de parafiscalidade entre entes políticos (o Município cobra tributo federal e fica com o valor arrecadado).

Não há delegação da competência tributária (somente a União pode legislar).

A opção do Município não pode implicar redução do imposto ou qualquer outra forma de renúncia fiscal.

5. IMUNIDADES

5.1. Definição

Vimos que a Constituição fixa as competências tributárias dos entes políticos de modo positivo, ou seja, indica quais tributos poderão ser exigidos pela União, pelos Estados, pelo DF e pelos Municípios.

Ademais, a Constituição também delimita negativamente a competência tributária, afastando a possibilidade de os entes políticos instituírem e exigirem tributos em relação a determinadas pessoas ou situações.

Essa delimitação negativa da competência é o que denominados *imunidade*.

5.2. Disposições constitucionais

Sempre que a Constituição Federal afastar a competência, há imunidade, independentemente do termo utilizado (*isenção* – arts. 184, § 5º, e 195, § 7º – ou *não incidência* – art. 156, § 2º, I).

São *limitações constitucionais do poder de tributar*.

Há autores que defendem que as imunidades referem-se apenas a impostos, mas há casos de imunidades em relação a contribuições sociais (arts. 149, § 2º, I, e 195, § 7º) e a taxas (art. 5º, XXXIV, LXXIV, LXXVI e LXXVII).

5.3. Distinção entre imunidade e isenção

A imunidade é norma constitucional – a isenção é norma legal produzida pelo ente competente.

A imunidade afasta a competência tributária – a isenção pressupõe a competência.

Quando há imunidade, não existe norma de incidência – quando há isenção, segundo o CTN, ocorre o fato gerador e surge a obrigação, mas o pagamento do crédito é dispensado.

5.4. Distinção entre imunidade e não incidência

Não incidência refere-se genericamente a situações fora do alcance da norma de incidência.

No caso de não incidência, não se cogita da cobrança do tributo.

Por exemplo, a propriedade de cavalo é caso de não incidência (ninguém defende que o IPVA poderia incidir nesse caso).

A imunidade é norma constitucional expressa que afasta a competência. Por exemplo, não se pode cobrar IPVA sobre veículo da União, pois a competência é afastada expressamente nessa hipótese (= imunidade recíproca, que veremos mais adiante).

5.5 Distinção entre imunidade e isenção heterônoma

Em princípio, somente quem tem competência tributária pode criar isenção.

Excepcionalmente, a Constituição Federal prevê que o Congresso Nacional excluirá da incidência do ISS as exportações de serviços (= isenção heterônoma).

É caso único em que a União (pelo Congresso Nacional) afasta a tributação municipal.

5.6. Regras aplicáveis às imunidades recíproca, dos templos, dos partidos e das entidades educacionais e assistenciais

Mais adiante estudaremos cada uma das imunidades previstas no art. 150, VI, da CF. Antes disso, é interessante fixarmos algumas regras aplicáveis à imunidade recíproca, dos templos, dos partidos políticos e das entidades educacionais e de assistência social sem fins lucrativos (art. 150, VI, *a* a *c*, da CF).

Essas imunidades referem-se apenas a *impostos*, e *não* a taxas, contribuição de melhoria, contribuições especiais e empréstimos compulsórios. Ou seja, o partido político, por exemplo, não se exime de recolher taxa pela coleta de lixo, contribuição social em relação aos rendimentos pagos a trabalhadores etc.

Essas imunidades abrangem qualquer imposto que implique redução do patrimônio, prejudique a renda ou onere os serviços da entidade imune.

Assim, essas imunidades referem-se a impostos sobre patrimônio (ITR, IPVA, IPTU), renda (IR) e serviços (ISS, ICMS), mas também sobre transmissão de bens (ITCMD e ITBI), operações financeiras (IOF) e importações em que o ente imune é o contribuinte de direito (II, IPI e ICMS).

A imunidade não afasta as obrigações relativas à responsabilidade tributária, nem o dever de cumprimento das obrigações acessórias – art. 9º, § 1º, do CTN.

Como exemplo, determinada instituição educacional sem fins lucrativos, apesar de imune em relação aos impostos, não pode deixar de escriturar os livros fiscais ou prestar as informações ao fisco conforme a legislação aplicável, nem pode abster-se de reter o imposto de renda na fonte, na condição de responsável tributário, em relação aos salários pagos a seus empregados.

A exploração de atividade econômica afasta a imunidade, mas é interessante salientar que há haja precedentes do STF reconhecendo o afastamento da tributação em caso de produção e venda de determinadas mercadorias por entidade imune.

Finalmente, a imunidade não beneficia o contribuinte de direito que vende produto, bem ou serviço a ente imune (Súmula 591 do STF).

Veja seguinte exemplo: imagine que um ente imune (templo, partido etc.) adquira um automóvel. Haverá, nesse caso, incidência do ICMS sobre a venda, pois o contribuinte ("de direito"), conforme a legislação, é o estabelecimento vendedor, que não é beneficiado pela imunidade (ou seja, o vendedor, que não é imune, recolherá o tributo estadual):

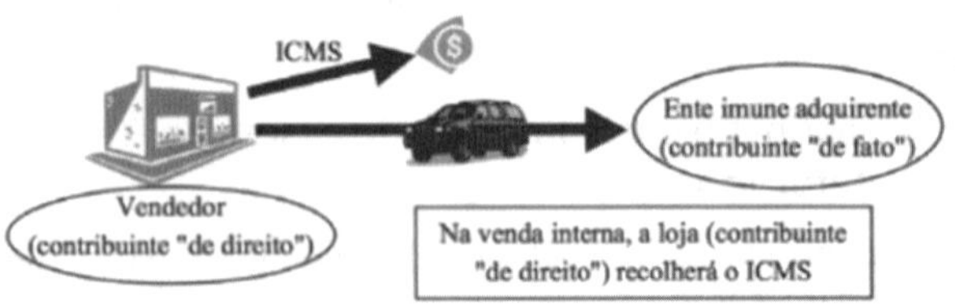

Por outro lado, caso este mesmo ente imune importe o veículo, não haverá incidência do ICMS. Isso porque, na importação, contribuinte do imposto estadual é o importador (é ele o contribuinte "de direito"). Veja que, se houvesse a cobrança, o ente imune ocuparia a condição de contribuinte do imposto, o que atingiria diretamente o seu patrimônio e é inconstitucional:

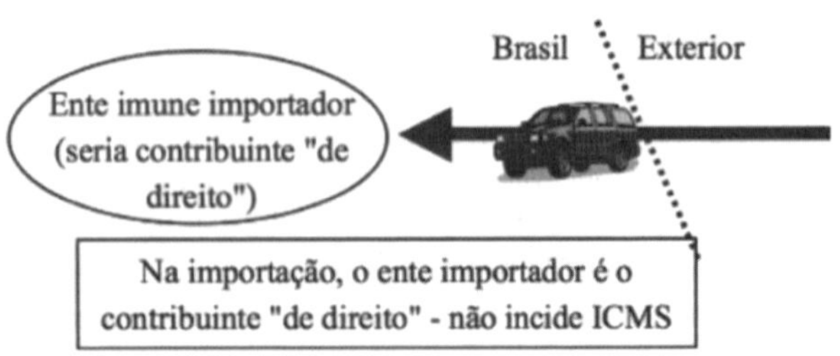

5.7. Imunidade recíproca

5.7.1. Previsão constitucional

A imunidade recíproca é prevista no art. 150, VI, *a*, da CF:

> CF, Art. 150. Sem prejuízo de outras garantias asseguradas ao contribuinte, é vedado à União, aos Estados, ao Distrito Federal e aos Municípios:
>
> (...)
>
> VI – instituir impostos sobre:
>
> *a*) patrimônio, renda ou serviços, uns dos outros;
>
> (...)

5.7.2. Imunidade recíproca – entes imunes

A imunidade recíproca refere-se à União, aos Estados, ao DF e aos Municípios, decorrendo do princípio federativo. Eles não podem cobrar impostos uns dos outros, o que agrediria as respectivas autonomias financeiras.

A imunidade recíproca é estendida às *autarquias* e *fundações* instituídas e mantidas pelo Poder Público, no que se refere ao patrimônio, à renda e aos serviços vinculados a suas finalidades essenciais ou às delas decorrentes.

5.7.3. Imunidade recíproca – entidades de direito privado

Em princípio, a imunidade recíproca não abrange entidades de direito privado da administração indireta: empresas públicas e sociedades de economia mista.

Excepcionalmente, o STF entende que a Empresa de Correios e Telégrafos (ECT) e a Empresa Brasileira de Infraestrutura Aeroportuária (Infraero) são imunes em relação a atividades públicas em sentido estrito, executadas sem intuito lucrativo, que não indiquem capacidade contributiva.

5.7.4. Imunidade recíproca – exploração de atividade econômica

> CF, Art. 150. (...)
>
> (...)
>
> § 3º – As vedações do inciso VI, "a", e do parágrafo anterior [imunidade recíproca] não se aplicam ao patrimônio, à renda e aos serviços, relacionados com exploração de atividades econômicas regidas pelas normas aplicáveis a empreendimentos privados, ou em que haja contraprestação ou pagamento de preços ou tarifas pelo usuário (...)

A imunidade não beneficia entidades que explorem atividade econômica (generalidade das empresas públicas e de economia mista).

O STF, entretanto, reconheceu o benefício em caso de entidade imune (de assistência social) que produz e vende mercadoria.

A imunidade recíproca não abrange concessionárias de serviço público, que cobram tarifa dos usuários (art. 13 do CTN), nem registros públicos, cartorários e notariais delegados.

Não exonera o promitente comprador da obrigação de pagar imposto relativamente ao bem imóvel (ITBI e IPTU, Súmulas 75 e 583 do STF) – art. 150, § 3º, *in fine*, da CF.

5.8. Imunidade dos templos de qualquer culto

5.8.1. Previsão constitucional

A imunidade dos templos é prevista no art. 150, VI, *b*, da CF:

> CF, Art. 150. Sem prejuízo de outras garantias asseguradas ao contribuinte, é vedado à União, aos Estados, ao Distrito Federal e aos Municípios:
>
> (...)
>
> VI – instituir impostos sobre:
>
> (...)
>
> b) templos de qualquer culto;
>
> (...)

5.8.2. Imunidade dos templos – abrangência

Essa imunidade procura proteger e garantir a liberdade de culto, sem margem para juízo valorativo pelo Fisco, ou seja, qualquer templo é beneficiado.

Abrange toda a atividade e o espaço necessário para o culto, incluindo anexos, casa do religioso, estacionamento para os fiéis, banheiros, retiros, desde que "relacionados com as finalidades essenciais" (art. 150, § 4º, da CF).

O imóvel alugado para terceiro também é imune em relação ao IPTU, desde que a renda seja aplicada nas atividades essenciais do templo (Súmula Vinculante 52 e Súmula 724/STF).

Abrange a venda de bens relacionados ao culto (velas, incensos), mas não a exploração de atividade econômica efetiva (caso a igreja abra um supermercado, haverá incidência do ICMS).

5.9. Imunidade dos partidos, entidades sindicais, educacionais e de assistência social

5.9.1. Previsão constitucional

Essa imunidade é prevista no art. 150, VI, *c*, da CF:

> CF, Art. 150. Sem prejuízo de outras garantias asseguradas ao contribuinte, é vedado à União, aos Estados, ao Distrito Federal e aos Municípios:
>
> (...)
>
> VI – instituir impostos sobre:
>
> (...)
>
> c) patrimônio, renda ou serviços dos partidos políticos, inclusive suas fundações, das entidades sindicais
>
> dos trabalhadores, das instituições de educação e de assistência social, sem fins lucrativos, atendidos os requisitos da lei;
>
> (...)

5.9.2. Imunidade dos partidos e entidades sindicais, educacionais e de assistência social – abrangência

Essa imunidade prestigia entidades essenciais para a democracia representativa, para a defesa dos direitos dos trabalhadores e as que colaboram com o Estado em áreas sensíveis (educação e assistência social).

Refere-se apenas a entidades sindicais de *trabalhadores, não a entidades patronais (estas não são imunes).*

Somente são beneficiadas as entidades educacionais e de assistência social sem fins lucrativos, na forma da lei (essa lei regulamentadora, veremos, é o CTN, por seu art. 14).

O STF reconheceu a imunidade em caso de entidade de assistência social que produz e vende mercadoria.

Abrange todo o patrimônio necessário para as atividades essenciais, incluindo prédios administrativos e estacionamento para estudantes (precedentes do STF).

O imóvel alugado para terceiro também é imune ao IPTU, desde que a renda seja aplicada nas atividades essenciais da entidade (Súmula 724 do STF).

Como as outras imunidades do art. 150, VI, da CF, esta também refere-se apenas a impostos. Há, entretanto, imunidade em relação a contribuições sociais, prevista no art. 195, § 7º, da CF (embora o constituinte tenha utilizado o termo *isenção*).

5.9.3. Entidades educacionais e de assistência social – requisitos (art. 14 do CTN)

Para que a entidade educacional ou de assistência social seja beneficiada pela imunidade, é preciso que atenda aos requisitos do art. 14 do CTN:

a) não pode distribuir qualquer parcela de seu patrimônio ou de suas rendas, a qualquer título;

b) deve aplicar integralmente, no País, os seus recursos na manutenção dos seus objetivos institucionais;

c) deve manter escrituração de suas receitas e despesas em livros revestidos de formalidades capazes de assegurar sua exatidão;

d) deve reter tributos na fonte e cumprir os demais deveres instrumentais.

A imunidade é dada pela Constituição Federal, cabendo ao Fisco apenas reconhecê-la, desde que preenchidos os requisitos.

O fato de a entidade não ter fins lucrativos não impede a cobrança de mensalidade, o superávit de suas contas (ela não precisa ter prejuízos) ou o pagamento de salários.

Entretanto, os salários e os benefícios pagos devem ser compatíveis com o mercado para não representarem distribuição disfarçada de lucro ou dilapidação do patrimônio.

5.10. Imunidade dos livros, jornais e periódicos

5.10.1. Previsão constitucional

A imunidade dos livros, jornais e periódicos é prevista no art. 150, VI, *d*, da CF:

> CF, Art. 150. Sem prejuízo de outras garantias asseguradas ao contribuinte, é vedado à União, aos Estados, ao Distrito Federal e aos Municípios:
>
> (...)
>
> VI – instituir impostos sobre:
>
> (...)
>
> d) livros, jornais, periódicos e o papel destinado a sua impressão.
>
> (...)

5.10.2. Imunidade de livros, jornais e periódicos – impostos

A imunidade é *objetiva* e restrita aos *impostos* incidentes sobre os livros, jornais, periódicos e o papel para impressão.

Abrange, portanto, Imposto de Importação, IPI e ICMS relativos à compra do papel, produção e comercialização desses *bens*.

Não há imunidade em relação aos tributos que incidem direta ou indiretamente sobre a *atividade* ou *outros bens* (ISS, IR, IOF, IPTU etc.).

Assim, a gráfica não paga II ou IPI, quando importa o papel, nem ICMS quando vende o livro, o jornal ou o periódico. Mas paga ISS sobre serviços prestados, IR sobre o lucro auferido, IOF sobre suas operações financeiras, IPTU em relação ao imóvel de sua propriedade etc.

5.10.3. Imunidade de livros e periódicos – abrangência

Pretende-se prestigiar o acesso à informação, à educação e à cultura.

Assim, a imunidade abrange toda publicação, independentemente do conteúdo (mesmo fescenino, de baixo nível). Não há margem para juízo valorativo do Fisco.

A imunidade inclui listas telefônicas, livros-brinquedo (*pop up*, com música infantil, bonecos afixados etc.).

Em princípio, abrange o conteúdo do livro eletrônico, mas não o próprio equipamento (ainda não há jurisprudência pacificada a respeito).

O STF vem entendendo que a imunidade abrange, além do próprio livro, jornal ou periódico, apenas o papel utilizado na impressão, filmes e papéis fotográficos (Súmula 657 do STF).

A Suprema Corte não reconhece a imunidade em relação às tintas e aos equipamentos para impressão.

5.10.4. *Imunidade dos fonogramas e videofonogramas, suportes materiais e arquivos digitais*

Recentemente, o Constituinte derivado incluiu nova imunidade no texto constitucional, em favor dos músicos brasileiros:

> CF, Art. 150. Sem prejuízo de outras garantias asseguradas ao contribuinte, é vedado à União, aos Estados, ao Distrito Federal e aos Municípios:
>
> (...)
>
> VI – instituir impostos sobre:
>
> (...)
>
> e) fonogramas e videofonogramas musicais produzidos no Brasil contendo obras musicais ou literomusicais de autores brasileiros e/ou obras em geral interpretadas por artistas brasileiros bem como os suportes materiais ou arquivos digitais que os contenham, salvo na etapa de replicação industrial de mídias ópticas de leitura a laser.
>
> (...)

O intuito é fomentar e proteger relevante aspecto cultural brasileiro, afastando a incidência de impostos sobre a produção musical de artistas nacionais, especificamente sobre as gravações, sejam elas veiculada por CD, DVD ou simples arquivo digital.

Ressalvou-se a tributação sobre a produção industrial das mídias ópticas (CD e DVD).

5.11. Outras imunidades

Além das imunidades previstas no art. 150, VI, a Constituição Federal prevê também outras:

a) Contribuição social e CIDE sobre receitas decorrentes de exportação – art. 149, § 2º, I, da CF;

b) Contribuição social de entidades beneficentes de assistência social – art. 195, § 7º, da CF;

c) Contribuição social sobre aposentadoria e pensão concedida pelo regime geral de previdência social (RGPS-INSS) – art. 195, II, *in fine*, da CF;

d) IPI e ICMS sobre exportação – arts. 153, § 3º, III, e 155, § 2º, X, *a*, da CF;

e) ITR sobre pequenas glebas – art. 153, § 4º, II, da CF;

f) ITBI sobre alterações societárias – art. 156, § 2º, I, da CF.

6. PRINCÍPIOS

6.1. Definição e aspectos gerais

Princípios são proposições normativas de alta carga valorativa, que orientam a produção e a interpretação das demais normas.

Há diversos princípios tributários incluídos entre as *limitações constitucionais ao poder de tributar*. Outros princípios tributários são implícitos.

Muitos deles refletem princípios gerais do Direito brasileiro (ex.: legalidade) e outros indicam regras bastante objetivas (ex.: anterioridade).

6.2. Princípio da legalidade

6.2.1. *Disposição constitucional*

O princípio da legalidade tributária é expressamente previsto no art. 150, I, da CF.

> CF, Art. 150. Sem prejuízo de outras garantias asseguradas ao contribuinte, é vedado à União, aos Estados, ao Distrito Federal e aos Municípios:
>
> I – exigir ou aumentar tributo sem lei que o estabeleça;
>
> (...)

Trata-se de aspecto do princípio da legalidade que abrange todo o sistema jurídico brasileiro, previsto no art. 5º, II, da CF.

Não há tributação sem previsão legal.

6.2.2. *Princípio da legalidade – abrangência*

Os elementos essenciais da tributação devem ser estabelecidos por lei (art. 97 do CTN):

a) instituição, majoração, redução, dispensa e extinção de tributos e de penalidades;

b) fato gerador da obrigação principal;

c) alíquotas e base de cálculo;

d) cominação de penalidades, sua dispensa ou redução;

e) hipóteses de suspensão, extinção e exclusão do crédito tributário.

Não se exige lei, em sentido estrito, em relação à alteração de determinadas alíquotas de tributos federais e a elementos instrumentais da tributação (matérias que podem ser veiculadas por normas infralegais):

a) alteração de alíquotas de II, IE, IPI, IOF e CIDE sobre combustíveis, atendidas as condições e os limites estabelecidos pela lei;

b) correção monetária da base de cálculo, dentro do índice oficial de inflação (Súmula 160 do STJ);

c) vencimento do tributo;

d) modelos de guias e livros fiscais;

e) definição dos locais de pagamento.

6.2.3. *Princípio da legalidade – nomenclatura*

A doutrina muitas vezes utiliza diversas expressões para se referir a aspectos do princípio da legalidade, em geral:

✓ Reserva legal: a tributação depende sempre de lei;

✓ Reserva absoluta de lei: a incidência e as condutas da administração devem ser previstas em lei;

✓ Reserva de lei formal: a tributação depende de lei em sentido estrito, em regra aquela produzida pelo Poder Legislativo e enviada à sanção do Poder Executivo, embora admitam-se Medida Provisória e normas infralegais relativas a determinadas alíquotas de impostos;

✓ Tipicidade fechada: os elementos da incidência devem estar exaustivamente previstos em lei.

6.2.4. *Princípio da legalidade – alíquotas*

As alíquotas devem ser, em regra, fixadas ou alteradas por lei.

Há, entretanto, hipóteses excepcionais de determinados tributos federais que podem ter suas alíquotas alteradas por normas infralegais (decretos, portarias, etc.), desde que atendidas as condições e os limites estabelecidos em lei:

a) imposto de importação;

b) imposto de exportação;

c) IPI;

d) IOF;

e) redução e restabelecimento da alíquota da CIDE sobre combustíveis (art. 177, § 4º, I, *b*, da CF).

São tributos de carga fortemente *extrafiscal*, que visam à intervenção no mercado, e não, prioritariamente, a arrecadação (não têm caráter estritamente *fiscal*, arrecadatório).

Por essa razão, o legislador entendeu por bem autorizar a modificação das alíquotas por norma infralegal, garantindo maior agilidade no uso desse importante instrumento.

6.2.5. *Princípio da legalidade – obrigações acessórias*

O CTN, ao tratar da obrigação principal (tributo e penalidade pecuniária) refere-se sempre à *lei* (arts. 97, III, e 114). Ao dispor sobre a obrigação acessória (deveres instrumentais, como emissão de documentos fiscais, escrituração, declarações etc.) refere-se à *legislação* (que inclui normas infralegais – arts. 96, 113, § 2º, e 115).

Por essa razão, discute-se se a obrigação acessória exige lei ou se pode ser instituída por norma infralegal (decretos, portarias etc.).

O Judiciário tem aceitado obrigações acessórias previstas genericamente em lei e detalhadas em norma infralegal.

6.2.6. *Princípio da legalidade – benefícios fiscais*

No caso de benefícios fiscais, exige-se não apenas lei, mas também que ela seja específica, regulando apenas o benefício ou o próprio tributo:

> CF, art. 150, § 6º. Qualquer subsídio ou isenção, redução de base de cálculo, concessão de crédito presumido, anistia ou remissão, relativos a impostos, taxas ou contribuições, só poderá ser concedido mediante *lei específica*, federal, estadual ou municipal, que regule exclusivamente as matérias acima enumeradas ou o correspondente tributo ou contribuição [obs.: no caso do ICMS, é preciso convênio interestadual para concessão de benefícios].

Assim, não é possível incluir uma isenção de imposto de renda, por exemplo, em uma lei que cuide de servidores públicos ou de rodovias federais. A lei deve tratar apenas do benefício fiscal ou somente do imposto de renda.

6.3. Princípio da isonomia

6.3.1. *Disposição constitucional*

O princípio tributário da isonomia é previsto no art. 150, II, da CF:

> CF, Art. 150. Sem prejuízo de outras garantias asseguradas ao contribuinte, é vedado à União, aos Estados, ao Distrito Federal e aos Municípios:
>
> (...)
>
> II – instituir tratamento desigual entre contribuintes que se encontrem em situação equivalente, proibida qualquer distinção em razão de ocupação profissional ou função por eles exercida, independentemente da denominação jurídica dos rendimentos, títulos ou direitos;
>
> (...)

Perceba que o constituinte deixou claro que não importa a denominação dos rendimentos ou da ocupação profissional: a tributação deve ser a mesma para todos. Isso evita discussões quanto ao IR incidente sobre soldos de militares ou sobre o salário de juízes, por exemplo (não são exceções à regra impositiva).

6.3.2. *Princípio da isonomia – critério*

Isonomia é tratar igualmente os contribuintes na mesma situação e desigualmente aqueles em situações distintas, conforme a desigualdade.

O critério de comparação é a capacidade contributiva ou capacidade econômica, que pode ser avaliada objetivamente, em relação a cada tributo.

Isso significa que todo aquele que apresente a mesma capacidade contributiva deve, em regra, pagar tributo equivalente.

6.3.3. *Princípio da isonomia – instrumentos*

Diversos instrumentos viabilizam a isonomia, permitindo que as pessoas paguem tributos conforme sua capacidade econômica:

a) progressividade de alíquotas do IR, ITR, IPTU e ITCMD (este último com reconhecimento recente pelo STF);

b) isenções e outros benefícios em favor de contribuintes de menor capacidade econômica;

c) seletividade de alíquotas do IPI e do ICMS;

d) diferenciação de alíquotas do IPVA e do IPTU;

e) tratamento diferenciado e favorecido para cooperativas e micro e pequenas empresas.

Perceba, portanto, que uma isenção (que afasta a cobrança de tributo em relação a determinada pessoa ou situação), por exemplo, atende a isonomia, desde que exonere quem tenha menor capacidade contributiva.

6.3.4. *Princípio da isonomia – entes federados*

É vedado à União tributar a renda das obrigações da dívida pública dos Estados, do Distrito Federal e dos Municípios, bem como a remuneração e os proventos dos respectivos agentes públicos, em níveis superiores aos que fixar para suas obrigações e para seus agentes – art. 151, II, da CF.

Isso decorre não apenas da isonomia, mas também do pacto federativo e da autonomia dos entes políticos.

6.4. Princípio da irretroatividade

6.4.1. *Disposição constitucional*

A irretroatividade tributária, que decorre também de um princípio geral do direito brasileiro (irretroatividade das normas jurídicas), é prevista no art. 150, III, *a*, da CF:

> CF, Art. 150. Sem prejuízo de outras garantias asseguradas ao contribuinte, é vedado à União, aos Estados, ao Distrito Federal e aos Municípios:
>
> (...)
>
> III – cobrar tributos:
>
> a) em relação a fatos geradores ocorridos antes do início da vigência da lei que os houver instituído ou aumentado;
>
> (...)

6.4.2. *Princípio da irretroatividade – aspectos*

A legislação tributária aplica-se imediatamente aos fatos geradores futuros e aos pendentes (aqueles iniciados, mas ainda não concluídos) – art. 105 do CTN.

O STF julgou válida lei relativa ao IR publicada em 31.12.1994, "a tempo, portanto, de incidir sobre o resultado do exercício financeiro encerrado", tendo observado a irretroatividade – RE 232.084-9/SP, 1ª T., j. 04.04.2000, rel. Min. Ilmar Galvão, *DJ* 16.06.2000.

6.4.3. Princípio da irretroatividade – exceções

A lei se aplica a atos e fatos pretéritos nos casos de:

a) lei expressamente interpretativa, sem penalidade pela infração dos dispositivos interpretados (art. 106, I, do CTN);

b) norma sancionadora mais benéfica ao infrator (*lex mitior*), exceto no caso de ato definitivamente julgado (art. 106, II, do CTN);

c) novas regras para a fiscalização ou aumento das garantias e privilégios do crédito, exceto criação de responsabilidade (art. 144, § 1º, do CTN).

A doutrina costuma se referir a essas hipóteses como exceções à irretroatividade.

6.4.4. Princípio da irretroatividade – lex mitior

Perceba que somente a norma que reduz ou exclui *penalidades* retroage para beneficiar o infrator (*lex mitior*), mas nunca a norma relativa ao tributo (essa jamais retroage).

Assim, a alíquota e a base de cálculo do imposto, da taxa, da contribuição etc. serão sempre aquelas vigentes à época do fato gerador.

Eventual multa, entretanto, poderá ser reduzida por norma posterior, desde que ela ainda não tenha sido paga, quando na vigência da nova legislação, e que não seja questão definitivamente julgada.

Exemplo:

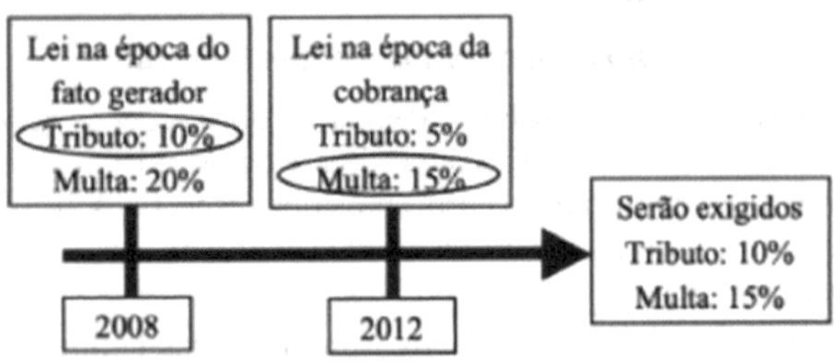

Perceba, nesse exemplo, que o contribuinte não pagou o tributo na época correta (em 2008), quando a alíquota aplicável era de 10% e a multa pelo atraso, de 20%.

Posteriormente, houve redução desses percentuais, mas apenas a multa é minorada em favor do infrator. A alíquota do tributo será sempre aquela vigente à época do fato gerador.

6.5. Princípio da anterioridade

6.5.1. Disposição constitucional

O princípio da anterioridade é regra peculiar do Direito Tributário, que protege o contribuinte contra a exigibilidade imediata de tributo instituído ou majorado (não surpresa).

Se houver instituição ou aumento, ele será exigível apenas após determinado período (90 dias ou 1º exercício seguinte ao da publicação da lei, o que ocorrer depois):

> CF, Art. 150. Sem prejuízo de outras garantias asseguradas ao contribuinte, é vedado à União, aos Estados, ao Distrito Federal e aos Municípios:
>
> (...)
>
> III – cobrar tributos:
>
> (...)
>
> b) no mesmo exercício financeiro em que haja sido publicada a lei que os instituiu ou aumentou;
>
> c) antes de decorridos noventa dias da data em que haja sido publicada a lei que os instituiu ou aumentou, observado o disposto na alínea b;
>
> (...)

6.5.2. Aspectos

A eficácia da norma que institui ou majora tributo se dá somente após 90 dias da *publicação* (anterioridade nonagesimal) ou em 1º de janeiro do ano seguinte (anterioridade anual), o que ocorrer depois.

Por exemplo, se o ICMS é majorado em abril deste ano, o aumento somente é exigível a partir de 1º de janeiro do ano seguinte (anterioridade anual). Entretanto, se o ICMS é aumentado em novembro deste ano, somente em fevereiro do ano seguinte é que se poderá cobrar o valor a maior (anterioridade nonagesimal). Vale sempre a data posterior.

A anterioridade refere-se somente aos casos de instituição ou majoração, não aos de redução ou extinção. É proteção ao contribuinte, de modo que norma mais benéfica pode ter eficácia imediata.

Como exemplo, se o ISS é reduzido em fevereiro desse ano, o benefício vale imediatamente (não há anterioridade).

Apesar da expressão "cobrar tributos", entende-se que se refere aos fatos geradores, ou seja, a nova norma (que aumente ou institua tributo) aplica-se a fatos geradores ocorridos após o período da anterioridade.

Trata-se de cláusula pétrea (direito e garantia individual), segundo o STF, não podendo ter seu alcance reduzido pelo constituinte derivado.

A alteração do prazo de recolhimento não implica aumento ou diminuição do tributo, de modo que não se sujeita à anterioridade (entendimento do STF e do STJ - Ver Súmula Vinculante 50 do STF).

Há peculiaridade no caso do IR, conforme o disposto na Súmula 584 do STF: aplica-se a lei vigente no ano da declaração.

O fato gerador do IR, por sua natureza, ocorre durante o ano-base, que se inicia em 1º de janeiro e termina no último instante de 31 de dezembro, de modo que o valor somente pode ser cobrado no ano seguinte (ano-exercício).

Por essa razão, o STF entendeu que, se a lei que majora o IR é publicada durante o ano-base, aplica-se a ele, pois o valor correspondente somente será cobrado no exercício seguinte. Ainda há muito debate doutrinário a respeito, até porque não houve caso recente levado ao Judiciário.

Interessante adiantarmos que o IR submete-se apenas à anterioridade anual, não à nonagesimal (é exceção).

6.5.3. Princípio da anterioridade – medida provisória

No caso de medida provisória que institua ou majore *imposto* (exceto II, IE, IPI, IOF e extraordinário), só produzirá efeito no exercício seguinte se houver sido convertida em lei até o último dia do ano em que foi editada – art. 62, § 2º, da CF.

A anterioridade nonagesimal é contada da edição da Medida Provisória, não de sua conversão (há discussão).

Perceba que essa regra vale apenas para impostos. A majoração de uma contribuição social por Medida Provisória, por exemplo, é exigível 90 dias após sua publicação, mesmo que isso ocorra antes do 1º dia do exercício seguinte e mesmo que ela não seja convertida em lei até o final do ano.

6.5.4. *Princípio da anterioridade – exceções*

Há diversas exceções ao princípio da anterioridade anual e nonagesimal. Veja a seguinte tabela para estudo e memorização, pois isso é muito exigido em exames:

Exceções à anterioridade anual	Exceções à anterioridade nonagesimal
Empréstimo compulsório em caso de despesa extraordinária	Empréstimo compulsório em caso de despesa extraordinária
Impostos de importação e exportação	**Impostos de importação e exportação**
IPI	Imposto de Renda
IOF	**IOF**
Imposto extraordinário	Imposto extraordinário
Restabelecimento da alíquota do ICMS e da CIDE sobre combustíveis e lubrificantes	**Fixação da base de cálculo do IPVA e do IPTU**
Contribuições sociais	

Perceba, por exemplo, que o IPI é exceção ao princípio da anterioridade anual, mas não ao da nonagesimal. Assim, se sua alíquota é majorada em março deste ano, por exemplo, somente será exigível (o aumento) em junho seguinte.

De modo inverso, o IR é exceção ao princípio da anterioridade nonagesimal, mas não ao da anual. Caso sua alíquota seja majorada em novembro deste ano, o aumento valerá já em 1º de janeiro do exercício seguinte.

6.6. Princípio da vedação de confisco

6.6.1. *Disposição constitucional*

O tributo, embora implique redução do patrimônio do particular em favor do Estado, não pode significar supressão da propriedade, pois o confisco é vedado:

> CF, Art. 150. Sem prejuízo de outras garantias asseguradas ao contribuinte, é vedado à União, aos Estados, ao Distrito Federal e aos Municípios:
>
> (...)
>
> IV – utilizar tributo com efeito de confisco;
>
> (...)

6.6.2. *Princípio da vedação de confisco – aspectos*

O princípio da vedação de confisco decorre do princípio da capacidade contributiva e do direito à propriedade.

A tributação não pode reduzir de maneira acentuada a propriedade do indivíduo – art. 5º, *caput*, da CF. Não deve atingir as fontes produtoras de riqueza dos contribuintes.

O STF entende que o princípio é aplicável também às penalidades tributárias, embora admita percentuais bastante altos para as sanções.

O caráter confiscatório é fácil de ser identificado no caso dos impostos sobre propriedade e renda, das taxas e das contribuições de melhoria. IPTU de 50%, por exemplo, é claramente confiscatório.

Mas é difícil de aferir no caso dos impostos sobre produção e circulação de bens e serviços, à luz da seletividade. O IPI de 50% sobre bebidas alcoólicas, por exemplo, não seria confiscatório (na verdade, o percentual é superior a isso).

São admitidas alíquotas muito altas no caso de impostos *extrafiscais*, que servem para o Estado intervir no mercado (caso dos impostos aduaneiros, por exemplo – II e IE).

6.7. Princípio da vedação de limitação ao tráfego de pessoas ou bens

6.7.1. *Disposição constitucional*

O tributo não pode ser usado para interferir no direito de ir e vir:

> CF, Art. 150. Sem prejuízo de outras garantias asseguradas ao contribuinte, é vedado à União, aos Estados, ao Distrito Federal e aos Municípios:
>
> (...)
>
> V – estabelecer limitações ao tráfego de pessoas ou bens, por meio de tributos interestaduais ou intermunicipais, ressalvada a cobrança de pedágio pela utilização de vias conservadas pelo Poder Público;
>
> (...)

6.7.2. *Princípio da vedação de limitação ao tráfego de pessoas ou bens – aspectos*

Inexiste, em princípio, tributo interestadual ou intermunicipal que possa embaraçar o tráfego de pessoas ou bens. De qualquer forma, caso os Estados, o Distrito Federal ou os Municípios apliquem a legislação tributária de modo a interferir no direito de ir e vir dentro do território nacional, haverá inconstitucionalidade.

Eventualmente, a União poderia pretender criar imposto nesse sentido, no exercício da competência residual, o que seria vedado.

O pedágio, a rigor, costuma ser classificado como preço público ou tarifa, no caso de concessão.

6.8. Princípio da uniformidade territorial

6.8.1. *Disposição constitucional*

Os tributos federais devem ser uniformes em todo o Brasil, com uma única exceção:

> CF, Art. 151. É vedado à União:
> I – instituir tributo que não seja uniforme em todo o território nacional ou que implique distinção ou preferência em relação a Estado, ao Distrito Federal ou a Município, em detrimento de outro, admitida a concessão de incentivos fiscais destinados a promover o equilíbrio do desenvolvimento socioeconômico entre as diferentes regiões do País;
> (...)

Interessante anotar que a Constituição Federal prevê expressamente a manutenção da Zona Franca de Manaus, com suas características de livre comércio, de exportação e importação, e de incentivos fiscais, por prazo sucessivamente prorrogado, a última vez por 50 (cinquenta) anos adicionais, conforme o art. 92-A do ADCT, sem que isso seja considerada ofensa ao princípio da uniformidade territorial.

6.8.2. Princípio da uniformidade territorial – aspectos

Trata-se de princípio aplicável especificamente à União.

Garante tratamento isonômico aos contribuintes em todo o País.

É permitida a diferenciação em relação às realidades locais. É o caso do ITR, que não incide sobre pequenas glebas: uma pequena gleba em São Paulo é muito menor que uma pequena gleba no Amazonas, por exemplo.

A única exceção prevista no dispositivo constitucional é a concessão de incentivos fiscais destinados a promover o equilíbrio do desenvolvimento socioeconômico entre as diferentes regiões do País.

6.9. Princípio da não diferenciação em razão da origem ou do destino dos bens e serviços

6.9.1. Disposição constitucional

O art. 152 da CF prevê esse princípio a ser observado pelos fiscos locais:

> CF, Art. 152. É vedado aos Estados, ao Distrito Federal e aos Municípios estabelecer diferença tributária entre bens e serviços, de qualquer natureza, em razão de sua procedência ou destino.

6.9.2. Princípio da não diferenciação em razão da origem ou do destino dos bens – aspectos

É princípio aplicável especificamente aos Estados, ao DF e aos Municípios, que veda a cobrança de ICMS ou ISS de maneira discriminatória.

O incentivo à produção e à economia local não pode se dar em detrimento da unidade da Federação.

7. LEGISLAÇÃO TRIBUTÁRIA

7.1. Definição

O art. 96 do CTN define *legislação tributária:*

> CTN, art. 96. A expressão "legislação tributária" compreende as leis, os tratados e as convenções internacionais, os decretos e as normas complementares que versem, no todo ou em parte, sobre tributos e relações jurídicas a eles pertinentes.

É expressão que corresponde àquilo que a doutrina costuma denominar fontes, fontes formais, veículos normativos, instrumentos normativos, instrumentos introdutórios de normas etc.

7.2. "Legislação" conforme o CTN

Perceba, portanto, que, para o CTN, *legislação* não é apenas o conjunto de leis. Além delas, abrange tratados, decretos e normas complementares.

Para que fique bem claro, segundo o art. 96 do CTN, a expressão *legislação tributária* abarca:

✓ Leis;

✓ Tratados e convenções internacionais;

✓ Decretos;

✓ Normas complementares:

– *Atos normativos expedidos pelas autoridades administrativas;*

– *Decisões administrativas com eficácia normativa;*

– *Práticas reiteradas das autoridades administrativas;*

– *Convênios entre União, Estados, DF e Municípios.*

Perceba que *normas complementares* são uma categoria de *legislação tributária* abaixo dos decretos.

É importante memorizar que *decreto* não é *norma complementar*, pois isso é muito exigido em exames.

7.3. Estrutura do sistema normativo

Veja a seguinte representação gráfica do sistema normativo tributário:

No topo do sistema temos a Constituição Federal, que fixa as competências, as imunidades, os princípios etc.

Na base temos as normas produzidas por União, Estados, DF e Municípios, no exercício de suas competências tributárias, instituindo, alterando e extinguindo tributos, regulando suas respectivas administrações tributárias e a exigência das exações.

Perceba que entre as normas constitucionais (competência tributária, princípios, imunidades etc.) e as normas produzidas por cada ente tributante (federais, estaduais, distritais e municipais) há uma categoria intermediária, de normas nacionais, que, embora produzidas pelo Congresso Nacional (Legislativo da União), aplicam-se a todos os entes federados (União, Estados, DF e Municípios), dando unidade ao sistema tributário nacional.

7.4 Constituição Federal e emendas

As normas tributárias básicas estão na Constituição Federal.

Os princípios expressos e implícitos são encontrados na Constituição Federal.

Já vimos que a Constituição veicula as normas de competência tributária.

A Constituição pode ser emendada pelo constituinte derivado (Congresso Nacional), por meio de um procedimento específico, com quórum qualificado.

Há determinadas cláusulas pétreas, ou seja, matérias que não podem ser veiculadas por emenda constitucional.

O STF já decidiu, por exemplo, que não é possível reduzir o alcance ou criar novas exceções à anterioridade (que é garantia individual) e à imunidade recíproca (ligada ao princípio federativo).

7.5 Lei ordinária

7.5.1. Conceitos básicos

A lei ordinária é o instrumento normativo básico, produzido pelo Poder Legislativo de cada ente tributante.

Quando a Constituição Federal refere-se simplesmente à *lei*, entende-se que é lei ordinária.

Os elementos essenciais da tributação (art. 97 do CTN) devem ser, em regra, veiculados por lei ordinária (há tributos federais que dependem de lei complementar).

7.5.2. *Devem ser veiculados por lei*

Já vimos, mas é bom lembrar, quais são os elementos essenciais da tributação, cujas normas devem ser veiculadas por lei (nunca por norma infralegal, como decretos e portarias):

a) instituição, majoração, redução, dispensa e extinção de tributos e de penalidades;

b) fato gerador da obrigação principal;

c) alíquotas e base de cálculo;

d) cominação de penalidades, sua dispensa ou redução;

e) hipóteses de suspensão, extinção e exclusão do crédito tributário.

7.5.3. *Não precisam ser veiculados por lei*

Também é interessante rememorar as matérias que não exigem lei, podendo ser tratadas por normas infralegais (decretos, portarias etc.):

a) alteração de alíquotas de II, IE, IPI, IOF e CIDE sobre combustíveis, atendidas as condições e os limites estabelecidos pela lei;

b) correção monetária da base de cálculo, dentro do índice oficial de inflação (Súmula 160 do STJ);

c) vencimento do tributo;

d) modelos de guias e de livros fiscais;

e) locais de pagamento.

7.6. Lei complementar (normas nacionais e federais)

Naquela representação gráfica vista anteriormente, do sistema normativo tributário, repare que as normas nacionais (que se aplicam a todos os entes tributantes) e determinadas normas federais (que se referem à competência tributária da União) devem ser veiculadas por lei complementar federal.

Veremos, inicialmente, as leis complementares que veiculam essas normas nacionais, que dão unidade ao sistema tributário brasileiro. É o caso, por exemplo, do CTN, da LC 87/1996, que regula nacionalmente o ICMS, e da LC 116/2003, que regula o ISS (são normas que se aplicam a todos os Estados e Municípios brasileiros).

Mais adiante, trataremos das leis complementares que veiculam simples normas federais, relativas à competência tributária da União. São normas que não se aplicam, em princípio, a Estados, DF e Municípios.

7.6.1. *Lei complementar: normas nacionais (arts. 146 e 146-A da CF)*

Os arts. 146 e 146-A da CF indicam as matérias que devem ser veiculadas por lei complementar federal, de natureza nacional (aplicáveis a todos os entes tributantes):

a) conflitos de competência;

b) regulamentação das limitações constitucionais ao poder de tributar;

c) normas gerais em matéria de legislação tributária;

d) critérios especiais de tributação para prevenir desequilíbrios da concorrência.

É a lei complementar, por exemplo, que indica quando incide o ITR e quando incide o IPTU em relação a determinado imóvel (rural ou urbano). É também lei complementar que define a incidência do ISS ou do ICMS, quando serviços são prestados com fornecimento de mercadoria. São exemplos de normas nacionais que resolvem conflitos de competência.

As limitações constitucionais ao poder de tributar, especificamente as imunidades, devem ser reguladas por lei complementar federal; é o caso do art. 14 do CTN, que regulamenta a imunidade de entidades educacionais e de assistência social.

As normas gerais em matéria tributária são importantíssimas e serão estudadas em tópico próprio, logo em seguida.

Finalmente, cabe à lei complementar federal fixar critérios para que a tributação possa ser utilizada como ferramenta em favor da concorrência.

7.6.1.1. *Normas gerais em matéria de legislação tributária (art. 146, III, da CF)*

O art. 146, III, e seu parágrafo único, da CF dão exemplos de normas gerais em matéria tributária que devem ser veiculadas por lei complementar federal:

a) definição de tributos e de suas espécies, bem como, em relação aos impostos discriminados na Constituição Federal, a dos respectivos fatos geradores, bases de cálculo e contribuintes;

b) obrigação, lançamento, crédito, prescrição e decadência tributários (Súmula Vinculante 8 do STF);

c) tratamento diferenciado ao ato cooperativo;

d) tratamento diferenciado e favorecido às microempresas e às empresas de pequeno porte, inclusive regimes especiais ou simplificados;

e) Simples Nacional (LC 123/2006).

Os Estados e o DF podem suprir a ausência de norma produzida pela União, para atendimento de suas peculiaridades, inclusive em matéria tributária (art. 24, §§ 3º e 4º, da CF).

A lei estadual perde a eficácia, no que for contrário, com o surgimento de lei federal.

Municípios tampouco podem ter sua competência tributária prejudicada pela omissão da União, cabendo, nesse caso, exercê-las plenamente.

7.6.2. *Lei complementar: normas federais*

Além de veicular normas nacionais, a lei complementar federal também veicula normas federais, ou seja, normas relativas à competência tributária da União:

a) empréstimos compulsórios;

b) impostos da competência residual;

c) outras contribuições sociais;

d) imposto sobre grandes fortunas.

Nesses casos, o Congresso Nacional, ao produzir uma lei complementar, está apenas tratando de tributos da competência da União, e não de normas aplicáveis a Estados, DF e Municípios (não são normas nacionais).

7.7. Medida Provisória

A Medida Provisória, produzida pelo Executivo, substitui a lei ordinária (jamais a lei complementar).

Não pode tratar de matéria processual tributária.

No caso da instituição e majoração de impostos (exceto II, IE, IPI, IOF e imposto extraordinário), produzirá efeitos apenas no exercício seguinte, se for convertida em lei até o final do ano de sua edição (art. 62, § 2º, da CF).

O STF admitiu Medida Provisória estadual, com base no princípio da simetria.

7.8. Lei delegada

O Congresso Nacional pode atender à solicitação do Presidente e, por meio de resolução, delegar poder para produzir lei, nos termos do art. 68 da CF.

Se a delegação determinar a apreciação do projeto pelo Congresso, será em votação única, sem emenda.

Não pode veicular matéria reservada à lei complementar.

7.9. Decretos legislativos e resoluções

Os decretos legislativos e as resoluções são produzidos pelo Poder Legislativo, mas sem posterior sanção do chefe do Poder Executivo.

O decreto legislativo serve para: ratificação de tratados internacionais; disciplina das relações decorrentes de Medida Provisória rejeitada ou que perdeu eficácia; ratificação de convênios.

As resoluções são utilizadas para o Senado Federal fixar: alíquotas máximas do ITCMD; alíquotas interestaduais, mínimas e máximas do ICMS; alíquotas mínimas do IPVA (perceba que essas são normas nacionais, aplicáveis aos Estados e DF, produzidas pelo Senado).

7.10. Tratados internacionais

Os tratados ou convenções internacionais são celebrados pelo Presidente da República (art. 84, VIII, da CF), muitas vezes por meio do plenipotenciário (seu representante no âmbito internacional).

Posteriormente, submete-se ao referendo do Congresso Nacional (art. 49, I, da CF), que pode aprová-lo por meio de decreto legislativo.

A seguir, o Presidente ratifica o tratado, manifestando, aos demais países, seu consentimento.

Finalmente, o Presidente promulga o tratado por decreto, cuja publicação insere-o no sistema jurídico nacional.

1º O Presidente da República celebra o tratado, muitas vezes por meio de plenipotenciário – art. 84, VIII, da CF;
2º O Congresso Nacional referenda o tratado, aprovando-o por decreto legislativo – art. 49, I, da CF;
3º O Presidente ratifica o tratado, manifestando o consentimento aos demais países;
4º O Presidente promulga o tratado, por decreto, cuja publicação insere-o no sistema jurídico interno.

Em princípio, não há *acordos executivos* (sem referendo pelo Congresso) em matéria tributária.

Em geral, os tratados são equivalentes a leis ordinárias federais (exceto no caso de direitos humanos), mas há grande debate em relação à matéria tributária (art. 98 do CTN).

> CTN, Art. 98. Os tratados e as convenções internacionais revogam ou modificam a legislação tributária interna, e serão observados pela que lhes sobrevenha.

Perceba que o art. 98 do CTN claramente indica a supremacia do tratado internacional em relação às normas internas tributárias.

Considerando que os tratados são equiparados à lei ordinária federal, não serviriam, em princípio, para conceder benefícios fiscais relativos a tributos estaduais ou municipais (art. 151, III, da CF). Há também grande debate doutrinário a respeito disso, com entendimentos favoráveis à possibilidade.

São amplamente aceitos, entretanto, tratados que garantem ao bem estrangeiro o mesmo tratamento tributário dado ao similar nacional (GATT, OMC).

Assim, se o peixe nacional é isento de ICMS, o importado também deverá ser beneficiado.

Entretanto, é muito importante destacar a afirmação da FGV, em gabarito oficial, "que o STF entende que a concessão de isenção na via do tratado não se sujeita à vedação à concessão de isenção heterônoma, pois o âmbito de aplicação do art.151, III, da CRFB é o das relações das entidades federadas entre si, não alcançando a União quando esta se apresenta na ordem externa" (XI Exame da OAB Unificado).

7.11. Decretos

Os decretos são produzidos pelo chefe do Poder Executivo (Presidente, Governadores e Prefeitos), normalmente referendados por Ministros ou secretários.

Regulamentam as leis e não podem ultrapassar seus limites (não há, em princípio, *decretos autônomos* em matéria tributária).

Servem também para consolidar a legislação (o CTN prevê consolidação anual – art. 212).

Excepcionalmente podem ser utilizadas para alteração de alíquotas de tributos federais (II, IE, IPI, IOF, CIDE sobre combustíveis), embora a União, em regra, utilize outros instrumentos normativos (portaria ministerial, por exemplo).

Não são *normas complementares*, como definidas pelo CTN. As normas complementares, que veremos a seguir, estão abaixo dos decretos.

7.12. Normas complementares

Segundo o CTN, são normas complementares:

a) atos normativos expedidos pelas autoridades administrativas;

b) decisões administrativas com eficácia normativa;

c) práticas reiteradas das autoridades administrativas;

d) convênios entre União, Estados, DF e Municípios.

> CTN, Art. 100. Parágrafo único. A observância das normas referidas neste artigo exclui a imposição de penalidades, a cobrança de juros de mora e a atualização do valor monetário da base de cálculo do tributo.

Perceba que a norma complementar, por não ser lei, não pode reduzir ou afastar tributos. Assim, caso o Executivo produza uma norma complementar nesse sentido, ela não será válida.

Entretanto, se o contribuinte cumpre a norma complementar posteriormente reconhecida como irregular e paga menos tributo do que era devido, deverá recolher a diferença, mas não poderá ser punido por isso (o erro foi do Executivo!). Nesse caso, o contribuinte deverá pagar o tributo que não recolheu, mas não serão cobrados multas ou juros de mora, conforme o art. 100, parágrafo único, do CTN.

8. VIGÊNCIA, APLICAÇÃO, INTERPRETAÇÃO E INTEGRAÇÃO DA LEGISLAÇÃO TRIBUTÁRIA

8.1. Vigência

8.1.1. Distinção entre validade, vigência e eficácia

A doutrina nem sempre é harmônica na definição dos conceitos de validade, vigência e eficácia. Apresentamos entendimento que se alinha com as normas do CTN e da CF em matéria tributária.

Validade é a pertinência da norma ao sistema jurídico. Norma válida é a produzida pelo órgão competente, observadas as regras aplicáveis.

Vigência é a delimitação *temporal* e *espacial* da validade da norma.

Eficácia refere-se à possibilidade de a norma produzir efeitos concretos.

8.1.2. Exemplos: validade, vigência e eficácia

Norma válida, mas não vigente: durante *vacatio legis.*

Norma não válida, mas vigente: norma revogada, com vigência para fatos passados (ou vigor).

Norma válida e vigente, mas não eficaz: ausência de regulamentação necessária para sua aplicação, ou antes de decorrido o prazo da anterioridade.

8.1.3. Vigência no espaço

Em conformidade com o *princípio da territorialidade*, as normas têm vigência nos limites do território do ente tributante (País, Estado, DF ou Município).

Uma norma da União aplica-se em todo o território nacional. Uma norma do Estado vige em seu respectivo território. O mesmo vale para o DF e para cada Município.

No âmbito federal, o IR aplica-se a fatos ocorridos no exterior, desde que haja elemento de conexão com o Brasil. São comuns tratados contra bitributação.

No âmbito dos Estados, DF e Municípios, é possível a extraterritorialidade conforme convênios ou normas gerais – art. 102 do CTN.

8.1.4. Vigência no tempo

A vigência no tempo é regulada pelas normas gerais do direito brasileiro – regra de 45 dias para *vacatio legis* (art. 1º da LINDB).

Atualmente, as leis devem indicar quando entram em vigor (art. 8º da LC 95/1998), sendo comum a expressão "essa lei entra em vigor na data de sua publicação".

O tratado internacional entra em vigor no âmbito interno com a vigência do decreto presidencial que o promulga; no âmbito externo, o tratado entra em vigor conforme acordado ou a partir da manifestação de consentimento dos Estados.

Regras para a vigência da legislação complementar (art. 103 do CTN), salvo disposição em contrário:

a) atos normativos das autoridades administrativas: vigência a partir da data de sua publicação;

b) decisões com eficácia normativa: vigência 30 dias após a publicação;

c) convênios: vigência na data neles prevista (a rigor, não há regra subsidiária no CTN, para o caso de omissão).

8.1.5. Vigência no tempo: questão da isenção

Pela literalidade do CTN, a isenção é simples exclusão do crédito (dispensa do pagamento), de modo que há fato gerador e surge a obrigação.

A revogação da isenção, assim, não corresponderia à instituição do tributo ou à sua majoração.

Nesse sentido, há forte entendimento, especialmente jurisprudencial, de que a revogação da isenção, em geral, não se submete à anterioridade, exceto no caso de impostos sobre patrimônio (ITR, IPTU, IPVA) e renda (IR), porque, nesses casos, há norma expressa no CTN:

> CTN, art. 104. Entram em vigor no primeiro dia do exercício seguinte àquele em que ocorra a sua publicação os dispositivos de lei, referentes a impostos sobre o *patrimônio* ou a *renda*:
>
> (...)
>
> III – que *extinguem ou reduzem isenções*, salvo se a lei dispuser de maneira mais favorável ao contribuinte, e observado o disposto no artigo 178.

Para a doutrina mais moderna, a isenção afasta a incidência tributária, ou seja, não há fato gerador, nem obrigação tributária.

Nessa linha de raciocínio, a revogação da isenção *sempre corresponde* à instituição ou majoração do tributo, de modo que se submete à anterioridade.

Perceba, portanto, que há duas linhas interpretativas a respeito da revogação da isenção é da vigência da tributação correspondente.

8.2 Aplicação

8.2.1. Definição

Aplicação refere-se ao ato de vontade pelo qual determinados agentes, em face de uma situação concreta, decidem qual a norma incidente.

8.2.2. Aplicação a fatos futuros e pendentes

Conforme o art. 105 do CTN, a legislação aplica-se imediatamente aos fatos geradores futuros e pendentes.

Vimos o caso do IR, ao estudar a irretroatividade (durante o ano-base, seu fato gerador está pendente, concluindo-se apenas no último instante do dia 31 de dezembro).

8.2.3. Aplicação a fatos pretéritos

Ao estudarmos o princípio da irretroatividade, apontamos os casos excepcionais em que a lei se aplica a fato anterior à sua vigência:

a) lei expressamente interpretativa, sem penalidade pela infração dos dispositivos interpretados (art. 106, I, do CTN);

b) norma sancionadora mais benéfica ao infrator (*lex mitior*), exceto no caso de ato definitivamente julgado (art. 106, II, do CTN);

c) novas regras para a fiscalização ou aumento das garantias e privilégios do crédito, exceto criação de responsabilidade (art. 144, § 1º, do CTN).

8.3. Interpretação

8.3.1. Definição

Interpretar é construir o conteúdo, o sentido e o alcance das normas jurídicas a partir da leitura dos textos legais.

Por outra linha doutrinária, interpretar é o esforço para extrair do texto legal o significado depositado pelo legislador.

A interpretação é pressuposto para a aplicação da legislação.

8.3.2. Métodos interpretativos

Aplicam-se ao Direito Tributário os métodos interpretativos da teoria geral do direito:

a) gramatical ou literal;

b) lógico-sistemático;

c) teleológico ou conforme a finalidade;

d) histórico.

Há, entretanto, regras específicas no CTN, que veremos mais adiante (arts. 109 a 112).

8.4 Integração

Em caso de ausência de disposição expressa (lacuna), a autoridade competente para aplicar a legislação tributária utilizará, sucessivamente, na ordem indicada (art. 108 do CTN):

1º – analogia;
2º – princípios gerais de Direito Tributário;
3º – princípios gerais de Direito Público;
4º – equidade.

É importante que o estudante memorize esses instrumentos de integração, inclusive sua ordem de aplicação, pois isso é muito exigido em exames.

8.4.1. Analogia

Em caso de lacuna, o intérprete busca situação fática semelhante, verifica a norma aplicável a ela e, em seguida, adota-a para o caso analisado (= analogia).

Parte da premissa de que, se o legislador tivesse pensado no caso em análise, teria fixado a mesma norma aplicável para a situação semelhante.

O emprego da analogia não poderá resultar na exigência de tributo não previsto em lei.

Tampouco é possível benefício fiscal por analogia.

8.4.2. Princípios gerais de Direito Tributário

Outro instrumento para a solução de lacunas é a utilização dos princípios gerais de Direito Tributário, como capacidade contributiva, isonomia, irretroatividade, anterioridade, não confisco, uniformidade territorial, não diferenciação etc.

8.4.3. Princípios gerais de direito público

O aplicador da lei utilizará, ainda, os princípios gerais de direito público, como supremacia do interesse público sobre o particular, indisponibilidade do interesse público, ampla defesa etc.

8.4.4. Equidade

Equidade é a justiça aplicada ao caso concreto.

Embora a aplicação da lei seja inafastável (*dura lex sed lex* – a lei é dura, mas é a lei), é preciso reconhecer que sua aplicação cega pode implicar injustiça para todos (*summum jus summa injuria* – quanto maior o direito, maior pode ser a injustiça).

O emprego da equidade não poderá resultar na dispensa do pagamento de tributo devido.

8.5. Princípios de direito privado na interpretação tributária

CTN, Art. 109. Os princípios gerais de direito privado utilizam-se para pesquisa da definição, do conteúdo e do alcance de seus institutos, conceitos e formas, mas não para definição dos respectivos efeitos tributários.

Se a norma tributária refere-se a "pai" ou a "curador", o intérprete analisará o conceito à luz do direito privado, mas não seus efeitos tributários (responsabilidade pelo tributo, por exemplo).

Dessa forma, consultará o Código Civil para definir o que é *pai* ou *curador*, mas não para a definição de responsabilidade. A responsabilidade tributária do pai ou do curador (efeito tributário) será interpretada à luz da legislação e dos princípios tributários.

8.6. Interpretação das normas de competência

CTN, Art. 110. A lei tributária não pode alterar a definição, o conteúdo e o alcance de institutos, conceitos e formas de direito privado, utilizados, expressa ou implicitamente, pela Constituição Federal, pelas Constituições dos Estados, ou pelas Leis Orgânicas do Distrito Federal ou dos Municípios, para definir ou limitar competências tributárias.

A competência fixada pela Constituição Federal é inalterável pela lei.

Assim, se o constituinte definiu que o Estado pode tributar a propriedade de veículos automotores, não pode o legislador local consignar que, para fins de IPVA, cavalos serão considerados veículo automotor.

Isso seria o mesmo que ampliar a competência tributária, o que não pode ser feito por norma infraconstitucional.

8.7. Interpretação literal dos benefícios

CTN, Art. 111. Interpreta-se literalmente a legislação tributária que disponha sobre:

I – suspensão ou exclusão do crédito tributário;

II – outorga de isenção;

III – dispensa do cumprimento de obrigações tributárias acessórias.

A regra é a incidência tributária e o cumprimento dos deveres acessórios. A exceção (benefício fiscal) deve ser interpretada estritamente (ou literalmente, conforme o CTN).

Isso significa que uma isenção, por exemplo, jamais pode ser interpretada extensivamente para abranger situações ou pessoas não indicadas expressamente na lei.

Já vimos que os benefícios fiscais devem ser veiculados por lei específica, que trate apenas do benefício ou do tributo a que se referem, conforme o art. 150, § 6º, da CF:

CF, art. 150, § 6º Qualquer subsídio ou isenção, redução de base de cálculo, concessão de crédito presumido, anistia ou remissão, relativos a impostos, taxas ou contribuições, só poderá ser concedido mediante lei específica, federal, estadual ou municipal, que regule exclusivamente as matérias acima enumeradas ou o correspondente tributo ou contribuição, sem prejuízo do disposto no art. 155, § 2.º, XII, *g* [benefícios de ICMS dependem de convênios interestaduais].

8.8. Interpretação benigna das sanções

Havendo dúvida, a lei tributária sancionadora deve ser interpretada de modo mais benéfico ao acusado.

CTN, Art. 112. A lei tributária que define infrações, ou lhe comina penalidades, interpreta-se da maneira mais favorável ao acusado, em caso de dúvida quanto:

I – à capitulação legal do fato;

II – à natureza ou às circunstâncias materiais do fato, ou à natureza ou extensão dos seus efeitos;

III – à autoria, imputabilidade, ou punibilidade;

IV – à natureza da penalidade aplicável, ou à sua graduação.

É regra parecida com o *in dubio pro reo* do Direito Penal.

Perceba, entretanto, que essa interpretação mais benéfica é feita apenas no caso de dúvida a respeito das matérias indicadas no dispositivo.

9. OBRIGAÇÃO TRIBUTÁRIA, FATO GERADOR E CRÉDITO

9.1. Obrigação tributária

A obrigação tributária refere-se à relação entre o sujeito passivo e o sujeito ativo, que surge com o fato gerador, e à prestação correspondente.

Veja uma representação gráfica da obrigação tributária, surgida com o fato gerador, e a constituição do crédito tributário pelo lançamento (o lançamento se refere à obrigação principal, como veremos mais adiante).

9.1.1. *Espécies (art. 113 do CTN)*

Há duas espécies de obrigação tributária:

a) Obrigação principal (tem por objeto prestação pecuniária, tributo ou penalidade);

b) Obrigação acessória (a prestação não é pecuniária).

9.1.1.1. Obrigação principal

CTN, Art. 113, § 1º. A obrigação principal surge com a ocorrência do fato gerador, tem por objeto o pagamento de tributo ou penalidade pecuniária e extingue-se juntamente com o crédito dela decorrente.

O objeto da obrigação principal é sempre a entrega de dinheiro (tributo ou penalidade pecuniária).

Apesar de ser obrigação *tributária* principal, seu objeto pode ser tributo ou algo que não é tributo (multa não é tributo, pois decorre de fato ilícito).

9.1.1.2. Obrigação acessória

CTN, Art. 113, § 2º A obrigação acessória decorre da legislação tributária e tem por objeto as prestações, positivas ou negativas, nela previstas no interesse da arrecadação ou da fiscalização dos tributos.

O objeto da obrigação acessória não é pecuniário, ou seja, é qualquer outra coisa que não seja entregar dinheiro ao Fisco, mas que tenha relação, evidentemente, com a tributação. Exemplos: emitir nota fiscal, escriturar livros, apresentar declarações, permitir a entrada do fiscal no estabelecimento.

A obrigação acessória decorre da *legislação tributária* (não necessariamente lei, mas também pode ser decreto, portaria etc.).

O Judiciário tem aceitado obrigações acessórias previstas genericamente em lei e detalhadas em norma infralegal (ex.: DIMOB – declaração de transações imobiliárias prestadas ao Fisco federal).

Apesar do nome *acessória*, essa obrigação pode existir independentemente de obrigação principal. Por exemplo, as entidades imunes devem manter escrituração fiscal (obrigação acessória), embora não haja obrigação principal (dever de pagar tributo). Outro exemplo é o caso da suspensão da exigibilidade do crédito tributário (obrigação principal), que não afasta as obrigações acessórias.

Caso haja descumprimento da obrigação acessória (inadimplemento), surge penalidade pecuniária (multa):

CTN, Art. 113, § 3º A obrigação acessória, pelo simples fato da sua inobservância, converte-se em obrigação principal relativamente à penalidade pecuniária.

9.2. Fato gerador

9.2.1. *Fato gerador: duplo sentido*

A expressão *fato gerador* é utilizada em dois sentidos:

a) previsão legal (geral e abstrata) da situação que faz surgir a obrigação tributária = hipótese de incidência, fato gerador abstrato.

b) efetiva ocorrência do fato da vida previsto na lei = fato imponível, fato gerador concreto, fato jurídico tributário.

9.2.2. *Fato gerador da obrigação principal*

CTN, Art. 114. Fato gerador da obrigação principal é a situação definida em lei como necessária e suficiente à sua ocorrência.

Fato gerador da obrigação principal é a situação prevista em *lei*, *necessária* e *suficiente* para sua ocorrência:

a) *necessária*: sem o fato gerador não há obrigação;

b) *suficiente*: não é preciso mais nada para surgir a obrigação tributária.

9.2.3. *Fato gerador da obrigação acessória*

CTN, Art. 115. Fato gerador da obrigação acessória é qualquer situação que, na forma da legislação aplicável, impõe a prática ou a abstenção de ato que não configure obrigação principal.

Fato gerador da obrigação acessória é a situação prevista na legislação que faz surgir essa relação obrigacional não pecuniária.

Perceba que o CTN não faz referência à *lei*, mas apenas à *legislação*, o que gera o debate que já vimos ao estudarmos a obrigação acessória (necessidade de lei em sentido estrito para sua instituição).

É definido por exclusão (faz surgir obrigação tributária que não é principal, ou seja, que não é pecuniária).

9.2.4. *Fato gerador: momento da ocorrência*

Se o fato gerador for *situação de fato*, dá-se por ocorrido desde o momento em que se verifiquem as circunstâncias materiais necessárias a que produza os efeitos que normalmente lhe são próprios (art. 116, I, do CTN).

Por exemplo, a circulação de mercadoria (fato gerador do ICMS) é uma situação de fato, que ocorre com a saída para o adquirente.

Se for *situação jurídica*, desde o momento em que esteja definitivamente constituída, nos termos de direito aplicável (art. 116, II, do CTN).

Por exemplo, a propriedade de imóvel urbano (fato gerador do IPTU) é uma situação jurídica, pois é regulada por outro ramo do direito (o Direito Civil), segundo o qual o domínio existe a partir do registro imobiliário. Assim, o fato gerador do IPTU ocorre, em relação a determinado contribuinte, somente a partir do registro imobiliário em seu nome.

9.2.5. *Fato gerador: momento da ocorrência de situação jurídica condicionada*

Se o fato gerador for situação jurídica e houver condição suspensiva, entende-se que ocorre desde o momento de seu implemento (somente então ocorre o fato gerador – art. 117, I, do CTN).

Por exemplo, em uma doação condicionada a evento futuro e incerto (casamento do beneficiado), o fato gerador do ITCMD (imposto estadual que incide sobre doações) ocorre apenas no momento em que a condição é implementada (com o casamento e a efetiva doação, nesse exemplo).

Se o fato gerador for situação jurídica com condição resolutiva (ou resolutória), dá-se por ocorrido desde o momento da prática do ato ou da celebração do negócio (art. 117, II, do CTN). A rigor, essa condição é irrelevante para o fato gerador.

Por exemplo, um empréstimo bancário com cláusula extintiva em caso de alta inflação. No momento em que o empréstimo é realizado, com a disponibilização do dinheiro ao tomador, incide o IOF federal, sendo irrelevante o implemento futuro da cláusula resolutiva.

9.2.6. *Fato gerador: irrelevância da validade ou dos efeitos*

A definição legal do fato gerador é interpretada abstraindo-se (art. 118 do CTN):

a) da validade jurídica dos atos efetivamente praticados e da natureza de seu objeto ou dos seus efeitos – ex.: advocacia por profissional sem registro na OAB (incide o ISS);

b) dos efeitos dos fatos efetivamente ocorridos – ex.: mercadoria roubada após a venda (incide o ICMS).

A situação que configura o *fato* gerador é necessária e suficiente, de modo que a validade ou os efeitos dos atos praticados e dos atos ocorridos é irrelevante.

9.2.7. *Fato gerador: norma antielisiva*

> CTN, Art. 116, Parágrafo único. A autoridade administrativa poderá desconsiderar atos ou negócios jurídicos praticados com a finalidade de dissimular a ocorrência do fato gerador do tributo ou a natureza dos elementos constitutivos da obrigação tributária, observados os procedimentos a serem estabelecidos em lei ordinária.

O legislador pretendeu reduzir as brechas pelas quais os contribuintes buscam reduzir o recolhimento do tributo.

A rigor, elisão fiscal ou planejamento tributário é algo legal. O que se veda é a evasão fiscal (= ilícito).

Dissimular é ocultar a ocorrência do fato gerador. Caso haja dissimulação, a autoridade administrativa deve desconsiderar os atos ou negócios praticados com essa finalidade e cobrar o tributo devido.

Discute-se se a falta de propósito negocial ou o abuso de forma seriam elementos para identificar a dissimulação ilícita. Não há, ainda, lei regulamentadora.

9.2.8. *Fato gerador: uma classificação*

Dentre as diversas classificações dos fatos geradores, apresentamos uma bastante adotada, que aponta o instantâneo, o periódico e o continuado:

✓ *Fato gerador instantâneo*: evento isolado, ocorrido em momento determinado – ex.: ICMS, IPI, II;

✓ *Fato gerador periódico*: perfaz-se ao longo de um período, dentro do qual está *pendente* – ex.: IR;

✓ *Fato gerador continuado*: situação que tende a perdurar indefinidamente no tempo – ex.: ITR, IPTU, IPVA.

9.3. Crédito tributário

9.3.1. *Aspectos gerais*

A obrigação tributária nasce automaticamente com a ocorrência do fato gerador, mas é *inexigível* pelo Fisco antes do lançamento.

Com o lançamento, constitui-se o *crédito* tributário, que decorre da obrigação principal e tem a mesma natureza desta (art. 139 do CTN). A partir daí, com o vencimento, a obrigação torna-se exigível.

A extinção do crédito extingue a obrigação (art. 113, § 1º, do CTN).

9.3.2. *Crédito tributário: arts. 140 e 141 do CTN*

As circunstâncias que modificam o crédito, sua extensão ou seus efeitos, ou as garantias ou os privilégios, ou que excluem sua exigibilidade não afetam a obrigação tributária.

Por exemplo, a nulidade do crédito ou eventual garantia real dada pelo contribuinte não alteram, necessariamente, a obrigação.

A modificação, a suspensão, a extinção e a exclusão ocorrem somente nos casos previstos no CTN.

O crédito e suas garantias não podem ser dispensados pela administração tributária, sob pena de responsabilidade funcional do agente.

10. LANÇAMENTO TRIBUTÁRIO

10.1. Definição do CTN

O lançamento tributário, pelo qual se constitui o crédito, é definido pelo art. 142 do CTN:

> **Art. 142.** Compete *privativamente* à autoridade administrativa *constituir* o crédito tributário pelo lançamento, assim entendido o procedimento administrativo tendente a verificar a ocorrência do fato gerador da obrigação correspondente, determinar a matéria tributável, calcular o montante do tributo devido, identificar o sujeito passivo e, sendo caso, propor a aplicação da penalidade cabível.

10.2. Lançamento tributário: características

O fato gerador faz surgir imediatamente a obrigação tributária. Com o lançamento (e após o vencimento), a obrigação principal (tributo ou penalidade pecuniária) torna-se exigível pelo Fisco.

Segundo o CTN, o lançamento *constitui* o crédito.

Boa parte da doutrina, entretanto, entende que o lançamento *declara* o crédito, que surge automaticamente com a obrigação.

Há uma tese conciliatória, pela qual o lançamento *declara* a ocorrência do fato gerador (passado) e *constitui* o crédito tributário (presente).

10.3. Lançamento tributário: privatividade

Segundo o CTN, o lançamento é privativo do Fisco.

Trata-se de atividade vinculada e obrigatória, sob pena de responsabilidade funcional (art. 142, parágrafo único, do CTN).

A jurisprudência, entretanto, entende que a declaração prestada pelo contribuinte, na forma da legislação de determinados tributos (por exemplo, a DCTF federal ou as declarações relativas ao ICMS), indicando a ocorrência do fato gerador e o valor do tributo devido, constitui o crédito.

Assim, se o contribuinte entrega a DCTF (declaração federal) registrando a ocorrência do fato gerador da COFINS em determinado período, com a indicação do valor devido, mas não o recolhe, entende-se que o Fisco não precisa lançar, pois o crédito já está constituído (Súmula 436 do STJ). Nesse caso, bastará inscrever o valor em dívida ativa e executá-lo judicialmente.

10.4. Lançamento tributário: formalização

O lançamento documenta a ocorrência do fato gerador e formaliza a relação jurídica obrigacional.

Pelo lançamento, indica-se o sujeito passivo, o valor do tributo (calculado normalmente pela multiplicação de uma alíquota pela base de cálculo), das multas, dos juros e da correção monetária.

Se o valor estiver em moeda estrangeira, será feita a conversão em reais no lançamento, pelo câmbio da data de ocorrência do fato gerador.

10.5. Lançamento tributário: terminologia

Muitas vezes, utiliza-se o termo *lançamento* para o tributo e *autuação* quando há constituição do crédito pela fiscalização, com aplicação de multa.

Segundo o CTN, a autoridade lançadora *propõe* a aplicação de penalidade para a autoridade superior, que decidiria a respeito.

Atualmente, entretanto, o próprio fiscal já aplica a multa, que pode ser contestada administrativamente.

10.6. Lançamento tributário: constituição provisória e definitiva

Para a jurisprudência que vem se pacificando, a notificação do lançamento constitui provisoriamente o crédito tributário.

A constituição definitiva ocorre somente com o fim do processo administrativo ou após o prazo para impugnação ou recurso pelo sujeito passivo (ver, a propósito, Súmula Vinculante 24 do STF).

10.7. Lançamento tributário: lei aplicável

> CTN, Art. 144. O lançamento reporta-se à data da ocorrência do fato gerador da obrigação e rege-se pela lei então vigente, ainda que posteriormente modificada ou revogada.
>
> (...)

A lei aplicável em relação ao tributo é sempre aquela vigente à época do fato gerador (art. 144 do CTN).

Lembre-se, entretanto, que se aplica a lei posterior ao fato gerador que (art. 144, § 1º, e art. 106, II, do CTN):

a) fixa novos critérios de apuração ou processos de fiscalização;

b) amplia os poderes de investigação do Fisco;

c) outorga maiores garantias ou privilégios ao crédito, exceto a atribuição de nova responsabilidade tributária a terceiros;

d) *lex mitior* (norma sancionadora mais benéfica).

10.8. Lançamento tributário: modificação

O lançamento notificado só pode ser alterado em caso de (art. 145 do CTN):

a) impugnação do sujeito passivo;

b) recurso de ofício ou;

c) iniciativa de ofício da autoridade, nos casos do art. 149 do CTN (lançamento de ofício).

A modificação de critérios jurídicos não permite a alteração do lançamento (erro de direito) – Súmula 227 do TFR.

Significa que, se o Fisco muda sua interpretação a respeito da norma tributária, deverá aplicá-la aos lançamentos futuros, mas não para modificar os já realizados.

10.9. Lançamento tributário: revisão por erro

Veja os seguintes exemplos de erros de fato (que permite a modificação do lançamento) e de direito (mudança de entendimento, que não permite a alteração do lançamento):

✓ *Erro de fato (permite a revisão)*: a autoridade lançadora engana-se quanto à matéria tributável, pois pensou que o motor era elétrico, mas é a diesel, com alíquota aplicável maior. Nesse caso, pode e deve revisar o lançamento;

✓ *Erro de direito (não permite a revisão)*: a autoridade lançadora interpreta erroneamente a legislação aplicável, pois sabia que o motor era a diesel, mas entendeu que se aplicava, por analogia, benefício fiscal dado ao motor elétrico. Há erro de direito, que não admite a revisão do lançamento.

10.10. Modalidades de lançamento

Há somente três modalidades de lançamento: por declaração (ou misto), de ofício (ou direto) e por homologação (ou autolançamento):

Lançamento por *declaração* (ou misto)	o sujeito passivo declara e o Fisco calcula o crédito e notifica para o pagamento.
Lançamento de *ofício* (ou direto)	o Fisco faz tudo, calcula e notifica o sujeito passivo para o pagamento – ex.: IPVA, IPTU.
Lançamento por *homologação* (ou autolançamento)	o contribuinte faz tudo, calcula e recolhe o tributo (o Fisco só homologa) – ex.: ICMS, IPI, ISS, contribuições.

10.11. Lançamento por declaração (misto)

10.11.1. Definição

Lançamento por declaração é aquele realizado com base na declaração do sujeito passivo ou de terceiro, prestada ao Fisco, na forma da *legislação*, com informações sobre *matéria de fato* indispensáveis para a constituição do crédito (art. 147 do CTN).

O Fisco analisa essa declaração e, com base nela, calcula o valor devido, notificando o contribuinte para que pague.

10.11.2. Lançamento por declaração: erro e retificação

O declarante pode retificar a declaração que vise a reduzir ou a excluir o tributo somente *antes da notificação* do lançamento, desde que comprove o erro (art. 147, § 1º, do CTN).

Depois da notificação, o sujeito passivo pode contestar judicialmente o crédito (entendimento doutrinário).

Se o erro for apurável pelo próprio exame da declaração, será corrigido de ofício pela autoridade (art. 147, § 2º, do CTN).

Alguns autores afirmam que o ITR é lançado por declaração, mas a jurisprudência pacificou-se em sentido diverso (o ITR é lançado por homologação – ver STJ, REsp 1.027.051/SC, 2ª T., j. 07.04.2011, rel. Min. Humberto Martins, rel. p/ acórdão Min. Mauro Campbell Marques, *DJe* 17.05.2011).

A rigor, praticamente não existe tributo relevante no Brasil que seja atualmente lançado por declaração.

10.11.3. Lançamento por declaração: arbitramento

Quando há *omissão* ou *não mereçam fé* os documentos, declarações ou esclarecimentos, cabe arbitramento por parte do Fisco.

O arbitramento refere-se a *valores ou preços* de bens, direitos, serviços ou atos jurídicos necessários para o lançamento.

Deve ser instaurado *processo administrativo regular* pelo Fisco para *arbitramento* do valor ou preço (não é arbitrariedade!), garantido o *contraditório* (administrativo e judicial) em caso de contestação (art. 148 do CTN).

Essas regras do art. 148 do CTN são aplicáveis a qualquer arbitramento realizado pela autoridade fiscal, mesmo no caso de autuação (lançamento de ofício) relativa a tributo originariamente lançado por homologação.

10.12. Lançamento de ofício (direto)

10.12.1. Definição

Lançamento de ofício é a modalidade em que o Fisco lança diretamente, verificando a ocorrência do fato gerador, determinando a matéria tributável, calculando o montante do tributo, identificando o sujeito passivo e aplicando a penalidade (art. 149 do CTN).

Não há, nesse caso, participação direta do sujeito passivo.

O Fisco utiliza dados de cadastros, muitas vezes alimentados por declarações dos contribuintes, mas isso não pode levar o estudante a confundir o lançamento de ofício com o lançamento por declaração.

10.12.2. Lançamento de ofício: cabimento

Cabe lançamento de ofício para *todos* os tributos:

a) originariamente, quando a lei indica essa modalidade de lançamento para o tributo;

b) subsidiariamente, quando o tributo deveria ter sido lançado por declaração ou por homologação, mas não foi, por omissão, culpa, erro, fraude etc.

O art. 149 do CTN cuida também da aplicação de penalidade pecuniária isolada (sem lançamento de tributo) e da revisão do lançamento de ofício anteriormente realizado (por erro ou falta funcional).

10.12.3. Lançamento de ofício: art. 149 do CTN

Vejamos, a seguir, as hipóteses de lançamento e revisão de ofício, listadas no art. 149 do CTN.

> **Art. 149.** O lançamento é efetuado e revisto de ofício pela autoridade administrativa nos seguintes casos:
>
> I – quando a lei assim o determine;
>
> (...)

O inciso I indica o caso do lançamento de ofício originário, quando a lei determina essa modalidade para determinado tributo (ex.: IPVA, IPTU).

> **Art. 149.** O lançamento é efetuado e revisto de ofício pela autoridade administrativa nos seguintes casos:
>
> (...)
>
> II – quando a declaração não seja prestada, por quem de direito, no prazo e na forma da legislação tributária;
>
> (...)

O inciso II corresponde ao caso de omissão do sujeito passivo ou do terceiro obrigado à declaração (no lançamento por declaração), que leva o Fisco a lançar de ofício.

> **Art. 149.** O lançamento é efetuado e revisto de ofício pela autoridade administrativa nos seguintes casos:
>
> (...)
>
> III – quando a pessoa legalmente obrigada, embora tenha prestado declaração nos termos do inciso anterior, deixe de atender, no prazo e na forma da legislação tributária, a pedido de esclarecimento formulado pela autoridade administrativa, recuse-se a prestá-lo ou não o preste satisfatoriamente, *a juízo daquela autoridade*;
>
> (...)

Outro caso de omissão, em relação a pedido de esclarecimento feito pelo Fisco, no inciso III. Há uma peculiar discricionariedade da administração tributária que, se entender que o esclarecimento não é satisfatório (ou não ocorreu), deverá lançar de ofício.

Art. 149. O lançamento é efetuado e revisto de ofício pela autoridade administrativa nos seguintes casos:

(...)

IV – quando se comprove falsidade, erro ou omissão quanto a qualquer elemento definido na legislação tributária como sendo de declaração obrigatória;

(...)

Conforme o inciso, IV, há lançamento de ofício também no caso de falsidade ou erro na declaração prestada pelo particular.

Art. 149. O lançamento é efetuado e revisto de ofício pela autoridade administrativa nos seguintes casos:

(...)

V – quando se comprove omissão ou inexatidão, por parte da pessoa legalmente obrigada, no exercício da atividade a que se refere o artigo seguinte [lançamento por homologação];

(...)

Hipótese de omissão ou inexatidão do sujeito passivo em relação ao lançamento por homologação. Nesse caso, do inciso V, o Fisco lançará de ofício.

Art. 149. O lançamento é efetuado e revisto de ofício pela autoridade administrativa nos seguintes casos:

(...)

VI – quando se comprove ação ou omissão do sujeito passivo, ou de terceiro legalmente obrigado, que dê lugar à aplicação de penalidade pecuniária;

(...)

O inciso VI refere-se à aplicação de penalidade pecuniária, sendo comum o uso do termo *autuação* para esse lançamento de ofício.

Art. 149. O lançamento é efetuado e revisto de ofício pela autoridade administrativa nos seguintes casos:

(...)

VII – quando se comprove que o sujeito passivo, ou terceiro em benefício daquele, agiu com dolo, fraude ou simulação;

(...)

Trata-se, no inciso VII, de reiteração da possibilidade de autuação no caso de ilícito tributário.

Art. 149. O lançamento é efetuado e revisto de ofício pela autoridade administrativa nos seguintes casos:

(...)

VIII – quando deva ser apreciado fato não conhecido ou não provado por ocasião do lançamento anterior;

(...)

Hipótese (inciso VIII) de revisão de anterior lançamento de ofício, em que a matéria tributável não havia sido adequadamente apreciada (erro de fato). Lembre-se que o erro de direito (mudança de entendimento quanto à interpretação da legislação) não permite a revisão.

Art. 149. O lançamento é efetuado e revisto de ofício pela autoridade administrativa nos seguintes casos:

(...)

IX – quando se comprove que, no lançamento anterior, ocorreu fraude ou falta funcional da autoridade que o efetuou, ou omissão, pela mesma autoridade, de ato ou formalidade especial.

(...)

O inciso IX refere-se à revisão do lançamento de ofício anteriormente realizado, por fraude, falta ou omissão da autoridade fiscal.

Art. 149. O lançamento é efetuado e revisto de ofício pela autoridade administrativa nos seguintes casos:

(...)

Parágrafo único. A revisão do lançamento só pode ser iniciada enquanto não extinto o direito da Fazenda Pública.

Após o prazo decadencial, não é mais possível revisar o lançamento anterior. Estudaremos a decadência quando analisarmos as modalidades de extinção do crédito tributário, mais adiante.

10.13. Lançamento por homologação (autolançamento)

10.13.1. Definição

Lançamento por homologação é aquele em que o próprio sujeito passivo verifica a ocorrência do fato gerador, calcula o tributo devido e, antes de qualquer atuação do Fisco, recolhe o valor correspondente.

À autoridade administrativa resta homologar a atividade do sujeito passivo, expressa ou tacitamente.

Como o sujeito passivo faz tudo, é também conhecido como *autolançamento*.

10.13.2. Art. 150, caput, do CTN

Art. 150. O lançamento por homologação, que ocorre quanto aos tributos cuja legislação atribua ao sujeito passivo o dever de *antecipar o pagamento* sem prévio exame da autoridade administrativa, *opera-se pelo ato* em que a referida autoridade, tomando conhecimento da atividade assim exercida pelo obrigado, *expressamente a homologa*.

(...)

O CTN procurou manter a tese de que o lançamento é privativo do Fisco, razão pela qual se refere à homologação pela autoridade competente, que pode ser tácita. Na verdade, quase sempre há apenas homologação tácita.

10.13.3. Lançamento por homologação: momento da extinção do crédito

Art. 150, § 1º. O pagamento antecipado pelo obrigado nos termos deste artigo extingue o crédito, sob condição resolutória da ulterior homologação ao lançamento.

(...)

Atualmente, após enorme discussão judicial, a legislação é clara ao afirmar que a extinção do crédito se dá com o pagamento realizado pelo sujeito passivo, e não com a homologação pelo Fisco – art. 3º da LC 118/2005.

Isso é relevante para a contagem do prazo para a repetição de eventual indébito (quando o sujeito paga tributo indevido e pede a restituição do valor). Voltaremos ao assunto ao tratarmos da extinção do crédito e das ações tributárias.

10.13.4. Homologação tácita – art. 150, § 4º, CTN

Se não houver homologação expressa do Fisco, ocorre a homologação tácita, após 5 anos contados do fato gerador.

Com a sua ocorrência, não há como o Fisco rever o lançamento (ocorre decadência).

Entretanto, para que seja possível, é preciso que tenha havido recolhimento.

Não há homologação tácita, tampouco, no caso de dolo, fraude ou simulação.

10.13.5. Tributo declarado e não pago e depósito

Nos tributos empresariais lançados por homologação (IPI, ICMS, COFINS etc.) costuma haver declaração prestada ao Fisco, informando a matéria tributável e o valor do tributo (ex.: DCTF).

Essa declaração é considerada "confissão" do devedor, que corresponde ao próprio lançamento (não é necessário qualquer outro ato pelo Fisco, em caso de tributo declarado e não pago) – Súmula 436 do STJ.

Isso também ocorre no depósito judicial realizado para suspender o crédito antes do lançamento.

Nessas duas hipóteses, o Fisco não precisa realizar o lançamento. No caso da declaração, basta inscrever o valor em dívida ativa e cobrar judicialmente. No caso do depósito, caso o Fisco vença a demanda, o valor é convertido em renda (entra definitivamente para os cofres públicos).

11. SUJEIÇÃO PASSIVA

11.1. Definição

A sujeição passiva refere-se à ocupação do polo passivo da obrigação tributária, à condição de devedor da prestação correspondente.

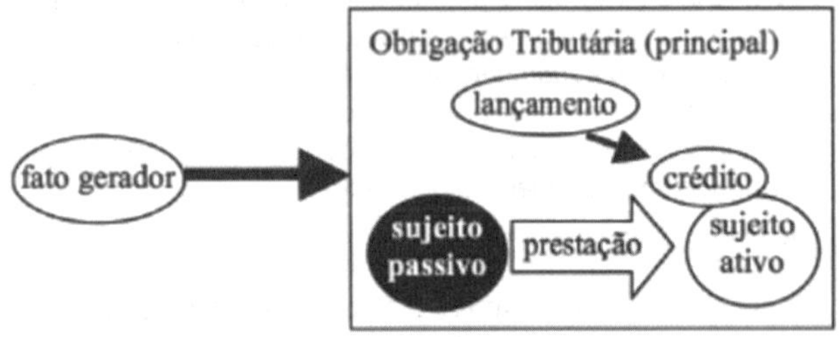

Sujeito passivo da obrigação principal é a pessoa obrigada ao pagamento do tributo ou da penalidade pecuniária (art. 121, *caput*, do CTN).

Sujeito passivo da obrigação acessória é a pessoa obrigada às prestações que constituem seu objeto (art. 122 do CTN).

11.2. Legalidade

O sujeito passivo deve ser indicado pela lei.

No caso dos impostos previstos na Constituição Federal, o *contribuinte* (uma das duas espécies de sujeito passivo tributário) deve estar definido em lei complementar federal (art. 146, III, *a*, da CF).

11.3. Convenções particulares não alteram a sujeição passiva

Nos termos do art. 123 do CTN, salvo disposições de lei em contrário, as convenções particulares, relativas à responsabilidade pelo pagamento de tributos, não podem ser opostas à Fazenda Pública, para modificar a definição legal do sujeito passivo das obrigações tributárias correspondentes.

É comum, por exemplo, que nos contratos de locação de imóvel o inquilino fique responsável pelo recolhimento do IPTU. Para o Fisco, entretanto, essa disposição contratual é irrelevante. Em caso de inadimplemento, o tributo será cobrado do proprietário que a lei indica como contribuinte do imposto municipal.

De fato, se o sujeito passivo é indicado pela lei, não haveria como um acordo privado alterá-lo perante o Fisco.

11.4. Espécies de sujeito passivo (obrigação principal)

Há apenas duas espécies de sujeito passivo da obrigação principal: o contribuinte e o responsável tributário.

Contribuinte (sujeito passivo natural, direto) é o sujeito passivo que tem relação pessoal e direta com a situação que constitua o fato gerador (é o agente, o titular ou o beneficiário dessa situação).

Responsável (sujeito passivo indireto) é o sujeito passivo que, sem se revestir da condição de contribuinte, tem sua obrigação decorrente de disposição expressa da *lei*. Ou seja, é definido por exclusão: responsável é o sujeito passivo indicado pela lei, mas que não tem relação pessoal e direta com o fato gerador (não é contribuinte).

11.5. Contribuinte (sujeito passivo natural, direto)

Veja, na seguinte representação gráfica, que o contribuinte é o sujeito passivo que tem relação pessoal e direta com o fato gerador.

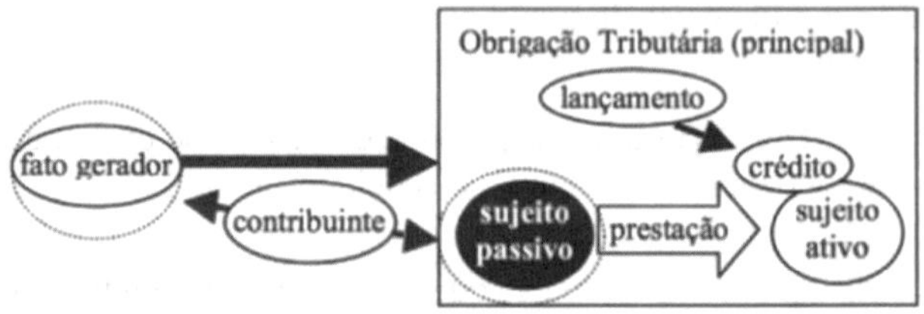

Contribuinte é o agente, o titular ou o beneficiário da situação que configura o fato gerador.

Essa relação é tão próxima que, como veremos a seguir, pela própria identificação do fato gerador é possível, de pronto, reconhecer o contribuinte.

11.5.1. Contribuinte: exemplos

Lembre-se que contribuinte é o agente, o titular ou o beneficiário da situação que configura o fato gerador, tendo com ela uma relação pessoal e direta.

Veja, nos seguintes exemplos, como é fácil identificá-lo, a partir dos fatos geradores:

✓ IR: o fato gerador do imposto de renda é auferir renda, logo, contribuinte é quem aufere a renda (agente);

✓ ICMS: o principal fato gerador corresponde à circulação de mercadoria, de modo que contribuinte é quem promove essa circulação (agente);

✓ ISS: o fato gerador é a prestação de determinados serviços, razão pela qual contribuinte é quem presta o serviço (agente);

✓ ITR, IPVA, IPTU: o fato gerador desses impostos é a propriedade (de imóveis ou automóveis), de modo que o contribuinte só poderia ser o respectivo proprietário (titular);

✓ Taxas: o fato gerador é o exercício do poder de polícia ou a prestação de determinados serviços, logo, contribuintes são, respectivamente, o fiscalizado e o usuário do serviço (beneficiários);

✓ Contribuição de melhoria: o fato gerador é a valorização imobiliária decorrente de obra pública, razão pela qual contribuinte é quem percebe o aumento patrimonial decorrente da obra (beneficiário).

11.5.2. Contribuinte: capacidade contributiva

Contribuinte é o sujeito passivo direto, quem *naturalmente* deve ocupar o polo passivo da obrigação, pois é quem demonstra *capacidade contributiva*, quem deve ser onerado pelo tributo.

Por essa razão, quando a lei indica responsável tributário, traz ferramentas para que o ônus econômico recaia sobre o contribuinte (ou quem deveria ser contribuinte), como a retenção na fonte ou o repasse no preço.

11.6. Solidariedade

11.6.1. Definição

Há solidariedade no Direito Tributário quando duas ou mais pessoas ocupam o polo passivo da obrigação tributária.

Não há benefício de ordem perante o Fisco (eventual direito de regresso é regulado pelo direito privado), ou seja, a administração tributária pode cobrar a totalidade do crédito de qualquer um dos sujeitos passivos solidários.

Há duas grandes distinções em relação à solidariedade do Código Civil: no Direito Tributário, a solidariedade é somente passiva e jamais decorre da vontade das partes.

11.6.2. Solidariedade: espécies (art. 124 do CTN)

Existem duas espécies de solidariedade tributária: natural e legal.

Natural: é a solidariedade entre as pessoas que têm interesse comum na situação que constitua o fato gerador da obrigação principal.

Por exemplo, condôminos em relação ao IPTU, comunhão universal em relação ao IR. Não é o caso do vendedor e do adquirente em relação ao ITBI, pois os interesses não são comuns (um quer vender e o outro quer comprar).

Apesar de pecuniária, a prestação tributária é tratada como sendo indivisível.

Legal: é a solidariedade entre pessoas expressamente designadas em lei.

11.6.3. Solidariedade: efeitos

O art. 125 do CTN traz os efeitos da solidariedade tributária:

> **Art. 125.** Salvo disposição de lei em contrário, são os seguintes os efeitos da solidariedade:
>
> I - o pagamento efetuado por um dos obrigados aproveita aos demais;
>
> II - a isenção ou remissão de crédito exonera todos os obrigados, salvo se outorgada pessoalmente a um deles, subsistindo, nesse caso, a solidariedade quanto aos demais pelo saldo;
>
> III - a interrupção da prescrição, em favor ou contra um dos obrigados, favorece ou prejudica aos demais.

Perceba o caso peculiar do inciso II. O benefício fiscal concedido pessoalmente a um dos obrigados não aproveita aos outros. Por exemplo, se há isenção de IPTU para maiores de 60 anos e apenas um dos dois condôminos preenche o requisito (o outro é mais jovem), somente o primeiro deles é beneficiado, em relação à sua parcela do imóvel.

11.7. Capacidade tributária

11.7.1 Definição

Capacidade tributária é expressão utilizada em dois sentidos:

a) aptidão para ocupar o polo passivo da obrigação tributária, ou seja, para ser sujeito passivo;

b) aptidão para realizar o fato gerador do tributo.

11.7.2. Características da capacidade tributária

> CTN, Art. 126. A capacidade tributária passiva independe:
>
> I - da capacidade civil das pessoas naturais;
>
> II - de achar-se a pessoa natural sujeita a medidas que importem privação ou limitação do exercício de atividades civis, comerciais ou profissionais, ou da administração direta de seus bens ou negócios;
>
> III - de estar a pessoa jurídica regularmente constituída, bastando que configure uma unidade econômica ou profissional.

Mesmo os incapazes (absoluta ou relativamente) podem ser sujeitos passivos de tributos. Temos *fato* gerador, não *ato* gerador, de modo que a vontade do agente é irrelevante, em princípio, para fins tributários. Menor de idade, deficientes mentais, pródigos etc., todos eles têm capacidade tributária.

Falido, profissional com licença cassada etc. também podem ser sujeitos passivos.

Sociedade irregular, espólio, condomínio, massa falida têm capacidade tributária e podem ser sujeitos passivos (ainda que não tenham personalidade jurídica própria).

11.8. Domicílio tributário

11.8.1. Definição

Domicílio tributário é o local em que o sujeito passivo deve ser encontrado; onde as notificações serão entregues; onde, em princípio, o tributo será recolhido (art. 159 do CTN); onde a execução será proposta.

11.8.2. Eleição pelo próprio sujeito passivo

Em regra, o sujeito passivo escolhe seu domicílio tributário na forma da legislação.

Ele pode indicar ao Fisco qualquer endereço, desde que não prejudique a cobrança. Entende-se que essa escolha deve recair em uma localidade dentro do território do ente tributante.

O CTN traz regras subsidiárias para a definição do domicílio somente para os casos em que não há essa opção expressa pelo sujeito passivo ou quando ela é recusada pelo Fisco.

11.8.3. *Domicílio: regra subsidiária*

Veja, portanto, que, quando o sujeito passivo não indica expressamente seu domicílio, aplica-se o art. 127 do CTN para sua fixação:

> CTN, Art. 127. Na *falta de eleição*, pelo contribuinte ou responsável, de domicílio tributário, na forma da legislação aplicável, considera-se como tal:
>
> I – quanto às pessoas naturais, a sua residência habitual, ou, sendo esta incerta ou desconhecida, o centro habitual de sua atividade;
>
> II – quanto às pessoas jurídicas de direito privado ou às firmas individuais, o lugar da sua sede, ou, em relação aos atos ou fatos que derem origem à obrigação, o de cada estabelecimento;
>
> III – quanto às pessoas jurídicas de direito público, qualquer de suas repartições no território da entidade tributante.
>
> (...)

Ademais, se as regras dos incisos anteriormente transcritos não forem aplicáveis, ou se o domicílio eleito for recusado pelo Fisco, considera-se o local da situação dos bens ou da ocorrência dos atos ou fatos que deram origem à obrigação:

> CTN, Art. 127. (...)
>
> § 1º Quando não couber a aplicação das regras fixadas em qualquer dos incisos deste artigo, considerar-se-á como domicílio tributário do contribuinte ou responsável o lugar da situação dos bens ou da ocorrência dos atos ou fatos que deram origem à obrigação.
>
> § 2º A autoridade administrativa pode recusar o domicílio eleito, quando impossibilite ou dificulte a arrecadação ou a fiscalização do tributo, aplicando-se então a regra do parágrafo anterior.

11.9. Responsável tributário

11.9.1. *Definição*

O *responsável* (sujeito passivo indireto) é definido por exclusão: é aquele a quem a lei impõe a obrigação tributária, sem se revestir da condição de contribuinte.

Não sendo contribuinte, não tem relação pessoal e direta com o fato gerador, mas deve ter algum vínculo com ele.

Significa que o legislador não pode escolher qualquer pessoa para ser responsável, pois ela tem que ter alguma relação, ainda que indireta, com o fato gerador.

Responsável tributário é expressão utilizada somente para a obrigação principal.

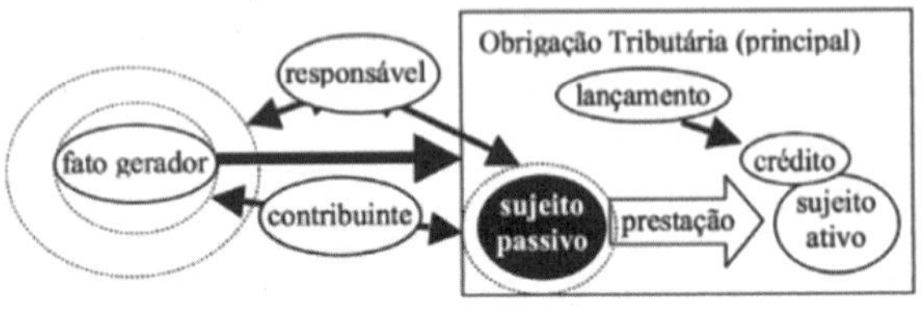

Veja na representação gráfica acima que, enquanto o contribuinte tem relação pessoal e direta com o fato gerador (é o agente, titular ou beneficiário da situação que o configura), a relação do responsável é mais distante, apenas indireta.

Por exemplo, quando o trabalhador recebe o salário, identifica-se como contribuinte do imposto de renda, pois tem relação pessoal e direta com o fato gerador (é ele quem aufere a renda). O empregador pode ser indicado como responsável tributário, pois não tem essa relação pessoal e direta com o fato gerador (não é ele quem aufere a renda), mas possui claramente vínculo indireto (o empregador é quem paga o salário, permitindo que o contribuinte aufira a renda). Perceba como há uma relação do responsável tributário com o fato gerador, ainda que mais distante em relação àquela do contribuinte.

11.9.2. *Responsável tributário: art. 128 do CTN*

> CTN, Art. 128. Sem prejuízo do disposto neste capítulo, a lei pode atribuir de modo expresso a responsabilidade pelo crédito tributário a terceira pessoa, vinculada ao fato gerador da respectiva obrigação, excluindo a responsabilidade do contribuinte ou atribuindo-a a este em caráter supletivo do cumprimento total ou parcial da referida obrigação.

O art. 128 deixa claro que há casos de responsabilidade previstos no próprio CTN (que estudaremos mais adiante), mas também que a lei de cada ente tributante pode prever outras hipóteses de responsabilidade tributária.

A responsabilidade pode ser: exclusiva, subsidiária, principal ou solidária.

11.9.3. *Espécies de responsabilidade*

Dentre diversas classificações doutrinárias, é bastante adotada aquela que indica haver responsabilidade por *transferência* e por *substituição*:

✓ *Transferência*: a obrigação tributária surge em relação ao contribuinte, mas, por conta de evento posterior ao fato gerador, outra pessoa passa a ocupar o polo passivo (basicamente, os casos previstos no CTN são de transferência);

✓ *Substituição*: quando a obrigação já surge em relação ao responsável, pois a lei exclui a figura do contribuinte (caso da substituição "para frente" e da retenção na fonte).

11.9.4. *Substituição tributária "para trás"*

A substituição tributária "para trás" implica diferimento (adiamento) no recolhimento do tributo, que é feito nas operações seguintes, dentro da cadeia de produção, comercialização e consumo.

Normalmente é prevista para casos em que há muitos fornecedores de insumos para um ou alguns poucos adquirentes.

Por exemplo, o adquirente dos insumos recolhe o imposto devido sobre essa operação posteriormente, no momento em que vende o produto final:

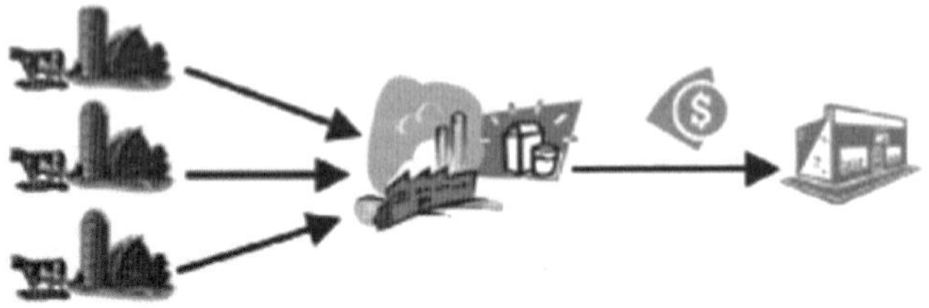

A fábrica (substituta) recolhe não apenas o imposto devido pela venda do leite para a loja, mas também aquele devido sobre as vendas anteriormente realizadas pelos produtores (substituídos)

Veja que, em princípio, os produtores de leite, nesse exemplo, deveriam recolher o imposto incidente sobre as vendas para a fábrica, mas esse pagamento é diferido (adiado) para a operação seguinte. Ou seja, o produtor do leite não paga o imposto, deixando para a fábrica esse dever.

11.9.5. *Substituição tributária "para frente"*

A substituição tributária "para frente" é, de certa forma, o oposto da substituição tributária "para trás".

Normalmente é adotada quando há um ou alguns poucos fabricantes e muitos adquirentes.

Por exemplo, o fabricante recolhe não apenas o imposto incidente sobre a operação que realiza, mas antecipa também os valores que seriam pagos pelos adquirentes, em relação às operações subsequentes dentro da cadeia de produção, comercialização e consumo.

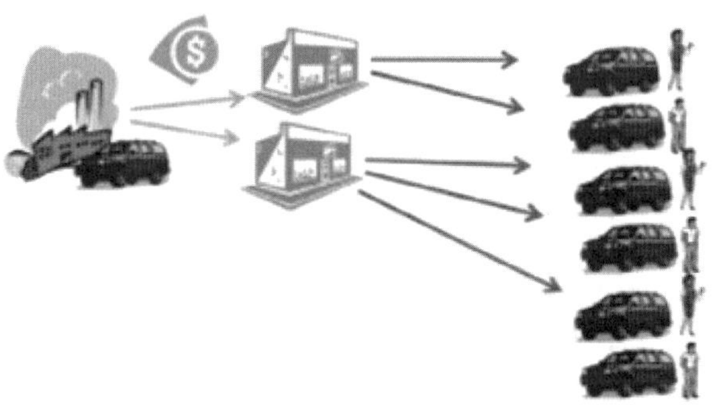

A fábrica (substituta) recolhe não apenas o imposto devido pela venda dos carros para as concessionárias (substituídas), mas também **antecipa** aquele devido sobre as vendas posteriores para os consumidores

Note que, nesse exemplo, a concessionária de veículos nao recolhe imposto ao fisco sobre as vendas dos veículos aos consumidores finais, pois o montante correspondente já foi pago antecipadamente pela fábrica, na operação anterior.

Como há recolhimento antecipado, em relação a fato gerador futuro, sempre houve muita discussão quanto à constitucionalidade dessa sistemática, que foi reconhecida pelo Judiciário e, posteriormente, ratificada pelo constituinte derivado, que incluiu o § 7º ao art. 150 da CF:

> CF, Art. 150, § 7º. A lei poderá atribuir a sujeito passivo de obrigação tributária a condição de responsável pelo pagamento de imposto ou contribuição, cujo fato gerador deva ocorrer posteriormente, assegurada a imediata e preferencial restituição da quantia paga, caso não se realize o fato gerador presumido.

Perceba que, nos termos do art. 150, § 7º, da CF, se o fato gerador futuro não ocorrer (por exemplo, se o veículo é roubado na concessionária, antes da venda para o consumidor final), o valor antecipadamente recolhido pela fábrica deve ser devolvido pelo Fisco.

Segundo o STF, a devolução do ICMS somente é devida em caso de não ocorrência do fato gerador futuro, mas não na hipótese de ele ocorrer por valor menor que o presumido (ainda há debate).

11.9.6. *Responsabilidade no CTN*

O CTN regula três categorias de responsabilidade:

a) dos sucessores (arts. 129 a 133): adquirentes de bens, espólio, herdeiros; sociedades resultantes de fusão, incorporação etc.; adquirentes de fundos de comércio;

b) de terceiros (arts. 134 e 135): pais, tutores, administradores, inventariantes, tabeliães, sócios etc.;

c) por infrações (arts. 136 a 138)

Analisaremos, a seguir, cada um dos casos previstos no CTN.

11.9.7. *Responsabilidade dos sucessores*

> CTN, Art. 129. O disposto nesta Seção aplica-se por igual aos *créditos* tributários definitivamente constituídos ou em curso de constituição à data dos atos nela referidos, e aos constituídos posteriormente aos mesmos atos, desde que relativos a obrigações tributárias surgidas até a referida data.

A responsabilidade dos sucessores abrange o tributo e a penalidade pecuniária, mesmo quando o artigo correspondente (arts. 131, 132 e 133 do CTN) refere-se literalmente apenas ao tributo.

Veja a Súmula 554/STJ: Na hipótese de sucessão empresarial, a responsabilidade da sucessora abrange não apenas os tributos devidos pela sucedida, mas também as multas moratórias ou punitivas referentes a fatos geradores ocorridos até a data da sucessão.

Todos os fatos geradores já ocorridos são abarcados pela responsabilidade, ainda que o crédito seja constituído depois do evento que gera a responsabilidade.

11.9.8. *Responsabilidade dos sucessores – art. 130 do CTN*

> CTN, Art. 130. Os *créditos tributários* relativos a impostos cujo fato gerador seja a propriedade, o domínio útil ou a posse de bens imóveis, e bem assim os relativos a taxas pela prestação de serviços referentes a tais bens, ou a contribuições de melhoria, sub-rogam-se na pessoa dos respectivos adquirentes, *salvo quando conste do título a prova de sua quitação.*
>
> Parágrafo único. No caso de arrematação em *hasta pública*, a sub-rogação ocorre sobre o respectivo preço.

O adquirente do imóvel passa a ser responsável pelos tributos relacionados ao bem.

Para afastar a responsabilidade, o adquirente deve conseguir Certidão Negativa de Débito e fazer constar a informação no título translativo (na escritura).

A aquisição em hasta pública é considerada originária e afasta essa responsabilidade (o ônus tributário recai sobre o preço pago).

Assim, o juiz, ao receber o valor pago pela arrematante, deve determinar o recolhimento dos tributos devidos, antes de liberar eventual diferença para o credor.

Importante salientar que tabeliães também podem ser responsabilizados, mas como terceiros, não como sucessores, nos termos dos arts. 134, VI, e 135, I, do CTN (estudaremos mais adiante).

11.9.9. Responsabilidade dos sucessores – art. 131 do CTN

CTN, Art. 131. São pessoalmente responsáveis:

I – o adquirente ou remitente, pelos tributos relativos aos bens adquiridos ou remidos;

II – o sucessor a qualquer título e o cônjuge meeiro, pelos tributos devidos pelo *de cujus* até a data da partilha ou adjudicação, limitada esta responsabilidade ao montante do quinhão do legado ou da meação;

III – o espólio, pelos tributos devidos pelo *de cujus* até a data da abertura da sucessão.

Embora o dispositivo refira-se a tributos (não a crédito, que abrange tributos e penalidades pecuniárias), a jurisprudência entende que a responsabilidade prevista no art. 131 do CTN abrange também as multas, como já adiantamos.

Em princípio, herdeiros e legatários não deveriam ser responsabilizados, pois os créditos devem ser recolhidos pelo espólio antes da partilha (art. 192 do CTN), mas pode haver lançamento posterior.

O STJ entende que a aquisição em hasta pública afasta a responsabilidade também em relação aos bens móveis, muito embora o art. 131 do CTN não tenha disposição expressa, a exemplo daquela prevista no art. 130, parágrafo único.

Interessante notar que o inventariante também pode ser responsabilizado, mas como terceiro, não como sucessor, nos termos dos arts. 134, IV, e 135, I, do CTN.

11.9.10. Responsabilidade dos sucessores – art. 132 do CTN

CTN, Art. 132. A pessoa jurídica de direito privado que resultar de fusão, transformação ou incorporação de outra ou em outra é responsável pelos tributos devidos até à data do ato pelas pessoas jurídicas de direito privado fusionadas, transformadas ou incorporadas.

Essa responsabilidade do art. 132 refere-se às operações ou alterações societárias.

Repetimos que, embora o dispositivo refira-se a tributos, entende-se que a responsabilidade abrange também as penalidades pecuniárias.

Esse entendimento foi consolidado pela Súmula 554/STJ: Na hipótese de sucessão empresarial, a responsabilidade da sucessora abrange não apenas os tributos devidos pela sucedida, mas também as multas moratórias ou punitivas referentes a fatos geradores ocorridos até a data da sucessão.

Em regra, a sociedade resultante das operações responde pelos créditos tributários deixados pelas outras.

Vejamos, a seguir, cada um dos casos.

11.9.10.1. Fusão

Na fusão, duas ou mais sociedades se unem formando uma nova. A sociedade resultante responde por todos os débitos tributários deixados pelas que se uniram.

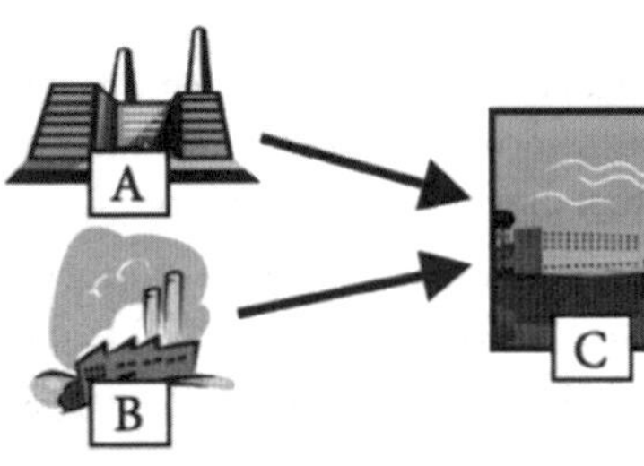

Perceba que, nesse exemplo, as sociedades A e B desaparecem ao formarem a sociedade C (resultante da fusão).

11.9.10.2. Transformação

A sociedade passa de um tipo para outro na transformação. Nesse caso, não há discussão, já que a sociedade é, na prática, a mesma, e responde por todos os débitos anteriores.

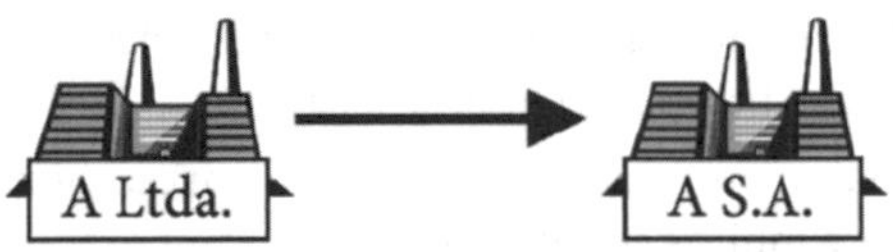

Nesse exemplo, a sociedade A simplesmente deixou de ser sociedade limitada e passou a existir como sociedade anônima, após a transformação.

11.9.10.3. Incorporação

Na incorporação, uma sociedade remanescente absorve outra, que deixa de existir. A sociedade subsistente responde por todos os débitos deixados pela extinta.

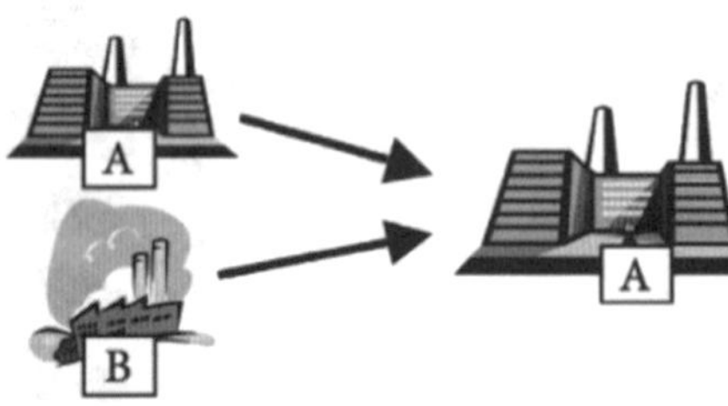

Nesse exemplo, a sociedade A incorporou a sociedade B. Note que a sociedade B deixa de existir, diferentemente da sociedade A, que subsiste. Essa é a diferença em relação à fusão, em que ambas as sociedades originárias desaparecem.

11.9.10.4. Cisão

Com a cisão, a sociedade transfere parcela de seu patrimônio para outra(s).

A transferência do patrimônio pela sociedade cindida pode ser total, hipótese em que deixa de existir (= cisão total – subsistem apenas as sociedades resultantes da cisão). Outra hipótese é de transferência apenas parcial do patrimônio, em que a sociedade cindida subsiste (= cisão parcial).

A cisão não é prevista expressamente no CTN.

Nesse caso, há grande discussão, pois a Lei das Sociedades Anônimas (posterior ao CTN) prevê que os atos societários podem dispor sobre os haveres e os deveres assumidos por cada uma das sociedades resultantes.

O Fisco entende que, em regra, as sociedades subsistentes respondem solidariamente pelos créditos tributários deixados pela cindida.

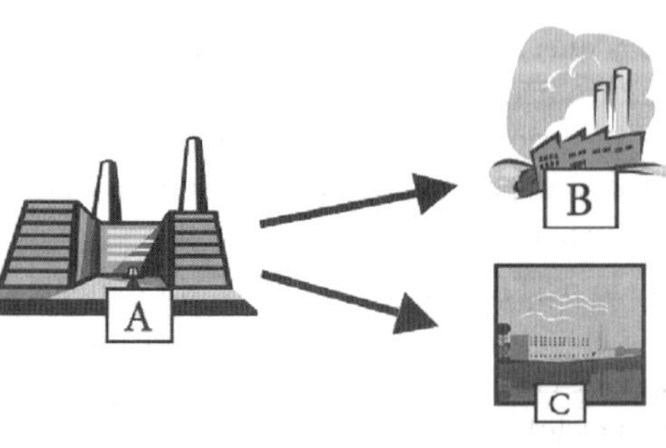

O exemplo acima é de cisão total, pois a sociedade A cindida deixa de existir, surgindo as sociedades B e C, que dividem o patrimônio social original.

11.9.11. Responsabilidade dos sucessores – art. 132, parágrafo único, do CTN

> CTN, Art. 132. Parágrafo único. O disposto neste artigo aplica-se aos casos de extinção de pessoas jurídicas de direito privado, quando a exploração da respectiva atividade seja continuada por qualquer sócio remanescente, ou seu espólio, sob a mesma ou outra razão social, ou sob firma individual.

O CTN prioriza a tributação da empresa, ou seja, da atividade empresarial.

Por essa razão, quem continua a exploração da empresa (sócio ou espólio) responde pelos débitos anteriores.

11.9.12. Responsabilidade dos sucessores – art. 133 do CTN

> CTN, Art. 133. A pessoa natural ou jurídica de direito privado que adquirir de outra, por qualquer título, fundo de comércio ou estabelecimento comercial, industrial ou profissional, e continuar a respectiva exploração, sob a mesma ou outra razão social ou sob firma ou nome individual, responde pelos tributos, relativos ao fundo ou estabelecimento adquirido, devidos até à data do ato: (...)

A responsabilidade do art. 133 refere-se também aos tributos e às penalidades pecuniárias, conforme entendimento jurisprudencial.

Para haver a responsabilidade é preciso que, cumulativamente, (i) o sujeito *adquira o estabelecimento* e (ii) *continue a mesma atividade empresarial.*

Se o alienante abandonar a atividade empresarial, a responsabilidade do adquirente é integral. Se o alienante continuar na atividade empresarial (ainda que em outro ramo) ou retornar em 6 meses, a responsabilidade do adquirente é subsidiária

Vejamos alguns exemplos, para fixar o conceito, muito exigido em exames.

Exemplo 1: João compra o estabelecimento de Pedro (uma farmácia), e continua a exploração da mesma atividade empresarial. Nesse caso, *há* responsabilidade *integral*, caso Pedro abandone a atividade empresarial, ou *subsidiária*, caso Pedro continue na atividade empresarial ou retorne dentro de 6 meses.

Exemplo 2: João compra o estabelecimento de Pedro (uma farmácia), mas não continua a exploração da mesma atividade empresarial (passa a vender calçados). Nesse caso, *não há* responsabilidade.

Exemplo 3: Pedro, que explora a atividade de farmácia, é despejado pelo dono do imóvel porque não pagava o aluguel. João passa a alugar o imóvel e instala uma nova farmácia (não comprou nada de Pedro). Nesse caso, *não há* responsabilidade, pois não houve aquisição do estabelecimento empresarial.

11.9.12.1. Responsabilidade dos sucessores – art. 133, § 1º, do CTN – falência e recuperação

> CTN, Art. 133. § 1º. O disposto no *caput* deste artigo não se aplica na hipótese de alienação judicial:
>
> I – em processo de falência;
>
> II – de filial ou unidade produtiva isolada, em processo de recuperação judicial.

A partir da LC 118/2005, passou-se a prestigiar a recuperação da empresa, facilitando-se a alienação total ou parcial do estabelecimento da devedora.

O adquirente, nesse caso, não responde pelos débitos tributários, com as exceções do § 2º:

> CTN, Art. 133, § 2º. Não se aplica o disposto no § 1º deste artigo quando o adquirente for:
>
> I – sócio da sociedade falida ou em recuperação judicial, ou sociedade controlada pelo devedor falido ou em recuperação judicial;
>
> II – parente, em linha reta ou colateral até o 4º (quarto) grau, consanguíneo ou afim, do devedor falido ou em recuperação judicial ou de qualquer de seus sócios; ou
>
> III – identificado como agente do falido ou do devedor em recuperação judicial com o objetivo de fraudar a sucessão tributária.

Essas exceções buscam evitar fraudes contra o Fisco.

> CTN, Art. 133. § 3º. Em processo da falência, o produto da alienação judicial de empresa, filial ou unidade produtiva isolada permanecerá em conta de depósito à disposição do juízo de falência pelo prazo de 1 (um) ano, contado da data de alienação, somente podendo ser utilizado para o pagamento de créditos extraconcursais ou de créditos que preferem ao tributário.

Os recursos arrecadados com a alienação judicial serão utilizados para pagar créditos extraconcursais (posteriores à quebra e à recuperação, basicamente), além de trabalhistas (até 150 salários mínimos por credor), acidentários e com garantias reais (limitados ao valor do bem gravado).

11.9.13. Responsabilidade de terceiros – art. 134 do CTN

Até aqui, vimos os casos de responsabilidade dos sucessores.

Os arts. 134 e 135 do CTN tratam da responsabilidade de terceiros.

> CTN, Art. 134. Nos casos de *impossibilidade de exigência* do cumprimento da obrigação principal pelo contribuinte, respondem solidariamente com este nos *atos em que intervierem* ou pelas *omissões de que forem responsáveis*:
>
> I – os pais, pelos tributos devidos por seus filhos menores;
>
> II – os tutores e curadores, pelos tributos devidos por seus tutelados ou curatelados;
>
> III – os administradores de bens de terceiros, pelos tributos devidos por estes;
>
> IV – o inventariante, pelos tributos devidos pelo espólio;
>
> V – o síndico e o comissário, pelos tributos devidos pela massa falida ou pelo concordatário;
>
> VI – os tabeliães, escrivães e demais serventuários de ofício, pelos tributos devidos sobre os atos praticados por eles, ou perante eles, em razão do seu ofício;
>
> VII – os sócios, no caso de liquidação de sociedade de pessoas.
>
> Parágrafo único. O disposto neste artigo só se aplica, em matéria de penalidades, às de caráter moratório.

A responsabilidade do art. 134 é *subsidiária* em relação ao *tributo* e à multa *moratória* (não punitiva), e surge somente se atendidos cumulativamente os seguintes requisitos:

a) se o Fisco não puder cobrar o tributo diretamente do contribuinte; e

b) se houver ato praticado pelo responsável ou omissão relacionados ao débito (é preciso haver culpa – é praticamente uma sanção imposta ao responsável).

Exemplos:

✓ João não recolhe o IR devido por seu filho Pedro. Posteriormente, o Fisco não consegue cobrar o débito do contribuinte (de Pedro), pois o filho não tem mais patrimônio: o pai responde pela dívida tributária;

✓ Responsável pelo registro de imóveis não exige a comprovação do recolhimento do ITBI, conforme a legislação municipal, antes de registrar a alienação: se não for possível cobrar o contribuinte, o titular do cartório responde pelo débito.

11.9.14. Responsabilidade de terceiros – art. 135 do CTN

> CTN, Art. 135. São pessoalmente responsáveis pelos créditos correspondentes a obrigações tributárias resultantes de atos praticados com excesso de poderes ou infração de lei, contrato social ou estatutos:
>
> I – as pessoas referidas no artigo anterior;
>
> II – os mandatários, prepostos e empregados;
>
> III – os diretores, gerentes ou representantes de pessoas jurídicas de direito privado.

A responsabilidade prevista no art. 135 do CTN é de situação mais grave que a do art. 134, pois há excesso de poderes, violação de lei, contrato social ou estatutos (dolo, e não simples culpa).

O terceiro responde pelo tributo e pela penalidade pecuniária.

O Judiciário vinha entendendo que a responsabilidade do administrador é subsidiária em relação à empresa, muito embora a recente Súmula 430 do STJ faça referência à responsabilidade solidária.

Súmula 430 do STJ: "o inadimplemento da obrigação tributária pela sociedade não gera, por si só, a responsabilidade *solidária* do sócio-gerente".

Perceba que esse enunciado sumular consolidou uma antiga e pacífica jurisprudência: a simples inadimplência não é ilícito grave o suficiente para ensejar a responsabilidade do administrador da sociedade.

Por outro lado, a dissolução irregular implica responsabilidade:

> Súmula 435 do STJ: "presume-se dissolvida irregularmente a empresa que deixar de funcionar no seu domicílio fiscal, sem comunicação aos órgãos competentes, legitimando o redirecionamento da execução fiscal para o sócio-gerente".

11.9.15. Responsabilidade por infrações

11.9.15.1. Características da responsabilidade por infrações

> CTN, Art. 136. Salvo disposição de lei em contrário, a responsabilidade por infrações da legislação tributária independe da intenção do agente ou do responsável e da efetividade, natureza e extensão dos efeitos do ato.

Muitos autores se referem à responsabilidade *objetiva* em relação às infrações tributárias, mas o art. 136 do CTN trata da irrelevância da intenção e do resultado.

Se o contribuinte não recolhe o tributo, o Fisco não precisa investigar a intenção do agente ou do responsável. Cobrará a penalidade independentemente disso.

Se não houve emissão de nota fiscal, é devida a multa, ainda que não haja prejuízo para o Fisco (caso o contribuinte tenha recolhido corretamente o tributo, por exemplo), pois o resultado é irrelevante.

11.9.15.2. Casos em que a intenção é relevante

Embora a regra seja a irrelevância da intenção do agente, há exceções.

Se o ilícito tributário também for tipificado como crime, a responsabilidade é pessoal do agente, em princípio:

> CTN, Art. 137. A responsabilidade é pessoal ao agente:
>
> I – quanto às infrações conceituadas por lei como crimes ou contravenções, salvo quando praticadas no exercício regular de administração, mandato, função, cargo ou emprego, ou no cumprimento de ordem expressa emitida por quem de direito;
>
> (...)

É possível que a norma tributária, excepcionalmente, defina o dolo do agente como elementar para a configuração da infração. Nesse caso, a responsabilidade será pessoal:

> CTN, Art. 137. A responsabilidade é pessoal ao agente:
>
> (...)
>
> II – quanto às infrações em cuja definição o dolo específico do agente seja elementar;
>
> (...)

O inciso III traz outra hipótese em que, excepcionalmente, o dolo é relevante e há responsabilidade pessoal do agente. Trata-se do caso em que o infrator age contra aquele a quem deveria mostrar lealdade:

> CTN, Art. 137. A responsabilidade é pessoal ao agente:
>
> (...)
>
> III – quanto às infrações que decorram direta e exclusivamente de dolo específico:
>
> a) das pessoas referidas no artigo 134, contra aquelas por quem respondem;
>
> b) dos mandatários, prepostos ou empregados, contra seus mandantes, preponentes ou empregadores;
>
> c) dos diretores, gerentes ou representantes de pessoas jurídicas de direito privado, contra estas.

11.9.15.3. Denúncia espontânea

O legislador busca incentivar o recolhimento espontâneo do tributo, ainda que a destempo, antes de qualquer atividade fiscalizatória.

Como incentivo, afasta a exigência das multas. É o benefício da denúncia espontânea, previsto no art. 138 do CTN:

> CTN, Art. 138. A responsabilidade é excluída pela denúncia espontânea da infração, acompanhada, se for o caso, do pagamento do tributo devido e dos juros de mora, ou do depósito da importância arbitrada pela autoridade administrativa, quando o montante do tributo dependa de apuração.

Parágrafo único. Não se considera espontânea a denúncia apresentada após o início de qualquer procedimento administrativo ou medida de fiscalização, relacionados com a infração.

Para haver o benefício da denúncia espontânea, é preciso:

a) recolhimento total do tributo (ou do valor arbitrado) corrigido monetariamente e dos juros de mora;

b) deve ocorrer antes do início de qualquer procedimento fiscalizatório relacionado com a infração (pode haver fiscalização em relação a outro tributo, por exemplo).

A denúncia espontânea afasta qualquer espécie de multa (moratória ou punitiva).

Simples parcelamento do débito não implica denúncia espontânea (art. 155-A, § 1º, do CTN).

Não há denúncia espontânea no caso de obrigações acessórias formais, sem vínculo direto com o fato gerador, como a entrega de declaração do IR em atraso (a multa é sempre exigida).

Súmula 360 do STJ: "o benefício da denúncia espontânea não se aplica aos tributos sujeitos a lançamento por homologação, regularmente declarados, mas pagos a destempo".

12. SUSPENSÃO, EXTINÇÃO E EXCLUSÃO DO CRÉDITO TRIBUTÁRIO

12.1. Introdução

Após o surgimento da obrigação tributária, o natural seria a constituição do crédito e seu pagamento.

Entretanto, há casos de *exclusão*, em que, apesar do surgimento da obrigação tributária, afasta-se a possibilidade de constituição do crédito.

Além do pagamento, há outras modalidades de *extinção*.

Finalmente, há hipóteses em que a exigibilidade do crédito fica *suspensa* (não pode ser cobrado durante determinado período).

A suspensão e a exclusão do crédito **não** dispensam o cumprimento das obrigações acessórias.

12.2. Tabela-resumo

É importante memorizar as modalidades de suspensão, extinção e exclusão do crédito tributário previstas no CTN.

Suspensão	- moratória; - depósito integral; - reclamações e recursos administrativos; - liminar em MS; - liminar ou tutela antecipada em outras espécies de ação; - parcelamento.
Extinção	- pagamento; - compensação; - transação; - remissão; - prescrição e decadência; - conversão de depósito em renda; - pagamento antecipado e homologação do lançamento; - consignação em pagamento; - decisão administrativa irreformável; - decisão judicial transitada em julgado; - dação em pagamento de imóveis.
Exclusão	- isenção; - anistia.

Repare que *moratória* é modalidade de suspensão e *remissão* é modalidade de extinção.

Ademais, perceba que há apenas duas modalidades de exclusão: *isenção* e *anistia*.

Muitas vezes os examinadores exigem esse conhecimento.

12.3. Instituição de benefícios

O CTN prevê modalidades, mas muitas delas exigem lei de cada ente tributante (moratória, parcelamento, compensação, transação, remissão, dação de imóveis em pagamento, isenção e anistia).

Exceções: a União pode conceder moratória em relação a tributos de outros entes e benefícios de ICMS são concedidos por convênio interestadual.

Tratados internacionais (GATT, OMC) *em regra* apenas garantem o mesmo tratamento tributário ao similar importado (não concedem benefícios).

O STF, ao julgar a ADI 2.405 MC/RS, admitiu a instituição nova modalidade de extinção do crédito por lei estadual (dação em pagamento de imóveis antes da previsão no CTN) – a reserva de Lei Complementar refere-se apenas à prescrição e decadência.

Posteriormente, ao analisar a ADI 1.917/DF, não houve consenso no STF quanto à possibilidade de criação de nova modalidade de extinção do crédito por lei local (dação de bens móveis), mas concordou-se que, no caso em análise, haveria ofensa ao princípio da licitação (lei declarada inconstitucional).

Interessante notar que gabarito oficial da FGV (em exame da OAB-2ª fase, 2011.1) adotou o entendimento de que existem somente as modalidades previstas no CTN (art. 141), sendo inviável a criação de outras por lei ordinária.

12.4. Modalidades de suspensão do crédito – características gerais

A suspensão do crédito *não* dispensa obrigações acessórias. Ou seja, mesmo que haja uma liminar suspendendo a exigibilidade do ICMS (= obrigação principal), por exemplo, o comerciante não pode deixar de emitir notas fiscais ou prestar informações ao Fisco (= obrigações acessórias).

A suspensão do crédito impede a cobrança pelo Fisco e, consequentemente, suspende a prescrição (*actio nata* – se o Fisco não pode cobrar, não corre contra ele o prazo prescricional).

Não impede o lançamento tributário, mas o depósito judicial integral dispensa atuação pelo Fisco.

Como são benefícios fiscais, são interpretadas literalmente – art. 111, I, do CTN.

12.5. Suspensão: moratória

12.5.1. Definição de moratória

Moratória é a ampliação do prazo de pagamento, favor legal que adia a exigibilidade do tributo.

Para alguns, a moratória é concedida *antes* do vencimento (distinção com parcelamento, que seria concedido após o vencimento).

Destacamos que a moratória concedida após o vencimento tem apenas o efeito de afastar a exigência de penalidades e juros pelo pagamento posterior.

A rigor, se ainda não ocorreu o vencimento, basta norma infralegal para adiá-lo (não se trata de matéria reservada à lei, conforme entendimento do STF).

12.5.2. *Espécies de moratória (art. 152 do CTN)*

A moratória pode ser concedida em caráter geral ou individual:

✓ *Caráter geral*: quando é concedida pelo ente competente ou, excepcionalmente, pela União.

A União pode conceder moratória de tributos estaduais e municipais, desde que fixe o mesmo favor em relação aos seus próprios tributos e às obrigações privadas. É mesmo situação excepcionalíssima de favor legal heterônomo (concedido por quem não é o ente competente em relação ao tributo);

✓ *Caráter individual*: quando a moratória é concedida por despacho da autoridade administrativa, conforme a lei, ao analisar, caso a caso, se o interessado preenche os requisitos legais.

O art. 153, III, *b*, do CTN prevê moratória com prestações e vencimentos (= parcelamento), sendo que a lei *poderia* atribuir à autoridade administrativa a fixação dos prazos (o que é discutível, por conta da reserva legal relativa à concessão de benefícios fiscais).

12.5.3. *Delimitação da moratória*

A moratória pode ser restrita a determinada região, ou a determinada classe ou categoria de sujeitos.

Salvo disposição legal em contrário, abrange apenas os créditos constituídos, ou com lançamento iniciado, à data da lei ou do despacho concessivo.

A moratória não aproveita a casos de dolo, fraude ou simulação.

12.5.4. *Requisitos da lei de moratória*

A lei que concede a moratória deve indicar:

a) o prazo de duração;

b) sendo o caso, os tributos a que se aplica, o número de prestações e os vencimentos;

c) no caso de moratória de caráter individual, também:

✓ as condições para concessão;

✓ as garantias a serem fornecidas pelo beneficiado;

✓ autoridade pode fixar as prestações e vencimentos.

12.5.5. *Revogação da moratória individual*

A concessão de moratória, remissão, isenção ou anistia em caráter individual não gera direito adquirido.

Se o Fisco verificar que o beneficiado não satisfazia ou deixou de satisfazer os requisitos para o benefício, deverá revogá-lo de ofício.

Há distinção para as hipóteses em que o beneficiário agiu, ou não, com dolo, fraude ou simulação, no que se refere às consequências da revogação:

Situação	Consequência
O beneficiário agiu com dolo, fraude ou simulação	- O crédito tributário deve ser pago com juros moratórios e penalidades - O tempo entre a concessão e a revogação do benefício não conta para fins de prescrição do direito à cobrança (*não corre prescrição* contra o Fisco)
O beneficiário *não* agiu com dolo, fraude ou simulação (houve simples erro)	- O crédito tributário deve ser pago com juros moratórios, *mas sem* penalidades - A revogação só pode ocorrer antes do término do prazo para cobrança, que não para de fluir (corre prescrição contra o Fisco)

É importante ressaltar que essas regras de revogação da moratória individual aplicam-se também às revogações de remissões, isenções e anistias concedidas individualmente.

12.6. Suspensão: parcelamento

12.6.1. *Definição*

O parcelamento é espécie de moratória em que a exigibilidade do crédito fica adiada (suspensa até data futura), qualificada pela possibilidade de pagamentos periódicos (art. 155-A do CTN).

Para alguns, a moratória (mesmo parcelada) é concedida antes do vencimento, enquanto o parcelamento é posterior a ele.

12.6.2. *Características do parcelamento*

Aplicam-se ao parcelamento subsidiariamente as regras da moratória (art. 155-A, § 2º, do CTN).

Salvo disposição contrária, o parcelamento refere-se apenas aos créditos já constituídos ou com lançamento iniciado à data da lei ou do despacho concessivo.

Ainda que a lei estenda o benefício, o crédito deve estar constituído para o efetivo parcelamento (normalmente exige-se confissão pelo contribuinte).

Não se trata de novação, mas suspensão do crédito, ou seja, não há alteração da obrigação tributária, ainda que haja oferecimento de garantias reais pelo devedor (ver art. 183, parágrafo único, do CTN).

O parcelamento não excluiu juros e multas, salvo disposição em contrário (não há denúncia espontânea: Súmula 208 do TFR).

12.6.3. *Parcelamento na recuperação judicial – art. 155-A, §§ 3º e 4º, do CTN*

Em relação à recuperação judicial, lei específica de cada ente disporá sobre as condições de parcelamento dos tributos devidos.

Enquanto inexistir essa lei específica, aplicam-se as leis gerais de parcelamento do ente tributante, sendo que o prazo não pode ser inferior ao da lei federal.

Busca-se, com isso, fomentar o instrumento da recuperação judicial, já que o empresário deve estar em situação regular perante o Fisco para sua concessão.

12.7. Suspensão: depósito integral

Para que haja suspensão do crédito tributário, o depósito deve ser *integral e em dinheiro* (Súmula 112 do STJ).

O depósito pode ser judicial (mais comum) ou administrativo (feito perante o próprio Fisco).

O depósito é prerrogativa do sujeito passivo, não imposição contra ele: não pode ser exigido como requisito para ações ou recursos administrativos ou judiciais (Súmula Vinculante 21 do STF e Súmula 373 do STJ).

Entretanto, caso o devedor opte por fazer o depósito judicial, não poderá levantá-lo antes do trânsito em julgado, com mérito favorável a ele. Assim, ainda que o depósito seja prerrogativa do sujeito passivo que implica suspensão da exigibilidade do crédito, depois de realizado não pode ser revertido livremente.

A jurisprudência do STJ é no sentido de que o depósito judicial, quando realizado antes do lançamento, constitui o crédito tributário, sendo dispensável ato do Fisco nesse sentido.

12.8. Suspensão: reclamações e recursos administrativos

Durante o processo administrativo, relativo ao lançamento, a exigibilidade do crédito fica suspensa.

Note que somente o a impugnação ao lançamento tem esse efeito suspensivo, e não o processo administrativo em que o contribuinte questione, por exemplo, sua exclusão de programa de parcelamento.

Assim, enquanto o Fisco estiver examinando a impugnação do sujeito passivo contra a exigência tributária, não poderá cobrá-lo administrativa ou judicialmente.

Não se pode exigir depósito ou garantia de instância como requisitos para o processo administrativo (Súmula Vinculante 21 do STF, semelhante à Súmula 373 do STJ).

Devem ser observados o contraditório e a ampla defesa - art. 5º, LV, da CF.

12.9. Suspensão: liminares e tutelas antecipadas

A simples impetração de mandado de segurança ou o ajuizamento de ação ordinária *não* suspende a exigibilidade do crédito tributário.

Para isso, é necessário que o juiz defira *liminar* ou conceda *antecipação da tutela*, que são modalidades de suspensão previstas no CTN.

Elas não impedem, entretanto, o lançamento do tributo, caso ainda não realizado (ou poderia haver decadência, cujo prazo não se suspende).

12.10. Extinção: pagamento

12.10.1. Definição

No Direito Tributário, pagamento refere-se à entrega de *dinheiro* ao Fisco e é a modalidade básica de extinção do crédito tributário.

12.10.2. Características do pagamento

A imposição de penalidade não afasta a obrigação de pagamento integral do crédito (art. 157 do CTN).

O pagamento não importa presunção de quitação das demais prestações ou de outros créditos tributários (art. 158 do CTN).

12.10.3. Local do pagamento

Se a legislação não dispuser em contrário, o pagamento é feito na repartição do Fisco localizada no domicílio do sujeito passivo (art. 159 do CTN).

12.10.4. Formas de pagamento

O pagamento é efetuado em dinheiro, cheque ou vale postal (nestes últimos casos, a legislação pode exigir garantias). No caso do cheque, a rigor, somente com o recebimento do dinheiro pelo Fisco (compensação do título) é que se considera extinto o crédito (art. 162, § 2º, do CTN).

A lei pode prever pagamento em estampilha, papel selado ou processo mecânico, o que não é comum atualmente.

12.10.5. Vencimento e atraso

Se a legislação não fixar a data de vencimento, será 30 dias após a notificação do lançamento (trata-se, portanto, de regra subsidiária - art. 160 do CTN).

A legislação pode conceder desconto pela antecipação do recolhimento pelo sujeito passivo.

O atraso implica juros de mora, independentemente do motivo, com penalidades e execução de garantias (art. 161 do CTN).

Se a lei não indicar outro, os juros moratórios serão de 1% ao mês (outra regra subsidiária).

Não se cobram juros ou multa no caso de consulta formulada pelo devedor no prazo de pagamento.

12.10.6. Imputação em pagamento

Se houver mais de um débito vencido, do mesmo sujeito passivo em relação ao mesmo sujeito ativo, a administração deve observar a imputação, nessa ordem (art. 163 do CTN):

a) débitos por obrigação própria, depois os relativos a responsabilidade tributária;

b) contribuição de melhoria, depois taxas, por fim impostos;

c) ordem crescente dos prazos de prescrição;

d) ordem decrescente dos montantes.

A rigor, isso não é comum, atualmente, pois os contribuintes recolhem os valores por meio de guias bancárias, com indicação expressa e exata do tributo que está sendo pago.

12.11. Extinção: compensação

12.11.1. Características

Diferentemente do que ocorre no âmbito das relações privadas, a compensação tributária somente ocorre se houver previsão expressa em lei do ente competente (art. 170 do CTN).

Mesmo no caso em que o particular é titular de precatório devido pelo ente tributante, não pode pretender compensá-lo com o tributo devido se não houver lei autorizativa.

Admite-se a compensação de crédito tributário com créditos líquidos, certos, vencidos e também *vincendos (= ainda não vencidos)* do particular contra o Fisco.

Se o crédito do particular for vincendo, a administração deve apurar o valor, exigindo desconto pela antecipação, que não pode ser maior que 1% ao mês.

12.11.2. Compensação no Judiciário

✓ Súmula 212 do STJ: "a compensação de créditos tributários não pode ser deferida em ação cautelar ou por medida liminar cautelar ou antecipatória".

✓ Tributo discutido judicialmente não pode ser aproveitado para compensação antes do trânsito em julgado - art. 170-A do CTN.

✓ Súmula 213 do STJ: "o mandado de segurança constitui ação adequada para a declaração do direito à compensação tributária".

✓ Súmula 460 do STJ: "é incabível o mandado de segurança para convalidar a compensação tributária realizada pelo contribuinte".

12.12. Extinção: transação

CTN, Art. 171. A lei pode facultar, nas condições que estabeleça, aos sujeitos ativo e passivo da obrigação tributária celebrar transação que, mediante concessões mútuas, importe em determinação de litígio e consequente extinção de crédito tributário.

Parágrafo único. A lei indicará a autoridade competente para autorizar a transação em cada caso.

A transação tributária, como modalidade de extinção do crédito, deve estar prevista minuciosamente em lei.

No Direito Tributário, há somente transação terminativa de litígio, não preventiva.

12.13. Extinção: remissão

12.13.1. Definição

Remissão (do verbo *remitir*) significa *perdão* do crédito tributário.

Refere-se ao tributo e à penalidade pecuniária (= crédito), diferente da anistia, que se restringe à multa.

Como os demais benefícios fiscais, exige lei específica, que regule apenas o perdão (benefício) ou o tributo a que se refere – art. 150, § 6º, da CF.

12.13.2. Requisitos da lei de remissão

A lei autoriza a autoridade a conceder, por despacho fundamentado, remissão total ou parcial, atendendo (art. 172 do CTN):

a) à situação econômica do sujeito passivo;

b) ao erro ou ignorância escusáveis do sujeito passivo, quanto a matéria de fato;

c) à diminuta importância do crédito tributário;

d) a considerações de equidade, em relação a características pessoais ou materiais do caso;

e) a condições peculiares à determinada região do território da entidade tributante.

Perceba, portanto, que o legislador não pode conceder remissões livremente, fora dessas hipóteses previstas no CTN.

Ademais, o CTN não faz referência expressa à remissão em caráter geral, referindo-se apenas à concessão pela autoridade fiscal, por meio de despacho fundamentado.

Lembre-se que, no caso de remissão concedida individualmente, eventual revogação é regulada pelas mesmas normas atinentes à moratória (art. 172, parágrafo único, c/c art. 155 do CTN).

12.13.3. Vedação de remissão e anistia para contribuições sociais – art. 195, § 11, da CF

A Constituição Federal veda expressamente a concessão de remissão ou anistia para débitos superiores ao valor fixado em lei complementar para as contribuições sociais devidas por:

a) empregadores e equiparados sobre folhas de salários e demais rendimentos pagos a pessoas físicas;

b) trabalhadores e equiparados.

12.14. Extinção: decadência

12.14.1. Definição

Decadência é a perda do direito de o Fisco constituir o crédito tributário (lançar) pelo decurso do prazo de 5 anos (art. 173 do CTN).

É indicada pelo CTN como modalidade de extinção do crédito tributário (muito embora ocorra antes de sua constituição, impedindo o lançamento).

As normas relativas à decadência e à prescrição tributária devem ser veiculadas exclusivamente por lei complementar federal, nos termos do art. 146, III, *b*, da CF.

Por essa razão, o STF declarou inconstitucionais dispositivos de lei ordinária que fixavam prazos decadenciais e prescricionais relativos à contribuições sociais (Súmula Vinculante 8 do STF).

Para que não haja dúvida: há somente prazos decadenciais e prescricionais de 5 anos, previstos no CTN.

12.14.2. Contagem do prazo decadencial

O prazo decadencial é quinquenal (5 anos), contado (art. 173 do CTN):

a) do primeiro dia do exercício seguinte àquele em que o lançamento poderia ter sido efetuado (regra);

b) da data em que se tornar definitiva a decisão que houver anulado, por vício formal, o lançamento anteriormente efetuado (caso de interrupção);

c) da data em que tenha se iniciado a constituição do crédito pela notificação do sujeito passivo, a respeito de qualquer medida preparatória indispensável.

12.14.3. Decadência no lançamento de ofício

Veja na seguinte representação gráfica um exemplo de contagem do prazo decadencial em relação a tributo lançado de ofício.

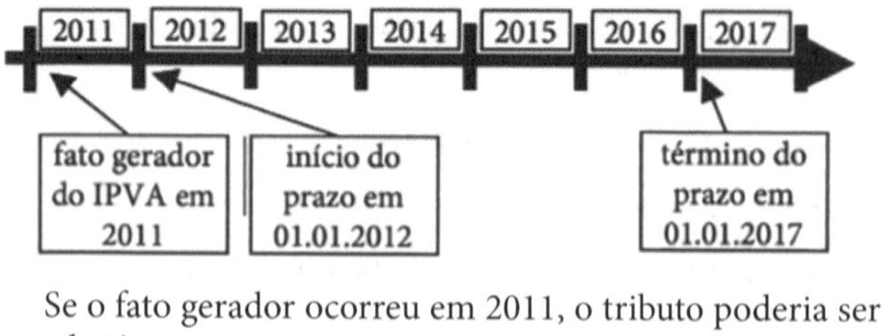

Se o fato gerador ocorreu em 2011, o tributo poderia ser lançado já nesse exercício. Por essa razão, o prazo decadencial quinquenal começa a correr em 1º de janeiro do ano seguinte (2012), terminando em 1º de janeiro de 2017.

12.14.4. Decadência no lançamento por homologação

No lançamento por homologação, há regra específica, pois ocorre homologação tácita (que impede a revisão pelo Fisco) após 5 anos contados do fato gerador (art. 150, § 4º, do CTN).

Se não houve pagamento ou se ocorreu dolo, fraude ou simulação, *não há falar em homologação tácita* e se aplica a regra do art. 173, I, do CTN (primeiro dia do exercício seguinte).

Vejamos os exemplos seguintes.

12.14.4.1. *Decadência no lançamento por homologação – se houve pagamento sem dolo, fraude ou simulação*

Quando há pagamento sem dolo fraude ou simulação, o prazo decadencial é o do art. 150, § 4º, do CTN.

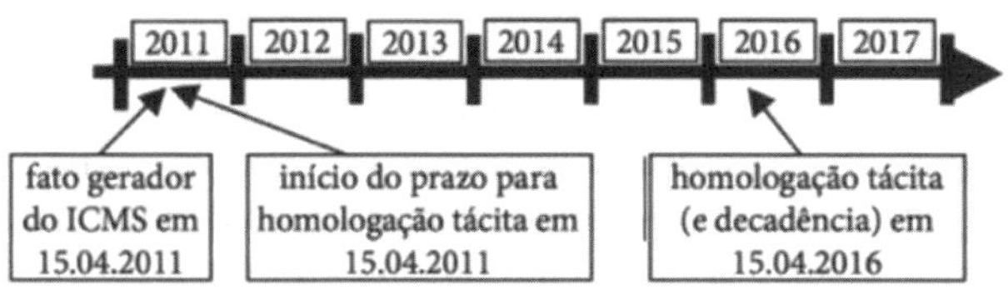

Nesse caso, o quinquênio é contado a partir do fato gerador (não do primeiro dia do exercício seguinte).

12.14.4.2. *Decadência no lançamento por homologação – se não houve pagamento ou se ocorreu dolo, fraude ou simulação*

A contagem do art. 150, § 4º, do CTN (a partir do fato gerador) somente ocorre quando há, efetivamente, homologação tácita, ou seja, quando há recolhimento antecipado, sem dolo, fraude ou simulação.

Se não há pagamento ou ocorre algum desses vícios, o prazo quinquenal é contado na forma do art. 173, I, do CTN, a partir do primeiro dia do exercício seguinte:

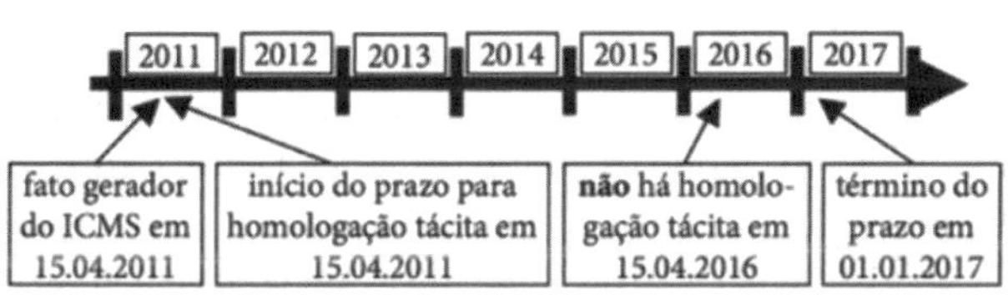

12.14.4.3. *Decadência no lançamento por homologação – Caso da declaração pelo contribuinte*

Ao estudarmos o lançamento tributário, vimos que, conforme jurisprudência pacífica, a declaração prestada pelo contribuinte, na forma da legislação de determinados tributos (por exemplo, a DCTF federal ou as declarações relativas ao ICMS), indicando a ocorrência do fato gerador e o valor do tributo devido, constitui o crédito (reveja a Súmula 436/STJ).

Nesse caso, portanto, não há falar em decadência (que é a extinção o direito de se constituir o crédito tributário pelo lançamento).

Por outro lado, se o contribuinte não realiza a declaração, não há constituição do crédito e, considerando que tampouco há pagamento, a decadência é de 5 anos na forma do art. 173 do CTN, como visto no item anterior.

Veja a Súmula 555/STJ: Quando não houver declaração do débito, o prazo decadencial quinquenal para o Fisco constituir o crédito tributário conta-se exclusivamente na forma do art. 173, I, do CTN, nos casos em que a legislação atribui ao sujeito passivo o dever de antecipar o pagamento sem prévio exame da autoridade administrativa.

12.15. Extinção: prescrição

12.15.1. Definição

É a perda do direito de o Fisco cobrar o crédito tributário, pelo decurso do prazo de 5 anos (art. 174 do CTN).

É indicada pelo CTN como modalidade de extinção do crédito tributário.

Perceba que a decadência ocorre antes do lançamento, enquanto a prescrição se dá após a constituição do crédito.

Assim como a norma relativa à decadência, aquela atinente à prescrição deve ser veiculada exclusivamente por lei complementar federal, conforme dispõe o art. 146, III, *b*, da CF (Súmula Vinculante 8 do STF).

12.15.2. Contagem do prazo prescricional

O prazo prescricional é quinquenal (5 anos), contado da data da constituição definitiva do crédito.

Pela *actio nata*, o prazo somente flui a partir do momento em que o Fisco pode cobrar o tributo.

Assim, após a notificação do lançamento, se não há impugnação, o prazo começa a partir do vencimento.

Se há recurso administrativo (que suspende a exigibilidade do crédito), a prescrição somente flui após a decisão final.

Também por conta da *actio nata*, qualquer outra modalidade de suspensão da exigibilidade do crédito (liminares, parcelamentos etc.) suspende o prazo prescricional.

Vejamos os exemplos seguintes para melhor compreensão e memorização.

12.15.2.1. *Contagem do prazo prescricional – sem recurso administrativo*

Se não há recurso administrativo, o prazo quinquenal começa a correr já a partir do vencimento, logo após a notificação do lançamento (o vencimento, em regra, ocorre 30 dias após a notificação):

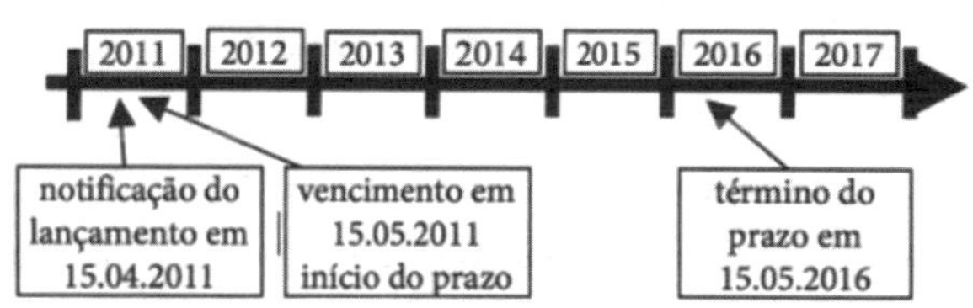

12.15.2.2. *Contagem do prazo prescricional – com recurso administrativo*

O recurso administrativo, como já vimos, suspende a exigibilidade do crédito, ou seja, impede que o Fisco cobre os valores até a decisão final.

Se não é possível cobrar, não há como contar o prazo prescricional (*actio nata*).

Assim, o quinquênio se inicia apenas após a decisão administrativa final (a rigor, após o vencimento, posterior à decisão):

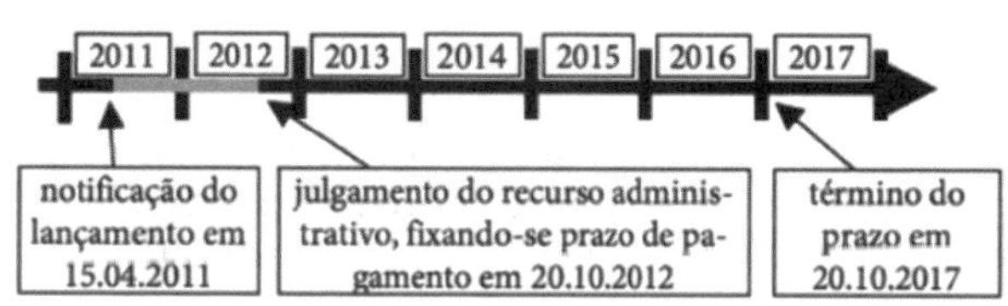

12.15.3. Interrupção da prescrição

Interrompem a prescrição (art. 174, parágrafo único, do CTN):

a) despacho do juiz que ordena a citação em execução fiscal;

b) protesto judicial;

c) qualquer ato judicial que constitua em mora o devedor;

d) qualquer ato inequívoco, ainda que extrajudicial, que importe em reconhecimento do débito pelo devedor.

Perceba que, nos termos do CTN, o despacho do juiz que ordena a citação interrompe o prazo.

Assim, o Fisco deve se acautelar para iniciar a execução fiscal em tempo hábil, ou seja, em menos de 5 anos.

Interessante salientar que o STJ, ao interpretar o dispositivo do CTN cotejando-o ao art. 240, § 1º, do NCPC, entendeu que a interrupção da prescrição pela citação (pelo despacho que a ordena, no caso) retroage à data da propositura da ação, ainda que proferida por juízo incompetente.

12.16. Extinção: conversão do depósito em renda

O depósito administrativo ou judicial apenas suspende a exigibilidade do crédito tributário.

Com a decisão final, favorável ao Fisco, esse depósito torna-se receita tributária, ou seja, é convertido em renda do ente tributante.

Essa conversão, semelhante ao pagamento em dinheiro, é modalidade de extinção do crédito tributário.

12.17. Extinção: Pagamento antecipado e homologação

No lançamento por homologação, quando o sujeito passivo recolhe o valor devido, ocorre a extinção do crédito tributário (como no caso do pagamento), condicionada à posterior homologação.

Havia entendimento no sentido de que a extinção ocorreria no momento da homologação (expressa ou tácita), o que ficou ultrapassado pela interpretação autêntica veiculada pelo art. 3º da LC 118/2005: a extinção ocorre no momento do pagamento antecipado.

12.17.1. *Extinção: Consignação em pagamento*

Cabe ação de consignação quando (i) o sujeito não consegue recolher o valor devido por óbice injustificado do Fisco, ou quando (ii) mais de um sujeito exige tributo idêntico em relação ao mesmo fato gerador.

A rigor, a simples propositura da ação consignatória não extingue o crédito tributário.

Somente com o julgamento de procedência é que o valor consignado é convertido em renda e, com isso, extingue-se o crédito.

12.18. Extinção: decisão administrativa irreformável e decisão judicial transitada em julgado

A decisão administrativa irreformável e a decisão judicial transitado em julgado, favoráveis ao sujeito passivo, extinguem o crédito tributário.

Se a decisão foi pela invalidade do lançamento, sem afastar a ocorrência do fato gerador, é possível nova constituição do crédito, desde que não esgotado o prazo decadencial.

Se afastada apenas parcela do crédito e for possível aferir o montante restante por simples cálculo aritmético, não há necessidade de novo lançamento (basta retificação da inscrição em dívida ativa e da certidão correspondente, em caso de execução fiscal em andamento).

12.19. Extinção: dação em pagamento de bens imóveis

Para que haja a possibilidade de dação em pagamento de bens imóveis, como modalidade de extinção do crédito, é preciso lei autorizativa do respectivo ente tributante (não basta a previsão genérica do CTN).

A dação refere-se apenas a bens imóveis (art. 156, XI, do CTN). O Código Tributário Nacional não prevê a possibilidade de dação de bens móveis em pagamento. Lei distrital nesse sentido foi declarada inconstitucional pelo STF (ADI 1.917/DF – haveria ofensa ao princípio da licitação).

Havendo lei autorizativa, o Fisco avalia o imóvel, inclusive quanto à conveniência em aceitá-lo (a lei pode prever a recusa), e, havendo concordância, imputa o valor no pagamento do crédito (se o valor do imóvel for maior que a dívida, o Fisco devolve a diferença; se o valor do bem for inferior, o crédito tributário subsiste pela diferença).

12.20. Exclusão: modalidades

A isenção e a anistia somente podem ser concedidas por lei específica, que regule apenas o benefício ou o tributo – art. 150, § 6º, da CF.

Devem ser interpretadas estritamente (literalmente), a exemplo dos outros benefícios fiscais – art. 111, I e II, do CTN.

A exclusão *não* dispensa as obrigações acessórias – art. 175, parágrafo único, do CTN. Assim, mesmo uma pessoa isenta deve prestar informações ao fisco (= obrigação acessória), na forma da legislação aplicável, por exemplo.

12.21. Exclusão: isenção

12.21.1. *Definição*

Lembre-se de que a isenção é uma das duas modalidades de exclusão do crédito tributário (a outra é a anistia – art. 175 do CTN).

O CTN trata a isenção como dispensa do pagamento: há fato gerador e obrigação, mas o Fisco não pode constituir o crédito (ele é excluído).

A doutrina mais moderna entende que a isenção delimita negativamente a norma de incidência: não há fato gerador, nem obrigação tributária, em relação à situação ou ao sujeito isento.

Essa distinção tem relevância ao se discutir a vigência da norma que revoga a isenção (vimos isso ao estudarmos a vigência da legislação tributária).

12.21.2. *Requisitos da lei e delimitação*

A lei isentiva deve especificar as condições e os requisitos para a concessão do benefício, os tributos a que se aplica e, sendo o caso, o prazo de sua duração (art. 176 do CTN).

Salvo disposição legal em contrário, não abrange (i) taxas e contribuições de melhoria, nem (ii) tributos instituídos posteriormente à sua concessão (art. 177 do CTN).

Pode ser restrita a determinada região, em função de condições a ela peculiares.

12.21.3. *Distinção da isenção em relação à imunidade e à não incidência*

A imunidade é norma constitucional, enquanto a isenção é norma legal produzida pelo ente competente.

A imunidade afasta a competência tributária, enquanto a isenção pressupõe a competência.

A não incidência refere-se genericamente a situações fora do alcance da norma matriz do tributo.

12.21.4. Isenção de caráter individual

Se a isenção não for concedida em caráter geral, a autoridade administrativa a efetivará, caso a caso, ao analisar o requerimento do interessado, que deve comprovar que preenche as condições e requisitos para o benefício (art. 179 do CTN).

Se o tributo for lançado periodicamente (como o IPTU, por exemplo), a autoridade deverá renovar a concessão a cada período.

12.21.5. Revogação da isenção

A isenção pode ser revogada a qualquer tempo, desde que por lei, já que a competência tributária é inafastável.

Entretanto, se a isenção foi concedida por prazo certo *e* em função de determinadas condições, ela não pode ser livremente revogada, ou seja, deve-se respeitar o direito adquirido (art. 178 do CTN – veja que a Súmula 544 do STF refere-se apenas à condição onerosa).

Por exemplo, se um município concede isenção de IPTU por 20 anos (tempo certo) para empresas que construam fábricas em seu território (condição onerosa), e uma sociedade preencha esses requisitos, ela terá direito ao benefício durante esse período de tempo, ainda que a norma venha a ser revogada.

Finalmente, lembre-se de que há regras específicas para a revogação de isenção concedida individualmente, idênticas àquelas aplicáveis às moratórias – art. 179, § 2º, c/c art. 155 do CTN.

12.22. Exclusão: anistia

12.22.1. Definição

Anistia é o perdão das infrações (art. 180 do CTN), referindo-se apenas às penalidades pecuniárias (diferente da remissão, que é perdão de todo o crédito).

12.22.2. Delimitação da anistia

A anistia abrange exclusivamente as infrações cometidas anteriormente à vigência da lei concessiva e não se aplica (art. 180, I e II):

a) a atos tipificados criminalmente ou como contravenção;

b) a atos praticados com dolo, fraude ou simulação;

c) salvo disposição em contrário, às infrações resultantes de conluio.

12.22.3. Anistia de caráter individual

Se a anistia não for concedida em caráter geral, a autoridade administrativa a efetivará, caso a caso, ao analisar o requerimento do interessado, que deve comprovar que preenche as condições e os requisitos para o benefício.

Lembre-se de que as regras para a revogação de moratórias individualmente concedidas aplicam-se também à anistia – art. 182, parágrafo único, c/c art. 155 do CTN.

12.22.4. Concessão limitada

A anistia pode ser concedida limitadamente (art. 181, II, do CTN):

a) às infrações relativas a determinado tributo;

b) às infrações punidas com penalidades pecuniárias até determinado montante, conjugadas ou não com penalidades de outra natureza;

c) a determinada região do território da entidade tributante, em função de condições a ela peculiares;

d) sob condição do pagamento de tributo no prazo fixado pela lei que a conceder, ou cuja fixação seja atribuída pela mesma lei à autoridade administrativa.

12.22.5. Vedação de remissão e anistia para contribuições sociais – art. 195, § 11, da CF

A Constituição Federal veda expressamente a concessão de remissão ou anistia para débitos superiores ao valor fixado em lei complementar para as contribuições sociais devidas por:

a) empregadores e equiparados sobre folhas de salários e demais rendimentos pagos a pessoas físicas; e

b) trabalhadores e equiparados.

13. IMPOSTOS EM ESPÉCIE

13.1. Introdução

13.1.1. Competências relativas a impostos

Veja a seguinte tabela, que indica os impostos da competência de cada ente federado, para estudo e memorização:

União	– II, IE, IR, IPI, IOF, ITR, imposto sobre grandes fortunas (art. 153 da CF); – imposto extraordinário, imposto da competência residual (art. 154 da CF).
Estados e DF	– ITCMD, ICMS e IPVA (art. 155 da CF).
Municípios e DF	**– ITBI, IPTU, ISS (art. 156 da CF).**

13.1.2. Lançamento

Basicamente, todos os impostos são lançados por homologação, com exceção do IPVA e do IPTU na maior parte dos Estados e Municípios, que são lançados de ofício (depende da lei local).

Lançamentode ofício	– IPVA e IPTU, conforme a legislação local.
Lançamento por homologação	– II, IE, IR, IPI, IOF; – ITR; – ICMS, ITCMD; – ITBI, ISS.

Perceba que o imposto de renda, apesar da famosa declaração de bens, é tributo lançado por homologação.

A legislação do ITR prevê expressamente o lançamento por homologação, mas, como há diversas declarações que são prestadas pelo proprietário rural, em relação ao imóvel, seu valor e índices de produtividade, há autores que consideram ser caso de lançamento por declaração. De qualquer forma, é importante salientar que a jurisprudência dominante reconhece tratar-se de lançamento por homologação – ver REsp 1.027.051/SC-STJ.

13.1.3. *Regra-matriz de incidência*

A regra-matriz de incidência é uma ferramenta interessante para o estudo dos impostos em espécie.

Quando falamos de fato gerador, até aqui, referimo-nos ao critério material (auferir renda, ser proprietário, promover a circulação). Entretanto, para que haja a incidência, além do critério material, há os critérios especial e temporal.

Somente quando se observam os três critérios do *antecedente* da regra-matriz (material, espacial e temporal) é que há incidência, devendo ser verificados, então, os dois critérios do *consequente* da regra-matriz (pessoal e quantitativo).

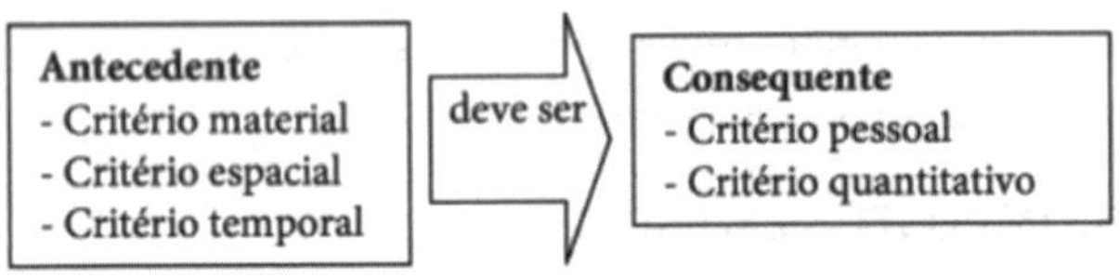

Por exemplo, para que haja incidência do ICMS goiano, é preciso que o empresário promova a circulação da mercadoria (critério material), no território do Estado de Goiás (critério espacial), considerando-se o momento da saída da mercadoria do estabelecimento (critério temporal). Nesse caso, o critério pessoal corresponde ao sujeito passivo (quem promove a operação) e ao sujeito ativo (Estado de Goiás); o critério quantitativo refere-se à alíquota (18%, por exemplo) que é multiplicada pela base de cálculo (valor da operação).

Como outro exemplo, para que haja incidência do IPVA paulista, é preciso que alguém seja proprietário de um veículo automotor (critério material), no território do Estado de São Paulo (critério espacial), considerando-se o primeiro dia de cada ano (critério temporal). Nesse caso, o critério pessoal corresponde ao sujeito passivo (proprietário do automóvel) e ao sujeito ativo (Estado de São Paulo); o critério quantitativo refere-se à alíquota (4%, por exemplo) que é multiplicada pela base de cálculo (valor do veículo).

Ao estudarmos esses critérios para cada um dos impostos, teremos analisado os principais aspectos de cada tributo.

13.2. Impostos da União

13.2.1. *Imposto de importação – II*

13.2.1.1. *Critério material do II*

O critério material do II é a entrada do produto estrangeiro no território nacional.

Inclui entrada de produto que será posteriormente exportado (embora haja benefícios fiscais e regimes especiais). Inclui a bagagem trazida pelo viajante. Não inclui simples passagem pelo território.

13.2.1.2. *Critério espacial do II*

O II refere-se a todo o território nacional, correspondendo ao território aduaneiro.

13.2.1.3. *Critério temporal do II*

A incidência do II ocorre no momento da entrada no território nacional, considerada como sendo:

a) a data do registro da declaração de importação (= início do despacho aduaneiro);

b) o dia do lançamento, no caso de remessa postal e de bagagens;

c) outras regras do art. 73 do Reg. Aduaneiro – RA (Dec. 6.759/2009).

13.2.1.4. *Critério pessoal do II*

Sujeito ativo do II é a União.

Contribuinte do II, conforme o CTN, é o (i) importador ou equiparado e o (ii) arrematante de produtos apreendidos ou abandonados.

13.2.1.5. *Critério quantitativo do II*

As alíquotas do II podem ser *ad valorem* (= percentual a ser multiplicado pela base de cálculo, alterável por ato infralegal) ou específica (quantia em reais a ser multiplicada por uma unidade de medida).

Elas podem ser alteradas por norma infralegal, pelo próprio Executivo, nas condições e limites fixados pela lei. É um tributo de carga fortemente extrafiscal, de intervenção no mercado.

A base de cálculo é (i) o valor aduaneiro (preço normal) conforme GATT ou (ii) a unidade de medida (no caso da alíquota específica). O CTN cita também (iii) o preço da arrematação.

Quando a legislação prevê que o II será calculado pela multiplicação da alíquota de 10% sobre o valor aduaneiro do produto importado, estamos diante de uma alíquota *ad valorem.*

Entretanto, se a legislação prevê o cálculo do II pela multiplicação de R$ 10,00 por cada contêiner de produto, trata-se de alíquota específica.

13.2.2. *Imposto de Exportação – IE*

13.2.2.1. *Critério material do IE*

O critério material do IE é a saída de produtos nacionais ou nacionalizados do território nacional.

13.2.2.2. *Critério espacial do IE*

O IE refere-se a todo o território nacional, correspondendo ao território aduaneiro.

13.2.2.3. *Critério temporal do IE*

O IE incide na data do registro de exportação (= início do despacho aduaneiro).

13.2.2.4. *Critério pessoal do IE*

Sujeito ativo é a União.

Contribuinte é o exportador ou equiparado.

13.2.2.5. *Critério quantitativo do IE*

A alíquota pode ser *ad valorem* (alterável por ato infralegal) ou específica (quantia em reais), como no caso do II.

Elas podem ser alteradas por norma infralegal, pelo próprio Executivo, nas condições e limites fixados pela lei. É um tributo de carga fortemente extrafiscal, de intervenção no mercado.

A base de cálculo é (i) o preço normal que o produto ou similar alcançaria, ao tempo da exportação, em uma venda em condições normais de livre concorrência ou (ii) a unidade de medida (no caso de alíquota específica).

13.2.3. Imposto de renda – IR

13.2.3.1. Princípios específicos do IR

O IR submete-se aos princípios da:

a) *generalidade*: o imposto atinge todas as pessoas, sem distinção;

b) *universalidade*: o imposto abrange todas as rendas e proventos apurados no período;

c) *progressividade*: as alíquotas devem ser maiores, conforme maiores sejam as bases de cálculo.

É vedado "instituir tratamento desigual entre contribuintes que se encontrem em situação equivalente, proibida qualquer distinção em razão de ocupação profissional ou função por eles exercida, independentemente da denominação jurídica dos rendimentos, títulos ou direitos" (art. 150, II, da CF).

13.2.3.2. Critério material do IR

Em relação ao critério material, o IR incide sobre a aquisição da disponibilidade econômica ou jurídica:

a) de renda, que é o produto do capital, do trabalho, ou da combinação de ambos;

b) de proventos de qualquer natureza, que são acréscimos *patrimoniais* não compreendidos no conceito de renda.

O salário, por exemplo, é renda, pois é produto do trabalho. O aluguel recebido é renda, já que é produto do capital (exploração do patrimônio imobiliário).

Um prêmio de loteria, embora não seja produto do capital ou do trabalho de quem aufere (não é renda, portanto), é provento de qualquer natureza, tributável pelo IR, pois implica acréscimo patrimonial.

São irrelevantes: denominação da renda, do rendimento, localização, condição jurídica ou nacionalidade da fonte, origem e forma de percepção.

O Judiciário vem entendendo que as indenizações por danos morais, além daquelas por danos emergentes, não se submetem ao IR.

13.2.3.3. Critério espacial do IR

O IR incide sobre rendas e proventos auferidos em qualquer lugar do mundo, desde que haja elemento de conexão com o território nacional (domicílio do contribuinte, localização da fonte etc.).

Há acordos internacionais para evitar bitributação, além de regra no regulamento do IR no sentido de que, se o contribuinte já pagou IR em outro país, em relação a uma renda auferida por lá (por exemplo, aluguel de imóvel localizado no exterior), poderá abater o valor recolhido, reduzindo o imposto de renda devido ao Fisco brasileiro.

Em outras palavras, ainda que não haja acordo internacional, permite-se abater valores recolhidos a título de IR a outros países, relativo a fonte localizada no exterior, desde que haja reciprocidade (art. 103 do RIR).

13.2.3.4. Critério temporal do IR

O IR refere-se a rendas, proventos e lucro apurados durante o ano civil.

O fato gerador é *pendente* durante o exercício, concluindo-se no último instante do dia 31 de dezembro.

Assim, para apuração do valor devido, leva-se em consideração todo acréscimo patrimonial ocorrido entre o primeiro instante do dia 1º de janeiro até o último instante do dia 31 de dezembro de cada ano (= ano-base).

Por essa razão, há autores que consideram o fato gerador como *periódico*. Outros estudiosos, por outra aproximação, defendem que o IR incide apenas no último instante do dia 31 de dezembro do ano-base.

Há incidências exclusivas e antecipações. Por exemplo, sobre os rendimentos financeiros (aplicações em instituições financeiras) o IR incide exclusivamente na fonte (ou seja, não entra no posterior ajuste anual, feito no momento da declaração).

O art. 43, § 2º, do CTN, buscando tributar a renda auferida no exterior, determina que a lei estabelecerá as condições e o momento em que se dará sua disponibilidade, nesse caso, para fins de incidência do IR.

O STF analisa a constitucionalidade da regulamentação desse dispositivo, que considera disponibilizado o lucro para a controladora ou coligada brasileira na data do balanço da empresa estrangeira (antes, portanto, da distribuição desse lucro) – RE 611.586/PR (repercussão geral).

13.2.3.5. Critério pessoal do IR

Sujeito ativo é a União.

Contribuinte é o titular da disponibilidade da renda ou do provento. Ademais, nos termos do art. 45 do CTN, a lei pode atribuir a condição de contribuinte ao possuidor, a qualquer título, dos bens produtores de renda ou dos proventos tributáveis.

É comum a responsabilidade por retenção na fonte.

13.2.3.6. Critério quantitativo do IR

As alíquotas do IR são *ad valorem* (%) e progressivas, ou seja, há percentuais maiores para bases de cálculo maiores.

A base de cálculo do IR é o montante real, arbitrado ou presumido, da renda ou dos proventos tributáveis.

No caso das pessoas jurídicas, a base de cálculo corresponde ao lucro (real, presumido ou arbitrado) observado no ano-base (determinadas despesas autorizadas por lei são subtraídas das receitas auferidas no exercício).

No caso das pessoas físicas, a base de cálculo é o rendimento líquido anual (os rendimentos, menos determinadas despesas previstas em lei).

13.2.4. Imposto sobre produtos industrializados – IPI

13.2.4.1. Princípios e características do IPI

O IPI submete-se ao princípio da seletividade conforme a essencialidade do produto. Significa que as alíquotas devem ser menores para os produtos essenciais (alimentos da cesta básica etc.) e maiores para os produtos não essenciais (cigarros, bebidas alcoólicas etc.). Eis uma tabela exemplificativa:

Produto	Alíquota
Cigarros	300%
Chopp	40%
Batom	22%
Automóvel 1.0	7%
Medicamentos	0%
Feijão e arroz	NT (não tributado)

O IPI é não cumulativo, compensando-se o valor devido em cada operação com o montante cobrado nas anteriores.

As exportações são imunes em relação ao IPI (assim como em relação ao ICMS).

O impacto do IPI será reduzido sobre a aquisição de bens de capital pelo contribuinte.

Bens de capital são aqueles equipamentos necessários para a produção de outros bens: máquinas, instalações industriais etc.

13.2.4.2. Princípio da não cumulatividade

Vejamos o seguinte exemplo simplificado de uma cadeia de produção e comercialização para entendermos bem como funciona a não cumulatividade. Para esse exemplo, imaginemos uma alíquota única de 10% incidente em cada etapa:

Perceba que, quando o extrativista vende as toras de madeira por R$ 100,00, recolherá ao Fisco R$ 10,00 de IPI.

Quando a serralheria vende as tábuas produzidas a partir das toras por R$ 150,00, o IPI devido será de R$ 15,00 (10%), mas, por conta da não cumulatividade, o contribuinte irá subtrair aquilo que foi pago pelo extrativista (R$ 10,00 da operação anterior).

Ao final, a soma de tudo que foi recolhido ao Fisco, por todos os contribuintes, foi R$ 20,00, que corresponde a 10% sobre o preço final da cadeira.

Isso demonstra que a não cumulatividade é uma ferramenta que permite a distribuição do encargo financeiro por toda a cadeia de produção e consumo.

Dito de outra forma, por maior que seja a cadeia de produção e consumo, o valor recolhido ao Fisco será sempre de 10% sobre o preço final do produto (desde que a alíquota seja única e não haja benefícios fiscais).

13.2.4.3. Critério material do IPI

O critério material é a operação relativa a produto industrializado, basicamente sua venda.

Considera-se industrializado o produto que tenha sido submetido a qualquer operação que lhe modifique a natureza ou a finalidade, ou o aperfeiçoe para o consumo (art. 46, parágrafo único, do CTN). Trata-se de transformação, beneficiamento, montagem, acondicionamento, reacondicionamento, renovação ou recondicionamento (art. 4º do Regulamento do IPI – RIPI).

13.2.4.4. Critério espacial do IPI

O IPI refere-se às operações realizadas no território nacional, inclusive na entrada de produto estrangeiro (incide também na importação).

13.2.4.5. Critério temporal do IPI

O IPI incide no momento da saída do produto do estabelecimento do contribuinte.

No caso da importação, o IPI incide no momento do desembaraço aduaneiro do produto.

Pode haver incidência também no momento da arrematação de produto apreendido ou abandonado.

13.2.4.6. Critério pessoal do IPI

Sujeito ativo do IPI é a União.

Contribuinte é:

a) industrial ou equiparado;

b) importador ou equiparado;

c) comerciante que revende produto tributado a industrial;

d) arrematante.

É interessante notar o caso do item "c", acima, de comerciante que, em princípio, não seria contribuinte do IPI. Entretanto, se esse comerciante está no meio da cadeia industrial, ou seja, se revende insumos para a indústria, deverá recolher o IPI:

13.2.4.7. Critério quantitativo do IPI

As alíquotas *devem* ser seletivas conforme a essencialidade do produto (tributo extrafiscal).

Elas podem ser alteradas por norma infralegal, pelo próprio Executivo, nas condições e limites fixados pela lei. É um tributo de carga fortemente extrafiscal, de intervenção no mercado.

As alíquotas devem ser reduzidas para bens de capital (= são os bens aplicados na produção de outros bens – ex.: máquinas, equipamentos, instalações industriais).

A base de cálculo do IPI é:

a) o valor da operação;

b) o preço normal na importação, somado ao imposto de importação, às taxas e aos encargos cambiais; ou

c) o preço da arrematação.

13.2.5. Imposto sobre operações financeiras – IOF

13.2.5.1 Critério material do IOF

O critério material do IOF são as operações de crédito, câmbio e seguro, relativas a títulos e valores mobiliários e com ouro como ativo financeiro ou instrumento cambial (art. 63 do CTN).

Operação	Descrição
Crédito	Dinheiro a ser restituído no futuro, empréstimo, linha de crédito, cheque especial, desconto de títulos
Câmbio	Troca de moedas
Seguro	Cobertura de risco, álea
Títulos e valores mobiliários	Emitidos por empresas, negociados no mercado próprio
Ouro ativo financeiro ou cambial	Investimentos, lastro cambial (ouro-mercadoria submete-se ao ICMS)

13.2.5.2. *Critério espacial*

O IOF refere-se às operações realizadas no território brasileiro, embora nem sempre seja fácil identificar isso.

13.2.5.3. *Critério temporal do IOF*

Os incisos do art. 63 do CTN descrevem didaticamente o critério temporal do IOF, em relação a cada uma das operações tributadas (no caso do ouro, o momento da incidência consta do art. 153, § 5º, da CF):

Operação	Momento da incidência
Crédito	Entrega total ou parcial do valor objeto da obrigação, ou sua colocação à disposição do interessado
Câmbio	Entrega da moeda ou do documento representativo, ou sua colocação à disposição do interessado
Seguro	Emissão da apólice ou documento equivalente, ou recebimento do prêmio
Títulos e valores mobiliários	Emissão, transmissão, pagamento ou resgate
Ouro ativo financeiro ou cambial	Somente na operação de origem

13.2.5.4. *Critério pessoal do IOF*

Sujeito ativo do IOF é a União.

Contribuinte (art. 66 do CTN) é qualquer das partes na operação, conforme a lei.

13.2.5.5. *Critério quantitativo do IOF*

As alíquotas do IOF podem ser alteradas por norma infralegal, pelo próprio Executivo, nas condições e limites fixados pela lei. É um tributo de carga fortemente extrafiscal, de intervenção no mercado.

A base de cálculo depende de cada incidência, podendo ser (art. 64 do CTN):

Operação	Momento da incidência
Crédito	Montante da operação de crédito, incluindo principal e juros
Câmbio	Montante em reais da operação
Seguro	Montante do prêmio (= valor pago pelo segurado)
Títulos e valores mobiliários	Valor nominal na emissão do título ou do valor mobiliário, acrescido do ágio; preço, valor nominal ou cotação na transmissão; preço no resgate

13.2.6. *Imposto Territorial Rural – ITR*

13.2.6.1. *Princípios e características do ITR*

O ITR será progressivo e terá suas alíquotas fixadas de forma a desestimular a propriedade improdutiva.

É um imposto de carga extrafiscal, que visa a estimular o uso socialmente responsável da propriedade rural.

Há imunidade para as pequenas glebas rurais, definidas em lei, quando exploradas por proprietário que não possua outro imóvel.

Pode ser fiscalizado e cobrado pelos Municípios que optarem, na forma da lei, vedada a redução do imposto ou outra forma de renúncia.

13.2.6.2. *Critério material do ITR*

O critério material do ITR é a propriedade, o domínio útil ou a posse de imóvel por natureza, conforme definido na lei civil.

Imóvel por natureza significa, para fins do ITR, a terra nua (o solo, o terreno), e não as construções.

13.2.6.3. *Critério espacial do ITR*

O ITR incide sobre imóveis localizados fora da área urbana definida pela lei municipal.

Veremos, ao estudarmos o IPTU, que a lei municipal não pode indicar qualquer área como sendo urbana, pois deve observar os requisitos do art. 32, § 1º, do CTN (é preciso que haja determinadas melhorias no local).

O ITR incide excepcionalmente sobre imóveis localizados dentro da área urbana, desde que utilizados em exploração de atividade extrativa vegetal, agrícola, pecuária ou agroindustrial (art. 15 do Dec.-Lei 57/1966 – REsp 1.112.646/SP repetitivo).

13.2.6.4. *ITR e IPTU*

Veja a seguinte representação gráfica para compreender bem o âmbito de incidência do ITR, em relação ao do IPTU.

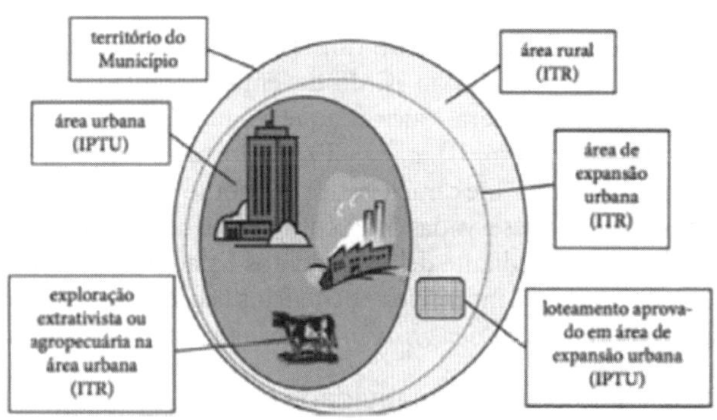

13.2.6.5. *Critério temporal do ITR*

O ITR incide em 1º de janeiro de cada ano.

13.2.6.6. *Critério pessoal do ITR*

O sujeito ativo do ITR é a União, mas pode ser o Município que optar por fiscalizar e cobrar o tributo, na forma da lei – art. 153, § 4º, III, da CF.

Sujeito passivo é (i) o proprietário do imóvel; (ii) o titular do domínio útil; ou (iii) o possuidor.

Perceba que o Fisco não pode, em princípio, escolher de quem cobrar o imposto. Contribuinte é sempre o proprietário. Excepcionalmente, se houver enfiteuse, será o titular do domínio útil. Também excepcionalmente, o contribuinte poderá ser o possuidor que ocupe o imóvel como se fosse proprietário, com *animus domini*, e que possa efetivamente vir a ser o proprietário no futuro, por usucapião (*ad usucapionem*).

Entretanto, é bom salientar que o STJ, ao analisar a sujeição passiva do IPTU, tem entendido que o promitente-comprador do imóvel (= possuidor com *animus domini*) é solidariamente responsável com o proprietário (promitente vendedor, que consta como proprietário no registro imobiliário) - ver REsp 1.110.551/SP repetitivo.

13.2.6.7. Critério quantitativo do ITR

As alíquotas do ITR devem ser progressivas e devem desestimular a propriedade improdutiva.

A base de cálculo é o valor fundiário, ou seja, o da terra nua tributável (o ITR não incide sobre o valor das construções, diferentemente do IPTU, nem plantações).

13.3. Impostos dos Estados e do Distrito Federal

13.3.1. Imposto sobre circulação de mercadorias e prestação de serviços - ICMS

13.3.1.1. Princípios e características do ICMS

As alíquotas do ICMS *podem* ser seletivas conforme a essencialidade da mercadoria ou do serviço. Perceba que o IPI *deve* ser seletivo, enquanto o ICMS *pode* ser seletivo.

Seletividade significa que o ICMS incidente sobre um bem essencial (alimento da cesta básica, por exemplo) deve ter alíquota baixa (ou mesmo isenção), enquanto o imposto sobre mercadoria não essencial deve ser maior (cigarros, bebidas alcoólicas, por exemplo).

Há imunidade de ICMS sobre (i) exportações; (ii) operações interestaduais com petróleo, derivados e energia elétrica; (iii) ouro como ativo financeiro ou instrumento cambial; e (iv) rádio e TV aberta (de recepção livre e gratuita).

Apesar de se tratar de um tributo estadual, diversas matérias relacionadas ao ICMS devem ser reguladas por lei complementar federal (além daquelas aplicáveis a todos os impostos - art. 146, III, *a*, da CF), conforme o art. 155, § 2º, XII, da CF, dando-lhe característica de tributo nacional. Dentre essas matérias reservadas à lei complementar, está regular a forma como, mediante deliberação dos Estados e do Distrito Federal, isenções, incentivos e benefícios fiscais serão concedidos e revogados (alínea *g), assunto que retomaremos logo mais.*

13.3.1.1.1. Não cumulatividade

Como dito, o ICMS é não cumulativo, de modo que o contribuinte abate, do valor a ser recolhido, os montantes de ICMS cobrados nas operações anteriores (art. 155, § 2º, I, da CF).

As isenções e não incidências afastam o creditamento. Assim, se o estabelecimento adquire um produto isento, por exemplo, não poderá abater nada do valor a ser recolhido nas operações subsequentes. De modo semelhante, se a saída da mercadoria for isenta, o estabelecimento deverá estornar (cancelar) eventuais créditos relativos à aquisição do bem:

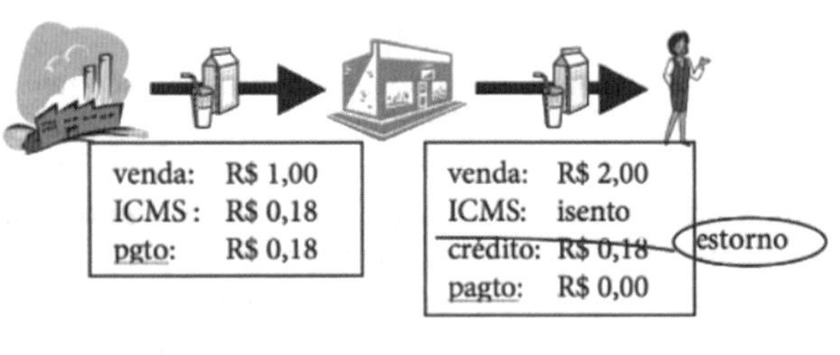

No exemplo acima, a fábrica de leite em caixinha recolheu R$ 0,18 de ICMS pela venda no valor de R$ 1,00. O estabelecimento comercial adquirente desse leite teria direito, em princípio, de se creditar desses R$ 0,18, pela sistemática da não cumulatividade. Entretanto, como a operação seguinte realizada pelo estabelecimento comercial (venda do leite para o consumidor final) é isenta, o crédito deverá ser cancelado, ou seja, não poderá ser aproveitado pelo comerciante.

O creditamento relativo a mercadorias destinadas a uso e consumo vem sendo adiado sucessivamente pela legislação complementar (art. 33, I, da LC 87/1996).

O creditamento atinente à energia elétrica é restrito, na forma do art. 33, II, da LC 87/1996.

No caso da mercadoria destinada ao ativo permanente, o creditamento cabe somente a partir da LC 87/1996, e de modo escalonado (1/48 por mês - art. 20, § 5º, I, da LC 87/1996).

Nos termos da Súmula 509 do STJ, é lícito ao comerciante de boa-fé aproveitar os créditos de ICMS decorrentes de nota fiscal posteriormente declarada inidônea, quando demonstrada a veracidade da compra e venda.

13.3.1.1.2. Benefícios fiscais

Isenções, incentivos e benefícios fiscais devem ser concedidos e revogados mediante deliberação dos Estados e do Distrito Federal (por convênio interestadual), na forma da lei complementar (regra que procura evitar a "guerra fiscal") - art. 155, § 2º, XII, *g*, da CF e art. 1º da LC 24/1975.

Para que fique claro: o Estado ou o DF não podem isoladamente conceder benefício fiscal de ICMS, devendo submeter sua intenção aos demais Estados (art. 155, § 2º, XII, *g*, da CF).

Essa norma visa minorar a guerra fiscal, ou seja, a competição predatória entre os entes federados, que passam a reduzir agressivamente a tributação para atrair investimentos que, em princípio, seriam alocados em outro Estado.

Para a realização do convênio de ICMS, todos os Estados e o DF devem ser convocados para a reunião do CONFAZ.

Para a concessão de benefícios exige-se unanimidade dos presentes na reunião e, depois, ratificação por todos os Estados e o DF em 15 dias.

Para revogação total ou parcial, é necessária aprovação de 4/5 dos presentes na reunião do CONFAZ e, depois, ratificação por 4/5 em 15 dias.

13.3.1.1.3. Imunidades e não incidência

Há imunidade de ICMS sobre (art. 155, § 2º, X, da CF):

✓ exportações, com manutenção e aproveitamento do ICMS cobrado nas operações anteriores;

✓ operações interestaduais com petróleo, derivados e energia elétrica (quando destinados à industrialização ou comercialização, incidindo nas operações internas posteriores);

✓ ouro enquanto ativo financeiro ou instrumento cambial (incide apenas o IOF); e

✓ rádio e TV aberta (de recepção livre e gratuita).

Ademais, o STF julgou inconstitucional a incidência do ICMS sobre (i) transporte aéreo internacional de carga e (ii) transporte aéreo intermunicipal, interestadual e internacional de passageiros - ADI 1.600/UF.

13.3.1.2. Critério material do ICMS

Quanto ao critério material, o ICMS incide sobre (art. 2º da LC 87/1996):

a) operações relativas à circulação de mercadorias;

b) prestação de serviços de transporte interestadual e intermunicipal e de comunicação;

c) entrada de bem ou mercadoria importada do exterior;

d) prestação de serviços no exterior;

e) prestação de serviços não incluídos na competência dos Municípios, com fornecimento de mercadorias;

f) aquisição em licitação de mercadorias ou bens apreendidos ou abandonados.

Veja a *Súmula Vinculante STF 48:* Na entrada de mercadoria importada do exterior, é legítima a cobrança do ICMS por ocasião do desembaraço aduaneiro.

Também a Súmula Vinculante do STF 32: O ICMS não incide sobre alienação de salvados de sinistro pelas seguradoras.

13.3.1.3. Critério espacial do ICMS

O ICMS incide sobre as operações e prestações realizadas no território de cada ente tributante.

13.3.1.4. Critério temporal do ICMS

Ocorre a incidência nos seguintes momentos:

a) na saída da mercadoria do estabelecimento (ver Súmula 166 do STJ: não incide no simples deslocamento entre estabelecimentos);

b) no início da prestação do serviço de transporte;

c) no desembaraço aduaneiro;

d) na arrematação em hasta pública;

e) outras situações previstas no art. 12 da LC 87/1996.

A saída do estabelecimento refere-se às situações em que há efetiva circulação econômica do bem (basicamente, nos casos de venda da mercadoria).

13.3.1.5. Critério pessoal do ICMS

Sujeito ativo do ICMS é o Estado ou o DF em cujo território ocorre o fato gerador, conforme art. 11 da LC 87/1996.

Contribuinte é qualquer pessoa que realize, com *habitualidade* ou em volume que caracterize intuito comercial, operações de circulação de mercadoria ou prestações de serviços de transporte interestadual e intermunicipal e de comunicação, ainda que as operações e as prestações se iniciem no exterior (art. 4º da LC 87/1996).

O requisito da habitualidade significa que um particular que vende seu veículo, por exemplo, não deve recolher o ICMS. Entretanto, se começar a comprar e vender carros com habitualidade, passará a ser contribuinte do imposto estadual.

Outros contribuintes são: quem (i) importa bens, (ii) é destinatário de serviços prestados no exterior ou lá iniciados, (iii) adquire bens em hasta pública etc.

É importante perceber que, nesses outros casos (importação, arrematação), a habitualidade é irrelevante. Se um particular importa um único veículo, ainda que para uso próprio (a destinação tampouco é relevante), deverá recolher o ICMS (art. 155, § 2º, IX, *a*, da CF).

A lei refere-se ao "estabelecimento responsável (...) autônomo" (art. 11, *caput*, e § 3º, II, da LC 87/1996), de modo que o Fisco sempre entendeu que a circulação de mercadorias entre estabelecimentos do mesmo contribuinte submetia-se à tributação. Isso, entretanto, tem sido afastado pela jurisprudência, por inexistir efetiva circulação econômica, nos termos da Súmula 166 do STJ, inclusive no caso de transferências interestaduais (estabelecimentos localizados em Estados diferentes), conforme o REsp 1.125.133/SP repetitivo.

13.3.1.6. Critério quantitativo do ICMS

A base de cálculo do ICMS é o valor da operação de circulação ou o preço da prestação do serviço.

No caso da importação, a base de cálculo inclui o II, o IPI, o IOF sobre câmbio e outras despesas.

O ICMS é calculado "por dentro", ou seja, compõe sua própria base de cálculo.

Por exemplo, se o valor da venda da mercadoria é R$ 100,00, o ICMS de 18% não é acrescido ao montante (não se cobra R$ 118,00, o que seria cálculo "por fora"). Por ser calculado "por dentro", o preço cobrado do adquirente será de R$ 100,00 e a nota trará um simples destaque de R$ 18,00, significando que esse valor, a ser recolhido ao Fisco, está "embutido" no preço.

Veja o seguinte exemplo, de duas notas fiscais fictícias, em que apresentamos (simplificadamente) a cobrança do IPI "por fora" (na primeira nota) e do ICMS "por dentro" (na segunda nota):

Cálculo "por fora"	
preço:	R$ 100,00
IPI:	R$ 15,00
Total:	R$ 115,00

Cálculo "por dentro"	
preço:	R$ 100,00
ICMS:	R$ 18,00
Total:	R$ 100,00

Perceba como o valor do IPI foi acrescido ao preço do produto, sendo que o adquirente pagou o total de R$ 115,00 ao vendedor. Já no caso do ICMS, o total cobrado foi R$ 100,00, com o ICMS "embutido" no preço.

Nas operações entre contribuintes com produto destinado à industrialização ou à comercialização, o IPI não é incluído na base do ICMS.

A alíquota interna é fixada por cada Estado e DF; o Senado *pode* fixar alíquotas mínimas e máximas.

Alíquotas interestaduais, incidentes quando a mercadoria ou o serviço é vendido para contribuinte do ICMS localizado em outro Estado (ou DF), *são* fixadas pelo Senado:

a) a alíquota interestadual geral é de 12%;

b) excepcionalmente, é de 7% nas operações e prestações originadas de Estados do Sul e do Sudeste com destino a Estados (e ao DF) das regiões Norte, Nordeste, Centro-Oeste e ao Espírito Santo; e

c) a partir de janeiro/2013: alíquota interestadual de 4% para produtos importados (intuito de enfrentar a "guerra dos portos").

13.3.1.7. Operações interestaduais

As alíquotas interestaduais, menores que as internas, são aplicadas nas vendas realizadas para adquirentes localizados em outros Estados (ou DF), não importa se esses destinatários sejam contribuintes ou não do imposto.

Note que a partir da Emenda Constitucional 87/2015 todas as operações interestaduais, inclusive para destinatário não contribuinte do ICMS, sujeitam-se à alíquota interestadual. Antes disso, somente a operação destinada a contribuinte sujeitava-se à alíquota interestadual menor. Essa alteração ocorreu por conta do forte pleito dos Estados majoritariamente adquirentes de mercadorias, não fornecedores, que acabavam sendo prejudicados pelas vendas interestaduais diretas a consumidores localizados em seus territórios, situação bastante comum nas vendas pela internet, por exemplo.

A partir dessa nova sistemática, o Estado (ou DF) de origem fica com o valor referente à alíquota interestadual e o Estado (ou DF) de destino fica com a diferença entre sua alíquota interna e a interestadual.

Entretanto, é muito importante saber que essa modificação trazida pela EC 87/2015, em relação às vendas para não contribuintes localizados em outros Estados (ou DF), será gradual, conforme o art. 99 do ADCT, ficando concluída apenas em 2019:

> **Art. 99.** Para efeito do disposto no inciso VII do § 2º do art. 155, no caso de operações e prestações que destinem bens e serviços a consumidor final não contribuinte localizado em outro Estado, o imposto correspondente à diferença entre a alíquota interna e a interestadual será partilhado entre os Estados de origem e de destino, na seguinte proporção:
>
> I – para o ano de 2015: 20% (vinte por cento) para o Estado de destino e 80% (oitenta por cento) para o Estado de origem;
>
> II – para o ano de 2016: 40% (quarenta por cento) para o Estado de destino e 60% (sessenta por cento) para o Estado de origem;
>
> III – para o ano de 2017: 60% (sessenta por cento) para o Estado de destino e 40% (quarenta por cento) para o Estado de origem;
>
> IV – para o ano de 2018: 80% (oitenta por cento) para o Estado de destino e 20% (vinte por cento) para o Estado de origem;
>
> V – a partir do ano de 2019: 100% (cem por cento) para o Estado de destino.

Veja o seguinte exemplo com alíquota interestadual de 7% e interna de 18% (colocamos os mesmos preços de venda para simplificar e facilitar a visualização):

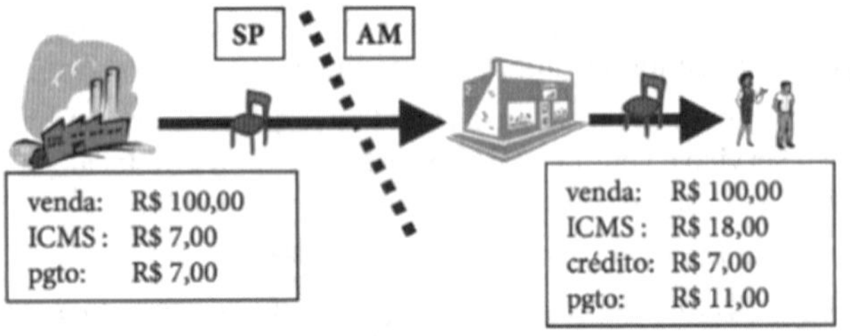

Perceba que o total recolhido aos Fiscos paulista e amazonense foi R$ 18,00 (R$ 7,00 + R$ 10,00), o que corresponde à alíquota interna incidente sobre o preço final (= 18% de R$ 100,00).

Quando o estabelecimento revende a mercadoria no Estado de destino, ele terá se creditado em percentual menor que a alíquota interna, de modo que recolherá mais imposto do que pagaria se tivesse adquirido o bem no próprio Estado.

Perceba que a alíquota interestadual permite a divisão da receita do ICMS entre o Estado de destino e o Estado de origem. Quanto menor for a alíquota interestadual, menos recursos ficam na origem e mais recursos ficam no destino.

Por essa razão, quando a operação interestadual é realizada de um Estado considerado mais desenvolvido economicamente (Sul, Sudeste, excluindo o ES) para um que seria menos desenvolvido (outras regiões e ES), a alíquota interestadual é menor (7%), o que favorece estes últimos (Estados considerados menos desenvolvidos economicamente).

No exemplo acima, o recolhimento da diferença de alíquota (a diferença entre os 18% da alíquota interna e os 7% da alíquota interestadual) fica a cargo desse contribuinte, nos termos do art. 155, § 2º, VIII, a, da CF. Ou seja, o estabelecimento comercial no AM recolherá a diferença para o fisco amazonense.

Ainda naquele exemplo, caso a cadeira fosse vendida pela fábrica em SP diretamente para o consumidor final no AM (ou seja, para não contribuinte do ICMS), a diferença de alíquota seria paga pelo fornecedor aos dois Estados (SP e AM), com o valor dividido nos termos do art. 99 do ADCT para as operações realizadas até 2018. A partir de 2019, o valor integral dessa diferença de alíquota será pago pelo fornecedor ao fisco do Estado de destino.

13.3.2. *Imposto sobre transmissão causa mortis e doação – ITCMD*

13.3.2.1. *Critério material do ITCMD*

O critério material do ITCMD é a transmissão *causa mortis* ou por doação de quaisquer bens ou direitos.

13.3.2.2. *Critério espacial do ITCMD*

O critério espacial corresponde ao território do ente tributante (Estado ou Distrito Federal).

13.3.2.3. *Critério temporal do ITCMD*

A transmissão *causa mortis* (fato gerador) ocorre no momento da morte do autor da herança (conforme a lei civil).

No caso de doação, a transmissão se dá no momento do registro imobiliário (bens imóveis) ou da tradição (bens móveis).

Perceba que o ITCMD é um tributo cujo fato gerador é "situação jurídica", conforme o art. 116, II, do CTN, ou seja, regulada por outro ramo do direito (o direito civil, neste caso). Por essa razão, o intérprete da norma tributária deve analisar as normas que regulam essa situação, para reconhecer o momento da ocorrência do fato gerador.

13.3.2.4. *Critério quantitativo do ITCMD*

As alíquotas do ITCMD são fixadas pela lei estadual.

As alíquotas do ITCMD são fixadas pela lei estadual e podem ser progressivas, conforme entendimento acolhido pelo STF (RE 562.045, com repercussão geral).

O Senado deve fixar teto por resolução (atualmente de 8%).

A base de cálculo é o valor venal dos bens e direitos.

O imposto *causa mortis* é calculado sobre os valores dos bens na data da avaliação (Súmula 113 do STF), pela alíquota vigente ao tempo da abertura da sucessão (Súmula 112 do STF).

13.3.2.5. *Critério pessoal do ITCMD*

Sujeito ativo do ITCMD é:

a) no caso de imóveis e respectivos direitos, o Estado (ou DF) onde está localizado o bem;

b) no caso de bens móveis, títulos e créditos, o Estado (ou DF) onde se processar o inventário ou arrolamento ou onde o doador tiver domicílio;

c) a lei deve regulamentar os casos de doador domiciliado ou residente no exterior e de falecido que possuía bens, era residente ou domiciliado ou teve seu inventário processado no exterior.

Sujeito passivo é qualquer das partes, na forma da lei.

13.3.3. Imposto sobre a propriedade de veículos automotores - IPVA

13.3.3.1. Critério material do IPVA

O critério material do IPVA é a propriedade de veículos automotores terrestres (carros, caminhões, motocicletas).

O STF entende que o imposto não incide sobre a propriedade de embarcações e aeronaves.

13.3.3.2. Critério espacial do IPVA

O critério espacial refere-se ao território de cada Estado e do DF (local do registro, que deve corresponder ao do domicílio ou residência do proprietário).

13.3.3.3. Critério temporal do IPVA

O momento da incidência é fixado pela legislação de cada Estado e do DF, sendo comum os seguintes critérios:

a) 1º de janeiro de cada ano;

b) aquisição do veículo novo pelo 1º proprietário;

c) desembaraço aduaneiro, quando importado pelo consumidor final.

13.3.3.4. Critério pessoal do IPVA

Sujeito ativo do IPVA é o Estado ou o Distrito Federal onde está registrado o veículo.

Contribuinte é o proprietário.

13.3.3.5. Critério quantitativo do IPVA

As alíquotas são fixadas pela lei de cada Estado e do Distrito Federal.

O Senado fixará alíquotas mínimas (para evitar "guerra fiscal" e fraude por pessoas que registram o veículo em outro Estado para se aproveitarem de alíquotas menores).

As alíquotas podem ser diferenciadas em função do tipo e utilização do veículo. É comum, por exemplo, que o legislador fixe alíquotas menores para veículos utilitários (caminhões, tratores) em relação a veículos de passeio.

A base de cálculo é o valor venal do veículo (= valor de mercado, preço do veículo em uma venda normal, à vista), conforme a legislação de cada Estado e do Distrito Federal.

13.4. Impostos dos Municípios e Distrito Federal

13.4.1. Imposto sobre a propriedade predial e territorial urbana - IPTU

13.4.1.1. Critério material do IPTU

O critério material do IPTU é a propriedade, domínio útil ou posse de imóvel por natureza ou por acessão física (terreno e construções).

Perceba que, diferente do ITR, o IPTU incide não apenas sobre a propriedade do terreno, mas também sobre as construções.

13.4.1.2. Critério temporal do IPTU

O momento da incidência é definido pela lei de cada município e do Distrito Federal, sendo comum 1º de janeiro de cada ano (a exemplo dos demais impostos sobre a propriedade).

Há municípios que preveem a incidência proporcional, no caso de construção realizada durante o ano. Por exemplo, se a obra é concluída em julho, cobra-se aproximadamente 50% do IPTU relativo à construção.

13.4.1.3. Critério espacial do IPTU

O IPTU incide sobre imóveis localizados na zona urbana do Município, delimitada pela lei local.

Entretanto, a lei municipal não pode definir qualquer área como sendo urbana. É preciso que a localidade tenha pelo menos 2 melhoramentos dentre os listados no art. 32, § 1º, do CTN:

> CTN, art. 32. (...)
>
> § 1º Para os efeitos deste imposto, entende-se como zona urbana a definida em lei municipal; observado o requisito mínimo da existência de melhoramentos indicados em pelo menos 2 (dois) dos incisos seguintes, construídos ou mantidos pelo Poder Público:
>
> I – meio-fio ou calçamento, com canalização de águas pluviais;
>
> II – abastecimento de água;
>
> III – sistema de esgotos sanitários;
>
> IV – rede de iluminação pública, com ou sem posteamento para distribuição domiciliar;
>
> V – escola primária ou posto de saúde a uma distância máxima de 3 (três) quilômetros do imóvel considerado.
>
> (...)

Ademais, a lei pode indicar como urbana a área urbanizável, ou de expansão urbana, em loteamento aprovado, destinado a habitação, indústria ou comércio (art. 32, § 2º, do CTN).

Por exemplo, se a área é rural (não tem qualquer melhoramento), mas a lei municipal permite que haja loteamento urbano na localidade (é área de expansão urbana) e, posteriormente, a Prefeitura aprova efetivamente um loteamento no local, poderá incidir o IPTU.

13.4.1.4. IPTU e ITR

Veja a seguinte representação gráfica, que distingue as áreas submetidas à incidência do ITR federal e do IPTU municipal.

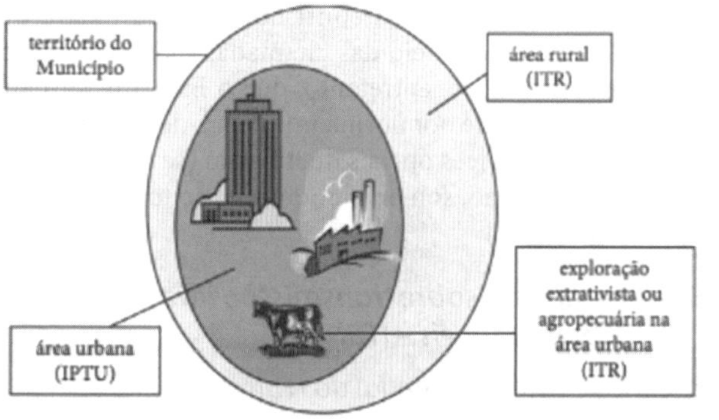

Lembre-se que o ITR incide excepcionalmente sobre imóveis localizados dentro da área urbana, desde que utilizados em exploração de atividade extrativa vegetal, agrícola, pecuária ou agroindustrial (art. 15 do Dec.-Lei 57/1966 – REsp 1.112.646/SP repetitivo). Isso afasta, por consequência, a tributação municipal (não incide IPTU, ou haveria bitributação).

13.4.1.5. Critério pessoal do IPTU

Sujeito ativo do IPTU é o Município onde está localizado o imóvel.

Sujeito passivo é o proprietário, titular do domínio útil ou o possuidor (*animus domini* ou *ad usucapionem*).

Perceba que o Fisco não pode escolher de quem cobrar o imposto. Em princípio, contribuinte é sempre o proprietário. Excepcionalmente, se houver enfiteuse, será o titular do domínio útil. Também excepcionalmente, o contribuinte poderá ser o possuidor que ocupe o imóvel como se fosse proprietário, com *animus domini* e que possa efetivamente vir a ser o proprietário no futuro, por usucapião (*ad usucapionem*).

Entretanto, é bom salientar que o STJ tem entendido que o promitente-comprador do imóvel (= possuidor com *animus domini*) é solidariamente responsável com o proprietário (promitente vendedor, que consta como proprietário no registro imobiliário) – ver REsp 1.110.551/SP repetitivo.

13.4.1.6. Critério quantitativo do IPTU

As alíquotas do IPTU devem ser fixadas pela lei municipal, podendo ser:

a) progressivas em razão do valor do imóvel;

b) diferenciadas conforme a localização e o uso;

c) progressivas no tempo, para o promover o adequado aproveitamento do imóvel (art. 182, § 4º, II, da CF).

A base de cálculo do IPTU é o valor venal do terreno *e* das construções. O imposto não incide sobre móveis mantidos para utilização, exploração, aformoseamento ou comodidade.

Valor venal não significa, necessariamente, o valor pago pelo proprietário. Valor venal é o valor de mercado do bem, o preço que o imóvel alcançaria, em tese, em uma venda normal, à vista.

Lembre-se de que o ITR incide apenas sobre o valor da terra nua, mas o IPTU incide também sobre o valor das construções.

Como o IPTU é, em regra, lançado de ofício (em conformidade com a legislação de cada Município e do Distrito Federal), a base é aferida pelo próprio Fisco. Tradicionalmente, o Judiciário brasileiro exige que essa base de cálculo individualizada (para cada contribuinte) seja fixada pela própria lei local, por meio das chamadas plantas genéricas de valores. Admite-se, entretanto, que o Executivo atualize essa base anualmente por norma infralegal, desde que dentro dos limites dos índices oficiais de inflação (se o aumento for maior que a inflação, somente poderá ser feito por lei) – ver Súmula 160 do STJ.

13.4.2. Imposto sobre transmissão inter vivos de bens imóveis – ITBI

13.4.2.1. Critério material do ITBI

O critério material do ITBI é a transmissão *inter vivos*, a qualquer título, por ato oneroso, de bens imóveis, por natureza ou acessão física, e de direitos reais sobre imóveis, exceto os de garantia, bem como cessão de direitos a sua aquisição.

13.4.2.2. Critério espacial do ITBI

O critério espacial é o território do Município tributante.

13.4.2.3. Critério temporal do ITBI

O ITBI incide no momento da transmissão (fato gerador), que ocorre quando do registro imobiliário, conforme a legislação civil.

Há municípios que cobram o ITBI no momento da escritura (lavrada no cartório de notas, antes do registro imobiliário), mas isso vem sendo afastado pela jurisprudência.

Trata-se de outro tributo cujo fato gerador é "situação jurídica", conforme o art. 116, II, do CTN, ou seja, regulada por outro ramo do direito (o direito civil, neste caso). Por essa razão, o intérprete da norma tributária deve analisar as normas que regulam essa situação, para reconhecer o momento da ocorrência do fato gerador.

13.4.2.4. Critério pessoal do ITBI

Sujeito ativo do ITBI é o Município onde está localizado o imóvel.

Contribuinte é qualquer das partes (adquirente ou alienante), conforme a lei local. Normalmente, o legislador municipal escolhe o adquirente do imóvel, no caso de transmissão do domínio.

13.4.2.5. Critério quantitativo do ITBI

As alíquotas do ITBI são fixadas pela lei local e não podem ser progressivas (ver Súmula 656 do STF).

Interessante anotar que o STF reconheceu a possibilidade de progressividade das alíquotas do ITCMD estadual, mas o entendimento não foi, até o momento, estendido ao ITBI municipal.

A base de cálculo é o valor venal do imóvel (terreno e construções), no caso de transmissão do domínio. Normalmente, a lei municipal reduz a base de cálculo nos casos de transmissão de outros direitos reais, como a posse, o usufruto etc.

13.4.2.6. Imunidades do ITBI

O art. 156, § 2º, I, da CF fixa imunidade em relação a determinadas transmissões de bens ou direitos no bojo de operações societárias (integralização de capital, fusões, incorporações, cisões etc.), desde que a atividade preponderante da sociedade adquirente não seja a exploração imobiliária:

> CF, art. 156, § 2º – O imposto previsto no inciso II [ITBI]:
>
> I – não incide sobre a transmissão de bens ou direitos incorporados ao patrimônio de pessoa jurídica em realização de capital, nem sobre a transmissão de bens ou direitos decorrente de fusão, incorporação, cisão ou extinção de pessoa jurídica, salvo se, nesses casos, a atividade preponderante do adquirente for a compra e venda desses bens ou direitos, locação de bens imóveis ou arrendamento mercantil; (...)

Ademais, conforme o art. 184, § 5º, da CF, são imunes em relação ao ITBI as transferências de imóveis desapropriados para reforma agrária.

Importante destacar que, nos termos do art. 150, § 3º, *in fine*, da CF e, especificamente, da Súmula 75 do STF, sendo vendedora uma autarquia, a sua imunidade fiscal não compreende o Imposto de Transmissão *Inter Vivos*, que é encargo do comprador (a imunidade recíproca jamais aproveita a particulares).

13.4.3. Imposto sobre serviços de qualquer natureza – ISS

13.4.3.1. Critério material do ISS

O critério material do ISS é a prestação dos serviços listados na LC 116/2003, alterada pela Lei Complementar 157/16.

A lista é taxativa, mas permite interpretação extensiva de seus itens (*v.g. serviços de informática e congêneres – item 1 da lista; Súmula 424 do STJ – serviços bancários congêneres).*

O ISS não incide sobre locações de bens móveis (Súmula Vinculante 31 do STF).

Se o serviço, previsto na LC 116/2003, é prestado com fornecimento de mercadoria, incide ISS sobre o preço total, exceto se a própria lista fizer ressalva.

13.4.3.2. Serviços com mercadorias

Veja a seguinte tabela, com os casos em que há serviço prestado com fornecimento de mercadoria.

Perceba que o critério preponderante é a listagem na LC 116/2003. Se o serviço estiver listado, incide ISS sobre o preço total, exceto se houver disposição em contrário na própria lei. Caso o serviço não esteja listado na LC 116/2003, incide ICMS sobre o preço total.

Situação	**Incidência**	**Exemplo**
Serviço na lista da LC 116/2003	ISS sobre tudo	- Serviços gráficos (Súmula 156 do STJ); - Assistência médica (Súmula 274 do STJ).
Serviço na lista da LC 116/2003, que faz ressalva em relação à mercadoria	ISS sobre o serviço e ICMS sobre a mercadoria	- Conserto de veículos e máquinas; - Recondicionamento de motores; - Bufê.
Serviço *não* constante da lista da LC 116/2003	ICMS sobre tudo	Bares e restaurantes (Súmula 163 do STJ)

É muito importante notar que o valor do serviço ou da mercadoria (critério da preponderância) é irrelevante.

13.4.3.3. Incidências do ISS

Em regra, incide ISS na produção de *softwares*, medicamentos manipulados, cartões magnéticos *personalizados e sob encomenda* (na comercialização de bens "de prateleira" incide o ICMS).

Por exemplo, se vou até a loja e compro um sistema operacional "na caixa", incidirá o ICMS, pois se trata de mercadoria. Entretanto, se contrato um programador para fazer um aplicativo específico para minha empresa (personalizado e sob encomenda), incidirá o ISS.

Incide ISS na industrialização sob encomenda (matéria prima fornecida exclusivamente pelo contratante do serviço), não o IPI.

É comum, por exemplo, que uma pedreira envie blocos de pedra para uma indústria, encomendando o corte do produto em peças menores, para serem usadas como piso residencial. A indústria realiza os cortes e devolve as pedras para a pedreira. Nesse caso, a indústria realizou um serviço, incidindo exclusivamente o ISS.

Incide ISS sobre os serviços dos tabeliães e notários, mesmo sendo serviço público delegado com cobrança de taxa (emolumentos).

Incide também sobre o *leasing* financeiro e o *lease back.*

Não incide ISS, entretanto, sobre operações de industrialização por encomenda de embalagens, destinadas à indústria ou ao comércio, pois, nesse caso, ainda que haja personalização e encomenda, o STF entendeu tratar-se de insumo industrial, sujeito ao ICMS.

13.4.3.4. Critério espacial do ISS

O critério espacial do ISS é o território do Município tributante.

O serviço considera-se prestado, em regra, no local do estabelecimento do prestador ou de seu domicílio. O STJ muitas vezes afasta essa norma.

Há diversas exceções (art. 3º da LC 116/2003), em que o local da efetiva prestação é facilmente identificável e o serviço considera-se lá prestado (ex.: obras, limpeza, vigilância, transportes, estacionamento, armazenagem, exposições, diversões, cessão de mão de obra, pedágio).

13.4.3.5. Critério temporal do ISS

O imposto incide no momento em que o serviço é disponibilizado ao tomador.

13.4.3.6. Critério pessoal do ISS

Sujeito ativo do ISS é o Município onde o serviço é prestado.

Contribuinte é o prestador do serviço.

A LC 116/2003 traz uma série de casos de responsáveis tributários, como o importador e o tomador de determinados serviços.

13.4.3.7. Critério quantitativo do ISS

As alíquotas do ISS são fixadas pela lei local, observado o piso real de 2% (exceto para obras) e o teto de 5%. Nesse sentido, a Lei Complementar (art. 8ª – A) esclarece que a "alíquota mínima do Imposto sobre Serviços de Qualquer Natureza é de 2% (dois por cento)" e " imposto não será objeto de concessão de isenções, incentivos ou benefícios tributários ou financeiros, inclusive de redução de base de cálculo ou de crédito presumido ou outorgado, ou sob qualquer outra forma que resulte, direta ou indiretamente, em carga tributária menor que a decorrente da aplicação da alíquota mínima" (aart. 8-A, § 1º), exceto para alguns serviços referidos na lista anexa da Lei Complementar.

Ademais, diz o parágrafo segundo que é nula a lei ou ato Municipal ou Distrital que desrespeite a disposição da Lei Complementar quanto à alíquota mínima no caso de serviço prestado a tomador ou intermediário localizado em Município diverso daquele onde está localizado o prestador do serviço e gera para o prestador de serviços o direito de restituição do valor efetivamente pago.

Não se admitem benefícios ou incentivos que reduzam a tributação abaixo dos 2% sobre o preço.

Por exemplo, a lei municipal não pode dispor que a alíquota é de 2%, mas que a base de cálculo corresponde a 50% do preço do serviço (isso seria o mesmo que uma alíquota de 1% sobre o preço, o que está abaixo do piso).

A base de cálculo do ISS é o preço do serviço. O STJ tem afastado a possibilidade de abatimento dos materiais empregados em obras. Veja a Súmula 524/STJ: No tocante à base de cálculo, o ISSQN incide apenas sobre a taxa de agenciamento quando o serviço prestado por sociedade empresária de trabalho temporário for de intermediação, devendo, entretanto, englobar também os valores dos salários e encargos sociais dos trabalhadores por ela contratados nas hipóteses de fornecimento de mão de obra.

Existe tributação fixa (valor fixo em reais) para profissionais liberais e sociedades uniprofissionais (sociedades formadas por uma única categoria de profissionais liberais), como escritórios de advocacia, de contabilidade, arquitetura, sociedades formadas por médicos, dentistas etc.

Somente há tributação fixa em relação a sociedades com responsabilidade pessoal dos sócios, sem caráter empresarial. Nesses casos, é cobrado um valor determinado em reais para cada um dos profissionais.

14. GARANTIAS E PRIVILÉGIOS DO CRÉDITO TRIBUTÁRIO

14.1. Introdução

O crédito tributário corresponde à receita pública, privilegiada em relação aos créditos privados.

O CTN enumera *garantias* para que o Fisco receba o crédito, mas a listagem não é taxativa (art. 183 do CTN).

A lei pode prever expressamente outras garantias (reais, fianças etc.), em função da natureza ou das características de cada tributo, o que é comum no caso de parcelamentos, compensações e moratórias.

A natureza das garantias dadas ao crédito não altera sua natureza, nem a da obrigação tributária.

A legislação que cria novas garantias é aplicada no momento do lançamento a fatos geradores pretéritos, exceto se houver atribuição de responsabilidade tributária a terceiros – art. 144, § 1º, do CTN.

14.2. Bens que respondem pelo débito

Sem prejuízo de privilégios especiais, previstos em lei, *todos os bens e rendas do sujeito passivo*, seu espólio ou massa falida, respondem pelo débito, mesmo os bens gravados por ônus real ou cláusula de inalienabilidade ou impenhorabilidade.

Não respondem os bens a que a lei declare absolutamente impenhoráveis (imóvel residencial, salários, seguro de vida etc. – Lei 8.009/1990 e art. 833 do NCPC) (importante acompanhar o início de vigência do novo CPC e os dispositivos correspondentes, como por exemplo o art. 833).

Interessante lembrar que no caso do bem de família, a impenhorabilidade não é oponível em caso de cobrança de impostos, predial ou territorial, taxas e contribuições devidas em função do imóvel familiar (art. 3º, IV, da Lei 8.009/1990).

14.3. Presunção de fraude contra a fazenda – art. 185 do CTN

Presume-se fraudulenta a alienação ou oneração de bens ou rendas, ou seu começo, por sujeito passivo em débito, desde que:

a) o crédito esteja inscrito em dívida ativa; e

b) não tenham sido reservados bens ou rendas suficientes para o pagamento total da dívida inscrita.

Assim, qualquer alienação ou oneração ocorrida após a inscrição em dívida ativa pode ser considerada fraudulenta e inoponível contra o Fisco, desde que o devedor não tenha recursos suficientes para responder pelo débito.

Atualmente o STJ entende desnecessário o registro da penhora ou prova da má-fé do terceiro adquirente para configuração da fraude, sendo inaplicável a Súmula 375 do STJ ao caso.

É comum a doutrina e a jurisprudência referirem-se à *fraude à execução*, ao tratar do art. 185 do CTN, mas perceba que ela é presumida a partir da inscrição em dívida ativa (antes da ação de execução), embora, de fato, seja efetivamente discutida no bojo da execução fiscal ou dos embargos.

14.4. Penhora *on-line* – arts. 835, I e 854 do NCPC

O CTN prevê expressamente a penhora *on-line* de contas e investimentos bancários.

Assim, o magistrado da execução fiscal pode ordenar, pelo sistema informatizado (Bacenjud), que as entidades financeiras bloqueiem valores nas contas correntes e de investimentos, suficientes para responder pelo débito tributário, colocando-os à disposição do juízo.

Essa penhora *on-line* corresponde à constrição de dinheiro, de modo que é preferencial. Ou seja, o juiz pode determinar a penhora *on-line* ainda que não tenham se esgotado as diligências para localização de outros bens penhoráveis (importante acompanhar o início de vigência do novo CPC e os dispositivos correspondentes, como por exemplo os arts. 835 e 854).

14.5. Indisponibilidade universal – art. 185-A do CTN

Esgotadas as diligências para encontrar bens penhoráveis no curso da execução fiscal, o juiz poderá determinar a indisponibilidade universal de bens e direitos do devedor (art. 185-A do CTN).

Para isso, é preciso que:

a) o devedor tenha sido citado;

b) não tenha pago, nem apresentado bens à penhora no prazo legal; e

c) não tenham sido localizados bens penhoráveis.

O juiz comunicará a decisão, preferencialmente por meio eletrônico, aos órgãos e entidades que promovem registros de transferências de bens (bolsa de valores, departamentos de trânsito, registros imobiliários etc.).

Veja a Súmula 560/STJ: A decretação da indisponibilidade de bens e direitos, na forma do art. 185-A do CTN, pressupõe o exaurimento das diligências na busca por bens penhoráveis, o qual fica caracterizado quando infrutíferos o pedido de constrição sobre ativos financeiros e a expedição de ofícios aos registros públicos do domicílio do executado, ao Denatran ou Detran.

14.6. Preferência geral

O crédito tributário prefere a qualquer outro, exceto aos trabalhistas e acidentários (art. 186 do CTN).

Sua cobrança não se sujeita ao concurso de credores ou à habilitação em falência, recuperação, inventário ou arrolamento.

14.7. Preferência na falência

Na falência, há determinados créditos que são extraconcursais, isto é, não entram no concurso de credores e são pagos antes. Em regra, são as dívidas assumidas durante o processo de recuperação judicial e da própria falência. Isso inclui os tributos cujos fatos geradores ocorreram após a quebra.

Dentre os créditos concursais, ou seja, basicamente aqueles relativos ao período anterior à quebra, há uma ordem de preferência, de modo que aqueles mais abaixo somente serão pagos se sobrar dinheiro após o pagamento dos anteriores (art. 186 do CTN e art. 83 da Lei 11.101/2005).

Ordem de classificação dos créditos na falência (art. 83 da LF)
1º – os créditos derivados da legislação do trabalho, limitados a 150 (cento e cinquenta) salários-mínimos por credor, os decorrentes de acidentes de trabalho. Também os créditos equiparados a trabalhistas, como os relativos ao FGTS (art. 2º, § 3º, da Lei 8.844/1994) e os devidos ao representante comercial (art. 44 da Lei 4.886/1965).
2º – créditos com garantia real até o limite do valor do bem gravado (será considerado como valor do bem objeto de garantia real a importância efetivamente arrecadada com sua venda, ou, no caso de alienação em bloco, o valor de avaliação do bem individualmente considerado).
3º – créditos tributários, independentemente da sua natureza e tempo de constituição, excetuadas as multas tributárias.
4º – com privilégio especial (= os previstos no art. 964 da Lei 10.406/2002; os assim definidos em outras leis civis e comerciais, salvo disposição contrária da LF; e aqueles a cujos titulares a lei confira o direito de retenção sobre a coisa dada em garantia).
5º – créditos com privilégio geral (= os previstos no art. 965 da Lei 10.406/2002; os previstos no parágrafo único do art. 67 da LF; e os assim definidos em outras leis civis e comerciais, salvo disposição contrária da LF)
6º – créditos quirografários (= aqueles não previstos nos demais incisos do art. 83 da LF; os saldos dos créditos não cobertos pelo produto da alienação dos bens vinculados ao seu pagamento; e os saldos dos créditos derivados da legislação do trabalho que excederem o limite estabelecido no inciso I do *caput* do art. 83 da LF). Ademais, os créditos trabalhistas cedidos a terceiros serão considerados quirografários.
7º – as multas contratuais e as penas pecuniárias por infração das leis penais ou administrativas, inclusive as multas tributárias.
8º – créditos subordinados (= os assim previstos em lei ou em contrato; e os créditos dos sócios e dos administradores sem vínculo empregatício).
Lembre-se que os *créditos extraconcursais* (= basicamente os surgidos no curso do processo falimentar, que não entram no concurso de credores) são pagos com precedência sobre todos esses anteriormente mencionados, na ordem prevista no art. 84 da LF: *(i)* remunerações devidas ao administrador judicial e seus auxiliares, e créditos derivados da legislação do trabalho ou decorrentes de acidentes de trabalho relativos a serviços prestados após a decretação da falência; *(ii)* quantias fornecidas à massa pelos credores; *(iii)* despesas com arrecadação, administração, realização do ativo e distribuição do seu produto, bem como custas do processo de falência; *(iv)* custas judiciais relativas às ações e execuções em que a massa falida tenha sido vencida; e *(v)* obrigações resultantes de atos jurídicos válidos praticados durante a recuperação judicial, nos termos do art. 67 da LF, ou após a decretação da falência, e tributos relativos a fatos geradores ocorridos após a decretação da falência, respeitada a ordem estabelecida no art. 83 da LF.

Perceba que, na falência, o crédito relativo ao tributo fica abaixo dos trabalhistas (até 150 salários-mínimos) e acidentários e dos créditos com garantia real. As multas tributárias ficam ainda mais abaixo, depois dos créditos quirografários.

14.8. Concurso de preferência entre fiscos

Há preferência entre os entes federados, na cobrança tributária, com a União em primeiro lugar, Estados e DF depois e, por fim, os Municípios (art. 187, parágrafo único, do CTN).

1º União
2º Estados, DF e Territórios, conjuntamente e *pró rata*
3º Municípios, conjuntamente e *pró rata*

O art. 29, parágrafo único, da Lei 6.830/1980 inclui as respectivas autarquias ao lado de cada ente, na ordem de preferências.

14.9. Preferência em inventários, arrolamentos e liquidação

A LC 118/2005, que reduziu a preferência do crédito tributário na falência, não alterou as regras relativas aos inventários, arrolamentos e liquidação.

Os créditos tributários, vencidos ou vincendos, exigíveis no decurso do inventário, do arrolamento ou da liquidação são pagos preferencialmente a quaisquer outros (arts. 189 e 190 do CTN).

14.10. Exigência de quitação dos tributos

É preciso comprovar a quitação dos tributos para a (arts. 191 a 192 do CTN):

a) extinção das obrigações do falido;

b) concessão de recuperação judicial;

c) sentença de julgamento de partilha ou adjudicação.

Perceba que essa exigência é uma forma indireta de incentivar o pagamento dos tributos, garantindo o seu recebimento pelo Fisco nessas situações.

A comprovação de regularidade fiscal é feita pela apresentação de certidão negativa de débitos ou de certidão positiva com efeito de negativa, que estudaremos mais adiante.

14.11. Vedação de contrato

A contratação com a administração ou a participação em concorrência depende de quitação de todos os tributos devidos à Fazenda interessada, relativos à atividade a ser contratada (salvo se expressamente autorizado por lei) – art. 193 do CTN.

Outro meio indireto de garantir, ou pelo menos favorecer, o recebimento dos créditos tributários pelo Fisco.

15. ADMINISTRAÇÃO TRIBUTÁRIA

15.1. Fiscalização

15.1.1. Legislação relativa à fiscalização

A legislação relativa à fiscalização, que define a competência e os poderes das autoridades, aplica-se a todas as pessoas, naturais ou jurídicas, contribuintes ou não, inclusive às imunes e isentas (art. 194 do CTN).

Não se aplicam à fiscalização disposições legais que limitem ou excluam o direito de examinar mercadorias, livros, arquivos, documentos e papéis dos sujeitos passivos e sua obrigação de exibi-los (art. 195 do CTN).

15.1.2. Fiscalização, livros, auxílio policial

O início da fiscalização deve ser registrado nos livros fiscais exibidos ou em documento próprio, com cópia autenticada entregue ao fiscalizado – a legislação deve fixar prazo máximo para o procedimento (art. 196 do CTN).

Os livros obrigatórios, a escrituração empresarial e fiscal e os comprovantes dos lançamentos contábeis devem ser conservados até o término do prazo prescricional.

As autoridades podem solicitar auxílio policial em caso de necessidade, embaraço ou desacato, ainda que não se configure crime ou contravenção (art. 200 do CTN).

15.1.3. Dever de prestar informações

Devem prestar informações sobre bens, negócios e atividades de terceiros à fiscalização, mediante intimação escrita (art. 197 do CTN):

a) tabeliães, escrivães etc.;

b) instituições financeiras;

c) administradoras de bens;

d) corretores, leiloeiros e despachantes oficiais;

e) inventariantes;

f) administradores judiciais etc.;

d) quaisquer outras entidades ou pessoas que a lei designe.

Esse dever não existe no caso de sigilo em razão de cargo, ofício, função, ministério, atividade ou profissão. Ou seja, o advogado, por exemplo, não tem dever de prestar informações ao Fisco sobre seus clientes, relacionadas à tributação, desde que delas tenha conhecimento por conta de sua atividade (há sigilo profissional, no caso).

15.1.4. Sigilo fiscal

Não podem ser divulgadas informações obtidas em razão da fiscalização sobre a situação econômica ou financeira do sujeito passivo ou de terceiros, nem sobre a natureza e o estado de seus negócios ou atividades, **exceto** nos casos de (art. 198, § 1º, do CTN):

a) requisição judicial;

b) solicitação de autoridade administrativa, para investigação do sujeito passivo por prática de infração administrativa, mediante regular processo, com entrega pessoal mediante recibo e preservação do sigilo.

Outros casos em que se *admite* a divulgação (art. 198, § 3º, do CTN):

a) representação fiscal para fins penais;

b) inscrição em dívida ativa;

c) parcelamento ou moratória;

d) assistência mútua e permuta de informações entre os Fiscos federal, estaduais, distrital e municipais, para fiscalização dos respectivos tributos, na forma de lei ou de convênio;

e) a União pode permutar informações fiscais com Estados estrangeiros, conforme tratados.

15.2. Dívida ativa

15.2.1. Inscrição e características

Após o vencimento, o crédito tributário é inscrito em dívida ativa pela procuradoria.

É importante ressaltar que há dívida ativa tributária e não tributária – art. 2º da Lei 6.830/1980. Ou seja, mesmo créditos públicos de natureza não tributária (multas administrativas, por exemplo) são inscritas em dívida ativa.

A dívida regularmente inscrita goza de presunção relativa de certeza e liquidez e tem efeito de prova pré-constituída (art. 204 do CTN).

A presunção pode ser ilidida (afastada) por prova inequívoca, a cargo do sujeito passivo ou do terceiro a que aproveite.

A fluência de juros de mora não afasta a liquidez do crédito inscrito (art. 201, parágrafo único, do CTN).

15.2.2. Requisitos do termo de inscrição

O termo de inscrição em dívida ativa, autenticado pela autoridade competente, deve conter (art. 202 do CTN):

a) o nome do devedor, o dos corresponsáveis e, se possível, seus domicílios ou residências;

b) a quantia devida e a maneira de calcular os juros de mora;

c) a origem e a natureza do crédito e a disposição da lei em que seja fundado;

d) a data em que foi inscrita;

e) sendo caso, o número do processo administrativo.

A Certidão da Dívida Ativa – CDA, extraída a partir dessa inscrição, é título executivo extrajudicial (art. 784, XI, do NCPC) e contém todos esses requisitos, além da indicação do livro e da folha da inscrição.

15.2.3. Nulidade da inscrição e CDA

A omissão ou erro em relação a qualquer dos requisitos implica nulidade da inscrição e do respectivo processo de cobrança.

Entretanto, a nulidade pode ser sanada até a sentença nos embargos à execução fiscal, mediante substituição da certidão nula, devolvendo-se o prazo para defesa em relação à parte modificada – art. 203 do CTN e art. 2º, § 8º, da Lei 6.830/1980 – Súmula 392 do STJ.

15.2.4. Certidões negativas

A lei pode exigir que a prova de quitação dos tributos, quando exigível, seja feita por certidão negativa, emitida pelo Fisco por requerimento do interessado, contendo todas as informações para sua identificação, domicílio fiscal, ramo de negócio ou atividade e período a que se refere (art. 205 do CTN).

A certidão deve ser emitida em até 10 dias do requerimento, nos termos em que foi pedida.

Cabe certidão positiva com efeito de negativa no caso de créditos não vencidos, com exigibilidade suspensa ou de execução garantida por penhora efetiva e suficiente (art. 206 do CTN – ver REsp 408.677/RS).

15.2.5. Dispensa de certidão negativa e responsabilidade

A prova de quitação é dispensada no caso de ato indispensável para evitar a caducidade de direito, mas os participantes respondem pelo tributo eventualmente devido, juros e penalidades, exceto infrações com responsabilidade pessoal do infrator (art. 207 do CTN).

O funcionário responde pessoalmente pelo crédito (com juros) no caso de certidão expedida com dolo ou fraude, com erro contra a fazenda, sem prejuízo da responsabilidade criminal e funcional (art. 208 do CTN).

16. AÇÕES TRIBUTÁRIAS

16.1. Introdução

Veja a seguinte tabela para visualizar as principais ações tributárias propostas pelos contribuintes.

Principais ações propostas pelo particular	
Ação	**Cabimento**
Declaratória	– Antes do lançamento tributário
Anulatória	– Após o lançamento, mesmo depois do início da execução
Mandado de segurança	– Preventivamente ou até 120 após o lançamento ou ato coator, desde que não haja necessidade de dilação probatória; – Também para declarar direito à compensação.
Consignatória	– Quando o Fisco, injustificadamente, recusa-se a receber ou impossibilita o pagamento, ou quando há mais de um Fisco exigindo tributo relativo ao mesmo fato gerador
Repetição	– Para restituição de tributo indevidamente recolhido
Embargos	– Para opor-se à execução fiscal (lembre-se que cabe também a exceção de pré-executividade, no caso de matérias cognoscíveis de ofício (ordem pública) que não demandem dilação probatória – Súmula 393/STJ)

O Fisco propõe Execução Fiscal e, eventualmente, Cautelar Fiscal.

16.2. Ação declaratória de inexistência de obrigação tributária

A ação declaratória de inexistência de obrigação tributária é ação ordinária, proposta antes do lançamento.

Nela o autor suscita a invalidade da norma tributária, a inocorrência de fato gerador, o receio de que o sujeito passivo seja incorretamente identificado etc.

A propositura da ação ordinária (qualquer que seja) não impede, por si, o lançamento e a posterior cobrança, ou seja, o fato de alguém ter proposto a ação não impede que o valor lançado seja inscrito em dívida ativa e cobrado judicialmente.

Para suspensão da exigibilidade do crédito, após o lançamento, é necessário depósito integral em dinheiro, antecipação de tutela ou liminar em cautelar. Somente assim evita-se a inscrição em dívida ativa e a execução fiscal.

16.3. Ação anulatória do lançamento (ou declaratória de nulidade)

A ação anulatória é ação ordinária, proposta após o lançamento, em que o autor suscita sua nulidade.

Há precedentes do STJ no sentido de que há prazo de 5 anos contados a partir do lançamento para que o sujeito passivo proponha a anulatória.

Não se exige depósito prévio (Súmula Vinculante 28 do STF), apesar de disposição legal nesse sentido (art. 38 da Lei 6.830/1980).

O depósito, é bom lembrar, é sempre uma prerrogativa do devedor para a suspensão do crédito, não uma imposição a ele.

A propositura da anulatória (assim como a de qualquer ação ordinária) não suspende a exigibilidade do crédito. É preciso depósito integral em dinheiro, antecipação de tutela ou liminar em cautelar para essa finalidade.

É possível haver conexão com a execução e litispendência em relação aos embargos à execução.

16.4. Mandado de segurança

O mandado de segurança impugna ato ilegal praticado por autoridade que ofende direito líquido e certo.

O MS pode ser preventivo ou repressivo, devendo ser impetrado, nesse último caso, em até 120 dias após o ato coator.

Quando o impetrante se opõe ao lançamento, o prazo é contado da respectiva notificação.

Não cabe MS contra lei em tese (Súmula 266 do STF).

É preciso prova pré-constituída, pois não há dilação probatória, ou seja, o impetrante deve provar todos os fatos documentalmente, já com a petição inicial.

O MS em si, assim como as ações ordinárias, não suspende a exigibilidade do crédito tributário. Para isso, é preciso que o juiz conceda liminar ou que seja realizado depósito integral em dinheiro.

Cabe MS para declarar o direito à compensação, mas não para convalidar a compensação já realizada (Súmulas 213 e 460 do STJ).

16.5. Consignação em pagamento

O sujeito passivo pode consignar judicialmente o valor do crédito tributário nos casos de (art. 164 do CTN):

a) recusa de recebimento, ou subordinação ao pagamento de outro tributo ou de penalidade, ou ao cumprimento de obrigação acessória;

b) subordinação do recebimento ao cumprimento de exigências administrativas sem fundamento legal;

c) exigência, por mais de uma pessoa, de tributo idêntico sobre o mesmo fato gerador.

A consignação só pode se referir ao valor que o consignante se propõe a pagar, ou seja, o autor deve depositar o que ele acha correto, ainda que inferior ao montante cobrado pelo Fisco.

A ação não suspende a exigibilidade do crédito, exceto se o depósito corresponder ao valor exigido.

Não cabe consignatória para a realização de parcelamento.

A extinção do crédito somente ocorre no caso de procedência, com conversão do depósito em renda.

Se a consignatória for julgada improcedente, ainda que em parte, o crédito é cobrado com juros de mora e multas.

16.6. Repetição de indébito

16.6.1. Aspectos gerais

A ação de repetição de indébito é uma ação ordinária condenatória para que o Fisco devolva valores indevidamente recolhidos (art. 165 do CTN).

A ação independe de comprovação de erro ou de prévio protesto, ou seja, se alguém pagou tributo indevido ou a maior, presume-se o erro (não há presunção de que houve doação, por exemplo).

A restituição parcial ou total do tributo implica restituição proporcional dos juros de mora e multas, exceto as relativas a infrações de caráter formal, não prejudicadas pela causa da restituição.

Veja a *Súmula STJ 523: A taxa de juros de mora incidente na repetição de indébito de tributos estaduais deve corresponder à utilizada para cobrança do tributo pago em atraso, sendo legítima a incidência da taxa Selic, em ambas as hipóteses, quando prevista na legislação local, vedada sua cumulação com quaisquer outros índices.*

16.6.2. Prazo para a repetição

O prazo prescricional para a repetição judicial do indébito é de *5 anos* contados (art. 168 do CTN):

a) da extinção do crédito (*pagamento indevido*);

b) da data em que se tornar definitiva a decisão administrativa ou transitar em julgado a decisão judicial que tenha reformado, anulado, revogado ou rescindido a decisão condenatória.

Se houve pedido administrativo de restituição, o prazo para a ação é de apenas *2 anos* contados da decisão administrativa denegatória. O prazo é interrompido pelo início da ação, recomeçando pela metade.

16.6.3. Restituição de tributos indiretos

O CTN refere-se ao contribuinte "de fato" para fins de legitimidade ativa processual na repetição do indébito (art. 166).

Há tributos empresariais (IPI, ICMS, ISS) que, por sua natureza jurídica, permitem a transferência do ônus econômico ao adquirente dos bens ou serviços (= tributos indiretos). O sujeito passivo, embora seja o *contribuinte "de direito"*, não assume o encargo financeiro da tributação, que é arcado pelo consumidor final, que é *contribuinte "de fato"*.

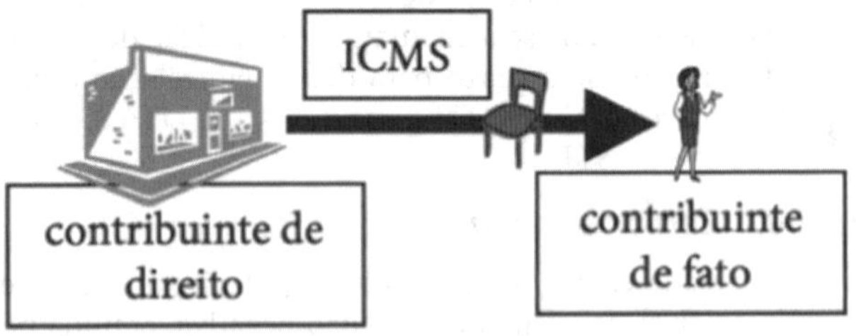

Nesse caso, se houve pagamento a maior ou indevido, presume-se que o adquirente (*contribuinte "de fato"*) é que assumiu o ônus financeiro.

Para que o sujeito passivo (*contribuinte "de direito"*) repita o indébito, deve afastar essa presunção e comprovar que assumiu o ônus econômico do tributo indevidamente recolhido, ou então deve conseguir autorização do *contribuinte "de fato"* para que possa ingressar em juízo e pedir a devolução.

Ademais, o *contribuinte "de fato"* não tem legitimidade ativa para propor a ação, já que a relação jurídico-tributária se dá entre o sujeito passivo (*contribuinte "de direito"*) e o Fisco. É bom ressalvar, entretanto, que o STJ reconheceu excepcionalmente a legitimidade ativa processual do consumidor final de energia elétrica, fornecida por concessionária em regime de exclusividade.

16.7. Cautelar Fiscal

A cautelar fiscal é detalhadamente regulada pela Lei 8.397/1992.

Serve para garantir que o Fisco receba os valores devidos pelo sujeito passivo na Execução Fiscal (garantia de efetividade da execução).

Pode ser proposta após o lançamento (regra) e, excepcionalmente, antes da constituição do crédito.

É preciso (art. 3º): (i) prova literal da constituição do crédito e (ii) prova documental de algum dos casos previstos no art. 2º da Lei.

16.8. Execução fiscal e embargos

16.8.1. Aspectos gerais

A execução fiscal serve para cobrança da dívida ativa tributária ou não tributária dos entes políticos e suas autarquias (Lei 6.830/1980).

A certidão da dívida ativa (CDA), extraída a partir da inscrição em dívida ativa, é o título executivo e, em princípio, corresponde à inicial.

É desnecessária a instrução da petição inicial com o demonstrativo de cálculo do débito, por tratar-se de requisito não pre-visto no art. 6º da Lei n. 6.830/1980 (Súmula 559STJ). Ademais, a inicial não pode ser indeferida sob o argumento da falta de indicação do CPF e/ou RG ou CNPJ da parte executada (Súmula 558/STJ).

A execução pode ser promovida contra o sujeito passivo (contribuinte ou responsável) ou o fiador.

A competência para a execução exclui a de qualquer outro juízo, inclusive o da falência e o do inventário.Veja a *Súmula 515 do STJ: A reunião de execuções fiscais contra o mesmo devedor constitui faculdade do Juiz.*

As intimações da fazenda são sempre pessoais.

Até a sentença, a CDA pode ser emendada ou substituída, com devolução de prazo, vedada a modificação do sujeito passivo (Súmula 392 do STJ).

Presume-se fraudulenta a alienação ou oneração de bens ou rendas, sem reserva de recursos para atender ao crédito *inscrito em dívida ativa* (a Súmula 375 do STJ não se aplica ao crédito tributário).

O juiz, a requerimento das partes, poderá, por conveniência da unidade da garantia da execução, ordenar a reunião de processos contra o mesmo devedor, hipótese em que os processos serão redistribuídos ao juízo da primeira distribuição (art. 28 da Lei 6.830/1980). O STJ fixou o entendimento de que essa reunião de execuções fiscais contra o mesmo devedor constitui faculdade do juiz – Súmula 515 daquela Corte.

16.8.2. Despacho inicial na execução

O despacho do juiz que defere a inicial determina:

a) a citação (em regra pelo correio) para que o executado pague a dívida ou garanta a execução em 5 dias;

b) a penhora, se não houver pagamento ou garantia;

c) o arresto, se o executado não for localizado;

d) o registro da penhora ou do arresto;

e) a avaliação dos bens penhorados ou arrestados.

É importante lembrar que o despacho do juiz que determina a citação interrompe o prazo prescricional, ou seja, o Fisco deve se acautelar para que proponha a execução observando o prazo de 5 anos.

16.8.3. Garantia e penhora

Para garantir a execução, o executado pode:

a) efetuar depósito em dinheiro;

b) oferecer fiança bancária;

c) nomear bens à penhora (a partir do mais líquido);

d) indicar bens oferecidos por terceiros à penhora, desde que aceitos pela fazenda.

O executado pode requerer a substituição do bem penhorado por dinheiro ou fiança, o que será deferido. Qualquer outra substituição dependerá da concordância do Fisco.

Se o executado não garantir a execução, o Fisco pode requerer a penhora *on-line* ou a penhora de outros bens.

O juiz deferirá pedido da fazenda de substituição do bem penhorado por qualquer outro, independentemente da ordem de liquidez, ou de reforço da penhora insuficiente. Perceba que, no caso do pedido de substituição formulado pelo Fisco, não será necessária a concordância do executado.

A fazenda poderá recusar a substituição de bem penhorado por outro menos líquido (ver Súmula 406 do STJ, relativa à substituição por precatório).

O juiz pode determinar a penhora *on-line* de contas e investimentos bancários, não sendo necessário o esgotamento das diligências para localização de bens.

Esgotadas as diligências, o juiz poderá determinar a indisponibilidade universal de bens e direitos do devedor (art. 185-A do CTN).

16.8.4. Embargos à execução

Garantida a execução, o executado poderá oferecer embargos no prazo de *30 dias* contados (i) do depósito, (ii) da juntada da prova da fiança bancária ou (iii) da intimação da penhora.

No prazo para embargos, toda a matéria de defesa deve ser alegada, as provas requeridas, os documentos juntados, além do rol de testemunhas.

Não se admite reconvenção ou compensação e as exceções (salvo suspeição, incompetência e impedimento) serão arguidas como preliminar.

No caso da compensação, o que não se admite é o executado pleitear a extinção do crédito no curso da execução. Por outro lado, pode comprovar que o crédito já foi extinto por compensação no âmbito administrativo ou em demanda judicial anterior, antes do ajuizamento da ação de execução embargada, nos termos da lei do próprio ente tributante (isso é possível).

A Fazenda tem 30 dias para impugnar os embargos interpostos pelo executado.

O STJ tem entendido que os Embargos não têm, necessariamente, efeito suspensivo – ver AgRg no REsp 1.030.569/RS – aplica-se o art. 919 do NCPC. Entende também que, em caso de dispensa judicial da garantia (por vezes o Judiciário aceita os embargos sem garantia em caso de inequívoca comprovação de insuficiência patrimonial do devedor), o prazo é contado da intimação da decisão correspondente (ver RESp 1.440.639/PE).

16.8.5. Adjudicação dos bens pela fazenda

A fazenda pode ficar com os bens penhorados (adjudicá-los):

a) antes do leilão, pelo preço da avaliação, se a execução não for embargada ou se os embargos forem rejeitados;

b) findo o leilão, (i) se não houver licitante, pelo preço da avaliação, ou, (ii) havendo licitante, com preferência, em igualdade de condições com a melhor oferta, no prazo de 30 dias.

16.8.6. Exceção de pré-executividade

O executado pode, excepcionalmente, opor-se à execução sem garantia do juízo, por meio de exceção de pré-executividade, desde que alegue matérias cognoscíveis de ofício (ordem pública) que não demandem dilação probatória (Súmula 393 do STJ).

16.8.7. Prescrição

A prescrição comum (antes da execução) pode ser conhecida de ofício (Súmula 409 do STJ).

Assim, se o juiz percebe que a execução foi proposta depois dos 5 anos contados a partir do lançamento (art. 174 do CTN), deverá declarar de ofício a prescrição.

A interrupção da prescrição pela citação retroage à data da propositura da ação – art. 219, § 1º, do CPC, ver REsp 1.120.295/SP (repetitivo).

Mas, se há demora na citação (não no despacho) por culpa do Fisco, não há essa retroatividade, ou seja, pode ser reconhecida a prescrição – ver AgRg AREsp 167.198/DF.

Isso não se confunde com a prescrição intercorrente, que corre durante o processo de execução.

16.8.8. Prescrição intercorrente

Se o devedor ou bens não forem localizados, o juiz suspenderá o processo por até 1 ano, período em que não corre a prescrição, abrindo vista à fazenda (não é necessária sua intimação, quando ela mesmo requer a suspensão), nos termos do art. 40 da Lei 6.830/1980.

Após isso, o juiz ordena o arquivamento, iniciando-se a contagem do prazo de 5 anos da prescrição intercorrente (Súmula 314 do STJ).

Passados 5 anos, o juiz, depois de ouvida a fazenda, reconhece de ofício a prescrição intercorrente.

A falta de intimação da fazenda para ser ouvida, antes da decretação da prescrição, implicará nulidade apenas se demonstrado o prejuízo (*pas de nullité sans grief*).

17. REPARTIÇÃO DAS RECEITAS TRIBUTÁRIAS

17.1. Introdução

Além das receitas tributárias próprias, decorrentes das respectivas competências tributárias, os Estados e o DF contam com parcela das receitas relativas à competência da União.

De modo semelhante, os Municípios retêm ou recebem parte das receitas tributárias da União e dos respectivos Estados.

Essa repartição de receitas é fixada na Constituição Federal.

Apresentaremos a seguir as regras objetivas para a repartição de receitas, lembrando que isso é muito exigido em exames.

Para auxiliar na memorização, veremos listagens e diagramas.

17.2. Pertencem aos Estados e ao DF (art. 157 da CF)

Os Estados e o DF ficam com:

a) 100% do produto da arrecadação do IR retido na fonte, relativo aos rendimentos pagos, a qualquer título, por eles, por suas autarquias e pelas fundações que instituírem ou mantiverem;

b) 20% do produto da arrecadação de eventual imposto da competência residual que venha a ser criado.

Estados e DF
100% do IR na fonte

Estados e DF
20% do imposto da competência residual

17.3. Pertencem aos Municípios (art. 158 da CF)

Os Municípios ficam com:

a) 100% do produto da arrecadação do IR retido na fonte, relativo aos rendimentos pagos, a qualquer título, por eles, por suas autarquias e pelas fundações que instituírem ou mantiverem;

b) 50% do produto da arrecadação do ITR relativamente aos imóveis situados em seus territórios; ficam com 100%, caso optem pela fiscalização e cobrança do imposto;

c) 50% do produto da arrecadação do IPVA relativo aos automóveis licenciados em seus territórios;

d) 25% do produto da arrecadação do ICMS, creditado a cada Município pelos seguintes critérios: (i) 3/4, no mínimo, na proporção do valor adicionado em seu território e (ii) até 1/4 em conformidade com a lei estadual.

Municípios
100% do IR na fonte

Municípios
50% ou 100% do ITR

Municípios
50% do IPVA

Municípios
25% do ICMS

17.4. Pertencem também aos Estados, ao DF e aos Municípios

A União deve transferir o produto da arrecadação do IOF sobre ouro, enquanto ativo financeiro ou instrumento cambial, aos Estados, ao DF e aos Municípios, na seguinte proporção, conforme a origem do metal:

30% para o Estado ou o DF;

Estados e DF
30% do IOF sobre ouro

70% para o Município.

Municípios
70% do IOF sobre ouro

17.5. Resumo

Veja o seguinte resumo, com os percentuais de tributos federais e estaduais pertencentes a Estados e Municípios.

Pertencem aos Estados e ao DF:

Estados e DF
100% do IR na fonte

Estados e DF
20% do imposto da competência residual

Estados e DF
30% do IOF sobre ouro

Pertencem aos Municípios:

Municípios
100% do IR na fonte

Municípios
50% ou 100% do ITR

Municípios
50% do IPVA

Municípios
25% do ICMS

Municípios
70% do IOF sobre ouro

17.6. A União entregará (art. 159 da CF)

A União entregará 48% do produto da arrecadação do IR e do IPI, sendo:

a) 21,5% para o Fundo de Participação dos Estados e do Distrito Federal;

b) 22,5% para o Fundo de Participação dos Municípios + 1% no primeiro decêndio do mês de dezembro de cada ano;

c) 3% para aplicação em programas de financiamento ao setor produtivo das regiões N, NE e CO, assegurado ao semiárido do NE metade dos recursos destinados à região, na forma da lei.

Ademais, a União entregará:

a) 10% do produto da arrecadação do IPI aos Estados e ao DF, proporcionalmente ao valor das respectivas exportações de produtos industrializados – nenhuma Unidade deve receber mais que 20% do total – 25% do valor recebido pelos Estados serão repassados aos respectivos Municípios, pelos critérios do ICMS;

b) 29% do produto da arrecadação da CIDE sobre combustíveis para os Estados e ao DF (destinados ao financiamento de programas de infraestrutura de transportes) – 25% do valor recebido pelo Estado será repassado aos respectivos Municípios.

17.7. A União entregará (art. 159 da CF – resumo)

Veja a seguinte representação gráfica, com as transferências constitucionais da União para os fundos de participação e diretamente para os Estados e DF:

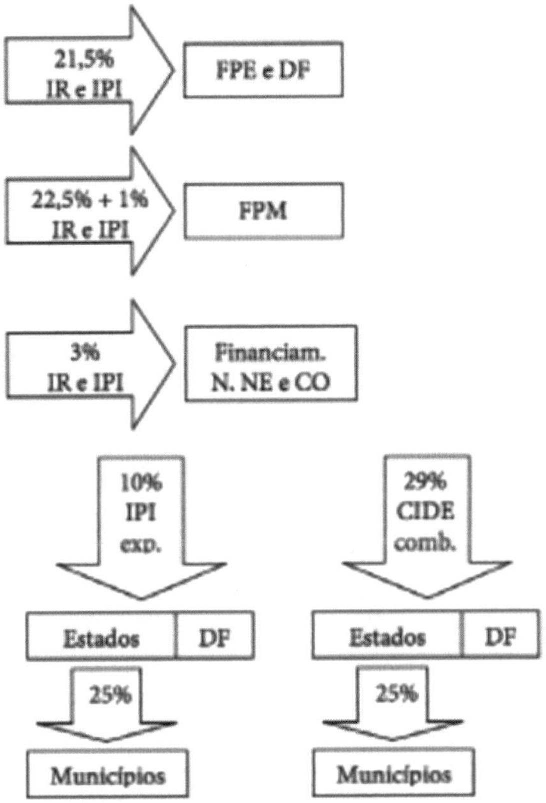

17.8. Vedações (art. 160 da CF)

A Constituição veda expressamente a retenção ou qualquer restrição à entrega e ao emprego dos recursos pertencentes aos Estados, ao DF e aos Municípios.

Excepcionalmente, a União e os Estados podem condicionar a entrega dos recursos:

a) ao pagamento de seus créditos, inclusive de suas autarquias;

b) ao cumprimento da obrigação constitucional de aplicação de recursos mínimos na saúde.

17.9. Regulamentação por lei complementar

Cabe à lei complementar federal:

a) definir o valor adicionado, para fins de distribuição dos 25% do ICMS para os Municípios;

b) estabelecer as normas para a entrega, pela União, das parcelas do IR, IPI e CIDE sobre combustíveis, especialmente sobre os critérios para rateio dos Fundos de Participação (FPE e FPM);

c) dispor sobre o acompanhamento do cálculo das quotas e da liberação dos valores.

17.10. Cálculo e divulgação da repartição

Cabe ao Tribunal de Contas da União calcular as quotas dos Fundos de Participação (FPE e FPM).

A União, os Estados, o DF e os Municípios divulgarão, até o último dia do mês subsequente ao da arrecadação, os montantes de cada tributo, os recursos recebidos, entregues e a entregar, e a expressão numérica dos critérios de rateio.

Os dados divulgados pela União serão discriminados por Estado e por Município; os dos Estados, por Municípios.

18. SIMPLES NACIONAL

18.1. Definição e características

O Simples Nacional é um regime único de arrecadação de impostos e contribuições federais, estaduais e municipais (art. 146, parágrafo único, da CF).

O ingresso no Simples Nacional é opcional para o contribuinte.

Pode haver condições de enquadramento diferenciadas por Estado.

O recolhimento é unificado e centralizado, com distribuição imediata das parcelas dos demais entes, vedada retenção ou condicionamento.

A arrecadação, fiscalização e cobrança são compartilhadas, com cadastro nacional único de contribuintes.

18.2. Estatuto nacional da microempresa e da empresa de pequeno porte – LC 123/2006

O Estatuto não trata apenas do Simples Nacional (regime único de arrecadação), mas também de matéria trabalhista, de crédito e mercados.

Há critérios para a empresa se enquadrar no Estatuto (como ME, EPP ou MEI) e outros requisitos para ingressar no Simples Nacional.

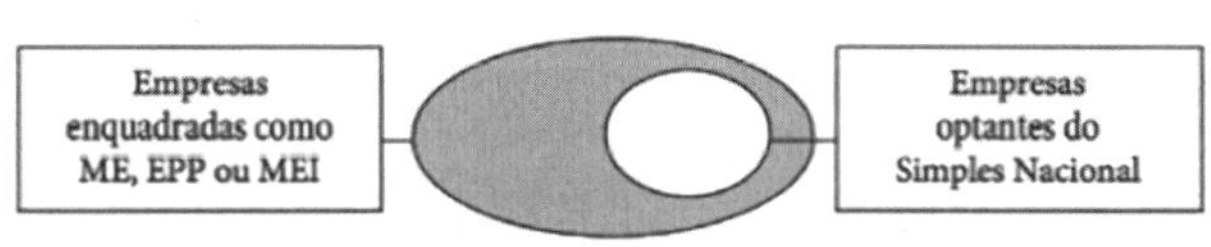

Perceba, portanto, que há microempresas (ME), empresas de pequeno porte (EPP) e microempreendedores individuais (MEI) que não são optantes do Simples Nacional, ou seja, que não recolhem os tributos de maneira unificada.

Por outro lado, todas as empresas que ingressam no Simples Nacional são, necessariamente, ME, EPP ou MEI, pois esse é um requisito essencial para o recolhimento dos tributos pela sistemática simplificada.

18.3. Critério básico para enquadramento no Estatuto

Para ser considerada ME, EPP ou MEI a empresa (empresário ou sociedade empresária) deve ser regular (registrada na Junta Comercial ou no Registro Civil de PJ) e perceber, no máximo, as seguintes receitas brutas anuais:

a) microempresa (ME): igual ou inferior a R$ 360 mil;

b) empresa de pequeno porte (EPP): superior a R$ 360 mil e igual ou inferior a R$ 3,6 milhões;

c) microempreendedor individual (MEI): até R$ 60 mil.

18.4. Vedações ao enquadramento no Estatuto

Determinadas empresas, apesar de regulares e dentro do limite máximo de receita bruta anual, não se enquadram no Estatuto como ME, EPP ou MEI.

Isso porque há vedações, listadas nos arts. 3º, § 4º, e 18-A, § 4º, da LC 123/2006, *dentre elas*:

a) sociedade de cujo capital participe outra pessoa jurídica;

b) que seja filial, sucursal, agência ou representação no país de pessoa jurídica com sede no exterior;

c) sociedades por ações etc.

Assim, mesmo que uma empresa seja efetivamente pequena (com receita bruta inferior ao limite legal), ela não poderá ser enquadrada como EPP ou ME, caso seja filial de sociedade estrangeira, por exemplo.

Interessante ressaltar que mais recentemente foi excluída a possibilidade de enquadramento de pessoas jurídicas cujos titulares ou sócios guardem, cumulativamente, com o contratante do serviço, relação de pessoalidade, subordinação e habitualidade, buscando coibirem-se fraudes à legislação trabalhista.

No mais, é importante estudar detidamente as listagens desses dispositivos legais.

18.5. Requisito básico para opção pelo Simples Nacional

O requisito básico para a empresa poder optar pelo regime unificado de arrecadação (Simples Nacional) é ser ME, EPP ou MEI.

Assim, para ingressar no Simples Nacional, a empresa deve, necessariamente, preencher todos os requisitos para se enquadrar no Estatuto (basicamente, ter pequena receita bruta anual e não incidir em alguma das vedações vistas no item anterior).

18.6. Vedações à opção pelo Simples Nacional

Apesar de enquadrada com ME, EPP ou MEI, não pode optar pelo Simples a empresa que caia em uma das vedações do *art. 17* da LC 123/2006, como:

a) ter sócio domiciliado no exterior;

b) possuir débitos tributários;

c) com ausência de inscrição ou irregularidade em cadastro fiscal federal, municipal ou estadual, quando exigível;

d) exercer determinadas atividades etc.

Veja, portanto, que ser ME, EPP ou MEI é requisito necessário, mas não suficiente para o recolhimento dos tributos pela sistemática unificada.

Mais uma vez salientamos a importância de estudar a listagem trazida pelo dispositivo legal, cujo conhecimento muitas vezes é exigido em concursos.

18.6.1 Atividades que podem ser abarcadas pelo Simples Nacional (exceções às atividades vedadas nos incisos do caput *do art. 17)*

A LC 123/2006 trouxe algumas exceções às exclusões relacionadas às atividades desenvolvidas pela ME ou EPP (atenção: as exceções são apenas relativas às atividades – isso não se aplica aos casos de sócio no exterior ou de débito tributário, por exemplos, em que é inviável a inclusão na sistemática do "Supersimples"). Trata-se de casos em que o legislador garantiu o ingresso da empresa no Simples Nacional, desde que se dedique exclusivamente às atividades listadas no art. 17, § 1.º c/c o art. 18, §§ 5.º-B a 5.º-E, ou que as exerça em conjunto com outras não excluídas expressamente do "Supersimples".

Dentre tais atividades, destacamos a recente inclusão os serviços advocatícios, que passam a ser beneficiados pela sistemática do Simples Nacional.

O estudante não deve descuidar de estudar toda a listagem.

18.7. Tributos abrangidos pelo Simples Nacional

O regime único de arrecadação abrange os seguintes tributos:

Impostos Federais
IRPJ e IPI

Contribuições Sociais
CSLL, COFINS,PIS/PASEP, CPP (patronal)

Imposto Estadual
ICMS

Imposto Municipal
ISS

Há, entretanto, diversas incidências excluídas do regime, listadas no art. 13, § 1º, da LC 123/2006, como IR sobre aplicações financeiras, ICMS e ISS na substituição tributária etc., que devem ser estudadas pela leitura da Lei.

18.8. Cálculo do valor a ser recolhido

As ME e EPP recolhem um valor mensal único, correspondente à aplicação de determinadas alíquotas à receita bruta do período.

A depender das atividades realizadas, a empresa se enquadra em determinada tabela de alíquotas.

Em cada tabela, há diversas alíquotas, variáveis conforme a receita bruta no período.

Essa mesma tabela indica a parcela do valor recolhido a ser destinada a cada ente político, correspondendo a cada imposto e contribuição abrangidos pelo regime único.

O MEI recolhe um valor fixo mensal.

18.9. Fiscalização e cobrança

A fiscalização é compartilhada pelos Fiscos federal, estaduais, distrital e municipais. Os Estados podem delegar competência aos Municípios.

Os processos administrativos são julgados pelo ente responsável pela autuação, embora se admitam convênios entre os entes federados. Os Municípios podem delegar competência aos respectivos Estados.

As consultas são respondidas pela União, pelos Estados (quando relativas ao ICMS) e pelos Municípios (quando relacionadas ao ISS).

A inscrição e a cobrança são feitas pela União, permitindo-se convênios, com delegação de competência a Estados (em relação ao ICMS) e a Municípios (quanto ao ISS).

As ações dos contribuintes são movidas, em princípio, contra a União, sendo que os demais entes devem prestar-lhe auxílio. Se a ação versar exclusivamente acerca do ICMS ou do ISS, deverá ser proposta contra o respectivo Estado ou Município. Os mandados de segurança são impetrados contra a respectiva autoridade fiscal (pode ser estadual ou municipal).

11. Direito do Trabalho Individual e Coletivo

Hermes Cramacon

Parte I
Direito Individual do Trabalho

1. INTRODUÇÃO

1.1. Evolução histórica

Para compreendermos corretamente o direito do trabalho, é importante saber a origem da palavra "trabalho".

A expressão se origina do termo latim *tripalium*, instrumento de tortura utilizado na antiga Roma, sendo formado por três estacas (paus) cravadas no chão na forma de uma pirâmide, no qual eram torturados os escravos.

Traduzindo para nosso vernáculo, "trabalhar", do latim *tripaliare,* possuía naquela época conotação de tortura e, consequentemente, de escravidão, sentido diverso do que a expressão sugere nos dias de hoje.

Na maioria das sociedades da Idade Antiga predominava a escravidão, quando o trabalhador (escravo) não era considerado sujeito de direito. Nessa fase histórica, o escravo era tido como uma coisa, um objeto, e nessa condição ele era negociado. Seu trabalho era exaustivo e não remunerado e todo o lucro desse labor pertencia ao seu proprietário.

Após a decadência do Império Romano, predominou na Europa, durante a Idade Média, o feudalismo. Esse modo de organização era caracterizado pelo poder centralizado nas mãos dos senhores feudais, cuja economia era baseada na agricultura e pecuária, com utilização do trabalho dos servos, camponeses que cuidavam da agropecuária dos feudos e, em troca, recebiam o direito a um pedaço de terra para morar e estariam protegidos dos bárbaros.

A servidão consistia em um labor em que o trabalhador (servo) não detinha a condição de escravo, mas na realidade não dispunha de sua liberdade.

Ainda na Idade Média, a partir do século XII, surgiram as corporações de ofício, constituídas por mestres, jornaleiros e aprendizes, como eram chamados.

Com o surgimento e desenvolvimento das primeiras cidades, aumentou a demanda por produtos agrícolas, o que elevou os preços das mercadorias e permitiu aos servos a compra de suas próprias terras e o consequente desligamento das ordens dos senhores feudais.

Já no século XVIII, com a descoberta da máquina a vapor como fonte de energia, substituindo a força do homem, deu-se início à Revolução Industrial.

A máquina a vapor, multiplicando a força de trabalho, substituía a força humana, em média, em 20 homens, o que implicou redução de mão de obra.

Nesse período, os trabalhadores viviam em condições terríveis. Muitos deles tinham um cortiço como moradia e eram submetidos a jornadas de trabalho que chegavam até a 80 horas por semana. As crianças e as mulheres também eram submetidas a esse trabalho exaustivo e, absurdamente, recebiam valores inferiores àqueles pagos aos homens.

Nessa linha, os trabalhadores se uniram, surgindo, assim, os primeiros sindicatos, que reivindicavam melhorias nas condições de trabalho e salariais.

1.1.1. Evolução histórica no Brasil

Com a Revolução de 1930, que culminou no golpe de Estado chamado de "golpe de 1930", pondo fim à República Velha, iniciou-se a Era Vargas. Getúlio Vargas instituiu políticas de modernização do País, criando, inclusive, o Ministério do Trabalho. Foi Vargas, também, quem instituiu a Lei da Sindicalização.

Vargas pretendia, com isso, ganhar o apoio popular, por isso houve durante seu primeiro governo (1930-1945) grandes avanços na legislação trabalhista dos quais o maior foi o estabelecimento da CLT – Consolidação das Leis do Trabalho e, ainda, a criação do salário mínimo.

Em 2017 foi publicada a Lei 13.467/2017, chamada de Reforma Trabalhista, com o intuito de "modernizar" a lei laboral. Segundo o governo Federal, essa modernização contém 3 objetivos principais:

1) Garantir os direitos dos trabalhadores: a modernização não retira nenhum direito. Pelo contrário, cria novas oportunidades para os que estão empregados e para os que ainda não conseguiram uma oportunidade com carteira assinada.

2) A segurança jurídica e o estímulo ao investimento: os empregados precisam ter garantidos os seus direitos e, por isso, a nova legislação é dura com o mal empregador. As multas para infrações foram aumentadas. O bom empresário, em contraponto, precisa de segurança para investir e a lei traz isso para ele. Hoje, o grau de judicialização no País é elevado. Isso faz com que o empresário nunca saiba realmente quanto vai custar um trabalhador ao final do contrato. O empresário temeroso não contrata e não gera emprego como forma de limitar suas possíveis perdas. É preciso construir um sistema no qual os empresários sejam encorajados a contratar e no qual os direitos dos trabalhadores sejam integralmente respeitados.

3) Novas formas de contratação e combate à informalidade: os trabalhadores informais não têm assegurados os direitos mais básicos, como FGTS, férias remuneradas, seguro-desemprego, auxílio-doença, aposentadoria por invalidez. São pessoas que contam apenas com a própria sorte e essa situação precisa mudar. É por isso que a modernização trabalhista cria novas formas de contratação, como o trabalho intermitente, e aprimora os formatos existentes, como a jornada parcial e o teletrabalho (*home office*).

1.2. Natureza jurídica

A divisão tradicional do direito supõe: um ramo voltado à organização do Estado, chamado de Direito Público, e o Direito Privado, que se refere à regulação dos interesses dos particulares.

Embora possamos observar no Direito do Trabalho diversas normas de caráter cogente, não podemos afirmar que esse ramo do direito seja considerado parte do Direito Público, na medida em que não regula os interesses do Estado. O que existe é uma intervenção do Estado.

Pensamos que o Direito do Trabalho é um ramo do Direito Privado, pois regula a relação dos particulares envolvidos, tendo como foco central o contrato de trabalho.

1.3. Autonomia

Para saber se uma área de estudo é uma ciência, é necessária a presença de alguns requisitos como: extensão de matéria, doutrinas, princípios específicos e método próprio.

É nítida a autonomia do Direito do Trabalho, na medida em que é bastante amplo, originando institutos e princípios próprios.

Diversos são os princípios específicos do Direito do Trabalho. Ademais, há institutos capazes de demonstrar a autonomia dessa área em relação a outros ramos do direito, os quais representam fontes especiais do Direito do Trabalho. Destacam-se entre eles a convenção coletiva de trabalho e a sentença normativa, institutos que não poderiam ser incluídos em qualquer outro ramo do Direito, tampouco explicados por outra doutrina que não a trabalhista.

1.4. Fontes do Direito do Trabalho

As fontes do direito podem ser classificadas como: fontes materiais e fontes formais.

1.4.1. Fontes materiais

É o momento pré-jurídico da norma, ou seja, a norma ainda não positivada. Representa a pressão exercida pelos trabalhadores contra o Estado buscando melhores condições de trabalho. As fontes materiais referem-se aos fatores sociais, econômicos, históricos, políticos e, ainda, filosóficos, que originam o direito, influenciando na criação da norma jurídica.

1.4.2. Fontes formais

Correspondem à norma jurídica já constituída, já positivada. Em outras palavras, representam a exteriorização dessas normas, ou seja, é a norma materializada.

As fontes formais, por sua vez, subdividem-se em:

1.4.2.1. Fontes formais heterônomas

Decorrem da atividade normativa do Estado. Caracterizam-se pela participação de um agente externo (Estado) na elaboração da norma jurídica. São exemplos: a Constituição Federal, a CLT, leis, sentença normativa, tratados internacionais ratificados pelo Brasil.

1.4.2.1.1. Sentença normativa

Não sendo os conflitos coletivos solucionados por meio da negociação coletiva e recusada a arbitragem, serão eles submetidos à Justiça do Trabalho por meio dos dissídios coletivos.

A sentença normativa consiste na decisão proferida nos dissídios coletivos, estabelecendo normas e condições de trabalho aplicáveis aos envolvidos na lide por meio do poder normativo da Justiça do Trabalho.

Com relação à vigência da sentença normativa, imperiosa a leitura do Precedente Normativo 120 da SDC do TST:

> PRECEDENTE NORMATIVO 120 DA SDC DO TST – SENTENÇA NORMATIVA. DURAÇÃO. POSSIBILIDADE E LIMITES
>
> A sentença normativa vigora desde seu termo inicial até que sentença normativa, convenção coletiva de trabalho ou acordo coletivo de trabalho superveniente produza sua revogação, expressa ou tácita, respeitado, porém, o prazo máximo legal de quatro anos de vigência.

1.4.2.1.2. Sentença arbitral

Os conflitos coletivos poderão ser resolvidos por meio da arbitragem, nos termos do art. 114, §§ 1º e 2º, da CF/1988.

Nas lições de Gustavo Felipe Barbosa Garcia (em *Curso de Direito do Trabalho*, 6ª ed., Rio de Janeiro, Forense, 2012, p. 64): "a arbitragem é forma de solução de conflitos, no caso, heterônoma, pois um terceiro (árbitro) é quem decidirá o litígio, por meio da sentença arbitral. É estabelecida por meio da convenção de arbitragem que engloba a cláusula compromissória e o compromisso arbitral (art. 3º da Lei 9.307/1996)."

Como se sabe, o Direito Individual do Trabalho é pautado pelo princípio da irrenunciabilidade. Assim, vigora na doutrina e jurisprudência entendimento de que a arbitragem está restrita ao Direito Coletivo do Trabalho, sendo incompatível com o Direito Individual, tendo em vista que, nos termos do art. 1º da Lei 9.307/1996, o instituto está restrito a direitos patrimoniais disponíveis.

Todavia, com a reforma trabalhista (Lei 13.467/2017) é admitido, nos termos do art. 507-A da CLT nos contratos individuais de trabalho cuja remuneração seja superior a duas vezes o limite máximo estabelecido para os benefícios do Regime Geral de Previdência Social, a possibilidade de pactuação de cláusula compromissória de arbitragem, desde que por iniciativa do empregado ou mediante a sua concordância expressa, nos termos previstos na Lei n. 9.307, de 23 de setembro de 1996.

1.4.2.1.3. Leis

Deverão ser consideradas fontes formais heterônomas do Direito do Trabalho as leis em sentido amplo.

Assim, são consideradas fontes: a Consolidação das Leis do Trabalho – CLT (Decreto-lei 5.452/1943); leis esparsas, como a Lei 605/1949, que cuida do Repouso Semanal Remunerado; a Lei 5.889/1973, que cuida do trabalho rural, entre outras.

1.4.2.1.4. Atos do Poder Executivo

A legislação trabalhista possui disposições provenientes de atos do Poder Executivo. Nesse sentido, importante fazer referência aos decretos que regulamentam leis relacionadas ao Direito do Trabalho. Como exemplo, podemos citar o Decreto 27.048/1949, que regulamenta a Lei 605/1949.

Além disso, o Ministério do Trabalho e Emprego também poderá regulamentar questões trabalhistas, como faz, por exemplo, na Instrução Normativa 15, de 14 de julho de 2010, que estabelece procedimentos para assistência do empregado na rescisão do contrato, no âmbito do Ministério do Trabalho e Emprego.

1.4.2.2. Fontes formais autônomas

Ao contrário das fontes heterônomas, essas se caracterizam por serem formadas com a participação imediata dos próprios destinatários da norma jurídica. Aqui, eles participam diretamente no processo de sua elaboração sem a interferência do agente externo (Estado). São exemplos: a convenção coletiva e o acordo coletivo de trabalho.

1.4.2.2.1. Convenção coletiva

É o acordo de caráter normativo entre um ou mais sindicatos de empregados e de empregadores, de modo a definir as condições de trabalho que serão observadas em relação a todos os trabalhadores dessas categorias.

1.4.2.2.2. Acordo coletivo

É o pacto entre uma ou mais empresas com o sindicato da categoria profissional, em que são estabelecidas condições de trabalho aplicáveis às empresas envolvidas.

A convenção e o acordo coletivo serão estudados na Parte II, item 3.4.2, ao qual remetemos o leitor.

1.4.3. Fontes supletivas

É certo que a legislação não consegue observar todas as situações sociais, o que leva à existência de lacunas na ordem jurídica.

De outro lado, nos termos do art. 140 do CPC/2015 não pode o juiz se eximir de sentenciar ou despachar alegando lacuna ou obscuridade da lei. Nessa linha, continua o citado dispositivo ensinando que não havendo normais legais deverá o juiz recorrer à analogia, aos costumes e aos princípios gerais do direito. A Lei de Introdução às Normas do Direito Brasileiro, no art. 4º, traz ensinamento no mesmo sentido, devendo o juiz atender aos fins sociais a que a lei se dirige e às exigências do bem comum, em conformidade com o art. 5º do mesmo diploma legal.

A legislação trabalhista traz a integração das normas no art. 8º da CLT que dispõe que, na falta de disposição legal ou contratual, o operador do direito deverá se socorrer da jurisprudência, da analogia, da equidade, dos princípios, dos usos e costumes e do direito comparado.

Assim, determina o § 1º do art. 8º da CLT que o direito comum será fonte subsidiária do direito do trabalho.

1.4.3.1. Analogia

É a aplicação de uma lei existente para exata hipótese a um caso semelhante. Consiste, em outras palavras, em aplicar a um caso não previsto de modo direto por uma norma jurídica uma norma prevista para uma hipótese semelhante àquela.

Assim, não havendo lei específica para um caso concreto, a primeira medida a ser tomada é verificar a existência de outra lei prevista para um caso semelhante.

1.4.3.2. Jurisprudência

Muito se discute acerca da classificação da jurisprudência como fonte de direito.

A expressão "jurisprudência" se origina do termo latim *iurisprudentia,* direito dos escritos dos *iuris* prudentes, conhecedores do direito. Na época clássica romana, as respostas dadas por estes conhecedores do direito eram consideradas como leis.

Jurisprudência consiste no conjunto de reiteradas decisões dos tribunais sobre certa matéria.

Não pode ser considerada como fonte do direito, pois, em regra, não é tida como de observância obrigatória, pois apenas demonstra o caminho predominante em que os tribunais entendem aplicar a lei, suprindo, inclusive, eventuais lacunas.

Podemos lembrar algumas exceções: a primeira delas vem disposta no § 2º do art. 102 da CF quando menciona que "as decisões definitivas de mérito, proferidas pelo Supremo Tribunal Federal, nas ações diretas de inconstitucionalidade e nas ações declaratórias de constitucionalidade produzirão eficácia contra todos e efeito vinculante, relativamente aos demais órgãos do Poder Judiciário e à administração pública direta e indireta, nas esferas federal, estadual e municipal".

Outra exceção traz o art. 103-A da CF que ensina que "o Supremo Tribunal Federal poderá, de ofício ou por provocação, mediante decisão de dois terços de seus membros, após reiteradas decisões sobre matéria constitucional, aprovar Súmula que, a partir de sua publicação na imprensa oficial, terá efeito vinculante em relação aos demais órgãos do Poder Judiciário e à administração pública direta e indireta, nas esferas federal, estadual e municipal, bem como proceder à sua revisão ou cancelamento, na forma estabelecida em lei".

Já a Lei 9.868/1999, que dispõe sobre o processo e julgamento da ADI e ADC, estabelece no parágrafo único do art. 28 que "a declaração de constitucionalidade ou de inconstitucionalidade, inclusive interpretação conforme a Constituição e a declaração parcial de inconstitucionalidade sem redução de texto, têm eficácia contra todos e efeito vinculante em relação aos órgãos do Poder Judiciário e à Administração Pública federal, estadual e municipal".

O Tribunal Superior do Trabalho manifesta seu entendimento por meio das Súmulas e orientações jurisprudenciais (OJs), que orientam os operadores do Direito do Trabalho, embora não possuam força vinculante.

A Lei 13.467/2017 inseriu ao art. 8º da CLT o § 2º, que determina que as Súmulas e outros enunciados de jurisprudência editados pelo Tribunal Superior do Trabalho e pelos Tribunais Regionais do Trabalho não poderão restringir direitos legalmente previstos nem criar obrigações que não estejam previstas em lei.

1.4.3.3. Princípios gerais de direito

Nas lições de Miguel Reale (em *Lições preliminares de Direito*, 27ª ed. São Paulo, Saraiva, 1996, p. 300): "são enunciações normativas de valor genérico, que condicionam e orientam a compreensão do ordenamento jurídico em sua aplicação e integração ou mesmo para a elaboração de novas normas".

São, portanto, verdadeiros alicerces de um ordenamento jurídico.

1.4.3.4. Equidade

Forma de integração da norma jurídica a um caso específico em que são observados os critérios de justiça e igualdade.

Pela equidade, a regra é interpretada para um caso específico, deixando a norma mais justa àquele determinado caso.

1.4.3.5. Costumes

Os costumes são regras sociais que resultam da prática reiterada, generalizada e prolongada de um certo comportamento, que resulta em uma convicção de obrigatoriedade, de acordo com a cultura específica de cada sociedade.

São comportamentos reiterados por um longo espaço de tempo, por toda uma sociedade, transformando esse comportamento em norma jurídica.

1.4.3.6. Direito comparado

Objetiva o conhecimento dos ordenamentos jurídicos de outros países com base em estudos comparados de seus sistemas.

Como o próprio nome diz, é feito um estudo comparado entre os diversos sistemas jurídicos para a interpretação de determinada norma.

1.5. Princípios trabalhistas

Na definição de Mauricio Godinho Delgado (em *Curso de Direito do Trabalho*, 8ª ed., São Paulo, LTr, 2009, p. 171): "*são proposições fundamentais que se formam na consciência das pessoas e grupos sociais, a partir de certa realidade, e que, após formadas, direcionam-se à compreensão, reprodução ou recriação dessa realidade*".

São 5 os princípios norteadores do Direito do Trabalho:

1.5.1. Princípio protetor

Tem por escopo atribuir uma proteção maior ao empregado, parte hipossuficiente da relação jurídica laboral. Em outras palavras, visa a atenuar a desigualdade existente entre as partes do contrato de trabalho.

O princípio protetor incorpora outros 3 subprincípios:

1.5.1.1. In dubio pro operario

Por meio desse princípio, uma norma jurídica que admita diversas interpretações deverá ser interpretada da maneira que mais favorecer o empregado, ou seja, havendo dúvida quanto à interpretação da norma, deverá ser interpretada de maneira mais vantajosa para o trabalhador.

Impende destacar que não é admitida a aplicação de tal princípio no campo processual. Tal princípio não possui incidência no campo probatório, devendo ser aplicadas nesse caso as regras atinentes ao ônus da prova, em conformidade com o art. 373 do CPC/2015 e art. 818 da CLT.

1.5.1.2. Aplicação da norma mais favorável

Havendo diversas normas válidas incidentes sobre a mesma relação jurídica de emprego, deve ser aplicada aquela mais benéfica ao trabalhador, independentemente da sua posição na hierarquia das leis.

Existem critérios para, de fato, verificar-se qual é a norma mais favorável.

A primeira delas é a teoria da *acumulação*, em que as diversas disposições contidas em diferentes instrumentos normativos devem ser comparadas individualmente, escolhendo, sempre, as mais favoráveis, aplicando, assim, diferentes disposições de diversas normas, como se fosse formada uma terceira norma, apenas com as disposições benéficas.

A segunda é a teoria do *conglobamento*, que estabelece que os instrumentos normativos devem ser comparados em seu todo, aplicando-se aquele que, no conjunto, for mais benéfico ao empregado.

A última delas é a teoria do *conglobamento mitigado*, que busca a norma mais benéfica através da comparação das diversas regras sobre cada instituto ou matéria, aplicando aquela em que o instituto for mais benéfico ao empregado.

Assim, nosso ordenamento jurídico acolheu a teoria do conglobamento mitigado, como se vê no art. 3º, II, da Lei 7.064/1982, que dispõe sobre a situação de trabalhadores brasileiros contratados ou transferidos para prestar serviços no exterior:

> **Art. 3º.** A empresa responsável pelo contrato de trabalho do empregado transferido assegurar-lhe-á, independentemente da observância da legislação do local da execução dos serviços:
>
> I – (...)
>
> II – a aplicação da legislação brasileira de proteção ao trabalho, naquilo que não for incompatível com o disposto nesta lei, quando mais favorável do que a legislação territorial, no conjunto de normas em relação a cada matéria.
>
> Convém destacar que, em conformidade com o art. 620 da CLT as condições estabelecidas em acordo coletivo de trabalho sempre prevalecerão sobre as estipuladas em convenção coletiva de trabalho.

1.5.1.3. Condição mais benéfica

Consagra a aplicação da teoria do direito adquirido. Tal princípio informa ao operador do direito que as vantagens adquiridas não podem ser retiradas, tampouco modificadas para pior.

A CLT traz o princípio da condição mais benéfica em seu art. 468, que assim dispõe: "Nos contratos individuais de trabalho só é lícita a alteração das respectivas condições por mútuo consentimento, e ainda assim desde que não resultem, direta ou indiretamente, prejuízos ao empregado, sob pena de nulidade da cláusula infringente desta garantia."

Assim, as condições mais vantajosas estabelecidas no contrato de trabalho irão prevalecer na hipótese de edição de norma superveniente menos favorável ao empregado.

O TST por meio da Súmula 51, item I, trouxe em seu bojo a aplicação do citado princípio, no qual entendeu que "as cláusulas regulamentares que revoguem ou alterem vantagens deferidas anteriormente, só atingirão os trabalhadores admitidos após a revogação ou alteração do regulamento".

1.5.2. Princípio da irrenunciabilidade

Os direitos trabalhistas são irrenunciáveis. As normas trabalhistas, em geral, possuem caráter imperioso ou cogente, na medida em que são normas de ordem pública e, por sua vez, não podem ser modificadas pelo empregador.

Esse princípio informa ao operador do direito que não se admite, em tese, que o empregado renuncie, abrindo mão dos direitos assegurados por lei.

Porém, como todo princípio, esse também não é absoluto, na medida em que pode haver renúncia desses direitos em determinados casos.

O primeiro critério utilizado é quanto à origem do direito. Por meio desse critério, se o direito estiver previsto na lei, ele será indisponível. No entanto, se estiver previsto em trato consensual, ele será renunciável, desde que não haja proibição legal, prejuízo para o trabalhador, em conformidade com o art. 468 da CLT, e vício de consentimento (arts. 138 a 165 do Código Civil).

O segundo critério é o temporal, ou seja, o momento em que será realizada a renúncia. Desta forma, durante a celebração do contrato de trabalho, não se admite qualquer tipo de renúncia; na vigência do contrato de trabalho será admitida renúncia se houver previsão legal para tanto; já após a cessação do contrato de trabalho é admitida com menor restrição.

1.5.3. Princípio da continuidade da relação de emprego

Tem por objetivo preservar o contrato de trabalho, presumindo a contratação por prazo indeterminado, sendo a exceção o contrato com prazo determinado.

Nessa linha, nos termos do art. 448 da CLT, qualquer mudança na propriedade ou na estrutura jurídica da empresa não afetará os contratos de trabalho dos respectivos empregados. Da mesma forma, qualquer alteração na estrutura jurídica da empresa não afetará os direitos adquiridos por seus empregados (art. 10 da CLT).

O TST faz menção ao princípio em comento na Súmula 212 que ensina: "O ônus de provar o término do contrato de trabalho, quando negados a prestação de serviço e o despedimento, é do empregador, pois o princípio da continuidade da relação de emprego constitui presunção favorável ao empregado."

1.5.4. Princípio da primazia da realidade sobre a forma

Por meio desse princípio, deve prevalecer a efetiva realidade dos fatos e não eventual forma construída em desacordo com a verdade. Havendo desacordo entre o que na verdade acontece com o que consta dos documentos, deverá prevalecer a realidade dos fatos. Isso porque vigora no Direito do Trabalho o chamado "contrato-realidade", no qual se ignora a disposição contratual para se examinar o que ocorre efetivamente.

1.5.5. Princípio da intangibilidade salarial

O princípio da intangibilidade salarial vem estampado no art. 462 da CLT, que determina a proibição ao empregador de efetuar descontos no salário do empregado, o qual deve receber seu salário de forma integral. Apenas será permitido o desconto se resultar de adiantamento, de dispositivos de lei (Lei 10.820/2003) ou de contrato coletivo.

Para mais considerações sobre esse princípio, remetemos o leitor ao item 7.8.4. em que é estudado o tema salário e remuneração.

1.6. Programa Seguro-Emprego – PSE

Introduzido em nosso sistema jurídico por meio da Medida Provisória 680/2015, convertida na Lei 13.189/2015 e posteriormente modificada pela Medida Provisória 761/2016 e convertida na Lei 13.456/2017, o Programa Seguro-Emprego (PSE) foi criado com o fim de desestimular demissões em empresas que se encontram, temporariamente, em dificuldades financeiras. Objetiva, também, favorecer a recuperação econômico-financeira das empresas, sustentar a demanda durante momentos de crise, facilitando a recuperação da economia e, ainda, estimular a produtividade do trabalho.

Nos termos do parágrafo único, do art. 1º da Lei 13.189/2015 o PSE consiste em ação para auxiliar os trabalhadores na preservação de seu emprego e ter por objetivo:

> I – possibilitar a preservação dos empregos em momentos de retração da atividade econômica;
>
> II – favorecer a recuperação econômico – financeira das empresas;
>
> III – sustentar a demanda agregada durante momentos de adversidade, para facilitar a recuperação da economia;
>
> IV – estimular a produtividade do trabalho por meio do aumento da duração do vínculo empregatício; e
>
> V – fomentar a negociação coletiva e aperfeiçoar as relações de emprego

Poderão aderir ao PSE as empresas de todos os setores em situação de dificuldade econômico-financeira que celebrarem acordo coletivo de trabalho específico de redução de jornada e de salário.

De acordo com o § 1º do art. 2º da citada lei, a adesão ao PSE pode ser feita até 31 de dezembro de 2017, e o prazo máximo de permanência no programa é de 24 (vinte e quatro) meses, respeitada a data de extinção do programa, o que deverá ocorrer em 31 de dezembro de 2018, art. 11 da Lei 13.189/2015.

As empresas que demonstrarem a observância à cota de pessoas portadoras de necessidades especiais, bem como as microempresas e empresas de pequeno porte e a empresa que possua em seus quadros programa de reinserção profissional de egressos do sistema penitenciário, terão prioridade na adesão do programa.

Em conformidade com o art. 3º da Lei 13.189/2015 para aderir ao programa a empresa deverá observar os seguintes requisitos:

a) celebrar e apresentar acordo coletivo de trabalho específico, nos termos do art. 5º;

b) apresentar, ao Ministério do Trabalho, solicitação de adesão ao PSE;

c) apresentar a relação dos empregados abrangidos, especificando o salário individual;

d) ter registro no Cadastro Nacional da Pessoa Jurídica – CNPJ há, no mínimo, dois anos;

e) comprovar a regularidade fiscal, previdenciária e relativa ao Fundo de Garantia do Tempo de Serviço – FGTS; e

f) comprovar a situação de dificuldade econômico-financeira, fundamentada no Indicador Líquido de Empregos – ILE, considerando-se nesta situação a empresa cujo ILE seja igual ou inferior ao percentual a ser definido em ato do Poder Executivo federal, apurado com base nas informações disponíveis no Cadastro Geral de Empregados e Desempregados – CAGED, consistindo o ILE no percentual representado pela diferença entre admissões e demissões acumulada nos doze meses anteriores ao da solicitação de adesão ao PSE dividida pelo número de empregados no mês anterior ao início desse período.

Uma vez aderindo ao programa a empresa poderá reduzir, temporariamente, em até 30%, a jornada de trabalho de seus empregados, com redução proporcional do salário, art. 5º, da Lei 13.189/2015, com a redação dada pela Lei 13.456/2017. De outro lado, o Governo Federal, usando recursos do FAT, garantirá aos empregados que tiverem seu salário reduzido compensação pecuniária equivalente a 50% do valor da redução salarial, limitado a 65% do valor da parcela máxima do seguro-

-desemprego, art. 4º da Lei 13.189/2015, com a redação dada pela Lei 13.456/2017.

Durante o período de adesão, é proibida a realização de horas extraordinárias pelos empregados abrangidos pelo PSE.

A empresa que aderir ao PSE fica proibida de dispensar arbitrariamente ou sem justa causa os empregados que tiverem sua jornada de trabalho temporariamente reduzida enquanto vigorar a adesão ao PSE.

Após o seu término, durante o prazo equivalente a 1/3 (um terço) do período de adesão, o empregado terá garantia no emprego, ou seja, não poderá ser demitido, salvo por justa causa, art. 6º, I, da Lei 13.189/2015, com a redação dada pela Lei 13.456/2017. Em outras palavras, o empregado que aderiu ao PSE por um período de 6 meses, após o término de vigência da PSE terá garantia do emprego (estabilidade provisória) por 2 meses.

A empresa ainda ficará proibida de contratar empregado para executar, total ou parcialmente, as mesmas atividades exercidas por empregado abrangido pelo programa, salvo em se tratando de:

a) reposição;

b) aproveitamento de concluinte de curso de aprendizagem na empresa, nos termos do art. 429 da CLT.

c) efetivação de estagiário;

d) contratação de pessoas com deficiência ou idosa; e

e) contratação de egresso dos sistemas prisional e de medidas socioeducativas.

Nessas hipóteses em que se admite a contratação o empregado contratado deverá ser abrangido pelo acordo coletivo de trabalho específico de adesão ao PSE.

2. DIREITO INTERNACIONAL DO TRABALHO

O Direito Internacional do Trabalho é um ramo do Direito Internacional Público.

No que se refere à relação entre o Direito Internacional e o Direito interno de cada Estado, duas teorias se destacam: a teoria monista e a teoria dualista.

No Brasil prevalece a teoria monista, onde "o Direito Internacional e Direito Interno integram uma mesma unidade de ordem jurídica" (Gustavo Felipe Barbosa Garcia, em *Curso de Direito do Trabalho*, 6ª ed., Rio de Janeiro, Forense, 2012, p. 122).

Para que as normas jurídicas internacionais integrem nosso sistema jurídico, é necessário que passem por um processo de aprovação.

Nessa linha dispõe o art. 84, VIII, da CF:

> **Art. 84.** Compete privativamente ao Presidente da República:
>
> (...)
>
> VIII – celebrar tratados, convenções e atos internacionais, sujeitos a referendo do Congresso Nacional;

A celebração é composta de 3 fases:

a) fase de negociação: nessa fase são discutidas as disposições da norma a ser firmada;

b) fase deliberatória: nessa fase discute-se o conteúdo que irá integrar a norma internacional;

c) fase de assinatura: é nessa fase que se materializa a celebração da norma na esfera internacional.

Porém, é necessário, ainda, a aprovação pelo Congresso Nacional.

Assim, o Congresso Nacional poderá, por meio de Decreto Legislativo, aprovar ou rejeitar a norma internacional celebrada. Uma vez aprovada, deverá ser realizada a ratificação do ato, por meio de seu depósito no órgão internacional.

Após sua celebração, aprovação e ratificação a norma será promulgada pelo Presidente da República, por meio de Decreto presidencial.

3. CONTRATO DE TRABALHO

3.1. Relação de emprego e relação de trabalho

É comum a utilização das expressões "relação de emprego" e "contrato de trabalho" para se referir ao vínculo empregatício existente entre empregado e empregador. Trata-se, pois, do contrato individual de trabalho.

Relação de trabalho possui caráter genérico, referindo-se a toda modalidade de contratação de trabalho humano. Todas as relações jurídicas caracterizadas por terem sua prestação essencial centrada em uma obrigação de fazer consubstanciada em labor humano, em troca de um valor pecuniário ou não pecuniário, consistem em uma relação de trabalho.

Abarca, portanto, a relação de emprego e as demais relações de trabalho como a relação do autônomo, do eventual, do avulso, do temporário, do estagiário etc.

Já a relação de emprego é uma espécie de relação de trabalho, firmada por meio de contrato de trabalho que, por sua vez, é composto pela reunião dos elementos fático-jurídicos dispostos nos arts. 2º e 3º da CLT. O correto seria, então, ser chamado de contrato de emprego e não de contrato de trabalho.

Para diferenciarmos as relações de trabalho das relações de emprego, devemos levar em conta o elemento **subordinação**, ou seja, o vínculo de dependência existente entre os contratantes. Assim, é correto afirmar que a relação de emprego seria uma espécie de relação de trabalho, diferenciada das demais em vista da presença do elemento **subordinação**.

3.2. Conceito

O art. 442 da CLT ensina que contrato de trabalho *é o acordo tácito ou expresso correspondente à relação de emprego*. Em outras palavras, é o negócio jurídico em que o empregado compromete-se a prestar serviços de forma pessoal, subordinada e não eventual ao empregador, mediante o pagamento de uma contraprestação.

3.3. Características

Podemos citar como características do contrato de trabalho:

3.3.1. Contrato de direito privado

Como dissemos, embora possamos observar no Direito do Trabalho diversas normas de caráter cogente, não podemos afirmar que esse ramo do direito possa classificar-se como de Direito Público, na medida em que não regula os interesses do Estado.

O que existe é uma intervenção do Estado, estando as partes livres para estipular as cláusulas, desde que respeitem as normas de proteção existentes na Constituição Federal e na CLT.

3.3.2. *Intuitu personae em relação ao empregado*

A prestação de serviço deve ser pessoal, sendo vedada a substituição do empregado, salvo concordância do empregador.

3.3.3. *Consensual*

Surge da vontade das próprias partes, resultante de um acordo de vontades.

3.3.4. *Sinalagmático*

Gera deveres e obrigações entre cada uma das partes. O empregado tem a obrigação de prestar o serviço para o qual foi contratado; dever de obediência ao poder de direção do empregador e o direito de receber sua remuneração. O empregador tem a obrigação de pagar o salário ajustado e o direito de exigir o serviço prestado.

3.3.5. *Sucessivo ou continuado*

A relação apresenta continuidade no tempo. O contrato pressupõe a continuidade da prestação de serviço, não se tratando de obrigação instantânea; a obrigação de fazer não se esgota em uma única prestação.

3.3.6. *Oneroso*

Não se trata de trabalho gratuito. O contrato implica o pagamento de uma remuneração como contraprestação do serviço realizado.

3.4. Requisitos

A partir do conceito explicitado, podemos extrair os requisitos do contrato de trabalho, ou melhor, os requisitos caracterizadores da relação de emprego, quais sejam:

3.4.1. *Pessoa física*

O empregado é sempre uma pessoa física ou natural.

3.4.2. *Pessoalidade*

O empregado deve prestar pessoalmente os serviços, não podendo fazer-se substituir por outra pessoa. O trabalho deve ser exercido pelo próprio trabalhador, em razão de suas qualificações profissionais e pessoais, por isso diz-se que o contrato de trabalho é "*intuitu personae*" ou personalíssimo.

3.4.3. *Não eventualidade ou habitualidade*

O empregado presta serviços de maneira contínua, não eventual. O trabalho deve ser contínuo.

Ao falarmos de habitualidade, devemos ter em mente a expectativa de que ambas as partes possuem na prestação laboral, ou seja, o trabalhador sabe que deve ir todos os dias ao trabalho e, de outro lado, o empregador aguarda todos os dias seu empregado para o desempenho das atividades laborais.

3.4.4. *Subordinação*

O empregado é um trabalhador cuja atividade é exercida sob dependência de outrem, para quem sua atividade é dirigida: o empregador.

O empregado presta serviço subordinado, pois deve acolher o poder de direção do empregador no modo de realização do labor.

A dependência ou subordinação é decorrente do contrato de trabalho, por isso é chamada de "subordinação jurídica".

O trabalho é, desta forma, dirigido pelo empregador, que exerce o poder diretivo.

3.4.5. *Onerosidade*

O trabalho é exercido almejando o recebimento de salário. Em outras palavras, podemos dizer que, ao firmar o contrato de trabalho, o empregado objetiva o recebimento dessa contraprestação pelo serviço que presta.

Caso os serviços sejam executados gratuitamente, não restará configurada a relação de emprego. É o que ocorre, por exemplo, com os serviços religiosos, voluntários, comunitários, filantrópicos etc.

3.4.6. *Período de experiência na atividade contratada*

O art. 442-A, inserido na CLT com o advento da Lei 11.644/2008, impôs ao empregador um limite temporal para contratação de empregados.

Pelo novel dispositivo legal, o empregador não poderá exigir, no ato da contratação, mais de 6 (seis) meses de prática do candidato para a atividade, ou seja, não poderá o empregador exigir dos pretensos empregados período de experiência superior a 6 (seis) meses para aquela determinada função.

Dispõe o art. 442-A da CLT:

> "Para fins de contratação, o empregador não exigirá do candidato a emprego comprovação de experiência prévia por tempo superior a 6 (seis) meses no mesmo tipo de atividade".

É importante ressaltar que a limitação vale para todos os cargos e categorias profissionais, inclusive para cargos de chefia, gerentes, e, ainda, para contratação com a Administração Pública, quando regidos pela CLT.

Por não fazer qualquer tipo de limitação em relação à atividade a ser contratada, a norma não comporta interpretação restritiva. Deve, contudo, ser interpretada ampliativamente, pois representa uma norma de caráter genérico que deve ser aplicada a toda espécie de contratação.

Como dito, essa imposição afetará, também, a contratação com a Administração Pública quando adotar o regime jurídico celetista para contratação (arts. 37, II, e 173, § 1º, II, da CF). Desta forma, ao abrir um concurso público e adotar o regime jurídico celetista para contratação, a Administração Pública deverá obedecer à nova imposição legal, não podendo lançar no edital do concurso exigência superior a 6 meses para a função.

Por último, vale lembrar que essa limitação em nada se confunde com o prazo de 90 dias estabelecido para o contrato de experiência contido no art. 445, parágrafo único, da CLT. A limitação em estudo representa um elemento pré-contratual, ao passo que o contrato de experiência é um contrato de trabalho formalizado e com prazo determinado.

3.4.7. *Exclusividade*

Apenas para melhor elucidar os requisitos do contrato de trabalho, é importante lembrar que a exclusividade na prestação não é uma exigência legal.

Desta forma, legitimamente, nada impede que alguém possua mais de um emprego, desde que haja compatibilidade de horários.

Importante lembrar que, no que diz respeito ao contrato de trabalho do autônomo, é vedada a celebração de cláusula de exclusividade no contrato, art. 442-B, § 1º, da CLT.

3.5. Elementos do contrato de trabalho

O contrato de trabalho é o "acordo, tácito ou expresso, correspondente à relação de emprego".

Para ser válido deverá observar os elementos de validade do negócio jurídico, previstos no art. 104 do Código Civil, quais sejam: agente capaz, objeto lícito, vontade sem vícios, forma prescrita ou não proibida por lei.

3.5.1. Forma

A lei trabalhista não prescreve, em regra, forma especial, podendo ser pactuado de forma verbal, inclusive tácita. É correto afirmar, portanto, que, em regra, o contrato de trabalho não é contrato do tipo solene, tendo em vista que a lei trabalhista não exige nenhuma forma especial para sua validade. Apenas em alguns contratos especiais exige-se forma prescrita, como, por exemplo, o contrato de aprendiz, entre outros.

3.5.2. Agente capaz

É importante frisar que a Constituição Federal, em seu art. 7º, XXXIII, proíbe o trabalho noturno, perigoso e insalubre aos menores de 18 anos e de qualquer trabalho aos menores de 16 anos, salvo na condição de aprendiz, a partir dos 14 anos.

Na esfera trabalhista, a capacidade poderia ser dividida da seguinte maneira:

3.5.2.1. Absolutamente incapazes

Seriam os menores de 14 anos, na medida em que é vedado a eles qualquer tipo de atividade.

3.5.2.2. Relativamente incapazes

Aqueles com idades entre 14 e 18 anos. Em conformidade com o art. 7º, XXXIII, da CF, o trabalho é proibido para idades entre 16 e 18 anos no horário noturno e em condições perigosas ou insalubres e, em qualquer atividade, aos menores de 16 anos, salvo como aprendiz a partir dos 14 anos de idade.

3.5.2.3. Capazes

As pessoas com idade igual ou superior a superior a 18 anos de idade.

3.5.2.4 Trabalho do índio

Nos termos do art. 4º, parágrafo único, do Código Civil: "A capacidade dos indígenas será regulada por legislação especial."

A legislação que regula a situação jurídica dos índios é a Lei 6.001/1973 (Estatuto do Índio). O seu art. 8º dispõe:

> **Art. 8º** São nulos os atos praticados entre o índio não integrado e qualquer pessoa estranha à comunidade indígena quando não tenha havido assistência do órgão tutelar competente.

Todavia, dispõe o parágrafo único do mesmo dispositivo que essa regra não se aplica ao índio que revele consciência e conhecimento do ato praticado, desde que não lhe seja prejudicial, e da extensão dos seus efeitos.

Com relação à capacidade, é importante destacar o art. 4º da Lei 6.001/1973:

> **Art. 4º.** Os índios são considerados:
>
> I – Isolados – Quando vivem em grupos desconhecidos ou de que se possuem poucos e vagos informes através de contatos eventuais com elementos da comunhão nacional;
>
> II – Em vias de integração – Quando, em contato intermitente ou permanente com grupos estranhos, conservam menor ou maior parte das condições de sua vida nativa, mas aceitam algumas práticas e modos de existência comuns aos demais setores da comunhão nacional, da qual vão necessitando cada vez mais para o próprio sustento;
>
> III – Integrados – Quando incorporados à comunhão nacional e reconhecidos no pleno exercício dos direitos civis, ainda que conservem usos, costumes e tradições característicos da sua cultura.

Nessa linha, ensina o art. 15 da mesma lei que o contrato de trabalho firmado com o índio considerado isolado é nulo de pleno direito.

Já com o indígena em processo de integração, o trabalho dependerá de prévia aprovação do órgão de proteção do ao índio, a FUNAI (Fundação Nacional do Índio), instituída pela Lei 5.371/1967.

Desta forma, podemos entender a capacidade para o trabalho do índio da seguinte forma:

a) capacidade plena: aos índios integrados à sociedade;

b) capacidade relativa: índios em processo de integração, cujo trabalho dependerá da aprovação da FUNAI;

c) incapacidade: são incapazes os índios isolados.

Importante ressaltar que nos casos de contrato de trabalho celebrado com indígena isolado ou em processo de integração, sem a aprovação do órgão competente, todos os direitos trabalhistas lhe serão assegurados.

3.5.3. Objeto

Nos termos do art. 444 da CLT as relações contratuais de trabalho podem ser objeto de livre estipulação das partes interessadas em tudo quanto não contravenha às disposições de proteção ao trabalho, aos contratos coletivos que lhes sejam aplicáveis e às decisões das autoridades competentes.

Essa livre estipulação aplica-se às hipóteses previstas no art. 611-A da CLT, com a mesma eficácia legal e preponderância sobre os instrumentos coletivos, no caso de empregado portador de diploma de nível superior e que perceba salário mensal igual ou superior a duas vezes o limite máximo dos benefícios do Regime Geral de Previdência Social.

Com relação ao objeto, cumpre distinguir o trabalho ilícito do trabalho proibido.

Trabalho proibido é aquele que, por motivos vários, a lei impede que seja exercido por determinadas pessoas ou em determinadas circunstâncias, como, por exemplo, o trabalho do menor em condições insalubres (art. 405, I, da CLT). Nessa hipótese, o trabalhador poderá reclamar o que lhe é devido pelos serviços prestados, ainda que o contrato seja nulo. Desta forma, caso um menor seja admitido como empregado, desfeito o contrato sem culpa sua, terá todos os direitos que a lei assegura a quem presta trabalho subordinado e em função do tempo de serviço.

Por outro lado, trabalho ilícito é aquele não permitido porque seu objeto consiste na prestação de atividades criminosas e/ou contravencionais. Nele não se cogita vínculo de emprego, pois o respectivo negócio jurídico é destituído de validade, conforme dispõe o art. 104, II, do Código Civil. Se a nulidade decorre da ilicitude do objeto do contratado, o trabalhador já não poderá reclamar o pagamento dos serviços prestados.

Assim, se uma pessoa presta serviços a outrem, mas o objeto da prestação é ilícito, como, por exemplo, o jogo do bicho, não haverá relação de emprego.

A respeito do trabalho ilícito, a SDI 1 do TST editou a Orientação Jurisprudencial 199, que assim dispõe:

> OJ-SDI1-199 – JOGO DO BICHO. CONTRATO DE TRABALHO. NULIDADE. OBJETO ILÍCITO
>
> É nulo o contrato de trabalho celebrado para o desempenho de atividade inerente à prática do jogo do bicho, ante a ilicitude de seu objeto, o que subtrai o requisito de validade para a formação do ato jurídico.

Será considerado nulo o contrato de trabalho nos mesmos casos de nulidade do ato jurídico em geral, ou quando concluído com o objetivo de desvirtuar, impedir ou fraudar as normas de proteção ao trabalho, em conformidade com o art. 9.º da CLT.

3.6. Contratação pela administração pública

Nos termos do art. 37, II, da CF a investidura em cargo ou emprego público depende, em regra, de aprovação prévia em concurso público de provas ou de provas e títulos, de acordo com a natureza e a complexidade do cargo ou emprego.

Desta forma, para que o contrato seja considerado lícito, deverá seguir a obrigatoriedade de concurso público, inclusive as sociedades de economia mista e as empresas públicas.

Nessa linha, entende o TST, através da Súmula 363, que após a Constituição Federal de 1988 a contratação de servidor público, sem prévia aprovação em concurso público, encontra óbice no art. 37, II e § 2º, sendo o contrato considerado nulo. Nesse caso, somente será garantido ao obreiro o direito ao pagamento da contraprestação pactuada, em relação ao número de horas trabalhadas, respeitado o valor da hora do salário mínimo, e dos valores referentes aos depósitos do FGTS.

Importante lembrar o entendimento consubstanciado na Súmula 430 do TST:

> SÚMULA 430 – ADMINISTRAÇÃO PÚBLICA INDIRETA. CONTRATAÇÃO. AUSÊNCIA DE CONCURSO PÚBLICO. NULIDADE. ULTERIOR PRIVATIZAÇÃO. CONVALIDAÇÃO. INSUBSISTÊNCIA DO VÍCIO.
>
> Convalidam-se os efeitos do contrato de trabalho que, considerado nulo por ausência de concurso público, quando celebrado originalmente com ente da Administração Pública Indireta, continua a existir após a sua privatização.

3.7. Contrato de trabalho por equipe

O contrato de equipe não pode ser confundido com o contrato coletivo de trabalho, que é regulado pelo Direito Coletivo do Trabalho.

O contrato de equipe é constatado pela reunião de diversos contratos individuais de trabalho, mantidos em conjunto, mas cada um deles considerados autonomamente.

Esses diversos contratos de trabalho estão ligados entre si em decorrência da própria forma de prestação de serviços, existência de objeto comum e identidade de empregador.

Como exemplo, podemos imaginar a contratação de uma banda musical ou orquestras.

3.8. Teletrabalho

Nos termos do art. 75-B da CLT considera-se "teletrabalho" a prestação de serviços preponderantemente fora das dependências do empregador, com a utilização de tecnologias de informação e de comunicação que, por sua natureza, não se constituam como trabalho externo.

Assim, se enquadrará no regime do teletrabalho o empregado que exercer, na maior parte do tempo, suas atividades fora dos muros da empresa, mas, via de regra, em um local fixo e específico, sem a necessidade de se locomover para exercer suas atividades, desde que seja feito pelo empregador o uso das tecnologias da informação e telecomunicação, para recebimento e envio das atribuições ao empregado. Como exemplo, podemos citar o empregado que trabalha em residência própria, biblioteca, cafeteria etc.

Importante frisar que o comparecimento do empregado às dependências do empregador para a realização de atividades específicas que exijam sua presença no estabelecimento não descaracterizará o regime de teletrabalho.

De acordo com o texto consolidado, o obreiro que trabalha externamente, ou seja, o vendedor externo, o motorista, dentre outros, que não possuem um local fixo para exercer suas atividades, não são teletrabalhadores. Isso porque são considerados trabalhadores externos e serão enquadrados na disposição do art. 62, inciso I da CLT, ainda que utilizem equipamentos informáticos, como smartphones e rastreadores via GPS para se comunicar com o empregador.

No contrato de trabalho, deverá constar expressamente a modalidade de prestação de serviços "teletrabalho", devendo especificar as atividades que serão realizadas pelo empregado.

As disposições relativas à responsabilidade pela aquisição, manutenção ou fornecimento dos equipamentos tecnológicos e da infraestrutura necessária e adequada à prestação do trabalho remoto, bem como ao reembolso de despesas arcadas pelo empregado, também ficarão definidas no contrato de trabalho. Vale lembrar que, essas utilidades não integram a remuneração do empregado.

3.8.1. Alteração entre os regimes presencial e teletrabalho

O § 1º do art. 75-C da CLT entende ser possível a alteração entre o regime presencial e de teletrabalho, desde que por mútuo acordo entre as partes, devendo ser registrado em aditivo contratual.

Por outro lado, o § 2º do mesmo dispositivo legal ensina que a alteração do regime de teletrabalho para o presencial poderá ser realizada por determinação do empregador, sendo garantido prazo de transição mínimo de quinze dias, com correspondente registro em aditivo contratual.

3.8.2. Jornada de trabalho

O obreiro em teletrabalho não é protegido pelo regime de duração do trabalho, podendo laborar acima do limite constitucional. Isso porque, o legislador incluiu no art. 62 da CLT o inciso III que ensina que o empregado em regime de teletrabalho não é abrangido pela proteção da duração do trabalho.

3.8.3. Responsabilidades do empregador por doenças e acidentes do trabalho

O empregador será o responsável pela saúde e segurança do obreiro. O empregador, por força do contrato de trabalho, está obrigado a dar ao empregado as condições plenas de trabalho, nos aspectos da segurança, salubridade e condições de higiene e conforto.

O art. 157 da CLT, assim dispõe:

Art. 157. Cabe às empresas:

I - cumprir e fazer cumprir as normas de segurança e medicina do trabalho;

II - instruir os empregados, através de ordens de serviço, quanto às precauções a tomar no sentido de evitar acidentes do trabalho ou doenças ocupacionais;

III - adotar as medidas que lhes sejam determinadas pelo órgão regional competente;

IV - facilitar o exercício da fiscalização pela autoridade competente.

Nessa linha, determina o art. 75-E da CLT que o empregador deverá instruir os empregados, de maneira expressa e ostensiva, quanto às precauções a tomar com o fim de evitar doenças e acidentes de trabalho.

Em contrapartida, o empregado deverá assinar termo de responsabilidade comprometendo-se a seguir as instruções fornecidas pelo empregador.

3.9. Anotações na Carteira de Trabalho e livro de registro de funcionários

O art. 29 da CLT determina que a Carteira de Trabalho e Previdência Social (CTPS) será obrigatoriamente apresentada, contra recibo, pelo trabalhador ao empregador que o admitir, o qual terá o prazo de quarenta e oito horas para nela anotar, especificamente, a data de admissão, a remuneração e as condições especiais, se houver, sendo facultada a adoção de sistema manual, mecânico ou eletrônico, conforme instruções a serem expedidas pelo Ministério do Trabalho.

As anotações concernentes à remuneração devem especificar o salário, qualquer que seja sua forma de pagamento, seja ele em dinheiro ou em utilidades, bem como a estimativa da gorjeta.

Nessa linha, o art. 41 da CLT dispõe que em todas as atividades será obrigatório para o empregador o registro dos respectivos trabalhadores, podendo ser adotados livros, fichas ou sistema eletrônico, conforme instruções a serem expedidas pelo Ministério do Trabalho.

O empregador que mantiver empregado não registrado nesses termos ficará sujeito a multa no valor de R$ 3.000,00 (três mil reais) por empregado não registrado, acrescido de igual valor em cada reincidência. Em se tratando de microempresa ou empresa de pequeno porte, o valor final da multa aplicada será de R$ 800,00 (oitocentos reais) por empregado não registrado, art. 47 e § 1º, da CLT.

O parágrafo único do art. 41 da CLT impõe outra obrigação ao empregador. Por meio do citado dispositivo, além da qualificação civil ou profissional de cada trabalhador, deverão ser anotados todos os dados relativos à sua admissão no emprego, duração e efetividade do trabalho, a férias, acidentes e demais circunstâncias que interessem à proteção do trabalhador. Na hipótese de não serem informados esses dados, o empregador ficará sujeito à multa de R$ 600,00 (seiscentos reais) por empregado prejudicado, nos termos do art. 47-A da CLT.

3.10. Duração dos contratos de trabalho

O contrato individual de trabalho poderá ser acordado tácita ou expressamente, verbalmente ou por escrito, por prazo determinado ou indeterminado, ou para prestação de trabalho intermitente, art. 443 da CLT.

Em função do princípio da continuidade da relação de emprego, os contratos de trabalho são, em regra, por prazo indeterminado. Assim, presume-se (presunção relativa - *juris tantum*) que o contrato de trabalho tenha sido pactuado por prazo indeterminado, regra do sistema trabalhista brasileiro.

Excepcionalmente são admitidos, pela legislação, os contratos a termo ou por prazo determinado. Nesses contratos as partes já sabem previamente qual será a data de seu início e término, ou seja, o contrato é celebrado por certo lapso temporal. Este tipo de contrato somente poderá ser pactuado nos casos permitidos pela legislação em vigor.

Três modalidades de contratos a termo estão dispostos na própria CLT, em seu art. 443 e parágrafos, enquanto os demais estão previstos em legislações esparsas.

3.10.1. Contratos por prazo determinado da CLT

Para hipóteses de serviços cuja natureza ou transitoriedade justifique a predeterminação do prazo, para atividades empresarias de caráter transitório e por contrato de experiência, a CLT admite que o contrato de trabalho seja pactuado por prazo certo.

3.10.1.1. Serviços cuja natureza ou transitoriedade justifiquem a predeterminação do prazo

A CLT admite em seu art. 443, § 2º, "*a*", a contratação com prazo determinado em se tratando de serviço cuja natureza ou transitoriedade justifiquem a predeterminação do prazo.

Essa hipótese ocorrerá quando o serviço possuir caráter transitório, ou seja, é levada em consideração a natureza ou a periodicidade do serviço prestado, como, por exemplo, a contratação de um empregado para atender a um aumento transitório na produção de ovos de chocolate, no período de Páscoa.

3.10.1.2. Atividades empresariais de caráter transitório

Nas atividades empresariais de caráter transitório, diferentemente da hipótese estudada anteriormente, a própria atividade da empresa possui caráter transitório. Podemos citar como exemplo um restaurante que funciona apenas em certas épocas do ano, como no Natal ou Ano Novo.

Em ambas as hipóteses, o contrato não poderá exceder o período de 2 (dois) anos, admitindo-se apenas uma única prorrogação, desde que obedecido esse prazo máximo, ou seja, mesmo prorrogado o contrato não poderá exceder 2 (dois) anos.

3.10.1.3. Contrato de experiência

Disciplinado no art. 443, § 2º, "c", da CLT, é uma modalidade do contrato por prazo determinado, no qual as partes irão se testar mutuamente, ou seja, o empregador verificará se o empregado tem aptidão para exercer a função para a qual foi contratado e o empregado irá verificar se o empregador cumpre com suas obrigações em dia, se é tratado com civilidade etc.

O contrato de experiência não poderá exceder 90 dias e, também, só poderá ser prorrogado uma única vez, sempre observado o prazo máximo de sua duração.

É importante ressaltar a regra disposta no art. 452 da CLT que ensina ser necessário, entre uma contratação e outra, a observância de um período mínimo de 6 meses, sob pena de ser considerado contrato por prazo indeterminado.

O próprio art. 452, em sua parte final, traz exceção a essa regra. Assim, o empregador poderá contratar novamente com prazo determinado, mesmo antes do prazo de 6 meses:

a) caso a expiração do primeiro contrato tenha dependido da execução de serviços especializados: são hipóteses em que o profissional contratado exerce um serviço especializado, por exemplo, o profissional que montará um equipamento na empresa; permite-se a celebração de um novo contrato a prazo para a montagem de um novo maquinário;

b) caso a expiração do primeiro contrato ocorra pela realização de certos acontecimentos: ocorre com o trabalhador contratado para trabalhar em períodos de aumento de serviços, como no Natal, carnaval, férias, entre outros. Cessando esses acontecimentos, poderá haver nova contratação mesmo antes do período de 6 meses.

3.10.2. Rescisão nos contratos por prazo determinado

Os contratos com prazo determinado poderão se extinguir pelo seu termo ou, antecipadamente, por vontade de qualquer das partes.

Na primeira hipótese, o contrato se encerrará com o advento do seu termo. Porém, extinto antecipadamente o contrato de trabalho por vontade do empregador, nos termos do art. 479 da CLT, será este obrigado a pagar indenização correspondente à metade da remuneração a que teria direito até o termo do contrato. Caso seja o empregado que, sem justa causa, queira rescindir o contrato antes do prazo ajustado, será obrigado a indenizar o empregador dos prejuízos que desse fato lhe resultarem – art. 480 da CLT. Nesse caso, a indenização paga pelo empregado não poderá ser mais alta do que ele teria direito em iguais condições.

No entanto, é permitido às partes instituírem uma cláusula que cuide da hipótese de rescisão antecipada do contrato por prazo determinado pactuado. Nesses termos, convencionada a *cláusula assecuratória do direito recíproco de rescisão* e exercido tal direito por qualquer das partes, serão aplicados os princípios que regem a rescisão dos contratos por prazo indeterminado, em conformidade com o art. 481 da CLT, inclusive com a incidência de aviso-prévio.

É importante ressaltar que a regra contida no art. 479 da CLT não é aplicável aos contratos com prazo determinado disciplinados pela Lei 9.601/1998 por expressa vedação da art. 1º, § 1º, I, da Lei 9.601/1998.

3.10.3. Contrato de trabalho intermitente

Considera-se como intermitente o contrato de trabalho no qual a prestação de serviços, com subordinação, não é contínua, ocorrendo com alternância de períodos de prestação de serviços e de inatividade, determinados em horas, dias ou meses, independentemente do tipo de atividade do empregado e do empregador, exceto para os aeronautas, que são regidos por legislação própria, art. 443, § 3º, da CLT.

Por esse tipo de contrato de trabalho, o empregador celebrará um contrato com um empregado que ficará a sua disposição até ser "convocado" para o trabalho. Sempre que o empregador necessitar dos préstimos do empregado deverá avisá-lo com pelo menos três dias de antecedência. O empregado, então, prestará serviços à empresa pelo período pactuado, seja qual for esse período, ou seja, duas horas, duas semanas, dois meses.

Importante ressaltar que os aeronautas, por possuírem legislação própria (Lei 13.475/2017) estão proibidos de celebrar contrato de trabalho intermitente.

O contrato intermitente é um contrato de trabalho diferenciado que flexibiliza os períodos de prestação de serviço tanto para o empregado, quanto para o empregador, mas preserva ao empregado os benefícios da Previdência, FGTS etc.

Nos termos do art. 452-A da CLT o contrato de trabalho intermitente será celebrado por escrito e registrado na CTPS, ainda que previsto acordo coletivo de trabalho ou convenção coletiva, e conterá:

> I – identificação, assinatura e domicílio ou sede das partes;
>
> II – valor da hora ou do dia de trabalho, que não poderá ser inferior ao valor horário ou diário do salário mínimo, assegurada a remuneração do trabalho noturno superior à do diurno. Esse valor não poderá ser inferior àquele devido aos demais empregados do estabelecimento que exerçam a mesma função;
>
> III – o local e o prazo para o pagamento da remuneração.

3.10.3.1. Convocação do empregado

O empregador deverá convocar o empregado para prestar serviços por qualquer meio de comunicação eficaz, informando-o qual será a jornada, com, pelo menos, três dias corridos de antecedência, art. 452-A, § 1º, da CLT.

Recebida a convocação, o empregado terá o prazo de 24 horas para responder ao chamado. Caso não responda nesse prazo, ficará presumida a recusa. Importante notar que a recusa da oferta não descaracteriza a subordinação para fins do contrato de trabalho intermitente.

Para os contratos com período inferior a um mês, na data ajustada entre as partes, o empregado deverá receber as seguintes verbas:

> I – remuneração;
>
> II – férias proporcionais com acréscimo de um terço;
>
> III – décimo terceiro salário proporcional;
>
> IV – repouso semanal remunerado; e
>
> V – adicionais legais.

No entanto, em se tratando de contrato de trabalho intermitente com prazo superior a um mês, o pagamento dessas mesmas verbas não poderá ser estipulado por período superior a um mês, contado a partir do primeiro dia do período de prestação de serviço.

Por último, importante destacar que, a cada doze meses, o empregado adquire direito a usufruir, nos doze meses subsequentes, um mês de férias, período no qual não poderá ser convocado para prestar serviços pelo mesmo empregador. Mediante prévio acordo com o empregador, o período de férias poderá ser usufruído em até três períodos, na forma do art. 134, §1º da CLT.

3.10.3.2. Período de inatividade

Período de inatividade é o intervalo temporal distinto daquele para o qual o empregado intermitente haja sido convocado e tenha prestado serviços, art. 452-C da CLT. Em outras palavras, é o período de inatividade, período em que o empregado ainda não foi convocado e, portanto, não está prestando serviços.

No contrato de trabalho intermitente, o período de inatividade não será considerado tempo à disposição do empregador e não será remunerado, hipótese em que restará descaracterizado o contrato de trabalho intermitente caso haja remuneração por tempo à disposição no período de inatividade. Nesse caso, portanto, estaremos diante de um contrato de trabalho contínuo, regra do sistema trabalhista.

Durante o período de inatividade, o empregado poderá prestar serviços de qualquer natureza a outros tomadores de serviço, que exerçam ou não a mesma atividade econômica, utilizando contrato de trabalho intermitente ou outra modalidade de contrato de trabalho.

3.10.3.3. Extinção do contrato de trabalho intermitente

O contrato de trabalho intermitente poderá ser extinto por ausência de convocação do empregado. Decorrido o prazo de 1 ano sem qualquer convocação do empregado pelo empregador, contado a partir da data da celebração do contrato, da última convocação ou do último dia de prestação de serviços, o que for mais recente, será considerado rescindido de pleno direito o contrato de trabalho intermitente.

Ocorrendo a extinção normal (sem justa causa) do contrato de trabalho intermitente serão devidas ao empregado as seguintes verbas rescisórias: pela metade o aviso-prévio indenizado e indenização sobre o saldo do FGTS e, na integralidade, as demais verbas trabalhistas, como férias proporcionais ou simples, 13º salário. As verbas rescisórias e o aviso-prévio serão calculados com base na média dos valores recebidos pelo empregado no curso do contrato de trabalho intermitente, em que serão considerados apenas os meses durante os quais o empregado tenha recebido parcelas remuneratórias no intervalo dos últimos doze meses ou o período de vigência do contrato de trabalho intermitente, se este for inferior a doze meses.

Importante lembrar que o aviso-prévio será necessariamente indenizado, na forma dos §§ 1º e 2º do art. 487 da CLT, ou seja, se for o empregador quem deu a ordem de término, deverá indenizar o empregado. Caso seja o empregado quem deu a ordem, poderá o empregador descontar os salários correspondentes ao prazo respectivo.

Importante ressaltar que a extinção do contrato de trabalho intermitente não possibilita o ingresso do empregado ao Seguro-Desemprego.

Em se tratando de extinção do contrato por justa causa de uma das partes, ou seja, rescisão por justa causa do empregado (art. 482 da CLT) ou rescisão indireta (art. 483 da CLT), as verbas serão devidas na integralidade.

3.10.3.4. Período de transição

Nos termos do art. 452-G da CLT até 31 de dezembro de 2020, o empregado registrado por meio de contrato de trabalho por prazo indeterminado e que for demitido não poderá prestar serviços para o mesmo empregador por meio de contrato de trabalho intermitente pelo prazo de dezoito meses, contado da data da demissão do empregado.

Com isso o legislador busca evitar que as empresas demitam seus empregados admitidos por meio de contrato com prazo indeterminado para posterior admissão em contrato de trabalho intermitente.

3.10.3.5. Recolhimento de parcelas previdenciárias

Embora a percepção dos salários por parte dos empregados leve em conta o período efetivamente trabalhado em relação ao valor mensal dos salários, o recolhimento das contribuições previdenciárias próprias e do empregado e o depósito do FGTS, deverão ser recolhidas pelo empregador com base nos valores pagos no período mensal, devendo fornecer ao empregado comprovante do cumprimento dessas obrigações.

3.10.4. Contrato de trabalho temporário

Regulado pela Lei 6.019/1974, com as alterações trazidas pela Lei 13.429/2017 e Lei 13.467/2017 trabalho temporário é aquele prestado por pessoa física contratada por uma empresa de trabalho temporário que a coloca à disposição de uma empresa tomadora de serviços, para atender à necessidade de substituição transitória de pessoal permanente ou à demanda complementar de serviços. Consiste em uma das principais hipóteses de terceirização permitidas em nosso sistema jurídico, nos termos da Súmula 331, I, do TST.

A contratação do trabalho temporário somente será permitida, portanto, em duas hipóteses, quais sejam:

a) para atender à necessidade de substituição transitória de pessoal permanente ou

b) para atender à demanda complementar de serviços, considerando como tal aquela oriunda de fatores imprevisíveis ou, quando decorrente de fatores previsíveis, tenha natureza intermitente, periódica ou sazonal.

Havendo contratação fora dessas hipóteses, formar-se-á o vínculo diretamente com a empresa tomadora de serviços. Nesse caso, há responsabilidade solidária entre a empresa de trabalho temporário e a tomadora de serviços com relação aos créditos trabalhistas.

A contratação de um temporário ocorre por meio da chamada **empresa de trabalho temporário, que nos termos do art. 4º** é a pessoa jurídica, devidamente registrada no Ministério do Trabalho, responsável pela colocação de trabalhadores à disposição de outras empresas temporariamente. Nesse caso, configura-se uma *relação triangular*, na qual o trabalhador mantém relação jurídica com a empresa de trabalho temporário, que o coloca à disposição da empresa tomadora de serviços. O contrato de trabalho celebrado entre empresa de trabalho temporário e cada um dos trabalhadores colocados à disposição de uma empresa tomadora ou cliente será, obrigatoriamente, escrito e dele deverão constar, expressamente, os direitos conferidos aos trabalhadores. Será considerada nula de pleno direito qualquer cláusula de reserva, proibindo a contratação do trabalhador pela empresa tomadora ou cliente ao fim do prazo em que tenha sido colocado à sua disposição pela empresa de trabalho temporário.

O art. 4º da Lei 6.019/1974, com redação da Lei 13.429/2017 determina que empresa de trabalho temporário é a pessoa jurídica, devidamente registrada no Ministério do Trabalho. Portanto, não há possibilidade de ser uma pessoa física, nem mesmo um empresário individual, devendo ser necessariamente pessoa jurídica.

De outro lado, nos termos do art. 5º da Lei 6.019/1974 empresa tomadora de serviços é a pessoa jurídica ou entidade a ela equiparada que celebra contrato de prestação de trabalho temporário com a empresa.

Como vimos, a empresa de trabalho temporário deverá estar registrada no Ministério do Trabalho. São requisitos para funcionamento e registro da empresa de trabalho temporário no Ministério do Trabalho:

> I – prova de inscrição no Cadastro Nacional da Pessoa Jurídica (CNPJ), do Ministério da Fazenda;
>
> II – prova do competente registro na Junta Comercial da localidade em que tenha sede;
>
> III – prova de possuir capital social de, no mínimo, R$ 100.000,00 (cem mil reais).

Nos termos do art. 9º da Lei 6.019/74, redação dada pela Lei 13.429/2017, o contrato celebrado pela empresa de trabalho temporário e a tomadora de serviços será por escrito, ficará à disposição da autoridade fiscalizadora no estabelecimento da tomadora de serviços e conterá:

> I – qualificação das partes;
>
> II – motivo justificador da demanda de trabalho temporário;
>
> III – prazo da prestação de serviços;
>
> IV – valor da prestação de serviços;

O contrato de trabalho temporário poderá versar sobre o desenvolvimento de atividades-meio e atividades-fim a serem executadas na empresa tomadora de serviços.

Vale lembrar que, qualquer que seja o ramo da empresa tomadora de serviços, não existe vínculo de emprego entre ela e os trabalhadores contratados pelas empresas de trabalho temporário. Poderá ser reconhecido o v ínculo de emprego caso seja reconhecida a pessoalidade ou subordinação.

3.10.4.1. Prazo

O contrato de trabalho temporário, com relação ao mesmo empregador, não poderá exceder ao prazo de 180 (cento e oitenta) dias, consecutivos ou não. No entanto, poderá ser prorrogado por até 90 (noventa) dias, consecutivos ou não, desde que comprovada a manutenção das condições que o ensejaram.

O trabalhador temporário que cumprir o período de 180 (cento e oitenta) e de 90 (noventa) dias, somente poderá ser colocado à disposição da mesma tomadora de serviços em novo contrato temporário, após 90 (noventa) dias do término do contrato anterior. A contratação anterior a esse período caracterizará vínculo de emprego com a tomadora de serviços.

O art. 4º-A da Lei 6.019/1974 trata da figura terceirização. Por meio dessa pactuação a empresa denominada "contratante" celebra contrato de prestação de serviços determinados e específicos com a empresa denominada "prestadora de serviços".

Não podemos confundir a contratação de trabalho temporário (Lei 6.019/1974 com redação dada pela Lei 13.429/2017) com a terceirização, estudada no item 6.2.5.3, que diz respeito a transferência de determinadas atividades da empresa, que serão exercidas por empresas distintas e especializadas. Trata-se de institutos jurídicos distintos, portanto.

3.10.4.2. Direitos assegurados ao trabalhador temporário

Nos termos do art. 12 da Lei 6.019/1974 são assegurados ao trabalhador temporário os seguintes direitos:

a) remuneração equivalente à percebida pelos empregados de mesma categoria da empresa tomadora ou cliente calculados à base horária, garantida, em qualquer hipótese, a percepção do salário mínimo regional;

b) jornada de oito horas, remuneradas as horas extraordinárias não excedentes de duas;

c) férias proporcionais,

d) repouso semanal remunerado;

e) adicional por trabalho noturno;

f) indenização por dispensa sem justa causa ou término normal do contrato, correspondente a 1/12 (um doze avos) do pagamento recebido;

g) seguro contra acidente do trabalho;

h) proteção previdenciária.

3.10.5. Contrato por prazo determinado da Lei 9.601/1998

Diferentemente da modalidade prevista na CLT, em que a contratação deve ocorrer para serviços cuja natureza ou transitoriedade justifique a predeterminação do prazo ou para atividades empresariais de caráter transitório, a lei em comento admite a contratação do obreiro para quaisquer atividades na empresa.

A lei, no entanto, condiciona a contratação à prévia negociação coletiva, com a respectiva assinatura de acordo ou convenção coletiva.

No respectivo instrumento – acordo coletivo ou convenção coletiva, as partes estabelecerão indenização para as hipóteses de rescisão antecipada do contrato, seja por iniciativa do empregador seja por iniciativa do empregado, tendo em vista que, nos termos do art. 1º, I, da lei, a indenização estipulada nos arts. 479 e 480 da CLT não é aplicável aos obreiros contratados pela Lei 9.601/1998. Desta forma, o acordo coletivo ou a convenção coletiva estabelecerá a indenização por rescisão antecipada do contrato, não se aplicando, portanto, a multa de 40% sobre os depósitos do FGTS, bem como o aviso-prévio.

No instrumento coletivo ficarão estabelecidas, também, as multas pelo descumprimento das cláusulas nele estabelecidas.

Nos termos do art. 1º, § 4º, da Lei 9.601/1998, à gestante, ao dirigente sindical, ainda que suplente, ao empregado eleito para cargo de direção de comissões internas de prevenção de acidentes, ao empregado acidentado, nos termos do art. 118 da Lei 8.213/1991, são garantidas as estabilidades provisórias, durante a vigência do contrato por prazo determinado, que não poderá ser rescindido antes do prazo estipulado pelas partes.

A contratação deverá, ainda, representar um acréscimo no número de empregados da empresa, tudo em conformidade com o art. 1º, *caput*, da Lei 9.601/1998 que dispõe: "As convenções e os acordos coletivos de trabalho poderão instituir contrato de trabalho por prazo determinado, de que trata o art. 443 da Consolidação das Leis do Trabalho – CLT, independentemente das condições estabelecidas em seu § 2º, em qualquer atividade desenvolvida pela empresa ou estabelecimento, para admissões que representem acréscimo no número de empregados."

O prazo máximo de sua duração é de 2 (dois) anos, sendo permitidas inúmeras prorrogações, desde que obedecido o prazo máximo de duração.

É importante saber que a regra contida no art. 451 consolidado, que ensina que o contrato de trabalho por prazo determinado que, tácita ou expressamente, for prorrogado mais de uma vez passará a vigorar sem determinação de prazo, não é aplicável a essa espécie de contratação com base no § 2º do art. 1º da Lei 9.601/1998.

3.10.6. *Contrato do trabalhador rural por pequeno prazo*

Trata-se de um contrato por prazo determinado que somente poderá ser firmado por pessoa física, não sendo admitida a contratação por pessoa jurídica, em razão da própria redação do art. 14-A da Lei 5.889/1973.

O prazo da contratação é regulado pelo § 1º do art. 14-A, o qual prescreve que a contratação não poderá exceder, dentro do período de 1 (um) ano, 2 (dois) meses e, caso não seja respeitado esse prazo, será automaticamente convertido em contrato por prazo indeterminado.

O dispositivo em estudo nos mostra, também, que é permitida a prorrogação do contrato de trabalho rural por pequeno prazo, por quantas vezes se mostrar necessário, desde que obedeça ao prazo máximo de 2 meses, dentro do período de 1 ano, sob pena de se tornar contrato por prazo indeterminado.

Em razão do princípio da isonomia, são assegurados ao trabalhador contratado por pequeno prazo todos os direitos assegurados ao emprego rural comum.

A inclusão do trabalhador rural contratado nessa modalidade na Guia de Recolhimento do Fundo de Garantia do Tempo de Serviço e Informações à Previdência Social – GFIP é obrigatória por parte do empregador.

3.11. Contrato de empreitada

Disciplinada nos arts. 610 a 626 do CC, a empreitada pode ser definida, conforme as lições de Maria Helena Diniz (em *Código Civil Anotado*, 8ª ed., São Paulo, Saraiva, 2002, p. 397) como o "contrato pelo qual um dos contraentes (empreiteiro) se obriga, sem subordinação ou dependência, a realizar, pessoalmente ou por meio de terceiro, certa obra para o outro (dono da obra ou comitente), com material próprio ou por este fornecido, mediante remuneração determinada ou proporcional ao trabalho executado".

Portanto, a empreitada objetiva a entrega de uma obra mediante o pagamento de um preço.

Nota-se que nos contratos de empreitada não está presente o elemento subordinação, mas sim a autonomia.

O empreiteiro é um profissional que vende seus serviços para outras pessoas, fornecendo a mão de obra e os materiais ou tão somente a mão de obra. Assim, verifica-se que o empreiteiro, para o desenvolvimento de suas atividades, possui uma equipe de trabalhadores, que são seus empregados.

Portanto, entre o empreiteiro e seus empregados, temos diversos contratos de trabalho, ao passo que, no contrato entre o empreiteiro e o dono da obra, temos um contrato de empreitada, nos moldes da lei civil.

3.11.1. *Subempreitada*

Ocorrerá a subempreitada sempre que o empreiteiro principal efetuar a contratação de outros empreiteiros (subempreiteiros) para o cumprimento de suas obrigações contratuais.

Ao contratar um subempreiteiro, o empreiteiro principal, além dos riscos quanto à realização da obra, assume as obrigações trabalhistas, em conformidade com o art. 455 da CLT:

> **Art. 455.** Nos contratos de subempreitada responderá o subempreiteiro pelas obrigações derivadas do contrato de trabalho que celebrar, cabendo, todavia, aos empregados, o direito de reclamação contra o empreiteiro principal pelo inadimplemento daquelas obrigações por parte do primeiro.

Desta forma, caso não adimplidas as obrigações trabalhistas pelo subempreiteiro, os empregados poderão reclamar do empreiteiro principal o cumprimento delas.

3.11.1.1. *Responsabilidade do dono da obra*

A responsabilidade pelo pagamento das obrigações trabalhistas não pode recair sobre o dono da obra. Não pode o dono da obra ser responsabilizado pelas obrigações trabalhistas do empreiteiro e subempreiteiro.

Nesse sentido o TST se pronunciou por meio da Orientação Jurisprudencial 191 da SDI 1 do TST:

> ORIENTAÇÃO JURISPRUDENCIAL 191 DA SDI 1 DO TST – CONTRATO DE EMPREITADA. DONO DA OBRA DE CONSTRUÇÃO CIVIL. RESPONSABILIDADE
>
> Diante da inexistência de previsão legal específica, o contrato de empreitada de construção civil entre o dono da obra e o empreiteiro não enseja responsabilidade solidária ou subsidiária nas obrigações trabalhistas contraídas pelo empreiteiro, salvo sendo o dono da obra uma empresa construtora ou incorporadora.

4. EFEITOS RELACIONADOS AO CONTRATO DE TRABALHO

Como vimos o contrato de trabalho é do tipo sinalagmático, ou seja, gera direitos e obrigações para ambas as partes. O contrato de trabalho é, portanto, um negócio jurídico cujos efeitos podem ser classificados como próprios e subsidiários.

4.1. Efeitos próprios do contrato de trabalho

Os efeitos próprios do contrato de trabalho decorrem de sua natureza e objeto. Assim, podemos dizer que o contrato de trabalho deve ser executado de acordo com a **boa-fé**, tanto por parte do empregado como por parte do empregador. Daí decorre o dever de colaboração das partes, em que têm a obrigação de dar à outra todo o suporte necessário para permitir a execução de boa-fé do contrato.

4.1.1. *Obrigações do empregado e empregador*

A principal obrigação do empregado é a prestação de seus serviços ao empregador com fidelidade, diligência e assiduidade.

Já para o empregador a principal obrigação consiste no pagamento do salário como contraprestação pelos serviços prestados pelo obreiro. Existe, ainda, a obrigação de dar trabalho ao empregado e possibilitar a execução normal dos serviços, proporcionando os meios necessários, inclusive com observância das normas de segurança e medicina do trabalho, por meio de fornecimento de EPIs (Equipamentos de Proteção Individual).

O empregador também possui o dever de anotação do contrato de trabalho na CTPS do obreiro, concessão de férias e intervalos para repouso e alimentação.

Outrossim, traduz como efeito próprio do contrato de trabalho o dever de respeito a dignidade e personalidade moral do empregado, devendo abster-se de praticar atos que causem dano moral que firam a dignidade do obreiro.

4.2. Efeitos subsidiários do contrato de trabalho

Esses efeitos não possuem relação direta com o contrato de trabalho, não decorrem do objeto central de obrigações estipuladas em contrato, mas por serem decorrentes dele, ou seja, por terem surgido em função do contrato de trabalho, se submetem à sua estrutura jurídica.

Nesse contexto, se destacam como efeitos subsidiários do contrato de trabalho os direitos intelectuais devidos ao empregado em razão de invenção ou de realização de obra intelectuais, bem como indenizações por danos morais ou patrimoniais, praticados pelo empregador ou seus prepostos, em decorrência do pacto laboral.

4.2.1. Direitos intelectuais

São proveitos jurídicos que decorrem da criação intelectual do empregado, através de produção literária, artística ou até mesmo científica, ou ainda, por invenção.

Os direitos da propriedade industrial são regulados pelo art. 5º, XXIX, da CF, Lei 9.279/1996 e Decreto 2.553/1998.

Os direitos da propriedade industrial são assegurados em função de uma invenção ou de um modelo de utilidade. A invenção consiste em uma criação originária, a criação de algo que antes não existia. Já o modelo de utilidade, consiste no aperfeiçoamento de algo já existente.

Nessa linha, sempre que a invenção ou modelo de utilidade forem decorrentes do objeto central do contrato de trabalho, ou seja, se resultarem dos serviços para os quais o empregado foi contratado, pertencerão ao empregador, nos termos do art. 88 da Lei 9.279/1996, podendo o empregador conceder ao empregado participação nos ganhos resultantes, mediante negociação, nos termos do art. 89 da citada lei.

No entanto, em conformidade com o art. 90 da Lei 9.279/1996 se a invenção ou o modelo de utilidade forem desenvolvidos pelo empregado, fora do objeto central do pacto laboral, ou seja, desde que desvinculado do contrato de trabalho sem a utilização de recursos, meios, dados, materiais, instalações ou equipamentos do empregador, pertencerão exclusivamente a ele, empregado.

Já a propriedade de invenção ou de modelo de utilidade será comum, em partes iguais, quando resultar da contribuição pessoal do empregado e de recursos, dados, meios, materiais, instalações ou equipamentos do empregador, ressalvada expressa disposição contratual em contrário, é o que dispõe o art. 91 da Lei 9.279/1996.

4.2.2. Dano moral e dano material

Nas lições de Maria Helena Diniz (em *Curso de Direito Civil brasileiro: responsabilidade civil*, 9ª ed., São Paulo, Saraiva, 1995, p. 48), "dano é o prejuízo causado à pessoa, ou seja, lesão a bem ou interesse jurídico, podendo ser de ordem material ou moral".

O dano material implica lesão aos bens materiais da pessoa. Compreende os danos emergentes e os lucros cessantes.

Já o dano moral afeta os direitos da pessoa humana, ou seja, os direitos da personalidade, violando a honra, a fama, a intimidade etc. O dano material, por outro lado, relaciona-se com a lesão aos direitos de ordem patrimonial.

Nos domínios do Direito do Trabalho, o dano moral trabalhista é aquele oriundo da relação de trabalho, ou seja, ocorrido no âmbito laboral.

O direito à indenização por danos morais e materiais decorrentes da relação de trabalho que o ofendido possui encontra amparo constitucional na proteção aos valores sociais do trabalho, art. 1º, IV, da CF, dignidade da pessoa humana, disposta no art. 5º, *caput*, da CF; proibição de qualquer forma de discriminação, art. 3º, IV e art. 7º, XXX, XXXI e XXXII, da CF; direito de resposta proporcional ao agravo, além de indenização por dano material, moral e à imagem, art. 5º, V, da CF, inviolabilidade da intimidade, da vida privada, da honra e da imagem das pessoas, assegurado o direito a indenização pelo dano material e moral decorrente de sua violação, art. 5º, X, da CF; proteção da saúde e da integridade física do trabalhador, assegurado o direito a indenização quando o empregador incorrer em dolo ou culpa, art. 7º XXII e XXVIII, da CF.

No plano infraconstitucional o Código Civil pátrio cuida do cumprimento do texto constitucional nos arts. 186 e 927, que assim dispõem:

> **Art. 186.** Aquele que, por ação ou omissão voluntária, negligência ou imprudência, violar direito e causar dano a outrem, ainda que exclusivamente moral, comete ato ilícito.
>
> **Art. 927.** Aquele que, por ato ilícito (arts. 186 e 187), causar dano a outrem, fica obrigado a repará-lo.
>
> **Parágrafo único.** Haverá obrigação de reparar o dano, independentemente de culpa, nos casos especificados em lei, ou quando a atividade normalmente desenvolvida pelo autor do dano implicar, por sua natureza, risco para os direitos de outrem.

4.2.2.1. Prática de ato discriminatório

A prática de ato discriminatório, qualquer que seja sua natureza, impõe ao empregador o dever de indenizar o empregado.

Como vimos, a discriminação por motivo de sexo, idade cor, estado civil e deficiência física ou mental é expressamente proibida pela Constituição Federal em seu art. 7º, incisos XXX e, XXXI.

Contudo, nos termos do art. 1º da Lei 9.029/1995 "é proibida a adoção de qualquer prática discriminatória e limitativa para efeito de acesso à relação de trabalho, ou de sua manutenção, por motivo de sexo, origem, raça, cor, estado civil, situação familiar, deficiência, reabilitação profissional, idade, entre outros, ressalvadas, nesse caso, as hipóteses de proteção à criança e ao adolescente previstas no inciso XXXIII do art. 7º da Constituição Federal". Havendo a prática de ato discriminatório por parte do empregador ou seus prepostos, além da indenização por dano moral assegurado ao empregado e sanções penais cabíveis, nos termos do art. 2º da lei em debate, o empregador poderá sofrer multa administrativa de dez vezes o valor do maior salário pago pelo empregador, elevado em 50% em caso de reincidência e a proibição de obter empréstimo ou financiamento junto a instituições financeiras oficiais, é o que determina o art. 3º da Lei 9.029/1995.

Havendo o rompimento da relação de trabalho por ato discriminatório, além do direito à reparação pelo dano moral, é facultado ao empregado optar entre:

I – a readmissão com ressarcimento integral de todo o período de afastamento, mediante pagamento das remunerações devidas, corrigidas monetariamente, acrescidas dos juros legais ou;

II – a percepção, em dobro, da remuneração do período de afastamento, corrigida monetariamente e acrescida dos juros legais.

Importante lembrar que a dispensa do empregado portador do vírus HIV ou de outra doença grave que capaz de gerar estigma ou preconceito é presumida discriminatória, assegurando ao empregado o direito à reintegração no emprego. É o que dispõe a súmula 443 do TST:

SÚMULA 443 TST – DISPENSA DISCRIMINATÓRIA. PRESUNÇÃO. EMPREGADO PORTADOR DE DOENÇA GRAVE. ESTIGMA OU PRECONCEITO. DIREITO À REINTEGRAÇÃO

Presume-se discriminatória a despedida de empregado portador do vírus HIV ou de outra doença grave que suscite estigma ou preconceito. Inválido o ato, o empregado tem direito à reintegração no emprego.

4.2.2.2. Ofensa à intimidade

A ofensa à dignidade está inserida no âmbito de proteção da dignidade da pessoa humana, art. 5º, *caput*, da CF, devendo ser assegurado, também, no seu ambiente de trabalho. Sua preservação deve ser respeitada antes mesmo da celebração do contrato de trabalho, ou seja, na fase pré-contratual, fase de seleção do empregado, como por exemplo, a exigência de exames médicos, psicotécnicos etc. A exigência fora do razoável, poderá ferir o direito à intimidade do obreiro.

O uso de câmeras de vigilância e escutas está cada vez mais comum no âmbito das relações de trabalho. Todavia, o uso excessivo do poder de fiscalização por parte do empregador pode representar ofensa à intimidade do empregado.

A utilização desses equipamentos é proibida em banheiros e refeitórios, sendo permitido seu uso nas demais áreas da empresa, desde que o empregado tenha conhecimento e não seja realizada de maneira ostensiva.

O monitoramento de correspondências, ainda que eletrônicas (email), encontra proteção no art. 5º, XII, da CF, que assim dispõe:

Art. 5º. (...)

XII – é inviolável o sigilo da correspondência e das comunicações telegráficas, de dados e das comunicações telefônicas, salvo, no último caso, por ordem judicial, nas hipóteses e na forma que a lei estabelecer para fins de investigação criminal ou instrução processual penal;

Esse monitoramento poderá ser realizado desde que o empregado seja avisado que o empregador passará a adotar tal conduta e, ainda, seja realizada no email fornecido pela empresa a ser utilizado para questões de trabalho. Os emails pessoas do empregado não poderão ser monitorados pelo empregador, sob pena de ser violado seu direito à intimidade e sigilo das correspondências.

A revista em pertences do empregado somente será admitida se for realizada na presença dele e desde que não seja realizada de maneira invasiva e violenta. A revista corporal, bem como a revista íntima, não são aceitas, tendo em vista agredirem a dignidade do trabalhador.

4.2.3. Responsabilidade indenizatória

Para que se possa atribuir responsabilidade ao empregador, mister se faz a presença de 3 requisitos;

a) Dano: o dano deve ser moral ou material

b) Nexo causal: ligação entre a conduta praticada pelo empregador ou seus prepostos e o dano sofrido e apontado pelo empregado;

c) Culpa: a conduta deve ter sido cometida por ação ou omissão do empregador ou seus prepostos mediante culpa, ou seja, por negligência, imprudência ou imperícia do empregador ou seus prepostos.

Trata-se, portanto, de responsabilidade subjetiva do empregador causada aos seus empregados.

No entanto, no que diz respeito à responsabilidade do empregador por acidente do trabalho, devemos nos utilizar da teoria da objetivação da responsabilidade civil, defendida por Maurício Godinho Delgado em *Curso de Direito do Trabalho, 9ª edição*, "tratando-se de atividade empresarial, ou de dinâmica laborativa (independentemente da atividade da empresa), fixadoras de riscos para os trabalhadores envolvidos, desponta a exceção ressaltada pelo parágrafo único do art. 927 do CCB/2002, tornando objetiva a responsabilidade empresarial por danos acidentários (responsabilidade em face do risco).

Portanto, a responsabilidade objetiva do empregador se mostra exceção à regra, devendo ser aplicada especificamente nos casos de acidente do trabalho, somente se a empresa desenvolver atividade que implique, por sua natureza, riscos para os trabalhadores envolvidos. Nos demais casos, será aplicado a regra geral, ou seja, a responsabilidade subjetiva, que dependerá da comprovação de culpa do empregador ou seus prepostos.

4.3. Dano extrapatrimonial

De acordo com a redação dada pela Lei 13.467/2017 a CLT cuida do tema nos arts. 223-A a 223-G ao dispor sobre o dano extrapatrimonial.

Nessa linha, ensina o art. 223-B da CLT que causa dano de natureza extrapatrimonial a ação ou omissão que ofenda a esfera moral ou existencial da pessoa física ou jurídica, as quais são as titulares exclusivas do direito à reparação.

O dano extrapatrimonial poderá ser sofrido por pessoas físicas (pessoas naturais) e também por pessoas jurídicas.

Nos termos do art. 223-C da CLT são os bens juridicamente tutelados inerentes à pessoa natural: a etnia, a idade, a nacionalidade, a honra, a imagem, a intimidade, a liberdade de ação, a autoestima, o gênero, a orientação sexual, a saúde, o lazer e a integridade física. Com relação as pessoas jurídicas, são bens juridicamente tutelados: a imagem, a marca, o nome, o segredo empresarial e o sigilo da correspondência inerentes à pessoa jurídica, art. 223-D da CLT.

4.3.1 Responsabilidade por dano extrapatrimonial

Todos aqueles que tenham colaborado para a ofensa ao bem jurídico tutelado serão responsáveis pelo dano extrapatrimonial, na proporção de sua ação ou omissão.

Importante destacar que o pedido de danos extrapatrimoniais poderá ser cumulado com a indenização por danos materiais decorrentes do mesmo ato lesivo, hipótese em que, ao proferir a decisão, o juízo deverá discriminar os valores das indenizações a título de danos patrimoniais e das reparações por danos de natureza extrapatrimonial.

Ao apreciar o pedido, o juízo considerará:

a) a natureza do bem jurídico tutelado;

b) a intensidade do sofrimento ou da humilhação;

c) a possibilidade de superação física ou psicológica;

d) os reflexos pessoais e sociais da ação ou da omissão;

e) a extensão e a duração dos efeitos da ofensa;

f) as condições em que ocorreu a ofensa ou o prejuízo moral;

g) o grau de dolo ou culpa;

h) a ocorrência de retratação espontânea;

i) o esforço efetivo para minimizar a ofensa;

j) o perdão, tácito ou expresso;

l) a situação social e econômica das partes envolvidas;

m) o grau de publicidade da ofensa.

Caso o Juízo julgue procedente o pedido, deverá fixar a reparação a ser paga com base em um dos seguintes parâmetros, sendo vedada a acumulação:

> I – **ofensa de natureza leve**: até 3 vezes o valor do limite máximo dos benefícios do Regime Geral de Previdência Social;
>
> II – **ofensa de natureza média**: até 5 vezes o valor do limite máximo dos benefícios do Regime Geral de Previdência Social;
>
> III – **ofensa de natureza grave**: até 20 vezes o valor do limite máximo dos benefícios do Regime Geral de Previdência Social; ou
>
> IV – **ofensa de natureza gravíssima:** até 50 vezes o valor do limite máximo dos benefícios do Regime Geral de Previdência Social.

Importante lembrar que se o ofendido for pessoa jurídica, os mesmos critérios serão levados em consideração, porém a indenização será fixada em relação ao salário contratual do ofensor.

Na ocorrência de reincidência, entendida como aquela ofensa idêntica que ocorrer no prazo de até 2 anos, contado do trânsito em julgado da decisão condenatória, o juízo poderá elevar ao dobro o valor da indenização.

Por último, importante destacar que os parâmetros acima estudados não se aplicam aos danos extrapatrimoniais decorrentes de morte.

5. ASSÉDIO MORAL

O assédio moral se caracteriza por condutas reiteradas de violência psicológica capazes de causar desequilíbrio emocional e doenças de ordem psíquicas ou até mesmo físicas.

No assédio moral, o trabalhador é exposto a situações constrangedoras, repetitivas e prolongadas durante seu labor no exercício de suas funções.

A intolerância contínua, o exagero de ordens e cobranças desproporcionais em relação a um empregado podem configurar o assédio moral.

Mauricio Godinho Delgado (em *Curso de Direito do Trabalho*, 8ª ed., São Paulo, LTr, 2009, p. 1122) ensina: "registre-se que, entre os dispositivos que podem incidir sobre o denominado assédio moral do empregador sobre o empregado (alíneas *a*, *b*, *d*, *e* e *f* do art. 483 da CLT), este é, certamente, de maneira geral, o mais apropriado".

Contudo, além da hipótese mais comum, que é o assédio moral por parte do empregador, também chamado de assédio moral vertical descendente, poderá ocorrer também o assédio por parte do "colega" de trabalho que ocupa a mesma posição hierárquica, conhecido como assédio moral horizontal ou, ainda, por grupo de empregados em posição hierarquicamente inferior, chamado de assédio moral vertical ascendente.

O assédio moral praticado pelo empregador é capaz de gerar indenização por danos morais.

6. SUJEITOS DA RELAÇÃO DE EMPREGO

6.1. Empregado

O conceito de empregado vem disciplinado no art. 3º da CLT, que ensina: "considera-se empregado toda pessoa física que prestar serviços de natureza não eventual a empregador, sob a dependência deste e mediante salário".

Desta forma, é considerado empregado todo trabalhador que prestar serviços a um empregador.

Os requisitos já foram devidamente estudados quando tratamos do contrato de trabalho e de toda forma serão aqui aplicáveis.

6.1.1. Espécies de empregados

Podemos destacar algumas espécies de empregados, ou modalidades especiais de empregados:

6.1.1.1.Empregados domésticos

A Lei 5.859/1972 que cuidava do empregado doméstico foi revogada expressamente pela Lei Complementar 150/2015, nos termos do seu art. 46.

A Constituição Federal prevê os direitos assegurados ao empregado doméstico no parágrafo único do art. 7º, alterado pela Emenda Constitucional 72, de 02.04.2013.

A redação dada ao parágrafo único do art. 7º da CF pela Emenda Constitucional 72/2013 assim dispõe:

> "**Art. 7º** ...
>
> **Parágrafo único.** São assegurados à categoria dos trabalhadores domésticos os direitos previstos nos incisos IV, VI, VII, VIII, X, XIII, XV, XVI, XVII, XVIII, XIX, XXI, XXII, XXIV, XXVI, XXX, XXXI e XXXIII e, atendidas as condições estabelecidas em lei e observada a simplificação do cumprimento das obrigações tributárias, principais e acessórias, decorrentes da relação de trabalho e suas peculiaridades, os previstos nos incisos I, II, III, IX, XII, XXV e XXVIII, bem como a sua integração à previdência social."

Criada com o intuito de equiparar os direitos dos empregados domésticos, a citada Emenda acrescentou direitos antes garantidos somente aos empregados urbanos e rurais, tais como: indenização em caso de dispensa imotivada; seguro desemprego; FGTS obrigatório; garantia de salário, nunca inferior ao mínimo, para os que percebem remuneração variável; adicional noturno; proteção do salário, sendo crime a retenção dolosa de pagamento; salário-família; jornada de trabalho de 8 horas por dia e 44 por semana; direito a hora extra; observância de norma de higiene, saúde e segurança no trabalho; auxílio creche e pré-escola para os filhos e dependentes até os 5 anos de idade; seguro contra acidente de trabalho; proibição de discriminação em relação à pessoa com deficiência; proibição do trabalho noturno, perigoso ou insalubre aos menores de 16 anos.

No entanto, por expressa determinação do texto constitucional, alguns direitos dependiam de regulamentação e outros seriam de aplicação imediata.

Assim, em 02.06.2015 após mais de dois anos de debates no Congresso Nacional, foi publicada a Lei Complementar 150/2015 que além de regulamentar os direitos assegurados ao empregado doméstico, trouxe uma série de novos direitos, revogando, como dito, a Lei 5.859/1972.

A LC 150/2015 conceitua em seu art. 1º o empregado doméstico como sendo aquele que presta serviços de forma contínua, subordinada, onerosa e pessoal e de finalidade não lucrativa à pessoa ou à família, no âmbito residencial destas, por mais de 2 (dois) dias por semana.

A grande novidade trazida no conceito acaba com uma grande discussão jurisprudencial e doutrinária, considerando o que seria o requisito da "não eventualidade" ou "habitualidade" aquele prestado por mais de dois dias na semana. Portanto, para ser considerado empregado doméstico, deverá o empregado trabalhar, no mínimo, 3 dias por semana. Ficam excluídos os trabalhadores eventuais, que vão à residência da pessoa ou família uma ou duas vezes por semana.

A LC 150/2015 determina, também, a proibição da contratação do empregado doméstico menor de 18 anos, seguindo a orientação prevista na Convenção 182 da OIT.

6.1.1.1.1. Contrato de empregado doméstico com prazo determinado

A LC 150/2015 prevê em seu art. 4º a figura do contrato com prazo determinado para o empregado doméstico.

Por meio do citado dispositivo admite-se o contrato por prazo certo do empregado doméstico em 3 hipóteses, a saber:

a) contrato de experiência: será utilizado para que as partes se testem mutuamente antes de firmarem um contrato com prazo indeterminado.

O contrato de experiência não poderá exceder 90 (noventa) dias. Permite-se que seja prorrogado uma única vez, desde que a soma dos dois períodos não ultrapasse 90 (noventa) dias.

Caso o contrato de experiência não seja prorrogado após o decurso de seu prazo previamente estabelecido ou caso ultrapasse o período de 90 (noventa) dias, havendo a continuidade do serviço, o contratato passará a vigorar por prazo indeterminado.

b) para atender necessidades familiares de natureza transitória: será utilizado sempre que por necessidade transitória a pessoa ou família necessitar de um empregado doméstico. Imaginemos a hipótese de que pessoa uma família sofre procedimento cirúrgico e, por consequência, necessitará de repouso por período de 1 ano. Nesse caso, a família poderá fazer uso do contrato com prazo certo.

c) para substituição temporária de empregado doméstico com contrato de trabalho interrompido ou suspenso: caso o contrato do empregado doméstico com a pessoa ou família esteja interrompido, como por exemplo: licença-maternidade, férias etc. ou suspenso, como suspensão disciplinar, licença remunerada etc., o empregador poderá contratar outro empregado doméstico por prazo determinado.

Nessas duas últimas hipóteses, a duração do contrato de trabalho é limitada ao término do evento que motivou a contratação, obedecido o limite máximo de 2 (dois) anos. Embora a lei não seja expressa quanto à possibilidade de prorrogação nessas modalidades de contrato com prazo certo, deve ser aplicada, por força do art. 19 da LC 150/2015, a regra disposta no texto consolidado que permite a esse tipo de contrato uma única prorrogação dentro do limite máximo de 2 anos determinado em lei, arts. 445 e 451 da CLT.

6.1.1.1.2. Rescisão antecipada nos contratos com prazo determinado

Disciplinada no art. 6º da LC 150/2015, a norma ensina que durante a vigência dos contratos com prazo determinado, o empregador que, sem justo motivo, despedir o empregado ficará obrigado a pagar-lhe, a título de indenização, metade da remuneração a que teria direito até o termo do contrato.

No entanto, caso seja o empregado quem queira se desligar antes do término do prazo determinado estipulado, ficará ele obrigado a indenizar seu empregador dos prejuízos que desse fato lhe resultarem. Nessa hipótese a indenização não poderá exceder aquela a que teria direito o empregado em idênticas condições, art. 7º LC 150/2015.

Nos contratos com prazo determinado não poderá ser exigido o aviso-prévio, nos termos do art. 8º da lei.

No entanto, por força do art. 19 da L 150/2015 sustentamos a aplicabilidade da cláusula assecuratória do direito recíproco de rescisão ou cláusula de rescisão antecipada, disposta no art. 481 da CLT. Nesse caso, havendo interesse em qualquer das partes em extinguir o contrato de trabalho antecipadamente, aplicam-se as regras que regem a rescisão dos contratos por prazo indeterminado.

6.1.1.1.3. Jornada de trabalho

A jornada de trabalho do empregado doméstico está regulada no art. 2º e não poderá exceder 8 (oito) horas diárias e 44 (quarenta e quatro) semanais, devendo a hora extraordinária ser remunerada em, no mínimo, 50% (cinquenta por cento) superior ao valor da hora normal, devendo o empregador proceder o registro do horário de trabalho do empregado doméstico por qualquer meio manual, mecânico ou eletrônico, desde que idôneo, independente do número de empregados.

Permite-se o regime de compensação por acordo individual de trabalho escrito entre o empregado e empregador, hipótese em que será dispensado o pagamento de horas extraordinárias, desde que o excesso de horas trabalhadas em um dia for compensado em outro.

Havendo estipulação do acordo será devido o pagamento das 40 horas mensais excedentes ao horário normal de trabalho, como horas extraordinárias, ou seja, com acréscimo de 50%. O saldo das horas que excederem as 40 primeiras horas mensais será compensado em no máximo 1 ano. Como exemplo, imaginemos que um empregado doméstico laborou 60 horas extras no mês; as primeiras 40 horas deverão ser remuneradas como horas extraordinárias e as demais, compensadas no período máximo de 1 ano.

O art. 2º, § 5º, II, da lei permite que das primeiras 40 horas extras mensais sejam deduzidas, sem o pagamento, as horas não trabalhadas em razão da redução da duração normal de trabalho ou de dia útil não trabalhado, durante o mês.

Assim, se um empregado laborou 60 horas extras no mês, das 40 primeiras horas, serão deduzidas, sem o pagamento, as horas que ele deixou de trabalhar, no mês, em razão de redução de sua jornada normal de trabalho ou de dia que deveria trabalhar e não trabalhou, optando por descanso naquele dia.

A lei possibilita, ainda, em seu art. 10 estabelecer jornada de trabalho de 12 (doze) horas seguidas por 36 (trinta e seis) horas ininterruptas de descanso.

É prevista a figura do regime de trabalho de tempo parcial, entendida como aquela cuja duração não exceda 25 (vinte e cinco) horas semanais, regra diferente daquela prevista para os demais trabalhadores prevista no art. 59-A da CLT. Para o empregado que labore nesse regime, a duração normal do trabalho do empregado doméstico nesse mesmo regime poderá ser acrescida de horas suplementares, em número não excedente a 1 (uma) hora diária, mediante acordo escrito entre empregador e empregado, com limite máximo de 6 horas por dia.

A nova lei deixa claro em seu art. 16 que é devido ao empregado doméstico descanso nos dias de feriados, estabelecendo também que o repouso semanal remunerado dos empregados domésticos deve ser, preferencialmente, aos domingos. Se, excepcionalmente, o empregado doméstico trabalhou nos domingos ou feriados, o trabalho deverá ser compensado. Caso não haja compensação, a remuneração do domingo e/ou feriado deverá ser paga em dobro, sem prejuízo da remuneração do repouso semanal, em conformidade com o art. 2º, § 8º, da LC 150/2015.

6.1.1.1.4. Trabalho noturno

Acompanhando a previsão celetista, a LC 150/2015 nos termos do art. 14 considera noturno, o trabalho executado entre as 22 horas de um dia e as 5 horas do dia seguinte, devendo ser aplicada a regra da hora fictamente reduzida de 52 (cinquenta e dois) minutos e 30 (trinta) segundos.

A remuneração do trabalho noturno terá acréscimo de, no mínimo, 20% (vinte por cento) sobre o valor da hora diurna. No entanto, em se tratando de empregado contratado para trabalhar exclusivamente no período noturno, o acréscimo será calculado sobre o salário anotado na Carteira de Trabalho e Previdência Social.

Para o labor executado em horários mistos, entendidos como aqueles que abrangem períodos diurnos e noturnos, as regras do trabalho noturno aplicam-se somente às horas de trabalho noturno.

6.1.1.1.5. Empregado doméstico em viagem

Em seu art. 11 a LC 150/2015 trata da figura do empregado doméstico em viagem. Para esse tipo de atividade a lei impõe a obrigatoriedade de acordo escrito entre as partes prevendo o acompanhamento do empregador pelo empregado em viagens.

Nessa modalidade de labor serão consideradas efetivas, ou seja, tempo à disposição do empregador, somente as horas efetivamente trabalhadas no período de viagens. Horas extraordinárias poderão ser compensadas em outro dia, respeitando as regras do acordo de compensação dispostas nos §§ 4º, 5º e 6º do art. 2º acima estudado.

De acordo com a lei, as horas de trabalho prestado em viagens deverão ser remuneradas em no mínimo, 25% superior ao valor do salário-hora normal. Existindo acordo escrito entre as partes, essa remuneração extraordinária poderá ser convertida em acréscimo no banco de horas, a ser utilizado a critério do empregado.

No caso de acompanhamento de viagem, as despesas com alimentação, além do transporte e hospedagem, ficarão por conta do patrão. Isso porque o art. 18, parte final, determina que o empregador doméstico não poderá efetuar descontos no salário do empregado por despesas com transporte, hospedagem e alimentação.

6.1.1.1.6. Intervalos para descanso

Os intervalos, o tempo de repouso, as horas não trabalhadas, os feriados e os domingos livres em que o empregado que mora no local de trabalho nele permaneça não serão computados como horário de trabalho.

Nos termos do art. 13 da LC 150/2015 é obrigatória a concessão de intervalo para repouso ou alimentação pelo período de, no mínimo, 1 (uma) hora e, no máximo, 2 (duas) horas, admitindo-se, mediante prévio acordo escrito entre empregador e empregado, sua redução a 30 (trinta) minutos.

Note que para que seja considerada lícita a redução do intervalo, basta o acordo escrito entre o empregado e empregador.

Caso o empregado resida na casa o intervalo intrajornada poderá ser desmembrado em 2 períodos, desde que cada um tenha o mínimo de 1 hora, até o limite de 4 horas por dia.

A lei prevê também o período de intervalo interjornada, ou seja, o intervalo para descanso entre um dia e outro de trabalho. Nessa linha estabelece o art. 15 da LC 150/2015 que entre 2 (duas) jornadas de trabalho deve haver período mínimo de 11 (onze) horas consecutivas para descanso.

6.1.1.1.7. Férias

Nos termos do art. 17 da LC 150/2015 após cada período de 12 (doze) meses de trabalho prestado à mesma pessoa ou família, o empregado doméstico terá direito a férias anuais remuneradas de 30 (trinta) dias, com acréscimo de, pelo menos, um terço do salário normal.

A critério do empregador, esse período poderá ser fracionado em dois períodos, sendo que 1 deles deverá ser de, no mínimo, 14 dias corridos.

Desde que requerido até 30 (trinta) dias antes do término do período aquisitivo, é facultado ao empregado doméstico converter um terço do período de férias a que tiver direito em abono pecuniário, no valor da remuneração que lhe seria devida. Trata-se de um direito potestativo do empregado doméstico que se requerido no prazo legal, o empregador não poderá recusar.

Em se tratando de empregado em regime de tempo parcial, nos termos do § 3º do art. 3º da LC 150/2015 o período de férias será da seguinte proporção:

> I – 18 (dezoito) dias, para a duração do trabalho semanal superior a 22 (vinte e duas) horas, até 25 (vinte e cinco) horas;
>
> II – 16 (dezesseis) dias, para a duração do trabalho semanal superior a 20 (vinte) horas, até 22 (vinte e duas) horas;
>
> III – 14 (quatorze) dias, para a duração do trabalho semanal superior a 15 (quinze) horas, até 20 (vinte) horas;
>
> IV – 12 (doze) dias, para a duração do trabalho semanal superior a 10 (dez) horas, até 15 (quinze) horas;
>
> V – 10 (dez) dias, para a duração do trabalho semanal superior a 5 (cinco) horas, até 10 (dez) horas;
>
> VI – 8 (oito) dias, para a duração do trabalho semanal igual ou inferior a 5 (cinco) horas.

6.1.1.1.8. Aplicação subsidiária da CLT aos empregados domésticos

Nos termos do art. 7º, *a*, da CLT os preceitos dispostos no texto consolidado não são aplicáveis aos empregados domésticos, que eram regulados pela Lei 5.859/1972, com as alterações trazidas pela Lei 11.324/2006, revogadas pela LC 150/2015.

> No entanto, a própria LC 150/2015 determina em seu art. 19 que: "*Observadas as peculiaridades do trabalho doméstico, a ele também se aplicam as Leis 605, de 05.01.1949, 4.090, de 13.07.1962, 4.749, de 12.08.1965, e 7.418, de 16.12.1985, e, subsidiariamente, a Consolidação das Leis do Trabalho (CLT), aprovada pelo Decreto-Lei 5.452, de 01.05.1943.*" (grifou-se).

Portanto, diante da regra disposta no novel dispositivo legal, ao empregado doméstico aplicam-se as regras dispostas na LC 150/2015 e, ainda, nas Leis 605/1949 (lei que regula o repouso semanal remunerado e o pagamento de salário nos dias feriados civis e religiosos) e na Lei 7.418/1985 (Lei do Vale-Transporte). No entanto, havendo omissão nesses diplomas legais a CLT funcionará como fonte subsidiária, mas sempre observando as particularidades do trabalho doméstico.

6.1.1.1.9. Descontos no salário do empregado doméstico

O princípio da intangibilidade salarial ensina que o empregado deve receber seu salário de forma integral, ou seja, não poderá o empregador efetuar descontos no salário desse trabalhador.

Pois bem, esse princípio foi consagrado na atual redação do art. 18 da LC 150/2015, de modo que não é permitido ao empregador doméstico efetuar descontos no salário do empregado por fornecimento de alimentação, vestuário, higiene ou moradia. O dispositivo legal continua vedando, também, o desconto por despesas com transporte, hospedagem e alimentação em caso de acompanhamento em viagem, como acima estudado. Oportuno lembrar que referidas parcelas não possuem natureza salarial, art. 18, § 3º, LC 150/2015.

Desta forma, o empregador não poderá descontar de seu caseiro, por exemplo, valores referentes a sua alimentação ou descontar valores cobrados a título de estadia pelo fato de dormirem na residência, na medida em que os gastos com o negócio são sempre do empregador, e não do empregado.

Porém, se a despesa com moradia se referir à residência diversa àquela em que ele empregado presta serviços e se houver consentimento expresso das partes, o empregador poderá descontar do empregado esses valores, é o que dispõe o § 2º do art. 18 da lei.

Vale dizer que caso o empregador forneça moradia ao empregado doméstico na própria residência ou em morada anexa, de qualquer natureza, não irá gerar para empregado qualquer direito de posse ou de propriedade sobre aquela moradia.

Além da hipótese acima tratada, o § 1º do art. 18 prevê situações em que são permitidos descontos no salário do doméstico.

Ensina a lei que mediante acordo escrito entre às partes é permitido o desconto no salário do empregado doméstico para sua inclusão em planos de assistência médico-hospitalar e odontológica; de seguro e de previdência privada e, ainda, em se tratando de adiantamento de salário, sendo que o total dos descontos não poderá ultrapassar 20% (vinte por cento) do salário.

6.1.1.1.10. Vale-transporte

Como se sabe o vale-transporte é um direito dos empregados, inclusive do empregado doméstico, nos termos do art. 1º, II, do Decreto 95.247/1987.

Assim, a Lei 7.418/1985 que institui o Vale-Transporte, em seu art. 4º impõe ao empregador a obrigação de adquirir os vales-transporte necessários ao deslocamento do empregado. Nesse mesmo sentido, o art. 5º do Decreto 95.247/1987 veda ao empregador substituir o Vale-Transporte por antecipação em dinheiro ou qualquer outra forma de pagamento.

Todavia, tendo em vista a peculiar relação entre o empregado e o empregador doméstico, o parágrafo único do art. 19 da LC 150/2015 é expresso ao permitir que o empregador substitua a seu critério, a obrigação que possui de adquirir os vales-transporte necessários aos deslocamentos do empregado, pela concessão desses valores diretamente ao empregado.

Dispõe o parágrafo único do art. 19:

> "A obrigação prevista no art. 4º da Lei 7.418, de 16.12.1985, poderá ser substituída, a critério do empregador, pela concessão, mediante recibo, dos valores para a aquisição das passagens necessárias ao custeio das despesas decorrentes do deslocamento residência-trabalho e vice-versa."

Em outras palavras, o empregador doméstico poderá pagar o vale-transporte em dinheiro para o empregado. Assim, ao invés de comprar o vale-transporte e entregar para o empregado doméstico, poderá lhe repassar, mediante recibo, esses valores, se desincumbindo da obrigação imposta pelo art. 4º da Lei 7.418/1985.

Assim, ao empregador doméstico não se aplica a regra imposta aos demais tipos de empregadores, esculpida no o art. 5º do Decreto 95.247/1987.

6.1.1.1.11. FGTS para o empregado doméstico

Dispõe o art. 21 da LC 150/2015:

> É devida a inclusão do empregado doméstico no Fundo de Garantia do Tempo de Serviço (FGTS), na forma do regulamento a ser editado pelo Conselho Curador e pelo agente operador do FGTS, no âmbito de suas competências, conforme disposto nos arts. 5º e 7º da Lei 8.036, de 11.05.1990, inclusive no que tange aos aspectos técnicos de depósitos, saques, devolução de valores e emissão de extratos, entre outros determinados na forma da lei.

Referido dispositivo legal determina que o Conselho Curador do FGTS edite resolução regulamentando a inclusão do empregado doméstico no FGTS.

Desta forma, considerando a necessidade de garantir o direito ao FGTS dos empregados domésticos no âmbito de seus contratos de trabalho, em 25.09.2015 foi publicada a Resolução 780 do Conselho Curador do Fundo de Garantia do Tempo de Serviço.

Por meio da Resolução 780/2015 do Conselho Curador do FGTS o empregado doméstico terá direito ao FGTS, obrigatoriamente, somente a partir de 01.10.2015. Portanto, ainda que o contrato de trabalho do empregado doméstico esteja em vigor na data de publicação da LC 150/2015, a inclusão do empregado doméstico no sistema do FGTS apenas se tornou obrigatória a partir dessa data.

A inclusão do empregado doméstico no FGTS deverá ser solicitada pelo empregador, mediante requerimento com informações dos eventos que envolvem a atividade profissional.

De acordo com a Resolução 780/2015 do Conselho Curador do FGTS, cabe ao Agente Operador do FGTS, que é a Caixa Econômica Federal, regulamentar as disposições complementares, de modo a viabilizar o depósito, os saques, a devolução de valores e a emissão de extratos, inclusive no que tange às relações de trabalho existentes a partir de março de 2000, data que o FGTS passou a ser facultativo, mediante requerimento do empregador, de acordo com o art. 1º do Decreto 3.361/2000. Atualmente, a definição dos procedimentos operacionais é feita pela Caixa Econômica Federal (CEF), agente operador do Fundo, por meio das Circulares 694 de 25 de setembro de 2015 e 696 de 27 de outubro de2015.

Para o FGTS, a alíquota será de 8%, com o recolhimento de um percentual mensal de 3,2% (três inteiros e dois décimos por cento) sobre a remuneração devida, no mês anterior, a cada empregado, destinada ao pagamento da indenização compensatória da perda do emprego, sem justa causa ou por culpa do empregador.

Assim, caso o empregado doméstico seja demitido imotivadamente ou se a rescisão se der por culpa do empregador, os valores serão levantados pelo empregado doméstico como indenização por despedida arbitrária ou sem justa causa.

Contudo, ocorrendo a dispensa por justa causa do empregado doméstico ou se ele pedir demissão no emprego, bem como por término do contrato de trabalho por prazo determinado, aposentadoria e falecimento do empregado doméstico, esses valores depositados serão movimentados pelo empregador.

No entanto, havendo culpa recíproca metade desses valores será movimentada pelo empregado, enquanto a outra metade será movimentada pelo empregador.

Os valores de 3,2% destinados a indenização compensatória da perda do emprego serão depositados na conta vinculada do empregado, em variação distinta daquela em que se encontrarem os valores oriundos dos depósitos mensais de 8% e somente poderão ser movimentados por ocasião da rescisão contratual.

6.1.1.1.12. Aviso-prévio

À relação entre o empregador e empregado doméstico serão aplicadas as regras como para todos os demais empregados em geral, inclusive a regra do aviso-prévio proporcional previsto na Lei 12.506/2011, de acordo com os arts. 23 e 24 da LC 150/2015.

6.1.1.1.13. Estabilidade provisória/garantia de emprego

O art. 25, parágrafo único, da LC 150/2015 assegura garantia no emprego para a empregada doméstica gestante desde a confirmação do estado de gravidez até 5 meses após o parto, direito previsto na alínea "b" do inciso II do art. 10 do Ato das Disposições Constitucionais Transitórias.

A lei é expressa ao assegurar à empregada doméstica gestante a garantia de emprego durante o curso do contrato de trabalho, ainda que durante o prazo do aviso-prévio trabalhado ou indenizado.

Há de se ressaltar que pela própria redação do parágrafo único do art. 25, a garantia de emprego aqui debatida deverá ser assegurada tanto para os contratos com prazo indeterminado como para os contratos com prazo determinado, dispostos no art. 4º da própria lei.

Nesse mesmo sentido sustenta o TST em sua Súmula 244, item III:

> III – A empregada gestante tem direito à estabilidade provisória prevista no art. 10, inciso II, alínea "b", do Ato das Disposições Constitucionais Transitórias, mesmo na hipótese de admissão mediante contrato por tempo determinado.

6.1.1.1.14. Rescisão do contrato de trabalho

Regulamentando o direito assegurado ao empregado doméstico esculpido no art. 7º, I, da CF, que disciplina a multa por despedida arbitrária ou sem justa causa, a LC 150/2015 determina que o empregador doméstico deposite a importância de 3,2% sobre a remuneração devida, no mês anterior, ao empregado, que se destinará ao pagamento da indenização compensatória em caso de perda do emprego, sem justa causa ou por culpa do empregador.

Assim, caso o empregado venha a ser demitido sem justa causa ou se o término do contrato se deu por justa causa do empregador (art. 27, parágrafo único, LC 150/2015) o empregado irá levantar essa importância a título de indenização compensatória.

No entanto, se o empregado doméstico for demitido por justa causa, se pedir demissão, término do contrato de trabalho por prazo determinado, de aposentadoria e de falecimento do empregado doméstico, os valores previstos no *caput* serão movimentados pelo empregador.

Havendo término do contrato por culpa recíproca, cada um ficará com uma metade, ou seja, metade de todo valor depositado ficará com o empregado e a outra metade com o empregador.

Por essa razão não se aplica ao empregado doméstico a multa de 40% sobre os depósitos de FGTS, disposta nos §§ 1º a 3º do art. 18 da Lei 8.036/1990.

6.1.1.1.15. Justa causa do empregado doméstico

As hipóteses de justa causa do empregado domésticos estão dispostas no art. 27 da LC 150/2015, que assim dispõe:

> **Art. 27.** Considera-se justa causa para os efeitos desta Lei:
>
> I – submissão a maus tratos de idoso, de enfermo, de pessoa com deficiência ou de criança sob cuidado direto ou indireto do empregado;
>
> II – prática de ato de improbidade;
>
> III – incontinência de conduta ou mau procedimento;
>
> IV – condenação criminal do empregado transitada em julgado, caso não tenha havido suspensão da execução da pena;
>
> V – desídia no desempenho das respectivas funções;
>
> VI – embriaguez habitual ou em serviço;
>
> VII – (Vetado);
>
> VIII – ato de indisciplina ou de insubordinação;
>
> IX – abandono de emprego, assim considerada a ausência injustificada ao serviço por, pelo menos, 30 (trinta) dias corridos;
>
> X – ato lesivo à honra ou à boa fama ou ofensas físicas praticadas em serviço contra qualquer pessoa, salvo em caso de legítima defesa, própria ou de outrem;
>
> XI – ato lesivo à honra ou à boa fama ou ofensas físicas praticadas contra o empregador doméstico ou sua família, salvo em caso de legítima defesa, própria ou de outrem;
>
> XII – prática constante de jogos de azar.

A lei traz um novo rol de situações que ensejam a dispensa por justa causa do empregado doméstico. Trata-se de um rol taxativo, dispensando, portanto, a aplicação do art. 482 da CLT.

6.1.1.1.16. Justa causa do empregador doméstico – Rescisão indireta

O empregado doméstico poderá dar por rescindido o contrato por culpa de seu empregador, nos termos do art. 27, parágrafo único da LC 150/2015, nas seguintes hipóteses:

> I – o empregador exigir serviços superiores às forças do empregado doméstico, defesos por lei, contrários aos bons costumes ou alheios ao contrato;
>
> II – o empregado doméstico for tratado pelo empregador ou por sua família com rigor excessivo ou de forma degradante;
>
> III – o empregado doméstico correr perigo manifesto de mal considerável;
>
> IV – o empregador não cumprir as obrigações do contrato;
>
> V – o empregador ou sua família praticar, contra o empregado doméstico ou pessoas de sua família, ato lesivo à honra e à boa fama;
>
> VI – o empregador ou sua família ofender o empregado doméstico ou sua família fisicamente, salvo em caso de legítima defesa, própria ou de outrem;
>
> VII – o empregador praticar qualquer das formas de violência doméstica ou familiar contra mulheres de que trata o art. 5º da Lei 11.340, de 07.08.2006.

Assim como nas hipóteses de justa causa do empregado acima estudadas, a lei traz um novo rol de situações que ensejam o reconhecimento da justa causa do empregador doméstico. Trata-se de um rol taxativo, dispensando, portanto, a aplicação do art. 483 da CLT.

6.1.1.1.17. Seguro desemprego

Nos termos do art. 26 da LC 150/2015 o empregado doméstico que for dispensado sem justa causa fará jus ao benefício do seguro-desemprego no valor de 1 (um) salário mínimo, por período máximo de 3 (três) meses, de forma contínua ou alternada.

Por outro lado, o benefício será cancelado, nos termos do § 2º do art. 26:

> I – pela recusa, por parte do trabalhador desempregado, de outro emprego condizente com sua qualificação registrada ou declarada e com sua remuneração anterior;
>
> II – por comprovação de falsidade na prestação das informações necessárias à habilitação;
>
> III – por comprovação de fraude visando à percepção indevida do benefício do seguro-desemprego; ou
>
> IV – por morte do segurado.

6.1.1.1.18. Fiscalização do Trabalho

O cumprimento de todas as normas dispostas na LC 150/2015 serão fiscalizadas pelo Auditor-Fiscal do Trabalho.

Na prática, o empregador doméstico receberá o Auditor-Fiscal do Trabalho em sua residência e o acompanhará para que seja feita a fiscalização.

Assim dispõe o art. 44 da LC 150/2015 que deu nova redação ao art. 11-A da Lei 10.593/2002,

> **Art. 11-A.** A verificação, pelo Auditor-Fiscal do Trabalho, do cumprimento das normas que regem o trabalho do empregado doméstico, no âmbito do domicílio do empregador, dependerá de agendamento e de entendimento prévios entre a fiscalização e o empregador.
>
> § 1º A fiscalização deverá ter natureza prioritariamente orientadora.
>
> § 2º Será observado o critério de dupla visita para lavratura de auto de infração, salvo quando for constatada infração por falta de anotação na Carteira de Trabalho e Previdência Social ou, ainda, na ocorrência de reincidência, fraude, resistência ou embaraço à fiscalização.
>
> § 3º Durante a inspeção do trabalho referida no *caput*, o Auditor-Fiscal do Trabalho far-se-á acompanhar pelo empregador ou por alguém de sua família por este designado.

6.1.1.2. Empregado rural

As relações de emprego rural são reguladas pela Lei 5.889/1973 e Decreto 73.626/1974.

Dispõe o art. 2º da Lei 5.889/1973 que empregado rural é toda pessoa física que, em propriedade rural ou prédio rústico, presta serviços de natureza não eventual a empregador rural, sob a dependência deste e mediante salário. É, portanto, aquele que presta serviços nas atividades da agricultura ou da pecuária a um empregador rural, em propriedade rural ou prédio rústico, entendido como sendo aquele prédio situado em zona urbana, mas dedicado à atividade rural.

Nos termos do art. 3º da Lei 5.889/1973 considera-se empregador, rural a pessoa física ou jurídica, proprietário ou não, que explore atividade agroeconômica, em caráter permanente ou temporário, diretamente ou através de prepostos e com auxílio de empregados.

Por sua vez, atividade agroeconômica é a atividade agrícola, pastoril ou pecuária que não se destina, exclusivamente, ao consumo de seus proprietários.

Dispõe o § 1º do mesmo dispositivo legal que inclui-se na atividade econômica, além da exploração industrial em estabelecimento agrário não compreendido na CLT, a exploração do turismo rural suplementar à exploração agroeconômica.

Equipara-se ao empregador rural, a pessoa física ou jurídica que, habitualmente, em caráter profissional, e por conta de terceiros, execute serviços de natureza agrária, mediante utilização do trabalho de outrem.

Desta forma, podemos dizer que é a natureza da atividade econômica desenvolvida no estabelecimento agrário que determinará se a empresa é rural ou urbana. Não é a natureza do trabalho prestado pelo empregado que definirá a sua categoria como rural ou urbano, mas sim a atividade do empregador.

Assim, se um estabelecimento é destinado à exploração agrícola ou pecuária, o trabalhador é considerado rural, mas se as atividades são comerciais ou industriais e não agroeconômica, o trabalhador será considerado urbano. Como exemplo, podemos citar o caso de uma fazenda de cultivo de cana de açúcar que possui uma usina de açúcar. Nesse caso, os trabalhadores que prestam serviços na usina não são rurais, pois a atividade é tipicamente industrial.

Embora como critério geral para a caracterização do empregado como rural seja estabelecido de acordo com a categoria do empregador, como se vê na súmula 196 do STF: "*Ainda que exerça atividade rural, o empregado de empresa industrial ou comercial é classificado de acordo com a categoria do empregador*", entende o TST que em relação aos empregados que trabalham em empresas de reflorestamento que, tecnicamente sejam consideradas empresas urbanas, os seus empregados serão considerados rurícolas, em conformidade com o entendimento consubstanciado na OJ 38 da SDI 1, que assim dispõe:

> *OJ 38 SDI 1 do TST – Trabalhador rural. Rurícola. Empresa de reflorestamento. Prescrição do rurícola. Lei 5.889/1973, art. 10. Dec. 73.626/74, art. 2º, § 4º.*
>
> *O empregado que trabalha em empresa de reflorestamento, cuja atividade está diretamente ligada ao manuseio da terra e de matéria-prima, é rurícola e não industriário, nos termos do Dec. 73.626, de 12/02/74, art. 2º, § 4º, pouco importando que o fruto de seu trabalho seja destinado à indústria. Assim, aplica-se a prescrição própria dos rurícolas aos direitos desses empregados.*

Assim, para que se possa caracterizar a relação de emprego rural é necessário: que o trabalho seja desenvolvido para empregador rural; que o trabalho seja desenvolvido em propriedade rural ou prédio rústico.

Por força do art. 7º, *caput*, da CF, seus direitos foram totalmente equiparados aos direitos dos trabalhadores urbanos. Além disso, o Decreto 73.626/74 indica expressamente em seu art. 4º quais os dispositivos legais da CLT e de outras leis extravagante que são aplicáveis ao empregado rural.

Podemos apontar algumas especificidades em relação ao empregado rural:

I-) Trabalho noturno

Devemos diferenciar o trabalho exercido nas atividades de agricultura e o desenvolvido na pecuária.

Na lavoura, o período noturno é aquele desenvolvido entre 21 horas de um dia até às 5 horas do dia seguinte, ao passo que na pecuária será o período compreendido entre as 20 horas de um dia até 4 horas do dia seguinte, nos termos do art. 7º da Lei 5.889/1973.

É importante mencionar que no âmbito rural, seja na agricultura, seja na pecuária, não se aplica a regra da "hora fictamente reduzida".

Outra peculiaridade consiste no adicional devido aos trabalhadores que exercem suas atividades no período noturno. Esse adicional difere, também, para os empregados dos âmbitos urbano e rural.

O trabalho noturno exercido no âmbito urbano é de 20%, ao passo que no âmbito rural, por não terem os obreiros a jornada reduzida, seu adicional será de 25%.

II-) Trabalho extraordinário

Determina o art. 7º do Decreto 73.626/1974 que a duração normal do trabalho poderá ser acrescida de horas suplementares, em número não excedente de 2 (duas), mediante acordo escrito entre o empregador e o empregado ou mediante contrato coletivo de trabalho.

III-) Intervalos para descanso

O art. 5º, *1ª parte*, da Lei 5.889/1973 e o art. 5º do Decreto 73.626/1974 regulam o intervalo intrajornada do empregado rural e determina que em qualquer trabalho contínuo com duração superior a 6 (seis) horas, deverá ser concedido um intervalo para repouso ou alimentação observados os usos e costumes da região. Assim, como para os empregados urbanos o período destinado ao repouso e alimentação não será computando na duração do trabalho

O meso art. 5º, *parte final*, bem como o art. 6º do Decreto 73.626/1974 regulam o intervalo interjornada ao dispor que entre duas jornadas de trabalho haverá um período mínimo de onze horas consecutivas para descanso.

O trabalho intermitente é aquele que, por sua natureza, seja normalmente executado em duas ou mais etapas diárias distintas, desde que haja interrupção do trabalho de, no mínimo, 5 (cinco) horas, entre uma e outra parte da execução da tarefa.

Os intervalos entre uma e outra parte da execução da tarefa diária não serão computados, como de efetivo exercício, devendo essa característica ser expressamente ressalvada na CTPS do empregado.

IV-) Descontos no salário

As hipóteses que permitem descontos no salário do obreiro estão previstas no art. 9º da Lei 5.889/1973 e art. 16 do Decreto 73.626/1974, são elas:

a) até o limite de 20% (vinte por cento) pela ocupação da morada.

Sempre que mais de um empregado residir na mesma morada, o desconto será dividido proporcionalmente ao número de empregados. É vedada, em qualquer hipótese, a moradia coletiva de famílias;

b) até o limite de 25% (vinte por cento) pelo fornecimento de alimentação sadia e farta, atendidos os preços vigentes na região;

c) adiantamentos em dinheiro.

Importante notar que, nos termos da parte final do art. 9º estudado, os percentuais dos descontos efetuados no salário do obreiro deverão ser calculados sobre o salário mínimo. Essas deduções deverão ser previamente autorizadas, sem o que serão nulas de pleno direito, art. 9º, § 1º, da Lei 5.889/1973.

V-) Redução da jornada de trabalho no aviso-prévio

Caso o empregador promova a rescisão do pacto laboral, durante o período de aviso prévio o empregado rural terá direito a um dia por semana, sem prejuízo do salário integral, para que possa buscar um novo lugar no mercado de trabalho, é o que determina o art. 15 da Lei 5.889/1973.

VI-) Fornecimento de escola

Nos termos do art. 16 da Lei 5.889/1973 toda propriedade rural, que mantenha a seu serviço ou trabalhando em seus limites mais de 50 famílias de trabalhadores, é obrigada a possuir e conservar em funcionamento escola primária, inteiramente gratuita, para os filhos destes, com tantas classes quantos sejam os filhos destes, com tantas classes quantos sejam os grupos de 40 crianças em idade escolar.

A matrícula da população em idade escolar será obrigatória, sem qualquer outra exigência, além da certidão de nascimento, para cuja obtenção o empregador proporcionará todas as facilidades aos responsáveis pelas crianças.

VII-) Contrato de safra. O contrato de safra é um tipo de contrato por prazo determinado e pode ser entendido como aquele cuja duração dependa de variações estacionais das atividades agrárias, assim entendidas as tarefas normalmente executadas no período compreendido entre o preparo do solo para o cultivo e a colheita.

Caso o contrato de trabalho seja rescindido normalmente, poderá o safrista levantar os depósitos efetuados na conta do FGTS do empregado. Isso porque, a CF/1988 assegurou igualdade de direitos entre os empregados urbanos e rurais, inclusive os safristas. Desta forma, a multa disciplinada no art.

14 da Lei 5.889/1973 e art. 20 do Decreto 73.626/1974 não foi recepcionada pela atual Constituição Federal.

Todavia, ocorrendo dispensa sem justa causa do safrista, antes do término do prazo contratual, o empregador ficará obrigado a pagar ao empregado, à título de indenização compensatória, multa de 40% sobre o saldo existente na conta de FGTS do empregado, sem prejuízo da multa do art. 479 da CLT. No entanto, caso o empregado, sem justo motivo, queira se desligar antes do término do contrato deverá indenizar o empregador dos prejuízos que desse fato lhe resultarem, nos termos do art. 480 da CLT, caso em que a indenização não poderá exceder àquela a que teria direito o empregado em idênticas condições.

VIII-) Contrato de trabalho rural por pequeno prazo

Remetemos o leitor ao item 3.8.5.

6.1.1.3. Empregado em domicílio

Empregado em domicílio é aquele que trabalha na sua própria residência. Nessa linha, o art. 83 da CLT define o trabalho em domicílio como aquele executado na habitação do empregado ou em oficina de família, por conta de empregador que o remunere, sendo garantido o salário mínimo.

Importante frisar que o art. 6º da CLT, com a nova redação dada pela Lei 12.551/2011, leciona que não se distingue entre o trabalho realizado no estabelecimento do empregador, o executado no domicílio do empregado e o realizado a distância, desde que estejam caracterizados os pressupostos da relação de emprego. Os requisitos da relação de emprego já foram estudados, mas apenas para recordar, vale dizer que são eles: subordinação jurídica, onerosidade, pessoa física, pessoalidade, habitualidade e alteridade.

Visando a atender, portanto, o trabalho em domicílio, o parágrafo único do art. 6º consolidado equipara os meios telemáticos e informatizados de comando, controle e supervisão, para fins de subordinação jurídica, aos meios pessoais e diretos de comando, controle e supervisão do trabalho alheio.

Desta forma, o período em que o empregado permanecer em sua residência recebendo ordens emanadas de seus superiores hierárquicos representará, nos termos do art. 4º da CLT, tempo à disposição do empregador, devendo ser computado na jornada de trabalho do empregado.

6.1.1.4. Empregado aprendiz

O art. 428 da CLT define o contrato de aprendizagem como sendo um contrato de trabalho especial, ajustado por escrito e por prazo determinado, em que o empregador se compromete a assegurar ao maior de 14 (quatorze) e menor de 24 (vinte e quatro) anos, inscrito em programa de aprendizagem, formação técnico-profissional metódica, compatível com o seu desenvolvimento físico, moral e psicológico, e o aprendiz, a executar com zelo e diligência as tarefas necessárias a essa formação.

Aprendiz é, portanto, o empregado maior de 14 anos e o menor de 24 anos que celebra contrato de aprendizagem.

É importante mencionar que o limite de idade máxima estabelecido de 24 anos não se aplica a aprendizes portadores de deficiência, nos termos do § 5º do art. 428 consolidado.

O contrato de aprendizagem não poderá ser estipulado por prazo superior a 2 (dois) anos, exceto quando se tratar de aprendiz portador de deficiência.

A contratação do aprendiz poderá ser efetivada pela empresa na qual se realizará a aprendizagem ou por entidades sem fins lucrativos que tenham por objetivo a assistência ao adolescente e à educação profissional, registradas no Conselho Municipal dos Direitos da Criança e do Adolescente.

O aprendiz é, portanto, um empregado, pois possui vínculo de emprego com a empresa contratante. No entanto, é importante ressaltar que a contratação efetivada através de entidades sem fins lucrativos que objetivam a assistência ao adolescente e à educação profissional não gera vínculo de emprego entre o aprendiz e a empresa tomadora dos serviços.

A validade do contrato de aprendizagem está condicionada à anotação na carteira de trabalho, matrícula e frequência do aprendiz na escola, caso o aprendiz não tenha concluído o ensino médio, e inscrição em programa de aprendizagem desenvolvido sob orientação de entidade qualificada em formação técnico-profissional metódica.

Para os aprendizes que não tenham concluído o ensino médio, a matrícula e a frequência em escola serão obrigatórias. No entanto, caso não haja na localidade oferta de ensino médio, a contratação do aprendiz poderá ocorrer sem a frequência à escola, mas desde que ele já tenha concluído o ensino fundamental.

A duração do trabalho do aprendiz não poderá exceder 6 (seis) horas diárias, sendo vedadas a prorrogação e a compensação de jornada.

O contrato de aprendizagem será extinto no seu termo ou quando o aprendiz completar 24 anos, ressalvada a proposição quanto ao portador de necessidades especiais.

Porém, poderá cessar de forma antecipada havendo desempenho insuficiente ou inadaptação do aprendiz, falta disciplinar grave, ausência injustificada à escola que provoque perda do ano letivo ou, ainda, a pedido do aprendiz.

Vale dizer que nas hipóteses de cessação antecipada do contrato, não serão aplicadas as indenizações previstas nos arts. 479 e 480 da CLT.

Por último, nos termos do art. 429 da CLT os estabelecimentos de qualquer natureza são obrigados a empregar e matricular nos cursos dos Serviços Nacionais de Aprendizagem número de aprendizes equivalente a 5% (cinco por cento), no mínimo, e 15% (quinze por cento), no máximo, dos trabalhadores existentes em cada estabelecimento, cujas funções demandem formação profissional.

A Lei 12.594/2012 incluiu o § 2º no citado dispositivo, determinando que os estabelecimentos deverão ofertar vagas de aprendizes a adolescentes usuários do Sistema Nacional de Atendimento Socioeducativo (Sinase) nas condições a serem dispostas em instrumentos de cooperação celebrados entre os estabelecimentos e os gestores dos Sistemas de Atendimento Socioeducativo locais.

6.1.1.5. Diretor de sociedade

Considera-se diretor empregado aquele que, participando ou não do risco do empreendimento, seja contratado ou promovido para cargo de direção, mantendo as características inerentes à relação de emprego.

6.1.1.6. Empregado público

Os empregados públicos ocupam empregos públicos, subordinados às normas da CLT, e são contratados por prazo indeterminado para exercício de funções na administração direta, autárquica e fundacional. Trata-se do servidor público regido pela CLT.

É aquele que ocupa emprego público criado por lei, em decorrência de aprovação em concurso público. Possui vínculo de emprego, sendo regido pela CLT, podendo atuar na Administração Direta, autarquias, fundações e associações públicas, empresas públicas e sociedade de economia mista.

Os empregados públicos, assim como os servidores estatutários, em regra, somente poderão ser admitidos ao serviço público por meio de concurso público, de acordo com redação do art. 37, II, da CF. Em algumas situações, como a prevista no art. 198, §§ 4º e 5º, da CF, é permitida a contratação sem concurso, por meio de um processo seletivo público.

6.1.1.7. Mãe social

As instituições sem finalidade lucrativa, ou de utilidade pública de assistência ao menor abandonado, e que funcionem pelo sistema de casas-lares, poderão contratar mães sociais visando a propiciar ao menor as condições familiares ideais ao seu desenvolvimento e reintegração social.

Desta forma, em conformidade com o art. 2º da Lei 7.644/1987, é considerada mãe social aquela que, dedicando-se à assistência ao menor abandonado, exerça o encargo em nível social, dentro do sistema de casas-lares. Casa-lar é a unidade residencial sob responsabilidade de mãe social, que poderá abrigar até 10 (dez) menores.

A mãe social é, portanto, empregada da instituição de assistência ao menor abandonado e tem como atribuições: propiciar o surgimento de condições próprias de uma família, orientando e assistindo os menores colocados sob seus cuidados, devendo, igualmente, administrar o lar, realizando e organizando as tarefas a ele pertinentes e dedicar-se, com exclusividade, aos menores e à casa-lar que lhes forem confiados.

A mãe social deverá, ainda, residir, juntamente com os menores que lhe forem confiados, na casa-lar que lhe for destinada.

À mãe social são assegurados os seguintes direitos: anotação na carteira de trabalho, remuneração não inferior ao salário mínimo, repouso semanal remunerado de 24 horas consecutivas, apoio técnico, administrativo e financeiro no desempenho de suas funções, férias remuneradas de 30 dias, benefícios e serviços previdenciários, inclusive em caso de acidente do trabalho, na qualidade de segurada obrigatória, 13º salário e FGTS ou indenização, nos termos da legislação pertinente.

Uma vez extinto o contrato de trabalho, deverá a mãe social retirar-se da casa-lar que ocupava, cabendo à entidade empregadora providenciar a imediata substituição.

6.1.1.8. Motorista profissional empregado

O motorista profissional empregado está regulado nos arts. 235-A a 235-G da CLT com a redação dada pela Lei 13.103/2015.

Nos termos do art. 235-A da CLT, as disposições trazidas pela Lei 13.103/2015 serão aplicadas somente ao motorista profissional, considerado como o motorista profissional empregado de transporte rodoviário coletivo de passageiros e de transporte rodoviário de cargas, não se estendendo a demais motoristas.

A lei traz algumas particularidades à profissão de motorista profissional ao proporcionar jornada de trabalho especial e regular os tempos de repouso a eles destinados.

Traço marcante da legislação é a jornada de trabalho do motorista empregado que não tem horário fixo de início, de final ou de intervalos, salvo previsão contratual nesse sentido.

No entanto, a jornada de trabalho não poderá ultrapassar 8 (oito) horas por dia, admitindo-se a sua prorrogação por até 2 (duas) horas extraordinárias ou, mediante previsão em convenção ou acordo coletivo, por até 4 (quatro) horas extraordinárias. As horas extras, caso não sejam compensadas, serão pagas com remuneração superior em, no mínimo, 50% ao valor da hora normal.

Mediante convenção ou acordo coletivo poderá ser estabelecida jornada especial de 12 (doze) horas de trabalho por 36 (trinta e seis) horas de descanso para o trabalho do motorista profissional empregado em regime de compensação.

Ao motorista profissional empregado será assegurado um intervalo mínimo de 1 (uma) hora para refeição, podendo esse período coincidir com o tempo de parada obrigatória na condução do veículo estabelecido pelo art. 67-C e seus parágrafos do Código de Trânsito Brasileiro, exceto quando se tratar do motorista profissional enquadrado no § 5º do art. 71 da CLT.

A lei determina ainda que dentro do período de 24 (vinte e quatro) horas, deverão ser asseguradas 11 (onze) horas de descanso, sendo facultados o seu fracionamento e a coincidência com os períodos de parada obrigatória na condução do veículo estabelecido pelo Código de Trânsito Brasileiro, como vimos acima, garantidos o mínimo de 8 (oito) horas ininterruptas no primeiro período e o gozo do remanescente dentro das 16 (dezesseis) horas seguintes ao fim do primeiro período de descanso.

Nas viagens de longa distância, assim consideradas aquelas em que o motorista profissional empregado permanece fora da base da empresa, matriz ou filial e de sua residência por mais de 24 (vinte e quatro) horas, o repouso diário pode ser feito no veículo ou em alojamento do empregador, do contratante do transporte, do embarcador ou do destinatário ou em outro local que ofereça condições adequadas.

Com relação às viagens de longa distância com duração superior a 7 (sete) dias, nos termos do art. 235-D da CLT o repouso semanal será de 24 (vinte e quatro) horas por semana ou fração trabalhada, sem prejuízo do intervalo de repouso diário de 11 (onze) horas, totalizando 35 (trinta e cinco) horas, usufruído no retorno do motorista à base (matriz ou filial) ou ao seu domicílio, salvo se a empresa oferecer condições adequadas para o efetivo gozo do referido repouso. É permitido o fracionamento do repouso semanal em 2 (dois) períodos, sendo um destes de, no mínimo, 30 (trinta) horas ininterruptas, a serem cumpridos na mesma semana e em continuidade a um período de repouso diário, que deverão ser usufruídos no retorno da viagem.

As horas em que o motorista profissional empregado ficar aguardando carga ou descarga do veículo nas dependências do embarcador ou do destinatário bem como o período gasto com a fiscalização da mercadoria transportada em barreiras fiscais ou alfandegárias, são consideradas tempo de espera e não serão computados como jornada de trabalho e nem como horas extraordinárias. No entanto, essas horas serão indenizadas em 30% (trinta por cento) do salário-hora normal e em hipótese alguma poderá prejudicar o direito ao recebimento do salário diário do motorista.

Se esse período de espera for superior a 2 (duas) horas ininterruptas para a hipótese em que o motorista empregado deva permanecer junto ao veículo, caso o local ofereça condições adequadas para o repouso, o tempo será considerado como de repouso para os fins do intervalo de descanso acima estudado.

O motorista empregado, em viagem de longa distância, que ficar com o veículo parado após o cumprimento da jornada normal ou das horas extraordinárias fica dispensado do serviço, exceto se for expressamente autorizada a sua permanência junto ao veículo pelo empregador. Nesse caso, o tempo será considerado como de espera.

Nos casos em que o empregador adotar 2 (dois) motoristas trabalhando no mesmo veículo, o tempo de repouso poderá ser feito com o veículo em movimento, assegurado o repouso mínimo de 6 (seis) horas consecutivas fora do veículo em alojamento externo ou, se na cabine leito, com o veículo estacionado, a cada 72 (setenta e duas) horas.

Em situações excepcionais, devidamente justificadas e anotadas, a jornada de trabalho de 8 horas por dia, acrescida das horas 2 (duas) horas suplementares, poderá ser elevada pelo tempo necessário até o veículo chegar a um local seguro ou ao seu destino, desde que não se comprometa a segurança rodoviária.

Para o transporte de cargas vivas, perecíveis e especiais em longa distância ou em território estrangeiro poderão ser aplicadas regras conforme a especificidade da operação de transporte realizada, cujas condições de trabalho serão fixadas em convenção ou acordo coletivo.

Em se tratando de transporte de passageiros, determina o art. 235-E da CLT:

> **Art. 235-E.** Para o transporte de passageiros, serão observados os seguintes dispositivos:
>
> I – é facultado o fracionamento do intervalo de condução do veículo previsto na Lei 9.503, de 23.09.1997 – Código de Trânsito Brasileiro, em períodos de no mínimo 5 (cinco) minutos;
>
> II – será assegurado ao motorista intervalo mínimo de 1 (uma) hora para refeição, podendo ser fracionado em 2 (dois) períodos e coincidir com o tempo de parada obrigatória na condução do veículo estabelecido pela Lei 9.503, de 23.09.1997 – Código de Trânsito Brasileiro, exceto quando se tratar do motorista profissional enquadrado no § 5º do art. 71 desta Consolidação;
>
> III – nos casos em que o empregador adotar 2 (dois) motoristas no curso da mesma viagem, o descanso poderá ser feito com o veículo em movimento, respeitando-se os horários de jornada de trabalho, assegurado, após 72 (setenta e duas) horas, o repouso em alojamento externo ou, se em poltrona correspondente ao serviço de leito, com o veículo estacionado.

6.1.2. *Modalidades especiais de trabalhadores*

Relação de trabalho corresponde a qualquer modalidade de contratação do trabalho humano, ou, em outras palavras, como ensina Renato Saraiva (em *Curso de Direito Processual do Trabalho*, 4ª ed., São Paulo, Método, 2007, p. 68): "relação de trabalho corresponde a qualquer vínculo jurídico por meio da qual uma pessoa natural executa obra ou serviços para outrem, mediante pagamento".

Podemos afirmar, portanto, que toda relação de emprego é uma relação de trabalho, mas nem toda relação de trabalho é uma relação de emprego, pois, como vimos, esta é uma espécie do gênero relação de trabalho.

Vejamos as espécies mais comuns de relação de trabalho:

6.1.2.1. *Trabalhador autônomo*

Nas lições de Sergio Pinto Martins (em *Direito do Trabalho*, 5ª ed., São Paulo, Malheiros, 1998, p. 127) trabalhador autônomo é aquele que "irá trabalhar por contra própria".

Difere-se do empregado, pois não há subordinação. O trabalhador autônomo desenvolve suas atividades com autonomia, atuando por conta própria, assumindo ele próprio o risco das atividades.Dispõe o art. 12, V, *h*, da Lei 8.212/1991, que trabalhador autônomo é a pessoa física que exerce por conta própria atividade econômica de natureza urbana, com fins lucrativos ou não.

Essa definição é imprecisa ao mencionar que o autônomo é apenas quem exerce atividade de natureza urbana, pois profissões como a de engenheiro agrônomo, ou veterinário, podem ser exercidas no âmbito rural.

Nos termos do art. 442-B, da CLT a contratação do autônomo, cumpridas por este todas as formalidades legais, de forma contínua ou não, afasta a qualidade de empregado, ainda que exerça atividade relacionada ao negócio da empresa contratante.

Ao trabalhador autônomo é permitido prestar serviços a mais de um tomador de serviços, não caracterizando a qualidade de empregado o fato de o autônomo prestar serviços a apenas um tomador de serviços, art. 442-B, § 2º, da CLT. Poderá, ainda, prestar serviços de qualquer natureza a outros tomadores de serviços que exerçam ou não a mesma atividade econômica, sob qualquer modalidade de contrato de trabalho, inclusive como autônomo.

Vale ressaltar que, a Medida Provisória 808/2017 conferiu nova redação ao art. 442-B da CLT, determinando em seu § 1º ser vedada a celebração de cláusula de exclusividade no contrato de prestação de serviços de autônomo, sob pena de poder restar caracterizada a relação de emprego. Outrossim, presente a subordinação jurídica, será reconhecido o vínculo empregatício.

6.1.2.2. *Trabalhador eventual*

É o trabalhador admitido numa empresa para determinado evento. Em outras palavras, é o trabalho realizado de maneira eventual, de curta duração, cujos serviços não coincidem com os fins normais da empresa.

O trabalhador eventual carece de um dos elementos necessários para a caracterização da relação de empregado, qual seja, a "não eventualidade", ou seja, o elemento "continuidade" não se encontra presente nesse tipo de contrato.

O trabalhador eventual é vulgarmente chamado de "bico" ou "*freelancer*", laborando de maneira precária, na medida em que não se encontra presente o elemento habitualidade.

O trabalhador eventual realiza apenas serviços esporádicos, distintos dos fins da empresa, não demonstrando qualquer habitualidade. Como exemplo podemos citar o pintor que faz reparos no muro de uma empresa.

6.1.2.3. *Trabalhador avulso – Portuário*

Pela redação do art. 12, VI, da Lei 8.212/1991, trabalhador avulso é entendido como quem presta, a diversas empresas, sem vínculo empregatício, serviços de natureza urbana ou rural definidos no regulamento.

O trabalho avulso encontra-se disciplinado na Lei 12.815/2013, mais especificamente nos arts. 32 a 44, sendo 3 os sujeitos envolvidos nessa relação: a) Órgão Gestor de Mão de Obra (OGMO): órgão gestor que concentra a administração do trabalho portuário; b) operador portuário: empresa que explora as atividades portuárias; e, por último, c) trabalhador portuário: são os próprios trabalhadores, aqueles que exercem as atividades de carga e descarga de navios.

Cumpre destacar que não há poder de direção do OGMO sobre o avulso, nem subordinação deste com aquele. No trabalho avulso não há subordinação, razão pela qual o avulso presta serviços sem vínculo de emprego, nem com o OGMO, muito menos com as empresas para as quais presta serviços.

O OGMO apenas reúne a mão de obra e paga os prestadores de serviço, de acordo com o valor recebido das empresas, que será dividido proporcionalmente entre os trabalhadores.

O OGMO não responde por prejuízos causados pelos trabalhadores portuários avulsos aos tomadores dos seus serviços ou a terceiros.

Porém, responde, solidariamente com os operadores portuários, pela remuneração devida ao trabalhador portuário avulso e pelas indenizações decorrentes de acidente de trabalho.

Não é preciso que o trabalhador avulso seja sindicalizado. O que importa é que haja a intermediação obrigatória do sindicato na colocação do trabalhador na prestação de serviços às empresas, que procuram a agremiação buscando trabalhadores.

Podem ser destacadas as seguintes características do avulso: a) a liberdade na prestação de serviços, pois não tem vínculo com o OGMO, tampouco com as empresas tomadoras de serviço; b) podem prestar serviços a mais de uma empresa; c) o OGMO é quem faz a intermediação da mão de obra, manejando os trabalhadores de acordo com a necessidade dos serviços, cobrando um determinado valor pelos préstimos, incluindo direitos trabalhistas e encargos previdenciários e fiscais, e dividindo proporcionalmente entre as pessoas que participam do labor.

Nos termos do art. 7.º, XXXIV, a Constituição Federal assegurou igualdade de direitos entre o trabalhador avulso e aquele que mantém vínculo de emprego permanente.

6.1.2.4. Trabalhador avulso – Não portuário

O trabalho avulso não portuário é regulado pela Lei 12.023/2009 como sendo aquele executado na movimentação de mercadorias em geral, em áreas urbanas ou rurais sem vínculo empregatício, mediante intermediação obrigatória do sindicato da categoria, por meio de Acordo ou Convenção Coletiva de Trabalho.

Nos termos do art. 2º da Lei 12.023/2009 consideram-se atividades da movimentação de mercadorias em geral:

> I – cargas e descargas de mercadorias a granel e ensacados, costura, pesagem, embalagem, enlonamento, ensaque, arrasto, posicionamento, acomodação, reordenamento, reparação da carga, amostragem, arrumação, remoção, classificação, empilhamento, transporte com empilhadeiras, paletização, ova e desova de vagões, carga e descarga em feiras livres e abastecimento de lenha em secadores e caldeiras;
>
> II – operações de equipamentos de carga e descarga;
>
> III – pré-limpeza e limpeza em locais necessários à viabilidade das operações ou à sua continuidade.

Como vimos, a intermediação do sindicato de classe será obrigatória, por meio de Acordo ou Convenção Coletiva de Trabalho, nos termos do art. 1º da Lei 12.023/2009. Assim, como ocorre no trabalho avulso portuário, em que existe uma relação triangular, qual seja: Empresa – OGMO – Trabalhador Avulso Portuário, para o avulso não portuário a relação triangular se estabelece: Empresa – Sindicato – Trabalhador Avulso.

Nessa linha, o art. 4º da Lei 12.023/2009 impõe ao sindicato a obrigação de elaborar a escala de trabalho, bem como as folhas de pagamento dos trabalhadores avulsos, que deverá indicar tomador do serviço e os trabalhadores que participaram da operação.

A lei ensina ainda que são deveres do sindicato intermediador.

> **Art. 5º** São deveres do sindicato intermediador:
>
> I – divulgar amplamente as escalas de trabalho dos avulsos, com a observância do rodízio entre os trabalhadores;
>
> II – proporcionar equilíbrio na distribuição das equipes e funções, visando à remuneração em igualdade de condições de trabalho para todos e a efetiva participação dos trabalhadores não sindicalizados;
>
> III – repassar aos respectivos beneficiários, no prazo máximo de 72 (setenta e duas) horas úteis, contadas a partir do seu arrecadamento, os valores devidos e pagos pelos tomadores do serviço, relativos à remuneração do trabalhador avulso;
>
> IV – exibir para os tomadores da mão de obra avulsa e para as fiscalizações competentes os documentos que comprovem o efetivo pagamento das remunerações devidas aos trabalhadores avulsos;
>
> V – zelar pela observância das normas de segurança, higiene e saúde no trabalho;
>
> VI – firmar Acordo ou Convenção Coletiva de Trabalho para normatização das condições de trabalho.

Vale dizer que o não repasse dos valores devidos e pagos a título de remuneração do trabalhador avulso, no prazo de 72 horas, acarretará na responsabilidade pessoal e solidária dos dirigentes da entidade sindical.

Nessa linha dispõe o art. 8º da Lei 12.023/2009:

> **Art. 8º** As empresas tomadoras do trabalho avulso respondem solidariamente pela efetiva remuneração do trabalho contratado e são responsáveis pelo recolhimento dos encargos fiscais e sociais, bem como das contribuições ou de outras importâncias devidas à Seguridade Social, no limite do uso que fizerem do trabalho avulso intermediado pelo sindicato.

A lei impõe ao tomador dos serviços, no prazo de 72 horas úteis, contadas a partir do encerramento do trabalho requisitado, o dever de pagar ao sindicato os valores devidos pelos serviços prestados ou dias trabalhados, acrescidos dos percentuais relativos a repouso remunerado, 13º salário e férias acrescidas de 1/3 (um terço), para viabilizar o pagamento do trabalhador avulso, bem como os percentuais referentes aos adicionais extraordinários e noturnos. Compete, ainda, ao tomador de serviços recolher os valores devidos ao FGTS, acrescido dos percentuais relativos ao 13º salário, férias, encargos fiscais, sociais e previdenciários.

6.1.2.5. *Estagiário*

Regulado pela Lei 11.788/2008, o estágio é considerado um ato educativo escolar supervisionado, desenvolvido no ambiente de trabalho, que visa à preparação para o trabalho produtivo de educandos que estejam frequentando o ensino regular em instituições de educação superior, de educação profissional, de ensino médio, da educação especial e dos anos finais do ensino fundamental, na modalidade profissional da educação de jovens e adultos.

Uma vez observados certos requisitos impostos pela lei, o estágio não criará vínculo empregatício de qualquer natureza.

A Lei 11.788/2008 exige, em seu art. 3º, que o estagiário seja matriculado e frequente regularmente um curso de educação superior, de educação profissional, de ensino médio, da educação especial e nos anos finais do ensino fundamental, na modalidade profissional da educação de jovens e adultos, atestado pela instituição de ensino; seja celebrado termo de compromisso entre o estagiário, a parte concedente do estágio e a instituição de ensino; e compatibilidade entre as atividades desenvolvidas no estágio e aquelas previstas no termo de compromisso.

O descumprimento de qualquer dos requisitos ou de qualquer outra obrigação contida no termo de compromisso caracteriza vínculo de emprego do educando com a parte concedente do estágio para todos os fins da legislação trabalhista e previdenciária.

O recebimento de bolsa ou de outra forma de contraprestação, bem como do auxílio-transporte, será obrigatório na hipótese de estágio não compulsório. Já para o estágio obrigatório, será uma faculdade das partes, podendo ser acordado o recebimento de bolsa ou outra forma de contraprestação.

A jornada de atividade do estágio deverá ser compatível com as atividades escolares e será definida de comum acordo entre a instituição de ensino, a parte concedente e o estagiário ou seu representante legal e não poderá ultrapassar:

a) 4 (quatro) horas diárias e 20 (vinte) horas semanais, para estudantes de educação especial e dos anos finais do ensino fundamental, na modalidade profissional de educação de jovens e adultos;

b) 6 (seis) horas diárias e 30 (trinta) horas semanais, no caso de estudantes do ensino superior, da educação profissional de nível médio e do ensino médio regular.

No que concerne aos cursos que alternam teoria e prática, nos períodos em que não estão programadas aulas presenciais, a jornada poderá ser de até 40 (quarenta) horas semanais, desde que isso esteja previsto no projeto pedagógico do curso e da instituição de ensino.

O prazo de duração do contrato de estágio vem esculpido no art. 11 da citada lei, que registra que o contrato não poderá exceder 2 (dois) anos, exceto quando se tratar de estagiário portador de deficiência.

Novidade inserida pela Lei 11.788/2008 foi o direito relativo às férias, tratada pela lei como *recesso*. Assim, hoje é assegurado ao estagiário período de recesso de 30 (trinta) dias, a ser gozado preferencialmente durante suas férias escolares, sempre que o estágio tenha duração igual ou superior a 1 (um) ano. Aos contratos de estágio com duração inferior a um ano, os dias de recesso deverão ser concedidos proporcionalmente. Vale dizer que por tal período não ser considerado como férias propriamente ditas, mas sim um período de recesso, o estagiário não fará jus ao recebimento do terço constitucional.

Vale frisar que referido período de recesso deverá ser remunerado quando o estagiário receber bolsa ou outra forma de contraprestação.

Por último, ainda com relação ao estagiário, a Seção de Dissídios Individuais 1 do TST editou a orientação jurisprudencial 366 que entendeu ser impossível o reconhecimento do vínculo empregatício com a Administração Pública direta ou indireta pela ausência de concurso público, ainda que desvirtuada a finalidade do estágio: "Ainda que desvirtuada a finalidade do contrato de estágio celebrado na vigência da Constituição Federal de 1988, é inviável o reconhecimento do vínculo empregatício com ente da Administração Pública direta ou indireta, por força do art. 37, II, da CF/1988, bem como o deferimento de indenização pecuniária, exceto em relação às parcelas previstas na Súmula 363 do TST, se requeridas."

6.1.2.6. *Advogado empregado – Lei 8.906/1994*

A relação de emprego entre o advogado empregado e o seu empregador se dá da mesma maneira de que para os empregados comuns, ou seja, se atendidos os requisitos presentes nos arts. 2º e 3º da CLT, quais sejam: prestação de serviços de natureza não eventual, sob dependência e mediante o pagamento regular de salário.

Inclui-se nessa relação todas as demais obrigações pertinentes como a apresentação de carteira de trabalho e o lançamento dos dados alusivos à contratação.

A relação de emprego do advogado empregado é diferenciada, pois não é submetido à subordinação como de um empregado comum. Isso porque, nos termos do art. 18 da Lei 8.906/1994 a relação de emprego, na qualidade de advogado, não retira a isenção técnica nem reduz a independência profissional inerentes à advocacia. Nessa mesma linha, o advogado empregado não está obrigado à prestação de serviços profissionais de interesse pessoal dos empregadores, fora da relação de emprego.

6.1.2.6.1. Jornada de trabalho

A jornada de trabalho do advogado empregado, no exercício da profissão, não poderá exceder a duração diária de quatro horas contínuas e a de vinte horas semanais, salvo acordo ou convenção coletiva ou em caso de dedicação exclusiva, art. 20 da Lei 8.906/1994, hipótese em que está sujeito ao limite constitucional

Considera-se como período de trabalho o tempo em que o advogado estiver à disposição do empregador, aguardando ou executando ordens, no seu escritório ou em atividades externas, sendo-lhe reembolsadas as despesas feitas com transporte, hospedagem e alimentação.

Importante lembrar que as horas trabalhadas que excederem a jornada normal, ou seja, as horas extraordinárias, serão remuneradas por um adicional não inferior a 100% sobre o valor da hora normal, mesmo havendo contrato escrito.

Por último, o período noturno para o advogado empregado é aquele prestado período das vinte horas de um dia até as cinco horas do dia seguinte, que deverão ser remuneradas acrescidas do adicional de 25%.

6.1.2.6.2 Honorários sucumbenciais

Nos termos do art. 21 da Lei 8.906/1994, nas causas em que for parte o empregador, ou pessoa por este representada, os honorários de sucumbência são devidos aos advogados empregados.

Os honorários de sucumbência, percebidos por advogado empregado de sociedade de advogados são partilhados entre ele e a empregadora, na forma estabelecida em acordo.

6.2. Empregador

O conceito pode ser extraído da redação do art. 2º da CLT: empregador é a pessoa física ou jurídica "que, assumindo os riscos da atividade econômica, admite, assalaria e dirige a prestação pessoal de serviços". É, portanto, aquele que admite trabalhadores como empregados.

Cabe destacar que, nos termos do § 1º do art. 2º da CLT, são equiparados a empregador os profissionais liberais, as instituições de beneficência, as associações recreativas ou outras instituições sem fins lucrativos que admitirem trabalhadores como empregados.

6.2.1. Grupo de empresas

Considera-se grupo de empresas sempre que uma ou mais empresas, tendo, embora, cada uma delas, personalidade jurídica própria, estiverem sob a direção, controle ou administração de outra, ou ainda quando, mesmo guardando cada uma sua autonomia, integrem grupo econômico, serão responsáveis solidariamente pelas obrigações decorrentes da relação de emprego. É a teoria do empregador único, na qual a empresa principal e cada uma das subordinadas serão solidariamente responsáveis, para os efeitos da relação de emprego, nos exatos termos do art. 2º, § 2º, da CLT.

De acordo com a nova disposição consolidada para a caracterização do grupo econômico, não basta a mera identidade de sócios. A nova regra requer a comunhão de interesses, demonstração de interesse integrado e atuação conjunta das empresas que pertençam ao mesmo grupo econômico.

Dessa forma, para que fique constatado grupo econômico, com a consequente responsabilidade solidária entre as empresas, os empregados deverão comprovar que, de fato, as empresas possuem interesse comum e atuação conjunta.

Isso porque, o § 3º do art. 2º da CLT determina:

Art. 2º...

§ 3º. Não caracteriza grupo econômico a mera identidade de sócios, sendo necessárias, para a configuração do grupo, a demonstração do interesse integrado, a efetiva comunhão de interesses e a atuação conjunta das empresas dele integrantes. Vale lembrar que a prestação de serviços a mais de uma empresa do mesmo grupo econômico, durante a mesma jornada de trabalho, não caracteriza a coexistência de mais de um contrato de trabalho, salvo ajuste em contrário, em conformidade com a Súmula 129 do TST.

Havendo aquisição de uma empresa pertencente ao mesmo grupo econômico, nos termos da Orientação Jurisprudencial 411 da SDI 1 do TST, o sucessor não responde solidariamente por débitos trabalhistas de empresa não adquirida, integrante do mesmo grupo econômico da empresa sucedida, quando, à época, a empresa devedora direta era solvente ou idônea economicamente, ressalvada a hipótese de má-fé ou fraude na sucessão.

6.2.2. Consórcio de empregadores

Consórcio de empregadores é o conjunto de pessoas físicas ou jurídicas que desejam repartir mão de obra comum por meio de um ajuste contratual entre elas, não configurando sociedade. Nada mais é que um "concurso de empregadores".

José Augusto Rodrigues Pinto (em *Curso de Direito Individual do Trabalho*, 5ª ed., São Paulo, LTr, 2003, p. 603) define o consórcio de empregadores como sendo "um ajuste de vontades de empregadores pessoas físicas ou jurídicas, objetivando a admissão e utilização em comum de empregados para execução de serviços no interesse e sob subordinação individualizados das respectivas empresas individuais ou coletivas".

Entre os exemplos mais comuns podemos mencionar: vigia de rua contratado por vários moradores; vigia de carros de uma determinada rua comercial em que há várias lojas; a doméstica que a cada dia da semana atende a um morador diferente de um condomínio residencial.

6.2.3. Sucessão de empregadores

Sucessão de empregadores ocorre com a transferência da titularidade do negócio pelo titular primário, chamado de sucedido, a um novo titular, chamado sucessor, que se tornará responsável por todos os direitos e dívidas do negócio existentes até então.

A mudança pode ocorrer na propriedade da empresa, como vimos, podendo ocorrer também na alteração de sua estrutura jurídica, que é a modificação em sua forma ou modo de constituir-se.

Assim, na aquisição ocorre uma alteração na propriedade por meio da alienação da empresa para outro empresário. Já a alteração na estrutura jurídica ocorre quando há mudanças na forma de a empresa constituir-se. Como exemplo de alteração na estrutura jurídica da empresa, podemos citar a transformação, que é a operação pela qual uma sociedade passa de uma espécie para outra, como por exemplo: de sociedade limitada para sociedade anônima.

Cabe ressaltar que, de acordo com os arts. 10 e 448 da CLT, qualquer alteração na estrutura jurídica da empresa não afetará os direitos adquiridos por seus empregados e não afetará os contratos de trabalho dos respectivos empregados.

A legislação trabalhista, na defesa dos contratos de trabalho e visando à garantia do empregado, estabelece o princípio da continuidade do vínculo jurídico trabalhista, declarando que a alteração na estrutura jurídica e a sucessão de empresas em nada o afetarão. O atual proprietário responderá pelos créditos dos empregados e ex-empregados, pois estes se vinculam à empresa, não aos seus titulares.

O art. 448-A da CLT informa que caracterizada a sucessão empresarial ou de empregadores prevista nos arts. 10 e 448 da CLT, as obrigações trabalhistas, inclusive as contraídas à época em que os empregados trabalhavam para a empresa sucedida, são de responsabilidade do sucessor.

Importante lembrar, ainda, que havendo sucessão de empregadores que estejam em liquidação extrajudicial, o sucessor responde pela obrigação do sucedido, não podendo se beneficiar de qualquer privilégio a este destinado, sendo devida, também, a incidência de juros de mora em relação aos débitos trabalhistas da empresa que está em liquidação extrajudicial. Nessa linha, cabe transcrever a Orientação Jurisprudencial 408 da SDI 1 do TST.

OJ-SDI1-408 JUROS DE MORA. EMPRESA EM LIQUIDAÇÃO EXTRAJUDICIAL. SUCESSÃO TRABALHISTA.

É devida a incidência de juros de mora em relação aos débitos trabalhistas de empresa em liquidação extrajudicial sucedida nos moldes dos arts. 10 e 448 da CLT. O sucessor responde pela obrigação do sucedido, não se beneficiando de qualquer privilégio a este destinado.

Por último, tema de grande relevância é a hipótese de sucessão na aquisição de empresas pertencentes ao mesmo grupo econômico. Nessa linha, cabe transcrever a Orientação Jurisprudencial 411 da SDI 1 do TST, publicada em 26.10.2010.

ORIENTAÇÃO JURISPRUDENCIAL 411 DA SDI 1 DO TST – SUCESSÃO TRABALHISTA. AQUISIÇÃO DE EMPRESA PERTENCENTE A GRUPO ECONÔMICO. RESPONSABILIDADE SOLIDÁRIA DO SUCESSOR POR DÉBITOS TRABALHISTAS DE EMPRESA NÃO ADQUIRIDA. INEXISTÊNCIA.

O sucessor não responde solidariamente por débitos trabalhistas de empresa não adquirida, integrante do mesmo grupo econômico da empresa sucedida, quando, à época, a empresa devedora direta era solvente ou idônea economicamente, ressalvada a hipótese de má-fé ou fraude na sucessão.

6.2.3.1 Responsabilidade do sócio retirante

A mudança na empresa pode ocorrer também com relação aos seus sócios. Nesse sentido, a lei criou mecanismos para dispor sobre a responsabilidade do sócio retirante.

Assim, nos termos do art. 10-A da CLT o sócio retirante responde subsidiariamente pelas obrigações trabalhistas da sociedade relativas ao período em que figurou como sócio, somente em ações ajuizadas até dois anos depois de averbada a modificação do contrato.

A responsabilidade do sócio retirante é subsidiária e para que recaia sobre ele, deverá o credor buscar a satisfação de seu crédito contra a empresa devedora (responsável principal). Caso ela se mostre insolvente o credor deverá buscar a satisfação de seu crédito contra os sócios atuais. Assim, somente se esses também se mostrarem insolventes a responsabilidade recairá sobre os sócios retirantes.

Dispõe o art. 10-A da CLT:

Art. 10-A. O sócio retirante responde subsidiariamente pelas obrigações trabalhistas da sociedade relativas ao período em que figurou como sócio, somente em ações ajuizadas até dois anos depois de averbada a modificação do contrato, observada a seguinte ordem de preferência:

I – a empresa devedora;

II – os sócios atuais; e

III – os sócios retirantes.

Importante ressaltar que se ficar comprovada fraude na alteração societária decorrente da modificação do contrato, o sócio retirante responderá solidariamente com os demais sócios, nos termos do parágrafo único do art. 10-A da CLT.

6.2.4. Serviços notariais e de registro

A delegação do serviço notarial e de registro depende de prévia aprovação em concurso público, nos termos do art. 236, § 3º, da CF/1988:

Art. 236. Os serviços notariais e de registro são exercidos em caráter privado, por delegação do Poder Público.

(...)

§ 3º O ingresso na atividade notarial e de registro depende de concurso público de provas e títulos, não se permitindo que qualquer serventia fique vaga, sem abertura de concurso de provimento ou de remoção, por mais de seis meses.

Com a aprovação em concurso público, a respectiva serventia é transferida ao novo titular que, nos termos do art. 21 da Lei 8.935/1994 (Lei dos Cartórios), será responsável por montar a estrutura necessária à prestação dos serviços.

Nessa linha, ensinam os arts. 20 e 21 da citada lei que, para o desempenho de suas funções, cabe ao tabelião ou oficial de registro contratar escreventes e auxiliares como empregados, com remuneração livremente ajustada e sob o regime da legislação trabalhista.

Importante notar que a relação de trabalho se estabelece diretamente entre o notário ou o registrador e seus respectivos prepostos.

A regra insculpida no art. 236 da CF/1988 ensina que os serviços notariais e de registro são exercidos em caráter privado, por delegação do Poder Público. De acordo com o texto constitucional, o Estado não é o empregador. O empregador é o titular da serventia, que é quem detém a responsabilidade de contratar, assalariar e dirigir a prestação laboral, sendo, portanto, equiparado a empregador (art. 2º, § 2º, da CLT).

Em outras palavras, podemos concluir que a imputação de responsabilidade pelos créditos trabalhistas à serventia e não ao tabelião encontra vedação no próprio art. 236 da CF/1988, na medida em que o tabelião aprovado em concurso é quem possui legitimidade para contratar sob o regime trabalhista.

6.2.4.1. Sucessão trabalhista nos serviços notariais e de registro

Como ensina a doutrina e a jurisprudência, para a caracterização da sucessão trabalhista (arts. 10 e 448 da CLT) são exigidos dois requisitos, quais sejam: a) transferência da unidade econômico-jurídica; e b) a continuidade na prestação laboral.

Nesse contexto, devemos lembrar que a extinção da delegação implicará a interrupção da concessão do serviço notarial e de registro, dissolvendo-se, assim, o vínculo do ex-titular com a administração. Em um segundo momento, há a criação de novo vínculo com a posse do novo delegado aprovado em concurso público.

Nesse ponto, importante a disposição do art. 39, § 2º, da Lei 8.935/1994:

§ 2º. Extinta a delegação a notário ou a oficial de registro, a autoridade competente declarará vago o respectivo serviço, designará o substituto mais antigo para responder pelo expediente e abrirá concurso.

Essa regra nos ajuda a lembrar que o delegado aprovado em concurso público não recebe a delegação por transmissão do anterior titular, de forma derivada, mas sim diretamente do Estado, de forma originária, afastando a responsabilidade por obrigações pretéritas.

Também não poderia ser diferente. Imputar as obrigações pretéritas ao novo delegado implicaria a inviabilidade dos concursos para delegação de serviços notariais e de registro.

Portanto, podemos concluir que a exigência de concurso público feita pelo art. 236 da CF/1988 aponta que o titular que ingressa na atividade recebe a delegação de forma originária pelo Estado; outrossim, o titular não recebe o patrimônio do antigo empregador, não ocorrendo, destarte, o fenômeno da sucessão trabalhista e, por consequência, nenhum crédito ou débito lhe é transferido.

6.2.5. Poder diretivo do empregador

Poder diretivo ou poder de direção consiste na capacidade que o empregador possui de organizar, controlar e disciplinar a prestação dos serviços por parte do empregado, que assim o faz, de forma subordinada.

O poder diretivo é limitado, devendo ser exercido dentro das balizas previstas em lei, resguardando, sempre, os direitos e garantias dos empregados.

O poder diretivo pode ser estudado sob 3 aspectos:

a) Poder de organização: é o empregador quem deve organizar seu empreendimento, distribuindo os empregados em suas respectivas funções, local de trabalho, horários de entrada e saída etc.;

b) Poder de controle: é o empregador quem deve gerenciar, fiscalizar a atividade laboral de seus empregados, para que sejam cumpridas as regras impostas pelo próprio empregador e pelo sistema jurídico, como, por exemplo, a obediência ao horário de trabalho (art. 74 da CLT) e o uso dos Equipamentos de Proteção Individual - EPIs;

c) Poder disciplinar: tendo em vista que o empregador tem o poder de organizar e controlar o trabalho desenvolvido por seus empregados, caberá a ele a aplicação das penalidades ao empregado que não observar as regras de organização impostas.

Embora a CLT preveja expressamente somente 2 (duas) espécies de punições a serem impostas ao empregado, na verdade 3 (três) são as espécies:

a) advertência: não prevista expressamente na CLT, é um aviso, que poderá ser verbal ou escrito, ao empregado para que ele tome conhecimento de seu comportamento inadequado e das implicações que poderão lhe causar;

b) suspensão: limitada a 30 (trinta) dias consecutivos, nos termos do art. 474 da CLT, tem como objetivo resgatar o comportamento do empregado que cometeu uma falta;

c) dispensa por justa causa: é considerada a punição mais severa, pois acarreta na extinção do contrato de trabalho e ocorrerá nas hipóteses previstas no art. 482 da CLT.

Não se exige que as punições sejam aplicadas de forma gradual, ou seja, em primeiro lugar a advertência; em segundo a suspensão e por último a justa causa. A punição imposta deverá ser proporcional à falta cometida pelo empregado, podendo inclusive ser aplicada, de plano, a dispensa por justa causa.

Importante lembrar que, em regra, não se admite a multa como punição do empregado, na medida em que contraria o princípio da intangibilidade salarial disposto no art. 462 da CLT.

No entanto, a Lei 9.615/1998 autoriza em seu art. 48, inciso III, a punição do atleta profissional com aplicação de multa.

6.2.5.1. Verificação de e-mail do empregado

Com estudamos, muito se discute se a verificação de *e-mail* do empregado estaria contida no poder de controle do empregador.

O *e-mail* particular do empregado está plenamente acobertado pela garantia constitucional de proibição de violação do sigilo das comunicações e de dados (art. 5º, XII, da CF).

Porém, a grande discussão gira em torno do *e-mail* corporativo, aquele disponibilizado pelo empregador ao empregado como ferramenta de trabalho, ou seja, para o desempenho das atividades laborais.

Prevalece na jurisprudência que não excede o poder de controle o empregador que obtém acesso do *e-mail* corporativo de seu empregado, pois possui a prerrogativa de zelar pelo correto uso de todos os meios proporcionados a todos os funcionários. Poderá o empregador monitorar e rastrear a atividade do empregado em seu ambiente de trabalho, ainda que virtual, como ocorre com os *e-mails*, tanto do ponto de vista formal como material, relacionado ao conteúdo da mensagem eletrônica enviada.

Podemos concluir, portanto, que não há violação à intimidade do obreiro prevista no art. 5º, XII, da CF a fiscalização de *e-mail* corporativo, que poderá, inclusive, ser objeto de prova pelo empregador para comprovar a justa causa do obreiro.

Sobre o tema, o TST se pronunciou no julgamento do processo TST-AIRR-1640/2003-051-01-40.0 de 15/10/2008:

> AGRAVO DE INSTRUMENTO EM RECURSO DE REVISTA – *E-MAIL* CORPORATIVO – ACESSO PELO EMPREGADOR SEM A ANUÊNCIA DO EMPREGADO – PROVA ILÍCITA – NÃO CARACTERIZADA. Consoante entendimento consolidado neste Tribunal, o *e-mail* corporativo ostenta a natureza jurídica de ferramenta de trabalho, fornecida pelo empregador ao seu empregado, motivo pelo qual deve o obreiro utilizá-lo de maneira adequada, visando à obtenção da maior eficiência nos serviços que desempenha. Dessa forma, não viola os arts. 5º, X e XII, da Carta Magna a utilização, pelo empregador, do conteúdo do mencionado instrumento de trabalho, uma vez que cabe àquele que suporta os riscos da atividade produtiva zelar pelo correto uso dos meios que proporciona aos seus subordinados para o desempenho de suas funções. Não se há de cogitar, pois, em ofensa ao direito de intimidade do reclamante.

6.2.5.2. Revistas íntimas

O art. 373-A, VI, da CLT veda a revista íntima nas empregadas e funcionárias. O texto consolidado traz regra de proteção do trabalho da mulher, que, por força do art. 5º, I, da CF, pode ser aplicado perfeitamente aos empregados do sexo masculino.

A revista íntima que se refere o dispositivo celetista em comento é aquela que viole a intimidade, a vida privada, a honra e a imagem do empregado, em conformidade com o art. 5º, X, da CF.

Desta forma, embora existam posições contrárias em atenção aos direitos da dignidade da pessoa humana, previsto no art. 1º da CF, é vedada toda e qualquer revista pessoal em qualquer circunstância, na medida em que o empregador pode se valer de outros meios para a proteção de seus bens, como, por exemplo, o uso de câmeras em locais comuns.

Sobre o tema, imperioso destacar a seguinte decisão do TST no julgamento do processo RR – 324500-05.2008.5.09.0195:

> "...
>
> DANO MORAL. REVISTA ÍNTIMA.
>
> Esta Corte Superior tem se posicionado no sentido de que a revista visual de pertences dos empregados, feita de forma impessoal e indiscriminada, é inerente aos poderes de direção e de fiscalização do empregador e, por isso, não constitui ato ilícito. No presente caso, contudo, o quadro fático delineado

no acórdão regional evidencia a existência de abuso de direito no procedimento de revista adotado pela ré. Consequentemente, ficou demonstrado o dano moral que teria atingido a autora, e o consequente sofrimento psíquico advinda do contato físico. Assim, ficou comprovado o ato ilícito praticado pelo reclamado. Por outro lado, o Tribunal Regional, ao fixar o valor da indenização em R$ 15.000,00 a título de danos morais, levou em consideração o dano sofrido, a condição da autora, o fim pedagógico e a capacidade econômica do reclamado. Tem-se, portanto, que foram observados os princípios da proporcionalidade e da razoabilidade insertos no art. 944 do Código Civil, o qual vincula a indenização à extensão do dano. Recurso de revista de que não se conhece." (RR – 324500-05.2008.5.09.0195, Relator Ministro: Pedro Paulo Manus, Data de Julgamento: 14/11/2012, 7ª Turma, Data de Publicação: 19/11/2012)

Em 18 de abril de 2016 foi publicada a Lei 13.271/2016 que dispõe sobre a proibição de revista íntima de funcionárias nos locais de trabalho.

De acordo com o art. 1º da lei as empresas privadas, os órgãos e entidades da administração pública, direta e indireta, ficam proibidos de adotar qualquer prática de revista íntima de suas funcionárias e de clientes do sexo feminino. O não cumprimento a essa determinação sujeitará o infrator ao pagamento de multa de R$ 20.000,00 (vinte mil reais).

Vale ressaltar que essa multa não será devida a funcionária ou a cliente. A multa será revertida aos órgãos de proteção dos direitos da mulher.

Em caso de reincidência, independentemente da indenização por danos morais e materiais e sanções de ordem penal, sujeitará o infrator a multa em dobro do valor estipulado anteriormente.

6.2.5.3. Terceirização

De acordo com a atual legislação terceirização é tratada como prestação de serviços a terceiros, que nos termos do art. 4º-A da Lei 6.019/74 consiste na transferência feita pela contratante da execução de quaisquer de suas atividades, inclusive sua atividade principal, à pessoa jurídica de direito privado prestadora de serviços que possua capacidade econômica compatível com a sua execução.

Assim, uma determinada empresa (empresa contratante) delega parte de suas atividades, que serão exercidas por outra empresa (empresa prestadora de serviços a terceiros) que deverá colocar um trabalhador à disposição da empresa contratante para o exercício da atividade contratada.

Empresa contratante é a pessoa física ou jurídica que celebra contrato com empresa de prestação de serviços relacionados a quaisquer de suas atividades, inclusive sua atividade principal, nos termos do art. 5º-A da Lei 6.019/1974.

Nota-se, dessa forma, que na terceirização existe uma relação trilateral ou triangular, ou seja, empregado, empregador e "cliente". Vejamos: entre a empresa prestadora de serviços (EPS) e o trabalhador existe uma relação de emprego propriamente dita, art. 4º-A, § 1º, da CLT. Entre a EPS e a empresa contratante existe uma relação de natureza civil, que tem como objeto a prestação de serviços. Por último, entre a empresa contratante e o trabalhador não há uma típica relação de trabalho, na medida em que é empregado vinculado à EPS, mas sim uma mera relação jurídica, pois seu labor é executado na empresa tomadora de serviços.

Para que a empresa de prestação de serviços a terceiros possa funcionar, o art. 4º-B da Lei 6.019/1974 impõe alguns requisitos, a saber:

> Art. 4º-B. São requisitos para o funcionamento da empresa de prestação de serviços a terceiros:
>
> I – prova de inscrição no Cadastro Nacional da Pessoa Jurídica (CNPJ);
>
> II – registro na Junta Comercial;
>
> III – capital social compatível com o número de empregados, observando-se os seguintes parâmetros:
>
> *a)* empresas com até dez empregados – capital mínimo de R$ 10.000,00 (dez mil reais);
>
> *b)* empresas com mais de dez e até vinte empregados – capital mínimo de R$ 25.000,00 (vinte e cinco mil reais);
>
> *c)* empresas com mais de vinte e até cinquenta empregados – capital mínimo de R$ 45.000,00 (quarenta e cinco mil reais);
>
> *d)* empresas com mais de cinquenta e até cem empregados – capital mínimo de R$ 100.000,00 (cem mil reais); e
>
> *e)* empresas com mais de cem empregados – capital mínimo de R$ 250.000,00 (duzentos e cinquenta mil reais).

6.2.5.3.1 Quarteirização

Consiste na transferência dos serviços que seriam prestados pela empresa de prestação de serviços a terceiros para outra empresa prestadora de serviços. Em outras palavras podemos dizer que é a "terceirização da terceirização."

Nessa linha, o art. 4º-A, § 1º, da Lei 6.019/74 permite que a empresa prestadora de serviços a terceiros subcontrate outras empresas para prestação dos serviços que ela prestaria.

Dispõe o art. 4º-A, § 1º da Lei 6.019/74:

> "Art. 4º-A...
>
> § 1º. A empresa prestadora de serviços contrata, remunera e dirige o trabalho realizado por seus trabalhadores, ou subcontrata outras empresas para realização desses serviços."

6.2.5.3.2 Contrato de prestação de serviços a terceiros

Nos termos do art. 5º-B da Lei 6.019/1974 o contrato de prestação de serviços conterá:

a) qualificação das partes;

b) especificação do serviço a ser prestado;

c) prazo para realização do serviço, quando for o caso;

d) valor.

Vale dizer que, não pode figurar como contratada a pessoa jurídica cujos titulares ou sócios tenham, nos últimos dezoito meses, prestado serviços à contratante na qualidade de empregado ou trabalhador sem vínculo empregatício, exceto se os referidos titulares ou sócios forem aposentados.

6.2.5.3.3 Atividades permitidas na terceirização

O art. 4º-A da Lei 6.019/1974 ensina que se considera prestação de serviços a terceiros a transferência feita pela contratante da execução de quaisquer de suas atividades, inclusive sua atividade principal, à pessoa jurídica de direito privado prestadora de serviços que possua capacidade econômica compatível com a sua execução.

De acordo com o citado dispositivo legal, a terceirização pode ser feita para qualquer atividade empresarial, quer seja atividade-meio quer seja atividade-fim da empresa.

Assim, o contrato de prestação de serviços a terceiros poderá versar sobre qualquer atividade. Contudo, é vedada à contratante a utilização dos trabalhadores em atividades distintas daquelas que foram objeto do contrato com a empresa prestadora de serviços.

Ademais, os serviços contratados poderão ser executados nas instalações físicas da empresa contratante ou em outro local, de comum acordo entre as partes.

Ainda que seja contratada nos ditames legais para ser considerada lícita, não podem estar presentes os requisitos da pessoalidade e subordinação.

Como sabemos, a pessoalidade indica que os trabalhos devem ser prestados pelo trabalhador, sem que haja substituições.

Na terceirização lícita, a contratante pouco importa a pessoa que estará prestando o serviço, tendo em vista que a empresa tomadora contrata o serviço e não o trabalhador.

Desta forma, para que a terceirização seja considerada lícita, não poderá a contratante exigir a presença de um determinado trabalhador. Caso haja essa exigência restará ilícita a terceirização, reconhecendo-se o vínculo trabalhista entre o empregado e a tomadora de serviços.

Com relação à subordinação sabemos que a prestação dos serviços é dirigida pelo empregador, que exerce o poder de direção.

Na terceirização lícita não pode haver subordinação pela contratante, sob pena de se reconhecer sua ilicitude. O poder disciplinar deverá ser exercido por seu empregador, ou seja, a empresa prestadora de serviços. É ela, também, quem deverá fiscalizar, controlar e organizar as atividades do empregado e não a tomadora de serviços.

Importante lembrar que esses poderes não podem ser exercidos pela empresa tomadora de serviços, sob pena de se reconhecer o vínculo de emprego entre o trabalhador e a tomadora de serviços, com fundamento no art. 9º da CLT.

6.2.5.3.4. Terceirização ilícita

A terceirização será considerada ilícita caso não obedeça aos regramentos dispostos na legislação em vigor.

Declarada a nulidade da terceirização, será reconhecido o vínculo de emprego diretamente com a empresa contratante

Desta forma, celebrada a terceirização e considerada ilícita ou fraudulenta, deverá o magistrado reconhecer o vínculo de emprego com a tomadora de serviços, sendo-lhe aplicada, nesse caso, a responsabilidade solidária quanto às verbas decorrentes do contrato de trabalho inadimplidas pela empresa prestadora de serviços.

6.2.5.3.5. Responsabilidade

Na terceirização a responsabilidade pelas obrigações trabalhistas pode ser solidária ou subsidiária.

A responsabilidade será **subsidiária** nos casos de terceirização **lícita**. Nesses casos, a responsabilidade surge tão somente com o inadimplemento do devedor principal.

Nesse sentido, determina o art. 5º-A, § 5º da Lei 6.019/74:

> Art. 5º-A...
>
> § 5º A empresa contratante é subsidiariamente responsável pelas obrigações trabalhistas referentes ao período em que ocorrer a prestação de serviços, e o recolhimento das contribuições previdenciárias observará o disposto no art. 31 da Lei n. 8.212, de 24 de julho de 1991.

Por outro lado, em se tratando de terceirização **ilícita** a responsabilidade será **solidária**, tendo em vista que a contratação por meio de empresa interposta é ilegal e não produz qualquer efeito, nos moldes do art. 9º da CLT.

6.2.5.3.6. Terceirização na Administração Pública

É admitida a terceirização de atividade ou serviço pela Administração Pública. Nesse caso, tem-se a figura do contrato administrativo, firmado com a empresa prestadora de serviços que, em regra, é precedido de licitação.

A CF exige do empregado público prévia aprovação em concurso público nos termos do art. 37, II e § 2º, da CF. Por essa razão não é possível o reconhecimento do vínculo empregatício entre as partes.

No entanto, a Súmula 331, item V, do TST impõe à Administração Pública obrigação de indenizar ao atribuí-la a responsabilidade subsidiária. Assim, havendo o inadimplemento das obrigações trabalhistas por parte do empregador, a responsabilidade será da Administração Pública.

No entanto, diferente do que ocorre para a iniciativa privada onde basta o mero inadimplemento das obrigações por parte da empresa prestadora de serviços - devedor principal - em se tratando de Administração Pública, é necessário que se comprove culpa na observância das normas dispostas na Lei 8.666/1993.

Como se sabe, cabe ao ente da Administração o poder de fiscalização. Trata-se de uma prerrogativa do Poder Público de fazer acompanhar a fiel execução do contrato celebrado. Assim, não cumprida essa obrigação surge a obrigação de indenizar.

Desta forma, havendo o inadimplemento por parte da empresa prestadora de serviços e comprovada conduta culposa no cumprimento das obrigações da Lei 8.666/1993, surge a responsabilidade subsidiária da Administração Pública no pagamento das obrigações trabalhistas do empregado.

> SÚMULA 331 TST - CONTRATO DE PRESTAÇÃO DE SERVIÇOS. LEGALIDADE.
>
> (...)
>
> V - Os entes integrantes da Administração Pública direta e indireta respondem subsidiariamente, nas mesmas condições do item IV, caso evidenciada a sua conduta culposa no cumprimento das obrigações da Lei 8.666, de 21.06.1993, especialmente na fiscalização do cumprimento das obrigações contratuais e legais da prestadora de serviço como empregadora. A aludida responsabilidade não decorre de mero inadimplemento das obrigações trabalhistas assumidas pela empresa regularmente contratada.
>
> VI - A responsabilidade subsidiária do tomador de serviços abrange todas as verbas decorrentes da condenação referentes ao período da prestação laboral.

7. REMUNERAÇÃO E SALÁRIO

7.1. Remuneração

Segundo a redação do art. 457 da CLT, remuneração consiste na somatória da contraprestação paga diretamente pelo empregador, seja em pecúnia, seja em utilidades, com a quantia recebida pelo obreiro de terceiros a título de gorjeta.

Assim, compreende-se na remuneração do empregado, para todos os efeitos legais, além do salário devido e pago diretamente pelo empregador, como contraprestação do serviço, as gorjetas que receber. Em outras palavras, remuneração é salário + gorjeta.

Remuneração é, portanto, gênero que engloba as espécies: salário e gorjetas.

7.2. Salário

É contraprestação paga diretamente pelo empregador ao empregado pelos serviços prestados, seja em dinheiro, seja em utilidades, por exemplo: habitação, alimentação e vestuário, nos termos do art. 458, *caput,* e seu § 2º, da CLT.

O salário é formado pela somatória do salário básico (soma do salário em dinheiro com o salário *in natura*) acrescido do sobressalário (complementos do salário básico que irão integrar o salário do trabalhador, como adicional noturno, adicional de insalubridade etc.), de acordo com o art. 457, § 1º, da CLT.

Qualquer que seja a modalidade do trabalho, o pagamento do salário não deve ser estipulado por período superior a 1 (um) mês, salvo no que concerne a comissões, percentagens e gratificações. Quando o pagamento houver sido estipulado por mês, deverá ser efetuado, o mais tardar, até o quinto dia útil do mês subsequente ao vencido.

O atraso no pagamento do salário, chamado mora salarial, implica a rescisão indireta do contrato de trabalho, por descumprimento contratual, nos termos do art. 483, *d*, da CLT.

Sobre mora salarial é importante trazer o posicionamento contido na Súmula 13 do TST: "O só pagamento dos salários atrasados em audiência não ilide a mora capaz de determinar a rescisão do contrato de trabalho."

7.3. Salário *in natura*

O salário *in natura*, também conhecido como salário-utilidade, é conceituado como sendo toda parcela, bem ou vantagem fornecida pelo empregador como gratificação pelo trabalho desenvolvido ou pelo cargo ocupado.

Para ser reconhecido como tal, 3 requisitos devem ser levados em consideração.

a) Habitualidade:

b) A prestação deve representar um ganho para o trabalhador:

c) prestação "pelo o trabalho".

Para determinar se uma prestação será ou não considerada como salário *in natura,* devemos avaliar se a prestação é cedida como um benefício "**pelo**" trabalho ou se cedida "**para**" a prestação do labor. Assim, se a prestação for concedida ao obreiro pelo trabalho exercido, essa parcela deverá ser considerada como salário *in natura*. No entanto, sendo a prestação concedida para a realização do trabalho, ela não integrará o salário do obreiro.

Nesse sentido é a Súmula 367 do TST, que no item I leciona: "a habitação, a energia elétrica e veículo fornecidos pelo empregador ao empregado, quando indispensáveis para a realização do trabalho, não têm natureza salarial, ainda que, no caso de veículo, seja ele utilizado pelo empregado também em atividades particulares."

Desta forma, em conformidade com o § 2º do art. 458 da CLT, não se consideram como salário, desde que compreendidas a todos os empregados, as seguintes utilidades:

a) vestuários, equipamentos e outros acessórios fornecidos aos empregados e utilizados no local de trabalho para a prestação do serviço;

b) educação, em estabelecimento de ensino próprio ou de terceiros, compreendendo os valores relativos a matrícula, mensalidade, anuidade, livros e material didático;

c) transporte destinado ao deslocamento para o trabalho e retorno, em percurso servido ou não por transporte público;

d) assistência médica, hospitalar e odontológica, prestada diretamente ou mediante seguro-saúde;

e) seguros de vida e de acidentes pessoais;

f) previdência privada;

g) o valor correspondente ao vale-cultura.

Importante notar que a habitação e a alimentação fornecidas como salário-utilidade deverão atender aos fins a que se destinam e não poderão exceder, respectivamente, a 25% (vinte e cinco por cento) e 20% (vinte por cento) do salário-contratual.

Tratando-se de habitação coletiva, o valor do salário-utilidade a ela correspondente será obtido mediante a divisão do justo valor da habitação pelo número de coabitantes, vedada, em qualquer hipótese, a utilização da mesma unidade residencial por mais de uma família.

Em nenhum caso será permitido o pagamento com bebidas alcoólicas ou drogas nocivas. O cigarro não se considera salário-utilidade em face de sua nocividade à saúde (Súmula 367, II, do TST).

Também não se incorporam ao salário a alimentação fornecida de acordo com o programa alimentação do trabalhador e o vale-alimentação.

Convém ressaltar que o pagamento de cesta básica, se estiver em norma coletiva, não poderá ser considerado como salário. No entanto, caso seu fornecimento seja espontâneo por parte do empregador, passará a ter natureza salarial.

7.4. Gorjeta

As gorjetas, previstas no art. 457, § 3º, da CLT, de acordo com a redação dada pela Lei 13.419/2017, correspondem não só a importância espontaneamente dada pelo cliente ao empregado, como também o valor cobrado pela empresa, como serviço ou adicional, a qualquer título, e destinado à distribuição aos empregados. Como exemplo podemos citar os 10% sobre a conta de um restaurante, bem como importância dada espontaneamente pelo cliente ao empregado (as "caixinhas"). As gorjetas não são receitas que pertencem aos empregadores. Em outras palavras, podemos dizer que as gorjetas correspondem à parcela da remuneração que não é paga diretamente pelo empregador ao empregado, mas sim por terceiros.

As gorjetas, cobradas pelo empregador na nota de serviço ou oferecidas espontaneamente pelos clientes, nos termos da Súmula 354 do TST, integram a remuneração do empregado, mas não servem de base de cálculo para as parcelas de aviso-prévio, adicional noturno, horas extras e repouso semanal remunerado.

As gorjetas são receitas próprias dos trabalhadores e deverão ser distribuídas segundo critérios de custeio e de rateio definidos em convenção coletiva ou acordo coletivo de trabalho. Na ausência de acordo ou convenção coletiva de trabalho esses critérios, bem como os percentuais de retenção serão definidos em assembleia geral dos trabalhadores, na forma estabelecida no art. 612 da CLT, art. 457, § 13, da CLT.

Impende destacar que as empresas poderão optar pela não cobrança de valores destinados às gorjetas, hipótese em que ficará dispensada de seguir as disposições contidas no § 14 do art. 457 da CLT.

No entanto, ainda que as empresas não cobrem esses valores, os clientes poderão espontaneamente concede-las diretamente ao empregado. Nesse caso, os critérios de distribuição e rateio serão definidos em convenção ou acordo coletivo de trabalho, podendo ser feitas nos mesmos moldes que as empresas que cobram o serviço.

Nos termos do § 17 do art. 457 da CLT, cessada pela empresa a cobrança da gorjeta, desde que cobrada por mais de doze meses, essa se incorporará ao salário do empregado, a qual terá como base a média dos últimos doze meses, sem prejuízo do estabelecido em convenção coletiva ou acordo coletivo de trabalho..

Para as empresas que cobrarem gorjeta de seus clientes, determina o art. 457, § 14 da CLT:

> § 14 As empresas que cobrarem a gorjeta de que trata o § 3º deverão:
>
> I – quando inscritas em regime de tributação federal diferenciado, lançá-la na respectiva nota de consumo, facultada a retenção de até vinte por cento da arrecadação correspondente, mediante previsão em convenção coletiva ou acordo coletivo de trabalho, para custear os encargos sociais, previdenciários e trabalhistas derivados da sua integração à remuneração dos empregados, hipótese em que o valor remanescente deverá ser revertido integralmente em favor do trabalhador;
>
> II – quando não inscritas em regime de tributação federal diferenciado, lançá-la na respectiva nota de consumo, facultada a retenção de até trinta e três por cento da arrecadação correspondente, mediante previsão em convenção coletiva ou acordo coletivo de trabalho, para custear os encargos sociais, previdenciários e trabalhistas derivados da sua integração à remuneração dos empregados, hipótese em que o valor remanescente deverá ser revertido integralmente em favor do trabalhador; e
>
> III – anotar na CTPS e no contracheque de seus empregados o salário contratual fixo e o percentual percebido a título de gorjeta.

A nova lei inseriu, ainda, o § 18 ao art. 457 consolidado determinando que as empresas com mais de sessenta empregados, será constituída comissão de empregados, mediante previsão em convenção coletiva ou acordo coletivo de trabalho, para acompanhamento e fiscalização da regularidade da cobrança e distribuição da gorjeta de que trata o § 3º, cujos representantes serão eleitos em assembleia geral convocada para esse fim pelo sindicato laboral e gozarão de garantia de emprego vinculada ao desempenho das funções para que foram eleitos, e, para as demais empresas, será constituída comissão intersindical para o referido fim.

Vale lembrar que a empresa que descumprir as determinações legais impostas deverá pagar ao trabalhador prejudicado, a título de multa, o valor correspondente a 1/30 (um trinta avos) da média da gorjeta por dia de atraso, limitada ao piso da categoria. Em caso de reincidência, ou seja, caso o empregador, no período de doze meses, descumpra tais disposições por mais de sessenta dias, a limitação será triplicada.

7.5. Parcelas salariais

O art. 457, § 1º, da CLT ensina que integram o salário a importância fixa estipulada, as gratificações legais e de função e as comissões pagas pelo empregador, redação dada pela MP 808/2017.

Essas parcelas salariais correspondem ao que chamamos de "sobressalário", que são complementos do salário básico que integrarão a remuneração do trabalhador.

De outro lado, ensina o § 2º do mesmo art. 457 da CLT que não se incluem no salário: o auxílio-alimentação, os abonos, prêmios, as ajudas de custo e as diárias para viagens.

7.5.1. Comissões

Na acepção dos termos, as comissões não podem ser confundidas com as percentagens. A comissão é um valor determinado e fixo, ao passo que percentagem é uma parte da venda repassada ao empregado, não possuindo um valor certo.

Para o estudo no dispositivo legal em questão, devemos entender por "comissões", de forma ampla, como uma participação do empregado no resultado do negócio empresarial.

Desta forma, as comissões podem ser representadas por percentuais sobre um determinado valor ou uma quantia fixa estipulada por operação realizada pelo empregado.

Àquele empregado que recebe salário variável será assegurado o salário mínimo.

Vale lembrar que em conformidade com a Súmula 27 do TST é devida a remuneração do repouso semanal e dos dias feriados ao empregado comissionista, ainda que pracista.

Com relação aos bancários, é necessário lembrar o posicionamento do TST consubstanciado na Súmula 93 que diz integrar a remuneração do bancário a vantagem pecuniária por ele auferida na colocação ou na venda de papéis ou valores mobiliários de empresas pertencentes ao mesmo grupo econômico, se exercida essa atividade no horário e no local de trabalho e com o consentimento, tácito ou expresso, do banco empregador.

No caso de cessar o contrato de trabalho, as comissões devem ser pagas ao empregado, ou seja, a cessação do contrato não retira do empregado o direito ao recebimento das comissões.

O pagamento de comissões só é exigível depois de ultimada a transação a que se referem.

7.5.2. Gratificações legais e de função

Como vimos, nos termos do art. 457, § 1º, da CLT integram o salário a importância fixa estipulada, as gratificações legais e de função e as comissões pagas pelo empregador.

Gratificações legais são aquelas previstas em lei, como por exemplo: o décimo terceiro salário ou gratificação natalina). Essas gratificações passam a integrar o salário do obreiro.

Gratificação de função constitui um adicional de natureza salarial instituído e pago pelo empregador em decorrência de maior responsabilidade atribuída ao empregado no desempenho de suas funções. Em geral, é aplicada em decorrência do exercício pelo empregado de uma função de confiança, ou seja, o empregado ocupa cargo de relevância na estrutura organizacional da empresa.

Importante lembrar que os adicionais como adicional noturno, adicional de insalubridade, adicional de periculosidade, por exemplo, se equiparam às gratificações.

De acordo com o novo texto consolidado, parcelas que tinham natureza salarial passam a não mais integrar a remuneração do empregado.

As diárias para viagem, ainda que excedam de 50% do salário, deixaram de integrar a remuneração para fins trabalhistas e previdenciários. O mesmo ocorre com os prêmios e os abonos, ainda que habituais, que passam a não integrar a remuneração, não se incorporam ao contrato de trabalho. Com isso deixam de ser base de incidência para o FGTS e contribuições previdenciárias.

De acordo com o § 4º do art. 457 da CLT consideram-se prêmios as liberalidades concedidas pelo empregador em forma de bens, serviços ou valor em dinheiro a empregado ou a grupo de empregados, em razão de desempenho superior ao ordinariamente esperado no exercício de suas atividades. Essas parcelas não integram o salário do obreiro.

Nesse sentido, informa o § 2º do art. 457 da CLT:

> Art. 457 (...)
>
> § 2º. As importâncias, ainda que habituais, pagas a título de ajuda de custo, limitadas a cinquenta por cento da remuneração mensal, o auxílio-alimentação, vedado o seu pagamento em dinheiro, as diárias para viagem e os prêmios não integram a remuneração do empregado, não se incorporam ao contrato de trabalho e não constituem base de incidência de encargo trabalhista e previdenciário.

Sobre o tema "gratificações" é importante tratar da hipótese do empregado que recebe gratificação de função e é revertido ao cargo anteriormente ocupado.

A súmula 372, item I, do TST sustentava que percebida a gratificação de função por dez ou mais anos pelo empregado, se o empregador, sem justo motivo, o revertesse a seu cargo efetivo, não poderia retirar-lhe a gratificação, tendo em vista o princípio da estabilidade financeira.

Contudo, com a edição da Lei 13.467/2017 esse posicionamento deixou de existir. Isso porque, nos termos do art. 468, §§ 1º e 2º, da CLT a determinação do empregador para que o empregado seja revertido ao cargo efetivo, anteriormente ocupado, deixando o exercício de função de confiança, com ou sem justo motivo, não assegura ao empregado o direito à manutenção do pagamento da gratificação correspondente, que não se incorpora ao salário do empregado, independentemente do tempo de exercício da respectiva função.

Com relação ao empregado bancário, o adicional por tempo de serviço integra o cálculo da gratificação paga aos gerentes, prevista no art. 224, § 2º, da CLT, de acordo com a Súmula 240 do TST. Ainda com relação ao bancário, a gratificação por tempo de serviço integra o cálculo das horas extras (Súmula 226 do TST).

É importante ressaltar o posicionamento do STF consubstanciado na Súmula Vinculante 15, de 25.06.2009, que ensina: "o cálculo de gratificações e outras vantagens do servidor público não incide sobre o abono utilizado para se atingir o salário mínimo".

Por último, deve-se frisar que a parcela de participação nos lucros ou resultados, habitualmente paga, nos termos do art. 3º da Lei 10.101/2000, não possui natureza salarial, não integrando a remuneração do empregado.

7.5.3. Gratificação natalina

Com previsão no art. 7º, VIII, da CF e instituída pela Lei 4.090/1962, a gratificação natalina, mais conhecida como 13º salário, é compulsória e equivale a um mês da remuneração do empregado quando este tenha completado 12 (doze) meses de serviços ou proporcional aos meses de trabalho quando incompletos 12 (doze) meses, com base na remuneração do empregado, no mês de dezembro de cada ano.

O pagamento da primeira parcela ou, em outras palavras, o adiantamento do 13º salário, deverá ser feito entre fevereiro e novembro de cada ano e o valor corresponderá à metade do salário percebido no mês anterior, devendo o empregador efetuá-lo de uma só vez.

Contudo, o empregador não estará obrigado a pagar o adiantamento, no mesmo mês, a todos os seus empregados.

7.5.4. Quebra de caixa

Quebra de caixa é a verba destinada a cobrir os riscos assumidos pelo empregado que lida com manuseio constante de numerário.

É um adicional pago ao trabalhador que exerce controle sobre ativos do empregador, na medida em que, caso haja alguma diferença a menos no caixa, o empregado deverá prestar conta da quantia. Exemplo de trabalhador que recebe este adicional são os caixas de banco.

O TST, através da Súmula 247, entendeu que a parcela paga aos bancários sob a denominação quebra de caixa possui natureza salarial, integrando o salário do prestador dos serviços para todos os efeitos legais.

7.6. Salário complessivo

Salário complessivo é a forma de ajustar um só salário, globalizando todas as outras parcelas variáveis, ou seja, nada mais é do que o salário pago globalmente, sem especificação, no recibo, do que está sendo pago. Esta prática é ilegal, sendo o ato tido como nulo, nos termos do art. 9º da CLT, visto que o obreiro tem direito de saber a quantia que está recebendo e a que título ela está sendo remunerada.

É juridicamente impraticável, conforme entendimento cristalizado na Súmula 91 do TST, que entende ser nula cláusula contratual que fixa determinada importância ou porcentagem para atender englobadamente vários direitos legais ou contratuais do trabalhador.

7.7. Gueltas

As gueltas podem ser conceituadas como gratificações ou prêmios oferecidos por terceiros aos empregados pela promoção do produto ou marca.

As gueltas são incentivos pagos pelo fornecedor, produtor ou distribuidor ao empregado de um terceiro, com o intuito de promover as vendas de seus produtos.

O oferecimento das gueltas ocorre muito em farmácias na venda de medicamentos quando o farmacêutico sugere determinado medicamento em vez de outro, ou ainda em algumas lojas quando ofertam vantagens a um determinado cartão de crédito.

O TST pacificou o entendimento no sentido de que as gueltas assemelham-se às gorjetas, pois englobam valores pagos por terceiros durante o exercício da relação de emprego, na medida em que, enquanto as gorjetas compreendem a retribuição pela prestação de um serviço de boa qualidade, as gueltas são retribuições pagas pela indicação de determinado produto e, portanto, integram a remuneração do empregado, não servindo de base de cálculo para as parcelas de aviso-prévio, adicional noturno, horas extras e repouso semanal remunerado, incidindo reflexos na gratificação natalina, férias, depósitos de FGTS e contribuição previdenciária.

Dessa forma, por possuírem a mesma natureza jurídica, é aplicável por analogia o entendimento consubstanciado na Súmula 354 do TST.

7.8. Normas de proteção do salário

O art. 7º, X, da CF informa que são direitos dos trabalhadores urbanos e rurais, além de outros que visem à melhoria de sua condição social, a proteção do salário na forma da lei, constituindo crime sua retenção dolosa.

Na legislação infraconstitucional, em diversos dispositivos encontramos regras que visam à proteção do salário do obreiro, seja em face do próprio empregador, seja em face dos credores do empregado ou, ainda, em um plano mais profundo, proteção em face dos credores do empregador.

7.8.1. Proteção contra o empregador

A proteção do salário em face do empregador encontra-se prevista no art. 464 da CLT, que dispõe que o pagamento do salário deverá ser efetuado contrarrecibo, assinado pelo empregado. Em se tratando de empregado analfabeto, a assinatura se dará mediante sua impressão digital, ou, não sendo esta possível, a seu rogo, ou seja, a seu mando, por alguém que faça por ele, desde que devidamente habilitado.

7.8.2. Proteção contra credores do empregado

O art. 833, IV, do CPC/2015, prevê como proteção do salário em face dos credores do empregado a regra da impenhorabilidade.

Dispõe o inciso IV do art. 833 do CPC/2015 que são absolutamente impenhoráveis "os vencimentos, subsídios, soldos, salários, remunerações, proventos de aposentadoria, pensões, pecúlios e montepios; as quantias recebidas por liberalidade de terceiro e destinadas ao sustento do devedor e sua família, os ganhos de trabalhador autônomo e os honorários de profissional liberal".

Nessa linha, é matéria pacífica na doutrina e na jurisprudência a impenhorabilidade dos rendimentos decorrentes do trabalho assalariado, exceto em se tratando de não pagamento de prestação alimentícia.

7.8.3. Proteção contra credores do empregador

Como proteção em face dos credores do empregador, podemos destacar as regras contidas na Lei 11.101/2005 e, dentre elas, a regra de que os créditos trabalhistas devidos aos trabalhadores que, mesmo após a decretação da falência da empresa, continuarem a trabalhar nela, serão considerados extraconcursais e deverão ser pagos com precedência de qualquer outro crédito.

7.8.4. Princípio da irredutibilidade salarial

Em regra, o salário é irredutível, não sendo permitida sua redução. No entanto, o legislador constituinte permitiu que em determinadas situações o salário possa ser reduzido, mediante negociação coletiva. É o que dispõe o art. 7º, VI, da CF.

Essa ideia é reforçada pelo art. 468 CLT, que proíbe, sob pena de nulidade, qualquer alteração que cause prejuízo ao trabalhador.

Sobre a redução salarial com a diminuição proporcional da jornada de trabalho, remetemos o leitor ao item 1.6 que trata do programa seguro-emprego.

7.8.5. Intangibilidade salarial

Disposta no art. 462 da CLT, ensina que não poderá haver desconto no salário do obreiro. O obreiro deve receber seu salário de forma integral, sendo proibido ao empregador efetuar descontos no salário de seu empregado, salvo se resultar de adiantamento, de dispositivos de lei (Lei 10.820/2003) ou de contrato coletivo.

Não obstante, o TST, através da Súmula 342, entendeu ser lícito o desconto no salário do obreiro desde que haja autorização expressa por escrito e espontânea por parte do empregado.

Sendo assim, podemos dizer que, como regra, o salário é intangível, intocável, não podendo haver quaisquer descontos, sendo permitidos apenas aqueles decorrentes de: contribuições previdenciárias; contribuições sindicais; imposto de renda; desconto para prestação alimentícia; desconto para pagamento de pena criminal pecuniária; pagamento de custas judiciais; pagamento de prestações do Sistema Financeiro de Habitação; retenção de saldo salarial por falta de aviso-prévio do empregado; faltas injustificadas; empréstimos, até 30%; desconto de antecipações salariais.

O art. 1º da Lei 10.820/2003, de acordo com a redação dada pela Lei 13.172/2015 os empregados regidos pela CLT, poderão autorizar, de forma irrevogável e irretratável, o desconto em folha de pagamento ou na sua remuneração disponível dos valores referentes ao pagamento de empréstimos, financiamentos, cartões de crédito e operações de arrendamento mercantil concedidos por instituições financeiras e sociedades de arrendamento mercantil, quando previsto nos respectivos contratos.

O § 1º do citado dispositivo legal determina que esse desconto também poderá incidir sobre verbas rescisórias devidas pelo empregador, se assim previsto no respectivo contrato de empréstimo, financiamento, cartão de crédito ou arrendamento mercantil, até o limite de 35% (trinta e cinco por cento), sendo 5% (cinco por cento) destinados exclusivamente para:

> I – a amortização de despesas contraídas por meio de cartão de crédito; ou
>
> II – a utilização com a finalidade de saque por meio do cartão de crédito.

Por último, vale dizer que os danos causados pelo empregado, de forma dolosa, poderão ser descontados do salário. No entanto, em caso de culpa, o desconto será permitido desde que haja o consentimento do empregado.

7.8.6. Pagamento em moeda corrente

O salário deverá ser pago em moeda corrente do País, em conformidade com o art. 463, *caput*, da CLT. Uma vez realizado de maneira diversa, será considerado como não feito.

No entanto, admite-se que o empregador realize o pagamento por meio de cheque ou por depósito em conta-corrente aberta para esse fim. Porém, o empregador deverá assegurar ao empregado tempo hábil para desconto imediato do cheque; transporte, caso seja necessária sua utilização para o deslocamento até o estabelecimento bancário, de modo que possa se utilizar da quantia em conformidade com os arts. 145, 459, § 1º, e 465, todos da CLT.

O pagamento do salário deverá ser efetuado contrarrecibo, assinado pelo empregado e, em se tratando de analfabeto, mediante sua impressão digital, ou, não sendo esta possível, a seu rogo.

Para o pagamento realizado por depósito bancário, terá força de recibo o comprovante de depósito em conta bancária, aberta para esse fim em nome do empregado.

7.9. Equiparação salarial

Sendo idêntica a função, a todo trabalho de igual valor, prestado ao mesmo empregador, no mesmo estabelecimento empresarial, corresponderá igual salário, sem distinção de sexo, etnia, nacionalidade ou idade.. Esta é a expressão do art. 461 da CLT, que tem como fundamento o inciso XXX do art. 7º da CF, o qual proíbe a diferença de salários, de exercício de funções e de critério de admissão, por motivo de sexo, idade, cor ou estado civil.

Para se pleitear a equiparação salarial, mister se faz o preenchimento de alguns requisitos, a saber:

7.9.1. Trabalho de igual valor

Nos termos do art. 461, § 1º, da CLT, trabalho de igual valor será o que for feito com igual produtividade e com a mesma perfeição técnica, entre pessoas cuja diferença de tempo de serviço para o mesmo empregador não seja superior a quatro anos e a diferença de tempo na função não seja superior a dois anos.

Portanto, a lei determina que além da diferença de tempo na função não seja superior a dois anos, o empregado paradigma deve possuir diferença de tempo de serviço para o mesmo empregador não superior a quatro anos .

7.9.2. Mesmo empregador

O pedido de equiparação é possível desde que os empregados, paradigma e paragonado, laborem para o mesmo empregador.

Apesar de vozes contrárias, prevalece na jurisprudência ser possível o pedido de equiparação salarial para empregados de empresas pertencentes ao mesmo grupo econômico. Esse entendimento é baseado na tese de empregador único e na Súmula 129 do TST.

7.9.3. Identidade de funções

A equiparação salarial só é possível se o empregado e o paradigma exercerem a mesma função, desempenhando as mesmas tarefas, não importando se os cargos possuem, ou não, a mesma denominação.

Ignora-se a disposição contratual para examinar-se a realidade dos fatos, pouco importando o cargo existente no contrato pactuado, levando-se em consideração as tarefas exercidas pelos obreiros.

Convém ressaltar que nos termos do art. 461, § 5º, da CLT a equiparação salarial só será possível entre empregados contemporâneos no cargo ou na função, ficando vedada a indicação de paradigmas remotos, ainda que o paradigma contemporâneo tenha obtido a vantagem em ação judicial própria.

Importante ressaltar, também que o trabalhador readaptado em nova função por motivo de deficiência física ou mental atestada pelo órgão competente da Previdência Social não servirá de paradigma para fins de equiparação salarial.

7.9.4. Mesmo estabelecimento empresarial,

De acordo com o caput do art. 461 da CLT, a equiparação salarial será possível se empregado e paradigma trabalharem no mesmo estabelecimento empresarial.

Com isso, caiu por terra a determinação de mesma localidade existente na legislação antiga, que era entendida como sendo o mesmo município, ou municípios distintos que, comprovadamente, pertençam à mesma região metropolitana.

7.9.5. Inexistência de quadro de carreira

Outro requisito para a equiparação salarial é a inexistência de quadro de carreira em uma empresa. Isso porque determina o art. 461, § 2º, da CLT que não prevalecerá o pedido de equiparação salarial quando o empregador tiver pessoal organizado em quadro de carreira ou adotar, por meio de norma interna da empresa ou de negociação coletiva, plano de cargos e salários, dispensada qualquer forma de homologação ou registro em órgão público.

Pelo novo dispositivo legal é dispensável, ou seja, não se exige que o quadro de carreira seja homologado ou registrado em órgão público.

Sempre que a empresa possuir quadro de carreira as promoções poderão ser feitas por merecimento e por antiguidade, ou por apenas um destes critérios, dentro de cada categoria profissional. Com isso, deixou de existir o critério de alternância entre antiguidade e merecimento contida no antigo diploma legal.

7.9.6. Ônus da prova

Estabelece o art. 818, I, da CLT que cabe ao empregado cabe provar o exercício da mesma função que o paradigma.

Já ao empregador, com fulcro no art. 373, II, do CPC/2015 e na Súmula 6, item VIII, do TST, cabe o ônus da prova do fato impeditivo, modificativo ou extintivo da equiparação salarial.

Assim, caso queira o empregador impedir o direito à equiparação salarial do empregado, deverá juntar, por exemplo, quadro de carreira nos termos acima expostos.

7.9.7. Equiparação para o trabalho intelectual

É possível a equiparação salarial do trabalho intelectual desde que atendidos os requisitos elencados no art. 461 consolidado.

O TST, porém, firmou entendimento que a avaliação para efeitos da equiparação poderá ser feita com base na perfeição técnica, adotando critérios objetivos.

7.9.8 Equiparação salarial no serviço público

A equiparação salarial no serviço público é vedada, tendo em vista a proibição disposta no art. 37, XIII, da CF.

O STF se pronunciou por meio da Súmula 339 no sentido de que não cabe ao poder judiciário, que não tem função legislativa, aumentar vencimentos de servidores públicos sob fundamento de isonomia.

No entanto, tendo em vista a regra disposta no art. 173, § 1º, II, da CF que obriga as sociedades de economia mista a sujeição ao regime jurídico próprio das empresas privadas, portanto celetistas, vale destacar Súmula 455 do TST, que assim dispõe:

> SÚMULA 455 TST. EQUIPARAÇÃO SALARIAL. SOCIEDADE DE ECONOMIA MISTA. ART. 37, XIII, DA CF/1988. POSSIBILIDADE. À sociedade de economia mista não se aplica a vedação à equi-

paração prevista no art. 37, XIII, da CF/1988, pois, ao admitir empregados sob o regime da CLT, equipara-se a empregador privado, conforme disposto no art. 173, § 1º, II, da CF/1988.

7.9.9 Majoração salarial por decisão judicial

O empregado que teve seu salário majorado por decisão judicial pode ser indicado como paradigma para fins de equiparação, observadas as disposições do TST na Súmula 6 item VI, com a redação dada de acordo com a Resolução 198/2015, que assim ensina:

> SÚMULA 6 TST
>
> VI – Presentes os pressupostos do art. 461 da CLT, é irrelevante a circunstância de que o desnível salarial tenha origem em decisão judicial que beneficiou o paradigma, exceto: a) se decorrente de vantagem pessoal ou de tese jurídica superada pela jurisprudência de Corte Superior; b) na hipótese de equiparação salarial em cadeia, suscitada em defesa, se o empregador produzir prova do alegado fato modificativo, impeditivo ou extintivo do direito à equiparação salarial em relação ao paradigma remoto, considerada irrelevante, para esse efeito, a existência de diferença de tempo de serviço na função superior a dois anos entre o reclamante e os empregados paradigmas componentes da cadeia equiparatória, à exceção do paradigma imediato.

7.9.10. Multa por discriminação salarial

O novo § 6º inserido ao art. 461 da CLT cria uma multa de 50% do valor máximo do benefício da Previdência em caso de disparate salarial motivado por diferença a de sexo ou etnia.

Por se tratar de uma penalidade imposta ao empregador, entendemos que as hipóteses previstas no dispositivo legal são taxativas e que as outras modalidades de discriminações que não estejam incluídas expressamente no texto legal não ensejam a imposição de multa.

7.10. Salário-família

Previsto no art. 7º, XII, da CF, o salário-família é pago em razão do dependente do trabalhador de baixa renda. O salário família está previsto na Lei 8.213/1991, arts. 65 a 70 e no Decreto 3.048/1999, nos arts. 81 a 92.

Embora possua denominação de salário, não possui natureza salarial e/ou remuneratória, na medida em que constitui um benefício previdenciário, devido mensalmente ao empregado segurado, ao trabalhador avulso e, de acordo com a atual redação dada ao parágrafo único do art. 7º, da CF, pela EC 72/2013, ao empregado doméstico (arts. 65 e 68 da Lei 8.213/1991, com redação dada pela LC 150/2015) conforme a proporção do número de filhos ou equiparados.

Para a concessão do salário-família, a Previdência Social não exige tempo mínimo de contribuição.

Nos termos do art. 88 do Decreto 3.048/1999 o direito ao salário-família cessa automaticamente:

> I – por morte do filho ou equiparado, a contar do mês seguinte ao do óbito;
>
> II – quando o filho ou equiparado completar quatorze anos de idade, salvo se inválido, a contar do mês seguinte ao da data do aniversário;
>
> III – pela recuperação da capacidade do filho ou equiparado inválido, a contar do mês seguinte ao da cessação da incapacidade; ou
>
> IV – pelo desemprego do segurado.

Para a concessão do salário-família, a Previdência Social não exige tempo mínimo de contribuição e será devido, nos termos do art. 82 do Decreto 3.048/1999:

> I – ao empregado, pela empresa, com o respectivo salário, e ao trabalhador avulso, pelo sindicato ou órgão gestor de mão de obra, mediante convênio;
>
> II – ao empregado e trabalhador avulso aposentados por invalidez ou em gozo de auxílio-doença, pelo Instituto Nacional do Seguro Social, juntamente com o benefício;
>
> III – ao trabalhador rural aposentado por idade aos sessenta anos, se do sexo masculino, ou cinquenta e cinco anos, se do sexo feminino, pelo Instituto Nacional do Seguro Social, juntamente com a aposentadoria; e
>
> IV – aos demais empregados e trabalhadores avulsos aposentados aos sessenta e cinco anos de idade, se do sexo masculino, ou sessenta anos, se do sexo feminino, pelo Instituto Nacional do Seguro Social, juntamente com a aposentadoria.

Importante lembrar que os desempregados não têm direito ao benefício em debate.

7.11. Salário-educação

A contribuição social do salário-educação está prevista no art. 212, § 5º, da CF e regulamentada pelas Leis 9.424/1996, 9.766/1998 (regulamentada pelo Decreto 6.003/2006) e 11.457/2007.

Nos termos do art. 15 da Lei 9.424/1996: "*O salário-educação previsto no art. 212, § 5º, da CF e devido pelas empresas, na forma em que vier a ser disposto em regulamento, é calculado com base na alíquota de 2,5% (dois e meio por cento) sobre o total de remunerações pagas ou creditadas, a qualquer título, aos segurados empregados, assim definidos no art. 12, inciso I, da Lei 8.212, de 24.07.1991.*"

Vale dizer que o salário-educação não possui caráter remuneratório na relação de emprego e não se vincula, para nenhum efeito, ao salário ou à remuneração percebida pelos empregados das empresas contribuintes.

Estão isentas do recolhimento da contribuição social do Salário-Educação, nos termos do § 1º do art. 1º da Lei 9.766/1998:

> I – a União, os Estados, o Distrito Federal e os Municípios, bem como suas respectivas autarquias e fundações;
>
> II – as instituições públicas de ensino de qualquer grau;
>
> III – as escolas comunitárias, confessionais ou filantrópicas, devidamente registradas e reconhecidas pelo competente órgão de educação, e que atendam ao disposto no inc. II do art. 55 da Lei 8.212, de 24.07.1991;
>
> IV – as organizações de fins culturais que, para este fim, vierem a ser definidas em regulamento;
>
> V – as organizações hospitalares e de assistência social, desde que atendam, cumulativamente, aos requisitos estabelecidos nos incs. I a V do art. 55 da Lei 8.212/1991.

7.12. Salário do menor e do aprendiz

Nos termos do art. 7º, XXX, da CF, é proibida a diferença de salários, de exercício de funções e de critério de admissão por motivo de sexo, idade, cor ou estado civil.

Assim, ao trabalho do menor corresponde igual salário ao dos demais trabalhadores.

Ademais, o salário mínimo é garantia constitucional assegurada para todos trabalhadores, nos termos do inc. IV do art. 7º da CF.

Com relação ao aprendiz o art. 428, § 2º, da CLT ensina que, salvo condição mais favorável, será garantido o salário mínimo hora.

Ao menor, nos termos do art. 439 da CLT é lícito firmar recibo pelo pagamento dos salários. Porém, em se tratando de rescisão do contrato de trabalho, é vedado ao menor de 18 (dezoito) anos dar, sem assistência dos seus responsáveis legais, quitação ao empregador pelo recebimento da indenização que lhe for devida.

8. DURAÇÃO DO TRABALHO

8.1. Jornada de Trabalho

A palavra "jornada" provém do termo italiano *giorno*, que traduzido para nosso vernáculo significa "dia", trazendo a ideia de "dia de trabalho".

A jornada de trabalho vem disciplinada no art. 7º, incisos XIII e XIV, da CF, e nos arts. 57 a 75 do diploma consolidado, sendo entendida, nos termos do art. 4.º, *caput*, da CLT, como o lapso temporal em que o empregado está à disposição do empregador, executando ou não o seu labor.

Para o ilustre Ministro Mauricio Godinho Delgado (em *Curso de Direito do Trabalho*, 8ª ed., São Paulo, LTr, 2009, p. 774) jornada de trabalho seria "o lapso temporal diário em que o empregado se coloca à disposição do empregador em virtude do respectivo contrato. É, desse modo, a medida principal do tempo diário de disponibilidade do obreiro em face de seu empregador como resultado do cumprimento do contrato de trabalho que os vincula".

Assim, tempo de serviço efetivo deve ser entendido como o lapso de tempo em que o empregado está à disposição do empregador, aguardando ou cumprindo ordens.

O art. 58, § 1º, da CLT ensina que não serão descontadas nem computadas como jornada extraordinária as variações de horário no registro de ponto não excedentes de cinco minutos, observado o limite máximo de dez minutos diários. Nessa linha, importante ressaltar o período de sobreaviso, que consiste no período computado como tempo à disposição do empregador, em que o empregado, mesmo fora do local de trabalho, fica aguardando ordens.

A respeito do período de sobreaviso o TST editou a Súmula 428 que assim dispõe:

> Súmula 428 TST.
>
> I – O uso de instrumentos telemáticos ou informatizados fornecidos pela empresa ao empregado, por si só, não caracteriza o regime de sobreaviso.
>
> II – Considera-se em sobreaviso o empregado que, à distância e submetido a controle patronal por instrumentos telemáticos ou informatizados, permanecer em regime de plantão ou equivalente, aguardando a qualquer momento o chamado para o serviço durante o período de descanso.

Nesse período o empregado fica previamente avisado que a qualquer momento pode ser chamado para algum trabalho, como ocorre, por exemplo, com os eletricistas.

Vale dizer que a Lei 12.551/2011, que deu nova redação ao art. 6º da CLT, não distingue o trabalho realizado no estabelecimento do empregador, o executado no domicílio do empregado e o realizado à distância, desde que estejam caracterizados os pressupostos da relação de emprego.

A referida lei acrescentou o parágrafo único ao art. 6º consolidado, equiparando os meios telemáticos e informatizados de comando, controle e supervisão, para fins de subordinação jurídica, aos meios pessoais e diretos de comando, controle e supervisão do trabalho alheio.

Por esse motivo o TST modificou o entendimento cristalizado na Súmula 428 para instruir que o uso de instrumentos telemáticos ou informatizados fornecidos pela empresa ao empregado, por si só, não caracteriza regime de sobreaviso.

A duração do trabalho não será superior a 8 horas diárias, observado o limite de 44 horas semanais, facultando a compensação de horários e a redução da jornada, mediante acordo ou convenção coletiva, em conformidade com o art. 7º, XIII, da CF.

A CLT traz regra nesse mesmo sentido, em que aponta que a duração normal do trabalho não poderá exceder 8 (oito) horas diárias, desde que não seja fixado expressamente outro limite.

O objetivo dessa limitação é a proteção da saúde do trabalhador, evitando acidentes do trabalho e doenças ocupacionais pelo longo exercício do labor. São normas de ordem pública e, portanto, irrenunciáveis pelas partes.

Como vimos, nos termos do art. 58, § 1º, da CLT, não serão descontadas nem computadas na jornada de trabalho as variações de horário no registro de ponto não excedentes de cinco minutos, observado o limite máximo de dez minutos diários.

Contudo, nos termos do art. 4º, § 2º, da CLT por não se considerar tempo à disposição do empregador, não será computado como período extraordinário o que exceder a jornada normal, ainda que ultrapasse o limite de cinco minutos previsto no § 1º do art. 58 da CLT, quando o empregado, por escolha própria, buscar proteção pessoal, em caso de insegurança nas vias públicas ou más condições climáticas, bem como adentrar ou permanecer nas dependências da empresa para exercer atividades particulares, entre outras:

> I – práticas religiosas;
>
> II – descanso;
>
> III – lazer;
>
> IV – estudo;
>
> V – alimentação;
>
> VI – atividades de relacionamento social;
>
> VII – higiene pessoal;
>
> VIII – troca de roupa ou uniforme, quando não houver obrigatoriedade de realizar a troca na empresa.

8.2. Classificações da Jornada de Trabalho

A jornada de trabalho pode ser classificada em:

8.2.1. Ordinária

É o limite máximo imposto pela norma constitucional. Em outras palavras, é a jornada comum de trabalho para os obreiros. A Constituição Federal em seu art. 7º, XIII, c/c o art. 58 da CLT, fixou como limite a jornada de oito horas diárias e 44 horas semanais.

É possível ainda fixação mais benéfica ao trabalhador, seja por lei, seja por convenções coletivas, que podemos chamar de limites especiais, como por exemplo: advogados e turnos ininterruptos de revezamento (art. 7º, XIV, da CF).

8.2.2. *Extraordinária*

São as horas laboradas acima do limite legal convencional, ou seja, as horas que extrapolam a jornada ordinária de trabalho.

8.2.3. *Diurna*

Nas atividades urbanas, é considerada jornada diurna aquela desempenhada das 5 horas até às 22 horas.

8.2.4. *Noturna*

No âmbito urbano, compreende-se aquele labor desempenhado entre as 22 horas de um dia e 5 horas do dia seguinte. Para o trabalhador urbano há a chamada "hora fictamente reduzida" em que a hora possui, fictamente, 52 minutos e 30 segundos e não 60 minutos.

É oportuno enfatizar que o direito à hora reduzida de 52 minutos e 30 segundos aplica-se ao vigia noturno, em conformidade com a Súmula 65 do TST.

Nos termos da LC 150/2015 a hora fictamente reduzida também será aplicada ao empregado doméstico, nos termos do art. 14, § 1º.

Vale destacar, ainda, que o trabalho noturno dos empregados nas atividades de exploração, perfuração, produção e refinação do petróleo, industrialização do xisto, indústria petroquímica e transporte de petróleo e seus derivados, por meio de dutos, é regulado pela Lei 5.811/1972, não se aplicando, ainda, a hora reduzida de 52 minutos e 30 segundos prevista no art. 73, § 1º, da CLT, nos termos da Súmula 112 do TST.

Já no âmbito rural, como estudado no item 6.1.1.2devemos diferenciar o trabalho exercido nas atividades de agricultura e o desenvolvido na pecuária.

Na lavoura, o período noturno é aquele desenvolvido entre 21 horas de um dia até às 5 horas do dia seguinte, ao passo que na pecuária será o período compreendido entre as 20 horas de um dia até 4 horas do dia seguinte, nos termos do art. 7º da Lei 5.889/1973.

É importante mencionar que no âmbito rural, seja na agricultura, seja na pecuária, não se aplica a regra da "hora fictamente reduzida".

Outra peculiaridade consiste no adicional devido aos trabalhadores que exercem suas atividades no período noturno. Esse adicional difere, também, para os empregados dos âmbitos urbano e rural.

O trabalho noturno exercido no âmbito urbano é de 20%, ao passo que no âmbito rural, por não terem os obreiros a jornada reduzida, seu adicional será de 25%.

8.3. Jornadas de trabalhos especiais

Ao lado da duração normal de trabalho estabelecida no art. 7º, XIII, da CF de 8 horas ao dia, 44 horas na semana e 220 horas no mês, existem jornadas de trabalho com caráter especial, regidos por parâmetros distintos.

8.3.1. *Jornadas superiores*

Existem poucas jornadas especiais criadas por lei que extrapolam o modelo padrão de 8 horas diárias criado para as atividades laborais no País.

Certas categorias profissionais, em face das peculiaridades do setor, tendem a se submeter à fixação de lapsos temporais diários, sem detrimento do limite semanal, mais amplos.

Como exemplos de categorias que possuem jornadas eventualmente superiores ao limite constitucional diário de 8 horas por dia temos: os aeronautas, os ferroviários, entre outros.

8.3.2. *Jornadas inferiores*

Entretanto, para determinadas categorias existem jornadas de trabalho inferiores ao limite constitucional estabelecido no citado art. 7º, XIII, da CF.

Representam, portanto, jornadas mais favoráveis em relação ao padrão estabelecido pelo constituinte originário.

Como exemplos de jornadas inferiores ao modelo constitucional temos: os empregados em minas no subsolo (art. 293 da CLT); telegrafistas e telefonistas, nos termos do art. 227 da CLT; a jornada variável para os operadores cinematográficos, nos termos do art. 234 e suas alíneas; entre outros.

8.3.3. *Bancários*

Ensina o art. 224 da CLT que a duração normal do trabalho dos empregados em bancos será de seis horas contínuas, com exceção dos sábados, perfazendo um total de 30 horas semanais.

Poderá haver prorrogação da jornada do bancário até oito horas diárias, não podendo exceder 40 horas semanais.

Vale destacar que, nos termos da Súmula 113 do TST, o sábado é considerado dia útil não trabalhado e não dia de repouso remunerado.

Os empregados de estabelecimento de crédito pertencentes a categorias profissionais diferenciadas não são considerados bancários, não podendo se beneficiar do regime legal relativo aos bancários. Nesse sentido importante mencionar a decisão proferida no RR 104/2006-006-05-00, em que o TST firmou orientação no sentido de que os profissionais liberais (engenheiros, arquitetos etc.) equiparam-se aos membros de categoria diferenciada, uma vez que exercem atividades reguladas em estatuto profissional próprio. Assim, não se lhes aplicam as disposições dos arts. 224 e seguintes da CLT.

Também, os empregados de empresas distribuidoras e corretoras de títulos e valores mobiliários não têm direito à jornada especial dos bancários, nos termos da Súmula 119 do TST.

O vigilante, contratado diretamente por banco ou por intermédio de empresas especializadas, não é bancário, é o que ensina a Súmula 257 do TST.

No entanto, é considerado bancário o empregado de empresa de processamento de dados que presta serviço a banco integrante do mesmo grupo econômico, exceto quando a empresa de processamento de dados presta serviços a banco e a empresas não bancárias do mesmo grupo econômico ou a terceiros, em conformidade com a Súmula 239 do TST.Conforme art. 224, § 2º, da CLT, os bancários que exercem funções de direção, gerência, fiscalização, chefia e equivalentes, ou que desempenhem outros cargos de confiança, desde que recebam gratificação não inferior a 1/3 (um terço) do salário do cargo efetivo, não estão abrangidos pela jornada especial de trabalho de 6 horas, fixada no *caput* do citado dispositivo legal.

Nos termos da Súmula 287 do TST a jornada de trabalho do empregado de banco gerente de agência é regida pelo art. 224, § 2º, da CLT, ou seja, possuem jornada de trabalho de 8 horas por dia. Quanto ao gerente-geral de agência bancária, presume-se o exercício de encargo de gestão, aplicando-se-lhe o art. 62, II, da CLT, ou seja, não há controle de jornada de trabalho, podendo laborar mais que 8 horas por dia, desde que receba remuneração pelo menos 40% superior ao do cargo efetivo.

> SÚMULA 287 TST – JORNADA DE TRABALHO. GERENTE BANCÁRIO
>
> A jornada de trabalho do empregado de banco gerente de agência é regida pelo art. 224, § 2º, da CLT. Quanto ao gerente-geral de agência bancária, presume-se o exercício de encargo de gestão, aplicando-se-lhe o art. 62 da CLT.

O bancário que exerce a função de confiança a que se refere o § 2º do art. 224 da CLT e que recebe gratificação já tem remuneradas as duas horas extraordinárias excedentes de seis.

No entanto, serão devidas as 7ª e 8ª horas, como extras, no período em que se verificar o pagamento a menor da gratificação de 1/3, no teor da Súmula 102, III, do TST.

O bancário sujeito à regra do art. 224, § 2º, da CLT cumpre jornada de trabalho de 8 (oito) horas, sendo extraordinárias as trabalhadas além da oitava.

Os cargos a que alude o § 2º do art. 224 da CLT são considerados "cargos de confiança especial" e decorrem da natureza da atividade do trabalhador.

O caixa bancário, ainda que caixa executivo, não exerce cargo de confiança. Se perceber gratificação igual ou superior a um terço do salário do posto efetivo, essa remunera apenas a maior responsabilidade do cargo e não as duas horas extraordinárias além da sexta.

Vale lembrar que o advogado empregado de banco, pelo simples exercício da advocacia, não exerce cargo de confiança, não se enquadrando, portanto, na hipótese do § 2º do art. 224 da CLT.

Os bancários não enquadrados na hipótese mencionada, mesmo que recebam gratificação de função, não poderão ter as horas extras compensadas com o valor daquela vantagem, nos termos da Súmula 109 do TST.

Desta forma, a exceção que traz o art. 224, § 2º, da CLT, que sujeita o bancário a oito horas diárias de trabalho, abrange todos os cargos que pressupõem atividades de coordenação, supervisão ou fiscalização, não exigindo a lei poderes de mando e direção, como aqueles dispostos no art. 62 consolidado.

Por fim, em razão do julgamento do incidente de recurso repetitivo sobre a matéria (Recursos de Revista Repetitivos nº TST-IRR-849-83.2013.5.03.0138), o TST alterou a redação da Súmula 124 que assim dispõe:

> SÚMULA 124 TST – BANCÁRIO. SALÁRIO-HORA. DIVISOR (alteração em razão do julgamento do processo TST-IRR-849-83.2013.5.03.0138)
>
> I – o divisor aplicável para o cálculo das horas extras do bancário será:
>
> a) 180, para os empregados submetidos à jornada de seis horas prevista no *caput* do art. 224 da CLT;
>
> b) 220, para os empregados submetidos à jornada de oito horas, nos termos do § 2º do art. 224 da CLT.
>
> II – Ressalvam-se da aplicação do item anterior as decisões de mérito sobre o tema, qualquer que seja o seu teor, emanadas de Turma do TST ou da SBDI-I, no período de 27/09/2012 até 21/11/2016, conforme a modulação aprovada no precedente obrigatório firmado no Incidente de Recursos de Revista Repetitivos nº TST-IRR-849-83.2013.5.03.0138, DEJT 19.12.2016.

8.3.4. Digitadores

A CLT é omissa a respeito da atividade de digitador. Entretanto, a jurisprudência tem considerado aplicável, extensivamente, a regra do art. 72 consolidado que determina a observância de intervalos remunerados de 10 minutos a cada 90 minutos laborados em serviços permanentes de mecanografia, o qual não é deduzido da duração normal do trabalho. Nessa linha, o TST concretizou esse entendimento através da Súmula 346.

Com isso, temos que a enumeração do art. 72 da CLT é meramente exemplificativa e não taxativa, permitindo, portanto, o descanso de 10 minutos a cada 90 trabalhados, desde que trabalhe como digitador de forma permanente e não intercalada.

8.3.5. Empresas de telefonia e operadores de telemarketing

Nos termos do art. 227 da CLT, "nas empresas que explorem o serviço de telefonia, telegrafia submarina ou subfluvial, de radiotelegrafia ou de radiotelefonia, fica estabelecida para os respectivos operadores a duração máxima de seis horas contínuas de trabalho por dia ou 36 (trinta e seis) horas semanais."

Portanto, de acordo com o dispositivo legal em debate, a jornada de trabalho especial estabelecida seria aplicada apenas a telefonistas que *operassem mesa de transmissão com ramais, não fazendo uso do telefone comum para atender e fazer as ligações exigidas no exercício de sua função.*

No entanto, operadores de telemarketing, profissionais que laboram com sistema direto de vendas por telefone, ingressavam com reclamações trabalhistas reivindicando a aplicação analógica da jornada de trabalho especial prevista no art. 227 consolidado.

Em setembro de 2002 foi editada a OJ 273 da SDI 1 do TST nos seguintes termos:

> OJ-273 da SDI1 do TST – "TELEMARKETING". OPERADORES. ART. 227 DA CLT. INAPLICÁVEL
>
> A jornada reduzida de que trata o art. 227 da CLT não é aplicável, por analogia, ao operador de televendas, que não exerce suas atividades exclusivamente como telefonista, pois, naquela função, não opera mesa de transmissão, fazendo uso apenas dos telefones comuns para atender e fazer as ligações exigidas no exercício da função.

O entendimento disposto na orientação jurisprudencial em questão vigorou por quase 10 (dez) anos, até que em maio de 2011, por meio da Resolução 175/2011, a OJ 273 SDI 1 TST foi ***cancelada****, sendo certo que atualmente é possível a aplicação analógica do art. 227 da CLT aos operadores de telemarketing.*

8.3.6. Advogado empregado

Advogado empregado é aquele profissional que atua com a devida anotação em CTPS e com os demais requisitos caracterizadores da relação de emprego, nos termos dos arts. 2º e 3º da CLT.

Nos termos do art. 20 da Lei 8.906/1994 (Estatuto da Advocacia e a Ordem dos Advogados do Brasil), *a* jornada de trabalho do advogado empregado, no exercício da profissão, não poderá exceder a duração diária de 4 (quatro) horas contínuas e a de 20 (vinte) horas semanais, salvo acordo ou convenção coletiva ou em caso de dedicação exclusiva.

Nota-se, portanto, que o legislador abre 3 exceções com relação à jornada de trabalho do advogado empregado, quais sejam: acordo coletivo, convenção coletiva de trabalho e o caso de dedicação exclusiva.

De acordo com o art. 12 do Regulamento Geral do Estatuto da Advocacia e da OAB, considera-se de dedicação exclusiva o regime de trabalho que for expressamente previsto em contrato individual de trabalho.

Nessa linha, em caso de dedicação exclusiva, em que o advogado não pode atuar em nome de outra pessoa, a jornada de trabalho será de 8 (oito) horas por dia e não de 4 (quatro) horas como previsto no art. 20 do EAOAB.

Dispõe o art. 12 do Regulamento Geral do Estatuto da Advocacia e da OAB:

> **Art. 12.** Para os fins do art. 20 da Lei 8.906/1994, considera-se de dedicação exclusiva o regime de trabalho que for expressamente previsto em contrato individual de trabalho.
>
> **Parágrafo único.** Em caso de dedicação exclusiva, serão remuneradas como extraordinárias as horas trabalhadas que excederem a jornada normal de oito horas diárias.

Por isso se afirma que a dedicação exclusiva deve ser expressamente prevista no contrato de trabalho do advogado, sob pena de ser considerada a jornada de trabalho especial prevista no EAOAB.

Havendo prestação de serviço extraordinário, as horas trabalhadas excedidas serão remuneradas por um adicional não inferior a 100% sobre o valor da hora normal, mesmo havendo contrato escrito.

Por fim, o trabalho noturno do advogado empregado é aquele realizado no período das 20 horas de um dia até as 5 horas do dia seguinte, devendo ser acrescidas do adicional de 25% (vinte e cinco por cento).

Sobre o tema, importante se faz a leitura da OJ 403 da SDI 1 do TST:

> OJ 403 da SDI 1 do TST – ADVOGADO EMPREGADO. CONTRATAÇÃO ANTERIOR A LEI 8.906, DE 04.07.1994. JORNADA DE TRABALHO MANTIDA COM O ADVENTO DA LEI. DEDICAÇÃO EXCLUSIVA. CARACTERIZAÇÃO.
>
> O advogado empregado contratado para jornada de 40 horas semanais, antes da edição da Lei 8.906, de 04.07.1994, está sujeito ao regime de dedicação exclusiva disposto no art. 20 da referida lei, pelo que não tem direito à jornada de 20 horas semanais ou 4 diárias.

8.4. Turnos ininterruptos de revezamento

Previsto no inciso XIV do artigo 7º da Constituição Federal, o regime de revezamento é aquele em que os trabalhadores se sucedem na empresa, pressupõe trabalho e horários com sucessivas modificações, de modo que o empregado labore ora no período noturno, ora no diurno, ora no vespertino. Nesse sentido o TST cristalizou seu entendimento na Orientação Jurisprudencial 360 da SDI 1: "*faz jus à jornada especial prevista no art. 7º, XIV, da CF/1988 o trabalhador que exerce suas atividades em sistema de alternância de turnos, ainda que em dois turnos de trabalho, que compreendam, no todo ou em parte, o horário diurno e o noturno, pois submetido à alternância de horário prejudicial à saúde, sendo irrelevante que a atividade da empresa se desenvolva de forma ininterrupta*".

O turno ininterrupto de revezamento se caracterizará quando os empregados prestarem serviços em horários de trabalho alternados em turnos de revezamento, ou seja, alternando seu horário nos períodos da manhã, tarde e/ou noite, de forma contínua para o empregador.

Para os empregados que laborem em turnos de revezamento, em decorrência da prejudicialidade à saúde do trabalhador, a Constituição Federal fixou no citado art. 7º, XIV, limite diário de 6 horas, salvo negociação coletiva.

No entanto, a jurisprudência tem se posicionado no sentido de, havendo negociação coletiva, poder existir jornada superior a 6 horas, limitada a 8 horas diárias. Nesse caso, os empregados submetidos aos turnos ininterruptos de revezamento não terão direito ao pagamento da 7ª e 8ª horas como extras, em conformidade com a Súmula 423 do TST.

Nº 423 TURNO ININTERRUPTO DE REVEZAMENTO. FIXAÇÃO DE JORNADA DE TRABALHO MEDIANTE NEGOCIAÇÃO COLETIVA. VALIDADE (conversão da Orientação Jurisprudencial nº 169 da SBDI-I) – Res. 139/2006 – DJ 10, 11 e 13.10.2006. Estabelecida jornada superior a seis horas e limitada a oito horas por meio de regular negociação coletiva, os empregados submetidos a turnos ininterruptos de revezamento não têm direito ao pagamento da 7ª e 8ª horas como extras.

É importante lembrar que o Ministério do Trabalho e Emprego (MTE) expediu a Portaria 412, de setembro de 2007, que em seu art. 1º considera ilícita a alteração da jornada e do horário de trabalho dos empregados que trabalhem em regime de turnos ininterruptos de revezamento, salvo mediante convenção ou acordo coletivo de trabalho.

No entanto, há que se ressaltar o entendimento cristalizado na OJ 420 da SDI 1, segundo o qual se mostra inválido o instrumento normativo que, regularizando situações pretéritas, estabelece jornada de oito horas para o trabalho em turnos ininterruptos de revezamento.

No que tange à jornada de trabalho noturna do trabalho em turnos ininterruptos de revezamento, convém destacar a orientação jurisprudencial 395 da SDI 1 do TST.

> ORIENTAÇÃO JURISPRUDENCIAL 395 DA SDI 1 DO TST – TURNO ININTERRUPTO DE REVEZAMENTO. HORA NOTURNA REDUZIDA. INCIDÊNCIA.
>
> O trabalho em regime de turnos ininterruptos de revezamento não retira o direito à hora noturna reduzida, não havendo incompatibilidade entre as disposições contidas nos arts. 73, § 1º, da CLT e 7º, XIV, da Constituição Federal.

8.5. Trabalho em regime de tempo parcial

Previsto no art. 58-A da CLT, o regime de tempo parcial é aquele cuja duração não exceda a 30 horas semanais, sem a possibilidade de horas suplementares semanais, ou, ainda, aquele cuja duração não exceda a 26 horas semanais, com a possibilidade de acréscimo de até seis horas suplementares semanais.

A lei cria, portanto, duas espécies de trabalho em regime de tempo parcial. Um primeiro regime cuja duração não exceda 30 horas semanais, sem a possibilidade de prestação de horas extras e um segundo regime em que a duração da jornada semanal não exceda 26 horas, sendo permitida, nesse regime, a prestação de até 6 horas extras por semana, que serão pagas com o acréscimo de 50% (cinquenta por cento) sobre o salário-hora normal, art. 58-A, § 3º, da CLT.

Importante destacar que na hipótese de o contrato de trabalho em regime de tempo parcial ser estabelecido em número inferior a 26 horas semanais, as horas suplementares a este número serão consideradas horas extras para fins do pagamento estipulado, estando também limitadas a seis horas suplementares semanais. Em outras palavras, caso seja pactuada jornada de trabalho inferior a 26 horas semanais, as horas que excederem a jornada estipulada serão consideradas extraordinárias, ficando limitada também a 6 horas semanais.

As horas suplementares da jornada de trabalho normal poderão ser compensadas diretamente até a semana imediatamente posterior à da sua execução, hipótese em que não serão remuneradas com o acréscimo de 50%.

No entanto, caso não sejam compensadas o empregador deverá fazer sua quitação na folha de pagamento do mês subsequente.

Para os trabalhadores contratados nesse regime de trabalho, o salário pago será proporcional àquele pago aos empregados que cumpram, na mesma função, tempo integral, em conformidade com o art. 58-A, § 1º, da CLT.

Nessa linha é a jurisprudência do TST, consubstanciada na Orientação Jurisprudencial 358 da SDI 1, na qual havendo contratação para cumprimento de jornada reduzida, inferior à revisão constitucional de oito horas diárias ou quarenta e quatro semanais, é lícito o pagamento do piso salarial ou do salário mínimo proporcional ao tempo trabalhado.

O item II da mesma OJ ensina que na Administração Pública direta, autárquica e fundacional não é válida remuneração de empregado público inferior ao salário mínimo, ainda que cumpra jornada de trabalho reduzida. Precedentes do Supremo Tribunal Federal.

De acordo com o art. 58-A, § 7º, da CLT o período de férias do empregado contratado em regime de tempo parcial é o mesmo dos empregados em regime de tempo integral, sendo-lhes aplicados os períodos de férias dispostos no art. 130 da CLT.

Os empregados contratados por esse regime poderão converter um terço de suas férias em abono pecuniário, em conformidade com o art. 58-A, § 6º, da CLT

Sobre regime de tempo parcial para o empregado doméstico, remetemos o leitor ao capítulo 6.1.1.1.4 que trata desse tipo de empregado, na medida em que as disposições são diferenciadas

8.6. Horas *in itinere*

É o período de deslocamento gasto pelo empregado de sua residência até o local de trabalho e vice-versa.

Assim dispõe o art. 58, § 2º, da CLT: "O tempo despendido pelo empregado desde a sua residência até a efetiva ocupação do posto de trabalho e para o seu retorno, caminhando ou por qualquer meio de transporte, inclusive o fornecido pelo empregador, não será computado na jornada de trabalho, por não ser tempo à disposição do empregador."

Portanto, esse período de deslocamento gasto pelo empregado não é computado na jornada de trabalho, independentemente do meio de locomoção do empregado.

O tempo gasto pelo empregado como percurso casa-trabalho e trabalho – casa foi desconsiderado como tempo à disposição e, consequentemente

Ademais, o § 2º do art. 58 da CLT excluiu da jornada de trabalho o tempo despendido pelo empregado desde sua residência até a "efetiva ocupação do posto de trabalho". Logo, o tempo gasto pelo trabalhador do portão da empresa até o local de trabalho também não será computado na jornada de trabalho. Com isso, fica prejudicado o entendimento pacificado na Súmula 429 do TST, que considerava como tempo de serviço.

8.7. Prorrogação da jornada do trabalho

A Constituição Federal estabelece o limite da jornada de trabalho. Assim, qualquer trabalho realizado acima desse limite implicará a prorrogação da jornada de trabalho.

Em 4 casos a CLT admite a prorrogação da jornada de trabalho:

8.7.1. Acordo de prorrogação de horas

Nos termos do art. 59 da CLT, a duração normal do trabalho poderá ser acrescida de horas suplementares, em número não excedente de 2 (duas). Contudo, esse ajuste deverá ser formalizado por acordo escrito, compreendendo o acordo individual, acordo coletivo e a convenção coletiva de trabalho. Nesse caso, o limite de horas extraordinárias a serem prestadas é de até 2 horas por dia, ou seja, a jornada de trabalho não poderá ser superior a 10 horas diárias.

Sempre que houver a prestação de serviços extraordinários, será devido um adicional por hora extraordinária de no mínimo 50% sobre a hora normal.

Vale dizer que nos termos do art. 20, § 2º, da Lei 8.906/1994, o adicional de horas extras do advogado é de 100%.

É importante ressaltar que, nos termos do art. 60 da CLT, para as atividades insalubres quaisquer prorrogações só poderão ser acordadas mediante licença prévia do Ministério do Trabalho. Excetuam-se da exigência de licença prévia as jornadas de doze horas de trabalho por trinta e seis horas ininterruptas de descanso, art. 60, parágrafo único, da CLT.

Uma vez fixada em contrato de trabalho uma jornada inferior ao limite máximo legal, essa será lei entre as partes e qualquer trabalho que exceder esse limite será computado como horas extraordinárias.

Para os trabalhadores menores de 18 anos a prorrogação poderá ocorrer, independente de acréscimo salarial, ou seja, sem o pagamento de horas extras, somente por acordo ou convenção coletiva, devendo compensar em outro dia, não podendo ultrapassar as 44 horas semanais impostas pela Constituição Federal, art. 413 da CLT. Além disso, permitir-se-á a prorrogação do dia de trabalho do menor, com acréscimo de 50% da hora normal, em até 12 horas, por motivo de força maior, desde que o trabalho do menor seja imprescindível ao funcionamento do estabelecimento, conforme art. 413, II, da CLT.

8.7.2. Acordo de compensação de jornadas

Previsto no art. 59, § 2º, da CLT, nada mais é que a compensação do excesso de *horas* trabalhadas em um dia, com a correspondente diminuição em outro dia. Em outras palavras, o trabalhador labora mais em alguns dias para descansar em outro.

Dispõe o art. 59, § 2 º, da CLT:

Art. 59. (...)

§ 2º. Poderá ser dispensado o acréscimo de salário se, por força de acordo ou convenção coletiva de trabalho, o excesso de horas em um dia for compensado pela correspondente diminuição em outro dia, de maneira que não exceda, no período máximo de um ano, à soma das jornadas semanais de trabalho previstas, nem seja ultrapassado o limite máximo de dez horas diárias.

Assim, a compensação de jornada consiste no sistema onde as horas extras trabalhadas em um dia poderão ser compensadas com a correspondente diminuição em outro dia. Dessa mesma forma ocorre com o banco de horas.

8.7.2.1. *Sistemas de compensação*

Podemos dizer que o novo diploma consolidado traz em seu bojo 3 sistemas distintos de banco de horas, ligados ao período máximo de compensação das horas excedentes trabalhadas.

a) Sistema anual de compensação: o excesso de horas trabalhadas em um dia deve ser compensado pela correspondente diminuição em outro dia, de maneira que a compensação não exceda o período máximo de um ano. Nesse caso a pactuação poderá se feita mediante acordo ou convenção coletiva de trabalho, art. 59, § 2º, da CLT.

b) Sistema semestral de compensação: o excesso de horas trabalhadas em um dia deve ser compensado pela correspondente diminuição em outro dia, de maneira que a compensação não exceda o período máximo de seis meses. Nessa hipótese, a pactuação do banco de horas poderá ser ocorrer por acordo individual escrito, art. 59, § 5º, da CLT.

c) Sistema mensal de compensação: caso o excesso de horas trabalhadas em um dia for compensado pela correspondente diminuição em outro dia, de maneira que a compensação ocorra no mesmo mês, o regime de compensação de jornada poderá ser estabelecido por acordo individual, tácito ou escrito, art. 59, § 6º, da CLT.

8.7.2.1.1. *Sistema de compensação 12 x 36*

É permitido às partes, por meio de convenção coletiva ou acordo coletivo de trabalho, estabelecer jornada de 12 horas seguidas de trabalho por 36 horas ininterruptas de descanso, devendo ser observados ou indenizados os intervalos para repouso e alimentação.

A remuneração mensal pactuada pela jornada de trabalho de 12 x 36 abrange os pagamentos devidos pelo descanso semanal remunerado e pelo descanso em feriados e serão considerados compensados os feriados e as prorrogações de trabalho noturno, quando houver.

Dessa forma, é permitido o acordo escrito entre empregado e empregador para a compensação de jornada de 12 horas de trabalho por 36 horas de descanso.

A lei permite, ainda, que as entidades atuantes no setor de saúde, por meio de acordo individual escrito, convenção coletiva ou acordo coletivo de trabalho, estabelecer horário de trabalho de 12 horas seguidas por 36 horas ininterruptas de descanso, devendo ser observados ou indenizados os intervalos para repouso e alimentação.

Importante notar que o texto legal determina a observância dos intervalos para descanso ou então, caso não sejam concedidos, que sejam pagos/indenizados. Portanto, o pagamento dos valores referentes a não concessão do intervalo possui natureza indenizatória e não salarial.

8.7.2.2. *Prorrogações de jornada em atividades insalubres*

Nos termos do art. 60 da CLT nas atividades insalubres, quaisquer prorrogações só poderão ser acordadas mediante licença prévia das autoridades competentes em matéria de higiene do trabalho, as quais procederão aos necessários exames locais e à verificação dos métodos e processos de trabalho, quer diretamente, quer por intermédio de autoridades sanitárias federais, estaduais e municipais, com quem entrarão em entendimento para tal fim.

Assim, em regra, é necessária a licença prévia do órgão do Ministério do Trabalho (Delegacia Regional do Trabalho) para que seja pactuado o sistema de compensação em atividades insalubres. Contudo, excetuam-se dessa exigência as jornadas de 12 horas de trabalho por 36 horas ininterruptas de descanso.

Apesar de o art. 60 da CLT dispor sobre a necessidade de licença prévia da autoridade competente para prorrogações de jornada em atividades, o art. 611-A, XII, da CLT ensina que a convenção coletiva ou acordo coletivo de trabalho prevalecerão sobre a lei no que tange a prorrogação de jornada em locais insalubres, incluída a possibilidade de contratação de perícia, afastada a licença prévia das autoridades competentes do Ministério do Trabalho, desde que respeitadas, na integralidade, as normas de saúde, higiene e segurança do trabalho previstas em lei ou em normas regulamentadoras do Ministério do Trabalho.

Celebrado o acordo de compensação de jornada e havendo a respectiva prorrogação, não haverá pagamento de horas extraordinárias, pois essas horas serão abatidas em outro dia como descanso para o obreiro.

Cabe destacar que, nos termos do art. 59 -B, parágrafo único, da CLT a prestação de horas extras habituais não descaracteriza o acordo de compensação de jornada e o banco de horas.

Assim, o não atendimento das exigências legais para compensação de jornada, inclusive quando estabelecida mediante acordo tácito, não implica a repetição do pagamento das horas excedentes à jornada normal diária se não ultrapassada a duração máxima semanal, sendo devido apenas o respectivo adicional.

Importante destacar, ainda, que, por meio da Orientação Jurisprudencial 323 da SDI 1, o TST admite o sistema de compensação de jornada conhecida como "jornada de trabalho espanhola", na qual o trabalhador alterna sua jornada de trabalho laborando uma semana com 40 horas semanais e outra com 48 horas.

Entende-se que essa forma, a jornada espanhola, não viola os arts. 59, § 2º, da CLT e 7º, XIII, da CF/1988, desde que seu ajuste se dê mediante acordo ou convenção coletiva de trabalho.

8.7.3. *Prorrogação por necessidade imperiosa*

A prorrogação da jornada de trabalho poderá decorrer de necessidade imperiosa. Prevista no art. 61 da CLT, a necessidade imperiosa é gênero do qual são espécies: serviços inadiáveis e motivo de força maior. Nesses casos, como não é possível prever a necessidade de prorrogação da jornada de trabalho, pode ser exigido independentemente de convenção coletiva ou acordo coletivo de trabalho.

8.7.3.1. Serviços inadiáveis

São aqueles que devem ser terminados na mesma jornada de trabalho, pois, se assim não for, o empregador sofrerá grandes prejuízos. Como exemplo podemos citar o trabalho em jornada suplementar na construção civil onde se constrói uma laje, atividade que não pode ser paralisada sob pena de se perder o concreto já feito.

Nesses casos o trabalho não poderá extrapolar 12 horas, ou seja, 8 horas da jornada comum e mais 4 horas de prorrogação.

Para os serviços inadiáveis, não é necessário que seja feito acordo individual escrito, acordo coletivo ou convenção coletiva, justamente por sua natureza, ou seja, não há como prever tal situação.

8.7.3.2. Força maior

Nos termos do art. 501, *caput*, da CLT, entende-se por força maior todo acontecimento inevitável, em relação à vontade do empregador, e para a realização do qual este não concorreu, direta ou indiretamente.

Como exemplo, podemos citar o trabalho em um resgate de acidente aéreo ou desmoronamento de prédios.

Para esses casos, a norma não fixou limite para prestação de horas extraordinárias, portanto, a prorrogação ocorrerá sem limites de horas, ou seja, a jornada será prorrogada pelo número de horas que se mostrar necessário, sempre remunerada com adicional de no mínimo 50%.

8.7.4. Recuperação de tempo por não realização do trabalho

Nesse caso o trabalho é impossibilitado por causas acidentais ou de força maior, permanecendo a empresa paralisada em razão desses incidentes.

Ocorrendo tais acontecimentos, a empresa pode exigir a reposição desse tempo perdido, mediante prévia concordância da Delegacia Regional do Trabalho. Como exemplo, podemos lembrar as catástrofes ocorridas no Estado de Santa Catarina.

Justamente por ser um fato imprevisto, não se exige que seja feita por acordo individual, acordo coletivo e convenção coletiva.

Porém, a prorrogação poderá ocorrer apenas pelo número de dias indispensáveis para a recuperação do trabalho perdido, não podendo exceder em 45 dias por ano e no máximo 2 horas por dia.

8.8. Empregados excluídos do controle de jornada do trabalho

No art. 62 a CLT traz um rol em que determinados empregados são excluídos do capítulo referente à duração do trabalho. Podemos dizer, portanto, que esses empregados não farão jus à proteção existente no capítulo de duração do trabalho constante na CLT e, por consequência, não terão direito ao recebimento de horas extraordinárias.

É importante enfatizar que esses empregados estão excluídos não apenas das horas extraordinárias, mas sim de todo o capítulo da duração do trabalho, inclusive adicional noturno, intervalos para descanso, entre outros.

Desse modo, estão excluídos da proteção referente ao capítulo de duração do trabalho:

a) os empregados que exercem atividade externa incompatível com a fixação de horário de trabalho, desde que essa condição seja anotada na CTPS e no Livro de Registro de Empregados.

b) os gerentes, diretores ou chefes de departamento. Para que se configure o cargo de confiança, o empregado deve possuir subordinados e receber, além de seu salário efetivo, uma gratificação pela função de no mínimo 40%. Deve, ainda, possuir poderes de mando, ou seja, para tomar decisões importantes, poderes de direção da empresa. São os chamados poderes de direção interno, como admitir e demitir empregados, impor penalidades etc.; e os poderes de direção externa, como compras ou vendas em nome do empregador.

c) os empregados em regime de teletrabalho.

8.9. Intervalos para descanso

É o período destinado ao repouso e à alimentação do empregado, não sendo computado na duração do trabalho.

A todo trabalho corresponde um descanso, que visa a garantir a reposição das energias psicofísicas do trabalhador.

Existem intervalos para descanso dentro de um dia de trabalho, os chamados *intervalos intrajornada*; há aquele entre uma jornada e outra, o chamado *intervalo interjornada*; há também o descanso após uma semana, ou seja, o descanso semanal remunerado (DSR); e, por último, o repouso anual, que são as férias.

8.9.1. Intervalo intrajornada

São intervalos intrajornada aqueles que ocorrem dentro da mesma jornada de trabalho e tem como objetivos a alimentação e o descanso do empregado. Importante lembrar que os intervalos de descanso não serão computados na duração do trabalho, consoante disposição do art. 71, § 2º, da CLT.

Nas atividades cuja jornada de trabalho não ultrapassar 4 (quatro) horas, não há previsão legal para o intervalo para refeição e descanso. Já para os trabalhadores cuja duração do trabalho é superior a 4 (quatro) horas e inferior a 6 (seis) horas, o obreiro terá um intervalo para repouso e alimentação de 15 minutos, em conformidade com o art. 71, § 1º, da CLT.

Por último, para os trabalhadores que cumprem jornada de trabalho superior a 6 horas, o descanso será de no mínimo 1 (uma) e no máximo 2 (duas) horas, de acordo com o art. 71 da CLT.

Em conformidade com o art. 71 da CLT, admite-se a fixação do intervalo superior a 2 (duas) horas, desde que precedido de negociação coletiva.

Por outro lado, a duração do intervalo somente poderá ser reduzida por ato do Ministro do Trabalho, após consulta à Secretaria de Segurança e Saúde do Trabalhador, uma vez verificado que o estabelecimento atende às exigências legais concernentes à organização de refeitórios e que seus empregados não estão cumprindo jornada prorrogada.

Contudo, o art. 611-A da CLT ensina em sei inciso III ser possível a redução do intervalo intrajornada, respeitado o limite mínimo de trinta minutos para jornadas superiores a seis horas. Vale lembrar que, havendo acordo ou convenção coletiva nesse sentido, irá ela prevalecer em detrimento da lei.

Vale lembrar que os intervalos concedidos pelo empregador na jornada de trabalho que não estão previstos em lei representam tempo à disposição da empresa. Logo, devem ser remunerados como serviço extraordinário, se acrescidos ao final da jornada, conforme entendimento cristalizado na Súmula 118 do TST.

Com relação ao trabalhador rural, determina o art. 5º da Lei 5.889/1973:

> **Art. 5º** Em qualquer trabalho contínuo de duração superior a seis horas, será obrigatória a concessão de um intervalo para repouso ou alimentação observados os usos e costumes da região, não se computando este intervalo na duração do trabalho. Entre duas jornadas de trabalho haverá um período mínimo de onze horas consecutivas para descanso.

De acordo com o dispositivo em questão, caso existam usos e costumes na região quanto à concessão do intervalo, esses deverão ser observados. No entanto, caso não haja na região usos e costumes, por força do 5º, §§ 1º e 2º, do Decreto 73.626/1974 e do art. 1º da Lei 5.889/1973, deverá ser aplicada a regra disposta no art. 71 do texto consolidado.

8.9.1.1. Ausência do gozo de intervalo

Caso o empregador não conceda o período destinado a descanso e alimentação ao empregado, fazendo com que esse não desfrute do intervalo intrajornada, ou seja, caso o trabalhador não pare para descansar, o empregador ficará obrigado a remunerar o período correspondente com um acréscimo de 50% do valor da remuneração, em conformidade com o que dispõe o § 4º do art. 71 da CLT:

> § 4º – A não concessão ou a concessão parcial do intervalo intrajornada mínimo, para repouso e alimentação, a empregados urbanos e rurais, implica o pagamento, de natureza indenizatória, apenas do período suprimido, com acréscimo de 50% (cinquenta por cento) sobre o valor da remuneração da hora normal de trabalho.

De acordo com o citado dispositivo legal, caso o empregador não conceda integralmente o intervalo intrajornada deverá indenizar o empregado por todo período suprimido, nesse caso a totalidade do período, com adicional de 50%. No entanto, caso o empregador tenha concedido parcialmente o período de intervalo, deverá indenizar o empregado apenas o valor correspondente ao período suprimido e não da totalidade do período previsto para gozo de intervalo.

Dessa forma, o intervalo concedido parcialmente dá ao empregado o direito de receber apenas o período não gozado, e não a totalidade do período previsto para gozo de intervalo. O período apenas será indenizado na integralidade nos casos em que o empregador não concedeu o intervalo.

Importante notar que a lei determina a natureza indenizatória do pagamento do intervalo suprimido seja ele total ou parcial. Em outras palavras, esse pagamento não possui natureza salarial, não repercutindo, portanto, para apuração de aviso prévio, 13º salário,descanso semanal remunerado, férias e FGTS.

8.9.2. Intervalos especiais

Em regra, os descansos não são computados na jornada de trabalho do obreiro, nos termos do art. 71, § 2º, da CLT. Existem, porém, descansos computáveis na jornada de trabalho e devidos aos empregados que trabalhem em condições especiais, visando a compensar o trabalho mais penoso e prevenir doenças profissionais. São alguns exemplos:

8.9.2.1. Mecanografia

Disposto no art. 72 da CLT, trata dos serviços de mecanografia, ou seja, realizados com a ajuda de máquinas de escrever, podendo, ainda, referir-se aos trabalhos de cálculo industrial ou comercial com a ajuda de máquinas contábeis.

Essa orientação foi estendida, também, aos digitadores, a teor da Súmula 346 do TST. Para todos eles, a cada 90 minutos de trabalho o obreiro deve receber um intervalo de 10 minutos de descanso.

8.9.2.2. Câmeras frigoríficas

A regra prevista no art. 253 da CLT ensina que o trabalhador submetido a atividades que envolvam o deslocamento em ambientes com variação de temperatura significativa faz jus a um intervalo de vinte minutos a cada uma hora e quarenta minutos de atividade contínua, computado como tempo de trabalho efetivo.

Nesse sentido, dispõe a Súmula 438 do TST:

> SÚMULA 438 TST – INTERVALO PARA RECUPERAÇÃO TÉRMICA DO EMPREGADO. AMBIENTE ARTIFICIALMENTE FRIO. HORAS EXTRAS. ART. 253 DA CLT. APLICAÇÃO ANALÓGICA.
>
> O empregado submetido a trabalho contínuo em ambiente artificialmente frio, nos termos do parágrafo único do art. 253 da CLT, ainda que não labore em câmara frigorífica, tem direito ao intervalo intrajornada previsto no *caput* do art. 253 da CLT.

8.9.2.3. Minas de subsolo

O disposto no art. 298 da CLT assinala ser devido ao trabalho exercido em minas de subsolo, a cada 3 horas de trabalho, um intervalo de 15 minutos para descanso, que será computado como de trabalho efetivo.

8.9.2.4. Amamentação do próprio filho

A regra prevista no art. 396 da CLT ensina que para amamentar seu filho, inclusive se advindo de adoção, até que este complete 6 (seis) meses de idade, a mulher terá direito, durante a jornada de trabalho, a 2 (dois) descansos especiais de meia hora cada um. Esse período de 6 meses poderá ser dilatado a critério da autoridade competente, quando o exigir a saúde do filho.

Os horários dos descansos supra indicados deverão ser definidos em acordo individual entre a mulher e o empregador.

8.9.3. Intervalo interjornadas

É o intervalo que ocorre entre uma e outra jornada de trabalho. Desta forma, em conformidade com o art. 66 da CLT, entre o final de um dia de trabalho e o início de outro, o empregado deverá ter um descanso mínimo de 11 (onze) horas.

Vale lembrar que, nos termos do art. 229 da CLT, para os empregados que estão sujeitos a horários variáveis, fica estabelecida a duração máxima de 7 (sete) horas diárias de trabalho e 17 (dezessete) horas de folga, deduzindo-se deste tempo 20 (vinte) minutos para descanso, de cada um dos empregados, sempre que se verificar um esforço contínuo de mais de 3 (três) horas.

No que diz respeito aos operadores cinematográficos e seus ajudantes, naqueles estabelecimentos que funcionam normalmente no horário noturno, será facultado, mediante acordo ou contrato coletivo de trabalho e com um acréscimo de 25% sobre o salário da hora normal, executar o trabalho em sessões diurnas extraordinárias e, cumulativamente, nas noturnas, desde que isso se verifique até 3 (três) vezes por semana e entre as sessões diurnas e as noturnas haja o intervalo de 1 (uma) hora, no mínimo, de descanso. Em seguida a cada período de trabalho haverá um intervalo de repouso no mínimo de 12 (doze) horas.

Existem outros intervalos interjornadas especiais previstos para algumas profissões, como, por exemplo, telefonia e telegrafia, cujo intervalo é de 17 horas para horários variáveis; cabineiro e ferroviário (art. 245 da CLT), cujo intervalo é de 14 horas; jornalistas, que, nos termos do art. 308 da CLT, possuem intervalo de 10 horas.

O desrespeito ao intervalo mínimo interjornadas acarreta, por analogia, os mesmos efeitos previstos no § 4º do art. 71 da CLT e na Súmula 110 do TST, devendo-se pagar a integralidade das horas que foram subtraídas do intervalo, acrescidas do respectivo adicional.

Assim, a não concessão do intervalo interjornadas de 11 horas na sua integralidade, acarretará ao empregador o pagamento de horas extraordinárias com acréscimo de 50%.

8.10. Descanso semanal remunerado

O repouso semanal remunerado é regulado pela Lei 605/1949 e regulamentado pelo Decreto 27.048/1949 e pode ser entendido como uma hipótese de interrupção do contrato de trabalho.

Nesses termos, será assegurado a todo empregado um descanso semanal de 24 (vinte e quatro) horas consecutivas, o qual, salvo motivo de conveniência pública ou necessidade imperiosa do serviço, deverá coincidir com o domingo, no todo ou em parte.

Em regra, o descanso semanal é obrigatório, porém sua remuneração dependerá do cumprimento da jornada semanal integral realizada pelo obreiro.

Desta forma, caso o empregado não cumpra jornada semanal integral, perderá tão somente a respectiva remuneração, mas nunca o direito ao repouso.

Nessa linha, nos termos da Súmula 15 do TST, a justificação da ausência do empregado motivada por doença, para a remuneração do repouso semanal, deverá observar a seguinte ordem preferencial dos atestados médicos: o médico da empresa ou seu convênio e, em seguida, os médicos do sindicato ou de entidades públicas.

Vale destacar que, nos termos do parágrafo único do art. 6º da Lei 10.101/2000, o repouso semanal remunerado nas atividades de comércio em geral deverá coincidir, pelo menos uma vez no período máximo de três semanas, com o domingo, respeitadas as demais normas de proteção ao trabalho e outras a serem estipuladas em negociação coletiva.

O repouso semanal deverá ser concedido ao obreiro dentro da semana de trabalho. A concessão após esse período, ou seja, a concessão no oitavo dia, constitui violação ao repouso semanal, devendo ser pago em dobro. Nesse sentido a SDI 1 do Tribunal Superior do Trabalho editou a Orientação Jurisprudencial 410, *in verbis*:

> ORIENTAÇÃO JURISPRUDENCIAL 410 DA SDI 1 DO TST – REPOUSO SEMANAL REMUNERADO. CONCESSÃO APÓS O SÉTIMO DIA CONSECUTIVO DE TRABALHO. ART. 7º, XV, DA CF. VIOLAÇÃO.
>
> Viola o art. 7º, XV, da CF a concessão de repouso semanal remunerado após o sétimo dia consecutivo de trabalho, importando no seu pagamento em dobro.

8.11. Férias

As férias correspondem a um direito irrenunciável assegurado a todos os trabalhadores urbanos e rurais previsto no art. 7º, XVII, da CF. A legislação infraconstitucional cuida da matéria nos arts. 129 e seguintes da CLT.

Assim, todos os trabalhadores, urbanos e rurais; servidores públicos (art. 39, § 3º, da CF); membros das forças armadas (art. 142, § 3º, VIII, da CF); e empregados domésticos (art. 7º, parágrafo único, da CF e art. 17 da LC 150/2015), têm direito ao gozo de um período de férias anualmente, sem prejuízo de sua remuneração.

Para todos os efeitos, nos termos do art. 130, § 2º, da CLT, o período das férias será computado como tempo de serviço.

Podemos dizer que são características das férias: a *anualidade*, pois as férias são devidas após 1 (um) ano contado da data de contratação; a *remunerabilidade*, pois as férias são remuneradas com acréscimo de um terço (art. 7º, XVII, da CF); a *continuidade*, pois, em regra, devem ser contínuas, sem interrupção; a *irrenunciabilidade*, pois não podem ser renunciadas pelo trabalhador; e, por último, a *proporcionalidade*, pois depende da assiduidade do obreiro, nos termos do art. 130 e incisos da CLT.

As férias correspondem ao descanso anual, porém, para o obreiro fazer jus a elas deve cumprir o que a doutrina chama de "período aquisitivo", ou seja, período de 12 meses de trabalho contado da data de sua contratação.

Em outras palavras, após cada período de 12 meses de vigência do contrato de trabalho, o empregado terá direito a férias.

Vale lembrar a posição consolidada na Súmula 261 do TST, que entende que o empregado que pede demissão antes de completado o primeiro período aquisitivo faz jus a férias proporcionais.

O período de duração das férias está definido no art. 130 consolidado e irá depender do número de faltas injustificadas que cada empregado teve no período aquisitivo.

É importante notar que, essas mesmas regras são aplicadas ao empregado que labore em regime de tempo parcial, art. 58-A, § 7º, da CLT.

Cumprido o período aquisitivo por parte do empregado, inicia-se para o empregador o período concessivo, ou seja, a obrigação de conceder as férias, que corresponderá aos 12 meses subsequentes à data em que o empregado tiver adquirido o direito.

As férias serão concedidas por ato do empregador, devendo, em regra, ser cedidas em um só período, art. 134 da CLT. No entanto, desde que haja concordância do empregado, as férias poderão ser usufruídas em até três períodos, sendo que um deles não poderá ser inferior a quatorze dias corridos e os demais não poderão ser inferiores a cinco dias corridos, cada um, em conformidade com o art. 134, § 1º, da CLT.

Assim, um empregado poderá gozar de 15 + 10 + 5 dias de férias em épocas diferentes, mas sempre dentro do mesmo período concessivo. Vale lembrar que a regra que determinava que aos menores de 18 (dezoito) anos e aos maiores de 50 (cinquenta) anos de idade, as férias seriam sempre concedidas de uma só vez, não podendo haver o fracionamento, foi expressamente revogado pela Lei 13.467/2017.

Imperioso lembrar, ainda, que é vedado o início das férias no período de dois dias que antecede feriado ou dia de repouso semanal remunerado, art. 134, § 3º, da CLT.

O período de concessão das férias será escolhido, exclusivamente, pelo empregador, nos moldes do art. 136 da CLT. A concessão deverá ser feita por escrito e noticiada ao empregado (que dessa notificação dará recibo), com antecedência de, no mínimo, 30 dias (art. 135 da CLT), para que possa esquematizar e preparar suas férias.

Porém, os membros de uma família que trabalharem no mesmo estabelecimento ou empresa terão direito a gozar férias no mesmo período, se assim o desejarem e se disto não resultar prejuízo para o serviço.

Da mesma forma, o empregado estudante, menor de 18 (dezoito) anos, terá direito a fazer coincidir suas férias com as férias escolares.

As férias deverão ser anotadas na Carteira de Trabalho do empregado, conforme art. 133, § 1º, da CLT combinado com o art. 135, §§ 1º e 2º, da CLT.

Reza o art. 133 da CLT que perderá o direito a férias o trabalhador que: deixar o emprego e não for readmitido dentro de 60 dias subsequentes à sua saída; permanecer em gozo de licença, com percepção de salários, por mais de 30 (trinta) dias; deixar de trabalhar, com percepção do salário, por mais de 30 (trinta) dias, em virtude de paralisação parcial ou total dos serviços da empresa; ficar afastado do serviço, durante o período aquisitivo, decorrente da concessão pelo INSS de auxílio-doença, previdenciário ou acidentário, ultrapassando 6 meses, sejam eles contínuos ou descontínuos. Nesses casos, ao retornar ao serviço, inicia-se nova contagem do período aquisitivo.

Por fim, vale dizer que, durante as férias, o empregado não poderá prestar serviços a outro empregador, salvo se estiver obrigado a fazê-lo em virtude de contrato de trabalho regularmente mantido com aquele, nos termos do art. 138 da CLT.

8.11.1. *Férias coletivas*

O art. 139 da CLT prevê as férias coletivas ao dispor que: "Poderão ser concedidas férias coletivas a todos os empregados de uma empresa ou de determinados estabelecimentos ou setores da empresa".

Desta forma, as férias coletivas podem ser concedidas para toda a empresa ou apenas para uma parte dela.

Os empregados contratados há menos de 12 (doze) meses gozarão, na oportunidade, de férias proporcionais, iniciando-se, então, novo período aquisitivo.

As férias poderão ser gozadas em 2 períodos anuais, desde que nenhum deles seja inferior a 10 dias corridos. Para tanto, o empregador deverá comunicar ao órgão local do Ministério do Trabalho e Emprego, com a antecedência mínima de 15 dias, as datas de início e fim das férias, informando quais os estabelecimentos ou setores participarão das férias coletivas. Nesse mesmo prazo, o empregador deverá encaminhar cópia da comunicação aos Sindicatos representativos da respectiva categoria profissional, providenciando a afixação de aviso nos locais de trabalho.

Em se tratando de férias coletivas, o abono de férias deverá ser objeto de acordo coletivo entre o empregador e o sindicato representativo da respectiva categoria profissional, independentemente do requerimento individual do empregado.

8.11.2. *Remuneração e abono de férias*

8.11.2.1. *Remuneração das férias*

O empregado receberá, durante as férias, a remuneração que lhe for devida na data da sua concessão, acrescida do terço constitucional (art. 7º, XVII, da CF).

Para os trabalhadores cujo salário seja pago por hora com jornadas variáveis, apurar-se-á a média do período aquisitivo, aplicando-se o valor do salário na data da concessão das férias. Em se tratando de salário pago por tarefa, tomar-se-á por base a média da produção no período aquisitivo do direito a férias, aplicando-se o valor da remuneração da tarefa na data da concessão das férias.

Por último, para o salário pago por percentagem, comissão ou viagem, apurar-se-á a média percebida pelo empregado nos 12 (doze) meses que precederem à concessão das férias.

8.11.2.2. *Abono de férias*

O art. 143 da CLT permite que o empregado converta 1/3 (um terço) do período de férias a que tiver direito em abono pecuniário, no valor da remuneração que lhe seria devida nos dias correspondentes. Contudo, a conversão total de férias em pagamento em dinheiro é proibida.

Para poder exercer esse direito, o trabalhador deverá requerer tal prerrogativa, nos 15 dias anteriores ao término do período aquisitivo, nos termos do § 1º do art. 143 da CLT.

Vale esclarecer que a percepção do abono é uma opção do empregado, que uma vez requerido independe da concordância do empregador, pois representa um direito potestativo do empregado.

O pagamento da remuneração das férias e, se for o caso, o do abono serão efetuados até 2 (dois) dias antes do início do período de férias.

Sempre que as férias forem concedidas após o período concessivo, o empregador deverá pagar em dobro a respectiva remuneração.

Todo tempo de férias deve ser gozado dentro do período concessivo. Caso o empregado goze parte dás férias após esse período, esses dias deverão ser remunerados em dobro, nos termos da Súmula 81 do TST. Mesmo que o empregador tenha concedido as férias dentro do período concessivo, mas caso não efetue o pagamento da remuneração das férias e seu abono dentro do prazo legal de 2 (dois) dias, deverá pagar em dobro a respectiva remuneração das férias.

Nesse sentido, o Tribunal Superior do Trabalho editou entendimento consubstanciado na Súmula 450 do TST:

> **SÚMULA 450 TST – FÉRIAS. GOZO NA ÉPOCA PRÓPRIA. PAGAMENTO FORA DO PRAZO. DOBRA DEVIDA. ARTS. 137 E 145 DA CLT.**
>
> É devido o pagamento em dobro da remuneração de férias, incluído o terço constitucional, com base no art. 137 da CLT, quando, ainda que gozadas na época própria, o empregador tenha descumprido o prazo previsto no art. 145 do mesmo diploma legal.

Por último, é importante lembrar que nos termos do art. 58-A, § 6º, da CLT é facultado ao empregado contratado sob regime de tempo parcial converter um terço do período de férias a que tiver direito em abono pecuniário.

8.11.2.3. Concessão das férias após período concessivo

Nos termos do art. 134 da CLT, o empregador deverá conceder as férias nos 12 meses subsequentes à aquisição do direito pelo empregado.

Caso o empregador não obedeça ao prazo estipulado pelo legislador, nos termos do art. 137 da CLT, deverá pagar em dobro a respectiva remuneração das férias, inclusive acrescido do 1/3 constitucional (art. 7º, XVII, da CF).

Importante lembrar que ainda que o trabalhador receba a respectiva remuneração, mas não usufrua do período de descanso, as férias deverão ser concedidas e pagas com a dobra em debate, que possui natureza jurídica de verba indenizatória (art. 28, § 9º, alínea "d", da Lei 8.212/1991).

Poderá ocorrer, também, a concessão de parte do período das férias fora do período concessivo. Imagine o seguinte exemplo: período concessivo que se encerra no dia 30 de maio. Sendo o período de 30 dias de férias concedido no dia 20 de maio e encerrado no dia 18 de junho, temos que entre os dias 20 e 30 de maio, ou seja, os 11 primeiros dias, estão dentro do período concessivo. Os demais dias, portanto, deverão ser pagos em dobro, em conformidade com a Súmula 81 do TST, que assim dispõe:

> SÚMULA 81 TST – FÉRIAS
>
> Os dias de férias gozados após o período legal de concessão deverão ser remunerados em dobro.

9. ALTERAÇÃO DO CONTRATO DE TRABALHO

9.1. Alteração do contrato de trabalho

O princípio da inalterabilidade contratual prejudicial ao obreiro está consagrado no art. 468 da CLT, que assim dispõe: "só é lícita a alteração das respectivas condições por mútuo consentimento e, ainda assim, desde que não resultem, direta ou indiretamente, prejuízos ao empregado, sob pena de nulidade da cláusula infringente dessa garantia".

É o empregador que dirige a prestação do labor de seus empregados, ou seja, o empregado é subordinado juridicamente ao empregador, podendo ser punido caso cometa falta, ficando sujeito às penas de advertência, de suspensão ou, ainda, de dispensa por justa causa.

No Direito do Trabalho, há a necessidade específica de que a alteração seja benéfica, em razão da hipossuficiência do empregado, pois, como se sabe, as partes no contrato de trabalho não estão em igualdade.

Nessa linha, não pode o empregado hipossuficiente suportar os riscos do negócio, na medida em que é uma característica do contrato de trabalho a alteridade, segundo a qual o empregador adquire a força de trabalho e a utiliza como um dos fatores de produção, não podendo repassar os riscos de sua atividade para o obreiro.

Pois bem. A Constituição Federal determina em seu art. 7º, VI a irredutibilidade de salários, salvo negociação coletiva. Consiste, portanto, na possibilidade de obter a redução dos salários, via tutela sindical (negociação coletiva).

Nesse sentido, dispõe o art. 503 da CLT: "É lícita, em caso de força maior ou prejuízos devidamente comprovados, a redução geral dos salários dos empregados da empresa, proporcionalmente aos salários de cada um, não podendo, entretanto, ser superior a 25%, respeitado, em qualquer caso, o salário mínimo da região".

E continua no parágrafo único: "Cessados os efeitos decorrentes do motivo de força maior, é garantido o restabelecimento dos salários reduzidos".

Convém esclarecer que o mandamento do art. 503 da CLT deve ser interpretado em conjunto com o art. 7º, VI, da CF, autorizando, assim, a redução do salário por motivo de força maior, por negociação coletiva.

9.1.1. Jus resistente – direito de resistência do empregado

O direito de resistência do empregado consiste no direito que este possui de não acatar algum tipo de alteração que seja ilícita.

Dessa forma, poderá o empregado se opor a modificações que lhe causem prejuízos ou sejam ilegais, pleiteando inclusive a rescisão indireta do contrato de trabalho, nos moldes do art. 483 da CLT.

9.1.2. Jus variandi do empregador

Consiste no direito do empregador variar a prestação de serviços, ou seja, o poder de realizar modificações no contrato de trabalho.

Dessa forma, o empregador tem o poder de manejar a forma como quer a prestação dos serviços.

Esse poder de modificação não é ilimitado, já que encontra limite na própria lei. Assim, as alterações podem ser realizadas livremente em aspectos nos quais a lei não preveja proibição.

Em alguns casos, a lei permite que o empregador realize pequenas modificações no contrato de trabalho que não venham a alterar significativamente o pacto laboral e desde que não importem em prejuízo ao trabalhador. Como exemplo citamos o empregado de confiança que pode retornar, por determinação do empregador, ao exercício do cargo que ocupara anteriormente ao exercício do cargo de confiança. A própria CLT não considera tal alteração unilateral, conforme disposição literal do parágrafo único do art. 468 consolidado.

Sempre que o empregador exorbitar, surge para o empregado o direito de resistência.

9.1.3. Transferência de empregados

A transferência do empregado decorre do *jus variandi* do empregador.

O art. 469 da CLT ensina:

> **Art. 469.** Ao empregador é vedado transferir o empregado, sem a sua anuência, para localidade diversa da que resultar do contrato, não se considerando transferência a que não acarretar necessariamente a mudança do seu domicílio.
>
> § 1º Não estão compreendidos na proibição deste artigo: os empregados que exerçam cargo de confiança e aqueles cujos contratos tenham como condição, implícita ou explícita, a transferência, quando esta decorra de real necessidade de serviço.
>
> § 2º É lícita a transferência quando ocorrer extinção do estabelecimento em que trabalhar o empregado.

§ 3º Em caso de necessidade de serviço o empregador poderá transferir o empregado para localidade diversa da que resultar do contrato, não obstante as restrições do artigo anterior, mas, nesse caso, ficará obrigado a um pagamento suplementar, nunca inferior a 25% (vinte e cinco por cento) dos salários que o empregado percebia naquela localidade, enquanto durar essa situação.

A mudança proibida pelo citado dispositivo legal é aquela que determina a mudança do domicílio do trabalhador, ou seja, a mudança do local de trabalho deve modificar o local físico da residência do obreiro. Assim, a transferência do empregado de um estabelecimento para outro pode ser feita, desde que não seja necessária a mudança de seu domicílio.

Por outro lado, seja na transferência provisória, seja na definitiva, o empregador deverá pagar as despesas dessa transferência, na medida em que representam gastos por parte do obreiro.

Desta maneira, o trabalhador transferido para local mais distante da empresa, ainda que essa transferência não acarrete mudança de seu domicílio, fará jus ao recebimento das despesas incursas com a transferência.

O Colendo TST, por meio do enunciado da Súmula 29, ensina: "Empregado transferido, por ato unilateral do empregador, para local mais distante de sua residência, tem direito a suplemento salarial correspondente ao acréscimo da despesa de transporte".

Embora o TST tenha se utilizado da expressão "suplemento salarial", essa complementação não possui natureza salarial, mas sim de reembolso de despesas.

Verifica-se, destarte, que nas transferências que importem a mudança de residência do obreiro deverá haver sua anuência, pois naquelas que não importarem na mudança de seu domicílio o empregador fará uso de seu *jus variandi,* não havendo necessidade da anuência do empregado; mas sempre deve pagar as despesas decorrentes da transferência.

A CLT elenca hipóteses em que a transferência pode ocorrer de forma unilateral pelo empregador, ou seja, sem o consentimento do obreiro. São elas:

a) empregados que exerçam cargos de confiança, isto é, aqueles que exerçam amplos poderes de mando, de modo a representarem a empresa nos atos de sua administração;

b) empregados cujos contratos contenham cláusulas expressas prevendo essa possibilidade;

c) nos casos em que a transferência decorra da própria natureza do serviço para o qual o empregado foi contratado, por exemplo: o viajante, inspetor etc.

Nesses casos deverá haver a real necessidade dos serviços prestados por esses trabalhadores, sob pena de ser taxada de abusiva.

Nesse sentido é a Súmula 43 do TST: "Presume-se abusiva a transferência de que trata o § 1º do art. 469 da CLT, sem comprovação da necessidade do serviço".

A transferência é permitida ainda:

d) ocorrendo a extinção do estabelecimento;

e) por necessidade de serviço, desde que a transferência seja provisória, devendo a empresa, nesse caso, pagar ao empregado um adicional, nunca inferior a 25% do salário percebido na localidade da qual foi transferido, enquanto durar essa situação.

No entanto, caso a alteração não seja feita nos ditames dos parágrafos do art. 469 consolidado, caberá ao empregado prejudicado requerer medida liminar, nos termos do art. 659, IX, da CLT, para tornar sem efeito a transferência por ventura realizada.

9.1.4. *Transferência definitiva e provisória*

A princípio, para mensurar se a transferência é definitiva ou provisória, utilizamos o critério temporal, ou seja, o tempo de duração da transferência.

Porém, esse não pode ser o único parâmetro. Devemos utilizar o critério circunstancial, ou seja, analisar as circunstâncias que envolvem a atitude do empregado com intenção de se enraizar naquela determinada localidade, como, por exemplo, a matrícula dos filhos na escola, sua associação em um clube na cidade, entre outras.

São as lições de ilustre professor Mauricio Godinho Delgado (em *Curso de Direito do Trabalho*, 8ª ed., São Paulo, LTr, 2009, p. 963).

> "O melhor critério – por transparente e objetivo – parece-nos aquele que contrapõe a noção de provisoriedade à de definitividade: *definitiva* é aquela alteração que se estabilizou plenamente no contrato, de modo que sua causa, conteúdo e validade não podem mais ser sequer questionados e aferidos; em contraponto, provisória é aquela mudança ainda precária na história do contrato, uma vez que sua causa, conteúdo e validade podem ser questionados e aferidos. Assim, definitiva será a modificação circunstancial que se tenha produzido já no período prescrito do contrato, ao passo que *provisória* será aquela transferência que tenha ocorrido no período contratual não prescrito. Efetivando-se a remoção no período imprescrito, será, desse modo, considerada provisória para fins do art. 469, § 3º, da CLT."

Cabe ressaltar que o adicional de transferência de 25% descrito no § 3º do art. 469 da CLT somente será devido na transferência provisória, visto que o empregado está fora do seu local de trabalho, necessitando, portanto, de uma compensação.

Esse adicional não se incorpora ao salário do empregado e pode ser suprimido com o término da transferência, ou seja, com o retorno ao local da contratação.

Convém ainda destacar que a transferência provisória depende da real necessidade do trabalho daquele determinado obreiro, de modo que o trabalho deste não possa ser realizado por outro trabalhador naquela localidade.

A transferência realizada fora das hipóteses previstas nos parágrafos do art. 469 consolidado será tida como abusiva, possibilitando ao empregado o provimento liminar para não ser transferido, de acordo com o art. 659, IX, da CLT.

9.2. Suspensão e interrupção do contrato de trabalho

A suspensão, também chamada por alguns doutrinadores de suspensão total, e a interrupção, conhecida também como suspensão parcial, representam fatos que determinam que temporariamente o contrato de trabalho pare de produzir seus efeitos.

Na suspensão, o contrato de trabalho para de produzir efeitos de forma bilateral, ou seja, não produz efeitos para o empregado tampouco para o empregador. Desta forma, ambos contratantes têm contraprestações suspensas, ou seja, o trabalhador não necessita trabalhar e o empregador não tem o dever de efetuar o pagamento de salários.

Já na interrupção ocorre a não produção dos efeitos de forma unilateral. Assim, na interrupção somente o trabalhador para de trabalhar, devendo o empregador continuar a pagar os salários do obreiro.

9.2.1. Suspensão do contrato de trabalho

Na suspensão do contrato de trabalho, as obrigações contratuais são suspensas por ambos os contratantes, ou seja, empregado e empregador. Assim, o trabalhador não presta serviços ao empregador que, em contrapartida, não pagará a esse obreiro seu salário.

O ilustre professor Mauricio Godinho Delgado (em *Curso de Direito do Trabalho*, 8ª ed., São Paulo, LTr, 2009, p. 971) ensina a suspensão contratual como sendo "a sustação temporária dos principais efeitos do contrato de trabalho no tocante às partes, em virtude de um fato juridicamente relevante, sem ruptura, contudo, do vínculo contratual formado. É a sustação ampliada e recíproca dos efeitos contratuais, preservado, porém, o vínculo entre as partes".

Deixando de existir o motivo que determinou a suspensão do contrato, é assegurado ao empregado o retorno ao cargo que exercia na empresa anteriormente, sendo que lhe serão garantidas todas as vantagens que, durante sua ausência, tenham sido atribuídas à categoria à qual pertence.

Desta forma, nos termos do art. 471 da CLT, se durante a suspensão do contrato surgirem novas vantagens à categoria do empregado, decorrentes de lei, acordo coletivo ou convenção coletiva, sentença normativa ou até mesmo por espontaneidade do empregador, o empregado será beneficiado, da mesma forma, a partir do dia em que, cessada a causa do afastamento, retornar ao serviço.

Podemos destacar as seguintes hipóteses de suspensão do contrato de trabalho:

a) acidente de trabalho ou doença, a partir do 16º dia, tendo em vista que o trabalhador percebe o benefício do auxílio-doença, que é pago pela Previdência Social (art. 59 da Lei 8.213/1991);

b) período de suspensão disciplinar, que não poderá ser superior a 30 (trinta) dias, sob pena de ficar reconhecida dispensa sem justa causa (art. 474 da CLT);

c) aposentadoria por invalidez, nos termos do art. 475 da CLT;

Sobre a aposentadoria por invalidez o TST entende que, estando o contrato de trabalho suspenso em razão do citado benefício, a empresa não poderá retirar do empregado o plano de saúde ou assistência médica. É o que ensina a Súmula 440 do TST.

> SÚMULA 440 TST – AUXÍLIO-DOENÇA ACIDENTÁRIO. APOSENTADORIA POR INVALIDEZ. SUSPENSÃO DO CONTRATO DE TRABALHO. RECONHECIMENTO DO DIREITO À MANUTENÇÃO DE PLANO DE SAÚDE OU DE ASSISTÊNCIA MÉDICA.
>
> Assegura-se o direito à manutenção de plano de saúde ou de assistência médica oferecido pela empresa ao empregado, não obstante suspenso o contrato de trabalho em virtude de auxílio-doença acidentário ou de aposentadoria por invalidez.

d) greve, enquanto direito assegurado a todos os trabalhadores que se encontra previsto no art. 9º da CF, sendo regulado pela Lei 7.783/1989. Dispõe o art. 7º da referida Lei que a greve é hipótese de suspensão de contrato de trabalho.

Poderá, no entanto, ser considerada como interrupção do contrato de trabalho, caso haja negociação coletiva, ou até mesmo sentença normativa, na qual se pactue que os dias de paralisação serão remunerados;

e) ausência para exercício de cargo público (exemplo: para cargo político eletivo), nos termos do art. 472 consolidado;

f) faltas injustificadas, entre outras.

9.2.2. Interrupção do contrato de trabalho

Na interrupção do contrato de trabalho, o empregado suspende a prestação de serviços, mas continua recebendo a remuneração pelo empregador.

Há uma simples interrupção na prestação de serviços pelo empregado, prevalecendo, para o empregador, a obrigatoriedade de pagar os salários, no todo ou em parte.

Assim, embora não trabalhe, ou seja, não preste serviços, o empregado continuará recebendo sua remuneração, contando-se esse período como tempo de serviço.

Podemos destacar as seguintes hipóteses de interrupção do contrato de trabalho:

a) acidente de trabalho ou doença até o 15º dia, tendo em vista que o pagamento dos primeiros 15 (quinze) dias de ausência é de responsabilidade do empregador, em conformidade com o art. 60, § 3º, da Lei 8.213/1991;

b) licença-maternidade, que se encontra prevista no art. 7º, XVIII, da CF, c/c o art. 71 da Lei 8.213/1991, pelo período de 120 dias.

Nos termos da Lei 11.770/2008, esse período poderá ser prorrogado por mais 60 (sessenta dias) caso o empregador, pessoa jurídica, resolva aderir ao programa Empresa Cidadã, desde que a empregada a requeira até o final do primeiro mês após o parto, e a prorrogação seja concedida imediatamente após a fruição da licença-maternidade.

Vale dizer que a prorrogação será garantida, na mesma proporção, também à empregada que adotar ou obtiver guarda judicial para fins de adoção de criança, de acordo com a redação do art. 392-A da CLT.

É importante notar que a mãe que adotasse ou obtivesse a guarda judicial possuía licença-maternidade proporcional à idade da criança, em conformidade com os §§ 1º a 3º do art. 392-A da CLT.

Porém, com a edição da Lei 12.010 de 03.08.2009, foram revogados expressamente os referidos parágrafos.

c) ausências legais, nas hipóteses do art. 473 da CLT, com a redação dada pela Lei 13.257/2016, que assim dispõe:

> *Art. 473. O empregado poderá deixar de comparecer ao serviço sem prejuízo do salário:*
>
> *I – até 2 (dois) dias consecutivos, em caso de falecimento do cônjuge, ascendente, descendente, irmão ou pessoa que, declarada em sua carteira de trabalho e previdência social, viva sob sua dependência econômica;*
>
> *II – até 3 (três) dias consecutivos, em virtude de casamento;*
>
> *III – por um dia, em caso de nascimento de filho no decorrer da primeira semana;*
>
> *IV – por um dia, em cada 12 (doze) meses de trabalho, em caso de doação voluntária de sangue devidamente comprovada;*
>
> *V – até 2 (dois) dias consecutivos ou não, para o fim de se alistar eleitor, nos termos da lei respectiva.*
>
> *VI – no período de tempo em que tiver de cumprir as exigências do Serviço Militar referidas na letra "c" do art. 65 da Lei 4.375, de 17 de agosto de 1964 (Lei do Serviço Militar).*
>
> *VII – nos dias em que estiver comprovadamente realizando provas de exame vestibular para ingresso em estabelecimento de ensino superior.*

VIII – pelo tempo que se fizer necessário, quando tiver que comparecer a juízo.

IX – pelo tempo que se fizer necessário, quando, na qualidade de representante de entidade sindical, estiver participando de reunião oficial de organismo internacional do qual o Brasil seja membro.

X – até 2 (dois) dias para acompanhar consultas médicas e exames complementares durante o período de gravidez de sua esposa ou companheira;

XI – por 1 (um) dia por ano para acompanhar filho de até 6 (seis) anos em consulta médica.

d) férias, que estão previstas no art. 7º, XVII, da CF e arts. 129 a 153 da CLT;

e) qualquer espécie de licença remunerada;

f) licença-paternidade, prevista no art. 7º, XIX, da CF, c/c o art. 10, II, § 1º do ADCT, pelo período de 5 dias.

Cumpre salientar que de acordo com a redação dada pela Lei 13.257/2016, a Lei 11.770/2008 em seu art. 1º, inciso II, prorroga em 15 dias a duração da licença-paternidade para os empregados das empresas que aderirem ao programa "Empresa Cidadã".

Essa prorrogação será garantida ao empregado, desde que ele a requeira no prazo de 2 (dois) dias úteis após o parto e comprove participação em programa ou atividade de orientação sobre paternidade responsável.

A prorrogação será garantida, na mesma proporção, ao empregado que adotar ou obtiver guarda judicial para fins de adoção de criança.

g) licença remunerada em caso de aborto não criminoso, hipótese em que a empregada terá direito a duas semanas de descanso, em conformidade com o art. 395 da CLT;

h) descanso semanal remunerado, previsto no art. 7º, XV, da CF;

i) feriados, disciplinados no art. 1º da Lei 605/1949;

j) encargos públicos específicos, como por exemplo: testemunha e atuação como mesário em eleições são ausências consideradas como de serviço efetivo, devendo ser pagos os salários correspondentes;

k) *lockout*, que consiste na paralisação das atividades, por iniciativa do empregador, com o objetivo de frustrar negociação ou dificultar o atendimento das reivindicações dos empregados.

Caso isso ocorra, os trabalhadores terão direito à percepção dos salários durante o período da paralisação (art. 17, parágrafo único, da Lei 7.783/1989), caracterizando-se, portanto, como forma de interrupção do contrato de trabalho.

Vale lembrar que em todas as hipóteses de interrupção do contrato de trabalho, como as supramencionadas, serão devidos os respectivos salários, sendo computadas, também, como tempo de serviço efetivo.

9.3. Suspensão e interrupção nos contratos por prazo determinado

É importante lembrar que tanto a suspensão quanto a interrupção não afetam a fluência do contrato com prazo determinado, tendo em vista que as partes já conhecem de antemão a data de término do contrato.

Os contratos a termo não se prorrogam caso ocorra suspensão ou interrupção. Por esse motivo, apenas se as partes acordarem é que esses períodos não serão computados como tempo de afastamento do empregado para a contagem do prazo para o término do ajuste, em conformidade com o § 2º do art. 472 da CLT.

Desta forma, caso não seja acordado entre as partes, os períodos irão ser computados como de efetivo serviço.

9.4. Prazo para o retorno

Em regra, o empregado deve retornar ao emprego imediatamente, ou seja, assim que terminar o motivo deve voltar ao trabalho.

Caso o empregado não retorne ao trabalho, terá faltas injustificadas ao serviço. Desta forma, caso as faltas ultrapassem 30 dias haverá presunção de abandono de emprego, nos termos da Súmula 32 do TST, que dispõe: "Presume-se o abandono de emprego se o trabalhador não retornar ao serviço no prazo de 30 (trinta) dias após a cessação do benefício previdenciário nem justificar o motivo de não o fazer".

Em se tratando de afastamento por serviço militar, nos termos do art. 472, § 1º, da CLT, o empregado é obrigado a notificar que tem intenção de retornar ao trabalho no cargo que exercia, no prazo de 30 dias contados da baixa do serviço militar. Caso o empregado assim não proceda, o contrato restará extinto.

Quanto ao serviço militar temos, ainda, o art. 132 da CLT: "o tempo de trabalho anterior à apresentação do empregado para serviço militar obrigatório será computado no período aquisitivo, desde que ele compareça ao estabelecimento dentro de 90 (noventa) dias da data em que se verificar a respectiva baixa".

Assim, se o empregado retornar ao serviço no prazo de 90 dias, o período anterior é computável para a aquisição do período de férias.

9.5. Dispensa do empregado durante a suspensão e interrupção do contrato de trabalho

Muito se discute acerca da possibilidade ou não da dispensa do empregado durante a suspensão ou mesmo durante a interrupção do contrato de trabalho.

Nota-se que na suspensão do contrato de trabalho os principais efeitos do contrato, contagem do período como tempo de serviço e remuneração são suspensos, não sendo devidos. Na interrupção do contrato há a suspensão da prestação de serviços, porém o empregado continua recebendo a remuneração pelo empregador.

Nessas duas hipóteses, ou seja, estando o contrato de trabalho suspenso ou interrompido, o trabalhador está na condição de "afastado" e, consequentemente, não poderá ser demitido sem justa causa. Ressalta-se que, tendo o empregado cometido justa causa (art. 482 da CLT), será permitida sua demissão.

Tanto a figura da suspensão como a figura da interrupção contratual, ao produzirem efeitos no contrato de trabalho, inviabilizam a extinção do contrato por vontade do empregador. Nota-se que o pedido de demissão do empregado durante a suspensão e interrupção do contrato de trabalho é admitido em razão da liberdade de trabalho insculpida no art. 5º, XIII, da CF.

Fundamentando seu posicionamento no art. 471 da CLT, ensina Gustavo Felipe Barbosa Garcia (em *Curso de Direito do Trabalho*, 2ª ed., São Paulo, Método, 2008, p. 514): "como a lei assegura todas as vantagens que, na ausência do empregado, tenham sido atribuídas à categoria, 'por ocasião de sua volta', é porque esse retorno, após a alta médica, não pode ser obstado pelo empregador, vedando a prática de ato que impeça a aplicação desta norma de ordem pública trabalhista (art. 9º da CLT)".

Assim, caso o empregador efetue a dispensa do empregado durante o período de suspensão ou interrupção contratual, tal dispensa será considerada nula de pleno direito. A decisão que declarar a nulidade do ato de dispensa terá efeitos retroativos, considerando o contrato de trabalho vigente, o que resultará na reintegração do empregado.

10. EXTINÇÃO DO CONTRATO DE TRABALHO

Uma vez estudada a formação e o desenvolvimento do contrato de trabalho, é imprescindível estudar sua extinção.

10.1. Extinção do contrato de trabalho por prazo indeterminado

O diploma consolidado utiliza o termo rescisão do contrato de trabalho para abarcar todas as modalidades de terminação do contrato de trabalho.

10.1.1. Resilição

Ocorrerá resilição do contrato de trabalho sempre que uma ou ambas as partes resolvam, sem justo motivo, romper o pacto laboral.

10.1.1.1. Dispensa sem justa causa

A primeira forma de resilição do contrato é a dispensa sem justa causa do empregado, que ocorre quando o vínculo empregatício é rompido imotivadamente pelo empregador.

Nesse caso, o empregado fará jus aos seguintes direitos: aviso-prévio; saldo de salário; férias proporcionais, simples ou em dobro, mais 1/3 (um terço); 13º salário; multa de 40% e levantamento do FGTS; e seguro-desemprego.

Nos termos do art. 477-A da CLT as dispensas imotivadas individuais, plúrimas ou coletivas equiparam-se para todos os fins, não havendo necessidade de autorização prévia de entidade sindical ou de celebração de convenção coletiva ou acordo coletivo de trabalho para sua efetivação".

10.1.1.2. Pedido de demissão do empregado

Consiste no pedido de rompimento do contrato de trabalho pelo próprio empregado.

Ao fazer o pedido de demissão, surge para o obreiro o dever de prestar o aviso-prévio para seu empregador; a falta de aviso-prévio por parte do empregado dá ao empregador o direito de descontar os salários correspondentes ao prazo respectivo, em conformidade com o art. 487, § 2º, da CLT.

Ao fazer o pedido de demissão o empregado fará jus aos seguintes direitos: saldo de salário; férias proporcionais, simples ou em dobro, acrescido do terço constitucional; e 13º salário. Os demais direitos, quais sejam, aviso-prévio; multa de 40% e levantamento do FGTS; e seguro-desemprego não serão devidos, tendo em vista que o próprio obreiro é quem rompeu o pacto laboral.

10.1.1.3. Programa de Incentivo à Demissão Voluntária

Outra forma de resilição do contrato de trabalho é o distrato que consiste na terminação do contrato empregatício por vontade de ambas as partes, ou seja, por mútuo acordo entre os contratantes.

Ocorre que, em razão dos princípios trabalhistas que visam a proteger o trabalhador, parte hipossuficiente na relação de trabalho, devem ser assegurados aos trabalhadores todos os direitos, como se a terminação do contrato tivesse ocorrido, imotivadamente, por vontade do empregador.

Nesse contexto surge o Programa de Incentivo à Demissão Voluntária – PIDV, modalidade de término do contrato de trabalho convencionado entre as partes, classificada como um tipo de transação extrajudicial, pois não é feito com a presença do Estado-Juiz.

Sobre o instituto em comento, tema de maior relevância reside na eficácia liberatória dos citados programas de incentivo. Isso porque as normas do Direito do Trabalho são normas indisponíveis, que não podem ser modificadas pelo empregador. Ademais, o Direito do Trabalho se norteia pelos princípios da proteção e da irrenunciabilidade dos direitos.

Contudo, nos termos do art. 477-B da CLT o Plano de Demissão Voluntária ou Incentivada, para dispensa individual, plúrima ou coletiva, previsto em convenção coletiva ou acordo coletivo de trabalho, enseja quitação plena e irrevogável dos direitos decorrentes da relação empregatícia, salvo disposição em contrário estipulada entre as partes.

O valor pago como incentivo à demissão possui natureza jurídica de *indenização,* na medida em que é pago como forma de consolar a perda do emprego, nos termos da Orientação Jurisprudencial 207 da SDI 1 do TST.

Vale dizer que, o Plenário do Supremo Tribunal Federal (STF) decidiu na sessão desta quinta-feira (30) que, nos casos de Planos de Dispensa Incentivada – os chamados PDIs –, é válida a cláusula que dá quitação ampla e irrestrita de todas as parcelas decorrentes do contrato de emprego, desde que este item conste de Acordo Coletivo de Trabalho e dos demais instrumentos assinados pelo empregado. A decisão foi tomada no julgamento do Recurso Extraordinário (RE) 590415, que teve repercussão geral reconhecida pelo STF.

Por último, é importante lembrar que não é possível compensar a indenização paga pela adesão ao PIDV com créditos trabalhistas reconhecidos em juízo, na medida em que possuem naturezas distintas. Nesse sentido é a Orientação Jurisprudencial 356 da SDI 1 do TST.

10.1.2. Resolução

Ocorrerá a resolução do contrato de trabalho sempre que uma ou ambas as partes praticarem uma falta.

Assim, a resolução do contrato está relacionada com a inexecução do contrato, ou seja, a um ato faltoso.

Desta forma, podemos ter a resolução do pacto laboral por dispensa por justa causa do empregado, por rescisão indireta ou, ainda, por culpa recíproca.

10.1.2.1. Dispensa por justa causa

A dispensa por justa causa ocorrerá sempre que o empregado cometer falta considerada como grave. Ocorrendo falta considerada grave, poderá o empregador dispensar seu empregado por justa causa, nas hipóteses previstas no art. 482 da CLT.

A falta grave deve ser provada pelo empregador, devendo constar de forma expressa na carta de despedida o motivo pelo qual o contrato de trabalho está sendo extinto.

Configurada a justa causa, o empregado fará jus apenas ao saldo de salário e férias não gozadas com o terço constitucional.

São causas de justa causa do empregado:

a) *Ato de improbidade:* a improbidade revela mau caráter, maldade, desonestidade, má-fé, que cause prejuízo ou até risco à integridade do patrimônio do empregador, como, por exemplo, furto ou roubo de bens da empresa;

b) *Incontinência de conduta:* comportamento desregrado ligado à vida sexual do obreiro, comportamento este que traz perturbações ao ambiente de trabalho, como, por exemplo, visitas a *sites* pornográficos na *internet*;

c) *Mau procedimento:* comportamento incorreto ligado aos demais atos que não podem ser enquadrados em nenhuma das demais alíneas do art. 482 da CLT, configurando-se, portanto, uma atitude irregular do empregado;

d) *Negociação habitual:* tem como pressupostos a ausência de autorização do empregador, a concorrência à empresa ou prejuízo ao serviço e à habitualidade.

e) *Condenação criminal:* somente se caracteriza quando a sentença já tiver transitado em julgado, ou, ainda, quando esta não tenha concedido a suspensão da execução da pena (*sursis*). Se o empregado tem possibilidade de dar continuidade ao emprego, não pode haver a dispensa por falta grave;

f) *Desídia no desempenho das respectivas funções:* hipótese em que o empregado deixa de prestar o serviço com zelo, interesse, empenho, passando a laborar com negligência;

g) *Embriaguez habitual ou em serviço:* decorrente de álcool ou drogas. Desmembra-se em duas situações: o empregado embriaga-se de maneira contumaz fora do serviço, transportando consequências para o local de trabalho; ou mesmo que a embriaguez não seja habitual, quando ela é realizada em serviço, nesses casos restarão configuradas faltas graves;

h) *Violação de segredo da empresa:* trata-se da violação do dever de fidelidade do empregado para com o empregador;

i) *Ato de indisciplina ou de insubordinação:* a indisciplina consiste no descumprimento de ordens gerais de serviço. A insubordinação, por sua vez, consiste no descumprimento de ordens pessoais de serviço;

j) *Abandono de emprego:* configura-se por faltas reiteradas ao serviço sem justo motivo e sem a autorização do empregador. Cabe ressaltar que de acordo com a Súmula 32 do TST: "presume-se o abandono de emprego se o trabalhador não retornar ao serviço no prazo de 30 (trinta) dias após a cessação do benefício previdenciário nem justificar o motivo de não o fazer".

k) *Ato lesivo da honra ou da boa fama, ou ofensas físicas, contra qualquer pessoa:* é o ato em que o empregado atinge ou fere a honra de outros empregados ou de terceiros, salvo quando o fizer em legítima defesa;

l) *Ato lesivo da honra ou da boa fama, ou ofensas físicas, contra empregador e superior hierárquico:* é a mesma hipótese da situação acima, porém, aqui a ofensa é dirigida ao empregador ou seu superior hierárquico;

m) *Prática constante de jogos de azar:* é necessária a prática habitual, não importando se o jogo é a dinheiro ou não. Deve-se destacar que, para se configurar justa causa, a prática de jogos de azar deve interferir no ambiente de trabalho, não a configurando se a prática de jogos for realizada fora do ambiente de trabalho.

n) perda da habilitação ou dos requisitos estabelecidos em lei para o exercício da profissão, em decorrência de conduta dolosa do empregado.

Havendo a demissão por justa causa do empregado, ele fará jus aos seguintes direitos: saldo de salário; férias simples e vencidas + 1/3 constitucional, 13º salário integral e depósitos de FGTS de 8% sobre o salário.

Não há pagamento de férias proporcionais, nos termos da Súmula 171 do TST, tampouco o pagamento de 13º salário proporcional, em conformidade com o art. 3º da Lei 4.090/1962.

10.1.2.2. Rescisão indireta

Encontra-se disciplinada no art. 483 da CLT. É a justa causa do empregador.

São casos de rescisão indireta do contrato de trabalho:

a) Quando forem exigidos esforços superiores às forças do empregado;

b) Quando forem exigidos serviços proibidos pela lei, ou seja, não pode o empregador exigir que o empregado opere de forma ilícita;

c) Atitudes contrárias aos bons costumes, como, por exemplo, exigir que uma recepcionista use roupas com decotes;

d) Serviços alheios ao contrato (em regra, o empregado só faz aquilo para o que foi contratado);

e) Tratamento com rigor excessivo, é o que chamamos de assédio moral, ou seja, uma perseguição ao empregado;

f) Correr perigo de mal considerável, ou seja, o empregador pode colocar o empregado em situações de riscos;

g) Não cumprir o empregador as obrigações do contrato de trabalho. Vale lembrar que, de acordo com a corrente majoritária, a rescisão indireta por atraso no pagamento de salário ou o não pagamento só ocorrerá após 03 meses de atraso;

h) Praticar o empregador ou seus prepostos atos lesivos da honra e boa fama. São atos lesivos do empregador que podem ser não só contra o empregado, mas contra sua família;

i) O empregador ou seus prepostos ofenderem fisicamente o empregado;

j) Empregador que reduzir o trabalho que é remunerado por peça ou tarefa.

Nesses casos serão devidas ao obreiro as verbas que teria direito caso fosse dispensado imotivadamente, ou seja, saldo de salário; férias proporcionais, simples ou em dobro, mais 1/3 (um terço); 13º salário; multa de 40% e levantamento do FGTS; e seguro-desemprego. E, ainda, o aviso-prévio, nos termos do art. 487, § 4º, da CLT.

10.1.2.3. Rescisão específica para o menor

Nos termos do art. 407 da CLT, verificado pela autoridade competente que o trabalho executado pelo menor é prejudicial à sua saúde, ao seu desenvolvimento físico ou à sua moralidade, poderá ela obrigá-lo a abandonar o serviço, devendo a respectiva empresa, quando for o caso, proporcionar ao menor todas as facilidades para mudar de funções.

É importante lembrar, ainda, que se a empresa não tomar as medidas possíveis e recomendadas pela autoridade competente para que o menor mude de função, configurar-se-á a rescisão do contrato de trabalho, na forma do art. 483 da CLT.

Ao menor é lícito firmar recibo pelo pagamento dos salários. Porém, em se tratando de rescisão do contrato de trabalho, é vedado ao menor de 18 (dezoito) anos dar, sem assistência dos seus responsáveis legais, quitação ao empregador pelo recebimento da indenização que lhe for devida.

10.1.2.4. *Culpa recíproca*

Dispõe o art. 484 consolidado que, havendo culpa recíproca no ato que determinou a rescisão do contrato de trabalho, o Tribunal do Trabalho reduzirá a indenização, que seria devida ao trabalhador em caso de culpa exclusiva do empregador, pela metade.

Por essa modalidade, todas as verbas serão pagas como se fosse uma hipótese de rescisão por culpa do empregador, porém pela metade, com exceção do saldo de salário, que será integral. Nesse sentido é o entendimento consubstanciado na Súmula 14 do TST.

> SÚMULA 14 TST – CULPA RECÍPROCA
>
> Reconhecida a culpa recíproca na rescisão do contrato de trabalho (art. 484 da CLT), o empregado tem direito a 50% (cinquenta por cento) do valor do aviso-prévio, do décimo terceiro salário e das férias proporcionais.

Nesse tipo de extinção, algumas parcelas são pagas na integralidade e outras pela metade, ou seja, 50%. Assim, as verbas rescisórias ficariam da seguinte maneira: saldo de salário (integral), aviso-prévio (50%), 13º salário integral, 13º salário proporcional (50%), férias simples ou vencidas + adicional de 1/3(integral), férias proporcionais + adicional de 1/3 (50%), depósitos de FGTS de 8% sobre o salário (integral), multa de 40% sobre os depósitos do FGTS será pela metade, ou seja, 20%, liberação das guias para levantamento do FGTS.

10.1.2.5. *Distrato*

Previsto no art. 484-A da CLT o distrato é a forma de extinção do contrato de trabalho por comum acordo entre empregado e empregador. Pressupõe, portanto, que uma das partes tomou a iniciativa de propor o rompimento em conjunto e a outra aceitou a proposta de terminação do contrato de trabalho.

Caso as partes resolvam celebrar o distrato serão devidas as seguintes verbas trabalhistas na respectiva proporção:

a) por metade: o aviso-prévio, se indenizado e a indenização sobre o saldo do FGTS;

b) na integralidade: as demais verbas trabalhistas, como por exemplo: 13ª salário, aviso-prévio trabalhado, férias integrais ou proporcionais entre outras.

Importante ressaltar que a extinção do contrato de trabalho por distrato permite a movimentação da conta vinculada do trabalhador no FGTS na forma do inciso I-A do art. 20 da Lei 8.036/1990, limitada até 80% (oitenta por cento) do valor dos depósitos. No entanto, não será autorizado o ingresso do empregado no Programa de Seguro-Desemprego.

10.1.3. *Factum principis*

Consiste em uma modalidade de extinção do contrato de trabalho por ato da autoridade pública, federal, estadual ou municipal, inclusive de autarquias, que, por via administrativa ou legislativa, impossibilita a continuação da atividade da empresa temporária ou definitivamente. Em outras palavras, é um ato do governo que torna impossível a execução do contrato de trabalho.

O *factum principis* é extraído do art. 486 da CLT.

> **Art. 486.** No caso de paralisação temporária ou definitiva do trabalho, motivada por ato de autoridade municipal, estadual ou federal, ou pela promulgação de lei ou resolução que impossibilite a continuação da atividade, prevalecerá o pagamento da indenização, que ficará a cargo do governo responsável.

10.2. Extinção dos contratos a termo

Os contratos a termo ou com prazo determinado podem se encerrar no seu tempo ajustado ou de forma antecipada.

10.2.1. *Extinção do contrato a termo no prazo estipulado*

Encerra-se com o advento do termo.

As verbas rescisórias devidas na extinção de um contrato por prazo determinado são: saldo de salários, 13º salário vencido e proporcional, férias vencidas e proporcionais, acrescidas do terço constitucional, saque do FGTS referente ao período contratual, guia do seguro-desemprego.

10.2.2. *Extinção antecipada do contrato a termo*

Ocorre por um motivo que não o advento do termo. Pode ocorrer por vontade do empregador ou por vontade do próprio empregado.

Sendo antecipada a dispensa do obreiro por vontade do *empregador*, serão devidas as mesmas verbas especificadas acima, ou seja: saldo de salários, 13º salário vencido e proporcional, férias vencidas e proporcionais, acrescidas do terço constitucional, saque do FGTS referente ao período contratual e guia do seguro-desemprego. Nessa hipótese, porém, o empregador deverá pagar a título de indenização o valor correspondente à metade da remuneração que o trabalhador teria direito até o final do contrato, nos termos do art. 479 da CLT, acrescida, ainda, da indenização de 40% do FGTS.

Caso a terminação antecipada seja solicitada pelo *empregado*, ou seja, pedido de demissão do empregado antes do término do contrato, ele fará jus ao recebimento de: saldo de salários, 13º vencido e proporcional, férias vencidas e proporcionais, acrescidas do terço constitucional, conforme entendimento contido da Súmula 171 do TST. Nesse caso, por ter sido o próprio empregado quem colocou fim ao contrato de trabalho, não será possível o levantamento do FGTS.

Porém, como deu causa ao término do contrato, o empregado será obrigado a indenizar seu empregador pelos prejuízos que sofreu, em conformidade com o art. 480 da CLT, que dispõe: "Havendo termo estipulado, o empregado não se poderá desligar do contrato, sem justa causa, sob pena de ser obrigado a indenizar o empregador dos prejuízos que desse fato lhe resultarem".

Nesse caso, a indenização paga pelo empregado não poderá ser superior à que ele teria direito em iguais condições.

Admite-se que as partes instituam uma cláusula que trate da hipótese de rescisão antecipada do contrato por prazo determinado. Nessa linha, convencionada a chamada *cláusula assecuratória do direito recíproco de rescisão* e exercido tal direito por qualquer das partes, serão aplicados os princípios que regem a rescisão dos contratos por prazo indeterminado, em conformidade com o art. 481 da CLT, sendo devido, inclusive, o aviso-prévio.

É importante ressaltar que a regra contida no art. 479 da CLT não é aplicável aos contratos com prazo determinado disciplinados pela Lei 9.601/1998 por expressa vedação de seu art. 1º, § 1º, I.

10.3. Formalidades para a extinção do contrato de trabalho

As formalidades para a extinção do contrato de trabalho estão dispostas nos arts. 477 e seguintes da CLT, de importante leitura, que assim dispõe:

> **Art. 477.** Na extinção do contrato de trabalho, o empregador deverá proceder à anotação na Carteira de Trabalho e Previdência Social, comunicar a dispensa aos órgãos competentes e realizar o pagamento das verbas rescisórias no prazo e na forma estabelecidos neste artigo.
>
> § 1º (*Revogado*)
>
> § 2º O instrumento de rescisão ou recibo de quitação, qualquer que seja a causa ou forma de dissolução do contrato, deve ter especificada a natureza de cada parcela paga ao empregado e discriminado o seu valor, sendo válida a quitação, apenas, relativamente às mesmas parcelas.
>
> § 3º (*Revogado*)
>
> § 4º O pagamento a que fizer jus o empregado será efetuado:
>
> I - em dinheiro, depósito bancário ou cheque visado, conforme acordem as partes; ou
>
> II - em dinheiro ou depósito bancário quando o empregado for analfabeto.
>
> § 5º Qualquer compensação no pagamento de que trata o parágrafo anterior não poderá exceder o equivalente a um mês de remuneração do empregado
>
> § 6º A entrega ao empregado de documentos que comprovem a comunicação da extinção contratual aos órgãos competentes bem como o pagamento dos valores constantes do instrumento de rescisão ou recibo de quitação deverão ser efetuados até dez dias contados a partir do término do contrato.
>
> § 7º (*Revogado*)
>
> § 8º A inobservância do disposto no § 6º deste artigo sujeitará o infrator à multa de 160 BTN, por trabalhador, bem assim ao pagamento da multa a favor do empregado, em valor equivalente ao seu salário, devidamente corrigido pelo índice de variação do BTN, salvo quando, comprovadamente, o trabalhador der causa à mora.
>
> § 9º (*Vetado*)
>
> § 10. A anotação da extinção do contrato na Carteira de Trabalho e Previdência Social é documento hábil para requerer o benefício do seguro-desemprego e a movimentação da conta vinculada no Fundo de Garantia do Tempo de Serviço, nas hipóteses legais, desde que a comunicação prevista no caput deste artigo tenha sido realizada.

O § 1º do art. 477 que determinava que nos contratos com duração superior há um ano , a homologação com a assistência do sindicato da classe era obrigatória, foi expressamente revogado pela Lei 13.467/2017.

Dessa forma, independente do período que tenha durado o contrato de trabalho, seja inferior ou superior há um ano, não há necessidade de homologação perante o sindicato da classe. No entanto, em conformidade com o art. 500 da CLT, o pedido de demissão do empregado estável só será válido quando feito com a assistência do respectivo Sindicato e, se não houver um, perante autoridade local competente do Ministério do Trabalho e Previdência Social ou da Justiça do Trabalho.

Nesse caso, o pedido de demissão do estável decenal somente será válido com a assistência do sindicato, constituindo, nesse caso, requisito de validade do ato, requisito solene para a extinção do contrato.

Qualquer que seja o tipo de extinção do contrato deve estar especificada a natureza de cada parcela paga e discriminado seu respectivo valor, art. 477, § 2º, da CLT.

O TST, por meio da Súmula 330, entende que a quitação passada pelo empregado, com assistência da entidade sindical de sua categoria, ao empregador, com observância dos requisitos exigidos nos parágrafos do art. 477 da CLT, tem eficácia liberatória apenas em relação às parcelas expressamente consignadas no recibo, salvo se oposta ressalva expressa e especificada ao valor dado à parcela ou parcelas impugnadas.

A quitação não abrange, ainda, parcelas não consignadas no recibo de quitação e, consequentemente, seus reflexos em outras parcelas, ainda que estas constem desse recibo.

Quanto a direitos que deveriam ter sido satisfeitos durante a vigência do contrato de trabalho, a quitação é válida em relação ao período expressamente consignado no recibo de quitação.

Não se aceita, desta forma, o pagamento complessivo. Deve haver discriminação quanto às parcelas e aos valores. A quitação se dá pela parcela e não pelo valor. Assim, por exemplo: aviso-prévio pago, não se discute mais.

De acordo com o § 4º do mesmo art. 477 da CLT o pagamento a que fizer jus o empregado será efetuado em dinheiro, depósito bancário ou cheque visado, conforme acordem as partes; ou quando o empregado for analfabeto, em dinheiro ou depósito bancário. Portanto, ao analfabeto é proibido o pagamento por cheque.

No ato da rescisão contratual poderá ocorrer pedido de compensação desde que as dívidas sejam da mesma natureza, ou seja, natureza trabalhista, até o limite de uma remuneração do empregado.

Outro ponto que merece destaque é o prazo para pagamento das verbas rescisórias, constantes no instrumento de rescisão ou recibo de quitação.

Assim, determina o art. 477, § 6º, da CLT que a entrega ao empregado de documentos que comprovem a comunicação da extinção contratual aos órgãos competentes bem como o pagamento dos valores constantes do instrumento de rescisão ou recibo de quitação deverão ser efetuados até 10 dias contados a partir do término do contrato.

Contudo, se o empregador deixar de observar o prazo acima estipulado, o § 8º do art. 477 da CLT impõe o pagamento de duas multas: a primeira delas é a multa administrativa, imposta pelo auditor fiscal do trabalho que reverte ao governo; a segunda que é revertida ao empregado, salvo quando este der causa à mora, paga no valor do salário base apenas.

Caso seja o empregado que cause a mora, o empregador não poderá ser responsabilizado. Nesse sentido, dispõe a súmula 462 do TST:

> SÚMULA 462 TST – MULTA DO ART. 477, § 8º, DA CLT. INCIDÊNCIA. RECONHECIMENTO JUDICIAL DA RELAÇÃO DE EMPREGO
>
> A circunstância de a relação de emprego ter sido reconhecida apenas em juízo não tem o condão de afastar a incidência da multa prevista no art. 477, § 8º, da CLT. A referida multa não será devida apenas quando, comprovadamente, o empregado der causa à mora no pagamento das verbas rescisórias.

Nesse caso, para que o empregador não incorra em mora, poderá ele se utilizar da ação de consignação em pagamento.

Outrossim, vale lembrar que, conforme entendimento consubstanciado na Súmula 388, o TST ensina que a massa falida não se sujeita à penalidade do art. 467 e nem à multa do § 8º do art. 477, ambos da CLT.

É importante trazer o ensinamento consubstanciado na Orientação Jurisprudencial 238 da SDI 1 do TST: "Submete-se à multa do artigo 477 da CLT a pessoa jurídica de direito público que não observa o prazo para pagamento das verbas rescisórias, pois nivela-se a qualquer particular, em direitos e obrigações, despojando-se do *jus imperii* ao celebrar um contrato de emprego".

Por último, a anotação da extinção do contrato na Carteira de Trabalho e Previdência Social é documento hábil para requerer o benefício do seguro-desemprego e a movimentação da conta vinculada no Fundo de Garantia do Tempo de Serviço, nas hipóteses legais, desde que a comunicação prevista no **caput** do art. 477 da CLT tenha sido realizada.

10.4. Indenização por frutos recebidos por posse de má-fé do empregador - art. 1.216 do Código Civil

Nos termos do art. 1.216 do Código Civil aquele que se apossar indevidamente de um bem deverá responder pelos "frutos" colhidos no período. Em poucas palavras essa é a teoria dos frutos recebidos por posse de má-fé.

Dispõe o art. 1.216 do Código Civil:

> **Art. 1.216.** O possuidor de má-fé responde por todos os frutos colhidos e percebidos, bem como pelos que, por culpa sua, deixou de perceber, desde o momento em que se constituiu de má-fé; tem direito às despesas da produção e custeio.

Na Justiça do Trabalho esse pedido é muito comum, principalmente em ações contra instituições bancárias, em que o reclamante pleiteia além das verbas rescisórias, o recebimento de indenização por ter o banco se apossado das verbas trabalhistas não pagas nos prazos estabelecidos em lei e ter auferido lucros ao utilizar o valor do inadimplemento para lucrar com empréstimos e outros produtos disponibilizados aos seus clientes. Em outras palavras, os advogados dos empregados argumentavam que, ao não pagar as verbas trabalhistas, o empregador estaria se beneficiando desse dinheiro, buscando rendimentos.

No entanto, o TST editou a Súmula 445 entendendo que em caso de inadimplemento das verbas trabalhistas é indevida a indenização por frutos recebidos prevista no art. 1.216 do Código Civil, por ser matéria própria aos direitos das coisas (direitos reais) que não se mostra compatível com o Direito do Trabalho, nos termos do art. 8º da CLT, cujo contrato de trabalho possui cunho obrigacional.

> SÚMULA 445 TST – INADIMPLEMENTO DE VERBAS TRABALHISTAS. FRUTOS. POSSE DE MÁ-FÉ. ART. 1.216 DO CÓDIGO CIVIL. INAPLICABILIDADE AO DIREITO DO TRABALHO. A indenização por frutos percebidos pela posse de má-fé, prevista no art. 1.216 do Código Civil, por tratar-se de regra afeta a direitos reais, mostra-se incompatível com o Direito do Trabalho, não sendo devida no caso de inadimplemento de verbas trabalhistas.

10.5. Força maior no Direito do Trabalho

Nos termos do art. 501 da CLT "entende-se como força maior todo acontecimento inevitável, em relação à vontade do empregador, e para a realização do qual este não concorreu, direta ou indiretamente".

Força maior é, portanto, o acontecimento inevitável, evento que decorre na própria natureza, como por exemplo, catástrofes naturais tais como: tornados, enchentes, terremotos etc. Devemos entender como fato inevitável todo aquele cujo acontecimento não ocorreu por vontade do empregador, que nos termos do dispositivo legal em debate, não tem participação direta ou indireta.

A participação do empregador não pode ser direta nem indireta, tanto é que nos termos do § 1º do art. 501 da CLT a imprevidência do empregador, ou seja, o descuido, a falta de precaução por parte do empregador, exclui a razão de força maior. Entende-se que deveria o empregador tomar as devidas precauções a fim de evitar o acontecimento.

Nessa linha, importante lembrar que acontecimentos como problemas financeiros da empresa provenientes de políticas econômicas, não são conhecidos como força maior. Tais atos decorrem do risco da atividade do empregador (princípio da alteridade).

Vale lembrar, ainda, a redação do § 2º do art. 501 da CLT:

> "§ 2º À ocorrência do motivo de força maior que não afetar substancialmente, nem for suscetível de afetar, em tais condições, a situação econômica e financeira da empresa não se aplicam as restrições desta Lei referentes ao disposto neste Capítulo."

Dispõe o art. 502 da CLT:

> *"Ocorrendo motivo de força maior que determine a extinção da empresa, ou de um dos estabelecimentos em que trabalhe o empregado, é assegurada a este, quando despedido, uma indenização na forma seguinte:*
>
> *I – sendo estável, nos termos dos arts. 477 e 478;*
>
> *II – não tendo direito à estabilidade, metade da que seria devida em caso de rescisão sem justa causa;*
>
> *III – havendo contrato por prazo determinado, aquela a que se refere o art. 479 desta Lei, reduzida igualmente à metade."*

A estabilidade a que se referem os incisos I e II do dispositivo legal em questão é a estabilidade decenal. Assim, esses incisos tratam da indenização por tempo de serviço devida aos empregados não optantes pelo sistema do FGTS antes da promulgação da atual Constituição Federal que tornou obrigatório o sistema de FGTS. Nesse sentido ensina o art. 14 da Lei 8.036/1990:

> **Art. 14.** Fica ressalvado o direito adquirido dos trabalhadores que, à data da promulgação da Constituição Federal de 1988, já tinham o direito à estabilidade no emprego nos termos do Capítulo V do Título IV da CLT.

Assim, nos termos do art. 504 da CLT se comprovada a falsa alegação do motivo de força maior, aos empregados estáveis é garantida a reintegração ao emprego, e aos não estáveis, não optantes pelo sistema do FGTS, o complemento da indenização já percebida, assegurado a ambos o pagamento da remuneração atrasada.

No entanto, para os empregados disciplinados pelo atual sistema do FGTS, na hipótese de cessação do contrato de trabalho por motivo de força maior, o § 2º do art. 18 da Lei 8.036/1990 determina:

> **Art. 18.** Ocorrendo rescisão do contrato de trabalho, por parte do empregador, ficará este obrigado a depositar na conta vinculada do trabalhador no FGTS os valores relativos aos depósitos referentes ao mês da rescisão e ao imediatamente

anterior, que ainda não houver sido recolhido, sem prejuízo das cominações legais.

§ 1º Na hipótese de despedida pelo empregador sem justa causa, depositará este, na conta vinculada do trabalhador no FGTS, importância igual a quarenta por cento do montante de todos os depósitos realizados na conta vinculada durante a vigência do contrato de trabalho, atualizados monetariamente e acrescidos dos respectivos juros.

§ 2º Quando ocorrer despedida por culpa recíproca ou força maior, reconhecida pela Justiça do Trabalho, o percentual de que trata o § 1º será de 20 (vinte) por cento.

§ 3º As importâncias de que trata este artigo deverão constar da documentação comprobatória do recolhimento dos valores devidos a título de rescisão do contrato de trabalho, observado o disposto no art. 477 da CLT, eximindo o empregador, exclusivamente, quanto aos valores discriminados.

Por último, vale dizer que o art. 503 da CLT ensina ser lícita, em caso de força maior ou prejuízos devidamente comprovados, a redução geral dos salários dos empregados, respeitado, em qualquer caso, o salário mínimo, não podendo, entretanto, ser superior a 25% (vinte e cinco por cento).

No entanto, a referida norma deverá ser interpretada de acordo com a regra constitucional disposta no art. 7º, VI, da CF que permite a redução dos salários por meio de acordo coletivo ou convenção coletiva. Assim, ocorrendo motivo de força maior, por meio de convenção coletiva ou acordo coletivo, será possível a redução salarial, não superior a 25% (vinte e cinco por cento).

Vale dizer, ainda, que cessados os efeitos decorrentes do motivo de força maior, é garantido o restabelecimento dos salários reduzidos.

10.6. Aviso-prévio

Consiste em uma comunicação que uma parte faz à outra, de que pretende extinguir o pacto laboral. Em outras palavras, é a comunicação de uma parte a outra da intenção de estabelecer um termo final ao contrato de trabalho.

O aviso-prévio é devido por ambas as partes. A simples comunicação não extingue o contrato de trabalho, que não ocorre de imediato, somente após o término do aviso-prévio.

Em regra, é utilizado para os contratos com prazo indeterminado, podendo, porém, ser utilizado nos contratos com prazo determinado, caso tenham as partes ajustado a "cláusula assecuratória do direito recíproco da rescisão", prevista no art. 481 da CLT, hipótese em que serão aplicadas as regras dos contratos com prazo indeterminado, sendo devido, portanto, o aviso-prévio.

O aviso-prévio visa a evitar a surpresa na ruptura do contrato de trabalho, possibilitando ao empregador a reposição de um empregado para o cargo vago e ao empregado sua nova inserção no mercado, ou seja, para que as partes possam se adequar ao término do contrato de trabalho.

A CF estabelece no art. 7º, XXI, como direito dos trabalhadores urbanos e rurais, aviso-prévio proporcional ao tempo de serviço, sendo no mínimo de trinta dias, nos termos da lei.

Sempre que o empregador manifestar o desejo de romper o contrato de trabalho, o empregado terá direito e poderá optar entre a redução de sua jornada de trabalho em duas horas diárias ou pela não prestação de serviços por sete dias corridos, a teor do art. 488 da CLT.

Vale lembrar que são 7 (sete) dias corridos, podendo ser no começo, no meio ou ao final do mês de aviso-prévio.

Em se tratando de empregado rural, caso o empregador conceda o aviso-prévio, nos moldes do art. 15 da Lei 5.889/1973, o empregado terá direito a faltar um dia por semana, sem prejuízo de seu salário.

Importante lembrar o entendimento consubstanciado na Súmula 230 do TST, que considera ilegal substituir o período que se reduz da jornada de trabalho, no aviso-prévio, pelo pagamento das horas correspondentes, tendo em vista que esse lapso tem como objetivo assegurar ao obreiro tempo suficiente para buscar um novo emprego. Havendo a substituição do período por horas extras, considera-se não dado o aviso-prévio, devendo o empregador pagar o período correspondente.

Outro ponto que merece destaque é o fato de que o registro da candidatura do empregado a cargo de dirigente sindical durante o período de aviso-prévio não lhe assegura a estabilidade no emprego, em razão de ser inaplicável a regra contida no § 3º do art. 543 da CLT, a teor da Súmula 369, item V, do TST.

Como visto, a parte que quiser por fim ao contrato de trabalho deverá conceder à outra parte o aviso-prévio. Portanto, o aviso-prévio deverá ser concedido por ambas as partes.

A falta do aviso-prévio por parte do empregado dá ao empregador o direito de descontar os salários correspondentes ao respectivo período nos termos do art. 487, § 2º, da CLT. A compensação é automática, descontada diretamente na fonte.

No entanto, se a falta do aviso-prévio for do empregador, terá o empregado o direito aos salários referentes ao prazo do aviso-prévio, também chamado de "aviso-prévio indenizado". Nesse caso, há a projeção do período de aviso-prévio no contrato de trabalho, sendo esse período computado como tempo de serviço para todos os fins.

Convém ressaltar que havendo a projeção do período de aviso-prévio no contrato de trabalho, a data de saída a ser anotada na CTPS deve corresponder à do término do prazo do aviso-prévio, ainda que indenizado e/ou proporcional, em conformidade com a Orientação Jurisprudencial 82 da SDI do TST.

Ademais, importante lembrar que o valor das horas extraordinárias habituais integra o aviso-prévio indenizado, nos termos do art. 487, § 5º, da CLT.

O direito ao aviso-prévio é irrenunciável por parte do empregado. Nessa linha, cabe trazer à baila o entendimento contido na Súmula 276 do TST, que dispõe: "o direito ao aviso-prévio é irrenunciável pelo empregado. O pedido de dispensa de cumprimento não exime o empregador de pagar o respectivo valor, salvo comprovação de haver o prestador dos serviços obtido novo emprego".

A Súmula em questão ensina ser possível a renúncia do aviso-prévio pelo empregado, e do pagamento do seu respectivo valor, caso o empregador comprove que o empregado obteve novo emprego. Isso se dá pela própria razão de ser do aviso-prévio que, quando concedido ao empregado, consiste exatamente em proporcionar a este, no curso do aviso, a possibilidade de encontrar um novo emprego. Desta forma, caso o empregador comprove a obtenção de novo emprego, o empregado não fará jus ao recebimento do respectivo período.

Em se tratando de aviso-prévio concedido pelo empregado, o empregador poderá renunciar o respectivo período, persistindo, porém, o dever de indenizar.

Importante lembrar que o pagamento relativo ao período de aviso-prévio, trabalhado ou indenizado, está sujeito à contribuição para o FGTS, nos termos da Súmula 305 do TST.

No entanto, para fins de cálculo da multa de 40% sobre os depósitos do FGTS, o valor do aviso-prévio indenizado não poderá ser considerado, em conformidade com o item II da Orientação Jurisprudencial 42 da SDI 1 do TST.

Por fim, como se sabe, o art. 9º da Lei 6.708/1979 criou uma indenização adicional visando a impedir a dispensa do empregado nos 30 (trinta) dias que antecedem a data-base dos trabalhadores.

Nesse caso, o aviso-prévio poderá ser utilizado no cômputo do trintídio. Assim, concedido o aviso-prévio e findando-se nos 30 (trinta) dias que antecedem sua data-base, o empregado fará jus à indenização prevista na lei 6.708/1979.

10.6.1. Reconsideração do aviso-prévio

É possível a reconsideração do aviso-prévio. Isso porque, dado o aviso-prévio, a rescisão torna-se efetiva depois de expirado o respectivo prazo. Isso possibilita à parte notificante reconsiderar o ato, antes de seu termo. Porém, é facultado à outra parte aceitar ou não o pedido de reconsideração, ou seja, deve haver o consentimento da parte notificada do aviso-prévio.

Sendo aceita a reconsideração ou continuando a prestação de serviços depois de expirado o prazo, ou seja, reconsideração tácita, o contrato continuará a vigorar, como se o aviso-prévio não tivesse sido dado.

Importante ressaltar que no curso do aviso pode ocorrer falta grave, seja pelo empregado, seja pelo empregador, passando a ser uma rescisão por justa causa do empregado ou por rescisão indireta, justa causa do empregador.

Por fim, vale lembrar o disposto na Súmula 73 do TST: "A ocorrência de justa causa, salvo a de abandono de emprego, no decurso do prazo do aviso-prévio dado pelo empregador, retira do empregado qualquer direito às verbas rescisórias de natureza indenizatória".

10.6.2. Aviso-prévio proporcional - Lei 12.506/2011

Com o advento da Constituição da República de 1988 foi inserido no rol dos direitos de todos os trabalhadores urbanos e rurais o aviso-prévio proporcional ao tempo de serviço, sendo de no mínimo 30 (trinta) dias.

Temos, portanto, que o inciso I do art. 487 da CLT que institui aviso-prévio de 8 (oito) dias não foi recepcionado pela atual Constituição Federal.

O dispositivo constitucional em apreço traz uma norma de eficácia limitada, na medida em que o constituinte originário estabeleceu o período mínimo de 30 (trinta dias) de aviso-prévio, norma de aplicabilidade imediata e deixou para o constituinte derivado a regulamentação de sua proporcionalidade, ao usar a expressão "nos termos da lei".

Com a publicação da Lei 12.506, de 11.11.2011, que entrou em vigor no dia 13.10.2011, o aviso-prévio proporcional foi devidamente regulado.

A Lei 12.506/2011 ensina que o aviso-prévio será concedido na proporção de 30 dias aos empregados que contem até 1 (um) ano de serviço na mesma empresa.

De acordo com a Nota Técnica 184/2012 do MTE, do dia 07.05.2012, configurada relação de emprego superior a um ano na mesma empresa, sobre esse período serão acrescidos 3 (três) dias por ano de serviço prestado na mesma empresa, até o máximo de 60 dias, perfazendo um total de até 90 dias.

Após diversas conversações, a Secretaria de Relações do Trabalho MTE, modificando entendimento anterior disposto na Circular 10 de 2011, apresentou a seguinte tabela:

TEMPO DE SERVIÇO ANOS COMPLETOS	**PERÍODO DE AVISO-PRÉVIO**
1 ano incompleto	30 DIAS
1 ANO COMPLETO	33 DIAS
2 ANOS COMPLETOS	36 DIAS
3 ANOS COMPLETOS	39 DIAS
4 ANOS COMPLETOS	42 DIAS
5 ANOS COMPLETOS	45 DIAS
6 ANOS COMPLETOS	48 DIAS
7 ANOS COMPLETOS	51 DIAS
8 ANOS COMPLETOS	54 DIAS
9 ANOS COMPLETOS	57 DIAS
10 ANOS COMPLETOS	60 DIAS
11 ANOS COMPLETOS	63 DIAS
12 ANOS COMPLETOS	66 DIAS
13 ANOS COMPLETOS	69 DIAS
14 ANOS COMPLETOS	72 DIAS
15 ANOS COMPLETOS	75 DIAS
16 ANOS COMPLETOS	78 DIAS
17 ANOS COMPLETOS	81 DIAS
18 ANOS COMPLETOS	84 DIAS
19 ANOS COMPLETOS	87 DIAS
20 ANOS COMPLETOS	90 DIAS

10.6.2.1. Direito intertemporal do aviso-prévio

Após a publicação da Lei 12.506/2011, muitas dúvidas começaram a surgir acerca da aplicação da nova regra aos contratos de trabalho.

Diante da situação e com o intuito de dirimir algumas dessas dúvidas, o Ministério do Trabalho e Emprego (MET) expediu em 07.05.2012 a Nota Técnica 184.

Nessa linha, o MTE entende que a nova regulamentação do aviso-prévio servirá somente para os avisos-prévios concedidos após o dia 13.10.2011, data em que a lei entrou em vigor.

Nesse sentido, em setembro de 2012 o TST editou a Súmula 441, que assim dispõe:

> SÚMULA 441 TST – AVISO-PRÉVIO. PROPORCIONALIDADE.
>
> O direito ao aviso-prévio proporcional ao tempo de serviço somente é assegurado nas rescisões de contrato de trabalho ocorridas a partir da publicação da Lei 12.506, em 13.10.2011.

Assim, a Lei 12.506/2011 não retroagirá em favor dos contratos extintos antes de sua publicação, na medida em que aqueles contratos foram resolvidos sob a regra do aviso-prévio de 30 dias, estando estas rescisões acobertadas pelo ato jurídico perfeito, nos termos do art. 5º, XXXVI, da CF.

Desta forma, a Lei 12.506/2011 alcança somente as novas relações de emprego e os contratos de trabalho em curso quando da sua entrada em vigor em 13.10.2011. Todavia, aos contratos extintos antes dessa data não serão aplicadas as regras do aviso-prévio proporcional.

10.6.2.2. Abrangência da aplicação do aviso-prévio proporcional

Outro tema que vem despertando diversos debates é a abrangência da aplicação das novas regras do aviso-prévio, ou seja, se a norma em questão deve ser aplicada para os empregadores e todos os empregados.

Note que ainda não existem posições jurisprudenciais acerca dessa abrangência. No entanto, o Ministério do Trabalho e Emprego – MTE, por meio da Nota Técnica 184/2012, sustenta que a nova norma é de aplicação restrita aos empregados.

Nessa linha, não poderá o empregador exigir do seu empregado o cumprimento de aviso-prévio proporcional. Esse entendimento se baseia no art. 7º da CF que assegura o direito de aviso-prévio ali previsto a todos os trabalhadores urbanos, rurais e domésticos.

No entanto, no julgamento do RR-1964-73.2013.5.09.0009 o TST entendeu que o aviso-prévio proporcional ao tempo de serviço, estabelecido pela Lei 12.506/2011, se aplica também a favor do empregador. Entendeu o Superior Tribunal que o aviso-prévio é obrigação recíproca de empregado e de empregador, conforme determina o art. 487, *caput*, da CLT. Para o TST a Lei 12.506/2011 somente mudou a duração do aviso-prévio, tomando em conta o maior ou menor tempo de serviço do empregado.

Para o Ministro Dalazen: "reconhecer, sem justificativa plausível, a duração diferenciada para o aviso-prévio conforme fosse concedido pelo empregador ou pelo empregado afrontaria o princípio constitucional da isonomia."

11. ESTABILIDADE ABSOLUTA E ESTABILIDADE PROVISÓRIA/GARANTIA DE EMPREGO

11.1. Estabilidade absoluta e estabilidade provisória

A estabilidade é uma das garantias fundamentais conferidas ao trabalhador, origina-se do princípio trabalhista da "continuidade da relação de emprego" e do "princípio da proteção". A estabilidade impossibilita a dispensa arbitrária ou abusiva.

O termo "estabilidade" é comumente utilizado pela doutrina e jurisprudência para abarcar o que poderíamos chamar de estabilidade absoluta e estabilidade provisória, esta última também denominada de "garantia de emprego".

No Direito do Trabalho, temos como estabilidade absoluta apenas a hipótese da estabilidade decenal. Os demais tipos constituem verdadeiras estabilidades provisórias, ou, em outras palavras, garantias de emprego, que serão estudadas adiante.

Esses tipos de "estabilidades" não podem ser confundidos com aquela estabilidade insculpida no art. 41 da CF/1988, garantida aos servidores públicos nomeados para cargo de provimento efetivo em virtude de concurso público, nos termos do art. 37, II, da CF.

De acordo com o texto constitucional, é requisito para a aquisição da estabilidade no serviço público, além do cumprimento do estágio probatório de 3 (três) anos, ser o funcionário investido em cargo público de provimento efetivo.

Assim, pela nova redação conferida ao art. 41 da CF pela EC 19/1998, os empregados públicos estariam excluídos da regra, ou seja, não seriam detentores da estabilidade ali garantida, na medida em que são investidos em emprego e não em cargo.

Todavia, o TST firmou entendimento cristalizado na Súmula 390 item I garantindo ao servidor público celetista da *administração direta, autárquica ou fundacional* a estabilidade prevista no art. 41 da CF/1988.

Já as *empresas públicas* e *sociedades de economia mista*, embora seus empregados (empregados públicos) necessitem da realização de concurso público para a investidura no emprego, não são detentores da estabilidade prevista no art. 41 da CF/1988. Isso porque, por força do art. 173, § 1º, II, da CF/1988, as empresas públicas e as sociedades de economia mista se submetem ao regime jurídico próprio das empresas privadas, sujeitando-se, portanto, às regras celetistas.

Dessa forma, os empregados de empresas públicas e sociedades de economia mista não são detentores da estabilidade disposta no art. 41 da Carta Magna, podendo, se for o caso, ser detentores das hipóteses de estabilidades provisórias garantidas aos trabalhadores em geral.

Superada essa problemática, surge a questão sobre a necessidade de motivação do ato de demissão dos empregados públicos. A jurisprudência do Tribunal Superior do Trabalho pacificou-se no sentido de que não se estende aos empregados de empresa pública e de sociedade de economia mista a garantia de dispensa necessariamente motivada ou mediante procedimento administrativo, por força da aplicação do art. 173, § 1º, II, da CF/1988.

Contudo, à Empresa Brasileira de Correios e Telégrafos ECT são assegurados os privilégios inerentes à Fazenda Pública, pois, em virtude de seu serviço postal prestado em caráter de exclusividade, entendeu a mais alta Corte Trabalhista que os atos administrativos da ECT deveriam se vincular aos princípios que regem a Administração Pública Direta, inclusive quanto à motivação da despedida de seus empregados. Assim, a Subseção de Dissídios Individuais 1 do TST editou a Orientação Jurisprudencial 247, que dispõe:

> ORIENTAÇÃO JURISPRUDENCIAL 247 DA SDI 1 TST – SERVIDOR PÚBLICO. CELETISTA CONCURSADO. DESPEDIDA IMOTIVADA. EMPRESA PÚBLICA OU SOCIEDADE DE ECONOMIA MISTA. POSSIBILIDADE.
>
> I – A despedida de empregados de empresa pública e de sociedade de economia mista, mesmo admitidos por concurso público, independe de ato motivado para sua validade;
>
> II – A validade do ato de despedida do empregado da Empresa Brasileira de Correios e Telégrafos (ECT) está condicionada à motivação, por gozar a empresa do mesmo tratamento destinado à Fazenda Pública em relação à imunidade tributária e à execução por precatório, além das prerrogativas de foro, prazos e custas processuais

11.1.1. Estabilidade decenal

O art. 492 da CLT dispõe que, após 10 anos na mesma empresa, o empregado não poderá ser despedido senão por motivo de falta grave, devidamente apurada por meio de reclamação trabalhista que se denomina "inquérito judicial para apuração de falta grave", nos termos do art. 853 da CLT, que deverá ser proposta pelo empregador no prazo decadencial de 30 dias contados da suspensão do empregado.

Com o advento da Lei 5.107/1966, foi instituído o regime do Fundo de Garantia do Tempo de Serviço (FGTS), que estabeleceu a opção do empregado entre esse regime jurídico e o da estabilidade prevista no art. 492 consolidado.

Contudo, promulgada a Constituição da República, em 05.10.1988, modificou-se o sistema, eliminando a possibilidade de opção entre a estabilidade e fundo de garantia, consoante ao seu art. 7º, I e II.

Nessa linha, ensina o ilustre professor Arnaldo Süssekind (em *Curso de Direito do Trabalho*, Rio de Janeiro, Renovar, 2002, p. 386): "Revogado está, portanto, o art. 492 da CLT, que previa a aquisição do direito de estabilidade no emprego após 10 anos de serviço na mesma empresa. É evidente, porém, que os empregados que adquiriram a estabilidade preservam esse direito. Neste sentido definiu-se o legislador (art. 12 da Lei 7.839 de 12.10.1989)".

Assim, pode-se afirmar que a estabilidade prevista no art. 492 da CLT foi abolida, ressalvando-se o direito adquirido.

11.2. Estabilidade provisória – Garantia de emprego

Nas lições de Gustavo Felipe Barbosa Garcia (em *Curso de Direito do Trabalho*, 2ª ed., São Paulo, Método, 2008, p. 613), estabilidade pode ser conceituada como "o direito do empregado de permanecer no emprego, restringindo o direito do empregador de dispensá-lo sem justa causa ou de forma arbitrária, só autorizando a cessação contratual em caso de falta grave, força maior, força maior que determine a extinção da empresa, ou cessação das atividades da empresa". Em outras palavras podemos dizer que a estabilidade é o direito do obreiro continuar em seu trabalho, mesmo que contra a vontade de seu empregador.

Passemos a analisar as principais estabilidades:

11.2.1. Dirigente sindical

Nos termos do art. 8º, VIII, da CF/1988 e do § 3º do art. 543 da CLT, é vedada a dispensa do empregado sindicalizado, a partir do registro de sua candidatura a cargo de direção ou representação sindical até um ano após o final de seu mandato, caso seja eleito, salvo se cometer falta grave.

Desta forma, possui garantia de emprego a partir do registro de sua candidatura a cargo de dirigente sindical e, se eleito, ainda como suplente, até 1 (um) ano após o fim do mandato, salvo se cometer falta grave, devidamente apurada por inquérito judicial para apuração de falta grave.

No que se refere ao registro da candidatura, o § 5º do art. 543 da CLT determina que, no prazo de 24 (vinte e quatro) horas, a entidade sindical comunique por escrito a empresa sobre o dia e a hora do registro da candidatura do seu empregado.

Ocorre que, em setembro de 2012, o TST conferiu nova redação ao item I da Súmula 369, assegurando a estabilidade provisória ao empregado dirigente sindical, ainda que a comunicação do registro da candidatura ou da eleição e da posse seja realizada fora do prazo previsto no art. 543, § 5º, da CLT, desde que a ciência ao empregador, por qualquer meio, ocorra na vigência do contrato de trabalho.

Insta ressaltar que o empregado dirigente sindical não poderá ser impedido de prestar suas funções, nem poderá ser transferido para local ou cargo que lhe dificulte ou torne impossível o desempenho de suas atribuições sindicais.

Apenas para melhor elucidação sobre o tema, é importante lembrar que a estabilidade prevista no art. 8º, VIII, da CF/1988 é garantida, exclusivamente, aos dirigentes sindicais que exerçam ou ocupem cargos de direção nos sindicatos, submetidos a processo eletivo, não se estendendo, por via de consequência, ao delegado sindical.

Isso porque o § 4º do art. 543 consolidado prescreve que se considera cargo de direção ou de representação sindical aquele cujo exercício ou indicação decorre de eleição prevista em lei. Por outro lado, o **art. 523** do mesmo diploma legal prevê a figura do delegado sindical, estabelecendo que os delegados sindicais serão designados pela diretoria dentre os associados enraizados no território da correspondente delegacia. Assim, como os delegados sindicais não são eleitos, mas sim indicados pela diretoria da entidade, não fará jus à garantia de emprego estabelecida no art. 8º, VIII, da CF/1988 e do § 3º do art. 543 da CLT. Nesse sentido é a jurisprudência consolidada na Orientação Jurisprudencial 369 da SDI 1 do TST.

Por último, vale lembrar que o membro de conselho fiscal de sindicato não tem direito à estabilidade prevista nos arts. 543, § 3º, da CLT e 8º, VIII, da CF/1988, pois não atua na defesa de direitos da categoria profissional, tendo sua competência limitada à fiscalização da gestão financeira do sindicato, em conformidade com o art. 522, § 2º, da CLT e Orientação Jurisprudencial 365 da SDI 1 do TST.

11.2.2. Representantes dos empregados na CIPA

Estabelece a CF/1988 no art. 10, inciso II, "a", do Ato das Disposições Constitucionais Transitórias que até que seja promulgada Lei Complementar a que se refere o art. 7º, I, da Constituição Federal, fica vedada a dispensa arbitrária ou sem justa causa do empregado eleito para cargo de direção de Comissões Internas de Prevenção de Acidentes, desde o registro da sua candidatura até um ano após o final de seu mandato.

A legislação infraconstitucional, art. 165 da CLT, dispõe que: "os titulares da representação dos empregados nas CIPA(s) não poderão sofrer despedida arbitrária, entendendo-se como tal a que não se fundar em motivo técnico, econômico ou financeiro".

É importante ressaltar que o TST, por meio da Súmula 339, item I, entende que essa estabilidade é estendida ao suplente ao ensinar que: "O suplente da CIPA goza da garantia de emprego prevista no art. 10, II, "a", do ADCT a partir da promulgação da Constituição Federal de 1988".

11.2.3. Empregada gestante

A garantia de emprego da empregada gestante vem disciplinada no art. 10, inciso II, "b", do Ato das Disposições Constitucionais Transitórias. Esse direito é assegurado a toda empregada gestante, inclusive a empregada doméstica, desde a confirmação da gravidez até 5 meses após o parto.

É imperioso observar que o desconhecimento do estado gravídico por parte do empregador não afasta o direito a estabilidade, teoria acolhida pelo TST na Súmula 244, item I.

Tema que sempre envolveu grande discussão na doutrina foi a garantia de emprego em se tratando de contrato de experiência, tendo em vista que nessa modalidade de contrato as partes já sabem de antemão a data de início e término do referido contrato. Assim, o TST havia consolidado entendimento através do item III da Súmula 244 entendendo que não teria direito à estabilidade provisória na hipótese de admissão mediante contrato de experiência, tendo em vista que, nessa situação, a extinção da relação de emprego, em face do término do prazo, não constitui dispensa arbitrária ou sem justa causa.

Todavia, em setembro de 2012, o TST reviu seu entendimento e deu nova redação ao item III da Súmula 244, para assegurar o direito à estabilidade provisória prevista no art. 10, II, "b", do ADCT, mesmo na hipótese de admissão mediante contrato por tempo determinado.

Note que de acordo com o novo entendimento do TST é assegurada a estabilidade em contratação por prazo determinado e não apenas na hipótese de contrato de experiência.

Desta forma, objetivando uma maior segurança para a mãe e para o nascituro, é assegurada a estabilidade provisória para a empregada gestante, desde a confirmação da gravidez até 5 meses após o parto, ainda que contratada mediante qualquer modalidade de contrato por prazo determinado.

Por último, importante a transcrição da OJ 30 da SDC do TST:

> ORIENTAÇÃO JURISPRUDENCIAL – 30 SDC ESTABILIDADE DA GESTANTE. RENÚNCIA OU TRANSAÇÃO DE DIREITOS CONSTITUCIONAIS. IMPOSSIBILIDADE
>
> Nos termos do art. 10, II, "b", do ADCT, a proteção à maternidade foi erigida à hierarquia constitucional, pois retirou do âmbito do direito potestativo do empregador a possibilidade de despedir arbitrariamente a empregada em estado gravídico. Portanto, a teor do artigo 9º da CLT, torna-se nula de pleno direito a cláusula que estabelece a possibilidade de renúncia ou transação, pela gestante, das garantias referentes à manutenção do emprego e salário.

Majorando a garantia de emprego disposta no art. 10, II, *a*, do ADCT, a Lei 12.812/2013, de 16.05.2013 acrescentou o art. 391-A no texto consolidado, assegurando à gestante a manutenção no emprego ainda que a confirmação da gravidez se dê no curso do aviso-prévio, seja ele trabalhado ou indenizado, como se observa pela redação no referido dispositivo legal.

> "**Art. 391-A.** A confirmação do estado de gravidez advindo no curso do contrato de trabalho, ainda que durante o prazo do aviso prévio trabalhado ou indenizado, garante à empregada gestante a estabilidade provisória prevista na alínea *b* do inciso II do art. 10 do Ato das Disposições Constitucionais Transitórias."

No dia 26.06.2014, foi publicada a Lei Complementar 146, que estende a estabilidade provisória prevista na alínea *b* do inciso II do art. 10 do ADCT à trabalhadora gestante, nos casos de morte desta, a quem detiver a guarda de seu filho. Assim dispõe o art. 1º da citada lei complementar:

> **Art. 1º** O direito prescrito na alínea *b* do inciso II do art. 10 do Ato das Disposições Constitucionais Transitórias, nos casos em que ocorrer o falecimento da genitora, será assegurado a quem detiver a guarda do seu filho.

A lei determina que a estabilidade da gestante falecida alcançará quem detiver a guarda de seu filho. Observa-se, portanto, que a principal finalidade da lei é dar maior efetividade ao direito constitucionalmente previsto, garantindo uma maior proteção ao nascituro, principal sujeito a quem a garantia de emprego realmente visa proteger.

11.2.4. Empregado acidentado – acidente de trabalho

A Lei 8.213/1991, em seu art. 118, assegura estabilidade no emprego ao trabalhador que sofrer acidente de trabalho pelo prazo mínimo de doze meses após o afastamento pela Previdência Social. A estabilidade se estende aos casos de acidente ocorrido no trajeto entre a residência e o trabalho e do trabalho à residência do obreiro e, ainda, de doença profissional ou do trabalho.

Desta forma, o segurado que sofreu acidente do trabalho tem garantido, pelo prazo mínimo de 12 meses, a manutenção de seu contrato de trabalho após a cessação do auxílio-doença acidentário, independentemente da percepção de auxílio-acidente.

Para a aquisição da estabilidade decorrente de acidente de trabalho ou doença profissional, a Lei prevê dois requisitos básicos: a ocorrência de acidente de trabalho ou doença laboral e a percepção do auxílio-doença acidentário, entendimento consubstanciado no item II da Súmula 378 do TST.

Em setembro de 2012, o TST inseriu o item III à Súmula 378 do TST firmando posicionamento no sentido de que, ainda que se trate de contrato com prazo determinado, qualquer que seja sua modalidade, será assegurada a garantia de emprego ao empregado acidentado que preencha os requisitos do item II da Súmula em debate. Dispõe o item III da Súmula 378 do TST:

> SÚMULA 378 TST
>
> (...)
>
> III – O empregado submetido a contrato de trabalho por tempo determinado goza da garantia provisória de emprego, decorrente de acidente de trabalho, prevista no art. 118 da Lei 8.213/1991.

11.2.5. Comissão de Conciliação Prévia

O art. 625-B, § 1º, da CLT dispõe ser vedada a dispensa dos representantes dos empregados na Comissão de Conciliação Prévia, titulares e suplentes, desde o registro da candidatura e, se eleitos, até um ano após o fim do mandato, salvo se cometerem falta grave.

11.2.6. Empregados membros do conselho curador do FGTS

Aos membros efetivos do Conselho Curador do FGTS e aos seus suplentes, enquanto representantes dos trabalhadores, é assegurada a estabilidade no emprego, desde a nomeação até um ano após o término do mandato, somente podendo ser demitidos por motivos de falta grave, regularmente comprovada, nos termos do art. 3º, § 9º, da Lei 8.036/1990.

11.2.7. Empregados membros do Conselho Nacional de Previdência Social

Preceitua a Lei 8.213/1991, art. 3º, § 7º, que "aos membros do CNPS, enquanto representantes dos trabalhadores em atividade, titulares e suplentes, é assegurada a estabilidade no emprego, da nomeação até um ano após o término do mandato de representação, somente podendo ser demitidos por motivo de falta grave, regularmente comprovada através de processo judicial".

11.2.8. *Empregados eleitos diretores de sociedades cooperativas*

A Lei 5.764/1971, que trata da política nacional de cooperativismo, estabeleceu no seu art. 55 que os empregados de empresas que sejam eleitos diretores de sociedades cooperativas por eles mesmos criadas gozarão das garantias asseguradas aos dirigentes sindicais.

É importante lembrar que a lei trata apenas dos "diretores de sociedades cooperativas" e não de seus suplentes.

11.2.9. *Membros da comissão de representantes dos empregados*

O art. 510-A da CLT informa que nas empresas com mais de duzentos empregados, é assegurada a eleição de uma comissão para representá-los, com a finalidade de promover-lhes o entendimento direto com os empregadores.

A comissão será composta na seguinte proporção:

a) empresas com mais de 200 e até 3.000 empregados: 3 membros;

b) empresas com mais de 3.000 e até 5.000 empregados: 5 membros;

c) empresas com mais de 5.000 empregados: 7 membros.

Para as empresas que possuam filial em outros Estados, ou seja, empresas que possuir empregados em vários Estados, será assegurada a eleição de uma comissão de representantes dos empregados por Estado, na mesma forma acima estudada. Assim por exemplo, se uma empresa com 200 empregados possuir filiais nos Estados de São Paulo, Rio Grande do Norte e Santa Catarina, deverá ser feita uma comissão composta por 3 membros em cada um desses Estados.

Nessa linha, o art. 510-D, § 3º, da CLT dispõe que desde o registro da candidatura até um ano após o fim do mandato, o membro da comissão de representantes dos empregados não poderá sofrer despedida arbitrária, entendendo-se como tal a que não se fundar em motivo disciplinar, técnico, econômico ou financeiro.

Para facilitar os estudos, o quadro abaixo aponta as hipóteses que a legislação prevê a estabilidade provisória/garantia de emprego.

Situações	**Norma Jurídica**
Dirigente Sindical	Art. 8º, VIII, da CF/1988 e art. 543, § 3º, da CLT.
CIPA e suplente	Art. 10, II, alínea "a" do Ato das Disposições Constitucionais Transitórias (ADCT) da CF/1988 e art. 165 da CLT. e Súmula 339, I, TST.
Gestante	Art. 10, II, alínea "b" do Ato das Disposições Constitucionais Transitórias (ADCT) da CF/1988.
Acidente de trabalho	Art. 118 da Lei 8.213/1991
Comissão de Conciliação Prévia	Art. 625-B, § 1º, da CLT.
Membro do conselho curador do FGTS	Art. 3º, § 9º, da Lei 8.036/1990.
Empregados membros do Conselho Nacional de Previdência Social	Art. 3º, § 7º, da Lei 8.213/1991.
Diretores de sociedade cooperativa	Art. 55 da Lei 5.764/1971.
Membros da comissão de representantes dos empregados	Art. 510-D, § 3º, da CLT

11.3. Garantia de emprego para o empregado portador do vírus HIV ou de outra doença grave

Há muito tempo se discute na jurisprudência a respeito da garantia de emprego no emprego do portador do vírus HIV.

AIDS é a sigla em inglês para definir *Acquired Immunodeficiency Syndrome* (ou Síndrome da Imunodeficiência Adquirida). No Brasil, não há legislação instituindo a estabilidade no emprego para o portador do vírus HIV.

Essa lacuna levou diversos Tribunais a decidirem de diferentes maneiras sobre o tema. Nessa linha, algumas decisões negavam a estabilidade no emprego sob o argumento de que nosso ordenamento jurídico é omisso com relação à estabilidade do portador do HIV.

No entanto, outras decisões assinalavam que, mesmo não havendo preceito legal garantindo a estabilidade ao empregado portador do vírus HIV, ao Estado-Juiz, nos termos do art. 8º da CLT, compete valer-se dos princípios gerais do direito, da analogia e dos costumes para solucionar os conflitos.

Esse segundo posicionamento culminou na edição da Súmula 443 do TST, que reconhece a presunção de dispensa discriminatória do portador do vírus HIV ou de outra doença grave. Dispõe a referida Súmula:

> SÚMULA 443 DO TST – DISPENSA DISCRIMINATÓRIA. PRESUNÇÃO. EMPREGADO PORTADOR DE DOENÇA GRAVE. ESTIGMA OU PRECONCEITO. DIREITO À REINTEGRAÇÃO.
>
> Presume-se discriminatória a despedida de empregado portador do vírus HIV ou de outra doença grave que suscite estigma ou preconceito. Inválido o ato, o empregado tem direito à reintegração no emprego.

O entendimento sumulado, portanto, é no sentido de ser discriminatória a demissão imotivada do portador de HIV. Isso porque se presume que a despedida ocorreu pelo fato de o empregado ser portador do vírus ou outra doença grave.

Vale dizer que, de acordo com a corrente majoritária, é irrelevante o conhecimento da doença por parte da empresa. Essa teoria aplica, analogicamente, a regra para a estabilidade da gestante disposta na Súmula 244, item I, do TST.

Desta forma, o empregado portador do vírus HIV ou de outra doença grave somente poderá ser demitido por justa causa, nas hipóteses do art. 482 da CLT.

A CF/1988 tem como base a dignidade da pessoa humana consagrada em seu art. 1º, III. Já no capítulo referente aos direitos sociais, em seu art. 6º, assegura o direito ao trabalho, proibindo em paralelo qualquer tipo de discriminação, nos termos do art. 5º, *caput*, da CF/1988 que assim dispõe:

> "**Art. 5º** Todos são iguais perante a lei, sem distinção de qualquer natureza, garantindo-se aos brasileiros e aos estrangeiros residentes no país, a inviolabilidade do direito à vida, à liberdade, à igualdade, à segurança e à propriedade."

Ademais, a Lei 9.029/1995, que coíbe toda forma de discriminação, reza em seu art. 4º ser direito do empregado:

> **Art. 4º** O rompimento da relação de trabalho por ato discriminatório, nos moldes desta Lei, além do direito à reparação pelo dano moral, faculta ao empregado optar entre:
>
> I - a reintegração com ressarcimento integral de todo o período de afastamento, mediante pagamento das remunerações devidas, corrigidas monetariamente, acrescidas dos juros legais;
>
> II - a percepção, em dobro, da remuneração do período de afastamento, corrigida monetariamente e acrescida dos juros legais.

Assim, podemos concluir que é assegurada a garantia no emprego ao portador do vírus HIV ou de outra doença grave, na medida em que se presume discriminatória sua demissão imotivada, podendo ser demitido somente na ocorrência de justa causa, nas hipóteses do art. 482 da CLT.

Ocorrendo a dispensa imotivada além da indenização por danos morais, é assegurada sua reintegração ao emprego com o ressarcimento integral de todo o período que esteve afastado ou a percepção em dobro do respectivo período.

Por fim, vale dizer que a Lei 12.984, de 03.06.2014 define o crime de discriminação dos portadores do vírus da imunodeficiência humana (HIV) e doentes de AIDS.

De acordo com o art. 1º, III, da citada lei, constitui crime punível com reclusão, de 1 (um) a 4 (quatro) anos, e multa, exonerar ou demitir de seu cargo ou emprego o portador do HIV ou o doente de AIDS. Na mesma pena incorre aquele que negar emprego ou trabalho ao portador do HIV e o doente de AIDS, em razão da sua condição de portador ou de doente, art. 1º, II, da Lei 12.984/2014.

11.4. Reintegração ou indenização substitutiva

Como se sabe, os empregados que possuem a garantia de emprego não podem ser demitidos, salvo por falta grave e em algumas situações sua demissão deve ser precedida por inquérito judicial para apuração de falta grave.

Porém, caso o empregador venha a demitir esse empregado sem justo motivo, poderá o empregado pleitear, liminarmente, sua reintegração ao emprego, desde que o período estabilitário não tenha se exaurido.

Ocorre que, muitas vezes o pedido liminar é indeferido e o mérito do pedido de reintegração acaba sendo apreciado depois de exaurido o período de estabilidade do empregado.

Nesse caso, a reintegração se mostra inviável, sendo possível a remuneração desse período como forma de indenização. Nessa hipótese, o empregador arcará, portanto, com o pagamento dos salários e demais verbas rescisórias além da remuneração do período de estabilidade não gozado, ou seja, o período compreendido entre a data de despedida e o final do período de estabilidade.

Essa conversão vem determinada no art. 496 da CLT, que assim dispõe:

> **Art. 496.** Quando a reintegração do empregado estável for desaconselhável, dado o grau de incompatibilidade resultante do dissídio, especialmente quando for o empregador pessoa física, o tribunal do trabalho poderá converter aquela obrigação em indenização devida nos termos do artigo seguinte.

Nesse sentido, o TST editou a Súmula 396:

> SÚMULA 396 TST – ESTABILIDADE PROVISÓRIA. PEDIDO DE REINTEGRAÇÃO. CONCESSÃO DO SALÁRIO RELATIVO AO PERÍODO DE ESTABILIDADE JÁ EXAURIDO. INEXISTÊNCIA DE JULGAMENTO "EXTRA PETITA".
>
> I – Exaurido o período de estabilidade, são devidos ao empregado apenas os salários do período compreendido entre a data da despedida e o final do período de estabilidade, não lhe sendo assegurada a reintegração no emprego.
>
> II – Não há nulidade por julgamento "extra petita" da decisão que deferir salário quando o pedido for de reintegração, dados os termos do art. 496 da CLT.

12. NORMAS DE PROTEÇÃO AO TRABALHO

12.1. Proteção ao trabalho da mulher

A Constituição Federal, em seu art. 7º, XX, confere a proteção ao mercado de trabalho da mulher ao ordená-la, mediante incentivos específicos, nos termos da lei.

A legislação consolidada, no art. 373-A, impõe limitações ao empregador que visam a corrigir o acesso da mulher ao mercado de trabalho. São elas:

a) publicar ou fazer publicar anúncio de emprego no qual haja referência ao sexo, à idade, à cor ou situação familiar, salvo quando a natureza da atividade a ser exercida, pública e notoriamente, assim o exigir;

b) recusar emprego, promoção ou motivar a dispensa do trabalho em razão de sexo, idade, cor, situação familiar ou estado de gravidez, salvo quando a natureza da atividade seja notória e publicamente incompatível;

c) considerar o sexo, a idade, a cor ou situação familiar como variável determinante para fins de remuneração, formação profissional e oportunidades de ascensão profissional;

d) exigir atestado ou exame, de qualquer natureza, para comprovação de esterilidade ou gravidez, na admissão ou permanência no emprego;

e) impedir o acesso ou adotar critérios subjetivos para deferimento de inscrição ou aprovação em concursos, em empresas privadas, em razão de sexo, idade, cor, situação familiar ou estado de gravidez;

f) proceder o empregador ou preposto a revistas íntimas nas empregadas ou funcionárias.

As disposições atinentes ao trabalho noturno seguirão as normas aplicáveis a todo trabalhador, inclusive o adicional de 20% e a hora fictamente reduzida.

A CLT traz ainda regras atinentes ao local de trabalho da mulher, determinando que toda empresa é obrigada a:

a) prover os estabelecimentos de medidas concernentes à higienização dos métodos e locais de trabalho, tais como ventilação e iluminação e outros que se fizerem necessários à segurança e ao conforto das mulheres,

b) a instalar bebedouros, lavatórios, aparelhos sanitários; dispor de cadeiras ou bancos, em número suficiente, que permitam às mulheres trabalhar sem grande esgotamento físico;

c) instalar vestiários com armários individuais privativos das mulheres, exceto os estabelecimentos comerciais, escritórios, bancos e atividades afins, em que não seja exigida a troca de roupa e outros, admitindo-se como suficientes as gavetas ou escaninhos, onde possam as empregadas guardar seus pertences.

Os estabelecimentos em que trabalharem pelo menos 30 (trinta) mulheres com mais de 16 (dezesseis) anos de idade deverão possuir local apropriado onde seja permitido às empregadas guardar sob vigilância e assistência os seus filhos no período da amamentação.

Essa exigência poderá ser suprida por meio de creches distritais mantidas, diretamente ou mediante convênios, com outras entidades públicas ou privadas, pelas próprias empresas, em regime comunitário, ou a cargo do SESI, do SESC, da LBA ou de entidades sindicais.

O art. 390 consolidado veda ao empregador utilizar a mulher em serviço que demande o emprego de força muscular superior a 20 (vinte) quilos para o trabalho contínuo, ou 25 (vinte e cinco) quilos para o trabalho ocasional.

O legislador garante à mulher, para amamentar o próprio filho até que este complete 6 (seis) meses de idade, durante a jornada de trabalho, 2 (dois) descansos especiais de meia hora cada um.

Entretanto, caso a saúde do filho exija, o período de 6 (seis) meses poderá ser dilatado, a critério da autoridade competente.

Em 11 de maio de 2016 a Lei 13.287/2016 acrescentou o art. 394-A na CLT, impondo ao empregador o dever de afastar a empregada gestante ou lactante de quaisquer atividades, operações ou locais insalubres, que devia ser transferida para um local salubre, enquanto perdurar a situação.

Contudo, a Medida Provisória 808/2017 deu nova redação ao art. 394-A da CLT, que assim dispõe:

> "Art. 394-A. A empregada gestante será afastada, enquanto durar a gestação, de quaisquer atividades, operações ou locais insalubres e exercerá suas atividades em local salubre, excluído, nesse caso, o pagamento de adicional de insalubridade.

O novo dispositivo legal retira a proteção da mulher lactante (aquela que amamenta) em trabalhar em local insalubre. Dessa forma, de acordo com o novo dispositivo legal, somente a mulher gestante deverá ser afastada de quaisquer atividades insalubres e realocada em local salubre, proteção que não se estende a mulher lactante.

Com relação a mulher lactante, ensina o § 3º do art. 394-A da CLT que apenas será afastada de atividades e operações consideradas insalubres em qualquer grau quando apresentar atestado de saúde emitido por médico de sua confiança, do sistema privado ou público de saúde, que recomende o afastamento durante a lactação.

Por último, imperioso lembrar que o exercício de atividades e operações insalubres em grau médio ou mínimo, pela gestante, somente será permitido quando ela, voluntariamente, apresentar atestado de saúde, emitido por médico de sua confiança, do sistema privado ou público de saúde, que autorize a sua permanência no exercício de suas atividades. Importante frisar que essa permissão não se aplica ao exercício de atividades e operações insalubres em grau máximo.

12.1.1. Períodos de amamentação

A regra prevista no art. 396 da CLT ensina que para amamentar seu filho, inclusive se advindo de adoção, até que este complete 6 (seis) meses de idade, a mulher terá direito, durante a jornada de trabalho, a 2 (dois) descansos especiais de meia hora cada um. Esse período de 6 meses poderá ser dilatado, a critério da autoridade competente, quando o exigir a saúde do filho.

Os horários dos descansos supraindicados deverão ser definidos em acordo individual entre a mulher e o empregador.

12.1.2. Licença-maternidade

Prevista no art. 7º, XVIII, da CF, art. 392 da CLT e art. 71 da Lei 8.213/1991, também chamada de licença gestante a licença maternidade é um benefício de caráter previdenciário que consiste em conceder, à mulher que deu à luz uma licença remunerada de 120 dias, que pode ser prorrogada por mais 60 dias, nos termos do art. 1º da Lei 11.770/2008.

A licença maternidade não se confunde com a estabilidade provisória prevista no art. 10, II, *a*, do ADCT, benefício que impede a dispensa imotivada por parte do empregador. A prorrogação será garantida à empregada da pessoa jurídica que aderir ao programa Empresa Cidadã, desde que a empregada a requeira até o final do primeiro mês após o parto, e concedida imediatamente após a fruição da licença-maternidade.

Em conformidade com o § 2º do art. 1º da Lei 11.770/2008, a prorrogação será garantida na mesma proporção também à empregada e ao empregado que adotar ou obtiver guarda judicial para fins de adoção de criança.

Pois bem: à empregada que adotar ou obtiver guarda judicial para fins de adoção de criança será concedida licença-maternidade nos termos do art. 392-A da CLT, nova redação dada pela Lei 12.873 de 24.10.2013.

A Lei 12.873/2013 acrescentou o § 5º ao art. 392-A da CLT ensinando que a adoção ou guarda judicial conjunta ensejará a concessão de licença-maternidade a apenas um dos adotantes ou guardiães empregado ou empregada.

A lei inseriu ao diploma consolidado o art. 392-B, assegurando ao cônjuge ou companheiro empregado, em caso de morte da genitora, o gozo de licença por todo o período da licença-maternidade ou pelo tempo restante a que teria direito a mãe, exceto no caso de falecimento do filho ou de seu abandono.

Por último, nos termos do art. 392-C da CLT, de acordo com a redação dada pela Lei 12.873/2013, as regras dispostas nos arts. 392-A e 392-B serão aplicadas ao empregado que adotar ou obtiver guarda judicial para fins de adoção.

Ocorre que a Lei 12.010, de 03.08.2009, que entrou em vigor em 01.11.2009, revogou expressamente, em seu art. 8º, períodos de licença-maternidade que levavam em conta a idade da criança adotada. Portanto, após a vigência da lei em comento, a mãe que adotar ou que obtiver a guarda judicial, independente da idade da criança, terá a licença-maternidade de 120 (cento e vinte) dias, prorrogáveis por mais 60 (sessenta dias).

A empregada deverá notificar o seu empregador da data do início do afastamento do emprego, que poderá ocorrer entre o 28º dia antes do parto e ocorrência deste, nos termos do art. 392, § 1º, da CLT.

12.2. Proteção ao trabalho do menor

O art. 402 da CLT considera menor o trabalhador de quatorze até dezoito anos.

O art. 7º, XXXIII, da CF proíbe o trabalho noturno, perigoso ou insalubre a menores de dezoito e de qualquer trabalho a menores de dezesseis anos, salvo na condição de aprendiz, a partir de quatorze anos.

A capacidade, nos domínios do Direito do Trabalho, poderia ser classificada da seguinte maneira:

a) absolutamente incapazes: até 14 anos de idade, pois não podem trabalhar;

b) relativamente incapazes: dos 14 aos 18 incompletos, pois podem laborar nas hipóteses descritas em lei;

c) plenamente capazes: trabalhadores com idade igual ou superior a 18 anos.

O art. 405 da CLT ensina que ao menor não será permitido o trabalho em locais e serviços perigosos ou insalubres e, também, em locais ou serviços prejudiciais à sua moralidade.

Será considerado prejudicial à moralidade do menor o trabalho:

a) prestado de qualquer modo em teatros de revista, cinemas, boates, cassinos, cabarés, *dancings* e estabelecimentos análogos;

b) em empresas circenses, em funções de acrobata, saltimbanco, ginasta e outras semelhantes;

c) de produção, composição, entrega ou venda de escritos, impressos, cartazes, desenhos, gravuras, pinturas, emblemas, imagens e quaisquer outros objetos que possam, a juízo da autoridade competente, prejudicar sua formação moral;

d) consistente na venda, a varejo, de bebidas alcoólicas.

O trabalho em empresas circenses ou aqueles prestados em teatro, cinemas e similares, poderá ser autorizado pelo Juiz da Vara da Infância e Juventude.

Por outro lado, verificado que o trabalho executado pelo menor é prejudicial à sua saúde, ao seu desenvolvimento físico ou a sua moralidade, o Juiz poderá obrigá-lo a abandonar o serviço, devendo a respectiva empresa, quando for o caso, proporcionar ao menor todas as facilidades para mudar de funções. Caso a empresa assim não proceda, o contrato de trabalho estará extinto na forma do art. 483 da CLT.

Ao menor é lícito firmar recibo pelo pagamento dos salários. Tratando-se, porém, de rescisão do contrato de trabalho, é vedado ao menor de 18 (dezoito) anos dar, sem assistência dos seus responsáveis legais, quitação ao empregador pelo recebimento da indenização que lhe for devida.

Embora ao menor de 18 (dezoito) anos seja vedado o trabalho noturno, a duração do trabalho do menor é como a dos trabalhadores em geral, podendo, porém, prorrogar sua jornada de trabalho, nos termos do art. 413 da CLT, apenas em dois casos:

a) por até mais 2 (duas) horas, independentemente de acréscimo salarial, mediante convenção ou acordo coletivo, desde que o excesso de horas em um dia seja compensado pela diminuição em outro, de modo a ser observado o limite máximo de 44 (quarenta e quatro) horas semanais ou outro inferior legalmente fixado;

b) por motivo de força maior, até o máximo de 12 (doze) horas, com acréscimo salarial de, pelo menos, 50% sobre a hora normal e desde que o trabalho do menor seja imprescindível ao funcionamento do estabelecimento.

Aos menores, assim como às mulheres, em caso de prorrogação do horário normal, será obrigatório um descanso de 15 (quinze) minutos no mínimo, antes do início do período extraordinário do trabalho.

Por fim, vale dizer que, nos termos do art. 440 da CLT, contra os menores de 18 (dezoito) anos não corre nenhum prazo de prescrição.

12.2.1. Aprendizes

Contrato de aprendizagem é o contrato de trabalho especial, ajustado por escrito e por prazo determinado, em que o empregador se compromete a assegurar ao maior de 14 (quatorze) e menor de 24 (vinte e quatro) anos inscrito em programa de aprendizagem formação técnico-profissional metódica compatível com o seu desenvolvimento físico, moral e psicológico, e o aprendiz, a executar com zelo e diligência as tarefas necessárias a essa formação.

Importa frisar que a idade máxima prevista não se aplica a aprendizes portadores de deficiência, em conformidade com o art. 428, § 5º, da CLT.

A validade do contrato de aprendizagem pressupõe anotação na Carteira de Trabalho e Previdência Social, matrícula e frequência do aprendiz na escola, caso não haja concluído o ensino médio, e inscrição em programa de aprendizagem desenvolvido sob orientação de entidade qualificada em formação técnico-profissional metódica.

O contrato de aprendizagem não poderá ser estipulado por mais de 2 (dois) anos, exceto quando se tratar de aprendiz portador de necessidades especiais, hipótese em que não se aplica esse limite.

A duração do trabalho do aprendiz não excederá de seis horas diárias, sendo vedadas a prorrogação e a compensação de jornada.

O limite previsto poderá ser de até oito horas diárias para os aprendizes que já tiverem completado o ensino fundamental se nelas forem computadas as horas destinadas à aprendizagem teórica.

Nos termos do art. 433 da CLT, o contrato de aprendizagem extinguir-se-á no seu termo ou quando o aprendiz completar 24 (vinte e quatro) anos, salvo em se tratando de aprendiz portador de necessidades especiais, ou ainda antecipadamente nas seguintes hipóteses:

a) desempenho insuficiente ou inadaptação do aprendiz;

b) falta disciplinar grave;

c) ausência injustificada à escola que implique perda do ano letivo; ou

d) a pedido do aprendiz.

12.3. Segurança e medicina do trabalho

Leciona o art. 7º, XXII, da CF que é um direito dos trabalhadores urbanos e rurais a redução dos riscos inerentes ao trabalho, por meio de normas de saúde, higiene e segurança.

A legislação infraconstitucional determina que nenhum estabelecimento poderá iniciar suas atividades sem prévia inspeção e aprovação das respectivas instalações pela autoridade regional competente em matéria de segurança e medicina do trabalho.

Uma vez constatado por laudo técnico do serviço competente algum tipo de grave e iminente risco para o trabalhador, o delegado regional do trabalho poderá interditar estabelecimento, setor de serviço, máquina ou equipamento, ou, ainda, embargar uma obra que esteja em andamento.

Considera-se grave e iminente risco toda condição ambiental de trabalho que possa causar acidente do trabalho ou doença profissional com lesão grave à integridade física do trabalhador.

A interdição importará na paralisação total ou parcial do estabelecimento, setor de serviço, máquina ou equipamento, ao passo que o embargo importará na paralisação total ou parcial da obra.

O delegado regional deverá, nesse caso, indicar as providências que deverão ser adotadas para prevenção de infortúnios de trabalho. Uma vez cumpridas as exigências, será realizado novo laudo técnico, podendo o delegado regional do trabalho retirar o embargo ou a interdição.

Vale lembrar que durante a paralisação dos serviços, em decorrência da interdição ou embargo, os empregados deverão receber seus salários como se estivessem em efetivo exercício do labor.

12.3.1. Comissão Interna de Prevenção de Acidentes – CIPA

Ao teor do disposto no art. 162 da CLT, as empresas estão obrigadas a manter serviços especializados em segurança e em medicina do trabalho.

Por essa razão será obrigatória a constituição de Comissão Interna de Prevenção de Acidentes (CIPA) nos estabelecimentos ou locais de obra nelas especificadas.

A CIPA é composta de representantes da empresa e dos empregados e tem como fim prevenir acidentes de trabalho dentro da empresa.

O mandato dos membros eleitos da CIPA terá a duração de 1 (um) ano, sendo permitida uma reeleição.

Os titulares da representação dos empregados nas CIPAs não poderão sofrer despedida arbitrária, entendendo-se como tal a que não se fundar em motivo disciplinar, técnico, econômico ou financeiro.

O art. 10, II, "a", do ADCT veda a dispensa arbitrária ou sem justa causa do empregado eleito para cargo de direção de comissões internas de prevenção de acidentes, desde o registro de sua candidatura até um ano após o final de seu mandato.

Entretanto, o TST através da Súmula 339 garante também aos suplentes o direito à estabilidade.

Dispõe a Súmula 339 do TST:

> SÚMULA 339 TST – CIPA. SUPLENTE. GARANTIA DE EMPREGO. CF/1988
>
> I – O suplente da CIPA goza da garantia de emprego prevista no art. 10, II, "a", do ADCT a partir da promulgação da Constituição Federal de 1988.
>
> II – A estabilidade provisória do cipeiro não constitui vantagem pessoal, mas garantia para as atividades dos membros da CIPA, que somente tem razão de ser quando em atividade a empresa. Extinto o estabelecimento, não se verifica a despedida arbitrária, sendo impossível a reintegração e indevida a indenização do período estabilitário.

12.3.2. Equipamentos de proteção individual

A empresa é obrigada a fornecer aos empregados, gratuitamente, equipamento de proteção individual adequado ao risco e em perfeito estado de conservação e funcionamento sempre que as medidas de ordem geral não ofereçam completa proteção contra os riscos de acidentes e danos à saúde dos empregados.

Pois bem: considera-se Equipamento de Proteção Individual – EPI todo dispositivo de uso individual destinado a proteger a integridade física do trabalhador.

Desta forma, a empresa é obrigada a fornecer aos empregados, gratuitamente, EPI adequado ao risco e em perfeito estado de conservação e funcionamento nas seguintes circunstâncias:

a) sempre que as medidas de proteção coletiva forem tecnicamente inviáveis ou não oferecerem completa proteção contra os riscos de acidentes do trabalho e/ou de doenças profissionais e do trabalho;

b) enquanto as medidas de proteção coletiva estiverem sendo implantadas;

c) para atender a situações de emergência.

Cumpre destacar que ao empregador são impostas algumas obrigações em relação ao cumprimento das normas de segurança e medicina do trabalho.

Assim, compete ao empregador:

a) cumprir e fazer cumprir as disposições legais e regulamentares sobre segurança e medicina do trabalho;

b) elaborar ordens de serviço sobre segurança e medicina do trabalho, dando ciência aos empregados, com os seguintes objetivos:

I. prevenir atos inseguros no desempenho do trabalho;

II. divulgar as obrigações e proibições que os empregados devam conhecer e cumprir;

III. dar conhecimento aos empregados de que serão passíveis de punição pelo descumprimento das ordens de serviço expedidas;

IV. determinar os procedimentos que deverão ser adotados em caso de acidente do trabalho e doenças profissionais ou do trabalho;

V. adotar medidas determinadas pelo Ministério do Trabalho;

VI. adotar medidas para eliminar ou neutralizar a insalubridade e as condições inseguras de trabalho.

De outro lado, estão as obrigações impostas ao empregado, quais sejam:

a) cumprir as disposições legais e regulamentares sobre segurança e medicina do trabalho, inclusive as ordens de serviço expedidas pelo empregador;

b) usar o EPI fornecido pelo empregador;

c) submeter-se aos exames médicos previstos;

d) colaborar com a empresa na aplicação das Normas Regulamentadoras.

Por último, constitui ato faltoso do empregado a recusa injustificada à observância das instruções expedidas pelo empregador ou ao uso dos equipamentos de proteção individual fornecidos pela empresa.

12.3.3. Atividades insalubres

Pela redação do art. 189 da CLT, são consideradas atividades ou operações insalubres aquelas que, por sua natureza, condições ou métodos de trabalho, exponham os empregados a agentes nocivos à saúde acima dos limites de tolerância fixados em razão da natureza e da intensidade do agente e do tempo de exposição aos seus efeitos.

Importa ressaltar que para fazer jus ao adicional de insalubridade não é necessário que o labor exponha os empregados de forma contínua a agentes nocivos. Isso porque a Súmula 47 do TST estabelece que o caráter intermitente do trabalho executado em condições insalubres não afasta o direito de recebimento do respectivo adicional.

Nas atividades insalubres, quaisquer prorrogações só poderão ser acordadas mediante licença prévia do Ministério do Trabalho, que procederá aos exames do local de trabalho, métodos e dos processos de trabalho.

O quadro das atividades e operações insalubres será aprovado pelo Ministério do Trabalho, que deverá adotar normas sobre os critérios de caracterização da insalubridade, os limites de tolerância aos agentes agressivos, meios de proteção e o tempo máximo de exposição do empregado a esses agentes.

Nesse sentido o TST editou, em maio de 2014, a Súmula 448 que assim dispõe:

> SÚMULA 448 TST – ATIVIDADE INSALUBRE. CARACTERIZAÇÃO. PREVISÃO NA NORMA REGULAMENTADORA N. 15 DA PORTARIA DO MINISTÉRIO DO TRABALHO N. 3.214/1978. INSTALAÇÕES SANITÁRIAS.
>
> I – Não basta a constatação da insalubridade por meio de laudo pericial para que o empregado tenha direito ao respectivo adicional, sendo necessária a classificação da atividade insalubre na relação oficial elaborada pelo Ministério do Trabalho.
>
> II – A higienização de instalações sanitárias de uso público ou coletivo de grande circulação, e a respectiva coleta de lixo, por não se equiparar à limpeza em residências e escritórios, enseja o pagamento de adicional de insalubridade em grau máximo, incidindo o disposto no Anexo 14 da NR-15 da Portaria do MTE n. 3.214/1978 quanto à coleta e industrialização de lixo urbano.

Vale dizer que de acordo com o item I da Orientação Jurisprudencial 173 da SDI 1 do TST, nas atividades a céu aberto por sujeição à radiação solar é indevido o adicional de insalubridade ao trabalhador, tendo em vista a ausência de previsão legal.

Todavia, em setembro de 2012, o TST acrescentou o item II à Orientação Jurisprudencial 173 da SDI 1, assegurando direito à percepção ao adicional de insalubridade ao empregado que exercer atividade exposto ao calor acima dos limites de tolerância, inclusive em ambiente externo com carga solar, nas condições previstas no Anexo 3 da NR 15 da Portaria 3.214/1978 do MTE.

Pois bem: determina o art. 192 da CLT que o exercício de trabalho em condições de insalubridade assegura ao trabalhador a percepção de um adicional, incidente sobre o salário mínimo, equivalente a: 40% para insalubridade de grau máximo, 20% para insalubridade de grau médio e 10% para insalubridade de grau mínimo.

No caso de incidência de mais de um fator de insalubridade, será apenas considerado o de grau mais elevado, para efeito de acréscimo salarial, sendo vedada a percepção cumulativa.

A eliminação ou neutralização da insalubridade determinará a cessação do pagamento do adicional respectivo.

A eliminação ou neutralização da insalubridade deverá ocorrer:

a) com a adoção de medidas de ordem geral que conservem o ambiente de trabalho dentro dos limites de tolerância;

b) com a utilização de equipamento de proteção individual que diminuam a intensidade do agente agressivo a limites de tolerância.

Nessa linha, porém, o TST editou a Súmula 289 entendendo que o simples fornecimento do aparelho de proteção pelo empregador não o exime do pagamento do adicional de insalubridade. Cabe-lhe tomar as medidas que conduzam à diminuição ou eliminação da nocividade, entre as quais as relativas ao uso efetivo do equipamento pelo empregado.

Para que referido adicional deixe de ser devido, é necessário que a insalubridade seja eliminada ou reduzida aos níveis de tolerância indicados na Norma Regulamentadora 15 da Portaria 3.214/1978 do Ministério do Trabalho e Emprego.

Desta forma, eliminada a insalubridade do ambiente de trabalho, o pagamento do referido adicional desaparece. Nesse sentido é a Súmula 80 do TST: "A eliminação da insalubridade mediante fornecimento de aparelhos protetores aprovados pelo órgão competente do Poder Executivo exclui a percepção do respectivo adicional".

O referido art. 192 da CLT dispõe que o adicional de insalubridade será calculado com base no salário mínimo.

Porém, a CF/1988, em seu art. 7º, IV, veda a vinculação do salário mínimo para qualquer fim. Assim, não poderia servir de base para o cálculo do adicional de insalubridade.

Desta forma, o STF editou a Súmula vinculante 4, que dispõe: "salvo nos casos previstos na Constituição, o salário mínimo não pode ser usado como indexador de base de cálculo de vantagem de servidor público ou de empregado, nem ser substituído por decisão judicial".

Por esse motivo, o TST modificou a redação da Súmula 228, que passou a dispor: "A partir de 09.05.2008, data da publicação da Súmula Vinculante 4 do Supremo Tribunal Federal, o adicional de insalubridade será calculado sobre o salário básico, salvo critério mais vantajoso fixado em instrumento coletivo".

O adicional passou a ser calculado tendo como base o salário básico sem os acréscimos de outros adicionais, ou seja, aplicação analógica do adicional de periculosidade.

Como não existe lei mandando aplicar o adicional de insalubridade com base no salário básico, a Confederação Nacional das Indústrias propôs Reclamação ao STF contra a nova redação conferida à Súmula 228 do TST.

O então Presidente do STF, Ministro Gilmar Mendes, em decisão liminar, determinou a suspensão da Súmula 228 do TST na parte em que permite a utilização do salário básico para calcular o adicional de insalubridade, o que motivou em setembro de 2012 que o TST fizesse uma ressalva na Súmula 228, registrando a suspensão provisória de sua eficácia por decisão liminar do Supremo Tribunal Federal.

Nessa linha, o STF entendeu que, enquanto não exista nova lei determinando uma base de cálculo para o adicional de insalubridade, deve ser utilizado como base o salário mínimo, ainda que contrarie a Súmula vinculante 4 na medida em que o empregado não deve ficar sem receber o aludido adicional.

12.3.4. Atividades perigosas

Leciona o art. 193 da CLT, com a nova redação dada pela Lei 12.740/2012, que são consideradas atividades ou operações perigosas, na forma da regulamentação aprovada pelo Ministério do Trabalho e Emprego, aquelas que, por sua natureza ou métodos de trabalho, impliquem risco acentuado em virtude de exposição permanente do trabalhador a:

a) inflamáveis, explosivos ou energia elétrica e

b) roubos ou outras espécies de violência física nas atividades profissionais de segurança pessoal ou patrimonial.

A citada lei ao redefinir os critérios para caracterização das atividades ou operações perigosas e inserir como atividades perigosas aquelas que expõem os trabalhadores a roubos ou outras espécies de violência física, conferiu direito ao adicional de periculosidade para esses profissionais.

A fim de especificar as funções que teriam exposição permanente do trabalhador na atividade de segurança pessoal ou patrimonial o MTE publicou a NR 16 que em seu anexo 3 ensina que são considerados profissionais de segurança pessoal ou patrimonial os trabalhadores que atendam a uma das seguintes condições:

a) empregados das empresas prestadoras de serviço nas atividades de segurança privada ou que integrem serviço orgânico de segurança privada, devidamente registradas e autorizadas pelo Ministério da Justiça, conforme Lei 7.102/1983 e suas alterações posteriores.

b) empregados que exercem a atividade de segurança patrimonial ou pessoal em instalações metroviárias, ferroviárias, portuárias, rodoviárias, aeroportuárias e de bens públicos, contratados diretamente pela administração pública direta ou indireta.

De acordo com a citada NR 16 são consideradas perigosas as seguintes atividades:

ATIVIDADES OU OPERAÇÕES	DESCRIÇÃO
Vigilância patrimonial	Segurança patrimonial e/ou pessoal na preservação do patrimônio em estabelecimentos públicos ou privados e da incolumidade física de pessoas.
Segurança de eventos	Segurança patrimonial e/ou pessoal em espaços públicos ou privados, de uso comum do povo.
Segurança nos transportes coletivos	Segurança patrimonial e/ou pessoal nos transportes coletivos e em suas respectivas instalações.
Segurança ambiental e florestal	Segurança patrimonial e/ou pessoal em áreas de conservação de fauna, flora natural e de reflorestamento.
Transporte de valores	Segurança na execução do serviço de transporte de valores.
Escolta armada	Segurança no acompanhamento de qualquer tipo de carga ou de valores.
Segurança pessoal	Acompanhamento e proteção da integridade física de pessoa ou de grupos.
Supervisão/fiscalização operacional	Supervisão e/ou fiscalização direta dos locais de trabalho para acompanhamento e orientação dos vigilantes.
Telemonitoramento/telecontrole	Execução de controle e/ou monitoramento de locais, através de sistemas eletrônicos de segurança.

Os bombeiros civis são regidos pelo disposto na Lei 11.901/2009 e também possuem adicional de periculosidade de 30% (trinta por cento) do salário mensal sem os acréscimos resultantes de gratificações, prêmios ou participações nos lucros da empresa, ou seja, sobre o salário-base.

Ademais, importante salientar que o art. 195 exige que a classificação e a caracterização da periculosidade sejam feitas através de perícia a cargo de Médico do Trabalho ou Engenheiro do Trabalho, registrados no Ministério do Trabalho. E, ainda, determina o art. 196 da CLT que os efeitos pecuniários decorrentes do trabalho nessa condição somente serão devidos a contar da data da inclusão da respectiva atividade nos quadros aprovados pelo Ministério do Trabalho.

Por último, vale dizer que de acordo com a Portaria MTE 595, de 07.05.2015, não são consideradas perigosas, para efeito deste anexo, as atividades desenvolvidas em áreas que utilizam equipamentos móveis de Raios X para diagnóstico médico.

12.3.4.1. Trabalho com motocicletas

Em 20.06.2014 foi publicada a Lei 12.997/2014, chamada "lei dos motoboys" que reconhece como atividades perigosas as atividades de trabalhador em motocicleta.

A lei inseriu o § 4º ao art. 193 da CLT para garantir a esses profissionais que utilizam a moto para trabalhar com o transporte de passageiros e mercadorias, como os motoboys, mototaxistas, motofretistas e de serviço comunitário de rua, o direito ao adicional de periculosidade de 30% sobre seus salários, descontados os acréscimos resultantes de gratificações, prêmios ou participações nos lucros da empresa. A lei se mostra necessária na medida em que se trata de uma categoria que enfrenta o trânsito e todos os perigos que daí advêm, ficando constantemente expostos a acidentes de trânsito.

A partir da publicação da lei, assim como para os trabalhos que impliquem contato permanente com inflamáveis ou explosivos em condições de risco acentuado ou roubos ou outras espécies de violência física nas atividades profissionais de segurança pessoal ou patrimonial, os motoboys, mototaxistas, motofrentistas e de serviço comunitário de rua possuem o direito ao adicional de periculosidade.

Portanto, as atividades laborais com utilização de motocicleta ou motoneta no deslocamento de trabalhador em vias públicas são consideradas perigosas.

No entanto, de acordo com o Anexo 5 da NR 16 do MTE algumas atividades NÃO são consideradas perigosas para efeitos da lei. São elas:

a) a utilização de motocicleta ou motoneta exclusivamente no percurso da residência para o local de trabalho ou deste para aquela;

b) as atividades em veículos que não necessitem de emplacamento ou que não exijam carteira nacional de habilitação para conduzi-los;

c) as atividades em motocicleta ou motoneta em locais privados.

d) as atividades com uso de motocicleta ou motoneta de forma eventual, assim considerado o fortuito, ou o que, sendo habitual, dá-se por tempo extremamente reduzido.

12.3.4.2. Adicional de periculosidade

O trabalho em condições de periculosidade garante ao empregado um adicional de 30% sobre o salário sem os acréscimos resultantes de gratificações, prêmios ou participações nos lucros da empresa.

Nesse sentido é a Súmula 191, item I, do TST de acordo com a redação dada pela Resolução 214/2016: "O adicional de periculosidade incide apenas sobre o salário básico e não sobre este acrescido de outros adicionais".

Contudo, os empregados eletricitários possuem uma regra diferenciada. Isso porque o adicional para esses empregados estava previsto na Lei 7.369/1985 que determinava o pagamento do adicional de periculosidade calculado sobre a soma de todas as parcelas salariais. No entanto, no dia 10 de dezembro de 2012 entrou em vigor a Lei 12.740/2012 que em seu art. 3º revoga expressamente a Lei 7.369/1985.

Com isso, em dezembro de 2016, por meio da Resolução 214 o TST conferiu nova redação à súmula 191, regulando nos itens II e III a situação do empregado eletricitário. Dispõe os itens II e III da súmula 191 do TST:

> *II – O adicional de periculosidade do empregado eletricitário, contratado sob a égide da Lei 7.369/1985, deve ser calculado sobre a totalidade das parcelas de natureza salarial. Não é válida norma coletiva mediante a qual se determina a incidência do referido adicional sobre o salário básico.*
>
> *III – A alteração da base de cálculo do adicional de periculosidade do eletricitário promovida pela Lei 12.740/2012 atinge somente contrato de trabalho firmado a partir de sua vigência, de modo que, nesse caso, o cálculo será realizado exclusivamente sobre o salário básico, conforme determina o § 1º do art. 193 da CLT.*

Desta forma, o adicional devido ao empregado eletricitário contratado antes de 10 de dezembro de 2012, ou seja, contratado com o amparo da Lei 7.369/1985 deve ser calculado sobre a totalidade das parcelas de natureza salarial, sendo inválida norma coletiva que determine a incidência do referido adicional sobre o salário básico. Contudo, para as contratações realizadas após 10 de dezembro de 2012, sob a proteção da Lei 12.740/2012 o cálculo será realizado exclusivamente sobre o salário básico, nos exatos termos do art. 193, § 1º, CLT. A alteração da base de cálculo do adicional de periculosidade do eletricitário promovida pela Lei 12.740/2012 atinge somente contrato de trabalho firmado a partir de sua vigência.

Vale lembrar que os empregados que operam em bomba de gasolina têm direito ao adicional de periculosidade, nos termos da Súmula 39 do TST.

Para o recebimento do adicional de periculosidade não é necessária a exposição do trabalhador de maneira contínua ou permanente, na medida em que aludido adicional é devido pelo risco à vida do trabalhador.

Nesse sentido, consolidando esse entendimento, são as Súmulas 361 e 364, ambas do TST:

> SÚMULA 361 TST – ADICIONAL DE PERICULOSIDADE. ELETRICITÁRIOS. EXPOSIÇÃO INTERMITENTE
>
> O trabalho exercido em condições perigosas, embora de forma intermitente, dá direito ao empregado a receber o adicional de periculosidade de forma integral, porque a Lei 7.369, de 20.09.1985, não estabeleceu nenhuma proporcionalidade em relação ao seu pagamento.
>
> SÚMULA 364 TST – ADICIONAL DE PERICULOSIDADE. EXPOSIÇÃO EVENTUAL, PERMANENTE E INTERMITENTE
>
> I – Tem direito ao adicional de periculosidade o empregado exposto permanentemente ou que, de forma intermitente, sujeita-se a condições de risco. Indevido, apenas, quando o contato dá-se de forma eventual, assim considerado o fortuito, ou o que, sendo habitual, dá-se por tempo extremamente reduzido.

Importante ressaltar que o item II da Súmula 364 em debate, antes de 31.05.2011, permitia a fixação do adicional de periculosidade em patamar inferior ao mínimo legal de 30% proporcionalmente ao tempo de exposição ao risco, desde que compactuado por acordo ou convenção coletiva. O item II da Súmula 364 do TST foi revisto e cancelado, não sendo possível, portanto, a fixação de adicional abaixo do mínimo legal estipulado no art. 193 da CLT.

Em junho de 2016, por meio da Resolução 209/2016 o TST conferiu nova redação ao item II da Súmula 364 que assim dispõe:

> II – Não é válida a cláusula de acordo ou convenção coletiva de trabalho fixando o adicional de periculosidade em percentual inferior ao estabelecido em lei e proporcional ao tempo de exposição ao risco, pois tal parcela constitui medida de higiene, saúde e segurança do trabalho, garantida por norma de ordem pública (arts. 7º, XXII e XXIII, da CF e 193, § 1º, da CLT).

Por fim, impende destacar que o direito do empregado ao adicional de insalubridade ou de periculosidade cessará com a eliminação do risco à sua saúde ou integridade física (art. 194 da CLT).

Determina o art. 195 da CLT que a caracterização e classificação da insalubridade e periculosidade serão feitas através de perícia. Portanto, em regra, a prova pericial é obrigatória para sua caracterização e classificação. Porém, excepcionalmente, como ocorre com os bombeiros civis, profissionais regulados pela Lei 11.901/2009, a perícia se mostra desnecessária, tendo em vista que o bombeiro civil possui, por lei, direito ao adicional de periculosidade, nos termos do art. 6º, III, Lei 11.901/2009.

Nesse sentido, é importante destacar o posicionamento consubstanciado na Súmula 453 do TST no sentido de que o pagamento de adicional de periculosidade efetuado por mera liberalidade da empresa, ainda que de forma proporcional ao tempo de exposição ao risco ou em percentual inferior ao máximo legalmente previsto, dispensa a realização da prova técnica exigida pelo art. 195 da CLT, pois torna incontroversa a existência do trabalho em condições perigosas.

12.3.5. Cumulação dos adicionais de insalubridade e periculosidade

O art. 193, § 2º, da CLT determina que o empregado poderá optar pelo adicional de insalubridade que porventura lhe seja devido.

De acordo com a citada regra o trabalhador que laborar em condições perigosas e insalubres deverá optar pelo adicional mais benéfico.

Contudo, o art. 7º, XXIII, CF determina ser devido adicional de remuneração para as atividades penosas, insalubres ou perigosas, na forma da lei.

Note que o dispositivo constitucional confere de forma ampla os adicionais, não fazendo qualquer restrição quanto à sua percepção ou quanto à cumulação ou não.

Nessa linha, a jurisprudência do TST entende que a norma consolidada disposta no art. 193, § 2º, da CLT não foi recepcionada pela atual Constituição Federal.

De acordo com a decisão proferida no julgamento do Recurso de Revista 1072-72.2011.5.02.0384 a cumulação dos adicionais não significa seu pagamento em dobro, mas sim a indenização pelo trabalho desenvolvido em atividade perigosa e insalubre simultaneamente. Isso porque a insalubridade diz respeito à proteção da saúde do empregado no ambiente de trabalho, é insidiosa e lenta nos seus resultados. Já a periculosidade traduz a satisfação de perigo iminente capaz de tirar a vida do trabalhador, sendo este o bem que se visa proteger. O risco provocado pela periculosidade é de impacto e instantâneo, quando se consuma. Por esse motivo, a insalubridade é dirigida à saúde do empregado e a periculosidade à sua integridade física ou à própria vida do empregado.

Desta forma, os adicionais são cumuláveis, sob a condição de que o trabalho seja prestado de acordo com os pressupostos de cada um deles.

Ademais, a regra disposta na CLT não pode prevalecer frente às Convenções 148 e 155 da OIT (Organização Internacional do Trabalho), que assim determinam:

> *Convenção 148 OIT – art. 8º, tópico 3. "Os critérios e limites de exposição deverão ser fixados, completados e revisados a intervalos regulares, de conformidade com os novos conhecimentos e dados nacionais e internacionais, e tendo em conta, na medida do possível, qualquer aumento dos riscos profissionais resultante da exposição simultânea a vários fatores nocivos no local de trabalho".*
>
> *Convenção 155 OIT – art. 11, b. "...deverão ser levados em consideração os riscos para a saúde decorrentes da exploração simultâneas a diversas substâncias ou agentes.*

Essas convenções, uma vez ratificadas pelo Brasil, devem integrar a legislação interna, passando a ter poder vinculante. A orientação devidamente ratificada pelo País, ingressa em nosso ordenamento jurídico com *status* de norma supralegal, ou seja, está abaixo da Constituição Federal e acima das leis ordinárias.

As normas internacionais incorporadas ao nosso sistema passaram a permitir a hipótese de cumulação dos adicionais em face da exposição simultânea a vários fatores nocivos.

Sendo diferentes os fatores de risco à saúde e à vida, cada um dos adicionais de periculosidade e insalubridade objetiva compensar o trabalhador pela exposição individualizada a cada um deles e, caso ocorra simultaneamente, a regra internacional permite que sejam considerados, também de modo cumulativo.

Por esses motivos poderíamos concluir pela não recepção do art. 193, § 2º, da CLT, sendo possível a cumulação dos adicionais de insalubridade e periculosidade, desde que o trabalho seja prestado em ambiente insalubres e perigoso, simultaneamente.

No entanto, em notícia divulgada no próprio site do TST em 18 de outubro de 2016, por 7 votos a 6, a Subseção 1 Especializada em Dissídios Individuais (SDI-1) do TST no julgamento do recurso E-RR-1072-72.2011.5.02.0384 absolveu uma empresa de condenação ao pagamento dos adicionais de periculosidade e insalubridade cumulativamente a um empregado. No julgamento desse recurso, o entendimento majoritário foi o de que o § 2º do art. 193 da CLT veda a acumulação, ainda que os adicionais tenham fatos geradores distintos, afastando o entendimento anteriormente estudado firmado pela 7ª Turma do TST de que a regra da CLT, que faculta ao empregado sujeito a condições de trabalho perigosas optar pelo adicional de insalubridade, se este for mais vantajoso, não teria sido recepcionada pela Constituição Federal de 1988.

13. FUNDO DE GARANTIA DO TEMPO DE SERVIÇO – FGTS

13.1. Conceito

O Fundo de Garantia do Tempo de Serviço – FGTS – é um direito dos empregados urbanos e rurais e, de acordo com a EC 72/2013, também dos empregados domésticos, que tem como finalidade constituir um fundo de depósitos em pecúnia, com valores designados a garantir indenização pelo tempo de serviço prestado ao empregador.

Nas lições de Maurício Godinho Delgado (*Curso de Direito do Trabalho*, 8ª edição, Ed. LTr, São Paulo, p. 1165) *consiste em recolhimentos pecuniários mensais, em conta bancária vinculada em nome do trabalhador, conforme parâmetro de cálculo estipulado legalmente, podendo ser sacado pelo obreiro em situações tipificadas pela ordem jurídica, sem prejuízo de acréscimo percentual condicionado ao tipo de rescisão de seu contrato laborativo, formando, porém, o conjunto global e indiferenciado de depósitos um fundo social de destinação legalmente especificada.*

De acordo com o art. 2º da Lei 8.036/1990 o FGTS é constituído pelos saldos das contas vinculadas a que se refere à lei e outros recursos a ele incorporados, devendo ser aplicados com atualização monetária e juros, de modo a assegurar a cobertura de suas obrigações.

O FGTS foi criado pela Lei 5.107 de 13.09.1966. Inicialmente era um sistema opcional ao empregado. Com a promulgação da lei, o empregado regido pela CLT poderia optar pelo regime do FGTS ou pela indenização por tempo de serviço prevista nos arts. 477, 478, 496 e 498 da CLT.

Assim, caso o empregado optasse pelo sistema de FGTS faria jus aos depósitos, como garantia por tempo de serviço, não podendo mais adquirir os direitos à indenização e à estabilidade decenal prevista no art. 492 consolidado.

Com a CF/1988, o FGTS passou a ser previsto como direito de todos os trabalhadores urbanos, rurais, conforme art. 7º, III, inclusive aos empregados domésticos, nos termos do parágrafo único do mesmo dispositivo. Atualmente o FGTS é regulado pela Lei 8.036/1990.

13.2. Natureza jurídica

A natureza jurídica do FGTS é tema de grande controvérsia na doutrina. Prevalece, porém, na doutrina e na jurisprudência que a contribuição do FGTS não possui natureza jurídica tributária, mas sim de contribuição social, especial, de natureza trabalhista.

Nesse sentido ensina a Súmula 353 do STJ: "As disposições do Código Tributário Nacional não se aplicam às contribuições para o FGTS".

Inclusive os prazos prescricionais aplicáveis ao FGTS não são aqueles dispostos no Código Tributário Nacional, como se observa pela redação das Súmulas 362 do TST, redação dada pela Resolução 198/2015.

13.3. Obrigação dos depósitos

Nos termos do art. 15 da Lei 8.036/1990 todos os *empregadores* estão obrigados a depositar, até o dia 07 de cada mês, em conta bancária vinculada, a importância correspondente a 8% da remuneração paga ou devida, no mês anterior, a cada *trabalhador*, incluídas na remuneração as gorjetas que receber como também as comissões, percentagens, gratificações ajustadas, diárias para viagens, abonos pagos pelo empregador, além do salário *in natura* e gratificação de natalina (13º salário) e o valor da compensação pecuniária a ser paga no âmbito do Programa de Proteção ao Emprego – PPE.

Para o contrato de aprendiz as alíquotas serão reduzidas para 2% nos termos do art. 15, § 7º, da Lei 8.036/1990.

Caso o empregador não efetue o depósito no prazo estipulado por lei, nos termos do art. 22 da Lei 8.036/1990, responderá pela incidência da TR (taxa referencial) sobre a importância devida, acrescida de juros de mora de 0,5% ao mês.

Nos termos do art. 15, § 1º da citada lei *"entende-se por empregador a pessoa física ou a pessoa jurídica de direito privado ou de direito público, da administração pública direta, indireta ou fundacional de qualquer dos Poderes, da União, dos Estados, do Distrito Federal e dos Municípios, que admitir trabalhadores a seu serviço, bem assim aquele que, regido por legislação especial, encontrar-se nessa condição ou figurar como fornecedor ou tomador de mão de obra, independente da responsabilidade solidária e/ou subsidiária a que eventualmente venha obrigar-se".*

De outro lado, *"considera-se trabalhador toda pessoa física que prestar serviços a empregador, a locador ou tomador de mão de obra, excluídos os eventuais, os autônomos e os servidores públicos civis e militares sujeitos a regime jurídico próprio"*, nos termos do § 2º do art. 15 da Lei 8.036/1990.

Com relação aos empregados domésticos, a EC 72/2013 tornou obrigatórios os depósitos fundiários, em conformidade com a nova redação dada ao parágrafo único do art. 7º da CF.

Atualmente, A Resolução 780 do Conselho Curador do Fundo de Garantia do Tempo de Serviço e as circulares 694 e 696 da Caixa Econômica Federal, regulam o recolhimento do FGTS para o empregado doméstico. Para melhor elucidação sobre o tema, remetemos o leitor ao item 6.1.1.1.12.

Pois bem, o empregador deverá efetuar depósito referente a 8% da remuneração devida no mês anterior, nos termos do art. 15 da Lei 8.036/1990. A Instrução Normativa 99/2012 do MTE em seu art. 8º explica a incidência do FGTS sobre as seguintes verbas de natureza remuneratória:

I – o salário-base, inclusive as prestações in natura;

II – as horas extras;

III – os adicionais de insalubridade, periculosidade e do trabalho noturno;

IV – o adicional por tempo de serviço;

V – o adicional por transferência de localidade de trabalho;

VI – o salário-família, no que exceder o valor legal obrigatório;

VII – o abono ou gratificação de férias, desde que excedente a vinte dias do salário, concedido em virtude de cláusula contratual, de regulamento da empresa, ou de convenção ou acordo coletivo;

VIII – o valor de um terço do abono constitucional das férias;

IX – as comissões;

X – as diárias para viagem, pelo seu valor global, quando excederem a cinquenta por cento da remuneração do empregado, desde que não haja prestação de contas do montante gasto;

XI – as etapas, no caso dos marítimos;

XII – as gorjetas;

XIII – a gratificação de natal, seu valor proporcional e sua parcela incidente sobre o aviso-prévio indenizado, inclusive na extinção de contrato a prazo certo e de safra, e a gratificação periódica contratual, pelo seu duodécimo;

XIV – as gratificações ajustadas, expressa ou tacitamente, tais como de produtividade, de balanço, de função ou por exercício de cargo de confiança;

XV – as retiradas de diretores não empregados, quando haja deliberação da empresa, garantindo-lhes os direitos decorrentes do contrato de trabalho;

XVI – o valor a título de licença-prêmio;

XVII – o valor pelo repouso semanal remunerado;

XVIII – o valor pelos domingos e feriados civis e religiosos trabalhados, bem como o valor relativo à dobra em razão de feriados trabalhados, não compensados;

XIX – o valor a título de aviso-prévio, trabalhado ou indenizado;

XX – o valor a título de quebra de caixa.

(§ 6º revogado pela Lei 13.303/2015)Parágrafo único. As contribuições mencionadas no art. 5º também incidirão sobre:

I – o valor contratual mensal da remuneração do empregado afastado na forma do art. 6º desta IN, inclusive sobre a parte variável, calculada segundo os critérios previstos na CLT e na legislação esparsa, atualizada sempre que ocorrer aumento geral na empresa ou para a categoria;

II – o valor da remuneração paga pela entidade de classe ao empregado licenciado para desempenho de mandato sindical, idêntico ao que perceberia caso não licenciado, inclusive com as variações salariais ocorridas durante o licenciamento, obrigatoriamente informadas pelo empregador à respectiva entidade.

III – o salário contratual e o adicional de transferência devido ao empregado contratado no Brasil transferido para prestar serviço no exterior;

IV – a remuneração percebida pelo empregado ao passar a exercer cargo de diretoria, gerência ou outro cargo de confiança imediata do empregador, salvo se a do cargo efetivo for maior;

V – remuneração paga a empregado estrangeiro, em atividade no Brasil, independentemente do local em que for realizado o pagamento.

Analisadas as hipóteses de incidência para o cálculo do FGTS, cabe destacar as parcelas que não possuem natureza remuneratória.

Nos termos do art. 15, § 6º, da Lei 8.036/1990, não se incluem na remuneração, para os fins desta Lei, as parcelas elencadas no § 9º do art. 28 da Lei 8.212/1991.

A Instrução Normativa 99/2012 do MTE ensina em seu art. 9º que não integram a remuneração as seguintes parcelas:

I – participação do empregado nos lucros ou resultados da empresa, quando paga ou creditada de acordo com a Lei n. 10.101, de 19 de dezembro de 2000;

II – abono correspondente à conversão de um terço das férias em pecúnia e seu respectivo adicional constitucional;

III – abono ou gratificação de férias, concedido em virtude de contrato de trabalho, de regulamento da empresa, de convenção ou acordo coletivo de trabalho, cujo valor não exceda a vinte dias do salário;

IV – o valor correspondente ao pagamento da dobra da remuneração de férias concedidas após o prazo legal;

V – importâncias recebidas a título de férias indenizadas e o respectivo adicional constitucional;

VI – indenização por tempo de serviço anterior a 05.10.1988, de empregado não optante pelo FGTS;

VII – indenização relativa à dispensa de empregado no período de trinta dias que antecede sua data-base, de acordo com o disposto no art. 9º da Lei 7.238, de 29.10.1984;

VIII – indenização por despedida sem justa causa do empregado nos contratos com termo estipulado de que trata o art. 479 da CLT, bem como na indenização prevista na alínea *f* do art. 12 da Lei 6.019, de 03.01.1974;

IX – indenização do tempo de serviço do safrista, quando do término normal do contrato de que trata o art. 14 da Lei 5.889, de 08.06.1973;

X – indenização recebida a título de incentivo à demissão;

XI – indenização de quarenta por cento sobre o montante de todos os depósitos de FGTS realizados na conta vinculada do trabalhador.

XII – indenização relativa à licença-prêmio;

XIII – ajuda de custo, em parcela única, recebida exclusivamente em decorrência de mudança de localidade de trabalho do empregado, na forma do art. 470 da CLT;

XIV – ajuda de custo, em caso de transferência permanente, e o adicional mensal, em caso de transferência provisória, recebidos pelo aeronauta nos termos do art. 55, parágrafo único, da Lei 13.475/2017;

XV – diárias para viagem, desde que não excedam a cinquenta por cento da remuneração mensal percebida pelo empregado;

XVI – valor da bolsa de aprendizagem, garantida ao adolescente até quatorze anos de idade, de acordo com o disposto no art. 64 da Lei 8.069, de 13.07.1990, vigente até 15.12.1998, em face da promulgação da Emenda Constitucional 20;

XVII – valor da bolsa ou outra forma de contraprestação, quando paga ao estagiário nos termos da Lei 11.788, de 25.09.2008;

XVIII – cotas do salário-família e demais benefícios pagos pela Previdência Social, nos termos e limites legais, salvo o salário-maternidade e o auxílio doença decorrente de acidente do trabalho;

XIX – parcela *in natura* recebida de acordo com o Programa de Alimentação do Trabalhador – PAT, instituído pela Lei 6.321, de 14.04.1976;

XX – vale-transporte, nos termos e limites legais, bem como transporte fornecido pelo empregador para deslocamento ao trabalho e retorno, em percurso servido ou não por transporte público;

XXI – valor da multa paga ao trabalhador em decorrência do atraso na quitação das parcelas rescisórias;

XXII – importâncias recebidas a título de ganhos eventuais e abonos expressamente desvinculados do salário por força de lei;

XXIII – abono do Programa de Integração Social – PIS e do Programa de Assistência ao Servidor Público – PASEP;

XXIV – valores correspondentes a transporte, alimentação e habitação fornecidos pelo empregador ao empregado contratado para trabalhar em localidade distante de sua residência, em canteiro de obras ou local que, por força da atividade, exija deslocamento e estada, observadas as normas de proteção estabelecidas pelo MTE;

XXV – importância paga ao empregado a título de complementação ao valor do auxílio-doença, desde que este direito seja extensivo à totalidade dos empregados da empresa;

(art. 36 revogado pela Lei 12.685/2013) XXVII – valor das contribuições efetivamente pagas pelo empregador a título de previdência privada;

XXVIII – valor relativo à assistência médica, hospitalar e odontológica, prestada diretamente pelo empregador ou mediante seguro-saúde;

XXIX – valor correspondente a vestuários, equipamentos e outros acessórios fornecidos ao empregado e utilizados no local de trabalho para prestação dos serviços;

XXX – ressarcimento de despesas pelo uso de veículo do empregado, quando devidamente comprovadas;

XXXI – valor relativo à concessão de educação, em estabelecimento de ensino do empregador ou de terceiros, compreendendo valores relativos a matrícula, mensalidade, anuidade, livros e material didático;

XXXII – valores recebidos em decorrência da cessão de direitos autorais;

XXXIII – auxílio-creche pago em conformidade com a legislação trabalhista, para ressarcimento de despesas devidamente comprovadas com crianças de até 6 (seis) anos de idade;

XXXIV – auxílio-babá, limitado ao salário mínimo, pago em conformidade com a legislação trabalhista e condicionado a comprovação do registro na Carteira de Trabalho e Previdência Social – CTPS, para ressarcimento de despesas de remuneração e contribuição previdenciária de empregado que cuide de crianças de até 6 (seis) anos de idade;

XXXV – valor das contribuições efetivamente pagas pelo empregador a título de prêmio de seguro de vida e de acidentes pessoais; e

XXXVI – o valor do tempo de espera, nos termos do § 9º do art. 235-C da CLT.

13.4. Saque do FGTS

Nos termos do art. 20 da Lei 8.036/1990, permite-se a movimentação da conta do FGTS, nas seguintes hipóteses:

> I – despedida sem justa causa, inclusive a indireta, de culpa recíproca e de força maior;
>
> I-A – extinção do contrato de trabalho prevista no art. 484-A da CLT (Distrato)
>
> II – extinção total da empresa, fechamento de quaisquer de seus estabelecimentos, filiais ou agências, supressão de parte de suas atividades, declaração de nulidade do contrato de trabalho nas condições do art. 19-A, ou ainda falecimento do empregador individual sempre que qualquer dessas ocorrências implique rescisão de contrato de trabalho, comprovada por declaração escrita da empresa, suprida, quando for o caso, por decisão judicial transitada em julgado;

Nessas situações entende a doutrina que a retirada a que o obreiro pode efetuar corresponde aos depósitos efetuados no último contrato de trabalho.

> III – aposentadoria concedida pela Previdência Social;
>
> IV – falecimento do trabalhador, sendo o saldo pago a seus dependentes, para esse fim habilitados perante a Previdência Social, segundo o critério adotado para a concessão de pensões por morte. Na falta de dependentes, farão jus ao recebimento do saldo da conta vinculada os seus sucessores previstos na lei civil, indicados em alvará judicial, expedido a requerimento do interessado, independente de inventário ou arrolamento;
>
> V – pagamento de parte das prestações decorrentes de financiamento habitacional concedido no âmbito do Sistema Financeiro da Habitação (SFH), desde que:

a) o mutuário conte com o mínimo de 3 (três) anos de trabalho sob o regime do FGTS, na mesma empresa ou em empresas diferentes;

b) o valor bloqueado seja utilizado, no mínimo, durante o prazo de 12 (doze) meses;

c) o valor do abatimento atinja, no máximo, 80 (oitenta) por cento do montante da prestação;

> VI – liquidação ou amortização extraordinária do saldo devedor de financiamento imobiliário, observadas as condições estabelecidas pelo Conselho Curador, dentre elas a de que o financiamento seja concedido no âmbito do SFH e haja interstício mínimo de 2 (dois) anos para cada movimentação;
>
> VII – pagamento total ou parcial do preço de aquisição de moradia própria, ou lote urbanizado de interesse social não construído, observadas as seguintes condições:

a) o mutuário deverá contar com o mínimo de 3 (três) anos de trabalho sob o regime do FGTS, na mesma empresa ou empresas diferentes;

b) seja a operação financiável nas condições vigentes para o SFH;

Vale dizer que, nos termos do § 3º do art. 20 da Lei, o direito de adquirir moradia com recursos do FGTS, pelo trabalhador, só poderá ser exercido para um único imóvel.

> VIII – quando o trabalhador permanecer três anos ininterruptos, a partir de 01.06.1990, fora do regime do FGTS, podendo o saque, neste caso, ser efetuado a partir do mês de aniversário do titular da conta.
>
> IX – extinção normal do contrato a termo, inclusive o dos trabalhadores temporários regidos pela Lei 6.019, de 03.01.1974;
>
> X – suspensão total do trabalho avulso por período igual ou superior a 90 (noventa) dias, comprovada por declaração do sindicato representativo da categoria profissional.
>
> XI – quando o trabalhador ou qualquer de seus dependentes for acometido de neoplasia maligna.
>
> XII – aplicação em quotas de Fundos Mútuos de Privatização, regidos pela Lei 6.385, de 07.12.1976, permitida a utilização máxima de 50 % (cinquenta por cento) do saldo existente e disponível em sua conta vinculada do Fundo de Garantia do Tempo de Serviço, na data em que exercer a opção.
>
> XIII – quando o trabalhador ou qualquer de seus dependentes for portador do vírus HIV;
>
> IV – quando o trabalhador ou qualquer de seus dependentes estiver em estágio terminal, em razão de doença grave, nos termos do regulamento;
>
> XV – quando o trabalhador tiver idade igual ou superior a setenta anos.
>
> XVI – necessidade pessoal, cuja urgência e gravidade decorra de desastre natural, conforme disposto em regulamento, observadas as seguintes condições:

a) o trabalhador deverá ser residente em áreas comprovadamente atingidas de Município ou do Distrito Federal em situação de emergência ou em estado de calamidade pública, formalmente reconhecidos pelo Governo Federal;

b) a solicitação de movimentação da conta vinculada será admitida até 90 (noventa) dias após a publicação do ato de reconhecimento, pelo Governo Federal, da situação de emergência ou de estado de calamidade pública;

c) o valor máximo do saque da conta vinculada será definido na forma do regulamento.

> XVII – integralização de cotas do FI-FGTS, respeitado o disposto na alínea *i* do inciso XIII do art. 5º desta Lei, permitida a utilização máxima de 30% (trinta por cento) do saldo existente e disponível na data em que exercer a opção; e
>
> XVIII – quando o trabalhador com deficiência, por prescrição, necessite adquirir órtese ou prótese para promoção de acessibilidade e de inclusão social.

Importante ressaltar que a mudança do regime celetista para o estatutário não possibilita o levantamento do FGTS, pois não há rescisão do vínculo, tampouco determinação da lei nesse sentido.

> **SÚMULA 382 TST – MUDANÇA DE REGIME CELETISTA PARA ESTATUTÁRIO. EXTINÇÃO DO CONTRATO. PRESCRIÇÃO BIENAL**
>
> A transferência do regime jurídico de celetista para estatutário implica extinção do contrato de trabalho, fluindo o prazo da prescrição bienal a partir da mudança de regime.

Assim, ainda que a mudança do regime celetista para o estatutário implique na extinção do contrato de trabalho, não significa dizer que é permitida a movimentação da conta do FGTS, pois a lei não autoriza a movimentação nessa hipótese.

13.5. Prescrição do FGTS

Muito se discutiu acerca do prazo prescricional do FGTS, tendo em vista sua própria natureza jurídica.

Por muito tempo o STJ, de acordo com sua Súmula 210 e o próprio TST aplicaram a regra de prescrição trintenária.

O fundamento para o prazo diferenciado de prescrição estaria na própria Lei 8.036/1990 que em seu art. 23, § 5º, dispõe:

> § 5º O processo de fiscalização, de autuação e de imposição de multas reger-se-á pelo disposto no Título VII da CLT, respeitado o privilégio do FGTS à prescrição trintenária.

Adotava-se, portanto, a prescrição trintenária. Para se efetivar a cobrança de direitos relacionados ao FGTS, deverá ser observado o prazo de prescrição bienal, contados da extinção do contrato de trabalho. Assim, após a extinção do contrato de trabalho, o obreiro interessado terá o prazo prescricional de 2 (dois) anos para ingressar com a competente reclamação, podendo pleitear os 30 anos anteriores à propositura da ação.

Todavia, o Plenário do Supremo Tribunal Federal atualizou sua jurisprudência para modificar de 30 anos para 5 anos o prazo de prescrição aplicável à cobrança de valores não depositados no FGTS. A decisão majoritária foi tomada no julgamento do Recurso Extraordinário com Agravo (ARE) 709212, com repercussão geral reconhecida. Ao analisar o caso, o Supremo declarou a inconstitucionalidade das normas que previam a prescrição trintenária.

O Ministro Gilmar Mendes, relator do RE, explicou que o artigo 7º, inciso III, da Constituição Federal prevê expressamente o FGTS como um direito dos trabalhadores urbanos e rurais e destacou que o prazo de cinco anos aplicável aos créditos resultantes das relações de trabalho está previsto no inciso XXIX do mesmo dispositivo. Assim, se a Constituição regula a matéria, não poderia a lei ordinária tratar o tema de outra forma.

O relator propôs a modulação dos efeitos da decisão. Assim, para aqueles casos cujo termo inicial da prescrição – ou seja, a ausência de depósito no FGTS – ocorra após a data do julgamento, aplica-se, desde logo, o prazo de cinco anos. Por outro lado, para os casos em que o prazo prescricional já esteja em curso, aplica-se o que ocorrer primeiro: 30 anos, contados do termo inicial, ou cinco anos, a partir deste julgamento.

Seguindo essa orientação, em junho de 2015 o TST conferiu nova redação a Súmula 362, assim determinando:

> **SÚMULA 362 TST – FGTS. PRESCRIÇÃO.**
>
> I – Para os casos em que a ciência da lesão ocorreu a partir de 13.11.2014, é quinquenal a prescrição do direito de reclamar contra o não recolhimento de contribuição para o FGTS, observado o prazo de dois anos após o término do contrato;
>
> II – Para os casos em que o prazo prescricional já estava em curso em 13.11.2014, aplica-se o prazo prescricional que se consumar primeiro: trinta anos, contados do termo inicial, ou cinco anos, a partir de 13.11.2014 (STF-ARE-709212/DF).

Assim, caso a ciência da lesão, ou seja, o não recolhimento do FGTS ocorreu após 13.11.2014, data do julgamento do Recurso Extraordinário com agravo pelo STF, a prescrição é quinquenal. Nesse caso, o empregado deverá obedecer ao prazo de prescrição bienal para ingressar com a ação em até 2 anos após a extinção do contrato de trabalho, podendo pleitear os 5 anos pretéritos ao ajuizamento da ação.

Todavia, se em 13.11.2014 a lesão já havia ocorrido, ou seja, se já tiver se iniciada a contagem do prazo prescricional, deverá ser aplicado o prazo prescricional que se consumar primeiro: trinta anos, contados do termo inicial, ou cinco anos, a partir de 13.11.2014.

Parte II
Direito Coletivo do Trabalho

1. ASPECTOS GERAIS E PRINCÍPIOS

1.1. Conceito

É o ramo do direito do trabalho capaz de regular a organização sindical, a negociação coletiva bem como os instrumentos normativos decorrentes dessa negociação, a representação dos trabalhadores na empresa e, ainda, o direito de greve. Nas lições de Mauricio Godinho Delgado (em *Curso de Direito do Trabalho*, 8ª ed., São Paulo, LTr, 2009, p. 1179-1180) o direito coletivo do trabalho pode ser conceituado como o "complexo de institutos, princípios e regras jurídicas que regulam as relações laborais de empregados e empregadores e outros grupos jurídicos normativamente especificados, considerada sua ação coletiva, realizado autonomamente ou através das respectivas entidades sindicais".

1.2. Natureza jurídica

A autonomia do direito coletivo do trabalho é tema polêmico.

Pequena parte da doutrina sustenta que esse ramo do direito possui autonomia científica. Para essa corrente de pensamento esse ramo do direito possui sujeito, objeto e relação jurídica diversos do direito individual do trabalho.

Para essa doutrina, o sujeito do direito coletivo do trabalho é a categoria, enquanto no direito individual o sujeito é o trabalhador; o objeto do direito coletivo consiste na satisfação do direito do trabalhador, não como pessoa, mas sim como integrante da categoria, ao passo que no direito individual o objeto é a satisfação do trabalhador como pessoa individual; e, por último, a relação jurídica do direito individual cria relação de cunho contratual, no direito coletivo a relação jurídica estabelece condições com mais vantagens do que aquelas incorporadas ao contrato de trabalho.

Contudo, o entendimento que prevalece afirma que o direito coletivo do trabalho não possui autonomia, haja vista a identidade legislativa, na medida em que o corpo normativo do direito coletivo é o mesmo do restante do direito do trabalho; existência de identidade doutrinária; presença de identidade jurisdicional, na medida em que é o judiciário trabalhista que cuida das relações coletivas, não existindo um ramo próprio, entre outros aspectos.

1.3. Evolução histórica

Como visto, no capítulo 1 de direito individual do trabalho, no século XVIII, com a Revolução Industrial na Inglaterra, as máquinas foram ganhando mais espaço nas fábricas, tomando, assim, o lugar de muitos operários.

Nesse momento, surgiram duas classes sociais: o capitalista, que é o proprietário dos meios de produção; e o proletário, proprietário apenas de sua força de trabalho, que recebia salários cada vez mais baixos, trabalhando em uma jornada que chegava até a 16 horas.

A par dessa situação, os proletariados perceberam a necessidade de se associarem para, juntos, buscarem melhores condições de trabalho, surgindo com isso os primeiros sindicatos.

A organização dos operários inicialmente era definida como crime, resultando em penas severas, inclusive a morte. Posteriormente, as reuniões e associações passaram a ser toleradas, sendo, finalmente, um direito garantido por lei.

O sindicalismo nasceu na Inglaterra em 1720, onde os trabalhadores se organizaram em associações para reivindicar melhores salários e condições de trabalho.

Na França, apenas em 1884 foi reconhecida a liberdade de associação. Já na Alemanha somente a partir de 1919 a Constituição daquele país passou a reconhecer a liberdade de organização sindical. Foi a primeira constituição de um país a garantir este direito.

Já em 1948, a Declaração Universal dos Direitos Humanos trouxe em seu conteúdo a garantia da livre participação sindical. No mesmo ano, a Organização Internacional do Trabalho (OIT) estabeleceu, através da Convenção 87, linhas gerais sobre o direito de livre sindicalização. No entanto, é importante destacar que esta Convenção Internacional ainda não foi ratificada pelo Brasil, apesar da participação brasileira em sua elaboração.

Desta forma, o direito coletivo do trabalho está enraizado no próprio direito do trabalho.

1.4. Princípios

1.4.1. *Princípio da liberdade associativa e sindical*

Por meio desse princípio se postula a prerrogativa do obreiro em associar-se e, consequentemente, sindicalizar-se.

A liberdade associativa visa a proteger qualquer reunião estável e pacífica, seja qual for seu segmento social ou temas causadores dessa reunião.

A liberdade sindical, por sua vez, abrange a liberdade de criação dos sindicatos e sua extinção. Abrange, também, a livre vinculação a um sindicato bem como a livre desfiliação de seus quadros.

A Constituição Federal trata sobre o assunto no art. 5º, XX, que ensina: "ninguém poderá ser compelido a associar-se ou a permanecer associado".

A liberdade sindical encontra-se regulada na Convenção 87 da Organização Internacional do Trabalho – OIT de 1948, norma internacional não ratificada pelo Brasil.

1.4.2. Princípio da autonomia sindical

Para Mauricio Godinho Delgado (em *Curso de Direito do Trabalho*, 8ª ed., São Paulo, LTr, 2009, p. 1204), o "princípio sustenta a garantia de autogestão às organizações associativas e sindicato dos trabalhadores, sem interferências empresariais ou do Estado. Trata-se ele, portanto, da livre estruturação interna do sindicato, sua livre atuação externa, sua sustentação econômico-financeira e sua desvinculação de controles administrativos estatais ou em face do empregador".

O sindicato possui, então, livre estruturação interna, detém autonomia funcional e não há controles administrativos estatais, tampouco por parte dos empresários.

A CF/1988 eliminou o controle político-administrativo do Estado sobre a estrutura dos sindicatos, seja com relação à sua criação, seja quanto à sua gestão, nos termos do seu art. 8º, I.

A Constituição Federal foi além, aumentando as prerrogativas da atuação dos sindicatos em questões judiciais e administrativas, em conformidade com o art. 8º, III, em que "ao sindicato cabe a defesa dos direitos e interesses coletivos ou individuais da categoria, inclusive em questões judiciais ou administrativas"; nas negociações coletivas (art. 8º, VI) onde "é obrigatória a participação dos sindicatos nas negociações coletivas de trabalho" e art. 7º, XXVI, que estabelece o "reconhecimento das convenções e acordos coletivos de trabalho"; e com relação ao direito de greve, previsto no art. 9º da CF, segundo o qual "é assegurado o direito de greve, competindo aos trabalhadores decidir sobre a oportunidade de exercê-lo e sobre os interesses que devam por meio dele defender".

1.4.3. Princípio da adequação setorial negociada

Refere-se aos limites que as normas decorrentes de negociação coletiva devem observar.

Por esse princípio, as normas autônomas construídas para incidirem sobre certo "grupo profissional" podem prevalecer sobre as normas imperativas estatais existentes. Em outras palavras, os instrumentos coletivos podem estabelecer condições mais benéficas aos trabalhadores em conformidade com o princípio da norma mais favorável contido no art. 7º, *caput*, da CF.

1.4.4. Princípio da criatividade jurídica da negociação coletiva

Traz a ideia de que a negociação coletiva e seus instrumentos (contrato coletivo, acordo coletivo, convenção coletiva) podem criar normas jurídicas, desde que não contrariem a norma estatal.

1.4.5. Princípio da lealdade e transparência na negociação coletiva

Objetiva a lealdade e o livre acesso a informações, ou seja, lisura e transparência na conduta negocial. Em outras palavras, deve ser inferida na simples ideia de lealdade e boa-fé.

2. ORGANIZAÇÃO SINDICAL

2.1. Evolução do sindicalismo no Brasil

Após a abolição da escravatura e a proclamação da República, imigrantes da Europa que possuíam uma experiência de trabalho assalariado, já com direitos trabalhistas, chegaram ao Brasil e encontraram uma sociedade atrasada com relação aos direitos e, ainda, com práticas escravocratas. Esses trabalhadores, então, começaram a se organizar, formando o que viriam a ser os sindicatos.

O movimento sindical mais forte ocorreu em São Paulo, onde os imigrantes que integravam a massa de trabalhadores das fábricas e indústrias desencadearam uma onda de revolta, que foi contida por uma violenta repressão policial. No Rio de Janeiro, porém, o movimento estava calcado em causas mais imediatas como a melhoria de salários e a diminuição do horário de trabalho.

A expressão "sindicato" passou a ser utilizada a partir de 1903, com o Decreto Legislativo 979 e, posteriormente, com o Decreto Legislativo 1637 de 1907, nasceu, no Brasil, a primeira fase do Sindicalismo.

Em 1930, o Governo Federal cria o Ministério do Trabalho e em 1931, por meio de decreto, que regulamentou a sindicalização das classes patronais e operárias, criaram-se, então, as Juntas de Conciliação e Julgamento. Com a promulgação da Constituição de 1988, nascem a liberdade e unicidade sindical.

As organizações sindicais passaram a ter caráter paraestatal, sendo instituído o imposto sindical, e nesse momento histórico a greve ficou proibida. Somente em 1955 o movimento sindical brasileiro voltou a se expandir.

A Constituição Federal de 1988 disciplinou a organização sindical da forma mais democrática nos artigos 8º a 11, desvinculando-a do Estado. Nasceram, assim, a autonomia coletiva privada e a liberdade sindical.

2.2. Sistema sindical

A Constituição Federal brasileira, em seu art. 8º, *caput*, consagra o princípio da liberdade sindical, alicerce da organização sindical no Brasil.

O sistema sindical brasileiro adota o princípio da "unicidade sindical", consagrada no art. 8º, II, da CF, que ensina ser livre a associação profissional ou sindical, sendo, porém, vedada a criação de mais de uma organização sindical, em qualquer grau, representativa de categoria profissional ou econômica, na mesma base territorial, que será definida pelos trabalhadores ou empregadores interessados, não podendo ser inferior à área de um município.

Institui que cabe ao sindicato a defesa dos direitos e interesses coletivos ou individuais da categoria, inclusive em questões judiciais ou administrativas.

A Assembleia Geral fixará a contribuição que, em se tratando de categoria profissional, será descontada em folha para custeio do sistema confederativo da representação sindical respectiva, independentemente da contribuição prevista em lei.

Na legislação infraconstitucional, a organização é disciplinada nos arts. 511 a 610 da CLT.

O art. 511 consolidado ensina ser lícita a associação para fins de estudo, defesa e coordenação dos seus interesses econômicos ou profissionais de todos os que, como empregadores, empregados, agentes ou trabalhadores autônomos ou profissionais liberais exerçam, respectivamente, a mesma atividade ou profissão ou atividades ou profissões similares ou conexas. Essa associação mencionada no referido dispositivo legal é o que chamamos de sindicato, como se vê pela redação do art. 512 da CLT.

2.2.1. Classificação das categorias

O sistema sindical é organizado em categorias e deve ser entendido, nas lições de Gustavo Felipe Barbosa Garcia (em *Curso de Direito do Trabalho*, 2ª ed., São Paulo, Método, 2008, p. 1068), como "o conjunto de pessoas com interesses profissionais ou econômicos em comum, decorrentes de identidade de condições ligadas ao trabalho ou atividade econômica desempenhada".

Categoria econômica consiste na solidariedade de interesses econômicos daqueles que explorem atividades idênticas, similares ou conexas. É, portanto, a categoria dos empregadores. Já categoria profissional é aquela que possui semelhança de condições de vida oriunda da profissão ou trabalho em comum, em situação de emprego na mesma atividade econômica ou em atividades econômicas similares ou conexas; em outras palavras, é a categoria dos empregados.

Existe, também, a chamada categoria profissional diferenciada, que deve ser entendida como aquela formada pelos empregados que exerçam profissões ou funções diferenciadas por força de estatuto profissional especial ou em consequência de condições de vida singulares.

Sobre as categorias profissionais diferenciadas é importante lembrar os ensinamentos contidos na Orientação Jurisprudencial 36 da SDC do TST:

> ORIENTAÇÃO JURISPRUDENCIAL 36 DA SDC DO TST – EMPREGADOS DE EMPRESA DE PROCESSAMENTO DE DADOS. RECONHECIMENTO COMO CATEGORIA DIFERENCIADA. IMPOSSIBILIDADE.
>
> É por lei e não por decisão judicial, que as categorias diferenciadas são reconhecidas como tais. De outra parte, no que tange aos profissionais da informática, o trabalho que desempenham sofre alterações, de acordo com a atividade econômica exercida pelo empregador.

2.3. Entidades Sindicais

São três as entidades sindicais, a saber: sindicatos, federações e confederações.

2.3.1. Sindicatos

São entidades associativas que representam os grupos coletivos, tanto laborais, quanto patronais. Nas lições de Alice Monteiro de Barros (em *Curso de Direito do Trabalho*, 3ª ed., São Paulo, LTr, 2007, p. 1207), sindicato é definido como uma "forma de associação profissional devidamente reconhecida pelo Estado como representante legal da categoria".

Cabe ao sindicato defender os direitos e interesses coletivos ou individuais da categoria, inclusive em questões judiciais ou administrativas. Também são prerrogativas dos sindicatos: celebrar contratos coletivos de trabalho; colaborar com o Estado, como órgãos técnicos e consultivos, no estudo e solução dos problemas que se relacionam com a respectiva categoria ou profissão liberal; e, ainda, impor contribuições a todos aqueles que participam das categorias econômicas ou profissionais ou das profissões liberais representadas.

2.3.1.1. Natureza jurídica

O sindicato é uma pessoa jurídica de direito privado e possui formato de associação.

Este entendimento, inclusive confirmado na III Jornada de Direito Civil realizado pelo Conselho da Justiça Federal, levou à edição do Enunciado 142 ("Os partidos políticos, os sindicatos e as associações religiosas possuem natureza associativa, aplicando-se lhes o Código Civil") e do Enunciado 144 ("A relação das pessoas jurídicas de direito privado, constante do art. 44, incs. I a VI, do Código Civil, não é exaustiva").

Vale ressaltar que no atual sistema sindical não é permitida a interferência do Estado, em função do princípio da liberdade sindical.

2.3.1.2. Personalidade jurídica

O sindicato adquire sua personalidade jurídica com o registro no Ministério do Trabalho e Emprego, em conformidade com a Súmula 677 do STF, que assim dispõe: "Até que lei venha a dispor a respeito, incumbe ao Ministério do Trabalho proceder ao registro das entidades sindicais e zelar pela observância do princípio da unicidade".

Porém, é necessário, também, que o sindicato proceda ao registro no cartório de registro civil das pessoas jurídicas, em conformidade com o Código Civil pátrio.

Desta forma, a partir da vigência da CF/1988, as entidades sindicais tornam-se pessoas jurídicas, desde sua inscrição e registro no Cartório de Registro Civil das Pessoas Jurídicas, não conferindo personalidade jurídica, ou qualquer consequência jurídica, o simples arquivamento de seus atos constitutivos no Ministério do Trabalho e Emprego.

Porém, a comprovação da legitimidade *ad processum* da entidade sindical se faz por seu registro no órgão competente do Ministério do Trabalho, mesmo após a promulgação da Constituição Federal de 1988. É o que dispõe a Orientação Jurisprudencial 15 da SDC do TST.

2.3.1.3. Estrutura dos sindicatos

Os sindicatos são compostos por três órgãos, a saber:

2.3.1.3.1. Assembleia geral

É o órgão competente para eleger, dentre os associados, o representante da categoria.

É a assembleia geral que toma e aprova as contas e julga os atos da diretoria quanto a penalidades impostas aos associados.

À assembleia geral compete, também, deliberar sobre os dissídios do trabalho e eleger os diretores e membros do conselho fiscal.

2.3.1.3.2. Diretoria

Órgão composto de, no mínimo, três e, no máximo, sete membros, dentre os quais será eleito o presidente do sindicato pela assembleia geral.

2.3.1.3.3. Conselho fiscal

O conselho fiscal é o órgão competente para supervisionar a gestão financeira do sindicato, composto por três membros, eleitos pela assembleia geral.

2.3.2. *Federações*

São entidades de grau superior organizadas nos Estados, formadas por número não inferior a cinco sindicatos, representando a maioria absoluta de um grupo de atividades ou profissões idênticas, similares ou conexas, em conformidade com o art. 534 da CLT.

São como órgãos internos das federações:

2.3.2.1. *Diretoria*

A diretoria é formada por, no mínimo, três diretores, não havendo limite máximo de membros.

2.3.2.2. *Conselho de representantes*

Órgão composto pelas delegações dos sindicatos ou federações filiadas, constituída cada uma por dois membros, com mandato de três anos.

2.3.2.3. *Conselho fiscal*

Órgão composto por três membros com competência para fiscalizar a gestão financeira das federações.

2.3.3. *Confederações*

As confederações são entidades sindicais de grau superior de âmbito nacional, formadas, nos termos do art. 535 da CLT, por no mínimo três federações, tendo sua sede em Brasília.

Nos termos do art. 538 da CLT a administração das federações e confederações é realizada pela: a) Diretoria composta por, no mínimo, três membros; b) Conselho de Representantes e c) Conselho Fiscal.

2.3.4. *Estabilidade sindical*

A CF/1988, em seu art. 8º, VIII, bem como o art. 543, § 3º, da CLT, ensinam que é vedada a dispensa sem justa causa do empregado sindicalizado a partir do registro de sua candidatura a cargo de direção ou representação sindical e, se eleito, ainda que suplente, até um ano após o mandato, salvo se cometer falta grave.

A falta grave necessitará ser apurada mediante a instauração de inquérito judicial para apuração de falta grave, nos termos do art. 853 e seguintes da CLT.

Nesse sentido é a Súmula 379 do TST: "O dirigente sindical somente poderá ser dispensado por falta grave mediante a apuração em inquérito judicial, inteligência dos arts. 494 e 543, § 3º, da CLT".

Para que o empregado adquira a estabilidade é indispensável que a entidade sindical comunique o empregador, na forma do § 5º do art. 543 da CLT, por escrito, no prazo de 24 (vinte e quatro) horas, o dia e a hora do registro da candidatura do seu empregado e, em igual prazo, sua eleição e posse.

Vale dizer que o registro da candidatura a cargo de dirigente sindical durante o período de aviso-prévio, ainda que indenizado, não lhe assegura a estabilidade, em conformidade com a Súmula 369, V, do TST.

O art. 522 da CLT estabelece que a administração do sindicato será exercida por uma diretoria constituída no máximo de sete e no mínimo de três membros e de um conselho fiscal composto de três membros, eleitos esses órgãos pela assembleia geral.

Desta forma, os 7 (sete) dirigentes sindicais, bem como seus suplentes, farão jus à estabilidade prevista no citado dispositivo. Nesse sentido o TST firmou entendimento cristalizado na Súmula 369, item II, de acordo com a redação dada pela Resolução 174/2011 do mesmo tribunal.

No entanto, a estabilidade em questão não será assegurada aos membros do conselho fiscal, na medida em que exercem fiscalização financeira do sindicato, não exercendo função de representação da categoria.

Com relação ao empregado de categoria diferenciada, apenas desfrutará da estabilidade caso exerça na empresa atividade pertinente à categoria profissional do sindicato para o qual foi eleito dirigente.

Por último, importa ressaltar que, havendo extinção da atividade empresarial no âmbito da base territorial do sindicato, não há razão para subsistir a estabilidade.

2.3.5. *Centrais sindicais*

Devem ser entendidas como entidades associativas de direito privado compostas por organizações sindicais de trabalhadores. São entidades de representação geral dos trabalhadores, constituídas em âmbito nacional e possuem natureza jurídica de direito privado, sendo associações civis.

Nas lições de Gustavo Felipe Barbosa Garcia (em *Curso de Direito do Trabalho*, 2ª ed., São Paulo, Método, 2008, p. 1104), "são órgãos de cúpula, intercategoriais, de âmbito nacional, coordenando os demais órgãos, sem integrar o sistema sindical confederativo regulado na Constituição Federal".

As centrais sindicais têm como atribuições coordenar a representação dos trabalhadores por meio das organizações sindicais a elas filiadas e também participar de negociações em fóruns, colegiados de órgãos públicos e demais espaços de diálogo social que possuam composição tripartite, nos quais estejam em discussão assuntos de interesse geral dos trabalhadores.

Detalhe importante no que diz respeito às centrais sindicais é que mesmo com a edição da Lei 11.648/2008, que reconheceu formalmente as centrais sindicais, elas não fazem parte do sistema sindical brasileiro.

As centrais sindicais não integram o sistema confederativo previsto na Constituição Federal, tampouco na CLT, que se baseia na unicidade de representação em todos os níveis.

São consideradas associações civis, legalmente constituídas, nos termos do que estabelece o art. 5º, incisos XVII e XXI, da CF.

Na condição de associações civis que são, as centrais sindicais não têm legitimidade jurídica para "decretar greves, celebrar convenções ou acordos coletivos de trabalho, instituir juízo arbitral ou representar categoria de trabalhadores em dissídio coletivo da competência da Justiça do Trabalho", nas lições de Arnaldo Süssekind (em *Direito Constitucional do Trabalho*, 2ª ed. ampliada e atualizada, Rio de Janeiro/São Paulo, Renovar, 2001, p.389).

É importante ressaltar, desta forma, que, não sendo as Centrais Sindicais uma associação de natureza sindical, mas sim de natureza civil, não faz jus seu dirigente à estabilidade sindical prevista no art. 8º, VIII, da CF.

2.4. Modelos sindicais

2.4.1. *Unicidade sindical*

Modelo baseado em reconhecer um único sindicato como representante de cada grupo profissional.

Consagrado na CF/1988 em seu art. 8º, II, significa dizer que não pode haver criação de mais de uma organização sindical, em qualquer grau, de uma mesma categoria profissional ou econômica na mesma base territorial, que deve ser, no mínimo, igual ao território de um Município.

2.4.2. *Unidade sindical*

Não se confunde unidade sindical com a já estudada unicidade sindical.

De acordo com essa modalidade, um único sindicato representa a categoria. Essa determinação não decorre de lei, mas sim de decisão tomada pelos próprios interessados.

Por não ser imposta por lei, é plenamente compatível com o princípio da liberdade sindical, sendo compatível, também, com a Convenção 87 da Organização Internacional do Trabalho - OIT.

2.4.3. *Pluralismo sindical*

Modelo de organização por meio do qual os próprios trabalhadores escolhem a forma de representação de modo flexível e através de uma escolha política.

Nesse modelo, não adotado pelo Brasil, existe mais de um ente sindical representando a mesma categoria, na mesma base territorial.

Está em perfeita harmonia com o princípio da liberdade sindical, na medida em que autoriza os interessados a se unirem e organizarem entes sindicais, independentemente da existência de outro sindicato.

2.5. Sistema de custeio

O custeio dos sindicatos é formado por quatro sistemas, denominados: contribuição legal, contribuição assistencial, contribuição confederativa e contribuição voluntária.

2.5.1. *Contribuição sindical*

Dispõe o art. 578 da CLT de acordo com a redação dada pela Lei 13.467/2017

> Art. 578. As contribuições devidas aos sindicatos pelos participantes das categorias econômicas ou profissionais ou das profissões liberais representadas pelas referidas entidades serão, sob a denominação de contribuição sindical, pagas, recolhidas e aplicadas na forma estabelecida neste Capítulo, desde que prévia e expressamente autorizadas.

O novo texto consolidado retira a compulsoriedade/obrigatoriedade da contribuição sindical anual, antigamente denominada "imposto sindical". De acordo com a nova lei, a contribuição anual que antes era obrigatória agora é facultativa, pois depende de expressa autorização do empregado.

Nessa linha, o art. 611-B da CLT ensina em seu inciso XXVI que não é permitido que a convenção ou o acordo coletivo de trabalho torne obrigatório qualquer tipo de contribuição sindical.

2.5.2. *Contribuição confederativa*

Objetiva custear o sistema confederativo como um todo, ou seja, tanto a categoria profissional como a categoria econômica e encontra-se prevista no inciso IV do art. 8º da Constituição Federal: "a assembleia geral fixará a contribuição que, em se tratando de categoria profissional, será descontada em folha, para custeio do sistema confederativo da representação sindical respectiva, independentemente da contribuição prevista em lei".

Essa contribuição é devida somente aos associados, posição firmada pelo STF por meio da Súmula 666 que ensina: "a contribuição confederativa de que trata o art. 8º, IV, da Constituição, só é exigível dos filiados ao sindicato respectivo".

Nessa mesma linha, a Seção de Dissídios Coletivos do TST editou a Orientação Jurisprudencial 17, que dispõe:

> ORIENTAÇÃO JURISPRUDENCIAL 17 DA SDC - CONTRIBUIÇÕES PARA ENTIDADES SINDICAIS. INCONSTITUCIONALIDADE DE SUA EXTENSÃO A NÃO ASSOCIADOS.
>
> As cláusulas coletivas que estabeleçam contribuição em favor de entidade sindical, a qualquer título, obrigando trabalhadores não sindicalizados, são ofensivas ao direito de livre associação e sindicalização, constitucionalmente assegurado, e, portanto, nulas, sendo passíveis de devolução, por via própria, os respectivos valores eventualmente descontados.

2.5.3. *Contribuição assistencial*

Prevista no art. 513, alínea *e*, da CLT, consiste em uma contribuição dada em favor do sindicato, em razão dos custos decorrentes da negociação coletiva. Na maioria das vezes essa contribuição é fixada em negociação coletiva.

Como a contribuição é confederativa, ela somente pode ser cobrada dos associados, posição adotada pelo TST no Precedente Normativo 119.

> Precedente Normativo 119
>
> "Contribuições Sindicais – Inobservância de preceitos Constitucionais. A Constituição da República, em seus arts. 5º, XX e 8º, V, assegura o direito de livre associação e sindicalização. É ofensiva a essa modalidade de liberdade cláusula constante de acordo, convenção coletiva ou sentença normativa estabelecendo contribuição em favor de entidade sindical a título de taxa para custeio do sistema confederativo, assistencial, revigoramento ou fortalecimento sindical e outras da mesma espécie, obrigando trabalhadores não sindicalizados. Sendo nulas as estipulações que inobservem tal restrição, tornam-se passíveis de devolução os valores irregularmente descontados."

2.5.4. *Contribuição voluntária*

A contribuição voluntária também é chamada de "mensalidade sindical". Ela está prevista no estatuto da entidade sindical, sendo devida somente pelos filiados do sindicato.

2.6. Substituição Processual dos Sindicatos

A norma contida no inciso III do art. 8º da CF confere aos sindicatos legitimidade ativa e passiva para representar os trabalhadores integrantes da categoria profissional em processos judiciais e administrativos.

O citado dispositivo constitucional assegura a substituição processual geral e irrestrita aos sindicatos e não mera representação processual.

Tratada no art. 75 do CPC/2015, podemos dizer que na representação o representante age em nome do representado, ou seja, atua em nome alheio, na defesa de um interesse alheio.

Vale dizer que o representante não é parte do processo, a parte no processo é o representado.

Na substituição processual, a lei autoriza que alguém vá a juízo defender em nome próprio interesses alheios. Nesta, o substituto processual age em nome próprio, ou seja, é a parte no processo, porém atua na defesa de interesses dos substituídos.

A substituição pelo sindicato abrange todos os membros da categoria, indistintamente, sejam eles filiados ou não ao respectivo sindicato.

A substituição não é ilimitada, sendo aplicável apenas nas hipóteses em que a lei expressamente autorizar.

Desse modo, e nos termos da legislação em vigor, os sindicatos têm legitimidade para representar seus integrantes, como substituto processual, nas seguintes questões:

a) ação de cumprimento de sentença normativa ou de acordo homologado em processo de dissídio coletivo, nos termos do art. 872, parágrafo único, da CLT;

b) procedimento administrativo para aferição de insalubridade ou periculosidade em estabelecimento ou local de trabalho, conforme art. 195, § 1º, da CLT;

c) ação de cobrança dos adicionais de insalubridade ou periculosidade, nos moldes do art. 195, § 2º, da CLT. Nesse sentido é a Orientação Jurisprudencial 121 da SDI 1 do TST, que dispõe: "O sindicato tem legitimidade para atuar na qualidade de substituto processual para pleitear diferença de adicional de insalubridade".

Ademais, poderá ser substituto processual em:

d) ação objetivando a efetivação dos depósitos relativos ao FGTS (art. 25 da Lei 8.036/1990).

Além dessas prerrogativas processuais, há de se frisar que somente o sindicato possui legitimidade para participar das negociações que objetivam a celebração de acordo ou convenção coletiva de trabalho, afastando, assim, a possibilidade de participação de qualquer outro ente em tais negociações.

No entanto, nos termos da Orientação Jurisprudencial 19 da SDC do TST, para a instauração de instância contra empresas sua legitimidade está condicionada à prévia autorização dos trabalhadores da suscitada diretamente envolvidos no conflito.

Vale lembrar que, para ser reconhecida como tal, a entidade sindical deve proceder ao registro no cartório de registro civil das pessoas jurídicas e, ainda, no Ministério do Trabalho. Nessa linha a Seção de Dissídios Coletivos do TST decidiu:

> ORIENTAÇÃO JURISPRUDENCIAL 15 DA SDC DO TST – SINDICATO. LEGITIMIDADE "AD PROCESSUM". IMPRESCINDIBILIDADE DO REGISTRO NO MINISTÉRIO DO TRABALHO.
>
> A comprovação da legitimidade "ad processum" da entidade sindical se faz por seu registro no órgão competente do Ministério do Trabalho, mesmo após a promulgação da Constituição Federal de 1988.

Por último, importante ressaltar que, ocorrendo substituição processual pelo sindicato, serão devidos honorários do advogado, nos termos da Súmula 219, item III, do TST. O raciocínio utilizado pelo Tribunal Superior segue a linha das causas em que o sindicato presta assistência judiciária gratuita ao empregado, nos termos do art. 14 da Lei 5.584/1970.

Dispõe a Súmula 219, item III, do TST:

> SÚMULA 219 TST – HONORÁRIOS ADVOCATÍCIOS. HIPÓTESE DE CABIMENTO
>
> (...)
>
> III – São devidos os honorários advocatícios nas causas em que o ente sindical figure como substituto processual e nas lides que não derivem da relação de emprego.

3. CONFLITOS COLETIVOS DE TRABALHO

3.1. Conceito

São conflitos nos quais estão em disputa interesses abstratos de uma categoria ou grupo. Em outras palavras, quando o interesse de determinada categoria profissional se opõe à resistência da categoria econômica, surgem os conflitos coletivos de trabalho.

Os dissídios coletivos objetivam atender interesses abstratos de sujeitos indetermináveis que pertençam ou venham a pertencer a alguma categoria.

O traço marcante do dissídio coletivo é a indeterminação de sujeitos que pertencem ou pertencerão a alguma categoria, cujos interesses abstratos estão em conflito.

Os conflitos coletivos de trabalho não podem ser confundidos com os dissídios individuais plúrimos.

Isso porque, nos dissídios plúrimos, os trabalhadores figuram no polo ativo da demanda em litisconsórcio, defendendo interesses concretos de cada um deles.

3.1.1. Competência

Nos dissídios coletivos, a competência é originária dos Tribunais, ou seja, esses conflitos se iniciam em um Tribunal Regional do Trabalho – TRT ou no Tribunal Superior do Trabalho – TST e nunca nas varas do trabalho, como ocorre nos dissídios individuais, inclusive nos plúrimos.

A competência será dos Tribunais Regionais do Trabalho, nos termos do art. 678 da CLT: ao Pleno, quando divididos em Turmas, ou, onde houver, à Seção Especializada em dissídios coletivos, quando a base territorial do sindicato limitar-se a um Estado; ou a competência será do Tribunal Superior do Trabalho, caso a base territorial do sindicato exceda a jurisdição dos Tribunais Regionais do Trabalho, ou seja, caso abranja mais de um Estado, em conformidade com o art. 702, I, alínea "b", da CLT.

3.1.2. Processamento

Havendo convenção, acordo ou sentença normativa em vigor, o dissídio coletivo deverá ser instaurado dentro dos 60 dias anteriores ao respectivo termo final para que o novo instrumento possa ter vigência no dia imediato a esse termo.

Em dissídios coletivos não há contestação nem, tampouco, há que se falar em revelia, tendo em vista não haver pedido, mas sim propostas de criação de novas normas.

Recebida e protocolada a petição do dissídio, o Presidente do Tribunal designará a audiência de conciliação, dentro do prazo de 10 dias, determinando a notificação dos dissidentes.

Na audiência marcada, comparecendo ambas as partes, o Presidente do Tribunal as convidará para se pronunciarem sobre as bases da conciliação. Caso não sejam aceitas as bases propostas, o Presidente submeterá aos interessados a solução que lhe pareça capaz de resolver o dissídio.

Havendo acordo, o Presidente o submeterá à homologação do Tribunal na primeira sessão.

Não havendo acordo, ou não comparecendo ambas as partes ou uma delas, o Presidente submeterá o processo a julgamento, depois de realizadas as diligências que entender necessárias.

3.2. Classificação

Os conflitos coletivos de trabalho podem ser classificados em: conflitos coletivos de natureza econômica e conflitos coletivos de natureza jurídica.

3.2.1. Conflitos coletivos de natureza econômica

Para a instituição de normas e condições de trabalho, como, por exemplo, reajustes salariais, jornadas de trabalho, dentre outras, voltadas à observância nos contratos individuais de trabalho.

3.2.2. Conflitos coletivos de natureza jurídica

Objetivam interpretar disposição normativa específica da categoria. Têm por finalidade tornar possível a aplicação de norma já existente através da interpretação. Portanto, possui natureza declaratória e não constitutiva.

A interpretação não pode se operar sobre fato genérico, mas sim sobre fato concreto, a teor da Orientação Jurisprudencial 7 da SDC do TST que assim dispõe: "Dissídio Coletivo. Natureza jurídica. Interpretação de norma de caráter genérico. Inviabilidade. Não se presta o dissídio coletivo de natureza jurídica à interpretação de normas de caráter genérico, a teor do disposto no art. 313, II, do RITST".

Assim, vale dizer que, nos termos da Orientação Jurisprudencial 9 da SDC do TST, "o dissídio coletivo não é meio próprio para o sindicato vir a obter o reconhecimento de que a categoria que representa é diferenciada, pois esta matéria - enquadramento sindical - envolve a interpretação de norma genérica, notadamente do art. 577 da CLT".

O atual art. 114 da CF, com a redação dada pela Emenda Constitucional 45/2004, estabelece que no dissídio de natureza jurídica a tentativa de negociação coletiva não é condição da ação ou pressuposto processual para a instauração do dissídio.

Podem os dissídios coletivos ainda ser classificados como:

3.2.3. Originário

Será aplicado quando inexistentes ou em vigor normas e condições especiais de trabalho, decretadas em sentença normativa.

3.2.4. De revisão

São dissídios destinados a reavaliar normas e condições coletivas de trabalho preexistentes que se tornaram injustas ou ineficazes pela modificação das circunstâncias que as ditaram.

3.2.5. De declaração

Os dissídios de declaração são realizados em razão da paralisação do trabalho decorrente de greve.

Importa ressaltar que o acordo judicial homologado no processo de dissídio coletivo, abrangendo a totalidade ou parte das pretensões, tem força de decisão irrecorrível para as partes.

3.3. Formas de Solução

Os conflitos coletivos podem se resolver de diversos modos.

3.3.1. Autodefesa

Nessa modalidade, as próprias partes procedem à defesa de seus interesses, como, por exemplo, a greve e o *lockout*.

A greve, que será estudada no item 4, adiante, é um direito de todo trabalhador consagrado no art. 9º da CF e regulado pela Lei 7.783/1989.

Já o *lockout* é proibido no Brasil, nos termos do art. 17 da Lei 7.783/1989, que dispõe: "Fica vedada a paralisação das atividades, por iniciativa do empregador, com o objetivo de frustrar negociação ou dificultar o atendimento de reivindicações dos respectivos empregados (*lockout*)".

3.3.2. Autocomposição

Por essa modalidade a solução do conflito é realizada pelas próprias partes, sem a interferência de qualquer agente externo.

Em outras palavras, é um procedimento em que os próprios interessados resolvem suas controvérsias, como, por exemplo, a convenção coletiva e os acordos coletivos de trabalho.

A autocomposição se subdivide em:

3.3.2.1. Unilateral

Ocorre na hipótese de renúncia de parte da pretensão ou pelo reconhecimento da pretensão da parte adversa.

3.3.2.2. Bilateral

Nesse caso ocorrem concessões recíprocas, com natureza de transação.

3.3.3. Heterocomposição

A solução do conflito se dá pela interferência de um terceiro estranho à lide, geralmente um órgão do Estado, independente de aceitação das partes integrantes da controvérsia.

A heterocomposição pode ocorrer de dois modos, a saber:

3.3.3.1. Arbitragem

Prevista na Constituição Federal no art. 114, §§ 1º e 2º, na Lei 7.783/1989 em seu art. 3º, *caput*, na Lei 10.101/2000 no art. 4º, inciso II, e regulada pela Lei 9.307/1996, consiste em uma forma alternativa de resolver conflitos por meio da qual as partes estabelecem no contrato que, em vez de procurar o Poder Judiciário, irão utilizar o juízo arbitral para a solução da controvérsia.

Nessa linha, o art. 114, § 1º, da CF estabelece que, frustrada a negociação coletiva, poderão as partes eleger árbitro.

A convenção de arbitragem pode ser pactuada por compromisso arbitral ou por cláusula compromissória, sendo que o árbitro é um terceiro escolhido pelas próprias partes, que poderão determinar o procedimento a ser adotado, bem como o prazo para a conclusão da arbitragem.

Uma vez submetido à arbitragem, o processo torna-se sigiloso, característica que apenas pode ser quebrada pelas partes.

A convenção de arbitragem não viola o livre acesso ao Poder Judiciário (art. 5º, XXXV, da CF), na medida em que a escolha fica a cargo das próprias partes.

O procedimento arbitral apenas poderá ser realizado para causas que tratarem sobre direitos patrimoniais disponíveis, razão pela qual não é admitida em dissídios individuais trabalhistas, sendo admitida, somente, em se tratando de dissídio coletivo de trabalho.

3.3.3.2. Jurisdição

Etimologicamente, a palavra "jurisdição" provém do termo latim *iurisdictio*, o qual significa "dizer o direito".

Nessa modalidade, para a solução do conflito, constata-se a interferência de um agente externo, o Estado. O órgão do Estado que faz a intermediação para o conflito de interesses é o Juiz do Trabalho, sendo possível, em se tratando de dissídios coletivos de natureza econômica, a incidência do poder normativo da Justiça do Trabalho, que será estudado em seguida

Nessa linha, estabelece o art. 114, § 2º, da CF:

> **Art. 114.** (...)
>
> § 2º Recusando-se qualquer das partes à negociação coletiva ou à arbitragem, é facultado às mesmas, de comum acordo, ajuizar dissídio coletivo de natureza econômica, podendo a Justiça do Trabalho decidir o conflito, respeitadas as disposições mínimas legais de proteção ao trabalho, bem como as convencionadas anteriormente.

Em primeiro lugar, é importante ressaltar que a exigência do dispositivo em comento se dá apenas para o dissídio coletivo de natureza econômica, não sendo requisito para o ajuizamento do dissídio coletivo de natureza jurídica.

Pois bem. Conforme a redação do art. 114, § 2º, da CF, o dissídio coletivo de natureza econômica somente poderá ser ajuizado uma vez que não for obtida a solução do conflito pela negociação coletiva ou se as partes se recusarem a realizar a arbitragem.

Desse modo, é uma condição da ação específica do dissídio coletivo a recusa à negociação prévia ou à arbitragem, sem as quais não existirá interesse processual para o ajuizamento do dissídio.

O dispositivo em questão traz, ainda, como exigência o "comum acordo". Exige-se, portanto, o consenso entre as partes envolvidas no conflito para a instauração do dissídio.

Por último, importante destacar que nos termos da OJ 22 da SDC do TST, "é necessária a correspondência entre as atividades exercidas pelos setores profissional e econômico, a fim de legitimar os envolvidos no conflito a ser solucionado pela via do dissídio coletivo".

3.3.3.2.1. Poder normativo da Justiça do Trabalho

O poder normativo consiste na competência legal dos Tribunais trabalhistas de criarem novas normas jurídicas nas decisões que proferem em dissídios coletivos. Nas lições de Renato Saraiva (em *Curso de Direito Processual do Trabalho*, 4ª ed., São Paulo, Método, 2007, p. 823), o poder normativo da Justiça do Trabalho

> consiste na competência constitucionalmente assegurada aos Tribunais laborais de solucionar os conflitos coletivos de trabalho, estabelecendo, por meio da denominada sentença normativa, normas gerais e abstratas de conduta, de observância obrigatória para as categorias profissionais e econômicas abrangidas pela decisão, repercutindo nas relações individuais de trabalho.

No julgamento dos dissídios coletivos, os tribunais resolvem o conflito com regras aplicáveis às relações de trabalho em geral das entidades envolvidas mediante o uso de normas legais já existentes, como ocorre nos dissídios coletivos de revisão, ou da criação de novas normas, como no dissídio coletivo de natureza econômica. Portanto, quando os Tribunais decidem sobre as disputas coletivas de trabalho estão autorizados, por lei, a exercer função tipicamente legislativa. Contudo, esse poder não é ilimitado.

Tem como limite as normas mínimas de proteção do trabalho já existentes, ou seja, o poder normativo encontra limites na própria lei, somente podendo atuar no vazio deixado pela norma, não sendo lícito, entretanto, sobrepor-se ou contrariar a legislação em vigor.

Desta maneira, as normas contidas na legislação trabalhista e aquelas normas já convencionadas e em vigor deverão ser observadas, não podendo o poder normativo afrontar tais disposições de forma a prejudicar os trabalhadores.

3.3.4. Sentença normativa

A decisão proferida pelos Tribunais Regionais do Trabalho ou pelo Tribunal Superior do Trabalho no julgamento dos dissídios coletivos leva o nome de sentença normativa.

Tem esse nome porque possui cláusulas normativas que estabelecem benefícios individuais para os trabalhadores, como, por exemplo, reajuste de salário, entre outros.

As sentenças normativas, além de possuírem cláusulas normativas, podem também estabelecer cláusulas obrigacionais estipulando direitos e deveres recíprocos, como, por exemplo, um adicional maior do que aquele estabelecido por lei.

Insta ressaltar que, em se tratando de dissídio coletivo de natureza econômica, a sentença normativa terá natureza constitutiva, ao passo que se o dissídio for de natureza jurídica a sentença possuirá natureza declaratória.

3.3.4.1. Vigência

O início da vigência da sentença normativa pode ocorrer em 3 momentos:

a) a partir da data de sua publicação na imprensa oficial, quando ajuizado após o prazo de 60 dias estabelecido no art. 616, § 3º, da CLT;

b) a partir do dia do termo final da vigência do acordo coletivo, convenção coletiva ou sentença normativa, quando ajuizado dentro desse mesmo prazo de 60 dias;

c) a partir da data do ajuizamento, caso não haja acordo coletivo, convenção coletiva ou sentença normativa em vigor.

O prazo máximo para a vigência da sentença normativa é de 4 anos, a teor do art. 868, parágrafo único, da CLT e não pode ser confundido com o prazo máximo de 2 anos para a vigência do acordo ou convenção coletiva.

3.3.5. Ação de cumprimento

A sentença normativa, quando não cumprida, não deve ser executada como acontece com as decisões proferidas em dissídio individual, isso porque não possui natureza condenatória, como vimos.

Esta decisão submete-se ao que chamamos de ação de cumprimento, como ensina o art. 872 da CLT:

Art. 872. Celebrado o acordo, ou transitada em julgado a decisão, seguir-se-á o seu cumprimento, sob as penas estabelecidas neste Título.

Parágrafo único. Quando os empregadores deixarem de satisfazer o pagamento de salários, na conformidade da decisão proferida, poderão os empregados ou seus sindicatos, independentes de outorga de poderes de seus associados, juntando certidão de tal decisão, apresentar reclamação à Junta ou Juízo competente, observado o processo previsto no Capítulo II deste Título, sendo vedado, porém, questionar sobre a matéria de fato e de direito já apreciada na decisão.

A ação de cumprimento é uma ação de conhecimento de cunho condenatório, proposta pelo sindicato, como substituto processual, ou pelos próprios trabalhadores perante a vara do trabalho, em conformidade com o art. 651 da CLT, sendo vedado, porém, questionar sobre a matéria de fato e de direito já apreciada na decisão.

É importante lembrar que o prazo prescricional para seu ajuizamento é de 2 anos (art. 7º, XXIX, da CF/1988) e, embora seja dispensável o trânsito em julgado da sentença normativa para a propositura da ação de cumprimento, o prazo prescricional será contado a partir de seu trânsito em julgado, em conformidade com a Súmula 350 do TST: "Prescrição. Termo inicial. Ação de Cumprimento. Sentença Normativa – O prazo de prescrição com relação à ação de cumprimento de decisão normativa flui apenas da data de seu trânsito em julgado".

3.4. Negociação coletiva

Nas lições de Alice Monteiro de Barros (em *Curso de Direito do Trabalho*, 3ª ed., São Paulo, LTr, 2007, p. 1224), a negociação coletiva consiste em "uma modalidade de autocomposição de conflitos advinda do entendimento entre os interlocutores sociais". Em outras palavras, é uma modalidade de autocomposição de conflitos assim como a conciliação.

Nessa linha, para a instituição de convenções e acordos coletivos é exercida a autonomia coletiva dos particulares, através do poder normativo, o que possibilita a solução dos conflitos coletivos pelas próprias partes envolvidas.

A prática de negociação coletiva gera a contratação coletiva de trabalho e os interessados fixam normas que regulam as suas relações jurídicas.

A contratação coletiva de trabalho ou o contrato coletivo de trabalho são formados pelas convenções coletivas de trabalho e acordos coletivos de trabalho, em conformidade com o art. 7º, XXVI, da CF/1988.

Contudo, nos termos do art. 8º, § 3º, da CLT no exame de convenção coletiva ou acordo coletivo de trabalho, a Justiça do Trabalho analisará exclusivamente a conformidade dos elementos essenciais do negócio jurídico, respeitado o disposto no art. 104 da Lei n. 10.406, de 10 de janeiro de 2002 (Código Civil), e balizará sua atuação pelo princípio da intervenção mínima na autonomia da vontade coletiva.

3.4.1. Convenção coletiva

Disciplinada no art. 611, *caput*, da CLT, "é o acordo de caráter normativo, pelo qual dois ou mais Sindicatos representativos de categorias econômicas e profissionais estipulam condições de trabalho, aplicáveis no âmbito das respectivas representações, às relações individuais de trabalho". Em outras palavras, é o acordo de caráter normativo, entre um ou mais sindicatos de empregados e de empregadores, de modo a definir as condições de trabalho que serão observadas em relação a todos os trabalhadores dessas empresas.

3.4.2. Acordo coletivo

Encontra-se previsto no art. 611, § 1º, da CLT, que leciona:

É facultado aos Sindicatos representativos de categorias profissionais celebrar Acordos Coletivos com uma ou mais empresas da correspondente categoria econômica, que estipulem condições de trabalho, aplicáveis no âmbito da empresa ou das acordantes respectivas relações de trabalho.

É, portanto, o pacto entre uma ou mais empresas com o sindicato da categoria profissional, em que são estabelecidas condições de trabalho aplicáveis às empresas envolvidas.

Desta forma, a principal diferença entre convenção coletiva de trabalho e acordo coletivo de trabalho reside no fato de que na primeira temos a presença de ambos os sindicatos, ou seja, sindicatos dos empregados (categoria profissional) e dos sindicatos dos empregadores (categoria econômica), ao passo que no segundo temos de um lado o sindicato dos trabalhadores e de outro lado a empresa, sem estar representada pelo sindicato.

Assim sendo, é obrigatória a presença dos sindicatos dos trabalhadores nas negociações coletivas para se pactuar acordo coletivo.

Cabe lembrar a regra contida no art. 617, § 1º, da CLT que cuida da hipótese do sindicato da categoria profissional que, no prazo de 8 dias, não avoca a direção dos entendimentos entre os interessados para a concretização do acordo coletivo de trabalho.

Nessa hipótese, poderão os interessados dar conhecimento do fato à Federação a que estiver vinculado o sindicato e, na sua ausência, deverão comunicar à Confederação, para que no mesmo prazo assuma a direção dos entendimentos.

Se, ainda assim, nenhuma entidade assumir o encargo ou se ultrapassado esse prazo, poderão os interessados prosseguir diretamente na negociação coletiva até o final.

3.4.3. Cláusulas

As cláusulas contidas nos acordos e convenções coletivas de trabalho podem ser classificadas como:

3.4.3.1. Cláusulas obrigacionais

São aquelas que estabelecem direitos e obrigações a serem cumpridas pelas partes pactuantes, como, por exemplo, uma cláusula que prevê o pagamento de uma multa pelo descumprimento do acordo ou da convenção coletiva.

3.4.3.2. Cláusulas normativas

São aquelas que estabelecem condições de trabalho capazes de refletir nos contratos individuais da categoria envolvida, como, por exemplo, uma cláusula que confira um aumento salarial para aquela determinada categoria profissional.

3.4.4. Condições de validade e vigência

O art. 613 da CLT traz um rol com as matérias que devem constar obrigatoriamente nas convenções e acordos coletivos, vejamos:

Art. 613. As Convenções e os Acordos deverão conter obrigatoriamente:

I - Designação dos Sindicatos convenentes ou dos Sindicatos e empresas acordantes;

II - Prazo de vigência;

III - Categorias ou classes de trabalhadores abrangidas pelos respectivos dispositivos;

IV - Condições ajustadas para reger as relações individuais de trabalho durante sua vigência;

V - Normas para a conciliação das divergências sugeridas entre os convenentes por motivos da aplicação de seus dispositivos;

VI - Disposições sobre o processo de sua prorrogação e de revisão total ou parcial de seus dispositivos;

VII - Direitos e deveres dos empregados e empresas;

VIII - Penalidades para os Sindicatos convenentes, os empregados e as empresas em caso de violação de seus dispositivos.

É importante destacar que o parágrafo único do mencionado dispositivo legal estabelece que as convenções e os acordos coletivos de trabalho serão celebrados por escrito, sem emendas nem rasuras, em tantas vias quantos forem os Sindicatos convenentes ou as empresas acordantes, além de outra destinada a registro.

Nos termos do art. 614, § 3º, da CLT, a convenção coletiva e o acordo coletivo terão prazo máximo de validade de dois anos e, nos termos do art. 614, § 1º, da CLT, as convenções e os acordos entrarão em vigor 3 (três) dias após a data da entrega destes no órgão referido neste artigo.

Para que seja válida, a norma coletiva terá que ser precedida de Assembleia Geral convocada para esse fim, de acordo com as determinações de seus respectivos Estatutos. Em primeira convocação, deverão comparecer e votar 2/3 (dois terços) dos associados da entidade, em se tratando de convenção. Em se tratando de acordo, 2/3 (dois terços) dos interessados. Na segunda convocação, deverá comparecer 1/3 (um terço) dos membros.

O *quorum* de comparecimento e votação será de 1/8 (um oitavo) dos associados em segunda convocação nas entidades sindicais que tenham mais de 5.000 associados.

3.4.5. Negociação coletiva na administração pública

Em regra, o servidor público tem direito a sindicalização, mas não pode negociar por acordo ou convenção coletiva de trabalho, em razão do princípio da legalidade que norteia a Administração Pública direta e indireta de qualquer dos Poderes da União, dos Estados, do Distrito Federal e dos Municípios, em conformidade com o art. 37 da CF.

Contudo, para as empresas públicas e sociedades de economia mista, há a possibilidade da utilização de acordos e convenções coletivas, na medida em que estas entidades seguem o regime das empresas privadas.

No entanto, em se tratando de pessoa jurídica de Direito Público que mantenha em seus quadros empregados, será admitido o ajuizamento de dissídio coletivo unicamente para apreciação de cláusulas de natureza social, cuja repercussão econômica independa de prévia dotação orçamentária. Portanto, não será possível dissídio para análise das cláusulas que contenham reivindicações referentes ao rol de vedações constantes no art. 169 da CF.

Dessa forma, o TST conferiu nova redação à Orientação Jurisprudencial 5 da SDC:

> DISSÍDIO COLETIVO. PESSOA JURÍDICA DE DIREITO PÚBLICO. POSSIBILIDADE JURÍDICA. CLÁUSULA DE NATUREZA SOCIAL. Em face de pessoa jurídica de direito público que mantenha empregados, cabe dissídio coletivo exclusivamente para apreciação de cláusulas de natureza social. Inteligência da Convenção 151 da Organização Internacional do Trabalho, ratificada pelo Decreto Legislativo 206/2010.

3.5. Prevalência do negociado sobre o legislado

O objetivo da negociação coletiva é adequar as relações trabalhistas à realidade enfrentada pelos interessados, que se modifica a cada dia, de acordo com a base territorial, a empresa e a época. Busca a harmonia temporária dos interesses antagônicos da classe econômica e da profissional (Comentários à reforma trabalhista / Vólia Bomfim Cassar, Leonardo Dias Borges. Rio de Janeiro: Forense; São Paulo: Método. 2017).

Por meio da negociação coletiva, leia-se acordo coletivo ou convenção coletiva de trabalho, em regra, é possível criação, supressão ou modificação de direitos previstos em lei.

Assim, é possível a flexibilização de alguns direitos previstos em lei, desde que não contrariem ou violem a Constituição Federal.

A Lei 13.467/2017 trouxe ao nosso ordenamento jurídico a possibilidade de prevalência do negociado em acordo convenção coletiva de trabalho sobre o disposto na lei.

Nessa linha, o art. 611-A da CLT aponta alguns dos direitos que podem ser reduzidos ou alterados pela negociação coletiva. Importante notar que o dispositivo mencionado se utiliza da expressão "entre outros", apontando que desde que não contrariem a norma constitucional e aquelas esculpidas no art. 611-B da CLT, é permitida a flexibilização de outros direitos.

Dispõe o art. 611-A da CLT:

> Art. 611-A. A convenção coletiva e o acordo coletivo de trabalho, observados os incisos III e VI do caput do art. 8º, têm prevalência sobre a lei quando, entre outros, dispuserem sobre:
>
> I - pacto quanto à jornada de trabalho, observados os limites constitucionais;
>
> II - banco de horas anual;
>
> III - intervalo intrajornada, respeitado o limite mínimo de trinta minutos para jornadas superiores a seis horas;
>
> IV - adesão ao Programa Seguro-Emprego (PSE),
>
> V - plano de cargos, salários e funções compatíveis com a condição pessoal do empregado, bem como identificação dos cargos que se enquadram como funções de confiança;
>
> VI - regulamento empresarial;
>
> VII - representante dos trabalhadores no local de trabalho;
>
> VIII - teletrabalho, regime de sobreaviso, e trabalho intermitente;
>
> IX - remuneração por produtividade, incluídas as gorjetas percebidas pelo empregado, e remuneração por desempenho individual;
>
> X - modalidade de registro de jornada de trabalho;
>
> XI - troca do dia de feriado;
>
> XII - enquadramento do grau de insalubridade e prorrogação de jornada em locais insalubres, incluída a possibilidade de contratação de perícia, afastada a licença prévia das autoridades competentes do Ministério do Trabalho, desde que respeitadas, na integralidade, as normas de saúde, higiene e segurança do trabalho previstas em lei ou em normas regulamentadoras do Ministério do Trabalho;

XIII – (*Revogado*)

XIV – prêmios de incentivo em bens ou serviços, eventualmente concedidos em programas de incentivo,

XV – participação nos lucros ou resultados da empresa.

O TST sempre adotou a orientação de que a retirada de vantagem por meio de acordo ou convenção coletiva de trabalho somente teria validade se houvesse uma contrapartida compensatória ao empregado.

Contrariando essa tese do TST a nova legislação determina no § 2º do art. 611-A da CLT que a inexistência de expressa indicação de contrapartidas recíprocas em convenção coletiva ou acordo coletivo de trabalho não ensejará sua nulidade por não caracterizar um vício do negócio jurídico.

Contudo, no § 3º do mesmo dispositivo legal o legislador garante uma contrapartida ao empregado. De acordo com citado dispositivo legal, caso seja pactuada cláusula que reduza o salário ou a jornada, a convenção coletiva ou o acordo coletivo de trabalho deverão prever a proteção dos empregados contra dispensa imotivada durante o prazo de vigência do instrumento coletivo.

Portanto, o art. 611-A da CLT aponta alguns dos direitos que podem ser reduzidos ou alterados pela negociação coletiva. De outro lado, o art. 611-B da CLT, impõe limitações a possibilidade de flexibilização.

Dessa forma, o art. 611-B da CLT, aponta quais direitos não podem ser negociados coletivamente.

Dispõe o art. 611-B da CLT:

> Art. 611-B. Constituem objeto ilícito de convenção coletiva ou de acordo coletivo de trabalho, exclusivamente, a supressão ou a redução dos seguintes direitos:
>
> I – normas de identificação profissional, inclusive as anotações na Carteira de Trabalho e Previdência Social;
>
> II – seguro-desemprego, em caso de desemprego involuntário;
>
> III – valor dos depósitos mensais e da indenização rescisória do Fundo de Garantia do Tempo de Serviço (FGTS);
>
> IV – salário-mínimo;
>
> V – valor nominal do décimo terceiro salário;
>
> VI – remuneração do trabalho noturno superior à do diurno;
>
> VII – proteção do salário na forma da lei, constituindo crime sua retenção dolosa;
>
> VIII – salário-família;
>
> IX – repouso semanal remunerado;
>
> X – remuneração do serviço extraordinário superior, no mínimo, em 50% (cinquenta por cento) à do normal;
>
> XI – número de dias de férias devidas ao empregado;
>
> XII – gozo de férias anuais remuneradas com, pelo menos, um terço a mais do que o salário normal;
>
> XIII – licença-maternidade com a duração mínima de cento e vinte dias;
>
> XIV – licença-paternidade nos termos fixados em lei;
>
> XV – proteção do mercado de trabalho da mulher, mediante incentivos específicos, nos termos da lei;
>
> XVI – aviso-prévio proporcional ao tempo de serviço, sendo no mínimo de trinta dias, nos termos da lei;
>
> XVII – normas de saúde, higiene e segurança do trabalho previstas em lei ou em normas regulamentadoras do Ministério do Trabalho;
>
> XVIII – adicional de remuneração para as atividades penosas, insalubres ou perigosas;
>
> XIX – aposentadoria;
>
> XX – seguro contra acidentes de trabalho, a cargo do empregador;
>
> XXI – ação, quanto aos créditos resultantes das relações de trabalho, com prazo prescricional de cinco anos para os trabalhadores urbanos e rurais, até o limite de dois anos após a extinção do contrato de trabalho;
>
> XXII – proibição de qualquer discriminação no tocante a salário e critérios de admissão do trabalhador com deficiência;
>
> XXIII – proibição de trabalho noturno, perigoso ou insalubre a menores de dezoito anos e de qualquer trabalho a menores de dezesseis anos, salvo na condição de aprendiz, a partir de quatorze anos;
>
> XXIV – medidas de proteção legal de crianças e adolescentes;
>
> XXV – igualdade de direitos entre o trabalhador com vínculo empregatício permanente e o trabalhador avulso;
>
> XXVI – liberdade de associação profissional ou sindical do trabalhador, inclusive o direito de não sofrer, sem sua expressa e prévia anuência, qualquer cobrança ou desconto salarial estabelecidos em convenção coletiva ou acordo coletivo de trabalho;
>
> XXVII – direito de greve, competindo aos trabalhadores decidir sobre a oportunidade de exercê-lo e sobre os interesses que devam por meio dele defender;
>
> XXVIII – definição legal sobre os serviços ou atividades essenciais e disposições legais sobre o atendimento das necessidades inadiáveis da comunidade em caso de greve;
>
> XXIX – tributos e outros créditos de terceiros;
>
> XXX – as disposições previstas nos arts. 373-A, 390, 392, 392-A, 394, 394-A, 395, 396 e 400 desta Consolidação.
>
> Parágrafo único. Regras sobre duração do trabalho e intervalos não são consideradas como normas de saúde, higiene e segurança do trabalho para os fins do disposto neste artigo.

4. GREVE

4.1. Conceito

Greve consiste na suspensão coletiva temporária, total ou parcial, da prestação pessoal de serviços a empregador.

A palavra tem origem no termo francês *grève*, utilizado com o mesmo sentido, oriundo da *Place de Grève*, em Paris, na margem do Rio Sena, local utilizado antigamente como palco de reuniões de desempregados e operários insatisfeitos com as condições de trabalho da época.

A greve é um direito fundamental assegurado a todo trabalhador, disciplinado pelo artigo 9º da Constituição Federal, que assim dispõe:

> **Art. 9º.** É assegurado o direito de greve, competindo aos trabalhadores decidir sobre a oportunidade de exercê-lo e sobre os interesses que devam por meio dele defender.
>
> § 1º A lei definirá os serviços ou atividades essenciais e disporá sobre o atendimento das necessidades inadiáveis da comunidade.
>
> § 2º Os abusos cometidos sujeitam os responsáveis às penas da lei.

O direito de greve dos trabalhadores do setor privado é regulamentado pela Lei 7.783/1989.

Para ser considerada greve, a suspensão do trabalho deve ser realizada pelo grupo de empregados de forma coletiva e nunca de forma individual. A suspensão deve, ainda, ser temporária e não de forma definitiva, caso em que poderia ser configurado abandono de emprego.

É importante ressaltar, outrossim, que essa paralisação não poderá ser violenta, ou seja, é vedada a violência a pessoas e bens.

4.1.1. *Natureza jurídica*

Funda-se no princípio da liberdade de trabalho. Possui natureza jurídica de um direito ou uma liberdade; quanto aos seus efeitos sobre o contrato de trabalho, a greve é considerada, como regra, suspensão do contrato de trabalho. Porém, nada obsta que no instrumento de negociação seja considerada como forma de interrupção do contrato de trabalho, mas jamais será uma forma de extinção do contrato.

4.2. As greves no Brasil

Quanto à evolução legislativa do direito de greve, destaca-se o Código Penal de 1890 que proibia a greve.

As Constituições de 1891 e 1934 não dispunham sobre o direito de greve. Já a Constituição de 1937 considerava a greve como recurso antissocial e nocivo ao trabalho.

Em 1946, a Constituição muda a orientação da norma anterior e reconhece o direito de greve; entre 1967 e 1969 é concedido o direito de greve aos trabalhadores, com exceção dos serviços públicos e atividades essenciais.

Por fim, a Constituição Federal de 1988 assegura o direito de greve, devendo os trabalhadores decidir sobre os interesses que irão defender e a oportunidade de fazê-lo.

As greves foram proibidas no Brasil no período militar (1964-1985), chamados Anos de Chumbo. Ainda assim, nesse período, houve paralisações famosas como a ocorrida em Contagem, Estado de Minas Gerais, e em Osasco, região de São Paulo, em 1968, bem como as greves ocorridas na região do ABC de São Paulo, no final da década de 1970.

4.3. Classificação

Pode ser classificada como:

4.3.1. *Quanto à licitude*

a) lícita: quando atendidas as determinações legais;

b) ilícitas: quando não são atendidas as determinações impostas pela lei.

4.3.2. *Quanto aos limites*

a) abusiva: quando são cometidos abusos, excedendo as determinações legais. Nos termos do art. 14 da Lei 7.783/1989 (Lei de Greve), "constitui abuso do direito de greve a inobservância das normas contidas na presente Lei, bem como a manutenção da paralisação após a celebração de acordo, convenção ou decisão da Justiça do Trabalho";

b) não abusivas: aquela exercida dentro das previsões legais, sem excessos.

4.3.3. *Quanto à extensão*

a) global: aquela que alcança todos os empregados da categoria profissional;

b) parcial: envolve apenas algumas empresas da categoria ou setores da empresa.

É importante lembrar que a chamada "greve de zelo", popularmente conhecida como "operação tartaruga", não pode ser considerada greve na acepção jurídica do termo, na medida em que não há paralisação dos serviços.

4.4. Legitimidade

Por se tratar de um direito de natureza coletiva, a legitimação para iniciação da greve é do sindicato dos trabalhadores.

Na ausência do sindicato, a legitimidade será da federação e na ausência desta última a legitimidade será da confederação. Persistindo a ausência, é admitida comissão de negociação pelos próprios trabalhadores. Essa comissão representará os interesses dos trabalhadores nas negociações ou na própria Justiça do Trabalho.

O titular desse direito, porém, é o trabalhador. Recai nele o ônus de decidir sobre a oportunidade de exercer tal direito. Aliás, são os trabalhadores que decidem sobre a conveniência e sobre os interesses a serem defendidos no processo de greve.

4.5. Limitações

O direito à greve não constitui um direito absoluto, podendo sofrer limitações. Essas limitações ao seu exercício devem ser observadas e consistem em disposições constitucionais que visam a garantir a segurança e a ordem pública, bem como a defender interesses da coletividade.

Nessa linha, o direito de greve, como direito constitucional que é, necessita conviver com outros direitos e garantias constitucionais, como o direito à vida, liberdade, segurança e propriedade, assegurados no art. 5º, *caput*, da CF.

É importante lembrar que pela determinação contida no art. 142, § 3º, IV, da CF aos militares são proibidas a sindicalização e a greve.

4.6. Processamento

A primeira fase pode ser tida como preparatória. Para a deflagração da greve é obrigatória prévia tentativa de negociação, tendo em vista que a lei somente autoriza o início da paralisação quando frustrada a autocomposição. Nesse sentido, o TST entendeu na Orientação Jurisprudencial 11 da SDC que "é abusiva a greve levada a efeito sem que as partes hajam tentado, direta e pacificamente, solucionar o conflito que lhe constitui o objeto".

Não havendo êxito na negociação coletiva é facultado às partes solucionar o conflito por meio da arbitragem.

Ultrapassadas essas fases, a Assembleia Geral será convocada a fim de se definir as reivindicações a serem feitas pela categoria.

A última etapa consiste no aviso prévio de greve, não sendo lícita a greve surpresa, na medida em que o empregador tem o direito de saber, de forma antecipada, sobre a futura paralisação.

Nesse sentido, o art. 3º, parágrafo único, da Lei 7.783/1989 estabelece que para a deflagração da greve em serviços ou atividades em geral, ou não essenciais, as entidades sindicais ou os trabalhadores são obrigados a comunicar a decisão à população com antecedência mínima de 48 (quarenta e oito) horas.

Já para a greve em serviços ou atividades essenciais, as entidades sindicais de empregadores ou os empregadores ficam obrigados, conforme o caso, a comunicar à população com antecedência mínima de 72 (setenta e duas) horas a operacionalização dos serviços mínimos.

4.6.1. Definição de serviços e atividades essenciais

São considerados serviços e atividades essenciais:

a) tratamento e abastecimento de água, produção e distribuição de energia elétrica, gás e combustíveis;

b) assistência médica e hospitalar;

c) distribuição e comercialização de medicamentos e alimentos;

d) funerários;

e) transporte coletivo;

f) captação e tratamento de esgoto e lixo;

g) telecomunicações;

h) guarda, uso e controle de substâncias radioativas, equipamentos e materiais nucleares;

i) processamento de dados ligados a serviços essenciais;

j) controle de tráfego aéreo;

k) compensação bancária.

É importante ressaltar que, nos serviços ou atividades essenciais, os sindicatos, os empregadores e os trabalhadores ficarão obrigados, de comum acordo, a garantir, durante a greve, a prestação dos serviços indispensáveis ao atendimento das necessidades inadiáveis da comunidade.

Necessidades inadiáveis da comunidade são aquelas que, uma vez não atendidas, colocarão em perigo iminente a sobrevivência, a saúde ou a segurança da população.

Caso não seja observada a citada regra, caberá ao Poder Público assegurar a prestação dos serviços indispensáveis.

Nesse sentido decidiu o Colendo Tribunal Superior do Trabalho através da Orientação Jurisprudencial 38 da SDC: "É abusiva a greve que se realiza em setores que a lei define como sendo essenciais à comunidade, se não é assegurado o atendimento básico das necessidades inadiáveis dos usuários do serviço, na forma prevista na Lei 7.783/1989".

4.7. Efeitos no contrato de trabalho

De acordo com o art. 7º da Lei 7.783/1989, temos que, observadas as condições previstas na lei, a participação em greve suspende o contrato de trabalho, devendo as relações obrigacionais, durante o período, ser regidas pelo acordo, convenção, laudo arbitral ou decisão da Justiça do Trabalho.

Durante a greve é vedada a rescisão de contrato de trabalho, bem como a contratação de trabalhadores para substituição daqueles que aderiram à greve.

No entanto, o empregador poderá, quando não houver acordo e enquanto perdurar a greve, contratar diretamente os serviços necessários para assegurar a realização daqueles cuja paralisação resulte em prejuízo irreparável, pela deterioração irreversível de bens, máquinas e equipamentos, bem como a manutenção daqueles essenciais à retomada das atividades da empresa quando da cessação do movimento grevista, ou ainda, em caso de abuso do direito de greve.

Sobre o tema é importante trazer a disposição da Orientação Jurisprudencial 10 da SDC do TST:

> ORIENTAÇÃO JURISPRUDENCIAL 10 DA SDC DO TST – GREVE ABUSIVA NÃO GERA EFEITOS.
>
> É incompatível com a declaração de abusividade de movimento grevista o estabelecimento de quaisquer vantagens ou garantias a seus partícipes, que assumiram os riscos inerentes à utilização do instrumento de pressão máximo.

4.8. Direitos e deveres dos grevistas

Frustrada a negociação ou verificada a impossibilidade de recursos na via arbitral, é facultada a cessação coletiva do trabalho.

A entidade patronal correspondente ou os empregadores diretamente interessados serão notificados, com antecedência mínima de 48 horas ou 72 horas, a depender do caso, acerca da paralisação.

É direito dos grevistas a utilização de meios pacíficos visando a aliciar os demais trabalhadores a aderirem ao movimento grevista. É permitida, também, a arrecadação de fundos e a livre divulgação do movimento. De outro lado, é dever dos grevistas não proibir o acesso ao trabalho daqueles que assim quiserem, por se tratar de um direito facultativo de cada trabalhador. Também não podem causar ameaça ou dano a propriedade ou pessoa.

4.9. Vedações

É vedado às empresas adotar meios para constranger o empregado ao comparecimento ao trabalho durante o período de greve, bem como aqueles capazes de frustrar a divulgação do movimento.

Em nenhuma hipótese os meios adotados por empregados e empregadores poderão violar ou constranger os direitos e garantias fundamentais de outrem.

4.10. Greve no serviço público

Nos serviços públicos, o direito à greve foi regulado no art. 37, VII, da CF.

Quanto à interpretação deste dispositivo, surgem dois posicionamentos: o primeiro sustenta que o dispositivo mencionado é norma de eficácia limitada, tendo em vista que o exercício do direito de greve pelos servidores públicos depende de lei específica e, enquanto essa lei não for editada, a greve não será permitida no serviço público.

Já o segundo entendimento sustenta que a Constituição Federal autoriza a greve dos servidores públicos na medida em que eliminou a proibição contida na Constituição anterior, sendo este dispositivo de eficácia contida.

A questão foi levada ao Supremo Tribunal Federal (STF) e foi julgada por meio de dois Mandados de Injunção (MIs 670 e 712) impetrados pelo Sindicato dos Servidores Policiais Civis do Espírito Santo (Sindipol) e pelo Sindicato dos Trabalhadores do Poder Judiciário do Estado do Pará (Sinjep), que alegavam omissão do Congresso Nacional por não elaborar, no tempo hábil, lei para regulamentar o direito de greve dos servidores públicos.

Os Ministros decidiram que dispositivos da Lei de Greve (Lei 7.783/1989), que regem o exercício de greve dos trabalhadores da iniciativa privada, também valem para as greves do serviço público.

Em outras palavras, enquanto o Congresso Nacional não regulamentar o dispositivo constitucional que garante o direito de greve do funcionalismo público (art. 37, VII, da CF), será aplicada a Lei 7.783/1989, que regulamenta a greve para o setor privado, guardadas as diferenças entre o serviço público e o privado.

Segundo o voto do Ministro Relator, a Lei 7.783/1989 "não se presta, sem determinados acréscimos, bem assim algumas reduções do seu texto, a regular o exercício do direito de greve pelos servidores públicos". Veja bem, os artigos 10 e 11 da Lei, que definem os serviços e atividades essenciais, não se aplicariam porque todo o serviço público é atividade essencial. Assim, no serviço público, a greve somente será possível se assegurada a prestação dos serviços indispensáveis.

Desta forma, será considerada lícita greve de servidor público desde que não prejudique os serviços prestados ao público em geral.

4.11. Instauração do dissídio de greve

A Justiça do Trabalho, por iniciativa de qualquer das partes ou do Ministério Público do Trabalho, decidirá sobre a procedência, total ou parcial, ou improcedência das reivindicações, cumprindo ao Tribunal publicar, de imediato, o competente acórdão.

A iniciativa é, portanto, de qualquer das partes envolvidas na negociação.

Por outro lado, o art. 114, § 2º, da CF exige o consenso entre as partes para o ajuizamento do dissídio coletivo.

O dissídio de greve contém algumas peculiaridades em relação ao dissídio coletivo de natureza econômica e por isso não pode com ele ser confundido.

No dissídio de greve notam-se aspectos tanto de cunho declaratório, quando decide sobre abusividade ou não de um movimento grevista, como econômico, ao decidir sobre novas condições de trabalho, com incidência do poder normativo.

Além disso, é no dissídio de greve que são reguladas, nos termos do art. 7º da Lei 7.783/1989, as relações obrigacionais do período. O dissídio de greve, portanto, não pode ser confundido com o dissídio de natureza econômica.

Por essa razão, embora não seja pacífico, entende-se que para a instauração do dissídio de greve não se exige o "comum acordo", ou seja, não há necessidade do consenso entre as partes, vigorando a possibilidade de instauração do dissídio coletivo em caso de greve por iniciativa de qualquer das partes ou do Ministério Público do Trabalho.

Outra interpretação não poderia vingar, até porque comumente quando se tem greve os ânimos se encontram à flor da pele o que dificulta, ou torna quase impossível, o consenso entre as partes.

Assim, em se tratando de dissídio de greve, a instauração é feita pelo Ministério Público do Trabalho, não se exigindo o comum acordo das partes, em conformidade com o art. 114, § 3º, da CF.

A legitimidade do Ministério Público do Trabalho, nesse caso, restringe-se aos casos de greve em atividade essencial e com possibilidade de lesão ao interesse público.

Os dissídios coletivos de greve são de competência originária do Tribunal Regional do Trabalho ou do Tribunal Superior do Trabalho, em conformidade com o art. 2º, I, alínea "a", da Lei 7.701/1988.

Cabe ressaltar que a greve pode originar ações não apenas no campo trabalhista, mas também na esfera cível, como, por exemplo, uma ação de responsabilidade civil aforada por um terceiro que sofreu prejuízos por um ato culposo praticado por um grevista. Essa ação será de competência da Justiça do Trabalho, em conformidade com o art. 114, inciso II, da CF. Porém, deverá ser aforada na vara do trabalho e não nos Tribunais Regionais do Trabalho, que possuem competência originária apenas para dissídios coletivos.

4.12. *Lockout*

É a recusa por parte da entidade patronal em ceder aos trabalhadores os instrumentos de trabalho necessários para a sua atividade.

Nas lições de Gustavo Felipe Barbosa Garcia (em *Curso de Direito do Trabalho*, 2ª ed., São Paulo, Método, 2008, p. 1068), *lockout* "significa a paralisação das atividades por iniciativa do empregador, com o objetivo de frustrar a negociação ou dificultar o atendimento de reivindicações dos respectivos empregados".

O *lockout* é pratica expressamente proibida na ordem jurídica brasileira no art. 17 da Lei de Greve (Lei 7.783/1989), que assim dispõe: "Fica vedada a paralisação das atividades, por iniciativa do empregador, com o objetivo de frustrar negociação ou dificultar o atendimento de reivindicações dos respectivos empregados (*lockout*)".

A CLT regulamenta a realização do *lockout* em seu artigo 722, estabelecendo penalidades para os empregadores que, individual ou coletivamente, suspenderem os trabalhos dos seus estabelecimentos, sem prévia autorização do Tribunal competente, ou que violarem, ou se recusarem a cumprir decisão proferida em dissídio coletivo.

4.12.1. Lockin

É o contrário do *lockout*. Em outras palavras, é o impedimento para que os trabalhadores deixem o espaço físico do trabalho, ou seja, impedimento para que os obreiros saiam do seu local de trabalho. Constitui a uma prática criminosa de privação de liberdade, passível de impetração de *habeas corpus* perante a Justiça do Trabalho.

12. DIREITO PROCESSUAL DO TRABALHO

Hermes Cramacon

1. CARACTERÍSTICAS DO PROCESSO DO TRABALHO

1.1. Conflito trabalhista

A vida em sociedade causa inúmeros conflitos, que podem ser tidos como a falta de entendimento entre duas ou mais partes, choque ou enfrentamento. Esses conflitos são de diversas ordens e, para nosso estudo, interessam os conflitos trabalhistas.

Os conflitos trabalhistas podem surgir tanto na esfera individual como na coletiva. Na esfera individual há o conflito entre empregado e empregador ou prestador e tomador de serviços, chamado de dissídio individual. Já na esfera coletiva há o dissídio coletivo, ação em que os sindicatos defendem os interesses dos grupos ou categorias econômicas visando à criação e interpretação de normas que irão incidir no âmbito destas categorias.

Os dissídios coletivos podem ser:

a) jurídico ou de interpretação

Objetivam declarar o alcance de determinado dispositivo legal, convencional ou regulamentar.

b) econômico

Objetivam a criação de novos direitos, exercendo a Justiça do Trabalho o chamado "poder normativo".

Vale lembrar que apenas nos dissídios coletivos de natureza econômica é que a Justiça do Trabalho exerce o poder normativo, não existindo tal espaço nos conflitos coletivos jurídicos ou de interpretação.

Os dissídios coletivos de natureza econômica podem ser:

a) originários: quando nao há norma coletiva anterior, seja ela acordo, convenção ou sentença normativa;

b) de revisão: objetivam alterar cláusulas já fixadas pelo Poder Judiciário em sentenças normativas;

c) de declaração sobre paralisação do trabalho: decorrente de greve dos trabalhadores.

1.2. Poder normativo

Pode ser entendido como a competência assegurada pela Constituição aos Tribunais do Trabalho para solução dos conflitos coletivos, estabelecendo, através da denominada sentença normativa, normas gerais e abstratas de observância obrigatória para as categorias envolvidas no dissídio, repercutindo nas relações individuais de trabalho.

É importante lembrar que esse poder não é ilimitado, encontrando limite na própria lei.

1.3. Formas de solução dos conflitos

1.3.1. Autotutela

É o meio de solução em que uma das partes, com utilização de força, impõe sua vontade sobre a vontade da outra parte.

No Direito Civil é admitida no caso de legítima defesa da posse (art. 1.210, § 1º, do Código Civil). No Código Penal temos o estado de necessidade e a legítima defesa, institutos previstos nos arts. 24 e 25, respectivamente.

Na esfera trabalhista, como exemplo de autotutela, temos a greve, regulada pela Lei 7.783/1989 e, ainda, o poder de resistência do empregado em relação às alterações lesivas, em conformidade com os arts. 468 e 483 da CLT.

1.3.2. Autocomposição

Modalidade de solução dos conflitos pelas próprias partes interessadas sem a intervenção de um terceiro. São exemplos: a negociação coletiva ou o acordo coletivo.

1.3.3. Heterocomposição

A solução dos conflitos é realizada pelo ingresso de um agente externo, ou seja, um terceiro, que não possui interesse no litígio. Essa decisão será imposta às partes de forma coercitiva, como, por exemplo, toda decisão judicial.

1.3.4. Mediação e conciliação

A mediação é forma de solução do conflito em que o *mediador* se coloca entre as partes, procurando aproximá-las para que cheguem a uma solução consensual do litígio, sem interferir na decisão das partes envolvidas.

Já a conciliação consiste na forma de solução do conflito, com ingresso do *conciliador* que irá aproximar as partes buscando a solução da lide mediante concessões recíprocas, inclusive sugerindo-lhes possibilidades de acordo.

1.4. Princípios

Nas lições de Celso Antonio Bandeira de Mello (em *Curso de Direito Administrativo*. 8. ed. São Paulo: Malheiros, 1996. p. 545), "princípio é o mandamento nuclear de um sistema, verdadeiro alicerce dele, disposição fundamental que se irradia sobre diferentes normas, compondo-lhes o espírito e servindo de critério para sua exata compreensão e inteligência, exatamente por definir a lógica e a racionalidade do sistema normativo no que lhe confere a tônica e lhe dá sentido harmônico."

Os princípios possuem o que a doutrina costuma chamar de "tríplice função", ou seja, função inspiradora para o legislador; função interpretativa; e por último a função integradora da norma, suprindo as omissões e lacunas do ordenamento jurídico.

1.4.1. Princípios específicos do processo do trabalho

O direito processual do trabalho se sujeita aos princípios constitucionais do processo, como, por exemplo: o princípio do devido processo legal, previsto no art. 5º, LIV, e o princípio do contraditório e ampla defesa, previstos no art. 5º, LV, ambos da CF e, ainda, os princípios do direito processual civil.

Alguns princípios, porém, são específicos do direito processual do trabalho, dentre os quais podemos destacar:

1.4.1.1. *Princípio protecionista*

Não se trata do princípio da proteção estudado no direito material do trabalho, mas sim a prestação analisada sob o ponto de vista processual, evidenciando normas que objetivam proteger o trabalhador assegurando prerrogativas processuais devido à hipossuficiência que possui.

Como exemplos do princípio da proteção, podemos destacar a gratuidade de justiça e a assistência judiciária, que são destinadas apenas aos trabalhadores, e o impulso oficial nas execuções trabalhistas, em conformidade com o art. 878 da CLT, quando o juiz do trabalho *ex officio* impulsionará o processo de execução.

1.4.1.2. *Princípio conciliatório*

Previsto no art. 764 da CLT de forma explícita, ensina que tanto os dissídios individuais como os dissídios coletivos estão sujeitos à conciliação.

A CLT determina que, obrigatoriamente, sob pena de nulidade, a conciliação seja tentada pelo juiz do trabalho em dois momentos: na audiência, antes da apresentação da resposta pela reclamada (art. 846 consolidado) e após a eventual apresentação de razões finais, conforme art. 850 da CLT.

É importante lembrar que, ao homologar o acordo, o magistrado deve estar atento à observância das normas de proteção ao trabalhador, sendo permitida sua recusa à homologação quando não observadas tais normas protetivas, em conformidade com a súmula 418 do TST.

Uma vez celebrado o acordo, será lavrado o termo de conciliação, que é considerado título executivo judicial, nos termos do art. 831, parágrafo único, da CLT.

Essa decisão transita em julgado imediatamente para as partes, não ensejando, portanto, a interposição de recurso por estas. Porém, a lei admite a interposição de recurso ordinário pelo INSS apenas com relação às contribuições devidas.

A referida homologação apenas poderá ser impugnada pelas partes mediante o ajuizamento de uma ação rescisória, em conformidade com a súmula 259 do TST.

1.4.1.3. *Princípio dispositivo*

Previsto no art. 2º do CPC/2015 é conhecido, também, como princípio da inércia da jurisdição, e ensina que o juiz somente prestará a tutela jurisdicional quando a parte ou o interessado a requerer.

O processo se inicia com a iniciativa da parte e se desenvolve por impulso oficial, conforme vedação do art. 2º do CPC/2015, que assim dispõe:

> *Art. 2º O processo começa por iniciativa da parte e se desenvolve por impulso oficial, salvo as exceções previstas em lei.*

1.4.1.4. *Princípio da oralidade*

Consiste na realização dos atos processuais pelas partes e pelo juiz na audiência, de forma verbal. Como exemplo, podemos citar o art. 847 da CLT, o qual ensina que após a leitura da petição inicial a parte terá prazo de 20 minutos para contestar.

1.4.1.5. *Princípio da identidade física do juiz*

Este princípio leciona que o juiz que colhe a prova é o juiz que deverá proferir a sentença. Tal princípio não era aplicado na Justiça do Trabalho, pois a jurisdição em primeiro grau era exercida pelas Juntas de Conciliação e Julgamento, as quais eram formadas por um juiz togado e por dois juízes classistas temporários, ficando, portanto, impossibilitada a aplicação desse princípio.

Com o advento da Emenda Constitucional 24/1999, extinguiram-se os juízes classistas e foram criadas as Varas do Trabalho, passando a jurisdição de primeiro grau a ser exercida por juiz do trabalho, monocraticamente, não existindo razão, portanto, para que o princípio não fosse aplicado.

Desse modo, durante anos vigorou o entendimento cristalizado na Súmula 136 do TST que entendia não ser aplicável tal princípio na seara trabalhista, até que em setembro de 2012 o TST cancelou a mencionada súmula, passando a admitir a aplicação do princípio da identidade física do juiz aos processos trabalhistas.

Vale lembrar, no entanto, a disposição da Súmula 222 do STF:

> SÚMULA 222 – STF – O PRINCÍPIO DA IDENTIDADE FÍSICA DO JUIZ NÃO É APLICÁVEL ÀS JUNTAS DE CONCILIAÇÃO E JULGAMENTO DA JUSTIÇA DO TRABALHO.

Entendemos que não há razão para a manutenção da súmula da Suprema Corte. Isso porque, em decorrência da EC 24/1999 foi extinta a representação da classe por juízes classistas, ou seja, um juiz representando os empregados e o outro, os empregadores. Portanto, não há razão para a não aplicação do princípio da identidade física do juiz aos processos trabalhistas, tendo em vista que atualmente a Vara do Trabalho é composta apenas por um juiz togado, o juiz do trabalho.

1.4.1.6. *Princípio da irrecorribilidade imediata das decisões interlocutórias*

O conceito de decisão interlocutória encontra disposto no art. 203, § 2º, do CPC/2015 como todo pronunciamento judicial de natureza decisória que não seja sentença, cujo conceito se encontra descrito no § 1º do art. 203 do CPC/2015 como sendo o pronunciamento por meio do qual o juiz, com fundamento nos arts. 485 e 487, põe fim à fase cognitiva do procedimento comum, bem como extingue a execução.

Nos domínios do processo do trabalho, este princípio ensina que, em regra, as decisões interlocutórias não ensejam, de imediato, a interposição de qualquer recurso, permitindo a apreciação do seu merecimento em recurso de decisão definitiva, nos termos do art. 893, § 1º, da CLT.

No entanto, a regra da irrecorribilidade imediata das decisões interlocutórias possui exceções previstas no art. 799, § 2º, da CLT e, também, na Súmula 214 do TST:

> SÚMULA 214 – DECISÃO INTERLOCUTÓRIA. IRRECORRIBILIDADE
>
> Na Justiça do Trabalho, nos termos do art. 893, § 1º, da CLT, as decisões interlocutórias não ensejam recurso imediato, salvo nas hipóteses de decisão:
>
> a) de Tribunal Regional do Trabalho contrária à Súmula ou Orientação Jurisprudencial do Tribunal Superior do Trabalho;
>
> b) suscetível de impugnação mediante recurso para o mesmo Tribunal;

c) que acolhe exceção de incompetência territorial, com a remessa dos autos para Tribunal Regional distinta daquela a que se vincula o juízo excepcionado, consoante ao disposto no art. 799, § 2º, da CLT.

O art. 855-A, § 1º, II, da CLT ensina ainda que a decisão interlocutória que acolher ou rejeitar o incidente de desconsideração da personalidade jurídica, na fase de execução de sentença, é recorrível via agravo de petição. Todavia, a mesma decisão não é recorrível se proferida na fase de conhecimento, art. 855-A, § 1º, I, da CLT.

1.4.1.7. Princípio do jus postulandi da parte

Previsto no art. 791 da CLT, estabelece que as partes, empregado e empregador, poderão reclamar e acompanhar pessoalmente, perante a Justiça do Trabalho, sem a presença de advogado, suas reclamações trabalhistas do início ao final do processo.

Como o dispositivo em comento não estabelece qualquer limite ao *jus postulandi*, na medida em que o texto é expresso ("perante a Justiça do Trabalho"), parte significativa da doutrina entende que o limite seria a própria Justiça do Trabalho, ou seja, reclamante e reclamado poderiam fazer uso do *jus postulandi* até o Tribunal Superior do Trabalho, inclusive em grau de recurso de revista.

No entanto, uma segunda corrente, que podemos chamar do *jus postulandi* mitigado, ensina que esse princípio possui como limite a segunda instância trabalhista, ou seja, as partes podem fazer uso somente até os Tribunais Regionais do Trabalho, não se admitindo a interposição de recurso de natureza extraordinária.

Por muito tempo prevaleceu a aplicação da primeira corrente até que, em abril de 2010, o Tribunal Superior do Trabalho editou a súmula 425, pondo fim à problemática e estabelecendo que o *jus postulandi* das partes é limitado às Varas do Trabalho e aos Tribunais Regionais do Trabalho, não alcançando a ação cautelar, ainda que proposta em primeira instância, a ação rescisória, o mandado de segurança, bem como os recursos de competência do Tribunal Superior do Trabalho.

> SÚMULA 425 TST – *JUS POSTULANDI* NA JUSTIÇA DO TRABALHO. ALCANCE.
>
> O *jus postulandi* das partes, estabelecido no art. 791 da CLT, limita-se às Varas do Trabalho e aos Tribunais Regionais do Trabalho, não alcançando a ação rescisória, a ação cautelar, o mandado de segurança e os recursos de competência do Tribunal Superior do Trabalho.

Importante lembrar que o processo de homologação de acordo extrajudicial disposto nos arts. 855-B a 855-E da CLT a presença do advogado também é obrigatória, nos termos do art. 855-B da CLT.

1.5. Direito intertemporal

Com o advento da Lei 13.467/2017 e Medida Provisória 808/2017 uma pergunta que frequentemente é feita é como ficará o ajuizamento de novas ações e o andamento das ações que já haviam sido iniciadas antes da entrada em vigor desses diplomas normativos.

As novas ações deverão obedecer as regras trazidas pela nova legislação.

Com relação às ações já ajuizadas, a questão é respondida com a aplicação da teoria dos atos isolados, prevista no art. 14 do CPC/2015, aplicado ao processo do trabalho por força do art. 769 da CLT e art. 15 do CPC/2015.

Dispõe o art. 14 do CPC/2015:

> "Art. 14. A norma processual não retroagirá e será aplicável imediatamente aos processos em curso, respeitados os atos processuais praticados e as situações jurídicas consolidadas sob a vigência da norma revogada."

Para melhor compreensão, sabemos que os atos processuais são praticados de acordo com o andamento normal do processo. Na medida em que uma nova norma processual entra em vigor, no caso de ações já ajuizadas, ela apenas será aplicada para os atos que ainda serão praticados.

Por meio da teoria dos atos isolados deve ser aplicada a lei vigente na data da prática do ato. Assim, a lei processual não irá retroagir, devendo ser aplicada aos processos em curso, respeitando-se, porém, os atos já praticados sob a égide da lei revogada.

Dessa forma, para essa teoria, as regras para distribuição da reclamação trabalhista devem ser aquelas da data de seu ajuizamento; as regras para interposição de recursos, tais como prazos, custas, depósito recursal entre outras, as regras da data da publicação da sentença e da mesma forma os demais atos processuais.

1.6. Processo para homologação de acordo extrajudicial (jurisdição voluntária)

Diferentemente dos processos de jurisdição contenciosa, em que há conflitos de interesses, nos processos de jurisdição voluntária as questões são submetidas ao Estado-Juiz, porém, não há conflito de interesses.

Podemos dizer que jurisdição voluntária consiste na função exercida pelo Estado, através do juiz, mediante um processo, onde se solucionam causas que lhe são submetidas sem haver conflito de interesses entre duas partes.

Nessa linha, o art. 855-B da CLT dispõe sobre o processo para homologação de acordo extrajudicial. Referido dispositivo ensina que o processo de homologação de acordo extrajudicial terá início por petição conjunta, sendo obrigatória a representação das partes por advogado, sendo certo que as partes não poderão ser representadas por advogado comum, ou seja, devem estar assistidas por advogados diferentes, um representando o empregado e outro o empregador. Note que nesse processo, as partes não poderão fazer uso do *jus postulandi* previsto no art. 791 da CLT. Contudo, é facultado ao trabalhador ser assistido pelo advogado do sindicato de sua categoria.

Uma vez apresentada a petição de homologação de acordo, ficará suspenso o prazo prescricional da ação quanto aos direitos nela especificados. O prazo prescricional voltará a fluir no dia útil seguinte ao do trânsito em julgado da decisão que negar a homologação do acordo.

No prazo de 15 dias a contar da distribuição da petição, o juiz analisará o acordo, podendo homologá-lo ou rejeitá-lo. Caso o Juiz entenda necessário, poderá designar audiência para melhor elucidação da causa submetida. Importante lembrar que a homologação de acordo é faculdade do juiz, não estando obrigado a homologá-lo, nos moldes da súmula 418 do TST.

Contra a decisão que não homologar o acordo ou homologá-lo em parte, poderá ser interposto pela parte interessada recurso ordinário, no prazo de 8 dias, estando sujeito ao preparo. Importante frisar que a recusa por parte do juiz deve ser fundamentada, requisito para a validade de qualquer decisão judicial.

Por último, o art. 855-C da CLT ensina que a apresentação do processo de homologação de acordo não prejudica o prazo estabelecido no § 6º do art. 477 da CLT, que trata do prazo para pagamento das verbas rescisórias, tampouco afasta a aplicação da multa prevista no § 8º do art. 477 da CLT, que cuida da multa por atraso no pagamento das verbas rescisórias.

2. ORGANIZAÇÃO DA JUSTIÇA DO TRABALHO

2.1. Estrutura do Judiciário trabalhista

O Judiciário trabalhista possui 3 graus de jurisdição. De acordo com o art. 111 da CF, são órgãos da Justiça do Trabalho:

a) Tribunal Superior do Trabalho;

b) Tribunais Regionais do Trabalho;

c) Juízes do Trabalho.

2.1.1. Tribunal Superior do Trabalho

O Tribunal Superior do Trabalho – TST – é um órgão do Poder Judiciário, nos termos do art. 92, II-A, da CF e órgão máximo da Justiça do Trabalho, possui sede em Brasília e tem jurisdição em todo o território nacional.

O TST é composto por 27 (vinte e sete) ministros escolhidos dentre brasileiros com mais de 35 anos de idade e menos de 65 anos, de notável saber jurídico e reputação ilibada, nomeados pelo Presidente da República, após aprovação por maioria absoluta pelo Senado Federal, art. 111-A da CF, de acordo com a redação dada pela EC 92/2016.

Deverá, ainda, ser observado o quinto constitucional em relação aos membros do Ministério Público do Trabalho e da Ordem dos Advogados do Brasil. Assim, um quinto dos membros do TST deverá ser composto por advogados com mais de 10 anos de efetiva atividade profissional, com notório saber jurídico e reputação ilibada e membros do MPT, com mais de 10 anos de efetivo exercício.

Serão indicados em lista sêxtupla pelos órgãos de representação de suas classes. Recebidas as indicações o Tribunal formará uma lista tríplice, que será enviada ao Poder Executivo.

Os demais membros serão juízes de Tribunais Regionais do Trabalho, oriundos da carreira da magistratura, indicada pelo próprio Tribunal Superior do Trabalho.

O TST pode funcionar em sua plenitude ou dividido em Órgão Especial, Seções e Subseções Especializadas e Turmas.

Assim, de acordo com o art. 59 de seu Regimento Interno (Resolução Administrativa 1.295/2008), são órgãos do Tribunal Superior do Trabalho: o Tribunal Pleno, o Órgão Especial, a Seção Especializada em Dissídios Coletivos, a Seção Especializada em Dissídios Individuais, que é dividida em duas subseções, e as Turmas.

É importante lembrar também que são órgãos que funcionam junto ao Tribunal Superior do Trabalho a Escola Nacional de Formação e Aperfeiçoamento de Magistrados do Trabalho – ENAMAT, que dentre outras funções irá regulamentar os concursos oficiais para ingresso e promoção na carreira, e o Conselho Superior da Justiça do Trabalho – CSJT, que irá exercer a supervisão administrativa, orçamentária, financeira e patrimonial da Justiça do Trabalho de 1º e 2º graus.

2.1.2. Tribunais Regionais do Trabalho

Compostos de no mínimo 7 (sete) juízes, que serão recrutados, preferencialmente, na região a que forem vinculados, com idade superior a 30 anos e inferior a 65 anos, sendo nomeados pelo Presidente da República, nos termos do art. 115 CF.

Nos TRTs também deverá ser obedecida a regra do quinto constitucional, ou seja, um quinto dos membros do Tribunal deverá ser formado entre advogados e membros do Ministério Público do Trabalho. Os demais serão juízes do trabalho que serão, de forma alternada, promovidos por antiguidade e merecimento.

Vale lembrar que os Tribunais Regionais do Trabalho instalarão a justiça itinerante, com a realização de audiências e demais funções de atividade jurisdicional, nos limites territoriais da respectiva jurisdição. Além disso, poderão funcionar descentralizadamente, constituindo câmaras regionais a fim de assegurar o pleno acesso do jurisdicionado à justiça em todas as fases do processo.

A competência territorial atribuída aos TRTs é regulada pelo art. 677 da CLT e determinada pela regra indicada no art. 651 e seus parágrafos. No entanto, em se tratando de dissídio coletivo, a competência é determinada pelo local onde o dissídio ocorrer.

Aos Tribunais Regionais, quando divididos em Turmas, compete, como determina o art. 678 consolidado:

> "I – ao Tribunal Pleno, especialmente:
>
> a) processar, conciliar e julgar originariamente os dissídios coletivos;
>
> b) processar e julgar originariamente:
>
> 1) as revisões de sentenças normativas;
>
> 2) a extensão das decisões proferidas em dissídios coletivos;
>
> 3) os mandados de segurança;
>
> 4) as impugnações à investidura de vogais e seus suplentes nas Juntas de Conciliação e Julgamento;
>
> c) processar e julgar em última instância:
>
> 1) os recursos das multas impostas pelas Turmas;
>
> 2) as ações rescisórias das decisões das Juntas de Conciliação e Julgamento, dos juízes de direito investidos na jurisdição trabalhista, das Turmas e de seus próprios acórdãos;
>
> 3) os conflitos de jurisdição entre as suas Turmas, os juízes de direito investidos na jurisdição trabalhista, as Juntas de Conciliação e Julgamento, ou entre aqueles e estas;
>
> d) julgar em única ou última instâncias:
>
> 1) os processos e os recursos de natureza administrativa atinentes aos seus serviços auxiliares e respectivos servidores;
>
> 2) as reclamações contra atos administrativos de seu presidente ou de qualquer de seus membros, assim como dos juízes de primeira instância e de seus funcionários.
>
> II – às Turmas:
>
> a) julgar os recursos ordinários previstos no art. 895, alínea I;
>
> b) julgar os agravos de petição e de instrumento, estes de decisões denegatórias de recursos de sua alçada;
>
> c) impor multas e demais penalidades relativas e atos de sua competência jurisdicional, e julgar os recursos interpostos das decisões das Juntas dos juízes de direito que as impuserem.

Parágrafo único. Das decisões das Turmas não caberá recurso para o Tribunal Pleno, exceto no caso do item I, alínea "c", inciso 1, deste artigo."

No entanto, quando não forem divididos em Turmas, incumbirá aos Tribunais Regionais, por seu órgão pleno, o julgamento das matérias retromencionadas, com exceção dos recursos das multas impostas pelas Turmas, nos termos do art. 679 da CLT.

2.1.3. Juízes do Trabalho

Em função de extinção das Juntas de Conciliação e Julgamento pela Emenda Constitucional 24/1999, a primeira instância da jurisdição trabalhista passou a ser exercida por um juiz singular, o Juiz do Trabalho, que exerce suas funções nas varas do trabalho.

Nas localidades onde não haja vara do trabalho, a matéria trabalhista será de competência do Juiz de Direito, com o respectivo recurso dirigido ao Tribunal Regional do Trabalho daquela determinada região (art. 112 da CF). Instalada Vara do Trabalho na localidade, a competência do Juiz de Direito cessa, inclusive para as execuções de sentença que proferir, nos termos da súmula 10 do STJ.

2.2. Jurisdição e competência

Para de fato compreendermos o que vem a ser "competência" é necessário que se façam algumas considerações sobre o termo "jurisdição".

O termo "jurisdição" emana do latim *iuris dictio* que traduzido para nosso vernáculo significa: "dizer o direito".

Na sociedade moderna, esse poder de dizer o direito foi atribuído ao Estado, em substituição aos particulares. Desta forma, havendo um conflito, não poderá o particular resolvê-lo por vontade própria, deverá se socorrer ao Estado para que este, através de um órgão oficial, o resolva. O órgão do Estado incumbido dessa tarefa é o Juiz. A jurisdição é, portanto, una e indivisível.

A jurisdição é, antes de tudo, expressão de poder do Estado. É, portanto, a função/poder do Estado de, quando provocado, dar uma solução impositiva e definitiva aos conflitos aplicando a lei ao caso concreto. Assim, uma vez provocado, as partes se submetem à solução imposta pelo Estado-Juiz.

Para que o Estado possa cumprir essa função de "dizer o direito" (função jurisdicional), de maneira plena, satisfatória e razoável aos jurisdicionados, são estabelecidas regras, ou seja, o Estado viabiliza instrumentos para que se alcance a atividade jurisdicional. O instrumento que viabiliza esse direito é o *processo*, instrumento capaz de conferir a garantia de que o Poder Estatal será exercido democraticamente.

Desta forma, a jurisdição objetiva a aplicação do direito material ao caso concreto, que será aplicado por meio do instrumento denominado *processo*.

O processo possui duas facetas. A primeira é de ordem subjetiva, na medida em que o processo estabelece uma relação jurídica entre as partes e o Estado. Estabelece, em outras palavras, uma relação jurídica trilateral, ou seja, uma relação entre as partes e o Estado e outra existente apenas entre as partes.

A segunda é de ordem objetiva, que consiste nos atos a serem praticados no processo. É, portanto, a maneira pela qual os atos processuais irão se desenvolver; é o que chamamos de *procedimento*. O procedimento indicará quais atos serão praticados e de que forma serão praticados, visando a atingir seu objetivo final.

Ao Estado cabe, assim, a função de "dizer o direito". Para que possa cumprir essa função de forma plena, satisfatória e razoável, ele se utiliza de alguns critérios. Dentre eles, estão as regras de competência absoluta e relativa.

Nesse prisma, tendo em mente a relação jurídica existente entre as partes e o Estado, sempre que algum critério utilizado for dirigido ou de interesse do Estado, como as regras de competência material, em razão da pessoa e a competência funcional, iremos dizer que são regras de competência absoluta, ao passo que sempre que esse critério for dirigido ou de interesse das partes, como, por exemplo, a competência territorial, iremos dizer que são critérios de competência relativa.

Por este motivo, as regras de competência absoluta poderão ser reconhecidas *ex officio* pelo Juiz. Já as regras de competência relativa necessitam sempre de manifestação da parte para que o Juiz possa se pronunciar a respeito.

2.3. Competência material da Justiça do Trabalho

Para que a atividade judicial seja prestada de uma maneira mais eficaz e justa, a competência foi dividida por matérias.

A competência material da Justiça do Trabalho vem disciplinada no art. 114 da CF/1988, de acordo com a redação dada pela Emenda Constitucional 45/04, que aumentou de forma considerável a competência material da Justiça do Trabalho.

2.3.1. Controvérsias oriundas e decorrentes da relação de trabalho

Sem dúvida, a maior inovação trazida pela Emenda Constitucional 45/2004 foi a ampliação da competência da Justiça do Trabalho, que passou a apreciar todas as lides oriundas da relação de trabalho e não apenas aquelas decorrentes de relações de emprego. Relação de emprego, como se sabe, configura-se apenas quando presentes os requisitos dos arts. 2º e 3º da CLT.

Já relação de trabalho pressupõe trabalho exercido por conta alheia, na qual o trabalhador coloca sua força de trabalho em proveito de outra pessoa, seja esta física ou jurídica. Em outras palavras, podemos dizer que relação de trabalho é qualquer vínculo jurídico no qual uma pessoa física presta serviços para outra pessoa, física ou jurídica, mediante uma contraprestação.

Assim, é possível asseverar que relação de trabalho é gênero do qual é uma espécie a relação de emprego. Por isso, toda relação de emprego corresponde a uma relação de trabalho, mas nem toda relação de trabalho corresponde a uma relação de emprego.

É importante destacar que, no que diz respeito às ações acidentárias, aquelas decorrentes de acidente do trabalho, que possuem natureza previdenciária, são de competência da justiça comum estadual, que detém competência para processar e julgar ações acidentárias propostas pelo empregado em face do INSS, em conformidade com o art. 109, I, da CF e art. 643, § 2º, da CLT.

Nesse contexto, é importante destacar que se inscreve na competência material da Justiça do Trabalho a lide entre empregado e empregador tendo por objeto indenização pelo não fornecimento das guias do seguro-desemprego, nos termos da súmula 389, I, do TST.

Por último, vale ressaltar que, nos termos da súmula 300 do TST, pertence à competência material da Justiça do Trabalho as ações ajuizadas por empregados em face de empregadores relativas ao cadastramento no Programa de Integração Social (PIS).

2.3.2. *Servidores da administração pública*

Ao ampliar a competência material da Justiça do Trabalho, foi atribuída, também, a competência para os dissídios envolvendo a administração pública direta e indireta da União, Estados, DF e Municípios.

No entanto, o art. 114, I, da CF foi objeto de uma ADI - Ação Direta de Inconstitucionalidade, processo nº 3395-6, ajuizada pela Associação dos Juízes Federais do Brasil, em que foi concedida liminar, suspendendo "*ad referendum*, toda e qualquer interpretação dada ao inciso I do art. 114 da CF, na redação dada pela EC 45/2004, que inclua, na competência da Justiça do Trabalho, a (...) apreciação (...) de causas que (...) sejam instauradas entre o Poder Público e seus servidores, a ele vinculados por típica relação de ordem estatutária ou de caráter jurídico-administrativo". A medida liminar foi referendada pelo Plenário do STF em 05 de abril de 2006.

Desta forma, a Justiça do Trabalho não é competente para processar e julgar as ações envolvendo servidores da administração pública, sendo competente a justiça comum estadual ou federal, a depender do tipo de servidor. Nessa linha são as súmulas 137 e 218 do STJ.

Convém lembrar que naqueles casos em que a relação não for tipicamente estatutária, ou seja, quando a relação for regida pela CLT, como é o caso dos empregados públicos, a competência será da Justiça do Trabalho.

Vale lembrar ainda que a Orientação Jurisprudencial 205 da SDI 1 do TST, que admitia a competência material da Justiça do Trabalho para dirimir dissídio individual entre trabalhador e ente público se houvesse controvérsia acerca do vínculo empregatício, foi cancelada pela resolução 156/2009 do TST, sendo essa questão atualmente de competência da justiça comum estadual ou federal, conforme o caso, na medida em que esses trabalhadores não estão sob o regime da CLT.

As sociedades de economia mista e as empresas públicas, por serem pessoas jurídicas de direito privado, submetem-se ao regime próprio das empresas privadas, sendo regidas, portanto, pela CLT.

2.3.3. *Ações que envolvem o exercício do direito de greve*

A greve é um direito constitucional assegurado aos trabalhadores e encontra-se previsto no art. 9º, da CF, e regulado pela Lei 7.783/1989. O exercício abusivo desse direito sujeita os responsáveis às penas impostas pela lei que o regula.

Ao inserir na competência da Justiça do Trabalho as ações que envolvam o direito de greve, o legislador atribuiu à Justiça do Trabalho a competência para todas aquelas ações que se relacionam direta ou indiretamente com o direito de greve.

Assim, as ações inibitórias que visam a assegurar o exercício do direito de greve, as ações possessórias para proteger o patrimônio do empregador, as ações de reparação de danos, quer pelo empregado, quer pelo empregador ou, ainda, contra terceiros são de competência da Justiça do Trabalho.

Dispõe a Súmula 189 do TST:

SÚMULA 189 TST – GREVE. COMPETÊNCIA DA JUSTIÇA DO TRABALHO. ABUSIVIDADE. A Justiça do Trabalho é competente para declarar a abusividade, ou não, da greve.

Com relação às ações possessórias em decorrência do direito de greve, é importante trazer o entendimento da Suprema Corte ao editar a Súmula Vinculante 23, garantindo à Justiça do Trabalho a competência para processar e julgar as ações possessórias ajuizadas em decorrência do exercício do direito de greve pelos trabalhadores da iniciativa privada.

Vale lembrar, ainda, que a greve dos servidores públicos é de competência da Justiça Comum, federal ou estadual, a depender do ente envolvido na demanda.

O Plenário do STF concluiu na sessão do dia 27/10/2016, no julgamento do Recurso Extraordinário (RE) 693456, com repercussão geral reconhecida, em que discute a constitucionalidade do desconto dos dias parados em razão de greve de servidor, por 6 votos a 4, que a administração pública deve fazer o corte do ponto dos grevistas, mas admitiu a possibilidade de compensação dos dias parados mediante acordo. Também foi decidido que o desconto não poderá ser feito caso o movimento grevista tenha sido motivado por conduta ilícita do próprio Poder Público.

2.3.4. *Ações sobre representação sindical*

O inciso III do art. 114 da CF/1988 confere competência para a Justiça do Trabalho processar e julgar as ações sobre representação sindical, entre sindicatos, entre sindicatos e trabalhadores, e entre sindicatos e empregadores.

O termo "sindicato" contido no dispositivo constitucional citado deve ser interpretado de forma ampla a abranger todas as entidades sindicais de grau superior, como as federações (art. 534 da CLT) e confederações (art. 535 da CLT).

Pelo dispositivo em apreço, as lides entre sindicatos que disputam base territorial serão de competência da Justiça do Trabalho.

Em outras palavras, temos que o inciso III do art. 114 da CF abrange todas as ações que envolvam matéria sindical no âmbito trabalhista.

Desta forma, ensina Mauro Schiavi (em **Curso de Direito Processual do Trabalho**. 2. ed. São Paulo: LTr, 2009. p. 196) que os dissídios que envolvem sindicatos podem ser classificados em:

a) coletivos: que envolvem os dissídios coletivos;

b) intersindicais não coletivos: que envolvem conflitos entre sindicatos;

c) intrassindicais: que envolvem questões internas do sindicato;

d) dissídios sobre contribuições sindicais.

Nesse sentido é o Enunciado 24 da ANAMATRA:

ENUNCIADO 24. Competência da Justiça do Trabalho. Conflitos inter e intrassindicais. Os conflitos inter e intrassindicais, inclusive os que envolvam sindicatos de servidores públicos (estatutários e empregados públicos), são da competência da Justiça do Trabalho.

2.3.5. *Mandado de segurança, habeas corpus e habeas data*

2.3.5.1. *Mandado de segurança*

O mandado de segurança está disposto no art. 5º, LXIX, da CF/1988 e regulado pela Lei 12.016/2009 e pode ser classificado como uma ação constitucional de natureza mandamental destinada a proteger direito líquido e certo contra ato de autoridade, praticado com ilegalidade ou abuso de poder.

Será admitido sob a óptica do art. 114, IV, da CF/1988 sempre que o ato impugnado estiver relacionado com a jurisdição trabalhista.

A competência para o mandado de segurança é fixada em razão da matéria, ou seja, o ato taxado de ilegal ou abusivo deve estar submetido à jurisdição trabalhista.

A competência funcional para o mandado de segurança irá depender da autoridade tida como coatora. Assim, será de competência da vara do trabalho o mandado de segurança impetrado contra ato de auditor fiscal; do TRT quando o ato taxado de ilegal ou abusivo for do juiz do trabalho, diretor e demais funcionários, juízes de direito investidos na jurisdição trabalhista (art. 112 da CF/1988), juízes e funcionários do TRT; e, por último, do TST quando o ato for praticado pelo Presidente do TST ou outro Ministro.

2.3.5.2. *Habeas corpus*

Remédio constitucional de natureza mandamental de rito especial, que objetiva evitar ou cessar violência ou ameaça ao direito de ir e vir, em razão de ilegalidade ou abuso de poder.

Dispõe o art. 5º, LXVIII, da CF: "conceder-se-á *habeas-corpus* sempre que alguém sofrer ou se achar ameaçado de sofrer violência ou coação em sua liberdade de locomoção, por ilegalidade ou abuso de poder."

Com o advento da Emenda Constitucional 45/2004, a Justiça do Trabalho possui competência para apreciar *habeas corpus* com relação àquelas matérias sujeitas a sua apreciação.

Desta forma, sempre que o ato taxado de abusivo e ilegal envolver matéria sujeita à jurisdição trabalhista, a Justiça do Trabalho será competente para apreciar o pedido de *habeas corpus*.

A competência para apreciação do pedido de *habeas corpus* será das varas do trabalho quando for impetrado contra ato de particular, como, por exemplo, no caso em que o empregador impede que seus funcionários saiam da empresa para participar do movimento paredista.

A competência será dos TRTs quando o HC for impetrado contra ato de juiz da vara do trabalho. Será competência do TST quando o *habeas corpus* for impetrado em face dos TRTs.

Por último, quando o *habeas corpus* for impetrado em face de atos dos Ministros do TST, a competência para apreciação será do STF, em conformidade com o art. 102, I, "i", da CF.

Como exemplo de hipótese de cabimento de *habeas corpus* na justiça do trabalho podemos citar, na fase de execução da sentença, a prisão de um depositário infiel determinada por um juiz do trabalho.

No entanto, tendo em vista a edição da súmula vinculante 25, que ensina ser ilícita a prisão do depositário infiel, será difícil sua aplicação do *habeas corpus* na esfera laboral.

Vale trazer à baila o entendimento cristalizado na nova redação dada a Orientação Jurisprudencial 143 da SDI 2 do TST.

> ORIENTAÇÃO JURISPRUDENCIAL 143 SDI 2 TST – *HABEAS CORPUS*. PENHORA SOBRE COISA FUTURA E INCERTA. PRISÃO. DEPOSITÁRIO INFIEL.
>
> Não se caracteriza a condição de depositário infiel quando a penhora recair sobre coisa futura e incerta, circunstância que, por si só, inviabiliza a materialização do depósito no momento da constituição do paciente em depositário, autorizando-se a concessão de "habeas corpus" diante da prisão ou ameaça de prisão que sofra.

Ainda sobre *habeas corpus* e depositário infiel, a SDI 2 se pronunciou:

> ORIENTAÇÃO JURISPRUDENCIAL 89 SDI 2 TST – *HABEAS CORPUS*. DEPOSITÁRIO. TERMO DE DEPÓSITO NÃO ASSINADO PELO PACIENTE. NECESSIDADE DE ACEITAÇÃO DO ENCARGO. IMPOSSIBILIDADE DE PRISÃO CIVIL.
>
> A investidura no encargo de depositário depende da aceitação do nomeado que deve assinar termo de compromisso no auto de penhora, sem o que, é inadmissível a restrição de seu direito de liberdade.

Deve-se ressaltar que por não ter o inciso LXVIII do art. 5º da CF/1988 exigido que o constrangimento seja exercido por agente do poder público, admite-se o uso de *habeas corpus* contra ato particular, como o caso do empregador que não permite que seus empregados saiam da empresa para aderirem ao movimento paredista.

2.3.5.3. *Habeas data*

Dispõe o art. 5º, LXXII, da CF:

> LXXII – conceder-se-á *habeas-data*:
>
> *a)* para assegurar o conhecimento de informações relativas à pessoa do impetrante, constantes de registros ou bancos de dados de entidades governamentais ou de caráter público;
>
> *b)* para a retificação de dados, quando não se prefira fazê-lo por processo sigiloso, judicial ou administrativo.

Trata-se de uma ação mandamental que tem como objetivo garantir ao interessado, pessoa física ou jurídica ou ente despersonalizado, o exercício do direito fundamental de livre acesso a dados pessoais constantes em registro ou em banco de dados. Além do livre acesso aos registros ou banco de dados, esse remédio pode objetivar, também, a retificação desses registros ou, ainda, sua complementação.

O procedimento do *habeas data* encontra-se previsto na Lei 9.507/1997 que, em seu art. 2º, traz uma condição especial para seu cabimento, qual seja, a prévia postulação administrativa.

> **Art. 2º** O requerimento será apresentado ao órgão ou entidade depositária do registro ou banco de dados e será deferido ou indeferido no prazo de quarenta e oito horas.

Desta forma, o pedido de *habeas data* só se justifica depois de feito e rejeitado o requerimento na forma do art. 2º supracitado.

A petição inicial deverá preencher os requisitos dos arts. 319 a 334 do CPC/2015e será apresentada em duas vias, devendo os documentos que a instruírem ser reproduzidos por cópia na segunda via.

Importante lembrar que, nos termos do parágrafo único do art. 8º da Lei 9.507/1997, a petição inicial deverá ser instruída com prova:

> Parágrafo único. (...)
>
> I – da recusa ao acesso às informações ou do decurso de mais de dez dias sem decisão;
>
> II – da recusa em fazer-se a retificação ou do decurso de mais de quinze dias, sem decisão; ou
>
> III – da recusa em fazer-se a anotação a que se refere o § 2º do art. 4º ou do decurso de mais de quinze dias sem decisão.

Poderá figurar no polo ativo qualquer pessoa física ou jurídica e, ainda, os entes despersonalizados que possuam capacidade processual como, por exemplo, a massa falida, condomínio, entre outros. Por outro lado, no polo passivo da ação poderão figurar os órgãos da administração pública direta e indireta, bem como as instituições, entidades ou pessoas jurídicas de direito privado que prestem serviços para o público ou de interesse público, desde que sejam depositárias de dados.

Como exemplo de impetração de *habeas data* na Justiça do Trabalho, o ilustre Professor Carlos Henrique Bezerra Leite ensina (em **Curso de Direito Processual do Trabalho**. 7. ed. São Paulo: LTr, 2009. p. 1070) "Outra hipótese reside na possibilidade de impetração de *habeas data* pelo empregador em face do órgão de fiscalização da relação de trabalho que esteja se negando a fornecer informações sobre o processo administrativo em que ele esteja sofrendo penalidade administrativa."

2.3.6. *Conflitos de competência entre órgãos de jurisdição trabalhista*

Ensina o art. 114, V, da CF/1988 que compete à Justiça do Trabalho processar e julgar os conflitos de competência entre órgãos com jurisdição trabalhista, ressalvado o disposto no art. 102, I, "o", que confere ao STF o julgamento dos conflitos de competência entre o Superior Tribunal de Justiça e quaisquer tribunais, entre Tribunais Superiores, ou entre estes e qualquer outro tribunal.

Ocorre o conflito de competência quando dois órgãos judiciais se dizem competentes, denominado conflito positivo de competência; ou quando dois órgãos judiciais se dizem incompetentes, denominado conflito negativo de competência; ou, ainda, quando entre dois juízes surge controvérsia sobre a reunião ou separação de processos, nos termos do art. 804 da CLT e 66 do CPC/2015.

Desta forma, em conformidade com o art. 803 da CLT, os conflitos de jurisdição podem ocorrer entre:

a) Varas do trabalho e juízes de direito investidos na jurisdição trabalhista;

b) Tribunais Regionais do Trabalho;

c) Juízos e tribunais do trabalho e órgãos da justiça ordinária;

d) Câmaras do Tribunal Superior do Trabalho

Serão resolvidos pelo TRT quando for suscitado conflito de competência entre varas do trabalho da mesma região, ou entre varas do trabalho e juiz de direito investido na jurisdição trabalhista na mesma região, os termos do art. 808 da CLT.

Sobre o tema, o STJ editou a súmula 180 que ensina: "na lide trabalhista, compete ao Tribunal Regional do Trabalho dirimir conflito de competência verificado, na respectiva região, entre juiz estadual e junta de conciliação e julgamento."

Serão resolvidos pelo TST sempre que for suscitado o conflito entre TRTs ou entre Varas do Trabalho e Juízes de Direito investidos na jurisdição trabalhista sujeitos à jurisdição de TRTs diferentes.

Sobre o tema, o STJ editou a súmula 236 em que ensina não ser de competência daquele Tribunal os conflitos de competência envolvendo juízes do trabalho vinculados a TRTs diversos.

Os conflitos serão resolvidos pelo STJ quando suscitado entre Vara de Trabalho e Juiz de Direito não investido na jurisdição trabalhista, em conformidade com o art. 105, I, "d", da CF.

Por último serão resolvidos pelo STF os conflitos suscitados entre o TST e órgãos de outro ramo do judiciário, nos termos do art. 102, I, "o", da CF.

É importante lembrar as lições trazidas na súmula 420 do TST, que assim dispõe:

> SÚMULA 420 DO TST – COMPETÊNCIA FUNCIONAL. CONFLITO NEGATIVO. TRT E VARA DO TRABALHO DE IDÊNTICA REGIÃO. NÃO CONFIGURAÇÃO.
>
> Não se configura conflito de competência entre Tribunal Regional do Trabalho e Vara do Trabalho a ele vinculada.

2.3.7. *Ações de indenização por dano moral ou patrimonial*

A Carta Maior confere competência à Justiça do Trabalho para processar e julgar ações de indenização por dano moral ou patrimonial decorrentes da relação de trabalho.

Assim, toda e qualquer ação de dano moral ou patrimonial, quando decorrentes da relação de trabalho, proposta pelo empregado em face do empregador, será de competência da Justiça do Trabalho.

Muito se discutiu acerca da competência para aquelas ações que estavam em andamento quando da promulgação da EC 45/04, até que o Supremo Tribunal Federal editou a súmula vinculante 22, que assim dispõe:

> SÚMULA VINCULANTE 22 STF – A Justiça do Trabalho é competente para processar e julgar as ações de indenização por danos morais e patrimoniais decorrentes de acidente de trabalho propostas por empregado contra empregador, inclusive aquelas que ainda não possuíam sentença de mérito em primeiro grau quando da promulgação da emenda constitucional nº 45/04.

Contudo, as ações acidentárias, ou seja, lides previdenciárias derivadas de acidente do trabalho propostas pelo trabalhador em face do INSS, serão de competência da justiça comum estadual e nunca da Justiça do Trabalho, conforme exceção prevista no art. 109, I, da CF.

Vale esclarecer que caso seja o acidente de trabalho causado por negligência do empregador responsável pelo cumprimento das normas de segurança e saúde do trabalho, poderá o INSS ajuizar ação regressiva em face desse empregador, devendo esta ação de regresso ser proposta na justiça federal.

Apenas as ações propostas pelo trabalhador em face do empregador serão de competência da Justiça do Trabalho.

Ainda será de competência da Justiça do Trabalho a ação de reparação de danos morais, ainda que proposta pelos dependentes ou sucessores do obreiro falecido.

É o que a chamamos de danos morais por ricochete ou reflexo, entendido como aquele que além de atingir a própria vítima, atinge também outras pessoas por conta de laços afetivos que possui com o ofendido, como por exemplo o caso do dano moral sofrido pelo filho diante da morte de seus genitores e vice-versa.

Nas lições de Sebastião Geraldo de Oliveira, Desembargador do TRT da 3ª Região, em julgado daquela Corte Trabalhista (TRT 3ºR. 2ª T., RO 1019-2007-042-03-00-3, Rel. Des. Sebastião Geraldo de Oliveira. DJEMG 29.07.2009), *in verbis*:

"Dano moral indireto, reflexo ou, em ricochete, é aquele que, sem decorrer direta e imediatamente de certo fato danoso, com este guarda um vínculo de necessariedade, de modo manter o nexo de causalidade entre a conduta ilícita e o prejuízo. Ainda que sejam distintos os direitos da vítima imediata e da vítima mediata, a causa indireta do prejuízo está intensamente associada à causa direta, tornando perfeitamente viável a pretensão indenizatória."

Desta forma, não apenas a vítima direta ou imediata fará jus à reparação de danos morais, mas também a vítima indireta ou mediata, pessoas que, por via reflexa, sofreram os efeitos do dano.

Nesse sentido, ensina a Súmula 392 do TST:

SÚMULA 392 TST – DANO MORAL E MATERIAL. RELAÇÃO DE TRABALHO. COMPETÊNCIA DA JUSTIÇA DO TRABALHO

Nos termos do art. 114, inc. VI, da Constituição da República, a Justiça do Trabalho é competente para processar e julgar ações de indenização por dano moral e material, decorrentes da relação de trabalho, inclusive as oriundas de acidente de trabalho e doenças a ele equiparadas, ainda que propostas pelos dependentes ou sucessores do trabalhador falecido.

Por último, é importante asseverar que os danos morais dispostos no texto constitucional dizem respeito aos danos pré e pós-contratuais, sendo todas as ações de competência da Justiça do Trabalho.

2.3.8. *Ações relativas às penalidades administrativas impostas aos empregadores pelos órgãos de fiscalização das relações de trabalho*

Trata-se de ações propostas por empregadores que objetivam anular sanções administrativas impostas pelo Ministério do Trabalho e Emprego.

Trata-se, portanto, de uma inovação trazida pela Emenda Constitucional 45/2004, haja vista que essas ações eram de competência da justiça federal.

2.3.9. *Execução das contribuições sociais de ofício*

Trata-se das contribuições do empregador, incidentes sobre a folha de salários e demais rendimentos do trabalho pagos ou creditados, a qualquer título, à pessoa física que lhe preste serviço, mesmo sem vínculo empregatício, bem como da contribuição devida pelo trabalhador e pelos demais segurados da previdência social.

Serão executadas tais contribuições em decorrência das sentenças que o juiz proferir.

Sobre o tema, o Supremo Tribunal Federal editou a Súmula Vinculante 53, que assim dispõe:

Súmula Vinculante 53. A competência da Justiça do Trabalho prevista no art. 114, VIII, da Constituição Federal alcança a execução de ofício das contribuições previdenciárias relativas ao objeto da condenação constante das sentenças que proferir e acordos por ela homologados.

Vale destacar a Súmula 454 do TST, que assim dispõe:

SÚMULA 454 TST – COMPETÊNCIA DA JUSTIÇA DO TRABALHO. EXECUÇÃO DE OFÍCIO. CONTRIBUIÇÃO SOCIAL REFERENTE AO SEGURO DE ACIDENTE DE TRABALHO (SAT). ARTS. 114, VIII, E 195, I, "A", DA CONSTITUIÇÃO DA REPÚBLICA.

Nessa linha, estabelece o art. 876, parágrafo único, da CLT:

Art. 876. (...)

Parágrafo único. A Justiça do Trabalho executará, de ofício, as contribuições sociais previstas na alínea *a* do inciso I e no inciso II do *caput* do art. 195 da Constituição Federal, e seus acréscimos legais, relativas ao objeto da condenação constante das sentenças que proferir e dos acordos que homologar.

Compete à Justiça do Trabalho a execução, de ofício, da contribuição referente ao Seguro de Acidente de Trabalho (SAT), que tem natureza de contribuição para a seguridade social (arts. 114, VIII, e 195, I, "a", da CF), pois se destina ao financiamento de benefícios relativos à incapacidade do empregado decorrente de infortúnio no trabalho (arts. 11 e 22 da Lei 8.212/1991).

2.4. Competência em razão da função

Diz respeito à distribuição das atribuições aos diferentes órgãos do Poder Judiciário. A competência funcional ou hierárquica trabalhista, como também é chamada, regula a competência dos órgãos de 1º, 2º e 3º graus dentro da Justiça do Trabalho.

Desta forma, em conformidade com o art. 111 da CF, é correto dizer que a competência funcional será dividida entre os órgãos que compõem a Justiça do Trabalho, quais sejam: as Varas do Trabalho, Tribunais Regionais do Trabalho – TRTs e o Tribunal Superior do Trabalho – TST.

A competência funcional diz respeito, portanto, às atribuições confiadas a cada órgão do Poder Judiciário, especificamente, para nosso estudo, dentro da Justiça do Trabalho.

A análise da competência em razão da função será realizada após avaliação da competência material. Assim, em primeiro plano, deve ser realizado um exame acerca da competência material e somente após este exame é que teremos de analisar a competência funcional dos órgãos do Poder Judiciário.

Importante ressaltar que a competência em razão da função é absoluta, podendo ser conhecida *ex officio* pelo juiz, ou seja, sem necessidade de provocação da parte.

A competência funcional se divide em:

2.4.1. *Competência funcional originária*

É aquela que conhece da causa em primeiro plano. Via de regra a competência originária pertence à Vara do Trabalho (1º grau de jurisdição) nos termos do art. 652 da CLT, salvo regra expressa em sentido contrário, como, por exemplo, a ação rescisória, que se inicia no TRT, nos termos do art. 678, I, "c", item 2, da CLT; ou no TST, em conformidade com os arts. 70, I, "d" e 71, III, "a", ambos do regimento interno do TST.

Importante destacar que a Lei 13.467/2017 inseriu a alínea "f" ao art. 652 da CLT determinando que compete à Vara do Trabalho decidir quanto à homologação de acordo extrajudicial em matéria de competência da Justiça do Trabalho.

A competência funcional originária dos TRTs, quando divididos em turmas, vem disposta nos arts. 678 e 680 da CLT. Quando os TRTs não forem divididos em turmas, dispõe o art. 679 da CLT que os Tribunais Regionais apreciarão as matérias contidas no art. 678 da CLT, com exceção dos recursos das multas impostas pelas Turmas bem como os conflitos de jurisdição entre Turmas, na medida em que não as possuem.

Por último, a competência funcional do TST vem disposta na Lei 7.701/1998. O art. 4º estabelece a competência funcional do Tribunal Pleno; a seção especializada em dissídios individuais – SDI tem sua competência estabelecida no art. 3º da Lei 7.701/1998; a seção especializada em dissídios coletivos, nos termos do art. 2º da citada lei; e, por último, a competência funcional das Turmas do TST vem disposta no art. 5º da Lei 7.701/1998.

Com relação à competência funcional do Tribunal Pleno do TST importante destacar sua competência estabelecer ou alterar súmulas e outros enunciados de jurisprudência uniforme.

Esse processo dependerá do voto de pelo menos dois terços de seus membros, caso a mesma matéria já tenha sido decidida de forma idêntica por unanimidade em, no mínimo, dois terços das turmas em pelo menos dez sessões diferentes em cada uma delas, podendo, ainda, por maioria de dois terços de seus membros, restringir os efeitos daquela declaração ou decidir que ela só tenha eficácia a partir de sua publicação no Diário Oficial.

As sessões de julgamento sobre estabelecimento ou alteração de súmulas e outros enunciados de jurisprudência deverão ser públicas, divulgadas com, no mínimo, 30 dias de antecedência, e deverão possibilitar a sustentação oral pelo Procurador-Geral do Trabalho, pelo Conselho Federal da Ordem dos Advogados do Brasil, pelo Advogado-Geral da União e por confederações sindicais ou entidades de classe de âmbito nacional.

Em outras palavras podemos dizer que o estabelecimento ou alteração de súmulas ocorrerá

a) voto de 2/3 dos membros do Tribunal, ou seja, no TST 18 Ministros;

b) matéria já decidida de forma idêntica por unanimidade em, no mínimo, 2/3 das Turmas;

c) em 10 sessões diferentes cada uma delas;

d) modulação dos efeitos, por maioria de 2/3 dos membros.

2.4.2. *Competência funcional recursal*

É a competência para prática de determinados atos em grau de recurso.

2.4.3. *Competência funcional executória*

Diz respeito à competência para realização da execução, seja judicial, seja extrajudicial (arts. 877 e 877-A da CLT).

2.5. Competência territorial da Justiça do Trabalho

Competência territorial ou competência do foro (*ratione loci*), como também é chamada, diz respeito ao limite territorial de cada órgão da Justiça do Trabalho.

Na Justiça do Trabalho a competência territorial vem disciplinada no art. 651 da CLT, que dispõe:

> Art. 651. A competência das Juntas de Conciliação e Julgamento é determinada pela localidade onde o empregado, reclamante ou reclamado, prestar serviços ao empregador, ainda que tenha sido contratado noutro local ou no estrangeiro.

Pela determinação do dispositivo supracitado, a competência é determinada pela localidade da última prestação de serviço pelo obreiro, ainda que tenha sido contratado em outro lugar, nas lições de Carlos Henrique Bezerra Leite (Curso de Direito Processual do Trabalho, 7ª edição, LTr).

Todavia, caso o empregado tenha trabalhado em diversas localidades, ou seja, em diversos estabelecimentos do mesmo empregador, em locais diferentes, entendemos tratar-se de competência concorrente de todas as localidades em que o empregado tenha prestado serviços, permitindo ao empregado propor sua reclamação trabalhista em qualquer uma das localidades. Isso porque, a intenção do legislador foi de ampliar ao máximo o livre acesso do trabalhador ao Judiciário, em conformidade com o princípio protetor, também aplicável no campo processual.

Vale ressaltar que a regra do domicílio do réu disposta no processo civil não é aplicável ao processo do trabalho.

Portanto, o *caput* do art. 651 traz a regra geral para fixação de competência. Todavia, os parágrafos trazem as exceções à regra.

Estabelece o § 3º do citado dispositivo que é assegurado ao empregado apresentar reclamação trabalhista no foro da celebração do contrato ou no foro da prestação dos serviços, em se tratando de empregador que promova suas atividades fora do local da celebração do contrato de trabalho, como, por exemplo, empresas de atividades teatrais. Assim, se um empregado é contratado em determinado lugar para prestar serviço em outra localidade, eventual reclamação trabalhista poderá ser ajuizada no local da contratação ou da prestação dos serviços.

Outra exceção à regra de competência é a hipótese do viajante comercial. Nos termos do § 1º do dispositivo, o empregado deverá propor a reclamação na vara da localidade onde a empresa possuir agência ou filial e a esta esteja ele subordinado. Não existindo filial ou agência, poderá o empregado optar por onde possuir domicílio ou na localidade mais próxima.

A última exceção contida no art. 651 consolidado vem estabelecida em seu § 2º, que trata das lides de empregados brasileiros em agência ou filial situada no estrangeiro, desde que possuam sede, filial ou representante no Brasil. Nesse caso, a competência será da Justiça do Trabalho brasileira, caso não haja convenção internacional em sentido contrário.

Importante notar que para esses conflitos ocorridos no exterior será aplicada a regra do direito processual brasileiro, na medida em que a demanda tramitará perante a Justiça do Trabalho brasileira. No entanto, com relação ao direito material, por meio da súmula 207, o TST havia firmado posicionamento no sentido da aplicação da lei do local da execução do contrato de trabalho, ou seja, seria aplicada a legislação do país onde o trabalho foi prestado.

No entanto, a súmula 207 do TST foi cancelada, prevalecendo o entendimento que, de acordo com o art. 3º, inciso II, da Lei 7.064/1982, deverá ser aplicada a legislação mais favorável ao trabalhador. O posicionamento atual adotou a teoria do *conglobamento mitigado*.

2.6. Foro de eleição

Previsto no art. 63 do CPC/2015, é aquele em que os contratantes escolhem livremente, de antemão, o foro onde serão dirimidos eventuais conflitos decorrentes do negócio jurídico avençado.

No processo de trabalho, as regras de competência são de ordem pública e, dessa forma, não podem ser derrogadas pelas partes.

Referida incompatibilidade decorre da hipossuficiência econômica do trabalhador, haja vista que a regra do art. 651 e seus parágrafos tem por objetivo facilitar o acesso do trabalhador ao judiciário.

Nesse sentido, ensina o art. 2º, I, da IN 39/2016 do TST que a regra disposta no art. 63 do CPC/2015 não será aplicável ao processo do trabalho, dada sua incompatibilidade com o processo do trabalho.

2.7. Modificação da competência

A competência absoluta (em razão da matéria, em razão da pessoa e em razão da função) não pode ser modificada, nem por circunstâncias processuais, tampouco por vontade das partes.

Já a competência relativa (competência territorial) poderá sofrer modificações, seja por circunstâncias processuais e nas hipóteses em que a lei autoriza, nos termos do art. 54 do CPC/2015.

A modificação de competência poderá ocorrer por:

2.7.1. Prorrogação

Dispõe o art. 65 do CPC/2015:

> **Art. 65.** Prorrogar-se-á a competência relativa se o réu não alegar a incompetência em preliminar de contestação.

A incompetência em razão do território deve ser alegada pela parte no prazo de resposta (defesa), sob pena de prorrogar-se a competência. Em outras palavras, a incompetência territorial se convalidará caso a parte interessada não oponha exceção de incompetência no prazo legal.

Desta forma, ocorrendo a prorrogação da competência de um juiz do trabalho territorialmente incompetente, se tornará ele competente para apreciação daquela demanda.

2.7.2. Conexão

Disciplinada no art. 55 do CPC/2015, a conexão ocorre quando forem comuns a causa de pedir ou o pedido de duas ou mais ações.

São elementos da ação: as partes, a causa de pedir (fundamentos) e o objeto (pedido). Pois bem. Haverá conexão entre as ações quando tiverem o mesmo pedido ou os mesmos fundamentos. Basta um destes elementos e não a cumulação deles. Ressalta-se que não haverá conexão se forem comuns as partes.

Caso as ações conexas estejam transitando perante juízos com mesma competência, será considerada prevento nos domínios do processo de trabalho aquele em que a reclamação tenha sido protocolada em primeiro lugar, não se aplicando a parte final da regra disposta no art. 59 do CPC/2015.

2.7.3. Continência

Ensina o art. 56 do CPC que haverá continência sempre que houver identidade entre as partes e a causa de pedir (fundamento), mas o objeto (pedido) de uma for mais amplo do que o da outra.

Diferentemente da conexão, na qual há necessidade de identidade de um dos elementos da ação (causa de pedir ou pedido), na continência se faz necessário a cumulação de dois elementos: as partes e causa de pedir, devendo, contudo, o pedido de um ser mais abrangente do que o outro.

Como exemplo, podemos citar o pedido de uma ação que vise à anulação de uma cláusula contratual e de outra, com as mesmas partes e causa de pedir, que busque a anulação de todo o contrato.

3. ATOS, TERMOS, PRAZOS E NULIDADES PROCESSUAIS

3.1. Considerações

O processo pode ser conceituado, em poucas palavras, como sendo um conjunto de atos coordenados que objetivam a busca da tutela jurisdicional.

Nos termos do art. 203 do CPC/2015, que os pronunciamentos do Juiz consistirão em: despachos, decisões interlocutórias e sentenças. Nessa linha é importante lembrar que a assinatura dos juízes em todos os graus de jurisdição poderá ser feita eletronicamente.

3.1.1. Despacho

Utilizava-se o termo "despacho de mero expediente", termo muito criticado pela doutrina. Em 2006, com a publicação da Lei 11.276, a expressão "mero expediente" foi retirada do art. 1.001 do CPC/2015, utilizando-se atualmente a expressão "despacho". Os despachos são atos desprovidos de conteúdo decisório, como, por exemplo, a remessa dos autos ao contador.

3.1.2. Decisões interlocutórias

A decisão interlocutória é conceituada como todo pronunciamento judicial de natureza decisória que não seja sentença, que é o pronunciamento por meio do qual o juiz, com fundamento nos arts. 485 e 487 CPC/2015, põe fim à fase cognitiva do procedimento comum, bem como extingue a execução.

As decisões interlocutórias são dotadas de conteúdo decisório, mas não põem fim à fase de conhecimento, nem à execução.

Vale lembrar que, nos termos do art. 893, § 1º, da CLT, na Justiça do Trabalho as decisões interlocutórias são irrecorríveis de imediato. As exceções à regra da irrecorribilidade imediata das decisões interlocutórias encontram-se na súmula 214 do TST:

> Na Justiça do Trabalho, nos termos do art. 893, § 1º, da CLT, as decisões interlocutórias não ensejam recurso imediato, salvo nas hipóteses de decisão:
>
> a) de Tribunal Regional do Trabalho contrária à Súmula ou Orientação Jurisprudencial do Tribunal Superior do Trabalho;
>
> b) suscetível de impugnação mediante recurso para o mesmo Tribunal;
>
> c) que acolhe exceção de incompetência territorial, com a remessa dos autos para Tribunal Regional distinto daquele a que se vincula o juízo excepcionado, consoante o disposto no art. 799, § 2º, da CLT.

Outra exceção à regra da irrecorribilidade imediata das decisões interlocutórias se encontra no art. 855-A, § 1º, II, da CLT que ensina ser passível de interposição de agravo de petição a decisão na fase de execução acerca do incidente de desconsideração da personalidade jurídica. Vale dizer que a decisão de incidente de desconsideração da personalidade jurídica na fase de conhecimento não enseja a interposição de recurso imediato, art. 855-A, § 1º, I, da CLT.

3.1.3. Sentença

Nos termos do art. 203, § 1º, do CPC/2015, sentença é o pronunciamento por meio do qual o juiz, com fundamento nos arts. 485e 487do CPC/2015, põe fim à fase cognitiva do procedimento comum, bem como extingue a execução.

As decisões proferidas pelo Juiz do Trabalho, nos termos do art. 832 da CLT, deverão conter o nome das partes, o resumo do pedido e da defesa, a apreciação das provas, os fundamentos da decisão e a conclusão. A sentença que concluir pela procedência do pedido determinará o prazo e as condições para o seu cumprimento.

Os elementos essenciais da sentença estão dispostos no art. 489 CPC/2015.

Com relação à aplicabilidade da norma disposta no art. 489 CPC/2015 ao processo do trabalho, o TST editou a IN 39 que em seu art. 15 assim dispõe:

> *Art. 15. O atendimento à exigência legal de fundamentação das decisões judiciais (CPC, art. 489, § 1º) no Processo do Trabalho observará o seguinte:*
>
> *I – por força dos arts. 332 e 927 do CPC, adaptados ao Processo do Trabalho, para efeito dos incisos V e VI do § 1º do art. 489 considera-se "precedente" apenas:*
>
> *a) acórdão proferido pelo Supremo Tribunal Federal ou pelo Tribunal Superior do Trabalho em julgamento de recursos repetitivos (CLT, art. 896-B; CPC, art. 1.046, § 4º);*
>
> *b) entendimento firmado em incidente de resolução de demandas repetitivas ou de assunção de competência;*
>
> *c) decisão do Supremo Tribunal Federal em controle concentrado de constitucionalidade;*
>
> *e) decisão do plenário, do órgão especial ou de seção especializada competente para uniformizar a jurisprudência do tribunal a que o juiz estiver vinculado ou do Tribunal Superior do Trabalho.*
>
> *II – para os fins do art. 489, § 1º, incisos V e VI do CPC, considerar-se-ão unicamente os precedentes referidos no item anterior, súmulas do Supremo Tribunal Federal, orientação jurisprudencial e súmula do Tribunal Superior do Trabalho, súmula de Tribunal Regional do Trabalho não conflitante com súmula ou orientação jurisprudencial do TST, que contenham explícita referência aos fundamentos determinantes da decisão (ratio decidendi).*
>
> *III – não ofende o art. 489, § 1º, inciso IV do CPC a decisão que deixar de apreciar questões cujo exame haja ficado prejudicado em razão da análise anterior de questão subordinante.*
>
> *IV – o art. 489, § 1º, IV, do CPC não obriga o juiz ou o Tribunal a enfrentar os fundamentos jurídicos invocados pela parte, quando já tenham sido examinados na formação dos precedentes obrigatórios ou nos fundamentos determinantes de enunciado de súmula.*
>
> *V – decisão que aplica a tese jurídica firmada em precedente, nos termos do item I, não precisa enfrentar os fundamentos já analisados na decisão paradigma, sendo suficiente, para fins de atendimento das exigências constantes no art. 489, § 1º, do CPC, a correlação fática e jurídica entre o caso concreto e aquele apreciado no incidente de solução concentrada.*
>
> *VI – é ônus da parte, para os fins do disposto no art. 489, § 1º, V e VI, do CPC, identificar os fundamentos determinantes ou demonstrar a existência de distinção no caso em julgamento ou a superação do entendimento, sempre que invocar precedente ou enunciado de súmula.*

3.2. Realização dos atos processuais

De acordo com o art. 770 da CLT, em regra, os atos processuais serão públicos, salvo quando o contrário determinar o interesse social, e deverão ser realizados nos dias úteis das 6 (seis) às 20 (vinte) horas. Vale ressaltar que a penhora poderá ser realizada aos domingos ou feriados mediante autorização expressa do Juiz do Trabalho.

3.2.1. Ato processual via fac-símile

Instituído pela Lei 9.800/1999, os atos processuais que necessitam ser feitos por petição escrita poderão ser realizados via fac-símile.

Reza o art. 2º da citada lei que a utilização de sistema não prejudica o cumprimento dos prazos, devendo os originais ser entregues em juízo, necessariamente, até 5 (cinco) dias da data do término do prazo estipulado para o ato. Já os atos praticados via fac-símile que não possuem prazo deverão ser entregues a via original dentro do prazo de 5 (cinco) dias contados da data recepção do material enviado.

A lei ensina, ainda, que aquele que fizer uso de sistema de transmissão torna-se responsável pela qualidade e fidelidade do material transmitido e por sua entrega ao órgão judiciário.

Sobre o tema, é importante destacar a súmula 387 do TST:

> SÚMULA 387 TST. RECURSO. FAC-SÍMILE. LEI Nº 9.800/1999)
>
> I – A Lei 9.800, de 26.05.1999, é aplicável somente a recursos interpostos após o início de sua vigência.
>
> II – A contagem do quinquídio para apresentação dos originais de recurso interposto por intermédio de fac-símile começa a fluir do dia subsequente ao término do prazo recursal, nos termos do art. 2º da Lei 9.800, de 26.05.1999, e não do dia seguinte à interposição do recurso, se esta se deu antes do termo final do prazo.
>
> III – Não se tratando a juntada dos originais de ato que dependa de notificação, pois a parte, ao interpor o recurso, já tem ciência de seu ônus processual, não se aplica a regra do art. 224 do CPC de 2015 (art. 184 do CPC de 1973) quanto ao "dies a quo", podendo coincidir com sábado, domingo ou feriado.
>
> IV – A autorização para utilização do fac-símile, constante do art. 1º da Lei n.º 9.800, de 26.05.1999, somente alcança as hipóteses em que o documento é dirigido diretamente ao órgão jurisdicional, não se aplicando à transmissão ocorrida entre particulares.

3.3. Prazos processuais

Os prazos processuais contam-se a partir da data em que for feita pessoalmente, ou recebida, a notificação. Nos termos da súmula 16 do TST, presume-se recebida a notificação 48 (quarenta e oito) horas depois de sua postagem. O seu não recebimento ou a entrega após o decurso desse prazo constitui ônus de prova do destinatário. Em se tratando de edital, inicia-se na respectiva data.

Porém, é importante ter em mente que os prazos serão contabilizados excluindo o dia do começo e incluindo o dia do vencimento.

Nos termos do art. 775 da CLT os prazos processuais serão contados em dias úteis, com exclusão do dia do começo e inclusão do dia do vencimento, podendo ser prorrogados, pelo tempo estritamente necessário, quando o juízo entender necessário ou em virtude de força maior, devidamente comprovada.

Compete ao juízo a dilatação de prazos processuais, bem como a alteração da ordem de produção dos meios de prova, adequando-os às necessidades do conflito de modo a conferir maior efetividade à tutela do direito.

Quando a intimação tiver lugar na sexta-feira, ou a publicação com efeito de intimação for feita nesse dia, o prazo judicial será contado da segunda-feira imediata, inclusive, salvo se não houver expediente, caso em que fluirá no dia útil que se seguir.

Intimada ou notificada a parte no sábado, o início do prazo se dará no primeiro dia útil imediato, ou seja, segunda-feira, e a contagem, no subsequente, ou seja, terça-feira, é o que determina a Súmula 262, I, do TST.

A mesma súmula adverte, ainda, em seu item II que:

> SÚMULA 262 TST.
>
> [...]
>
> II. O recesso forense e as férias coletivas dos Ministros do Tribunal Superior do Trabalho suspendem os prazos recursais.

Por fim, a Lei 13.545/2017 inseriu o art. 775-A ao diploma consolidado para tratar sobre a suspensão dos prazos processuais nos dias compreendidos entre 20 de dezembro e 20 de janeiro.

Durante esse período de suspensão dos prazos não se realizarão audiências nem sessões de julgamento, art. 775-A, § 2º, da CLT. No entanto, os juízes, os membros do Ministério Público, da Defensoria Pública e da Advocacia Pública e os auxiliares da Justiça exercerão suas atribuições, ressalvadas as férias individuais e os feriados instituídos por lei, em conformidade com o art. 775-A, § 1º, da CLT.

3.4. Nulidades processuais

Dispõe o art. 188 do CPC/2015 que os atos e termos processuais não dependem de forma determinada, salvo quando a lei expressamente a exigir, tendo como válidos os atos que, realizados de outro modo, alcancem sua finalidade essencial.

Nos domínios do processo do trabalho, a nulidade somente será declarada quando resultar dos atos que causem manifesto prejuízo às partes litigantes.

A nulidade do ato se dá quando lhe falta algum requisito que a lei ordena como necessário e pode ser classificado como: nulidade absoluta e nulidade relativa.

3.4.1. Nulidade absoluta

A nulidade absoluta ocorre sempre que o ato violar normas de ordem pública, ou seja, normas de interesse público, como, por exemplo, as regras de competência material e funcional. A nulidade absoluta poderá ser decretada *ex officio* pelo magistrado ou a requerimento da parte.

Importante lembrar a regra estabelecida no art. 795, § 1º, da CLT que determina que o magistrado declare *ex officio* a nulidade fundada em incompetência de foro. A incompetência de foro a que o dispositivo legal se refere é a competência material, que é absoluta, e não a competência territorial disposta no art. 651 da CLT, que é relativa.

Nesse caso, havendo a declaração da nulidade absoluta, serão considerados nulos os atos decisórios.

3.4.2. Nulidade relativa

Haverá nulidade relativa sempre que o ato violar normas de interesse privado e somente serão declaradas mediante provocação das partes, as quais deverão argui-las à primeira vez em que tiverem de falar em audiência ou nos autos, nos termos do art. 795 da CLT.

Importante ressaltar que não será pronunciada a nulidade do ato quando for possível repeti-lo ou mesmo suprir sua falta. Da mesma forma, não será declarada a nulidade do ato quando arguida por quem lhe tiver dado causa.

3.5. Audiência trabalhista

Na Justiça do Trabalho, as audiências serão públicas e deverão ser realizadas em dias úteis previamente fixados, entre 8 (oito) e 18 (dezoito) horas, e não poderão ultrapassar 5 (cinco) horas seguidas, salvo quando houver matéria urgente. Caso seja necessário, o magistrado poderá, ainda, realizar audiências extraordinárias.

O reclamante e o reclamado comparecerão à audiência acompanhados das suas testemunhas, apresentando, também, as demais provas.

No horário designado, o Juiz abrirá a audiência, convocando as partes, testemunhas e demais pessoas que devam comparecer. Caso o Juiz não compareça até 15 (quinze) minutos após o horário marcado, os presentes poderão retirar-se, devendo o ocorrido constar do livro de registro das audiências. Importante lembrar que os atrasos na pauta de audiência não autorizam as partes se retirarem.

Importante ressaltar que a regra esculpida no art. 362, III, do CPC/2015 que prevê o adiamento da audiência por atraso injustificado de seu início em tempo superior a 30 (trinta) minutos do horário marcado, não será aplicado ao processo do trabalho em razão da em razão de inexistência de omissão e por incompatibilidade do instituto, em conformidade com o art. 2º, VI, da IN 39 do TST.

Na audiência deverão estar presentes o reclamante e o reclamado, independentemente do comparecimento de seus representantes, salvo nos casos de reclamações plúrimas ou ações de cumprimento, quando os empregados poderão fazer-se representar pelo Sindicato de sua categoria.

O empregador poderá fazer-se substituir pelo gerente ou qualquer outro preposto que tenha conhecimento do fato, cujas declarações obrigarão o proponente.

Nos termos do art. 843, § 3º, da CLT o preposto não precisa ser empregado da parte reclamada. Como dito, na audiência deverão estar presentes ambas as partes. Nessa linha, é importante lembrar que o não comparecimento do reclamante à audiência importa o arquivamento da reclamação, art. 844 da CLT. Porém, se por doença ou qualquer outro motivo poderoso, devidamente comprovado, o reclamante não puder comparecer pessoalmente, poderá fazer-se representar por outro empregado que pertença à mesma profissão ou pelo seu sindicato. A presença de outro empregado ou do sindicato objetiva, exclusivamente, o não arquivamento da reclamação.

Na hipótese de ausência do reclamante, este será condenado ao pagamento das custas calculadas na forma do art. 789 da CLT, ainda que beneficiário da justiça gratuita, salvo se comprovar, no prazo de quinze dias, que a ausência ocorreu por motivo legalmente justificável. Importante frisar que o pagamento das custas é condição para a propositura de nova demanda, art. 844, § 3º, da CLT.

Já o não comparecimento do reclamado, em conformidade com a parte final do art. 844 da CLT, importa revelia, além de confissão quanto à matéria de fato.

Ocorrendo motivo relevante, poderá o juiz suspender o julgamento, designando nova audiência.

Pela redação do citado dispositivo legal poderíamos acreditar que a presença da parte reclamada (o próprio empresário, gerente ou preposto) é necessária/obrigatória, sendo que sua ausência implicaria em revelia e confissão fática. Isso ocorreria independente da presença do advogado, até mesmo porque sua figura é dispensável em razão do *jus postulandi* da parte.

Contudo, o § 5º do art. 844 da CLT ensina que ainda que ausente o reclamado, presente o advogado na audiência, serão aceitos a contestação e os documentos eventualmente apresentados.

A nova disposição legal acompanha o entendimento disposto pelo TRT da 2ª região, São Paulo que em 22 de maio de 2015 publicou sua primeira tese jurídica prevalecente, que assim dispõe:

> **TESE JURÍDICA PREVALECENTE Nº 01**
>
> **Ausência da parte reclamada em audiência. Consequência processual.** Confissão.
>
> A presença de advogado munido de procuração revela *animus* de defesa que afasta a revelia. A ausência da parte reclamada à audiência na qual deveria apresentar defesa resulta apenas na sua confissão.

3.6. Despesas processuais

Nos dissídios individuais e nos dissídios coletivos do trabalho, nas ações e procedimentos de competência da Justiça do Trabalho, bem como nas demandas propostas perante a Justiça Estadual, no exercício da jurisdição trabalhista, as custas relativas ao processo de conhecimento incidirão à base de 2% (dois por cento), observado o mínimo de R$ 10,64 (dez reais e sessenta e quatro centavos) e o máximo de quatro vezes o limite máximo dos benefícios do Regime Geral de Previdência Social, e serão calculadas da seguinte maneira:

a) Em caso de acordo ou condenação, as custas serão calculadas sobre o respectivo valor. Vale lembrar que, sempre que houver acordo, o pagamento das custas caberá em partes iguais aos litigantes se outra forma não for convencionada;

b) caso o processo seja extinto sem julgamento do mérito ou julgado totalmente improcedente, as custas serão calculadas sobre o valor da causa;

c) Nas ações declaratórias e constitutivas, também serão calculadas sobre o valor da causa;

d) Para as ações que o valor da condenação for indeterminado, deverá o magistrado fixar um valor.

As custas serão pagas pelo vencido após o trânsito em julgado da decisão. No caso de recurso, serão pagas e comprovado o recolhimento dentro do prazo recursal, em conformidade com a súmula 245 do TST.

Nesse ponto cumpre destacar a Súmula 25 do TST, de acordo com a resolução 197/2015:

> SÚMULA 25 TST – CUSTAS PROCESSUAIS. INVERSÃO DO ÔNUS DA SUCUMBÊNCIA.
>
> I – A parte vencedora na primeira instância, se vencida na segunda, está obrigada, independentemente de intimação, a pagar as custas fixadas na sentença originária, das quais ficara isenta a parte então vencida;
>
> II – No caso de inversão do ônus da sucumbência em segundo grau, sem acréscimo ou atualização do valor das custas e se estas já foram devidamente recolhidas, descabe um novo pagamento pela parte vencida, ao recorrer. Deverá ao final, se sucumbente, reembolsar a quantia;
>
> III – Não caracteriza deserção a hipótese em que, acrescido o valor da condenação, não houve fixação ou cálculo do valor devido a título de custas e tampouco intimação da parte para o preparo do recurso, devendo ser as custas pagas ao final;
>
> IV – O reembolso das custas à parte vencedora faz-se necessário mesmo na hipótese em que a parte vencida for pessoa isenta do seu pagamento, nos termos do art. 790-A, parágrafo único, da CLT.

No que diz respeito aos dissídios coletivos, o pagamento das custas será no importe de 2% calculados sobre o valor arbitrado pelo Juiz na decisão. Porém, reza o § 4º do art. 789 da CLT que nos dissídios coletivos as partes vencidas responderão solidariamente pelo pagamento das custas.

Sempre que houver acordo, se de outra forma não for convencionado, o pagamento das custas caberá em partes iguais aos litigantes, art. 789, § 3º, da CLT.

Por último, cabe ressaltar que no processo de execução as custas serão sempre de responsabilidade do executado e pagas ao final do processo.

3.6.1. Isenção

Nos termos do art. 790-A da CLT, além dos beneficiários da justiça gratuita – Lei 1.060/1950 – são isentos do pagamento de custas a União, os Estados, o Distrito Federal, os Municípios e respectivas autarquias e fundações públicas federais, estaduais ou municipais que não explorem atividade econômica e o Ministério Público do Trabalho.

É importante destacar que as isenções acima citadas não alcançam as entidades fiscalizadoras do exercício profissional, como, por exemplo, a OAB, CREA, entre outras.

A responsabilidade pelo pagamento dos honorários periciais é da parte sucumbente na pretensão objeto da perícia, salvo se beneficiária de justiça gratuita.

3.6.2. Empresa de Correios e Telégrafos – Correios

Nos termos do Decreto 509/1969 o então, Departamento dos Correios e Telégrafos (DCT) foi transformado em empresa pública, vinculada ao Ministério das Comunicações, com a denominação de Empresa Brasileira de Correios e Telégrafos.

O art. 12 do citado diploma normativo ensina que a ECT gozará de isenção de direitos de importação de materiais e equipamentos destinados aos seus serviços, dos privilégios concedidos à Fazenda Pública, quer em relação a imunidade tributária, direta ou indireta, impenhorabilidade de seus bens, rendas e serviços, quer no concernente a foro, prazos e custas processuais.

Portanto, em relação à prerrogativa de foro, prazos e custas processuais os correios são equiparados à Fazenda Pública, gozando, portanto, da regra disposta no art. 183 do CPC/2015 e, ainda, a isenção de despesas processuais prevista no art. 790-A da CLT.

3.7. Responsabilidade pelos honorários periciais

Nos termos do art. 790-B da CLT a responsabilidade pelo pagamento dos honorários periciais é da parte sucumbente na pretensão objeto da perícia, ainda que beneficiária da justiça gratuita.

Inovando e divergindo do entendimento cristalizado na súmula 457 do TST que entendia que a União seria responsável pelo pagamento dos honorários de perito quando a parte sucumbente no objeto da perícia for beneficiária da assistência judiciária gratuita, o atual § 4º do art. 790-B da CLT ensina que somente no caso em que o beneficiário da justiça gratuita não tenha obtido em juízo créditos capazes de suportar a despesa do pagamento dos honorários periciais, ainda que em outro processo, a União responderá pelo encargo.

Cumpre lembrar que citado dispositivo legal é objeto da ADI 5766 proposta perante o STF, que até a data de fechamento dessa edição não havia se pronunciado sobre o pedido de liminar.

O juízo não poderá exigir adiantamento de valores para realização de perícias, sob pena de praticar ato ilegal remediável via mandado de segurança.

Ao fixar o valor dos honorários periciais, o juízo deverá respeitar o limite máximo estabelecido pelo Conselho Superior da Justiça do Trabalho, sendo possível o deferimento dos honorários periciais.

3.8. Responsabilidade por dano processual

A responsabilidade por dano processual está intimamente ligada ao litigante de má-fé. A legislação prevê uma punição por litigância de má-fé à parte que agir dolosamente.

Nos termos do art. 793-A da CLT responde por perdas e danos aquele que litigar de má-fé como reclamante, reclamado ou interveniente. Essa responsabilidade será aplicada a todo aquele que participar do processo, seja como parte ou mesmo, interveniente, como por exemplo: perito ou até mesmo a testemunha que intencionalmente alterar a verdade dos fatos ou omitir fatos essenciais ao julgamento da causa, art. 793-D da CLT.

Em conformidade com o art. 793-B da CLT, considera-se litigante de má-fé aquele que:

> I - deduzir pretensão ou defesa contra texto expresso de lei ou fato incontroverso;
>
> II - alterar a verdade dos fatos;
>
> III - usar do processo para conseguir objetivo ilegal;
>
> IV - opuser resistência injustificada ao andamento do processo;
>
> V - proceder de modo temerário em qualquer incidente ou ato do processo;
>
> VI - provocar incidente manifestamente infundado;
>
> VII - interpuser recurso com intuito manifestamente protelatório.

A condenação por dano processual poderá ser requerida pela parte interessada, ou seja, pela parte que se sentir prejudicada ou até mesmo aplicada de ofício pelo juiz. A multa por litigância de má-fé deverá ser superior a 1% (um por cento) e inferior a 10% (dez por cento) do valor corrigido da causa. O litigante de má-fé deverá, ainda, arcar com os honorários advocatícios e com todas as despesas que efetuou.

Sempre que o valor atribuído à causa for irrisório ou inestimável, a multa poderá ser fixada em até duas vezes o limite máximo dos benefícios do Regime Geral de Previdência Social.

Caso sejam dois ou mais os litigantes de má-fé, o juízo condenará cada um na proporção de seu respectivo interesse na causa ou solidariamente aqueles que se coligaram para lesar a parte contrária.

O valor da indenização será fixado pelo juízo ou, caso não seja possível mensurá-lo, liquidado por arbitramento ou pelo procedimento comum, nos próprios autos.

Por fim, cumpre esclarecer que a execução da multa por litigância de má-fé será processada nos mesmos autos.

4. PARTES E PROCURADORES

4.1. Aspectos gerais

São 3 os elementos capazes de identificar uma ação. Assim, podemos dizer que duas ações são idênticas quando possuírem os mesmos elementos. São eles:

a) partes: sujeito ativo e sujeito passivo;

b) causa de pedir: corresponde aos fundamentos de fato – causa de pedir próxima – e aos fundamentos de direito – causa de pedir remota;

c) pedido: que consiste no provimento jurisdicional pretendido.

Podemos dizer que é parte no processo aquele que requer a tutela jurisdicional e, também, aquele contra quem a tutela é impetrada. São, portanto, exequente e executado, no processo de execução; embargante e embargado, em processos de embargos à execução e embargos de terceiro; impetrante e impetrado, em mandados de segurança; reconvinte e reconvindo, em reconvenção; e, nos domínios do processo do trabalho, reclamante e reclamado, nas reclamações trabalhistas.

4.2. Capacidade

Cumpre, primeiramente, salientar que capacidade processual não se confunde com capacidade de ser parte, tampouco com capacidade postulatória.

Capacidade de ser parte nada mais é do que a capacidade de direito, ou seja, é a aptidão para figurar como parte em um dos polos da relação processual e está disciplinada nos arts. 1º e 2º do CC. Desta forma, todas as pessoas físicas e jurídicas e alguns entes despersonalizados possuem capacidade de ser parte.

Já a capacidade processual é a aptidão para agir em juízo. Assim, toda pessoa que se acha no exercício dos seus direitos tem capacidade para estar em juízo, conforme reza o art. 70 do CPC/2015.

Destarte, uma vez verificada a capacidade de ser parte, deve-se analisar se aquele sujeito é capaz de praticar os atos processuais sozinho, sem o acompanhamento de outras pessoas, ou se necessitarão de assistência ou representação, conforme o caso.

Já a capacidade postulatória ou *jus postulandi* consiste na capacidade para prática de atos processuais em juízo que, em regra, pertence ao advogado devidamente inscrito na OAB e aos membros do Ministério Público.

Há, no entanto, casos em que não é exigida a capacidade postulatória para agir em juízo, como, por exemplo, nos juizados especiais cíveis, em que se dispensa a capacidade postulatória para o ajuizamento das ações cujo valor não exceda a 20 salários mínimos (art. 9º da Lei 9.099/1995). Outrossim, também dispensa-se a capacidade postulatória para a impetração de *habeas corpus* e, ainda, para propositura de reclamação trabalhista.

4.2.1. *Jus postulandi*

O *jus postulandi* encontra-se disciplinado no art. 791 da CLT, que ensina que empregados e os empregadores poderão reclamar pessoalmente perante a Justiça do Trabalho e acompanhar as suas reclamações até o final.

Dessa forma, temos que, no âmbito da Justiça do Trabalho, empregados e empregadores poderão, sem a presença de advogado, reclamar e acompanhar suas ações até o final, ou seja, poderão reclamar em juízo e interpor recurso pessoalmente.

Porém, para a interposição de recurso extraordinário para o STF deverá a parte fazê-lo por intermédio de um advogado, sob pena de não conhecimento do recurso.

A aplicação do *jus postulandi* já foi polêmica. Isso porque parte da doutrina entendia que a presença do advogado era dispensável somente na primeira e segunda instância trabalhista, excluindo a possibilidade de a própria parte apresentar recurso de revista, em face de sua natureza extraordinária.

Entretanto, como já exposto, em abril de 2010, o Tribunal Superior do Trabalho editou a súmula 425, estabelecendo que o *jus postulandi* das partes é limitado às Varas do Trabalho e aos Tribunais Regionais do Trabalho, não alcançando a ação cautelar, ainda que proposta em primeira instância, a ação rescisória e o mandado de segurança, bem como os recursos de competência do Tribunal Superior do Trabalho. Também é obrigatória a presença de advogado no processo de homologação de acordo extrajudicial, nos termos do art. 855-B da CLT.

4.3. Sucessão das partes

Sucessão das partes (ou sucessão processual) nada mais é que a substituição da parte do processo em decorrência da alteração de titularidade do direito material discutido em juízo. Como exemplo, podemos citar o caso de morte de uma das partes, hipótese em que haverá sua substituição pelo espólio ou pelos sucessores, nos termos do art. 110 do CPC/2015, devendo ser observada, igualmente, a regra disposta no art. 313, §§ 1º e 2º, do CPC/2015.

A sucessão processual não pode ser confundida com a substituição processual, também chamada de legitimidade extraordinária, que será estudada no item 4.8, a qual é conceituada como o fenômeno processual pelo qual alguém, autorizado por lei, atua em juízo como parte, em nome próprio, na defesa de interesse alheio.

Nos domínios do processo do trabalho, ocorrendo a morte do empregado, os dependentes poderão assumir o polo ativo.

Nesse sentido, dispõe o art. 1º da Lei 6.858/1980:

> **Art. 1º.** Os valores devidos pelos empregadores aos empregados e os montantes das contas individuais do Fundo de Garantia do Tempo de Serviço e do Fundo de Participação PIS-PASEP, não recebidos em vida pelos respectivos titulares, serão pagos, em quotas iguais, aos dependentes habilitados perante a Previdência Social ou na forma da legislação específica dos servidores civis e militares, e, na sua falta, aos sucessores previstos na lei civil, indicados em alvará judicial, independentemente de inventário ou arrolamento.
>
> § 1º. As quotas atribuídas a menores ficarão depositadas em caderneta de poupança, rendendo juros e correção monetária, e só serão disponíveis após o menor completar 18 (dezoito) anos, salvo autorização do juiz para aquisição de imóvel destinado à residência do menor e de sua família ou para dispêndio necessário à subsistência e educação do menor.
>
> § 2º. Inexistindo dependentes ou sucessores, os valores de que trata este artigo reverterão em favor, respectivamente, do Fundo de Previdência e Assistência Social, do Fundo de Garantia do Tempo de Serviço ou do Fundo de Participação PIS-PASEP, conforme se tratar de quantias devidas pelo empregador ou de contas de FGTS e do Fundo PIS PASEP.

4.4. Representação processual

É a possibilidade de atuar no processo em nome de outrem. Consiste, portanto, na possibilidade de uma pessoa demandar em juízo em nome alheio, defendendo interesse alheio.

Logo, o representante age em nome do representado, defendendo interesse do próprio representado, não agindo na qualidade de parte.

A representação pode ser legal, nas hipóteses em que a lei indica o representante, como no art. 75, I, II e III, do CPC/2015, ou pode ser convencional ou voluntária, que é feita por vontade da parte, como nas hipóteses do art. 75, VIII, do CPC/2015.

A CLT, por sua vez, ensina que é facultado ao empregador fazer-se substituir pelo gerente ou qualquer outro preposto que tenha conhecimento do fato. Nos termos do art. 843, § 3º, da CLT o preposto não precisa ser empregado da parte reclamada.

Já o empregado que esteja doente ou não possa comparecer à audiência por qualquer outro motivo poderoso ou relevante poderá ser representado por outro empregado da mesma profissão ou pelo sindicato, que comparecerá à audiência informando o justo motivo para o não comparecimento do reclamante, com o fito de evitar o arquivamento do processo, nos termos do art. 843, § 2º, da CLT.

Com relação ao empregador doméstico, poderá este ser representado por qualquer pessoa da família.

Sobre o tema, importante a transcrição do art. 75 do CPC/2015.

> *Art. 75. Serão representados em juízo, ativa e passivamente:*
>
> *I – a União, pela Advocacia-Geral da União, diretamente ou mediante órgão vinculado;*
>
> *II – o Estado e o Distrito Federal, por seus procuradores;*
>
> *III – o Município, por seu prefeito ou procurador;*
>
> *IV – a autarquia e a fundação de direito público, por quem a lei do ente federado designar;*
>
> *V – a massa falida, pelo administrador judicial;*
>
> *VI – a herança jacente ou vacante, por seu curador;*
>
> *VII – o espólio, pelo inventariante;*
>
> *VIII – a pessoa jurídica, por quem os respectivos atos constitutivos designarem ou, não havendo essa designação, por seus diretores;*
>
> *IX – a sociedade e a associação irregulares e outros entes organizados sem personalidade jurídica, pela pessoa a quem couber a administração de seus bens;*
>
> *X – a pessoa jurídica estrangeira, pelo gerente, representante ou administrador de sua filial, agência ou sucursal aberta ou instalada no Brasil;*
>
> *XI – o condomínio, pelo administrador ou síndico.*

4.5. Mandato

Como visto, na Justiça do Trabalho as partes são dotadas de capacidade postulatória e poderão fazer uso do *jus postulandi* nos exatos termos do art. 791 da CLT e da súmula 425 do TST.

Porém, nos dissídios individuais os empregados e empregadores poderão fazer-se representar por intermédio do sindicato, advogado, inscrito na Ordem dos Advogados do Brasil. As partes constituirão procuradores mediante instrumento de mandato, ou seja, a procuração *ad judicia*, por meio da qual a parte lhe outorga os poderes.

Com relação ao mandato outorgado por pessoa jurídica, a Súmula 456 do TST dispõe:

SÚMULA 456 TST – REPRESENTAÇÃO. PESSOA JURÍDICA. PROCURAÇÃO. INVALIDADE. IDENTIFICAÇÃO DO OUTORGANTE E DE SEU REPRESENTANTE.

I – É inválido o instrumento de mandato firmado em nome de pessoa jurídica que não contenha, pelo menos, o nome do outorgante e do signatário da procuração, pois estes dados constituem elementos que os individualizam.

II – Verificada a irregularidade de representação da parte na instância originária, o juiz designará prazo de 5 (cinco) dias para que seja sanado o vício. Descumprida a determinação, extinguirá o processo, sem resolução de mérito, se a providência couber ao reclamante, ou considerará revel o reclamado, se a providência lhe couber (art. 76, § 1º, do CPC de 2015).

III – Caso a irregularidade de representação da parte seja constatada em fase recursal, o relator designará prazo de 5 (cinco) dias para que seja sanado o vício. Descumprida a determinação, o relator não conhecerá do recurso, se a providência couber ao recorrente, ou determinará o desentranhamento das contrarrazões, se a providência couber ao recorrido (art. 76, § 2º, do CPC de2015).

Nos termos do art. 104 e § 1º, do CPC/2015, a representação em juízo é feita por meio do instrumento de mandato.

A súmula 395, I, do TST ensina ser válido o instrumento de mandato com prazo determinado que contém cláusula estabelecendo a prevalência dos poderes para atuar até o final da demanda, art. 105, § 4º, CPC/2015.

Se há previsão, no instrumento de mandato, de prazo para sua juntada, o mandato só tem validade se anexado ao processo o respectivo instrumento no aludido prazo.

O outorgado poderá substabelecer os poderes conferidos pelo outorgante, ou seja, transmitir os poderes para outros advogados. Assim, são válidos os atos praticados pelo substabelecido, ainda que não haja, no mandato, poderes expressos para substabelecer, nos termos da súmula 395, III, do TST.

Nesse sentido, verificada a irregularidade de representação por não ter o mandato sido anexado no prazo estabelecido ou se o substabelecimento é anterior à outorga passada ao substabelecente, deverá o juiz suspender o processo e designar prazo razoável para que seja sanado o vício, ainda que em instância recursal, é o que determina a súmula 395, item V, do TST.

Havendo mais de um advogado representando o empregado, poderão estes advogados requerer que as comunicações sejam feitas em nome de um determinado advogado. Nessa hipótese, o TST por meio da súmula 427, entende ser nula a comunicação em nome de outro profissional constituído nos autos.

Há de se ressaltar que é necessário que haja prejuízo à parte, sob pena de não ser reconhecida a nulidade do ato.

Contudo, a IN 39 do TST dispõe em seu art. 16:

"Para efeito de aplicação do § 5º do art. 272 do CPC, não é causa de nulidade processual a intimação realizada na pessoa de advogado regularmente habilitado nos autos, ainda que conste pedido expresso para que as comunicações dos atos processuais sejam feitas em nome de outro advogado, se o profissional indicado não se encontra previamente cadastrado no Sistema de Processo Judicial Eletrônico, impedindo a serventia judicial de atender ao requerimento de envio da intimação direcionada. A decretação de nulidade não pode ser acolhida em favor da parte que lhe deu causa (CPC, art. 276)."

É importante lembrar é inadmissível recurso firmado por advogado sem procuração juntada aos autos até o momento da sua interposição, salvo mandato tácito. Em caráter excepcional, casos reputados como urgentes, para evitar a prescrição, perempção e preclusão, art. 104 do CPC/2015, admite-se que o advogado, independentemente de intimação, exiba a procuração no prazo de 5 (cinco) dias após a interposição do recurso, prorrogável por igual período mediante despacho do juiz. Caso não a exiba no prazo, considera-se ineficaz o ato praticado e não se conhece do recurso.

Assim, verificada a irregularidade de representação da parte em fase recursal, em procuração ou substabelecimento já constante dos autos, o relator ou o órgão competente para julgamento do recurso designará prazo de 5 (cinco) dias para que seja sanado o vício. Descumprida a determinação, o relator não conhecerá do recurso, se a providência couber ao recorrente, ou determinará o desentranhamento das contrarrazões, se a providência couber ao recorrido.

4.5.1. Mandato tácito

Na Justiça do Trabalho admite-se o mandato tácito ou *apud acta*, ou seja, mandato constituído na própria ata de audiência, a requerimento do advogado com anuência da parte.

Desse modo dispõe o art. 791, § 3º, da CLT:

Art. 791 (...)

§ 3º A constituição de procurador com poderes para o foro em geral poderá ser efetivada, mediante simples registro em ata de audiência, a requerimento verbal do advogado interessado, com anuência da parte representada.

Importante ressaltar, contudo, que nos termos da Orientação Jurisprudencial 200 da SDI 1 do TST, é inválido o substabelecimento de advogado investido de mandato tácito.

Com relação à Fazenda Pública, ensina a Súmula 436 do TST:

SÚMULA 436 DO TST – REPRESENTAÇÃO PROCESSUAL. PROCURADOR DA UNIÃO, ESTADOS, MUNICÍPIOS E DISTRITO FEDERAL, SUAS AUTARQUIAS E FUNDAÇÕES PÚBLICAS. JUNTADA DE INSTRUMENTO DE MANDATO.

I – A União, Estados, Municípios e Distrito Federal, suas autarquias e fundações públicas, quando representadas em juízo, ativa e passivamente, por seus procuradores, estão dispensadas da juntada de instrumento de mandato e de comprovação do ato de nomeação.

II – Para os efeitos do item anterior, é essencial que o signatário ao menos declare-se exercente do cargo de procurador, não bastando a indicação do número de inscrição na Ordem dos Advogados do Brasil.

4.5.2. *Honorários advocatícios*

Como já estudado, na Justiça do Trabalho admite-se o *jus postulandi* da parte, previsto no art. 791 da CLT, não necessitando que a parte esteja representada por um advogado para que possa ingressar com uma ação na Justiça do Trabalho.

Por esse motivo, se as partes estiverem fazendo uso do *jus postulandi*, não serão devidos honorários advocatícios sucumbenciais.

Todavia, caso o advogado atue em qualquer lide trabalhista, seja ela de relação de emprego ou de relação de trabalho, seja em ação rescisória ou qualquer outra ação, se tiver atuação de advogado, serão devidos os honorários sucumbenciais fixados entre o mínimo de 5% (cinco por cento) e o máximo de 15% (quinze por cento).

Os honorários são devidos também nas ações contra a Fazenda Pública e nas ações em que a parte estiver assistida ou substituída pelo sindicato de sua categoria.

Nessa linha, dispõe o art. 791-A da CLT:

Art. 791-A. Ao advogado, ainda que atue em causa própria, serão devidos honorários de sucumbência, fixados entre o mínimo de 5% (cinco por cento) e o máximo de 15% (quinze por cento) sobre o valor que resultar da liquidação da sentença, do proveito econômico obtido ou, não sendo possível mensurá-lo, sobre o valor atualizado da causa.

Determina o § 2º do art. 791-A da CLT que ao fixar os honorários, o juízo observará:

I – o grau de zelo do profissional;

II – o lugar de prestação do serviço;

III – a natureza e a importância da causa;

IV – o trabalho realizado pelo advogado e o tempo exigido para o seu serviço.

4.5.2.1. *Sucumbência recíproca*

Na hipótese de procedência parcial, o juízo arbitrará honorários de sucumbência recíproca, vedada a compensação entre os honorários, art. 791-A, § 3º, da CLT.

Para melhor compreensão sobre o tema, imaginemos uma reclamação trabalhista em que o reclamante pleiteie 10 pedidos. Caso seu pedido seja julgado parcialmente procedente, obtendo êxito em 4 desses pedidos, certo é que nos outros 6 pedidos que foram julgados improcedentes, devendo arcar com os honorários sucumbenciais referentes a esses 6 pedidos. Importante frisar que é vedada a compensação dos honorários sucumbenciais.

4.6. Assistência judiciária e justiça gratuita

Não se confunde gratuidade de justiça com assistência judiciária gratuita. Para aqueles que não têm condições de contratar advogado, o Estado confere o "benefício da Assistência Judiciária". Já para a parte que, possuindo ou não advogado, e não possui condições de arcar com os gastos do processo, será permitido os benefícios da justiça gratuita.

Nos termos do art. 5º, LXXIV, da CF, "o Estado prestará assistência jurídica integral e gratuita aos que comprovarem insuficiência de recursos."

A concessão da assistência judiciária gratuita vem regulada pela Lei 1.060/1950. No entanto, o art. 14 da Lei 5.584/1970 ensina que a assistência judiciária a que se refere a Lei 1.060/1950 será prestada pelo sindicato da classe ao trabalhador, ainda que não seja associado.

Determina o § 1º do citado art. 14 que a "assistência é devida a todo aquele que perceber salário igual ou inferior ao dobro do mínimo legal, ficando assegurado igual benefício ao trabalhador de maior salário, uma vez provado que sua situação econômica não lhe permite demandar, sem prejuízo do sustento próprio ou da família."

A assistência judiciária não se confunde com a justiça gratuita.. Assim, é possível que um empregado não goze da assistência judiciária prestada pelo sindicato da classe, mas preencha os requisitos dispostos no art. 790, § 3º, da CLT e seja beneficiário da justiça gratuita.

Dispõe o art. 790, § 3º, da CLT:

"**Art. 790.**

§ 3º É facultado aos juízes, órgãos julgadores e presidentes dos tribunais do trabalho de qualquer instância conceder, a requerimento ou de ofício, o benefício da justiça gratuita, inclusive quanto a traslados e instrumentos, àqueles que perceberem salário igual ou inferior a 40% (quarenta por cento) do limite máximo dos benefícios do Regime Geral de Previdência Social."

O benefício da justiça gratuita será concedido à parte que comprovar insuficiência de recursos para o pagamento das custas do processo, nos termos do art. 790, § 4º, da CLT. Por meio do citado dispositivo legal, não prevalece a presunção pela mera declaração de miserabilidade da parte, devendo-se provar a insuficiência de recursos.

Sendo concedida a assistência judiciária, a parte gozará dos benefícios do art. 98, § 1º, CPC/2015, que determina:

"**Art. 98.**

§ 1º A gratuidade da justiça compreende:

I – as taxas ou as custas judiciais;

II – os selos postais;

III – as despesas com publicação na imprensa oficial, dispensando-se a publicação em outros meios;

IV – a indenização devida à testemunha que, quando empregada, receberá do empregador salário integral, como se em serviço estivesse;

V – as despesas com a realização de exame de código genético – DNA e de outros exames considerados essenciais;

VI – os honorários do advogado e do perito e a remuneração do intérprete ou do tradutor nomeado para apresentação de versão em português de documento redigido em língua estrangeira;

VII – o custo com a elaboração de memória de cálculo, quando exigida para instauração da execução;

VIII – os depósitos previstos em lei para interposição de recurso, para propositura de ação e para a prática de outros atos processuais inerentes ao exercício da ampla defesa e do contraditório;

IX – os emolumentos devidos a notários ou registradores em decorrência da prática de registro, averbação ou qualquer outro ato notarial necessário à efetivação de decisão judicial ou à continuidade de processo judicial no qual o benefício tenha sido concedido.

§ 2º A concessão de gratuidade não afasta a responsabilidade do beneficiário pelas despesas processuais e pelos honorários advocatícios decorrentes de sua sucumbência.

Quanto ao momento para ser feito o pedido da justiça gratuita, segundo o art. 99 CPC/2015 o pedido de gratuidade da justiça pode ser formulado na petição inicial, na contestação, na petição para ingresso de terceiro no processo ou em recurso.

Com relação ao pedido na fase recursal, importante a redação da Orientação Jurisprudencial 269 da SDI 1 do TST:

> **ORIENTAÇÃO JURISPRUDENCIAL 269 SDI 1 do TST:** JUSTIÇA GRATUITA. REQUERIMENTO DE ISENÇÃO DE DESPESAS PROCESSUAIS. MOMENTO OPORTUNO.
>
> I – O benefício da justiça gratuita pode ser requerido em qualquer tempo ou grau de jurisdição, desde que, na fase recursal, seja o requerimento formulado no prazo alusivo ao recurso;
>
> II – Indeferido o requerimento de justiça gratuita formulado na fase recursal, cumpre ao relator fixar prazo para que o recorrente efetue o preparo (art. 99, § 7º, do CPC de 2015).

4.6.1. Assistência judiciária gratuita para pessoa jurídica

Uma vez mais, lembremos que o art. 5º, LXXIV, da CF dispõe que: "o Estado prestará assistência jurídica integral e gratuita aos que comprovarem insuficiência de recursos."

O texto constitucional, ao assegurar a assistência jurídica integral e gratuita, não distinguiu entre pessoas físicas ou jurídicas, conferindo tal garantia a todos aqueles que *"comprovarem insuficiência de recursos". Isso porque, nos termos do art. 5º, caput, da CF, todos são iguais perante a lei.*

O art. 98 do CPC/2015 ensina que toda pessoa natural ou jurídica, brasileira ou estrangeira, com insuficiência de recursos para pagar as custas, as despesas processuais e os honorários advocatícios tem direito à gratuidade da justiça, na forma da lei.

Com isso, o novo CPC põe fim em uma grande discussão doutrinária e positiva a jurisprudência consolidada na súmula 481 do STJ, determinando o direito à gratuidade da justiça às pessoas jurídicas.

Assim, dispõe o art. 98 do CPC/2015

Art. 98. A pessoa natural ou jurídica, brasileira ou estrangeira, com insuficiência de recursos para pagar as custas, as despesas processuais e os honorários advocatícios tem direito à gratuidade da justiça, na forma da que entendia ser devido os benefícios da justiça gratuita às pessoas jurídicas.

A comprovação de miserabilidade jurídica poderá ser feita por meio de documentos, como, por exemplo, balanços contábeis e imposto e renda, que comprovem a efetiva situação precária.

4.6.2. Poderes específicos do advogado para justiça gratuita

A partir de 26.06.2017 os advogados que pleitearem a concessão de assistência judiciária gratuita a seus clientes, sejam eles pessoas físicas ou jurídicas, devem ter procuração com poderes específicos para esse fim.

Essa regra, está de acordo com o CPC/2015 que em seu art. 105 proíbe ao advogado firmar compromisso e assinar declaração de hipossuficiência econômica, que devem constar de cláusula específica.

4.7. Litisconsórcio

Nas lições de Marcus Vinicius Rios Gonçalves (**Novo Curso de Direito Processual Civil**. 6. ed., vol.1. São Paulo: Saraiva, 2009. p. 145), é "um fenômeno que ocorre quando duas ou mais pessoas figuram como autoras ou rés no processo. Se forem autoras, o litisconsórcio será ativo; se rés, passivo; se ambas, bilateral ou misto."

Nos domínios do processo do trabalho, o art. 842 da CLT assim dispõe:

> **Art. 842.** Sendo várias as reclamações e havendo identidade de matéria, poderão ser acumuladas num só processo, se se tratar de empregados da mesma empresa ou estabelecimento.

O dispositivo em apreço trata da reclamação trabalhista plúrima, ou seja, uma hipótese de litisconsórcio ativo.

Com relação ao litisconsórcio passivo, podemos citar como exemplo as demandas em que figuram como rés a empresa fornecedora de mão de obra e a tomadora de serviços. Veja a súmula 331, item IV, do TST.

Nos termos do art. 117 do CPC/2015 que modificou significadamente a disposição legal antiga determina que: "Os litisconsortes serão considerados, em suas relações com a parte adversa, como litigantes distintos, **exceto no litisconsórcio unitário**, caso em que os atos e as omissões de um não prejudicarão os outros, **mas os poderão beneficiar"**

Com isso, o art. 229 do CPC/2015 determina que os litisconsortes que tiverem diferentes procuradores, **de escritórios de advocacia distintos**, terão prazos contados em dobro **para todas as suas manifestações, em qualquer juízo ou tribunal, independentemente de requerimento**.

No entanto, por meio da OJ 310 da SDI 1, o TST se pronunciou para a inaplicabilidade do art. 229 CPC/2015 ao processo do trabalho, por ser com ele incompatível. Dispõe a citada OJ:

> **ORIENTAÇÃO JURISPRUDENCIAL 310 da SDI do TST** – LITISCONSORTES. PROCURADORES DISTINTOS. PRAZO EM DOBRO. ART. 229, *CAPUT* E §§ 1º E 2º, DO CPC DE 2015. ART. 191 DO CPC DE 1973. INAPLICÁVEL AO PROCESSO DO TRABALHO (atualizada em decorrência do CPC de 2015) – Res. 208/2016, DEJT divulgado em 22, 25 e 26.04.2016 Inaplicável ao processo do trabalho a norma contida no art. 229, *caput* e §§ 1º e 2º, do CPC de 2015 (art. 191 do CPC/1973), em razão de incompatibilidade com a celeridade que lhe é inerente.

4.8. Substituição processual

Substituição processual ou legitimidade extraordinária pode ser conceituada como sendo o fenômeno processual pelo qual alguém, autorizado por lei, atua em juízo como parte, em nome próprio, na defesa de interesse alheio.

Nessa linha, dispõe o art. 18 do CPC/2015:

> Art. 18. Ninguém poderá pleitear direito alheio em nome próprio, salvo quando autorizado pelo ordenamento jurídico.
>
> Parágrafo único. Havendo substituição processual, o substituído poderá intervir como assistente litisconsorcial.

Esse ponto é fundamental para distinguir a substituição da representação processual. Isso porque, na representação, o representante não é parte, mas apenas a representa; ao passo, que na substituição processual, o substituto é parte no processo, seja na qualidade de autor, seja na qualidade de réu.

A CF/1988 estabelece, no art. 8º, III, que compete ao sindicato a defesa dos direitos e interesses coletivos ou individuais da categoria, inclusive em questões judiciais ou administrativas.

Essa legitimação extraordinária é irrestrita para que o sindicato atue em nome próprio na tutela de interesses da classe operária que defende.

Vale ressaltar o entendimento cristalizado na OJ 121 da SDI 1 do TST, que ensina: "o sindicato tem legitimidade para atuar na qualidade de substituto processual para pleitear diferença de adicional de insalubridade".

Por último, importante lembrar o entendimento disposto a primeira parte do item III da súmula 219 do TST, que determina o pagamento de honorários advocatícios nas causas em que o ente sindical figure como substituto processual.

5. DISSÍDIO INDIVIDUAL

5.1. Reclamação verbal ou escrita

Nos termos do art. 840 da CLT, a reclamação trabalhista poderá ser verbal ou escrita.

5.1.1. Reclamação verbal

Na reclamação trabalhista verbal (art. 840, § 2º, da CLT), o reclamante procura o próprio Tribunal Regional do Trabalho de sua região (Vara do Trabalho) e expõe seus motivos ao servidor. Uma vez verificada a possibilidade de ingresso na Justiça do Trabalho, a reclamação trabalhista deverá ser distribuída antes mesmo de sua redução a termo, em conformidade com o art. 93, XV, da CF e art. 786 da CLT.

Distribuída a reclamação verbal, o reclamante deverá, salvo motivo de força maior, apresentar-se, no prazo de 5 (cinco) dias, ao cartório ou à secretaria, para reduzi-la a termo, sob a pena de perder, pelo prazo de 6 meses, o direito de reclamar perante a Justiça do Trabalho, o que, nos termos do art. 731 da CLT, a doutrina costuma chamar de perempção provisória.

Reduzida a termo, o escrivão ou secretário, dentro de 48 horas, remeterá a segunda via do termo ao réu, notificando-o ao para comparecer à audiência.

Vale lembrar que, de acordo com o entendimento disposto no art. 841, *caput*, parte final, da CLT, entre a data do recebimento da notificação pela reclamada e a data designada para a audiência deverá ser obedecido o prazo mínimo de 5 (cinco) dias, sob pena de nulidade. Em se tratando de Fazenda Pública, esse prazo deverá ser contado em quádruplo, ou seja, entre a data do recebimento da notificação e a data da audiência deverá ser observado um lapso temporal de 20 (vinte) dias, nos termos do art. 1º, II, do Decreto-Lei 779/1969.

Nessa linha, presume-se recebida a notificação 48 (quarenta e oito) horas depois de sua postagem. O seu não recebimento ou a entrega após o decurso desse prazo constitui ônus de prova do destinatário, em conformidade com a súmula 16 do TST.

5.1.2. Reclamação escrita

A reclamação trabalhista escrita, em atendimento ao disposto no art. 840, § 1º, da CLT, sendo escrita, deverá conter a designação do juízo, a qualificação das partes, a breve exposição dos fatos de que resulte o dissídio, o pedido, que deverá ser certo, determinado e com indicação de seu valor, a data e a assinatura do reclamante ou de seu representante.

Novidade trazida pela reforma trabalhista diz respeito ao pedido que deverá ser certo, determinado e com indicação de seu valor.

Dessa forma, ao distribuir a reclamação trabalhista, tal como ocorria no procedimento sumaríssimo, deverá o autor fazer pedido certo, com a determinação dos respectivos valores.

Os pedidos que não atendam esse comando serão julgados extintos sem resolução do mérito, nos termos do art. 840, § 3º, da CLT.

A reclamação escrita deverá ser formulada em duas vias e desde logo acompanhada dos documentos em que se fundar.

Assim como a reclamação verbal, o escrivão ou secretário, dentro de 48 horas, remeterá a segunda via da petição ao réu, notificando-o para comparecimento à audiência, que deverá ser marcada obedecendo ao prazo mínimo de 5 (cinco) dias, observada a regra do art. 1º, II, do Decreto-Lei 779/1969 para a Fazenda Pública.

5.2. Comissão de Conciliação Prévia

Estabelece o art. 625-D da CLT que qualquer demanda de natureza trabalhista será submetida à Comissão de Conciliação Prévia - CCP - se, na localidade da prestação de serviços, houver sido instituída a Comissão no âmbito da empresa ou do sindicato da categoria.

As Comissões de Conciliação Prévia não integram a estrutura da Justiça do Trabalho, que se encontra esculpida no art. 111 da CF, estudado no capítulo 2.

O dispositivo legal em questão estabelece, portanto, que qualquer reclamação trabalhista deve ser submetida à CCP antes de ser ajuizada, quando, na localidade da prestação de serviços, houver sido instituída tal comissão no âmbito da empresa ou do sindicato da categoria.

Ocorre que o art. 625-D da CLT foi objeto de duas Ações Diretas de Inconstitucionalidade - ADIs. A primeira delas, ADI 2139, ajuizada pelo PCdoB, PSB, PT e PDT; e a segunda, ADI 2160, ajuizada pela Confederação Nacional dos Trabalhadores no Comércio - CNTC.

A Suprema Corte decidiu por maioria de votos que as ações trabalhistas podem ser submetidas ao judiciário trabalhista mesmo antes de se submeter a questão à Comissão de Conciliação Prévia - CCP. Para os ministros da Suprema Corte, a decisão preserva o direito universal dos cidadãos de acesso à Justiça.

Desta forma, de acordo com a interpretação conferida ao dispositivo em questão pela Suprema Corte, a submissão de conflitos à Comissão de Conciliação Prévia não constitui condição da ação para o ajuizamento da reclamação trabalhista, não sendo possível a extinção do processo sem resolução do mérito em caso de ausência de tentativa de conciliação perante a CCP.

Qualquer interessado poderá apresentar seu pedido à Comissão, que uma vez provocada terá prazo de 10 (dez) dias para a realização da sessão de tentativa de conciliação. Não havendo realização da sessão de conciliação no aludido prazo, deverá ser entregue ao empregado declaração de tentativa de conciliação frustrada. Vale lembrar que o não comparecimento da parte na sessão de conciliação não implica revelia.

Submetida a demanda à Comissão de Conciliação Prévia e não prosperando a conciliação, deverá ser fornecida ao empregado e ao empregador declaração da tentativa conciliatória frustrada com a descrição de seu objeto, que deverá ser juntada à eventual reclamação trabalhista.

No entanto, caso seja aceita a conciliação, deverá ser lavrado termo que será assinado pelo empregado, pelo empregador ou seu proposto e pelos membros da Comissão. O termo de conciliação é título executivo extrajudicial e terá eficácia liberatória geral, exceto quanto às parcelas expressamente ressalvadas.

A partir da provocação da Comissão de Conciliação Prévia, independentemente da realização da sessão de conciliação, o prazo prescricional será suspenso e recomeçará a fluir a partir da tentativa frustrada de conciliação ou, se for o caso, do esgotamento do prazo de dez dias, quando lhe será entregue a declaração de conciliação frustrada.

5.3. Petição inicial trabalhista

Como já estudado, nos termos do art. 840, § 1º, da CLT, a reclamação trabalhista escrita deverá conter a designação do juiz da vara do trabalho, ou do juiz de direito, nas hipóteses do art. 112 da CF, a quem for dirigida, a qualificação completa das partes, conforme arts. 319 e 320 CPC/2015, em se tratando do reclamante, acrescido do nome da mãe e número da CTPS do reclamante, além de uma breve exposição dos fatos dos quais resultaram o dissídio, o pedido, que deverá ser certo, determinado e com indicação de seu valor, a data e a assinatura do reclamante ou de seu representante.

Vale destacar que a indicação do valor da causa na reclamação trabalhista é obrigatória para que se defina a qual procedimento a demanda será submetida. Para as causas cujo valor não exceda 40 salários mínimos, será observado o rito sumaríssimo previsto nos art. 852-A a 852-I da CLT; uma vez ultrapassado esse valor, ou seja, para causas cujo valor exceda 40 salários mínimos, deverá ser observado o procedimento ordinário.

Ao distribuir a reclamação trabalhista, tal como ocorria no procedimento sumaríssimo, deverá o autor fazer pedido certo, com a determinação dos respectivos valores.

Os pedidos que não atendam esse comando serão julgados extintos sem resolução do mérito, nos termos do art. 840, § 3º, da CLT.

5.3.1. Aditamento da petição inicial

Aditamento da petição inicial, previsto no art. 329, I, do CPC/2015, consiste na modificação do pedido ou da causa de pedir solicitada pelo reclamante antes da citação, independente de autorização da parte contrária.

A CLT é omissa em relação à possibilidade de aditamento da petição inicial, permitindo-se a aplicação subsidiária do diploma processual civil, em conformidade com o art. 769 da CLT e art. 15 CPC/2015.

Desta forma, nos domínios do direito processual do trabalho, admite-se que o aditamento da petição inicial seja feito até a audiência, antes da apresentação de resposta do réu.

Assim, uma vez realizado o aditamento da petição inicial, o juiz do trabalho designará nova audiência para que o réu possa contestar o novo pedido.

Vale lembrar que, apresentada resposta pelo réu, não será possível o aditamento, salvo com o consentimento daquele, em conformidade com o art. 329, II, do CPC/2015.

5.3.2. Emenda da petição inicial

Consiste na alteração ou correção da petição inicial, exigida pelo juiz quando este verificar que ela não preenche os requisitos exigidos pela lei processual ou que contém defeitos e irregularidades capazes de atrapalhar a apreciação do mérito da causa.

Dispõe o art. 321 do CPC/2015:

> **Art. 321**: "O juiz, ao verificar que a petição inicial não preenche os requisitos dos arts. 319 e 320 ou que apresenta defeitos e irregularidades capazes de dificultar o julgamento de mérito, determinará que o autor, no prazo de 15 (quinze) dias, a emende ou a complete, indicando com precisão o que deve ser corrigido ou completado.

Desta forma, sempre que a petição inicial contiver lacunas, imperfeições ou omissões, e esses problemas puderem ser sanados, o juiz deverá permitir que a parte complete o pedido no prazo de 15 dias. Somente depois disso, se a parte não cumprir a exigência imposta pelo magistrado, é que este indeferirá a petição inicial, de acordo com o parágrafo único do mesmo dispositivo legal.

Nessa linha, o TST cristalizou o entendimento consubstanciado na súmula 263, que ensina que, com exceção das hipóteses previstas no art. 330 do CPC/2015, o indeferimento da petição inicial, por encontrar-se desacompanhada de documento indispensável à propositura da ação ou não preencher outro requisito legal, somente é cabível se, após intimada para suprir a irregularidade em 15 (quinze) dias, mediante indicação precisa do que deve ser corrigido ou completado, a parte não o fizer, em conformidade com o art. 321 do CPC/2015.

Tal regra não está contida na CLT, devendo ser aplicado o CPC de forma subsidiária ao processo do trabalho, em conformidade com o art. 769 da CLT e art. 15 CPC/2015.

Vale lembrar que no procedimento sumaríssimo, em decorrência da disposição contida no art. 852-B, I, da CLT, não é permitida a emenda da petição inicial trabalhista.

5.3.3. Recurso em face do indeferimento liminar da petição inicial

A decisão que indefere a petição inicial possui natureza terminativa, na medida em que extingue o processo sem resolução do mérito. Por essa razão, tal decisão desafia a interposição de recurso ordinário, nos termos do art. 895 da CLT.

Nessa linha, entendemos aplicável a regra disciplinada disposta no art. 331 do CPC/2015, que faculta a retratação do juiz no prazo de 5 dias, no caso de interposição de recurso pela parte. Da mesma sorte, em conformidade com o art. 3º, VIII, da IN 39/2016 do TST, com as adaptações pertinentes, aplica-se ao processo do trabalho a regra disposta no art. 485, § 7º, CPC/2015. Assim, interposto recurso ordinário em qualquer decisão que extinga o processo sem resolução do mérito, o juiz terá 5 (cinco) dias para retratar-se.

Desta forma, uma vez indeferida a petição inicial, poderá o autor interpor recurso ordinário no prazo de 8 dias, facultando a retratação do juiz acerca dessa decisão, deferindo o recebimento da petição inicial dando regular andamento ao processo.

5.4. Tutela provisória

No processo do trabalho, por força do art. 769 da CLT e art. 15 do CPC/2015 e, ainda, conforme art. 3º, VI, da IN 39 do TST poderá o juiz conceder tutela provisória, com fundamento nos arts. 294 a 311 do CPC/2015.

5.4.1. *Tutelas de urgência*

O CPC/2015 prevê como espécies do gênero tutela provisória: a) tutela de urgência, que pode possuir natureza cautelar ou antecipada, de caráter antecedente ou incidente, calcada como o próprio nome sugere, na urgência e b) tutela de evidência, calcada não na urgência, mas na evidência, ou seja, maior probabilidade do direito do reclamante.

Essas medidas objetivam assegurar e/ou satisfazer, desde logo, a pretensão do autor, em outras palavras, visam adiantar os efeitos da sentença.

As tutelas de urgência dependem de dois requisitos, quais sejam: probabilidade do direito e perigo de dano ou de risco ao resultado útil do processo, nos termos do art. 300 CPC/2015. Trata-se dos requisitos *fumus boni iuris* e *periculum in mora.*

A tutela de urgência pode ser concedida liminarmente ou após justificação prévia, nos termos do art. 300, § 2º, CPC/2015.

Para a concessão da tutela de urgência, poderá o juiz, conforme o caso, exigir caução real ou fidejussória idônea para ressarcir os danos que a outra parte possa vir a sofrer. A caução poderá ser dispensada se a parte economicamente hipossuficiente não puder oferecê-la.

5.4.1.1. *Tutela antecipada*

Trata-se de uma providência judicial que objetiva, antecipadamente, mediante o preenchimento de certos requisitos previstos em lei, a satisfação de um direito.

Assim, podemos dizer que trata-se de medida satisfativa que visa antecipar ao requerente, total ou parcialmente, os efeitos de sua pretensão final.

A tutela antecipada poderá ser incidental, quando requerida no curso de um processo ou antecedente, requerida antes de ser pedida a tutela final, ou seja, seu pedido final.

A apresentação da tutela antecipada incidental será feita por simples petição nos autos do processo em trâmite, dirigida ao juiz da causa, independentemente do pagamento de custas. Na petição deverá a parte interessada preencher os requisitos previstos no art. 300 CPC/2015 acima estudados.

Em se tratando de tutela antecipada antecedente, deverá ser requerida ao juízo competente para conhecer do pedido principal, nos termos do art. 299 CPC/2015 e seguirá as disposições contidas nos arts. 303 e 304 do CPC/2015.

5.4.1.1.1. *Procedimento da tutela antecipada requerida em caráter antecedente*

Nos casos em que a urgência for anterior à propositura da ação, a parte interessada elaborará seu pedido limitando-se ao requerimento da tutela antecipada, indicando, ainda, o pedido final de sua tutela, expondo as razões de seu direito que busca realizar, bem como do perigo de dano ou do risco ao resultado útil do processo.

Apresentada a petição e regularmente distribuída, o juiz poderá adotar dois caminhos. Caso entenda que não há elementos para a concessão de tutela antecipada, determinará a emenda da petição inicial em até 5 (cinco) dias, sob pena de ser indeferida, sendo o processo extinto sem resolução de mérito.

No entanto, caso entenda presentes os requisitos e conceda a tutela antecipada, o juiz ordenará ao autor que, no prazo de 15 (quinze) dias ou em outro prazo maior que o juiz fixar, adite a petição inicial, com a complementação de sua argumentação, a juntada de novos documentos e a confirmação do pedido de tutela final, sob pena de o processo ser extinto sem resolução do mérito.

Esse aditamento será feito no mesmo processo, não em autos apartados, não existindo a necessidade de novo pagamento de custas processuais.

Realizado o aditamento, o réu será notificado e intimado para a audiência de conciliação, nos termos do art. 841 da CLT. Não havendo acordo, será concedido prazo para apresentação de contestação.

A concessão da tutela antecipada possui natureza interlocutória e sendo assim, face ao disposto no art. 893, § 1º, da CLT não comportará a interposição de recurso, sendo permitido à parte a impetração de mandado de Segurança. No entanto, se a tutela antecipada for concedida na sentença, caberá a parte interessada interpor recurso ordinário.

Nesse sentido, ensina a Súmula 414 do TST:

> *SÚMULA 414 TST* - MANDADO DE SEGURANÇA. TUTELA PROVISÓRIA CONCEDIDA ANTES OU NA SENTENÇA
>
> I – A tutela provisória concedida na sentença não comporta impugnação pela via do mandado de segurança, por ser impugnável mediante recurso ordinário. É admissível a obtenção de efeito suspensivo ao recurso ordinário mediante requerimento dirigido ao tribunal, ao relator ou ao presidente ou ao vice-presidente do tribunal recorrido, por aplicação subsidiária ao processo do trabalho do artigo 1.029, § 5º, do CPC de 2015.
>
> II – No caso de a tutela provisória haver sido concedida ou indeferida antes da sentença, cabe mandado de segurança, em face da inexistência de recurso próprio.
>
> III – A superveniência da sentença, nos autos originários, faz perder o objeto do mandado de segurança que impugnava a concessão ou o indeferimento da tutela provisória.

Caso assim não proceda, o requerido sofrerá uma severa consequência, qual seja, o processo será extinto e a tutela concedida em caráter provisório tornar-se-á definitiva. Nesse caso, poderá a parte interessada pedir sua revisão no prazo de 2 anos, por meio de uma ação revisional, art. 304, § 5º, CPC/2015. Ultrapassado esse período a tutela não poderá ser revisada, tornando-se soberana.

Contudo, após esse lapso temporal de 2 anos, sustenta a doutrina de Mauro Shiavi (Manual de direito processual do trabalho. 10ª edição de acordo com o Novo CPC. São Paulo: LTr, 2016), embora não faça coisa julgada (art. 304, § 6º, CPC/2015) não se descarta a possibilidade de ação rescisória.

Contudo, Luiz Guilherme Marinoni Sergio Cruz Arenhart e Daniel Mitidiero (Novo Código de Processo Civil Comentado, São Paulo, RT, 2015) sustentam, em outras palavras, que a estabilização da tutela antecipada antecedente não é capaz de fazer coisa julgada, característica dos procedimentos de cognição exauriente. Vencidos os 2 anos da ação revisional, continuará sendo possível o exaurimento da cognição até que os prazos de decadência e prescrição operem sobre a esfera jurídica das partes.

A tutela antecipada conservará seus efeitos enquanto não revista, reformada ou invalidada por decisão de mérito proferida na ação de revisão.

5.4.1.2. *Tutela cautelar*

A tutela cautelar, denominada como ação cautelar no antigo Código de Processo Civil, é tratada pela nova legislação processual civil como espécie do gênero tutelas provisórias de urgência.

Trata-se de uma providência judicial que visa prevenir, conservar, defender ou assegurar a eficácia de um direito. Não objetiva a satisfação de um direito, como é o caso da tutela antecipada.

A tutela cautelar pressupõe a existência de outro pedido, denominado "pedido principa". Assim, as tutelas cautelares podem ser antecedentes, quando intentadas antes da propositura da ação principal, ou incidentais, quando requeridas depois de ajuizada a ação principal, nos termos do art. 294, parágrafo único, do CPC/2015.

Portanto, o CPC/2015 retirou o processo cautelar autônomo, inserindo a tutela cautelar como espécie de tutela de urgência, que é tratada, especificamente, em seus 300 a 302 e 305 a 310.

Pelo sistema do atual CPC não há necessidade de um processo autônomo. Em se tratando de tutela de urgência incidental, basta que a parte interessada apresente no processo que já está em curso uma petição apontando os requisitos e solicitando uma medida de urgência, art. 301 CPC/2015, sem necessidade de pagamento de custas ou juntada de cópias. Em se tratando de tutela cautelar preparatória ou antecedente, deverá ser requerida ao juízo competente para conhecer do pedido principal, nos termos do art. 299 CPC/2015 e seguirá as disposições contidas nos arts. 305 a 310 do CPC/2015.

5.4.1.2.1. *Procedimento da tutela cautelar requerida em caráter antecedente*

A ação cautelar por possuir rito especial não seguirá o procedimento previsto na CLT. Deverá seguir o procedimento previsto no Código de Processo Civil, a teor da IN 27/2005, que em seu art. 1º, ensina:

> Art. 1º As ações ajuizadas na Justiça do Trabalho tramitarão pelo rito ordinário ou sumaríssimo, conforme previsto na Consolidação das Leis do Trabalho, excepcionando-se, apenas, as que, por disciplina legal expressa, estejam sujeitas a rito especial, tais como o mandado de segurança, habeas corpus, habeas data, ação rescisória, ação cautelar e ação de consignação em pagamento.

A parte formulará pedido requerendo que se assegure/resguarde o bem da vida objeto do processo. A petição deverá indicar as razões de seu direito com a exposição sumária do direito que se objetiva assegurar, bem como o perigo de dano ou o risco ao resultado útil do processo. O pedido principal pode ser formulado conjuntamente com o pedido de tutela cautelar. Não se trata de obrigatoriedade como no caso de tutela antecipada.

Caso o Juiz entenda que o pedido tem natureza de tutela antecipada e não cautelar, observará o regramento disposto no art. 303 CPC/2015, ou seja, procedimento da tutela antecipada.

Apresentado o pedido de tutela cautelar e sendo ele indeferido, salvo se por motivo de reconhecimento de decadência ou de prescrição, poderá a parte formular o pedido principal.

Concedido o pedido cautelar, o réu será citado para, no prazo de 5 (cinco) dias, contestar o pedido e indicar as provas que pretende produzir. No entanto, caso o requerido não conteste o pedido, os fatos alegados pelo autor serão presumidos aceitos pelo réu como ocorridos, devendo o juiz decidir a questão em 5 (cinco) dias.

Uma vez contestado o pedido, observar-se-á o procedimento comum com apresentação de provas, se o Juiz entender necessário, e consequente prolação de decisão.

Uma vez concedida a tutela cautelar, deverá o autor, caso não tenha formulado o pedido principal na petição inaugural, formulá-lo no prazo de 30 (trinta) dias. O pedido será formulado nos mesmos autos, não estando sujeito ao adiantamento de novas custas processuais.

Apresentado o pedido principal, as partes serão intimadas para a audiência de conciliação, por seus advogados ou pessoalmente, sem necessidade de nova citação do réu.

Não havendo acordo, o juiz abrirá prazo de 15 dias para contestação.

A eficácia da tutela cautelar concedida em caráter antecedente será extinta em 3 situações:

> I. caso o autor não deduza o pedido principal no prazo legal;
>
> II. caso a tutela cautelar não seja efetivada dentro de 30 (trinta) dias; ou
>
> III. se o juiz julgar improcedente o pedido principal formulado pelo autor ou extinguir o processo sem resolução de mérito.

Nesses casos, é vedado à parte renovar o pedido, salvo sob novo fundamento.

5.4.1.2.2. *Requisitos específicos*

De acordo com o art. 300 do CPC/2015 são requisitos para a concessão da tutela provisória cautelar: a probabilidade do direito e o perigo de dano ou o risco ao resultado útil do processo.

Trata-se da presença de *fumus boni iuris*, que consiste na probabilidade da existência do direito alegado, e do *periculum in mora*, ou seja, que a demora na prestação jurisdicional possa causar ao autor danos irreparáveis ou de difícil reparação.

5.4.1.2.3. *Espécies de medidas cautelares*

Dispõe o art. 301 CPC/2015:

> Art. 301. A tutela de urgência de natureza cautelar pode ser efetivada mediante arresto, sequestro, arrolamento de bens, registro de protesto contra alienação de bem e qualquer outra medida idônea para asseguração do direito.

O atual CPC não traduz o que vem a ser e quando serão adotadas as espécies de cautelares especificadas no dispositivo estudado. Nessa linha, importante é a análise do CPC/1973 que dispunha sobre a finalidade de tais medidas.

Dessa forma, ensina o ilustre professor Cássio Scarpinella Bueno (Manual de Direito Processual Civil: inteiramente estruturado à luz do novo CPC - Lei 13.105/2015, Saraiva, 2015):

> *"E para o prezado leitor que quer saber o que está por trás dos nomes empregados pelo art. 301, não custa saciar a sua curiosidade, levando em conta o que, nessa perspectiva, sempre foi bem aceito pela doutrina e jurisprudência do CPC/1973, quanto às finalidades daquelas medidas: arresto é (era) medida que quererá salvaguardar o resultado útil do cumprimento de sentença ou do processo de execução em se tratando de obrigações de pagar dinheiro; sequestro tem (tinha) finalidade idêntica só que dizendo respeito a obrigações de entrega de coisa; arrolamento de bens é (era) medida destinada à identificação e à conservação de bens e protesto contra alienação de bens, a comunicação formal de uma determinada manifestação de vontade, aqui, a alienação patrimonial."*

Em suma, para a completa compreensão do art. 301 CPC/2015 deveremos nos socorrer das técnicas dispostas no CPC/1973.

5.4.1.2.3.1 *Arresto*

A medida cautelar de arresto consiste na apreensão judicial de bens do devedor, capazes de garantir o pagamento da dívida líquida e certa, devidamente demonstrada.

Nas lições do antigo CPC, será possível o pedido de arresto:

a) quando o devedor sem domicílio certo intenta ausentar-se ou alienar os bens que possui, ou deixa de pagar a obrigação no prazo estipulado;

b) quando o devedor que tem domicílio se ausenta ou tenta ausentar-se furtivamente;

c) quando o devedor que tem domicílio, caindo em insolvência, aliena ou tenta alienar bens que possui; contrai ou tenta contrair dívidas extraordinárias; põe ou tenta pôr os seus bens em nome de terceiros; ou comete outro qualquer artifício fraudulento, a fim de frustrar a execução ou lesar credores;

d) quando o devedor, que possui bens de raiz, intenta aliená-los, hipotecá-los ou dá-los em anticrese, sem ficar com algum ou alguns, livres e desembargados, equivalentes às dívidas.

Nota-se que é essencial para a procedência do pedido de arresto que o credor demonstre a liquidez e certeza do débito.

Nos domínios do processo do trabalho, o Juiz do Trabalho não exigirá caução, em face da hipossuficiência do trabalhador e a consequente incompatibilidade com as normas processuais trabalhistas.

5.4.1.2.3.2 *Sequestro*

No arresto, estudado acima, como a execução está ligada a uma quantia, ou seja, um valor, não se objetiva a busca de um determinado bem, mas sim de quaisquer bens que garantam a dívida. Diferentemente, o sequestro presta-se à preservação de determinados e específicos bens, sobre os quais incidam o litígio e que estejam em risco.

Nessa linha, determinava o art. 822 do CPC/1973:

> ***Art. 822.*** *O juiz, a requerimento da parte, pode decretar o sequestro:*
>
> *I – de bens móveis, semoventes ou imóveis, quando lhes for disputada a propriedade ou a posse, havendo fundado receio de rixas ou danificações;*
>
> *II – dos frutos e rendimentos do imóvel reivindicando, se o réu, depois de condenado por sentença ainda sujeita a recurso, os dissipar. (...)*

5.4.2. *Tutela da evidência*

Disciplinada no art. 311 do CPC/2015, aplicável ao processo do trabalho, em conformidade com o art. 3º da IN 39 TST, a tutela de evidência será deferida pelo juiz independentemente da demonstração de perigo de dano ou de risco ao resultado útil do processo, como na tutela de urgência. Na tutela de evidência o interessado deverá demonstrar a maior probabilidade, ou seja, deverá demonstrar a verossimilhança, plausibilidade do seu direito.

De acordo com o citado dispositivo legal existem 4 hipóteses que a tutela de urgência será concedida, a saber:

> I. ficar caracterizado o abuso do direito de defesa ou o manifesto propósito protelatório da parte;
>
> II. sempre que as alegações de fato puderem ser comprovadas apenas documentalmente e houver tese firmada em julgamento de casos repetitivos ou em súmula vinculante;
>
> III. quando se tratar de pedido reipersecutório fundado em prova documental adequada do contrato de depósito, caso em que será decretada a ordem de entrega do objeto custodiado, sob cominação de multa;
>
> IV. a petição inicial for instruída com prova documental suficiente dos fatos constitutivos do direito do autor, a que o réu não oponha prova capaz de gerar dúvida razoável.

Importante, porém, ressaltar que em se tratando das hipóteses trazidas pelos incisos II e III, a tutela de evidência poderá ser deferida liminarmente, ou seja, antes e independentemente da oitiva da parte adversa.

5.4.3. *Duração da tutela provisória*

Por conta de sua provisoriedade, como o próprio nome sugere, a tutela provisória ora estudada, em qualquer uma de suas modalidades, podem ser revogadas ou modificadas a qualquer tempo.

No entanto, poderá ocorrer a perpetuação ou estabilização da tutela concedida, na hipótese já estudada prevista no art. 304 do CPC/2015.

5.5 Audiência trabalhista

Como no processo do trabalho não há o despacho de recebimento da petição inicial da reclamação trabalhista por parte do juiz do trabalho, uma vez distribuída a petição inicial o Diretor da Vara ou mesmo a distribuição eletrônica, designará a data da audiência, notificando as partes dessa data, bem como das consequências do não comparecimento em audiência e, ainda, sobre o comparecimento das testemunhas.

Sob pena de nulidade, entre a data do recebimento da notificação e a data designada para a audiência deverá ser respeitado um prazo mínimo de 5 dias, para que a reclamada possa preparar sua resposta/defesa e contatar as testemunhas que pretende levar em audiência, nos termos do art. 841 da CLT.

As audiências deverão ocorrer entre as 8 e 18 horas e não poderão ultrapassar 5 horas seguidas, salvo quando houver matéria urgente, em conformidade com o art. 813 da CLT.

À hora marcada, o juiz declarará aberta a audiência, sendo feita pelo secretário ou escrivão a chamada das partes, testemunhas e demais pessoas que devam comparecer.

Se, até 15 (quinze) minutos após a hora marcada, o juiz ou presidente não houver comparecido, os presentes poderão retirar-se, devendo o ocorrido constar do livro de registro das audiências. Importante notar que essa tolerância é dada para os casos em que o juiz deixa de comparecer à audiência, não se aplicando para casos de atrasos na pauta de audiência do juiz.

Na audiência deverão estar presentes o reclamante e o reclamado, independentemente do comparecimento de seus advogados, salvo nos casos de Reclamatórias Plúrimas ou Ações de Cumprimento, quando os empregados poderão fazer-se representar pelo Sindicato de sua categoria.

É facultado ao empregador fazer-se substituir pelo gerente, ou qualquer outro preposto que tenha conhecimento do fato, e cujas declarações obrigarão o proponente. Nos termos do art. 843, § 3º, da CLT o preposto não precisa ser empregado da reclamada.

O não comparecimento do reclamante à audiência importará no arquivamento da reclamação trabalhista, possibilitando o ajuizamento de nova reclamação, devendo arcar com as custas do processo, ainda que beneficiário da justiça gratuita, salvo se comprovar, no prazo de quinze dias, que a ausência ocorreu por motivo legalmente justificável. O pagamento das custas é condição para a propositura de nova demanda, art. 844, §§ 2º e 3º. Vale lembrar que citado dispositivo legal é objeto da ADI 5766 no STF, que até o fechamento dessa edição está pendente de apreciação.

Contudo, caso dê causa a novo arquivamento seguido por não comparecimento em audiência, sofrerá os efeitos da perempção provisória disposta no art. 732 da CLT, no qual perderá por 6 meses o direito de propor nova ação. Ultrapassado esse período e respeitado o prazo de prescrição, poderá ingressar com nova reclamação trabalhista.

Se por doença ou qualquer outro motivo poderoso, devidamente comprovado, não for possível ao empregado comparecer pessoalmente, poderá fazer-se representar por outro empregado que pertença à mesma profissão, ou pelo seu sindicato. Nessa hipótese, o empregado da mesma profissão ou sindicato, terão apenas o papel de evitar o arquivamento da reclamação e não para realizar a audiência em si.

Vale frisar que a ausência do reclamante à audiência apenas terá esse efeito em se tratando da audiência inaugural ou havendo o fracionamento da audiência se a reclamada não tiver apresentado sua contestação.

Nessa linha, ensina a Súmula 9 do TST:

SÚMULA 9 TST – AUSÊNCIA DO RECLAMANTE

A ausência do reclamante, quando adiada a instrução após contestada a ação em audiência, não importa arquivamento do processo.

O não comparecimento da reclamada, inclusive a pessoa jurídica de Direito Público (OJ 152 da SDI 1 do TST) importará na revelia, além de confissão quanto à matéria de fato, nos termos do art. 844 da CLT, parte final.

Vale lembrar que, ainda que ausente o reclamado, presente o advogado na audiência, serão aceitos a contestação e os documentos eventualmente apresentados, nos termos do art. 844, § 5º, da CLT.

Contudo, dispõe o § 4º do art. 844 da CLT:

Art. 844.

§ 4º. A revelia não produz o efeito mencionado no caput deste artigo se:

I – havendo pluralidade de reclamados, algum deles contestar a ação;

II – o litígio versar sobre direitos indisponíveis;

III – a petição inicial não estiver acompanhada de instrumento que a lei considere indispensável à prova do ato;

IV – as alegações de fato formuladas pelo reclamante forem inverossímeis ou estiverem em contradição com prova constante dos autos.

Aberta a audiência, o juiz proporá a conciliação. Trata-se de proposta obrigatória, cuja ausência poderá ocasionar na nulidade do processo, art. 846 da CLT.

Celebrado o acordo, será lavrado o termo de conciliação que possui natureza de título executivo judicial. A decisão que homologa o acordo não poderá ser objeto de recurso pelas partes, tendo em vista que transita em julgado imediatamente. Apenas o INSS poderá apresentar recurso para impugnar as contribuições sociais devidas. No entanto, se for o caso, poderão as partes ingressar com ação rescisória, em conformidade com a Súmula 259 do TST.

Caso não haja acordo o juiz abrirá prazo de 20 minutos para que a reclamada apresente sua resposta.

Em seguida, o reclamante poderá se manifestar em réplica acerca da reposta da reclamada no prazo assinalado pelo juiz.

Posteriormente, serão ouvidas as partes e testemunhas. Terminada a instrução, poderão as partes aduzir razões finais, em prazo não excedente de 10 (dez) minutos para cada uma. Em seguida, o juiz ou presidente renovará a proposta de conciliação, e não se realizando esta, será proferida a decisão.

5.6. Respostas

Nos termos do art. 841 da CLT, após recebida e protocolada a reclamação, uma segunda via da petição será enviada ao réu, que, no mesmo ato, será notificado para comparecer à audiência.

5.6.1. Exceção de incompetência territorial/relativa

Nos termos do art. 651 da CLT a reclamação deverá ser proposta na localidade em que o empregado prestou serviços.

Contudo, caso o reclamante não obedeça a citada disposição legal, poderá a reclamada nos termos do art. 800 da CLT oferecer exceção de incompetência territorial.

A exceção de incompetência territorial deverá ser apresentada no prazo de cinco dias a contar da notificação, antes da audiência e em peça que sinalize a existência desta exceção, devendo instruí-la com as provas necessárias. Ultrapassado o prazo, a matéria estará preclusa, não podendo o reclamado fazê-lo em audiência. Protocolada a petição, o processo ficará suspenso, ficando suspenso também o prazo prescricional.

A audiência inicialmente designada não irá ocorrer até que se decida a exceção de incompetência.

Apresentada a exceção, os autos serão imediatamente conclusos ao juiz, que intimará o reclamante e, se existentes, os litisconsortes, para manifestação no prazo comum de cinco dias. Caso entender necessária a produção de prova oral, o juízo designará audiência, garantindo o direito de o excipiente e de suas testemunhas serem ouvidos, por carta precatória, no juízo que este houver indicado como competente.

Uma vez decidida a exceção de incompetência territorial, o processo retomará seu curso, com a designação de audiência, a apresentação de defesa e a instrução processual perante o juízo competente.

Dessa forma, rejeitada a exceção de incompetência, o processo continuará com seu curso normal no local de ajuizamento da reclamação trabalhista. Por possuir natureza jurídica de decisão interlocutória não poderá ser objeto de impugnação por meio de recurso, tendo em vista a regra disposta no art. 893, § 1º, da CLT.

Todavia, se acolhida, o processo será remetido ao foro competente para prosseguimento do feito no local correto. Caso a decisão de acolhimento da exceção de incompetência remeta os autos para localidade pertencente a TRT distinto daquele em que foi inicialmente a reclamação foi distribuída, será recorrível de imediato, mediante recurso ordinário, na forma da súmula 214, *c*, do TST. No entanto, caso seja acolhida a medida e os autos remetidos à localidade pertencente ao mesmo TRT, não será cabível a interposição de recurso.

5.6.2. Defesa simplificada da Reclamada

Aberta a audiência e com a recusa das partes em fazer acordo, o juiz abrirá prazo de 20 minutos para que o réu apresente sua resposta.

O reclamado poderá assim apresentar como respostas: contestação, exceção, que poderá ser de impedimento ou suspeição e, por último, reconvenção.

A forma de defesa simplificada tratada pelo CPC/2015 está intimamente ligada com seu fim que é a simplificação dos atos processuais, o que culminará na efetividade da prestação jurisdicional.

São formas de resposta da reclamada em audiência: contestação, e a reconvenção. As partes (reclamante e reclamado) podem, ainda, apresentar exceção de suspeição e exceção de impedimento. O CPC/1973 determinava que cada uma delas fossem apresentadas em peças separadas. No processo trabalhista, em razão do princípio da informalidade, admitia-se a exceção de incompetência territorial no bojo da contestação.

Pela nova regra processual, as exceções de impedimento e suspeição, nos termos do art. 146 do CPC/2015 deverão ser apresentadas no prazo de 15 (quinze) dias, a contar do conhecimento do fato. A nova regra permite que elas sejam apresentadas em petição específica dirigida ao juiz do processo, devendo a parte indicar o fundamento da recusa, instruindo a peça com documentos e com rol de testemunhas.

De acordo com o CPC/2015 a contestação se tornou a única modalidade de defesa do réu. A contestação será apresentada na forma dos arts. 335 a 342 do CPC/2015. O art. 337 traz o rol de matérias que podem ser apresentadas como preliminar.

O art. 343 do CPC/2015 traz a possibilidade de apresentação da reconvenção na própria contestação. Assim, a reconvenção será proposta no corpo da contestação, sem a necessidade de peça autônoma. Essa regra não modificará sua natureza jurídica, que continua sendo de ação.

De toda forma, o CPC/2015 simplificou a forma de apresentação de defesa do réu, contribuindo para um processo mais célere e consequentemente mais efetivo, razão pela qual deverá ser aplicada ao processo do trabalho, com exceção da regra disposta no art. 335 CPC/2015 que trata do prazo da contestação e do art. 340 CPC/2015 que permite a apresentação da exceção de incompetência no domicílio do réu. Isso porque no processo trabalhista as respostas devem ser apresentadas em audiência.

5.6.2.1 Contestação

Não havendo acordo, o reclamado terá 20 minutos para aduzir sua defesa, após a leitura da reclamação, quando esta não for dispensada por ambas as partes. A parte poderá apresentar defesa escrita pelo sistema de processo judicial eletrônico até a audiência, nos termos do art. 847 da CLT.

É o principal meio de defesa, pelo qual o réu/reclamado exerce seu direito constitucional ao contraditório.

A contestação está prevista no art. 847 da CLT e no art. 335 e seguintes do CPC/2015, aplicados de forma subsidiária ao processo do trabalho por força do art. 769 da CLT e art. 15 CPC/2015.

Na contestação deverá ser alegada toda a matéria de defesa, expondo as razões de fato e de direito com que o direito do autor é impugnado.

O art. 336 CPC/2015 traz em seu bojo os princípios norteadores da contestação, quais sejam: princípio da impugnação especificada e o princípio da eventualidade.

O princípio da impugnação especificada estabelece que o reclamado deve impugnar todos os pedidos formulados pelo reclamante sob pena de serem tidos como incontroversos. Em outras palavras, este princípio impede que seja apresentada impugnação genérica, regra que não é aplicável em se tratando de advogado dativo, curador especial e ao órgão do Ministério Público (341, parágrafo único, do CPC/2015).

Nos domínios do processo do trabalho, aqueles pedidos que não forem impugnados pelo reclamado, ou seja, a parte incontroversa das verbas rescisórias, deverá ser paga na própria audiência, sob pena de ser acrescida uma multa de 50%, nos termos do art. 467 da CLT.

Vale dizer que, em se tratando da União, dos Estados, do Distrito Federal, dos Municípios e autarquias e fundações públicas, essa multa não será devida.

Já o princípio da eventualidade determina que todos os meios de defesa sejam apresentados em uma única oportunidade, possibilitando ao magistrado que, caso não aceite uma delas, reconheça as demais.

Desta forma, podemos dizer que o reclamado deverá, nesse momento, apresentar todas as suas teses de defesa, mesmo que elas sejam contrárias entre si, pois, caso o juiz não acate uma, poderá acatar a outra. Caso o reclamado não atue dessa maneira, sofrerá os efeitos da preclusão.

Na contestação, compete ao réu, antes de discutir o mérito da ação, apresentar defesa processual, ou seja, alegar os vícios processuais, matérias contidas no art. 337 do CPC/2015, que são chamadas de "preliminares ao mérito."

As preliminares ao mérito são defesas processuais, modalidade de defesa indireta, pois atingem questões que não estão intimamente ligadas ao mérito da causa. São vícios processuais que, uma vez constatados, acarretam a extinção do processo sem resolução do mérito (art. 485 do CPC/2015).

Importante ressaltar que, oferecida a contestação, ainda que eletronicamente, o reclamante não poderá, sem o consentimento do reclamado, desistir da ação, nos termos do art. 841, § 3º, da CLT.

Dessa forma, o encaminhamento da contestação pelo PJe, antes da audiência inaugural, "com sigilo", não impede a desistência unilateral do reclamante. Por outro lado, se a contestação foi encaminhada pelo PJe "sem sigilo", a desistência da reclamação somente será possível com o consentimento da reclamada.

5.6.2.1.1. Preliminares

Na contestação, compete ao réu, antes de discutir o mérito da ação, apresentar defesa processual, ou seja, alegar os vícios processuais, matérias contidas no art. 337 do CPC/2015, que são chamadas de "preliminares ao mérito."

Dispõe o art. 337 do CPC:

> Art. 337. Incumbe ao réu, antes de discutir o mérito, alegar:
>
> I – inexistência ou nulidade da citação;
>
> II – incompetência absoluta e relativa;

III – incorreção do valor da causa;

IV – inépcia da petição inicial;

V – perempção;

VI – litispendência;

VII – coisa julgada;

VIII – conexão;

IX – incapacidade da parte, defeito de representação ou falta de autorização;

X – convenção de arbitragem;

XI – ausência de legitimidade ou de interesse processual;

XII – falta de caução ou de outra prestação que a lei exige como preliminar;

XIII – indevida concessão do benefício de gratuidade de justiça.

As preliminares ao mérito são defesas processuais, modalidade de defesa indireta, pois atingem questões que não estão intimamente ligadas ao mérito da causa. São vícios processuais que, uma vez constatados, acarretam a extinção do processo sem resolução do mérito (art. 485 do CPC/2015).

Importante lembrar que a incompetência territorial deverá ser apresentada na forma do art. 800 da CLT, conforme estudado no item 5.6.1

5.6.2.1.2. *Prejudiciais de mérito (defesas indiretas de mérito)*

As preliminares anteriormente estudadas não se confundem com as prejudiciais de mérito, também chamadas de defesas indiretas de mérito. São elas: prescrição, decadência, compensação e retenção.

São matérias que impedem/prejudicam o exame do mérito da causa e, uma vez acatadas pelo juiz, acarretam extinção do processo com resolução do mérito, nos termos do art. 487 do CPC/2015.

5.6.2.1.2.1 Prescrição

A prescrição encontra-se disciplinada no art. 7º, XXIX, da CF:

Art. 7º. (...)

XXIX – ação, quanto aos créditos resultantes das relações de trabalho, com prazo prescricional de cinco anos para os trabalhadores urbanos e rurais, até o limite de dois anos após a extinção do contrato de trabalho.

Na CLT a prescrição vem disposta no art. 11, que assim dispõe:

Art. 11. A pretensão quanto a créditos resultantes das relações de trabalho prescreve em cinco anos para os trabalhadores urbanos e rurais, até o limite de dois anos após a extinção do contrato de trabalho.

O disposto neste artigo não se aplica às ações que tenham por objeto anotações para fins de prova junto à Previdência Social.

Vale dizer que, tratando-se de pretensão que envolva pedido de prestações sucessivas, isto é, as que se prolongam no tempo, ou seja, se repetem mês a mês, decorrente de alteração ou descumprimento do pactuado, a prescrição é total, exceto quando o direito à parcela esteja também assegurado por preceito de lei.

No âmbito trabalhista, duas regras de prescrição devem ser observadas. A *prescrição bienal* refere-se ao direito de o trabalhador postular seus direitos após a extinção do contrato de trabalho. O reclamante deverá obedecer à prescrição bienal, ou seja, deverá ingressar com reclamação trabalhista no prazo de 2 (dois) anos contados do término do contrato de trabalho.

Já a *prescrição quinquenal* se refere às lesões a direitos ocorridas durante a vigência do contrato. Nessa linha, uma vez extinto o contrato de trabalho, o obreiro terá prazo de 2 (dois) anos para pleitear seus direitos na Justiça do Trabalho. Todavia, poderá reclamar os 5 (cinco) anos que antecedem à propositura da reclamação trabalhista.

Com relação à prescrição do FGTS, de acordo com a nova redação dada à Súmula 362 do TST temos as seguintes hipóteses. Caso a ciência da lesão, ou seja, o não recolhimento do FGTS ocorreu após 13 de novembro de 2014, data do julgamento do Recurso Extraordinário com agravo pelo STF (STF-ARE-709212/DF), a prescrição é quinquenal. Nesse caso, o empregado deverá obedecer ao prazo de prescrição bienal para ingressar com a ação em até 2 anos após a extinção do contrato de trabalho, podendo pleitear os 5 anos pretéritos ao ajuizamento da ação.

Todavia, se em 13 de novembro de 2014 a lesão já havia ocorrido, ou seja, se já tiver se iniciada a contagem do prazo prescricional, deverá ser aplicado o prazo prescricional que se consumar primeiro: trinta anos, contados do termo inicial, ou cinco anos, a partir de 13.11.2014.

SÚMULA 362 TST – FGTS. PRESCRIÇÃO

I – Para os casos em que a ciência da lesão ocorreu a partir de 13.11.2014, é quinquenal a prescrição do direito de reclamar contra o não recolhimento de contribuição para o FGTS, observado o prazo de dois anos após o término do contrato;

II – Para os casos em que o prazo prescricional já estava em curso em 13.11.2014, aplica-se o prazo prescricional que se consumar primeiro: trinta anos, contados do termo inicial, ou cinco anos, a partir de 13.11.2014 (STF-ARE-709212/DF).

A interrupção da prescrição somente ocorrerá pelo ajuizamento de reclamação trabalhista, mesmo que em juízo incompetente, ainda que venha a ser extinta sem resolução do mérito, produzindo efeitos apenas em relação aos pedidos idênticos.

5.6.2.1.2.1.1. *Prescrição intercorrente*

Prescrição intercorrente é entendida como sendo aquela que ocorre no curso do processo.

Sua aplicação nos domínios do processo do trabalho não era pacífica. Isso porque, o TST por meio da Súmula 114 entendia não ser aplicável na Justiça do Trabalho, por conta do princípio protetor..

Contudo, em atenção à segurança jurídica o STF entende aplicável a prescrição intercorrente na Justiça do Trabalho. Vejamos:

SÚMULA 327 STF – O direito trabalhista admite a prescrição intercorrente.

Com o advento da Lei 13.467/2017, que acrescentou o art. 11-A a CLT, a questão tornou-se pacífica. Isso porque, o novel dispositivo legal autoriza definitivamente a aplicação da prescrição intercorrente ao processo do trabalho, que pode ser requerida ou declarada de ofício em qualquer grau de jurisdição.

Ensina o art. 11-A da CLT:

"Art. 11-A. Ocorre a prescrição intercorrente no processo do trabalho no prazo de dois anos."

O prazo da prescrição intercorrente inicia-se quando o exequente deixa de cumprir determinação judicial no curso da execução.

Dessa forma, depois de intimada, caso a parte interessada deixe de cumprir determinação judicial no curso da execução, como por exemplo, indicar novo endereço do executado, os autos serão remetidos ao arquivo, iniciando-se o prazo de 2 anos da prescrição intercorrente.

5.6.2.1.2.2. Decadência

A decadência consiste na perda do próprio direito e não apenas da pretensão ao direito como ocorre na prescrição.

Nos domínios do processo do trabalho em 3 casos a sustentação da decadência se mostrará possível. Nesses casos o interessado perderá o próprio direito que a lei prevê, exaurindo-se a possibilidade de sua manifestação.

A primeira delas se dá no Mandado de Segurança em que nos termos do art. 23 da Lei 12.016/2009: *"O direito de requerer mandado de segurança extinguir-se-á decorridos 120 (cento e vinte) dias, contados da ciência, pelo interessado, do ato impugnado"*

A segunda hipótese se refere ao prazo decadencial de 2 anos para a propositura da ação rescisória, nos termos do art. 975 do CPC/2015 que determina: *"O direito à rescisão se extingue em 2 (dois) anos contados do trânsito em julgado da última decisão proferida no processo"*

Por último, o prazo decadencial de 30 dias para ajuizamento do inquérito judicial para apuração de falta grave, nos termos do art. 853 da CLT.

5.6.2.1.2.3. Compensação e retenção

Nos termos do art. 368 do Código Civil caso duas pessoas sejam ao mesmo tempo credoras e devedoras uma da outra, as obrigações serão extintas até onde se compensarem.

A *compensação* apenas poderá ser alegada como matéria de defesa, ou seja, na contestação, sob pena de preclusão, em conformidade com o art. 767 da CLT e Súmula 48 do TST.

Para os casos de dissolução do contrato de trabalho, no momento dos acertos rescisórios a compensação não poderá exceder o equivalente a um mês de remuneração do empregado, nos termos do art. 477, § 5º, da CLT. Contudo, em casos de litígio judicial entre empregador e empregado a compensação poderá ser feita qualquer que seja o montante, mas sempre até o limite do crédito do reclamante. A parte excedente deverá ser requerida pelo interessado em reconvenção.

Vale dizer que a compensação está restrita a dívidas de natureza trabalhista, entendimento cristalizado na Súmula 18 do TST. Desta forma, não poderá a reclamada compensar direitos que não se relacionem com dívidas trabalhistas, como por exemplo: vícios relativos a contrato de compra e venda de automóveis entre empregador e empregado.

A *retenção* consiste em não se devolver a coisa que se retém legitimamente para compelir seu proprietário a um pagamento que esteja obrigado. Como exemplo podemos citar o caso de um vendedor a quem foi confiado um mostruário da empresa, que poderá se recusar a devolvê-lo até que seu empregador não lhe pague dívidas trabalhistas vencidas.

5.6.2.2 Exceções de impedimento e suspeição

Previstas no art. 799 da CLT constituem espécies de defesa que têm como fim atacar a parcialidade do juiz a ele vinculado para processar e julgar a lide. Desta forma, poderão ser apresentadas pelo reclamado e também pelo reclamante exceção de impedimento e a exceção de suspeição.

As exceções serão processadas nos próprios autos, pois a nova sistemática do CPC/2015 determina que a suspeição e impedimento sejam apresentadas por petição específica, nos moldes do art. 146 CPC/2015.

Inobstante alguns autores[1] sustentem a necessidade de serem apresentadas por meio de petição específica, estamos de acordo com a posição dos TRTs de todo País que em razão dos princípios da informalidade, simplicidade e *jus postulandi* da parte, admite a apresentação de exceções de impedimento e suspeição por parte do reclamado no bojo da contestação, caso na oportunidade de sua apresentação já tenham conhecimento do motivo ensejador ou apresentada por petição específica nos autos, na primeira vez em que a parte tiver de falar nos autos ou em audiência, nos termos do art. 795 da CLT, caso a ciência do motivo ensejador da suspeição ou impedimento, se dê após o prazo de contestação, mas sempre sem a necessidade de um processo em apenso.

Assim, em suma, a incompetência absoluta poderá ser alegada como preliminar de contestação, art. 337, II, CPC/2015. A incompetência territorial deverá ser apresentada na forma do art. 800 da CLT, já estudada no item 5.6.1 . Já as exceções de impedimento e suspeição poderão ser tratadas por petição nos próprios autos ou até mesmo no bojo da contestação, quando for o caso.

Por existir previsão parcial na norma consolidada, será aplicável o direito processual civil de forma subsidiária e supletiva, art. 769 da CLT e art. 15 CPC/2015.

Nessa linha, o CPC/2015 retirou a necessidade de arguição das exceções de impedimento e suspeição como procedimento autônomo, permitindo à parte que as invoque por petição específica, conforme dispõe o art. 146 do CPC/2015.

5.6.2.2.1 Apresentação da exceção de suspeição e impedimento

As exceções de suspeição e impedimento são medidas processuais que poderão ser apresentadas tanto pelo autor/reclamante como pela reclamada.

Caso o reclamante queira apresentar exceção de suspeição ou impedimento contra o juiz, deverá fazer logo após tomar ciência da causa de suspeição ou impedimento, devendo se pronunciar na primeira oportunidade que tiver de falar nos autos, nos termos do art. 795 da CLT. Já a reclamada poderá apresentá-la no bojo da contestação caso na oportunidade de sua apresentação já tenha ciência da causa ensejadora da suspeição ou impedimento, ou por petição específica, na primeira vez em que a parte tiver de falar nos autos ou em audiência, nos termos do art. 795 da CLT, caso tenha ciência do fundamento ensejador da suspeição ou impedimento após a apresentação da contestação.

1. Shiavi, Mauro. Manual de direito processual do trabalho. 10ª edição de acordo com o Novo CPC. São Paulo: LTr, 2016.

As exceções de suspeição e impedimento são meios processuais para atacar a parcialidade do juiz e têm como finalidade assegurar que o processo seja apreciado por um juiz imparcial.

O impedimento diz respeito à perda de imparcialidade do juiz quando o fato gerador da imparcialidade se dá por critérios objetivos, ou seja, critérios que possam ser demonstrados de forma direta, com a apresentação de documento, como, por exemplo, parentesco por consanguinidade.

Já a suspeição do juiz diz respeito à perda de imparcialidade quando sua causa geradora possui natureza subjetiva, ou seja, necessita de um elemento interno para que possa ser aferida; não pode ser aferida objetivamente por meio de documentos, pois necessita ser interpretada e valorada, como, por exemplo, o caso de amizade íntima.

As hipóteses de impedimento e suspeição estão disciplinadas no art. 801 da CLT, que traz um rol exemplificativo, devendo ser aplicadas, outrossim, as hipóteses previstas nos arts. 144 e 145 do CPC/2015, respectivamente.

Vale dizer que os institutos são diferentes e não podem ser confundidos. A suspeição poderá ser conhecida de ofício pelo magistrado ou alegada pelas partes por meio de petição específica, art. 146 CPC/2015, sob pena de preclusão. Já no impedimento, caso o magistrado não se pronuncie de ofício, as partes poderão alegá-las a qualquer momento, não estando a matéria sujeita à preclusão.

Nota-se que nas exceções de impedimento e suspeição o próprio juiz é o polo passivo do incidente processual e não a parte contrária.

Oferecida a exceção, o juiz poderá tomar dois caminhos: pode o magistrado reconhecer a causa de impedimento ou a suspeição, hipótese em que ordenará imediatamente a remessa dos autos ao seu substituto legal ou, não se dando por suspeito ou impedido, no prazo de 15 dias, dará as suas razões, acompanhadas de documentos e de rol de testemunhas, se houver, ordenando a remessa dos autos ao tribunal, art. 146, § 1º, CPC/2015.

5.6.2.3 *Reconvenção*

Modalidade de resposta do réu que equivale a um ataque e não a uma defesa. Trata-se de uma ação, sendo esta sua natureza jurídica, proposta pelo réu, chamado de reconvinte, em face do autor, chamado de reconvindo.

Nessa modalidade de resposta, o réu não busca defender-se, mas sim atacar, ou seja, formular uma pretensão contra o autor da ação principal.

Deve ser apresentada na audiência, na própria contestação, em capítulo destacado, art. 343 CPC/2015 por força do art. 769 da CLT e art. 15 CPC/2015.

Para ser admitida deve preencher os seguintes requisitos:

a) o juízo da causa principal deve ser competente para apreciar, além da ação principal, a própria reconvenção;

b) deve haver compatibilidade entre os procedimentos aplicáveis à ação principal e à reconvenção (art. 327, § 1º, III, do CPC/2015);

c) pendência da ação principal;

d) deve haver conexão entre as ações, ou seja, quando lhes for comum o objeto ou a causa de pedir (art. 55 do CPC/2015).

Apresentada, portanto, em audiência, na própria contestação, o Juiz do Trabalho deverá redesignar nova audiência, com prazo mínimo de 5 dias (art. 841 CLT), para que o autor/reconvindo apresente resposta à reconvenção. Caso o autor/reconvindo não apresente a resposta à reconvenção serão aplicados os efeitos da confissão ficta.

Tendo em vista que o CPC/2015 não trouxe exigência de ação e reconvenção serem julgadas na mesma sentença, poderão ser apreciadas em momentos distintos. No entanto, mostra-se conveniente que ação e reconvenção sejam apreciadas na mesma sentença.

5.7. Provas

Nos domínios do processo do trabalho, todos os meios de prova serão admitidos, tais como: depoimento pessoal, interrogatório, confissão, prova testemunhal, documentos, perícia e, ainda, a prova emprestada.

Pela regra, em conformidade com o art. 818 da CLT, o ônus de provar incumbe:

> Art. 818. O ônus da prova incumbe:
>
> I – ao reclamante, quanto ao fato constitutivo de seu direito;
>
> II – ao reclamado, quanto à existência de fato impeditivo, modificativo ou extintivo do direito do reclamante.

Com relação às provas, é importante destacar a Lei 11.925/2009, que alterou o art. 830 da CLT, determinando que o documento em cópia simples oferecido como prova poderá ser declarado autêntico pelo próprio advogado, sob sua responsabilidade pessoal.

A apresentação de cópia autenticada ou até mesmo o próprio documento original somente deverá ser apresentada se a cópia simples for impugnada pela parte adversa.Alguns entendimentos emitidos pelo Tribunal Superior do Trabalho a respeito do ônus da prova merecem destaque:

> **Súmula 6, VIII, do TST:** É do empregador o ônus da prova do fato impeditivo, modificativo ou extintivo da equiparação salarial.
>
> **Súmula 16 do TST:** Presume-se recebida a notificação 48 (quarenta e oito) horas depois de sua postagem. O seu não recebimento ou a entrega após o decurso desse prazo constitui ônus de prova do destinatário.
>
> **Súmula 212 do TST:** O ônus de provar o término do contrato de trabalho, quando negados a prestação de serviço e o despedimento, é do empregador, pois o princípio da continuidade da relação de emprego constitui presunção favorável ao empregado.
>
> **Súmula 338 do TST:** I – É ônus do empregador que conta com mais de 10 (dez) empregados o registro da jornada de trabalho na forma do art. 74, § 2º, da CLT. A não apresentação injustificada dos controles de frequência gera presunção relativa de veracidade da jornada de trabalho, a qual pode ser elidida por prova em contrário.
>
> II – A presunção de veracidade da jornada de trabalho, ainda que prevista em instrumento normativo, pode ser elidida por prova em contrário.
>
> III – Os cartões de ponto que demonstram horários de entrada e saída uniformes são inválidos como meio de prova, invertendo-se o ônus da prova, relativo às horas extras, que passa a ser do empregador, prevalecendo a jornada da inicial se dele não se desincumbir.

Importante ressaltar que a Orientação Jurisprudencial 215 da SDI 1 do TST, que entendia pertencer ao empregado o ônus de comprovar que satisfaz os requisitos indispensáveis à obtenção do vale-transporte, **foi cancelada em maio de 2011**. Referido cancelamento faz com que o ônus probatório passe ao empregador. Isso porque o vale-transporte é um benefício e por essa razão se presume que o empregado não o recusa ou renuncia. Desta forma, caberá à reclamada comprovar que o empregado não faz jus ao benefício.

A atual Súmula 460 do TST assim dispõe:

SÚMULA 460 TST – VALE-TRANSPORTE. ÔNUS DA PROVA

É do empregador o ônus de comprovar que o empregado não satisfaz os requisitos indispensáveis para a concessão do vale-transporte ou não pretenda fazer uso do benefício.

Vale, ainda, transcrever:

SÚMULA 461 TST – FGTS. DIFERENÇAS. RECOLHIMENTO. ÔNUS DA PROVA

É do empregador o ônus da prova em relação à regularidade dos depósitos do FGTS, pois o pagamento é fato extintivo do direito do autor (art. 373, II, do CPC de 2015).

5.7.1. Distribuição dinâmica da prova

A distribuição dinâmica do ônus da prova tem seu fundamento no princípio da aptidão da prova e autoriza ao magistrado por meio de decisão fundamentada a inversão do ônus estático.

Dispõe o art. 818, § 1º, da CLT que nos casos previstos em lei ou diante de peculiaridades da causa relacionadas à impossibilidade ou à excessiva dificuldade de cumprir o encargo nos termos deste artigo ou à maior facilidade de obtenção da prova do fato contrário, poderá o juízo atribuir o ônus da prova de modo diverso, desde que o faça por decisão fundamentada, caso em que deverá dar à parte a oportunidade de se desincumbir do ônus que lhe foi atribuído.

A decisão de inversão de ônus da prova não pode gerar o ônus de produzir prova impossível ou excessivamente difícil, art. 818, § 3º, da CLT.

A decisão fundamentada de inversão do ônus da prova deverá ser proferida antes da abertura da instrução. A requerimento da parte interessada, implicará o adiamento da audiência e possibilitará provar os fatos por qualquer meio em direito admitido.

5.7.2. Depoimento das partes e testemunhas

As partes e testemunhas serão inquiridas pelo Juiz, podendo ser reinquiridas, por seu intermédio, a requerimento das partes, seus representantes ou advogados.

Não se aplica ao Processo do Trabalho a norma do art. 459 do CPC/2015 no que permite a inquirição direta das testemunhas pela parte, pois a CLT possui regramento específico em seu art. 820, nos termos do art. 11 da IN 39 do TST.

O depoimento da parte e/ou testemunha surda-muda, ou de mudo que não saiba escrever e, ainda, aqueles que não souberem falar a língua nacional, será feito por meio de intérprete nomeado pelo Juiz. Nesses casos, as despesas correrão por conta da parte à qual interessar o depoimento.

Nos termos da Súmula 74 do TST, importante lembrar que se aplica a "pena" de confissão – confissão ficta – à parte que, expressamente intimada com a cominação, deixa de comparecer à audiência em prosseguimento na qual deveria depor.

No entanto, a prova pré-constituída nos autos pode ser levada em conta para confronto com a confissão ficta, não implicando cerceamento de defesa o indeferimento de provas posteriores. Na reclamação trabalhista submetida ao procedimento ordinário, cada uma das partes não poderá indicar mais de 3 (três) testemunhas, que comparecerão à audiência independentemente de notificação ou intimação. Aquelas que não comparecerem sem motivo justificado serão intimadas de ofício pelo Juiz ou a requerimento da parte, ficando sujeitas a condução coercitiva, além do pagamento de multa. É importante lembrar que em se tratando de litisconsórcio ativo o número de testemunhas será limitado a 3 (três) no total, pois não é permitido que cada litisconsorte indique 3 (três) testemunhas.

Deverá o magistrado adotar providências de modo que o depoimento de uma testemunha não seja ouvido pelas demais que tenham de depor no processo.

Vale frisar que, em conformidade com a Súmula 357 do TST, não é suspeita a testemunha pelo simples fato de estar litigando ou de ter litigado contra o mesmo empregador.

Cabe lembrar, ainda, que, nos termos do art. 829 da CLT, a testemunha que for parente até o terceiro grau civil, amigo íntimo ou inimigo de qualquer das partes, será ouvida como informante, não prestando o compromisso legal de dizer a verdade.

5.7.3. Perícia

Havendo pedidos que necessitem de prova técnica, deverá o Juiz designar perito, fixando prazo para entrega do laudo.

Nesse momento, vale dizer que a exigência de depósito prévio para custeio dos honorários periciais é ilegal, dada a incompatibilidade com os ditames do processo trabalhista.

O art. 790-B, § 3º, da CLT determina que o juízo não poderá exigir adiantamento de valores para realização de perícias. Havendo tal exigência, nos termos da Orientação Jurisprudencial 98 da SDI 2 do TST, admite-se a impetração de mandado de segurança visando à realização da perícia, independentemente do depósito.

É permitido a cada uma das partes a indicação de um assistente, que poderá ser indagado pelo Juiz e que deverá apresentar o laudo no mesmo prazo assinado para o perito, sob pena de ser desentranhado dos autos.

Ainda sobre perícia, importante destacar a Orientação Jurisprudencial 278 da SDI 1 do TST:

OJ-SDI1-278 ADICIONAL DE INSALUBRIDADE. PERÍCIA. LOCAL DE TRABALHO DESATIVADO.

A realização de perícia é obrigatória para a verificação de insalubridade. Quando não for possível sua realização, como em caso de fechamento da empresa, poderá o julgador utilizar-se de outros meios de prova.

5.7.3.1. Responsabilidade pelo pagamento dos honorários periciais

Nos termos do art. 790-B da CLT a responsabilidade pelo pagamento dos honorários periciais é da parte sucumbente na pretensão objeto da perícia, ainda que beneficiária da justiça gratuita.

Somente no caso em que o beneficiário da justiça gratuita não tenha obtido em juízo créditos capazes de suportar a despesa, ainda que em outro processo, a União responderá pelo encargo.

Ao fixar o valor dos honorários periciais, o juízo deverá respeitar o limite máximo estabelecido pelo Conselho Superior da Justiça do Trabalho, sendo permitido, ainda, o parcelamento dos valores.

Cumpre lembrar que citado dispositivo legal é objeto da ADI 5766 proposta perante o STF, que até a data de fechamento dessa edição não havia se pronunciado sobre o pedido de liminar. Na referida ADI há entendimento de que os dispositivos legais impõem restrições inconstitucionais à garantia de gratuidade judiciária aos que comprovem insuficiência de recursos, na Justiça do Trabalho. Segundo a Procuradoria-Geral da República, autora da ação direta de inconstitucionalidade, as normas violam as garantias constitucionais de amplo acesso à jurisdição e a assistência judiciária integral aos necessitados, violando frontalmente o art. 5º, LXXIV, da CF.

5.8. Procedimentos sumário e sumaríssimo

Existem dois tipos de ritos concisos ou sucintos na Justiça do Trabalho. O primeiro deles é rito sumário ou rito de alçada, como também é chamado, que se encontra previsto no art. 2º, §§ 3º e 4º da Lei 5.584/1970. O segundo é denominado de sumaríssimo, previsto nos arts. 852-A a 852-I da CLT, inseridos por força da Lei 9.957/2000.

5.8.1. Rito sumário

Disciplinado no art. 2º, §§ 3º e 4º, da Lei 5.584/1970, objetiva maior celeridade e maior efetividade para as demandas cujo valor da causa não ultrapasse dois salários mínimos.

Essas causas se submeterão ao procedimento ordinário com ampla produção de provas. Contudo, não se submeterão às modalidades de recursos trabalhistas.

> **Art. 2º.** Nos dissídios individuais, proposta a conciliação, e não havendo acordo, o Presidente, da Junta ou o Juiz, antes de passar à instrução da causa, fixar-lhe-á o valor para a determinação da alçada, se este for indeterminado no pedido.
>
> (...)
>
> § 3º. Quando o valor fixado para a causa, na forma deste artigo, não exceder de 2 (duas) vezes o salário mínimo vigente na sede do Juízo, será dispensável o resumo dos depoimentos, devendo constar da Ata a conclusão da Junta quanto à matéria de fato.
>
> § 4º. Salvo se versarem sobre matéria constitucional, nenhum recurso caberá das sentenças proferidas nos dissídios da alçada a que se refere o parágrafo anterior, considerado, para esse fim, o valor do salário mínimo à data do ajuizamento da ação.

No procedimento sumário, portanto, não há a possibilidade de interposição de recursos, salvo se tratar de matéria constitucional, hipótese em que será cabível a interposição de recurso extraordinário para o STF, nos termos do art. 102 da CF.

Sintetizando, a reclamação trabalhista que seguir o rito sumário obedecerá aos trâmites do procedimento ordinário, diferenciando-se apenas na fase recursal.

5.8.1.1. Derrogação/revogação do procedimento sumário

Muito se discute na doutrina sobre a revogação do procedimento sumário pelo procedimento sumaríssimo instituído pela Lei 9.957/2000.

Isso porque parte da doutrina, como o Professor Renato Saraiva (**Curso de Direito Processual do Trabalho.** 4. ed. São Paulo: Método, 2007. p. 417), sustenta que a Lei 9.957/2000 teria revogado o procedimento sumário, disposto na Lei 5.584/1970, por se tratar de uma lei mais nova e cuidar de matéria processual trabalhista.

É certo que o procedimento sumário trata de ações cujo valor não exceda 2 (dois) salários mínimos. Já o procedimento sumaríssimo traz em seu bojo ações cujo valor não exceda 40 (quarenta) salários mínimos. É claro que nas causas de até 40 (quarenta) salários mínimos estão compreendidas as ações de até 2 (dois) salários mínimos e por este motivo houve a revogação.

Nesse sentido, o TST editou a Instrução Normativa 27, a qual, em seu art. 1º, ensina que, excetuando aquelas causas de procedimento especial, como ação rescisória e mandado de segurança, as causas na Justiça do Trabalho tramitarão pelo rito ordinário ou sumaríssimo.

> **Art. 1º** As ações ajuizadas na Justiça do Trabalho tramitarão pelo rito ordinário ou sumaríssimo, conforme previsto na Consolidação das Leis do Trabalho, excepcionando-se, apenas, as que, por disciplina legal expressa, estejam sujeitas a rito especial, tais como o mandado de segurança, *habeas corpus, habeas data*, ação rescisória, ação cautelar e ação de consignação em pagamento.

Desta forma, de acordo com a instrução expedida pelo Colendo TST, entendemos estarem derrogados os dispositivos contidos na Lei 5.584/1970 que cuidam do procedimento sumário na Justiça do Trabalho.

5.8.2. Rito sumaríssimo

Instituído pela Lei 9.957/2000, que inseriu os arts. 852-A a 852-I na CLT, o procedimento sumaríssimo é previsto para as demandas cujo valor da causa não exceda a 40 (quarenta) salários mínimos na data da propositura da ação. Objetiva, por meio de um rito processual mais célere e mais simples, conferir maior efetividade na atividade jurisdicional do Estado.

Vale dizer que nas ações plúrimas, entendidas como aquelas em que há diversos reclamantes em litisconsórcio, o valor total da causa, do pedido de todos reclamantes, não poderá exceder a 40 (quarenta) salários mínimos.

Independentemente de sua complexidade, todas as demandas trabalhistas poderão ser submetidas a tal procedimento. Todavia, assim como as ações coletivas, o art. 852-A, *caput*, e seu parágrafo único, da CLT, ensina que não estão abrangidas pelo rito sumaríssimo as demandas em que for parte a administração pública direta, autárquica e fundacional.

Nas reclamações submetidas ao procedimento sumaríssimo, o pedido deverá ser certo e determinado, necessitando, ainda, a indicação do valor correspondente.

O reclamante deverá indicar o nome correto da reclamada, bem como seu correto endereço, na medida em que é vedada a citação por edital. Caso o reclamante não atenda tais exigências, o processo será arquivado, com o consequente pagamento de custas calculadas sobre o valor da causa, não sendo permitida a emenda da petição inicial.

Mesmo indicando o endereço correto da parte adversa, pode ser que esta venha a se ausentar, furtando-se a receber a notificação, hipótese em que é permitido ao juiz do trabalho que converta o rito sumaríssimo para o rito ordinário, em que se admite a citação editalícia.

A audiência da reclamação submetida ao procedimento sumaríssimo deverá ocorrer no prazo máximo de 15 (quinze) dias contados do ajuizamento da ação, em conformidade com o art. 852-B, III, da CLT.

Outra peculiaridade do procedimento sumaríssimo é a que diz respeito ao número de testemunhas que cada parte poderá levar a juízo. Enquanto no procedimento ordinário permite-se que cada parte traga 3 testemunhas, no procedimento sumaríssimo esse número é diminuído para 2 testemunhas para cada parte, que comparecerão independente de intimação (art. 852-H, § 2º, da CLT). Vale lembrar que, em se tratando de litisconsórcio, o número máximo de testemunhas não é para cada litisconsorte, mas sim para cada parte, ou seja, autor e réu.

Nas sentenças proferidas no procedimento sumaríssimo é dispensável o relatório, devendo, entretanto, mencionar os elementos de convicção do juízo, com resumo dos fatos relevantes ocorridos em audiência.

Convém destacar que nas causas sujeitas ao procedimento sumaríssimo é admitida a prova pericial, também chamada de prova técnica, quando o fato o exigir ou for legalmente imposta, como, por exemplo, nas ações em que se discute adicional de insalubridade ou periculosidade. Nesse caso, o Juiz ficará incumbido de fixar o prazo, o objeto da perícia e nomear o perito, nos termos do art. 852-H, § 4º, da CLT. Poderão as partes indicar peritos assistentes, nos termos do art. 826 da CLT e da súmula 341 do TST.

> SÚMULA 341 TST – HONORÁRIOS DO ASSISTENTE TÉCNICO. A indicação do perito assistente é faculdade da parte, a qual deve responder pelos respectivos honorários, ainda que vencedora no objeto da perícia.

Por último, reza o § 9º do art. 896 da CLT que nas causas sujeitas ao procedimento sumaríssimo, somente será admitido recurso de revista por contrariedade a súmula de jurisprudência uniforme do Tribunal Superior do Trabalho ou a súmula vinculante do Supremo Tribunal Federal e por violação direta da Constituição Federal.

6. RECURSOS

6.1. Conceito

Para Moacyr Amaral Santos (*Primeiras Linhas de Direito Processual Civil*. 24. ed. São Paulo: Saraiva, 2010. p. 84), recurso é *"o poder de provocar o reexame de uma decisão, pela mesma autoridade judiciária, ou por outra hierarquicamente superior, visando a obter a sua reforma ou modificação"*.

6.2. Peculiaridades dos recursos trabalhistas

6.2.1. Irrecorribilidade imediata das decisões interlocutórias

Disciplinada no art. 893, § 1º, da CLT, a regra ensina que as decisões interlocutórias, não admitem a interposição de recurso imediato, devendo a parte impugná-las somente em recursos da decisão definitiva. Por essa regra, uma questão incidente decidida em audiência não poderá ser atacada, devendo a parte aguardar a prolação da sentença para, no recurso ordinário interposto contra a sentença, impugnar, também, a decisão interlocutória.

Sobre o tema remetemos ao item 1.4.1.6.

6.2.2. Efeito devolutivo

Os recursos no processo do trabalho são dotados unicamente, em regra, do efeito devolutivo. Por meio dessa regra a matéria é submetida a julgamento pelo órgão destinatário do recurso, sendo apreciadas apenas questões debatidas no processo e que constam das razões recursais mediante pedido de nova decisão. É o significado da a expressão *tantum devolutum quantum appellatum*.

Os recursos na Justiça do Trabalho, em regra, não admitem o efeito suspensivo como no processo comum. Porém, é admissível a obtenção de efeito suspensivo ao recurso ordinário mediante requerimento dirigido ao tribunal, ao relator ou ao presidente ou ao vice-presidente do tribunal recorrido, por aplicação subsidiária ao processo do trabalho do artigo 1.029, § 5º, do CPC de 2015, em conformidade com a Súmula 414, I, do TST.

6.2.3. Uniformidade do prazo recursal

Determina o art. 6º da Lei 5.584/1970 que o prazo para interpor e contra-arrazoar qualquer recurso trabalhista é de 8 (oito) dias. Não obstante, alguns recursos possuem prazos diferenciados, como os embargos de declaração, que serão opostos no prazo de 5 (cinco) dias (conforme determina o art. 897-A da CLT); o recurso extraordinário para o STF, cujo prazo legal é de 15 (quinze) dias; e nos dissídios de alçada temos o pedido de revisão, cujo prazo é de 48 horas.

É importante enfatizar que a regra estabelecida no art. 229 do CPC/2015, que estabelece o prazo recursal em dobro nos casos em que os litisconsortes que tiverem diferentes procuradores, **de escritórios de advocacia distintos**, terão prazos contados em dobro **para todas as suas manifestações, em qualquer juízo ou tribunal,** não é aplicável no âmbito processual trabalhista, conforme estabelece a OJ 310 da SDI-I do TST, por sua incompatibilidade com a celeridade buscada no processo do trabalho:

> Orientação Jurisprudencial 310 da SDI 1 do TST – LITISCONSORTES. PROCURADORES DISTINTOS. PRAZO EM DOBRO. ART. 229, *CAPUT* E §§ 1º E 2º, DO CPC DE 2015. ART. 191 DO CPC DE 1973. INAPLICÁVEL AO PROCESSO DO TRABALHO
>
> Inaplicável ao processo do trabalho a norma contida no art. 229, *caput* e §§ 1º e 2º, do CPC de 2015 (art. 191 do CPC de 1973), em razão de incompatibilidade com a celeridade que lhe é inerente.

Com relação aos prazos diferenciados para a Fazenda Pública e o Ministério Público do Trabalho, remetemos o leitor ao item 9.1.2.1.

6.3. Efeitos dos recursos

6.3.1. Efeito devolutivo

Estabelece o art. 899 da CLT que os recursos trabalhistas serão dotados, em regra, de efeito meramente devolutivo, sendo possível a execução provisória até a penhora.

Por meio do efeito devolutivo, a matéria impugnada pelo recorrente será reexaminada pelo órgão superior hierárquico. O efeito devolutivo devolve o exame da questão impugnada ao órgão superior.

Trata-se do brocardo latino *tantum devolutum quantum appellatum*. Em outras palavras, o Tribunal Regional deverá restringir-se ao que foi objeto no recurso interposto. É o próprio recorrente que delimitará a matéria que o órgão superior examinará no recurso.

Consiste, portanto, em devolver ao grau superior de jurisdição a análise do caso concreto.

Não obstante, o art. 9º da Lei 7.701/1988 e a Lei 10.192/2001, em seu art. 14, admitem que o Presidente do TST conceda efeito suspensivo ao recurso ordinário interposto em face de sentença normativa prolatada pelo TRT, pelo prazo improrrogável de 120 dias, contados da publicação, salvo se o recurso for julgado antes do término do prazo.

6.3.2. *Efeito devolutivo em profundidade*

Como se sabe, com o efeito devolutivo do recurso ordinário o Tribunal Regional deverá restringir-se ao que foi objeto no recurso ordinário.

O efeito devolutivo em profundidade, que se extrai do art. 1.013, § 1º, do CPC/2015, transfere ao Tribunal Regional, além da análise dos pedidos formulados no recurso, a análise de todos os fundamentos relacionados à matéria impugnada.

Sobre o tema é importante destacar a Súmula 393 do Tribunal Superior do Trabalho, com redação dada pela Resolução 208/2016:

> SÚMULA 393 – RECURSO ORDINÁRIO. EFEITO DEVOLUTIVO EM PROFUNDIDADE. ART. 1.013, § 1º, do CPC DE 2015. ART. 515, § 1º, DO CPC de 1973
>
> I – O efeito devolutivo em profundidade do recurso ordinário, que se extrai do § 1º do art. 1.013 do CPC de 2015 (art. 515, §1º, do CPC de 1973), transfere ao Tribunal a apreciação dos fundamentos da inicial ou da defesa, não examinados pela sentença, ainda que não renovados em contrarrazões, desde que relativos ao capítulo impugnado.
>
> *II – Se o processo estiver em condições, o tribunal, ao julgar o recurso ordinário, deverá decidir desde logo o mérito da causa, nos termos do § 3º do art. 1.013 do CPC de 2015, inclusive quando constatar a omissão da sentença no exame de um dos pedidos.*

6.3.3. *Efeito suspensivo*

O efeito suspensivo impede a produção imediata dos efeitos da decisão. Em outras palavras, podemos dizer que, uma vez interposto o recurso, dotado desse efeito, a execução da sentença ficará suspensa.

Recebido um recurso no efeito suspensivo, a decisão impugnada não poderá ser executada, devendo a parte interessada aguardar o julgamento do recurso pela instância superior.

Nos domínios do processo do trabalho, poderá ser atribuído efeito suspensivo às decisões das Turmas dos Tribunais do Trabalho no julgamento de processos coletivos, em conformidade com o art. 9º da Lei 7.701/1988.

Não obstante, em regra, os recursos trabalhistas possuem unicamente o efeito devolutivo, permitindo a execução provisória até a penhora, ou seja, não se admite o efeito suspensivo.

Caso a parte pretenda a obtenção de efeito suspensivo, deverá elaborar requerimento dirigido ao tribunal, ao relator ou ao presidente ou ao vice-presidente do tribunal recorrido, por aplicação subsidiária ao processo do trabalho do artigo 1.029, § 5º, do CPC de 2015, como ensina a parte final da Súmula 414, I, do TST.

6.3.4. *Efeito translativo*

Como vimos, o efeito devolutivo impede que o juízo profira julgamento além, aquém, ou fora do pedido formulado nas razões recursais.

No entanto, o sistema autoriza o juízo a decidir questões que não foram suscitadas nas razões recursais. São as matérias de ordem pública, que devem ser conhecidas de ofício pelo juiz.

Assim, o efeito translativo consiste na capacidade que o tribunal possui de avaliar matérias que não tenham sido objeto do recurso, por se tratar de matéria de ordem pública.

6.3.5. *Efeito substitutivo*

O efeito substitutivo dos recursos consiste na substituição da decisão recorrida pela decisão proferida em sede recursal. O efeito substitutivo faz com que a decisão do juízo *ad quem* substitua a decisão recorrida, nos termos do art. 1.008 do CPC/2015.

Assim, caso o recurso seja, ao menos, conhecido, independentemente de ser dado ou não provimento, opera-se o efeito substitutivo do recurso.

Dessa forma, havendo reforma da decisão de 1º grau, valerá o acórdão; caso não haja reforma, valerá a confirmação da sentença.

6.3.6. *Efeito extensivo*

O efeito extensivo ou expansivo se dá nos casos em que do julgamento do recurso se enseja decisão mais abrangente do que o reexame da matéria impugnada, que é o mérito do recurso. Terá aplicação na hipótese de litisconsórcio unitário, quando a decisão judicial deve ser uniforme para todos os litisconsortes, em conformidade com o art. 1.005 do CPC/2015.

6.3.7. *Efeito regressivo*

É aquele que possibilita a retratação ou reconsideração da decisão impugnada pelo mesmo juízo prolator da decisão. Esse efeito possui incidência no agravo de instrumento e no agravo regimental.

Ademais, a regra disposta no atual art. 485, § 7º, do CPC/2015 possibilita a retratação por parte do juiz recorrido prolator de decisão de extinção do processo sem resolução de mérito, norma que se mostra compatível com o sistema recursal trabalhista, devendo ser aplicada ao processo do trabalho, por força do art. 769 da CLT e art. 15 do CPC/2015, nos termos do art. 3º, VIII, da IN 39 TST.

6.4. Juízo de admissibilidade e pressupostos recursais

A admissibilidade da matéria impugnada no recurso está condicionada ao preenchimento de determinados pressupostos, conhecidos como requisitos de admissibilidade. Tais pressupostos dizem respeito tanto ao próprio recurso em si, conhecidos como pressupostos objetivos ou extrínsecos, e àqueles pressupostos ligados ao sujeito recorrente, os pressupostos subjetivos ou intrínsecos.

O não atendimento a esses pressupostos ensejará a inadmissibilidade ou não conhecimento do recurso, prejudicando a análise do seu mérito, ou seja, a análise da matéria impugnada.

Esse exame de admissibilidade será realizado em dois momentos distintos: perante o juízo *a quo*, quando da interposição do recurso e na chegada das contrarrazões recursais, e, num segundo momento, perante o juízo *ad quem*, realizado pelo Desembargador relator, quando o recurso for remetido para instância superior.

Importante lembrar que o relator poderá julgar monocraticamente o recurso, na forma do art. 932 do CPC/2015. É o que determina a Súmula 435 do TST:

> SÚMULA 435 TST - DECISÃO MONOCRÁTICA. RELATOR. ART. 932 DO CPC DE 2015. ART. 557 DO CPC DE 1973. APLICAÇÃO SUBSIDIÁRIA AO PROCESSO DO TRABALHO

Aplica-se subsidiariamente ao processo do trabalho o art. 932 do CPC de 2015 (art. 557 do CPC de 1973).

6.4.1. Pressupostos subjetivos ou intrínsecos

Dizem respeito à pessoa recorrente. São eles: legitimidade, capacidade e interesse.

6.4.1.1. Legitimidade

Em conformidade com o estabelecido no art. 996 do CPC/2015, o recurso pode ser apresentado pela parte vencida, qualquer terceiro prejudicado e, ainda, pelo Ministério Público naqueles processos em que figurar como parte ou em que atuar como fiscal da lei (*custos legis*), nos termos do art. 83, VI, da Lei Complementar 75/1993.

6.4.1.2. Capacidade

Não basta a parte ter legitimidade, é necessário que no momento da interposição do recurso ela seja plenamente capaz, isto é, deve encontrar-se no pleno exercício de suas capacidades mentais, observados os arts. 3º, 4º e 5º do Código Civil.

6.4.1.3. Interesse

Para se qualificar o interesse recursal, a parte deve demonstrar que o recurso é útil e necessário, sob pena de não ser conhecido. O interesse não significa mera sucumbência, mas sim o binômio necessidade e utilidade.

Suponha-se que em uma reclamação trabalhista o reclamado conteste o pedido alegando prescrição (matéria que extingue o processo com resolução do mérito e que impede que o reclamante ingresse com nova reclamação trabalhista), o juiz do trabalho extinga o processo por qualquer das hipóteses previstas no art. 485 do CPC/2015, ou seja, sem resolução do mérito (o que permite ao reclamante o ajuizamento de nova reclamação trabalhista). Nesse caso, mesmo não sendo perdedor da reclamação, há interesse recursal objetivando uma decisão de mérito, o que impedirá a propositura de nova ação.

6.4.2. Pressupostos objetivos ou extrínsecos

Os pressupostos objetivos ou extrínsecos dizem respeito a aspectos dos recursos em si. São eles: representação, recorribilidade do ato, adequação, tempestividade e preparo.

6.4.2.1. Representação

Na Justiça do Trabalho admite-se o *jus postulandi*, nos termos do art. 791 da CLT, sendo facultado às partes a contratação de advogados. Nessa linha, estando as partes assistidas por advogados, deverá este estar regularmente representado através de instrumento de mandato (procuração).

Na Justiça do Trabalho admite-se o mandato tácito, constituído por meio da procuração *apud acta*, que é aquela constituída na própria ata da audiência.

Os tribunais não admitem o recurso apócrifo, ou seja, aquele que não possui assinatura. Todavia, constatada a total falta de assinatura no recurso, ou seja, ausência de assinatura na peça de interposição e na peça de razões recursais, deverá o relator conceder prazo de 5 dias para regularização, sob pena de o recurso não ser admitido. Contudo, havendo ao menos assinatura na peça de interposição do recurso ou nas razões recursais, o recurso será considerado válido, em conformidade com a Orientação Jurisprudencial 120 da SDI 1 do TST.

> Orientação Jurisprudencial 120 da SDI 1 do TST - RECURSO. ASSINATURA DA PETIÇÃO OU DAS RAZÕES RECURSAIS. ART. 932, PARÁGRAFO ÚNICO, DO CPC DE 2015.
>
> I - Verificada a total ausência de assinatura no recurso, o juiz ou o relator concederá prazo de 5 (cinco) dias para que seja sanado o vício. Descumprida a determinação, o recurso será reputado inadmissível (art. 932, parágrafo único, do CPC de 2015).
>
> II - É válido o recurso assinado, ao menos, na petição de apresentação ou nas razões recursais.

E, ainda:

> SÚMULA 383 TST - RECURSO. MANDATO. IRREGULARIDADE DE REPRESENTAÇÃO. CPC DE 2015, ARTS. 104 E 76, § 2º
>
> I - É inadmissível recurso firmado por advogado sem procuração juntada aos autos até o momento da sua interposição, salvo mandato tácito. Em caráter excepcional (art. 104 do CPC de 2015), admite-se que o advogado, independentemente de intimação, exiba a procuração no prazo de 5 (cinco) dias após a interposição do recurso, prorrogável por igual período mediante despacho do juiz. Caso não a exiba, considera-se ineficaz o ato praticado e não se conhece do recurso.
>
> II - Verificada a irregularidade de representação da parte em fase recursal, em procuração ou substabelecimento já constante dos autos, o relator ou o órgão competente para julgamento do recurso designará prazo de 5 (cinco) dias para que seja sanado o vício. Descumprida a determinação, o relator não conhecerá do recurso, se a providência couber ao recorrente, ou determinará o desentranhamento das contrarrazões, se a providência couber ao recorrido (art. 76, § 2º, do CPC de 2015).

Em ambas súmulas podemos notar que a orientação do TST é sempre no sentido de tentar preservar ao máximo a tutela jurisdicional, na medida em que antes de não conhecer do recurso ou do próprio ato da parte, o magistrado deverá se ater a sua regularização, concedendo um prazo razoável de 5 dias para isso.

6.4.2.2. Recorribilidade do ato

O ato deve ser recorrível. Os atos do juiz, nos termos dos arts. 203 e 204 do CPC/2015 compreendem: despachos, decisões interlocutórias e sentenças, compreendidos, nessas últimas, os acórdãos.

Os despachos são irrecorríveis dada sua natureza, por não possui caráter decisório. Já as decisões interlocutórias, nos domínios do processo do trabalho, salvo as exceções previstas na Súmula 214 do TST, são irrecorríveis de imediato. Portanto, salvo as exceções que admitem recurso contra decisão interlocutória, os atos recorríveis na Justiça do Trabalho são sentenças e acórdãos.

Dessa forma, não sendo o ato judicial passível de impugnação via recursal, este não será conhecido por ausência desse pressuposto.

6.4.2.3. Adequação

Não basta que o ato seja recorrível, o recurso utilizado deve estar em conformidade com a decisão, ou seja, para cada ato processual há um recurso adequado e próprio para atacá-lo.

No entanto, existe a possibilidade de o órgão julgador conhecer de um recurso inadequadamente interposto por outro previsto em lei. Trata-se do princípio da fungibilidade que será aplicado desde que vislumbrados 3 requisitos: a) inexistência de erro grosseiro; b) dúvida na doutrina ou jurisprudência quanto ao recurso apto a reformar certa decisão judicial; c) o recurso erroneamente interposto deve obedecer ao prazo do recurso adequado.

6.4.2.4. Tempestividade

O recurso deve ser interposto no prazo legal, sob pena de não ser conhecido por intempestividade. Vale lembrar que, em regra, os recursos trabalhistas possuem prazo unificado de 8 (oito) dias, salvo os embargos de declaração cujo prazo é de 5 (cinco), recurso extraordinário para o STF, com prazo de 15 (quinze) dias, e o pedido de revisão do valor da causa, existente nos dissídios de alçada, com prazo de 48 horas.

A Lei 11.419/2006, que dispõe sobre a informatização do processo judicial, no seu art. 3º admite a interposição de recurso por meio eletrônico. Nos termos da lei, será considerado tempestivo o recurso enviado até as 24 horas do último dia do prazo.

O próprio TST por meio da Súmula 434 chegou a sustentar que o recurso interposto antes da publicação do acórdão seria considerado extemporâneo e, portanto, não seria conhecido.

Contudo, por meio da resolução 198/2015 o TST cancelou a Súmula 434 passando a admitir, inclusive sob o fundamento da ampla defesa, a interposição de recurso antes mesmo de aberto o prazo recursal.

Nessa linha o STF já havia proferido decisão em processo criminal em julgamento dos embargos de declaração no *Habeas Corpus* 101.132 – Maranhão, entendeu que o recurso interposto antes da publicação da sentença deve ser considerado tempestivo.

6.4.2.5. Preparo

Para o preenchimento desse pressuposto, exige-se que o recorrente recolha as custas e, em se tratando da reclamada, efetue o depósito recursal, sob pena do recurso ser considerado deserto.

6.4.2.5.1. Custas

As custas correspondem ao pagamento das despesas com porte de remessa e retorno dos autos e as despesas postais e serão pagas pelo vencido após o trânsito em julgado da decisão.

Deverão ser recolhidas nas instituições financeiras integrantes da Rede Arrecadadora de Receitas Federais, bastando, conforme entendimento do TST, que seja utilizada a guia correta (DARF) e o código correto para cada caso.

Nessa linha, ensina o § 1º do art. 789 da CLT que, no caso de recurso, as custas serão pagas e comprovado o recolhimento dentro do prazo recursal.

As custas serão pagas pelo recorrente, seja o empregado, seja o empregador.

Em se tratando de recorrente o *empregador*, caso queira interpor recurso deverá pagar as custas processuais nos casos de sentença de total procedência ou de procedência em parte.

Vale lembrar que os benefícios da justiça gratuita podem ser concedidos às pessoas jurídicas, desde que comprovem a situação de miserabilidade, o que pode ser feito por meio de seus balanços contábeis. Concedidos os benefícios da justiça gratuita pelo Juiz do Trabalho, a empresa estará isenta do pagamento das custas.

Já o *empregado* apenas pagará as custas nos casos de total improcedência da ação ou se o processo for extinto sem resolução do mérito. O empregado estará isento do pagamento das custas caso tenha os benefícios da justiça gratuita, que poderão ser deferidos pelo Juiz do Trabalho, desde que requeridos pelo reclamante.

Além dos beneficiários de justiça gratuita, são isentos do pagamento de custas a União, os Estados, o Distrito Federal, os Municípios, as respectivas autarquias e fundações públicas federais, estaduais ou municipais que não explorem atividade econômica e o Ministério Público do Trabalho e os correios.

Vale ressaltar, todavia, que essa isenção não alcança as entidades fiscalizadoras do exercício profissional (por exemplo, OAB, CREA) e, inclusive, as empresas em liquidação extrajudicial, orientação que consta na parte final da Súmula 86 do TST.

Os privilégios e isenções não abrangem, ainda, as sociedades de economia mista e as empresas públicas, em conformidade com o art. 173, § 2º, da CF e Súmula 170 do TST.

O TST consubstanciou entendimento na Súmula 86 no sentido de que não ocorre deserção de recurso da massa falida por falta de pagamento de custas ou de depósito do valor da condenação.

As custas serão calculadas à base de 2% (dois por cento), observado o mínimo de R$ 10,64 (dez reais e sessenta e quatro centavos) e o máximo de quatro vezes o limite máximo dos benefícios do Regime Geral de Previdência Social, da seguinte forma:

a) em processos em que houver acordo ou condenação, sobre esse valor;

b) para ações extintas sem apreciação do mérito ou de total improcedência, sobre o valor da causa;

c) em sentenças de procedência em ações declaratórias ou constitutivas, sobre o valor da causa;

d) sentenças com valores indeterminados, sobre o valor que o juiz fixar na sentença.

6.4.2.5.2. Depósito recursal

O depósito recursal não possui natureza jurídica de taxa de recurso, mas sim de garantia do juízo recursal, que pressupõe decisão condenatória ou executória de obrigação de pagamento em pecúnia, com valor líquido ou arbitrado. Consequentemente, o depósito recursal apenas será devido pelo empregador que queira interpor recurso.

Verifica-se, portanto, que dada sua natureza jurídica somente é exigido quando houver condenação em dinheiro, em conformidade com a Súmula 161 do TST. Desta maneira, dada a natureza constitutiva ou declaratória do dissídio coletivo, não se exige o depósito recursal nesse tipo de ação.

O depósito recursal será feito em conta vinculada ao juízo e corrigido com os mesmos índices da poupança, em conformidade com o art. 899, § 4º, da CLT, e comprovado seu recolhimento no prazo alusivo ao recurso, nos termos da Súmula 245 do TST,podendo ser substituído por fiança bancária ou seguro garantia judicial, art. 899, § 11, da CLT.

É importante frisar que uma vez depositado o valor total da condenação, nenhum depósito será exigido nos recursos das decisões posteriores, salvo se o valor da condenação vier a ser ampliado.

Havendo acréscimo ou redução da condenação em grau de recurso, o juízo prolator da decisão arbitrará novo valor à condenação, quer para a exigibilidade de depósito ou complementação do valor já depositado, para o caso de novo recurso, quer para liberação do valor excedente decorrente da nova decisão.

A Instrução Normativa 3 do TST dispõe em seu item V que: "nos termos do § 3º do art. 40 (da Lei 8.177/1991), não é exigido depósito para recurso ordinário interposto, eis que a regra aludida atribui apenas valor ao recurso, com efeitos limitados, portanto, ao das custas processuais" (destaque nosso).

Sobre depósito recursal é imprescindível a leitura da Súmula 128 do TST.

SÚMULA 128 TST – DEPÓSITO RECURSAL.

I – É ônus da parte recorrente efetuar o depósito legal, integralmente, em relação a cada novo recurso interposto, sob pena de deserção. Atingido o valor da condenação, nenhum depósito mais é exigido para qualquer recurso.

II – Garantido o juízo, na fase executória, a exigência de depósito para recorrer de qualquer decisão viola os incisos II e LV do art. 5º da CF/1988. Havendo, porém, elevação do valor do débito, exige-se a complementação da garantia do juízo.

III – Havendo condenação solidária de duas ou mais empresas, o depósito recursal efetuado por uma delas aproveita as demais, quando a empresa que efetuou o depósito não pleiteia sua exclusão da lide.

O valor do depósito recursal será reduzido pela metade para entidades sem fins lucrativos, empregadores domésticos, microempreendedores individuais, microempresas e empresas de pequeno porte.

São isentos do depósito recursal os beneficiários da justiça gratuita, as entidades filantrópicas e as empresas em recuperação judicial.

6.4.2.5.2.1 Insuficiência no valor do preparo do recurso

Nos termos do art. 10 da IN 39/2016 do TST aplicam-se ao Processo do Trabalho as normas do parágrafo único do art. 932 do CPC, §§ 1º a 4º do art. 938 e ainda os §§ 2º e 7º do art. 1007. Em outras palavras, antes de considerar inadmissível o recurso, o relator concederá o prazo de 5 (cinco) dias ao recorrente para que seja sanado vício ou complementada a documentação exigível.

Assim, a insuficiência no valor do preparo, inclusive porte de remessa e de retorno, implicará deserção do recurso caso o recorrente, devidamente intimado, não vier a supri-lo no prazo de 5 (cinco) dias.

Nos domínios do processo do trabalho, seguindo a orientação do TST a norma em apreço se aplica às custas e ao depósito recursal.

Nessa linha, o TST por meio da OJ 140 da SDI 1 firmou entendimento:

OJ 140 SDI 1 TST – DEPÓSITO RECURSAL E CUSTAS PROCESSUAIS. RECOLHIMENTO INSUFICIENTE. DESERÇÃO

Em caso de recolhimento insuficiente das custas processuais ou do depósito recursal, somente haverá deserção do recurso se, concedido o prazo de 5 (cinco) dias previsto no § 2º do art. 1.007 do CPC de 2015, o recorrente não complementar e comprovar o valor devido.

Assim, caso os valores das custas ou do depósito recursal sejam insuficientes, antes de não conhecer do recurso por deserção, deverá intimar a parte para complementação no prazo de 5 dias.

6.5. Recursos em espécie

6.5.1. *Embargos de declaração*

Previstos no art. 897-A da CLT e nos arts. 1.022 e seguintes do CPC/2015, aplicados subsidiariamente, são cabíveis, no prazo de 5 (cinco) dias, para impugnar quaisquer decisões, leia-se: decisões interlocutórias, sentenças, acórdãos e decisões monocráticas, quando for verificada a ocorrência de omissão, contradição ou obscuridade, ou ainda, para corrigir erro material

Os erros materiais, entendidos como aqueles que podem ser percebidos facilmente, por qualquer pessoa, sem a necessidade de interpretação de qualquer conceito, poderão ser corrigidos de ofício ou a requerimento de qualquer das partes, que o farão por meio de embargos de declaração.

Vale frisar que os embargos de declaração não estão sujeitos ao juízo de admissibilidade recursal, sendo essa uma das razões pelas quais se discute sua natureza jurídica. A doutrina dominante sustenta possuir natureza de recurso.

Além de serem opostos contra decisões omissas, contraditórias e obscuras, hipóteses em que será requerido o esclarecimento ou complementação do julgado, admite-se a oposição de embargos de declaração para a obtenção de efeito modificativo do julgado, em casos de omissão, contradição ou, ainda, manifesto equívoco no exame dos pressupostos de admissibilidade dos recursos.

Admite-se, ainda, a oposição de embargos de declaração para fins de prequestionamento para os recursos de revista, embargos no TST e recurso extraordinário.

6.5.1.1. *Efeito interruptivo*

A oposição de embargos de declaração interrompe o prazo para a propositura de outros recursos para ambas as partes, em conformidade com o art. 1.026 do CPC/2015.

Vale destacar que apenas quando conhecidos os embargos de declaração interrompem o prazo recursal. Nessa linha, dispõe o art. 1.026, § 2º, do CPC/2015, que, quando manifestamente protelatórios os embargos de declaração, o juiz ou o tribunal, declarando que o são, condenará o embargante a pagar ao embargado multa não excedente de 2% (dois por cento) sobre o valor atualizado da causa. Na reiteração de embargos protelatórios, a multa é elevada até 10% (dez por cento), ficando condicionada a interposição de qualquer outro recurso ao depósito do valor respectivo, art. 1.026, § 3º, CPC/2015.

6.5.1.2. *Efeito modificativo*

O efeito modificativo ou efeito infringente, como também é chamado, consiste no pedido de procedência dos embargos que acarretará não apenas a complementação ou o aclaramento da decisão, mas também, e principalmente, a reforma do ato judicial embargado.

É importante destacar que, em regra, não há a oposição de "contrarrazões" ou "manifestação" aos embargos de declaração. Porém, determina o art. 897-A, § 2º, da CLT que eventual efeito modificativo dos embargos de declaração somente poderá ocorrer em virtude da correção de vício na decisão embargada e intimação da parte contrária que deverá ser ouvida no prazo de 5 (cinco) dias, sob pena de nulidade. Na mesma linha, determina o art. 1.023, § 2º, do CPC/2015, aplicável de forma supletiva e subsidiária do CPC ao Processo do Trabalho, nos termos do art. 15 CPC/2015 e art. 769 da CLT.

Importante lembrar que até o início de dezembro de 2016 prevalecia no TST o entendimento, não havia necessidade de manifestação da parte contrária quando se tratar de embargos de declaração opostos contra sentença, em razão do efeito devolutivo amplo próprio do recurso ordinário, havendo necessidade de intimação da parte contrária para manifestação, somente quando se tratar de embargos de declaração opostos contra acórdão.

Contudo, para se adequar à aplicação supletiva e subsidiária do CPC ao processo do trabalho e em obediência ao princípio do contraditório que foi valorizado pelo CPC/2015, bem como com a finalidade de evitar decisões surpresas, por meio da Resolução 214/2016 o TST reviu seu entendimento no sentido que o juiz deverá intimar o embargado para, querendo, manifestar-se, no prazo de 5 (cinco) dias, sobre os embargos opostos, caso seu eventual acolhimento implique a modificação da decisão embargada, não apenas quanto ao acórdão, mas sim de qualquer decisão judicial.

Dispõe a OJ 142 da SDI 1 do TST, com a redação dada pela resolução 214/2016:

> ORIENTAÇÃO JURISPRUDENCIAL 142 SDI 1 TST – EMBARGOS DE DECLARAÇÃO. EFEITO MODIFICATIVO. VISTA PRÉVIA À PARTE CONTRÁRIA
>
> É passível de nulidade decisão que acolhe embargos de declaração com efeito modificativo sem que seja concedida oportunidade de manifestação prévia à parte contrária.

6.5.1.3. *Embargos de declaração com fins de prequestionamento*

O prequestionamento é um pressuposto recursal específico dos recursos de natureza extraordinária, ou seja, aqueles recursos que não se prestam para o exame de matérias fáticas, mas apenas para questões de direito, como no caso do recurso de revista, embargos no TST e recurso extraordinário para o STF.

Prequestionamento é a efetiva apreciação de uma matéria pelo órgão julgador. Nos termos da Súmula 297, item I, do TST, diz-se prequestionada a matéria ou questão quando na decisão impugnada haja sido adotada, explicitamente, tese a respeito.

Nessa linha, admite-se a oposição de embargos de declaração para prequestionamento de matéria não apreciada na decisão, objetivando-se futura interposição de recurso de natureza extraordinária.

Sobre o tema, cabe trazer a Súmula 98 do STJ:

> SÚMULA 98 STJ – Embargos de declaração manifestados com notório propósito de prequestionamento não tem caráter protelatório.

A respeito do prequestionamento para os recursos de natureza extraordinária, é importante destacar o entendimento consubstanciado na Orientação Jurisprudencial 62 da SDI 1 do TST, que diz ser necessário o prequestionamento como pressuposto de admissibilidade em recurso de natureza extraordinária, ainda que se trate de incompetência absoluta.

Contudo, havendo tese explícita sobre a matéria, na decisão recorrida, é desnecessário que contenha nela referência expressa do dispositivo legal para ter-se como prequestionado. É o que dispõe a Orientação Jurisprudencial 118 da SDI 1 do TST.

6.5.1.4. *Embargos de declaração por manifesto equívoco no exame dos pressupostos extrínsecos do recurso*

Como se sabe, os recursos passam, em regra, por dois juízos de admissibilidade. O primeiro exercido pelo juiz que proferiu a decisão (juízo *a quo*), e o segundo exercido pelo juízo a quem o recurso é dirigido (juízo *ad quem*).

Não obstante sejam feitos esses dois juízos de admissibilidade para os recursos, pode ocorrer de um recurso ser recebido após os exames de admissibilidade e, ao ser levado a julgamento pela turma, não ser conhecido. Em outras palavras, pode o Tribunal em decisão colegiada não conhecer de um recurso.

Nessa linha, caso o Tribunal profira decisão (acórdão) não conhecendo do recurso por manifesto equívoco no exame de seus pressupostos extrínsecos (recorribilidade do ato, representação, adequação, tempestividade e preparo), ela será impugnável via embargos de declaração.

Imagine a seguinte hipótese: em uma reclamação trabalhista foi indeferido o processamento de um recurso ordinário interposto pelo reclamante, o que motivou a interposição de recurso de agravo de instrumento. Todavia, o último dia do prazo para a interposição do referido agravo de instrumento coincidiu com o dia 25 de janeiro, feriado municipal na cidade de São Paulo, devidamente demonstrado no recurso (veja Súmula 385 do TST), de modo que o agravo de instrumento somente foi apresentado no dia seguinte, ou seja, 26 de janeiro. Depois de ultrapassados os juízos de admissibilidade, a Turma do Tribunal Regional proferiu decisão, não se recordando, por lapso, da existência do feriado municipal no dia 25 de janeiro, que considerou o agravo de instrumento intempestivo e dele não conheceu.

Nesse caso, o recurso cabível é o recurso de embargos de declaração, com pedido de efeito modificativo, nos termos do art. 897-A, da CLT, pelo manifesto equívoco do julgado no exame dos pressupostos extrínsecos do recurso de agravo de instrumento.

6.5.1.5. *Embargos de declaração de decisão monocrática*

Como vimos, caberão embargos de declaração contra decisão monocrática proferida pelo relator.

Nesse sentido, ensina a Súmula 421 do TST:

> SÚMULA 421 TST – EMBARGOS DE DECLARAÇÃO. CABIMENTO. DECISÃO MONOCRÁTICA DO RELATOR CALCADA NO ART. 932 do CPC/2015. ART. 557 DO CPC de 1973.

I – Cabem embargos de declaração da decisão monocrática do relator prevista no art. 932 do CPC de 2015 (art. 557 do CPC de 1973), se a parte pretende tão somente juízo integrativo retificador da decisão e, não, modificação do julgado.

II – Se a parte postular a revisão no mérito da decisão monocrática, cumpre ao relator converter os embargos de declaração em agravo, em face dos princípios da fungibilidade e celeridade processual, submetendo-o ao pronunciamento do Colegiado, após a intimação do recorrente para, no prazo de 5 (cinco) dias, complementar as razões recursais, de modo a ajustá-las às exigências do art. 1.021, § 1º, do CPC de 2015.

6.5.2. Recurso ordinário

Previsto no art. 895 da CLT, o recurso ordinário é cabível não somente de sentenças, sendo possível, também, sua interposição contra acórdãos proferidos pelos TRTs em sua competência originária, tanto nos dissídios individuais, em ação rescisória, por exemplo, como nos dissídios coletivos.

De acordo com a redação do art. 895 consolidado, o recurso ordinário é cabível das decisões definitivas (processos extintos com resolução do mérito) e decisões terminativas (extintos sem a resolução do mérito). Assim, havendo indeferimento da petição inicial pela ausência das condições da ação será possível a interposição de recurso ordinário.

Como se sabe, as decisões interlocutórias são irrecorríveis de imediato, em conformidade com o art. 893, § 1º, da CLT.

Todavia, as decisões interlocutórias terminativas de feito admitem interposição de recurso ordinário. É o que ocorre na decisão do juiz que declara a incompetência absoluta da Justiça do Trabalho e determina a remessa dos autos à Justiça Comum, em conformidade com o art. 799, § 2º, da CLT. Outra hipótese de interposição de recurso ordinário em face de uma decisão interlocutória encontra-se prevista na Súmula 214, item "c", do TST, que se refere à decisão que acolhe exceção de incompetência territorial, com a remessa dos autos para Tribunal Regional distinto daquele a que se vincula o juízo excepcionado.

Com relação ao recurso ordinário interposto nas reclamações que tramitam sob o procedimento sumaríssimo, vale lembrar que uma vez recebido no Tribunal ele deverá ser imediatamente distribuído, devendo o relator liberá-lo no prazo máximo de 10 (dez) dias e a secretaria do Tribunal ou Turma deverá colocá-lo imediatamente na pauta para julgamento, sem revisor.

O membro do Ministério Público do Trabalho presente à sessão de julgamento, se entender necessário, promoverá parecer oral com registro na certidão de julgamento.

Como visto, no âmbito processual trabalhista os recursos não possuem, como regra, o efeito suspensivo, pois são dotados unicamente de efeito devolutivo. No entanto, para a obtenção de efeito suspensivo o TST admite, por meio da Súmula 414, I, parte final, requerimento dirigido ao tribunal, ao relator ou ao presidente ou ao vice-presidente do tribunal recorrido, por aplicação subsidiária ao processo do trabalho do artigo 1.029, § 5º, do CPC de 2015

SÚMULA 414 TST – MANDADO DE SEGURANÇA. ANTECIPAÇÃO DE TUTELA (OU LIMINAR) CONCEDIDA ANTES OU NA SENTENÇA

I – A tutela provisória concedida na sentença não comporta impugnação pela via do mandado de segurança, por ser impugnável mediante recurso ordinário. É admissível a obtenção de efeito suspensivo ao recurso ordinário mediante requerimento dirigido ao tribunal, ao relator ou ao presidente ou ao vice-presidente do tribunal recorrido, por aplicação subsidiária ao processo do trabalho do artigo 1.029, § 5º, do CPC de 2015.

6.5.2.1. Processamento

O recurso será elaborado por meio de duas peças. A primeira delas é a peça de interposição do recurso, que será endereçada ao juízo que proferiu a decisão, ou seja, ao juízo *a quo*, qualificando o recorrente, indicando o endereço do seu procurador, manifestando o interesse em recorrer, requerendo o envio do recurso ao tribunal competente e demonstrando o pagamento das custas e depósito recursal, quando necessários; a segunda peça consiste nas razões recursais, que serão dirigidas ao juízo hierarquicamente superior àquele que proferiu a decisão, o juízo *ad quem*.

Interposto o recurso no juízo *a quo*, promoverá este o 1º juízo de admissibilidade, examinando a presença de todos os pressupostos recursais. Feito o exame e constatada a inobservância de um dos pressupostos recursais, será negado seguimento ao recurso, hipótese em que poderá ser interposto agravo de instrumento. Conhecido o recurso, deverá o juiz conceder prazo para apresentação de contrarrazões ao recurso ordinário. Recebida as contrarrazões, o juízo *a quo* poderá proceder outro exame de admissibilidade do recurso, podendo, inclusive, reconsiderar a decisão que o admitiu e dele não conhecendo.

Mantida a decisão, os autos serão remetidos ao Tribunal superior, o juízo *ad quem*. Lá, após parecer do Ministério Público do Trabalho quando necessário, o recurso será distribuído a um juiz relator que fará o 2º juízo de admissibilidade, podendo conhecer ou não do recurso. Após a vista do juiz relator, o recurso será enviado ao juiz revisor e, em seguida, será colocado em pauta para julgamento.

No julgamento, após a leitura do relatório os advogados do recorrente e do recorrido poderão efetuar sustentação oral. Após a sustentação oral o recurso será submetido a julgamento, votando o relator, o revisor e os demais juízes.

Nas causas sujeitas ao procedimento sumaríssimo, o processo será imediatamente distribuído ao juiz relator, sem revisor, podendo o Ministério Público do Trabalho, caso entenda pertinente, emitir parecer oral na própria audiência de julgamento. Após a leitura do relatório os advogados poderão realizar sustentação oral e em seguida será realizado o julgamento.

6.5.3. Agravo de instrumento

Previsto no art. 897, "b", da CLT, o agravo de instrumento é cabível, no prazo de 8 (oito) dias, para impugnar os despachos proferidos pelo juízo *a quo* no 1º juízo de admissibilidade recursal que negarem seguimento a recursos. Assim, cabe agravo de instrumento em face de decisões que negarem seguimento a recurso ordinário, recurso de revista, recurso adesivo, agravo de petição, recurso extraordinário e, inclusive, ao próprio agravo de instrumento, no 1º juízo de admissibilidade.

No entanto, negado seguimento ao recurso de embargos no TST, não será cabível agravo de instrumento, mas sim agravo regimental.

O agravo de instrumento será processado em autos apartados e deverá ser interposto perante o juízo que não conheceu do recurso, admitindo-se o juízo de retração. Assim, interposto o agravo de instrumento, o juiz poderá reconsiderar a decisão agravada, conhecendo do recurso principal, remetendo-o à instância superior para sua apreciação.

Sendo mantida a decisão, o juiz deverá intimar o agravado para apresentação das contrarrazões ao agravo de instrumento e ao recurso principal, nos termos do art. 897, § 6º, da CLT.

A Lei 12.275, de 29 de junho de 2010, trouxe uma novidade nas regras de interposição do agravo de instrumento na esfera trabalhista.

A Lei em questão incluiu o § 7º no art. 899 da CLT, criando a necessidade de depósito recursal para a interposição de agravo de instrumento, restrito ao Judiciário Trabalhista, o que exclui, por óbvio, o agravo de instrumento em recurso extraordinário, que tem disciplina própria, conforme art. 1.042 do CPC/2015, e arts. 321 a 329 do Regimento Interno do Supremo Tribunal Federal.

Por meio do dispositivo legal, *no ato* de interposição do agravo de instrumento, a parte agravante deverá efetuar o depósito recursal, que corresponderá a 50% (cinquenta por cento) do valor do depósito do recurso ao qual se pretende destrancar. Nota-se que o citado dispositivo legal utiliza-se do termo "no ato", o que obriga a parte recorrente recolher e comprovar o recolhimento do depósito recursal no ato de interposição do recurso, o que afasta a aplicação da Súmula 245 do TST no presente recurso.

No entanto, o § 8º do mesmo dispositivo, de acordo com a redação dada pela Lei 13.015/2014 quando o agravo de instrumento tiver a finalidade de destrancar recurso de revista que se insurge contra decisão que contraria a jurisprudência uniforme do TST, consubstanciada nas suas súmulas ou em orientação jurisprudencial, não haverá obrigatoriedade de se efetuar o depósito suprarreferido.

O agravo de instrumento será julgado pelo Tribunal que seria competente para conhecer do recurso trancado, em conformidade com o art. 897, § 4º, da CLT. Portanto, primeiramente o Tribunal apreciará o agravo de instrumento e, entendendo por seu provimento, passará a julgar o recurso principal.

Em conformidade com o art. 1º da IN 40/2016 do TST admitido apenas parcialmente o recurso de revista, constitui ônus da parte impugnar, mediante agravo de instrumento, o capítulo denegatório da decisão, sob pena de preclusão. Com isso, o TST cancelou sua Súmula 285 que determinava imprópria a interposição de agravo de instrumento nessa hipótese.

6.5.3.1. Processamento

Diferente do processo civil, em que o agravo de instrumento é interposto diretamente no Tribunal, nos domínios do processo do trabalho deverá ser interposto no juízo *a quo*, na medida em que se admite a retratação do juízo.

As partes, agravante e agravado, deverão instruir a petição do agravo de instrumento e suas contrarrazões com as peças necessárias para o julgamento de ambos os recursos.

Nos exatos termos do art. 897, § 5º, da CLT, sob pena de não conhecimento, as partes promoverão a formação do instrumento do agravo de modo a possibilitar, caso provido, o imediato julgamento do recurso denegado, instruindo a petição de interposição obrigatoriamente com cópias da decisão agravada, da certidão da respectiva intimação, das procurações outorgadas aos advogados do agravante e do agravado, da petição inicial, da contestação, da decisão originária, da comprovação do depósito recursal e do recolhimento das custas, e facultativamente, com aquelas peças que entenderem necessárias para o julgamento do apelo.

O agravo de instrumento possui efeito devolutivo, limitando-se a matéria que será analisada pelo juízo *ad quem* à validade ou não da decisão denegatória do recurso. Desta forma, somente se o agravo de instrumento for provido poderá o Tribunal examinar o recurso que foi trancado.

Todavia, por não possuir efeito suspensivo, o meio adequado para obtenção desse efeito é o pedido de tutela provisória cautelar proposta perante o órgão competente para julgar o recurso, desde que demonstrado o *fumus boni iuris* e o *periculum in mora*.

6.5.4. Agravo de petição

Previsto no art. 897, "a", da CLT, o agravo de petição é o recurso cabível, no prazo de 8 (oito) dias, em face das decisões do Juiz do Trabalho proferidas na fase de execução de sentença. Desta forma, não existe agravo de petição na fase de conhecimento.

Embora o texto da lei não especifique qual tipo de decisão poderá ser impugnável, a doutrina dominante sustenta que somente decisões definitivas (art. 487 do CPC/2015) ou terminativas de feito (art. 485 do CPC/2015) podem ser impugnadas via agravo de petição. Essa doutrina se baseia no princípio da irrecorribilidade imediata das decisões interlocutórias, que não admite a imediata interposição de recurso contra essas decisões.

No entanto, admite-se a interposição de agravo de petição contra decisão interlocutória, desde que terminativa de feito. Admitir-se o agravo de petição contra qualquer decisão interlocutória, apenas por ter sido proferida na fase de execução de sentença, afrontaria o princípio da irrecorribilidade imediata das decisões interlocutórias, disciplinada no art. 893, § 1º, da CLT, que tem como finalidade garantir maior celeridade processual. Desta forma, as decisões interlocutórias, que não sejam terminativas de feito, estão sujeitas ao apelo no momento processual adequado por meio dos embargos à execução.

Ademais, o art. 855-A, § 1º, II, da CLT determina que a decisão interlocutória que acolher ou rejeitar o incidente de desconsideração da personalidade jurídica proferida na fase de execução, independentemente de garantia do juízo, será recorrível de imediato via agravo de petição. No entanto, caso a decisão ocorra na fase cognitiva, não ensejará a interposição de recurso imediato, nas linhas do art. 893, § 1º, CLT.

6.5.4.1. Delimitação de matérias e valores

O art. 897, § 1º, da CLT traz em seu bojo um requisito especial de admissibilidade do agravo de petição. Trata-se da delimitação de matérias e valores.

Dispõe o art. 897, § 1º, da CLT:

> **Art. 897** (...)
>
> § 1º – O agravo de petição só será recebido quando o agravante delimitar, justificadamente, as matérias e os valores impugnados, permitida a execução imediata da parte remanescente até o final, nos próprios autos ou por carta de sentença.

Desse modo, para que o recurso seja admitido, deverá o agravante delimitar as matérias impugnadas e os valores controversos, a fim de que se proceda a execução definitiva da parte não impugnada.

Nesse sentido, vale trazer à baila o entendimento cristalizado na Súmula 416 do TST:

SÚMULA 416 TST – MANDADO DE SEGURANÇA. EXECUÇÃO. LEI 8.432/1992. ART. 897, § 1º, DA CLT. CABIMENTO

Devendo o agravo de petição delimitar justificadamente a matéria e os valores objeto de discordância, não fere direito líquido e certo o prosseguimento da execução quanto aos tópicos e valores não especificados no agravo.

6.5.4.2. *Processamento*

Deverá ser interposto no prazo de 8 (oito) dias na vara do trabalho em que estiver tramitando a execução. O recurso consiste na peça de interposição, bem como as razões recursais, não se esquecendo da delimitação de matérias e valores.

Para a interposição não há o requisito do preparo, na medida em que as custas serão pagas apenas ao final do processo, nos termos do art. 789-A, IV, da CLT. Já o depósito recursal somente será exigido caso a execução não esteja devidamente garantida.

Nesse sentido é a súmula 128, II, do TST:

SÚMULA 128 TST (...)

II – Garantido o juízo, na fase executória, a exigência de depósito para recorrer de qualquer decisão viola os incisos II e LV do art. 5º da CF/1988. Havendo, porém, elevação do valor do débito, exige-se a complementação da garantia do juízo.

6.5.5. *Agravo regimental*

O agravo regimental encontra-se previsto no art. 709, § 1º, da CLT, na Lei 7.701/1988 e, ainda, nos regimentos internos dos Tribunais Regionais e do Tribunal Superior do Trabalho.

O agravo regimental é cabível em face das decisões monocráticas dos juízes relatores dos Tribunais Regionais ou do Tribunal Superior do Trabalho que negarem seguimento a recursos no 2º juízo de admissibilidade. Admite-se, outrossim, nos termos do art. 894, § 4º, da CLT, redação dada pela Lei 13.015/2014, a interposição do agravo regimental em face da decisão denegatória dos embargos. E, por último, como ensina Renato Saraiva (*Curso de Direito Processual do Trabalho*. 4. ed. São Paulo: Método, 2007. p. 492), admite-se o agravo regimental para o "reexame pelo tribunal das decisões monocráticas proferidas por seus próprios juízes (...)"

O prazo para interposição do agravo regimental varia de acordo com o regimento interno de cada Tribunal, que, de modo geral, fixam o prazo de cinco dias para sua interposição. No TST, de acordo com o art. 235 de seu regimento interno, o prazo é de 8 dias para a interposição do agravo regimental para o Tribunal Pleno.

O TST admite, em observância ao princípio da fungibilidade, o recebimento de recurso ordinário como agravo regimental, como ensina a Orientação jurisprudencial 69 da SDI 2 do TST.

ORIENTAÇÃO JURISPRUDENCIAL 69 SDI 2 TST – FUNGIBILIDADE RECURSAL. INDEFERIMENTO LIMINAR DE AÇÃO RESCISÓRIA OU MANDADO DE SEGURANÇA. RECURSO PARA O TST. RECEBIMENTO COMO AGRAVO REGIMENTAL E DEVOLUÇÃO DOS AUTOS AO TRT.

Recurso ordinário interposto contra despacho monocrático indeferitório da petição inicial de ação rescisória ou de mandado de segurança pode, pelo princípio de fungibilidade recursal, ser recebido como agravo regimental. Hipótese de não conhecimento do recurso pelo TST e devolução dos autos ao TRT, para que aprecie o apelo como agravo regimental.

Todavia, o TST entende não ser aplicável o princípio da fungibilidade em se tratando de agravo inominado ou agravo regimental contra decisão proferida por órgão colegiado, em razão do erro grosseiro na interposição do recurso inadequado.

Assim, dispõe a orientação jurisprudencial 412 da SDI 1 do TST:

ORIENTAÇÃO JURISPRUDENCIAL 412 da SDI 1 do TST AGRAVO INTERNO OU AGRAVO REGIMENTAL. INTERPOSIÇÃO EM FACE DE DECISÃO COLEGIADA. NÃO CABIMENTO. ERRO GROSSEIRO. INAPLICABILIDADE DO PRINCÍPIO DA FUNGIBILIDADE RECURSAL.

É incabível agravo interno (art. 1.021 do CPC de 2015, art. 557, § 1º, do CPC de 1973) ou agravo regimental (art. 235 do RITST) contra decisão proferida por Órgão colegiado. Tais recursos destinam-se, exclusivamente, a impugnar decisão monocrática nas hipóteses previstas. Inaplicável, no caso, o princípio da fungibilidade ante a configuração de erro grosseiro.

6.5.5.1. *Processamento*

O agravo regimental deverá ser interposto perante o Desembargador ou Ministro relator que prolatou a decisão, devendo o agravante requerer sua reconsideração ou, sucessivamente, o encaminhamento ao órgão competente para a apreciação do agravo, qual seja, a Turma ou o Pleno do Tribunal, a depender do respectivo regimento interno, não havendo oportunidade para apresentação de contrarrazões, tampouco sustentação oral.

Caso não haja disposição no regimento interno do tribunal sobre a necessidade da formação do instrumento, não há necessidade do agravante trazer cópias dos autos principais para tanto, como ocorre no agravo de instrumento. Nesse sentido a SDI 1 do TST editou a Orientação Jurisprudencial 132, *in verbis*:

ORIENTAÇÃO JURISPRUDENCIAL 132 SDI 1 TST – AGRAVO REGIMENTAL. PEÇAS ESSENCIAIS NOS AUTOS PRINCIPAIS.

Inexistindo lei que exija a tramitação do agravo regimental em autos apartados, tampouco previsão no Regimento Interno do Regional, não pode o agravante ver-se apenado por não haver colacionado cópia de peças dos autos principais, quando o agravo regimental deveria fazer parte dele.

Vale ressaltar que o agravo regimental não está sujeito ao recolhimento de custas e depósito recursal, não havendo, portanto, o pressuposto extrínseco do preparo.

Em caso de agravo regimental com caráter procrastinatório, casos em que o recurso se mostra manifestamente inadmissível ou infundado, aplica-se a multa entre 1% e 10% do valor corrigido da causa, ficando a interposição de qualquer outro recurso condicionada ao depósito do respectivo valor, conforme art. 1.021, §§ 4º e 5º, do CPC/2015.

6.5.6. *Recurso de revista*

Previsto no art. 896 da CLT, é um recurso de natureza extraordinária que visa a atacar decisões proferidas pelos TRTs em dissídios individuais em grau de recurso ordinário. Tem como objetivo uniformizar a interpretação jurisprudencial dos

Tribunais acerca da legislação constitucional, federal e estadual e, ainda, a aplicabilidade de determinados instrumentos normativos como acordo coletivo, convenção coletiva, sentença normativa e regulamento de empresa.

Deverá ser interposto no prazo de 8 (oito) dias, dirigido ao Presidente do Tribunal recorrido, estando sujeito ao pagamento de custas e depósito recursal.

Por possuir natureza extraordinária, o recurso de revista não admite o reexame de matéria fática e probatória, em conformidade com a Súmula 126 do TST.

> SÚMULA 126 TST – RECURSO. CABIMENTO.
>
> Incabível o recurso de revista ou de embargos (arts. 896 e 894, "b", da CLT) para reexame de fatos e provas.

6.5.6.1. *Requisitos especiais*

Ao interpor o recurso de revista, além dos pressupostos gerais de admissibilidade dos recursos, exige-se, ainda, que o recorrente demonstre o preenchimento de mais dois pressupostos especiais, quais sejam, a transcendência e o prequestionamento.

Para que a questão esteja devidamente *prequestionada*, exige-se que a matéria já tenha sido objeto de debates no acórdão guerreado. É importante lembrar que, de acordo com a Súmula 98 do STJ, admitem-se os embargos de declaração exclusivamente com fins de prequestionamento.

Nos termos da Súmula 297 do TST, diz-se prequestionada a matéria ou questão quando na decisão impugnada tiver sido adotada, explicitamente, tese a respeito.

Já *transcendência* nos remete a repercussão, ou seja, a questão debatida no recurso deverá ter repercussão nos aspectos econômicos, jurídicos, políticos e social.

Nos termos do art. 896-A, § 1º, da CLT São indicadores de transcendência, entre outros:

> I – econômica: o elevado valor da causa;
>
> II – política: o desrespeito da instância recorrida à jurisprudência sumulada do Tribunal Superior do Trabalho ou do Supremo Tribunal Federal;
>
> III – social: a postulação, por reclamante-recorrente, de direito social constitucionalmente assegurado;
>
> IV – jurídica: a existência de questão nova em torno da interpretação da legislação trabalhista.

Caso o recorrente não demonstre que o recurso de revista possua transcendência, poderá o relator, monocraticamente, denegar seguimento ao recurso, cabendo agravo ao órgão colegiado, contra tal decisão. Poderá o recorrente, ainda, realizar sustentação oral sobre a questão da transcendência, durante cinco minutos em sessão.

Apresentada a sustentação oral e mantido o voto do relator quanto à não transcendência do recurso, será lavrado acórdão com fundamentação sucinta, que constituirá decisão irrecorrível no âmbito do tribunal.

Ao lado dos pressupostos gerais de admissibilidade dos recursos, sem o preenchimento desses dois pressupostos específicos o recurso não será conhecido.

Assim, determina o § 14 do art. 896 da CLT ensina que o relator do recurso de revista poderá denegar-lhe seguimento, em decisão monocrática, nas hipóteses de intempestividade, deserção, irregularidade de representação ou de ausência de qualquer outro pressuposto extrínseco ou intrínseco de admissibilidade.

A Lei 13.015/2014 que trouxe nova sistemática para o processamento de recursos no TST introduziu o art. 896, § 1º-A na CLT que determina ser ônus da parte, sob pena de não conhecimento do recurso:

> *I – indicar o trecho da decisão recorrida que consubstancia o prequestionamento da controvérsia objeto do recurso de revista;*
>
> *II – indicar, de forma explícita e fundamentada, contrariedade a dispositivo de lei, súmula ou orientação jurisprudencial do Tribunal Superior do Trabalho que conflite com a decisão regional;*
>
> *III – expor as razões do pedido de reforma, impugnando todos os fundamentos jurídicos da decisão recorrida, inclusive mediante demonstração analítica de cada dispositivo de lei, da Constituição Federal, de súmula ou orientação jurisprudencial cuja contrariedade aponte.*
>
> *IV – transcrever na peça recursal, no caso de suscitar preliminar de nulidade de julgado por negativa de prestação jurisdicional, o trecho dos embargos declaratórios em que foi pedido o pronunciamento do tribunal sobre questão veiculada no recurso ordinário e o trecho da decisão regional que rejeitou os embargos quanto ao pedido, para cotejo e verificação, de plano, da ocorrência da omissão.*

Nesse ponto é de suma importância a observância da Súmula 337 do TST, que impõe critérios para a comprovação da divergência justificadora do recurso. Desta forma, é necessário que o recorrente:

I) junte certidão ou cópia autenticada do acórdão paradigma ou cite a fonte oficial ou o repositório autorizado em que foi publicado; e

II) transcreva, nas razões recursais, as ementas e/ou trechos dos acórdãos trazidos à configuração do dissídio, demonstrando o conflito de teses que justifique o conhecimento do recurso, ainda que os acórdãos já se encontrem nos autos ou venham a ser juntados com o recurso.

Vale dizer, ainda, que, nos termos da Súmula 337 do TST, a mera indicação da data de publicação, em fonte oficial, de aresto paradigma é inválida para comprovação de divergência jurisprudencial.

Todavia, esclarece o item IV da referida súmula que é válida para a comprovação da divergência jurisprudencial justificadora do recurso a indicação de aresto extraído de repositório oficial na internet, desde que o recorrente: a) transcreva o trecho divergente; b) aponte o sítio de onde foi extraído; e c) decline o número do processo, o órgão prolator do acórdão e a data da respectiva publicação no Diário Eletrônico da Justiça do Trabalho.

6.5.6.2. *Hipóteses de cabimento*

O cabimento do recurso de revista merece ser estudado com maior enfoque. Isso porque as hipóteses de cabimento do recurso em estudo variam de acordo com o procedimento adotado.

6.5.6.2.1. Procedimento ordinário

No procedimento comum/ordinário, o recurso de revista é cabível nas hipóteses trazidas nas alíneas do art. 896 consolidado, que assim dispõem:

> **Art. 896.** Cabe Recurso de Revista para Turma do Tribunal Superior do Trabalho das decisões proferidas em grau de

recurso ordinário, em dissídio individual, pelos Tribunais Regionais do Trabalho, quando:

a) derem ao mesmo dispositivo de lei federal interpretação diversa da que lhe houver dado outro Tribunal Regional do Trabalho, no seu Pleno ou Turma, ou a Seção de Dissídios Individuais do Tribunal Superior do Trabalho, ou contrariarem súmula de jurisprudência uniforme dessa Corte ou súmula vinculante do Supremo Tribunal Federal;

b) derem ao mesmo dispositivo de lei estadual, Convenção Coletiva de Trabalho, Acordo Coletivo, sentença normativa ou regulamento empresarial de observância obrigatória em área territorial que exceda a jurisdição do Tribunal Regional prolator da decisão recorrida, interpretação divergente, na forma da alínea a;

c) proferidas com violação literal de disposição de lei federal ou afronta direta e literal à Constituição Federal.

Assim, de acordo com o art. 896 da CLT no procedimento ordinário é cabível o recurso de revista nas seguintes hipóteses:

a) Divergência na interpretação de lei federal ou contrariedade à súmula vinculante do STF, súmula ou OJ do TST

De acordo com a disposição da alínea "a" do citado art. 896 do diploma consolidado podemos extrair duas hipóteses de cabimento, são elas:

I.) Divergência na interpretação de lei federal

A divergência capaz de ensejar o cabimento do recurso de revista deve ser oriunda dos órgãos da Justiça do Trabalho.

Assim, caberá recurso de revista com fulcro na primeira parte da alínea "a" do art. 896 da CLT sempre que o acórdão guerreado interpretar uma lei federal de forma diversa à interpretação dada ao mesmo dispositivo de lei federal por súmula de outro Tribunal Regional do Trabalho ou pela Seção de Dissídios Individuais do TST.

Vale frisar que a interpretação jurisprudencial deve estar relacionada com o mesmo dispositivo de lei federal, o que a doutrina costuma chamar de divergência específica. Nesse sentido é a Súmula 296 do TST:

> SÚMULA 296 TST – RECURSO. DIVERGÊNCIA JURISPRUDENCIAL. ESPECIFICIDADE.
>
> I – A divergência jurisprudencial ensejadora da admissibilidade, do prosseguimento e do conhecimento do recurso há de ser específica, revelando a existência de teses diversas na interpretação de um mesmo dispositivo legal, embora idênticos os fatos que as ensejaram.
>
> II – Não ofende o art. 896 da CLT decisão de Turma que, examinando premissas concretas de especificidade da divergência colacionada no apelo revisional, conclui pelo conhecimento ou desconhecimento do recurso.

A divergência que dá ensejo à interposição do recurso de revista deve ser atual, ou seja, aquela que não for ultrapassada por súmula ou superada por iterativa e notória jurisprudência do TST. Nessa linha é a Súmula 333 do TST, que assim dispõe:

> SÚMULA 333 TST – RECURSOS DE REVISTA. CONHECIMENTO.
>
> Não ensejam recurso de revista decisões superadas por iterativa, notória e atual jurisprudência do Tribunal Superior do Trabalho.

II.) Contrariedade entre súmula ou Orientação jurisprudencial do TST ou entre súmula vinculante do STF;

A 2ª parte da alínea "a" do art. 896 da CLT prevê ainda a hipótese de recurso de revista por contrariedade entre súmula ou Orientação jurisprudencial do TST ou ainda entre súmula vinculante do STF.

Nessa hipótese, a interposição do recurso de revista se justifica tendo em vista que o acórdão recorrido contraria uma súmula ou orientação jurisprudencial do TST ou, ainda, se o acórdão recorrido contrariar uma súmula vinculante do STF.

Em que pese não constar expressamente do dispositivo legal em comento a possibilidade de cabimento de recurso de revista por contrariedade a orientação jurisprudencial, é possível entender que ele é cabível, pela própria redação do art. 896, § 1º-A, II, da CLT que determina que a parte deverá indicar, de forma explícita e fundamentada, contrariedade a dispositivo de lei, súmula ou orientação jurisprudencial do Tribunal Superior do Trabalho que conflite com a decisão regional, sob pena de não conhecimento do recurso.

b) Divergência na interpretação de lei estadual, convenção coletiva, sentença normativa ou regulamento de empresa

A alínea "b" do art. 896 da CLT prevê a hipótese que a divergência que dá ensejo ao recurso de revista ocorre na interpretação de lei estadual, convenção coletiva, sentença normativa ou regulamento de empresa.

Desta forma, caso o acórdão interprete uma dessas espécies normativas de forma diversa à interpretação dada ao mesmo dispositivo por outro Tribunal Regional do Trabalho, pela SDI, por meio de suas orientações jurisprudenciais ou por súmulas do TST, caberá o recurso de revista com fulcro na alínea "b".

6.5.6.2.1.1. Divergência jurisprudencial

Com a entrada em vigor da Lei 13.015/2014, a Justiça do Trabalho passa a ter nova sistemática recursal, cujas alterações mais significativas residem nos critérios de admissibilidade do recurso de revista.

A divergência apta a ensejar o recurso de revista deve ser atual, não se considerando como tal a ultrapassada por súmula do Tribunal Superior do Trabalho ou do Supremo Tribunal Federal, ou superada por iterativa e notória jurisprudência do Tribunal Superior do Trabalho, nos termos do § 7º do art. 896 da CLT.

Nessa mesma linha é a Súmula 333 do TST, que assim dispõe:

> SÚMULA 333 TST – RECURSOS DE REVISTA. CONHECIMENTO.
>
> Não ensejam recurso de revista decisões superadas por iterativa, notória e atual jurisprudência do Tribunal Superior do Trabalho.

Para a comprovação da divergência justificadora do recurso, determina o § 8º do art. 896 da CLT que, compete ao recorrente o ônus de produzir prova da divergência jurisprudencial, mediante certidão, cópia ou citação do repositório de jurisprudência, oficial ou credenciado, inclusive em mídia eletrônica, em que houver sido publicada a decisão divergente, ou ainda pela reprodução de julgado disponível na internet, com indicação da respectiva fonte, mencionando, em qualquer caso, as circunstâncias que identifiquem ou assemelhem os casos confrontados.

Nesse mesmo sentido, como já estudamos, é a Súmula 337 do TST que ensina ser necessário que o recorrente:

a) junte certidão ou cópia autenticada do acórdão paradigma ou cite a fonte oficial ou o repositório autorizado em que foi publicado e

b) transcreva, nas razões recursais, as ementas e/ou trechos dos acórdãos trazidos à configuração do dissídio, demonstrando o conflito de teses que justifique o conhecimento do recurso, ainda que os acórdãos já se encontrem nos autos ou venham a ser juntados com o recurso.

A citada súmula ensina, ainda, que a mera indicação da data de publicação, em fonte oficial, de aresto paradigma é inválida para comprovação de divergência jurisprudencial.

Todavia, esclarece o item IV da referida súmula que é válida para a comprovação da divergência jurisprudencial justificadora do recurso a indicação de aresto extraído de repositório oficial na internet, desde que o recorrente transcreva o trecho divergente; aponte o sítio (*site da internet*) de onde foi extraído e decline o número do processo, o órgão prolator do acórdão e a data da respectiva publicação no Diário Eletrônico da Justiça do Trabalho.

C) ***Violação de literal dispositivo de lei federal ou da Constituição Federal***

Nessa hipótese, prevista na alínea c do art. 896 da CLT, o acórdão guerreado viola diretamente dispositivo de lei federal ou da CF. Portanto, a decisão recorrida deve tratar da matéria explicitamente, surgindo assim a necessidade do prequestionamento.

Nota-se que nessa hipótese não há divergência jurisprudencial, mas sim afronta direta à lei federal ou à Constituição Federal.

Em se tratando de recurso de revista por violação de lei federal ou da Constituição Federal, a indicação do dispositivo constitucional ou infraconstitucional tido como violado deverá ser indicado expressamente no recurso, sob pena de não ser conhecido, nos termos do art. 896, § 1º-A, da CLT.

Nesse mesmo sentido, dispõe a Súmula 221 do TST:

SÚMULA 221 DO TST – RECURSO DE REVISTA. VIOLAÇÃO DE LEI. INDICAÇÃO DE PRECEITO.

A admissibilidade de recurso de revista por violação tem como pressuposto a indicação expressa do dispositivo de lei ou da Constituição tido como violado.

Nessa linha, vale destacar a disposição da Orientação Jurisprudencial 257 da SDI 1 do TST:

ORIENTAÇÃO JURISPRUDENCIAL 257 SDI 1 do TST – RECURSO DE REVISTA. FUNDAMENTAÇÃO. VIOLAÇÃO DE LEI. VOCÁBULO VIOLAÇÃO. DESNECESSIDADE

A invocação expressa no recurso de revista dos preceitos legais ou constitucionais tidos como violados não significa exigir da parte a utilização das expressões "contrariar", "ferir", "violar" etc.

Por último, ensina a Súmula 459 do TST:

SÚMULA 459 TST – RECURSO DE REVISTA. NULIDADE POR NEGATIVA DE PRESTAÇÃO JURISDICIONAL

O conhecimento do recurso de revista, quanto à preliminar de nulidade, por negativa de prestação jurisdicional, supõe indicação de violação do art. 832 da CLT, do art. 489 do CPC de 2015 (art. 458 do CPC de 1973) ou do art. 93, IX, da CF/1988.

6.5.6.2.2. Procedimento sumaríssimo

De acordo com o § 9º do art. 896 da CLT, nas causas sujeitas ao procedimento sumaríssimo, somente será admitido recurso de revista por contrariedade a súmula de jurisprudência uniforme do Tribunal Superior do Trabalho ou a súmula vinculante do Supremo Tribunal Federal e por violação direta da Constituição Federal.

Nota-se, portanto, que, em se tratando de procedimento sumaríssimo, o recurso de revista é admitido por violação da Constituição Federal, súmula vinculante do STF e por contrariedade à súmula do TST, mas não por contrariedade à Orientação Jurisprudencial, em conformidade com o entendimento consubstanciado na Súmula 442 do TST, que assim dispõe:

SÚMULA 442 TST – PROCEDIMENTO SUMARÍSSIMO. RECURSO DE REVISTA FUNDAMENTADO EM CONTRARIEDADE A ORIENTAÇÃO JURISPRUDENCIAL. INADMISSIBILIDADE. ART. 896, § 6º, DA CLT, ACRESCENTADO PELA LEI 9.957, DE 12.01.2000

Nas causas sujeitas ao procedimento sumaríssimo, a admissibilidade de recurso de revista está limitada à demonstração de violação direta a dispositivo da Constituição Federal ou contrariedade a Súmula do Tribunal Superior do Trabalho, não se admitindo o recurso por contrariedade a Orientação Jurisprudencial deste Tribunal (Livro II, Título II, Capítulo III, do RITST), ante a ausência de previsão no art. 896, § 6º, da CLT.

OBS: as hipóteses de recurso de revista no procedimento sumaríssimo eram previstas no § 6º do art. 896 da CLT, como indicado na súmula em estudo. Após a edição da Lei 13.015/2014 as hipóteses passaram a estar previstas no § 9º do art. 896 consolidado.

6.5.6.2.3. Recurso de revista em execução

A Lei 13.015/2014 que conferiu nova sistemática para os recursos trabalhistas, em especial ao recurso de revista, inovou sobre esse recurso na fase executória.

De acordo com a antiga legislação, nos termos do § 2º do art. 896 da CLT o cabimento do recurso de revista na fase de execução se limitava as hipóteses de ofensa direta e literal de norma da Constituição Federal.

No entanto, a atual legislação inovou estabelecendo no art. 896 da CLT, § 10 a possibilidade também de recurso de revista nas execuções fiscais e nas controvérsias da fase de execução que envolvam a Certidão Negativa de Débitos Trabalhistas (CNDT), sempre que o acórdão recorrido violar lei federal ou por divergência jurisprudencial e ainda por ofensa à Constituição Federal.

Notamos aqui um tratamento diferenciado em relação à Fazenda Pública. Isso porque, quando o autor da ação for a Fazenda Pública, poderá o executado recorrer de revista com fundamento em simples divergência jurisprudencial, violação de lei federal ou à Constituição Federal. No entanto, no mesmo contexto, sempre que o exequente e executado forem empregado e empregador, o recurso de revista terá seu cabimento restringido nos termos do § 2º do art. 896 da CLT, ou seja, por ofensa à Constituição Federal.

Como mencionado, o §10 do art. 896 permite a interposição de recurso de revista nas controvérsias da fase de execução que envolvam a Certidão Negativa de Débitos Trabalhistas (CNDT), criada pela Lei 12.440, de 7 de julho de 2011, tratada no art. 642-A da CLT.

Importante lembrar a CNDT é um documento, obrigatório para participação em licitações públicas. Ela também é uma importante ferramenta nas negociações imobiliárias, pois registra possíveis penhoras de imóveis por dívida trabalhista de pessoas físicas ou jurídicas.

Portanto, a atual legislação não retirou a possibilidade de recurso de revista na fase de execução de sentença em quaisquer processos, sempre que a decisão ofender a CF, mas elasteceu as hipóteses de cabimento, permitindo a interposição do recurso de revista, nas seguintes hipóteses:

a) fase de execução de sentença: caberá recurso de revista das decisões que ofenderem a Constituição Federal, nos termos do § 2º do art. 896 da CLT;

b) execuções fiscais: por violação a lei federal, por divergência jurisprudencial e por ofensa à Constituição Federal;

c) nas controvérsias da fase de execução que envolvam a Certidão Negativa de Débitos Trabalhistas (CNDT): por violação a lei federal, por divergência jurisprudencial e por ofensa à Constituição Federal.

Desta forma, a Súmula 266 do TST continua em pleno vigor:

> **SÚMULA 266 DO TST – RECURSO DE REVISTA. ADMISSIBILIDADE. EXECUÇÃO DE SENTENÇA.**
>
> A admissibilidade do recurso de revista interposto de acórdão proferido em agravo de petição, na liquidação de sentença ou em processo incidente na execução, inclusive os embargos de terceiro, depende de demonstração inequívoca de violência direta à Constituição Federal.

6.5.6.2.4. Recurso repetitivo ou julgamento por amostragem

Previsto nos arts. 896-B e 896-C da CLT, introduzidos pela Lei 13.015/2014, o legislador confere ao TST a possibilidade de julgamento de recursos repetitivos, ou seja, recursos que tratam de matérias idênticas, que se fundam em idêntica questão de direito.

Os parâmetros procedimentais para dar efetividade ao referido instituto estão disciplinados no ato normativo 491 do TST e Instrução Normativa 38 do TST.

Dispõe o art. 896-C da CLT:

> *"Quando houver multiplicidade de recursos de revista fundados em idêntica questão de direito, a questão poderá ser afetada à Seção Especializada em Dissídios Individuais ou ao Tribunal Pleno, por decisão da maioria simples de seus membros, mediante requerimento de um dos Ministros que compõem a Seção Especializada, considerando a relevância da matéria ou a existência de entendimentos divergentes entre os Ministros dessa Seção ou das Turmas do Tribunal."*

Quando houver diversos processos discutindo a mesma questão de direito o TST poderá fazer um julgamento único que irá valer para os demais processos.

Portanto, nos termos do art. 2º da Instrução Normativa 38 para haver julgamento por recursos repetitivos ou por amostragem, como também é comumente conhecido, são necessários dois requisitos;

a) multiplicidade de recursos sobre a matéria;

b) identidade de matéria de direito. Nunca matéria de fato, em razão da natureza jurídica extraordinária do recurso.

6.5.6.2.5. Processamento

Inicialmente, a IN 39/2016 determina a aplicação ao Processo do Trabalho as normas dos arts. 976 a 986 do CPC/2015 que regem o incidente de resolução de demandas repetitivas.

Para melhor compreendermos o processamento do recurso repetitivo é importante lembrarmos dos órgãos que compõem o TST, bem como suas competências.

Pois bem, o TST é composto por 8 turmas que têm competência de julgar recurso de revista, bem como os agravos de instrumentos que visam destrancá-lo, além de outras. Também compõe o TST as Seções de Dissídios individuais 1 com competência para julgar recursos oriundos das varas do trabalho e a Seção de Dissídios individuais 2 competente para julgar os recursos oriundos dos Tribunais em caso de competência originária de dissídios individuais e ainda a Seção de Dissídios Coletivos, competentes para apreciação de recursos em dissídios coletivos. Temos ainda o órgão especial e o órgão pleno. A competência de cada órgão vem disciplinada no Regimento Interno do TST, Resolução administrativa 1.295/2008, arts. 67 a 72.

O recurso de revista repetitivo, por ter uma extensão mais ampla, pois um número muito maior de jurisdicionados serão atingidos pela decisão, é de competência da SDI 1 do TST e não de uma das Turmas, como os recursos de revista em geral. Porém se a SDI entender que o tema é de extrema importância, extrema relevância social, poderá delegar o julgamento ao Órgão Pleno do TST, decisão tomada por maioria simples.

Somente poderão ser afetados recursos representativos da controvérsia que sejam admissíveis e que contenham abrangente argumentação e discussão a respeito da questão a ser decidida.

Nos termos do art. 2º da Instrução Normativa 38 do TST, a proposta de afetação deverá ser feita pelo relator de uma das turmas que poderá considerar determinada matéria repetitiva, comunicando ao Presidente da turma, que encaminhará ao Presidente da SDI-1. Ato seguinte, o Presidente da SDI, após solicitar recursos da mesma matéria às outras turmas do TST, submeterá a proposta de recurso repetitivo ao colegiado no prazo máximo de 30 dias de seu recebimento.

A partir daí, duas situações poderão ocorrer. Acolhida a proposta, por maioria simples, o colegiado também decidirá se a questão será analisada pela própria SDI-1 ou se será decidida pelo Tribunal Pleno, inciso I do § 3º, do art. 2º da Instrução Normativa 38 Nesse caso, o processo será distribuído a um Ministro Relator e a um Revisor do órgão jurisdicional correspondente, ou seja, SDI-1 ou Tribunal Pleno para sua tramitação nos termos do artigo 896-C da CLT.

Porém, sendo rejeitada a proposta, os autos serão devolvidos à Turma respectiva, para que o julgamento do recurso de revista prossiga regularmente, art. 2º, § 3º, IV, da Instrução Normativa 38 TST.

O Presidente da SDI I que afetar processo para julgamento sob o rito dos recursos repetitivos deverá expedir comunicação aos demais Presidentes de Turma, que poderão afetar outros processos sobre a questão para julgamento conjunto, a fim de conferir ao órgão julgador visão global da questão.

Selecionados os recursos, o relator, na Subseção Especializada em Dissídios Individuais ou no Tribunal Pleno, constatada a presença do pressuposto do caput do art. 896-C da CLT, proferirá decisão de afetação, sempre fundamentada, na qual:

I - identificará com precisão a questão a ser submetida a julgamento;

II - poderá determinar a suspensão dos recursos de revista ou de embargos de que trata o § 5º do artigo 896-C da CLT;

III - poderá solicitar aos Tribunais Regionais do Trabalho informações a respeito da controvérsia, a serem prestadas no prazo de 15 (quinze) dias, e requisitar aos Presidentes ou Vice--Presidentes dos Tribunais Regionais do Trabalho a remessa de até dois recursos de revista representativos da controvérsia;

IV - concederá o prazo de 15 (quinze) dias para a manifestação escrita das pessoas, órgãos ou entidades interessados na controvérsia, que poderão ser admitidos como *amici curiae.*[2]

V - informará aos demais Ministros sobre a decisão de afetação;

VI - poderá conceder vista ao Ministério Público e às partes, nos termos e para os efeitos do § 9º do artigo 896-C da CLT.

Pois bem, uma vez proferida a decisão de afetação, O Presidente do Tribunal Superior do Trabalho oficiará os Presidentes dos Tribunais Regionais do Trabalho, com cópia da decisão de afetação, para que suspendam os recursos de revista interpostos em casos idênticos aos afetados como recursos repetitivos e ainda não encaminhados a este Tribunal, bem como os recursos ordinários interpostos contra as sentenças proferidas em casos idênticos aos afetados como recursos repetitivos, até o pronunciamento definitivo do Tribunal Superior do Trabalho.

Como vimos, em conformidade com a Instrução Normativa 38, o Presidente do TST deverá comunicar o Presidente de todos TRTs para que suspendam o julgamento dos recursos de revista que ainda não subiram. Todavia, determinará também a suspensão do julgamento de recursos ordinários sobre a matéria afetada e que não foram julgados, e ainda, determinará aos Juízes das Varas do Trabalho que suspendam o julgamento das ações em trâmite, que contenham essa matéria, de acordo com o disposto no art. 6º da IN 38 TST, até o pronunciamento definitivo do Tribunal Superior do Trabalho sobre a matéria.

Assim, admitido o incidente, o relator suspenderá o julgamento dos processos pendentes, individuais ou coletivos, que tramitam na Região, no tocante ao tema objeto de IRDR. A suspensão dos processos não prejudicará a instrução integral das causas e do julgamento dos eventuais pedidos distintos, inclusive, se for o caso, do julgamento antecipado parcial do mérito, regra disposta no art. 356, §§ 1º a 4º, CPC/2015, art. 8º, § 1º, IN 39/2016 do TST.A suspensão dos recursos e ações, acima estudada poderá ocorrer pelo período máximo de 1 (um) ano, art. 11 da IN 38 TST, razão pela qual o recurso repetitivo tem prioridade de julgamento no TST, art. 896-C, § 10, da CLT. Na hipótese de não ocorrer o julgamento no prazo de um ano a contar da publicação da decisão de afetação, cessam automaticamente, em todo o território nacional, a afetação e a suspensão dos processos, que retomarão seu curso normal.

As partes deverão ser intimadas da decisão de suspensão de seu processo, a ser proferida pelo respectivo Relator, art. 9º IN 38 TST.

Uma vez intimada, qualquer das partes poderá requerer o prosseguimento de seu processo caso demonstre distinção entre a questão a ser decidida no seu processo e aquela a ser julgada no recurso afetado, com as exigências dispostas no § 2º do art. 9º da IN 38 TST Obedecendo ao princípio do contraditório, a parte adversa deverá ser ouvida sobre o requerimento, no prazo de 5 (cinco) dias. Reconhecida a distinção dos casos, será dado prosseguimento normal ao processo, em conformidade com o § 4º do mesmo dispositivo legal.

A decisão que for proferida pelo TST no julgamento desses processos valerá para todos os processos com matéria idêntica.

E, assim, determina o § 11 do art. 896-C da CLT:

> *§ 11. Publicado o acórdão do Tribunal Superior do Trabalho, os recursos de revista sobrestados na origem:*
>
> *I - terão seguimento denegado na hipótese de o acórdão recorrido coincidir com a orientação a respeito da matéria no Tribunal Superior do Trabalho; ou*
>
> *II - serão novamente examinados pelo Tribunal de origem na hipótese de o acórdão recorrido divergir da orientação do Tribunal Superior do Trabalho a respeito da matéria.*

Portanto, publicado o acórdão paradigma pelo TST, no caso de o acórdão recorrido coincidir com sua orientação, o Presidente ou Vice-Presidente do Tribunal de origem, a depender do regimento interno, negará seguimento aos recursos de revista sobrestados na origem. No entanto, na hipótese de o acórdão recorrido contrariar a orientação do Tribunal Superior, o TRT que proferiu esse acórdão objeto do recurso, na origem, reexaminará a causa de competência originária ou o recurso anteriormente julgado, conforme o caso.

Aqueles processos suspensos em primeiro e segundo graus de jurisdição retomarão o curso para julgamento e aplicação da tese firmada pelo Tribunal Superior.

Em conformidade com o art. 8º, § 2º, IN 39/2016, TST, do julgamento do mérito do incidente caberá recurso de revista para o Tribunal Superior do Trabalho, dotado de efeito meramente devolutivo, nos termos dos arts. 896 e 899 da CLT.

Apreciado o mérito do recurso, a tese jurídica adotada pelo Tribunal Superior do Trabalho será aplicada no território nacional a todos os processos, individuais ou coletivos, que versem sobre idêntica questão de direito, art. 8º, § 3º, IN 39/2016 do TST.

Poderá o Tribunal de origem não acatar o posicionamento firmado pelo TST e manter sua decisão, fundamentando-a.

Para fundamentar a decisão de manutenção do entendimento, o órgão que proferiu o acórdão recorrido demonstrará fundamentadamente a existência de distinção, por se tratar de caso particularizado por hipótese fática distinta ou ainda por questão jurídica não examinada, a impor solução jurídica diversa, em conformidade com o art. 15 da IN 38 TST.

Mantido o acórdão divergente pelo Tribunal de origem, o recurso de revista será remetido ao TST, após novo exame de sua admissibilidade pelo Presidente ou Vice-Presidente do Tribunal Regional.

Por outro lado, caso o TRT realize o juízo de retratação, alterando o acórdão divergente, se for o caso, decidirá as demais questões ainda não decididas, que surgiram em decorrência da alteração do acórdão.

Alterado o acórdão divergente na forma acima estudada e o recurso de revista versar sobre outras questões, caberá ao Presidente do Tribunal Regional, independentemente de ratificação do recurso ou juízo de admissibilidade, determinar a remessa do recurso ao Tribunal Superior do Trabalho para julgamento dessas outras questões.

2. *Amici curiae:* expressão plural de *amicus curiae* (Amigo da Corte).

6.5.7. Embargos no TST

O recurso de embargos no TST é, na verdade, gênero do qual são espécies os embargos infringentes e os embargos de divergência, de acordo com a redação do art. 894 da CLT dada pela Lei 11.496/2007.

O antigo art. 894 da CLT, com redação dada pela Lei 7.701/1988, previa 3 (três) modalidades de embargos no TST: embargos de divergência, embargos infringentes e os embargos de nulidade.

A Lei 11.496/2007, portanto, retirou do sistema recursal os embargos de nulidade utilizados para atacar decisões do TST que violassem preceito de lei federal ou da CF, hipóteses que já haviam sido impugnadas por meio de recurso de revista (art. 896, "c", da CLT), o que não justificava sua permanência no sistema recursal.

Dispõe o art. 894 da CLT:

> **Art. 894.** No Tribunal Superior do Trabalho cabem embargos, no prazo de 8 (oito) dias:
>
> I - de decisão não unânime de julgamento que:
>
> a) conciliar, julgar ou homologar conciliação em dissídios coletivos que excedam a competência territorial dos Tribunais Regionais do Trabalho e estender ou rever as sentenças normativas do Tribunal Superior do Trabalho, nos casos previstos em lei;
>
> II - das decisões das Turmas que divergirem entre si ou das decisões proferidas pela Seção de Dissídios Individuais, ou contrárias a súmula ou orientação jurisprudencial do Tribunal Superior do Trabalho ou súmula vinculante do Supremo Tribunal Federal. (Redação dada pela Lei 13.015/2014)

6.5.7.1. Embargos infringentes

Nos termos do art. 894, I, *a*, da CLT cabem embargos infringentes das decisões não unânimes proferidas pela seção especializada em dissídios coletivos, no prazo de 8 (oito) dias, contados da publicação do acórdão, nos processos de dissídios coletivos de competência originária do Tribunal.

Os *embargos infringentes* possuem natureza ordinária, podendo ser apreciadas matérias fáticas e jurídicas.

Vale destacar que os embargos infringentes não serão cabíveis caso a decisão guerreada estiver em consonância com precedentes jurisprudenciais ou súmula do TST.

Contra o despacho do Presidente do Tribunal que denegar seguimento aos embargos infringentes caberá a interposição de agravo regimental, no prazo de 8 (oito) dias, para o Órgão Especial, Seções Especializadas ou Turmas, observada a competência dos respectivos órgãos, em conformidade com o Regimento Interno do TST.

Em conformidade com o art. 70, II, "c", do Regimento Interno do TST, os embargos infringentes serão julgados pela Seção Especializada em Dissídios Coletivos (SDC) do TST.

6.5.7.2. Embargos de divergência

Previsto no art. 894, II, da CLT, caberá embargos, por divergência jurisprudencial, das decisões entre as Turmas do Tribunal Superior do Trabalho ou forem contrárias a súmula ou orientação jurisprudencial do Tribunal Superior do Trabalho ou súmula vinculante do Supremo Tribunal Federal, em dissídios individuais, no prazo de 8 (oito) dias, contados de sua publicação.

Os *embargos de divergência*, que objetivam a uniformização da jurisprudência interna do TST, que julga os recursos nos dissídios individuais, possuem natureza extraordinária, não se sujeitando, portanto, à apreciação de matéria fática, nas linhas da súmula 126 do TST, necessitando, ainda, que a matéria esteja prequestionada.

Desta forma, serão cabíveis embargos de divergência em 4 situações:

a) das decisões das Turmas do Tribunal Superior do Trabalho que divergirem entre si;

b) se houver divergência entre decisões de uma Turma e a Seção Especializada em Dissídios Individuais;

c) se houver divergência entre uma Turma do Tribunal Superior do Trabalho e súmula ou orientação jurisprudencial do próprio Tribunal Superior do Trabalho;

d) se houver divergência entre uma Turma do Tribunal Superior do Trabalho e súmula vinculante do STF.

Para o conhecimento do recurso, a lei exige que a divergência apta a ensejá-lo deve ser atual, não se considerando tal a ultrapassada por súmula do Tribunal Superior do Trabalho ou do Supremo Tribunal Federal, ou superada por iterativa e notória jurisprudência do Tribunal Superior do Trabalho.

A atual legislação prevê, ainda, em seu art. 894, § 3º, CLT que o Ministro Relator denegará seguimento aos embargos:

a) se a decisão recorrida estiver em consonância com súmula da jurisprudência do Tribunal Superior do Trabalho ou do Supremo Tribunal Federal, ou com iterativa, notória e atual jurisprudência do Tribunal Superior do Trabalho, cumprindo-lhe indicá-la e;

b) nas hipóteses de intempestividade, deserção, irregularidade de representação ou de ausência de qualquer outro pressuposto extrínseco de admissibilidade.

Dessa decisão do Ministro Relator que denegar seguimento aos embargos caberá agravo regimental, no prazo de 8 (oito) dias, é o que determina o § 4º do art. 894 da CLT.

Importante a leitura da nova redação da Súmula 353 do TST dada pela resolução 208/2016:

> SÚMULA 353 TST – EMBARGOS. AGRAVO. CABIMENTO – Não cabem embargos para a Seção de Dissídios Individuais de decisão de Turma proferida em agravo, salvo:
>
> a) da decisão que não conhece de agravo de instrumento ou de agravo pela ausência de pressupostos extrínsecos;
>
> b) da decisão que nega provimento a agravo contra decisão monocrática do Relator, em que se proclamou a ausência de pressupostos extrínsecos de agravo de instrumento;
>
> c) para revisão dos pressupostos extrínsecos de admissibilidade do recurso de revista, cuja ausência haja sido declarada originariamente pela Turma no julgamento do agravo;
>
> d) para impugnar o conhecimento de agravo de instrumento;
>
> e) para impugnar a imposição de multas previstas nos arts. 1.021, § 4º, do CPC de 2015 ou 1.026, § 2º, do CPC de 2015 (art. 538, parágrafo único, do CPC de 1973, ou art. 557, § 2º, do CPC de 1973).
>
> f) contra decisão de Turma proferida em agravo em recurso de revista, nos termos do art. 894, II, da CLT.

6.5.7.2.1. Embargos de divergência no procedimento sumaríssimo

Nas causas submetidas ao procedimento sumaríssimo é possível a interposição de embargos no TST na hipótese de divergências entre Turmas do TST fundada em interpretações diversas acerca da aplicação de mesmo dispositivo constitucional ou de matéria sumulada, nos termos da Súmula 458 do TST.

SÚMULA 458 TST – EMBARGOS. PROCEDIMENTO SUMARÍSSIMO. CONHECIMENTO. RECURSO INTERPOSTO APÓS VIGÊNCIA DA LEI Nº 11.496, DE 22.06.2007, QUE CONFERIU NOVA REDAÇÃO AO ART. 894, DA CLT.

Em causas sujeitas ao procedimento sumaríssimo, em que pese a limitação imposta no art. 896, § 6º, da CLT à interposição de recurso de revista, admitem-se os embargos interpostos na vigência da Lei 11.496, de 22.06.2007, que conferiu nova redação ao art. 894 da CLT, quando demonstrada a divergência jurisprudencial entre Turmas do TST, fundada em interpretações diversas acerca da aplicação de mesmo dispositivo constitucional ou de matéria sumulada.

OBS: as hipóteses de recurso de revista no procedimento sumaríssimo eram previstas no § 6º do art. 896 da CLT, como indicado na súmula em estudo. Após a edição da Lei 13.015/2014 as hipóteses passaram a estar previstas no § 9º do art. 896 consolidado.

6.5.7.3. Processamento dos embargos no TST

Em qualquer uma das modalidades, os embargos deverão ser opostos no prazo de 8 (oito) dias.

Em se tratando de embargos infringentes, serão esses dirigidos ao Presidente do Tribunal Superior do Trabalho, devendo requerer o encaminhamento das razões recursais à Seção Especializada em Dissídios Coletivos.

Já os embargos de divergência deverão ser interpostos para o Presidente da Turma do TST que julgou o recurso, em petição acompanhada das razões recursais, que serão encaminhadas à Subseção 1 da Seção Especializada em Dissídios Individuais do Tribunal Superior do Trabalho, em conformidade com o art. 71, II, do Regimento Interno do TST.

É imprescindível que o recorrente demonstre em seus embargos a divergência jurisprudencial existente entre as turmas do TST.

Sobre os embargos apresentados antes da edição da Lei 11.496/2007, vale destacar a OJs Transitórias 78 e 79 da SDI 1 do TST:

OJ-SDI1T-78 EMBARGOS À SDI CONTRA DECISÃO EM RECURSO DE REVISTA NÃO CONHECIDO QUANTO AOS PRESSUPOSTOS INTRÍNSECOS. RECURSO INTERPOSTO ANTES DA VIGÊNCIA DA LEI 11.496, DE 22.06.2007, QUE CONFERIU NOVA REDAÇÃO AO ART. 894 DA CLT. NECESSÁRIA A INDICAÇÃO EXPRESSA DE OFENSA AO ART. 896 DA CLT.

Para a admissibilidade e conhecimento de embargos, interpostos antes da vigência da Lei 11.496/2007, contra decisão mediante a qual não foi conhecido o recurso de revista pela análise dos pressupostos intrínsecos, necessário que a parte embargante aponte expressamente a violação ao art. 896 da CLT.

OJ-SDI1T-79 EMBARGOS. RECURSO INTERPOSTO ANTES DA VIGÊN-CIA DA LEI 11.496, DE 22.06.2007, QUE CONFERIU NOVA REDAÇÃO AO ART. 894 DA CLT. REVISTA NÃO CONHECIDA POR MÁ APLICAÇÃO DE SÚMULA OU DE ORIENTAÇÃO JURISPRUDENCI-AL. EXAME DO MÉRITO PELA SDI

A SDI, ao conhecer dos embargos, interpostos antes da vigência da Lei 11.496/2007, por violação do art. 896 – por má aplicação de súmula ou de orientação jurisprudencial pela Turma –, julgará desde logo o mérito, caso conclua que a revista merecia conhecimento e que a matéria de fundo se encontra pacificada neste Tribunal.

Por último, cabe destacar que o recurso de embargos no TST está sujeito ao pagamento de custas e depósito recursal.

6.5.7.4. Embargos com repercussão social

Dispõe o art. 20 da Instrução Normativa 38 do TST que quando o julgamento dos embargos à SDI-1 envolver relevante questão de direito, com grande repercussão social, sem repetição em múltiplos processos mas a respeito da qual seja conveniente a prevenção ou a composição de divergência entre as turmas ou os demais órgãos fracionários do Tribunal Superior do Trabalho, poderá a SDI-1, por iniciativa de um de seus membros e após a aprovação da maioria de seus integrantes, afetar o seu julgamento ao Tribunal Pleno.

Para o processamento desse incidente serão aplicadas as normas referentes ao julgamento do recurso de revista repetitivo, acima estudadas.

6.5.8. Recurso extraordinário

O recurso extraordinário está previsto no art. 102, III, da CF, que assim dispõe:

Art. 102. Compete ao Supremo Tribunal Federal, precipuamente, a guarda da Constituição, cabendo-lhe: (...)

III – julgar, mediante recurso extraordinário, as causas decididas em única ou última instância, quando a decisão recorrida:

a) contrariar dispositivo desta Constituição;

b) declarar a inconstitucionalidade de tratado ou lei federal;

c) julgar válida lei ou ato de governo local contestado em face desta Constituição;

d) julgar válida lei local contestada em face de lei federal.

No processo do trabalho, somente se admitirá o recurso extraordinário de decisões do TST em grau de embargos ou de sentenças da vara do trabalho em procedimento sumário (Lei 5.584/1970), desde que as decisões violem literalmente norma da Constituição Federal.

Tem essa determinação por objetivo o interesse público e não os interesses das partes que estão em litígio, pois visa a assegurar o primado da CF e a unidade de interpretação do direito material e processual em todo o território nacional.

O STF já firmou posicionamento no sentido de que somente as decisões que contrariarem a CF são impugnáveis via recurso extraordinário. Nesse sentido é a súmula 505 do Pretório Excelso:

SÚMULA 505 STF – Salvo quando contrariarem a Constituição, não cabe recurso para o Supremo Tribunal Federal, de quaisquer decisões da Justiça do Trabalho, inclusive dos Presidentes de seus Tribunais.

Por possuir natureza extraordinária, não se admite a interposição de recurso extraordinário para o simples reexame de provas, nos termos da Súmula 279 do STF.

6.5.8.1. *Processamento*

Deverá ser interposto no prazo de 15 (quinze) dias perante o juízo que proferiu a decisão. Desse modo, o recurso extraordinário interposto em grau de embargos no TST, serão dirigidos ao Presidente do TST com o pedido de remessa ao STF. Já o recurso extraordinário interposto no dissídio de alçada previsto na Lei 5.584/1970deverá ser endereçado para o juiz da vara do trabalho, com o pedido de remessa ao STF. As razões recursais serão dirigidas ao Supremo Tribunal Federal.

Convém destacar que nesse momento processual não se admite o *jus postulandi* da parte (art. 791 da CLT), que se esgota no TRT, nos termos da Súmula 425 do TST.

O recurso extraordinário se submete a dois juízos de admissibilidade. O primeiro será exercido pelo Presidente do Tribunal ou juiz da vara do trabalho (juízo *a quo*), que poderá admitir ou negar seguimento ao recurso. Sendo negado seguimento ao recurso, poderá a parte interessada interpor agravo de instrumento visando seu destrancamento. O segundo juízo de admissibilidade é exercido pelo próprio STF (juízo *ad quem*). Nesse momento processual, caso seja negado seguimento ao recurso, por decisão monocrática proferida pelo relator, o recurso adequado será o agravo regimental.

No exame de admissibilidade, além dos pressupostos genéricos, o recorrente deve observar, ainda, os seguintes pressupostos específicos:

a) existência de uma causa: deve haver uma questão submetida à decisão judicial;

b) decisão de única ou última instância: no sentido de que não é cabível nenhum outro recurso, desde que trate de matéria constitucional.

Decisões de última instância são aquelas proferidas pelo TST por meio de suas seções especializadas ou órgão especial. Já as decisões de única instância são aquelas proferidas pelo TST em casos de sua competência originária que não forem passíveis de embargos. Também são decisões de única instância aquelas proferidas nos dissídios de alçada (Lei 5.584/1970), admitindo, portanto, a interposição de recurso extraordinário.

O recurso extraordinário exige que a matéria esteja prequestionada, que pode ser entendida como sendo aquela matéria que foi amplamente debatida no processo. Dessa forma, deve existir no acórdão impugnado tese explícita acerca da questão debatida, sob pena de não ficar configurado o prequestionamento, possibilitando à parte, nesse caso, a oposição de embargos de declaração para esse fim.

O recorrente deve, por último, demonstrar repercussão geral das questões constitucionais discutidas no processo. Significa dizer que a decisão deve conter em seu bojo relevância geral, ou seja, por meio desse requisito a Suprema Corte passará a analisar decisões que não se limitem aos interesses dos litigantes, transcendendo-os, repercutindo naqueles da coletividade de um modo geral.

Os arts. 1.035 e 1.036 do CPC/2015, regulamentam a questão da repercussão geral no recurso extraordinário.

Por fim, vale dizer que o recurso extraordinário será recebido apenas no efeito devolutivo, permitindo-se a execução provisória da sentença até o julgamento dos embargos à execução.

6.5.8.2. *Repercussão geral*

Aos recursos extraordinários interpostos perante o Tribunal Superior do Trabalho será aplicado o procedimento previsto no art. 1.036 do CPC/2015, que trata da causa de repercussão geral, cabendo ao Presidente do Tribunal Superior do Trabalho selecionar um ou mais recursos representativos da controvérsia e encaminhá-los ao Supremo Tribunal Federal, sobrestando os demais até o pronunciamento definitivo da Corte, na forma do § 1º do art. 1.036 do CPC/2015.

A repercussão geral deve ser demonstrada preliminarmente no recurso extraordinário e constitui uma condição de admissibilidade. Assim, como no recurso de revista deverá tratar de questões relevantes do ponto de vista jurídico, econômico, social e político, que ultrapassarem os interesses das partes.

O Presidente do Tribunal Superior do Trabalho poderá oficiar os Tribunais Regionais do Trabalho e os Presidentes das Turmas e da Seção Especializada do Tribunal para que suspendam os processos idênticos aos selecionados como recursos representativos da controvérsia e encaminhados ao Supremo Tribunal Federal, até o seu pronunciamento definitivo.

A não aceitação do recurso por falta de repercussão geral depende da decisão de 2/3 dos membros do Supremo Tribunal.

Importante dizer que nos termos do § 16 do art. 896-C da CLT, a decisão firmada em recurso repetitivo não será aplicada aos casos em que se demonstrar que a situação de fato ou de direito é distinta das presentes no processo julgado sob o rito dos recursos repetitivos.

Por último, caberá revisão da decisão firmada em julgamento de recursos repetitivos quando se alterar a situação econômica, social ou jurídica, caso em que será respeitada a segurança jurídica das relações firmadas sob a égide da decisão anterior, podendo o Tribunal Superior do Trabalho modular os efeitos da decisão que a tenha alterado.

6.5.8.3. *Recurso repetitivo*

Nos termos do art. 19 da Instrução Normativa 38 do TST aos recursos extraordinários interpostos perante o Tribunal Superior do Trabalho será aplicado o procedimento previsto no Código de Processo Civil para o julgamento dos recursos extraordinários repetitivos, cabendo ao Presidente do Tribunal Superior do Trabalho selecionar um ou mais recursos representativos da controvérsia e encaminhá-los ao Supremo Tribunal Federal, sobrestando os demais até o pronunciamento definitivo da Corte.

A IN 39/2016 do TST determina a aplicação dos arts. 976 a 986 do CPC que regem o incidente de resolução de demandas repetitivas – IRDR.

6.5.9. *Recurso adesivo*

Não há previsão do recurso adesivo na CLT, sendo aplicado subsidiariamente o art. 997 do CPC/2015, por força do art. 769 da CLT e art. 15 CPC/2015.

O recurso adesivo será cabível das decisões de procedência parcial, ou seja, quando houver sucumbência recíproca.

O recurso adesivo deverá ser interposto perante a autoridade competente para admitir o recurso principal, no mesmo prazo das contrarrazões ao recurso, e ficará vinculado ao recebimento daquele.

É importante lembrar que o recurso adesivo não será conhecido se houver desistência do recurso principal, ou se for ele declarado inadmissível ou deserto. Assim, caso o recurso principal não seja aceito, o recurso adesivo também não será.

O TST, por meio da Súmula 283, entendeu que o recurso adesivo é compatível com o processo do trabalho e cabe, no prazo de 8 (oito) dias, nas hipóteses de interposição de recurso ordinário, de agravo de petição, de revista e de embargos, sendo desnecessário que a matéria nele veiculada esteja relacionada com a do recurso interposto pela parte contrária.

Por último, vale dizer que, em conformidade com o art. 997, § 2º, do CPC/2015, o recurso adesivo se sujeita ao recolhimento de custas e depósito recursal, se for o caso.

6.5.10. Reexame necessário

No direito processual do trabalho, o instituto do reexame necessário não segue, em princípio, as regras do CPC, mas sim o Decreto-lei 779/1969, o qual ensina em seu art. 1º, V, ser "privilégio" da União, dos Estados, do Distrito Federal, dos Municípios e das autarquias ou fundações de direito público federais, estaduais ou municipais que não explorem atividade econômica, "o recurso ordinário *ex officio* das decisões que lhe sejam total ou parcialmente contrárias". Note que o dispositivo legal em debate trata, somente, do recurso ordinário *ex officio*, não abrangendo, portanto, o recurso de revista e outros.

Dessa forma, as pessoas jurídicas de direito público interno, em qualquer processo onde seja proferida sentença, ainda que em parte, contrária aos seus interesses, estarão amparadas pelo recurso ordinário *ex officio*,

Importante assinalar que não apenas as *sentenças* desfavoráveis às pessoas indicadas no art. 1º do Decreto-Lei 779/1969, mas também os *acórdãos* proferidos em ações ajuizadas originariamente nos Tribunais, que seriam impugnados via recurso ordinário (art. 895, II, da CLT), estarão sujeitos ao reexame necessário.

Muito se discute sobre a natureza recursal do reexame necessário, mas, de qualquer forma, é imperioso lembrar que tal instituto não comporta apresentação de contrarrazões, tampouco de recurso adesivo.

Outro ponto que merece destaque é o entendimento que o TST solidificou na orientação jurisprudencial 334 da SDI 1, consignando que, nos casos em que o ente público não tenha interposto recurso ordinário voluntário, não poderá interpor recurso de revista contra a decisão do Tribunal que manter ou confirmar a sentença.

A exceção seria apenas no caso de a decisão do Tribunal agravar a condenação do ente público, pois nessa hipótese haveria interesse recursal.

Dispõe a Orientação Jurisprudencial 334 da SDI 1 do TST:

ORIENTAÇÃO JURISPRUDENCIAL 334 da SDI 1 do TST – REMESSA "EX OFFICIO". RECURSO DE REVISTA. INEXISTÊNCIA DE RECURSO ORDINÁRIO VOLUNTÁRIO DE ENTE PÚBLICO. INCABÍVEL

Incabível recurso de revista de ente público que não interpôs recurso ordinário voluntário da decisão de primeira instância, ressalvada a hipótese de ter sido agravada, na segunda instância, a condenação imposta.

A respeito do tema, cabe destacar a Súmula 303 do TST:

SÚMULA 303 TST – FAZENDA PÚBLICA. REEXAME NECESSÁRIO

I – Em dissídio individual, está sujeita ao reexame necessário, mesmo na vigência da Constituição Federal de 1988, decisão contrária à Fazenda Pública, salvo quando a condenação não ultrapassar o valor correspondente a: a) 1.000 (mil) salários mínimos para a União e as respectivas autarquias e fundações de direito público; b) 500 (quinhentos) salários mínimos para os Estados, o Distrito Federal, as respectivas autarquias e fundações de direito público e os Municípios que constituam capitais dos Estados; c) 100 (cem) salários mínimos para todos os demais Municípios e respectivas autarquias e fundações de direito público.

II – Também não se sujeita ao duplo grau de jurisdição a decisão fundada em: a) súmula ou orientação jurisprudencial do Tribunal Superior do Trabalho; b) acórdão proferido pelo Supremo Tribunal Federal ou pelo Tribunal Superior do Trabalho em julgamento de recursos repetitivos; c) entendimento firmado em incidente de resolução de demandas repetitivas ou de assunção de competência; d) entendimento coincidente com orientação vinculante firmada no âmbito administrativo do próprio ente público, consolidada em manifestação, parecer ou súmula administrativa.

III – Em ação rescisória, a decisão proferida pelo Tribunal Regional do Trabalho está sujeita ao duplo grau de jurisdição obrigatório quando desfavorável ao ente público, exceto nas hipóteses dos incisos anteriores.

IV – Em mandado de segurança, somente cabe reexame necessário se, na relação processual, figurar pessoa jurídica de direito público como parte prejudicada pela concessão da ordem. Tal situação não ocorre na hipótese de figurar no feito como impetrante e terceiro interessado pessoa de direito privado, ressalvada a hipótese de matéria administrativa

7. EXECUÇÃO

7.1. Introdução

As sentenças na esfera laboral estão sujeitas a fase de execução, diferentemente do processo comum em que se tem a fase de cumprimento da sentença.

Na fase de conhecimento, nas lacunas da norma consolidada, aplicamos o Código de Processo Civil, em conformidade com o art. 769 da CLT. Na fase de execução a aplicação é diversa. Isso porque, em primeiro plano, devemos aplicar a CLT; havendo omissão da norma consolidada aplica-se a Lei 5.584/1970 (Dispõe sobre normas de Direito Processual do Trabalho); persistindo a omissão, aplicaremos a lei de execução fiscal (Lei 6.830/1980); sendo esta também omissa, aplicar-se-á por último o CPC, art. 889 da CLT.

A fase de execução é composta por 3 (três) partes: a fase de quantificação, a fase de constrição e a fase de expropriação.

A fase de quantificação consiste em fixar o montante da obrigação devida pelo devedor ao credor. Em outras palavras, significa tornar líquido o *quantum* a ser executado.

A fase de constrição indica que, tornado líquido o *quantum* devido, o devedor será intimado para satisfazer a obrigação no prazo de 48 (quarenta e oito) horas. Vencido esse prazo, o devedor está sujeito a ter seus bens penhorados. Serão penhorados tantos bens quanto bastarem para a garantia da obrigação.

Por último, temos a fase da expropriação, que visa à alienação dos bens penhorados por meio da praça ou leilão, para a satisfação do crédito do exequente.

7.2. Legitimidade

7.2.1. *Legitimidade ativa*

A legitimidade ativa vem disposta no art. 878 da CLT, segundo o qual a execução será promovida pelas partes, permitida a execução de ofício pelo juiz ou pelo Presidente do Tribunal apenas nos casos em que as partes não estiverem representadas por advogado.

Dessa forma, a execução se iniciará de ofício pelo juiz somente quando as partes não estiverem representadas por advogado, ou seja, fazendo uso do *jus postulandi*. No entanto, estando as partes representadas por advogado, deverão elas dar início à execução.

7.2.2. *Legitimidade passiva*

Poderá figurar no polo passivo da execução tanto empregador, o que é mais comum, como empregado, por exemplo, nas hipóteses em que este causou dano ao seu empregador.

Podem figurar como sujeito passivo na execução o espólio, herdeiros e sucessores, fiador, o novo devedor que assumiu a dívida, desde que com consentimento do credor, e o responsável tributário.

7.2.3. *Desconsideração da personalidade jurídica*

É sabido que o patrimônio dos sócios da pessoa jurídica não se confunde com o patrimônio da empresa. No entanto, aplicando a desconsideração da personalidade jurídica os sócios passam a responder pelas dívidas da empresa.

Ela está prevista em nosso ordenamento jurídico em diversos diplomas legais, como no art. 28 do Código de Defesa do Consumidor e art. 50 do Código Civil. Também temos a previsão legal no art. 34 da Lei 12.529/2011 e art. 4º da Lei 9.605/1998.

Referidos dispositivos legais nos mostram a aplicação de duas teorias:

a) *Teoria subjetiva:* adotada pelo Código Civil, essa teoria ensina que para que os bens dos sócios possam ser atingidos, é necessária a comprovação de fraude, abuso de direito ou confusão patrimonial;

b) *Teoria objetiva:* para essa teoria, adotada pelo Código de Defesa do Consumidor, basta a insolvência da empresa, ou seja, basta a constatação de inexistência de bens da empresa suficientes para o cumprimento de suas obrigações.

No CPC/2015 o incidente de desconsideração da personalidade jurídica está previsto nos arts. 133 e seguintes, aplicados no processo do trabalho, nos termos do art. 855-A, da CLT.

É importante destacar que o CPC/2015 não trouxe as hipóteses em que se admite a desconsideração, ele apenas cuidou de apontar o processamento desse incidente.

Por não tratar das hipóteses em que a desconsideração poderá ser aplicada, o CPC/2015 remete às legislações acima tratadas, em conformidade com o art. 133, § 1º.

No processo do trabalho é aplicada a teoria objetiva da desconsideração da personalidade jurídica, com fulcro no art. 28 do CDC, baseando-se no princípio protetor do trabalhador, atribuindo responsabilidade aos sócios pelas dívidas da pessoa jurídica, na medida em que foram eles os beneficiários dos lucros auferidos pela empresa, fruto do trabalho dos seus empregados.

Considerando que na fase de execução no processo trabalhista, nos termos do art. 889 da CLT temos que na omissão da CLT a lei dos executivos fiscais (Lei 6.830/1980) servirá como fonte subsidiária, podemos dizer que, ainda assim, o incidente do CPC/2015 terá aplicação no processo do trabalho, calcado na própria teoria objetiva. Isso porque, o art. 4º, § 3º, da Lei 6.830/1980 nos ensina que a execução poderá ser dirigida contra o sócio, bastando que os bens do devedor, ou seja, da empresa, não sejam suficientes para satisfação do débito.

Portanto, tendo em vista o princípio protetor do direito do trabalho, que pode inclusive ser aplicado no campo processual, a aplicação da teoria objetiva da desconsideração da personalidade jurídica baseada no art. 28 do CDC e, ainda, a regra esculpida no art. 4º, § 3º, da Lei 6.830/1980, não há motivo para que a desconsideração da personalidade jurídica da empresa necessite de requerimento da parte ou do Ministério Público.

Assim, podemos concluir de acordo com o art. 855-A da CLT, o incidente de desconsideração da personalidade jurídica regulado no CPC/2015 (arts. 133 a 137) será aplicável ao Processo do Trabalho, com as adaptações pertinentes ao processo trabalhista, sendo assegurada a iniciativa também ao juiz do trabalho na fase de execução, na forma do art. 878 da CLT.

A decisão que acolhe ou rejeita o incidente de desconsideração na fase de cognição/conhecimento por possuir natureza jurídica de decisão interlocutória, não será passível de recurso de imediato, nos termos do art. 855-A, § 1º, I, da CLT. Contudo, na fase de execução, caberá agravo de petição, independentemente de garantia do juízo, art. 855-A, § 1º, II, da CLT. Já se o incidente for instaurado originariamente no tribunal, se proferida pelo Relator, caberá agravo interno, art. 855-A, § 1º, III, da CLT.

A teoria da desconsideração da personalidade jurídica, também conhecida como teoria da penetração, é utilizada no processo do trabalho por aplicação subsidiária, permitida em razão da norma esculpida nos arts. 8º e 769 da CLT e, ainda, pelo princípio da alteridade.

A IN 39/2016 do TST determina em seu art. 6º aplicação ao Processo do Trabalho do incidente de desconsideração da personalidade jurídica regulado no Código de Processo Civil (arts. 133 a 137), assegurada também a iniciativa de ofício do juiz do trabalho na fase de execução, na forma do art. 878 da CLT.

O art. 855-A da CLT traz ao processo do trabalho a permissão para aplicação da teoria da desconsideração da personalidade jurídica prevista nos arts. 133 a 137 do CPC/2015 ao processo do trabalho. Nesse sentido, o TST vem aplicando a desconsideração da personalidade jurídica com apoio no art. 28, § 5º, do Código de Defesa do Consumidor, segundo o qual a personalidade jurídica poderá ser desconsiderada sempre que for, de alguma forma, obstáculo ao ressarcimento de prejuízos causados aos consumidores.

Afirma-se que por ser a personalidade jurídica uma criação da lei concedida pelo Estado, que tem como objetivo a realização de um fim, nada mais lógico do que conferir ao Estado, por meio do órgão jurisdicional, a capacidade de verificar se esse direito está sendo utilizado de forma adequada e, não estando, atingir os responsáveis. Assim, a teoria deve ser utilizada para impedir a fraude ou abuso por meio da personalidade jurídica.

Dessa forma, a teoria da desconsideração da personalidade jurídica é aplicada de forma ampla quando for apurada a insuficiência do patrimônio da empresa para honrar as dívidas contraídas, independentemente de fraude ou simulação, ou seja, basta a insolvência da empresa para que o Estado-juiz autorize a execução dos bens dos sócios considerados individualmente de forma solidária e ilimitada até o pagamento integral dos créditos trabalhistas.

7.2.3.1 Processamento do pedido de desconsideração da personalidade jurídica

O incidente de desconsideração da personalidade jurídica será instaurado a pedido da parte ou do Ministério Público, quando lhe couber intervir no processo, sendo cabível em todas as fases do processo de conhecimento, bem como do processo de execução. Será dispensável a instauração do incidente se a desconsideração da personalidade jurídica for requerida na petição inicial, hipótese em que será citado o sócio ou a pessoa jurídica.

Assim, caso a desconsideração jurídica não seja pedida na reclamação trabalhista, deverá, se for o caso, ser instaurado o incidente em petição distinta, hipótese em que o processo ficará suspenso, sem prejuízo de concessão da tutela de urgência de natureza cautelar, art. 855-A, § 2º, da CLT.

Uma vez instaurado o incidente por petição específica, o sócio ou a pessoa jurídica será citado para no prazo de 15 (quinze) dias apresentar manifestação e eventual requerimento de produção de provas,

Terminada a instrução, quando necessária, o incidente será resolvido por decisão interlocutória.

Da decisão interlocutória que acolher ou rejeitar o incidente, na fase de conhecimento, não será cabível recurso de imediato, art. 893, § 1º, da CLT. No entanto, se a decisão for proferida na fase de execução de sentença, será cabível a interposição de agravo de petição, independentemente de garantia do juízo, no prazo de 8 dias. Caso a decisão seja proferida pelo relator em incidente instaurado originariamente no tribunal, caberá a interposição de agravo interno.

7.3. Títulos executivos

O processo do trabalho admite os seguintes títulos executivos:

7.3.1. Títulos executivos judiciais

a) sentenças ou acórdãos condenatórios transitados em julgado ou que tenham sido impugnados com recurso no efeito devolutivo;

b) decisões que homologam acordo entre as partes.

Cabe destacar que nos termos do art. 884, § 5º, da CLT é considerado inexigível o título judicial fundado em Lei ou ato normativo declarados inconstitucionais pelo Supremo Tribunal Federal ou em aplicação ou interpretação tidas por incompatíveis com a Constituição Federal.

7.3.2. Títulos executivos extrajudiciais

Os títulos executivos extrajudiciais são:

a) os termos de compromisso de ajuste de conduta com conteúdo obrigacional firmados perante o MPT;

b) os termos de conciliação celebrados perante a Comissão de Conciliação Prévia;

c) certidões da dívida ativa, decorrentes das multas aplicadas pelo MTE, de acordo com a redação do art. 114, VII, CF

Importante novidade foi trazida pelo art. 13 da IN 39/2016 do TST que por aplicação supletiva do art. 784, I (art. 15 do CPC), reconhece o cheque e a nota promissória emitidos em reconhecimento de dívida inequivocamente de natureza trabalhista como títulos executivos extrajudiciais para efeito de execução perante a Justiça do Trabalho, na forma do art. 876 e segs. da CLT.

7.4. Liquidação de sentença

Sendo a sentença ilíquida, deve ser realizada sua prévia liquidação, que, nos termos do art. 879, poderá ser feita por cálculos, por arbitramento e por artigos.

7.4.1. Liquidação por cálculos

A liquidação por cálculos será utilizada quando a determinação do valor da condenação depender de cálculos meramente aritméticos, ou seja, quando todos os elementos necessários para se chegar no valor devido já estiverem nos autos.

A liquidação por cálculos se iniciará com petição do credor, que a instruirá com a respectiva memória de cálculos devidamente atualizados dos valores que julgar devidos.

Nessa fase calculam-se, também, a correção monetária e os juros, esses últimos devidos a partir do ajuizamento da ação no importe de 1% ao mês, ou 12% ao ano, ainda que omisso o pedido na reclamação trabalhista ou na sentença, nos termos da Súmula 211 do TST.

7.4.2. Liquidação por arbitramento

A liquidação será feita por arbitramento se determinado pela sentença, se convencionado pelas partes ou caso a natureza do objeto exigir, nos termos do art. 509, I, do CPC/2015.

Nessa modalidade de liquidação, as partes ou o próprio juiz designará um árbitro para que mensure os valores dos direitos assegurados ao exequente na sentença judicial.

De acordo com o art. 879, § 6º, da CLT, tratando-se de cálculos de liquidação complexos, o juiz poderá nomear perito para a elaboração e fixará, depois da conclusão do trabalho, o valor dos respectivos honorários com observância dos critérios de razoabilidade e proporcionalidade.

7.4.3. Liquidação pelo procedimento comum

O CPC/1973 denominava a atual liquidação pelo procedimento comum em "liquidação por artigos". Prevista no art. 509, II, do CPC/2015, será realizada a liquidação pelo procedimento comum sempre que houver a necessidade de provar fatos novos que servirão de base para apuração do valor devido ao credor.

Vale ressaltar que nessa modalidade de liquidação não é permitida a iniciativa do juiz *ex officio*.

Um exemplo clássico de liquidação por artigos é o caso da sentença que, embora reconheça o pedido de horas extras, não as quantifica.

Nesse caso, o exequente deverá apresentar uma petição inicial alegando os fatos a serem provados, sendo a parte contrária intimada para responder o pedido e posteriormente proferida uma sentença.

Nota-se que com a liquidação por artigos se inicia um novo processo, que será submetido ao procedimento ordinário, contando, inclusive, com a produção de provas.

7.5. Impugnação à sentença de liquidação

Elaborada a conta e tornada líquida, o juízo deverá abrir às partes prazo comum de oito dias para impugnação fundamentada com a indicação dos itens e valores objeto da discordância, sob pena de preclusão.

Importante lembrar que antes da entrada em vigor da Lei 13.467/2017 (reforma trabalhista) era facultado ao juiz abrir ou não o prazo para impugnação, prazo esse que era de 10 dias.

Assim, como vimos o juiz está obrigado a abrir prazo de 8 dias para impugnação dos cálculos, na medida em que a lei se utiliza da expressão "deverá".

O INSS também deve ser intimado sobre os cálculos, para que no prazo de 10 dias se manifeste, sob pena de preclusão, conforme determina o art. 879, § 3º, da CLT.

Vale dizer que a sentença de liquidação, para a doutrina dominante, possui natureza jurídica de decisão interlocutória, não ensejando a interposição de recursos, em face da previsão legal do art. 893, § 1º, da CLT, e tampouco permite o ajuizamento de ação rescisória.

7.6. Execução contra devedor solvente

A execução contra devedor solvente tem por objetivo expropriar bens do devedor, a fim de satisfazer o direito do credor.

Inicia-se com a expedição do mandado de citação, nos termos do art. 880 da CLT. Na fase de execução de sentença, diferentemente de como ocorre na fase de conhecimento, a citação deve ser pessoal, ou seja, deve ser realizada na pessoa do executado. Não basta a mera notificação (que pode ser entregue a qualquer funcionário da empresa), como ocorre na fase de conhecimento.

O executado será citado para no prazo de 48 (quarenta e oito) horas pagar a quantia devida. Não encontrado por duas vezes, far-se-á a citação por edital.

Nesse ponto, muito se discute sobre a possibilidade de aplicação do art. 523 do CPC/2015 que prevê uma multa de 10% caso o devedor não efetue o pagamento da condenação no prazo legal.

Por muito tempo o TRT da 3ª Região, Minas Gerais, considerou aplicável a referida multa, chegando a editar a súmula 30 entendendo aplicável a multa ao processo do trabalho. Contudo, a referida súmula foi cancelada em 17/07/2015. Já o TRT da 2ª Região por meio da súmula 31 entende ser inaplicável a referida multa ao processo do trabalho.

De forma geral, entendem os Tribunais que o processo do trabalho possui norma específica para a execução de título, não havendo omissão do texto consolidado, tampouco compatibilidade com os princípios trabalhistas.

Todavia, está sub *judice* no Tribunal Superior do Trabalho a possibilidade de imposição de multa pecuniária ao executado bem como a liberação de depósito em favor do exequente, na pendência de recurso, o que impede saber sobre a incidência no Processo do Trabalho das normas dos arts. 520 a 522 e § 1º do art. 523 do CPC de 2015

O executado que não pagar a importância reclamada poderá garantir a execução mediante correspondente, atualizada e acrescida das despesas processuais, apresentação de seguro-garantia judicial ou nomeação de bens à penhora, observada a ordem preferencial estabelecida no art. 835 do CPC/2015.

Dispõe o art. 835 do CPC/2015:

> Art. 835. A penhora observará, preferencialmente, a seguinte ordem:
>
> I – dinheiro, em espécie ou em depósito ou aplicação em instituição financeira;
>
> II – títulos da dívida pública da União, dos Estados e do Distrito Federal com cotação em mercado;
>
> III – títulos e valores mobiliários com cotação em mercado;
>
> IV – veículos de via terrestre;
>
> V – bens imóveis;
>
> VI – bens móveis em geral;
>
> VII – semoventes;
>
> VIII – navios e aeronaves;
>
> IX – ações e quotas de sociedades simples e empresárias;
>
> X – percentual do faturamento de empresa devedora;
>
> XI – pedras e metais preciosos;
>
> XII – direitos aquisitivos derivados de promessa de compra e venda e de alienação fiduciária em garantia;
>
> XIII – outros direitos.

Caso o devedor não pague, não nomeie bens ou não deposite o valor executado em juízo, garantindo-o, serão penhorados seus bens tantos quanto bastarem para a garantia da execução.

O devedor poderá ainda, em conformidade com o art. 3º, XXI, da IN 39/2016 do TST optar pelo parcelamento judicial previsto no art. 916 do CPC/2015. Assim, no prazo para embargos, reconhecendo o crédito do exequente e comprovando o depósito de 30% do valor em execução, acrescido de custas e de honorários de advogado, quando cabíveis, o executado poderá requerer que lhe seja permitido pagar o restante em até 6 (seis) parcelas mensais, acrescidas de correção monetária e de juros de 1% ao mês.

7.7. Execução de título executivo extrajudicial

No processo de conhecimento, ao ter reconhecido seu crédito e tornado líquido, deverá o credor promover a execução do julgado, nos termos dos arts. 880 e seguintes da CLT, denominada execução judicial.

Por outro lado, admite-se na seara trabalhista, em algumas hipóteses, que o credor promova a cobrança do seu crédito imediatamente, ou seja, sem a necessidade de um processo de conhecimento. Nesses casos, o credor poderá promover a execução de título executivo extrajudicial, que pressupõe processo autônomo, com citação do devedor para cumprimento da obrigação.

Parte da doutrina sustenta que as hipóteses previstas no art. 876 da CLT são meramente exemplificativas, pois não poderia o legislador excluir da competência da Justiça do Trabalho títulos legitimamente conhecidos pelo legislador no âmbito do Direito Civil, como o cheque, por exemplo. Nessa linha, para aqueles que advogam essa ideia, como a legislação trabalhista autoriza o pagamento de salários e verbas rescisórias através de cheques, que muitas vezes são devolvidos sem fundos, poderia o trabalhador, nesse caso, executar o título na Justiça do Trabalho.

Colocando um ponto final nessa discussão doutrinária e jurisprudencial o TST por meio do art. 13 da IN 39 entende que por aplicação supletiva do art. 784, I (art. 15 do CPC), o cheque e a nota promissória emitidos em reconhecimento de dívida inequivocamente de natureza trabalhista também são títulos extrajudiciais para efeito de execução perante a Justiça do Trabalho, na forma do art. 876 e segs. da CLT.

7.7.1. Processamento

Cabe destacar que, nos termos do art. 889 da CLT, aos trâmites e incidentes do processo da execução são aplicáveis, naquilo em que não violarem os princípios processuais trabalhistas, os preceitos que regem o processo de execução fiscal disposto na Lei 6.830/1980. O Código de Processo Civil será aplicado apenas na omissão da Lei de executivos fiscais.

A competência territorial será determinada de acordo com a regra estabelecida no art. 877-A da CLT, ou seja, pelo juiz que teria competência para o processo de conhecimento relativo à matéria.

Desta forma, nos termos do art. 6º da Lei 6.830/1980, a petição inicial deverá ser instruída com o título executivo extrajudicial, devendo indicar o Juiz a quem é dirigida, o pedido e, por último, o requerimento de citação do devedor, para, no prazo de 5 (cinco) dias, pagar a dívida ou garanti-la, sob pena de penhora.

Feita a citação, o devedor poderá adotar 4 condutas: a) efetuar o pagamento do valor executado; b) depositar em juízo o valor, informando que irá apresentar embargos à execução; c) oferecer bens à penhora para garantia do juízo e apresentar embargos; d) não efetuar o pagamento, nem garantir a dívida, hipótese em que se procederá à penhora.

Importante dizer que nos termos do art. 3º, XXI, da IN 39/2016 do TST a regra do parcelamento judicial prevista no art. 916 do CPC/2015 é perfeitamente aplicável. Assim, no prazo para embargos, reconhecendo o crédito do exequente e comprovando o depósito de 30% do valor em execução, acrescido de custas e de honorários de advogado, quando cabíveis, o executado poderá requerer que lhe seja permitido pagar o restante em até 6 (seis) parcelas mensais, acrescidas de correção monetária e de juros de 1% ao mês.

Nas execuções de título executivo extrajudicial, o executado poderá alegar como matérias de defesa: nulidade da execução, por não ser executivo o título apresentado; penhora incorreta ou avaliação errônea; excesso de execução ou cumulação indevida de execuções; retenção por benfeitorias necessárias ou úteis, nos casos de título para entrega de coisa certa; ou qualquer matéria que lhe seria lícito deduzir como defesa em processo de conhecimento.

7.8. Penhora

A partir da penhora, tanto a execução de título judicial como a execução de título extrajudicial obedecerão às mesmas regras estudadas. A partir daqui os estudos podem ser aplicados tanto para a execução de título judicial como de títulos extrajudiciais.

Por não existirem normas expressas no texto consolidado, serão aplicadas as regras pertinentes ao processo civil.

A penhora deverá obedecer à regra de nomeação imposta no art. 835 do CPC/2015, podendo a parte impugnar aquela que não obedecer a essa ordem, nos exatos termos do art. 848, I, do CPC/2015.

Realizada a penhora, o exequente deverá ser intimado para manifestar sua concordância ou não com relação ao bem oferecido à penhora pelo próprio devedor ou penhorado por determinação judicial. A não aceitação deverá ser fundamentada.

7.8.1. Bens impenhoráveis

Nos termos do art. 833 do CPC/2015, são considerados absolutamente impenhoráveis:

a) os bens inalienáveis e os declarados, por ato voluntário, não sujeitos à execução;

b) os móveis, pertences e utilidades domésticas que guarnecem a residência do executado, salvo os de elevado valor ou que ultrapassem as necessidades comuns correspondentes a um médio padrão de vida;

c) os vestuários, bem como os pertences de uso pessoal do executado, salvo se de elevado valor;

d) os vencimentos, subsídios, soldos, salários, remunerações, proventos de aposentadoria, pensões, pecúlios e montepios; as quantias recebidas por liberalidade de terceiro e destinadas ao sustento do devedor e sua família, os ganhos de trabalhador autônomo e os honorários de profissional liberal;

e) os livros, as máquinas, as ferramentas, os utensílios, os instrumentos ou outros bens móveis necessários ou úteis ao exercício de qualquer profissão;

f) o seguro de vida;

g) os materiais necessários para obras em andamento, salvo se essas forem penhoradas;

h) a pequena propriedade rural, assim definida em lei, desde que trabalhada pela família;

i) os recursos públicos recebidos por instituições privadas para aplicação compulsória em educação, saúde ou assistência social;

j) até o limite de 40 (quarenta) salários mínimos, a quantia depositada em caderneta de poupança;

l) os recursos públicos do fundo partidário recebidos, nos termos da lei, por partido político.

Embora não estejam elencados no rol do art. 833 do CPC/2015, os bens públicos também são considerados absolutamente impenhoráveis.

Também são considerados impenhoráveis os bens de família previstos na Lei 8.009/1990.

No entanto, não serão considerados como bens de família: os veículos de transporte, as obras de arte e os adornos suntuosos. Isso porque esses bens são considerados como bens de ostentação, desnecessários para a sobrevivência da pessoa.

Dispõe o art. 834 do CPC/2015 que, na falta de outros bens, os frutos e rendimentos dos bens inalienáveis.

Importante destacar a Súmula 417 do TST:

> SÚMULA 417 TST – MANDADO DE SEGURANÇA. PENHORA EM DINHEIRO (alterado o item I, atualizado o item II e cancelado o item III, modulando-se os efeitos da presente redação de forma a atingir unicamente as penhoras em dinheiro em execução provisória efetivadas a partir de 18.03.2016, data de vigência do CPC de 2015) – Res. 212/2016, DEJT divulgado em 20, 21 e 22.09.2016
>
> I – Não fere direito líquido e certo do impetrante o ato judicial que determina penhora em dinheiro do executado para garantir crédito exequendo, pois é prioritária e obedece à gradação prevista no art. 835 do CPC de 2015 (art. 655 do CPC de 1973).
>
> II – Havendo discordância do credor, em execução definitiva, não tem o executado direito líquido e certo a que os valores penhorados em dinheiro fiquem depositados no próprio banco, ainda que atenda aos requisitos do art. 840, I, do CPC de 2015 (art. 666, I, do CPC de 1973).

7.8.1.1 Impenhorabilidade de salários/conta salário

Sobre a impenhorabilidade de valores existentes na conta salário do executado, importante ressaltar o entendimento previsto na OJ 153 da SDI 2 do TST, que assim dispõe:

> Orientação Jurisprudencial 153 SDI 2 TST – MANDADO DE SEGURANÇA. EXECUÇÃO. ORDEM DE PENHORA SOBRE VALORES EXISTENTES EM CONTA SALÁRIO. ART. 649, IV, DO CPC (art. 833, IV, CPC/2015). ILEGALIDADE

Ofende direito líquido e certo decisão que determina o bloqueio de numerário existente em conta salário, para satisfação de crédito trabalhista, ainda que seja limitado a determinado percentual dos valores recebidos ou a valor revertido para fundo de aplicação ou poupança, visto que o art. 649, IV, do CPC (art. 833, IV, CPC/2015) contém norma imperativa que não admite interpretação ampliativa, sendo a exceção prevista no art. 649, § 2º, do CPC (art. 833, §2º, CPC/2015)espécie e não gênero de crédito de natureza alimentícia, não englobando o crédito trabalhista.

Para melhor compreensão da referida OJ devemos lembrar que o antigo art. 649, IV, CPC/1973 (atual art. 833, IV, CPC/2015) determinava a impenhorabilidade dos salários. Portanto, consequentemente impenhoráveis também os valores depositados na conta salário, até o limite de 50 salários mínimos.

No entanto, o § 2º do mesmo art. 649 CPC/1973 continha regra determinando não se aplicar a regra da impenhorabilidade para pagamento de prestação alimentícia.

> Art. 649...
>
> § 2º. O disposto no inciso IV do caput deste artigo não se aplica no caso de penhora para pagamento de prestação alimentícia.

Com isso o TST editou a OJ 153 SDI 2 interpretando o dispositivo legal como regra imperativa, que não admitia interpretação ampliativa para o termo "prestação alimentícia" existente no texto da lei, ou seja, a exceção prevista no art. 649, § 2º, do CPC/1973 é espécie e não gênero de crédito de natureza alimentícia, não englobando o crédito trabalhista. Por isso se sustenta a impenhorabilidade dos salários do executado para pagamento de dívidas trabalhistas.

Contudo, o atual art. 833, § 2º, CPC/2015 que "substituiu" o art. 649, § 2º, CPC/1973 traz em sua redação uma novidade que possivelmente poderá alterar a redação da OJ 153 da SDI 2 do TST.

O novel art. 833, § 2º, CPC/2015 determina que a impenhorabilidade dos salários não se aplica à hipótese de penhora para pagamento de prestação alimentícia, independentemente de sua origem.

> Art. 833...
>
> § 2º. O disposto nos incisos IV e X do *caput* não se aplica à hipótese de penhora para pagamento de prestação alimentícia, **independentemente de sua origem**, bem como às importâncias excedentes a 50 (cinquenta) salários mínimos mensais, devendo a constrição observar o disposto no art. 528, § 8ºo, e no art. 529, § 3º. (destaques)

Por isso, entendemos que ao fazer constar no texto do supracitado dispositivo legal a expressão "independente de sua origem" o legislador aponta para a possibilidade de penhora para pagamento de qualquer tipo de prestação alimentícia, independentemente de sua origem, englobando, portanto, o crédito trabalhista. Esse entendimento se coaduna com a regra disposta no art. 100, § 1º, da CF que dispõe:

> Art. 100.
>
> § 1º. Os débitos de natureza alimentícia compreendem aqueles decorrentes de salários, vencimentos, proventos, pensões e suas complementações, benefícios previdenciários e indenizações por morte ou por invalidez, fundadas em responsabilidade civil, em virtude de sentença judicial transitada em julgado, e serão pagos com preferência sobre todos os demais débitos, exceto sobre aqueles referidos no § 2º deste artigo.

Desta forma, de acordo com o atual dispositivo legal é possível a penhora do salário do executado em 2 casos:

a) penhora de importâncias excedentes a 50 salários mínimos mensais;

b) se a verba for de natureza alimentar, independentemente de sua origem, limitado a 50% do montante mensal. Esse limite se justifica a teor do § 3º do art. 529 do CPC/2015, que assim dispõe:

> Art. 529...
>
> § 3º. Sem prejuízo do pagamento dos alimentos vincendos, o débito objeto de execução pode ser descontado dos rendimentos ou rendas do executado, de forma parcelada, nos termos do *caput* deste artigo, contanto que, somado à parcela devida, não ultrapasse cinquenta por cento de seus ganhos líquidos.

7.9. Protesto de decisão judicial

Nos termos do art. 883-A da CLT a decisão judicial transitada em julgado somente poderá ser levada a protesto, gerar inscrição do nome do executado em órgãos de proteção ao crédito ou no Banco Nacional de Devedores Trabalhistas (BNDT), nos termos da lei, depois de transcorrido o prazo de quarenta e cinco dias a contar da citação do executado, se não houver garantia do juízo.

7.10. Execução contra Fazenda Pública

O CPC/2015 regula o cumprimento de sentença contra a Fazenda Pública nos arts. 534 e 535, e também a execução de título extrajudicial em seu art. 910.

A execução contra a Fazenda Pública possui diversas peculiaridades e por isso não é processada da mesma forma que a execução contra as pessoas físicas ou jurídicas de direito privado.

Isso porque os bens da Fazenda Pública são impenhoráveis. Daí decorre que a Fazenda Pública não é intimada para garantir o juízo, mas sim para apresentar embargos à execução.

No termo "Fazenda Pública" devemos lembrar que estão compreendidos: a União, Estados, Distrito Federal, Municípios, autarquias e as fundações públicas. As sociedades de economia mista e as empresas públicas estão excluídas do conceito de Fazenda Pública.

Como vimos, os bens da Fazenda Pública são impenhoráveis. Assim, transitada em julgado a sentença condenatória, não haverá citação para pagamento ou garantia à execução, mas sim para oferecimento de embargos à execução no prazo de 30 dias, nos termos do art. 535 do CPC/2015.

Em se tratando de processo de execução de *título extrajudicial*, a execução se dará nos termos dos art. 910 do CPC/2015, que prevê prazo de 30 dias para que a Fazenda Pública apresente embargos à execução, hipótese em que poderá alegar qualquer matéria que lhe seria lícito deduzir como defesa no processo de conhecimento, em conformidade com o § 2º do art. 910 do CPC/2015. Ademais, determina o § 3º do citado dispositivo que aplica-se à execução contra a Fazenda Pública o disposto nos arts. 534 e 535 do CPC/2015.

Em se tratando de *título judicial*, na Justiça do Trabalho o processo contra a Fazenda Pública se processa pelas disposições contidas na CLT até a fixação do valor devido, aplicando-se o art. 879 da CLT. Uma vez homologado os cálculos, seguirá a execução pelo rito especial, aplicando-se no que couber, os arts. 534 e 535 do CPC/2015.

Portanto, nesse caso nos embargos à execução a Fazenda Pública poderá sustentar as matérias elencadas no art. 535 do CPC/2015, que assim dispõe:

> *Art. 535. A Fazenda Pública será intimada na pessoa de seu representante judicial, por carga, remessa ou meio eletrônico, para, querendo, no prazo de 30 (trinta) dias e nos próprios autos, impugnar a execução, podendo arguir:*
>
> *I - falta ou nulidade da citação se, na fase de conhecimento, o processo correu à revelia;*
>
> *II - ilegitimidade de parte;*
>
> *III - inexequibilidade do título ou inexigibilidade da obrigação;*
>
> *IV - excesso de execução ou cumulação indevida de execuções;*
>
> *V - incompetência absoluta ou relativa do juízo da execução;*
>
> *VI - qualquer causa modificativa ou extintiva da obrigação, como pagamento, novação, compensação, transação ou prescrição, desde que supervenientes ao trânsito em julgado da sentença.*
>
> *§ 1º A alegação de impedimento ou suspeição observará o disposto nos arts. 146 e 148.*
>
> *§ 2º Quando se alegar que o exequente, em excesso de execução, pleiteia quantia superior à resultante do título, cumprirá à executada declarar de imediato o valor que entende correto, sob pena de não conhecimento da arguição.*

7.10.1. Precatório

Proferida a sentença na fase de conhecimento e exaurido o prazo recursal, duas regras deverão ser observadas, nos termos do art. 910, § 1º, do CPC/2015.

a) o juiz irá requisitar a expedição do precatório para pagamento por intermédio do Presidente do tribunal;

b) o pagamento será realizado na ordem de apresentação do precatório, art. 100 CF.

No entanto, caso o ente público apresente embargos à execução e encerrada a instrução, o juiz proferirá a sentença que, ainda que seja desfavorável, no todo ou em parte, ao ente público, não haverá que se falar em recurso de ofício (reexame necessário), tendo em vista que essa é uma prerrogativa do processo de conhecimento. A sentença que julgar os embargos à execução desafia a interposição de agravo de petição que, por se tratar de Fazenda Pública, terá o prazo em dobro, em razão da norma esculpida no art. 1º do Decreto-Lei 779/1969.

Ultrapassada essa fase, transitada em julgado a decisão, o juiz irá requisitar, por intermédio do Presidente do tribunal, à autoridade competente o pagamento do valor da dívida fixada na sentença.

Essa requisição é feita por meio do precatório, que, nas lições de Renato Saraiva (*Curso de Direito Processual do Trabalho*. 4. ed. São Paulo: Método, 2007. p. 625), "consiste na requisição, feita pelo Poder Judiciário ao Poder Executivo respectivo, de numerário suficiente para arcar com as condenações impostas à Fazenda Pública mediante sentença judicial a qual não caiba mais recurso."

A CF/1988 trata dos precatórios no art. 100 e seus parágrafos:

> **Art. 100.** Os pagamentos devidos pelas Fazendas Públicas Federal, Estaduais, Distrital e Municipais, em virtude de sentença judiciária, far-se-ão exclusivamente na ordem cronológica de apresentação dos precatórios e à conta dos créditos respectivos, proibida a designação de casos ou de pessoas nas dotações orçamentárias e nos créditos adicionais abertos para este fim.
>
> § 1º Os débitos de natureza alimentícia compreendem aqueles decorrentes de salários, vencimentos, proventos, pensões e suas complementações, benefícios previdenciários e indenizações por morte ou por invalidez, fundadas em responsabilidade civil, em virtude de sentença judicial transitada em julgado, e serão pagos com preferência sobre todos os demais débitos, exceto sobre aqueles referidos no § 2º deste artigo.
>
> § 2º Os débitos de natureza alimentícia cujos titulares, originários ou por sucessão hereditária, tenham 60 (sessenta) anos de idade, ou sejam portadores de doença grave, ou pessoas com deficiência, assim definidos na forma da lei, serão pagos com preferência sobre todos os demais débitos, até o valor equivalente ao triplo fixado em lei para os fins do disposto no § 3º deste artigo, admitido o fracionamento para essa finalidade, sendo que o restante será pago na ordem cronológica de apresentação do precatório.
>
> § 3º O disposto no caput deste artigo relativamente à expedição de precatórios não se aplica aos pagamentos de obrigações definidas em leis como de pequeno valor que as Fazendas referidas devam fazer em virtude de sentença judicial transitada em julgado.
>
> § 4º Para os fins do disposto no § 3º, poderão ser fixados, por leis próprias, valores distintos às entidades de direito público, segundo as diferentes capacidades econômicas, sendo o mínimo igual ao valor do maior benefício do regime geral de previdência social.
>
> § 5º É obrigatória a inclusão, no orçamento das entidades de direito público, de verba necessária ao pagamento de seus débitos, oriundos de sentenças transitadas em julgado, constantes de precatórios judiciários apresentados até 1º de julho, fazendo-se o pagamento até o final do exercício seguinte, quando terão seus valores atualizados monetariamente.
>
> § 6º As dotações orçamentárias e os créditos abertos serão consignados diretamente ao Poder Judiciário, cabendo ao Presidente do Tribunal que proferir a decisão exequenda determinar o pagamento integral e autorizar, a requerimento do credor e exclusivamente para os casos de preterimento de seu direito de precedência ou de não alocação orçamentária do valor necessário à satisfação do seu débito, o sequestro da quantia respectiva.
>
> § 7º O Presidente do Tribunal competente que, por ato comissivo ou omissivo, retardar ou tentar frustrar a liquidação regular de precatórios incorrerá em crime de responsabilidade e responderá, também, perante o Conselho Nacional de Justiça.
>
> § 8º É vedada a expedição de precatórios complementares ou suplementares de valor pago, bem como o fracionamento, repartição ou quebra do valor da execução para fins de enquadramento de parcela do total ao que dispõe o § 3º deste artigo.
>
> § 9º No momento da expedição dos precatórios, independentemente de regulamentação, deles deverá ser abatido, a título

de compensação, valor correspondente aos débitos líquidos e certos, inscritos ou não em dívida ativa e constituídos contra o credor original pela Fazenda Pública devedora, incluídas parcelas vincendas de parcelamentos, ressalvados aqueles cuja execução esteja suspensa em virtude de contestação administrativa ou judicial.

§ 10. Antes da expedição dos precatórios, o Tribunal solicitará à Fazenda Pública devedora, para resposta em até 30 (trinta) dias, sob pena de perda do direito de abatimento, informação sobre os débitos que preencham as condições estabelecidas no § 9º, para os fins nele previstos.

§ 11. É facultada ao credor, conforme estabelecido em lei da entidade federativa devedora, a entrega de créditos em precatórios para compra de imóveis públicos do respectivo ente federado.

§ 12. A partir da promulgação desta Emenda Constitucional, a atualização de valores de requisitórios, após sua expedição, até o efetivo pagamento, independentemente de sua natureza, será feita pelo índice oficial de remuneração básica da caderneta de poupança, e, para fins de compensação da mora, incidirão juros simples no mesmo percentual de juros incidentes sobre a caderneta de poupança, ficando excluída a incidência de juros compensatórios.

§ 13. O credor poderá ceder, total ou parcialmente, seus créditos em precatórios a terceiros, independentemente da concordância do devedor, não se aplicando ao cessionário o disposto nos §§ 2º e 3º.

§ 14. A cessão de precatórios somente produzirá efeitos após comunicação, por meio de petição protocolizada, ao tribunal de origem e à entidade devedora.

§ 15. Sem prejuízo do disposto neste artigo, lei complementar a esta Constituição Federal poderá estabelecer regime especial para pagamento de crédito de precatórios de Estados, Distrito Federal e Municípios, dispondo sobre vinculações à receita corrente líquida e forma e prazo de liquidação.

§ 16. A seu critério exclusivo e na forma de lei, a União poderá assumir débitos, oriundos de precatórios, de Estados, Distrito Federal e Municípios, refinanciando-os diretamente.

§ 17. A União, os Estados, o Distrito Federal e os Municípios aferirão mensalmente, em base anual, o comprometimento de suas respectivas receitas correntes líquidas com o pagamento de precatórios e obrigações de pequeno valor.

§ 18. Entende-se como receita corrente líquida, para os fins de que trata o § 17, o somatório das receitas tributárias, patrimoniais, industriais, agropecuárias, de contribuições e de serviços, de transferências correntes e outras receitas correntes, incluindo as oriundas do § 1º do art. 20 da Constituição Federal, verificado no período compreendido pelo segundo mês imediatamente anterior ao de referência e os 11 (onze) meses precedentes, excluídas as duplicidades, e deduzidas

I – na União, as parcelas entregues aos Estados, ao Distrito Federal e aos Municípios por determinação constitucional;

II – nos Estados, as parcelas entregues aos Municípios por determinação constitucional;

III – na União, nos Estados, no Distrito Federal e nos Municípios, a contribuição dos servidores para custeio de seu sistema de previdência e assistência social e as receitas provenientes da compensação financeira referida no § 9º do art. 201 da Constituição Federal;

§ 19. Caso o montante total de débitos decorrentes de condenações judiciais em precatórios e obrigações de pequeno valor, em período de 12 (doze) meses, ultrapasse a média do comprometimento percentual da receita corrente líquida nos 5 (cinco) anos imediatamente anteriores, a parcela que exceder esse percentual poderá ser financiada, excetuada dos limites de endividamento de que tratam os incisos VI e VII do art. 52 da Constituição Federal e de quaisquer outros limites de endividamento previstos, não se aplicando a esse financiamento a vedação de vinculação de receita prevista no inciso IV do art. 167 da Constituição Federal;

§ 20. Caso haja precatório com valor superior a 15% (quinze por cento) do montante dos precatórios apresentados nos termos do § 5º deste artigo, 15% (quinze por cento) do valor deste precatório serão pagos até o final do exercício seguinte e o restante em parcelas iguais nos cinco exercícios subsequentes, acrescidas de juros de mora e correção monetária, ou mediante acordos diretos, perante Juízos Auxiliares de Conciliação de Precatórios, com redução máxima de 40% (quarenta por cento) do valor do crédito atualizado, desde que em relação ao crédito não penda recurso ou defesa judicial e que sejam observados os requisitos definidos na regulamentação editada pelo ente federado.

*OBS: no julgamento das ADIs 4357, 4425, 4400 e 4372 o STF declarou a inconstitucionalidade de alguns parágrafos do dispositivo supracitado. Indicamos ao leitor o estudo das decisões das ADIs indicadas no *site* do Supremo Tribunal.

Assim, os pagamentos serão feitos em ordem cronológica de apresentação dos precatórios. Feito o precatório, o juiz da vara remeterá ao Presidente do Tribunal Regional onde será autuado e receberá um número.

Após o exame das regularidades formais, o Presidente do TRT expedirá o precatório ao ente público para que seja providenciada a inclusão no orçamento de numerário suficientes para pagamento. Importante lembrar que os precatórios apresentados até o dia 1º de julho serão relacionados para pagamento dentro no exercício financeiro seguinte, sendo os valores atualizados monetariamente.

Havendo descumprimento da ordem cronológica, poderá a parte fazer o pedido de sequestro da quantia. Nessa linha, destaca-se a Orientação Jurisprudencial 13 do Tribunal Pleno do TST:

> ORIENTAÇÃO JURISPRUDENCIAL 13 DO TRIBUNAL PLENO – PRECATÓRIO. QUEBRA DA ORDEM DE PRECEDÊNCIA. NÃO DEMONSTRAÇÃO DA POSIÇÃO DO EXEQUENTE NA ORDEM CRONOLÓGICA. SEQUESTRO INDEVIDO
>
> É indevido o sequestro de verbas públicas quando o exequente/requerente não se encontra em primeiro lugar na lista de ordem cronológica para pagamento de precatórios ou quando não demonstrada essa condição.

7.10.2. Débitos de pequeno valor

Em se tratando de créditos de pequeno valor, o juiz poderá requisitar o pagamento diretamente à autoridade citada no processo de execução, ou seja, sem a necessidade de expedição de precatório, conforme art. 100, § 3º, da CF.

Nos termos do art. 87 do ADCT, serão considerados créditos de pequeno valor os seguintes:

> **Art. 87.** Para efeito do que dispõem o § 3º do art. 100 da Constituição Federal e o art. 78 deste Ato das Disposições Constitucionais Transitórias serão considerados de pequeno valor, até que se dê a publicação oficial das respectivas leis definidoras pelos entes da Federação, observado o disposto no § 4º do art. 100 da Constituição Federal, os débitos ou obrigações consignados em precatório judiciário, que tenham valor igual ou inferior a:

I – quarenta salários mínimos, perante a Fazenda dos Estados e do Distrito Federal;

II – trinta salários mínimos, perante a Fazenda dos Municípios.

Embora o art. 87 do ADCT não faça referência aos créditos de pequeno valor da União, o art. 17, § 1º, da Lei 10.259/2001 estabelece como de pequeno valor a dívida que não ultrapassar 60 salários mínimos.

Assim, teríamos a seguinte tabela:

a) União: 60 salários mínimos;

b) Estados e Distrito Federal: 40 salários mínimos;

c) Municípios: 30 salários mínimos.

Importante lembrar que as dívidas de pequeno valor, não submetidas ao regime dos precatórios, deverão ser pagas no prazo de 60 dias contados do ato de requisição da autoridade judicial, com fulcro no art. 17 da Lei 10.259/2001, aplicada analogicamente aos débitos dos Estados, Distrito Federal e Municípios. Não sendo atendida a requisição, o juiz deve determinar o sequestro do valor suficiente ao cumprimento da decisão, nos termos do art. 17, § 2º, da Lei 10.259/2001.

Por fim, importante destacar a Orientação Jurisprudencial 9 do Pleno do TST:

> ORIENTAÇÃO JURISPRUDENCIAL 9 DO TRIBUNAL PLENO – PRECATÓRIO. PEQUENO VALOR. INDIVIDUALIZAÇÃO DO CRÉDITO APURADO. RECLAMAÇÃO TRABALHISTA PLÚRIMA. EXECUÇÃO DIRETA CONTRA A FAZENDA PÚBLICA. POSSIBILIDADE
>
> Tratando-se de reclamações trabalhistas plúrimas, a aferição do que vem a ser obrigação de pequeno valor, para efeito de dispensa de formação de precatório e aplicação do disposto no § 3º do art. 100 da CF/1988, deve ser realizada considerando-se os créditos de cada reclamante.

7.11. Embargos à execução

Os embargos à execução possuem natureza de ação de cognição incidental em que o executado/ réu requer a extinção total ou parcial da execução, atacando o próprio conteúdo do título.

7.11.1. Matérias arguíveis

As matérias arguíveis por meio dos embargos à execução estão elencadas no art. 884, § 1º, da CLT.

Contudo, esse rol não é exaustivo, aplicando-se subsidiariamente as matérias elencadas no art. 525, § 1º, do CPC/2015 e, ainda, aquelas matérias apontadas no art. 917 do CPC/2015.

Com relação à *prescrição* disposta no art. 884, § 1º, da CLT, importante salientar que o legislador se refere à prescrição *intercorrente*.

A reforma trabalhista (Lei 13.467/2017) cuidou de inserir no texto consolidado o art. 11-A para por fim ao entendimento jurisprudencial existente entre a súmula 114 do TST e a súmula 327 do STF e aplicar na Justiça do Trabalho a prescrição intercorrente.

Nessa linha, a fluência do prazo prescricional intercorrente inicia-se quando o exequente deixa de cumprir determinação judicial no curso da execução.

Ademais, a declaração da prescrição intercorrente pode ser requerida ou declarada de ofício em qualquer grau de jurisdição.

7.11.2. Processamento

Nos termos do art. 884 da CLT, os embargos à execução devem ser opostos no prazo de 5 (cinco) dias, contados da ciência da garantia do juízo. Assim, no processo do trabalho é condição *sine qua non* para a apresentação dos embargos à execução a prévia garantia do juízo, exceção feita à Fazenda Pública e às entidades filantrópicas e aos seus sócios ou diretores, art. 884, § 6º, da CLT. Pela incompatibilidade entre os institutos e por possuir regra específica, pensamos não ser aplicável ao processo do trabalho a disposição contida no *caput* do art. 525 do CPC/2015 que admite, independentemente de penhora, que o executado apresente embargos à execução.

Os embargos à execução serão processados nos mesmos autos da execução, sendo recebidos com efeito suspensivo, nas lições de Renato Saraiva (**Curso de Direito Processual do Trabalho**. 4. ed. São Paulo: Método, 2007. p. 587). Assim, uma vez apresentados, a execução será imediatamente suspensa até o julgamento dos embargos.

No entanto, para o Professor Carlos Henrique Bezerra Leite (**Curso de Direito Processual do Trabalho**. 7. ed. São Paulo: LTr, 2009. p. 831 e 832) ensina: "Em linha de princípio, o recebimento da impugnação por simples despacho não implica a suspensão do processo. Para que o juiz possa emprestar efeito suspensivo à impugnação apresentada pelo devedor é preciso que o magistrado, valendo-se do seu poder geral de cautela, profira decisão interlocutória, fundamentando a existência de *fumus boni iuris* e *periculum in mora*."

Para essa corrente doutrinária, poderá o juiz, a requerimento do embargante, atribuir efeito suspensivo aos embargos quando, sendo relevantes seus fundamentos, o prosseguimento da execução manifestamente possa causar ao executado grave dano de difícil ou incerta reparação, e desde que a execução já esteja garantida por penhora, depósito ou caução suficientes.

Por fim, vale ressaltar que nos termos do art. 918 do CPC/2015, os embargos à execução poderão ser liminarmente indeferidos quando intempestivos, nos casos de indeferimento da petição inicial e de improcedência liminar do pedido, ou, ainda, quando manifestamente protelatórios.

7.12. Exceção de pré-executividade

Embora não esteja prevista em nosso ordenamento jurídico, admite-se na Justiça do Trabalho para questões processuais e para matérias que visem a invalidar o título executivo.

Deverá ser proposta entre a data da citação e antes da penhora, portanto não necessita da garantia do juízo. Sua propositura não suspende, tampouco interrompe, o prazo para oferecimento de bens à penhora pelo executado.

Sendo a execução rejeitada pelo juiz, não caberá recurso algum, por ser uma decisão interlocutória, podendo a matéria ser rediscutida em sede de embargos à execução. No entanto, se for acolhida a exceção, total ou parcialmente, a decisão será terminativa de feito, desafiando a interposição de agravo de petição.

7.13. Embargos de terceiro

Os embargos de terceiro encontram-se previstos nos arts. 674 a 681 do CPC/2015.

Podem ser opostos tanto no processo de conhecimento, antes do trânsito em julgado da sentença ou acórdão, como no processo de execução, até 5 (cinco) dias após a lavratura do termo de penhora com a assinatura do termo de compromisso. Sendo opostos, a execução será suspensa.

Os embargos de terceiros deverão ser distribuídos por dependência ao juízo do processo que originou o ato de constrição e por ele será apreciado.

Com relação aos embargos de terceiros realizados via carta precatória, serão oferecidos no juízo deprecado, salvo se indicado pelo juízo deprecante o bem constrito ou se já devolvida a carta (art. 676, parágrafo único, do CPC de 2015), nos termos da Súmula 419 do TST.

A decisão proferida nos embargos de terceiro poderá ser impugnada via agravo de petição nos termos do art. 897, "a", da CLT.

7.14. Atos de encerramento da execução

Devidamente julgados os embargos à execução, o procedimento executório seguirá para a arrematação dos bens eventualmente penhorados.

Assim, em observância ao princípio da publicidade, há necessidade de publicação do edital de praça e leilão, em jornal da localidade, com antecedência mínima de 20 (vinte) dias, devendo o devedor ser intimado, nos termos do art. 888 da CLT.

A arrematação é a venda do bem penhorado realizada pelo Estado através da praça ou leilão àquele que oferecer maior lance, não se admitindo a venda por preço vil, entendido como aquele de valor desprezível, que não guarda sintonia com o valor constante no edital.

O arrematante deverá garantir seu lance com o sinal de 20% do valor do bem no prazo de 24 horas da arrematação, sob pena de perder esse valor em favor da execução.

Uma vez arrematado os bens penhorados e sendo suficientes para o pagamento da dívida, os valores serão repassados para o credor com o consequente encerramento da execução trabalhista.

8. AÇÕES ESPECIAIS

8.1. Ação rescisória

Disciplinada no art. 836 da CLT, com aplicação subsidiária dos arts. 966 a 975 do CPC/2015, em conformidade com a IN 39 TST em seu art. 3º, XXVI, a ação rescisória é uma ação que objetiva o desfazimento dos efeitos de sentença já transitada em julgado, tendo em vista a existência de vícios. Possui natureza de ação desconstitutiva ou constitutiva negativa.

O art. 836 da CLT, com a redação dada pela Lei 11.495/2007, determina que o autor da ação rescisória realize depósito prévio de 20% (vinte por cento) do valor da causa, salvo prova de sua miserabilidade.

8.1.1. Requisitos

Para a propositura da ação rescisória dois requisitos são necessários:

8.1.1.1. Decisão de mérito

O CPC/1973 expressamente previa a possibilidade de ajuizamento de ação rescisória somente contra sentenças de mérito transitadas em julgado.

O atual CPC, ao cuidar da ação rescisória, determina em seu art. 966 que a decisão de mérito transitada em julgado poderá ser objeto de rescisão. Assim, de acordo com o CPC/2015 não apenas as sentenças podem ser objeto de ação rescisória, como também os acórdãos e, ainda, as decisões interlocutórias de mérito.

As decisões terminativas não poderão ser atacadas por essa via, na medida em que não produzem coisa julgada material. Nesse sentido é a Orientação Jurisprudencial 134 da SDI 2 do TST.

No entanto, a disciplina trazida pelo Novo CPC admite excepcionalmente ser rescindível a decisão transitada em julgado, embora não seja de mérito. Trata-se das hipóteses previstas no art. 966, § 2º, CPC/2015, que assim dispõe:

> Art. 966. A decisão de mérito, transitada em julgado, pode ser rescindida quando
>
> § 1º (...)
>
> § 2º. Nas hipóteses previstas nos incisos do *caput*, será rescindível a decisão transitada em julgado que, embora não seja de mérito, impeça:
>
> I – nova propositura da demanda; ou
>
> II – admissibilidade do recurso correspondente.

Não poderão ser objeto de ação rescisória as sentenças normativas, em conformidade com a Súmula 397 do TST.

> SÚMULA 397 TST – AÇÃO RESCISÓRIA. ART. 966, IV, DO CPC DE 2015. ART. 485, IV, DO CPC DE 1973. AÇÃO DE CUMPRIMENTO. OFENSA À COISA JULGADA EMANADA DE SENTENÇA NORMATIVA MODIFICADA EM GRAU DE RECURSO. INVIABILIDADE. CABIMENTO DE MANDADO DE SEGURANÇA
>
> Não procede ação rescisória calcada em ofensa à coisa julgada perpetrada por decisão proferida em ação de cumprimento, em face de a sentença normativa, na qual se louvava, ter sido modificada em grau de recurso, porque em dissídio coletivo somente se consubstancia coisa julgada formal. Assim, os meios processuais aptos a atacarem a execução da cláusula reformada são a exceção de pré-executividade e o mandado de segurança, no caso de descumprimento do art. 514 do CPC de 2015 (art. 572 do CPC de 1973)

8.1.1.2. Trânsito em julgado da decisão

A decisão deve ter transitado em julgado, ou seja, não poderá haver a possibilidade do manejo de recursos.

8.1.2. Hipóteses de cabimento

As hipóteses de cabimento estão elencadas de maneira exaustiva nos incisos do art. 966 do CPC/2015.

> Art. 966. A decisão de mérito, transitada em julgado, pode ser rescindida quando:
>
> I – se verificar que foi proferida por força de prevaricação, concussão ou corrupção do juiz;
>
> II – for proferida por juiz impedido ou por juízo absolutamente incompetente;
>
> III – resultar de dolo ou coação da parte vencedora em detrimento da parte vencida ou, ainda, de simulação ou colusão entre as partes, a fim de fraudar a lei;
>
> IV – ofender a coisa julgada;
>
> V – violar manifestamente norma jurídica;
>
> VI – for fundada em prova cuja falsidade tenha sido apurada em processo criminal ou venha a ser demonstrada na própria ação rescisória;
>
> VII – obtiver o autor, posteriormente ao trânsito em julgado, prova nova cuja existência ignorava ou de que não pôde fazer uso, capaz, por si só, de lhe assegurar pronunciamento

favorável;

VIII – for fundada em erro de fato verificável do exame dos autos.

§ 1º Há erro de fato quando a decisão rescindenda admitir fato inexistente ou quando considerar inexistente fato efetivamente ocorrido, sendo indispensável, em ambos os casos, que o fato não represente ponto controvertido sobre o qual o juiz deveria ter se pronunciado.

Nos domínios do processo do trabalho, o termo de conciliação previsto no parágrafo único do art. 831 da CLT somente poderá ser impugnado por ação rescisória, nos termos da Súmula 259 do TST.

8.1.3. *Competência*

A competência funcional para o processamento da ação rescisória é do TRT quando a decisão rescindenda for de Juiz do Trabalho ou de acórdão do próprio Tribunal Regional do Trabalho.

A competência, todavia, será do TST para o processamento da ação rescisória quando a decisão rescindenda for do próprio TST.

8.1.4. *Prazo*

De acordo com o art. 975 do CPC/2015, o direito de propor ação rescisória se extingue em 2 (dois) anos, contados do trânsito em julgado da última decisão proferida no processo, seja essa decisão de mérito ou não. Trata-se de prazo decadencial. Sobre a contagem do prazo para a ação rescisória é importante a leitura da súmula 100 do TST.

Vale dizer que o relator mandará citar o réu, assinando-lhe prazo nunca inferior a 15 (quinze) dias nem superior a 30 (trinta), para responder/contestar aos termos da ação, art. 970 CPC/2015.

Importante lembrar que a ausência de contestação na ação rescisória não induz em revelia. Isso porque não há audiência perante o relator. Ademais, não há a presunção relativa de veracidade dos fatos disposta no art. 344 do CPC/2015.

Nesse sentido, importante a leitura da súmula 398 do TST, que assim dispõe:

SÚMULA 398 TST – AÇÃO RESCISÓRIA. AUSÊNCIA DE DEFESA. INAPLICÁVEIS OS EFEITOS DA REVELIA.

Na ação rescisória, o que se ataca é a decisão, ato oficial do Estado, acobertado pelo manto da coisa julgada. Assim, e considerando que a coisa julgada envolve questão de ordem pública, a revelia não produz confissão na ação rescisória. (ex-OJ n. 126 da SBDI-2 – DJ 09.12.2003)

8.1.5. *Recurso*

Para as *ações rescisórias julgadas originariamente pelos Tribunais Regionais do Trabalho*, o recurso cabível é o recurso ordinário, com fundamento no art. 895, II, da CLT, no prazo de 8 (oito) dias, que será apreciado pelo Tribunal Superior do Trabalho.

Nesse sentido vale transcrever a Súmula 158 do TST.

SÚMULA 158 TST – AÇÃO RESCISÓRIA

Da decisão de Tribunal Regional do Trabalho, em ação rescisória, é cabível recurso ordinário para o Tribunal Superior do Trabalho, em face da organização judiciária trabalhista.

Convém notar que o depósito recursal para o recurso ordinário somente será devido quando o pedido for julgado procedente e seja imposta condenação em pecúnia.

Nessa linha, em conformidade com a Instrução Normativa 3 do TST, que regulamenta o depósito recursal, julgada procedente a ação rescisória e imposta condenação em pecúnia, será exigido um único depósito recursal, até o limite da condenação, ou o novo valor corrigido, sendo dispensado novo depósito para os recursos subsequentes, salvo o depósito do agravo de instrumento, previsto no art. 899, § 7º, da CLT.

Já nas *ações rescisórias julgadas originariamente pelo Tribunal Superior do Trabalho* poderá haver a interposição de recurso de embargos de divergência, no prazo de 8 (oito) dias, nos termos do art. 894, II, da CLT. Caso não seja possível a interposição de embargos de divergência, poderá, eventualmente, interpor recurso extraordinário, no prazo de 15 (quinze) dias, para o Supremo Tribunal Federal, nos termos do art. 102, III, da CF.

Por último, importante trazer o posicionamento do TST consubstanciado no item II da Súmula 219 do TST, com a redação dada pela resolução 204/2016:

SÚMULA 219. HONORÁRIOS ADVOCATÍCIOS. HIPÓTESE DE CABIMENTO.

I – (...)

II – É cabível a condenação ao pagamento de honorários advocatícios em ação rescisória no processo trabalhista.

(...)

IV – Na ação rescisória e nas lides que não derivem de relação de emprego, a responsabilidade pelo pagamento dos honorários advocatícios da sucumbência submete-se à disciplina do Código de Processo Civil (arts. 85, 86, 87 e 90).

8.2. Mandado de segurança

Disciplinado pela Lei 12.016/2009, trata-se de um remédio constitucional posto à disposição de toda pessoa física ou jurídica, ou mesmo órgão da administração pública com capacidade processual.

Conforme o art. 1º da Lei 12.016/2009, o mandado de segurança será concedido para proteger direito líquido e certo, não amparado por *habeas corpus* ou *habeas data*, sempre que, ilegalmente ou com abuso de poder, qualquer pessoa física ou jurídica sofrer violação ou houver justo receio de sofrê-la por parte de autoridade, seja de que categoria for e sejam quais forem as funções que exerça.

8.2.1. *Competência*

A competência será a da Justiça do Trabalho (art. 114, IV, da CF) quando o ato taxado de ilegal for proferido por autoridades da Justiça do Trabalho.

Com relação à competência funcional para o processamento do mandado de segurança, ela poderá ser do juiz do trabalho (1ª instância), do TRT (2ª instância) e, ainda, do TST (3ª instância).

Assim, serão da competência do juiz do trabalho os mandados de segurança impetrados contra ato praticado por autoridade fiscalizadora das relações de trabalho.

A competência funcional será do TRT sempre que a autoridade coatora for o Juiz da Vara do Trabalho, diretor da secretaria ou os demais funcionários, juiz de direito, nas hipóteses do art. 112 da CF, e, ainda, contra ato de juízes e funcionários do próprio TRT.

Por último, os mandados de segurança contra atos do Presidente do Tribunal Superior ou por qualquer dos Ministros serão da competência do TST.

8.2.2. *Hipóteses de cabimento e não cabimento*

8.2.2.1. *Hipóteses de cabimento*

Para a impetração do mandado de segurança é necessário que a parte demonstre, de plano, o direito líquido e certo violado e a ilegalidade ou abuso de poder praticados pela autoridade pública.

O mandado de segurança não admite a produção de provas, na medida em que os fatos devem ser provados de imediato, mediante prova documental. Isso significa que o direito líquido e certo é condição da ação para a impetração do mandado de segurança.

O ato taxado de ilegal deve ser de autoridade pública, entendida como tal os agentes da administração direta e indireta, assim como os membros e servidores do Poder Legislativo e Judiciário.

Vale lembrar as figuras equiparadas dispostas no § 1º do art. 1º da Lei 12.016/2009

> (...)
>
> "§ 1º Equiparam-se às autoridades, para os efeitos desta Lei, os representantes ou órgãos de partidos políticos e os administradores de entidades autárquicas, bem como os dirigentes de pessoas jurídicas ou as pessoas naturais no exercício de atribuições do poder público, somente no que disser respeito a essas atribuições."

Podemos apontar como principais hipóteses de cabimento de mandado de segurança na Justiça do Trabalho as seguintes:

a) deferimento de medida liminar em ação de reintegração e transferência ilegal (art. 659, IX e X, da CLT);

b) deferimento de tutela provisória (arts. 294 a 311 CPC/2015);

c) não admissão de agravo de instrumento no primeiro juízo de admissibilidade.

8.2.2.2. *Hipóteses de não cabimento*

O mandado de segurança não será concedido caso caiba recurso administrativo com efeito suspensivo, independentemente de caução. A lei exige o esgotamento da esfera administrativa como condição para o mandado de segurança.

Da mesma forma, não caberá mandado de segurança contra decisões judiciais contra as quais caiba recurso com efeito suspensivo.

Vale lembrar o entendimento disposto na Súmula 33 do TST que assim dispõe:

> MANDADO DE SEGURANÇA. DECISÃO JUDICIAL TRANSITADA EM JULGADO
>
> Não cabe mandado de segurança de decisão judicial transitada em julgado.

Nos termos da súmula 418 do TST, convém destacar que a homologação de acordo constitue faculdade do juiz, inexistindo direito líquido e certo tutelável pela via do mandado de segurança.

Por último, não será possível a impetração de mandado de segurança de decisão judicial transitada em julgado, por ser impugnável via ação rescisória, em conformidade com a súmula 33 do TST e Súmula 268 do STF.

Sobre o tema, importante se faz a leitura da súmula 414 do TST.

> SÚMULA 414 TST – MANDADO DE SEGURANÇA. TUTELA PROVISÓRIA CONCEDIDA ANTES OU NA SENTENÇA
>
> I – A tutela provisória concedida na sentença não comporta impugnação pela via do mandado de segurança, por ser impugnável mediante recurso ordinário. É admissível a obtenção de efeito suspensivo ao recurso ordinário mediante requerimento dirigido ao tribunal, ao relator ou ao presidente ou ao vice-presidente do tribunal recorrido, por aplicação subsidiária ao processo do trabalho do artigo 1.029, § 5º, do CPC de 2015.
>
> II – No caso de a tutela provisória haver sido concedida ou indeferida antes da sentença, cabe mandado de segurança, em face da inexistência de recurso próprio.
>
> III – A superveniência da sentença, nos autos originários, faz perder o objeto do mandado de segurança que impugnava a concessão ou o indeferimento da tutela provisória.

8.2.3. *Processamento*

O direito de requerer mandado de segurança extinguir-se-á decorridos 120 (cento e vinte) dias, contados da ciência, pelo interessado, do ato impugnado taxado de ilegal ou abusivo (art. 23 da Lei 12.016/2009). Trata-se de prazo decadencial.

A petição inicial, que deverá preencher os requisitos estabelecidos pela lei processual, será apresentada em duas vias, com os documentos que instruírem a primeira reproduzidos na segunda, e indicará, além da autoridade coatora, a pessoa jurídica que esta integra, à qual se acha vinculada ou da qual exerce atribuições.

A inicial, que poderá conter pedido de liminar, será desde logo indeferida quando não for o caso de mandado de segurança (art. 10 da Lei 12.016/2009) ou lhe faltar algum dos requisitos legais ou quando decorrido o prazo legal para a impetração.

Concedida ou não a medida liminar, caberá agravo regimental, caso a impetração tenha ocorrido nos Tribunais.

Por meio da OJ 140 da SDI 2, com redação de maio de 2004, ou seja, pretérita à EC 45 que ocorreu em dezembro de 2004, o TST firmou entendimento de que é incabível mandado de segurança contra decisão que defere ou indefere liminar em outro mandado de segurança.

No entanto, de acordo com a EC 45/2004, o Juiz da vara do trabalho passou a ter competência para processar e julgar mandado de segurança. Nesse caso a decisão que deferir ou indeferir a liminar, por possuir cunho interlocutório, não desafia a interposição de recurso, podendo ser atacada via mandado de segurança. Nesse sentido são as lições de Carlos Henrique Bezerra Leite (**Curso de Direito Processual do Trabalho**. 7. ed. São Paulo: LTr, 2009. p. 1019).

A autoridade coatora será notificada, a fim de que, no prazo de 10 (dez) dias, preste as informações necessárias sobre o ato taxado de ilegal.

Expirado o prazo de 10 (dez) dias para prestação de informações, será ouvido o membro do Ministério Público do Trabalho e, em seguida, será colocado em julgamento.

Da sentença, denegando ou concedendo a segurança, caberá recurso ordinário para a instância superior.

8.3. Ação de consignação em pagamento

A ação de consignação em pagamento é a medida processual na qual o devedor demanda contra o credor objetivando o pagamento e o consequente reconhecimento judicial do adimplemento da obrigação.

Por não possuir previsão legal na CLT, aplica-se o direito processual civil, nos termos dos arts. 539 a 549 do CPC/2015.

8.3.1. Hipóteses de cabimento

A ação de consignação em pagamento será cabível nas hipóteses previstas no art. 335 do Código Civil.

Nos domínios do processo do trabalho, as hipóteses mais comuns de ação de consignação em pagamento são:

a) **Dispensa com ou sem justa causa:** hipótese em que o empregador encontra resistência do empregado em receber as verbas rescisórias;

b) **Morte ou ausência do empregado:** hipótese em que o empregador se vê na dúvida de quem são os legítimos herdeiros que deverão receber as verbas rescisórias do seu ex-empregado;

c) **Empregado que se recusa a receber ou dar quitação:** hipótese em que o empregado se recusa a receber de seu empregador determinados valores.

Poderão propor a ação o devedor, que poderá ser tanto o empregado como o empregador, ou o terceiro interessado no pagamento da dívida.

8.3.2. Consignação judicial e extrajudicial

O art. 539 do CPC/2015 aplicado subsidiariamente por força do art. 769 consolidado e 15 CPC/2015, disciplina duas modalidades de consignação em pagamento. A consignação extrajudicial e a consignação judicial.

8.3.2.1. Consignação em pagamento extrajudicial

Instituída pela Lei 8.951/1994, a consignação extrajudicial encontra-se disciplinada nos parágrafos do art. 539 CPC/2015.

Nas lições de Renato Saraiva (**Curso de Direito Processual do Trabalho**. 4. ed. São Paulo: Método, 2007. p. 781), a consignação extrajudicial "*consiste na realização do depósito da quantia devida, pelo devedor ou terceiro, em estabelecimento bancário oficial, nada obstando que o depósito seja realizado em bancos particulares, quando, na localidade onde deva ser adimplida a obrigação, não existam bancos oficiais (Banco do Brasil, CEF etc.)*".

Em outras palavras, trata-se de uma espécie de depósito bancário que envolve determinado valor em dinheiro para que o devedor se livre do vínculo jurídico existente entre ele e o credor da obrigação.

A utilização da consignação extrajudicial não é obrigatória. Trata-se de um modo alternativo para solução de conflitos, podendo a parte, caso assim queira, ingressar com a ação de consignação judicial, antes mesmo da consignação extrajudicial.

8.3.2.1.1. Processamento da consignação extrajudicial

O credor ou o terceiro deverá se dirigir até um estabelecimento bancário oficial, ou na sua falta em bancos particulares, e solicitar a abertura de uma conta específica para consignação do pagamento em nome do credor. Uma vez efetuado o depósito da importância entendida devida, será o credor cientificado, por meio de carta com aviso de recebimento, do referido depósito com o valor devidamente discriminado e corrigido monetariamente.

Nessa notificação será dado um prazo de 10 (dez) dias para sua manifestação. Nesse momento surgem ao credor 4 alternativas: a) levantar o depósito realizado, o que importará na aceitação do pagamento e a consequente extinção da obrigação; b) deixar transcorrer *in albis* o prazo para resposta, o que implicará a aceitação tácita do pagamento, com a consequente extinção da obrigação; c) responder por escrito recusando o levantamento do valor, hipótese em que o valor depositado ficará à disposição do devedor; ou d) realizar o levantamento do valor depositado e simultaneamente responder por escrito que o pagamento não é integral, mediante documento entregue à instituição depositária.

É importante chamar a atenção, porém, para o fato de que a consignação extrajudicial sofre por parte da doutrina e jurisprudência trabalhista uma enorme resistência em relação à sua aplicação na esfera laboral.

Isso porque os trabalhadores poderiam ter afetados seus direitos, na medida em que a eficácia liberatória concedida pelo § 2º do art. 539 CPC/2015 é incompatível com o processo do trabalho.

Ademais, nos casos de empregados com mais de um ano de trabalho, a homologação da rescisão necessita da intervenção do sindicato, nos termos do art. 477, § 1º, da CLT, o que prejudicaria a via da consignação extrajudicial.

8.3.2.2. Consignação judicial

É a medida processual pela qual o autor/consignante requer que seja conhecido por sentença judicial o adimplemento de uma obrigação existente entre este e o réu/consignado.

8.3.2.2.1. Processamento

A ação de consignação deverá ser proposta observando-se a regra disposta no art. 651 da CLT, ou seja, local da última prestação de serviços, não se aplicando a norma contida no art. 540 do CPC/2015.

Nos termos do art. 542, I, CPC/2015, na petição inicial, o autor/consignante deverá requerer o depósito da quantia ou da coisa e realizá-lo no prazo de 5 (cinco) dias, contados do deferimento da medida. Não realizando o depósito nesse período, o processo será extinto sem resolução do mérito. Recomenda-se que, ao pedir o depósito da quantia, o consignante requeira que esse seja feito na conta vinculada do FGTS do obreiro.

Deverá o consignante especificar, de forma líquida e certa, cada parcela consignada na ação.

Uma vez realizado o depósito, o Juiz do Trabalho designará audiência notificando o consignado para levantar a quantia depositada ou oferecer resposta, nos termos do art. 542, II, do CPC/2015.

Caso o consignado levante a importância depositada, estará reconhecendo a procedência do pedido do consignante, extinguindo-se o processo com resolução do mérito (art. 487, III, *a*, do CPC/2015).

Não concordando com os valores depositados, o consignado apresentará qualquer modalidade de resposta: reconvenção, exceção ou contestação. Na contestação, sua resposta ficará restrita às matérias descritas no art. 544 do CPC/2015.

8.4. Inquérito judicial para apuração de falta grave

Previsto nos arts. 853 a 855 da CLT, o inquérito judicial para apuração de falta grave é uma ação ajuizada pelo empregador, objetivando a resolução do contrato de trabalho de seu empregado, que não pode ser despedido arbitrariamente por ser detentor de estabilidade, por cometimento de falta grave.

Determina o art. 494 da CLT que o empregado estável que cometer falta grave poderá ser suspenso de suas atividades, mas a dispensa apenas será válida após o processamento do inquérito judicial que apurará a prática daquela pelo empregado.

8.4.1. Hipóteses de cabimento

O inquérito judicial para apuração de falta grave se mostra necessário apenas nos seguintes casos de estabilidade provisória:

a) Dirigente sindical, nos termos do art. 8º, VIII, da CF e art. 543, § 3º, da CLT;

b) Empregados eleitos membros de comissão de conciliação prévia, nos termos do art. 625-B, § 1º, da CLT;

c) Empregados membros do Conselho Nacional de Previdência Social - CNPS, nos termos do art. 3º, § 7º, da Lei 8.213/1991;

d) Empregados eleitos diretores de sociedades cooperativas, nos termos do art. 55 da Lei 5.764/1971.

Cabe lembrar que os casos de falta grave estão elencados no art. 482 da CLT, quais sejam: ato de improbidade; incontinência de conduta ou mau procedimento; desídia no desempenho das respectivas funções; embriaguez habitual ou em serviço; violação de segredo da empresa; ato de indisciplina ou de insubordinação; e abandono de emprego, dentre outras condutas.

Pela própria redação do art. 494 da CLT, a suspensão do empregado acusado de falta grave é faculdade do empregador. Por esta razão, o inquérito deverá ser proposto no prazo decadencial de 30 (trinta) dias, contados da data da suspensão ou do cometimento da falta grave.

Determina o art. 495 da CLT que, se não for reconhecida a existência de falta grave, o empregador será obrigado a reintegrar o empregado no serviço e a pagar-lhe os salários a que teria direito no período da suspensão. Todavia, comprovada a prática da falta grave pelo empregado, o contrato será considerado rompido desde a data da suspensão do empregado.

No entanto, sendo desaconselhável a reintegração do empregado, devido à incompatibilidade entre os litigantes, poderá o juiz converter a reintegração em indenização dobrada em favor do empregado, nos termos dos arts. 496 e 497 da CLT.

O inquérito para apuração de falta grave deverá ser proposto perante a Vara do Trabalho ou Juiz de Direito, nas hipóteses do art. 112 da CF, podendo a parte indicar até 6 (seis) testemunhas.

8.5. Ação de cumprimento

Disposta no art. 872 da CLT, a ação de cumprimento é o meio processual que visa ao cumprimento das normas estabelecidas em sentença normativa, convenção ou acordo coletivo.

Como sabemos, acordo coletivo de trabalho é o pacto entre uma ou mais empresas com o sindicato da categoria profissional, em que são estabelecidas condições de trabalho, aplicáveis às empresas envolvidas. Convenção coletiva de trabalho é o acordo de caráter normativo, entre um ou mais sindicatos de empregados e de empregadores, de modo a definir condições de trabalho que deverão ser observadas em relação a todos os trabalhadores dessas categorias. Ambos possuem prazo máximo de duração de 2 (dois) anos.

Desta forma, não sendo observadas as condições de trabalho estabelecidas no instrumento, surge o interesse na propositura da ação de cumprimento.

Sentença normativa é a decisão proferida em dissídio coletivo que estabelece normas gerais e abstratas de conduta, de observância obrigatória para as categorias profissionais e econômicas abrangidas pela decisão (poder normativo da Justiça do Trabalho). Não possui conteúdo condenatório, uma vez que apenas estabelece direitos a serem concedidos que, caso não cumpridos, serão pleiteados via ação de cumprimento, nos termos do art. 872 da CLT.

A ação de cumprimento poderá ser proposta pelos próprios trabalhadores, hipótese em que é denominada ação individual de cumprimento (simples ou plúrima). Poderá, também, ser proposta pelo sindicato da categoria profissional, como substituto processual, quando é denominada ação coletiva de cumprimento.

Embora o texto consolidado do art. 872 estabeleça que para a propositura da ação de cumprimento é necessário o trânsito em julgado da decisão, a Súmula 246 do TST ensina ser este dispensável para a propositura da ação.

A competência para processar e julgar a ação de cumprimento pertence às Varas do Trabalho, nos termos do art. 872, parágrafo único, da CLT e deverá ser distribuída no local da prestação dos serviços, em conformidade com o art. 651 da CLT.

A petição inicial deverá ser instruída com cópia da sentença normativa ou, em se tratando de ação de cumprimento de cláusulas de convenção ou acordo coletivo, com os respectivos instrumentos, sob pena de indeferimento da petição inicial.

8.6. Ação monitória

Criada pela Lei 9.079/1995, que inseriu os arts. 700 e seguintes do CPC/2015 ao Código de Processo Civil, a ação monitória é admitida no processo do trabalho por força do art. 769 da CLT e art. 15 CPC/2015.

Dispõe o art. 700, *caput* e seus incisos do CPC/2015 A ação monitória compete aquele que afirmar, com base em prova escrita sem eficácia de título executivo, ter direito de exigir do devedor capaz, pagamento de quantia em dinheiro, entrega de coisa fungível ou infungível ou de determinado bem móvel ou imóvel ou, ainda, o adimplemento de obrigação de fazer ou de não fazer.

A competência material da ação monitória da Justiça do Trabalho será fixada caso o documento escrito emitido seja decorrente da relação de trabalho, nos termos do art. 114 da CF. Com relação à competência territorial, deve ser observada a regra do art. 651 da CLT, ou seja, o local da prestação de serviços.

Podemos citar como exemplo de ação monitória na Justiça do Trabalho a hipótese do termo de acordo extrajudicial firmado entre empregado e empregador. O acordo extrajudicial não está inserido no rol dos títulos executivos previstos no art. 876 da CLT e por essa razão não pode ser executado na Justiça do Trabalho. Assim, por não possuir eficácia executiva, o cumprimento do termo de acordo extrajudicial poderá ser exigido via ação monitória.

A ação monitória constitui uma via processual mais célere, que tem como objetivo antecipar a formação do título exequendo e agilizar a prestação jurisdicional, posta à disposição do credor que detém prova escrita, porém sem eficácia de título executivo. Contudo, é uma faculdade do credor que, não obstante preenchidos os requisitos do art. 700 do CPC/2015, poderá optar pelo procedimento comum, propondo uma reclamação trabalhista.

8.6.1. Processamento

A ação monitória deverá ser proposta na Vara do Trabalho ou perante o Juiz de Direito, nas hipóteses do art. 112 da CF.

O autor deverá instruir a petição inicial observando as regras do art. 840, § 1º, da CLT e arts. 319 do CPC/2015, observando também os §§ do art. 700 do CPC/2015, devendo obrigatoriamente juntar o título que não tem ou perdeu a eficácia executiva.

Apresentada a inicial, o Juiz do Trabalho poderá determinar ou não a expedição do mandado monitório. Caso o Juiz indefira de plano a petição inicial, caberá recurso ordinário, com base no art. 895, I, da CLT, no prazo de 8 (oito) dias.

Caso o Juiz opte pela expedição do mandado, registrará um prazo de 15 (quinze) dias para seu cumprimento, ou seja, pagamento do valor reclamado, entrega da coisa fungível ou do determinado bem.

Caso o réu satisfaça a obrigação, nos termos do art. 701, § 1º, do CPC/2015 ficará isento dos pagamentos de custas processuais e honorários advocatícios. Nesse caso, o processo será extinto com resolução do mérito.

Por outro lado, poderá o réu, sem prévia garantia do juízo, apresentar embargos monitórios que suspenderão a eficácia do mandado judicial. Nesse caso, deverá o Juiz do Trabalho designar audiência de conciliação e julgamento, em obediência ao princípio conciliatório.

Sendo rejeitados os embargos monitórios ou se não forem apresentados, o Juiz do Trabalho proferirá sentença, reconhecendo a executoriedade do título.

9. REFLEXOS DO NOVO CÓDIGO DE PROCESSO CIVIL AO PROCESSO DO TRABALHO

Após 5 anos de trâmite, o PL 166/2010, de iniciativa do Senado Federal, foi sancionado em 16/03/2015, sendo publicada a Lei 13.105/2015, instituindo o Novo Código de Processo Civil, com *vacatio legis* de um ano a contar da data de sua publicação, que passou a vigorar a partir do dia 18/03/2016

São 3 os principais objetivos do CPC/2015:

a) efetividade processual;

b) simplificação do processo e

c) melhoria na organicidade e coesão do sistema.

Podemos dizer que no CPC/2015 traz maior sintonia entre ele e o texto constitucional, até mesmo porque nosso Código de Processo Civil datava de 1973 e princípios que foram trazidos pela Constituição Federal de 1988 não eram tratados. Portanto, o CPC/2015 busca maior proximidade com a Constituição Federal, como por exemplo, a duração razoável do processo.

Como sabemos a CLT prevê em seu art. 769 que o processo comum será fonte subsidiária do processo do trabalho, devendo ser aplicado na omissão do texto consolidado, desde que haja compatibilidade com as normas e princípios que informam o processo do trabalho. Ademais, não podemos deixar de lado a Lei 5.584/1970 que dispõe sobre normas de Direito Processual do Trabalho e disciplina a concessão e prestação de assistência judiciária na Justiça do Trabalho.

Assim, se faz importante traçar algumas considerações a respeito dos principais reflexos do CPC/2015 ao processo do trabalho.

Vale ressaltar que em 15/03/2016 o TST editou a Instrução Normativa 39, que, de forma não exaustiva, dispõe sobre as normas do Código de Processo Civil de 2015 aplicáveis e inaplicáveis ao Processo do Trabalho.

Iremos tratar de 5 temas que julgamos relevantes

9.1. Principais temas de relevância para o Processo do Trabalho

9.1.1. Aplicação subsidiária e supletiva do CPC ao Processo do Trabalho

O art. 769 da CLT ensina que nos casos omissos, o direito processual comum será fonte subsidiária do direito processual do trabalho, exceto naquilo em que for incompatível com suas normas e princípios.

Como sabemos, a CLT e a Lei 5.584/1970 possuem regras que regulam o processo trabalhista.

Nessa linha, o art. 15 do CPC/2015 dispõe:

> Art. 15. Na ausência de normas que regulem processos eleitorais, trabalhistas ou administrativos, as disposições deste Código lhes serão aplicadas supletiva e subsidiariamente.

Referido dispositivo legal ensina, portanto, que o direito processual civil será fonte supletiva e subsidiária do processo trabalhista, na sua ausência de normas.

Cumpre diferenciar a aplicação supletiva e aplicação subsidiária. A primeira visa complementação da norma quando diante de regras especiais e incompletas. Temos aqui uma omissão parcial da norma. Já a aplicação subsidiária visa preencher uma lacuna, um espaço vazio na norma. Há, portanto uma omissão total da norma sobre determinada regra.

Todavia, para que se possa aplicar a regra supletiva ou subsidiariamente deverá existir compatibilidade entre os institutos, em conformidade com o art. 769 da CLT.

Não podemos dizer que o CPC/2015, que cuida de regras gerais de processo, mais especificadamente seu art. 15, revogou os arts. 769 e 889 da CLT, que são normas especiais de Direito Processual do Trabalho, na medida em que pelo princípio da especialidade das normas, a lei nova de caráter geral não revoga a anterior especial, devendo incidir a norma específica, nos termos do art. 2º, § 2º, da Lei de Introdução às normas do Direito Brasileiro.

Sabemos que a CLT sempre priorizou, entre outros, a celeridade processual, objetivo este que representa um dos principais do CPC/2015, visando efetivar o princípio constitucional da duração razoável do processo.

Portanto, sempre que a regra trazida pelo CPC/2015 para sanar a omissão total ou parcial das normas de direito processual do trabalho for compatível com os princípios e peculiaridades que regulam o processo do trabalho, será aplicável ao processo trabalhista.

Como exemplo, podemos citar a hipótese de pagamento de honorários advocatícios. Como sabemos a CLT não prevê o pagamento de honorários advocatícios e a Lei 5.584/1970 em seu art. 14, § 1º prevê a condenação ao pagamento de honorários advocatícios, nunca superiores a 15% (quinze por cento), devendo a parte, concomitantemente: a) estar assistida por sindicato da categoria profissional; b) comprovar a percepção de salário inferior ao dobro do salário mínimo ou encontrar-se em situação econômica que não lhe permita demandar sem prejuízo do próprio sustento ou da respectiva família. Ademais, as outras hipóteses de cabimento de honorários advocatícios na Justiça do Trabalho estão elencadas na Súmula 219 do TST.

Com a entrada em vigor do CPC/2015 poder-se-ia indagar sobre a possibilidade de aplicação ou não dos arts. 85 e seguintes do CPC/2015 que prevê o pagamento de honorários advocatícios. Certamente não poderíamos aplicar a norma do novo diploma processual, pois embora haja omissão no texto consolidado, a regra do direito comum não é compatível com o princípio do *jus postulandi* da Justiça do Trabalho.

Certamente esse é um dos temas tratados pelo CPC/2015 que trará grande discussão/debates na doutrina e jurisprudência.

Assim, considerando a vigência de novo Código de Processo Civil e a imperativa necessidade de posicionar-se, o TST, de forma não exaustiva, editou a IN 39 dispondo sobre as normas do Código de Processo Civil de 2015 aplicáveis e inaplicáveis ao Processo do Trabalho.

9.1.2. Prazos em dobro para Ministério Público e Fazenda Pública

A regra disposta no art. 180 do CPC/2015 trata do prazo diferenciado para o Ministério Público. Dispõe o art. 180 CPC/2015:

> **Art. 180.** O Ministério Público gozará de prazo em dobro para manifestar-se nos autos, que terá início a partir de sua intimação pessoal, nos termos do art. 183, § 1º.

O CPC/1973 cuidava do prazo diferenciado no art. 188, fixando o prazo em quádruplo para contestar e dobro para recorrer. Já a regra prevista no art. 180 CPC/2015 prevê somente o prazo em dobro, mas o prevê não apenas para contestar ou recorrer, mas também para qualquer manifestação nos autos.

Desta forma, a regra deverá ser aplicada ao processo trabalhista para o Ministério Público que gozará de prazo em dobro para manifestar-se nos autos de modo geral, inclusive para contestar, recorrer e até mesmo contra-arrazoar, que se iniciará com sua intimação pessoal. Caiu, portanto, a regra de prazo em dobro para recorrer e prazo em quádruplo para contestar.

Todavia, com relação à *Fazenda Pública*, nos domínios do processo do trabalho temos que considerar o Decreto Lei 779/1969 que dispõe sobre a aplicação de normas processuais trabalhistas à Fazenda Pública e determina em seu art. 1º, II e III, o prazo em quádruplo para a audiência inaugural em que deverá apresentar resposta/defesa e em dobro para recorrer, respectivamente.

Assim, em se tratando de Fazenda Pública resta claro que na seara trabalhista teremos a aplicabilidade do Decreto Lei 779/69, restando dúvida, porém acerca da aplicabilidade ou não do art. 183 do CPC/2015 no que diz respeito ao prazo em dobro para todas as manifestações nos autos

Dispõe o art. 183 do CPC/2015:

> **Art. 183.** A União, os Estados, o Distrito Federal, os Municípios e suas respectivas autarquias e fundações de direito público gozarão de prazo em dobro para todas as suas manifestações processuais, cuja contagem terá início a partir da intimação pessoal.

Embora a IN 39 do TST não tenha se posicionado a respeito dessa problemática, diante da situação certamente duas correntes de interpretação surgirão. Aquela que defenderá a inaplicabilidade do art. 183 do CPC/2015, na medida em que serão aplicadas as normas do Decreto Lei 779/1969 sem a complementação do CPC/2015; e uma segunda corrente pugnando pela complementação da norma trabalhista pelo CPC/2015, em função da disposição contida no art. 15 do CPC/2015 que determina a aplicação subsidiária e supletiva.

Entendemos que, nesse caso, devemos aplicar primeiramente o Decreto Lei 779/1969 e de forma supletiva e subsidiária o art. 183 do CPC/2015, possuindo a Fazenda Pública prazo em quádruplo para contestar e em dobro para recorrer, bem como para as demais manifestações nos autos.

A lei processual civil prevê, ainda, no art. 186 CPC/2015 que a Defensoria Pública gozará de prazo em dobro para todas as suas manifestações processuais.

9.1.3. Impacto do CPC/2015 nos recursos trabalhistas

9.1.3.1. Juízo único de admissibilidade

Ensina o art. 1.010, § 3º, do CPC/2015 que na apelação, após a apresentação de contrarrazões os autos serão remetidos ao tribunal pelo juiz, independentemente de juízo de admissibilidade. Contudo, ao tratar dos recursos especial e extraordinário o art. 1.030 CPC/2015, de acordo com a redação dada pela Lei 13.256/2016, ensina que não haverá a regra do juízo único de admissibilidade, devendo o Tribunal recorrido efetuar o juízo de admissibilidade antes de remeter os autos ao STJ ou STF.

A regra, portanto, põe fim ao duplo juízo de admissibilidade ao recurso de apelação, fazendo com que o recurso interposto suba ao Tribunal independente de exame de admissibilidade.

A nova regra processual civil não será aplicada ao processo do trabalho, tendo em vista que o sistema recursal trabalhista é diferenciado do processo recursal comum, pois possui regras específicas sobre a interposição, recebimento ou denegação e, ainda, provimento ou não provimento. Por meio do art. 2º, XI, da IN 39 o TST ensina não ser aplicável ao processo do trabalho a regra do juízo único de admissibilidade recursal para qualquer recurso trabalhista, haja vista a inexistência de omissão e incompatibilidade do instituto. Desta forma, no processo do trabalho continuará em pleno vigor a regra do duplo juízo de admissibilidade recursal, que será exercido pelo juízo *a quo* e pelo juízo *adquem*.

No entanto, importante destacar que a regra disposta no atual art. 485, § 7º, do CPC/2015 que permite a retratação por parte do juiz recorrido prolator de decisão de extinção do processo sem resolução de mérito, se mostra compatível com o sistema recursal trabalhista, devendo ser aplicada ao processo do trabalho, por força do art. 769 da CLT e art. 15 do CPC/2015, nos termos do art. 3º, VIII, da IN 39 TST.

Assim, uma vez interposto recurso ordinário em face de sentença que extinguiu o processo sem resolução de mérito, poderá o juízo recorrido proceder ao juízo de retratação, dando prosseguimento ao feito.

Ainda sobre a admissibilidade dos recursos, determina o parágrafo único do art. 932 do CPC/2015 que antes de considerar inadmissível o recurso, o relator (levando em conta que o único exame de admissibilidade é feito pelo relator, no Tribunal *ad quem*) concederá o prazo de 5 (cinco) dias ao recorrente para que seja sanado vício ou complementada a documentação exigível.

Assim, excetuando a hipótese de intempestividade, antes de não conhecer de um recurso por ausência de algum de seus pressupostos/requisitos, deverá o juiz determinar que a parte interessada sane o vício, no prazo de 5 dias, para dar regular seguimento ao processamento do recurso. Somente se a parte não atender ao comando judicial para "emendar" seu recurso é que o juiz poderá determinar o não conhecimento do recurso.

No entanto importante salientar que a insuficiência no valor do preparo do recurso, no Processo do Trabalho, para os efeitos do § 2º do art. 1.007 do CPC, concerne unicamente às custas processuais e não ao depósito recursal.

Tendo em vista a compatibilidade da norma processual civil com o processo do trabalho, a disciplina estabelecida no parágrafo único do art. 932 do CPC/2015 será aplicável na seara trabalhista, nos termos do art. 10 da IN 39 do TST.

9.1.3.2. Recurso extemporâneo

Embora a matéria não esteja disciplinada na CLT, por muito tempo o TST adotou a tese de que o recurso interposto antes de iniciado o prazo seria considerado extemporâneo e, portanto, não poderia ser admitido, ou seja, teria seu seguimento negado, culminando na edição da Súmula 434 do TST, cancelada em junho de 2015 por meio da Resolução 198/2015.

De qualquer forma, o CPC/2015 disciplina a situação em debate, determinando no art. 218, § 4º que será considerado tempestivo o ato praticado antes do termo inicial do prazo.

Desta forma, face a omissão do texto celetista, a regra disposta no CPC/2015 deverá ter aplicação no processo do trabalho.

9.1.3.3. Preparo

Na Justiça do Trabalho o preparo consiste no recolhimento das custas processuais bem como o recolhimento do depósito recursal. O não recolhimento implicará no não conhecimento do recurso por deserção.

Nos domínios do processo do trabalho, o preparo deverá ser feito dentro do prazo recursal, art. 789, § 1º, da CLT, observando a disposição da Súmula 245 do TST.

O TST por meio da OJ 140 da SDI 1 firmou entendimento:

OJ 140 SDI 1 TST – DEPÓSITO RECURSAL E CUSTAS PROCESSUAIS. RECOLHIMENTO INSUFICIENTE. DESERÇÃO

Em caso de recolhimento insuficiente das custas processuais ou do depósito recursal, somente haverá deserção do recurso se, concedido o prazo de 5 (cinco) dias previsto no § 2º do art. 1.007 do CPC de 2015, o recorrente não complementar e comprovar o valor devido.

De acordo com seu art. 1.007, § 2º, o CPC/2015 determina que a insuficiência no valor do preparo, inclusive porte de remessa e de retorno, implicará deserção se o recorrente, intimado na pessoa de seu advogado, não vier a supri-lo no prazo de 5 (cinco) dias.

Assim, de acordo com citado dispositivo legal e a atual redação da OJ 140 SDI 1 TST, caso a parte não efetue o preparo no prazo legal, deverá o Tribunal, na pessoa do juiz relator, intimar a parte na pessoa de seu advogado para que efetue o recolhimento da diferença restante, no prazo de 5 dias. Somente se a parte descumprir a ordem judicial é que lhe será aplicada a deserção.

O CPC/2015 vai além e no § 4º do mesmo dispositivo legal prevê a hipótese do recorrente que deixa de efetuar o pagamento do preparo. Esta hipótese não pode ser confundida com a prevista no § 2º que pressupõe o recolhimento insuficiente; aqui o recorrente deixa de efetuar o preparo. Nessa hipótese, determina o § 4º do art. 1.007 do CPC/2015 que o recorrente será intimado, na pessoa de seu advogado, para realizar o recolhimento do preparo, porém em dobro, sob pena de deserção. Nesse caso, havendo insuficiência do valor depositado em dobro, não será possível a aplicação da regra disposta no § 2º acima estudado, nos termos do art. 1.007, § 5º, CPC/2015.

9.1.4. Princípio do contraditório – Vedação da "decisão surpresa"

Entende-se por "decisão surpresa" aquela que, no julgamento final do mérito da causa, em qualquer grau de jurisdição, aplicar fundamento jurídico ou embasar-se em fato não submetido à audiência prévia de uma ou de ambas as partes.

De acordo com o CPC/2015 o juiz não pode decidir, em grau algum de jurisdição, com base em fundamento a respeito do qual não se tenha dado às partes oportunidade de se manifestar, ainda que se trate de matéria sobre a qual deva decidir de ofício, é o que reza o art. 10 do CPC/2015.

Com isso o legislador buscou colocar fim nas decisões surpresas, ou seja, sem oitiva da parte adversa, o que acarretava o cerceamento de defesa, por ofensa ao princípio do contraditório. Assim, o juiz não proferirá decisão contra uma das partes sem que ela seja previamente ouvida.

Contudo, não se considera "decisão surpresa" aquela que as partes tinham obrigação de prever, concernente às condições da ação, aos pressupostos de admissibilidade de recurso e aos pressupostos processuais, salvo disposição legal expressa em contrário.

Desta forma, o juiz deve sempre zelar pela observância do contraditório, razão pela qual não poderá deixar de ouvir a parte contrária em nenhum caso, exceto nas hipóteses tratadas no parágrafo único do art. 9º do CPC/2015, que assim dispõe:

> ***Art. 9º*** *Não se proferirá decisão contra uma das partes sem que ela seja previamente ouvida.*
>
> ***Parágrafo único.*** *O disposto no caput não se aplica:*
>
> *I – à tutela provisória de urgência;*
>
> *II – às hipóteses de tutela da evidência previstas no art. 311, incisos II e III;*
>
> *III – à decisão prevista no art. 701.*
>
> A IN 39/TST determina em seu art. 4º ser aplicável ao Processo do Trabalho as normas do CPC que regulam o princípio do contraditório, em especial os artigos 9º e 10, no que vedam a decisão surpresa.

13. Direito Ambiental

Wander Garcia

1. INTRODUÇÃO

O estudo do meio ambiente sempre foi chamado de "ecologia", palavra criada a partir das expressões gregas *oikos* (casa) e *logia* (estudo), resultando na ideia de "estudo da casa". Essa palavra é utilizada desde o século XIX, como ramo da Biologia.

Já o estudo do meio ambiente, em termos **legais**, é bem recente. Até pouco tempo atrás sequer havia lei que tratasse do Direito Ambiental. O direito ao meio ambiente é inclusive considerado um direito humano de terceira geração, conforme nos explica Paulo Bonavides citado por Valerio Mazzuoli: "[...] Os direitos de terceira geração são aqueles assentados no princípio da fraternidade, como o direito ao desenvolvimento, à paz, ao meio ambiente, à comunicação e ao patrimônio comum da humanidade.[1]

No plano mundial, o primeiro grande marco dessa preocupação foi a Conferência de Estocolmo (1972), na qual foi feita a "Declaração do Meio Ambiente" e asseverou-se a importância de compatibilizar o desenvolvimento com a proteção ambiental, dando início ao estudo do princípio do desenvolvimento sustentável e a disseminação de leis ambientais nas legislações estrangeiras.

Em 1992, o Brasil sediou a segunda grande conferência mundial sobre o meio ambiente (a Rio-92), conferência que resultou na "Declaração do Rio", que consagrou o princípio do desenvolvimento sustentável. Na ocasião, ficou acordada a aprovação de um documento com compromissos para um futuro sustentável, a Agenda 21, além de terem sido produzidos os seguintes outros documentos: a) Princípios para o desenvolvimento sustentável das florestas; b) Convenção sobre a biodiversidade; c) Convenção sobre as mudanças no clima.

Em 2002, a África do Sul sediou a terceira conferência mundial sobre o meio ambiente (a Rio+10). Dela resultou uma declaração política, "O Compromisso de Joanesburgo sobre Desenvolvimento Sustentável", e um plano de implementação, cujos objetivos maiores são erradicar a pobreza, mudar os padrões insustentáveis de produção e consumo e proteger os recursos naturais.

Em 2012, o Rio de Janeiro sediou a quarta conferência mundial sobre o meio ambiente (a Rio+20). Dela resultou o documento "O Futuro que Queremos", documento um pouco genérico, que basicamente reafirmou compromissos anteriores, principalmente no que diz respeito à erradicação da pobreza e ao desenvolvimento sustentável com inclusão social.

Em 2015, destacam-se as inéditas medidas dos Estados Unidos e da China, que, na esteira da Conferência sobre Mudança Climática, comprometeram-se a reduzir suas emissões de gases do efeito estufa na atmosfera, bem como a encíclica "verde" papal, denominada "Laudato si", extremamente incisiva acerca da necessidade de mudanças no estilo de vida das pessoas e no uso irresponsável dos recursos naturais pelas empresas.

No plano interno, apenas em 1981 é que surgiu a primeira legislação preocupada especificamente com a proteção ambiental, a Lei de Política Nacional do Meio Ambiente (Lei 6.938/1981). De lá para cá, como se verá em capítulo próprio, diversas leis cuidaram do assunto.

Nos últimos anos, dois temas ganharam grande expressão no Direito Ambiental. O primeiro deles é o *aquecimento global*, que passou a sensibilizar inclusive países como os Estados Unidos, que até então faziam vista grossa para o problema. E o segundo, os estudos, pesquisas e práticas relativas à utilização de material genético, tais como os relacionados aos alimentos transgênicos, à utilização de células-tronco e à clonagem.

A proteção e a promoção do meio ambiente ganham especial relevância na atualidade, em virtude do estágio em que se encontra o regime capitalista. Esse regime, como se sabe, trabalha com a ideia de lucro a qualquer preço e com o aumento progressivo do consumo por parte das pessoas.

De um lado, a ética do lucro a qualquer preço faz com que a proteção do meio ambiente seja apenas um entrave aos negócios de muitos empreendedores. Se num dado país não se pode mais prejudicar o meio ambiente, então que se vá a outro país em que isso ainda é possível, mesmo que por ausência de fiscalização. Assim, verifica-se um movimento de multinacionais de países desenvolvidos instalando-se em países subdesenvolvidos, ou em países em grande desenvolvimento, como a China, locais em que, na maior parte das vezes, a proteção do meio ambiente é muito fraca.

De outro lado, o *marketing* cada vez mais nos atinge e nos exige um aumento do consumo. "Necessidades" novas são criadas para nossas vidas a cada dia. O crédito para aquisição de produtos é cada vez maior. Tudo a fazer com que consumamos cada vez mais, gerando uma destruição crescente dos recursos naturais.

A falta de ética ambiental e a escalada do consumo, somadas a tudo o que já se destruiu nos últimos séculos, fazem com que estejamos no momento mais crítico, em termos ambientais, da história humana. Essa situação faz com que o estudo do Direito Ambiental ganhe enorme relevância, impondo cada vez mais aos estudantes, futuros advogados, futuros agentes públicos e aos já profissionais da área jurídica, que conheçam e apliquem efetivamente os princípios, regras e institutos desse ramo do Direito.

Não há dúvida de que a proteção do meio ambiente trabalha com uma *visão antropocêntrica*, ou seja, de que o homem é o centro da vida. Aliás, o Princípio 1º da Declaração de Estocolmo dispõe que "os seres humanos estão no centro das preocupações com o desenvolvimento sustentável; têm direito a uma vida saudável e produtiva, em harmonia com a natureza".

Não adotamos uma *visão ecocêntrica*, ou seja, a de que todas as formas de vida devem ser preservadas.

Todavia, há hoje uma evolução da visão adotada, com a ideia de antropocentrismo alargado ou holístico, para o fim de reconhecer o valor intrínseco do meio ambiente, independentemente do valor que ele tem para o ser humano.

1. BONAVIDES, Paulo. *Curso de direito constitucional*. 10. ed. São Paulo: Malheiros, 2000. p. 516-525 apud MAZZUOLI, Valerio de Oliveira. *Curso de Direitos Humanos*. São Paulo: Método, 2014, p. 34-35.

É com essa *visão antropocêntrica alargada* que propomos fazer uma viagem de descoberta e aprendizado do Direito Ambiental.

Nos próximos itens deste capítulo, veremos os conceitos básicos do Direito Ambiental, sua regulamentação na Constituição Federal, a competência em matéria ambiental, os princípios do Direito Ambiental, a Política Nacional do Meio Ambiente, seus instrumentos, a responsabilidade civil, administrativa e penal nessa matéria, e a Lei de Biossegurança.

2. CONCEITOS BÁSICOS

2.1. Meio ambiente

2.1.1. Conceito

O meio ambiente pode ser conceituado como *o conjunto de condições, leis, influências e interações de ordem física, química e biológica que permite, abriga e rege a vida em todas as suas formas*. Este é o conceito trazido no art. 3º, I, da Lei 6.938/1981.

Note que a definição engloba tanto os elementos vivos ou não da natureza, como também aqueles que abrigam qualquer tipo de vida, o que inclui espaços artificiais, ou seja, espaços criados pelo homem.

2.1.2. Espécies de bens ambientais

O meio ambiente não se limita aos recursos naturais. Ele engloba também todos aqueles elementos que contribuem para o bem-estar e a felicidade humana.

Assim, os bens ambientais podem ser de três espécies:

a) **meio ambiente natural (ou físico)**, *que consiste nos elementos que existem mesmo sem influência do homem*. Ex.: solo, água, ar, fauna e flora. A Constituição, principalmente no art. 225, traz a regra matriz da proteção do meio ambiente natural;

b) **meio ambiente artificial**, *que consiste no espaço construído pelo homem, na interação com a natureza*. Ex.: edificações e espaços públicos abertos. A Constituição trata do assunto principalmente em seu art. 182, quando trata da política de desenvolvimento urbano, o que inclui, claro, as construções, os espaços e as atividades desenvolvidas pelos homens na interação com a natureza;

c) **meio ambiente cultural**, *que consiste no espaço construído pelo homem, na interação com a natureza, mas que detém um valor agregado especial por ser referência ligada à memória, aos costumes ou aos marcos da vida humana*. Ex.: patrimônio histórico, arqueológico, artístico, paisagístico e cultural. A Constituição, em seu art. 216, trata do meio ambiente cultural.

A doutrina também aponta como bem ambiental o **meio ambiente do trabalho**, que é *o lugar onde o ser humano exerce suas atividades laborais*. Pode ser tanto um lugar aberto, como um prédio. A ideia, aqui, é preservar a saúde, a segurança e o bem-estar do trabalhador no seu ambiente de trabalho. A Constituição, em art. 200, VIII, faz referência ao *meio ambiente do trabalho*.

2.1.3. Natureza do bem ambiental

Quando nos perguntam qual a natureza do bem ambiental, temos que fazer uma divisão em dois aspectos. Podem estar querendo perguntar sobre a natureza do bem para fins processuais, ou seja, se se trata de bem difuso, coletivo ou individual. Ou podem estar querendo saber sobre a titularidade desse bem, se público, privado ou de natureza peculiar.

Para fins **processuais**, o meio ambiente ecologicamente equilibrado é um **bem difuso**, já que se enquadra perfeitamente ao disposto no art. 81, parágrafo único, I, do Código do Consumidor, que define bens difusos como aqueles *"transindividuais, de natureza indivisível, de que sejam titulares pessoas indeterminadas e ligadas por circunstâncias de fato"*.

Na verdade, o direito ao meio ambiente ecologicamente equilibrado pertence a um número indeterminado de pessoas ligadas por mera circunstância de fato, e não pode ser divido entre cada um de nós. Não é possível, por exemplo, dizer que cada um de nós tem direito a uma parte do ar, da água e da fauna, por exemplo, o que demonstra o caráter indivisível do interesse.

Já quanto à **titularidade**, a natureza do bem difuso é de bem público ou de bem privado? A Constituição Federal dispõe que o meio ambiente ecologicamente equilibrado é **bem de uso comum do povo**.

O problema é que o Código Civil divide os bens públicos (do Estado), quanto a sua destinação, em bens de uso comum do povo (afetados ao uso indistinto de todos), de uso especial (afetados aos serviços e equipamentos públicos) e dominicais (sem afetação nenhuma), tudo a dar a impressão de que os bens ambientais são públicos, já que a Constituição usou a mesma expressão "bens de uso comum do povo" para o meio ambiente.

Nada obstante, nós sabemos que nem todos os bens ambientais são de propriedade do Estado. Há milhares de áreas verdes, por exemplo, que pertencem a particulares. Isso sem contar com o meio ambiente artificial e cultural, também muitas vezes dos particulares.

Assim sendo, quando a CF diz que o meio ambiente destina-se ao *uso comum do povo*, não está conferindo a propriedade dele ao Estado ou ao povo, só está deixando claro que Estado e povo têm direito de exigir sua proteção (e o dever de protegê-lo). Aliás, basta ler com atenção o art. 225 da CF para perceber que o que é "bem de uso comum do povo" não é exatamente o meio ambiente, mas o "meio ambiente ecologicamente equilibrado", bem esse sobre o qual o povo não exerce a propriedade em sentido estrito, mas o uso direto ou indireto, na medida em que dependemos dele para nossa sobrevivência.

2.2. Poluição e degradação do meio ambiente

Além do conceito de meio ambiente, a Lei 6.938/1981 traz outros conceitos básicos de suma importância.

Há dois conceitos que devem ser diferenciados. São os de **degradação da qualidade ambiental** e de **poluição**. Enquanto a primeira consiste na *alteração adversa do meio ambiente*, a segunda significa a mesma alteração, mas provocada por uma *atividade*, vale dizer, por uma conduta humana (art. 3º, II e III).

Já o **poluidor**, de acordo com a lei, pode ser tanto uma pessoa física como uma pessoa jurídica, pública ou privada, responsável, direta ou indiretamente, por atividade causadora de degradação ambiental (art. 3º, IV).

Por fim, são considerados **recursos ambientais** a atmosfera, as águas interiores, superficiais e subterrâneas, os estuários, o mar territorial, o solo, o subsolo, os elementos da biosfera, a fauna e a flora (art. 3º, V).

Porém, não se devem confundir os recursos ambientais (anteriormente enumerados) com as espécies de bens ambientais, pois estas abrangem o meio ambiente artificial e o meio ambiente cultural.

3. O DIREITO AMBIENTAL NA CONSTITUIÇÃO FEDERAL

3.1. Proteção geral do meio ambiente

Antes da Constituição de 1988, que tratou de forma bastante expressiva e inédita da proteção ao meio ambiente, tínhamos poucos textos legislativos regulando a matéria.

Demorou até que tomássemos consciência de que dependemos de um meio ambiente ecologicamente equilibrado para sobrevivermos. Também tardou a percepção de que grande parte dos recursos naturais é limitada ou está em processo de extinção.

No Brasil, apenas na década de 1960 é que surgiram leis tratando do assunto, como os Códigos Florestal (Lei 4.771/1965), de Caça (Lei 5.197/1967), de Pesca (Dec.-Lei 221/1967) e de Mineração (Dec.-Lei 227/1967), mesmo assim eram diplomas voltados para a questão administrativa e penal, sem que trouxessem instrumentos materiais e processuais tendentes a garantir a reparação efetiva de danos ao meio ambiente.

A preocupação com a *reparação dos danos ambientais* ganhou importante aliado, ainda que tão somente quanto ao direito material, com o advento da Lei 6.938/1981, que instituiu a chamada "Política Nacional do Meio Ambiente", estabelecendo: a) conceitos importantes; b) formas de atuação do poder público; c) e a *responsabilidade objetiva* em matéria de dano ambiental.

A Lei 7.347/1985 (Lei de Ação Civil Pública), por sua vez, completou as lacunas existentes, instituindo um instrumento processual eficaz na busca da reparação dos danos causados ao meio ambiente, conferindo *legitimidade para agir* ao Ministério Público, ao poder público e até às associações civis para o ingresso de demandas visando proteger esse tipo de interesse difuso, que é o meio ambiente.

Sobreveio a CF/88, aliada decisiva na proteção ambiental, que estabeleceu os seguintes comandos:

a) que o meio ambiente ecologicamente equilibrado é tanto um direito como um dever de todos, inclusive do Estado;

b) que as futuras gerações também têm esse direito;

c) que o poder público tem também deveres específicos de proteção, como restaurar processos ecológicos essenciais, prover o manejo ecológico, preservar a diversidade e integridade do patrimônio genético, fiscalizar a manipulação de material genético, definir espaços de conservação especialmente protegidos, exigir estudos prévios de impacto ambiental nas atividades perigosas, controlar determinadas atividades (inclusive industriais e comerciais), promover a educação ambiental, dentre outros deveres;

d) que a responsabilidade civil é objetiva;

e) que a reparação do dano deve importar na *recuperação* do bem violado, de acordo com a solução técnica exigida pelo órgão público competente, não devendo ser suficiente a mera conversão da obrigação em perdas e danos;

f) que os causadores de danos ambientais também poderão responder na esfera penal;

g) que as pessoas jurídicas também poderão responder na esfera criminal;

h) que as responsabilidades civil, administrativa e criminal são independentes;

i) que a Floresta Amazônica, a Mata Atlântica, a Serra do Mar, o Pantanal Mato-Grossense e a Zona Costeira são patrimônios nacionais especialmente protegidos; repare que o Cerrado e a Caatinga são ecossistemas que não foram considerados, pela Constituição, como patrimônio nacional;

j) que são indisponíveis as terras devolutas ou arrecadadas pelos Estados, por ações discriminatórias, necessárias à proteção dos ecossistemas naturais;

k) que as usinas que operarem com reator nuclear deverão ter sua localização definida em lei federal, sem o que não poderão ser instaladas.

O tratamento constitucional do meio ambiente está nos seguintes pontos:

a) na tutela geral do meio ambiente (art. 225);

b) no princípio da função social da propriedade (arts. 5º, XXIII, 182 e 186);

c) na enumeração dos bens da União (art. 20, II);

d) na divisão de competência entre os entes federativos (arts. 21, XIX, 23, III, VI e VII, e 24, VI, VII e VIII);

e) na possibilidade de instaurar inquérito civil e ação civil pública para a proteção do meio ambiente (art. 129, III);

f) na regulamentação da ordem econômica (art. 170, VI);

g) na atribuição do sistema único de saúde de colaborar com a proteção do meio ambiente, nele compreendido o do trabalho (art. 200, VIII);

h) na proteção do patrimônio cultural (art. 216);

h) nas restrições às propagandas (art. 220, § 3º, II);

i) e nos arts. 91, § 1º, III, e 231, § 1º.

Perceba, diante desse relato histórico, que a evolução histórica do Direito Ambiental brasileiro passa por três fases, segundo a doutrina:

a) a **fase de exploração desregrada**, que ocorreu até a década de 60 do século XX e cuja característica principal é a ausência de normas de proteção;

b) a **fase fragmentária**, que ocorreu até o início dos anos 80 do século XX, e cuja característica principal é a existência de leis pontuais tratando do meio ambiente (ex.: antigo Código Florestal, de 1965; Código de Caças, de 1967);

c) a **fase holística**, que nasce com a Lei de Política Nacional do Meio Ambiente (Lei 6.938/1981) e é consagrada pela Constituição Federal de 1988 e depois com a Lei 9.605/1998, e é nela que se percebe um tratamento global da proteção do meio ambiente, com a instituição de um Sistema Nacional do Meio Ambiente (SISNAMA), de princípios, conceitos e objetivos da proteção ambiental e de uma série de instrumentos desta proteção.

3.2. Proteção do patrimônio cultural

A Constituição tratou, de modo especial, da proteção do meio ambiente cultural.

O art. 216 da Constituição trouxe a **definição do que é patrimônio cultural brasileiro**, a determinação dos **responsáveis** por sua promoção e proteção e a enumeração dos **instrumentos** a serem utilizados para a preservação desse bem ambiental.

De acordo com o *caput* do dispositivo, constituem **patrimônio cultural brasileiro** "os bens de natureza material e imaterial, tomados individualmente ou em conjunto, portadores de referência à identidade, à ação, à memória dos diferentes grupos formadores da sociedade brasileira, nos quais se incluem: I – as formas de expressão; II – os modos de criar, fazer e viver; III – as criações científicas, artísticas e tecnológicas; IV – as obras, objetos, documentos, edificações e demais espaços destinados às manifestações artístico-culturais; V – os conjuntos urbanos e sítios de valor histórico, paisagístico, artístico, arqueológico, paleontológico, ecológico e científico".

Perceba que para ser patrimônio cultural o bem deve ter um *valor especial*, valor esse decorrente de ser uma referência à identidade, à ação ou à memória dos diferentes grupos formadores da sociedade brasileira. Nesse sentido temos obras de arte, casas históricas, sítios arqueológicos, bairros com referência histórica etc..

Repare que a Constituição incluiu como patrimônio cultural "as formas de expressão", "os modos de criar, fazer e viver" e as "criações científicas, artísticas e tecnológicas". Quanto às formas de expressão, temos a música, o teatro e a literatura, por exemplo. Quanto aos modos de criar, fazer e viver, temos os costumes indígenas ou os costumes de uma dada comunidade tradicional de pescadores, por exemplo. E quanto às criações científicas, artísticas e tecnológicas, não se deve deixar de lembrar que, a par da proteção que receberão dos direitos empresarial e civil, elas também devem ser protegidas por integrar o patrimônio cultural brasileiro.

O **legitimado** para a *promoção* e a *proteção* desse patrimônio é o Poder Público, em colaboração com a comunidade (art. 216, § 1º, CF).

E os **instrumentos** para a promoção e a proteção desse patrimônio são os seguintes: "registros, vigilância, tombamento e desapropriação, e outras formas de acautelamento e preservação" (art. 216, § 1º, CF).

Os registros são muito utilizados para a proteção das criações científicas, artísticas e tecnológicas, que são registradas, por exemplo, no INPI e na Biblioteca Nacional.

O tombamento, por sua vez, é muito utilizado quanto a prédios e conjuntos urbanos de valor histórico, bem como para sítios especiais, como praias, florestas e outros dotados de valor paisagístico, arqueológico e ecológico. Temos aqui, por exemplo, o espaço urbano da cidade mineira de Ouro Preto/MG, o Pelourinho (em Salvador/BA) e a praia de Canoa Quebrada, no Ceará.

Por fim, a desapropriação importa em o Poder Público ficar proprietário da coisa, mediante pagamento de indenização prévia, justa e em dinheiro. Esse instrumento só é utilizado em situações excepcionais, quando a coisa, para ser protegida, tenha que ficar sob a propriedade do Poder Público. Quando estudarmos as unidades de conservação, veremos que algumas delas reclamam que a coisa a ser protegida passe para a esfera de titularidade da Administração Pública.

4. COMPETÊNCIA EM MATÉRIA AMBIENTAL

A Constituição também traça a competência em matéria ambiental, que se divide em competência legislativa e administrativa.

Comecemos com a **competência administrativa** (que, por óbvio, depende da edição de leis para que seja exercida), em que se confere o dever-poder de agir na matéria *meio ambiente* a todos os entes da federação.

Segundo o art. 23 da Constituição, é *competência comum* da União, dos Estados, do Distrito Federal e dos Municípios:

a) proteger os documentos, as obras e outros bens de valor histórico, artístico e cultural, os monumentos, as paisagens naturais notáveis e os sítios arqueológicos;

b) proteger o meio ambiente e combater a poluição em qualquer de suas formas;

c) preservar as florestas, a fauna e a flora.

Percebe-se a amplitude do dever que têm a União, os Estados, o Distrito Federal e o Município na proteção do meio ambiente, bem jurídico esse que deve ser objeto de cuidado em cada ato praticado por tais entes e que deve ser objeto de medidas que visem a sua promoção e proteção.

A competência administrativa (competência para executar as leis) também é chamada de competência executiva, englobadas, dentre outras, as seguintes atividades: a) vigilância do meio ambiente; b) fiscalização; c) licenciamento ambiental; d) tombamento.

Assim, em matéria de fiscalização, por exemplo, são competentes para a imposição de sanções agentes públicos de todos os entes federativos. Pode um agente municipal, portanto, aplicar sanção prevista em lei federal ambiental (por exemplo, na Lei 9.605/1998). É o caso de autuação de alguém que está transportando carga de madeira sem a ATPF (Autorização de Transporte de Produtos Florestais). Vale salientar que o pagamento de multa imposta por Estado ou Município substitui a multa federal na hipótese (art. 76 da Lei 9.605/1998).

Já em matéria de licenciamento ambiental, apesar da competência também ser comum, há regras específicas que serão estudadas no capítulo reservado a essa atividade administrativa.

De qualquer forma, é bom lembrar que a Constituição Federal estabelece, em seu art. 23, parágrafo único, que leis complementares regularão a cooperação entre os entes políticos no exercício da competência administrativa comum nela prevista. E a boa notícia é que já há uma lei complementar tratando dessa cooperação em matéria ambiental. Trata-se da Lei Complementar 140/2011, que regula a competência comum para o licenciamento ambiental.

Já quanto à **competência legislativa**, temos, num primeiro momento, atribuição concorrente entre União (que edita leis gerais) e Estados e Distrito Federal (que suplementam a legislação federal), sendo certo que, na falta de norma geral da União, os Estados exercerão a competência legislativa plena para atender a suas peculiaridades. Porém, a superveniência de lei federal sobre normas gerais suspende a eficácia da lei estadual no que a contrariar.

Segundo o art. 24 da Constituição, compete à União, aos Estados e ao Distrito Federal **legislar** concorrentemente sobre:

a) florestas, caça, pesca, fauna, conservação da natureza, defesa do solo e dos recursos naturais, proteção do meio ambiente e controle da poluição;

b) proteção ao patrimônio histórico, cultural, turístico e paisagístico;

c) responsabilidade por dano ao meio ambiente, ao consumidor, a bens e direitos de valor estético, histórico, turístico e paisagístico.

Vale ressaltar, quanto à competência em geral do Estado-membro, que esse detém, ainda, a competência residual para tratar de todas as matérias que não sejam vedadas pela CF, pois, segundo o § 1º de seu art. 25, "são reservadas aos Estados as competências que não lhes sejam vedadas pela Constituição".

Por fim, **ainda no plano legislativo**, vale lembrar que o Município poderá legislar sobre matéria ambiental (a princípio, competência da União, dos Estados e do Distrito Federal) em questões de *interesse peculiar* ao respectivo ente, vale dizer, em questões de *interesse local*, sem prejuízo da edição de leis que visem a suplementar a legislação federal e estadual, no que couber, ou seja, quanto a questões de interesse local (art. 30, I e II, da CF). O STF reconheceu a existência de interesse local na chamada Lei Cidade Limpa, que regula a poluição visual advinda de publicidade e propaganda externa, ao argumento esse interesse existe quando se pretende ordenar elementos que compõem a paisagem urbana, com vistas a evitar a poluição visual e bem cuidar do meio ambiente e do patrimônio da cidade (AI 799690 AgR/SP, DJ 03/02/2014).

Em resumo, pode-se dizer que, em matéria de competência legislativa quanto ao meio ambiente, a **União** tem a primazia, pois é a responsável pela edição de normas gerais sobre o assunto (exs.: Lei de Política Nacional do Meio Ambiente, Lei de Sistema Nacional de Unidades de Conservação e Lei de Crimes Ambientais). Os **Estados-membros** podem suplementar a legislação federal (ou seja, legislar sobre um dos aspectos de um dado tema, não tratados na lei federal geral sobre o respectivo assunto), além de poderem exercer a competência legislativa plena em relação àqueles ainda não legislados pela União. E os **Municípios** podem legislar sempre que houver assunto de interesse local, seja para tratar originalmente dele, seja para suplementar a legislação estadual ou federal que reclame tratamento local quanto a algum aspecto.

5. PRINCÍPIOS DO DIREITO AMBIENTAL

Os princípios são normas jurídicas de especial relevância e alta carga valorativa, que vinculam e servem de vetor interpretativo aos aplicadores do Direito.

Perceba que os princípios têm duplo papel.

O primeiro papel diz respeito à força vinculativa. Nesse ponto, é importante ressaltar que os princípios carregam normas de hierarquia superior às meras regras. Se um dado princípio estiver em norma constitucional, por exemplo, a superioridade hierárquica em relação às regras infraconstitucionais será de natureza formal. Já se um princípio estiver em norma infraconstitucional, a superioridade hierárquica em relação a uma regra infraconstitucional será de natureza material. Assim, os princípios podem ter hierarquia formal ou material em relação a meras regras de Direito.

Já o segundo papel dos princípios é servir de vetor, de norte, de orientador das interpretações. Nesse sentido, os princípios são vetores interpretativos. Quando um aplicador da lei estiver diante de um caso concreto, ele deve interpretar as regras legais com as lentes dos princípios.

O Direito Ambiental tem uma série de princípios. Assim, passemos ao tratamento de cada um deles lembrando em cada passo dos dois papéis que os princípios têm no sistema jurídico.

5.1. Princípio do desenvolvimento sustentável

Esse princípio pode ser **conceituado** como *aquele que determina a harmonização entre o desenvolvimento econômico e social e a garantia da perenidade dos recursos ambientais.*

O princípio tem como **antecedente** a chamada Carta de Estocolmo (1972), que trazia a Declaração do Meio Ambiente, a qual, apesar de reconhecer o direito de desfrutar do meio ambiente, declarava o dever de sua proteção. A ECO-92, por sua vez, que formulou a Declaração do Rio, deixa claro que a proteção do meio ambiente deve ser parte integrante do processo de desenvolvimento e não algo isolado dele.

O **fundamento legal** do princípio é a CF, que, em seu art. 170, ao tratar da ordem econômica, deixa claro que o objetivo desta é assegurar a todos existência digna, conforme os ditames da justiça social, e que são princípios de tal ordem tanto a propriedade privada e sua função social como a defesa do meio ambiente. O princípio também decorre do art. 4º, I, da Lei 6.938/1981.

Como **característica marcante**, o princípio do desenvolvimento sustentável valoriza tanto a importância do desenvolvimento econômico e social do país como a necessidade de compatibilizar tal desenvolvimento com a proteção do meio ambiente. Assim, quem deseja ter uma atividade econômica poderá fazê-lo, desde que não degrade o meio ambiente, seja evitando práticas lesivas, seja garantindo a constante renovação dos recursos naturais.

Como **exemplo** da aplicação prática do princípio pode-se citar o fato de que, em algumas cidades brasileiras, há leis determinando que os novos prédios devem ter aquecimento solar, descargas sustentáveis (que liberam pouca água), sistema de reutilização de água das chuvas, implantação de nova vegetação, telhado verde (jardim na cobertura do prédio), coleta seletiva, dentre outras medidas.

5.2. Princípio do poluidor-pagador

Esse princípio pode ser **conceituado** como *aquele que impõe ao poluidor tanto o dever de prevenir a ocorrência de danos ambientais como o de reparar integralmente eventuais danos que causar com sua conduta.*

O princípio 16 da Declaração do Rio ressalta o **caráter dúplice** do princípio, que tem os seguintes aspectos: **a) repressivo**, ao impor responsabilidade objetiva àquele que degrada o meio ambiente; **b) preventivo**, ao impor a internalização das externalidades negativas.

As externalidades negativas consistem no próprio uso do meio ambiente. E a internalização consiste em o poluidor arcar com o custo da poluição, com a devida atenção ao interesse público, e sem provocar distorções no comércio e nos investimentos internacionais.

O **fundamento legal** do princípio decorre dos arts. 170 e 225 da CF, bem como do art. 4º, VII, da Lei 6.938/1981.

Como **característica marcante**, o princípio não permite a poluição, conduta absolutamente vedada e passível de diversas e severas sanções. Tal princípio apenas reafirma, faz lembrar o dever de prevenção e de reparação integral por parte de quem pratica atividade que possa poluir.

Como **exemplo** da aplicação prática do princípio pode-se citar o instituto da outorga onerosa do direito de construir, previsto no art. 28 do Estatuto da Cidade, pelo qual o empreendedor deverá pagar para construir além do coeficiente básico de aproveitamento do imóvel, usando-se o dinheiro para colaborar com a promoção do meio ambiente.

Outro **exemplo** decorre do Protocolo de Kyoto. De acordo com esse documento, os países desenvolvidos que a ele aderiram se comprometeram a diminuir a emissão de gases na atmosfera. Caso o empreendedor local queira emitir gases acima dos limites permitidos, terá de comprar "créditos de carbono", fazendo-o, por exemplo, com pessoas que tenham diminuído a emissão de gases na atmosfera, gerando o crédito a ser vendido.

5.3. Princípio da obrigatoriedade da intervenção estatal

Esse princípio pode ser **conceituado** como *aquele que impõe ao Estado o dever de garantir o meio ambiente ecologicamente equilibrado para as presentes e futuras gerações.*

O **fundamento legal** do princípio está no *caput* do art. 225 da CF, encontrando especificações no § 1º do mesmo artigo. Também decorre dos dispositivos da Lei 6.938/1981.

Como **característica marcante**, o princípio impõe ao poder público, dentre outros, deveres específicos de: a) restaurar processos ecológicos essenciais; b) prover o manejo ecológico, preservar a diversidade e a integridade do patrimônio genético; c) definir espaços de conservação especialmente protegidos; d) exigir estudos prévios de impacto ambiental nas atividades perigosas (EIA); e) controlar determinadas atividades; f) promover a educação ambiental; g) proteger a fauna e a flora.

5.4. Princípio da participação coletiva ou da cooperação de todos

Esse princípio pode ser **conceituado** como *aquele que impõe à coletividade (além do Estado) o dever de garantir o meio ambiente ecologicamente equilibrado para as presentes e futuras gerações.*

O **fundamento legal** do princípio está previsto no *caput* do art. 225 da CF.

Como **característica marcante**, o princípio reafirma que, além de o *meio ambiente ecologicamente equilibrado* ser um *direito* de todos (um bem de uso comum do povo), trata-se também de um ***dever*** da coletividade, que deve defendê-lo e preservá-lo.

É importante ressaltar que o princípio também cria direitos às pessoas, que podem ter acesso às informações relativas ao meio ambiente, participar de audiências e consultas públicas, iniciativa popular de leis, atuação em órgãos colegiados dotados de poder normativo (ex.: CONAMA), ingressar com ações judiciais (ex.: ação popular) etc.

5.5. Princípio da responsabilidade objetiva e da reparação integral

Esse princípio pode ser **conceituado** como *aquele que impõe o dever de qualquer pessoa de responder integralmente pelos danos que causar ao meio ambiente, independentemente de prova de culpa ou dolo.*

O **fundamento legal** do princípio está no § 3º do art. 225 da CF, bem como no § 1º do art. 14 da Lei 6.938/1981.

Perceba que a proteção é dupla. Em primeiro lugar, fixa-se que a responsabilidade é objetiva, o que impede que o causador do dano deixe de ter a obrigação de repará-lo sob o argumento de que não agiu com culpa ou dolo. Em segundo lugar, a obrigação de reparar o dano não se limita a pagar uma indenização, mas impõe que ela seja específica, isto é, deve-se buscar a restauração ou recuperação do bem ambiental lesado, procurando, assim, retornar à situação anterior.

5.6. Princípio da prevenção

Esse princípio pode ser **conceituado** como *aquele que impõe à coletividade e ao Poder Público a tomada de medidas prévias para garantir o meio ambiente ecologicamente equilibrado para as presentes e futuras gerações.*

O **fundamento legal** do princípio está na própria CF, que traz medidas de prevenção, como a instituição de unidades territoriais de preservação e a necessidade de se exigir estudo prévio de impacto ambiental (EIA) para as atividades potencialmente causadoras de significativa degradação do meio ambiente.

A doutrina faz uma distinção entre o **princípio da *prevenção*** e o **princípio da *precaução***. O primeiro incide naquelas hipóteses em que se tem certeza de que dada conduta causará um dano ambiental. O princípio da prevenção atuará de forma a evitar que o dano seja causado, impondo licenciamentos, estudos de impacto ambiental, reformulações de projeto, sanções administrativas etc. A ideia aqui é eliminar os perigos já comprovados. Já o segundo incide naquelas hipóteses de incerteza científica sobre se dada conduta pode ou não causar um dano ao meio ambiente. O princípio da precaução atuará no sentido de que, na dúvida, deve-se ficar com o meio ambiente, tomando as medidas adequadas para que o suposto dano de fato não ocorra. A ideia aqui é eliminar a probabilidade do próprio perigo se concretizar.

O princípio da precaução impõe que "na dúvida, deve ser ficar com o interesse da coletividade, e não dos empreendedores" (*in dubio pro societate*).

Nesse sentido, o princípio determina uma **inversão do ônus da prova**, fazendo com que o empreendedor tenha que demonstrar que suas atividades não causarão lesão ao meio ambiente ecologicamente equilibrado.

O princípio da precaução acabou sendo inserido em nossa legislação em virtude da aprovação, pelo Decreto Legislativo 1/04, do acordado na Conferência sobre Mudanças Climáticas, na ECO 92, cujo 15º princípio tem o seguinte teor: "Princípio 15. Com o fim de proteger o meio ambiente, o princípio da precaução deverá ser amplamente observado pelos Estados, de acordo com suas capacidades. Quando houver ameaça de danos graves ou irreversíveis, a ausência de certeza científica absoluta não será utilizada como razão para o adiamento de medidas economicamente viáveis para prevenir a degradação ambiental".

Um **exemplo** de aplicação prática do princípio está na Lei 11.105/2005, que regula os OGMs – Organismos Geneticamente Modificados. Essa lei, de modo a fazer valer os princípios citados, impõe, em matéria de alimentos transgênicos, por exemplo, a realização de estudos de impacto ambiental, a aprovação das atividades por comissões públicas e a informação adequada aos consumidores.

5.7. Princípio da educação ambiental

Esse princípio pode ser **conceituado** como *aquele que impõe ao Poder Público o dever de promover a educação ambiental em todos os níveis de ensino e a conscientização pública para a preservação do meio ambiente.*

Perceba que a educação ambiental deve estar presente em todos os níveis (infantil, fundamental, médio, superior e especial).

O **fundamento legal** do princípio está no inciso VI do § 1º do art. 225 da CF. A Lei 9.795/1999 traz as minúcias e as diretrizes acerca da educação ambiental.

5.8. Outros princípios

A doutrina também aponta os seguintes princípios do Direito Ambiental:

a) princípio do direito humano fundamental: *é aquele pelo qual os seres humanos têm direito a uma vida saudável e produtiva, em harmonia com o meio ambiente.* De acordo com o princípio, as pessoas têm direito ao meio ambiente ecologicamente equilibrado. O princípio está previsto nas declarações das conferências de Estocolmo e da Rio-92, além de estar presente no *caput* do art. 225 da Constituição;

b) princípio da ubiquidade: *é aquele pelo qual as questões ambientais devem ser consideradas em todas as atividades humanas.* Ubiquidade quer "dizer existir concomitantemente em todos os lugares". De fato, o meio ambiente está em todos os lugares, de modo que qualquer atividade deve ser feita com respeito a sua proteção e promoção;

c) princípio do usuário-pagador: *é aquele pelo qual as pessoas que usam recursos naturais devem pagar por tal utilização.* Esse princípio difere do princípio do poluidor-pagador, pois o segundo diz respeito a condutas ilícitas ambientalmente, ao passo que o primeiro refere-se a condutas lícitas ambientalmente. Assim, aquele que polui (conduta ilícita) deve reparar o dano, pelo princípio do poluidor-pagador. Já aquele que usa água (conduta lícita) deve pagar pelo seu uso, pelo princípio do usuário-pagador. A ideia é que o usuário pague com o objetivo de incentivar o uso racional dos recursos naturais, além de fazer justiça, pois há pessoas que usam mais e pessoas que usam menos dados recursos naturais;

d) princípio da informação e da transparência das informações e atos: *é aquele pelo qual as pessoas têm direito de receber todas as informações relativas à proteção, preventiva e repressiva, do meio ambiente.* Assim, pelo princípio, as pessoas têm direito de consultar os documentos de um licenciamento ambiental, assim como têm direito de participar de consultas e de audiências públicas em matéria de meio ambiente. Esse princípio está expresso, por exemplo, no art. 6º da Lei 11.428/2006 (Lei de Proteção da Mata Atlântica);

e) princípio da função socioambiental da propriedade: *é aquele pelo qual a propriedade deve ser utilizada de modo sustentável, com vistas não só ao bem-estar do proprietário, mas também da coletividade como um todo.* Esse princípio também está expresso, por exemplo, no art. 6º da Lei 11.428/2006 (Lei de Proteção da Mata Atlântica);

f) princípio da equidade geracional: *é aquele pelo qual as presentes e futuras gerações têm os mesmos direitos quanto ao meio ambiente ecologicamente equilibrado.* Assim, a utilização de recursos naturais para a satisfação das necessidades atuais não deverá comprometer a possibilidade das gerações futuras satisfazerem suas necessidades. O princípio impõe, também, equidade na distribuição de benefícios e custos entre gerações quanto à preservação ambiental. Esse princípio está expresso no art. 6º da Lei 11.428/2006 (Lei de Proteção da Mata Atlântica). Em consequência, a pretensão com vistas à condenação de alguém a reparar o meio ambiente é **imprescritível**, conforme já vem decidindo o STJ. Com efeito, se o meio ambiente tem que ser preservado para as presentes e futuras gerações, não há que se falar em prescrição da reparação ambiental, de modo a não prejudicar os interesses das últimas.

6. POLÍTICA NACIONAL DO MEIO AMBIENTE (PNMA)

A Política Nacional do Meio Ambiente (PNMA) pode ser **conceituada** como *aquela que tem por objetivo a preservação, melhoria e recuperação da qualidade ambiental propícia à vida, visando assegurar, no país, condições ao desenvolvimento socioeconômico, aos interesses da segurança nacional e à proteção da dignidade da vida humana* (art. 2º da Lei 6.938/1981).

A PNMA tem os seguintes **princípios** (art. 2º da Lei 6.938/1981):

a) ação governamental na manutenção do equilíbrio ecológico, considerando o meio ambiente como um patrimônio público a ser necessariamente assegurado e protegido, tendo em vista o uso coletivo;

b) racionalização do uso do solo, do subsolo, da água e do ar;

c) planejamento e fiscalização do uso dos recursos ambientais;

d) proteção dos ecossistemas, com a preservação de áreas representativas;

e) controle e zoneamento das atividades potencial ou efetivamente poluidoras;

f) incentivos ao estudo e à pesquisa de tecnologias orientadas para o uso racional e a proteção dos recursos ambientais;

g) acompanhamento do estado da qualidade ambiental;

h) recuperação de áreas degradadas;

i) proteção de áreas ameaçadas de degradação;

j) educação ambiental em todos os níveis de ensino, inclusive na educação da comunidade, objetivando capacitá-la para participação ativa na defesa do meio ambiente.

A PNMA tem por **objetivos** (art. 4º da Lei 6.938/1981):

a) o desenvolvimento sustentável;

b) o estabelecimento de critérios e padrões de qualidade ambiental;

c) o desenvolvimento e a difusão de pesquisas e tecnologias para o uso racional dos recursos ambientais;

d) a preservação e a restauração dos recursos ambientais;

e) a responsabilização integral do poluidor e do predador.

Para que a PNMA fosse implementada, foi criado um sistema, denominado Sistema Nacional do Meio Ambiente, que pode ser **conceituado** como *o conjunto articulado de órgãos e entidades da União, dos Estados, do Distrito Federal, dos Territórios e dos Municípios, bem como as fundações instituídas pelo Poder Público, responsáveis pela proteção e melhoria da qualidade ambiental* (art. 6º da Lei 6.938/1981).

A estrutura do **SISNAMA** é a seguinte:

a) Órgão Superior: é o ***Conselho de Governo – CG***, que tem a função de *assessorar* o Presidente da República na formulação da política nacional e nas diretrizes governamentais para o meio ambiente e os recursos ambientais;

b) Órgão Consultivo e Deliberativo: é o ***Conselho Nacional do Meio Ambiente - CONAMA***, que tem a finalidade de *assessorar, estudar* e *propor* ao CG diretrizes de políticas governamentais para o meio ambiente e os recursos naturais; e *deliberar*, no âmbito de sua competência, sobre *normas e padrões* ambientais;

c) Órgão Central: é a ***Secretaria do Meio Ambiente da Presidência da República***, que tem a finalidade de *planejar, coordenar, supervisionar e controlar* a política nacional e as diretrizes governamentais fixadas para o meio ambiente;

d) Órgãos Executores: são o ***Instituto Chico Mendes***, autarquia responsável pelas unidades de conservação federal e o ***Instituto Nacional do Meio Ambiente e dos Recursos Renováveis - IBAMA***, autarquia federal que tem a finalidade de *executar* e *fazer executar*, como ente federal, a política e diretrizes governamentais fixadas para o meio ambiente;

e) Órgãos Seccionais: são os órgãos ou entidades estaduais responsáveis pela *execução* de programas, projetos e pelo *controle e fiscalização* de atividades capazes de provocar a degradação ambiental. Ex.: Secretarias Estaduais do Meio Ambiente, Conselhos Estaduais do Meio Ambiente, dentre outros;

f) Órgãos locais: são os órgãos ou entidades municipais, responsáveis pelo *controle* e *fiscalização* dessas atividades, nas suas respectivas circunscrições. Ex.: Secretaria Municipal do Meio Ambiente.

Tem papel de destaque no SISNAMA o **CONAMA**, que, como seu viu, pode ser conceituado como o seu ***órgão consultivo e deliberativo***, *cujas atribuições são de assessorar, estudar e propor ao CG diretrizes de políticas governamentais para o meio ambiente e os recursos naturais, bem como de deliberar, no âmbito de sua competência, sobre normas e padrões ambientais.*

O CONAMA tem, portanto, as seguintes **competências** (art. 8º da Lei 6.938/1981):

a) estabelecer *normas para o licenciamento ambiental*. Para tanto, receberá proposta do IBAMA;

b) determinar estudos especiais, no caso de obras ou atividades de significativa degradação ambiental;

c) homologar acordos de comutação de penas pecuniárias para obrigação de executar medidas de interesse ambiental;

d) determinar a perda ou restrição de benefícios fiscais, ou a perda ou suspensão de linha de financiamento em instituições oficiais de crédito. Essa competência será exercida a partir de representação do IBAMA;

e) estabelecer, privativamente, normas de controle de poluição emitida por veículos automotores, aeronaves e embarcações;

f) estabelecer **normas, critérios e padrões relativos ao controle e à manutenção da qualidade do meio ambiente** com vistas ao uso racional dos recursos ambientais, principalmente os hídricos.

Destacam-se na competência do CONAMA as atribuições de expedir normas acerca de padrões ambientais (trata-se quase de uma "legislação" sobre padrões ambientais a serem seguidos em diversas atividades que utilizam recursos naturais) e de estabelecer normas para o licenciamento ambiental e o estudo de impacto ambiental.

O CONAMA traz ao mundo jurídico suas deliberações por meio de **resoluções,** que têm força vinculativa, já que é a própria lei que atribui tal poder normativo ao órgão, como se infere das competências acima trazidas.

O CONAMA é **presidido** pelo Ministro do Meio Ambiente, tendo como secretário executivo o Secretário Executivo do Ministério do Meio Ambiente.

A **composição** do CONAMA conta, ainda, com representantes do IBAMA, do Instituto Chico Mendes, da Agência Nacional de Águas (ANA), dos Ministérios, dos Estados, de Municípios, bem como 21 representantes dos trabalhadores e da sociedade civil organizada. O Conselho terá um membro honorário indicado pelo Plenário, além de conselheiros convidados (sem direito a voto); um representante do Ministério Público Federal, um representante dos Ministérios Públicos Estaduais, um representante da Comissão de Meio Ambiente da Câmara dos Deputados.

Os membros do CONAMA não recebem remuneração, nem qualquer quantia pelo deslocamento e estada em Brasília, que serão suportados pelas entidades representadas. Porém, a participação no conselho é considerada *serviço público relevante*.

A **estrutura** do CONAMA inclui o Plenário, a Câmara Especial Recursal, o Comitê de Integração de Políticas Ambientais, as Câmaras Técnicas e os Grupos de Trabalho e Assessores.

Faz-se necessário que o leitor conheça o texto do Decreto 99.274/1990, que regulamenta a Lei 6.938/1981, decreto esse que traz mais detalhes, entre outros assuntos, acerca da estrutura do CONAMA.

Por fim, é importante dizer que de nada adiantaria a PNMA ser estruturada em vários órgãos e entidades (SISNAMA) se a lei não tivesse dotado os integrantes desse sistema de instrumentos para atingir os seus princípios e fins.

Para tanto, o art. 9º da Lei 6.938/1981 traz os **instrumentos legais da PNMA, sem prejuízo de outros previstos em lei:**

a) licenciamento e revisão de atividades efetiva ou potencialmente poluidoras;

b) avaliação de impactos ambientais;

c) criação de espaços territoriais especialmente protegidos pelo Poder Público federal, estadual e municipal;

d) zoneamento ambiental;

e) utilização de instrumentos econômicos, como concessão florestal, servidão ambiental, seguro ambiental e outros;

f) normatização de padrões de qualidade ambiental;

g) tombamento;

h) responsabilidade civil ambiental;

i) responsabilidade administrativa ambiental;

j) responsabilidade penal ambiental;

k) incentivos à produção e instalação de equipamentos e à criação ou absorção de tecnologia voltados para a melhoria da qualidade ambiental;

l) manutenção de um sistema nacional de informações sobre o meio ambiente;

m) manutenção do Cadastro Técnico Federal de Atividades e Instrumentos de Defesa Ambiental, bem como de Cadastro Técnico de atividades potencialmente poluidoras;

n) aplicação de penalidades disciplinares ou compensatórias para o não cumprimento das medidas necessárias à preservação ou correção da degradação ambiental;

o) instituição do Relatório de Qualidade Ambiental do Meio Ambiente, a ser divulgado anualmente pelo IBAMA.

Os dez primeiros instrumentos serão analisados um a um nos próximos capítulos, a começar pelo licenciamento ambiental.

7. LICENCIAMENTO AMBIENTAL

O licenciamento ambiental pode ser conceituado como *o procedimento administrativo destinado a licenciar atividades ou empreendimentos utilizadores de recursos ambientais, efetiva ou potencialmente poluidores ou capazes, sob qualquer forma, de causar degradação ambiental* (art. 2º, I, da Lei Complementar 140/2011).

Assim, toda vez que uma determinada atividade puder causar degradação ambiental, além das licenças administrativas pertinentes, o responsável pela atividade deve buscar a necessária licença ambiental também.

A **regulamentação** do licenciamento ambiental compete ao CONAMA, que expede normas e critérios para o licenciamento. A Resolução 237/1997 do órgão traz as normas gerais de licenciamento ambiental. Há também sobre o tema o Decreto 99.274/1990. Há, outrossim, agora, a Lei Complementar 140/2011, que trata da cooperação dos entes políticos para o exercício da competência comum em matéria ambiental e que consagrou a maior parte das disposições da Resolução CONAMA 237, colocando pá de cal sobre qualquer dúvida que existisse sobre a competência do Município para o exercício do licenciamento ambiental em casos de impacto ambiental local.

Já a **competência** para executar o licenciamento ambiental é assim dividida:

a) impacto nacional e regional: é da União, por meio do IBAMA. Assim, a competência para o licenciamento ambiental de uma obra do porte da transposição do Rio São Francisco é do IBAMA. A Lei Complementar 140/2011, em seu art. 7º, XIV, dispõe que compete à União promover o licenciamento ambiental de atividades binacionais, localizados em dois ou mais locais, no mar territorial, plataforma continental, zona econômica exclusiva, terras indígenas, unidades de conservação da União (exceto APAs – Áreas de Proteção Ambiental), de caráter militar, nuclear e demais tipologias estabelecidas pelo Executivo (após proposição da Comissão Tripartite Nacional); essas tipologias estão previstas no Decreto Federal 8.437/2015;

b) impacto em dois ou mais municípios (impacto microrregional): é dos Estados-membros. Por exemplo, uma estrada que liga 6 municípios de um dado Estado-membro;

c) impacto local: é do Município. Por exemplo, o licenciamento para a construção de um prédio de apartamentos. A Lei Complementar 140/2011, em seu art. 9º, XIV, estabelece que o Município promoverá o licenciamento ambiental das atividades ou empreendimentos localizados em suas unidades de conservação e também das demais atividades e empreendimentos que causem ou possam causar impacto ambiental local, conforme tipologia definida pelos respectivos Conselhos Estaduais do Meio Ambiente, considerados os critérios de porte, potencial poluidor e natureza da atividade.

O art. 13 da Lei Complementar 140/2011 consagra o *princípio da unicidade*, pelo qual os empreendimentos e atividades são licenciados ou autorizados, ambientalmente, por um único ente federativo. Os demais entes interessados podem se manifestar junto ao órgão responsável pela licença ou autorização, de maneira não vinculante, respeitados os prazos e procedimentos do licenciamento ambiental.

No entanto, é bom deixar claro que Municípios, Estados e Distrito Federal só podem promover licenciamento ambiental se tiverem estrutura para tanto e Conselho do Meio Ambiente. Caso isso não ocorra, instaura-se a chamada *atuação supletiva* (arts. 2º, II, e 15 da Lei Complementar 140/2011), na qual o Estado substitui o Município e a União substitui o Estado ou o Distrito Federal.

Não se deve confundir a atuação supletiva com atuação subsidiária. Essa consiste na ação do ente da Federação que vise a auxiliar no desempenho das competências comuns, quando *solicitado* pelo ente federativo originariamente detentor das atribuições definidas na lei.

O art. 14 da Lei Complementar 140/2011 consagra também o *princípio da eficiência*, exigindo que os órgãos licenciadores observem os prazos estabelecidos para tramitação dos processos de licenciamento. As exigências de complementação oriundas da análise do empreendimento devem ser comunicadas pela autoridade licenciadora de uma única vez ao empreendedor, ressalvadas aquelas decorrentes de fatos novos. Ademais, as exigências de complementação de informações, documentos ou estudos feitas pela autoridade licenciadora suspendem o prazo de aprovação, que continua a fluir após o seu atendimento integral pelo empreendedor.

Vale observar que o decurso do prazo de licenciamento, sem emissão da licença, não implica emissão tácita nem autoriza a prática de ato que dela dependa, mas instaura a competência supletiva do art. 15 da lei complementar. A renovação de licenças ambientais deve ser requerida com antecedência mínima de 120 dias da expiração de seu prazo de validade, ficando este automaticamente prorrogado até a manifestação definitiva do órgão ambiental competente.

Quanto à fiscalização, o art. 17 da Lei Complementar 140/2011 dispõe que compete ao órgão responsável pelo licenciamento de um empreendimento lavrar auto de infração ambiental e instaurar processo administrativo para a apuração de infrações à legislação ambiental cometidas pelo empreendimento ou atividade licenciada ou autorizada. Nos casos de iminência ou ocorrência de lesão ambiental, o ente federativo que tiver ciência do fato tomará medidas para evitá-la, cessá-la ou mitigá-la, comunicando imediatamente ao órgão competente para as providências cabíveis. Tudo sem prejuízo do exercício pelos entes federativos da atribuição comum de fiscalização dos empreendimentos, prevalecendo o auto de infração ambiental lavrado por órgão que detenha a atribuição de licenciamento ou autorização para o empreendimento.

Há três **espécies** de licenciamento ambiental (art. 19 do Decreto 99.274/1990):

a) **Licença Prévia (LP):** *é o ato que aprova a localização, a concepção do empreendimento e estabelece os requisitos básicos a serem atendidos nas próximas fases*; trata-se de licença ligada à fase preliminar de planejamento da atividade, já que traça diretrizes relacionadas à localização e instalação do empreendimento. Por exemplo, em se tratando do projeto de construir um empreendimento imobiliário na beira de uma praia, essa licença dirá se é possível o empreendimento no local e, em sendo, quais os limites e quais as medidas que deverão ser tomadas, como construção de estradas, instalação de tratamento de esgoto próprio etc. Essa licença tem validade de até 5 anos;

b) **Licença de Instalação (LI):** é o *ato que autoriza a implantação do empreendimento, de acordo com o projeto executivo aprovado*. Depende da demonstração de possibilidade de sua efetivação, analisando o projeto executivo e eventual estudo de impacto ambiental. Essa licença autoriza as intervenções no local, ou seja, permite que as obras se desenvolvam. Sua validade é de até 6 anos;

c) **Licença de Operação (LO):** *é o ato que autoriza o início da atividade e o funcionamento de seus equipamentos de controle de poluição, nos termos das licenças anteriores*. Aqui, o empreendimento já está pronto e pode funcionar. A licença de operação só é concedida se for constatado o respeito às licenças anteriores, bem como se não houver perigo de dano ambiental, independentemente daquelas. Sua validade é de 4 a 10 anos.

O **procedimento** de licenciamento ambiental obedecerá às seguintes etapas:

a) Definição pelo órgão ambiental competente, com a participação do empreendedor, dos documentos, projetos e estudos ambientais, necessários ao início do processo de licenciamento correspondente à licença a ser requerida;

b) Requerimento da licença ambiental pelo empreendedor, acompanhado dos documentos, projetos e estudos ambientais pertinentes, dando-se a devida publicidade;

c) Análise pelo órgão ambiental competente, integrante do SISNAMA, dos documentos, projetos e estudos ambientais apresentados e a realização de vistorias técnicas, quando necessárias;

d) Solicitação de esclarecimentos e complementações pelo órgão ambiental competente, integrante do SISNAMA, uma única vez, em decorrência da análise dos documentos, projetos e estudos ambientais apresentados, quando couber, podendo haver a reiteração da mesma solicitação caso os esclarecimentos e complementações não tenham sido satisfatórios;

e) Audiência pública, quando couber, de acordo com a regulamentação pertinente;

f) Solicitação de esclarecimentos e complementações pelo órgão ambiental competente, decorrentes de audiências públicas, quando couber, podendo haver reiteração da solicitação quando os esclarecimentos e complementações não tenham sido satisfatórios.

g) Emissão de parecer técnico conclusivo e, quando couber, parecer jurídico;

h) Deferimento ou indeferimento do pedido de licença, dando-se a devida publicidade.

É importante ressaltar que a **licença ambiental**, diferentemente da licença administrativa (por exemplo, licença para construir uma casa), apesar de normalmente envolver competência vinculada, tem prazo de validade definido e não gera direito adquirido para seu beneficiário. Assim, de tempos em tempos a licença ambiental deve ser renovada. Além disso, mesmo que o empreendedor tenha cumprido os requisitos da licença, caso, ainda assim, tenha sido causado dano ao meio ambiente, a existência de licença em seu favor não o exime de reparar o dano e de tomar as medidas adequadas à recuperação do meio ambiente.

O **licenciamento ambiental**, como se viu, é obrigatório para todas as atividades que utilizam recursos ambientais em que há possibilidade de se causar dano ao meio ambiente. Em processos de licenciamento ambiental é comum se proceder a Avaliações de Impacto Ambiental (AIA). Há, contudo, atividades que, potencialmente, podem causar danos *significativos* ao meio ambiente, ocasião em que, além do licenciamento, deve-se proceder a uma AIA mais rigorosa e detalhada, denominada Estudo de Impacto Ambiental (EIA), que será consubstanciado no Relatório de Impacto Ambiental (RIMA). O órgão ambiental competente, verificando que a atividade ou empreendimento não é potencialmente causador de significativa degradação do meio ambiente, definirá os estudos ambientais pertinentes ao respectivo processo de licenciamento.

O **EIA** pode ser **conceituado** como *o estudo prévio das prováveis consequências ambientais de obra ou atividade, que deve ser exigido pelo Poder Público, quando estas forem potencialmente causadoras de* significativa *degradação do meio ambiente* (art. 225, § 1º, IV, CF).

Destina-se a averiguar as alterações nas propriedades do local e de que forma tais alterações podem afetar as pessoas e o meio ambiente, o que permitirá ter uma ideia acerca da viabilidade da obra ou atividade que se deseja realizar[2].

A partir do estudo, é possível concluir o seguinte: a) que a atividade não causará problema algum ao meio ambiente; b) que a atividade é totalmente inconveniente e não deve ser realizada; c) que a atividade só pode ser implementada se forem tomadas várias medidas de proteção; d) que a atividade não pode ser implementada como proposta, devendo o empreendimento sofrer modificações no seu escopo. A ideia é tentar viabilizar o empreendimento, nos limites do possível e do recomendável, levando em conta o princípio do desenvolvimento sustentável.

O Decreto 99.274/1990 conferiu ao CONAMA atribuição para traçar as regras de tal estudo. A Resolução 1/1986 desse órgão traz tais diretrizes, estabelecendo, por exemplo, um rol exemplificativo de atividades que devem passar por um EIA, apontando-se, dentre outras, a implantação de estradas com duas ou mais faixas de rolamento, de ferrovias, de portos, de aterros sanitários, de usina de geração de eletricidade e de distritos industriais.

O EIA trará conclusões quanto à fauna, à flora, às comunidades locais, dentre outros aspectos, devendo ser realizado por equipe multidisciplinar que, ao final, deverá redigir um relatório de impacto ambiental (RIMA), o qual trará os levantamentos e conclusões obtidos, devendo o órgão público licenciador receber o relatório para análise das condições do empreendimento.

O empreendedor é quem escolhe os componentes da equipe e é quem arca com os custos respectivos. Os profis-

---

2. De acordo com o art. 6º da Resolução CONAMA 1/1986:
"Artigo 6º – O estudo de impacto ambiental desenvolverá, no mínimo, as seguintes atividades técnicas:
I – Diagnóstico ambiental da área de influência do projeto completa descrição e análise dos recursos ambientais e suas interações, tal como existem, de modo a caracterizar a situação ambiental da área, antes da implantação do projeto, considerando:
a) o meio físico – o subsolo, as águas, o ar e o clima, destacando os recursos minerais, a topografia, os tipos e aptidões do solo, os corpos d'água, o regime hidrológico, as correntes marinhas, as correntes atmosféricas;
b) o meio biológico e os ecossistemas naturais – a fauna e a flora, destacando as espécies indicadoras da qualidade ambiental, de valor científico e econômico, raras e ameaçadas de extinção e as áreas de preservação permanente;
c) o meio socioeconômico – o uso e ocupação do solo, os usos da água e a socioeconomia, destacando os sítios e monumentos arqueológicos, históricos e culturais da comunidade, as relações de dependência entre a sociedade local, os recursos ambientais e a potencial utilização futura desses recursos.
II – Análise dos impactos ambientais do projeto e de suas alternativas, através de identificação, previsão da magnitude e interpretação da importância dos prováveis impactos relevantes, discriminando: os impactos positivos e negativos (benéficos e adversos), diretos e indiretos, imediatos e a médio e longo prazos, temporários e permanentes; seu grau de reversibilidade; suas propriedades cumulativas e sinérgicas; a distribuição dos ônus e benefícios sociais.
III – Definição das medidas mitigadoras dos impactos negativos, entre elas os equipamentos de controle e sistemas de tratamento de despejos, avaliando a eficiência de cada uma delas.
IV – Elaboração do programa de acompanhamento e monitoramento (os impactos positivos e negativos, indicando os fatores e parâmetros a serem considerados).
Parágrafo Único – Ao determinar a execução do estudo de impacto ambiental o órgão estadual competente, ou o IBAMA ou, quando couber, o Município fornecerá as instruções adicionais que se fizerem necessárias, pelas peculiaridades do projeto e características ambientais da área.

sionais que farão o trabalho terão todo interesse de agir com correção, pois fazem seus relatórios sob as penas da lei.

Como regra, o estudo de impacto ambiental e seu relatório são públicos, podendo o interessado solicitar sigilo industrial, fundamentando o pedido.

Após a data de recebimento do RIMA, o órgão ambiental fixará em edital e anunciará pela imprensa local a abertura de prazo de, no mínimo, 45 dias para solicitação de audiência pública. Podem requerê-la: a) 50 ou mais cidadãos; b) o Ministério Público; c) o órgão ambiental competente.

Se o EIA não for realizado, caberá ação civil pública para obrigar a sua feitura, cabendo pedido liminar para paralisar a obra ou o projeto. Apesar de haver alguma discricionariedade na avaliação da existência ou não de potencial significativo de impacto ambiental, principalmente quanto às atividades não descritas expressamente na Resolução 1/1986 como dependentes de EIA/RIMA, o certo é que o Judiciário, nos limites da legalidade, tem alguma possibilidade de apreciar se a decisão de dispensar o estudo está correta ou não.

O EIA normalmente é exigido antes da licença prévia, mas é cabível mesmo para empreendimentos já licenciados.

Além do licenciamento ambiental, outro instrumento relevante de defesa do meio ambiente é o da criação das unidades de conservação.

Por fim, acerca do Licenciamento Ambiental, é de suma importância o estudo da Resolução 458/2013, do CONAMA, que estabeleceu procedimentos para o licenciamento ambiental em assentamentos de reforma agrária.

8. SISTEMA NACIONAL DE UNIDADES DE CONSERVAÇÃO – SNUC

O SNUC poder ser **conceituado** como *o conjunto de unidades territoriais de conservação das esferas federativas, cujo objetivo é contribuir para a manutenção da diversidade biológica, dos recursos genéticos e do meio ambiente ecologicamente equilibrado.*

Já uma **unidade de conservação** *é o espaço territorial e seus recursos ambientais, incluindo as águas jurisdicionais, com características naturais relevantes, legalmente instituído pelo Poder Público, com objetivo de conservação e limites definidos, sob regime especial de administração, ao qual se aplicam garantias adequadas de proteção* (art. 2º, I, Lei 9.985/2000).

Nas unidades de conservação são proibidas quaisquer alterações, atividades ou modalidades de utilização em desacordo com os seus objetivos, o seu Plano de Manejo e seus regulamentos. O **manejo** é *todo e qualquer procedimento que vise a assegurar a conservação da diversidade biológica e dos ecossistemas.* Enquanto que a **recuperação** visa a restituir a natureza degradada a uma condição não degradada, que pode ser diferente da original, a **restauração** busca uma condição mais próxima possível da primária. O **zoneamento** consiste na definição de setores nas unidades com manejo e normas específicas.

Existem alguns **conceitos básicos** previstos na Lei de Unidades de Conservação, que são muitos perguntados nas provas e exames. Confira alguns (art. 2º da Lei 9.985/2000):

a) unidades de conservação: espaços territoriais com características naturais relevantes, instituídos pelo Poder Público com o objetivo de conservação;

b) manejo: todo e qualquer procedimento que vise a assegurar a conservação da diversidade biológica e dos ecossistemas;

c) plano de manejo: documento técnico que estabelece o zoneamento e as normas que presidem o uso de uma área;

d) recuperação: restituição de um ecossistema ou de uma população silvestre degradada a uma condição não degradada, que pode ser diferente de sua condição original;

e) restauração: restituição de um ecossistema ou de uma população silvestre degradada o mais próximo possível da sua condição original;

f) zona de amortecimento: o entorno de uma unidade de conservação, onde as atividades humanas estão sujeitas a normas e restrições específicas, para minimizar os impactos negativos sobre a unidade;

g) corredores ecológicos: porções de ecossistemas, ligando unidades de conservação, que possibilitam entre elas o fluxo de genes e o movimento da biota, facilitando a dispersão de espécies, a recolonização de áreas degradadas e a manutenção de populações que demandam para sua sobrevivência áreas com extensão maior do que a das unidades individuais.

São **órgãos gestores** do SNUC:

a) **Órgão Consultivo e Deliberativo:** CONAMA, que acompanha a implementação do sistema;

b) **Órgão Central:** Ministério do Meio Ambiente, que coordena o sistema;

c) **Órgãos Executores:** IBAMA, órgãos estaduais e municipais, que implementam o sistema, subsidiam as propostas de criação e administram as unidades de conservação nas respectivas esferas de atuação.

São **categorias** de unidades de conservação:

a) **Unidades de Proteção Integral:** *são os espaços que buscam a preservação da natureza, sendo admitido apenas o uso indireto dos seus recursos naturais, salvo exceções legais.* No caso de recaírem sobre bem particular, este deve ser desapropriado, salvo se a unidade criada for *monumento natural* ou *refúgio de vida silvestre*, hipótese em que poderá ser mantida a propriedade particular.

O grupo das Unidades de Proteção Integral é composto das seguintes categorias de unidade de conservação:

a1) **Estação Ecológica:** tem por objetivo a preservação e a realização de pesquisas científicas;

a2) **Reserva Biológica:** tem por objetivo a preservação integral da biota e demais atributos, sem interferência humana direta ou modificações ambientais, salvo medidas de recuperação e manejo necessárias para preservar a área;

a3) **Parque Nacional:** tem por objetivo a preservação de ecossistemas naturais de grande relevância ecológica e beleza cênica, possibilitando a realização de pesquisas e atividades de educação, recreação e turismo ecológico;

a4) **Monumento Natural:** tem por objetivo a preservação dos sítios naturais raros, singulares ou de grande beleza cênica. Se o proprietário da área não concordar com as limitações propostas pelo Poder Público, a área será desapropriada;

a5) **Refúgio de Vida Silvestre:** tem por objetivo a proteção de ambientes naturais com o fim de garantir existência e reprodução de espécies da flora ou fauna. Se o proprietário da área não concordar com as limitações propostas pelo Poder Público, a área será desapropriada;

b) **Unidades de Uso Sustentável:** *são espaços que buscam a preservação da natureza, sendo admitido o uso direto da coisa, mas com restrições que assegurem a sustentabilidade do uso dos recursos naturais.*

b1) Área de Proteção Ambiental: área extensa, com certo grau de ocupação humana, dotada de atributos naturais importantes, que deve ser protegida, disciplinando-se a ocupação e o uso sustentável. Pode ser constituída por terra particular;

b2) Área de Relevante Interesse Ecológico: área em geral pequena, com pouca ou nenhuma ocupação humana, com características naturais extraordinárias ou que abriga exemplares raros da biota regional, que tem como objetivo manter o ecossistema local a partir da disciplina de seu uso admissível. Pode ser constituída por terra particular;

b3) Floresta Nacional: área com cobertura florestal de espécies predominantemente nativas. A área deve ser desapropriada, se for privada. Objetivos: uso sustentável da floresta nativa e pesquisa;

b4) Reserva Extrativista: área utilizada por populações tradicionais, cuja subsistência baseia-se no extrativismo e, de forma complementar, na agricultura e na criação de animais de pequeno porte. Objetivos: proteger os meios de vida e cultura do povo, bem como o uso sustentável. Área de domínio público, com uso concedido às populações, ou, se particulares, devem ser desapropriadas;

b5) Reserva de Fauna: área natural com populações animais de espécies nativas adequadas para pesquisas sobre seu manejo econômico. A área deve ser desapropriada se for privada;

b6) Reserva de Desenvolvimento Sustentável: área natural que abriga populações tradicionais, cuja existência se dá pela exploração sustentável dos recursos naturais, com conhecimentos que devem ser valorizados e aperfeiçoados, sendo área de domínio público, ou que pode ser desapropriada;

b7) Reserva Particular do Patrimônio Natural: área privada, gravada com perpetuidade, com o objetivo de conservar a diversidade biológica. Faz-se termo de compromisso a ser averbado no Cartório.

Sobre as formas de instituição, majoração, redução e desafetação das unidades de conservação temos as seguintes disposições.

As unidades são criadas por ato do Poder Público (decreto ou lei específica), devendo – a criação – ser precedida de estudos técnicos e de consulta pública (essa, para permitir identificar a localização, a dimensão e os limites mais adequados para a unidade). A consulta pública não é obrigatória para a criação de Estação Ecológica ou Reserva Biológica

É possível transformar uma *unidade de uso sustentável* em *unidade de proteção integral* (majorar), ou ampliar os limites de unidade de conservação (sem mudança de categoria), por meio de ato do mesmo nível daquele que criou a unidade. São também necessários estudos técnicos e consulta pública, sem exceções.

Já a **desafetação** ou **redução** dos limites de uma unidade só pode se dar mediante lei específica.

Nos casos de licenciamento ambiental de empreendimentos de significativo impacto ambiental, assim considerado pelo órgão ambiental competente, com fundamento em estudo de impacto ambiental e respectivo relatório – EIA/RIMA, o empreendedor é obrigado a apoiar a implantação e manutenção de unidade de conservação do Grupo de Proteção Integral, de acordo com o disposto no art. 36 da Lei 9.985/2000.

O licenciamento ambiental e a instituição de unidades de conservação são instrumentos normalmente preventivos de defesa ambiental. O mesmo se pode dizer do **zoneamento ambiental.** Todavia, há instrumentos de ordem repressivo-preventiva também de grande importância na defesa do meio ambiente. Destaca-se nesse tema a responsabilização civil, administrativa e criminal dos envolvidos em danos ambientais.

9. OUTROS INSTRUMENTOS DE PROTEÇÃO DO MEIO AMBIENTE

9.1. Espaços especialmente protegidos

Um dos instrumentos de proteção ao meio ambiente é a criação de espaços especialmente protegidos. Esses espaços podem ser tantos específicos (como uma unidade de conservação criada pelo Poder Público), como genéricos, ou seja, aqueles espaços que devem ser protegidos em todas as propriedades que tenham dadas características (como as áreas de proteção especial, de preservação permanente e de reserva legal).

Confira, a partir de agora, as quatro espécies de espaços especialmente protegidos.

9.1.1. Unidades de Conservação (Lei 9.985/2000 – Lei das UCs)

As unidades de conservação foram vistas no capítulo anterior, ocasião em que se pôde verificar que são de duas espécies, quais sejam, unidades de proteção integral (que só permitem uso indireto) e unidades de uso sustentável (que permitem uso direto em condições especiais). As UCs têm por característica marcante a existência de um regime especial de administração, que, muitas vezes, inclui a desapropriação da área.

9.1.2. Áreas de Proteção Especial (Lei 6.766/1979 – Lei de Parcelamento do Solo Urbano)

O empreendedor que deseja fazer um loteamento ou um desmembramento deve respeitar as normas sobre as áreas de proteção especial.

De acordo com a Lei 6.766/1979 (art. 13), são áreas de proteção especial aquelas de interesse especial, tais como as de proteção aos mananciais ou ao patrimônio cultural, histórico, paisagístico e arqueológico, assim definidas por legislação estadual ou federal.

Os Estados definirão, por decreto, as áreas de proteção especial e as normas que elas deverão seguir quando for executado um projeto de loteamento ou de desmembramento.

Caberão aos Estados o exame e a anuência prévia para a aprovação, pelos Municípios, de loteamento e desmembramento localizados nessas áreas de interesse especial.

9.1.3. Áreas de Preservação Permanente – APP (Lei 12.651/2012 – Novo Código Florestal)

O Código Florestal estabelece normas gerais sobre a proteção da vegetação, áreas de Preservação Permanente e as áreas de Reserva Legal; a exploração florestal, o suprimento de matéria-prima florestal, o controle da origem dos produtos florestais e o controle e prevenção dos incêndios florestais, e prevê instrumentos econômicos e financeiros para o alcance de seus objetivos (art. 1º-A).

A APP é definida pelo Código como *a área protegida, coberta ou não por vegetação nativa, com a função ambiental de preservar os recursos hídricos, a paisagem, a estabilidade geológica e a biodiversidade, facilitar o fluxo gênico de fauna e flora, proteger o solo e assegurar o bem-estar das populações humanas* (art. 3º, II).

O art. 4º do Código traz um rol de áreas consideradas de preservação permanente pelo só efeito da lei, ou seja, independentemente de qualquer declaração do Poder Público. Por exemplo, são APPs as restingas, como fixadoras de dunas ou estabilizadoras de mangues; os manguezais, em toda a sua extensão; as bordas dos tabuleiros ou chapadas, até a linha de ruptura do relevo, em faixa nunca inferior a 100 (cem) metros em projeções horizontais; no topo de morros, montes, montanhas e serras, com altura mínima de 100 (cem) metros e inclinação média maior que 25°, as áreas delimitadas a partir da curva de nível correspondente a 2/3 (dois terços) da altura mínima da elevação sempre em relação à base, sendo esta definida pelo plano horizontal determinado por planície ou espelho d'água adjacente ou, nos relevos ondulados, pela cota do ponto de sela mais próximo da elevação, dentre outras.

Já o art. 6º do Código traz rol de áreas que podem ser declaradas pelo Poder Público como de preservação permanente, tais como as florestas e demais formas de vegetação natural destinadas a conter a erosão do solo e mitigar riscos de enchentes e deslizamentos de terra e de rocha, a formar faixas de proteção ao longo de ferrovias e rodovias e a asilar exemplares da fauna e da flora ameaçados de extinção.

As áreas de preservação permanente, como o próprio nome diz, **não podem ser suprimidas**. São responsáveis pela manutenção da vegetação o proprietário da área, o possuidor e o ocupante a qualquer título, pessoa física ou jurídica, de direito público ou privado, tratando-se de obrigação de natureza real (*propter rem*), que é transmitida inclusive para o sucessor da área (art. 7º, *caput*, e § 2º).

Vale salientar que há exceções, em que se admite a supressão de áreas de preservação permanente.

O art. 8º da Lei dispõe que "a intervenção ou a supressão de vegetação nativa em Área de Preservação Permanente somente ocorrerá nas hipóteses de utilidade pública, de interesse social ou de baixo impacto ambiental previstas nesta Lei" (*vide* incisos VIII, IX e X do art. 3º do Código Florestal).

9.1.4. Reserva Legal (Lei 12.651/2012 – Novo Código Florestal)

A Reserva Florestal Legal (RFL) é definida pela lei como *a área localizada no interior de uma propriedade ou posse rural, delimitada nos termos da lei, com a função de assegurar o uso econômico de modo sustentável dos recursos naturais do imóvel rural, auxiliar a conservação e a reabilitação dos processos ecológicos e promover a conservação da biodiversidade, bem como o abrigo e a proteção de fauna silvestre e da flora nativa.*

Perceba que há duas características marcantes. A primeira é a de que a reserva legal está sempre no interior de uma propriedade ou posse *rural*. A segunda é a de que a reserva legal sempre existe nessas propriedades, independentemente das características do local, e consiste numa percentagem da área cujo corte raso está vedado.

A vegetação da reserva legal não pode ser suprimida, podendo apenas ser utilizada sob regime de manejo florestal sustentável, previamente aprovado pelo órgão competente do SISNAMA (art. 17, § 1º), ressalvadas as exceções previstas para a pequena propriedade ou posse rural familiar.

O percentual de *reserva legal* na propriedade segue as seguintes regras (art. 12):

a) na Amazônia Legal: 80% da propriedade rural situada em área de floresta, 35% da propriedade rural situada em área de cerrado e 20% no imóvel situado em área de campos gerais;

b) no Resto do País: 20% da propriedade rural.

Nas demais áreas da propriedade a supressão de vegetação é permitida, ressalvadas eventuais áreas de preservação permanente ou de proteção especial.

É permitido, preenchidos certos requisitos, o cômputo das áreas relativas à vegetação nativa existente em área de preservação permanente no cálculo do percentual de reserva legal (art. 12).

A localização do percentual de reserva legal deverá ser aprovada pelo órgão ambiental estadual competente, considerando os critérios estabelecidos no art. 14 do Código Florestal.

A área de Reserva Legal deverá ser registrada no órgão ambiental competente por meio de inscrição no CAR (Cadastro Ambiental Rural) de que trata o art. 29 do Código Florestal, sendo vedada a alteração de sua destinação nos casos de transmissão, a qualquer título, ou de desmembramento, com as exceções previstas na Lei (art. 18).

A inscrição da Reserva Legal no CAR será feita mediante a apresentação de planta e memorial descritivo, contendo a indicação das coordenadas geográficas com pelo menos um ponto de amarração, conforme ato do Chefe do Poder Executivo.

A inserção do imóvel rural em perímetro urbano definido mediante lei municipal não desobriga o proprietário ou posseiro da manutenção da área de Reserva Legal, que só será extinta concomitantemente ao registro do parcelamento do solo para fins urbanos aprovado segundo a legislação específica e consoante as diretrizes do plano diretor (art. 19).

Poderá ser instituído Reserva Legal em regime de condomínio ou coletiva entre propriedades rurais, respeitado o percentual previsto na lei em relação a cada imóvel (art. 16).

9.1.5. Proteção Especial na Mata Atlântica (Lei 11.428/2006)

A Lei 11.428/2006 estabelece regras adicionais ao Código Florestal (art. 1º da Lei). Seu objetivo é regulamentar a conservação, a proteção, a regeneração e a utilização do Bioma Mata Atlântica, que é patrimônio nacional, de acordo com a Constituição.

A lei estabelece que o corte, a supressão e a exploração da vegetação do Bioma Mata Atlântica far-se-ão de maneira diferenciada, conforme se trate de vegetação primária ou secundária, nesta última levando-se em conta o estágio de regeneração. A exploração eventual, sem propósito comercial direto ou indireto, de espécies da flora nativa, para consumo nas propriedades ou posses das populações tradicionais ou de pequenos produtores rurais, independe de autorização dos órgãos competentes, conforme regulamento. Já as demais formas de exploração, quando cabíveis (há diversas vedações de cortes e supressões no art. 11 da Lei), dependem de autorização da autoridade competente.

A lei também cria hipóteses de obrigatoriedade de realização de EIA/RIMA, trata de incentivos econômicos para a proteção do Bioma, cria o Fundo de Restauração do Bioma Mata Atlântica e estabelece novas penalidades de natureza criminal e administrativa.

9.2. Zoneamento ambiental

O zoneamento ambiental pode ser definido como *a delimitação geográfica de áreas territoriais com o objetivo de estabelecer regimes especiais de uso, gozo e fruição da propriedade.*

A ideia é planejar e organizar a utilização de espaços territoriais para que não haja conflitos entre as zonas de conservação do meio ambiente, as zonas de produção industrial, as zonas de habitação das pessoas, dentre outras.

São exemplos de zoneamento os seguintes:

a) Zoneamento Urbano (na cidade; previsto nas leis locais): por exemplo, com divisão da cidade em zonas residenciais, mistas, industriais etc.;

b) Zoneamento Costeiro (previsto na Lei 7.661/1988);

c) Zoneamento Agrícola (previsto na Lei 4.504/1964 – Estatuto da Terra);

d) Zoneamento Ecológico-Econômico – ZEE (previsto no Decreto 4.297/2002): é o instrumento utilizado para organizar o processo de ocupação socioeconômico-ambiental de uma Região, de um Estado ou de um Município; o Poder Público federal faz o ZEE nacional; o estadual, o ZEE estadual; e o municipal, o Plano Diretor; esse instrumento é tão importante que Edis Milaré ensina que "ocorrendo a incompatibilidade do plano, do programa, do projeto ou da atividade com as diretrizes do ZEE, não caberá a concessão ou renovação da licença ambiental, ficando inviabilizada a iniciativa, quer por parte do setor público, quer do particular, dado que o ZEE é procedimento legalmente estabelecido"[3].

Tema interessante em matéria de zoneamento ambiental é a discussão sobre a possibilidade de alguém invocar a "pré-ocupação" de um dado local para não ter que se submeter a um novo zoneamento.

Como o licenciamento ambiental é concedido por prazo certo, essa alegação não pode prevalecer. Já na hipótese de a licença ainda estar em curso, pode o Poder Público cancelá-la, desde que indenize o licenciado pelos prejuízos que teria até a data em que produziria efeitos a licença que detinha.

9.3. Instrumentos econômicos: servidão ambiental e concessão florestal

9.3.1. Servidão ambiental

A *servidão ambiental* consiste na *renúncia voluntária pelo proprietário rural, em caráter permanente ou temporário, total ou parcialmente, do direito de uso, exploração ou supressão de recursos naturais existentes na sua propriedade.*

Trata-se de novidade trazida pela Lei 11.284/2006, que incluiu o art. 9º-A na Lei 6.938/1981, posteriormente alterado pela Lei 12.651/2012. É necessária anuência do órgão ambiental competente.

A servidão ambiental não se aplica às áreas de preservação permanente e de reserva legal.

A limitação ao uso ou exploração da vegetação da área sob servidão instituída em relação aos recursos florestais deve ser, no mínimo, a mesma estabelecida para a reserva legal.

A servidão ambiental deve ser averbada no registro de imóveis competente.

Na hipótese de compensação de reserva legal, a servidão deve ser averbada na matrícula de todos os imóveis envolvidos.

É vedada, durante o prazo de vigência da servidão ambiental, a alteração da destinação da área, nos casos de transmissão do imóvel a qualquer título, de desmembramento ou de retificação dos limites da propriedade.

Por que um proprietário instituiria uma servidão ambiental? Porque teria vantagens econômicas.

Por exemplo, aquele que institui uma servidão ambiental do tipo servidão florestal tem direito de emitir Cota de Reserva Ambiental – CRA, título representativo da vegetação nativa sob regime de servidão florestal ou outro instrumento de proteção ambiental (art. 44 do Novo Código Florestal), títulos que, mediante regulamentação, poderão ser vendidos em bolsa.

Nos EUA há instituto semelhante, denominado *conservation easement*, no qual o proprietário recebe vantagens tributárias pela servidão ambiental.

9.3.2. Concessão florestal

A Lei 11.284/2002, que trata da gestão de florestas pertencentes ao Poder Público, permite que essa gestão se dê diretamente pelo Poder Público ou por meio de concessão florestal para o particular.

A lei prevê opções de gestão para florestas públicas. A primeira consiste em criar e manter unidades de conservação de uso sustentável ou em dar concessões de uso para reforma agrária, destinadas ao uso familiar ou comunitário. A segunda, esgotada a opção anterior para uma determinada região, consiste em realizar contratos de concessão florestal.

A concessão florestal é conceituada pela lei como *a delegação onerosa, feita pelo poder concedente, do direito de praticar manejo florestal sustentável para exploração de produtos e serviços numa unidade de manejo, mediante licitação, à pessoa jurídica, em consórcio ou não, que atenda às exigências do respectivo edital de licitação e demonstre capacidade para seu desempenho, por sua conta e risco e por prazo determinado.*

A concessão florestal terá como objeto a exploração de produtos e serviços florestais, contratualmente especificados, em unidade de manejo de floresta pública, com perímetro georreferenciado, registrada no respectivo cadastro de florestas públicas e incluída no lote de concessão florestal.

O poder concedente publicará, previamente ao edital de licitação, ato justificando a conveniência da concessão florestal, caracterizando seu objeto e a unidade de manejo.

As licitações para concessão florestal serão realizadas na modalidade concorrência e outorgadas a título oneroso, ou seja, o concessionário terá que pagar para o Poder Público.

No julgamento da licitação, a melhor proposta será considerada em razão da combinação dos seguintes critérios:

I. o maior preço ofertado como pagamento ao poder concedente pela outorga da concessão florestal;

II. a melhor técnica, considerando: a) o menor impacto ambiental; b) os maiores benefícios sociais diretos; c) a maior eficiência; d) a maior agregação de valor ao produto ou serviço florestal na região da concessão.

O prazo dos contratos de concessão florestal será estabelecido de acordo com o ciclo de colheita ou exploração, considerando o produto ou grupo de produtos com ciclo mais longo incluído no objeto da concessão, podendo ser fixado prazo equivalente a, no mínimo, um ciclo e, no máximo, 40 (quarenta) anos.

O prazo dos contratos de concessão exclusivos para exploração de serviços florestais será de, no mínimo, 5 (cinco) e, no máximo, 20 (vinte) anos.

Sem prejuízo das ações de fiscalização ordinárias, as concessões serão submetidas a auditorias florestais, de caráter

3. **Direito Ambiental**, 3. ed., São Paulo: RT, 2004, p. 422.

independente, em prazos não superiores a 3 (três) anos, cujos custos serão de responsabilidade do concessionário.

9.4. Padrões de qualidade ambiental

A manutenção do meio ambiente ecologicamente equilibrado impõe o estabelecimento de padrões de qualidade ambiental, que terão por função compatibilizar as ações humanas com os fatores físicos, químicos, biológicos, antrópicos, sociais e econômicos.

Nesse tema, destacam-se os padrões de qualidade do ar, da água e dos ruídos.

Quanto à **qualidade do ar**, a Resolução CONAMA 05/1989 estabelece o Programa Nacional de Controle de Qualidade do Ar – PRONAR, que, dentre outras providências, trata do controle e do monitoramento da poluição do ar e estabelece os limites nacionais para as emissões. No plano internacional, temos o Protocolo de Quioto (de 1997), tratado internacional que tem por objetivo estabilizar a emissão de gases de efeito estufa para a atmosfera, reduzindo o aquecimento global e seus possíveis impactos.

Os países industrializados devem buscar a diminuição das emissões de forma direta e utilizar, de maneira acessória, outros mecanismos para tornar menos onerosa sua atuação. Nesse sentido, destaca-se a possibilidade de adquirir créditos de carbono.

Quanto à **qualidade da água**, a Resolução CONAMA 357/2005 estabelece a classificação dos corpos de água e diretrizes ambientais para o seu enquadramento, bem como estabelece as condições e padrões de lançamento de efluentes.

Trata-se de padrão de qualidade de fundamental importância, uma vez que existe hoje uma possibilidade concreta de escassez de água doce no mundo, a qual representa menos de 1% do total de água no planeta e que, cada vez mais, vem tendo aumento na sua utilização, com o agravante de não ser recurso natural renovável.

Quanto à **qualidade dos ruídos**, há diversas Resoluções do CONAMA (01/1990, 01/1993 e 20/1994). A poluição sonora é uma das principais causas de doenças do trabalho. Decorre majoritariamente da atuação de indústrias, bares e casas noturnas, cultos religiosos, aeroportos, veículos automotores, dentre outros.

São instrumentos para a prevenção e a repressão à poluição sonora o zoneamento ambiental, o licenciamento das atividades (inclusive com realização de relatórios de impacto de vizinhança – RIVI) e a fiscalização para a responsabilização civil, administrativa e penal.

9.5. Tombamento (Dec.-Lei 25/1937)

O tombamento pode ser **conceituado** como o *ato do Poder Público que declara de valor histórico, artístico, paisagístico, turístico, cultural ou científico bens ou locais para fins de preservação.*

Quanto ao **objeto**, o tombamento pode alcançar tanto bens imóveis individualmente considerados (um prédio histórico), um conjunto arquitetônico (o Pelourinho, em Salvador), um bairro (o Centro do Rio de Janeiro), uma cidade (Ouro Preto) e até um sítio natural. Pode também alcançar bens móveis, como a mobília da casa de um personagem histórico, como Santos Dumont.

Admite-se o chamado *tombamento cumulativo*, que é o tombamento de um mesmo bem por mais de um ente político.

A **instituição** do tombamento pode ser *voluntária* (por requerimento do próprio dono da coisa) ou *contenciosa*. A última impõe a notificação do proprietário para, no prazo de 15 dias, impugnar, se quiser, a intenção do Poder Público de tombar a coisa. Uma vez concluído pelo tombamento, este será feito mediante inscrição do ato num dos quatro Livros do Tombo (Paisagístico, Histórico, Belas Artes e Artes Aplicadas). Em se tratando de imóvel, o ato também deve ser registrado no Registro de Imóveis.

É importante ressaltar que, com a notificação do proprietário, ocorre o *tombamento provisório*, que já limita o uso da coisa por seu dono.

Além de poder ser instituído por *ato administrativo*, o tombamento também pode advir de *ato legislativo* (por exemplo, o art. 216, § 5º, da CF, pelo qual "ficam tombados os documentos e os sítios detentores de reminiscências históricas dos antigos quilombos") ou *ato judicial*. No terceiro caso, o juiz, diante de uma ação coletiva (ex.: ação popular ou ação civil pública), determina a inscrição do tombamento no Livro do Tombo.

Quanto aos **efeitos** do tombamento, temos, entre outros, os seguintes: a) o proprietário deverá conservar a coisa (se não tiver recursos, deve levar ao conhecimento do Poder Público, que fica autorizado legalmente a executar a obra); b) o proprietário não pode reparar, pintar ou restaurar a coisa, sem prévia autorização especial do Poder Público; c) os vizinhos não podem reduzir a visibilidade da coisa tombada, nem colocar anúncios, sem prévia autorização especial; d) os entes políticos têm direito de preferência na aquisição da coisa, caso o proprietário queira aliená-la; e) o bem tombado, se for um bem público, ou seja, pertencente a uma pessoa jurídica de direito público, é inalienável; f) o bem tombado não pode sair do País, salvo se por prazo curto, sem alienação, para fim de intercâmbio cultural e mediante autorização do Poder Público; g) o proprietário do bem tombado tem direito de ser indenizado, caso sofra restrição especial que o prejudique economicamente.

O Dec.-lei 25/1937 é de leitura obrigatória para se conhecer mais sobre o instituto do tombamento.

10. RESPONSABILIDADE CIVIL AMBIENTAL

A responsabilidade civil em matéria ambiental pode ser dividida em três aspectos: quanto ao seu caráter objetivo, quanto à reparação integral dos danos e quanto à sua efetivação em juízo.

10.1. Responsabilidade objetiva

A responsabilidade objetiva pode ser **conceituada** como o dever de responder por danos ocasionados ao meio ambiente independentemente de culpa ou dolo do agente responsável pelo evento danoso. Essa responsabilidade está prevista no § 3º do art. 225 da CF, bem como no § 1º do art. 14 da Lei 6.938/1981.

Quanto aos **requisitos da responsabilidade objetiva,** são três: conduta, dano e nexo de causalidade.

Quanto à teoria adotada (Teoria do Risco *x* Teoria do Risco Integral), a doutrina diverge quanto à possibilidade de se invocar as excludentes de responsabilidade "força maior" e "caso fortuito". Certo é que, em matéria de dano nuclear, a responsabilidade é objetiva e não é admitido qualquer tipo de excludente de responsabilidade (Teoria do Risco Integral). Porém, em se tratando de dano ambiental puro (sem dano nuclear), há dúvidas doutrinárias a respeito, havendo quem entenda que a responsabilidade, no caso, é simplesmente objetiva (com excludentes de responsabilidade) e há quem entenda que é objetiva com risco integral (não admite excludentes de responsabilidade).

O STF ainda não enfrentou definitivamente essa questão. Porém, o STJ tem diversos acórdãos em que adota a responsabilidade objetiva ambiental sob o prisma da Teoria do Risco Integral. De acordo com essas decisões a responsabilidade civil ambiental objetiva não admite excludentes. Porém, as decisões em questão deixam claro que é necessária a presença de nexo de causalidade entre a ação ou omissão lesivas e o dano ambiental. Trata-se, assim, de um tipo *sui generis* de risco integral, em que, de um lado, exige-se nexo de causalidade, mas, de outro, deixa-se claro que eventual caso fortuito, força maior o fato de terceiro que rompam esse nexo não exclui a responsabilidade, por se ter um **nexo causal fortalecido** pela Teoria do Risco Integral. Veja as seguintes decisões:

> **DIREITO AMBIENTAL. RESPONSABILIDADE CIVIL OBJETIVA POR DANO AMBIENTAL PRIVADO.**
>
> **O particular que deposite resíduos tóxicos em seu terreno, expondo-os a céu aberto, em local onde, apesar da existência de cerca e de placas de sinalização informando a presença de material orgânico, o acesso de outros particulares seja fácil, consentido e costumeiro, responde objetivamente pelos danos sofridos por pessoa que, por conduta não dolosa, tenha sofrido, ao entrar na propriedade, graves queimaduras decorrentes de contato com os resíduos.** A responsabilidade civil por danos ambientais, seja por lesão ao meio ambiente propriamente dito (dano ambiental público), seja por ofensa a direitos individuais (dano ambiental privado), é objetiva, fundada na teoria do risco integral, em face do disposto no art. 14, § 1º, da Lei 6.938/1981, que consagra o princípio do poluidor-pagador. A responsabilidade objetiva fundamenta-se na noção de risco social, que está implícito em determinadas atividades, como a indústria, os meios de transporte de massa, as fontes de energia. Assim, a responsabilidade objetiva, calcada na teoria do risco, é uma imputação atribuída por lei a determinadas pessoas para ressarcirem os danos provocados por atividades exercidas no seu interesse e sob seu controle, sem que se proceda a qualquer indagação sobre o elemento subjetivo da conduta do agente ou de seus prepostos, bastando a relação de causalidade entre o dano sofrido pela vítima e a situação de risco criada pelo agente. Imputa-se objetivamente a obrigação de indenizar a quem conhece e domina a fonte de origem do risco, devendo, em face do interesse social, responder pelas consequências lesivas da sua atividade independente de culpa. Nesse sentido, a teoria do risco como cláusula geral de responsabilidade civil restou consagrada no enunciado normativo do parágrafo único do art. 927 do CC, que assim dispôs: "Haverá obrigação de reparar o dano, independentemente de culpa, nos casos especificados em lei, ou quando a atividade normalmente desenvolvida pelo autor do dano implicar, por sua natureza, risco para os direitos de outrem". A teoria do risco integral constitui uma modalidade extremada da teoria do risco em que o **nexo causal é fortalecido** de modo a não ser rompido pelo implemento das causas que normalmente o abalariam (*v.g.* culpa da vítima; fato de terceiro, força maior). Essa modalidade é excepcional, sendo fundamento para hipóteses legais em que o risco ensejado pela atividade econômica também é extremado, como ocorre com o dano nuclear (art. 21, XXIII, "c", da CF e Lei 6.453/1977). O mesmo ocorre com o dano ambiental (art. 225, *caput* e § 3º, da CF e art. 14, § 1º, da Lei 6.938/1981), em face da crescente preocupação com o meio ambiente. Nesse mesmo sentido, extrai-se da doutrina que, na responsabilidade civil pelo dano ambiental, não são aceitas as excludentes de fato de terceiro, de culpa da vítima, de caso fortuito ou de força maior. Nesse contexto, a colocação de placas no local indicando a presença de material orgânico não é suficiente para excluir a responsabilidade civil. **STJ, REsp 1.373.788-SP, Rel. Min. Paulo de Tarso Sanseverino, julgado em 6/5/2014. (g.n.)**
>
> **DIREITO AMBIENTAL E CIVIL. RESPONSABILIDADE CIVIL EM DECORRÊNCIA DE DANO AMBIENTAL PROVOCADO PELA EMPRESA RIO POMBA CATAGUASES LTDA. NO MUNICÍPIO DE MIRAÍ-MG. RECURSO REPETITIVO (ART. 543-C DO CPC E RES. 8/2008-STJ).**
>
> **Em relação ao acidente ocorrido no Município de Miraí-MG, em janeiro de 2007, quando a empresa de Mineração Rio Pomba Cataguases Ltda., durante o desenvolvimento de sua atividade empresarial, deixou vazar cerca de 2 bilhões de litros de resíduos de lama tóxica (bauxita), material que atingiu quilômetros de extensão e se espalhou por cidades dos Estados do Rio de Janeiro e de Minas Gerais, deixando inúmeras famílias desabrigadas e sem seus bens (móveis e imóveis): a) a responsabilidade por dano ambiental é objetiva, informada pela teoria do risco integral, sendo o nexo de causalidade o fator aglutinante que permite que o risco se integre na unidade do ato, sendo descabida a invocação, pela empresa responsável pelo dano ambiental, de excludentes de responsabilidade civil para afastar a sua obrigação de indenizar; b) em decorrência do acidente, a empresa deve recompor os danos materiais e morais causados; e c) na fixação da indenização por danos morais, recomendável que o arbitramento seja feito caso a caso e com moderação, proporcionalmente ao grau de culpa, ao nível socioeconômico dos autores, e, ainda, ao porte da empresa recorrida, orientando-se o juiz pelos critérios sugeridos pela doutrina e jurisprudência, com razoabilidade, valendo-se de sua experiência e bom senso, atento à realidade da vida e às peculiaridades de cada caso, de modo a que, de um lado, não haja enriquecimento sem causa de quem recebe a indenização e, de outro lado, haja efetiva compensação pelos danos morais experimentados por aquele que fora lesado.** Com efeito, em relação aos danos ambientais, incide a teoria do risco integral, advindo daí o caráter objetivo da responsabilidade, com expressa previsão constitucional (art. 225, § 3º, da CF) e legal (art. 14, § 1º, da Lei 6.938/1981), sendo, por conseguinte, descabida a alegação de excludentes de responsabilidade, bastando, para tanto, a ocorrência de resultado prejudicial ao homem e ao ambiente advinda de uma ação ou omissão do responsável (EDcl no REsp 1.346.430-PR, Quarta Turma, DJe 14/2/2013). Ressalte-se que a Lei 6.938/1981, em seu art. 4º, VII, dispõe que, dentre os objetivos da Política Nacional do Meio Ambiente, está "a imposição ao poluidor e ao predador da obrigação de recuperar e/ou indenizar os danos causados". Mas, para caracterização da obrigação de indenizar, é preciso, além da ilicitude da conduta, que exsurja do dano ao bem jurídico tutelado o efetivo prejuízo de cunho patrimonial ou moral, não sendo suficiente tão somente a prática de um fato *contra legem* ou *contra jus*, ou que contrarie o padrão jurídico das condutas. Assim, a ocorrência do dano moral não reside exatamente na simples ocorrência do ilícito em si, de sorte que nem todo ato desconforme com o ordenamento jurídico enseja indenização por dano moral. O importante é que o ato ilícito seja capaz de irradiar-se para a esfera da dignidade da pessoa, ofendendo-a de forma relativamente significante, sendo certo que determinadas ofensas geram dano moral *in re ipsa*. Na hipótese em foco, de acordo com prova delineada

pelas instâncias ordinárias, constatou-se a existência de uma relação de causa e efeito, verdadeira ligação entre o rompimento da barragem com o vazamento de 2 bilhões de litros de dejetos de bauxita e o resultado danoso, caracterizando, assim, dano material e moral. **REsp 1.374.284-MG, Rel. Min. Luis Felipe Salomão, julgado em 27/8/2014.**

Há um caso, porém, em que o STJ vem decidindo que é dispensável a prova do nexo de causalidade, que é o caso da responsabilidade de adquirente de imóvel já danificado, por se tratar de obrigação *propter rem* (REsp 1.056.540, DJ 25/08/2009).

Aliás, essa questão está agora prevista em lei. O Novo Código Florestal, em seu art. 2º, § 2º, dispõe que "as obrigações previstas nesta Lei têm natureza real e são transmitidas ao sucessor, de qualquer natureza, no caso de transferência de domínio ou posse do imóvel rural".

Quanto ao **sujeito responsável pela reparação do dano**, é o poluidor, que pode ser tanto pessoa física como jurídica, pública ou privada.

Quando o Poder Público não é o responsável pelo empreendimento, ou seja, não é o poluidor, sua responsabilidade é **subjetiva**, ou seja, depende, para se configurar, de comprovação de culpa administrativa do serviço de fiscalização (STJ, REsp 647.493). Assim, o Poder Público pode responder pelo dano ambiental por omissão no dever de fiscalizar. Nesse caso, haverá responsabilidade solidária do poluidor e do Poder Público.

Em se tratando de pessoa jurídica, a Lei 9.605/1998 estabelece que esta será responsável *nos casos em que a infração for cometida por decisão de seu representante legal ou contratual, ou de seu órgão colegiado, no interesse ou benefício da sua entidade.* Essa responsabilidade da pessoa jurídica não exclui a *das pessoas físicas, autoras, coautoras ou partícipes do mesmo fato.*

A Lei 9.605/1998 também estabelece uma cláusula geral que permite a **desconsideração da personalidade jurídica**, em qualquer caso, desde que destinada ao ressarcimento dos prejuízos causados à qualidade do meio ambiente. Segundo o seu art. 4º, *poderá ser desconsiderada a pessoa jurídica sempre que sua personalidade for obstáculo ao ressarcimento dos prejuízos causados à qualidade do meio ambiente.*

Adotou-se, com isso, a chamada teoria menor da desconsideração, para a qual basta a insolvência da pessoa jurídica para que se possa atingir o patrimônio de seus membros. No Direito Civil, ao contrário, adotou-se a teoria maior da desconsideração, teoria que exige maiores requisitos, no caso, a existência de um desvio de finalidade ou de uma confusão patrimonial para que haja desconsideração.

Vale ressaltar, também, que, além de objetiva, a responsabilidade civil ambiental, quando há mais de um responsável, é considerada **solidária** pelo Superior Tribunal de Justiça.

10.2. Reparação integral dos danos

A obrigação de reparar o dano não se limita a pagar uma indenização. Ela vai além: a reparação deve ser específica, isto é, ela deve buscar a restauração ou recuperação do bem ambiental lesado, ou seja, o seu retorno à situação anterior. Assim, a responsabilidade pode envolver as seguintes obrigações, conforme lição de Édis Milaré (QUAL OBRA?):

a) de reparação natural ou *in specie*: é a reconstituição ou recuperação do meio ambiente agredido, cessando a atividade lesiva e revertendo-se a degradação ambiental. É a primeira providência que deve ser tentada, ainda que mais onerosa que outras formas de reparação;

b) de indenização em dinheiro: consiste no ressarcimento pelos danos causados e não passíveis de retorno à situação anterior. Essa solução só será adotada quando não for viável fática ou tecnicamente a reconstituição. Trata-se de forma indireta de sanar a lesão. A indenização aqui cumprirá dois objetivos: i) dar uma resposta econômica aos danos sofridos pelas vítimas (o indivíduo e a sociedade); ii) dissuadir comportamentos semelhantes do poluidor ou de terceiros.

Há também uma terceira forma de reparação, além da recuperação específica e de reparação pecuniária. Trata-se da reparação por meio da **compensação ambiental.** Na lição de Marcos Destefenni (QUAL OBRA?), "a compensação é uma forma alternativa à reparação específica do dano ambiental, consistente na adoção de uma medida de equivalente importância ecológica dentro do mesmo ecossistema em que ocorreu o dano e mediante a observância de critérios técnicos especificados por órgãos públicos e aprovação prévia do órgão ambiental competente, admissível desde que seja impossível a reparação específica".

O STF entendeu constitucional a regra de compensação ambiental que determina apoio financeiro a unidades de conservação de proteção integral em caso de atividades sujeitas a EIA (ADI 3.378).

10.3. Dano ambiental

É importante anotar que não é qualquer alteração adversa no meio ambiente causada pelo homem que pode ser considerada dano ambiental para fins de recuperação e indenização.

Por exemplo, o simples fato de alguém inspirar oxigênio e expirar gás carbônico não pode ser considerado dano ambiental.

O art. 3º, III, da Lei 6.938/1981 nos ajuda a desvendar quando se tem realmente um dano ambiental ao dispor que poluição é a degradação ambiental resultante de atividades que direta ou indiretamente:

a) prejudiquem a saúde, a segurança e o bem estar da população;

b) criem condições adversas às atividades sociais e econômicas;

c) afetem desfavoravelmente a biota;

d) afetem as condições estéticas ou sanitárias do meio ambiente;

e) lancem matérias ou energia em desacordo com os padrões ambientais estabelecidos.

Assim, o **dano ambiental** pode ser conceituado como *aquele dano que prejudica a saúde, a segurança e o bem-estar da população, cria condições adversas às atividades sociais e econômicas, afeta desfavoravelmente a biota ou as condições estéticas ou sanitárias do meio ambiente, ou lançam matérias ou energia em desacordo com os padrões ambientais estabelecidos.*

Quanto aos direitos atingidos pelo dano ambiental, este pode atingir pessoas indetermináveis e ligadas por circunstâncias de fato (ocasião em que serão difusos), grupos de pessoas ligadas por relação jurídica base (ocasião em que serão coletivos), vítimas de dano oriundo de conduta comum (ocasião em que serão individuais homogêneos) e vítima do dano (ocasião em que serão individuais puros). No caso de pedido de indenização por parte de vítima de dano ambiental, o prazo prescricional segue a lei civil (3 anos), salvo se a vítima puder ser equiparada a consumidora, hipótese em que se aplica o prazo prescricional de 5 anos previsto no art. 27 do CDC, contado a partir do conhecimento do dano e sua autoria (STJ, REsp 1.354.348/RS, DJ 26/08/2014). Já quanto à pretensão de reparação do meio ambiente, é imprescritível.

De acordo com o pedido formulado na ação reparatória é que se saberá que tipo de interesse (difuso, coletivo, individual homogêneo ou individual puro) está sendo protegido naquela demanda.

Quanto à extensão do dano ambiental, a doutrina reconhece que este pode ser material (patrimonial) ou moral (extrapatrimonial). Será da segunda ordem quando afetar o bem-estar de pessoas, causando sofrimento e dor. Há de se considerar que há decisão do STJ no sentido de que não se pode falar em dano moral difuso, já que o dano deve estar relacionado a pessoas vítimas de sofrimento e não a uma coletividade de pessoas. De acordo com essa decisão, pode haver dano moral ambiental a pessoa determinada, mas não pode haver dano moral ambiental a pessoas indetermináveis.

No entanto, o STJ ainda está dividido com relação à existência ou não de dano moral coletivo. A favor dessa possibilidade, confira o REsp nº 1.180.078 (2ª T.). Contra essa possibilidade, confira o AgRg no REsp 1.109.905 (1ª T.).

10.4. A proteção do meio ambiente em juízo

A reparação do dano ambiental pode ser buscada extrajudicialmente, quando, por exemplo, é celebrado termo de **compromisso de ajustamento de conduta** com o Ministério Público, ou judicialmente, pela propositura da ação competente.

Há duas ações vocacionadas à defesa do meio ambiente. São elas: a **ação civil pública** (art. 129, III, da CF e Lei 7.347/1985) e a **ação popular** (art. 5º, LXXIII, CF e Lei 4.717/1965). A primeira pode ser promovida pelo Ministério Público, por entes da Administração Pública ou por associações constituídas há pelo menos um ano que tenham por objetivo a defesa do meio ambiente. Já a segunda é promovida pelo cidadão.

Também são cabíveis em matéria ambiental o **mandado de segurança** (art. 5º, LXIX e LXX, da CF e Lei 12.016/2009), individual ou coletivo, preenchidos os requisitos para tanto, tais como prova pré-constituída e ato de autoridade ou de agente delegado de serviço público; o **mandado de injunção** (art. 5º, LXXI, da CF), quando a falta de norma regulamentadora torne inviável o exercício dos direitos e liberdades constitucionais e das prerrogativas inerentes à nacionalidade, à soberania e à cidadania; as **ações de inconstitucionalidade** (arts. 102 e 103 da CF e Leis 9.868/1999 e 9.882/1999); e a **ação civil de responsabilidade por ato de improbidade administrativa** em matéria ambiental (art. 37, § 4º, da CF, Lei 8.429/1992 e art. 52 da Lei 10.257/2001).

Voltando à Lei 9.605/1998, sua preocupação com a reparação do dano é tão grande que, mesmo para o processo penal, determina a realização de uma perícia de constatação do dano ambiental, a qual, sempre que possível, fixará o montante do prejuízo causado para efeitos de **concessão de fiança e cálculo da multa** (art. 19), devendo a **sentença penal condenatória**, também, sempre que possível, fixar o valor mínimo para reparação dos danos causados pela infração, considerando os danos sofridos pelo ofendido ou pelo meio ambiente, valor que deve ser executado sem prejuízo da liquidação para apuração do dano efetivamente sofrido (art. 20).

Além disso, nos casos em que é cabível a **transação penal**, é requisito de sua concessão a prévia composição dos danos, salvo comprovada impossibilidade (art. 27). A suspensão do processo, quando concedida, só poderá implicar a posterior **extinção da punibilidade** se houver laudo de constatação de reparação do dano ambiental; em não havendo reparação completa, a suspensão será prorrogada até o limite máximo, acrescido de um ano, para efetiva reparação do dano (art. 28), podendo haver mais uma prorrogação, limitada ao período total anterior.

Vale lembrar, ainda, que, aplicada **multa por infração administrativa ambiental**, seu valor será revertido ao Fundo Nacional do Meio Ambiente, fundos estaduais ou municipais do meio ambiente, devendo ser utilizado para prevenção e reparação do dano ambiental. Permite-se aos órgãos executivos integrantes do SISNAMA a celebração de termo de compromisso de ajustamento de conduta, com fim de prevenir e/ou reparar danos ambientais.

Por fim, faz-se necessário informar que o Superior Tribunal de Justiça vem entendendo que a pretensão de reparação do meio ambiente é imprescritível. Tal entendimento decorre de vários fundamentos doutrinários, tais como os seguintes: a lesão ambiental é permanente, o meio ambiente deve ser protegido para as presentes e futuras gerações (art. 225, *caput*, da CF) e a imprescritibilidade da pretensão de ressarcimento ao erário (art. 37, § 5º, da CF) deve ser estendida para o caso.

Confira a seguinte decisão no sentido da imprescritibilidade: "o direito ao pedido de reparação por danos ambientais, dentro da logicidade hermenêutica, está protegido pelo manto da imprescritibilidade, por se tratar de direito inerente à vida, fundamental e essencial à afirmação dos povos, independentemente de não estar expresso em texto legal" (STJ, REsps 1.120 .117 e 647.493).

11. RESPONSABILIDADE ADMINISTRATIVA AMBIENTAL

Outra forma muito eficaz de prevenir e reprimir danos ao meio ambiente é aplicar sanções administrativas àqueles que se envolverem em atividades que possam causar prejuízos ambientais.

A responsabilidade administrativa ocorre quando alguém pratica uma infração administrativa.

A **infração administrativa** é assim conceituada pela lei (arts. 70 e seguintes da Lei 9.605/1998): *considera-se infração administrativa ambiental toda ação ou omissão que viole as regras jurídicas de uso, gozo, promoção, proteção e recuperação do meio ambiente.*

O Decreto 6.514/2008 adensa o conceito acima, estabelecendo uma séria de *tipos administrativos* que ensejam a aplicação das respectivas sanções. Esse decreto é de leitura obrigatória.

São **autoridades competentes** para lavrar auto de infração ambiental e instaurar processo administrativo os funcionários de órgãos ambientais integrantes do SISNAMA, designados para as atividades de fiscalização, bem como os agentes das Capitanias dos Portos. Qualquer pessoa pode representar a essas autoridades, que estão obrigadas a proceder à apuração imediata do fato mediante processo administrativo próprio, assegurados os direitos de ampla defesa e contraditório.

O **rito** do processo administrativo segue o seguinte trâmite: uma vez lavrado o auto de infração, o infrator terá 20 dias para oferecer defesa ou impugnação, contados da ciência da autuação; apresentada ou não a defesa ou a impugnação, a autoridade competente terá 30 dias para **julgar** o autor da infração; se o julgamento importar em decisão condenatória, o infrator terá 20 dias para recorrer à instância superior do

SISNAMA ou à Diretoria de Portos e Costas do Ministério da Marinha; o pagamento da multa deverá ser feito em 5 dias, contados da data do recebimento da notificação.

As sanções serão aplicadas observando: a) a gravidade do fato (tendo em vista os motivos da infração e as consequências para a saúde pública e para o meio ambiente); b) os antecedentes do infrator quanto ao cumprimento da legislação ambiental; e c) a situação econômica do infrator, no caso de multa. Além disso, o aplicador deverá observar as disposições do Decreto 6.514/2008, que especifica as sanções cabíveis para cada *tipo administrativo* lá previsto, principalmente quanto ao valor da multa cabível para cada tipo. Se o infrator cometer, simultaneamente, duas ou mais infrações, ser-lhe-ão aplicadas, cumulativamente, as sanções a elas cominadas. A Lei 9.605/1998 estabelece as seguintes sanções:

a) Advertência: será aplicada pela inobservância das disposições da legislação em vigor, sem prejuízo das demais sanções abaixo; vale dizer que o STJ entende que deve ser aplicada sanção mais pesada que a advertência em caso reincidência ou não cessação de infração de pequena intensidade ou no caso de transgressão grave (REsp 1.318.051-RJ, DJ 12.05.2015);

b) Multa simples: será aplicada sempre que o agente, por negligência ou dolo: i) não sanar as irregularidades no prazo estabelecido na advertência; ii) opuser embaraço à fiscalização dos órgãos ambientais;

c) Multa diária: será aplicada sempre que o cometimento da infração se prolongar no tempo.

Observações: a multa terá por base a unidade (hectare, metro cúbico, quilograma ou outra medida pertinente), sendo que seu valor será fixado em regulamento, variando de R$ 50 a R$ 50 milhões, corrigidos periodicamente; o pagamento de multa imposta pelos Estados e Municípios, Distrito Federal ou Territórios substitui a multa federal na mesma hipótese de incidência;

d) Apreensão dos animais, produtos e subprodutos da fauna e flora, instrumentos, petrechos, equipamentos ou veículos de qualquer natureza utilizados na infração: segundo o art. 25 da Lei 9.605/1998, verificada a infração, serão apreendidos seus produtos e instrumentos, lavrando-se os respectivos autos; os animais serão libertados em seu hábitat ou entregues a zoológicos, fundações ou entidades assemelhadas; os produtos perecíveis ou madeiras serão avaliados e doados a instituições científicas, hospitalares, penais e outras com fins beneficentes; os produtos e subprodutos da fauna serão destruídos ou doados a instituições científicas, culturais ou educacionais; os instrumentos da infração serão vendidos, garantida sua descaracterização por meio da reciclagem;

e) Destruição ou inutilização do produto: *vide* item "d" acima;

f) Suspensão de venda e fabricação do produto: será aplicada quando o produto não obedecer às prescrições legais ou regulamentares;

g) Embargo de obra ou atividade: será aplicado quando a obra ou atividade não obedecer às prescrições legais ou regulamentares;

h) Demolição de obra: será aplicada quando a obra não obedecer às prescrições legais ou regulamentares;

i) Suspensão total ou parcial de atividades: será aplicada quando a atividade não obedecer às prescrições legais ou regulamentares;

j) Restritiva de direitos: são sanções desse tipo a suspensão ou cancelamento de registro, licença ou autorização; a perda ou restrição de incentivos ou benefícios legais; a perda ou suspensão de linhas de financiamento oficiais; e proibição de contratar com o poder público por até 3 anos.

O infrator pode se insurgir contra a aplicação da sanção administrativa na via judicial. A defesa pode se dar por **ação anulatória de débito fiscal** (no caso de aplicação de multa, em que ainda não houve oportunidade de oferecer embargos à execução fiscal), **embargos à execução fiscal** (também no caso de multa), **mandado de segurança** contra a sanção aplicada (a ação pode ser promovida contra a aplicação de quaisquer das sanções administrativas, mas reclama direito líquido e certo, ou seja, direito cujos fatos possam ser comprovados de plano, com prova pré-constituída) ou **outra ação de conhecimento**, em que o autor poderá questionar qualquer sanção, inclusive com a possibilidade de fazer pedido cautelar ou de tutela antecipada, respeitados os requisitos dessas medidas contra o Poder Público.

Por fim, vale trazer informação acerca da **prescrição da cobrança de multa ambiental**. Com efeito, o STJ vem entendendo que se aplica, no caso, a prescrição quinquenal prevista no Decreto 20.910/1932, ou seja, o Poder Público tem 5 anos para fazer a cobrança de multa ambiental, contados do vencimento do crédito sem o pagamento.

12. RESPONSABILIDADE PENAL AMBIENTAL

Por fim, outra forma muito efetiva de prevenir e reprimir danos ao meio ambiente é pela aplicação de sanções penais àqueles que estiverem envolvidos em atividades que possam causar ou causem prejuízos ambientais. A responsabilidade penal ambiental está prevista na Lei 9.605/1998.

12.1. Responsabilidade penal ambiental das pessoas físicas

As pessoas físicas autoras, coautoras ou partícipes de um crime ambiental, ainda que ajam em nome de pessoas jurídicas, serão responsabilizadas criminalmente. Além disso, respondem também criminalmente o diretor, o administrador, o membro de conselho e de órgão técnico, o auditor, o gerente, o preposto ou mandatário de pessoa jurídica, que, sabendo da conduta criminosa de outrem, deixa de impedir a sua prática, quando podia agir para evitá-la. Às pessoas físicas são aplicáveis as seguintes penas:

12.1.1. Privação da liberdade (detenção ou reclusão)

Estas poderão ser substituídas por penas restritivas de direito quando se tratar de crime culposo ou for aplicada pena privativa de liberdade inferior a 4 anos, desde que a substituição seja suficiente para efeitos de reprovação e prevenção do crime.

12.1.2. Multa

Será calculada segundo os critérios estabelecidos pelo Código Penal; se se revelar ineficaz, ainda que aplicada no valor máximo, poderá ser aumentada até três vezes, tendo em vista o valor da vantagem econômica auferida.

12.1.3. Restritivas de direito

Que podem ser de: a) prestação de serviços à comunidade; b) interdição temporária de direitos; c) suspensão parcial ou total de atividades; d) prestação pecuniária; e) recolhimento domiciliar.

12.2. Responsabilidade penal ambiental das pessoas jurídicas

As pessoas jurídicas serão responsabilizadas nos casos em que a ***infração penal*** for cometida por ***decisão*** de seu representante legal ou contratual, ou de seu órgão colegiado, no ***interesse ou benefício da sua entidade***.

Às pessoas jurídicas são aplicáveis isolada, cumulativa ou alternativamente as seguintes **penas**:

12.2.1. Multa

Será calculada segundo os critérios estabelecidos pelo Código Penal; se se revelar ineficaz, ainda que aplicada no valor máximo, poderá ser aumentada até três vezes, tendo em vista o valor da vantagem econômica auferida.

12.2.2. Restritivas de direito

Que poderão ser de:

a) **suspensão parcial ou total da atividade**, em caso de infração a leis ou a regulamentos ambientais;

b) **interdição temporária de estabelecimento, obra ou atividade**, em caso de funcionamento sem autorização ou em desacordo com a concedida ou a lei;

c) **proibição de contratar com o Poder Público ou dele receber benefícios**, que não poderá exceder o prazo de 10 anos.

12.2.3. Prestação de serviços à comunidade

Que poderão ser de:

a) **custeio de programa e de projetos ambientais;**

b) **execução de obras de recuperação de áreas degradadas;**

c) **manutenção de espaços públicos;**

d) **contribuições a entidades ambientais ou culturais públicas.**

12.2.4. Liquidação forçada da pessoa jurídica

A pessoa jurídica constituída ou utilizada, preponderantemente, com o fim de permitir, facilitar ou ocultar a prática de crime ambiental terá decretada sua liquidação forçada e seu patrimônio será considerado instrumento de crime e como tal perdido em favor do Fundo Penitenciário Nacional.

12.3. Crimes ambientais

A Lei 9.605/1998 traz, nos arts. 29 a 69-A, diversos tipos penais, dentre os quais se destacam:

Art. 29. Matar, perseguir, caçar, apanhar, utilizar espécimes de fauna silvestre, nativos ou em rota migratória, sem a devida permissão, licença ou autorização da autoridade competente, ou em desacordo com a obtida;

Art. 30. Exportar peles e couros de anfíbios e répteis em bruto, sem autorização;

Art. 32. Abuso ou maus-tratos em animais silvestres, domésticos ou domesticados;

Art. 34. Pescar em período no qual a pesca é proibida ou em lugar interditado.

Obs.: não é crime o abate de animal, quando realizado em estado de necessidade (para saciar a fome do agente ou de sua família), para proteger lavouras, pomares, rebanhos, desde que autorizado, por ser nocivo o animal, assim caracterizado pela autoridade;

Art. 38. Destruir ou danificar floresta considerada de preservação permanente, mesmo que em formação, ou utilizá-la com infringência das normas de proteção. Se o crime for culposo, a pena se reduz à metade;

Art. 40. Causar dano direto ou indireto às Unidades de Conservação. Se o crime for culposo, a pena se reduz à metade;

Art. 41. Provocar incêndio em mata ou floresta;

Art. 42. Fabricar, vender, transportar ou soltar balões que possam provocar incêndios na flora;

Art. 54. Causar poluição em níveis que resultem ou possam resultar danos à saúde humana ou mortandade de animais ou destruição significativa da flora;

Art. 60. Realizar empreendimento potencialmente poluidor sem licença ou autorização dos órgãos competentes;

Art. 62. Destruir, inutilizar ou deteriorar bem protegido, arquivo, museu, biblioteca ou similar protegido;

Art. 65. Pichar, grafitar ou por outro meio conspurcar edificação ou monumento urbano.

12.4. Processo penal

A **ação penal** quanto aos crimes previstos na Lei 9.605/1998 é pública incondicionada.

A **composição do dano ambiental é:** a) atenuante da pena; b) requisito para a transação penal; c) requisito para a extinção do processo na hipótese da suspensão de que trata o art. 89 da Lei 9.099/1995.

A **perícia de constatação do dano penal** será realizada para efeitos de prestação de fiança, cálculo da multa e fixação do valor mínimo para reparação dos danos causados pela infração, podendo ser aproveitada a perícia produzida no inquérito civil ou no juízo cível, instaurando-se o contraditório. Transitada em julgado a sentença condenatória, a execução poderá efetuar-se pelo valor nela fixado, sem prejuízo da liquidação para apuração do dano efetivamente sofrido.

A **competência** para julgar os crimes ambientais é da Justiça Estadual, ressalvado o interesse da União, suas autarquias ou empresas públicas, hipótese em que a competência será da Justiça Federal (art. 109, CF).

O **rito** a ser observado é o previsto no Código de Processo Penal, admitindo-se **transação penal** (art. 27 da Lei 9.605/1998 e arts. 74 e 76 da Lei 9.099/1995), **suspensão condicional do processo** (art. 28 da Lei 9.605/1998 e art. 89 da Lei 9.099/1995) e **suspensão condicional da pena** (art. 16 da Lei 9.605/1998 e arts. 77 a 82 do Código Penal).

13. LEI DE BIOSSEGURANÇA (LEI 11.105/2005)

A chamada Lei de Biossegurança estabelece normas de segurança e mecanismos de fiscalização sobre os organismos geneticamente modificados (OGM)[4] e seus derivados.

4. Além de definir os OGMs, a lei estabelece uma série de definições:
I – organismo: toda entidade biológica capaz de reproduzir ou transferir material genético, inclusive vírus e outras classes que venham a ser conhecidas;
II – ácido desoxirribonucleico – ADN, ácido ribonucleico – ARN: material genético que contém informações determinantes dos caracteres hereditários transmissíveis à descendência;
III – moléculas de ADN/ARN recombinante: as moléculas manipuladas fora das células vivas mediante a modificação de segmentos de ADN/ARN natural ou sintético e que possam multiplicar-se em uma célula viva, ou ainda as moléculas de ADN/ARN resultantes dessa multiplicação; consideram-se também os segmentos de ADN/ARN sintéticos equivalentes aos de ADN/ARN natural;
IV – engenharia genética: atividade de produção e manipulação de moléculas de ADN/ARN recombinante;

Em relação aos OGMs, a lei trata da sua construção, cultivo, produção, manipulação, transporte, transferência, importação, exportação, armazenamento, pesquisa, comercialização, consumo, liberação no meio ambiente e descarte.

A Lei criou dois órgãos de suma importância, o Conselho Nacional de Biossegurança – CNBS e a Comissão Técnica de Nacional de Biossegurança – CTNBio. Confira a competência desses dois órgãos:

a) Compete ao **CNBS**, órgão de assessoramento superior do Presidente da República, composto de Ministros de Estado:

I. fixar princípios e diretrizes para a ação administrativa dos órgãos e entidades federais com competências sobre a matéria;

II. analisar, a pedido da CTNBio, quanto aos aspectos da conveniência e oportunidade socioeconômicas e do interesse nacional, os pedidos de liberação para uso comercial de OGM e seus derivados;

III. avocar e decidir, em última e definitiva instância, sobre os processos relativos a atividades que envolvam o uso comercial de OGM e seus derivados.

b) Compete à **CTNBio**, como instância colegiada multidisciplinar de caráter consultivo e deliberativo, formada por representantes da sociedade civil e do governo:

I. prestar apoio técnico e de assessoramento ao Governo Federal na formulação, atualização e implementação da Política Nacional de Biossegurança de OGM e seus derivados;

II. estabelecer normas técnicas de segurança e dar pareceres técnicos referentes à autorização para atividades que envolvam pesquisa e uso comercial de OGM e seus derivados, com base na avaliação de seu risco zoofitossanitário, à saúde humana e ao meio ambiente;

II. acompanhar o desenvolvimento e o progresso técnico e científico nas áreas de biossegurança, biotecnologia, bioética e afins, com o objetivo de aumentar sua capacitação para a proteção da saúde humana, dos animais e das plantas e do meio ambiente.

Os interessados em realizar atividade prevista na Lei de Biossegurança deverão requerer **autorização** à CTNBio, que se manifestará no prazo fixado em regulamento.

Não se inclui na categoria de OGM o resultante de técnicas que impliquem a introdução direta, num organismo, de material hereditário (desde que não envolvam a utilização de moléculas de ADN/ARN recombinante ou OGM), inclusive fecundação *in vitro*, conjugação, transdução, transformação, indução poliploide e qualquer outro processo natural. Assim, as fertilizações *in vitro*, muito comuns nos dias de hoje, podem ser feitas sem necessidade de autorização da CTNBio.

A lei traz uma permissão bastante polêmica, que é a possibilidade, para fins de pesquisa e terapia, da utilização de **células-tronco embrionárias** obtidas de embriões humanos produzidos por fertilização *in vitro* e não utilizados no respectivo procedimento, atendidas as seguintes condições: I – sejam embriões inviáveis; ou II – sejam embriões congelados há 3 (três) anos ou mais, na data da publicação da Lei, ou que, já congelados na data da publicação da Lei, depois de completarem 3 (três) anos, contados a partir da data de congelamento.

Em qualquer caso, é necessário o consentimento dos genitores. As instituições de pesquisa e serviços de saúde que realizem pesquisa ou terapia com células-tronco embrionárias humanas deverão submeter seus projetos à apreciação e aprovação dos respectivos comitês de ética em pesquisa.

A questão da possibilidade de utilização desses embriões para fins de pesquisa e terapia é polêmica, pois as pessoas que defendem a inconstitucionalidade da lei neste ponto alegam que as células-tronco embrionárias humanas devem ser consideradas como seres com vida, protegidos pelo "direito à vida" previsto na Constituição.

A tese contrária entende que não há vida nessa fase e que os embriões em questão, melhor do que serem descartados, devem ser aproveitados para salvar e/ou melhorar as condições de pessoas que têm doenças que poderiam ser curadas ou mitigadas com a utilização de terapia ligada às células-tronco embrionárias.

O Ministério Público Federal ajuizou ADI pedindo a declaração de inconstitucionalidade do art. 5º e parágrafos da Lei de Biossegurança. A ADI levou o número 3.510 no Supremo Tribunal Federal e foi julgada improcedente.

Apesar da polêmica instaurada com a permissão legal de utilização de células-tronco embrionárias em determinadas circunstâncias, a lei também trouxe algumas proibições expressas, como a da clonagem humana. Segundo o art. 6º da Lei, fica proibido:

I. implementação de projeto relativo a OGM sem a manutenção de registro de seu acompanhamento individual;

II. engenharia genética em organismo vivo ou o manejo *in vitro* de ADN/ARN natural ou recombinante, realizado em desacordo com as normas previstas nesta Lei;

III. engenharia genética em célula germinal humana, zigoto humano e embrião humano;

IV. clonagem humana;

V. destruição ou descarte no meio ambiente de OGM e seus derivados em desacordo com as normas estabelecidas pela CTNBio, pelos órgãos e entidades de registro e fiscalização, referidos no art. 16 da Lei, e as constantes da Lei e de sua regulamentação;

VI. liberação no meio ambiente de OGM ou seus derivados, no âmbito de atividades de pesquisa, sem a decisão técnica favorável da CTNBio e, nos casos de liberação comercial, sem o parecer técnico favorável da CTNBio, ou sem o licenciamento do órgão ou entidade ambiental responsável, quando a CTNBio considerar a atividade como potencialmente causadora de degradação ambiental, ou sem a aprovação do Conselho Nacional de Biossegurança – CNBS, quando o processo tenha sido por ele avocado, na forma da Lei e de sua regulamentação;

V – organismo geneticamente modificado – OGM: organismo cujo material genético – ADN/ARN tenha sido modificado por qualquer técnica de engenharia genética;

VI – derivado de OGM: produto obtido de OGM e que não possua capacidade autônoma de replicação ou que não contenha forma viável de OGM;

VII – célula germinal humana: célula-mãe responsável pela formação de gametas presentes nas glândulas sexuais femininas e masculinas e suas descendentes diretas em qualquer grau de ploidia;

VIII – clonagem: processo de reprodução assexuada, produzida artificialmente, baseada em um único patrimônio genético, com ou sem utilização de técnicas de engenharia genética;

IX – clonagem para fins reprodutivos: clonagem com a finalidade de obtenção de um indivíduo;

X – clonagem terapêutica: clonagem com a finalidade de produção de células-tronco embrionárias para utilização terapêutica;

XI – células-tronco embrionárias: células de embrião que apresentam a capacidade de se transformar em células de qualquer tecido de um organismo.

VII. a utilização, a comercialização, o registro, o patenteamento e o licenciamento de tecnologias genéticas de restrição do uso.

A lei também estabelece responsabilidades civil, administrativa e penal pela prática de atos que violem seus dispositivos.

A responsabilidade civil por danos ao meio ambiente e a terceiros tem as seguintes características: a) é objetiva; b) impõe reparação integral; e c) é solidária entre todos os responsáveis (art. 20).

A responsabilidade administrativa tem as seguintes características: a) considera-se infração administrativa toda ação ou omissão que viole as normas da lei, na forma estabelecida em seu regulamento; b) cabe medida cautelar de apreensão de produtos, suspensão de venda de produto e embargos de atividades; c) as sanções administrativas podem ser de: advertência; multa; apreensão de OGM e seus derivados; suspensão da venda de OGM e seus derivados; embargo da atividade; interdição parcial ou total do estabelecimento, atividade ou empreendimento; suspensão de registro, licença ou autorização; cancelamento de registro, licença ou autorização; perda ou restrição de incentivo e benefício fiscal concedidos pelo governo; perda ou suspensão da participação em linha de financiamento em estabelecimento oficial de crédito; intervenção no estabelecimento; e proibição de contratar com a administração pública, por período de até 5 (cinco) anos; d) as multas variam de R$ 2 mil a R$ 1,5 milhão, proporcionalmente à gravidade da infração, podendo ser aplicadas em dobro, em caso de reincidência.

A responsabilidade penal traz os seguintes tipos penais:

> **Art. 24.** Utilizar embrião humano em desacordo com o que dispõe o art. 5º desta Lei: pena – detenção, de 1 (um) a 3 (três) anos, e multa;
>
> **Art. 25.** Praticar engenharia genética em célula germinal humana, zigoto humano ou embrião humano: pena – reclusão, de 1 (um) a 4 (quatro) anos, e multa;
>
> **Art. 26.** Realizar clonagem humana: pena – reclusão, de 2 (dois) a 5 (cinco) anos, e multa;
>
> **Art. 27.** Liberar ou descartar OGM no meio ambiente, em desacordo com as normas estabelecidas pela CTNBio e pelos órgãos e entidades de registro e fiscalização: pena – reclusão, de 1 (um) a 4 (quatro) anos, e multa (há causas de agravamento de pena);
>
> **Art. 28.** Utilizar, comercializar, registrar, patentear e licenciar tecnologias genéticas de restrição do uso: pena – reclusão, de 2 (dois) a 5 (cinco) anos, e multa;
>
> **Art. 29.** Produzir, armazenar, transportar, comercializar, importar ou exportar OGM ou seus derivados, sem autorização ou em desacordo com as normas estabelecidas pela CTNBio e pelos órgãos e entidades de registro e fiscalização: pena – reclusão, de 1 (um) a 2 (dois) anos, e multa.

A edição da Lei de Biossegurança é um grande avanço em matéria de Direito Ambiental, pois, como se viu, estabelece normas para a utilização de OGM e procedimentos de controle e fiscalização sobre as práticas nesse sentido, o que tem o condão de deixar mais seguro o exercício dessas atividades.

14. MARCO LEGAL DA BIODIVERSIDADE OU LEI DO PATRIMÔNIO GENÉTICO E DO CONHECIMENTO TRADICIONAL ASSOCIADO (LEI 13.123/2015)

O Brasil é um país especial em matéria de biodiversidade, por abrigar um arcabouço riquíssimo desta, o que não era bem aproveitado e devidamente protegido até a edição da Lei 13.123/15. Essa lei veio sanar esse problema e trata, com bastante detalhe, de bens, direitos e obrigações relativos ao seguinte (art. 1º, *caput*):

> I – *acesso ao patrimônio genético do País, bem de uso comum do povo encontrado em condições in situ, inclusive as espécies domesticadas e populações espontâneas, ou mantido em condições* ex situ, *desde que encontrado em condições in situ no território nacional, na plataforma continental, no mar territorial e na zona econômica exclusiva*;
>
> II – *conhecimento tradicional associado ao patrimônio genético, relevante à conservação da diversidade biológica, à integridade do patrimônio genético do País e à utilização de seus componentes*;
>
> III - *acesso à tecnologia e à transferência de tecnologia para a conservação e a utilização da diversidade biológica*;
>
> IV – *exploração econômica de produto acabado ou material reprodutivo oriundo de acesso ao patrimônio genético ou ao conhecimento tradicional associado*;
>
> V – *repartição justa e equitativa dos benefícios derivados da exploração econômica de produto acabado ou material reprodutivo oriundo de acesso ao patrimônio genético ou ao conhecimento tradicional associado, para conservação e uso sustentável da biodiversidade*;
>
> VI – *remessa para o exterior de parte ou do todo de organismos, vivos ou mortos, de espécies animais, vegetais, microbianas ou de outra natureza, que se destine ao acesso ao patrimônio genético*; e
>
> VII – *implementação de tratados internacionais sobre o patrimônio genético ou o conhecimento tradicional associado aprovados pelo Congresso Nacional e promulgados.*

De acordo com o § 1º do art. 1º da lei, "o acesso ao patrimônio genético ou ao conhecimento tradicional associado será efetuado sem prejuízo dos direitos de propriedade material ou imaterial que incidam sobre o patrimônio genético ou sobre o conhecimento tradicional associado acessado ou sobre o local de sua ocorrência".

O regramento anterior dessa temática (MP 2.186-16/2001) era de difícil aplicação e a novel lei, que revoga a norma citada, é marco regulatório bastante avançado e com uma série de vantagens, com destaque para a simplificação de procedimentos, como se dá, por exemplo, no fato de a lei admitir um cadastro eletrônico declaratório por parte do usuário, em substituição à necessidade de autorização prévia em matéria de pesquisa e desenvolvimento tecnológico. A chamada anuência prévia (ou consentimento prévio informado) agora é exigida apenas para o acesso ao conhecimento tradicional associado de origem identificável (art. 9º).

Ressalte-se também a nova regulamentação da repartição de benefícios, que, segundo determina a nova lei, será de responsabilidade do último fabricante na cadeia de produção, quanto aos benefícios gerados pelo produto acabado ou material reprodutivo (art. 18, § 1º). Isso facilita as coisas e ainda impede que haja oneração demasiada sobre aquelas atividades iniciais de pesquisa e desenvolvimento tecnológico.

Recomenda-se a leitura da lei na íntegra, para conhecimento de mais detalhes sobre o novo marco legal da biodiversidade.

14. Estatuto da Criança e do Adolescente

Eduardo Dompieri

1. TRATAMENTO NA CF, NORMATIVA NO DIREITO INTERNACIONAL, ESTRUTURA, CONCEITOS BÁSICOS E PRINCÍPIOS

1.1. Introdução

1.1.1. Previsão constitucional – CF/1988

Confere tratamento especial à criança e ao adolescente, na medida em que destina ao tema praticamente um capítulo próprio – arts. 226 a 230.

1.1.2. Lei 8.069/1990 – Estatuto da Criança e do Adolescente

Com o propósito de regulamentar e conferir efetividade às normas constitucionais que tratam do tema, entra em vigor o ECA.

1.1.3. Convenções e tratados internacionais

a) Declaração Universal dos Direitos da Criança: aos 20.11.1959, a Assembleia Geral das Nações Unidas, em votação unânime, proclama a Declaração Universal dos Direitos da Criança, instrumento que contempla dez princípios que devem nortear o tratamento dispensado à criança. Teve como fonte inspiradora a Declaração Universal dos Direitos do Homem, com o qual, bem por isso, guarda certa similitude, tendo, inclusive, a ele feito referência no seu preâmbulo. Isso porque vários direitos previstos neste documento foram inseridos na Declaração Universal dos Direitos da Criança. Importante que se diga que, a partir do advento deste instrumento, a criança deixou de ser vista como mero objeto de proteção para ser alçada a sujeito de direitos, o que representou, portanto, marcante mudança de paradigma no tratamento conferido à criança. Problema: padecia de falta de coercibilidade, dado que o cumprimento dos direitos ali previstos não poderia ser imposto aos Estados-Membros.

b) Convenção sobre os Direitos da Criança: cuida-se de tratado internacional de proteção de direitos humanos, que, em 20.11.1989, foi adotado pela Organização das Nações Unidas, com vigência a partir de 1990. Constitui o documento internacional de direitos humanos mais aceito de que se tem notícia (193 países o ratificaram). Estabelece que criança é "todo ser humano com menos de 18 (dezoito) anos de idade, a não ser que pela legislaçao aplicável, a maioridade seja atingida mais cedo". A exemplo do que se verifica na Declaração Universal dos Direitos da Criança, a Convenção incorporou a filosofia da proteção integral, reputando a criança como autêntico sujeito de direitos, a quem, portanto, devem ser conferidas proteção integral e prioridade absoluta. Contém 54 artigos, que são divididos em três partes e um preâmbulo. Ratificada, no Brasil, em 24.09.1990, serviu, ao lado da Constituição Federal de 1988, de fonte inspiradora para a elaboração da Lei 8.069/1990 – Estatuto da Criança e do Adolescente, que entraria em vigor em 14.10.1990.

c) Convenção sobre os Aspectos Civis do Sequestro Internacional de Crianças (Convenção de Haia): concebida e concluída na cidade de Haia, em 25.10.1980, foi aprovada pelo Congresso Nacional por meio do Decreto Legislativo 79, de 15.09.1999, e promulgada, pelo Executivo, por meio do Decreto 3.413, de 14.04.2000. Seu escopo principal é estabelecer mecanismos para impedir a transferência internacional de crianças, de forma ilícita, entre países.

d) Convenção relativa à Proteção das Crianças e à Cooperação em Matéria de Adoção Internacional: concluída em Haia, em 29.05.1993, foi promulgada, em 21.06.1999, por meio do Decreto 3.087, passando a vigorar, no Brasil, a partir de 01.07.1999. Estabelece regras mínimas e obrigatórias para a adoção internacional, sendo seus objetivos (art. 1º): a) "estabelecer garantias para que as adoções internacionais sejam feitas segundo o interesse superior da criança e com respeito aos direitos fundamentais que lhe reconhece o direito internacional; b) "instaurar um sistema de cooperação entre os Estados Contratantes que assegure o respeito às mencionadas garantias e, em consequência, previna o sequestro, a venda ou o tráfico de crianças"; c) "assegurar o reconhecimento nos Estados Contratantes das adoções realizadas segundo a convenção". *Vide* Decreto 3.174, de 16.09.1999, que designa as autoridades centrais encarregadas de dar cumprimento às normas previstas nesta Convenção.

e) Regras Mínimas da ONU para Proteção dos Jovens Privados de Liberdade e para Administração da Justiça da Infância e da Juventude (Regras de Beijing): são recomendações formuladas no 7º Congresso das Nações Unidas sobre prevenção de delito e tratamento do infrator, realizado em Milão, no período compreendido entre os dias 26.08.1985 e 6 de novembro do mesmo ano, e adotadas pela Assembleia Geral, em 29.11.1985. Traça regras e garantias que devem nortear o processo de apuração de atos infracionais.

1.2. Estrutura

O ECA é constituído por dois livros:

1.2.1. Livro I

Corresponde à Parte Geral e contém 3 títulos:

a) Disposições Preliminares (Título I);

b) Direitos Fundamentais (Título II);

c) Formas de Prevenção (Título III).

1.2.2. Livro II

Corresponde à Parte Especial e contém 7 títulos:

a) Políticas de Atendimento (Título I);

b) Medidas de Proteção (Título II);

c) Prática de Ato Infracional (Título III);

d) Medidas pertinentes aos pais ou responsável (Título IV);

e) Conselho Tutelar (Título V);

f) Acesso à Justiça (Título VI);

g) Crimes e Infrações Administrativas (Título VII).

1.2.3. Estrutura – Conteúdo

a) Livro I: cuida de matérias de natureza civil; das formas de colocação em família substituta; da definição de família natural, dentre outros temas;

b) Livro II: trata do acesso à Justiça; procedimentos; apuração de ato infracional; crimes e infrações administrativas contra crianças e adolescentes, dentre outros temas.

1.3. Conceitos e incidência – art. 2º do ECA

O ECA, no Título I da Parte Geral, "Disposições Preliminares", em seu art. 2º, *caput*, traz os conceitos de *criança* e de *adolescente*, a saber:

a) criança: *pessoa de até doze anos de idade incompletos*;

b) adolescente: *pessoa entre doze anos (completos) e dezoito anos de idade (incompletos).*

1.3.1. Importância da distinção entre criança e adolescente

a) a criança infratora não se submete a medida socioeducativa; somente se sujeita a medida de proteção (art. 105, ECA);

b) o adolescente infrator, ao contrário, submete-se a *medida socioeducativa* – art. 112, I a VI, do ECA – bem assim a *medida de proteção* – art. 112, VII, do ECA.

1.3.2. Outra diferença

No processo de adoção, o adolescente necessariamente será ouvido, a fim de externar o seu consentimento (art. 45, § 2º, do ECA).

1.4. Aplicação excepcional do Estatuto

Apesar de o ECA ter sido concebido para disciplinar a situação de *crianças* e *adolescentes*, ele também incidirá, excepcionalmente, sobre pessoas com idade entre 18 e 21 anos (incompletos), no que concerne às medidas socioeducativas de *semiliberdade* e de *internação* do adolescente, cujo cumprimento deverá, necessariamente, findar até os 21 anos da pessoa, respeitado o período máximo de 3 anos. *Vide*, a esse respeito, Informativo STF 547. Neste caso, é imprescindível que o ato infracional tenha sido praticado antes de a pessoa tornar-se imputável, é dizer, completar 18 anos; caso contrário, está-se a falar de responsabilidade penal, em que a resposta estatal consiste em *pena* e *medida de segurança*. Assim, leva-se em conta a idade do adolescente na data do fato (conduta), ainda que a consumação do ato infracional tenha se operado quando ele já atingiu a maioridade. É o que estabelece o art. 104 do Estatuto.

Nessa linha, confira o posicionamento pacífico do Supremo Tribunal Federal:

> *Medida Socioeducativa e Advento da Maioridade*
>
> A Turma reafirmou jurisprudência da Corte no sentido de que o atingimento da maioridade não impede o cumprimento de medida socioeducativa de semiliberdade e indeferiu *habeas corpus* em que se pleiteava a extinção dessa medida aplicada ao paciente que, durante o seu curso, atingira a maioridade penal. Sustentava a impetração constrangimento ilegal, dado que, como o paciente completara a maioridade civil – 18 anos –, e, portanto, alcançara a plena imputabilidade penal, não teria mais legitimação para sofrer a imposição dessa medida socioeducativa. Asseverou-se, todavia, que, se eventualmente a medida socioeducativa superar o limite etário dos 18 anos, ela poderá ser executada até os 21 anos de idade, quando a liberação tornar-se-á compulsória. Alguns precedentes citados: HC 91441/RJ (*DJU* de 29.06.2007); HC 91490/RJ (*DJU* de 15.06.2007) e HC 94938/RJ (*DJE* de 03.10.2008). **HC 96355/RJ, rel. Min. Celso de Mello, 19.05.2009. (HC-96355)** (Inform. STF 547)

1.5. Princípios informadores do ECA

1.5.1. Princípio da proteção integral

a) conceito: *todas as crianças e adolescentes, como sujeitos de direito, são merecedores de ampla e integral proteção;*

b) previsão: art. 1º do ECA;

c) exemplos: art. 6º da CF ("são direitos sociais a educação (...) a proteção à infância..."); medidas aplicáveis aos pais ou responsável – art. 129 do ECA.

1.5.2. Princípio da prioridade absoluta

a) conceito: *impõe à família, à sociedade e ao Estado o dever de assegurar que os direitos das crianças e dos adolescentes sejam efetivados preferencialmente, com primazia em relação aos demais indivíduos;*

b) previsão: arts. 227, *caput*, da CF e 4º do ECA;

c) aspectos do postulado (o tratamento preferencial compreende quatro aspectos, contidos no art. 4º, parágrafo único): primazia de receber proteção e socorro em quaisquer circunstâncias; precedência de atendimento nos serviços públicos ou de relevância pública; preferência na formulação e na execução das políticas sociais públicas; destinação privilegiada de recursos públicos nas áreas relacionadas com a proteção à infância e à juventude.

1.5.3. Princípio da condição peculiar de pessoa em desenvolvimento

O destinatário das normas contempladas no ECA é um sujeito especial de direito, em processo de formação, razão por que toda medida a ele aplicada deve levar em conta essa situação peculiar – art. 6º do ECA.

1.5.4. Princípio da excepcionalidade

Previsto no art. 227, § 3º, V, da CF, estabelece que a medida privativa de liberdade terá caráter excepcional, isto é, somente terá incidência na falta de outra mais adequada.

1.5.5. Princípio da brevidade

Previsto no art. 227, § 3º, V, da CF, prescreve que a medida privativa de liberdade deve durar pelo prazo mais breve possível, apenas o necessário ao fim a que se destina (ressocialização do adolescente infrator).

2. DIREITOS FUNDAMENTAIS I

2.1. Direito à vida e à saúde

2.1.1. Previsão

Arts. 7º a 14 do ECA.

2.1.2. Noção geral

Consta do *caput* do art. 7º do ECA que a criança e o adolescente são titulares do direito fundamental à vida e à saúde, cuja proteção será implementada por meio de políticas públicas que viabilizem o nascimento e o desenvolvimento sadio e harmonioso, em condições dignas de existência. Em relação aos outros direitos fundamentais, o direito à vida assume posição de destaque, já que, sem ele, os demais perdem a razão de ser.

2.1.3. Início da proteção

Tem início com o atendimento pré e perinatal assegurado à gestante, por meio do SUS – art. 8º, caput, do ECA, cuja redação foi alterada por força da Lei 13.257/2016 (direito fundamental da gestante).

2.1.4. Considerações importantes

a) recentemente, foi editada a Lei 13.257/2016, que alterou, substancialmente, entre outros dispositivos do ECA, os art. 8º a 14, que tratam do direito à vida e à saúde, com foco no estabelecimento de princípios e diretrizes para a formulação e implementação de políticas públicas voltadas à primeira infância; com o mesmo escopo, além do ECA, também foram alterados dispositivos da CLT e do CPP.

b) incumbe ao Poder Público proporcionar apoio psicológico à gestante e à mãe, no período pré e pós-natal, inclusive como forma de prevenir ou minorar as consequências do estado puerperal – art. 8º, § 4º, do ECA, serviço esse que será prestado na hipótese de a gestante ou mãe manifestar o desejo de entregar seu filho para adoção, bem como àquelas que se encontrem em situação de privação de liberdade – art. 8º, § 5º, do ECA (com redação determinada pela Lei 13.257/2016);

c) Poder Público, instituições e empregadores devem criar condições ao aleitamento materno, inclusive quando se tratar de nutriz submetida à medida privativa de liberdade – a teor do art. 9º, caput, do ECA;

d) a gestante e a parturiente fazem jus a um acompanhante por elas escolhido durante o período do pré-natal, do trabalho de parto e do pós-parto imediato, conforme estabelece o art. 8º, § 6º, do ECA (com redação determinada pela Lei 13.257/2016).

2.1.5. Os hospitais e os estabelecimentos congêneres – públicos e particulares – devem obedecer às seguintes regras impostas pelo art. 10 do ECA:

a) manter, pelo prazo de 18 anos, registro das atividades desenvolvidas por meio de prontuários individuais – *vide* crime do art. 228 do ECA;

b) identificar o recém-nascido por meio do registro de sua impressão plantar e digital e da impressão digital da mãe, sem prejuízo de outras formas normatizadas pela autoridade administrativa competente – *vide* crime do art. 229 do ECA;

c) realizar exames visando ao diagnóstico e terapêutica de anormalidades no metabolismo do recém-nascido, bem como prestar orientação aos pais – *vide* crime do art. 229 do ECA;

d) fornecer declaração de nascimento da qual constem necessariamente as intercorrências do parto e do desenvolvimento do neonato – *vide* crime do art. 228 do ECA;

e) manter alojamento conjunto, possibilitando ao neonato a permanência junto à mãe;

f) acompanhar a prática do processo de amamentação, prestando orientações quanto à técnica adequada, enquanto a mãe permanecer na unidade hospitalar, utilizando o corpo técnico já existente (dispositivo inserido pela Lei 13.436/2017).

2.1.6. Criança e adolescente – art. 11 do ECA

É assegurado, por meio do SUS, o acesso integral às linhas de cuidado voltadas à saúde da criança e do adolescente, observado o princípio da equidade no acesso a ações e serviços para promoção, proteção e recuperação da saúde, observando-se os seguintes pontos:

a) que a criança e o adolescente portadores de deficiência serão atendidos em suas necessidades gerais de saúde e específicas de habilitação e reabilitação – art. 11, § 1º, do ECA (com redação determinada pela Lei 13.257/2016);

b) que constitui incumbência do Poder Público fornecer gratuitamente àqueles que necessitarem os medicamentos, próteses e outros recursos relativos ao tratamento, habilitação ou reabilitação – art. 11, § 2º, do ECA (com redação determinada pela Lei 13.257/2016);

c) os profissionais envolvidos no cuidado de crianças que se achem na primeira infância deverão receber formação específica e permanente para a detecção de sinais de risco para o bom desenvolvimento dessas pessoas em formação (art. 11, § 3º, do ECA, introduzido pela Lei 13.257/2016).

2.1.7. Direito de um dos pais ou responsável de permanecer na companhia da criança ou adolescente em caso de internação hospitalar – art. 12 do ECA

Na hipótese de internação de criança ou adolescente, os estabelecimentos de atendimento à saúde, inclusive as unidades neonatais, de terapia intensiva e de cuidados intermediários, deverão proporcionar condições para que um dos pais ou responsável permaneça em tempo integral na companhia do filho ou representado. Tal se dá porque, segundo se entende, a companhia de um dos pais ou mesmo do responsável em muito contribui para que o paciente, que é uma pessoa ainda em formação, possa recuperar-se de forma mais satisfatória.

2.1.8. Providência em caso de maus-tratos e prevenção de enfermidades – arts. 13 e 14 do ECA

Nos casos de suspeita ou ainda de confirmação de castigo físico, de tratamento cruel ou degradante e de maus-tratos contra criança ou adolescente, será obrigatória a comunicação do fato ao Conselho Tutelar da respectiva localidade, sem prejuízo de outras providências legais – art. 13, *caput*, do ECA. Note que este dispositivo teve a sua redação alterada por força da Lei 13.010/2014, conhecida como a "Lei da Palmada". Estão obrigados a efetuar a comunicação o médico, o professor ou o responsável por estabelecimento de atenção à saúde e de ensino fundamental, pré-escola ou creche. Se não o fizerem, incorrerão na multa correspondente à infração administrativa prevista no art. 245 do ECA. De outro lado, o SUS promoverá programas de assistência médica e odontológica para prevenir as enfermidades típicas da população infantil, sendo obrigatória a vacinação das crianças nos casos recomendados pelas autoridades sanitárias – art. 14, *caput* e § 1º, do ECA.

2.2. Direito à liberdade, ao respeito e à dignidade

2.2.1. Direito à liberdade

Previsto no art. 16 do ECA, compreende as seguintes formas (aspectos):

a) ir, vir e estar nos logradouros públicos e espaços comunitários, ressalvadas as restrições legais. Tema que ganhou grande destaque nos meios de comunicação é o chamado "toque de recolher", providência adotada sob a forma de portaria judicial por diversas varas da infância e juventude com vistas a restringir, em determinados horários e sob certas condições, o direito de ir e vir de crianças e adolescentes. O Conselho Nacional de Justiça – CNJ, ao ser provocado, negou, em liminar, a suspensão dos efeitos dessas portarias. Em seguida, o Plenário, ao analisar o caso, não conheceu do pedido, visto que entendeu ter natureza jurisdicional. O TJ/SP, por sua vez, manifestou-se, em diversas decisões, favorável a essa forma de restrição imposta à liberdade de locomoção. Exemplo disso é a decisão tomada na Apelação 990.10.094596-3, de 13.12.2010. De se ver, de outro lado, que o STJ, em decisão de 01.12.2011, tomada no HC 207.720-SP, reconheceu a ilegalidade do toque de recolher instituído e disciplinado por meio de portaria. Como se pode ver, o tema é polêmico e tem suscitado entendimentos nos dois sentidos;

b) opinião e expressão;

c) crença e culto religioso;

d) brincar, praticar esportes e divertir-se;

e) participar da vida familiar e comunitária, sem discriminação;

f) participar da vida política, na forma da lei. O voto para os adolescentes é facultado aos 16 anos. Dessa forma, ainda antes de atingir a maioridade civil, eles têm a oportunidade de começar a participar e se envolver na vida política do país, num exemplo de verdadeiro exercício de cidadania;

g) buscar refúgio, auxílio e orientação.

OBS: A Lei 13.431/2017, cuja leitura se recomenda, estabelece o sistema de garantia de direitos da criança e do adolescente vítima ou testemunha de violência.

2.2.2. Direito ao respeito – art. 17 do ECA

Todos somos titulares desse direito, já que são invioláveis nossa integridade física, psíquica e também a moral. Sucede que as crianças e os adolescentes, por serem pessoas em desenvolvimento, têm o que podemos chamar de "direito qualificado", pois os prejuízos que podem ser gerados neles em face da violação desse direito com certeza são mais graves.

> **Art. 18** do ECA: "é dever de todos velar pela dignidade da criança e do adolescente, pondo-os a salvo de qualquer tratamento desumano, violento, aterrorizante, vexatório ou constrangedor".

2.2.3. "Lei da Palmada"

A Lei 13.010/2014, entre outras alterações, modificou a redação do art. 18 do ECA, que passou a contar, a partir de então, com os arts. 18-A e 18-B, que tratam, respectivamente, do que se deve entender por castigo físico *e* tratamento cruel ou degradante *e as medidas a serem tomadas, pelo Conselho Tutelar, em casos assim.*

3. DIREITOS FUNDAMENTAIS II – DIREITO À CONVIVÊNCIA FAMILIAR E COMUNITÁRIA (ASPECTOS GERAIS)

3.1. Localização

Capítulo III do Título II (direitos fundamentais) do Livro I (Parte Geral) do ECA. Constitui, portanto, um dos direitos fundamentais, assim como o direito à vida, à saúde, à liberdade, ao respeito e à dignidade.

3.2. Aspectos gerais acerca do tema

3.2.1. Importância da convivência familiar

O ECA erigiu a convivência familiar e comunitária ao patamar de direito fundamental porque considera que crianças e adolescentes, na condição de pessoas em formação, precisam de valores morais e éticos para atingir a fase adulta com uma formação sólida, com a personalidade bem estruturada.

3.2.2. Caráter supletivo da adoção

Com o novo panorama instaurado pela Lei Nacional de Adoção – Lei 12.010/2009, busca-se, em primeiro lugar e com absoluta prioridade, a manutenção da criança ou do adolescente na sua família natural. Diante da imperiosa necessidade de se retirar a pessoa em desenvolvimento de sua família natural, será encaminhada para sua família extensa; não sendo isso possível, para programa de acolhimento familiar ou institucional, ou, ainda, para as modalidades de família substituta (guarda ou tutela). Se, neste ínterim, a família natural não se reestruturar, aí sim, a criança ou adolescente poderá ser encaminhado para adoção – art. 19, caput e § 3º do ECA, cuja redação foi alterada pela Lei 13.257/2016. A adoção, portanto, deve ser vista, no atual contexto, como o último recurso, a última alternativa.

3.2.3. Carência de recursos

A falta ou a carência de recursos materiais não constitui motivo bastante para justificar a suspensão ou a perda do poder familiar – art. 23, *caput*, do ECA.

Neste art. 23 do ECA foi inserido, por meio da Lei 12.962/2014, o § 2º, que estabelece que "a condenação criminal do pai ou da mãe não implicará a destituição do poder familiar, exceto na hipótese de condenação por crime doloso, sujeito à pena de reclusão, contra o próprio filho ou filha". Tal disposição está em conformidade com a regra disposta no art. 92, II, do CP, que versa a respeito dos efeitos da condenação. Assim, será destituído do poder familiar, por exemplo, o pai que submeter a filha de 12 anos a conjunção carnal (estupro de vulnerável – art. 217-A do CP).

3.2.4. Mudança de nomenclatura

A teor do art. 21 do ECA, o *poder familiar* – expressão que substituiu, por força do art. 3º da Lei 12.010/2009, a nomenclatura *pátrio poder* – enuncia a ideia de igualdade entre gêneros no que toca aos direitos e deveres atinentes à sociedade conjugal.

3.2.5. Direito de Convivência com o pai ou a mãe privado de liberdade

O art. 19, § 4º, do ECA, inserido pela Lei 12.962/2014, estabelece que às crianças e aos adolescentes será assegurado o direito de conviver com a mãe ou o pai privado de liberdade. Tal deverá ocorrer por meio de visitas periódicas promovidas pelo responsável ou, na hipótese de acolhimento institucional, pela entidade responsável, sendo para tanto dispensável autorização judicial.

3.3. Acolhimento familiar e institucional

3.3.1. Previsão legal e conceito

Disciplinados no art. 19, §§ 1º e 2º, do ECA, constituem, a teor do art. 101, VII e VIII, também do ECA, medida de proteção cujo propósito reside na retirada da criança ou adolescente de sua família e o seu encaminhamento para uma família acolhedora ou para uma entidade de atendimento (presente situação de risco à criança ou ao adolescente).

3.3.2. *Prazos e observações*

Somente o juiz pode determinar o encaminhamento. Período máximo para reavaliação da medida: 6 meses – art. 19, § 1º, do ECA (válido para os dois modelos de acolhimento), após o que, diante do relatório confeccionado por equipe multidisciplinar, deverá o juiz decidir se é caso de reintegração familiar ou colocação em família substituta. O prazo máximo de permanência em programa de acolhimento institucional é de até 18 meses, salvo comprovada necessidade que atenda ao interesse da criança ou do adolescente. No caso do prazo máximo de permanência no acolhimento familiar, ante a omissão do legislador, aplica-se, por analogia, o art. 19, § 2º, do ECA, previsto para o acolhimento institucional. Vale a observação de que o prazo de 18 meses foi estabelecido por meio da Lei 13.509/2017. Antes disso, o prazo era de 2 anos. Houve, portanto, um encurtamento do interregno durante o qual a criança ou adolescente poderá permanecer em programa de acolhimento institucional e familiar.

Em que pese a boa intenção do legislador, que estabeleceu, por meio da Lei 12.010/2009, como prazo máximo para a criança ou o adolescente permanecer abrigado o período de 2 anos (atualmente é de 18 meses, dada a alteração promovida pela Lei 13.509/2017), o fato é que, na prática, temos observado que a exceção virou regra. Em parte explicado pelo rigor dos cursos preparatórios ministrados a pretendentes à adoção e também por eventuais falhas nas políticas públicas implementadas para reestruturar a família natural para receber a pessoa em desenvolvimento, tem-se observado que é comum que essas crianças e adolescentes permaneçam em programa de acolhimento institucional por período bem superior a dois anos. É importante que se diga que, segundo é sabido, o número de pretendentes à adoção supera o número de potenciais crianças e adolescentes disponíveis. Não retrata a realidade, portanto, a crença de que faltam pais candidatos à adoção. Outro fator que dificulta a adoção e faz com que muitos jovens permaneçam por mais tempo em abrigo é o nível de exigência imposta pelos pretendentes, que, em sua grande maioria, preferem crianças recém-nascidas, brancas e saudáveis.

3.4. Família natural, extensa e substituta

3.4.1. *Família natural – art. 25,* caput*, do ECA*

Comunidade constituída pelos pais ou qualquer deles e seus descendentes. Neste último caso, família *monoparental.* Pouco importa o vínculo existente entre os pais, isto é, ainda que sejam divorciados, solteiros ou casados, mesmo assim a família será classificada como natural. Constitui, segundo o ECA, o ambiente mais favorável ao desenvolvimento da criança e do adolescente.

3.4.2. *Família extensa ou ampliada – art. 25, parágrafo único, do ECA*

Além da unidade constituída por pais e filhos ou o núcleo formado pelo casal, deve-se entender por esta modalidade de família (inserida pela Lei 12.010/2009) aquela que contempla também os parentes próximos que convivem e mantêm vínculos de afinidade e afetividade com a criança ou o adolescente.

Importância: no caso de colocação de criança ou adolescente em família substituta, deve-se conferir primazia à família extensa. *Vide*, a esse respeito, o seguinte julgado do STJ: REsp 945.283-RN, Rel. Min. Luis Felipe Salomão, j. 15.09.2009.

3.4.3. *Família substituta – art. 28 e seguintes do ECA*

É medida excepcional que será determinada diante de situações em que a permanência da criança ou do adolescente junto à sua família natural torna-se inviável. Comporta três modalidades: *guarda, tutela* e *adoção.*

Família substituta – aspectos gerais:

a) havendo possibilidade, a teor do art. 28, § 1º, do ECA, a criança ou adolescente será ouvido por equipe interprofissional, sendo a sua opinião levada em conta;

b) se se tratar de adolescente, seu consentimento, colhido em audiência, é necessário para a sua colocação em família substituta – art. 28, § 2º, do ECA;

c) o art. 28, § 3º, do ECA estabelece um critério para colocação da criança ou adolescente em família substituta, qual seja, sempre que se fizer necessária a retirada da pessoa em desenvolvimento de sua família natural, ela deve ser acolhida, preferencialmente, por uma família substituta constituída por parentes próximos com os quais ela tenha vínculos de afinidade e afetividade. É a família extensa ou ampliada (com o objetivo de atenuar as consequências decorrentes da medida);

d) grupos de irmãos devem, em regra, permanecer juntos, quando inseridos em família substituta, salvo comprovada existência de risco de abuso ou outra situação que justifique a adoção de solução diversa – art. 28, § 4º, do ECA;

e) a colocação da criança ou do adolescente em família substituta será antecedida, na dicção do art. 28, § 5º, do ECA, de *preparação gradativa* e *acompanhamento posterior*, realizados por equipe interprofissional a serviço da Justiça da Infância e da Juventude;

f) o art. 28, § 6º, do ECA estabelece uma série de exigências a serem observadas quando se tratar de criança ou adolescente indígena ou proveniente de comunidade remanescente de quilombo;

g) a colocação em família substituta não será deferida à pessoa que revele, por qualquer modo, incompatibilidade com a natureza da medida ou não ofereça ambiente familiar adequado, pois se busca, com a medida, proporcionar à criança e ao adolescente um ambiente saudável para o seu desenvolvimento físico e psíquico;

h) a colocação em família substituta estrangeira, só admissível na modalidade de adoção, constitui medida excepcional. Adoção internacional, sobre a qual falaremos mais adiante, *é aquela em que a criança deve se deslocar do seu país de origem.*

4. DIREITOS FUNDAMENTAIS III – GUARDA E TUTELA

4.1. Guarda

4.1.1. *Previsão legal*

Arts. 33, 34 e 35 do ECA.

4.1.2. *Conceito*

Modalidade de colocação da criança ou do adolescente em família substituta destinada a regularizar a posse de fato, a ser deferida no curso dos processos de tutela e adoção, bem assim, em caráter excepcional, para atender a situações peculiares ou ainda para suprir a falta eventual dos pais ou responsável.

Observação: a guarda não será concedida no curso do processo de adoção por estrangeiros – art. 33, § 1º, do ECA.

4.1.3. *Características e pontos relevantes*

a) esta modalidade de colocação em família substituta é *provisória*, na medida em que, depois de concedida, a criança ou o adolescente poderá retornar à sua família natural ou permanecer sob guarda até ser encaminhado para uma família substituta definitiva;

b) a guarda obriga a prestação de assistência material, moral e educacional à criança ou adolescente;

c) pode o detentor da guarda opor-se a terceiros, inclusive aos pais;

d) ao contrário da tutela, a guarda é compatível com o poder familiar. Assim, sua concessão a terceiros não obsta o exercício do direito de visitas pelos pais, bem como o dever de prestar alimentos, salvo determinação em contrário;

e) a *guarda*, como forma provisória de colocação da criança ou do adolescente em família substituta, não deve ser confundida com o *dever de guarda*, que é imanente ao exercício do *poder familiar* e é prevista, como dever dos cônjuges, no art. 1.566, IV, do Código Civil (CC); o descumprimento do *dever de guarda*, que decorre do poder familiar, faz surgir a modalidade de colocação em família substituta denominada *guarda*;

f) por se tratar de instituto de natureza provisória, a guarda pode ser revogada a qualquer tempo, mediante ato judicial fundamentado, ouvido o MP – art. 35 do ECA;

g) a inclusão de pessoa em desenvolvimento em programa de acolhimento familiar, o que pode se dar mediante guarda, tem preferência ao acolhimento institucional – art. 34, § 1º, do ECA;

h) inexiste a guarda para fins somente *previdenciários*, sendo necessário, ao deferimento da medida, a presença de uma situação de risco; de outro lado, a guarda confere à criança ou ao adolescente a condição de dependente, para todos os fins de direito, inclusive *previdenciários* – art. 33, § 3º, do ECA. *Vide*, a esse respeito: STJ, REsp 993.458-MA, Rel. Min. Nancy Andrighi, j. 07.10.2008;

i) guarda compartilhada (Leis 11.698/2008 e 13.058/2014) *é aquela cuja responsabilidade é exercida de forma conjunta e simultânea pelo pai e pela mãe que não residem juntos*;

j) permite a representação em caráter excepcional (para atos determinados);

k) a Lei 13.257/2016 acrescentou no art. 34 do ECA os §§ 3º e 4º, que tratam, respectivamente, do papel da União na implementação do serviço de acolhimento familiar e da fonte de recursos para a manutenção dessa modalidade de colocação em família substituta.

4.2. Tutela

4.2.1. *Previsão legal*

Arts. 36, 37 e 38 do ECA.

4.2.2. *Conceito*

Constitui forma de colocação da criança ou do adolescente em família substituta que pressupõe a perda ou a suspensão do poder familiar (art. 36, parágrafo único, do ECA). Também regulariza a posse de fato.

4.2.3. *Limite de idade*

A tutela somente será deferida a pessoa com até 18 anos incompletos – art. 36, *caput*, do ECA.

4.2.4. *Características e pontos relevantes*

a) ao contrário da guarda, em que se confere ao seu detentor o direito de representação para a prática de atos *determinados*, na tutela é conferido ao tutor amplo direito de representação, que deverá, por conta disso, administrar bens e interesses do pupilo;

b) determina o art. 38 do ECA que, no que concerne à destituição da tutela, aplica-se o art. 24, que prescreve que a perda ou suspensão do poder familiar somente será decretada em processo judicial no qual seja assegurado o contraditório;

c) os arts. 1.736 e seguintes do CC listam as hipóteses de escusa da tutela. Ex.: mulheres casadas; maiores de 60 anos.

4.2.5. *Classificação*

a) tutela testamentária: *prevista nos arts. 37 do ECA e 1.729 do CC, é aquela instituída por vontade dos pais, em conjunto;* deve constar de testamento ou de outro documento autêntico;

b) tutela legítima: *à falta de tutor nomeado pelos pais, incumbe a tutela aos parentes consanguíneos do menor, conforme ordem estabelecida no art. 1.731 do CC;*

c) tutela dativa: diante da falta de tutor testamentário ou legítimo, ou quando estes forem excluídos ou escusados da tutela, ou ainda quando removidos por inidoneidade, o juiz nomeará tutor idôneo – art. 1.732 do CC.

5. DIREITOS FUNDAMENTAIS IV – DA ADOÇÃO, DO DIREITO À EDUCAÇÃO, À CULTURA, AO ESPORTE E AO LAZER E DO DIREITO À PROFISSIONALIZAÇÃO E À PROTEÇÃO NO TRABALHO

5.1. Adoção

5.1.1. *Conceito*

É a modalidade de colocação de criança ou adolescente em família substituta que tem o condão de estabelecer o parentesco civil entre adotante e adotado.

5.1.2. *Modalidades de adoção*

a) unilateral: *prevista no art. 41, § 1º, do ECA, é aquela em que permanecem os vínculos de filiação com apenas um dos pais biológicos (um dos cônjuges ou conviventes adota o filho do outro)*;

b) bilateral: *aqui, o vínculo de filiação rompe-se por completo.*

5.1.3. *Medida excepcional (art. 39, § 1º, do ECA)*

É medida excepcional e irrevogável, à qual só se deve recorrer quando não for possível a manutenção da *pessoa em desenvolvimento* na sua família natural ou a sua colocação em família extensa.

5.1.4. *Requisitos de idade*

a) adotando: deve contar com, no máximo, 18 anos à data do pedido, salvo se já estiver sob a guarda ou tutela dos adotantes – art. 40 do ECA;

b) adotante: deve ser maior de 18 anos, independentemente do estado civil (art. 42, *caput*, do ECA);

c) diferença de idade: o adotante deve ser 16 anos mais velho que do o adotando – art. 42, § 3º, do ECA.

5.1.5. *Outros requisitos*

a) consentimento dos pais e do adolescente: segundo impõe o art. 45, § 1º, do ECA, o consentimento dos pais ou do representante legal será dispensado quando aqueles forem desconhecidos ou destituídos do poder familiar; no caso de adolescente, estatui o art. 45, § 2º, do ECA que o seu consentimento será necessário;

b) estágio de convivência: a redação anterior do art. 46, "caput", do ECA estabelecia que o estágio de convivência teria o prazo que o juiz fixar, levando-se em conta as peculiaridades de cada caso. Pois bem, com o advento da Lei 13.509/2017, que promoveu diversas modificações no contexto da adoção com o propósito de agilizar o seu processo, adotou-se o prazo máximo de 90 dias. Ou seja, o juiz continua a estabelecer o prazo que entender mais conveniente em face das peculiaridades do caso (inclusive a idade da criança e do adolescente), mas, agora, o prazo fixado não pode ser superior a 90 dias. De ver-se que esse interregno, por força do que dispõe o art. 46, § 2º-A, do ECA, pode ser prorrogado por até igual período, mediante decisão fundamentada do magistrado. No que concerne à *adoção internacional*, o legislador fixava, conforme redação anterior do dispositivo, tão somente um prazo mínimo (30 dias, conforme art. 46, § 3º, do ECA). Atualmente, dada a modificação operada pela Lei 13.509/2017, o prazo mínimo do estágio de convivência, na adoção internacional, continua a ser de 30 dias, mas o legislador fixou um prazo máximo, que corresponde a 45 dias, prorrogável por igual período, uma única vez, mediante decisão fundamentada do juiz de direito. O estágio de convivência poderá ser dispensado na hipótese de o adotando já estar sob a guarda legal ou tutela do adotante durante tempo suficiente para se avaliar a conveniência da constituição do vínculo, conforme reza o art. 46, § 1º, do ECA;

c) o art. 43 do ECA estabelece como requisito ao deferimento da adoção a necessidade de esta apresentar reais vantagens para o adotando e se fundar em motivos legítimos.

5.1.6. Adoção – impedimentos e vedações

a) é vedada a adoção por procuração. Trata-se, pois, de ato personalíssimo – art. 39, § 2º, do ECA;

b) são impedidos de adotar os ascendentes e os irmãos do adotando (art. 42, § 1º, do ECA). Tios, portanto, podem adotar; avós, no entanto, não podem. Nesse sentido: TJ-SP, Câmara Especial, Apelação 26.159-0, Rel. Des. Lair Ribeiro, j. 29.06.1995;

c) não pode o tutor ou curador adotar o pupilo ou o curatelado enquanto não der conta de sua administração e saldar o seu débito (art. 44 do ECA).

5.1.7. Características

a) é medida excepcional e irrevogável, a ela somente podendo recorrer quando esgotados os recursos visando à manutenção da criança ou adolescente na sua família natural ou extensa; é irrevogável porque é defeso à família original retomar o poder familiar;

b) é plena: o adotado adquire a mesma condição dos filhos biológicos, com os mesmos direitos e deveres, inclusive sucessórios, desligando-se de qualquer vínculo com pais e parentes, salvo os impedimentos matrimoniais, que são preservados – art. 41, *caput,* do ECA;

c) não admissão de escritura pública para a constituição do vínculo de adoção: somente a sentença judicial tem o condão de constituir esse vínculo (sentença, portanto, de natureza constitutiva), que se torna definitivo a partir do trânsito em julgado (art. 47, *caput,* do ECA).

d) conforme alteração promovida no art. 47 do ECA pela Lei 12.955/2014, que ali inseriu o § 9º, "terão prioridade de tramitação os processos de adoção em que o adotando for criança ou adolescente com deficiência ou com doença crônica".

e) a Lei 13.509/2017 acrescentou ao art. 47 o § 10, que estabeleceu o prazo máximo para duração da ação de adoção, que é de 120 dias, prorrogável uma única vez por igual período, mediante decisão fundamentada do juiz de direito. Perceba que a tônica da reforma promovida pela Lei 13.509/2017 é imprimir mais agilidade ao processo de adoção.

5.1.8. Adoção conjunta (bilateral)

a) o art. 42, § 2º, do ECA exige que, para a adoção conjunta, os adotantes sejam casados ou vivam em união estável, comprovada a estabilidade da família;

b) o § 4º do mesmo dispositivo, por sua vez, estatui que podem também adotar conjuntamente os divorciados, os judicialmente separados e os ex-companheiros, desde que acordem sobre a guarda e o regime de visitas e contanto que o estágio de convivência tenha sido iniciado na constância do período de convivência e que seja comprovada a existência de vínculos de afinidade e afetividade com aquele não detentor da guarda que justifiquem a medida. Poderá até, desde que demonstrado efetivo benefício para o adotando, ser concedida a guarda compartilhada (§ 5º).

5.1.9. Adoção por casais homoafetivos

É fato que a adoção por casais homoafetivos não é contemplada de forma expressa pelo ECA nem pelo CC/2002. De outro lado, não se pode virar as costas para a realidade. A despeito de respeitáveis juristas manifestarem-se contra, cada vez mais temos convivido com decisões favoráveis à adoção de crianças e adolescentes por casais de homossexuais. Essas decisões em geral levam em conta dois aspectos: o fato de a união entre pessoas do mesmo sexo poder ser reconhecida como entidade familiar (mais recentemente como união estável), exigindo-se, neste caso, estabilidade, afetividade e ostensibilidade; e também o fato de que esta adoção não traz nenhum prejuízo à criança ou adolescente; pelo contrário, proporciona lhes vantagens.

Confira, abaixo, decisão emblemática sobre esse tema:

> Direito civil. Família. Adoção de menores por casal homossexual.
>
> Situação já consolidada. Estabilidade da família. Presença de fortes vínculos afetivos entre os menores e a requerente.
>
> Imprescindibilidade da prevalência dos interesses dos menores.
>
> Relatório da assistente social favorável ao pedido. Reais vantagens para os adotandos. Artigos 1º da Lei 12.010/2009 e 43 do Estatuto da Criança e do Adolescente. Deferimento da medida.
>
> 1. A questão diz respeito à possibilidade de adoção de crianças por parte de requerente que vive em união homoafetiva com companheira que antes já adotara os mesmos filhos, circunstância a particularizar o caso em julgamento.
>
> 2. Em um mundo pós-moderno de velocidade instantânea da informação, sem fronteiras ou barreiras, sobretudo as culturais e as relativas aos costumes, onde a sociedade transforma-se velozmente, a interpretação da lei deve levar em conta, sempre que possível, os postulados maiores do direito universal.
>
> 3. O artigo 1º da Lei 12.010/2009 prevê a "garantia do direito à convivência familiar a todas e crianças e adolescentes". Por sua vez, o artigo 43 do ECA estabelece que "a adoção será deferida quando apresentar reais vantagens para o adotando e fundar-se em motivos legítimos".

4. Mister observar a imprescindibilidade da prevalência dos interesses dos menores sobre quaisquer outros, até porque está em jogo o próprio direito de filiação, do qual decorrem as mais diversas consequências que refletem por toda a vida de qualquer indivíduo.

5. A matéria relativa à possibilidade de adoção de menores por casais homossexuais vincula-se obrigatoriamente à necessidade de verificar qual é a melhor solução a ser dada para a proteção dos direitos das crianças, pois são questões indissociáveis entre si.

6. Os diversos e respeitados estudos especializados sobre o tema, fundados em fortes bases científicas (realizados na Universidade de Virgínia, na Universidade de Valência, na Academia Americana de Pediatria), "não indicam qualquer inconveniente em que crianças sejam adotadas por casais homossexuais, mais importando a qualidade do vínculo e do afeto que permeia o meio familiar em que serão inseridas e que as liga a seus cuidadores".

7. Existência de consistente relatório social elaborado por assistente social favorável ao pedido da requerente, ante a constatação da estabilidade da família. Acórdão que se posiciona a favor do pedido, bem como parecer do Ministério Público Federal pelo acolhimento da tese autoral.

8. É incontroverso que existem fortes vínculos afetivos entre a recorrida e os menores – sendo a afetividade o aspecto preponderante a ser sopesado numa situação como a que ora se coloca em julgamento.

9. Se os estudos científicos não sinalizam qualquer prejuízo de qualquer natureza para as crianças, se elas vêm sendo criadas com amor e se cabe ao Estado, ao mesmo tempo, assegurar seus direitos, o deferimento da adoção é medida que se impõe.

10. O Judiciário não pode fechar os olhos para a realidade fenomênica. Vale dizer, no plano da "realidade", são ambas, a requerente e sua companheira, responsáveis pela criação e educação dos dois infantes, de modo que a elas, solidariamente, compete a responsabilidade.

11. Não se pode olvidar que se trata de situação fática consolidada, pois as crianças já chamam as duas mulheres de mães e são cuidadas por ambas como filhos. Existe dupla maternidade desde o nascimento das crianças, e não houve qualquer prejuízo em suas criações.

12. Com o deferimento da adoção, fica preservado o direito de convívio dos filhos com a requerente no caso de separação ou falecimento de sua companheira. Asseguram-se os direitos relativos a alimentos e sucessão, viabilizando-se, ainda, a inclusão dos adotandos em convênios de saúde da requerente e no ensino básico e superior, por ela ser professora universitária.

13. A adoção, antes de mais nada, representa um ato de amor, desprendimento. Quando efetivada com o objetivo de atender aos interesses do menor, é um gesto de humanidade. Hipótese em que ainda se foi além, pretendendo-se a adoção de dois menores, irmãos biológicos, quando, segundo dados do Conselho Nacional de Justiça, que criou, em 29.04.2008, o Cadastro Nacional de Adoção, 86% das pessoas que desejavam adotar limitavam sua intenção a apenas uma criança.

14. Por qualquer ângulo que se analise a questão, seja em relação à situação fática consolidada, seja no tocante à expressa previsão legal de primazia à proteção integral das crianças, chega-se à conclusão de que, no caso dos autos, há mais do que reais vantagens para os adotandos, conforme preceitua o artigo 43 do ECA. Na verdade, ocorrerá verdadeiro prejuízo aos menores caso não deferida a medida.

15. Recurso especial improvido.

(STJ, REsp 889852/RS, Rel. Ministro Luis Felipe Salomão, Quarta Turma, julgado em 27.04.2010, *DJe* 10.08.2010)

5.1.10. *Adoção* post mortem

É aquela em que o adotante, tendo manifestado de forma inequívoca sua vontade no sentido de adotar, vem a falecer no curso do processo, desde que ainda não prolatada a sentença – art. 42, § 6º, do ECA. Neste caso, a adoção será deferida.

5.1.11. *Fases do procedimento da adoção – preparação e cadastramento*

O art. 50 do ECA contém uma série de normas que têm como escopo disciplinar o cadastramento daqueles que pretendem postular a adoção. O *caput* desse dispositivo impõe ao magistrado o dever de manter na respectiva comarca ou foro regional um registro de crianças e adolescentes em condições de serem adotados e outro de pessoas interessadas na adoção. Consta do § 3º do dispositivo que a inscrição de postulantes à adoção será precedida de um período de preparação psicossocial e jurídica. A adoção somente será deferida à família substituta cadastrada. Entretanto, o § 13 estabelece algumas exceções, entre as quais o pedido de adoção unilateral. A *preparação* constitui a primeira fase do procedimento da adoção. Nela, ao casal que deseja adotar são transmitidas as dificuldades que podem surgir no dia a dia da convivência entre adotado e adotante. Procura-se, desse modo, preparar o casal por meio de cursos, palestras e entrevistas, desmistificando a ideia de que a adoção é uma "panaceia", algo "maravilhoso", que não impõe aos adotantes nenhuma dificuldade, nenhum dissabor. Conforme prescreve o art. 50, § 4º, do ECA, sempre que possível e recomendável, fará parte da *preparação* o contato dos adotantes com crianças e adolescentes em acolhimento familiar ou institucional em condições de serem adotados, a ser realizado sob a orientação, supervisão e avaliação da equipe técnica da Justiça da Infância e da Juventude. A segunda fase é a *inscrição no cadastro*, este constituído pelos *interessados em adotar* e também pelos *possíveis adotandos*. Em consonância com o que prevê o § 5º do art. 50 do ECA, devem ser criados e implementados cadastros estaduais e um nacional de crianças e adolescentes em condições de serem adotados e de pessoas ou casais habilitados à adoção. É exigido também que haja cadastros distintos para pessoas ou casais residentes fora do país, que somente serão consultados se inexistentes postulantes nacionais habilitados (art. 50, § 6º, do ECA). O Conselho Nacional de Justiça – CNJ, com o escopo de criar um banco de dados que contivesse informações acerca de crianças e adolescentes a serem adotados bem como de pretendentes a adotar, baixou a Resolução 54, que foi, posteriormente, modificada pela Resolução 190, de 01.04.2014, que permite a inclusão, na forma de "subcadastro", no Cadastro Nacional de Adoção, de pretendentes domiciliados no exterior. O objetivo, aqui, é facilitar a procura por postulantes à adoção.

5.1.12. *Direito do adotado de conhecer sua origem biológica e de ter acesso ao processo*

O art. 48 do ECA, com a redação que lhe deu a Lei 12.010/2009, passa a conferir ao adotado, após completar 18 anos, o direito de conhecer sua origem biológica, bem como o de obter acesso irrestrito ao processo no qual a medida foi aplicada e seus eventuais incidentes. Se ainda não atingiu os 18 anos, o acesso ao processo de adoção poderá ser deferido ao adotado, a seu pedido, assegurada orientação e assistência jurídica e psicológica.

5.1.13. *Adoção internacional*

a) previsão legal: arts. 51 e 52 do ECA;

b) conceito: é aquela em que o pretendente tem residência habitual em país-parte da Convenção de Haia e deseja adotar criança em outro país-parte da mesma Convenção (art. 51, caput, do ECA, cuja redação foi modificada por força da Lei 13.509/2017).

5.1.14. *Consequências extraídas da definição*

a) o critério empregado é o *local de domicílio dos postulantes*;

b) a adoção realizada por estrangeiros, por si só, não se qualifica como internacional;

c) brasileiros residentes no exterior submetem-se às regras da adoção internacional, embora tenham primazia diante dos estrangeiros;

d) estrangeiros residentes no Brasil submetem-se às regras da adoção nacional.

5.1.15. *Requisitos necessários à efetivação da adoção internacional (art. 51, § 1º, do ECA)*

a) que a colocação em família substituta revele ser a solução adequada ao caso concreto: a adoção internacional constitui medida subsidiária. Diante da impossibilidade de se manter a criança ou adolescente na sua família natural (princípio da prevalência da família), será este inserido em família substituta, na forma de guarda, tutela ou adoção, conferindo-se, sempre, primazia àquela constituída por parentes próximos (família extensa). Não sendo isso possível e em face da falta de pretendentes à adoção nacional, recorre-se, em último caso, à adoção internacional;

b) que, em se tratando de adolescente, este tenha sido consultado, por meios adequados ao seu estágio de desenvolvimento, e que se encontre preparado para a medida;

c) que tenha sido observada a preferência pela adoção por brasileiros residentes no exterior;

d) cumprimento do estágio de convivência, que, a teor do art. 46, § 3º, do ECA (com a nova redação que lhe deu a Lei 13.509/2017), é, nas adoções internacionais, obrigatório e terá o prazo mínimo de trinta dias e máximo de 45 dias, devendo ser cumprido em território nacional.

5.1.16. *Tratados e convenções internacionais sobre o tema*

Convenção relativa à Proteção das Crianças e à Cooperação em Matéria de Adoção Internacional, que estabelece regras mínimas e obrigatórias para a adoção internacional. Recomenda-se a leitura.

5.2. Direito à Educação, à cultura, ao esporte e ao lazer

5.2.1. *Localização*

Arts. 53 ao 59 do ECA.

5.2.2. *Considerações relevantes*

a) trata-se de mais um direito fundamental, ao lado do direito à vida e à saúde e de outros contemplados no ECA;

b) são assegurados à criança e ao adolescente, entre outros (art. 53 do ECA):

b1) igualdade de condições para o acesso e permanência na escola;

b2) acesso à escola pública e gratuita próxima de sua residência. *Vide*: STJ, REsp 1.175.445-PR, Rel. Min. Eliana Calmon, j. 04.03.2010;

c) é direito dos pais ou responsável conhecer o processo pedagógico, bem como participar da definição das propostas educacionais;

d) constitui dever do Estado, entre outros, assegurar à criança e ao adolescente (art. 54 do ECA):

d1) ensino fundamental, obrigatório e gratuito, inclusive para os que a ele não tiveram acesso na idade própria.

O art. 208, I, da CF, cuja redação foi determinada pela EC 59/2009, impõe ao Estado o dever de garantir a todos educação básica obrigatória e gratuita dos 4 aos 17 anos de idade, assegurada inclusive sua oferta gratuita para todos os que a ela não tiveram acesso na idade própria;

d2) o ensino médio, porque integra o ensino básico, é obrigatório e imediato;

d3) atendimento em creche e pré-escola às crianças de 0 a 5 anos de idade, conforme alteração promovida nos art. 54, IV, e 208, III, do ECA pela Lei 13.306/2016;

d4) oferta de ensino noturno regular, adequado às condições do adolescente trabalhador;

e) é dever dos pais ou responsável matricular seus filhos ou pupilos na rede regular de ensino – art. 55 do ECA.

Observação: o STJ já decidiu que inexiste amparo constitucional e legal que autorize os pais a ministrarem disciplinas do ensino fundamental aos filhos;

f) os dirigentes de estabelecimentos de ensino fundamental devem comunicar ao Conselho Tutelar:

f1) maus-tratos envolvendo seus alunos;

f2) reiteração de faltas injustificadas e de evasão escolar;

f3) elevados níveis de repetência.

5.3. Direito à profissionalização e à proteção no trabalho

5.3.1. *Localização*

Arts. 60 a 69 do ECA.

5.3.2. *Considerações relevantes*

a) segundo o art. 7º, XXXIII, da CF, é proibido o trabalho *noturno, perigoso* ou *insalubre* a menores de 18 anos, e de qualquer trabalho a menores de 16 anos, salvo na condição de aprendiz, se contar, no mínimo, com 14 anos. Temos, portanto, três situações distintas:

a1) menos de 14 anos: trabalho proibido;

a2) entre 14 e 16 anos: somente na condição de aprendiz;

a3) entre 16 e 18 anos: qualquer trabalho, menos noturno, insalubre e perigoso;

b) atualmente, o contrato de aprendizagem tem seu conceito e sua disciplina no art. 428 da CLT;

6. PREVENÇÃO E MEDIDAS DE PROTEÇÃO

6.1. Prevenção

6.1.1. *Localização*

Arts. 70 a 85 do ECA (Título III da Parte Geral).

6.1.2. *Conceito*

Trata-se do complexo de normas destinadas a prevenir a violação a direitos fundamentais da criança e do adolescente.

6.1.3. Disposições gerais (arts. 70 a 73 do ECA)

Aqui, o ECA traça normas gerais, que devem ser observadas por todos, fazendo menção, inclusive, à condição peculiar de pessoa em desenvolvimento (Capítulo I).

A Lei 13.010/2014 (Lei da Palmada) introduziu, neste capítulo, o art. 70-A, que estabelece as medidas que deverão ser implementadas pela União, Estados, Distrito Federal e municípios com vistas à elaboração de políticas públicas e execução de ações voltadas ao combate do uso de castigos físicos ou tratamento cruel ou degradante impingidos a crianças e adolescentes.

6.1.4. Prevenção especial

a) a criança e o adolescente terão acesso a diversões e a espetáculos públicos adequados à sua faixa etária, segundo classificação estabelecida por portaria do Ministério da Justiça (art. 75, *caput*, do ECA);

b) crianças menores de 10 anos somente poderão ingressar e permanecer nos locais de apresentação ou exibição quando acompanhadas dos pais ou responsável (art. 75, parágrafo único, do ECA);

c) os responsáveis por diversões e espetáculos públicos estão obrigados a afixar, em lugar visível e de fácil acesso, na entrada do local de exibição, informação destacada sobre a natureza do espetáculo e a faixa etária especificada no certificado de classificação;

d) as emissoras de rádio e TV estão obrigadas, conforme dispõe o art. 76, *caput*, do ECA, a exibir programas compatíveis com o horário;

e) os proprietários e os demais funcionários de empresas que explorem a venda ou o aluguel de fitas de vídeo devem se cercar de todos os cuidados para impedir o comércio ou a locação desses produtos em desacordo com a classificação contida na portaria do MJ (art. 77 do ECA);

f) no que concerne às revistas e publicações, há duas situações distintas: se o conteúdo for inadequado, determina o art. 78, *caput*, do ECA que a revista deverá ser vendida com a embalagem lacrada, com a advertência de seu conteúdo; de outro lado, se as capas contiverem mensagens pornográficas, devem ser protegidas com embalagem opaca;

g) segundo o art. 79 do ECA, as revistas e publicações destinadas ao público infantojuvenil não poderão fazer qualquer menção a bebidas alcoólicas, tabaco, armas e munições, devendo, outrossim, respeitar os valores éticos e sociais da pessoa e da família. O descumprimento desta norma sujeita o agente à multa prevista para a infração administrativa correspondente ao art. 257 do Estatuto;

h) o responsável por estabelecimento que explore comercialmente bilhar, sinuca ou congênere, ou por casas de jogos (realiza apostas), cuidará para que não seja permitida a entrada de criança e adolescente no local. Se assim não fizer, incorrerá na infração administrativa do art. 258 do ECA;

i) o art. 81 do ECA traz uma lista de proibições, entre elas a venda à criança e ao adolescente de armas, munições e explosivos; bebidas alcoólicas; bilhetes lotéricos e equivalentes, entre outros.

6.1.5. Autorização para viajar

a) esclarecimentos preliminares: a pretexto de preservar os direitos de que são titulares crianças e adolescentes, evitando-se, com isso, que sejam expostos a situações de perigo, pode o legislador estabelecer normas com o propósito de restringir o direito de ir e vir da criança e do adolescente, impondo-lhes determinadas condições para viajar, como, por exemplo, a autorização judicial;

b) viagem – criança:

b1) regra: a criança não poderá viajar para fora da comarca na qual reside desacompanhada dos pais ou responsável, sem expressa autorização judicial – art. 83, *caput*, do ECA;

b2) exceções: o art. 83, § 1º, do ECA estabelece algumas exceções (a autorização judicial não será exigida): quando se tratar de comarca contígua à da residência da criança, se na mesma unidade da Federação, ou incluída na mesma região metropolitana; a criança estiver acompanhada: de ascendente ou colateral maior, até o terceiro grau, comprovado documentalmente o parentesco; de pessoa maior, expressamente autorizada pelo pai, mãe ou responsável.

c) viagem – adolescente: quanto ao adolescente, o ECA não impôs restrição alguma, isto é, poderá o adolescente viajar sozinho pelo território nacional desacompanhado de seus pais, sem que para isso precise de autorização judicial.

d) viagem ao exterior: a matéria encontra-se disciplinada na Resolução 131 do Conselho Nacional de Justiça, que revogou a de n. 74, essa última editada com o propósito de uniformizar o entendimento a respeito do tema. Observações:

d1) sendo a viagem ao exterior autorizada pelos pais ou responsável, não é necessária a autorização judicial (necessário é o reconhecimento de firma por semelhança – mudança introduzida pela Resolução 131);

d2) se a viagem for autorizada por um dos pais para que a criança ou adolescente viaje na companhia do outro, também não é necessária a autorização judicial. Basta, neste caso, autorização do outro, com firma reconhecida por semelhança;

d3) se desacompanhado ou na companhia de terceiros maiores e capazes, designados pelos genitores, é dispensável a autorização judicial, bastando, aqui, a autorização de ambos os pais, com firma reconhecida;

d4) dependerá de autorização judicial a viagem de criança ou adolescente ao exterior na companhia de estrangeiro domiciliado no exterior, ainda que este conte com o consentimento dos pais.

6.2. Medidas de proteção

6.2.1. Previsão legal

Arts. 98 a 102 do ECA.

6.2.2. Conceito

São as medidas aplicadas sempre que a criança ou o adolescente encontrar-se em situação de risco, ou ainda quando do cometimento de ato infracional. Dessa forma, são aplicáveis sempre que os direitos consagrados no ECA forem ameaçados ou violados, seja por ação ou omissão da sociedade, do Estado ou dos pais ou responsáveis, seja em razão da própria conduta do adolescente ou da criança – art. 98 do ECA.

6.2.3. Quem pode aplicá-las

O Conselho Tutelar somente está credenciado a aplicar a crianças e adolescentes em situação de risco ou a crianças que cometeram ato infracional as medidas de proteção a que alude o art. 101, I a VI, do ECA, sendo-lhe defeso, portando, aplicar as medidas de *acolhimento institucional, inclusão em programa de acolhimento familiar* e *colocação em família substituta.*

Esclarecimentos: em vista do disposto nos arts. 101, § 2º, e 136, parágrafo único, ambos do ECA, é inconcebível que o Conselho Tutelar aplique a medida de acolhimento institucional, já que esta implica o afastamento da criança ou adolescente do convívio familiar, o que somente poderá ser feito pelo juiz da Infância e da Juventude.

Quando se tratar da prática de ato infracional por criança, o Conselho Tutelar poderá aplicar as medidas de proteção previstas no art. 101, I a VI, do Estatuto.

As medidas de proteção em comento poderão ser aplicadas ao adolescente infrator em conjunto ou não com as medidas socioeducativas previstas no art. 112 do ECA.

O juiz está credenciado a aplicar todas as medidas de proteção. Se na comarca não houver Conselho Tutelar, a aplicação da medida de proteção cabe ao juiz (art. 262 do ECA).

6.2.4. *Medidas de proteção em espécie (art. 101 do ECA)*

a) encaminhamento aos pais ou responsável, mediante termo de responsabilidade;

b) orientação, apoio e acompanhamento temporários;

c) matrícula e frequência obrigatórias em estabelecimento oficial de ensino fundamental;

d) inclusão em serviços e programas comunitários ou oficiais de proteção, apoio e promoção da família, da criança e do adolescente (conforme inciso IV, que teve a sua redação alterada pela Lei 13.257/2016);

e) requisição de tratamento médico, psicológico ou psiquiátrico, em regime hospitalar ou ambulatorial;

f) inclusão em programa oficial ou comunitário de auxílio, orientação e tratamento a alcoólatras e toxicômanos;

g) acolhimento institucional: tem caráter provisório e excepcional (art. 101, § 1º, ECA). Só pode ser aplicado pelo juiz, a quem cabe fiscalizar o cumprimento da medida. Havendo risco que justifique a retirada da criança ou adolescente de sua família natural, deverão esses ser inseridos, sob a forma de guarda ou tutela, na sua família extensa (família substituta); não sendo possível, recorre-se ao acolhimento familiar e, após, ao institucional; tanto uma quanto a outra tem caráter provisório. Assim, tão logo a situação de risco cesse, a criança ou adolescente retornará à família natural; se isso não for possível, será encaminhado para adoção;

h) inclusão em programa de acolhimento familiar: também tem caráter provisório e excepcional. Só o juiz pode determinar tal medida protetiva. Neste caso, a criança ou adolescente ficará sob os cuidados de uma família acolhedora. Esta, que somente entra em cena ante a impossibilidade de a criança ou o adolescente permanecer na sua família natural ou extensa, deve ser previamente cadastrada no programa de acolhimento. Assim, trata-se de pessoas que tomam a iniciativa de colaborar com seres em desenvolvimento que, em determinado momento da vida, encontram-se em situação de risco, o que, sem dúvida, é louvável;

i) colocação em família substituta.

7. ATO INFRACIONAL E GARANTIAS PROCESSUAIS

7.1. Ato Infracional

7.1.1. *Conceito e considerações preliminares*

É a conduta descrita como crime ou contravenção penal (art. 103 do ECA). Ou ainda, a ação que viola as normas que definem os crimes ou as contravenções. Assim, o menor de 18 anos – inimputável – não pratica infração penal, mas, sim, *ato infracional*. Vale dizer, caso uma criança ou um adolescente cometa um fato descrito na lei como crime, estará cometendo um ato infracional. Por serem inimputáveis, não estão sujeitos à responsabilidade penal (não receberão pena como sanção); nada obstante, deverão ser submetidos ou a *medidas de proteção*, se crianças, ou a *medidas socioeducativas*, se adolescentes, podendo, ainda, ser submetidos às duas, no caso dos adolescentes.

Observações: a despeito de o art. 103 somente haver feito referência à tipicidade, é necessário que o fato também seja *ilícito*, bem assim deve estar presente a *reprovabilidade* do adolescente (culpabilidade). Ademais, os princípios de direito penal (legalidade, reserva legal, anterioridade, insignificância, adequação social etc.) são aplicados aos atos infracionais.

Nesse sentido:

> Estatuto Da criança e do Adolescente. *Habeas corpus*. Ato infracional equiparado ao crime de furto. Princípio da insignificância.
>
> Incidência. Ausência de tipicidade material. Inexpressiva lesão ao bem jurídico tutelado.
>
> 1. A intervenção do Direito Penal apenas se justifica quando o bem jurídico tutelado tenha sido exposto a um dano com relevante lesividade. Inocorrência de tipicidade material, mas apenas a formal quando a conduta não possui relevância jurídica, afastando-se, por consequência, a ingerência da tutela penal, em face do postulado da intervenção mínima. É o chamado princípio da insignificância.
>
> 2. Reconhece-se a aplicação do referido princípio quando verificadas "(a) a mínima ofensividade da conduta do agente, (b) a nenhuma periculosidade social da ação, (c) o reduzidíssimo grau de reprovabilidade do comportamento e (d) a inexpressividade da lesão jurídica provocada" (HC 84.412/SP, Ministro Celso de Mello, Supremo Tribunal Federal, *DJ* de 19.11.2004).
>
> 3. No caso, não há como deixar de reconhecer a mínima ofensividade do comportamento do paciente, que supostamente subtraiu do interior de um estabelecimento comercial 2 (dois) bonés avaliados em R$ 15,00 (quinze reais), cada um.
>
> 4. Ordem concedida para restabelecer a decisão do Juiz de primeiro grau que rejeitou a representação ofertada contra o adolescente.
>
> (HC 241.248/SP, Rel. Ministro Og Fernandes, Sexta Turma, julgado em 16.08.2012, *DJe* 27.08.2012).

7.1.2. *Tempo do ato infracional (art. 104, parágrafo único, do ECA)*

Para os efeitos do ECA, deve ser considerada a idade do adolescente à data da conduta (ação ou omissão). Suponhamos, assim, que a prática da conduta tenha se dado a poucos dias de o adolescente atingir a maioridade (o disparo de uma arma de fogo em alguém, por exemplo) e o resultado tenha sido produzido quando o agente completou 18 anos (morte da vítima); valerá, aqui, a data do fato e não a do resultado, de forma que o agente ficará sujeito a uma medida socioeducativa, isto é, não responderá criminalmente. Incorporou-se, portanto, a teoria da atividade, consagrada no art. 4º do Código Penal, segundo a qual se considera praticado o crime no momento da ação ou omissão (conduta), ainda que outro seja o do resultado.

Nesse sentido:

> *Habeas corpus*. Estatuto da criança e do adolescente. Medida de internação. Implemento da maioridade civil. Irrelevância.

Precedentes desta corte e do Supremo Tribunal Federal.

1. Conforme pacífico entendimento deste Superior Tribunal de Justiça, considera-se, para a aplicação das disposições previstas na Lei 8.069/1990, a idade do adolescente à data do fato (art. 104, parágrafo único, do ECA). Assim, se à época do fato o adolescente tinha menos de 18 (dezoito) anos, nada impede que permaneça no cumprimento de medida socioeducativa imposta, ainda que implementada sua maioridade civil.

2. O Novo Código Civil não revogou o art. 121, § 5º, do Estatuto da Criança e do Adolescente, devendo permanecer a idade de 21 (vinte e um) anos como limite para a liberação compulsória.

3. Recurso em *habeas corpus* a que se nega provimento.

(STJ, RHC 31.763/RJ, Rel. Ministro Vasco Della Giustina (Desembargador Convocado do TJ/RS), Sexta Turma, julgado em 15.05.2012, *DJe* 13.06.2012)

7.1.3. Ato infracional cometido por criança

Consta do art. 105 do ECA que as crianças que cometerem ato infracional estarão sujeitas tão somente a *medidas protetivas*. Em hipótese alguma, pois, será a elas impingida *medida socioeducativa*. Pode-se dizer, portanto, que, em relação a elas, vige o *sistema da irresponsabilidade*, já que as medidas de proteção não têm caráter punitivo. Têm, sim, natureza administrativa e podem ser aplicadas pelo Conselho Tutelar. Podemos ainda afirmar que, em relação aos adolescentes, dada a natureza de sanção que têm as medidas socioeducativas, sua responsabilidade pela prática de ato infracional é *especial*, porque disciplinada em *legislação especial*.

7.1.4. Direitos individuais

a) hipóteses em que o adolescente poderá ter a sua liberdade tolhida (privação da liberdade) – art. 106 do ECA:

a1) flagrante de ato infracional;

a2) por ordem escrita e fundamentada da autoridade judiciária competente (juiz da Infância e da Juventude – art. 146 do ECA).

Observações:

a) crianças, quando surpreendidas diante da prática de ato infracional, serão encaminhadas ao Conselho Tutelar; se ainda não instalados, ao Juízo da Infância e Juventude;

b) as situações flagranciais de ato infracional são exatamente as mesmas que autorizam a prisão dos adultos (imputáveis) – art. 302 do Código de Processo Penal, incidindo no ECA, portanto, subsidiariamente;

c) a apreensão de menores de 18 anos fora das hipóteses listadas no art. 302 do CPP (flagrante de ato infracional) ou diante da inexistência de ordem escrita e fundamentada da autoridade judiciária configura o crime do art. 230, *caput*, do ECA, além do que o ato ilegal pode ser combatido por meio de *habeas corpus*;

d) art. 106, parágrafo único, do ECA: o adolescente tem direito à identificação dos responsáveis pela sua apreensão, devendo ser informado sobre seus direitos, como o de permanecer calado e de ter a assistência de sua família e de seu advogado, direitos consagrados no texto constitucional (art. 5º, LXIII, da CF);

e) art. 107, *caput*: a apreensão do adolescente e o local onde se encontra serão incontinenti comunicados ao Juiz da Infância e da Juventude e também à família do apreendido ou à pessoa que ele indicar. A autoridade policial que deixar de tomar tal providência incorrerá nas penas do crime do art. 231 do ECA; determina o parágrafo único do dispositivo que a autoridade judiciária, assim que tomar conhecimento da apreensão, examinará a possibilidade de liberação imediata, sob pena de responsabilidade. Se tomar conhecimento da apreensão ilegal e, sem justa causa, deixar de determinar a imediata liberação, cometerá o crime do art. 234 do ECA.

b) internação provisória – art. 108 do ECA – peculiaridades:

b1) constitui medida excepcional (antes da sentença) que somente poderá ser decretada diante da demonstração imperiosa de sua *necessidade*, além de se basear em indícios suficientes de *autoria* e *materialidade*;

b2) a medida não poderá durar mais de quarenta e cinco dias, prazo em que o processo deverá ser ultimado (art. 183 do ECA). Findo este prazo, o adolescente deverá ser imediatamente liberado. Há decisões, contudo, que entendem que, a depender da particularidade do caso concreto, é possível estendê-lo, notadamente quando é a defesa que dá causa à dilação. O descumprimento injustificado deste prazo configura o crime do art. 235 do ECA;

b3) o magistrado somente poderá decretar a internação provisória se o Ministério Público já houver oferecido a representação, isto é, não cabe esta medida privativa de liberdade em procedimento apuratório;

b4) reza o art. 185 do ECA que a internação será cumprida em entidade de atendimento. Não sendo possível a pronta transferência, o adolescente poderá, excepcionalmente, aguardar sua remoção, durante o prazo máximo de cinco dias, em repartição policial, desde que em seção separada da dos adultos;

c) identificação do adolescente – art. 109 do ECA: a regra estampada no preceptivo está em consonância com o art. 5º, LVIII, da CF, pois considera que a *identificação dactiloscópica* (impressão digital), colhida pelos órgãos policiais, de proteção e judiciais, constitui medida excepcional, que somente terá lugar para fins de confrontação, diante de dúvida fundada. Constitui dúvida fundada, entre outras, as hipóteses elencadas no art. 3º da Lei 12.037/2009. Alguns exemplos: documento com rasura ou indício de falsificação (inciso I); o fato de o indiciado portar documentos conflitantes entre si (inciso III).

7.2. Garantias processuais

7.2.1. Devido processo legal (art. 110 do ECA)

Desse princípio decorrem todas as demais garantias processuais, tais como o contraditório, a ampla defesa, presunção de inocência, direito ao duplo grau de jurisdição, dentre outros. No mais, deve-se ressaltar que todas as garantias asseguradas aos imputáveis são estendidas aos adolescentes. Além disso, o devido processo legal, que consiste em um processo justo, em que se atenda ao procedimento estabelecido em lei, assegurando-se às partes o contraditório e a ampla defesa, deve ser observado sempre que for atribuído ao adolescente a prática de ato infracional, e não somente quando se tratar de ato do qual resulte a restrição de sua liberdade. Súmula 342 do STJ: "no procedimento para aplicação de medida socioeducativa, é nula a desistência de outras provas em face da confissão do adolescente".

7.2.2. Art. 111, I, do ECA

É assegurado ao adolescente pleno e formal conhecimento da atribuição de ato infracional, através de citação ou meio equivalente. Sem essa *comunicação*, o adolescente não tem como tomar conhecimento da inicial da ação socioeducativa. É imprescindível, pois, ao exercício do contraditório e ampla defesa.

7.2.3. Art. 111, II, do ECA

Igualdade na relação processual, podendo confrontar-se com vítimas e testemunhas e produzir todas as provas necessárias à sua defesa.

7.2.4. Art. 111, III, do ECA

Defesa técnica por advogado. Art. 207, *caput*, do ECA: nenhum adolescente a quem se atribua a prática de ato infracional, ainda que ausente ou foragido, será processado sem defensor. Desse modo, logo na audiência de apresentação, o magistrado cuidará para que o adolescente possa se entrevistar com o seu defensor constituído. Se não houver constituído defensor, o juiz, neste caso, deverá nomear-lhe um, ressalvado o direito de o adolescente, a todo tempo, constituir outro de sua preferência – art. 207, § 1º, do ECA.

7.2.5. Art. 111, IV, do ECA

Assistência judiciária gratuita e integral aos necessitados, na forma da lei. A assistência judiciária gratuita e integral se dá na forma da Lei 1.060/1950. Tal atribuição é da Defensoria Pública.

7.2.6. Art. 111, V, do ECA

Direito de ser ouvido pessoalmente pela autoridade competente. É direito do adolescente expor à autoridade judiciária sua versão dos fatos, relatar-lhe como, na sua visão, os fatos que lhe são imputados se deram.

7.2.7. Art. 111, VI, do ECA

Direito de solicitar a presença de seus pais ou responsável em qualquer fase do procedimento. O adolescente, no curso do procedimento que visa apurar o ato infracional, tem o direito de solicitar, a qualquer momento, o comparecimento de seus pais ou ainda de seu responsável. A teor do art. 184, § 2º, do ECA, se os pais ou responsável não forem localizados, a autoridade judiciária dará ao adolescente curador especial durante a audiência de apresentação e a audiência de continuação.

8. MEDIDAS SOCIOEDUCATIVAS I

8.1. Considerações preliminares

8.1.1. Competência para a aplicação

Somente o juiz poderá aplicar as medidas socioeducativas. A autoridade competente a que faz menção o *caput* do art. 112 é, segundo o art. 146 do ECA, o juiz da infância e da juventude. Se alguma dúvida ainda havia, a Súmula 108 do STJ pacificou a questão: "a aplicação de medidas socioeducativas ao adolescente, pela prática de ato infracional, é da competência exclusiva do juiz".

8.1.2. Art. 114, parágrafo único, do ECA

Para a imposição da medida socioeducativa de *advertência*, a mais branda de todas, basta a prova da materialidade e indícios suficientes de autoria; já no que toca às outras medidas (obrigação de reparar o dano, prestação de serviços à comunidade, liberdade assistida, inserção em regime de semiliberdade e internação), é necessária a existência de provas suficientes da autoria e da materialidade da infração (art. 114, *caput*, do ECA).

8.1.3. Aplicação cumulativa de medida socioeducativa e de proteção

O art. 112, VII, do ECA traz a possibilidade de o juiz aplicar ao adolescente, além da medida socioeducativa, também medida de proteção (art. 101, I a VI, do ECA), sempre que ele se encontrar em situação de risco.

8.1.4. Critérios para aplicação

O art. 112, § 1º, do ECA estabelece que o juiz, ao aplicar ao adolescente a medida socioeducativa, levará em conta a sua capacidade de cumpri-la, as circunstâncias e a gravidade do ato.

8.1.5. Objetivos

A Lei 12.594/2012, que instituiu o Sistema Nacional de Atendimento Socioeducativo – SINASE – e disciplinou a execução das medidas socioeducativas destinadas a adolescente em conflito com a lei, estabeleceu, em seu art. 2º, os objetivos das medidas socioeducativas, previstas no art. 112 do ECA.

8.1.6. Trabalho forçado

O ECA, em seu art. 112, § 2º, proíbe, em qualquer hipótese e sob qualquer pretexto, a prestação de trabalho forçado, o que está em consonância com o art. 5º, XLVII, *c*, da CF.

8.1.7. Adolescentes portadores de doença ou deficiência mental

Receberão tratamento individual e especializado (art. 112, § 3º, do ECA). Não serão submetidos a medidas socioeducativas.

8.2. Conceito

É a medida aplicada pelo Estado, em procedimento contraditório, ao adolescente que cometeu ato infracional.

8.3. Espécies

8.3.1. Advertência (art. 112, I, do ECA)

É a mais branda de todas as medidas, reservada, por isso, para os atos infracionais de pequena gravidade. Consiste em admoestação verbal. Basta, para sua incidência, prova da materialidade e *indícios* suficientes da autoria (art. 114, parágrafo único, do ECA). Será reduzida a termo e assinada pelo juiz, pelo representante do MP, pelo adolescente e pelos seus pais ou responsável (art. 115 do ECA).

8.3.2. Obrigação de reparar o dano (art. 112, II, do ECA)

Medida adequada aos atos infracionais com reflexos patrimoniais, podendo a autoridade determinar, se for o caso, que o adolescente restitua a coisa, promova o ressarcimento do dano, ou, por outra forma, compense o prejuízo causado à vítima (art. 116 do ECA).

8.3.3. Prestação de serviços à comunidade (art. 112, III, do ECA)

Consiste na realização de tarefas gratuitas de interesse geral, por período não excedente a seis meses, junto a entidades assistenciais, hospitais, escolas e outros estabelecimentos congêneres, bem como em programas comunitários e governamentais (art. 117, *caput*, do ECA). As tarefas serão atribuídas conforme as aptidões do adolescente, devendo ser cumpridas durante a jornada máxima de oito horas semanais, aos sábados, domingos e feriados ou em dias úteis, de modo a não prejudicar a frequência à escola ou à jornada normal de trabalho.

8.3.4. Liberdade assistida (art. 112, IV, do ECA)

Das medidas socioeducativas em meio aberto, é a mais rígida. O adolescente submetido a esta medida permanece na companhia de sua família e inserido na comunidade, com vistas a fortalecer seus vínculos, mas deverá sujeitar-se a acompanhamento, auxílio e orientação (art. 118 do ECA). Será executada por entidade de atendimento, que cuidará de indicar pessoa capacitada para a função de orientadora (com designação pelo juiz). A liberdade assistida será fixada pelo prazo *mínimo* de seis meses, podendo, a qualquer tempo, ser prorrogada, revogada ou substituída por outra medida, ouvido o orientador, o MP e o defensor (art. 118, § 2º, do ECA). Quanto ao prazo máximo, nada previu a esse respeito o legislador, sendo o caso, assim, de aplicar, por analogia, o dispositivo que prevê o período máximo para a internação (3 anos).

8.3.5. Semiliberdade (art. 112, V, do ECA)

É espécie de medida socioeducativa privativa da liberdade. Situa-se entre a internação, a mais severa de todas, e as medidas em meio aberto. Diferentemente da internação, a inserção em regime de semiliberdade (art. 120 do ECA) permite ao adolescente a realização de atividades externas, independentemente de autorização judicial. É obrigatória a escolarização e a profissionalização, devendo, sempre que possível, ser utilizados os recursos existentes na comunidade. A exemplo da internação, esta medida não comporta prazo determinado, sendo, pois, seu prazo máximo de três anos, devendo a sua manutenção ser avaliada no máximo a cada seis meses, já que se deve aplicar, no que couber, as disposições relativas à internação. No mais, pode ser determinada desde o início ou como forma de transição para o meio aberto.

8.3.6. Internação (art. 112, VI, do ECA)

Das medidas socioeducativas, é a mais severa, pois constitui modalidade de medida privativa de liberdade. É informada pelos princípios da brevidade, respeito à condição peculiar de pessoa em desenvolvimento e excepcionalidade. Esta medida, segundo dispõe o art. 121, § 2º, do ECA, não comporta prazo determinado, devendo sua manutenção ser reavaliada, mediante decisão fundamentada, no máximo a cada seis meses. O período de internação não excederá a 3 anos (art. 121, § 3º, do ECA). Findo esse prazo, poderá o juiz: a) liberar o adolescente, se a medida atingiu sua finalidade; b) colocá-lo em regime de semiliberdade; c) colocá-lo em liberdade assistida. De qualquer forma, a liberação será compulsória aos 21 anos (art. 121, § 5º, do ECA).

Quanto ao caráter excepcional da medida socioeducativa de internação, conferir:

> Penal e processual penal. *Habeas corpus*. ECA. Ato infracional equiparado ao delito de porte ilegal de arma de fogo de uso permitido. Aplicação de medida socioeducativa de internação por prazo indeterminado. Reiteração no cometimento de outros atos infracionais graves. Medida fundamentada.
>
> 1. Em razão do princípio da excepcionalidade, a medida de internação somente é possível nas hipóteses previstas no art. 122 da Lei 8.069/1990, ou seja, quando o ato infracional for praticado com grave ameaça ou violência contra a pessoa; quando houver o reiterado cometimento de outras infrações graves; ou ainda, quando haja o descumprimento reiterado e injustificável de medida anteriormente imposta.
>
> 2. É cediço que se impõe a aplicação da medida de internação nas hipóteses em que o caráter excepcional dos atos infracionais cometidos e o comportamento social do adolescente exigem a medida extrema.
>
> 3. A imposição da medida excepcional se revela necessária, ainda, quando o adolescente possui histórico de cumprimento de medidas outras (prestação de serviços à comunidade, liberdade assistida e semiliberdade) que se revelaram insuficientes no processo de ressocialização e reeducação preconizados pelo ECA.
>
> 4. Por fim, no presente caso, a medida de internação encontra seu fundamento, ainda, no inciso II do art. 122 do ECA (reiteração no cometimento de outras infrações graves), uma vez que o adolescente ostenta 3 (três) outros graves registros por atos infracionais, análogos aos crimes de roubo (duas vezes) e estupro de vulnerável.
>
> 5. Ordem denegada.
>
> (STJ, HC 207.582/DF, Rel. Ministro Og Fernandes, Sexta Turma, julgado em 16.08.2012, *DJe* 27.08.2012).

8.4. Hipóteses em que a internação tem lugar – art. 122 do ECA

8.4.1. Ato infracional cometido mediante grave ameaça ou violência à pessoa

Estão inseridos nesse contexto atos infracionais equiparados aos crimes de roubo, homicídio, estupro, dentre outros em que o adolescente emprega, para a sua prática, violência (força física) contra a pessoa ou grave ameaça. Não fazem parte deste rol, portanto, os crimes de tráfico de drogas, embora seja equiparado a hediondo, furto qualificado, entre outros. Nesse sentido: STJ, HC 165.704-SP, Rel. Min. Maria Thereza e Assis Moura, j. 02.09.2010. Consolidando esse entendimento, o STJ editou a Súmula 492: "o ato infracional análogo ao tráfico de drogas, por si só, não conduz obrigatoriamente à imposição de medida socioeducativa de internação".

8.4.2. Reiteração no cometimento de outras infrações graves

O tráfico de drogas, embora isoladamente não justifique a aplicação da medida de internação, pode determiná-la diante de sua reiteração. Assim, "outras infrações" significa infrações não abrangidas pelo inciso I. Para o STJ, reiteração é, no mínimo, três infrações graves. Diferente, portanto, de reincidência.

8.4.3. Descumprimento reiterado e injustificável da medida anteriormente imposta

Esta é a chamada *internação com prazo determinado* ou *internação-sanção*. Assim, uma vez aplicada a medida por sentença em processo de conhecimento, cabe ao adolescente a ela submeter-se, independentemente de sua vontade. Se assim não fizer, poderá sujeitar-se à internação-sanção, cujo prazo de duração, a teor do art. 122, § 1º, do ECA, com redação dada pela Lei 12.594/2012, poderá chegar a três meses. Segundo o STJ, a reiteração pressupõe mais de três atos. Além disso, o descumprimento há de ser injustificável, devendo o juiz, portanto, ouvir as razões do adolescente. A esse respeito, a Súmula 265 do STJ: "é necessária a oitiva do menor infrator antes de decretar-se a regressão da medida socioeducativa".

9. MEDIDAS SOCIOEDUCATIVAS II E REMISSÃO

9.1. Medidas socioeducativas – continuação

Observação importante: a Lei 12.594/2012, em seu art. 35, enuncia os princípios informadores da execução das medidas socioeducativas.

9.1.1. Cumprimento da internação – arts. 123 a 125 do ECA e Lei 12.594/2012 (Sinase)

Atualmente, a execução das medidas socioeducativas deve seguir o regramento trazido pela Lei 12.594/2012 (que instituiu o Sinase – Sistema Nacional de Atendimento Socioeducativo) e também pela Resolução 119/2006, do Conanda (Conselho Nacional dos Direitos da Criança e do Adolescente), que contemplam diversos dispositivos que regulamentam o cumprimento dessas medidas.

O cumprimento da medida de internação dar-se-á nos moldes estabelecidos no *caput* do art. 123 do Estatuto: deverá ser executada em entidade exclusiva para adolescentes, em local distinto daquele destinado ao *abrigo*, obedecida rigorosa separação por critérios de *idade, compleição física* e *gravidade da infração*. Além disso, consta do parágrafo único do dispositivo que, durante o período de internação, ainda que provisória, são obrigatórias atividades pedagógicas.

9.1.2. Direitos do adolescente privado de liberdade

O art. 124 do ECA contempla, em dezesseis incisos, os direitos do adolescente que se acha privado de sua liberdade, entre os quais entrevistar-se pessoalmente com o promotor de justiça, receber visitas, ao menos semanalmente etc. Além desses, o art. 49 da Lei 12.594/2012 conferiu ao adolescente privado de liberdade outros direitos.

9.1.3. Observações quanto aos direitos do adolescente privado de sua liberdade

a) é vedada a incomunicabilidade do adolescente, salvo se, em determinada situação, o seu isolamento dos demais internos (colocação em ambiente separado) mostrar-se a medida mais adequada à segurança dele – art. 124, § 1º, do ECA;

b) se a autoridade judiciária entender que existem motivos sérios e fundados que tornam a visita, inclusive dos pais ou responsável, prejudicial aos interesses do adolescente, poderá suspendê-la temporariamente – art. 124, § 2º, do ECA;

c) o Estado tem o dever de zelar pela integridade física e mental dos internos, a ele cabendo adotar as medidas adequadas de contenção e segurança – art. 125 do ECA.

9.1.4. Prescrição

À falta de norma que discipline este tema, o STJ editou a Súmula 338, cujo teor é o seguinte: "a prescrição penal é aplicável nas medidas socioeducativas". Assim, firmou-se o entendimento segundo o qual as regras que regem, na Parte Geral do Código Penal, a prescrição aplicam-se, de forma supletiva, às medidas socioeducativas. Sucede que a questão, a despeito da edição da súmula, não é pacífica, já que parte minoritária da doutrina entende que a prescrição não poderia ser aplicada às medidas socioeducativas.

9.2. Remissão

9.2.1. Previsão legal

Arts. 126, 127 e 128 do ECA.

9.2.2. Conceito

É o perdão concedido pelo MP ao adolescente autor de ato infracional. Neste caso, tem natureza administrativa e depende de homologação. Inexiste inconstitucionalidade nesta medida, já que está o Ministério Público credenciado a decidir pela aplicação da remissão ou pelo oferecimento da representação. Essa é a *remissão ministerial* (art. 126, *caput*, do ECA). Uma vez iniciado o procedimento, a remissão não mais poderá ser concedida pelo promotor de justiça, somente pela autoridade judiciária. Essa é a *remissão judicial*, que importa em suspensão ou extinção do processo (art. 126, parágrafo único, do ECA) e tem como propósito amenizar os efeitos da continuidade desse.

9.2.3. Observações quanto às duas espécies de remissão, ministerial e judicial

a) a remissão ministerial importa na exclusão do início do processo de conhecimento. Já a judicial, que é aquela em que o processo de conhecimento já teve início com a representação formulada pelo MP, implica a extinção ou suspensão do processo – em curso;

b) a despeito de a lei nada ter dito a esse respeito, a remissão ministerial está condicionada ao consentimento expresso do adolescente e de seu representante legal. Motivo: na hipótese de o adolescente sustentar que não cometeu o ato infracional a ele imputado, terá a oportunidade, por meio do processo de conhecimento, de provar sua inocência. Com muito mais razão, quando se tratar de remissão cumulada com medida socioeducativa (STJ entende ser possível a cumulação);

c) a remissão judicial prescinde de anuência do MP, que, no entanto, será ouvido, sob pena de nulidade. A esse respeito, conferir: STF, HC 96.659-MG, Rel. Min. Gilmar Mendes, j. 28.09.2010;

d) ainda no âmbito da remissão judicial, o juiz da infância e da juventude poderá, neste caso, suspender (paralisar) ou ainda extinguir (pôr fim) o processo. Suspenderá na hipótese de o adolescente ser submetido a uma medida socioeducativa em que se faça necessário o seu acompanhamento, como, por exemplo, a prestação de serviços à comunidade. Ao término desta, o processo será extinto. Por fim, será extinto sempre que não for necessária a imposição de medida socioeducativa cumulada com a remissão ou mesmo no caso de ser aplicada medida que prescinda de acompanhamento. Ex.: advertência;

e) a remissão não implica necessariamente o reconhecimento ou comprovação da responsabilidade, nem prevalece para efeito de antecedentes (art. 127 do ECA). É dizer, o fato de o adolescente e seu representante aquiescerem na aplicação da medida não quer dizer que aquele está admitindo culpa pelo ato infracional praticado; se assim preferir, poderá recusar a benesse e provar a sua inocência no curso do processo de conhecimento;

f) a medida que eventualmente for aplicada junto com a remissão, que nunca poderá ser a de colocação em regime de semiliberdade e internação, poderá ser revista judicialmente a qualquer tempo, mediante pedido do adolescente ou de seu representante legal, ou do MP.

10. MEDIDAS PERTINENTES AOS PAIS OU RESPONSÁVEL E CONSELHO TUTELAR

10.1. Medidas pertinentes aos pais ou responsável – arts. 129 e 130 do ECA

10.1.1. Conceito

São as medidas aplicáveis aos pais ou responsável (crianças ou adolescentes criados por avós, irmãos – que detêm a guarda de fato) quando violarem direitos das crianças e dos adolescentes. Essas medidas terão lugar em relação aos pais em face da violação do poder familiar, que é, *grosso modo*, a autoridade que estes exercem sobre a criança e o adolescente. O não exercício desta prerrogativa acarreta a perda ou suspensão do poder familiar. Os deveres inerentes ao poder familiar estão no art. 22 do ECA (guarda, sustento e educação).

10.1.2. Medidas em espécie e primazia dada àquelas que buscam a manutenção da pessoa em desenvolvimento no seu lar

Seguindo a tônica estabelecida pela Lei 12.010/2009, que prestigia a manutenção da criança e do adolescente junto à sua família natural (à sua falta, a extensa), dado que este é o ambiente considerado mais favorável ao seu bom desenvolvimento, as medidas contempladas no art. 129, I a VII, do ECA que não afastam as crianças e os adolescentes de seus pais ou responsável têm primazia em relação àquelas que implicam a retirada da pessoa em desenvolvimento de seu lar, com o inevitável afastamento desta de seus pais ou responsável, previstas no art. 129, VIII, IX e X, do ECA. A aplicação das medidas previstas no art. 129, I a VII, é de atribuição do Conselho Tutelar, conforme dispõe o art. 136, II, do ECA. Nada impede, todavia, que o juiz da Infância e da Juventude possa também, de forma subsidiária, aplicar tais medidas. No que toca às medidas contidas no art. 129, VIII, IX e X, do ECA, respectivamente *perda da guarda, destituição da tutela* e *suspensão ou destituição do poder familiar*, estas modalidades somente podem ser determinadas pelo juiz da Infância e da Juventude.

A seguir, as medidas aplicáveis aos pais ou responsável:

I. encaminhamento a serviços e programas oficiais ou comunitários de proteção, apoio e promoção da família (redação alterada pela Lei 13.257/2016);

II. inclusão em programa oficial ou comunitário de auxílio, orientação e tratamento a alcoólatras e toxicômanos;

III. encaminhamento a tratamento psicológico ou psiquiátrico;

IV. encaminhamento a cursos ou programas de orientação;

V. obrigação de matricular o filho ou pupilo e acompanhar sua frequência e aproveitamento escolar;

VI. obrigação de encaminhar a criança ou adolescente a tratamento especializado;

VII. advertência;

VIII. perda da guarda;

IX. destituição da tutela;

X. suspensão ou destituição do poder familiar.

10.2. Conselho tutelar

10.2.1. Previsão legal

Arts. 131 a 140 do ECA.

10.2.2. Conceito

Constitui órgão permanente e autônomo, não jurisdicional, encarregado pela sociedade de zelar pelo cumprimento dos direitos da criança e do adolescente, definidos nesta Lei (art. 131 do ECA).

10.2.3. Características

a) o Conselho Tutelar não possui personalidade jurídica, uma vez que é *órgão*, e não *pessoa jurídica*. Insere-se, pois, na estrutura da administração pública municipal (*vide* art. 132 do ECA, cuja redação foi modificada pela Lei 12.696/2012);

b) sendo um órgão permanente, o Conselho Tutelar tem natureza contínua; é autônomo porque, embora esteja sujeito à fiscalização do MP e do Poder Judiciário, é independente nas suas atribuições;

c) é órgão não jurisdicional, isto é, diante de um conflito de interesses envolvendo criança ou adolescente, não estará credenciado a atuar, somente podendo fazê-lo o juiz da Vara da Infância e Juventude.

10.2.4. Estrutura e requisitos para candidatura

a) cada município e cada Região Administrativa do Distrito Federal deverá ter, no mínimo, um Conselho Tutelar constituído de cinco membros (art. 132 do ECA), ainda que se trate de cidade com número pequeno de habitantes. Se porventura no município ainda não houver sido instalado o Conselho Tutelar, caberá ao juiz da Vara da Infância e da Juventude fazer as suas vezes (art. 262 do ECA). Sendo um órgão integrante da administração pública municipal, a sua estrutura administrativa, remuneração dos conselheiros, local e dia de funcionamento e tudo o mais que se fizer necessário ao bom funcionamento do Conselho Tutelar deverá ser disciplinada por lei a ser editada pelo legislativo municipal ou distrital (art. 134 do ECA). Dada a modificação implementada no art. 134 do ECA pela Lei 12.696/2012, os membros do Conselho Tutelar passam agora a contar com alguns direitos previdenciários e trabalhistas, a saber: a) cobertura previdenciária; b) gozo de férias anuais remuneradas, acrescidas de um terço do valor da remuneração mensal; c) licença-maternidade; d) licença-paternidade; e e) gratificação natalina;

b) a despeito de haver decisões em sentido contrário, prevalece o entendimento segundo o qual a lei municipal pode estabelecer outras condições de exigibilidade além daquelas referidas no art. 133 do ECA (reconhecida idoneidade moral; idade superior a vinte e um anos; e residência no município). Trata-se, pois, de requisitos mínimos.

10.2.5. Composição

Os Conselhos Tutelares são compostos de cinco membros, denominados conselheiros, escolhidos pela comunidade para um mandato de quatro anos, permitida uma recondução, a teor do art. 132 do ECA. A redação anterior desse artigo fixava em três anos o mandato do membro do Conselho Tutelar.

10.2.6. Eleição

Os conselheiros devem ser eleitos em voto direto, facultativo e secreto, em eleições promovidas pelo Conselho Municipal dos Direitos da Criança e do Adolescente, sob a fiscalização do Ministério Público – art. 139, *caput*, do ECA. Em consonância com o que estabelece o art. 139, § 1º, do ECA, introduzido pela Lei 12.696/2012, o processo de escolha do Conselheiro ocorrerá em data unificada em todo o território nacional a cada quatro anos, no primeiro domingo do mês de outubro do ano subsequente ao da eleição presidencial. A posse dos conselheiros, a teor do que dispõe o art. 139, § 2º, do ECA, também introduzido pela Lei 12.696/2012, dar-se-á no dia 10 de janeiro do ano seguinte. É vedado ao candidato, no processo de escolha, doar, oferecer, prometer ou entregar ao eleitor bem ou vantagem pessoal de qualquer natureza. É o que estabelece o art. 139, § 3º, do ECA.

10.2.7. Impedimentos

Pela disciplina estabelecida no art. 140 do ECA, as pessoas ali listadas estão impedidas de servir como conselheiro tutelar no mesmo Conselho, o que não impede, por conseguinte, que pai e filho, por exemplo, exerçam esta função pública em Conselhos diferentes.

10.2.8. Atribuições

I. atender as crianças e adolescentes nas hipóteses previstas nos arts. 98 e 105 do ECA, aplicando as medidas previstas no art. 101, I a VII, do Estatuto;

II. atender e aconselhar os pais ou responsável, aplicando as medidas previstas no art. 129, I a VII, do ECA;

III. promover a execução de suas decisões, podendo, para tanto:

a) requisitar serviços públicos nas áreas de saúde, educação, serviço social, previdência, trabalho e segurança;

b) representar junto à autoridade judiciária nos casos de descumprimento injustificado de suas deliberações;

IV. encaminhar ao MP notícia de fato que constitua infração administrativa ou penal contra os direitos da criança ou adolescente;

V. encaminhar à autoridade judiciária os casos de sua competência;

VI. providenciar a medida estabelecida pela autoridade judiciária, dentre as previstas no art. 101, I a VI, do ECA para o adolescente autor de ato infracional;

VII. expedir notificações;

VIII. requisitar certidões de nascimento e de óbito de criança ou adolescente quando necessário;

IX. assessorar o Poder Executivo local na elaboração de proposta orçamentária para planos e programas de atendimento dos direitos da criança e do adolescente;

X. representar, em nome da pessoa e da família, contra a violação dos direitos previstos no art. 220, § 3º, II, da CF;

XI. representar ao MP para efeito das ações de perda ou suspensão do poder familiar, após esgotadas as possibilidades de manutenção de criança ou adolescente junto à família natural.

11. APURAÇÃO DE ATO INFRACIONAL

11.1. Esclarecimentos preliminares

Antes de o Ministério Público, titular da chamada *ação socioeducativa*, provocar a função jurisdicional, por meio do exercício do direito de ação, algumas providências, previstas e disciplinadas pelo ECA, hão de ser tomadas. São as chamadas medidas pré-processuais, já que antecedem a instauração do processo perante a Justiça da Infância e da Juventude.

11.2. Apreensão de adolescente

Em conformidade com o prescrito nos arts. 106, *caput*, 171 e 172 do ECA, a apreensão do adolescente somente se dará em duas situações, a saber: flagrante de ato infracional; e por força de ordem judicial.

Observações: a teor do art. 171 do ECA, o adolescente apreendido por força de ordem judicial (para o cumprimento de medida socioeducativa de internação; para que compareça à audiência de apresentação etc.) será encaminhado à autoridade judiciária. De outro lado, pela disciplina do art. 172 do ECA, o adolescente apreendido em flagrante de ato infracional deverá ser conduzido à presença da autoridade policial competente. Se se tratar de ato infracional praticado em coautoria com maior e havendo repartição policial especializada no atendimento de adolescente, prevalecerá a atribuição desta.

11.3. Flagrante de ato infracional praticado por adolescente – providências

Há, aqui, duas situações distintas:

11.3.1. Ato infracional cometido mediante violência ou grave ameaça à pessoa

Neste caso, a autoridade policial, que é aquela a quem deve ser encaminhado o adolescente surpreendido na prática de ato infracional (art. 302 do CPP), cuidará para que sejam tomadas as seguintes providências: lavratura do auto de apreensão; apreensão do produto e dos instrumentos da infração; requisição dos exames e perícias; assegurar que o adolescente conheça a identidade dos responsáveis por sua apreensão bem como seja informado de seus direitos; comunicação imediata à família ou pessoa indicada, bem como à autoridade judiciária; liberação ou condução ao MP (art. 173, *caput*, do ECA).

11.3.2. Ato infracional praticado sem violência ou grave ameaça contra a pessoa

Neste caso, as providências a serem tomadas são as seguintes (art. 173, parágrafo único, do ECA): em vez de auto de apreensão, boletim de ocorrência circunstanciado; apreensão do produto e dos instrumentos da infração; requisição dos exames e perícias; assegurar que o adolescente conheça a identidade dos responsáveis por sua apreensão bem como seja informado de seus direitos; comunicação imediata à família ou pessoa indicada, bem como à autoridade judiciária; liberação ou condução ao MP.

11.4. Liberação do adolescente – cabimento

Reza o art. 174 do ECA que, na hipótese de comparecimento de qualquer dos pais ou responsável, o adolescente será prontamente liberado pela autoridade policial, devendo o responsável, sob compromisso, fazer apresentar o adolescente ao MP no primeiro dia útil imediato. **Exceção:** quando, pela gravidade do ato infracional e sua repercussão social, deva o adolescente permanecer sob internação para garantia de sua segurança pessoal ou manutenção da ordem pública. Neste caso, o adolescente será encaminhado ao MP, juntamente com a cópia do auto de apreensão ou boletim de ocorrência. Não sendo possível, a autoridade policial encaminhará o adolescente à entidade de atendimento, que o apresentará ao MP em 24 horas (art. 175 do ECA).

11.5. Oitiva informal do adolescente

O art. 179 do ECA instituiu importante instrumento para auxiliar o membro do MP a formar sua convicção, já que lhe permite ouvir o adolescente, seus pais ou responsável, bem assim vítimas e testemunhas.

11.5.1. Obrigatoriedade da medida

Há duas correntes. Prevalece, atualmente, aquela que entende que a ausência de oitiva informal promovida pelo MP não tem o condão de gerar a nulidade da representação e dos atos seguintes. É este o entendimento do STJ. A esse respeito, conferir: STJ, 5ª T., REsp. 662.499/SC, Rel. Min. Felix Fischer, j. 07.12.2004.

11.5.2. Providências – após oitiva informal (art. 180 do ECA)

Após a oitiva informal a que alude o art. 179 do Estatuto, o promotor de justiça tomará uma das seguintes providências: promoverá o *arquivamento dos autos* (se verificar que o adolescente não foi o autor do ato; que o ato não é típico – não encontra figura correspondente na legislação penal; ou ainda ocorreu excludente de ilicitude); concederá a *remissão*; ou oferecerá a *representação*.

11.5.3. Homologação judicial

Em vista do disposto no art. 181 do ECA, nos casos de arquivamento e remissão, os autos serão conclusos à autoridade judiciária para homologação. Se o juiz discordar, remeterá os autos ao procurador-geral de Justiça, a quem incumbirá oferecer representação, designar outro promotor para fazê-lo ou ratificar o arquivamento ou remissão, sendo que somente nesse caso o juiz estará obrigado a homologar.

11.6. Fase processual – esclarecimentos preliminares

Conforme já expusemos, algumas providências previstas no ECA, chamadas medidas pré-processuais, que antecedem a instauração do processo perante a Justiça da Infância e da Juventude, devem ser tomadas, como, por exemplo, em alguns casos, a apreensão em flagrante do adolescente e a sua liberação, a depender do caso, aos seus pais. São as normas que regem a fase pré-processual de apuração do ato infracional. Passaremos agora ao exame das normas que disciplinam a *fase processual de apuração do ato infracional* (arts. 182 a 190 do ECA).

11.7. Ministério Público – único legitimado

A chamada ação socioeducativa tem uma peculiaridade: o MP tem legitimidade exclusiva para ajuizá-la. Vale dizer, é defeso à vítima propor a ação socioeducativa. Mais: o MP, no seu exercício do direito de ação, não está subordinado a condição alguma.

Estabelece o art. 201, II, do ECA que cabe ao MP "promover e acompanhar os procedimentos relativos às infrações atribuídas a adolescentes". Note que, ao dar início à ação socioeducativa, da qual é titular, o órgão ministerial atua como parte, e não como *custos legis*. A despeito disso, incumbe-lhe o dever de, na busca pela verdade real, zelar pelos superiores interesses do adolescente, mesmo sendo este autor de ato infracional.

11.8. Representação

11.8.1. Conceito

É a petição inicial da ação socioeducativa. Está prevista no art. 182 do ECA. Equivale, na ação penal pública, à denúncia. A exemplo desta, a representação há de ser formulada pelo titular da ação socioeducativa, que é o Ministério Público (art. 201, II, ECA).

11.8.2. Características

a) comporta a forma escrita ou oral;

b) não depende de prova pré-constituída de autoria e materialidade (para a instauração bastam indícios);

c) deve conter breve resumo dos fatos e a classificação do ato infracional, bem assim, quando necessário, o rol de testemunhas.

Observação: o adolescente defende-se, no processo, do fato a ele atribuído pelo MP na inicial, e não de sua classificação.

11.9. Providências judiciais

Com a representação ofertada pelo MP, os autos vão conclusos ao juiz, a quem caberá: rejeitá-la, determinar que seja a representação emendada ou recebê-la. Neste último caso, o magistrado deverá designar audiência de apresentação do adolescente e determinar a *cientificação* e *notificação* do adolescente e de seus pais ou responsável.

11.10. Audiência de apresentação

Trata-se do primeiro contato entre juiz e adolescente, bem assim com os pais deste. Se comparecerem adolescente e seus pais, todos serão ouvidos. Com relação àquele, insta ressaltar que serão aplicadas, no que toca à sua oitiva, as regras do interrogatório previstas no CPP. Feito isso, o magistrado ouvirá os pais ou responsável pelo adolescente e, em seguida, tomará uma das seguintes providências: ouvido o MP, concederá remissão (art. 186, § 1º, do ECA); ou designará audiência em continuação.

Observações: é necessária a presença de advogado na audiência de apresentação; a teor do art. 186, § 3º, do ECA, o defensor do adolescente – constituído ou nomeado – no prazo de 3 dias da audiência de apresentação oferecerá defesa prévia e rol de testemunhas.

11.11. Audiência em continuação

É constituída pelos seguintes atos: oitiva das testemunhas de acusação e defesa; relatório confeccionado pela equipe interprofissional, que será acostado aos autos do processo; debates. Primeiro do promotor e, após, da defesa; e sentença.

11.12. Infiltração de agentes de Polícia no contexto do ECA

A Lei 13.441/2017 inseriu no ECA os arts. 190-A a 190-E, que estabelecem regras para a realização da infiltra-ção de policiais no âmbito da internet com vistas à investigação de crimes contra a dignidade sexual de crianças e adolescentes.

12. CRIMES E INFRAÇÕES ADMINISTRATIVAS

12.1. Crimes

12.1.1. Observações preliminares

Se o ECA não dispuser de forma contrária, aplicam-se aos crimes nele definidos as regras da Parte Geral do CP e, no que toca ao processo, as pertinentes ao CPP – art. 226 do ECA. Os crimes previstos no ECA são de ação penal pública incondicionada.

12.1.2. Crimes em espécie

Aqui abordaremos os principais delitos definidos no ECA e seus elementos.

> **Art. 229.** Deixar o médico, enfermeiro ou dirigente de estabelecimento de atenção à saúde de gestante de identificar corretamente o neonato e a parturiente, por ocasião do parto, bem como deixar de proceder aos exames referidos no art. 10 desta Lei:
>
> Pena – detenção de 6 meses a 2 anos.
>
> Parágrafo único. Se o crime é culposo:
>
> Pena – detenção de dois a seis meses ou multa.

a) sujeito ativo: somente o médico, o enfermeiro e o dirigente de estabelecimento de atenção à saúde da gestante. Trata-se, portanto, de *crime próprio*, já que exige do agente uma característica especial;

b) sujeito passivo: o neonato e a parturiente (na primeira figura); e o recém-nascido (na segunda);

c) tipo objetivo: são duas as condutas punidas: a primeira consiste em deixar, que significa *omitir-se*, de proceder à identificação (individualização) correta do neonato e da parturiente; a outra conduta punida é deixar (omissão dos mesmos sujeitos) de realizar os exames a que faz menção o art. 10 do ECA, assim entendidos aqueles que visam ao diagnóstico e terapêutica de anormalidades no metabolismo do recém-nascido;

d) tipo subjetivo: é o dolo, representado pela vontade livre e consciente de praticar a conduta prevista no tipo. Há previsão, no parágrafo único, da forma culposa, em que incorrerá o agente que cometer o delito por negligência.

> **Art. 230.** Privar a criança ou o adolescente de sua liberdade, procedendo à sua apreensão sem estar em flagrante de ato infracional ou inexistindo ordem escrita da autoridade judiciária competente:
>
> Pena – detenção de 6 meses a 2 anos.
>
> **Parágrafo único.** Incide na mesma pena aquele que procede à apreensão sem observância das formalidades legais.

a) sujeito ativo: qualquer pessoa (crime comum);

b) sujeito passivo: a criança ou o adolescente;

c) tipo objetivo: o verbo nuclear do tipo penal é *privar*, que quer dizer tolher, impedir. Este crime, dada a pena a ele cominada, não deve ser confundido com o do art. 148 do CP (sequestro e cárcere privado), visto que a prática do delito em estudo implica somente a apreensão do menor, sem, com isso, inseri-lo no cárcere. Se o fizer, caracterizado estará o crime do CP, cuja pena é bem superior;

d) tipo subjetivo: é o dolo, representado pela vontade livre e consciente de praticar a conduta prevista no tipo. Não há previsão da modalidade culposa.

> **Art. 240.** Produzir, reproduzir, dirigir, fotografar, filmar ou registrar, por qualquer meio, cena de sexo explícito ou pornográfica, envolvendo criança ou adolescente.
>
> Pena – reclusão, de 4 a 8 anos, e multa.
>
> § 1º Incorre nas mesmas penas quem agencia, facilita, recruta, coage, ou de qualquer modo intermedeia a participação de criança ou adolescente nas cenas referidas no *caput* deste artigo, ou ainda quem com esses contracena.
>
> § 2º Aumenta-se a pena de 1/3 se o agente comete o crime:
>
> I – no exercício de cargo ou função pública ou a pretexto de exercê-la;
>
> II – prevalecendo-se de relações domésticas, de coabitação ou de hospitalidade; ou
>
> III – prevalecendo-se de relações de parentesco consanguíneo ou afim até o terceiro grau, ou por adoção, de tutor, curador, preceptor, empregador da vítima ou de quem, a qualquer outro título, tenha autoridade sobre ela, ou com seu consentimento.

a) sujeito ativo: qualquer pessoa (delito comum);

b) sujeito passivo: a criança ou o adolescente;

c) tipo objetivo: o tipo penal incriminador é constituído por seis condutas típicas. A elas: *produzir* quer dizer gerar, criar; *reproduzir* significa produzir novamente ou ainda imitar; *dirigir* quer dizer comandar, liderar; *fotografar* significa gerar a imagem por meio de fotografia; *filmar* significa registrar imagem e som por meio de vídeo; *registrar*, por fim, quer dizer salvar em base de dados. Sendo o tipo misto alternativo, incorrendo o agente, desde que no mesmo contexto fático, em mais de uma conduta prevista no tipo, responderá por crime único (princípio da alternatividade);

d) tipo subjetivo: somente se pune a forma dolosa.

> **Art. 241.** Vender ou expor à venda fotografia, vídeo ou outro registro que contenha cena de sexo explícito ou pornografia envolvendo criança ou adolescente.
>
> Pena – reclusão, de 4 a 8 anos, e multa.

a) sujeito ativo: sendo delito comum, pode ser praticado por qualquer pessoa. Não se exige, portanto, nenhuma qualidade especial do agente;

b) sujeito passivo: a criança ou o adolescente;

c) tipo objetivo: o tipo penal é constituído por dois verbos nucleares: *vender* e *expor à venda* (tipo misto alternativo ou plurinuclear). *Vender* significa alienar por determinado valor; *expor à venda* quer dizer apresentar para que seja alienado. Constituem objeto do tipo incriminador: fotografia, vídeo ou registro. O meio mais comum, hodiernamente, empregado pelo sujeito ativo na prática deste crime é a internet;

d) tipo subjetivo: o tipo penal somente comporta a forma dolosa, já que não é prevista a modalidade culposa.

> **Art. 241-A.** Oferecer, trocar, disponibilizar, transmitir, distribuir, publicar ou divulgar por qualquer meio, inclusive por meio de sistema de informática ou telemático, fotografia, vídeo ou outro registro que contenha cena de sexo explícito ou pornografia envolvendo criança ou adolescente:
>
> Pena – reclusão, de 3 a 6 anos, e multa.
>
> § 1º Nas mesmas penas incorre quem:
>
> I – assegura os meios ou serviços para o armazenamento das fotografias, cenas ou imagens de que trata o *caput* deste artigo;
>
> II – assegura, por qualquer meio, o acesso por rede de computadores às fotografias, cenas ou imagens de que trata o *caput* deste artigo.
>
> § 2º As condutas tipificadas nos incisos I e II do § 1º deste artigo são puníveis quando o responsável legal pela prestação do serviço, oficialmente notificado, deixa de desabilitar o acesso ao conteúdo ilícito de que trata o *caput* deste artigo.

a) sujeito ativo: sendo delito comum, pode ser praticado por qualquer pessoa. Não se exige, portanto, nenhuma característica específica do agente;

b) sujeito passivo: a criança ou o adolescente;

c) tipo objetivo: o tipo penal é constituído por sete ações nucleares (tipo misto alternativo ou plurinuclear). Neste crime, o objeto material, já produzido, terá seu âmbito de alcance ampliado por meio, sobretudo, da internet. *Oferecer* significa ofertar, apresentar; *trocar* significa permutar; *disponibilizar* quer dizer viabilizar o acesso; *transmitir* significa remeter de uma localidade para outra; *distribuir* quer dizer fazer entrega a diversas pessoas; *publicar* significa tornar público e notório; *divulgar* significa difundir;

d) tipo subjetivo: o tipo penal somente comporta a forma dolosa, já que não é prevista a modalidade culposa.

> **Art. 241-D.** Aliciar, assediar, instigar ou constranger, por qualquer meio de comunicação, criança, com o fim de com ela praticar ato libidinoso:
>
> Pena – reclusão, de 1 a 3 anos, e multa.
>
> **Parágrafo único.** Nas mesmas penas incorre quem:
>
> I – facilita ou induz o acesso à criança de material contendo cena de sexo explícito ou pornografia com o fim de com ela praticar ato libidinoso;
>
> II – pratica as condutas descritas no *caput* deste artigo com o fim de induzir criança a se exibir de forma pornográfica ou sexualmente explícita.

a) sujeito ativo: sendo delito comum, pode ser praticado por qualquer pessoa. Não é exigida nenhuma qualidade específica do agente;

b) sujeito passivo: somente a criança, isto é, a pessoa em desenvolvimento com até 12 anos incompletos;

c) tipo objetivo: o tipo penal é constituído por quatro ações nucleares (tipo misto alternativo ou plurinuclear). São elas: aliciar (atrair, cooptar); assediar (importunar); instigar (incentivar); e constranger (forçar);

d) tipo subjetivo: o tipo penal somente comporta a forma dolosa, já que não é prevista a modalidade culposa. Exige-se, também, o elemento subjetivo específico de praticar com a criança ato libidinoso.

> **Art. 241-E.** Para efeito dos crimes previstos nesta Lei, a expressão "cena de sexo explícito ou pornográfica" compreende qualquer situação que envolva criança ou adolescente em atividades sexuais explícitas, reais ou simuladas, ou exibição dos órgãos genitais de uma criança ou adolescente para fins primordialmente sexuais.

> **Art. 243.** Vender, fornecer, servir, ministrar ou entregar, ainda que gratuitamente, de qualquer forma, a criança ou a adolescente, bebida alcoólica ou, sem justa causa, outros produtos cujos componentes possam causar dependência física ou psíquica: (redação conferida pela Lei 13.106/2015)
>
> Pena – detenção, de 2 (dois) a 4 (quatro) anos, e multa, se o fato não constitui crime mais grave.

Note que a redação deste dispositivo foi recentemente alterada por força da Lei 13.106/2015, que passou a considerar como *crime* a conduta daquele que *vende, fornece, serve* ou *entrega bebida alcoólica* a criança ou a adolescente. Superou-se, assim, o embate doutrinário e jurisprudencial que havia acerca do enquadramento legal da conduta consistente em servir bebida alcoólica a menor: para alguns, deveria se aplicar o art. 63 da LCP; para outros, tal conduta se subsumia no tipo penal do art. 243 do ECA, com a sua redação original. Para que nenhuma dúvida houvesse, esta mesma lei revogou, de forma expressa, o art. 63, I, da LCP.

> **Art. 244-B.** Corromper ou facilitar a corrupção de menor de 18 anos, com ele praticando infração penal ou induzindo-o a praticá-lo:
>
> Pena – reclusão, de 1 a 4 anos.
>
> § 1º incorre nas penas previstas no *caput* deste artigo quem pratica as condutas tipificadas utilizando-se de quaisquer meios eletrônicos, inclusive salas de bate-papo da internet.
>
> § 2º as penas previstas no *caput* deste artigo são aumentadas de 1/3 no caso de a infração cometida ou induzida estar incluída no rol do art. 1º da Lei 8.072/1990, de 25.07.1990.

a) esclarecimento preliminar: a corrupção de menores, antes prevista no art. 1º da Lei 2.252/1954, foi revogada pela Lei 12.015/2009, que introduziu esse crime, com redação idêntica, no art. 244-B do ECA;

b) sujeito ativo: sendo delito comum, pode ser praticado por qualquer pessoa.

c) sujeito passivo: somente o menor de 18 anos, desde que ainda não corrompido;

d) tipo objetivo: o tipo penal é constituído por duas ações nucleares (tipo misto alternativo ou plurinuclear), a saber: *corromper* (perverter) ou *facilitar a corrupção* (favorecer a corrupção, torná-la mais fácil, viabilizá-la). A criança ou adolescente corrompido não comete infração penal (crime e contravenção), mas, sim, ato infracional; já o maior (imputável) será responsabilizado por crime ou contravenção;

e) tipo subjetivo: a punição somente se opera a título de dolo;

f) momento consumativo: há, tanto na doutrina quanto na jurisprudência, duas correntes quanto ao momento consumativo do crime de corrupção de menores, atualmente previsto no art. 244-B do ECA. Para parte da doutrina e também para o STJ, o crime em questão é *formal*, consumando-se independentemente da efetiva corrupção da vítima. Nesse sentido: "(...) A Terceira Seção do Superior Tribunal de Justiça, ao apreciar o Recurso Especial 1.127.954/DF, representativo de controvérsia, pacificou seu entendimento no sentido de que o crime de corrupção de menores – antes previsto no art. 1º da Lei 2.252/1954, e hoje inscrito no art. 244-B do Estatuto da Criança e do Adolescente – é delito formal, não exigindo, para sua configuração, prova de que o inimputável tenha sido corrompido, bastando que tenha participado da prática delituosa" (AgRg no REsp 1371397/DF, 6ª T., j. 04.06.2013, rel. Min. Assusete Magalhães, *DJe* 17.06.2013). Consolidando tal entendimento, o STJ editou a Súmula 500, a seguir transcrita: "A configuração do crime previsto no art. 244-B do Estatuto da Criança e do Adolescente independe da prova da efetiva corrupção do menor, por se tratar de delito formal". Uma segunda corrente sustenta que o crime do art. 244-B do ECA é *material*, sendo imprescindível, à sua consumação, a ocorrência do resultado naturalístico, isto é, a efetiva corrupção do menor.

12.2. Infrações administrativas

12.2.1. Esclarecimento preliminar

Não abordaremos, neste tópico, as infrações administrativas em espécie, como fizemos com os crimes, mas, sim, seus aspectos gerais mais relevantes.

12.2.2. Infrações administrativas – características

Estão previstas nos arts. 245 a 258-C do ECA. A sua apuração, em procedimento judicial perante a Vara da Infância e da Juventude, deve obedecer ao rito estabelecido nos arts. 194 a 198 do ECA. O procedimento será deflagrado por meio de autuação do Serviço de Voluntariados da Vara da Infância e da Juventude, de Conselheiros Tutelares e também do MP. A exemplo do que se dá com as leis penais, aplica-se aqui o princípio da legalidade, é dizer, somente haverá infração administrativa se houver previsão legal nesse sentido; da mesma forma, a sanção só será aplicada se houver cominação legal.

12.2.3. Tentativa

A tentativa de infração administrativa não é punida, já que inexiste, no ECA, norma de extensão que viabilize tal punição, como ocorre no CP, em seu art. 14, II.

12.2.4. Prescrição

A exemplo do que se dá com a tentativa, não há, no ECA, norma que faça alusão expressa ao instituto da prescrição da conduta ilícita relativa à infração administrativa. Dessa forma, tendo a infração administrativa essa natureza, aplicam-se, no que concerne à prescrição, as regras do Direito Administrativo, em que o prazo prescricional é quinquenal, isto é, de cinco anos. Assim tem decidido a jurisprudência. A conferir: STJ, Resp 820.364, rel. Min. Eliana Calmon, j. 20.03.2007.

15. Direito Penal

Arthur Trigueiros

Parte Geral

1. CONSIDERAÇÕES INICIAIS SOBRE O DIREITO PENAL

1.1. Introdução ao Direito Penal

1.1.1. Considerações iniciais

Desde os primórdios da vida em sociedade, o homem passou a encontrar dificuldades de relacionamento, seja entre dois indivíduos, seja entre um indivíduo e um grupo, seja entre grupos distintos.

Por esse motivo, a criação do direito tornou-se um imperativo de sobrevivência harmônica, sem o qual o respeito ao próximo e as limitações dos direitos individuais constituiriam barreira intransponível ao regular desenvolvimento do corpo social.

Os conflitos, é certo, sempre existiram, em maior ou menor intensidade. Sem sombra de dúvida, a forma de litígio mais grave sempre foi aquela que envolveu bens jurídicos protegidos pelo **Direito Penal**. Em outras palavras, das formas de ilícito, **o mais grave deles é o penal**, já que ofende os direitos e os interesses mais caros à sociedade, tais como: a vida, a honra, a liberdade, o patrimônio etc.

Daí o motivo de surgir o Direito Penal: para a proteção da sociedade contra os ilícitos de índole criminal.

1.1.2. Denominação

Inúmeras denominações surgiram para designar o ramo do direito responsável pelo estudo criminal, a saber: Direito Criminal, Direito Repressivo, Direito Punitivo, Direito Sancionador, Direito Protetor dos Criminosos, dentre outros.

Todavia, é de reconhecimento comum que o designativo mais aceito pelos doutrinadores é o Direito Penal. Tanto é assim que temos um Código Penal, um Código de Processo Penal, as Leis Penais Especiais...

Porém, na prática forense, deparamo-nos com as Varas Criminais, com as Varas de Execuções Criminais (VECs), destoando, portanto, da designação amplamente acolhida pelos juristas.

1.1.3. Definição/conceito

O *conceito* de Direito Penal é trazido, de maneira peculiar, por cada doutrinador que almeja traduzir da melhor forma esse ramo do direito.

Assim, Basileu Garcia já o definiu como o "conjunto de normas jurídicas que o Estado estabelece para combater o crime, através das penas e das medidas de segurança" (**Instituições de Direito Penal**).

Segundo Edgard Magalhães Noronha, "direito penal é o conjunto de normas jurídicas que regulam o poder punitivo do Estado, tendo em vista os fatos de natureza criminal e as medidas aplicáveis a quem os pratica" (**Direito Penal**, vol. 1).

Por fim, a magistral lição de José Frederico Marques, para quem o Direito Penal é o "conjunto de normas que ligam ao crime, como fato, a pena como consequência, e disciplinam também as relações jurídicas daí derivadas, para estabelecer a aplicabilidade das medidas de segurança e a tutela do direito e liberdade em face do poder de punir do Estado" (**Curso de Direito Penal**, vol. 1).

Em suma, o Direito Penal é o ramo do *direito público* cujo objeto corresponde às *infrações penais* e às *respectivas sanções*, aplicáveis aos infratores da lei penal.

1.1.4. Objetos de estudo do Direito Penal

Como já dissemos, são dois:

a) infrações penais; e

b) sanções penais.

Em matéria de infrações penais, o Brasil adotou o *critério dicotômico*, dividindo-as em *crimes ou delitos e contravenções penais*, definidos no art. 1º da Lei de Introdução ao Código Penal (LICP).

Em breves e singelas distinções, o crime (ou delito) é espécie de infração penal mais grave do que a contravenção penal (denominada, por tal motivo, de crime-anão por Nelson Hungria), punida pelo Estado, portanto, com menor rigor.

Não há, no Brasil, diferença entre os termos "crime" e "delito", considerados como sinônimos, o que não ocorria na antiguidade.

No tocante ao segundo objeto do Direito Penal, temos que as sanções penais são gênero do qual são espécies:

a) penas;

b) medidas de segurança.

No momento oportuno, estudaremos cada uma das espécies referidas. Por ora, é suficiente saber que as medidas de segurança somente são aplicadas àquelas pessoas que possuem algum problema mental, ao passo que as penas são exclusivas das pessoas dotadas de discernimento (total ou parcial), desde que maiores de 18 anos.

Aos menores de 18 anos (denominados pela lei de *inimputáveis*), não se pode aplicar pena, mas sim as regras específicas do Estatuto da Criança e do Adolescente (ECA – Lei 8.069/1990).

1.1.5. Diplomas normativos aplicáveis ao Direito Penal

Ao Direito Penal aplicam-se inúmeros diplomas normativos, a saber:

a) a Constituição Federal (especialmente a parte dos direitos e garantias fundamentais);

b) o Código de Processo Penal (ex.: regras aplicáveis à ação penal);

c) o Código Civil (ex.: conceitos como casamento e morte);

d) a Legislação de Direito Comercial (ex.: títulos de crédito, falência...);

e) a Legislação de Direito Tributário (ex.: crimes contra a ordem tributária);

f) as regras de Direito Internacional (tratados que versam sobre Direito Penal);

g) a Lei de Execuções Penais (especialmente no tocante às formas de cumprimento de pena) etc.

É importante registrar que o Direito Penal não se esgota num Código Penal, mas se serve de inúmeros outros diplomas normativos que o completam.

1.1.6. Ciências correlatas ao Direito Penal

Iremos mencionar apenas algumas ciências auxiliares ao Direito Penal:

a) medicina legal: conhecimentos médicos aplicáveis à solução e demonstração da ocorrência de crimes e suas causas (ex.: exames de corpo de delito);

b) psiquiatria forense: tem por objetivo aferir se o criminoso (agente), no momento do crime, tinha capacidade de entender o que estava fazendo;

c) polícia técnica ou científica: reunindo conhecimento de várias ciências, contribui para a descoberta de crimes e seus autores (ex.: engenharia química, genética...);

d) sociologia: analisa o crime como fenômeno social;

e) criminologia: busca estudar os processos de gênese da criminalidade e do criminoso.

1.1.7. Estrutura do Código Penal

O diploma legal básico do Direito Penal é exatamente o Código Penal.

Fundamentalmente, vem estruturado em 2 partes: a) **Parte Geral (arts. 1º a 120);** e b) **Parte Especial (arts. 121 a 361).**

A Parte Geral do Código Penal, como o nome diz, contém as *regras* sobre Direito Penal, aplicáveis de modo geral a todo crime (salvo se houver regra expressa em outras leis). Não existem, na parte geral do CP, *crimes.*

Já a Parte Especial do Código Penal contém, basicamente, *artigos que definem crimes e cominam penas.* Todavia, nem todo artigo desta parte específica diz respeito a crimes (existem, portanto, normas de índole não criminal, denominadas não incriminadoras).

1.1.8. O Direito Penal e as Leis Especiais

Com a evolução social e o surgimento de novos problemas e conflitos, torna-se impossível que um só diploma normativo regule todos os temas de interesse penal.

É verdade que o Código Penal é a "lei básica" do Direito Penal, mas podemos assegurar que se trata de uma pequena parte desse ramo do direito, já que existem centenas de leis que tratam do mesmo assunto, definindo crimes e cominando penas.

Apenas para exemplificar, podemos encontrar regras de Direito Penal nas seguintes leis:

a) Decreto-Lei 3.688/1941 – Lei das Contravenções Penais;

b) Lei 8.072/1990 – Lei dos Crimes Hediondos;

c) Lei 8.069/1990 – Estatuto da Criança e do Adolescente;

d) Lei 8.078/1990 – Código de Defesa do Consumidor;

e) Lei 9.503/1997 – Código de Trânsito Brasileiro;

f) Lei 9.605/1998 – Lei dos Crimes Ambientais;

g) Lei 8.137/1990 – Crimes tributários e contra as relações de consumo;

h) Lei 4.898/1965 – Lei do Abuso de Autoridade;

i) Lei 11.343/2006 – Lei de Drogas.

Embora existam, como já dissemos, centenas de leis de índole penal, o Código Penal aplica-se aos casos em que não houver disposição expressa em contrário (art. 12 do CP).

1.1.9. As escolas penais

Para os fins da presente obra, traremos algumas breves considerações sobre as Escolas Penais. Vamos aos estudos!

1.1.9.1. Escola Clássica

Nasceu no final do século XVIII, em reação ao totalitarismo do Estado Absolutista, durante o período do Iluminismo.

A Escola Clássica pautou-se nos estudos de *Beccaria*, sendo um de seus principais expoentes *Francesco Carrara.*

Utilizava-se o método racionalista e dedutivo (lógico).

Em regra, os pensadores desta escola eram jusnaturalistas.

Os pontos marcantes são: a) crime era visto como sendo um conceito meramente jurídico; b) predominava o livre-arbítrio; c) a função da pena era retributiva.

"Foi sob a influência dos pensamentos de Kant e Hegel que a concepção retribucionista do Direito Penal se desenvolveu. Ou seja, a única finalidade da pena consistia na aplicação de um mal ao infrator da lei penal. A sanção penal era, na verdade, um castigo necessário para o restabelecimento do Direito e da Justiça. (...) Em decorrência do ideal iluminista, prevaleceu a tendência de eliminar as penas corporais e os suplícios (...)" (MASSON, Cleber. **Direito Penal Esquematizado** – Parte Geral. Editora Método, 2ª edição).

1.1.9.2. Escola Positiva

A preocupação com o combate do fenômeno da criminalidade dentro dos parâmetros cientificistas dos séculos XVIII e XIX foi a responsável pelo surgimento do denominado Positivismo Criminológico.

Um dos principais expoentes da Escola Positiva, juntamente com Enrico Ferri e Rafael Garofalo, foi *Cesare Lombroso*, "por sua construção do 'criminoso nato', indivíduo essencialmente voltado à delinquência e passível de identificação anatômica" (CUNHA, Rogério Sanches. **Manual de Direito Penal**. Parte Geral. Editora JusPodivm).

Inicia-se a fase antropológica, com a aplicação do método experimental no estudo da criminalidade.

Para *Lombroso*, o homem não era livre em sua vontade, já que sua conduta era predeterminada por forças inatas e por características antropológicas. Inicia-se, assim, a fase antropológica, com a aplicação do método experimental no estudo da criminalidade.

Não há livre-arbítrio, já que o criminoso é um ser anormal, sob as óticas biológica e psicológica.

Por sua vez, na fase sociológica, *Ferri* passou a levar em conta fatores físicos, naturais e sociais, juntamente com características antropológicas do criminoso.

Por fim, na fase jurídica da Escola Positiva, *Garofalo* utilizou a expressão "Criminologia", conferindo aspectos estritamente jurídicos.

1.1.9.3. Correcionalismo penal

Para a Escola Correcionalista, preconizada por *Karl David August Röeder*, o crime não é um fato natural, mas uma criação da sociedade, onde o criminoso possui uma vontade reprovável.

A pena busca a ressocialização do criminoso, pois é instrumento de correção de sua vontade.

Desse modo, a sanção penal deve ser indeterminada, até que cesse a sua necessidade.

A finalidade da pena é a prevenção especial, já que se busca corrigir o criminoso.

"A Escola Correcionalista sustenta que o direito de reprimir os delitos deve ser utilizado pela sociedade com fim terapêutico, isto é, reprimir curando. Não se deve pretender castigar, punir, infligir o mal, mas apenas regenerar o criminoso". (...) "Modernamente, pode-se dizer que o correcionalismo idealizado por Röeder, transfundido e divulgado nas obras de Dorado Montero e Concépcion Arenal, teve em Luis Jiménez de Asúa seu maior entusiasta e o mais eficiente dos expositores, ao defender a ressocialização como finalidade precípua da sanção penal" (MASSON, Cleber. **Direito Penal Esquematizado** – Parte Geral. Editora Método, 2ª edição).

1.1.9.4. Tecnicismo jurídico-penal

Aproxima-se da Escola Clássica.

Utilizou-se o método positivo, pois o Direito Penal estava restrito às leis vigentes, com conteúdo dogmático, sem qualquer caráter antropológico ou filosófico.

O Tecnicismo jurídico-penal caracterizava-se por se utilizar da exegese (para buscar o alcance e a vontade da lei), da dogmática (para a integração do Direito Penal, por meio da sistematização dos princípios) e da crítica (para propostas de reforma, como ocorre na política criminal).

1.1.9.5. A defesa social

Para a Escola da Nova Defesa Social, o crime desestabiliza a ordem social, motivo pelo qual o criminoso precisa cumprir uma pena, a fim de que seja adaptado socialmente.

Tal doutrina busca proteger a sociedade contra o crime.

Tem caráter humanista.

"O Estado não deve punir, pois sua função é melhorar o indivíduo. A causa da antissocialidade está na organização social. Contra ela o Estado deve operar preventivamente e não somente pela repressão. Os cárceres são inúteis e prejudiciais, devendo ser abolidos. As penas devem ser substituídas por medidas educativas e curativas. O violador da lei não perigoso pode ser perdoado, não necessitando sanção. A pena, como medida de defesa social, deve ser fixa ou dosada, não na base do dano, mas segundo a personalidade do agente" (MASSON, Cleber. **Direito Penal Esquematizado** – Parte Geral. Editora Método, 2ª edição).

1.2. A EVOLUÇÃO HISTÓRICA DO DIREITO PENAL

1.2.1. Povos primitivos. Vingança divina

Na sociedade primitiva, a conduta do homem regulava-se pelo temor religioso ou mágico. Baseava-se nos *totens*, divindades que influenciavam o comportamento das pessoas, em razão da crença da premiação ou do castigo, assumindo variadas formas (animal, vegetal ou fenômeno natural). Tais sociedades eram chamadas de totêmicas.

"Pelo fato de que para esses povos a lei tinha origem divina e, como tal, sua violação consistia numa ofensa aos deuses, punia-se o infrator para desagravar a divindade, bem como para purgar o seu grupo das impurezas trazidas pelo crime. Uma das reações contra o criminoso era a expulsão do grupo (desterro), medida que se destinava, além de eliminar aquele que se tornara um inimigo da comunidade e dos seus deuses e forças mágicas, a evitar que a classe social fosse contagiada pela mácula que impregnava o agente, bem como as reações vingativas dos seres sobrenaturais a que o grupo estava submetido" (MASSON, Cleber. **Direito Penal Esquematizado** – Parte Geral. Editora Método, 2ª edição).

1.2.2. Vingança privada

A infração era vista como uma ofensa ao próprio grupo ao qual o ofensor pertencia. Assim, o ofendido ou qualquer pessoa do grupo – e não mais a divindade – voltava-se contra o ofensor, fazendo "justiça pelas próprias mãos", disseminando o ódio e provocando guerras, inexistindo qualquer proporção entre o delito praticado e a pena imposta.

Neste contexto, surge a Lei do Talião, adotado pelo Código de Hamurabi (Babilônia), pelo Êxodo (hebreus) e pela Lei das XII Tábuas (romanos).

1.2.3. Vingança pública

Nessa fase há um fortalecimento do Estado, tendo em vista que as autoridades competentes passam a ter legitimidade para intervir nos conflitos sociais. A pena assume um caráter público, tendo por finalidade a proteção do Estado Soberano. Um dos principais crimes era o da lesa-majestade, bem como aqueles que atingissem a ordem pública e os bens religiosos.

"Cabia a uma terceira pessoa, no caso o Estado – representante da coletividade e em tese sem interesse no conflito existente –, decidir impessoalmente a questão posta à sua análise, ainda que de maneira arbitrária. Nessa época, as penas ainda eram largamente intimidatórias e cruéis, destacando-se o esquartejamento, a roda, a fogueira, a decapitação, a forca, os castigos corporais e amputações, entre outras" (MASSON, Cleber. **Direito Penal Esquematizado** – Parte Geral. Editora Método, 2ª edição)

1.2.4. Idade Antiga

1.2.4.1. Direito Penal grego

Conforme explicitado por Rogério Sanches Cunha, "na Grécia não existem escritos a propiciar análise aprofundada da legislação penal então existente, senão algumas passagens em obras filosóficas. Por meio dessas obras, pôde-se notar que o direito penal grego evoluiu da vingança privada, da vingança religiosa para um período político, assentado sobre uma base moral e civil" (**Manual de Direito Penal**. Parte Geral. Editora JusPodivm). Assim, passou-se a discutir o fundamento do direito de punir e a finalidade da pena.

1.2.4.2. Direito Penal romano

O Direito Penal era exclusivo do cidadão romano, excluindo-se as mulheres, os escravos e os estrangeiros. As decisões passaram a ser fundamentadas, gerando maior segurança jurídica, muito embora não existisse o princípio da reserva legal.

Passou-se a dividir os delitos em públicos – aqueles que envolviam a traição ou a conspiração política contra o Estado e o assassinato – e em privados – os demais. "O julgamento dos crimes públicos era atribuição do Estado, por meio de um magistrado, e realizado por tribunais especiais. A sanção aplicada era a pena capital. Já o julgamento dos crimes privados era confiado ao particular ofendido, interferindo o Estado apenas para regular o seu exercício" (MASSON, Cleber. **Direito Penal Esquematizado** - Parte Geral. Editora Método, 2ª edição).

1.2.5. Idade Média

1.2.5.1. Direito Penal germânico

Neste período não havia leis escritas, sendo que o Direito Penal se pautava no direito consuetudinário. Posteriormente, adotou-se a Lei do Talião e o sistema da composição pecuniária, em que predominava a responsabilidade penal objetiva.

Isso porque, "o delinquente, quando sua infração ofendia os interesses da comunidade, perdia seu direito fundamental à vida, podendo qualquer cidadão matá-lo. Quando a infração atingia apenas uma pessoa ou família, o direito penal germânico fomentava o restabelecimento da paz social por via da reparação, admitindo também a vingança de sangue" (CUNHA, Rogério Sanches. **Manual de Direito Penal**. Parte Geral. Editora JusPodivm).

Adotou-se, ainda, o sistema de prova das ordálias ou juízos de deus, cuja prova da inocência se baseava em superstições e atos cruéis (ex.: caminhar sofre o fogo ou mergulhar em água fervente sem suportar ferimentos para que fosse provada a inocência do réu), o que gerava punições injustas.

1.2.5.2. Direito Penal canônico

É o Ordenamento Jurídico da Igreja Católica Apostólica Romana. Aplicava-se a religiosos e leigos, desde que os fatos tivessem conotação religiosa.

Importante ressaltar que o Direito Penal Canônico serviu para o procedimento de inquisição, no qual filósofos, cientistas e pensadores que divergissem do pensamento católico eram condenados a sanções cruéis.

A pena se destinava à cura do delinquente, buscando o seu arrependimento perante a divindade. "O cárcere, como instrumento espiritual de castigo, foi desenvolvido pelo Direito Canônico, uma vez que, pelo sofrimento e pela solidão, a alma do homem se depura e purga o pecado. A penitência visava aproximar o criminoso de Deus" (MASSON, Cleber. **Direito Penal Esquematizado** - Parte Geral. Editora Método, 2ª edição).

1.2.6. Idade Moderna

Desenvolveu-se o período humanitário, durante o Iluminismo, no século XVIII, tendo como principal expoente o marquês de Beccaria, o qual escreveu a clássica obra "Dos delitos e das penas". Pugnava pela abolição da pena de morte, antecipando as ideias consagradas na Declaração Universal dos Direitos do Homem e do Cidadão.

Baseia seu pensamento no "contrato social" de Rousseau, sendo o criminoso reputado como violador do pacto social.

Preconiza que a pena deve ser legalmente prevista, já que o indivíduo tem o livre-arbítrio de praticar ou não um crime, estando consciente de seus atos e suas consequências.

Ainda, a pena deve ser proporcional, sendo as leis certas, claras e precisas.

"Finalmente, para que cada pena não seja uma violência de um ou de muitos contra um cidadão privado, deve ser essencialmente pública, rápida, necessária, a mínima possível nas circunstâncias dadas, proporcional aos delitos e ditadas pelas leis" (MASSON, Cleber. **Direito Penal Esquematizado** - Parte Geral. Editora Método, 2ª edição).

Após o período Iluminista, surgiram as Escolas Penais (vide item 1.1.9 supra).

1.3. Histórico do Direito penal brasileiro

Com o descobrimento do Brasil, a partir de 1500, passou a vigorar o Direito Lusitano.

Inicialmente, vigoravam as Ordenações Afonsinas (promulgadas em 1446 por D. Afonso V), as quais foram revogadas pelas Ordenações Manuelinas (promulgadas em 1514 por D. Manuel). Em ambas predominava a arbitrariedade do juiz, já que tais ordenações não definiam a quantidade da pena. Assim, esse período foi marcado pela crueldade das penas, bem como pela ausência dos princípios da legalidade e da ampla defesa.

Posteriormente surgiu o Código Sebastiânico, em razão da compilação de leis esparsas realizada por D. Duarte Nunes Leão.

Em substituição, surgiram as Ordenações Filipinas (promulgadas em 1603 pelo Rei Filipe II), as quais eram fundadas em preceitos religiosos, sendo que as penas continuavam a ser cruéis e desumanas, com arbitrariedade do juiz e ausência dos princípios da legalidade e da ampla defesa.

Com a Proclamação da Independência e com a Constituição de 1824, surgiu o Código Criminal do Império de 1830, de cunho penal protetivo e humanitário, com a primeira manifestação do princípio da personalidade da pena no Brasil.

Com a Proclamação da República, surgiu o Código Criminal da República de 1890.

Em 1932, com o escopo de compilar leis penais extravagantes, surge a Consolidação das Leis Penais - Consolidação de Piragibe (Dec. 22.213/1932).

Por fim, em 1942, surge o atual Código Penal (Decreto-lei 2.848/1940), o qual passou por uma reforma em sua parte geral, com o advento da Lei 7.209/1984.

2. DIREITO PENAL E SUA CLASSIFICAÇÃO. PRINCÍPIOS

2.1. Classificação do Direito Penal

2.1.1. Direito Penal objetivo e Direito Penal subjetivo

Segundo Guilherme de Souza Nucci (**Manual de Direito Penal**, 3ª ed., Editora RT, pág. 53-54), *direito penal objetivo* "é o corpo de normas jurídicas destinado ao combate à criminalidade, garantindo a defesa da sociedade".

Já *direito penal subjetivo* corresponde ao "direito de punir" do Estado, ante a violação do direito penal objetivo. Em outras palavras, praticada uma infração penal, surgiria o *jus puniendi* (direito de punir) estatal.

Essa segunda classificação é criticada por Aníbal Bruno, para quem a denominação de "direito penal subjetivo" desnatura a ideia de poder soberano do Estado em punir. Na realidade, não se trata de um simples "direito" de punir, mas sim *poder-dever* de punir, eis que é sua função coibir a criminalidade.

2.2. Princípios do Direito Penal

A palavra "princípio" é designativa de "origem", "fonte", "causa".

Assim, em matéria penal, temos que os princípios são regras explícitas ou implícitas inspiradoras da criação de regras jurídicas positivas e da aplicação do Direito Penal ao caso concreto.

Alguns princípios estão expressamente previstos na CF e em legislação infraconstitucional, ao passo que outros são implícitos, decorrem do sistema jurídico como um todo.

Vejamos alguns dos mais importantes:

a) **Princípio da legalidade**: previsto no art. 5º, inc. XXXIX, da CF/1988, traduz a regra segundo a qual nenhum crime ou pena podem ser criados senão em virtude de lei. Vem repetido no art. 1º do CP, sob a rubrica "anterioridade penal";

b) **Princípio da anterioridade**: corolário do princípio da legalidade, expressa a garantia de que o cidadão não poderá ser criminalmente responsabilizado se a sua conduta não estiver expressa em lei anterior à prática do fato (não há crime sem *lei anterior* que o defina – art. 5º, XXXIX, da CF/1988);

c) **Princípio da retroatividade penal benéfica**: em regra aplicam-se ao fato as leis vigentes à época de sua ocorrência (*tempus regit actum*). Ocorre que, em matéria penal, é possível que o agente seja beneficiado por leis anteriores ou posteriores ao fato criminoso que tenha praticado (art. 5º, XL, da CF/1988). Impõe-se, aqui, o estudo da atividade da lei penal, que será posteriormente por nós analisada;

d) **Princípio da personalidade ou da responsabilidade pessoal**: previsto no art. 5º, XLV, da CF/1988, expressa que a punição criminal jamais poderá passar da pessoa do condenado, afetando, por exemplo, seus parentes. Isso não significa que terceiros que não o próprio criminoso não devam arcar com a responsabilidade *civil* decorrente do ilícito;

e) **Princípio da individualização da pena**: não se pode criar uma "tabela fixa" de punição às pessoas que tenham praticado a mesma conduta criminosa. Deve-se garantir que cada um responda na exata medida de sua culpabilidade, conforme preconiza o art. 5º, XLVI, da CF/1988. Foi com base nesse princípio que o STF, no julgamento do HC 82.959-SP, declarou inconstitucional o art. 2º, § 1º, da Lei 8.072/1990 (Lei dos Crimes Hediondos), que previa o regime integralmente fechado de cumprimento de pena;

f) **Princípio da humanidade**: embora criminosos, os agentes delitivos devem ser tratados de maneira digna, e não como seres inanimados (coisas). Embora tenham errado e devam responder por seus atos, devem ser tratados com um mínimo de humanidade. Daí porque a CF, em seu art. 5º, XLVII, veda as penas de morte (salvo em caso de guerra declarada), de caráter perpétuo, de trabalhos forçados, de banimento e as cruéis (castigos físicos, por exemplo);

g) **Princípio da intervenção mínima**: o Direito Penal deve intervir minimamente na esfera do indivíduo, já que a CF garante o direito à liberdade como uma regra a ser observada. Em maior ou menor grau, o Direito Penal é sinônimo de violência, embora institucionalizada. Daí porque esse ramo do direito deve ser encarado como de *ultima ratio*, e não de *prima ratio*. Em outras palavras, o legislador somente deve criar leis de índole penal quando não houver solução mais branda para proteger direitos. Se outros ramos do direito forem suficientes para coibir a violação às regras da sociedade, o direito penal não deverá intervir. Entra em cena, como decorrência da intervenção mínima, o princípio da subsidiariedade, segundo o qual as normas e institutos de índole jurídico-penal somente deverão ser utilizados, como dito, apenas se os demais ramos do direito revelarem uma insuficiência protetiva dos bens jurídicos;

h) **Princípio da fragmentariedade**: como consequência da intervenção mínima, a fragmentariedade do Direito Penal significa que esse ramo do direito é apenas uma parcela, um fragmento do ordenamento jurídico, que somente deve se ocupar das situações mais graves que aflijam a sociedade. Em razão da força negativa que o Direito Penal pode tomar para aqueles que a ele se submeterem, deverá intervir minimamente. É o caso das infrações de trânsito, que não precisam ser sempre punidas pelo Direito Penal, sendo suficiente para disciplinar a conduta dos motoristas o Direito Administrativo (ex.: multas);

i) **Princípio da insignificância ou bagatela**: se o Direito Penal somente deve intervir em casos importantes/relevantes, não é admitido que atue diante de fatos insignificantes, de somenos importância. Se a conduta do agente lesar ou expuser a perigo de lesão infimamente bens jurídicos de terceiros, não deverá o Direito Penal ser aplicado ao caso concreto, sob pena de transformá-lo em conjunto de regras de *prima ratio*, e não de *ultima ratio*. Temos como exemplo o furto de um botão de camisa, ou de uma moeda de cinquenta centavos, ou de um arranhão no braço de um adulto. Se as lesões forem muito pequenas, não chegando, de fato, a atingir o bem jurídico protegido pela norma penal, não poderá o juiz condenar o agente, mas sim absolvê-lo. De acordo com a doutrina e jurisprudência majoritárias, o princípio da insignificância atua como causa de exclusão da tipicidade penal (tipicidade material). Para o STF, a aplicação do princípio em comento exige a conjugação dos seguintes *vetores: a) mínima ofensividade da conduta; b) nenhuma periculosidade social da ação; c) reduzido grau de reprovabilidade do comportamento; e d) inexpressividade da lesão jurídica provocada* (STF, HC 98.152-MG, 2ª T., rel. Min. Celso de Mello, 19.05.2009). Questão interessante para provas/exames é aquela que diz respeito à possibilidade – ou não – de aplicação da insignificância penal para réus reincidentes. Confiram-se os excertos a seguir:

Contrabando: princípio da insignificância e reincidência

"A 1ª Turma denegou *habeas corpus* em que se requeria a incidência do princípio da insignificância. Na situação dos autos, a paciente, supostamente, internalizara maços de cigarro sem comprovar sua regular importação. De início, assinalou-se que não se aplicaria o aludido princípio quando se tratasse de parte reincidente, porquanto não haveria que se falar em reduzido grau de reprovabilidade do comportamento lesivo. Enfatizou-se que estariam em curso 4 processos-crime por delitos de mesma natureza, tendo sido condenada em outra ação penal por fatos análogos. Acrescentou-se que houvera lesão, além de ao erário e à atividade arrecadatória do Estado, a outros interesses públicos, como à saúde e à atividade industrial interna. Em seguida, asseverou-se que a conduta configuraria contrabando e que, conquanto houvesse sonegação de tributos com o ingresso de cigarros, tratar-se-ia de mercadoria sob a qual incidiria proibição relativa, presentes as restrições de órgão de saúde nacional. Por fim, reputou-se que não se aplicaria, à hipótese, o postulado da insignificância – em razão do valor do tributo sonegado ser inferior a R$ 10.000,00 – por não se cuidar de delito puramente fiscal. O Min. Marco Aurélio apontou que, no tocante ao débito fiscal, o legislador teria sinalizado que estampa a insignificância, ao revelar que executivos de valor até R$ 100,00 seriam extintos." HC 100367/RS, rel. Min. Luiz Fux, 09.08.2011. (HC-100367) (Inform. STF 635)

Reincidência e princípio da insignificância

"Ante o empate na votação, a 2ª Turma deferiu *habeas corpus* impetrado em favor de condenado à pena de 10 meses de reclusão, em regime semiaberto, pela prática do crime de furto tentado de bem avaliado em R$ 70,00. Reputou-se, ante a ausência de tipicidade material, que a conduta realizada pelo paciente não configuraria crime. Aduziu-se que, muito embora ele já tivesse sido condenado pela prática de delitos congêneres, tal fato não poderia afastar a aplicabilidade do referido postulado, inclusive porque estaria pendente de análise, pelo Plenário, a própria constitucionalidade do princípio da reincidência, tendo em vista a possibilidade de configurar dupla punição ao agente. Vencidos os Ministros Joaquim Barbosa, relator, e Ayres Britto, que indeferiam o *writ*, mas concediam a ordem, de ofício, a fim de alterar, para o aberto, o regime de cumprimento de pena." HC 106510/MG, rel. orig. Min. Joaquim Barbosa, red. p/o acórdão Min. Celso de Mello, 22.03.2011. (HC-106510) (Inform. STF 620).

Outra questão relevante diz respeito à possibilidade – ou não – de aplicação do princípio da insignificância quando se está diante de crime perpetrado em detrimento da Administração Pública. Confira-se:

PRINCÍPIO. INSIGNIFICÂNCIA. ADMINISTRAÇÃO PÚBLICA.

"Na impetração, foi requerida a alteração da capitulação legal atribuída na denúncia, o que é inviável no *habeas corpus*, uma vez que exige o revolvimento do conjunto fático-probatório. No caso, a acusação descreve fato criminoso com todas as circunstâncias, satisfazendo os requisitos do art. 77 do CPPM. De acordo com a peça acusatória, os fatos revelam indícios suficientes para justificar apuração mais aprofundada do caso. Mesmo que a capitulação esteja equivocada, como alegam os impetrantes, o que somente será verificado na instrução criminal, a defesa deve combater os fatos indicados na denúncia e não a estrita capitulação legal, não havendo assim qualquer prejuízo ao exercício da ampla defesa e do contraditório. Quanto ao princípio da insignificância, a Turma entendeu não ser possível sua aplicação aos crimes praticados contra a Administração, pois se deve resguardar a moral administrativa. Embora o crime seja militar, em última análise, foi praticado contra a Administração Pública." Precedentes citados: HC 154.433-MG, *DJe* 20.09.2010, e HC 167.915-MT, *DJe* 13.09.2010. HC 147.542-GO, Rel. Min. Gilson Dipp, julgado em 17.05.2011. (Inform. STJ 473).

O STJ, em sua **Súmula 599**, assentou o entendimento de que o princípio da insignificância é inaplicável aos crimes contra a Administração Pública.

Ainda, releva trazer à baila entendimento do STF acerca da inaplicabilidade do princípio da insignificância para o crime de moeda falsa, tendo em vista o bem jurídico tutelado (fé pública). Vale a transcrição da ementa veiculada no Informativo 622 de referida Corte:

Princípio da insignificância e moeda falsa

"A 2ª Turma indeferiu *habeas corpus* no qual pretendida a aplicação do princípio da insignificância em favor de condenado por introduzir duas notas falsas de R$ 10,00 em circulação (CP, art. 289, § 1º). Na espécie, a defesa sustentava atipicidade da conduta em virtude do reduzido grau de reprovabilidade da ação, bem como da inexpressiva lesão jurídica provocada. Afastou-se, inicialmente, a hipótese de falsificação grosseira e considerou-se que as referidas cédulas seriam capazes de induzir a erro o homem médio. Aduziu-se, em seguida, que o valor nominal derivado da falsificação de moeda não seria critério de análise de relevância da conduta, porque o objeto de proteção da norma seria supraindividual, a englobar a credibilidade do sistema monetário e a expressão da própria soberania nacional." HC 97220/MG, rel. Min. Ayres Britto, 05.04.2011. (HC-97220) (Inform. STF 622).

Por derradeiro, muito interessante o entendimento do STJ acerca da inexistência de um critério quantitativo fixo para o reconhecimento da insignificância penal:

INSIGNIFICÂNCIA. VALOR MÁXIMO. AFASTAMENTO.

"A Turma afastou o critério adotado pela jurisprudência que considerava o valor de R$ 100,00 como limite para a aplicação do princípio da insignificância e deu provimento ao recurso especial para absolver o réu condenado pela tentativa de furto de duas garrafas de bebida alcoólica (avaliadas em R$ 108,00) em um supermercado. Segundo o Min. Relator, a simples adoção de um critério objetivo para fins de incidência do referido princípio pode levar a conclusões iníquas quando dissociada da análise do contexto fático em que o delito foi praticado – importância do objeto subtraído, condição econômica da vítima, circunstâncias e resultado do crime – e das características pessoais do agente. No caso, ressaltou não ter ocorrido repercussão social ou econômica com a tentativa de subtração, tendo em vista a importância reduzida do bem e a sua devolução à vítima (pessoa jurídica)." Precedentes citados: REsp 778.795-RS, *DJ* 05.06.2006; HC 170.260-SP, *DJe* 20.09.2010, e HC 153.673-MG, *DJe* 08.03.2010. REsp 1.218.765-MG, Rel. Min. Gilson Dipp, julgado em 01.03.2011. (Inform. STJ 465)

Por fim, importante trazer à baila o entendimento do STF (RHC 133043/MT, julgado pela 2ª Turma, DJe de 20.05.2016) e do STJ (HC 333.195/MS, 5ª Turma, DJe de 26.04.2016) acerca da inaplicabilidade do princípio da insignificância no tocante às infrações penais praticadas em contexto de violência doméstica e familiar contra a mulher.

j) Princípio da culpabilidade ou da responsabilidade subjetiva: não é possível que alguém seja punido se não houver atuado com dolo ou culpa. Em outras palavras, não se admite, como regra, em Direito Penal, a responsabilidade objetiva;

l) Princípio da taxatividade: não se admite, em Direito Penal, que as leis que criem crimes sejam muito genéricas (pouco detalhadas). Deve o legislador editar leis que veiculem crimes bem definidos, sem que se possam gerar dúvidas quanto à sua aplicação e alcance. Em suma: as leis penais devem ser claras e precisas. Trata-se de princípio dirigido especificamente ao legislador. É uma decorrência lógica do princípio da legalidade. Afinal, cabe à lei definir os crimes. Definir indica pormenorizar, detalhar;

m) Princípio da proporcionalidade: a sanção penal deve ser proporcional ao gravame causado pelo agente. Assim, deve existir uma proporcionalidade entre a conduta do agente e a resposta estatal que lhe será imposta. Para um crime de furto simples, atentaria contra a proporcionalidade a condenação de 15 anos de reclusão. O mesmo ocorreria se, para um estupro, o legislador fixasse pena de 2 meses de detenção, ou multa;

n) Princípio da vedação da dupla punição (*ne bis in idem*): constituiria abuso por parte do Estado se pudesse punir alguém, pelo mesmo fato, duas ou mais vezes. Assim, veda-se que alguém seja duplamente apenado (ou processado) pela mesma infração penal. Se "A" foi absolvido de um estupro, não poderá ser novamente processado caso sejam descobertas novas provas que o incriminam.

3. FONTES DO DIREITO PENAL

3.1. Fontes do Direito Penal

A origem de um ramo do direito, ou de normas jurídicas, corresponde ao conceito de *fonte*, que vem do latim *fons*, *fontanus* e *fontis*. Significa, portanto, etimologicamente, nascente, nascedouro ou manancial.

As fontes podem ser analisadas sob dois aspectos ou enfoques: a) origem legislativa das normas; b) conteúdos ou formas de manifestação das normas jurídicas.

Esses dois aspectos dão margem à criação da classificação das fontes em espécies:

a) **fontes materiais, substanciais ou de produção; e**

b) **fontes formais, de cognição ou de revelação.**

3.2. Espécies de fontes

3.2.1. Fontes materiais, de produção ou substanciais

Para essa espécie de fonte, leva-se em conta a *entidade criadora das normas jurídicas penais*. Assim, compete à *União* legislar sobre Direito Penal (art. 22, I, da CF/1988). Todavia, o parágrafo único do referido dispositivo constitucional permite que a União, mediante lei complementar, autorize os Estados a legislar em qualquer matéria nele prevista, inclusive direito penal. Porém, não se tem notícia de situação como esta.

Assim, as normas penais decorrem da atividade legislativa federal (União), em regra pela edição de leis ordinárias, que devem ser aprovadas pela Câmara dos Deputados e Senado Federal.

3.2.2. Fontes formais, de cognição ou de revelação

Para essa espécie de fonte, levam-se em conta os *meios de exteriorização das normas jurídicas*, ou seja, a forma pela qual surgem no ordenamento jurídico.

As fontes formais podem ser subdivididas em:

✓ **fonte formal direta ou imediata** = é a *lei* (aqui entendida em sua forma mais ampla, ou seja, como atividade legislativa do Poder Público). Temos como exemplos de fontes formais diretas do direito penal: a) Código Penal; b) Leis extravagantes em matéria penal (são as denominadas Leis Penais Especiais, tais como a Lei de Drogas, a Lei dos Crimes Hediondos, a Lei dos Crimes Ambientais etc.); c) Constituição Federal.

✓ **fonte formal indireta ou mediata** = *a) costumes; b) princípios gerais de direito; e c) atos administrativos.*

Os *costumes* constituem um conjunto de normas comportamentais, obedecidas pelas pessoas como se fossem obrigatórias. Podem influenciar diretamente o direito penal, como, por exemplo: conceito de *repouso noturno* como majorante no crime de furto.

Os *princípios gerais de direito* são regras éticas que inspiram a criação das normas e sua aplicação ao caso concreto. Esses princípios, evidentemente, não estão expressos no ordenamento jurídico.

Segundo Guilherme de Souza Nucci, um princípio geral de direito é o de que *ninguém pode beneficiar-se da própria torpeza ou má-fé*. Assim, se o juiz verificar que o réu está arrolando testemunhas em outros Estados apenas para que atinja a prescrição do crime, poderá fixar um prazo para o retorno de seus depoimentos (cartas precatórias). Se não retornarem, poderá julgar o acusado ainda assim, se perceber que sua finalidade era apenas aquela (arrolar testemunhas fora da comarca para que, em razão da demora, fosse reconhecida a prescrição).

Também compete à União (Presidente da República) celebrar *tratados e convenções internacionais* que eventualmente poderão dispor sobre Direito Penal. Temos como exemplo a Convenção Americana dos Direitos Humanos (Pacto de São José da Costa Rica – Decreto 678/1992), que, após referendado pelo Congresso Nacional, criou algumas garantias em matéria processual penal, dentre elas: a) direito de julgamento do réu por um juiz ou tribunal imparcial; b) vedação de mais de um processo pelo mesmo fato (*ne bis in idem*). O próprio Código de Processo Penal, em seu art. 1º, I, admite a aplicação de regras processuais oriundas de tratados e convenções internacionais.

Por fim, os *atos administrativos* constituem, no mais das vezes, o complemento das chamadas *normas penais em branco*, assim denominadas aquelas cujos preceitos primários são incompletos. É o caso do art. 33 da Lei 11.343/2006 (Lei de Drogas), que traz o tipo penal de tráfico de drogas, sem, contudo, explicitar o que vem a ser "droga". Esta expressão, por não constar na lei, exige que o intérprete-aplicador do direito se socorra da Portaria 344/1998 da SVS/MS, que é, em suma, um ato administrativo.

3.2.3. A súmula vinculante e o Direito Penal

A Constituição Federal, em seu art. 103-A (inserido pela EC 45/2004), prevê a denominada *súmula vinculante*.

O STF poderá "de ofício ou por provocação, mediante decisão de dois terços dos seus membros, após reiteradas decisões sobre matéria constitucional, aprovar súmula que, a partir de sua publicação na imprensa oficial, terá efeito vinculante em relação aos demais órgãos do Poder Judiciário e à administração pública direta e indireta, nas esferas federal, estadual e municipal".

A súmula vinculante veio a ser regulamentada pela Lei 11.417, de 19.12.2006.

Assim, poderá o STF, de acordo com o texto constitucional, editar súmulas em matéria penal com o intuito de uniformizar o entendimento sobre certos temas, dando maior celeridade à prestação jurisdicional.

São, sem sombra de dúvida, fontes formais do Direito Penal. Temos, como exemplo de Súmulas vinculantes em matéria penal, a de número 24, que trata da necessidade de exaurimento da esfera administrativa para a configuração dos crimes materiais contra a ordem tributária, bem como a de número 26, que permite a realização de exame criminológico em condenados por crimes hediondos, desde que as circunstâncias do caso indiquem a necessidade da medida.

Serão elas, sem sombra de dúvida, fontes formais do Direito Penal.

4. INTERPRETAÇÃO DO DIREITO PENAL

4.1. Interpretação. Conceito

Segundo Mirabete, a interpretação "é o processo lógico que procura estabelecer a vontade da lei, que não é, necessariamente, a vontade do legislador".

Prossegue dizendo que "na interpretação da lei, deve-se atender aos fins sociais a que ela se dirige e às exigências do bem comum", nos termos do art. 5º da LINDB. Compreende-se nos imperativos do bem comum a tutela da liberdade individual. Deve-se lembrar que o art. 1º da LEP preconiza que o fim da pena é promover a integração social do condenado.

A ciência que se ocupa da interpretação da lei chama-se *hermenêutica*.

Em suma, interpretar é *buscar a finalidade e o alcance das leis*. Antecede, portanto, à aplicação da norma jurídica. Afinal, sem interpretá-la, impossível aplicá-la.

O brocardo latino *in claris cessat interpretatio* não tem razão, uma vez que, por mais simples que possa parecer uma norma jurídica, ela será objeto de interpretação.

4.2. Finalidades da interpretação

Segundo Edílson Mougenot Bonfim (**Curso de Processo Penal** - editora Saraiva), dois são os aspectos que conduzem o estudo da finalidade da interpretação. São eles:

a) **Teoria subjetivista ou da vontade:** para os que adotam essa teoria, o intérprete deverá buscar o conteúdo da vontade do *legislador*. Em outras palavras, ao interpretar a norma jurídica, deve-se tentar buscar a vontade do legislador, reconstruindo suas intenções (é a chamada *mens legislatoris*);

b) **Teoria objetivista:** deve o intérprete buscar não a vontade do legislador, mas a *vontade da própria norma*. Em razão do dinamismo social, por vezes a vontade do legislador, ao criar a lei, afasta-se de seu conteúdo com o passar do tempo. Em suma, a lei ganha "vida própria" com o decurso do tempo. Deve-se buscar, portanto, a *mens legis* (vontade da lei).

4.3. Espécies de interpretação

4.3.1. Sujeito

Quanto ao **sujeito** que realiza a interpretação, ela pode ser:

a) autêntica;

b) jurisprudencial;

c) doutrinária.

Considera-se *interpretação autêntica* aquela cuja origem é a mesma da norma interpretada (lei), portanto tem força vinculante. Afinal, se a interpretação (busca do alcance da lei) decorre da mesma fonte, obviamente deverá ser observada. Temos como exemplo o conceito de "casa", previsto no art. 150, § 4º, do CP.

Considera-se *interpretação jurisprudencial* (ou judicial) aquela que decorre do entendimento dos tribunais acerca do alcance e finalidade de determinadas normas jurídicas. Lembre-se que jurisprudência corresponde a decisões reiteradas dos tribunais acerca de determinado tema, pacificando o entendimento. Deve-se ressaltar que tal forma interpretativa *não tem força vinculante*, ou seja, os juízes e tribunais não são obrigados a julgar de acordo com a jurisprudência. Porém, em se tratando de *súmula vinculante*, já dissemos que, como fonte do direito, será obrigatoriamente observada (*vide* art. 103-A da CF/1988 e a EC 45/2004).

Considera-se *interpretação doutrinária* aquela proveniente do entendimento conferido por juristas às normas jurídicas. É a denominada *communis opinio doctorum*. Obviamente não tem força vinculante.

4.3.2. Meio empregado

Quanto ao **meio empregado**, a interpretação pode ser:

a) gramatical (literal);

b) teleológica.

Considera-se *interpretação gramatical* aquela decorrente da análise da "letra da lei", ou seja, de seu sentido no léxico. Em outras palavras, a lei é interpretada tal como decorre do vernáculo (conjunto de palavras componentes de uma língua). É o caso do termo "autoridade", previsto no art. 10, §§ 1º, 2º e 3º, do CPP, que indica para "autoridade policial". Igualmente, o termo "queixa", previsto no art. 41 do CPP, deve ser interpretado não em seu sentido literal, mas como petição inicial nos crimes de ação penal privada.

Considera-se *interpretação teleológica* aquela que se vale da lógica para que se busque o alcance e finalidade das leis. Assim, deve-se buscar não apenas a literalidade da norma, mas sua *finalidade*.

4.3.3. Resultados

Quanto aos **resultados** decorrentes da interpretação, temos:

a) declarativa;

b) restritiva;

c) extensiva.

Considera-se *interpretação declarativa* aquela que não exige do intérprete ir além ou aquém do texto legal fornecido. É o caso de interpretar a expressão "*casa habitada*", no art. 248 do CPP, entendendo-se como tal todo compartimento em que viva uma ou mais pessoas.

Considera-se *interpretação restritiva* aquela que exigirá do intérprete uma restrição ou redução ao alcance da lei, buscando sua real vontade.

Considera-se *interpretação extensiva* aquela em que o intérprete deve ampliar o alcance da norma jurídica, que disse menos do que deveria ter dito. É o caso, por exemplo, da interpretação a ser conferida ao delito de bigamia - art. 235 do CP (que, por óbvio, também pune o agente por poligamia) ou mesmo ao delito de outras fraudes - art. 176 do CP (que pune, também, a conduta daquela pessoa que toma refeição sem dispor de recursos para efetuar o pagamento não apenas em restaurantes, conforme enuncia a lei, mas em pensões, bares, boates...).

4.3.4. Outras classificações

Temos, ainda, a *interpretação progressiva*, que se verifica em razão da evolução da sociedade e do próprio Direito. Assim, algumas expressões constantes na lei devem ser interpretadas de acordo com a atualidade, como é o caso do chamado "Tribunal de Apelação", que hoje é o Tribunal de Justiça, ou o "Chefe de Polícia", atualmente interpretado como Secretário de Segurança Pública.

Fala-se, também, em *interpretação analógica*, que se verifica quando a lei, após uma enumeração casuística, fornece uma cláusula genérica, que, por similitude às anteriores, será extraída por analogia. É o caso do art. 6º, IX, do CPP.

Por fim, Edílson Mougenot Bonfim (obra citada) trata da *interpretação conforme* (à Constituição). Trata-se da regra básica de que o texto constitucional é hierarquicamente superior às demais espécies normativas, razão pela qual estas devem ser interpretadas em harmonia (conforme, portanto) com a Carta Magna. Segundo Canotilho, jurista português, trata-se do *princípio da conformidade*, que determina ao intérprete que, ao ler um dispositivo legal, se forem possíveis duas ou mais interpretações, deverá adotar aquela que guardar compatibilidade com a Constituição Federal.

4.4. Analogia

Não se pode dizer que a analogia é uma forma de interpretação da lei penal, mas sim de autointegração do sistema. Em outras palavras, não havendo norma específica para regular um caso concreto, aplica-se uma norma incidente a outro caso, porém semelhante (análogo).

Consiste a analogia, portanto, em "criar uma norma penal onde, originalmente, não existe" (Guilherme de Souza Nucci - **Manual de Direito Penal** - ed. RT, pág. 82).

A doutrina majoritária defende a impossibilidade de se adotar a analogia em prejuízo do réu (denominada de analogia *in malam partem*), mas apenas para beneficiá-lo. Ademais, não se pode olvidar que o direito penal é fortemente regido pelo princípio da legalidade (*não há crime sem lei que o defina*), motivo pelo qual não se pode utilizar da analogia para criar situações não previstas em lei, de modo a prejudicar o agente delitivo.

Já o emprego da analogia em benefício do réu é largamente aceito pela doutrina e jurisprudência, mas apenas em casos excepcionais, também por força do princípio da legalidade. Nesse caso, denomina-se de analogia *in bonam partem* a situação em que é possível a criação de norma não prevista expressamente, com o escopo de beneficiar e até mesmo absolver o réu.

5. APLICAÇÃO DA LEI PENAL

5.1. Aplicação da lei penal

5.1.1. Considerações iniciais

Para o estudo da aplicação da lei penal, impõe-se o conhecimento de um princípio basilar do Direito Penal: o princípio da *legalidade*.

Expresso pelo brocardo latino *nullum crimen nulla poena sine praevia lege*, da lavra de Feurbach, a doutrina mais moderna costuma dividi-lo em dois subprincípios, a saber: **a) reserva legal**; **b) anterioridade**.

Antes de ingressarmos na análise do princípio da legalidade e seus desdobramentos, é importante ressaltar que referido princípio vem definido *no art. 5º, XXXIX, da CF/1988*, com a seguinte redação: "não há crime sem lei anterior que o defina, nem pena sem prévia cominação legal".

O *Código Penal*, em seu *art. 1º*, basicamente repete, *ipsis literis*, a redação do dispositivo constitucional mencionado, sob a rubrica "Anterioridade da lei".

Discordamos do *nomen juris* conferido ao disposto no art. 1º, do aludido diploma legal, na medida em que reflete apenas uma parcela do princípio da legalidade.

Com efeito, reza a Constituição Federal que "nenhum crime ou pena podem ser criados sem a existência de lei anterior que os defina e comine". Em outras palavras, a criação de crimes (infrações penais) e penas (espécie de sanção penal) depende da existência de *lei*. É aqui que encontramos o *princípio da reserva legal*: não há crime nem cominação de pena sem *lei*.

Todavia, não basta a existência de *lei* criando um crime e cominando uma pena. É indispensável que essa *lei* seja *anterior* ao fato praticado pelo agente. Aqui estudamos o princípio da anterioridade da lei penal: *crime somente é a conduta descrita em lei anterior ao seu cometimento.*

5.1.2. Características específicas da lei penal decorrentes do princípio da legalidade

O princípio da legalidade preleciona que o *crime* deve ser *definido* por lei. A palavra "definição" revela muito mais do que um simples "conjunto de palavras" previstos em uma lei.

Definir, no sentido ora estudado, significa delinear os contornos da conduta criminosa, pormenorizando-a ou, ao menos, conferindo todas as circunstâncias essenciais à caracterização do crime. Daí resultam algumas características peculiares da lei penal, a saber: a) a lei penal deve ser *certa*; b) a lei penal deve ser *minuciosa*.

Diz-se que a lei penal deve ser certa para que não crie situações em que seja difícil constatar o que quis dizer o legislador, tornando insegura a aplicação do diploma legal.

5.1.3. O tipo penal

Chama-se de *tipo penal* o "modelo legal de conduta" descrita em lei como proibida (imperativos de proibição) ou como necessária (imperativos de comando).

Assim, todos os crimes previstos, por exemplo, no Código Penal (arts. 121 e seguintes), vêm definidos em **tipos penais** (ex.: art. 121: "matar alguém"; art. 155: "subtrair, para si ou para outrem, coisa alheia móvel"; art. 317: "solicitar ou receber, para si ou para outrem, direta ou indiretamente, ainda que fora da função ou antes de assumi-la, mas em razão dela, vantagem indevida, ou aceitar promessa de tal vantagem").

5.1.4. O que se entende por "lei"?

Dissemos que é o princípio da legalidade que rege o Direito Penal, sendo que a criação de crimes e cominação de penas dependem da existência de lei.

Deve-se, aqui, entender por lei a *atividade que decorre do Poder Legislativo Federal* (afinal, a fonte material do Direito Penal é a União – art. 22, I, Constituição Federal).

Assim, podem criar crimes e cominar penas as seguintes espécies normativas:

a) Lei Complementar;

b) Lei Ordinária.

Lei Delegada, Medida Provisória, Decreto legislativo e Resoluções *não podem criar crimes e cominar penas!*

5.1.5. O princípio da retroatividade benéfica (ou irretroatividade prejudicial)

5.1.5.1. Lei penal no tempo

Nos termos da CF/1988, art. 5º, XL, a **lei penal não retroagirá, salvo para beneficiar o réu**. Assim, a regra é a de que a lei penal é *irretroativa*, segundo o princípio *tempus regit actum*, ou seja, aplica-se a lei do momento do fato (o tempo rege o ato).

Todavia, a CF manda que a lei benéfica retroaja em benefício do réu. Nesse compasso, é possível a ocorrência do chamado *conflito intertemporal de leis*, ou *conflito de leis penais no tempo*.

Em outras palavras, poderá o juiz deparar-se com situações em que a lei vigente à época do crime fosse uma, e, no momento de sentenciar, outra estivesse em vigor. Que lei deverá aplicar? Para tal questionamento, estuda-se o já mencionado *conflito de leis penais no tempo*, existindo quatro regras que o resolverão.

Quatro são as hipóteses, portanto, de conflitos:

A) *abolitio criminis*: também chamada *de lei posterior supressiva de incriminação*. Pressupõe a edição de lei posterior que deixa de considerar o fato como crime (art. 2º do CP), por isso *retroagirá* em favor do réu, seja na fase de processo (ação penal) ou da execução penal, e mesmo após o trânsito em julgado;

B) *novatio legis in mellius*: é a *lei posterior mais benéfica*, mantendo-se, no entanto, a incriminação. Poderá *retroagir* em benefício do réu em qualquer fase, mesmo após o trânsito em julgado (parágrafo único, art. 2º do CP);

C) *novatio legis in pejus*: é a lei posterior que, embora mantenha a incriminação, é *prejudicial* ao réu. Por isso, é *irretroativa*, aplicando-se a lei anterior mais benéfica, que terá a característica da *ultratividade*.

D) *novatio legis incriminadora*: é a lei que passa a considerar um fato criminoso. Por óbvio, não retroagirá, até porque a prática do fato, até então, não tem amparo legal.

Obs.: CUIDADO – as leis processuais, conforme art. 2º do CPP, aplicam-se desde logo, ficando preservados os atos processuais praticados até então. Pouco importa se são benéficas ou prejudiciais ao réu. Em relação a elas, vigora o *tempus regit actum*. Situação diversa ocorre no Direito Penal. Lembre-se que se uma lei penal posterior ao fato for benéfica ao réu, haverá retroatividade dela; caso contrário, será irretroativa.

5.1.6. Leis excepcionais e temporárias

São leis com *vigência temporária*, também chamadas de leis intermitentes. São autorrevogáveis, sem necessidade de que lei posterior as revogue. Vêm descritas no art. 3º do CP.

A *lei excepcional* é aquela que *vigora durante um período de exceção*, como, por exemplo, em período de guerra, calamidades etc. Quando cessar o período de exceção, as leis excepcionais serão revogadas automaticamente.

A *lei temporária* é aquela que contém, em seu próprio texto, o *período de vigência*. São leis "marcadas para morrer", com contagem regressiva de "vida" (vigência). Atingindo o termo final, cessará sua vigência. Claro exemplo de materialização de referida espécie de lei se verificou com a edição da Lei 12.663, de 05.06.2012, denominada de "Lei Geral da Copa" (em razão da Copa do Mundo de 2014, realizada no Brasil). Os tipos penais previstos em referido diploma legal, nos termos do seu art. 36, tiveram vigência até o dia 31.12.2014.

Em ambas as leis, aplica-se a *ultratividade*, ou seja, ainda que revogadas, atingirão os agentes delitivos em momento ulterior à revogação.

5.2. Conflito aparente de leis penais (ou conflito aparente de normas)

É possível que, apenas no *plano da aparência*, duas ou mais leis penais incidam sobre um mesmo fato. Na realidade, apenas uma delas deverá reger o ato praticado pelo agente. É o que se denomina *conflito aparente de leis ou conflito aparente de normas.*

Para a resolução desse conflito, quatro princípios serão utilizados:

a) princípio da especialidade: a lei especial prevalece sobre a geral. Será especial a lei que contiver todos os elementos da geral e mais alguns denominados especializantes. Ex.: homicídio (lei geral) e infanticídio (lei especial);

b) princípio da subsidiariedade: a lei primária prevalece sobre a subsidiária. Lei subsidiária é aquela que descreve um grau menor de violação de um mesmo bem jurídico integrante da descrição típica de outro delito mais grave. Ex.: lesão corporal (lei primária) e periclitação da vida ou saúde de outrem (lei subsidiária);

c) princípio da consunção ou absorção: o crime mais grave absorve outro menos grave quando este integrar a descrição típica daquele (quando for meio de execução de outro mais grave). É verificado em 3 hipóteses:

c.1) crime progressivo: dá-se quando o agente pretende, desde o início, produzir resultado mais grave, praticando sucessivas violações ao mesmo bem jurídico. Ex.: querendo matar, o agente dá golpes de taco de beisebol em todo o corpo da vítima até matá-la. Pratica, portanto, lesões corporais até chegar ao resultado morte;

c.2) crime complexo: é aquele composto de vários tipos penais autônomos. Prevalece o fato complexo sobre os autônomos. Ex.: para roubar, o agente furta o bem e emprega violência ou grave ameaça. Não responderá por furto, lesões corporais e/ou ameaça, mas só pelo roubo;

c.3) progressão criminosa: o agente, de início, pretende produzir resultado menos grave. Contudo, no decorrer da conduta, decide por produzir resultado mais grave. Ex.: primeiro o agente pretendia lesionar e conseguiu seu intento. Contudo, após a prática das lesões corporais, decide matar a vítima, o que efetivamente faz. Nesse caso, o resultado final (mais grave) absorve o resultado inicial (menos grave).

Atenta a doutrina, ainda, para o *princípio da alternatividade*, que, em verdade, não soluciona conflito aparente de normas, mas um *conflito interno* de normas. É o que ocorre nos *crimes de ação múltipla, de tipo alternativo misto ou de conteúdo variado*, que são aqueles formados por várias condutas típicas possíveis (vários verbos), tais como o art. 33 da Nova Lei de Drogas (tráfico de drogas), ou o art. 180, do CP (receptação). Se o agente praticar dois ou mais verbos do mesmo tipo penal, responderá por um único crime (ex.: Se "A" importar dez quilos de cocaína e vendê-los a "B", não responderá por dois tráficos de drogas, mas por um só crime de tráfico).

5.3. Aplicação da lei penal no tempo

O estudo da aplicação da lei penal no tempo responde às seguintes indagações: *Qual o momento do crime? Quando é que se considera praticado um crime?*

O art. 4º do CP trata exatamente da aplicação da lei penal no tempo, ao prescrever: "Considera-se praticado o crime no **momento** da ação ou omissão, ainda que outro seja o **momento** do resultado".

Grifamos a palavra "momento" para demonstrar que referido dispositivo legal trata da aplicação da lei penal no *tempo*.

Acerca disso, a doutrina nos traz três teorias, a saber:

a) teoria da atividade: considera-se praticado o crime no momento da ação ou da omissão, pouco importando o momento do resultado;

b) teoria do resultado: considera-se praticado o crime no momento em que se verifica o resultado, independentemente do momento da ação ou omissão;

c) teoria mista ou da ubiquidade: considera-se praticado o crime tanto no momento da ação ou omissão, quanto no momento do resultado.

O Código Penal, em seu art. 4º, adotou a **teoria da atividade**, querendo o legislador, com isso, definir que o **tempo do crime** é o da *atividade do agente* (ação ou omissão), independentemente do momento em que o resultado ilícito se verificar.

Temos como exemplo o seguinte: "*A, em 10.03.2015, efetuou três disparos de arma de fogo contra B, que faleceu apenas em 17.03.2015, após uma semana na UTI*".

No exemplo citado, verificam-se <u>dois momentos distintos</u>: o dos disparos (atividade) e o da morte (resultado). Considera-se, de acordo com o art. 4º do CP, praticado o homicídio (art. 121) no momento dos disparos (10.03.2016 – ação), e não no momento da morte da vítima (17.03.2016 – resultado).

A análise do tempo do crime é relevante para a aferição da **imputabilidade penal** (capacidade pessoal do agente para entender o caráter ilícito do fato – ex.: menoridade penal), bem como para a análise de **qual lei é mais ou menos benéfica para o agente** (princípio da irretroatividade prejudicial).

5.4. Aplicação da lei penal no espaço

5.4.1. *Considerações iniciais*

O estudo da **aplicação da lei penal no espaço** é relevante para que seja possível a **resolução de conflitos de soberania** entre dois ou mais países, especialmente quando um crime violar interesses deles, seja porque a conduta criminosa teve início no nosso território nacional e o resultado ocorreu em outro país, seja pelo fato de o início da execução do crime ter ocorrido no exterior e o resultado em nosso território nacional.

5.4.2. *Princípios relacionados com a aplicação da lei penal no espaço*

A doutrina nos traz cinco princípios relativos à aplicação da lei penal no espaço, apresentando, assim, a solução para possíveis conflitos entre dois ou mais países em matéria criminal. São eles:

a) princípio da territorialidade: versa que a lei nacional será aplicada aos fatos (crimes ou contravenções penais) praticados em território nacional (art. 5º do CP);

b) princípio da nacionalidade: também denominado de princípio da personalidade, define que a lei penal de um país será aplicada ao seu cidadão, ainda que fora do território nacional;

c) princípio da defesa: também conhecido como princípio real ou princípio da proteção, dita que será aplicada a lei do país do bem jurídico lesado ou ameaçado de lesão, independentemente da nacionalidade do agente ou do local da infração penal;

d) princípio da justiça penal universal: também denominado de princípio universal, princípio da universalidade da justiça, ou princípio da justiça cosmopolita, designa que o sujeito que tenha praticado uma infração penal deverá ser punido pela justiça do local onde se encontre, ainda que tenha outra nacionalidade ou o interesse do bem jurídico lesionado seja de outro território;

e) princípio da representação: também conhecido como princípio da bandeira (lei da bandeira) ou do pavilhão, reza que o agente deverá ser punido por infração praticada no estrangeiro pelo país de origem de embarcações e aeronaves privadas, quando praticadas em seu interior, e desde que não tenha sido punido no país em que tenha praticado a infração penal.

O Brasil adotou, como regra, o **princípio da territorialidade**, ao prescrever: "Aplica-se a lei brasileira, sem prejuízo de convenções, tratados e regras de direito internacional, ao crime cometido no território nacional". Porém, também albergou os demais princípios, de maneira excepcional, no art. 7º do CP, que trata da extraterritorialidade da lei penal (aplicação da lei penal brasileira a crimes praticados no estrangeiro).

5.4.3. *A territorialidade temperada e o art. 5º do CP*

Como já dissemos anteriormente, o CP adotou, em seu art. 5º, o princípio da territorialidade, segundo o qual a lei brasileira será aplicada aos crimes cometidos em território nacional. Todavia, referido dispositivo legal não traduz uma territorialidade absoluta, mas relativa, ou ***temperada***, como enuncia a doutrina. Quer-se dizer que, como regra, aos crimes praticados em território nacional, aplicar-se-á a lei local, ressalvadas as **convenções, tratados e regras de direito internacional**.

5.4.4. *Conceito de território*

O art. 5º do CP faz menção ao "território" nacional. E o que vem a ser **território**? Tal deve ser entendido em seu **sentido jurídico** como todo o ***espaço terrestre, marítimo, aéreo*** e ***fluvial***, base esta na qual a **soberania nacional** será amplamente exercida (salvo nos casos de tratados, convenções e regras de direito internacional!).

Entende-se por **espaço terrestre** toda a extensão até as fronteiras territoriais, abarcando, nesse conceito, o **solo** e o **subsolo**.

Já o **espaço aéreo** é aquele correspondente à **coluna atmosférica acima do espaço terrestre**, nos termos do disposto no Código Brasileiro de Aeronáutica (Lei 7.565/1966, art. 11).

Por **espaço marítimo** deve-se entender a *extensão do mar territorial*, que corresponde a uma faixa de **12 (doze) milhas marítimas**, conforme art. 1º, *caput*, da Lei 8.617/1993.

Por derradeiro, entende-se por **espaço fluvial** todo o conjunto de **rios** pertencentes ao território nacional.

5.4.5. *Conceito de território por equiparação (ou território ficto)*

Os §§ 1º e 2º, ambos do art. 5º do CP, ampliando o conceito de território, prescrevem que, para efeitos penais, consideram-se como **extensão** do território nacional as **embarcações** e **aeronaves brasileiras**, de natureza **pública** ou a **serviço do governo brasileiro** onde quer que se encontrem, bem como as **aeronaves** e as **embarcações brasileiras**, **mercantes** ou de **propriedade privada**, que se achem, respectivamente, no **espaço aéreo correspondente** ou em **alto-mar**.

Ainda, as **aeronaves** ou **embarcações estrangeiras de propriedade privada**, mas que se achem aquelas em **pouso no território nacional** ou em **voo** no **espaço aéreo correspondente**, e estas em **porto** ou **mar territorial** brasileiros, serão consideradas, para efeitos penais, ***território nacional***.

Em suma:

✓ embarcações e aeronaves brasileiras públicas ou a serviço do governo brasileiro = *território nacional;*

✓ embarcações e aeronaves brasileiras mercantes ou de propriedade privada em espaço aéreo correspondente ou alto-mar = *território nacional;*

✓ embarcações e aeronaves estrangeiras de propriedade privada, pousadas ou em voo no espaço aéreo nacional, ou em porto ou mar territorial = *território nacional.*

5.4.6. *Lugar do crime (art. 6º do CP)*

Estudado o conceito de território nacional, o art. 6º do CP define o "lugar do crime", vale dizer, **onde** foi praticada a infração penal.

Impõe-se o alerta de que referido dispositivo não cuida de definir o **foro competente** para o julgamento do agente delitivo, questão tratada no estudo da **competência no processo penal** (arts. 69 e seguintes do CPP). Aqui, estudamos o **território** ou o **país** com soberania para aplicar sua legislação penal.

Assim, o art. 6º do CP somente é aplicado na hipótese de uma infração penal **ter início em nosso território nacional**, e o **resultado ocorrer em outro** (exterior), ou vice-versa. Tal situação é denominada pela doutrina como **crime à distância** ou de **espaço máximo**, que é aquele cuja execução se inicia em um país, mas o resultado é verificado em outro.

Voltando ao lugar do crime, a legislação pátria o definiu com base na **teoria mista** ou da **ubiquidade**, segundo a qual se considera como lugar do crime tanto o da ação ou omissão quanto aquele em que se verificar o resultado. Ex.: "A" ministra veneno na xícara de café que "B" ingeriu em um trem, que partiu do Brasil rumo à Bolívia. Se "B" morrer na Bolívia, ainda assim o Brasil poderá aplicar a lei penal a "A". Se o contrário ocorresse ("A" tivesse envenenado "B" na Bolívia e o resultado morte se verificasse no Brasil), ainda assim nossa legislação poderia ser aplicada.

5.4.7. *Extraterritorialidade (art. 7º do CP)*

Por vezes, ainda que uma infração penal seja praticada fora do território nacional, a lei penal brasileira poderá ser aplicada ao agente que a tiver realizado, por força da denominada **extraterritorialidade**.

O art. 7º do CP distingue duas formas de extraterritorialidade: a incondicionada e a condicionada.

O **inciso I**, de referido dispositivo legal, cristaliza a **extraterritorialidade incondicionada**, segundo a qual a mera prática do delito em outro país que não o Brasil já é suficiente para provocar a aplicação da lei penal brasileira, independentemente de qualquer requisito. Assim, será o caso de ser aplicada a lei nacional, embora o crime tenha sido praticado no estrangeiro, ainda que o agente seja absolvido ou condenado no estrangeiro, aos crimes contra:

a) a vida ou a liberdade do Presidente da República;

b) o patrimônio ou a fé pública da União, do DF, de Estado, Território, Município, de empresa pública, sociedade de economia mista, autarquia ou fundação instituída pelo Poder Público;

c) a administração pública, por quem está a seu serviço;

d) de genocídio, quando o agente for brasileiro ou domiciliado no Brasil.

Já o inciso II do mesmo artigo traz-nos as hipóteses de **extraterritorialidade condicionada**, que, como o próprio nome diz, somente admitirá a aplicação da lei penal brasileira se satisfeitas algumas condições (definidas no § 2º do art. 7º do CP). São os seguintes casos:

a) crimes que, por tratado ou convenção, o Brasil se obrigou a reprimir;

b) crimes praticados por brasileiro;

c) crimes praticados em aeronaves ou embarcações brasileiras, mercantes ou de propriedade privada, quando em território estrangeiro e aí não sejam julgados.

As **condições** para a aplicação da lei penal nos casos acima mencionados são:

a) entrar o agente no território nacional;

b) ser o fato punível também no país em que foi praticado;

c) estar o crime incluído entre aqueles pelos quais a lei brasileira autoriza a extradição;

d) não ter sido o agente absolvido no estrangeiro ou não ter aí cumprido a pena;

e) não ter sido o agente perdoado no estrangeiro ou, por outro motivo, não estar extinta a punibilidade, segundo a lei mais favorável.

Por fim, o § 3º, complementando o rol de condições para a aplicação da lei penal se o crime foi praticado fora do Brasil, determina que **nossa lei seja aplicada ao estrangeiro que tenha praticado crime contra brasileiro** no exterior, se:

a) não foi pedida ou negada a extradição;

b) houve requisição do Ministro da Justiça.

5.5. Aplicação da lei penal com relação às pessoas (imunidades)

Em decorrência do disposto nos arts. 5º e 7º do CP, combinados com o art. 1º do CPP, em princípio, todas as regras de processo penal deverão ser aplicadas a qualquer pessoa que deva se submeter à jurisdição brasileira. Entretanto, a Constituição Federal e o art. 1º, II, do CPP arrolam as pessoas que, excepcionalmente, terão regras próprias para a verificação da sua culpabilidade. Tais regras são denominadas imunidades.

A imunidade é uma prerrogativa conferida a certas pessoas em virtude das atividades por elas desempenhadas como forma de garantir, assim, o livre exercício de suas funções. A imunidade pode ser *diplomática* ou *parlamentar*.

5.5.1. *Imunidade diplomática*

A imunidade diplomática é aplicada a qualquer delito praticado por agente diplomático (embaixador, secretários da embaixada, pessoal técnico e administrativo das representações), estendendo-se à sua família, a funcionários de organismos internacionais em serviço (exemplos: ONU, OEA) e quando em visita oficial. Trata-se de uma imunidade irrenunciável. Os chefes de Estados estrangeiros e os membros de sua comitiva também estão acobertados pela imunidade diplomática.

O agente diplomático não é obrigado a prestar depoimento como testemunha, salvo se o depoimento estiver relacionado com o exercício de suas funções.

5.5.2. *Imunidade parlamentar*

Essa espécie de imunidade garante ao parlamentar (deputado federal e senador) a ampla liberdade de palavra no exercício de suas funções (denominada imunidade material – art. 53, *caput*, da CF/1988), bem como a garantia de que não possam ser presos, exceto em flagrante por delito inafiançável (art. 53, § 2º, 1ª parte, da CF/1988 – é a denominada imunidade formal). Por decorrerem da função exercida e não da figura (pessoa) do parlamentar, não se admite a sua renúncia (é, portanto, irrenunciável).

Estende-se também (a imunidade material) aos vereadores se o crime foi praticado no exercício do mandato e na circunscrição do Município. Porém, referidos membros do Poder Legislativo não gozam de imunidade formal (também denominada processual ou relativa).

Resumindo:

✓ **Imunidade parlamentar (gênero)**:

a) *imunidade material* (absoluta) = deputados (federais e estaduais), senadores e vereadores (só nos limites do município);

b) *imunidade formal* (relativa ou processual) = deputados (federais e estaduais) e senadores (vereadores não a têm).

6. TEORIA GERAL DO CRIME

6.1. Teoria do Crime

6.1.1. *Considerações iniciais*

O estudo da denominada **Teoria do Crime** tem por objetivo destacar os aspectos jurídicos acerca deste fenômeno social que, infelizmente, assola a sociedade.

Para tanto, iniciaremos com as seguintes noções, a partir de agora enfrentadas.

6.1.2. Critério dicotômico

O Brasil, em matéria de **infração penal**, adotou o critério denominado pela doutrina de **dicotômico,** eis que aquela é gênero que comporta **duas espécies**, a saber:

a) crimes (ou delitos – são sinônimos); e

b) contravenções penais.

Em um primeiro momento, basta saber que, intrinsecamente, crimes e contravenções penais não guardam diferenças entre si. Não é demais lembrar que ambos dependem de **lei** para sua criação (princípio da legalidade – art. 5º, XXXIX, da CF).

Aqui, o legislador, ao criar uma infração penal, deverá sopesar os bens jurídicos protegidos por ela e escolher se prefere criar um crime ou uma contravenção penal. De qualquer forma, importa destacar que esta é mais branda do que aquele, vale dizer, a resposta estatal pela prática do primeiro é mais rígida do que pela segunda.

6.1.3. Conceitos de crime

Melhor ingressando no estudo da teoria do crime, faz-se necessária a colação de três conceitos ou concepções de crime definidas pela doutrina. São elas:

a) conceito material: crime é todo comportamento humano que **lesa** ou **expõe a perigo de lesão** bens jurídicos tutelados pelo Direito Penal. Trata-se de conceito que busca traduzir a essência de crime, ou seja, busca responder à seguinte indagação: o que é um crime?

b) conceito formal: crime corresponde à **violação da lei penal**. Em outras palavras, corresponde à relação de subsunção ou de concreção entre o fato e a norma penal incriminadora (ex.: Se "A" matar "B", terá violado a norma penal inserida no art. 121 do CP);

c) conceito analítico: se se adotar a **concepção bipartida** (defendida por Damásio de Jesus, Julio Mirabete e Fernando Capez, por exemplo), crime é **fato típico e antijurídico.** Já se for adotada a concepção tripartida (defendida pela doutrina majoritária), **crime é fato típico, antijurídico e culpável**.

Partindo-se do pressuposto que crime é fato típico e antijurídico, a culpabilidade será elemento estranho à sua caracterização, sendo imprescindível sua análise apenas para que seja possível, verificada a reprovação da conduta praticada pelo agente, a aplicação de sanção penal ao infrator.

6.2. Fato típico

O fato típico é o primeiro requisito do crime. Portanto, podemos afirmar que não existe crime se não houver um **fato típico**. E o que vem a ser isso?

Pode-se afirmar que fato típico é o **fato material** descrito em lei como **crime**.

A **estrutura** do fato típico é a seguinte:

a) conduta;

b) resultado;

c) nexo causal (ou de causalidade, ou, ainda, relação de causalidade);

d) tipicidade.

Conduta, resultado, nexo causal e tipicidade são os **elementos** do fato típico. Os três primeiros correspondem ao que denominamos de **fato material.** Já o último será o responsável pela **descrição** deste fato material em **lei**.

Em verdade, estudar o fato típico nada mais é do que estudar seus elementos constitutivos. Vamos a eles.

6.2.1. Conduta

Tem como clássica definição ser **todo comportamento humano, positivo ou negativo, consciente e voluntário, dirigido a uma finalidade específica**.

Evidentemente, não é possível imaginarmos crime sem conduta (*nullum crimen sine conducta*). É ela a responsável pelo "atuar" do homem, causador de uma lesão ou perigo de lesão ao bem jurídico tutelado pela norma penal incriminadora.

Diz-se que a conduta é um **comportamento humano** na medida em que somente o homem, ser racional que é, pode agir ou deixar de agir, causando com isso uma lesão ou ameaça de lesão ao bem da vida que o legislador tencionou proteger.

O que muito se discute é a possibilidade da prática de **crimes por pessoas jurídicas**, que são entes fictícios criados pela lei com o objetivo maior de separar o patrimônio dos sócios que as compõem com o da sociedade. Discussões à parte, a doutrina majoritária entende que pessoa jurídica somente pode praticar crimes ambientais, por força do art. 225, § 3º, da CF, regulamentado pela Lei 9.605/1998 (Lei dos Crimes Ambientais).

Retornando ao conceito de conduta, a par de ser um comportamento humano, é certo que sua expressão no mundo fenomênico poderá decorrer de uma **ação** (daí o comportamento ser positivo, gerador dos **crimes comissivos**) ou de uma **omissão** (comportamento negativo, gerador dos crimes **omissivos**). Boa parte dos crimes é praticada mediante ação (que corresponde a um fazer, a um atuar positivamente). Excepcionalmente, quando o legislador expressamente previr, será possível que um crime seja praticado por uma inação, uma conduta negativa, uma omissão (ex.: omissão de socorro – art. 135 do CP). Isso porque, como regra, uma inação, um não fazer, não gera qualquer efeito ("do nada, nada vem").

No tocante à **omissão**, esta pode ser de **duas espécies**:

a) omissão própria (*crimes omissivos próprios ou puros*) – vem descrita na lei. O dever de agir deriva da própria norma. Frise-se que os crimes omissivos próprios não admitem tentativa, visto que basta a omissão para o crime se consumar. Ex.: omissão de socorro (art. 135, CP);

b) omissão imprópria (*crimes omissivos impróprios, impuros, espúrios ou comissivos por omissão*) – o agente tem o dever jurídico de agir para evitar um resultado. Não o fazendo, responderá por sua omissão (art. 13, § 2º, CP). O agente somente responderá por crime omissivo impróprio se tiver o **dever de agir e puder** agir. Na *omissão imprópria*, o **dever jurídico de agir** do agente decorrerá de uma das seguintes situações:

i. quando tenha por **lei** obrigação de cuidado, proteção ou vigilância (ex.: dever dos pais de zelar pela integridade dos filhos, decorrente do poder familiar, expresso no Código Civil);

ii. quando, de **outra forma**, assumiu a responsabilidade de impedir o resultado, assumindo a posição de *garante* ou *garantidor* (ex.: enfermeira contratada para cuidar de pessoa idosa, tendo por incumbência ministrar-lhe medicamentos);

iii. quando, com o seu **comportamento anterior**, criou o risco da ocorrência do resultado. Trata-se do que a doutrina denomina de *dever de agir por ingerência na norma* (ex.: veteranos arremessam calouro em piscina, não sabendo este nadar. Terão o dever de salvá-lo, sob pena de responderem pelo resultado que não evitaram).

Em prosseguimento aos elementos da conduta, esta deve corresponder a um comportamento humano **consciente e voluntário**, ou seja, o indivíduo deve saber o que está fazendo, bem como ter liberdade locomotora para agir (ou deixar de agir). Portanto, excluirá a conduta (e, via de consequência, inexistirá fato típico) as seguintes situações mencionadas pela doutrina:

a) atos reflexos;

b) sonambulismo e hipnose;

c) coação física irresistível;

d) caso fortuito; e

e) força maior.

Por fim, à luz da teoria finalista da ação, adotada por boa parte da doutrina, **não há conduta que não tenha uma finalidade**. O agir humano é sempre voltado à realização de algo, lícito ou ilícito.

6.2.2. *Resultado*

A consequência ou decorrência natural da conduta humana é o **resultado**. A doutrina costuma classificá-lo de duas formas: a) resultado naturalístico e; b) resultado normativo (ou jurídico).

Segundo Damásio E. de Jesus, **resultado naturalístico** é a modificação do mundo exterior provocada pela conduta. Em outras palavras, é a percepção dos efeitos do crime pelos sentidos humanos (ex.: morte, redução patrimonial, destruição de coisa alheia etc.). Todavia, nem todo crime acarreta um resultado naturalístico, como é o caso da violação de domicílio ou do ato obsceno, que não geram qualquer resultado perceptível pelos sentidos humanos. Daí a doutrina, considerando-se o resultado naturalístico, distinguir os crimes em três espécies:

a) crimes materiais (ou de resultado) – são os que exigem resultado (ex.: homicídio, furto, roubo);

b) crimes formais (ou de consumação antecipada) – são os que, embora possam ter um resultado, restarão caracterizados mesmo sem sua verificação (ex.: extorsão mediante sequestro – basta o arrebatamento da vítima para a consumação do crime, ainda que o resgate não seja pago pelos familiares);

c) crimes de mera conduta (ou de simples atividade) – como o próprio nome diz, são aqueles que não têm resultado naturalístico, que é impossível de acontecer (ex.: violação de domicílio e ato obsceno).

6.2.3. *Nexo de causalidade*

O nexo causal (ou de causalidade) corresponde ao terceiro elemento do fato típico.

Nada mais é do que o **elo entre a conduta praticada pelo indivíduo e o resultado dela decorrente**.

O art. 13, primeira parte, do CP determina que "o resultado, de que depende a existência do crime, somente é imputável a quem lhe deu causa". Em outras palavras, somente é possível imputar (atribuir) a uma pessoa um resultado se este for **causado** por ela.

Considerando o conceito de **resultado naturalístico** (e o art. 13 do CP somente pode ser aplicável aos crimes materiais!), este somente pode ser atribuído a alguém se for o seu causador.

6.2.3.1. *Causas*

Para o Direito Penal, não existe diferença entre causa ou condição. Enfim, tudo o que concorrer para a existência de um resultado será considerado causa. Daí a segunda parte do referido dispositivo legal salientar: "considera-se causa toda a ação ou omissão sem a qual o resultado não teria ocorrido".

Em matéria de nexo causal, o Código Penal adotou a chamada teoria da *conditio sine qua non*, ou **teoria da equivalência dos antecedentes**.

Todavia, embora tudo o que concorrer para o crime possa, em princípio, ser considerado causa, se esta for **superveniente** (à conduta do agente) e, **por si só, produzir o resultado**, este não poderá ser atribuído ao indivíduo, uma vez que a situação estará fora da linha de desdobramento normal da conduta. É caso de "A" que, querendo matar "B", atira em sua direção produzindo-lhe lesões corporais graves. Este é socorrido por uma ambulância que, em alta velocidade, colide com um caminhão, o que foi o efetivo motivo da morte de "B". Portanto, embora "B" tenha morrido somente pelo fato de estar em uma ambulância que o socorreu por força de disparo de arma de fogo desferido por "A", o que configuraria a causa de sua morte, o fato é que este evento acidental não pode ser atribuído ao atirador. Portanto, a solução dada pelo Código Penal é a de que o sujeito responderá apenas pelos atos até então praticados (tentativa de homicídio, no caso).

No caso de verificação de causa superveniente (art. 13, § 1º, do CP), a doutrina aponta que o Código Penal adotou a **teoria da causalidade adequada**, e não da equivalência dos antecedentes.

Apenas para reforçar, nos crimes formais e de mera conduta, nos quais não se exige a ocorrência de resultado (naturalístico), não haverá que se falar em nexo causal, já que este é o elo entre a conduta e o **resultado.** Se referidos tipos de crimes não exigem resultado, evidentemente não existirá nexo causal.

Em resumo:

I. Causas dependentes: São aquelas que decorrem (dependem) diretamente da *conduta* do agente. Ex.: "A" atira em "B", que morre em razão da perfuração. A causa do resultado dependeu da conduta do agente;

II. Causas independentes: São aquelas que produzem o resultado, guardando alguma ou nenhuma relação com a *conduta* do agente. Subdividem-se em:

a) Absolutas (ou absolutamente independentes) = são aquelas que por si sós produzem o resultado, independentemente da conduta do agente. A consequência é que o agente não responderá pelo resultado. Ex.: "A" quer matar "B" envenenado. Para tanto, coloca veneno em sua comida. No entanto, antes de "B" comer, morre por ataque cardíaco. O agente, no máximo, responderá por tentativa de homicídio, desde que tenha iniciado a execução do crime;

b) Relativas (ou relativamente independentes) = são aquelas que por si só não produzem o resultado, sendo a conduta do agente decisiva para a sua produção. A consequência é que o agente responderá, em regra, pelo resultado. Ex.: "A", sabendo que "B" é portador de hemofilia (concausa), neste provoca uma lesão corporal, da qual advém a morte em razão de uma hemorragia. "A" responderá por homicídio, visto que sua conduta (lesão corporal), aliada à concausa (hemofilia), foi decisiva para o resultado naturalístico.

Exceção: **causas supervenientes relativamente independentes** que por si só produzem o resultado. O agente *não responderá pelo resultado*, mas, apenas, pelo que efetivamente causou (art. 13, § 1º, CP). Ex.: "A" atira em "B", querendo matá-lo. No entanto, "B", socorrido por uma ambulância, morre em virtude da explosão desta, envolvida em um acidente automobilístico. Se o acidente tiver sido a causa efetiva da morte de "B", este resultado não será imputado a "A", que somente responderá por tentativa de homicídio. Não se aplica, aqui, a teoria da *conditio sine qua non*, mas, sim, a **teoria da causalidade adequada,** segundo a qual causa é tudo aquilo apto e suficiente à produção de um resultado.

6.2.4. Tipicidade

Finalmente, o último elemento do fato típico é a **tipicidade**, que nada mais é do que a subsunção (adequação) entre o fato concreto e a norma penal incriminadora.

Em outras palavras, haverá **tipicidade penal** quando a ação ou omissão praticada pelo indivíduo tiver **previsão legal** (ex.: Se "A" mata "B", realizou o fato descrito no art. 121 do CP; se "A" subtrair (furtar) o carro de "B", terá realizado o fato descrito no art. 155 do CP). Aqui, fala-se em **tipicidade formal**. Contudo, necessária, também, para o reconhecimento da tipicidade penal, a chamada **tipicidade material**, vale dizer, a lesão ou perigo de lesão provocados ao bem jurídico pelo comportamento praticado pelo agente.

Quando houver a descrição de uma conduta proibida em lei, estaremos diante do chamado **tipo penal,** que é um **modelo legal e abstrato** daquela conduta que deve ou não ser realizada pelo agente.

É importante salientar que toda conduta realizada pelo homem deverá ser preenchida por um elemento subjetivo, qual seja o **dolo** ou a **culpa**.

Portanto, se um crime for doloso, significa que a conduta praticada pelo agente terá sido dolosa. Já se o crime for culposo, a conduta terá sido culposa.

Passaremos, mais adiante, ao estudo do dolo e da culpa. Porém, antes disso, é mister trazermos algumas explicações sobre as espécies de tipos penais e seus elementos.

6.2.4.1. Categorias de tipos penais

Os tipos penais são divididos em duas grandes categorias:

a) Tipos penais incriminadores (ou legais) = são aqueles que descrevem a figura criminosa ou contravencional, cominando as respectivas penas;

b) Tipos penais permissivos (ou justificadores, ou justificantes) = são aqueles que descrevem a forma pela qual a conduta humana será considerada lícita. Traduzem-se nas causas excludentes da ilicitude ou antijuridicidade (ex.: legítima defesa – art. 25, CP; estado de necessidade – art. 24, CP).

6.2.4.2. Elementos dos tipos penais incriminadores

Os tipos penais incriminadores ou legais podem conter os seguintes elementos:

a) Objetivos = também chamados de descritivos, são aqueles que traduzem as circunstâncias em que a conduta criminosa ou contravencional é praticada. São elementos que podem ser compreendidos de forma bastante simples, sem que se necessite de qualquer juízo de valor. Ex.: no homicídio, temos o verbo "matar", seguido da expressão "alguém". Esta é considerada elemento objetivo do tipo, visto que de fácil assimilação e compreensão;

b) Subjetivos = são aqueles que dizem respeito à intenção do agente. Nem todo tipo penal contém elementos subjetivos. Ainda que impropriamente, a doutrina diz que o elemento subjetivo do tipo é o "dolo específico", ou, ainda, o "especial fim de agir do agente". Ex.: no crime de furto, não basta ao agente agir com dolo na subtração da coisa alheia móvel, sendo imprescindível que atue com *animus rem sibi habendi*, ou seja, com a intenção de assenhorear-se definitivamente da coisa furtada;

c) Normativos = são aqueles que não conseguirão ser compreendidos sem a emissão de um juízo de valor. Os elementos normativos podem exigir uma compreensão puramente *jurídica* (**elementos normativos jurídicos**), traduzindo-se em expressão que são explicadas pelo direito (ex.: conceito de documento para fins de caracterização do crime de falsificação de documento), ou, ainda, extrajurídica (moral, cultural), redundando nos **elementos normativos extrajurídicos**. É o que ocorre, por exemplo, com o crime de ato obsceno. A expressão "obsceno" exige, para sua compreensão, um juízo de valor moral (extrajurídico).

Os tipos penais que somente contiverem elementos objetivos serão denominados de **tipos normais**. Já aqueles que contiverem elementos subjetivos e/ou normativos são chamados de **tipos anormais**.

6.2.4.3. Crime doloso

O conceito de dolo é bastante simples: corresponde à **vontade livre e consciente do sujeito ativo (agente) em realizar os elementos do tipo**.

O CP, art. 18, I, adotou, quanto ao dolo, a **teoria da vontade** e a **teoria do assentimento**. Diz-se o crime doloso quando o agente **quis** produzir o resultado (dolo direto) ou **assumiu o risco** de produzi-lo (dolo eventual).

Apenas para frisar, o dolo pode ser **direto**, quando o agente tem a vontade livre e consciente de produzir o resultado, ou **indireto**, que se subdivide em **eventual** (o agente assume o risco de produzir o resultado, não se importando que ele ocorra) e **alternativo** (o agente não se importa em produzir um ou outro resultado). O CP não tratou do dolo alternativo, mas, apenas, do eventual.

6.2.4.4. Crime culposo

O CP, art. 18, II, considera culposo o crime quando o agente dá causa ao resultado por **imprudência, negligência ou imperícia**. Essas são as **modalidades** de culpa.

Assim, um crime será considerado culposo quando o agente, *mediante uma conduta inicial voluntária, produzir um resultado ilícito involuntário, previsto ou não, decorrente da violação de um dever objetivo de cuidado.*

A **imprudência,** primeira modalidade de culpa, corresponde a um **agir perigosamente** (portanto, uma ação). A **negligência**, que corresponde à segunda modalidade de culpa, estará verificada quando o sujeito **deixar de fazer algo que deveria ter feito** (portanto, uma omissão). Por fim, a **imperícia** somente se verifica quando o sujeito realiza algo **sem aptidão técnica para tanto**. É a denominada **culpa profissional**.

O crime culposo apresenta os seguintes **elementos**:

a) conduta inicial voluntária (o agente age sem ser forçado);

b) quebra do dever objetivo de cuidado (o agente rompe o dever de cuidado ao agir com imprudência, negligência ou imperícia);

c) resultado involuntário (sobrevém da quebra do dever objetivo de cuidado em relação a um resultado não querido pelo agente);

d) nexo de causalidade (entre a conduta voluntária e o resultado involuntário deve existir relação de causalidade);

e) tipicidade (a forma culposa do delito deve estar expressamente prevista em lei – art. 18, parágrafo único, CP);

f) previsibilidade objetiva (terceira pessoa, que não o agente, dotada de prudência e discernimento medianos, conseguiria prever o resultado);

g) ausência de previsão (apenas na culpa inconsciente).

Ainda quanto à culpa, destacamos duas **espécies** ou **tipos**:

a) culpa consciente: é aquela em que o agente acredita sinceramente que o resultado não se produzirá, embora o preveja. É a exceção. Difere do **dolo eventual**, visto que neste o agente não só prevê o resultado, mas *pouco se importa com sua produção*, ou seja, consente com o resultado. Já na culpa consciente, ainda que o agente preveja o resultado, *acredita sinceramente que este não ocorrerá*;

b) culpa inconsciente: é aquela em que o agente não prevê o resultado, embora seja previsível. É a regra.

Por fim, no Direito Penal não existe **compensação de culpas**, critério que se verifica no Direito Civil. É possível, todavia, a **concorrência de culpas**, ou seja, duas ou mais pessoas concorrerem culposamente para a produção de um resultado naturalístico. Neste caso, todos responderão na medida de suas culpabilidades.

Impõe referir que os **crimes culposos não admitem tentativa**, visto que esta somente é compatível com os crimes dolosos. Afinal, nestes, o resultado decorre da vontade livre e consciente do agente, que o quer ou assume o risco de produzi-lo, o que não se verifica nos crimes culposos.

6.2.4.5. *Crime preterdoloso (ou preterintencional)*

É um misto de dolo e culpa. Há dolo na **conduta antecedente** e culpa no **resultado consequente**. Trata-se de uma das espécies de crimes qualificados pelo resultado (art. 19 do CP).

O crime preterdoloso também é chamado de **preterintencional**.

Pelo fato de o **crime preterdoloso** ser formado por um resultado culposo agravador (culpa no consequente), é **inadmissível a tentativa**. Se esta não é cabível para os crimes culposos, pela mesma razão é incompatível com os crimes preterdolosos, que necessariamente são materiais (exige-se o resultado naturalístico para sua produção).

6.3. *Iter criminis*

Todo crime passa (ou pode passar) por pelo menos **quatro fases**. Em latim, diz-se que o caminho percorrido pelo crime é o ***iter criminis***, composto das seguintes etapas:

a) cogitação (fase interna);

b) preparação (fase externa);

c) execução (fase externa);

d) consumação (fase externa).

A **cogitação**, por ter relação direta com o aspecto volitivo (vontade) do agente, é impunível, correspondendo à **fase interna** do *iter criminis*. Em outras palavras, não se pode punir o simples **pensamento**, ainda que corresponda a um crime (ex.: "A" cogita matar "B", seu desafeto).

A **preparação**, primeira etapa da **fase externa** do *iter criminis*, corresponde, como o nome diz, à tomada de providências pelo agente para ser possível a realização do crime. Portanto, prepara todas as circunstâncias que antecedam à prática criminosa. Em regra, a mera preparação de um crime é impunível, na medida em que a infração penal toma corpo a partir do momento em que se inicia sua execução, saindo os atos da esfera do agente e ingressando na esfera da vítima. Por vezes o Código Penal, aparentemente, incrimina típicos atos preparatórios, como o crime de quadrilha ou bando (art. 288), cuja denominação, a partir do advento da "Nova Lei do Crime Organizado" (Lei 12.850/2013), passou a ser o de *associação criminosa*.

A **execução** se verifica quando da prática do **primeiro ato idôneo e inequívoco**, hábil a consumar o crime. Trata-se, evidentemente, de **fase externa** do delito.

Por fim, a **consumação** é a última etapa do *iter criminis*, verificando-se de acordo com cada crime (material, formal, mera conduta...). Também pertence à **fase externa** do ilícito penal.

E como saber a diferenciação entre atos preparatórios e executórios?

Pois bem. O *iter criminis* somente passa a ter relevância penal quando o agente sai da etapa preparatória e inicia a executória. Mas quando é que se inicia a execução do crime? Três são os critérios trazidos pela doutrina:

a) critério material: quando iniciada a lesão ou perigo ao bem jurídico;

b) critério formal: quando iniciada a execução do verbo (ação nuclear) do tipo. É o que prevalece;

c) critério objetivo-individual: atos imediatamente anteriores à execução da conduta típica, mas voltados à realização do plano criminoso do agente.

6.3.1. *Crime consumado*

Nos termos do art. 14, I, CP, diz-se que o crime foi consumado quando **nele se reunirem todos os elementos de sua definição legal (tipo penal)**.

Ter-se-á por consumado o crime quando o fato concreto se amoldar ao tipo abstratamente previsto pela lei penal.

Os crimes materiais consumam-se no momento em que se verificar o resultado naturalístico. Já os crimes formais, ou de consumação antecipada, consumam-se independentemente de o agente delitivo alcançar seu intento. Finalmente, os crimes de mera conduta, como o próprio nome sugere, consumam-se com a simples atividade.

6.3.2. *Crime tentado (conatus)*

Nos termos do art. 14, II, CP, diz-se que o crime é tentado quando, iniciada sua execução, não se consumar por **circunstâncias alheias à vontade do agente**. Portanto, embora o sujeito ativo do crime a este dê início, revelando sua intenção (dolo), não conseguirá prosseguir em seu intento por circunstâncias estranhas à sua vontade (ex.: a vítima foge; a polícia impede a consumação do crime; populares não permitem o prosseguimento da infração penal).

O agente será punido com a mesma pena do crime consumado, mas reduzida de 1/3 a 2/3, adotando-se como critério para o *quantum* de diminuição a "*proximidade da consumação*" (quanto mais próximo o crime tiver chegado da consumação, menor será a redução).

Acolheu o Código Penal, em matéria de tentativa, a denominada **teoria objetiva,** segundo a qual não se pode punir o agente com o mesmo rigor (pena) em caso de consumação da infração. Contrapõe-se à **teoria subjetiva**, que preconizava que a punição pela tentativa deveria ser a mesma correspondente à do crime consumado.

Excepcionalmente, o crime tentado será punido com o mesmo rigor do consumado, tal como ocorre no art. 352 do CP (evasão de preso). É o que se denomina de *crime de atentado.*

Quanto ao *iter criminis* percorrido, a doutrina divide a tentativa nas seguintes espécies:

a) **tentativa imperfeita (ou inacabada)**: é aquela em que o agente é interrompido na execução do crime enquanto ainda o praticava, por circunstâncias alheias a sua vontade, não conseguindo esgotar todo o seu potencial ofensivo;

b) **tentativa perfeita (ou acabada, ou crime falho)**: é aquela em que o agente esgota toda sua potencialidade ofensiva, indo até o fim com os atos executórios. Contudo, o crime não se consuma por circunstâncias alheias à vontade do agente.

Quanto ao grau de lesividade, a tentativa subdivide-se em:

c) **tentativa branca (ou incruenta)**: é aquela em que o objeto material (pessoa ou coisa sobre a qual recai a conduta) não é atingido;

d) **tentativa vermelha (ou cruenta)**: é aquela em que o objeto material é atingido, mas mesmo assim o crime não se consuma.

Algumas infrações penais **não admitem tentativa**:

a) crimes culposos;

b) crimes preterdolosos;

c) contravenções penais (art. 4º da LCP);

d) crimes omissivos próprios;

e) crimes unissubsistentes;

f) crimes habituais;

g) crimes condicionados, em que a lei exige a ocorrência de um resultado (ex.: art. 122, CP);

h) crimes de atentado ou de empreendimento, cuja figura tentada recebe a mesma pena do crime consumado (ex.: art. 352, CP).

6.3.3. Desistência voluntária e arrependimento eficaz

São espécies da chamada **tentativa abandonada**. Vêm previstos no artigo 15 do CP.

Aquele que, **voluntariamente**, desiste de prosseguir na execução do crime só responderá pelos atos **anteriormente praticados**. É a denominada **desistência voluntária**. O agente inicia a execução do crime, mas não o leva à consumação porque desiste voluntariamente de prosseguir no intento criminoso. Nesse caso, só são puníveis os atos até então praticados, sendo **atípica a tentativa do crime inicialmente visado**.

Já o agente que, **esgotando os atos executórios**, toma atitude e **impede** a consumação do crime, não responde pela tentativa do crime inicialmente visado, mas apenas pelos atos já praticados. Aqui há o **arrependimento eficaz**. Caso o agente se arrependa, tentando impedir o resultado decorrente de sua conduta, mas este é verificado, o arrependimento terá sido **ineficaz**. A consequência é a mesma da desistência voluntária: a tentativa do crime inicialmente visado pelo agente é atípica, remanescendo apenas os atos que efetivamente haja praticado.

Em resumo:

I. Desistência voluntária:

a) início de execução do crime;

b) não consumação do crime;

c) ato voluntário do agente que abandona a execução

I.I. Consequência: **não responde pela tentativa** do crime inicialmente executado, mas, apenas, pelos **atos efetivamente praticados** (Ex.: "A", querendo matar "B", inicia a execução de um homicídio. Tendo efetuado um disparo, podendo efetuar outros, desiste de prosseguir em seu intento criminoso, abandonando o local. Se "B" não morrer, "A" responderá apenas por lesões corporais);

II. Arrependimento eficaz:

a) início de execução do crime;

b) não consumação do crime;

c) ato voluntário do agente que impede a consumação;

II.I. Consequência: **não responde pela tentativa** do crime inicialmente executado, mas, apenas, pelos **atos efetivamente praticados** (Ex.: "A", querendo matar "B", inicia a execução de um homicídio. Tendo efetuado todos os disparos, arrepende-se e socorre a vítima, levando-a ao hospital. Se "B" não morrer, "A" responderá apenas por lesões corporais).

6.3.3.1. Diferença entre desistência voluntária e arrependimento eficaz

Na **desistência voluntária**, o agente **não esgota todos os atos executórios** tendentes à consumação do crime. Já no **arrependimento eficaz**, o agente **pratica todos os atos executórios** aptos à consumação. No entanto, arrependido, pratica conduta suficiente a impedir a consumação.

Seja na desistência voluntária ou no arrependimento eficaz, caso a consumação ocorra, o agente responderá pelo crime em sua forma consumada. Nesse caso, de nada teria adiantado a desistência ou o arrependimento. Ambos devem ser **eficazes**.

6.3.4. Arrependimento posterior

Vem previsto no art. 16 do CP. Pressupõe os seguintes **requisitos:**

a) crime cometido sem violência ou grave ameaça à pessoa;

b) reparação integral do dano ou restituição da coisa;

c) conduta voluntária – não se exige espontaneidade;

d) reparação do dano ou restituição da coisa até o recebimento da denúncia ou queixa – se for feito posteriormente, incidirá uma atenuante genérica, prevista no art. 65, III, do CP.

Trata-se de causa genérica de **diminuição de pena**. A intenção do legislador foi "premiar" o agente que, embora tenha cometido um crime, arrepende-se e procure minorar os efeitos do ilícito praticado.

Todavia, não se admite a incidência do instituto em comento em qualquer crime, mas apenas naqueles cometidos **sem violência ou grave ameaça à pessoa** (ex.: roubo, extorsão, extorsão mediante sequestro).

Aponta a doutrina, ainda, que a **reparação do dano** não pode ser parcial, mas sim **integral**. Se "A" causou um prejuízo de mil reais a "B", deve restituí-lo integralmente das perdas.

Pode-se, em determinadas hipóteses, restituir-se a própria coisa (ex.: no furto de um DVD, por exemplo, pode-se devolvê-lo *in specie* ao seu dono). Neste caso, não poderá estar danificado, sob pena de o agente não ver sua pena reduzida.

Por fim, tencionou o legislador "premiar" o sujeito que repara o dano até determinado lapso temporal expressamente definido no art. 16 do CP: até o **recebimento da denúncia ou queixa**. Se a reparação for **posterior** ao referido ato processual, o agente, quando da fixação de sua pena, terá direito apenas à incidência de uma **circunstância atenuante**, certamente **inferior à diminuição** prevista para o **arrependimento posterior** (se é que poderá incidir, já que, se a pena-base for fixada no piso legal, aponta a jurisprudência majoritária, bem como a doutrina, pela sua não aplicação, o que conduziria a pena aquém do mínimo legal).

Em determinados crimes, a reparação do dano poderá gerar efeitos outros que não a mera redução de pena. É o caso do peculato culposo (art. 312, § 3º, 1ª parte do CP), no qual a reparação do dano **antes da sentença irrecorrível** é **causa extintiva da punibilidade** e, **após referido ato decisório**, é causa de **diminuição da pena**, à base de 1/2 (art. 312, § 3º, 2ª parte, do CP).

6.3.5. *Crime impossível*

Vem previsto no art. 17 do CP. É também chamado de **tentativa impossível, tentativa inidônea, tentativa inadequada ou quase crime**.

É verificado quando a consumação do crime tornar-se impossível em virtude da **absoluta ineficácia do meio empregado** ou pela **impropriedade absoluta do objeto material do crime**.

Trata-se, segundo aponta a doutrina, de hipótese de **atipicidade da tentativa do crime inicialmente visado pelo agente**.

Como definiu o legislador, somente haverá crime impossível por força de duas circunstâncias:

a) ineficácia absoluta do meio: quando o agente valer-se de meio para a prática do crime que jamais poderia levar à sua consumação, estar-se-á diante de meio absolutamente ineficaz. É o caso de ser ministrada água, em um copo de suco, para matar a vítima, ou dose absolutamente inócua de substância apontada como veneno, que jamais causaria sua morte;

b) impropriedade absoluta do objeto: quando a ação criminosa recair sobre objeto que absolutamente não poderá sofrer lesão em face da conduta praticada pelo agente, estar-se-á diante de objeto absolutamente impróprio. É o caso de "A" que atira em "B", morto há duas horas, ou de uma mulher que pratica manobras abortivas (ex.: toma medicamento abortivo) não estando grávida.

Ressalva a doutrina, contudo, que, se a impropriedade for **relativa**, o agente responderá pela tentativa do crime que tiver iniciado, não havendo que se falar em crime impossível. É o caso de "A" que, querendo matar "B", coloca em sua comida quantidade de veneno insuficiente para a morte, mas cuja substância seria apta a provocá-la. Embora o meio para o homicídio tenha sido ineficaz, certo é que não o foi absoluta, mas sim relativamente impróprio, não se podendo afastar a tentativa (inocorrência da consumação por circunstâncias alheias à vontade do agente).

6.4. Erro de tipo

Entende-se por **erro** uma *falsa percepção da realidade*. Quando essa "falsa percepção" recair em algum elemento do tipo penal, estaremos diante do denominado **erro de tipo**.

O erro de tipo pode ser:

I. ESSENCIAL = é aquele que irá recair sobre *elementares* (dados essenciais do tipo) e *circunstâncias* (dados acessórios do tipo, que somente refletem na pena). O erro de tipo essencial se subdivide em:

a) incriminador: afasta o dolo e a culpa, se invencível; afasta o dolo se vencível, remanescendo a culpa, se admissível for;

b) permissivo: afasta o dolo, remanescendo a culpa se o erro for vencível – é a chamada *culpa imprópria*. Recai sobre os pressupostos fáticos de uma causa excludente da ilicitude – ex.: legítima defesa e estado de necessidade, dando azo ao surgimento das descriminantes putativas por erro de tipo.

Obs.: o erro de tipo essencial afastará sempre o dolo, remanescendo a culpa se houver previsão legal da modalidade culposa da infração penal. Se o agente incidir em erro de tipo essencial, poderá ser afastada completamente a possibilidade de ser criminalmente responsabilizado;

II. ACIDENTAL = é aquele que recai sobre dados acidentais, vale dizer, irrelevantes para a caracterização do crime ou contravenção. Subdividem-se em:

a) *aberratio ictus* – erro na execução (o agente, por falha de pontaria, por exemplo, atinge uma pessoa diversa da pretendida, respondendo como se houvesse atingido a vítima visada);

b) *aberratio criminis* – resultado diverso do pretendido (o agente, por erro na execução, atinge bem jurídico diverso do inicialmente pretendido, motivo pelo qual responderá pela forma culposa, se existir, do resultado efetivamente provocado por sua conduta);

c) *aberratio causae* – erro quanto ao nexo causal (o agente acredita, com sua conduta, haver causado o resultado quando, em verdade, outra foi a causa efetiva do resultado);

d) *error in persona* – erro quanto a pessoa (o agente, por equívoco, acredita que a vítima seja "A" quando, em verdade, a "vítima correta" seria "B", motivo pelo qual responderá como se houvesse praticado o crime contra a vítima visada – "A", no caso);

e) *error in objecto* – erro quanto ao objeto (o agente acredita que o objeto do crime seja um, quando, em verdade, é outro – ex: "A" furta 1kg de sal acreditando tratar-se de açúcar).

OBS.: o erro de tipo acidental, como o nome diz, é meramente acidental, remanescendo a responsabilidade penal do agente.

6.5. Antijuridicidade

6.5.1. *Conceito*

Corresponde a ilicitude a relação de **contradição entre a conduta praticada pelo agente e o ordenamento jurídico**. Assim, ilicitude (ou antijuridicidade) é a contrariedade entre o comportamento praticado pelo agente e aquilo que o ordenamento jurídico prescreve (proíbe ou fomenta).

É importante recordar que, pela concepção bipartida, crime é **fato típico e antijurídico**. Portanto, ausente a antijuridicidade, não há que se falar em crime.

6.5.2. *Caráter indiciário da ilicitude*

Diz a doutrina que a tipicidade é um indício de antijuridicidade. Em outras palavras, em princípio, todo fato típico é antijurídico (contrário ao direito). A isso se dá o nome de **caráter indiciário da ilicitude**.

Podemos dizer, portanto, que todo fato típico é, em regra, antijurídico. Somente não o será se estiver presente uma das causas excludentes da antijuridicidade, previstas no art. 23 do CP.

Estudar a antijuridicidade é, portanto, estudar as causas que a excluem. Verificada qualquer delas, embora possa existir fato típico, não se cogitará da ocorrência de crime, que exige a presença de referido elemento.

6.5.3. Causas excludentes da antijuridicidade (ou ilicitude)

O art. 23 do CP é bastante claro ao definir que "não há crime" se o fato for praticado em estado de necessidade, legítima defesa, estrito cumprimento de dever legal ou em exercício regular de um direito.

Portanto, inegavelmente a antijuridicidade é requisito indispensável à caracterização do crime. Tanto é verdade que, presente uma causa que a exclua, o próprio legislador apontou a inexistência de crime ("não há crime..." - art. 23, Código Penal).

Conforme já referimos, são causas de exclusão da ilicitude as hipóteses previstas em referido dispositivo legal, também chamadas de **causas justificantes ou excludentes da criminalidade**:

a) legítima defesa;

b) estado de necessidade;

c) estrito cumprimento do dever legal;

d) exercício regular de um direito.

6.5.3.1. Estado de necessidade (EN)

Traduz a ideia de um conflito de interesses penalmente protegidos. Contudo, diante de uma **situação de perigo**, permite-se o sacrifício de um bem jurídico para a proteção de outro, desde que haja **razoabilidade**.

Não sendo razoável exigir-se o sacrifício do bem efetivamente lesado (bem ameaçado é de valor inferior ao bem lesado), não se pode falar em **estado de necessidade**. Contudo, o **art. 24, § 2º**, do CP, prevê a possibilidade de **redução de pena** de **1/3 a 2/3**.

Assim, para que se possa validamente invocar o EN, são necessários os seguintes requisitos:

a) subjetivo: o agente que invoca o EN deve saber que sua conduta é voltada à proteção de um bem jurídico próprio ou alheio;

b) objetivos: são aqueles previstos no art. 24 do CP

b.1) perigo atual (parte da doutrina entende que o perigo iminente também pode ensejar o EN). Este perigo pode derivar de conduta humana, ato animal ou eventos da natureza;

b.2) existência de ameaça a bem jurídico próprio (EN próprio) ou de **terceiro** (EN de terceiro);

b.3) perigo não causado pela vontade de quem invoca o EN - a doutrina admite que o perigo culposamente provocado por alguém não afasta a possibilidade de invocar o EN;

b.4) inexigibilidade de sacrifício do direito ameaçado - o bem jurídico que se pretende salvar do perigo deve ser de igual ou maior relevância do que aquele que será sacrificado;

b.5) inexistência do dever legal de enfrentar o perigo - não pode invocar o EN aquela pessoa que, por força de lei, tiver o dever de enfrentar a situação de perigo (ex.: bombeiros e policiais).

6.5.3.1.1. EN próprio e de terceiro; EN real e putativo; EN defensivo e agressivo

Fala-se em **EN próprio** quando quem invocar a excludente da ilicitude em tela agir para salvaguardar direito próprio. Já se a excludente for invocada por pessoa que atuar para a salvaguarda de direito alheio, estaremos diante do **EN de terceiro**.

Diz-se que o **EN é real** quando os requisitos objetivos da causa excludente estão presentes no caso concreto. No entanto, será **putativo** se quem o invocar acreditar que se encontra amparado pela excludente (art. 20, § 1º, CP).

Finalmente, o **EN defensivo** dá-se quando o bem jurídico lesado pertence ao causador da situação de perigo. Será **agressivo** quando o bem jurídico lesado pertencer à pessoa diversa da causadora da situação de perigo.

6.5.3.1.2. Excesso no EN

Havendo excesso na excludente analisada, o agente responderá pelo resultado a título de dolo ou culpa.

6.5.3.2. Legítima defesa (LD)

A ideia da legítima defesa é vinculada à de *agressão injusta*. Assim, a pessoa que a invocar, para fazer cessar a agressão injusta, ataca bem jurídico alheio, repelindo o ataque a bem jurídico próprio ou de terceiro.

Contudo, primordial é que a pessoa que invocar a legítima defesa utilize moderadamente dos meios necessários, suficiente à cessação da agressão injusta a direito próprio ou de terceiro.

São necessárias duas ordens de requisitos:

a) subjetivo: ciência da situação de agressão injusta e a atuação voltada a repelir tal situação;

b) objetivos: são aqueles descritos no art. 25 do CP, a saber:

✓ **agressão injusta atual ou iminente** - a agressão sempre deriva de conduta humana, jamais de animal ou evento natural;

✓ **direito próprio ou alheio agredido ou próximo de sê-lo** - admite-se a legítima defesa própria ou de terceiro;

✓ **uso dos meios necessários** - para repelir a agressão injusta, atual ou iminente, a pessoa deverá valer-se dos meios indispensáveis à cessação da agressão;

✓ **moderação no uso dos meios necessários** - ao escolher o meio (havendo mais de um deve-se optar pelo menos lesivo), a pessoa que invocar a legítima defesa deve ser moderada na sua utilização, atuando com razoabilidade.

6.5.3.2.1. LD própria ou de terceiro; LD real ou putativa; LD recíproca; LD sucessiva

Chama-se de **LD própria** aquela em que a pessoa que a invoca repele agressão injusta a direito ou bem jurídico próprio, ao passo que a **LD de terceiro** pressupõe que haja agressão a bem jurídico alheio e a pessoa rechace a agressão, defendendo, pois, um terceiro.

A **LD será real** quando, de fato, estiverem presentes os requisitos do art. 25 do CP, ao passo que será **putativa** se o agente, pelas circunstâncias de fato, acreditar que se encontra amparado pela legítima defesa (**art. 20, § 1º, CP**).

Quanto à **LD recíproca**, tal é **inviável em nosso ordenamento**, tendo em vista que é impossível que, ao mesmo tempo, uma pessoa esteja agredindo a outra injustamente e vice-versa. Ou uma está sendo agredida, e poderá invocar a LD, ou a outra estará sofrendo agressão, quando, então, poderá agir amparada pela excludente em apreço.

Finalmente, **LD sucessiva**, perfeitamente admissível, ocorre em caso de **excesso**. Assim, inicialmente, alguém é vítima de agressão injusta. Para tanto, passa a atacar o agressor. No entanto, utiliza-se imoderamente dos meios necessários, excedendo-se no revide, deixando de ser agredido e passando a ser agressor.

6.5.3.3. Estrito cumprimento de um dever legal (ECDL) e exercício regular de direito (ERD)

As causas excludentes acima referidas não estão detalhadas no Código Penal. A explicação sobre seus conteúdos decorre de ensinamentos da doutrina e jurisprudência.

No tocante ao ECDL, geralmente esta é causa excludente da ilicitude invocada por **agentes públicos**, cujas condutas, muitas vezes, estão pautadas (e determinadas) por lei. É o caso, por exemplo, do policial, que tem o dever de prender quem se encontre em flagrante delito (art. 301 do CPP). Em caso de resistência, o uso da força poderá ocorrer, desde que nos limites do razoável. Nesse caso, terá atuado em ECDL para que efetive a prisão.

Já quanto ao ERD, temos a regra de que **podemos fazer tudo o que a lei permite ou não proíbe**. Assim, se agirmos de forma regular no exercício de um direito, ainda que isto seja tipificado em lei (fato típico), não será contrário ao direito (antijurídico).

É o caso, por exemplo, das **intervenções cirúrgicas** e das **práticas desportivas**.

6.5.4. Descriminantes putativas

É possível que alguém, pela análise das circunstâncias concretas, acredite que se encontre amparado por alguma das causas excludentes da ilicitude já vistas. Se, supondo sua existência por uma falsa percepção da realidade (erro), o agente viole bem jurídico alheio, ainda assim não responderá criminalmente pelo fato, desde que o erro seja plenamente justificado.

É o que vem previsto no art. 20, § 1º, do CP.

Temos como clássico exemplo a **legítima defesa putativa** verificada por "A", inimigo de "B", quando este, prometendo-lhe a morte, enfiou, de repente, a mão em sua blusa, fazendo crer que iria sacar um revólver. Ato seguinte, "A", acreditando estar diante de uma agressão injusta iminente, saca uma arma e atira em "B", que, em verdade, iria tirar do bolso uma carta com pedido de desculpas.

Se o erro em que incorreu "A" for plenamente justificável pelas circunstâncias, terá incidido em erro de tipo permissivo (no caso, legítima defesa putativa), respondendo apenas por **homicídio culposo**.

Embora discutível a **natureza jurídica das descriminantes putativas**, prevalece o seguinte entendimento:

a) se o erro recair sobre os pressupostos fáticos de uma causa excludente da ilicitude, estaremos diante de um erro de tipo (permissivo). É o caso do agente que, acreditando piamente ser vítima de uma agressão injusta atual ou iminente, mata seu suposto agressor. Nesse caso, terá incidido em um erro de tipo permissivo, que irá recair sobre o pressuposto fático da excludente (no caso, a agressão injusta, indispensável ao reconhecimento da legítima defesa);

b) se o erro recair sobre a existência de uma causa excludente da ilicitude, configurar-se-á o erro de proibição. É o que se verifica quando o agente, crendo que sua conduta é permitida pelo direito (portanto, uma conduta que não seja antijurídica), pratica um fato típico. Nesse caso, faltará ao agente a potencial consciência da ilicitude, pelo que será afastada a culpabilidade; e

c) se o erro recair sobre os limites de uma causa excludente da ilicitude, igualmente restará configurado o erro de proibição. Ocorrerá nos casos em que o agente incidir em excesso (por exemplo, na legítima defesa, quando, após cessada a agressão injusta, o agente prosseguir no contra-ataque ao agressor original acreditando que ainda está agindo em LD).

As conclusões acima decorrem da adoção, pelo Código Penal, da teoria limitada da culpabilidade.

6.6. Culpabilidade

Trata-se de **pressuposto de aplicação da pena**. Se adotada a **concepção bipartida** (crime enquanto fato típico e antijurídico), não integra o conceito de crime, estando **fora de sua estrutura básica**.

Contudo, não sendo o agente culpável, é absolutamente inviável a inflição de pena. No entanto, mesmo ao **inculpável**, admissível será a aplicação de **medida de segurança** (ex.: ao inimputável por doença mental não se aplica pena, mas medida de segurança).

6.6.1. Elementos/requisitos que integram a culpabilidade

A culpabilidade é formada pelos seguintes elementos/requisitos:

a) imputabilidade;

b) potencial consciência da ilicitude;

c) exigibilidade de conduta diversa.

Os elementos acima são **cumulativos**. Em outras palavras, se algum deles "falhar" (leia-se: estiver ausente), ao agente não se poderá impor pena.

As situações em que os elementos da culpabilidade serão afetados (causas excludentes da culpabilidade) estão logo a seguir.

6.6.1.1. Causas excludentes da imputabilidade (primeiro elemento da culpabilidade)

São as seguintes:

a) inimputabilidade por doença mental ou desenvolvimento mental incompleto ou retardado – art. 26 do CP. Adotou-se o **critério biopsicológico**. Não basta a doença mental (**critério biológico**), sendo indispensável que, em razão dela, o agente no momento da ação ou omissão seja inteiramente incapaz de **entender** o caráter ilícito do fato ou de **determinar-se de acordo com esse entendimento** (**critério psicológico**);

b) menoridade – o menor de 18 anos é penalmente inimputável. Trata-se de presunção absoluta. Aqui, o legislador adotou o **critério biológico** (não se leva em conta se o adolescente entendia o caráter ilícito do fato). O adolescente que praticar crime ou contravenção terá cometido ato infracional, de acordo com o art. 103 do ECA, apurado pela Vara da Infância e Juventude;

c) embriaguez completa, decorrente de caso fortuito ou força maior – art. 28, § 1º, CP. Apenas a embriaguez involuntária e completa retira a capacidade do agente de querer e entender, tornando-o inimputável. Se a embriaguez for incompleta e involuntária, o agente será penalmente responsabilizado, porém com possibilidade de pena reduzida. Acerca da embriaguez, o CP adotou a teoria da *actio libera in causa*. Se o agente deliberadamente (voluntariamente) ingeriu álcool ou substância com efeitos análogos, ainda que no momento da prática da infração não tenha capacidade de entendimento e autodeterminação, ainda assim será responsabilizado (art. 28, II, CP). Apenas se a embriaguez for involuntária, e desde que completa, ficará o agente isento de pena.

Pela relevância do item "b" acima, sem nos olvidarmos à finalidade precípua da presente obra, que é a de trabalharmos com os principais aspectos abordados pela banca examinadora, faremos algumas breves considerações acerca do ato infracional.

Primeiramente, o **ato infracional** corresponde à conduta prevista como **crime** ou **contravenção**, praticada por criança ou adolescente, nos termos do art. 103 do ECA. Caso o ato infracional seja praticado por **criança**, ser-lhe-á aplicada **medida de proteção**, pouco importando a gravidade da infração. Por outro lado, caso o ato infracional seja praticado por **adolescente**, a ele serão aplicadas **medidas socioeducativas**.

São **pressupostos** da aplicação da medida socioeducativa:

i) existência do fato;

ii) certeza da autoria;

iii) inescusabilidade da conduta.

Ainda, alguns **princípios** devem ser analisados pelo juiz para aplicação das medidas socioeducativas, a saber:

i) estrita legalidade

ii) princípio da proporcionalidade (art. 112, § 1º, do ECA)

iii) princípio da impossibilidade das medidas infamantes (art. 112, § 2º, do ECA)

iv) critério da cumulatividade (art. 113 do ECA)

v) princípio da substitutividade (art. 113 do ECA)

vi) Prescrição

As medidas socioeducativas podem ser:

a) de meio aberto; e

b) restritiva da liberdade.

Vejamos.

a) Medidas socioeducativas de meio aberto:

i) ***prestação de serviços à comunidade*** – nos termos do art. 117 do ECA, a prestação de serviços à comunidade consiste na realização de tarefas gratuitas de interesse geral, por período não excedente a seis meses, junto a entidades assistenciais, hospitais, escolas e outros estabelecimentos congêneres, bem como em programas comunitários ou governamentais. Importante ressaltar que as tarefas serão atribuídas conforme as aptidões do adolescente, devendo ser cumpridas durante jornada máxima de oito horas semanais, aos sábados, domingos e feriados ou em dias úteis, de modo a não prejudicar a frequência à escola ou à jornada normal de trabalho.

ii) ***liberdade assistida*** – a liberdade assistida pauta-se fundamentalmente na figura do orientador, cujo papel é o de promover o adolescente socialmente, conduzindo-o para a prática de boas condutas pessoais. A liberdade assistida não tem prazo determinado, mas deve ser aplicada por no mínimo 6 meses.

iii) ***obrigação de reparar o dano*** – a obrigação de reparar o dano tem como finalidade o ressarcimento da vítima ou, em não sendo possível, a compensação do dano.

b) Medidas socioeducativas restritivas de liberdade:

i) ***regime de semiliberdade*** – o regime de semiliberdade insere o adolescente em entidade que desenvolva o programa, com permissão para sua saída apenas nas hipóteses de trabalho ou estudo. A medida de semiliberdade pode ser aplicada desde o início ou como forma de transição para medidas socioeducativas em meio aberto.

ii) ***internação*** – internação significa a "reclusão" do adolescente em estabelecimento adequado e que desenvolva o programa. Há cerceamento total de sua liberdade de ir e vir. Nos termos do art. 227, § 3º, V, da CF os princípios que regem a medida socioeducativa de internação são: brevidade, excepcionalidade e respeito à condição peculiar.

6.6.1.2. Causa excludente da potencial consciência da ilicitude (segundo elemento da culpabilidade)

Apenas o **erro de proibição** (art. 21 do CP) é causa excludente da potencial consciência da ilicitude.

Um agente somente poderá sofrer pena se puder saber que sua conduta é profana, contrária ao direito, ainda que não saiba que se trata de crime ou contravenção penal. Afinal, ninguém pode escusar-se de cumprir a lei alegando ignorância (art. 3º da LINDB).

Assim, a depender das condições socioculturais do agente, poderá ele, de fato, desconhecer que sua conduta é errada, profana, contrária às regras usuais da sociedade. Nesse caso, se faltar potencial consciência da ilicitude, o agente ficará isento de pena.

Temos duas modalidades de erro de proibição:

a) invencível, inevitável ou escusável: aqui, é impossível que o agente pudesse superar o erro sobre a ilicitude do fato. Neste caso, ficará **isento de pena;**

b) vencível, evitável ou inescusável: nesse caso, se o agente tivesse sido um pouco mais diligente, poderia superar o erro. Responderá criminalmente, porém com **pena reduzida de 1/6 a 1/3**.

6.6.1.3. Causas excludentes da exigibilidade de conduta diversa (terceiro elemento da culpabilidade)

Somente será culpável a pessoa da qual se puder exigir uma conduta diversa da praticada, vale dizer, seu comportamento poderia ter sido de acordo com o direito, mas não foi.

Todavia, há duas situações em que é *inexigível conduta diversa* da praticada pelo agente, a saber:

a) coação moral irresistível – art. 22 do CP – aqui, o agente (ou familiares ou pessoas muito próximas) é vítima de coação irresistível (não física, que afastaria a conduta, mas moral), não lhe sendo exigível conduta diversa da praticada. É o caso do gerente de banco cujos familiares são sequestrados. A libertação apenas ocorrerá se subtrair dinheiro do cofre do banco em que trabalha. Sabendo da senha, subtrai o montante e entrega aos sequestradores. Nesse caso, o gerente de banco ficará isento de pena, respondendo pelo crime os coatores (sequestradores);

b) obediência hierárquica a ordem não manifestamente ilegal – art. 22 do CP – nesse caso, será imprescindível a existência de uma relação de direito público entre superior hierárquico e subordinado. Este, por força da hierarquia, tem o dever de cumprir as ordens de seus superiores, sob pena de incorrer em falta disciplinar. Assim, se o subordinado receber ordem do superior hierárquico e cumpri-la, ficará isento de pena caso sua execução redunde na prática de um crime. Contudo, somente se a ordem não for *manifestamente ilegal* é que poderá socorrer-se da causa excludente da culpabilidade. Caso contrário, se cumprir ordem ilegal, responderá por sua ação ou omissão.

6.7. Concurso de pessoas

6.7.1. *Conceito*

Concurso de pessoas, ou concurso de agentes, codelinquência ou concurso de delinquentes, consiste na *reunião consciente e voluntária, de duas ou mais pessoas, para a prática de infrações penais.*

Tem como requisitos (**PRIL**):

a) **P**luralidade de agentes (cada pessoa tem comportamento próprio);

b) **R**elevância causal de cada uma das ações;

c) **I**dentidade de fato (ou identidade de crime); e

d) **L**iame subjetivo ou vínculo psicológico entre os agentes (todos devem visar a um mesmo objetivo, um aderindo à conduta dos outros – não se exige, contudo, o ajuste prévio, ou seja, o acordo de vontades anterior à prática do crime).

A *falta do liame subjetivo* acarreta o que a doutrina chama de *autoria colateral*. Nesta, duas ou mais pessoas, desconhecendo a existência da(s) outra(s), praticam atos executórios com o mesmo objetivo. Nesse caso, não haverá concurso de agentes, sendo que cada um responderá pelos atos que cometeu. Havendo dúvida acerca de qual dos agentes deu causa ao resultado, mas sendo constatada a prática de atos executórios, cada qual responderá pela tentativa (ex.: homicídio). É a denominada *autoria incerta*.

6.7.2. *Classificação dos crimes quanto ao concurso de pessoas*

De acordo com o número de pessoas que concorram de qualquer modo para o crime, este pode receber os seguintes rótulos:

a) crimes unissubjetivos (ou monossubjetivos, ou de concurso eventual): são aqueles que podem ser perpetrados por um ou mais agentes, não fazendo o tipo penal qualquer distinção. Ex.: roubo, furto, estelionato, homicídio;

b) crimes plurissubjetivos (ou crimes coletivos, ou de concurso necessário): são aqueles que, para sua própria tipificação, exigem a presença de dois ou mais agentes delitivos. Ex.: associação criminosa (denominado de quadrilha ou bando antes do advento da Lei 12.850/2013), que exige, pelo menos, três pessoas (art. 288 do CP); rixa, que também exige um mínimo de três pessoas (art. 137 do CP); associação para o tráfico, a exigir, pelo menos, duas pessoas (art. 35 da Lei 11.343/2006).

6.7.3. *Autoria*

Existem três teorias acerca da autoria, a saber:

a) teoria material-objetiva (ou extensiva): autor é aquele que concorre com qualquer causa para o implemento de um resultado, e não só o que realiza o verbo-núcleo do tipo penal incriminador. Assim, não há distinção entre autor, coautor e partícipe;

b) teoria formal-objetiva (ou restritiva): autor é somente aquela pessoa que pratica a conduta típica descrita em lei (matar, subtrair, constranger...), executando o verbo-núcleo do tipo. Toda ação que não for propriamente a correspondente ao verbo do tipo será acessória. Contudo, se, de qualquer modo, concorrer para a prática do crime, a pessoa será considerada partícipe. **Esta é a teoria adotada pelo CP, mas com algumas críticas, por não abranger a autoria mediata;**

c) teoria normativa-objetiva (ou do domínio do fato): autor é aquele que tem o controle final do fato, ou seja, domina finalisticamente a empreitada criminosa. Enfim, é o "chefe", que determina cada passo do crime. Será partícipe aquele que colaborar com o autor, mas sem ter o domínio final do fato.

A teoria do domínio do fato consegue explicar a autoria mediata, motivo pelo qual deve ser agregada à teoria restritiva.

6.7.3.1. *Autoria mediata*

De acordo com a teoria do domínio do fato, **autor mediato** (ou indireto) é aquele que *"usa" alguém, por exemplo, desprovido de imputabilidade ou que atue sem dolo, para a execução de determinado comportamento criminoso. Em outras palavras, o autor mediato se vale de um executor material (autor imediato) como instrumento para o cometimento do ilícito penal.* Exemplo: uma pessoa, querendo matar outra, pede a um louco que a esfaqueie, o que é por este cumprido. O louco (executor material) não responderá pelo homicídio, mas apenas seu mandante.

A autoria mediata pode resultar das seguintes hipóteses:

a) *ausência de capacidade mental* da pessoa utilizada como instrumento (inimputável);

b) *coação moral irresistível*;

c) *provocação de erro de tipo escusável* (ex.: médico que quer matar paciente e determina que a enfermeira aplique uma injeção de "medicamento", mas que, na realidade, é veneno);

d) *obediência hierárquica* a ordem não manifestamente ilegal.

Em qualquer caso, responderá pelo crime não o executor deste (autor imediato ou direto), mas o autor mediato (ou indireto).

6.7.4. *Formas do concurso de agentes*

A participação, em sentido amplo, é assim dividida:

a) coautoria: será coautor aquele que, juntamente com o autor do crime, com ele colaborar diretamente, de forma consciente e voluntária, para a realização do verbo-núcleo do tipo. A coautoria pode ser *parcial*, quando cada um dos agentes realizar atos executórios diversos, mas que, somados, redundem na consumação do crime (ex.: enquanto "A" segura a vítima, com uma faca em sua barriga, "B" subtrai seus pertences. Ambos respondem por roubo, em coautoria), ou a coautoria pode ser *direta*, quando todos os agentes praticarem a mesma conduta típica (ex.: "A" e "B", cada um com um revólver, atiram na vítima "C". Serão coautores no homicídio);

b) participação: será partícipe aquele que não realizar o verbo-núcleo do tipo, mas, de qualquer modo, concorrer para o crime. A participação pode ser:

✓ ***moral***: corresponde ao induzimento ou instigação do autor à prática de um crime;

✓ ***material***: corresponde ao auxílio.

Quanto à participação, adotou-se a **teoria da acessoriedade limitada**. Só será partícipe aquele que realizar conduta acessória (não realização do verbo-núcleo do tipo) a do autor e desde que esse pratique conduta típica e ilícita.

6.7.5. *Teorias acerca do concurso de pessoas*

São três:

a) teoria unitária (monista ou monística): ainda que duas ou mais pessoas realizem condutas diversas e autônomas, considera-se praticado um só crime (o mesmo, para todas). Contudo, o art. 29, § 1º, do CP, prevê a figura da *participação de menor importância*, que acarreta na diminuição da pena do agente. Já o art. 29, § 2º, também do CP, traz a figura da *cooperação dolosamente distinta*, segundo a qual o agente que se desviar do "plano original" e praticar crime diverso, por este responderá, enquanto que o coautor ou partícipe responderá pelo crime "originalmente combinado", sendo que sua pena poderá ser aumentada de metade caso o resultado mais grave fosse previsível. Pela relevância do tema, confira-se:

> **Concurso de Pessoas: Teoria Monista e Fixação de Reprimenda mais Grave a um dos Corréus**
>
> "Por reputar não observada a teoria monista adotada pelo ordenamento pátrio (CP, art. 29) – segundo a qual, havendo pluralidade de agentes e convergência de vontades para a prática da mesma infração penal, todos aqueles que contribuem para o crime incidem nas penas a ele cominadas, ressalvadas as exceções legais –, a Turma deferiu *habeas corpus* cassar decisão do STJ que condenara o paciente pela prática de roubo consumado. No caso, tanto a sentença condenatória quanto o acórdão proferido pelo tribunal local condenaram o paciente e o corréu por roubo em sua forma tentada (CP, art. 157, § 2º, I e II, c/c o art. 14, II). Contra esta decisão, o Ministério Público interpusera recurso especial, apenas contra o paciente, tendo transitado em julgado o acórdão da Corte estadual relativamente ao corréu. Assentou-se que o acórdão impugnado, ao prover o recurso especial, para reconhecer que o paciente cometera o crime de roubo consumado, provocara a inadmissível situação consistente no fato de se condenar, em modalidades delitivas distintas quanto à consumação, os corréus que perpetraram a mesma infração penal. Destarte, considerando que os corréus atuaram em acordo de vontades, com unidade de desígnios e suas condutas possuíram relevância causal para a produção do resultado decorrente da prática do delito perpetrado, observou-se ser imperioso o reconhecimento uniforme da forma do delito cometido. Assim, restabeleceu-se a reprimenda anteriormente fixada para o paciente pelo tribunal local." **HC 97652/RS, rel. Min. Joaquim Barbosa, 4.8.2009.** (HC-97652) (**Inform. STF** 554).

b) teoria pluralística: para esta teoria, cada agente responde por um crime, independentemente do outro. Excepcionalmente, o Código Penal adota exceções pluralísticas ao princípio monístico. É o caso do binômio corrupção ativa/corrupção passiva e aborto com o consentimento da gestante e o terceiro que o provocou;

c) teoria dualística: para esta teoria, há um crime para os autores e outro crime para os partícipes. Não foi adotada pelo CP.

Apenas para não haver dúvidas, o CP adotou a *teoria unitária* ou *monista*.

6.7.6. *Comunicabilidade e incomunicabilidade de elementares e circunstâncias*

Considerando que o CP adotou, como regra, a **teoria unitária** de concurso de pessoas, nada mais "justo" do que todos os agentes que concorrerem para o mesmo fato responderem pela mesma infração penal.

No entanto, em algumas situações, a imputação de um mesmo crime a duas ou mais pessoas pode soar estranho. É o caso de "A", em estado puerperal, durante o parto, auxiliada por "B", matar o próprio filho. Não há dúvidas de que "A" deverá responder por infanticídio (art. 123 do CP). E quanto a "B", responderá por qual delito? Também por infanticídio!

O mesmo ocorre quando "A", funcionário público, valendo-se dessa condição, apropria-se de um computador do Estado, por ele utilizado em seu dia a dia na repartição pública em que trabalha, cometendo, assim, o crime de peculato (art. 312 do CP). Se "B", particular (leia-se: não funcionário), auxiliar "A" em seu intento criminoso, responderá por qual delito? Também por peculato!

Assim, a regra do art. 30 do CP é a de que as **condições de caráter pessoal, somente quando elementares do tipo** (leia-se: dados essenciais à caracterização do crime), **comunicam-se aos coautores ou partícipes**.

Temos, pois, **três regras**, extraídas, ainda que implicitamente, do já citado dispositivo legal:

a) as elementares comunicam-se aos demais agentes (coautores ou partícipes), desde que conhecidas por estes;

b) as circunstâncias objetivas (reais ou materiais) comunicam-se aos demais agentes (coautores ou partícipes), desde que, é claro, delas tenham conhecimento;

c) as circunstâncias subjetivas (de caráter pessoal) jamais se comunicam aos demais agentes (coautores ou partícipes) quando não forem elementares.

7. DAS PENAS

7.1. Penas

7.1.1. *Conceito*

Pena é a *consequência jurídica do crime*. A prática de qualquer ato ilícito, em nosso ordenamento jurídico, deve gerar uma sanção, sob pena de nenhuma pessoa ser desestimulada a delinquir. Na seara penal, não poderia ser diferente.

Importa lembrar que **pena** é *espécie de sanção penal*, ao lado das **medidas de segurança**.

7.1.2. *Finalidades das penas*

São três:

a) retributiva: é a retribuição do mal pelo mal;

b) preventiva: a cominação abstrata de uma pena impõe à coletividade um temor (prevenção geral) e sua efetiva aplicação ao agente delitivo tem por escopo impedir que venha a praticar novos delitos (prevenção especial);

c) ressocializadora: a imposição de pena tem por escopo a readaptação do criminoso à vida em sociedade.

7.1.3. *Classificação ou espécies de penas*

De acordo com o art. 32 do CP, as penas podem ser:

a) privativas de liberdade (PPL): restringem a plena liberdade de locomoção do condenado. São de 3 espécies: *reclusão, detenção e prisão simples*;

b) restritivas de direitos (PRD): são sanções *autônomas* que substituem as penas privativas de liberdade. Não são, como regra, cominadas abstratamente em um tipo penal incriminador;

c) **multa**: consiste no pagamento ao FUNPEN de quantia fixada na sentença e calculada em dias-multa (art. 49 do CP).

7.2. As penas privativas de liberdade (PPLs)

As PPLs se subdividem em:

a) **reclusão** (apenas para os crimes);

b) **detenção** (apenas para os crimes);

c) **prisão simples** (apenas para as contravenções penais).

Quem comete crime punido com **reclusão** poderá iniciar o cumprimento da pena em **regime fechado, semiaberto** ou, desde logo, **aberto**. Assim, não pode o leitor-examinando se equivocar e imaginar que o agente que comete crime punido com reclusão iniciará o cumprimento da pena, obrigatoriamente, em regime fechado. Trata-se de uma falsa impressão decorrente do próprio nome da PPL: reclusão. Ao falarmos em reclusão, vem à nossa mente a ideia do regime fechado. No entanto, reafirma-se, um delito punido com reclusão pode impor que o condenado inicie, desde logo, o cumprimento da pena em regime semiaberto ou até aberto.

Já para os crimes punidos com **detenção**, os regimes iniciais de cumprimento de pena podem ser o **semiaberto** ou o **aberto**. Assim, não se pode impor ao condenado por crime punido com detenção o regime inicial fechado.

Por fim, a **prisão simples**, espécie de PPL cabível **apenas** para as **contravenções penais**, será cumprida em regime **semiaberto** ou **aberto**, sem rigor penitenciário (art. 6º, *caput*, e § 1º, da LCP). Não há, pois, regime fechado para essa espécie de pena.

Em suma:

a) **Reclusão** = regime *fechado, semiaberto ou aberto;*

b) **Detenção** = regime *semiaberto ou aberto*;

c) **Prisão Simples** = regime *semiaberto ou aberto* (apenas para as contravenções penais).

Para melhor compreensão das diferenças entre as espécies de PPLs, mister que se entenda, primeiramente, que cada uma delas traz regras próprias quanto aos regimes penitenciários, o que já se viu no presente item. No entanto, para o aprofundamento do assunto, precisamos passar ao estudo dos regimes de cumprimento de pena, bem assim dos estabelecimentos penais em que eles serão cumpridos.

7.2.1. Regimes de cumprimento de pena (ou regimes penitenciários)

São três, a saber:

a) **Fechado**: somente pode ser o regime inicial fixado quando a pena privativa de liberdade cominada for de **reclusão**. Contudo, ainda que se trate de detenção, será possível o regime fechado a título de regressão de regime (o que será visto mais à frente). Será o regime inicial fechado indicado ao agente condenado a **pena superior a 8 (oito anos)**, *reincidente ou não*. Também será este o regime quando a pena aplicada for de reclusão, **superior a 4 (quatro) e inferior a 8 (oito anos) anos**, mas sendo o condenado *reincidente* (art. 33, § 2º, *b*, CP). O regime fechado deve ser cumprido em **estabelecimentos penais de segurança máxima ou média** (art. 33, § 1º, *a*, CP). De acordo com o art. 2º, § 1º, da Lei 8.072/1990 (Lei dos Crimes Hediondos), será o regime inicial fechado obrigatório a todos aqueles que cometerem crimes hediondos ou equiparados. Contudo, o **STF**, no julgamento do **HC 111.840**, em 2012, **declarou incidentalmente a inconstitucionalidade** do referido dispositivo legal, reconhecendo que até mesmo o regime inicialmente fechado não pode ser obrigatório, sob pena de ofensa ao princípio da individualização da pena (art. 5º, XLVI, CF). Em suma, até aos condenados por crimes hediondos ou equiparados admitir-se-ão os regimes semiaberto e aberto, desde que satisfeitos os requisitos legais;

b) **Semiaberto**: é o regime inicial mais gravoso dos crimes punidos com **detenção**. Também poderá ser imposto, desde logo, aos condenados punidos com delito apenado com **reclusão**. Será também escolhido quando a pena aplicada ao condenado for **superior a 4 (quatro) e inferior a 8 (oito) anos**, desde que *não seja reincidente* (art. 33, § 2º, "b", CP). Será cumprido em **colônia penal agrícola, industrial ou estabelecimento similar** (art. 33, § 1º, "b", CP);

c) **Aberto**: poderá ser imposto esse regime, desde logo, aos agentes condenados por crimes punidos com **reclusão** ou **detenção**, desde que a pena seja **igual ou inferior a 4 (quatro) anos** e que o condenado *não seja reincidente* (art. 33, § 2º, "c", CP). Será cumprido em Casa do Albergado ou estabelecimento adequado (art. 33, § 1º, "c", CP).

Perceba você que a **reincidência**, *independentemente da quantidade de pena*, imporá ao condenado, em princípio, o cumprimento da pena em regime inicial mais gravoso.

Em resumo:

I. Regime Fechado

a) cumprido em estabelecimento penal de segurança máxima ou média;

b) regime penitenciário mais gravoso para os crimes punidos com reclusão;

c) regime inicial obrigatório para os condenados por crimes hediondos ou equiparados (lembre-se, porém, do HC 111.840, julgado pelo STF em 2012, reconhecendo-se a inconstitucionalidade do regime inicialmente fechado obrigatório!);

d) será imposto quando a PPL for superior a 8 (oito) anos;

II. Regime Semiaberto

a) cumprido em colônia agrícola, industrial ou estabelecimento similar;

b) regime penitenciário mais gravoso para os crimes punidos com detenção;

c) será imposto quando a PPL for superior a 4 (quatro) e não exceder a 8 (oito), desde que o condenado não seja reincidente;

III. Regime Aberto

a) cumprido em Casa do Albergado ou estabelecimento adequado;

b) regime penitenciário mais benigno, cabível desde logo tanto para os crimes punidos com reclusão ou detenção;

c) somente será fixado se o condenado tiver sido punido com PPL igual ou inferior a quatro anos e desde que não seja reincidente.

As regras acima devem ser adotadas como um **padrão.** No entanto, algumas circunstâncias poderão intervir no momento da fixação do regime inicial de cumprimento de pena, quais sejam**:**

a) **Análise do art. 59 do CP (circunstâncias judiciais)** = independentemente da quantidade de pena imposta, respeitadas, porém, as espécies de PPL (reclusão, detenção ou prisão simples), a culpabilidade, os antecedentes, a conduta social e a personalidade do agente, bem como os motivos, circunstâncias e consequências do crime e o comportamento da vítima, poderão ser levados em consideração pelo magistrado para a escolha do regime inicial de cumprimento de pena. A título de exemplo, ainda que "A" tenha praticado o crime de roubo com emprego de arma de fogo, que, em tese, poderia redundar em uma pena de reclusão de 5 (cinco) anos e 4 (quatro) meses, a depender do grau de reprovabilidade da conduta, o juiz poderá impor-lhe regime inicial fechado, ainda que, em princípio, a PPL superior a 4 (quatro) e inferior a 8 (oito) anos devesse gerar a imposição de regime semiaberto. Confira-se, por oportuno, o entendimento jurisprudencial:

> **FIXAÇÃO. PENA-BASE. SUPERIOR. MÍNIMO. CABIMENTO.**
>
> "A Turma reiterou o entendimento de que, conforme o grau de reprovabilidade da conduta e a existência de circunstâncias desfavoráveis, é cabível a fixação de regime mais severo aos condenados à pena inferior a oito anos desde que devidamente fundamentada a decisão. E considera-se devidamente fundamentada a sentença que estabeleceu regime fechado para o cumprimento de pena com base no nível de organização do bando criminoso, na quantidade de drogas e armamentos apreendidos, na nítida desproporção entre uma tentativa de homicídio realizada por meios de explosivos em estabelecimento jornalístico e sua motivação (veiculação de reportagem cujo conteúdo desagradou a um dos membros do grupo criminoso), no *modus operandis* do delito e na especial reprovação da vingança privada devido à tentativa de cerceamento da imprensa. Com esse entendimento, a Turma denegou a ordem." HC 196.485-SP, Rel. Min. Gilson Dipp, julgado em 01.09.2011. (Inform. STJ 482)

b) Súmulas 269 e 440 do STJ

✓ Súm. 269: "é admissível a adoção do regime prisional semiaberto aos reincidentes condenados a pena igual ou inferior a quatro anos se favoráveis as circunstâncias judiciais".

✓ Súm. 440: "fixada a pena-base no mínimo legal, é vedado o estabelecimento de regime prisional mais gravoso do que o cabível em razão da sanção imposta, com base apenas na gravidade abstrata do delito".

c) Súmulas 718 e 719 do STF

✓ Súm. 718: "a opinião do julgador sobre a gravidade em abstrato do crime não constitui motivação idônea para a imposição de regime mais severo do que o permitido segundo a pena aplicada".

✓ Súm. 719: "a imposição do regime de cumprimento mais severo do que a pena aplicada permitir exige motivação idônea".

Confira-se o excerto abaixo:

> **CIRCUNSTÂNCIAS JUDICIAIS DESFAVORÁVEIS. REGIME FECHADO.**
>
> "A Turma denegou a ordem de *habeas corpus* e reafirmou que as circunstâncias judiciais desfavoráveis – *in casu*, culpabilidade, circunstâncias do crime e maus antecedentes (duas condenações transitadas em julgado) – autorizam a adoção do regime inicial fechado para o cumprimento da reprimenda, ainda que o paciente tenha sido condenado à pena de cinco anos e oito meses de reclusão (homicídio tentado). Precedente citado: HC 126.311-SP, *DJe* 15.06.2009. HC 193.146-MG, Rel. Min. Napoleão Nunes Maia Filho, julgado em 24.05.2011". (Inform. STJ 474)

Por fim, cabe trazermos algumas regras sobre cada um dos regimes penitenciários:

a) Regras específicas do regime fechado

Conforme reza o art. 34 do CP, o condenado a cumprir pena em regime fechado será submetido inicialmente a exame criminológico a fim de que seja possível a classificação e individualização da pena.

Um dos deveres do preso no regime fechado é o trabalho durante o dia, recolhendo-se à noite a cela individual. Portanto, a ideia do legislador foi a de submeter o preso a um isolamento mais rigoroso.

Contudo, durante o dia trabalhará com os demais detentos em lugar comum. É admissível o trabalho externo do preso durante o cumprimento da pena em regime fechado em serviços ou obras públicas.

b) Regras do regime semiaberto

São semelhantes às regras do regime fechado, submetendo-se o condenado a trabalho em comum durante o dia em colônias penais agrícolas, industriais ou similares. É admissível o trabalho externo e também que os condenados frequentem cursos profissionalizantes. Durante a noite os condenados serão recolhidos às celas coletivas.

c) Regras do regime aberto

A ideia central deste regime é a de testar a autodisciplina do condenado e seu senso de responsabilidade. Será dever do condenado exercer trabalho, frequentar curso ou outras atividades autorizadas durante o dia, recolhendo-se à noite e nos dias de folga às casas do albergado.

7.2.2. Progressão de regime penitenciário

A legislação penal brasileira adota, atualmente, o sistema progressivo de penas, materializado no art. 112 da LEP e art. 33, § 2º, do CP. Assim, a pessoa condenada a cumprir sua pena em determinado regime, desde que preenchidos alguns requisitos, poderá migrar para o mais benigno, até que, com o cumprimento total da pena, esta restará extinta.

Para que se admita a progressão de regime penitenciário, é necessária a satisfação de dois requisitos:

a) Objetivo = cumprimento de parte da pena privativa de liberdade;

b) Subjetivo = mérito do condenado.

O **requisito objetivo**, a depender da natureza do crime praticado, poderá variar. Assim, temos a seguinte situação:

i) para os **crimes "comuns"**, o condenado deverá cumprir **1/6 (um sexto)** da pena para poder migrar para o regime mais benigno;

ii) para os **crimes hediondos** (assim definidos no art. 1º da Lei 8.072/1990) e **equiparados** (tráfico de drogas, tortura e terrorismo), o condenado deverá cumprir **2/5 (dois quintos)** da pena, se **primário**, ou **3/5 (três) quintos** da pena, se **reincidente**.

Ao lado disso, é indispensável que o condenado satisfaça o **requisito subjetivo**, qual seja, o **bom comportamento carcerário**, assim consignado em atestado emitido pela autoridade administrativa competente (diretor do estabelecimento penal).

A questão que se coloca é: *exige-se, para a progressão de regime, que o condenado obtenha parecer favorável em exame criminológico?*

Desde a edição da Lei 10.792/2003, o exame criminológico, mencionado no art. 112 da LEP, deixou de ser requisito indispensável à progressão de regime. Assim, em uma leitura mais apressada do dispositivo legal, poder-se-ia concluir que jamais se poderia exigir aludido exame (perícia multidisciplinar) para a admissão do benefício.

Contudo, o STF, após editar a **Súmula vinculante 26**, passou a admitir a exigência de exame criminológico àqueles condenados por crimes hediondos, desde que as peculiaridades do caso indiquem que a medida é necessária. O mesmo se deu no âmbito do STJ, que editou a **Súmula 439**, que, em suma, prevê ser admissível o exame criminológico, desde que as peculiaridades do caso indiquem que seja necessário e desde que haja decisão motivada nesse sentido.

Portanto, podemos assim concluir: **como regra, não se exigirá o exame criminológico** como condição para a progressão de regime, **salvo se as peculiaridades do caso indicarem que sua realização seja necessária**, desde que haja **motivação idônea em decisão judicial**.

Com relação aos **crimes cometidos contra a administração pública** (ex.: peculato, art. 312 do CP), a progressão de regime, consoante determina o art. 33, § 4º, do CP, somente será admissível após o condenado haver **reparado o dano causado** ao erário ou devolvido o produto do ilícito cometido, com os devidos acréscimos legais.

No tocante aos **crimes hediondos e equiparados**, após o advento da Lei 11.464/2007, inspirada no julgamento, pelo STF, do HC 82.959-SP, no qual se declarou incidentalmente a inconstitucionalidade do regime integralmente fechado previsto, àquela ocasião, no art. 2º, § 1º, da Lei 8.072/1990, não mais se pode falar em vedação à progressão de regime. Apenas se imporá ao condenado o **regime inicialmente fechado**, admitindo-se a progressão após o cumprimento de 2/5 ou 3/5 da pena, a depender, respectivamente, de ser primário ou reincidente. Ressalte-se, porém, que o STF, ao julgar, em 2012, o **HC 111.840**, impetrado pela Defensoria Pública do Espírito Santo em favor de paciente condenado por tráfico de drogas, declarou, incidentalmente, a **inconstitucionalidade do regime inicial fechado obrigatório** aos condenados por crimes hediondos ou equiparados. Assim, a despeito da existência de norma impositiva do regime inicialmente fechado obrigatório (art. 2º, § 1º, da Lei 8.072/1990 – Lei dos Crimes Hediondos), pode-se sustentar, como visto, sua inconstitucionalidade, motivo pelo qual se poderá admitir regime inicial semiaberto ou até aberto aos condenados por crimes hediondos e equiparados.

A doutrina majoritária, bem assim a jurisprudência, objetam a ideia de uma **"progressão por salto"**, vale dizer, o condenado que cumpre pena no regime fechado migrar, diretamente, para o regime aberto, sem passar pelo semiaberto. É o que restou estampado, inclusive, na **Súmula 491 do STJ**: "é inadmissível a chamada progressão *per saltum* de regime prisional".

No entanto, em situações excepcionais, poderá ser admitido, na prática, o "salto" ao regime mais brando. É o que ocorre, por exemplo, com um condenado em regime fechado que já tenha satisfeito os requisitos para a progressão ao semiaberto e neste não haja vagas. A ineficiência estatal não pode ser um óbice à progressão de regime. Destarte, o condenado será transferido do regime fechado ao aberto, até que surja uma vaga no semiaberto, oportunidade em que será "realocado" à condição juridicamente correta.

A esse respeito, o STF editou a Súmula vinculante 56: "A falta de estabelecimento penal adequado não autoriza a manutenção do condenado em regime prisional mais gravoso, devendo-se observar, nessa hipótese, os parâmetros fixados no RE 641.320/RS" (STF. Plenário. Aprovada em 29.06.2016), Em resumo, podemos aduzir o seguinte[1]:

a) A falta de estabelecimento penal adequado não autoriza a manutenção do condenado em regime prisional mais gravoso;

b) Os juízes da execução penal podem avaliar os estabelecimentos destinados aos regimes semiaberto e aberto, para qualificação como adequados a tais regimes. São aceitáveis estabelecimentos que não se qualifiquem como "colônia agrícola, industrial" (regime semiaberto) ou "casa de albergado ou estabelecimento adequado" (regime aberto) (art. 33, § 1º, "b" e "c", do CP). No entanto, não deverá haver alojamento conjunto de presos dos regimes semiaberto e aberto com presos do regime fechado.

c) Havendo déficit de vagas, deverá determinar-se: (i) a saída antecipada de sentenciado no regime com falta de vagas; (ii) a liberdade eletronicamente monitorada ao sentenciado que sai antecipadamente ou é posto em prisão domiciliar por falta de vagas; (iii) o cumprimento de penas restritivas de direito e/ou estudo ao sentenciado que progride ao regime aberto.

d) Até que sejam estruturadas as medidas alternativas propostas, poderá ser deferida a prisão domiciliar ao sentenciado. STF. Plenário. RE 641320/RS, Rel. Min. Gilmar Mendes, julgado em 11.05.2016 (repercussão geral) (Info 825).

Importa registrar que o STJ, em sua **Súmula 534**, editada em 2015, consolidou o entendimento de que: "A prática de falta grave interrompe a contagem do prazo para a progressão de regime de cumprimento de pena, o qual se reinicia a partir do cometimento dessa infração" (**REsp 1364192**).

Por fim, de acordo com a **Súmula 493 do STJ**, é inadmissível a fixação de pena substitutiva (art. 44, CP) como condição especial ao regime aberto, medida muito utilizada por juízes da execução penal. Ora, não se pode admitir que um condenado, para progredir de regime prisional, seja submetido a mais uma pena, ainda que alternativa à prisão!

7.2.3. *Regressão de regime penitenciário, remição e detração*

A **regressão** de regime penitenciário é o oposto da **progressão**. Nosso sistema penitenciário é o progressivo. Contudo, o condenado poderá ser transferido de regime mais benigno para outro mais gravoso quando (art. 118 da LEP):

a) cometer crime doloso ou falta grave. Importante anotar o teor das Súmulas 526 e 533 do STJ, ambas editadas em 2015, respectivamente: "O reconhecimento de falta grave decorrente do cometimento de fato definido como crime doloso no cumprimento da pena prescinde do trânsito em julgado de sentença penal condenatória no processo penal instaurado para apuração do fato" e "Para o reconhecimento da prática de falta disciplinar no âmbito da execução penal, é imprescindível a instauração de procedimento administrativo pelo diretor do estabelecimento prisional, assegurado o direito de defesa, a ser realizado por advogado constituído ou defensor público nomeado" (**REsp 1.378.557**);

b) sofrer condenação por crime anterior, cuja pena, somada àquela que está sendo executada, supere o teto permitido para aquele regime em que estiver o condenado;

1. Resumo extraído do sítio eletrônico Dizer o Direito (https://dizerodireitodotnet.files.wordpress.com/2016/08/sv-56.pdf).

c) o condenado frustrar os fins da execução ou não pagar, podendo, a multa cumulativamente imposta;

d) o condenado submetido à vigilância indireta eletrônica (monitoração eletrônica) deixar de adotar os cuidados necessários com o equipamento, bem como não observar os deveres que lhe são inerentes (art. 146-C, parágrafo único, I, da LEP).

Admite-se a regressão do regime aberto, por exemplo, para o fechado, diretamente, o que não ocorre na progressão de regime, que não pode ser "por salto". Em outras palavras, admite-se a "regressão por salto", o que, como regra, não se pode admitir na progressão.

Ressalte-se que o condenado que esteja cumprindo pena por crime punido com **detenção**, muito embora esta espécie de PPL não admita, como regra, a imposição de regime inicial fechado, poderá regredir a este regime. Assim não fosse, quem cumprisse pena de detenção, caso cometesse, por exemplo, falta grave em regime semiaberto, não sofreria qualquer penalidade, o que serviria até de estímulo ao cometimento de transgressões disciplinares.

A **remição** é benefício a que o condenado faz jus, desde que esteja cumprindo a pena em *regime fechado* ou *semiaberto*, reduzindo-se sua pena em razão do trabalho ou do estudo. De acordo com o art. 126, § 1º, da LEP, alterado pela Lei 12.433, de 29.06.2011, com vigência a partir de sua publicação no dia seguinte, a contagem do prazo, para fins de remição, será feito da seguinte maneira:

a) 1 (um) dia de pena a cada 12 (doze) horas de frequência escolar – atividade de ensino fundamental, médio, inclusive profissionalizante, ou superior, ou ainda de requalificação profissional – divididas, no mínimo, em 3 (três) dias;

b) 1 (um) dia de pena a cada 3 (três) dias de trabalho.

O estudo, nos termos do art. 126, § 2º, da LEP, já com as alterações promovidas pelo diploma legal acima referido, poderá ser desenvolvido de forma presencial ou por metodologia de ensino a distância, sendo de rigor a certificação pelas autoridades educacionais competentes dos cursos frequentados.

Será perfeitamente possível a cumulação do trabalho e do estudo do preso para fins de remição (ex.: trabalho na parte da manhã e estudo à noite). Nesse caso, a cada 3 dias de estudo e trabalho, será recompensado com o abatimento de dois dias de pena.

Ainda, deve-se registrar que o preso impossibilitado, por acidente, de prosseguir no trabalho ou nos estudos, continuará a beneficiar-se com a remição (art. 126, § 4º, LEP).

Ao preso que, durante o cumprimento da pena, concluir o ensino fundamental, médio ou superior, desde que haja certificado expedido pelo órgão competente, terá acrescido 1/3 (um terço) às horas de estudo que serão utilizadas para a remição (art. 126, § 5º, LEP).

Em caso de falta grave, o juiz poderá revogar até 1/3 (um terço) do tempo remido, recomeçando a contagem a partir da data da infração disciplinar (art. 127, LEP). Assim, a Súmula Vinculante 9 do STF, que afirmava que o condenado perderia, em razão da falta grave, todos os dias remidos, está tacitamente revogada pela Lei 12.433/2011, que alterou a redação do art. 127 da LEP.

Por oportuno, e tratando-se de inovação, deve-se destacar que a remição, até o advento da já citada Lei 12.433/2011, somente era admissível aos condenados que cumprissem pena em regime fechado ou semiaberto, visto que o trabalho era requisito indispensável à progressão ao regime aberto. No entanto, acrescentado o estudo do preso como fator de remição, mesmo o condenado que cumpra pena em regime aberto ou semiaberto, bem assim o que usufrui do livramento condicional, poderá beneficiar-se da remição pela frequência a curso de ensino regular ou de educação profissional (a cada 12 horas de estudo, divididas em no mínimo três dias, verá descontado 1 dia de sua pena, ou, ainda, 1 dia do período de prova do livramento condicional).

Para que se implemente os novos comandos da LEP, a Lei 12.245/2010 determinou a **instalação de salas de aula** nos estabelecimentos penais, destinadas a **cursos do ensino básico e profissionalizante**.

A **detração, por sua vez**, é o cômputo (ou desconto, ou abatimento), na pena privativa de liberdade ou na medida de segurança, do tempo de prisão provisória ou de internação, cumprida no Brasil ou no estrangeiro (art. 42, CP). Assim, aquele tempo em que o agente ficou preso ou internado cautelarmente será descontado, abatido do tempo definitivo de pena privativa de liberdade ou, no caso de medida de segurança, em seu tempo mínimo de duração. Importante registrar que, nos termos do art. 387, § 2º, do CPP, o tempo de prisão provisória será computado para fins de fixação do regime inicial de cumprimento de pena.

Questão bastante relevante é a que diz respeito à possibilidade – ou não – de uma prisão cautelar decretada ou mantida em determinado processo-crime ser utilizada como "abatimento" em outro processo-crime. Confira-se a posição consolidada da doutrina e jurisprudência estampada nos excertos a seguir:

DETRAÇÃO. CUSTÓDIA CAUTELAR.

"A Turma denegou a ordem de *habeas corpus* e reafirmou ser inviável aplicar o instituto da detração penal nos processos relativos a crimes cometidos após a custódia cautelar". Precedentes citados do STF: HC 93.979-RS, *DJe* 19.06.2008; do STJ: REsp 1.180.018-RS, *DJe* 04.10.2010; HC 157.913-RS, *DJe* 18.10.2010, e REsp 650.405-RS, *DJ* 29.08.2005. HC 178.129-RS, Rel. Min. Og Fernandes, julgado em 07.06.2011. (**Inform. STJ** 476)

DETRAÇÃO PENAL. CRIME POSTERIOR. PRISÃO CAUTELAR.

"A Turma denegou a ordem de *habeas corpus*, reafirmando a jurisprudência deste Superior Tribunal de ser inviável a aplicação da detração penal em relação aos crimes cometidos posteriormente à custódia cautelar. No *writ*, a Defensoria sustentava constrangimento ilegal na decisão de não concessão da detração ao paciente que permaneceu preso cautelarmente em outro feito criminal no período de 27/9/2006 a 7/9/2007 e buscava a detração da pena pela prática de crime perpetrado em 27.11.2007". Precedentes citados do STF: HC 93.979-RS, *DJe* 19.06.2008; do STJ: REsp 650.405-RS, *DJ* 29.08.2005; HC 157.913-RS, *DJe* 18.10.2010, e REsp 1.180.018-RS, *DJe* 04.10.2010. HC 197.112-RS, Rel. Min. Og Fernandes, julgado em 19.05.2011. (Inform. STJ 473)

7.2.4. Fixação das PPLs (dosimetria da pena)

Nosso CP, em seu art. 68, consagrou o denominado sistema trifásico de fixação de pena, idealizado pelo grande mestre penalista Nelson Hungria.

Como o próprio nome sugere, o magistrado, no momento em que for aplicar a pena ao agente, deverá fazê-lo em três etapas:

a) Primeira fase: análise das **circunstâncias judiciais** do art. 59 do CP. Aqui, o juiz irá verificar a *culpabilidade, os antecedentes, a conduta social, a personalidade do agente, os motivos, as circunstâncias e as consequências do crime*, bem como o *comportamento da vítima*, a fim de que se fixe a **pena-base**. Quanto aos maus antecedentes, é mister ressaltar que o STJ, ao editar a **Súmula 444**, assentou ser **vedada a utilização de inquéritos policiais e ações penais em curso para agravar a pena-base**. Isso, é certo, decorre do princípio constitucional da presunção de inocência (ou de não culpabilidade);

b) Segunda fase: análise das **circunstâncias atenuantes e agravantes genéricas** (previstas na Parte Geral do CP), que vêm indicadas, respectivamente, nos arts. 65, 66, 61 e 62, todos do CP.

As **circunstâncias atenuantes** previstas no art. 65 do CP são as seguintes:

> I – ser o agente menor de 21 (vinte e um), na data do fato, ou maior de 70 (setenta) anos, na data da sentença;
>
> II – o desconhecimento da lei;
>
> III – ter o agente:
>
> a) cometido o crime por motivo de relevante valor social ou moral;
>
> b) procurado, por sua espontânea vontade e com eficiência, logo após o crime, evitar-lhe ou minorar-lhe as consequências, ou ter, antes do julgamento, reparado o dano;
>
> c) cometido o crime sob coação a que podia resistir, ou em cumprimento de ordem de autoridade superior, ou sob a influência de violenta emoção, provocada por ato injusto da vítima;
>
> d) confessado espontaneamente, perante a autoridade, a autoria do crime;
>
> e) cometido o crime sob a influência de multidão em tumulto, se não o provocou.

O **art. 66 do CP** trata das atenuantes inominadas:

> A pena poderá ser ainda atenuada em razão de circunstância relevante, anterior ou posterior ao crime, embora não prevista expressamente em lei.

As **circunstâncias agravantes** do art. 61 do CP são:

> I – a reincidência;
>
> II – ter o agente cometido o crime:
>
> a) por motivo fútil ou torpe;
>
> b) para facilitar ou assegurar a execução, a ocultação, a impunidade ou vantagem de outro crime;
>
> c) à traição, de emboscada, ou mediante dissimulação, ou outro recurso que dificultou ou tornou impossível a defesa do ofendido;
>
> d) com emprego de veneno, fogo, explosivo, tortura ou outro meio insidioso ou cruel, ou de que podia resultar perigo comum;
>
> e) contra ascendente, descendente, irmão ou cônjuge;
>
> f) com abuso de autoridade ou prevalecendo-se de relações domésticas, de coabitação ou de hospitalidade, ou com violência contra a mulher na forma da lei específica;
>
> g) com abuso de poder ou violação de dever inerente a cargo, ofício, ministério ou profissão;
>
> h) contra criança, maior de 60 (sessenta) anos, enfermo ou mulher grávida;
>
> i) quando o ofendido estava sob a imediata proteção da autoridade;
>
> j) em ocasião de incêndio, naufrágio, inundação ou qualquer calamidade pública, ou de desgraça particular do ofendido;
>
> l) em estado de embriaguez preordenada.

O art. 62 do CP trata de **circunstâncias agravantes** que somente se aplicam em caso de concurso de pessoas. Vejamos:

> I – promove, ou organiza a cooperação no crime ou dirige a atividade dos demais agentes;
>
> II – coage ou induz outrem à execução material do crime;
>
> III – instiga ou determina a cometer o crime alguém sujeito à sua autoridade ou não punível em virtude de condição ou qualidade pessoal;
>
> IV – executa o crime, ou nele participa, mediante paga ou promessa de recompensa.

Havendo o concurso de circunstâncias atenuantes e agravantes, caberá ao juiz impor a pena que se aproxime do limite indicado pelas **circunstâncias preponderantes**, entendendo-se como tais as que resultam dos motivos determinantes do crime, da personalidade do agente e da reincidência (art. 67, CP). Há precedentes do STJ no sentido de que a **menoridade relativa** (agente maior de dezoito anos, mas menor de vinte e um) prevalece sobre as demais, inclusive sobre a reincidência.

Finalmente, de acordo com a **Súmula 231 do STJ**, a incidência de circunstância atenuante não pode conduzir à redução da pena abaixo do mínimo legal. Por evidente, o mesmo se aplica às agravantes, que não podem conduzir ao aumento da pena acima do máximo legal.

c) Terceira fase: análise das causas de diminuição (minorantes) e aumento (majorantes) de pena. Podem ser genéricas, quando previstas na Parte Geral do CP, ou específicas, quando na Parte Especial ou legislação extravagante. São representadas por ***frações*** (1/6, 1/3, 1/2, 2/3 ...).

Diversamente do que ocorre com as atenuantes e agravantes, as causas de diminuição e aumento de pena podem, respectivamente, conduzir à fixação de reprimenda **abaixo do mínimo ou acima do máximo** previsto em lei.

7.3. As penas restritivas de direitos (PRDs)

7.3.1. Características

Também conhecidas como *penas alternativas*, visto que são uma alternativa à pena de prisão, as PRDs são **autônomas**, eis que têm regras e princípios próprios, não podendo coexistir com as PPLs, bem como **substitutivas**, ou seja, substituem as PPLs impostas em sentença.

Cabe mencionar que o crime de porte de drogas para consumo pessoal, tipificado no art. 28 da Lei de Drogas (Lei 11.343/2006), prevê, já abstratamente, penas alternativas à prisão (advertência, prestação de serviços a comunidade e comparecimento a programa ou curso educativo), tratando-se de uma exceção à regra que dita que as PRDs têm caráter substitutivo.

7.3.2. Requisitos para a substituição da PPL por PRD

A PRD somente poderá substituir uma PPL imposta em sentença se preenchidos os seguintes **requisitos**, de **forma cumulativa**, previstos no art. 44, I a III, do CP:

A) Requisitos objetivos:

a.1) crime cometido sem violência ou grave ameaça à pessoa;

a.2) que a PPL a ser substituída seja de até 4 (quatro) anos, e, quanto aos crimes culposos, qualquer que seja a quantidade de pena imposta;

B) Requisitos subjetivos:

b.1) *réu não reincidente em crime doloso* (não se tratando de **reincidência específica**, ou seja, não tendo o agente sido condenado em virtude da prática do mesmo crime, até **será possível a substituição** da PPL por PRD, desde que a **medida seja socialmente recomendável** - art. 44, § 3º, CP);

b.2) *a culpabilidade, os antecedentes, a conduta social, a personalidade do agente, bem como os motivos e as circunstâncias do crime indiquem que a substituição é suficiente*. É o que se convencionou chamar de **princípio da suficiência**.

7.3.3. Espécies de PRDs

As PRDs estão previstas, em rol taxativo, no **art. 43 do CP**, a saber:

I - Prestação pecuniária (art. 45, § 1º, CP);

II - Perda de bens e valores (art. 45, § 3º, CP);

III - Prestação de serviços à comunidade ou a entidades públicas (art. 46, CP);

IV - Interdição temporária de direitos (art. 47, CP); e

V - Limitação de fim de semana (art. 48).

7.3.3.1. Prestação pecuniária

Consiste no **pagamento em dinheiro** à *vítima, a seus dependentes ou a entidade pública ou privada com destinação social*, de importância fixada pelo juiz, não inferior a **1 (um) salário mínimo**, nem superior a **360 (trezentos e sessenta) salários mínimos**. O valor será deduzido do montante de eventual ação de reparação civil, desde que coincidentes os beneficiários. A prestação pecuniária poderá ser substituída por prestação de outra natureza desde que haja aceitação, nesse sentido, do beneficiário (art. 45, § 2º, CP).

Diversamente do que ocorre com a pena de multa, que é considerada dívida de valor (art. 51 do CP), se o condenado não cumprir a prestação pecuniária imposta, esta será convertida em PPL, conforme se depreende da regra geral imposta no art. 44, § 4º, do CP.

7.3.3.2. Perda de bens e valores

Consiste no "confisco" (retirada compulsória) de bens e valores que componham o **patrimônio lícito** do condenado, em favor do FUNPEN (Fundo Penitenciário Nacional), ressalvada a legislação especial. Será correspondente, ao que for maior, ao **montante do prejuízo** causado ou ao **proveito** obtido pelo agente com a **prática do crime** (art. 45, § 3º, CP).

7.3.3.3. Prestação de serviços à comunidade ou a entidades públicas

Trata-se de PRD que impõe ao condenado o cumprimento de **tarefas gratuitas** em *entidades assistenciais, hospitais, escolas, orfanatos e outros estabelecimentos congêneres, em programas comunitários e estatais* (art. 46, *caput*, e §§ 1º e 2º, CP).

Somente é aplicável essa espécie de pena restritiva às **condenações que superarem 6 (seis) meses de PPL**.

As tarefas não poderão atrapalhar a jornada de trabalho normal do condenado, motivo pelo qual corresponderão a **1 (uma) hora de tarefa por dia de condenação** (art. 46, § 3º, CP). Em caso de a PPL substituída **superar 1 (um) ano**, o condenado poderá cumprir a prestação de serviços à comunidade ou entidades públicas em **tempo menor**, respeitado, é bom que se diga, período jamais **inferior à metade** da pena privativa de liberdade substituída (art. 46, § 4º, CP).

7.3.3.4. Interdição temporária de direitos

Esta espécie de PRD somente será imposta quando o crime **violar deveres inerentes a cargo, atividade, ofício ou função pública**.

São elas:

I. proibição para o exercício de cargo, função ou atividade pública, bem como mandato eletivo;

II. proibição do exercício de profissão, atividade ou ofício que dependam de habilitação especial, de licença ou autorização do poder público;

III. suspensão de CNH (somente para os crimes culposos de trânsito);

IV. proibição de frequentar determinados lugares (art. 47, CP); e

V. proibição de inscrever-se em concurso, avaliação ou exames públicos (inovação trazida pela Lei 12.550/2011).

7.3.3.5. Limitação de fim de semana

Consiste na obrigação de o condenado permanecer, por **5 (cinco) horas diárias**, aos **sábados e domingos**, em Casa do Albergado, para que ouça palestras ou realize atividades educativas e participe de cursos (art. 48, parágrafo único, CP).

7.3.4. Descumprimento das PRDs

Conforme enuncia o art. 44, § 4º, do CP, a pena restritiva de direitos **converte-se** em privativa de liberdade quando ocorrer o **descumprimento injustificado** da restrição imposta. Trata-se da conversão ou reconversão da PRD pela PPL.

É claro que antes da decretação da conversão/reconversão é mister a prévia oitiva do condenado, em respeito ao contraditório e ampla defesa.

Em caso de condenação a PPL por outro crime, o juiz da execução penal decidirá sobre a conversão, podendo deixar de aplicá-la se for possível ao condenado cumprir a pena substitutiva anterior. Trata-se de **conversão ou reconversão facultativa**, visto que, se for possível ao condenado prosseguir no cumprimento da PRD anterior e cumprir, concomitantemente, a nova PRD imposta pela prática de outro crime, não haverá razões para a conversão da primeira.

7.4. A pena de multa

A pena de multa é de cunho eminentemente **pecuniário**. Consiste no **pagamento de um certo montante** ao Fundo Penitenciário Nacional (FUNPEN) ou fundos estaduais (para os crimes de competência da Justiça Estadual), fixado em sentença e calculado em **dias-multa**.

7.4.1. Sistema de aplicação da multa

Conforme a doutrina nos ensina, a multa segue um **sistema bifásico**, visto que, primeiramente, será estabelecido o **número de dias-multa**, seguindo-se ao cálculo de seu **valor unitário**.

Assim, na primeira fase, o juiz fixará a quantidade da multa entre **10 (dez)** e **360 (trezentos e sessenta) dias-multa.** Em ato seguinte, fixará o valor de cada dia-multa, que não poderá ser inferior a **1/30 (um trigésimo)** do salário mínimo, nem superior a **5 (cinco)** vezes esse valor, levando-se em conta a **capacidade econômica do réu** (arts. 49 e 60, ambos do CP).

Se o magistrado entender que o poder econômico do réu poderá revelar **ineficácia** da sanção penal, o valor da multa poderá ser elevado até o **triplo** (art. 60, § 1º, CP).

7.4.2. Natureza jurídica e execução da multa

Conforme preconiza o art. 51 do CP, transitada em julgado a sentença condenatória, a **multa** será considerada **dívida de valor**, aplicando-se-lhe as normas da legislação relativa à **dívida ativa da Fazenda Pública**, inclusive no que concerne às causas interruptivas e suspensivas da prescrição.

Em outras palavras, caso o condenado não pague a pena de multa imposta, esta não poderá ser convertida em PPL, visto que o CP a considera mera dívida de valor.

Prevalece o entendimento doutrinário e jurisprudencial de que **a execução da pena de multa**, caso não ocorra o pagamento voluntário no prazo de 10 (dez) dias após o trânsito em julgado da sentença condenatória (art. 50, CP), deve ser promovida pela **Fazenda Pública** federal ou estadual, a depender da competência jurisdicional (crimes federais ou estaduais), nas **Varas das Execuções Fiscais**. Nesse sentido, a ***Súmula 521*** do STJ: *"A legitimidade para execução fiscal de multa pendente de pagamento imposta em sentença condenatória é exclusiva da Procuradoria da Fazenda Pública".*

Portanto, ainda que o titular da ação penal seja o Ministério Público (em casos de crimes de ação penal pública), a execução da multa penal, dada sua natureza (dívida de valor), ficará a cargo da Procuradoria da Fazenda Pública (federal ou estadual, a depender da competência jurisdicional).

Caso sobrevenha ao condenado doença mental, suspende-se a execução da pena de multa, conforme determina o art. 52 do CP.

8. CONCURSO DE CRIMES

8.1. Conceito

Concurso de crimes ocorre quando o(s) agente(s), mediante a prática de **uma ou várias condutas**, pratica(m) **dois ou mais crimes**. Pressupõe, portanto, **pluralidade de fatos**.

8.2. Espécies de concurso de crimes

Os arts. 69, 70 e 71 do CP trazem, respectivamente, o **concurso material**, o **concurso formal** e o **crime continuado**.

8.2.1. Concurso material (ou real)

Previsto no art. 69 do CP, resta caracterizado quando o agente, mediante **mais de uma ação ou omissão**, pratica **dois ou mais crimes, idênticos ou não**. Como consequência, serão aplicadas, cumulativamente, as penas privativas de liberdade em que haja incorrido.

Assim, são **requisitos do concurso material**: *pluralidade de condutas e pluralidade de crimes.*

Reconhecida essa espécie de concurso, o juiz, na sentença, fixará as penas de cada uma das infrações penais separadamente para, somente então, somá-las. Isso é importante para fins de análise de prazo prescricional, que corre separadamente para cada crime (art. 119, CP).

Aplica-se no concurso material o **sistema do cúmulo material** (soma das penas).

Caso o agente tenha praticado diversos crimes em concurso material ou real, e havendo penas privativas de liberdade distintas (reclusão e detenção, por exemplo), a execução ocorrerá primeiramente da mais grave (reclusão, *in casu*).

8.2.2. Concurso formal (ou ideal)

Previsto no art. 70 do CP, resta caracterizado quando o agente, mediante **uma só ação ou omissão**, pratica **dois ou mais crimes, idênticos ou não**, aplicando-se a pena mais grave, se distintas, ou, se idênticas, qualquer uma delas, mas, em qualquer caso, aumentada de 1/6 (um sexto) até 1/2 (metade).

São **requisitos**, portanto, **do concurso formal**: *unidade de conduta e pluralidade de crimes.*

A depender dos crimes cometidos, existem 2 (duas) espécies de concurso formal:

a) concurso formal homogêneo: verifica-se quando os crimes cometidos forem **idênticos** (ex.: dois homicídios culposos de trânsito, praticados mediante uma só ação imprudente do condutor do veículo automotor);

b) concurso formal heterogêneo: verifica-se na hipótese de o agente, mediante uma só ação ou omissão, praticar dois ou mais **crimes distintos** (ex.: dirigindo imprudentemente, o condutor do veículo mata um pedestre e provoca lesões corporais em outro).

Ainda, quanto ao desígnio do agente para o cometimento dos crimes, classifica-se o concurso formal em:

a) concurso formal perfeito (ou próprio – é a regra): dá-se quando o agente, mediante uma só ação ou omissão, pratica dois ou mais crimes, idênticos ou não, mas com **unidade de desígnio**. É o caso do atropelamento culposo de 3 (três) pessoas;

b) concurso formal imperfeito (ou impróprio): dá-se quando o agente, mediante uma só ação ou omissão, pratica dois ou mais crimes, mas com **pluralidade de desígnios** (mais de uma vontade). É o caso do homem que efetua um só disparo, matando cinco pessoas enfileiradas.

No primeiro caso (concurso formal perfeito), a pena será acrescida de 1/6 a 1/2, aplicando-se o chamado **critério ou sistema da exasperação**. O critério que se adotará para o quantum de aumento de pena é o do número de crimes cometidos pelo agente, e da seguinte forma: (i) dois crimes = +1/6; (ii) três crimes = +1/5; (iii) quatro crimes = +1/4; (iv) cinco crimes = +1/3. (v) seis ou mais crimes = +1/2.

Se da **exasperação da pena** (1/6 a 1/2) decorrer pena **superior** àquela que seria verificada com a soma das penas, aplicar-se-á a regra do **cúmulo material benéfico**, ou seja, as penas serão somadas (art. 70, parágrafo único, CP). Afinal, a regra do concurso formal objetivo, em última análise, beneficia o réu: em vez de sofrer condenação por cada um dos crimes, responderá, na prática, pela pena de um deles, acrescida de 1/6 a 1/2. No entanto, se referida regra se afigurar prejudicial, as penas dos crimes serão somadas.

8.2.3. Crime continuado (ou continuidade delitiva)

Previsto no art. 71 do CP, resta configurado quando o agente, mediante **mais de uma ação ou omissão**, pratica **dois**

ou mais crimes da mesma espécie, em que, pelas *circunstâncias de tempo, lugar, maneira de execução e outras semelhantes, devem os subsequentes ser havidos como continuação do primeiro*, hipótese em que será aplicada a pena de um só dos crimes, se idênticas, ou a mais grave, se diversas, aumentadas, em qualquer caso, de 1/6 (um sexto) a 2/3 (dois terços). Aplica-se, aqui, o **critério ou sistema da exasperação**.

O *quantum* de aumento de pena, à semelhança do concurso formal perfeito, variará de acordo com o número de crimes cometidos, a saber: (i) dois crimes = +1/6; (ii) três crimes = +1/5; (iii) quatro crimes = +1/4; (iv) cinco crimes = +1/3; (v) seis crimes = +1/2; (vi) sete ou mais crimes = +2/3.

O art. 71, parágrafo único, do CP traz a regra do **crime continuado qualificado ou específico**, pela qual o juiz poderá aumentar a pena até o **triplo** na hipótese de terem sido cometidos **crimes dolosos com violência ou grave ameaça à pessoa, contra vítimas diferentes**. Todavia, deve-se observar, em qualquer caso, o cúmulo material benéfico (se a exasperação revelar-se prejudicial, as penas deverão ser somadas).

Como se vê da redação do art. 71, *caput*, do CP, a continuidade delitiva depende do reconhecimento de uma **tríplice semelhança** entre os crimes praticados, qual seja:

a) circunstâncias de tempo semelhantes: de acordo com a doutrina e jurisprudência majoritárias, entre um crime e outro não pode transcorrer lapso superior a 30 (trinta) dias;

b) circunstâncias de lugar semelhantes: os crimes devem ser perpetrados na mesma cidade ou cidades vizinhas (contíguas); e

c) modo de execução semelhante: os crimes devem ser praticados com um mesmo padrão (*modus operandi*).

Se não houver o preenchimento das três condicionantes acima, todas de **caráter objetivo**, não será possível o reconhecimento da continuidade delitiva.

Além disso, a jurisprudência do STJ está consolidada no sentido de que a configuração do crime continuado exige um **requisito subjetivo**, qual seja, um nexo de continuidade entre os delitos (*unidade de desígnios*). Confira-se a ementa a seguir:

> *Habeas corpus. Penal. Pleito de unificação de penas aplicadas em crimes de roubo e de unificação de penas pela prática de crimes de estupro indeferido pelas instâncias ordinárias. Reconhecimento de reiteração criminosa em ambas as condutas delituosas. Inexistência dos requisitos necessários para o reconhecimento da continuidade delitiva. Decisão fundamentada do juízo das execuções e do tribunal de origem. Impropriedade da via eleita para reexame de provas. Precedentes. Ordem de habeas corpus denegada. 1. Para o reconhecimento da continuidade delitiva, exige-se, além da comprovação dos requisitos objetivos, a unidade de desígnios, ou seja, o liame volitivo entre os delitos, a demonstrar que os atos criminosos se apresentam entrelaçados. Ou seja, a conduta posterior deve constituir um desdobramento da anterior. 2. Se as instâncias ordinárias reconheceram que existe, de fato, a reiteração de delitos e a habitualidade na prática criminosa, mostra-se irrepreensível a conclusão de refutar a aplicação do art. 71 do Código Penal. Entender diversamente, outrossim, implicaria acurada avaliação probatória, o que, na angusta via do habeas corpus, não se admite. 3. Habeas Corpus denegado (HC 245.029/SP, Rel. Ministra Laurita Vaz, 5ª Turma, DJe 25.04.2013).*

8.3. Pena de multa em caso de concurso de crimes

De acordo com o art. 72 do CP, no concurso de crimes (material, formal ou continuado), as penas de multa serão aplicadas distinta e integralmente. Em outras palavras, independentemente do critério a ser adotado (exasperação ou cúmulo material), a pena de multa eventualmente fixada subsistirá para cada um dos crimes de forma integral.

8.4. Limite das penas (art. 75 do CP)

Nos termos do art. 5º, XLVII, "b", da CF, nenhuma pena terá caráter perpétuo, submetendo-se ao lapso temporal máximo de **30 (trinta) anos**.

No entanto, na sentença condenatória, em virtude do concurso de crimes, o juiz poderá condenar o réu a uma pena superior aos referidos 30 (trinta) anos. Imaginemos um *serial killer* condenado por 10 (dez) homicídios dolosos qualificados em concurso material. Ainda que tenha sido condenado à pena mínima (doze anos de reclusão) por cada um deles, a soma delas resultará em 120 (cento e vinte) anos de reclusão.

A condenação é perfeitamente possível no caso acima relatado. Contudo, em sede de execução penal, a pena deverá ser **unificada**, a fim de que se respeite o lapso temporal máximo de 30 (trinta) anos, consoante determina o art. 75, *caput* e § 1º, CP.

Nas contravenções penais, o tempo máximo de prisão simples é de **5 (cinco) anos** (art. 10 da LCP).

Para evitar impunidade, o STF editou a Súmula 715, que determina que para a concessão de benefícios legais (livramento condicional e progressão de regimes), será levada em conta não a pena unificada na execução, mas a pena aplicada na decisão condenatória. Apenas para ilustrar: se o já mencionado *serial killer* foi condenado a cento e vinte anos, somente poderá obter a progressão de regime após o cumprimento de 2/5 de 120 (cento e vinte) anos, se primário, ou 3/5 de 120 (cento e vinte) anos, se reincidente. Não se levará em conta a pena unificada para atingir o limite máximo de execução (30 anos), mas sim a pena aplicada (120 anos).

9. SUSPENSÃO CONDICIONAL DA PENA *(SURSIS)*

9.1. Conceito de *sursis*

Sursis, do francês *surseoir*, consiste na suspensão da execução da pena privativa de liberdade imposta ao condenado mediante o cumprimento de certas **condições**. Daí ser chamado de **suspensão condicional da pena**.

9.2. Sistemas

São dois os sistemas de *sursis* mais conhecidos no mundo:

a) *probation system* (sistema angloamericano): o juiz reconhece a culpabilidade do réu, mas não profere sentença condenatória, suspendendo o processo;

b) *franco-belga* (ou belga-francês, ou europeu continental): o juiz não só reconhece a culpabilidade como condena o réu. Todavia, preenchidas as condições impostas por lei, suspende a execução da pena. **É o sistema adotado pelo nosso CP.**

9.3. Concessão e audiência admonitória

O *sursis* é concedido pelo juiz na própria sentença. Haverá a condenação do réu a uma PPL, mas o juiz, no mesmo ato, desde que presentes os requisitos legais, concede a suspensão condicional da pena ao réu. Para tanto, será de rigor que, na hipótese, **não seja cabível a substituição da PPL por PRD ou por multa** (art. 77, III, do CP).

Transitada em julgado a sentença que impôs o *sursis*, o condenado será intimado a comparecer a uma audiência de advertência (também chamada de **admonitória**), oportunidade em que será avisado das condições impostas e alertado das consequências de seu descumprimento. Se o condenado não comparecer à audiência admonitória, o *sursis* será **cassado**, impondo-lhe, portanto, o cumprimento da PPL que lhe fora imposta.

9.4. Requisitos para o *sursis* (art. 77, CP)

São de duas ordens:

a) objetivos:

a.1) condenação a PPL não superior a 2 (dois) anos (em regra);

a.2) impossibilidade de substituição da PPL por PRD.

b) subjetivos:

b.1) não ser reincidente em crime doloso (exceto se a condenação anterior foi exclusivamente à pena de multa – art. 77, § 1º, CP e Súmula 499 do STF);

b.2) circunstâncias judiciais favoráveis (culpabilidade, antecedentes, conduta social e personalidade do agente, assim como os motivos e as circunstâncias do crime autorizarem a concessão do *sursis*).

9.5. Espécies de *sursis*

São 4 (quatro):

a) ***sursis* simples ou comum** (art. 77, CP): aplicável aos condenados, não reincidentes, a PPL não superior a 2 (dois) anos. Será cabível quando o condenado não houver reparado o dano, salvo se tiver comprovado a impossibilidade de fazê-lo e/ou as circunstâncias judiciais previstas no art. 59 do CP não lhe forem completamente favoráveis. É a regra. O período de prova, que será explicado mais à frente, será de 2 (dois) a 4 (quatro) anos;

b) ***sursis* especial** (art. 78, § 2º, CP): aplicável aos condenados, não reincidentes, a PPL não superior a 2 (dois) anos, desde que as circunstâncias judiciais do art. 59 do CP lhe sejam completamente favoráveis, bem como se houver reparado o dano, salvo impossibilidade justificada. Seus requisitos são mais rígidos do que para o *sursis* simples, mas as condições são mais brandas. O período de prova será de 2 (dois) a 4 (quatro) anos;

c) ***sursis* etário** (art. 77, § 2º, CP): aplicável aos condenados que contarem com mais de **70 (setenta) anos** de idade na data da sentença, cuja PPL imposta não seja superior a 4 (quatro) anos. Contudo, o período de prova será de 4 (quatro) a 6 (seis) anos;

d) ***sursis* humanitário** (art. 77, § 2º, CP): aplicável aos condenados a PPL não superior a 4 (quatro) anos, desde que o estado de saúde justifique a suspensão da pena (pacientes terminais). O período de prova será de 4 (quatro) a 6 (seis) anos.

9.5.1. Condições para o sursis

Para o ***sursis* simples**, impõem-se as seguintes **condições**:

a) prestação de serviços à comunidade ou limitação de fim de semana (primeiro ano do período de prova – art. 78, § 1º, CP).

Para o ***sursis* especial**, impõem-se as seguintes **condições**, cumulativamente:

a) proibição de frequentar determinados lugares;

b) proibição de se ausentar da comarca sem a autorização do juiz; e

c) comparecimento pessoal mensalmente para justificar as atividades exercidas.

Essas são as chamadas **condições legais**, ou seja, impostas pela lei. Há, ainda, as **condições judiciais**, nos termos do art. 79 do CP, que poderão ser impostas pelo juiz, além daquelas que a lei determinar.

Por fim, há as **condições legais indiretas**, que são aquelas causas ensejadoras da revogação do *sursis* (art. 81, CP), conforme veremos mais à frente.

9.5.2. Período de prova

É o lapso temporal dentro do qual o condenado beneficiado pelo *sursis* deverá **cumprir as condições impostas**, bem como demonstrar **bom comportamento**. É também denominado de **período depurador**.

Como já foi dito, o período de prova será de **2 (dois) a 4 (quatro) anos** nos *sursis* simples e especial, e de **4 (quatro) a 6 (seis) anos** nos *sursis* etário e humanitário.

9.5.3. Revogação do sursis

Poderá ser obrigatória (art. 81, I a III, CP) ou facultativa (art. 81, § 1º, CP).

Será **obrigatória a revogação** do *sursis* se:

a) o beneficiário vier a ser condenado irrecorrivelmente por crime doloso;

b) o agente frustra, embora solvente, a execução de pena de multa, ou não repara o dano, salvo motivo justificado;

c) descumprir as condições do *sursis* simples.

Será **facultativa a revogação** do *sursis* se:

a) o beneficiário vier a ser condenado irrecorrivelmente por contravenção ou crime culposo, salvo se imposta pena de multa;

b) descumprir as condições do *sursis* especial;

c) descumprir as condições judiciais.

9.5.4. Prorrogação do período de prova

Conforme reza o art. 81, § 2º, do CP, se o beneficiário estiver sendo processado por outro crime ou contravenção, considerar-se-á prorrogado o prazo da suspensão até o julgamento definitivo.

Ainda, o § 3º do precitado dispositivo legal aduz que, quando facultativa a revogação, o juiz pode, em vez de decretá-la, prorrogar o período de prova até o máximo, se este não foi o fixado.

9.5.5. Extinção da punibilidade

Com a expiração do prazo (período de prova) sem que tenha havido revogação, considerar-se-á extinta a pena privativa de liberdade suspensa (art. 82, CP).

10. LIVRAMENTO CONDICIONAL

10.1. Conceito

É a **libertação antecipada do condenado**, mediante o cumprimento de certas condições, pelo prazo restante da pena que deveria cumprir. Trata-se, segundo a doutrina, de **direito público subjetivo do condenado,** ou seja, não pode ser negado por mera discricionariedade do magistrado. Preenchidos os requisitos, deverá ser concedido.

A competência para a concessão do livramento condicional (LC), ao contrário do *sursis* (em regra), é do **juiz da execução penal**.

10.2. Requisitos para a concessão do LC

São de 2 ordens:

a) Objetivos:

a.1) condenação a PPL igual ou superior a 2 (dois) anos (art. 83, CP);

a.2) reparação do dano, salvo impossibilidade de fazê-lo (art. 83, IV, CP);

a.3) cumprimento de parte da pena (art. 83, I e II, CP):

i) mais de 1/3, para condenado de bons antecedentes e primário;

ii) mais de 1/2, se o condenado for reincidente em crime doloso;

iii) entre 1/3 e 1/2, se o condenado não for reincidente em crime doloso, mas tiver maus antecedentes;

iv) mais de 2/3, nos casos de condenação por crime hediondo, prática de tortura, tráfico ilícito de entorpecentes e drogas afins, tráfico de pessoas e terrorismo, se o apenado não for reincidente específico em crimes dessa natureza.

b) Subjetivos:

b.1) comportamento satisfatório durante a execução da pena;

b.2) bom desempenho no trabalho;

b.3) aptidão para prover a própria subsistência mediante trabalho honesto;

b.4) prova da cessação de periculosidade para os condenados por crime doloso cometido com violência ou grave ameaça.

10.2.1. Condições para o LC

Podem ser:

a) Obrigatórias

a.1) obter o condenado ocupação lícita;

a.2) comunicar periodicamente ao juiz sua ocupação;

a.3) não mudar da comarca da execução sem prévia autorizaçao;

b) Facultativas (ou Judiciais)

b.1) não mudar de residência sem comunicar o juízo;

b.2) recolher-se à habitação em hora fixada;

b.3) não frequentar determinados lugares;

c) Legais indiretas – ausências das causas geradoras de revogação do benefício.

10.2.2. Revogação do LC

Pode ser:

a) Obrigatória: condenação irrecorrível a PPL pela prática de crime havido **antes** ou **durante o benefício** (art. 86, I e II, CP);

b) Facultativa: condenação irrecorrível, por crime ou contravenção, à pena não privativa de liberdade ou se houver descumprimento das condições impostas (art. 87, CP).

10.2.3. Período de prova no LC

É o período em que o condenado observará as condições impostas, pelo prazo restante da PPL que havia para cumprir. Findo este período **sem revogação** do LC, o juiz **julgará extinta a punibilidade** do agente (art. 90, CP).

10.2.4. Prorrogação do período de prova

Se durante o período de prova o liberado (condenado) responder a ação penal por **crime** (e não contravenção penal!) **havido durante a vigência** do livramento condicional, deverá o juiz da execução penal prorrogar o período de prova até o trânsito em julgado, não podendo declarar extinta a punibilidade enquanto isso (art. 89, CP).

A prorrogação ora tratada **não é automática**, consoante doutrina e jurisprudência majoritárias, exigindo-se, pois, **decisão judicial** nesse sentido.

11. EFEITOS DA CONDENAÇÃO E REABILITAÇÃO

11.1. Conceito

Diz-se que são efeitos da condenação todas as consequências advindas de uma sentença penal condenatória transitada em julgado.

11.1.1. Efeitos da condenação

De forma bastante didática, a doutrina divide os efeitos da condenação em dois grandes grupos, a saber: **efeitos principais** e **efeitos secundários**.

11.1.2. Efeitos principais

Decorrem, como dito, de sentença penal condenatória transitada em julgado, resumindo-se à **imposição das penas**, sejam elas privativas de liberdade, restritivas de direitos ou multa.

Mister mencionar que os efeitos ora tratados são impostos aos **imputáveis** e **semi-imputáveis** que revelarem periculosidade, os quais serão condenados a uma pena reduzida (art. 26, parágrafo único, do CP), substituída por medida de segurança. Aos inimputáveis (art. 26, *caput*, do CP), aplicam-se as medidas de segurança, fruto de **sentença absolutória imprópria**.

Em suma, apenas a sentença condenatória gera, evidentemente, os efeitos da condenação, os quais não ocorrem na sentença absolutória.

11.1.3. Efeitos secundários

Os efeitos secundários podem ser de **natureza penal** ou **extrapenal**.

a) Efeitos secundários de natureza penal:

✓ reincidência;

✓ impede a concessão do *sursis*;

✓ revoga o *sursis* se o crime for doloso;

✓ revoga o LC se o crime redundar em PPL;

✓ aumenta o prazo da prescrição da pretensão executória etc.;

b) Efeitos secundários de natureza extrapenal:

b1. Genéricos – são automáticos, sem necessidade de constar da sentença (art. 91, CP):

i. torna certa a obrigação de reparar o dano, sendo que a sentença penal condenatória trânsita é título executivo no cível;

ii. confisco, pela União, dos instrumentos ilícitos e produtos do crime;

iii. suspensão dos direitos políticos (art. 15, III, CF);

b2. Específicos – não automáticos, devendo constar da sentença (art. 92, CP):

i. perda do cargo, função pública ou mandato eletivo em virtude da prática de crimes funcionais (pena igual ou superior a 1 ano) ou em crimes de qualquer natureza se a pena for superior a 4 anos;

ii. incapacidade para o exercício do poder familiar (antigo pátrio poder), tutela ou curatela se o agente praticar o crime contra filho, tutelado ou curatelado;

iii. inabilitação para dirigir veículo desde que o crime seja doloso e que o veículo tenha sido usado como instrumento do crime (difere da suspensão de CNH, nos delitos culposos de trânsito).

Importante destacar que o STF, no julgamento do HC 126.292/SP, modificando sua anterior orientação acerca da impossibilidade de execução provisória da pena, passou a admitir, por maioria de votos, o início do cumprimento da pena com o julgamento de segunda instância, razão por que se pode concluir que os efeitos da condenação, sejam o principal, sejam os secundários (de natureza penal e extrapenal), poderão se materializar mesmo que pendentes recursos de estrito direito (especial e extraordinário).

11.2. Reabilitação

É o instituto pelo qual o condenado terá **restabelecida parte dos direitos atingidos pela condenação**, assegurando **sigilo dos registros** sobre seu processo (arts. 93 a 95, CP).

Especificamente quanto ao sigilo, é verdade que o art. 202 da LEP (Lei 7.210/1984) assegura, de forma automática, o sigilo quanto à "folha de antecedentes" do condenado. Contudo, trata-se de efeito mais amplo, visto que qualquer autoridade judiciária, membro do Ministério Público ou autoridade policial terá acesso àquele antecedente. Já com a reabilitação, o sigilo será mais restrito, somente podendo ser "quebrado" por juiz criminal, mediante requisição.

11.2.1. Requisitos para a reabilitação

São **quatro** os requisitos para que o condenado obtenha sua reabilitação:

a) Decurso de dois anos do dia em que tiver sido extinta, de qualquer modo, a pena ou terminar sua execução;

b) Ter tido domicílio no país no prazo acima mencionado;

c) Demonstrar efetivamente constante bom comportamento público e privado; e

d) Ter ressarcido o dano, ou demonstrado a impossibilidade de fazê-lo, até o dia do pedido, ou que exiba documento comprobatório de que a vítima renunciou ao direito de ser indenizada ou que tenha havido novação da dívida.

11.2.2. Juízo competente para conceder a reabilitação

Compete ao juízo de 1º grau, e não ao da execução penal, como se poderia imaginar, a apreciação do pedido de reabilitação.

11.2.3. Revogação da reabilitação

A reabilitação poderá ser revogada se o reabilitado vier a ser condenado irrecorrivelmente, como reincidente, a pena que não seja de multa (art. 95, CP).

11.2.4. Possibilidade de novo pedido de reabilitação

Conforme preleciona o art. 94, parágrafo único, do CP, negada a reabilitação, poderá ela ser requerida novamente, a qualquer tempo, desde que o pedido seja instruído com novos elementos dos requisitos necessários.

Significa dizer que o indeferimento de um pedido de reabilitação não faz coisa julgada material, admitindo-se a renovação do pedido, desde que, desta feita, seja instruído com as provas necessárias à sua concessão.

12. MEDIDAS DE SEGURANÇA

12.1. Conceito

É **espécie de sanção penal** imposta pelo Estado a um **inimputável** ou **semi-imputável** com reconhecida periculosidade, desde que se tenha praticado um fato típico e antijurídico.

12.2. Natureza jurídica e objetivo

Como se viu no item anterior, a medida de segurança é **espécie do gênero sanção penal**. Não se trata de pena, que também é modalidade de sanção penal, visto que aquela pressupõe culpabilidade; já esta pressupõe periculosidade (prognóstico de que a pessoa portadora de um déficit mental poderá voltar a delinquir).

Diversamente das penas, que apresentam forte caráter retributivo, as medidas de segurança objetivam a **cura** do inimputável ou semi-imputável. Trata-se aqui de forte **aspecto preventivo**.

12.3. Sistema vicariante

Após a reforma da Parte geral do CP, que ocorreu com o advento da Lei 7.209/1984, adotou-se o **sistema vicariante**, pelo qual se aplica aos semi-imputáveis **pena reduzida** *ou* **medida de segurança**, desde que, neste último caso, verifique-se a periculosidade real mediante perícia. Antes de referida legislação, admitia-se a imposição de pena e medida de segurança àquelas pessoas que revelassem periculosidade. Era o **sistema do duplo binário**, substituído pelo vicariante.

12.4. Natureza jurídica da sentença que impõe medida de segurança

A sentença que impõe medida de segurança, com fundamento no art. 26, *caput*, do CP, é denominada pela doutrina de **absolutória imprópria** (art. 386, VI, CPP). É **absolutória,** pois a inimputabilidade é **causa que isenta o réu de pena; imprópria,** pois a sentença, embora absolva o réu, impõe-lhe **sanção penal** (medida de segurança).

Já se estivermos falando de réu **semi-imputável** (art. 26, parágrafo único, do CP), o juiz proferirá **sentença condenatória**, seja para aplicar-lhe pena reduzida de um a dois terços, seja para substituí-la por medida de segurança.

12.5. Espécies de medidas de segurança

São duas:

a) detentiva: será imposta em caso de o crime cometido ser apenado com **reclusão** (crimes mais graves). Consiste na **internação** do inimputável ou semi-imputável em **hospital de custódia e tratamento psiquiátrico** ou em outro estabelecimento adequado;

b) restritiva: será imposta em caso de o crime cometido ser apenado com detenção, consistindo na sujeição do inimputável ou semi-imputável a **tratamento ambulatorial**. Todavia, adverte a doutrina que, no caso de pena de detenção, a escolha entre as medidas de segurança detentiva e restritiva deve ser guiada pelo grau de periculosidade do réu.

12.5.1. Prazo de duração da medida de segurança

As medidas de segurança apresentam dois prazos de duração:

a) mínimo: variável de **1 (um) a 3 (três) anos**, conforme art. 97, § 1º, parte final, do CP. Ao término desse prazo, que deverá expressamente constar na sentença, o agente deverá ser submetido a exame de cessação de periculosidade;

b) máximo: pelo texto legal (art. 97, § 1º, CP), a medida de segurança poderia ser eterna, visto que seu prazo seria **indeterminado**. No entanto, o STF, à luz da regra constitucional que veda as **penas de caráter perpétuo**, convencionou que o prazo máximo de duração é de **30 (trinta) anos**. Já o STJ decidiu, com base no princípio da proporcionalidade e isonomia, que a duração da medida de segurança **não pode superar o limite máximo de PPL. Nesse sentido,** a Súmula 527 de referida Corte: "O tempo de duração da medida de segurança não deve ultrapassar o limite máximo da pena abstratamente cominada ao delito praticado." Trata-se de **posição mais garantista**, interessante para ser sustentada em **Exames da OAB.**

A fim de complementarmos o tema em discussão, confira-se:

Medida de segurança e hospital psiquiátrico

"A 1ª Turma deferiu parcialmente *habeas corpus* em favor de denunciado por homicídio qualificado, perpetrado contra o seu próprio pai em 1985. No caso, após a realização de incidente de insanidade mental, constatara-se que o paciente sofria de esquizofrenia paranoide, o que o impedira de entender o caráter ilícito de sua conduta, motivo pelo qual fora internado em manicômio judicial. Inicialmente, afastou-se a alegada prescrição e a consequente extinção da punibilidade. Reafirmou-se a jurisprudência desta Corte no sentido de que o prazo máximo de duração de medida de segurança é de 30 anos, nos termos do art. 75 do CP. Ressaltou-se que o referido prazo não fora alcançado por haver interrupção do lapso prescricional em face de sua internação, que perdura há 26 anos. No entanto, com base em posterior laudo que atestara a periculosidade do paciente, agora em grau atenuado, concedeu-se a ordem a fim de determinar sua internação em hospital psiquiátrico próprio para tratamento ambulatorial". HC 107.432/RS, rel. Min. Ricardo Lewandowski, 24.05.2011. (HC-107432) (Inform. STF 628)

MEDIDA. SEGURANÇA. DURAÇÃO.

"A Turma concedeu a ordem de *habeas corpus* para limitar a duração da medida de segurança à pena máxima abstratamente cominada ao delito praticado pelo paciente, independentemente da cessação da periculosidade, não podendo ainda ser superior a 30 anos, conforme o art. 75 do CP". Precedentes citados: HC 135.504-RS, *DJe* 25/10/2010; HC 113.993-RS, *DJe* 04.10.2010; REsp 1.103.071-RS, *DJe* 29.03.2010, e HC 121.877-RS, *DJe* 08.09.2009. HC 147.343-MG, Rel. Min. Laurita Vaz, julgado em 05.04.2011. (Inform. STJ 468)

12.5.2. Cessação de periculosidade

Ao término do prazo mínimo de duração da medida de segurança, deverá ser aferida a **cessação da periculosidade** do agente. Em outras palavras, deverá ser submetido a um **exame** a fim de que se constate se houve sua cessação. Em caso positivo, o juiz deverá determinar a **suspensão da execução da medida de segurança e** a desinternação (medida de segurança detentiva) ou liberação (medida de segurança restritiva) do indivíduo. Em caso negativo, a medida de segurança persistirá. Após essa primeira, anualmente novas perícias (exames de cessação de periculosidade) deverão ser realizadas.

Importa ressaltar que as referidas desinternação e liberação são **condicionais**, tal como ocorre com o livramento condicional, devendo o agente atentar às mesmas condições daquele benefício, nos termos do art. 178 da LEP.

12.5.3. Revogação da desinternação ou liberação

Considerando que a desinternação ou a liberação do agente serão condicionadas, é certo que, se antes do decurso de **1 (um) ano ele praticar fato indicativo de que a periculosidade persiste**, deverá retornar ao *status quo ante*, ou seja, a medida de segurança será **restabelecida**.

12.5.4. Desinternação progressiva

Embora não exista expressa previsão legal, a **desinternação progressiva** vem sendo admitida pela doutrina mais moderna e pela jurisprudência. Em síntese, consiste na **transferência** do agente do regime de internação em hospital de custódia e tratamento psiquiátrico para o **tratamento ambulatorial**, especialmente quando aquela espécie de medida de segurança se revelar desnecessária.

Assemelha-se a desinternação progressiva à progressão de regime penitenciário.

12.5.5. Possibilidade de conversão de PPL em medida de segurança

Se durante a execução da PPL sobrevier ao condenado **doença ou perturbação mental permanente**, o art. 183 da LEP determina que o juiz da execução penal, de ofício ou a requerimento do Ministério Público, da Defensoria Pública ou autoridade administrativa, **substitua a pena por medida de segurança,** persistindo pelo restante da pena que deveria ser cumprida.

Se estivermos diante de **doença ou perturbação mental transitória ou temporária**, aplicar-se-á o art. 41 do CP, que determina que seja o condenado recolhido a hospital de custódia e tratamento psiquiátrico ou estabelecimento adequado pelo prazo máximo de 30 (trinta) anos (posição do STF) ou pelo máximo da PPL cominada (posição do STJ), ou, ainda, por prazo indeterminado (art. 97, § 1º, parte final, CP).

13. PUNIBILIDADE E SUAS CAUSAS EXTINTIVAS

13.1. Conceito de punibilidade

É a possibilidade jurídica de se impor a um agente culpável uma pena. Não integra a punibilidade o conceito de crime, que, analiticamente, é fato típico e antijurídico (concepção bipartida). Importa ressaltar que, para a maioria dos doutrinadores, a punibilidade é mera consequência jurídica da prática de uma infração penal (crimes e contravenções penais).

13.2. Surgimento da punibilidade

A punibilidade existe em estado latente, ou seja, abstratamente, até que um agente pratique um crime ou uma contravenção penal. A partir deste momento, a punibilidade se transmuda para um direito de punir concreto (*jus puniendi* estatal), tendo por objetivo a imposição da pena.

13.3. Causas extintivas da punibilidade

Nem sempre após a prática de um fato típico e antijurídico, verificada a culpabilidade, o Estado poderá, automaticamente, impor a respectiva pena ao agente delitivo. Por vezes, ainda que o direito de punir em concreto surja, falecerá ao Estado a possibilidade de imposição ou de execução da pena.

É nesse momento que o exercício do direito de punir sofre restrições, dentre elas as causas extintivas da punibilidade, previstas, exemplificativamente, no art. 107 do CP.

13.3.1. Estudo das causas extintivas da punibilidade em espécie

Conforme dito alhures, as causas extintivas da punibilidade não se esgotam no art. 107 do CP, embora seja este dispositivo legal aquele que agrega as mais importantes delas. Vamos estudá-las!

13.3.1.1. Morte do agente (art. 107, I, CP)

Por evidente, com a morte do acusado no processo penal, a ação penal perderá seu objeto, qual seja, a pessoa do agente. Se todo o processo tem por escopo a aplicação de uma pena ao agente delitivo, com a morte deste, a persecução penal resta prejudicada.

Ademais, reza o art. 5º, XLV, da CF, que nenhuma pena passará da pessoa do condenado. Quer isso dizer que, diferentemente do processo civil, em que, proposta uma ação, se seu autor falecer, poderão os parentes sucedê-lo, salvo se se tratar de lide personalíssima, no processo penal isso não será possível. Em outras palavras, morto o acusado, não poderão seus parentes sofrer os efeitos de uma pena criminal. Todavia, a obrigação de reparar o dano e o perdimento de bens poderão se estender aos sucessores nos limites das forças da herança.

Assim, a morte do agente extingue a punibilidade. A prova da morte faz-se por certidão de óbito a ser juntada nos autos.

13.3.1.2. Anistia, graça ou indulto (art. 107, II, CP)

A **anistia** consiste na edição, pelo Congresso Nacional, de uma lei, de âmbito federal, capaz de promover a exclusão do crime imputado ao agente delitivo, atingindo todos os efeitos penais da condenação, subsistindo, contudo, os extrapenais (genéricos e específicos – arts. 91 e 92 do CP).

A anistia pode atingir crimes políticos (denominada *anistia especial*) ou crimes não políticos (*anistia comum*). Outrossim, poderá ser concedida antes (*anistia própria*) ou após o trânsito em julgado da sentença condenatória (*anistia imprópria*). Pode, por fim, ser *condicionada* (quando a lei anistiadora impuser algum encargo ao agente) ou *incondicionada* (quando nada exigir do criminoso para produzir efeitos).

A **graça** (denominada pela LEP de indulto individual) consiste no benefício por meio do qual o agente terá excluído o efeito principal da condenação, qual seja, a pena, remanescendo os efeitos penais e extrapenais (lembre-se de que, na anistia, subsistem apenas os extrapenais). Dependerá a graça de pedido do condenado, do MP, Conselho Penitenciário ou da autoridade administrativa (art. 187 da LEP) e será concedida mediante despacho do Presidente da República, que poderá delegar tal mister a Ministros de Estado (geralmente Ministro da Justiça), Procurador-Geral da República (PGR) e Advogado-Geral da União (AGU).

O **indulto**, diferentemente da graça, tem caráter coletivo, sendo concedido mediante decreto presidencial. Atingirá, também, os efeitos principais da condenação (penas), subsistindo os efeitos secundários de natureza penal e extrapenal.

Graça e indulto devem ser concedidos somente após o trânsito em julgado da sentença condenatória, diferentemente da anistia, que poderá ser concedida antes ou após tal marco processual.

Insta registrar, por fim, o teor da Súmula 535 do STJ, editada em 2015: "A prática de falta grave não interrompe o prazo para fim de comutação de pena ou indulto" (**REsp 1364192**).

13.3.1.3. Abolitio criminis (art. 107, III, CP)

É a **lei posterior ao fato que deixa de considerá-lo como criminoso**. É também denominada de **lei supressiva de incriminação**, gerando, por ser **benéfica**, efeitos retroativos (*ex tunc*).

Com a *abolitio criminis*, que pode ocorrer durante a ação penal ou mesmo no curso da execução, será declarada extinta a punibilidade do agente, fazendo desaparecer todos os efeitos penais da condenação (inclusive a pena – efeito principal), remanescendo apenas os efeitos civis (ex.: obrigação de reparar o dano).

Ainda é mister ressaltar que somente haverá *abolitio criminis* se houver uma dupla revogação do crime: a) revogação do tipo penal (revogação formal); e b) revogação da figura típica (revogação material). Não basta, portanto, a simples revogação do tipo penal, sendo imprescindível que a figura criminosa tenha "desaparecido" do mundo jurídico. Tal não ocorreu, por exemplo, com o crime de atentado violento ao pudor. Embora a Lei 12.015/2009 tenha revogado o art. 214 do CP, a figura criminosa "constranger alguém, mediante violência ou grave ameaça, a praticar ou permitir que com ele se pratiquem atos libidinosos diversos de conjunção carnal" migrou para o art. 213 do CP (crime de estupro). Não houve, portanto, *abolitio criminis* no caso relatado.

13.3.1.4. Decadência, perempção e prescrição (art. 107, IV, CP)

A **decadência** consiste na perda do direito de intentar a queixa ou oferecer a representação pelo decurso do prazo. Em regra, esse lapso temporal é de **6 (seis) meses**, contados do **conhecimento da autoria delitiva** pelo ofendido, seu representante legal, ou CADI (cônjuge, ascendente, descendente ou irmão – art. 38, CPP e 103, CP). No caso de ação penal privada subsidiária da pública (art. 29, CPP), a fluência do prazo decadencial tem início a partir da data em que o Ministério Público deveria ter se manifestado. Frise-se, porém, que, neste caso, o Estado não perderá a possibilidade de iniciar a persecução penal em juízo, haja vista que o titular da ação (Ministério Público), respeitado o prazo de prescrição da pretensão punitiva, poderá ofertar denúncia.

A decadência é, portanto, instituto que se verifica somente nos crimes de ação penal privada ou pública condicionada à representação.

Importa ressaltar que o **prazo decadencial** tem **natureza penal**, vale dizer, é contado nos termos do art. 10 do CP (inclui-se o dia do começo e exclui-se o dia do vencimento). Trata-se, ainda, de prazo fatal, ou seja, é improrrogável, não se suspende ou se interrompe.

A **perempção** é a perda do direito de prosseguir com a ação penal em virtude de negligência ou desídia processual. Somente será cabível na ação penal privada propriamente dita (ou exclusivamente privada), já que, na ação privada subsidiária da pública, a perempção não acarretará a extinção da punibilidade em favor do querelado, mas a retomada da titularidade da ação pelo Ministério Público.

As causas de perempção vêm previstas no art. 60 do CPP, a saber:

i) abandono processual (mais de 30 dias sem andamento da ação pelo querelante);

ii) inocorrência de sucessão processual (no caso de falecimento do querelante, ou sobrevindo sua incapacidade, não se habilitarem no processo, em 60 dias, o CADI – cônjuge, ascendente, descendente ou irmão);

iii) falta de comparecimento injustificado a qualquer ato do processo em que a presença do querelante seja necessária;

iv) inexistência de pedido de condenação em alegações finais (a falta de apresentação delas também redunda em perempção); e

v) sendo o querelante pessoa jurídica, esta se extinguir sem deixar sucessor.

Com relação à **prescrição**, temos que esta consiste na **perda do direito de punir** (*jus puniendi*) ou **de executar a pena** (*jus punitionis*) do Estado **pelo decurso de determinado lapso de tempo previsto em lei**.

A prescrição, portanto, deve ser contada, salvo disposição especial em contrário, de acordo com a "tabela" do art. 109 do CP, que fixa o prazo prescricional mínimo de **3 (três) anos**, consoante nova redação dada ao inciso VI pela Lei 12.234/2010, e máximo de **20 (vinte anos) anos**, de acordo com a pena prevista para o crime. Insta ressaltar que o prazo prescricional tem **natureza penal**, motivo pelo qual conta-se nos termos do art. 10 do CP (inclui o dia do começo e exclui o do vencimento).

A prescrição comporta duas grandes espécies, quais sejam: **prescrição da pretensão punitiva (PPP)** e **prescrição da pretensão executória (PPE).**

Com relação à PPP, temos três possibilidades:

a) Prescrição da pretensão punitiva propriamente dita (ou pura) = rege-se nos termos do precitado art. 109 do CP. É calculada levando-se em conta o máximo da pena privativa de liberdade abstratamente cominada ao crime. Ex.: para o homicídio simples, cuja pena é de 6 a 20 anos, calcular-se-á a prescrição tomando por base a pena máxima cominada ao delito, qual seja, 20 anos. Comparando aquela quantidade de pena (20 anos) com a "tabela" do art. 109 do CP, verifica-se que a prescrição ocorrerá em 20 anos. É importante frisar que a prescrição pura deverá ser verificada enquanto não houver pena aplicada, ou seja, até momento anterior à sentença penal condenatória;

b) Prescrição da pretensão punitiva intercorrente (ou superveniente) = ocorre somente após a publicação da sentença penal condenatória, em que haverá uma pena fixada (pena em concreto, e não mais em abstrato, como na prescrição pura). Assim, se entre a publicação da sentença condenatória e o trânsito em julgado para a acusação decorrer lapso de tempo superior ao previsto no art. 109 do CP (aqui, frise-se, levamos em conta a pena aplicada!), ocorrerá a prescrição superveniente, rescindindo os efeitos da condenação. A previsão legal da prescrição intercorrente (ou superveniente) consta do art. 110, § 1º, do CP;

c) Prescrição da pretensão punitiva retroativa = pressupõe, sempre, a fixação de uma pena em concreto (sentença penal condenatória), tendo por pressuposto o trânsito em julgado para a acusação. Também aqui temos como parâmetro a tabela do art. 109 do CP. Importa ressaltar que, ao contrário da prescrição intercorrente, que se verifica após a sentença condenatória, a prescrição retroativa deve ser verificada em momento **anterior** à publicação da sentença, mas analisada, no máximo, até a denúncia ou queixa, consoante nova redação dada ao art. 110, § 1º, do CP. Daí ser chamada de **retroativa**. Frise-se que o STJ, ao editar a **Súmula 438**, pacificou o entendimento segundo o qual não se admite a extinção da punibilidade pela prescrição da pretensão punitiva com fundamento em pena hipotética, independentemente da existência ou sorte do processo penal. O que tratou, aqui, aludida Corte, foi de objetar a denominada "prescrição virtual", que levava em consideração uma condenação eventual do réu, com base em pena hipotética.

Temos, ainda, a **prescrição da pretensão executória (PPE)**, segunda espécie de prescrição, que não se confunde com a prescrição da pretensão punitiva. Enquanto esta é verificada *antes do trânsito em julgado* da condenação (conhecida por prescrição da ação), aquela somente pode ocorrer *após o trânsito em julgado*. Daí ser chamada de prescrição da pena.

Também na prescrição executória leva-se em conta a tabela do art. 109 do CP e a pena aplicada em concreto. Contudo, começará a fluir não do trânsito em julgado para ambas as partes processuais (acusação e defesa), mas a partir do trânsito em julgado para a acusação. Este é seu marco inicial. Se do trânsito em julgado para a parte acusatória e o efetivo trânsito em julgado para ambas as partes (defesa, portanto) transcorrer lapso de tempo superior ao correspondente à pena aplicada, opera-se a prescrição executória, não podendo mais o Estado executar a pena imposta ao agente delitivo na sentença.

Impõe ressaltar que o prazo prescricional admite situações em que será interrompido, ou seja, recomeçará sua contagem (art. 117, CP), bem como circunstâncias em que ficará suspenso (art. 116, CP).

No tocante às causas interruptivas da prescrição, vale citar quais são as hipóteses legais: I – pelo recebimento da denúncia ou da queixa; II – pela pronúncia; III – pela decisão confirmatória da pronúncia; IV – pela publicação da sentença ou acórdão condenatórios recorríveis; V – pelo início ou continuação do cumprimento da pena; VI – pela reincidência.

Interessante anotar a posição jurisprudencial (STF) acerca da interrupção da prescrição pelo recebimento da denúncia, ainda que o despacho que tenha recebido a prefacial acusatória tenha sido exarado por autoridade judiciária incompetente. Confira-se:

Prescrição: recebimento da denúncia e autoridade incompetente

"O recebimento da denúncia por magistrado absolutamente incompetente não interrompe a prescrição penal (CP, art. 117, I). Esse o entendimento da 2ª Turma ao denegar *habeas corpus* no qual a defesa alegava a consumação do lapso prescricional intercorrente, que teria acontecido entre o recebimento da denúncia, ainda que por juiz incompetente, e o decreto de condenação do réu. Na espécie, reputou-se que a prescrição em virtude do interregno entre os aludidos marcos interruptivos não teria ocorrido, porquanto apenas o posterior acolhimento da peça acusatória pelo órgão judiciário competente deteria o condão de interrompê-la". HC 104907/PE, rel. Min. Celso de Mello, 10.05.2011. (HC-104907) (Inform. STF 626)

Há, também, as situações previstas no art. 111, CP, que dizem respeito ao termo inicial de contagem da prescrição da pretensão punitiva, a saber: I – do dia em que o crime se consumou; II – no caso de tentativa, do dia em que cessou a atividade criminosa; III – nos crimes permanentes, do dia em que cessou a permanência; IV – nos de bigamia e nos de falsificação ou alteração de assentamento do registro civil, da data em que o fato se tornou conhecido; V – nos crimes contra a dignidade sexual de crianças e adolescentes, previstos no Código Penal ou em legislação especial, da data em que a vítima completar 18 (dezoito) anos, salvo se a esse tempo já houver sido proposta a ação penal.

O inciso V do art. 111 foi inserido pela Lei 12.650/2012, que inovou nosso ordenamento jurídico ao prever que não começará a correr a prescrição nos crimes contra a dignidade sexual de crianças e adolescentes antes de a vítima completar a maioridade penal, salvo se a ação penal já houver sido proposta. Assim, como exemplo, se uma criança de seis anos for estuprada, a prescrição somente começará a fluir a partir do dia em que completar dezoito anos (salvo, repita-se, se a ação penal já houver sido proposta antes disso, caso em que a prescrição começará a fluir, segundo entendemos, a partir do recebimento da denúncia).

Finalmente, importa destacar que o art. 115 do CP trata de situações em que o prazo prescricional será reduzido pela metade:

a) se o agente, à época do fato, contar com mais de dezoito anos, porém, menos de vinte e um anos;

b) se o agente, à época da sentença, for maior de setenta anos.

Pela relevância do tema, confira-se:

Prescrição e art. 115 do CP

"A causa de redução do prazo prescricional constante do art. 115 do CP (*'São reduzidos de metade os prazos de prescrição quando o criminoso era, ao tempo do crime, menor de vinte e um anos, ou, na data da sentença, maior de setenta anos'*) deve ser aferida no momento da sentença penal condenatória. Com base nesse entendimento, a 2ª Turma indeferiu *habeas corpus* em que se pleiteava o reconhecimento da prescrição da pretensão punitiva em favor de condenado que completara 70 anos entre a data da prolação da sentença penal condenatória e a do acórdão que a confirmara em sede de apelação". HC 107398/RJ, rel. Min. Gilmar Mendes, 10.05.2011. (HC-107398) (Inform. STF 626)

No tocante à prescrição da pena de multa, destaque-se o teor do art. 114 do CP:

a) em 2 (dois) anos, quando a multa for a única cominada ou aplicada (art. 114, I, CP);

b) no mesmo prazo estabelecido para a prescrição da pena privativa de liberdade, quando a multa for alternativa ou cumulativamente cominada ou cumulativamente aplicada.

Assim, se a pena de multa for a única abstratamente prevista no tipo penal (isso pode ocorrer com as contravenções penais), a prescrição irá operar-se em um biênio. O mesmo ocorrerá se a multa, ainda que cominada alternativamente no preceito secundário do tipo penal, for a única aplicada.

Já se a multa for alternativa ou cumulativamente cominada, ou, ainda, cumulativamente aplicada, a prescrição irá operar no mesmo prazo estabelecido para a prescrição da pena privativa de liberdade.

Quanto às penas restritivas de direitos, nos termos do art. 109, parágrafo único, CP, temos que se aplicam os mesmos prazos prescricionais previstos para as penas privativas de liberdade. Extrai-se, portanto, da lei, que a prescrição de qualquer das penas previstas no art. 43, CP, por serem substitutivas à pena de prisão, seguirá a mesma sorte da prescrição das penas privativas de liberdade (reclusão, detenção e prisão simples).

13.3.1.5. Renúncia do direito de queixa e perdão aceito (art. 107, V, CP)

Dá-se a **renúncia do direito de queixa** quando o ofendido, em **crime de ação penal privada**, toma determinada atitude incompatível com a vontade de ver o agente delitivo processado.

A renúncia poderá decorrer de **ato expresso** (ex.: mediante petição escrita e assinada) ou **tácito** (ex.: o ofendido passa a andar diariamente com seu ofensor).

É importante ressaltar que se a renúncia é o **ato unilateral** pelo qual o ofendido (ou seu representante legal, ou procurador com poderes especiais) dispõe do direito de oferecer a queixa-crime, tal só poderá ocorrer **antes do oferecimento da ação**. No curso desta terá vez o perdão do ofendido, que, frise-se, é ato bilateral.

No JECRIM (Juizado Especial Criminal), o recebimento de indenização (composição civil) em crimes de menor potencial ofensivo, de ação penal privada, importa em **renúncia tácita ao direito de queixa**, conforme art. 74 da Lei 9.099/1995, situação que já não se verifica com relação aos crimes "comuns" (leia-se: os que não são considerados infrações de menor potencial ofensivo), consoante prescreve o art. 104, parágrafo único, parte final, CP.

A renúncia ao direito de queixa quanto a um dos autores do crime, a todos os demais (se existirem) se estenderá, vendo todos eles extintas suas punibilidades (art. 49, CPP). Portanto, pode-se dizer ser a renúncia **indivisível**.

O **perdão do ofendido**, que somente pode ser admitido nos crimes de ação penal privada, diversamente da renúncia, é **ato bilateral**, visto que somente produz efeitos se for aceito. Será possível apenas após o início da ação penal, mas desde que antes do trânsito em julgado (art. 106, § 2º, CP). Consoante prevê o art. 51 do CPP, o perdão concedido a um dos querelados irá estender-se aos demais. Contudo, somente produzirá efeitos (leia-se: extinguirá a punibilidade) com relação àqueles que o aceitarem.

O perdão deve ser aceito pelo querelado no prazo de 3 (três) dias após ser cientificado (art. 58, *caput*, CPP). Se ficar silente no tríduo legal, a inércia implicará aceitação. Findo o prazo sem manifestação, ou tendo havido a aceitação do perdão, o juiz decretará extinta a punibilidade (art. 58, parágrafo único, CPP).

13.3.1.6. Retratação do agente nos casos em que a lei admite (art. 107, VI, CP)

Retratar-se é o mesmo que **desdizer**, ou, pedindo escusas pelo pleonasmo, **"voltar atrás"**. Assim, em determinados crimes, a retratação do agente irá causar a extinção de sua punibilidade. É o que ocorre, por exemplo, com os crimes de calúnia e difamação (art. 143, CP), bem como com o falso testemunho (art. 342, § 2º, CP).

Indispensável que haja **expressa previsão legal** da admissibilidade da retratação.

13.3.1.7. *Perdão judicial nos casos previstos em lei*

O perdão judicial é causa extintiva da punibilidade aplicável apenas por magistrados (daí o nome perdão judicial). No entanto, não se trata de medida discricionária da autoridade judiciária, exigindo **expressa previsão legal** para sua aplicabilidade.

Em geral, identificamos o perdão judicial pela previsão, em lei, da seguinte expressão: "**o juiz poderá deixar de aplicar a pena**". É o que se vê, por exemplo, no art. 121, § 5º, do CP, que admite o perdão judicial em caso de homicídio culposo, situação em que o juiz poderá deixar de aplicar a pena se as consequências do crime atingirem o agente de forma tão grave que a imposição daquela se afigure desnecessária.

Conforme o entendimento do STJ, consagrado na Súmula 18, a sentença concessiva do perdão judicial tem natureza **declaratória** de extinção da punibilidade. Tanto é verdade que o art. 120 do CP prevê que o perdão judicial não será considerado para efeitos de reincidência.

PARTE ESPECIAL

1. CLASSIFICAÇÃO DOUTRINÁRIA DOS CRIMES. INTRODUÇÃO À PARTE ESPECIAL DO CP

1.1. Introdução aos crimes em espécie

Antes de ingressarmos no estudo propriamente dito dos crimes (Parte Especial do CP), entendemos ser necessário trazer à baila algumas classificações doutrinárias, bem como fazermos o resgate de alguns conceitos analisados no início do presente trabalho.

1.2. Classificação geral dos crimes

1.2.1. *Com relação ao sujeito ativo*

a) **crime comum**: é aquele que pode ser praticado por qualquer pessoa, não se exigindo nenhuma qualidade especial do agente delitivo (sujeito ativo). Ex.: homicídio (art. 121, CP);

b) **crime próprio**: é aquele que não pode ser praticado por qualquer pessoa, mas somente por aquelas que apresentem algumas qualidades específicas determinadas pela lei. O crime próprio admite coautoria e participação, desde que o terceiro tenha conhecimento da condição especial do agente (ex.: funcionário público). Ex.: peculato (art. 312, CP);

c) **crime de mão própria**: é aquele que, além de exigir qualidades especiais do sujeito ativo, demandam uma atuação pessoal, sendo incabível a coautoria. Trata-se de crime de atuação personalíssima, não podendo o agente ser substituído por terceiro. No entanto, é admissível a participação. Ex.: autoaborto (art. 124, CP).

1.2.2. *Com relação aos vestígios do crime*

a) **crime transeunte**: é aquele que, uma vez praticado, não deixa vestígios materiais. Ex.: injúria praticada verbalmente (art. 140, CP);

b) **crime não transeunte**: é aquele cuja prática deixa vestígios materiais. Ex.: homicídio praticado mediante disparo de arma de fogo (art. 121, CP).

1.2.3. *Com relação ao momento consumativo*

a) **crime instantâneo**: é aquele em que a consumação ocorre em um determinado momento, sem continuidade no tempo. Ex.: injúria verbal (art. 140, CP);

b) **crime permanente**: é aquele cuja consumação se prolonga no tempo por vontade do agente delitivo. Ex.: extorsão mediante sequestro (art. 159, CP);

c) **crime instantâneo de efeitos permanentes**: é aquele que se consuma num dado instante, mas seus resultados são irreversíveis. Ex.: homicídio (art. 121, CP).

1.2.4. *Com relação à quantidade de atos*

a) **crime unissubsistente**: é aquele cuja conduta dá-se por um só ato. Ex.: injúria verbal (art. 140, CP);

b) **crime plurissubsistente**: é aquele cuja conduta dá-se por dois ou mais atos executórios. Ex.: homicídio em que a vítima é diversas vezes esfaqueada (art. 121, CP).

1.2.5. *Com relação à exposição de lesão ao bem jurídico*

a) **crime de dano**: é aquele que, para atingir a consumação, exige um dano efetivo ao bem jurídico. Ex.: homicídio (art. 121, CP);

b) **crime de perigo**: é aquele que, para ser consumado, exige a mera probabilidade da ocorrência de dano. Pode ser crime de **perigo concreto** (presunção relativa), que exige a **demonstração efetiva** do perigo de lesão, ou **crime de perigo abstrato** (presunção absoluta), que não exige a demonstração da situação de perigo, que é presumida. Ex.: periclitação da vida ou saúde (art. 132, CP).

1.2.6. *Com relação ao tipo de conduta*

a) **crime comissivo**: é aquele praticado mediante um comportamento positivo, vale dizer, por ação. Ex.: roubo (art. 157, CP);

b) **crime omissivo**: é aquele praticado mediante um comportamento negativo, vale dizer, por omissão. Pode ser **omissivo próprio**, quando a própria lei previr o comportamento negativo (ex.: omissão de socorro – art. 135, CP), ou **omissivo impróprio**, quando o crime for cometido por alguém que tenha o dever jurídico de agir para impedir o resultado (art. 13, § 2º, CP). Ex.: a mãe que deixa de amamentar o filho recém-nascido responderá por homicídio – art. 121, c.c. art. 13, § 2º, "a", CP.

1.2.7. *Outras classificações*

a) **crime vago**: é aquele cujo sujeito passivo é um ente desprovido de personalidade jurídica. Ex.: tráfico de drogas (art. 33, Lei 11.343/2006);

b) **crime habitual**: é aquele que exige uma reiteração de atos que, reunidos, traduzem um modo de vida do sujeito ativo. Ex.: manter casa de prostituição (art. 229, CP);

c) **crime material:** também chamado de *crime causal*, é aquele que se caracteriza pela exigência de um resultado naturalístico (modificação do mundo exterior provocada pela conduta do agente) para a sua consumação. Assim, por exemplo, o homicídio (art. 121 do CP) somente se consuma com a morte da vítima; a sonegação fiscal prevista no art. 1º da Lei dos Crimes contra a Ordem Tributária (Lei 8.137/1990) somente se consumam quando o agente, empregando fraude, suprimir ou reduzir tributo ou contribuição social;

d) **crime formal:** também chamado de crime de consumação antecipada, é aquele que, para a sua caracterização (e consumação), não exige a ocorrência de um resultado naturalístico, ainda que este seja possível. É o que se verifica, por exemplo, com o crime de concussão (art. 316 do CP), que se consumará no momento em que o funcionário público exigir da vítima, em razão de sua função, uma vantagem indevida;

e) crime de mera conduta: também chamado de crime de simples atividade, se consumará, como o próprio nome sugere, com a prática do comportamento ilícito descrito no tipo penal, sendo impossível a ocorrência de um resultado naturalístico. É o que se verifica, por exemplo, com o crime de violação de domicílio (art. 150 do CP), bastando, para sua caracterização, que o agente delitivo ingresse ou permaneça em casa alheia sem o consentimento do morador.

1.3. Introdução à Parte Especial do Código Penal

O CP é dividido em dois Livros. O Livro I trata da Parte Geral, enquanto o Livro II traz a Parte Especial.

Na Parte Especial, a maior parte das normas tem natureza *incriminadora*, vale dizer, encerram descrições de **condutas típicas e as respectivas penas**. Todavia existem também, na mesma Parte Especial *normas penais permissivas*, que são aquelas que autorizam alguém a realizar uma conduta típica, mas sem incriminá-lo posteriormente. É o caso do art. 128 do CP (aborto legal).

Por fim, a Parte Especial traz, ainda, *normas penais explicativas*, que são aquelas que **esclarecem outras normas ou limitam o âmbito de sua aplicação**. É o caso do art. 327 do CP, que encerra o conceito de funcionário público para fins de tipificação dos delitos previstos nos arts. 312 a 326.

Por essas considerações, verificamos que a Parte Especial não traz apenas crimes, mas também contém outras espécies de normas penais.

1.3.1. Normas penais incriminadoras

As normas penais incriminadoras são dotadas de duas partes, denominadas **preceitos**. O **preceito primário** da norma penal incriminadora diz respeito à *conduta descrita pelo legislador como criminosa* (ex.: art. 121: *matar alguém*). Já o **preceito secundário** traz a respectiva *pena cominada abstratamente ao delito* (ex.: Pena – *reclusão, de 6 a 20 anos*).

O preceito primário, quando for incompleto e depender de outra norma para ser completado, trará à cena a *norma penal em branco*. Já o preceito secundário jamais poderá ser incompleto. Afinal, não há crime sem pena!

1.3.2. Conceitos básicos para o estudo dos crimes

É importante para o estudo da Parte Especial o conhecimento de alguns conceitos básicos, a saber:

a) Objetos do crime

Dois podem ser os objetos de um crime:

✓ **objeto material** = *é a pessoa ou coisa sobre a qual recai a conduta típica*. Ex.: no furto (art. 155 do CP), é o bem subtraído; no homicídio (art. 121 do CP), é a vítima, a pessoa;

✓ **objeto jurídico** = *é o bem jurídico tutelado pela lei penal*. Ex.: no furto (art. 155 do CP), é o patrimônio móvel alheio; no homicídio (art. 121 do CP), é a vida humana extrauterina;

b) Sujeitos do crime

✓ **sujeito ativo** = *é aquele que direta ou indiretamente pratica a conduta típica ou concorre para sua prática*. Ex.: "A" desfere um tiro em "B", praticando, pois, a conduta típica prevista no art. 121 do CP (matar alguém). Logo, "A" foi sujeito ativo do crime de homicídio, já que ele realizou a conduta descrita no tipo penal;

✓ **sujeito passivo** = *é aquele titular do bem jurídico lesado ou exposto a perigo de lesão*. Ex.: no exemplo acima, enquanto "A" foi sujeito ativo, "B" é o sujeito passivo do homicídio, já que é o titular do bem jurídico lesado, qual seja, a própria vida.

Quando o tipo penal incriminador não exigir nenhuma qualidade especial do sujeito ativo do crime, estaremos diante de um **crime comum**, ou seja, *aquele que pode ser praticado por qualquer pessoa*. Já se o tipo penal trouxer alguma qualidade específica do sujeito ativo do crime, sem a qual a conduta será atípica, estaremos diante de um **crime próprio** ou de **mão própria**. Essas duas classificações não se confundem. Enquanto o crime próprio pode ser praticado por duas ou mais pessoas ao mesmo tempo, em coautoria ou participação (ex.: peculato doloso – art. 312 do CP), o crime de mão própria admite apenas a participação, jamais a coautoria, já que se trata de crime de atuação pessoal (ex.: falso testemunho – art. 342 do CP);

c) Tipo objetivo

O tipo objetivo corresponde à descrição dos **elementos objetivos do tipo;**

d) Tipo subjetivo

Corresponde à descrição do **elemento subjetivo do crime**, qual seja, o dolo (crimes dolosos) ou a culpa (crimes culposos). O tipo subjetivo não se confunde com o **elemento subjetivo do tipo**, ou, como dizem alguns, "dolo específico". Nem todo tipo penal tem elemento subjetivo, visto ser este um "especial fim de agir do agente", tal como ocorre com o crime de furto (não basta o dolo na subtração da coisa alheia móvel, sendo necessário, ainda, um "especial fim de agir do agente", qual seja, o de subtrair a coisa "para si ou para outrem");

e) Consumação e tentativa

A consumação de um crime nem sempre é igual em todos os casos. Se o **crime for material**, *a consumação somente restará configurada com a ocorrência do resultado naturalístico*. Já se o **crime for formal** ou de **mera conduta**, *bastará a conduta do agente delitivo* (prática da ação ou omissão prevista em lei) para que se atinja o momento consumativo.

De outra borda, veremos mais à frente que nem todo crime admite tentativa, especialmente os culposos e os preterdolosos, ou, ainda, aqueles que somente se consumarem após a verificação de determinado resultado.

2. CRIMES CONTRA A VIDA

2.1. Homicídio (art. 121, CP)

2.1.1. Considerações iniciais

Trata-se do mais grave crime previsto no Código Penal, não necessariamente na pena que lhe é cominada, mas no bem jurídico atacado pelo agente: **a vida humana**.

Corresponde, portanto, à conduta do agente de exterminar a vida humana extrauterina, agindo com vontade livre e consciente (no caso do homicídio doloso) de eliminá-la, embora seja possível a prática de tal delito por negligência, imprudência ou imperícia, situações configuradoras do homicídio culposo.

Vem o homicídio previsto no art. 121 do CP, embora, especificamente em matéria de trânsito, o homicídio também venha previsto no Código de Trânsito Brasileiro (Lei 9.503/1997), desde que praticado culposamente. Isso porque a morte de alguém causada pelo agente, na condução de veículo automotor, querendo tal resultado, não configura delito de trânsito, aplicando-se, pois, o Código Penal.

2.1.2. Espécies de homicídio

O CP prevê seis **hipóteses/espécies de homicídio**, a saber:

a) homicídio doloso simples (previsto no *caput* do art. 121 do CP);

b) homicídio doloso privilegiado (previsto no § 1º);

c) homicídio doloso qualificado (previsto nos §§ 2º e 2º-A);

d) homicídio culposo (previsto no § 3º);

e) homicídio culposo majorado (previsto no § 4º, 1ª parte);

f) homicídio doloso majorado (previsto no § 4º, 2ª parte e §§ 6º e 7º).

2.1.2.1. Homicídio doloso simples (art. 121, caput, CP)

Corresponde à forma básica do crime, vale dizer, ao tipo fundamental. É punido o agente que o praticar com a pena de 6 a 20 anos de reclusão.

O **sujeito ativo** do crime pode ser qualquer pessoa. Trata-se, portanto, de **crime comum** (pode, frise-se, ser praticado por qualquer pessoa).

Já o **sujeito passivo** do homicídio é o ser humano vivo, com **vida extrauterina**. Inicia-se a vida extrauterina quando tem início o parto, ou seja, com a ruptura do saco amniótico em que se encontrava o feto.

O **tipo objetivo**, ou seja, a **conduta típica**, consiste no verbo "matar", que significa eliminar, exterminar a vida humana da vítima cujo parto já teve início. Pouco importa se teria horas ou minutos de sobrevida. Caracteriza-se como homicídio a simples aceleração ou antecipação de uma morte futura, ainda que iminente.

Se a tentativa de eliminação recair sobre um cadáver, ocorrerá exemplo típico de **crime impossível**, dada a absoluta impropriedade do objeto, nos termos do art. 17 do CP.

A morte da vítima pode ser realizada por qualquer maneira, seja mediante uma ação (ex.: disparos de arma de fogo) ou omissão (ex.: mãe que deixa de alimentar o filho recém-nascido). Trata-se, portanto, de **crime de ação livre**. Dependendo da forma utilizada pelo agente para a prática do delito em tela, poderemos verificar hipóteses da modalidade qualificada (ex.: homicídio por meio de veneno, fogo, explosivo...). É possível matar até por meio de violência psíquica, como palavras de terror, susto etc.

O **tipo subjetivo** é o dolo, ou seja, o agente age, de forma livre e consciente, querendo a morte do agente (é o denominado *animus necandi*).

Consuma-se o crime com a morte do agente, pelo que o homicídio é doutrinariamente reconhecido como **material** (exige-se o resultado, portanto).

A **tentativa** é plenamente possível, já que o *iter criminis* é fracionável, tratando-se, pois, de delito plurissubsistente.

Frise-se que será considerado **hediondo** o homicídio doloso simples, desde que **praticado em atividade típica de grupo de extermínio**, ainda que por uma só pessoa (art. 1º, I, da Lei 8.072/1990 – Lei dos Crimes Hediondos). Trata-se do denominado homicídio condicionado (na modalidade simples, somente será considerado hediondo se preenchida a condição citada, qual seja, ter sido praticado em atividade típica de grupo de extermínio).

2.1.2.2. Homicídio doloso privilegiado (art. 121, § 1º, CP)

Previsto no § 1º, do art. 121, do CP, trata-se de crime cuja pena será reduzida de 1/6 a 1/3, por situações ligadas à motivação do crime.

Assim, considera-se privilegiado o homicídio praticado por:

a) relevante valor social – é o motivo relacionado com os interesses de uma coletividade (daí ser mencionado o "valor social");

b) relevante valor moral – é o motivo relacionado com os interesses individuais do criminoso, tais como o ódio, misericórdia, compaixão. É o caso da eutanásia, que é punida no Brasil;

c) domínio de violenta emoção, logo em seguida a injusta provocação da vítima – trata-se de homicídio praticado pelo agente que se encontra com estado anímico bastante abalado (a emoção deve ser violenta, e não simplesmente passageira). No caso de violenta emoção, o agente atua em verdadeiro "choque emocional". O CP exige que a reação seja imediata à provocação da vítima, vale dizer, sem um interstício longo. Assim não fosse, o Direito Penal estaria privilegiando a vingança (a reação efetivada muito tempo após a provocação da vítima configura vingança, pensada e planejada).

No caso de concurso de agentes, as "privilegiadoras" previstas no dispositivo legal analisado são incomunicáveis aos coautores e partícipes por se tratarem de circunstâncias de caráter pessoal não elementares do crime de homicídio.

Por fim, a natureza jurídica do privilégio é de causa especial/específica de diminuição de pena, incidente na terceira fase do esquema trifásico de sua aplicação.

2.1.2.3. Homicídio qualificado (art. 121, §§ 2º e 2º-A, CP)

Vem previsto no art. 121, §§ 2º e 2º-A, do CP, sendo punido o agente com pena que varia entre 12 e 30 anos de reclusão. Cumpre ressaltar, desde logo, que todas as qualificadoras do homicídio tornam-no crime hediondo (art. 1º, I, da Lei 8.072/1990).

São 7 as hipóteses de homicídio qualificado, a saber:

I. *mediante paga ou promessa de recompensa, ou por outro motivo torpe* – trata-se de qualificadora considerada de **caráter subjetivo**, já que ligada à motivação do agente para a prática do crime. Enquanto a "paga" pressupõe o prévio acertamento do agente com o executor da morte (ex.: entrega de dinheiro, bens suscetíveis de apreciação econômica ou mesmo vantagens econômicas, como promoções no emprego), a promessa de recompensa traduz a ideia de pagamento futuro, ainda que não se verifique de fato. Em matéria de concurso de agentes, fica evidente que a qualificadora em comento exige a intervenção de duas pessoas, pelo que configurada a situação de concurso necessário (delito plurissubjetivo, portanto): um mandante e um executor. Pela doutrina majoritária, ambos responderão com a mesma pena (inclusive o mandante, que não executa a morte), por força do art. 30 do CP. Por fim, o motivo torpe significa um motivo vil, abjeto, repugnante, revelador da personalidade distorcida do agente. Tem-se, como exemplo, o caso de um homicídio praticado para recebimento de herança;

II. *por motivo fútil* – trata-se, também, de qualificadora de **caráter subjetivo**, já que vinculada à motivação do delito. É a morte provocada por um motivo de somenos importância, ínfimo, desproporcional, desarrazoado. É necessário que se demonstre a existência de um motivo "pequeno" para a morte, sob pena de, não sendo encontrado qualquer motivo para o crime, não restar configurada a qualificadora em comento. É exemplo de motivo fútil aquele causado por uma brincadeira da vítima, por um "tapinha nas costas", por uma refeição ruim servida ao agente;

III. ***com emprego de veneno, fogo, explosivo, asfixia, tortura ou outro meio insidioso ou cruel, ou de que possa resultar perigo comum*** – trata-se de qualificadora considerada de **caráter objetivo**, uma vez que não está vinculada à motivação do crime, mas sim ao modo/meio de execução de que se vale o agente para a sua prática. Considera-se "meio insidioso" aquele disfarçado, utilizado pelo criminoso "às escondidas", camuflando o futuro fato (ex.: remoção das pastilhas dos freios de um veículo);

IV. ***à traição, de emboscada, ou mediante dissimulação ou outro recurso que dificulte ou torne impossível a defesa do ofendido*** – trata-se de qualificadora de caráter objetivo, já que, igualmente ao inciso anterior, não está ligada aos motivos do crime, mas à forma como será praticado. Nas circunstâncias previstas nessa qualificadora, o agente se prevalece de situações que dificultam a defesa da vítima, como no caso da traição (o agente e a vítima já guardam alguma relação de confiança, o que possibilita a ação daquele – ex.: matar a namorada enquanto dorme). Já na emboscada, o agente age sem que a vítima o perceba, eis que se encontra escondido (tocaia). Por fim, a dissimulação consiste em ser utilizado algum recurso pelo agente que engane a vítima (ex.: uso de uma fantasia/disfarce; agenciador de modelos – foi o caso do "maníaco do parque");

V. ***para assegurar a execução, a ocultação, a impunidade ou vantagem de outro crime*** – trata-se de qualificadora de **caráter subjetivo**, uma vez que também está relacionada com a motivação do crime. *In casu*, o agente pratica o homicídio como forma de assegurar a **execução** de outro crime (conexão teleológica – ex.: para estuprar uma mulher famosa, o agente mata, antes de ingressar em seu quarto, o segurança da residência), ou ainda para a garantia da **ocultação, impunidade ou vantagem** de outro crime. Nesses três casos (ocultação, impunidade e vantagem), existe a denominada conexão consequencial, já que o agente primeiramente pratica outro crime para, somente então, cometer o homicídio. É hipótese de ocultação de crime antecedente a situação do funcionário público corrupto que, após receber vantagem indevida em razão da função pública que ocupa, mata o cinegrafista que filmou o momento do "suborno". Terá o agente matado alguém para ocultar delito antecedente. Verifica-se a situação da impunidade quando o agente não quer ocultar o crime, mas garantir que fique impune, como no caso de matar uma mulher após estuprá-la. Por fim, configura homicídio qualificado quando o agente pratica um homicídio como forma de assegurar a vantagem (os proveitos) de outro crime, como no caso de um roubador matar o comparsa para ficar com todo o produto do dinheiro subtraído de um banco;

VI – ***contra a mulher por razões da condição de sexo feminino*** – trata-se da nova modalidade qualificada de homicídio, denominada de ***feminicídio***, incluída no CP pela Lei 13.104/2015. Estamos diante, importante registrar, de qualificadora de **caráter subjetivo**. Nos termos do novel § 2º-A, do art. 121, considera-se que *há razões de condição de sexo feminino* quando o crime envolve *violência doméstica e familiar* ou *menosprezo ou discriminação à condição de mulher*. Trata-se de qualificadora que, para sua configuração, exige uma violência baseada no gênero, ou seja, a violência perpetrada contra a vítima deverá ter por motivação a *opressão à mulher*. Importante registrar que o feminicídio também integra o rol dos crimes hediondos, ao lado das demais modalidades qualificadas de homicídio e modalidade simples (desde que praticada em atividade típica de grupo de extermínio, ainda que por uma só pessoa);

VII – ***contra autoridade ou agente descrito nos arts. 142 e 144 da Constituição Federal, integrantes do sistema prisional e da Força Nacional de Segurança Pública, no exercício da função ou em decorrência dela, ou contra seu cônjuge, companheiro ou parente consanguíneo até terceiro grau, em razão dessa condição*** – trata-se de mais uma qualificadora do homicídio, inserida no CP pela Lei 13.142/2015. Podemos denominar a novel situação de "**homicídio funcional**", visto que a circunstância em comento, para sua incidência, exigirá que o agente delitivo esteja ciente da condição especial da vítima ou de seus parentes, cônjuges ou companheiros. Estamos, aqui, diante de um crime próprio quanto ao sujeito passivo. Trata-se de qualificadora de natureza subjetiva, vinculada, portanto, à motivação delitiva. Tencionou o legislador punir mais gravemente o agente que elimina a vida de pessoas que, de forma geral, se dedicam ao combate à criminalidade.

Cabe consignar, ainda, que é possível a prática de **homicídio qualificado privilegiado (ou homicídio híbrido)**, situação compatível apenas com as **qualificadoras de caráter objetivo** (ex.: eutanásia praticada com emprego de veneno). Não se admitiria, até pela absoluta incompatibilidade, a coexistência de uma das "privilegiadoras", todas de caráter subjetivo, com as qualificadoras de igual roupagem (ex.: homicídio praticado por relevante valor moral qualificado pelo motivo fútil). Registre-se que o homicídio híbrido **não será considerado hediondo**.

Interessante, por fim, anotar a posição do então Min. Joaquim Barbosa (STF) acerca da incompatibilidade do dolo eventual com as qualificadoras relativas ao modo de execução do homicídio. Segue a notícia:

HC N. 95.136-PR – RELATOR: MIN. JOAQUIM BARBOSA

"*Habeas Corpus*. Homicídio qualificado pelo modo de execução e dolo eventual. Incompatibilidade. Ordem concedida.

O dolo eventual não se compatibiliza com a qualificadora do art. 121, § 2º, IV, do CP ('traição, emboscada, ou mediante dissimulação ou outro recurso que dificulte ou torne impossível a defesa do ofendido'). Precedentes. Ordem concedida". (Inform. STF 621) – noticiado no Informativo 618.

Dolo eventual e qualificadora: incompatibilidade

"São incompatíveis o dolo eventual e a qualificadora prevista no inc. IV do § 2º do art. 121 do CP ('§ 2º Se o homicídio é cometido:... IV – à traição, de emboscada ou mediante dissimulação ou outro recurso que dificulte ou torne impossível a defesa do ofendido'). Com base nesse entendimento, a 2ª Turma deferiu *habeas corpus* impetrado em favor de condenado à pena de reclusão em regime integralmente fechado pela prática de homicídio qualificado descrito no artigo referido. Na espécie, o paciente fora pronunciado por dirigir veículo, em alta velocidade, e, ao avançar sobre a calçada, atropelara casal de transeuntes, evadindo-se sem prestar socorro às vítimas. Concluiu-se pela ausência do dolo específico, imprescindível à configuração da citada qualificadora e, em consequência, determinou-se sua exclusão da sentença condenatória". Precedente citado: HC 86163/SP (DJU de 3.2.2006). HC 95136/PR, rel. Min. Joaquim Barbosa, 01.03.2011. (HC-95136) (Inform. STF 618)

2.1.2.4. *Homicídio culposo (art. 121, § 3º, CP)*

Previsto no art. 121, § 3º, do CP, é punido com detenção de 1 a 3 anos. Será verificado quando o agente não querendo ou não assumindo o risco, produzir a morte de alguém **por imprudência, negligência ou imperícia**.

2.1.2.5. *Homicídio majorado (se culposo – art. 121, § 4º, CP)*

Vem prevista no art. 121, § 4º, do CP, em sua 1ª parte, a situação de, no **homicídio culposo**, o *agente não observar regra técnica de profissão, arte ou ofício*, ou se o agente *deixa de prestar imediato socorro à vítima, não procura diminuir as consequências do seu ato, ou foge para evitar prisão em flagrante*.

Nesses casos, sua **pena será aumentada** em **1/3**. Verifique que a situação acima transcrita somente incidirá se o homicídio for *culposo*.

Ex.: "A", limpando um revólver, não verificou se estava municiado, ocasião em que, acionando o gatilho por engano, efetuou um disparo e acertou pessoa que passava próximo ao local. Em vez de socorrê-la imediatamente, foge do local temendo sua prisão.

2.1.2.6. *Homicídio majorado (se doloso – art. 121, §§ 4º, 6º e 7º, CP)*

No mesmo § 4º do art. 121 do CP, vem prevista a situação de o **homicídio doloso** ser praticado contra *pessoa menor de 14 ou maior de 60 anos*.

Nesses casos, a pena será aumentada também em 1/3, seja o homicídio simples, privilegiado ou qualificado.

Porém, **deverá o agente saber que a vítima conta com menos de 14 ou mais de 60 anos**, sob pena de ser punido objetivamente, vale dizer, sem a exata consciência da condição do sujeito passivo.

Ainda, o § 6º do art. 121 do CP, inserido pela Lei 12.720/2012, passou a prever aumento de pena de 1/3 até a 1/2 se o homicídio for praticado por milícia privada, sob o pretexto de prestaçao de serviço de segurança, ou por grupo de extermínio. Entende-se por "**milícia privada**" o grupo de pessoas que se instala, geralmente, em comunidades carentes, com o suposto objetivo de restaurar a "paz" e a "tranquilidade" no local, criando, com isso, verdadeiro "grupo paralelo de segurança pública". Já por "**grupo de extermínio**" entende-se a reunião de pessoas popularmente chamadas de "justiceiros", cujo objetivo é a eliminação de pessoas identificadas supostamente como "perigosas" ao corpo social.

Finalmente, no tocante ao **feminicídio** (art. 121, §2º, VI, CP), a pena será aumentada de um 1/3 até a 1/2, conforme determina o art. 121, § 7º, do CP, nos seguintes casos: i) se praticado durante a gestação ou nos três meses posteriores ao parto; ii) contra pessoa menor de 14 ou maior de 60 anos ou com deficiência; e iii) na presença de descendente ou ascendente da vítima.

2.1.3. *Perdão judicial*

Trata-se de **causa extintiva da punibilidade**, conforme art. 107, IX, do CP.

Irá incidir quando as **consequências da infração atingirem o próprio agente de forma tão grave que a sanção penal se torne desnecessária.**

Assim verificando, o **juiz poderá (deverá) deixar de aplicar a pena.**

É o caso de um pai atingir o próprio filho por um disparo acidental de arma de fogo. As consequências para ele são tão gravosas que a maior pena é a perda do ente querido. O mesmo se diga se um pai, por imprudência, atropela o próprio filho, ao sair de sua garagem.

A **Súmula 18 do STJ**, tratando do perdão judicial, prescreve que "a sentença concessiva do perdão judicial é declaratória da extinção da punibilidade, não subsistindo qualquer efeito condenatório". Assim, a sentença do juiz, em caso de perdão judicial, **não tem natureza condenatória**, mas **declaratória**, pelo que não pode remanescer qualquer dos efeitos da condenação (ex.: obrigação de reparar o dano, reincidência, lançamento do nome do réu no rol dos culpados etc.).

2.2. Induzimento, instigação ou auxílio a suicídio (art. 122 do CP)

2.2.1. *Considerações iniciais*

O Direito Penal não pune aquela pessoa que quer dar cabo de sua própria vida, mas sim o agente que induz, instiga ou auxilia alguém a praticar suicídio (também denominado de autocídio ou autoquíria). Em outras palavras, a atividade do suicida é atípica, já que, em regra, não se pode punir a destruição de um bem próprio, somente alheio (princípio da alteridade). Daí explicar-se que a autolesão é impunível, já que o agente pode fazer o que bem quiser de seu corpo (desde que não o faça para recebimento de seguro contra acidentes pessoais, o que configuraria fraude).

Embora o *nomen juris* do crime ora analisado seja de "induzimento, instigação ou auxílio" a suicídio (art. 122 do CP), não se trata de situação semelhante à participação, espécie de concurso de pessoas. Isso porque o partícipe é aquele que tem conduta acessória para a prática de um crime realizado por um executor do verbo do tipo (autor).

No caso em tela, **a participação do agente consiste na atuação principal**, e não acessória, como no caso do concurso de pessoas. Quem induzir, instigar ou auxiliar alguém a tirar sua própria vida será **autor** do crime e **não partícipe**.

Trata-se de crime contra a vida.

2.2.2. *Tipo objetivo*

O CP prevê, em seu art. 122, o delito de "induzimento, instigação ou auxílio a suicídio", com a seguinte redação: "induzir ou instigar alguém a suicidar-se ou prestar-lhe auxílio para que o faça. Pena: reclusão, de dois a seis anos, se o suicídio se consuma; ou reclusão de um a três anos, se da tentativa de suicídio resulta lesão corporal de natureza grave".

Verifica-se, portanto, que o crime em tela pode ser cometido por três maneiras, que correspondem às condutas típicas (verbos do tipo):

a) induzir – nesse caso, o agente faz nascer na mente da vítima a ideia de praticar suicídio;

b) instigar – aqui, o agente apenas reforça a ideia, que já existia no espírito da vítima, de realizar o suicídio;

c) auxiliar – trata-se da ajuda material para a concretização do suicídio pela vítima. É o caso de fornecimento dos instrumentos para que a vítima ceife sua própria vida (ex.: faca, revólver). Esse "auxílio" deve ter uma **relação acessória** com o suicídio e não positiva nos atos de execução, sob pena de o agente responder por homicídio (ex.: "A" empresta a "B" um revólver, e a seu pedido o "auxilia", apertando o gatilho. Terá, então, matado "B", situação configuradora do crime de homicídio).

O crime poderá ser praticado por ação ou mesmo por omissão (neste último caso, desde que o sujeito ativo tenha o dever jurídico de agir, o que configura a omissão imprópria).

2.2.3. *Tipo subjetivo*

É o dolo, ou seja, a vontade livre e consciente do agente em induzir, instigar ou auxiliar alguém a suicidar-se.

Admite-se, inclusive, a forma eventual (dolo eventual), ou seja, o agente pode praticar o crime em tela, embora não querendo que a vítima se suicide, assumindo o risco de que o faça. É o caso do pai que, sabendo das tendências suicidas da filha, a expulsa de casa, fazendo com que ela, desamparada, dê cabo de sua própria vida.

2.2.4. *Sujeito passivo*

É considerada vítima do crime a pessoa com um mínimo de discernimento e poder de resistência. Assim não sendo, estaremos diante de homicídio (ex.: o pai induz o filho de 4 anos de idade a pular da janela, eis que, com a capa do Super-Homem, conseguirá voar).

2.2.5. *Consumação e tentativa*

Parte da doutrina diz que não se admite a tentativa do crime previsto no art. 122 do CP, o que se extrai do preceito secundário do tipo: se o suicídio efetivamente ocorre, a pena do sujeito ativo será de 2 a 6 anos de reclusão; já se resultar lesão corporal grave, será de 1 a 3 anos de reclusão.

Em outras palavras, o crime estaria consumado com a efetiva morte da vítima ou no caso de sofrer lesão corporal de natureza grave.

Já outros doutrinadores, como Cezar Bittencourt, admitem a punição do crime a título de tentativa, mas que já foi prevista no próprio tipo penal (pena de 1 a 3 anos de reclusão). Trata-se, segundo ele, de uma "tentativa qualificada", já que o agente do crime deve ser punido com menor rigor quando a vítima não conseguir tirar sua própria vida, mas sofrer, em decorrência da tentativa, lesões corporais de natureza grave.

De qualquer forma, se a vítima tentar se matar, mas sofrer apenas lesões leves, o fato será atípico (ou a vítima consegue suicidar-se, configurando a modalidade consumada, ou sofre lesões corporais graves, com o que o delito será tentado).

2.2.6. *Causas de aumento de pena*

Se o crime for cometido por motivo egoístico, a pena será duplicada.

Esse aumento também será verificado se a vítima for menor (maior de 14 e menor de 18 anos, segundo Guilherme Nucci, pois, nesse caso, se sequer pode consentir para um ato sexual, com muito mais razão não poderá decidir sobre sua vida, sendo o caso de homicídio).

Por fim, a pena será igualmente duplicada quando a vítima tiver reduzida, por qualquer motivo, a capacidade de resistência. É o caso de alguém embriagado, ou com algum déficit mental (não completo, pois, nesse caso, haverá homicídio), ou no caso de senilidade (idade avançada).

2.3. Infanticídio (art. 123 do CP)

2.3.1. *Considerações iniciais*

Trata-se de crime doloso contra a vida.

Corresponde à eliminação, pela própria mãe, durante ou logo após o parto, do próprio filho, estando ela sob influência do estado puerperal.

Intrinsecamente, não há diferença entre o infanticídio e o homicídio. Afinal, ocorre a morte de alguém. Porém, esse "alguém" não é qualquer pessoa, mas o próprio filho da genitora, que é quem realiza os elementos do tipo penal.

2.3.2. *Tipo objetivo*

A conduta nuclear (verbo do tipo) é a mesma do homicídio, qual seja, **matar.** Ocorre, portanto, a eliminação da vida humana extrauterina. Indispensável é, portanto, que o nascente esteja vivo no momento da ação ou omissão da genitora.

Difere o infanticídio do homicídio por uma situação anímica em que se encontra o agente, vale dizer, a mãe: o estado puerperal.

Segundo Guilherme de Souza Nucci, "estado puerperal é aquele que envolve a parturiente durante a expulsão da criança do ventre materno. Há profundas alterações psíquicas e físicas, que chegam a transformar a mãe, deixando-a sem plenas condições de entender o que está fazendo. (...) O puerpério é o período que se estende do início do parto até a volta da mulher às condições de pré-gravidez" (**Manual de Direito Penal** – 3ª edição – editora RT – pág. 621).

O tipo penal exige que a mãe esteja sob "influência" do estado puerperal. Que toda mãe passa pelo puerpério, isto é fato incontroverso. Porém, deve-se demonstrar que tal estado anímico tirou-lhe a plena capacidade de entendimento, levando-a a cometer o homicídio do próprio filho.

Ademais, o elemento cronológico do tipo ("durante o parto ou logo após") é algo a ser analisado, revelando que o legislador impõe reprimenda mais branda à mãe que matar o próprio filho quase que numa "imediatidade" ao parto (simultaneamente a este, ou logo após). Todavia, é possível que a acusação comprove que, mesmo transcorrido um lapso considerável de tempo, a mãe estivesse, ainda, sob influência do estado puerperal, o que não descaracterizaria o delito.

Porém, quanto mais tempo passar do parto, menor é a chance de que a mãe sofra com as alterações que o puerpério lhe acomete. Daí haver uma "inversão" do ônus da prova, no sentido de que caberá à defesa demonstrar, transcorrido tempo razoável do parto, que a mãe ainda se encontrava influenciada pela alteração anímica.

2.3.3. *Tipo subjetivo*

É o dolo, não sendo punida a modalidade culposa do infanticídio. Se tal situação ocorrer, poderá ser verificado o homicídio culposo, ainda que a mãe esteja sob influência do estado puerperal (é o posicionamento de Cezar Roberto Bittencourt).

Já Damásio de Jesus entende que a mulher, influenciada pelo estado puerperal, não tem a diligência normal que a todos se impõe, razão pela qual sequer por homicídio culposo poderia responder, caso viesse a matar o próprio filho por imprudência ou negligência. É que, explica o doutrinador, nesse caso, seria inviável a demonstração da ausência de prudência normal na mulher que, pelo momento peculiar de sua vida, padece de certo desequilíbrio psíquico.

2.3.4. *Sujeitos do crime*

O **sujeito ativo** do crime é a mãe (parturiente), que, influenciada pelo estado puerperal, mata o próprio filho. Trata-se, pois, de **crime próprio**.

Já o **sujeito passivo** é o recém-nascido (neonato) ou aquele que ainda está nascendo (nascente). Isso é extraído do próprio tipo penal: "durante o parto (nascente) ou logo após (neonato)".

Embora o estado puerperal seja algo típico da mulher que está em trabalho de parto ou que há pouco tempo a ele se submeteu, tal situação configura uma **circunstância pessoal**, que, por ser elementar, comunica-se aos coautores ou partícipes, nos termos do art. 30 do CP.

Se a mãe, por engano, influenciada pelo estado puerperal, dirige-se até o berçário do hospital e mata um bebê que não o seu filho, ainda assim responderá por infanticídio, já que presente um erro de tipo acidental (erro quanto à pessoa – art. 20, § 3º, do CP).

2.3.5. *Consumação e tentativa*

O crime de infanticídio exige, para sua consumação, a morte do neonato ou do nascente (crime material). Caso isso não ocorra, estaremos diante da tentativa.

2.4. Aborto (arts. 124 a 128 do CP)

2.4.1. *Considerações iniciais*

Por primeiro, cabe ressaltar que o termo "aborto" não corresponde à ação de se eliminar a vida de um feto, mas sim o resultado da ação criminosa. A lei trocou, conforme explica Rogério Sanches Cunha, *a ação pelo seu produto* (**Direito Penal** – Parte Especial – ed. RT, pág. 52). Melhor seria falar-se em "abortamento".

Assim, o "aborto" corresponde à eliminação do produto da concepção, tutelando a lei a **vida humana intrauterina**.

A lei trata de **5 (cinco) espécies** de aborto:

a) autoaborto (art. 124, 1ª parte, do CP);

b) aborto consentido (art. 124, 2ª parte, do CP);

c) aborto provocado por terceiro com o consentimento da gestante (art. 126 do CP);

d) aborto provocado por terceiro sem o consentimento da gestante (art. 125 do CP);

e) aborto qualificado (art. 127 do CP).

2.4.2. *Autoaborto*

Vem definido no art. 124, 1ª parte, do CP: "provocar aborto em si mesma...".

Trata-se de **crime de mão própria** (segundo Cezar Roberto Bittencourt, por exemplo), já que é a própria mãe quem irá realizar o abortamento, efetivando ela própria as manobras abortivas (ex.: ingestão de medicamentos abortivos; inserção, no útero, de agulhas ou curetas etc.). Admite-se, portanto, apenas a **participação** (conduta acessória), jamais a coautoria.

Se terceiro realiza manobras abortivas junto com a gestante, ela responderá por autoaborto e ele pelo crime do art. 126 do CP (aborto provocado por terceiro com o consentimento da gestante).

O **sujeito passivo** do crime é o feto (produto da concepção), ainda que, para a lei civil, não tenha personalidade jurídica (que se adquire com o nascimento com vida). Por esse motivo, alguns doutrinadores chegam a declarar que a vítima é a sociedade, já que o feto não é considerado "pessoa".

Consuma-se o crime com a morte do feto ou a destruição do produto da concepção, ainda que não seja expelido pelo corpo da mulher. Mesmo que o feto nasça com vida após as manobras abortivas, mas venha a morrer em decorrência de uma "aceleração do parto", a mãe responderá por autoaborto.

Admite-se a **tentativa**, já que se trata de crime material e plurissubsistente (vários atos).

2.4.3. *Aborto consentido*

Corresponde à 2ª parte do art. 124, do CP: "... ou consentir que outrem lho provoque".

Trata-se de conduta omissiva (a gestante permite que terceira pessoa pratique manobras abortivas, provocando a morte do feto ou do produto da concepção).

Também, aqui, o crime é de mão própria, cujo sujeito ativo é apenas a gestante. O terceiro responderá pelo crime do art. 126 do CP.

2.4.4. *Aborto provocado por terceiro sem o consentimento da gestante (art. 125 do CP)*

O crime, descrito no art. 125 do CP, consiste na ação de "provocar aborto" (tipo objetivo), havendo **dissenso real** (violência física) ou **presumido** (quando a gestante não é maior de 14 anos, ou é alienada ou débil mental, ou se o consentimento é obtido mediante fraude, grave ameaça ou violência – art. 126, parágrafo único, do CP).

Trata-se da forma mais grave de aborto, punida com 3 a 10 anos de reclusão.

O **sujeito ativo** pode ser qualquer pessoa (crime comum). Já o **sujeito passivo** é o feto ou produto da concepção e a gestante (dupla subjetividade passiva).

O crime é **material**, consumando-se com a morte do feto ou produto da concepção.

2.4.5. *Aborto provocado por terceiro com o consentimento da gestante (art. 126 do CP)*

O crime em tela vem descrito no art. 126 do CP, configurando nítida **exceção pluralística à teoria unitária**, eis que o agente responderá por crime diverso da gestante que consentiu com o aborto (art. 124, 2ª parte, do CP).

Em outras palavras, o provocador do aborto responderá pelo crime do art. 126, ao passo que a gestante que consentiu com tal ação responderá por aborto consentido (art. 124, 2ª parte, do CP).

Trata-se de **crime comum**, ou seja, pode ser praticado por qualquer pessoa.

O crime em tela somente estará configurado se houver **consentimento válido** da gestante, ou seja, se ausente qualquer das hipóteses do **parágrafo único do art. 126 do CP**. Se assim não ocorrer, responderá o agente pelo crime do art. 125 do CP (aborto sem consentimento da gestante), enquanto que a gestante ficará isenta de pena (se alienada ou débil mental, ou não maior de 14 anos, presumindo-se a invalidade de seu consentimento nesses casos).

Consuma-se o crime com a morte do feto/produto da concepção (crime material), admitindo-se a **tentativa**.

2.4.6. *Aborto qualificado (art. 127 do CP)*

A pena será aumentada em 1/3 caso a gestante sofra lesão corporal de natureza grave, resultando dos meios empregados para o aborto ou como sua consequência.

No caso de morte da gestante, as penas serão duplicadas.

O art. 127 do CP somente pode ser aplicado aos crimes previstos nos arts. 125 e 126, já que o art. 124 é próprio da gestante, não podendo ela ser mais gravemente punida se sofrer lesão corporal grave (a lei não pune a autolesão) ou morte (hipótese em que haverá extinção da punibilidade – art. 107, I, do CP).

A ocorrência de lesão corporal leve não acarreta a exacerbação da pena, eis que implicitamente vem prevista no tipo penal. Afinal, abortamento sem um mínimo de lesão é quase impossível.

Em qualquer hipótese (lesão corporal grave ou morte da gestante), o delito será preterdoloso, ou seja, o resultado agravador terá sido praticado pelo agente a título de culpa. Por se tratar de delito preterdoloso, não se admite tentativa, respondendo o agente, segundo Fernando Capez, pela forma consumada do crime, ainda que não ocorra o aborto, mas a gestante morra ou sofra lesão corporal grave.

Se quiser a morte ou lesão corporal grave na gestante, além do aborto, responderá o agente em concurso de crimes.

2.4.7. *Aborto legal (art. 128 do CP)*

O CP admite, em duas situações, a prática do aborto:

a) se a gravidez gerar risco de vida à gestante;

b) se a gravidez resultou de estupro, desde que a gestante consinta com o abortamento, ou, se incapaz, haja autorização do representante legal.

A primeira hipótese é denominada **aborto terapêutico ou necessário**, já que praticado para que não se sacrifique a vida da gestante, em risco por conta da gravidez.

Já a segunda hipótese é chamada de **aborto humanitário, sentimental ou ético,** eis que a lei admite que a mulher estuprada não leve a cabo uma gravidez cujo produto resulta de ato violento contra sua liberdade sexual.

Em qualquer caso, somente poderá realizar o abortamento o *médico*, conforme reza o art. 128, *caput*, do CP ("não se pune o aborto praticado por médico").

Se terceira pessoa, que não médico, realizar o aborto na primeira hipótese, poderá ser excluído o crime se a gestante correr perigo de vida atual, caracterizador do **estado de necessidade**.

No caso do **aborto humanitário**, é imprescindível que haja **autorização da gestante para sua prática, ou de seu representante legal**, caso incapaz. A lei não exige que o estuprador tenha sido irrecorrivelmente condenado, nem mesmo autorização judicial para que seja efetivado.

Todavia, na prática, é bom que o médico se cerque de alguns cuidados, como a exigência de boletim de ocorrência, declarações de testemunhas etc.

2.4.8. *O aborto eugênico (feto anencefálico)*

Não vem definida no CP a possibilidade de realizar o aborto se o feto possuir má formação ou mesmo anencefalia (ausência de tronco cerebral).

O STF, na ADPF 54 (Arguição de Descumprimento de Preceito Fundamental), decidiu pela possibilidade de realização do aborto do anencéfalo, desde que haja laudo médico dando conta da situação do feto.

Entendeu-se que a vedação ao aborto, nesse caso, atenta contra a dignidade humana, impondo à gestante um sofrimento desnecessário e cruel, visto que a anencefalia culminará, necessariamente, com a morte do feto. Pode-se, aqui, argumentar, que a vida se encerra com a cessação da atividade encefálica, nos termos do art. 3º da Lei 9.434/1997, razão pela qual o fato (aborto de feto anencefálico) é atípico.

Interessante anotar que a ANADEP – Associação Nacional dos Defensores Públicos levou ao STF, por meio de ADI e ADPF propostas perante o STF, postulou a possibilidade de interrupção de gravidez em caso de feto acometido por microcefalia, haja vista a verdadeira epidemia de casos supostamente decorrentes da contaminação da gestante pelo vírus *zika*. A questão é tormentosa, havendo quem sustente ser inadmissível o aborto nesse caso, eis que não se trata de feto com vida inviável (a despeito das inúmeras complicações de saúde que poderão atingi-lo). Porém, importante registrar, a posição adotada pelo MPF foi no sentido da possibilidade da interrupção da gravidez, em contraposição ao parecer da AGU, que entende que o aborto, em caso de microcefalia, afronta o direito à vida.

Até o fechamento dessa edição não havia decisão do STF. Aguardemos!

2.4.9. *A (des)criminalização do aborto até o terceiro mês de gestação*

A 1ª Turma do STF, em polêmica decisão tomada no julgamento do HC 124306, em 29 de novembro de 2016, no qual se analisava a questão da prisão cautelar (preventiva) decretada em desfavor dos dois pacientes, denunciados pela prática dos crimes de aborto com o consentimento da gestante e associação criminosa (arts. 126 e 288 do CP), decidiu pela revogação do encarceramento dos acusados ante a ausência dos requisitos autorizadores da medida processual restritiva da liberdade, bem como em razão de a *criminalização do aborto ser incompatível com diversos direitos fundamentais, entre eles os direitos sexuais e reprodutivos e a autonomia da mulher, a integridade física e psíquica da gestante e o princípio da igualdade.*

Em voto-visto, o Min. Luís Roberto Barroso, seguido pela Min. Rosa Weber e Edson Fachin, sustentou: "*No caso aqui analisado, está em discussão a tipificação penal do crime de aborto voluntário nos artigos 124 e 126 do Código Penal, que punem tanto o aborto provocado pela gestante quanto por terceiros com o consentimento da gestante*". E prosseguiu dizendo que se deve dar interpretação conforme à Constituição aos arts. 124 e 126 do Código Penal para o fim de afastar a interrupção voluntária da gestação até o fim do primeiro trimestre de gravidez. Em verdade, por se tratar de norma anterior à CF, concluiu o Ministro que, "*como consequência, em razão da não incidência do tipo penal imputado aos pacientes e corréus à interrupção voluntária da gestação realizada nos três primeiros meses, há dúvida fundada sobre a própria existência do crime, o que afasta a presença de pressuposto indispensável à decretação da prisão preventiva*".

Os principais fundamentos invocados pela maioria da 1ª Turma do STF foram: (i) a criminalização do aborto antes de concluído o primeiro trimestre de gestação viola diversos direitos fundamentais da mulher (autonomia, o direito à integridade física e psíquica, os direitos sexuais e reprodutivos e a igualdade de gênero); (ii) a criminalização do aborto não observa, de forma suficiente, o princípio da proporcionalidade; (iii) a criminalização do aborto acarreta discriminação social e impacto desproporcional, especialmente às mulheres pobres.

Sustentou o Min. Barroso, ainda, que "*o aborto é uma prática que se deve procurar evitar, pelas complexidades físicas, psíquicas e morais que envolve. Por isso mesmo, é papel do Estado e da sociedade atuar nesse sentido, mediante oferta de educação sexual, distribuição de meios contraceptivos e amparo à mulher que deseje ter o filho e se encontre em circunstâncias adversas*".

Importante frisar que não se trata de decisão com efeitos vinculantes, até porque tomada em controle difuso de constitucionalidade. Também não reflete, necessariamente, o pensamento de toda a Corte, eis que tomada por órgão fracionário (1ª Turma). Porém, relevante nosso leitor ter conhecimento desse importante – e, repita-se, polêmico – precedente de nossa Excelsa Corte.

3. LESÃO CORPORAL

3.1. Lesão corporal (art. 129 do CP)

3.1.1. Considerações iniciais

Embora o crime de lesões corporais atente contra a pessoa, não se trata de infração que ofenda a vida, mas a integridade física ou a saúde corporal.

Para que se verifique o crime em tela, é imprescindível que a vítima sofra uma efetiva alteração de seu corpo ou saúde, de modo a causar-lhe um dano. É importante mencionar que a causação de dor, por si só, é insuficiente à configuração de lesões corporais. É possível, inclusive, praticar este crime sem que se cause dor no ofendido (ex.: corte, contra a vontade da vítima, de seus cabelos).

3.1.2. Espécies de lesão corporal

A lesão corporal, vale frisar de início, pode ser praticada nas formas dolosa ou culposa, podendo ser classificada da seguinte forma:

a) leve (*caput*)

b) grave (§ 1º);

c) gravíssima (§ 2º);

d) seguida de morte (§ 3º);

e) privilegiada (§ 4º)

f) culposa (§ 6º)

g) majorada (§§ 7º, 10, 11 e 12)

h) qualificada pela violência doméstica (§ 9º)

3.1.3. Tipo objetivo

O CP prevê, em seu art. 129, o delito de "lesão corporal", com a seguinte redação: "ofender a integridade corporal ou a saúde de outrem".

Verifica-se, portanto, que o verbo do tipo (conduta típica) é *ofender*, que pressupõe causação de dano ao corpo (integridade corporal) ou à saúde (segundo Bento de Faria, "dano à saúde é a desordem causada às atividades psíquicas ou ao funcionamento regular do organismo" – **Código Penal Brasileiro Comentado** – Parte Especial – v. 4, p. 67-68).

Embora um dano à integridade física ou à saúde alheia venha, de regra, acompanhado de dor, tal circunstância não consta como elementar do tipo penal em estudo, pelo que se torna dispensável no caso concreto.

Como já dissemos, a depender da intenção do agente, é possível que o corte de cabelo da vítima configure lesão corporal, o que, por certo, não causa dor.

A pluralidade de ofensas à integridade física ou à saúde de terceiro caracteriza *crime único* e não vários crimes (ex.: 1 ou 10 facadas na vítima, com a intenção de lesionar, caracteriza o mesmo delito – lesões corporais – e não dez crimes idênticos). Todavia, o magistrado, ao fixar a pena do agente, irá levar em conta a pluralidade de lesões provocadas na vítima (o art. 59 do CP, que trata da fixação da pena-base, determina ao magistrado, dentre outras circunstâncias, que analise a personalidade do agente, bem como as consequências do crime).

A ofensa à integridade corporal é de fácil entendimento: provocação de hematomas, equimoses, perfurações, quebradura de ossos etc.

Um pouco mais difícil de se avaliar é a ofensa à saúde, que, conforme já mencionamos, consiste no conjunto de atividades psíquicas ou o funcionamento regular dos órgãos. Assim, configurada estará uma lesão corporal se o agente provocar falta de ar na vítima (ex.: deitar-se em seu tórax; atirar um gás que cause irritação nasal) ou mesmo se redundar em vômitos (regular funcionamento do sistema digestivo – ex.: dar comida estragada ao ofendido).

Questão que se coloca na doutrina é a respeito do grau de disponibilidade do bem jurídico protegido pelo crime de lesão corporal: a integridade física ou a saúde. Seria ele disponível ou indisponível?

Para um entendimento mais ultrapassado, a integridade física e a saúde são indisponíveis, não cabendo qualquer consentimento da vítima como forma de exclusão do crime. Já para o entendimento mais moderno, encampado, inclusive, por Cezar Roberto Bittencourt (**Tratado de Direito Penal** – vol. 2, ed. Saraiva), trata-se de bem relativamente disponível, vale dizer, o consentimento da vítima na produção de lesões é válida, desde que não contrarie os bons costumes e não se caracterize como algo extremamente grave.

Em outras palavras, a provocação de pequenas lesões, desde que contem com o consentimento do ofendido, não caracteriza crime de lesão corporal. É o caso de colocação de brincos e *piercings*. Quem o faz não comete crime!

E o médico que pratica cirurgia plástica, quebrando cartilagens (nariz, por exemplo), ou retirando ossos e tecidos, comete lesão corporal? Entende-se que não, visto que não tem o dolo de causar um *dano* à vítima, mas, ao contrário, de melhorar seu corpo ou saúde.

3.1.4. Tipo subjetivo

A lesão corporal pode ser punida por três formas: dolo, culpa e preterdolo.

A lesão corporal culposa vem prevista no art. 129, § 6º, do CP, ao passo que a preterdolosa típica é a lesão corporal seguida de morte (art. 129, § 3º, do CP), mas também admitida tal modalidade nas formas grave e gravíssima, conforme veremos a seguir.

De qualquer forma, na lesão dolosa, o agente tem a intenção (dolo direito) ou assume o risco de produzir um dano à integridade física ou à saúde de outrem. Age, portanto, com o chamado *animus laedendi*.

Se "A" atinge "B" com uma pedra, com a intenção de matá-lo (*animus necandi*), mas a morte não se verifica, responderá por tentativa de homicídio e não por lesão corporal dolosa consumada. Afinal, deve-se verificar a intenção do agente.

3.1.5. Sujeitos do crime

O sujeito ativo da lesão corporal pode ser qualquer pessoa (salvo no caso de violência doméstica, o que veremos mais à frente). Trata-se, em regra, de crime comum.

Adverte Rogério Sanches Cunha (**Direito Penal** - Parte Especial - ed. RT) que, se o agressor for policial militar, caberá à Justiça Militar processá-lo pelas lesões corporais, sem prejuízo do delito de abuso de autoridade, que será de competência da Justiça Comum.

O Direito Penal não pune a autolesão, ou seja, se o agente ofender sua própria integridade física ou saúde, não poderá referido ramo do Direito intervir para puni-lo.

Porém, se alguém se vale de um inimputável (menor de idade), ou de alguém que tenha a capacidade de discernimento reduzida ou suprimida (doente mental, ébrio), determinando-lhe a causar em si próprio uma lesão, haverá situação de autoria mediata. Assim, quem induzir ou instigar a pessoa a praticar autolesão responderá pelas ofensas que se verificarem na vítima (ex.: "A" induz "B", embriagado, a cravar uma faca na própria mão, o que é feito. "A" é autor mediato da lesão corporal provocada por "B" em si mesmo).

Por fim, em algumas situações, o sujeito passivo do crime em estudo será especial, como é o caso da lesão corporal que causa aceleração do parto (lesão grave) ou aborto (lesão gravíssima), tendo por vítima a mulher grávida. O mesmo se pode dizer com relação ao § 7º do art. 129 do CP, que prevê causa de aumento de pena quando a vítima for menor de 14 ou maior de 60 anos.

3.1.6. Consumação e tentativa

A lesão corporal é crime material, vale dizer, somente se consuma com a efetiva ofensa à integridade corporal ou à saúde de outrem. Logo, é perfeitamente possível a tentativa quando se tratar de lesões dolosas, embora seja de difícil comprovação na prática (como condenar alguém por tentativa de lesões corporais graves ou gravíssimas?).

3.1.7. Lesão corporal dolosa leve

Vem prevista no art. 129, *caput*, do CP.

Estará caracterizada quando não se verificar qualquer das outras espécies de lesão corporal (grave, gravíssima, seguida de morte).

A pena é de detenção de 3 meses a 1 ano.

O art. 88 da Lei 9.099/1995 determina que a vítima represente (condição de procedibilidade da ação penal) quando se tratar de lesão corporal leve, sob pena de decadência, o que implicará a impossibilidade de o Ministério Público oferecer denúncia e a consequente extinção da punibilidade em favor do agente (art. 107, IV, do CP). Frise-se que se se tratar de lesão corporal praticada contra mulher, em **violência doméstica e familiar**, a teor do art. 41 da Lei 11.340/2006, a jurisprudência pacificou o entendimento de que não será aplicado o referido art. 88 da Lei do JECRIM, tratando-se, pois, de crime de **ação penal pública incondicionada**. Nessa esteira, o STJ, em junho de 2015, editou a Súmula 536, segundo a qual "a suspensão condicional do processo e a transação penal não se aplicam na hipótese de delitos sujeitos ao rito da Lei Maria da Penha".

O caráter residual da lesão corporal leve (tudo o que não configurar lesão grave, gravíssima ou seguida de morte) não comporta reconhecimento de adequação típica quando a ofensa à integridade corporal for levíssima (ex.: um microfuro provocado por "A" em "B", por meio de uma agulha; um arranhão de unha produzido por "A" em "B"). Aqui, é de ser aplicado o princípio da insignificância penal.

3.1.8. Lesão corporal grave

A pena para as situações previstas no § 1º do art. 129, do CP, varia de 1 a 5 anos de reclusão.

Será verificada tal espécie de lesão corporal quando:

a) resultar incapacidade para as ocupações habituais, por mais de 30 (trinta) dias: aqui, tal incapacidade pode ser física ou mental. Pressupõe que a vítima, em razão da ofensa à sua integridade corporal ou à sua saúde, não consiga, por lapso superior a 30 dias, realizar as tarefas do dia a dia, não necessariamente relacionadas com o trabalho (ex.: tomar banho, vestir-se sozinha, erguer peso, andar normalmente).

Deve-se ressaltar que a vergonha da vítima em realizar as suas ocupações habituais, em razão das lesões, não configura a qualificadora em análise. É o que ensina Damásio E. de Jesus. Exemplifica a situação da vítima que, ferida no rosto, tem vergonha de realizar suas ocupações habituais (trabalho) por mais de 30 dias.

Por fim, a comprovação da qualificadora em comento depende de um exame pericial complementar, a ser realizado no trigésimo dia subsequente ao dia do crime (art. 168, § 2º, do CPP):

b) resultar perigo de vida: tal qualificadora exige que, em razão da lesão causada à vítima, experimente ela um efetivo perigo de morte, com probabilidade concreta de ocorrência. Tal situação deve ser constatada em exame de corpo de delito, devendo o médico legista apontar qual foi o perigo causado ao ofendido, não bastando mencionar que as lesões causaram perigo de morte. Trata-se de qualificadora atribuída ao agente a título de preterdolo, eis que, quisesse ele o risco de morte da vítima, deveria responder por tentativa de homicídio;

c) resultar debilidade permanente de membro, sentido ou função: entende-se por membro todos os apêndices ligados ao corpo humano (braços, pernas, mãos, pés), responsável pelos movimentos. Já o sentido pode ser definido como tudo o quanto permita ao homem ter sensações (visão, audição, paladar, tato e olfato). Por fim, função é todo o complexo de órgãos responsáveis por atividades específicas em nosso organismo (sistema respiratório, circulatório, digestivo, reprodutivo).

A qualificadora estará presente se das lesões sofridas pela vida resultar a diminuição ou o enfraquecimento de membros, sentidos ou funções. Entende-se por debilidade não uma situação que se perdura para sempre, mas que seja de difícil ou incerta recuperação.

Pergunta-se: um soco na boca da vítima, do qual resulte a perda de 3 dentes, pode ser considerada lesão corporal grave? Resposta: depende do laudo pericial. A função mastigatória pode ser seriamente abalada pela perda de determinados dentes, mas de outros, não (ex.: queda do último dente molar);

d) se resultar aceleração de parto: se em decorrência das lesões, o agente provoca, em mulher grávida, a aceleração do parto (nascimento adiantado do feto), sem que disso haja a morte da criança, configurada estará a qualificadora em tela.

Indispensável que o agente, no momento de praticar as lesões na mulher, saiba do seu estado gravídico, sob pena de ser verificada responsabilidade objetiva, vedada no Direito Penal. Caso desconheça a gravidez da vítima, responderá por lesões corporais leves (desde que não se configure qualquer outra qualificadora).

3.1.9. Lesão corporal gravíssima

Vem prevista no § 2º do art. 129 do CP, cuja pena varia de 2 a 8 anos de reclusão.

Temos as seguintes qualificadoras caracterizadoras dessa espécie de lesão corporal:

a) incapacidade permanente para o trabalho: diferentemente da lesão corporal grave da qual resulta incapacidade para as ocupações habituais por mais de trinta dias, aqui a vítima, em razão das lesões, ficará incapacitada (recuperação impossível ou sem previsão de cessação) para o trabalho.

A doutrina majoritária defende que a incapacidade deve ser para qualquer tipo de trabalho e não necessariamente para o desempenhado pela vítima antes de sofrer as lesões. Já para a doutrina minoritária, basta a incapacidade para o trabalho até então desempenhado para que se configure a qualificadora em comento;

b) enfermidade incurável: verifica-se essa qualificadora quando a vítima, em razão das lesões à sua saúde, adquire doença para a qual não exista cura. A transmissão da patologia, nesse caso, deve ser intencional (o agente deve querer que a vítima adquira enfermidade incurável).

Não importa se, anos após a transmissão da doença, a medicina tenha a cura. O que importa é que, no momento do crime, não havia tratamento para a enfermidade.

A doutrina entende, ainda, que a enfermidade que somente possa ser extirpada por intervenção cirúrgica configura a qualificadora, já que não se pode obrigar a vítima a se submeter a tais procedimentos difíceis ou a tratamentos incertos, ainda não implantados e testados exaustivamente pela medicina;

c) perda ou inutilização de membro, sentido ou função: perda de membro, sentido ou função pressupõe a amputação ou mutilação de um deles, ao passo que a inutilização corresponde à perda da sua capacidade, ainda que ligado ao corpo.

Assim, furar os 2 olhos da vítima configura a inutilização de um sentido (visão). Arrancar uma perna do ofendido, amputando-a, também configura a perda de um membro. Também configura a qualificadora em análise a amputação total ou parcial do pênis do homem (perda da função reprodutora).

No tocante aos órgãos duplos (olhos, rins, orelhas, pulmões), a supressão ou inutilização de apenas um deles acarreta debilidade permanente de membro, sentido ou função, que configura lesão corporal grave e não gravíssima (perda ou inutilização de membro, sentido, ou função);

d) deformidade permanente: trata-se de qualificadora ligada ao dano estético permanente, provocado pelas lesões corporais causadas pelo agente à vítima. Não é qualquer dano, ainda que perene, que se enquadrará na circunstância em análise. Deve ser um dano sério, capaz de gerar constrangimento à vítima e a quem a cerca.

Há quem sustente que a deformidade permanente deva ser analisada no caso concreto, diferenciando-se vítima a vítima (ex.: uma marca permanente no rosto de uma jovem Miss Universo ou no rosto de um indigente idoso desprovido de beleza);

e) aborto: se as lesões corporais provocarem a morte do feto, a título de preterdolo, configurada estará a qualificadora. Exige-se, por evidente, que o agente tenha conhecimento do estado gravídico da vítima e que não queria ou assumiu o risco de provocar-lhe o abortamento. Assim não sendo, responderá por aborto (art. 125 do CP).

Nos termos da Lei 13.142/2015, se qualquer das hipóteses de lesão corporal gravíssima forem cometidas contra autoridade ou agente descrito nos arts. 142 e 144 da Constituição Federal, integrantes do sistema prisional e da Força Nacional de Segurança Pública, no exercício da função ou em decorrência dela, ou contra seu cônjuge, companheiro ou parente consanguíneo até terceiro grau, em razão dessa condição, estaremos diante de crime hediondo (art. 1º, I-A, da Lei 8.072/1990).

3.1.10. Lesão corporal seguida de morte

Prevista no § 3º do art. 129 do CP, pressupõe que o agente atue com dolo na causação das lesões corporais e com culpa na produção do resultado agravador (morte).

O próprio tipo penal já exclui tal crime se o agente atuar querendo a morte da vítima ou assumindo o risco de produzi-la. Trata-se, portanto, de típico exemplo de crime preterdoloso.

Se o evento antecedente à morte não for lesão corporal, mas qualquer outra conduta (ex.: ameaça, vias de fato), não se verificará a lesão corporal seguida de morte, mas sim o homicídio culposo.

Impossível a modalidade tentada do crime em tela, eis que o resultado agravador, produzido a título de culpa, impede tal figura (afinal, a culpa é incompatível com a tentativa).

Nos termos da Lei 13.142/2015, se a lesão corporal seguida de morte for praticada contra autoridade ou agente descrito nos arts. 142 e 144 da Constituição Federal, integrantes do sistema prisional e da Força Nacional de Segurança Pública, no exercício da função ou em decorrência dela, ou contra seu cônjuge, companheiro ou parente consanguíneo até terceiro grau, em razão dessa condição, estaremos diante de crime hediondo (art. 1º, I-A, da Lei 8.072/1990).

3.1.11. Lesão corporal privilegiada

Nos mesmos termos já estudados no tocante ao homicídio, se o agente age por motivo de relevante valor moral ou social, ou sob o domínio de violenta emoção, logo em seguida a injusta provocação da vítima, o magistrado poderá reduzir a pena de um sexto a um terço.

3.1.12. Substituição da pena

Nos casos de lesão corporal privilegiada, poderá o juiz, não sendo grave, substituir a pena de detenção pela de multa. Também poderá fazê-lo quando houver lesões recíprocas.

3.1.13. Lesão corporal culposa

O art. 129, § 6º, do CP trata da lesão corporal culposa, punida com 2 meses a 1 ano de detenção.

Qualquer situação em que o agente atue com imprudência, negligência ou imperícia, causando ofensa à integridade corporal ou à saúde de outrem, será caracterizadora do crime em tela.

Por se tratar de crime culposo, inadmissível a tentativa.

Se a lesão corporal culposa for praticada na direção de veículo automotor, não será aplicado o CP, mas sim o CTB (Lei 9.503/1997, art. 303).

3.1.14. *Lesão corporal majorada e perdão judicial*

O art. 129, § 7º, do CP, bem assim o § 8º, recebem a mesma disciplina do homicídio culposo e doloso majorados e perdão judicial.

No tocante à majoração da pena em 1/3 (um terço) do crime em estudo, remetemos o leitor aos itens 2.1.2.5 e 2.1.2.6, *supra*.

3.1.15. *Lesão corporal e violência doméstica*

A Lei 10.886/2004 introduziu ao art. 129 o §§ 9º e 10, que receberam o nome de "violência doméstica".

Ocorre que a Lei 11.340/2006 (Lei Maria da Penha) alterou a pena da lesão corporal quando praticada com violência doméstica, que passou a ser de 3 meses a 3 anos de detenção (e não mais 6 meses a 1 ano de detenção!).

Assim, quando a lesão corporal for praticada contra ascendente (pais, avós), descendente (filhos, netos, bisnetos), irmão (colateral em segundo grau), cônjuge (pressupõe casamento), companheiro (união estável), ou com quem o agente conviva ou tenha convivido, ou prevalecendo-se ele das relações domésticas, de coabitação ou de hospitalidade, responderá pelo crime denominado "violência doméstica".

Saliente-se, por oportuno, que a figura típica ora analisada incidirá não apenas se a vítima for mulher, mas também para os homens. Afinal, os §§ 9º e 10 do art. 129 não fizeram distinção de gênero, tal como se tem na Lei Maria da Penha.

Nos termos da Súmula 588 do STJ, a prática de crime ou contravenção penal contra mulher com violência ou grave ameaça no ambiente doméstico impossibilita a substituição da pena privativa de liberdade por restritiva de direitos.

3.1.16. *Causa de aumento de pena*

A Lei Maria da Penha inseriu mais um parágrafo ao art. 129, o de número 11, prevendo aumento da pena em um terço se, no caso de violência doméstica (§ 9º), for a vítima deficiente (física ou mental). Também, aqui, pouco importa se a vítima for homem ou mulher!

3.1.17. *Lesão corporal praticada contra autoridade ou agente de segurança pública*

A Lei 13.142/2015 acrescentou o § 12 ao art. 129 do CP, que passou a dispor que a pena da lesão corporal (dolosa, nas modalidades leve, grave, gravíssima ou seguida de morte) será majorada de um a dois terços quanto praticada contra autoridade ou agente descrito nos arts. 142 e 144 da Constituição Federal, integrantes do sistema prisional e da Força Nacional de Segurança Pública, no exercício da função ou em decorrência dela, ou contra seu cônjuge, companheiro ou parente consanguíneo até terceiro grau, em razão dessa condição.

Repise-se que se a lesão corporal de natureza gravíssima (art. 129, § 2º, CP) e a seguida de morte (art. 129, § 3º, CP) forem perpetradas contra as pessoas acima referidas, estaremos diante de crimes hediondos (art. 1º, I-A, da Lei 8.072/1990).

4. CRIMES DE PERIGO INDIVIDUAL

4.1. Crimes de perigo. Considerações iniciais

O Código Penal, a partir do art. 130, passa a tratar dos denominados "crimes de perigo", nos quais o agente atua não com a intenção de causar um efetivo dano ao bem jurídico protegido pela norma penal incriminadora, mas apenas com **"dolo de perigo"**, vale dizer, pratica a conduta querendo causar um risco ao objeto jurídico do crime.

Dentre os chamados "crimes de perigo", a doutrina distingue os de:

a) perigo abstrato: a lei presume, de maneira absoluta, o perigo provocado pela conduta do agente, não se exigindo demonstração efetiva do risco causado pela conduta típica;

b) perigo concreto: a lei exige que se comprove, concretamente, o perigo provocado pela conduta do agente, sem o que o fato será atípico.

A doutrina penal mais comprometida com os postulados constitucionais chega a defender a inadmissibilidade dos crimes de perigo abstrato, na medida em que todo crime deve provocar uma lesão ou probabilidade efetiva de lesão ao bem jurídico protegido pelo tipo incriminador. Sustenta-se o adágio *nullum crimen sine injuria*, ou seja, não há crime sem lesão.

Infelizmente, trata-se de corrente minoritária na doutrina e jurisprudência, embora o STF já tenha decidido que o crime de porte ilegal de arma (crime de perigo) não se configura se não estiver municiado referido artefato ou se o agente não dispuser de projéteis ao seu alcance para rápido municiamento. Entendeu o Pretório Excelso que a ausência de potencialidade lesiva faz tornar atípica a conduta de portar arma sem a respectiva munição.

4.2. Perigo para a vida ou saúde de outrem (art. 132 do CP)

4.2.1. *Considerações iniciais*

O art. 132 do CP pune a conduta do agente que simplesmente expõe a perigo direto e iminente a vida ou a saúde de outrem, tratando-se, pois de **crime de perigo concreto**.

Tenciona o legislador, portanto, proteger a vida ou saúde alheia não contra um risco efetivo, mas meramente potencial.

4.2.2. *Tipo objetivo*

A conduta típica corresponde ao verbo "expor", vale dizer, deve o agente, para praticar o crime em comento, colocar em risco/perigo efetivo, direto, a vida ou a saúde de outrem. Entende a doutrina que se deve colocar em perigo a vida ou saúde de pessoa ou pessoas **certas e determinadas**, não de uma coletividade.

Admite-se, inclusive, a prática do crime por conduta omissiva (ex.: o patrão que, explorando uma atividade de risco, não fornece aos empregados equipamentos para o trabalho, ficando os obreiros expostos a perigo de vida ou saúde direto e iminente).

É em razão de o tipo penal, em seu preceito secundário, expressamente estabelecer que a pena é de 3 meses a 1 ano de detenção, desde que o fato não constitua crime mais grave, que a doutrina denomina o crime em análise de **subsidiário**. Ou seja, somente restará configurado o crime de perigo para a vida ou saúde de outrem se não constituir meio de execução de infração mais gravosa (ex.: tentativa de homicídio; tentativa de lesão corporal).

Por esse motivo, ensina a doutrina que é **inadmissível o concurso de crimes** (ao menos entre o crime principal e o subsidiário – ex.: art. 132 e art. 121 c.c. art. 14, II, todos do CP), salvo se várias forem as vítimas do crime de perigo em tela (mediante mais de uma ação, o agente expõe a vida de várias pessoas determinadas a risco direto e iminente – *vide* art. 70 do CP).

4.2.3. Tipo subjetivo

O crime do art. 132 do CP é doloso. Lembre-se que, *in casu*, o dolo é de perigo, já que o agente não quer causar uma lesão efetiva à vida ou saúde de outrem, mas apenas colocá-las em risco direto e iminente (dolo de perigo e não dolo de dano!).

Não se admite a modalidade culposa do crime em estudo.

4.2.4. Sujeitos do crime

Qualquer pessoa pode ser autora do crime de perigo para a vida ou saúde de outrem, o mesmo valendo para a vítima.

Porém, ensina a doutrina que o sujeito passivo do delito deve ser pessoa certa e determinada e não uma coletividade (sob pena de restar configurado crime de perigo comum, previsto entre os arts. 250 a 259 do CP).

4.2.5. Consumação e tentativa

O crime atinge a consumação quando, com a conduta do agente, a vida ou a saúde da vítima é efetivamente posta em perigo direto e iminente.

Somente se admite a tentativa na forma comissiva do crime (ex.: "A", quando esticava o braço para atirar uma pedra na direção de "B", querendo apenas provocar um perigo à integridade corporal deste, é impedido por um transeunte).

Na modalidade omissiva, é inadmissível a tentativa.

4.2.6. Crime majorado

Nos termos do parágrafo único do art. 132 do CP, a pena é aumentada de 1/6 a 1/3 se a exposição da vida ou da saúde de outrem a perigo decorre do transporte de pessoas para a prestação de serviços em estabelecimentos de qualquer natureza, em desacordo com as normas legais.

Segundo Julio F. Mirabete, o espírito da lei foi o de proteger os boias-frias, que transitam em transportes sem o mínimo de segurança, em direta violação ao Código de Trânsito Brasileiro (arts. 26 a 67 e 96 a 113 – Lei 9.503/1997).

Todavia, não basta a mera violação de regras de segurança no transporte, sendo imprescindível que, em razão disso, os passageiros corram um risco efetivo de vida ou à saúde.

4.3. Abandono de incapaz (art. 133 do CP)

4.3.1. Considerações iniciais

Pretendeu o legislador, na edição do art. 133 do CP, proteger a integridade física e psíquica de determinadas pessoas, que, conforme o próprio *nomen juris* demonstra, são incapazes de, sozinhas, manterem íntegras a própria vida ou saúde.

4.3.2. Tipo objetivo

O verbo do tipo é "abandonar", ou seja, deixar ao desamparo, sem assistência. Assim, pratica o crime em tela o agente que abandona determinadas pessoas, incapazes de defender-se dos riscos resultantes de tal ato.

O crime pode ser praticado de maneira comissiva (mediante ação, portanto) ou omissiva (obviamente por omissão).

A questão que se coloca é o "tempo" do abandono. Por qual espaço de tempo o agente deve abandonar a vítima para que o crime esteja caracterizado? Responde a doutrina que deve ser por período "juridicamente relevante", ou seja, pelo tempo suficiente para que o sujeito passivo da conduta corra um risco efetivo de sua integridade física ou psíquica.

Por se tratar de crime de perigo concreto, deve-se comprovar o risco efetivo à vítima abandonada. Daí porque não configura o crime de abandono de incapaz a conduta daquela pessoa que abandona, por exemplo, a vítima, sendo que o local é rodeado de pessoas que podem prestar-lhe assistência (ex.: o filho abandona o pai, idoso e doente, ao lado de um hospital movimentado). Também não configura o crime se o agente abandona a vítima e aguarda que seja socorrida por terceiros.

4.3.3. Tipo subjetivo

O crime em tela é doloso, agindo o agente com a intenção de colocar a vítima em perigo, abandonando-a (dolo de perigo).

Se tiver o autor do delito a intenção de, mediante o abandono, provocar efetivo dano à integridade física ou à saúde da vítima, poderá responder por tentativa de homicídio, de lesão corporal, de infanticídio etc.

4.3.4. Sujeitos do crime

O *caput* do art. 133 do CP revela que o sujeito ativo do crime não pode ser qualquer pessoa, mas sim aquela que guardar alguma relação com a vítima: a) cuidado; b) guarda; c) vigilância; e d) autoridade.

Verifica-se que essas "qualidades" do sujeito ativo denotam uma obrigação que ele tem para com a vítima (deve dela cuidar, ser guardião, vigiar ou estar em posição de autoridade). Trata-se de verdadeiro "garantidor" do sujeito passivo, sendo o crime denominado **próprio.**

Já a vítima deve ser a pessoa que está sob os cuidados, a guarda, a vigilância ou a autoridade do sujeito ativo, de tal modo que dependa dela. Se do abandono sofrer riscos para a saúde ou integridade física, caracterizado estará o crime em comento.

4.3.5. Consumação e tentativa

O delito se consuma com o abandono da pessoa que deve estar sob o resguardo do sujeito ativo, independentemente de resultado naturalístico. Adverte-se que, se do abandono não advier um perigo concreto à vida ou saúde do sujeito passivo, não se configura o crime.

Admissível a tentativa se o crime for praticado por ação.

4.3.6. Formas qualificadas

O § 1º do art. 133 do CP traduz a forma qualificada do crime, punido com reclusão de 1 a 5 anos se, em razão do abandono, a vítima sofrer lesão corporal de natureza grave. O resultado agravador, nesse caso, é atribuído ao agente a título de culpa (trata-se de crime preterdoloso). Impossível que iniciasse o agente um crime com dolo de perigo e o encerrasse com dolo de dano (querendo as lesões corporais).

Se, em razão do abandono, a vítima morrer, a pena do agente será de 4 a 12 anos (§ 2º do art. 133 do CP). Aqui, igualmente, o resultado agravador não pode ser imputado ao autor do crime a título de dolo, mas sim de culpa (crime preterdoloso).

4.3.7. *Formas majoradas*

As penas serão aumentadas em 1/3 se:

a) **o abandono ocorre em lugar ermo**: se o lugar em que o agente abandonar a vítima for pouco frequentado ou desabitado no momento do abandono, aumenta-se a pena, eis que a chance de o perigo se concretizar é mais elevado. Todavia, se o lugar for absolutamente inóspito (ex.: lugar com forte nevasca ou deserto), muito provavelmente a intenção do agente será de causar risco efetivo (e não meramente potencial) à vida ou saúde de pessoa sob seu resguardo;

b) **se o agente é ascendente ou descendente, cônjuge, irmão, tutor ou curador da vítima**: trata-se de pessoas que têm um maior dever de vigilância para com as vítimas (pai em relação ao filho, filho em relação ao pai, marido e mulher, irmãos, tutor para com o tutelado e o curador para com o curatelado). Não se admite analogia (ex.: agente que abandona mulher doente, vivendo com ela em união estável);

c) **se a vítima é maior de 60 anos** (majorante acrescentada pelo *Estatuto do Idoso – Lei 10.741/2003*): tal majorante tem plena razão para existir, eis que as pessoas com idade mais avançada têm maior dificuldade na sua própria defesa se abandonadas.

4.4. Omissão de socorro (art. 135)

4.4.1. *Considerações iniciais*

No delito que será objeto de comentário a partir de agora, tencionou o legislador punir a conduta daquela pessoa que demonstra insensibilidade perante terceiros que se vejam em situação de perigo, desde que possam agir sem risco à própria vida ou integridade corporal.

A todos existe um dever geral de solidariedade humana, conforme as palavras de Magalhães Noronha. Não se trata de conduta que a lei proíbe (em regra os crimes se traduzem em condutas proibidas – ex.: matar, furtar, estuprar, roubar), mas que impõe um "fazer" (imperativo de comando).

Não se incrimina apenas a conduta daquela pessoa que, podendo agir, deixa de prestar assistência a determinadas pessoas, mas também aquela que, não podendo fazê-lo sem risco pessoal, deixa de pedir o necessário socorro à autoridade pública.

4.4.2. *Sujeitos do crime*

No tocante ao sujeito ativo, o crime é considerado **comum**, eis que qualquer pessoa pode praticar a conduta descrita no *caput* do art. 135 do CP.

Já as pessoas que deveriam ser assistidas pelo sujeito ativo, mas que não o foram, são:

a) criança abandonada ou extraviada;

b) pessoa inválida ou o ferido desamparado;

c) pessoa que se encontre em grave e iminente perigo.

Considera-se *criança abandonada*, segundo Rogério Sanches Cunha (**Direito Penal** – *Crimes contra a pessoa* – ed. RT, pág. 115), a que foi deixada sem os cuidados de que necessitava para a sua subsistência. Já *criança extraviada* é a que se perdeu, sem saber retornar à sua residência.

Pessoa inválida, ao desamparo, é aquela, segundo o mesmo autor, sem vigor físico, ou adoentada. Por fim, *pessoa que se encontre em grave e iminente perigo* é aquela que se vê diante de algum mal sério, de grandes proporções, prestes a se verificar.

4.4.3. *Tipo objetivo*

O crime em tela se verifica quando o agente "deixar de prestar assistência". Trata-se de *crime omissivo puro*, ou seja, o sujeito ativo responde por "nada fazer", sendo que a lei, como já dissemos anteriormente, impõe a todos um dever de solidariedade diante daquelas pessoas descritas no tipo penal (criança abandonada ou extraviada; pessoa inválida ou ferida ao desamparo; pessoa que se encontre em grave e iminente perigo).

A omissão caracterizadora do crime em comento pode ser praticada de duas formas:

1ª – o agente, podendo auxiliar as pessoas descritas no *caput* do art. 135 do CP, não o faz;

2ª – o agente, não podendo ajudá-las sem que sofra um risco pessoal, não solicita socorro à autoridade pública.

4.4.4. *Tipo subjetivo*

Trata-se de crime doloso, ou seja, o agente, agindo de forma livre e consciente, deixa de prestar socorro a determinadas pessoas em situações periclitantes, ou, não podendo fazê-lo, deixa de solicitar socorro à autoridade pública competente.

Segundo a doutrina, o dolo pode ser **direto** ou **eventual**.

Inexiste a modalidade culposa da omissão de socorro, situação que, se verificada no caso concreto, tornaria a conduta atípica (princípio da excepcionalidade do crime culposo).

4.4.5. *Consumação e tentativa*

Consuma-se o delito, esgotando-se o *iter criminis*, quando o agente efetivamente deixa de prestar assistência a quem a precisa ou não comunica a autoridade pública competente. Enfim, *consuma-se o crime com a omissão do sujeito ativo*.

Por se tratar de crime omissivo próprio (ou puro), *inadmissível a tentativa*, por se tratar de *crime unissubsistente* (o *iter criminis* não é fracionável).

4.4.6. *Forma majorada de omissão de socorro*

O parágrafo único do art. 135 do CP pune mais gravosamente o agente que, em razão da omissão, provocar **lesão corporal de natureza grave** na vítima (aumenta-se de **metade** a reprimenda).

Já se resultar a **morte** do ofendido, a pena é **triplicada**.

Em ambas as hipóteses, o crime será **preterdoloso** (dolo na omissão e culpa no tocante ao resultado agravador – lesão corporal grave ou morte).

4.5. Condicionamento de atendimento médico hospitalar emergencial (art. 135-A do CP)

4.5.1. *Considerações iniciais*

Trata-se de nova figura típica inserida no CP pela Lei 12.653/2012, muito semelhante, em verdade, ao crime estudado anteriormente. Estamos, na prática, diante de uma nova modalidade de omissão de socorro, mas com elementares e características próprias. Vamos aos estudos!

4.5.2. *Sujeitos do crime*

O crime em tela, embora não haja expressa previsão na redação típica, será cometido por administradores ou funcionários do hospital, visto que a conduta será a de "*exigir* cheque-caução, nota promissória ou qualquer garantia, bem como o preenchimento prévio de formulários administrativos, como condição para o atendimento médico hospitalar emergencial".

Ora, emerge nítido que a exigência de "burocracias" e/ou de garantia antecipada de pagamento dos serviços hospitalares somente poderá ser feita por funcionários ou administradores do hospital, motivo pelo qual entendemos que se trata de um crime próprio, visto ser necessária uma qualidade especial do agente (ser funcionário ou administrador da entidade hospitalar).

4.5.3. *Tipo objetivo*

O crime em comento restará caracterizado quando o agente delitivo *condicionar* o atendimento médico hospitalar emergencial ao próprio paciente ou seus familiares, em caso de impossibilidade daquele, exigindo:

✓ *cheque-caução* – trata-se de um título de crédito (ordem de pagamento à vista) emitido como garantia do pagamento dos serviços médicos e hospitalares prestados;

✓ *nota promissória* – trata-se, também, de um título de crédito (promessa futura de pagamento), dado como garantia do pagamento dos serviços médicos e hospitalares prestados;

✓ *qualquer garantia* – aqui, o legislador, em exercício de interpretação analógica, após enumeração casuística (cheque-caução e nota promissória), inseriu uma "cláusula genérica", a fim de garantir que haverá tipicidade penal se, por exemplo, o agente delitivo exigir, como condição do atendimento ao paciente, qualquer outra garantia, tais como endosso de uma duplicata ou letra de câmbio (Rogério Sanches Cunha – **Curso de Direito Penal**, vol. 2 – pág. 156 – Ed. JusPodivm).

Repare que a "omissão de socorro" por parte do agente delitivo fica nítida: caso a exigência não seja atendida (cheque-caução, nota promissória ou qualquer outra garantia), não haverá a prestação do serviço médico hospitalar de emergência!

Frise-se que a simples exigência de garantia do pagamento dos serviços hospitalares e médicos de emergência será fato atípico quando não houver o condicionamento prévio ao atendimento do paciente.

4.5.4. *Tipo subjetivo*

O crime em comento é doloso, vale dizer, impõe que o agente delitivo, de forma livre e consciente, condicione ao paciente ou aos familiares deste o atendimento médico hospitalar emergencial à emissão de um cheque-caução, ou a assinatura de uma nota promissória ou qualquer outra garantia.

4.5.5. *Consumação e tentativa*

Haverá consumação do crime ora estudado no exato momento em que o agente fizer ao paciente, ou aos seus familiares, a exigência, condicionando o atendimento emergencial à entrega de um cheque-caução, ou à assinatura de uma nota promissória ou qualquer outra forma de garantia do pagamento dos serviços médicos hospitalares de emergência.

4.5.6. *Formas majoradas*

A pena, que é de 3 meses a 1 ano, e multa, será aumentada até o dobro se, em razão da omissão (negativa de atendimento médico hospitalar de emergência), resultar **lesão corporal grave** à vítima-paciente. Porém, se da negativa advier a **morte** do ofendido, a pena será aumentada até o triplo. Estamos, aqui, diante de figuras preterdolosas (dolo na negativa de atendimento e culpa na lesão corporal grave ou morte).

4.6. Maus-tratos (art. 136 do CP)

4.6.1. *Considerações iniciais*

Trata-se de crime que atenta contra a incolumidade física de determinadas pessoas descritas no tipo penal. Apenas a título de curiosidade, foi o Código de Menores, de 1927, que pela primeira vez tratou do delito de maus-tratos contra menores de 18 anos.

4.6.2. *Sujeitos do crime*

Conforme enuncia o tipo penal, o crime de maus-tratos não pode ser praticado por qualquer pessoa, mas apenas por aquelas que tenham alguma relação (de subordinação, diga-se de passagem) com a vítima.

Logo, pode-se afirmar que se trata de **crime próprio**, já que será praticado:

a) por quem exercer autoridade sobre alguém;

b) pelo guardião de alguém;

c) por quem exercer vigilância sobre alguém.

Ressalte-se que a relação existente entre sujeito ativo e passivo pode ser de direito público ou privado (ex.: o diretor do presídio e o detento; a mãe em relação ao filho).

Salienta-se que o crime é bipróprio, já que tanto do autor quanto da vítima são exigidas qualidades especiais (a vítima deve estar sob a autoridade, guarda ou vigilância de alguém).

4.6.3. *Tipo objetivo*

A conduta típica é a de "expor a perigo a vida ou a saúde" de determinadas pessoas (pessoa que esteja sob a guarda, autoridade ou vigilância do sujeito ativo do crime).

Portanto, exige-se que o agente inflija maus-tratos à vítima, mediante os seguintes meios executórios (o que transforma a figura ora estudada em crime de ação vinculada):

a) privação de alimentação (conduta omissiva);

b) privação de cuidados indispensáveis (conduta omissiva);

c) sujeição a trabalho excessivo (conduta comissiva);

d) sujeição a trabalho inadequado (conduta comissiva);

e) abuso dos meios de correção (conduta comissiva);

f) abuso dos meios de disciplina (conduta comissiva).

Enfim, o agente exporá a risco a vida ou a saúde da vítima, realizando umas das ações acima mencionadas, seja por omissão (letras "a" e "b"), seja por ação (letras "c" a "f").

Especialmente quanto ao abuso dos meios de correção e disciplina, adverte-se que o "guardião" (pai, mãe e família substituta) tem o direito de corrigir e impor disciplina ao que está sob sua guarda. O que pune a lei é o excesso nos meios de correção e disciplina, expondo, em razão disso, a vida ou a saúde da vítima a perigo de dano.

Importante registrar que o ECA (Lei 8.069/1990), alterado pela denominada "Lei da Palmada", recebeu, dentre outros, novo dispositivo (art. 18-A), assim redigido:

> **Art. 18-A.** A criança e o adolescente têm o direito de ser educados e cuidados sem o uso de castigo físico ou de tratamento

> cruel ou degradante, como formas de correção, disciplina, educação ou qualquer outro pretexto, pelos pais, pelos integrantes da família ampliada, pelos responsáveis, pelos agentes públicos executores de medidas socioeducativas ou por qualquer pessoa encarregada de cuidar deles, tratá-los, educá-los ou protegê-los. (Incluído pela Lei 13.010, de 2014)
>
> **Parágrafo único.** Para os fins desta Lei, considera-se: (Incluído pela Lei 13.010, de 2014)
>
> I – castigo físico: ação de natureza disciplinar ou punitiva aplicada com o uso da força física sobre a criança ou o adolescente que resulte em: (Incluído pela Lei 13.010, de 2014)
>
> a) sofrimento físico; ou (Incluído pela Lei 13.010, de 2014)
>
> b) lesão; (Incluído pela Lei 13.010, de 2014)
>
> II – tratamento cruel ou degradante: conduta ou forma cruel de tratamento em relação à criança ou ao adolescente que: (Incluído pela Lei 13.010, de 2014)
>
> a) humilhe; ou (Incluído pela Lei 13.010, de 2014)
>
> b) ameace gravemente; ou (Incluído pela Lei 13.010, de 2014)
>
> c) ridicularize. (Incluído pela Lei 13.010, de 2014)

O dispositivo acima transcrito, cremos, ainda causará muita discussão acerca dos limites do poder familiar e da condução da educação das crianças e adolescentes. Nada obstante, trata-se de uma boa "fonte" para que os operadores do Direito busquem aquilo que poderá ser considerado excessivo na disciplina e correção de menores de dezoito anos.

Atua o agente, no crime em comento (art. 136, CP), não com dolo de dano, mas com dolo de perigo ao abusar desses meios.

Frise-se que, quando os maus-tratos se devem à correção, por exemplo, do próprio filho, excedendo-se os pais em tal situação, não responderão por lesões corporais se tiverem agido com *animus corrigendi*. Todavia, se a intenção for a de lesionar, responderão pelo referido delito.

Por fim, o abuso nos meios de correção deve ser apto a causar um perigo de dano à vida ou saúde da vítima, não restando configurado se causar apenas simples "vergonha" (ex.: a mãe, querendo "emendar" a filha, raspa-lhe os cabelos, em razão de ser "menina fácil").

4.6.4. *Tipo subjetivo*

O crime é doloso, exigindo-se do agente que atue com a consciência de que sua conduta expõe a risco a vida ou saúde da vítima, excedendo-se da normalidade.

Não se pune a forma culposa do crime.

4.6.5. *Consumação e tentativa*

Consuma-se o crime quando a vítima efetivamente sofrer um risco à sua integridade física (vida ou saúde).

As modalidades comissivas admitem tentativa, ao passo que as omissivas, não.

4.6.6. *Formas qualificadas e majorada*

Os §§ 1º e 2º do art. 136 do CP punem mais gravosamente o agente que, em razão dos maus-tratos, causa na vítima lesão corporal de natureza grave (1 a 4 anos de reclusão) ou morte (4 a 12 anos de reclusão).

Evidentemente que qualquer das qualificadoras aponta para a ocorrência de crime preterdoloso, atribuindo-se o resultado agravador (lesão corporal grave ou morte) ao agente a título de culpa. Assim não fosse, responderia por lesão corporal consumada ou homicídio.

Por fim, o § 3º do precitado artigo determina o aumento da pena em 1/3 se o crime for praticado contra menor de 14 anos (dispositivo acrescentado pelo ECA).

Se o crime for praticado contra idoso (mais de 60 anos), o crime não é o de maus-tratos do CP, mas o do Estatuto do Idoso (art. 99 da Lei 10.741/2003).

4.7. Rixa (art. 137 do CP)

4.7.1. *Considerações iniciais*

Considera-se rixa a briga ou a contenda travada entre mais de duas pessoas (no mínimo, portanto, três!), **sem que se possa identificar, de maneira individualizada, agressor e agredido.**

Embora possa parecer contraditório, na rixa o **sujeito ativo e o sujeito passivo se confundem** (agressor pode ser agredido e vice-versa).

Trata-se de crime que protege, a um só tempo, a **incolumidade física** dos próprios contendores, bem assim a **incolumidade pública**, que pode ser posta em xeque em uma briga generalizada.

4.7.2. *Sujeitos do crime*

Qualquer pessoa pode ser sujeito ativo do delito em questão.

Pela particularidade de exigir, no mínimo, três pessoas para que a conduta seja típica, temos um crime de **concurso necessário** (ou **plurissubjetivo**).

O sujeito passivo do crime pode ser o próprio participante da rixa, bem como terceiras pessoas que venham a se ferir com o tumulto.

4.7.3. *Tipo objetivo*

O crime de rixa, previsto no art. 137 do CP, prevê como conduta típica "participar da rixa", ou seja, **tomar parte** na contenda travada entre, pelo menos, três pessoas.

Pune-se o delito, em sua forma simples, com detenção de 2 meses a 1 ano, ou multa (trata-se de **infração penal de menor potencial ofensivo – art. 61 da Lei 9.099/1995**).

O delito que ora se comenta somente restará caracterizado se houver um tumulto generalizado, sem que se possa identificar/individualizar agressores e agredidos. Se houver tal possibilidade (constatação individual de cada contendor e agredido), tratar-se-á de lesões corporais recíprocas, não rixa.

Pode-se tomar parte na rixa diretamente (ou seja, sendo um dos rixosos), ou mediante participação moral (partícipe da rixa – art. 29 do CP), induzindo ou instigando os contendores a tomarem parte na briga generalizada.

A doutrina faz menção a dois tipos de rixa:

a) *ex proposito* – é a rixa preordenada, na qual dois ou mais grupos de contendores, de maneira prévia, ajustam a "briga" generalizada. Nesse caso, sendo possível a identificação de cada um, não se poderia falar em crime de rixa, mas de lesões corporais qualificadas;

b) *ex improviso* – é a rixa que ocorre sem um prévio ajuste, de inopino, subitamente. Para alguns doutrinadores, essa é a típica rixa.

4.7.4. *Tipo subjetivo*

O delito de rixa é doloso, mas não agem os rixosos com dolo de lesionar (dolo de dano), mas sim de causar perigo à integridade física de terceiros (**dolo de perigo**).

Trata-se, portanto, de mais um **crime de perigo**, segundo a doutrina, abstrato (presume-se o perigo, não se exigindo sua comprovação em concreto).

O terceiro que apenas ingressa na contenda para "separar" os rixosos, por falta de dolo, não responderá pelo crime, exceto se, durante sua intervenção, passar a agredir os partícipes do tumulto.

4.7.5. *Consumação e tentativa*

Consuma-se o crime com a efetiva participação do agente na contenda generalizada, trocando agressões com os demais partícipes do evento.

Segundo a doutrina majoritária, inadmissível a tentativa, já que o delito se consuma com o ingresso do contendor no tumulto, exaurindo-se a infração simultaneamente com o início da execução (delito unissubsistente e instantâneo).

Para outros, admite-se a tentativa apenas na rixa *ex proposito* (preordenada).

Ademais, se o tumulto sequer tivesse início, não ocorreria a forma tentada do delito, mas sim meros atos preparatórios.

4.7.6. *Rixa qualificada*

Conforme o parágrafo único do art. 137 do CP, se ocorrer morte ou lesão corporal de natureza grave, a pena será de 6 meses a 2 anos de detenção.

Trata-se de dispositivo que pune objetivamente (independentemente de comprovação de dolo ou culpa) o participante da rixa se do tumulto decorrer resultado mais grave do que simples vias de fato ou lesões corporais leves.

Em suma, ainda que o rixoso não tenha diretamente provocado a lesão corporal grave ou a morte de outro contendor, o só fato de participar do tumulto já será suficiente para receber reprimenda mais gravosa. Aqui, identifica-se um resquício da responsabilização penal objetiva.

Se um dos contendores for o que sofrer a lesão corporal grave, ele próprio responderá por rixa qualificada.

5. CRIMES CONTRA A HONRA

5.1. Crimes contra a honra (arts. 138 a 145, CP). Considerações iniciais

A honra é bem jurídico constitucionalmente protegido, conforme se infere do art. 5º, X, da CF: "são invioláveis a intimidade, a vida privada, a honra e a imagem das pessoas, assegurado o direito a indenização pelo dano material e moral decorrente de sua violação".

A doutrina costuma dividir a honra sob dois aspectos: um objetivo e outro subjetivo.

Sob o enfoque objetivo, que dá ensejo à denominada **honra objetiva**, diz-se que se trata daquilo que terceiros pensam do sujeito. Em outras palavras, a honra objetiva condiz com o conceito que a pessoa goza de seu meio social (reputação).

Já no tocante ao aspecto subjetivo, do qual se origina a **honra subjetiva**, diz-se que se trata daquilo que a pessoa pensa de si própria, um sentimento sobre a própria dignidade.

Embora a doutrina costume diferenciar honra objetiva de subjetiva, é certo que não se pode tratá-las de forma estanque, eis que, por vezes, segundo adverte Rogério Greco, "uma palavra que pode ofender a honra subjetiva do agente também pode atingi-lo perante a sociedade da qual faz parte. Chamar alguém de mau-caráter, por exemplo, além de atingir a dignidade do agente, macula sua imagem no meio social" (**Curso de Direito Penal** - vol. 2 - Parte Especial - ed. Impetus).

A distinção a que ora fazemos referência guarda importância apenas para a distinção dos três tipos penais incriminadores que serão doravante estudados (bem como os momentos consumativos): a **injúria** (que ofende a *honra subjetiva* da vítima), a **calúnia** e a **difamação** (ambas ofendendo a *honra objetiva* do sujeito passivo das condutas ilícitas).

5.2. Calúnia (art. 138 do CP)

5.2.1. *Considerações iniciais*

O art. 138 do CP prevê o crime de calúnia, que, como já dito anteriormente, ofende a **honra objetiva** da vítima, vale dizer, sua reputação e fama perante terceiros.

5.2.2. *Tipo objetivo*

A conduta típica é *caluniar*, ou seja, fazer uma falsa acusação, tendo o agente, com tal conduta, a intenção de afetar a reputação da vítima perante a sociedade.

O tipo penal em comento enuncia: "caluniar alguém, imputando-lhe falsamente fato definido como crime".

Guilherme de Souza Nucci (**Manual de Direito Penal** - Parte Geral e Parte Especial - 3ª ed., editora RT, pág. 657), criticando a redação do art. 138 do CP, faz a seguinte ressalva: "portanto, a redação feita no art. 138 foi propositadamente repetitiva (fala duas vezes em *'atribuir'*: caluniar significa *atribuir* e imputar também significa *atribuir).* Melhor seria ter nomeado o crime como sendo 'calúnia', descrevendo o modelo legal de conduta da seguinte forma: *Atribuir a alguém, falsamente, fato definido como crime.* Isto é caluniar".

Em suma, o crime de calúnia fica caracterizado quando o agente atribui, imputa a alguém, *falsamente*, fato definido como crime.

Deve o agente delitivo, portanto, imputar um **fato determinado**, e não genérico, sob pena de restar descaracterizada a calúnia, tipificando, eventualmente, a conduta prevista no art. 140 do CP (injúria). Exemplo de fato determinado: "João foi quem ingressou no Banco Real, na semana passada, e comandou o roubo à agência". Nesse caso, verifica-se a atribuição de um fato determinado (no espaço e no tempo), que somente configura o crime em comento se for falso.

Considera-se falso o fato atribuído à vítima se ele sequer ocorreu ou, tendo ocorrido, não teve como autor, coautor ou partícipe, o ofendido.

Se o agente atribuir à vítima fato definido como contravenção penal (ex.: "João é o dono da banca do jogo do bicho do bairro X, tendo recebido, somente na semana passada, mais de 300 apostas em sua banca"), não se configura o crime de calúnia, que pressupõe a falsa imputação de fato *criminoso*. No exemplo dado, poderíamos estar diante de uma difamação (art. 139 do CP).

5.2.3. *Tipo subjetivo*

O elemento subjetivo da conduta é o dolo, ou seja, a vontade livre e consciente do agente de atribuir a alguém, sabendo ser falso, um fato definido como crime.

Exige-se, ainda, o elemento subjetivo do tipo específico (dolo específico), qual seja, o *animus diffamandi*, a intenção de ofender a honra da vítima.

5.2.4. Sujeitos do crime

O **sujeito ativo** do crime pode ser qualquer pessoa, razão pela qual a calúnia é doutrinariamente qualificada como **crime comum**.

O **sujeito passivo** também pode ser **qualquer pessoa**.

Diverge a doutrina acerca da possibilidade de **pessoa jurídica** ser vítima de calúnia. Entende-se que sim, apenas em se tratando de **crimes ambientais**, nos quais a pessoa jurídica pode ser autora da conduta típica (*vide* Lei 9.605/1998).

Se a vítima for o Presidente da República e o crime tiver conotação política o fato será regulado pela Lei de Segurança Nacional (art. 26 da Lei 7.170/1983).

Antes do julgamento, pelo STF, da ADPF 130, no mês de abril de 2009, se o meio de dispersão da calúnia à sociedade fosse a imprensa (escrita ou falada), o delito seria aquele previsto na Lei de Imprensa (Lei 5.250/1967). Frise-se que referido diploma legal foi declarado não recepcionado pela nova ordem constitucional. Nesse sentido, confira-se parte da ementa do julgado:

> Arguição de descumprimento de preceito fundamental (ADPF). Lei de imprensa. Adequação da ação. Regime constitucional da "liberdade de informação jornalística", expressão sinônima de liberdade de imprensa. A "plena" liberdade de imprensa como categoria jurídica proibitiva de qualquer tipo de censura prévia.
>
> (...)
>
> 10. Não recepção em bloco da Lei 5.250 pela nova ordem constitucional
>
> (...)
>
> 12. Procedência da ação. Total procedência da ADPF, para o efeito de declarar como não recepcionado pela Constituição de 1988 todo o conjunto de dispositivos da Lei federal 5.250, de 09.02.1967.

Atualmente (leia-se: desde o julgamento da já citada ADPF 130), se o crime de calúnia for perpetrado por meio da imprensa, aplicar-se-ão as regras "comuns" do Código Penal.

5.2.5. Consumação e tentativa

Consuma-se o crime de calúnia no momento em que a falsa atribuição de fato criminoso **chegar ao conhecimento de terceiros** (ainda que a só uma pessoa), independentemente de a circunstância macular a honra da vítima.

Assim, ainda que, de fato, a reputação do ofendido não seja abalada, entende-se consumado o delito (trata-se, pois, de **crime formal**).

É **possível a tentativa** se, por exemplo, os atos executórios ocorrerem por escrito e os papéis caluniadores não chegarem ao conhecimento de terceiros.

5.2.6. Propalar ou divulgar a calúnia

O § 1º do art. 138 do CP também pune a conduta daquele que simplesmente propala ou divulga a falsa imputação de fato definido como crime, desde que saiba ser falsa.

Nesse caso, aquele que simplesmente repassar a calúnia estará, por óbvio, caluniando a vítima, eis que a ele estará atribuindo fato definido como crime, sabendo-o falso.

5.2.7. Calúnia contra os mortos

O § 2º do art. 138 do CP também pune a **calúnia contra os mortos**. Nesse caso, como as pessoas já morreram, as vítimas não serão propriamente elas, que já sequer contam com personalidade jurídica (que se encerra, para as pessoas naturais, com a morte), mas seus **familiares**.

5.2.8. Calúnia contra inimputáveis. É possível?

Aos adeptos da teoria tripartida de crime (**fato típico, antijurídico e culpável**), o inimputável por doença mental, desenvolvimento mental incompleto ou desenvolvimento mental retardado (art. 26 do CP), embora pratique os dois primeiros elementos do crime, é isento de pena, pelo que a culpabilidade estaria afastada. Em outras palavras, o "louco" não praticaria *crime*.

O mesmo se pode dizer com relação aos inimputáveis por idade (menores de dezoito anos), que não se submetem ao Código Penal, mas apenas à legislação específica (ECA).

Entende a maioria, entretanto, que contra os inimputáveis é possível a prática de calúnia, embora não possam *praticar crime*.

É que o legislador utilizou os termos "fato definido como crime", e não "prática de crime". Dessa forma, é possível que se atribua a um "louco", ou a um menor de idade, um *fato* definido em lei como crime (ex.: homicídio, aborto, roubo, furto etc.).

Concluindo, percebe-se que é possível, portanto, que inimputáveis, embora não pratiquem crime (em seu sentido técnico-jurídico), possam ser vítima de calúnia.

5.2.9. Exceção da verdade

O § 3º do art. 138 do CP prevê o instituto da "exceção da verdade". Trata-se de um incidente processual, que deve ser obrigatoriamente enfrentado pelo magistrado antes da sentença final, visto que pode conduzir à absolvição do suposto agente delitivo.

A lei penal admite que a pessoa que atribui a terceiro fato definido como crime comprove a *veracidade* da imputação. Logo, se o crime de calúnia pressupõe a atribuição falsa de um fato definido como crime, a exceção (defesa) da verdade pode tornar a conduta atípica.

Assim, pode o autor da suposta calúnia provar que a pretensa vítima realmente praticou o fato definido como crime, razão pela qual a imputação seria verdadeira e não falsa.

Todavia, a lei previu algumas situações em que **a exceção da verdade é vedada**:

a) inciso I – se, constituindo o fato imputado crime de ação privada, o ofendido não foi condenado por sentença irrecorrível: aqui, se o crime for de ação privada e a vítima sequer intentou a competente queixa-crime, torna-se impossível que um terceiro, que não a própria vítima, queira provar a ocorrência de um crime que o diretamente interessado não julgou oportuno investigá-lo e processar seu autor. Outra situação ocorre se o autor da calúnia atribui a alguém um fato definido como crime de ação privada e ainda não houve a condenação definitiva (irrecorrível);

b) inciso II – se o fato é imputado a qualquer das pessoas indicadas no n. I do art. 141: referido dispositivo faz alusão ao Presidente da República e a chefe de governo estrangeiro. Nesse caso, ainda que referidas pessoas houvessem praticado crime, o CP não admite sua comprovação. Há quem sustente que essa vedação à exceção da verdade viola o princípio constitucional da ampla defesa, entendimento que também comungamos;

c) inciso III – se do crime imputado, embora de ação pública, o ofendido foi absolvido por sentença irrecorrível: no caso em tela, se a Justiça já absolveu, de maneira irrecorrível, a vítima do crime de calúnia, não poderá o agente querer provar algo sobre o qual não mais cabe discussão (coisa julgada).

5.3. Difamação (art. 139 do CP)

5.3.1. Considerações iniciais

Trata-se de crime que atenta contra a **honra objetiva** da vítima, vale dizer, sua reputação e fama no meio social. É esse, portanto, o **objeto jurídico** do crime em comento.

5.3.2. Tipo objetivo

A conduta típica corresponde ao verbo do tipo **difamar**, que significa desacreditar uma pessoa, maculando sua reputação no meio social. Parecida com a calúnia, a difamação pressupõe que haja imputação de um **fato** (não definido como crime, mas que tenha a possibilidade de ofender a reputação da vítima).

O tipo penal, segundo Guilherme de Souza Nucci (op. cit., pág. 659), também foi repetitivo, já que difamar significa exatamente imputar um fato "desairoso", silenciando a respeito da veracidade ou falsidade dele.

Em suma, difamar a vítima significa imputar-lhe fatos maculadores de sua fama (honra objetiva), ainda que verídicos (ex.: "João, todas as sextas-feiras, é visto defronte a um bordel, consumindo drogas e bebida alcóolica, na esquina do viaduto da Rua 'X'").

5.3.3. Tipo subjetivo

É o dolo, ou seja, a vontade livre e consciente do agente em atribuir a alguém (ainda que verdadeiramente) fato ofensivo à reputação. Além disso, exige-se o elemento subjetivo do tipo (dolo específico), qual seja, o *animus diffamandi*.

5.3.4. Sujeitos do crime

A difamação pode ser praticada por qualquer pessoa, tratando-se, pois, de crime comum. A vítima também pode ser qualquer pessoa.

Antes do julgamento, pelo STF, da ADPF 130, no mês de abril de 2009, se o meio de dispersão da difamação à sociedade fosse a imprensa (escrita ou falada), o delito seria aquele previsto na Lei de Imprensa (Lei 5.250/1967). Frise-se que referido diploma legal foi declarado não recepcionado pela nova ordem constitucional. Nesse sentido, confira-se parte da ementa do julgado:

> Arguição de Descumprimento De Preceito Fundamental (ADPF). Lei de imprensa. Adequação da ação. Regime constitucional da "liberdade de informação jornalística", expressão sinônima de liberdade de imprensa. A "plena" liberdade de imprensa como categoria jurídica proibitiva de qualquer tipo de censura prévia.
>
> (...)
>
> 10. Não recepção em bloco da Lei 5.250 pela nova ordem constitucional.
>
> (...)
>
> 12. Procedência da ação. Total procedência da ADPF, para o efeito de declarar como não recepcionado pela Constituição de 1988 todo o conjunto de dispositivos da Lei federal 5.250, de 09.02.1967.

Atualmente (leia-se: desde o julgamento da já citada ADPF 130), se o crime de difamação for perpetrado por meio da imprensa, aplicar-se-ão as regras "comuns" do Código Penal.

Questiona-se se a **pessoa jurídica pode ser vítima de difamação**. Entende-se, majoritariamente, que **sim**, eis que as empresas gozam de reputação no mercado. Em suma, as pessoas jurídicas têm uma imagem a ser preservada, pelo que sua "honra objetiva" pode ser maculada (ex.: "a empresa 'Y' trata muito grosseiramente seus empregados, especialmente o Joaquim, que foi escorraçado de seu posto de trabalho na semana passada").

Interessante para o Exame da OAB que se conheça a posição do STF acerca de difamação perpetrada por advogado, que, de acordo com o art. 7º, § 2º, do Estatuto da OAB (Lei 8.906/1994) é imune por suas manifestações em juízo ou fora dele, desde que no exercício da profissão, a referido crime.

Confira-se:

> ***Difamação e imunidade profissional de advogado***
>
> "A 1ª Turma, por maioria, denegou *habeas corpus* em que se pleiteava o trancamento da ação penal. Na espécie, a paciente – condenada pelo crime de difamação – teria ofendido a reputação de magistrada, desmerecendo a sua capacitação funcional, diante dos serventuários e demais pessoas presentes no cartório da vara judicial. De início, aduziu-se que as alegações de atipicidade da conduta e de inexistência de dolo não poderiam ser apreciadas nesta via, uma vez que, para chegar a conclusão contrária à adotada pelas instâncias ordinárias, seria necessário o reexame do conjunto fático-probatório, não admissível nesta sede. Em seguida, ponderou-se estar diante de fato, em tese, típico, ilícito e culpável, revestido de considerável grau de reprovabilidade. Ressaltou-se que o comportamento da paciente amoldar-se-ia, em princípio, perfeitamente à descrição legal da conduta que a norma visaria coibir (CP, art. 139). Desse modo, afirmou-se que não haveria falar em atipicidade da conduta. Ante as circunstâncias dos autos, reputou-se, também, que não se poderia reconhecer, de plano, a ausência do *animus diffamandi*, identificado na sentença condenatória e no acórdão que a confirmara. No tocante à alegação de que teria agido acobertada pela imunidade conferida aos advogados, asseverou-se que seria inaplicável à espécie a excludente de crime (CP, art. 142), haja vista que a ofensa não teria sido irrogada em juízo, na discussão da causa. Acrescentou-se que a mencionada excludente não abrangeria o magistrado, que não poderia ser considerado parte na relação processual, para os fins da norma. Frisou-se, também, que a jurisprudência e a doutrina seriam pacíficas nesse sentido, na hipótese de ofensa a magistrado. O Min. Luiz Fux enfatizou que a frase proferida pela advogada encerraria uma lesão penal bifronte. Vencidos os Ministros Marco Aurélio, relator, e Dias Toffoli, que concediam a ordem. Aquele, para assentar a atipicidade da conduta da paciente sob o ângulo penal; este, porquanto afirmava que a difamação estaria expressamente imunizada pelo § 2º do art. 7º do Estatuto da Advocacia". HC 104385/SP, rel. orig. Min. Marco Aurélio, red. p/ o acórdão Min. Ricardo Lewandowski, 28.6.2011. (HC-104385) (Inform. STF 633).

5.3.5. Consumação e tentativa

Consuma-se o crime de difamação quando a ofensa à reputação da vítima chega ao conhecimento de terceiros (ainda que a uma só pessoa), independentemente de haver um resultado lesivo à sua fama. Trata-se, portanto, de crime formal, que independe de resultado naturalístico.

Admissível a tentativa, por exemplo, se a difamação for feita por escrito e não chegar ao conhecimento de terceiros por extravio dos papéis.

5.3.6. Exceção da verdade (parágrafo único)

Somente é admitida a exceção (defesa) da verdade se o agente tentar comprovar que o fato ofensivo à reputação de funcionário público foi efetivamente praticado se tiver relação direta com o exercício de suas funções.

Diz-se que a Administração Pública admite a exceção da verdade nesses casos pelo fato de que tem entre seus princípios informadores o da moralidade e o da eficiência.

Imagine que "A" imputa a "B", juiz de direito, o seguinte fato: "o Dr. 'B', juiz da vara criminal da cidade 'X', ao invés de presidir a audiência do dia 20.03.2015, na qual eu era advogado do autor, ficou bebendo no bar da esquina".

Se o juiz ingressasse com queixa-crime contra o advogado, dizendo-se vítima de difamação, poderia ele demonstrar a verdade do fato atribuído ao magistrado. Como dissemos, a lei tem o interesse de provar um fato desonroso atribuído a um funcionário público que o tenha praticado no exercício de suas funções. Quer-se, com isso, proteger a própria imagem da Administração Pública, que pode ser maculada por um funcionário que aja de maneira vexatória, já que sua imagem, querendo ou não, acaba sendo vinculada ao Poder Público.

5.4. Injúria (art. 140 do CP)

5.4.1. Considerações iniciais

Trata-se de crime que ofende a **honra subjetiva** da vítima, vale dizer, sua dignidade ou seu decoro ("autoimagem da pessoa, isto é, a avaliação que cada um tem de si mesmo" – Guilherme de Souza Nucci – op. cit., pág. 661).

Portanto, o objeto jurídico do crime em estudo é a honra subjetiva, e não a objetiva, protegida pelos delitos de calúnia e difamação.

5.4.2. Tipo objetivo

Enquanto nos delitos de calúnia e difamação o agente imputa um fato (definido como crime, na primeira, ou ofensivo à reputação, na segunda), na injúria este não se verifica.

No crime previsto no art. 140 do CP, o agente ofende a vítima atribuindo-lhe uma **qualidade negativa**, infamante àquilo que ela pensa de si mesma, ofendendo sua autoestima.

5.4.3. Tipo subjetivo

Além do dolo (vontade livre e consciente de ofender a honra subjetiva da vítima), exige-se o elemento subjetivo do tipo, ou seja, o *animus injuriandi*, a intenção de, com sua fala, gesto ou escrito, lesar a autoestima do ofendido.

5.4.4. Sujeitos do crime

O sujeito ativo da injúria pode ser qualquer pessoa, tratando-se, pois, de crime comum.

Em tese, o sujeito passivo também pode ser qualquer pessoa. Dizemos "em tese" pelo fato de o crime em análise depender da ofensa à dignidade ou decoro da vítima. Em algumas circunstâncias, torna-se impossível que o ofendido entenda que sua autoestima foi ferida (ex.: crianças de tenra idade; doentes mentais sem capacidade de discernimento).

Lembremos que o crime pressupõe que a vítima se veja (e entenda) lesada em sua autoimagem, o que nem sempre é possível.

Não se admite crime de injúria contra pessoa jurídica, já que a honra subjetiva é própria de pessoas naturais e não de uma ficção legal.

Até mesmo aos "desonrados" é possível a configuração de injúria. Diz-se que sempre há uma gota de dignidade ou decoro a se resguardar, por mais "desonrada" que seja a pessoa (ex.: pode-se injuriar uma prostituta, ainda que se tente ofender sua autoimagem no que tange à atividade sexual).

5.4.5. Consumação e tentativa

Consuma-se o crime no momento em que a imputação de qualidades negativas **chega ao conhecimento da própria vítima**, e não de terceiros, como na calúnia e difamação.

Não se exige que a pessoa se sinta, de fato, ofendida, bastando a potencialidade lesiva da conduta, chamando-se o delito em estudo de **formal** (ex.: chamar alguém de verme fétido e imundo tem potencialidade de causar um dano à autoestima, ainda que, no caso concreto, não se verifique).

Admite-se a forma **tentada**, por exemplo, se a injúria for **por escrito** e o papel não chegar às mãos da vítima por extravio.

5.4.6. Exceção da verdade

Obviamente não é admitida. Seria absurdo, por exemplo, imaginar-se a prova de que a vítima é, de fato, um verme fétido e imundo.

Como no crime de injúria não se atribuem fatos, mas qualidades, torna-se impossível querer prová-las verdadeiras, diferentemente da calúnia e difamação (nelas se atribuem fatos, os quais podem não ter ocorrido).

5.4.7. Perdão judicial

Poderá o juiz deixar de aplicar a pena (perdão judicial – causa extintiva da punibilidade – v. art. 107, IX, do CP) nas seguintes hipóteses, previstas no § 1º do art. 140:

a) quando o ofendido, de forma reprovável, provocou diretamente a injúria (inc. I);

b) quando houver retorsão imediata, que consista em outra injúria (inc. II).

No primeiro caso, a vítima, dadas as provocações, cria no espírito do agente a raiva, combustível para que o injurie.

Na segunda hipótese, embora o agente injurie a vítima, esta revida imediatamente (logo após a injúria), de tal forma que também atribua ao seu "agressor inicial" um fato ofensivo à dignidade ou decoro. Com a devida vênia, aqui se aplica perfeitamente a famosa frase: "chumbo trocado não dói". Nesse caso, ninguém responderá por injúria, dada a incidência do perdão judicial, causa extintiva da punibilidade.

5.4.8. Injúria qualificada

5.4.8.1. Injúria real

Vem prevista no § 2º do art. 140 do CP. Ocorre quando o agente, valendo-se de lesões corporais ou vias de fato, tenciona não diretamente atingir a integridade corporal ou a saúde da vítima, mas atingir-lhe a dignidade ou o decoro.

Opta o agente, em vez de injuriar a vítima com palavras ou escritos, produzir-lhe um insulto de maneira mais agressiva (ex.: tapa no rosto; cusparada na face; empurrão diante de várias pessoas). Contudo, de tal situação, deve-se vislumbrar que a intenção do agente foi a de ofender a autoestima da vítima. Daí a palavra "aviltante" prevista na qualificadora ora analisada.

De qualquer modo, o legislador irá punir o agente pela violência de maneira autônoma (ex.: se do tapa, a boca da vítima fica machucada e sangra, além da injúria qualificada, irá responder o agente por lesão corporal leve). No tocante às vias de fato, a doutrina defende que serão absorvidas pelo crime contra a honra.

5.4.8.2. Injúria qualificada pelo preconceito de raça ou cor (ou injúria racial)

Prevista na primeira parte do § 3º do art. 140 do CP, restará configurada quando o agente, para injuriar a vítima, utilizar-se de elementos referentes à **raça**, **cor**, **etnia**, **religião** ou **origem.**

Assim, estaremos diante da qualificadora em comento se o agente, por exemplo, injuriar um judeu dizendo que "todo judeu é corrupto e mão de vaca", ou um negro dizendo que "todo negro é ladrão e desonesto".

5.4.8.3. Injúria qualificada contra idoso ou deficiente

Quando, para cometer a injúria, o agente ofender a vítima em razão de ser **pessoa idosa ou portadora de deficiência,** a pena será de 1 a 3 anos de reclusão, a mesma prevista para a injúria racial.

Tal proteção no CP foi inserida pelo Estatuto do Idoso.

Guilherme Nucci cita, como exemplo de injúria qualificada contra idoso ou deficiente, as seguintes situações: "não atendemos múmias neste estabelecimento" ou "aleijado só dá trabalho" (op. cit., pág. 663).

5.5. Disposições gerais dos crimes contra a honra (arts. 141 a 145 do CP)

5.5.1. Formas majoradas

As penas são aumentadas de 1/3 se os crimes já estudados (calúnia, difamação ou injúria) forem praticados:

a) contra Presidente da República ou chefe de governo estrangeiro (inc. I, art. 141);

b) contra funcionário público, em razão de suas funções (inc. II, art. 141);

c) na presença de várias pessoas, ou por meio que facilite a divulgação da calúnia, da difamação ou da injúria (inc. III, art. 141);

d) contra pessoa maior de 60 (sessenta) anos ou portadora de deficiência, exceto no caso de injúria (inc. IV, art. 141).

Na última hipótese *supra*, excetuou-se a injúria pelo fato de o art. 140, § 3º, do CP, punir mais gravosamente a injúria contra pessoa idosa ou deficiente. Assim não fosse, estaríamos diante de inegável *bis in idem*. Prevalece, contudo, para os crimes de calúnia e difamação.

Por fim, o parágrafo único do art. 141 do CP menciona a aplicação de pena em dobro se o crime é cometido mediante paga ou promessa de recompensa. Trata-se de situação mais duramente punida pela lei, tendo em vista a torpeza do crime, demonstrada no fato de que o agente, por dinheiro ou sua mera expectativa, ofende a honra de terceiros.

5.5.2. Exclusão do crime

O art. 142 do CP traz algumas causas específicas de exclusão do crime (excludentes de ilicitude), apenas no tocante à **difamação e à injúria**, a saber:

a) a ofensa irrogada (atribuída, praticada) em juízo, na discussão da causa (limite material da excludente), pela parte ou por seu procurador (advogado);

b) a opinião desfavorável da crítica literária, artística ou científica, salvo quando inequívoca a intenção de injuriar ou difamar;

c) o conceito desfavorável emitido por funcionário público, em apreciação ou informação que preste no cumprimento do dever de ofício (ex.: certidão assinada por um escrivão, dando conta da existência dos maus antecedentes do réu).

Nos casos das letras "a" e "c", pune-se o terceiro que dá publicidade aos fatos ocorridos (parágrafo único do art. 142 do CP).

5.5.3. Retratação (art. 143 do CP)

Extingue-se a punibilidade daquela pessoa que atribuiu a alguém um falso fato definido como crime (calúnia) ou desonroso (difamação) se, até a sentença de 1º grau, retratar-se do que fez, vale dizer, "voltar atrás", desmentir-se.

Se o faz até a prestação jurisdicional ser efetivada em 1ª instância, o querelado (réu na ação penal privada) ficará isento de pena. Tal instituto tem por objetivo restabelecer a **honra objetiva** da vítima, que se vê, com a atitude do réu, "livre" da má reputação conferida pelo agente.

Antes do julgamento, pelo STF, da ADPF 130, no mês de abril de 2009, se o meio de dispersão da injúria à sociedade fosse a imprensa (escrita ou falada), o delito seria aquele previsto na Lei de Imprensa (Lei 5.250/1967). Frise-se que referido diploma legal foi declarado não recepcionado pela nova ordem constitucional. Nesse sentido, confira-se parte da ementa do julgado:

> Arguição de Descumprimento de Preceito Fundamental (ADPF). Lei de imprensa. Adequação da ação. Regime constitucional da "liberdade de informação jornalística", expressão sinônima de liberdade de imprensa. A "plena" liberdade de imprensa como categoria jurídica proibitiva de qualquer tipo de censura prévia.
>
> (...)
>
> 10. Não recepção em bloco da Lei 5.250 pela nova ordem constitucional
>
> (...)
>
> 12. Procedência da ação. Total procedência da ADPF, para o efeito de declarar como não recepcionado pela Constituição de 1988 todo o conjunto de dispositivos da Lei federal 5.250, de 09.02.1967.

Atualmente (leia-se: desde o julgamento da já citada ADPF 130), se o crime de injúria for perpetrado por meio da imprensa, aplicar-se-ão as regras "comuns" do Código Penal. Logo, não mais se pode admitir que a injúria praticada pela imprensa admita a retratação, o que era possível pelo art. 26 da Lei 5.250/1967, a qual, como se sabe, foi declarada não recepcionada pelo STF.

Atualmente (leia-se: desde o julgamento da já citada ADPF 130), se o crime de injúria for perpetrado por meio da imprensa, aplicar-se-ão as regras "comuns" do Código Penal. Logo, não mais se pode admitir que a injúria praticada pela imprensa admita a retratação, o que era possível pelo art. 26 da Lei 5.250/1967, a qual, como se sabe, foi declarada não recepcionada pelo STF. Contudo, no tocante à difamação e a calúnia, aplicável o disposto no art. 143, parágrafo único, do CP, acrescentado pela Lei 13.188/2015, que assim dispõe: "Nos casos em que o querelado tenha praticado a calúnia ou a difamação utilizando-se de meios de comunicação, a retratação dar-se-á, se assim desejar o ofendido, pelos mesmos meios em que se praticou a ofensa."

5.5.4. Pedido de explicações (art. 144 do CP)

Não havendo certeza da intenção do agente ao proferir impropérios contra alguém, poderá o suposto ofendido pedir explicações em juízo ao suposto ofensor, a fim de que se tenha certeza ou probabilidade de que tenha havido injúria, calúnia ou difamação.

Se o suposto ofensor não comparecer em juízo para prestar esclarecimentos, ou, a critério do juiz, não der as explicações de maneira satisfatória, poderá vir a ser criminalmente processado.

Exemplo seria dizer a uma mulher "extravagante", em uma roda de pessoas: "Fulana, você é uma mulher cara". Ora, essa frase poderia tanto significar que a mulher "cobra caro" em seus serviços, ou é uma pessoa dileta, querida. Havendo dúvidas, poderá a mulher formular pedido de explicações ao suposto agressor de sua honra.

5.5.5. Ação penal

Em regra, os crimes contra a honra (calúnia, difamação e injúria) exigem atuação da vítima, que deverá, no prazo legal, oferecer a competente queixa-crime. Trata-se, portanto, de crimes de **ação penal privada**.

Todavia, poderá a **ação ser pública** no caso de injúria real (praticada com violência ou vias de fato).

Já se o crime for praticado contra o Presidente da República ou chefe de governo estrangeiro, a ação será **pública condicionada à requisição do Ministro da Justiça.**

Em se tratando de crime contra a honra de funcionário público em razão de suas funções, a ação será **pública condicionada à representação**. Todavia, o STF, ao editar a Súmula 714, permite a legitimidade concorrente do ofendido, mediante queixa, e do Ministério Público, mediante denúncia, desde que haja representação, quando o crime for contra a honra de servidor público em razão do exercício de suas funções. Trata-se de entendimento jurisprudencial consolidado na mais alta corte de nosso país, embora seja nitidamente *contra legem*.

Por fim, a **injúria racial** (art. 140, § 3º, CP), igualmente, é crime de **ação penal pública condicionada à representação**.

6. CRIMES CONTRA A LIBERDADE PESSOAL

6.1. Constrangimento ilegal (art. 146 do CP)

6.1.1. Considerações iniciais

O art. 146 do CP vem inserido no capítulo dos **crimes contra a liberdade pessoal**.

Segundo Rogério Sanches Cunha, "liberdade significa, em síntese, **ausência de coação**. Com esse conceito amplo, protege-se, neste capítulo, **a faculdade do homem de agir ou não agir, querer ou não querer, fazer ou não fazer aquilo que decidir, sem constrangimento**, prevalecendo a sua autodeterminação" (**Direito Penal** - Parte Especial - ed. RT, pág. 167).

No tocante ao crime de constrangimento ilegal, tencionou o legislador proteger o **livre-arbítrio** do ser humano, que não pode ser compelido a fazer ou deixar de fazer alguma coisa senão em virtude de lei (v. art. 5º, II, da CF/1988).

6.1.2. Objeto jurídico

O art. 146 do CP protege a liberdade individual da pessoa, que, como já dissemos, não pode ser obrigada a fazer ou deixar de fazer algo senão de acordo com sua própria vontade ou quando a lei dispuser em tal ou qual sentido.

6.1.3. Sujeitos do crime

O constrangimento ilegal é crime que pode ser praticado por qualquer pessoa. Logo, trata-se de **crime comum**.

Com relação ao **sujeito passivo**, diz-se que deve ser pessoa que possua capacidade de autodeterminação, ou seja, com capacidade de "decidir sobre os seus atos" (Rogério Sanches Cunha, op. cit., pág. 169).

Assim, não podem ser vítimas as pessoas de pouca idade, os loucos, os embriagados, já que não têm capacidade de "vontade natural".

6.1.4. Tipo objetivo

Estará configurado o crime de constrangimento ilegal quando o sujeito ativo "constranger" a vítima a fazer algo ou a não fazer algo, mediante violência, grave ameaça ou qualquer outro meio que reduza a capacidade de resistência.

Portanto, a conduta típica é "constranger", vale dizer, *obrigar, forçar, coagir.*

O legislador trouxe três hipóteses (meios executórios) de o crime em estudo ser praticado:

a) mediante violência: lesões corporais, vias de fato (é a denominada *vis corporalis* ou *vis absoluta*);

b) mediante grave ameaça: corresponde à violência moral (*vis compulsiva*), ou seja, à promessa de um mal injusto e grave;

c) mediante qualquer outro meio que reduza a capacidade de resistência da vítima: é o que se denomina de *violência imprópria*. Trata-se de meio executório subsidiário, que importa em uma redução da capacidade de autodeterminação ou resistência do ofendido. Exemplo disso é o uso da hipnose, de álcool ou substância de efeitos análogos, situações estas que excluiriam a maior chance de a vítima resistir à vontade do agente.

Salienta a doutrina que, se o constrangimento tiver por objetivo uma **pretensão legítima** do sujeito ativo, não se poderá falar em constrangimento ilegal, mas sim em **exercício arbitrário das próprias razões**, nos termos do art. 345 do CP (ex.: "A", empregado de "B", demitido sem justa causa, ao ver que seu patrão não iria pagar seus direitos trabalhistas, mediante emprego de socos e pontapés, obriga-o a assinar um cheque com o exato valor das verbas rescisórias).

O sujeito ativo irá constranger, portanto, a vítima, mediante violência, grave ameaça ou qualquer outro meio que reduza sua resistência a:

a) fazer algo: pressupõe uma atuação não querida pelo ofendido, que é levado a realizar alguma coisa contra sua vontade. Ex.: viagem, dirigir veículo, escrever uma carta;

b) não fazer algo: pressupõe que o agente constranja a vítima a não fazer alguma coisa, ou a tolerar que o próprio sujeito ativo faça algo.

6.1.5. Tipo subjetivo

O elemento subjetivo da conduta é o dolo. Em outras palavras, o crime de constrangimento ilegal é doloso, não admitindo a modalidade culposa.

Age o agente sabendo que aquilo que constrange a vítima a fazer ou deixar de fazer é ilegítimo.

6.1.6. Consumação e tentativa

Consuma-se o crime em análise no instante em que a vítima faz ou deixa de fazer algo, atuando, portanto, contra a sua vontade, em observância ao imposto pelo agente.

Admissível a tentativa se a vítima, coagida a fazer ou deixar de fazer algo, desatende à determinação do sujeito ativo.

6.1.7. Constrangimento ilegal e concurso com outros crimes

Se o sujeito ativo coage a vítima, mediante violência ou grave ameaça, a fazer algo considerado pela lei como crime, responderá pelo crime de constrangimento ilegal (art. 146 do CP) em concurso com o outro delito praticado por aquela.

A depender da violência ou ameaça impingidas à vítima, poderá ficar caracterizada a **tortura**, prevista no art. 1°, I, "b", da Lei 9.455/1997.

Já se a coação à vítima for para que ela pratique contravenção penal, estaremos diante de concurso material entre o delito de constrangimento ilegal e a infração penal por ela praticada.

6.1.8. Aumento de pena

O **§ 1°** do art. 146 do CP prevê duas situações em que a pena será aplicada cumulativamente e em dobro:

a) se para a execução do crime se reúnem mais de três pessoas: nesse caso, se pelo menos quatro pessoas se reúnem para o cometimento do crime de constrangimento ilegal, dificultando ainda mais a possibilidade de resistência da vítima, o legislador entendeu por bem exacerbar a resposta penal, o que fez com acerto;

b) se para a execução do crime há emprego de armas: parte da doutrina exige que haja o efetivo emprego (uso) da arma para o cometimento do crime, não bastando o mero porte da arma. Deve-se entender por "arma" todo artefato, bélico ou não, com potencialidade lesiva (ex.: armas de fogo, facas, foices, machado, canivete etc.). Não se pode considerar como "arma" o simulacro de arma de fogo, ou seja, a réplica de brinquedo do artefato bélico, mormente com o cancelamento da Súmula 174 do STJ.

No caso do **§ 2°** do art. 146 do CP, diz-se que, além da pena do constrangimento ilegal, **serão aplicadas as correspondentes à violência** (leia-se: lesões corporais). Assim, será o caso de concurso material entre o art. 146 e o art. 129, ambos do CP, somando-se, pois, as penas.

6.1.9. Causas de exclusão do crime

O § 3° do art. 146 do CP traz duas situações em que não ficará configurado o crime de constrangimento ilegal. Entende-se majoritariamente que são duas as causas excludentes da antijuridicidade, a saber:

a) intervenção médica ou cirúrgica, sem o consentimento do paciente ou de seu representante legal, se justificada por iminente perigo de vida;

b) se a coação é exercida para impedir suicídio.

6.2. Ameaça (art. 147 do CP)

6.2.1. Considerações iniciais

O crime de ameaça ofende, assim como o constrangimento ilegal, a liberdade pessoal da vítima, que, *in casu*, vê-se abalada com o prenúncio de um mal injusto e grave que lhe foi atribuído pelo sujeito ativo.

Pretendeu o legislador, portanto, punir a conduta que perturba a tranquilidade e a sensação de segurança da vítima, que deixa de ter sua autodeterminação (ir e vir, fazer ou não fazer) intocada.

6.2.2. Sujeitos do crime

Pode ser autor do delito em tela qualquer pessoa, tratando-se, pois, de **crime comum**.

Já a vítima deve ser pessoa certa e determinada com a capacidade de atinar para o mal injusto e grave que lhe tenha sido prometido. Quer-se dizer que somente pode ser sujeito passivo de ameaça a pessoa que possa reconhecer o caráter intimidatório do mal injusto e grave prenunciado pelo agente.

Não se admite, portanto, que se considere vítima de ameaça uma criança de tenra idade, sem a menor possibilidade de compreender a violência moral, bem como os doentes mentais, os ébrios ou pessoas indeterminadas. Ressalte-se que a lei prescreve "ameaçar *alguém*", do que se infere que somente pode ser pessoa certa e determinada.

6.2.3. Tipo objetivo

O verbo do tipo é "ameaçar", que significa intimidar, prometer um malefício.

O art. 147 do CP descreve, como meios executórios do mal prometido, os seguintes:

a) palavra: pode-se ameaçar alguém por meio de palavras, faladas ou escritas;

b) escrito: são palavras graficamente materializadas;

c) gesto: são sinais feitos com movimentos corporais ou com o emprego de objetos;

d) qualquer outro meio simbólico: trata-se de hipótese residual, não abarcada pelas três situações anteriores.

Vê-se, portanto, que o crime em análise pode ser praticado por diversas formas, desde que aptas a amedrontar a vítima. Trata-se, pois, de crime de **ação livre**.

O mal prometido à vítima, segundo exige a lei, deve ser *injusto e grave*.

Não basta, portanto, a injustiça do malefício prometido, devendo ser grave. Também, não basta a gravidade do mal prometido, devendo ser injusto (ex.: prometer ao furtador de sua carteira que irá requerer instauração de inquérito policial).

A doutrina ensina, ainda, que o mal prometido deve ser iminente (prestes a ocorrer) e verossímil (crível). Não configuraria o crime de ameaça, por exemplo, prometer que irá pedir ao *diabo* que mate a vítima, ou que irá despejar toda a água dos oceanos em sua casa, para que morra afogada.

Deve a promessa de mal injusto e grave ser, repita-se, crível e apta a intimidar, ainda que a vítima, de fato, não se sinta intimidada. Nesse particular, estamos diante de **crime formal**.

6.2.4. *Tipo subjetivo*

É o dolo, ou seja, a vontade livre e consciente do agente em ameaçar a vítima, prometendo-lhe, mediante palavra, escrito, gesto ou qualquer outro meio, mal injusto e grave.

Ainda que o sujeito profira a ameaça, sabendo que não irá cumpri-la, caracterizado estará o crime em análise.

Inadmissível a modalidade culposa de ameaça.

Alerta a doutrina que o crime de ameaça exige seriedade de quem a profere, não se coadunando em momentos de cólera, raiva, ódio, enfim, desequilíbrio emocional.

Há quem sustente que a embriaguez do sujeito ativo retira a plena seriedade do mal injusto e grave prometido. Todavia, o art. 28, II, do CP, prescreve que não exclui a imputabilidade a embriaguez. Portanto, o crime remanesceria, mesmo que o agente esteja embriagado.

6.2.5. *Consumação e tentativa*

A ameaça é crime que se consuma quando a vítima toma conhecimento do mal injusto e grave prometido pelo agente, ainda que com ele não se intimide. Trata-se, pois, de **crime formal**.

É possível a forma **tentada** do crime se praticado por **meio escrito**. Por palavras ou gestos, o delito é unissubsistente, não admitindo fracionamento no *iter criminis*.

6.2.6. *Ação penal*

O parágrafo único do art. 147 do CP exige a representação da vítima para a instauração da *persecutio criminis in judicio*. Assim, sem a manifestação de vontade da vítima, no sentido de ver o agente processado, não poderá o Ministério Público dar início à ação penal.

Trata-se, portanto, de crime de **ação penal pública condicionada**.

6.3. Sequestro e cárcere privado (art. 148 do CP)

6.3.1. *Considerações iniciais*

Tutela o art. 148 do CP a **liberdade de locomoção** do ser humano, vale dizer, seu livre-arbítrio, sua vontade de ir, vir ou permanecer onde bem entender, sem intromissão de quem quer que seja. Daí o crime em análise estar inserido no capítulo dos crimes contra a liberdade pessoal.

6.3.2. *Sujeitos do crime*

Pode ser **sujeito ativo** do crime **qualquer pessoa** (crime comum).

Já o sujeito passivo, segundo parte da doutrina, somente pode ser aquela pessoa que tenha a capacidade de ir e vir livremente, não se incluindo, em tese, os paralíticos, os portadores de doenças graves, ou aqueles que não tenham a compreensão do que vem a ser a privação de sua liberdade.

Todavia, Magalhães Noronha já advertiu que "a liberdade de movimento não deixa de existir quando se exerce à custa de aparelhos ou com o auxílio de outrem. Por outro lado, não é menos certo que o incapaz, na vida em sociedade, goza dessa liberdade corpórea, tutelada pela lei incondicional e objetivamente" (citação feita por Rogério Sanches Cunha, op. cit., pág. 178).

Se o sujeito ativo do crime for **funcionário público**, no exercício de suas funções, poderá praticar **abuso de autoridade**, não sequestro (v. art. 4º, "a", da Lei 4.898/1965).

6.3.3. *Tipo objetivo*

A conduta típica corresponde ao verbo "**privar**", ou seja, reduzir à total ou parcial impossibilidade a liberdade de locomoção da vítima, que se vê, em maior ou menor grau, impedida de seu direito de ir e vir, não conseguindo se "desvencilhar do sequestrador sem que corra perigo pessoal" (Fernando Capez. **Curso de Direito Penal**, vol. 3, pág. 305, ed. Saraiva).

A privação da liberdade da vítima, segundo o art. 148 do CP, far-se-á mediante **sequestro** ou **cárcere privado**.

Na prática, sequestro e cárcere privado não ostentam diferenças relevantes, já que o agente responderá pelo crime em análise. Todavia, a doutrina cuidou de diferenciar ambas as formas de privação da liberdade da vítima.

Entende-se por **sequestro** a privação de liberdade que **não implica confinamento** da vítima (ex.: manter a pessoa em um apartamento, em uma casa, em uma chácara, sem que consiga se desvencilhar normalmente do sequestrador).

Já **cárcere privado** traduz a ideia de privação da liberdade da vítima em local fechado, havendo, portanto, **confinamento** (ex.: manter a vítima em um quarto, em uma solitária, em uma cela, em um buraco).

Podemos dizer, seja no tocante ao sequestro ou ao cárcere privado, que ambas as formas de privação da liberdade de locomoção da vítima implicam a existência de violência. A só privação da liberdade já configura forma de **violência**.

O **tempo de privação da liberdade** da vítima não vem previsto em lei como elementar do tipo. Porém, doutrina e jurisprudência divergem a respeito, entendendo-se que a curta privação já é suficiente à caracterização do crime, ou que, nesse caso, não se pode falar no tipo penal em comento.

6.3.4. *Tipo subjetivo*

Trata-se de crime doloso. Se a finalidade do agente na privação da vítima for o recebimento de alguma vantagem (dinheiro, por exemplo), estaremos diante do crime de extorsão mediante sequestro (art. 159 do CP).

6.3.5. *Consumação e tentativa*

Consuma-se o crime no momento em que a vítima é privada de sua liberdade de locomoção, total ou parcialmente.

Trata-se de **crime permanente**, ou seja, somente tem fim quando cessar a privação da liberdade. Logo, admite-se a prisão em flagrante do sequestrador enquanto mantiver a vítima sequestrada ou em cárcere privado.

Admite-se a **tentativa**, já que o *iter criminis* é fracionável.

No caso de sobrevir **legislação mais rígida** a respeito do sequestro ou cárcere privado, impondo, por exemplo, pena mais gravosa ao agente que o cometer, será aplicada mesmo em prejuízo do réu. Isso porque estamos diante, como já dissemos, de **crime permanente**, que se protrai no tempo pela vontade do próprio agente.

Tal é o entendimento da Súmula 711 do STF: "a lei penal mais grave aplica-se ao crime continuado ou ao crime permanente, se a sua vigência é anterior à cessação da continuidade ou da permanência".

Pelo fato de o sequestro ou cárcere privado ser considerado **crime permanente** (repita-se: aquele cuja consumação se protrai no tempo por vontade do agente), nada mais justo do que o agente ser mais gravosamente punido por legislação superveniente ao momento em que a vítima foi arrebatada, se, ainda assim, a mantiver com sua liberdade restringida.

6.3.6. *Formas qualificadas*

O § 1º do art. 148 do CP traz formas qualificadas do crime de sequestro ou cárcere privado, nas seguintes hipóteses:

a) se a vítima é ascendente, descendente, cônjuge do agente ou maior de 60 anos;

b) se o crime é praticado mediante internação da vítima em casa de saúde ou hospital;

c) se a privação da liberdade dura mais de 15 dias;

d) se o crime é praticado contra menor de 18 anos;

e) se o crime é praticado com fins libidinosos (inovação da Lei 11.106/2005).

Nos cinco casos acima, a pena será de 2 a 5 anos de reclusão.

Já na situação prevista no § 2º do mesmo artigo, a pena variará de 2 a 8 anos de reclusão se, em razão dos maus-tratos ou da natureza da detenção, a vítima experimentar **grave sofrimento físico ou moral**. A depender da intenção do agente, poderá ficar configurado o crime de tortura (Lei 9.455/1997).

6.4. Violação de domicílio (art. 150 do CP)

6.4.1. *Considerações iniciais*

Tencionou o legislador proteger a **inviolabilidade do domicílio**, constitucionalmente garantido no art. 5º, XI, da Carta Magna. A objetividade jurídica do crime em tela não é a proteção da posse ou da propriedade, mas da tranquilidade e da liberdade doméstica, punindo-se aquele que a perturbar.

6.4.2. *Sujeitos do crime*

O **sujeito ativo** do crime pode ser qualquer pessoa. Alerta a doutrina que o proprietário do bem imóvel também pode ser autor do crime de violação de domicílio se ingressar na casa habitada pelo inquilino sem o seu consentimento (protege-se, portanto, a tranquilidade doméstica e não a propriedade).

Sujeito passivo é o **morador**, a pessoa que ocupa o bem imóvel, não necessariamente o proprietário.

No caso de habitações coletivas, prevalece a vontade de quem proibiu o ingresso ou permanência de determinada pessoa no local (ex.: república de estudantes).

No caso de residências familiares, prevalece a vontade do dono (*dominus*) do imóvel. Em relação aos demais moradores, suas vontades valem nos limites de seus aposentos.

6.4.3. *Tipo objetivo*

Duas são as condutas típicas (verbos) caracterizadoras do crime de violação de domicílio:

a) entrar; ou

b) permanecer.

No **primeiro caso** (letra "a"), o agente **invade**, ingressa em casa alheia, seja em sua totalidade, seja em determinadas dependências. Já no **segundo caso** (letra "b"), o agente já se encontrava em casa alheia, mas, cessada a autorização para lá estar, **permanece contra a vontade da vítima**, deixando de se deslocar para fora do imóvel.

A entrada ou permanência do agente em casa alheia deve dar-se:

a) clandestinamente: o agente ingressa na casa da vítima sem que ela saiba ou perceba sua presença;

b) astuciosamente: o agente emprega alguma fraude (ex.: o agente ingressa ou permanece em casa alheia disfarçado de funcionário dos correios ou de companhia telefônica);

c) contra a vontade expressa de quem de direito: manifestação induvidosa, clara, do morador, que dissente com a entrada ou permanência do agente em sua casa;

d) contra a vontade tácita de quem de direito: manifestação implícita do morador de dissentir o ingresso ou permanência do agente em sua casa, o que se pode deduzir das circunstâncias.

Proíbe a lei, portanto, a perturbação doméstica, que pode se dar pelo ingresso ou permanência de alguém em casa alheia ou em suas dependências.

6.4.4. *Tipo subjetivo*

O crime que ora se estuda é doloso, não admitindo, portanto, a modalidade culposa.

6.4.5. *Consumação e tentativa*

A violação de domicílio é considerada pela doutrina como **crime de mera conduta**, do qual não se pode extrair um resultado naturalístico (modificação do mundo exterior provocada pelo ato). **Consuma-se**, portanto, no momento em que o agente entra completamente (e não apenas com parte do corpo) em casa alheia ou nela permanece contra a vontade de quem de direito. Nesse último caso, estaremos diante de um **crime permanente**.

Por se tratar de crime de mera conduta, inadmissível a tentativa, até mesmo pelo fato de o delito não permitir a ocorrência de resultado: ou se entra ou permanece em casa alheia ou, assim não sendo, não se pode falar em crime, sequer tentado.

6.4.6. *Caráter subsidiário do crime de violação de domicílio*

Se a violação de domicílio for meio de execução para a prática de crime mais grave, por este ficará absorvida (ex.: violação de domicílio para o furto de bens que guarnecem o imóvel).

6.4.7. *Formas qualificadas*

A violação de domicílio será punida de 6 meses a 2 anos de detenção, sem prejuízo da pena correspondente à violência, quando:

I. for praticada durante a noite: a palavra "noite" designa a inexistência de luz solar. Assim, pune-se com maior rigor o agente nessa hipótese, eis que a probabilidade de se consumar seu intento criminoso será maior, dada a menor vigilância sobre a casa nesse período;

II. for praticada em lugar ermo: se a violação de domicílio ocorre em local despovoado, a pena será maior, eis que a probabilidade de lesão ao bem jurídico é incrementada pelo fato de o local contar com poucos habitantes;

III. se houver emprego de violência: aqui, tanto física (empregada contra pessoa) quanto contra a própria coisa;

IV. se houver o emprego de arma: entende-se por "arma" tanto aquela previamente construída para o ataque (revólver, por exemplo) quanto o artefato que ostente potencialidade lesiva (faca, machado, facão, por exemplo);

V. se o crime for praticado por duas ou mais pessoas.

6.4.8. *Causa de aumento de pena*

O § 2º do art. 150 do CP traz que a pena será aumentada em um terço se o crime for praticado por funcionário público, fora dos casos previstos em lei, ou com abuso de poder.

Fernando Capez entende que tal circunstância foi revogada pela Lei de Abuso de Autoridade (Lei 4.898/1965), por força do princípio da especialidade.

6.4.9. *Exclusão do crime*

Não se configura a violação de domicílio nas hipóteses previstas no § 3º do art. 150 do CP, excluindo-se, portanto, a ilicitude da conduta praticada pelo agente.

São as hipóteses:

I. durante o dia, com observância das formalidades legais, para efetuar prisão ou outra diligência;

II. a qualquer hora do dia ou da noite, quando algum crime está sendo ali praticado, ou na iminência de o ser.

Além dessas hipóteses, **outras podem ser invocadas como forma de exclusão do crime em tela**: a legítima defesa, o estado de necessidade, o estrito cumprimento do dever legal, o exercício regular de direito (todas previstas no **art. 23 do CP**), em caso de desastre ou para prestar socorro (estas duas últimas hipóteses vêm consagradas na Constituição Federal – **art. 5º, XI**).

6.4.10. *Conceito de casa*

Os §§ 4º e 5º do art. 150 do CP, em típico exemplo de normas penais não incriminadoras explicativas, definem o conceito (positivo e negativo) de "casa" para fins de caracterização do crime de violação de domicílio.

7. CRIMES CONTRA O PATRIMÔNIO

7.1. Crime de furto (art. 155, CP). Considerações iniciais

O crime de **furto**, previsto no art. 155 do CP, é a primeira figura inserida no Capítulo dos **crimes contra o patrimônio**, que se encerra com o art. 184 do mesmo diploma legal.

Trata-se de infração penal cuja **objetividade jurídica** é a **proteção do patrimônio alheio**, mais especificamente dos bens móveis alheios.

7.1.1. *Tipo objetivo*

O verbo do tipo (conduta típica) é **"subtrair"**, que corresponde à ação do agente de tirar alguma coisa da vítima, desapossá-la, apoderando-se dos bens a ela pertencentes.

A subtração exige, portanto, a **inexistência de consentimento da vítima**, já que o patrimônio é **bem jurídico disponível**, podendo ser suprimido por sua própria vontade.

Ainda, ressalta a doutrina que a subtração tem implícita em si a intenção do agente em se apoderar dos bens, seja para si, seja para outrem, de modo **definitivo**.

Atentam os doutrinadores, também, que a **subtração** abarca não só a retirada do bem da vítima sem o seu consentimento, mas a situação em que é entregue ao agente pelo ofendido, espontaneamente, e ele, sem permissão, retira-o da **esfera de vigilância** da vítima (ex.: "A", em uma loja, solicita um produto para manuseio, o que é feito por "B", vendedora. No entanto, sem o consentimento dela, "A" foge do local em poder do produto).

Ademais, não se exige, para a caracterização do furto, que a vítima esteja presente no momento da subtração. Em outras palavras, presenciando ou não a subtração, haverá o crime de furto.

Também configura elementar do tipo que a **coisa** subtraída seja **alheia** e **móvel**. Entende-se por "coisa" todos os bens suscetíveis de **apreciação econômica** (afinal, o furto protege o **patrimônio** alheio).

Outrossim, não basta que o agente subtraia um bem, devendo este pertencer, obviamente, a **terceira pessoa** (não se poderia cogitar de furto de coisa própria!).

Por fim, somente **bens móveis** podem ser objeto do crime em estudo, conforme determina a lei penal. Ainda que assim não estivesse previsto, se o furto pressupõe a retirada do bem da esfera de vigilância da vítima, somente os passíveis de mobilização é que podem ser literalmente "removidos", "retirados" de um local para outro. **Impossível, portanto, furto de bem imóvel.**

Se eventualmente a lei civil considera, por ficção, um bem móvel como imóvel (ex.: navios e aeronaves), ainda assim poderão ser objeto material do crime em comento. Basta que possam ser transportados de um lugar a outro.

Até mesmo os animais (semoventes) podem ser objeto de furto, desde que tenham um proprietário (ex.: gados, cachorros etc.). Especificamente quanto ao furto de gado e outros semoventes, a doutrina o denomina de **abigeato**, previsto, atualmente, como modalidade qualificada do crime em comento (art. 155, § 6º, do CP).

Coisas de uso comum não podem ser objeto de furto (ex.: água de rios, mares, ar), salvo se destacados de seu meio natural e exploradas por alguém (ex.: água encanada; gás).

Também não podem ser furtadas as **coisas que não têm ou nunca tiveram dono** (é a chamada *res nullius*). Igualmente ocorre com as **coisas abandonadas** (*res derelicta*), que nos termos da lei civil serão de propriedade de quem as encontrar (ex.: embora com alto valor econômico, se um cachorro *pit bull* for abandonado, não poderá ser objeto de furto se alguém o encontrar e o levar para sua casa).

O § 3º do art. 155 do CP **equipara** a **"coisa alheia"** a energia elétrica, bem assim outras formas de energia, o que veremos mais a frente.

E o cadáver, pode ser objeto de furto? Segundo aponta a doutrina, se ele pertencer a uma universidade, ou a um laboratório, por exemplo, terá apreciação econômica, podendo ser considerado objeto material do crime em análise. Em qualquer outra hipótese, a subtração de cadáver configurará o crime previsto no art. 211 do CP.

A **subtração de órgão humanos**, para fins de transplante, configura crime específico definido na **Lei 9.434/1997** (Lei de remoção de órgãos e tecidos).

7.1.2. *Tipo subjetivo*

Além do **dolo** (vontade livre e consciente do agente em subtrair coisa alheia móvel), exige-se o **elemento subjetivo do tipo** (**dolo específico**), vale dizer, o sujeito ativo deve ter a intenção de apoderar-se definitivamente do bem subtraído, ou de fazê-lo para que terceira pessoa dele se apodere em caráter definitivo.

O elemento subjetivo do tipo, no crime de furto, é denominado *de animus rem sibi habendi.* Em outras palavras, o agente deve subtrair o bem com o fim de **assenhoreamento definitivo**.

A exigência do "dolo específico" pode vir a desnaturar o crime de furto se o agente **subtrai o bem temporariamente, sem a intenção de ficar com ele indefinidamente**.

Assim, se o furtador subtrai um carro, por exemplo, com a simples intenção de utilizá-lo e posteriormente restituí-lo ao seu legítimo proprietário, estaremos diante de fato atípico, dada a inexistência do *animus rem sibi habendi*. Tal figura é denominada pela doutrina de **furto de uso**.

Para a configuração do furto de uso, há a necessidade de existirem dois requisitos:

a) subjetivo: intenção, *ab initio*, de utilizar temporariamente o bem subtraído, sem a intenção, portanto, de permanecer indefinidamente com ele;

b) objetivo: deve-se restituir a coisa subtraída com um intervalo temporal não muito longo (cláusula aberta), bem como em sua integralidade e sem danos.

Se a subtração de uma coisa alheia ocorrer para a superação de uma **situação de perigo**, nem mesmo podemos aventar furto de uso, mas sim de estado de necessidade, que afasta a criminalidade da conduta (**causa excludente da antijuridicidade**).

7.1.3. Sujeitos do crime

O **sujeito ativo** do crime de furto pode ser qualquer pessoa, desde que não seja o proprietário ou possuidor da coisa subtraída (o tipo penal exige que a coisa subtraída seja **alheia**).

Se se tratar o furtador de **funcionário público**, no exercício das funções ou em razão delas, poderá praticar o crime de peculato (art. 312 do CP).

Já o **sujeito passivo** do crime de furto é o proprietário, possuidor ou detentor do bem subtraído. Poderá ser pessoa natural ou pessoa jurídica.

7.1.4. Consumação e tentativa

Predomina na jurisprudência, quanto ao momento consumativo do furto, a denominada **teoria da *amotio (apprehensio)***. Assim, para referida teoria, a consumação exige, além do contato, a apreensão da coisa alheia, independentemente do seu deslocamento, desde que a vítima não possa mais exercer o poder de livre disposição da coisa.

Segundo parte da doutrina, consuma-se o furto com a **inversão da posse do bem subtraído**. Não basta, portanto, a mera subtração da coisa alheia móvel, exigindo-se que o objeto seja, de fato, retirado da esfera de vigilância (ou de disponibilidade) da vítima, ainda que por breve espaço de tempo. Não se exige a posse mansa e pacífica da coisa furtada. É a posição, inclusive, do STJ e STF.

Logo, ocorrerá **tentativa** se o bem for subtraído da vítima e esta iniciar perseguição ao furtador, conseguindo reaver seu bem. A **inexistência de retirada do bem da esfera de disponibilidade da vítima** enseja o reconhecimento, pois, da tentativa de furto.

Doutrinariamente, o furto é denominado crime material já que para sua consumação é exigido o resultado naturalístico (retirada do bem da vítima e consequente redução patrimonial).

7.1.5. Crime impossível

Se a vítima não carregar nenhum objeto de valor consigo e o agente der início à execução do crime, abrindo, por exemplo, sua bolsa, sem nada encontrar, estaremos diante de **crime impossível (art. 17 do CP)**. Essa é a concepção de Celso Delmanto e Damásio de Jesus.

Já para Nelson Hungria e Heleno Fragoso, a inexistência de objeto material no momento do furto é questão *acidental* (circunstâncias alheias à vontade do agente), configurando-se a **tentativa**.

7.1.6. Forma majorada (repouso noturno)

O § 1º do art. 155 do CP pune mais gravosamente o furto praticado durante o **repouso noturno**.

Segundo a doutrina majoritária, somente se aplica a causa de aumento de pena em comento ao furto simples (*caput*), não incidindo nas demais modalidades.

Entende-se por repouso noturno o período de descanso das pessoas, o que deve ser interpretado de região a região. Há quem entenda que o período noturno vai das 18hs às 6hs, o que não deve ser o melhor conceito, eis que o conceito de "noite" melhor coaduna com ausência de luz solar.

Todavia, tencionou o legislador punir mais gravosamente o furto cometido durante o período de descanso/repouso das pessoas. Tal situação deve ser interpretada no caso concreto, levando em conta as peculiaridades de cada região do Brasil (ex.: no meio rural, certamente o repouso noturno é bem mais cedo do que no meio urbano).

Não se deve confundir **repouso noturno** com **noite**, eis que, como já se disse, o crime deve ser cometido durante o *repouso* noturno, ou seja, nos momentos de menor vigília por parte das pessoas.

Na jurisprudência, bem assim para boa parte da doutrina, prevalece o entendimento de que a causa de aumento de pena em análise incide não somente se o furto for praticado em **casa ou suas dependências, mas, também, estabelecimentos comerciais ou mesmo em locais desabitados**. O que importa para a incidência da majorante é o **período** em que o delito é praticado e não as condições do local (se habitado, desabitado, se residencial ou comercial).

7.1.7. Forma privilegiada (furto privilegiado)

O § 2º do art. 155 do CP, cuja natureza jurídica é de **causa especial de diminuição de pena**, é denominado pela doutrina de **furto privilegiado**.

Incidirá quando o agente for **primário** (ausência de reincidência – art. 64, I, CP – **aspecto subjetivo**) e a coisa furtada for de pequeno valor (**aspecto objetivo**). Entende a doutrina e jurisprudência majoritárias como de **pequeno valor** o bem que não ultrapasse **um salário mínimo** no momento do crime.

Verificados os dois requisitos (primariedade e pequeno valor da coisa), o juiz poderá (em realidade, *deverá* – trata-se de direito subjetivo do acusado) **substituir a pena de reclusão pela de detenção, diminuí-la de um a dois terços ou aplicar somente a pena de multa**.

Dentre as opções grifadas, sem dúvida **a mais benéfica é a aplicação da *pena de multa***, eis que o seu descumprimento não poderá ensejar a restrição da liberdade do agente, mas ser cobrada como dívida de valor (*vide* art. 51 do CP).

Se o bem subtraído for de *ínfimo valor* (e não apenas de pequeno valor), pode-se sustentar a **insignificância penal**, por ausência de lesividade ao bem jurídico protegido pelo crime (ex.: furto de um botão de camisa ou de uma agulha em uma loja).

Frise-se que há diversas decisões dos Tribunais Superiores admitindo a incidência do privilégio mesmo para o furto qualificado, conforme será melhor visto no item a seguir.

7.1.8. Formas qualificadas

O § 4º do art. 155 do CP pune o crime de furto de 2 a 8 anos de reclusão nas seguintes hipóteses:

a) inciso I – se o furto for cometido com **destruição ou rompimento de obstáculo** à subtração da coisa: deve haver, nessa hipótese, efetiva destruição daquilo que pode ser considerado como obstáculo à subtração do bem efetivamente visado (ex.: a janela de um carro; as portas de uma residência). Não configura a qualificadora em comento se a destruição ou o rompimento ocorre na própria coisa para a sua subtração (ex.: quebrar o vidro do carro para, posteriormente, subtraí-lo). Acerca da imprescindibilidade de perícia para a configuração da qualificadora em comento, confira o entendimento do STJ:

> **FURTO. ROMPIMENTO. OBSTÁCULO. PERÍCIA.**
>
> "A Turma reiterou que, tratando-se de furto qualificado pelo rompimento de obstáculo, de delito que deixa vestígio, torna-se indispensável a realização de perícia para a sua comprovação, a qual somente pode ser suprida por prova testemunhal quando desaparecerem os vestígios de seu cometimento ou esses não puderem ser constatados pelos peritos (arts. 158 e 167 do CPP). No caso, cuidou-se de furto qualificado pelo arrombamento de porta e janela da residência, porém, como o rompimento de obstáculo não foi comprovado por perícia técnica, consignou-se pela exclusão do acréscimo da referida majorante". Precedentes citados: HC 136.455-MS, *DJe* 22.02.2010; HC 104.672-MG, *DJe* 06.04.2009; HC 85.901-MS, *DJ* 29.10.2007, e HC 126.107-MG, *DJe* 03.11.2009. HC 207.588-DF, Rel. Min. Og Fernandes, julgado em 23.08.2011. (Inform. STJ 481);

b) inciso II – se o furto for cometido com **abuso de confiança**, ou mediante **fraude, escalada ou destreza**: no primeiro caso (abuso de confiança), a vítima deve ter uma ligação com o agente delitivo (amizade, parentesco, relações profissionais), sob pena de não ficar caracterizada a qualificadora. O mero vínculo empregatício não a configura, exigindo-se do empregado *confiança* para o desempenho de determinada função, diminuindo, consequentemente, a vigilância do bem por parte do patrão.

O furto mediante fraude (segunda hipótese) exige que o agente se valha de um meio enganoso, de um artifício, capaz de reduzir a vigilância da vítima sobre o bem, o que permitirá sua subtração com menores dificuldades (o bem é subtraído da vítima sem que ela perceba). É o caso do falso funcionário de concessionárias de energia elétrica ou de empresa telefônica, que, sob o argumento de serem funcionários das citadas empresas, ingressam em casa alheia e subtraem bens que as guarneçam.

Por fim, a terceira hipótese é a do furto mediante escalada (utilização de via anormal para o ingresso em determinado lugar, exigindo um esforço incomum do agente – ex.: escalar muro de 5m e ingressar em casa alheia, subtraindo bens de seu interior) ou mediante destreza (é a habilidade que permite ao agente subtrair bens sem que a vítima perceba – ex.: punguista);

c) inciso III – se o furto for cometido com **emprego de chave falsa**. Entende-se como "chave falsa" a imitação da verdadeira (cópia executada sem autorização de seu dono) ou qualquer instrumento que faça as vezes da chave, mas que não seja ela, capaz de abrir fechaduras sem arrombamento (ex.: chave "mixa"). Se for utilizada a chave verdadeira, anteriormente subtraída do dono, não estaremos diante dessa qualificadora, mas, eventualmente, daquela em que se emprega fraude;

d) inciso IV – se o furto for cometido em **concurso de duas ou mais pessoas**. Nessa situação, basta que duas ou mais pessoas (ainda que uma ou mais sejam inimputáveis – ex.: doença mental ou menoridade) concorram para a subtração. O STJ já chegou a entender que, se um maior de dezoito anos e um menor de idade, juntos, cometerem um furto, não se configura a qualificadora, em razão da inimputabilidade deste último. Não concordamos, pois a lei exige a concorrência de *pessoas* e não de *imputáveis*.

Questão interessante diz respeito à possibilidade – ou não – da conjugação do furto qualificado (art. 155, § 4º, CP) com a figura do privilégio (art. 155, § 2º, CP). A despeito da disposição topográfica (para parte da doutrina, seria inviável o furto ser, concomitantemente, qualificado e privilegiado, visto que referido privilégio vem previsto no § 2º do art. 155, ao passo que as qualificadoras vêm dispostas mais "abaixo", vale dizer, no § 4º), a jurisprudência dos Tribunais Superiores admite a conjugação dos dispositivos em comento. Confira-se:

> **FURTO QUALIFICADO. PRIVILÉGIO. PRIMARIEDADE. PEQUENO VALOR. RES FURTIVA.**
>
> "A Seção, pacificando o tema, julgou procedente os embargos de divergência, adotando orientação de que o privilégio estatuído no § 2º do art. 155 do CP mostra-se compatível com as qualificadoras do delito de furto, desde que as qualificadoras sejam de ordem objetiva e que o fato delituoso não seja de maior gravidade. Sendo o recorrido primário e de pequeno valor a *res furtiva*, verificando-se que a qualificadora do delito é de natureza objetiva – concurso de agentes – e que o fato criminoso não se revestiu de maior gravidade, torna-se devida a incidência do benefício legal do furto privilegiado, pois presente a excepcionalidade devida para o seu reconhecimento na espécie". Precedentes citados do STF: HC 96.843-MS, *DJe* 23/4/2009; HC 100.307-MG, *DJe* 03.06.2011; do STJ: AgRg no HC 170.722-MG, *DJe* 17.12.2010; HC 171.035-MG, *DJe* 01.08.2011, e HC 157.684-SP, *DJe* 04.04.2011. EREsp 842.425-RS, Rel. Min. Og Fernandes, julgados em 24.08.2011. (Inform. STJ 481)

Importa anotar o teor da Súmula 511 do STJ, aprovada pela Corte em junho de 2014: "É possível o reconhecimento do privilégio previsto no § 2º do art. 155 do CP nos casos de crime de furto qualificado, se estiverem presentes a primariedade do agente, o pequeno valor da coisa e a qualificadora for de ordem objetiva".

O § 5º do art. 155 do CP comina pena de 3 a 8 anos se a subtração for **de veículo automotor que venha a ser transportado para outro Estado ou para o exterior**. Trata-se de qualificadora que leva em conta não o meio de execução do crime (como as definidas no § 4º), mas sim o resultado obtido com o furto.

Por fim, com o advento da Lei 13.330/2016, incluiu-se ao precitado art. 155 do CP mais uma qualificadora, qual seja, a do § 6º, que cuida do abigeato. Com efeito, será punido com reclusão de 2 a 5 anos o agente que subtrair semovente domesticável de produção (ex.: gado, porcos, galinhas, carneiros, ovelhas), ainda que abatido ou dividido em partes no local da subtração. Tencionou o legislador reprimir com mais severidade essa espécie de crime patrimonial, bastante comum em municípios onde predominam as práticas rurais.

Para a melhor compreensão dessa nova qualificadora, reputam-se bens semoventes aqueles que possuem movimento próprio, tais como os animais. Estes, por sua vez, serão domesticáveis de produção quando forem utilizados como rebanho e/ou produção, gerando algum retorno de índole econômica ao criador. Logo, não serão considerados objetos materiais do abigeato que ora tratamos os animais selvagens (ex.: ursos, leopardos, macacos etc.) e os animais domésticos não voltados à produção (ex.: o cachorro ou o gato de determinada pessoa).

7.1.9. Equiparação de coisa alheia móvel

O § 3º do art. 155 do CP equipara a coisa alheia móvel, para fins de caracterização do crime de furto, a energia elétrica ou qualquer outra que tenha valor econômico.

Assim, a energia elétrica, ainda que impalpável, imaterial, é considerada "coisa alheia móvel", podendo, pois, ser objeto material do crime de furto. O mesmo se pode dizer com relação à energia solar, radioativa, genética (de animais reprodutores) etc., desde que tenham valor econômico.

Interessante o entendimento do STF acerca do "furto" de sinal de TV a cabo. Veja-se:

Furto e ligação clandestina de TV a cabo

"A 2ª Turma concedeu *habeas corpus* para declarar a atipicidade da conduta de condenado pela prática do crime descrito no art. 155, § 3º, do CP (*"Art. 155 – Subtrair, para si ou para outrem, coisa alheia móvel:... § 3º – Equipara-se à coisa móvel a energia elétrica ou qualquer outra que tenha valor econômico."*), por efetuar ligação clandestina de sinal de TV a cabo. Reputou-se que o objeto do aludido crime não seria 'energia' e ressaltou-se a inadmissibilidade da analogia *in malam partem* em Direito Penal, razão pela qual a conduta não poderia ser considerada penalmente típica". HC 97261/RS, rel. Min. Joaquim Barbosa, 12.04.2011. (HC-97261) (**Inform. STF** 623)

7.2. Roubo (art. 157, CP). Considerações iniciais

O crime de **roubo**, previsto no art. 157 do CP, é um dos mais violentos ilícitos contra o patrimônio, já que, conforme veremos mais à frente, tem como elementares a violência ou a grave ameaça contra a vítima, que se vê acuada diante do roubador.

Trata-se de infração penal cuja **objetividade jurídica imediata** é a **proteção do patrimônio alheio**, mais especificamente dos bens móveis alheios. Todavia, também tutela, a um só tempo, a **liberdade individual** e a **integridade corporal**.

Por proteger, portanto, dois bens jurídicos (patrimônio e liberdade individual/integridade pessoal), a doutrina denomina o roubo de **crime pluriofensivo** (ofende mais de um bem).

A doutrina também aponta o roubo como um **crime complexo,** já que sua conformação típica pressupõe a existência de duas figuras que, isoladas, configuram crimes autônomos: **furto + violência** (vias de fato – contravenção penal; lesões corporais – crime) ou **furto + grave ameaça**.

7.2.1. Tipo objetivo

O verbo do tipo (conduta típica) é o mesmo do furto, qual seja, "subtrair", que corresponde à ação do agente de tirar alguma coisa da vítima, desapossá-la, apoderando-se dos bens a ela pertencentes.

A subtração exige, portanto, a **inexistência de consentimento da vítima**, já que o patrimônio é **bem jurídico disponível**, podendo ser suprimido pela sua própria vontade.

Ainda ressalta a doutrina que a subtração tem implícita em si a intenção do agente em se apoderar dos bens, seja para si, seja para outrem, de modo **definitivo**.

Três podem ser os meios de execução do roubo, tendentes à **subtração** de coisa alheia móvel:

a) grave ameaça – corresponde à **violência moral**, ou seja, a promessa, à vítima, de um mal injusto e grave;

b) violência – corresponde ao emprego de **força física** contra a vítima, seja por meio de vias de fato, seja mediante lesões corporais (leves, graves ou gravíssimas). A jurisprudência admite que mesmo fortes empurrões, efetuados com a finalidade de subtrair bens da vítima, são aptos a caracterizar o roubo. Porém, as "trombadas" leves, que somente objetivam um desvio de atenção da vítima, caracterizariam, se tanto, o delito de furto;

c) qualquer meio que reduza ou impossibilite a resistência da vítima – trata-se do emprego da **interpretação analógica** no tipo incriminador, cuja intenção é a de conferir maior proteção à vítima, **ampliando o espectro de incidência da norma penal**. São exemplos típicos o emprego de **narcóticos** ou **anestésicos** contra a vítima, tornando-a "presa fácil", já que, sob o efeito de referidas substâncias, sua capacidade de resistência à ação alheia fica bastante diminuída (ou até mesmo eliminada). Aqui, tem-se a denominada **violência imprópria**.

Também configura elementar do tipo que a **coisa** subtraída seja **alheia** e **móvel**. Entende-se por "coisa" todos os bens suscetíveis de **apreciação econômica** (afinal, o roubo, assim como o furto, protege o **patrimônio** alheio).

Outrossim, não basta que o agente subtraia um bem, devendo este pertencer, obviamente, a **terceira pessoa** (não se poderia cogitar de roubo de coisa própria!).

Por fim, somente **bens móveis** podem ser objeto do crime em estudo, conforme determina a lei penal. Ainda que assim não estivesse previsto, se o roubo pressupõe a retirada do bem da esfera de disponibilidade da vítima, somente os passíveis de mobilização é que podem ser literalmente "removidos", "retirados" de um local para outro. **Impossível, portanto, roubo de bem imóvel**.

Se eventualmente a lei civil considera, por ficção, um bem móvel como imóvel (ex.: navios e aeronaves), ainda assim poderão ser objeto material do crime em comento. Basta que possam ser transportados de um lugar a outro.

Até mesmo os animais (semoventes) podem ser objeto de roubo, desde que tenham um proprietário (ex.: gados, cachorros etc.).

7.2.2. Tipo subjetivo

Além do **dolo** (vontade livre e consciente do agente em subtrair coisa alheia móvel), exige-se o **elemento subjetivo do tipo** (**dolo específico**), vale dizer, o sujeito ativo deve ter a intenção de apoderar-se definitivamente do bem subtraído, ou de fazê-lo para que terceira pessoa dele se apodere em caráter definitivo.

O elemento subjetivo do tipo, no crime de roubo, é denominado de ***animus rem sibi habendi.*** Em outras palavras, o agente deve subtrair o bem com o fim de **assenhoreamento definitivo**.

A exigência do "dolo específico" pode vir a desnaturar o crime de roubo se o agente **subtrai o bem temporariamente, sem a intenção de ficar com ele indefinidamente**.

Assim, se o roubador subtrai um carro, por exemplo, com a simples intenção de utilizá-lo e posteriormente restituí-lo ao seu legítimo proprietário, estaremos diante de fato atípico, dada a inexistência do *animus rem sibi habendi*. Tal figura é denominada pela doutrina de **roubo de uso,** à semelhança do furto de uso. Contudo, trata-se de entendimento minoritário, seja na doutrina, seja na jurisprudência, pelo fato de se tratar de crime complexo, que ofende a integridade física ou a liberdade individual da vítima.

Se a subtração de uma coisa alheia ocorrer para a superação de uma **situação de perigo**, podemos invocar o estado de necessidade, que afasta a criminalidade da conduta (**causa excludente da antijuridicidade**), ainda que contra a vítima seja empregada violência ou grave ameaça. Nessa situação, embora típica, a conduta não será antijurídica.

7.2.3. *Sujeitos do crime*

O **sujeito ativo** do crime de roubo pode ser qualquer pessoa, desde que não seja o proprietário ou possuidor da coisa subtraída (o tipo penal exige que a coisa subtraída seja **alheia**).

Já o **sujeito passivo** do crime em tela é o proprietário, possuidor ou detentor do bem subtraído. Poderá ser pessoa natural ou pessoa jurídica. Admite-se, ainda, que **existam duas ou mais vítimas e a ocorrência de um só roubo**, na hipótese em que terceiros sejam atingidos pela violência ou grave ameaça, ainda que não sejam os donos do bem subtraído. Ex.: João aluga seu veículo a José, que, em determinado semáforo da cidade, é abordado e, mediante grave ameaça e violência física, vê o veículo ser subtraído pelos roubadores. No caso, João foi vítima do crime em razão do desfalque patrimonial sofrido e José por ter suportado a ação delituosa (meios executórios).

7.2.4. *Consumação e tentativa*

Apontam a doutrina e jurisprudência, basicamente, **duas** situações caracterizadoras da **consumação do roubo (próprio)**:

a) retirada do bem da esfera de vigilância da vítima, existindo a inversão da posse da *res*, à semelhança do que ocorre com o furto;

b) com o apoderamento do bem subtraído, logo após empregar a violência ou a grave ameaça para consegui-lo. Nesse caso, não se exige a posse tranquila, havendo a consumação ainda que a polícia chegue ao local em seguida ao apoderamento da *res*. Trata-se da posição adotada pelo STF.

O STJ editou a Súmula 582, pacificando a adoção da segunda corrente, que, em suma, retrata a teoria da amotio ou da **apprehensio**. Confira-se: "Consuma-se o crime de roubo com a inversão da posse do bem mediante emprego de violência ou grave ameaça, ainda que por breve tempo e em seguida à perseguição imediata ao agente e recuperação da coisa roubada, sendo prescindível a posse mansa e pacífica ou desvigiada."

Admissível, evidentemente, a **tentativa** do crime de roubo, seja pelo fato de o agente não ter obtido a posse tranquila do bem (primeira corrente), seja porque não conseguiu apoderar-se do bem da vítima, ainda que haja empregado violência ou grave ameaça.

Confira-se a posição do STF que segue abaixo acerca do acompanhamento da ação delituosa por policiais, caso em que restará caracterizada a tentativa:

> ***Roubo e momento consumativo***
>
> "A 1ª Turma, por maioria, deferiu *habeas corpus* para desclassificar o crime de roubo na modalidade consumada para a tentada. Na espécie, os pacientes, mediante violência física, subtraíram da vítima quantia de R$ 20,00. Ato contínuo, foram perseguidos e presos em flagrante por policiais que estavam no local do ato delituoso. Inicialmente, aludiu-se à pacífica jurisprudência da Corte no sentido da desnecessidade de inversão de posse mansa e pacífica do bem para haver a consumação do crime em comento. Entretanto, consignou-se que essa tese seria inaplicável às hipóteses em que a conduta fosse, o tempo todo, monitorada por policiais que se encontrassem no cenário do crime. Isso porque, no caso, ao obstar a possibilidade de fuga dos imputados, a ação da polícia teria frustrado a consumação do delito por circunstâncias alheias à vontade dos agentes (*"Art. 14. Diz-se o crime:... II – tentado, quando, iniciada a execução, não se consuma por circunstâncias alheias à vontade do agente"*). Vencida a Min. Cármen Lúcia, por reputar que, de toda sorte, os réus teriam obtido a posse do bem, o que seria suficiente para consumação do crime". Precedente citado: HC 88259/SP *(DJU* de 26.05.2006). HC 104593/MG, rel. Min. Luiz Fux, 08.11.2011. (HC-104593) (Inform. STF 647).

Doutrinariamente, é bom que se diga, o roubo é denominado crime material, já que para sua consumação é exigido o resultado naturalístico (retirada do bem da vítima e consequente redução patrimonial).

Quanto ao momento consumativo do roubo impróprio, veremos no item próprio dessa modalidade.

7.2.5. *Espécies de roubo*

A doutrina aponta duas espécies ou tipos de roubo:

a) roubo próprio – é o previsto no art. 157, *caput*, do CP;

b) roubo impróprio – é o estabelecido no § 1º do mesmo dispositivo legal. Trata-se de crime que, inicialmente, assemelha-se ao furto (subtração de coisa alheia móvel). Todavia, para a consumação, visando o agente a **assegurar a impunidade ou a garantia da subtração** da coisa, **emprega violência ou grave ameaça contra a vítima**.

No caso de roubo impróprio, há o entendimento de que se **consuma** com o efetivo **emprego da violência ou grave ameaça, não se admitindo a tentativa (Damásio de Jesus, por exemplo)**. Porém, há quem sustente ser admissível, sim, a tentativa de roubo impróprio, desde que o agente, após o apoderamento da coisa, não consiga, por circunstâncias alheias à sua vontade, empregar a grave ameaça ou a violência física. No mais, todas as características do roubo próprio são aplicáveis ao impróprio (sujeitos do crime, objeto jurídico, tipo objetivo, tipo subjetivo). Frise-se, porém, que, para o cometimento do roubo impróprio, é inadmissível o emprego de violência imprópria, admitida apenas no *caput* do art. 157 do CP, mas não em seu § 1º.

7.2.6. *Formas majoradas (causas de aumento de pena – art. 157, § 2º, do CP)*

O § 2º do art. 157 do CP pune mais gravosamente (exacerbação de **um terço à metade da pena**) o roubo nas hipóteses previstas em seus cinco incisos, a saber:

a) inciso I – se a violência ou ameaça é exercida com emprego de arma: neste caso, pune mais severamente o legislador o agente que se vale do emprego de um artefato que garanta maior facilidade para a subtração, reduzindo-se ainda mais as chances de a vítima resistir à agressão ao seu patrimônio. Deve-se entender por arma tanto os artefatos previamente confeccionados para o ataque ou defesa (**arma própria** – ex.: revólver, espingarda, pistola, metralhadora etc.) quanto qualquer objeto que tenha potencialidade lesiva (**arma imprópria** – ex.: faca, machado, cutelo, foice, punhal etc.). No caso do emprego de arma de brinquedo, embora tenha esta chance de causar maior temor à vítima, não resultará em reconhecimento da circunstância ora estudada. Tanto é verdade que o STJ cancelou a antiga Súmula 174, pacificando-se o entendimento de que quis o legislador agravar a reprimenda do agente que se vale de uma *arma*, com **maior potencialidade ofensiva à vítima** (**aspecto objetivo**), pouco importando o aspecto intimidativo (**aspecto subjetivo**). A exibição de arma de brinquedo em um roubo caracterizará, tão somente, a modalidade simples (art. 157, *caput*, do CP), já que sua exibição perfaz a elementar "grave ameaça". Acerca da (des)necessidade de apreensão da arma para a configuração da majorante em comento, confira-se a posição do STF e, na sequência, a do STJ:

> **HC N. 105.263-MG – RELATOR: MIN. DIAS TOFFOLI**
>
> ***Habeas corpus*. Penal. Sentença penal condenatória. Crime do art. 157, § 2º, inciso I, do CP. Incidência da majorante em razão do emprego da arma. Precedentes.**
>
> 1. Firmado nesta Corte Suprema o entendimento de que a incidência da majorante do inciso I do § 2º do art. 157 do CP prescinde da apreensão da arma, se comprovado, por outros meios, o seu emprego. 2. *Habeas corpus* denegado. (**Inform. STF** 619);
>
> **ARMA. FOGO. INIDONEIDADE. PERÍCIA. OUTROS MEIOS. PROVA.**
>
> "A Turma, entre outras questões, reiterou o entendimento adotado pela Terceira Seção, com ressalva da Min. Relatora, de que é prescindível a apreensão e perícia de arma de fogo para a aplicação da causa de aumento de pena prevista no art. 157, § 2º, I, do CP, impondo-se a verificação, caso a caso, da existência de outras provas que atestem a utilização do mencionado instrumento. No caso, o magistrado de primeiro grau e a corte estadual assentaram a existência de prova pericial suficiente a demonstrar a inidoneidade da arma de fogo utilizada pelo réu, dada sua ineficácia para a realização dos disparos. Assim, a Turma concedeu a ordem a fim de afastar a causa de aumento prevista no art. 157, § 2º, I, do CP e reduziu a pena para cinco anos e quatros meses de reclusão a ser cumprida inicialmente no regime semiaberto, mais 13 dias-multa". HC 199.570-SP, Rel. Min. Maria Thereza de Assis Moura, julgado em 21.06.2011. (**Inform. STJ** 478);

b) inciso II – se há o concurso de duas ou mais pessoas: andou bem o legislador ao punir com maior rigor o roubo praticado por duas ou mais pessoas em concurso. Isto porque a vítima, diante de uma pluralidade de pessoas, terá menores chances de resistir à ação criminosa, ficando mais desprotegida. Pouco importa se, no "grupo", existirem pessoas maiores (imputáveis) ou menores de idade (inimputáveis). Tratou a lei de prever o concurso de duas ou mais **pessoas e não dois ou mais imputáveis.** Todavia, o STJ já proferiu entendimento no sentido de que o concurso de um maior de idade e um adolescente desnatura a causa de aumento de pena em estudo, eis que o Código Penal é um diploma normativo aplicado apenas aos imputáveis. Trata-se de posição isolada;

c) inciso III – se a vítima está em serviço de transporte de valores e o agente conhece tal circunstância: trata-se de causa de aumento de pena que nitidamente visa a proteger as pessoas que se dedicam ao transporte de valores (bancos e joalherias, p.ex.). Exige-se, *in casu*, que o agente saiba que a vítima labora na área de transporte de valores (dolo direto), não se admitindo o dolo eventual (assunção do risco);

d) inciso IV – se a subtração for de veículo automotor que venha a ser transportado para outro Estado ou para o exterior: neste caso, é imprescindível que o veículo, de fato, saia dos limites de um Estado e ingresse em outro, ou saia do país e ingresse no exterior, transpondo as fronteiras;

e) inciso V – se o agente mantém a vítima em seu poder, restringindo sua liberdade: inserido pela Lei 9.426/1996, colocou-se um fim à celeuma que envolvia o roubo e a restrição de liberdade da vítima. Prevalece, hoje, o entendimento de que incide a causa de aumento de pena ora analisada se o agente, para a subtração dos bens, mantém a vítima privada de sua liberdade pelo espaço de tempo suficiente à consumação do roubo ou para evitar a ação policial. Todavia, se desnecessária a privação de liberdade do sujeito passivo, já tendo se consumado o roubo, é possível o concurso entre o roubo e o sequestro ou cárcere privado (art. 148 do CP).

7.2.7. Formas qualificadas (roubo qualificado)

O § 3º do art. 157 do CP elenca situações cuja natureza jurídica não são de **causas especiais de aumento de pena**, mas sim de **qualificadoras**.

Verificamos, pois, as seguintes hipóteses:

a) Se da violência resulta lesão corporal de natureza grave – pena de reclusão de 7 a 15 anos, além da multa: neste caso, pune o legislador com maior rigor a intensificação, por parte do agente, de sofrimento físico à vítima da subtração, que suporta lesões corporais graves para ser despojada de seus bens. As **lesões corporais leves** serão absorvidas pelo roubo simples (art. 157, *caput*, do CP), não configurando a qualificadora em comento. As lesões corporais graves poderão ser causadas na vítima a título de dolo ou culpa (neste último caso, a figura será preterdolosa);

b) Se resulta morte – reclusão de 20 a 30 anos, sem prejuízo da multa: trata-se do denominado **latrocínio,** considerado **crime hediondo** pela Lei 8.072/1990, daí advindo efeitos penais mais severos ao agente (insusceptibilidade de anistia, graça, indulto, progressão de regime mais demorada, livramento condicional mais demorado). A **morte da vítima** poderá ser **dolosa** ou **culposa** (neste caso, o resultado agravador configurará hipótese preterdolosa de latrocínio). No tocante à **tentativa de latrocínio**, podemos verificar **quatro situações**: 1ª) roubo e morte consumados – evidentemente haverá latrocínio consumado; 2ª) roubo e morte tentados – latrocínio tentado; 3ª) roubo tentado e morte consumada – latrocínio consumado (Súmula 610 do STF); 4ª) roubo consumado e morte tentada – latrocínio tentado (entendimento do STF). Se o agente, por erro na execução (*aberratio ictus*), mata o comparsa no roubo, tendo mirado a vítima, responderá por latrocínio. Por fim, ainda que a morte causada à vítima seja dolosa, o crime de latrocínio **não será julgado pelo Tribunal do Júri**, mas sim por juízo criminal comum, exatamente por se tratar de crime contra o patrimônio e **não contra a vida**. Por fim, confira-se a posição do STJ acerca da imputação a coautor de roubo seguido de morte da vítima, ainda que não tenha efetuado os disparos:

> **ROUBO ARMADO. DISPAROS. COAUTORIA.**
>
> "A Turma entendeu, entre outras questões, que o paciente condenado por roubo armado seguido de morte responde como coautor, ainda que não tenha sido o responsável pelos disparos que resultaram no óbito da vítima. Na espécie, ficou demonstrado que houve prévio ajuste entre o paciente e os outros agentes, assumindo aquele o risco do evento morte". Precedentes citados: REsp 622.741-RO, *DJ* 18.10.2004; REsp 418.183-DF, *DJ* 04.08.2003, e REsp 2.395-SP, *DJ* 21.05.1990. HC 185.167-SP, Rel. Min. Og Fernandes, julgado em 15.03.2011. (**Inform. STJ** 466)

7.3. Extorsão (art. 158, CP)

7.3.1. *Considerações iniciais*

O crime de **extorsão**, previsto no art. 158 do CP, consiste em **constranger alguém**, mediante **violência** ou **grave ameaça**, e com o **intuito de obter** para si ou para outrem **indevida vantagem econômica**, a fazer, deixar de fazer ou tolerar que se faça algo.

Trata-se de infração penal cuja **objetividade jurídica imediata** é a **proteção do patrimônio alheio**, mais especificamente dos bens móveis alheios. Todavia, também tutela, a um só tempo, a **liberdade individual** e a **integridade corporal**.

Por proteger, portanto, dois bens jurídicos (patrimônio e liberdade individual/integridade pessoal), a doutrina denomina a extorsão de **crime pluriofensivo** (ofende mais de um bem jurídico), assim como ocorre com o roubo.

A doutrina também aponta a extorsão como um **crime complexo,** já que sua conformação típica pressupõe a existência de duas figuras que, isoladas, configuram crimes autônomos: **constrangimento ilegal + violência** (vias de fato – contravenção penal; ou lesões corporais – crime) ou **constrangimento ilegal + grave ameaça**.

7.3.2. *Tipo objetivo*

O verbo do tipo (conduta típica) é o mesmo do constrangimento ilegal, qual seja, "constranger", **coagir, obrigar** a vítima a fazer, deixar de fazer ou tolerar que se faça algo mediante violência ou grave ameaça. Todavia, enquanto no constrangimento ilegal busca-se a restrição da liberdade, na extorsão a finalidade é o locupletamento ilícito.

O constrangimento exige, portanto, a **inexistência de consentimento da vítima,** a qual é obrigada a fazer alguma coisa (ex.: entregar dinheiro, efetuar depósito bancário etc.), deixar de fazer algo (ex.: devedor que ameaça o credor para que ele não promova a execução) ou tolerar que se faça algo (ex.: tolerar o uso de um imóvel que lhe pertence sem cobrar aluguel).

Assim, a vítima pode ter uma conduta **comissiva** (fazer) ou **omissiva** (deixar de fazer ou tolerar), enquanto que o autor do crime de extorsão sempre realiza uma **ação** (constranger, mediante violência ou grave ameaça).

Dois podem ser os meios de execução da extorsão, para obtenção da indevida vantagem econômica, após o constrangimento da vítima:

a) grave ameaça – corresponde à **violência moral**, ou seja, a promessa, à vítima, de um mal injusto e grave;

b) violência – corresponde ao emprego de **força física** contra a vítima, seja por meio de vias de fato, seja mediante lesões corporais (leves, graves ou gravíssimas).

É oportuno frisar que, se a indevida vantagem econômica for obtida mediante **fraude, artifício ou ardil,** poderá restar configurado o crime de estelionato.

Também configura elementar do tipo que a obtenção da **indevida vantagem econômica** seja para **si** ou para **outrem**. Entende-se por "indevida vantagem econômica" toda vantagem suscetível de **apreciação econômica** (afinal, a extorsão, assim como o furto e o roubo, protege o **patrimônio** alheio).

7.3.3. *Tipo subjetivo*

Além do **dolo** (vontade livre e consciente do agente em constranger a vítima), exige-se o **elemento subjetivo do tipo** (**dolo específico**), vale dizer, o sujeito ativo deve ter a intenção de obter para si ou para outrem **indevida vantagem econômica**.

A exigência do "dolo específico" (**especial fim de agir**) pode vir a desnaturar o crime de extorsão. Se a intenção for a de obter vantagem econômica devida, o crime será o exercício arbitrário das próprias razões. Por outro lado, se a vantagem não for econômica, mas moral, o crime será o constrangimento ilegal; se sexual, poderá caracterizar crime contra a liberdade sexual (estupro, por exemplo).

7.3.4. *Sujeitos do crime*

O **sujeito ativo** do crime de extorsão pode ser qualquer pessoa, não se exigindo nenhuma qualidade especial (crime comum). Já o **sujeito passivo** do crime em tela é aquele que suporta diretamente a violência ou a grave ameaça, bem como o titular do patrimônio visado.

7.3.5. *Consumação e tentativa*

O crime de extorsão **consuma-se** no momento em que a **vítima faz, deixa de fazer ou tolera** que se faça algo. Ou seja, não basta o mero constrangimento da vítima, sendo imprescindível que haja uma ação ou omissão.

Entretanto, para a consumação do delito se dispensa a obtenção da indevida vantagem econômica (**Súmula 96, STJ**). A obtenção do enriquecimento ilícito constitui **exaurimento do crime**. Portanto, doutrinariamente, a extorsão é denominada **crime formal (ou de consumação antecipada)**, já que para sua consumação não é exigido o resultado naturalístico (obtenção da indevida vantagem econômica).

Há **tentativa** do crime de extorsão quando, apesar da exigência realizada pelo autor do delito, mediante o emprego de violência ou grave ameaça, a vítima não realiza a conduta que lhe fora exigida, por circunstâncias alheias à sua vontade.

Em suma, quando houver mera exigência, o crime será tentado. Mas se a vítima realizar o que lhe fora exigido, haverá crime consumado. E, por fim, se o agente obtiver a indevida vantagem econômica, haverá exaurimento do crime.

7.3.6. *Espécies de extorsão*

A extorsão pode ser:

a) simples: art. 158, *caput,* CP;

b) majorada: quando presente uma das causas de aumento de pena – art. 158, § 1º, do CP;

c) qualificada: art. 158, §§ 2º e 3º, do CP.

7.3.7. *Formas majoradas (causas de aumento de pena – art. 158, § 1º, do CP)*

O § 1º do art. 158 do CP pune mais gravosamente (exacerbação de **um terço à metade da pena**) a extorsão:

a) se cometida por duas ou mais pessoas: aplica-se aqui o que já fora explicitado no crime de roubo;

b) se cometida mediante o emprego de arma: de igual modo aplica-se o que já fora explicitado no crime de roubo, quanto ao conceito de arma.

7.3.8. *Extorsão qualificada (art. 158, § 2º, CP)*

Há duas espécies de extorsão qualificada previstas no artigo 158, § 2º do CP:

a) extorsão qualificada pela lesão corporal de natureza grave;

b) extorsão qualificada pelo resultado morte. Neste caso, estaremos diante de **crime hediondo**.

Tudo o que foi dito a respeito do roubo qualificado pela lesão grave ou morte (art. 157, § 3º, CP) aplica-se ao crime de extorsão qualificada. Frisa-se que as formas qualificadas de extorsão configuram **crimes preterdolosos**.

Como se verá mais adiante, há, ainda, outras formas qualificadas de extorsão, previstas no § 3º também do art. 158 do CP, que prevê que a pena será de reclusão de 6 a 12 anos, além da multa, se o crime é cometido com restrição da liberdade da vítima e essa condição é necessária para a obtenção da vantagem econômica (sequestro-relâmpago). Se resultar, porém, lesão corporal grave ou morte, as penas serão aquelas cominadas aos §§ 2º e 3º, respectivamente, do art. 159 do CP.

7.3.9. Diferença entre extorsão e roubo

Para a doutrina amplamente majoritária, a diferença havida entre os crimes acima referidos é que no roubo **o bem é retirado da vítima** enquanto que na extorsão ela própria é quem o **entrega ao agente**.

Assim, a principal distinção entre o crime de extorsão e o de roubo se faz pela colaboração da vítima. Se for **imprescindível a colaboração** para o agente obter a vantagem econômica, tem-se o **crime de extorsão**. No entanto, se for **dispensável a colaboração** da vítima, ou seja, mesmo que a vítima não entregue o bem o agente iria subtraí-lo, aí há o **crime de roubo**.

Há crime de roubo, portanto, quando o próprio agente subtraiu o bem ou quando o agente poderia ter subtraído, mas determinou que a vítima lhe entregasse o bem após empregar violência ou grave ameaça.

7.3.10. "Sequestro relâmpago" (art. 158, § 3º, CP)

Essa distinção entre extorsão e roubo tinha relevância na doutrina quando se discutia sobre o denominado "sequestro relâmpago". Mas, com a Lei 11.923/2009, o legislador colocou fim à discussão, com a tipificação do art. 158, § 3º, CP.

Em verdade, o "sequestro relâmpago" é uma modalidade de crime de extorsão cometido mediante a **restrição da liberdade** da vítima (e não a privação total), necessária para a obtenção da vantagem econômica.

A **colaboração** da vítima se torna **imprescindível** para que ocorra a vantagem, como, por exemplo, no caso típico em que o agente aborda a vítima, restringindo-lhe a liberdade e a conduzindo até um caixa eletrônico para que efetue o saque de dinheiro, que somente será realizado com a utilização da senha do cartão bancário. A colaboração da vítima é indispensável, pois o agente não poderia adivinhar a senha do cartão, sem a qual não seria possível a realização do saque.

Outrossim, cumpre ressaltar a discussão a respeito de ser ou não crime hediondo o "sequestro relâmpago" qualificado pela lesão corporal grave ou morte. Para uma corrente, não há que se falar em hediondez, na medida em que o critério adotado pelo legislador foi o legal e, no caso, não se incluiu a extorsão qualificada (art. 158, § 3º, CP) no rol taxativo do art. 1º da Lei 8.072/1990. Todavia, para outra corrente seria possível sustentar o tratamento mais rigoroso dos crimes hediondos, na medida em que o § 3º do art. 158, CP faz alusão ao art. 159, §§ 2º e 3º, do CP, o qual foi expressamente previsto na Lei dos Crimes Hediondos.

7.4. Extorsão mediante sequestro (art. 159, CP)

7.4.1. Considerações iniciais

Trata-se de crime previsto no art. 159, CP, modalidade de extorsão, qualificada, porém, pelo sequestro, consistente na **privação da liberdade** da vítima para o **fim de obter, para si ou para outrem, qualquer vantagem, como condição ou preço do resgate**.

Trata-se de **crime pluriofensivo**, em que são tutelados vários bens jurídicos: liberdade de locomoção, integridade física e patrimônio.

7.4.2. Tipo objetivo

O núcleo do tipo é **sequestrar,** o que significa privar a liberdade de **alguém** por tempo juridicamente relevante.

Muito embora o tipo penal faça alusão a "qualquer vantagem", prevalece o entendimento doutrinário no sentido de que a vantagem deve ser **econômica,** haja vista se tratar de crime contra o patrimônio. Caso a natureza da vantagem seja outra, poderá restar caracterizado o crime de sequestro (art. 148, CP).

Ainda, a jurisprudência exige que a vantagem, além de econômica, deve ser **indevida**, apesar da omissão do legislador. Isso porque, se a vantagem visada pelo sequestrador for devida, poderá configurar o exercício arbitrário das próprias razões (art. 345, CP), em concurso formal com o crime de sequestro (art. 148, CP).

7.4.3. Tipo subjetivo

Além do **dolo** (vontade livre e consciente de sequestrar a vítima), exige-se o **elemento subjetivo do tipo** (**dolo específico**), vale dizer, o sujeito ativo deve ter a intenção de obter para si ou para outrem **indevida vantagem econômica,** como condição ou preço do resgate.

7.4.4. Sujeitos do crime

O **sujeito ativo** pode ser qualquer pessoa (**crime comum**). De igual modo, o sujeito passivo pode ser qualquer pessoa, mas necessariamente deve ser **pessoa**. Ou seja, se houver o sequestro de um animal para o fim de se exigir resgate, não se caracterizará o crime de extorsão mediante sequestro, mas simplesmente o crime de extorsão (art. 158, CP). Será **sujeito passivo** tanto a pessoa que teve a sua liberdade de locomoção tolhida como aquela que sofreu a lesão patrimonial.

7.4.5. Consumação e tentativa

O crime se **consuma** com a **privação da liberdade**, ou seja, no momento em que há a captura da vítima, sendo que o **pagamento do resgate** (obtenção da indevida vantagem econômica) é mero **exaurimento** do crime. Daí dizer-se que se trata de **crime formal** (ou de consumação antecipada).

Ainda, trata-se de **crime permanente**, visto que, enquanto a vítima é privada de sua liberdade, a infração se consuma a cada instante, motivo pelo qual é admitida a **prisão em flagrante** a qualquer tempo (art. 303, CPP).

A **tentativa** é **admissível**, desde que o agente já tenha iniciado os atos executórios do crime (privação da liberdade da vítima), o qual somente não se consumou por circunstâncias alheias à sua vontade.

7.4.6. *Espécies de extorsão mediante sequestro*

São **espécies** de extorsão mediante sequestro:

a) **simples**: art. 159, *caput*, CP;

b) **qualificada**:

b.1) art. 159, § 1º, CP:

b.1.1) se o sequestro dura mais de 24 horas;

b.1.2) se o sequestrado é menor de 18 anos ou maior de 60 anos;

b.1.3) se o crime é cometido por bando ou quadrilha, denominado, desde o advento da Lei 12.850/2013 de "associação criminosa";

b.2) art. 159, § 2º, CP: se do fato resulta **lesão corporal de natureza grave**, dolosa ou culposa;

b.3) art. 159, § 3º, CP: se resulta **morte**, dolosa ou culposa.

Quanto às qualificadoras relativas à lesão corporal grave e à morte, cumpre salientar que somente serão aplicadas quando tais resultados ocorrerem na própria pessoa sequestrada. Se outra pessoa for atingida, haverá crime autônomo.

Como o legislador não restringiu, tais qualificadoras ocorrem tanto no caso de lesão corporal/morte dolosa como culposa, assim como ocorre com o latrocínio.

Ainda, se no caso concreto a conduta dos sequestradores se enquadrar em todos os parágrafos das qualificadoras mencionadas acima, a subsunção será feita no § 3º, cuja pena é maior e mais grave, sendo que as demais qualificadoras serão consideradas como circunstâncias judiciais, quando da fixação da pena-base pelo juiz.

Todas as espécies de extorsão mediante sequestro são consideradas **hediondas** (simples ou qualificadas).

7.4.7. *Delação premiada na extorsão mediante sequestro*

Se o crime é cometido em **concurso**, o concorrente que o **denunciar** à autoridade, **facilitando a liberação da vítima**, terá sua pena diminuída de **1/3 a 2/3** – art. 159, § 4º, CP. Portanto, trata-se de **causa especial de diminuição da pena**, sendo que o critério para a redução é a colaboração para a soltura da vítima, ou seja, a pena será diminuída proporcionalmente ao auxílio prestado pelo delator.

7.4.8. *Diferença entre sequestro relâmpago e extorsão mediante sequestro*

O "sequestro relâmpago", como já mencionado, é uma modalidade de crime de extorsão cometido mediante a **restrição da liberdade** da vítima (e não a privação total), necessária para a obtenção da indevida vantagem econômica.

Isso não se confunde com a também restrição da liberdade, que pode ser causa de aumento de pena do crime de **roubo** (art. 157, § 2º, V, CP), mas desde que realizada pelo tempo necessário para a abordagem da vítima e para que esta não delate o agente (e não como condição necessária para a obtenção da vantagem almejada pelo roubador).

Por sua vez, há que se distinguir da **extorsão mediante sequestro**, a qual se caracteriza pela **privação total da liberdade de locomoção** da vítima, a qual é capturada pelo agente, com o fim de obter, para si ou para outrem, qualquer vantagem (econômica e indevida) como condição ou preço do resgate.

7.5. Apropriação indébita (art. 168 do CP). Considerações iniciais.

O crime de **apropriação indébita**, previsto no art. 168 do CP, evidentemente é crime contra o patrimônio, já que inserido exatamente neste título do referido diploma legal.

Portanto, o **bem jurídico** tutelado pelo crime em comento é o direito de propriedade (patrimônio).

7.5.1. *Tipo objetivo*

O verbo do tipo (conduta típica) é "apropriar", indicando que o agente irá apoderar-se, assenhorear-se, fazer sua a coisa de outrem. Enfim, o sujeito ativo passa a portar-se como se fosse dono da coisa.

Diz-se que a **apropriação indébita** é crime que se aperfeiçoa por conta da quebra ou violação de uma **confiança**, já que a vítima entrega a coisa ao agente por livre e espontânea vontade. Ocorre que, em momento posterior ao recebimento da coisa, o agente **inverte seu ânimo sobre o bem**, passando a comportar-se com *animus domini*.

Assim, são requisitos para a configuração da apropriação indébita:

1º) entrega livre do bem pela vítima ao agente;

2º) a posse ou detenção do bem deve ser desvigiada;

3º) ao entrar na posse ou detenção do bem, o agente não deve, desde logo, querer dele apoderar-se ou deixar de restituí-lo ao dono.

Vê-se, pois, que na apropriação indébita a primeira atitude do agente não é banhada de má-fé, eis que recebe o bem sem a intenção inicial de tê-lo para si. Porém, ato seguinte à posse ou detenção, modifica seu ânimo sobre a coisa, passando a comportar-se como se dono fosse.

A doutrina aponta duas formas de execução da apropriação indébita:

a) comportamento do agente como se dono fosse: ato seguinte ao recebimento da coisa, o agente passa a ter atitude típica de dono, dispondo da coisa ou dela se utilizando como se lhe pertencesse. Trata-se da denominada **apropriação indébita propriamente dita**;

b) negativa ou recusa na restituição da coisa: quando o legítimo proprietário da coisa a pede de volta, o agente nega-se a restituí-la, caracterizando a chamada **negativa de restituição**.

7.5.2. *Tipo subjetivo*

Trata-se do dolo, ou seja, a vontade livre e consciente do sujeito de apoderar-se de bem (coisa) alheio, passando a comportar-se como se fosse dono.

Diz-se que o **dolo** somente deve ser **posterior** ao recebimento da coisa. Assim não sendo, estaremos diante de possível estelionato (ex.: "A" recebe dinheiro de "B" querendo, desde logo, obter o montante para si). A doutrina, neste caso, denomina *dolo subsequens*, ou seja, a intenção de apropriar-se da coisa deve ser subsequente/posterior ao seu recebimento.

Exige-se, ainda, o *animus rem sibi habendi*, configurador do elemento subjetivo do tipo (especial fim de agir do agente).

7.5.3. *Sujeitos do crime*

Quanto ao **sujeito ativo**, poderá sê-lo **qualquer pessoa** que tenha a posse ou a detenção do bem, recebido de maneira **lícita** (entregue voluntariamente pela vítima).

Já o **sujeito passivo** é quem sofre a **perda patrimonial** (proprietário, possuidor etc.).

7.5.4. Consumação e tentativa

Consuma-se a apropriação indébita com a **efetiva inversão do ânimo do agente sobre a coisa** entregue pela vítima. Trata-se de aspecto de difícil aferição por se tratar de intenção. Porém, estará consumada a infração, no caso de apropriação propriamente dita, quando o agente começar a portar-se como se dono da coisa fosse (ex.: venda do bem, locação, utilização etc.). Já na negativa de restituição, estará caracterizado o momento consumativo exatamente quando o agente negar-se a devolver o bem da vítima.

Admissível a **tentativa** na apropriação indébita **propriamente dita**, não sendo possível na **negativa de restituição**.

7.5.5. Causas majoradas

A pena será aumentada em 1/3 (um terço) quando:

a) o agente receber a coisa em depósito necessário (vide arts. 647 e 649 do CC);

b) o agente receber a coisa na qualidade de tutor, curador, síndico, liquidatário, inventariante, testamenteiro ou depositário judicial;

c) o agente receber a coisa em razão de ofício, emprego ou profissão.

7.6. Estelionato (art. 171 do CP). Considerações iniciais

Trata-se de crime contra o **patrimônio**, cuja objetividade jurídica é a proteção do patrimônio alheio.

Caracteriza-se o estelionato pela existência de uma **fraude**, pela qual o agente, valendo-se de artimanhas, ludibria o ofendido a entregar-lhe uma coisa, daí obtendo vantagem ilícita.

7.6.1. Tipo objetivo

No estelionato, o agente **obtém uma vantagem.** Assim, com o emprego de **fraude**, o sujeito ativo consegue alcançar uma vantagem ilícita.

O *caput* do art. 171 do CP descreve em que pode consistir referida fraude. Poderá, portanto, o agente, para obter vantagem ilícita para si ou para outrem empregar:

a) artifício: é o uso, pelo agente, de objetos aptos a enganar a vítima (ex.: documentos falsos, roupas ou disfarces);

b) ardil: corresponde ao "bom de papo". É a conversa enganosa;

c) qualquer outro meio fraudulento: tudo o quanto puder ludibriar a vítima. Utilizou-se o legislador da interpretação analógica a fim de que outras condutas não escapem da tipicidade penal.

O agente, valendo-se do artifício, ardil ou qualquer outro meio fraudulento, induzirá a vítima ou irá mantê-la em erro, obtendo, com isso, vantagem ilícita.

Não haverá, aqui, **subtração** da coisa. Ao contrário, será ela entregue pela vítima ao agente mediante algum expediente fraudulento (artifício, ardil ou outra fraude), tendo ele, desde logo, a intenção de locupletar-se à custa alheia. Esta é a diferença maior entre o estelionato e a apropriação indébita.

Diz a doutrina que o estelionato é **crime material**, exigindo, portanto, que o agente obtenha vantagem ilícita, provocando um prejuízo material à vítima.

Apontam os juristas, ainda, que não se exige que o engodo seja crível pelo **homem médio**. Assim não fosse, as pessoas mais simples estariam desassistidas pela lei penal. Basta, portanto, que o artifício ou o ardil tenham sido suficientes a enganar a vítima.

7.6.2. Tipo subjetivo

É o **dolo**. Atua o agente, portanto, com a intenção, desde logo, de locupletar-se à custa da vítima, induzindo-a ou mantendo-a em erro.

7.6.3. Sujeitos do crime

O **sujeito ativo** é tanto o que emprega a fraude quanto o que aufere a vantagem ilícita.

Sujeito passivo será a pessoa que sofrer o prejuízo, ou ainda aquela que for enganada. Em se tratando de vítima idosa, importante destacar que a pena será aplicada em dobro. Estamos diante do denominado "Estelionato contra idoso", inserido ao Código Penal, em seu art. 171, § 4º, pela Lei 13.228/2015.

A vítima deve ser pessoa determinada. No caso de a conduta visar a vítimas indeterminadas, poderemos estar diante de crime contra a economia popular, definido na Lei 1.521/1951 (ex.: correntes, pirâmides, adulteração de combustíveis, de balanças etc.).

Se o sujeito passivo do estelionato for **pessoa idosa**, a pena será aumentada, consoante dispõe o art. 171, §4º, do CP, incluído pela Lei 13.228/2015.

7.6.4. Consumação e tentativa

Como já afirmado, o crime de estelionato é **material**, exigindo-se a verificação do resultado (obtenção da vantagem ilícita e prejuízo patrimonial à vítima).

Admissível a **tentativa** se a vítima não é enganada, de fato, pelo agente, ou, ainda que enganada, não sofre prejuízo patrimonial.

Diz-se que se o meio utilizado pelo agente for absolutamente inidôneo, não se pode cogitar de tentativa, mas sim **crime impossível** pela **ineficácia absoluta do meio**.

7.6.5. Concurso de crimes

Se o sujeito ativo, para empregar a fraude, falsifica títulos de crédito ou documentos, visando à obtenção de vantagem ilícita, poderá ser responsabilizado da seguinte maneira:

a) estelionato e falsificação, por violarem bens jurídicos distintos (patrimônio e fé pública), terão suas penas somadas (concurso material);

b) estelionato e falsificação serão atribuídos ao agente a título de concurso formal (mediante uma só ação, o sujeito praticou dois crimes);

c) a falsificação de documento, por ser crime mais grave, absorve o estelionato, de menor pena;

d) o estelionato, por ser crime-fim, absorve a falsificação (crime-meio), por conta do princípio da consunção. Este é o posicionamento do STJ, ao editar a Súmula 17: "quando o falso se exaure no estelionato, sem mais potencialidade lesiva, é por este absorvido".

7.6.6. Estelionato privilegiado

Previsto no § 1º do art. 171, terá o mesmo tratamento do furto privilegiado (pequeno valor e primariedade).

7.6.7. Formas assemelhadas

O § 2º do mesmo dispositivo legal traz outras seis hipóteses de estelionato, porém com algumas especificidades:

a) quem vende, permuta, dá em pagamento, em locação ou em garantia coisa alheia como própria;

b) quem vende, permuta, dá em pagamento ou em garantia coisa própria inalienável, gravada de ônus ou litigiosa, ou imóvel que prometeu vender a terceiro, mediante pagamento em prestações, silenciando sobre qualquer dessas circunstâncias;

c) quem defrauda, mediante alienação não consentida pelo credor ou por outro modo, a garantia pignoratícia, quando tem a posse do objeto empenhado;

d) quem defrauda substância, qualidade ou quantidade de coisa que deve entregar a alguém;

e) quem destrói, total ou parcialmente, ou oculta coisa própria, ou lesa o próprio corpo ou saúde, ou agrava as consequências da lesão ou doença, com o intuito de haver indenização ou valor de seguro;

f) quem emite cheque sem suficiente provisão de fundos em poder do sacado ou lhe frustra o pagamento (ver Súmula 554 do STF).

7.6.8. Formas majoradas

A primeira forma majorada de estelionato, prevista no § 3º do art. 171 do CP, que acarreta majoração da pena em 1/3 (um terço), se caracteriza pelo fato de o crime ser cometido em detrimento de entidade de direito público ou de instituto de economia popular, assistência social ou beneficência.

A segunda forma majorada, impondo pena em dobro ao agente, consta no novel § 4º do precitado art. 171, incluído pela Lei 13.228/2015, que trata do "**Estelionato contra idoso**". Assim, se a vítima do delito patrimonial em comento for idosa, a reprimenda do estelionatário será, como dito, dobrada.

7.7. Receptação (art. 180, CP)

7.7.1. Tipo objetivo

O tipo previsto no art. 180 do CP é dividido em receptação própria (1ª parte) e imprópria (2ª parte).

Na receptação própria, o verbo do tipo (conduta típica) é "**adquirir, receber, transportar, conduzir ou ocultar**" em proveito próprio ou alheio, coisa que **sabe ser produto de crime**.

Já na receptação imprópria, o verbo do tipo (conduta típica) é "**influir**" para que terceiro, de boa-fé adquira, receba ou oculte coisa que sabe ser produto de crime. Assim, é possível dizer que o agente não é o receptador, mas o intermediário da atividade criminosa.

Caso o agente influa para que terceiro de boa-fé transporte ou conduza coisa que seja produto de crime, o fato será atípico, diante da omissão legislativa.

Tanto na receptação própria como na imprópria deve existir um crime antecedente, cujo objeto material coincidirá com o produto receptado.

Oportuno ressaltar que a receptação é punível, ainda que desconhecido ou isento de pena o autor do crime de que proveio a coisa, nos termos do art. 180, § 4º, do CP.

Interessante trazer à baila a posição do STJ acerca da receptação de folhas de cheque. Confira-se:

FOLHAS DE CHEQUE E OBJETO MATERIAL DO CRIME.

"A Turma, ao reconhecer a atipicidade da conduta praticada pelo paciente, concedeu a ordem para absolvê-lo do crime de receptação qualificada de folhas de cheque. Reafirmou-se a jurisprudência do Superior Tribunal de Justiça no sentido de que o talonário de cheque não possui valor econômico intrínseco, logo não pode ser objeto material do crime de receptação". HC 154.336-DF, Rel. Min. Laurita Vaz, julgado em 20.10.2011. (Inform. STJ 485)

7.7.2. Tipo subjetivo

Trata-se do dolo direto, ou seja, a vontade livre e consciente do sujeito de "adquirir, receber, transportar, conduzir ou ocultar", em proveito próprio ou alheio (elemento subjetivo do tipo), coisa que sabe ser produto de crime, ou "influir" para que terceiro, de boa-fé, adquira, receba ou oculte.

Caso o agente não soubesse ser a coisa produto de crime, muito embora pudesse saber ou tivesse dúvida a respeito, poderá configurar o crime previsto no art. 180, § 3º, do CP (receptação culposa).

7.7.3. Sujeitos do crime

Quanto ao **sujeito ativo**, poderá sê-lo qualquer pessoa, exceto o coautor ou partícipe do crime antecedente. Trata-se, portanto, de **crime comum**.

Já o **sujeito passivo** é o mesmo do delito antecedente.

7.7.4. Consumação e tentativa

O delito se consuma no momento em que a coisa sai da esfera de disponibilidade da vítima (crime material) ou quando o agente influi para que terceiro de boa-fé adquira, receba ou oculte coisa produto de crime (crime formal).

É admissível a **tentativa**.

7.7.5. Receptação qualificada

§ 1º – Adquirir, receber, transportar, conduzir, ocultar, ter em depósito, desmontar, montar, remontar, vender, expor à venda, ou de qualquer forma utilizar, em proveito próprio ou alheio, no exercício de atividade comercial ou industrial, coisa que deve saber ser produto de crime: (Redação dada pela Lei 9.426/1996)

Pena – reclusão, de três a oito anos, e multa. (Redação dada pela Lei 9.426/1996)

§ 2º – Equipara-se à atividade comercial, para efeito do parágrafo anterior, qualquer forma de comércio irregular ou clandestino, inclusive o exercício em residência. (Redação dada pela Lei 9.426/1996)

Tal modalidade de receptação configura espécie de crime próprio, já que somente poderá ser praticado por aquele que exerce atividade comercial, inclusive clandestina.

Importante ressaltar que a forma qualificada traz outras condutas típicas distintas do *caput,* tais como ter em depósito, desmontar, montar, remontar, vender, expor à venda, ou de qualquer forma utilizar, em proveito próprio ou alheio.

Ainda, o § 1º do art. 180 do CP utiliza a expressão "deve saber", ao invés de "sabe", o que gerou grande discussão doutrinária e jurisprudencial.

Para alguns, somente abarcaria o dolo eventual, razão pela qual o agente que atua com dolo direto deve responder por crime menos grave (art. 180, *caput*, CP).

Em contrapartida, para outros, tal solução seria incongruente, motivo pelo qual o § 1º englobaria tanto o dolo direito como o eventual.

7.7.6. Receptação culposa

§ 3º – Adquirir ou receber coisa que, por sua natureza ou pela desproporção entre o valor e o preço, ou pela condição de quem a oferece, deve presumir-se obtida por meio criminoso: (Redação dada pela Lei 9.426/1996).

Pena – detenção, de um mês a um ano, ou multa, ou ambas as penas. (Redação dada pela Lei 9.426/1996).

São requisitos configuradores da receptação culposa: a) adquirir ou receber coisa; b) que por sua natureza ou pela manifesta desproporção entre o valor e o preço ou pela condição de quem a oferece; c) deva presumir ser obtida por meio criminoso.

7.7.7. Perdão judicial e privilégio

§ 5º – Na hipótese do § 3º, se o criminoso é primário, pode o juiz, tendo em consideração as circunstâncias, deixar de aplicar a pena. Na receptação dolosa aplica-se o disposto no § 2º do art. 155. (Incluído pela Lei 9.426/1996).

O perdão judicial é aplicável somente no caso de receptação culposa. Já no caso do privilégio, aplica-se o mesmo instituto previsto para o delito de furto, mas somente à receptação dolosa.

O § 2º do art. 155 do CP, cuja natureza jurídica é de **causa especial de diminuição de pena**, é denominado pela doutrina de **furto privilegiado**.

Incidirá quando o agente for **primário** (ausência de reincidência – art. 64, I, CP – **aspecto subjetivo**) e a coisa for de pequeno valor (**aspecto objetivo**). Entende a doutrina e jurisprudência majoritárias como de **pequeno valor** o bem que não ultrapasse **um salário mínimo** no momento do crime.

Verificados os dois requisitos (primariedade e pequeno valor da coisa), o juiz poderá (em realidade, DEVERÁ – trata-se de direito subjetivo do acusado) **substituir a pena de reclusão pela de detenção, diminuí-la de um a dois terços ou aplicar somente a pena de multa**.

Dentre as opções grifadas, sem dúvida **a mais benéfica é a aplicação da PENA DE MULTA**, eis que o seu descumprimento não poderá ensejar a restrição da liberdade do agente, mas ser cobrada como dívida de valor (*vide* art. 51 do CP).

Se o bem receptado for de **ÍNFIMO VALOR** (e não apenas de pequeno valor), pode-se sustentar a **insignificância penal**, por ausência de lesividade ao bem jurídico protegido pelo crime.

7.7.8. Causas de aumento de pena

Nos termos do art. 180, § 6º, do CP, com a redação que lhe foi dada pela Lei 13.531, de 7 de dezembro de 2017, tratando-se de bens e instalações do patrimônio da União, Estado, Distrito Federal, Município ou autarquia, fundação pública, empresa pública, sociedade de economia mista ou empresa concessionária de serviços públicos, a pena prevista no *caput* deste artigo aplica-se em dobro.

7.7.9. Ação penal

A ação penal é pública incondicionada, em regra.

7.7.10. Receptação de semovente domesticável de produção

Com o advento da Lei 13.330/2016, que incluiu ao art. 155 do CP mais uma qualificadora (§ 6º), optou o legislador por dispor, em tipo penal autônomo, acerca do crime de **receptação de semovente domesticável de produção** (art. 180-A, CP).

Assim, responderá pelo crime em comento aquele que adquirir, receber, transportar, conduzir, ocultar, tiver em depósito ou vender, com a finalidade de produção ou de comercialização, semovente domesticável de produção, ainda que abatido ou dividido em partes, que deve saber ser produto de crime.

Trata-se, evidentemente, de crime doloso. Diante da redação prevista no tipo penal ("... que deve saber ser produto de crime"), conclui-se que o agente poderá agir com dolo direto ou eventual.

A pena para essa modalidade de receptação é a mesma prevista para o furto de semovente domesticável de produção, qual seja, de 2 a 5 anos de reclusão.

7.8. Escusas absolutórias (arts. 181 a 183, CP)

7.8.1. Conceito

As escusas absolutórias previstas nos arts. 181 e 182, CP são **imunidades penais** instituídas por razões **de política criminal**. A fim de que o Estado não interfira sobremaneira nas relações familiares, prevê o CP, em alguns casos, a **isenção de pena** àqueles que cometerem certos crimes contra o patrimônio (arts. 155 a 180, CP) em face de determinadas pessoas próximas.

Nas situações previstas no precitado art. 181, analisado a seguir, sequer inquérito policial deverá ser instaurado, visto que a persecução penal, inclusive a extrajudicial, fica comprometida pela inviabilidade de futura punição. Todavia, caso a autoridade policial somente constate a ocorrência de qualquer das imunidades absolutas previstas no item abaixo no curso das investigações, deverá relatar o IP e remetê-lo ao Poder Judiciário, cabendo ao Ministério Público requerer o arquivamento dos autos.

Vejamos.

7.8.2. Imunidades penais absolutas (art. 181, CP)

Haverá a **isenção** de pena do agente nos seguintes casos:

a) Crime cometido em prejuízo de **cônjuge**, na **constância da sociedade conjugal** (estende-se ao companheiro, por isonomia);

b) Crime cometido contra **ascendente** ou **descendente,** qual quer que seja o grau.

7.8.3. Imunidades penais relativas (art. 182, CP)

As imunidades penais relativas, ou processuais, **não isentam de pena** o agente. Contudo, será de rigor a necessidade de **representação do ofendido** nos seguintes casos:

a) Crime cometido em prejuízo de **ex-cônjuge** (estende-se, por analogia *in bonam partem*, ao ex-companheiro);

b) Crime praticado entre irmãos; e

c) Crime cometido contra tio ou sobrinho, desde que exista coabitação.

Nos casos acima, a autoridade policial somente poderá instaurar inquérito policial se houver a representação do ofendido ou de seu representante legal. Se não verificada a condição de procedibilidade, inviável a persecução penal extrajudicial.

7.8.4. Exceção às imunidades penais (art. 183, CP)

Não haverá incidência dos arts. 181 e 182, CP (imunidades penais absoluta e relativas) nos seguintes casos:

a) Se o crime for cometido com violência ou grave ameaça à pessoa;

b) Com relação ao terceiro que participa/concorre para o crime;

c) Se a vítima for idosa (idade igual ou superior a sessenta anos).

8. CRIMES CONTRA A DIGNIDADE SEXUAL

8.1. Nova nomenclatura (Lei 12.015/2009)

Com o advento da Lei 12.015/2009, o crime contra os costumes passou a se denominar **crime contra a dignidade sexual**.

Antes se falava em crime **contra os costumes**, pois era o comportamento sexual da sociedade que preocupava, ou seja, dizia respeito a uma ética sexual (comportamento mediano esperado pela sociedade quanto à atividade sexual). Com a alteração, passou-se a tutelar a **dignidade sexual** como um reflexo da pessoa humana e não somente da mulher. Isso porque a **dignidade humana** também gera um reflexo sexual.

8.2. Estupro (art. 213 do CP)

8.2.1. Considerações iniciais

Trata-se de crime que atenta contra a **liberdade sexual**. Desse modo, o bem jurídico tutelado é o direito fundamental de todo ser humano (e não apenas a mulher) de **escolher** o seu parceiro sexual e o **momento** em que com ele vai praticar a relação sexual.

8.2.2. Tipo objetivo

O verbo do tipo (conduta típica) é "constranger", que transmite a ideia de forçar ou compelir (fazer algo contra a sua vontade). É, em verdade, um constrangimento ilegal com uma finalidade específica, qual seja, a prática de um ato sexual.

Após a Lei 12.015/2009, o agente constrange alguém, mediante violência ou grave ameaça, a ter conjunção carnal ou a praticar ou a permitir que com ele se pratique outro ato libidinoso.

Assim, o agente constrange a vítima (homem ou mulher) à prática de **conjunção carnal**. Entende-se esta como a relação sexual "natural" entre homem e mulher. Diz-se, portanto, que o estupro exige, para sua configuração, que o homem introduza seu pênis na cavidade vaginal da mulher, total ou parcialmente.

Também será crime de estupro o **constrangimento** de alguém à prática de **ato libidinoso diverso da conjunção carnal**, ou ainda, que haja o constrangimento da vítima a **consentir que com ela seja praticada referida espécie de ato (antigo crime de atentado violento ao pudor)**.

Diz-se que o **ato libidinoso** é todo aquele que decorre da **concupiscência humana**. O ato diverso **da conjunção carnal** é, por exemplo, o coito anal, sexo oral, masturbação etc.

Todo estupro pressupõe o **dissenso da vítima**, ou seja, sua não concordância com o ato sexual.

A discordância decorre da prática de **violência (emprego de força física contra vítima) ou grave ameaça (promessa de um mal injusto e grave, passível de realização)** pelo agente. São estes os dois **meios executórios** do estupro.

Após a alteração, não há mais a violência presumida, antes prevista no art. 224, CP, o qual foi revogado expressamente pela Lei 12.015/2009. De igual modo foi revogado tacitamente o art. 9º da Lei dos Crimes Hediondos, o qual fazia alusão ao art. 224, CP.

Segundo parte da doutrina, o **uso de instrumentos mecânicos ou artificiais**, desde que acoplados ao pênis do estuprador, não desnaturam o delito em comento.

8.2.3. Tipo subjetivo

Trata-se do **dolo**, ou seja, a vontade livre e consciente do sujeito de constranger alguém a manter relacionamento sexual contra sua vontade.

A lei não exige o elemento subjetivo específico de satisfação da própria lascívia. Assim, também restaria configurado o crime de estupro por qualquer outro motivo (ex.: por vingança, para humilhar etc.).

8.2.4. Sujeitos do crime

Quanto ao **sujeito ativo**, antes da alteração somente era o homem, visto que exigia a conjunção carnal, que pressupõe a introdução total ou parcial do pênis (órgão sexual masculino) na vagina (órgão sexual feminino).

Já o **sujeito passivo, por consequência,** somente poderia ser a **mulher**. Era absolutamente errada a afirmação de que homem poderia ser estuprado.

Agora, os sujeitos ativo e passivo podem ser qualquer pessoa, tanto o homem quanto a mulher (crime bicomum e não mais bipróprio).

8.2.5. Consumação e tentativa

Consuma-se o estupro com a introdução ou penetração (ainda que parcial) do pênis na cavidade vaginal da vítima. Ainda, em relação a outros atos diversos da conjunção carnal, consumam-se quando da sua realização.

Desse modo, classifica-se o estupro como sendo um crime material, cujo tipo penal prevê uma conduta (constranger alguém, mediante violência ou grave ameaça) e um resultado naturalístico (prática de conjunção carnal ou outro ato libidinoso diverso).

Admissível a **tentativa** se o agente não conseguir introduzir o membro viril na genitália feminina ou não consegue realizar qualquer outro ato sexual, por circunstâncias alheias à sua vontade.

8.2.6. Espécies de estupro

Há três espécies de estupro:

a) simples: art. 213, *caput*, CP;

b) qualificado:

b.1) art. 213, § 1º, CP:

b.1.1.) se da conduta resulta lesão corporal de natureza grave (culposa);

b1.2) se a vítima é menor de 18 anos ou maior de 14 anos;

b.2) art. 213, § 2º, CP: se da conduta resulta morte (culposa).

No caso das qualificadoras relativas à lesão corporal grave e morte, ambas são figuras **preterdolosas,** de acordo com entendimento majoritário na doutrina e jurisprudência. O estupro é doloso, mas o resultado agravador é culposo. Corrente minoritária entende que pode haver dolo ou culpa no resultado agravador;

c) majorado: art. 226 e art. 234-A, CP, tratam das causas de aumento de pena para o estupro:

c.1) aumenta-se de 1/4, quando o crime é cometido com concurso de duas ou mais pessoas;

c.2) aumenta-se de 1/2, se o agente é ascendente, padrasto ou madrasta, tio, irmão, cônjuge, companheiro, tutor, curador, preceptor ou empregador da vítima ou por qualquer outro título tem autoridade sobre ela;

c.3) aumenta-se de 1/2, se do crime resulta gravidez;

c.4) aumenta-se de 1/6 até 1/2, se o agente transmite à vítima doença sexualmente transmissível de que sabe ou deveria saber ser portador.

Outrossim, cumpre ressaltar que o estupro, em todas as suas modalidades, é **hediondo** (simples, qualificado e de vulnerável).

8.2.7. Do antigo atentado violento ao pudor (art. 214 do CP)

O artigo 214, CP, foi formalmente revogado, tendo a sua conduta sido absorvida pelo art. 213, CP.

Como já ressaltado acima, o novo art. 213 é uma soma do antigo estupro mais o revogado crime de atentado violento ao pudor.

Assim, não há que falar em *abolitio criminis* da conduta prevista no revogado crime de atentado violento ao pudor, na medida em que somente houve a revogação formal do tipo penal, mas não material, continuando o fato a ser típico, porém em outro tipo penal, qual seja, o de estupro, previsto no art. 213, CP (princípio da continuidade típico-normativa).

8.3. Estupro de vulnerável (art. 217-A, CP)

8.3.1. Tipo objetivo

Aplica-se aqui tudo o que já fora explicitado ao delito de estupro.

8.3.2. Tipo subjetivo

De igual modo, aplica-se o que já fora explicitado ao delito de estupro.

8.3.3. Sujeitos do crime

Há importante ressalva a ser feita quanto ao sujeito passivo, qual seja, a de que somente as pessoas vulneráveis podem ser vítimas do crime de estupro de vulnerável. Entende-se por pessoa vulnerável: a pessoa menor de 14 anos (art. 217-A, *caput*, CP), enferma ou doente mental que não tenha o necessário discernimento para o ato sexual ou que, por qualquer outra causa, não possa oferecer resistência (art. 217-A, § 1º, CP).

Quanto à vítima menor de 14 (quatorze) anos, o STJ, por meio da Súmula 593, pacificou o entendimento segundo o qual o consentimento do ofendido para a prática do ato sexual é absolutamente indiferente para a caracterização do crime em comento, bem como a prévia experiência sexual. Confira-se: *"O crime de estupro de vulnerável configura com a conjunção carnal ou prática de ato libidinoso com menor de 14 anos, sendo irrelevante o eventual consentimento da vítima para a prática do ato, experiência sexual anterior ou existência de relacionamento amoroso com o agente."*

8.3.4. Consumação e tentativa

Aplica-se o que já foi dito ao estupro.

8.3.5. Espécies de estupro de vulnerável

Há três espécies de estupro de vulnerável:

a) simples: art. 217-A, *caput*, CP;

b) qualificado:

b.1) art. 217-A, § 3º, CP: se da conduta resulta lesão corporal de natureza grave (culposa);

b.2) art. 217-A, § 4º, CP: se da conduta resulta morte (culposa).

No caso das qualificadoras relativas à lesão corporal grave e morte, ambas são figuras **preterdolosas,** de acordo com entendimento majoritário na doutrina e jurisprudência. O estupro é doloso, mas o resultado agravador é culposo. Corrente minoritária entende que pode haver dolo ou culpa no resultado agravador;

c) majorado: art. 226 e art. 234-A, CP, tratam das causas de aumento de pena para o estupro de vulnerável:

c.1) aumenta-se de 1/4, quando o crime é cometido com concurso de duas ou mais pessoas;

c.2) aumenta-se de 1/2, se o agente é ascendente, padrasto ou madrasta, tio, irmão, cônjuge, companheiro, tutor, curador, preceptor ou empregador da vítima ou por qualquer outro título tem autoridade sobre ela;

c.3) aumenta-se de 1/2, se do crime resulta gravidez;

c.4) aumenta-se de 1/6 até 1/2, se o agente transmite à vítima doença sexualmente transmissível de que sabe ou deveria saber ser portador.

Outrossim, cumpre ressaltar que o estupro, em todas as suas modalidades, é **hediondo** (simples, qualificado e de vulnerável).

8.3.6. Questões polêmicas

8.3.6.1. Concurso de crimes

Um dos grandes reflexos da alteração pela Lei 12.015/2009 nos crimes sexuais foi a caracterização do concurso de crimes.

Era pacífico na doutrina que, em havendo um ato de conjunção carnal e outro ato libidinoso diverso de conjunção carnal, no mesmo contexto fático, haveria concurso material entre as infrações.

Segundo o STF, pelo fato de o estupro e de o atentado violento ao pudor não pertencerem ao mesmo tipo penal, não eram considerados crimes da mesma espécie e, por conseguinte, não restaria caracterizada a continuidade delitiva entre eles, mas o concurso material de crimes. No mesmo sentido era o entendimento da 5ª Turma do STJ.

Outro era o entendimento da 6ª Turma do STJ, no sentido de que estupro e atentado violento ao pudor eram crimes da mesma espécie, pois ofendiam ao mesmo bem jurídico (liberdade sexual), o que ensejava a caracterização do crime continuado.

Todavia, com a junção das condutas em um tipo penal não seria mais cabível, em tese, sustentar a aplicação do concurso material, quando houvesse vários atos libidinosos em um mesmo contexto fático. Afastou também a discussão de ser impossível a continuidade delitiva.

Daí ter surgido outra discussão: se o art. 213, CP, é um tipo misto alternativo ou cumulativo.

Vem-se defendendo, tanto na doutrina quanto na jurisprudência, que se trata de um tipo misto alternativo. Consequentemente, aquele que constrange alguém a conjunção carnal e também a outro ato diverso da conjunção carnal, no mesmo contexto fático, responderá por um crime apenas. Somente haverá concurso material no caso de haver vítimas diversas ou contextos fáticos diversos, desde que não preenchidos os requisitos da continuidade delitiva.

Por outro lado, há quem sustente que se trata de um tipo misto cumulativo, ou seja, se houve atos libidinosos diversos, será aplicável o concurso material. Esse entendimento é corroborado pela 5ª Turma do STJ.

Tal discussão ainda não foi pacificada na jurisprudência.

8.3.6.2. Aniversário de 14 anos

Outra questão polêmica que surgiu com o advento da Lei 12.015/2009 foi o enquadramento típico quando a vítima for estuprada no dia do seu aniversário de 14 anos.

Isso porque, segundo o art. 213, § 1º, CP, o crime de estupro será qualificado se a vítima for menor de 18 anos ou *maior* de 14 anos.

Já o art. 217-A, CP, preleciona que será estupro de vulnerável o fato de ter conjunção carnal ou praticar outro ato libidinoso com *menor* de 14 anos.

Pela mera interpretação literal, se a vítima for estuprada no dia do seu 14º aniversário, seria estupro simples.

Assim, a melhor interpretação, para se evitar injustiças por falha do legislador, é afastar a hipótese de estupro simples, pois no dia seguinte ao 14º aniversário já seria estupro qualificado, crime mais grave, gerando um contrassenso.

Portanto, deve-se considerar como sendo estupro qualificado ou estupro de vulnerável. Como se trata de analogia, a melhor opção é a primeira, cuja pena é menor e mais benéfica ao réu.

8.3.6.3. Ação penal

Consoante se depreende do art. 225, CP, a ação será, em regra, **pública condicionada à representação** da vítima.

Excepcionalmente, a ação penal será **pública incondicionada**, quando a *vítima for menor de 18 anos ou quando a pessoa for vulnerável.*

Com a alteração trazida pela Lei 12.015/2009, não há mais ação penal privada nos crimes sexuais. O legislador quis retirar o ônus da vítima de ter que contratar um advogado, conquanto ainda seja necessária sua autorização para o início da persecução penal. Andou bem o legislador em não prever como regra a ação penal pública incondicionada, a fim de se evitar a ingerência do Estado na vida privada da vítima.

Uma discussão trazida pela alteração foi a respeito da ação penal no estupro qualificado pela lesão corporal grave e pela morte. Pelo art. 101, CP, que trata da ação penal em crime complexo, a ação seria pública incondicionada.

Em razão da omissão legislativa, o PGR ajuizou uma ADI contra o art. 225, CP, para reconhecer a ofensa ao princípio da proporcionalidade, pela proteção insuficiente ao bem jurídico. Ou seja, a ação penal pública condicionada no crime sexual de estupro qualificado protege o bem jurídico de forma insuficiente e, em muitos casos, gerando até a impunidade.

Ainda não há decisão do STF a respeito da mencionada ADI.

Por fim, há quem sustente que ainda continua em vigor a Súmula 608 do STF, segundo a qual no estupro praticado com violência real, a ação penal é pública incondicionada. Embora exista controvérsia acerca do assunto, especialmente pelo fato de o CP, em seu art. 225, ser claro ao dispor sobre a regra (ação penal pública condicionada à representação) e as exceções (ação penal pública incondicionada quando a vítima for menor de dezoito anos ou se for pessoa vulnerável), o STJ já decidiu pela aplicabilidade do enunciado da Excelsa Corte mesmo após o advento da Lei 12.015/2009. Confira-se: "Não bastasse isso, sendo o crime praticado com violência e grave ameaça consistente na utilização de arma de fogo, mesmo com o advento da Lei n. 12.015/2009, aplica-se à espécie a Súmula 608 do Supremo Tribunal Federal: "no crime de estupro, praticado mediante violência real, a ação penal é publica incondicionada". Precedente" (HC 161.663/SP, Quinta Turma, Rel. Min. Gurgel de Faria, DJe 02.12.2015. No mesmo sentido: REsp 1485352/DF, Sexta Turma, Rogério Schietti Cruz, DJe 16.12.2014).

8.3.7. Sigilo processual

O art. 234-B, CP prevê expressamente que deverá haver segredo de justiça em todos os processos relativos aos crimes sexuais.

9. CRIMES CONTRA A ORGANIZAÇÃO DO TRABALHO

9.1. Crimes contra a organização do trabalho (arts. 197 a 207, CP). Objeto jurídico

O CP, implementando e materializando a proteção aos direitos sociais (especialmente os previstos nos arts. 6º a 8º da CF/1988), criminalizou condutas atentatórias à organização e normal desenvolvimento das atividades laborativas do trabalhador. Aqui reside o bem jurídico (ou objetividade jurídica) dos crimes que passaremos a analisar.

9.2. Competência para julgamento dos crimes contra a organização do trabalho

De acordo com as jurisprudências do STJ e STF, caberá à Justiça Estadual o conhecimento e julgamento das ações penais que identifiquem a lesão a interesse individual do trabalhador, ao passo que será da Justiça Federal a competência para analisar processos criminais que envolvam lesões a interesses coletivos dos obreiros.

9.3. Análise dos principais crimes contra a organização do trabalho

9.3.1. Atentado contra a liberdade de contrato de trabalho e boicotagem violenta (art. 198, CP)

9.3.1.1. Considerações iniciais

Trata-se de crime que objetiva proteger a liberdade do trabalhador na escolha do trabalho que pretender executar, bem como a de manter a normalidade nas relações laborais. Temos, em verdade, duas situações (fatos típicos) distintas:

a) atentado contra a liberdade de contrato de trabalho; e

b) boicotagem violenta.

9.3.1.2. Conduta típica

Consiste em *constranger* alguém, mediante *violência* ou *grave ameaça*, a *celebrar contrato de trabalho*. Aqui estamos diante do *atentado contra a liberdade de contrato de trabalho.*

Ainda, estaremos diante da *boicotagem violenta* quando o agente constranger alguém, mediante violência ou grave ameaça, a não fornecer a outrem ou não adquirir de outrem matéria-prima ou produto industrial ou agrícola.

9.3.1.3. Elemento subjetivo do crime

É o dolo.

9.3.1.4. *Consumação e tentativa*

No caso da primeira figura (*atentado contra a liberdade de contrato*), estará consumada a infração quando ocorrer a **celebração do contrato** (seja de forma escrita ou oral).

Em se tratando de *boicotagem violenta*, haverá consumação no momento em que a **vítima deixar de fornecer ou adquirir o produto ou matéria-prima** da pessoa boicotada.

Cabível a tentativa nas duas figuras típicas.

9.3.2. *Atentado contra a liberdade de associação (art. 199, CP)*

9.3.2.1. *Considerações iniciais*

Trata-se de crime que objetiva proteger a liberdade do trabalhador em *associar-se ou sindicalizar-se* (arts. 5º, XVII, e 8º, V, ambos da CF/1988).

9.3.2.2. *Conduta típica*

Consiste em *constranger alguém, mediante violência ou grave ameaça, a participar ou deixar de participar de determinado sindicato ou associação profissional.*

Assim, a vítima será compelida, mediante desforço físico ou grave ameaça, a associar-se ou deixar de associar-se a determinada associação profissional, ou, ainda, a participar, ou não, de determinado sindicato.

9.3.2.3. *Elemento subjetivo do crime*

É o dolo.

9.3.2.4. *Consumação e tentativa*

O crime em tela estará consumado no momento em que a vítima for impedida de participar de associação profissional ou de sindicato, ou, ainda, quando ela aderir a uma das duas entidades, filiando-se.

Cabível a tentativa.

9.3.3. *Paralisação de trabalho, seguida de violência ou perturbação da ordem (art. 200, CP)*

9.3.3.1. *Considerações iniciais*

O crime que ora se analisa protege a liberdade de trabalho, que se vê violada em caso de suspensão do trabalho (*lockout*) ou abandono coletivo (greve ou parede).

Importante frisar que o art. 9º, *caput*, da CF/1988 dispõe ser "(...) assegurado o direito de greve, competindo aos trabalhadores decidir sobre a oportunidade de exercê-lo e sobre os interesses que devam por meio dele defender".

Assim, a greve configura um exercício regular de direito. Contudo, a lei penal não permite que o exercício desse direito se faça de forma violenta contra pessoas ou coisas. Aqui haverá crime.

9.3.3.2. *Conduta típica*

Consiste em *participar de suspensão ou abandono coletivo de trabalho, praticando violência contra a pessoa ou contra coisa.*

Aqui, temos duas situações distintas:

✓ **participar de suspensão**, praticando violência contra a pessoa ou contra coisa: o sujeito ativo é o empregador, que é quem determina o *lockout;*

✓ **participar de abandono coletivo de trabalho**, praticando violência contra a pessoa ou contra coisa: o sujeito ativo é o trabalhador, que participa de movimento grevista e, para tanto, pratica violência. Nesse caso, exige-se que pelo menos 3 empregados estejam reunidos. Estamos diante de um crime *plurissubjetivo* (parágrafo único, art. 200).

Seja a greve legítima ou não, haverá crime (o legislador não diferenciou).

O legislador previu como único meio executório para o crime a prática de violência contra pessoa ou coisa. Se o agente delitivo valer-se da *grave ameaça, não estaremos diante do crime em tela, mas sim do art. 147 do CP.*

9.3.3.3. *Elemento subjetivo do crime*

É o dolo.

9.3.3.4. *Consumação e tentativa*

O crime em tela estará consumado no momento em que houver o emprego de violência durante o *lockout* ou a greve. Cabível a tentativa.

9.3.4. *Paralisação de trabalho de interesse coletivo (art. 201, CP)*

9.3.4.1. *Considerações iniciais*

Trata-se de crime que não protege propriamente a organização do trabalho, mas sim o interesse coletivo voltado às obras públicas ou serviços públicos.

Há quem considere ter sido o crime do art. 201 do CP revogado pela Lei 7.783/1989, conhecida como "Lei de Greve", já que esta permite a greve mesmo de trabalhadores que atuem na prestação de serviços essenciais. Além disso, a CF, em seu art. 9º, não excepcionou o exercício do direito de greve nessas situações.

Todavia, para outra parte da doutrina, o crime permanece íntegro. Contudo, somente restará configurado quando a obra ou serviço de interesse público sejam essenciais para a preservação do interesse público.

9.3.4.2. *Conduta típica*

Consiste em *participar de suspensão ou abandono coletivo de trabalho, provocando a interrupção de obra pública ou serviço de interesse coletivo.*

Aqui, temos duas situações distintas:

✓ **participar de suspensão (*lockout*)**, provocando, com isso, a interrupção de obra pública ou serviço de interesse coletivo;

✓ **participar de abandono coletivo de trabalho (greve)**, provocando, igualmente, a interrupção de obra pública ou serviço de interesse coletivo.

9.3.4.3. *Elemento subjetivo do crime*

É o dolo.

9.3.4.4. *Consumação e tentativa*

O crime em tela estará consumado quando houver a efetiva interrupção da obra ou serviço de interesse público. Cabível a tentativa.

9.3.5. *Frustração de lei sobre nacionalização do trabalho (art. 204, CP)*

9.3.5.1. *Breves considerações*

A doutrina mais abalizada entende que o art. 204 do CP *não foi recepcionado pela CF/1988*, na medida em que esta não faz diferenciação/discriminação entre brasileiros e estrangeiros para fim de preenchimento de postos de trabalho.

Todavia, à época em que o CP foi editado (1940), vigorava a CF/1937, que previa regra que *vedava a contratação de mais estrangeiros do que brasileiros nas empresas nacionais, o que foi repetido pela EC 1/1969.*

Porém, com a CF/1988, consagrou-se a *liberdade do exercício profissional* (art. 5º, XIII, CF). Assim, é inviável qualquer forma de discriminação, salvo quando a Lei Maior admitir.

Muito embora a CLT, em seus arts. 352 a 370, traga regras no sentido de ser garantido percentual de vagas para brasileiros, entende-se que não foram recepcionados pela Ordem Constitucional vigente.

9.3.6. *Aliciamento para o fim de emigração (art. 206, CP)*

9.3.6.1. *Considerações iniciais*

Trata-se de crime cujo bem jurídico tutelado é o interesse do Estado em que permaneça no Brasil mão de obra, que, se levada para fora, poderá trazer danos à economia nacional.

9.3.6.2. *Conduta típica*

Consiste em *recrutar trabalhadores, mediante fraude, com o fim de levá-los para território estrangeiro.* Trata-se, pois, de conduta do agente que visa a atrair trabalhadores, com emprego de *fraude* (engodo/meios ardilosos), objetivando levá-los para fora do país.

Questões interessantes que se colocam são as seguintes:

1ª) quantos trabalhadores devem ser aliciados para que o crime reste configurado? R.: para Mirabete são exigidos pelo menos 3 trabalhadores. Já para Celso Delmanto, bastam 2 trabalhadores, tendo em vista que o tipo penal fala em "trabalhadores", no plural.

2ª) qual o sentido da expressão "trabalhadores"? R.: entende José Henrique Pierangelli que a expressão abrange não só os empregados, mas todos aqueles que desenvolvem *trabalhos lícitos*. Assim, se houver aliciamento de trabalhadores avulsos ou autônomos, estará configurado o crime.

9.3.6.3. *Elemento subjetivo do crime*

É o dolo. No entanto, exige-se um especial fim de agir, decorrente da expressão "com o fim de levá-los para território estrangeiro". Portanto, o crime estará configurado quando o agente agir com essa específica intenção. Caso contrário, o fato será atípico, por falta do elemento subjetivo do injusto ("dolo específico").

9.3.6.4. *Consumação e tentativa*

O crime em tela estará consumado quando houver o recrutamento fraudulento dos trabalhadores, ainda que, de fato, não saiam do território nacional. Estamos diante de um crime formal (não se exige o resultado).

Cabível a tentativa.

10. CRIMES CONTRA A FÉ PÚBLICA

10.1. Considerações gerais

O Capítulo III do Título X da Parte Especial do CP prevê os delitos de falsidade documental como espécies dos crimes contra a fé pública.

São chamados de *crimes de falso*, divididos em 2 categorias:

a) Falso material;

b) Falso moral (ou falsidade ideológica).

Em qualquer caso, o que se tutela é a fé pública, ou seja, a crença das pessoas na legitimidade dos documentos (públicos ou particulares).

10.2. Principais crimes contra a fé pública

10.2.1. *Falsificação de documento público (art. 297, CP)*

10.2.1.1. *Conduta típica*

Consiste em *falsificar, no todo ou em parte, documento público, ou alterar documento público verdadeiro.*

Aqui, o legislador tutela a crença das pessoas quanto à legitimidade dos documentos públicos.

Duas são as condutas típicas possíveis:

a) falsificar, no todo ou em parte, documento público (contrafação);

b) alterar documento público verdadeiro (no todo ou em parte).

A primeira conduta típica pressupõe a formação total ou parcial de um documento público (contrafação). Assim, ou o agente cria um documento por inteiro, ou acresce dizeres, letras, símbolos ou números ao documento verdadeiro.

A segunda conduta típica pressupõe a existência prévia de um documento público verdadeiro, emanado de funcionário público competente. Contudo, o agente altera, modifica o conteúdo desse documento verdadeiro.

A título de exemplo:

i) (falsificar = contrafação): Gaio adquire uma máquina de xerox colorido de alta definição e passa a falsificar (criar, reproduzir enganosamente) carteiras de identidade (RG). Nesse caso, o RG é um documento público e a confecção deste configura o crime de falsificação de documento público, na modalidade "falsificar";

ii) (alterar = modificar): Gaio retira a fotografia de Tício de uma cédula de identidade (RG) e insere a sua. Nesse caso, ele modificou um documento público verdadeiro preexistente à sua conduta.

10.2.1.2. *Conceito de documento público*

Segundo a doutrina, *documento é toda peça escrita que condensa graficamente o pensamento de alguém, podendo provar um fato ou a realização de algum ato dotado de significação ou relevância jurídica.*

Para ser considerado "público", este documento deverá ser elaborado por um *funcionário público.*

Para configurar o crime de falsificação de documento público, a contrafação ou alteração deverá ser apta a iludir o homem médio. Se for grosseira, não há crime.

Se documento é uma "peça escrita", não configuram documento: escritos a lápis, pichação em muro, escritos em porta de ônibus, quadros ou pinturas, fotocópia não autenticada. É possível que uma tela seja documento, desde que haja algo escrito em vernáculo.

Os escritos apócrifos (anônimos) não são considerados documentos, por inexistir autoria certa.

10.2.1.3. Consumação e tentativa

Para que se atinja a consumação do crime em estudo, basta a mera falsificação ou alteração do documento público. Pouco importa se o documento falsificado ou alterado vem a ser utilizado.

Trata-se, pois, de *crime de perigo abstrato e formal.*

É possível a tentativa, tal como se vê, por exemplo, no caso de o agente ser surpreendido no momento em que começava a impressão de cédulas de identidade.

10.2.1.4. Materialidade delitiva

A comprovação do crime de falsificação de documento público, por deixar vestígios, exige a realização de exame de corpo de delito (art. 158 do CPP). Chama-se **exame documentoscópico.**

10.2.1.5. Tipo subjetivo

É o dolo.

10.2.2. Falsificação de documento particular (art. 298, CP)

10.2.2.1. Conduta típica

Consiste em *falsificar, no todo ou em parte, documento particular ou alterar documento particular verdadeiro.*

Em que difere documento público do particular? R.: o documento particular é aquele que não é público ou equiparado a público. Em síntese, diferem um do outro pelo fato de o público emanar de funcionário público, enquanto que o particular, não.

São exemplos de documentos particulares: contrato de compra e venda por instrumento particular, nota fiscal, recibo de prestação de serviços etc.

Por desnecessidade de repetição, ficam reiteradas as demais considerações feitas no tocante ao crime anterior, com a diferença de o objeto material do presente delito ser, como dito, documento particular.

Lembre-se de que a falsificação, se grosseira, desnatura o crime, que pressupõe aptidão ilusória. Afinal, trata-se de crime contra a fé pública, que somente será posta em xeque se o documento falsificado for apto a enganar terceiros.

10.2.2.2. Consumação e tentativa

Idem quanto à falsificação de documento público.

10.2.2.3. Materialidade delitiva

Idem quanto à falsificação de documento público.

10.2.2.4. Tipo subjetivo

É o dolo.

10.2.3. Falsidade ideológica (art. 299, CP)

10.2.3.1. Conduta típica

Consiste em *omitir, em documento público ou particular, declaração que dele devia constar, ou nele inserir ou fazer inserir declaração falsa ou diversa da que devia ser escrita, com o fim de prejudicar direito, criar obrigação ou alterar a verdade sobre fato juridicamente relevante.*

Na falsidade ideológica, como se vê acima, o documento (público ou particular) é materialmente verdadeiro, mas seu conteúdo é falso. Daí ser chamado de falsidade intelectual, falsidade moral ou ideal.

Quais são as condutas típicas?

a) *Omitir declaração que devia constar*: aqui, a conduta é omissiva. O agente deixa de inserir informação que devia constar no documento;

b) *Inserir declaração falsa ou diversa da que devia constar*: aqui, a conduta é comissiva;

c) *Fazer inserir declaração falsa ou diversa da que devia constar*: aqui, o agente vale-se de 3ª pessoa para incluir no documento informação falsa ou diversa da que devia constar.

Em qualquer caso, a falsidade deve ser idônea, capaz de enganar.

10.2.3.2. Tipo subjetivo

O crime é doloso. Contudo, o legislador disse: "...com o fim de prejudicar direito, criar obrigação ou alterar a verdade sobre fato juridicamente relevante". Trata-se de elemento subjetivo do tipo (dolo específico). Assim, não bastará o dolo, sendo indispensável a verificação do especial fim de agir do agente.

10.2.3.3. Consumação e tentativa

Consuma-se o crime com a simples omissão ou inserção direta (inserir) ou indireta (fazer inserir) da declaração falsa ou diversa da que devia constar, seja em documento público, seja em particular.

É possível tentativa nas modalidades inserir ou fazer inserir, visto que, na modalidade omitir, estaremos diante de crime omissivo próprio.

10.2.4. Uso de documento falso (art. 304, CP)

10.2.4.1. Conduta típica

Consiste em *fazer uso de qualquer dos papéis falsificados ou alterados, a que se referem os arts. 297 a 302.* Aqui, o verbo-núcleo do tipo é "*fazer uso*", que significa usar, empregar, utilizar, aplicar.

Será objeto material do crime em análise qualquer dos papéis falsificados ou alterados previstos nos arts. 297 a 302 do CP.

São exemplos de prática do crime em comento:

a) uso de CNH falsa (documento público – art. 297);

b) uso de um instrumento particular de compra e venda falso (documento particular – art. 298);

c) uso de uma escritura pública que contenha uma declaração falsa (documento público com falsidade ideológica – art. 299);

d) uso de um atestado médico falso (falsidade de atestado médico – art. 302).

O tipo penal previsto no art. 304 do CP é chamado de *tipo remetido*. Isso porque o preceito primário da norma penal incriminadora será compreendido pela análise de outros tipos penais ("...fazer uso de qualquer dos papéis dos *arts. 297 a 302...*").

O crime de uso de documento falso é comum, ou seja, qualquer pessoa pode praticá-lo.

10.2.4.2. Tipo subjetivo

É o dolo.

10.2.4.3. Consumação e tentativa

Estará consumado no momento do efetivo uso. Há quem admita que o *iter criminis* possa ser fracionado, pelo que seria possível a tentativa.

Ressalte-se que o crime é formal, ou seja, basta a realização da conduta típica, independentemente da produção de um resultado naturalístico (prejuízo para o Estado ou para terceiros).

10.2.4.4. Uso de documento falso e autodefesa

Questão muito discutida diz respeito à possibilidade – ou não – de o agente valer-se de um documento falso para ocultar seu passado criminoso, ou, então, para tentar "despistar" autoridades policiais acerca de mandados de prisão. Parcela da doutrina e jurisprudência argumenta que referido expediente usado por agentes delitivos é fato atípico, visto que tal conduta estaria circunscrita à autodefesa (não se poderia compelir o agente a exibir o documento verdadeiro e ser preso).

Porém, essa não é a posição mais atual da jurisprudência. Confira:

> **USO. DOCUMENTO FALSO. AUTODEFESA. IMPOSSIBILIDADE.**
>
> "A Turma, após recente modificação de seu entendimento, reiterou que a apresentação de documento de identidade falso no momento da prisão em flagrante caracteriza a conduta descrita no art. 304 do CP (uso de documento falso) e não constitui um mero exercício do direito de autodefesa". Precedentes citados STF: HC 103.314-MS, *DJe* 08.06.2011; HC 92.763-MS, *DJe* 25.04.2008; do STJ: HC 205.666-SP, *DJe* 08.09.2011. REsp 1.091.510-RS, Rel. Min. Maria Thereza de Assis Moura, julgado em 08.11.2011. (Inform. STJ 487)

Mutatis mutandis, aplicável a Súmula 522 do STJ: "a conduta de atribuir-se falsa identidade perante autoridade policial é típica, ainda que em situação de alegada autodefesa".

11. CRIMES CONTRA A ADMINISTRAÇÃO PÚBLICA

11.1. Considerações iniciais

O Capítulo I do Título XI da Parte Especial do CP regula os crimes praticados por funcionário público contra a administração em geral. Assim, será sujeito ativo de qualquer dos crimes previstos nos arts. 312 a 326 do CP o *funcionário público*.

Importante anotar que a doutrina cuidou de classificá-los em dois grupos:

a) crimes funcionais próprios (ou puros, ou propriamente ditos) – são aqueles em que, eliminada a condição de funcionário público do agente delitivo, inexistirá crime (atipicidade penal absoluta). É o que se verifica, por exemplo, com o crime de prevaricação (art. 319 do CP);

b) crimes funcionais impróprios (ou impuros, ou impropriamente ditos) – são aqueles que, eliminada a condição de funcionário público do agente delitivo, este responderá por outro crime (atipicidade penal relativa). É o que ocorre, por exemplo, com o crime de peculato (art. 312 do CP). Se o agente não for funcionário público e se apropriar de coisa alheia móvel particular que estiver em sua posse, responderá por apropriação indébita (art. 168 do CP) e, não, peculato (art. 312 do CP).

11.2. Conceito de funcionário público (art. 327, CP)

De acordo com o art. 327 do CP, "considera-se funcionário público, para os efeitos penais, quem, embora transitoriamente ou sem remuneração, exerce cargo, emprego ou função pública".

Assim, de acordo com o *caput* do precitado dispositivo legal, é funcionário público aquele que exerce, embora transitoriamente ou sem remuneração:

a) Cargo público: é aquele criado por lei, em número determinado, com especificação certa, pago pelos cofres públicos (ex.: juiz, promotor, oficial de justiça, delegado de polícia...);

b) Emprego público: pressupõe vínculo celetista (CLT) com a Administração Pública (ex.: guarda patrimonial de repartições públicas);

c) Função pública: conjunto de atribuições que a Administração Pública confere a cada categoria profissional (ex.: jurados, mesários eleitorais...).

11.2.1. Conceito de funcionário público por equiparação

Preconiza o art. 327, § 1º, do CP: "equipara-se a funcionário público quem exerce cargo, emprego ou função em entidade paraestatal, e quem trabalha para empresa prestadora de serviço contratada ou conveniada para a execução de atividade típica da Administração Pública".

Equipara-se, pois, a funcionário público:

a) Quem exerce cargo, emprego ou função em **entidade paraestatal** (empresas públicas, sociedades de economia mista, fundações e os serviços autônomos – pessoas jurídicas de direito privado);

b) Quem trabalha para empresa **prestadora de serviço contratada ou conveniada** para a execução de **atividade típica da Administração Pública** (ex.: empresas de telefonia, transporte público, saúde, iluminação pública...).

Será que médico conveniado pelo SUS, ainda que em hospital particular, é considerado funcionário público? Confira-se:

> ***Médico conveniado pelo SUS e equiparação a funcionário público***
>
> "Considera-se funcionário público, para fins penais, o médico particular em atendimento pelo Sistema Único de Saúde – SUS, antes mesmo da alteração normativa que explicitamente fizera tal equiparação por exercer atividade típica da Administração Pública (CP, art. 327, § 1º, introduzido pela Lei 9.983/2000). Essa a orientação da 2ª Turma ao, por maioria, negar provimento a recurso ordinário em *habeas corpus* interposto por profissional de saúde condenado pela prática do delito de concussão (CP, art. 316). Na espécie, o recorrente, em período anterior à vigência da Lei 9.983/2000, exigira, para si, vantagem pessoal a fim de que a vítima não aguardasse procedimento de urgência na fila do SUS. A defesa postulava a atipicidade da conduta. Prevaleceu o voto do Min. Ayres Britto, relator, que propusera novo equacionamento para solução do caso, não só a partir do conceito de funcionário público constante do art. 327, *caput*, do CP, como também do entendimento de que os serviços de saúde, conquanto prestados pela iniciativa

privada, consubstanciar-se-iam em atividade de relevância pública (CF, arts. 6º, 197 e 198). Asseverou que o hospital ou profissional particular que, mediante convênio, realizasse atendimento pelo SUS, equiparar-se-ia a funcionário público, cujo conceito, para fins penais, seria alargado. Reputou, dessa forma, não importar a época do crime em comento. Vencido o Min. Celso de Mello, que provia o recurso, ao fundamento da irretroatividade da *lex gravior*, porquanto a tipificação do mencionado crime, para aqueles em exercício de função delegada da Administração, somente teria ocorrido a partir da Lei 9.983/2000." RHC 90523/ES, rel. Min. Ayres Britto, 19.04.2011. (RHC-90523) (Inform. STF 624)

11.3. Principais crimes contra a Administração Pública

11.3.1. Peculato (art. 312, CP)

11.3.1.1. Conduta típica

Consiste em *apropriar-se o funcionário público de dinheiro, valor ou qualquer outro bem móvel, público ou particular, de que tem a posse em razão do cargo, ou desviá-lo, em proveito próprio ou alheio.*

11.3.1.2. Espécies de peculato (art. 312, caput e §§ 1º e 2º, CP)

✓ **Peculato-apropriação**: "*apropriar-se* o funcionário público...";

✓ **Peculato-desvio**: "... ou *desviá-lo*, em proveito próprio ou alheio...";

✓ **Peculato-furto**: "subtrair ou concorrer para que terceiro subtraia...";

✓ **Peculato culposo**: "se o funcionário concorre culposamente para o crime de outrem".

As duas primeiras espécies são denominadas de **peculato próprio**. Já o peculato-furto é chamado de **peculato impróprio**.

Apropriar-se significa "fazer sua a coisa de outra pessoa", invertendo o ânimo sobre o objeto. Nessa espécie de peculato próprio, o funcionário público tem a **posse** (ou mera detenção) do bem. Porém, passa a agir como se a coisa fosse sua (*animus domini*). Trata-se de verdadeira apropriação indébita, porém cometida por um funcionário público.

A referida posse deve ser em **razão do cargo**, obtida de forma lícita. Ex.: *apreensão de produtos objeto de contrabando. O policial condutor das mercadorias tem a detenção lícita destas, já que as apreendeu legalmente. Se, em dado momento, apropriar-se de um rádio, por exemplo, invertendo o ânimo sobre a coisa, pratica o crime de peculato-apropriação.*

Desviar significa empregar a coisa de forma diversa à sua destinação original. Assim, o funcionário, embora sem o ânimo de ter a coisa como sua (*animus domini*), emprega-a em destino diverso àquele que se propõe.

O art. 312, § 1º, CP, que trata do denominado **peculato-furto**, também denominado de **peculato impróprio,** assim prevê: "aplica-se a mesma pena, se o funcionário público, embora não tendo a posse do dinheiro, valor ou bem, o subtrai, ou concorre para que seja subtraído, em proveito próprio ou alheio, valendo-se de facilidade que lhe proporciona a qualidade de funcionário".

Aqui, o funcionário não tem sequer a posse ou detenção do dinheiro, valor ou bem móvel público ou particular. Deverá, porém, valer-se de alguma facilidade em virtude do cargo.

Duas são as condutas típicas com relação ao peculato-furto:

a) subtrair; ou

b) concorrer para que terceiro subtraia. Nesse caso, exige-se um *concurso necessário de pessoas.*

Por fim, no tocante ao peculato culposo, previsto no art. 312, § 2º, do CP, temos o seguinte: "se o funcionário concorre culposamente para o crime de outrem".

Assim, pressupõe o crime em questão:

a) Conduta culposa do funcionário público (imprudência, negligência ou imperícia);

b) Que terceiro pratique um crime doloso aproveitando-se da facilidade culposamente provocada pelo funcionário público.

11.3.1.3. Objeto material das espécies de peculato doloso (art. 312, caput e § 1º, CP)

a) dinheiro: é o papel-moeda ou a moeda metálica de curso legal no país;

b) valor: é o título representativo de dinheiro ou mercadoria (ações, letras...);

c) ou qualquer outro bem móvel, público ou particular: nesse caso, a lei tutela não só os bens móveis públicos, mas também aqueles pertencentes aos particulares, mas que estejam sob a custódia da Administração (ex.: veículo furtado apreendido em uma Delegacia de Polícia).

11.3.1.4. Reparação do dano no peculato culposo (art. 312, § 3º, CP)

No caso do peculato culposo, a reparação do dano, se **precede à sentença irrecorrível, extingue a punibilidade**; se lhe é **posterior, reduz de metade a pena** imposta.

Haverá, portanto, reparação do dano quando o agente que praticou peculato culposo devolver o bem ou ressarcir integralmente o prejuízo suportado pela Administração Pública.

Inaplicável essa benesse a qualquer das espécies de peculato doloso (apropriação, desvio ou furto). No entanto, cabível será o arrependimento posterior, desde que preenchidos os requisitos do art. 16 do CP.

11.3.2. Emprego irregular de verbas ou rendas públicas (art. 315, CP)

11.3.2.1. Conduta típica

Consiste em *dar às verbas ou rendas públicas aplicação diversa da estabelecida em lei.* Trata-se, portanto, de norma penal em branco (em sentido homogêneo), visto que, para a tipificação do delito, é indispensável que se verifique o conteúdo da lei (orçamentária ou especial). Assim, basta o emprego irregular das verbas ou rendas públicas, o que implica a alteração do destino preestabelecido na lei orçamentária ou qualquer outra lei especial.

O **objeto material** do crime em comento poderá ser:

a) Verba pública: fundos com destinação específica detalhada em lei orçamentária para atendimento de obras e/ou serviços públicos ou de utilidade pública;

b) Renda pública: receitas obtidas pela Fazenda Pública, independentemente da sua origem.

11.3.2.2. Tipo subjetivo

Aqui, é suficiente o *dolo*, ou seja, a vontade livre e consciente do agente (funcionário público) de dar destino diverso do prescrito em lei às verbas ou rendas públicas.

11.3.2.3. Consumação e tentativa

Consuma-se o crime no momento em que as verbas ou rendas públicas receberem destinação diversa daquela estabelecida em lei. Admissível, em tese, a tentativa, caso o agente não consiga empregá-las de forma diversa da determinada em lei.

11.3.3. Concussão (art. 316, CP)

11.3.3.1. Conduta típica

Consiste em *exigir, para si ou para outrem, direta ou indiretamente, ainda que fora da função ou antes de assumi-la, mas em razão dela, vantagem indevida.*

Assim, a conduta nuclear é *exigir*, que significa ordenar, impor como obrigação. O funcionário público *ordena, para si ou para outrem*, de maneira *direta* (sem rodeios, face a face) ou *indireta* (disfarçadamente ou por interposta pessoa), que lhe seja entregue *vantagem indevida* (qualquer lucro, ganho, privilégio contrário ao direito).

Ao que se vê da descrição típica, essa vantagem pode ser exigida **fora da função**, ou mesmo **antes de assumi-la**, mas, sempre, **em razão dela** (o funcionário se prevalece da função).

A exigência não precisa, necessariamente, ser feita mediante ameaça. Basta que o sujeito passivo sinta-se atemorizado em virtude da própria função pública exercida pela autoridade (sujeito ativo), temendo represálias. É o que a doutrina chama de *metus publicae potestatis* (medo do poder exercido pelo funcionário público).

A mera insinuação do funcionário público em obter a vantagem indevida pode descaracterizar o crime, desde que a exigência não se faça de forma implícita.

Ainda, de acordo com a redação do *caput* do art. 316, a exigência pelo sujeito ativo poderá ocorrer mesmo que não esteja no exercício da função (ex.: férias, licença-prêmio, afastamento...). Porém, é imprescindível que a exigência seja feita em razão da função exercida pela autoridade.

11.3.3.2. Tipo subjetivo

É o dolo.

11.3.3.3. Consumação e tentativa

O crime de concussão estará consumado no momento em que a **exigência é feita**. É certo que a vítima deverá tomar conhecimento da exigência, seja por escrito, oralmente ou qualquer meio de comunicação. Se por escrito, caberá tentativa, caso ela não chegue ao destinatário por circunstâncias alheias à vontade do agente (se unissubsistente, será impossível o *conatus*).

Com isso, não é necessário que a vantagem exigida seja efetivamente recebida pelo funcionário público. Porém, se ocorrer, ter-se-á exaurido a concussão.

Trata-se, portanto, de **crime formal** ou de consumação antecipada.

11.3.3.4. Excesso de exação (art. 316, § 1º, CP)

11.3.3.4.1. Conduta típica

Verificar-se-á quando *o funcionário público exigir tributo ou contribuição social que sabe ou deveria saber indevido, ou, quando devido, empregar na cobrança meio vexatório ou gravoso, que a lei não autoriza.*

A conduta nuclear é a mesma da concussão: *exigir*. Todavia, aqui, a lei pune o funcionário que se **exceder na cobrança de uma exação** (dívida ou imposto). A norma penal fala em "tributo", abarcando os impostos, taxas e contribuição de melhoria, bem como a contribuição social e os empréstimos compulsórios (arts. 148 e 149 da CF/1988).

Duas são as formas de cometimento do crime em questão:

a) Exigir tributo ou contribuição indevida – nesse caso, o sujeito passivo não está obrigado a recolhê-los, seja porque já pagou, ou porque a lei não exige, ou o valor cobrado é superior ao devido;

b) Emprego de meio vexatório ou gravoso na cobrança de tributo ou contribuição – nesse caso, o tributo ou contribuição são devidos. Contudo, o funcionário se vale de meios humilhantes ou muito onerosos para a cobrança da exação. É o que se chama de **exação fiscal vexatória.**

11.3.3.4.2. Tipo subjetivo

Em qualquer caso, exige-se o **dolo** (direto ou eventual), decorrente da expressão "que sabe ou deveria saber indevido...".

11.3.3.4.3. Consumação e tentativa

Idem à concussão.

11.3.4. Corrupção passiva (art. 317, CP)

11.3.4.1. Conduta típica

Consiste em *solicitar ou receber, para si ou para outrem, direta ou indiretamente, ainda que fora da função ou antes de assumi-la, mas em razão dela, vantagem indevida, ou aceitar promessa de tal vantagem.*

Três são, portanto, as ações nucleares:

a) *solicitar* = pedir, explícita ou implicitamente, requerer;

b) *receber* = obter, aceitar em pagamento;

c) *aceitar* = anuir, consentir em receber dádiva futura.

O **objeto material** da corrupção passiva é a **vantagem indevida** ou a **promessa** de *vantagem indevida*, que corresponde ao elemento normativo do tipo. Assim, o agente (funcionário público) *solicita*, *recebe* ou *aceita a promessa* de uma *vantagem indevida*, que pode ter *natureza econômica*, *patrimonial* ou até *moral*, desde que seja, repita-se, indevida, vale dizer, contrária ao direito ou mesmo aos bons costumes.

O funcionário público corrupto irá solicitar, receber ou aceitar a promessa de vantagem indevida para **praticar, deixar de praticar ou retardar um ato de ofício** contrariamente à lei. Literalmente, irá "vender" sua atuação, seja esta devida ou indevida.

Quando do julgamento da AP 470 pelo STF, conhecida como "**ação penal do mensalão**", referida Corte decidiu que o Ministério Público não precisará demonstrar ou identificar exatamente qual o "**ato de ofício**" (*assim considerado aquele que é de competência ou atribuição do funcionário público*) que seria omitido, retardado ou praticado irregularmente pelo acusado, bastando a demonstração de que, valendo-se da condição de funcionário, solicitou, recebeu ou aceitou promessa de vantagem indevida.

Só se fala em corrupção passiva se o funcionário público supostamente corrupto puder realizar determinado ato que seja de sua **competência**. Assim, a título de exemplo, se o diretor de presídio solicita dinheiro a um detento para conceder-lhe graça (indulto individual), ou anistia, e efetivamente recebe o montante, pratica corrupção? R.: não, visto que a concessão da graça é de competência do Presidente da República e a anistia depende da edição de lei federal. O diretor, no caso, não responderia por corrupção passiva, mas, certamente, por improbidade administrativa (Lei 8.429/1992).

Dependendo do momento em que a vantagem for entregue ao funcionário público, será considerada **antecedente** ou **subsequente**. Assim, se o funcionário público *receber a vantagem antes da ação ou omissão funcional*, teremos a *corrupção antecedente*. Já se o *recebimento da vantagem for após o ato funcional*, haverá a *corrupção subsequente*.

11.3.4.2. Tipo subjetivo

É o dolo.

11.3.4.3. Consumação e tentativa

O crime em estudo é **formal**, consumando-se quando a solicitação chega ao conhecimento de terceira pessoa ou quando há o recebimento ou a aceitação de promessa de uma vantagem indevida.

Destarte, não se exige que o agente, de fato, pratique, deixe de praticar ou retarde a prática de ato de ofício, sendo bastante, por exemplo, a mera solicitação da vantagem, já restando consumado o ilícito.

11.3.4.4. Corrupção passiva agravada (art. 317, § 1º, do CP)

A pena é aumentada de **um terço** se, em consequência da vantagem ou promessa, o funcionário retarda ou deixa de praticar qualquer ato de ofício ou o pratica infringindo dever funcional.

Em se tratando de crime formal, pouco importa, a princípio, que o agente, após receber a vantagem indevida ou a promessa de seu recebimento, pratique ou deixe de praticar ato funcional concernente a suas funções. Contudo, o legislador, aqui, pune mais severamente o *exaurimento da corrupção*.

11.3.4.5. Corrupção passiva privilegiada (art. 317, § 2º, CP)

Restará configurada se o funcionário praticar, deixar de praticar ou retardar ato de ofício, com infração de dever funcional, **cedendo a pedido ou influência de outrem**.

Aqui, o agente não "vende" um ato funcional, não recebendo vantagem indevida. Na verdade, simplesmente atende a pedido de terceira pessoa.

11.3.5. Prevaricação (art. 319, CP)

11.3.5.1. Conduta típica

Consiste em *retardar ou deixar de praticar, indevidamente, ato de ofício, ou praticá-lo contra disposição expressa de lei, para satisfazer interesse ou sentimento pessoal.*

Assim, as condutas típicas possíveis são:

a) retardar: o funcionário não realiza o ato inerente a sua função no prazo legalmente estabelecido, ou deixa fluir prazo relevante para fazê-lo;

b) deixar de praticar: é a inércia do funcionário em praticar ato de ofício;

c) praticar ato de ofício contra disposição expressa de lei: aqui o agente pratica ato de ofício, porém, em sentido contrário àquilo que a lei prescreve.

O retardamento ou a não prática do ato funcional deverão ser **indevidos**, ou seja, não permitidos por lei. O crime em tela também poderá ocorrer quando o agente, embora não retarde e não deixe de praticar ato de ofício, faça-o *contra disposição expressa de lei*. Ou seja, o funcionário praticará um ato contrário aos seus deveres funcionais, em discordância com a lei.

11.3.5.2. Tipo subjetivo

O tipo exige, além do dolo, o elemento subjetivo do tipo (ou do injusto), qual seja, "para satisfazer interesse ou sentimento pessoal". Em qualquer das ações nucleares, o agente atua não para auferir uma vantagem indevida, mas por razões íntimas. É a chamada *autocorrupção*.

11.3.5.3. Consumação e tentativa

O crime se consuma no momento em que o funcionário público retardar, deixar de praticar ou praticar o ato de ofício contra disposição expressa da lei. Pouco importa se o agente alcança o que pretende, vale dizer, a satisfação de seu interesse ou sentimento pessoal.

Admissível a tentativa na forma comissiva (ação) do crime, correspondente à conduta de praticar ato de ofício contra disposição expressa da lei. Nas demais modalidades (retardar e deixar de praticar), que se traduzem em omissão, impossível o *conatus*.

11.3.5.4. Distinção com a corrupção passiva privilegiada

Embora a prevaricação (art. 319, CP) seja bastante semelhante à corrupção passiva privilegiada (art. 317, § 2º, CP), ambas não se confundem. Naquela, o agente pretende alcançar um interesse ou um sentimento pessoal (ex.: por amizade, o funcionário público deixa de praticar um ato de ofício); nesta, o agente simplesmente cede a influência ou pedido de outrem (ex: um Delegado de Polícia deixa de lavrar auto de prisão em flagrante contra o filho de um Promotor de Justiça após receber telefonema deste, que lhe pede que não prenda o rapaz, que ainda tem "futuro" pela frente. De fato, são situações (tipos penais) semelhantes, mas, frise-se, na prevaricação, o agente pratica, deixa de praticar ou retarda a prática de um ato de ofício em razão de amizade, raiva ou pena, por exemplo, ao passo que na corrupção passiva privilegiada, independentemente de qualquer interesse ou sentimento pessoal, simplesmente cede à influência ou ao pedido de outrem, demonstrando ser um "fraco" (além de corrupto, claro!).

11.3.6. Causa de aumento de pena

Para os crimes contra a Administração Pública praticados por funcionários públicos, a pena será aumentada da **terça parte** quando os autores forem ocupantes de **cargos em comissão** ou de função de **direção ou assessoramento** de órgão da administração direta, sociedade de economia mista, empresa pública ou fundação instituída pelo poder público (art. 327, § 2º, CP).

11.4. Princípio da insignificância nos crimes contra a Administração Pública

De acordo com a Súmula 599 do STJ, "o princípio da insignificância é inaplicável aos crimes contra a Administração Pública".

Tal entendimento repousa nas seguintes razões: os referidos crimes objetivam resguardar não apenas o patrimônio público, mas, também, a moralidade administrativa, cuja ofensa é imensurável.

Importa registrar, porém, que o STF tem precedentes em que admitiu a aplicação da insignificância penal em crimes funcionais. Nesse sentido: HC 107370, Rel. Min. Gilmar Mendes, julgado em 26/04/2011 e HC 112388, Rel. p/ Acórdão Min. Cezar Peluso, julgado em 21/08/2012.

Legislação Penal Especial

1. CRIMES HEDIONDOS (LEI 8.072/1990)

1.1. Questões constitucionais

Conforme enuncia o art. 5º, XLIII, da CF/1988, "a lei considerará crimes inafiançáveis e insuscetíveis de graça ou anistia a prática da tortura, o tráfico ilícito de entorpecentes e drogas afins, o terrorismo e os definidos como crimes hediondos, por eles respondendo os mandantes, os executores e os que, podendo evitá-los, se omitirem".

Trata-se de verdadeiro **mandado de criminalização,** visto que o legislador constituinte determinou a edição de uma lei penal, qual seja, a Lei dos Crimes Hediondos, até então inexistente.

Conforme se extrai do texto constitucional, aos crimes hediondos incidem as seguintes **vedações**:

a) Fiança;

b) Anistia; e

c) Graça.

1.2. Critério adotado sobre crimes hediondos

Existem, basicamente, dois critérios sobre crimes hediondos: **legal** ou **judicial**.

✓ **Critério legal**: os crimes são enumerados na lei.

✓ **Critério judicial**: caberia ao juiz, no caso concreto, afirmar se o crime é ou não hediondo.

O Brasil adotou o critério legal para crimes hediondos, porque o legislador incumbiu-se de dizer quais são esses crimes.

Temos, pois, uma Lei dos Crimes Hediondos (Lei 8.072/1990).

1.3. Crimes hediondos em espécie

O **rol taxativo** dos crimes considerados hediondos consta no **art. 1º da Lei 8.072/1990**, a saber:

I. homicídio (art. 121), quando praticado em atividade típica de grupo de extermínio, ainda que cometido por um só agente, e homicídio qualificado (art. 121, § 2º, I, II, III, IV, V, VI e VII);

I-A. lesão corporal dolosa de natureza gravíssima (art. 129, § 2º) e lesão corporal seguida de morte (art. 129, § 3º), quando praticadas contra autoridade ou agente descrito nos arts. 142 e 144 da Constituição Federal, integrantes do sistema prisional e da Força Nacional de Segurança Pública, no exercício da função ou em decorrência dela, ou contra seu cônjuge, companheiro ou parente consanguíneo até terceiro grau, em razão dessa condição (incluído pela Lei 13.142/2015);

II. latrocínio (art. 157, § 3º, *in fine*);

III. extorsão qualificada pela morte (art. 158, § 2º);

IV. extorsão mediante sequestro e na forma qualificada (art. 159, *caput*, e §§ 1º, 2º e 3º);

V. estupro (art. 213, *caput*, e §§ 1º e 2º);

VI. estupro de vulnerável (art. 217-A, *caput*, e §§ 1º, 2º, 3º e 4º);

VII. epidemia com resultado morte (art. 267, § 1º);

VII-B. falsificação, corrupção, adulteração ou alteração de produto destinado a fins terapêuticos ou medicinais (art. 273, *caput*, e § 1º, § 1º-A e § 1º-B, com a redação dada pela Lei 9.677/1998);

VIII. favorecimento da prostituição ou de outra forma de exploração sexual de criança ou adolescente ou de vulnerável (art. 218-B, *caput*, e §§ 1º e 2º). (Incluído pela Lei 12.978/2014).

Parágrafo único. Consideram-se também hediondos o crime de genocídio previsto nos arts. 1º, 2º e 3º da Lei 2.889, de 1º de outubro de 1956, e o de posse ou porte ilegal de arma de fogo de uso restrito, previsto no art. 16 da Lei 10.826, de 22 de dezembro de 2003, todos tentados ou consumados. (Redação dada pela Lei 13.497, de 2017).

1.4. Vedações penais e processuais aos crimes hediondos e outras particularidades

Art. 5º, XLIII, CF e art. 2º, da Lei 8.072/1990: são inafiançáveis e insuscetíveis de graça e anistia os crimes hediondos e os crimes equiparados a hediondos (tráfico de drogas, tortura e terrorismo – TTT). De acordo com a doutrina, embora não haja expressa previsão na CF, o indulto também é incabível;

Art. 2º, § 1º, da Lei 8.072/1990: os crimes hediondos e equiparados submetem-se, obrigatoriamente, à imposição de regime inicial fechado. No entanto, o STF, em 2012, reconheceu, incidentalmente, a inconstitucionalidade de referido dispositivo legal, no julgamento do HC 111.840. Logo, de acordo com referida decisão, o regime inicial fechado não pode ser o único cabível aos condenados por crimes hediondos ou equiparados. Assim, por exemplo, se alguém for condenado por tráfico de drogas (art. 33, *caput*, da Lei 11.343/2006) à pena mínima de 5 anos de reclusão, desde que primário, poderá iniciar o cumprimento da pena em regime semiaberto;

Art. 2º, § 2º, da Lei 8.072/1990: os crimes hediondos admitem progressão de regime, o que era vedado antes da edição da Lei 11.464/2007 e do julgamento do HC 82.959-SP pelo STF. Assim, atualmente, a progressão de regime a esses crimes será admissível após o cumprimento de 2/5 da pena, se o condenado for primário, ou 3/5 da pena, se reincidente. Aos condenados por crimes hediondos e equiparados em data anterior à Lei 11.464/2007, a progressão de regime deverá ser alcançada após o cumprimento de 1/6, nos termos do art. 112 da LEP;

Art. 83, CP – Livramento condicional: para os crimes hediondos e equiparados, admite-se a concessão de livramento condicional desde que o condenado tenha cumprido mais de 2/3 da pena e desde que não seja reincidente específico (condenação irrecorrível por crime hediondo ou equiparado e, posteriormente, prática de outro crime hediondo ou equiparado. É importante frisar que os crimes não precisam ser idênticos);

Prisão temporária - Lei 7.960/1989: prazo diferenciado para crime hediondo ou equiparado, qual seja, de 30 (trinta) dias, podendo ser prorrogado por mais 30 dias, em caso de comprovada e extrema necessidade (art. 2º, § 4º, da Lei 8.072/1990).

Crimes equiparados a hediondos: **T**ráfico de drogas, **T**ortura e **T**errorismo ("**TTT**"). São chamados de equiparados ou assemelhados, pois possuem o mesmo *status* constitucional, sendo todos tratados no art. 5º, XLIII, CF.

1.5. Estabelecimento penal para crimes hediondos ou equiparados

O art. 3º da Lei 8.072/1990 diz que caberá à **União** manter estabelecimentos penais de **segurança máxima**, destinados aos condenados com alta periculosidade, quando incorrer em risco à ordem pública a permanência deles em estabelecimentos comuns.

1.6. Crime de associação criminosa especial (art. 8º, Lei 8.072/1990)

Não se trata de crime hediondo, embora estabelecido nesta lei, e a prova disso é o rol taxativo do art. 1º da Lei 8.072/1990. O art. 8º faz alusão ao crime de quadrilha (cujo *nomen juris* passou a ser o de *associação criminosa* com o advento da Lei 12.850/2013) previsto no art. 288, CP. É um crime contra a paz pública. No entanto, diversamente do CP, a Lei dos Crimes Hediondos prevê pena mais elevada se a quadrilha for formada para a prática de crimes dessa natureza (hediondos ou equiparados).

Em suma:

Associação criminosa especial art. 8º, Lei 8.072/1990	**Associação criminosa art. 288, CP**
Pena de 3 a 6 anos	Pena de 1 a 3 anos
Não cabe substituição por pena restritiva de direitos se a pena privativa de liberdade superar 4 anos	Cabe substituição de pena privativa de liberdade por restritiva de direito, desde que preenchidos os requisitos legais
Não cabe *sursis processual*	Cabe *sursis processual*

1.6.1. Delação premiada ou traição benéfica no crime de associação criminosa especial

O parágrafo único art. 8º da Lei dos Crimes Hediondos consagra uma causa especial de diminuição de pena que será concedida ao condenado que delatar os demais comparsas (membros da associação) à autoridade pública. A pena será reduzida, pois, de um terço a dois terços se preenchidos os seguintes requisitos:

a) Delação de um ou mais dos componentes da associação para a autoridade pública (Delegado, Juiz, Ministério Público);

b) A delação deverá ser voluntária (o sujeito não poderá ser forçado a delatar), mas não precisa ser espontânea;

c) É necessária, em virtude da delação, a apuração da autoria dos demais integrantes e o desmantelamento da associação. Portanto, a delação deverá ser eficaz.

A redução da pena incide quanto ao ***crime de quadrilha*** em comento (art. 8º da Lei 8.072/1990) e não com relação aos *crimes cometidos pela quadrilha*.

1.7. Causas de aumento de pena quando houver violência presumida

O art. 9º da Lei 8.072/1990 previa que, se a vítima se encontrasse em situação de **violência presumida** (art. 224, CP - revogado), a pena seria aumentada da **metade** nos seguintes casos:

a) latrocínio (art. 157, § 3º, final, CP);

b) extorsão com morte (art. 158, § 2º, CP);

c) extorsão mediante sequestro (art. 159, CP);

d) estupro (art. 213, CP); e

d) atentado violento ao pudor (art. 214, CP - foi revogado).

Tendo em vista o **art. 224, CP** (violência presumida) ter sido **revogado** pela Lei 12.015/2009 (Lei dos Crimes contra a Dignidade Sexual), tacitamente está revogado o art. 9º da Lei 8.072/1990.

O que antes se chamava de violência presumida hoje equivale à vulnerabilidade do art. 217-A, *caput* e parágrafos, CP. A doutrina majoritária e o STJ entendem que o art. 9º está **revogado tacitamente** pela já citada Lei 12.015/2009.

2. LEI DE TORTURA (LEI 9.455/1997)

2.1. Aspectos constitucionais

O art. 5º, XLIII, da CF/1988, ao fazer menção à tortura, crime que sequer era tipificado em lei, materializou-se em verdadeiro **mandado da criminalização**, visto que, repita-se, não havia regulamentação no Brasil, em 1988, de aludido crime.

Em suma, a CF diz que a lei considerará inafiançáveis e insuscetíveis de graça ou de anistia a prática de **tortura**, tráfico de drogas, terrorismo e os crimes hediondos.

O crime de tortura é considerado **equiparado** ou **assemelhado** a **hediondo**.

2.2. Previsão legal

A tipificação penal da tortura foi criada no Brasil com a edição da **Lei 9.455/1997.** No entanto, já tínhamos a previsão da tortura como crime no art. 233 do ECA, que cuidava apenas da prática de referida conduta contra crianças e adolescentes. Contudo, referido dispositivo foi revogado expressamente pela precitada Lei 9.455/1997, que passou a regulamentar por completo o tema.

2.3. Espécies de tortura

Vêm previstas no art. 1º da Lei 9.455/1997, a saber:

a) Tortura-prova: também chamada de persecutória;

b) Tortura-crime;

c) Tortura-racismo: também chamada de discriminatória;

d) Tortura-maus-tratos: também chamada de *tortura corrigendi*;

e) Tortura do preso ou de pessoa sujeita a medida de segurança;

f) Tortura imprópria;

g) Tortura qualificada;

h) Tortura majorada.

2.3.1. Regra

De forma geral, todas as espécies de tortura irão gravitar em torno de duas ideias: **sofrimento físico ou mental**.

A tortura pressupõe o núcleo do tipo *constranger*, o que será feito com o emprego de violência ou grave ameaça, causando sofrimento físico ou mental.

2.3.1.1. Tortura – prova

Também chamada de persecutória, vem prevista no art. 1º, I, "a", da Lei 9.455/1997. Neste caso, o torturador constrangerá a vítima, com emprego de violência ou grave ameaça, causando-lhe sofrimento físico ou mental, para o fim de que ela lhe preste **informação, declaração** ou **confissão**.

O **sujeito ativo** será qualquer pessoa, tratando-se de crime comum.

Dá-se a **consumação** com o sofrimento físico ou mental suportado pela vítima.

A tentativa é possível teoricamente, por ser a tortura um crime plurissubsistente, vale dizer, praticado mediante vários atos.

2.3.1.2. Tortura – crime

Vem prevista no art. 1º, I, "b", da Lei 9.455/1997. Neste caso, o torturador constrangerá a vítima, com emprego de violência ou grave ameaça, causando-lhe sofrimento físico ou mental, para que ela **pratique ação ou omissão de natureza criminosa**.

Vê-se, à evidência, que o crime praticado pela vítima somente o foi por **coação moral irresistível.** Neste caso, a vítima torturada ficará isenta de pena pelo crime praticado, respondendo o torturador (autor mediato) pelo crime por ela cometido (art. 22, CP). Assim, o agente (torturador) responderá pela tortura-crime, além do crime cometido pela vítima, em concurso material (art. 69, CP).

O **sujeito ativo** poderá ser qualquer pessoa, tratando-se, pois, de crime comum.

Alcança-se a **consumação** com o sofrimento físico ou mental suportado pela vítima.

2.3.1.3. Tortura – racismo

Também chamada de **tortura discriminatória**, vem prevista no art. 1º, I, "c", da Lei 9.455/1997. Aqui, o torturador constrangerá a vítima, com emprego de violência ou grave ameaça, causando-lhe sofrimento físico ou mental, **em razão de discriminação racial ou religiosa**.

Assim, duas são as hipóteses de discriminação tratadas no tipo penal: racial ou religiosa. Não se confunde essa espécie de tortura com os crimes de racismo previstos na Lei 7.716/1989. Confira-se:

Racismo – Lei 7.716/1989	Tortura racismo – Lei 9.455/1997
Praticado em razão de raça, cor, etnia, religião ou procedência nacional.	Praticada somente em razão de raça ou religião.
A vítima é privada de alguns direitos básicos em razão de raça, cor, etnia, religião ou procedência nacional.	A vítima é constrangida pelo torturador, sofrendo física ou mentalmente, em razão de discriminação racial ou religiosa.

Não se enquadra na tortura racismo o preconceito com relação à orientação sexual, visto que o tipo penal somente fala em "raça" ou "religião".

O **sujeito ativo** pode ser qualquer pessoa, tratando-se de crime comum.

Dá-se a **consumação** quando a vítima suporta o sofrimento físico ou mental.

2.3.1.4. Tortura – maus-tratos ou tortura corrigendi

Vem definida no art. 1º, II, da Lei 9.455/1997, consistindo em submeter alguém sob sua **guarda, poder ou autoridade**, com emprego de violência ou grave ameaça, a intenso sofrimento físico ou mental, como forma de aplicar **castigo pessoal** ou **medida de caráter preventivo**.

O sujeito passivo, nesse caso, será obrigatoriamente alguém que esteja sob a guarda, poder ou autoridade do torturador. Assim, estamos diante de crime próprio, visto que se exige uma qualidade especial do agente, qual seja, a de alguma "ascendência" sobre a vítima (guarda, poder ou autoridade).

Nessa modalidade de tortura, o objetivo do torturador é o de aplicar um **castigo pessoal** ou **medida de caráter preventivo**.

A **consumação** dá-se quando a vítima sofrer intensamente em seu aspecto físico ou mental. Trata-se de crime de dano, visto que deve haver efetiva lesão ao bem jurídico.

Difere essa espécie de tortura do crime de **maus-tratos**, previsto no art. 136, CP, visto ser este um crime de perigo, bastando a mera exposição a risco do bem jurídico. Já na tortura maus-tratos ocorre efetiva lesão ao bem jurídico (integridade física/psíquica da vítima).

2.3.1.5. Tortura do preso ou de pessoa sujeita a medida de segurança

Vem prevista no art. 1º, § 1º, da Lei 9.455/1997. Consiste em **submeter pessoa presa ou sujeita a medida de segurança** a um sofrimento físico ou mental, por meio da **prática de ato não previsto** ou **não autorizado por lei**. Assim, os atos praticados pelo torturador devem estar em *desacordo* com a lei.

O **sujeito ativo**, segundo predomina, deve ser agente público que tenha contato com o preso ou com a pessoa que está cumprindo medida de segurança, tratando-se, pois, de **crime próprio**.

O **sujeito passivo** será:

✓ **Preso**: provisório ou definitivo;

✓ **Pessoa submetida à medida de segurança**: inimputáveis ou semi-imputáveis com periculosidade.

2.3.1.6. Tortura imprópria

Vem prevista no art. 1º, § 2º, da Lei 9.455/1997. Consiste no ato daquele que se **omite** em face destas condutas (todas as espécies de tortura descritas), desde que tenha o **dever de evitá-las** ou de **apurá-las**.

O agente, tecnicamente, não praticou uma conduta típica de tortura, apenas se omitiu diante de seu dever de apurar ou de evitar referido crime, tendo este sido praticada por outrem.

Diversamente das demais espécies de tortura, a ora estudada é punida com detenção de um a quatro anos, motivo pelo qual sequer o regime inicial fechado será imposto ao agente. Por essa razão, entende-se, também, que o crime em questão **não é equiparado a hediondo**.

O **sujeito ativo** é aquele que tiver o **dever de evitar** ou o **dever de apurar** a tortura. Assim, será, em regra, o **funcionário público**.

Como estamos diante de um **crime omissivo,** não se admite tentativa.

2.3.1.7. Tortura qualificada

Vem prevista no art. 1º, § 3º, da Lei 9.455/1997.

A tortura será **qualificada**:

a) pela lesão corporal grave/gravíssima (art. 129, § 1º e § 2º, CP); ou

b) pela morte.

Em ambas as situações, estaremos diante de um **crime preterdoloso** (dolo na prática da tortura e culpa quanto ao resultado agravador – lesão corporal grave, gravíssima ou morte).

Não se confunde a tortura qualificada pela morte com o homicídio qualificado pela tortura, sendo esta um meio de execução utilizado para matar a vítima. Vejamos:

Homicídio qualificado pela tortura	Tortura qualificada pela morte
Pena de 12 a 30 anos	Pena de 8 a 16 anos.
Dolo de matar, ou seja, ânimo homicida.	Dolo de torturar, ou seja, causar sofrimento físico ou mental.
Resultado morte decorre de dolo.	Resultado morte decorre de culpa.
Tortura é um meio de execução.	A tortura é um fim em si mesma.
____________	Se o agente tortura e mata com dolo, ele responderá pelos dois crimes.
Julgado pelo Tribunal do Júri.	Julgado pela Justiça Comum.

2.3.1.8. Tortura majorada

Vem prevista no art. 1º, § 4º, da Lei 9.455/1997. Trata-se de causa obrigatória de aumento de pena (1/6 a 1/3), incidente nas seguintes situações:

a) Se o torturador for agente público;

b) Se a vítima for criança, adolescente, idoso, gestante ou deficiente físico/mental;

c) Se a tortura for praticada mediante sequestro. O sequestro não será crime autônomo, ele será enquadrado como majorante da pena.

2.3.2. Efeitos da condenação

Conforme reza o art. 1º, § 5º, da Lei 9.455/1997, a condenação pelo crime de tortura imporá ao agente a perda do cargo, função ou emprego público, bem como a interdição para seu exercício pelo dobro do prazo da pena aplicada.

Trata-se, é bom que se diga, de efeito obrigatório da condenação, que se subdivide em:

a) Direto: perda do cargo, emprego ou função;

b) Indireto: interdição de direitos, ou seja, a impossibilidade de ocupação de cargo, emprego, função, pelo dobro do prazo da pena aplicada.

Este efeito é automático, também chamado pela doutrina de não específico, não exigindo, pois, fundamentação específica em sentença.

2.3.3. Aspectos penais e processuais penais

De acordo com o art. 1º, § 6º, da Lei 9.455/1997, são inadmissíveis para os crimes de tortura a concessão de **fiança**, **graça** e **anistia**. Trata-se de mera repetição do quanto consta no art. 5º, XLIII, CF.

Muito embora a lei não vede o **indulto**, a concessão deste não é permitida de acordo com a jurisprudência majoritária.

Embora não se admita a concessão de liberdade provisória com fiança (crimes inafiançáveis), admissível pensar-se em deferimento de **liberdade provisória sem fiança**, desde que ausentes os requisitos autorizadores da prisão preventiva. Afinal, não se pode admitir prisão cautelar obrigatória no Brasil, sob pena de ofensa ao princípio constitucional da presunção de inocência (ou não culpabilidade).

Quanto ao **regime inicial de cumprimento de pena**, este será o fechado, exceto para a tortura imprópria. Admite-se, pois, progressão de regime penitenciário, desde que preenchidos os requisitos legais, seguindo-se, para tanto, as mesmas regras aplicáveis aos crimes hediondos (lembre-se: a tortura é crime equiparado a hediondo!).

Considerando que a tortura é crime equiparado a hediondo, entendemos, de todo, aplicável a decisão do STF acerca da **inconstitucionalidade do regime inicial fechado obrigatório** (**HC 111.840**). Logo, mesmo para um torturador, será cabível, desde que preenchidos os requisitos legais, regime inicial semiaberto ou até aberto, a depender da quantidade de pena imposta.

No tocante ao **livramento condicional**, seguiremos o mesmo regramento para os crimes hediondos, vale dizer, admite-se a concessão do benefício em comento, desde que cumpridos mais de 2/3 da pena e desde que o réu não seja reincidente específico.

3. LEI DE DROGAS (LEI 11.343/2006)

3.1. Previsão legal

Os crimes envolvendo drogas vêm previstos na Lei 11.343/2006, que revogou expressamente a antiga "Lei de Tóxicos" (Lei 6.368/1976).

3.2. Questão terminológica

Embora a expressão possa parecer "chula", o adequado é que se fale em *droga*, e não mais *substâncias entorpecentes*, tal como previsto na legislação revogada.

3.2.1. Conceito de drogas

Droga é toda **substância capaz de causar dependência**, assim reconhecida em **lei ou listas atualizadas** pelo Executivo Federal (art. 1º, parágrafo único, Lei 11.343/2006).

Hoje, para buscarmos quais são as substâncias consideradas "drogas", devemos analisar o quanto se contém na **Portaria 344/1998 da SVS/MS** (Superintendência de Vigilância Sanitária do Ministério da Saúde). Esta portaria traz uma lista de substâncias entorpecentes, o que equivale às drogas. Trata-se de um ato infralegal, motivo pelo qual, toda vez que a lei mencionar a expressão "drogas", estaremos diante de uma **norma penal em branco em sentido estrito ou heterogêneo**, visto que o ato complementar (portaria) é de hierarquia diversa da norma complementada (lei ordinária federal).

3.3. Principais crimes da Lei de Drogas

3.3.1. *Art. 28 – posse ilegal de droga para consumo pessoal*

Primeiramente, é bom que se diga que o **uso** de droga é **fato atípico**, visto que o art. 28 não contempla a conduta de "usar ou fazer uso". Ainda que assim não fosse, a não criminalização do uso de drogas decorre do **princípio da alteridade**, segundo o qual o direito penal somente pode proteger condutas direcionadas à lesão de direitos alheios, no caso, à saúde pública (o crime em estudo viola a **saúde pública**).

Destarte, quem usa droga, trazendo-a consigo, não responderá propriamente pelo uso, mas sim pelo **porte**.

3.3.1.1. Condutas típicas

São as seguintes:

a) adquirir;

b) guardar;

c) ter em depósito;

d) transportar; ou

e) trazer consigo.

Estamos diante de um **tipo misto alternativo** ou, ainda, um **crime de ação múltipla**.

3.3.1.2. Objeto material do crime

É a **droga**, assim considerada com base na **Portaria 344/1998** da SVS/MS.

3.3.1.3. Penas

Diversamente do que acontece com todos os demais crimes, o delito de porte de drogas para consumo pessoal, fugindo à regra, estabelece **penas não privativas de liberdade**, já de forma abstrata, motivo pelo qual, em um primeiro momento, chegou-se a discutir sobre a eventual descriminalização das condutas típicas estudadas.

Temos, portanto, as **seguintes penas** cominadas ao art. 28:

a) Advertência sobre os efeitos da droga;

b) Prestação de serviços à comunidade; e

c) Medida educativa de comparecimento a programa ou curso educativo.

As penas poderão ser **alternativa** ou **cumulativamente** impostas. Poderá, pois, o juiz, aplicar as três penalidades cumulativamente, de acordo com o caso concreto.

Pacificou-se na jurisprudência o entendimento de que o crime em questão sofreu apenas uma **despenalização** ou **descarcerização** (redução da resposta penal diante da prática da infração). Não há que se falar, portanto, em descriminalização.

3.3.1.4. Tipo subjetivo

É o **dolo**, sem prejuízo do **especial fim de agir do agente** ("dolo específico"), qual seja, praticar uma das condutas típicas "para consumo pessoal".

3.3.1.5. Figura equiparada (art. 28, § 1º)

Equipara-se ao art. 28, *caput*, submetendo-se às mesmas penas, aquela pessoa que **semear**, **cultivar** ou **colher** plantas destinadas ao preparo de **pequena quantidade de drogas** para consumo pessoal.

A expressão "pequena quantidade de drogas" é o **elemento normativo** do tipo, exigindo-se uma valoração diante do caso concreto.

3.3.1.6. Prazo de duração das medidas coercitivas

No caso de imposição de pena alternativa de prestação de serviços à comunidade ou determinação de comparecimento a programas educativos, o período máximo de duração será de **até 5 meses**.

Impõe salientar que **não caberá privação de liberdade** pelo descumprimento das penas restritivas de direitos impostas pelo juiz na sentença. Em caso de descumprimento, duas são as medidas coercitivas:

a) Admoestação verbal;

b) Multa destinada ao Fundo Nacional Antidrogas.

Se o agente não comparecer em juízo para se submeter à admoestação verbal, será aplicada a multa, sucessivamente.

3.3.1.7. Reincidência no art. 28

Em caso de o réu ser reincidente específico (condenações pelo crime de porte de drogas para consumo pessoal), as penas restritivas de direitos poderão ser impostas pelo prazo de **até 10 meses** (art. 28, § 4º).

3.3.1.8. Prisão em flagrante

Não se imporá a prisão em flagrante do usuário para o crime do art. 28, consoante determina o art. 48, § 2º, da Lei 11.343/2006. A Lei de Drogas veda a chamada **prisão-lavratura**, que é a materialização de uma prisão em flagrante no respectivo auto. No entanto, a denominada prisão-captura é perfeitamente cabível, a fim de que o agente delitivo seja conduzido coercitivamente à Delegacia de Polícia, fazendo, com isso, cessar a atividade criminosa.

Aplicar-se-á ao art. 28 da Lei de Drogas o disposto na Lei 9.099/1995 (Lei dos Juizados Especiais Criminais), motivo pelo qual o crime em questão é considerado de **menor potencial ofensivo**.

3.3.1.9. Prescrição do crime do art. 28

Consoante reza o art. 30 da Lei 11.343/2006, o Estado perderá o direito de punir ou de executar a pena após o decurso de **2 (dois) anos**. Trata-se de regra especial, que prevalece sobre o art. 109 do CP (tabela do prazo prescricional).

3.3.2. *Art. 33 – Tráfico de drogas*

3.3.2.1. Condutas típicas

O art. 33, *caput*, da Lei 11.343/2006, consubstancia-se em tipo misto alternativo ou crime de ação múltipla, visto que formado por 18 (dezoito) verbos, a saber: *importar, exportar, remeter, preparar, produzir, fabricar, adquirir, vender, expor à venda, oferecer, ter em depósito, transportar, trazer consigo, guardar, prescrever, ministrar, entregar a consumo ou fornecer.*

Importante anotar o teor da Súmula 528 do STJ, editada em 2015: "Compete ao juiz federal do local da apreensão da droga remetida do exterior pela via postal processar e julgar o crime de tráfico internacional".

3.3.2.2. Objeto material do crime

O objeto material é a droga, assim definida pela Portaria 344/1998 da SVS/MS.

Será que a quantidade de droga apreendida influencia na dosimetria da pena? Confira-se a posição do STF:

Dosimetria e quantidade de droga apreendida

"A 2ª Turma, em julgamento conjunto de habeas corpus e recurso ordinário em habeas corpus, reafirmou orientação no sentido de que a quantidade de substância ilegal entorpecente apreendida deve ser sopesada na primeira fase de individualização da pena, nos termos do art. 42 da Lei 11.343/2006, sendo impróprio invocá-la por ocasião da escolha do fator de redução previsto no § 4º do art. 33 da mesma lei, sob pena de bis in idem. Com base nesse entendimento, determinou-se a devolução dos autos para que as instâncias de origem procedam a nova individualização da pena, atentando-se para a adequada motivação do fator reducional oriundo da causa especial de diminuição". HC 108513/RS, rel. Min. Gilmar Mendes, 23.8.2011. (HC-108513) RHC 107857/DF, rel. Min. Gilmar Mendes, 23.8.2011. (RHC-107857) (**Inform**. STF 637)

3.3.2.3. Tipo subjetivo

É o **dolo**. Contudo, é necessário que a intenção do traficante seja a de **"entregar" a droga a consumo de terceiros**, diversamente do que ocorre com o art. 28 da Lei 11.343/2006, em que a intenção do agente é a de consumir a droga.

3.3.2.4. Consumação e tentativa

Pelo fato de o art. 33 trazer dezoito verbos no tipo, alguns deles são considerados **crimes instantâneos**, consumando-se com a só prática da conduta (ex.: importar, exportar, adquirir...). Já outras modalidades de tráfico são consideradas **permanentes**, motivo pelo qual a consumação se protrairá no tempo (ex.: expor à venda, ter em depósito, trazer consigo, guardar...).

Em tese, é admissível a **tentativa**, embora esta seja difícil, visto que, pelo fato de o crime ser de ação múltipla, provavelmente a infração já estará consumada.

3.3.2.5. Art. 33, § 3º – Cedente eventual

A doutrina vem chamando de **cedente eventual** a pessoa que oferecer droga eventualmente, sem objetivo de lucro, a pessoa de seu relacionamento, para juntos a consumirem. Trata-se de um tráfico privilegiado, visto que a pena é bastante menor do que a cominada para o tráfico previsto no *caput* do art. 33.

São **requisitos** para configuração do crime em questão:

✓ oferecer droga;

✓ caráter eventual;

✓ sem objetivo de lucro;

✓ a pessoa de seu relacionamento;

✓ para juntos a consumirem.

Neste caso, a pena será de 6 (seis) meses a 1 (um) ano de detenção, sem prejuízo das penas do art. 28.

Por ser punido com detenção, o crime é afiançável.

Trata-se, finalmente, de crime de **menor potencial ofensivo**. Em virtude de a pena máxima ser de (um) 1 ano, aplica-se a Lei 9.099/1995.

3.3.2.6. Art. 33, § 4º – Causa de diminuição de pena

Se preenchidos os requisitos abaixo, de forma cumulativa, o agente terá a pena reduzida de 1/6 (um sexto) a 2/3 (dois terços):

✓ o agente primário;

✓ de bons antecedentes;

✓ que não integre facção criminosa; e

✓ que não se dedique a atividades criminosas.

Trata-se do "traficante de primeira viagem".

A causa de diminuição de pena em comento não era prevista na antiga Lei de Tóxicos. Daí ser considerada *lex mitior* ou *novatio legis in mellius* – lei nova benéfica.

Por ser benéfica, deve ter **efeitos retroativos**. Assim, se o sujeito já estiver cumprindo pena, advindo lei nova benéfica, deverá esta retroagir para beneficiá-lo.

A **questão** que se coloca, contudo, é a seguinte:

✓ **Lei antiga:** a pena do tráfico de drogas variava de 3 (três) a 15 (quinze) anos. Não havia causa de diminuição de pena;

✓ **Lei nova**: a pena do tráfico varia de 5 (cinco) a 15 (quinze) anos. Há causa de diminuição de pena (art. 33, § 4º);

Questão: esta causa de diminuição de pena (1/6 a 2/3) deverá retroagir e incidir sobre qual pena, caso o agente tenha praticado tráfico de drogas sob a égide da lei anterior? De 3 a 15 anos (pena antiga) ou de 5 a 15 anos (pena nova)?

R.: existem **dois posicionamentos**. São eles:

a) Primeira posição: a diminuição deverá incidir sobre a pena antiga, já que o traficante respondeu sob a égide da lei anterior. Esta posição adota aquilo que o STF, historicamente, sempre repudiou, qual seja, a combinação de leis penais no tempo;

b) Segunda posição: a diminuição incidirá sobre a pena nova. De acordo com esta posição, não é possível combinação de leis penais, pois violaria a tripartição de Poderes (o Judiciário estaria legislando).

Tanto o STF, quanto o STJ, proferiram decisões nos dois sentidos.

Em notícia extraída do sítio eletrônico desta última Corte, vê-se que a sua 3ª Seção pôs fim à celeuma instaurada desde a edição da Lei 11.343/2006 no que tange à possibilidade – ou não – de combinação de leis no tempo. Confira-se:

"No STJ, a Sexta Turma entendia ser possível a combinação de leis a fim de beneficiar o réu, como ocorreu no julgamento do HC 102.544. Ao unificar o entendimento das duas Turmas penais, entretanto, prevaleceu na Terceira Seção o juízo de que não podem ser mesclados dispositivos mais favoráveis da lei nova com os da lei antiga, pois ao fazer isso o julgador estaria formando uma terceira norma.

A tese consolidada é de que a lei pode retroagir, mas apenas se puder ser aplicada na íntegra. Dessa forma, explicou o Ministro Napoleão Nunes Maia Filho no HC 86.797, caberá ao "magistrado singular, ao juiz da vara de execuções criminais ou ao tribunal estadual decidir, diante do caso concreto, aquilo que for melhor ao acusado ou sentenciado, sem a possibilidade, todavia, de combinação de normas".

O projeto de súmula foi encaminhado pela Min. Laurita Vaz e a redação oficial do dispositivo ficou com o seguinte teor: "É cabível a aplicação retroativa da Lei 11.343, desde que o resultado da incidência das suas disposições, na íntegra, seja mais favorável ao réu do que o advindo da aplicação da Lei n. 6.368, sendo vedada a combinação de leis". (http://www.stj.jus.br/portal_stj/publicacao/engine.wsp?tmp.area=398&tmp.texto=111943 – acesso em 06.11.2013).

Destarte, com a edição da Súmula 501 do STJ, consolidou-se o entendimento segundo o qual é inadmissível a combinação de leis penais no tempo: *"É cabível a aplicação retroativa da Lei 11.343, desde que o resultado da incidência das suas disposições, na íntegra, seja mais favorável ao réu do que o advindo da aplicação da Lei 6.368, sendo vedada a combinação de leis".*

Por fim, importantíssimo registrar que era entendimento do STJ que a verificação, em caso concreto, da causa de diminuição de pena em comento (art. 33, § 4º, da Lei de Drogas), não afastava a hediondez do crime em testilha (tráfico privilegiado). Nesse sentido, a Súmula 512 do STJ, aprovada em junho de 2014: "*A aplicação da causa de diminuição de pena prevista no art. 33, § 4º, da Lei 11.343/2006 não afasta a hediondez do crime de tráfico de drogas*".

Contudo, referida Corte, por meio de sua 3ª Seção, ao julgar a Pet 11.796, alinhando-se ao entendimento do STF, decidiu cancelar a Súmula 512. Em outras palavras, STJ e STF comungam do mesmo entendimento, vale dizer, de que o tráfico de drogas privilegiado não é crime equiparado a hediondo.

3.3.2.7. Vedações penais e processuais ao tráfico

De acordo com o art. 44 da Lei 11.343/2006, os crimes previstos nos arts. 33, *caput* e § 1º, 34 a 37, são:

a) Inafiançáveis;

b) Insuscetíveis de *sursis*, graça, indulto e anistia;

c) Insuscetível de liberdade provisória;

d) Impassíveis de conversão das penas privativas de liberdade por restritivas de direitos.

Tanto com relação à liberdade provisória, quanto com relação à impossibilidade de conversão de PPL por PRD para tráfico de drogas, o STF, em controle difuso (HC 97.256), reconheceu a inconstitucionalidade das vedações. Não se trata de posicionamento pacífico, mas, pelo menos, existe um norte de nossa mais alta Corte: a vedação abstrata de benefícios penais e processuais afronta a presunção de inocência e a razoabilidade.

Acerca da vedação à conversão de pena privativa de liberdade em restritiva de direitos, confira-se abaixo a posição da Suprema Corte:

> ***Tráfico de drogas: "sursis" e substituição de pena por restritiva de direitos***
>
> "A 1ª Turma julgou prejudicado *habeas corpus* em que condenado à reprimenda de 1 ano e 8 meses de reclusão em regime fechado e 166 dias-multa, pela prática do crime de tráfico ilícito de entorpecentes (Lei 11.343/2006, art. 33), pleiteava a suspensão condicional da pena nos termos em que concedida pelo Tribunal de Justiça estadual. Em seguida, deferiu, de ofício, a ordem para reconhecer a possibilidade de o juiz competente substituir a pena privativa de liberdade por restritiva de direitos, desde que preenchidos os requisitos objetivos e subjetivos previstos na lei. A impetração questionava acórdão que, em 09.03.2010, ao dar provimento a recurso especial do *parquet*, não admitira o *sursis*, em virtude de expressa vedação legal. Consignou-se que, ao julgar o HC 97256/RS (*DJe* de 16.12.2010), o Supremo concluíra, em 01.09.2010, pela inconstitucionalidade dos arts. 33, § 4º; e 44, *caput*, da Lei 11.343/2006, ambos na parte em que vedavam a substituição da pena privativa de liberdade por restritiva de direitos em condenação pelo delito em apreço. Asseverou-se, portanto, estar superado este impedimento. Salientou-se que a convolação da reprimenda por restritiva de direitos seria mais favorável ao paciente. Ademais, observou-se que o art. 77, III, do CP estabelece a aplicabilidade de suspensão condicional da pena quando não indicada ou cabível a sua substituição por restritiva de direitos (CP, art. 44)". HC 104361/RJ, rel. Min. Cármen Lúcia, 30.05.2011. (HC-104361) (Inform. STF 625).

Quanto à vedação de *sursis*, contraditoriamente, a 1ª Turma do STF, que, como visto acima, reconheceu a inconstitucionalidade da vedação abstrata à conversão de pena privativa de liberdade por restritivas de direitos, negou a possibilidade, por maioria de votos, de concessão de referido benefício. Veja a seguir:

> ***Tráfico ilícito de entorpecentes e suspensão condicional da pena***
>
> "A 1ª Turma iniciou julgamento de *habeas corpus* em que se pleiteia a suspensão condicional da pena a condenado pela prática do crime de tráfico ilícito de entorpecentes (Lei 11.343/2006, art. 33). O Min. Marco Aurélio, relator, denegou a ordem. Reputou não se poder cogitar do benefício devido à vedação expressa contida no art. 44 do referido diploma (*'Os crimes previstos nos arts. 33, caput e § 1º, e 34 a 37 desta Lei são inafiançáveis e insuscetíveis de sursis, graça, indulto, anistia e liberdade provisória, vedada a conversão de suas penas em restritivas de direitos'*), que estaria em harmonia com a Lei 8.072/1990 e com a Constituição, em seu art. 5º, XLIII (*"a lei considerará crimes inafiançáveis e insuscetíveis de graça ou anistia a prática da tortura, o tráfico ilícito de entorpecentes e drogas afins, o terrorismo e os definidos como crimes hediondos, por eles respondendo os mandantes, os executores e os que, podendo evitá-los, se omitirem"*). Após, pediu vista o Min. Dias Toffoli". HC 101919/MG, rel. Min. Marco Aurélio, 26.04.2011. (HC-101919) (Inform. STF 624)
>
> ***Tráfico ilícito de entorpecentes e suspensão condicional da pena – 2***
>
> "Em conclusão de julgamento, a 1ª Turma denegou, por maioria, *habeas corpus* em que se pleiteava a suspensão condicional da pena a condenado pela prática do crime de tráfico ilícito de entorpecentes (Lei 11.343/2006, art. 33) – v. Informativo 624. Reputou-se não se poder cogitar do benefício devido à vedação expressa contida no art. 44 do referido diploma (*"Os crimes previstos nos arts. 33, caput e § 1º, e 34 a 37 desta Lei são inafiançáveis e insuscetíveis de sursis, graça, indulto, anistia e liberdade provisória, vedada a conversão de suas penas em restritivas de direitos"*), que estaria em harmonia com a Lei 8.072/1990 e com a Constituição, em seu art. 5º, XLIII (*"a lei considerará crimes inafiançáveis e insuscetíveis de graça ou anistia a prática da tortura, o tráfico ilícito de entorpecentes e drogas afins, o terrorismo e os definidos como crimes hediondos, por eles respondendo os mandantes, os executores e os que, podendo evitá-los, se omitirem"*). Vencido o Min. Dias Toffoli, que deferia a ordem ao aplicar o mesmo entendimento fixado pelo Plenário, que declarara incidentalmente a inconstitucionalidade do óbice da substituição da pena privativa de liberdade por restritiva de direito em crime de tráfico ilícito de droga". HC 101919/MG, rel. Min. Marco Aurélio, 06.09.2011. (HC-101919) (Inform. STF 639)

Por fim, importantíssimo registrar que a 3ª Seção do STJ, acompanhando a posição do STF, para o qual o tráfico privilegiado não pode ser considerado hediondo, sob pena de ofensa à proporcionalidade (HC 118.533/MS, Rel. Min. Cármen Lúcia, j. 23.06.2016), revisou seu anterior entendimento e cancelou a Súmula 512, aprovada em junho de 2014, que trazia a seguinte redação: "A aplicação da causa de diminuição de pena prevista no art. 33, § 4º, da Lei 11.343/2006 não afasta a hediondez do crime de tráfico de drogas".

4. ESTATUTO DO DESARMAMENTO (LEI 10.826/2003)

4.1. Evolução legislativa

Inicialmente, o porte ilegal de arma era considerado contravenção penal, prevista no art. 19 da Lei de Contravenções Penais (Decreto-lei 3.688/1941). Com o tempo, o porte ilegal de arma passou a ser considerado crime, após a edição da Lei 9.437/1997. Hoje, o porte ilegal de armas continua sendo crime, regido, porém, pelo Estatuto do Desarmamento (Lei 10.826/2003).

4.2. Objetos materiais do Estatuto do Desarmamento

Os tipos penais previstos no Estatuto do Desarmamento (arts. 12 a 18) trazem, basicamente, os seguintes objetos materiais:

a) arma de fogo;

b) munição; e

c) acessórios.

Os **Decretos Federais 3.665/2000 e 5.123/2004** auxiliam-nos para o estudo dos conceitos sobre arma de fogo, munição e acessórios, motivo pelo qual os crimes do Estatuto do Desarmamento podem ser considerados **normas penais em branco**.

Para os fins do presente trabalho, precisamos saber o quanto segue:

a) Armas de fogo, munições ou acessórios de **uso permitido**: são controlados pelo **SINARM (Sistema Nacional de Armas)**, gerido pela Polícia Federal;

b) Armas de fogo, munições e acessórios de uso **restrito**: são controlados pelo **Comando do Exército**.

4.3. Crimes em espécie (arts. 12 a 18)

✓ Art. 12 – posse irregular de arma de fogo, munição e acessório de uso permitido;

✓ Art. 13 – omissão de cautela;

✓ Art. 14 – porte ilegal de arma de fogo, munição e acessório de uso permitido;

✓ Art. 15 – disparo de arma de fogo;

✓ Art. 16 – posse ou porte ilegal de arma de fogo, munição e acessório de uso restrito ou proibido;

✓ Art. 17 – comércio ilegal de arma de fogo, munição e acessório;

✓ Art. 18 – tráfico internacional de arma de fogo, munição e acessório.

4.3.1. Art. 12: posse irregular de arma de fogo, munição e acessório de uso permitido

✓ **Conduta típica:** *possuir* ou *manter* sob sua guarda;

✓ **Objetos materiais**: arma de fogo, munição e acessório de uso permitido;

✓ **Elemento normativo do tipo**: *sem autorização ou em desacordo com determinação legal ou regulamentar*;

✓ **Elementos modais**: *interior da residência ou dependências ou no local do trabalho;*

✓ **Sujeito ativo**: se a arma de fogo, munição e acessório for encontrado na **residência**, o sujeito ativo será o legítimo possuidor ou proprietário. Se a arma de fogo, munição e acessório for localizado no **local de trabalho**, é necessário que o sujeito ativo seja o responsável legal ou titular do estabelecimento. Estranhos que estejam na residência ou no local do trabalho responderão por crime mais grave, e não pelo art. 12. O Estatuto do Desarmamento autoriza que pessoas possuam armas de **uso permitido** ou em sua residência ou em seu local de trabalho, desde que preenchidos alguns requisitos (art. 4º).

No tocante a alguém poder possuir a arma de fogo, munição ou acessório de uso permitido no local de trabalho, somente poderá ter autorização o responsável legal ou titular da empresa.

O certificado do registro permite a posse e não o porte da arma de fogo, munição e acessório.

A posse se torna ilegal quando estiver dentro da casa ou local do trabalho arma de fogo, munição e acessório sem autorização.

Importante registrar a posição jurisprudencial acerca da posse de munição de uso permitido e de uso proibido em um mesmo contexto fático (STJ):

> **CRIME ÚNICO. GUARDA. MUNIÇÃO.**
>
> "O crime de manter sob a guarda munição de uso permitido e de uso proibido caracteriza-se como crime único, quando houver unicidade de contexto, porque há uma única ação, com lesão de um único bem jurídico, a segurança coletiva, e não concurso formal, como entendeu o tribunal estadual". Precedente citado: HC 106.233-SP, *DJe* 03.08.2009. HC 148.349-SP, Rel. Min. Maria Thereza de Assis Moura, julgado em 22.11.2011. (Inform. STJ 488)

Entendemos que, no caso acima, deverá o agente ser condenado pela posse de munição de uso restrito, considerado crime mais grave.

4.3.2. Art. 13 – omissão de cautela

✓ **Conduta típica:** deixar de observar as cautelas necessárias para impedir que menores de dezoito anos ou pessoas portadoras de deficiência mental se apoderem de arma de fogo;

✓ **Crime omissivo próprio**: trata-se de crime omissivo, que se aperfeiçoa pela prática de uma conduta negativa (deixar de observar...). Não se admite tentativa;

✓ **Crime culposo:** de acordo com a doutrina, trata-se de crime culposo, visto que a expressão "deixar de observar as **cautelas necessárias**" denota negligência, que é modalidade de culpa. Inadmissível a tentativa por estarmos diante de crime culposo;

✓ **Consumação:** no momento que houver o efetivo apoderamento da arma de fogo;

✓ **Objeto material:** somente arma de fogo. O tipo penal não menciona os acessórios e as munições. Qualquer que seja a arma de fogo o crime estará configurado, tendo em vista a omissão do legislador em dizer se a arma seria de uso permitido, restrito ou proibido.

4.3.2.1. Figura equiparada à omissão de cautela – art. 13, parágrafo único

Caso o dono ou responsável legal por empresa de segurança de transporte de valores tome conhecimento da perda, furto, roubo ou, de maneira geral, extravio de arma de fogo, munição e acessório, deverá registrar a ocorrência e comunicar à Polícia Federal.

Se aludidas providências não forem tomadas no prazo de 24 horas, o dono ou responsável legal por empresa de segurança e transporte de valores responderá pelas mesmas penas do *caput* do art. 13.

Em suma:

✓ **Sujeito ativo**: dono ou responsável legal por empresa de segurança e transporte de valores. Trata-se de crime próprio;

✓ **Crime omissivo próprio**: a conduta típica decorre de uma omissão do agente em comunicar o fato à Polícia Federal e registrar a ocorrência;

✓ **Objeto material**: arma de fogo, munição e acessório de uso permitido, restrito ou proibido;

✓ **Consumação**: após 24 horas da ciência do fato pelo dono ou responsável legal por empresa de segurança e transporte de valores. É doutrinariamente chamado de crime a prazo.

4.3.3. Art. 14 – porte ilegal de arma de fogo, munição e acessório de uso permitido

✓ **Condutas típicas**: portar, deter, adquirir, fornecer, receber, ter em depósito, transportar, ceder, ainda que gratuitamente, emprestar, remeter, empregar, manter sob guarda ou ocultar arma de fogo, acessório ou munição, de uso permitido, sem autorização e em desacordo com determinação legal ou regulamentar. Trata-se de crime de ação múltipla ou tipo misto alternativo.

✓ Não se confunde com o crime do art. 12 do Estatuto do Desarmamento, pois naquele caso o agente possui ou mantém em sua residência ou local de trabalho (intramuros), irregularmente, arma de fogo, acessório ou munição de uso permitido. No crime ora estudado, referidos objetos encontram-se fora da residência ou local de trabalho (extramuros);

✓ **Objetos materiais**: arma de fogo, acessório ou munição, todos de uso permitido;

✓ **Sujeito ativo**: é crime comum, qualquer pessoa pode cometer;

✓ **Sujeito passivo**: é a coletividade, a Segurança Pública.

Acerca da discussão se o porte de arma desmuniciada constitui ou não o crime em comento, predomina no STF o posicionamento de que estamos diante de **crime de mera conduta** e de **perigo abstrato**, pouco importando se arma está sem munição.

No entanto, para o Exame da OAB, trazemos abaixo a posição que poderia ser adotada, especial e principalmente em na fase escrita:

ARMA DESMUNICIADA. USO PERMITDO. ATIPICIDADE.

"Conforme o juízo de primeiro grau, a paciente foi presa em flagrante quando trazia consigo uma arma de fogo calibre 22 desmuniciada que, periciada, demonstrou estar apta a realizar disparos. Assim, a Turma, ao prosseguir o julgamento, por maioria, concedeu a ordem com base no art. 386, III, do CPP e absolveu a paciente em relação à acusação que lhe é dirigida por porte ilegal de arma de fogo de uso permitido, por entender que o fato de a arma de fogo estar desmuniciada afasta a tipicidade da conduta, conforme reiterada jurisprudência da Sexta Turma". Precedentes citados do STF: RHC 81.057-SP, *DJ* 29.04.2005; HC 99.449-MG, *DJe* 11.02.2010; do STJ: HC 76.998-MS, *DJe* 22.02.2010, e HC 70.544-RJ, *DJe* 03.08.2009. HC 124.907-MG, Rel. Min. Og Fernandes, julgado em 06.09.2011. (Inform. STJ 482)

4.3.3.1. Art. 14, parágrafo único – inafiançabilidade

De acordo com o dispositivo legal em comento, o crime previsto no *caput* é **inafiançável**, salvo se a arma estiver registrada em nome do agente. Todavia, no julgamento da ADI 3.112, o STF declarou a inconstitucionalidade do dispositivo. Portanto, o crime em questão **admite a concessão de fiança**.

4.3.4. Art. 15 – disparo de arma de fogo

✓ **Condutas típicas**: *disparar* arma de fogo ou *acionar* munição (não necessita da arma de fogo);

✓ **Objeto material**: não se faz distinção se a arma ou munição são de uso permitido, restrito e proibido;

✓ **Locais do disparo ou acionamento da munição**: lugar habitado ou em suas adjacências, em via pública ou em direção a ela. São chamados de *elementos modais do tipo* estes locais.

Assim, se o disparo ocorrer em local ermo, não se configura o crime do art. 15;

✓ **Crime subsidiário expresso**: somente se configura este crime se o disparo ou acionamento da munição não forem efetuados com a finalidade da prática de outro crime;

✓ **Concurso de crimes**: vários disparos no mesmo contexto = crime único, com a diferença de que a pena poderá ser aumentada. Vários disparos em contextos distintos haverá concurso de crimes.

4.3.4.1. Art. 15, parágrafo único – inafiançabilidade

De acordo com o dispositivo legal em comento, o crime previsto no *caput* é inafiançável. Todavia, no julgamento da ADI 3.112, o STF declarou a inconstitucionalidade do dispositivo. Portanto, o crime em questão **admite a concessão de fiança**.

4.3.5. Art. 16 – posse ou porte ilegal de arma de fogo, munição e acessório de uso restrito

✓ **Condutas típicas**: possuir, deter, portar, adquirir, fornecer, receber, ter em depósito, transportar, ceder, ainda que gratuitamente, emprestar, remeter, empregar, manter sob sua guarda ou ocultar arma de fogo, acessório ou munição de uso proibido ou restrito, sem autorização e em desacordo com determinação legal ou regulamentar;

✓ **Objetos materiais**: arma de fogo, munição e acessórios de uso restrito ou proibido;

✓ **Elementos normativos**: as condutas devem ser praticadas *sem autorização e em desacordo com determinação legal ou regulamentar* (registro/porte);

✓ **Quem controla as armas de uso restrito e proibido?** R.: é o Comando do Exército.

4.3.5.1. Figuras equiparadas – art. 16, parágrafo único, IV

✓ **Condutas típicas**: portar, possuir, adquirir, transportar ou fornecer arma de fogo com *numeração, marca ou qualquer outro sinal de identificação raspado, suprimido ou adulterado;*

✓ **Questões polêmicas a respeito deste crime:**

1. Arma de uso permitido obliterada (adulterada), estando *no interior de residência ou local de trabalho,* configura o crime do art. 16, parágrafo único, IV. Importa saber apenas que a arma está obliterada;

2. Portar arma de uso permitido obliterada configura o crime do art. 16. Não importa se a arma for de uso permitido, o que prevalece é a obliteração.

Importante ressaltar, a respeito do crime em comento, entendimento jurisprudencial do STJ que se consolidou acerca da data para considerar como crime a posse de arma de uso permitido com identificação raspada. Com efeito, quando da edição do Estatuto de Desarmamento, fixou-se o prazo de 180 dias, a partir da publicação da lei, para registro dessas armas "irregulares". Porém, os prazos foram prorrogados diversas vezes por leis posteriores. Assim, a 3ª Seção do STJ, após muita discussão em referida Corte, e nos Tribunais Estaduais, estabeleceu qual o prazo final da abolição criminal temporária (*abolitio criminis temporalis*) para o crime de posse de armas sem identificação e sem registro.

Em julgamento de recurso especial repetitivo, a referida Seção decidiu que é crime a posse de arma de fogo de uso permitido com numeração, marca ou qualquer outro sinal de identificação raspado, suprimido ou adulterado, praticada **após 23.10.2005**. Segundo a decisão, foi nesta data que a *abolitio criminis* temporária cessou, pois foi exatamente o termo final (*dies ad quem*) da prorrogação dos prazos previstos na redação original dos arts. 30 e 32 da Lei 10.826/2003.

O entendimento sob análise recebeu o seguinte enunciado: "Súmula 513: A *abolitio criminis* temporária prevista na Lei 10.826/2003 aplica-se ao crime de posse de arma de fogo de uso permitido com numeração, marca ou qualquer outro sinal de identificação raspado, suprimido ou adulterado, praticado somente até 23.10.2005".

4.3.5.1. Crime hediondo

A posse ou o porte ilegal de arma de fogo de uso restrito, com o advento da Lei 13.497/2017, foi incluído ao rol dos **crimes hediondos**, mais especificamente no art. 1º, parágrafo único, da Lei 8.072/1990.

4.3.6. Art. 17 – comércio ilegal de arma de fogo, munição e acessório

✓ **Condutas típicas**: adquirir, alugar, receber, transportar, conduzir, ocultar, ter em depósito, desmontar, montar, remontar, adulterar, vender, expor à venda, ou de qualquer forma utilizar, em proveito próprio ou alheio, no exercício de atividade comercial ou industrial, arma de fogo, acessório ou munição, sem autorização ou em desacordo com determinação legal ou regulamentar. Trata-se de crime de ação múltipla ou tipo misto alternativo. A prática de mais de 1 verbo configura crime único;

✓ **Objetos materiais**: arma de fogo, munição e acessório de qualquer tipo, seja de uso permitido, restrito ou proibido;

✓ **Sujeito ativo**: pessoa que exerce atividade comercial ou industrial (envolvendo arma de fogo, munição e acessório).

4.3.6.1. Equiparação a atividade comercial – art. 17, parágrafo único

Equipara-se a atividade comercial *qualquer forma de prestação de serviços, inclusive o serviço exercido dentro de residência*. É uma norma de extensão.

✓ **Sujeito ativo**: qualquer pessoa pode praticar este crime se prestar o serviço de forma profissional ou não tão profissional.

4.3.7. Art. 18 – tráfico internacional de arma de fogo, munição e acessório

✓ **Condutas típicas**: importar, exportar, favorecer a entrada ou saída do território nacional, a qualquer título, de arma de fogo, acessório ou munição, sem autorização da autoridade competente;

✓ **Objeto material**: arma de fogo, acessório ou munição de uso permitido, restrito ou proibido;

✓ **Elementos normativos do tipo**: sem autorização ou em desacordo com determinação legal ou regulamentar;

✓ **Competência de julgamento**: é da Justiça Federal, pois envolve fronteiras. Logo, a atribuição de investigação é da Polícia Federal;

✓ **Sujeito ativo**: nas modalidades importar e exportar, este crime pode ser cometido por qualquer pessoa, pois é crime comum. Nas modalidades favorecer a entrada ou saída, é crime próprio de funcionários públicos que tenham o dever de fiscalização em aduana.

4.3.8. Art. 21 – vedação de liberdade provisória

Os crimes de porte ou posse ilegal, comércio ilegal e tráfico internacional de arma de fogo, munição e acessórios (art. 16, 17 e 18 do Estatuto) são **inafiançáveis e insuscetíveis de liberdade provisória**, consoante prevê o art. 21 do Estatuto do Desarmamento.

Todavia, a ADI 3.112, julgada pelo STF, reconheceu a **inconstitucionalidade** do precitado dispositivo legal. Portanto, desde que preenchidos os requisitos do CPP, admitir-se-á, em tese, a concessão de liberdade provisória aos crimes acima mencionados.

5. CRIMES DE TRÂNSITO – LEI 9.503/1997 – PRINCIPAIS ASPECTOS

5.1. Abrangência da Lei 9.503/1997

O Código de Trânsito Brasileiro (CTB) cuidou de tratar não apenas das infrações administrativas relativas às regras de circulação, mas também da parte criminal, que, doravante, será abordada em seus principais aspectos (arts. 291 a 312).

5.2. Aplicação subsidiária do Código Penal, Código de Processo Penal e Lei 9.099/1995

Confira-se a redação do art. 291 do CTB:

> **Art. 291.** Aos crimes cometidos na direção de veículos automotores, previstos neste Código, aplicam-se as normas gerais do Código Penal e do Código de Processo Penal, se este Capítulo não dispuser de modo diverso, bem como a Lei 9.099, de 26 de setembro de 1995, no que couber.
>
> § 1º Aplica-se aos crimes de trânsito de lesão corporal culposa o disposto nos arts. 74, 76 e 88 da Lei 9.099, de 26 de setembro de 1995, exceto se o agente estiver:
>
> I – sob a influência de álcool ou qualquer outra substância psicoativa que determine dependência;
>
> II – participando, em via pública, de corrida, disputa ou competição automobilística, de exibição ou demonstração de perícia em manobra de veículo automotor, não autorizada pela autoridade competente;
>
> III – transitando em velocidade superior à máxima permitida para a via em 50 km/h (cinquenta quilômetros por hora).
>
> § 2º Nas hipóteses previstas no § 1º deste artigo, deverá ser instaurado inquérito policial para a investigação da infração penal.

Vê-se que o legislador determinou a aplicação subsidiária dos Códigos Penal e Processo Penal aos crimes de trânsito sempre que o CTB não dispuser de modo diverso. Trata-se, evidentemente, da materialização do princípio da especialidade, vale dizer, aplicar-se-á a legislação "geral" (CP, CPP e Lei 9.099/1995) se nada for estipulado de modo diverso na legislação "especial" (*in casu*, a Lei 9.503/1997).

Especificamente no tocante ao crime de lesão corporal culposa na direção de veículo automotor (art. 303 do CTB), que é considerado de *menor potencial ofensivo* quando praticada pelo agente a conduta descrita no tipo básico ou fundamental, determinou-se a incidência dos institutos despenalizadores da Lei 9.099/1995 (arts. 74, 76 e 88 – composição civil, transação penal e necessidade de representação), exceto se presentes algumas das situações previstas no art. 291, § 1º, do CTB, quais sejam:

a) se o agente estiver sob a influência de álcool ou qualquer outra substância psicoativa que determine dependência;

b) se o agente estiver participando, em via pública, de corrida, disputa ou competição automobilística ("racha"), de exibição ou demonstração de perícia em manobra de veículo automotor, não autorizada pela autoridade competente; e

c) se o agente estiver transitando em velocidade superior à máxima permitida para a via em 50 km/h (cinquenta quilômetros por hora).

Destarte, nas situações adrede destacadas, a despeito de o agente haver praticado crime de menor potencial ofensivo (art. 303, *caput*, do CTB), não lhe será dado beneficiar-se dos institutos despenalizadores da Lei 9.099/1995, sendo o caso, inclusive, de instauração de inquérito policial, conforme determina o art. 291, § 2º, da lei em comento.

Por fim, de acordo com o art. 291, § 4º, do CTB, incluído pela Lei 13.546, de 19 de dezembro de 2017, com *vacatio legis* de 120 (cento e vinte) dias, o juiz fixará a pena-base segundo as diretrizes previstas no art. 59 do Decreto-Lei no 2.848, de 7 de dezembro de 1940 (Código Penal), dando especial atenção à culpabilidade do agente e às circunstâncias e consequências do crime.

5.3. A medida cautelar do art. 294 do CTB

Reza o dispositivo que:

> **Art. 294.** Em qualquer fase da investigação ou da ação penal, havendo necessidade para a garantia da ordem pública, poderá o juiz, como medida cautelar, de ofício, ou a requerimento do Ministério Público ou ainda mediante representação da autoridade policial, decretar, em decisão motivada, a suspensão da permissão ou da habilitação para dirigir veículo automotor, ou a proibição de sua obtenção.
>
> **Parágrafo único.** Da decisão que decretar a suspensão ou a medida cautelar, ou da que indeferir o requerimento do Ministério Público, caberá recurso em sentido estrito, sem efeito suspensivo.

Trata-se de medica cautelar de suspensão ou proibição da permissão ou da habilitação para a condução de veículo automotor, que, por óbvio, exigirá o binômio *fumus boni iuris* e *periculum in mora*.

Nas palavras de Cláudia Barros Portocarrero, que endossamos, "entendemos que a aplicação da medida cautelar em estudo somente é possível nas hipóteses em que o legislador comina a suspensão ou proibição como pena, ou seja, nas hipóteses de estar o agente respondendo pelos crimes descritos nos arts. 302, 303 e 308" (**Leis Penais Especiais para Concursos** – 2010, Ed. Impetus, p. 243).

Frise-se que da decisão que houver decretado a medida em questão será cabível o manejo de recurso em sentido escrito (art. 581 do CPP), mas sem efeito suspensivo. Se for gritante o desacerto na decretação da medida cautelar, que é gravosa, visto que trará consequências gravosas aos condutores de veículos automotores, cremos viável a impetração de mandado de segurança para a atribuição de efeito suspensivo ao recurso.

Uma vez decretada a suspensão para dirigir veículo automotor ou a proibição de se obter a permissão ou a habilitação, deverá ser comunicada pela autoridade judiciária ao CONTRAN e ao órgão de trânsito estadual em que o indiciado ou réu for domiciliado ou residente (art. 295 do CTB). Trata-se de providência necessária à garantia da eficácia da medida, que seria inócua caso não houvesse a formal comunicação dos órgãos de trânsito.

5.4. Inadmissibilidade de prisão em flagrante e exigência de fiança

Nos termos do art. 301 do CTB, ao condutor de veículo, nos casos de acidentes de trânsito de que resulte vítima, não se imporá a prisão em flagrante, nem se exigirá fiança, se prestar pronto e integral socorro àquela.

Trata-se de regra extremamente salutar, visto que estimula a prestação de socorro às vítimas de acidentes automobilísticos, trazendo ao agente delitivo certa "tranquilidade" em permanecer no local do crime (ex.: lesão corporal culposa) prestando socorro. Porém, caso não o faça, impor-se-á, em tese, a prisão em flagrante.

5.5. Os principais crimes do CTB

Para os fins a que se destina esta obra, que garante ao candidato-leitor uma "super-revisão" da matéria, traremos comentários aos principais – e mais relevantes – crimes previstos no Código de Trânsito Brasileiro.

Vamos a eles!

5.5.1. Homicídio culposo (art. 302 do CTB)

> **Art. 302.** Praticar homicídio culposo na direção de veículo automotor:
>
> Penas – detenção, de dois a quatro anos, e suspensão ou proibição de se obter a permissão ou a habilitação para dirigir veículo automotor.

5.5.1.1. Diferença com o homicídio culposo previsto no art. 121, § 3º, CP

O art. 302 em comento trata do homicídio culposo, figura que muito se assemelha àquela descrita no art. 121, § 3º, do CP. No entanto, embora ambos os tipos penais tratem de "homicídio culposo", não se confundem, a despeito de o evento "morte" estar presente nos dois casos.

É que na legislação especial – *in casu*, no CTB –, o agente mata a vítima "na direção de veículo automotor", ou seja, em situação especial se comparada ao Código Penal. Neste, o agente, por imprudência, negligência ou imperícia, mata alguém. Naquele, também por imprudência, negligência ou imperícia, o agente mata alguém, mas, como dito, "na direção de veículo automotor" (elemento especializante).

Embora tal diferenciação pareça inútil, visto que, em ambos os casos, o agente responderá por homicídio culposo, o fato é que o crime definido no CTB é punido com maior rigor (detenção, de *dois a quatro anos*, e suspensão ou proibição de se obter a permissão ou a habilitação para dirigir veículo automotor) do que aquele previsto no CP (detenção, de *um a três anos*).

Em síntese: a) se o agente matar alguém na condução de veículo automotor, responderá por homicídio culposo de trânsito (art. 302 do CTB); b) se a morte culposamente provocada pelo agente ocorrer em outras situações – que não na direção de veículo automotor –, aplicar-se-á o art. 121, § 3º, do CP.

5.5.1.2. Desnecessidade de a morte ocorrer em via pública

A despeito de o crime do art. 302 do CTB ser conhecido como "homicídio culposo de trânsito", transmitindo a ideia de que a conduta culposa perpetrada pelo agente deva ocorrer em via pública, o fato é que o tipo penal em testilha não exige tal condição.

Assim, exemplificando, responderá pelo crime em análise o agente que, imprudentemente, imprimindo velocidade excessiva em garagem de um prédio, atropelar e matar uma criança em referido local. Perceba que o comportamento delituoso não foi praticado em via pública, elementar inexistente no art. 302 do CTB. Contudo, a conduta foi perpetrada enquanto o agente se encontrava "na direção de veículo automotor".

Frise-se, ainda, que se um atropelamento ocorrer em via pública, mas estando o agente a conduzir um veículo de tração animal (ex: charrete), responderá pelo crime de homicídio culposo "comum", ou seja, aquele tipificado no art. 121, § 3º, do CP. Isto porque o comportamento ilícito não teria ocorrido "na direção de veículo automotor".

Em suma: pouco importa o local em que o crime de homicídio culposo tenha sido praticado. Imprescindível, para a incidência do CTB, é que a morte tenha sido provocada por imprudência, negligência ou imperícia do agente – modalidades de culpa – *na direção de veículo automotor*.

5.5.1.3. Tipo penal aberto

O crime de homicídio culposo (art. 302 do CTB) é aberto, ou seja, não há expressa previsão do comportamento do agente, bastando que pratique o crime *culposamente* na direção de veículo automotor.

Assim, caberá ao intérprete-aplicador do Direito, na análise do caso concreto, verificar se a conduta perpetrada pelo condutor do veículo violou o dever objetivo de cuidado (elemento do crime culposo), seja por imprudência, negligência ou imperícia.

5.5.1.4. A culpa consciente e o dolo eventual no homicídio praticado no trânsito

Questão tormentosa é aquela que diz respeito à tipificação do homicídio praticado no trânsito como doloso ou culposo. E, aqui, a diferenciação não é apenas relevante do ponto de vista teórico, mas, é claro, decisiva para uma adequada imputação criminal. Se se tratar de dolo – direto ou eventual –, o crime será grave e julgado pelo Tribunal do Júri. Já se culposo, a competência será do juízo singular, com consequências jurídico-penais muito mais reduzidas.

Não há dúvida de que se o agente se valer de um veículo automotor como instrumento para a prática de homicídio, responderá pela forma dolosa, aplicando-se o Código Penal. No entanto, a questão deixa de ser simples quando o homicídio praticado no trânsito ocorre quando o agente conduz o veículo automotor com excesso de velocidade. E, aqui, surge a questão: homicídio doloso ou culposo?

É sabido e ressabido que *dolo eventual* e *culpa consciente* têm um ponto de contato: em ambos, o resultado é previsível e previsto pelo agente. Porém, no primeiro caso, o agente não apenas prevê o resultado, mas, mais do que isso, assume o risco de produzi-lo, pouco se importando com sua ocorrência. Já no segundo caso, a despeito de o resultado ilícito ser previsível e previsto pelo agente, este, talvez por excesso de confiança, acredita sinceramente em sua inocorrência, não o aceitando. Aqui reside a distinção!

Portanto, para o Exame da OAB, ainda mais na segunda fase, deve-se sustentar que, remanescendo dúvida sobre o elemento subjetivo da conduta, vale dizer, se o agente aceitou ou não a produção do resultado morte, deve-se imputar o crime de homicídio culposo tipificado no CTB, na modalidade "culpa consciente".

Especificamente no tocante ao homicídio praticado na direção de veículo automotor quando o motorista estiver embriagado, o STJ, por sua 6ª Turma, desclassificou para crime culposo a conduta de uma motorista que foi mandada ao Tribunal do Júri após acidente de trânsito que resultou morte. Segundo a Corte, no caso analisado, o ministro relator Rogério Schietti destacou que, apesar de a primeira instância e o TJSC apontarem, em tese, para o dolo eventual, devido ao possível estado de embriaguez da recorrente, não é admissível a presunção – quando não existem outros elementos delineados nos autos – de que ela estivesse dirigindo de forma a assumir o risco de provocar acidente sem se importar com eventual resultado fatal de seu comportamento.

Segundo o relator, as instâncias ordinárias partiram da premissa de que a embriaguez ao volante, por si só, já justificaria considerar a existência de dolo eventual. "Equivale isso a admitir que todo e qualquer indivíduo que venha a conduzir veículo automotor em via pública com a capacidade psicomotora alterada em razão da influência de álcool responderá por homicídio doloso ao causar, por violação a regra de trânsito, a morte de alguém", disse o ministro. Ainda, afirmou que "é possível identificar hipóteses em que as circunstâncias do caso analisado permitem concluir pela ocorrência de dolo eventual em delitos viários. Entretanto, não se há de aceitar a matematização do direito penal, sugerindo a presença de excepcional elemento subjetivo do tipo pela simples verificação de um fato isolado, qual seja, a embriaguez do agente causador do resultado." Tal entendimento foi materializado no julgamento do REsp 1689173.

5.5.1.5. Sujeitos do crime

O crime em comento poderá ser praticado por qualquer pessoa, tratando-se, pois, de crime comum ou geral.

O sujeito passivo direto será a vítima da conduta culposa perpetrada pelo agente. Já o sujeito passivo indireto será a coletividade, posta em risco em razão do comportamento perigoso do agente.

5.5.1.6. Objeto jurídico

Ora, tratando-se de homicídio culposo, o bem jurídico tutelado pelo legislador é a vida humana.

5.5.1.7. Consumação e tentativa

O crime em comento atingirá a consumação com a morte da vítima. Trata-se, pois, de crime material ou de resultado.

Considerando que o elemento subjetivo da conduta é a culpa, inviável o reconhecimento da tentativa.

5.5.1.8. Causas de aumento de pena e qualificadora

Nos termos do art. 302, § 1º, do CTB, a pena será majorada de um terço à metade nas seguintes situações:

I. *se o agente não possuir Permissão para Dirigir ou Carteira de Habilitação*: aqui, tencionou o legislador punir mais gravosamente aquele que não possui sequer a habilitação para a condução do veículo automotor. Entende-se caracterizada a causa de aumento, também, quando o condutor, embora habilitado para determinado tipo de veículo (ex.: veículo de passeio), esteja a conduzir outro (ex.: motocicleta), ocasião em que pratica o homicídio culposo;

II. *praticá-lo em faixa de pedestres ou na calçada*: haverá aumento da reprimenda apenas se for possível identificar o início e o fim da faixa de pedestres ou da calçada. É que, muitas vezes, em razão de omissão dos órgãos competentes, a faixa de pedestres, simplesmente, "deixa de existir", ficando absolutamente "apagada". O mesmo se pode dizer no tocante às calçadas, que, pela falta de manutenção, podem, na prática, simplesmente "desaparecer", dando a impressão de que se trata de "via pública". Ademais, não incidirá a majorante em comento se, em razão de acidente automobilístico, o veículo, por força de colisão, houver sido projetado para a calçada e, ali, ocorrer atropelamento fatal;

III. *deixar de prestar socorro, quando possível fazê-lo sem risco pessoal, à vítima do acidente*: aqui, a majorante somente incidirá se o condutor, em razão de seu comportamento imprudente, negligente ou imperito, der causa ao acidente, deixando de prestar socorro, caso possa fazê-lo, à vítima. No entanto, se se tratar de condutor que se envolver em acidente automobilístico, mas desde que não tenha sido o causador, responderá por crime autônomo (art. 304 do CTB), e não pelo homicídio majorado. Por fim, caso seja possível constatar que houve morte instantânea da vítima (ex.: em razão do atropelamento, a cabeça da vítima foi totalmente decepada do corpo), entendemos que a majorante não poderá incidir, pois o objetivo da lei – e do legislador – não poderia ser alcançado, qual seja, o de tentar preservar a vida da vítima;

IV. *no exercício de sua profissão ou atividade, estiver conduzindo veículo de transporte de passageiros:* repare que a majorante incidirá apenas se o agente for "condutor profissional", ou seja, que no momento do acidente esteja no desempenho de sua profissão ou atividade, e desde que se trate de veículo de transporte de passageiros. Assim, por exemplo, o motorista "familiar" (empregado doméstico), que, por excesso de velocidade, perde o controle da condução do veículo e colide com um poste, matando os passageiros (seus empregadores), não responderá por homicídio culposo majorado. Afinal, não estava conduzindo "veículo de transporte de passageiros", tal como exigido pela lei.

Também, criou-se com o advento da precitada Lei 12.971/2014, **forma qualificada** de homicídio culposo de trânsito (art. 302, § 2º, do CTB). Confira-se: "*§ 2º Se o agente conduz veículo automotor com capacidade psicomotora alterada em razão da influência de álcool ou de outra substância psicoativa que determine dependência ou participa, em via, de corrida, disputa ou competição automobilística ou ainda de exibição ou demonstração de perícia em manobra de veículo automotor, não autorizada pela autoridade competente: Penas – reclusão, de 2 (dois) a 4 (quatro) anos, e suspensão ou proibição de se obter a permissão ou a habilitação para dirigir veículo automotor.*" Importante registrar, de início, que, em razão de vacatio legis expressamente prevista na lei citada, apenas a partir de 01.11.2014 a novel disposição gravosa poderia incidir diante de caso concreto. Ainda, o dispositivo em comento difere do *caput* não no tocante à quantidade de pena, mas, sim, na espécie de pena privativa de liberdade. Isto porque o homicídio culposo simples (art. 302, caput, do CTB) é punido com ***detenção*** de 2 a 4 anos, ao passo que a forma qualificada em estudo era punida com ***reclusão*** de 2 a 4 anos.

Ocorre que com o advento da Lei 13.281/2016, com início de vigência em novembro de 2016, operou-se a expressa revogação do § 2º do art. 302 em comento, razão por que extraímos, naquela ocasião, duas consequências: (i) se o agente estivesse na condução de veículo automotor sob efeito de álcool ou outra substância psicoativa que causasse dependência, daí advindo alteração em sua capacidade psicomotora, e, nessa condição, praticasse homicídio culposo de trânsito, responderia, em concurso, com o crime do art. 306 do CTB; (ii) se o agente estivesse participando de "racha" e causasse a morte de alguém, responderia pelo crime do art. 308, § 2º, do CTB.

Em razão de toda a polêmica causada pela revogação do precitado § 2º do art. 302, o legislador entendeu por bem reincluir a "antiga qualificadora", mas nos seguintes termos: § 3º *Se o agente conduz veículo automotor sob a influência de álcool ou de qualquer outra substância psicoativa que determine dependência: Penas - reclusão, de cinco a oito anos, e suspensão ou proibição do direito de se obter a permissão ou a habilitação para dirigir veículo automotor.*

Referido dispositivo foi incluído ao CTB pela Lei 13.546, de 19 de dezembro de 2017, com *vacatio legis* de 120 (cento e vinte) dias.

Perceba o leitor que com a novel qualificadora, não mais se cogita de concurso de crimes (homicídio culposo de trânsito e embriaguez ao volante).

5.5.1.9. Perdão judicial no homicídio culposo de trânsito

Considerando que o art. 291 do CTB autoriza a aplicação subsidiária do Código Penal aos crimes que define, será perfeitamente possível a aplicação do art. 121, § 5º, deste último *Codex*, caso, por exemplo, um pai, sem atentar aos espelhos retrovisores, atropele e mate o próprio filho, que brincava atrás do veículo.

Tratando-se de perdão judicial, a punibilidade será extinta, nos moldes do art. 107, IX, do CP.

5.6. Lesão corporal culposa (art. 303 do CTB)

Art. 303. Praticar lesão corporal culposa na direção de veículo automotor:

Penas – detenção, de seis meses a dois anos e suspensão ou proibição de se obter a permissão ou a habilitação para dirigir veículo automotor.

5.6.1. Diferença com o crime de lesão corporal culposa previsto no art. 129, § 6º, do CP

Tal como visto com relação ao homicídio culposo, a diferença da lesão corporal culposa definida no art. 303 do CTB e aquela tipificada pelo art. 129, § 6º, do CP é a de que, neste caso, o agente, por imprudência, negligência ou imperícia, produz lesões na vítima. Porém, caso o faça "na direção de veículo automotor", responderá de acordo com a legislação especial (*in casu*, o CTB).

Frise-se, também, que é desnecessário que o fato ocorra "em via pública", já que se trata de elementar não prevista no tipo penal em comento. Bastará, repita-se, que o agente provoque lesões corporais na vítima estando na condução de veículo automotor.

O crime tipificado no CTB é punido com detenção, de *seis meses a dois anos*, sem prejuízo da *suspensão ou proibição de se obter a permissão ou a habilitação para dirigir veículo automotor*, ao passo que a lesão culposa prevista no CP tem cominada a pena de detenção, de *dois meses a um ano*.

5.6.2. Tipo penal aberto

Igualmente ao homicídio culposo de trânsito, o crime de lesão corporal culposa (art. 303 do CTB) expressa-se por meio de tipo penal aberto, ou seja, não há expressa previsão do comportamento do agente, bastando que pratique o crime *culposamente* na direção de veículo automotor.

Assim, caberá ao intérprete-aplicador do Direito, na análise do caso concreto, verificar se a conduta perpetrada pelo condutor do veículo violou o dever objetivo de cuidado (elemento do crime culposo), seja por imprudência, negligência ou imperícia, daí produzindo lesões corporais à vítima.

5.6.3. A intensidade das lesões corporais: consequências jurídico-penais

Tratando-se de crime culposo, pouco importava se a conduta perpetrada pelo agente provocasse à vítima lesões corporais de natureza leve, grave ou gravíssima. Não haveria, aqui, alteração na tipificação, tal como ocorreria se se tratassem de lesões corporais dolosas.

No entanto, com o advento da Lei 13.541, de 19 de dezembro de 2017, com *vacatio legis* de 120 (cento e vinte) dias, inseriu-se figura qualificada à lesão corporal culposa de trânsito, que se configurará no seguinte caso (art. 303, § 3º): *A pena privativa de liberdade é de reclusão de dois a cinco anos, sem prejuízo das outras penas previstas neste artigo, se o agente conduz o veículo com capacidade psicomotora alterada em razão da influência de álcool ou de outra substância psicoativa que determine dependência, e se do crime resultar lesão corporal de natureza grave ou gravíssima.*

Não se pode deslembrar que, por se tratar de crime culposo, desde que preenchidos os requisitos legais, será cabível a substituição da pena privativa de liberdade por restritiva de direitos (art. 44 do CP), independentemente da quantidade de pena aplicada.

5.6.4. Causas de aumento de pena

Nos termos do art. 303, parágrafo único, do CTB, as majorantes incidentes sobre o homicídio culposo (art. 302, § 1º) são aplicáveis à lesão corporal culposa. Assim, remetemos o leitor aos comentários feitos no item 5.5.1.8 *supra*.

5.6.5. Consumação e tentativa

Tal como o homicídio culposo de trânsito, a lesão corporal culposa (art. 303 do CTB), por ser crime material ou de resultado, somente atingirá o momento consumativo quando a vítima, efetivamente, suportar os efeitos do comportamento do agente, vale dizer, quando da produção das lesões (resultado naturalístico).

Por se tratar de crime culposo, inadmissível o *conatus* (tentativa).

5.7. Omissão de socorro (art. 304 do CTB)

> **Art. 304.** Deixar o condutor do veículo, na ocasião do acidente, de prestar imediato socorro à vítima, ou, não podendo fazê-lo diretamente, por justa causa, deixar de solicitar auxílio da autoridade pública:
>
> *Penas – detenção, de seis meses a um ano, ou multa, se o fato não constituir elemento de crime mais grave.*
>
> **Parágrafo único.** *Incide nas penas previstas neste artigo o condutor do veículo, ainda que a sua omissão seja suprida por terceiros ou que se trate de vítima com morte instantânea ou com ferimentos leves.*

5.7.1. Crime omissivo próprio

Semelhante ao crime de omissão de socorro tipificado no CP (art. 135), o CTB nos trouxe um crime omissivo próprio ou puro, tendo o legislador expressamente previsto um comportamento negativo do agente (*deixar de prestar imediato socorro à vítima*).

5.7.2. Possibilidade de agir: elementar típica

Da simples leitura do tipo penal, percebe-se que o crime em comento somente restará caracterizado se o agente, na ocasião do acidente, deixar de prestar imediato socorro à vítima, desde que possa fazê-lo. Em outras palavras, não haverá tipicidade penal na conduta do agente que, envolvido em acidente automobilístico, deixar de prestar imediato socorro à vítima por ter, também, ficado ferido em razão do infortúnio.

Perceba que a "possibilidade de agir" é essencial à caracterização do crime de omissão de socorro (art. 304 do CTB). E tal (im)possibilidade de atuação poderá ser verificada em dois casos:

a) se o agente envolvido no acidente deixar de prestar, *diretamente*, o socorro à vítima; ou

b) se o agente envolvido no acidente, embora não preste socorro imediato, *deixe de solicitar auxílio à autoridade pública*.

Logo, percebe-se que a prestação de socorro poderá ser imediata (atuação direta do agente, que socorrerá "pessoalmente" a vítima) ou mediata (atuação indireta do agente, que solicitará ajuda da autoridade pública para socorrer o ofendido).

5.7.3. Elemento subjetivo da conduta

O crime em tela é doloso, inexistindo possibilidade de punição a título de culpa em razão da ausência de expressa previsão legal.

5.7.4. Sujeitos do crime

A omissão de socorro é crime que tem como sujeito passivo a vítima do acidente de trânsito.

Já o sujeito ativo será o condutor que, envolvido em acidente automobilístico, não tiver sido o responsável pela sua ocorrência. Em outras palavras, autor do delito em tela é aquele que se envolveu diretamente com o acidente de trânsito, mas sem que o tenha provocado. Caso contrário, ou seja, se tiver sido o agente causador do acidente, responderá, em caso de morte, pelo crime do art. 302 do CTB, com a pena majorada pela omissão de socorro (art. 302, § 1º, III), ou, em caso de lesões corporais, pelo crime do art. 303, parágrafo único (aumento da reprimenda pela omissão na prestação do socorro).

Por fim, se uma pessoa que não tiver se envolvido no acidente deixar de prestar socorro às vítimas, responderá pelo crime do art. 135 do CP.

5.7.5. Se terceiros prestarem socorro à vítima?

Caso a omissão do agente na prestação de socorro à vítima seja suprida por terceiros, ainda assim restará caracterizado o crime ora analisado, consoante dispõe o art. 304, parágrafo único, do CTB.

5.7.6. Consumação e tentativa

A omissão de socorro restará consumada no instante em que o agente, podendo agir (prestar socorro mediato ou imediato), deixar de fazê-lo deliberadamente.

Por se tratar de crime omissivo próprio ou puro, inadmissível o reconhecimento da tentativa.

5.7.7. Caracterização do crime em caso de morte instantânea

Nos termos do art. 304, parágrafo único, do CTB, a omissão de socorro restará configurada ainda que se trate de vítima com morte instantânea.

Para o Exame da OAB, pode-se sustentar que se trata de verdadeiro crime impossível (absoluta impropriedade do objeto material). De que adiantaria socorrer um cadáver?

Todavia, importante registrar que há entendimento jurisprudencial, inclusive do STF, no sentido da criminalidade do comportamento daquele que deixa de prestar socorro, mesmo em caso de morte instantânea. A explicação para tanto é a de que deve existir um "dever de solidariedade" no trânsito, desrespeitado em caso de omissão de socorro.

5.8. Embriaguez ao volante (art. 306 do CTB)

> **Art. 306.** Conduzir veículo automotor com capacidade psicomotora alterada em razão da influência de álcool ou de outra substância psicoativa que determine dependência: (Redação dada pela Lei 12.760/2012)
>
> Penas – detenção, de seis meses a três anos, multa e suspensão ou proibição de se obter a permissão ou a habilitação para dirigir veículo automotor.

5.8.1. Redação anterior e caracterização da embriaguez

Antes do advento da Lei 12.760/2012, a redação do art. 306 do CTB era a seguinte:

> Conduzir veículo automotor, na via pública, estando com concentração de álcool por litro de sangue igual ou superior a 6 (seis) decigramas, ou sob a influência de qualquer outra substância psicoativa que determine dependência.

Tal redação permitia a conclusão – correta, diga-se de passagem – de que, em razão de elemento "numérico" do tipo, qual seja, *seis decigramas* de álcool por litro de sangue, a tipificação da conduta dependeria de prova pericial capaz de atestar a embriaguez.

O parágrafo único do art. 306 do CTB preconizava que o Poder Executivo federal estipularia a equivalência entre distintos testes de alcoolemia, para efeito de caracterização do crime em comento. E tal ocorreu com o advento do Decreto 6.488/2008, que, em seu art. 2º, admitia como teste de alcoolemia aquele elaborado em aparelho de ar alveolar pulmonar (etilômetro, ou, vulgarmente, bafômetro), considerando como equivalente ao "elemento numérico do tipo" a concentração de álcool igual ou superior a *três décimos de miligrama por litro de ar expelido dos pulmões*.

Ora, se a embriaguez decorria da condução de veículo automotor com concentração de álcool por litro de sangue igual ou superior a seis decigramas, ou três décimos de miligrama por litro de ar alveolar, a única forma de o crime restar caracterizado seria a prova pericial, sem possibilidade de substituição. Afinal, frise-se, era elementar típica a concentração de álcool por litro de sangue do condutor do veículo automotor ou teste equivalente em etilômetro.

Como é sabido, ninguém poderá ser compelido a produzir prova contra si mesmo (*nemo tenetur se detegere*). Sob tal dogma, decorrente implicitamente das garantias fundamentais previstas no texto constitucional, a embriaguez ao volante tornou-se "crime natimorto".

5.8.2. Redação atual e caracterização da embriaguez ao volante

Com a redação dada ao art. 306 do CTB pela Lei 12.760/2012, aparentemente, a configuração do crime deixou de exigir a constatação de quantidade predeterminada de álcool por litro de sangue, tal como se verificava na redação anterior do tipo penal.

Atualmente, haverá crime, ao menos por uma análise apressada do tipo incriminador, sempre que o agente estiver conduzindo o veículo automotor, em via pública, com a capacidade psicomotora alterada em razão da influência de álcool ou outra substância psicoativa que determine dependência.

Confira, porém, os parágrafos acrescentados ao precitado dispositivo legal:

> § 1º As condutas previstas no *caput* serão constatadas por: (Incluído pela Lei 12.760/2012)
>
> I – concentração igual ou superior a 6 decigramas de álcool por litro de sangue ou igual ou superior a 0,3 miligrama de álcool por litro de ar alveolar; ou (Incluído pela Lei 12.760/2012)
>
> II – sinais que indiquem, na forma disciplinada pelo Contran, alteração da capacidade psicomotora. (Incluído pela Lei 12.760/2012)
>
> § 2º A verificação do disposto neste artigo poderá ser obtida mediante teste de alcoolemia *ou toxicológico*, exame clínico, perícia, vídeo, prova testemunhal ou outros meios de prova em direito admitidos, observado o direito à contraprova. *(Incluído pela Lei 12.760, de 2012, e alterado pela Lei 12.971/2014)*
>
> § 3º O Contran disporá sobre a equivalência entre os distintos testes de alcoolemia ou toxicológicos para efeito de caracterização do crime tipificado neste artigo *(Incluído pela Lei 12.760/2012, e alterado pela Lei 12.971/2014)*

Assim, da análise do art. 306, § 1º, do CTB, verifica-se que a embriaguez ao volante restará configurada nas seguintes situações:

a) se o agente conduzir veículo automotor, em via pública, com concentração igual ou superior a seis decigramas de álcool por litro de sangue ou igual ou superior a três décimos de miligrama de álcool por litro de ar alveolar. Nesta primeira hipótese, entendemos que o teste de alcoolemia será imprescindível para que se afirme a ocorrência do crime, tendo em vista que as "elementares numéricas" persistem no tipo penal; ou

b) se o agente dirigir veículo automotor, em via pública, com alteração de sua capacidade psicomotora. Assim, estando o agente sob o efeito de drogas, por exemplo, responderá por embriaguez ao volante.

5.8.3. Regulamentação pelo CONTRAN

De acordo com a Resolução 432/2013 do CONTRAN, o crime de embriaguez ao volante poderá ser demonstrado nos seguintes casos, conforme dispõe seu art. 7º:

> O crime previsto no artigo 306 do CTB será caracterizado por qualquer um dos procedimentos abaixo:
>
> I – exame de sangue que apresente resultado igual ou superiora 6 (seis) decigramas de álcool por litro de sangue (6 dg/L);
>
> II – teste de etilômetro com medição realizada igual ou superior a 0,34 miligrama de álcool por litro de ar alveolar expirado (0,34 mg/L), descontado o erro máximo admissível nos termos da "Tabela de Valores Referenciais para Etilômetro" constante no Anexo I;
>
> III – exames realizados por laboratórios especializados, indicados pelo órgão ou entidade de trânsito competente ou pela Polícia Judiciária, em caso de consumo de outras substâncias psicoativas que determinem dependência;
>
> IV – sinais de alteração da capacidade psicomotora obtido na forma do artigo 5º.
>
> § 1º A ocorrência do crime de que trata o *caput* não elide a aplicação do disposto no artigo 165 do CTB.
>
> § 2º Configurado o crime de que trata este artigo, o condutor e testemunhas, se houver, serão encaminhados à Polícia Judiciária, devendo ser acompanhados dos elementos probatórios.

Verifica-se, pois, que o crime em comento ficará caracterizado se a concentração de álcool por litro de sangue do condutor for igual ou superior a seis decigramas, ou igual ou superior a trinta e quatro decigramas por litro de ar alveolar, donde se conclui que, sem os testes de alcoolemia (exame de sangue ou etilômetro), inviável a aferição da embriaguez.

No entanto, tal como permite o art. 306, § 1º, II, do CTB, também haverá crime se o agente conduzir veículo automotor, em via pública, sob a influência de qualquer outra substância psicoativa que cause dependência, desde que presentes sinais de alteração da capacidade psicomotora.

Para este caso, dispõe o art. 5º da Resolução 432/2013 do CONTRAN:

> Os sinais de alteração da capacidade psicomotora poderão ser verificados por:
>
> I – exame clínico com laudo conclusivo e firmado por médico perito; ou
>
> II – constatação, pelo agente da Autoridade de Trânsito, dos sinais de alteração da capacidade psicomotora nos termos do Anexo II.
>
> § 1º Para confirmação da alteração da capacidade psicomotora pelo agente da Autoridade de Trânsito, deverá ser considerado não somente um sinal, mas um conjunto de sinais que comprovem a situação do condutor.
>
> § 2º Os sinais de alteração da capacidade psicomotora de que trata o inciso II deverão ser descritos no auto de infração ou em termo específico que contenha as informações mínimas indicadas no Anexo II, o qual deverá acompanhar o auto de infração.

5.8.4. Uma análise crítica do art. 306 do CTB

Para o Exame da OAB, ainda mais na segunda fase, podemos sustentar que a embriaguez ao volante é crime de perigo abstrato de perigosidade real, nas palavras de Luiz Flávio Gomes (http://www.conjur.com.br/2013-fev-01/luiz-flavio-gomes-lei-seca-nao-sendo-interpretada-literalmente), não podendo ser interpretado com as amarras dos "elementos numéricos" ou "matemáticos" do tipo.

Parece-nos adequado sustentar que somente haverá crime, a despeito da quantidade de álcool por litro de sangue ser igual ou superior a seis decigramas, ou trinta e quatro decigramas por litro de ar alveolar, se o agente conduzir o veículo de maneira anormal, causando perigo à incolumidade pública.

O próprio tipo penal (art. 306, *caput*, do CTB) exige que, em razão do álcool ou substâncias psicoativas que causem dependência, o agente esteja com sua *capacidade psicomotora alterada*. Assim, caso esteja conduzindo o veículo, por exemplo, com concentração de álcool por litro de ar alveolar correspondente a quarenta decigramas, mas a direção esteja "normal", sem produzir qualquer perigo, não nos parece adequado concluir pela criminalidade do comportamento.

E, novamente, nos socorrendo dos ensinamentos de Luiz Flávio Gomes, destacamos: "Os operadores jurídicos, destacando-se os advogados, não podem se conformar com a interpretação automática e midiática do novo artigo 306. Se o legislador mudou de critério, modificando a redação da lei, não se pode interpretar o novo com os mesmos critérios procustianos da lei antiga. O poder punitivo estatal, aliado à propaganda midiática, está ignorando a nova redação da lei. Para ele, mudou-se a lei para ficar tudo como era antes dela, para que ela fique como era. Trata-se de uma postura malandra do poder punitivo estatal e da criminologia midiática (Zaffaroni: 2012a, p. 10 e ss.), que os intérpretes e operadores jurídicos não podem aceitar." (http://www.conjur.com.br/2013-fev-01/luiz-flavio-gomes-lei-seca-nao-sendo-interpretada-literalmente).

5.8.5. Consumação e tentativa

O crime em comento se consuma no momento em que o agente, em via pública, conduz veículo automotor na forma descrita no art. 306, *caput*, e § 1º, do CTB.

Tratando-se de crime plurissubsistente, a tentativa é admissível (ex.: o agente, após entrar totalmente embriagado em seu veículo, é impedido de sair do local por terceiros, que lhe tomam as chaves em razão da nítida alteração da capacidade psicomotora).

5.8.6. Concurso de crimes

Se o agente estiver na condução de veículo automotor sob efeito de álcool ou outra substância psicoativa que cause dependência, daí advindo alteração em sua capacidade psicomotora, e, nessa condição, praticar homicídio culposo de trânsito, responderá, em concurso, com o crime do art. 306 do CTB. Já se estivermos diante das lesões corporais culposas (art. 303 do CTB), por se tratar de crime menos grave, com pena menor do que a cominada para a embriaguez ao volante (art. 306), não haverá absorção, respondendo o agente pelo crime mais grave.

5.9. Participação em competição não autorizada. "Racha" (art. 308 do CTB)

Art. 308. *Participar, na direção de veículo automotor, em via pública, de corrida, disputa ou competição automobilística não autorizada pela autoridade competente, gerando situação de risco à incolumidade pública ou privada:* (nova redação dada pela Lei 12.971/2014)

Penas – detenção, de 6 (seis) meses a 3 (três) anos, multa e suspensão ou proibição de se obter a permissão ou a habilitação para dirigir veículo automotor. (nova redação dada pela Lei 12.971/2014).

Com o advento da Lei 13.546, de 19 de dezembro de 2017, com vacatio legis de 120 (cento e vinte) dias, nova redação foi dada ao tipo penal. Confira-se:

> Art. 308. Participar, na direção de veículo automotor, em via pública, de corrida, disputa ou competição automobilística ou **ainda de exibição ou demonstração de perícia em manobra de veículo automotor**, não autorizada pela autoridade competente, gerando situação de risco à incolumidade pública ou privada.

5.9.1. *Tipo objetivo*

Estamos, aqui, diante de crime amplamente conhecido como "racha". O agente participará de competições automobilísticas, corridas ou disputas, sem autorização da autoridade competente, em via pública, causando, com isso, *risco à incolumidade pública ou privada*. Na redação anterior às mudanças implementadas ao CTB pela Lei 12.971/2014, o tipo penal mencionava "*dano potencial à incolumidade pública ou privada*". Aqui, a intenção do legislador foi a de tornar evidente que o crime em tela é de **perigo abstrato**.

Percebe-se que o crime em comento somente restará caracterizado se ocorrer em "via pública". Assim, caso o "pega" ou o "racha" ocorra em lugares fechados, ou em propriedades privadas ou estradas particulares (ex.: estrada de terra que ligue a porteira da fazenda até a casa-sede), ausente estará a elementar típica.

Ainda, com o advento da Lei 13.546, de 19 de dezembro de 2017, mais uma situação, até então configuradora de infração administrativa (art. 174 do CTB), foi inserida ao tipo penal em comento, qual seja, a de o agente **exibir ou demonstrar perícia em manobra de veículo automotor (art. 308)**, quando não autorizado pela autoridade competente, gerando situação de risco à incolumidade pública ou privada. Assim, cometerá o crime o motorista que der os denominados "cavalos-de-pau", ou, no caso de motocicletas, "empinando-as" e trafegando com uma só roda, desde que, repita-se, o façam em via pública e, desse comportamento, gerem situação de risco à incolumidade pública ou privada.

5.9.2. *Crime de perigo concreto x crime de perigo abstrato*

Extraía-se da redação típica original que o crime em testilha era de perigo concreto, visto ser necessária, até então, a efetiva demonstração de que a conduta perpetrada pelo agente expunha pessoas a situação de perigo.

Tal conclusão, como dito, decorria da própria leitura do tipo penal (art. 308 do CTB), que, em sua parte final, enunciava: "desde que resulte dano potencial à incolumidade pública ou privada".

Todavia, como dito no item antecedente, a alteração da redação do tipo penal pela Lei 12.971/2014 demonstrou a franca e clara intenção do legislador de "endurecer" o ordenamento jurídico-penal, reforçando a tutela criminal em matéria de trânsito. Destarte, pode-se sustentar, doravante, que a participação em "racha" é crime de **perigo abstrato**, bastando que a conduta praticada pelo agente seja capaz de gerar situação de risco à incolumidade pública ou privada (e não mais a causação de dano potencial).

5.9.3. *Crime de médio potencial ofensivo*

Antes da Lei 12.971/2014, considerando que a pena cominada variava de seis meses a dois anos de detenção, aplicáveis eram os ditames da Lei 9.099/1995, inclusive a transação penal (instituto despenalizador previsto no art. 76 de referido diploma legal).

Porém, com o advento de referido diploma legal alterador do CTB, aumentou-se a pena máxima cominada ao crime em testilha, tornando-o de **médio potencial ofensivo**.

5.9.4. *Formas qualificadas*

Com o advento da Lei 12.971/2014, dois parágrafos foram acrescentados ao art. 308 do CTB, in verbis:

> § 1º Se da prática do crime previsto no caput resultar lesão corporal de natureza grave, e as circunstâncias demonstrarem que o agente não quis o resultado nem assumiu o risco de produzi-lo, a pena privativa de liberdade é de reclusão, de 3 (três) a 6 (seis) anos, sem prejuízo das outras penas previstas neste artigo.
>
> § 2º Se da prática do crime previsto no caput resultar morte, e as circunstâncias demonstrarem que o agente não quis o resultado nem assumiu o risco de produzi-lo, a pena privativa de liberdade é de reclusão de 5 (cinco) a 10 (dez) anos, sem prejuízo das outras penas previstas neste artigo.

Em virtude da redação de referidos dispositivos, percebe-se claramente que o legislador previu formas preterdolosas do crime, ou seja, os resultados agravadores (lesão corporal grave – § 1º e morte – § 2º) decorrem de culpa do agente.

5.9.5. *Penas restritivas de direitos e crimes do CTB*

A Lei 13.281/2016 inseriu ao Código de Trânsito Brasileiro o art. 312-A, que dispõe sobre as penas restritivas de direitos aplicadas aos condenados por crimes tipificados em referido diploma legal. Confira-se:

> Art. 312-A. Para os crimes relacionados nos arts. 302 a 312 deste Código, nas situações em que o juiz aplicar a substituição de pena privativa de liberdade por pena restritiva de direitos, esta deverá ser de prestação de serviço à comunidade ou a entidades públicas, em uma das seguintes atividades:
>
> I – trabalho, aos fins de semana, em equipes de resgate dos corpos de bombeiros e em outras unidades móveis especializadas no atendimento a vítimas de trânsito;
>
> II – trabalho em unidades de pronto-socorro de hospitais da rede pública que recebem vítimas de acidente de trânsito e politraumatizados;
>
> III – trabalho em clínicas ou instituições especializadas na recuperação de acidentados de trânsito;
>
> IV – outras atividades relacionadas ao resgate, atendimento e recuperação de vítimas de acidentes de trânsito.

6.10.1.1. *Crimes de atentado*

Os crimes do art. 3º têm característica especial, qual seja, a de serem classificados como "crimes de atentado", assim denominados aqueles em que "tentativa" já é "consumação". Em outras palavras, a tentativa já é abstratamente prevista no tipo penal, que cominará as mesmas penas para as formas tentada ou consumada. Logo, inadmissível o reconhecimento da tentativa.

A própria redação do *caput* do referido dispositivo legal não deixa dúvidas para a classificação em comento: "Constitui abuso de autoridade qualquer atentado".

6.10.1.2. *Crime do art. 3º, alínea "a"*

> **Art. 3º.** Constitui abuso de autoridade qualquer atentado:
> **a)** à liberdade de locomoção;

Aqui, o legislador tutela o direito à liberdade de locomoção, que abrange o acesso e ingresso no território nacional, o direito de sair do país, de permanecer em um local ou de deslocamento.

Tal direito se estende aos estrangeiros, residentes ou não em nosso território, bastando que aqui tenha adentrado legalmente. Trata-se de verdadeira liberdade pública constitucional.

O art. 5º, XV, da CF/1988 assegura que "é livre a locomoção, no território nacional, em tempo de paz, podendo qualquer pessoa, nos termos da lei, nele entrar, permanecer ou dele sair com seus bens". A norma em comento é de eficácia contida.

Lembre-se que na vigência de estado de sítio (art. 139 da CF/1988), poderá haver restrição ao exercício das "liberdades", sem que tal configure abuso de autoridade. Afinal, trata-se de permissivo constitucional.

6.10.1.3. *Crime do art. 3º, alínea "b"*

> **Art. 3º.** Constitui abuso de autoridade qualquer atentado:
> **b)** à inviolabilidade do domicílio;

"A casa é asilo inviolável do indivíduo, ninguém nela podendo penetrar sem consentimento do morador, salvo em caso de flagrante delito ou desastre, ou para prestar socorro, ou, durante o dia, por determinação judicial" (art. 5º, XI, CF).

O conceito de "casa" previsto no Código Penal (art. 150, § 4º) é mais restrito que o previsto na CF, que considera domicílio todo lugar ocupado com exclusividade e que expresse a vida privada do seu titular. À luz, ainda, do art. 150 do CP, mas, agora, em seu § 5º, não se compreende no conceito de domicílio a hospedaria, estalagem ou qualquer outra habitação coletiva, enquanto aberta, salvo o aposento ocupado de habitação coletiva, bem como a taverna, casa de jogo ou outras do mesmo gênero.

Ressalvadas as hipóteses constitucionais (consentimento do morador, flagrante, desastre, socorro e ordem judicial – só durante o dia), quem violar o domicílio, desde que seja autoridade, responderá pelo crime em questão e não pelo previsto no art. 150, § 2º, do CP, em respeito ao princípio da especialidade.

Na vigência de estado de sítio, a inviolabilidade do domicílio poderá ser amplamente relativizada, inexistindo, pois, abuso de autoridade (art. 139, V, CF).

6.10.1.4. *Crime do art. 3º, alínea "c"*

> **Art. 3º.** Constitui abuso de autoridade qualquer atentado:
> **c)** ao sigilo de correspondência;

O art. 5º, XII, da CF/1988, assegura que é inviolável o sigilo da correspondência, bem como das comunicações telegráficas, de dados, e das comunicações telefônicas, ressalvado, nesse último caso, a possibilidade de interceptação para fins de instrução criminal ou processual penal, desde que exista ordem judicial para tanto.

Como regra, as cartas são invioláveis, na medida em que se tutela a intimidade, a vida privada. Porém, como toda garantia fundamental não é absoluta, é admitida pela doutrina e jurisprudência a violação de correspondência quando a intimidade puder ser utilizada como desculpa para a prática de condutas ilícitas. Daí admitir-se, em caráter excepcional, e desde que exista motivação idônea para tanto, a abertura de cartas do preso (art. 41, parágrafo único, da LEP – Lei 7.210/1984), bem como do falido (art. 22, III, "d", da Lei de Falências – Lei 11.101/2005), desde que se faça em favor do interesse público.

Na vigência de estado de sítio, poderá, sim, haver a relativização do sigilo das correspondências, nos termos dos arts. 136, § 1º, I, "b" e 139, III, ambos da CF/1988. Inexistirá, aqui, crime de abuso de autoridade.

6.10.1.5. *Crime do art. 3º, alíneas "d" e "e"*

> **Art. 3º.** Constitui abuso de autoridade qualquer atentado:
> **d)** à liberdade de consciência e de crença;
> **e)** ao livre exercício do culto religioso;

A CF garante a inviolabilidade da liberdade de consciência e de crença, sendo assegurado o livre exercício dos cultos religiosos e garantida, na forma da lei, a proteção dos locais de culto e a suas liturgias (art. 5º, VI, CF), bem como assegura que ninguém será privado de direitos por motivo de crença religiosa ou convicção filosófica ou política, salvo se as invocar para eximir-se de obrigação legal a todos imposta e recusar-se a cumprir prestação alternativa, fixada em lei (art. 5º, VIII, CF).

Pois bem. É certo que qualquer pessoa tem liberdade para optar por uma religião ou de frequentar os locais onde existam cultos religiosos. Porém, será lícita a intervenção estatal quando se verificar incompatibilidade desses "cultos" com a moral, a ordem pública (paz social, bons costumes e tranquilidade) e a lei.

6.10.1.6. *Crime do art. 3º, alíneas "f" e "h"*

> **Art. 3º.** Constitui abuso de autoridade qualquer atentado:
> **f)** à liberdade de associação;
> **h)** ao direito de reunião;

O art. 5º, XVII, da CF/1988, assegura a liberdade de associação para fins lícitos, vedada a de caráter paramilitar. No inciso seguinte (XVIII, art. 5º) fica dito que a criação de associações e, na forma da lei, a de cooperativas, independem de autorização, sendo vedada a interferência estatal em seu funcionamento. Por fim, o inciso XX, do mesmo artigo, prescreve que ninguém será compelido a associar-se ou a permanecer associado.

Vigora, pois, a liberdade de associação, ou seja, livre de ingerência do poder público, sob pena de caracterização do crime em tela.

Também vem garantida pela CF, em seu art. 5º, XVI, a liberdade de reunião, afirmando-se que todos podem reunir-se pacificamente, sem armas, em locais abertos ao público, independentemente de autorização, desde que não frustrem outra reunião anteriormente convocada para o mesmo local, exigindo-se apenas prévio aviso à autoridade competente.

Em períodos de grande mobilização nacional, como, por exemplo, a que levou centenas de milhares de crianças, jovens, homens e mulheres às ruas, protestando contra os descalabros nas instituições públicas e as iniquidades sociais (a partir de junho de 2013), viu-se uma série de violações, por parte de autoridades, à liberdade de reunião. Todavia, é certo que não se trata de direito absoluto. Logo, se protestos em vias públicas se transmudam para "baderna generalizada", com ataque ao patrimônio público (prédios de repartições públicas, monumentos artísticos etc.) ou privado (lojas, instituições financeiras privadas etc.), a intervenção estatal será necessária, desde que não haja excessos, não constituindo, assim, abuso de autoridade.

Frise-se que a imposição de "aviso prévio da reunião" à autoridade competente não configura ingerência estatal, mas sim, mecanismo apto a impedir que os direitos de terceiros sejam prejudicados.

6.10.1.7. Crime do art. 3º, alínea "g"

> **Art. 3º.** Constitui abuso de autoridade qualquer atentado:
>
> **g)** aos direitos e garantias legais assegurados ao exercício do voto;

O direito de votar constitui expressão dos valores democráticos que informam nossa sociedade. Tanto é que um dos fundamentos da República Federativa do Brasil é o pluralismo político e a cidadania (direito de votar e de ser votado).

O voto é obrigatório, personalíssimo, sigiloso e periódico. O art. 14 da CF/1988 preconiza que "a soberania popular será exercida pelo sufrágio universal e pelo voto direto e secreto, com valor igual para todos". Qualquer atentado a essas características do voto caracteriza crime de abuso de autoridade, sem prejuízo de eventual crime eleitoral.

6.10.1.8. Crime do art. 3º, alínea "i"

> **Art. 3º.** Constitui abuso de autoridade qualquer atentado:
>
> **i)** à incolumidade física do indivíduo

A CF garante, em seu art. 5º, III, que ninguém será submetido a tortura nem a tratamento desumano ou degradante. Também, o mesmo art. 5º, mas em seu inciso XLIX, assegura aos presos o respeito a sua integridade física e moral. A norma penal incriminadora tutela, aqui, a integridade física da pessoa.

Entende a doutrina majoritária que o delito em tela estará configurado ainda que o atentado à incolumidade física não resulte lesão corporal, vias de fato ou morte. Porém, em ocorrendo referidos resultados, estar-se-á diante de concurso material de crimes (art. 69 do CP), vale dizer, deverá haver a imputação do abuso de autoridade e da infração penal causadora de lesões corporais ou vias de fato.

A garantia à incolumidade física do indivíduo não é "cláusula absoluta". É possível, pois, que, por meio de ação legítima de autoridade, seja empregada violência física contra a pessoa, tal como acontece em caso de resistência à prisão (art. 292 do CPP), mas desde que inexistam excessos.

6.10.1.9. Crime do art. 3º, alínea "j"

> **Art. 3º.** Constitui abuso de autoridade qualquer atentado:
>
> **j)** aos direitos e garantias legais assegurados ao exercício profissional.

Dispõe o art. 5º, XIII, da CF/1988, que é livre o exercício de qualquer trabalho, ofício ou profissão, atendidas as qualificações profissionais que a lei estabelecer. Trata-se de norma constitucional de eficácia contida, embora de aplicação imediata.

É o caso do advogado, que dispõe de prerrogativas previstas no art. 7º do Estatuto da OAB. Se houver tolhimento delas, sem justa causa, a autoridade que o fizer terá praticado o crime em tela. O mesmo se diga, por exemplo, de um Delegado de Polícia ou Diretor que impede um magistrado de fazer visita (correições) em cadeias públicas, ou de um Defensor Público visitar os estabelecimentos penais (art. 81-B, V, da LEP – Lei 7.210/1984).

6.10.2. Crimes do art. 4º

Diferentemente dos crimes do art. 3º, considerados de "atentado", os crimes do art. 4º da Lei de Abuso de Autoridade admitem tentativa. Vamos a eles!

6.10.2.1. Crime do art. 4º, alínea "a"

> **Art. 4º.** Constitui também abuso de autoridade:
>
> **a)** ordenar ou executar medida privativa de liberdade individual, sem as formalidades legais ou com abuso de poder;

Nos termos do art. 5º, XV, da CF/1988, "é livre a locomoção no território nacional em tempo de paz, podendo qualquer pessoa, nos termos da lei, nele entrar, permanecer ou dele sair com seus bens". Ainda, o mesmo dispositivo legal, mas, agora, em seu inciso LXI, determina que "ninguém será preso senão em flagrante delito ou por ordem escrita e fundamentada da autoridade judiciária competente, salvo nos casos de transgressão militar ou crime propriamente militar". Também é direito de qualquer pessoa *não ser privada de sua liberdade ou de seus bens sem o devido processo legal* (art. 5º, LIV, CF).

Assim, o tipo penal em comento objetiva assegurar ao cidadão algumas garantias que lhe são fundamentais, especialmente as de livre circulação no território nacional, de não ser preso fora dos casos expressamente admitidos pela nossa legislação, bem como de ser respeitado o devido processo legal.

Haverá abuso de autoridade se o agente determinar ou cumprir ordem que imponha à vítima medida privativa de liberdade (qualquer forma de prisão) que não atente às formalidades legais. É o caso, por exemplo, de prender em "flagrante" quem assim não se encontre (art. 302 do CPP), ou realizar a prisão civil do depositário infiel (de acordo com a Súmula vinculante 25, *é ilícita a prisão do depositário infiel, qualquer que seja a modalidade de depósito*).

Na vigência de estado de sítio, o direito pleno à liberdade poderá sofrer restrições, nos termos do art. 139, I, da CF/1988.

Ressalte-se que o uso indevido de algemas poderá vir a caracterizar o crime em comento. Confira-se a Súmula vinculante 11: "Só é lícito o uso de algemas em caso de resistência e de fundado receio de fuga ou de perigo à integridade física própria ou alheia, por parte do preso ou de terceiros, justificada a excepcionalidade por escrito, sob pena de responsabilidade disciplinar, civil e penal do agente ou da autoridade e de nulidade da prisão ou do ato processual a que se refere, sem prejuízo da responsabilidade civil do estado".

Por fim, registre-se que, em respeito ao princípio da especialidade, se a autoridade *privar criança ou adolescente de sua liberdade, procedendo à sua apreensão sem estar em flagrante de ato infracional ou inexistindo ordem escrita da autoridade judiciária competente*, caracterizado estará o crime do art. 230 do ECA, e não, o de abuso de autoridade ora analisado.

O crime atingirá a consumação no momento em que for ordenada ou executada a medida privativa de liberdade contra a vítima.

6.10.2.2. Crime do art. 4º, alínea "b"

> **Art. 4º.** Constitui também abuso de autoridade:
>
> **b)** submeter pessoa sob sua guarda ou custódia a vexame ou a constrangimento não autorizado em lei;

Nos termos do art. 1º, III, da CF/1988, é fundamento da República Federativa do Brasil o respeito à dignidade da pessoa humana. Ainda, o art. 5º, III, do Texto Maior, assegura que "ninguém será submetido a tortura nem a tratamento desumano ou degradante", bem como o inciso XLIX determina que a integridade física e moral dos presos sejam respeitadas.

Assim, o tipo penal em comento tutela direitos fundamentais do cidadão. Logo, se alguma autoridade sujeitar pessoa que esteja sob sua vigilância permanente (guarda) ou sob sua custódia a constrangimento que não tenha base legal, terá cometido abuso de autoridade. Exemplificamos com a conduta do diretor de estabelecimento prisional que não permite ao preso que se alimente por três dias, ao arrepio do art. 41, I, da LEP (Lei 7.210/1984), que prevê como direito aquele ter alimentação suficiente. Outro bom exemplo é o da indevida inclusão do preso em Regime Disciplinar Diferenciado (RDD), fora das hipóteses previstas no art. 52 da LEP.

Em se tratando de criança ou adolescente expostas a vexame ou constrangimento, caracterizado estará o crime do art. 232 do ECA.

Estará consumado o crime no momento em que o ofendido for submetido ao vexame ou constrangimento não autorizado pela lei.

6.10.2.3. Crime do art. 4º, alínea "c"

> **Art. 4º.** Constitui também abuso de autoridade:
>
> **c)** deixar de comunicar, imediatamente, ao juiz competente a prisão ou detenção de qualquer pessoa;

Nos termos do art. 5º, LXII, "a prisão de qualquer pessoa e o local onde se encontre serão comunicados imediatamente ao juiz competente e à família do preso ou à pessoa por ele indicada".

Tratando-se de norma constitucional que objetiva cientificar o juízo das razões fáticas e jurídicas que levaram a pessoa ao cárcere, permitindo, com isso, o controle sobre a licitude da detenção, haverá crime se a autoridade deixar de comunicar, imediatamente, a prisão ou detenção de alguém.

Estamos, aqui, diante de um crime omissivo (*deixar de comunicar*), consumando-se, pois, com a omissão do agente. Por estarmos diante de omissão própria, inadmissível a tentativa.

No caso da prisão em flagrante, deve-se entender por "imediatamente" o prazo de 24 (vinte e quatro) horas após a prisão em flagrante, tendo em vista o disposto no art. 306, § 1º, do CPP. Saliente-se ser imposição legal que a Defensoria Pública receba cópia integral do auto de prisão caso o autuado não informe o nome de seu advogado, sob pena, entendemos, de relaxamento da prisão, por ilegalidade (descumprimento de determinação legal).

Saliente-se que mesmo em momentos de crise institucional (estado de defesa), a prisão deverá ser comunicada ao juiz competente (art. 136, § 3º, I, CF).

Finalmente, se a vítima for criança ou adolescente, a autoridade policial que deixar de fazer a imediata comunicação de sua apreensão à autoridade judiciária competente e à família do apreendido ou pessoa por ele indicada, incorrerá nas penas do art. 231 do ECA.

6.10.2.4. Crime do art. 4º, alínea "d"

> **Art. 4º.** Constitui também abuso de autoridade:
>
> **d)** deixar o juiz de ordenar o relaxamento da prisão ou detenção ilegal que lhe seja comunicada;

Nos moldes preconizados pelo art. 5º, LXV, da CF/1988, "a prisão ilegal será imediatamente relaxada pela autoridade judiciária". Logo, cometerá crime o magistrado que, ciente da ilegalidade da prisão ou detenção que lhe seja comunicada, deixar de relaxá-la.

Tratando-se de crime omissivo próprio ("*deixar de ordenar*"), inadmissível a tentativa, consumando-se com a simples omissão da autoridade.

Caso se trate de apreensão ilegal de criança ou adolescente, a autoridade competente que deixar, sem justa causa, de ordenar a imediata liberação, incidirá no disposto no art. 234 do ECA.

6.10.2.5. Crime do art. 4º, alínea "e"

> **Art. 4º.** Constitui também abuso de autoridade:
>
> **e)** levar à prisão e nela deter quem quer que se proponha a prestar fiança, permitida em lei.

O art. 5º, LXVI, da CF/1988, assegura que "ninguém será levado à prisão ou nela mantido, quando a lei admitir a liberdade provisória, com ou sem fiança".

Assim, cometerá abuso de autoridade, por exemplo, a autoridade policial que levar à prisão o agente preso em flagrante delito, nada obstante cabível a prestação de fiança e seu arbitramento diretamente por ela (art. 322, *caput*, do CPP), ou, então, o magistrado que mantiver a prisão quando cabível o arbitramento de fiança (art. 322, parágrafo único, do CPP).

Na modalidade "levar à prisão", por se tratar de conduta comissiva (praticada por ação), será cabível a tentativa. Já na modalidade "nela deter", por estarmos diante de crime omissivo próprio, impossível o *conatus*.

Lembre-se que, por força constitucional, alguns crimes são inafiançáveis, tais como os hediondos e equiparados (art. 5º, XLIII) e os de racismo (art. 5º, XLII), razão pela qual o não arbitramento de fiança, por evidente, não constituirá abuso de autoridade. Nada obstante, a despeito da inafiançabilidade, desde que preenchidos os requisitos legais, será cabível, em tese, a liberdade provisória sem fiança.

6.10.2.6. *Crime do art. 4º, alíneas "f" e "g"*

Art. 4º. Constitui também abuso de autoridade:

f) cobrar o carcereiro ou agente de autoridade policial carceragem, custas, emolumentos ou qualquer outra despesa, desde que a cobrança não tenha apoio em lei, quer quanto à espécie, quer quanto ao seu valor;

g) recusar o carcereiro ou agente de autoridade policial recibo de importância recebida a título de carceragem, custas, emolumentos ou de qualquer outra despesa;

De acordo com a doutrina, as alíneas acima destacadas são inaplicáveis, visto que não há, atualmente, no sistema carcerário nacional, qualquer pagamento de custas ou emolumentos ou despesas que devam ser pagas pelo preso.

Porém, caso haja exigência de quaisquer valores, poderão restar caracterizados outros crimes, tais como concussão (art. 316 do CP), extorsão (art. 158 do CP) ou corrupção passiva (art. 317 do CP).

6.10.2.7. *Crime do art. 4º, alínea "h"*

Art. 4º. Constitui também abuso de autoridade:

h) o ato lesivo da honra ou do patrimônio de pessoa natural ou jurídica, quando praticado com abuso ou desvio de poder ou sem competência legal;

Nos termos do art. 5º, *caput*, da CF/1988, todos são iguais perante a lei, garantindo-se o respeito, dentre outros, à *propriedade*. Também, o mesmo dispositivo, em seu inciso X, afirma serem invioláveis a intimidade, a vida privada, a honra e a imagem das pessoas, assegurado o direito a indenização pelo dano material ou moral decorrente de sua violação.

Assim, cometerá o crime em comento a autoridade que, no momento da prática de ato englobado em seu dever funcional, aja com abuso, expondo a pessoa a ridículo (ato lesivo a honra), ou, então, que, no exercício de seu poder de polícia, agindo com abuso, apreenda de um comerciante, por exemplo, todos os produtos de sua loja, ainda que lícitos.

O crime restará consumado no momento da prática do ato abusivo ou com desvio de poder. Admissível a tentativa.

6.10.2.8. *Crime do art. 4º, alínea "i"*

Art. 4º. Constitui também abuso de autoridade:

i) prolongar a execução de prisão temporária, de pena ou de medida de segurança, deixando de expedir em tempo oportuno ou de cumprir imediatamente ordem de liberdade.

Nos termos do art. 5º, LIV, da CF/1988, "ninguém será privado de sua liberdade ou de seus bens sem o devido processo legal". Também, o mesmo art. 5º, mas em seu inciso LXXV, assegura que o Estado indenizará o preso por erro judiciário, bem como a manutenção da prisão para além do tempo fixado na sentença.

Logo, cometerá abuso de autoridade aquele que prolongar o prazo de *prisão temporária* (espécie de prisão cautelar prevista na Lei 7.960/1989, cuja duração, em regra, será de 5 dias, prorrogáveis por igual período em caso de extrema e comprovada necessidade, ou, em caso de crimes hediondos ou equiparados, por 30 dias, prorrogáveis por igual período em caso de extrema e comprovada necessidade), *pena* (definitivamente imposta por sentença transitada em julgado, que fixará o prazo de duração) ou *medida de segurança* (sanção penal aplicável aos inimputáveis ou semi-imputáveis dotados de periculosidade).

Se se tratar de adolescente privado da liberdade, o indevido prolongamento acarretará o reconhecimento do crime do art. 235 do ECA.

Tratando-se de crime omissivo próprio ("deixando de expedir ou de cumprir ordem de liberdade"), inviável a tentativa. A consumação se verifica no momento em que o agente se omitir.

6.10.3. *Sanções penais aplicáveis em caso de crime de abuso de autoridade*

Nos termos do art. 6º, § 3º, da Lei 4.898/1965, três são as espécies de sanções penais:

a) *Multa de cem a cinco mil cruzeiros* – nos termos dos arts. 49 e seguintes do CP, a multa, considerada dívida de valor (art. 51), é fixada em salários mínimos, razão pela qual é inaplicável tal disposição da lei especial;

b) *Detenção por dez dias a seis meses* – trata-se da pena privativa de liberdade;

c) *Perda do cargo e a inabilitação para o exercício de qualquer outra função pública por prazo até três anos* – trata-se de pena de natureza principal, que não se confunde com o art. 92, I, do CP, que trata como "efeito da condenação" a perda do cargo ou função pública do agente delitivo. No tocante à "perda do cargo", esta diz respeito àquele posto ocupado pela autoridade à época do crime. Quanto à "inabilitação", esta se refere à impossibilidade de o agente ocupar outras funções públicas por até um triênio.

Se o abuso de autoridade for praticado por autoridade policial, poderá ser cominada, ainda, a pena de não poder exercer suas funções de natureza policial no município da culpa, por prazo de um a cinco anos (art. 6º, § 5º, da Lei 4.898/1965).

7. CRIMES CONTRA O CONSUMIDOR – LEI 8.078/1990

7.1. Crimes contra as relações de consumo.

7.1.1. *Breves considerações. Relação entre o CDC e a CF.*

O CDC, Lei 8.078/1990, constitui importante diploma legal criado para a defesa/proteção do consumidor, encontrando fundamento constitucional para sua existência: o art. 5º, XXXII ("O Estado promoverá, na forma da lei, a defesa do consumidor") e art. 170, V, ambos da CF/1988 ("A ordem econômica, fundada na valorização do trabalho humano e na livre iniciativa, tem por fim assegurar a todos existência digna, conforme os ditames da justiça social, observados os seguintes princípios: (...) V – defesa do consumidor").

Destarte, cuidou o legislador infraconstitucional de implementar os ditames constitucionais, criando mecanismos legais para a facilitação da defesa do consumidor, não se podendo olvidar da característica de hipossuficiência que o torna digno de todo um sistema protetivo.

7.1.2. *Conceitos básicos para a compreensão do Direito Penal do Consumidor*

Para que se compreenda na integralidade o sistema penal protetivo do consumidor, mister que se conheça alguns conceitos e aspectos basilares a respeito do tema, a saber:

✓ Consumidor: é toda pessoa física ou jurídica que adquire ou utiliza produto ou serviço como destinatário final. Também é possível equiparar-se a consumidor a coletividade de pessoas, ainda que indetermináveis, que haja intervindo nas relações de consumo (art. 2º e parágrafo único do CDC);

✓ Fornecedor: é toda pessoa física ou jurídica, pública ou privada, nacional ou estrangeira, bem como os entes despersonalizados, que desenvolvem atividade de produção, montagem, criação, construção, transformação, importação, exportação, distribuição ou comercialização de produtos ou prestação de serviços (art. 3º do CDC).

No tocante ao fornecedor, importa registrar que somente assim será considerado se desempenhar atividade mercantil ou civil de forma habitual, sob pena de restar descaracterizada a figura em apreço. Assim, a pessoa física ou jurídica que ocasionalmente fornece produto ou serviço, não fazendo desta atividade sua fonte de renda, não se insere no conceito de fornecedor, afastando-se, pois, a relação de consumo.

✓ Produto: é qualquer bem, móvel ou imóvel, material ou imaterial (art. 3º, § 1º, do CDC);

✓ Serviço: é qualquer atividade fornecida no mercado de consumo, mediante remuneração, inclusive as de natureza bancária, financeira, de crédito e securitária, salvo as decorrentes das relações de caráter trabalhista (art. 3º, § 2º, do CDC).

7.1.3. Características gerais dos crimes contra o consumidor definidos no CDC

Como regra, as infrações penais definidas no CDC trazem características comuns, quais sejam:

a) *sujeito ativo*: fornecedor;

b) *sujeito passivo*: a coletividade (sujeito passivo principal) e o consumidor (sujeito passivo secundário);

c) *objeto material*: produto ou serviço;

d) *objeto jurídico*: as relações de consumo (conotação coletiva);

e) *elemento subjetivo da conduta*: dolo (regra) ou culpa (poucos casos).

Importa destacar que os crimes contra as relações de consumo não se esgotam no CDC, podendo ser encontrados em outros diplomas normativos, como a Lei 8.137/1990 (Lei dos crimes contra a ordem tributária, econômica e relações de consumo). Isso, por vezes, gera conflito aparente de normas, geralmente resolvido pela aplicação do princípio da especialidade.

No momento, analisaremos os crimes contra as relações de consumo definidos especificamente no CDC.

7.2. Crimes no CDC

Ao todo, o Código de Defesa do Consumidor nos traz 12 (doze) tipos penais incriminadores, sem esgotar, é verdade, a proteção jurídico-penal, presente em outros diplomas legais (CP, Lei dos crimes contra a economia popular, Lei de Sonegação Fiscal etc.).

Prova disso é o que dispõe o art. 61 do CDC: "Constituem crimes contra as relações de consumo previstas neste Código, sem prejuízo do disposto no Código Penal e leis especiais, as condutas tipificadas nos artigos seguintes".

7.3. Crimes em espécie

7.3.1. Substância avariada (art. 62)

Embora esta figura típica originalmente viesse no art. 62 do CDC, foi este vetado pelo Presidente da República. Todavia, o que nele estava disposto foi basicamente repetido no art. 7º, IX, da Lei 8.137/1990, *verbis*: "Vender, ter em depósito para vender ou expor à venda ou, de qualquer forma, entregar matéria-prima ou mercadoria, em condições impróprias ao consumo".

O CDC, em seu art. 18, § 6º, define o que se entende por produtos impróprios para o consumo: I – os produtos cujos prazos de validade estejam vencidos; II – os produtos deteriorados, alterados, adulterados, avariados, falsificados, corrompidos, fraudados, nocivos à vida ou à saúde, perigosos ou, ainda, aqueles em desacordo com as normas regulamentares de fabricação, distribuição ou apresentação; III – os produtos que, por qualquer motivo, se revelem inadequados ao fim a que se destinam.

Passemos, pois, à análise do tipo penal em comento:

a) Sujeito ativo: fornecedor.

b) Sujeito passivo: coletividade (sujeito passivo imediato ou principal) e o próprio consumidor (sujeito passivo mediato ou secundário), caso o crime afete pessoa certa e determinada.

c) Condutas típicas: vender, ter em depósito para vender, expor à venda ou, de qualquer forma, entregar.

d) Objeto material: matéria-prima ou mercadoria em condições impróprias ao consumo. Aqui, trata-se de norma penal em branco, já que o conceito de "produtos impróprios para o consumo" vem previsto no art. 18, § 6º, do CDC, anteriormente reproduzido.

e) Elemento subjetivo da conduta: dolo e culpa (admite-se a modalidade culposa, de acordo com o art. 7º, parágrafo único, da Lei 8.137/1990, que pune o agente com pena reduzida de 1/3 ou de multa, igualmente reduzida, à quinta parte).

f) Classificação doutrinária: crime de mera conduta.

g) Consumação e tentativa: consuma-se o crime com a mera atividade, pouco importando a ocorrência de resultado lesivo. Logo, inadmissível a tentativa, por ser esta modalidade incompatível com os crimes de mera conduta.

Peculiaridade do crime: **parcela d**a doutrina dispensa a realização de perícia nos produtos apreendidos e ditos como impróprios para o consumo, pois se trata de crime de perigo abstrato, presumindo-se, pois, a ofensa ao bem jurídico tutelado (relações de consumo), existindo, inclusive, precedentes nesse sentido (STJ: REsp 221.561/PR e REsp 472.038/PR; STF: RT 781/516. No entanto, no próprio STJ já se decidiu o seguinte, revelando-se a divergência jurisprudencial que ainda existe sobre a questão: "Penal. Crime contra as relações de consumo. Art. 7, inciso IX, da Lei 8.137/1990. Produto impróprio para consumo. Perícia. Necessidade para constatação da nocividade do produto apreendido. Recurso especial desprovido. 1. *Esta Corte Superior de Justiça pacificou o entendimento no sentido de que, para caracterizar o crime previsto no artigo 7, inciso IX, da Lei 8.137/1990, é **imprescindível a realização de perícia** a fim de atestar se as mercadorias apreendidas estavam em condições impróprias para o consumo*. 2. Recurso especial desprovido. (REsp 1184240/TO, Rel. Ministro Haroldo Rodrigues (Desembargador convocado do TJ/CE), 6ª Turma, *DJe* 20.06.2011)".

7.3.2. Omissão de dizeres ou sinais ostensivos sobre a nocividade ou periculosidade de produtos (art. 63)

Reza o *caput* do art. 63 do CDC: "Omitir dizeres ou sinais ostensivos sobre a nocividade ou periculosidade de produtos, nas embalagens, nos invólucros, recipientes ou publicidade". A pena é de detenção, de *6 meses a 2 anos e multa*.

Referido dispositivo decorre de regra inserida no CDC acerca da proteção à saúde e segurança dos consumidores, prevista especificamente no art. 9º: "O fornecedor de produtos e serviços potencialmente nocivos ou perigosos à saúde ou segurança deverá informar, de maneira ostensiva e adequada, a respeito da sua nocividade ou periculosidade, sem prejuízo da adoção de outras medidas cabíveis em cada caso concreto".

Vejamos cada item atinente ao tipo penal incriminador em comento:

a) Sujeito ativo: fornecedor.

b) Sujeito passivo: coletividade (sujeito passivo imediato ou principal) e o consumidor (sujeito passivo mediato ou secundário).

c) Conduta típica: omitir (clara sinalização de que o crime é OMISSIVO, mais precisamente, omissivo próprio ou puro).

d) Elementos normativos do tipo: nocividade e periculosidade. Trata-se de conceitos que devem ser valorados pelo magistrado, a fim de que afira se há adequação típica. Considera-se nocivo o produto que possa causar algum malefício ao consumidor, ao passo que a periculosidade do produto indica um conjunto de circunstâncias que se traduzem em um mal ou dano provável para alguém ou alguma coisa.

e) Elemento subjetivo: dolo (regra) e culpa (§ 2º – pena de 1 a 6 meses de detenção ou multa).

f) Consumação e tentativa: por se tratar de crime omissivo, bastará, é claro, a inatividade do agente para que se repute consumado. Por ser o crime em tela omissivo próprio, inadmissível a tentativa, por absoluta incompatibilidade.

7.3.3. Omissão na comunicação de nocividade ou periculosidade de produtos (art. 64)

Prescreve o art. 64 do CDC: "Deixar de comunicar à autoridade competente e aos consumidores a nocividade ou periculosidade de produtos cujo conhecimento seja posterior à sua colocação no mercado". A pena é de *detenção de 6 meses a 2 anos e multa.*

O art. 10 do CDC, bem assim seus parágrafos, tratam da vedação ao fornecedor de "colocar no mercado de consumo produto ou serviço que sabe ou deveria saber apresentar alto grau de nocividade ou periculosidade à saúde ou segurança". Tão logo tenha conhecimento da periculosidade que apresentem, "o fornecedor de produtos e serviços que, posteriormente à sua introdução no mercado de consumo" dela souber, "deverá comunicar o fato imediatamente às autoridades competentes e aos consumidores, mediante anúncios publicitários".

Vejamos o tipo penal em comento:

a) Sujeito ativo: fornecedor.

b) Sujeito passivo: coletividade (sujeito passivo imediato ou principal) e o consumidor (sujeito passivo mediato ou secundário).

c) Conduta típica: deixar de comunicar. Trata-se, é evidente, de crime omissivo próprio, dada a inatividade do sujeito ativo frente às autoridades competentes e consumidores acerca da informação de periculosidade e nocividade de produtos inseridos no mercado de consumo.

d) Elementos normativos do tipo: nocividade e periculosidade.

e) Elemento subjetivo da conduta: dolo (não há modalidade culposa).

f) Consumação e tentativa: por se tratar de crime omissivo próprio, bastará a mera inatividade do agente para restar caracterizado. Pelo fato de se tratar de conduta omissiva ("deixar de..."), impossível a tentativa.

7.3.4. Execução de serviço de alto grau de periculosidade (art. 65)

Preconiza o art. 65 do CDC: "Executar serviço de alto grau de periculosidade, contrariando determinação de autoridade competente". A pena é de *detenção de 6 meses a 2 anos e multa.*

Relevante é saber o que se entende por serviço de "alta periculosidade". Parte da doutrina entende que se trata de norma penal em branco, tendo em vista que não cuidou o tipo penal de especificar o que é serviço de alta periculosidade. Assim, aqueles assim reconhecidos por autoridades competentes (as sanitárias, em regra), se executados em contrariedade ao disposto por referidas autoridades, configurarão o crime em tela. É o caso, por exemplo, de dedetização, que envolve o uso de produtos tóxicos. Tal tarefa é possível, desde que se observem as prescrições legais a respeito, tais como as previstas no Código Sanitário dos estados.

Vejamos o tipo penal incriminador de modo fracionado:

a) Sujeito ativo: fornecedor.

b) Sujeito passivo: coletividade (sujeito passivo imediato ou principal) e o consumidor (sujeito passivo mediato ou secundário).

c) Conduta típica: executar. Pela análise do verbo, é possível que se conclua que se trata de crime comissivo, vale dizer, deve o agente realizar uma ação, com as características descritas no tipo.

d) Elemento subjetivo da conduta: é o dolo (não há previsão de modalidade culposa).

e) Consumação e tentativa: não se exige, para sua configuração, resultado lesivo. Portanto, pode ser classificado como crime de mera conduta, sendo absolutamente desnecessário (quiçá impossível) o implemento de resultado naturalístico. Por ser crime comissivo, é, em tese, cabível a tentativa, muito embora seja de improvável verificação.

7.3.5. Afirmação falsa ou enganosa (art. 66)

O *caput* do art. 66 do CDC assim prescreve: "Fazer afirmação falsa ou enganosa, ou omitir informação relevante sobre a natureza, característica, qualidade, quantidade, segurança, desempenho, durabilidade, preço ou garantia de produtos ou serviços". A pena é de *detenção de 3 meses a 1 ano e multa.*

O crime em tela tenciona proteger as corretas informações que devem ser prestadas ao consumidor, nos moldes preconizados pelo art. 31 do CDC: "A oferta e apresentação de produtos ou serviços devem assegurar informações corretas, claras, precisas, ostensivas e em língua portuguesa sobre suas características, qualidades, quantidade, composição, preço, garantia, prazos de validade e origem, entre outros dados, bem como sobre os riscos que apresentam à saúde e segurança dos consumidores".

Ademais, o art. 6º, do mesmo diploma legal, que traz um rol dos direitos basilares do consumidor, afirma, em seu inciso III, que cabe ao fornecedor "a informação adequada e clara sobre os diferentes produtos e serviços, com especificação correta de quantidade, características, composição, qualidade, tributos incidentes e preço, bem como sobre os riscos que apresentem".

Vejamos o tipo penal em tela:

a) Sujeito ativo: fornecedor (*caput*) ou o patrocinador (§ 1º).

b) Sujeito passivo: coletividade (sujeito passivo imediato ou principal) e o consumidor (sujeito passivo mediato ou secundário).

c) Condutas típicas: fazer afirmação falsa ou enganosa ou omitir informação relevante. Na primeira conduta, verifica-se seu caráter comissivo, ao passo que, na segunda figura, identifica-se o caráter omissivo do crime em análise. Assim, seja por ação, fazendo afirmação falsa ou enganosa sobre produtos ou serviços, seja por omissão de informação relevante sobre estes, o agente incorrerá na figura penal estudada. Nas mesmas penas do *caput* incorrerá quem *patrocinar* a oferta.

d) Elemento subjetivo da conduta: dolo (*caput* e § 1º) ou culpa (§. 2º). Neste último caso, a pena será de detenção de *1 a 6 meses ou multa*.

e) Consumação e tentativa: na modalidade comissiva, admissível a tentativa, enquanto que na omissiva, por óbvio, não se a admite.

Peculiaridades do crime: a infração penal ora analisada, embora muito se assemelhe ao crime de estelionato, definido no art. 171 do CP, com este não se confunde. É que, para a configuração deste último, exige-se resultado lesivo ao patrimônio da vítima, enquanto que no código consumerista, basta a informação falsa ou enganosa, ou a mera omissão de informações relevantes sobre o produto ou serviço. Entende-se que, em caso de propaganda falsa ou enganosa, se a vítima experimentar prejuízo, haverá concurso material com estelionato, nos moldes do art. 69 do CP. Todavia, possível entender que a propaganda enganosa pode ser o meio empregado pelo agente para perpetrar o delito patrimonial, ficando por este absorvido, por força do princípio da consunção.

7.3.6. Publicidade enganosa (art. 67)

O art. 67 do CDC assim dispõe: "Fazer ou promover publicidade que sabe ou deveria saber ser enganosa ou abusiva". A pena é de *detenção de 3 meses a 1 ano e multa*.

Inegavelmente, o crime em tela protege o direito básico do consumidor de não receber ou ter acesso a "publicidade enganosa e abusiva, métodos comerciais coercitivos ou desleais", bem como "práticas e cláusulas abusivas ou impostas no fornecimento de produtos e serviços", de acordo com o prescrito no art. 6º, IV, do CDC.

Analisemos o tipo penal incriminador em comento:

a) Sujeito ativo: é o publicitário, profissional cuja atividade é regida pela Lei 4.680/1965 e Decreto 57.690/1966.

b) Sujeito passivo: coletividade (sujeito passivo imediato ou principal) e o consumidor (sujeito passivo secundário ou mediato).

c) Condutas típicas: fazer ou promover. Ambas são formas comissivas de se perpetrar o crime, que pressupõe, portanto, uma ação no sentido de criar ou executar publicidade enganosa ou abusiva. Considera-se enganosa, nos termos do art. 37, § 1º, do CDC, "qualquer modalidade de informação ou comunicação de caráter publicitário, inteira ou parcialmente falsa, ou, por qualquer outro modo, mesmo por omissão, capaz de induzir em erro o consumidor a respeito da natureza, características, qualidade, quantidade, propriedades, origem, preço e quaisquer outros dados sobre produtos e serviços". Diz-se, ainda, abusiva, "a publicidade discriminatória de qualquer natureza, a que incite à violência, explore o medo ou a superstição, se aproveite da deficiência de julgamento e experiência da criança, desrespeita valores ambientais, ou que seja capaz de induzir o consumidor a se comportar de forma prejudicial ou perigosa à sua saúde ou segurança" (art. 37, § 2º).

d) Elemento subjetivo da conduta: é o dolo, tanto na forma direta (fazer ou promover publicidade que sabe), quanto na eventual (ou deveria saber). Não se admite, por falta de previsão legal, a modalidade culposa. Não se pode, ainda, interpretar que o "deveria saber" se enquadra em qualquer modalidade de culpa (imprudência, negligência ou imperícia), já que seria absurdo o legislador punir a conduta dolosa ou culposa com a mesma intensidade, já que ao *caput* aplica-se a pena de 3 meses a 1 ano de detenção, e multa.

e) Consumação e tentativa: doutrinariamente, diz-se que o crime em comento é formal, razão pela qual se reputará consumado com a mera publicidade enganosa, pouco importando a ocorrência de resultado lesivo. A tentativa é possível, já que se trata de crime comissivo (as condutas "fazer" ou "promover" são realizadas por ação do agente).

7.3.7. Publicidade capaz de induzir o consumidor (art. 68)

Reza o art. 68: "Fazer ou promover publicidade que sabe ou deveria saber ser capaz de induzir o consumidor a se comportar de forma prejudicial ou perigosa a sua saúde ou segurança". A pena cominada varia de *6 meses a 2 anos de detenção e multa*.

Trata-se de norma penal em branco, já que a tipicidade dependerá da análise do art. 37, § 2º, do CDC, que trata da publicidade abusiva ("... *capaz de induzir o consumidor a se comportar de forma prejudicial ou perigosa à sua saúde ou segurança*").

O tipo penal em estudo tem a seguinte estrutura:

a) Sujeito ativo: é o profissional ligado à publicidade, que a promove de maneira enganosa ou abusiva. Trata-se, pois, de crime próprio.

b) Sujeito passivo: coletividade (sujeito passivo imediato ou principal) e o consumidor (sujeito passivo secundário ou mediato).

c) Condutas típicas: fazer ou promover (publicidade apta a induzir o consumidor a portar-se de forma prejudicial à saúde ou segurança).

d) Elemento normativo do tipo: publicidade apta a determinar que o consumidor passe a se portar de maneira perigosa à saúde ou segurança.

e) Elemento subjetivo da conduta: é o dolo, tanto na forma direta (sabe) quanto eventual (ou deveria saber).

f) Consumação e tentativa: consuma-se o crime em tela com a veiculação da publicidade enganosa ou abusiva que possa redundar em comportamento do consumidor perigoso à saúde ou segurança. A tentativa é admissível por ser tratar de crime plurissubsistente (composto de vários atos).

7.3.8. Omissão na organização de dados que dão base à publicidade (art. 69)

O art. 69 do CDC assim preleciona: "Deixar de organizar dados fáticos, técnicos e científicos que dão base à publicidade". A pena é de *detenção de 1 a 6 meses ou multa*.

Trata-se de crime que tutela a veracidade das informações que se destinam aos consumidores.

Assim, temos que:

a) Sujeito ativo: fornecedor ou publicitário.

b) Sujeito passivo: consumidor (diretamente/indiretamente) e a coletividade (direta/indiretamente).

c) Conduta típica: deixar de organizar. Trata-se de crime omissivo próprio.

d) Elemento subjetivo da conduta: é o dolo.

e) Consumação e tentativa: consuma-se o crime com a simples omissão (crime instantâneo). Impossível a tentativa, tendo em vista que os crimes omissivos não a admitem.

7.3.9. Emprego de peças ou componentes de reposição usados (art. 70)

O art. 70 do CDC prescreve: "Empregar na reparação de produtos, peça ou componentes de reposição usados, sem autorização do consumidor". A pena é de *detenção de 3 meses a 1 ano e multa.*

Trata-se de infração penal que tutela o direito do consumidor de ver seus pertences reparados com peças originais e novas, salvo se anuir que assim não sejam, de acordo com o art. 21 do CDC.

Destarte, verifiquemos os seguintes itens:

a) Sujeito ativo: fornecedor.

b) Sujeito passivo: consumidor e coletividade.

c) Conduta típica: empregar, ou seja, usar, utilizar, aplicar. O fato será atípico se o consumidor autorizar que peças ou componentes usados sejam utilizados na reparação de produtos danificados. Portanto, o consentimento do ofendido, na espécie, torna atípica a conduta. Entende-se que a anuência provoca a exclusão da antijuridicidade, por se tratar de causa supralegal que torna lícita a conduta.

d) Elemento subjetivo da conduta: é o dolo. Não se admite a forma culposa. Portanto, se o fornecedor, por descuido (negligência), empregar no conserto de produto peças usadas, não praticará o crime em tela.

e) Consumação e tentativa: há quem sustente que o crime é de mera atividade, vale dizer, não se exige que o consumidor experimente prejuízo. Há quem diga que o crime em comento é de perigo abstrato, cujo prejuízo é presumido. Todavia, possível entender-se que o crime exige prejuízo ao consumidor, sob pena de estarmos diante de mero ilícito civil. Se se entender que o crime é material, admite-se a tentativa.

7.3.10. Cobrança vexatória (art. 71)

O art. 71 do CDC assim prevê: "Utilizar, na cobrança de dívidas, de ameaça, coação, constrangimento físico ou moral, afirmações falsas, incorretas ou enganosas ou de qualquer outro procedimento que exponha o consumidor, injustificadamente, a ridículo ou interfira com seu trabalho, descanso ou lazer". A pena cominada varia de *3 meses a 1 ano de detenção e multa.*

Trata-se de crime que vem a reforçar o direito do consumidor de não ser exposto a ridículo, nem submetido a qualquer tipo de constrangimento ou ameaça, *ex vi* do art. 42 do CDC.

Vejamos os elementos do tipo e sujeitos do crime:

a) Sujeito ativo: é o fornecedor (credor) ou quem, a seu mando, efetue a cobrança ao consumidor.

b) Sujeito passivo: coletividade e consumidor (devedor).

c) Conduta típica: utilizar (empregar, usar). Assim, verifica-se o crime quando o credor ou terceira pessoa, a seu mando, emprega meios vexatórios para a cobrança de dívida, tais como: ameaça, coação, constrangimento físico ou moral. Referidos meios são meramente exemplificativos, tendo em vista que o tipo penal admite uso da interpretação analógica (ou qualquer outro procedimento que exponha o consumidor a ridículo, ou interfira em seu trabalho, descanso ou lazer).

d) Elemento normativo do tipo: o meio utilizado para a cobrança deve ser indevido ou injustificado.

e) Elemento subjetivo da conduta: é o dolo. Não se admite a modalidade culposa, por ausência de previsão legal.

f) Consumação e tentativa: consuma-se o crime com a cobrança vexatória da dívida, de maneira injustificada. Diz-se que o crime é de mera conduta. Admissível a tentativa (ex.: cobrança por escrito, mas extraviada).

7.3.11. Impedimento de acesso às informações do consumidor (art. 72)

Reza o art. 72 do CDC: "Impedir ou dificultar o acesso do consumidor às informações que sobre ele constem em cadastros, banco de dados, fichas e registros". A pena é de *detenção de 6 meses a 1 ano ou multa.*

Trata-se de crime que vem a inserir no campo penal o disposto no art. 43 do mesmo código, que assim dispõe: "O consumidor, sem prejuízo do disposto no art. 86, terá acesso às informações existentes em cadastros, fichas, registros e dados pessoais e de consumo arquivados sobre ele, bem como sobre as suas respectivas fontes".

Vejamos o tipo penal em detalhes:

a) Sujeito ativo: qualquer pessoa responsável pelo controle das informações sobre o consumidor.

b) Sujeito passivo: coletividade e consumidor.

c) Condutas típicas: impedir (oferecer obstáculo) ou dificultar (estorvar, complicar).

d) Elemento subjetivo da conduta: é o dolo. Não se admite a modalidade culposa, por ausência de previsão legal.

e) Consumação e tentativa: consuma-se o crime com o impedimento ou dificuldade criada pelo agente ao acesso, pelo consumidor, de informações suas que constem em cadastros, bancos de dados, fichas e registros. Não se pode admitir a tentativa tendo em vista que a conduta "dificultar", por si só, basta à consumação do delito.

7.3.12. Omissão na correção de informações com inexatidões (art. 73)

O crime em tela vem previsto no art. 73 do CDC, *in verbis*: "Deixar de corrigir imediatamente informação sobre consumidor constante de cadastro, banco de dados, fichas ou registros que sabe ou deveria saber ser inexata". A pena varia de *1 a 6 meses de detenção ou multa.*

A infração em comento tutela, a um só tempo, a honra e o crédito do consumidor, nos termos do art. 43, § 3º, do CDC: "O consumidor, sempre que encontrar inexatidão nos seus dados e cadastros, poderá exigir sua imediata correção, devendo o arquivista, no prazo de cinco dias úteis, comunicar a alteração aos eventuais destinatários das informações incorretas".

Vejamos os elementos do tipo e sujeitos:

a) Sujeito ativo: pessoa que deixa de corrigir a informação, desde que responsável para tanto.

b) Sujeito passivo: consumidor cuja informação deixou de ser corrigida.

c) Conduta típica: deixar de corrigir. Trata-se, por evidente, de crime omissivo próprio.

d) Elemento subjetivo da conduta: dolo direto ("sabe") ou eventual ("deveria saber").

e) Elemento normativo do tipo: a expressão imediatamente, prevista no tipo em tela, deve ser interpretada como passível de realização em até 5 dias (art. 43, §3º, CDC).

f) Consumação e tentativa: com a mera omissão o crime estará consumado. Por se tratar de crime omissivo, inadmissível a tentativa.

7.3.13. Omissão na entrega de termo de garantia (art. 74)

O art. 74 do CDC assim prescreve: "Deixar de entregar ao consumidor o termo de garantia adequadamente preenchido e com especificação clara de seu conteúdo". A pena varia de *1 a 6 meses de detenção ou multa.*

O crime em comento protege a relação contratual havida entre consumidor e fornecedor, nos termos do art. 50, *caput*, e parágrafo único, do CDC: "A garantia contratual é complementar à legal e será conferida mediante termo escrito. Parágrafo único. O termo de garantia ou equivalente deve ser padronizado e esclarecer, de maneira adequada, em que consiste a mesma garantia, bem como a forma, o prazo e o lugar em que pode ser exercitada e os ônus a cargo do consumidor, devendo ser-lhe entregue, devidamente preenchido pelo fornecedor, no ato do fornecimento, acompanhado de manual de instrução, de instalação e uso do produto em linguagem didática, com ilustrações".

Vejamos os sujeitos do crime e elementos do tipo:

a) Sujeito ativo: fornecedor.

b) Sujeito passivo: consumidor e coletividade.

c) Conduta típica: deixar de entregar. Trata-se de crime omissivo próprio, que se configura pela falta de entrega ao consumidor do termo de garantia (contratual) devidamente preenchido e com especificações claras de seu conteúdo.

d) Elemento subjetivo da conduta: é o dolo. Não há modalidade culposa prevista.

e) Consumação e tentativa: o delito em questão se consuma com a omissão na entrega do termo de garantia. Por ser crime omissivo, impossível a tentativa.

7.4. Concurso de pessoas (art. 75)

O art. 75 do CDC, de acordo com a doutrina, encontra-se revogado pelo art. 11 da Lei 8.137/1990 (crimes contra a ordem tributária, econômica e relações de consumo).

De qualquer forma, o dispositivo é absolutamente dispensável, já que seu conteúdo é semelhante ao art. 29 do CP.

7.5. Circunstâncias agravantes (art. 76)

A aplicação das circunstâncias alteradoras da reprimenda não impede que aquelas definidas no CP sejam aplicadas, desde que não configurem *bis in idem*.

7.6. Pena de multa (art. 77)

Por ser regra especial, aplica-se o CDC e não as prescrições acerca da pena de multa prevista no CP.

Por força do art. 77, "a pena pecuniária prevista nesta Seção será fixada em dias-multa, correspondente ao mínimo e ao máximo de dias de duração da pena privativa da liberdade cominada ao crime. Na individualização desta multa, o juiz observará o disposto no art. 60, § 1º, do Código Penal".

Referido dispositivo do CP permite ao juiz elevar a pena de multa até o triplo, se a capacidade econômica do réu for suficientemente boa a tal ponto de tornar ineficaz a pena pecuniária legalmente prevista.

7.7. Penas restritivas de direitos (art. 78)

Diferentemente do CP, as penas restritivas de direitos previstas no CDC não têm caráter substitutivo à privativa de liberdade, mas cumulativo (ou alternativo também).

Dado o princípio da especialidade, são penas restritivas de direitos aplicáveis aos crimes contra as relações de consumo: I – a interdição temporária de direitos; II – a publicação em órgãos de comunicação de grande circulação ou audiência, às expensas do condenado, de notícia sobre os fatos e a condenação; III – a prestação de serviços à comunidade.

Por ausência de previsão legal, as demais penas alternativas previstas no CP não se aplicam aos agentes que tenham praticado crimes previstos no CDC.

7.8. Fiança (art. 79)

De acordo com o art. 79 do CDC, o valor da fiança variará entre 100 a 200 mil vezes o valor do BTN. Porém, como este índice foi extinto em 01.02.1991, com valor então de CR$ 126,86, será utilizado como parâmetro, após atualizado, para pagamento da contracautela.

7.9. Assistente de acusação e ação penal subsidiária (art. 80)

Admite-se que intervenham como assistentes de acusação, nos crimes contra as relações de consumo, sem prejuízo das próprias vítimas diretas (consumidores), os legitimados previstos no art. 82, III e IV, do CDC, a saber:

> "III – entidades e órgãos da administração pública, direta ou indireta, ainda que sem personalidade jurídica, especificamente destinados à defesa dos interesses e direitos protegidos por este código [CDC];
>
> "IV – as associações legalmente constituídas há pelo menos um ano e que incluam entre seus fins institucionais a defesa dos interesses e direitos protegidos por este código [CDC] (...)."

Ademais, referidos legitimados também o serão para a propositura de ação penal privada subsidiária da pública, desde que haja inércia ministerial, nos termos do art. 5º, LIX, da CF/1988, e art. 29 do CPP.

8. CRIMES FALIMENTARES – LEI 11.101/2005

8.1. Previsão legal e considerações iniciais

A Lei 11.101, de 09.02.2005, com *vacatio legis* de 120 dias, substituiu, integralmente, a antiga "Lei de Falências" (Decreto 7.661/1945). Com a nova lei, não há mais falar-se apenas em falência, mas, também, em recuperação judicial e extrajudicial, deixando de existir a "antiga" concordata.

Acerca da origem histórica da falência, fala-se que dizia respeito ao adimplemento das dívidas e seus instrumentos de garantia. Antigamente, garantia-se o pagamento de dívidas com castigos físicos, apreensão de bens do devedor pelo próprio credor, que os alienava e "quitava" a dívida.

Com o desenvolvimento da economia e das relações comerciais, tornou-se imprescindível a criação de mecanismos de proteção do crédito e das relações cliente-mercado, do que se extraiu a edição da Lei dos Crimes Falimentares. Na atualidade, torna-se um pouco equivocada a menção a "Crimes Falimentares", visto que crimes há que dependem não da sentença que declara a falência, mas daquela que concede recuperação judicial ou que homologa a recuperação extrajudicial. Todavia, por tradição, prossegue-se dizendo "Crime Falimentar".

8.2. Direito intertemporal e a problemática do conflito de leis penais no tempo

A antiga Lei de Falências (Decreto 7.661/1945), em diversos pontos, frente à nova lei, é considerada mais benéfica (*lex mitior*), especialmente no tocante às penas. Portanto, em alguns casos, configurar-se-á a *novatio legis in pejus* (nova lei prejudicial), razão pela qual, nesse ponto, será irretroativa.

Todavia, houve situações em que a nova lei (Lei 11.101/2005) operou a descriminalização de certas condutas, extirpadas do cenário jurídico. Nesse caso, havendo *abolitio criminis*, certamente a lei nova é benéfica, operando efeitos imediatamente (extinção da punibilidade - art. 107, III, CP).

Ainda, a Lei 11.101/2005 introduziu no ordenamento jurídico penal novas figuras típicas, até então inexistentes. Logo, por se tratar, nesse ponto, de *novatio legis* incriminadora, somente poderá gerar efeitos a partir de sua edição. Assim não fosse, estar-se-ia violando, a um só tempo, o princípio da reserva legal e da anterioridade.

Assim, concluímos o seguinte:

a) para crimes falimentares praticados sob a égide do Decreto 7.661/1945, mas que a persecução penal não tenha sido iniciada, ou, se iniciada, não havia se encerrado, deve-se analisar se a "nova lei" (Lei 11.101/2005) foi mais benéfica - caso em que irá operar-se a retroatividade - ou prejudicial - caso em que haverá a ultratividade da lei revogada;

b) para figuras criminosas inexistentes à época da vigência do Decreto 7.661/1945, evidentemente a tipicidade penal somente existirá a partir da edição da Lei 11.101/2005.

8.3. Crimes de dano e de perigo na Lei de Falências

Em sua maioria, os crimes falimentares serão considerados "crimes de perigo", tendo em vista que a conduta praticada pelo agente não precisará, de fato, causar lesão a um bem ou interesse, bastando que os ameacem de lesão.

Todavia, certos crimes exigirão efetivo dano ao bem jurídico protegido, sem o que não estará configurada a infração penal, ou estar-se-á diante da tentativa.

8.4. Classificação dos crimes falimentares quanto ao sujeito ativo

Alguns dos crimes falimentares são considerados *próprios*, levando-se em conta certa característica ostentada pelo sujeito ativo. São os chamados *crimes falimentares próprios* (arts. 168, 171, 172, 176 e 178 - o sujeito ativo será o devedor; art. 177 - sujeitos ativos: juiz, promotor, administrador judicial, perito, avaliador, escrivão, oficial de justiça ou leiloeiro).

Em outros casos, os crimes falimentares serão *impróprios ou comuns*, tendo em vista que qualquer pessoa poderá ser sujeito ativo. É o caso dos arts. 169, 170, 173, 174 e 175.

8.5. Classificação dos crimes falimentares levando-se em consideração o momento de realização dos atos executórios

a) *Crimes antefalimentares* (ou *pré-falimentares*): são aqueles cuja consumação ocorre em momento anterior (prévio) à declaração judicial da falência (sentença declaratória da falência). Também são assim denominados, após a entrada em vigor da Lei de Falências (Lei 11.101/2005), os crimes cometidos antes da sentença concessiva de recuperação judicial e da que homologa o plano de recuperação extrajudicial. São crimes antefalimentares os descritos nos arts. 168, 169, 172 e 178 da lei em comento.

b) *Crimes pós-falimentares*: são aqueles cuja consumação é verificada após a decretação da falência, da recuperação judicial ou extrajudicial. São assim considerados os crimes previstos nos arts. 168, 170, 171, 172, 173, 174, 175, 176, 177 e 178 da lei em análise.

8.6. Crimes concursais e condição objetiva de punibilidade

Os crimes falimentares são definidos como *crimes concursais*, visto que, para sua configuração, dependem do concurso de alguma causa estranha ao próprio Direito Penal. Assim, somente se pode cogitar de crime falimentar se concorrer uma outra causa (fato/ato jurídico).

Com efeito, o art. 180 da Lei de Falências assim dispõe: "A sentença que decreta a falência, concede recuperação judicial ou concede a recuperação extrajudicial de que trata o art. 163 desta Lei é condição objetiva de punibilidade das infrações penais descritas nesta Lei".

Logo, todos os crimes falimentares dependem da existência de uma condição exterior à conceituação legal (tipicidade penal), sob pena de não se cogitar de sua prática. Daí dizer-se que o crime falimentar é concursal, já que depende do concurso de uma causa externa, estranha ao Direito Penal, que é a sentença que decreta a quebra, ou que concede a recuperação judicial ou extrajudicial.

8.7. Unidade ou universalidade

Segundo Manoel de Pedro Pimentel (**Legislação penal especial**, RT, 1972), "unidade ou universalidade é o que caracteriza o crime falimentar. Cada crime falimentar é, em si mesmo, uma ação delituosa e basta a existência de um só para justificar a punição". Ainda, o mesmo mestre ensinou que "se várias forem as ações delituosas, passarão a ser consideradas como atos e a unidade complexa se transforma em uma universalidade, punindo-se o todo e não as partes, com uma só pena".

Portanto, prevalece o entendimento doutrinário (e jurisprudencial), que, concorrendo diversos fatos descritos como delitos falimentares, dá-se uma só ação punível, e não pluralidade de ações, visto tratar-se de crime de estrutura complexa, em que o comportamento dos falidos (ou em recuperação judicial ou extrajudicial) deve ser unificado. Enfim, a "pluralidade de crimes" será considerado de maneira universal, como se se tratasse de um só crime, composto de uma pluralidade de atos.

8.8. Investigação criminal na Lei de Falências

De acordo com o Decreto 7.661/1945, a investigação pela prática de crime falimentar era realizada pelo juízo universal da falência, vale dizer, pelo magistrado responsável pela decretação da quebra do empresário ou empresa.

Todavia, a doutrina criticava a disposição legal que previa tal procedimento, na medida em que o art. 144 da CF/1988 atribui à Polícia Judiciária a tarefa de investigar e apurar as infrações penais no âmbito dos Estados.

Com a nova Lei de Falências (Lei 11.101/2005), pôs-se um fim a esse absurdo. Hoje, a investigação de crimes falimentares é feita pela Polícia Judiciária, conforme se infere da leitura dos arts. 187 e 188, respeitando-se, assim, a CF/1988 e a indispensável separação entre o órgão julgador e aquele que apura a infração penal.

8.9. Ação penal nos crimes falimentares

De acordo com o art. 184 da Lei 11.101/2005, os crimes falimentares são de ação penal pública incondicionada. Ainda, em seu parágrafo único, que entendemos desnecessário, tendo em vista o disposto no art. 5º, LIX, da CF/1988 e art. 29 do CPP, há previsão de cabimento de ação penal privada subsidiária da pública, caso o Ministério Público não ofereça denúncia no prazo legal.

8.10. Crimes em espécie

Os crimes falimentares estão definidos nos arts. 168 a 178 da Lei 11.101/2005. Para os fins da presente obra, traremos, de forma objetiva, os principais aspectos de cada um deles.

8.10.1. Fraude a credores (art. 168)

> **Art. 168.** Praticar, antes ou depois da sentença que decretar a falência, conceder a recuperação judicial ou homologar a recuperação extrajudicial, ato fraudulento de que resulte ou possa resultar prejuízo aos credores, com o fim de obter ou assegurar vantagem indevida para si ou para outrem.
>
> Pena – reclusão, de 3 (três) a 6 (seis) anos, e multa.

Este crime corresponde à antiga "falência fraudulenta" prevista no Decreto 7.661/1945.

a) Sujeito ativo: empresário, sócios, gerentes, administradores e conselheiros das sociedades empresárias.

b) Sujeito passivo: os credores.

c) Condutas típicas: corresponde à prática de ato fraudulento, cometido antes ou depois da falência, da recuperação judicial ou extrajudicial (trata-se, portanto, de crime antefalimentar e pós-falimentar). Assim, o autor do crime irá praticar qualquer ato contrário à lei (com fraude), visando, com sua conduta, lesionar os credores. O dano patrimonial, mesmo que não ocorra, não descaracteriza o crime.

d) Elemento subjetivo da conduta e do tipo: o crime é doloso. Exige-se um "especial fim de agir" (elemento subjetivo do tipo), decorrente da expressão "com o fim de...". Assim, o agente atua com a intenção de obter ou assegurar alguma vantagem indevida para si ou para terceira pessoa.

e) Causas de aumento de pena: nos termos do art. 168, § 1º, a pena aumenta-se de 1/6 (um sexto) a 1/3 (um terço), se o agente: I – elabora escrituração contábil ou balanço com dados inexatos; II – omite, na escrituração contábil ou no balanço, lançamento que deles deveria constar, ou altera escrituração ou balanço verdadeiros; III – destrói, apaga ou corrompe dados contábeis ou negociais armazenados em computador ou sistema informatizado; IV – simula a composição do capital social; V – destrói, oculta ou inutiliza, total ou parcialmente, os documentos de escrituração contábil obrigatórios. A pena será majorada de 1/3 (um terço) até metade em caso de "contabilidade paralela", ou seja, se o devedor manteve ou movimentou recursos ou valores paralelamente à contabilidade exigida pela legislação.

f) Concurso de pessoas: nos termos do art. 168, § 3º nas mesmas penas incidem os contadores, técnicos contábeis, auditores e outros profissionais que, de qualquer modo, concorrerem para as condutas criminosas descritas neste artigo, na medida de sua culpabilidade.

g) Causa de diminuição ou de substituição de pena: tratando-se de falência de microempresa ou de empresa de pequeno porte, e não se constatando prática habitual de condutas fraudulentas por parte do falido, poderá o juiz reduzir a pena de reclusão de 1/3 (um terço) a 2/3 (dois terços) ou substituí-la pelas penas restritivas de direitos, pelas de perda de bens e valores ou pelas de prestação de serviços à comunidade ou a entidades públicas (art. 168, § 4º).

8.10.2. Violação de sigilo empresarial (art. 169)

> **Art. 169.** Violar, explorar ou divulgar, sem justa causa, sigilo empresarial ou dados confidenciais sobre operações ou serviços, contribuindo para a condução do devedor a estado de inviabilidade econômica ou financeira.
>
> Pena – reclusão, de 2 (dois) a 4 (quatro) anos, e multa.

Trata-se de *novatio legis* incriminadora. Ou seja, a figura típica em análise inexistia no Decreto 7.661/1945.

a) Sujeito ativo: qualquer pessoa (crime comum).

b) Sujeito passivo: o empresário (devedor).

c) Condutas típicas: Decorre da prática de um dos verbos – violar, explorar ou divulgar. Assim, comete o crime aquela pessoa que viola, explora ou divulga sigilo empresarial ou dados confidenciais referentes a operações e serviços. Com isso, o agente, se contribuir para a bancarrota do devedor, terá cometido o crime.

d) Elemento subjetivo da conduta: o crime é doloso.

8.10.3. Divulgação de informações falsas (art. 170)

> **Art. 170.** Divulgar ou propalar, por qualquer meio, informação falsa sobre devedor em recuperação judicial, com o fim de levá-lo à falência ou de obter vantagem.
>
> *Pena – reclusão, de 2 (dois) a 4 (quatro) anos, e multa.*

Trata-se de *novatio legis* incriminadora, ou seja, a figura típica ora analisada inexistia na antiga legislação falimentar (Decreto 7.661/1945).

a) Sujeito ativo: qualquer pessoa (crime comum).

b) Sujeito passivo: o empresário (devedor) em recuperação judicial.

c) Condutas típicas: Decorre da prática de um dos verbos – divulgar ou propalar. Assim, comete o crime aquela pessoa que divulga ou retransmite informações inverídicas (falsas) sobre o empresário que esteja em recuperação concedida judicialmente. Com isso, o agente tenciona obter alguma vantagem ou levar o devedor à falência.

d) Elemento subjetivo da conduta: o crime é doloso. Exige-se, ainda, dolo específico (elemento subjetivo do tipo), consistente no especial fim do agente de levar o sujeito passivo à falência.

8.10.4. Induzimento a erro (art. 171)

> **Art. 171.** Sonegar ou omitir informações ou prestar informações falsas no processo de falência, de recuperação judicial

> ou de recuperação extrajudicial, com o fim de induzir a erro o juiz, o Ministério Público, os credores, a assembleia geral de credores, o Comitê ou o administrador judicial.
>
> Pena – reclusão, de 2 (dois) a 4 (quatro) anos, e multa.

Trata-se de *crime de mera conduta.*

a) Sujeito ativo: qualquer pessoa (crime comum).

b) Sujeito passivo: o empresário (devedor) em recuperação judicial, extrajudicial ou o falido.

c) Condutas típicas: Decorre da prática de um dos verbos – sonegar ou omitir; prestar informações. Trata-se, portanto, de crime omissivo nas condutas sonegar ou omitir, e comissivo, na conduta de prestar informações falsas. Assim, comete o crime aquela pessoa que sonega (esconde) ou omite informações, bem como a que prestar falsas informações, no curso de um processo falimentar, tencionando induzir a erro o juiz, especialmente no tocante às informações relativas à "saúde financeira" do réu da ação.

d) Elemento subjetivo da conduta: o crime é doloso. Exige-se, ainda, dolo específico (elemento subjetivo do tipo), consistente no especial fim do agente de levar o juiz, o membro do Ministério Público, os credores, a Assembleia Geral de credores, o comitê e o administrador judicial a erro.

8.10.5. *Favorecimento de credores (art. 172)*

> **Art. 172.** Praticar, antes ou depois da sentença que decretar a falência, conceder a recuperação judicial ou homologar plano de recuperação extrajudicial, ato de disposição ou oneração patrimonial ou gerador de obrigação, destinado a favorecer um ou mais credores em prejuízo dos demais.
>
> Pena – reclusão, de 2 (dois) a 5 (cinco) anos, e multa.

Trata-se de *crime pré-falimentar ou pós-falimentar.*

a) Sujeito ativo: o devedor (crime próprio). Porém, nos termos do art. 172, parágrafo único, da lei ora analisada, nas mesmas penas incorrerá o credor que, em conluio, possa beneficiar-se de ato previsto no *caput* do mesmo artigo.

b) Sujeito passivo: os credores.

c) Conduta típica: Decorre da prática de um ato de disposição ou oneração patrimonial. Trata-se, portanto, de crime pelo qual o agente (devedor), em detrimento da universalidade dos credores (*par conditio*), desvia bens que integrem a massa falida diretamente a certos credores, violando a ordem de recebimento. O que faz o devedor é privilegiar um ou mais credores, em detrimento dos outros.

d) Elemento subjetivo da conduta: o crime é doloso.

8.10.6. *Desvio, recebimento ou uso ilegal de bens (art. 173)*

> **Art. 173.** Apropriar-se, desviar ou ocultar bens pertencentes ao devedor sob recuperação judicial ou à massa falida, inclusive por meio da aquisição por interposta pessoa.
>
> Pena – reclusão, de 2 (dois) a 4 (quatro) anos, e multa.

a) Sujeito ativo: qualquer pessoa (crime comum), inclusive o devedor ou mesmo um credor.

b) Sujeito passivo: os credores lesados pela conduta.

c) Conduta típica: Decorre da prática de um dos verbos – apropriar, desviar ou ocultar. Assim, o agente que se apropriar (tomar para si), desviar (dar destinação diversa) ou ocultar (esconder) bens da massa falida, cometerá o crime em tela. Com uma das condutas, o agente irá causar prejuízo aos demais credores, por retirar do devedor ou da massa falida bens que eventualmente seriam reduzidos a dinheiro e distribuídos aos credores, de acordo com a classificação de seus créditos.

d) Elemento subjetivo da conduta: o crime é doloso.

8.10.7. *Aquisição, recebimento ou uso ilegal de bens*

> **Art. 174.** Adquirir, receber, usar, ilicitamente, bem que sabe pertencer à massa falida ou influir para que terceiro, de boa-fé, o adquira, receba ou use.
>
> Pena – reclusão, de 2 (dois) a 4 (quatro) anos, e multa.

Trata-se de figura penal muito semelhante à receptação (art. 180 do CP). Alguns denominam o crime em tela de "receptação falimentar".

a) Sujeito ativo: qualquer pessoa (crime comum), inclusive o devedor ou mesmo um credor.

b) Sujeito passivo: os credores.

c) Conduta típica: Decorre da prática de um dos verbos – adquirir, receber, usar ou influir. Assim, o agente que praticar uma das condutas típicas cometerá o crime, já que o fez em desconformidade com as regras legais. A aquisição, recebimento e uso de bens pertencentes a uma massa falida exigem autorização judicial. Ainda, se o autor do crime influir terceiro de boa-fé a adquirir, receber ou usar bem da massa falida, também cometerá a infração em testilha.

d) Elemento subjetivo da conduta: o crime é doloso. Ou seja, exige-se que o agente tenha conhecimento da origem do bem (pertencente a uma massa falida).

8.10.8. *Habilitação ilegal de crédito (art. 175)*

> **Art. 175.** Apresentar, em falência, recuperação judicial ou recuperação extrajudicial, relação de créditos, habilitação de créditos ou reclamação falsas, ou juntar a elas título falso ou simulado.
>
> Pena – reclusão, de 2 (dois) a 4 (quatro) anos, e multa.

Trata-se de figura penal que se assemelha a uma falsidade ideológica ou material (documental).

a) Sujeito ativo: qualquer pessoa (crime comum).

b) Sujeito passivo: os credores, o devedor e a administração pública.

c) Conduta típica: Decorre da apresentação de créditos ou habilitações falsas.

d) Elemento subjetivo da conduta: o crime é doloso. Consuma-se o crime mesmo se não houver prejuízo a qualquer pessoa. Trata-se, pois, de crime formal.

8.10.9. *Exercício ilegal de atividade (art. 176)*

> Art. 176. Exercer atividade para a qual foi inabilitado ou incapacitado por decisão judicial, nos termos desta Lei.
>
> Pena – reclusão, de 1 (um) a 4 (quatro) anos, e multa.

Trata-se de figura penal que se assemelha a uma desobediência.

a) Sujeito ativo: devedor (crime próprio). É efeito da condenação por crime falimentar a inabilitação para o exercício de atividade empresarial, ou para cargos ou funções no conselho de administração, diretoria ou gerência de sociedades empresárias. Por isso, apenas o réu na ação falimentar que haja decretado a quebra é que poderá cometer o crime em tela.

b) Sujeito passivo: a coletividade (em especial a Administração Pública, já que sua decisão – inabilitação para ser empresário ou exercer certos cargos – está sendo desrespeitada).

c) Conduta típica: Decorre do exercício de atividade para o qual o agente foi inabilitado ou incapacitado por decisão judicial. Daí tratar-se de verdadeira desobediência à decisão judicial.

d) Elemento subjetivo da conduta: o crime é doloso.

8.10.10. Violação de impedimento (art. 177)

> **Art. 177.** Adquirir o juiz, o representante do Ministério Público, o administrador judicial, o gestor judicial, o perito, o avaliador, o escrivão, o oficial de justiça ou o leiloeiro, por si ou por interposta pessoa, bens de massa falida ou de devedor em recuperação judicial, ou, em relação a estes, entrar em alguma especulação de lucro, quando tenham atuado nos respectivos processos.
>
> Pena – reclusão, de 2 (dois) a 4 (quatro) anos, e multa.

a) Sujeito ativo: cometerá o crime em comento o juiz, o representante do Ministério Público, o administrador judicial, o gestor judicial, o perito, o avaliador, o escrivão, o oficial de justiça ou o leiloeiro. Trata-se, portanto, de crime próprio.

b) Sujeito passivo: a coletividade (Estado).

c) Conduta típica: Decorre da aquisição de bens da massa falida ou de devedor em recuperação judicial, por qualquer das pessoas previstas no tipo penal, desde que, é claro, tenham exercido alguma função ou múnus público no processo. Assim, inexistirá crime, por exemplo, de um juiz federal da Justiça do Trabalho que tenha adquirido um bem da massa falida apurada em processo falimentar em trâmite na Justiça Estadual comum.

d) Elemento subjetivo da conduta: o crime é doloso.

8.10.11. Omissão dos documentos contábeis obrigatórios (art. 178)

> **Art. 178.** Deixar de elaborar, escriturar ou autenticar, antes ou depois da sentença que decretar a falência, conceder a recuperação judicial ou homologar o plano de recuperação extrajudicial, os documentos de escrituração contábil obrigatórios.
>
> Pena – detenção, de 1 (um) a 2 (dois) anos, e multa, se o fato não constitui crime mais grave.

a) Sujeito ativo: é o devedor.

b) Sujeito passivo: será o credor (sujeito passivo imediato) e a coletividade (sujeito passivo mediato).

c) Conduta típica: consiste no fato de o agente deixar de elaborar, escriturar ou autenticar, antes (crime pré-falimentar) ou depois da sentença que decretar a falência, conceder a recuperação judicial ou homologar plano de recuperação extrajudicial (crime pós-falimentar) os documentos de escrituração contábil obrigatórios. Trata-se, por evidente, de conduta omissiva. Logo, estamos diante de crime omissivo próprio ou puro, razão pela qual a tentativa é inadmissível.

d) Elemento subjetivo: é o dolo.

8.11. Efeitos da condenação por crimes falimentares

Nos termos do art. 181 da Lei 11.101/2005, temos que são efeitos da condenação:

> I – a inabilitação para o exercício de atividade empresarial;
>
> II – o impedimento para o exercício de cargo ou função em conselho de administração, diretoria ou gerência das sociedades sujeitas a esta Lei;
>
> III – a impossibilidade de gerir empresa por mandato ou por gestão de negócio.

Referidos efeitos da condenação não são automáticos (portanto, estamos diante de *efeitos específicos*), devendo ser motivadamente declarados na sentença, e perdurarão até 5 (cinco) anos após a extinção da punibilidade, podendo, contudo, cessar antes pela reabilitação penal (art. 181, § 1º).

Nos termos do art. 181, § 2º, transitada em julgado a sentença penal condenatória, será notificado o Registro Público de Empresas para que tome as medidas necessárias para impedir novo registro em nome dos inabilitados.

8.12. Prescrição dos crimes falimentares

Nos termos do art. 182 da Lei 11.101/2005, a prescrição dos crimes falimentares reger-se-á pelas disposições do Decreto-Lei 2.848, de 07.12.1940 – Código Penal, começando a correr do dia da decretação da falência, da concessão da recuperação judicial ou da homologação do plano de recuperação extrajudicial. Portanto, o termo inicial do prazo prescricional é o implemento da condição objetiva de punibilidade, qual seja, a decretação da falência, da recuperação judicial ou extrajudicial. Porém, referido termo a quo do prazo prescricional só terá cabimento para os crimes pré-falimentares, visto que para os pós-falimentares, cometidos em momento posterior à sentença que tenha decretado a falência ou concedido a recuperação judicial ou homologado o plano de recuperação extrajudicial, não será possível o início de fluência do prazo a partir de um daqueles citados marcos processuais. É que, se assim fosse, a prescrição teria início antes mesmo do cometimento do crime (ex.: falência decretada em 01/01/2016 => crime pós-falimentar praticado em 01/01/2017 => início da prescrição= 01/01/2017).

Frise-se que a decretação da falência do devedor interrompe a prescrição cuja contagem tenha iniciado com a concessão da recuperação judicial ou com a homologação do plano de recuperação extrajudicial (art. 182, parágrafo único).

9. CRIMES AMBIENTAIS – LEI 9.605/1998

9.1. Aspectos constitucionais e legais

De início, cabe a transcrição do art. 225, *caput*, da CF/1988:

> Todos têm direito ao meio ambiente ecologicamente equilibrado, bem de uso comum do povo e essencial à sadia qualidade de vida, impondo-se ao Poder Público e à coletividade o dever de defendê-lo e preservá-lo para as presentes e futuras gerações.

No § 3º do sobredito dispositivo constitucional, lê-se que "as condutas e atividades consideradas lesivas ao meio ambiente sujeitarão os infratores, pessoas físicas ou jurídicas, a sanções penais e administrativas, independentemente da obrigação de reparar os danos causados".

Destarte, identifica-se na Lei Maior verdadeiro mandamento de criminalização. Ou seja, o legislador constituinte, em verdadeira "ordem" ao infraconstitucional, determinou que as condutas lesivas à qualidade ambiental sujeitarão os infratores a um tríplice sistema sancionatório: administrativo, civil e criminal.

Anos mais tarde, com o advento da Lei 9.605/1998, foram tipificadas condutas lesivas ao meio ambiente, dando-lhes conotação – e proteção – penal.

9.2. Breves linhas acerca das discussões doutrinárias sobre a responsabilidade penal das pessoas jurídicas por crimes ambientais

Considerando que o objetivo da presente obra é trazer ao leitor um "resumo" sobre os principais assuntos da matéria, traremos, brevemente, os pontos fulcrais acerca da responsabilização penal das pessoas jurídicas por danos causados ao meio ambiente.

Pois bem. As divergências doutrinárias cingem-se, basicamente, a duas linhas:

a) admissibilidade da responsabilidade penal da pessoa jurídica; e

b) inadmissibilidade da responsabilidade penal da pessoa jurídica.

O principal argumento para a *primeira corrente* é o de que a própria CF, em seu art. 225, § 3º, previu expressamente a responsabilidade penal da pessoa jurídica.

Já para a *segunda corrente*, as bases fundamentais da sistemática penal (responsabilidade subjetiva – condutas dolosas ou culposas; imposição de penas privativas de liberdade; vedação da responsabilidade objetiva; princípio da culpabilidade e personalização das penas) impossibilitam o reconhecimento de condutas criminosas perpetradas por pessoas jurídicas.

A tendência moderna é a da *aceitação* da responsabilização penal das pessoas jurídicas por crimes ambientais, afirmando-se que a moderna criminalidade exige mecanismos eficientes – e atualizados – de combate aos comportamentos lesivos aos direitos transindividuais, sendo necessário que o intérprete-aplicador do Direito se distancie de alguns "dogmas" criados na seara criminal, especialmente o de que apenas o "ser humano" pode cometer infrações penais. Ainda, sustenta-se que a pessoa jurídica deve, sim, responder por seus atos, sendo necessária uma adaptação da culpabilidade às suas características.

Nada obstante, doutrinadores de renome defendem a irresponsabilidade penal das pessoas jurídicas pela prática de crimes, dentre eles Luiz Regis Prado, Miguel Reale Junior, José Henrique Pierangelli e Claus Roxin (Alemanha). Sustenta-se que desde o Direito Romano já se afirmava que a sociedade não pode delinquir (*societas delinquere non potest*), bem como que a pessoa jurídica não tem "vontade", motivo pelo qual não pode ter um "comportamento delituoso". Também se afirma que a pessoa jurídica não tem a indispensável consciência, elemento constitutivo da conduta penalmente relevante, bem como que não é possível que se lhe impute um fato ilícito em razão de sua ausência de capacidade de entendimento e autodeterminação (imputabilidade). Por fim, diz-se que é inviável a imposição de penas privativas de liberdade às pessoas jurídicas. Para a corrente que admite a responsabilização criminal, afirma-se que o Direito Penal não se resume à aplicação de penas de prisão, sendo perfeitamente possível que se imponham aos entes morais penas restritivas de direitos e pecuniárias.

Assim, seguindo a corrente que reconhece a possibilidade de punição das pessoas jurídicas por crimes ambientais, foi editada a Lei 9.605/1998, que, em seu art. 3º, *caput*, e parágrafo único, prescreve que as pessoas jurídicas serão responsabilizadas administrativa, civil e penalmente conforme o disposto nesta Lei, nos casos em que a infração seja cometida por decisão de seu representante legal ou contratual, ou de seu órgão colegiado, no interesse ou benefício da sua entidade. Determina, ainda, que a responsabilidade das pessoas jurídicas não exclui a das pessoas físicas, autoras, coautoras ou partícipes do mesmo fato.

Para o STJ, "admite-se a responsabilidade penal da pessoa jurídica em crimes ambientais desde que haja a imputação simultânea do ente moral e da pessoa física que atua em seu nome ou em seu benefício, uma vez que não se pode compreender a responsabilização do ente moral dissociada da atuação de uma pessoa física, que age com elemento subjetivo próprio" (REsp 889.528/SC, rel. Min. Felix Fischer, j. 17.04.2007).

O entendimento acima sedimenta o sistema paralelo de imputação, também conhecido como teoria da dupla imputação. Para que o Ministério Público ofereça denúncia contra pessoa jurídica pela prática de crime ambiental, será indispensável que haja, também, a imputação de conduta a uma pessoa física que atue em seu nome ou em seu benefício.

Nada obstante, a 1ª Turma do STF, em análise de Agravo Regimental interposto pelo Ministério Público Federal nos autos do Recurso Extraordinário 548.181/PR, por maioria de votos, reconheceu a desnecessidade da dupla imputação para o reconhecimento da responsabilidade penal das pessoas jurídicas por crimes ambientais. Confira-se:

> *""Recurso extraordinário. Direito penal. Crime ambiental. Responsabilidade penal da pessoa jurídica. Condicionamento da ação penal à identificação e à persecução concomitante da pessoa física que não encontra amparo na constituição da república. 1. O art. 225, § 3º, da Constituição Federal não condiciona a responsabilização penal da pessoa jurídica por crimes ambientais à simultânea persecução penal da pessoa física em tese responsável no âmbito da empresa. A norma constitucional não impõe a necessária dupla imputação. 2. As organizações corporativas complexas da atualidade se caracterizam pela descentralização e distribuição de atribuições e responsabilidades, sendo inerentes, a esta realidade, as dificuldades para imputar o fato ilícito a uma pessoa concreta. 3. Condicionar a aplicação do art. 225, § 3º, da Carta Política a uma concreta imputação também a pessoa física implica indevida restrição da norma constitucional, expressa a intenção do constituinte originário não apenas de ampliar o alcance das sanções penais, mas também de evitar a impunidade pelos crimes ambientais frente às imensas dificuldades de individualização dos responsáveis internamente às corporações, além de reforçar a tutela do bem jurídico ambiental. 4. A identificação dos setores e agentes internos da empresa determinantes da produção do fato ilícito tem relevância e deve ser buscada no caso concreto como forma de esclarecer se esses indivíduos ou órgãos atuaram ou deliberaram no exercício regular de suas atribuições internas à sociedade, e ainda para verificar se a atuação se deu no interesse ou em benefício da entidade coletiva. Tal esclarecimento, relevante para fins de imputar determinado delito à pessoa jurídica, não se confunde, todavia, com subordinar a responsabilização da pessoa jurídica à responsabilização conjunta e cumulativa das pessoas físicas envolvidas. Em não raras oportunidades, as responsabilidades internas pelo fato estarão diluídas ou parcializadas de tal modo que não permitirão a imputação de responsabilidade penal individual. 5. Recurso Extraordinário parcialmente conhecido e, na parte conhecida, provido."*

Embora não seja uma decisão que tenha sido tomada pelo Plenário da Excelsa Corte, trata-se de entendimento que poderá influenciar a jurisprudência pátria, alterando-se o já anteriormente estava pacificado acerca do sistema d imputação.

A despeito disso, para o Exame da OAB, entenden ser possível defender a teoria que exige a simultan imputações (pessoas físicas e jurídicas) em matéria de crimes ambientais.

9.3. Considerações gerais sobre os crimes ambientais

Para os fins da presente obra, iremos nos ater aos mais importantes aspectos dos principais crimes definidos na Lei 9.605/1998, que estão distribuídos da seguinte forma:

a) Crimes contra a fauna (arts. 29 a 37);

b) Crimes contra a flora (arts. 38 a 53);

c) Crimes de poluição e outros crimes ambientais (arts. 54 a 61);

d) Crimes contra o ordenamento urbano e o patrimônio cultural (arts. 62 a 65);

e) Crimes contra a administração ambiental (arts. 66 a 69-A).

Como dito, não esgotaremos todos os crimes ambientais. Porém, iremos abordar os principais e mais relevantes pontos da lei em comento.

9.3.1. Dos crimes contra a fauna (arts. 29 a 37)

Todos os crimes previstos neste capítulo têm por objetividade jurídica a *fauna*, vale dizer, o conjunto de animais de qualquer espécie que viva naturalmente fora do cativeiro.

9.3.1.1. Crime do art. 29

> **Art. 29.** Matar, perseguir, caçar, apanhar, utilizar espécimes da fauna silvestre, nativos ou em rota migratória, sem a devida permissão, licença ou autorização da autoridade competente, ou em desacordo com a obtida:
>
> Pena – detenção, de seis meses a um ano, e multa.

a) Conduta típica: são os verbos-núcleos do tipo *matar*, *perseguir*, *caçar*, *apanhar* ou *utilizar*.

b) Objeto material: espécimes de fauna silvestre, nativos ou em rota migratória.

Entende-se por fauna o conjunto de animais próprios de uma região ou de um período geológico. *Espécimes nativas* são aquelas nascidas naturalmente em uma região. Já as *espécimes migratórias* são aquelas que mudam periodicamente de região (ex.: aves).

c) Elementos normativos do tipo: sem a devida permissão, licença ou autorização da autoridade competente, ou em desacordo com a obtida.

d) Consumação e tentativa: este crime estará *consumado* com a morte, perseguição, atos de caça, a captura ou a utilização dos espécimes, de forma indevida. É admissível a *tentativa* nas condutas de *matar e apanhar*, que exigem resultado (material). Já nos verbos *perseguir e caçar*, o crime será de mera conduta, não sendo possível a tentativa. Por fim, o verbo *utilizar* pressupõe a perseguição ou o ato de apanhar as espécimes, também não admitindo tentativa.

Será admissível o perdão judicial, que é causa extintiva da punibilidade (art. 107, IX, do CP), caso presente a hipótese descrita no art. 29, § 2º, da lei em comento. Assim, tratando-se de guarda doméstica da espécie silvestre, desde que não ameaçada de extinção (nos termos de ato normativo específico editado pela autoridade competente), a punibilidade do agente poderá ser extinta.

O art. 29, § 4º, I a VI, e § 5º, retrata causas de aumento de pena quando o crime for cometido: § 4º: I – contra espécie rara ou considerada ameaçada de extinção, ainda que somente no local da infração; II – em período proibido à caça; III – durante a noite; IV – com abuso de licença; V – em unidade de conservação; VI – com emprego de métodos ou instrumentos capazes de provocar destruição em massa; § 5º: se o crime decorre do exercício de caça profissional.

9.3.1.2. Crime do art. 30

> **Art. 30.** Exportar para o exterior peles e couros de anfíbios e répteis em bruto, sem a autorização da autoridade ambiental competente:
>
> Pena – reclusão, de um a três anos, e multa.

a) Conduta típica: tem base no verbo-núcleo do tipo, qual seja, *exportar*, que significa remeter para fora do país.

b) Objeto material: o objeto material do crime pode ser: *pele* (é o tecido menos espesso, que constitui o revestimento externo do corpo de animais) e *couro* (é a pele mais espessa, que reveste exteriormente o corpo de animais – ex.: couro de jacaré).

A pele ou o couro devem ser de anfíbios (vivem na terra e na água – ex.: rã, salamandras etc.) ou répteis (que se arrastam ao andar – ex.: cobras e crocodilos).

c) Consumação e tentativa: Para o crime em comento restar consumado, basta a remessa para o exterior das peles ou couros. Todavia, em razão de o *iter criminis* ser fracionável, admite-se a tentativa.

d) Competência: Tratando-se de delito transnacional (exportação para o exterior), a competência será da Justiça Federal.

9.3.1.3. Crime do art. 31

> **Art. 31.** Introduzir espécime animal no País, sem parecer técnico oficial favorável e licença expedida por autoridade competente:
>
> Pena – detenção, de três meses a um ano, e multa.

a) Conduta típica: introduzir, que significa fazer entrar ou penetrar.

b) Objeto material: o objeto material deste crime é animal "exótico", no sentido de estrangeiro, não nativo, proveniente ou oriundo de outro país.

c) Elemento subjetivo: o crime é doloso, pressupondo a vontade livre e consciente do agente em introduzir no Brasil espécime animal estrangeiro sem parecer técnico oficial e licença expedida por autoridade competente.

d) Consumação e tentativa: consuma-se com a introdução da espécime animal no país, desde que sem parecer técnico oficial favorável e licença expedida por autoridade competente. Admite-se a tentativa, desde que o último ato de execução seja praticado no estrangeiro, uma vez que, entrando em nossas fronteiras, o crime estará consumado.

9.3.1.4. Crime do art. 32

> **Art. 32.** Praticar ato de abuso, maus-tratos, ferir ou mutilar animais silvestres, domésticos ou domesticados, nativos ou exóticos:
>
> Pena – detenção, de três meses a um ano, e multa.

a) Condutas típicas: praticar (realizar, efetuar); abuso (uso errado, excessivo); maus-tratos (tratar com violência); ferir (provocar ferimentos); mutilar (cortar, decepar membros ou partes do corpo).

b) Objeto material: este crime pode ser praticado contra: animais silvestres (pertencentes à fauna silvestre); animais domésticos (vivem ou são criados em casa – ambiente humano); animais domesticados (animal silvestre que foi amansado – ex.: cavalos, gado etc.).

O crime em análise também pode ser praticado pelo agente que optar por realizar *experiência dolorosa ou cruel em animal vivo, ainda que para fins didáticos ou científicos, quando existirem recursos alternativos* (art. 32, § 1º). Neste caso, não basta o dolo, mas o tipo exige um fim especial de agir, qual seja, para "fins didáticos ou científicos". O tipo, neste caso, somente se perfaz quando, existindo "recursos alternativos" (elemento normativo do tipo), o agente preferir por realizar as experiências dolorosas ou cruéis em animais vivos. E com relação aos animais criados para abate: há crime? Entendemos que não, desde que o processo de morte seja indolor (ex.: gado de corte, galinhas, frangos, perus etc.). Nesse caso, a morte dos animais é socialmente aceita, sendo atípica.

O crime em tela será de dano nas modalidades *ferir e mutilar*, sendo de perigo nas modalidades *abuso e maus-tratos*.

9.3.1.5. Crime do art. 33

Art. 33. Provocar, pela emissão de efluentes ou carreamento de materiais, o perecimento de espécimes da fauna aquática existentes em rios, lagos, açudes, lagoas, baías ou águas jurisdicionais brasileiras:

Pena – detenção, de um a três anos, ou multa, ou ambas cumulativamente.

a) Conduta típica: *provocar*, que significa *causar, ocasionar, produzir*. Assim, o agente produz, pela emissão de efluentes (líquidos ou fluidos que emanam de um corpo, processo, dispositivo, equipamento ou instalação), o perecimento (morte) de espécimes aquáticas (ex.: peixes, crustáceos, moluscos, algas etc.).

O parágrafo único, do art. 33, traz, ainda, os seguintes crimes:

1) Causar degradação em viveiros, açudes ou estações de aquicultura de domínio público;

2) Exploração de campos naturais de invertebrados aquáticos e algas, sem licença, permissão ou autorização da autoridade competente;

3) Fundear (ancorar) embarcações ou lançar detritos de qualquer natureza sobre bancos de moluscos ou corais devidamente demarcados em carta náutica.

9.3.1.6. Crime do art. 34

Art. 34. Pescar em período no qual a pesca seja proibida ou em lugares interditados por órgão competente.

Pena – detenção, de um a três anos, ou multa, ou ambas cumulativamente.

a) Conduta típica: *pescar*, que significa retirar peixes da água. Porém, para efeitos da Lei dos Crimes Ambientais, *considera-se pesca todo ato tendente a retirar, extrair, coletar, apanhar, apreender ou capturar espécimes dos grupos dos peixes, crustáceos, moluscos e vegetais hidróbios, suscetíveis ou não de aproveitamento econômico, ressalvadas as espécies ameaçadas de extinção, constantes nas listas oficiais da fauna e da flora (art. 36).*

A pesca comercial, desportiva ou científica é, como regra, permitida (Lei 11.959/2009). O que é vedado é a pesca em período ou local proibidos por autoridade competente, ou, ainda, em certas quantidades ou por métodos considerados muito lesivos ao meio ambiente (IBAMA).

9.3.1.7. Crime do art. 35

Art. 35. Pescar mediante a utilização de:

I – explosivos ou substâncias que, em contato com a água, produzam efeito semelhante;

II – substâncias tóxicas, ou outro meio proibido pela autoridade competente:

Pena – reclusão, de um a cinco anos.

a) Conduta típica: *pescar*, aqui se entendendo a acepção constante do art. 36 da Lei 9.605/1998. Porém, a pesca será considerada criminosa se:

I. forem utilizados explosivos ou substâncias que produzam efeitos análogos aos de uma explosão;

II. substâncias tóxicas (são aquelas capazes de provocar envenenamento ou intoxicação – ex.: venenos e agrotóxicos).

9.3.1.8. Causas especiais de exclusão da ilicitude (art. 37)

Art. 37. Não é crime o abate de animal, quando realizado:

I – em estado de necessidade, para saciar a fome do agente ou de sua família;

II – para proteger lavouras, pomares e rebanhos da ação predatória ou destruidora de animais, desde que legal e expressamente autorizado pela autoridade competente;

III – (Vetado.);

IV – por ser nocivo o animal, desde que assim caracterizado pelo órgão competente.

Esse dispositivo nos traz causas específicas de exclusão da antijuridicidade. Portanto, o abate de animal, quando realizado na forma prevista no tipo penal permissivo em análise, não caracterizará crime ambiental.

9.3.2. Dos crimes contra a flora (arts. 38 a 53)

Doravante, passaremos a tratar dos principais crimes contra a flora.

9.3.2.1. Crime do art. 38

Art. 38. Destruir ou danificar floresta considerada de preservação permanente, mesmo que em formação, ou utilizá-la com infringência das normas de proteção:

Pena – detenção, de um a três anos, ou multa, ou ambas as penas cumulativamente.

a) Conduta típica: se evidencia por três verbos nucleares do tipo, a saber: *destruir* (significa eliminar, por completo, devastar, desintegrar, arruinar totalmente); *danificar* (causar dano ou estrago parcial); *utilizar* (empregar, fazer uso) com infringência das normas de proteção. Aqui, o agente faz uso de floresta de preservação permanente com infração a normas de preservação. Trata-se de norma penal em branco, pois exige complemento, qual seja, exatamente as normas de preservação.

b) Objeto material: "floresta de preservação permanente", ainda que em formação. Entende-se por *floresta* uma formação vegetal geralmente densa, em que predominam as árvores ou espécies lenhosas de grande porte. À época em que editada a Lei 9.605/1998, eram consideradas "florestas" (atualmente denominadas de áreas) de *preservação permanente* todas as florestas e demais formas de vegetação natural relacionadas nos arts. 2º e 3º do "antigo" Código Florestal (Lei 4.771/1965), revogado pela Lei 12.651/2012, que tratou das áreas de preservação permanente (APP´s) nos arts. 4º e 6º.

c) Elemento subjetivo: o crime em tela é doloso. Todavia, nos termos do art. 38, parágrafo único, da lei em testilha, previu-se a possibilidade de o crime ser praticado culposamente, hipótese em que a pena será reduzida pela metade.

9.3.2.2. Crime do art. 39

> **Art. 39.** Cortar árvores em floresta considerada de preservação permanente, sem permissão da autoridade competente:
>
> Pena – detenção, de um a três anos, ou multa, ou ambas as penas cumulativamente.

a) Conduta típica: *cortar*, ou seja, derrubar pelo corte. Embora o tipo penal fale em cortar árvores (no plural), basta o corte de uma só, em floresta (leia-se: área) considerada de preservação permanente, para o crime em tela estar consumado.

b) Objeto material: corresponde às árvores em florestas consideradas de preservação permanente (em verdade, áreas de preservação permanente, assim definidas, atualmente, nos arts. 4º e 6º do "novo" Código Florestal – Lei 12.651/2012).

Árvore é toda planta lenhosa, cujo caule ou tronco, fixado no solo com raízes, é despido na base e carregado de galhos e folhas na parte superior. Para a botânica, somente se considera árvore a planta que tiver altura superior a sete metros. Abaixo disto, estaremos diante de arbustos.

c) Elemento normativo do tipo: consubstanciado na expressão "sem permissão da autoridade competente". Portanto, somente haverá crime se o corte de árvores em APP ocorrer sem permissão da autoridade competente.

9.3.2.3. Crime do art. 41

> **Art. 41.** Provocar incêndio em mata ou floresta:
>
> Pena – reclusão, de dois a quatro anos, e multa.

a) Conduta típica: corresponde ao fato de o agente *provocar incêndio*, ou seja, causar, ocasionar fogo de grandes proporções. Entende-se, aqui, que o fogo deve atingir um grande número de árvores, mas não se exige que o incêndio queime toda a mata ou floresta; deverá atingir proporção relevante (análise do caso concreto – perícia).

b) Objeto material: pode ser a *mata* (formação vegetal constituída por árvores de pequeno e médio portes) ou a *floresta* (formação vegetal geralmente densa, em que predominam as árvores ou espécies lenhosas de grande porte).

c) Elemento subjetivo: o crime em tela é doloso. Todavia, admite-se a modalidade culposa (art. 41, parágrafo único – pena de detenção de seis meses a um ano, e multa), caso em que a tentativa será inadmissível.

9.3.2.4. Crime do art. 42

> **Art. 42.** Fabricar, vender, transportar ou soltar balões que possam provocar incêndios nas florestas e demais formas de vegetação, em áreas urbanas ou qualquer tipo de assentamento humano:
>
> Pena – detenção, de um a três anos, ou multa, ou ambas as penas cumulativamente.

a) Condutas típicas: são quatro: *fabricar* (manufaturar, produzir em fábrica); *vender* (alienar onerosamente); *transportar* (levar de um para outro lugar); *soltar* (deixar sair vagueando pelos ares).

Assim, *fabrica-se, vende-se, transporta-se* ou *solta-se balão* (invólucro de papel que, aquecido, sobe por força da expansão do ar, tendo fogo em sua base), provocando, com isso, risco potencial de incêndio em florestas e demais formas de vegetação, pouco importando se se trata de área urbana ou rural.

b) Objeto material: florestas e demais formas de vegetação integrantes da flora brasileira.

c) Elemento subjetivo: esse crime apresenta *dolo de perigo*, ou seja, o agente age de forma livre e consciente, não com a finalidade de causar efetivo resultado, mas apenas de colocar em perigo o bem jurídico tutelado pela norma penal incriminadora. Porém, exige-se a provocação de um *perigo concreto*, não bastando que o agente solte um balão. Deve-se demonstrar que, com referida conduta, alguma floresta ou outra forma de vegetação foi exposta a risco de incêndio. Trata-se, pois, de *crime de perigo concreto*.

9.3.2.5. Crime do art. 44

> **Art. 44.** Extrair de florestas de domínio público ou consideradas de preservação permanente, sem prévia autorização, pedra, areia, cal ou qualquer espécie de minerais:
>
> Pena – detenção, de seis meses a um ano, e multa.

a) Conduta típica: corresponde à realização do verbo *extrair*, que significa tirar, retirar, sem prévia autorização (elemento normativo do tipo).

b) Objeto material: florestas de domínio público (são aquelas componentes do patrimônio de um dos entes federativos – União, Estados, Municípios e DF); florestas consideradas de preservação permanente (em verdade, aqui, o objeto material será qualquer área de preservação permanente – APP, assim identificada nos termos dos arts. 4º e 6º do Código Florestal – Lei 12.651/2012); pedra, areia e cal, ou qualquer espécie de minerais (interpretação analógica).

c) Consumação e tentativa: consuma-se o crime com a prática do verbo-núcleo do tipo, vale dizer, no momento em que o agente extrair pedra, areia, cal ou qualquer espécie de minerais, de florestas de domínio público ou de preservação permanente, sem prévia autorização. Por ser crime material, admite-se a tentativa.

9.3.2.6. Crime do art. 49

> **Art. 49.** Destruir, danificar, lesar ou maltratar, por qualquer modo ou meio, plantas de ornamentação de logradouros públicos ou em propriedade privada alheia:
>
> Pena – detenção, de três meses a um ano, ou multa, ou ambas as penas cumulativamente.

a) Condutas típicas: as ações nucleares, adiante analisadas, devem ser perpetradas em *logradouros públicos* (são os bens públicos de uso comum do povo, como, por exemplo, as ruas, praças, jardins) ou mesmo em *propriedades privadas alheias* (são os bens imóveis pertencentes a terceiras pessoas que não o próprio agente delitivo).

As *condutas típicas* são *destruir* (eliminar por completo), *danificar* (causar estrago parcial), *lesar* (mutilar) ou *maltratar* (tratar de maneira inadequada). Assim, cometerá o crime o agente que mutilar uma orquídea!

Neste crime, a conduta típica pode dar-se por *ação ou omissão dolosas*.

b) Objeto material: corresponde às *plantas de ornamentação*, assim consideradas aquelas usadas em áreas internas ou externas, para a simples decoração (ex.: samambaias, azaleias, crisântemos etc.).

c) Elemento subjetivo: o crime sob análise é doloso. Porém, nos termos do art. 49, parágrafo único, admissível a modalidade culposa. Destarte, a destruição, dano, lesão ou "maus tratos" podem decorrer de imprudência, negligência ou imperícia por parte do agente delitivo. Entende-se que, nesse caso, a culpa deve derivar não de uma conduta comissiva (ação), mas sim de uma omissão. Exemplifiquemos: "A", jardineiro, por negligência, deixa de aguar plantar ornamentais de um jardim público, causando a morte das mesmas.

9.3.2.7. Crime do art. 51

> **Art. 51.** Comercializar motosserra ou utilizá-la em florestas e nas demais formas de vegetação, sem licença ou registro da autoridade competente.
>
> Pena – detenção, de três meses a um ano, e multa.

a) Conduta típica: *comercializar* (colocar no mercado), não sendo necessária a venda – crime de perigo; *utilizar* (fazer uso de), exigindo-se a efetiva utilização – crime de dano.

Assim, o agente comercializa ou utiliza motosserra, que é a serra dotada de motor elétrico ou a explosão, servindo para cortar ou serrar madeira. Somente haverá crime se a comercialização ou utilização ocorrer "sem licença ou registro da autoridade competente" (elemento normativo do tipo).

b) Objeto material: floresta e demais formas de vegetação.

Perceba que o legislador não exigiu que se tratem de "florestas de preservação permanente" (APP).

c) Consumação e tentativa: consuma-se o crime com a comercialização de motosserra ou sua simples utilização, sem licença ou registro da autoridade competente. Entende-se admissível a tentativa.

9.3.2.8. Crime do art. 52

> **Art. 52.** Penetrar em Unidades de Conservação conduzindo substâncias ou instrumentos próprios para caça ou para exploração de produtos ou subprodutos florestais, sem licença da autoridade competente.
>
> Pena – detenção, de seis meses a um ano, e multa.

a) Conduta típica: o tipo objetivo perfaz-se com as seguintes condutas: *penetrar* (entrar, adentrar) e *conduzir* (carregar, transportar).

Assim, o agente entra ou transporta, em unidades de conservação, substâncias químicas ou carrega instrumentos adequados para a caça de animais silvestres, ou para a exploração de produto florestal (é todo bem que uma floresta produz) ou subproduto florestal (ex.: lenha), *sem licença da autoridade competente* (trata-se de elemento normativo do tipo).

b) Objeto material: será qualquer Unidade de Conservação (UC), assim consideradas aquelas previstas nos arts. 40, § 1º, e 40-A, § 1º, ambos da Lei 9.605/1998. Portanto, o tipo penal em comento abarca qualquer espécie de UC, vale dizer, as de proteção integral e as de uso sustentável, na forma estabelecida na Lei 9.985/2000 (Lei do SNUC).

9.3.3. Dos crimes contra o ordenamento urbano e o patrimônio cultural (arts. 62 a 65)

Doravante, trataremos de alguns crimes contra o ordenamento urbano e o patrimônio cultural, destacando suas principais características.

9.3.3.1. Crime do art. 62

> **Art. 62.** Destruir, inutilizar ou deteriorar:
>
> I – bem especialmente protegido por lei, ato administrativo ou decisão judicial;
>
> II – arquivo, registro, museu, biblioteca, pinacoteca, instalação científica ou similar protegido por lei, ato administrativo ou decisão judicial;
>
> Pena – reclusão, de um a três anos, e multa.

a) Sujeito ativo: pode ser qualquer pessoa (crime comum), inclusive o proprietário do bem especialmente protegido.

b) Conduta típica: *destruir* (eliminar, arruinar por inteiro, totalmente); *inutilizar* (tornar algo inútil, inadequado aos fins a que se destina); *deteriorar* (é o mesmo que causar danos parciais).

c) Objeto material: são os seguintes:

1. *Bem especialmente protegido por lei, ato administrativo ou decisão judicial*: trata-se de qualquer objeto palpável, corpóreo, que conte com especial proteção legal, infralegal ou mesmo judicial (aqui, não se exige o trânsito em julgado, já que a lei nada disse) – inc. I;

2. *Arquivo*: é o conjunto de documentos;

3. *Registro*: é o livro ou repartição em que se faz o assentamento oficial de certos atos ou dados;

4. *Museu*: é o lugar que tem por escopo "eternizar" obras de arte, bens culturais, históricos, científicos ou técnicos;

5. *Biblioteca*: coleção de livros;

6 *Pinacoteca*: coleção de pinturas;

7. *Instalação científica*: local destinado ao estudo e desenvolvimento de determinada área da ciência;

8. *ou similar protegido por lei, ato administrativo ou decisão judicial*: aqui, o legislador valeu-se da interpretação analógica. Portanto, também configurará crime qualquer conduta lesiva ao patrimônio cultural brasileiro.

d) Objeto jurídico: é a *preservação do meio ambiente cultural* (patrimônio cultural brasileiro). Dispõe o art. 216 da CF/1988 que "*constituem o patrimônio cultural brasileiro os bens de natureza material e imaterial, tomados individualmente ou em conjunto, portadores de referência à identidade, à ação, à memória dos diferentes grupos formadores da sociedade brasileira, nos quais se incluem (...)*". No § 4º, do referido dispositivo, lê-se que "*os danos e ameaças ao patrimônio cultural serão punidos, na forma da lei*".

e) Elemento normativo: o tipo penal em testilha traz alguns *elementos normativos*, quais sejam, "especialmente protegido por lei, ato administrativo ou decisão judicial" e "ou similar protegido por lei, ato administrativo ou decisão judicial". Assim, haverá crime apenas se o agente destruir, deteriorar ou inutilizar, por exemplo, bens ou arquivos protegidos por lei, ato administrativo ou decisão judicial.

f) Elemento subjetivo: de regra, o crime em análise é doloso. Porém, admite-se a modalidade *culposa*, nos termos do art. 62, parágrafo único, da Lei 9.605/1998.

9.3.3.2. *Crime do art. 63*

> **Art. 63.** Alterar o aspecto ou estrutura de edificação ou local especialmente protegido por lei, ato administrativo ou decisão judicial, em razão de seu valor paisagístico, ecológico, turístico, artístico, histórico, cultural, religioso, arqueológico, etnográfico ou monumental, sem autorização da autoridade competente ou em desacordo com a concedida:
>
> Pena – reclusão, de um a três anos, e multa.

a) Conduta típica: consiste no fato de o agente *alterar*, ou seja, mudar, modificar, dar outra forma ao *aspecto ou estrutura de edificação ou local* protegido por lei, ato administrativo ou decisão judicial, sem autorização da autoridade competente, ou em desacordo com a obtida (elementos normativos do tipo).

Entende-se por *edificação* qualquer construção ou edifício e por *local* um determinado ponto ou lugar, desde que especialmente protegido por lei, ato administrativo ou decisão judicial. Todavia, não bastará isso para que se caracterize o crime em comento. Para a completa tipificação do crime, impõe-se que o edifício ou local alterado pelo agente tenha *valor paisagístico* (refere-se a uma vista, uma beleza natural), *ecológico* (refere-se ao meio ambiente), *turístico* (refere-se ao turismo e a atividade dos turistas de visitarem locais que despertem o interesse), *artístico* (refere-se às belas artes), *histórico* (refere-se a todo objeto de interesse da História), *cultural* (refere-se à cultura, a tudo aquilo que a criatividade humana produz), *arqueológico* (refere-se às antigas civilizações), *etnográfico* (refere-se às atividades de grupos humanos – etnografia) e *monumental* (refere-se a monumentos – obras grandiosas).

Os valores acima referidos são taxativos, não se admitindo interpretação analógica.

9.3.3.3. *Crime do art. 64*

> **Art. 64.** *Promover construção em solo não edificável, ou no seu entorno, assim considerado em razão de seu valor paisagístico, ecológico, artístico, turístico, histórico, cultural, religioso, arqueológico, etnográfico ou monumental, sem autorização da autoridade competente ou em desacordo com a concedida:*
>
> *Pena – detenção, de seis meses a um ano, e multa.*

a) Conduta típica: é *promover*, ou seja, pôr em prática, executar. Assim, cometerá crime o agente que promover *construção* (toda obra ou elemento material que tenha por objeto a edificação de uma casa, um prédio etc.), pouco importando se a obra for ou não finalizada. Basta a construção dos alicerces para o crime estar consumado. Lembre-se que somente haverá crime se referida construção for empreendida em solo não edificável ou no seu entorno, desde que tenha valor paisagístico, ecológico, artístico, turístico, histórico, cultural, religioso, arqueológico, etnográfico ou monumental, e desde que se o faça "*sem autorização da autoridade competente ou em desacordo com a concedida*" (elementos normativos do tipo).

b) Objeto material: é o *solo não edificável*, vale dizer, a porção de terra em que é vedada qualquer edificação (construção, edifício), bem como em seu *entorno* (região que cerca o solo não edificável).

9.3.3.4. *Crime do art. 65*

> **Art. 65.** Pichar ou por outro meio conspurcar edificação ou monumento urbano:
>
> Pena – detenção, de 3 (três) meses a 1 (um) ano, e multa.

a) Condutas típicas: são expressas pelos seguintes verbos: *pichar* (é o mesmo que escrever palavras ou desenhos com tinta ou *spray* em paredes, muros ou monumentos urbanos); ou *conspurcar* (é o mesmo que sujar, manchar, por qualquer outro meio – ex.: atirar óleo enegrecido em paredes ou monumentos).

b) Objeto material: *edificação* (toda obra ou atividade de uma construção, ainda que inacabada); *monumento urbano* (uma obra grandiosa, que tenha por finalidade imortalizar a memória de uma pessoa ou fato relevante, em uma cidade).

Incorrerá na forma qualificada do crime em tela o agente que praticar qualquer das condutas típicas em monumento ou coisa tombada em virtude do seu valor artístico, arqueológico ou histórico, cominando-se a pena é de 6 (seis) meses a 1 (um) ano de detenção e multa (art. 65, § 1º).

Nos termos do § 2º do tipo penal em comento, não constitui crime a prática de grafite realizada com o objetivo de valorizar o patrimônio público ou privado mediante manifestação artística, desde que consentida pelo proprietário e, quando couber, pelo locatário ou arrendatário do bem privado e, no caso de bem público, com a autorização do órgão competente e a observância das posturas municipais e das normas editadas pelos órgãos governamentais responsáveis pela preservação e conservação do patrimônio histórico e artístico nacional.

Portanto, as "grafitagens", que são tão comuns nos centros urbanos, constituirão crime ambiental se inexistir consentimento do proprietário, locatário ou arrendatário, quando se tratar de bem privado, ou da autoridade competente, em se tratando de patrimônio público.

9.4. Da aplicação da pena nos crimes ambientais

O art. 6º da Lei dos Crimes Ambientais preconiza que, para imposição e gradação da penalidade, a autoridade competente observará:

I. a gravidade do fato, tendo em vista os motivos da infração e suas consequências para a saúde pública e para o meio ambiente;

II. os antecedentes do infrator quanto ao cumprimento da legislação de interesse ambiental;

III. a situação econômica do infrator, no caso de multa.

9.5. Penas restritivas de direitos

Conforme determina o art. 7º da Lei 9.605/1998, as penas restritivas de direitos são autônomas e substituem as privativas de liberdade quando:

I. tratar-se de crime culposo ou for aplicada a pena privativa de liberdade inferior a quatro anos;

II. a culpabilidade, os antecedentes, a conduta social e a personalidade do condenado, bem como os motivos e as circunstâncias do crime indicarem que a substituição seja suficiente para efeitos de reprovação e prevenção do crime.

Adverte o parágrafo único, do precitado dispositivo legal, que as penas restritivas de direitos a que se refere esse artigo terão a mesma duração da pena privativa de liberdade substituída.

9.5.1. Espécies de penas restritivas de direitos

A Lei dos Crimes Ambientais prevê cinco espécies de penas restritivas de direitos, a saber (art. 8º):

I. *prestação de serviços à comunidade*: nos termos do art. 9º, consistirá na atribuição ao condenado de tarefas gratuitas junto a parques e jardins públicos e unidades de conservação, e, no caso de dano da coisa particular, pública ou tombada, na restauração desta, se possível.

II. *interdição temporária de direitos*: conforme determina o art. 10, são a proibição de o condenado contratar com o Poder Público, de receber incentivos fiscais ou quaisquer outros benefícios, bem como de participar de licitações, pelo prazo de cinco anos, no caso de crimes dolosos, e de três anos, no de crimes culposos.

III. *suspensão parcial ou total de atividades*: somente será aplicada quando estas não estiverem obedecendo às prescrições legais (art. 11);

IV. *prestação pecuniária*: consiste no pagamento em dinheiro à vítima ou à entidade pública ou privada com fim social, de importância, fixada pelo juiz, não inferior a um salário mínimo nem superior a trezentos e sessenta salários mínimos. O valor pago será deduzido do montante de eventual reparação civil a que for condenado o infrator (art. 12);

V. *recolhimento domiciliar*: baseia-se na autodisciplina e senso de responsabilidade do condenado, que deverá, sem vigilância, trabalhar, frequentar curso ou exercer atividade autorizada, permanecendo recolhido nos dias e horários de folga em residência ou em qualquer local destinado a sua moradia habitual, conforme estabelecido na sentença condenatória (art. 13).

9.5.2. Penas aplicáveis às pessoas jurídicas

Nos termos do art. 21 da Lei 9.605/1998, as penas aplicáveis isolada, cumulativa ou alternativamente às pessoas jurídicas, de acordo com o disposto no art. 3º, são:

I. multa;

II. restritivas de direitos;

III. prestação de serviços à comunidade.

Nos termos do art. 18 da lei sob análise, a *multa* será calculada segundo os critérios do Código Penal; se revelar-se ineficaz, ainda que aplicada no valor máximo, poderá ser aumentada até três vezes, tendo em vista o valor da vantagem econômica auferida.

Se admitida a responsabilização penal das pessoas jurídicas por crimes ambientais, aceita majoritariamente pela jurisprudência atual, impor-se-ão as seguintes *penas restritivas de direitos* (art. 22):

I. *suspensão parcial ou total de atividades*: art. 22, § 1º – será aplicada quando estas não estiverem obedecendo às disposições legais ou regulamentares, relativas à proteção do meio ambiente.

II. *interdição temporária de estabelecimento, obra ou atividade*: art. 22, § 2º – será aplicada quando o estabelecimento, obra ou atividade estiver funcionando sem a devida autorização, ou em desacordo com a concedida, ou com violação de disposição legal ou regulamentar;

III. proibição de contratar com o Poder Público, bem como dele obter subsídios, subvenções ou doações: art. 22, § 3º – não poderá exceder o prazo de dez anos.

A prestação de serviços à comunidade imposta às pessoas jurídicas consistirá em (art. 23):

I. custeio de programas e de projetos ambientais;

II. execução de obras de recuperação de áreas degradadas;

III. manutenção de espaços públicos;

IV. contribuições a entidades ambientais ou culturais públicas.

Finalmente, se a pessoa jurídica constituída ou utilizada, preponderantemente, com o fim de permitir, facilitar ou ocultar a prática de crime definido nesta Lei terá decretada sua liquidação forçada, seu patrimônio será considerado instrumento do crime e como tal perdido em favor do Fundo Penitenciário Nacional (art. 24).

9.5.3. Circunstâncias atenuantes e agravantes dos crimes ambientais (arts. 14 e 15)

Nos termos do art. 14 da Lei 9.605/1998, são circunstâncias que atenuam a pena:

I. baixo grau de instrução ou escolaridade do agente;

II. arrependimento do infrator, manifestado pela espontânea reparação do dano, ou limitação significativa da degradação ambiental causada;

III. comunicação prévia pelo agente do perigo iminente de degradação ambiental;

IV. colaboração com os agentes encarregados da vigilância e do controle ambiental.

Já o art. 15, do mesmo diploma legal, elenca as circunstâncias que agravam a pena, quando não constituem ou qualificam o crime:

I. reincidência nos crimes de natureza ambiental;

II. ter o agente cometido a infração:

a) para obter vantagem pecuniária;

b) coagindo outrem para a execução material da infração;

c) afetando ou expondo a perigo, de maneira grave, a saúde pública ou o meio ambiente;

d) concorrendo para danos à propriedade alheia;

e) atingindo áreas de unidades de conservação ou áreas sujeitas, por ato do Poder Público, a regime especial de uso;

f) atingindo áreas urbanas ou quaisquer assentamentos humanos;

g) em período de defeso à fauna;

h) em domingos ou feriados;

i) à noite;

j) em épocas de seca ou inundações;

l) no interior do espaço territorial especialmente protegido;

m) com o emprego de métodos cruéis para abate ou captura de animais;

n) mediante fraude ou abuso de confiança;

o) mediante abuso do direito de licença, permissão ou autorização ambiental;

p) no interesse de pessoa jurídica mantida, total ou parcialmente, por verbas públicas ou beneficiada por incentivos fiscais;

q) atingindo espécies ameaçadas, listadas em relatórios oficiais das autoridades competentes;

r) facilitada por funcionário público no exercício de suas funções.

9.5.4. O sursis na Lei dos Crimes Ambientais

A suspensão condicional da pena (*sursis*) recebeu tratamento com algumas peculiaridades na Lei 9.605/1998. Confira-se:

> **Art. 16.** Nos crimes previstos nesta Lei, a suspensão condicional da pena pode ser aplicada nos casos de condenação a pena privativa de liberdade não superior a três anos.

Lembre-se que no CP, o *sursis*, como regra, será cabível quando a pena privativa de liberdade for não superior a 2 (dois) anos, nos termos de seu art. 77, *caput*.

A verificação da reparação a que se refere o § 2º do art. 78 do CP (condição para o *sursis* especial) será feita mediante *laudo de reparação do dano ambiental*, e as condições a serem impostas pelo juiz deverão relacionar-se com a proteção ao meio ambiente (art. 17 da Lei 9.605/1998).

9.5.5. *Da ação e do processo penal na Lei dos Crimes Ambientais (arts. 26 a 28)*

Nos termos do art. 26 da Lei 9.605/1998, todos os crimes ambientais são de *ação penal pública incondicionada*.

Nos crimes ambientais de menor potencial ofensivo, a proposta de aplicação imediata de pena restritiva de direitos ou multa, prevista no art. 76 da Lei 9.099, de 26.09.1995 (transação penal), somente poderá ser formulada desde que tenha havido a prévia composição do dano ambiental, de que trata o art. 74 da mesma lei, salvo em caso de comprovada impossibilidade (art. 27).

Finalmente, de acordo com o art. 28, as disposições do art. 89 da Lei 9.099, de 26.09.1995, aplicam-se aos crimes de menor potencial ofensivo definidos nesta Lei (leia-se: na Lei dos Crimes Ambientais), com as seguintes modificações:

I. a declaração de extinção de punibilidade, de que trata o § 5º do artigo referido no *caput*, dependerá de laudo de constatação de reparação do dano ambiental, ressalvada a impossibilidade prevista no inciso I do § 1º do mesmo artigo;

II. na hipótese de o laudo de constatação comprovar não ter sido completa a reparação, o prazo de suspensão do processo será prorrogado, até o período máximo previsto no artigo referido no *caput*, acrescido de mais um ano, com suspensão do prazo da prescrição;

III. no período de prorrogação, não se aplicarão as condições dos incisos II, III e IV do § 1° do artigo mencionado no *caput*;

IV. findo o prazo de prorrogação, proceder-se-á à lavratura de novo laudo de constatação de reparação do dano ambiental, podendo, conforme seu resultado, ser novamente prorrogado o período de suspensão, até o máximo previsto no inciso II deste artigo, observado o disposto no inciso III;

V. esgotado o prazo máximo de prorrogação, a declaração de extinção de punibilidade dependerá de laudo de constatação que comprove ter o acusado tomado as providências necessárias à reparação integral do dano.

16. Processo Penal

Márcio Rodrigues e Fernando Leal Neto

1. LINHAS INTRODUTÓRIAS

Em termos jurídicos, a expressão Processo Penal apresenta, basicamente, dois significados: Processo Penal *como instrumento legitimador do direito de punir do Estado*; e Processo Penal (ou Direito Processual Penal) *como ramo da ciência jurídica*. Investiguemos melhor esses dois sentidos.

1.1. Processo Penal como instrumento legitimador do direito de punir do Estado

Praticada uma infração penal, surge para o Estado o direito de punir (*jus puniendi*) o infrator. Esse direito, no entanto, *não* se efetiva de maneira imediata, pois o Estado, para aplicar uma pena ao indivíduo, deve, *necessariamente*, valer-se de um *processo* disciplinado por princípios, garantias e normas previamente estabelecidas. O Processo Penal configura-se, assim, um instrumento legitimador do direito de punir do Estado, um instrumento que funciona como verdadeira garantia a todo acusado/investigado frente ao poder estatal.

1.2. Processo Penal como ramo da ciência jurídica

Como ramo da ciência do direito, pode-se fornecer, com Marques (2003, p. 16), o seguinte conceito de **Direito Processual Penal**: *"conjunto de princípios e normas que regulam a aplicação jurisdicional do direito penal, bem como as atividades persecutórias da Polícia Judiciária, e a estruturação dos órgãos da função jurisdicional e respectivos auxiliares"*.

2. FONTES DO DIREITO PROCESSUAL PENAL

Por fontes do direito, entenda-se *tudo aquilo que contribui para o surgimento das normas jurídicas*. São tradicionalmente classificadas em:

2.1. Fontes materiais (substanciais ou de produção)

Trata-se aqui de verificar quem tem competência para produzir a norma jurídica. No caso do Direito Processual Penal, compete principalmente à *União* a produção das normas jurídicas. Porém, essa competência *não é* exclusiva (mas privativa), pois, em certos casos específicos, os *Estados Federados* e o *Distrito Federal* também poderão elaborar normas relacionadas ao Direito Processual Penal (*vide* arts. 22, I e parágrafo único; e 24, XI, CF).

2.2. Fontes formais (de cognição ou de revelação)

São aquelas que *revelam a norma criada*. Classificam-se em:

a) Fontes formais imediatas, diretas ou primárias: compreendem as *leis* (CF, leis ordinárias, tratados e convenções etc.);

b) Fontes formais mediatas, indiretas, secundárias ou supletivas: compreendem *os princípios gerais do direito, a doutrina, o direito comparado, os costumes, a jurisprudência e a analogia.* Analisemos cada uma dessas fontes formais mediatas.

b1) Princípios gerais do direito (art. 3º, CPP): *são postulados éticos que, embora não venham escritos no bojo do ordenamento jurídico, inspiram-no.* Ex.: "a ninguém é lícito alegar a sua própria torpeza";

b2) Doutrina: *compreende a opinião dos doutos sobre os mais variados temas.* Tem significativa influência no processo legislativo, no ato de julgamento e no processo de *revelação* da norma;

b3) Direito comparado: as *normas e os princípios jurídicos de outros países* podem, por vezes, fornecer subsídios importantes para a revelação da norma nacional também. Basta lembrar a influência que tem, por exemplo, o Direito europeu-continental em nosso Direito;

b4) Costumes (art. 4º, LINDB): são *condutas praticadas de forma reiterada, em relação às quais se adere uma consciência de obrigatoriedade.* Fala-se em costume ***secundum legem*** (*de acordo com a lei*), ***praeter legem*** (*supre lacunas legais*) e ***contra legem*** (*contrário à lei*). Esta última espécie de costume é, em regra, *proibida* pelo Direito;

b5) Jurisprudência: trata-se do *entendimento judicial reiterado sobre determinado assunto.* É uma importante fonte de *revelação* do direito. *Questão polêmica* é saber se as *súmulas vinculantes* (*vide* art. 103-A, CF, e Lei 11.417/2006) seriam fontes formais *imediatas* (equiparadas às *leis*, portanto) ou se seriam fontes formais apenas *mediatas* (equiparadas à doutrina, por exemplo). *Predomina* esta última posição (fonte formal mediata), sob o principal argumento de que a súmula vinculante não emana do Poder Legislativo, não podendo, portanto, ser equiparada à lei;

b6) Analogia (art. 4º, LINDB): *"é uma forma de autointegração da lei"* (MIRABETE, 2002, p. 54). **Consiste** *em utilizar determinada norma (aplicável a um caso previsto pelo legislador) a uma outra situação semelhante que não foi prevista pelo legislador.* É a aplicação do brocardo "onde existe a mesma razão, deve-se aplicar o mesmo direito" (*ubi eadem ratio, ubi idem ius*). É admitida no Processo Penal (ver art. 3º, CPP), onde é possível, inclusive, *in malam partem* (em desfavor do réu). Cuidado para não confundir com o que ocorre no **Direito Penal** em sede de analogia. Lá (no Direito Penal), por conta do *princípio da reserva legal*, é *impossível* a analogia para prejudicar o réu;

c) Atenção para não confundir:

c1) Analogia e interpretação extensiva: na **analogia**, *não há* norma reguladora do caso concreto, sendo, portanto, aplicada uma norma que rege caso semelhante. Ex.: ao oferecer a denúncia, caso o MP não formule a proposta de suspensão condicional do processo (art. 89, Lei 9.099/1995), pode o juiz, por analogia, invocar o art. 28, CPP (remessa ao Procurador-Geral de Justiça – PGJ). Na **interpretação extensiva**, *existe*, de fato, uma norma regulando o caso, porém, o alcance dessa norma é *limitado*, sendo necessária, portanto, a sua *extensão*. Ex.: cabe recurso em sentido estrito (RESE) da decisão que não recebe a denúncia (art. 581, I, CPP) e, por interpretação extensiva, também cabe RESE da decisão que não recebe o aditamento (acréscimo) à denúncia;

c2) Analogia e interpretação analógica: como dissemos, na **analogia** não há norma reguladora do caso concreto, sendo, portanto, aplicada uma norma que rege caso semelhante. Na **interpretação analógica**, *existe sim* norma reguladora do caso concreto. O que ocorre aqui é que a lei, após realizar uma enumeração *casuística* de situações, parte para uma formulação *genérica*, no desejo de que outras hipóteses similares sejam abrangidas. Ex.: art. 121, § 2º, IV, CP – "à traição, de emboscada, ou mediante dissimulação [enumeração casuística] *ou outro recurso que dificulte ou torne impossível a defesa do ofendido* [fórmula genérica]". (Incluímos e destacamos);

c3) Interpretação analógica e aplicação analógica: aquela, conforme vimos, é forma de *interpretação* da lei e ocorre quando esta, após realizar uma enumeração *casuística* de situações, parte para uma formulação *genérica*, no desejo de que outras hipóteses similares sejam abrangidas. Por outro lado, a **aplicação analógica** consiste no emprego da analogia (conforme conceituada anteriormente) e é forma de *autointegração* da lei.

3. INTERPRETAÇÃO DA LEI PROCESSUAL

Tradicionalmente, diz-se que a interpretação da lei consiste na *atividade de determinar o sentido e o alcance daquela* (*vide* arts. 5º, LINDB, e 3º, CPP). Porém, devemos nos afastar da ideia de que interpretar a lei é ato "mecânico", meramente formal ou neutro. Ao contrário, trata-se de atividade complexa, influenciada por uma sofisticada gama de fatores, cuja análise escaparia ao objetivo deste trabalho. Seja como for, pode-se adiantar que um dos aspectos que, sem dúvida, deve assumir proeminência na atividade interpretativa é a máxima efetividade dos direitos fundamentais, sobretudo no que tange à dignidade da pessoa humana.

Por outro lado, vale recordar com Mirabete (2001, p. 70), que a analogia, os costumes e os princípios gerais do direito *não se constituem* em interpretação (hermenêutica) da lei, mas, consoante vimos, em *fontes* desta. Em seguida, apresentaremos as espécies de interpretação da lei processual penal, conforme tradicionalmente trabalhada pela doutrina.

3.1. Quanto ao sujeito (ou a origem) que realiza a interpretação

3.1.1. Autêntica ou legislativa

É aquela *efetuada pelo próprio legislador*. Esta interpretação pode ser:

a) Contextual: quando *consta do próprio texto a ser interpretado*. Ex. nº 1: o próprio legislador do CP, após tratar dos crimes funcionais praticados por funcionário público (art. 312 a 326), fornece-nos, *no mesmo contexto*, o conceito de *funcionário público (art. 327 do CP)*. Ex. nº 2: o próprio legislador do CPP nos fornece o conceito de prisão em flagrante (art. 302);

b) Posterior à vigência da lei: quando a interpretação *também é realizada pelo legislador, mas em momento posterior à entrada da lei*. Ex.: imagine-se o caso de uma lei posterior que conceitua determinada expressão fixada em lei pretérita.

Atenção: a **exposição de motivos** de um Código *não é considerada texto de lei*. Portanto, *não* se pode falar em interpretação *autêntica nesse caso*. Trata-se, assim, de interpretação *doutrinária* ou *científica* (veja o item logo abaixo).

3.1.2. Doutrinária ou científica

Trata-se de interpretação *dos dispositivos legais efetuada pelos estudiosos do Direito*.

3.1.3. Jurisprudencial ou judicial

É a interpretação que *juízes ou tribunais dão à norma*. Esse tipo de interpretação ganhou significativa importância com o advento das *súmulas vinculantes* (art. 103-A, CF).

3.2. Quanto aos meios (ou métodos) empregados na atividade de interpretação

3.2.1. Gramatical, literal ou sintática

Método interpretativo que *leva em conta o sentido literal das palavras contidas na lei* ("letra fria da lei"; interpretação "seca" da lei). Considerado um dos métodos mais *pobres/simples* de interpretação.

3.2.2. Teleológica

Busca-se a *finalidade, o "telos" da norma*.

3.2.3. Lógica

Quando o intérprete *se utiliza das regras gerais de raciocínio buscando compreender o "espírito" da lei e a intenção do legislador.*

3.2.4. Sistemática

A norma *não deve ser interpretada de forma isolada*. Ao revés, deve ser interpretada como *parte de um sistema jurídico* (BOBBIO, 1997, p. 19). A interpretação sistemática leva em conta, portanto, as relações entre a norma interpretada com o todo (*i. e.* com restante do ordenamento jurídico).

3.2.5. Histórica

Leva em conta o *contexto em que a norma foi elaborada*: os debates travados na época, as eventuais propostas de emenda, o projeto de lei etc.

3.3. Quanto aos resultados obtidos com a interpretação

3.3.1. Declarativa ou declaratória

Ocorre "*quando se conclui que a lei não pretendeu dizer nada além ou aquém do que está escrito*" (NICOLITT, 2010, p. 5). Nesse caso, o hermeneuta *apenas declara* o significado do texto.

3.3.2. Restritiva

Ocorre quando *a lei disse mais do que desejava*, devendo o intérprete *restringir* o seu alcance, a fim de conseguir atingir o seu real sentido.

3.3.3. Extensiva ou ampliativa

Aqui *a lei disse menos do que desejava*, devendo o intérprete *ampliar* o seu alcance (*vide* art. 3º, CPP).

3.3.4. Progressiva, adaptativa ou evolutiva

É aquela que, no decurso do tempo, *vai se adaptando aos novos contextos sociais, políticos, científicos, jurídicos* e *morais*, como forma de proporcionar uma maior *efetividade* aos dizeres do legislador.

4. LEI PROCESSUAL NO ESPAÇO, NO TEMPO E EM RELAÇÃO ÀS PESSOAS

4.1. Lei processual penal no espaço

Em regra, aplica-se a lei processual penal brasileira (CPP e legislação processual extravagante) às infrações penais praticadas em *território nacional (locus regit actum)*[1]. A isso se dá o nome de princípio da territorialidade da lei *processual penal* (art. 1º, CPP). *Porém*, há casos em que, mesmo que a infração tenha sido cometida *fora* do território nacional, se for hipótese de submissão à lei *penal* brasileira (*vide* art. 7º, CP), também, por via de consequência, será aplicada a lei *processual* penal pátria (MIRABETE, 2001, p. 59).

Por outro lado, o princípio da territorialidade *não é absoluto*, visto que, conforme revelam os próprios incisos do art. 1º, CPP, há situações em que a lei processual penal brasileira *não será* aplicada. Seguem casos *em que o CPP brasileiro não será aplicado*:

I. **tratados, convenções e regras de direito internacional**: a subscrição pelo Brasil de tratados, convenções e regras de direito internacional, com normas processuais próprias (específicas), afasta a jurisdição brasileira. Ex.: diplomata a serviço de seu país de origem que pratica crime no Brasil. Em razão de o Brasil ser signatário da Convenção de Viena sobre Relações Diplomáticas (*vide* Decreto 56.435/1965), não será aplicada ao caso a nossa legislação (material e processual);

II. **prerrogativas constitucionais do Presidente da República, dos ministros de Estado, nos crimes conexos com os do Presidente da República, e dos ministros do Supremo Tribunal Federal, nos crimes de responsabilidade**[2] **(Constituição, arts. 86, 89, § 2º, e 100**[3]**)**: trata-se aqui da chamada **jurisdição política**, *i.e., certas condutas praticadas por determinadas autoridades públicas (Presidente, Ministros etc.) não são apreciadas pelo Judiciário, mas pelo Legislativo*, seguindo-se, *não* o rito previsto no CPP, mas o quanto disposto na Lei 1.079/1950, na CF, e no regimento interno do Senado (conferir o art. 52, I e II, CF);

III. **os processos da competência da Justiça Militar:** nesse caso, também *não se* aplica o CPP, mas o Código de Processo Penal *Militar* (DL 1.002/1969);

IV. **os processos da competência do tribunal especial (Constituição, art. 122, n. 17):** esse inciso encontra-se prejudicado, pois faz menção à Constituição de 1937, sendo que não há norma similar na CF/1988;

V. **os processos por crimes de imprensa:** também prejudicado este inciso, por dois motivos: a) a Lei de Imprensa (Lei 5.250/1967, art. 48) prevê a aplicação do *CPP*; b) o STF, em 2009 (ADPF 130-7 DF), declarou *não recepcionada* pela CF/1988 a Lei de Imprensa. Diante dessa decisão, aplica-se, atualmente, *o CP e o CPP* aos eventuais crimes contra a honra cometidos por meio da imprensa (e não mais a antiga Lei de Imprensa).

4.2. Lei processual penal no tempo

Para as *normas puramente processuais penais* (que *são aquelas que regulam aspectos ligados ao procedimento ou à forma dos atos processuais*, ex.: formas de intimação), aplica-se o princípio da aplicação imediata (*tempus regit actum* – art. 2º, CPP), *conservando-se*, no entanto, os atos processuais praticados sob a vigência da lei anterior. Em suma: aplica-se a norma imediatamente (inclusive aos processos em andamento), respeitando-se, porém, os atos que foram praticados sob a égide da lei anterior.

Agora, *que fazer* quando determinada lei – dita "processual" – possui aspectos processuais *e penais* (chamadas de leis processuais penais materiais, mistas ou híbridas)?

Neste caso, conforme entendimento de *majoritário* setor da comunidade jurídica,[4] *prevalece* o comando do art. 5º, XL, CF, sobre o princípio da aplicação imediata. Assim, o que determinará a aplicação imediata da lei híbrida é o seu conteúdo de direito material/substancial. Se o aspecto *penal* da lei híbrida for *benigno, retroagirá integralmente a lei;* já se for *maligno, não retroagirá*. Nos termos da Súmula 501, STJ, não é cabível a combinação das leis, fracionando as normas de natureza material e processual. Vamos a um exemplo. Determinada lei, além de tratar de novas formas de intimação das partes (aspecto processual – aplicação imediata, portanto), também criou, em seu bojo, uma nova causa de perempção da ação penal (art. 60, CPP). Ora, é inegável que este último ponto (perempção) possui *natureza penal*, uma vez que tem o condão de extinguir a punibilidade do acusado. Conclusão: nessa situação, devemos aplicar a regra do art. 5º, XL, CF, que prevê a retroatividade da lei mais benigna. Caso contrário, se o dispositivo penal fosse prejudicial ao acusado, nenhum aspecto da nova lei seria aplicável.

4.3. Lei processual penal em relação às pessoas

Em princípio, *a lei processual penal deverá ser aplicada a qualquer pessoa que venha a praticar uma infração em território nacional. Porém*, certas pessoas, em razão do *cargo* que ocupam, gozam, em determinadas situações, de imunidade penal e, por via de consequência, *processual penal também*. Vejamos.

4.3.1. Imunidades diplomáticas em sentido amplo

Chefes de Estado, representantes de governo estrangeiro, agentes diplomáticos[5] (embaixadores, secretários da embaixada, pessoal técnico e administrativo das respectivas representações, seus familiares e funcionários de organismos internacionais quando em serviço – ONU, OEA etc.)[6] estão, *em caráter absoluto, excluídos* da jurisdição penal dos países em que desempenham suas funções (*vide* Convenção de Viena sobre Relações Diplomáticas). Essas pessoas possuem, portanto, imunidade absoluta em relação à jurisdição penal, devendo ser processadas e julgadas pelo Estado que representam. Ademais, as *sedes diplomáticas* são *invioláveis*, não podendo "ser objeto de busca e apreensão, penhora e qualquer medida constritiva".[7]

Por outro lado, os *agentes consulares* (pessoas que não representam propriamente o Estado ao qual pertencem, mas atuam no âmbito dos interesses privados de seus compatriotas) possuem imunidade *apenas relativa* em relação à jurisdição criminal. É dizer: só *não* serão submetidos às autoridades

1. Considera-se praticada em território nacional a infração cuja ação ou omissão, ou resultado, no todo ou em parte, ocorreu em território pátrio (art. 6º, CP). Adota-se aqui a chamada teoria da ubiquidade ou mista.
2. Não se deve confundir a expressão "crimes de responsabilidade" com a noção comum que temos de crime. Isto porque os crimes de responsabilidade são, na verdade, *infrações político-administrativas* cujas penalidades costumam ser a perda do cargo ou a inabilitação temporária para o exercício de cargo ou função. Desse modo, não há penalidade de prisão ou multa nesses casos.
3. Estes dispositivos referem-se à Constituição brasileira de 1937.
4. Vide STJ, Ag Int no REsp 1378862/SC, 5ª Turma, *DJ* 01.08.2016 e AgRg nos EDcl no AREsp 775.827/RJ, 6ª Turma, *DJ* 21.06.2016.
5. Em sentido estrito, diplomatas são "funcionários encarregados de tratar das relações entre o seu Estado e os países estrangeiros ou organismos internacionais" (AVENA, 2010, p. 74).
6. Op. cit. (2010, p. 76).
7. Op. cit. (2010, p. 76).

brasileiras em relação aos atos praticados *no exercício das funções consulares*. Portanto, atos *estranhos* a esta função são sim apreciados pela jurisdição penal nacional (*vide* art. 43 da Convenção de Viena sobre Relações Consulares – Promulgada pelo Decreto 61.078/1967).

4.3.2. Imunidades parlamentares

Dividem-se em:

a) Imunidade material (*penal, absoluta ou, simplesmente, inviolabilidade*): abrange questões de *direito material* (penal e civil). Vem representada pelo art. 53, *caput*, da CF, que diz: "os Deputados e Senadores são invioláveis, civil e penalmente, por quaisquer de suas opiniões, palavras e votos";

b) Imunidade formal (*processual ou relativa*): abrange questões de ordem *processual penal*. São as seguintes as *imunidades formais* dos parlamentares federais:

b1) Prisão provisória: "desde a expedição do diploma, os membros do Congresso Nacional *não poderão* ser *presos, salvo* em flagrante de crime *inafiançável*. Nesse caso, os autos serão remetidos dentro de vinte e quatro horas à Casa respectiva, para que, pelo voto da maioria de seus membros, resolva sobre a prisão" (art. 53, § 2º, CF – destacou-se). Logo, o congressista *não pode* ser preso preventiva ou temporariamente. Só poderá ser preso em caso de flagrante por crime *inafiançável* ou por conta de sentença penal *transitada em julgado*;

b2) Possibilidade de sustação de processo criminal: "*recebida a denúncia* contra o Senador ou Deputado, por crime ocorrido após a diplomação, o Supremo Tribunal Federal dará ciência à *Casa respectiva*, que, por iniciativa de *partido político* nela representado e pelo *voto da maioria* de seus membros, poderá, até a decisão final, *sustar* o andamento da ação" (art. 53, § 3º, CF – destacou-se). Conferir também os §§ 4º e 5º deste mesmo artigo;

b3) Desobrigação de testemunhar: os parlamentares federais *não estão obrigados* a testemunhar sobre "informações recebidas ou prestadas em razão do exercício do mandato, nem sobre as pessoas que lhes confiaram ou deles receberam informações" (art. 53, § 6º, CF);

b4) Prerrogativa de foro: também chamada de foro privilegiado, significa que os parlamentares federais estão submetidos a *foro especial* (no caso, o STF – art. 53, § 1º, CF), em razão do cargo que exercem. Cabe ressaltar que o STF, em sede de medida cautelar na Rcl. 13286/2012, *DJ* 29/02/2012, aduziu não serem dotadas de natureza criminal as sanções tipificadas na LC 135/2010 e na LC 64/1990, deste modo, sendo descabida a prerrogativa de foro para parlamentares em tais casos. Ademais, entendeu a 1ª Turma do STF na AP 606 MG, *DJ* 18/09/2014, que a renúncia parlamentar, quando realizada após o final da instrução, não acarreta a perda de competência da referida Corte. No entanto, ocorrendo a renúncia anteriormente ao final da instrução, declina-se da competência para o juízo de primeiro grau. A despeito de tal entendimento jurisprudencial da 1ª Turma do STF, na hipótese de não reeleição do parlamentar, não se afigura ser o caso de aplicação do mesmo posicionamento, devendo ocorrer o declínio da competência para o juízo de primeiro grau, vide Inq. 3734/SP, 1ª Turma, *DJ* 10/02/2015.

Ainda acerca do "foro privilegiado", entendemos ser relevante apontar recente discussão no âmbito do STF sobre a possível restrição do alcance do foro por prerrogativa de função para os membros do Congresso Nacional. No julgamento da Questão de Ordem na Ação Penal nº 937, no dia 23 de novembro de 2017, seis ministros acompanharam integralmente o voto do relator, Min. Luís Roberto Barroso, que opinou pela aplicação do foro privilegiado somente aos crimes cometidos no exercício do cargo e em razão das funções a ele relacionadas. O ministro Alexandre de Moraes acompanhou o relator apenas no que se refere à restrição do foro aos crimes cometidos após a diplomação, mas divergiu quanto às infrações comuns, afirmando que a CF não trouxe espaço para retirá-las da competência do STF. O julgamento encontra-se suspenso por conta do pedido de vista do ministro Dias Tóffoli, mas o resultado até então alcançado já indica possíveis mudanças no alcance do foro privilegiado.[8]

Observações finais: as imunidades *materiais e formais* vistas aplicam-se *inteiramente* aos deputados estaduais (art. 27, § 1º, CF). Por outro lado, aos vereadores são aplicáveis *apenas* as imunidades *materiais* (penal e civil – *vide* art. 29, VIII), mas *não* as formais (processuais). É importante destacar, contudo, que a imunidade parlamentar não se estende ao corréu sem essa prerrogativa (Súmula 245, STF).

5. SISTEMAS (OU TIPOS) PROCESSUAIS PENAIS

Ao longo da história, o Estado, para impor o seu direito de punir, utilizou-se de diferentes sistemas processuais penais, *que continham ora mais ora menos garantias em prol do indivíduo*. Nesse sentido, costuma-se apontar três espécies de sistemas (tipos históricos/ideais) processuais penais: acusatório, inquisitivo e misto.

5.1. Sistema acusatório

Tem como uma de suas principais características o fato de as *funções de acusar, julgar e defender estarem acometidas a órgãos distintos*. Além disso, essa espécie de sistema processual *contempla a ampla defesa, o contraditório, a presunção de inocência, a oralidade e a publicidade dos atos processuais, o tratamento isonômico das partes, a imparcialidade do julgador e a incumbência do ônus da prova às partes (e não ao juiz)*. Ademais, no *tipo de processo penal acusatório* o sistema de *apreciação das provas* é o do *livre convencimento motivado* (ou *persuasão racional do juiz*), *i. e.*, o magistrado é *livre* para julgar a causa, mas deverá fazê-lo de forma *fundamentada*. Há, por fim, *liberdade de prova*, ou seja, em regra, admitem-se todos os meios de prova, inexistindo um valor previamente fixado para cada uma delas. Inexiste, assim, hierarquia, *a priori*, entre as provas – todas têm, a princípio, o mesmo valor; sendo todas potencialmente capazes de influenciar, de igual modo, o convencimento do magistrado.

5.2. Sistema inquisitivo (ou inquisitório)

De forma antitética ao acusatório, uma das características mais marcantes do sistema inquisitivo é a de *concentrar num mesmo órgão as funções de acusar, julgar e defender*. Ou seja, o órgão que acusa será o mesmo que, posteriormente, defenderá e julgará o indivíduo. Além disso, é *marcado por um processo escrito e sigiloso, pela inexistência de contraditório e ampla defesa, pela produção probatória realizada pelo próprio juiz-*

8. Note-se que até então o entendimento é de que nos casos em que a infração penal for praticada em data anterior à diplomação, o processo criminal deve ser remetido para o STF. É a chamada regra da atualidade do exercício do cargo. (TÁVORA, Nestor; ALENCAR, Rosmar Rodrigues, 2017, p. 431)

-*inquisidor* (e não pelas partes). Nesse sistema, o réu, na realidade, não é tratado como um *sujeito de direitos*, mas como um verdadeiro *objeto* da persecução penal. No que tange ao sistema de *apreciação das provas*, vigora a *íntima convicção* do julgador (leia-se: a fundamentação da decisão é desnecessária). Assim, o magistrado decide pautado num convencimento íntimo, sem oferecer quaisquer porquês, quaisquer razões para tanto. Por fim, no sistema inquisitivo, cada prova tem *valor previamente fixado* (chamado de *sistema da prova tarifada ou legal*), sendo que a *confissão* do acusado costuma ser considerada a *rainha das provas* (*i. e.*, prova máxima da culpabilidade do réu). Há, portanto, hierarquia entre as provas – cada uma delas possui seu valor previamente fixado pelo legislador.

5.3. Sistema misto (ou acusatório formal)

Configura uma tentativa de *reunião dos dois sistemas anteriores*. Marcado por uma *instrução preliminar* (sigilosa, escrita e conduzida por um juiz que produz provas) e por uma *fase judicial* em que se assegura o contraditório, a ampla defesa, a publicidade etc.

Qual o sistema processual penal brasileiro? Apesar da polêmica que o tema encerra, *predomina* no âmbito da doutrina e jurisprudência (STF, ADI 5104MC/DF, *DJe* 30.10.2014 e STF, ADI 4693MC/BA, DJe 07.11.2017 *v. g.*) que, tendo em vista os seguintes dispositivos constitucionais – arts. 129, I, 93, IX, 5º, XXXVII, LIII, LIV, LV, LVII – o Brasil teria adotado o **sistema acusatório**. Diversos informativos jurisprudenciais do STJ acolhem tal posicionamento, vide: Inf. 577, 5ª e 6ª Turmas, do período de 20.02.2016 a 02.03.2016, Inf. 565, da Corte Especial, do período de 01.07.2015 a 07.08.2015 e Inf. 558, de 19.03.2015 a 06.04.2016, da Corte Especial. Vale lembrar que, no Brasil, as funções de acusar, defender e julgar são desempenhadas por órgãos distintos e independentes entre si (Ministério Público; Defensoria ou Advogado; e Magistratura), haja vista que o sistema ora em comento impõe a separação orgânica das funções concernentes à persecução penal, vide entendimento esposado pela 2ª Turma do STF no HC 115015/SP, DJ 12/09/2013. Porém, como diz Rangel (2008, p. 54), o sistema acusatório brasileiro *não é "puro" (vide também* STJ, HC 196421/SP, *DJe* 26.02.2014). Isto porque há diversas passagens em nosso ordenamento jurídico que representam verdadeiros *resquícios* de *sistema inquisitivo*, como, por exemplo, as que tratam da produção probatória *de ofício* pelo magistrado (art. 156, CPP, *v. g.*). Ademais, para além de questões teóricas, é possível vislumbrar flagrante *autoritarismo* em diversas *práticas* "reais" do processo penal brasileiro, o que, também, inegavelmente, reforça a ideia de um sistema acusatório *impuro*.

6. PRINCÍPIOS CONSTITUCIONAIS E PROCESSUAIS PENAIS

6.1. Devido processo legal

Oriundo do direito anglo-americano (*due processo of law*), o princípio do devido processo legal vem expressamente previsto no art. 5º, LIV, CF com os seguintes dizeres: *"ninguém será privado da liberdade ou de seus bens sem o devido processo legal"*. Perceba, desde já, o leitor que esse princípio deve ser encarado como uma espécie de fonte a partir da qual emanam diversas garantias e princípios processuais fundamentais. Assim, dizer que *ninguém será privado da liberdade ou de seus bens sem o devido processo legal* significa, em última análise, afirmar a necessidade de um processo prévio, informado pelo contraditório; ampla defesa; juiz natural; motivação das decisões; publicidade; presunção de inocência; direito de audiência; direito de presença do réu; e duração razoável do processo (BADARÓ, 2008, p. 36). Assim, pode-se afirmar que o Estado, para poder fazer valer o seu *jus puniendi*, deve rigorosamente respeitar *as regras do jogo* – compreendendo-se por esta expressão não apenas o respeito a aspectos procedimentais, mas também a todas as garantias e direitos expostos anteriormente. Por fim, é necessário notar que, em suma, busca-se com o *due process of law* assegurar ao acusado um processo penal efetivamente justo e equilibrado.

6.2. Presunção de inocência (estado de inocência ou não culpabilidade)

Expressamente previsto no art. 5º, LVII, CF, que diz: *"ninguém será considerado culpado até o trânsito em julgado de sentença penal condenatória*[9]*"*, esse princípio estabelece uma presunção de inocência (*jurídica* e *relativa*) do acusado que só cede diante de um decreto condenatório definitivo.

Mas não é só, pois o princípio do estado de inocência tem grande impacto em, pelo menos, mais dois campos: no **ônus da prova** e na **prisão provisória** (cautelar ou processual). Vejamos.

No campo do **ônus da prova**, o referido princípio faz recair sobre a acusação o ônus de provar a culpa *lato sensu* do acusado. Trata-se, inclusive, de comando presente no CPP (*vide* art. 156, primeira parte). Desse modo, não cabe ao réu demonstrar a sua inocência (até porque goza do direito de permanecer calado – art. 5º, LXIII, CF), mas sim à acusação comprovar a culpa daquele. Caso a acusação não se desincumba desse ônus, *i.e.*, não logre êxito em provar cabalmente a culpa do réu, deverá ser aplicada a regra pragmática de julgamento do *in dubio pro reo*, absolvendo-se, por conseguinte, o acusado.

Ainda sobre o assunto, note o leitor que *prevalece* na comunidade jurídica o entendimento de que o ônus da prova

---

9. Sobre esta questão, o STF mudou a orientação jurisprudencial, contrariando a própria literalidade da CF/1988 (art. 5º, LVII, e da Lei (art. 283, CPP). Por maioria, os Ministros entenderam o cabimento da execução provisória da pena quando há decisão condenatória de 2º grau. Assim, trata-se de mais uma hipótese de mitigação do estado de inocência. Nesse sentido, ver ADC 43 e 44, DJ 10.10.2016, e HC 126292/SP, DJe 16.05.2016. Entretanto, o comportamento dos ministros do Supremo indica possível mudança de entendimento da Corte, uma vez que, em julgados recentes, o ministro Gilmar Mendes demonstrou sua mudança de posicionamento no que se refere à execução provisória da pena. No bojo do julgamento do HC 126292/SP, acima citado, se juntando à maioria, votou pela restrição do princípio da presunção de inocência ao entender pela possibilidade de execução antecipada da pena. No entanto, em decisões atuais, o ministro revelou sua tendência em seguir o entendimento do ministro Dias Tóffoli, no sentido de que somente a pendência de recurso especial perante o STJ seria capaz de obstar a execução provisória da pena, não ocorrendo o mesmo no caso de recurso extraordinário no STF. Assim, no julgamento do HC142173 MC/SP, Dje 06.06.2017 e HC 146818 MC/ES, DJe 20.09.2017, concedeu medida cautelar suspendendo a execução provisória da pena até o julgamento do recurso especial pendente no STJ. Contudo, em julgado ainda mais recente, o ministro Gilmar Mendes asseverou que este entendimento não deve ser aplicado de forma indistinta, sobretudo quando se estiver diante de crimes graves. Nesse sentido, ao considerar a gravidade do crime praticado, o ministro confirmou a execução provisória da pena do réu acusado por homicídio, mesmo diante da pendência de recurso especial perante o STJ (STF, HC 147957/RS, DJe 27/11/2017). Desse modo, o ministro Marco Aurélio, relator das ADC's 43 e 44 informou sua pretensão de levar à julgamento do plenário o mérito dessas ações que poderá resultar em nova mudança de entendimento da Corte.

se *reparte* entre a acusação e a defesa. À primeira (a acusação) incumbe provar a existência do fato e sua respectiva autoria, a tipicidade da conduta, o elemento subjetivo da infração (dolo ou culpa), bem como eventuais agravantes, causas de aumento e/ou qualificadoras alegadas. A defesa, por sua vez, tem o ônus de provar eventuais alegações que faça sobre excludentes de tipicidade, ilicitude e/ou culpabilidade, circunstâncias atenuantes e/ou causas de diminuição da pena.[10]

No campo da **prisão provisória**, o princípio do estado de inocência também desempenha um papel decisivo. Desde logo, advirta-se que o instituto da prisão provisória *não é incompatível* com o princípio do estado de inocência. Posto de outra forma: o princípio em questão não é absoluto. Atente-se que a própria Constituição previu a possibilidade de prisão provisória, por exemplo, no art. 5º, LXI – além do que, há na Magna Carta o princípio da segurança pública, que também torna possível falar em prisão decretada *antes do trânsito em julgado*.

Se não são incompatíveis, então como harmonizar esses institutos aparentemente antagônicos (prisão provisória e estado de inocência)? Na realidade, o princípio da presunção de inocência força-nos a assumir uma posição *contrária à banalização* da prisão provisória. Explica-se melhor. O referido princípio, ao propor que *"ninguém será considerado culpado até o trânsito em julgado de sentença penal condenatória"*, força-nos a encarar a prisão provisória como medida *extrema, excepcional*. É dizer: só se prende alguém antes do trânsito em julgado se for absolutamente necessário. Esse princípio institui entre nós a **regra da liberdade**, leia-se: *em regra, o indivíduo deve ser conservado em liberdade, apenas se "abusar" desta (liberdade) poderá vir a ser encarcerado*. Essa ideia foi reforçada pela Lei 12.403/2011 que, em diversas passagens, estabelece a prisão provisória como *ultima ratio – entendimento também firmado pelo* STF, no HC 127186/PR, Info 783. bem como no Inq. 3842, Ag. Reg. no segundo Ag. Reg. no Inquérito, DJ, 17.03.2015. Ademais, não é outro o entendimento do STJ, vide HC 353.167/SP, 6ª Turma, DJ 21.06.2016 e HC 330.283/PR, 5ª Turma, DJ 10.12.2015. Veremos o tema de forma mais detalhada oportunamente.

Nessa senda, uma pergunta pode aflorar na mente do leitor. Dissemos anteriormente que só se prende alguém antes do trânsito em julgado se for absolutamente necessário. Mas, como saberei quando é necessária a prisão de alguém? A resposta está na prisão preventiva. Colocado de outra forma: a comunidade jurídica elegeu a prisão preventiva (arts. 311 e ss., CPP) como pedra de toque para a demonstração de necessidade de prisão provisória (TOURINHO FILHO, 2010). A escolha não se deu ao acaso, pois é a preventiva que possui, dentre as demais modalidades de prisão, os requisitos mais rígidos para a sua decretação. Assim, para que alguém seja (ou permaneça) preso durante a persecução penal, é fundamental que os requisitos da preventiva estejam presentes, sob pena de ilegalidade da medida e, concomitantemente, de violação ao estado de inocência.

Diante do que foi dito no parágrafo anterior, pode-se afirmar que não há no Brasil qualquer modalidade de *prisão automática*. Ou seja: a) inexiste prisão (automática) decorrente de sentença condenatória recorrível ou decorrente de decisão de pronúncia; b) não se pode condicionar a interposição de recurso defensivo à prisão do réu (nem mesmo em sede de RE e RESP); c) não vale a "regra" de que aquele que ficou preso durante a instrução deverá ser conservado nesta condição no momento da sentença condenatória recorrível (consoante § 1º, art. 387, CPP e STJ, 5ª Turma, HC 271757/SP, DJ 25.06.2015). Em suma: ou os requisitos da preventiva se mostram concretamente presentes (devendo o juiz expô-los *fundamentadamente* em uma decisão) ou, do contrário, o réu, por imperativo constitucional (estado de inocência), deverá ser conservado em liberdade (regra da liberdade), ainda que esta liberdade se dê com algumas restrições (medidas cautelares pessoais substitutivas da prisão – conforme dispõe a Lei 12.403/2011, a ser examinada em ocasião oportuna).

Uma consideração derradeira: na fixação da pena-base e do regime prisional, os tribunais superiores[11] entendem que há ofensa ao estado de inocência considerar *maus antecedentes* os eventuais registros criminais do acusado (processos em andamento, por exemplo)[12]. Tais registros não podem, pois, ser valorados para aumentar a pena-base ou para exasperar o regime de cumprimento da pena. Ademais, aduziu o STJ a possibilidade de desconsideração das condenações anteriores para fins de maus antecedentes em hipóteses específicas da Lei 11.343/2006 (Lei de Drogas), vide Informativo nº 580, 02 a 13/04/2016, 6ª Turma. Ver também: Súmula 444 do STJ. Entretanto, há de se pontuar o entendimento do STJ no que se refere à possibilidade de utilização de inquéritos policias e ações penais em curso para afastar o benefício do tráfico privilegiado previsto no art. 33, § 4º da Lei 11.343/2006 (STJ, EREsp 1431091/SP, DJ 14.12.2016), por possibilitar a formação da convicção de que o réu se dedica a atividades criminosas.

Atenção: O STF, no julgamento dos HC's 94620 e 94680, indicou possível mudança de orientação quanto à consideração de registros criminais como maus antecedentes. A sessão do Pleno gerou confusão quanto ao resultado, motivo pelo qual a Suprema Corte apreciará o tema novamente, em breve.[13]

6.3. Inexigibilidade de autoincriminação e direito ao silêncio

No Processo Penal, o indivíduo goza do *direito de não se autoincriminar*. O reconhecimento deste direito decorre de uma *interpretação extensiva* dada pela comunidade jurídica brasileira à primeira parte do inciso LXIII, do art. 5º, CF, que diz: *"o preso será informado de seus direitos, entre os quais o de permanecer calado"*. Tal dispositivo consagra entre nós o *direito ao silêncio*, que significa que *toda a vez que a fala do indivíduo (preso ou solto) puder incriminá-lo, este poderá conservar-se em silêncio, sem que se possa extrair qualquer consequência*

10. O pensamento, com a devida licença, é deveras equivocado. Sendo o crime um todo indivisível (fato típico, ilícito e culpável) é imperioso que a acusação prove cabalmente esse todo indivisível para que possa, assim, ver atendida a sua pretensão punitiva. Pensando dessa maneira estão, por exemplo: Afrânio Silva Jardim, Luiz Flávio Gomes, dentre outros.

11. STF, Pleno, Julgamento do mérito da repercussão geral no RE 591054, DJ 26.02.2015 e HC 104266/RJ, DJ 26.05.2015 e STJ, HC 234.438/PR, 5ª Turma, DJ, 24.08.2016, HC 335.937/AC, 6ª Turma, DJ 29.06.2016 e HC 289895/SP, DJe 01.06.2015.

12 Necessário se faz ressaltar que o princípio da presunção de inocência não possui caráter absoluto, havendo hipóteses, aceitas pela jurisprudência, de abrandamento do referido princípio, a exemplo do posicionamento do STJ no sentido de que inquéritos e ações penais em curso poderiam demonstrar o risco de reiteração da conduta, de modo a fundamentar a decretação de prisão preventiva para garantia da ordem pública (STJ, RHC70698/MG, *DJe* 01.08.2016).

13. Disponível em: [http://jota.info/stf-muda-e-decide-que-inqueritos--em-curso-podem-ser-considerados-maus-antecedentes].

jurídica negativa dessa conduta. Isto é assim porque, sendo o silêncio um *direito* do indivíduo, aquele que o exercita, sob pena de total contrassenso, não poderá sofrer qualquer tipo de prejuízo jurídico.

Nesse sentido, o STJ firmou entendimento de que a informação do direito de permanecer calado, uma vez fornecido de forma irregular, será causa de nulidade relativa, desde que haja a comprovação de prejuízo (STJ, RHC 67.730/PE, DJe 04.05.2016).

Dois momentos bastante comuns de incidência do direito ao silêncio são o ato do interrogatório do acusado (art. 185 e ss., CPP) e a oitiva do indiciado pelo delegado de polícia (art. 6º, V, CPP) – embora, note-se bem, o direito ao silêncio não se limite a esses dois momentos. Costuma-se afirmar que o direito ao silêncio incide em sua plenitude durante o chamado "interrogatório de mérito" (momento em que o juiz indaga o réu sobre a veracidade da acusação que recai sobre a sua pessoa. Confira-se o art. 187, *caput,* e seu § 1º, CPP). Com efeito, a doutrina majoritária costuma rechaçar a existência do direito ao silêncio no ato de qualificação do acusado, ato que precede o chamado "interrogatório de mérito". Assim, de acordo com a majoritária doutrina, quando indagado sobre a sua qualificação (nome, estado civil, endereço etc.) não pode o réu permanecer em silêncio. Não haveria aqui um "direito ao silêncio". Segundo os autores, caso permaneça em silêncio durante a sua qualificação, o réu poderá vir a responder pela contravenção penal prevista no art. 68 da Lei das Contravenções Penais (DL 3.688/1941), que diz: "Recusar à autoridade, quando por esta, justificadamente solicitados ou exigidos, dados ou indicações concernentes à própria identidade, estado, profissão, domicílio e residência". Ver também: decisões do STF nos ARE 870572 AgR, 1ª Turma, DJ 06.08.2015 e RE 640139 RG/DF, DJ 14.10.2011.

Por outro lado, vale notar que a comunidade jurídica não parou por aí (direito ao silêncio), pois, partindo do art. 5º, LXIII, CF, reconheceu que, na realidade, o direito ao silêncio seria apenas um aspecto (uma das facetas) de um direito muito mais abrangente: o da não autoincriminação. Por este direito (não autoincriminação), assegura-se ao sujeito o poder de negar-se a *colaborar* com qualquer tipo de produção probatória que dele dependa, sem que qualquer prejuízo possa ser extraído dessa inércia (*nemo tenetur se detegere*). Consequentemente, o indivíduo pode se negar a participar da reprodução simulada do crime (reconstituição do delito), como também se recusar a realizar qualquer exame cuja realização dependa do seu próprio corpo (bafômetro, grafotécnico, DNA, sangue etc. – as chamadas provas *invasivas*)[14].

Assim, pelo que vimos, numa eventual sentença, o juiz jamais poderá valorar negativamente a inércia do acusado, usando fórmulas como: "quem cala consente", "quem não deve, não teme" etc.

6.4. Contraditório (bilateralidade da audiência ou bilateralidade dos atos processuais)

Expresso na CF (art. 5º, LV), consiste esse princípio no binômio: *ciência + participação*, ou seja, trata-se do *direito que possuem as partes de serem cientificadas sobre os atos processuais (ciência), como também do direito que possuem de se manifestar, de interagir (participação) sobre esses mesmos atos.* Um exemplo: finda a instrução processual, o juiz profere sentença sobre o caso. Nesta hipótese, as partes serão cientificadas (intimadas) dessa decisão (ciência), bem como poderão participar recorrendo do *decisium* (participação).[15] Com efeito, entende-se que essa dialética das partes torna o julgamento do acusado mais justo.

Contraditório diferido, retardado ou postergado: em certos casos, diante do *perigo de perecimento* de determinada prova considerada relevante, deve-se produzi-la de plano, *relegando-se o contraditório para um momento posterior* (daí o nome *postergado*). Exemplo: perícia sobre lesão corporal. Não fosse o exame realizado imediatamente, os vestígios, a depender da lesão, poderiam terminar desaparecendo e comprometer a materialidade delitiva (art. 158, CPP). Nesse caso, realiza-se o exame e, em momento posterior (no curso do processo), assegura-se o contraditório às partes, podendo estas se manifestar sobre a perícia anteriormente realizada.

Por outro lado, há casos em que o contraditório pode ser antecipado. Isto ocorre também por conta da possibilidade de *perecimento da prova.* Ex.: testemunha em estado terminal de saúde que presenciou o crime. Procede-se então à *produção antecipada de prova* (art. 225, CPP), assegurando-se, *antecipadamente,* o contraditório às "partes".[16] Sobre este ponto consultar a parte final do art. 155, CPP.

6.5. Ampla defesa

Assim como o contraditório, a ampla defesa está igualmente prevista no art. 5º, LV, CF. Significa *que o réu tem o direito de defender-se de uma acusação da forma mais ampla possível, podendo empregar todos os recursos cabíveis para o cumprimento desta finalidade.* No processo penal, a defesa só é ampla quando presentes os seus dois aspectos: autodefesa e defesa técnica.

A **autodefesa** *é facultativa*, realizando-a, portanto, o acusado se assim entender conveniente. Isto é assim – facultatividade da autodefesa – por conta do *direito ao silêncio* que possui o réu. Como este tem o direito de permanecer calado, por óbvio, só exerce a sua própria defesa se assim o desejar.

A sua manifestação dar-se-á sob formas diversas, como o direito de audiência, o direito de presença ou o direito de postular pessoalmente. Exemplo do direito de audiência, momento dos mais marcantes, ocorre durante o interrogatório (art. 185, CPP). O direito de presença está materializado na possibilidade de comparecimento do acusado a todos os atos instrutórios. Por óbvio, não estamos falando em direito absoluto, uma vez que a presença do réu pode ser evitada em determinadas hipóteses, voluntariamente ou por ordem judicial, realizando o ato por videoconferência ou determinando a sua retirada. Por fim, o reconhecimento da capacidade postulatória do réu acontece de forma ampla, como a possibilidade de interposição de recursos (art. 577, *caput*, CPP), a impetração de *habeas corpus* (art. 654, *caput*, CPP) ou a propositura de ação de revisão criminal (art. 623, *caput*, CPP).

Já a **defesa técnica** *é absolutamente indispensável.* O réu deve, obrigatoriamente, contar com profissional habilitado atuando em juízo na defesa de seus interesses (seja ele defensor dativo, público

14. STF, HC 111567 AgR, 2ª Turma, DJ 30/10/2014 e HC 99289/RS, DJ 04.08.2011.STJ, AgRg no REsp 1497542/PB, 1ª Turma, DJ 24.02.2016.

15. Outro exemplo: art. 409, CPP.

16. Note o leitor que, como não há processo, não há que se falar propriamente em partes.

ou constituído) – *vide* art. 261, CPP. Note o leitor que se o acusado for advogado regularmente inscrito nos quadros da OAB, poderá, se quiser, promover a sua própria defesa técnica.

Consulte-se, por fim, a Súmula 523, STF, que diz: "no processo penal, a falta da defesa constitui nulidade absoluta, mas a sua deficiência só o anulará se houver prova de prejuízo para o réu".[17]

6.6. Verdade real (material ou substancial)

Tradicionalmente, diz-se que o citado princípio impõe *certa postura* do juiz diante do processo penal. É que, conforme sustentam alguns, dada a indisponibilidade do bem jurídico tratado pelo processo penal (liberdade ambulatorial), o magistrado deve se esforçar ao máximo em desvendar o que realmente ocorreu – e não apenas se contentar com as provas eventualmente colacionadas pelas partes. Desse modo, diante de eventual inércia das partes, deve o juiz produzir provas a fim de esclarecer a verdade dos fatos.

Ademais, *ainda dentro dessa visão tradicional*, é bastante comum opor o princípio da verdade real ao da "verdade formal". Tal oposição tem por base os diferentes bens jurídicos em jogo nos processos penal e civil. Argumenta-se que, como no processo civil os bens jurídicos são geralmente disponíveis, não há que se falar em verdade real, mas sim em verdade formal (ou ficta), querendo isto significar que o juiz cível deve se contentar com as provas trazidas pelas partes.

Essa visão tradicional do princípio da verdade real encontra respaldo no CPP (vide arts. 156 e 209, § 1º); na atual jurisprudência dos tribunais superiores (STF, ARE 666424 AgR, 1ª Turma, DJ 01/04/2013 e STJ, REsp 1440165/DF, DJe 29.05.2015, e HC 282322/RS, DJe 01.07.2014 e REsp 1658481/SP, DJ 29.06.2017). Outrossim, há recente contemporização ao princípio da verdade real, conforme atualizações oriundas da prática do STJ: Inf. nº 0577, 6ª Turma, 20/02 a 02/03/2016 e Inf. nº 0569, 6ª Turma, 17/09 a 30/09/2015.

Porém, é preciso destacar que essa orientação "tradicional" do princípio da verdade real vem, cada vez mais, sendo criticada por significativo setor da doutrina.

Uma das principais críticas à verdade real é que, ao estimular o ativismo probatório por parte do juiz, termina-se violando a imparcialidade deste (deturpação da atividade judicante) e, no limite, afrontando o sistema acusatório pretendido pelo Constituinte de 1988.

Diante disso, melhor seria falar em *verdade processual (verdade apenas no processo)*, *verdade jurídica*, ou, como quer Pacelli (2015, p. 333) numa "certeza" exclusivamente jurídica, representada pela tentativa de reconstrução histórica dos fatos por meio de parâmetros estabelecidos pela lei.

6.7. Juiz natural

Decorre do art. 5º, LIII, CF, que diz: "*ninguém será processado nem sentenciado senão pela autoridade competente*". Em suma, significa que *o indivíduo só pode ser privado de seus bens ou liberdade se processado por autoridade judicial imparcial e previamente conhecida por meio de regras objetivas de competência fixadas por lei anteriormente à prática da infração*. Exemplo de violação ao juiz natural: o sujeito pratica um crime da competência da justiça estadual e termina sendo julgado pela justiça federal. O juiz federal, neste caso, não é o natural para a causa em questão.

Decorre desse princípio o fato de *não ser possível a criação de juízo ou tribunal de exceção, i. e., não pode haver designação casuística de magistrado para julgar este ou aquele caso* (art. 5º, XXXVII, CF).

Ademais, no âmbito processual penal, não é possível às partes acordarem para subtrair ao juízo natural o conhecimento de determinada causa.

Note bem: *não configura violação ao princípio do juiz natural*: a) a convocação de juiz de 1ª instância para compor órgão julgador de 2ª instância (STJ HC 332.511/ES, 5ª, Turma, DJ 24/02/2016); b) a redistribuição da causa decorrente da criação de nova Vara – com a finalidade de igualar os acervos dos Juízos (STJ HC 322.632/BA, 6ª Turma, DJ 22/09/2015 e HC 283173/CE, DJ 09.04.2015); c) a atração por continência do processo do corréu ao foro especial do outro denunciado – ex.: prefeito e cidadão comum praticam furto em concurso (Súmula 704, STF). Nesta situação, ambos serão julgados pelo TJ sem que se possa falar em violação ao juiz natural – art. 78, III, CPP; e d) a fundamentação *per relationem*, que ocorre quando o magistrado utiliza como motivação da sentença ou acórdão as alegações de uma das partes ou texto de algum precedente ou decisão anterior do mesmo processo (STJ HC 353.742/RS, 6ª Turma, DJ 16/05/2016).

É a motivação por meio da qual se faz remissão ou referência às alegações de uma das partes, a precedente ou a decisão anterior nos autos do mesmo processo.

6.8. Identidade física do juiz

Significado: *o magistrado que acompanhar a instrução probatória – logo, que tiver tido contato direto com as provas produzidas ao longo do processo – deverá ser o mesmo a proferir sentença.*

Antes de 2008, tal princípio existia apenas no Processo Civil (art. 132, CPC), mas não no Processo Penal. Entretanto, hoje, após a reforma promovida pela Lei 11.719/2008, passou a ser expressamente adotado pelo Direito Processual Penal. Segue o teor do novo § 2º do art. 399, CPP: *"o juiz que presidiu a instrução deverá proferir a sentença"*.

O princípio da identidade física do juiz não é, porém, absoluto. Há exceções. Desse modo, não viola o referido princípio: a) o interrogatório do réu por meio de carta precatória (STJ RHC 47.729/SC, DJ 01.08.2016); b) casos de convocação, licença, afastamento, promoção ou aposentadoria do juiz que presidiu a instrução de provas (STJ HC 306.560/PR, DJe 01.09.2015, AgInt no AREsp 852.964/AL, DJ 23.08.2016 e Informativo nº 494); c) o julgamento de embargos de declaração por outro juiz (STJ, HC 46408/SP, DJe 03.11.2009); e d) casos relacionados ao Estatuto da Criança e do Adolescente (STJ AgRg no AREsp 465.508/DF, DJ 26.02.2015 e HC 164369/DF, DJ 09.11.2011).

Ademais, conforme jurisprudência do STJ, se faz necessária a comprovação de prejuízo à parte, sobretudo no que tange aos princípios da ampla defesa e do contraditório, para que haja a nulidade do *decisum* prolatado por juiz diverso daquele que presidiu a instrução do feito (STJ, AgRg no AREsp306388/SC, *Dje* 01.06.2015).

17. Importante destacar também a Súmula 708, STF: "É nulo o julgamento da apelação se, após a manifestação nos autos da renúncia do único defensor, o réu não foi previamente intimado para constituir outro."

6.9. Duplo grau de jurisdição

Significa que *as decisões judiciais são, em regra, passíveis de revisão por instâncias superiores através da interposição de recursos.* Além disso, o princípio estabelece a *impossibilidade de supressão de instância* (GRINOVER et. al., 2001), ou seja, em caso de anulação da decisão recorrida, não pode o tribunal ingressar no mérito da causa, se este não foi apreciado pelo juízo *a quo* (pela instância inferior).

Tal princípio não vem expressamente previsto no texto da CF/1988. Porém, trata-se de *garantia materialmente constitucional.* Isto porque a Convenção Americana de Direitos Humanos (CADH – Pacto de San José da Costa Rica) – ratificada pelo Brasil por meio do Decreto 678/1992 – prevê em seu texto o referido princípio (art. 8º, 2, "h"). Note-se que, para a melhor doutrina, os direitos e garantias contidos nesse Pacto possuem *status* normativo de *norma materialmente constitucional* (PIOVESAN, 2011). É que, segundo essa autora, por força do art. 5º, § 2º, CF, todos os tratados de direitos humanos, independentemente do *quorum* de sua aprovação, são normas materialmente constitucionais. O STF, por outro lado, entende atualmente (ADI 5240 / SP, Julgamento: 20/08/2015) que tratados e convenções internacionais com conteúdo de direitos humanos (como é o caso do Pacto de San José), uma vez ratificados, possuem caráter supralegal. Supralegal significa neste contexto: inferior à Constituição Federal, mas superior à legislação interna. Assim, os atos estatais infraconstitucionais que estiverem em dissonância com a norma supralegal devem ser suprimidos.

Por outro lado, o duplo grau não é um princípio absoluto. *Dentre outras*, segue uma exceção: competência originária do STF (*vide* art. 102, I, CF).

Ademais, por óbvio, a garantia do duplo grau não afasta a necessidade de a parte observar corretamente os pressupostos recursais (ex.: prazo), sob pena de o recurso não ser conhecido.

6.10. Publicidade

Vem expresso na CF nas seguintes passagens: arts. 5º, LX; e 93, IX. Trata-se do *dever que tem o Judiciário de dar transparência aos seus atos.* A publicidade dos atos processuais é a *regra*. Porém, a própria CF autoriza a restrição da publicidade quando se mostrar necessária a *preservação da intimidade ou do interesse social. Exemplos de* restrição à publicidade: a) CF: arts. 93, IX, parte final, e art. 5º, LX; b) CPP: arts. 201, § 6º; 485, § 2º; 792, § 1º; c) CP: 234-B; e d) Lei 9.296/1996: art. 1º.

Um ponto relevante a ser tratado diz respeito ao posicionamento do STF quanto à aplicação da norma protetiva prevista no art. 234-B, CP, acima indicado, ao entender que o agente do fato delituoso não se constitui como destinatário da norma, mas somente a vítima. (STF, ARE1074786/RJ, *Dje* 26.10.2017).

6.11. Iniciativa das partes, demanda ou ação (*ne procedat judex ex officio*)

Significa que *cabe à parte interessada o exercício do direito de ação, uma vez que a jurisdição é inerte.* A propositura da ação penal incumbe, assim, ao MP (no caso de ação penal pública) ou à vítima (no caso de ação penal privada), sendo vedado ao juiz proceder de ofício nessa seara.

Notemos que tal princípio tem total ligação com o *sistema acusatório* (pretendido pelo Constituinte de 1988 – art. 129, I), que tem por uma de suas principais características a separação das funções de acusar e julgar.

Desse modo, *não foi recepcionado* pela CF o art. 26, CPP, o qual prevê que, no caso de contravenção penal, a ação penal será iniciada por portaria expedida pelo delegado ou pelo juiz (chamado de procedimento *judicialiforme*).

Não se deve confundir o princípio da *iniciativa das partes* com o do *impulso oficial.* Enquanto o primeiro determina que o exercício do direito de ação incumbe à parte interessada, o segundo (impulso oficial) estabelece que cabe ao juiz, de ofício, impulsionar o regular desenvolvimento do processo "até que a instância se finde" (MIRABETE, 2001, p. 49) – *vide* art. 251, CPP.

6.12. Igualdade processual (igualdade das partes ou paridade de armas)

As partes devem contar com tratamento igualitário e com oportunidades iguais. Decorre tal princípio do art. 5º, *caput*, CF (princípio da isonomia). Em certos casos, porém, quando justificável, admite-se o tratamento diferenciado da parte, a fim de ser promovida uma igualdade mais *substancial.* Trata-se aqui da antiga máxima: "tratar desigualmente os desiguais na medida de suas desigualdades". Seguem exemplos desse tratamento "desigual" à parte que objetiva uma igualdade mais *substancial* no âmbito do processo penal: *favor rei* (princípio segundo o qual os interesses da defesa prevalecem sobre os da acusação – art. 386, VII, CPP); a revisão criminal é ação exclusiva da defesa; a Defensoria Pública possui prazos mais longos, contados em dobro, por força do art. 128, I, LC 80/1994, e do art. 5º, § 5º, Lei 1.060/1950 (Ver STF, ADI 2144, DJ 14.06.2016 e HC 81.019/MG, Inf. 247); admite-se a prova ilícita *pro reo*, mas não a *pro societate* etc.

6.13. Imparcialidade do juiz

O juiz deve ser pessoa neutra, estranha à causa e às partes. O magistrado eventualmente interessado no feito – suspeito (art. 254, CPP) ou impedido (art. 252, CPP) – deve ser afastado.

6.14. Duração razoável do processo

Expressamente previsto no art. 5º, LXXVIII, CF, que diz: *"a todos, no âmbito judicial e administrativo, são assegurados a razoável duração do processo e os meios que garantam a celeridade de sua tramitação"* e na CADH, art. 8º, 1, consiste no *direito que as partes possuem de exigir do Estado que preste a jurisdição em tempo razoável.* Assim, as dilações indevidas devem ser banidas.

Representa, na atualidade, um dos maiores problemas/desafios do Judiciário mundial (inclua-se aí o brasileiro): assegurar uma prestação jurisdicional célere e de qualidade sem atropelar direitos e garantias fundamentais das partes.

É por conta desse princípio que os tribunais superiores, em diversas oportunidades, têm reconhecido a *ilegalidade da prisão provisória do acusado quando o processo apresenta demora injustificada* (v. g.: STF, HC140.312/PR, *Dje* 04.05.2017, STJ, HC 359.508/PE, DJ 01.09.2016 e HC 281741/SP, DJe 24.06.2015).

A crítica que significativo setor da comunidade costuma fazer é que a falta de um prazo claro e determinado para o fim do processo, aliada à ausência de sanção em caso de expiração desse mesmo prazo, tem o poder de reduzir significativamente a efetividade do referido princípio.

Inspirado por esse princípio, o legislador ordinário criou os seguintes parâmetros de prazo, cujo desrespeito, como dissemos antes, não produz uma sanção jurídica automática: a) no rito ordinário, a instrução deverá ser concluída em 60 dias (art. 400, CPP); b) no júri, 90 dias (art. 412, CPP); c) no caso de processo que apure crime cometido por organização criminosa (art. 22, parágrafo único, Lei 12.850/2013), 120 dias (se o réu estiver preso), "prorrogáveis em até igual período, por decisão fundamentada, devidamente motivada pela complexidade da causa ou por fato procrastinatório atribuível ao réu"; dentre outros.

Entretanto, há que se pontuar que os tribunais superiores, a exemplo do STF, posicionam-se no sentido de que o princípio em exame não poderia ser analisado de *maneira isolada e descontextualizada das peculiaridades do caso concreto*, de modo que seria também necessário considerar a sobrecarga de processos em trâmite nos tribunais. (STF, HC 143726/SP, *DJe* 22.05.2017)

6.15. Obrigatoriedade de motivação das decisões judiciais

Expressamente previsto na CF (art. 93, IX), trata-se de um dos pilares das democracias contemporâneas. Significa que *toda decisão judicial necessita ser fundamentada, sob pena de nulidade*. A exigência de fundamentação possibilita um controle das partes e de toda a sociedade das razões de decidir do magistrado. Assim, se, por exemplo, um juiz decretar a preventiva do acusado sem fundamentar (*i. e.*: sem explicar concretamente os porquês da prisão), será possível impetrar HC por conta da nulidade da decisão.

Nesta seara, o STF possui jurisprudência consolidada no sentido de admitir a denominada fundamentação *per relationem, já definida anteriormente*. Assim como o STJ, a Suprema Corte entende que tal prática não ofende o disposto no art. 93, IX, CF (RHC 120351 AgR/ES, *DJe* 18.05.2015).

Atenção: Não confundir fundamentação *per relationem* com a mera indicação de parecer ministerial ou de decisão anterior no processo. Nessa hipótese será nula a decisão, haja vista a carência de motivação (STF HC 214049/SP, *DJe* 10.03.2015).

7. INQUÉRITO POLICIAL (IP)

7.1. Notas introdutórias

Para que a ação penal possa ser oferecida é indispensável que esteja previamente embasada em um mínimo de provas (aquilo que a doutrina costuma chamar de *justa causa* para a ação penal ou *suporte probatório mínimo*). Sem esses elementos mínimos, a inicial penal não deve ser oferecida e, se for, deverá ser rejeitada por parte do magistrado (art. 395, III, CPP).[18] Isto é assim porque se concebe o *processo penal* como algo notoriamente estigmatizante à pessoa. Dessa forma, os responsáveis pela acusação (MP e querelante)[19] devem necessariamente pautar suas ações penais em um mínimo de provas, procedendo com cautela nesse campo, evitando, assim, a formulação de acusações temerárias, infundadas.

Nesse contexto, o inquérito policial (IP) é uma das investigações preliminares (das mais "famosas", diga-se de passagem) que podem fornecer subsídios à acusação para o oferecimento de ação penal. Entretanto, embora o IP seja uma das peças investigativas mais conhecidas, não é a única, uma vez que a ação penal também pode se fundamentar em: CPI (art. 58, § 3º, CF); investigação direta pelo MP;[20] investigação efetuada pelo próprio particular; investigação levada a cabo por tribunais (em caso de foro por prerrogativa de função do indiciado[21]); inquérito policial militar (IPM – art. 8º, CPPM); dentre outras. Estes exemplos são chamados de **inquéritos extrapoliciais ou não policiais.** Há, ainda, a possibilidade de outros procedimentos de investigação criminal serem conduzidos pela autoridade policial, nos termos da Lei 12.830/2013, art. 2º, § 1º.

Com efeito, nas próximas linhas nos debruçaremos detalhadamente sobre uma das investigações preliminares mais "populares": o *inquérito policial*. Porém, antes, cabe um esclarecimento: a expressão **persecução penal** (ou *persecutio criminis*) significa a soma das atividades de perseguição ao crime (investigação preliminar + ação penal).

7.2. Polícia administrativa (preventiva, ostensiva ou de segurança) e polícia judiciária (repressiva ou investigativa) – arts. 4º, CPP, e 144, CF

A polícia administrativa visa a *impedir* a prática de infrações penais. Exemplos: polícia militar, polícia rodoviária federal e polícia federal.

A judiciária, atuando *após* a prática delituosa, visa a *apurar* as infrações penais e suas respectivas autorias, assim como tem o papel de *auxiliar o Poder Judiciário* (cumprindo mandados de prisão, por exemplo) no desenrolar da persecução penal. Exemplos: polícia civil e polícia federal.[22]

O art. 2º da nova Lei 12.830/2013 considera que: "as funções de polícia judiciária e a apuração de infrações penais exercidas pelo delegado de polícia são de natureza jurídica, essenciais e exclusivas de Estado".

7.3. Conceito de inquérito policial

Conjunto de diligências realizadas pela autoridade policial (delegado) que tem por finalidade a apuração de uma infração penal e sua respectiva autoria, de modo a fornecer subsídios ao titular da ação penal (MP ou querelante) – art. 4º, *caput*, CPP.

7.4. Natureza jurídica

O IP tem natureza de **procedimento administrativo** *e não de processo*. Assim, não se trata de ato de jurisdição, mas de procedimento administrativo que *visa a tão somente informar (caráter informativo) o titular da ação penal (MP e querelante), fornecendo-lhe elementos para formar a sua opinião a respeito da infração penal e respectiva autoria.*

7.5. "Competência" (art. 4º, parágrafo único, CPP)

A "competência" (tecnicamente, atribuição, já que competência é termo relacionado à jurisdição) para presidir o IP é do *delegado de carreira* (bacharel em direito aprovado em concurso público – art. 3º, Lei 12.830/2013). Em regra, o delegado

18. Ou, ainda, combatida por HC trancativo (art. 648, I, CPP).

19. Querelante é o nome que se dá à vítima (ou seu representante legal) quando promove a ação penal privada.

20. Conforme STJ, REsp 1525437/PR, 6ª Turma, DJ 10.03.2016 e Informativo 463, STJ (14 a 18 de fevereiro de 2011).

21. *Vide* STF: Inq 3983, Tribunal Pleno, DJ 12/05/2016 e Rcl 24138 AgR, Segunda Turma, DJ 14.09.2016, e **Informativo** 483, STF (8 a 11 de outubro de 2007).

22. Note o leitor que a polícia federal tanto pode desempenhar o papel de polícia administrativa (evitando a prática de crimes) como de judiciária (auxiliando a justiça federal).

que preside o IP é aquele que atua no *local* (**circunscrição**[23]) onde o crime se consumou (**critério territorial** – *ratione loci*). Porém, caso exista uma *delegacia especializada* na Comarca (delegacia de homicídios, por exemplo), prevalecerá o **critério material** (*ratione materiae*) sobre o critério territorial. Nenhum problema nisso. Na última década também vêm sendo implementadas delegacias especializadas pelo **critério pessoal** (*ratione personae*), em razão da pessoa ofendida, a exemplo das delegacias do idoso e da mulher.

Ademais, conforme diz o art. 22, CPP, nas comarcas onde houver mais de uma circunscrição policial, o delegado com exercício em uma delas (em uma das circunscrições) poderá diligenciar nas demais, *independentemente de precatórias ou requisições*. Dentro de sua comarca de atuação, o delegado tem, portanto, "livre-trânsito" para diligenciar nas várias circunscrições policiais.

A Lei 12.830/2013 (cuja leitura recomendamos) reforçou a ideia de que o delegado é o presidente do IP, trazendo ainda outras disposições importantes, dentre elas a questão da possibilidade de avocação do IP (ou de outra modalidade de investigação criminal conduzida pelo delegado): "o inquérito policial ou outro procedimento previsto em lei em curso somente poderá ser avocado ou redistribuído por superior hierárquico, mediante despacho fundamentado, por motivo de interesse público ou nas hipóteses de inobservância dos procedimentos previstos em regulamento da corporação que prejudique a eficácia da investigação" (art. 2º, § 4º).

7.6. Características do IP

7.6.1. Inquisitivo

Tradicional setor da comunidade jurídica costuma justificar que o caráter inquisitivo do IP é fundamental para o "sucesso" desse tipo de procedimento. Segundo dizem, o caráter inquisitivo confere ao IP o "dinamismo" que este tipo de procedimento requer. Pensamos, pelo contrário, que a manutenção desse tipo de discurso (e, pior, de práticas inquisitivas) em sede de procedimento investigativo tem sido um dos grandes responsáveis pela substancial erosão de legitimidade e confiabilidade no IP. Vale dizer, a insistência em um modelo predominantemente inquisitivo de investigação contribui para uma injustificável fratura entre o IP e o sistema de direitos e garantias da CF.

Diz-se que o inquérito policial é inquisitivo em razão, principalmente, dos seguintes motivos: (1) não há clara separação de funções (acusação, defesa e julgamento) no IP. Pelo contrário, o delegado acumula, em grande medida, as funções de "acusação" e "julgamento" (exacerbada discricionariedade), não sendo sequer possível arguir suspeição contra ele (*vide* art. 107, CPP). (2) Não há contraditório e ampla defesa em sede inquérito policial. Sobre esta segunda afirmação é preciso fazer alguns comentários importantes.

Primeiro, há procedimentos investigativos que, em razão de lei, possuem previsão expressa de contraditório e ampla defesa. Exemplos: inquérito para a decretação da expulsão de estrangeiro e inquérito que apura falta disciplinar de servidor público.[24]

Segundo,a nova redação do art. 7º da Lei 8906/1994 (EOAB), alterada pela Lei 13.245/2016, trouxe uma inovação importante nesse campo. De acordo com o inc. XXI desse artigo, é direito do advogado: "assistir a seus clientes investigados durante a apuração de infrações, sob pena de nulidade absoluta do respectivo interrogatório ou depoimento e, subsequentemente, de todos os elementos investigatórios e probatórios dele decorrentes ou derivados, direta ou indiretamente, podendo, inclusive, no curso da respectiva apuração: a) apresentar razões e quesitos". O dispositivo em questão passou prever que, sob pena de nulidade absoluta,o advogado tem direito de participar dos atos que investiguem seu cliente (interrogatório, depoimento, p. ex.), devendo também ser garantidos nessa situação o contraditório e a ampla defesa (formulação de quesitos pelo advogado, p. ex.).

O novo inc. XXI do art. 7ºdo EOAB (examinado acima) minimiza (mas não elimina) o forte caráter inquisitivo do IP (e das demais modalidades de investigação criminal). Dentre outras, uma questão que pode ser levantada aqui é se essa inovação do EOAB teria tornado obrigatórios, em todos os procedimentos investigativos (inquérito policial, inclusive): a presença de defensor (advogado ou defensor público); e a incidência dos princípios do contraditório e ampla defesa. Numa leitura literal (e pobre) do dispositivo, responderíamos que não, ou seja, o artigo não teria tornado obrigatórios, no âmbito de todos procedimentos investigativos, a presença de defensor e nem a incidência dos princípios do contraditório e ampla defesa. Esta, porém, como dissemos, seria uma interpretação pobre. Pensamos, pelo contrário, que o novo dispositivo torna obrigatórios,em todos os procedimentos investigativos: a presença de defensor (advogado ou defensor público); e a incidência de contraditório e ampla defesa. Acreditamos que esta última interpretação é a que mais se alinha com o sistema de direitos e garantias da CF. Acrescentamos que, em razão de o tema ser recente, não há ainda uma posição dos tribunais superiores a esse respeito. Ademais, os autores oscilam no que tange à interpretação do artigo em questão.

Vale acrescentar ainda o seguinte. Embora o IP continue sendo um procedimento inquisitivo, isto não significa que o investigado, sob nenhum pretexto, possa ser tratado como uma espécie de objeto da investigação policial. O investigado, como qualquer outra pessoa, mantém sua condição de sujeito de direitos. Há direitos/garantias irrecusáveis ao investigado, como, p. ex., direito ao silêncio, possibilidade de impetrar de *habeas corpus* e mandado de segurança etc.

7.6.2. Dispensável (arts. 27 e 46, § 1º, CPP)

Significa que *o IP não é um caminho necessário para o oferecimento da ação penal.* Segundo vimos anteriormente, esta (a ação) poderá se fundamentar em diversas outras investigações preliminares (CPI; investigação produzida por particular; peças de informação[25] etc.), que não o IP.

7.6.3. Sigiloso

Diferentemente da fase processual, no IP, consoante estabelece o art. 20, CPP, *não vige o princípio da publicidade.* Assim,

23. Circunscrição é o espaço territorial em que o delegado exerce suas atividades. Uma comarca pode estar dividida em várias circunscrições policiais.

24. A antiga Lei de Falências (DL 7.661/1945), que previa inquérito em contraditório e presidido por autoridade *judicial* (chamado de inquérito judicial), foi revogada pela Lei 11.101/2005. Hoje, não há mais contraditório em IP que investiga crime falimentar.

25. As peças de informação podem ser definidas como *qualquer outra peça que não o IP que seja capaz de subsidiar elementos para o titular da ação penal.*

os atos do inquérito não são públicos (não pode, por exemplo, uma pessoa do povo assistir à oitiva do indiciado na delegacia).

Esse sigilo, porém, *não alcança o MP, o juiz, o defensor público e o advogado do indiciado.*

No que tange ao advogado do investigado, estabelece o art. 7º, XIV, EOAB, alterado pela Lei 13.245/2016, que, dentre outros, é direito do patrono: "examinar, em qualquer instituição responsável por conduzir investigação, mesmo sem procuração, autos de flagrante e de investigações de qualquer natureza, findos ou em andamento, ainda que conclusos à autoridade, podendo copiar peças e tomar apontamentos, em meio físico ou digital". Este dispositivo, de forma bastante positiva, expandiu significativamente o direito de acesso do advogado aos autos de investigação, valendo notar os seguintes aspectos: (1) o dispositivo garantiu expressamente ao advogado o direito de acessar todo e qualquer procedimento investigativo (ex: procedimento investigativo realizado diretamente pelo MP, CPI etc.); e não apenas acesso ao IP. (2) Em regra, a apresentação de procuração por parte do advogado é desnecessária. Apenas nos procedimentos em que for decretado o sigilo (segredo de justiça), o acesso do advogado aos autos do procedimento investigativo dependerá de procuração emitida pelo investigado (*vide* art. 7º, XIV, § 10, EOAB). (3) Pode o advogado tomar apontamentos em meio físico ou digital, ou seja, agora é possível a utilização de recursos tecnológicos para efeito de registro do conteúdo das peças produzidas no procedimento investigativo, tais como telefone celular, *scanner* manual, etc.

Acrescente-se que o desrespeito ao direito de acesso do advogado aos autos de investigação (art. 7º, XIV, EOAB), assim como "o fornecimento incompleto de autos ou o fornecimento de autos em que houve a retirada de peças já incluídas no caderno investigativo, implicará responsabilização criminal e funcional por abuso de autoridade do responsável que impedir o acesso do advogado com o intuito de prejudicar o exercício da defesa, sem prejuízo do direito subjetivo do advogado de requerer acesso aos autos ao juiz competente." (*vide* § 12 do mesmo artigo).

Por outro lado, cabe a pergunta: o acesso do advogado ou defensor público do investigado a um procedimento investigativo (IP, inclusive) é *ilimitado*? A resposta está na Súmula vinculante 14, STF: "é direito do defensor, no interesse do representado, ter acesso amplo aos elementos de prova que, já documentados em procedimento investigatório realizado por órgão com competência de polícia judiciária, digam respeito ao exercício do direito de defesa" (ver: STJ, REsp 1668815/PR, *DJe* 19.06.2017). Nessa mesma linha, o art. 7º, § 11, EOAB, diz: "a autoridade competente poderá delimitar o acesso do advogado aos elementos de prova relacionados a diligências em andamento e ainda não documentados nos autos, quando houver risco de comprometimento da eficiência, da eficácia ou da finalidade das diligências."

Note, portanto, que o acesso do defensor público ou advogado abrange aqueles elementos de prova (atos de investigação) já produzidos, já documentados – não abrangendo, portanto, aqueles elementos sigilosos pendentes de produção. Explica-se com um exemplo já anteriormente mencionado. Decretada a interceptação telefônica do indiciado no curso do IP, por óbvio, o defensor daquele não será intimado dessa decisão e, muito menos, poderá participar da produção da prova, sob risco de total inutilidade da diligência. Entretanto, concluída a produção dessa prova (*i. e.*, efetuada a transcrição da conversa telefônica), terá o defensor amplo acesso às informações eventualmente obtidas contra o indiciado.

Essas ideias também foram reproduzidas na Lei que trata do crime organizado (Lei 12.850/2013). Ao prever a ação controlada da polícia (consistente em retardar a prisão em flagrante relativa à ação praticada por organização criminosa para que o flagrante se concretize no momento mais eficaz à formação de provas e obtenção de informações), dispõe que: "até o encerramento da diligência, o acesso aos autos será restrito ao juiz, ao Ministério Público e ao delegado de polícia, como forma de garantir o êxito das investigações" (§ 3º do art. 8º).

Vale repetir aqui que, nos procedimentos em que for decretado o sigilo (segredo de justiça), o acesso do advogado aos autos do procedimento investigativo dependerá de procuração emitida pelo investigado (art. 7º, XIV, § 10, EOAB). Em geral, como vimos, a procuração é desnecessária. Porém, sendo decretado o sigilo da investigação, a apresentação da procuração pelo advogado passa a ser exigida.

Finalmente, ainda sobre o sigilo do IP, vale mencionar o novo parágrafo único, do art. 20, CPP, alterado pela Lei 12.681/2012, que diz: "nos atestados de antecedentes que lhe forem solicitados, a autoridade policial não poderá mencionar quaisquer anotações referentes à instauração de inquérito contra os requerentes". Ou seja, o sigilo aqui visa a proteger a pessoa do indiciado.

7.6.4. Indisponível

Ao delegado não é dado arquivar o IP (art. 17, CPP). Mesmo que a autoridade policial esteja convencida de que, por exemplo, o fato é atípico, deve, *necessariamente*, remeter os autos do IP ao titular da ação penal para que este possa decidir o que fazer com a investigação preliminar.

7.6.5. Discricionário

No âmbito do IP, *não há um procedimento rígido a ser seguido pela autoridade policial* (consoante se observa no processo). Ao contrário, o delegado, visando ao sucesso da investigação, tem *discricionariedade* para adotar as medidas e diligências que entender adequadas (*vide* arts. 6º e 7º, CPP; e o art. 2º, § 2º, Lei 12.830/2013). Prova dessa discricionariedade é o art. 14, CPP, que diz que o delegado pode ou não atender aos requerimentos de diligência solicitados pela vítima[26] e pelo indiciado. *Discricionariedade não significa, entretanto, arbitrariedade.* O delegado, obviamente, não é livre para agir como quiser. Trata-se, portanto, de uma discricionariedade dentro da legalidade (há que se respeitar as garantias e direitos fundamentais do indiciado e o ordenamento jurídico como um todo).

Ademais, embora não haja hierarquia entre magistrados, membros do MP e delegados, é oportuno recordar que as "solicitações" de diligências dos dois primeiros (juiz e MP) ao delegado, chamadas tecnicamente de requisição, têm, segundo a doutrina, conotação de *ordem*. Assim, não há aqui discricionariedade para o delegado, devendo, portanto, acatá-las (art. 13, II, CPP).

7.6.6. Escrito

O art. 9º, CPP, estabelece que todas as peças do IP serão reduzidas a escrito e rubricadas pela autoridade policial. Os atos realizados oralmente (oitiva do indiciado, por exemplo) deverão, igualmente, ser reduzidos a termo. Tudo isso visa a fornecer subsí-

26. Conforme doutrina, a *única* diligência que o delegado está obrigado a acatar é o exame de corpo de delito (art. 158, CPP). Deixando vestígio a infração e solicitando a vítima o respectivo exame, deve a autoridade policial acatar esse requerimento.

dios ao titular da ação penal. Embora consagrada a forma escrita do IP, lembre-se que a reforma de 2008 estabeleceu que, sempre que possível, deve-se lançar mão de outros mecanismos de apreensão das informações (audiovisual, por exemplo), como forma de conferir maior fidedignidade a esses atos (art. 405, § 1º, CPP).

7.6.7. *Oficialidade*

O IP é presidido e conduzido por órgão *oficial* do Estado (polícia judiciária) - *vide* art. 144, § 4º, CF.

7.6.8. *Oficiosidade*

Em caso de crime de ação penal pública incondicionada, deve o delegado agir de ofício, instaurando o IP (art. 5º, I, CPP). Ou seja, deve a autoridade policial atuar independentemente de provocação de quem quer que seja. Por outro lado, nos crimes de ação penal privada e condicionada à representação, não pode o delegado agir (instaurar o IP) sem ser provocado pela vítima (ou seu representante legal) - art. 5º, §§ 4º e 5º, CPP.

7.7. Instauração ou início do IP (art. 5º, CPP)

7.7.1. *Se o crime for de ação penal pública incondicionada (ex.: roubo - art. 157, CP)*

O IP será instaurado:

a) **De ofício pelo delegado** (art. 5º, I): tomando conhecimento da prática de crime de ação penal pública *incondicionada* por meio de suas atividades rotineiras, deve o delegado *agir de ofício*, instaurando o IP. O nome da peça inaugural do IP nesse caso é a **portaria**.[27] A doutrina costuma denominar essa hipótese de instauração do IP de ***notitia criminis***[28] (notícia do crime) **espontânea** (*de cognição direta ou imediat*a) exatamente por conta da descoberta do crime se dar *espontaneamente* pelo delegado;

b) **Por requisição de membro do MP ou da magistratura**[29] (art. 5º, II, primeira parte): igualmente, em se tratando de crime que se procede por meio de ação penal pública *incondicionada*, o IP poderá ser instaurado por meio de *requisição* de membro do MP ou da magistratura. Vale recordar que a *requisição* nesse contexto, conforme visto anteriormente, tem caráter de ordem para que o delegado instaure o IP. A doutrina costuma apelidar essa instauração do IP de ***notitia criminis* provocada** (*de cognição indireta ou mediata)*. Isto porque o delegado toma conhecimento do crime por meio de *provocação* de membro do MP ou da magistratura. Nesse caso, a *peça inaugural* do IP será a própria requisição (MIRABETE, 2001, p. 84);

c) **Por requerimento do ofendido** (art. 5º, II, segunda parte):[30] a vítima de crime de ação penal pública *incondicionada* também poderá provocar a autoridade policial para fins de instauração de IP. Os autores também denominam essa hipótese de ***notitia criminis* provocada** (*de cognição indireta ou mediata)*, visto que o delegado toma conhecimento do crime por meio de provocação do ofendido. Nessa situação, a peça inaugural do IP será o próprio *requerimento* (*op. cit.*, 2001, p. 84). No caso de *indeferimento* desse requerimento do ofendido, cabe *recurso administrativo* ao Chefe de Polícia (art. 5º, § 2º), que, hoje, é representado ou pelo Delegado-Geral de Polícia ou pelo Secretário de Segurança Pública, conforme a legislação de cada Estado Federado;

d) **Por provocação de qualquer um do povo** (art. 5º, § 3º): em caso de delito que se processe por via de ação penal pública *incondicionada*, *qualquer pessoa* pode provocar a autoridade policial para que instaure o IP. A doutrina nomeia essa hipótese de ***delatio criminis*** (delação do crime) **simples**. Nessa situação, a peça inaugural do IP será a *portaria* (*op. cit.*, 2001, p. 84);

e) **Pela prisão em flagrante do agente:** ocorrendo a prisão em flagrante do indivíduo que cometeu crime de ação penal pública incondicionada, instaura-se o IP, tendo este como peça inaugural o *auto de prisão em flagrante* (APF). Os autores costumam denominar essa hipótese de instauração do IP de ***notitia criminis* de cognição coercitiva**.

7.7.2. *Se o crime for de ação penal pública condicionada à representação (ex.: ameaça - art. 147, CP) ou à requisição do Ministro da Justiça (ex.: crime contra a honra do Presidente da República - art. 145, parágrafo único, do CP)*

O IP será instaurado por meio, respectivamente, da **representação** da vítima e da **requisição**[31] do Ministro da Justiça. Sem as referidas autorizações (representação e requisição) não poderá o delegado instaurar o IP. A doutrina costuma apelidar essa situação de instauração do IP de ***delatio criminis* postulatória**.

7.7.3. *Se o crime for de ação penal privada (ex. injúria simples - art. 140, caput, CP)*

O IP só poderá ser instaurado por meio de **requerimento** da vítima (ou seu representante legal).

Observação final: no Brasil, a **denúncia anônima** (delação apócrifa ou *notitia criminis* inqualificada) é imprestável para, *isoladamente*, provocar a instauração de inquérito policial. A delação apócrifa (ex.: disque-denúncia) somente é admitida se for usada para *movimentar* os órgãos responsáveis pela persecução penal (apenas isto). Neste caso, tais órgãos deverão proceder com a máxima cautela (averiguações preliminares) e só instaurar inquérito policial caso descubram outros elementos de prova idôneos. Consultar os seguintes julgados STF: HC 106152, DJ 24.05.2016 e HC 109598 AgR, DJ 27.04.2016.

Contudo, consoante Informativo nº 565, STF, de 26 a 30 de outubro de 2009, caso o escrito anônimo tenha sido produzido pelo acusado, ou quando constituírem, eles próprios, o corpo de delito, poderão ensejar na imediata instauração da "*persecutio criminis*" (como sucede com bilhetes de resgate no delito de extorsão mediante sequestro).

7.8. Vícios no IP

Tendo em vista que o IP possui natureza de procedimento *administrativo informativo* (e não de processo), costuma a

27. *"Peça singela, na qual a autoridade policial consigna haver tido ciência da prática do crime de ação penal pública incondicionada, declinando, se possível, o dia, lugar e hora em que foi cometido, o prenome e o nome do pretenso autor e o prenome e nome da vítima (...)"* (MIRABETE, 2001, p. 84).
28. *Notitia criminis é o conhecimento por parte do delegado, espontâneo ou provocado, de um fato aparentemente delituoso.*
29. Há quem critique a requisição de magistrado para instaurar o IP por vislumbrar burla ao sistema acusatório. O juiz não deve se envolver em atividade de persecução penal.
30. Tecnicamente, não se deve usar a expressão "dar uma queixa na delegacia". Isto porque "queixa", para o Processo Penal, é sinônimo de queixa-crime (ação penal privada). Assim, em sentido técnico, deve-se falar em "noticiar a prática de um crime" (notícia do crime).
31. **Atenção:** a requisição aqui *não tem* conotação de ordem, mas de mera autorização para o MP agir.

doutrina dizer que *eventuais vícios que ocorram durante a investigação não têm o condão de contaminar a futura ação penal*[32]. Possíveis vícios do IP têm, normalmente, força apenas para produzir a *ineficácia do próprio ato inquinado (viciado)*. Exemplo: se, no curso do IP, o delegado prende ilegalmente o indiciado, a ação penal, ainda assim, poderá ser oferecida por seu titular. A prisão, entretanto, deverá ser declarada ilegal pelo Judiciário (ineficácia do ato prisional, no caso).

Entretanto, embora seja verdade que os eventuais vícios do IP não contaminam a ação penal, é também correto que a inicial acusatória *não pode estar amparada tão somente em elementos viciados*. Ocorrendo isto (ação penal só fundamentada em elementos viciados), é de se reconhecer a falta de justa causa (suporte probatório mínimo) para o oferecimento da inicial (art. 395, III, CPP).

7.9. Incomunicabilidade do indiciado preso

O art. 21, CPP, prevê que, a pedido do delegado ou do MP, o juiz poderá decretar a *incomunicabilidade* do indiciado preso.

Ficar incomunicável, nesse contexto, consiste na *limitação de comunicação do detido com outros presos e com o mundo exterior (familiares, por exemplo), podendo, tão somente, comunicar-se com o seu advogado, o magistrado, o MP, o delegado e demais funcionários responsáveis pela sua custódia.*

Com essa medida, busca-se, *v. g.*, evitar que o preso possa instruir terceiros a destruir material probatório.

Entretanto, segundo pensa a *majoritária* doutrina, o dispositivo em questão *não foi recepcionado pela CF*. Segue o porquê desse entendimento.

A Lei Maior, ao tratar do Estado de Defesa (situação em que diversas garantias individuais poderão ser suprimidas), estabelece expressamente que *o preso não poderá ficar incomunicável* (art. 136, § 3º, IV, CF). Ora, se é vedada a incomunicabilidade do preso num estado *alterado, anormal* (Estado de Defesa), com muito mais razão, também se deve vedá-la (a incomunicabilidade) num estado de absoluta normalidade (que é o tratado pelo art. 21, CPP).

7.10. Valor probatório do IP

Consoante vimos anteriormente, as provas produzidas no âmbito do IP objetivam, em regra, dar suporte à ação penal (caráter informativo do IP). Porém, cabe a pergunta: *pode o IP dar suporte também à sentença condenatória?* Em outros termos: *pode o juiz fundamentar um decreto condenatório em provas obtidas no IP?* Vejamos.

Conforme posicionamento firme da comunidade jurídica, as provas obtidas em sede de IP *não podem*, ***de modo exclusivo***, fundamentar uma sentença penal condenatória.[33] Isso porque, como no IP não há contraditório, ampla defesa, bem como diversas outras garantias, uma condenação proferida nesses moldes (pautada *exclusivamente* em provas[34] obtidas na fase policial), configuraria violação frontal às garantias mais elementares do acusado. Aliás, não é o outro o comando da primeira parte do art. 155, CPP.

Com efeito, embora o IP não possa funcionar como suporte *único* de um decreto condenatório, majoritário setor da doutrina e jurisprudência admite que a peça investigativa possa ser valorada em caráter *supletivo (subsidiariamente)*. Segundo dizem, quando as provas produzidas na fase policial forem renovadas ou confirmadas em juízo (em contraditório judicial, portanto) será sim possível valorar o IP para dar mais robustez à condenação.[35] Exemplo: o depoimento de uma testemunha prestado durante o IP e, posteriormente, renovado em juízo, atestando a autoria do acusado. Neste caso, poderá o magistrado, na sentença condenatória, valorar, além do testemunho prestado em juízo, o efetuado na polícia. Por conta disso, costuma-se dizer que o valor probatório do IP é *relativo* (depende de renovação/confirmação em juízo).

Mas não é só. Há certas provas que, mesmo sendo produzidas no curso do IP, dadas as suas peculiaridades, podem ser amplamente valoradas pelo juiz num decreto condenatório. Mirabete (2001, p. 79) afirma que tais provas possuem valor idêntico àquelas produzidas em juízo. São as chamadas **provas cautelares, não repetíveis** e **antecipadas**[36] (*vide* parte final do *caput* art. 155, CPP).

Prova cautelar *é aquela que necessita ser produzida em caráter de urgência para evitar o seu desaparecimento.* Exemplos: busca e apreensão e interceptação telefônica. Admite-se a valoração dessa prova em sentença condenatória, pois se entende que ela se submete ao chamado **contraditório diferido, retardado ou postergado**. Significa isto que, *apesar de produzida no curso do inquérito, a prova, ao integrar o processo, poderá ser combatida pelas partes.*

Prova não repetível *é aquela em que a renovação em juízo revela-se praticamente impossível.* Ex.: perícia sobre um crime de estupro. Caso esse exame não seja realizado de plano na fase policial, é quase certo que o vestígio da infração penal desaparecerá. Também vige aqui o chamado contraditório diferido.

Prova antecipada *é aquela que, por conta da ação do tempo, apresenta alta probabilidade de não poder ser mais realizada em juízo.* Ex.: o testemunho de uma pessoa bastante idosa. Nesse caso, conforme sustentam, deve-se fazer uso do instituto da produção antecipada de prova (art. 225 do CPP) a fim de assegurar às futuras partes a garantia do contraditório. Procedida à produção antecipada de prova, torna-se possível valorá-la em uma eventual sentença penal condenatória.

7.11. Providências que podem ser tomadas no curso do IP

No curso do IP, uma série de diligências podem ser tomadas pelo delegado com a finalidade de elucidar a eventual prática de uma infração penal e sua respectiva autoria (art. 2º, § 2º, Lei 12.830/2013). Tais providências constam dos arts. 6º e 7º, CPP, que, note-se bem, não são dispositivos taxativos, mas

32. Nesse sentido, vide também STF, ARE 868516 AgR/DF, *DJe* 23.06.2015.

33. Ver STF: RHC 122493 AgR, DJ 09.09.2015 e HC 119315/PE, DJe 13.11.2014.

34. Na realidade, alguns autores mencionam que, tecnicamente, sequer poderíamos dizer que, em sede de inquérito policial, há "provas". É que, faltando o contraditório, a ampla defesa, bem como um controle judicial sobre os elementos produzidos, não poderíamos falar em "provas", mas apenas em "atos de investigação", "atos de inquérito" ou "informações". Nesse sentido: Lopes Jr. (2003, p. 190).

35. Entretanto, há duras críticas a essa postura. Sobre o tema, consultar o nosso livro *Questões Polêmicas de Processo Penal*, Bauru: Edipro, 2011, tópico 2.4, oportunidade em que fizemos uma pesquisa minuciosa do assunto.

36. Os conceitos de prova cautelar, antecipada e não repetível, não são claros na doutrina, nem na lei (art. 155, CPP). Por isso, não se assuste o leitor se perceber certa inexatidão neles. O importante aqui é apreender os exemplos de cada um dos conceitos e entender quando o contraditório se antecipa e quando se posterga.

meramente exemplificativos. Abaixo, examinaremos algumas dessas principais medidas.[37]

7.11.1. *Oitiva do indiciado (art. 6º, V, CPP)*

Ao longo do IP, o delegado deverá ouvir o indiciado observando, no que for aplicável, as regras do interrogatório judicial (art. 185 e ss., CPP). Note o leitor que não serão aplicadas *todas* as regras do interrogatório judicial à oitiva do indiciado efetuada na polícia, mas apenas aquelas que não colidirem com a natureza inquisitorial do IP. Desse modo, a presença de defensor no momento da ouvida do indiciado (exigida no interrogatório judicial – art. 185, § 5º) é considerada dispensável na fase policial. É dizer, com ou sem a presença de defensor, que a oitiva do indiciado será realizada pelo delegado. Por outro lado, o direito ao silêncio deve ser totalmente assegurado nessa etapa pela autoridade policial.

Observações finais: a) o art. 15, CPP, encontra-se revogado pelo atual Código Civil. Ou seja, dispensa-se o curador para o chamado indiciado "menor" (que possui entre 18 e 21 anos). É que o vigente CC tornou os maiores de 18 anos plenamente capazes para os atos da vida civil (nova maioridade civil), sendo que ser ouvido na condição de indiciado não deixa de ser um ato da vida civil; b) caso o indiciado não compareça ao ato de sua oitiva e não justifique a sua ausência, poderá ser conduzido coercitivamente à presença do delegado, desde que, conforme a melhor doutrina, a autoridade policial obtenha prévia autorização judicial para o cumprimento dessa finalidade. Porém, em uma decisão de 2011, o STF **(HC 107644/SP, *DJe* 18.10.2011),** com emprego de argumentação frágil, decidiu ser possível ao delegado determinar a condução coercitiva do indiciado *sem a necessidade de prévia autorização judicial*. Registre-se aqui que a decisão é temerária, pois é capaz de produzir uma série de consequências nocivas, cuja análise escapa ao objetivo deste trabalho. Afirmando o óbvio, há decisões em que a referida Corte entende não ser viável a condução coercitiva quando o procedimento investigativo estiver encerrado (HC 108671/TO, *DJe* 10.06.2013). Importante ressaltar que a matéria tem sido alvo de debates recentes, culminando no ajuizamento de duas ADPF's, nº 395 e 444, de titularidade do PT e da OAB, respectivamente, nas quais pugnam pelo reconhecimento do STF de não recepção do instituto da condução coercitiva na fase investigativa pela Constituição Federal. O argumento é o de violação ao direito ao silêncio, imparcialidade, ampla defesa e o direito de não produzir provas contra si mesmo.

7.11.2. *Realização do exame de corpo de delito (art. 6º, VII, CPP)*

Quando a infração deixar vestígios (ex.: estupro, homicídio etc.), o delegado *não poderá* se negar a realizar o exame de corpo de delito, por ser este indispensável nessa situação (art. 158, CPP).

7.11.3. *Identificação do indiciado pelo processo datiloscópico (art. 6º, VIII, primeira parte, CPP)*

A CF, em seu art. 5º, LVIII, garante que "o civilmente identificado não será submetido à identificação criminal, salvo nas hipóteses previstas em lei".

Identificar-se civilmente é apresentar qualquer documento capaz de precisar a sua identidade (carteira de motorista, RG, carteira funcional etc. – vide o art. 1º, Lei 12.037/2009), quando solicitado a fazê-lo pelos órgãos responsáveis pela perseguição penal.

Assim, via de regra, de acordo com a CF, basta o fornecimento de identificação civil para satisfazer a eventual necessidade de esclarecimento da identidade de alguém.

Excepcionalmente, porém, será necessária a realização de identificação criminal. Identificar alguém criminalmente significa submeter o indivíduo à coleta de material datiloscópico, fotográfico, dentre outros.

Dessa forma, o art. 6º, VIII, primeira parte, CPP, que trata da "identificação do indiciado pelo processo datiloscópico", como uma das providências possíveis a serem tomadas pelo delegado no curso do IP, precisa ser lido à luz da CF. O delegado não pode, de modo automático, realizar a identificação do indiciado pelo processo datiloscópico (identificação criminal) – segundo se poderia pensar a partir de uma leitura simplista do art. 6º, VIII, CPP. Ao contrário, somente deve proceder à identificação criminal do indiciado se ocorrer alguma das hipóteses excepcionais previstas no art. 3º, Lei 12.037/2009. Vejamos quais essas hipóteses:

> **Art. 3º** Embora apresentado documento de identificação, poderá ocorrer identificação criminal quando:
>
> I – o documento apresentar rasura ou tiver indício de falsificação;
>
> II – o documento apresentado for insuficiente para identificar cabalmente o indiciado;
>
> III – o indiciado portar documentos de identidade distintos, com informações conflitantes entre si;
>
> IV – a identificação criminal for essencial às investigações policiais, segundo despacho da autoridade judiciária competente, que decidirá de ofício ou mediante representação da autoridade policial, do Ministério Público ou da defesa;
>
> V – constar de registros policiais o uso de outros nomes ou diferentes qualificações;
>
> VI – o estado de conservação ou a distância temporal ou da localidade da expedição do documento apresentado impossibilite a completa identificação dos caracteres essenciais.

Vale notar que a Lei 12.654/2012, alterando a Lei de Identificação Criminal, estabeleceu que, em relação ao inciso IV, destacado antes, será possível, para fins de identificação criminal, coletar material biológico do indivíduo para a obtenção do perfil genético (DNA) deste (parágrafo único do art. 5º da Lei de Identificação Criminal).

Sobre o tema, destaque-se o seguinte.

Na hipótese de a coleta de material biológico ser autorizada pelo juiz, as informações do perfil genético serão armazenadas em banco de dados próprio ("Biobanco"), **sigiloso**, a ser gerenciado por uma unidade oficial de perícia criminal (Ex: IML ou instituto de criminalística) – art. 5º-A, seu § 2º e art. 7º-B.

As informações genéticas **não** poderão revelar traços somáticos ou comportamentais, admitindo-se uma **exceção,** que é a determinação de gênero – art. 5º-A, § 1º. A medida visa a evitar que se façam futuras relações entre práticas criminosas e a estrutura genética de indivíduos, dando margem

37. Para as provas de concurso, recomendamos a leitura *integral* desses dispositivos e não apenas os tratados aqui. Selecionamos neste tópico apenas as diligências mais relevantes.

a possíveis estudos discriminatórios (da área da neurocriminologia, p. ex.) que relacionem o crime a determinada etnia, faixa etária etc.

Ademais, destaque-se que o perfil genético do indivíduo permanecerá no banco de dados pelo mesmo tempo previsto para a prescrição do delito em relação ao qual foi ou está sendo investigado/acusado – art. 7º-A.

Cabe, finalmente, destacar que o tema "coleta de material biológico para a obtenção de perfil genético" tem sido objeto de polêmica na doutrina. Dentre as diversas implicações de fundo ético que esse tipo de prática apresenta, um dos pontos criticados diz respeito à ofensa ao direito a não autoincriminação do indivíduo. Explica-se. Embora o material coletado tenha, *a priori*, a finalidade de promover a identificação criminal do indivíduo, é possível que esse material venha, futuramente, a ser utilizado contra o indivíduo como meio de prova. Os "Biobancos" passariam a servir como meios de prova, ultrapassando, portanto, a sua finalidade de mecanismo de identificação criminal. É por isso que vários autores afirmam que pode o acusado se negar a fornecer esse tipo de material, fazendo então valer o seu direito a não autoincriminação. O assunto ainda deverá ser bastante debatido, sendo que, certamente, chegará aos tribunais superiores. Esperemos.

7.11.4. *Vida pregressa do indiciado (Art. 6º, IX, CPP)*

São elementos que podem influir na fixação da pena em caso de condenação futura. Assim, poderão ser identificadas qualificadoras, causas de isenção de pena, privilégio ou circunstâncias por meio desta providência.

7.11.5. *Informação sobre a existência de filhos (Art. 6º, X, CPP)*

Trata-se de alteração introduzida pela Lei 13.257/2016, dentro das políticas públicas para crianças da primeira infância, que são aquelas até os 6 anos de idade (art. 2º, Lei 13257/2016). Não obstante, as informações também dizem respeito a crianças de outras idades, adolescentes e dos filhos que possuam alguma necessidade especial.

Aqui é importante lembrar que há necessidade de uma rede integrada de acolhimento, com participação dos Conselhos Tutelares, MP, Polícia, Judiciário, Defensoria, etc.

7.11.6. *Reprodução simulada ou reconstituição do crime (art. 7º, CPP)*

Busca verificar a possibilidade de o crime ter sido praticado de certo modo. Não pode contrariar a moralidade, nem a ordem pública (é ofensiva a reconstituição de um estupro, por exemplo). Destaque-se que o indiciado não está obrigado a colaborar com essa diligência, uma vez que goza do direito a não autoincriminação. Porém, segundo defende significativa parcela da doutrina, mesmo que não colabore com a diligência, tem o indiciado, ainda assim, o dever de comparecimento (*vide* art. 260, CPP).

7.11.7. *Indiciamento*

Outra medida que pode ser tomada pelo delegado no curso do IP é o indiciamento do investigado. Indiciar significa que há nos autos do IP elementos sérios, razoáveis de que determinada pessoa (ou pessoas) cometeu, aparentemente, uma infração penal (ou várias infrações).

Perceba-se que o delegado deve agir com cautela aqui, vez que o indiciamento já produz um estigma naquele sobre quem esse ato recai. Logo, não pode ser um ato temerário, é preciso que existam, de fato, elementos no IP (atos de investigação) que apontem para a autoria e materialidade delitiva.

Foi promulgada uma lei (Lei 12.830/2013) que, dentre outras coisas, trata do indiciamento. Vejamos uma passagem sobre o assunto: "art. 2º, § 6º O indiciamento, privativo do delegado de polícia, dar-se-á por ato fundamentado, mediante análise técnico-jurídica do fato, que deverá indicar a autoria, materialidade e suas circunstâncias[38]".

Note-se que há autoridades com prerrogativa de função que não podem ser indiciadas pelo delegado, p. ex: magistrados (art. 33, parágrafo único, LC 35/1979); membros do MP (arts. 18, parágrafo único, LC 75/1993, e 41, parágrafo único, Lei 8.625/1993); parlamentares federais. No que tange aos parlamentares federais, oportuno destacar que o STF entende ser possível o seu indiciamento, desde que haja prévia autorização do Ministro Relator do IP, responsável pela supervisão do inquérito (a respeito, confira-se os seguintes julgados do STF AP 933 QO, 2ª Turma, DJ 03.02.2016 e Pet 3825 QO, DJ 04.04.2008). Além do Informativo nº 825 STF, de 9 a 13 de maio de 2016.

7.12. Prazo de conclusão do IP

7.12.1. *Regra*

Conforme o art. 10, CPP: se o indiciado estiver **preso**, 10 dias; se **solto,** 30 dias. Apenas o prazo do indiciado *solto* pode ser prorrogado (§ 3º do art. 10, CPP). Nesta última hipótese, necessário se faz que o caso seja de difícil elucidação e que haja pedido do delegado ao juiz nesse sentido, fixando este último o prazo de prorrogação.

7.12.2. *Prazos especiais de conclusão do IP*

a) IP a cargo da polícia federal (art. 66, Lei 5.010/1966): se o indiciado estiver **preso,** 15 dias. Este prazo é prorrogável por mais 15 dias, desde que o delegado formule pedido fundamentado ao juiz, este o defira e que o preso seja apresentado ao magistrado. Se o indiciado estiver **solto,** 30 dias (também prorrogável na forma do § 3º do art. 10, CPP);

b) Lei de drogas (art. 51, Lei 11.343/2006): **preso,** 30 dias; **solto,** 90 dias. Ambos os prazos são duplicáveis por decisão judicial. Para que isso ocorra, é preciso que o delegado formule pedido fundamentado ao juiz e que o MP seja ouvido (art. 51, parágrafo único);

c) Crimes contra a economia popular (art. 10, § 1º, Lei 1.521/1951): indiciado **preso ou solto,** 10 dias. Prazo improrrogável em qualquer caso;

d) Inquérito militar (art. 20, *caput* e § 1º, CPPM): **preso,** 20 dias; **solto,** 40 dias. Este último podendo ser prorrogado por mais 20 dias pela autoridade militar superior.

7.13. Contagem do prazo de conclusão do IP

Embora não haja consenso na doutrina sobre o tema, *em relação aos inquéritos de investigado preso, prevalece* o entendimento de que o prazo de conclusão do IP possui natureza processual, devendo, portanto, ser contado na forma do art. 798, § 1º, CPP (exclui-se o dia do começo e inclui-se

38. Ver: STJ, Inf. nº 552, período de 17.12.2014, 5ª Turma. O magistrado não pode requisitar o indiciamento em investigação criminal. Isso porque o indiciamento constitui atribuição exclusiva da autoridade policial.

o dia final).[39] Exemplo: Fulano foi preso em flagrante no dia 06.04.2011 (quarta-feira). Como se trata de indiciado preso, pela regra do art. 10, CPP, o IP deverá ser concluído em 10 dias. Assim, seguindo a fórmula do art. 798, § 1º (prazo processual), a contagem dos 10 dias se iniciará no dia útil seguinte à prisão em flagrante (no caso, 7 de abril, quinta-feira). Por outro lado, o último dia do prazo *seria* 16 de abril (sábado). Como não há expediente forense no sábado, nem no domingo (e como o prazo é processual), haverá a prorrogação para o dia útil imediato (ou seja, 18 de abril, segunda-feira, se não for feriado). Conclusão: o último dia do prazo (*i. e.*, o último dia para que o delegado conclua o IP e o envie ao MP) será o dia 18 de abril (segunda-feira)[40].

7.14. Encerramento do IP

Ao encerrar o IP, a autoridade policial deverá elaborar minucioso relatório do que tiver sido apurado (arts. 10, §§ 1º e 2º, e 11, CPP).[41] Nesse contexto, vejamos algumas distinções entre o encerramento de um IP que teve por objeto um crime de ação pública e o que teve por objeto um crime de ação privada.

7.14.1. Crime de ação penal pública

Em se tratando de crime de ação penal pública, concluído o IP, a depender das normas estaduais aplicáveis à Comarca, deverá ser encaminhado a juízo (oportunidade em que ficará à disposição do MP) ou deverá ser encaminhado diretamente ao MP. De um jeito ou de outro, este órgão (o MP), ao receber os autos do inquérito, deverá tomar uma das 3 medidas seguintes: a) oferecer denúncia; b) requisitar novas diligências; ou c) requerer o arquivamento. Examinemos estas opções de per si.

a) Oferecimento de denúncia: neste caso, significa que *o MP está satisfeito com a investigação realizada*. Ou seja, há suporte probatório mínimo (indício de autoria e de materialidade do crime) para o oferecimento da ação penal;

b) Requisição de novas diligências (art. 16, CPP): significa que *o MP não está satisfeito com o resultado da investigação, necessitando de ulteriores diligências*. Não é demais lembrar que a requisição do MP ao delegado tem caráter de ordem;

c) Requerimento (ou promoção) de arquivamento: como já dito, a autoridade policial não pode arquivar o IP (art. 17, CPP). O arquivamento, na realidade, só se dá por meio de dupla manifestação: pedido do MP + homologação do juiz (STF, Pet 4979, 1ª Turma, DJ 17.09.2015 e HC 106124/PR, *DJe* 11.09.2013). O requerimento de arquivamento formulado pelo MP pode amparar-se em diversos motivos. Exemplos: atipicidade da conduta do indiciado; desconhecimento da autoria do crime; inexistência de elementos mínimos de prova para denunciar o indiciado; ausência de representação (nos crimes que a exigem – *v.g.* ameaça, art. 147, CP); e mais recentemente o que o STF denomina ausência de base empírica idônea e de indicação plausível do fato delituoso a ser apurado (Inq 3847 AgR/GO, *DJe* 08.06.2015). Trata-se da delação anônima sem qualquer elemento indiciário ou fático complementar ou uma notícia de internet sem que haja a devida descrição de um fato concreto.

Ainda a respeito das hipóteses de arquivamento do IP, note o leitor que o CPP não tratou expressamente do tema. Entretanto, esse Código, em seu art. 395, apresenta situações em que a denúncia será *rejeitada* pelo juiz. Ora, podemos concluir disso o seguinte: as hipóteses em que a denúncia deverá ser rejeitada pelo juiz (estabelecidas no art. 395) são exatamente os casos em que o MP não deverá oferecer denúncia, requerendo, ao revés, o arquivamento do IP. Trata-se de interpretação *a contrario sensu* do art. 395.

Pois bem, conforme mencionado, sendo hipótese de arquivamento, o MP deverá formular pedido fundamentado nesse sentido ao magistrado que, também de forma fundamentada (art. 93, IX, CF), decidirá sobre o caso.

A decisão do magistrado que determina o arquivamento do IP é, em regra, irrecorrível. Exceções: recurso de ofício da decisão que arquiva o IP em casos de crime contra a economia popular e contra a saúde pública (art. 7º, Lei 1.521/1951); e recurso em sentido estrito da decisão que arquiva o IP em casos de contravenção de jogo do bicho e de aposta de corrida de cavalos fora do hipódromo (art. 6º, Lei 1.508/1951 c/c arts. 58 e 60, DL 6.259/1944).

Ressalte-se que, arquivado o IP, nada impede que o delegado proceda a *novas diligências*, visando a encontrar elementos mais contundentes acerca da autoria e/ou materialidade do delito. É que, em regra, a decisão de arquivamento faz apenas coisa julgada formal[42] (incide aqui a chamada cláusula *rebus sic stantibus*[43]). Agora, para que o MP possa oferecer a denúncia (depois de consumado o arquivamento do IP), é imprescindível a existência de *provas substancialmente novas*. Em resumo, temos então o seguinte: em regra, arquivado o IP, nada impede que o delegado proceda a novas diligências. Porém, para que haja a deflagração de ação penal, é preciso que o MP possua *provas substancialmente novas*. É assim que devem ser lidos o art. 18, CPP, e a Súmula 524, STF.

A regra, portanto, é: arquivado o IP, pode o delegado realizar novas diligências (art. 18, CPP) e o MP oferecer denúncia (se conseguir provas substancialmente novas – Súm. 524, STF). Porém, há casos em que a decisão de arquivamento faz **coisa julgada formal e material** *também*, impedindo, portanto, a reabertura do caso. *Já decidiram os tribunais superiores que não pode haver reabertura do caso na seguinte situação* (coisa julgada material): **arquivamento que tenha por base a atipicidade ou a extinção da punibilidade (mesmo que a decisão tenha sido proferida por juiz absolutamente incompetente)** – *vide* STF, **HC 100161 AgR/RJ,** *DJe* **16.09.2011**.[44] Demais disso, cumpre enunciar o seguinte julgado do STF, no qual o arquivamento de inquérito, a pedido do MP, em virtude da prática

39. Contudo, como dissemos, o assunto é polêmico. Há respeitáveis autores que defendem a natureza penal desse prazo (contando-o, portanto, na forma do art. 10, CP).

40. Em sentido contrário: Távora e Alencar (2016, p. 152); e Lima (2015, p. 150). Para os autores mencionados, em se tratando de investigado preso, conta-se o prazo nos termos do art. 10, CP, e não há que se falar em prorrogação do prazo para o primeiro dia útil, pois as delegacias funcionam de forma ininterrupta, em regime de plantão.

41. Em regra, não é necessário ao delegado tipificar a conduta do indiciado no relatório. Porém, na Lei de Drogas, o art. 52, I, exige que o delegado tipifique a conduta do agente no relatório.

42. Sobre a distinção entre coisa julgada material e formal, aduz Gomes (2005, p. 330): "há duas espécies de coisa julgada: 1. Coisa julgada *formal:* impede que o juízo da causa reexamine a sentença [ou decisão]; 2. Coisa julgada *material:* impede que qualquer outro juízo ou tribunal examine a causa já decidida". (Incluiu-se).

43. Significa nesse contexto: arquive-se o IP *desde que perdurem as mesmas circunstâncias e condições*.

44. Para uma leitura mais aprofundada, consultar o nosso *Questões Polêmicas de Processo Penal*, Bauru: Edipro, 2011 (tópico 2.2).

de conduta acobertada pela excludente de ilicitude do estrito cumprimento do dever legal (CPM, art. 42, III) não obstaria o desarquivamento diante de novas provas, deste modo, não haveria configuração de coisa julgada material (HC 125101, 2ª Turma, DJ 11.09.2015 HC 87395/PR, j. 23/03/2017)[45].

Impende registrar a divergência de entendimentos entre os tribunais superiores, uma vez que, o STJ, em decisão proferida no ano de 2014, entendeu que o arquivamento pela prática de ato acobertado por excludente de ilicitude formaria coisa julgada material apta a obstar o posterior desarquivamento (STJ, 6ª Turma, REsp791471, *DJe* 16.12.2014).

Por outro lado, discordando o juiz do pedido de arquivamento, deverá remeter o caso ao *Procurador-Geral de Justiça* (art. 28, CPP). Este (o PGJ), por sua vez, poderá: ou insistir no arquivamento do IP (hipótese em que o juiz estará obrigado a acolhê-lo); ou requisitar novas diligências; ou oferecer denúncia (ele mesmo ou por meio de outro membro do MP).[46]

Note o leitor que, em se tratando de crime da *competência da Justiça Federal*, no caso de o juiz federal discordar do pedido de arquivamento do membro do MPF, deverá remeter a questão não ao Procurador-Geral da República, mas à *Câmara de Coordenação e Revisão do Ministério Público Federal*, conforme prevê o art. 62, IV, LC 75/1993. No mais, as opções da Câmara são iguais às do PGJ, *i. e.*, insistência no arquivamento, requisição de novas diligências ou oferecimento de denúncia.

Ainda em relação ao tema arquivamento, há construções da doutrina e da jurisprudência que buscam conferir a natureza de arquivamento a certas situações práticas que veremos a seguir:

I. arquivamento implícito ou tácito: caracteriza-se quando o MP (ações penais públicas, portanto) "deixa de incluir na denúncia algum fato investigado ou algum dos indiciados, sem expressa manifestação ou justificação deste procedimento" e o juiz deixa de se manifestar (art. 28, CPP) em relação àquilo que foi omitido (JARDIM, 2001, p. 170).

Pressupõe, portanto, a dúplice omissão: do MP, que oferece a denúncia sem incluir algum dos fatos (objetivo) ou dos indiciados (subjetivo) sem justificar o porquê[47]; e do juiz, que não adota a providência do art. 28 e dá seguimento ao trâmite, recebendo a denúncia.

Ex: imagine o leitor que 6 indivíduos são investigados acerca do delito de roubo. Concluído o inquérito e remetido ao MP, esse oferece a denúncia em face de 5 dos investigados sem fazer qualquer menção ao 6º deles. O juiz, ao analisar a denúncia, despacha pelo seu recebimento. Nesse caso, haveria de se reconhecer o arquivamento implícito em relação ao último indiciado.

Destaque-se, porém, que tal modalidade não tem sido acolhida pela jurisprudência[48] e pela maior parte da doutrina, especialmente pela ausência de previsão legal e por considerar que o pedido de arquivamento deverá ser explícito, por força do princípio da obrigatoriedade da ação penal pública.

II. arquivamento indireto: trata-se de construção do STF[49] para resolver o conflito entre o juiz e o MP quando esse último recusa atribuição para o feito. O MP, ao invés de oferecer a denúncia, requerer outras providências ou o arquivamento ou novas diligências, recusa a própria atribuição por entender que o juízo perante o qual oficia é incompetente para processar e julgar a causa. O juiz, discordando, deve interpretar a situação como uma manifestação indireta de arquivamento e adotar a providência do art. 28, CPP, remetendo os autos ao órgão revisor do MP (PGJ ou Câmara de Coordenação e Revisão).

Ex: promotor, ao receber os autos do IP, entende que o crime praticado ofendeu interesse da União e, portanto, a ação penal é atribuição do MPF (cujo membro é o Procurador da República). Nesse caso, requer ao juiz perante o qual oficia a remessa dos autos ao órgão competente. Se o juiz discordar, entenderá a manifestação como pedido indireto de arquivamento e remeterá os autos para o PGJ, seguindo o disposto no art. 28, CPP.

Perceba, portanto, que a questão gira em torno da divergência entre MP e juiz quanto à atribuição do órgão acusatório.

7.14.2. *Crime de ação penal privada*

Em se tratando de crime de ação penal privada, concluído o IP, deverá este ser encaminhado a juízo, oportunidade em que ficará à disposição da vítima – art. 19, CPP. Esta, tomando ciência da conclusão do IP, poderá adotar as seguintes medidas: a) oferecer a queixa-crime; b) requerer novas diligências; c) renunciar ao direito de ação; e d) permanecer inerte, deixando escoar o seu prazo de 6 meses para o oferecimento de queixa. Analisemos tais opções.

a) Oferecimento de queixa: significa que *a vítima deu-se por satisfeita com a investigação realizada, vislumbrando suporte probatório mínimo para o oferecimento de ação penal;*

b) Requerimento de novas diligências: ao contrário, *a vítima não se deu por satisfeita, necessitando de ulteriores diligências.* Note que incide aqui a *discricionariedade* do delegado, ou seja, pode este atender ou não as diligências solicitadas pela vítima (art. 14, CPP);

c) Renúncia ao direito de ação: o ofendido poderá renunciar ao seu direito de queixa, dando causa à extinção da punibilidade do agente (art. 107, V, CP). Note que se trata de ato unilateral da vítima (não depende da aceitação do indiciado para que possa concretizar seus efeitos);

d) Inércia: nesta situação, o ofendido deixa simplesmente escoar o seu prazo decadencial de 6 meses para o oferecimento de queixa (art. 38, CPP), resultando também na extinção da punibilidade do agente (art. 107, IV, CP).

Observação final: perceba o leitor que, tecnicamente, *não há* a figura do pedido de arquivamento em sede de ação penal privada (conforme vimos na ação penal pública). O ofendido

45 Ver Informativo nº 858, STF, de 20 a 24 de março de 2017.

46. Há antiga polêmica na doutrina se o membro do MP designado pelo PGJ estaria ou não obrigado a oferecer denúncia. *Prevalece* o entendimento de que sim, *i. e.*, que o membro designado do MP atuaria como *longa manus* do PGJ, logo estaria obrigado a denunciar. Neste contexto, cabe enunciar o recente julgado do STF no qual restou consignado que "Cabe ao Procurador-Geral da República a apreciação de conflitos de atribuição entre órgãos do ministério público" (STF. Plenário. ACO 1567 QO/SP, rel. Min. Dias Toffoli, 17.08.2016).

47. Ver nossas anotações sobre obrigatoriedade e indivisibilidade da ação penal pública no próximo Capítulo.

48. STF, HC 127011 AgR/RJ, DJe 21.05.2015 e STJ, Info. 569, período 17/09 a 30.09.2015, 5ª Turma e Info. 540, período 28.05.2014, 6ª Turma e HC 197886/RS, DJ 25.04.2012.

49. STF, HC 88877, 1ª Turma, DJ 27.06.2008 e Pet 3528/BA, DJ 03.03.2006. Ver também, no STJ, o AgRg nos EDcl no REsp 1550432/SP, 6ª TURMA, DJ 29.02.2016 e o CAt 222/MG, DJ 16.05.2011.

não precisa requerer ao juiz o arquivamento do IP. Basta renunciar ao seu direito de ação ou mesmo deixar escoar o prazo de 6 meses para a queixa. De todo o modo, caso a vítima elabore um "pedido de arquivamento" ao magistrado, esse pedido será compreendido como renúncia expressa ao direito de ação.

7.15. Inquéritos extrapoliciais, não policiais ou investigações administrativas

Não obstante o disposto no art. 144, CF, que confere à polícia civil e à polícia federal a atribuição para investigar as infrações penais, a Carta Magna não o faz de modo a estabelecer exclusividade da função investigativa.

Desse modo, há autoridades não policiais que também possuem a prerrogativa de realizar investigação. Algumas dessas modalidades veremos a seguir.

7.15.1. Inquéritos parlamentares (art. 58, § 3º, CF)

As Comissões Parlamentares de Inquérito (CPI's) são criadas para *apuração de fato determinado e por prazo certo, sendo suas conclusões, se for o caso, encaminhadas ao Ministério Público para que promova a responsabilidade civil ou criminal dos infratores*.

Os parlamentares buscarão, através de sua atuação na CPI, colher elementos que permitam elucidar o fato determinado. Sendo assim, terão amplo espectro de atuação visando à coleta de documentos e dos depoimentos dos investigados e das testemunhas.

As CPI's possuem poderes inerentes às autoridades judiciais. Em razão disso, as pessoas convocadas a depor não podem, por exemplo, recusar o comparecimento e podem ser conduzidas coercitivamente.

As testemunhas deverão prestar o compromisso legal de dizer a verdade,[50] mas não estarão obrigadas a falar sobre fatos que a incriminem (direito ao silêncio – *nemo tenetur se detegere*).

Aos investigados, apesar da obrigatoriedade de comparecimento, são assegurados todos os direitos inerentes àqueles que são alvo de investigação. Alguns exemplos são o direito ao silêncio (evitando a autoincriminação); à assistência por advogado, com possibilidade de comunicação durante a inquirição; e a dispensa do compromisso legal de dizer a verdade. Para um aprofundamento em relação ao pensamento jurisprudencial sobre o tema, consultar o HC 119941/DF, *DJe* 29.04.2014, e MC HC 135286/DF, *DJe* 30.06.2016, ambos do STF.

Ao final do procedimento investigativo, os parlamentares deverão elaborar um relatório das investigações e, caso haja indícios dos fatos ilícitos, devem proceder à remessa ao MP, para que o *parquet* adote as providências cabíveis.

Exemplo do resultado de investigação realizada por CPI é a AP 470, STF, que julga diversos réus acusados de peculato, corrupção ativa, passiva, formação de quadrilha, entre outros, em fato divulgado pela mídia como "mensalão". As investigações foram realizadas pelos parlamentares e posteriormente remetidas ao MPF, que ofereceu a denúncia por meio do PGR.[51]

Por fim, vale ressaltar que o relatório da CPI, uma vez recebido, terá prioridade de trâmite sobre os demais atos, exceto em relação aos pedidos de *habeas corpus*, *habeas data* e mandado de segurança (art. 3º, Lei 10.001/2000).

7.15.2. Inquéritos por crimes praticados por autoridades com foro por prerrogativa de função

Diante da prática de crime por autoridade com foro por prerrogativa de função, não pode o delegado instaurar inquérito ou realizar o seu indiciamento, devendo remeter a investigação ao tribunal perante o qual a autoridade goza de foro privilegiado.

Ex.: deputado federal que é flagrado na prática de crime inafiançável pode ser preso em flagrante, mas a partir daí o STF deve ser comunicado, pois presidirá a investigação.

Caso o procedimento acima não seja observado, certamente será nulo o indiciamento ou o próprio inquérito. Ver STF HC 117338 ED, 1ª Turma, DJ 21.06.2016 e Inq. 2411 QO, DJe 25.04.2008.

Nos casos em que o investigado é magistrado ou membro do MP, a investigação será conduzida pelos órgãos da mais elevada hierarquia das respectivas carreiras.

Assim, quanto aos magistrados, a investigação caberá ao órgão especial competente para o julgamento (art. 33, parágrafo único, LC 35/1979 – LOMAN[52]).

Aqui, oportuna a crítica feita por Denilson Feitoza Pacheco (2009, p. 217) quanto à investigação realizada por órgão jurisdicional. Apesar de **não acolhida pela jurisprudência e também por respeitável parte da doutrina**, a tese defendida pelo autor é de que tal permissão revela-se incompatível com a separação dos poderes e o sistema acusatório.

Lembremos que a natureza do procedimento investigativo é administrativa e está dissociada da função jurisdicional, adstrita ao Poder Judiciário. Tal dissociação é característica da separação dos poderes, que divide as funções estatais entre os poderes da República: a) administrativa, para o Poder Executivo; b) legislativa, para o Poder Legislativo; e c) jurisdicional, para o Poder Judiciário. Portanto, a concentração de função inerente às autoridades policiais (investigação), de natureza administrativa, com a função jurisdicional ofenderia o princípio da separação de poderes.

De igual modo, reconhece a ofensa ao sistema acusatório em razão da investigação ser presidida pelo próprio órgão que a julgará.

Em relação aos crimes cometidos por membro do MP, estadual ou federal, também caberá à cúpula dos respectivos órgãos a presidência da investigação,[53] mas como não são titulares da função jurisdicional, e sim da administrativa, as críticas acima não são aplicáveis.

8. AÇÃO PENAL

8.1. Conceito

Direito público subjetivo de pedir ao Estado-juiz a aplicação do Direito Penal objetivo a um caso concreto.

50. Veremos de forma detalhada quando tratarmos da prova testemunhal, mais à frente.

51. Procurador-Geral da República.

52. Lei Orgânica Nacional da Magistratura.

53. Art. 41, parágrafo único, Lei 8.625/1993 (MP estadual); e 18, parágrafo único, LC 75/1993 (MPF).

Com efeito, para que o indivíduo possa exercer regularmente o seu direito de ação, é preciso que observe (preencha) certas condições. E são exatamente essas condições que estudaremos na sequência.

8.2. Condições genéricas da ação

Conforme dito, a presença de tais condições visa a proporcionar o regular exercício do direito de ação. Assim, tais condições funcionam como requisitos para que, legitimamente, seja possível exigir o provimento jurisdicional do Estado.

Segundo LIMA (2015, p. 193), a teoria eclética aduz a existência do direito independe da existência do direito material, dependendo, de outro lado, do preenchimento de requisitos formais – que são as condições da ação. Tais condições, por sua vez, são aferidas à luz da relação jurídica material discutida no processo, não se confundindo com o mérito. Em verdade, são analisadas em caráter preliminar e, quando ausentes, culminam em sentença terminativa de carência da ação (CPC-73, art. 267, VI e art. 485, VI, CPC-2015). No entanto, neste caso não há a formação de coisa julgada material, o que permite, pelo menos em tese, a renovação futura da demanda, desde que haja a correção do vício que ensejou a sentença sem resolução de mérito (CPC-73, at. 268 e art. 486, § 1º, CPC-2015).

A despeito das enunciações da citada teoria, LIMA (2015, p. 193) chama a atenção para o surgimento de nova teoria na doutrina processual civil que acaba refletindo no processo penal, a saber, a teoria da asserção, segundo a qual a presença das condições da ação deve ser analisada judicialmente com base em elementos fornecidos pelo próprio autor em sede de petição inicial, os quais devem ser tomados como verdadeiro, sem nenhum desenvolvimento cognitivo.

Ademais, ressalte-se que a presença dessas condições deve ser examinada pelo juiz no momento do recebimento da inicial acusatória. Caso uma (ou várias delas) esteja ausente, será hipótese de rejeição da inicial penal (*vide* art. 395, CPP). Neste contexto, explana LIMA (2015, p. 194) que, em não havendo tal análise das condições da ação no momento da admissibilidade da inicial acusatória, há possibilidade do reconhecimento de nulidade absoluta do processo, em qualquer instância, com fundamento no art. 564, II, CPP – sendo que o dispositivo apenas se refere à ilegitimidade de parte, mas, analogicamente, também pode ser aplicado às demais condições da ação penal. Ainda há quem entenda, diante de tal situação, a possibilidade de extinção do processo sem julgamento de mérito, aplicando analogicamente o art. 267, VI, CPC/1973/art. 485, VI, CPC/2015 c/c art. 485, § 3º, CPC/2015.

Examinemos, finalmente, as condições da ação penal.

8.2.1. Possibilidade jurídica do pedido

Primeiramente, é imprescindível que aquilo que está sendo pedido seja admitido pelo direito objetivo, ou seja, o pedido deve ter amparo na lei. Diante disso, podemos inferir que, se o fato narrado na inicial acusatória for notoriamente atípico, *i. e.*, não previsto na lei como infração penal, não será possível instaurar a ação penal por impossibilidade jurídica do pedido.

Cabe ressaltar, todavia, que a nova sistemática do novo diploma processual civil, que não mais referencia a possibilidade jurídica do pedido como hipótese que gera decisão de inadmissibilidade do processo. Deste modo, vem se consolidando o entendimento praticamente majoritário até então de que o reconhecimento da impossibilidade jurídica do pedido opera como decisão de mérito, e não de inadmissibilidade. (LIMA, 2015, p. 195).

Há quem entenda, contudo, que de acordo com o CPC-2015, a despeito da extinção da possibilidade jurídica do pedido, não fez desaparecer as condições da ação. No entanto, tal categoria foi eliminada do nosso ordenamento jurídico, pois há apenas as possibilidades de serem as questões de mérito ou de admissibilidade, como informa LIMA (2015, p. 195).

8.2.2. Interesse de agir

Esse requisito implica verificação de que a pretensão formulada seja suficiente para satisfazer o interesse contido no direito subjetivo do titular (MIRABETE, 2006, p. 88). Esse interesse deve ser analisado sob 3 aspectos: necessidade; adequação; e utilidade.

a) Interesse-necessidade: tem por objetivo identificar se a lide pode ser solucionada extrajudicialmente, ou seja, se de fato é necessário o uso da via judicial para resolver o conflito. Na esfera penal, o interesse-necessidade é presumido, pois há vedação da solução extrajudicial dos conflitos penais (diferentemente do que ocorre no processo civil, por exemplo);

b) Interesse-adequação: aqui, deve-se fazer uma checagem se há adequação entre o pedido formulado e a proteção jurisdicional que se pretende alcançar. Será adequado o pedido quando, narrada uma conduta típica, o acusador requerer a condenação do réu, de acordo com os parâmetros do tipo incriminador, que estabelece a punição objetivamente adequada para cada delito (BONFIM, 2010, p. 181).

Porém, advirta-se que o *interesse-adequação* não possui capital importância no âmbito do processo penal, uma vez que o juiz pode se valer da *emendatio libelli* (art. 383, CPP) para corrigir eventual falha da acusação no tocante à classificação do crime e da pena a ser aplicada ao réu (PACELLI, 2015, p. 107-108);

c) Interesse-utilidade*:* só haverá utilidade quando for possível a realização do *jus puniendi* estatal (*i. e.*, quando for viável a aplicação da sanção penal). Se não é possível a punição, a ação será inútil. Ex.: ação penal por fato prescrito. De nada adiantará o exercício da ação penal se já estiver extinta a punibilidade do agente.

8.2.3. Legitimidade (ou legitimatio ad causam*)*

Diz respeito à pertinência subjetiva da ação. Os sujeitos devem ser legitimados para figurar na causa. Assim, a ação deve ser proposta somente pelo sujeito ativo pertinente e apenas contra aquele legitimado para figurar no polo passivo da causa.

No polo ativo da ação figura, em regra, o MP (art. 129, I, CF), já que a maioria das infrações penais tem a sua persecução por meio de ações penais públicas.

Nas ações privadas, o autor é o ofendido (a vítima), denominado querelante, que é pessoa física ou jurídica titular de um interesse.

Do lado oposto, no polo passivo, figura o réu (ações penais públicas) ou querelado (ações penais privadas).

Saliente-se que a CF prevê a possibilidade de responsabilização criminal da pessoa jurídica nas infrações penais praticadas em detrimento da economia popular, da ordem econômica e financeira (art. 173, § 5º, CF) e nas condutas lesivas ao meio ambiente (art. 225, § 3º, CF).

Importante dizer que a previsão no texto constitucional não conduz à automática inserção da pessoa jurídica no polo passivo, pois os dispositivos condicionam à previsão específica em lei ordinária. Nesse caso, o nosso ordenamento prevê a responsabilidade penal da pessoa jurídica apenas por danos ambientais (art. 3º, Lei 9.605/1998).

Ademais, nos tribunais superiores vinha sendo aplicada a teoria da dupla imputação, segundo a qual é imprescindível a imputação simultânea do ente moral (empresa) e da pessoa física responsável pela sua administração (STJ, RMS 37293/SP, *DJe* 09.05.2013). Sucede que há uma mudança no entendimento do STF, pois a primeira turma decidiu que "o art. 225, § 3º, CF não condiciona a responsabilização penal da pessoa jurídica por crimes ambientais à simultânea persecução penal da pessoa física em tese responsável no âmbito da empresa"[54]. Outrossim, também vem o STJ se afastando da tese da dupla imputação, vide AgRg no RMS 48.085/PA, 5ª Turma, DJ 20.11.2015 e AgRg no RMS 48.379/SP, 5ª, Turma, DJe 12.11.2015. Conclui, portanto, que inexiste imposição constitucional da dupla imputação (RE 548181/PR, *DJe* 06.08.2013).

8.2.4. *Justa causa*

Para o exercício da ação penal, não basta que o pedido seja juridicamente possível, que a ação seja necessária, adequada e útil, e proposta pelo legítimo titular em face do legítimo ofensor. A presença de todos esses requisitos será insuficiente se não existir lastro probatório mínimo quanto à autoria e prova da materialidade do fato. É o que estatui o art. 395, III, CPP.

A justa causa nada mais é do que o *fumus comissi delicti*, ou seja, *a identificação de que há elementos probatórios concretos acerca da materialidade do fato delituoso*[55] *e indícios razoáveis de autoria*. É essencial a presença desses elementos para justificar a instauração da ação penal e a movimentação do aparato estatal.

Reflexos do Novo Código de Processo Civil

O NCPC suprimiu a expressão "condições da ação" para determinar a extinção do processo, sem resolução do mérito e tampouco faz referência à possibilidade jurídica do pedido. Art. 485, IV, NCPC.

Para Távora e Alencar (2015, p.214), a supressão da expressão "condição da ação" não repercute na seara do Processo Penal porque o CPP prevê condições específicas para o exercício da ação penal, que torna os institutos distintos. Noutro sentido, a subtração da possibilidade jurídica do pedido terá reflexos na esfera processual penal. Vale ressaltar que, mesmo antes do NCPC, a delimitação da possibilidade jurídica do pedido no âmbito das ações penais já era controverso.

Ainda de acordo com a doutrina, no entendimento de Lima (2015, p.197), a impossibilidade jurídica do pedido passará a ser considerada no exame do mérito e não mais no juízo de admissibilidade da ação. Para o referido Autor, apenas a legitimidade e o interesse de agir serão considerados como condições da ação penal.

8.3. Condições específicas da ação penal

Para além das condições genéricas anteriormente analisadas (comuns a todas as modalidades de ação penal), certas ações penais exigem também condições específicas para que sejam propostas ou tenham efeito.

Condições de procedibilidade: estas condicionam o exercício da ação penal. Possuem caráter essencialmente processual e dizem respeito à admissibilidade da persecução penal. A representação da vítima na ação penal pública condicionada à representação (crime de ameaça, *v. g.*), é uma condição de procedibilidade (condição específica desta ação penal). Sem ela, sequer é possível instaurar a ação penal.

Condições objetivas de punibilidade: *são aquelas condições estabelecidas em lei para que o fato seja concretamente punível* (GOMES, 2005, p. 87).

Podemos aqui citar dois exemplos de condições objetivas de punibilidade.

O primeiro é a sentença anulatória do casamento, que condiciona o exercício da ação penal no crime de induzimento a erro no matrimônio (art. 236, parágrafo único, CP).

Outro é a sentença que decreta a falência, a recuperação judicial ou extrajudicial nos crimes falimentares (art. 180, Lei 11.101/2005). Sem a decretação da falência ou da recuperação não será possível processar alguém por crime falimentar.

Importante destacar que o momento processual adequado para o juiz verificar o preenchimento de todas as condições da ação, genéricas ou específicas, é a fase de recebimento da denúncia ou da queixa (art. 395, II e III, CPP). Consiste o ato em um juízo sumário de admissibilidade da ação penal.

Atenção para não confundir as espécies anteriores com as **condições de prosseguibilidade**. Essas últimas, ao contrário, pressupõem a ação penal já instaurada, criando óbice à sua continuidade.

Exemplo ocorre nos casos em que o réu/querelado manifesta insanidade mental superveniente. Impõe-se a necessidade de o agente recobrar a sanidade mental para que a ação penal tenha a sua regular continuidade. Enquanto não retomar a sanidade (condição de prosseguibilidade), o processo ficará paralisado e a prescrição correrá normalmente (art. 152, CPP).

8.4. Classificação da ação penal

A comunidade jurídica costuma classificar a ação penal tomando por base a legitimação ativa. Assim, a ação penal será pública quando a legitimação ativa pertencer ao MP e será privada quando a legitimação ativa pertencer à vítima. Faremos abaixo uma breve exposição sobre o tema para, na sequência, esmiuçarmos cada espécie de ação penal *de per si*.

a) Ação penal pública: é a encabeçada pelo MP. Pode ser:

I. **Incondicionada**: quando inexiste necessidade de autorização para que o MP possa agir (deflagrar a ação);

II. **Condicionada**: quando há necessidade de autorização (preenchimento de condição). Esta condição pode ser a representação da vítima (ex.: crime de ameaça) ou a requisição do Ministro da Justiça (ex.: calúnia contra o Presidente da República). Somente após o preenchimento da condição é que o MP estará autorizado a agir;

b) Ação penal privada: é a encabeçada pela própria vítima. Pode ser:

I. **Exclusivamente privada**: a característica fundamental aqui é que, no caso de incapacidade, morte ou ausência da vítima, o representante legal desta ou o CCADI,[56] conforme

54 Ver também o Informativo nº 714, STF, de 5 a 9 de agosto de 2013.

55. A título de exemplo, ver decisão do STJ determinando o trancamento de ação penal, ante a manifesta atipicidade do fato, no HC RHC 70.596/MS, 5ª Turma, DJ 09.09.2016 e HC 326.959/SP, 5ª Turma, DJ 06.09.2016.

56. Sigla para os seguintes legitimados, estatuídos pelo art. 31, CPP: Cônjuge/companheiro(a); ascendentes; descendentes; e irmãos. Vale ressaltar que a ordem de indicação deve ser observada no momento da atuação. É, pois, preferencial.

o caso, poderá ingressar com a ação penal. Ou seja, é possível que, em casos específicos, alguém, em lugar da vítima, ingresse com a ação penal. Ex.: imagine-se que uma vítima de injúria vem a falecer. Havendo prazo hábil, é possível que o CCADI venha a ingressar com a ação penal privada;

II. **Personalíssima:** a característica fundamental aqui é que, no caso de incapacidade, morte ou ausência da vítima, ninguém poderá ingressar/continuar com a ação penal. Assim, somente a vítima pode ingressar com a ação (personalíssima). Ex.: imagine-se que a vítima do crime previsto no art. 236, CP, vem a falecer. Nesse caso, ninguém poderá ingressar/prosseguir com a ação penal;

III. **Subsidiária da pública**: em caso de ação pública, quando o MP permanecer inerte nos prazos do art. 46, CPP, pode, excepcionalmente, a própria vítima do crime, ingressar com a ação penal. Ex.: num crime de roubo, pense-se que, nos prazos do art. 46, o MP permaneceu inerte. Diante dessa situação, pode a vítima do roubo ingressar com a ação penal privada subsidiária da pública.

Após essa sucinta apresentação das espécies de ação penal, aprofundemos cada uma delas, a começar pela ação penal pública, mais especificamente, pelos princípios que a regem.

8.5. Princípios que regem a ação penal pública

8.5.1. Obrigatoriedade ou legalidade processual

Significa que, *presentes os requisitos legais, as condições da ação, o Ministério Público está obrigado a patrocinar a persecução criminal, oferecendo a denúncia.* Não cabe ao órgão ministerial qualquer juízo de conveniência ou oportunidade quanto ao oferecimento da denúncia. Só pode o MP requerer (promover) o arquivamento se ocorrer uma das hipóteses dos arts. 395 e 397, CPP. Do contrário, será caso de denúncia.

Por outro lado, a doutrina costuma apontar que, no âmbito do JECRIM,[57] o princípio da obrigatoriedade sofre *mitigação (abrandamento)* – ou exceção, conforme preferem uns. É que, em se tratando de IMPO,[58] presentes os requisitos estabelecidos no art. 76, Lei 9.099/1995, deve o MP, em *vez de denunciar* (como normalmente faria), propor transação penal ao autor do fato. Assim, dizem os autores que, em relação às IMPO's, vigora o princípio da obrigatoriedade mitigada ou discricionariedade regrada.

Outras exceções mais recentes ao princípio da obrigatoriedade são a colaboração premiada e o acordo de leniência (também denominado de acordo de brandura ou de doçura).

Está previsto nos arts. 86 e 87, Lei 12.529/2011, e consiste no acordo celebrado entre o Conselho Administrativo de Defesa Econômica (CADE) e pessoas físicas ou jurídicas visando à efetiva colaboração nas investigações nos crimes contra a ordem econômica (Lei 8.137/1990), nos demais crimes diretamente relacionados à prática de cartel (Lei 8.666/1993), além daqueles previstos no art. 288, CP.

Sucede que esta colaboração precisa ser efetiva, ou seja, é imprescindível que dela resultem frutos para a persecução penal. Nesse sentido, os incisos I e II do art. 86, Lei 12.529/2011 impõem os seguintes resultados: I – identificação dos demais envolvidos na infração; II – obtenção de informações e documentos que comprovem a infração noticiada ou sob investigação.

57. Juizado Especial Criminal – Lei 9.099/1995.

58. Infração de menor potencial ofensivo – art. 61, Lei 9.099/1995.

A celebração do acordo enseja a suspensão do curso do prazo prescricional e o impede o oferecimento da denúncia com relação ao agente beneficiário da leniência (art. 87, Lei 12.529/2011). Ademais, o parágrafo único do referido dispositivo prevê a automática extinção da punibilidade pelo cumprimento do acordo pelo agente.

8.5.2. Indisponibilidade

Decorre do princípio da obrigatoriedade, mas não se confunde com esta, já que pressupõe a ação em andamento. Desse modo, uma vez proposta a ação penal, não pode o Ministério Público dela dispor (art. 42, CPP), ou seja, é vedada a desistência, não podendo, inclusive, dispor de eventual recurso interposto (art. 576, CPP).

Entretanto, o fato de o MP não poder desistir da ação penal não implica necessário pedido de condenação em qualquer hipótese. Na realidade, é possível que o órgão de acusação peça a absolvição na fase de memoriais/alegações finais orais, impetre *habeas corpus* em favor do réu e, até mesmo, recorra em favor deste.

Segundo a doutrina, o princípio da indisponibilidade também sofre mitigação (exceção). Nas infrações que possuem pena mínima de até 1 ano, preenchidos os demais requisitos legais (art. 89, Lei 9.099/1995), deve o MP, juntamente com a denúncia, propor a suspensão condicional do processo. Aceita esta proposta pelo autor do fato e havendo homologação pelo magistrado, o processo ficará suspenso por um período de 2 a 4 anos. Aponta, portanto, a doutrina, que essa situação configura caso de mitigação do princípio da indisponibilidade.

8.5.3. Oficialidade

A persecução penal em juízo está a cargo de um órgão oficial, que é o MP.

8.5.4. Intranscendência ou pessoalidade

A ação só pode ser proposta em face de quem se imputa a prática do delito, ou seja, só pode figurar no polo passivo da ação penal quem supostamente cometeu a infração penal (e não os pais, parentes etc. do suposto autor do fato).

8.5.5 Indivisibilidade

Atenção: os Tribunais Superiores *não reconhecem a* ***indivisibilidade*** como princípio reitor da ação penal pública, mas apenas da privada (STJ, RHC 67.253/PE, 6ª Turma, DJ 18.04.2016, APn 613/SP, Corte Especial, DJ 28.10.2015 e Info. 0562, período de 18 a 28.05.2015, 5ª Turma e STF, Inq 2915 ED, Tribunal Pleno, DJ 11.12.2013, HC 117589, DJe 25.11.2013 e RHC 111211, 1ª Turma, DJ 20.11.2012).

Antes de aprofundarmos o assunto, cabe alertar que **indivisibilidade** significa que, em caso de concurso de pessoas, *a acusação não pode fracionar (dividir) o polo passivo da ação penal, escolhendo quem irá processar.*

Porém, como dito, por mais estranho que possa soar, o STF entende que tal princípio não é aplicável à ação pública. Motivos que levam a Corte Suprema a assumir essa posição:

I. O art. 48, CPP, ao tratar da indivisibilidade, só se referiu à ação privada e não à pública;

II. O MP pode deixar de denunciar alguns indivíduos a fim de recolher mais elementos contra estes ao longo do processo e, assim, aditar a denúncia.

O argumento do STF parece partir de uma errônea compreensão do princípio em tela. Crê o STF que, como pode ocorrer aditamento posterior à denúncia, é possível sim dividir a ação penal pública, logo não haveria que se falar em indivisibilidade.

Porém, esse conceito de indivisibilidade não é preciso. Indivisibilidade não significa impossibilidade de aditamento posterior (como sugere o STF). Não é este o ponto. Indivisibilidade significa que a acusação não pode excluir arbitrariamente agentes do polo passivo da ação (apenas isto). É lógico que, em caso de inexistência de elementos suficientes para o oferecimento da denúncia em relação a algum agente, o MP deverá promover o arquivamento (explícito) em relação a este, sendo certo que, surgindo elementos ao longo do processo da participação de mais algum agente na infração penal, deverá promover o aditamento à denúncia.

Na realidade, a indivisibilidade da ação penal decorre do próprio princípio da obrigatoriedade. Preenchidos os requisitos legais todos os agentes deverão ser denunciados.

Apesar de nossos argumentos, não se esqueça da posição do STF assinalada anteriormente: incabível a *indivisibilidade na ação penal pública.*

8.6. Ação penal pública incondicionada

8.6.1. Conceito

Modalidade de ação penal que dispensa qualquer condicionamento para o seu exercício. É a regra em nosso ordenamento jurídico.

8.6.2. Titularidade

A CF/1988 estabeleceu o MP como o legitimado privativo para a acusação nas ações penais públicas (art. 129, I, CF). Diante disso, é importante lembrar a incompatibilidade do art. 26, CPP, com o referido dispositivo constitucional, que implica a não recepção do processo judicialiforme, também denominado ação penal *ex officio*, pelo nosso ordenamento constitucional.

8.7. Ação penal pública condicionada

8.7.1. Conceito

Modalidade de ação penal que exige certas condições para o seu exercício por parte do MP. Trata-se de opção de política criminal do Estado que, levando em conta a natureza do bem jurídico violado, deixa a cargo da vítima (ou do Ministro da Justiça, conforme o caso) a autorização para que a ação penal possa ser instaurada pelo MP. Sem a autorização da vítima ou do Ministro da Justiça, conforme o caso, o MP não pode deflagrar a ação penal.

Analisemos alguns importantes institutos da ação penal pública condicionada: representação da vítima e requisição do Ministro da Justiça.

8.7.2. Representação da vítima

Trata-se de autorização (anuência) dada pelo ofendido para que o MP possa deflagrar a ação penal. Conforme diz a doutrina, a representação configura uma *condição de procedibilidade* para instauração da persecução penal.

a) Características da representação

I. **Quem pode representar (legitimidade)?** Vítima (pessoalmente ou por procurador com poderes especiais) ou representante legal (caso a vítima seja menor de 18 ou doente mental) – arts. 24 e 39, CPP. Acrescente-se ainda que o civilmente emancipado também necessita de representante legal no campo processual penal;

II. Havendo **discordância** entre a vítima menor de 18 (ou doente mental) e seu representante legal, haverá nomeação de curador especial – art. 33, CPP. Curador especial é qualquer pessoa maior de 18 anos e mentalmente sã que, analisando o caso concreto, decidirá livremente pela representação ou pela não representação. É, pois, quem dará o "voto de Minerva" em caso de celeuma entre a vítima e seu representante legal;

III. Vítima menor ou doente mental que **não possui representante legal**: também nessa situação entrará em cena a figura do curador especial que decidirá livremente pela representação ou pela não representação;

IV. No caso de **morte ou declaração de ausência da vítima,** poderão oferecer representação em lugar do ofendido, nesta ordem, o cônjuge (ou companheiro), o ascendente, o descendente e o irmão (CCADI) – art. 24, § 1º. Conforme a doutrina, trata-se de *substituição processual*, em que a pessoa (CCADI) atua em nome próprio, mas em defesa de interesse alheio (o do falecido ou ausente);

V. Em se tratando de **pessoa jurídica**, a representação deve ser feita por aquele que estiver designado no contrato ou estatuto social da empresa. Diante da inércia destes, os diretores ou sócios-gerentes também poderão representar (art. 37, CPP).

VI. **Prazo para a representação:** prazo decadencial de 6 meses *contados a partir do conhecimento da autoria da infração* (art. 38, CPP). Dizer que um prazo é decadencial significa que não se suspende, interrompe ou prorroga. A contagem desse prazo segue os parâmetros do art. 10, CP: inclui-se o dia do conhecimento da autoria e exclui-se o último dia.

Atenção que a contagem desse prazo se inicia a partir do conhecimento da autoria do crime (a partir do momento em que a vítima descobre quem é o autor do delito) e não da consumação da infração. Normalmente, o conhecimento da autoria se dá no mesmo instante da consumação do delito. Mas isto pode não ocorrer, já que, embora consumado hoje o crime, posso vir a descobrir apenas meses mais tarde quem foi o seu autor. Será, pois, a partir desta última data que se contará o prazo de 6 meses. Ex.: em 10.02.2010, Fulano foi vítima de ameaça (data da consumação do crime). Porém, Fulano teve conhecimento da autoria do crime que sofrera apenas em **02.02.2011.** Assim, Fulano terá até o dia **01.08.2011** para ingressar com a representação;

Observação final: No julgamento da ADPF 130/DF, o STF declarou a revogação do art. 41 da Lei de Imprensa (Lei nº 5.250/67) que previa o prazo de 3 (três) meses, contados da data da publicação ou transmissão da notícia para que o ofendido oferecesse a representação.

VII. **Ausência de rigor formal** (art. 39, CPP): não há formalismos no ato de representação. Esta pode ser realizada por escrito ou oralmente perante o delegado, o MP ou o juiz. Exemplo da informalidade que estamos tratando aqui: considera a jurisprudência que há representação no simples ato da vítima de comparecimento a uma delegacia para relatar a prática de um crime contra si.

Ademais, basta a vítima oferecer a representação uma única vez. Explica-se com um exemplo: após ter representado perante o delegado, não precisa a vítima, novamente, representar perante o MP para que esse possa agir;

VIII. **Destinatários:** delegado, MP ou juiz – art. 39, CPP.

IX. **Retratação:** é possível ao ofendido retratar-se ("voltar atrás") da representação ofertada anteriormente até o oferecimento da denúncia (*i. e.*, até o protocolo da denúncia em juízo) – art. 25, CPP, c/c o art. 102, CP. Após este prazo, não haverá mais como a vítima impedir a atuação do MP. No caso da Lei Maria da Penha (art. 16), é possível a retratação até o recebimento da denúncia[59];

X. **Eficácia objetiva da representação:** efetuada a representação contra um só agente, caso o MP vislumbre que outros indivíduos também contribuíram para a empreitada criminosa, poderá incluí-los na denúncia. É que a vítima, ao representar, está autorizando o MP a agir não só contra o agente objeto da representação, mas contra todos os outros possíveis participantes da prática delituosa. A representação incide sobre os fatos narrados pelo ofendido e não sobre os seus autores;

XI. **Inexistência de vinculação do MP:** a representação não vincula a *opinio delicti* do MP. Mesmo que a vítima represente (*i. e.*, autorize o MP a agir), o órgão acusador pode discordar do ofendido (oferecendo denúncia por crime diverso do contido na representação, por exemplo), ou, ainda, requerer o arquivamento da representação por não vislumbrar elementos acerca da materialidade e/ou da autoria delitiva no caso concreto;

XII. **Alguns exemplos de crime que se procede por meio de ação penal pública condicionada à representação:** ameaça (art. 147, CP); estupro simples (art. 213, CP), exceto nos casos de vítima menor de 18 anos ou pessoa vulnerável (Ver no STJ: HC 301.717/PI, 6ª Turma, DJ 16.06.2016 e HC 276510, Info. 553).

8.7.3. Requisição do Ministro da Justiça (MJ)

Para que o MP possa agir, certos crimes exigem a necessidade de autorização por parte do MJ. A requisição nada mais é do que um *ato de conveniência política a respeito da persecução penal*. Nessa hipótese, a possibilidade de intervenção punitiva está submetida inicialmente à discricionariedade do MJ.

a) Características da requisição do MJ

I. **Atenção:** a palavra requisição nesse contexto não tem conotação de "ordem" (como ocorre no caso de requisição de diligência do MP ao delegado). Ao contrário, como visto, trata-se de mera autorização do MJ para que o MP possa atuar. Logo, a requisição do MJ não vincula o entendimento do MP. Este poderá discordar do MJ (oferecendo denúncia por crime diverso do contido na requisição, p. ex), ou, ainda, requerer o arquivamento da requisição por não vislumbrar elementos acerca da materialidade e/ou da autoria delitiva no caso concreto;

II. **Quem pode requisitar (legitimidade)?** Ministro da Justiça;

III. **Destinatário da requisição:** MP (é dirigida ao chefe da instituição);

IV. **Prazo:** não há previsão legal. A requisição é possível enquanto o crime não estiver prescrito;

V. **Retratação:** não há previsão legal. Predomina na doutrina a impossibilidade de retratação da requisição.

VI. **Eficácia objetiva:** idem à representação;

VII. **Exemplo de crime que se procede por meio de ação penal pública condicionada à requisição:** crime contra a honra do Presidente da República (art. 145, parágrafo único, CP).

59. AgRg no AREsp 828.197/SC, 6ª Turma, DJ 30.06.2016 e PET no RHC 44.798/RJ, 6ª Turma, DJ 16.11.2015.

8.8. Ação penal privada

8.8.1. Conceito

É aquela modalidade de ação penal em que o legislador, por questão de política criminal, atribuiu a titularidade à vítima (querelante). Entendeu por bem o legislador atribuir a titularidade da ação penal à vítima nesses casos por entender que a violação à esfera de intimidade da vítima é superior ao interesse público em jogo. Assim, *grosso modo*, cabe à vítima optar por ingressar com a ação penal, expondo a sua intimidade em juízo, ou permanecer inerte.

8.8.2. Princípios que regem a ação penal privada

a) Oportunidade ou conveniência: fica à conveniência da vítima ingressar ou não com a ação penal (questão de foro íntimo). Inexiste obrigatoriedade aqui. Vale lembrar que a vítima não tem o dever de peticionar pela renúncia do direito de ação. Caso não queira processar o agente, basta deixar escoar o seu prazo decadencial de 6 meses. Não há, portanto, necessidade de pedido de arquivamento do IP;

b) Disponibilidade: o querelante dispõe do conteúdo material do processo. Assim, poderá desistir da ação penal intentada. Pode dar causa, por exemplo, à perempção (consultar o art. 60, CPP);

c) Indivisibilidade (arts. 48 e 49, CPP): em caso de concurso de agentes, o querelante está obrigado a oferecer a ação penal contra todos aqueles que praticaram o fato delituoso contra si. Busca-se com isso evitar que a ação seja usada como mecanismo de vingança privada (processando-se uns e outros não)[60].

O Ministério Público desempenha fundamental papel de fiscalização da indivisibilidade da ação privada (art. 48, CPP). Em caso de exclusão indevida de agente(s) por parte do querelante, conforme sustenta a doutrina, não deve o MP aditar (ele próprio) a queixa.[61] Deve, no prazo previsto pelo § 2º do art. 46 do CPP, provocar a vítima para que promova o aditamento. Caso a vítima insista na exclusão dos agentes, deve o MP requerer ao magistrado a extinção da punibilidade de todos os acusados (em razão da ocorrência de renúncia tácita nessa situação);

d) Intranscendência ou pessoalidade: a ação penal só pode ser intentada contra quem é imputada a prática da infração penal, ou seja, somente aquele que supostamente a praticou pode figurar como querelado.

8.8.3. Características da ação penal privada (mutatis mutandis, iguais as da representação)

I. **Quem pode ingressar com a ação penal privada (legitimidade)?** Em regra (art. 30), a vítima (pessoalmente ou por procurador com poderes especiais) ou o seu representante legal (no caso de vítima menor de 18 ou doente mental). **Nota:** o art. 34 está revogado pelo atual CC. Completados 18 anos (e estando na plenitude de suas faculdades mentais), apenas a vítima pode ingressar com a ação penal.

Ademais, a pessoa jurídica também pode ingressar com a ação penal privada. É o que diz o art. 37, CPP: "as fundações, associações ou sociedades legalmente constituídas poderão

60 Ver Informativo 813, STF, de 1º a 5 de fevereiro de 2016 e STF, Inq 3526/DF, j. 02.02.2016.

61. Na ação privada o MP só pode aditar se for para correções formais (indicação do procedimento adequado, dia, hora e local do crime etc.).

exercer a ação penal, devendo ser representadas por quem os respectivos contratos ou estatutos designarem ou, no silêncio destes, pelos seus diretores ou sócios-gerentes";

II. **Havendo discordância entre a vítima menor de 18 (ou doente mental) e seu representante legal:** haverá nomeação de curador especial – art. 33, CPP;

III. Vítima menor ou doente mental que **não possui representante legal**: também nessa situação entrará em cena a figura do curador especial que decidirá livremente pelo processo ou não processo;

IV. **No caso de morte ou declaração de ausência da vítima:** como já mencionado anteriormente, poderão suceder, nesta ordem, o cônjuge (ou companheiro), o ascendente, o descendente e o irmão (CCADI) – art. 31, CPP;

V. **Prazo:** 6 meses contados a partir do conhecimento da autoria da infração (art. 38, CPP).

8.8.4. Espécies de ação penal privada

O tema já foi apresentado anteriormente, porém, agora iremos detalhá-lo um pouco mais.

a) Exclusivamente privada: é aquela em que a propositura/continuação da ação pode ser efetuada pela vítima ou, na impossibilidade desta (por morte, ausência ou doença mental), pelo representante legal/CCADI. Em suma, a ação penal exclusivamente privada admite o instituto da substituição processual (a pessoa atua em nome próprio, mas em defesa de interesse alheio), admite, pois, que, quando a vítima se encontrar impossibilitada de agir/prosseguir com a ação, outras pessoas especificadas por lei a substituam. Representa a esmagadora maioria dos crimes de ação penal privada. É, pois, a ação penal privada por excelência. Ex.: imagine-se que uma vítima de injúria vem a falecer. Havendo prazo hábil, é possível que o CCADI venha a ingressar com a ação penal privada;

b) Personalíssima: somente a vítima pode ingressar com a ação. Ninguém, em seu lugar, pode agir. Logo, descabe a substituição processual. Há um único exemplo em nosso ordenamento jurídico: induzimento a erro essencial e ocultação de impedimento ao casamento (art. 236, CP). No caso deste crime, se a vítima, por exemplo, vier a falecer, não poderá o CCADI atuar em seu lugar. Haverá a extinção da punibilidade do querelado;

c) Subsidiária da pública (*queixa subsidiária*) – art. 29, CPP: em caso de ação pública, quando o MP permanecer inerte nos prazos do art. 46, CPP, pode, excepcionalmente, a própria vítima do crime ingressar com a ação penal. Ex.: num crime de roubo, pense-se que, nos prazos do art. 46, o MP permaneceu inerte. Diante desta situação, pode a vítima do roubo ingressar com a ação penal privada subsidiária da pública (ou simplesmente queixa subsidiária). A finalidade principal dessa ação é fiscalizar a atuação do Ministério Público, buscando, assim, evitar a desídia do Estado-acusação.

Note que "permanecer inerte" significa que o MP não fez absolutamente nada, *i. e.*, nos prazos do art. 46, CPP, não ingressou com a denúncia, não requisitou diligências e nem requereu o arquivamento. Não é possível ingressar com a queixa subsidiária quando o MP pediu o arquivamento ou quando requisitou diligências. Repita-se: só cabe a queixa subsidiária em caso de inércia total do MP (STF, ARE 859251 ED-segundos, Tribunal Pleno, DJ 09.11.2015).

Prazo da queixa subsidiária: 6 meses contados a partir da consumação da inércia do MP. **Atenção:** são 6 meses a partir da consumação da inércia e não do conhecimento da autoria do crime.

Ademais, é oportuno frisar que a ação penal, apesar de assumida excepcionalmente pela vítima nesse caso, *não perde a sua* natureza pública. Isto significa que a ação penal permanece regida pelo princípio da indisponibilidade, motivo pelo qual o ofendido não poderá desistir da ação, dar causa à perempção (art. 60, CPP) ou mesmo perdoar o réu. Insista-se: apesar da mudança ocorrida no polo ativo da ação, esta permanece sob forte interesse público. Assim, a qualquer sinal de desídia/desistência por parte da vítima, retomará o MP a ação como parte principal. Aprofundemos o assunto a respeito dos poderes do MP na queixa subsidiária.

Na ação penal privada subsidiária da pública, o MP é verdadeiro interveniente adesivo obrigatório, pois será chamado a se manifestar em todos os termos do processo, sob pena de nulidade.

As suas **atribuições** estão enumeradas no art. 29, CPP, podendo o MP:

I. Aditar a queixa, acrescentando-lhe novos fatos/agentes;

II. Repudiar a queixa e oferecer denúncia substitutiva. Não pode o MP repudiar a queixa de forma arbitrária. Deve fundamentar porque o faz;

III. Intervir em todos os termos do processo;

IV. Fornecer elementos de prova;

V. Interpor recursos;

VI. A todo tempo, no caso de negligência do querelante, retomar a ação como parte principal.

8.8.5. Institutos da ação penal privada: renúncia, perdão e perempção

a) Renúncia ao direito de ação: é a *manifestação de vontade do querelante no sentido de não promover a ação penal.*

A renúncia somente é possível antes do ingresso da queixa. Trata-se de ato unilateral (não necessita da anuência do agente).

Pode se dar de forma expressa ou tácita (ex.: convívio íntimo entre vítima e seu ofensor).

É, ainda, ato irretratável e indivisível (no caso de existir pluralidade de querelados, por força do princípio da indivisibilidade, a renúncia em favor de um aproveitará os demais).

Gera a extinção da punibilidade do agente.

Por fim, admite-se qualquer meio de prova para atestá-la.

Consultar os arts. 49, 50 e 57, CPP;

b) Perdão do ofendido: somente possível após o ingresso da queixa, porém, antes do trânsito em julgado.

Trata-se de ato bilateral (para que produza efeitos depende da aceitação do querelado). É ato bilateral porque o querelado tem o direito de buscar a comprovação da sua inocência, objetivando a sentença absolutória e não a extintiva de punibilidade.

É importante dizer que o silêncio do querelado importa em anuência. Para ilustrar melhor a situação, há o exemplo de quando o querelante oferece o perdão nos autos e o querelado é notificado para dizer se concorda, no prazo de 03 dias. Decorrido o lapso temporal, o silêncio implicará concordância.

O perdão pode se dar de forma expressa ou tácita (*idem* à renúncia).

É irretratável e indivisível (no caso de existir pluralidade de querelados, por força do princípio da indivisibilidade, o perdão em favor de um aproveitará os demais).

Gera a extinção da punibilidade do agente.

Admite-se também qualquer meio de prova para atestá-la. Consultar os arts. 51, 53 e 55 a 59, CPP;

c) **Perempção:** significa a desídia do querelante após a instauração do processo. O efeito desse desinteresse é a extinção da punibilidade, consoante estatuído pelo art. 107, IV, CP. Vejamos quando ela ocorre (análise do art. 60, CPP):

> "**Art. 60.** Nos casos em que somente se procede mediante queixa, considerar-se-á perempta a ação penal:
>
> I – quando, iniciada esta, o querelante deixar de promover o andamento do processo durante 30 dias seguidos;[62]
>
> II – quando, falecendo o querelante, ou sobrevindo sua incapacidade, não comparecer em juízo, para prosseguir no processo, dentro do prazo de 60 (sessenta) dias, qualquer das pessoas a quem couber fazê-lo, ressalvado o disposto no art. 36;
>
> III – quando o querelante deixar de comparecer, sem motivo justificado, a qualquer ato do processo a que deva estar presente, ou deixar de formular o pedido de condenação nas alegações finais;
>
> IV – quando, sendo o querelante pessoa jurídica, esta se extinguir sem deixar sucessor."

8.8.6. Custas processuais e honorários advocatícios (art. 806, CPP)

Em primeiro lugar, é importante dizer que a discussão diz respeito apenas às ações penais privadas propriamente ditas (exclusiva e personalíssima), excluindo, portanto, a subsidiária da pública (que mantém a natureza de ação penal pública).

Em regra, a parte que requer a diligência (querelante ou querelado) deverá recolher previamente o valor correspondente às custas processuais, sob pena de ser tida como renunciada a diligência requerida.

Por óbvio, há substanciais exceções, quais sejam: querelantes ou querelados comprovadamente pobres (art. 32, CPP); e Estados que não estabelecem custas processuais em processos de natureza criminal. Ver STJ, AgRg no REsp 1595611/RS, 6ª Turma, DJ 14.06.2016.

Nos casos de preparo do recurso em ação penal pública, o STF possui entendimento consolidado de que o pagamento só é exigível após o trânsito em julgado da sentença condenatória. Não será negado seguimento ao recurso, sob pena de ofensa à presunção de inocência e à ampla defesa (HC 95128/RJ, *DJe* 05.03.2010).

No que concerne aos honorários advocatícios, em que pesem divergências, há precedentes[63] em relação à sucumbência nas ações de iniciativa privada e aos advogados nomeados pelo juiz para o patrocínio da causa. Nesse último caso, são devidos pelo Estado e fixados pelo magistrado de acordo com a tabela da seccional da OAB (art. 22, § 1º, Lei 8.906/1994).

Ainda no que tange aos honorários advocatícios, importante ressaltar que o STJ firmou entendimento no sentido de que os honorários de sucumbência ainda seriam devidos mesmo nos casos em que a ação penal privada fosse extinta sem resolução do mérito. (Ver: STJ, EREsp1218726/RJ, *DJe* 01.07.2016).

8.9. Temas especiais em ação penal

Para além da classificação convencional das ações penais, que acabamos de trabalhar nos itens anteriores, há uma série de peculiaridades legais e de construções doutrinárias e jurisprudenciais que devem ser aqui abordadas pela sua crescente presença em provas de concursos, em especial nas fases subjetiva e oral.

8.9.1. Ação de prevenção penal

Trata-se de ação penal destinada a aplicar medida de segurança ao acusado. Explica-se: toda ação penal requer a imposição de sanção penal, seja pena (aos réus imputáveis) ou medida de segurança (aos inimputáveis), mas essa modalidade é destinada **apenas** à aplicação de medida de segurança aos absolutamente incapazes.[64]

A denúncia, portanto, é oferecida visando à aplicação de medida de segurança por tratar-se de acusado inimputável.

8.9.2. Ação penal pública subsidiária da pública

Tal denominação é oriunda de construção doutrinária e decorre do art. 2º, § 2º, Dec.-lei 201/1967 (crimes praticados por prefeitos e vereadores). O dispositivo prevê a atuação do PGR nos casos em que a autoridade policial ou o MP estadual não atendam às providências para instauração de inquérito policial ou ação penal.

Em outras palavras, da inércia do MP estadual ou da autoridade policial civil surge a atribuição do PGR, chefe do Ministério Público Federal (MPF), para atuar no polo ativo da persecução.

A crítica pertinente a essa modalidade é que tal dispositivo não está em harmonia com a CF, que estabelece a independência funcional do MP estadual. O *parquet* estadual possui autonomia e deve ser visto como um órgão independente. Não há qualquer relação hierárquica entre os MP's estaduais e o MPF. Desse modo, a ação aqui estudada não foi recepcionada pela CF/1988.

8.9.3. Ação penal popular

Construção doutrinária a partir do art. 14, Lei 1.079/1950,[65] que define os crimes de responsabilidade praticados pelo Presidente da República (PR), Ministros de Estado, do STF, PGR, Governadores e Secretários estaduais.

Para a fração minoritária da doutrina que a admite, a pessoa que denunciar o PR assume o polo ativo da ação, que depende de autorização da Câmara dos Deputados e tramitará perante o Senado Federal, configurando, assim, uma terceira modalidade de ação penal.

Sucede que a doutrina majoritária entende que o referido dispositivo legal diz respeito tão somente à *delatio criminis* feita

62. Em recente julgado, o STF reconheceu a ocorrência de perempção em razão da inércia do querelante no fornecimento do endereço de um dos querelados, o que culminou na extinção da punibilidade de todos os acusados. Nesse sentido, ver STF, Pet5230/AP, *Dje* 12.09.2017.

63. STF: RHC 125283, 1ª Turma, DJ 17.09.2015 e RHC 99293/AC, DJ 07.02.2011.

64. Assim compreendidos nos termos do art. 26, CP: "o agente que, por doença mental ou desenvolvimento mental incompleto ou retardado, era, ao tempo da ação ou da omissão, inteiramente incapaz de entender o caráter ilícito do fato ou de determinar-se de acordo com esse entendimento".

65. Art. 14. "É permitido a qualquer cidadão denunciar o Presidente da República ou Ministro de Estado, por crime de responsabilidade, perante a Câmara dos Deputados."

por qualquer do povo à Câmara dos Deputados, ou seja, ciente da prática de um crime de responsabilidade pelo PR, toda pessoa pode comunicar o fato formalmente à Casa Legislativa, que poderá, ou não, dar seguimento de acordo com a análise combinada dos arts. 51, I, e 86, CF.

Percebe-se, portanto, que o que a minoria entende ser uma modalidade de ação penal exercida por qualquer do povo na realidade é o reconhecimento de que todos podem denunciar à Câmara dos Deputados a prática de infração político-administrativa (crime de responsabilidade) pelas autoridades federais indicadas.

8.9.4. Ação penal adesiva

Acontece quando houver conexão ou continência entre uma ação penal pública e uma ação penal privada. Essa situação implica dupla legitimação ativa na tutela de interesses conexos, quais sejam, do MP e do querelante, embora em ações penais distintas. A unificação das ações é facultativa, funcionando de modo similar ao litisconsórcio ativo facultativo do processo civil.

8.9.5. Ação penal secundária (legitimação secundária)

Acontece quando a lei estabelece um titular ou uma modalidade de ação penal para determinado crime, mas, mediante o surgimento de circunstâncias especiais, prevê, secundariamente, uma nova espécie de ação penal para aquela mesma infração.

Ex: crimes contra a honra são, em regra, de ação privada, mas, no caso de ofensa à honra do Presidente da República, a própria lei estabelece que a ação penal é condicionada à requisição do MJ (art. 145, parágrafo único, CP).

Diz-se legitimação secundária porque há uma alteração ou condicionamento do polo ativo da ação penal. A ação penal pública transforma-se em ação penal privada ou a ação penal pública incondicionada torna-se condicionada.

8.9.6. Ação penal nos crimes contra a honra de funcionário público

A discussão desse tema justifica-se pelo excepcional tratamento conferido ao polo ativo da ação penal.

Quando um funcionário público, em razão do exercício da sua função (*propter officium*), é ofendido em sua honra, a ação penal decorrente do fato é pública condicionada à representação. É o regramento da parte final do parágrafo único, art. 145, CP.

Sucede que o STF, buscando ampliar os mecanismos de defesa da honra do servidor público, construiu entendimento que resulta em legitimidade ativa concorrente. Nesse sentido, diz a Súmula 714: "é concorrente a legitimidade do ofendido, mediante queixa, e do Ministério Público, condicionada à representação do ofendido, para a ação penal nos crimes contra a honra de servidor público em razão do exercício de suas funções".

A opção do servidor ofendido, portanto, é dúplice, cabendo a ele escolher a modalidade de ação que entender mais efetiva.

O que acontece quando o ofendido opta pela representação e o MP manifesta-se pelo arquivamento? Ao contrário do que acontece na ação privada subsidiária, em que o ofendido nada pode fazer, aqui ele pode oferecer a queixa-crime, desde que não tenha decorrido o prazo decadencial.[66] Lembremos que o caso é de **legitimação concorrente** (simultânea) e **não** subsidiária (supletiva), que pressupõe a inércia do MP.

O STF vem entendendo que se o funcionário público ofendido optar pela representação ao MP, haverá preclusão em relação à ação penal privada. Caberá, contudo, a ação penal privada subsidiária da pública se o MP não oferecer denúncia dentro do prazo e não requerer o arquivamento do IP (Inq 3438, 1ª Turma, DJ 10.02.2015 e HC 84659/MS, DJ 19.08.2005).

8.10. Inicial acusatória

8.10.1. Conceito

Peça inaugural da ação penal, contendo a imputação formulada pelo órgão legitimado para a acusação. Nas ações penais públicas (incondicionada e condicionada), cuja legitimidade ativa pertence ao MP, a peça é denominada denúncia. Nas ações privadas, cuja legitimidade pertence, em regra, à vítima, chama-se queixa-crime ou, simplesmente, queixa.

8.10.2. Requisitos comuns à denúncia e à queixa (art. 41, CPP)

Para que possa ser recebida pelo juiz e para que a defesa possa se realizar adequadamente, a inicial penal precisa observar certos requisitos, a saber:

a) Exposição (descrição) do fato criminoso com todas as suas circunstâncias: narrativa de um acontecimento que se encaixe perfeitamente a um tipo penal (preenchimento de todos os elementos do tipo penal). Deve-se descrever a conduta delitiva, o elemento subjetivo (dolo ou culpa), instrumentos do crime, mal produzido, motivos do crime, bem como qualquer circunstância que influa na caracterização do delito (qualificadoras, majorantes, agravantes etc.).

A ausência ou deficiência da exposição do fato criminoso com todas as suas circunstâncias enseja a rejeição por inépcia da inicial penal – art. 395, I, CPP. Nessa hipótese, a inépcia deve ser arguida até o momento anterior à prolação da sentença (art. 569, CPP).

Finalmente, perceba o leitor que a correta exposição do fato criminoso com todas as suas circunstâncias é de suma importância para direito de defesa do réu. Isto porque uma inicial mal elaborada, lacônica, prejudica inegavelmente o direito de defesa (o réu termina não sabendo ao certo do que está sendo acusado). Não se deve esquecer que, no processo penal, o acusado defende-se não da classificação legal dada ao crime, mas dos fatos a ele imputados. A seguir, analisaremos algumas situações práticas que dizem respeito à relevância da descrição adequada dos fatos na exordial acusatória:

I. Denúncia genérica (imputação genérica)

Há hipóteses em que o concurso de infratores torna difícil a individualização das respectivas condutas, da participação de cada um deles na infração penal. Vimos acima que o réu defende-se dos fatos imputados na peça acusatória, motivo pelo qual a descrição da conduta de cada um deles é essencial para o pleno exercício da defesa, do contraditório. Se a conduta não está delimitada, o acusado não pode formular a sua

66. STF, Inq 2134, Tribunal Pleno, DJ 02.02.2007 e AgR Inq 726/RJ, DJ 29.04.1994.

tese defensiva, contrapondo argumentos que demonstrem comportamento distinto daquele descrito na denúncia/queixa.

Por essa razão, a denúncia formulada de modo genérico não tem sido admitida em nossos tribunais e também pela doutrina.

Há, contudo, duas **exceções** construídas pelos tribunais superiores.

Nos crimes de autoria coletiva, que são os crimes societários e os multitudinários (derivado de multidão), onde uma coletividade de pessoas pratica diversas infrações penais, a pormenorização das condutas no momento da elaboração da denúncia é mais difícil. Exemplo de crime multitudinário: uma multidão de torcedores promove a depredação em estádio de futebol e arredores.

Admite-se uma descrição que permita a individualização da conduta, mas sem os aspectos minuciosos que seriam naturalmente exigidos. Destaque-se que a instrução probatória deverá demonstrar esses aspectos que ficaram de fora da peça inicial. Ver STF, HC 128435, 1ª Turma, DJ 16.11.2015 e HC 118891, 1ª Turma, 20.10.2015.

Quanto aos crimes societários, a questão não é tão pacífica. No STF, por exemplo, há certa divisão entre duas turmas. Vejamos.

Diz a 2ª Turma, no Inq 3644/AC, *DJe* 13.10.2014: "para a aptidão da denúncia por crimes praticados por intermédio de sociedades empresárias, basta a indicação de ser a pessoa física e sócia responsável pela condução da empresa." A turma reconhece que a mera indicação do vínculo societário basta para tornar apta a peça exordial.

Divergindo em parte, a 1ª Turma, no HC 122450/MG, *DJe* 20.11.2014, decidiu que "a denúncia, na hipótese de crime societário, não precisa conter descrição minuciosa e pormenorizada da conduta de cada acusado, sendo suficiente que, demonstrando o vínculo dos indiciados com a sociedade comercial, narre as condutas delituosas de forma a possibilitar o exercício da ampla defesa", vide, também HC 128435, 1ª Turma, DJ 16.11.2015 e HC 149328/SP, 1ª Turma, *DJe* 25/10/2017. Há, portanto, a necessidade de demonstrar o vínculo com a empresa e descrever a conduta individualizada dos acusados, embora sem pormenorização.

Percebe-se a divergência entre as turmas do STF.

E qual a posição do STJ? A referida Corte mitiga a exigência de descrição pormenorizada da conduta, mas entende que é necessária a demonstração de relação entre o acusado e o delito a ele imputado (AgRg no REsp 1474419/RS, DJe 10.06.2015). No entanto, é importante destacar aqui recente entendimento da 6ª Turma do STJ no RHC 71.019/PA, DJ 26.08.2016, segundo o qual: "Tem esta Turma entendido que, não sendo o caso de grande pessoa jurídica, onde variados agentes poderiam praticar a conduta criminosa em favor da empresa, mas sim de pessoa jurídica de pequeno porte, onde as decisões são unificadas no gestor e vem o crime da pessoa jurídica em seu favor, pode então admitir-se o nexo causal entre o resultado da conduta constatado pela atividade da empresa e a responsabilidade pessoal, por culpa subjetiva, de seu gestor". No mesmo sentido: RHC 39.936/RS, 6ª Turma, DJ 28.06.2016, REsp 1579096, 6ª Turma, *DJe* 25/09/2017.

II. Denúncia alternativa (imputação alternativa)

Consiste na possibilidade de imputação de uma infração a várias pessoas ou de várias infrações a uma pessoa, sempre de modo alternativo.

Para melhor compreensão, é importante atentar para as espécies através dos exemplos abaixo.

Imputação alternativa subjetiva: acontece quando o órgão de acusação está em dúvida em relação à autoria (se "A" ou se "B" cometeu o crime) e oferece a denúncia/queixa contra um ou outro, alternativamente, acreditando que a instrução processual revelará quem, de fato, o cometeu. Incide, pois, sobre o sujeito ativo da infração penal (autor do fato).

Em síntese, na dúvida sobre o autor do crime, todos são incluídos na expectativa de que a instrução demonstre qual deles é o agente.

Imputação alternativa objetiva: nesse caso, a dúvida da acusação diz respeito à infração penal efetivamente cometida. Ex: se o MP não possuir elementos suficientes para concluir se um objeto foi subtraído com ou sem grave ameaça, oferecerá a denúncia por furto ou por roubo, alternativamente, considerando que a instrução processual certificará se houve violência ou grave ameaça à pessoa.

Do exposto sobre a imputação alternativa, podemos inferir que há clara impossibilidade de exercício da ampla defesa pelo acusado. Em uma hipótese, sequer há indícios consistentes sobre quem é o autor do fato. Na outra, não há ciência exata de qual fato está sendo imputado contra si. Ver STJ HC 307842, DJ 27.11.2014 e REsp 399858/SP, DJ 24.03.2003.

b) Qualificação do acusado ou fornecimento de dados que permitam a sua identificação: deve a inicial penal trazer a qualificação do acusado (nome, estado civil, profissão etc.). Essa qualificação deve ser a mais completa possível a fim de se evitar o processo criminal em face de uma pessoa por outra.

Porém, caso não seja possível a obtenção da qualificação do acusado, será, ainda assim, viável o oferecimento da inicial penal, desde que se possa identificar fisicamente o réu. Nessa linha, confira-se o art. 259, CPP: "a impossibilidade de identificação do acusado com o seu verdadeiro nome ou outros qualificativos não retardará a ação penal, quando certa a identidade física. A qualquer tempo, no curso do processo, do julgamento ou da execução da sentença, se for descoberta a sua qualificação, far-se-á a retificação, por termo, nos autos, sem prejuízo da validade dos atos precedentes".

Assim, admite-se que a inicial penal seja oferecida com apenas características físicas marcantes do acusado, como: idade aproximada, altura aproximada, tatuagens, cicatrizes, marcas de nascença, cor de cabelo etc.;

c) Classificação do crime: após expor o fato criminoso com todas as suas circunstâncias, deve a inicial penal tipificar a conduta delituosa.

Lembre-se de que essa classificação dada pelo MP ou querelante não vinculará o juiz, que poderá, aplicando o art. 383, CPP (*emendatio libelli*), reconhecer definição jurídica diversa da narrada na inicial;

d) Rol de testemunhas: a indicação do rol de testemunhas é facultativa na inicial penal. Trata-se, portanto, de requisito facultativo. Porém, caso a acusação não o indique nessa ocasião, haverá a preclusão (*i. e.*, não poderá ser efetuado posteriormente);

Contudo, recente julgado do STJ permitiu que o Ministério Público emendasse a inicial acusatória, desde que antes da formação da relação processual, para incluir o rol de testemunhas, sob o argumento de que este seria um reflexo do princípio da cooperação processual e de que a posterior juntada não traria qualquer prejuízo à defesa (STJ, RHC 37587/SC, DJe 23.02.2016 e Informativo nº 577, STJ, de 20 de fevereiro a 2 de março de 2016).

e) Pedido de condenação: o pedido de condenação será, preferencialmente, expresso. Contudo, excepcionalmente, pode-se admiti-lo de modo implícito quando a sua dedução for possível a partir da leitura da imputação descrita na peça inicial;

f) Endereçamento: observando as regras de competência, a peça deverá indicar expressamente qual o órgão jurisdicional competente que conhecerá o caso;

g) Nome e assinatura do órgão acusador: ao final da peça, o órgão legitimado para a acusação deve identificar-se e assiná-la, sob pena de inexistência do ato. Entretanto, essa inexistência somente terá efeito se for impossível a identificação do autor no bojo da peça.

8.10.3. Requisito específico da queixa-crime (art. 44, CPP)

A queixa precisa vir acompanhada de procuração com poderes especiais. Esses "poderes especiais" (requisitos) consistem: no nome do querelado[67] e na menção do fato criminoso.[68] Tais poderes especiais têm a sua razão de ser, pois servem para "blindar" a pessoa do defensor. É dizer: em caso de denunciação caluniosa, quem responderá pelo crime será o querelante (que outorgou a procuração) e não o advogado.

8.11. Prazo para o oferecimento da denúncia

a) Regra (art. 46, CPP): estando o indiciado preso, tem o MP 5 dias para oferecer denúncia; estando solto, 15 dias;

b) Prazos especiais:

I. **Crime eleitoral**: indiciado preso ou solto, 10 dias (art. 357, CE);

II. **Tráfico de drogas:** indiciado preso ou solto, 10 dias (art. 54, III, Lei 11.343/2006);

III. **Abuso de autoridade:** indiciado preso ou solto, 48 horas (art. 13, Lei 4.898/1965);

IV. **Crimes contra a economia popular:** indiciado preso ou solto, 2 dias (art. 10, § 2º, Lei 1.521/1951);

c) Contagem do prazo para o oferecimento da denúncia: o tema não é pacífico, porém prevalece que se trata de prazo processual, devendo ser contado na forma do art. 798, § 1º, CPP; portanto, exclui-se o dia do começo, incluindo-se, porém, o do vencimento;

d) Consequências para o caso de descumprimento do prazo para oferecimento da denúncia:

I. Possibilidade de a vítima ingressar com a ação penal privada subsidiária da pública (art. 29, CPP);

II. Estando preso o indiciado, a prisão passará a ser ilegal, devendo ser imediatamente relaxada pelo juiz (art. 5º, LXV, CF);

III. Possibilidade de responsabilizar o MP por crime de prevaricação, se dolosa a conduta omissiva desse agente público (art. 319, CP).

67. O art. 44, CPP, menciona nome do *querelante*. Porém, a doutrina considera que houve erro de grafia quando da promulgação do CPP. Trata-se do nome do querelado.

68. Os tribunais superiores admitem, inclusive, que a menção ao fato criminoso pode ser resumida à indicação do dispositivo legal (STJ RHC 69.301/MG, 6ª Turma, DJ 09.08.2016).

8.12. Prazo para o oferecimento da queixa-crime

a) Regra: 6 meses (art. 38, CPP), contados a partir do conhecimento da autoria. Esse prazo possui natureza decadencial e, portanto, deve ser contado segundo o art. 10, CP, incluindo-se o dia do começo e excluindo-se o dia final. Justamente por se tratar de prazo decadencial, pode findar em feriado ou final de semana, não sendo prorrogado para o primeiro dia útil subsequente, tampouco sujeito a interrupção ou suspensão.

Atenção para os casos de **crime continuado** porque a contagem do prazo é feita isoladamente, considerando a ciência da autoria de cada uma das condutas cometidas.

b) Exemplos de prazo especial de queixa-crime:

I. **Crime de induzimento a erro essencial e ocultação de impedimento ao casamento** (art. 236, parágrafo único, CP): o prazo aqui também é decadencial e de 6 meses. Porém, a sua contagem se inicia com o trânsito em julgado da sentença de anulação do casamento;

II. **Crimes contra a propriedade imaterial que deixarem vestígios** (ex.: art. 184, CP): primeiro, é oportuno lembrar que, no caso de haver o crime contra a propriedade imaterial deixado vestígio, será imprescindível a inicial penal vir acompanhada de laudo pericial, sob pena de rejeição da peça acusatória (art. 525, CPP). Visto isso, vamos ao prazo da queixa.

Nessa espécie de delito, a vítima também conserva os 6 meses para ingressar com a queixa, contados a partir do conhecimento da autoria (até aqui nada de novo).

Porém, uma vez homologado o laudo pericial, terá a vítima apenas 30 dias para ingressar com a queixa, sob pena de decadência. Ex.: suponha-se que o conhecimento da autoria deu-se há 3 meses e o laudo pericial foi homologado na data de hoje. Pois bem, a partir de hoje terá a vítima 30 dias para ingressar com a queixa;

c) Consequência para a perda do prazo do oferecimento de queixa: extinção da punibilidade pela decadência (art. 107, IV, CP).

9. AÇÃO CIVIL *EX DELICTO*

9.1. Noções gerais

A prática de um crime, além de gerar para o Estado o direito de punir o infrator, pode acarretar prejuízo de ordem patrimonial à vítima, fazendo surgir para esta o direito de ser indenizada. Nesse sentido, estabelece o art. 91, I, CP: *"são efeitos da condenação: I – tornar certa a obrigação de indenizar o dano causado pelo crime"*.

A vítima pode optar por ingressar, desde logo, com a ação civil, assim como pode aguardar a sentença condenatória penal definitiva para então executá-la no cível. No primeiro caso, teremos a ação civil *ex delicto* (em sentido estrito), com natureza de ação de conhecimento e, no segundo, teremos a execução *ex delicto (em sentido amplo)*. Porém, advirta-se, desde já, que vasto setor da comunidade jurídica não efetua essa divisão, lançando mão da denominação ação civil *ex delicto* em ambos os casos.

Optando pela ação civil ex delicto antes do trânsito em julgado, a competência para processar e julgar tal ação será definida de acordo com os arts. 46 a 53 do NCPC.

Reflexos do Novo Código de Processo Civil

No art. 53, V, está mantida a possibilidade de escolha entre o domicílio da vítima e o local do fato para as ações de reparação de dano sofrido em razão de delito.

Já em relação à execução da sentença penal transitada em julgado, o art. 516, parágrafo único, estatui que a escolha se dará entre o juízo do atual domicílio do executado, pelo juízo do local onde se encontrem os bens sujeitos à execução ou pelo juízo do local onde deva ser executada a obrigação de fazer ou de não fazer.

9.2. Hipóteses que autorizam a propositura da ação civil

Conforme dito, para ingressar em juízo com o pedido de ressarcimento do dano não é necessário o trânsito em julgado da sentença penal condenatória, em que pese o teor do art. 63, CPP. Conforme estabelece o art. 64, CPP: *"sem prejuízo do disposto no artigo anterior, a ação para ressarcimento do dano poderá ser proposta no juízo cível, contra o autor do crime e, se for o caso, contra o responsável civil"*.

Assim, segundo mencionado, ficam evidenciadas duas hipóteses para a propositura da ação civil *ex delicto*:

I. execução da sentença penal condenatória transitada em julgado (título executivo judicial), que deve ser precedida de liquidação para quantificação da indenização (art. 63, parágrafo único, CPP, e art. 515, VI, NCPC);

II. ação civil indenizatória para reparação do dano (intentada com o processo penal ainda em curso ou, mesmo, durante o IP – *vide* art. 64, parágrafo único, CPP).

A ação *ex delicto* de execução pode ser feita com base no valor mínimo fixado pelo juiz na sentença penal condenatória (art. 387, IV, CPP); ou, também, pode ser feita com base naquele valor mínimo *acrescido do montante apurado em liquidação da sentença penal condenatória.*

Por outro lado, apesar do comando do art. 387, IV, CPP, nem sempre será possível ao juiz penal fixar um *quantum* indenizatório na sentença, dadas a complexidade do caso e as limitações inerentes à competência material do magistrado penal.

A ação civil indenizatória, noutro giro, será proposta como ação de conhecimento, havendo instrução de forma ampla, mas sofre limitação quanto à matéria a ser apreciada, como veremos logo adiante.

9.3. As hipóteses de absolvição do art. 386, CPP e a ação civil *ex delicto*

Se é correto dizer que a sentença penal condenatória definitiva torna certa a obrigação de indenizar pelo dano causado (art. 91, I, CP), em caso de *absolvição do réu* há certos fundamentos da sentença que irão inviabilizar o pedido de indenização. Analisemos, pois, as hipóteses de absolvição do art. 386, CPP, a fim de descobrir quando caberá ou não a ação civil *ex delicto*.

O juiz absolverá o réu quando (art. 386, CPP):

I. **Estiver provada a inexistência do fato** (arts. 386, I, e 66): se o fato não existiu no campo penal (que exige uma carga probatória muito maior que a do campo civil), com muito mais razão, também não existiu na seara cível. Este fundamento da sentença absolutória obsta, portanto, a propositura de ação civil *ex delicto*;

II. **Não houver prova da existência do fato** (art. 386, II): este fundamento da sentença absolutória não fecha as portas do cível. Note-se que a prova não foi suficiente para o campo penal (debilidade probatória), mas poderá sê-lo para o campo civil;

III. **Não constituir o fato infração penal** (art. 386, III): também não fecha as portas do cível. O ilícito não foi penal, mas poderá ser civil (art. 67, III, CPP);

IV. **Estiver provado que o réu não concorreu para a infração penal** (art. 386, IV, CPP): fecha as portas do cível. Se restou provado no campo penal que o réu não praticou qualquer conduta lesiva, automaticamente estará excluído do polo passivo de qualquer ação indenizatória;

V. **Não existir prova de ter o réu concorrido para a infração penal** (art. 386, V, CPP): não fecha as portas do cível, pois a prova da autoria do réu não foi suficiente para o campo penal (debilidade probatória), mas poderá ser suficiente para o campo civil;

VI. **Existirem circunstâncias que excluam o crime ou isentem o réu de pena, ou mesmo se houver fundada dúvida sobre a existência dessas circunstâncias** (art. 386, VI, CPP)**:** o reconhecimento de excludente de ilicitude (legítima defesa, por exemplo) fecha, em regra, as portas do cível (arts. 188, I, CC, e 65, CPP). Excepcionalmente, porém, será possível a ação civil *ex delicto*, quando ocorrer:

a) Estado de necessidade agressivo, que é aquele que importa em sacrifício de bem pertencente a terceiro inocente. Ex.: buscando fugir de um desafeto, Fulano termina destruindo o veículo de terceiro inocente. Nesse caso, o terceiro inocente poderá acionar civilmente o causador do dano, restando a este promover ação de regresso contra quem provocou a situação de perigo (arts. 929 e 930, CC);

b) Legítima defesa em que, por erro na execução, atinge-se 3º inocente. Ex.: o indivíduo, defendendo-se de agressão injusta, termina acidentalmente atingindo 3º inocente. Nesse caso, o terceiro inocente poderá acionar civilmente o causador do dano, restando a este promover ação de regresso contra quem provocou a situação de perigo (art. 930, parágrafo único, CC);

c) Legítima defesa putativa ou imaginária, que se configura quando *o agente, por erro, acredita que está sofrendo ou irá sofrer uma agressão e revida, causando dano a outrem* (GRECO, v. I, 2005, p. 384), já que esta, em essência, não constitui legítima defesa autêntica ou real e por esse motivo não exclui a ilicitude da conduta. (STJ, Info. 314, 3ª Turma, período 19 a 23 de março de 2007);

VII. **Não existir prova suficiente para a condenação:** não fecha as portas do cível, pois a prova não foi suficiente para o campo penal (debilidade probatória), mas poderá ser suficiente para o campo civil.

Ademais, também não fecha as portas do cível (art. 67, CPP):

a) o despacho de arquivamento do inquérito ou das peças de informação;

b) a decisão que julgar extinta a punibilidade.

9.4. Legitimidade ativa

Cabe à vítima (se maior e capaz) ou ao seu representante legal (se o ofendido for incapaz) a legitimidade para propor a ação civil *ex delicto*.

Nos casos de morte ou ausência da vítima, os seus herdeiros poderão figurar no polo ativo (art. 63, parte final, CPP).

Sendo vítima pobre, nos termos do art. 68, CPP, esta deve requerer ao MP a execução da sentença penal condenatória ou a propositura de ação civil indenizatória. O MP atuará como substituto processual do ofendido. Entretanto, importante dizer que o STF reconheceu a inconstitucionalidade progressiva do referido dispositivo. Explica-se. A Suprema Corte entendeu que a função de advocacia pública dos interesses individuais das pessoas economicamente hipossuficientes cabe à Defensoria Pública. Sucede que a implementação da Defensoria nos Estados ainda não foi plenamente concluída no Brasil, muito menos interiorizada, motivo pelo qual o MP poderá, temporariamente, figurar como substituto processual nas comarcas onde a Defensoria Pública ainda não tiver sido instalada (STF, RE 341717 SP, 2ª Turma, DJ 05.03.2010 e AI 549750 ED/SP, DJe 02.03.2007).

9.5. Legitimidade passiva

A ação civil *ex delicto* deve ser proposta contra o autor do crime. Porém, em certos casos, é possível acionar solidariamente o responsável civil.

Exemplo de situação em que o responsável civil poderá ser instado a reparar o dano: imagine-se que Tício, na direção de um automóvel pertencente a Caio, causou o atropelamento de um transeunte. Pois bem, nesse caso, o motorista (Tício) responderá civil e penalmente, enquanto o proprietário do veículo (Caio) poderá ser incluído solidariamente no polo passivo da ação cível.

Entretanto, note-se que a inclusão no polo passivo do responsável civil *somente* acontecerá na ação indenizatória (ação civil *ex delicto* de conhecimento). Isto porque a execução da sentença penal condenatória só poderá ser efetuada contra a pessoa que sofreu a condenação (*i. e.*, contra o autor do crime).

9.6. Suspensão da ação civil *ex delicto*

À luz da concepção de unicidade da jurisdição, o objetivo da suspensão é evitar a proliferação de decisões contraditórias, haja vista a pendência de questão prejudicial na esfera penal. Sendo assim, as hipóteses de suspensão são as seguintes: a) quando a ação civil for proposta antes da ação penal; b) quando as ações civil e penal forem propostas simultaneamente perante os respectivos juízos.

No primeiro caso (quando a ação civil for proposta antes da ação penal), a suspensão poderá ser determinada pelo juiz até que seja proposta a ação penal. Entretanto, nos termos do art. 315, § 1º, NCPC, "*Se a ação penal não for proposta no prazo de 3 (três) meses, contado da intimação do ato de suspensão, cessará o efeito desse, incumbindo ao juiz cível examinar incidentemente a questão prévia*". Em suma, após suspensa a ação indenizatória, a ação penal deve ser proposta em até 3 meses após a intimação do ato de suspensão. Caso isso não aconteça, o juízo cível decidirá a questão e a ação indenizatória prosseguirá normalmente.

Reflexos do Novo Código de Processo Civil

De acordo com o art. 315, § 1º, o prazo de suspensão da ação cível será majorado dos atuais 30 (trinta) dias para 3 (três) meses.

Na segunda hipótese (ações civil e penal propostas simultaneamente perante os respectivos juízos), poderá haver sobrestamento pelo período máximo de 1 ano, consoante expressa previsão do art. 315, § 2º, NCPC: "*Proposta a ação penal, o processo ficará suspenso pelo prazo máximo de 1 (um) ano, ao final do qual aplicar-se-á o disposto na parte final do § 1º.*"

Por fim, diga-se que a suspensão da ação civil *ex delicto* é facultativa, apesar de algumas posições em contrário na doutrina. Esse entendimento decorre principalmente da redação do art. 64, parágrafo único, CPP, que diz: "*intentada a ação penal, o juiz da ação civil* ***poderá*** *suspender o curso desta, até o julgamento definitivo daquela.*" O verbo "poderá" está empregado no sentido de faculdade do magistrado. Trata-se, como defende Pacelli de Oliveira (2015, p. 186), de poder discricionário conferido ao juiz da esfera cível, que fará a análise da conveniência e oportunidade da suspensão da ação civil. Nessa linha, STJ, REsp 1443634/SC, 3ª Turma, DJ 12.05.2014 e REsp 401720, DJ 04.08.2003.

9.7. Prazo

O prazo prescricional para ingressar com a ação de execução civil *ex delicto* é de 3 anos (art. 206, § 3º, V, CC), contados a partir do trânsito em julgado da sentença penal condenatória, por força do disposto no art. 200, CC, e STJ, AgRg no AREsp 496307/RS, *DJe* 16.06.2014.

Percebe-se, portanto, que a vítima que deseja a reparação civil do dano pode ingressar em juízo simultaneamente ou, em último caso, até 3 anos após o trânsito em julgado da sentença penal condenatória.

9.8. Revisão criminal e ação rescisória

Se houver ação de revisão criminal em trâmite e essa for julgada procedente, o título judicial deixa de existir, pois a sentença condenatória será desconstituída. Isso implica a inexistência de coisa julgada em desfavor do réu na esfera criminal (art. 622, CPP).

Alguns efeitos decorrerão do julgamento da ação de revisão criminal e afetarão a execução:

a) se a execução civil não teve início, não poderá acontecer;

b) se a execução teve início, será extinta por força do novo título judicial;

c) se o pagamento ocorreu, caberá ação de restituição do valor pago.

Se a ação civil foi proposta simultaneamente à ação penal e nessa última houve absolvição com base nas causas que "fecham as portas" da ação civil *ex delicto* (art. 386, I, IV e VI, CPP, com as ressalvas já feitas), caberá a propositura de ação rescisória, nos termos do art. 975, NCPC.

10. JURISDIÇÃO E COMPETÊNCIA

10.1. Noções básicas de jurisdição

Superada a fase de autotutela dos conflitos penais (exceção aqui para alguns casos excepcionais permitidos pela lei como, por exemplo, a legítima defesa), o Estado, *por meio da atividade jurisdicional*, avocou para si a pacificação desses conflitos, substituindo, assim, a vontade das partes.

Pode-se conceituar a jurisdição como o *poder-dever do Estado, exercido precipuamente pelo Judiciário, de aplicar o direito ao caso concreto por meio de um processo.* Ou ainda, jurisdição, do latim, significa *juris dictio* (*dizer o direito*).

10.2. Princípios que norteiam a atividade jurisdicional

10.2.1. Investidura

Significa que a jurisdição só pode ser exercida por magistrado, ou seja, aquele que está investido na função jurisdicional, empossado no cargo de juiz.

10.2.2. *Indelegabilidade*

Não pode um órgão jurisdicional delegar a sua função a outro, ainda que este também seja um órgão jurisdicional. Tal princípio, contudo, comporta exceções, como no caso de expedição de carta precatória e de carta rogatória e também na hipótese de substituição de um juiz por outro em situação de férias, aposentadoria etc. Examinaremos o tema mais adiante.

10.2.3. *Juiz natural*

Manifesta-se através de dois incisos do art. 5º, CF: LIII (*"ninguém será processado nem sentenciado senão pela autoridade competente")*; e XXXVII (*"não haverá juízo ou tribunal de exceção"*). Significa que *o indivíduo só pode ser privado de seus bens ou liberdade se processado por autoridade judicial imparcial e previamente conhecida por meio de regras objetivas de competência fixadas anteriormente à prática da infração.*

10.2.4. *Inafastabilidade ou indeclinabilidade*

Está contido no art. 5º, XXXV, CF: "*a lei não excluirá da apreciação do Poder Judiciário lesão ou ameaça a direito*". À luz do monopólio da função jurisdicional pelo Poder Judiciário, nem mesmo a lei pode excluir de sua apreciação a lesão ou a ameaça a um direito.

10.2.5. *Inevitabilidade ou irrecusabilidade*

A jurisdição não está sujeita à vontade das partes, aplica-se necessariamente para a solução do processo penal. É, pois, decorrência da natureza obrigatória da solução jurisdicional para os conflitos na esfera penal.

Lembre-se de que na esfera cível há "equivalentes jurisdicionais" como a mediação e a arbitragem, que serão utilizados a depender da vontade das partes, mas o mesmo não ocorre no âmbito da justiça criminal em que a atividade jurisdicional, como vimos, é irrecusável.

10.2.6. *Improrrogabilidade ou aderência*

O exercício da função jurisdicional pelo magistrado somente pode ocorrer dentro dos limites que lhe são traçados pela lei, seja na abrangência territorial, seja pela matéria a ser apreciada.

10.2.7. *Correlação ou relatividade*

Aplicável à sentença, consiste na vedação ao julgamento *extra*, *citra* ou *ultra petita*. Dessa forma, impõe-se a correspondência entre a sentença e o pedido formulado na inicial acusatória.

10.2.8. *Devido processo legal*

Art. 5º, LIV, CF: *"ninguém será privado da liberdade ou de seus bens sem o devido processo legal"*. Significa, em última análise, afirmar a necessidade de um processo prévio, informado pelo contraditório; ampla defesa; juiz natural; motivação das decisões; publicidade; presunção de inocência; direito de audiência; direito de presença do réu; e duração razoável do processo (BADARÓ, 2008, p. 36).

10.3. Características da jurisdição

O exercício da atividade jurisdicional é marcado pelas seguintes características:

10.3.1. *Inércia*

A atuação inicial dos órgãos jurisdicionais depende de provocação da parte. É totalmente vedado ao juiz dar início à ação penal. A inércia dos órgãos jurisdicionais decorre do princípio *ne procedat judex ex officio* como também do sistema acusatório pretendido pelo Constituinte de 1988 (art. 129, I, CF).

10.3.2. *Substitutividade*

Com o fim da autotutela, coube ao Estado monopolizar a função de solucionar eventuais conflitos de interesses entre as pessoas. O Estado, por meio da jurisdição, passou, portanto, a *substituir* a vontade das partes.

10.3.3. *Atuação do Direito*

A atividade jurisdicional tem por objetivo aplicar o direito ao caso concreto, buscando, assim, restabelecer a paz social.

10.3.4. *Imutabilidade*

Na verdade, a imutabilidade se relaciona ao efeito do provimento final da atividade jurisdicional (*i. e.*, ao efeito da sentença). Significa que, após o trânsito em julgado da sentença, tornar-se-á imutável aquilo que ficou decidido pelo órgão julgador. Entretanto, é preciso estar atento que, no processo penal, somente a sentença absolutória definitiva é imutável (não podendo, portanto, haver a reabertura do caso). A imutabilidade não se aplica às sentenças condenatórias definitivas, uma vez que é possível impugná-las por meio de ação de revisão criminal (*vide* art. 621 e ss., CPP). Estudaremos melhor esse tema quando tratarmos de revisão criminal.

10.4. Competência

10.4.1. *Compreendendo o tema*

Todos os juízes possuem jurisdição (poder-dever de dizer o direito aplicável ao caso concreto).

Porém, a atividade jurisdicional se tornaria inviável caso todas as ações penais fossem concentradas na pessoa de um só juiz.

É nesse contexto que se insere o instituto da competência – como forma de *racionalizar, de tornar viável a prestação jurisdicional.* Dessa forma, é certo que todos os juízes possuem jurisdição (conforme dissemos anteriormente), porém é igualmente verdadeiro que esses mesmos juízes só podem dizer o direito objetivo aplicável ao caso concreto dentro dos limites de sua competência. Competência é, pois, *a medida da jurisdição.* Com Karam (2002, p. 16), podemos arrematar dizendo que enquanto abstratamente todos os órgãos do Poder Judiciário são investidos de jurisdição, as regras de competência é que concretamente atribuem a cada um desses órgãos o efetivo exercício da função jurisdicional.

10.4.2. *Critérios de fixação da competência*

Os critérios de fixação da competência são parâmetros estabelecidos pela CF e pela legislação ordinária que objetivam definir o âmbito de atuação de cada um dos órgãos jurisdicionais (*i. e.*, quem julga o quê). Note-se, desde já, que os critérios abaixo não estão dissociados. Pelo contrário, para se definir o órgão julgador competente, faz-se necessário examinar tais critérios de modo integrado, já que, em diversas situações, um serve para complementar o outro.

A seguir, veremos sucintamente cada um desses critérios (apenas para que o nosso leitor se familiarize com o tema). Mais adiante, esse assunto será estudado com mais vagar.

a) Competência em razão da matéria (*ratione materiae*): este critério de fixação da competência leva em consideração a *natureza* (a matéri**a**) da infração praticada. Ex.1: a Justiça Eleitoral é competente *em razão da matéria* para processar e julgar os crimes eleitorais. Ex.2: o Tribunal do Júri é competente *em razão da matéria* para processar e julgar os crimes dolosos contra a vida (homicídio, *v. g.*);

b) Competência em razão da pessoa (*ratione personae*): este critério de fixação da competência leva em consideração a *relevância do cargo* ocupado por determinadas pessoas para definir qual o órgão competente para o processamento da infração penal. É a chamada *competência por prerrogativa de função* ou, também, *foro privilegiado*. Ex.: nos termos do art. 102, I, "b", CF, o STF tem competência para processar e julgar, nos crimes comuns, os parlamentares federais (deputados federais e senadores). Posto de outra forma: estes parlamentares, em caso de prática de crime comum, possuem foro por prerrogativa de função (ou foro privilegiado) perante o STF;

c) Competência em razão do lugar (*ratione loci*): este critério de fixação da competência leva em consideração os seguintes aspectos: o *local onde ocorreu a consumação* do delito, bem como o *domicílio ou a residência do réu*. Ex.: tendo o crime de furto sido consumado na Comarca de Marília (SP), é lá que deverá ser processado e julgado – e não em Bauru (SP), *v. g.*;

d) Competência funcional: este critério de fixação da competência leva em consideração a *função* que cada um dos vários órgãos jurisdicionais pode vir a exercer num processo. Ex.: nas grandes comarcas, é comum que um juiz fique responsável pela fase de conhecimento do processo e outro pela fase de execução da pena.

A competência funcional, a seu turno, classifica-se em:

I. **Competência funcional por fase do processo:** implica repartição de competência a mais de um órgão julgador, cada qual atuando em determinada fase do processo. Em regra, um só juiz é que praticará os atos do processo. Porém, há situações em que os atos de um mesmo processo serão praticados por mais de um órgão julgador. Ex. (já dado anteriormente): nas grandes comarcas, é comum que um juiz fique responsável pela fase de conhecimento do processo e outro pela fase de execução da pena (*vide* arts. 65 e 66, LEP);

II. **Competência funcional por objeto do juízo:** cada órgão jurisdicional pode vir a exercer a competência sobre determinadas questões a serem decididas no processo. Ex.: a sentença no Tribunal do Júri. Na sentença no âmbito do Júri, os jurados são responsáveis pela absolvição ou condenação do acusado e o juiz-presidente é responsável pela aplicação (dosimetria) da pena (em caso de condenação, por óbvio). Há, assim, uma repartição de tarefas para cada órgão jurisdicional que leva em conta determinada questão específica a ser decidida no processo;

III. **Competência funcional por grau de jurisdição:** nesta modalidade de competência funcional, leva-se em conta a *hierarquia* (o escalonamento) jurisdicional determinada pela lei aos vários órgãos julgadores. Ex.: o TJ é o órgão julgador competente (competência funcional por grau de jurisdição) para conhecer e julgar eventual recurso de apelação interposto pela parte contra a sentença prolatada pela instância *a quo* (*i. e.*, pelo juiz de 1º grau).

10.4.3. Determinação do juízo competente

Atente o leitor que a determinação do juízo competente é tarefa das mais complexas. Conforme visto, são diversos os critérios que devem ser levados em consideração, podendo, inclusive, em certas situações, um preponderar sobre o outro (veremos esse ponto mais adiante).

Porém, ao longo do tempo, a doutrina buscou sistematizar melhor a questão da determinação do juízo competente, trilhando um raciocínio que parte de critérios mais genéricos para critérios mais específicos.

Dessa forma, para saber qual o juízo competente para processar e julgar determinado caso, deve-se, por exemplo, levar em conta:

I. Qual a justiça competente? É crime da competência da Justiça Comum (Federal ou Estadual) ou da Justiça Especial (Militar ou Eleitoral)?;

II. É o acusado possuidor de foro por prerrogativa de função? Ex.: sendo o réu parlamentar federal, deverá ser processado e julgado pelo STF (prerrogativa de função);

III. Não sendo detentor de foro por prerrogativa de função, passa-se ao exame da competência territorial (local em que foi consumado o crime; ou domicílio ou residência do réu);

IV. Existe, no caso em questão, situação de conexão ou continência (que são critérios de modificação de competência, a serem examinados mais adiante)?

V. Por fim, passa-se ao exame da competência de juízo: qual é a vara, câmara ou turma competente? Há, por exemplo, vara especializada com competência para apreciar o caso?

Nas próximas linhas, examinaremos, de forma mais detalhada, os critérios de fixação da competência anteriormente expostos (competência em razão da matéria, por prerrogativa de função etc.).

10.4.4. Competência em razão da matéria (ratione materiae) ou em razão natureza da infração penal

Conforme visto, esse critério de fixação de competência leva em conta a natureza da infração penal praticada. A depender dessa (da matéria em questão) será competente a Justiça Comum (Federal ou Estadual) ou a Justiça Especial[69] (Militar ou Eleitoral). Assim, temos que:

a) A Justiça Eleitoral (JE – arts. 118 a 121, CF, e Lei 4.737/1965) é competente em razão da matéria para julgar os crimes eleitorais. Ex.: calúnia cometida em período de campanha eleitoral será julgada pelo Tribunal Regional Eleitoral;

b) A Justiça Militar (JM – art. 124, CF) é competente *ratione materiae* para julgar os crimes militares definidos no art. 9º, CPM.

A competência da Justiça Militar comporta três exceções: o crime de abuso de autoridade (Lei 4.898/1965), conforme Súmula 172, STJ; o crime de tortura, por ausência de correspondência no Código Penal Militar (STJ, AgRg no CC 102.619/RS, DJ 30.04.2015, Info. 436 e AgRg no AREsp 17.620/DF, 6ª Turma, DJe 06.06.2016; (STF, HC 117254, DJ 15.10.2014 e AI 769637 AgR-ED-ED/MG, DJe 16.10.2013); assim como os crimes dolosos praticados contra a vida de civil não são julgados pela JM[70] (art. 125, § 4º, CF).

69. Para o estudo aqui empreendido, considera-se justiça especial aquela que tem competência criminal, mas cuja regulação ocorra por sistema legal próprio, autônomo, nos âmbitos material e processual.

70. No que se refere à última exceção, relevante se faz pontuar a existência do Projeto de Lei (PL) 44/2016, tramitando no Congresso Nacional e recentemente aprovado pelo Senado, em que se determina que crimes dolosos contra a vida de civis praticados por militares

Vale ressaltar, contudo, alteração introduzida pela Lei 12.432/2011, que modificou a redação do parágrafo único do art. 9º, CPM.[71] O referido dispositivo legal, em leitura combinada com o art. 303, CBA (Código Brasileiro de Aeronáutica),[72] introduz situação excepcional de manutenção da competência da Justiça Militar.

Trata-se das hipóteses de invasão irregular do espaço aéreo brasileiro e das medidas adotadas para a sua devida repressão. No caso mais extremo, após advertências e tentativas de pouso forçado, o piloto-militar está autorizado a destruir a aeronave, pois a prioridade é a preservação da segurança e da soberania nacionais.

Desse modo, se da conduta descrita resultar processo criminal em face do militar que efetuou o abate da aeronave, causando a morte dos seus ocupantes, **ainda que civis**, a **competência para processar e julgar será da Justiça Militar**.

Ademais, houve recente alteração na competência da Justiça Militar com a nova Lei nº 13.491, de 16 de outubro de 2017, que alterou o Código Penal Militar. A lei novel também teve como alvo o art. 9º do CPM, ao modificar o seu inciso II e acrescentar os §§ 1º e 2º. A inovação legislativa ampliou a competência da Justiça Militar ao prever que serão considerados crimes militares, em tempo de paz, "*os crimes previstos neste Código e os previstos na legislação penal, quando praticados*" conforme as alíneas, que não foram objeto de modificação. A redação anterior limitava a competência aos crimes tipificados no CPM. Nesse sentido, a ampliação da competência se torna clara ao vislumbrarmos que além dos crimes previstos no CPM, também estarão à cargo da JM os crimes comuns previstos na legislação penal comum e extravagante que sejam praticados nos moldes das alíneas do inciso II do art. 9º

A JM encontra-se estruturada nos âmbitos Estadual e Federal:

I. **Justiça Militar Estadual** (art. 125, § 4º, CF): detém competência para processar e julgar os crimes militares praticados por policiais militares e bombeiros.

Por outro lado, a JM estadual não tem competência para julgar civil – mesmo que este cometa crime em concurso com um militar. Nesse sentido, consultar a Súmula 53, STJ.[73]

Ademais, nos termos da Súmula 75, STJ, em caso de crime de promoção ou facilitação da fuga de preso em estabelecimento prisional praticado por militar, a competência será da Justiça Comum Estadual e não da JM;

A competência territorial da Justiça Militar Estadual será a do local onde o policial estadual desempenha suas funções, mesmo que crime tenha se consumado em Estado diverso, conforme se depreende do enunciado da Súmula 78, STJ, nos seguintes termos: "*Compete à Justiça Militar processar e julgar policial de corporação estadual, ainda que o delito tenha sido praticado em outra unidade federativa*".

II. **Justiça Militar da União**: detém a competência para julgar membros das Forças Armadas (Exército, Marinha e Aeronáutica) – art. 124, CF.

A JM da União pode, por sua vez, vir a processar e julgar civil quando este vier a praticar infração em concurso com membro das Forças Armadas.

Atenção: O STF editou a Súmula Vinculante 36 com o seguinte teor: *Compete à Justiça Federal comum processar e julgar civil denunciado pelos crimes de falsificação e de uso de documento falso quando se tratar de falsificação da Caderneta de Inscrição e Registro (CIR) ou de Carteira de Habilitação de Amador (CHA), ainda que expedidas pela Marinha do Brasil.*

A Suprema Corte entende que não se trata de crime militar por conta da natureza da atividade de arrais amador, que é civil. Nesse caso, há ofensa a serviço e interesse da União, motivo pelo qual a competência é da Justiça (Comum) Federal.

c) A Justiça (Comum) Estadual tem sua esfera de competência composta de forma residual. É determinada pela exclusão das demais (Justiça Comum Federal; Justiça Especial). Isto é, processa e julga o crime quando não se tratar de competência da Justiça Especial (Militar ou Eleitoral) nem da Justiça Comum Federal. Abarca a maioria das questões penais. Ex.: crime de incitação à discriminação cometido via internet, quando praticado contra pessoas determinadas e que não tenha ultrapassado as fronteiras territoriais brasileiras será julgado pela Justiça Estadual (STF, HC 121283, Info. 744). Outro exemplo diz respeito ao crime de disponibilizar ou adquirir material pornográfico envolvendo crianças ou adolescentes, que será da competência da Justiça Estadual se a troca de informação for privada (Whatsapp, chat de Facebook). Caso a postagem tenha sido em ambiente virtual de livre acesso, a competência será da Justiça Federal (STJ, CC 150564/MG, DJe 02/05/2017 e Info. 603);

d) A Justiça (Comum) Federal tem sua competência expressamente fixada no art. 109, CF. Costuma-se sustentar que tais dispositivos não são meramente exemplificativos, mas taxativos. Vejamos. Compete à Justiça Federal processar e julgar:

d1) Os crimes políticos (art. 109, IV, primeira parte): a definição de crime político encontra-se na Lei 7.170/1983. É aquele dirigido contra o Estado como unidade orgânica das instituições políticas e sociais, além de atentar contra a soberania nacional e a estrutura política;

d2) As infrações penais praticadas em detrimento de bens, serviços ou interesses da União ou de suas entidades autárquicas e empresas públicas, excluídas as contravenções (art. 109, IV, parte final). Examinemos de forma detalhada o presente tópico.

Primeiro, note-se que a JF julga apenas os crimes praticados "em detrimento de bens, serviços ou interesses da União (...)".

---

passem a ser julgados pela Justiça Militar, e não mais pelo Tribunal do Júri, desde que praticados em missões de garantia de lei e ordem.

71. "Os crimes de que trata este artigo quando dolosos contra a vida e cometidos contra civil serão da competência da justiça comum, **salvo quando praticados no contexto de ação militar realizada na forma do art. 303 da Lei 7.565, de 19.12.1986 – Código Brasileiro de Aeronáutica.**"

72. "Art. 303. A aeronave poderá ser detida por autoridades aeronáuticas, fazendárias ou da Polícia Federal, nos seguintes casos: I – se voar no espaço aéreo brasileiro com infração das convenções ou atos internacionais, ou das autorizações para tal fim; II – se, entrando no espaço aéreo brasileiro, desrespeitar a obrigatoriedade de pouso em aeroporto internacional; III – para exame dos certificados e outros documentos indispensáveis; IV – para verificação de sua carga no caso de restrição legal (artigo 21) ou de porte proibido de equipamento (parágrafo único do artigo 21); V – para averiguação de ilícito. (...) § 2º Esgotados os meios coercitivos legalmente previstos, a aeronave será classificada como hostil, ficando sujeita à medida de destruição, nos casos dos incisos do *caput* deste artigo e após autorização do Presidente da República ou autoridade por ele delegada."

73. "Compete à Justiça Comum Estadual processar e julgar civil acusado de prática de crime contra as instituições militares estaduais".

As contravenções[74] penais foram expressamente excluídas da competência da JF. Assim, ainda que uma contravenção seja praticada contra um bem da União, não será julgada pela JF, mas pela Justiça Estadual. Atenção, todavia, para o HC 127011 AgR, Segunda Turma, DJ 21.05.2015 do STF, o qual aduziu que a exploração de peças eletrônicas utilizadas na confecção das máquinas "caça-níqueis", denominadas "noteiros", de procedência estrangeira e introduzidas clandestinamente no território nacional, atraem a competência da Justiça Federal.

Além disso, é oportuno fornecer ao nosso leitor uma noção mais precisa de bens, serviços ou interesses da União:

I. Bens: representam o patrimônio de um ente federal e a sua descrição está positivada no art. 20, I a XI, CF (bens da União);

II. Serviços: consistem na própria atividade do ente federal e sua finalidade. Para melhor compreensão prática, recomendamos a consulta ao informativo do STJ 572;

III. Interesse: possui conteúdo bastante amplo, podendo ser delimitado como aquilo que está ligado ao ente federal e lhe diz respeito. A título de exemplo, ver STF, HC 93938/SP, *DJe* 23.11.2011, RE 835558/SP, *Dje* 08.08.2017, bem como, os informativos do STJ de 555 e 527.

Ainda, a lei menciona crimes praticados contra bens, serviços ou interesses da *União ou de suas entidades autárquicas e empresas públicas*. Vejamos um significado mais preciso para as expressões: *União, entidades autárquicas e empresas públicas*.

I. União: aqui tratada como a *pessoa jurídica de direito público interno, a Administração Direta;*

II. Autarquias: conceituadas no art. 5º, I, DL 200/1967, como "*o serviço autônomo, criado por lei, com personalidade jurídica, patrimônio e receita próprios, para executar atividades típicas da Administração Pública, que requeiram, para seu melhor funcionamento, gestão administrativa e financeira descentralizada.*" Ex.: BACEN (Banco Central); INSS; agências reguladoras etc.; Neste contexto: (STJ, CC 134.747/MT, DJ 21.10.2015).

III. Empresas públicas: estão definidas no art. 5º, II, DL 200/1967, como a "*entidade dotada de personalidade jurídica de direito privado, com patrimônio próprio e capital exclusivo da União, criado por lei para a exploração de atividade econômica que o Governo seja levado a exercer por força de contingência ou de conveniência administrativa podendo revestir-se de qualquer das formas admitidas em direito*". Ex.: Correios; Caixa Econômica Federal.

Atenção: houve *omissão indevida do texto constitucional* a respeito das *fundações públicas*, definidas no art. 5º, IV, DL 200/1967. Porém, doutrina e jurisprudência construíram entendimento segundo o qual as fundações possuem natureza equiparada à autarquia (STJ, CC 113079/DF, *DJe* 11.05.2011). Desse modo, estão contidas entre os entes federais do dispositivo em comento. Logo, um crime contra um bem de uma fundação pública federal, por exemplo, é sim da competência da JF. Imperioso, todavia, observar o quanto enunciado no Info. 513, Terceira Seção, 06.03.2013, de acordo com o qual "segundo o entendimento do STJ, a justiça estadual deve processar e julgar o feito na hipótese de inexistência de interesse jurídico que justifique a presença da União, suas autarquias ou empresas públicas no processo, de acordo com o enunciado da súmula 150 deste Tribunal".

Por fim, ressalte-se que eventual crime praticado contra bens, serviços ou interesses **de sociedade de economia mista** (art. 5º, III, DL 200/1967) não será da competência da JF. A CF não a incluiu no rol de competência da JF. Eventual crime contra uma sociedade de economia mista será da competência da Justiça Estadual (*vide* Súmula 42, STJ). São exemplos de sociedades de economia mista federais o Banco do Brasil e a Petrobras. Haverá exceção se ficar demonstrado interesse jurídico da União. Nesse caso, a competência será da JF, conforme precedente do STF (RE 614115 AgR/PA, Info. 759);

d3) **também são da competência da JF os crimes previstos em tratados ou convenções internacionais, quando, iniciada a execução no país, o resultado tenha ou devesse ter ocorrido no estrangeiro, ou reciprocamente** (art. 109, V, CF)[75]

São dois os elementos cruciais (concomitantes) aqui: internacionalidade (início da execução no Brasil ou o resultado tenham ocorrido no exterior) + crime previsto em tratado ou convenção internacional. Ex.: tráfico internacional de drogas. Excluído o caráter internacional, a competência será da Justiça Estadual (Súmula 522, STF). Idem (*i. e.*, competência da Justiça Estadual) se o crime não estiver previsto em tratado ou convenção internacional;

d4) **as causas relativas a direitos humanos** (art. 109, V-A, CF)

Esse dispositivo foi acrescentado pela EC 45/2004, criando em nosso ordenamento a possibilidade de federalização dos crimes contra os direitos humanos.

Com efeito, nesses casos, o Procurador-Geral da República, com a finalidade de assegurar o cumprimento de obrigações decorrentes de tratados internacionais de direitos humanos dos quais o Brasil seja parte, poderá suscitar, perante o Superior Tribunal de Justiça, em qualquer fase do inquérito ou processo, incidente de deslocamento de competência (IDC) para a Justiça Federal (art. 109, § 5º, CF).

Aqui, em qualquer fase do procedimento (inquérito ou fase judicial), se o IDC for julgado procedente, deve o processo ser remetido à Justiça Federal e todos os atos refeitos, conforme interpretação dos arts. 564, I, e 573, CPP. Se ocorrer durante o inquérito, as investigações realizadas pela polícia civil serão aproveitadas.

Conforme jurisprudência do STJ, para que exista o deslocamento é preciso comprovar a existência de obstáculos concretos na esfera estadual. Desse modo, "o incidente só será instaurado em casos de grave violação aos direitos humanos, em delitos de natureza coletiva, com grande repercussão, e para os quais a Justiça Estadual esteja, por alguma razão, inepta à melhor apuração dos fatos e à celeridade que o sistema de proteção internacional dos Direitos Humanos exige" (STJ, Info. 453, CC 107397/DF, Info. 549 e IDC 3/GO, DJ 02.02.2015);

d5) **os crimes contra a organização do trabalho** (art. 109, VI, 1ª parte, CF)

Tais delitos estão tipificados nos arts. 197 a 207, CP. Entretanto, para que seja caso de competência da JF, é preciso que a conduta ofenda não apenas a individualidade do trabalhador, mas a própria organização geral do trabalho ou os direitos dos trabalhadores coletivamente considerados. Ex.: atentado contra a liberdade de associação – art. 199, CP, e a omissão de anotação do vínculo empregatício na CTPS (STJ CC 135200/

74. No que se refere à competência para julgar contravenções, a exceção existe apenas nos casos em que o autor do fato possui prerrogativa de foro, que prevalecerá (STJ, Rp 179/DF, DJ 10.06.2002).

75. Note-se que o dispositivo é claro ao mencionar "iniciada a execução do país", excluindo, assim, da competência da Justiça Federal, os crimes em que apenas os atos meramente preparatórios foram executados no Brasil. Nesse sentido, ver o recente julgado do STF no HC 105461/SP, *Dje* de 02.08.2016.

SP, *DJe* 02.02.2015 e CC 131.319/SP, DJ 11.09.2015 CC 154.345/CE, *DJ* 21/09/2017).

d6) **os crimes contra o sistema financeiro e contra a ordem econômico-financeira, nos casos determinados pela lei** (art. 109, VI, parte final, CF)

Primeiramente, devemos destacar que o sistema financeiro é composto por instituições financeiras, públicas e privadas, bem como por pessoas a estas equiparadas (art. 1º e seu parágrafo único, Lei 7.492/1986).

Note o leitor que, em regra, para que seja hipótese de competência da JF são dois os requisitos estabelecidos pela CF.

É preciso que a conduta afete o sistema financeiro ou a ordem econômica e é necessário também que exista previsão expressa de competência da JF para o caso. Ex.: o art. 26, Lei 7.492/1986 (crimes contra o sistema financeiro) prevê expressamente a competência da JF.

Não é o que ocorre com os crimes contra a ordem econômica, pois as Leis 8.137/1990 e 8.176/1991 não possuem previsão a esse respeito. A regra, portanto, é que serão julgados pela justiça estadual, **exceto** nos casos em que houver ofensa a bens, serviços ou interesse dos entes federais. STJ, CC 153116/SP, DJ 10/08/2017, CC 119.350/PR, DJ 04.12.2014, HC 76555/SP, DJe 22.03.2010 e CC 82961/SP, DJe 22.06.2009;

d7) **compete também à JF processar e julgar o HC e o MS quando relacionados à matéria de sua competência** (*art. 109, VII e VIII, CF*)

Para que a competência seja da Justiça Federal a autoridade coatora deve estar sujeita à jurisdição federal ou a nenhuma outra;

d8) **os crimes cometidos a bordo de navios ou aeronaves, ressalvada a competência da Justiça Militar** (art. 109, IX, CF)

Desde já, atente-se que caso o crime seja cometido a bordo de navio ou de aeronave militar não será competente a JF, mas a JM.

Navio: embarcação de grande porte e com aptidão a viagens internacionais. Barcos a motor de pequeno porte não se enquadram nesse conceito. Logo, eventuais crimes praticados em barcos de pequeno porte não serão da competência da JF. Ver o julgado do STJ no CC 118.503/PR, *DJe* 28/04/2015.

Aeronave: aparelho manobrável em voo, que possa sustentar-se e circular no espaço aéreo, com autonomia, apto a transportar pessoas ou coisas.

Atenção: a competência da JF subsiste mesmo que o navio esteja atracado ou a aeronave esteja pousada. Assim, caso o crime seja praticado a bordo, por exemplo, de aeronave *pousada*, permanecerá competente a JF para o processo e julgamento do caso.

Por outro lado, não é demais recordar que a JF *não julga contravenção penal*. Desse modo, eventual contravenção praticada a bordo, por exemplo, de navio não será da competência da JF, mas da competência da Justiça Estadual.

Ainda sobre os crimes cometidos a bordo de aeronaves e embarcações. Sabemos que a competência será, em regra, da Justiça Federal. Entretanto, em qual Seção Judiciária da JF tramitará a ação penal? Vejamos os casos (arts. 89 e 90, CPP):

I. viagens nacionais: se a viagem iniciar e terminar em território brasileiro, o juízo competente é o do local onde primeiro a aeronave pousar ou o navio atracar, após a ocorrência a infração;

II. viagens internacionais: competente é o juízo do local da chegada ou da partida;

d9) **crimes relacionados ao ingresso ou à permanência irregular de estrangeiro** (art. 109, X, CF)

O ingresso ou a permanência do estrangeiro, em si, não são tipificados como crime. A competência da JF refere-se aos crimes praticados com o objetivo de assegurar o ingresso ou a permanência do estrangeiro no Brasil. Ex.: falsificação de passaporte ou de visto;

d10) **disputa por direitos indígenas** (art. 109, XI, CF)

Para que a Justiça Federal seja competente, deve haver ofensa à cultura indígena ou a direitos direitos seus, como território (STF, RE 419528/PR, *DJ* 09.03.2007 e STJ, HC 208.634/RS, DJ 23.06.2016).

Importante vislumbrar a abrangência de tais direitos, bem como o que não configura disputa por direitos indígenas, vide, respectivamente, RHC 117097, DJ 03.02.2014 e RE 844036 AgR, DJ 04.02.2016. Ademais, cumpre ressaltar o quanto enunciado pelo STJ acerca dos direitos indígenas, vide Info. 527, Terceira Seção, do período de 09.10.2013, segundo o qual "compete à Justiça Federal – e não à Justiça Estadual – processar e julgar ação penal referente aos crimes de calúnia e difamação praticados no contexto de disputa pela posição de cacique em comunidade indígena", bem como o Info. 508, Terceira Seção, de 05 a 12.11.2012, o qual aduziu ser "a competência da Justiça Federal para processar e julgar ações penais de delitos praticados contra indígena somente ocorre quando o processo versa sobre questões ligadas à cultura e aos direitos sobre suas terras".

O crime praticado por/contra silvícola, isoladamente considerado, é da competência da justiça comum estadual (Súmula 140, STJ).

10.4.5. Competência em razão da pessoa (por prerrogativa de função ou foro privilegiado)

Para o legislador, certas pessoas, em razão do cargo ou função que ocupam, devem ser julgadas por uma instância superior (considerada mais isenta de possíveis influências políticas/econômicas). É o que se chama de competência por prerrogativa de função, foro privilegiado ou, ainda, competência em razão da pessoa.

Por outro lado, cessado o cargo/função/mandato, o indivíduo volta a ser processado normalmente pelas instâncias ordinárias. Possui *caráter itinerante* a competência *ratione personae* (permanece enquanto durar o cargo/função/mandato). Ex.: imagine-se um crime cometido antes do exercício do cargo e cuja ação penal teve início perante o juiz singular. Quando o réu assumir o cargo que esteja amparado por foro por prerrogativa de função, os autos deverão ser remetidos ao Tribunal competente. Após a cessação do exercício do cargo, se ainda estiver em curso a ação penal, esta será remetida de volta ao juízo singular.

O rol de situações de foro por prerrogativa de função encontra-se principalmente na CF. Porém, é possível, em certos casos, desde que não haja afronta à Lei Maior, a fixação dessa modalidade de competência por meio de Constituição Estadual[76] (será preciso observar um critério de simetria).

76. Súmula Vinculante 45 – A competência constitucional do Tribunal do Júri prevalece sobre o foro por prerrogativa de função estabelecido exclusivamente pela constituição estadual.

Abaixo, examinaremos a competência *ratione personae* dos tribunais brasileiros.

a) Competência *ratione personae* do STF

I. **Nas infrações penais comuns compete ao STF processar e julgar** (art. 102, I, "b", CF): o Presidente; o Vice-Presidente; os membros do Congresso Nacional (deputados e senadores)[77]; os Ministros do STF; e o PGR (Procurador-Geral da República);

II. **Nas infrações penais comuns e nos crimes de responsabilidade compete ao STF processar e julgar** (art. 102, I, "c", CF): os membros dos Tribunais Superiores (STJ; TST; TSE; STM); os membros do TCU; os chefes de missão diplomática permanente; os Ministros de Estado; e os Comandantes das Forças Armadas. Note que, no caso destes dois últimos (Ministros de Estado e Comandantes das Forças Armadas), se praticarem crime de responsabilidade em conexão com o do Presidente da República ou com o Vice-Presidente, a competência será do Senado Federal (e não do STF) – *vide* art. 52, I, CF.

Com efeito, frise-se que, certas autoridades, embora não tenham sido mencionadas pelo art. 102, I, "c", CF (examinado anteriormente), terminaram, por força de lei federal (art. 25, parágrafo único, Lei 10.683/2003), sendo equiparadas a Ministros de Estado. São elas: o AGU; o Presidente do BACEN; o Chefe da Casa Civil; e o Controlador-Geral da União. Assim, essas autoridades, caso pratiquem infrações penais comuns ou crimes de responsabilidade, *também serão processadas e julgadas pelo STF*.

Noutro giro, destaque-se que crimes de responsabilidade são, na verdade, *infrações político-administrativas cujas penalidades costumam ser a perda do cargo ou a inabilitação temporária para o exercício de cargo ou função (previstos na Lei 1.079/1950)*. Ex.: ato do Presidente da República que atente contra a segurança interna do país;

b) Competência *ratione personae* do STJ

I. **Nos crimes comuns, o STJ tem competência *ratione personae* para processar e julgar** (art. 105, I, "a", CF): os Governadores dos Estados e do Distrito Federal;

II. **Nos crimes comuns e de responsabilidade, o STJ tem competência *ratione personae* para processar e julgar:** os Desembargadores dos TJs e do TJDFT; membros dos TCEs e TCDF; membros dos TRFs, TREs e TRTs; membros dos Conselhos ou TCMs; e os do MPU que oficiem perante os Tribunais (Procuradores Regionais da República, por exemplo);

c) Competência *ratione personae* do TRF

Nos crimes comuns e de responsabilidade, o TRF tem competência *ratione personae* para processar e julgar (art. 108, I, "a", CF): os juízes federais de sua área de jurisdição, incluindo aqueles da Justiça Militar e da Justiça do Trabalho; os membros do Ministério Público da União (inclusive os do MPDFT – conforme STJ, HC 67416/DF, *DJe* 10.09.2007). Neste contexto, firmou o STF o entendimento acerca da competência do TRF da 1ª Região para processar e julgar habeas corpus conta ato de membro do MPDFT: RE 467.923/DF, DJ 04.08.2006.

Há, contudo, exceção expressa quanto aos crimes eleitorais, ou seja, se uma das autoridades apontadas praticar crime eleitoral, a competência será da Justiça Eleitoral (e não do TRF).

No que tange aos crimes militares praticados por essas autoridades, o julgamento será perante o TRF por ausência de ressalva expressa da Constituição Federal;

d) Competência *ratione personae* do TJ

Nos crimes comuns e de responsabilidade, o TJ tem competência *ratione personae* para processar e julgar (art. 96, III, CF): os juízes estaduais e membros do MP dos Estados da sua esfera de jurisdição.

O **Prefeito**, por força do art. 29, X, CF, caso pratique crime comum, também deverá ser julgado pelo TJ. Agora, se praticar crime eleitoral ou federal, a competência passará, respectivamente, ao TRE e TRF (critério de simetria) – consultar Súmula 702, STF, e Súmulas 208 e 209, STJ.

O **Deputado estadual**, em razão do art. 27, § 1º, c/c art. 25, CF, caso pratique crime comum, também deverá ser julgado pelo TJ. Agora, se praticar crime eleitoral ou federal, a competência passará, respectivamente, ao TRE e TRF (critério de simetria).

10.4.6. Competência em razão do lugar (ratione loci)

Depois de verificar as regras de competência que levam em conta a natureza da infração e o eventual cargo que o agente ocupa, é momento de examinar a regra de fixação de competência que leva em conta o local em que o crime foi praticado (critério territorial).

a) Lugar da infração (art. 70, CPP)

Em regra, adota-se a **teoria do resultado**, ou seja, o local da consumação do crime será aquele onde a infração deverá ser processada.[78]-[79]

Nos crimes de homicídio, o STJ tem adotado a teoria da atividade, isto é, a competência será fixada pelo local da ação. O posicionamento da Corte baseia-se na necessidade de facilitar a colheita de provas e esclarecimento dos fatos (STJ, HC 95853/RJ, Dje 04/10/2012 e RHC 53020/RS, *Dje* 16/06/2015).

Tratando-se de tentativa, será competente o local onde o último ato de execução foi praticado.

Por outro lado, se, iniciada a execução no território nacional, a infração se consumar fora dele, a competência será determinada pelo lugar em que tiver sido praticado, no Brasil, o último ato de execução (art. 70, § 1º, CPP). Essa situação que acabamos de descrever é chamada pela doutrina de "crime à distância".

Ademais, quando o último ato de execução for praticado fora do território nacional, será competente o juiz do lugar em que o crime, embora parcialmente, tenha produzido ou devia produzir seu resultado (art. 70, § 2º, CPP). Note o leitor que essa hipótese trata de situação inversa à descrita anteriormente (art.

77. Quanto à matéria, relevante a leitura do tópico 4.3.2 Imunidades Parlamentares, b.4 Prerrogativa de Foro.

78. **Atenção:** no caso de IMPO, adota-se a teoria da atividade (e não do resultado), *i. e.*, a competência será fixada pelo local da ação ou omissão – *vide* art. 63, Lei 9.099/1995.

79. **Atenção:** *competência territorial da Justiça Federal.* A regra é a aplicação da teoria do resultado, mas a Justiça Federal não possui capilaridade suficiente, ou seja, ainda não está plenamente interiorizada no país. Sendo assim, se a comarca onde ocorreu o resultado não for sede de JF, seguir-se-á o disposto no art. 109, § 3º, parte final, CF, delegando-se a competência à Justiça Comum Estadual, para o processamento da causa em 1º grau, sendo o eventual recurso endereçado ao TRF (art. 109, § 4º, CF). Há, porém, exceção no art. 70, parágrafo único, Lei 11.343/2006 (Lei de Drogas), que determina que os crimes praticados nos Municípios que não sejam sede de vara federal serão processados e julgados na vara federal da circunscrição respectiva (e não na justiça comum estadual).

70, § 1º). Aqui, o último ato de execução se deu fora do Brasil, e a consumação, total ou parcial, ocorreu em território nacional.

Porém, em certas situações, pode ser que o local da consumação do crime seja impossível de precisar. Nestes casos, fixa-se a competência por **prevenção.**

Prevenção significa que o primeiro juiz a tomar conhecimento do fato irá se tornar competente (art. 83, CPP). Na prática, significa dizer que o primeiro juiz a receber a denúncia ou queixa será competente para a ação ou, na fase de IP, aquele que apreciar medidas cautelares inerentes ao futuro processo. Vide STJ, RHC 47956/CE, *DJe* 04.09.2014, CC 87589/SP, DJ 24.04.2009.

Conforme os arts. 70, § 2º, e 71, CPP, fixa-se a competência por prevenção nas seguintes hipóteses:

I. Quando o crime ocorre na divisa entre duas comarcas ou for incerto o limite entre elas;

II. Em caso de crime continuado ou permanente praticado em território de duas ou mais "jurisdições" (comarcas, na verdade – o texto do CPP foi impreciso neste particular);

Consoante LIMA (2015, p. 546), são duas as condições para fixação da competência por prevenção, a saber: **a existência de prévia distribuição** – aduzindo que o art. 83 do CPP deve ser compreendido conjuntamente ao art. 75, parágrafo único do mesmo diploma, de modo que só se pode cogitar de prevenção de competência quando a decisão que a determina tenha sido precedida de distribuição, posto que não previnem a competência decisões de juízes plantonistas, nem as facultadas, em casos de urgência, a quaisquer dos juízes criminais do foro – e a apresentação da medida ou diligência de caráter cautelar ou contra cautelar encontrado nas hipóteses exemplificativas do parágrafo único do art. 75 do CPP, tais como concessão de fiança, conversão de prisão em flagrante em temporária, decretação de prisão preventiva ou temporária, pedidos de medida assecuratórias dos arts. 125 a 144-A do CPP, bem como pedidos de provas, como expedição de mandado de busca e apreensão (ver STJ – HC: 131937 SP 2009/0052844-8, 5ª Turma, DJ 19.04.2012), interceptação telefônica (ver STJ, HC 222.707/ES, 5ª, Turma, DJ 12.08.2016 ou quebra de sigilo bancário.

Cumpre observar, todavia, a dicção do enunciado de Súmula 706 do STF, segundo o qual "é relativa a nulidade decorrente da inobservância da competência por prevenção". Este entendimento, inclusive, vem sendo reiterado pelo STF, vide: HC 81.124/RS, 1ª Turma DJ 05.09.2007.

b) Lugar do domicílio ou residência do réu (art. 72, CPP)

Trata-se de um critério subsidiário ao anterior. Não sendo conhecido o lugar da infração, será competente o foro do domicílio ou residência do réu. É oportuno, ainda, recordar os conceitos de domicílio e residência:

I. Domicílio deve ser entendido como o lugar onde a pessoa estabelece a sua residência com ânimo definitivo, ou, subsidiariamente, o local onde a pessoa exerce as suas ocupações habituais, o ponto central dos seus negócios;

II. Residência é aquele lugar onde a pessoa tem a sua morada, mas não há o ânimo definitivo.

Nessa situação (competência em razão do domicílio ou residência do réu), a competência será fixada pela prevenção se:

I. o réu tiver mais de uma residência;

II. não possuir residência certa;

III. for ignorado o seu paradeiro.

Atenção: em caso de ação penal exclusivamente privada, o querelante poderá optar entre propor a ação no local da consumação ou no domicílio do réu (art. 73, CPP);

c) Crimes praticados no exterior (art. 88, CPP)

Sendo o crime praticado no exterior, a competência será fixada de acordo com a última residência em território brasileiro, ou, caso nunca tenha residido aqui, na capital da República.

10.5. Competência absoluta *versus* competência relativa

Embora não haja na lei disposição expressa sobre o tema, a comunidade jurídica costuma dividir as espécies de competência em absoluta e relativa. Dessa distinção, importantes efeitos são extraídos. Vejamos.

a) Competência absoluta

I. A regra de competência absoluta é criada com base no interesse público;

II. É insuscetível de modificação pela vontade das partes ou do órgão julgador;

III. A incompetência absoluta é causa de nulidade absoluta, podendo ser arguida a qualquer tempo (inclusive de ofício pelo juiz), sendo que o prejuízo é presumido nesse caso;

IV. Exemplos de competência absoluta: *ratione personae*, *materiae* e competência funcional;

b) Competência relativa

I. As regras de competência relativa são criadas com base no interesse preponderante das partes;

II. Por ter natureza infraconstitucional, é possível sua flexibilização ou relativização, à luz do exame de determinada relação processual, bem como do interesse das partes. Exemplo disso é o que ocorre nas ações exclusivamente privadas, em que o querelante opta, no momento do oferecimento da queixa, pelo foro do lugar do crime ou o do domicílio/residência do querelado;

III. A incompetência relativa é causa de nulidade relativa. Logo, deve ser arguida pelas partes em momento oportuno (não pode o juiz de ofício fazê-lo), sendo que o prejuízo precisará ser demonstrado. Do contrário, haverá prorrogação[80] (modificação) da competência (*vide* STJ, AgInt no HC 187.760/MS, DJ 07.06.2016);

IV. Exemplo de competência relativa: competência territorial.

10.6. Modificação da competência

É possível que em algumas situações seja necessária a modificação da competência visando à uniformidade dos julgados, à segurança jurídica e à economia processual.

Tais alterações não implicam ofensa ao princípio do juiz natural porque o órgão jurisdicional para o qual é modificada a competência preexiste à infração penal e não foi criado unicamente para julgá-la.

São exemplos de modificação da competência: a conexão, a continência e o instituto do desaforamento no Tribunal do Júri.

80. Pacheco (2009, p. 329) define a prorrogação da competência como: *"a modificação na esfera de competência de um órgão jurisdicional, que seria abstratamente incompetente, mas se tornou concretamente competente com referência a determinado processo, em razão de um fato processual modificador".*

10.6.1. Conexão (art. 76, CPP)

É o nexo, o vínculo entre duas ou mais infrações que aconselha a junção dos processos, proporcionando ao julgador uma melhor visão sobre o caso. **A conexão pode ser classificada em:**

a) **Conexão intersubjetiva** *(art. 76, I, CPP):* ocorre quando duas ou mais infrações interligadas forem praticadas por duas ou mais pessoas. É denominada intersubjetiva justamente pela sua pluralidade de criminosos, sendo subdividida em três modalidades:

a1) *conexão intersubjetiva por simultaneidade:* são "várias infrações, praticadas ao mesmo tempo, por várias pessoas reunidas". Nesse caso, o liame se apresenta pelo fato de terem sido praticadas nas mesmas circunstâncias de tempo e espaço, simultaneamente, mas sem anterior ajuste entre os infratores. Ex.: torcida que, sem prévia combinação, após o rebaixamento do time, destrói o estádio de futebol;

a2) *conexão intersubjetiva concursal:* caracteriza-se quando vários indivíduos, previamente ajustados, praticam diversas infrações, em circunstâncias distintas de tempo e de lugar. Ex.: ataques do PCC à cidade de São Paulo;

a3) *conexão intersubjetiva por reciprocidade:* quando forem cometidas duas ou mais infrações, por diversas pessoas, mas umas contra as outras. O vínculo é caracterizado pela pluralidade de infrações penais praticadas e pela reciprocidade na violação de bens jurídicos. Ex.: confronto agendado por duas ou mais pessoas em que todas acabam sofrendo e provocando lesões corporais reciprocamente;

b) **Conexão objetiva** (art. 76, II, CPP): ocorre quando uma infração é praticada para facilitar ou ocultar outra, ou para conseguir impunidade ou vantagem. Aqui, há um vínculo relacionado à motivação do crime. Divide-se em:

b1) **teleológica:** quando uma infração é cometida para facilitar a prática de outra. Ex.: lesão corporal contra o pai de uma criança para sequestrá-la;

b2) **consequencial:** quando uma infração é cometida para conseguir a ocultação, impunidade ou vantagem de outra já praticada. Ex.: homicídio de testemunha para conseguir a impunidade de outro crime;

c) **Conexão probatória ou instrumental** (art. 76, III, CPP): ocorre quando a prova de uma infração influi na prova de outra. Ex.: a prova da existência do furto influi na prova da receptação.

10.6.2. Continência

Ocorre quando uma causa está contida na outra, sendo impossível separá-las. Explicando melhor, a continência pode ser compreendida como o vínculo que liga uma pluralidade de infratores a apenas uma infração ou a reunião em decorrência do concurso formal de crimes, em que várias infrações decorrem de uma conduta. **A continência classifica-se em:**

a) **Continência por cumulação subjetiva** (art. 77, I, CPP): ocorre quando duas ou mais pessoas estão sendo acusadas da mesma infração. Ex.: dois agentes sendo acusados de um roubo a banco;

b) **Continência por cumulação objetiva** (art. 77, II, CPP): ocorre em todas as modalidades de concurso formal (art. 70, CP), incluindo o *aberratio ictus* (art. 73, 2ª parte, CP) e *aberratio criminis* (art. 74, CP). Ex.: motorista dirigindo imprudentemente termina atropelando vários transeuntes.

10.6.3. Foro prevalente

Caracterizada a conexão ou a continência, impõe-se a definição de qual o foro competente, ou seja, aquele perante o qual haverá a reunião de processos.

As regras de prevalência estão estabelecidas no art. 78, CPP. São elas:

a) **Concurso entre crime doloso contra a vida e crime de competência da jurisdição comum ou especializada** (art. 78, I)

Quando houver ligação entre crime doloso contra a vida e crime de competência da justiça comum a atração ocorrerá em favor do Tribunal do Júri. Em caso de IMPO,[81] prevalecerá a competência do Júri, mas deverá ser aberta a oportunidade da transação penal e a composição civil ao indivíduo (art. 60, *in fine,* Lei 9.099/1995).

Concorrendo crime doloso contra a vida e crime com processamento na justiça especializada (Eleitoral, Militar) impõe-se a separação dos processos. Ex.: homicídio e crime eleitoral. Haverá separação de processos. O Júri julgará o homicídio e a JE o crime eleitoral;

b) **No concurso de jurisdições da mesma categoria** (art. 78, II)

I. **Preponderará a do lugar da infração à qual for cominada a pena mais grave.**

Ex.: roubo consumado em São Paulo conexo com receptação cometida em Ribeirão Preto. Atração do foro de São Paulo, pois o roubo tem a pena em abstrato mais grave;

II. **Prevalecerá a do lugar em que houver ocorrido o maior número de infrações se as respectivas penas forem de igual gravidade.**

Ex.: furto em Belo Horizonte conexo com duas receptações em Governador Valadares. Competência do juízo de Governador Valadares, pois as infrações, isoladamente, possuem a mesma pena em abstrato (1 a 4 anos), mas o número de infrações foi maior em Governador Valadares;

III. **Firmar-se-á a competência pela prevenção, nos outros casos.**

Ex.: infrações de igual gravidade e quantidade;

c) **No concurso de jurisdições de diversas categorias, predominará a de maior graduação** (art. 78, III)

Quando acontecer de haver conexão ou continência entre delitos a serem processados em graus distintos, prevalecerá, em regra, a competência daquele de maior graduação. Ex.: Prefeito que comete crime em concurso com pessoa comum. Em regra, ambos serão julgados pelo Tribunal de Justiça em razão da continência por cumulação subjetiva (Súmula 704, STF).

Atenção: O plenário do STF firmou entendimento no sentido de que "o desmembramento de inquéritos ou de ações penais de competência do STF deve ser regra geral, admitida exceção nos casos em que os fatos relevantes estejam de tal forma relacionados que o julgamento em separado possa causar prejuízo relevante à prestação jurisdicional". (STF, Rcl 24138 AgR, DJ 14.09.2016 e Inq 3515 AgR/SP, Info. 735);

d) **No concurso entre a jurisdição comum e a especial, prevalecerá esta** (art. 78, IV)

Ex.: quando um crime eleitoral é conexo a crime comum haverá reunião dos processos e a competência para decidir a causa será da Justiça Eleitoral.

81. Infração de menor potencial ofensivo – art. 61, Lei 9.099/1995.

Atenção: a competência da Justiça Federal (justiça comum no âmbito da jurisdição penal) exerce o papel de justiça especial quando confrontada com a justiça comum estadual (competência residual). Sendo assim, havendo conexão entre um crime com ação penal perante a justiça estadual e outro na federal, esta última atrairá a competência para o julgamento dos processos (Súmula 122, STJ). Ex.: crime praticado a bordo de aeronave (JF) conexo com crime de competência da justiça estadual. Neste caso, a JF será competente para processar e julgar ambas as infrações. Exerce a JF, conforme dito, o papel de justiça especial diante da justiça estadual.

10.6.4. Separação de processos

Ainda que haja conexão ou continência, é possível que os processos tramitem separadamente.

a) Separação obrigatória (art. 79, CPP)

Impõe-se a separação dos processos nos seguintes casos:

a1) Concurso entre jurisdição comum e militar: por exemplo, crime de roubo conexo com crime militar. Haverá separação – *vide* Súmula 90, STJ;

a2) Concurso entre jurisdição comum e juízo de menores (art. 228, CF, c/c art. 104, Lei 8.069/1990 – ECA)**:** não é possível reunir processos em que respondam um adulto, por infração penal, e um adolescente, por ato infracional. Haverá cisão;

a3) Doença mental superveniente: podemos citar como exemplo a situação em que três réus estão sendo processados e um deles passa a sofrer de insanidade mental. Haverá o desmembramento dos processos e o processo ficará suspenso quanto ao réu insano;

b) Separação facultativa (art. 80, CPP)

Poderá ocorrer nas seguintes hipóteses:

b1) quando as infrações forem praticadas em circunstância de tempo e lugar diferentes: a depender do caso, pode ser conveniente a separação dos processos para uma melhor colheita probatória;

b2) quando houver número excessivo de acusados: o grande número de acusados pode acarretar sério prejuízo à duração do processo, pois deve ser dada a oportunidade às oitivas de todas as testemunhas, à apresentação de provas por todos eles, bem como às suas defesas técnicas e interrogatórios. Assim, o juiz, à luz do caso concreto, poderá proceder à separação dos processos;

b3) quando surgir qualquer outro motivo relevante: a lei aqui não é específica, deixando, portanto, ao prudente arbítrio do juiz a decisão a respeito da separação de processos. De todo o modo, essa decisão deverá ser fundamentada.

10.7. Conflito de competência

Acontece quando dois ou mais juízes ou tribunais consideram-se competentes ou incompetentes para processar e julgar a causa.

Nesse sentido, duas são as possibilidades que veremos a seguir.

10.7.1. Conflito positivo (art. 114, I, primeira parte, CPP)

Ocorre quando dois ou mais órgãos jurisdicionais entendem ser competentes para processar e julgar a causa.

10.7.2. Conflito negativo (art. 114, I, segunda parte, CPP)

Quando dois ou mais órgãos jurisdicionais julgam-se incompetentes para apreciar a causa.

10.7.3. Competência para decidir o conflito

Mais uma vez servimo-nos da CF, onde estão localizadas as competências para dirimir os conflitos nas diversas esferas.

Por opção didática, apresentamos abaixo as hipóteses por tribunal:

a) STF (art. 102, I, "o") – possui competência para decidir os conflitos entre:

I. STJ e quaisquer tribunais. Ex: STJ x TRF;

II. Tribunais superiores. Ex: STJ x TSE;

III. Tribunais superiores e qualquer outro tribunal. Ex: TSE x TJ;

b) STJ (105, I, "d") – decide conflitos entre:

I. Quaisquer tribunais, exceto os superiores. Ex: TRF x TJ;

II. Tribunal e juízes não vinculados. Ex: TRF 1ª Região x juiz federal do TRF 5ª Região;

III. juízes vinculados a tribunais distintos. Ex: juiz federal x juiz estadual;

c) TRF (art. 108, I, "e") – decide conflitos entre juízes federais vinculados ao próprio tribunal;

d) TJ – pelo critério da simetria, compete-lhe julgar conflito de competência entre juízes estaduais a ele vinculados, abrangendo os magistrados da vara comum, dos juizados criminais, das turmas recursais etc. Ver os seguintes julgados a respeito: STF, RE 590409/RJ, *DJe* 29.10.2009; STJ EDcl no AgRg no CC 105796/RJ, *DJ* 30.09.2010.

10.8. Colegiado em primeiro grau de jurisdição (Lei 12.694/2012)

10.8.1. Compreendendo o tema

Quando um juiz singular tiver fundado motivo para temer por sua **integridade física** em virtude da atuação que vem desempenhando em **processo ou investigação** que examine crime(s) praticado(s) por **organização criminosa**, pode aquele magistrado instaurar um colegiado de juízes em primeiro grau a fim de praticar atos jurisdicionais de forma conjunta. A medida (instituição de colegiado em 1º grau) visa, portanto, retirar do juiz singular a responsabilidade exclusiva (despersonalização) por atos jurisdicionais que venha a praticar no curso de perseguição penal de crime(s) praticado(s) por organização criminosa.

Vejamos, a seguir, alguns pontos fundamentais sobre o tema.

a) Definição de organização criminosa

A Lei 12.694/2012 conceituou organização criminosa pela primeira vez em nosso ordenamento. Sucede que foi publicada a Lei 12.850/2013, que regula integralmente a definição e aspectos penais e processuais inerentes às organizações criminosas, revogando o dispositivo anterior. Nesse sentido, o art. 1º, § 1º, Lei 12.850/2013 conceitua organização criminosa como "a associação de 4 (quatro) ou mais pessoas estruturalmente ordenada e caracterizada pela divisão de tarefas, ainda que informalmente, com objetivo de obter, direta ou indiretamente, vantagem de qualquer natureza, mediante a prática de infrações penais cujas penas máximas sejam superiores a 4 (quatro) anos, ou que sejam de caráter transnacional".

b) Iniciativa

Conforme visto antes, a iniciativa para a formação do colegiado em 1º grau de jurisdição será do juiz singular, devendo este indicar "os motivos e as circunstâncias que acarretam risco à sua integridade física em decisão fundamentada, da qual será dado conhecimento ao órgão correicional" (art. 1º, § 1º, Lei 12.694/2012).

c) Condições

Existência de processo criminal ou mesmo de investigação a respeito de crime (excluídas as contravenções) imputado à organização criminosa.

Crimes com pena máxima superior a 4 anos. Aqui deverão ser levadas em conta as normas que resultem em redução ou majoração da pena, **excetuadas** as circunstâncias agravantes e as atenuantes.

Existência de razões concretas que apontem para risco à incolumidade física do magistrado. O mero receio não será suficiente para a aplicação da medida.

d) Momento

Poderá o colegiado ser formado na fase de investigação (tendo aqui natureza preparatória), ou na fase processual, quando assumirá natureza incidental.

e) Indicação do ato (ou atos) a ser praticado

O juiz singular indicará qual ato (ou atos) que deverá ser praticado pelo colegiado. Embora a lei determine que o juiz deva indicar o ato (ou atos) a ser praticado, não há limite de atos aqui, podendo, portanto, o magistrado indicar quantos atos entender necessários.

O rol, de natureza exemplificativa, está indicado no art. 1º, I a VII, da Lei 12.694/2012.

I. decretação de prisão ou de medidas assecuratórias;

II. concessão de liberdade provisória ou revogação de prisão;

III. sentença;

IV. progressão ou regressão de regime de cumprimento de pena;

V. concessão de liberdade condicional;

VI. transferência de preso para estabelecimento prisional de segurança máxima; e

VII. inclusão do preso no regime disciplinar diferenciado.

f) Composição

O colegiado será formado por 3 (três) juízes de primeiro grau. Um deles necessariamente será o juiz natural da causa, aquele que decidiu pela instituição do colegiado. Os demais serão definidos por sorteio eletrônico dentre todos os juízes de primeiro grau com competência criminal. Caso os juízes sorteados se encontrem em cidades diversas, "a reunião poderá ser feita pela via eletrônica" – art. 1º, § 5º, da Lei 12.694/2012. Estão excluídos da composição do colegiado os magistrados afastados das suas funções, os impedidos e os suspeitos.

g) Comunicação

Após a decisão pela formação do órgão colegiado, o juiz deverá comunicar diretamente à corregedoria do tribunal ao qual estiver vinculado para a adoção das providências necessárias ao sorteio, bem como para fins de registro e controle administrativo.

h) Prazo

A sua duração dependerá da decisão que o instituiu, pois a competência do colegiado está limitada ao(s) ato(s) para o(s) qual(is) foi convocado. Havendo convocação para todo o processo, a sua atuação se dará até o exaurimento de todos os atos jurisdicionais de primeiro grau. Caso seja fracionada, a sua duração estará adstrita à prática do ato.

i) Decisões

As decisões deverão ser fundamentadas e assinadas por todos os membros do colegiado, **sem exceção**. As decisões serão tomadas com base na maioria dos votos, mas não haverá menção à divergência. O objetivo da medida é preservar os juízes com a desconcentração da responsabilidade pela atuação jurisdicional.

j) Sigilo das reuniões

"As reuniões poderão ser sigilosas sempre que houver risco de que a publicidade resulte em prejuízo à eficácia da decisão judicial" – art. 1º, § 4º, da Lei 12.694/2012.

Note-se que, para que seja justificado o sigilo, será necessário demonstrar que a publicidade pode concretamente afetar a eficácia da decisão judicial. Por esse motivo é que devem ser observados alguns requisitos, cumulativos, para a decretação do sigilo, a saber:

I. Decisão fundamentada com indicação da extensão da medida;

II. Indicação do risco de ineficácia da medida, condicionando o seu êxito ao sigilo prévio;

III. Acesso irrestrito do defensor público ou do advogado aos autos, inclusive aos documentos e atas produzidos durante os atos sigilosos.

10.8.2. Críticas

Há severas críticas ao instituto do colegiado em primeiro grau, notadamente em relação a dois aspectos: violação ao princípio do juiz natural; vedação à menção do voto divergente.

11. QUESTÕES E PROCESSOS INCIDENTES

11.1. Compreendendo o tema

Por vezes, surgem incidentes no curso do processo penal que, embora acessórios, afiguram-se relevantes para o deslinde da causa, devendo ser resolvidos antes da sentença final. Tais incidentes são classificados pelo CPP como: **questões prejudiciais** e **processos incidentes**

11.2. Questões prejudiciais (arts. 92 a 94, CPP)

11.2.1. Conceito

São as questões relacionadas ao direito material, penal ou extrapenal, mas que possuem ligação com o mérito da causa penal, motivo pelo qual se impõe a sua solução antes do julgamento do processo criminal. Ex.: Fulano está sendo processado pelo crime de bigamia e alega em sua defesa, entre outros aspectos, a invalidade do 1º casamento.

Da situação anteriormente indicada, identificamos como questão prejudicial a nulidade do 1º casamento, que tem natureza cível (extrapenal), e como questão prejudicada, ou seja, a que está condicionada à solução da prejudicial, o crime de bigamia. Se o casamento for nulo, não há que se falar em bigamia.

11.2.2. Classificação das questões prejudiciais

a) Quanto à matéria acerca da qual versam

a1) Homogêneas: *quando a questão prejudicial versa sobre matéria do mesmo ramo do Direito da questão principal.* Ex.: furto em relação à receptação, pois esta última pressupõe a procedência criminosa do bem;

a2) Heterogêneas: *quando pertencem a outro ramo do Direito que não o da questão principal.* Ex.: validade do casamento (cível) em relação ao crime de bigamia (penal).

Por sua vez, questões prejudiciais heterogêneas *quanto à necessidade do juiz penal suspender ou não o curso do processo criminal*, subdividem-se em:

I. **Heterogêneas obrigatórias (necessárias ou devolutivas absolutas)**: o processo criminal será obrigatoriamente suspenso pelo juiz penal até que a questão prejudicial seja resolvida pelo juiz cível. Ocorre quando há questão prejudicial sobre o estado civil das pessoas (art. 92, CPP). Ex.: validade do 1º casamento (estado civil) e bigamia.

Atenção: nessa hipótese, não há prazo determinado para a suspensão (provas urgentes poderão ser produzidas, no entanto); sendo que o prazo prescricional ficará suspenso, por força do disposto no art. 116, I, CP;

II. **Heterogêneas facultativas (devolutivas relativas)**: essa espécie está consubstanciada no art. 93, CPP. Nesse caso, embora haja uma questão prejudicial a ser resolvida no cível, o juiz penal não está obrigado a suspender o curso do processo criminal. Caso não o suspenda, o próprio juiz, na sentença, decidirá a prejudicial, que não terá efeito *erga omnes*. Ex.: crime de furto e discussão da propriedade do bem no juízo cível.

Atenção: a questão prejudicial não pode versar sobre o estado das pessoas, pois, se for este o caso, haverá suspensão obrigatória (art. 92, CPP). Para que seja possível a suspensão, é preciso que já haja ação cível em andamento (conforme redação do referido dispositivo).

11.2.3. Considerações sobre o procedimento

Como já visto, seja a questão prejudicial obrigatória ou facultativa, a suspensão do processo criminal poderá ser determinada de ofício pelo juiz ou via requerimento das partes, nos termos do art. 94, CPP, que preconiza: "a suspensão do curso da ação penal, nos casos dos artigos anteriores, será decretada pelo juiz, de ofício ou a requerimento das partes".

Dessa decisão que determina a suspensão do processo criminal cabe recurso em sentido estrito (RESE), cuja previsão consta do art. 581, XVI, CPP. No sentido contrário, ou seja, da decisão que indefere a suspensão, não há previsão de recurso.

É importante dizer, ainda, que uma vez suspenso o processo, e tratando-se de crime de ação penal pública, incumbirá ao Ministério Público promover a ação civil, na função de legitimado extraordinário (art. 92, parágrafo único, CPP, c/c Art. 18, NCPC), ou atuar como fiscal da Lei (*custos* legis) para o fim de promover-lhe o rápido andamento, na forma prescrita pelo art. 93, § 3º, CPP c/c art. 178, NCPC.

Reflexos do Novo Código de Processo Civil

O novo diploma legal mantém a intervenção do MP nas ações cíveis (arts. 178 e 179), mas amplia a sua esfera de atuação, que atualmente é de fiscal da lei, e passa a ser o de fiscal da ordem jurídica.

Por fim, insta salientar que o prazo prescricional ficará suspenso enquanto a questão prejudicial não for resolvida (art. 116, I, CP).

11.2.4. Distinção entre questões prejudiciais e questões preliminares

Nesse momento, após vislumbrarmos os aspectos inerentes às questões prejudiciais, compete elucidar os traços diferenciais entre estas e as questões preliminares.

Pudemos compreender que as questões prejudiciais estão intimamente relacionadas ao mérito da causa e por tal razão devem ter a sua solução anterior à decisão definitiva.

Já as questões preliminares incidem diretamente sobre o processo e o seu desenvolvimento regular (NUCCI, 2008, p. 322). Não se confundem ou relacionam, portanto, com o mérito. Tal solução pode se dar nos autos da própria ação penal, como ocorre, por exemplo, com a alegação de nulidade formulada nos memoriais/alegações finais orais, ou por meio de processos incidentes, como veremos a seguir, de forma mais detalhada.

11.3. Processos incidentes

Assim como as questões prejudiciais, os processos incidentes também precisam ser resolvidos pelo juiz antes de decidir a causa principal. Enquanto as prejudiciais ligam-se ao mérito da questão principal, os processos incidentes dizem respeito ao processo (à sua regularidade formal), podendo ser solucionados pelo próprio juiz criminal.

11.3.1. Exceções (art. 95, CPP)

Trata-se de meio de defesa indireta, de natureza processual, que versa sobre a ausência das condições da ação ou dos pressupostos processuais. Subdividem-se em **exceções peremptórias**, *aquelas que objetivam a extinção do processo* (ex.: exceção de coisa julgada); e **exceções dilatórias,** *aquelas que objetivam apenas prolongar o curso do processo* (ex.: exceção de incompetência).

As exceções são processadas em apartado e, em regra, não suspendem o curso da ação penal (art. 111, CPP). Examinemos as modalidades de exceções:

a) Exceção de suspeição (arts. 96 a 107, CPP): visa a combater a parcialidade do juiz. Precede às outras exceções, pois, antes de qualquer coisa, é preciso haver um juiz imparcial.

a1) Hipóteses de suspeição do magistrado (art. 254, CPP): considera-se suspeito o juiz quando:

I. for amigo íntimo ou inimigo capital de qualquer das partes;

II. ele, seu cônjuge, ascendente ou descendente, estiver respondendo a processo por fato análogo, sobre cujo caráter criminoso haja controvérsia;

III. ele, seu cônjuge, ou parente, consanguíneo, ou afim, até o terceiro grau, inclusive, sustentar demanda ou responder a processo que tenha de ser julgado por qualquer das partes;

IV. tiver aconselhado qualquer das partes;

V. for credor ou devedor, tutor ou curador, de qualquer das partes;

V. se for sócio, acionista ou administrador de sociedade interessada no processo.

Reflexos do Novo Código de Processo Civil

Art. 145 – Suspeição; Para Alencar e Távora (2015, p. 482-483), como o rol das hipóteses de suspeição previstas no CPP é exemplificativo, a única alteração relevante é a necessidade de fundamentação da declaração de suspeição por motivo de foro íntimo.

a2) Aspectos procedimentais da exceção de suspeição

O juiz poderá reconhecer a sua suspeição, de ofício, ou mediante requerimento das partes. Caso o magistrado a reconheça de ofício, remeterá os autos ao seu substituto legal, após intimação das partes.

Se apresentada por meio de exceção, o juiz, reconhecendo a suspeição, sustará a marcha do processo e mandará juntar aos autos a petição do recusante com os documentos que a instruíram, e, por despacho, declarar-se-á suspeito, ordenando a remessa dos autos ao substituto (*vide* arts. 97 e 99, CPP).

Não reconhecendo o juiz a suspeição, mandará autuar em apartado a petição, irá respondê-la em até 3 dias e remeterá os autos, em 24h, ao órgão competente para julgamento da exceção (art. 100, CPP).

Se o tribunal julgar procedente a suspeição, serão declarados nulos todos os atos praticados pelo juiz (art. 101, CPP).

Além da suspeição do magistrado, as partes poderão também arguir a suspeição do membro do MP, do perito, do intérprete, dos demais funcionários da Justiça e dos jurados (arts. 105 e 106, CPP). Nesse sentido, ver STF, AS 89/DF, DJ. 13/09/2017 e Info. nº 877, de 11 a 15 de setembro de 2017.

Recorde-se que não se pode opor suspeição às autoridades policiais nos atos do inquérito, embora estas devam declarar-se suspeitas quando houver motivo legal.

No que tange ao membro do MP, rememore-se que, de acordo com a Súmula 234, STJ: "a participação de membro do Ministério Público na fase investigatória criminal não acarreta o seu impedimento ou suspeição para o oferecimento da denúncia".

Da decisão que reconhecer a suspeição inexiste recurso. Nesse caso, a doutrina entende que os meios de impugnação cabíveis são o *habeas corpus ou o mandado de segurança;*

b) Exceção de incompetência (arts. 108 e 109, CPP): visa a corrigir a competência do juiz.

Com relação a essa modalidade de exceção, é preciso que as partes estejam atentas à natureza da competência, se absoluta ou relativa, pois, em se tratando desta última (relativa), caso não reconhecida de ofício pelo juiz[82] ou não arguida oportunamente pela parte interessada, poderá ocorrer a preclusão. Assim, quando se tratar de incompetência territorial, cuja natureza é relativa, a exceção deve ser oposta no prazo de resposta à acusação, sob pena de convalidação.

Tratando-se de incompetência em razão da matéria, por prerrogativa de função ou funcional, todas de natureza absoluta, poderão ser arguidas a qualquer tempo, inclusive reconhecidas de ofício pelo juiz. Assim, não precisam ser arguidas por meio da exceção em comento.

Caso se trate de exceção de incompetência *relativa*, julgada procedente a exceção, serão anulados os atos decisórios, aproveitando-se os instrutórios.

Caso se trate de exceção de incompetência *absoluta*, julgada procedente a exceção, serão anulados todos os atos (decisórios e instrutórios). O processo será, pois, anulado *ab initio.*

Da decisão que acolhe essa exceção, cabe RESE (art. 581, II, CPP);

c) Exceção de ilegitimidade de parte (art. 110, CPP)

Abrange tanto a ilegitimidade *ad causam*, que é a titularidade para figurar nos polos ativo e passivo da causa, como a ilegitimidade *ad processum*, que é a capacidade para a prática de atos processuais.

Exemplo de ilegitimidade *ad* causam: MP que oferece denúncia em crime de ação privada. Como se sabe, a titularidade aqui é do ofendido e não do MP.

Exemplo de ilegitimidade *ad processum*: vítima menor que, desejando ingressar com queixa-crime, outorga procuração a advogado para o cumprimento dessa finalidade. A vítima menor não possui legitimidade *ad processum* porque lhe falta capacidade para a prática de atos processuais.

Por se tratar de matéria de ordem pública, a ilegitimidade de parte (*ad causam* ou *ad processum*) pode ser arguida a qualquer momento, pelas partes, ou reconhecida de ofício pelo juiz.

Da decisão que acolhe essa exceção, cabe RESE (art. 581, III, CPP).

d) Exceção de litispendência (art. 110, CPP)

Ocorre quando há duas ou mais ações em andamento com a mesma causa de pedir (fato-crime) e o mesmo réu.

Sendo matéria de ordem pública, pode ser arguida a qualquer tempo pelas partes ou reconhecida de ofício, pelo juiz.

Da decisão que acolhe essa exceção, cabe RESE (art. 581, III, CPP);

e) Exceção de coisa julgada (*exceptio rei judicatae* – art. 110, CPP)

Ocorre quando, proposta uma ação penal, já existir outra ação idêntica definitivamente julgada. Decorre da premissa de que ninguém pode ser julgado duas vezes pelo mesmo fato-crime.

Não confundir a exceção de coisa julgada com a exceção de litispendência. Nesta última, as ações idênticas *encontram-se em curso*. Naquela outra, uma das ações idênticas já foi julgada em definitivo.

Destaque-se que o manejo da exceção de coisa julgada refere-se à coisa julgada material (aquela que impede que qualquer outro juízo ou tribunal examine a causa já decidida) e não à coisa julgada formal (aquela que impede que o juízo da causa reexamine a decisão). É que, como cediço, neste último caso (CJ formal), o efeito de imutabilidade ocorre apenas dentro do próprio processo, sendo que, preenchidos os requisitos faltantes, será sim possível a repropositura da ação. Ex.: decisão de impronúncia. Preenchidos os requisitos e desde que não prescrito o crime, será possível apresentar novamente a ação penal.

Da decisão que acolhe essa exceção, cabe RESE (art. 581, III, CPP).

11.3.2. Restituição de coisas apreendidas (arts. 118 a 124, CPP)

Em regra, os objetos apreendidos em decorrência do crime praticado, não sendo ilícitos e não havendo dúvidas quanto àquele que os reclama, serão devolvidos à pessoa pelo delegado ou pelo juiz, por meio de simples pedido de restituição.

Porém, se tais objetos importarem ao processo, não poderão ser restituídos até o trânsito em julgado da sentença

82. Há autores que entendem ser possível o reconhecimento *ex officio* da incompetência relativa, desde que o magistrado o faça até a fase de instrução ou do julgamento antecipado do mérito (respectivamente, OLIVEIRA, 2014, p. 302; e TÁVORA, 2016, p. 428).

(art. 118, CPP). Ex.: o veículo furtado no qual foi encontrada a vítima do homicídio não poderá ser devolvido ao legítimo proprietário enquanto não for periciado.

Há coisas, entretanto, que mesmo com o trânsito em julgado não serão restituídas (art. 91, II, CP). Ex.: o instrumento cujo uso é proibido. A arma pertencente ao exército - de uso proibido pelo civil - empregada na prática do crime não retornará ao réu, ainda que ele seja absolvido. A exceção desse confisco se dá em relação ao direito do lesado ou do terceiro de boa-fé, ou seja, se, na mesma situação, a arma proibida pertencia a um colecionador, essa será restituída a ele.

Com efeito, o *incidente de restituição* deverá ser instaurado toda vez que houver dúvida a respeito do direito do reclamante sobre a coisa.

a) Aspectos procedimentais do incidente de restituição de coisas apreendidas

A instauração do incidente será feita pelo juiz, de ofício, ou por meio de provocação do delegado ou do interessado, nos seguintes casos:

I. Dúvida quanto ao direito do reclamante sobre a coisa (art. 120, § 1º, CPP);

II. Quando os bens reclamados tiverem sido apreendidos com terceiro de boa-fé (art. 120, § 2º, CPP). Ex.: vítima do bem furtado e terceiro de boa-fé que estava investido na posse do bem no momento da apreensão. Nesse caso, o reclamante e o terceiro de boa-fé serão chamados para fazer prova do seu direito. Persistindo a dúvida sobre qual o verdadeiro dono do bem, o juiz remeterá as partes para o juízo cível, ordenando o depósito;

b) Recurso

Conforme o art. 593, II, CPP, cabe apelação da decisão que defere ou indefere a restituição de coisas apreendidas. Esse entendimento decorre da natureza da decisão que resolve o incidente. Como será visto no item sobre decisões judiciais, o ato judicial que soluciona o processo incidente tem natureza de decisão definitiva ou com força de definitiva. Nesse sentido, ver STJ: Info. 522 e RMS 33274/SP, *DJe* 04.04.2011.

11.3.3. Medidas assecuratórias (arts. 125 a 144-A, CPP)

São aquelas que visam a assegurar, de forma preventiva, a reparação dos danos à vítima e à coletividade em caso de futura sentença penal condenatória. Possuem, portanto, natureza acautelatória. Dividem-se em: sequestro, hipoteca legal, arresto e alienação antecipada.

a) Sequestro: conforme Nucci (2006, p. 324): *"é medida assecuratória consistente em reter os bens imóveis e móveis do indiciado ou acusado, ainda que em poder de terceiros, quando adquiridos com o proveito da infração penal"*. Ex.: imóvel adquirido pelo réu com valor proveniente do desvio de verba pública.

Examinemos abaixo algumas de suas características mais marcantes:

a1) Requisito para a realização do sequestro: indícios veementes da proveniência ilícita dos bens - art. 126;

a2) Momento: o sequestro poderá ser realizado no curso do processo, da investigação criminal (IP, por exemplo), ou até antes da fase investigativa - art. 127;

a3) Quem determina? O juiz, de ofício, ou a pedido do MP, do delegado, do ofendido ou de seus herdeiros - art. 127. Acrescente-se que o sequestro é medida deferida ***inaudita altera pars***, *i. e.*, a constrição do bem se dá independentemente de oitiva da pessoa cujo bem será atingido;

a4) Peça defensiva: realizado o sequestro, admitem-se embargos (peça defensiva) opostos por terceiro (ex.: pessoa que adquiriu o imóvel de boa-fé) ou pelo próprio réu (ex.: o bem foi, na verdade, adquirido de forma lícita) - arts. 129 e 130;

a5) Levantamento do sequestro: significa *a perda da eficácia da medida* (do sequestro). Vejamos as hipóteses. Ocorrerá o levantamento quando (art. 131):

I. a ação penal não for intentada no prazo de 60 dias, contado da data da conclusão da diligência;

II. terceiro, a quem tiverem sido transferidos os bens, prestar caução;

III. ocorrer a absolvição definitiva do réu ou a extinção da punibilidade deste (também definitiva);

IV. os embargos (vistos anteriormente) forem julgados procedentes;

a6) Destinação final do bem em caso de sentença condenatória definitiva: avaliação do bem e a venda deste em leilão público. Os valores decorrentes desse leilão serão recolhidos ao Tesouro Nacional, excetuada a parte correspondente ao ofendido ou ao terceiro de boa-fé;

b) Hipoteca legal (art. 134, CPP): *recai sobre os bens imóveis de origem* ***lícita*** *do réu.* Visa a assegurar que o réu tenha patrimônio suficiente para ressarcir os danos experimentados pela vítima.

Examinemos abaixo algumas de suas **características mais marcantes:**

b1) Requisitos para a efetivação da hipoteca legal: certeza da infração (leia-se: prova da materialidade do fato imputado) e indícios suficientes de autoria - art. 134;

b2) Momento: sua decretação só é cabível durante o curso do processo, apesar da redação do art. 134, CPP, utilizar a expressão "indiciado" em seu bojo. A redação deste dispositivo é considerada equivocada pela majoritária doutrina;

b3) Quem pode requerê-la? Ofendido, seus herdeiros, ou o MP (quando o ofendido for pobre ou quando houver interesse da Fazenda Pública - sonegação fiscal, por exemplo) - *vide* arts. 134 e 142, CPP. Não pode o juiz decretá-la de ofício;

b4) Da decisão que defere ou indefere hipoteca legal, cabe apelação art. 593, II, CPP;

b5) Em caso de absolvição definitiva ou de extinção da punibilidade definitiva, a hipoteca será cancelada - art. 141, CPP;

b6) Em caso de condenação definitiva, a vítima poderá executar no cível a hipoteca;

c) Arresto prévio ou preventivo (art. 136, CPP)

c1) Entendendo o tema: o processo de especialização de bens em hipoteca legal (tema visto anteriormente) é um procedimento demorado. Pois bem, "percebendo qualquer dos legitimados para a hipoteca que há possibilidade premente de o réu desfazer-se de seu patrimônio [transferência de bens a 3º, p. ex], poderá promover, perante o juízo criminal em que tramita o processo penal contra o acusado, o pedido de **arresto preventivo**, demonstrando ao magistrado o *periculum in mora*" (AVENA, 2010, p. 439) (Incluiu-se).

Presentes os pressupostos legais dessa medida cautelar, poderá o juiz penal, de plano, determinar o arresto preventivo dos bens do réu, "medida esta que, inscrita no registro imobiliário, torna insuscetíveis de alienação os bens que constituem o seu objeto" (*op. cit.*, 2010, p. 439);

c2) Revogação do arresto preventivo: se, em 15 dias a partir da efetivação do arresto preventivo, não for promovido o processo de hipoteca legal dos bens constritos, haverá a revogação da medida (art. 136, parte final, CPP);

d) Arresto (arts. 137 a 144, CPP)**:** *é uma medida semelhante à hipoteca legal, recaindo, porém, sobre **bens móveis** lícitos do agente.* Esta medida não deve ser confundida com o arresto preventivo (visto anteriormente). Podem ser objeto de arresto apenas os bens passíveis de penhora. O rol desses bens é residual, ou seja, parte-se da exclusão dos bens impenhoráveis, contidos no art. 649, CPC, e na Lei 8.009/1990. Excluídos os bens impenhoráveis ali enumerados, todos os demais estão sujeitos ao arresto.

Maiores considerações sobre o arresto do art. 137, CPP, são dispensadas, pois, no que diz respeito ao momento processual de requerimento, aos requisitos, à legitimidade para requerer, ao recurso cabível e ao seu levantamento, aplicam-se as mesmas disposições inerentes à hipoteca legal.

e) Alienação antecipada (art. 144-A, CPP): trata-se de medida destinada à preservação do valor de bens, móveis ou imóveis, que estejam sujeitos a depreciação ou deterioração, ou que tenham dificuldade de manutenção. Eis o procedimento a ser adotado nas hipóteses indicadas:

e1) os bens deverão ser vendidos pelo valor fixado na avaliação judicial ou por valor maior. Não alcançado o valor estipulado pela administração judicial, será realizado novo leilão, em até 10 (dez) dias contados da realização do primeiro, podendo os bens ser alienados por valor não inferior a 80% (oitenta por cento) do estipulado na avaliação judicial;

e2) o produto da alienação ficará depositado em conta vinculada ao juízo até a decisão final do processo, procedendo-se à sua conversão em renda para a União, Estado ou Distrito Federal, no caso de condenação, ou, no caso de absolvição, à sua devolução ao acusado;

e3) quando a indisponibilidade recair sobre dinheiro, inclusive moeda estrangeira, títulos, valores mobiliários ou cheques emitidos como ordem de pagamento, o juízo determinará a conversão do numerário apreendido em moeda nacional corrente e o depósito das correspondentes quantias em conta judicial;

e4) no caso da alienação de veículos, embarcações ou aeronaves, o juiz ordenará à autoridade de trânsito ou ao equivalente órgão de registro e controle a expedição de certificado de registro e licenciamento em favor do arrematante, ficando este livre do pagamento de multas, encargos e tributos anteriores, sem prejuízo de execução fiscal em relação ao antigo proprietário;

e5) o valor dos títulos da dívida pública, das ações das sociedades e dos títulos de crédito negociáveis em bolsa será o da cotação oficial do dia, provada por certidão ou publicação no órgão oficial.

11.3.4. Incidente de falsidade documental (arts. 145 a 148, CPP)

Visa a impugnar documento tido como inidôneo. A noção de documento, para efeito do incidente aqui tratado, é bastante ampla. Dessa forma, a gravação de áudio, vídeo etc. é considerada como documento para fins desse incidente.

a) Momento de instauração desse incidente: somente no curso do processo;

b) Quem pode instaurá-lo? Juiz (de ofício ou a pedido do MP, querelante ou acusado). O advogado, neste caso, precisará de procuração com poderes especiais para essa finalidade, visto que a imputação de falsidade de documento acostado aos autos importa, em regra, atribuição de prática delituosa (*vide* art. 146). Assim, o advogado para atuar numa hipótese dessas precisa estar "blindado" pela procuração por poderes especiais. Havendo crime de denunciação caluniosa pelo requerente, será este que responderá pelo crime e não o advogado;

c) Recurso: da decisão que julgar o incidente procedente ou improcedente, cabe RESE (art. 581, XVIII, CPP);

d) A decisão sobre o incidente não faz coisa julgada em posterior processo civil ou criminal - art. 148, CPP. Não haverá vinculação, portanto, de posterior processo civil ou criminal sobre o fato.

11.3.5. Incidente de insanidade mental (arts. 149 a 154, CPP)

Trata-se de incidente que visa a averiguar a higidez mental do réu/indiciado.

a) Momento: qualquer fase do processo ou do inquérito. Se realizado no curso do processo, provocará a suspensão deste. Porém, poderão ser realizadas diligências que possam ser prejudicadas pelo sobrestamento. Ex.: o depoimento de uma testemunha com enfermidade grave (risco de óbito). Anote-se, ainda, que, mesmo suspenso o processo, o prazo prescricional não se suspenderá;

b) Quem pode instaurá-lo? O juiz (de ofício, ou a requerimento do MP, do delegado, do curador[83], do defensor ou do CCADI do acusado);

c) Requisito fundamental: deve haver dúvida razoável sobre a sanidade mental do acusado/indiciado;

d) Necessidade de nomeação de curador uma vez instaurado o incidente;

e) Perícia: no âmbito da perícia de insanidade mental, será fundamental determinar se o réu era, ao tempo do crime, de fato, inimputável (art. 26, CP). Constatada a inimputabilidade, o processo seguirá com a presença do curador, podendo, inclusive, resultar na absolvição imprópria do acusado (aquela que absolve o réu, porém aplica-lhe medida de segurança).

Por outro lado, se os peritos entenderem que a inimputabilidade se deu depois da prática da infração, o processo continuará suspenso até que o acusado se restabeleça - art. 149, § 2º, CPP. É o que se chama de inimputabilidade superveniente;

f) Prazo: O laudo pericial possui prazo de 45 dias para ser concluído. O prazo poderá ser mais elástico caso o perito demonstre a necessidade de maior tempo para a conclusão do laudo (art. 150, § 1º, CPP);

g) Vinculação do magistrado: no momento da sentença, não ficará o juiz vinculado à conclusão da perícia (art. 182, CPP);

h) Doença mental no curso da execução penal: aplica-se a substituição prevista no art. 183, LEP, *in verbis*: "*quando, no curso da execução da pena privativa de liberdade, sobrevier doença mental ou perturbação da saúde mental, o Juiz, de ofício, a requerimento do Ministério Público, da Defensoria Pública ou*

83. Curador é qualquer pessoa maior de 18 anos que esteja na plenitude de suas faculdades mentais.

da autoridade administrativa, poderá determinar a substituição da pena por medida de segurança[84]".

Por fim, cumpre dizer que não há recurso contra a decisão que instaura ou indefere o incidente de insanidade. Em hipótese de indeferimento absurdo, reconhece a doutrina a possibilidade de impetrar HC ou mesmo de ingressar com correição parcial.

Atenção: STJ RHC 38499/SP, Info. 537 – "É ilegal a manutenção da prisão de acusado que vem a receber medida de segurança de internação ao final do processo, ainda que se alegue ausência de vagas em estabelecimentos hospitalares adequados à realização do tratamento", vide: STJ, HC 300976/SP, DJ 16.03.2015.

Ademais, segundo julgado do STF o "incidente de insanidade mental é prova pericial constituída em favor da defesa. Logo, não é possível determiná-lo compulsoriamente na hipótese em que a defesa se oponha à sua realização." (STF, HC 133078/RJ, DJe 22/09/2016 e Informativo nº 838, de 5 a 9 de setembro de 2016).

12. PROVA

12.1. Teoria geral da prova

12.1.1. Conceito

A palavra "prova" possui diversos significados, mas trabalharemos com apenas uma dessas acepções, segundo a qual prova é *todo elemento pelo qual se procura demonstrar a veracidade de uma alegação ou de um fato, buscando, com isso, influenciar o convencimento do julgador.*

12.1.2. Cuidado para não confundir

Objetivo da prova, objeto *da* prova e objeto *de* prova. Vejamos.

a) objetivo (finalidade) da prova: a prova visa a convencer (influenciar) o juiz a respeito de determinado fato/argumento;

b) objeto *da* prova: são os fatos, principais ou secundários, que, por serem capazes de gerar dúvida no magistrado, precisam ser demonstrados (provados). Ex.: se o MP imputa a Fulano um homicídio, este fato será objeto *da* prova, *i. e.*, sendo necessária a demonstração (prova) da autoria e da materialidade pela acusação;

c) objeto *de* prova diz respeito ao que é e ao que não é necessário ser demonstrado. Explica-se melhor. Certos fatos não precisam ser provados, não sendo, portanto, objeto *de* prova. Vejamos quais são eles:

I. **fatos notórios:** não precisa ser demonstrado ao juiz que, por exemplo, no dia 25 de dezembro se comemora o Natal;

II. **fatos axiomáticos:** são os considerados evidentes. Ex.: não será preciso fazer exame interno no cadáver quando o falecimento tiver decorrido de decapitação. É que a decapitação é causa (fato axiomático) evidente da morte da pessoa. *Vide* art. 162, CPP;

III. **presunções absolutas:** não precisa ser demonstrado ao juiz que, por exemplo, o menor de 18 é inimputável, pois se trata de presunção legal absoluta (critério biopsicológico adotado pelo legislador);

IV. **fatos inúteis:** não tendo qualquer relevância para o processo, os fatos inúteis também não serão objeto *de* prova. Ex.: a religião da vítima, não tendo qualquer relação com o fato criminoso, não será objeto *de* prova, visto ser considerado fato inútil.

84. Ver STJ: RHC 38499/SP, Info. 537 e HC 130162/SP, DJ 15.08.2012.

Observação em relação aos fatos incontroversos: fatos incontroversos são aqueles que não foram refutados pelas partes. Ex.: o MP imputa um furto a Fulano e este confessa inteiramente a prática deste crime (fato incontroverso). Porém, note-se que, no Processo Penal, o fato incontroverso também poderá ser posto em xeque pelo magistrado, que pode não admiti-lo como verdadeiro. O juiz, nessa situação, conforme aponta certo setor da doutrina, pode inclusive produzir prova de ofício, na tentativa de desvelar o que, de fato, ocorreu (art. 156, CPP). Assim, nesse particular, o Processo Penal distancia-se do Processo Civil, que, em termos de fatos incontroversos, dispensa, em regra, a necessidade de demonstração (*vide* art. 334, III, CPC).

12.1.3. Sistemas de apreciação da prova pelo juiz

Dentre outros, a doutrina costuma apontar os seguintes sistemas de apreciação da prova pelo juiz:

a) Sistema da prova legal ou tarifada (certeza moral do legislador): nesse sistema, a lei estipula o valor de cada prova, estabelecendo inclusive hierarquias, engessando o julgador. Resquício deste sistema entre nós: parágrafo único do art. 155, CPP (o estado das pessoas deve ser provado de acordo com a lei civil. Assim, a filiação não pode ser provada por meio de prova testemunhal). Nesse sistema, era comum a confissão do réu ser considerada a "rainha das provas" (prova máxima da autoria);

b) Sistema da convicção íntima (ou certeza moral do julgador): o julgador decide com base na sua íntima convicção, sendo desnecessária a fundamentação. Vigora entre nós apenas em relação aos jurados no Tribunal Júri. Recorde-se que, no Júri, os 7 jurados (pessoas escolhidas do povo) decidem a sorte do acusado por meio de cédulas ("sim" e "não"), sem a necessidade de emitir qualquer tipo de fundamentação a respeito de sua decisão;

c) Sistema do livre convencimento motivado (ou persuasão racional do juiz): o juiz é livre para julgar. Porém, deve fazê-lo de forma fundamentada – art. 93, IX, CF. É a regra que vigora entre nós. A fundamentação das decisões judiciais é de capital importância, pois permite um *controle da racionalidade* da decisão do juiz pelas partes e pela própria sociedade (LOPES JR., 2010).

Observações: por força do princípio constitucional do contraditório, a apreciação das provas pelo magistrado deve, em regra, recair sobre os elementos produzidos em contraditório judicial (ao longo da instrução criminal). Impossível, portanto, uma condenação amparada exclusivamente em elementos obtidos na fase de investigação preliminar (inquérito policial). Isto porque tais elementos (chamados de "atos de investigação") não foram submetidos ao contraditório, ampla defesa etc. Assim, uma condenação prolatada nesses moldes afrontaria todos esses princípios constitucionais, padecendo, portanto, de nulidade absoluta.

Porém, cabem exceções aqui (ou seja, situações em que o juiz poderá sim pautar uma sentença condenatória em elementos colhidos no âmbito da investigação preliminar). São as chamadas provas cautelares, não repetíveis e antecipadas. Dois exemplos marcantes:

Ex.1: no curso do IP, caso uma testemunha esteja em estado grave de saúde, pode o juiz determinar a produção antecipada de prova (art. 225, CPP), permitindo às "partes"[85] o contraditório antecipado. Nesta situação, o testemunho colhido

85. Usamos "partes" entre aspas porque, tecnicamente, não há partes ainda, já que estamos em fase de IP.

poderá ser normalmente valorado pelo juiz no momento da sentença, embora a prova tenha sido produzida em sede de IP.

Ex.2: em caso de crime de lesão corporal, deve-se realizar imediatamente o exame de corpo de delito, sob pena dos vestígios do crime desaparecem. Esta prova submete-se ao chamado contraditório diferido (retardado), *i. e.*, apesar de produzida na fase de IP, quando integra o processo, submete-se ao contraditório (diferido) das partes. Também nesta situação a prova poderá ser normalmente valorada pelo juiz na sentença.

Sobre tudo o que dissemos aqui, é oportuno o leitor consultar o art. 155, CPP.

12.1.4. Princípios da prova

a) Princípio da autorresponsabilidade das partes: diz respeito à conduta probatória das partes, que será determinante para o seu êxito ou fracasso ao final do processo. As partes devem suportar os efeitos da sua atividade ou da inatividade probatória;

b) Princípio da audiência contraditória: remete à dialeticidade do processo, à obrigatoriedade da produção da prova sob a égide do contraditório;

c) Princípio da aquisição ou da comunhão da prova: a prova, uma vez produzida, pertence ao processo e não à parte que a produziu. Desse modo, o depoimento da testemunha arrolada pela acusação poderá ser aproveitado pela defesa e vice-versa. Igualmente, se uma das partes resolver desistir de uma prova (ex.: depoimento de testemunha arrolada em comum), a outra deverá ser ouvida para saber se tem interesse na dispensa ou na sua oitiva;

d) Princípio da oralidade: consiste na predominância da colheita probatória através da palavra falada. Ex: interrogatório; depoimentos das testemunhas; inquirição de peritos etc.;

e) Princípio da publicidade: os atos, em regra, devem ser públicos. Contudo, há diversas exceções, que serão analisadas pelo juiz, caso a caso, nos termos do art. 792, § 2º, CPP.

12.1.5. Ônus da prova (art. 156, CPP)

Aquele que alega algo tem o ônus de provar o que alegou. Desde logo, rememore-se que, em Processo Penal, o tema "ônus da prova" está intimamente ligado ao princípio do estado de inocência (já estudado anteriormente). É que o referido princípio faz recair sobre a acusação o ônus de provar a culpa *lato sensu* do acusado. Trata-se, inclusive, de comando presente no CPP (*vide* art. 156, primeira parte). Desse modo, não cabe ao réu demonstrar a sua inocência (até porque, para além do estado de inocência, goza do direito de permanecer calado - art. 5º, LXIII, CF), mas sim à acusação comprovar a culpa daquele. Caso a acusação não se desincumba desse ônus, *i. e.*, não logre êxito em provar cabalmente a culpa do réu, deverá ser aplicada a regra pragmática de julgamento do *in dubio pro reo*, absolvendo-se, por conseguinte, o acusado.

Ainda sobre o assunto, note o leitor que *prevalece* na comunidade jurídica o entendimento de que o ônus da prova se *reparte* entre a acusação e a defesa. À primeira (à acusação) incumbe provar a existência do fato e sua respectiva autoria, a tipicidade da conduta, o elemento subjetivo da infração (dolo ou culpa), bem como eventuais agravantes, causas de aumento e/ou qualificadoras alegadas. A defesa, por sua vez, tem o ônus de provar eventuais alegações que faça sobre excludentes de tipicidade, ilicitude e/ou culpabilidade, circunstâncias atenuantes e causas de diminuição da pena.

Por outro lado, embora o ônus da prova incumba primordialmente às partes, permite o CPP que o juiz produza provas de ofício (algo que é considerado, por vários autores, como ofensivo ao sistema acusatório pretendido pelo constituinte). Em todo o caso, conforme o art. 156, CPP, é facultado ao juiz:

I. ordenar, mesmo antes de iniciada a ação penal, a produção antecipada de provas consideradas urgentes e relevantes, observando a necessidade, adequação e proporcionalidade da medida;

II. determinar, no curso da instrução, ou antes de proferir sentença, a realização de diligências para dirimir dúvida sobre ponto relevante.

Para certo setor da doutrina, a produção probatória judicial deve ser cautelosa e supletiva, sob pena de ofensa ao sistema acusatório (transformando-se o juiz em órgão acusador).

12.1.6. Meios de prova e vedação à prova ilícita

Meio de prova é *tudo aquilo que "possa servir, direta ou indiretamente, à comprovação da verdade que se procura no processo: testemunha, documento, perícia" etc.* (TOURINHO FILHO, 2010, p. 555).

Os meios de prova não têm caráter taxativo no Processo Penal. Vale dizer, as partes poderão se valer não apenas daqueles meios de prova expressamente previstos no CPP (prova testemunhal, documental, perícias etc.), mas de todos os outros ao seu alcance (denominados *provas inominadas*), desde que não sejam ilícitos.

Apesar de as partes possuírem amplo direito à prova (direito de tentar, por meio de provas, influenciar o convencimento julgador), este direito *não é*, logicamente, ilimitado, sendo vedada a utilização de prova ilícita (ex.: confissão mediante tortura). Diz a CF: *"são inadmissíveis, no processo, as provas obtidas por meios ilícitos"* (art. 5º, LVI).

É importante dizer que a doutrina construiu classificação considerando que **provas vedadas, proibidas ou inadmissíveis** *são aquelas cuja produção viole a lei ou os princípios inerentes ao direito material ou processual.*[86]

Com base no conceito acima, são estabelecidas como suas **espécies**: a) **prova ilícita**, que, conforme a atual definição do art. 157, *caput*, CPP, *é aquela obtida "em violação a normas constitucionais ou legais", ou seja, aquela que "viola regra de direito material, seja constitucional ou legal, no momento da sua obtenção"*[87] (ex: confissão obtida sob tortura); e b) **prova ilegítima**, violadora de normas e princípios de direito processual (ex: art. 159, § 1º, CPP).

86. A 5ª Turma do STJ decidiu que "Sem consentimento do réu ou prévia autorização judicial, é ilícita a prova, colhida de forma coercitiva pela polícia, de conversa travada pelo investigado com terceira pessoa em telefone celular, por meio do recurso "viva-voz", que conduziu ao flagrante do crime de tráfico ilícito de entorpecentes". (STJ, HC 1630097/RJ, DJe 28/04/2017 e Informativo 603). Já o STF, no julgamento do HC 129678/SP, DJe 18/08/2017, entendeu que " A prova obtida mediante interceptação telefônica, quando referente a infração penal diversa da investigada, deve ser considerada lícita se presentes os requisitos constitucionais e legais".Isto é, caso haja autorização judicial para interceptação telefônica do réu para apurar a suposta prática de tráfico de drogas, e no bojo das gravações se descubra que o acusado foi autor de crime diverso, a prova obtida à respeito do novo crime descoberto será lícita (Informativo 869. STF, do período de 12 a 16 de junho de 2017).

87. GOMES, Luiz Flávio. *Lei 11.690/2008 e provas ilícitas: conceito e inadmissibilidade.* Disponível em: [http://www.lfg.com.br]. Acesso em: 12.11.2014.

Destaque-se que a classificação decorre da doutrina, pois a CF e a lei não fazem qualquer distinção, optando unicamente pela denominação "provas ilícitas".

Reconhecida a ilicitude da prova, deverá ser ela desentranhada dos autos por meio de decisão judicial. Preclusa esta decisão, a prova deverá então ser inutilizada, também por meio de decisão judicial (*vide* § 3º do art. 157, CPP).

Ainda de acordo com o art. 157, § 1º, CPP, são igualmente consideradas ilícitas as provas que derivem da ilícita (chamadas de *ilícitas por derivação*)[88]. Trata-se da adoção da teoria norte-americana *fruits of the poisonous tree* (frutos da árvore envenenada). Ex.: após obter uma confissão mediante tortura (prova ilícita), agentes policiais descobrem o local onde certa quantidade de droga estava escondida e a apreendem observando a lei (prova, em tese, lícita, que, por derivação, acaba se tornando igualmente ilícita).

Note bem que a descoberta do local onde a droga foi encontrada decorreu diretamente da confissão obtida ilicitamente. Daí surge a derivação.

No sentido oposto, há teorias destinadas a afastar a ilicitude das provas. Algumas são autônomas e outras buscam mitigar a teoria dos frutos da árvore envenenada.

As que optamos por denominar autônomas são aquelas fundadas na inexistência do nexo de causalidade entre a prova ilícita e a outra prova. Tal exceção nos parece óbvia, pois se inexiste nexo causal não há que se falar em derivação. São absolutamente independentes.

A origem das teorias está no direito estadunidense e algumas delas foram incorporadas de forma explícita ou implícita pelos §§ 1º e 2º, art. 157, CPP.

Analisaremos as duas que são notoriamente acolhidas a seguir.

a) Teoria da fonte independente (*independent source doctrine)*

Segundo teor do § 2º, art. 157, CPP, entende-se por fonte independente *"aquela que por si só, seguindo os trâmites típicos e de praxe, próprios da investigação ou instrução criminal, seria capaz de conduzir ao fato objeto da prova."*

Com a devida vênia, o conceito nacional não corresponde à sua origem norte-americana (*Bynum v. U.S.*, 1960). Ao contrário, o dispositivo legal utiliza a definição da teoria da descoberta inevitável.

Considera-se fonte independente aquela que não possui ligação causal e cronológica com a prova ilícita já produzida. Em decorrência disso, estará livre de qualquer vício e será aproveitada no processo. A independência reside, pois, na ausência do nexo causal entre as duas provas por e, em regra, dos momentos distintos em que foram colhidas.

Ex: no crime de roubo, a busca e apreensão do bem subtraído, sem autorização judicial (ilícita e, portanto, inadmissível), não tem o condão de macular os depoimentos de testemunhas que presenciaram o roubo e que foram colhidos antes ou simultaneamente à apreensão. Logo, a materialidade e autoria da infração penal podem ser demonstradas mesmo com a desconsideração da busca e apreensão;

b) Teoria da descoberta inevitável (*inevitable discovery exception*)

Aproveita-se a prova derivada da ilícita se esta seria obtida de qualquer maneira, por meio de diligências válidas na investigação, afastando-se o vício. A contaminação foi afastada porque as diligências conduziram, inevitavelmente, à sua descoberta. A sua vinculação à prova ilícita foi meramente circunstancial.

Ex: um indivíduo que cometeu homicídio e ocultou o corpo confessa o crime e o local onde deixou o cadáver, mas a confissão foi obtida ilegalmente. Porém, uma busca no local estava em andamento ou estava no planejamento da investigação e foi/seria suficiente para descobrir o corpo, ainda que não houvesse a confissão. A prova, portanto, deve ser admitida.

Atenção: É preciso deixar claro que o local onde está o corpo deve ser plausível para uma operação de busca ou varredura, ou seja, em local sujeito às diligências de praxe. A análise da inevitabilidade da descoberta será feita pelo magistrado à luz do caso concreto, num juízo de proporcionalidade marcado pela ponderação entre os bens jurídicos envolvidos. Ver STF, HC 91867/PA, DJ 20.09.2012 e STJ, Info. 447, período de 13 a 17.09.2010 e HC 152.092/RJ, DJ 28.06.2010.

Finalmente, é preciso dizer que a comunidade jurídica tem amplamente aceito a prova ilícita quando utilizada em *prol do réu*. É que aqui se entende que o *status libertatis* do indivíduo deve suplantar a vedação à prova ilícita.

Reflexos do Novo Código de Processo Civil

Cooperação jurídica internacional para a produção de prova (arts. 26 a 41) – É fato que a cooperação internacional já acontece, tendo como base legal tratados plurilaterais e bilaterais. Por meio destes, os Estados signatários comprometem-se a facilitar os trâmites da persecução penal além das fronteiras nacionais.

A relevância do NCPC é introduzir na legislação infraconstitucional matéria que foi recepcionada pelo nosso ordenamento jurídico e que já vinham sendo aplicados no Brasil. Há, nesse sentido, uma regulação ampla da atividade de cooperação, as hipóteses de cabimento, os limites e procedimentos que serão adotados pelo sistema de justiça brasileiro.

Prova emprestada – Os Tribunais Superiores admitem a utilização de prova emprestada no Processo Penal, desde que sejam observados o contraditório e a ampla defesa, ou seja, as partes precisam ter a oportunidade de analisar, manifestar, impugnar e/ou contestar a sua utilização ou o seu conteúdo (STJ HC 155149/RJ, Info. 432; e STF HC 114074/SC, *DJe* 27.05.2013).

O NCPC, em seu art. 372 vem positivar tal possibilidade, que pode ser aplicável subsidiariamente ao processo penal.

12.2. Provas em espécie

Passaremos, agora, a examinar as provas em espécie previstas no CPP, a começar pelo exame de corpo de delito.

12.2.1. *Exame de corpo de delito e das perícias em geral. Noções introdutórias*

Primeiro, anote-se que, segundo Pacelli (2015, p. 426-427), a ***prova pericial*** *é "uma prova técnica, na medida em que pretende certificar a existência de fatos cuja certeza, segundo a lei, somente seria possível a partir de conhecimentos específicos"*

Ademais, vale notar que o **exame de corpo de delito** não se confunde com o **corpo de delito.** Enquanto este último significa o *conjunto de elementos sensíveis (rastros) deixados pelo fato*

88. Ver: STF, ARE 939172/RJ. DJe 10/04/2017.

criminoso, aquele (o exame de corpo de delito) é a perícia realizada por especialista no corpo de delito (ou seja, é o exame realizado no conjunto de elementos sensíveis deixados pela prática da infração penal). Ademais, note-se que tal exame (de corpo de delito) só será realizado nos delitos *facti permanentis* (aqueles que deixam resultados perceptíveis) e não nos *facti transeuntis* (que não deixam resultados perceptíveis).

Segundo ponto: não se deve confundir o exame de corpo de delito com as demais perícias. A falta do exame de corpo de delito gera a nulidade do processo. A falta das demais perícias influencia apenas no convencimento do julgador (podendo tornar o conjunto probatório dos autos mais frágil). Isto é assim porque o exame de corpo de delito refere-se à constatação dos vestígios resultantes da conduta do núcleo do tipo penal. Ex.: num homicídio, o exame de corpo de delito (a necropsia) relaciona-se diretamente com os vestígios resultantes da conduta do núcleo do tipo penal (matar alguém – art. 121, CP). Por outro lado, as demais perícias não pertencem ao corpo do delito (vestígios resultantes da conduta do núcleo do tipo penal), tendo apenas o papel de influenciar no convencimento do julgador. Ex.: imagine-se um exame de DNA realizado em determinado indivíduo, visando a estabelecer a autoria do crime. A perícia, neste caso, recai sobre o convencimento do magistrado a respeito da responsabilidade pela prática da infração, não estando relacionada com o núcleo do tipo penal.

a) Conceito de exame de corpo de delito: é a *perícia realizada por especialista nos elementos sensíveis do crime, podendo ser realizada em qualquer dia/hora (art. 161, CPP);*

b) Base legal: art. 158 e ss., CPP;

c) Obrigatoriedade: a lei prevê a obrigatoriedade do exame de corpo de delito nos casos de crimes que deixam vestígios (delitos *facti permanentis* – aqueles que deixam resultados perceptíveis). Inclusive, a eventual falta do referido exame não poderá ser suprida pela confissão do acusado. Veja:

> "**Art. 158.** Quando a infração deixar vestígios, será indispensável o exame de corpo de delito, direto ou indireto, não podendo supri-lo a confissão do acusado."

Ademais, não sendo realizado o exame (direto ou indireto), o processo será considerado nulo (art. 564, III, *b*, CPP);

d) Observações: I) no âmbito do JECRIM,[89] o exame de corpo de delito pode ser substituído por boletim médico ou prova equivalente (art. 77, § 1º, Lei 9.099/1995); **II)** no âmbito da Lei de Drogas, para que a autoridade possa lavrar o APF,[90] é preciso realizar um laudo (chamado de laudo de constatação ou provisório) que ateste a natureza e a quantidade da droga apreendida (art. 50, § 1º, Lei 11.343/2006). Este laudo será firmado por perito oficial ou, na falta deste, por pessoa idônea. No curso do processo, porém, deverá ser realizado um laudo definitivo sobre a natureza e a quantidade da droga apreendida (§ 2º)[91]; **III)** na hipótese de crime contra a propriedade imaterial, estabelece o art. 525, CPP, que, no caso de haver o crime deixado vestígio, a queixa ou a denúncia não será recebida se não for instruída com o exame pericial dos objetos que constituam o corpo de delito; **IV)** conforme certo setor da doutrina, o exame de corpo de delito é o único caso em que o delegado de polícia não poderá negar à vítima a realização da diligência (*vide* arts. 14 e 184, CPP).

e) Modalidades do exame de corpo de delito (exame direto ou indireto):

Em regra, o exame de corpo de delito deve se dar de forma direta, ou seja, deve ser realizado diretamente sobre o corpo de delito (sobre os elementos sensíveis deixados pela prática do crime).

Porém, excepcionalmente, quando não for possível realizar o exame direto (em razão dos vestígios da infração terem desaparecido, por exemplo), será possível a realização do exame de corpo de delito de modo indireto (pautado em outras provas idôneas – testemunhal, documental etc.) – STF, HC 114567, *DJe* 07.11.2012, Info 684 e HC 152092/RJ, DJ 28.06.2010. Ex.: imagine-se que o corpo da vítima de homicídio tenha sido ardilosamente retirado da cena do crime pelo autor da infração. Neste caso, permite a lei que o perito, baseando-se no depoimento de testemunhas, por exemplo, realize o exame de corpo de delito indireto, como forma de atestar a materialidade (existência) do crime (STJ, AgRg no REsp 1556961/RS, DJ 22.02.2016 e HC 170.507, *DJe* 05.03.2012, Inf. 491). Segue dispositivo sobre o tema:

> "**Art. 167.** Não sendo possível o exame de corpo de delito [direto], por haverem desaparecido os vestígios, a prova testemunhal poderá suprir-lhe a falta." (Incluímos).

Comentário: conforme visto, não só a prova testemunhal pode suprir o exame direto, mas outras igualmente idôneas, como a documental, por exemplo;

f) Quem realiza o exame de corpo de delito? O exame de corpo de delito e outras perícias serão realizados por **perito oficial, portador de diploma de curso superior** – art. 159, CPP.

E mais: nos termos do § 1º do art. 159, CPP, na falta de perito oficial, o exame será realizado por 2 pessoas idôneas, portadoras de diploma de curso superior preferencialmente na área específica do exame[92].

Tratando-se de perícia complexa que abranja mais de uma área de conhecimento especializado, poder-se-á designar a atuação de mais de um perito oficial, e a parte indicar mais de um assistente técnico (art. 159, § 7º, CPP);

Na Lei de Drogas, em seu art. 50, §§ 1º e 2º, é permitida a elaboração do laudo preliminar ou de constatação por apenas um perito, oficial ou não, sendo que ele não ficará impedido de participar da elaboração do laudo definitivo.

g) Formulação de quesitos e indicação de assistente técnico:

Segundo dispõe o § 3º do art. 159 do CPP, durante o curso da persecução penal, faculta-se ao MP, ao assistente de acusação, à vítima, ao querelante e ao acusado a formulação de quesitos e a indicação de assistente técnico.

A formulação de quesitos tem como destinatário o perito oficial (ou, na falta deste, as duas pessoas portadoras de diploma de curso superior) e visa a acentuar o contraditório em torno dos exames periciais. São perguntas que podem ser elaboradas pelas pessoas indicadas (MP, acusado etc.) ao perito, buscando tornar mais clara a perícia realizada.

89. Juizado Especial Criminal – Lei 9.099/1995.

90. Auto de prisão em flagrante.

91. Conforme STF, RHC 110429, j 06.03.2012, Inf. 657: "a juntada do laudo definitivo após sentença – não ocasiona a nulidade da sentença se demonstrada a materialidade delitiva por outros meios probatórios".

92. Ver STF, Súmula 361: "No Processo Penal, é nulo o exame realizado por um só perito, considerando-se impedido o que tiver funcionado, anteriormente, na diligência de apreensão". Note o leitor que o teor da Súmula enseja nulidade relativa e é aplicável aos peritos **não oficiais**.

Por outro lado, o assistente técnico trata-se de especialista contratado por uma das pessoas indicadas (MP, acusado, vítima etc.), tendo a função de emitir parecer crítico sobre o exame elaborado pelo perito oficial. Atua a partir de sua admissão pelo juiz e após a conclusão do exame e da elaboração de laudo pelo perito oficial (§ 4º).

Consoante dispõe o § 6º do art. 159, "havendo requerimento das partes, o material probatório que serviu de base à perícia será disponibilizado no ambiente do órgão oficial, que manterá sempre sua guarda, e na presença de perito oficial, para exame pelos assistentes, salvo se for impossível a sua conservação".

Ademais, durante a persecução penal, quanto à perícia, é permitido às partes, (§ 5º):

> I – requerer a oitiva dos peritos para esclarecerem a prova ou para responderem a quesitos, desde que o mandado de intimação e os quesitos ou questões a serem esclarecidas sejam encaminhados com antecedência mínima de 10 dias, podendo apresentar as respostas em laudo complementar;
>
> II – indicar assistentes técnicos que poderão apresentar pareceres em prazo a ser fixado pelo juiz ou ser inquiridos em audiência;

h) Valor de prova do exame de corpo de delito e das perícias em geral:

Tal qual as demais provas, o exame de corpo de delito e as perícias em geral possuem valor probatório relativo. Não vinculam o juiz. Confira-se:

> "**Art. 182.** O juiz não ficará adstrito ao laudo, podendo aceitá-lo ou rejeitá-lo, no todo ou em parte."

12.2.2. Interrogatório do acusado (art. 185 e ss., CPP)

a) Conceito: ato em que o acusado poderá, se quiser, apresentar sua versão dos fatos (exercer a sua autodefesa) perante a autoridade, vigendo plenamente neste momento o direito ao silêncio.

Nota: há quem utilize a palavra "interrogatório" para também designar o ato de oitiva (ouvida) do indiciado pelo delegado de polícia no curso do IP. Fala-se então em interrogatório policial (realizado na fase policial) e interrogatório judicial (em juízo). Neste tópico, examinaremos apenas o judicial (o policial já foi examinado quando tratamos do IP);

b) Natureza: tem prevalecido na doutrina de que se trata de um meio de prova e de defesa. Com Nucci (2006), podemos colocar a questão da seguinte maneira: o interrogatório é, fundamentalmente, um meio de defesa, visto que a CF confere ao réu o direito ao silêncio. Porém, se o réu quiser falar, aquilo que disser, poderá sim ser um meio de prova;

c) Momento: enquanto não houver trânsito em julgado, será possível realizar o interrogatório (bem como repeti-lo) de ofício ou a pedido fundamentado de qualquer das partes (art. 196, CPP). Não pode esse ato ser suprimido arbitrariamente pelo juiz (sob pena de violação à ampla defesa e consequente nulidade do processo);

d) Procedimento do interrogatório:

Primeiro, registre-se que a **presença** do defensor (constituído, dativo ou público) do acusado no ato do interrogatório é **indispensável**, gerando nulidade a sua eventual ausência. A figura do defensor é incontornável nesse momento, pois proporciona a efetivação da ampla defesa do acusado.

É igualmente imprescindível assegurar ao réu o **direito de entrevista prévia** com o seu defensor (*i. e.*, antes de iniciar o interrogatório), possibilitando, assim, que ambos tracem a melhor estratégia defensiva (art. 185, § 5º, CPP).

Ainda, o acusado deve ser alertado do seu **direito constitucional de permanecer calado** (inciso LXIII do art. 5º, CF). Assim, antes de iniciar o interrogatório, deve o juiz advertir o acusado a respeito desse direito (conferir o art. 186, CPP)[93].

Nota: em sede de "interrogatório" policial (oitiva do indiciado), predomina o entendimento de que a presença do defensor (bem como o direito de entrevista prévia entre este e o indiciado) é **dispensável.** Assim, não necessita o delegado aguardar a chegada do defensor do indiciado para iniciar a ouvida ("interrogatório") deste. Por outro lado, o direito ao silêncio tem aplicação total na oitiva do indiciado. Deve, portanto, a autoridade policial alertá-lo a respeito desse seu direito.

A seguir, vejamos como se dá o interrogatório do réu solto e do réu preso;

e) Interrogatório do réu que se encontra em liberdade: nessa situação, o interrogatório será realizado em juízo, ou seja, o réu deverá comparecer perante a autoridade judicial para ser interrogado;

f) Interrogatório do réu que se encontra preso (art. 185, CPP): aqui é preciso ter atenção.

I. Encontrando-se preso o acusado, o interrogatório, em regra, deverá ser realizado no próprio estabelecimento prisional em que estiver o acusado, em sala própria, desde que estejam garantidas a segurança do magistrado, do MP e dos auxiliares, bem como a presença do defensor e a publicidade do ato (§ 1º);

II. Não sendo possível a realização no próprio estabelecimento prisional, o interrogatório será então realizado por videoconferência (§ 2º), *i. e.*, o juiz permanecerá no fórum e o acusado no presídio, empregando-se os meios tecnológicos necessários para assegurar a realização em tempo real do ato e a fidedignidade da imagem e som transmitidos. Esmiuçaremos mais abaixo essa modalidade de interrogatório;

III. Não sendo possível o interrogatório por meio de videoconferência, o preso será então conduzido a juízo (ao fórum) – com escolta policial (§ 7º);

g) Requisitos para a realização do interrogatório por meio de videoconferência

g1) Impossibilidade de o interrogatório ser realizado no presídio;

93. O STJ, HC 244.977, j. 25.09.2012, Inf. 505, considerou ilícita a gravação de conversa informal entre policiais e o conduzido quando da lavratura do auto de prisão em flagrante, por não ter havido a prévia comunicação do direito de permanecer em silêncio. Posteriormente, considerou o STJ no Info. 543, 6ª Turma, período de 13.08.2014 que "Em processo que apure a suposta prática de crime sexual contra adolescente absolutamente incapaz, é admissível a utilização de prova extraída de gravação telefônica efetivada a pedido da genitora da vítima, em seu terminal telefônico, mesmo que solicitado auxílio técnico de detetive particular para a captação das conversas". Outrossim, restou consignado no RHC 48.397/RJ, DJ 16.09.2016, que a gravação de diálogo pelo cliente com seu advogado, para defesa de direito próprio, não configura prova ilícita ou violação ao sigilo profissional.

g2) Necessidade de decisão fundamentada do juiz, de ofício ou a requerimento das partes;

g3) Necessidade de atender a uma das seguintes finalidades:

I. prevenir risco à segurança pública, quando exista fundada suspeita de que o preso integre organização criminosa ou de que, por outra razão, possa fugir durante o deslocamento;

II. viabilizar a participação do réu no referido ato processual, quando haja relevante dificuldade para seu comparecimento em juízo, por enfermidade ou outra circunstância pessoal;

III. impedir a influência do réu no ânimo de testemunha ou da vítima, desde que não seja possível colher o depoimento destas por videoconferência, nos termos do art. 217, CPP;

IV. responder a gravíssima questão de ordem pública.

E mais:

g4) Da decisão que determinar a realização de interrogatório por videoconferência, as partes deverão ser intimadas com 10 (dez) dias de antecedência em relação à sua data de realização;

g5) No interrogatório realizado por videoconferência, o direito de prévia entrevista do réu com o seu defensor será também garantido por meio de acesso a canais telefônicos reservados para comunicação entre o defensor que esteja no presídio e o advogado presente na sala de audiência do Fórum, e entre este e o preso;

g6) A sala reservada no estabelecimento prisional para a realização de atos processuais por sistema de videoconferência será fiscalizada pelos corregedores e pelo juiz de cada causa, como também pelo Ministério Público e pela Ordem dos Advogados do Brasil;

h) Conteúdo do interrogatório

O interrogatório está dividido em duas partes (arts. 186 e 187, CPP):

h1) Interrogatório de qualificação do réu (perguntas sobre a pessoa do acusado): nessa primeira parte do interrogatório, o réu será perguntado sobre a sua residência, meios de vida ou profissão, oportunidades sociais, lugar onde exerce a sua atividade, vida pregressa, notadamente se foi preso ou processado alguma vez e, em caso afirmativo, qual o juízo do processo, se houve suspensão condicional ou condenação, qual a pena imposta, se a cumpriu e outros dados familiares e sociais (art. 187, § 1º).

Para muitos autores, o direito ao silêncio não abrange essa parte do interrogatório (NUCCI, 2006, por exemplo).

Atenção: O STJ sumulou entendimento de que a atribuição de falsa identidade perante autoridade policial é típica, ainda que feita em situação de autodefesa (Súmula 522)

h2) Interrogatório de mérito (perguntas sobre os fatos imputados ao acusado – art. 187, § 2º): nesta parte do interrogatório, o réu será perguntado sobre a acusação que recai sobre si. É comum o juiz iniciar essa etapa formulando a seguinte indagação ao réu: *"é verdadeira a imputação que recai sobre si?"*.

O direito ao silêncio vige plenamente nessa parte do interrogatório. Inclusive, o juiz deverá informá-lo (o direito ao silêncio) ao réu, antes de iniciar o interrogatório de mérito (*vide* art. 186, CPP).

Atenção: segundo a melhor doutrina, o disposto no art. 198, CPP, que diz: "o silêncio do acusado não importará confissão, mas poderá constituir elemento para a formação do convencimento do juiz", não foi recepcionado pela CF por não se alinhar com direito ao silêncio e também está em manifesta contradição com a redação do parágrafo único do art. 186. Vale dizer, sendo o silêncio um direito, não pode haver interpretação jurídica negativa por parte do juiz dessa conduta do réu;

i) Questões finais:

I. **contraditório no momento interrogatório:** diz o art. 188, CPP: "após proceder ao interrogatório, o juiz indagará as partes se restou algum fato para ser esclarecido, formulando as perguntas correspondentes se o entender pertinente e relevante". Incide o contraditório no ato do interrogatório (podem as partes, após as perguntas do juiz, formularem as suas próprias ao acusado).

Essas perguntas[94] das partes devem ser feitas de acordo com o chamado sistema presidencialista, ou seja, as partes devem direcioná-las ao juiz e esse, por sua vez, as fará ao acusado.

No procedimento do júri (art. 474, § 1º, CPP), porém, as perguntas das partes poderão ser efetuadas diretamente ao réu (sem passar pela intermediação do juiz, portanto). Este modelo de perguntas diretas ao réu pelas partes chama-se sistema ***cross examination*** ou ***direct examination.*** Note-se, por fim, que no júri, os jurados, caso queiram efetuar perguntas ao réu, devem seguir o sistema presidencialista, ou seja, intermediação das perguntas pelo juiz-presidente, conforme § 2º do art. 474, CPP.

II. **interrogatório de mais de um acusado:** art. 191, CPP. Havendo mais de um acusado, serão interrogados separadamente.

12.2.3. Confissão

A confissão não é a "rainha das provas" no Processo Penal brasileiro. Tem valor relativo. Para que possa levar à condenação do réu, é preciso que esteja em harmonia com as demais provas do processo (art. 197, CPP).

Ademais, a confissão não tem força para substituir a obrigatoriedade do exame de corpo de delito nos crimes que deixam vestígios (*vide* art. 158, CPP).

O silêncio do réu no processo penal não importa em confissão presumida ou ficta. Não esquecer que o silêncio do réu é um direito, e, sendo um direito, não pode trazer consequência jurídica negativa para o acusado. Não valem as fórmulas: "quem cala consente"; "quem não deve não teme" etc. Por tudo isso, a parte final do art. 198, CPP, deve ser considerada inconstitucional.

a) Características da confissão (*vide* art. 200, CPP):

a1) divisibilidade: a confissão é divisível, *i. e.*, pode o juiz aceitá-la apenas em parte (pode aceitar apenas aquilo que lhe pareça mais verossímil);

a2) retratabilidade: o réu pode se retratar ("arrepender-se") da confissão prestada. Porém, a eventual retratação do réu não impede que o juiz, na sentença, valore livremente (desde que de forma fundamentada) a confissão anteriormente efetuada. O que queremos dizer é que, mesmo que ocorra a retratação da confissão, o juiz, ainda assim, poderá se apoiar na anterior confissão do acusado como modo de formar o seu convencimento sobre o caso;

a3) pessoalidade: apenas o réu pode realizar a confissão, sendo vedada a outorga de poderes ao seu defensor com essa finalidade.

94. A doutrina costuma chamar as perguntas das partes ao réu e às testemunhas de "reperguntas".

a4) liberdade e espontaneidade: o acusado não pode ser compelido de forma alguma (física, moral ou psíquica) a confessar a prática do fato delituoso. Nesse sentido, vale a leitura do art. 1º, I, Lei 9.455/1997 (Lei de Tortura).

b) Classificação. A confissão pode ser:

b1) explícita: quando o acusado explicitamente confessa a prática do delito;

b2) implícita: quando determinada conduta do acusado puder, de forma inequívoca, ser compreendida como confissão. Ex.: réu que espontaneamente ressarcir a vítima;

b3) simples: quando o réu apenas confessa a prática do crime imputado, sem proceder a qualquer acréscimo ou modificação dos fatos;

b4) complexa: quando confessa a prática de mais de um fato delituoso;

b5) qualificada: quando confessa, porém invoca justificante ou dirimente. Ex.: confessa o crime, porém afirma que praticou o fato em legítima defesa;

b6) judicial: quando realizada em juízo (perante o magistrado);

b7) extrajudicial: quando realizada na delegacia ou perante outra pessoa que não o magistrado.

12.2.4. Perguntas ao ofendido (art. 201, CPP)

Sempre que possível, a vítima deverá ser chamada para ser ouvida no processo como forma de auxiliar a formação do convencimento do magistrado a respeito do caso concreto. O depoimento do ofendido tem valor de prova relativo (é uma prova como outra qualquer).

a) obrigatoriedade de comparecimento: "se, intimado para esse fim, deixar de comparecer sem motivo justo, o ofendido poderá ser conduzido à presença da autoridade" (§ 1º). Vê-se, portanto, que o ofendido pode ser conduzido coercitivamente à presença da autoridade, caso, intimado para depor, não compareça;

b) comunicações necessárias ao ofendido: "o ofendido será comunicado dos atos processuais relativos ao ingresso e à saída do acusado da prisão, à designação de data para audiência e à sentença e respectivos acórdãos que a mantenham ou modifiquem" (§ 2º).

Com efeito, essas "comunicações ao ofendido deverão ser feitas no endereço por ele indicado, admitindo-se, por opção do ofendido, o uso de meio eletrônico" (§ 3º).

É necessário providenciar ao ofendido, antes do início da audiência e durante a sua realização, espaço separado e reservado para aquele, como forma de evitar contato com o seu agressor (§ 4º).

"Se o juiz entender necessário, poderá encaminhar o ofendido para atendimento multidisciplinar, especialmente nas áreas psicossocial, de assistência jurídica e de saúde, a expensas do ofensor ou do Estado" (§ 5º).

Ademais, é dever do juiz adotar "as providências necessárias à preservação da intimidade, vida privada, honra e imagem do ofendido, podendo, inclusive, determinar o segredo de justiça em relação aos dados, depoimentos e outras informações constantes dos autos a seu respeito para evitar sua exposição aos meios de comunicação" (§ 6º).

Outra medida que pode ser adotada para viabilizar a oitiva do ofendido, preservando-lhe os direitos fundamentais, é a coleta do seu depoimento por videoconferência (art. 185, § 8º, CPP).

12.2.5. Prova testemunhal

a) Conceito: *testemunha é pessoa desinteressada que depõe no processo acerca daquilo que sabe sobre o fato;*

b) Características do depoimento da testemunha:

b1) oralidade (art. 204, CPP): o depoimento será prestado oralmente, não sendo permitido à testemunha trazê-lo por escrito. Porém, é possível consultar breves apontamentos.

Exceção à regra da oralidade: o Presidente e o Vice-Presidente da República, os presidentes do Senado Federal, da Câmara dos Deputados e do Supremo Tribunal Federal poderão optar pela prestação de depoimento por escrito, caso em que as perguntas, formuladas pelas partes e deferidas pelo juiz, ser-lhes-ão transmitidas por ofício – art. 221, § 1º, CPP;

b2) objetividade (art. 213, CPP): deve a testemunha responder objetivamente ao que lhe for perguntado;

b3) individualidade: cada testemunha indicada deve ser ouvida individualmente;

b4) incomunicabilidade: as testemunhas não podem se comunicar (art. 210, CPP);

b5) prestação de compromisso: normalmente, a pessoa arrolada para depor no processo deve, antes de iniciar o seu depoimento, prestar o compromisso de dizer a verdade perante o magistrado. O compromisso é, consoante definição legal do art. 203, CPP, a promessa, feita pela testemunha, sob palavra de honra, "de dizer a verdade do que souber e lhe for perguntado".

Certas pessoas, porém, estão dispensadas de prestar o referido compromisso (ex.: o pai do acusado), não sendo tecnicamente consideradas como "testemunha" por certo setor da doutrina. Tais pessoas (que não prestam o compromisso de dizer a verdade) são apelidadas pela doutrina de informantes ou declarantes.

Para esses autores, que fazem a distinção entre "testemunhas" (aquelas pessoas que têm o dever de prestar o compromisso de dizer a verdade) e "informantes" (as pessoas que depõem no processo, mas que, por lei, são dispensadas do referido compromisso), apenas as primeiras (as testemunhas, portanto) é que, em caso de falta com a verdade, responderiam pelo delito de falso testemunho (art. 342, CP):

> "**Art. 342.** Fazer afirmação falsa, ou negar ou calar a verdade, como testemunha, perito, contador, tradutor ou intérprete em processo judicial, ou administrativo, inquérito policial, ou em juízo arbitral:
>
> Pena – reclusão, de 2 (dois) a 4 (quatro) anos, e multa."

Os informantes (aqueles que, por lei, não possuem o dever de prestar o compromisso de dizer a verdade), exatamente por não terem a obrigação de dizer a verdade, caso faltem com esta, não responderiam, segundo essa doutrina, pelo crime de falso testemunho.

Ressaltamos, porém, que há divisão de posicionamento dos **tribunais superiores.**

Em 2004 o STF não acatava essa distinção (HC 83254/PE, *DJe* **03.09.2004**). Para a Suprema Corte, nesta época, o compromisso do art. 203, CPP, seria mera formalidade, pouco importando se a pessoa prestou ou não o compromisso (*i. e.*, se é informante ou testemunha), pois, caso falte com a verdade, responderá sim pelo delito do art. 342, CP. Sustenta essa ideia porque, em suma, entende que o compromisso não é elementar do tipo penal (*i. e.*, a lei não menciona ser necessário o compromisso para configurar o delito em comento). No entanto, nota-se mudança de posicionamento, em virtude do consignado na AP 465, DJ 30.10.2014, no qual restou sedimentado que "o depoimento de informante não pode servir como elemento decisivo para a condenação, notadamente porque não lhes são exigidos o compromisso legal de falar a verdade".

Para o STJ, "o crime disposto no art. 342, CP é de mão própria, só podendo ser cometido por quem possui a qualidade legal de testemunha, a qual não pode ser estendida a simples declarantes ou informantes, cujos depoimentos, que são excepcionais, apenas colhidos quando indispensáveis, devem ser apreciados pelo Juízo conforme o valor que possam merecer". (HC 192659/ES, *DJe* 19.12.2011)

O tema, como se vê, é polêmico. Em se tratando de questão objetiva, sugerimos que o leitor analise o que pede a questão e siga a posição de cada um dos tribunais superiores. Já em caso de questão subjetiva, o mais recomendável é expor as duas correntes acima indicadas;

b6) obrigatoriedade: em regra, todas as pessoas arroladas como testemunha estão **obrigadas a depor** (art. 206, primeira parte, CPP). Porém, há especificidades aqui que precisam ser notadas:

I. Há **pessoas que estão dispensadas de depor** (art. 206, *in fine*, CPP). São elas: ascendente ou descendente, o afim em linha reta, cônjuge (ainda que separado judicialmente ou divorciado), o companheiro (art. 226, § 3º, CF), o irmão e o pai, a mãe, ou o filho adotivo do acusado. Tais indivíduos só irão depor quando não for possível, por outro modo, obter-se ou integrar-se a prova do fato e de suas circunstâncias. Nesta hipótese, caso venham a depor, não prestarão compromisso (serão considerados informantes);[95]

II. **Pessoas impedidas de depor** (art. 207, CPP): certas pessoas, em razão da função, ministério, ofício ou profissão que desempenham, têm o dever de guardar segredo. Exs.: padre, psicólogo, advogado. As pessoas impedidas de depor somente falarão no processo se, desobrigadas pela parte interessada, quiserem dar o seu testemunho;

b7) Perguntas das partes à testemunha: até bem pouco tempo atrás, adotávamos, como regra, o chamado *sistema presidencialista*. Segundo este, as partes deveriam formular perguntas à testemunha *por intermédio do juiz*. Exemplo: no curso da audiência, o MP, desejando inquirir a testemunha, deveria dirigir a sua pergunta ao magistrado. Este, por sua vez, deveria repetir a pergunta à testemunha.

Esse panorama foi sensivelmente modificado com a reforma de 2008 no CPP. Isto porque passamos a adotar, como regra, o sistema *direct* ou *cross examination* (art. 212, primeira parte, CPP). Por esse sistema, as partes passaram a poder perguntar diretamente à testemunha – sem a necessidade, portanto, de intermediação por parte do juiz. Vale ressaltar que o magistrado pode realizar inquirição complementar sobre aqueles pontos que entender obscuros, não esclarecidos.

Em que pesem as alterações, destaque-se que o sistema presidencialista (perguntas à testemunha por intermédio do juiz) não foi entre nós totalmente banido. No rito do júri, desejando os *jurados* efetuar perguntas às testemunhas, deverão fazê-lo através do juiz-presidente, sendo vedada, assim, a indagação direta (art. 473, § 2º, CPP).

Por fim, chamamos a atenção do caro leitor para o posicionamento dos Tribunais Superiores quando da inobservância da ordem de inquirição insculpida no art. 212, CPP. Há o reconhecimento da nulidade relativa, desde que comprovado o prejuízo e requerido tempestivamente. Ver STJ: HC 315252/MG, DJ 30.08.2016 e AgRg no AREsp 760571/MT, DJ 12.08.2016. STF: HC 109051, DJ 21.10.2014 e RHC 110623, *DJe* 26.03.2012;

c) Condução coercitiva: art. 218, CPP. Se, regularmente intimada, a testemunha deixar de comparecer sem motivo justificado, o juiz poderá requisitar à autoridade policial a sua apresentação ou determinar que seja conduzida por oficial de justiça, que poderá solicitar o auxílio da força pública.

E, ainda, nos termos do art. 219, CPP, "o juiz poderá aplicar à testemunha faltosa a multa prevista no art. 453 [atualmente se trata do art. 442, CPP: 1 (um) a 10 (dez) salários mínimos], sem prejuízo do processo penal por crime de desobediência, e condená-la ao pagamento das custas da diligência". (Incluímos)

d) Número máximo de testemunhas por procedimento

✓ Ordinário e 1ª fase do júri: 8;
✓ Plenário (2ª fase) do júri: 5;
✓ Sumário: 5;
✓ Sumaríssimo: 3;
✓ Drogas: 5.

Observação: não se incluem nesse número as testemunhas referidas (que são aquelas que são mencionadas por outras testemunhas), os informantes e as pessoas que nada sabem (chamadas de testemunhas extranumerárias);

e) Depoimento agendado: algumas pessoas, em razão do cargo que ocupam, podem agendar (local, dia e hora) seu depoimento. Alguns exemplos: membros do Congresso Nacional, Presidente da República, juízes etc. Recomenda-se a leitura do art. 221, CPP (rol não taxativo);

f) Testemunho de militares: sendo a testemunha um militar, deverá haver requisição ao superior hierárquico;

g) Testemunho de funcionários públicos: além da intimação pessoal do funcionário público é preciso comunicar o fato também ao chefe da repartição;

h) Oitiva de ofício pelo juiz e testemunhas referidas: nos termos do art. 209, CPP, o juiz, quando julgar necessário, poderá ouvir outras testemunhas, além das indicadas pelas partes:

> "§ 1º Se ao juiz parecer conveniente, serão ouvidas as pessoas a que as testemunhas se referirem."
>
> **Nota:** São as denominadas testemunhas referidas.
>
> "§ 2º Não será computada como testemunha a pessoa que nada souber que interesse à decisão da causa."

Nota: São as denominadas testemunhas inócuas. **i) Presença ameaçadora do réu na audiência de oitiva da testemunha:** quando a testemunha se sentir intimidada pela presença do réu em audiência, autoriza a lei, nessa situação, a realização de sua oitiva por meio de videoconferência. Sendo impossível o uso dessa tecnologia, deve então o réu ser retirado da sala de audiência enquanto a testemunha depõe (art. 217, CPP);

j) Testemunha que reside fora da comarca: pode a sua oitiva ser realizada por carta precatória ou videoconferência (art. 222, CPP).

95. Apesar de que, conforme vimos anteriormente, os tribunais superiores consideram o compromisso uma mera formalidade, cuja dispensa não permite que a pessoa falte com a verdade.

Nesse contexto, vale a pena transcrever a Súmula 273, STJ: "intimada a defesa da expedição da carta precatória, torna-se desnecessária intimação da data da audiência no juízo deprecado".

Se a testemunha residir fora do país, a carta rogatória só será expedida se ficar provada a imprescindibilidade de seu depoimento, arcando o requerente com os custos da diligência (art. 222-A, CPP);

l) Testemunha e direito ao silêncio: quando o depoimento da testemunha puder incriminá-la, será possível a invocação do direito ao silêncio por aquela. O direito ao silêncio não incide apenas em relação àquele que está sendo submetido a uma persecução penal, mas a todo o indivíduo *que se encontre numa tal situação em que a sua fala possa vir a prejudicar-lhe penalmente*;

m) Contradita e arguição de defeito: são figuras distintas, apesar de o art. 214, CPP, não deixar isso muito claro. Vejamos primeiro o que diz o dispositivo:

> "**Art. 214.** Antes de iniciado o depoimento, as partes poderão contraditar a testemunha ou arguir circunstâncias ou defeitos, que a tornem suspeita de parcialidade, ou indigna de fé. O juiz fará consignar a contradita ou arguição e a resposta da testemunha, mas só excluirá a testemunha ou não lhe deferirá compromisso nos casos previstos nos arts. 207 e 208."

Em resumo, temos:

Contradita: ocorre em relação às pessoas proibidas de depor e no caso de depoimento que deve ser tomado sem compromisso;

Arguição de defeito: invoca-se quando a testemunha for indigna de fé ou suspeita de parcialidade. Visa a diminuir o "valor" do depoimento: amigo, inimigo etc.[96]

12.2.6. Reconhecimento de pessoas e coisas

Tem por escopo identificar o acusado, o ofendido ou testemunhas, podendo ser determinado no curso da investigação preliminar (pelo delegado) ou do processo (pelo juiz).

Existindo a possibilidade da pessoa que irá realizar o reconhecimento sentir-se intimidada pelo indivíduo a ser reconhecido, deve a autoridade providenciar que este não veja aquela (por meio de "espelho mágico", por exemplo). Porém, essa estratégia não poderá ser empregada em juízo (no curso do processo), nem no procedimento do júri, sob pena de ofensa à publicidade e à ampla defesa (art. 226, parágrafo único, CPP).

Conforme o CPP, havendo necessidade, o reconhecimento de pessoa será efetuado da seguinte forma (incisos do art. 226):

I. a pessoa que tiver de fazer o reconhecimento será convidada a descrever a pessoa que deva ser reconhecida;

II. a pessoa, cujo reconhecimento se pretender, será colocada, se possível, ao lado de outras que com ela tiverem qualquer semelhança, convidando-se quem tiver de fazer o reconhecimento a apontá-la;

III. se houver razão para recear que a pessoa chamada para o reconhecimento, por efeito de intimidação ou outra influência, não diga a verdade em face da pessoa que deve ser reconhecida, a autoridade providenciará para que esta não veja aquela;

IV. do ato de reconhecimento lavrar-se-á auto pormenorizado, subscrito pela autoridade, pela pessoa chamada para proceder ao reconhecimento e por duas testemunhas presenciais.

Parágrafo único. O disposto no n. III deste artigo não terá aplicação na fase da instrução criminal ou em plenário de julgamento.

No que tange ao reconhecimento de coisas, o procedimento a ser adotado é, *mutatis mutandis*, o mesmo descrito anteriormente (*vide* art. 227, CPP).

Por fim, pertinente ao reconhecimento de pessoas por meio fotográfico, apesar de não ser um meio de prova vedado pela lei, é preciso atentar que se trata de mecanismo extremamente precário, sujeito a inúmeros equívocos. Deve, portanto, a autoridade proceder com a máxima cautela aqui (ou mesmo evitar esse meio de prova). Ver STF, RHC 117980/SP, *DJe* 23.06.2014.

12.2.7. Acareação

Acarear é pôr face a face pessoas que apresentaram depoimentos divergentes nos autos. Pode se dar entre testemunhas, acusados, ofendidos, entre acusado e testemunha, entre acusado e ofendido ou entre testemunha e ofendido (*vide* art. 229, CPP).

Consoante o parágrafo único desse dispositivo, os acareados serão indagados pela autoridade para que expliquem os pontos de divergências, reduzindo-se a termo o ato de acareação.

É possível também a acareação por meio de carta precatória quando as pessoas a serem acareadas estiverem em comarcas distintas (consultar o art. 230, CPP).

12.2.8. Prova documental

a) Conceito: de acordo com o art. 232, CPP, documentos são quaisquer escritos, instrumentos ou papéis, públicos ou particulares.

Atualmente, porém, em termos jurídicos, considera-se documento tudo aquilo capaz de demonstrar determinado fato. Ex.: áudio, vídeo etc. (documento em sentido amplo);

b) Requisitos:

São requisitos da prova documental: a verdade (a constatação do que está contido no documento) e a autenticidade (identificação de quem produziu o documento);

c) Algumas notas importantes sobre a prova documental:

c1) Ressalvadas algumas exceções legais, as partes poderão apresentar documentos em qualquer fase do processo – art. 231, CPP. Segue caso de restrição de apresentação da prova documental: apresentação de documentos em plenário do júri. Confira-se o seguinte dispositivo:

> "Art. 479. Durante o julgamento não será permitida a leitura de documento ou a exibição de objeto que não tiver sido juntado aos autos com a antecedência mínima de 3 (três) dias úteis, dando-se ciência à outra parte";

96. STF, RHC 122279/RJ, Info. 754: "Ofende o princípio da não autoincriminação denúncia baseada unicamente em confissão feita por pessoa ouvida na condição de testemunha, quando não lhe tenha sido feita a advertência quanto ao direito de permanecer calada". Neste contexto, no Inq. 3983, entendeu o Pleno do STF, em 12.05.2016, que "à luz dos precedentes do Supremo Tribunal, a garantia contra a autoincriminação se estende às testemunhas, no tocante às indagações cujas respostas possam, de alguma forma, causar-lhes prejuízo (cf. HC 79812, Tribunal Pleno, DJ de 16.02.2001)". Cabe notar que nos autos da AP 611, o STF através da 1ª Turma em 10.12.2014 entendeu, no que tange à vedação à autoincriminação do réu, que "o direito do réu ao silêncio é regra jurídica que goza de presunção de conhecimento por todos, por isso que a ausência de advertência quanto a esta faculdade do réu não gera, por si só, uma nulidade processual a justificar a anulação de um processo penal".

c2) O juiz poderá providenciar a juntada de documento que considerar relevante independentemente de requerimento das partes – art. 234, CPP;

c3) A letra e firma dos documentos particulares serão submetidas a exame pericial, quando contestada a sua autenticidade – art. 235, CPP;

c4) Os documentos em língua estrangeira, sem prejuízo de sua juntada imediata, serão, se necessário, traduzidos por tradutor público, ou, na falta, por pessoa idônea nomeada pela autoridade – art. 236, CPP.

Reflexos do Novo Código de Processo Civil

Os arts. 439 a 441 do novo diploma legal trazem a possibilidade de utilização de documentos eletrônicos como prova. Trata-se da incorporação da tecnologia ao processo. Dada a sua aplicação subsidiária no Processo Penal, é provável que seja incorporada pelo sistema de justiça criminal.

Nesse sentido, vejamos o teor do art. 439: "a utilização de documentos eletrônicos no processo convencional dependerá de sua conversão à forma impressa e da verificação de sua autenticidade".

12.2.9. Indícios

a) Conceito: segundo o art. 239, CPP, *"considera-se indício a circunstância conhecida e provada, que, tendo relação com o fato, autorize, por indução, concluir-se a existência de outra ou outras circunstâncias"*.

Segundo a doutrina, indício não se confunde com presunção. Esta *"é um conhecimento fundado sobre a ordem normal das coisas e que dura até prova em contrário"* (PIERANGELLI *apud* MIRABETE, 2002, p. 317).

Tanto o indício como a presunção são provas indiretas, ou seja, a representação do fato a provar se faz por meio de uma construção lógica (MIRABETE, 2002, p. 316).

Embora os indícios e presunções possuam, em tese, o mesmo valor que as demais provas é preciso que o julgador os avalie com cautela.

12.2.10. Busca e apreensão

a) Conceito: trata-se não propriamente de um meio de prova (consoante sugere o CPP), mas de um meio de obtenção da prova (BADARÓ, 2008, t. I, p. 271), de natureza acautelatória e coercitiva, consistente no apossamento de objetos ou pessoas;

b) O que pode ser objeto de busca e apreensão? Os objetos sobre os quais podem recair a busca e apreensão encontram-se nos §§ 1º e 2º do art. 240, CPP. Enquanto o § 1º trata da busca domiciliar (realizada em domicílio), o § 2º trata da busca pessoal (realizada na própria pessoa). Analisemos esses parágrafos:

> "**Art. 240, § 1º:** Proceder-se-á à busca domiciliar, quando fundadas razões a autorizarem, para:"

a) prender criminosos.

Nota: salvo nos casos de prisão em flagrante, será necessária prévia ordem judicial para efetuar a busca e apreensão de criminosos. Não pode o delegado, portanto, determiná-la sem prévia ordem de um juiz, salvo se se tratar de flagrante delito;

b) apreender coisas achadas ou obtidas por meios criminosos;

c) apreender instrumentos de falsificação ou de contrafação e objetos falsificados ou contrafeitos;

d) apreender armas e munições, instrumentos utilizados na prática de crime ou destinados a fim delituoso;

e) descobrir objetos necessários à prova de infração ou à defesa do réu;

f) apreender cartas, abertas ou não, destinadas ao acusado ou em seu poder, quando haja suspeita de que o conhecimento do seu conteúdo possa ser útil à elucidação do fato.

Nota: vale notar que, conforme determina o art. 5º, XII, CF, a comunicação por meio de carta é inviolável. A CF, inclusive, não previu exceções aqui (consoante fez no caso de comunicação telefônica). Apesar disso, o STF (MS 25686/DF, DJ 14.03.2016 e HC 70814/SP, *DJ* 24.06.1994) e o STJ (HC 203371, *DJe* 17.09.2012, Inf. 496) já decidiram que o sigilo das correspondências não é absoluto, podendo sim, em certos casos, ser violado. Ver também: decisão do STJ sobre a quebra de sigilo de correio eletrônico – HC 315.220/RS, DJ 09.10.2015. Partindo desses julgados dos tribunais superiores, pensamos que, na falta de disciplina legal sobre o tema, para que se possa violar a correspondência de alguém, são necessários os mesmos requisitos da interceptação telefônica (art. 2º, Lei 9.296/1996), *i. e.*: necessidade de prévia ordem judicial, crime punido com reclusão etc.;

g) apreender pessoas vítimas de crimes;

h) colher qualquer elemento de convicção.

Nota: é oportuno salientar que a busca domiciliar, conforme impõe o art. 5º, XI, CF, deverá ser realizada, como regra, de dia e se houver ***prévio mandado judicial***. Ver exceções relacionadas a crimes permanentes no STF (RE 603616/RO, DJe 10.05.2016). Assim, é inconstitucional o art. 241, CPP, quando afirma que, no caso de o próprio delegado realizar a busca domiciliar, será *desnecessário o mandado judicial*. Confira-se o dispositivo:

> "**Art. 241.** Quando a própria autoridade policial ou judiciária não a realizar pessoalmente, a busca domiciliar deverá ser precedida da expedição de mandado."

Desse modo, mesmo que a busca domiciliar seja realizada pela *própria autoridade policial*, o mandado judicial revela-se **indispensável**. Isto é assim porque o art. 5º, XI, da CF estabelece, de maneira expressa, a necessidade de mandado judicial para ingressar em casa alheia, *sem fazer exceção em relação à autoridade policial. Acrescente-se que a busca realizada no interior de veículo automotor não necessita de prévio mandado judicial, salvo se o veículo for utilizado como moradia (trailer, p. ex.)* – STJ, HC 216437, *DJe* 08.03.2013, Inf. 505. **Atenção:** Segundo reiterada jurisprudência do Superior Tribunal de Justiça, por se tratar o tráfico de drogas de delito de natureza permanente, assim compreendido aquele em que a consumação se protrai no tempo, **não se exige a apresentação de mandado de busca e apreensão para o ingresso dos policiais na residência do acusado**, a fim de fazer cessar a atividade criminosa, conforme ressalva prevista no art. 5º, XI, da Constituição Federal (prisão em flagrante), HC 349.248/SP, 5ª Turma, DJ 19.05.2016 e HC 406536/SP, DJe 17/10/2017. Contudo, a 6ª Turma do STJ, em recente julgado, assinalou que "a mera intuição acerca de eventual traficância praticada pelo agente, embora pudesse autorizar abordagem policial em via pública para averiguação, não configura, por si só, justa causa a autorizar o ingresso em seu domicílio, sem o seu consentimento e sem determinação judicial" (STJ, REsp 1574681, *Dje* 30/05/2017). O mesmo posicionamento é adotado pela Corte no caso do crime de posse ilegal de arma de fogo (HC 349109/RS, *DJe* 06/11/2017)

Passemos, agora, ao exame da busca pessoal:

> "**Art. 240, § 2º:** Proceder-se-á à busca pessoal quando houver fundada suspeita de que alguém oculte consigo arma proibida ou algum dos objetos mencionados nas letras *b* a *f* e letra *h* do parágrafo anterior."

Conforme sublinha Badaró (2008, t. I, p. 274), a busca pessoal importa em restrição à garantia constitucional da intimidade (art. 5º, X, CF), incidindo sobre a pessoa humana, abrangendo o seu corpo, suas vestes (que é um provável meio de ocultação de coisa) e outros objetos que estejam em contato com o corpo da vítima (bolsas, mochilas etc.).

Assim como a busca domiciliar, a pessoal exige ordem prévia de juiz. Excepcionalmente, porém, admite-se a dispensa da ordem judicial no caso de prisão ou quando houver fundada suspeita de que a pessoa esteja na posse de arma proibida ou de objetos ou papéis que constituam corpo de delito, ou quando a medida for determinada no curso de busca domiciliar (art. 244, CPP).

É oportuno ainda frisar que a busca em mulher será feita por outra mulher, se não importar retardamento ou prejuízo da diligência (art. 249, CPP);

c) Momento para proceder à busca e apreensão: dada a urgência da medida, costuma a doutrina afirmar que busca e apreensão podem ocorrer inclusive antes da instauração do IP, durante o curso deste, durante o processo e, até mesmo, na fase de execução da pena;

d) Quem pode determiná-la? Pode ser determinada de ofício pela autoridade ou a requerimento das partes (art. 242, CPP);

e) Mandado de busca: o mandado deverá:

I. indicar, o mais precisamente possível, a casa em que será realizada a diligência e o nome do respectivo proprietário ou morador; ou, no caso de busca pessoal, o nome da pessoa que terá de sofrê-la ou os sinais que a identifiquem;

II. mencionar o motivo e os fins da diligência;

III. ser subscrito pelo escrivão e assinado pela autoridade que o fizer expedir;

f) Emprego de força: em caso de resistência por parte do morador, é permitido o uso da força, podendo-se inclusive arrombar a porta e usar de força contra os demais obstáculos existentes (§§ 2º e 3º do art. 245, CPP). Estando ausente o morador, qualquer vizinho poderá ser intimado para assistir a diligência (§ 4º do art. 245, CPP);

g) Lavratura do auto: finda a diligência, os executores lavrarão auto circunstanciado, assinando-o com duas testemunhas presenciais (§ 7º do art. 245, CPP).

12.2.11. Meios de obtenção da prova na Lei do Crime Organizado (Lei 12.850/2013)

Esta Lei consolidou em nosso ordenamento a conceituação de organização criminosa e disciplinou uma série de meios de obtenção da prova.

12.2.11.1. Investigação e obtenção da prova (art. 3º)

No art. 3º estão elencados os meios de obtenção da prova admitidos durante a investigação, mas é importante lembrar que o rol **NÃO** é exaustivo, conforme ressalva feita no próprio *caput*.

a) Captação ambiental (art. 3º, II): conversa pessoal entre os interlocutores, ocorrida em determinado ambiente, que possibilita a um deles a colheita do conteúdo da conversa por determinados meios, tais como gravação de voz, fotografia, filmagem (NUCCI, V. 2, 2014, p. 687). Neste conceito não se incluem as comunicações realizadas por meio de telefone e carta (Ver STJ: HC 161.780/PR, DJ 23.02.2016).

Validade da prova: A *priori*, todos têm o direito de gravar a própria conversa, motivo pelo qual não há que se falar em ilicitude da gravação, vide STF, AI 578858 AgR, DJ 28.08.2009.

É preciso ressaltar que a prova poderá ser utilizada em duas hipóteses, sob risco de serem reputadas ilícitas. São elas: para provar a inocência do acusado **ou** para provar a investida criminosa de um dos interlocutores (STF, RE 402717, DJ 13.02.2009 e AI 503617/PR, *DJ* 04.03.2005).

Nucci, por exemplo, defende que se o ambiente for local aberto e público (Ex: parques, praças, restaurantes, bares etc.) não é necessária prévia autorização judicial para que seja feito o registro da conversa por um dos interlocutores. No caso de local privado, porém, (Ex: residências, escritórios, quarto de hotel etc.), impõe-se a prévia autorização judicial para que a coleta seja realizada por um dos interlocutores, não incluindo aí as comunicações realizadas por meio de telefone e carta (V.2, 2014, p. 687). Nesse sentido, ver: STF, ARE 1079951/SP, *Dje* 27/10/2017.

b) Interceptação ambiental: trata-se da captação ambiental da conversa feita por um terceiro, seguindo o mesmo regramento acima indicado, ou seja, se a conversa se der em ambiente privado será imprescindível autorização judicial prévia para a colheita do registro (STF, **Inq 2424/RJ, *DJe* 26.03.2010).**

c) Acesso a registros de ligações telefônicas e telemáticas, a dados cadastrais de bancos de dados públicos ou privados e a informações eleitorais ou comerciais (art. 3º, IV c/c art. 15).

Delegados e MP podem ter acesso a dados referentes à qualificação pessoal, filiação e domicílio/residência, sem necessitar de autorização judicial.

Desse modo, dados como o nome completo, RG, CPF, nomes dos pais e endereços residencial e comercial são de livre acesso às autoridades acima indicadas.

Os demais dados, a exemplo do conteúdo de e-mails, ligações telefônicas, entre outros, dependem de autorização judicial por estarem na esfera de intimidade do indivíduo.

Por outro lado, o art. 16 da Lei obriga empresas de transporte (aéreo, terrestre e marítimo) a armazenar dados de reservas e registros de viagens pelo prazo de 5 (cinco) anos e conceder acesso aos juízes, delegados e membros do MP, sem necessitar de ordem judicial.

Da mesma forma, o art. 17 faz o mesmo em relação aos registros de ligações de telefonia fixa e móvel. Há, contudo, recusa doutrinária à possibilidade de acesso aos dados sem autorização judicial.

d) Colaboração premiada (art. 4º)

Trata-se de instituto oriundo do direito norte-americano que tem como objetivo transacionar fração da pena a ser imposta a coautor ou partícipe de fato delituoso relacionado à atuação de organizações criminosas em troca de informações essenciais na investigação.

d1) Conceito: *técnica especial de investigação por meio da qual o coautor e/ou partícipe da infração penal, além de confessar seu envolvimento no fato delituoso, fornece voluntariamente aos órgãos responsáveis pela persecução penal informações objetivamente eficazes para a consecução de um dos objetivos previstos em lei, recebendo, em contrapartida, determinado prêmio legal* (LIMA, 2015, p. 760).

d2) Requisitos (art. 4º, I a V)

Em qualquer hipótese, como visto no conceito acima, a colaboração deve ser **voluntária** (não deve sofrer coação física ou moral)[97] e **efetiva** (deve propiciar resultados, como os previstos a seguir). São eles:

I. identificação dos demais coautores e partícipes da organização criminosa e das infrações penais por eles praticadas (delação premiada ou chamamento de corréu)

Nesta hipótese, além de confessar a própria participação, o colaborador fornece informações efetivas sobre a participação dos demais agentes da organização criminosa, bem como indica as infrações penais cometidas por todos eles.

II. revelação da estrutura hierárquica e da divisão de tarefas da organização criminosa

Nem todos os membros conhecem plenamente a estrutura da organização criminosa, de modo que a eficácia das informações nessa hipótese é mais restrita.

III. Prevenção de infrações penais decorrentes das atividades da organização criminosa

Trata-se de disposição abstrata, cuja eficácia é bastante questionável. A prevenção de crimes futuros dependerá, por exemplo, da desestruturação da organização criminosa.

IV. recuperação total ou parcial do produto ou do proveito das infrações penais praticadas pela organização criminosa

É o retorno das vantagens obtidas pela organização criminosa, com a restituição de bens e valores às vítimas, ao Estado.

V. localização de eventual vítima com a sua integridade física preservada

Diz respeito, em regra, à colaboração quando há extorsão mediante sequestro. Nesse caso, a eficácia da colaboração é evidente.

d3) Prêmio: é a contrapartida dada pelo Estado pela colaboração do acusado. Na atribuição, além da eficácia da colaboração, o juiz considerará a personalidade do colaborador, a natureza, as circunstâncias, a gravidade e a repercussão social do fato delituoso (art. 4º, § 1º).

Espécies:

I. Perdão judicial: o juiz decreta a extinção da punibilidade quando a colaboração atingiu o seu máximo grau de eficácia para as investigações. Não há qualquer efeito condenatório.

II. Substituição da pena privativa de liberdade por restritiva de direitos: Há condenação, mas o juiz substitui a pena (art. 43, CP) considerando os efeitos razoáveis da colaboração do réu para as investigações.

III. Redução de até 2/3 da pena: na sentença, o juiz condena o réu, mas pode aplicar redução de acordo com o grau de colaboração do acusado. O teto desta redução é de 2/3 e se aplica quando a colaboração teve efeitos de baixa a moderada eficácia. Ver: STF, HC 129877/RJ, *Dje* 01.08.2017e Informativo 861 de 10 a 21 de abril de 2017.

IV. Não oferecimento da denúncia (§ 4º, I e II): o Ministério Público poderá deixar de oferecer denúncia se o colaborador não for o líder da organização criminosa **E** for o primeiro a prestar efetiva colaboração nos termos deste artigo. Os requisitos são concomitantes para a medida.

Trata-se de exceção ao princípio da obrigatoriedade da ação penal, uma vez que ensejará o arquivamento do IP. Renato Brasileiro (2014, p. 744) entende que o fundamento material do arquivamento seja, por analogia, o art. 87, parágrafo único, da Lei 12.529/2011, em que o cumprimento do acordo de colaboração premiada determina a extinção da punibilidade em relação ao colaborador.

d4) Legitimidade e momento procedimental do perdão judicial (art. 4º, § 2º): Caso não tenha sido previsto na proposta inicial de prêmio, o MP pode requerer a concessão do perdão judicial a qualquer tempo. O delegado só pode representar pelo perdão judicial durante o IP.

Na fase de inquérito, a manifestação pode se dar por três meios:

I. O delegado promove a representação, nos autos do IP, com manifestação favorável simultânea do MP, que posteriormente é direcionada ao juiz;

II. O delegado representa, nos autos do IP, com manifestação favorável posterior do MP, para então seguir até o juiz;

III. O MP, mesmo durante o inquérito, requer ao juiz a aplicação do perdão judicial.

d5) Procedimento (art. 4º §§ 3º a 16)

I. Suspensão do prazo de oferecimento da denúncia (§ 3º): O prazo para oferecimento de denúncia ou o processo, relativos ao colaborador, poderá ser suspenso por até 6 (seis) meses, prorrogáveis por igual período, até que sejam cumpridas as medidas de colaboração, suspendendo-se o respectivo prazo prescricional.[98]

Por vezes pode ser necessário aguardar o cumprimento de algumas diligências para confirmar as informações passadas pelo colaborador. Nesse caso, é possível suspender o prazo de oferecimento da denúncia por seis meses, inicialmente, e por igual período caso seja necessário.

O prazo prescricional fica suspenso durante o período.

II. Colaboração na fase de execução penal (§ 5º): Se a colaboração for posterior à sentença, a pena poderá ser reduzida até a metade ou será admitida a progressão de regime ainda que ausentes os requisitos objetivos.

A exclusão dos requisitos objetivos mitiga o cumprimento de 1/6 da pena, que é aplicado à maioria dos condenados, ou ainda o de 2/5 ou 3/5 da pena, para os condenados por

97. O juízo da Quinta Vara Federal Criminal na Seção Judiciária do Rio de Janeiro afastou o perdão judicial por entender que a colabora-ção do agente não teria sido espontânea. A exigência da espontaneidade da colaboração gerou discussão jurisprudencial, decidindo o STF, no julgamento do HC 129877/RJ, DJe 01.08.2017, que os vocábulos "voluntariedade" e "espontaneidade" são sinônimos.

98. O recebimento da denúncia é o termo final para o sigilo do acordo de colaboração. Contudo, o sigilo poderá ser afastado em mo-mento anterior, tendo em vista a otimização dos princípios da ampla defesa e de contraditório (STF, Inq. 445 AgR/DF, DJe 10.11.2017 e Info. 877, do período de 11 a 15 de setembro de 2017).

crimes hediondos. Nesse caso, permanece válido o requisito subjetivo, como o bom comportamento carcerário do colaborador.

A amplitude da medida ainda não está consolidada, de modo que os tribunais brevemente serão instados a delimitar a real extensão do benefício na fase de execução penal.

III. Imparcialidade do juízo (§ 6º): O juiz **não** participará das negociações realizadas entre as partes para a formalização do acordo de colaboração, que ocorrerá entre o delegado de polícia, o investigado e o defensor, com a manifestação do Ministério Público, ou, conforme o caso, entre o Ministério Público e o investigado ou acusado e seu defensor.

IV. Conteúdo do termo de acordo (art. 6º): Nos termos do dispositivo, o termo de acordo deverá conter o relato da colaboração e seus possíveis resultados; as condições da proposta do Ministério Público ou do delegado de polícia; a declaração de aceitação do colaborador e de seu defensor; as assinaturas do representante do Ministério Público ou do delegado de polícia, do colaborador e de seu defensor; e a especificação das medidas de proteção ao colaborador e à sua família, quando necessário.

V. Homologação do acordo (§ 7º): Realizado o acordo na forma do § 6º, o respectivo termo, acompanhado das declarações do colaborador e de cópia da investigação, será remetido ao juiz para homologação, o qual deverá verificar sua regularidade, legalidade e voluntariedade, podendo para este fim, sigilosamente, ouvir o colaborador, na presença de seu defensor.

Antes de ser remetido ao juiz, o termo deverá ser autuado à parte, nos moldes de um incidente do IP ou do processo, viabilizando a distribuição ao juiz sob sigilo. O termo deverá ser encaminhado diretamente ao juiz, devidamente lacrado (art. 7º, § 1º), no prazo de 48 horas, que não é preclusivo.

O colaborador deve ser acompanhado por defensor no momento das tratativas e da celebração do acordo, para que sejam observadas todas as garantias constitucionais e legais inerentes ao regime democrático, a exemplo do direito ao silêncio, da ampla defesa, do contraditório, da vedação à autoincriminação etc.

Em seguida, o juiz ouvirá o colaborador, sob segredo de justiça, com o fim de verificar a sua voluntariedade, sendo garantida a presença de defensor (NUCCI, V.2, p. 698).

Impende salientar que a eficácia do acordo homologado está condicionada ao cumprimento dos deveres assumidos pelo colaborador (Informativo 870, STF, de 19 a 30 de junho de 2017).

Ademais, o STF firmou entendimento no sentido de que, após a homologação, o acordo de delação premiada somente poderá ser revisto pelo plenário em caso de descumprimento dos termos pelo colaborador. Contudo, ressaltou que eventual ilegalidade descoberta, mesmo após a homologação, poderá levar à anulação de todo o acordo.

VI. Rejeição da proposta (§ 8º): O juiz poderá recusar homologação à proposta que não atender aos requisitos legais, ou adequá-la ao caso concreto.

O juiz não participa da negociação em razão da necessidade de assegurar a sua imparcialidade, uma vez que fará o juízo de admissibilidade do acordo. No caso de eventual ajuste no termo, este poderá fazer apenas limitados ajustes no que concerne à legalidade das disposições, mas não poderá adentrar às minúcias do conteúdo, sob pena de contaminação.

VII. Providências posteriores (§ 9º): Depois de homologado o acordo, o colaborador poderá, sempre acompanhado pelo seu defensor, ser ouvido pelo membro do Ministério Público ou pelo delegado de polícia responsável pelas investigações. Em suma, a colaboração acontecerá, de fato, após a homologação do acordo.

VIII. Retratação (§ 10): As partes podem retratar-se da proposta, caso em que as provas autoincriminatórias produzidas pelo colaborador não poderão ser utilizadas exclusivamente em seu desfavor.

Significa dizer que tudo o que foi confessado e indicado pelo colaborador não poderá ser utilizado contra ele no processo, embora possa ser aproveitado em relação aos demais investigados ou corréus.

IX. Sentença (§ 11): A sentença levará em consideração os termos do acordo homologado e sua eficácia. Vale ressaltar também que nenhuma sentença condenatória será proferida com fundamento apenas nas declarações de agente colaborador **(§ 16).**

X. Da oitiva do colaborador (§ 12): Ainda que beneficiado por perdão judicial ou não denunciado, o colaborador poderá ser ouvido em juízo a requerimento das partes ou por iniciativa da autoridade judicial.

Quando for ouvido, sempre que possível, será feito o registro dos atos de colaboração pelos meios ou recursos de gravação magnética, estenotipia, digital ou técnica similar, inclusive audiovisual, destinados a obter maior fidelidade das informações (§ 13).

Nos depoimentos que prestar, o colaborador renunciará, na presença de seu defensor, ao direito ao silêncio e estará sujeito ao compromisso legal de dizer a verdade **(§ 14)**, ou seja, deverá ser esclarecido sobre o direito ao silêncio e a sua incompatibilidade com o acordo de colaboração, assim como deverá prestar juramento em relação à veracidade do seu depoimento.

XI. Ampla defesa (§ 15): Em todos os atos de negociação, confirmação e execução da colaboração, o colaborador deverá estar assistido por defensor. Entendemos que a ausência de defensor acarreta nulidade absoluta do termo de colaboração.

d6) Direitos do colaborador (art. 5º): Como forma de estimular a efetiva colaboração dos membros de organizações criminosas, a Lei estabeleceu alguns direitos peculiares.

São eles:

I. usufruir das medidas de proteção previstas na legislação específica;

II. ter nome, qualificação, imagem e demais informações pessoais preservados;

III. ser conduzido, em juízo, separadamente dos demais coautores e partícipes;

IV. participar das audiências sem contato visual com os outros acusados;

V. não ter sua identidade revelada pelos meios de comunicação, nem ser fotografado ou filmado, sem sua prévia autorização por escrito;

VI. cumprir pena em estabelecimento penal diverso dos demais corréus ou condenados.

Atenção: Segundo julgado recente de STF, o descumprimento da colaboração não justifica, por si só, a decretação da prisão preventiva (STF, HC 138207/PR, *DJe* 26.06.2017, Info. 862 de 24 a 28 de abril de 2017, STF e Info. 609, STJ).

e) Ação controlada (art. 8º)

e1) Noção: consiste em retardar a intervenção policial ou administrativa relativa à ação praticada por organização criminosa ou a ela vinculada, desde que mantida sob observação e acompanhamento para que a medida legal se concretize no momento mais eficaz à formação de provas e obtenção de informações. Ver a nossa explicação sobre o flagrante controlado.

e2) Procedimento (§§ 1º a 4º): o retardamento da intervenção policial ou administrativa será previamente comunicado ao juiz competente que, se for o caso, estabelecerá os seus limites e comunicará ao Ministério Público.

A comunicação será sigilosamente distribuída, de forma a não conter informações que possam indicar a operação a ser efetuada. O sigilo é fundamental para o êxito da operação.

Até o encerramento da diligência, o acesso aos autos será restrito ao juiz, ao Ministério Público e ao delegado de polícia, como forma de garantir o êxito das investigações.

Ao término da diligência, elaborar-se-á auto circunstanciado acerca da ação controlada.

e3) Repercussão internacional (art. 9º): caso seja necessário transpor fronteiras, o retardamento da intervenção policial ou administrativa somente poderá ocorrer com a cooperação das autoridades dos países que figurem como provável itinerário ou destino do investigado, de modo a reduzir os riscos de fuga e extravio do produto, objeto, instrumento ou proveito do crime.

No âmbito nacional, é uma sólida hipótese de repercussão interestadual, que pode resultar na atuação da PF pela necessidade de centralização das investigações, dos dados e da repressão uniforme.

f) Infiltração de agentes (art. 10 e ss.)

f1) Conceito: Trata-se de ação autorizada judicialmente, por meio da qual um agente policial disfarçado atua de forma regular, omitindo a sua identidade, como um membro de organização criminosa, se fazendo passar por criminoso, com o objetivo de identificar fontes de provas de crimes graves (NEISTEIN, 2006).

f2) Procedimento (§§ 1º a 5º): A infiltração de agentes de polícia em tarefas de investigação deve ser encaminhada ao juiz por meio de representação do delegado de polícia ou de requerimento do Ministério Público (após prévia manifestação técnica do delegado de polícia).

O requerimento do MP ou a representação do delegado conterão a demonstração da necessidade da medida, o alcance das tarefas dos agentes e, quando possível, os nomes ou apelidos das pessoas investigadas e o local da infiltração (art. 11).

O pedido de infiltração será sigilosamente distribuído, de forma a não conter informações que possam indicar a operação a ser efetivada ou identificar o agente que será infiltrado (art. 12).

Na hipótese de ser encaminhado pelo delegado, o juiz, ao decidir sobre a infiltração (prazo de 24 horas – art. 12, § 1º), deverá ouvir previamente o MP. A decisão terá o seu conteúdo circunstanciado, motivado e sigiloso, estabelecendo, ainda, limites da atuação do agente infiltrado (art. 13).

Será admitida a infiltração se houver indícios de infração penal de que trata o art. 1º e se a prova não puder ser produzida por outros meios disponíveis.

A infiltração será autorizada pelo prazo de até 6 (seis) meses, sem prejuízo de eventuais renovações, desde que comprovada sua necessidade (art. 10, § 3º). Encerrado o prazo, relatório circunstanciado será apresentado ao juiz competente, que imediatamente cientificará o Ministério Público.

Nada obsta que no curso do inquérito policial, o delegado de polícia poderá determinar aos seus agentes, e o Ministério Público poderá requisitar, a qualquer tempo, relatório da atividade de infiltração (art. 10, § 5º).

Os autos contendo as informações da operação de infiltração acompanharão a denúncia do Ministério Público, quando serão disponibilizados à defesa, assegurando-se a preservação da identidade do agente (art. 12, § 2º). Trata-se de hipótese em que o contraditório é diferido ou postergado.

Havendo indícios seguros de que o agente infiltrado sofre risco iminente, a operação será sustada mediante requisição do Ministério Público ou pelo delegado de polícia, dando-se imediata ciência ao Ministério Público e à autoridade judicial. É imprescindível lembrar que a segurança do agente infiltrado deve estar em primeiro lugar, de modo que diante de sinais de perigo concreto ele deve ser retirado imediatamente da operação (art. 12, § 3º).

Há importante novidade legislativa quanto à matéria, uma vez que a Lei 13.441/2017 alterou o Estatuto da Criança e do Adolescente para prever a infiltração de agentes de polícia na internet com o fim de investigar crimes contra a dignidade sexual de criança e de adolescente.

13. SUJEITOS PROCESSUAIS

13.1. Conceito

São *"as pessoas entre as quais se constitui, se desenvolve e se completa a relação jurídico-processual"* (MIRABETE, 2001, p. 324). Ou, ainda: *são as diversas pessoas que, direta ou indiretamente, atuam no curso do processo, visando à prática de atos processuais.*

13.2. Sujeitos processuais principais (essenciais)

São aqueles cuja existência é essencial para que se tenha uma relação jurídica processual regularmente instaurada. Compreendem: o juiz, a acusação (MP ou querelante) e o réu.

13.3. Sujeitos processuais secundários (acessórios, colaterais)

São pessoas que, embora não imprescindíveis à formação do processo, nele poderão intervir com o escopo de formular determinada pretensão. Ex.: assistente de acusação.

Examinaremos abaixo alguns dos sujeitos processuais mais importantes.

13.4. Juiz

Conforme dispõe o art. 251, CPP, ao magistrado cabe assegurar a regularidade do processo e a ordem no curso dos atos processuais.

a) Prerrogativas (ou garantias): para que seja efetivo o exercício da atividade jurisdicional, a CF (art. 95) confere ao juiz algumas garantias, quais sejam:

a1) Vitaliciedade: consistente na impossibilidade de perda do cargo, salvo por sentença transitada em julgado. A vitaliciedade, no primeiro grau, só será adquirida após dois anos de exercício, dependendo a perda do cargo, nesse período, de deliberação do tribunal a que o juiz estiver vinculado e, nos demais casos (após os 2 anos de exercício), de sentença judicial transitada em julgado;

a2) Inamovibilidade: consiste na vedação de remoção do juiz, salvo por interesse público, nos termos do art. 93, VIII, CF;

a3) Irredutibilidade de subsídio: consiste na impossibilidade de redução da remuneração do juiz, ressalvado o disposto nos arts. 37, X e XI, 39, § 4º, 150, II, 153, III, e 153, § 2º, I, todos da CF.

Ademais, é fundamental que o juiz seja imparcial, ou seja, neutro em relação às partes e ao objeto do processo. A imparcialidade do juiz é, na verdade, dogma do próprio sistema acusatório pretendido pelo Constituinte de 1988.

Vejamos, agora, os casos de impedimento e suspeição do magistrado;

b) Impedimento: ocorre quando há interesse do juiz no objeto da demanda, afetando a própria jurisdição e provocando a inexistência do processo. Com efeito, são motivos de incapacidade objetiva do juiz. O impedimento deve ser reconhecido de ofício pelo juiz; não o fazendo pode qualquer das partes argui-lo, adotando-se o mesmo rito da suspeição – *vide* art. 112, parte final, CPP. Eis os casos de impedimento (considerados taxativos):

> "**Art. 252.** O juiz não poderá exercer jurisdição no processo em que:
>
> I – tiver funcionado seu cônjuge ou parente, consanguíneo ou afim, em linha reta ou colateral até o terceiro grau, inclusive, como defensor ou advogado, órgão do Ministério Público, autoridade policial, auxiliar da justiça ou perito;
>
> II – ele próprio houver desempenhado qualquer dessas funções ou servido como testemunha;
>
> III – tiver funcionado como juiz de outra instância, pronunciando-se, de fato ou de direito, sobre a questão;
>
> IV – ele próprio ou seu cônjuge ou parente, consanguíneo ou afim em linha reta ou colateral até o terceiro grau, inclusive, for parte ou diretamente interessado no feito."

Como visto anteriormente, as hipóteses influem direta ou indiretamente no juízo de valor do magistrado sobre a causa em exame, colocando em risco a sua imparcialidade. Influem diretamente quando este já atuou, manifestou-se sobre os fatos anteriormente, ou tem interesse no deslinde da demanda (II, III e IV); indiretamente, quando algum parente ou cônjuge atua ou atuou no feito (I e IV).

No que tange a órgãos julgadores colegiados (Turma Recursal do JECRIM[99]; Câmara; ou Turma), estabelece o art. 253, CPP, que: "*não poderão servir no mesmo processo os juízes que forem entre si parentes, consanguíneos ou afins, em linha reta ou colateral até o terceiro grau, inclusive*".

Por fim, o reconhecimento de impedimento pelo juiz, seja ele de ofício ou provocado, depende sempre de fundamentação.

Reflexos do Novo Código de Processo Civil

No que se refere às hipóteses de impedimento, mesmo sendo taxativo o rol do CPP, alguns autores entendem que as inovações trazidas pelo NCPC podem ser incorporadas ao Processo Penal, considerando a lacuna no CPP. Estão contidas no art. 144, NCPC. São elas: III – quando nele estiver postulando, como **defensor público**, advogado ou membro do Ministério Público, seu cônjuge ou **companheiro**, ou qualquer parente, consanguíneo ou afim, em linha reta ou colateral, até o terceiro grau, inclusive; IV – quando for parte no processo ele próprio, seu cônjuge ou **companheiro**, ou parente, consanguíneo ou afim, em linha reta ou colateral, até o terceiro grau, inclusive; V – quando for sócio ou membro de direção ou de administração de **pessoa jurídica parte no processo**; VI – quando for herdeiro presuntivo, donatário ou empregador de qualquer das partes; VII – em que figure como parte instituição de ensino com a qual tenha relação de emprego ou decorrente de contrato de prestação de serviços; VIII – em que figure como parte cliente do escritório de advocacia de seu cônjuge, companheiro ou parente, consanguíneo ou afim, em linha reta ou colateral, até o terceiro grau, inclusive, mesmo que patrocinado por advogado de outro escritório; IX – quando promover ação contra a parte ou seu advogado.

c) Suspeição: ocorre quando o juiz não tem a necessária imparcialidade para julgar (por interesses ou sentimentos pessoais – *incapacidade subjetiva do juiz*). A imparcialidade é pressuposto de validade do processo. O juiz pode se dar por suspeito de ofício, não o fazendo, as partes poderão recusá-lo.

Eis os **casos** de suspeição do juiz (a jurisprudência entende que o rol abaixo não é taxativo):

> "**Art. 254.** O juiz dar-se-á por suspeito, e, se não o fizer, poderá ser recusado por qualquer das partes:"
>
> I – se for amigo íntimo ou inimigo capital de qualquer deles;"

O que é ser amigo íntimo para este dispositivo? É a convivência familiar (compadrio, apadrinhamento etc.). Não caracteriza suspeição a amizade superficial, o mero coleguismo, a mera convivência profissional etc.

Aplique-se tudo o que foi dito aqui, *mutatis mutandis*, à inimizade capital.

Ademais, a amizade íntima ou inimizade capital deve ser aferida em relação às partes em sentido material (réu e vítima) e não em relação ao promotor, advogado, que são partes instrumentais. Porém, nada impede que, inclusive em relação às partes instrumentais, o juiz se dê por suspeito por razão de foro íntimo, invocando, por analogia, o art. 145, § 1º, NCPC;

> "II – se ele, seu cônjuge, ascendente ou descendente, estiver respondendo a processo por fato análogo, sobre cujo caráter criminoso haja controvérsia;"

Note-se que essa controvérsia se caracteriza ainda que se dê de forma minoritária.

Ademais, há quem defenda que esse dispositivo deva ser aplicado também ao companheiro(a) e não apenas ao cônjuge;

> "III – se ele, seu cônjuge, ou parente, consanguíneo, ou afim, até o terceiro grau, inclusive, sustentar demanda ou responder a processo que tenha de ser julgado por qualquer das partes;"

99. Juizado Especial Criminal – Lei 9.099/1995.

Reconhece-se a suspeição aqui por conta da possível troca de favores que poderia ocorrer nessa situação;

"IV – se tiver aconselhado qualquer das partes;

V – se for credor ou devedor, tutor ou curador, de qualquer das partes;

VI – se for sócio, acionista ou administrador de sociedade interessada no processo."

Por outro lado, ressalte-se que não é possível o reconhecimento da suspeição quando a parte, deliberadamente, injuriar ou provocar situação que enseje a suspeição do magistrado (art. 256, CPP). A lei não pode premiar aquele que age mediante torpeza. Eventuais desentendimentos entre juiz e advogado não conduzem à suspeição, já que essa diz respeito à relação do juiz com as partes do processo e não com o advogado.

Finalmente, confira-se o teor do art. 255, que diz: "o impedimento ou suspeição decorrente de parentesco por afinidade cessará pela dissolução do casamento que lhe tiver dado causa, salvo sobrevindo descendentes; mas, ainda que dissolvido o casamento sem descendentes, não funcionará como juiz o sogro, o padrasto, o cunhado, o genro ou enteado de quem for parte no processo".

Cuidado para não confundir suspeição com impedimento:

Suspeição: vínculo subjetivo do juiz com as partes (ex.: amizade íntima do juiz com o réu) ou com o assunto discutido no processo (ex.: juiz figura como demandante em outro processo em que se discute o mesmo assunto). Em que pese a indicação de que ocorre a preclusão (art. 254, CPP), a doutrina entende que a suspeição do juízo é hipótese de nulidade absoluta e pode ser alegada a qualquer tempo. É motivo de incapacidade subjetiva. Deve ser reconhecida de ofício pelo juiz. Não o fazendo, qualquer das partes pode argui-la. Procedimento: art. 96 e ss., CPP;

Impedimento: fundamenta-se em razões de ordem objetiva (ex.: a advogada do feito é esposa do juiz). Afeta a própria jurisdição. Provoca a inexistência do processo. É motivo de incapacidade objetiva do juiz. Deve ser reconhecido de ofício pelo juiz, não o fazendo pode qualquer das partes argui-lo. Adota-se o mesmo rito da suspeição.

13.5. Ministério Público

De acordo com o art. 127, CF: "o Ministério Público é instituição permanente, essencial à função jurisdicional do Estado, incumbindo-lhe a defesa da ordem jurídica, do regime democrático e dos interesses sociais e individuais indisponíveis". O MP é, assim, responsável pela manutenção do equilíbrio jurídico da sociedade.

a) Natureza da instituição: conforme aponta certa doutrina, o MP integra o Estado, mas não está atrelado a nenhum dos Poderes. É, portanto, instituição *independente e fiscalizadora dos Poderes, desempenhando função essencial à justiça;*

b) Prerrogativas (ou garantias): as mesmas do magistrado, ou seja, vitaliciedade, inamovibilidade e irredutibilidade de subsídio;

c) Papel do MP no processo penal: possui função dúplice. Atua como órgão legitimado para a acusação, sendo o titular exclusivo das ações penais públicas (art. 129, I, CF), mas, acima de tudo, funciona, necessariamente, como fiscal da lei em todos os processos (art. 127, CF).

Em decorrência disso, não está o MP obrigado a oferecer a denúncia ou a pedir a condenação do acusado quando inexistirem elementos legais ou fáticos nos autos. Desse modo, se no momento da *opinio delicti* (elaboração da denúncia) entender o MP que não há fundamento para a ação penal, deverá manifestar-se pelo arquivamento do inquérito ou das peças de informação. Da mesma forma, se, ao final da instrução, verificar que não há motivo para a condenação do acusado, deve pugnar pela sua absolvição. O seu principal compromisso é com a observância da lei, dos valores constitucionais, motivo pelo qual a função de fiscal da lei está, inequivocamente, acima da função acusatória.

d) A atuação do MP na ação penal pública:

Atua como parte formal. Como dito, não é uma parte como outra qualquer, pois atua como fiscal da lei e tem compromisso, em última análise, com a promoção da justiça no processo penal. Não está, assim, adstrito ao pleito condenatório. Pode impetrar HC, MS, pedir a absolvição do acusado, recorrer em prol deste. Note-se que o MP sempre exerce a função de *custos legis*, mesmo quando é autor da ação;

e) A atuação do MP na ação penal privada

e1) Exclusivamente privada/personalíssima

Na ação privada, o MP atua como fiscal da lei. Pode aditar a queixa para, por exemplo, promover correções formais (indicação do procedimento adequado, dia, hora e local do crime etc.).

Dentre as funções que desempenha na ação privada, está a de velar por sua indivisibilidade. Assim, em caso de exclusão indevida de agente(s) pelo querelante, conforme sustenta certo setor da doutrina, não deve o MP aditar a queixa. Deve, no prazo previsto pelo § 2º do art. 46 do CPP, provocar a vítima para que esta promova o aditamento.

Em caso de sentença condenatória proferida contra o querelado, pode o MP, na função de *custos legis*, apelar pedindo a sua absolvição ou, noutro giro, apelar pedindo a exasperação da pena.

Sendo a sentença absolutória, entende-se que o MP não poderá apelar (buscando a condenação, p. ex.). É que vige aqui o princípio da oportunidade;

e2) Subsidiária da pública

A atuação do MP aqui é bem mais intensa, uma vez que embora essa ação penal seja encabeçada pela vítima, ela (a ação) continua a possuir notória natureza pública. Assim, é possível ao MP (art. 29, CPP):

I. Aditar a queixa para incluir novos fatos e/ou novos agentes (prazo de 3 dias – art. 46, § 2º, CPP);

II. Repudiar a queixa quando esta for, por exemplo, inepta, apresentando denúncia substitutiva;

III. Fornecer elementos de prova;

IV. Interpor recurso;

V. A todo tempo, retomar como parte principal em caso de negligência por parte do querelante.

f) Hipóteses de suspeição e impedimento do MP: tais hipóteses são, *mutatis mutandis*, as mesmas do juiz (consultar a exposição efetuada anteriormente).

Por outro lado, vale recordar a Súmula 234, STJ, que diz: *"a participação de membro do Ministério Público na fase investigatória criminal não acarreta o seu impedimento ou suspeição para o oferecimento da denúncia"*. Não faria mesmo sentido restringir a participação do membro ministerial que atuou na fase de investigação, haja vista o papel do MP de titular da ação penal pública. Ademais, lembre-se de que as investigações criminais têm o MP como destinatário imediato;

g) Princípios que informam o MP (princípios institucionais)

g1) Unidade: consiste na integralidade do MP como instituição pública. Isto não provoca qualquer óbice em relação à distribuição das atribuições, já que é preciso fracioná-las para que se obtenha uma atuação mais eficiente de seus membros;

g2) Indivisibilidade: qualquer integrante do mesmo MP pode atuar no feito em curso sem a necessidade de designação específica. Essa atuação ocorre muito em comarcas situadas no interior dos Estados, quando, por exemplo, um promotor está em período de férias e outro, de comarca vizinha, assume temporariamente as suas atribuições. Não lhe será exigido qualquer ato específico de designação para aquele processo. Portanto, seus reflexos se dão predominantemente no âmbito endoprocessual, ou seja, no interior da relação processual;

g3) Independência funcional: O MP, no exercício das suas atribuições respectivas, não está subordinado a qualquer dos Poderes do Estado.

13.6. Querelante (vítima)

É o sujeito ativo da ação penal privada. O querelante atua como legitimado extraordinário, *i. e.*, age em nome próprio, defendendo interesse do Estado (que é o titular do direito de punir)

13.7. Assistente de acusação

É a vítima ou seu representante legal, ou, na falta destes, o CCADI, que se habilita para intervir como auxiliar acusatório do MP na ação penal pública (*vide* art. 268, CPP).

13.7.1. Quem pode habilitar-se como assistente de acusação?

Conforme visto, a vítima. Sendo esta incapaz, seu representante legal. Na falta da vítima (morte ou ausência) e de seu representante, poderão se habilitar como assistente o CCADI.

Por outro lado, frise-se que a lei não admite que o corréu, no mesmo processo, figure como assistente de acusação, haja vista ser também parte (art. 270, CPP).

13.7.2. Quando poderá habilitar-se o assistente?

A partir do recebimento da denúncia até o trânsito em julgado (arts. 268 e 269, CPP). Assim, não cabe o instituto da assistência na fase de IP e na fase de execução penal.

No procedimento do Júri, o assistente deverá requerer sua habilitação até 5 dias antes da data da sessão - art. 430, CPP.

Destaque-se que o assistente receberá a causa no estado em que esta se achar - art. 269, CPP. Isto visa a evitar dilações indevidas do processo (propositura de novas provas em fase inadequada, por exemplo).

Efetuado o pedido de habilitação como assistente, o juiz o remeterá ao MP para a manifestação deste órgão (art. 272, CPP). Após o parecer do MP, o juiz decidirá se admite ou não o requerimento de assistência.

Ainda, diz o art. 273, CPP, que "do despacho que admitir, ou não, o assistente, não caberá recurso, devendo, entretanto, constar dos autos o pedido e a decisão". Apesar do conteúdo deste artigo, tem entendido a doutrina que, em caso de indeferimento arbitrário, é cabível o mandado de segurança.

13.7.3. Faculdades processuais do assistente (o que pode ele fazer no curso do processo?)

Sobre o tema, sublinha o art. 271, CPP (considerado taxativo por certo setor da doutrina): "ao assistente será permitido propor meios de prova, requerer perguntas às testemunhas, aditar o libelo e os articulados, participar do debate oral e arrazoar os recursos interpostos pelo Ministério Público, ou por ele próprio, nos casos dos arts. 584, § 1º, e 598".

Esmiuçando esse dispositivo temos que ao assistente é facultado:

I. Propor meios de prova;

II. Realizar perguntas às testemunhas;

III. Aditar o libelo e os articulados. Este inciso está prejudicado no que tange ao libelo, pois não mais existe esta peça no procedimento do Júri;

IV. Participar de debate oral;

V. Arrazoar recursos interpostos pelo MP. Caso o MP recorra de alguma decisão no curso do processo, poderá o assistente colacionar as suas razões à impugnação ministerial;

VI. O assistente, previamente habilitado ou não, pode interpor (e arrazoar), autonomamente, recurso no caso de inércia recursal do MP nos seguintes casos: decisão de impronúncia (art. 584, § 1º); quando julgada extinta a punibilidade (art. 584, § 1º); e no caso de sentença absolutória (art. 598).

Destaque-se também a Súmula 210 do STF, que diz: "o assistente do Ministério Público pode recorrer, inclusive extraordinariamente, na ação penal, nos casos dos arts. 584, § 1º, e 598 do Código de Processo Penal".

Questão final: há **interesse** do assistente de acusação em interpor recurso de modo exclusivo (sem recurso do MP, portanto) para **agravar** a pena fixada ao réu?

I. Significativa parcela da **doutrina** entende que é **impossível** ao assistente de acusação apelar de modo exclusivo para **majorar** a punição imposta ao réu. Isto porque, sustentam esses autores, a vítima no processo penal brasileiro teria tão somente interesse em obter **reparação civil** dos danos causados pelo delito. Por esta razão, sendo prolatada a sentença penal **condenatória**, constituído, pois, o **título executivo judicial**, **cessaria**, desse ponto em diante, o interesse do ofendido, já que, como cediço, *a quantidade de pena aplicada não repercute na reparação civil*;

II. **De outro lado**, sustentando haver sim **interesse-utilidade**, está também considerável doutrina e a jurisprudência dos tribunais superiores. (STJ, HC 99857/SP, DJe 19.10.2009). Para essa segunda corrente, é preciso reconhecer na figura do assistente de acusação mais do que um simples interesse de ser indenizado no campo cível, pois deve ele estar comprometido, também, com a justa aplicação da lei penal.

13.8. Acusado

O réu ocupa o polo passivo da relação processual penal. Por conta de um critério biopsicológico adotado pelo CP e pela CF, só pode ser acusado o maior de 18 anos.

Ainda no que concerne à idade do acusado, é importante destacar que as disposições dos arts. 15, 262 e 564, III, "c", CPP, foram tacitamente revogadas pelo Código Civil de 2002. Com o advento deste Código, estabelecendo a maioridade civil aos 18 anos, as disposições inerentes à nomeação de curador para o réu maior de 18 anos e menor de 21 anos perderam o sentido.

Por outro lado, recorde-se que, nas ações penais privadas, o réu recebe a denominação de querelado.

Ainda, a pessoa jurídica é admitida atualmente como ré nos crimes ambientais, sendo bastante controversa a aplicação da teoria da dupla imputação, segundo a qual a pessoa física que causou o dano deve integrar o polo passivo como corréu.

13.8.1. Direitos do acusado

Por ser a parte mais frágil da relação processual penal, ao acusado são garantidos diversos direitos, buscando-se, assim, dentre outras coisas, assegurar a ampla defesa e evitar abusos por parte do órgão de acusação e do Estado-juiz. Já examinamos grande parte desses direitos ao longo desse livro. Apenas para lembrar, listamos aqui alguns: direito ao silêncio; direito de entrevistar-se previamente com seu defensor antes do interrogatório; direito à defesa técnica; direito de ser considerado presumidamente inocente até o trânsito em julgado de sentença penal condenatória etc.

13.9. Defensor

É aquele que, possuindo capacidade postulatória, patrocina a defesa técnica do acusado.

Vale recordar que a defesa técnica no processo penal é obrigatória, sob pena de nulidade absoluta do processo (art. 261, CPP). Nesse sentido, STF, Súmula 523: "no processo penal, a falta da defesa constitui nulidade absoluta, mas a sua deficiência só o anulará se houver prova de prejuízo para o réu". Isso é assim porque o réu é reconhecidamente sujeito hipossuficiente na relação processual penal, necessitando de amparo técnico para o exercício de sua defesa (direito inalienável e irrevogável).

Rememore-se também que, caso o acusado possua capacidade postulatória, poderá, querendo, exercer o autopatrocínio (autodefender-se), hipótese em que a presença de um defensor técnico poderá ser dispensada.

É oportuno transcrever o teor do art. 265, CPP, que diz: "o defensor não poderá abandonar o processo senão por motivo imperioso, comunicado previamente o juiz, sob pena de multa de 10 (dez) a 100 (cem) salários mínimos, sem prejuízo das demais sanções cabíveis. § 1º A audiência poderá ser adiada se, por motivo justificado, o defensor não puder comparecer. § 2º Incumbe ao defensor provar o impedimento até a abertura da audiência. Não o fazendo, o juiz não determinará o adiamento de ato algum do processo, devendo nomear defensor substituto, ainda que provisoriamente ou só para o efeito do ato".

Por questões didáticas, apresentaremos abaixo as denominações comumente utilizadas para o defensor:

I. Constituído (ou procurador): é o defensor constituído pelo acusado por meio de procuração ou, diretamente, por meio de indicação verbal no momento em que for ouvido pela primeira vez;

II. Defensor público: membro da Defensoria Pública, no contexto aqui trabalhado, atua na defesa dos interesses daqueles que não dispõem de recursos financeiros para arcar com as despesas de um advogado particular. A sua atuação, em regra, independe da constituição por meio de procuração, salvo nas hipóteses dos arts. 39 e 44, CPP.

III. Defensor dativo: é o advogado nomeado pelo juiz ante a ausência de defensor constituído pelo réu e/ou de defensor público na comarca;

IV. Defensor *ad hoc:* é o advogado designado pelo juiz para atuar na prática de determinado ato do processo. Esta designação decorre da ausência de defensor constituído e/ou de defensor público no momento em que se necessita de um patrono para atuar/acompanhar certo ato.

13.10. Servidores do Poder Judiciário

Também denominados servidores da justiça ou serventuários, são aquelas pessoas investidas em cargo público (funcionários públicos) com atuação no Poder Judiciário. Ex.: escrivão, oficial de justiça, entre outros que integram a estrutura cotidiana de funcionamento do Judiciário.

Com efeito, também estão sujeitos, no que couber, ao regime de suspeição e impedimento (por analogia) inerente aos juízes (art. 274, CPP). Dessa maneira, é possível, por exemplo, o afastamento de escrivão que possua interesse no feito para se evitar eventuais efeitos negativos sobre o andamento do processo.

13.11. Auxiliares do juízo

São aqueles que colaboram com o julgador quando este necessita de conhecimentos especializados em determinada área do saber humano. Ex.: perito e intérprete.

É oportuno destacar que os assistentes técnicos não são considerados auxiliares do juiz, pois possuem vínculo com as partes (art. 159, §§ 3º e 4º, CPP). São, pois, contratados pelas partes para oferecer parecer técnico sobre algum assunto.

13.11.1. Suspeição e impedimento:

Aplicam-se as regras de suspeição e impedimento (por analogia) relativas aos juízes ao perito e ao intérprete (arts. 280 e 281, CPP).

14. PRISÃO, MEDIDAS CAUTELARES E LIBERDADE PROVISÓRIA (DE ACORDO COM A LEI 12.403/2011)

A Lei 12.403, que alterou em 2011 o CPP, trouxe uma série de novidades para o universo da prisão provisória (cautelar ou processual) e da liberdade provisória, criando, ainda, diversas medidas cautelares pessoais diversas da prisão. Ao longo deste capítulo, analisaremos as mudanças trazidas pela nova lei.

14.1. Prisão: noções introdutórias

Prisão é a *supressão da liberdade de locomoção do indivíduo.* A doutrina costuma dividir a prisão em: **prisão-pena** (que é aquela que *decorre* de sentença penal condenatória *transitada em julgado*) e **prisão sem pena** (que é a que ocorre *antes* da uma sentença penal definitiva). São **espécies** de **prisão sem pena**: prisão civil e prisão provisória (cautelar ou processual). Examinemos brevemente cada uma delas.

14.1.1. Prisão civil

Atualmente, esta modalidade de prisão só existe para o devedor (voluntário e inescusável) de alimentos (art. 5º, LXVII, CF)[100], pois, com o advento da Súmula vinculante 25 do STF,

100. Registre-se que recentemente, a 3ª Turma do STJ, em julgamento que não teve seu número divulgado em virtude do segredo de justiça decretado, entendeu que a prisão civil do alimentante só poderá ser aplicada em relação às três últimas parcelas da pensão, devendo o restante da dívida ser cobrado pelos meios ordinários. Disponível

passou-se a considerar "ilícita a prisão civil do depositário infiel, qualquer que seja a modalidade de depósito". Ademais, vale recordar que o Pacto de São José da Costa Rica, em seu art. 7º, § 7º, já previa: "ninguém deve ser detido por dívida".

14.1.2. Prisão provisória (cautelar ou processual)

Consiste no encarceramento cautelar do indivíduo (antes de sentença penal definitiva, portanto). Atualmente, são **espécies** de prisão provisória: *a prisão em flagrante, a prisão temporária e a prisão preventiva*. Note o leitor que *foram revogadas a prisão decorrente de sentença condenatória recorrível (antigo art. 594, CPP) e a prisão decorrente de pronúncia (antigo art. 408, § 1º, CPP)*. Isto porque as Leis 11.689/2008 e 11.719/2008, coroando contundente entendimento da comunidade jurídica, revogaram essas duas modalidades de prisão provisória. Mais adiante, estudaremos de forma mais detalhada as espécies de prisão provisória. Por ora, que fique claro que, conforme determina o novo art. 300, CPP (alterado pela **Lei 12.403/2011**), as pessoas presas provisoriamente ficarão separadas das que já estiverem definitivamente condenadas, nos termos da lei de execução penal. O militar, por sua vez, preso em flagrante delito, após a lavratura dos procedimentos legais, será recolhido a quartel da instituição a que pertencer, onde ficará preso à disposição das autoridades competentes (parágrafo único do art. 300, CPP).

14.2. Prisão decorrente de ordem judicial

Inicialmente, convém transcrever o famoso art. 5º, LXI, CF, que diz: "ninguém será preso senão em flagrante delito ou *por ordem escrita e fundamentada de autoridade judiciária competente*, salvo nos casos de transgressão militar ou crime propriamente militar, definidos em lei" (grifo nosso). Com efeito, *salvo* os casos explicitados por esse dispositivo (prisão em flagrante, transgressão militar e crime propriamente militar) – e algumas outras hipóteses que veremos no tópico logo abaixo – *vige no Brasil a regra da necessidade de ordem judicial prévia para a imposição de prisão ao indivíduo.* Exemplos: sentença penal condenatória transitada em julgado, decisão pela preventiva etc.[101]

Pois bem, sendo o caso de prisão decorrente de ordem judicial (preventiva, por exemplo), o magistrado que decretou a prisão deverá expedir o competente mandado prisional. Segundo o art. 291, CPP, entende-se realizada a prisão por mandado quando "o executor, fazendo-se conhecer do réu, lhe apresente o mandado e o intime a acompanhá-lo". Há, porém, uma série de formalidades ligadas ao *mandado* que, na sequência, serão analisadas.

O art. 285, parágrafo único, CPP, por exemplo, estabelece que o mandado deverá: a) ser lavrado pelo escrivão e assinado pela autoridade (juiz); b) designar a pessoa, que tiver de ser presa, por seu nome, alcunha ou sinais característicos; c) mencionar a infração penal que motivar a prisão; d) declarar o valor da fiança arbitrada, quando afiançável a infração; e e) ser dirigido a quem tiver qualidade para dar-lhe execução.

em: http://www.stj.jus.br/sites/STJ/default/pt_BR/Comunicação/noticias/Notícias/Terceira-Turma-reconhece-excesso-em-prisão-de--homem-que-deve-quase-R$-200-mil-de-pensão-à-ex-mulher.

101. Reforça essa ideia o novel art. 283, *caput*, do CPP, que, alterado pela Lei 12.403/2011, diz: "ninguém poderá ser preso senão em flagrante delito ou por ordem escrita e fundamentada da autoridade judiciária competente, em decorrência de sentença condenatória transitada em julgado ou, no curso da investigação ou do processo, em virtude de prisão temporária ou prisão preventiva".

O art. 286, CPP, por sua vez, diz que "o mandado será passado em duplicata, e o executor entregará ao preso, logo depois da prisão, um dos exemplares com declaração do dia, hora e lugar da diligência. Da entrega deverá o preso passar recibo no outro exemplar; se recusar, não souber ou não puder escrever, o fato será mencionado em declaração, assinada por duas testemunhas".

Ademais, estabelece o art. 288, CPP, que ninguém poderá ser recolhido à prisão sem que o mandado seja exibido ao respectivo diretor do presídio ou carcereiro. Para tanto, o executor deverá entregar ao diretor ou carcereiro uma cópia assinada do mandado ou apresentar a guia expedida pela autoridade competente. De uma forma ou de outra, deverá ser passado recibo (até no próprio exemplar do mandado) com declaração de dia e hora da entrega do preso.

Noutro giro, de acordo com a alteração promovida pela Lei 12.403/2011 no CPP, o juiz, ao expedir o mandado de prisão, deverá providenciar o imediato **registro** desse documento em **banco de dados** mantido pelo Conselho Nacional de Justiça (CNJ) para essa finalidade (novo art. 289-A).

Estabelece o § 1º deste mesmo dispositivo (art. 289-A) que qualquer agente policial poderá efetuar a prisão determinada no mandado de prisão registrado no CNJ, *ainda que fora da competência territorial do juiz que o expediu.*

Mas não é só, pois o § 2º diz que mesmo que o mandado *não esteja registrado* no referido banco de dados do CNJ, *ainda assim será possível a prisão do indivíduo por parte de qualquer agente policial.* Entretanto, neste caso, o agente policial responsável pela prisão do sujeito deverá, primeiro, adotar as precauções necessárias para averiguar a autenticidade do mandado e, segundo, comunicar a prisão ao juiz que a decretou. O magistrado, por sua vez, ao ser comunicado da prisão que decretou, deverá providenciar, em seguida, o registro do mandado no mencionado banco de dados do CNJ.

Efetuada a prisão, esta será "imediatamente comunicada ao juiz do local de cumprimento da medida (leia-se: do local da captura) o qual providenciará a certidão extraída do registro do Conselho Nacional de Justiça e informará ao juízo que a decretou" – § 3º do art. 289-A, CPP.

Finalmente, ocorrida a prisão, o preso será informado de seus direitos, nos termos do inciso LXIII do art. 5º, CF (direito de permanecer calado, sendo-lhe assegurada a assistência da família e de advogado), e, caso o autuado não informe o nome de seu advogado, será comunicado o fato à Defensoria Pública – § 4º do art. 289-A, CPP.

Nessa última hipótese, a ausência de comunicação do flagrante em 24h ensejará a sua nulidade, **exceto:**

a) se na comarca e adjacências **não houver Defensoria Pública**, como se depreende do **STJ, HC 186.456/MG, *DJe* 19.10.2011**: "no caso concreto, o juízo homologou a prisão em flagrante no prazo de 24 horas, nos termos do art. 306, CPP, razão por que não há falar em constrangimento ilegal. A não comunicação à Defensoria Pública se justificou pela ausência da instituição na localidade ou mesmo nas proximidades, denotando-se, assim, a impossibilidade de cumprimento do art. 306, § 1º, CPP". Cabe ressaltar que é assente na jurisprudência do STJ que "o Estado deverá suportar o pagamento dos honorários advocatícios ao defensor dativo nomeado pelo juiz ao réu juridicamente hipossuficiente, nos casos em que não houver Defensoria Pública instalada ou quando for insuficiente para atender à demanda da circunscrição judiciária", vide AREsp 697019 PR 2015/0089106-9, DJ 21.05.2015.

b) se houver a comunicação em prazo razoável, segundo entendimento do **STJ no RHC 25.633/SP, *DJe* 14.09.2009**, a seguir transcrito: "I – Na linha de precedentes desta Corte, não há que se falar em vício formal na lavratura do auto de prisão em flagrante se sua comunicação, mesmo tendo ocorrida a destempo da regra prevista no art. 306, § 1º, do CPP, foi feita em lapso temporal que está dentro dos limites da razoabilidade (precedentes). (...) Preso em 29.08.2008, sua prisão foi notificada à defensoria pública em 02.09.2008. Desse modo, em razão da regularidade da prisão em flagrante, entendo que o atraso na comunicação do órgão de defesa constitui-se em mera irregularidade que não tem o condão de ensejar o relaxamento de sua segregação". Ver também: RHC 27.067/SP, 5ª Turma, DJ 12.04.2010.

14.3. Prisão sem prévia ordem judicial

Em casos específicos, o indivíduo poderá ser preso *sem* a ordem prévia de um juiz. São eles:

14.3.1. Prisão em flagrante

Situação em que qualquer pessoa poderá efetuar a prisão do indivíduo sem a necessidade de prévia ordem judicial (*vide* art. 301, CPP). Sobre esta modalidade, aprofundaremos a abordagem mais adiante.

14.3.2. Transgressões militares ou crimes propriamente militares

A prisão aqui será decretada por autoridade militar (competência da Justiça Militar, portanto).

14.3.3. Prisão durante o Estado de Defesa e de Sítio (arts. 136, § 3º, I, e 139, II, CF, respectivamente)

São situações anômalas (guerra, por exemplo) em que autoridades *não judiciárias*, em certos casos, poderão decretar a prisão das pessoas.

14.3.4. Recaptura de réu evadido (art. 684, CPP)

Conforme Mirabete (2006, p. 1.788), qualquer pessoa poderá efetuar a prisão do acusado/condenado que se evadiu da cadeia.[102]

14.3.5. Prisão do réu por crime inafiançável sem a posse prévia de ordem judicial (art. 287, CPP)

Na verdade, nesse caso, os agentes policiais, no momento da captura do indivíduo praticante de crime inafiançável, sabem da existência de prévia ordem judicial expedida, porém, não a possuem no exato instante da prisão. Nessa situação, autoriza a lei que os agentes policiais efetuem a prisão do indivíduo sem a referida ordem judicial, desde que apresentem imediatamente o capturado ao juiz expedidor do mandado.

14.4. Uso de força e de algemas no momento da prisão

Sobre o **emprego de força** no momento da prisão (com ou sem ordem judicial), estabelece o CPP, no art. 284, que "não será permitido o emprego de força, salvo a indispensável no caso de resistência ou de tentativa de fuga do preso". E, mais adiante, no art. 292: "se houver, ainda que por parte de terceiros, resistência à prisão em flagrante ou à determinada por autoridade competente, o executor e as pessoas que o auxiliarem poderão usar dos meios necessários para defender-se ou para vencer a resistência, do que tudo se lavrará auto subscrito também por duas testemunhas".

Nesse sentido, a Lei 13.060/2014 estabelece as diretrizes para o uso da força priorizando os instrumentos de menor potencial ofensivo, que são definidos no art. 4º como "aqueles projetados especificamente para, com baixa com baixa probabilidade de causar mortes ou lesões permanentes, conter, debilitar ou incapacitar temporariamente pessoas".

Temos como exemplos desses instrumentos: *tasers*, algemas, gás lacrimogênio, balas de borracha, entre outros. São alternativas ao uso das armas de fogo, que são letais.

As diretrizes de uso desses instrumentos estão contidas no art. 2º, quais sejam: I – legalidade; II – necessidade; e III – razoabilidade e proporcionalidade.

Fica vedado o uso de arma de fogo nas seguintes situações:

I – contra pessoa em fuga que esteja desarmada ou que não represente risco imediato de morte ou de lesão aos agentes de segurança pública ou a terceiros;

II – contra veículo que desrespeite bloqueio policial em via pública, exceto quando o ato represente risco de morte ou lesão aos agentes de segurança pública ou a terceiros.

Por fim, importante destacar que esta Lei necessita de regulamentação pelo Poder Executivo no que tange à classificação e disciplina do uso dos instrumentos não letais (art. 7º).

Por fim, importante destacar que esta Lei necessita de regulamentação pelo Poder Executivo no que tange à classificação e disciplina do uso dos instrumentos não letais (art. 7º).

Em resumo: só se deve empregar a força absolutamente necessária para efetuar a prisão do indivíduo, podendo os eventuais excessos das autoridades caracterizar abuso de autoridade, lesão corporal etc.[103]

No que tange ao **uso de algemas**, a Súmula Vinculante 11, STF, diz que: "só é lícito o uso de algemas em caso de resistência e de fundado receio de fuga ou de perigo à integridade física própria ou alheia, por parte do preso ou de terceiros, justificada a excepcionalidade por escrito, sob pena de responsabilidade disciplinar civil e penal do agente ou da autoridade e de nulidade da prisão ou do ato processual a que se refere, sem prejuízo da responsabilidade civil do Estado".

A utilização de algemas no Tribunal do Júri somente será possível caso seja absolutamente necessária à ordem dos trabalhos, à segurança das testemunhas ou à garantia da integridade física dos presentes, nos termos do § 3º da art. 474 do CPP. Nesse sentido, em julgado recente, a 6ª Turma do STJ anulou júri por conta do uso indevido de algemas (STJ, AgRg no AREsp 1053049/SP, *Dje* 02/08/2017).

Acrescente-se os seguintes julgados: STJ, HC 140718, *DJe* 25.10.2012, Inf. 506 – "não há nulidade processual na recusa

102. Há, porém, quem afirme que este dispositivo estaria revogado por conta da revogação tácita de todo o Livro IV do CPP pela Lei de Execução Penal (7.210/1984).

103. Eventuais excessos praticados pelo indivíduo a ser preso poderão caracterizar: resistência (art. 329, CP); desobediência (art. 330, CP); ou mesmo evasão mediante violência contra a pessoa (art. 353, CP).

do juiz em retirar as algemas do acusado durante a audiência de instrução e julgamento, desde que devidamente justificada a negativa" e HC 351219/SP, DJ 30.06.2016.

14.5. Prisão e (in)violabilidade do domicílio

Estabelece o art. 5º, XI, CF, que: "a casa é asilo inviolável do indivíduo, ninguém nela podendo penetrar sem consentimento do morador, salvo em caso de flagrante delito ou desastre, ou para prestar socorro, ou, durante o dia, por determinação judicial". Dessa passagem extrai-se que é possível penetrar em casa alheia, sem o consentimento do morador, nas seguintes situações:

14.5.1. Durante o dia

Por meio de flagrante delito; para prestar socorro; em caso de desastre; e através de mandado judicial. A expressão "dia", segundo majoritária doutrina, compreende o período das 06h00 às 18h00.

14.5.2. Durante a noite

Por meio de flagrante delito; para prestar socorro; e em caso de desastre. Impossível, portanto, durante o período noturno, adentrar em casa alheia (seja a do próprio infrator, seja a de terceiros) para dar cumprimento a mandado judicial. Nesse ponto, oportuno transcrever o art. 293, CPP, que dispõe: "se o executor do mandado verificar, com segurança, que o réu entrou ou se encontra em alguma casa, o morador será intimado a entregá-lo, à vista da ordem de prisão. Se não for obedecido imediatamente, o executor convocará duas testemunhas e, sendo dia, entrará à força na casa, arrombando as portas, se preciso; sendo noite, o executor, depois da intimação ao morador, se não for atendido, fará guardar todas as saídas, tornando a casa incomunicável, e, logo que amanheça, arrombará as portas e efetuará a prisão. Parágrafo único. O morador que se recusar a entregar o réu oculto em sua casa será levado à presença da autoridade, para que se proceda contra ele como for de direito".[104]

Observação: a expressão "casa", constante da passagem constitucional citada, possui ampla abrangência. Para o CP (art. 150, § 4º), o termo "casa" compreende: "I – qualquer compartimento habitado; II – aposento ocupado de habitação coletiva; III – compartimento não aberto ao público, onde alguém exerce profissão ou atividade". Para tornar mais claro, seguem alguns exemplos de "casa": estabelecimento comercial (HC 106566, 2ª Turma, DJ 19.03.2015); escritório de contabilidade (HC 103325, 2ª Turma, 30.10.2014 e STF HC 93050/RJ, *DJe* 01.08.2008); quarto de hotel ocupado (STF RHC 90376/RJ, *DJe* 18.05.2007); escritório de advocacia; consultório médico; quarto de pensão (NUCCI, 2006, p. 510).

Por outro lado, para o CP, *não se* compreendem na expressão "casa" (art. 150, § 5º): "I – hospedaria, estalagem ou qualquer outra habitação coletiva, enquanto aberta, salvo a restrição do n. II do § 4º (*i. e.*: aposento *ocupado* de habitação coletiva); II – taverna, casa de jogo e outras do mesmo gênero".

14.6. Prisão do indivíduo que se encontra em Comarca diversa da do juiz que expediu a ordem

Nessa situação, a prisão se dará por carta precatória, devendo esta conter o inteiro teor do mandado prisional (art. 289, *caput*, CPP). Havendo *urgência*, o juiz poderá requisitar a prisão por qualquer meio de comunicação (*fax*, telefone, *e-mail*, telegrama etc.), do qual deverá constar o motivo da prisão, bem como o valor da fiança se arbitrada (*vide* § 1º do art. 289, alterado pela Lei 12.403/2011).[105]

Ademais, o § 2º desse mesmo dispositivo (art. 289) estabelece que "a autoridade a quem se fizer a requisição tomará as precauções necessárias para averiguar a autenticidade da comunicação".

Finalmente, o § 3º sublinha que "o juiz processante deverá providenciar a remoção do preso no prazo máximo de 30 dias, contados da efetivação da medida" (leia-se: da prisão). Ou seja, o preso deverá ser removido para o distrito da culpa (*i. e.*, para o local onde está sendo processado criminalmente).

14.7. Prisão em perseguição

O § 1º do art. 290, CPP, afirma que a perseguição ocorre quando o executor: a) avista o infrator e o persegue sem interrupção, embora depois o perca de vista; e b) sabe, por indícios ou informações fidedignas, que o infrator passou, há pouco tempo, em tal ou qual direção, pelo lugar em que o procure, vai a seu encalço (chama a doutrina esta situação de "encalço fictício").

Pois bem, quando em perseguição (seja por conta de flagrante delito seja por conta de ordem judicial), é perfeitamente possível realizar a prisão do sujeito em território de *outra Comarca* (sendo *desnecessária*, nesse caso, a expedição de carta precatória). Efetuada a captura nessa situação (Comarca diversa), o executor deverá apresentar imediatamente o capturado à *autoridade local* (leia-se: delegado, conforme Nucci, 2006, p. 576). Tratando-se de prisão em flagrante, incumbirá à autoridade do local da captura (delegado) lavrar o *auto* de prisão em flagrante, providenciando-se, posteriormente, a remoção do preso. Em caso de prisão por mandado judicial, capturado o infrator e apresentado à autoridade local (delegado), também deverá ocorrer a posterior remoção do preso para que fique à disposição do juiz que decretou a ordem.

Finalmente, o § 2º do art. 290 afirma que, quando as autoridades locais tiverem fundadas razões para duvidar da legitimidade da pessoa do executor ou da legalidade do mandado judicial apresentado, poderão pôr em custódia o réu, até que fique esclarecida a dúvida.

14.8. Prisão especial

Entendendo o tema: quis o legislador ordinário que determinadas pessoas, por conta do *cargo/função* que exercem, em caso de prisão *provisória* (flagrante, preventiva e temporária), ficassem segregadas em *estabelecimentos distintos* da prisão comum. A isso, convencionou-se chamar de "prisão especial".

104. Algumas observações sobre este parágrafo único. O morador que não apresentar o infrator às autoridades, só será responsabilizado criminalmente (art. 348, CP, por exemplo) se: a) se tratar de prisão em flagrante desse último (infrator). É que, nesse caso, conforme a CF, a prisão pode ser realizada em casa alheia, de dia ou de noite, pelas autoridades, sem necessidade de concordância do morador; e b) se tratar de prisão por mandado judicial cumprida durante o dia. Nessa hipótese (durante o dia), como vimos, também é possível penetrar em casa alheia sem o consentimento do morador. Por outro lado, o morador não será responsabilizado se negar a entrada das autoridades para dar cumprimento a mandado judicial *durante a noite*. O morador, neste último caso, está amparado pela CF e, por isso, enquanto durar a noite, não sofrerá qualquer consequência jurídica negativa se negar-se a entregar o infrator.

105. Confirma essa ideia, o novo art. 299, CPP, alterado pela Lei 12.403/2011, que diz: "a captura poderá ser requisitada, à vista de mandado judicial, por qualquer meio de comunicação, tomadas pela autoridade, a quem se fizer a requisição, as precauções necessárias para averiguar a autenticidade desta".

A pessoa que faz jus a esse tipo de prisão deverá permanecer encarcerada em local distinto da prisão comum (§ 1º do art. 295, CPP). Inexistindo estabelecimento específico, o preso especial deverá ficar em cela separada dentro de estabelecimento penal comum (§ 2º). De um jeito ou de outro, "a cela especial poderá consistir em alojamento coletivo, atendidos os requisitos de salubridade do ambiente, pela concorrência dos fatores de aeração, insolação e condicionamento térmico adequados à existência humana" (§ 3º).

Sendo realmente impossível acomodar o preso especial em local apropriado, permite a Lei 5.256/1967 que, ouvido o MP, o juiz submeta o indivíduo à *prisão domiciliar*, oportunidade em que ficará detido em sua própria residência.

Além de ter direito a ficar segregado em local distinto da prisão comum, o preso especial também faz jus a não ser transportado juntamente com os presos comuns (§ 4º).

Mas *quem seriam essas pessoas com direito à prisão especial?* Há uma extensa lista de pessoas no arts. 295 e 296, CPP (cuja leitura recomendamos). Porém, esse rol não é exaustivo, visto que diversos outros indivíduos também gozam do direito à prisão especial. Destaque aqui para o advogado (art. 7º, V, EOAB) que, se preso provisoriamente, tem direito a ser recolhido em sala de Estado Maior,[106] com instalações e comodidades condignas, garantida a sua privacidade, e, na sua falta, prisão domiciliar. Contudo, não terá direito ao recolhimento provisório em sala de Estado Maior o advogado que estiver suspenso dos quadros da OAB (STJ, Info. 591). Ver também o art. 84, § 2º, LEP.

No caso de execução provisória da pena, o STJ decidiu que o advogado condenado não possui mais o direito de permanecer preso em sala de Estado Maior, uma vez que a prerrogativa seria aplicável somente à prisão cautelar e não à prisão-pena. (STJ, HC 356158/SP, DJe 06/06/2016). O STF ainda não se posicionou expressamente sobre o tema, mas não admite reclamação contra decisões dos Tribunais que determinam a prisão de advogados sujeitos à execução provisória, em unidades prisionais comuns (STF, AgRg em Rcl 25111/PR, j. 16/05/2017 e Info. 865, de 15 a 19 de maio de 2017).

Observações finais: a) note o leitor que a prisão especial só tem cabimento enquanto não ocorrer o trânsito em julgado da sentença penal condenatória, nos termos do art. 7º, V, EOAB.[107] Ocorrendo este, deve o preso ser encaminhado ao estabelecimento penal comum, *salvo* se, à época do fato, era funcionário da administração da *justiça criminal*, caso em que, mesmo após a sentença definitiva, deverá permanecer *separado* dos demais presos (art. 84, § 2º, LEP); e b) apesar de apoiada por significativo setor da comunidade jurídica, a prisão especial, segundo pensamos, salvo no caso do art. 84, § 2º, LEP, configura vergonhosa ofensa ao princípio da isonomia (art. 5º, *caput*, CF). Ilustrativamente, recorde-se a prisão especial para "os diplomados em curso superior". O tratamento "especial" (elitista) aqui dispensado pauta-se, na verdade, no padrão social/cultural ao qual pertence o indivíduo (algo absurdo). Assim, somente os que conseguem acesso a um curso superior fazem jus a esse tratamento distinto (leia-se: desigual). Nesse sentido, consultar as afiadas críticas que Nucci (2006, p. 580) faz sobre o tema.

14.9. Prisão em flagrante (arts. 301 a 310, CPP)

14.9.1. Conceito

É a prisão que ocorre no momento em que uma infração penal está sendo cometida ("certeza visual do crime") ou pouco tempo depois de seu cometimento. Nessa modalidade de prisão, vale recordar, *dispensa-se* a necessidade de *ordem judicial* (art. 5º, LXI, CF).

14.9.2. Natureza

É *controversa* a natureza jurídica da prisão em flagrante. *Prevalece*, no entanto, o entendimento de que se trata de *ato complexo* (ato administrativo + ato processual). Explica-se. No ato da *captura*, a prisão em flagrante teria natureza *administrativa*. Por outro lado, no momento da *comunicação* do flagrante ao juiz competente (conforme impõe o art. 5º, LXII, CF), em caso de *manutenção* do ato prisional por parte deste, a prisão em flagrante passaria a ter natureza *processual* (cautelar) (TOURINHO FILHO, 2005, v. 1, p. 711).

14.9.3. Quem pode efetuar a prisão em flagrante (sujeito ativo – art. 301, CPP)?

a) Ocorrendo uma situação de flagrante delito, qualquer pessoa do povo poderá vir a efetuar a prisão do infrator. Veja que se trata de faculdade e não de obrigação. Da mesma forma, os agentes das guardas municipais. Apelida a doutrina essa hipótese de *flagrante facultativo;*

b) por outro lado, as autoridades policiais e seus agentes têm o *dever* de prender quem quer que se encontre em flagrante delito (chamado de *flagrante obrigatório ou compulsório).* Conforme acentua certa doutrina, esse dever de prender ocorre inclusive no período de *folga, licença ou férias* **do delegado e dos policiais, militares ou civis.**

14.9.4. Quem pode ser preso em flagrante (sujeito passivo)?

Em regra, todos. Porém, há certas especificidades aqui. Vamos a elas:

a) Presidente da República: não pode ser preso cautelarmente (nem em flagrante). O Presidente goza da mais ampla imunidade prisional em nosso país – só pode ser preso em virtude de sentença penal condenatória transitada em julgado (art. 86, § 3º, CF);

b) Diplomatas estrangeiros (ex.: embaixador): não podem ser presos em flagrante (art. 1º, I, CPP c/c Convenção de Viena, art. 41). *Também não podem (por extensão) ser presos em flagrante:* os familiares dos diplomatas, os funcionários de organizações internacionais em atividade (ONU, *v. g.*), os chefes de Estado em visita a território estrangeiro e os representantes de Estado quando em atividade no exterior. Os cônsules, a seu turno, possuem *imunidade restrita. Só não* podem ser presos em flagrante se estiverem no *exercício de suas funções.* Do contrário, quando em atividade *estranha* às funções, a prisão em flagrante será possível;

106. "'Sala de Estado Maior' deve ser interpretada como sendo uma dependência em estabelecimento castrense, sem grades, com instalações condignas" (STF, Rcl 4713/SC, *DJ* 17.12.2007). Cabe ressaltar que "O recolhimento da paciente em local não condizente com as características de sala de Estado Maior, previstas no art. 7º, inc. V, da Lei 8.906/1994, está em descompasso com a jurisprudência desta Suprema Corte, que autoriza, à sua falta, a adoção de medida cautelar diversa", vide STF, HC 131555, 2ª Turma, DJ 28.03.2016".

107. Contudo, pertinente considerar os recentes julgados citados que revelam o posicionamento dos tribunais superiores no sentido de não estender a prerrogativa ao momento de execução provisória da pena.

c) **Senadores, Deputados Federais, Deputados Estaduais, membros do MP e da magistratura**: *só* podem ser presos em flagrante pela prática de crime *inafiançável* (consultar: art. 53, § 2º, CF; art. 27, § 1º, CF; art. 40, III, Lei 8.625/1993; e art. 33, II, LC 35/1979). **Atenção:** os vereadores *podem normalmente ser presos em flagrante (mesmo por crime afiançável);*

d) **Defensores Públicos:** *podem ser presos em flagrante, mas a prisão deverá ser imediatamente comunicada ao Defensor Público-Geral (art. 44, II - DPU; art. 128, II - DPE; art. 89, II - DPDFT; todos contidos na LC 80/1994).*

e) **Advogados** (art. 7º, § 3º, EOAB): aqui, algumas distinções se mostram necessárias:

e1) Advogado que, no exercício da profissão (defendendo algum interesse que lhe foi confiado), pratica crime inafiançável: neste caso, é possível efetuar a prisão em flagrante. Porém, no momento da lavratura do auto de prisão (APF), deverá ser assegurada ao advogado a presença de um representante da OAB;

e2) Advogado que, no exercício da profissão, pratica crime afiançável: não é possível efetuar a prisão em flagrante nesse caso;

e3) Advogado que pratica crime (afiançável ou inafiançável) fora do exercício profissional (ex.: estupro): nesta hipótese, é possível efetuar a prisão do advogado, devendo, entretanto, comunicar-se o fato à seccional da OAB a qual pertença o patrono;

f) **Período de eleição:** diz o art. 236, Código Eleitoral, "nenhuma autoridade poderá, desde 5 (cinco) dias antes e até 48 (quarenta e oito) horas depois do encerramento da eleição, prender ou deter qualquer eleitor, salvo em flagrante delito ou em virtude de sentença criminal condenatória por crime inafiançável, ou, ainda, por desrespeito a salvo-conduto". Dentre outras coisas, podemos **concluir** dessa norma o seguinte: *durante o período compreendido entre 5 dias antes e 48h depois do encerramento da eleição, a* **prisão em flagrante do eleitor** *só será possível pela prática de crime inafiançável;*

g) **Autor de infração de menor potencial ofensivo (IMPO): praticada uma IMPO e lavrado o termo circunstanciado (TC ou TCO) pelo delegado, caso o autor do fato se dirija imediatamente ao juizado** ou assuma o compromisso de a ele comparecer, *não será preso em flagrante, nem se exigirá fiança* (art. 69, parágrafo único, JECRIM[108]). Portanto, o autor de uma IMPO só pode ser preso em flagrante se não se dirigir imediatamente ao juizado e nem se comprometer a comparecer posteriormente;

h) **Indivíduo surpreendido na posse de drogas para consumo pessoal** (art. 28, Lei 11.343/2006): conforme a atual Lei de Drogas, ao sujeito surpreendido nessas circunstâncias *não se imporá a prisão em flagrante*, "devendo o autor do fato ser imediatamente encaminhado ao juízo competente ou, na falta deste, assumir o compromisso de a ele comparecer, lavrando-se termo circunstanciado e providenciando-se as requisições dos exames e perícias necessários" (art. 48, § 2º). Caso haja a recusa por parte do indivíduo de comparecimento (imediato ou posterior), *não se poderá prendê-lo em flagrante* (como no caso anterior - letra "f");

i) **Condutor de veículo que presta socorro à vítima** (art. 301, CTB): nos casos de acidente de trânsito de que resulte vítima, não se imporá prisão em flagrante, nem se exigirá fiança se o condutor prestar pronto e integral socorro àquela;

108. Juizado Especial Criminal - Lei 9.099/1995.

j) **Menores de 18 anos de idade:**

j1) tratando-se de ato infracional (fato descrito como crime ou contravenção na legislação) praticado por criança (menor de 12 anos), *não se imporá a prisão em flagrante, devendo o infante, entretanto, ser apresentado ao Conselho Tutelar ou à Justiça da Infância e Juventude para aplicação da medida de proteção cabível* (consultar: arts. 101, 103, 105 e 136, I, ECA);

j2) Por outro lado, tratando-se de ato infracional praticado por adolescente (aquele que já atingiu 12 anos, porém menor de 18), *é possível a sua apreensão (não se usa a palavra prisão em flagrante), oportunidade em que deverá o menor ser encaminhado à autoridade policial* (art. 172 e ss., ECA).

14.9.5. Modalidades de prisão em flagrante

a) **Flagrante próprio, propriamente dito, real ou verdadeiro** (incisos I e II do art. 302, CPP): *ocorre quando o agente está cometendo a infração penal ou acaba de cometê-la.* Perceba o leitor que, neste último caso ("acaba de cometê-la"), há uma *relação de imediatidade* entre a prática do delito e a prisão do agente. Ex.: agente que, assim que termina de efetuar o roubo, é surpreendido pela polícia logo na porta da agência bancária;

b) **Flagrante impróprio, irreal ou quase flagrante** (inc. III): *ocorre quando o agente é perseguido logo após a prática da infração penal em situação que faça presumir ser ele o autor do fato.* Para a doutrina, a expressão "**logo após**" representa um espaço de tempo maior do que a "acaba de cometer" (do inciso anterior). "**Logo após**" *compreende o período necessário para a polícia (ou particular) chegar ao local do crime, colher informações e iniciar a perseguição do agente* (*vide* art. 290, § 1º, CPP). Ademais, note que a perseguição do agente pela polícia deve ser *ininterrupta* - caso ocorra interrupção, *não mais será possível efetuar a prisão em flagrante.* Outro ponto, *não existe o prazo de 24h* (comumente divulgado pela mídia) para "afastar" o flagrante. Enquanto durar a perseguição do agente (dias, semanas etc.) será possível a prisão em flagrante. Vamos a um exemplo: após o agente roubar o banco e fugir, o gerente da agência, ato contínuo, entra em contato com a polícia, que, após se dirigir ao local, inicia imediatamente a perseguição do indivíduo, culminando na prisão deste;

c) **Flagrante presumido, ficto ou assimilado** (inciso IV): *ocorre quando o agente é encontrado, logo depois, com instrumentos, armas, objetos ou papéis que façam presumir ser ele autor da infração.* A expressão-chave aqui é: "**encontrado logo depois**". Entende a doutrina que o lapso de tempo nessa situação é *ainda maior* do que o do inciso anterior ("logo após"). Atente o leitor que nessa modalidade de flagrante *não há perseguição.* O agente é, na verdade, encontrado *ocasionalmente* logo depois da prática do delito. Por fim, note-se que não há também um prazo fixo para a expressão "logo depois", devendo ser interpretado como *lapso razoável* (conforme STJ, HC 49898/SE, *DJe* 22.09.2008 e HC 157.017/MG, DJe 03.05.2010). Segue um exemplo: após roubar um banco e empreender fuga sem ser perseguido, o agente, momentos mais tarde, é abordado por policiais que realizavam rondas costumeiras numa praça. Neste instante, os policiais descobrem em poder do agente grande quantidade de dinheiro, além de carteiras e objetos de outras pessoas, fazendo presumir ser ele o autor da infração. Resultado: flagrante presumido;

d) Flagrante preparado ou provocado:[109] acontece quando o indivíduo é induzido ou instigado pela polícia (ou terceiros) a praticar o crime e, ao cometê-lo, é preso "em flagrante". O elemento-chave aqui é a figura do "**agente provocador**" - que estimula ou induz a prática do crime. Ao mesmo tempo em que se incita o indivíduo a delinquir, são tomadas todas as providências para impedir a consumação do crime. Essa modalidade de prisão, além de ser considerada *ilegal*, configura hipótese de **crime impossível** (Súmula 145, STF). Ex.: policial disfarçado solicita ao indivíduo certa quantidade de droga. Este, que não possuía previamente o entorpecente,[110] ao consegui-lo para o policial é preso em flagrante;[111]

e) Flagrante esperado: *ocorre quando o policial ou o particular, tomando conhecimento da prática de crimes em determinado local, fica a esperar que a conduta delituosa seja cometida para então efetuar a prisão*. Essa modalidade de prisão é *perfeitamente válida*. Exemplo: a polícia recebe a notícia de que determinado funcionário público está exigindo das pessoas quantia em dinheiro indevida para a prática de atos ligados ao seu ofício (art. 316, CP).[112] Os policiais, após se dirigirem ao local, aguardam (*sem interferir*) a prática do crime. Quando este ocorre, efetuam a prisão. Observe o leitor que a polícia *não provoca*, *não estimula* o agente, mas tão somente *aguarda* a conduta criminosa daquele para então efetuar a prisão em flagrante. Sobre o flagrante esperado, ver STJ: RHC 38.810/MG, DJ 18.11.2015.

f) Flagrante prorrogado, postergado, retardado, diferido ou ação controlada: conforme vimos, quando o sujeito ativo da prisão é o delegado ou seus agentes, há o dever de, *imediatamente*, prender em flagrante quem quer que se encontre nessa situação (art. 301, CPP). Ou seja, vislumbrada uma situação de flagrante delito, devem aquelas autoridades atuar *prontamente*. Porém, a lei, em certos casos (**crime organizado, tráfico de drogas e lei de lavagem de capitais**), faculta ao delegado e seus agentes *retardarem* a prisão em flagrante para que possam recolher mais provas e/ou capturar um maior número de infratores. A isso se chama de **flagrante prorrogado.** Na **Lei de Drogas** (art. 53, II, Lei 11.343/2006), esse atuar postergado *depende de autorização judicial e prévia oitiva do MP*. Na **Lei do Crime Organizado** (art. 8º, Lei 12.850/2013), o delegado, para poder proceder à ação controlada, precisará comunicar sigilosa e previamente a diligência ao juiz, que, se entender necessário, estabelecerá os limites da ação controlada e informará o fato ao MP – §§ 1º e 2º, art. 8º, Lei 12.850/2013. As diligências deverão ser autuadas em separado, com acesso permitido apenas ao juiz, MP e delegado, como forma de assegurar o êxito das investigações – § 3º. Vale ressaltar que o sigilo somente vigorará até o final das diligências. Além disso, a referida lei impõe ao delegado que, ao término da diligência, elabore auto circunstanciado acerca da ação controlada – § 4º. Na **Lei de Lavagem de Capitais** (art. 4º-B da Lei 9.613/1998), também se permite a ação prorrogada da polícia, desde que haja autorização judicial nesse sentido e que o MP seja ouvido.

Exemplo de flagrante prorrogado: a polícia tem informações de que um carregamento de produtos roubados chegará ao porto de Santos. Primeiro, chega uma embarcação menor com apenas alguns integrantes da quadrilha. A polícia, no entanto, prefere aguardar o momento em que atracará um navio com os chefes do bando para então efetuar a prisão de todos.

Por fim, *não se deve confundir o flagrante postergado com o esperado*. Neste último, a polícia aguarda a prática de um crime de que tem notícia e age *imediatamente* quando o delito ocorre. No postergado, o crime foi praticado, porém a polícia aguarda o momento mais oportuno para efetuar a prisão (não atua de imediato).

Cabe ressaltar que, consoante o entendimento do STJ no Info. 570, período de 1 a 14.10.2015, "A investigação policial que tem como única finalidade obter informações mais concretas acerca de conduta e de paradeiro de determinado traficante, sem pretensão de identificar outros suspeitos, não configura a **ação controlada** do art. 53, II, da Lei 11.343/2006, sendo dispensável a autorização judicial para a sua realização".

g) Flagrante forjado: *ocorre quando o policial (ou terceiro) cria provas com o objetivo de incriminar uma pessoa inocente*. Ex.: policial que, numa *blitz*, deposita dentro do veículo do indivíduo certa quantidade de droga com a finalidade de prendê-lo "em flagrante". Em situações como essa é comum que o policial (ou particular) exija da pessoa vantagem em dinheiro para poder "livrá-la" do flagrante. Por óbvio, trata-se de prisão ilegal e aquele que assim procede responderá criminalmente por sua conduta. Sobre o flagrante forjado, ver STJ: RHC 38.810/MG, DJ 18.11.2015, no qual restou sedimentado que "no flagrante forjado a conduta do agente é criada pela polícia, tratando-se de fato atípico".

h) Flagrante por apresentação: *a apresentação espontânea do agente à polícia não provoca sua prisão em flagrante*. Ex.: há um crime de homicídio sendo investigado pelo delegado, cuja autoria permanece, até então, desconhecida. Certo dia, eis que se apresenta espontaneamente à polícia o autor do delito, confessando em minúcias a prática criminosa. Não é possível efetuar a prisão em flagrante nesse caso, pois a situação descrita não se amolda a nenhuma das figuras previstas no art. 302, CPP. O que poderá ocorrer é a posterior decretação de preventiva por parte do juiz (art. 311, CPP), mas nunca o flagrante;

i) Prisão para averiguação: neste caso, *prende-se a pessoa para averiguar-lhe a vida pregressa*. Não encontra qualquer respaldo no art. 302, CPP. Além de ser modalidade de prisão ilegal, configura crime de abuso de autoridade por parte da autoridade que assim procede (art. 3º, "a", Lei 4.898/1965).

14.9.6. A prisão em flagrante em relação a algumas espécies de crime

Em regra, a prisão em flagrante é cabível em relação a qualquer infração penal. Porém, há algumas espécies de delito que necessitam de um exame mais detido de nossa parte. Vejamos.

a) Flagrante em caso de crime permanente: crime permanente *é aquele cuja consumação se alonga no tempo*. Ex.: extorsão mediante sequestro. Enquanto o agente possui a vítima em seu domínio (em cativeiro, por exemplo), a consumação do delito se renova a cada instante, tornando possível a prisão em flagrante a qualquer momento (art. 303, CPP);

b) Flagrante em caso de crime habitual: habitual *é o delito que somente se consuma com a prática de reiterados atos por parte do*

109. Chamado por alguns, também, de delito putativo por obra do agente provocador, delito de ensaio ou de experiência.

110. Caso o indivíduo já trouxesse consigo a droga, poderia sim ser preso em flagrante, pois estaria praticando um crime permanente (trataremos desse tema mais adiante).

111. Conferir as afiadas críticas que Pacelli (2015, p. 540) efetua a essa modalidade de flagrante.

112. Exemplo comum (e infeliz) que já foi algumas vezes divulgado por emissoras de televisão.

agente, traduzindo, assim, um modo de vida criminoso. Cada ato, isoladamente considerado, é considerado *atípico*. Ex.: exercício ilegal da medicina (art. 282, CP). *Prevalece* na doutrina que *não é possível a prisão em flagrante em caso de crime habitual*, visto que a autoridade (ou particular) só surpreenderia o agente praticando um ato isolado (atípico, portanto). Entretanto, há posição em sentido contrário, inclusive julgados antigos do STF (RHC 46115/SP, *DJ* 13.09.1968);

c) **Flagrante em caso de crime continuado** (art. 71, CP): o crime continuado **consiste** *na prática de vários crimes (da mesma espécie e em similar condições) que, por conta de uma ficção jurídica, resulta na aplicação de pena a um só crime acrescida de um sexto a dois terços*. Como são vários os crimes praticados na situação de continuidade delitiva, nada impede a prisão em flagrante em relação a qualquer deles (é o que alguns chamam de **flagrante fracionado**). *Não confundir* com a hipótese de crime habitual em que o ato isolado do agente é atípico. No crime continuado, o "ato isolado" do agente é típico, logo, cabível o flagrante;

d) **Flagrante em caso de crime de ação penal privada e pública condicionada à representação:** a prisão em flagrante nessas situações é *perfeitamente possível*, porém, a lavratura do respectivo auto (APF) *depende de manifestação da vítima logo após a notícia da prisão*. Isto é assim porque, como nesses delitos a persecução penal é totalmente dependente da vontade/autorização da vítima, não faria sentido manter o agente encarcerado sem que houvesse manifestação de vontade do ofendido nesse sentido. Ex.: agente que é surpreendido pela polícia quando tentava estuprar uma pessoa (art. 213, CP). Nesta hipótese, a captura e a condução coercitiva do agente à delegacia serão perfeitamente possíveis, porém, a lavratura do APF *dependerá de autorização* (representação, no caso) da vítima (art. 225, CP). Importante destacar que no exemplo dado, se a vítima for menor de 18 anos ou vulnerável, a ação será pública incondicionada (parágrafo único, art. 225, CP).

14.9.7. Formalidades ligadas à prisão em flagrante

a) **Autoridade policial com atribuição para lavrar o auto de prisão em flagrante (APF):** efetuada a captura do agente, deve-se apresentá-lo imediatamente ao delegado *do local onde ocorreu a prisão* (que não necessariamente é o mesmo em que foi praticada a infração), oportunidade em que será lavrado o *APF* (art. 290, CPP). Não havendo autoridade policial no local da captura, deverá o agente ser apresentado a do lugar mais próximo (art. 308, CPP);

b) **Formalidades do APF**: na ocasião do APF, o delegado deverá ouvir o condutor, colhendo-lhe a assinatura e entregando-lhe cópia do termo e recibo de entrega do preso. Em seguida, deverá ouvir as testemunhas (ao menos duas) que, porventura, tiverem acompanhado o condutor, bem como inquirir o agente sobre a imputação que lhe é feita, colhendo as assinaturas de todos e lavrando, ao final, o APF (art. 304, *caput*, CPP).

Das respostas do conduzido, restando fundada a suspeita de prática de crime, a autoridade mandará recolhê-lo à prisão, exceto no caso de prestar fiança, e prosseguirá nos atos do inquérito ou processo, se para isso for competente; se não o for, enviará os autos à autoridade que o seja (art. 304, § 1º, CPP).[113]

A falta de testemunhas da infração não impedirá a lavratura do APF; mas, nesse caso, com o condutor, deverão assiná-lo pelo menos duas pessoas que hajam testemunhado a apresentação do preso à autoridade (§ 2º).

Quando o conduzido se recusar a assinar, não souber ou não puder fazê-lo, o auto de prisão em flagrante será assinado por duas testemunhas que tenham ouvido sua leitura na presença deste (§ 3º).

Por outro lado, quando o crime for praticado *contra a própria autoridade* (policial ou judicial) *ou na presença desta*, estabelece o art. 307, CPP, que: "constarão do auto a narração deste fato, a voz de prisão, as declarações que fizer o preso e os depoimentos das testemunhas, sendo tudo assinado pela autoridade, pelo preso e pelas testemunhas e remetido imediatamente ao juiz[114] a quem couber tomar conhecimento do fato delituoso, se não o for a autoridade que houver presidido o auto".

Por fim, não é demais lembrar que, em caso de prisão em flagrante de militar, este, após a lavratura dos procedimentos legais, será recolhido a quartel da instituição a que pertencer, onde ficará preso à disposição das autoridades competentes (parágrafo único do art. 300, CPP);

c) **Comunicações devidas por ocasião da prisão**: efetuada a prisão em flagrante de alguém, impõe-se a *imediata comunicação (**no prazo máximo de 24h**) ao juiz competente, ao MP, ao defensor do preso (constituído, dativo ou público*[115]*) e à família do preso (ou pessoa por ele indicada)* – *vide*: art. 5º, LXII, CF, e art. 306, *caput*, CPP, com redação alterada pela Lei 12.403/2011.

Essa comunicação da prisão em flagrante às autoridades se dá, normalmente, por meio de remessa do auto de prisão em flagrante (APF). Ou seja, a autoridade policial, após lavrar o APF, deverá encaminhá-lo, em até 24h, ao juiz, MP e defensor público.

Nesse *mesmo prazo (24h)*, caso o preso não possua advogado, será remetida cópia integral de todos os documentos à *Defensoria Pública* e, também, deverá ser entregue ao custodiado, mediante recibo deste, a chamada **nota de culpa** – *que se trata de um documento assinado pela autoridade, contendo o motivo da prisão, o nome do condutor e o das testemunhas* (*vide* art. 306, §§ 1º e 2º, CPP).

De acordo com o novel art. 310, CPP (alterado pela Lei 12.403/2011), o juiz, ao receber a comunicação da prisão em flagrante de alguém por meio do APF, deverá adotar uma das seguintes medidas:

I. relaxar a prisão ilegal.

Haverá relaxamento da prisão (leia-se: soltura do indivíduo) quando o juiz, pela leitura do APF, perceber que a prisão do indivíduo se deu de modo ilegal (ex.: o juiz, analisando o APF, verifica que, na verdade, houve flagrante provocado, *i. e.*, prisão ilegal). O relaxamento de prisão deve se dar de ofício, independentemente de oitiva do MP (*vide* art. 5º, LXV, CF);

II. converter a prisão em flagrante em preventiva, quando

113. Após a Lei 12.403/2011 não há mais a figura do indivíduo que se "livra solto" contida neste dispositivo.

114. Se o crime tiver sido cometido contra o juiz ou na presença deste, não haverá necessidade de remessa.

115. Defensor constituído é aquele contratado pelo acusado/indiciado. Defensor dativo é aquele que é nomeado ao réu pelo juiz quando o acusado não possui defensor contratado; ou quando o réu é pobre e não há defensoria pública organizada no local para prestar assistência jurídica ao acusado.

presentes os requisitos constantes do art. 312, CPP, e se revelarem inadequadas ou insuficientes as medidas cautelares diversas da prisão.

Segundo a melhor doutrina, para que a referida conversão em preventiva ocorra, é preciso a existência prévia de um requerimento do MP ou representação do delegado nesse sentido. Ou seja, segundo defendem esses autores, não pode o juiz, de ofício, decretar a preventiva na fase de investigação (necessária, portanto, uma prévia provocação fundamentada). Note-se ainda que, conforme a redação deste inciso II, a prisão preventiva só será cabível quando nenhuma das outras medidas cautelares menos drásticas (ex.: recolhimento domiciliar no período noturno e nos dias de folga - art. 319, V) se mostrar mais adequada. Isto denota algo já enfatizado algumas vezes ao longo dessa obra (*vide* o tema "princípio do estado de inocência"): o caráter excepcional da preventiva. Com efeito, aqui o legislador de 2011 reforçou ainda mais essa visão, deixando a preventiva para hipóteses-limites (apenas quando realmente necessária);

III. conceder liberdade provisória, com ou sem fiança.

Não sendo o caso de relaxamento da prisão em flagrante, nem de decreto da preventiva, o juiz deverá conceder a liberdade provisória (LP), com ou sem fiança, ao preso. Ex.: tendo o indivíduo sido preso em flagrante por furto simples (art. 155, CP - crime afiançável), não sendo o caso de relaxamento de prisão nem de preventiva, deve o juiz conceder-lhe a LP mediante o pagamento de fiança. A concessão de LP pode ser combinada com outras medidas cautelares pessoais diversas da prisão que o juiz entender pertinentes.

Se o juiz verificar, pelo auto de prisão em flagrante, que o agente praticou o fato nas condições constantes dos incisos I a III do *caput* do art. 23, CP [estado de necessidade, legítima defesa ou em estrito cumprimento de dever legal ou no exercício regular de direito], poderá, fundamentadamente, conceder ao acusado liberdade provisória, mediante termo de comparecimento a todos os atos processuais, sob pena de revogação (art. 310, parágrafo único, CPP).

Nesta situação, de forma similar à anterior, o juiz, ao consultar o APF, verificando que há indicativos de que o agente praticou o fato amparado em uma justificante (legítima defesa, por exemplo), "**deve**" conceder a LP (note que, apesar de o dispositivo falar em "poderá" conceder LP, trata-se, na verdade, de dever do magistrado. Preenchidos os requisitos, deve, portanto, o juiz conceder a LP - não se trata de mera faculdade, conforme se poderia erroneamente pensar). Perceba-se ainda que, no caso em tela, o dispositivo não menciona a necessidade de prestação de fiança. Assim, percebendo o juiz que o fato foi praticado sob o manto de uma justificante, deve conceder LP *independentemente da concessão de fiança* (ou melhor: o sujeito será solto sem pagar fiança, ficando obrigado, porém, a comparecer a todos os atos processuais, sob pena de revogação do benefício).

14.10. Prisão preventiva (arts. 311 a 316, CPP)

14.10.1. Conceito

Conforme tradicional doutrina, a prisão preventiva é *medida cautelar de cerceamento provisório da liberdade ambulatorial do indivíduo que, decretada por magistrado se presentes os requisitos legais, pode ocorrer durante o curso de uma investigação ou processo criminal.*

De acordo com o art. 311, CPP, a preventiva pode ser decretada *de ofício* pelo juiz *ou mediante requerimento do MP, do querelante, ou ainda mediante representação*[116] *da autoridade policial* ao magistrado.

Com efeito, observe o leitor que, para não haver afronta ao princípio do estado de inocência (tema já examinado no item 6.2), a preventiva deve ser encarada como *medida excepcional*. É dizer: apenas em situações realmente necessárias essa modalidade de prisão deve ser decretada, visto estar em jogo o encarceramento de um indivíduo *que ainda não foi definitivamente condenado*.

A Lei 12.403/2011 (que alterou diversos dispositivos do CPP) dá força a esse discurso (prisão preventiva como medida de exceção). Basta consultar alguns de seus artigos para constatar essa afirmação. Vejamos.

Primeiro, vimos anteriormente que o novo art. 310, II, CPP, sublinha que o juiz, quando da comunicação da prisão, só poderá decretar a preventiva caso outra medida cautelar menos drástica (ex.: recolhimento domiciliar no período noturno e nos dias de folga - art. 319, V) não seja mais adequada à espécie. Vê-se que o legislador, seguindo o princípio constitucional do estado de inocência (como não poderia deixar de ser), deixa a prisão preventiva para situações realmente extremas (STJ: HC 219101, *DJe* 08.05.2012, HC 361751/SP, DJe 23.09.2016, bem como o Info. 495, período de 9 a 20 de abril 2012, no qual assentou que "a prisão preventiva é excepcional e só deve ser decretada a título cautelar e de forma fundamentada em observância ao princípio constitucional da presunção de inocência.

Ademais, a Lei 12.403/2011, em mais duas outras passagens, enfatiza o caráter excepcional da preventiva. Confira-se o que dizem os §§ 4º e 6º do art. 282, CPP:

> § 4º No caso de descumprimento de qualquer das obrigações impostas, o juiz, de ofício ou mediante requerimento do Ministério Público, de seu assistente ou do querelante, poderá substituir a medida, impor outra em cumulação, **ou, *em último caso*, decretar a prisão preventiva** (art. 312, parágrafo único). (Grifo nosso).
>
> (...)
>
> § 6º A prisão preventiva será determinada **quando não for cabível a sua substituição por outra medida cautelar** (art. 319). (Grifo nosso).

Finalmente, analisando-se os incisos I e II do novo art. 282, CPP, também chegamos à mesma conclusão: *a preventiva é medida extrema*. Segue:

> **Art. 282.** As medidas cautelares previstas neste Título [inclua-se aí a preventiva, a proibição de acesso ou frequência a determinados lugares, dentre outras] deverão ser aplicadas observando-se a:
>
> I - **necessidade** para aplicação da lei penal, para a investigação ou a instrução criminal e, nos casos expressamente previstos, para evitar a prática de infrações penais;
>
> II - **adequação** da medida à gravidade do crime, circunstâncias do fato e condições pessoais do indiciado ou acusado. (grifo nosso)

116. Representação nesse contexto é sinônimo de pedido, solicitação.

Ou seja, a preventiva, para ser decretada, precisa ser necessária e adequada ao caso concreto. Existindo uma outra medida cautelar, que não a preventiva, que atenda melhor à situação, deve o magistrado optar por aquela, visto ser menos drástica ao acusado. Segue o art. 282, CPP:

> "§ 4º No caso de descumprimento de qualquer das obrigações impostas, o juiz, de ofício ou mediante requerimento do Ministério Público, de seu assistente ou do querelante, poderá substituir a medida, impor outra em cumulação, **ou, *em último caso*, decretar a prisão preventiva** (art. 312, parágrafo único) (grifo nosso).
>
> (...)
>
> § 6º A prisão preventiva será determinada **quando não for cabível a sua substituição por outra medida cautelar** (art. 319)" (grifo nosso).

Pois bem, feita essa breve exposição, veremos, logo a seguir, que a preventiva possui vários requisitos, divididos comumente pela doutrina em: pressupostos, fundamentos e condições de admissibilidade. Vamos a eles.

14.10.2. Pressupostos (art. 312, parte final, CPP)

Para se decretar a preventiva de alguém, faz-se inicialmente necessária a presença de dois pressupostos *concomitantes*: prova da existência do crime e indício suficiente de autoria.

a) Prova da existência do crime (ou *prova da materialidade delitiva)*: consiste na *presença de elementos contundentes que demonstrem a existência da infração penal.* Ex.: no caso de um homicídio, o exame de corpo de delito será a prova da existência desse crime;

b) Indício suficiente de autoria: significa a *presença de elementos indiciários da autoria do crime.* Note que a lei não fala em *prova* da autoria, mas em *indício suficiente desta.* Assim, *não é* necessário demonstrar, de forma cabal, a autoria do delito, *bastando* apenas apresentar *elementos indiciários* nesse sentido. Apesar disso, esse indício deve ser sério, idôneo, ou, como diz o CPP, *suficiente – e não* meras conjecturas temerárias. Ex.: testemunhas que viram o agente adentrando na casa da vítima momentos antes dos disparos terem sido efetuados contra esta (indício suficiente de autoria).

A presença de ambos esses pressupostos configura aquilo que a doutrina chama de ***fumus comissi delicti*** (aparência de delito cometido) ou, como preferem alguns, ***fumus boni iuris*** (fumaça do bom direito).

14.10.3. Fundamentos da prisão preventiva (art. 312, primeira parte, CPP)

Neste tópico, examinaremos as *hipóteses que autorizam* essa modalidade de prisão. Essas hipóteses, advirta-se desde logo, são *alternativas* (e não concomitantes). Logo, *basta a presença de apenas uma delas* para que o requisito do *fundamento da prisão preventiva* esteja preenchido. Esses fundamentos formam aquilo que a doutrina costuma chamar de *periculum in mora* ou, mais tecnicamente, *periculum libertatis.*

a) Garantia da ordem pública: este é, sem dúvida, o fundamento mais polêmico da prisão preventiva. Como não há um conceito seguro (legal ou jurisprudencial) de "garantia da ordem pública", cria-se um cenário de instabilidade no país em matéria de liberdade ambulatorial – algo extremamente indesejável.[117] Porém, junto aos *tribunais superiores,* foi-nos possível extrair basicamente dois **significados** para a expressão. Assim, entende-se necessária a preventiva para a *garantia da ordem pública* quando:

a1) Há perigo de reiteração criminosa. Ex.: em caso de tráfico de drogas, já decidiu o STF que, se há elementos de prova que apontam para o agente como sendo um dos principais membros de uma quadrilha, deve ser decretada a preventiva como garantia da ordem pública. É que, consoante a Corte Suprema, permanecendo em liberdade o agente, há risco concreto de que este continue a comandar o esquema criminoso (STF, HC 84658/PE, *DJe* 03.06.2005 e HC 99676, DJ 14.05.2010). Ademais, o STJ entende que a reincidência do acusado autoriza a decretação da preventiva para evitar a reiteração delitiva (STJ, HC 412452/SP, DJe 28/11/2017);

a2) Em razão da periculosidade do agente, representada pelo *modus operandi violento/audaz + gravidade do crime.* Ex.: sujeito que aborda a vítima à luz do dia com um fuzil e a mantém durante longo período em cativeiro (STJ, HC 125924/CE, *DJe* 29.06.2005 e RHC 60.446/PB, DJ 06.09.2016, e STF, HC 111810, *DJe* 27.02.2014 e HC 140273/PE, *DJe* 20/02/2017). Vejamos este caso do STF a justificar a prisão preventiva com base em tal fundamento de garantia da ordem pública pela periculosidade do agente: "*In casu*, a periculosidade do recorrente, a justificar sua segregação cautelar, restou cabalmente demonstrada pelo desprezo com a vida humana, visto que executou friamente a vítima já dominada e sem qualquer possibilidade de defesa, RHC 124796, DJ 23.08.2016".

Por outro lado, as Cortes Superiores brasileiras vêm decidindo que *não cabe* invocar "garantia da ordem pública" para fins de preventiva nos seguintes casos: gravidade abstrata do crime; clamor público (repercussão causada pelo crime); credibilidade do Poder Judiciário; e para proteger a integridade física do próprio agente (risco de linchamento, por exemplo).

Acerca da periculosidade do agente como requisito para decretação de prisão preventiva, é válida a leitura do Info. nº 585, período de 11 a 30 de junho de 2016, segundo o qual "**A prática de ato infracional durante a adolescência pode servir de fundamento para a decretação de prisão preventiva**, sendo indispensável para tanto que o juiz observe como critérios orientadores: a) a particular gravidade concreta do ato infracional, não bastando mencionar sua equivalência a crime abstratamente considerado grave; b) a distância temporal entre o ato infracional e o crime que deu origem ao processo (ou inquérito policial) no qual se deve decidir sobre a decretação da prisão preventiva; e c) a comprovação desse ato infracional anterior, de sorte a não pairar dúvidas sobre o reconhecimento judicial de sua ocorrência".

b) Garantia da ordem econômica: este fundamento padece do mesmo problema do anterior: o conceito *é vago.* Mesmo assim, diz-se que essa hipótese autorizadora da preventiva *visa a coibir ataques vultosos à ordem econômico-financeira nacional.* Os incisos do art. 20 Lei 8.884/1994 costumavam servir de balizas para aferir o abalo à ordem econômica. Eis um exemplo extraído de julgado do STJ (HC 16.3617/PE, *DJe*

117. Já publicamos dois trabalhos criticando o conceito "aberto" de "garantia da ordem pública". São eles: "Questões Polêmicas de Processo Penal", Bauru: Edipro, 2011 (tópico 5.2); e "A prisão preventiva brasileira examinada à luz da filosofia política lockeana: um caso de ilegitimidade do poder estatal". Disponível em: [http://www.bocc.ubi.pt].

17.12.2010): "em se considerando que a atividade delituosa [do agente] ocorria em larga escala, prejudicando a livre concorrência e trazendo considerável prejuízo ao erário", decretou-se a preventiva para garantia da ordem econômica. Não obstante a Lei 8.884/1994 tenha sido quase integralmente revogada pela Lei 12.529/2011, é certo que os incisos do art. 20 do texto anterior foram simplesmente trasladados para o art. 36 da nova legislação, do qual se recomenda a leitura.

O seguinte julgado do STJ demonstra a importância da boa fundamentação de tal requisito: "Quanto à necessidade de se obstar a reiteração delitiva e de garantia da ordem econômica, entendo que o Juízo de primeiro grau utilizou-se de argumentos genéricos, valendo-se da própria materialidade dos delitos imputados na ação penal e dos indícios de autoria, para justificar o decreto de prisão preventiva. "A mera indicação de circunstâncias que já são elementares do crime perseguido, nada se acrescendo de riscos casuísticos ao processo ou à sociedade, não justifica o encarceramento cautelar, e também não serve de fundamento à prisão preventiva a presunção de reiteração criminosa dissociada de suporte fático concreto" (RHC 63.254/RJ, DJ 19.04.2016).

c) Conveniência da instrução criminal: decreta-se a preventiva com base nesse fundamento *quando o réu está dificultando ou inviabilizando a produção de provas.* Exemplos: acusado que ameaça as testemunhas, suborna o perito, destrói provas etc. Note que, se a preventiva tiver sido decretada com base *apenas* nesse fundamento (conveniência da instrução criminal), quando esta (a instrução probatória) findar (e não existir outro motivo para manter preso o acusado), deve o juiz revogar a prisão, sob pena da custódia tornar-se ilegal (art. 316, CPP);

d) Assegurar a aplicação da lei penal: determina-se a prisão amparada nesse fundamento *quando o juiz tem notícias de que o indivíduo pretende fugir*, pondo em xeque, portanto, o cumprimento de eventual sentença condenatória a ser proferida. Ex.: no curso do processo, chegam ao juiz informações de que o réu, além de ter comprado passagem aérea para o exterior, está realizando a venda de todos os seus bens.

14.10.4. Condições de admissibilidade

Quais crimes/situações admitem a preventiva? Vejamos.

a) Crimes dolosos punidos com pena privativa de liberdade máxima superior a 4 anos (art. 313, I, CPP). Como a lei fala em "**crime doloso**" não cabe preventiva em relação a crime culposo, nem em face de contravenção penal (que não é crime no sentido estrito da palavra). Porém, não basta o crime ser doloso, é preciso que seja punido com pena privativa de liberdade máxima superior a 4 anos (ex.: roubo – art. 157, CP. A pena privativa de liberdade máxima do roubo é superior a 4 anos);

b) Condenado por outro crime doloso, em sentença transitada em julgado, ressalvado o disposto no inciso I do *caput* do art. 64, CP (art. 313, II, CPP). Trata-se aqui de hipótese de reincidência em crime doloso. Nesse caso, existe uma condenação definitiva anterior por crime doloso contra o agente e este, dentro do prazo de 5 anos, após o cumprimento (ou extinção) da pena, comete novo crime doloso. Explica-se com um exemplo: Fulano, em 05.01.2002, é condenado em definitivo por roubo (crime doloso). Em 05.01.2008, a pena termina de ser cumprida. Pois bem, nos próximos 5 anos, contados a partir desta última data (5 de janeiro de 2008), caso Fulano pratique novo *crime doloso*, poderá vir a ser preso preventivamente se os demais requisitos da preventiva também estiverem presentes;

c) O crime envolver violência doméstica e familiar contra a mulher, criança, adolescente, idoso, enfermo ou pessoa com deficiência, para garantir a execução das medidas protetivas de urgência (art. 313, III, CPP). Essa condição de admissibilidade da preventiva visa a dar maior efetividade às medidas protetivas previstas sobretudo nos arts. 22 a 24, Lei Maria da Penha (Lei 11.340/2006). Porém, conforme significativo setor da comunidade jurídica, para se decretar a preventiva nessa situação, além de se constatar o descumprimento da medida protetiva, faz-se necessário que a violência doméstica cometida se trate de crime doloso e que ao menos uma das hipóteses autorizadoras da preventiva esteja presente (garantia da ordem pública, conveniência da instrução criminal etc. – STJ HC 173454/DF, *DJe* 22.11.2010 e HC 355466/SC, DJ 22.06.2016. Ex.: praticada lesão corporal dolosa em situação de violência doméstica contra a mulher e aplicada a medida de afastamento do lar ao agente (art. 22, II, Lei 11.340/2006), caso este venha descumprir a medida e, também, a instrução criminal se encontre ameaçada, pode o juiz vir a decretar-lhe a preventiva;

Comentários: é preciso cautela aqui, pois o dispositivo dá a entender que o simples descumprimento de uma medida protetiva ensejaria (automaticamente) a preventiva. Não é essa a melhor interpretação. Pode o magistrado valer-se de força policial, aplicação de multa etc., para dar efetividade às medidas protetivas, sem precisar decretar a preventiva. É preciso que um dos fundamentos estejam presentes.

d) Também será admitida a prisão preventiva quando houver dúvida sobre a identidade civil da pessoa ou quando esta não fornecer elementos suficientes para esclarecê-la, devendo o preso ser colocado imediatamente em liberdade após a identificação, salvo se outra hipótese recomendar a manutenção da medida (art. 313, parágrafo único, CPP);

Comentários:

✓ Má redação do dispositivo;

✓ Lembrar que a dúvida em relação à identidade civil poderá acarretar na identificação criminal (conforme dispõe o art. 3º da Lei 12.037/2009). Logo, não há que se falar em prisão automática;

✓ A prisão aqui só caberia em situações excepcionais, como, p. ex.: negativa em identificar-se criminalmente.

✓ Seja como for, uma vez identificado deverá ser colocado em liberdade imediatamente.

✓ O dispositivo não faz menção ao delito praticado. Por um critério de proporcionalidade, caberia apenas para crimes DOLOSOS. É preciso cautela aqui.

e) A prisão preventiva também poderá ser decretada em caso de descumprimento de qualquer das obrigações impostas por força de outras medidas cautelares (arts. 319 e art. 282, § 4º, CPP). Ex.: imagine-se que, no curso do processo, o juiz fixa ao acusado a obrigação de recolhimento domiciliar no período noturno e nos dias de folga (art. 319, V). Descumprida injustificadamente esta medida, será possível a decretação da preventiva.

14.10.5. Resumo

Em suma, para se decretar a preventiva é preciso:

a) Presença *concomitante* dos *pressupostos autorizadores* (*indício suficiente de autoria + prova da materialidade*);

b) Presença de *pelo menos um* dos *fundamentos* (*garantia da ordem pública, da ordem econômica, aplicação da lei penal* ou *conveniência da instrução criminal*);

c) Que o crime/situação comporte a preventiva. Seguem os casos (*alternativos*):

c1) *crime doloso com pena privativa de liberdade máxima superior a 4 anos;*

c2) *reincidência em crime doloso;*

c3) *o crime envolver violência doméstica e familiar, para garantir a execução das medidas protetivas de urgência;*

c4) *houver dúvida sobre a identidade civil da pessoa ou quando esta não fornecer elementos suficientes para esclarecê-la;*

c5) *descumprimento de qualquer das obrigações impostas por força de outras medidas cautelares.*

Observações finais:

I. O juiz não deve decretar a preventiva se perceber que o fato foi praticado sob o amparo de excludente de ilicitude (legítima defesa, por exemplo) – art. 314, CPP. Ao contrário, nessa situação, impõe-se a liberdade provisória (art. 310, CPP);

II. O decreto de preventiva, como toda decisão judicial, necessita sempre ser motivado (arts. 315, CPP, e 93, IX, CF);

III. Até o trânsito em julgado, a prisão preventiva poderá ser revogada ou novamente decretada quantas vezes se mostrar necessária (art. 282, § 5º, CPP);

IV. O CPP não estabelece um prazo pelo qual o réu possa permanecer preso preventivamente. Apesar disso, o acusado não pode ficar "anos a fio" preso à disposição do Estado. Quando este (o Estado – leia-se: juiz, MP etc.) der causa à lentidão do processo, será possível impetrar HC alegando a ilegalidade da prisão por excesso de prazo na instrução criminal (STJ, HC 173050/PB, *DJe* 21.02.2011 e HC 339934/MT, DJe 20.09.2016 e STF, HC 141583/RN, DJe 02/10/2017 e Info. 878, de 18 a 22 de setembro de 2017);

V. Atualmente, após o advento da Lei 12.403/2011, determina o § 3º, do art. 282, CPP, que o juiz, antes de decidir a respeito da prisão preventiva do indivíduo, possibilite, em homenagem ao princípio do contraditório, que a defesa se manifeste sobre o pedido de prisão. Porém, esse mesmo § 3º, adverte que a manifestação defensiva poderá ser dispensada quando se tratar de caso urgente ou de perigo de ineficácia da medida.

VI. Sentença condenatória recorrível e preventiva: segundo o atual § 1º do art. 387, CPP, "o juiz decidirá, fundamentadamente, sobre a manutenção ou, se for o caso, a imposição de prisão preventiva ou de outra medida cautelar, sem prejuízo do conhecimento de apelação que vier a ser interposta". Ou seja, podemos extrair a seguinte conclusão: caso o réu tenha permanecido preso ao longo do processo, não existe "manutenção automática de preventiva ou de outra medida cautelar" por ocasião de sentença condenatória recorrível. Será preciso, sempre, fundamentar a eventual manutenção da preventiva ou de outra medida cautelar. Não existindo mais motivo para a prisão (ou para a manutenção de outra medida cautelar), deverá o réu ser conservado em liberdade.

14.11. Prisão temporária (Lei 7.960/1989)[118]

14.11.1. Conceito

Trata-se de *prisão cautelar, com prazo de duração determinado, cuja decretação é apenas possível no âmbito do inquérito policial e se presentes os requisitos fixados pela lei.*

14.11.2. Características básicas

a) Diferentemente da preventiva, *a temporária não pode ser decretada de ofício pelo juiz.* Sua decretação depende de representação (pedido) da autoridade policial ou de requerimento do MP (art. 2º, Lei 7.960/1989). Quando for caso de representação do delegado, o juiz, antes de decidir, deverá ouvir o MP (§ 1º);

b) **A leitura isolada do art. 1º da** Lei 7.960/1989 indica que a temporária só seria cabível no curso do *IP. Em geral, essa tem sido, há tempos, a prática do judiciário: reconhecer o cabimento da temporária apenas durante o IP. Porém, em razão da alteração do art. 283, CPP, pela* Lei 12.403/2011, há quem defenda que, desde então, passou a ser possível a decretação da temporária no curso do processo também. Vide: *Távora (2016, p. 930-931) e Brasileiro (2015, p. 976-977).*

c) Distintamente da preventiva, *a temporária possui prazo determinado* (art. 2º, Lei 7.960/1989). Em regra, o prazo da prisão temporária é de *5 dias prorrogável por mais 5* (note, portanto, que tal prazo se afina com o previsto no art. 10, CPP). Porém, sendo o *crime hediondo ou equiparado* ("t"ráfico de drogas, "t"ortura e "t"errorismo – vulgo "TTT"), o prazo da temporária será de até 30 dias, prorrogável por mais 30 em caso de extrema e comprovada necessidade (art. 2º, § 4º, Lei 8.072/1990).

14.11.3. Hipóteses de cabimento (incisos do art. 1º da Lei)

Inc. I: "quando imprescindível para as investigações do inquérito policial". A prisão amparada nesta hipótese *não pode* ser encarada como uma *mera conveniência do Judiciário* em manter o indiciado encarcerado. A temporária não pode, portanto, ser decretada de forma automática pelo juiz. É preciso demonstrar que a liberdade do investigado oferece *risco concreto ao êxito da investigação.* Ex.: indiciado que está destruindo as provas do crime, intimidando testemunhas. Ver STF, HC 105833/SP, DJe 22/03/2012 e STJ, HC 333150/SP, DJ 26.10.2015, HC 414341/SP, DJe 27/10/2017;

Inc. II: "quando o indicado não tiver residência fixa ou não fornecer elementos necessários ao esclarecimento de sua identidade". *Mutatis mutandis,* idem ao que foi dito no inciso anterior. É preciso que a falta de residência fixa ou a ausência de elementos esclarecedores da identidade configurem um *risco concreto de fuga do indiciado*;

Inc. III: "quando houver fundadas razões, de acordo com qualquer prova admitida na legislação penal, de autoria ou participação do indiciado nos seguintes crimes": homicídio doloso; sequestro ou cárcere privado etc. (*recomenda-se a leitura de todas as alíneas contidas na lei*).

Pergunta: os incisos citados devem ser aplicados alternativa ou concomitantemente? R.: conforme majoritária doutrina, para ser possível a decretação da temporária deve-se combinar

118. Não confundir a expressão prisão temporária com prisão provisória. Esta última é gênero e é sinônimo de prisão cautelar e processual. A primeira (temporária), ao lado da preventiva e do flagrante, é espécie de prisão provisória.

os incisos da seguinte forma: I + III ou II + III. Note então que o inciso III deve sempre estar presente, necessitando ser combinado, pelo menos, com o inciso I ou o II. Vamos a um exemplo: agente suspeito da prática de homicídio (inciso III). Chegam notícias de que ele está destruindo as provas do crime (inciso I). Cabe a temporária nesse caso.

Observações finais: I) a decisão pela temporária deverá ser fundamentada e prolatada dentro do *prazo de 24h*, contadas a partir do recebimento da representação do delegado ou do requerimento do MP (art. 2º, § 2º, Lei 7.960/1989); **II)** o juiz poderá, de ofício, ou a requerimento do MP e do advogado, determinar que o preso lhe seja apresentado, solicitar informações e esclarecimentos da autoridade policial e submeter o detido a exame de corpo de delito (§ 3º); **III)** decretada a temporária, será expedido o respectivo mandado de prisão, em duas vias, uma das quais será entregue ao indiciado e servirá como nota de culpa (§ 4º); **IV)** decorrido o prazo fixado de detenção, o indiciado deverá ser posto imediatamente em liberdade, salvo se já tiver sido decretada sua prisão preventiva (§ 7º); **V)** a manutenção da prisão temporária para além do prazo legal acarreta na responsabilização da autoridade por crime de abuso de autoridade (art. 4º, "i", Lei 4.898/1965); **VI)** o preso provisório deve, obrigatoriamente, permanecer separado dos demais detentos (art. 3º, Lei 7.960/1989).

Em recente julgado, o STJ ressaltou a excepcionalidade da decretação da prisão temporária, afirmando que não se trata de "conveniência ou comodidade da cautela para o bom andamento do inquérito policial, mas de verdadeira necessidade da medida, aferida caso a caso", reputando como ilegal a prisão temporária mantida pelo Tribunal de Justiça do Estado do Ceará (STJ, RHC 77265/CE, *DJe* 02/10/2017).

14.12. Prisão domiciliar (art. 318, CPP)

Prevista anteriormente apenas no âmbito da Lei de Execução Penal (Lei 7.210/1984, art. 117) para condenados definitivos que se encontrassem cumprindo pena em regime aberto e em situações bastante específicas (ex.: condenado acometido de doença grave), a prisão domiciliar, a partir do advento da Lei 12.403/2011, passa a ser admitida expressamente também para os presos provisórios.

Segundo estabelece o art. 317, CPP, a prisão domiciliar consiste no recolhimento do indiciado ou acusado em sua residência, só podendo dela ausentar-se com autorização judicial.

Diz o novo art. 318 que o juiz poderá substituir a prisão preventiva pela domiciliar quando o agente for:

I. maior de 80 (oitenta) anos;

II. extremamente debilitado por motivo de doença grave;

III. imprescindível aos cuidados especiais de pessoa menor de 6 (seis) anos de idade ou com deficiência;

IV. gestante;

V – mulher com filho de até 12 (doze) anos de idade incompletos;

VI – homem, caso seja o único responsável pelos cuidados do filho de até 12 (doze) anos de idade incompletos.

Nos termos do parágrafo único do dispositivo, para a substituição, o juiz exigirá prova idônea dos requisitos estabelecidos neste artigo.

14.13. Medidas cautelares diversas da prisão (arts. 319 e seguintes do CPP)

14.13.1. Entendendo o tema

Atendendo finalmente a contundente reclame de certo setor da doutrina, a Lei 12.403/2011 criou outras medidas cautelares pessoais diversas da prisão.

Alguns autores – Aury Lopes Jr. (2010, v. 2, p. 132 e ss.), sobretudo – criticavam a antiga sistemática estabelecida pelo CPP de 1941 que, em matéria de medida cautelar pessoal, era considerada bastante "pobre", pois se pautava na clássica dicotomia "prisão cautelar ou liberdade provisória" – não existindo um meio-termo.

Grosso modo, ocorria que, diante de um determinado caso concreto, o juiz se via diante de dois extremos: ou determinava a prisão preventiva do indivíduo ou concedia-lhe a liberdade provisória. Essas duas medidas (preventiva e liberdade provisória), ambas extremas, terminavam, em diversas hipóteses, não se mostrando adequadas a atender as especificidades de uma enorme gama de situações. Isto porque, em diversos casos, tanto a preventiva se revelava uma medida excessivamente rigorosa, como a LP se mostrava demasiadamente branda. Era necessário, pois, serem criadas medidas cautelares que se situassem entre os extremos "prisão X liberdade provisória". E foi o que ocorreu com o advento da Lei 12.403/2011. Vejamos.

14.13.2. Medidas cautelares diversas da prisão (incisos do novo art. 319, CPP)

> "I – comparecimento periódico em juízo, no prazo e nas condições fixadas pelo juiz, para informar e justificar atividades;
>
> II – proibição de acesso ou frequência a determinados lugares quando, por circunstâncias relacionadas ao fato, deva o indiciado ou acusado permanecer distante desses locais para evitar o risco de novas infrações;
>
> III – proibição de manter contato com pessoa determinada quando, por circunstâncias relacionadas ao fato, deva o indiciado ou acusado dela permanecer distante;
>
> IV – proibição de ausentar-se da Comarca quando a permanência seja conveniente ou necessária para a investigação ou instrução;"

Comentário: a proibição de o réu se ausentar pode se referir à Comarca (como é o caso deste inciso) ou ao país (conforme prevê o art. 320, CPP). Neste último caso (proibição de ausentar-se do país) sublinha este dispositivo que essa restrição será comunicada pelo juiz às autoridades encarregadas de fiscalizar as saídas do território nacional, intimando-se o indiciado ou acusado para entregar o passaporte no prazo de 24h.

> "V – recolhimento domiciliar no período noturno e nos dias de folga quando o investigado ou acusado tenha residência e trabalho fixos;
>
> VI – suspensão do exercício de função pública ou de atividade de natureza econômica ou financeira quando houver justo receio de sua utilização para a prática de infrações penais;
>
> VII – internação provisória do acusado nas hipóteses de crimes praticados com violência ou grave ameaça, quando os peritos concluírem ser inimputável ou semi-imputável (art. 26 do Código Penal) e houver risco de reiteração;"

Comentários: como se sabe, quando no curso do IP ou processo se suspeitar da saúde mental do indivíduo, deve-se proceder ao exame de insanidade mental previsto no art. 149 e ss., CPP. Nesse contexto, o inciso em exame estabelece que, caso o sujeito tenha praticado crime com violência ou grave ameaça e a perícia conclua por sua inimputabilidade ou semi-inimputabilidade, havendo risco de reiteração criminosa, poderá o juiz determinar a internação provisória do indivíduo (em hospital de custódia e tratamento psiquiátrico – art. 99, LEP). Algumas anotações a esse inciso são necessárias. Primeiro, o dispositivo fala em "peritos" ("quando os peritos concluírem (...)"). Porém, a expressão deve ser lida no singular. É que, com a reforma de 2008 ocorrida no CPP, passou-se a exigir apenas um perito oficial para a realização de exames periciais (*vide* art. 159, CPP). Outro ponto: o juiz não fica adstrito à conclusão da perícia sobre a saúde mental do indivíduo, conforme parece sugerir o inciso em comento. Recorde-se que o juiz não está, em nenhuma perícia, adstrito à conclusão do *expert* (consultar o art. 182, CPP).

"VIII – fiança, nas infrações que a admitem, para assegurar o comparecimento a atos do processo, evitar a obstrução do seu andamento ou em caso de resistência injustificada à ordem judicial;

IX – monitoração eletrônica."

Comentários: trata-se do uso de pulseiras ou tornozeleiras eletrônicas (GPS, por exemplo), visando a monitorar a rotina do acusado/indiciado. O uso desses artefatos para o monitoramento de condenados foi, no âmbito federal, instituído em 2010 por meio da Lei 12.258.

14.13.3. Notas sobre as medidas cautelares diversas da prisão

Cumpre salientar que, conforme dispõe o novo art. 282, § 1º, CPP, as medidas cautelares vistas anteriormente podem ser aplicadas isolada ou cumulativamente, devendo-se levar em conta a necessidade e adequação da medida às especificidades do caso concreto.

Por outro lado, segundo já afirmado anteriormente, as medidas cautelares diversas da prisão são preferíveis à preventiva. Ou seja, esta última, em homenagem ao estado de inocência, deve ficar relegada a situações realmente extremas. Não se tratando de situação que a justifique, deve o magistrado optar pela liberdade provisória combinada ou não com as medidas cautelares diversas da prisão visualizadas no item precedente.

Ainda, as medidas cautelares diversas da prisão "serão decretadas pelo juiz, de ofício ou a requerimento das partes ou, quando no curso da investigação criminal, por representação[119] da autoridade policial ou mediante requerimento do Ministério Público" (art. 282, § 2º, CPP).

Para a decretação de tais medidas, o juiz deverá observar o **contraditório,** permitindo que a defesa se manifeste a respeito de eventual pedido formulado pela acusação ou pela autoridade policial. O contraditório aqui mencionado poderá ser **dispensado** nos casos urgentes ou de perigo de ineficácia da medida. Segue o texto da lei sobre o que estamos tratando neste parágrafo: "ressalvados os casos de urgência ou de perigo de ineficácia da medida, o juiz, ao receber o pedido de medida cautelar, determinará a intimação da parte contrária, acompanhada de cópia do requerimento e das peças necessárias, permanecendo os autos em juízo" (art. 282, § 3º, CPP). Ademais, é oportuno conferir os §§ 4º e 5º do art. 282, CPP, que, respectivamente, dizem: "§ 4º No caso de descumprimento de qualquer das obrigações impostas, o juiz, de ofício ou mediante requerimento do Ministério Público, de seu assistente ou do querelante, poderá substituir a medida, impor outra em cumulação, ou, em último caso, decretar a prisão preventiva (art. 312, parágrafo único).

§ 5º O juiz poderá revogar a medida cautelar ou substituí-la quando verificar a falta de motivo para que subsista, bem como voltar a decretá-la, se sobrevierem razões que a justifiquem."

Por fim, cumpre salientar que, por força do § 1º do art. 283, CPP, as medidas cautelares citadas não se aplicam à infração a que não for isolada, cumulativa ou alternativamente cominada pena privativa de liberdade.

14.14. Liberdade provisória (LP)

14.14.1. Conceito e noções gerais

Trata-se de *instituto processual que busca colocar em liberdade o indivíduo que aguarda o desdobramento de uma persecução penal (investigação preliminar ou processo)* – *vide* art. 5º, LXVI, CF.

Primeiramente, deve-se notar que a LP busca colocar o indivíduo em liberdade combatendo uma prisão em flagrante *legal.* Assim, não há como confundi-la com o HC e com o pedido de relaxamento de prisão. Enquanto estas peças (HC e relaxamento) visam, dentre outras coisas,[120] a promover a soltura do sujeito, atacando uma prisão em flagrante *ilegal* (ex.: prisão para averiguação), a LP investe contra uma prisão em flagrante *legal.* Nesse sentido, poderíamos afirmar que o HC e o relaxamento (dentre outras coisas) questionam a *legalidade* de uma prisão, já a LP indaga sobre a *necessidade* de o indivíduo estar preso.

Aprofundando um pouco mais essa questão, note o leitor que *a LP representa um verdadeiro instrumento de efetivação do princípio do estado de inocência.* Explica-se. Vimos anteriormente que este princípio, dentre outras coisas, instituiu entre nós a *regra da liberdade* (*em regra*, o indivíduo deve responder a persecução penal em liberdade, somente sendo encarcerado em situações excepcionais – preventiva, por exemplo). Tendo isso em mente, podemos afirmar então que *a LP é um mecanismo de que dispõe a defesa do réu/indiciado para fazer valer essa regra da liberdade.* Com a LP, em última análise, *questiona-se o juiz a respeito – não da legalidade –, mas da necessidade da prisão do sujeito.* Em suma, é como se o defensor, por meio da LP, estivesse fazendo a seguinte pergunta ao magistrado: "*pois bem, não questiono a legalidade da prisão em flagrante de meu cliente; o que realmente desejo saber é se a prisão dele é de fato necessária?*".

E quando é necessária a prisão de alguém? Já respondemos a essa pergunta. Relembrando: a prisão de alguém se mostra necessária quando presentes os requisitos da preventiva (art. 311 e ss., CPP) – que é a modalidade de prisão escolhida como "pedra de toque" para a demonstração da necessidade (cautelaridade) da custódia de alguém.

119. O termo representação aqui é sinônimo de pedido, solicitação, requerimento.

120. Utilizamos a expressão "dentre outras coisas", pois é sabido que o HC não visa apenas a combater uma prisão em flagrante ilegal. Lembre-se, por exemplo, que há o HC preventivo em que o indivíduo não se encontra preso, mas na iminência de sê-lo. O que queremos dizer com isso é que o HC abarca outras situações que não apenas a da prisão em flagrante ilegal.

Diante desse quadro, é possível afirmar, então, que *LP e preventiva são institutos antagônicos.* Enquanto a concessão da primeira (LP) representa a desnecessidade de o sujeito estar preso, o acolhimento da segunda (preventiva) significa exatamente o contrário: necessidade de segregação (*vide* STJ, HC 33.526/MS, *DJe* 14.06.2004).

Perceba-se, porém, que, consoante a nova sistemática inaugurada pela Lei 12.403/2011(*vide* art. 321, e 319, § 4º, ambos do CPP), mesmo que o juiz reconheça a desnecessidade da preventiva do indivíduo (concedendo-lhe, portanto, a LP), isto não significa que as medidas cautelares diversas da prisão (art. 319, CPP) não possam ser aplicadas concomitantemente à LP. Assim, é possível que o juiz, ao concedê-la, determine, por exemplo, ao réu, concomitantemente, o recolhimento domiciliar no período noturno e nos dias de folga (art. 319, V, CPP).

Em termos de prática penal, quando decretada a preventiva, a peça cabível não será a LP, mas o pedido de revogação de preventiva (formulado ao próprio juiz que a decretou) ou, em certos casos, o HC (ex.: decreto de preventiva não fundamentado).

Com efeito, a LP poderá ser alcançada pelo réu/indiciado *com ou sem* o pagamento (prestação) de fiança à autoridade. Ademais, obtida a LP (com ou sem fiança) o indivíduo terá que se sujeitar a certas obrigações (vínculos), como, por exemplo, a de não se ausentar por mais de 8 dias de sua residência, sem comunicar à autoridade o lugar onde será encontrado.

Doravante, estudaremos a LP, *com e sem fiança*, bem como as eventuais *obrigações* que podem ser impostas ao indivíduo em cada caso.

14.14.2. LP com fiança

a) Conceito de fiança: antes de tratarmos propriamente da LP com fiança, cabe a pergunta: *o que é fiança?* R.: trata-se de uma *garantia real ou caução, sempre definitiva,*[121] *cujo objetivo precípuo é assegurar a liberdade do indivíduo, podendo consistir em "depósito de dinheiro, pedras, objetos ou metais preciosos, títulos da dívida pública, federal, estadual ou municipal, ou em hipoteca inscrita em primeiro lugar"* (art. 330, CPP);

b) Crimes afiançáveis e inafiançáveis: note que a fiança é um instituto *totalmente atrelado à LP.* Assim, *não sendo o caso de decretação da preventiva*, paga-se a fiança e obtém-se a liberdade do réu/indiciado. Entretanto, ainda que soe óbvia a afirmação, deve-se atentar que *a fiança só tem cabimento se o crime pelo qual responde o acusado for afiançável.* Sendo *inafiançável* o delito, não será, portanto, possível prestar fiança para promover a soltura do acusado. Neste caso (crime inafiançável), conforme veremos mais abaixo, ainda assim será, em tese, possível obter a LP, *mas não por meio de pagamento de fiança.*

Pois bem, mas *o que são crimes afiançáveis?* Dizer apenas que são aqueles que comportam fiança seria insuficiente para os nossos propósitos. Precisamos de uma noção mais precisa. Na verdade, a lei (CPP) não nos diz quando um delito é afiançável, *mas apenas quando ele é inafiançável* (consultar arts. 323 e 324). Assim, concluímos pela *afiançabilidade* de uma infração *a contrario sensu* (por um critério de exclusão ou residual). Exemplo de crime *afiançável*: art. 155, *caput*, do CP. Vejamos abaixo a lista de *crimes inafiançáveis* para que então, *a contrario sensu*, possamos concluir quando a infração é afiançável.

b1) Infrações inafiançáveis no CPP

"**Art. 323.** Não será concedida fiança:

I – nos crimes de racismo;

II – nos crimes de tortura, tráfico ilícito de entorpecentes e drogas afins, terrorismo e nos definidos como crimes hediondos;

III – nos crimes cometidos por grupos armados, civis ou militares, contra a ordem constitucional e o Estado Democrático;"

Comentário: o CPP aqui nada mais fez do que reproduzir o que diz a CF a esse respeito (*vide* art. 5º, XLII, XLIII e XLIV).

"**Art. 324.** Não será, igualmente, concedida fiança:

I – aos que, no mesmo processo, tiverem quebrado fiança anteriormente concedida ou infringido, sem motivo justo, qualquer das obrigações a que se referem os arts. 327 e 328 deste Código;"

Comentário: a "**quebra da fiança**" *ocorre quando o afiançado descumpre qualquer das obrigações que lhe foram impostas quando da concessão da fiança* (arts. 327, 328 e 341, CPP – trataremos do assunto de forma mais detalhado a seguir). Ex.: sujeito afiançado que, injustificadamente, não comparece a juízo quando chamado. **Consequências** da quebra injustificada da fiança: *perda de metade do valor caucionado para o Fundo Penitenciário Nacional; possibilidade de o juiz impor ao réu alguma(s) (das) medida(s) cautelar(es) do art. 319, ou mesmo de impor a preventiva ao acusado; e impossibilidade de, no mesmo processo, prestar nova fiança* (arts. 343, 346 e 324, I, CPP).

"II – em caso de prisão civil ou militar;"

Comentário: no que tange à prisão por mandado do juiz cível (prisão civil), já vimos que, atualmente, esta modalidade de prisão só existe para o devedor (voluntário e inescusável) de alimentos (art. 5º, LXVII, CF), pois, com o advento da Súmula vinculante 25 do STF, passou-se a considerar: "ilícita a prisão civil do depositário infiel, qualquer que seja a modalidade de depósito". Pois bem, dessa forma, a prisão do alimentante inadimplente é inafiançável.

Do mesmo modo, a prisão militar também é inafiançável.

"III – (revogado);

IV – quando presentes os motivos que autorizam a decretação da prisão preventiva (art. 312)."

Comentário: conforme já mencionado anteriormente, LP e preventiva são institutos antagônicos. Presentes os motivos da preventiva não será possível a LP (com ou sem fiança). O dispositivo mencionado segue essa linha de raciocínio.

b2) Infrações inafiançáveis em lei extravagante:

Crime organizado: a Lei 12.850/2013, que revogou a Lei 9.034/1995, não contém vedação à fiança, motivo pelo qual a antiga disposição não mais subsiste. A questão agora está submetida ao regramento do art. 322, *caput* e seu parágrafo único, CPP.

Lavagem de dinheiro (Lei 9.613/1998): no caso de lavagem, havia previsão no art. 3º, mas o dispositivo foi revogado pela Lei 12.683/2012. Pois bem, estabelecido o que é fiança e

---

121. *Não há* mais entre nós a fiança provisória, em que o sujeito, para apressar o procedimento de soltura, oferecia determinado montante (pedra preciosa, por exemplo), que só seria avaliado posteriormente. Hoje, tudo é avaliado antecipadamente, por isso diz o CPP ser definitiva a fiança (art. 330, primeira parte).

quais são os delitos afiançáveis e inafiançáveis, estamos mais preparados para enfrentar algumas questões ligadas à *LP com fiança*. Vamos a elas:

c) **Quem pode requerer o arbitramento da fiança (ou quem pode requerer a LP com fiança)?** Além de a fiança poder ser concedida de ofício pela autoridade judicial ou policial, interpretando o art. 335, *caput*, CPP, inferimos que *o próprio acusado/indiciado pode requerer o arbitramento da fiança, assim como qualquer pessoa por ele;*

d) **Até quando é possível requerer arbitramento de fiança?** Desde a prisão em flagrante até o trânsito em julgado (art. 334, CPP);

e) **Quem pode arbitrar a fiança?** Em regra, o juiz. Porém, autoriza a lei, em determinados casos, que a autoridade policial arbitre a fiança. Vejamos:

I. **Autoridade policial:** poderá esta arbitrar fiança nos casos de infração cuja pena privativa de liberdade máxima não seja superior a 4 anos. Ex.: furto simples (art. 155, CP – pena máxima: 4 anos). Porém, em caso de recusa ou demora por parte da autoridade policial em conceder fiança, "o preso, ou alguém por ele, poderá prestá-la, mediante simples petição, perante o juiz competente, que decidirá em 48h" (art. 335, CPP);

II. **Juiz:** nos casos de infrações penais com pena máxima superior a 4 anos (ex.: roubo – art. 157, CP – pena máxima: 10 anos), a fiança será requerida ao juiz, que decidirá em 48h (parágrafo único do art. 322, CPP);

f) **Desnecessidade de prévia oitiva do MP (art. 333, CPP):** quando do pedido de arbitramento da fiança (seja para o juiz, seja para o delegado), a lei não exige a *prévia* oitiva do MP, dando-se-lhe vista *apenas após* a decisão;

g) **Valor da fiança:** os parâmetros para a autoridade fixar o valor da fiança vêm definidos no art. 325, CPP, a saber:

> "**Art. 325.** O valor da fiança será fixado pela autoridade que a conceder nos seguintes limites:
>
> I - de 1 (um) a 100 (cem) salários mínimos, quando se tratar de infração cuja pena privativa de liberdade, no grau máximo, não for superior a 4 (quatro) anos;
>
> II - de 10 (dez) a 200 (duzentos) salários mínimos, quando o máximo da pena privativa de liberdade cominada for superior a 4 (quatro) anos.
>
> § 1º Se assim recomendar a situação econômica do preso, a fiança poderá ser:
>
> I - dispensada, na forma do art. 350 deste Código;
>
> II - reduzida até o máximo de 2/3 (dois terços); ou
>
> III - aumentada em até 1.000 (mil) vezes."

h) **Obrigações do afiançado** (arts. 327, 328 e 341, CPP): prestada a fiança, o afiançado fica sujeito a algumas obrigações/restrições. São elas:

I. Dever de comparecimento perante a autoridade quando intimado para atos do inquérito e da instrução criminal e para o julgamento;

II. Proibição de mudança de residência, sem prévia permissão da autoridade competente;

III. Proibição de se ausentar por mais de 8 dias de sua residência, sem comunicar à autoridade o lugar onde poderá ser encontrado(a);

IV. Proibição de praticar nova infração penal dolosa;

V. Proibição de deliberadamente praticar ato de obstrução ao andamento do processo;

VI. Proibição de descumprir medida cautelar imposta cumulativamente com a fiança;

VII. Proibição de resistir injustificadamente a ordem judicial.

Descumprida injustificadamente qualquer uma dessas obrigações, ocorrerá a **quebra da fiança**, acarretando a *perda de metade do valor caucionado para o Fundo Penitenciário Nacional; na possibilidade de o juiz impor ao réu alguma(s) (das) medida(s) cautelar(es) do art. 319, CPP, ou mesmo de impor a preventiva ao acusado; e na impossibilidade de, no mesmo processo, prestar nova fiança* (arts. 343, 346 e 324, I, CPP).

i) Cuidado para não confundir

I. **Quebra da fiança:** acabamos de ver do que se trata (descumprimento das obrigações dos arts. 327, 328 e 341, CPP);

II. **Cassação da fiança** (arts. 338 e 339, CPP): ocorre quando *há equívoco na concessão da fiança por parte da autoridade* (ex.: juiz que, de forma equivocada, concede fiança ao praticante de crime hediondo – que é inafiançável). Ou quando *há inovação na classificação do delito*. Ex.: delegado concede fiança por crime de pena máxima de até 4 anos, porém, depois, o MP, na fase da denúncia, entende que o delito é, na verdade, inafiançável. **Consequências:** o valor cassado será integralmente devolvido ao acusado e este, a depender do caso, poderá a vir a ser submetido a alguma(s) (das) medida(s) cautelar(es) do art. 319, CPP, ou até mesmo, se necessário, à prisão preventiva;

III. **Perda da fiança** (arts. 344 e 345, CPP): *ocorre quando o réu é condenado em definitivo à pena privativa de liberdade e empreende fuga.* **Consequência:** *perda definitiva da totalidade do valor pago;*

IV. **Reforço da fiança:** significa que *o montante prestado a título de fiança é insuficiente (inidôneo), necessitando, pois, ser complementado (reforçado).* Diz o art. 340, CPP, que o reforço da fiança será exigido quando: I – a autoridade tomar, por engano, fiança insuficiente; II – houver depreciação material ou perecimento dos bens hipotecados ou caucionados, ou depreciação dos metais ou pedras preciosas; III – for inovada a classificação do delito (explica-se esta última situação: em decorrência de nova classificação, o crime ainda é afiançável, porém, passa a ser mais grave, gerando a necessidade de reforço da fiança). **Consequência da não prestação do reforço**: a fiança será declarada *sem efeito* pelo juiz, oportunidade em que será devolvido integralmente o valor anteriormente prestado, podendo o réu vir a ser preso (parágrafo único do art. 340).

14.14.3. LP sem fiança

A LP pode ser alcançada pelo réu/indiciado não apenas por meio do pagamento de fiança. Desde que não seja caso de preventiva, é possível também alcançar o benefício (a LP) *sem a necessidade de prestar fiança à autoridade*. Trata-se da denominada LP *sem fiança*.

a) LP sem fiança quando o indivíduo for pobre (art. 350, CPP): quando a infração for afiançável, verificando o magistrado que o indivíduo não tem condições econômicas de prestar a fiança, "pode"[122] o juiz conceder a LP, independentemente do pagamento daquela (da fiança). Concedida a medida, ficará o sujeito submetido às *obrigações* dos arts. 327, 328 e 341 CPP (já estudadas anteriormente).

No caso de descumprimento de qualquer das obrigações impostas, o juiz, de ofício ou mediante requerimento do MP, de

122. O verbo "poder" aí, empregado pelo CPP, não significa mera faculdade do juiz. Presentes os requisitos legais, deve o juiz conceder LP.

seu assistente ou do querelante, poderá substituir a LP, poderá, em cumulação, impor medida(s) cautelar(es) diversa(s) da prisão (art. 319, CPP), ou, em último caso, poderá decretar a prisão preventiva (consultar o art. 350, parágrafo único, c/c o art. 282, § 4º, ambos do CPP).

Observação: a *pobreza*, mencionada no art. 350, CPP, é a incapacidade de o indivíduo prestar a fiança sem prejudicar o seu sustento ou o de sua família – e não um eventual estado de indigência (conforme se poderia erroneamente pensar). Para prová-la, conforme Nucci (2006, p. 143), basta a mera declaração do indivíduo, não sendo mais necessário o (antigo) atestado de pobreza fornecido por delegado (art. 32, § 2º, CPP);

b) LP sem fiança do parágrafo único do art. 310, CPP: se, pela análise do auto de prisão em flagrante (APF), o juiz verificar que o agente praticou o fato nas condições constantes dos incisos I a III do art. 23, CP (estado de necessidade, legítima defesa, em estrito cumprimento de dever legal ou no exercício regular de direito), "poderá"[123], fundamentadamente, conceder ao sujeito liberdade provisória, *independentemente do pagamento de fiança.*

Concedida a LP com base no parágrafo único do art. 310, CPP, deve o indivíduo assinar termo de comparecimento a todos os atos processuais, sob pena de revogação do benefício.

O dispositivo é coerente, pois não faria mesmo sentido o juiz, após receber a comunicação do flagrante de um fato aparentemente *lícito*, manter o sujeito encarcerado. Isto porque, além de haver probabilidade de absolvição nessa situação, os requisitos da preventiva não se mostram presentes em tais hipóteses. Dessa forma, concede-se a LP *sem fiança*, devendo o sujeito comparecer a todos os atos do processo, sob pena de revogação do benefício.

É importante ainda notar que o dispositivo em análise *não faz distinção entre infração afiançável ou inafiançável.* Desse modo, *aplica-se a fórmula do parágrafo único do art. 310 tanto aos delitos afiançáveis como aos inafiançáveis.* Ex.: indivíduo é surpreendido em flagrante após praticar homicídio doloso qualificado contra Fulano (crime hediondo, logo inafiançável). Após a lavratura e encaminhamento do APF ao juiz, este nota que há indicativos sérios de que o fato foi cometido em legítima defesa (excludente de ilicitude). Nesta situação, o magistrado deverá conceder LP *sem fiança (parágrafo único do art. 310)*, submetendo o sujeito à obrigação de comparecer aos atos do processo.

14.14.4. LP vedada

Há casos em que a lei veda o instituto da LP. Repare que, nessas situações, a proibição recai *não sobre a possibilidade de prestação de fiança* (inafiançabilidade), mas sobre o *próprio instituto da LP*. Assim, *não se deve confundir* inafiançabilidade com vedação à LP. Na inafiançabilidade, o que se obstaculiza é o pagamento de fiança para a obtenção de LP (ex.: crimes hediondos – art. 5º, XLIII, CF). Neste caso (inafiançabilidade), *ainda assim* será, em tese, possível a LP. Já na segunda situação (vedação à LP), veda-se mais do que a fiança, proíbe-se a própria LP. E é disto que trataremos agora.

Diversos autores formulam contundentes críticas à vedação de LP feita *aprioristicamente* pela lei. Motivos: a vedação à LP realizada *a priori* pela lei, além de retirar a oportunidade de o julgador examinar *caso a caso* o cabimento ou não do instituto, *burla o princípio do estado de inocência* – que, não nos esqueçamos, estabelece a regra da liberdade. Segundo dizem esses autores, há burla porque toda vez que a determinação de impossibilidade de LP é efetuada pela lei, cria-se, na realidade, uma modalidade de *manutenção automática da prisão em flagrante.* Explica-se. Basta o indivíduo "dar o azar" de ser preso em flagrante pela prática de crime cuja lei estabeleça vedação à LP – e que os prazos da fase policial e judicial sejam respeitados – para que permaneça encarcerado, *sem fundamentação judicial,* até o deslinde do processo.

É exatamente por conta dessas críticas que diversas das hipóteses de vedação à LP criadas nas últimas duas décadas pelo legislador ordinário têm sido declaradas inválidas pelos tribunais superiores e combatidas pela doutrina. Vejamos os casos:

a) Estatuto do desarmamento (Lei 10.826/2003): o STF (ADIN 3112-1, *DJe* 26.10.2007) declarou a *inconstitucionalidade* do art. 21 desta lei que vedava a LP para os crimes de posse ou porte ilegal de arma de fogo de uso restrito (art. 16), comércio ilegal de arma de fogo (art. 17) e tráfico internacional de arma de fogo (art. 18). **Conclusão:** atualmente, cabe LP para esses delitos. Ver também STJ: RHC 38323/CE, DJ 09.10.2014.

b) Crime organizado: a Lei 12.850/2013, que revogou a Lei 9.034/1995, não mais contém óbice à concessão de LP aos agentes que tenham envolvimento com organização criminosa.

c) Crimes hediondos, tortura e terrorismo: a Lei dos Crimes Hediondos (Lei 8.072/1990) previa em seu art. 2º, II, vedação expressa à LP para os crimes hediondos, a tortura e o terrorismo. *Porém*, atendendo aos reclames da doutrina, em 2007, a *Lei 11.464 retirou a referida proibição*. Apesar disso, o STF, estranhamente, ainda possui decisões que, de modo automático, vedam a LP aos crimes hediondos (**confira-se a íntegra da decisão prolatada em 2013 pelo Pleno: HC 92932/SP, *DJe*** 25.09.2013). O principal argumento que apresentam é que a própria Constituição, ao estabelecer a inafiançabilidade para os crimes hediondos, impede, consequente e automaticamente, a possibilidade de LP para esse tipo de delito. Esse posicionamento do Supremo, conforme facilmente se percebe, é incoerente com as demais orientações do Tribunal sobre o assunto (vide o caso do tráfico de drogas[124], p. ex.), e, mais que isso, afronta o estado de inocência. Acrescente-se ainda que, pouco tempo depois do julgamento realizado pelo pleno do STF (acima citado), a Primeira Turma da Suprema Corte *concedeu* LP a um crime hediondo (vide STF RHC 118200, *DJe* 12.11.2013 e HC 109236, DJ 14.02.2012). O tema, portanto, como se vê, permanece controverso dentro do próprio STF, restando talvez aguardar uma próxima decisão da composição plena daquela Corte sobre o assunto.

d) Drogas (Lei 11.343/2006): o art. 44 da lei veda a LP para os crimes tipificados nos arts. 33, *caput* e § 1º, e 34 a 37 desse mesmo diploma (tráfico, fabrico de instrumentos e associação para o tráfico). **Entretanto,** em 2012, o Pleno do STF (HC 104.339/SP, *DJe* 06.12.2012 e HC 133361, DJ 27.05.2016, RE 1038925/SP, DJe 19/09/2017), declarou a *inconstitucionalidade* do referido art. 44 da Lei de Drogas. Logo, segundo a atual orientação do Supremo sobre o tema, é sim possível a concessão de liberdade provisória para os crimes previstos nos arts. 33, *caput* e § 1º, e 34 a 37, da Lei de Drogas.

123. "Deverá", na verdade. Veja a nota logo acima.

124 Ver STF, HC 118533/MS, DJe 19.09.2016. A conduta do § 4º, art. 33, da Lei 11.343/2006 (tráfico de drogas privilegiado) não é crime hediondo

15. CITAÇÕES E INTIMAÇÕES

São atos de comunicação processual, destinados à cientificação das partes, testemunhas, entre outros, acerca do teor dos atos processuais já praticados ou mesmo para que certos atos sejam praticados por algum dos sujeitos processuais.

De acordo com a finalidade de cada ato, a doutrina promoveu a classificação dos atos de comunicação processual em algumas espécies: citações, intimações e notificações.

15.1. Citação

Ato de comunicação processual pelo qual se informa ao réu/querelado a existência de uma imputação (ação penal) contra si. Conforme dispõe o art. 363, CPP, a citação completa a formação do processo, *i. e.*, a relação triangular entre as partes e o juiz resta plenamente formada, possibilitando o contraditório e a dialética no processo.

Nesse sentido, ressalte-se ainda que a citação válida é um elemento de validade do processo, pois a ausência de citação acarreta sua nulidade absoluta, enquanto a deficiência do ato implica nulidade relativa.

Porém, a falta ou nulidade da citação será sanada se o réu comparecer espontaneamente antes da consumação do ato (ainda que para apontar a nulidade ou a falta) - art. 570, CPP. Apesar da redação deste dispositivo, há limites aqui, já que não pode ocorrer prejuízo à defesa réu. O STF, p. ex., já anulou uma sentença em que o acusado havia sido citado um dia antes de seu interrogatório. Reconheceu o Supremo, nessa oportunidade, manifesto prejuízo à ampla defesa (STF HC 109611 *DJe* 28.08.2013 e RHC 133945, DJ 01.08.2016).

15.1.1. Espécies de citação

a) Citação real: realizada na pessoa do réu, havendo certeza de que este tomou conhecimento da acusação. Modalidades:

a1) Citação real por mandado: cumprida por oficial de justiça dentro do território da Comarca onde o juiz exerce as suas funções. Conforme dispõe o art. 351: "a citação inicial far-se-á por mandado, quando o réu estiver no território sujeito à jurisdição do juiz que a houver ordenado". Se o acusado se encontrar em seu domicílio, pode ser realizada a qualquer dia e hora (salvo, à noite). Se o acusado estiver preso, a citação também será real por mandado (pessoal), sendo que o diretor do estabelecimento prisional será comunicado da futura audiência para a qual o réu for convocado.

O mandado de citação deverá conter todas as informações elencadas no art. 352, CPP (chamados de requisitos intrínsecos do mandado de citação), como: nome do juiz, nome do acusado ou as suas características físicas etc.

Além dos requisitos intrínsecos, há que se observar os requisitos extrínsecos da citação por mandado contidos no art. 357, CPP: leitura do mandado feita pelo oficial de justiça ao acusado; entrega da contrafé (cópia da peça inicial acusatória) etc.

Note-se que, no processo penal, a citação eletrônica só é admitida para as seguintes modalidades: carta precatória, rogatória ou de ordem (arts. 6º e 7º da Lei 11.419/2006).

a2) Citação real por carta precatória: quando o réu residir em outra Comarca - art. 353, CPP. Nesse caso, o juízo deprecante (do lugar onde tramita o processo) solicita ao juízo deprecado (lugar da residência do réu) que efetue a citação do acusado.

Peculiaridades da citação por precatória:

I. Se no juízo deprecado (aquele que irá cumprir a precatória), verificar-se que o réu se encontra em outra comarca, poderá ser encaminhada a precatória para a nova comarca (precatória itinerante);

II. Havendo urgência, a precatória poderá ser feita por via telegráfica (inclua-se aí o fax também);

a3) Citação real por carta rogatória: quando o réu residir fora do país ou em embaixadas ou consulados (sedes de legações estrangeiras). *Mutatis mutandis*, aplica-se a mesma razão da citação por precatória. No caso de citação por rogatória, haverá suspensão do prazo prescricional - art. 368, CPP. Caso se saiba que o réu se encontra no estrangeiro, mas em local incerto, a citação será por edital (ver abaixo).

a4) Citação real por carta de ordem: segundo Pacelli (2015, p. 617), "por carta de ordem deve-se entender a determinação, por parte de tribunal, superior ou não, de cumprimento de ato ou de diligência processual a serem realizados por órgãos da jurisdição da instância inferior, no curso de procedimento da competência originária daqueles".

Peculiaridades da citação real em relação a algumas pessoas:

I. Se o réu for militar, será citado por intermédio do chefe do respectivo serviço - art. 358, CPP;

II. Se for funcionário público, haverá necessidade de notificar o chefe de sua repartição - art. 359, CPP;

III. Se o réu estiver preso, deverá ser citado pessoalmente, por mandado - art. 360, CPP;

b) Citação ficta ou presumida: não sendo possível a citação real, proceder-se-á a citação ficta. Esta pode ser por edital ou por hora certa.

Razão de ser desse tipo de citação: para que o Estado não fique impossibilitado de exercer o seu *jus puniendi*.

b1) Por edital (art. 361, CPP): pressupõe que o réu tenha conhecimento da ação penal a partir da publicação do edital em veículo de comunicação periódico com circulação local e de sua notícia afixada na sede do juízo (Fórum). Vale frisar, no entanto, o seguinte julgado: STJ, HC 213600, *DJe* 09.10.2012, info 506 - "é nulo o processo a partir da citação na hipótese de citação por edital determinada antes de serem esgotados todos os meios disponíveis para a citação pessoal do réu".

Prazo do edital: 15 dias.

O art. 365, CPP, estatui os requisitos do edital de citação, sendo eles: nome do juiz que determinar a citação, nome do acusado ou seus sinais característicos, a indicação do dispositivo da lei penal infringido (Súmula 366, STF)[125] etc.

Neste contexto, cabe enunciar o entendimento do STJ segundo o qual "Por haver o réu tomado rumo ignorado logo após a prática do crime, **não é nula a citação por edital por suposta ausência de esgotamento dos meios para localização do citando**, cuja atitude não pode implicar o atraso da prestação jurisdicional e condicionar a jurisdição à prévia procura de dados em empresas e órgãos públicos, sem perspectiva de êxito da diligência", vide RHC 52.924/BA, DJ 29.08.2016.

Ademais, nunca é demais ressaltar a jurisprudência pacífica do STJ asseverando que "A não localização do paciente,

125. Mister destacar que há divergência doutrinária no sentido de estabelecer como requisito do edital a descrição resumida do fato imputado, considerando a necessidade de possibilitar o exercício da ampla defesa.

que deu ensejo à sua citação por edital, não se confunde com presunção de fuga", HC 253.621/MG, DJ 24.08.2016.

Atenção: a citação por edital não é admitida nos Juizados Especiais (art. 66, parágrafo único, Lei 9.099/1995). Caso o réu não seja encontrado para ser citado pessoalmente, haverá a remessa do processo ao juízo comum (adotando-se o rito sumário).

Citado por edital, se o réu não comparecer e nem constituir advogado, será determinada a suspensão do processo e do prazo prescricional, podendo o juiz determinar a produção antecipada das provas consideradas urgentes e, se for o caso, decretar preventiva – art. 366, CPP. Conforme alguns autores, (PACELLI, 2015, p. 623-624; TÁVORA, 2015, p. 987), este dispositivo não se aplica aos crimes de lavagem de dinheiro por força do disposto no art. 2º, § 2º, da Lei 9.613/1998.

Apesar de a lei não mencionar durante quanto tempo pode ficar suspenso o prazo prescricional, o STJ (Súmula 415) e a majoritária doutrina entendem que a suspensão da prescrição nesse caso deverá se dar pela pena máxima em abstrato fixada ao crime (art. 109, CP).

Ademais, ainda com base no art. 366, diz a Súmula 455, STJ: "a decisão que determina a produção antecipada de provas com base no art. 366 do CPP deve ser concretamente fundamentada, não a justificando unicamente o mero decurso do tempo".

Reflexos do Novo Código de Processo Civil

Finalmente, note-se que, quando o Novo CPC (NCPC) entrar em vigor, o art. 256 deste novo diploma, que trata da citação por edital, será usado de modo subsidiário aos dispositivos do CPP. Recomendamos, portanto, a leitura do referido art. 256.

b2) Por hora certa (art. 362, CPP): inovação introduzida na seara processual penal por meio da Lei 11.719/2008, essa modalidade de citação ficta[126] ocorre quando se verificar que o réu, deliberadamente, oculta-se para não ser citado. (STF, RE 635145/RS, DJe 13/09/2017 e Info. 833, de 1º a 5 de agosto de 2016).

Reflexos do Novo Código de Processo Civil

Quando o NCPC entrar em vigor, a citação por hora certa passará a seguir o disposto nos arts. 252 e 253 daque-le novo diploma, aos quais remetemos o leitor. Dentre outras coisas, notar que, de acordo com o art. 252, NCPC, o número de tentativas para a citação por hora certa pas-sará de três para duas oportunidades.

Além disso, é importante destacar que o § 4º do art. 253 do NCPC, não terá aplicação ao processo penal. Diz esse dispositivo: "O oficial de justiça fará constar do man-dado a advertência de que será nomeado curador especial se houver revelia". Na realidade, no âmbito do processo penal, realizada a citação por hora certa, se o réu não comparecer, ser-lhe-á nomeado defensor dativo ou públi-co, conforme o caso – e não curador especial, conforme diz o NCPC.

126. Há quem entenda que a citação por hora certa se trata de modalidade de citação real – e não ficta. O tema não é pacífico, portanto.

15.1.2. Revelia (art. 367, CPP)

No processo penal, os efeitos da revelia não guardam relação de similaridade com o âmbito processual civil. A ausência do acusado a qualquer dos atos processuais, sem justificativa, ou a mudança de endereço sem comunicação, têm como efeito a não intimação para os atos processuais seguintes[127]. Assim, não há que se falar em "confissão ficta", por exemplo, para o réu revel em processo penal.

O efeito da revelia apontado (não intimação do réu para os atos processuais futuros), obviamente, não se aplica ao defensor do acusado, pois, como sabemos, a defesa técnica no processo penal é imprescindível. Assim, ainda que o réu seja considerado revel, seu defensor, obrigatoriamente, deverá continuar a patrocinar seus interesses.

Ademais, outro efeito da revelia no processo penal é a quebra da fiança (art. 341, CPP).

Observações: I – ainda que revel, o réu deverá ser intimado da sentença em atenção ao princípio da ampla defesa (art. 392, CPP); II – o réu pode ingressar no processo a qualquer tempo, fazendo cessar os efeitos da revelia, mas sem alterações nos os atos já praticados. Participará do processo conforme o estado em que esse se encontra.

15.2. Intimações e notificações

São atos de comunicação processual dirigidos "às partes ou a qualquer outra pessoa que deva, de alguma forma, intervir na relação processual" (MOREIRA, 2010, p. 246).

Certo setor da doutrina costuma fazer a seguinte distinção:

15.2.1. Intimação

Ciência dada à parte ou outra pessoa de um ato já realizado – ato realizado no passado – ex.: intimação de uma sentença prolatada (passado). Intima-se *de* algo.

15.2.2. Notificação

Ciência dada para que a parte ou outra pessoa pratique um ato no futuro – ex.: notificação de testemunha para depor. Notifica-se *para* algo. O CPP, porém, não atenta para essa diferenciação, utilizando os termos indistintamente. Neste trabalho, portanto, falaremos tão somente em intimação. No caso do Ministério Público e da Defensoria Pública, a intimação deve ser pessoal, ou seja, a comunicação deve ser feita diretamente aos membros dessas instituições (art. 370, § 4º, CPP). Também o advogado dativo (nomeado pelo juiz) será intimado pessoalmente. No entanto, destacamos o seguinte julgado: "A intimação do defensor dativo apenas pela impressa oficial não implica reconhecimento de nulidade caso este tenha optado expressamente por esta modalidade de comunicação dos atos processuais, declinando da prerrogativa de ser intimado pessoalmente" (STJ, HC 311.676-SP, *DJe* 29.04.2015, Informativo 560). Sobre o tema, ver o importante julgado do STJ: HC 358943/SP, DJe 06.09.2016.

Em julgado recente, a 5ª Turma do STJ firmou entendimento no sentido de que a nomeação de defensor dativo não pode prescindir da intimação do réu para substituir o patrono inerte. No caso em espécie, o juízo *a quo*, diante da inércia do primeiro patrono constituído pelo réu, determinou a remessa

127. Esta última parte, contudo, não se aplica à intimação da sentença, que é obrigatória.

dos autos à Defensoria Pública, não sendo oportunizado ao acusado o direito de nomear novo advogado de sua confiança, o que culminou na anulação da ação penal e desconstituição do trânsito em julgado da condenação (STJ, HC 389899/RO, *DJe* 31/05/2017).

Já o advogado constituído (pelo réu, pelo querelante, pelo querelado ou pelo assistente) será, em regra, intimado por meio de publicação oficial (Diário Oficial), incluindo, sob pena de nulidade, o nome do acusado. Caso não exista órgão de publicação oficial, a intimação deverá ser efetuada diretamente pelo escrivão, por mandado, ou via postal, com comprovante de recebimento, ou por qualquer outro meio considerado idôneo – 370, §§ 1º e 2º, do CPP.

Em hipótese de intimação por meio de carta precatória exige o art. 222, *caput*, CPP, sob pena de nulidade relativa (conforme Súmula 155, STF), que as partes sejam intimadas da expedição do documento, não sendo exigível que se lhes dê ciência da data marcada pelo Juízo deprecado para a realização do ato (vide Súmula 273, STJ).

A Lei 9.099/1995 (art. 67) dispõe que no JECRIM "a intimação poderá ser efetivada através de via postal (com AR ou mediante entrega na recepção, se se tratar de pessoa jurídica ou firma individual), por oficial de justiça (independentemente de mandado ou carta precatória), na própria audiência, ou, ainda, por qualquer outro meio idôneo de comunicação, como, por exemplo, o telefone" (MOREIRA, 2010, p. 265).

O cumprimento dos atos de comunicação processual deve ocorrer em dias úteis, com expediente forense, como se pode depreender, inclusive, do teor da Súmula 310, STF: "*quando a intimação tiver lugar na sexta-feira, ou a publicação com efeito de intimação for feita nesse dia, o prazo judicial terá início na segunda-feira imediata, salvo se não houver expediente, caso em que começará no primeiro dia útil que se seguir*".

A ausência de intimação das partes poderá, a depender do caso, configurar até em nulidade absoluta por cerceamento defesa, por exemplo. Ainda, segundo o STF, HC 114.107, *DJe* 12.12.2012: "necessidade de intimação pessoal do réu é apenas da sentença condenatória e não do acórdão proferido em sede de apelação". Ver também a seguinte decisão do STF: "a nulidade do julgamento por ausência de intimação prévia da defesa para ciência da data de confecção do voto-vista dependeria de inequívoca demonstração de concreto prejuízo", HC 92932 ED, DJ 14.04.2016. Cabe ainda ressaltar que nos casos em que o réu vier a ser preso no curso do prazo da intimação por edital da sentença condenatória, esta intimação restará prejudicada, devendo ocorrer pessoalmente. (STJ, RHC 45584/PR, DJe 12/05/2016 e Info. 583).

16. SENTENÇA PENAL

Antes de tratarmos propriamente da sentença, vejamos uma tradicional divisão, apresentada por certo setor da comunidade jurídica, a respeito dos atos jurisdicionais.

Em regra, os atos jurisdicionais podem ser:

16.1. Despachos de mero expediente (ou ordinatórios)

São atos jurisdicionais de mero impulso do processo, sem carga decisória, portanto. Ex.: ato do juiz que designa data para a audiência de instrução e julgamento (art. 400, CPP). Os despachos de mero expediente são irrecorríveis. Porém, quando causarem tumulto ao processo ou forem abusivos, poderão ser atacados por correição parcial. Ex.: despacho do juiz que determina a oitiva das testemunhas indicadas pela defesa *antes* das arroladas pela acusação. Cabe, nesse caso, correição.

16.2. Decisões

Em sentido amplo, a palavra *decisão* significa todo o ato jurisdicional que possui carga decisória, produzindo, portanto, algum tipo de sucumbência. Tais atos destinam-se a solucionar incidentes processuais ou mesmo pôr termo ao processo. Exs: sentença, decisão que decreta a preventiva etc. Várias decisões, por apresentarem certo grau de carga decisória (maior ou menor, a depender do caso), podem ser desafiadas por recurso. Exs.: a sentença é apelável; a decisão que rejeita a inicial penal é recorrível em sentido estrito etc.

As *decisões*, por sua vez, conforme tradicional classificação da doutrina, dividem-se em:

16.2.1. Decisões interlocutórias simples

"São as que dirimem questões emergentes relativas à regularidade ou marcha do processo, exigindo um pronunciamento decisório sem penetrar no mérito" (MIRABETE, 2001, p. 445). Essas decisões não encerram o processo nem qualquer fase do procedimento. Ex.: decisão que decreta a preventiva.

16.2.2. Decisões interlocutórias mistas

São aquelas que, julgando ou não o mérito, colocam fim ao procedimento ou a uma de suas fases. Dividem-se em:

a) Decisões interlocutórias mistas terminativas: são as que põem fim ao procedimento. Ex.: impronúncia, rejeição da denúncia;

b) Decisões interlocutórias mistas não terminativas: são as que põem fim a apenas uma etapa do procedimento. Ex.: a pronúncia põe termo à primeira fase do procedimento bifásico do Júri.

16.2.3. Decisões definitivas (ou sentenças)

São aquelas que põem fim ao processo, julgando o mérito da causa. Subdividem-se em:

a) Sentença condenatória: é aquela em que o juiz acolhe, ainda que parcialmente, a pretensão punitiva deduzida na inicial penal. Note o leitor que, no processo penal, em razão, dentre outros, do princípio do estado de inocência e do *in dubio pro reo*, o juiz só poderá condenar o acusado se estiver diante de um conjunto probatório (produzido em contraditório judicial) cabal. Impossível, portanto, uma condenação em meros indícios e/ou conjecturas frágeis. Em caso de prova frágil (ou como dizem alguns: em caso de dúvida), o caminho inarredável será a absolvição do réu, aplicando-se a regra pragmática de julgamento do *in dubio pro reo* (LOPES JR., 2010);

b) Sentença absolutórias: ao contrário, é aquela em que o juiz não acolhe a pretensão punitiva deduzida na inicial penal;

c) Decisão terminativa de mérito ou declaratória extintiva da punibilidade: é aquela em que o juiz, apesar de julgar o mérito, não condena e nem absolve o réu. Ex.: decisão que declara extinta a punibilidade do agente em decorrência de prescrição (art. 107, IV, CP).

Dada a importância que as sentenças condenatória e absolutória têm para o processo penal, iremos estudá-las com mais vagar nas próximas linhas. Porém, antes, vejamos os requisitos formais da sentença (comuns à absolutória e à condenatória).

16.3. Requisitos da sentença (art. 381, CPP)

Nota: a falta de qualquer desses requisitos provoca a nulidade absoluta da sentença (por descumprimento de formalidade essencial do ato – art. 564, IV, CPP).

16.3.1. Relatório

Aqui o juiz deverá efetuar uma espécie de resumo dos acontecimentos mais importantes que se deram ao longo do processo. Deverá conter: os nomes das partes, a exposição sucinta da acusação e da defesa e demais ocorrências processuais relevantes.

Nota: no JECRIM[128] (art. 81, § 3º), dispensa-se o relatório.

16.3.2. Fundamentação ou motivação

É requisito geral de todas as decisões judiciais (art. 93, IX, da CF), sob pena de nulidade absoluta. **Como já vimos,** o juiz é livre para julgar, porém deve fazê-lo de forma fundamentada (princípio do **livre convencimento motivado ou persuasão racional do juiz).** A fundamentação é de suma importância, pois permite um *controle da racionalidade* da decisão do juiz pelas partes e pela própria sociedade (LOPES JR., 2010). A fundamentação permite, p. ex., que as partes verifiquem se o juiz considerou as suas teses e as provas que produziram. O direito à prova não se constitui apenas como direito de produzir prova, mas também como direito à valoração da prova pelo magistrado (GRINOVER *et. al.* 2001, p. 212 e ss.). Conforme o art. 371, CPP: "O juiz apreciará a prova constante dos autos, independentemente do sujeito que a tiver promovido, e indicará na decisão as razões da formação de seu convencimento". Cabe salientar que não se exige fundamentação extensa, prolixa, podendo ser ela sucinta. O que não se admite é a ausência da fundamentação ou fundamentação deficiente[129]. A sentença despida de qualquer fundamentação é chamada de *sentença vazia. Por fim, vale consultar também o art. 489, § 1º, NCPC.*

16.3.3. Dispositivo ou conclusão

É parte da sentença que contém o comando da decisão, o provimento final, de condenação ou de absolvição. Por óbvio, o dispositivo da sentença deve guardar relação com as razões de decidir (com a motivação).

Se condenatória a sentença, deverá a conclusão trazer o tipo penal no qual está incurso o acusado, a dosimetria da pena e o seu regime inicial de cumprimento.

Se absolutória, deverá a conclusão trazer o fundamento legal da absolvição (incisos do art. 386, CPP).

128. Juizado Especial Criminal – Lei 9.099/1995.

129. É nulo o acórdão que se limita a ratificar a sentença e a adotar o parecer ministerial, sem sequer transcrevê-los, deixando de afastar as teses defensivas ou de apresentar fundamento próprio. Isso porque, nessa hipótese, está caracterizada a nulidade absoluta do acór-dão por falta de fundamentação" (STJ, HC 214049/SP, DJe 10/03/2015 e Informativo 557, de 5 a 18 de março de 2015).

16.3.4. Autenticação

Consiste na aposição de assinatura do juiz, bem como da indicação do local e data em que a sentença foi proferida. A falta de assinatura torna a sentença inexistente.

Dadas as suas peculiaridades, analisemos a seguir a sentença absolutória (tema, de certa forma, já enfrentado também quando tratamos da ação civil *ex delicto*).

16.4. Sentença absolutória

Conforme dito, é a sentença que não acolhe a pretensão punitiva deduzida na inicial acusatória.

A sentença absolutória pode ser:

Própria: aquela que absolve o réu, importando em reconhecimento de sua plena inocência. É a absolvição por excelência. Ex.: juiz que, na sentença, reconhece que o acusado não participou do crime objeto do processo;

Imprópria: aquela que, apesar de absolver o réu, aplica-lhe medida de segurança, pois reconhece a inimputabilidade do acusado (doença mental) ao tempo do fato – art. 26, CP c/c o art. 386, VI, 2ª parte, e parágrafo único, III, CPP.

Analisemos a seguir os fundamentos da sentença absolutória contidos no art. 386, CPP. O juiz absolverá o réu quando:

I. **estiver provada a inexistência do fato**: aqui o juiz está seguro de que o fato relatado na inicial acusatória não aconteceu. Se o fato não existiu no campo penal (que exige uma carga probatória muito maior que a do campo civil), com muito mais razão também não existiu na seara cível. Este fundamento da sentença absolutória obsta, portanto, a propositura de ação civil *ex delicto*;

II. **não houver prova da existência do fato**: a acusação não logrou êxito em convencer o juiz a respeito da existência do fato-crime. Houve debilidade probatória. Sendo assim, aplica-se a regra pragmática de julgamento do *in dubio pro reo*, absolvendo-se, por conseguinte, o acusado. Este fundamento da sentença absolutória não fecha as portas do cível. Note-se que a prova não foi suficiente para o campo penal, mas poderá sê-lo para o campo civil;

III. **não constituir o fato infração penal**: é o reconhecimento da atipicidade do fato. Também não fecha as portas do cível. O ilícito não foi penal, mas poderá ser civil (art. 67, III, CPP);

IV. **estiver provado que o réu não concorreu para a infração penal**: aqui o juiz está seguro de que o réu não concorreu para a prática da infração penal (negativa da autoria). Fecha as portas do cível. Se restou provado no campo penal que o réu não praticou qualquer conduta lesiva, automaticamente estará excluído do polo passivo de qualquer ação indenizatória;

V. **não existir prova de ter o réu concorrido para a infração penal:** o juiz não está seguro da participação ou não do acusado na empreitada criminosa. A acusação não logrou êxito em convencer o juiz a respeito disso, havendo, portanto, debilidade probatória. Sendo assim, aplica-se a regra pragmática de julgamento do *in dubio pro reo*, absolvendo-se, por conseguinte, o acusado. Este fundamento da sentença absolutória não fecha as portas do cível. Note-se que a prova não foi suficiente para o campo penal, mas poderá sê-lo para o campo civil;

VI. **existirem circunstâncias que excluam o crime ou isentem o réu de pena** (arts. 20, 21, 22, 23, 26 e § 1º do art. 28, todos do Código Penal), ou **mesmo se houver fundada dúvida sobre sua existência:** já tratamos desta hipótese com detalhes quando estudamos a ação civil *ex delicto*. Vale apenas lembrar que o reconhecimento de excludente de ilicitude (legítima defesa, por exemplo) fecha, em regra, as portas do cível (arts. 188, I, CC, e 65, CPP);

VII. **não existir prova suficiente para a condenação**: para que seja imposta uma condenação ao acusado, é preciso que o juiz esteja convencido de que o fato existiu, foi típico, que o réu concorreu para essa infração penal e que não existiram, *in casu*, justificantes ou dirimentes. Desse modo, se o conjunto probatório não foi suficiente para gerar um juízo de certeza acerca da condenação, impõe-se a absolvição do acusado. Trata-se, mais uma vez, da aplicação da regra pragmática de julgamento do *in dubio pro reo*.

16.5. Princípio da correlação entre a acusação e a sentença

Segundo Badaró (2008, v. I, p. 309) significa que "deve haver uma identidade entre o objeto da imputação e o da sentença. Ou seja, o acusado deve ser julgado, sendo condenado ou absolvido, pelos fatos que constam da denúncia ou queixa". Dessa forma, descabem julgamentos *citra* (aquém do objeto da imputação), *ultra* (além do objeto da imputação) ou *extra* (diverso do objeto da imputação) *petita*.

Em suma, o princípio da correlação visa a impedir que o réu seja condenado por fato não contido na denúncia ou na queixa. Daí surge um questionamento: que fazer quando, no decorrer da instrução, verificar-se que ocorreu um equívoco na classificação legal (tipificação) do fato descrito; ou quando se vislumbrar que o fato inicialmente descrito não corresponde ao que foi demonstrado ao final da instrução? A resposta passa pelos institutos da *emendatio libelli* e *mutatio libelli*, a seguir examinados.

16.5.1. *Emendatio libelli*

Essa possibilidade está consubstanciada no art. 383, CPP, que diz: *"o juiz, sem modificar a descrição do fato contida na denúncia ou queixa, poderá atribuir-lhe definição jurídica diversa, ainda que, em consequência, tenha de aplicar pena mais grave"*.

Após a fase instrutória, ao apreciar o mérito da pretensão punitiva, é possível que o juiz perceba que a definição legal apresentada pela acusação não é adequada aos fatos descritos na inicial acusatória. Diante dessa situação, poderá o juiz, de ofício, proceder à correta capitulação legal dos fatos, retificando a inicial. Trata-se de medida que não interfere na defesa, pois, como diz a tradicional doutrina, o acusado se defende dos fatos descritos e não da definição legal contida na inicial acusatória. Vamos a um exemplo: denúncia narra um furto, mas o promotor, ao classificar a conduta, aponta o art. 157, CP (roubo). Na sentença, poderá o juiz corrigir a classificação legal para o art. 155, CP (furto) (BADARÓ, 2008, v. I, p. 310).

Perceba o leitor que o elemento-chave da *emendatio* é que o fato descrito na inicial penal é o mesmo que chega ao juiz no momento da sentença (o fato permanece inalterado). O que muda, portanto, é o enquadramento legal dado pelo juiz àquele (ao fato).

Assim, o STF, no julgamento do HC 129284/PE, j. 17/10/2017, entendeu ser irrelevante a menção expressa na denúncia de eventuais causas de aumento ou diminuição, desde que haja correlação entre o fato descrito na denúncia e o fato pelo qual foi condenado (Informativo 882, STF, do período de 16 a 20 de outubro de 2017). Dessa forma, o fato de o MP ajuizar ação penal contra o réu pela prática do crime de homicídio fundamentando apenas no art. 121, mas no bojo da descrição dos fatos narrar que o crime foi cometido por grupo de extermínio, não impede que o juiz no momento da sentença reconheça a incidência da causa de aumento prevista no § 6º do art. 121.

Por fim, vale ressaltar que o instituto da *emendatio libelli* pode ocorrer em segundo grau. Porém, a retificação não pode resultar em pena mais grave se o recurso tiver sido exclusivo da defesa, uma vez que é vedada a *reformatio in pejus*.

16.5.2. *Mutatio libelli (art. 384, CPP)*

Aqui, ao contrário da hipótese anterior, "os fatos objeto do processo são alterados, com o que, normalmente, altera-se também a sua classificação jurídica" (BADARÓ, 2008, v. I, p. 311). Perceba o leitor, portanto, que na *mutatio* temos uma alteração dos fatos objeto do processo (este é o elemento-chave). Ex.: o promotor, na denúncia, narra um furto e, corretamente, rotula o fato no art. 155, CPP. Ocorre que, durante a instrução, surgem provas no sentido de que o arrebatamento dos bens da vítima se deu por meio de violência. Logo, estaríamos diante de um roubo e não de um furto. Perceba que não se trata de um novo fato típico, mas de **elemento ou circunstância** que não estavam presentes originalmente. Eles podem ser entendidos como *as circunstâncias elementares do delito, a prova de qualificadoras, causas de aumento e de diminuição da pena (circunstâncias legais)*.

Em decorrência desse novo cenário, o juiz deverá notificar o MP para que este proceda ao aditamento da denúncia no prazo de 5 dias (art. 384, parte final, CPP). Se o órgão ministerial não promover o aditamento, pode o juiz seguir o procedimento do art. 28, CPP, remetendo ao órgão revisor do MP para manifestação final. É importante dizer ainda que o juiz não poderá, de ofício, realizar a alteração da imputação, já que, agindo assim, estaria atuando como órgão acusador, violando, pois, o sistema acusatório.

Uma vez oferecido o aditamento pelo MP, deve o juiz, em observância ao contraditório e à ampla defesa, permitir que, em 5 dias, o acusado se manifeste.

Admitido o aditamento pelo juiz (com a manifestação defensiva do réu), deverá o juiz abrir novo prazo de 5 dias, para que as partes arrolem até 3 testemunhas. Ato contínuo, o juiz marcará dia e hora para a continuação da audiência de instrução e julgamento, com a inquirição das testemunhas eventualmente indicadas, novo interrogatório do réu, novos debates orais e, ao final, julgamento.

Por fim, frise-se que, nos termos da Súmula 453, STF, não cabe *mutatio libelli* em segundo grau.

16.6. Coisa julgada

16.6.1. *Conceito e espécies*

É o efeito de imutabilidade oriundo de uma decisão judicial sobre a qual não seja mais possível qualquer discussão. Na visão de Tourinho Filho, o seu fundamento político é a necessidade de pacificação social por meio da segurança jurídica relacionada à manutenção das decisões definitivas (2010, p. 843).

Na esfera penal, essa imutabilidade incide sobre as sentenças absolutórias, uma vez que a condenação pode ser revista a qualquer tempo, por meio da ação de revisão criminal (art. 621, CPP).

Quanto à extensão da imutabilidade, a coisa julgada deve ser entendida sob dois aspectos: formal e material. Aqui o magistério de Luiz Flávio Gomes é bastante elucidativo no que tange à sua compreensão prática.

Diz o referido jurista que "há duas espécies de coisa julgada: 1. Coisa julgada formal: impede que o juízo da causa reexamine a sentença [ou decisão]; 2. Coisa julgada material: impede que qualquer outro juízo ou tribunal examine a causa já decidida." (2005, p. 330).

16.6.2. Limites da coisa julgada

Como visto acima, a coisa julgada impõe limites à atividade de persecução penal. Tais limitações possuem natureza dúplice: objetiva e subjetiva.

a) **Limites objetivos**: estão previstos no § 2º, art. 110, CPP, *in verbis: "a exceção de coisa julgada somente poderá ser oposta em relação ao fato principal que tiver sido objeto da sentença"*. Os limites objetivos são, portanto, as imputações, os fatos principais considerados pelo juiz na sentença.

Desse modo, uma vez absolvido da acusação de roubo do carro da vítima "A", em determinado dia, e sob as condições ali descritas, o acusado não mais poderá ser processado pelos mesmos fatos sob outra qualificação, como furto, por exemplo;

b) **Limites subjetivos:** incidem sobre o acusado, sujeito passivo da ação penal.

O efeito de imutabilidade da sentença impede que ele seja processado duas vezes pelo mesmo fato, independentemente da natureza da sentença, seja absolutória, condenatória ou terminativa de mérito (ex: sentença de extinção da punibilidade).

17. PROCEDIMENTOS PENAIS

17.1. Conceito

Rito ou procedimento é a sucessão ordenada de atos processuais, dirigidos a um fim último: a sentença.

17.2. Classificação

No processo penal, o procedimento se divide em comum e especial (art. 394, CPP).

a) O **procedimento comum** compreende:

a1) o procedimento ordinário: aplicável aos crimes cuja pena máxima prevista seja igual ou superior a 4 anos de privação de liberdade;

a2) o procedimento sumário: aplicável aos crimes cuja pena máxima prevista seja inferior a 4 anos de privação de liberdade;

a3) o procedimento sumaríssimo, aplicável às IMPOs[130] (Lei 9.099/1995), ou seja, pena máxima até 2 anos;

No cálculo da pena máxima, devem ser considerados os seguintes pontos: as qualificadoras; os privilégios; as hipóteses de concurso de crimes; as causas de aumento (considerar a de maior aumento da pena) e de diminuição (considerar a de menor redução da pena). Estão excluídas do cálculo as circunstâncias agravantes e atenuantes, considerando a ausência de parâmetros legais a respeito do acréscimo ou de redução da pena (LIMA, 2015, p. 1417-1418).

b) **Procedimento especial** (pode estar previsto dentro ou fora do CPP). Exemplos:

b1) Júri – art. 406 e ss., CPP;

b2) Drogas – Lei 11.343/2006;

b3) Crimes de funcionais (art. 513 e ss.); dentre outros.

É importante notar que, conforme determina o § 4º do art. 394, CPP, os institutos previstos nos arts. 395 a 397, que tratam respectivamente das causas de rejeição da denúncia, da resposta à acusação e da absolvição sumária, aplicam-se, em regra, a todo e qualquer procedimento de 1º grau.

No entanto, é necessário destacar que a absolvição sumária do art. 397, CPP (absolvição sumária antecipada), não se aplica ao procedimento do júri. Motivo: o rito do júri já possui possibilidade de absolvição sumária em momento específico (art. 415 do CPP), sendo, portanto, descabida a aplicação do art. 397 do CPP ao procedimento dos crimes dolosos contra a vida. Nesse sentido: Tourinho Filho (2010, p. 734) e Pacelli de Oliveira (2015, p. 641).

Ressalte-se também que as disposições do procedimento ordinário são aplicadas subsidiariamente aos procedimentos especial, sumário e sumaríssimo – § 5º do art. 394, CPP.

17.3. Etapas do procedimento ordinário (arts. 394 a 405)[131]

a) Oferecimento da inicial penal (indicação de até 8 testemunhas);

b) Recebimento ou rejeição da inicial.

Havendo rejeição cabe RESE (art. 581, I);

c) Citação (em caso de recebimento);

d) Resposta escrita à acusação;

e) Absolvição sumária ou, não sendo o caso desta, designação de audiência;

f) Audiência de instrução e julgamento (audiência una). Atos que compõem esta audiência:

f1) tomada das declarações do ofendido;

f2) oitiva das testemunhas arroladas pela acusação;

f3) oitiva das testemunhas arroladas pela defesa;

f4) esclarecimentos dos peritos (desde requerido pelas partes);

f5) acareações (se for o caso);

f6) reconhecimento de pessoas e coisas (se necessário);

f7) interrogatório do réu;

f8) requerimento de diligências últimas;

f9) alegações finais orais ou apresentação de memoriais;

g) Sentença (a ser proferida na própria audiência una ou posteriormente quando impossível a sua prolação em audiência).

17.3.1. Análise de algumas etapas importantes do procedimento ordinário

a) **Hipóteses de rejeição da inicial penal** (art. 395, CPP). Significa que o juiz considera inviável a acusaçao deflagrada por conta de um dos seguintes motivos:

I. **Inépcia:** desatendimento dos requisitos essenciais do art. 41, CPP. Ex.: denúncia lacônica – que não respeita o requisito da exposição do fato criminoso com todas as suas circunstâncias;

130. Infração de menor potencial ofensivo – art. 61, Lei 9.099/1995.

131 Note, caro Leitor, que o art. 394-A, introduzido pela Lei 13.285/2016, estabelece que os processos que apurem a prática de crimes hediondos terão prioridade de tramitação em todas as instâncias, ou seja, inclusive no âmbito dos Tribunais Superiores.

II. **Falta de pressuposto processual ou condição para o exercício da ação penal.** Ex.: de falta de pressuposto processual: litispendência (acusação do mesmo réu sobre o mesmo fato). Ex.: de falta de condição da ação: denúncia por fato prescrito (carece o MP de interesse neste caso);

III. **Ausência de justa causa:** é a 4ª condição genérica da ação. Falta de suporte probatório mínimo;

b) Resposta à acusação (arts. 396 e 396-A, CPP)

Uma vez citado, o réu possui 10 dias para apresentar sua primeira defesa no processo.

b1) Conteúdo da resposta: o acusado poderá arguir preliminares e alegar tudo o que interesse à sua defesa, oferecer documentos e justificações, especificar as provas pretendidas e arrolar testemunhas, qualificando-as e requerendo sua intimação, quando necessário.

Pode indicar até 8 testemunhas, sob pena de preclusão.

Obrigatoriedade: Não apresentada a resposta no prazo legal, ou se o acusado, citado, não constituir defensor, o juiz nomeará defensor para oferecê-la, concedendo-lhe vista dos autos por 10 (dez) dias. Note-se que a falta de resposta é causa de nulidade absoluta e, além disso, conforme o art. 265, CPP, o defensor que abandonar a causa sem a ocorrência de motivo imperioso comunicado previamente ao juiz, pode sofrer a aplicação de multa.

c) Possibilidade de absolvição sumária (art. 397, CPP): após a resposta à acusação, pode o juiz absolver sumariamente o réu quando verificar:

I. a existência manifesta de causa excludente da ilicitude do fato.

Ex.: legítima defesa;

II. a existência manifesta de causa excludente da culpabilidade do agente, salvo inimputabilidade.

Ex.: coação moral irresistível.

A ressalva da inimputabilidade nesse dispositivo tem razão de ser, pois lembre-se de que, no caso de reconhecimento de doença mental, será aplicada ao réu medida de segurança (que não deixa de ser uma pena). Logo, necessário o percurso do devido processo legal até a sentença final, não sendo possível absolvê-lo impropriamente nessa etapa;

III. que o fato narrado evidentemente não constitui crime.

Ex.: atipicidade da conduta;

IV. extinta a punibilidade do agente.

A redação do dispositivo foi infeliz. Tecnicamente, não se trata de absolvição. Ex.: morte do agente. Não se "absolve" o agente, mas declara-se extinta a sua punibilidade.

d) Algumas novidades/questões sobre a audiência una

I. Tentativa de concentração dos atos numa única audiência;

II. Incorporação do princípio da identidade física do juiz ao processo penal (art. 399, § 2º, CPP): o juiz que acompanhar a instrução probatória deverá ser o mesmo a proferir a sentença;

III. A ordem de oitiva das testemunhas respeitará o seguinte: primeiro, serão ouvidas as testemunhas indicadas pela acusação, depois, as pela defesa. Não se aplica esta ordem no caso de expedição de carta precatória;

IV. Perguntas formuladas diretamente às testemunhas pelas partes;

V. Interrogatório ao final da audiência. Conforme a melhor doutrina, o deslocamento do interrogatório para o final da audiência reforçou que, além de meio de prova, esse ato representa, inegavelmente, um meio de defesa[132];

VI. Alegações finais (debates) orais: primeiro, acusação (20 min. prorrogável por mais 10), e, em seguida, a defesa, por igual tempo.

Existindo 2 ou mais acusados, o tempo das alegações orais será contado separadamente para cada um e, havendo assistente de acusação, ele fará sua sustentação por 10 minutos, logo após o MP, acrescentando-se igual tempo à manifestação da defesa.

O juiz poderá, considerada a complexidade do caso, o número de réus ou a necessidade de realizar diligências imprescindíveis, conceder às partes o prazo de 5 dias, sucessivamente, para a apresentação de memoriais (leia-se alegações finais escritas). Nessa hipótese, terá o magistrado o prazo de 10 dias para prolatar a sentença;

VII. Sentença em audiência: passa a ser a regra. Exceções (hipóteses em que a sentença não será prolatada em audiência): causa complexa; número elevado de réus; ou diligências imprescindíveis que impeçam a prolação da sentença em audiência. Nestas situações, não haverá alegações finais orais em audiência (as alegações serão escritas e apresentadas *a posteriori* – memoriais), como também não haverá prolação de sentença em audiência. *Vide* arts. 403 e 404, CPP.

Se os memoriais não forem apresentados pelo MP, será aplicado, por analogia, o art. 28, CPP. Para o querelante, impõe-se a perempção (art. 60, I, CPP);

VIII. Deve ser realizada a audiência una no prazo máximo de 60 dias (contados a partir do recebimento da inicial penal) – art. 400, *caput*, CPP.

17.4. Etapas do procedimento sumário – arts. 531 a 538, CPP

a) Oferecimento da inicial penal;

b) Recebimento ou rejeição da inicial;

c) Citação;

d) Resposta escrita à acusação;

e) Absolvição sumária ou designação de audiência;

f) Audiência de instrução e julgamento: declarações do ofendido; oitiva das testemunhas (acusação e defesa); esclarecimentos dos peritos; acareações; reconhecimento de pessoas e coisas; interrogatório; alegações finais orais; e sentença.

Nota: trata-se de procedimento praticamente igual ao ordinário. Diferenças: a audiência una deve ser realizada em até 30 dias após o recebimento da inicial; limite de testemunhas: 5 (e não 8 como no ordinário).

132. O STJ entende que o interrogatório realizado no início do procedimento será causa de nulidade do ato, por força da regência da Lei 11.719/2008. Contudo, havendo rito especial em que se estabeleça o interrogatório como primeiro ato a ser praticado, restará afastado o procedimento ordinário delineado no art. 400 CPP. São exemplos: Lei de Licitações (art. 104, Lei 8.666/93), Lei de Drogas (art. 57, Lei 11.343/2006) e Código de Processo Penal Militar (art. 302 e 404, caput). Assim, firmou-se o entendimento de que "as regras do rito comum ordinário só têm lugar no procedimento especial quando nele houver omissões ou lacunas" (STJ, RHC 69458/ES, DJe 04/05/2016). Na contramão do referido posicionamento, o STF no julgamento do HC 127900/AM, DJe 03/08/2016, entendeu pela aplicação da regra do art. 400 do CPP no processo penal militar, por ser esta mais "benéfica e harmônica com a Consti-tuição Federal".

17.5. Procedimento (comum) sumaríssimo (arts. 77 a 81, Lei 9.099/1995)

Aplicável às IMPOs (infrações penais de menor potencial ofensivo, que são aquelas cuja pena máxima é de até 2 anos – *vide* art. 61, Lei 9.099/1995). Vale lembrar que "no caso de concurso de crimes, a pena considerada para fins de fixação da competência do Juizado Especial Criminal será o resultado da soma, no caso de concurso material, ou a exasperação, na hipótese de concurso formal ou crime continuado, das penas máximas cominadas aos delitos; destarte, se desse somatório resultar um apenamento superior a 02 (dois) anos, fica afastada a competência do Juizado Especial" (STJ HC **143500**/PE, *DJe* 27.06.2011 e Rcl 27315/SP, DJe 15.12.2015).

A exceção diz respeito ao art. 94, Lei 10.741/2003 (Estatuto do Idoso), que prevê a aplicação do procedimento para os crimes ali previstos, mesmo com o teto de 4 anos. O **STF** decidiu pela interpretação conforme do referido dispositivo, permitindo unicamente a adoção do procedimento sumaríssimo, mas sem a possibilidade de aplicação dos institutos despenalizadores da Lei 9.099/1995 (**ADI 3096/DF, *DJe* 03.09.2010**).

Ver o importante precedente do STF: "Interpretação que pretenda equipar os crimes praticados com violência doméstica contra a mulher aos delitos submetidos ao regramento previsto na Lei dos Juizados Especiais, a fim de permitir a conversão da pena, não encontra amparo no art. 41 da Lei 11.340/2006. 3. Ordem denegada". (HC 129446, DJ 06.11.2015).

17.5.1 Fases

a) Fase preliminar

I. lavratura do termo circunstanciado (TCO ou TC) e encaminhamento deste termo ao juizado (JECRIM);

II. audiência preliminar: presentes o autor do fato, vítima, respectivos advogados, responsável civil (se for o caso) e o MP, o juiz esclarecerá sobre a possibilidade da **composição civil dos danos** e da **transação penal** (aplicação imediata de pena não privativa de liberdade);

III. Não havendo conciliação na audiência preliminar, será facultado ao titular da ação oferecer inicial penal oral (rol de 3 testemunhas), passando-se à fase propriamente processual da Lei 9.099/1995;

a1) Algumas etapas importantes da fase preliminar:

I. **Composição civil** (art. 74, Lei 9.099/1995): visa a reparar os danos causados ao ofendido. Sendo homologada por sentença (decisão irrecorrível) pelo juiz, terá eficácia de título a ser executado no juízo cível.

i. Crime de ação penal privada: homologado o acordo pelo juiz, haverá renúncia ao direito de ação (queixa), ou seja, extinção da punibilidade. Não homologada a composição, poderá o ofendido ingressar com a queixa oral;

ii. Ação pública condicionada à representação: homologado o acordo, haverá renúncia ao direito de representação (extinção da punibilidade). Não homologada a composição, poderá o ofendido oferecer representação oral. O não oferecimento da representação na audiência preliminar não implica decadência do direito, que poderá ser exercido no prazo previsto em lei (art. 75, parágrafo único, Lei 9.099/1995);

iii. Ação pública incondicionada: a homologação do acordo não impede a propositura de transação e nem de denúncia pelo MP;

II. **Transação penal (art. 76, Lei 9.099/1995):** não sendo caso de arquivamento, o MP examinará a viabilidade de propor imediatamente a aplicação de pena restritiva de direitos ou multa (a ser especificada na proposta). Trata-se de mitigação do princípio da obrigatoriedade. É cabível a transação em relação a crime de ação penal privada. "Nesse caso, a legitimidade para formular a proposta é do ofendido, e o silêncio do querelante não constitui óbice ao prosseguimento da ação penal". STJ, Súmula 536:"A suspensão condicional do processo e a transação penal não se aplicam na hipótese de delitos sujeitos ao rito da Lei Maria da Penha".

III. **Não cabe a proposta pelo MP se ficar comprovado:**

i. ter sido o autor da infração condenado, pela prática de crime, à pena privativa de liberdade, por sentença definitiva.

Não impede se decorridos mais de 5 anos do cumprimento ou extinção da pena (art. 64, I, CP – prazo da reincidência);

ii. ter sido o agente beneficiado anteriormente, no prazo de cinco anos, pela aplicação de pena restritiva ou multa, nos termos deste artigo;

iii. não indicarem os antecedentes, a conduta social e a personalidade do agente, bem como os motivos e as circunstâncias, ser necessária e suficiente a adoção da medida.

IV. **A homologação da transação penal:**

i. não importará em reincidência, sendo registrada apenas para impedir novamente o mesmo benefício no prazo de cinco anos;

ii. não constará de certidão de antecedentes criminais;

iii. não terá efeitos civis, cabendo aos interessados propor ação cabível no juízo cível;

V. Conforme atual posicionamento do STF, em caso de descumprimento do acordo de transação penal, admite-se o oferecimento de denúncia por parte do MP ou a requisição de instauração do IP. Ver Súmula Vinculante 35: "A homologação da transação penal prevista no artigo 76 da Lei 9.099/1995 não faz coisa julgada material e, descumpridas suas cláusulas, retoma-se a situação anterior, possibilitando-se ao Ministério Público a continuidade da persecução penal mediante oferecimento de denúncia ou requisição de inquérito policial".

VI. Cumprida a transação, estará extinta a punibilidade do autor do fato.

Observação: o acusado não está obrigado a aceitar a proposta de transação penal. Pode rejeitá-la ou formular uma contraproposta (TÁVORA, 2016, p. 1190);

b) Fase processual (procedimento sumaríssimo) – art. 77 e ss.:

b1) Audiência de instrução e julgamento:

I. Nova tentativa de composição civil e de transação penal (se não tiverem sido tentadas na audiência preliminar);

II. Defesa preliminar oral;

III. Recebimento ou rejeição da inicial;

IV. Oitiva da vítima e das testemunhas de acusação e de defesa;

V. Interrogatório;

VI. Debates orais;

VII. Sentença.

b2) Algumas particularidades da fase processual do sumaríssimo

I. A inicial penal é oral – art. 77, Lei 9.099/1995;

II. Pode-se dispensar o exame de corpo de delito se a materialidade do crime estiver aferida por boletim médico ou prova equivalente – art. 77, § 1º;

III. Não sendo encontrado o autor do fato para ser citado pessoalmente ou sendo complexa a causa, haverá o encaminhamento do processo ao juízo comum (seguindo-se doravante o procedimento sumário) – arts. 66 e 77, § 2º e 3º;

IV. A defesa no sumaríssimo é preliminar (antes do recebimento da ação e não posterior a esta, conforme ocorre no procedimento ordinário em que há a defesa escrita) – art. 81, Lei 9.099/1995;

V. Da rejeição da inicial cabe apelação (prazo 10 dias – art. 82) e não RESE (segundo ocorre nos demais procedimentos penais);

VI. No JECRIM, a sentença dispensa o relatório – art. 81, § 3º.

17.6. Suspensão condicional do processo (art. 89, Lei 9.099/1995)

17.6.1. *Conceito*

Trata-se de proposta efetuada pelo MP ao autor do fato (quando presentes certos requisitos) que suspende temporariamente o processo ao mesmo tempo em que impõe determinadas condições ao indivíduo (*sursis* processual). Visa a evitar a imposição de pena de prisão (é mais um dos institutos despenalizadores criados pela Lei 9.099/1995). STJ, Súmula 536: "A suspensão condicional do processo e a transação penal não se aplicam na hipótese de delitos sujeitos ao rito da Lei Maria da Penha".

17.6.2. *Momento de proposta da suspensão condicional do processo*

Oferecimento da denúncia.

17.6.3. *Requisitos*

a) Pena mínima do crime até 1 ano. Note que a suspensão condicional do processo se aplica não apenas às IMPOs, *mas a todo e qualquer crime que possua pena mínima de até 1 ano;*

b) O autor do fato não pode estar sendo processado, nem pode ter sido condenado por outro crime;

c) A culpabilidade, os antecedentes, a conduta social e personalidade do agente, bem como os motivos e as circunstâncias devem se mostrar adequados à elaboração da proposta.

17.6.4. *Duração*

Período durante o qual o processo poderá ficar suspenso: de 2 a 4 anos.

17.6.5. *Condições*

Aceita a proposta pelo acusado e seu defensor, na presença do juiz, este, recebendo a denúncia, suspenderá o processo, submetendo o réu a período de prova, sob as seguintes condições:

I. reparação do dano, salvo impossibilidade de fazê-lo;

II. proibição de frequentar determinados lugares;

III. proibição de ausentar-se da comarca onde reside, sem autorização do juiz;

IV. comparecimento pessoal e obrigatório a juízo, mensalmente, para informar e justificar suas atividades;

V. o juiz poderá especificar outras condições a que fica subordinada a suspensão, desde que adequadas ao fato e à situação pessoal do acusado;

VI. a suspensão será revogada se, no curso do prazo, o beneficiário vier a ser processado por outro crime ou não efetuar, sem motivo justificado, a reparação do dano;

VII. a suspensão poderá ser revogada se o acusado vier a ser processado, no curso do prazo, por contravenção, ou descumprir qualquer outra condição imposta.[133]

VIII. expirado o prazo sem revogação, o juiz declarará extinta a punibilidade.

IX. não correrá a prescrição durante o prazo de suspensão do processo;

X. se o acusado não aceitar a proposta, o processo prosseguirá em seus ulteriores termos;

XI. caso o MP não efetue a proposta, pode o juiz, por analogia, aplicar o art. 28, CPP, ao caso – Súmula 696, STF;

XII. o benefício da suspensão do processo não é aplicável em relação às infrações penais cometidas em concurso material, concurso formal ou continuidade delitiva, quando a pena mínima cominada, seja pelo somatório, seja pela incidência da majorante, ultrapassar o limite de 1 ano (Súmula 243, STJ).

17.6.6. *Questão final*

Veda-se a aplicação dos institutos despenalizadores da Lei 9.099/1995 nos seguintes casos:

I. Lei Maria da Penha (violência doméstica – art. 41, Lei 11.340/2006);

II. crimes militares.

17.8. Procedimento (especial) do júri

17.8.1. *Princípios do júri (art. 5º, XXXVIII, CF)*

a) Plenitude de defesa: a plenitude de defesa é considerada um *plus* à ampla defesa. Compreende a defesa técnica, a autodefesa e a *defesa metajurídica* (para além do direito). Pode-se, por exemplo, pedir clemência aos jurados para que absolvam o réu (argumento metajurídico).

Note-se ainda que a defesa técnica é fiscalizada pelo juiz-presidente, conforme determina o art. 497, V, CPP. Caso o advogado do réu esteja desempenhando as suas funções de maneira insatisfatória, deve o juiz, em nome da ampla defesa (ou plenitude de defesa), desconstituí-lo, intimando o acusado para que nomeie outro defensor de sua preferência. Não o fazendo, o juiz então nomeará defensor público ao réu;

b) Sigilo das votações: após a instrução em plenário, os jurados serão encaminhados a uma sala secreta para decidirem a sorte do acusado. Neste momento, deverão responder sigilosamente às perguntas formuladas pelo magistrado (quesitos) por meio de cédulas contendo as palavras "sim" ou "não". Assim, tanto o local em que se dá a votação é sigiloso (sala secreta), como também a forma da votação é sigilosa, não podendo o jurado informar o seu voto às demais pessoas e nem se comunicar com os demais jurados sobre o caso que está *sub judice*. Ademais, deve o juiz-presidente evitar a unanimidade da votação. Significa isto que o juiz, no momento da leitura dos votos, ao atingir a maioria (4 votos, uma vez que são 7 jurados), deve interromper a leitura dos demais votos como forma de velar pelo sigilo das votações;

---

133. A revogação da suspensão poderá ocorrer mesmo após o período de prova, desde que o fato (descumprimento das condições ou processado por outro crime ou contravenção) tenha ocorrido durante a sua vigência. Nesse sentido, ver: Info. 574, STJ.

c) Soberania dos veredictos: significa que aquilo que os jurados decidirem não pode ser reformado pelo juiz-presidente e/ou por instância superior. No máximo, será possível a anulação (mas não a reforma) do veredicto, em caso de decisão manifestamente contrária à prova dos autos (art. 593, III, *d*, CPP). Ainda assim, só caberá apelação por este motivo uma única vez;

d) Competência para julgar crimes dolosos contra a vida tentados ou consumados e seus conexos. Ou seja, homicídio doloso, infanticídio, aborto e instigação ao suicídio. **Atenção:** o júri não é competente para julgar latrocínio,[134] genocídio[135] e tortura, ainda que seguida de morte.

17.8.2. *Características*

a) Órgão colegiado heterogêneo: composto por um juiz togado (juiz-presidente) e 25 leigos, dos quais 7 serão sorteados para integrar o chamado Conselho de Sentença. Porém, avise-se, desde já, que para que a sessão seja instalada bastam 15 jurados;

b) Horizontal: inexiste hierarquia entre o juiz-presidente e os jurados;

c) Decisão por maioria de votos: não se exige a unanimidade.

Observação: as decisões do Júri são classificadas como decisões subjetivamente complexas porque emanam de órgão colegiado heterogêneo;

d) Rito escalonado (bifásico): possui duas fases:

d1) a 1ª chama-se juízo de admissibilidade, sumário da culpa ou *judicium accusationis.* Nesta fase, muito parecida com o rito ordinário, faz-se um juízo de admissibilidade da acusação. Vai da denúncia à pronúncia;

d2) a 2ª chama-se de juízo de mérito ou *judicium causae.* Esta é a fase mais "famosa" (plenário). Inicia-se com o oferecimento do rol de testemunhas pelas partes e encerra-se com o julgamento pelos jurados.

17.8.3. *Primeira fase do júri (judicium accusationis ou sumário da culpa – arts. 406 a 412, CPP)*

a) Oferecimento da inicial penal;

b) Recebimento ou rejeição;

c) Citação (em caso de recebimento);

d) Resposta à acusação;

e) Oitiva da acusação sobre preliminares e documentos apresentados na resposta;

f) Audiência de instrução: oitiva do ofendido (se possível), das testemunhas, esclarecimentos do perito, acareações, reconhecimento de pessoas e coisas, interrogatório do réu, debates orais, decisão (em audiência ou após 10 dias).

17.8.4. *Decisões possíveis do juiz após os debates das partes*

a) Pronúncia (art. 413, CPP): significa que o juiz entende viável a acusação. Esta merece ser submetida aos juízes naturais da causa (jurados). O juiz funciona aqui como um filtro.

a1) Requisitos (concomitantes): materialidade + indícios suficientes de autoria.

A fundamentação da pronúncia limitar-se-á à indicação da materialidade (existência) do fato e do reconhecimento de indícios suficientes de autoria ou de participação, devendo o juiz declarar o dispositivo legal em que julgar incurso o acusado e especificar as circunstâncias qualificadoras e as causas de aumento de pena – art. 413, § 1º, CPP.

Igual postura deve ter o juiz no que tange às eventuais teses defensivas ventiladas na 1ª fase do júri: não deve aprofundá-las. Não concordando com essas teses, deve apenas refutá-las genericamente.

A questão do excesso de linguagem: a linguagem da pronúncia deve ser sóbria, equilibrada, para não influenciar os jurados. O excesso de linguagem por parte do juiz (ex.: "reconheço categoricamente a prática de crime por parte de Fulano...") ensejará a nulidade da pronúncia.[136]

Pronúncia e crimes conexos: não deve o juiz adentrar no mérito dos eventuais crimes conexos. Pronunciando o réu pelo delito doloso contra a vida, deve o juiz pronunciar também o eventual crime conexo, sem adentrar, porém, no mérito deste (que será decidido pelos jurados). Não pode o juiz pronunciar pelo crime doloso contra a vida e "absolver" o acusado pelo crime conexo;

a2) Natureza dessa decisão: decisão interlocutória mista não terminativa (encerra a fase de um procedimento, sem pôr fim ao processo).

Características:

I. Conforme sublinha majoritária doutrina, vigora na fase de pronúncia o princípio do *in dubio pro societate*. Significa isto que, nesta etapa, em vez do tradicional *in dubio pro reo*, a dúvida quanto à autoria resolve-se em favor da sociedade (acusação). Na verdade, quer dizer esse princípio (*in dubio pro societate*) que, havendo elementos (ainda que indiciários) que apontem para a autoria do réu, deve o juiz submetê-lo ao juiz natural da causa (ao Corpo de Jurados). Não é necessário prova cabal de autoria nessa fase, mas apenas provas sérias, razoáveis;

II. A pronúncia fixa os limites da imputação em plenário. Preclusa a pronúncia, não poderá a acusação inovar em plenário. Estará a acusação adstrita aos termos definidos na pronúncia;

III. Da pronúncia cabe RESE (art. 581, IV, CPP);

IV. Faz apenas coisa julgada formal (é a denominada preclusão *pro judicato*);

a3) Intimação da pronúncia:

Vejamos o que diz o atual texto do CPP (redação dada pela Lei 11.689/2008):

> "**Art. 420.** A intimação da decisão de pronúncia será feita:
>
> I – pessoalmente ao acusado, ao defensor nomeado e ao Ministério Público;
>
> II – ao defensor constituído, ao querelante e ao assistente do Ministério Público, na forma do disposto no § 1º do art. 370 deste Código.
>
> **Parágrafo único. Será intimado por edital o acusado solto que não for encontrado"**. (grifo nosso).

Note que o novel legislador, ao não diferenciar crimes afiançáveis ou inafiançáveis para efeito de intimação da pronúncia (parágrafo único do art. 420 do CPP), permite que,

134. STF, Súmula 603: "A competência para o processo e julgamento de latrocínio é do juiz singular e não do Tribunal do Júri.".

135. O STF consolidou o entendimento de que a competência nesse caso é da Justiça Federal, tendo em vista a natureza do bem jurídico violado. Ver RE 351487/RR, *DJ* 10.11.2006.

136. Ver STJ, REsp 1520955/MT, Dje 13/06/2017.

em ambos os casos, seja possível a intimação por edital do réu não encontrado;

a4) Pronúncia e prisão do acusado:

Graças à reforma de 2008, a antiga fórmula do CPP que previa a prisão decorrente de pronúncia como forma autônoma de prisão cautelar não mais existe entre nós.

Atualmente, para o juiz decretar ou manter a prisão do acusado na fase de pronúncia, ele precisará vislumbrar os requisitos autorizadores da preventiva[137]. Confira-se o seguinte dispositivo:

> "**Art. 413.** (...)
>
> § 3º O juiz decidirá, motivadamente, no caso de manutenção, revogação ou substituição da prisão ou medida restritiva de liberdade anteriormente decretada e, tratando-se de acusado solto, sobre a necessidade da decretação da prisão ou imposição de quaisquer das medidas previstas no Título IX do Livro I deste Código".

b) Impronúncia (art. 414, CPP): significa que um dos requisitos (ou ambos) da pronúncia está ausente. Não se trata de absolvição, mas do reconhecimento por parte do juiz da inadmissibilidade da acusação formulada contra réu. Ex.: inexistência de prova suficiente da autoria pelo acusado; apenas meras conjecturas temerárias não são suficientes para pronunciar o réu.

Natureza dessa decisão? Decisão interlocutória mista terminativa (encerra o processo);

b1) Características:

I. Não faz coisa julgada material (art. 414, parágrafo único, CPP): enquanto não ocorrer a extinção da punibilidade, poderá ser formulada nova denúncia se houver prova substancialmente nova;

II. Recurso cabível: apelação (art. 416, CPP).

Atenção: despronúncia é a impronúncia que se alcança por meio de recurso. Ex.: o réu havia sido pronunciado e por conta de RESE da defesa a decisão foi reformada pelo tribunal (impronunciando, assim, o acusado em 2ª instância).

Impronúncia e crime conexo: decidindo o juiz pela impronúncia do réu, não poderá aquele julgar o eventual crime conexo. Deve aguardar o trânsito em julgado da impronúncia para só então remeter o processo referente ao crime conexo ao juiz competente ou julgá-lo se for ele quem detiver a competência;

c) Absolvição sumária (art. 415, CPP): o juiz deve estar seguro ao proferir esta decisão, pois está chamando para si o julgamento de uma causa que, em regra, competiria aos jurados. Trata-se, portanto, de decisão excepcional, pois o juiz retira dos jurados o poder de decidir o caso concreto. Deverá o juiz absolver sumariamente quando (incisos do art. 415):

> "I – provada a inexistência do fato;
>
> II – provado não ser o acusado o autor do fato;
>
> III – o fato não constituir infração penal;
>
> IV – demonstrada causa de isenção de pena ou exclusão do crime."

137. O STF concedeu o pedido de habeas corpus ao réu pronunciado que aguardava o júri há 7 anos preso preventivamente (STF, HC 142177/RS, DJe 19/09/2017 e Info. 868, do período de 5 a 19 de junho de 2017).

Ex: quando ficar categoricamente provado que o réu praticou o fato amparado por uma excludente de ilicitude.

Atenção: não pode o juiz absolver sumariamente o réu com base na inimputabilidade (doença mental ao tempo do fato – art. 26, CP), salvo se esta (a inimputabilidade) for a única tese defensiva. Recorde-se que o reconhecimento de inimputabilidade implica aplicação de medida de segurança ao réu. Por isso, caso haja tese defensiva subsidiária, é mais benéfico ao réu submetê-lo a Júri popular, pois pode, por exemplo, terminar sendo absolvido (o que é mais vantajoso).

Recurso cabível: apelação (art. 416, CPP);

d) Desclassificação (art. 419, CPP): ocorre quando o juiz entende que não ocorreu crime doloso contra a vida, não sendo, portanto, o Júri o órgão competente para conhecer o caso. Ao proferir essa decisão, não deve o juiz fazer incursão aprofundada no mérito do processo, sob pena de invadir a competência alheia. Deve limitar-se a analisar o fato do crime não ser doloso contra a vida. Desclassificada a infração, deve o juiz remeter o processo ao juiz competente – caso não seja ele próprio o magistrado indicado para o julgamento.

Recurso cabível: RESE (art. 581, II, CPP).

17.8.5 Procedimento da 2ª fase do júri (judicium causae)

a) Intimação das partes para, em 5 dias, indicarem testemunhas (até o limite de 5), apresentarem documentos e requererem diligências – art. 422, CPP;

b) Ordenadas as diligências necessárias para sanar eventuais nulidades no processo ou para esclarecer fatos que interessem ao julgamento da causa, o juiz efetuará o relatório do processo, designando data para a sessão de instrução e julgamento – art. 423, CPP;

c) Em data anterior à da sessão, serão sorteados e convocados 25 jurados dentre os alistados na lista anual – arts. 425 e 432, CPP

d) Para que a sessão de instrução e julgamento possa ser instalada, dos 25 jurados convocados, precisam estar presentes ao menos 15 – art. 463, CPP. Faltando este *quorum* mínimo, haverá sorteio de jurados suplentes e remarcação da data da sessão;

e) Advertência aos jurados sobre impedimentos, incompatibilidades, suspeição e incomunicabilidade – arts. 448, 449 e 466, CPP;

f) Sorteio de 7 jurados para a composição do Conselho de Sentença, podendo efetuar as partes até 3 recusas imotivadas – arts. 467 e 468, CPP

g) Exortação, compromisso e entrega de cópia de peças (decisão de pronúncia e eventuais decisões posteriores) – art. 472, CPP;

h) Instrução em plenário (art. 473, CPP):

h1) oitiva do ofendido (se possível) e das testemunhas. As perguntas às testemunhas serão realizadas de forma direta (sistema *direct examination*). Já os jurados perguntarão às testemunhas através do juiz (sistema presidencialista);

h2) Realização de acareação, reconhecimento de pessoas e coisas, esclarecimentos dos peritos;

h3) Possibilidade de leitura de peças desde que se refiram, exclusivamente, às provas colhidas por carta precatória e às provas cautelares, antecipadas ou não repetíveis. Busca-se com isso evitar a leitura, por exemplo, de peças inúteis;

i) Interrogatório do réu – art. 474. As partes poderão perguntar diretamente e os jurados, por intermédio do juiz. Não se permitirá o uso de algemas no acusado durante o plenário do júri, salvo se a medida for absolutamente necessária.

j) Debates orais – arts. 476 e 477, CPP:

j1) Acusação: 1h30 (2h30, havendo mais de um réu);

j2) Defesa: 1h30 (2h30, havendo mais de um réu);

j3) Réplica da acusação: 1h (2h, havendo mais de um réu);

j4) Tréplica da defesa: 1h (2h, havendo mais de um réu);

j5) Havendo assistente, ele falará após o Ministério Público. Se a ação for privada, o querelante terá a palavra antes do MP;

k) Leitura e explicação dos quesitos em plenário – art. 484.

l) Recolhimento à sala especial para a votação dos quesitos a serem depositados em urna por meio de cédulas contendo "sim" ou "não" – art. 485, CPP;

m) Os quesitos serão formulados na seguinte ordem, indagando sobre:

I. a materialidade do fato;

II. a autoria ou participação;

III. se o acusado deve ser absolvido;

IV. se existe causa de diminuição de pena alegada pela defesa;

V. se existe circunstância qualificadora ou causa de aumento de pena reconhecidas na pronúncia ou em decisões posteriores que julgaram admissível a acusação.

Atenção: Nos termos do art. 479 do CPP, "durante o julgamento não será permitida a leitura de documento ou a exibição de objeto que não tiver sido juntado aos autos com a antecedência mínima de 3 (três) dias úteis, dando-se ciência à outra parte". Quanto a este dispositivo, o STJ entendeu que a aplicação do prazo de 3 dias úteis não se refere somente à juntada do documento, mas também à ciência da parte contrária. (STJ, REsp 1637288/SP, DJe 1º/09/2017 e Info. 610).

17.8.6. Algumas observações sobre os quesitos

I. Constatando o juiz que a maioria foi atingida na resposta de um quesito (4 votos), não deve prosseguir com a leitura dos demais votos (homenagem ao sigilo das votações) – art. 483, §§ 1º e 2º, CPP;

II. Havendo mais de um crime ou mais de um acusado, os quesitos serão formulados em séries distintas – art. 483, § 6º, CPP

III. Se a resposta a qualquer dos quesitos estiver em contradição com outra ou outras já dadas, o presidente, explicando aos jurados em que consiste a contradição, submeterá novamente à votação os quesitos a que se referirem tais respostas. Se, pela resposta dada a um dos quesitos, o presidente verificar que ficam prejudicados os seguintes, assim o declarará, dando por finda a votação – art. 490, CPP

IV. Eventuais agravantes e atenuantes levantadas nos debates pelas partes não serão quesitadas, mas valoradas pelo juiz no momento da sentença – art. 492, I, *b*, CPP;

V. Sentença pelo juiz-presidente seguindo aquilo que tiver sido decidido pelos jurados. A dosimetria da pena é de responsabilidade do juiz, porém, sempre observando aquilo que decidiram os jurados (causas de aumento, qualificadoras etc.) – art. 492, CPP. Em seguida, haverá a lavratura da ata nos moldes do art. 494, CPP.

Atenção: se, durante a votação dos quesitos, os jurados desclassificarem o crime para outro não doloso contra a vida, caberá ao juiz togado proferir sentença em seguida, aplicando-se, quando for o caso (IMPO[138]), os institutos da Lei 9.099/1995 (*vide* art. 492, §§ 1º e 2º, CPP).

17.8.7. Desaforamento (art. 427, CPP)

Trata-se de instituto excepcional que pode ocorrer nos processos de competência do júri. *Grosso modo*, consubstancia-se na transferência do julgamento do réu para outra comarca em razão da ocorrência de alguma anormalidade na comarca originariamente competente, que está a dificultar/inviabilizar o julgamento da causa.

Fatos geradores do desaforamento:

a) interesse de ordem pública;

b) dúvida sobre a imparcialidade do júri;

c) segurança pessoal do acusado;

d) excesso de serviço que acarrete atraso no julgamento do réu por 6 meses ou mais, contado a partir da preclusão da pronúncia. Para a contagem do prazo referido neste artigo, não se computará os adiamentos no interesse da defesa.

Momento processual (art. 427, § 4º, CPP): a redação do referido dispositivo estatui os momentos em que não será admitido o desaforamento. Fazendo a leitura inversa, inferimos que pode ser requerido: após o trânsito em julgado da decisão de pronúncia e antes do julgamento em plenário; e/ou após o julgamento, se anulado, apenas em relação a fato ocorrido durante ou após a sua realização, ou seja, nessa última hipótese é preciso, **cumulativamente**, que o julgamento seja anulado e que o fato ensejador do desaforamento tenha ocorrido durante ou após aquela sessão de julgamento.

Quem pode requerer? MP, assistente de acusação, o querelante, o acusado ou mediante representação do juiz.

A quem é dirigido? TJ ou TRF (conforme o caso).

Atenção que a oitiva prévia da defesa é obrigatória para que seja deferido o desaforamento, conforme se depreende do teor da Súmula 712 do STF.

17.8.8. Atribuições do juiz-presidente do Tribunal do Júri.

Vejamos o que diz o art. 497, CPP, a esse respeito:

> "**Art. 497.** São atribuições do juiz presidente do Tribunal do Júri, além de outras expressamente referidas neste Código:
>
> I – regular a polícia das sessões e prender os desobedientes;
>
> II – requisitar o auxílio da força pública, que ficará sob sua exclusiva autoridade;
>
> III – dirigir os debates, intervindo em caso de abuso, excesso de linguagem ou mediante requerimento de uma das partes;
>
> IV – resolver as questões incidentes que não dependam de pronunciamento do júri;"

Ex.: decidir sobre eventual exceção de coisa julgada arguida pela parte.

> "V – nomear defensor ao acusado, quando considerá-lo indefeso, podendo, neste caso, dissolver o Conselho e designar novo dia para o julgamento, com a nomeação ou a constituição de novo defensor."

No curso do processo penal, o juiz é o grande fiscal da ampla defesa, tendo poderes inclusive para desconstituir o

138. Infração de menor potencial ofensivo – art. 61, Lei 9.099/1995.

defensor do réu, quando considerar este indefeso (art. 497, V, CPP). Este dispositivo, na visão de Grinover *et. al.* (2001), deve ser aplicado a todo e qualquer procedimento penal (e não apenas ao do júri).

17.8.9. *A função do jurado*

O serviço do júri é obrigatório.

Caso o jurado, injustificadamente, deixe de comparecer no dia marcado para a sessão ou retire-se antes de ser dispensado, será aplicada multa de 1 a 10 salários-mínimos, a critério do juiz, de acordo com a condição econômica daquele – art. 442, CPP. A eventual recusa ao serviço do júri fundada em convicção religiosa, filosófica ou política importará no dever de prestar serviço alternativo, sob pena de suspensão dos direitos políticos, enquanto não prestar o serviço imposto (art. 438, CPP).

Entende-se por serviço alternativo o exercício de atividades de caráter administrativo, assistencial, filantrópico ou mesmo produtivo, no Poder Judiciário, na Defensoria Pública, no Ministério Público ou em entidade conveniada para esses fins – art. 438, § 1º, CPP.

O juiz fixará o serviço alternativo atendendo aos princípios da proporcionalidade e da razoabilidade – § 2º.

Ademais, conforme estabelece o art. 439, CPP: "o exercício efetivo da função de jurado constituirá serviço público relevante, estabelecerá presunção de idoneidade moral".

Constitui também direito do jurado preferência, em igualdade de condições, nas licitações públicas e no provimento, mediante concurso, de cargo ou função pública, bem como nos casos de promoção funcional ou remoção voluntária – art. 440, CPP.

Por fim, nenhum desconto será feito nos vencimentos ou salário do jurado sorteado que comparecer à sessão do júri – art. 441, CPP.

17.8.10. *Requisitos para ser jurado*

a) maior de 18 anos;

b) nacionalidade brasileira;

c) notória idoneidade;

d) estar no gozo dos direitos políticos;

e) ser alfabetizado;

f) residir na comarca do julgamento;

g) estar na plenitude de suas faculdades mentais.

17.8.11. *Pessoas isentas do serviço do júri (art. 437, CPP)*

I. o Presidente da República e os Ministros de Estado;

II. os Governadores e seus respectivos Secretários;

III. os membros do Congresso Nacional, das Assembleias Legislativas e das Câmaras Distrital e Municipais;

IV. os Prefeitos Municipais;

V. os Magistrados e membros do Ministério Público e da Defensoria Pública;

VI. os servidores do Poder Judiciário, do Ministério Público e da Defensoria Pública;

VII. as autoridades e os servidores da polícia e da segurança pública;

VIII. os militares em serviço ativo;

IX. os cidadãos maiores de 70 (setenta) anos que requeiram sua dispensa;

X. aqueles que o requererem, demonstrando justo impedimento.

17.9. Procedimento (especial) dos crimes relacionados às drogas ilícitas

Com o advento da Lei 11.343/2006, houve a diferenciação entre o tratamento conferido aos que portam drogas ilícitas para o consumo próprio (art. 28) e aos que praticam as condutas de tráfico e assemelhadas (arts. 33 a 37).

17.9.1. *Porte para consumo próprio*

O procedimento está previsto no § 1º, art. 48, nos seguintes termos: "o agente de qualquer das condutas previstas no art. 28 desta Lei, salvo se houver concurso com os crimes previstos nos arts. 33 a 37 desta Lei, será processado e julgado na forma dos arts. 60 e seguintes da Lei 9.099/1995". Verifica-se, portanto, que o rito a adotar é o comum sumaríssimo, comportando alguns temperamentos.

Merece destaque o tratamento dado às hipóteses de transação penal, que ficam adstritas ao rol do art. 28, quais sejam: I – advertência sobre os efeitos das drogas; II – prestação de serviços à comunidade; e III – medida educativa de comparecimento a programa ou curso educativo. Importante dizer que o MP não poderá propor qualquer outra pena restritiva de direitos (TÁVORA; ARAÚJO; FRANÇA, 2013, p. 157).

17.9.2. *Tráfico e condutas assemelhadas*

O MP, após recebidos os autos do IP, poderá oferecer a denúncia em até 10 (dez) dias, pouco importando se o acusado estiver preso ou solto. Uma vez ofertada, o procedimento a seguir obedecerá o seguinte *iter*:

I. juiz determina a notificação do denunciado para que apresente a defesa prévia escrita, obrigatória (art. 55, § 3º), tendo o prazo de 10 (dez) dias. A peça consiste em defesa preliminar e exceções (processadas em apartado), incluindo as questões preliminares, todas as razões de defesa que entender pertinentes, bem como a indicação dos meios de prova que pretende produzir. Pode arrolar até 5 (cinco) testemunhas – art. 55, § 1º.

Atenção: Não se fala em citação porque a relação processual não foi formada em razão da ausência do despacho de recebimento da denúncia.

II. Após apresentação da defesa, o juiz decidirá em até 5 (cinco) dias – § 4º. A decisão pode ter um dos seguintes conteúdos: a) recebimento da denúncia; b) rejeição da denúncia; c) determinar diligências.

III. Uma vez recebida a denúncia, deverá ser observado o disposto no art. 394, § 4º, CPP, motivo pelo qual deverá o juiz determinar a citação do réu para que apresente defesa escrita no prazo de 10 (dez) dias – arts. 396 e 396-A. Veja que a despeito do teor do art. 56, Lei 11.343/2006, vem prevalecendo o entendimento de que as disposições do rito ordinário (arts. 395 a 397, CPP) são aplicáveis também aos procedimentos especiais.

IV. Após o recebimento da peça defensiva, abre-se a possibilidade do juiz decidir pela absolvição sumária, nos termos do art. 397, cujas hipóteses foram trabalhadas no item referente ao procedimento comum ordinário.

V. Não vislumbrando hipótese de absolvição sumária, o juiz designará a data da Audiência de Instrução e Julgamento (AIJ). Vale ressaltar que a data da AIJ não poderá ocorrer em lapso superior a 30 (trinta) dias, exceto se houver necessidade de exame de verificação da dependência de drogas, quando o prazo máximo para designação é de 90 (noventa) dias – § 2º, art. 56.

VI. Nos termos do art. 57, a sequência da AIJ será a seguinte: interrogatório do réu, inquirição das testemunhas, debates orais começando pelo MP, seguido do defensor. Aqui prevalece a realização do interrogatório no início da audiência, em contraposição ao que acontece no rito ordinário. Nesse sentido, vide o STF HC 85.155/SP, *DJe* 15.04.2005.

VII. Por fim, encerrados os debates orais, o juiz decidirá em audiência ou em até 10 (dez) dias – art. 58. Aqui a peculiaridade diz respeito à destinação dada aos resíduos de drogas, que é a incineração. Inexistindo controvérsia quanto à natureza e quantidade da substância ou produto, ou mesmo quanto à regularidade do laudo, o juiz fixará uma quantidade mínima para preservação a título de contraprova.

18. NULIDADES

Entendendo o tema: nulidade é uma sanção imposta pelo Estado-juiz ao ato que não cumpriu as formalidades estabelecidas pela lei. Em sentido amplo, pode-se dizer que há um vício no ato praticado. A nulidade pode recair, a depender do caso, sobre um só ato ou sobre todo o processo.

18.1. Tradicional classificação do ato viciado

a) Irregularidade: o defeito aqui é sem maior importância. A desconformidade com o modelo legal é mínima. Não chega a prejudicar as partes. Produz eficácia. Ex.: sentença prolatada fora do prazo estipulado pela lei;

b) Nulidade relativa: o defeito não chega a resultar em patente prejuízo às partes. Há violação de norma infraconstitucional. O interesse é essencialmente privado, da parte. O defeito é sanável. O ato será anulado desde que arguido em momento oportuno pela parte interessada e demonstrado o efetivo prejuízo. Ex.: incompetência territorial. Embora o crime tenha sido consumado em João Pessoa (art. 70, CPP), por um equívoco, está sendo processado em Campina Grande (incompetência territorial);

c) Nulidade absoluta: o defeito é grave. Há interesse público aqui, uma vez que são violadas garantias decorrentes, direta ou indiretamente, da Constituição Federal. Não depende de provocação das partes, o juiz deve inclusive declará-la de ofício. Não há preclusão (insanável, portanto). O prejuízo é presumido. Ex.: sentença sem fundamentação – violação ao art. 93, IX, CF. Juiz que, sem fundamentar, condena o acusado; ou, ainda, juiz que, sem fundamentar, decreta a preventiva;

d) Inexistência: o vício é gravíssimo (trata-se de um não ato). Deve o ato apenas ser desconsiderado. Ex.: sentença proferida por quem não é juiz = ato inexistente.

18.2. Princípios aplicáveis às nulidades

a) Princípio do prejuízo *(pas de nullité sans grief*[139]*)*: Nenhum ato será declarado nulo se da nulidade não resultar prejuízo para a acusação ou para a defesa (art. 563, CPP);

b) Princípio instrumentalidade das formas: o ato será considerado válido se a sua finalidade for atingida. A finalidade vale mais do que a forma. Só se aplica esse princípio à nulidade relativa. A doutrina reconhece no art. 566, CPP, uma expressão desse princípio "não será declarada a nulidade de ato processual que não houver influído na apuração da verdade substancial ou na decisão da causa";

c) Princípio da conservação dos atos processuais: preservação dos atos não decisórios nos casos de incompetência do juízo (art. 567, CPP);[140]

d) Princípio do interesse: nenhuma das partes poderá arguir nulidade a que haja dado causa, ou para a qual tenha concorrido, ou referente à formalidade cuja observância só interesse à parte contrária (art. 565, CPP). A ninguém é dado se beneficiar da própria torpeza. Somente se aplica às nulidades relativas;

e) Princípio da causalidade ou contaminação: a nulidade de um ato, uma vez declarada, causará a dos atos que dele diretamente dependerem (art. 573, § 1º, CPP). Ao pronunciar a nulidade de um ato, o juiz deverá declarar quais outros atos serão afetados (§ 2º). Não basta o ato ser apenas posterior ao ato viciado; é preciso existir nexo causal entre eles.

f) Princípio da convalidação dos atos processuais: permite a convalidação ou ratificação de atos processuais eivados de vícios. Impõe-se a sua expressa previsão legal. Exs: arts. 568 a 570, CPP.

18.3. Momentos para as nulidades serem arguidas

No que tange às nulidades absolutas, em regra, podem ser arguidas a qualquer tempo.

Já as nulidades relativas devem ser arguidas em momento próprio (estabelecido pela lei). Do contrário (*i. e.*, não sendo arguidas em ocasião oportuna), serão convalidadas.

Análise do art. 571, CPP (este dispositivo trata do momento adequado para se arguir uma nulidade). Note-se que este artigo aplica-se, em regra, às nulidades relativas (que são sanáveis) e não às absolutas (que podem ser ventiladas a qualquer tempo). Ademais, adaptamos algumas das hipóteses às recentes reformas do CPP. Vejamos. As nulidades deverão ser arguidas:

I. as da instrução criminal dos processos da competência do júri, dos processos de competência do juiz singular e dos processos especiais, na fase das alegações finais orais;

II. as do procedimento sumário, no prazo de resposta escrita à acusação, ou, se ocorridas após este prazo, logo depois da abertura da audiência de instrução;

III. as ocorridas após a pronúncia, logo depois de anunciado o julgamento e apregoadas as partes;

IV. as ocorridas após a sentença, preliminarmente nas razões de recurso ou logo após anunciado o julgamento do recurso e apregoadas as partes;

V. as do julgamento em plenário, em audiência ou sessão do tribunal, ou logo depois de ocorrerem;

VI. ocorrendo a nulidade durante a audiência ou julgamento de recursos nos tribunais, deverá ser alegada tão logo ocorra.

139. Do francês, significa que não há nulidade sem prejuízo.

140. Ver STF, HC 83.006/SP, *DJ* 29.08.2003 e HC 98373/SP, *DJe* 23.04.2010. As decisões reconhecem a possibilidade de ratificação dos atos decisórios mesmo nos casos de incompetência absoluta. Ver também: AI 858175 AgR, DJ 13.06.2013.

18.4. Nulidades em espécie. Análise do art. 564, CPP

Este dispositivo não é taxativo. O defeito que ataca o interesse público, mesmo não estando positivado no CPP, é caso de nulidade absoluta.

Nos termos do art. 564, CPP, a nulidade ocorrerá nos seguintes casos:

I. por incompetência, suspeição ou suborno do juiz.

Se for caso de incompetência territorial, a nulidade será relativa. Serão anulados somente os atos decisórios, devendo o processo ser remetido ao juiz competente.

Se for caso de incompetência em razão da matéria ou por prerrogativa de função[141], a nulidade será absoluta, sendo que todo o processo estará contaminado. Idem para os casos de suspeição ou suborno do juiz.

II. por ilegitimidade das partes

Se for caso de ilegitimidade para a causa (ex.: MP figurando como autor de ação privada), será hipótese de nulidade absoluta.

Se for o caso de defeito na representação da parte (ex.: falta de procuração), a nulidade será relativa (sanável, portanto) – art. 568, CPP;

III. por falta das fórmulas ou dos termos seguintes:

a) a denúncia ou a queixa e a representação e, nos processos de contravenções penais, a portaria ou o auto de prisão em flagrante.

A parte final desta alínea está revogada. A falta de inicial penal ou de representação da vítima (quando exigível), por óbvio, provoca a nulidade absoluta. O defeito da inicial ou da representação, a depender da gravidade, também gerará a nulidade absoluta. Ex.: denúncia que não expõe o fato criminoso com todas as suas circunstâncias;

b) falta do exame do corpo de delito nos crimes que deixam vestígios, ressalvado o disposto no art. 167, CPP.

Os crimes que deixam vestígios exigem a realização de exame de corpo de delito (direto). Porém, a falta do exame direto pode ser sanada, por exemplo, por prova testemunhal (exame indireto). A confissão, porém, não pode suprir a falta do exame direto (art. 158, CPP);

c) falta de nomeação de defensor ao réu presente, que o não tiver, ou ao ausente, e de curador ao menor de 21 anos.

A parte final do dispositivo está revogada pelo atual CC; não existe mais curador para réu/indiciado menor. Recorde-se que menor, para o CPP, é o indivíduo que possui entre 18 e 21 anos. Hoje, completados 18 anos de idade, a pessoa torna-se plenamente capaz para os atos da vida civil, dispensando-se, portanto, a figura do curador preconizada pelo CPP.

A ausência de defensor nas demais situações gera nulidade absoluta (viola a ampla defesa). No caso de a defesa ser deficiente, a nulidade é relativa (Súmula 523, STF).

d) falta da intervenção do MP em todos os termos da ação por ele intentada e nos da intentada pela parte ofendida, quando se tratar de crime de ação pública.

Conforme a doutrina, a falta de notificação do MP na ação pública gera nulidade absoluta. Já a falta de notificação do MP na ação privada subsidiária da pública provoca nulidade relativa;

e) falta ou defeito da citação, do interrogatório do réu, quando presente, e dos prazos concedidos à acusação e à defesa.

Falta ou defeito de citação será, em regra, caso de nulidade absoluta. Porém, tal nulidade poderá, excepcionalmente, ser sanada. Veja o que diz o art. 570, CPP, a esse respeito: "a falta ou a nulidade da citação, da intimação ou notificação estará sanada, desde que o interessado compareça, antes de o ato consumar-se, embora declare que o faz para o único fim de argui-la. O juiz ordenará, todavia, a suspensão ou o adiamento do ato, quando reconhecer que a irregularidade poderá prejudicar direito da parte".

A falta ou o defeito do interrogatório gera nulidade absoluta. Contudo, cabe ressaltar que a falta do interrogatório será superável caso a sentença seja absolutória (TÁVORA, 2017, p. 1525).

Falta de prazo às partes: dependendo do caso (da importância do ato) poderá ser absoluta (alegações finais orais) ou relativa (quesitos aos peritos);

f) falta da sentença de pronúncia, do libelo e da entrega da respectiva cópia, com o rol de testemunhas, nos processos perante o Tribunal do Júri.

A falta da pronúncia gera nulidade absoluta. A parte final está prejudicada (não existe mais o libelo);

g) falta da intimação do réu para a sessão de julgamento, pelo Tribunal do Júri, quando a lei não permitir o julgamento à revelia.

Deve ser lido de acordo com a reforma de 2008. Intimado o réu solto para a sessão plenária, caso não compareça, o julgamento poderá ser realizado à revelia (independentemente se afiançável ou inafiançável o delito) – art. 457, CPP. Em caso de réu preso, se este não solicitar dispensa, não poderá ser julgado à revelia – §§ 1º e 2º;

h) falta da intimação das testemunhas arroladas no libelo e na contrariedade, nos termos estabelecidos pela lei.

Deve ser lido conforme a reforma. Não há mais libelo. Hoje, trata-se do art. 422, CPP. Gera nulidade absoluta;

i) falta de pelo menos 15 jurados para a constituição do júri.

Configura nulidade absoluta. Acrescente-se, porém, que: "Não enseja nulidade a complementação do número regulamentar mínimo de 15 jurados, por suplentes do mesmo Tribunal do Júri" (STJ 34357 / SP, *DJe* 19.10.2009 e HC 227169/SP, DJ 11.02.2015);

j) falta ou defeito no sorteio dos jurados do conselho de sentença em número legal e sua incomunicabilidade.

Configura nulidade absoluta;

k) falta ou defeito na elaboração dos quesitos e nas respectivas respostas.

Configura nulidade absoluta. Súmula 156, STF: "é absoluta a nulidade do julgamento, pelo júri, por falta de quesito obrigatório";

l) falta da acusação ou da defesa, na sessão de julgamento.

Configura nulidade absoluta (Súmula 523, STF);

---

141. STJ, APn 295/RR, *DJe* 12.02.2015. Ver também a seguinte observação do STJ no AgRg no REsp 1518218/ES, DJ 26.08.2016) "o fato de o Desembargador-relator ter participado, em primeiro grau, de processo conexo, de cuja relação jurídica não consta o réu, não impede a sua atuação na presente Exceção de Incompetência, pois, conforme o art. 252, III, do CPP, entre as causas taxativamente previstas, só configura impedimento a anterior atuação dos magistrados no mesmo processo. Precedentes".

m) falta da sentença.

Configura nulidade absoluta;

n) falta de recurso de ofício, nos casos em que a lei o tenha estabelecido.

Não se trata propriamente de nulidade absoluta, mas de impedimento do trânsito em julgado da decisão até que ocorra a remessa necessária;

o) falta da intimação das partes quanto às decisões recorríveis.

Configura nulidade absoluta;

p) no Supremo Tribunal Federal e nos Tribunais de Justiça, falta do *quorum* legal para o julgamento.

Configura nulidade absoluta;

IV. por omissão de formalidade que constitua elemento essencial do ato.

Configura nulidade absoluta. Ex.: denúncia lacônica.

19. RECURSOS

19.1. Conceito de recurso

Meio jurídico pelo qual, dentro de uma mesma relação processual, impugna-se uma decisão que ainda não transitou em julgado, objetivando, com isso, o reexame do *decisum*.

Decorrem os recursos do princípio do duplo grau de jurisdição, adotado implicitamente pelo texto da nossa CF e explicitamente pela CADH.[142]Há, contudo, quem entenda que a afirmação do princípio seja fruto de política legislativa que tem inspiração nos ideais (liberdade, igualdade e fraternidade) da Revolução Francesa (TÁVORA, 2016, p. 1087-1088).

19.2. Natureza jurídica

Embora exista polêmica sobre o tema no seio da comunidade jurídica, significativo setor da doutrina considera a natureza do recurso como um *desdobramento do direito de ação ou de defesa, i. e., o recurso dá continuidade à relação jurídica iniciada em primeira instância.*

19.3. Princípios que norteiam os recursos

a) Voluntariedade (art. 574, *caput*, primeira parte, CPP): os recursos são voluntários, i. e, dependem de manifestação de vontade da parte que queira ver a decisão reformada ou anulada. Inexiste, portanto, obrigatoriedade de recorrer. Cabe ressaltar que o MP, mesmo quando parte autora da ação penal, não está obrigado a recorrer, podendo, portanto, renunciar a este direito sem necessidade de fundamentar a sua renúncia. Perceba-se que o princípio da obrigatoriedade da ação penal não impõe ao MP a necessidade de recorrer. Porém, caso o MP assim o faça (interponha recurso), não poderá mais desistir do recurso interposto (art. 576, CPP), incidindo, aí sim, o princípio da indisponibilidade, que é corolário da obrigatoriedade.

Embora os recursos sejam voluntários, o mesmo art. 574 menciona que, em certos casos, o próprio magistrado deverá interpor "recurso" de sua decisão (é o chamado "recurso de ofício"). A doutrina critica veementemente a manutenção desse instituto em nosso ordenamento jurídico. Trata-se indubitavelmente de figura esdrúxula que merece ser banida do Processo Penal contemporâneo. Entretanto, tal instituto deve ainda ser considerado válido para os concursos públicos, tendo em vista o entendimento sobre o tema do STF (HC 88589/GO, *DJe* 23.03.2007) e STJ (REsp 767535/PA, *DJe* 01.02.2010), que continua defendendo a constitucionalidade desse expediente. Neste sentido, há recentes decisões do STF e também do STJ concedendo recurso de ofício, vide: "*Habeas corpus* concedido de ofício para declarar extinta a punibilidade do recorrente, em virtude da consumação da prescrição da pretensão punitiva (CP, art. 107, IV)", STF, RHC 129996, DJ 22/08/2016) e "O Supremo Tribunal Federal, por sua Primeira Turma, e a Terceira Seção deste Superior Tribunal de Justiça, diante da utilização crescente e sucessiva do *habeas corpus*, passaram a restringir a sua admissibilidade quando o ato ilegal for passível de impugnação pela via recursal própria, sem olvidar a possibilidade de concessão da ordem, de ofício, nos casos de flagrante ilegalidade. Esse entendimento objetivou preservar a utilidade e a eficácia do *mandamus*, que é o instrumento constitucional mais importante de proteção à liberdade individual do cidadão ameaçada por ato ilegal ou abuso de poder, garantindo a celeridade que o seu julgamento requer", STJ, HC 361751/SP, DJ 23.09.2016.

Numa tentativa de amenizar a estranha ideia de um juiz recorrer de sua própria decisão, certo setor da doutrina, acompanhado pelos tribunais superiores (*vide* os julgados que acabamos de transcrever), tem compreendido esse instituto não como "recurso" em sentido próprio, mas como uma *remessa obrigatória* (*reexame necessário* ou *duplo grau de jurisdição obrigatório*), sem a qual a decisão prolatada não transita em julgado (Súmula 423, STF).

Conclusão: o "recurso de ofício" continua sendo considerado constitucional para os tribunais superiores, entretanto, é compreendido por esses não como um recurso em sentido próprio, mas como uma condição para o trânsito em julgado da decisão (remessa necessária). O magistrado não precisa fundamentar o ato, mas apenas remeter a decisão ao tribunal após o término do prazo para os recursos voluntários. Ademais, dispensa-se a intimação das partes para oferecer contrarrazões (TÁVORA, 2017, p. 1334).

Seguem alguns os casos em que o juiz deve "recorrer" de sua própria decisão (recurso de ofício):

I. Sentença que concede HC (inc. I do art. 574): note-se que não caberá recurso de ofício quando for o tribunal que conceder o HC. É que o art. 574, I, CPP, menciona apenas "sentença" (1ª instância, portanto) e não "acórdão" (2ª instância);

II. Sentença que absolver desde logo o réu com fundamento na existência de circunstância que exclua o crime ou isente o réu de pena (inc. II do art. 574, CPP): note-se que, para a majoritária doutrina, este dispositivo foi revogado, tendo em vista a inexistência de previsão legal no art. 415, CPP. Porém, o STJ (REsp 767535/PA, *DJe* 01.02.2010 e HC 361751/SP, DJ 23.09.2016) continua a entender pelo cabimento do recurso de ofício (mesmo em caso de absolvição sumária), posição esta mais segura para os concursos públicos;

III. Decisão que concede a reabilitação criminal (art. 746, CPP);

IV. Indeferimento liminar pelo relator, no âmbito de Tribunal, da ação de revisão criminal, quando o pedido não estiver suficientemente instruído (art. 625, § 3º, CPP);

V. Sentença de absolvição e a decisão que arquiva o IP nos crimes contra a economia popular e saúde pública (art. 7º, Lei 1.521/1950);

b) Taxatividade: para se recorrer de uma decisão é preciso que exista previsão expressa na lei a respeito do cabimento de tal

142. Convenção Americana de Direitos Humanos (Pacto de San José da Costa Rica).

recurso. Do contrário, a decisão será irrecorrível. Porém, a taxatividade não afasta a incidência do art. 3º, CPP, que prevê a possibilidade de interpretar as normas processuais penais extensivamente e de dar-lhes aplicação analógica. Ex.: cabe recurso em sentido estrito (RESE) da decisão que não recebe a denúncia (art. 581, I, CPP – taxatividade); mas também cabe o RESE da decisão que não recebe o aditamento à denúncia[143] (interpretação extensiva ao dispositivo);

c) Fungibilidade (permutabilidade ou conversibilidade dos recursos): não havendo erro grosseiro ou má-fé na interposição de um recurso (STJ, RCD no AgRg no AREsp 508550/RS, *DJe* 04.08.2014) e sendo atendido o prazo do recurso efetivamente cabível à espécie (STJ AgRg no AREsp 354968/MT, *DJe* 14.05.2014 e AgRg no AREsp 462475/SP, DJ 11.04.2014), poderá o julgador aceitar o recurso equivocado como se fosse o correto (vide art. 579, CPP). Ex: existem algumas situações polêmicas na doutrina acerca do cabimento de RESE ou agravo em execução. Assim, imagine-se que a defesa interpôs o RESE, quando, em verdade, era cabível o agravo. Caso se vislumbre a boa-fé da parte e o prazo do recurso correto tenha sido respeitado, poderá ser aplicado ao caso o princípio da fungibilidade recursal, recebendo-se um recurso por outro. O STJ, em pacífica jurisprudência, vem aplicando o referido princípio ao receber como agravo regimental, os embargos declaratórios opostos contra decisão em *habeas corpus* (STJ, EDcl em HC 407579/SP, *Dje* 24/11/2017).

No contexto do princípio da fungibilidade recursal, importante se faz o conhecimento das novas teses do STJ, dentre elas: "Aplica-se o princípio da fungibilidade à apelação interposta quando cabível o recurso em sentido estrito, desde que demonstrada a ausência de má-fé, de erro grosseiro, bem como a tempestividade do recurso." Precedentes: AgInt no REsp 1532852/MG, DJe 22.06.2016; HC 265378/SP, DJe 25.05.2016; AgRg no AREsp 644988/PB, DJe 29.04.2016; HC 295637/MS, DJe 14.08.2014; AgRg no AREsp 71915/SC, DJe 23.05.2014; AgRg no AREsp 354968/MT, DJe 14.05.2014. (Vide Info. 543).

d) Convolação: criação doutrinária destinada ao aproveitamento de recursos ou meios autônomos de impugnação, materializada por meio de duas situações:

I – Aproveitamento de uma modalidade recursal interposta adequadamente, mas que careça de algum pressuposto (tempestividade, forma, preparo, interesse ou legitimidade). Ex: HC é impetrado perante o TJ, mas a ordem é denegada. Na hipótese, são cabíveis o Recurso Ordinário Constitucional (ROC – art. 105, II, "a", CF) ou outro HC (art. 105, I, "c", CF), ambos para o STJ. A opção da defesa foi pelo ROC, mas este foi considerado intempestivo pelo STJ, que, no entanto, aproveita a mesma peça recursal e a recebe e conhece como se HC fosse (LIMA, 2015, p. 1619).

II – Aqui a lógica é aproveitar a espécie mais benéfica ao acusado, realizando a conversão para a via mais adequada. Ex: Defesa maneja revisão criminal que visa ao reconhecimento de nulidade absoluta do processo em razão da incompetência absoluta do juízo prolator da sentença. O TJ pode convolar a espécie para um HC, cujo rito é mais célere e, consequentemente, mais benéfico ao réu (LIMA, 2015, p. 1619).

O referido princípio diferencia-se do princípio da fungibilidade porque neste último há a interposição errônea de um recurso, enquanto que a aplicação do princípio da convolação pressupõe o acerto na interposição (TÁVORA, 2017, p. 1337).

e) Vedação à *reformatio in pejus* (art. 617, CPP, e Súmula 160, STF): significa que *não pode a situação do réu sofrer qualquer piora na instância* ad quem, *caso apenas ele recorra da decisão judicial* (*i. e.*, sem interposição de recurso por parte da acusação e sem previsão de recurso de ofício para o caso). Da impossibilidade de reforma para pior no caso de recurso exclusivo da defesa, dá-se também o nome de *efeito prodrômico da sentença*. Destaque-se, ainda, que, mesmo que se trate de matéria cognoscível de ofício pelo tribunal *ad quem* – como, por exemplo, uma hipótese de nulidade absoluta – não pode a instância superior reconhecê-la *ex officio* em prejuízo da defesa, caso esta (a defesa) não tenha ventilado a matéria em seu recurso. É que não se permite que o recurso do acusado sirva "de veículo para o reconhecimento de nulidade que prejudique a defesa". É esse o sentido da Súmula 160, STF, que diz: "é nula a decisão do tribunal que acolhe, contra o réu, nulidade não arguida no recurso da acusação, ressalvados os casos de recurso de ofício" (remessa necessária). Vamos às modalidades de *reformatio in pejus*:

I. **Direta** (ou simplesmente "princípio da vedação à *reformatio in pejus*"). Ex.: se a defesa foi a única a apelar da sentença (não houve, portanto, recurso da acusação; nem o chamado recurso "de ofício") não poderá o tribunal piorar a sua situação;

II. **Indireta**. Ex.: imagine-se que a defesa foi a única que apelou de uma sentença, conseguindo a anulação (cassação) desta por conta da existência de uma nulidade no referido *decisum*. Neste caso, o Tribunal, ao anular a sentença, irá determinar à instância *a quo* que profira outra. Pois bem, a nova sentença a ser prolatada não poderá ter a pena maior do que a fixada na sentença anulada, sob pena de se configurar em uma reforma para pior *indireta (por via oblíqua)* para o réu. Isto é, num primeiro momento a decisão foi favorável ao réu (pois conseguiu a anulação pretendida). Entretanto, num segundo momento, com a prolação da nova sentença, o réu termina sendo prejudicado por ter optado por recorrer (caso não tivesse recorrido, sua situação teria sido melhor). Esta situação (assim como a *reformatio in pejus* direta) é igualmente inaceitável. Veda-se, portanto, no Brasil tanto a *reformatio in pejus* direta como a indireta (vide Súmula 160 do STF e STJ, REsp 1311606/RN, *DJe* 09.06.2014 e EDcl no AgRg no REsp 1449226/RN, DJ 03.08.2015).

Ainda sobre a proibição à *reformatio in pejus indireta, cumpre esclarecer duas questões:*

1ª questão: *a proibição da* reformatio in pejus *indireta se aplica também às decisões proferidas pelo Tribunal do Júri?* Explica-se melhor a pergunta. Caso uma decisão do Júri seja anulada pelo Tribunal *ad quem,* em razão dele ter reconhecido que os jurados julgaram de forma manifestamente contrária à prova dos autos (art. 593, III, "d", e § 3º, CPP), pode a decisão do novo corpo de jurados agravar a situação do acusado, ou aqui também se impõe a vedação à *reformatio in pejus* indireta?**Resposta:** há tradicional orientação defendendo que a regra da proibição à *reformatio in pejus* indireta não tem aplicação quando se trata de decisão proferida pelo Tribunal do Júri. Isso porque o princípio constitucional da soberania dos veredictos (art. 5º, XXXVIII, "c", da CF) prepondera nessa hipótese, não podendo a regra da reforma para pior limitar a atuação dos jurados, que são soberanos em suas decisões.

143. Aditar significa acrescer algo. Ex.: no curso do processo o MP descobre que colaborou para o crime outra pessoa além do sujeito denunciado. Deverá, neste caso, o MP promover o aditamento à denúncia (que nada mais é do que uma nova denúncia para, *in casu*, incluir o outro agente).

Nessa linha: sólida jurisprudência do STJ (HC 19317/SP, *DJe* 19.05.2014) e majoritária doutrina (Grinover, Mirabete, Tourinho Filho, dentre outros).

Por outro lado, conforme assinala essa mesma corrente, somente seria possível falar em vedação à *reformatio in pejus* indireta no âmbito do Júri quando o novo corpo de jurados julgar da mesma forma que o júri anterior (mesmos fatos e circunstâncias). Nessa hipótese específica, o juiz togado, no momento da dosimetria da pena, ficaria atrelado ao máximo de reprimenda estabelecida no julgamento anterior, não podendo, portanto, piorar a situação do acusado. Nessa linha: os autores acima citados; STJ (HC 108333/SP, *DJe* 08.09.2009 e HC 149025/SP, 6ª Turma, DJ 07.08.2015) e STF (HC 73367/MG, *DJe* 29.06.2001).

Porém, necessário ressaltar que, desde 2009, o STF, alterando antiga posição sobre o assunto, passou a entender que o preceito da vedação à *reformatio in pejus* indireta se aplica *in totum* às decisões proferidas pelo Tribunal do Júri e não apenas quando os jurados reconhecerem os mesmos fatos e circunstâncias do julgamento anterior anulado – STF (RE 647302 ED/RS, *DJe* 19.11.2013). Um dos motivos apresentados pela Suprema Corte é que a regra fixada no art. 617, CPP (vedação à *reformatio in pejus*), seja na modalidade direta, seja na indireta, não comporta exceção (nem mesmo em relação ao Júri). É preciso, pois, que o leitor fique atento às posições divergentes dos tribunais superiores sobre a temática em tela.

Ademais, em recente julgado, o ministro Edson Fachin, adotando uma interpretação ampliativa do instituto da *reformatio in pejus*, afirmou que o novo júri não poderá agravar a situação do condenado, inclusive no que se refere à fase da execução penal. Desse modo, asseverou que não apenas a pena baliza a condenação do réu, mas também outras circunstâncias como por exemplo, os prazos para progressão de regime, de modo que não seria possível que o novo julgamento reconhecesse a hediondez do crime, sem ter sido reconhecido no julgamento anterior (STF, HC 136768/SP, *DJe* 16/09/2016).

2ª questão: *a proibição da* reformatio in pejus *indireta se aplica no caso de decisão proferida por juiz absolutamente incompetente*? **Resposta:** para significativo setor da doutrina, a proibição da *reformatio in pejus* indireta não se aplica ao caso de decisão prolatada por juiz absolutamente incompetente. Principal motivo alegado: a sentença proferida por juiz absolutamente incompetente ofende, em última análise, o princípio do juiz natural, o que torna esse ato jurídico mais do que nulo, ou seja, inexistente. Assim, tratando-se a sentença prolatada por juiz absolutamente incompetente de ato jurídico inexistente, impossível que esse *decisum* produza qualquer efeito, inclusive o do *ne reformatio in pejus* indireta. *Porém, os tribunais superiores não compartilham dessa visão, pois, para eles, mesmo no caso de reconhecimento de incompetência absoluta, a nova decisão não poderá piorar a situação do réu que recorreu de modo exclusivo.* Nesse sentido: STF (HC 107731 Extn/PE, *DJ* 02.03.2012) e STJ (HC 151581/DF, *DJ* 13.06.2012).

Ainda sobre o tema "vedação à *reformatio in pejus*", destaque-se que prevalece na comunidade jurídica que, em caso de *recurso exclusivo da acusação*, é possível *a melhora* da situação do acusado pelo órgão *ad quem* (chama-se essa figura de *reformatio in mellius*). Isto porque se entende que, acima da vedação à *reformatio in pejus*, está o *status libertatis do* acusado. Dessa forma, conclui a doutrina que a proibição da *reformatio in pejus* (direta ou indireta) incidiria apenas quando se tratasse de recurso exclusivo da defesa (e não da acusação), uma vez que, neste último caso, seria possível sim a melhora da situação do réu de ofício pela instância superior.

Cabe enunciar, todavia, o que não configura "reformatio in pejus" para o STF:

a) "A inexistência de argumentação apta a infirmar o julgamento monocrático conduz à manutenção da decisão recorrida. 2. Considerando que incumbe ao Juiz zelar pelo correto cumprimento da pena (art. 66, VI, da Lei 7.210/1984), a Execução Penal submete-se ao impulso oficial, de modo que ajustes de ordem pública associados à efetivação da retribuição penal, como a alteração da data-base para progressão de regime em decorrência de outra condenação, podem ser validamente implementados pelo Juiz da Execução, ainda que sem pedido do Ministério Público, o que não gera preclusão ou implica violação à vedação da *reformatio in pejus*. 3. Agravo regimental desprovido. HC 130692 AgR, 1ª Turma, 07.04.2016".

b) "Não há que se cogitar da *reformatio in pejus*, pois o Tribunal de Justiça gaúcho, ao negar provimento ao recurso criminal defensivo, não reconheceu, em desfavor do recorrente, circunstância fática não reconhecida em primeiro grau, apenas fazendo sua reclassificação dentre os vetores previstos no art. 59 do Código Penal. 3. Recurso não provido. (RHC 119149, 1ª Turma, 06.04.2015)".

c) "A Execução Penal submete-se ao impulso oficial, de modo que ajustes de ordem pública associados à efetivação da retribuição penal, como a alteração da data-base para progressão de regime em decorrência de outra condenação, podem ser validamente implementados pelo Juiz da Execução, ainda que sem pedido do Ministério Público, o que não gera preclusão ou implica violação à vedação da *reformatio in pejus*. 3. Agravo regimental desprovido. (HC 130692 AgR, 1ª Turma, 08.04.2016)".

d) "Não acarretaram *reformatio in pejus* as razões do Tribunal de Justiça [...], que se valeu, para manter a vedação da incidência da causa especial de redução de pena prevista no § 4º do art. 33 da Lei de Drogas e o regime prisional mais gravoso, da prova produzida no processo e de questões judiciais já reconhecidas na sentença condenatória" (HC 130070, 2ª Turma, *DJ* 01.03.2016).

e) Unirrecorribilidade (singularidade ou unicidade): em regra, cabe apenas um recurso específico para atacar determinada decisão (art. 593, § 4º, CPP). Ex.: a sentença desafia recurso de apelação (art. 593, CPP). Porém, excepcionalmente, uma única decisão poderá desafiar mais de um recurso. Ex.: um mesmo acórdão pode violar, ao mesmo tempo, lei federal e a CF. Logo, atacável, simultaneamente, por recurso especial (REsp) e extraordinário (RE). Nesse sentido: "o princípio da unirrecorribilidade, ressalvadas as hipóteses legais, impede a cumulativa interposição, contra o mesmo *decisum*, de mais de um recurso. O desrespeito ao postulado da singularidade dos recursos torna inviável o conhecimento do segundo recurso, quando interposto contra o mesmo ato decisório, porquanto preclusa a via recursal" (STJ, AgRg no AREsp 189578/RJ, *DJe* 13.12.2013 e AgRg no AREsp 938572/MG, DJ 29.08.2016: "Consoante o entendimento desta Corte Superior de Justiça, não se conhece da segunda apelação "em razão do princípio da unirrecorribilidade, também conhecido como da singularidade ou da unicidade, que não admite interposição simultânea de recursos pela mesma parte em face da mesma decisão, situação em que ocorre a preclusão consumativa" (REsp 799.490/RS, DJe 30.05.2011). Súmula 568/STJ".

f) Complementariedade: significa "a *possibilidade de modificação do recurso em razão de modificação superveniente na fundamentação da decisão*" (LOPES JR., 2010, v. II, p. 481) (destacamos). Ex.: imagine-se que, após a sentença, a defesa apela e a acusação interpõe embargos declaratórios. Havendo mudança na sentença após o julgamento dos embargos, será possível à defesa *complementar* o recurso anteriormente apresentado. Para tanto, o prazo recursal será renovado.

19.4. Pressupostos (condições ou requisitos) recursais

Para se recorrer de uma decisão, faz-se necessário o preenchimento de certos pressupostos (objetivos e subjetivos). A satisfação de tais pressupostos é fundamental para que o órgão julgador, num primeiro momento, considere viável (admita) o recurso, a fim de que, num segundo momento, o mérito possa ser examinado. Antes de examinarmos tais pressupostos, é preciso que duas noções fiquem claras na mente do leitor, a saber:

Juízo de admissibilidade (de conhecimento ou de prelibação recursal): consiste *no exame dos pressupostos recursais* (exs.: *tempestividade, interesse recursal etc.*) *efetuado pelo órgão julgador competente quando da apresentação de um recurso por uma das partes.* A falta de um desses pressupostos inviabiliza o exame do mérito recursal. Destaque-se que, em regra, o juízo de admissibilidade é realizado tanto no órgão *a quo*, como no *ad quem*;

Juízo de mérito (de provimento ou de delibação recursal): consiste no *exame efetuado pelo órgão julgador competente do mérito do recurso interposto pela parte.* Notemos que, a depender do pedido formulado no recurso, o deferimento (provimento) desse poderá acarretar na reforma (total ou parcial) da decisão atacada ou em sua anulação (cassação). Um recurso só poderá ter o seu pedido provido ou desprovido se tiver previamente sido conhecido.

Finalmente, vamos aos pressupostos recursais objetivos e subjetivos.

19.4.1. Pressupostos objetivos

a) Cabimento (previsão legal): é preciso que o recurso possua previsão expressa em lei;

b) Tempestividade: é preciso interpor o recurso dentro do prazo previsto pela lei, prazo esse contado a partir da data de intimação da parte (*dies a quo*). Ademais, os prazos recursais são contínuos e peremptórios, não se interrompendo por férias, domingo ou feriado, salvo no caso previsto do § 4º do art. 798, CPP, que diz: "não correrão os prazos, se houver impedimento do juiz, força maior, ou obstáculo judicial oposto pela parte contrária". Não se computa no prazo o dia do começo, incluindo-se, porém, o do vencimento. O prazo que terminar em dia não útil será prorrogado para o dia útil imediato. Vale ainda destacar que, "havendo dúvidas acerca da tempestividade do recurso, a solução mais adequada é em benefício do recorrente, admitindo-se o inconformismo interposto, preservando-se, assim, a garantia do duplo grau de jurisdição e a ampla defesa do acusado" (STJ, HC 152687/RS, *DJ* 01.09.2011). Importante o conhecimento do seguinte julgado do STJ, segundo o qual: "1. Esta Corte Superior pacificou entendimento no sentido de que a tempestividade recursal é aferida pelo protocolo da petição na Secretaria do Tribunal de origem, e não pela data da postagem na agência dos Correios, conforme se extrai da Súmula 216/STJ. 2. A partir do julgamento do AgRg no Ag 1.417.361/RS, DJe 14.05.2015, a Corte Especial passou a admitir, para fins de verificação da tempestividade recursal, a data do protocolo postal, desde que haja previsão em norma local" (AgRg no AREsp 719.193/MG, DJ 21.09.2016). No mesmo sentido, ver: STF, HC 143212/SP, DJe 26/06/2017.

Seguem alguns entendimentos sumulares sobre a matéria em exame:

> STF, 310: "quando a intimação tiver lugar na sexta-feira, ou a publicação com efeito de intimação for feita nesse dia, o prazo judicial terá início na segunda-feira imediata, salvo se não houver expediente, caso em que começará no primeiro dia útil que se seguir".
>
> STF, 710: "no processo penal, contam-se os prazos da data da intimação, e não da juntada aos autos do mandado ou da carta precatória ou de ordem".
>
> STF, 428: "não fica prejudicada a apelação entregue em cartório no prazo legal, embora despachada tardiamente".
>
> STJ, 216: "a tempestividade de recurso interposto no Superior Tribunal de Justiça é aferida pelo registro no protocolo da Secretaria e não pela data da entrega na agência do correio".
>
> STJ, 418: "é inadmissível o recurso especial interposto antes da publicação do acórdão dos embargos de declaração, sem posterior ratificação".
>
> Ademais, cumpre expor a recente tese constante da 66ª Jurisprudência em Tese do STJ, segundo a qual "A apresentação extemporânea das razões não impede o conhecimento do recurso de apelação tempestivamente interposto", oriunda dos seguintes precedentes: HC 281873/RJ, DJe 15.04.2016; RMS 25964/PA, DJe 15.12.2015; HC 269584/DF, DJe 09.12.2015; AgRg no Ag 1084133/PR, DJe 27.10.2015; AgRg no AREsp 743421/DF, DJe 07.10.2015; HC 220486/SP, DJe 31.03.2014. (Vide Info. 261).

E, também, vale transcrever o art. 575, CPP: "não serão prejudicados os recursos que, por erro, falta ou omissão dos funcionários, não tiverem seguimento ou não forem apresentados dentro do prazo";

c) Regularidade formal: *deve-se interpor o recurso conforme a forma estabelecida por lei para que ele possa ser conhecido pelo órgão julgador.* Assim, enquanto alguns recursos devem ser interpostos exclusivamente por petição, outros admitem a interposição por termo nos autos (art. 578, CPP), como no caso de RESE (art. 587, CPP) e apelação (art. 600, CPP);

d) Inexistência de fatos impeditivos e extintivos: para que o recurso possa ser apreciado pelo órgão julgador é preciso ainda que certos fatos impeditivos e extintivos não se façam presentes. Ex.: caso a parte desista do recurso interposto, teremos um fato extintivo do recurso, logo, sua apreciação restará prejudicada;

d1) Impede a admissibilidade dos recursos: a renúncia ao direito de recorrer, ou seja, a manifestação de vontade, expressa ou tácita, da parte no sentido de que não pretende recorrer da decisão. Ex.: deixar escoar *in albis*[144] o prazo para interpor o recurso.

Nota: com a reforma promovida pela Lei 11.719/2008 no CPP, que, dentre outras coisas, revogou o art. 594, *o não recolhimento do réu à prisão não impede mais a admissibilidade*

144. Decurso do prazo sem que o interessado se manifeste a respeito.

do recurso. Nesse sentido, consulte-se também a Súmula 347 do STJ.

Ainda sobre o tema, revela-se oportuno transcrever os seguintes entendimentos sumulares:

> STF, 705: "a renúncia do réu ao direito de apelação, manifestada sem a assistência do defensor, não impede o conhecimento da apelação por este interposta".
>
> STF, 708: "é nulo o julgamento da apelação se, após a manifestação nos autos da renúncia do único defensor, o réu não foi previamente intimado para constituir outro".

Uma interpretação possível que pode ser extraída dessas duas súmulas é: *deve prevalecer a vontade de recorrer (provenha esta vontade do defensor técnico ou do réu)*. Nesse sentido: "havendo discordância sobre a conveniência da interposição de recurso, deve prevalecer a manifestação de vontade quem optar por sua apresentação, quer provenha da defesa técnica ou da autodefesa" (STJ, HC 162071/SP, *DJe* 20.03.2012); e, também, Grinover *et. al.* (2011, p. 108). Porém, há que se ressaltar que esse entendimento não é pacífico, existindo orientação no sentido de que deve prevalecer, em qualquer situação, a vontade do defensor técnico, uma vez que este é quem pode melhor avaliar a vantagem prática no manejo do recurso. Neste contexto, ver a recente tese constante da 66ª Jurisprudência em Tese do STJ, segundo a qual, "Verificada a inércia do advogado constituído para apresentação das razões do apelo criminal, o réu deve ser intimado para nomear novo patrono, antes que se proceda à indicação de defensor para o exercício do contraditório", oriunda dos precedentes: HC 302586/RN, DJe 19.05.2016; HC 345873/SP, DJe 29.04.2016; HC 301099/AM, DJe 07.03.2016; HC 269912/SP, DJe 12.11.2015; RHC 25736/MS, DJe 03.08.2015; AgRg no HC 179776/ES, DJe 02.06.2014. (Vide Info. 506);

d2) Fatos extintivos (obstam a apreciação de recurso já interposto): trata-se da desistência do recurso interposto.

Nota: Com a reforma promovida pela Lei 12.403/2011, que, dentre outras coisas, revogou o art. 595, CPP, a fuga do réu não obsta mais a apreciação do recurso interposto. Não há mais que se falar em deserção provocada pela fuga do réu. Mesmo que o réu fuja, o recurso será conhecido e apreciado pelo órgão julgador competente.

Saliente-se ainda que o instituto da desistência não se aplica ao MP, *i. e.*, não pode este órgão desistir do recurso por ele interposto (art. 576, CPP). Tal imposição decorre do princípio da indisponibilidade (já estudado) vigente na ação penal pública. Temos assim que: o MP não está obrigado a recorrer (princípio da voluntariedade recursal), porém, se o fizer, não poderá desistir do recurso interposto (princípio da indisponibilidade).

19.4.2. Pressupostos subjetivos

a) Interesse: somente a parte que possuir interesse na reforma/anulação da decisão poderá recorrer – art. 577, parágrafo único, CPP. O interesse decorre da sucumbência (total ou parcial). Assim, por exemplo, caso a parte tenha sido vencedora em todos os pontos sustentados, carecerá, em tese, de interesse recursal na reforma ou cassação da decisão prolatada;

Dissemos "em tese" porque há situações em que, mesmo sem a parte ter sucumbido, há interesse de manejar recurso. Vamos a um exemplo.

Em caso de sentença *absolutória*, há interesse de a *defesa* recorrer da decisão para alterar a sua fundamentação quando a motivação da sentença for daquelas que, embora absolvendo o réu, permita a ação cível contra esse. É o que ocorre quando o juiz absolve o réu por entender *que não existem provas suficientes contra ele* (art. 386, V, CPP). Note-se que as provas podem não ter sido suficientes para uma condenação penal (que exige, por sua própria natureza, um robusto material probatório), entretanto, nada impede que o interessado ingresse com ação cível contra o réu, haja vista que aquelas mesmas provas poderão ser ali suficientes para uma eventual condenação no campo cível. Assim, tendo em vista que esse tipo de absolvição (como é o caso da prevista no art. 386, V, CPP) não "fecha as portas do cível", é possível que o réu, mesmo que não tenha sucumbido, ingresse com recurso para *alterar a fundamentação da decisão que o absolveu*. Nessa linha: "o réu tem direito subjetivo para recorrer da sentença absolutória, com finalidade de modificar o fundamento legal da absolvição, firmada na insuficiência de provas para ver reconhecida a atipicidade do fato ou, então, não constituir sua conduta infração penal. O que justifica esse interesse recursal é o prejuízo que decorre dos efeitos indenizatórios diversos, dos fundamentos citados, na esfera civil, mormente na satisfação do dano *ex delicto*" (TAPR AP 150143 *DJ* 24.05.2001).

Vale ressaltar que a sentença que decreta a extinção da punibilidade pela prescrição da pretensão punitiva tem o condão da apagar **todos** os efeitos condenatórios. No entendimento dos Tribunais Superiores, tal fato enseja a ausência de interesse recursal, mesmo em relação ao manejo da apelação com vistas ao reconhecimento da atipicidade da conduta (STJ, APn 688/RO, *DJe* 04.04.2013 e AgRg no AREsp 638361/SP, DJ 25.08.2015).

Noutro giro, algumas observações quanto ao interesse recursal do MP precisam ser feitas:

I. Sendo o MP o autor da ação penal, é possível que, em sede recursal, esse órgão recorra em benefício do acusado – seja requerendo a diminuição de pena, seja a absolvição do réu, seja qualquer outro benefício cabível. É que, por conta do conteúdo do art. 127, CF e do especial papel que o MP desempenha no processo penal, tem esse órgão ampla possibilidade de recorrer em benefício do réu. Tudo o que foi dito aqui se aplica, *in totum*, aos casos de ação penal privada subsidiária da pública (art. 29, CPP). Vale dizer, também nesse tipo de ação o MP detém ampla faculdade de recorrer em favor do réu;

II. No caso de ação penal privada (exclusivamente privada ou personalíssima), é possível ao MP recorrer em benefício do réu (requerendo a sua absolvição, p. ex.). Porém, sendo *absolutória a sentença, não poderá* o MP requerer a condenação do querelado. É que, em razão da natureza da ação penal, entende-se que prevalece o princípio da oportunidade, ficando, portanto, à conveniência do *querelante* decidir pelo recurso para tentar provocar o agravamento da situação do réu.

Por fim, vale acrescentar que, no que tange ao assistente de acusação, segundo orientação consolidada nos tribunais superiores, é-lhe possível, autonomamente, interpor recurso de apelação contra a sentença penal condenatória com o objetivo de exasperar a pena imposta ao réu (STJ, AgRg no REsp 1312044/SP, *DJe* 05.05.2014). Isso porque entende a jurisprudência que o assistente não tem apenas o interesse de obter o título executivo judicial (sentença condenatória) para, posteriormente, executá-lo, mas, também, tem o assistente interesse de ver aplicada ao réu uma pena justa, correta. Sobre o tema, ver também STJ, AgRg no REsp 1533478/RJ, DJ

26.08.2016: "Na linha do recente posicionamento desta Corte, "não obstante a existência de posicionamentos, no âmbito doutrinário e jurisprudencial, que questionam a própria constitucionalidade da assistência à acusação, o Supremo Tribunal Federal reconhece a higidez do instituto processual, inclusive com amplo alcance, admitindo sua projeção não somente para as hipóteses de mera suplementação da atividade acusatória do órgão ministerial, como pacificamente aceito pelos Tribunais em casos de inércia do *Parquet*, mas também para seguir o assistente da acusação atuando no processo em fase recursal, mesmo em contrariedade à manifestação expressa do Ministério Público quanto à sua conformação com a sentença absolutória (RMS 43227/PE, DJe 07.12.2015)".

b) Legitimidade: o recurso deve ser interposto por quem é parte na relação processual ou, excepcionalmente, por terceiros quando houver autorização legal expressa nesse sentido (ex.: art. 598, CPP). O CPP dispõe que, em regra, são legitimados para interpor recurso: o MP, o querelante, o réu (autonomamente) e o defensor do réu.

É importante perceber que, no processo penal, o réu, de forma autônoma, pode interpor recurso. Essa permissão visa a concretizar o princípio da ampla defesa, possibilitando ao próprio acusado (mesmo que não possua capacidade postulatória, mesmo que não seja advogado) interpor recurso. Porém, conforme entende a jurisprudência, caso o réu não possua capacidade postulatória (*i. e.*, não seja advogado, p. ex.), não poderá, autonomamente, apresentar as razões recursais. Apenas quem possui capacidade postulatória poderá apresentar as razões (STJ, AgRg no HC 179776/ES, *DJe* 02.06.2014).

Ademais, conforme dito antes, não são apenas as pessoas indicadas no art. 577 que poderão interpor recurso. Isso porque a lei, em situações específicas, faculta também a terceiros essa possibilidade. Nesse sentido, consultar o art. 598, CPP, que diz que a vítima (ou o CCADI[145]), diante de eventual inércia do MP, pode interpor recurso (mesmo que não tenha se habilitado anteriormente como assistente no processo) nos seguintes casos: decisão de impronúncia (art. 584, § 1º); quando julgada extinta a punibilidade (art. 584, § 1º); e no caso de sentença absolutória (art. 598).

Dê-se destaque ainda à Súmula 210, STF, que diz: "o assistente do Ministério Público pode recorrer, inclusive extraordinariamente, na ação penal, nos casos dos arts. 584, § 1º e 598 do Código de Processo Penal". Significa essa súmula que o assistente pode, de forma autônoma, interpor e arrazoar recurso extraordinário naqueles casos em que poderia recorrer autonomamente (indicados acima). Notemos que o teor dessa súmula, conforme aponta a doutrina (AVENA, 2011, p. 1102), aplica-se *in totum* ao recurso especial também.

19.5. Efeitos dos recursos

Os recursos podem ter os seguintes efeitos:

a) devolutivo: o recurso *devolve* a matéria recorrida à instância *ad quem*, bem como permite que a instância superior tome contato (e se pronuncie) sobre matéria passível de conhecimento de ofício pelo julgador (ex: falta de citação). Neste último caso, ainda que a matéria possa ser conhecida de ofício, caso prejudique o réu (e a acusação não a tenha abordado em recurso próprio), não poderá a questão ser apreciada pela instância superior. É esse o sentido da Súmula 160, STF: "é nula a decisão do tribunal que acolhe, contra o réu, nulidade não arguida no recurso da acusação, ressalvados os casos de recurso de ofício". Sobre o efeito devolutivo, observar a seguinte tese do STJ na 66ª Edição da Jurisprudência em Teses: "O efeito devolutivo amplo da apelação criminal autoriza o Tribunal de origem a conhecer de matéria não ventilada nas razões recursais, desde que não agrave a situação do condenado", precedentes: AgRg no HC 320398/MT, DJe 01.08.2016; AgRg no HC 347301/MG, DJe 13.06.2016; RHC 68264/PA, DJe 14.06.2016; AgRg no AREsp 804735/SP, DJe 30.03.2016; HC 279080/MG, DJe 03.02.2016; AgRg no HC 337212/SP, DJe 11.12.2015. (Vide Info. 553);

b) suspensivo: não são todos os recursos que possuem efeito suspensivo. Este ocorre quando o recurso suspende a produção dos efeitos da decisão impugnada. Ex.: no caso de recurso contra a decisão de pronúncia, o julgamento do processo pelos jurados ficará suspenso até que se decida a respeito do recurso interposto (art. 584, § 2º, CPP). Notemos, ademais, que o recurso contra a sentença absolutória não possui efeito suspensivo. Desse modo, o réu, se preso estiver, deverá ser colocado em liberdade imediatamente, mesmo que, p. ex., a acusação tenha interposto recurso contra a referida absolvição – *vide* art. 596, CPP. Sobre o efeito suspensivo, ver também a seguinte tese, oriunda da 66ª Edição da Jurisprudência em Teses "Não cabe mandado de segurança para conferir efeito suspensivo ativo a recurso em sentido estrito interposto contra decisão que concede liberdade provisória ao acusado", advinda dos precedentes HC 352998/RJ, DJe 01.06.2016; HC 349502/SP, DJe 04.05.2016; HC 315665/SP, DJe 15.04.2016; HC 347539/SP, DJe 18.04.2016; HC 348486/SP, DJe 31.03.2016; HC 341147/SP, DJe 02.03.2016. (Vide Info. 547);

c) regressivo (ou diferido): trata-se da possibilidade de o próprio juiz se retratar da decisão que prolatou. No Processo Penal, tal efeito existe no RESE (recurso em sentido estrito – art. 589, CPP), no agravo em execução (art. 197, LEP – que segue o mesmo rito do RESE), na carta testemunhável e no agravo contra despacho denegatório de recurso especial e extraordinário;

d) extensivo, expansivo, iterativo ou extensão subjetiva do efeito devolutivo: pode ocorrer em caso de concurso de pessoas. Explica-se. Se um réu interpõe recurso fundado em motivo de caráter não exclusivamente pessoal (ex.: questionando a tipicidade da conduta), sendo provido o recurso, este aproveitará ao corréu que não tenha recorrido (art. 580, CPP).

Examinemos, agora, os **recursos em espécie**.

19.6. Recurso em Sentido Estrito (RESE)

Esse recurso busca atacar decisões interlocutórias que produzam algum tipo de gravame à parte. Conforme sublinha a doutrina, as hipóteses de cabimento de RESE (seja no CPP seja em lei extravagante) são taxativas (trata-se de um número restrito de situações, portanto). Porém, isso não impedirá, em alguns casos, o emprego de interpretação extensiva.

19.6.1. Previsão legal

O RESE tem previsão legal, sobretudo, no CPP (art. 581), porém há também hipóteses esparsas em legislação extravagante (ex.: art. 294, parágrafo único, Lei 9.503/1997 – CTB).

145. CCADI = cônjuge, companheiro, ascendente, descendente ou irmão.

19.6.2. Efeitos

a) Devolutivo: o RESE devolve à apreciação do órgão julgador a matéria recorrida. A devolução fica restrita à matéria impugnada (o efeito devolutivo não é amplo, portanto);

b) Suspensivo: em regra, o RESE não possui efeito suspensivo. Exceções: RESE contra a decisão que denega a apelação ou que a julga deserta; contra a pronúncia; e contra a decisão que determina a perda ou a quebra da fiança. Nestes casos, há efeito suspensivo. Consulte-se o art. 584, CPP;

c) Regressivo: cabe juízo de retratação no RESE (art. 589, CPP): com a resposta do recorrido ou sem ela, o juiz poderá manter ou reformar a decisão. Mantendo, remeterá os autos ao órgão *ad quem*. Reformando a decisão, a parte contrária, que agora ficou prejudicada, poderá pedir a pronta remessa dos autos ao tribunal, desde que dessa nova decisão também caiba RESE.

19.6.3. Legitimidade

Em regra, podem interpor RESE o MP, o querelante, o réu e o defensor.

Quanto à vítima, só pode interpor RESE da decisão que declarar extinta a punibilidade do acusado (art. 584, § 1º, CPP).

No caso de decisão que inclui ou exclui o nome de jurado da lista geral, qualquer um do povo poderá interpor RESE (art. 581, XIV, CPP).

Atenção: Parte considerável da doutrina vem entendendo que tal dispositivo foi revogado tacitamente por força da nova redação do art. 426, § 1º, CPP, introduzida pela Lei 11.689/2008, que prevê a impugnação por meio de reclamação feita por qualquer do povo ao juiz presidente até o dia 10 de novembro de cada ano (TÁVORA, 2016, p. 1364; PACELLI, 2015, p. 983). No entanto, na dicção de LIMA (2015, p. 1674-1675), diante das constantes mudanças sofridas pela legislação processual penal nos últimos anos (v.g., Leis 11.689/2008, 11.690/2008, 11.719/2008 e 12.403/2011), não se revela razoável a estagnação das hipóteses de cabimento do RESE, sobretudo levando em consideração que o projeto de lei que versa sobre a mudança do título do CPP que cuida dos recursos ainda não foi aprovado pelo Congresso Nacional. Justifica o autor eu isso ocorreria até mesmo para evitar a criação de desequilíbrio entre as partes, violando a paridade de armas, não se podendo admitir que a acusação fique privada de um instrumento para a impugnação de decisões proferidas por juiz de 1ª instância, se a defesa tem sempre a possibilidade de impetrar ordem de *habeas corpus*.

19.6.4. Formalidades e processamento do RESE

Pode ser interposto por meio de petição ou por termo nos autos - art. 578, CPP.

Se realizado por meio de petição (modo mais comum), o RESE deverá ser composto por duas peças:

I. Petição de interposição: endereçada ao próprio órgão prolator da decisão impugnada; com prazo, em regra, de 5 dias (contados a partir da prolação da decisão); essa peça compreende, em síntese, uma demonstração de insatisfação do recorrente diante da decisão impugnada;

II. Razões recursais: dirigidas à instância *ad quem*; com prazo de 2 dias (contados da intimação judicial para essa finalidade); são os fundamentos de fato e de direito do recurso. Note-se que as contrarrazões, se oferecidas pela parte, também devem observar o prazo de 2 dias.

No que tange ao processamento do RESE, em regra, este recurso será processado por instrumento (traslado). Isto significa que o interessado deverá providenciar a fotocópia de algumas peças fundamentais do processo, fazendo a juntada destas quando da interposição do recurso (ou das contrarrazões recursais) - art. 587, CPP.

Em contrapartida, o RESE não subirá por instrumento, mas nos próprios autos do processo, nas hipóteses delineadas pelo art. 583, CPP, a saber:

a) RESE contra decisão que não recebe a denúncia;

b) contra decisão que julga procedente as exceções, salvo a de suspeição;

c) contra a pronúncia;

d) contra a decisão que julga extinta a punibilidade do réu;

e) contra a decisão que concede ou nega o HC; e

f) quando não prejudicar o andamento do processo principal.

19.6.5. Prazos

a) Petição de interposição: 5 dias (art. 586, CPP). **Exceções:**

I. 20 dias (parágrafo único do art. 586) no caso de RESE contra a decisão que inclui ou exclui jurado da lista geral do Tribunal do Júri **(Ver ressalva no item 19.6.3)**;

II. 15 dias para a vítima não habilitada como assistente de acusação para interpor RESE contra declaração da extinção da punibilidade em caso de inércia do MP - art. 584, § 1º, c/c o art. 598, CPP.

Acrescente-se que, de acordo com a Lei 9.800/1999, pode-se interpor o recurso via fac-símile ou similar com apresentação dos originais no prazo de 5 dias. Ademais, vale lembrar o conteúdo da

Súmula 216, STJ, que diz: "a tempestividade do recurso interposto no STJ é aferida pelo registro no protocolo da Secretaria e não pela data de entrega na agência do correio".

b) Razões recursais: 2 dias (art. 588, CPP).

Nota: após as razões do recorrente será dada vista ao recorrido para apresentar as suas contrarrazões recursais, cujo prazo será também de 2 dias.

19.6.6. Hipóteses de cabimento do art. 581, CPP

O rol do art. 581 é taxativo (o que não impede a interpretação extensiva em alguns casos).

É preciso estar atento a esse art. 581, pois diversos de seus incisos encontram-se prejudicados (em razão do cabimento do agravo em execução - art. 197, LEP - em lugar do RESE) ou mesmo revogados. Examinemos um a um os incisos do art. 581. Cabe RESE da decisão:

I. que não receber a denúncia ou a queixa.

Ex.: caso a inicial penal não seja formulada de acordo com o art. 41, CPP (exposição do fato criminoso, com todas as suas circunstâncias, qualificação do acusado ou esclarecimentos pelos quais se possa identificá-lo etc.), o juiz a rejeitará.[146]

A majoritária comunidade jurídica faz interpretação extensiva desse inciso I, dizendo que cabe também RESE da decisão que não recebe o aditamento à denúncia. Aditar significa acrescentar algo. Ex.: no curso do processo o MP descobre que colaborou para o delito outra pessoa além do sujeito denunciado.

146. Há quem diferencie não recebimento de rejeição da inicial. Neste livro, seguiremos a majoritária corrente que usa as expressões não recebimento e rejeição como sinônimas.

Deverá, neste caso, o MP promover o aditamento à denúncia (que nada mais é do que uma nova denúncia para, *in casu*, incluir o outro agente). Pois bem, efetuado o aditamento, caso o juiz rejeite esta peça, caberá RESE com base em interpretação extensiva do inciso I do art. 581, CPP.

Noutro giro, não cabe recurso da decisão que recebe a inicial penal (só da que rejeita). Em caso de recebimento, resta ao réu ingressar com eventual HC. Ex.: denúncia recebida sem suporte probatório mínimo. Cabe HC nesta situação para tentar trancar ("arquivar") a ação penal.

Note-se que, caso a acusação interponha RESE da decisão que rejeitar a denúncia, é necessário intimar a defesa para, querendo, oferecer contrarrazões. Trata-se de homenagem aos princípios da ampla defesa e contraditório. Não é outro o entendimento da Súmula 707, STF: "constitui nulidade a falta de intimação do denunciado para oferecer contrarrazões ao recurso interposto da rejeição da denúncia, não a suprindo a nomeação de defensor dativo".

Finalmente, em se tratando de JECRIM, o recurso cabível da decisão que rejeita inicial penal não é o RESE, mas **a apelação** (*vide* art. 82, Lei 9.099/1995);

II. que concluir pela incompetência do juízo.

Ex.: caso o juiz-presidente do Júri prolate decisão de desclassificação (art. 419, CPP), será cabível o RESE;

III. que julgar procedentes as exceções, salvo a de suspeição.

O inciso refere-se às exceções de litispendência, incompetência, ilegitimidade de parte e coisa julgada. Ressalte-se que as decisões que rejeitam essas exceções são irrecorríveis. É que, no caso de rejeição, o próprio juiz remeterá a exceção ao tribunal – art. 103, § 3º, CPP.

Por outro lado, perceba-se que acolhida a decisão de suspeição pelo próprio juiz excepto, não caberá recurso dessa decisão, daí porque a ressalva que faz a parte final do inciso;

IV. que pronunciar o réu.

Trata-se de caso clássico de cabimento de RESE. A pronúncia (art. 413, CPP) é a decisão que submete o acusado à 2ª fase do júri, julgando admissível a imputação formulada na denúncia pelo MP. Dessa decisão, cabe RESE.

V. que conceder, negar, arbitrar, cassar ou julgar inidônea a fiança, indeferir requerimento de prisão preventiva ou revogá-la, conceder liberdade provisória ou relaxar a prisão em flagrante.

Atenção: da decisão que decreta prisão preventiva, não cabe RESE, mas pedido de revogação da preventiva ou HC (conforme o caso, ex: decisão que decreta a preventiva sem estar fundamentada idoneamente). Da decisão que nega o pedido de relaxamento de prisão, não cabe RESE, mas HC;

VI. (revogado pela Lei 11.689/2008).

Nota: com a reforma promovida pela Lei 11.689/2008, a decisão de impronúncia e a sentença de absolvição sumária não desafiam mais o RESE. Agora, de acordo com o art. 416, CPP, o recurso cabível é o de apelação;

VII. decisão que julgar quebrada a fiança ou perdido o seu valor.

Exemplo de quebra da fiança: acusado afiançado que descumpre as obrigações dos arts. 327, 328 ou 341, CPP. Da decisão que julga quebrada a fiança, cabe RESE.

Exemplo de perda da fiança (arts. 344 e 345, CPP): réu condenado em definitivo à pena privativa de liberdade que empreende fuga. Da decisão que julgar perdida a fiança, cabe RESE;

VIII. decisão que decretar a prescrição ou julgar, por outro modo, extinta a punibilidade.

Ex.: caso o juiz declare nos autos a ocorrência de prescrição, caberá RESE desta decisão;

IX. decisão que indeferir o pedido de reconhecimento da prescrição ou de outra causa extintiva da punibilidade;

X. decisão que conceder ou negar a ordem de *habeas corpus*.

No caso de indeferimento de HC, vale lembrar que nada impede que outro HC possa ser impetrado a superior instância. Na realidade, na praxe forense é muito mais comum, na situação tratada por esse inciso, impetrar novo HC do que interpor RESE;

XI. decisão que conceder, negar ou revogar a suspensão condicional da pena.

Inciso prejudicado. A concessão ou negativa do *sursis* se dá no corpo da sentença (logo, o recurso cabível é a apelação, e não o RESE).

Por outro lado, a eventual revogação do *sursis* se dá no curso da execução da pena, logo, cabível o agravo em execução (art. 197, LEP) e não o RESE. Note-se que o agravo em execução é o recurso cabível contra as decisões proferidas no curso da execução penal pelo Juízo das Execuções Penais;

XII. decisão que conceder, negar ou revogar livramento condicional.

Prejudicado. Trata-se de decisão que se dá no curso da execução da pena. Cabível o agravo em execução (art. 197, LEP) e não o RESE;

XIII. decisão que anular o processo da instrução criminal, no todo ou em parte.

Ex.: juiz que reconhece a ilicitude da prova e a contaminação que esta provocou nas demais provas, anulando o processo. Dessa decisão, cabe RESE;

XIV. decisão que incluir jurado na lista geral ou desta o excluir.

Ver observação no item 19.6.3.

XV. decisão que denegar a apelação ou a julgar deserta.

Denegação = não conhecimento. Significa que a apelação não preencheu todos os pressupostos. Ex.: apelação interposta fora do prazo. Caso o juiz se depare com uma apelação extemporânea, irá denegá-la. Dessa decisão, cabe RESE como forma de tentar forçar a subida do recurso de apelação à instância superior.

Deserção. Ex.: falta de preparo do recurso. No que tange à deserção pela fuga do réu, é preciso notar que, após a reforma de 2008, a evasão do acusado não tem mais o condão de impedir o conhecimento do recurso;

XVI. decisão que ordenar a suspensão do processo, em virtude de questão prejudicial.

Ex.: juiz que determina a suspensão do processo criminal em razão de questão prejudicial no juízo cível (discussão sobre a posse da coisa furtada). Cabe RESE dessa decisão;

XVII. decisão que decidir sobre a unificação de penas.

Prejudicado. Trata-se de decisão tomada no curso da execução penal. Cabível o agravo em execução;

XVIII. decisão que decidir o incidente de falsidade documental;

XIX. decisão que decretar medida de segurança, depois de transitar a sentença em julgado;

Prejudicado. Trata-se de decisão que se dá no curso da execução da pena. Cabível o agravo em execução (art. 197, LEP);

XX. decisão que impuser medida de segurança por transgressão de outra.

Prejudicado. Cabe, na verdade, agravo em execução. Ex.: descumprimento do tratamento ambulatorial;

XXI. decisão que mantiver ou substituir a medida de segurança, nos casos do art. 774.

Prejudicado. O art. 774 foi tacitamente revogado. Não existe mais essa hipótese;

XXII. decisão que revogar a medida de segurança.

Prejudicado. Trata-se de decisão que se dá no curso da execução da pena. Cabível o agravo em execução (art. 197, LEP);

XXIII. decisão que deixar de revogar a medida de segurança, nos casos em que a lei admita a revogação.

Prejudicado. Trata-se de decisão que se dá no curso da execução da pena. Cabível o agravo em execução (art. 197, LEP);

XXIV. decisão que converter a multa em detenção ou em prisão simples.

Prejudicado. Desde 1996, é impossível no país a conversão da multa em pena privativa de liberdade (*vide* art. 51, CP). Não pode mais o juiz efetuar tal conversão.

Por fim, é imprescindível fazer referência às recentes teses jurisprudenciais do STJ acerca o RESE.

a) "Não cabe mandado de segurança para conferir efeito suspensivo ativo a recurso em sentido estrito interposto contra decisão que concede liberdade provisória ao acusado" Precedentes: HC 352998/RJ, DJe 01.06.2016; HC 349502/SP, DJe 04.05.2016; HC 315665/SP, DJe 15.04.2016; HC 347539/SP, DJe 18.04.2016; HC 348486/SP, DJe 31.03.2016; HC 341147/SP, DJe 02.03.2016. (INFO. 547)e HC 368906/SP, DJe 28/04/2017;

b) "A ausência de contrarrazões ao recurso em sentido estrito interposto contra decisão que rejeita a denúncia enseja nulidade absoluta do processo desde o julgamento pelo Tribunal de origem" Precedentes: HC 257721/ES, *DJe* 16.12.2014; HC 166003/ SP, *DJe* 15.06.2011; HC 142771/MS, *DJe* 09.08.2010; HC 108652/SC, *DJe* 10.05.2010; HC 118956/SP, *DJe* 08.06.2009;

c) "Aplica-se o princípio da fungibilidade à apelação interposta quando cabível o recurso em sentido estrito, desde que demonstrada a ausência de má-fé, de erro grosseiro, bem como a tempestividade do recurso." Precedentes: AgInt no REsp 1532852/MG, *DJe* 22.06.2016; HC 265378/SP, *DJe* 25.05.2016; AgRg no AREsp 644988/PB, *DJe* 29.04.2016; HC 295637/MS, *DJe* 14.08.2014; AgRg no AREsp 71915/SC, *DJe* 23.05.2014; AgRg no AREsp 354968/MT, *DJe* 14.05.2014. (INFO. 543);

d) "A decisão do juiz singular que encaminha recurso em sentido estrito sem antes proceder ao juízo de retratação é mera irregularidade e não enseja nulidade absoluta". Precedentes: HC 216944/PA, *DJe* 18.12.2012; HC 158833/ RS, *DJe* 29.06.2012; HC 177854/SP, *DJe* 24.02.2012; HC 88094/RJ, *DJe* 15.12.2008; AREsp 762765/BA *DJe* 01.07.2016; AREsp 385049/ PE *DJe* 26.02.2016;

e) "Inexiste nulidade no julgamento da apelação ou do recurso em sentido estrito quando o voto de Desembargador impedido não interferir no resultado final". Precedentes: HC 352825/RS, *DJe* 20.05.2016; HC 309770/SP, *DJe* 16.03.2016; HC 284867/ GO, *DJe* 02.05.2014; HC 130990/RJ, *DJe* 22.02.2010; REsp 1351484/SC *DJe* 05.08.2015;

f) "O acórdão que julga recurso em sentido estrito deve ser atacado por meio de recurso especial, configurando erro grosseiro a interposição de recurso ordinário em *habeas corpus*". Precedentes: RHC 42394/SP, *DJe* 16.03.2016; AgRg no RHC 37923/SP, *DJe* 12.12.2014; RHC 31733/SP, *DJe* 02.04.2014; AgRg no RHC 17921/PR, *DJe* 24.03.2008; RHC 22345/MA, *DJ* 07.02.2008.

19.7. Apelação (arts. 593 a 603, CPP)

Trata-se de um dos mais importantes recursos, não apenas por ser um dos mais antigos, mas também por possuir o maior efeito devolutivo de todos (ampla possibilidade de discussão de toda a matéria de fato e de direito). A apelação tanto poderá provocar a reforma da decisão recorrida (caso em que o *decisum* será substituído por outro proferido pela instância *ad quem*), como também poderá provocar a anulação da decisão atacada (caso em que a instância *ad quem* determinará à *a quo* que outra decisão seja prolatada em lugar daquela anulada).

19.7.1. Efeitos

a) Devolutivo: a apelação possui o mais amplo efeito devolutivo dos recursos, com possibilidade de discussão de toda a matéria de fato e de direito. Porém, nada impede que o apelante delimite o tema que pretende discutir em segunda instância (é o que se chama de apelação parcial). De um jeito ou de outro, nada impede que o tribunal vá além da matéria impugnada, conhecendo de ofício outros pontos, desde que não prejudiciais à defesa. Reforça esta ideia a Súmula 160, STF, quando diz: "É nula a decisão do tribunal que acolhe, contra o réu, nulidade não arguida no recurso da acusação, ressalvados os casos de recurso de ofício";

b) Suspensivo: aqui é preciso distinguir a apelação da sentença condenatória da apelação da sentença absolutória.

A apelação interposta contra a sentença absolutória não tem efeito suspensivo. Explica-se: caso um réu que se encontre preso durante o curso do processo seja absolvido, deverá ser posto em liberdade automaticamente. Assim, mesmo que o MP interponha apelação contra a absolvição, este recurso *não suspenderá* o efeito da sentença absolutória de pôr o réu imediatamente em liberdade.

No caso de sentença condenatória, o art. 597, CPP, sublinha que há efeito suspensivo. Explica-se: condenado o acusado, caso seja interposta apelação pela defesa contra esta decisão, possuirá tal recurso efeito suspensivo no sentido de obstar os efeitos da condenação: prisão do réu; lançamento de seu nome no rol dos culpados etc. Não estamos querendo dizer com isso que não é possível a prisão do acusado no momento da sentença penal condenatória. Não é isto. É possível a prisão desde que presentes os requisitos da preventiva (prisão cautelar). O que não é possível é a prisão-pena (prisão-punição) enquanto não transitada em julgado a condenação. É por isso que se diz que a apelação suspende os efeitos da condenação;

c) Efeito iterativo, extensivo ou extensão subjetiva do efeito devolutivo (art. 580, CPP): pode ocorrer em caso de concurso de pessoas. Explica-se: se um réu interpõe recurso fundado em motivo de caráter não exclusivamente pessoal (ex.: questionando a tipicidade da conduta), sendo provido o recurso, este aproveitará ao corréu que não tenha recorrido. Contudo, é necessário pontuar as duas hipóteses que não legitimam a aplicação do dispositivo legal: a) quando o requerente da extensão não participa da mesma relação jurídico-processual daquele que foi beneficiado por decisão judicial da Corte, o que evidencia a sua ilegitimidade; b) quando se invoca extensão de decisão para outros processos que não foram examinados pela Corte, o que denuncia fórmula de transcendência dos motivos determinantes, não admitido pela jurisprudência do STF. (STF, HC 137728 EXTN/PR, DJ. 30/05/2017 e Info. 867, de 29 de maio a 02 de junho de 2017).

19.7.2. Legitimidade

Em regra, podem interpor o recurso de apelação: MP, querelante, réu ou defensor.

Quanto à vítima, habilitada ou não como assistente de acusação, poderá interpor apelação quando o MP permanecer inerte nos seguintes casos: decisão de impronúncia (art. 416 c/c o art. 584, § 1º, CPP); sentença absolutória (art. 598, CPP); e absolvição sumária (seja a do art. 415, CPP - júri; seja a do art. 397, CPP - ritos ordinário e sumário).

19.7.3. Formalidades da apelação

Pode ser interposta por petição ou termo nos autos - art. 578, CPP.

Se interposta por petição (modo mais comum), a apelação deverá vir composta por duas peças:

I. Petição de interposição: endereçada ao próprio órgão prolator da decisão impugnada; com prazo, em regra, de 5 dias; tendo como conteúdo, em suma, a demonstração de insatisfação do recorrente;

II. Razões recursais: dirigidas à instância *ad quem*; com prazo de 8 dias; são os fundamentos de fato e de direito do recurso.

19.7.4. Prazos

a) Petição de interposição: regra: 5 dias (art. 593, CPP). Perceba-se que a tempestividade é aferida da data da interposição da apelação e não de sua juntada pelo cartório - Súmulas, 320 e 428, STF;

a1) Exceções:

I. em caso de inércia do MP, 15 dias para a vítima não habilitada como assistente de acusação para interpor apelação contra: a decisão de impronúncia (art. 416 c/c o art. 584, § 1º, CPP); a sentença absolutória (art. 598, CPP); e a absolvição sumária - seja a do art. 415, CPP, seja a do art. 397, CPP. Confira-se ainda a Súmula 448, STF: "o prazo para o assistente recorrer, supletivamente, começa a correr imediatamente após o transcurso do prazo do Ministério Público";

II. 10 dias para apelar no JECRIM (art. 82, Lei 9.099/1995). Note-se que no JECRIM a petição de interposição e a de razões recursais não possuem prazos distintos, devendo ser apresentadas conjuntamente;

b) Razões recursais: 8 dias (art. 600, CPP).

Nota: após as razões do recorrente será dada vista ao recorrido para apresentar as suas contrarrazões recursais, cujo prazo será também de 8 dias.

19.7.5. Hipóteses de cabimento da apelação

Cabe apelação contra (art. 593, CPP):

I. as sentenças definitivas de condenação - art. 593, I;

II. as sentenças definitivas de absolvição (inclua-se aí a absolvição sumária antecipada do art. 397, CPP, e a absolvição sumária do júri do arts. 415 e 416, CPP) - art. 593, I;

III. as decisões definitivas ou com força de definitiva, quando não couber recurso em sentido estrito. Ex.: da decisão que cancela a hipoteca legal, cabe apelação. Trata-se de hipótese subsidiária de apelação a ser aferida em cada caso concreto - art. 593, II[147];

IV. da decisão de impronúncia - art. 416, CPP;

V. no JECRIM, da decisão que rejeita a inicial penal, da sentença absolutória e condenatória e da homologatória da transação penal (art. 82, Lei 9099/1995);

VI. das decisões do Tribunal do Júri, quando (art. 593, III, CPP):

a) ocorrer nulidade posterior à pronúncia.

Ex.: indeferimento arbitrário pelo juiz de produção de prova em plenário;

b) for a sentença do juiz-presidente contrária à lei expressa ou à decisão dos jurados.

Ex.: o juiz-presidente suprime uma qualificadora reconhecida pelos jurados. Neste caso, a instância *ad quem* terá poderes para retificar a sentença do juiz-presidente, aplicando a qualificadora indevidamente suprimida - art. 593, § 1º, CPP;

c) houver erro ou injustiça no tocante à aplicação da pena ou da medida de segurança.

Ex.: juiz-presidente que, na dosimetria da pena, fixa injustificadamente a pena base do réu no seu patamar máximo (= pena injusta). Neste caso, a instância *ad quem também* terá poderes para retificar a sentença do juiz-presidente, aplicando o direito ao caso concreto - art. 593, § 2º, CPP;

d) for a decisão dos jurados manifestamente contrária à prova dos autos.

Para que seja viável a apelação aqui é preciso que a decisão dos jurados tenha se dado de forma totalmente dissociada do conjunto probatório constante dos autos. Não será cabível essa apelação se os jurados tiverem amparado a sua decisão em provas (ainda que frágeis) constantes dos autos. A possibilidade de julgar com base em provas frágeis é um dos pontos mais criticados por certo segmento da doutrina (LOPES JR, p. ex), pois termina-se por aniquilar o princípio do estado de inocência, mais especificamente o *in dubio pro reo*.

Nessa situação, a instância *ad quem* (o tribunal) tem apenas poder para anular (cassar) a decisão do júri, determinando a realização de novo julgamento (por outros jurados). Em homenagem à soberania dos veredictos, não poderá aqui o tribunal reformar a decisão. Pode-se apenas, repita-se, cassá-la e dissolver o conselho de sentença (o corpo de jurados) a fim de que outro júri seja realizado.

Atenção: só se pode apelar com base nesse motivo (decisão dos jurados manifestamente contrária à prova dos autos) uma única vez. Este comando atinge, inclusive, a parte contrária do processo, isto é, se uma parte apelar com

147 Cabe enunciar recente entendimento do STJ, segundo o qual "É possível a interposição de apelação, com fundamento no art. 593, II, do CPP, contra decisão que tenha determinado medida assecuratória prevista no art. 4º, *caput*, da Lei 9.613/1998 (Lei de lavagem de Dinheiro), a despeito da possibilidade de postulação direta ao juiz constritor objetivando a liberação total ou parcial dos bens, direitos ou valores constritos (art. 4º, §§ 2º e 3º, da mesma Lei) (REsp 1.585.781-RS, DJe 01.08.2016).

base nesse fundamento, não poderá, posteriormente, a parte contrária (que não havia recorrido) apelar embasada no mesmo fundamento (STJ, HC 116913/RJ, *DJe* 07.02.2011). Entretanto, note-se bem, nada impede eventual apelação posterior (por qualquer uma das partes; e quantas vezes necessárias forem) com arrimo nas outras alíneas do art. 593, III (ex: decisão do juiz que desrespeita a decisão dos jurados – alínea "b"). Para ficar mais claro, vamos a um exemplo do que dissemos no início deste parágrafo. Se a decisão dos jurados for anulada pela instância *ad quem* com base no dispositivo em comento e o novo conselho de sentença decidir, mais uma vez, de forma manifestamente contrária à prova dos autos, não será possível apelar novamente com base nesse artigo (art. 593, III, "d"), nem mesmo se o "novo" recurso for de iniciativa da parte que não recorreu. Repita-se: só se pode invocar o dispositivo em questão uma única vez. Assim, em casos de "duplo julgamento contrário à prova dos autos pelos jurados" restará apenas aguardar o trânsito em julgado para, posteriormente, ingressar com revisão criminal. A situação retratada nesse parágrafo gera duras (e corretas) críticas à instituição do júri que, no Brasil, tornou quase "intocável" a famigerada soberania dos veredictos. Consultar nesse particular: Paulo Rangel (2010) e Lopes Jr. (2010, v. 2). Neste contexto, ver também: STJ, HC 346919/ES, DJ 12.05.2016.

Note-se ainda que, segundo estabelece a Súmula 713, STF: "o efeito devolutivo da apelação contra decisões do Júri é adstrito aos fundamentos da sua interposição". Significa isto que, no júri, os fundamentos indicados na petição de interposição delimitam a extensão do recurso, não podendo as razões recursais ampliar, posteriormente, a abrangência da petição de interposição. Ressalva aqui apenas para o caso de matéria cognoscível de ofício favorável ao réu (nulidade absoluta) que, embora não tenha sido apontada pela defesa em sua petição recursal, poderá sim, ser apreciada pela instância *ad quem* – Súmula, 160, STF.

19.7.6. Observações finais

Quando cabível a apelação, não poderá ser usado o recurso em sentido estrito, ainda que somente de parte da decisão se pretenda recorrer – art. 593, § 4º, CPP. Ex.: imagine-se que, no corpo da sentença, o juiz decida revogar a prisão preventiva do réu. Caberá aqui apelação e não RESE (art. 581, V, CPP), conforme se poderia pensar.

No julgamento das apelações poderá o tribunal, câmara ou turma proceder a novo interrogatório do acusado, reinquirir testemunhas ou determinar outras diligências.

Também em sede de Apelação o STJ publicou uma série de teses a partir da sua jurisprudência, de modo que recomendamos fortemente ao caro Leitor a leitura atenta, inclusive dos precedentes invocados. Eis as teses:

a) "O efeito devolutivo amplo da apelação criminal autoriza o Tribunal de origem a conhecer de matéria não ventilada nas razões recursais, desde que não agrave a situação do condenado". Precedentes: AgRg no HC 320398/MT, DJe 01.08.2016; AgRg no HC 347301/MG, DJe 13.06.2016; RHC 68264/PA, DJe 14.06.2016; AgRg no AREsp 804735/SP, DJe 30.03.2016; HC 279080/MG, DJe 03.02.2016; AgRg no HC 337212/SP, DJe 11.12.2015. (INFO. 553) e AgInt no AREsp 1.044.869/MS, DJe 25/05/2017;

b) "A apresentação extemporânea das razões não impede o conhecimento do recurso de apelação tempestivamente interposto". Precedentes: HC 281873/RJ, DJe 15.04.2016; RMS 25964/PA, DJe 15.12.2015; HC 269584/DF, DJe 09.12.2015; AgRg no Ag 1084133/PR, DJe 27.10.2015; AgRg no AREsp 743421/DF, DJe 07.10.2015; HC 220486/SP, DJe 31.03.2014. (INFO. 261);

c) "O conhecimento de recurso de apelação do réu independe de sua prisão. (Súmula 347/STJ)" Precedentes: HC 95186/MG, *DJe* 31.08.2015; HC 320034/MG, *DJe* 21.05.2015; HC 258954/RJ, *DJe* 10.11.2014; HC 199248/ SP, *DJe* 26.08.2014; HC 205341/CE, *DJe* 15.03.2013; HC 131902/SP, *DJe* 01.02.2012;

d) "O efeito devolutivo da apelação contra decisões do Júri é adstrito aos fundamentos da sua interposição. (Súmula 713/STF)". Precedentes: HC 266092/MG, DJe 31.05.2016; HC 272094/SC, DJe 15.02.2016; HC 179209/RJ, DJe 23.11.2015; HC 322960/GO, DJe 15.09.2015; HC 193580/RS, DJe 03.03.2015; HC 244785/MA, DJe 26.03.2014. (INFO. 475);

e) "Aplica-se o princípio da fungibilidade à apelação interposta quando cabível o recurso em sentido estrito, desde que demonstrada a ausência de má-fé, de erro grosseiro, bem como a tempestividade do recurso". Precedentes: AgInt no REsp 1532852/MG, DJe 22.06.2016; HC 265378/SP, DJe 25.05.2016; AgRg no AREsp 644988/PB, DJe 29.04.2016; HC 295637/MS, DJe 14.08.2014; AgRg no AREsp 71915/SC, DJe 23.05.2014; AgRg no AREsp 354968/MT, DJe 14.05.2014. (INFO. 543);

f) "O adiamento do julgamento da apelação para a sessão subsequente não exige nova intimação da defesa" Precedentes: HC 353526/SP, DJe 21.06.2016; HC 333382/SP, DJe 04.04.2016; HC 319168/SP, DJe 08.10.2015; HC 300034/SP, DJe 23.02.2015; REsp 1251016/RJ, DJe 27.11.2014; HC 203002/SP, DJe 24.11.2014;

g) "Inexiste nulidade no julgamento da apelação ou do recurso em sentido estrito quando o voto de Desembargador impedido não interferir no resultado final" Precedentes: HC 352825/RS, DJe 20.05.2016; HC 309770/SP, DJe 16.03.2016; HC 284867/GO, DJe 02.05.2014; HC 130990/RJ, DJe 22.02.2010; REsp 1351484/SC DJe 05.08.2015;

h) "O julgamento de apelação por órgão fracionário de tribunal composto majoritariamente por juízes convocados não viola o princípio constitucional do juiz natural". Precedentes: HC 324371/RN, DJe 27.05.2016; HC 179502/ SP, DJe 25.02.2016; HC 165280/SP, DJe 03.12.2014; HC 271742/SP, DJe 05.09.2014; AgRg no HC 280115/PA, DJe 02.09.2014; HC 236784/MA, DJe 17.03.2014. (INFO. 476). Ver também Repercussão Geral no STF, Tema 170;

i) "É nulo o julgamento da apelação se, após a manifestação nos autos da renúncia do único defensor, o réu não foi previamente intimado para constituir outro. (Súmula 708/STF)". Precedentes: HC 329263/BA, DJe 01.07.2016; HC 100524/PE, DJe 06.11.2015; HC 300490/MG, DJe 14.09.2015; HC 258339/MG, DJe 18.05.2015; HC 207119/SP, DJe 22.05.2014; RHC 37159/PA, *DJe* 08.05.2014 e HC 382357/SP, *DJe* 14/06/2017;

"A renúncia do réu ao direito de apelação, manifestada sem a assistência do defensor, não impede o conhecimento da apelação por este interposta. (Súmula 705/STF)" Precedentes: RHC 61365/SP, DJe 14.03.2016; HC 264249/SP, DJe 10.05.2013; HC 183332/SP, DJe 28.06.2012; HC 235498/SP, DJe 20.06.2012; HC 27582/SP, DJe 02.02.2009 (INFO. 99) e RHC 50739/SC, *DJe* 28/03/2017.

19.8. Embargos de declaração

19.8.1. Conceito

Recurso oponível contra a decisão (leia-se: sentenças, acórdãos ou decisões interlocutórias) que apresente ambiguidade, obscuridade, omissão ou contradição (arts. 382, 619 e 620, CPP). Visa, portanto, a tornar a decisão mais clara, mais precisa[148].

Alguns doutrinadores e operadores do Direito adotam denominações distintas para os embargos de declaração. Assim, aquele previsto no art. 382 é denominado de "embarguinhos", opostos perante o juiz de 1º grau, enquanto aquele estatuído pelo art. 619 é denominado de "embargos de declaração", oposto em face de acórdãos oriundos dos tribunais, câmaras ou turmas.

Reiteramos que trata-se de mera divergência de denominação, pois tecnicamente são o mesmo instituto: embargos de declaração.

19.8.2. Interposição

Deve ser efetuada junto ao órgão que prolatou a decisão considerada defeituosa.

19.8.3. Prazo

I. Regra: 2 dias – art. 382, CPP.

II. Exceções: 5 dias – JECRIM (art. 83, Lei 9.099/1995); e ação penal originária no STF (art. 337, § 1º, Regimento Interno). Ver HC 91002 ED/RJ, *DJe* 22.05.2009.

Observações finais:

I. No caso de a decisão apresentar erros materiais (data equivocada, incorreção de grafia do nome da parte etc.), não é necessário à parte interpor de embargos de declaração. Pode o próprio julgador promover, de ofício, a correção; ou mesmo a parte poderá protocolizar uma simples petição nesse sentido;

II. Após o julgamento dos embargos, prevalece o entendimento de que o prazo para os demais recursos será integralmente devolvido às partes. Logo, os embargos *interrompem* o prazo recursal (STJ, AgRg no Ag 876449, *DJ* 22.06.2009 e EDcl nos EDcl no AgRg no AREsp 876625/MG, DJ 12/09/2016). **Importante** destacar que a interrupção ocorre ainda que os embargos sejam considerados protelatórios (STJ, AgRg no REsp 1099875/MG, *DJe* 01.08.2011). Por outro lado, no JECRIM, ocorre apenas a suspensão do prazo recursal (vide: art. 83, § 2º, Lei 9.099/1995).

Ainda no tocante à interrupção, importante destacar os seguintes julgados do STJ: a) Cumpre enunciar, ainda que: "Se a rejeição dos embargos de declaração não foi unânime, de ordinário não podem ser acoimados de protelatórios" (EDcl nos EDcl nos EDcl no REsp 1316694/PR, *DJ* 06.03.2015)"; b) "Posição de embargos declaratórios incabíveis. Não interrupção do prazo para a interposição de agravo. Agravo em recurso especial intempestivo" (AgRg no AREsp 898.781/MS, *DJe* 16.09.2016).

148. Súmula 356, STF: "O ponto omisso da decisão, sobre o qual não foram opostos embargos declaratórios, não pode ser objeto de recurso extraordinário, por faltar o requisito do prequestionamento". Significa dizer que o manejo dos embargos pode ocorrer para fins de prequestionamento. Vide LIMA (2015, p. 1722).

19.9. Embargos infringentes e de nulidade (art. 609, parágrafo único, CPP)

Trata-se de *recurso exclusivo da defesa*[149] que, ao atacar a falta de unanimidade dos julgadores de 2ª instância, busca reverter a situação em favor do acusado. Explica-se melhor. Apontando a defesa a existência de divergência entre os julgadores de uma Turma ou Câmara Criminal que decidiu, por exemplo, o recurso de apelação do réu, os embargos em análise buscam reverter o cenário em prol do réu, tentando fazer com que os demais julgadores alterem a sua posição pretérita e passem a seguir o voto vencido (favorável ao acusado).

19.9.1. Requisitos para o cabimento

a) decisão de 2ª instância não unânime e desfavorável ao réu (2 votos a 1, por exemplo);

b) voto vencido de um dos julgadores favorável ao réu;

c) esse recurso só é cabível contra o acórdão que julgar a *apelação*, o *RESE* e, segundo já decidiu o STF (HC 65988/PR, *DJe* 18.08.1989), o *agravo em execução* (art. 197, LEP).

Notas:

Não será cabível esse recurso se a divergência dos julgadores se der apenas no tocante à fundamentação da decisão. Ex.: não cabem os embargos se um julgador divergir dos demais apenas quanto à fundamentação, sendo que a parte dispositiva (a conclusão) do acórdão foi idêntica à dos demais julgadores. Acrescente-se o seguinte informativo do STF: "A divergência estabelecida na fixação da dosimetria da pena não enseja o cabimento de embargos infringentes, haja vista se tratar de mera consequência da condenação. Com base nesse entendimento, o Plenário, por maioria, desproveu agravo regimental em que se arguia a viabilidade dos embargos infringentes na referida hipótese" (informativo 735, *DJe* 13.02.2014).

Os embargos ficam restritos à matéria divergente. Não poderão abranger, portanto, questões unânimes decididas pelos julgadores. Apesar disso, vale destacar o seguinte informativo do STF: há "o efeito translativo dos embargos infringentes, o que [significa] que o órgão julgador está investido do dever de conhecimento, de ofício, das questões de ordem pública, dentre as quais a prescrição penal" (informativo 737, *DJe* 27.02.2014.).

Vale também anotar as seguintes súmulas:

> STJ, 207: "é inadmissível recurso especial quando cabíveis embargos infringentes contra o acórdão proferido no tribunal de origem".
>
> STF, 293: "são inadmissíveis embargos infringentes contra decisão em matéria constitucional submetida ao plenário dos tribunais".
>
> STF, 455: "da decisão que se seguir ao julgamento de constitucionalidade pelo Tribunal Pleno, são inadmissíveis embargos infringentes quanto à matéria constitucional".
>
> Outra hipótese de inadmissibilidade de embargos infringentes diz respeito à oposição contra "julgado de Turma ou de Plenário em sede de habeas corpus, tendo em vista a falta de previsão regimental" (STF, HC 108.261-EI-AgR/RS, Tribunal Pleno, DJe 13.4.2012 e HC 113365 ED-EI-AgR, Tribunal Pleno, DJ 06.09.2016).

149. No bojo do processo penal militar, é possível o oferecimento dos embargos infringentes pelo Ministério Público Militar, em favor da sociedade, nos termos do art. 538 do Código de Processo Penal Militar.

19.9.2. Espécies

I. os embargos infringentes atacam questão de mérito. Ex.: cabem infringentes contra o acórdão que por 2x1 condenou o réu. O voto vencido foi pela absolvição;

II. os embargos de nulidade buscam o reconhecimento de uma nulidade. Ex.: cabem embargos de nulidade contra o acórdão que não acolheu por 2x1 nulidade relativa à citação do réu. O voto vencido, favorável ao acusado, reconheceu a nulidade da citação.

Observação: nada impede a interposição de embargos infringentes e de nulidade simultaneamente (um só recurso) quando houver questões não unânimes (e favoráveis ao réu) de mérito e de nulidade.

19.9.3. Prazo

Dez dias da publicação do acórdão (art. 609, parágrafo único, CPP). A interposição deve ser feita perante o relator. As razões serão apresentadas ao tribunal simultaneamente à interposição (duas peças, portanto).

19.10. Carta testemunhável (arts. 639 a 646, CPP)

De acordo com o art. 639, CPP, trata-se de recurso residual (só podendo ser usado quando não existir outro recurso específico), cabível contra a decisão que não receber o recurso interposto pela parte ou que lhe obstaculizar o seguimento ao órgão *ad quem*.

19.10.1. Cabimento

I. da decisão que denegar o recurso;

II. da decisão que, embora tenha admitido o recurso, obste o seu seguimento para o órgão *ad quem*.

Interpretando-se sistematicamente o CPP, conclui-se que cabe carta testemunhável da decisão que denega ou obsta seguimento ao *agravo em execução* e ao *RESE*.

Atenção que a denegação da apelação desafia a interposição de RESE – art. 581, XV, CPP (e não de carta testemunhável). Agora se, nesta mesma situação, o RESE também for denegado, aí sim será cabível a carta testemunhável.

Note-se também que a interposição desse recurso é feita ao escrivão e não ao juiz (art. 640, CPP).

A carta testemunhável não possui efeito suspensivo (art. 646, CPP), significando isto, segundo dizem alguns autores (AVENA, 2011, p. 1182, p. ex.), que a interposição deste recurso não impede o prosseguimento do processo ou a eventual execução da sentença condenatória. Essa orientação, porém, é de duvidosa constitucionalidade, haja vista esbarrar no estado de inocência.

Como a carta testemunhável deve seguir o rito do recurso obstaculizado, caso ela (a carta) seja interposta contra a decisão que denegou ou negou seguimento ao agravo em execução ou RESE, haverá a incidência de efeito regressivo, uma vez que estes últimos recursos (agravo em execução e RESE) o possuem.

19.10.2. Prazo da carta testemunhável

O prazo para interposição do recurso é de 48h (art. 640, CPP)

19.11. Agravo em execução (art. 197 da LEP)

Cabível contra as decisões proferidas no curso da execução da pena pelo juízo da Execução Penal que causem algum gravame ao condenado ou ao submetido à medida de segurança.

19.11.1. Cabimento

O agravo em execução não possui cabimento taxativo como o RESE. A lei não enumera, portanto, as hipóteses de cabimento de agravo em execução. **Exemplos mais comuns:** decisão que nega a unificação das penas, a progressão de regime[150], a saída temporária, o livramento condicional etc.

19.11.2. Procedimento

Diante da falta de previsão legal, segue o mesmo rito e formalidades do RESE (vale a pena reler o que escrevemos anteriormente sobre esse recurso). Desse modo, o prazo é de 5 dias para a interposição (vide inclusive a Súmula 700, STF) e de 2 dias para apresentação de razões, admitindo-se, também, o juízo de retratação (efeito regressivo), tal qual sucede no RESE.

19.12. Recurso Ordinário Constitucional (ROC) em matéria criminal

Visa a assegurar o duplo grau de jurisdição a algumas situações específicas. O ROC pode ser manejado ao STJ ou ao STF, conforme o caso.

19.12.1. Cabimento de ROC para o STF – art. 102, II, CF:

a) decisão denegatória dos tribunais superiores (STJ, TSE, STM) em única instância de HC ou mandado de segurança (MS) (...).

O dispositivo trata de casos de *competência originária* dos tribunais superiores que deneguem HC ou MS.

Ex.: prefeito julgado pelo TJ impetra HC contra este órgão ao STJ, sendo que esta Corte denega o HC. Cabe ROC neste caso.[151] Incabível o ROC contra as decisões dos tribunais superiores que acolham o HC ou MS.

Nesse sentido, sugerimos a leitura do seguinte trecho de julgado do STF: "Contra a denegação de *habeas corpus* por Tribunal Superior prevê a Constituição Federal remédio jurídico expresso, o recurso ordinário. Diante da dicção do art. 102, II, *a*, da Constituição da República, a impetração de novo *habeas corpus* em caráter substitutivo escamoteia o instituto recursal próprio, em manifesta burla ao preceito constitucional" (HC 128256, *DJ* 20.09.2016).

b) decisões relativas a crimes políticos: correspondem aos crimes previstos pela Lei de Segurança Nacional (Lei 7.170/1983), cuja competência é da JF (art. 109, IV, CF). Tendo em vista que a alínea em comento ("b" do inciso II do art. 102, CF) não menciona a necessidade de a decisão ser tomada em única ou última instância, conclui-se que, em caso de crime político, o 2º grau de jurisdição será sempre do Supremo Tribunal Federal, mediante interposição de ROC (nesse sentido: STF, RC 1468/RJ, *DJe* 16.08.2000).

O STF, a respeito do tema, vem admitindo a possibilidade de impetração de HC substitutivo do ROC (HC 122.268, *DJe*

150 Aqui é importante trazer o recente entendimento do STF, segundo o qual "A Primeira Turma, em conclusão de julgamento e por maioria, reputou prejudicado pedido de "*habeas corpus*". Mas, concedeu a ordem, de ofício, para que o juízo da execução verificasse a possibilidade do reconhecimento da continuidade delitiva (CP, art. 71), com a consequente aplicação da Lei 12.015/2009, que unificou os delitos de estupro e atentado violento ao pudor — v. Informativo 803" (HC 100612/SP, rel. orig. Min. Marco Aurélio, red. p/ o acórdão Min. Roberto Barroso, 16.08.2016).

151. Cabível também outro HC ao STF.

04.08.2015; HC 112.836, *DJe* 15.08.2013; e HC 116.437, *DJe* 19.06.2013 e HC 130780, *DJ* 22.09.2016).

Ex.: Prefeito está sendo processado pelo TRF por crime político. Do acórdão, caberá ROC ao STF.

19.12.2. Cabimento do ROC para o STJ -art. 105, II, CF

a) Decisão denegatória de HC proferida por TRF ou TJ em única ou última instância.

Ex.: Fulano impetra HC ao TJ para trancar ação penal contra ele ingressada. O TJ denega a ordem. Cabe ROC ao STJ.

Ainda que a hipótese seja de denegação do HC por maioria de votos, continuará cabível o ROC. Descabem os infringentes porque este recurso não ataca acórdão de HC não unânime, mas apenas acórdãos não unânimes de RESE, apelação e agravo em execução.

Note o leitor que a alínea menciona "em única ou última instância", o que significa que tanto pode se tratar de um caso de competência originária do TJ/TRF, como pode se tratar de uma hipótese em que se tenha chegado ao TJ/TRF manejando o HC após se esgotarem as instâncias inferiores;

b) Decisão denegatória de MS proferida por TRF ou TJ em única instância.

Ex.: advogado impetra MS ao TJ contra juiz que o impediu de consultar os autos. Dessa decisão cabe ROC.

Usou a alínea a expressão "única instância", logo se refere a casos de MS de competência originária do TRF/TJ.

19.12.3. O processamento

O ROC é regido, conforme o caso, pelo regimento interno do STF e do STJ e pela Lei 8.038/1990.

A petição de razões deverá acompanhar a de interposição.

19.12.4. Prazos

I. 5 dias quando interposto contra a decisão que denegar o HC (ROC ao STF ou ao STJ). Consulte-se a Súmula 319, STF;

II. 5 dias quando interposto contra a decisão que denegar o MS (ROC ao *STF*);

III. 15 dias para a denegação de MS (ROC ao *STJ*).

IV. 3 dias para a decisão que envolva crime político (ROC ao STF) - art. 307, RISTF c/c 563, "a", e 565, CPPM.

19.13. Recurso Especial (REsp) e Extraordinário (RE)

Grosso modo, objetivam assegurar a autoridade na aplicação e interpretação da CF (RE) e das leis federais (REsp).

19.13.1. Noções necessárias

a) o RESP é endereçado ao STJ e, em resumo, visa a levar ao conhecimento desta Corte decisão, em única ou última instância, do TJ/TRF que afronte lei federal (infraconstitucional) ou que tenha dado interpretação diversa da que foi dada por outro tribunal. Note-se que não cabe RESP de decisão de Turma Recursal do JECRIM, pois este órgão julgador não é considerado tribunal - Súmula 203, STJ. Objetiva, portanto, esse recurso, homogeneizar a interpretação da lei federal pátria;

b) o RE visa a levar ao STF o conhecimento de qualquer decisão tomada em única ou última instância que implique em afronta à CF. Visa a garantir a ordem constitucional vigente. Perceba-se que como o texto da CF (art. 102, III) não menciona a expressão "Tribunal", mas apenas "causas decididas em única ou última instância", entende-se que por meio do RE, desde que atendidos aos demais requisitos, pode-se impugnar qualquer acórdão dos Tribunais, bem como decisão tomada por Turma Recursal do JECRIM;

c) ambos possuem fundamentação vinculada, discutem apenas questão de direito (e não matéria de fato ou reexame de prova), possuem o prazo de 15 dias e, para que sejam admitidos, exigem o esgotamento das vias ordinárias (*vide* Súmula 281, STF);

d) há previsão legal de efeito apenas devolutivo para esses recursos (art. 637, CPP). Apesar disso, a sentença condenatória não poderá ser executada sem o trânsito em julgado, devendo a prisão do réu, também nesta fase, ser orientada pelos requisitos da preventiva (conforme informativo 534 do STF);

e) como requisito de admissibilidade ambos exigem o prequestionamento. A questão a ser levada ao STF ou STJ deve ter sido previamente apreciada na decisão impugnada. Cabem, inclusive, embargos de declaração com o objetivo de forçar o prequestionamento da questão nas instâncias inferiores;

f) da decisão que denega (não conhece) o REsp ou o RE, cabe agravo de instrumento (art. 1.003, § 5º, CPC/2015), no prazo de 15 dias corridos para o STF ou STJ, conforme o caso. Necessário destacar que com a publicação do novo regramento processual civil, houve a revogação do art. 28 da Lei 8.038/1990 que previa o prazo de 5 dias para interposição do recurso, impondo, assim, a utilização da regra geral prevista no CPC. Contudo, no que se refere à contagem do prazo, há norma processual penal estabelecendo a contagem dos prazos de forma contínua, o que a afasta a contagem em dia útil prevista no CPC. (STF, ARE 993407/DF, DJe 05/09/2017 e Info. 845, STF, de 24 a 28 de outubro de 2016).

Reflexos do Novo Código de Processo Civil

O novel art. 1.070 estabelece que "É de 15 (quinze) dias o prazo para a interposição de qualquer agravo, previsto em lei ou em regimento interno de tribunal, contra decisão de relator ou outra decisão unipessoal proferida em tribunal".

Tal redação, combinada com a revogação expressa do art. 28 da Lei 8.038/1990, pelo art. 1.072, IV, NCPC, implicará na modificação do prazo também no Processo Penal, uma vez que a Súmula 699 tem fundamento no dispositivo que será revogado a partir de março de 2016, salvo disposição ulterior em contrário.

19.13.2. Cabe RE da decisão proferida em única ou última instância que (art. 102, III, CF)

a) contrariar dispositivo da CF. Abrange também a violação de princípio constitucional. É preciso que a violação a dispositivo/princípio constitucional seja *direta* – não cabe RE por violação reflexa, ou seja, a partir de violação de lei federal se conclui pela violação à CF (*vide* STF, ARE 807273 AgR/SC, *DJe* 27.06.2014). Ex.: viola diretamente a CF o acórdão que, em caso de roubo à empresa pública federal, cuja competência é da JF (art. 109, IV, CF) determina que o caso seja julgado pela Justiça Estadual. Ademais, também é pertinente conhecer, a *contrario sensu*, quando não cabe recurso extraordinário, vide ARE 788019 AgR, DJ, 29/09/2016: "A discussão acerca do momento de consumação do crime e, consequentemente, da aplicabilidade dos institutos da prescrição e da decadência passa necessariamente pela análise da legislação infraconstitucional pertinente (Código Penal e Código de Processo Penal), assim como por uma nova apreciação dos fatos e do material probatório constante dos autos, procedimentos inviáveis em sede de recurso extraordinário (Súmula 279/STF). Precedente" e ARE 948438 AgR, DJe 23/09/2016: "Ausência de prequestionamento, incidência das súmulas 282 e 356. 5. Suposta violação aos princípios do devido processo legal, do contraditório e da ampla defesa e da presunção de inocência. A ofensa aos dispositivos apontados, caso existente, ocorreria de forma reflexa. Precedentes".

b) declarar a inconstitucionalidade de tratado ou lei federal. Ex.: cabe RE da decisão do TRF que, apreciando apelação do assistente de acusação (art. 268, CPP) e respeitando a reserva de plenário (*vide* art. 97, CF), declara inconstitucional a figura do assistente no Processo Penal (por reconhecer resquício de vingança privada nessa figura processual) e termina por denegar o recurso daquele. Cabe RE nesse caso;

c) julgar válida lei ou ato de governo local contestado em face da CF. Ex: diante de alegação de eventual conflito entre CF e uma lei municipal, o acórdão do TJ opta por esta última, entendendo que não há afronta ao texto constitucional. Cabe RE nessa situação;

d) julgar válida lei local contestada em face de lei federal. Ex: certa lei estadual (que afronta a CF) é reconhecida válida pelo TJ. Desafia RE essa hipótese.

Requisito de admissibilidade próprio do RE: além do prequestionamento, exige-se que o recorrente demonstre a repercussão geral das questões constitucionais discutidas no caso concreto (art. 102, § 3º, CF). Ou seja, é preciso demonstrar que a questão tem potencial para influenciar outros processos.

19.13.3. *Cabe REsp da decisão proferida em única ou última instância pelos TRFs ou TJs que (art. 105, III, CF)*

a) contrariar tratado ou lei federal, ou negar-lhes vigência. Ex. de cabimento: Condenado por crime funcional praticado em atividade, anteriormente à aposentadoria, que se deu no curso da ação penal, não é possível declarar a perda do cargo e da função pública de servidor inativo, como efeito específico da condenação. A cassação da aposentadoria, com lastro no art. 92, I, alínea "a", do Código Penal, é ilegítima, tendo em vista a falta de previsão legal e a impossibilidade de ampliar essas hipóteses em prejuízo do condenado (STJ, REsp 1416477/SP, *DJe* 26.11.2014).

Vale lembrar que as súmulas dos tribunais superiores não se equiparam às leis para efeito de interposição do REsp. Ver STJ, AgRg no REsp 1246423, *DJe* 26.03.2013;

b) julgar válido ato de governo local contestado em face de lei federal. Ex: em caso de eventual conflito entre lei federal e ato de governo estadual, o TJ termina por reconhecer a validade deste último. Desafia REsp;

c) der a lei federal interpretação divergente da que lhe haja atribuído outro tribunal. Neste caso, será preciso fazer prova da divergência mediante certidão do julgado, por exemplo.

20. AÇÕES AUTÔNOMAS DE IMPUGNAÇÃO

20.1. *Habeas Corpus* (HC)

20.1.1. *Natureza jurídica*

Embora o HC esteja incluído no Título do CPP que trata dos recursos e de, por vezes, parecer-se com um, na realidade, de recurso não se trata. Possui natureza de ação autônoma de impugnação (GRINOVER *et. al.*, 2001, p. 345). Dentre tantos motivos que refutam a natureza de recurso do HC, segue um que consideramos o mais contundente: o recurso pressupõe a existência de um processo. Pois bem, cabe HC inclusive fora do âmbito do processo. Ex.: cabe HC contra ato de particular. Explica-se. Imagine-se que um diretor de hospital não deixe o paciente sair enquanto este não pagar a conta. Cabe HC contra ato do diretor nessa situação, prescindindo-se, portanto, de um processo previamente instaurado – algo impensável no caso de recurso.

Ademais, saliente-se que o HC pode funcionar como *substitutivo* de um recurso específico cabível ao caso. Assim, se cabível um recurso específico e, também, o HC, o interessado poderá valer-se deste último.

20.1.2. *Bem jurídico tutelado pelo HC*

O HC visa a combater a *ameaça* ou a *coação ilegal* à liberdade de locomoção (liberdade de ir, vir e ficar) do indivíduo.

Note o leitor, portanto, que, para além daquelas situações "clássicas" de coação ilegal efetiva à liberdade ambulatorial do sujeito (ex.: prisão para averiguação), o HC também tutela hipóteses de ameaça ilegal à liberdade de locomoção do indivíduo. Isto é assim porque a CF/1988 (art. 5º, LXVIII) expandiu significativamente o alcance do HC, permitindo que este remédio protegesse casos de ameaça ilegal à liberdade de locomoção. Compare abaixo o texto do CPP e da CF (este último bem mais amplo).

> **Art. 647, CPP:** "dar-se-á *habeas corpus* sempre que alguém sofrer ou se ***achar na iminência*** de sofrer violência ou coação ilegal na sua liberdade de ir e vir, salvo nos casos de punição disciplinar." (grifo nosso).

> **Art. 5º, LXVIII, CF:** "conceder-se-á *habeas corpus* sempre que alguém sofrer ou ***se achar ameaçado*** de sofrer violência ou coação em sua liberdade de locomoção, por ilegalidade ou abuso de poder". (grifo nosso).

Dessa forma, como o HC também se presta a combater ameaças ilegais à liberdade de locomoção, é perfeitamente possível a impetração desse remédio quando o sujeito se encontrar em liberdade. Ex.: réu em liberdade que responde a processo infundado (sem provas) por crime de furto. Cabe HC aqui para "trancar" a ação penal (leia-se: forçar o arquivamento desta). É preciso, portanto, desprender-se da ideia de que o HC só é cabível quando o indivíduo está preso ilegalmente. Falso. O HC é cabível toda vez que alguém estiver sofrendo uma coação ilegal à sua liberdade de locomoção (por óbvio), como, também, quando estiver *ameaçado* de sofrê-la.

20.1.3. *Algumas restrições ao cabimento do HC*

a) Prevê expressamente a CF que não cabe HC para atacar punição disciplinar militar (art. 142, § 2º, CF). Isto é assim porque os militares estão sujeitos a um tipo de hierarquia específica que recomenda o afastamento do HC para questionar o mérito da punição disciplinar.

Entretanto, não estamos aqui diante de uma regra absoluta. É que se a punição disciplinar apresentar certos vícios (exemplos: inexistência de previsão legal da punição aplicada; ou a autoridade militar que a aplicar for incompetente para tanto), caberá sim questionar a punição aplicada por meio de HC. Assim, conclui-se que é possível questionar, por meio de HC, eventuais *vícios de forma* da punição disciplinar militar (previsão legal e competência, por exemplo), porém, não é cabível questionar o *mérito* dessa punição (se ela é justa ou injusta, *v. g.*). Nesse sentido: STJ, HC 211002/SP, *DJe* 09.12.2011.

Oportuno, por outro lado, transcrever a Súmula 694, STF: "não cabe *habeas corpus* contra a imposição da pena de exclusão de militar ou de perda de patente ou de função pública";

b) Não cabe HC quando não houver, ao menos, ameaça à liberdade de locomoção do indivíduo. Ex.: se o sujeito está sendo processado de forma infundada (sem suporte razoável de provas) por crime apenado *apenas* com multa, não será possível impetrar HC para trancar a ação. Isto porque, desde 1996, não é possível converter a multa em pena privativa de liberdade (prisão) – art. 51, CP. Assim, inexistindo a possibilidade de encarceramento do acusado, perde o sentido a impetração de HC. Consulte-se a Súmula 695 do STF. Nessa mesma linha, não cabe HC para "para questionar a imposição de pena de suspensão do direito de dirigir veículo automotor" (STJ, HC 283.505-SP, *DJe* 21.10.2014, informativo 550 e HC 283505/SP, DJ 29.10.2014).

c) Não cabe HC quando o caso demandar exame aprofundado de provas. É preciso lembrar que o HC possui um procedimento bastante simplificado. Não há instrução probatória (oitiva de testemunhas, exame pericial etc.). Em regra, será preciso, no momento da impetração do HC, demonstrar, de plano, a ilegalidade da prisão ou da ameaça de prisão (isto é, apresentar "prova pré-constituída"). Impossível o aprofundamento em material probatório, portanto (ex.: discussões acerca de legítima defesa, estado de necessidade etc.). A via estreita do HC não comporta esse tipo de discussão.

d) Ainda para a Suprema Corte, não se admite o manejo do HC para exame de nulidade cujo tema não foi trazido antes do trânsito em julgado da ação originária e tampouco antes do trânsito em julgado da revisão criminal (STF, RHC 124041/GO, *DJ* 30.08.2016).

e) Outrossim, também restou consignado pelo STF que "Na via estreita do "habeas corpus" não se admite o exame de nulidade cujo tema não foi trazido antes do trânsito em julgado da ação originária e tampouco antes do trânsito em julgado da revisão criminal" (RHC 124041/GO, DJe 30.8.2016).

f) Neste contexto, também negou provimento a recurso ordinário em "habeas corpus" a Primeira Turma do STF, no qual se discutia nulidade de apelação, em face da ausência de contrarrazões da defesa e da intimação do defensor para o julgamento (RHC 133121/DF, DJe 30.8.2016).

g) Não cabe HC contra decisão monocrática proferida por Ministro do STF (Info. 865, STF, de 15 a 19 de maio de 2017) ou por Ministro do STJ (Info. 868, STF, de 5 a 19 de junho de 2017).

h) Não cabe HC para tutelar o direito à visita em presídio (STF, HC 128057/SP, j. 1º/08/2017 e Info. 871, de 31 de julho a 4 de agosto de 2017).

20.1.4. Espécies de HC

a) preventivo: nesta situação, o indivíduo encontra-se na iminência de ser preso ilegalmente. Impetra-se o HC e pede-se aqui um documento chamado de "salvo-conduto" (livre trânsito), que blinda o sujeito contra a ameaça de prisão ilegal – art. 660, § 4º, CPP. Não basta o temor remoto de prisão ilegal. Para que seja cabível o HC preventivo, é preciso uma ameaça concreta (STJ, RHC 47424/PA, *DJe* 01.08.2014 e AgRg no HC 276586/SP, DJ 03.08.2016), segundo o qual, "1. Nos termos do art. 5º, LXVIII, da Constituição Federal, o risco iminente e concreto de sofrer violência ou coação ao direito de ir e vir do indivíduo constitui requisito indispensável à utilização do *writ* preventivo. 2. Na hipótese, diante da falta de demonstração inequívoca de que o agravante está sofrendo, ou na iminência de sofrer, constrangimento ilegal, pois não foi dado cumprimento ao mandado de prisão expedido em seu desfavor e não há elementos concretos que demonstrem o fato de que, caso cumpra a ordem de recolhimento, será colocado em estabelecimento prisional inadequado, a impetração não merece ser deferida". Ex: pessoa suspeita da prática de furto é intimada pelo delegado a, em 5 dias, apresentar-se ao Instituto Criminalística a fim de submeter-se a perícia de confecção de imagens, sob pena de prisão (STJ, HC 179486/GO, *DJ* 27.06.2011). Cabe HC preventivo ao juiz;

b) liberatório ou repressivo: aqui a pessoa encontra-se presa ilegalmente. Impetra-se o HC e requer-se o alvará de soltura – art. 660, § 1º, CPP. Ex: delegado que, fora das situações de flagrante delito, prende o indivíduo para averiguar-lhe a vida pregressa. Cabe HC liberatório ao juiz;

c) suspensivo: nesta hipótese, foi expedido um mandado de prisão (ilegal) contra o sujeito. Impetra-se o HC e pede-se o contramandado de prisão, visando a neutralizar a ordem de prisão anteriormente expedida. Ex: juiz que, sem fundamentar, determina a prisão preventiva do réu. Cabe HC suspensivo ao TJ.

Nota: há diversas situações de cabimento de HC que escapam à tradicional classificação exposta acima. Isto é assim porque, como vimos, o texto amplo da CF (art. 5º, LXVIII) permite o cabimento do HC não só para atacar as coações ilegais efetivas ou as ameaças ilegais iminentes, mas, também, para combater casos de ameaças não iminentes em relação às quais se consegue, de plano, antever a possibilidade de uma prisão ilegal. Ex.: sujeito que responde, em liberdade, a processo por crime de furto (que, como se sabe, possui previsão de pena de prisão) perante órgão judicial absolutamente incompetente. Uma situação dessas não se enquadra propriamente em nenhuma das espécies de HC acima indicadas. Apesar disso, o *writ* é cabível, pois a situação se amolda ao texto constitucional. Portanto, em matéria de cabimento de HC, deve o leitor sempre ter em mente o marco fundamental estipulado pela CF – que é mais abrangente que o CPP e que as espécies doutrinárias antes apontadas.

20.1.5. Legitimidade ativa

Qualquer pessoa pode impetrar HC em nome próprio ou em nome de outrem (inclusive sem procuração). Assim, podem impetrar HC: pessoa jurídica; menor; doente mental; estrangeiro; enfim, não há restrições aqui. Note-se que não se exige capacidade postulatória para impetrar HC, não sendo necessário, portanto, fazê-lo por meio de advogado, por exemplo.

20.1.6. Legitimidade passiva

É possível impetrar HC contra ato de autoridade ou mesmo contra ato de particular. Exemplo deste último caso: diretor de hospital que não deixa o paciente sair do ambulatório enquanto este não quitar a conta com o hospital.

20.1.7. Notas sobre o endereçamento

Competência do juiz de 1ª instância: em regra, quando o coator for o delegado, o agente policial ou o particular;

Competência do TJ: em regra, quando coator for o promotor ou o juiz de 1ª instância.

Observação: quando a autoridade coatora for Turma Recursal (JECRIM), a competência para o HC será do TJ. Note-se que a Súmula 690, STF foi cancelada, competindo "ao Tribunal de Justiça julgar *habeas corpus* contra ato de Turma Recursal dos Juizados Especiais do Estado" (STF, HC 90905 AgR / SP, DJe 11.05.2007);

Competência da Turma Recursal: quando a autoridade coatora for o juiz do JECRIM;

Competência do TRF: quando a autoridade coatora for juiz federal ou procurador da república (MPF) – art. 108, I, *d*, CF;

Competência do STJ (art. 105, I, *c*, CF): quando o coator ou paciente for Governador, desembargador do TJ, TRF, TRE, TRT, membro do Tribunal de Contas do Estado ou do Município ou membro do MPU que oficie perante tribunais;

Competência do STF (art. 102, I, *d*, CF): quando o paciente for o Presidente da República, o Vice-Presidente, os membros do Congresso Nacional, os membros dos tribunais superiores e do Tribunal de Contas da União ou os chefes de missão diplomática de caráter permanente.

20.1.8. Análise do art. 648, CPP

Note-se que este artigo não é taxativo, mas exemplificativo. Encontram-se nele algumas das situações mais corriqueiras de cabimento de HC, porém, não são em "número fechado". Como já dissemos, a abrangência dada pela CF ao HC extrapola os casos indicados a seguir. De todo o modo, vejamos. A coação considerar-se-á ilegal:

I. quando não houver justa causa.

A justa causa destacada neste inciso possui 2 significados:

1º) falta de justa causa (*i. e.*, falta de fundamentação) para a ordem proferida. Ex.: decisão que, sem fundamentação, decreta a preventiva do réu. Cabe HC contra esta decisão;

2º) justa causa para a existência do processo ou da investigação. Ou seja, não há provas suficientes embasando a investigação ou o processo contra o réu. Ex.: ação penal sem provas mínimas de que o réu foi o autor do crime. Neste caso, será pedido o trancamento (leia-se: arquivamento forçado) da persecução penal por meio do HC;

II. quando alguém estiver preso por mais tempo do que determina a lei.

Ex.: excesso de prazo na prisão em flagrante (art. 10, CPP). Delegado que extrapola o seu prazo de 10 dias para concluir e encaminhar o IP. Cabe HC nesta situação;

III. quando quem ordenar a coação não tiver competência para fazê-lo.

Ex.: juiz federal que decreta a prisão preventiva de um indiciado que praticou um crime da competência da justiça estadual;

IV. quando houver cessado o motivo que autorizou a coação.

Ex.: imagine-se que, no curso do processo, foi decretada a preventiva do réu por conveniência da instrução criminal em razão de o acusado estar destruindo as provas do processo. Finda a instrução criminal, não havendo mais material probatório a ser produzido/destruído, torna-se desnecessária a manutenção do cárcere cautelar. Cabe HC nesta situação, pois o motivo pelo qual foi decretada a prisão não mais existe. Somente será possível a prisão do réu se pautada em outra hipótese autorizadora da preventiva (art. 312, CPP), mas não mais na "conveniência da instrução criminal";

V. quando não for alguém admitido a prestar fiança, nos casos em que a lei a autoriza.

Ex.: imagine-se que, no curso do processo, o juiz indefere arbitrariamente a concessão de fiança que era cabível no caso concreto. Cabe HC nesta situação;

VI. quando o processo for manifestamente nulo.

Ex.: imagine-se que o réu não citado está respondendo a processo por crime de furto. Conclusão: processo manifestamente nulo. Cabe HC para combater esta situação;

VII. quando extinta a punibilidade.

Ex.: imagine-se que o crime praticado pelo acusado já prescreveu. O juiz, ignorando esse fato, determina o seguimento do processo. Cabe HC neste caso.

20.2. Revisão criminal (RC)

20.2.1. Previsão legal

Arts. 621 a 631, CPP.

20.2.2. Finalidades da revisão

Busca restabelecer o estado de dignidade e/ou de liberdade do condenado.

20.2.3. Natureza jurídica

Não se trata de recurso (apesar de assim considerado pelo CPP), mas de ação autônoma de impugnação.

20.2.4. Há revisão em prol da sociedade?

É ação exclusiva do réu. Não é aceita entre nós a revisão em favor da sociedade (*pro societate*). A vedação da revisão *pro societate* encontra respaldo expresso na CADH.[152] Ex.: após a absolvição definitiva do acusado surgem novas provas de sua culpa. Impossível, neste caso, a reabertura do caso.

Porém, é preciso destacar que o STF (HC 104998/SP, DJe 09.05.2011) permite a reabertura do caso pela acusação numa hipótese específica: quando a declaração da extinção da punibilidade do réu estiver embasada em certidão de óbito falsa. Ex.: acusado foragido que apresenta certidão de óbito falsa, culminando na declaração de extinção de sua punibilidade pelo juiz. Nesta situação, descoberta a falsidade (ou seja, sabendo-se que o réu, na verdade, está vivo), será, segundo o STF, possível reabrir o caso. Principal motivo dado pela Corte Suprema: não há formação de coisa julgada *em sentido estrito*. Logo, é cabível a reabertura. STJ, REsp 1324760/SP, DJ 18.02.2015.

152. Convenção Americana de Direitos Humanos (Pacto de San José da Costa Rica).

20.2.5. Pressuposto para ingressar com a revisão criminal

Sentença penal condenatória transitada em julgado, não importando a natureza da pena aplicada (pecuniária ou privativa de liberdade), a sua quantidade, se já foi cumprida ou não, ou se é vivo ou morto o sentenciado. Note-se que cabe revisão criminal em prol de pessoa falecida, inclusive. Isto é assim porque, conforme visto, a revisão não visa apenas resgatar o *status libertatis* do sujeito, mas também o seu *status dignitatis*.

Obs. 1: Cabe RC contra a **sentença absolutória imprópria** transitada em julgado. Lembrando que sentença absolutória imprópria é aquela que absolve o réu, porém, aplica-lhe medida de segurança (reconhecimento de doença mental ao tempo do crime - art. 26, CP). Ex.: pense-se que, após o trânsito em julgado da sentença absolutória imprópria, surgem novas provas demonstrando que não foi o acusado o autor do crime. Cabe RC nesta situação.

Obs. 2: Cabe RC contra **sentença condenatória definitiva do júri.** Sabe-se que no júri vigora o princípio da soberania dos veredictos (aquilo que ficar decidido pelos jurados não pode ser reformado pelo juiz-presidente nem pela instância *ad quem*). Porém, acima desse princípio está a dignidade/liberdade do condenado. Logo, é cabível a revisão criminal mesmo em face de sentença condenatória definitiva oriunda do Júri.

20.2.6. Prazo

Não há prazo determinado para ingressar com a revisão (ver art. 622, *caput*, CPP). Cabe antes, durante ou depois da pena, em favor do vivo ou do morto. É preciso, no entanto, que tenha ocorrido o trânsito em julgado (requisito indispensável: certidão de trânsito em julgado da sentença).

20.2.7. Legitimidade para ingressar com a revisão

I. O próprio condenado (independentemente de advogado);

II. Procurador legalmente habilitado (advogado). Obs.: Há entendimento (Tourinho, Mirabete e Muccio, por exemplo) de que pode ser qualquer pessoa, desde que munida de procuração;

III. C.C.A.D.I. (no caso de morto);

IV. MP - embora o tema seja polêmico, prevalece que é possível (Luiz Flávio Gomes e Muccio, por exemplo).

20.2.8. Hipóteses de cabimento (art. 621, CPP)

A revisão criminal tem fundamentação vinculada. Significa isto que somente se pode ingressar com a revisão em casos específicos previstos na lei. Logo, o art. 621, que trata das hipóteses de cabimento, não configura rol exemplificativo de situações, mas exaustivo. Vejamos. A revisão dos processos findos será admitida:

I. quando a sentença condenatória for contrária ao texto expresso da lei penal ou à evidência dos autos:

a) sentença contrária a texto expresso de lei penal: por "lei penal" entenda-se lei penal e processual penal. É preciso que a sentença tenha sido contrária a texto expresso de lei, pois, no caso de existir interpretação controvertida sobre o dispositivo legal, não cabe a revisão. Ex.: juiz que condena o acusado sem, no entanto, seguir o sistema trifásico para dosar a pena. Cabe RC;

b) sentença contrária à evidência das provas: é a condenação que não se ampara em nenhuma prova e não aqueles casos em que se têm provas favoráveis e contrárias ao réu, optando o juiz por estas últimas. Ex.: inexistindo qualquer prova da autoria do crime por parte do réu, o juiz mesmo assim o condena. Cabe RC;

II. quando a sentença condenatória se fundar em depoimentos, exames ou documentos comprovadamente falsos.

Fundamento da sentença: depoimento, exame ou documento comprovadamente falso. Ex.: condenação amparada em exame pericial falso. E se o julgador tiver condenado com base em outras provas não viciadas? Ainda assim cabe a RC? Aponta a doutrina que não, *i. e.*, caso o juiz tenha condenado com base em outras provas regulares (e não apenas amparado na prova falsa), não caberá RC;

III. quando, após a sentença, descobrirem-se novas provas de inocência do condenado ou de circunstância que determine ou autorize diminuição especial da pena.

a) Novas provas da inocência: Ex.: após a condenação definitiva do réu, vem a juízo pessoa que confessa categoricamente a prática do crime pelo qual o acusado foi condenado. Cabe RC;

Em recente julgado, o STJ entendeu que "O laudo pericial juntado em autos de ação penal quando ainda pendente de julgamento agravo interposto contra decisão de inadmissão de recurso especial enquadra-se no conceito de prova nova, para fins de revisão criminal (art. 621, III, do CPP)". Assim, o fato de o laudo ter sido juntado ainda no bojo da ação penal, não lhe retira o caráter de prova nova, uma vez que a jurisdição das instâncias responsáveis pela análise do acervo probatório, já havia encerrado (Info. 606, STJ).

b) Atenuante genérica (art. 65, CP) e causas de diminuição (gerais e especiais). Ex.: após condenação definitiva observa-se que o julgador não observou a atenuante referente à menoridade do réu quando da prática do crime. Cabe RC.

E no caso de lei nova mais favorável ao condenado? É necessário ingressar com RC? Não, basta peticionar nesse sentido ao juízo da Execução Penal. *Vide* Súmula 611, STF.

20.2.9. Competência

STF e STJ: julgam suas próprias condenações (em sede de competência originária) e aquelas por eles mantidas. Exemplo desta última situação: imagine-se que um processo, por meio de RE, chegou até a Corte Suprema. Caso, posteriormente, surja nova prova da inocência do réu, a eventual RC deverá ser ingressada no próprio STF, uma vez que este órgão manteve a condenação do acusado;

TRF: julgam suas próprias condenações (competência originária) e a dos juízes federais. Exemplo: desta última situação: juiz federal condenou o réu e não houve recurso desta decisão (trânsito em julgado). Posteriormente, surge prova da inocência do réu. Cabe RC endereçada ao TRF;

TJ: idem.

Atenção: podemos concluir da leitura deste item que o juiz de primeira instância nunca julga RC. Esta é sempre julgada por instância *ad quem* (TJ, TRF, STJ etc., conforme o caso).

Desnecessidade de recolhimento à prisão para ingressar com a RC: Súmula 393, STF: *"para requerer revisão criminal, o condenado não é obrigado a recolher-se à prisão"*;

Possibilidade de reiteração de pedido: art. 622, parágrafo único, CPP: *"não será admissível a reiteração do pedido, salvo se fundado em novas provas"*.

20.3. Mandado de Segurança em matéria criminal (MS)

20.3.1. Noções

Em essência, é ação de natureza cível (ação autônoma de impugnação). Utilizada em casos específicos no âmbito penal, funciona como verdadeiro sucedâneo recursal – é o que se chama de caráter residual ou subsidiário do MS.

20.3.2. Natureza

Ação autônoma de impugnação (não é recurso).

20.3.3. Base legal

Art. 5º, LXIX, CF e Lei 12.016/2009 (doravante: LMS).

20.3.4. Necessidade de o impetrante demonstrar que possui direito líquido e certo

Direito líquido e certo é aquele em relação ao qual não há dúvida de sua existência (demonstrável de plano). Prova documental pré-constituída. Descabe dilação probatória no âmbito do MS.

20.3.5. Autoridade coatora no MS

Apenas autoridade pública (descabe contra ato de particular); ou de pessoa investida em função pública.

Em caso de impetração pelo MP, no polo passivo da ação de MS deverá constar não apenas a autoridade coatora, mas também o réu, para que possa contestar. Ex: MS pelo MP quando da soltura "ilegal" do réu. Vide Súmula 701, STF.

20.3.6. Legitimidade ativa (impetrante) para o MS em matéria criminal

MP, querelante, assistente de acusação e réu. Há necessidade de capacidade postulatória.

20.3.7. Restrições ao uso do MS

Conforme a CF e o art. 5º, LMS, não cabe MS nas seguintes situações:

a) Ilegalidades relacionadas à liberdade de locomoção – não cabe MS, mas HC;

b) Para obtenção de informações de caráter pessoal ou retificação dessas informações em banco de dados – não cabe MS, mas *habeas data*;

c) Atos atacáveis por recurso administrativo com efeito suspensivo, independentemente de caução. Note-se que está prejudicada a Súmula 429, STF;

d) Decisão judicial atacável por recurso com efeito suspensivo. *Vide* Súmula 267, STF (que deve ser interpretada nesse sentido);

e) Decisão judicial transitada em julgado. *Vide* Súmula 268, STF.

20.3.8. Hipóteses mais comuns de cabimento do MS em matéria criminal

Segundo Moreira (2010, p. 797), normalmente, o MS é mais usado pela acusação, uma vez que diversas afrontas a direitos do réu desafiam o HC. Vamos aos casos mais comuns:

a) Indeferimento arbitrário de habilitação como assistente de acusação – art. 273, CPP;

b) Indeferimento arbitrário de acesso do advogado aos autos do IP. Vide EOAB (art. 7º, XIV c/c § 12) e Súmula vinculante 14, STF. Cabe também reclamação ao STF, por violação à referida súmula vinculante;

c) Para trancamento de persecução penal temerária (IP ou processo) quando inexistir a possibilidade de cárcere. Ex: imagine-se um processo criminal cujo objeto seja uma infração penal punida apenas com multa. Neste caso, cabe MS para trancar a persecução penal. Notemos que descabe o HC neste caso, pois não há possibilidade de segregação à liberdade, já que a infração perseguida é punida apenas a título de multa;

d) Para assegurar a presença do defensor em algum ato do IP.

20.3.9. Renovação do pedido

É possível, desde que a decisão não tenha examinado o mérito e ainda não transcorrido o prazo decadencial – art. 6º, § 6º, LMS. Por outro lado, a decisão denegatória da segurança não impede a propositura de ação de cognição mais ampla – art. 19, LMS.

20.3.10. Recurso contra a decisão de MS

a) Contra a sentença do juiz de 1ª instância que conceder ou negar o MS cabe apelação (cível) – art. 14, LMS.

Observação: da sentença que concede o MS em 1ª instância cabe recurso de ofício – art. 14, § 1º, LMS;

b) Contra o acórdão do TJ/TRF é preciso atentar para cada situação específica:

I. Se denegatória a decisão, caberá ROC para o STJ (art. 105, II, *b*, CF);

II. Se concedida a segurança, caberá, conforme o caso, RESP ao STJ (art. 105, III, CF) ou RE ao STF (art. 102, III, CF);

c) Contra o acórdão dos tribunais superiores (STJ, TSE, TST ou STM, exceto o STF) é preciso também atentar para cada situação específica:

I. Se denegatória a decisão, cabe ROC para o STF (art. 102. II, *a*, CF);

II. Se concessiva, cabe, se for o caso, RE ao STF.

21. EXECUÇÃO PENAL

A execução penal é um processo autônomo em relação à ação penal, destinado à aplicação de pena ou medida de segurança estabelecidas, respectivamente, em sentença penal condenatória transitada em julgado e em sentença absolutória imprópria transitada em julgado. Dissemos antes que a execução penal é um processo autônomo à relação processual de conhecimento, em virtude de possuir aspectos (princípios, normas, pressupostos, finalidades etc.), a serem examinados a seguir, diversos do processo de conhecimento.

21.1. Base Legal

A Constituição Federal de 1988 trata da execução penal em diversos dispositivos, a exemplo do que vemos no art. 5º, XLVIII, XLIX.

A Lei 7.210/1984 (Lei de Execução Penal – LEP) regula, em grande medida, o tema no âmbito infraconstitucional, existindo, também, sobre o assunto Resoluções do Conselho Nacional de Política Criminal, a exemplo da Resolução 14 (Regras mínimas para tratamento do preso no Brasil).

Além disso, o tema (execução penal) também é tratado pela Convenção Americana de Direitos Humanos (Pacto de San José da Costa Rica), promulgada no Brasil por meio do

Decreto 678/1992 e pelo conjunto de Normas Mínimas para o Tratamento de Presos, promulgado, em 1955, pela Organização das Nações Unidas (ONU).

21.2. Pressuposto

Como já mencionado, a execução penal pressupõe uma sentença penal condenatória definitiva (pena) ou uma sentença absolutória imprópria definitiva (medida de segurança), ambas transitadas em julgado[153].

21.3. Natureza jurídica

O tema ainda guarda certa polêmica. Há distintas correntes que atribuem ao processo de execução penal a natureza jurisdicional, administrativa ou mista. É o que veremos a seguir.

21.3.1. Administrativa

Durante longo período, entendeu-se que a execução da pena seria uma atividade tipicamente administrativa. Apenas eventual "incidente" na fase executória passaria pelo crivo do juiz. Sustentava-se, assim, a natureza administrativa da execução. Um dos motivos principais para defender essa postura: a questão da inexistência de um processo propriamente dito, ou seja, na acepção técnica da palavra.

21.3.2. Jurisdicional

Há quem sustente a natureza jurisdicional da execução penal, tendo em vista a necessidade de uma premente atuação jurisdicional em todas as etapas da execução.

Para esses autores (Alexis de Brito, Salo de Carvalho, André Giamberardino e Massimo Pavarini, p. ex.), com os quais concordamos, faz-se necessário jurisdicionalizar a execução penal brasileira, significando isso: "[...] a limitação e a vinculação da discricionariedade das autoridades penitenciárias com base no conteúdo da condenação e na própria lei e na Constituição; [...] a obrigatoriedade de motivação de todas as decisões – judiciais ou administrativas – que impliquem modificação qualitativa e/ou quantitativa no cumprimento da pena" (GIAMBERARDINO; PAVARINI, 2011, p. 351).

De acordo com essa orientação, a própria CF e lei infraconstitucional nos impõem essa concepção jurisdicional da natureza da execução penal, a saber: arts. 2º e 66, LEP; e 5º, XXXV, ("a lei não excluirá da apreciação do Poder Judiciário lesão ou ameaça a direito") e LIV ("ninguém será privado da liberdade ou de seus bens sem o devido processo legal").

Além disso, reforçando essa ideia, vale a pena citar a Exposição de Motivos da LEP, que diz: "10. Vencida a crença histórica de que o direito regulador da execução é de índole predominantemente administrativa"; e "12. O Projeto reconhece o caráter material de muitas de suas normas. Não sendo, porém, regulamento penitenciário ou estatuto do presidiário, evoca todo o complexo de princípios e regras que delimitam e jurisdicionalizam a execução das medidas de reação criminal".

21.3.3. Mista

Há, ainda, quem sustente a natureza complexa (mista) da execução, tendo em vista a participação dos Poderes Executivo e Jurisdicional no processo executório, funcionando ambos de forma entrosada.

Partindo dessa ideia (de uma natureza complexa da execução penal), parece preponderar, hoje, na doutrina brasileira o entendimento segundo o qual a execução penal possui natureza **predominantemente** jurisdicional e, em nível secundário, administrativa. Nesse sentido, estão Ada Grinover, Guilherme Nucci, Renato Marcão, Geder Gomes, dentre outros. Este último é, hoje, o entendimento mais seguro para as provas de concurso.

Finalmente, note-se que essa polêmica não se trata de um mero debate acadêmico. Ao contrário, a insistência em modelos administrativos/mistos de execução penal acarretou numa ampla (e indesejável) discricionariedade do administrador prisional e, em muitos casos, na criação de espaços de não direito. A partir da opção ideológica que o operador do direito faça em relação ao tema "natureza jurídica da execução penal", sua postura tenderá a ser bastante diferente frente às práticas travadas no campo da execução penal. Embora o discurso de necessidade de jurisdicionalização da execução tenha, nos últimos tempos, se tornado mais frequente, é inegável que herdamos uma (infeliz) cultura de natureza administrativa da execução, o que, de certa, forma explica o grave cenário atual que ainda presenciamos.

21.4. Objetivos

Nos termos do art. 1º, LEP, "a execução penal tem por objetivo efetivar as disposições de sentença ou decisão criminal e proporcionar condições para a harmônica integração social do condenado e do internado."

Do dispositivo acima transcrito podemos inferir que os objetivos da execução penal confundem-se com as próprias finalidades da pena, sob a ótica da teoria eclética, que preconiza o caráter de prevenção, geral e especial, o retributivo e o reeducador/ressocializador.

Durante o cumprimento da pena, por exemplo, deve o Estado ofertar meios pelos quais os apenados e os submetidos às medidas de segurança venham a ter participação construtiva na comunhão social.

21.5. Princípios da execução penal

21.5.1. Humanização das penas

Decorre da dignidade da pessoa humana e encontra-se previsto no art. 5º, XLVII, CF, e no art. 5º da Convenção Americana de Direitos Humanos (CDAH). Consiste no respeito à integridade física e moral do condenado, bem como aos direitos não afetados pela condenação.

É em decorrência deste princípio que há vedação às penas de morte, perpétua, de trabalhos forçados, de banimento e cruéis.

Numa síntese do referido princípio, merece transcrição o item 2, art. 5º, CADH: *Ninguém deve ser submetido a torturas,*

153 Como já anunciado anteriormente, o STF mudou a sua orientação jurisprudencial recentemente, contrariando a própria literalidade da CF/88 (art. 5º, LVII, e da Lei (art. 283, CPP). Assim, por maioria, os Ministros entenderam o cabimento da execução provisória da pena quando há decisão condenatória de 2º grau. Assim, trata-se de mais uma hipótese de mitigação do estado de inocência. Contudo, julgados recentes apontam para a possibilidade de nova mudança de entendimento da Corte (Ver nota de rodapé nº 8). Nesse sentido, ver ADC 43 e 44, DJ 10.10.2016, e HC 126292/SP, DJe 16.05.2016.

nem a penas ou tratos cruéis, desumanos ou degradantes. Toda pessoa privada de liberdade deve ser tratada com o respeito devido à dignidade inerente ao ser humano.

21.5.2. Legalidade

A atividade de execução penal deve estar pautada na legalidade estrita, pois todos os atos praticados dizem respeito à restrição do *status libertatis* do indivíduo. Portanto, a fase de cumprimento da pena não pode estar sujeita ao **arbítrio dos integrantes** da Administração Pública, devendo-se observar os direitos e deveres do condenado, em **conformidade com as leis e regulamentos**.

Também em decorrência deste princípio vigora a irretroatividade da lei. Desse modo, a superveniência de lei material mais gravosa não altera a condição daqueles que já estavam na fase de execução da pena.

Exemplo mais recente de celeuma acerca do tema foi a Lei 11.464/2007, que impôs prazos mais extensos para a progressão de regime aos apenados pela prática de crimes hediondos. No caso, tanto STF (AI 757480, *DJe* 16.06.2011), quanto STJ (Súmula 471 e HC 244.070/SP, DJ 12.09.2012), entenderam que a nova lei somente seria aplicável aos fatos praticados após o início da vigência da mencionada lei. Ver também: STF, RHC 121063, DJ 19.03.2014.

Por fim, vale notar que inúmeras práticas de execução penal no país configuram burlas vergonhosas ao princípio em comento. Que dizer, por exemplo, da frequente burla, vislumbrada na maioria dos estabelecimentos penais brasileiros, ao art. 88 da LEP (que dispõe sobre as condições mínimas da cela individual)?

21.5.3. Isonomia ou igualdade

O tratamento dos presos deve ser igual em relação àquilo em que eles são iguais. Trata-se da expressão material do princípio da igualdade, em que direitos e deveres serão iguais na medida da igualdade entre os presos. Logo, não se pode impedir ou restringir direitos por conta da opção política, por motivo de raça, credo, sexo, origem social etc. Possui base constitucional (art. 5º, I, CF) e infraconstitucional (art. 3º, LEP).

21.5.4. Individualização da pena

Previsto no art. 5º, XLVI e XLVIII, CF, e também no art. 5º, LEP, o referido princípio incide sobre a atividade dos três Poderes:

a) Legislativo (pena *in abstracto*): a lei estabelecerá os limites máximo e mínimo da pena cominada, bem como as regras inerentes à execução penal;

b) Judiciário (dosimetria): seguindo os critérios estabelecidos na Lei (art. 59 e ss., CP), o juiz aplicará a pena adequada ao caso concreto;

c) Executivo (Administração Pública): o cumprimento da pena ou da medida de segurança dar-se-á de modo adequado a cada condenado. No caso, o art. 5º da LEP estabelece que a Comissão Técnica (de caráter multidisciplinar) classificará os condenados de acordo com os antecedentes e a personalidade com o objetivo de elaborar um programa individualizado de execução da pena.

Portanto, especificamente no momento da execução penal, esse princípio visa fazer com que o processo executório seja pautado no perfil específico de cada condenado, avaliando, por exemplo, a personalidade e os antecedentes daquele.

21.5.5. Intranscendência, personalização ou personalidade

Decorre do art. 5º, XLV, CF, que estatui a impossibilidade de a pena extrapolar a pessoa do condenado. Ressalte-se que a responsabilidade pela violação da lei penal incide apenas sobre o apenado e sobre o seu patrimônio.

Verificamos, portanto, que a intranscendência possui duas expressões marcantes: a) no cumprimento personalizado da pena, mesclando-se com a noção de individualização da pena; b) no aspecto patrimonial do condenado.

Desse modo, em se tratando desta última hipótese, no caso de obrigação de reparar o dano causado pela conduta delituosa, bem como na hipótese de decretação do perdimento de bens, o patrimônio dos sucessores não será afetado, exceto no caso do quinhão herdado. Uma eventual execução da sentença no âmbito cível atingirá **apenas** o patrimônio da pessoa condenada.

21.5.6. Devido processo legal

Com sede no art. 5º, LIV, CF, a execução penal também deve respeitar aos ditames do "due process of law". Assim, qualquer alteração na execução que demande aplicação de uma sanção deverá ser precedida do devido processo legal, sempre informado pelos demais princípios inerentes ao Processo Penal, a exemplo do contraditório, ampla defesa, juiz natural, motivação das decisões, estado de inocência, vedação à autoincriminação (*nemo tenetur se detegere*) etc.

21.5.7. Estado de inocência

Durante a execução da pena, o condenado poderá vir a ser acusado de atos (penais/administrativos) que poderão agravar a sua situação. Mesmo em sede de execução vigora o estado de inocência, significando que, para a aplicação de eventual sanção (penal ou disciplinar) ao condenado, será preciso fazer prova de sua culpa *lato sensu*. Não há que se falar em *in dubio pro societate*. Este brocardo, segundo apontam Paulo Rangel e Lopes Jr., não possui qualquer fundamento constitucional, nem mesmo na fase de execução penal.

21.5.8. Duplo grau de jurisdição

Esse princípio, incorporado ao ordenamento brasileiro por meio do CADH, art. 8º, item 2, "h", também se aplica à execução penal. Assim, das decisões proferidas pelo juiz responsável pela execução penal, cabe o chamado agravo em execução para o Tribunal (art. 197, LEP).

21.6. Classificação do condenado

Decorre do princípio da individualização da pena. Visa a adequar a pena às condições pessoais do condenado, objetivando a mínima dessocialização possível do indivíduo. Segundo o art. 5º, LEP: "os condenados serão classificados, segundo os seus antecedentes e personalidade, para orientar a individualização da execução penal".

Destaque-se que, conforme o art. 6º, LEP, tal classificação também se aplica ao preso provisório.

21.6.1. Quem realiza a classificação do condenado?

É a chamada Comissão Técnica de Classificação. Esta elaborará um programa individualizador da pena que contará com o acompanhamento do Centro de Observação Criminológica do respectivo estabelecimento penal.

21.6.2. *Qual a composição da Comissão Técnica de Classificação?*

a) Em caso de condenado a pena privativa de liberdade, será presidida pelo diretor e composta, no mínimo, por 2 (dois) chefes de serviço, 1 (um) psiquiatra, 1 (um) psicólogo e 1 (um) assistente social – art. 7º

b) Em caso de condenado à pena restritiva de direitos, será integrada por fiscais do serviço social – art. 7º, parágrafo único.

21.6.3. *Exame criminológico*

Uma das formas mais comuns de se classificar o condenado se dá por meio do chamado exame criminológico. Tal exame é obrigatório para o condenado a regime fechado e facultativo ao condenado a regime semiaberto – art. 8º. Não aplicável ao condenado a regime aberto. O exame recai sobre 4 linhas de pesquisa: social, médica, psicológica e psiquiátrica, e objetiva realizar um diagnóstico criminológico (causas da inadaptação social) e um prognóstico social (possibilidades de reinserção social).

Conforme o art. 9º, LEP, a Comissão Técnica de Classificação, no exame para a obtenção de dados reveladores da personalidade, observando a ética profissional e tendo sempre presentes peças ou informações do processo, poderá:

I. entrevistar pessoas;

II. requisitar, de repartições ou estabelecimentos privados, dados e informações a respeito do condenado;

III. realizar outras diligências e exames necessários.

Por fim, o novo art. 9º-A, LEP, estabelece que os condenados por crime praticado, dolosamente, com violência de natureza grave contra pessoa, ou por qualquer dos crimes previstos no art. 1º da Lei dos Crimes Hediondos, "serão submetidos, obrigatoriamente, à identificação do perfil genético, mediante extração de DNA – ácido desoxirribonucleico, por técnica adequada e indolor".

Dispõem os §§ 1º e 2º do mesmo dispositivo que: "a identificação do perfil genético será armazenada em banco de dados sigiloso, conforme regulamento a ser expedido pelo Poder Executivo". "A autoridade policial, federal ou estadual, poderá requerer ao juiz competente, no caso de inquérito instaurado, o acesso ao banco de dados de identificação de perfil genético".

A inovação prevista no art. 9º-A vem sendo criticada por certo setor da doutrina em virtude de, dentre outras coisas, ofender o direito a não autoincriminação (*nemo tenetur detegere*). Isto porque a lei *obriga* o condenado a fornecer material para o exame de DNA – material esse que poderá eventualmente ser utilizado para incriminá-lo, desvirtuando, portanto, a finalidade de identificação criminal.

21.7. Assistência ao preso (arts. 10 a 27, LEP)

Ao custodiar forçosamente uma pessoa, surge para o Estado o dever de fornecer a ela **condições mínimas** – que nunca devem ser confundidas com regalias – para a manutenção de suas **necessidades diárias**. O dever de assistência ao preso ou ao internado decorre do princípio da **dignidade da pessoa humana**.

Vejamos a seguir as espécies de assistência contempladas pela LEP (art. 11).

21.7.1. *Assistência material (arts. 12 e 13)*

Consiste no fornecimento de alimentação, vestuário e instalações higiênicas. Significa dizer que o estabelecimento prisional deve dispor de instalações e serviços que atendam às necessidades pessoais dos condenados.

Além disso, deve manter locais destinados à venda de produtos e objetos permitidos, mas não fornecidos pela Administração.

21.7.2. *Assistência à saúde (art. 14)*

Engloba atendimento médico, farmacêutico e odontológico a ser disponibilizado pelo estabelecimento. Caso não haja condições, o atendimento deverá ser propiciado em local externo após permissão da direção do estabelecimento.

Ademais, em relação à mulher, é assegurado também o acompanhamento pré-natal e pós-parto, inclusive ao recém-nascido (§ 3º, art. 14).

21.7.3. *Assistência jurídica (arts. 15 e 16)*

Deve ser garantida aos presos que não possuam condições financeiras de constituir advogado. Nessa hipótese, após o advento da Lei 12.313/2010, as unidades da Federação passaram a ter a obrigação de assegurar a assistência jurídica plena e gratuita por meio da Defensoria Pública, dentro e fora dos estabelecimentos prisionais.

Mas assegurar o trabalho da Defensoria consiste em prover as condições necessárias para o perfeito exercício das atribuições dos defensores. Desse modo, é preciso dispor de espaço físico próprio e adequado ao atendimento dos presos, em cada estabelecimento prisional, além do efetivo auxílio estrutural, pessoal e material aos membros da Defensoria Pública.

No âmbito externo, há imposição quanto à implementação de núcleos especializados da Defensoria. A finalidade é também garantir a prestação da assistência jurídica integral e gratuita aos réus, egressos e familiares que não possuam condições financeiras de contratar um advogado.

21.7.4. *Assistência educacional (arts. 17 a 21)*

Diz respeito à instrução escolar e à formação profissional do preso e do internado. A oferta de ensino fundamental é obrigatória para o preso e internado e tal ensino deve ser integrado ao sistema oficial de educação. Ademais, atendendo-se às condições locais, cada estabelecimento prisional deve ser dotado de biblioteca (art. 21, LEP). Ainda, com o advento da Lei 13.163/2015 que alterou a LEP, o ensino médio, regular ou supletivo, deve ser implantado nos presídios (art. 18-A, LEP). Essa alteração legislativa tem por escopo a obediência ao preceito constitucional da universalização do ensino médio (arts. 208, II; e 214, II, CF).

Sobre a oferta de ensino aos detentos, cabe destacar que quanto ao custeio: "o ensino ministrado aos presos e presas integrar-se-á ao sistema estadual e municipal de ensino e será mantido, administrativa e financeiramente, com o apoio da União, não só com os recursos destinados à educação, mas pelo sistema estadual de justiça ou administração penitenciária" (art. 18-A, § 1º, LEP). E quanto ao uso de novas tecnologias: "a União, os Estados, os Municípios e o Distrito Federal incluirão em seus programas de educação à distância e de utilização de novas tecnologias de ensino, o atendimento aos presos e às presas" (§ 3º).

Ainda de acordo com o art. 21-A da Lei 13.163/2015, deverá ser elaborado um censo penitenciário voltado à questão educacional a fim de ser apurado, p. ex.: o nível de escolaridade dos detentos; a existência de cursos nos níveis fundamental e médio e o número de detentos atendidos; a implementação de cursos profissionais em nível de iniciação ou aperfeiçoamento técnico e o número de presos atendidos; e a existência de bibliotecas e as condições de seu acervo.

Ademais, no caso de ensino profissional, este será ministrado em nível de iniciação ou de aperfeiçoamento técnico. Pela peculiaridade técnica, é possível a celebração de convênios com instituições públicas ou privadas para a oferta de cursos especializados (arts. 19 e 20, LEP).

21.7.5. Assistência social (arts. 22 e 23)

Tem por finalidade amparar o preso e o internado e prepará-los para o retorno à liberdade. Conforme o art. 23, incumbe ao serviço de assistência social:

I. conhecer os resultados dos diagnósticos ou exames;

II. relatar, por escrito, ao Diretor do estabelecimento, os problemas e as dificuldades enfrentadas pelo assistido;

III. acompanhar o resultado das permissões de saídas e das saídas temporárias;

IV. promover, no estabelecimento, pelos meios disponíveis, a recreação;

V. promover a orientação do assistido, na fase final do cumprimento da pena, e do liberando, de modo a facilitar o seu retorno à liberdade;

VI. providenciar a obtenção de documentos, dos benefícios da Previdência Social e do seguro por acidente no trabalho;

VII. orientar e amparar, quando necessário, a família do preso, do internado e da vítima.

21.7.6. Assistência religiosa (art. 24)

Assegura a liberdade de culto, permite a participação nos serviços organizados dentro do estabelecimento.

A assistência religiosa deve ser observada à luz da liberdade religiosa, com sede constitucional. Sendo assim, as cerimônias e demais atividades desta natureza devem ser realizadas em local apropriado do estabelecimento, pois os condenados que não desejarem participar devem ter a sua escolha respeitada.

21.7.7. Assistência ao egresso (arts. 25 a 27)

Trata-se do trabalho de orientação e apoio no momento inicial da reinserção social do egresso.

Considera-se egresso para os efeitos da LEP:

a) o **liberado definitivo**, pelo prazo de **1 (um) ano** a contar da saída do estabelecimento;

b) o **liberado condicional**, durante o **período de prova**.

21.8. Trabalho do preso (arts. 28 a 37)

É mais uma dimensão da dignidade da pessoa humana e possui natureza mista ou híbrida, razão da sua dupla finalidade: educativa e produtiva.

Note-se que o trabalho é, ao mesmo tempo, um dever (art. 39, V), pois a sua imotivada recusa enseja falta grave, e um direito (art. 41, II) do preso porque são asseguradas, por exemplo, remuneração e redução de pena a cada 3 dias trabalhados.

O trabalho pode ser dividido quanto ao âmbito da atuação laboral. Nesse sentido, será interno ou externo, conforme veremos a seguir.

21.8.1. Trabalho interno (art. 31)

É aquele desenvolvido no ambiente do próprio estabelecimento penal, contando com atividades como limpeza, artesanato, conservação, manutenção, dentre outras.

Possui caráter **obrigatório** para o **preso definitivo,** mas **facultativo** para o **preso provisório**. Consequentemente, sendo o trabalho obrigatório para o preso definitivo, é **dever do Estado** oferecer oportunidades de trabalho ao preso.

Como já indicado mais acima, a recusa do preso enseja falta grave. A ideia **não** é a de **agravar a pena**, mas a de proporcionar **dignidade** ao condenado considerado apto para o trabalho, ao mesmo tempo em que se busca viabilizar o seu retorno à liberdade em razão da própria **função social do trabalho,** que é um dos elementos do tratamento educativo do preso.

Destaque-se que os maiores de 60 anos, os doentes e os portadores de necessidades especiais exercerão atividades adequadas à sua condição.

Mas quais seriam os regramentos para o desenvolvimento do trabalho interno? Vejamos abaixo algumas normas inerentes ao trabalho interno:

a) **Jornada:** será de 6 a 8 horas diárias, com descanso aos domingos e feriados (art. 33). Se por alguma razão houver atividade em jornada superior a 8 horas, a cada período de 6 horas extras deve ser computado 1 (um) dia de trabalho para fins de remição da pena (STF, HC 96740, Inf. 619). Ver no STJ: HC 216.815/RS, DJ 29.10.2013 e AgRg no HC 351.918/SC, DJe 22.08.2016).

b) **Não sujeição à CLT:** a atividade laboral interna não está sujeita aos ditames celetistas, embora as regras relativas à segurança e higiene devam ser observadas (art. 28, §§ 1º e 2º).

c) **Subordinação:** no exercício do trabalho, subordina-se o preso à própria administração penitenciária ou a terceiros, nas hipóteses de atividade em fundações ou empresas públicas ou de convênios com instituições privadas.

Nesse sentido, merece transcrição o art. 34, § 2º: "os governos federal, estadual e municipal poderão celebrar convênio com a iniciativa privada, para implantação de oficinas de trabalho referentes a setores de apoio dos presídios".

a) **Remuneração (art. 29)**

Quanto à remuneração, esta não pode ser inferior a 3/4 do salário mínimo vigente e deve atender às seguintes necessidades: indenização dos danos causados pelo crime, se determinados judicialmente e não reparados por outro meio; assistência à família do preso; custeio de pequenas despesas pessoais.

Os valores eventualmente remanescentes devem ressarcir o Estado das despesas realizadas com a manutenção do condenado e também depositados em caderneta de poupança (chamada de pecúlio) no momento em que for libertado.

Por fim, é importante dizer que as tarefas executadas como prestação de serviço à comunidade não serão remuneradas (art. 30).

Note-se ainda que os bens ou produtos oriundos do trabalho prisional serão adquiridos prioritariamente por particulares. Quando isto não for possível ou recomendável, a Administração Pública o fará com dispensa de concorrência pública (art. 35). Além disso, todas as importâncias arrecadadas com as vendas reverterão em favor da fundação ou empresa pública responsável por gerenciar o serviço, relacionadas no art. 34. Na sua ausência, serão revertidas para o estabelecimento penal.

21.8.2. Trabalho externo (art. 36)

Trata-se da atividade laboral desenvolvida pelo preso em ambiente externo ao estabelecimento penal.

A atividade será desempenhada em serviço ou obras públicas realizadas por órgãos da Administração Direta ou Indireta. Podem ocorrer ainda em entidades privadas, mas devem ser adotadas cautelas visando à prevenção da fuga e à manutenção da disciplina. Nesse sentido, por exemplo, o STJ cassou medida concessiva de trabalho externo porque a empresa onde a atividade laboral era desenvolvida estava situada em ambiente ocupado pelo crime organizado, dificultando ou impedindo a fiscalização do órgão da execução penal (HC 165.081, **Inf.** 475).

É possível para o condenado em **regime fechado** e **semiaberto,** embora a lei não mencione este último caso. Nesta segunda hipótese, trata-se da própria essência do regime. O STJ entende que o fato de o condenado à regime semiaberto estar cumprindo pena em prisão domiciliar não impede a remição da pena pelo trabalho (STJ, REsp 1505182/RS, *DJe* 30/11/2017).

No caso do preso em regime fechado, considerar-se-á o teor da Súmula 40, STJ: "para obtenção dos benefícios da saída temporária e trabalho externo, considera-se o tempo de cumprimento da pena no regime fechado".

a) Regras do trabalho externo (arts. 36 e 37)

A atividade está sujeita à **expressa autorização** da **direção do presídio**.

Ademais, considerando as peculiaridades inerentes ao âmbito externo, algumas condições são impostas. São elas:

I. O número de presos não pode ultrapassar 10% (dez por cento) do total de empregados no serviço ou na obra.

II. Necessidade de aptidão, disciplina e responsabilidade do preso.

III. Cumprimento mínimo de 1/6 da pena. Na esteira do que já fora afirmado acima, o mesmo tempo cumprido para a progressão, 1/6 da pena, é válido para a autorização de trabalho externo (Súmula 40, STJ).

IV. Consentimento expresso do preso nos casos de trabalho em entidades privadas.

V. A remuneração fica a cargo da administração pública, entidade ou empresa empreiteira, a depender da situação fática.

VI. A autorização poderá ser revogada se o preso vier a delinquir, for punido com falta grave ou demonstrar inaptidão, indisciplina para o trabalho.

21.9. Deveres do preso

Além das obrigações decorrentes da sentença penal condenatória, que impõe o dever principal de cumprimento da pena imposta, os condenados devem observar normas de comportamento e convivência, visando à manutenção de um ambiente interno disciplinado e a sua futura reinserção social.

São deveres dos condenados (art. 39):

I. o comportamento disciplinado e cumprimento fiel da sentença;

II. a obediência ao servidor e respeito a qualquer pessoa com quem deva relacionar-se;

III. a urbanidade e respeito no trato com os demais condenados;

IV. a conduta oposta aos movimentos individuais ou coletivos de fuga ou de subversão à ordem ou à disciplina;

V. a execução do trabalho, das tarefas e das ordens recebidas;

VI. a submissão à sanção disciplinar imposta;

VII. a indenização à vitima ou aos seus sucessores;

VIII. a indenização ao Estado, quando possível, das despesas realizadas com a sua manutenção, mediante desconto proporcional da remuneração do trabalho;

IX. a higiene pessoal e asseio da cela ou alojamento;

X. a conservação dos objetos de uso pessoal.

Naquilo que for pertinente, os deveres acima indicados são aplicáveis aos presos provisórios.

21.10. Direitos do preso

Inicialmente, cumpre enfatizar que o rol dos direitos dos presos indicados na LEP tem natureza exemplificativa, pois, na verdade, permanecem intactos todos os direitos não atingidos pela condenação.

Vejamos a seguir aqueles direitos elencados na LEP (art. 41):

I. Alimentação suficiente e vestuário.

Implica a oferta pela administração prisional de alimentação em boa quantidade e balanceada nutricionalmente, em horários previamente determinados. O acesso à água potável deve se dar sempre que o preso necessitar.

II. Atribuição de trabalho e sua remuneração.

Além de constituir direito social, consubstanciado no art. 6º, CF, essencial para preparar o preso para a vida livre, o trabalho permite, como foi visto em seu item específico, o resgate de parte da pena a ser cumprida. Desse modo, é obrigação do Estado garantir a oferta de trabalho aos condenados.

III. Previdência Social.

São extensivos aos presos os benefícios da Previdência Social, cabendo ao serviço social do estabelecimento prisional providenciar os documentos, os benefícios e seguro por acidente de trabalho.

IV. Constituição de pecúlio.

Pecúlio é a poupança decorrente dos valores remanescentes da remuneração pelo trabalho desenvolvido pelo preso.

V. Proporcionalidade na distribuição do tempo para o trabalho, o descanso e a recreação.

Os presos devem ter garantido o tempo para o trabalho, para o descanso e também para o lazer, em proporções equilibradas. Desse modo, ainda que seja permitido trabalhar em horas extras, esta prática não pode se tornar frequente.

VI. Exercício das atividades profissionais, intelectuais, artísticas e desportivas anteriores, desde que compatíveis com a execução da pena.

Os estabelecimentos penais devem ter estrutura física que possibilite o desenvolvimento das atividades indicadas neste inciso. Como desdobramento desse direito, temos o art. 83, LEP, que prevê a instalação/construção de áreas destinadas a tais atividades.

VII. Assistência material, à saúde, jurídica, educacional, social e religiosa.

Os presos possuem direito à assistência multidisciplinar pelo Estado. Veremos as modalidades de assistência de forma mais específica no item a seguir.

VIII. Proteção contra qualquer forma de sensacionalismo.

Visa à preservação da honra e imagem do preso (art. 5º, X, CF). Com base nesse dispositivo é vedada a exposição desnecessária ou abusiva do preso nos meios de comunicação, expondo-o à execração.

IX. Entrevista pessoal e reservada com o advogado.

Decorre do princípio da ampla defesa. A entrevista com defensor público também possui a mesma natureza e em nenhuma hipótese pode ser gravada pela administração. *Vide* também o art. 7º, III, Lei 8.906/1994 (EOAB).

X. Visita do cônjuge, da companheira, de parentes e amigos em dias determinados.

As visitas visam evitar o aprofundamento da dessocialização sofrida pelo preso. Elas buscam fazer com que o condenado mantenha laços afetivos com os seus entes queridos.

Vale ressaltar que a visita íntima, embora não venha expressamente prevista na LEP, também é considerada um direito do preso. Sobre o tema, oportuno fazer a leitura da Resolução 4/2011 do Conselho Nacional de Política Criminal e Penitenciária.

Outra questão relevante é que os estabelecimentos prisionais masculinos, apesar de situados fora de centros urbanos, devem ser construídos em lugar que permita o acesso da família do preso. Além disso, é possível a transferência para estabelecimento que facilite a visita. Nesse sentido vem decidindo o STF, como denotam o HC 105175, 22.03.2010, **Inf.** 620, e o HC 100087, DJ 16.03.2010, Inf. 579 e HC 107701, DJ 26.03.2012.

XI. Chamamento nominal.

O preso não é um objeto ou um número. Desse modo, em observância à dignidade da pessoa humana, deve ser chamado pelo nome.

XII. Igualdade de tratamento, salvo quanto às exigências da individualização da pena.

Trata-se da expressão material do princípio da isonomia/igualdade. Os presos devem ser tratados de modo igualitário, na medida das suas igualdades.

XIII. Audiência especial com o diretor do estabelecimento.

Os presos têm o direito de dialogar diretamente com a direção para transmitir reclamações, relatar abusos, entre outras questões. O diretor não pode se negar a receber o preso, mas é possível a edição de normas destinadas a adaptar o atendimento às demais rotinas da administração.

XIV. Representação e petição a qualquer autoridade, em defesa de direito.

Expressão do direito constitucional de petição previsto no art. 5º, XXXIV, CF.

XV. Contato com o mundo exterior por meio de correspondência escrita, da leitura e de outros meios de informação que não comprometam a moral e os bons costumes.

Faz parte da necessidade de manutenção do contato com a realidade exterior com vistas à reinserção social. Aqui há uma discussão em relação à violação do sigilo das correspondências e vem preponderando o entendimento de que as liberdades não são mais percebidas em sentido absoluto, motivo pelo qual é possível admitir-se o acesso prévio ao conteúdo de correspondências, se houver fundada suspeita de que tais comunicações estão servindo para a prática de infrações penais (STF, HC 70814/SP, *DJe* 24.06.1994).

XVI. Atestado de pena a cumprir, emitido anualmente, sob pena da responsabilidade da autoridade judiciária competente.

Dispositivo acrescentado pela Lei 10.713/2003. Com base no atestado o próprio preso poderá acompanhar a execução da pena e o tempo restante, evitando casos emblemáticos de indivíduos que permanecem reclusos mesmo após o cumprimento integral da pena. O procedimento para emissão do atestado está regulado nos arts. 12 e 13 da Resolução 113, CNJ.

Importante destacar que determinados direitos do condenado estão sujeitos a suspensão ou restrição mediante **ato motivado** do diretor do estabelecimento penal. São eles: V – proporcionalidade na distribuição do tempo para o trabalho, o descanso e a recreação; X – visita do cônjuge, da companheira, de parentes e amigos; XV – contato com o mundo exterior por meio de correspondência escrita, da leitura e de outros meios de informação que não comprometam a moral e os bons costumes. Nenhuma das restrições pode ter caráter permanente e as decisões do diretor do estabelecimento estão sujeitas ao controle jurisdicional pelo juízo da execução penal.

Como já afirmado, o rol que acabamos de visitar é meramente exemplificativo, ou seja, os presos possuem outros direitos que estão consubstanciados na própria LEP e em outros diplomas legais. A seguir veremos alguns deles, que consideramos mais relevantes para o escopo desta obra.

21.10.1. Direitos políticos

Nos termos do art. 15, III, CF, os direitos políticos não serão cassados. Porém, no caso de condenação criminal definitiva, há uma **suspensão** dos direitos políticos cuja duração é a mesma dos efeitos da condenação. Significa dizer que, durante a execução da pena, os presos **não** poderão votar e serem votados.

Para além da suspensão dos direitos políticos durante o período de cumprimento de pena, há ainda a LC 64/1990, art. 1º, alterada pela LC 135/2010 (Lei da Ficha Limpa), que estabelece como hipótese de inelegibilidade:

I. para qualquer cargo:

e) os que forem condenados, em decisão transitada em julgado ou proferida por órgão judicial colegiado, desde a condenação até o transcurso do prazo de 8 (oito) anos após o cumprimento da pena, pelos crimes:

1. contra a economia popular, a fé pública, a administração pública e o patrimônio público;

2. contra o patrimônio privado, o sistema financeiro, o mercado de capitais e os previstos na lei que regula a falência;

3. contra o meio ambiente e a saúde pública;

4. eleitorais, para os quais a lei comine pena privativa de liberdade;

5. de abuso de autoridade, nos casos em que houver condenação à perda do cargo ou à inabilitação para o exercício de função pública;

6. de lavagem ou ocultação de bens, direitos e valores;

7. de tráfico de entorpecentes e drogas afins, racismo, tortura, terrorismo e hediondos;

8. de redução à condição análoga à de escravo;

9. contra a vida e a dignidade sexual; e

10. praticados por organização criminosa, quadrilha ou bando.

Atenção: A suspensão dos direitos políticos **não** se aplica aos presos provisórios. Neste caso, deverão ser instaladas seções dentro dos estabelecimentos penais, nos termos do (art. 1º da Resolução 23.219/2010, TSE).

21.11. Disciplina (arts. 44 a 60, LEP)

Nos termos da redação do art. 44, LEP, a disciplina *consiste na colaboração com a ordem, na obediência às determinações das autoridades e seus agentes e no desempenho do trabalho.*

Com efeito, em obediência ao princípio da legalidade, não haverá falta nem sanção disciplinar sem **expressa e anterior** previsão legal ou regulamentar, ou seja, o fato deverá ser tipificado como falta disciplinar em momento anterior à sua prática pelo preso (art. 45, LEP). Recomenda-se aqui a leitura do informativo 421, STJ, HC 141.127.

Ademais, vale destacar que, no Brasil, a Lei estabelece as faltas graves e as suas respectivas sanções, enquanto os Regulamentos estaduais/federais tipificam as faltas médias e leves (art. 49, LEP). É bastante criticável esse formato, uma vez que gera uma discricionariedade indesejável. Melhor seria que toda modalidade de falta disciplinar e sua respectiva sanção fosse regida por lei federal. Seja como for, no âmbito Federal, há, p. ex., o Dec. 6.049/2007 (Regulamento Penitenciário Federal), que, em seus arts. 43 e 44, disciplina, respectivamente, as faltas leves e médias. No caso do Estado de São Paulo, as faltas leves e médias estão contidas nos arts. 44 e 45 do Regimento Interno Padrão dos Estabelecimentos Penais (Resolução SAP-144/2010).

Por outro lado, as sanções eventualmente aplicadas não poderão colocar em perigo a integridade física e/ou moral do condenado. Nesse sentido, também, não serão admitidas punições cruéis, a exemplo do emprego de cela escura. A depender da hipótese, os atos praticados pelos agentes públicos podem ser tipificados como crime de tortura (art. 1º, § 1º, Lei 9.455/1997).

Por fim, como expressão do princípio da individualização da pena, são vedadas as sanções coletivas. Vide o HC 177.293, STJ, **Inf.** 496 e HC 225.985/SP, DJ 01.07.2013.

21.11.1. Faltas disciplinares

Na linha do que foi exposto até aqui, as faltas disciplinares são as condutas vedadas pelo Estado, indicadas em lei ou regulamento, e que sujeitam o preso a sanções.

As suas espécies são divididas pelo grau de lesividade, como veremos a seguir.

a) Graves

Como já assinalado, cumpre à Lei (LEP, no caso) estabelecer as condutas que ensejam faltas graves. Façamos a análise do seu rol **taxativo** para os condenados à pena privativa de liberdade (art. 50) e à pena restritiva de direitos (art. 51).

a1) São faltas graves cometidas pelo condenado à **pena privativa de liberdade**:

I. incitar ou participar de movimento para subverter a ordem ou a disciplina: para a sua caracterização não há necessidade da prática de violência ou ameaça.

II. fugir: não se confunde com o delito do art. 352, CP, pois também independe de violência para a sua caracterização. Inclui-se aí a fuga durante o trabalho externo, as saídas temporárias etc.

III. possuir, indevidamente, instrumento capaz de ofender a integridade física de outrem. Exemplos: possuir canivetes, facas, estiletes, tesouras etc.

IV. provocar acidente de trabalho: há uma imprecisão aqui. Um acidente decorre de ação culposa, mas, no caso do dispositivo, pressupõe a prática dolosa, ensejando falta grave. Excetua-se aqui o preso albergado, que está sujeito ao regime celetista.

O preso que estiver impossibilitado de prosseguir na atividade, em razão do acidente, continuará a beneficiar-se com a remição (art. 126, § 4º, LEP).

V. descumprir, no regime aberto, as condições impostas: descumprimento das condições do art. 115, LEP.

VI. inobservar os deveres previstos nos incisos II e V, do art. 39 da LEP: desobediência ao servidor e o desrespeito a qualquer pessoa com quem deva relacionar-se; não execução do trabalho, das tarefas e das ordens recebidas.

VII. tiver em sua posse, utilizar ou fornecer aparelho telefônico, de rádio ou similar, que permita a comunicação com outros presos ou com o ambiente externo: inclui também os componentes essenciais ao funcionamento do aparelho, como o chip. Vide HC 188.072, STJ, Inf. 475.

a2) São faltas graves cometidas pelo condenado à **pena restritiva de direitos**:

I. descumprir, injustificadamente, a restrição imposta;

II. retardar, injustificadamente, o cumprimento da obrigação imposta;

Ambos os dispositivos refletem a desídia do condenado quanto ao cumprimento das medidas restritivas impostas em razão da condenação.

III. inobservar os deveres previstos nos incisos II e V, do art. 39 da LEP: desobediência ao servidor e desrespeito a qualquer pessoa com quem deva relacionar-se; não execução do trabalho, das tarefas e das ordens recebidas.

Atenção: Qualquer que seja a modalidade de pena (privativa de liberdade ou restritiva de direitos), também configura falta grave a prática de crime doloso (art. 52, LEP).

21.11.2. Sanções

As sanções são formas de retribuição e reeducação do preso na fase de execução penal. As suas espécies estão divididas em razão da natureza da infração praticada: leve, média ou grave.

As sanções são **alternativas e não cumulativas**, ou seja, não é possível aplicar duas espécies de sanção ao preso pela prática da mesma infração/falta.

Também é imprescindível destacar que, na aplicação das sanções disciplinares, levar-se-ão em conta a natureza, os motivos, as circunstâncias e as consequências do fato, bem como a pessoa do faltoso e seu tempo de prisão (art. 57).

Atenção: A **tentativa** é punível com a **mesma sanção** correspondente à forma **consumada** (art. 49, parágrafo único).

Prescrição da sanção administrativa: a LEP nada diz a esse respeito. A solução é apontada pelos Tribunais Superiores (STJ, HC 139.715/SP, *DJe* 19.09.2011). O entendimento desta Superior Corte de Justiça é no sentido de que o prazo prescricional para aplicação da sanção administrativa disciplinar é de **3 anos**, uma vez que, diante da inexistência de legislação específica acerca da matéria, aplica-se o disposto no art. 109, CP, considerando, para tanto, o menor lapso temporal previsto. Neste contexto: "Nos termos da jurisprudência desta Corte, o prazo prescricional para aplicação de sanção administrativa disciplinar decorrente do cometimento de falta grave é de três anos, consoante o disposto no art. 109, inciso VI, do Código Penal, com a redação dada pela Lei 12.234/2010, contados entre o cometimento da falta e a decisão judicial que homologou o procedimento administrativo instaurado para sua apuração. Precedentes" (HC 312.180/RS, DJ 18.06.2015 e REsp 1601457/RS, DJe 10/04/2017).

Vejamos a seguir alguns aspectos específicos relacionados às sanções.

a) Poder disciplinar

Na execução penal, como exceção ao princípio da judicialização, o poder disciplinar pertence à autoridade administrativa, que aplicará diretamente algumas sanções (art. 53, I a IV) ou representará ao juiz visando à aplicação de outras.

b) Direito à defesa técnica

Uma vez praticada uma falta disciplinar, o diretor do estabelecimento deverá instaurar procedimento destinado à apuração dos fatos. Sendo assim, devem ser garantidos o **contraditório e o direito de defesa**. Assim preconizam a Constituição Federal, o art. 27 da Resolução 14/1994 do Conselho Nacional de Política Criminal (Regras mínimas para o tratamento do preso no Brasil) e o art. 59, LEP.

Deve o preso ser cientificado da infração que lhe é imputada para que apresente a sua defesa e que seja ouvido antes da decisão.

Ainda no que se refere ao direito de defesa técnica, é entendimento majoritário o de que é imperativa a presença de defensor em todas as fases. Nesse sentido, o teor da Súmula Vinculante 5[154] só é aplicável no procedimento administrativo disciplinar no âmbito cível. Ver STJ, HC 135082, Info. 461, Súmula 343 e AgRg no REsp 1581959/DF, DJ 01/08/2016, segundo o qual: "O Plenário do col. Pretório Excelso, em julgamento do RE n.398.269/RS, DJe 26/02/2010, concluiu pela inaplicabilidade da Súmula Vinculante n. 5 aos procedimentos administrativos disciplinares realizados em sede de execução penal, **ressaltando a imprescindibilidade da defesa técnica nesses procedimentos, sob pena de afronta aos princípios do contraditório e da ampla defesa, aos ditames da Lei de Execução Penal e à legislação processual penal**" e STF, RHC 104584/RS, *DJ* 06.06.2011.

No caso de o preso não possuir defensor constituído, será providenciada a imediata comunicação à área de assistência jurídica do estabelecimento penal federal para designação de defensor público. Vale ressaltar que a Defensoria Pública (art. 81-A, LEP) velará pela regular execução da pena e da medida de segurança, oficiando, no processo executivo e nos incidentes da execução, para a defesa dos necessitados em todos os graus e instâncias, de forma individual e coletiva. Sendo assim, a ausência de sua manifestação nos incidentes da execução ensejará nulidade.

c) Sanções aplicáveis às faltas médias e leves

Às infrações leves e médias são aplicadas as sanções de advertência e repreensão, conforme estatuído pelo art. 53, I e II c/c parágrafo único do art. 57 (interpretado *a contrario sensu*).

I. Advertência: aplicada em regra para as faltas leves, é sempre verbal, mas a despeito disso deve constar no prontuário do preso.

II. Repreensão: é uma advertência feita por escrito, que em regra acontece nos casos de reincidência de faltas leves ou pela prática de faltas médias.

d) Sanções aplicáveis à falta grave

Nos termos do art. 57, parágrafo único c/c o art. 53, III a V, são passíveis de aplicação a suspensão ou restrição de direitos; o isolamento na própria cela ou em local adequado, nos estabelecimentos que possuam alojamento coletivo; e a inclusão no regime disciplinar diferenciado – RDD.

I. Suspensão ou restrição de direitos: incide sobre direitos passíveis de restrição ou suspensão. Especificamente os seguintes: art. 41, V, X e XV, LEP. Não pode superar os 30 dias de duração.

II. Isolamento na própria cela ou em local adequado: o dispositivo é de rara aplicação, pois há uma escassez de celas individuais. Sequer há alojamentos coletivos adequados para a quantidade de presos. Não pode superar os 30 dias de duração.

Cabe excepcionalmente o **isolamento preventivo** (**sem** necessidade de prévio **processo administrativo**), decretado pela autoridade **administrativa**, por **10 dias**, descontando-se esse período do tempo total de **isolamento possível** (art. 60).

III. Inclusão no RDD: é a medida mais extrema a ser imposta durante a execução penal. Pela sua peculiaridade, estudaremos o tema destacadamente a seguir.

Nas faltas graves, a autoridade representará ao Juiz da execução para os fins dos arts. 118, inciso I (regressão), 125 (saída temporária), 127 (perda de dias remidos), 181, §§ 1º, letra *d*, e 2º desta Lei (conversão de restritiva de direitos em privativa de liberdade). Esses casos estão além do âmbito disciplinar administrativo e devem ser submetidos ao controle jurisdicional.

21.11.3. Regime Disciplinar Diferenciado – RDD – (art. 52)

Como já afirmado anteriormente, trata-se da sanção mais gravosa da execução penal. Consequentemente, não será toda falta grave que sujeitará o preso à inclusão no RDD. Vejamos agora alguns aspectos importantes.

a) Hipóteses de cabimento

I. A prática de crime doloso, desde que ocasione a subversão da ordem ou disciplina internas. Logo, não será qualquer crime doloso praticado que ensejará a inclusão no RDD, pois é exigível a desestabilização do ambiente carcerário como efeito do crime. A tentativa também será punida (art. 49, parágrafo único, LEP).

II. Presos provisórios ou condenados, nacionais ou estrangeiros, que apresentem alto risco para a ordem e a segurança do estabelecimento penal ou da sociedade. Independente do crime pelo qual esteja preso, se apresentar risco elevado poderá ser submetido ao RDD. O risco deve dizer respeito a fato pretérito por ele cometido ou que tenha concorrido direta ou indiretamente. Ex: preso que comanda crimes ocorridos fora do estabelecimento prisional (extramuros).

III. Presos provisórios ou condenados sobre os quais recaiam fundadas suspeitas de envolvimento ou participação em organizações criminosas, quadrilha ou bando. Em que pese a redação do dispositivo, a expressão "fundada suspeita" representa mero indício e por essa razão é inadmissível para ensejar a inclusão em regime extremado. Sendo assim, é de se exigir prova de fato que estabelece o vínculo do preso com a organização criminosa.

154. A falta de defesa técnica por advogado no processo administrativo disciplinar não ofende a Constituição.

b) Características (art. 52, I a IV)

I. Duração máxima de 360 dias, sem prejuízo de repetição da sanção por nova falta grave, até o limite de 1/6 da pena aplicada: a duração máxima é de 360 dias e a contagem deve ser feita de acordo com o art. 10, CP, incluso o dia inicial. O limite, considerando a eventual reincidência é de 1/6 da pena a ser cumprida.

II. Recolhimento em cela individual. Deve ser implementado em observância às regras do art. 45, LEP, com acompanhamento psicológico obrigatório.

III. Visitas semanais de 2 pessoas, com duração máxima de duas horas, excluídas crianças. Há discussão quanto à possibilidade, ou não, da visita de crianças. Uma parte considerável da doutrina entende que as crianças não devem comparecer às visitas. Não nos parece correta tal vedação, uma vez que o preso precisa manter os laços familiares.

IV. Direito ao banho de sol diário por 2 horas. O horário é variável justamente para que seja alterada ou superada a razão pela qual deu-se o RDD. O contato exterior torna-se imprevisível.

c) Aspectos procedimentais

A aplicação do RDD depende de decisão judicial. Sendo assim, adotado o sistema da judicialização para a espécie, caberá ao juiz da execução penal decidir acerca do requerimento formulado pela autoridade administrativa, seguido de manifestação obrigatória do MP e da defesa sobre o pedido. A decisão, por óbvio, será motivada e deve ser prolatada no prazo de 15 dias (arts. 59 e 54, §§ 1º e 2º, LEP).

Da decisão do magistrado cabe o agravo em execução, nos termos do art. 197, LEP.

O RDD sofre inúmeras críticas da doutrina. Diversos autores questionam (com acerto) a constitucionalidade da medida. As principais críticas são: imprecisão das hipóteses de cabimento (expressões vagas, como: "alto risco para a sociedade"); e o fato de esse tipo de isolamento estabelecido pelo RDD costumar ser terreno fértil para o desenvolvimento das chamadas "psicoses carcerárias", configurando-se em hipótese de "pena cruel", vedada, como se sabe, pela CF.

21.11.4. Outras sanções aplicáveis mediante decisão judicial

a) Revogação do trabalho externo (art. 37, parágrafo único): *revogar-se-á a autorização de trabalho externo ao preso que vier a praticar fato definido como crime, for* ***punido por falta grave****, ou tiver comportamento contrário aos requisitos estabelecidos neste artigo.*

b) Perda dos dias remidos (art. 127): *em caso de* ***falta grave****, o juiz poderá* ***revogar até 1/3 (um terço) do tempo remido****, observado o disposto no art. 57, recomeçando a contagem a partir da data da infração disciplinar.* Com relação ao dispositivo citado, a Súmula Vinculante 9 estabelece que o "disposto no artigo 127 da Lei 7.210/1984 foi recebido pela ordem constitucional vigente e não se lhe aplica o limite temporal previsto no *caput* do artigo 58". Em síntese, a perda dos dias remidos poderá ser superior a 30 dias, mas está limitada a 1/3 dos dias remidos.

c) Interrupção do prazo para a obtenção de progressão: os Tribunais Superiores possuem entendimento consolidado de que o cometimento de falta grave acarreta a interrupção do prazo para a progressão de regime. O reinício dar-se-á a partir da data da última infração praticada (STJ, EREsp 1.176.486/SP, *DJe* 01.06.2012 e AgRg no RHC 37.313/ES, DJe 12.09.2016), segundo o qual, "A Terceira Seção do Superior Tribunal de Justiça, no julgamento do REsp n. 1.364.192/RS, consolidou o entendimento de que 'a prática de falta grave interrompe o prazo para a progressão de regime, acarretando a modificação da data-base e o início de nova contagem do lapso necessário para o preenchimento do requisito objetivo', excetuando, no entanto, a alteração do marco inicial para a concessão de livramento condicional, indulto e comutação da pena" e STF, HC 102.365/SP, *DJe* 01.08.2011 e HC 134249, DJ 03.06.2016, segundo o qual, "As decisões proferidas nas instâncias antecedentes harmonizam-se com a jurisprudência deste Supremo Tribunal, segundo a qual a longa pena a cumprir e o histórico de falta grave, consistente em evasão, como se tem na espécie, são fundamentos idôneos para não concessão do benefício de progressão de regime, evidenciando o não preenchimento do requisito subjetivo. Precedentes".

d) Regressão de regime: Nos casos de falta grave ou prática de crime doloso, a execução da pena privativa de liberdade ficará sujeita à forma regressiva, com a transferência para qualquer dos regimes mais rigorosos. Ex: preso do regime semiaberto que é flagrado com aparelho celular dentro do estabelecimento está sujeito a retornar ao regime fechado (STJ, HC 242.976/SP, *DJe* 04.09.2013 e AgRg no AREsp 780.740/RJ, DJ 26.08.2016); STF, HC 97.659/SP, *DJe* 20.11.2009 e RHC 122175, DJ 06.06.2014).

e) Perda da saída temporária: (art. 125) revogação automática quando o preso for punido pela prática de fato definido como crime doloso, por falta grave, ou desatender as condições impostas na autorização de saída ou revelar baixo grau de aproveitamento no curso supletivo profissionalizante.

21.12. Órgãos da Execução Penal

No país, existem diversos órgãos/instituições atuando na execução penal, todos elencados no art. 61, LEP. A seguir, veremos alguns deles de forma mais detalhada.

21.12.1. Conselho Nacional de Política Criminal e Penitenciária: órgão ligado ao Executivo, subordinado ao Ministério da Justiça, sediado em Brasília/DF.

a) Composição: órgão multidisciplinar integrado por 13 membros nomeados pelo Ministério da Justiça entre professores e profissionais da área do Direito Penal, Processual Penal, Penitenciário e ciências correlatas, bem como por representantes da comunidade e dos Ministérios da área social. Os mandatos têm duração de 2 anos, mas 1/3 dos seus membros deve ser renovado anualmente.

b) Atribuições: possui caráter consultivo e programático. As atribuições estão previstas no art. 64, LEP. São elas:

I. propor diretrizes da política criminal quanto à prevenção do delito, administração da Justiça Criminal e execução das penas e das medidas de segurança;

II. contribuir na elaboração de planos nacionais de desenvolvimento, sugerindo as metas e prioridades da política criminal e penitenciária;

III. promover a avaliação periódica do sistema criminal para a sua adequação às necessidades do País;

IV. estimular e promover a pesquisa criminológica;

V. elaborar programa nacional penitenciário de formação e aperfeiçoamento do servidor;

VI. estabelecer regras sobre a arquitetura e construção de estabelecimentos penais e casas de albergados;

VII. estabelecer os critérios para a elaboração da estatística criminal;

VIII. inspecionar e fiscalizar os estabelecimentos penais, bem assim informar-se, mediante relatórios do Conselho Penitenciário, requisições, visitas ou outros meios, acerca do desenvolvimento da execução penal nos Estados, Territórios e Distrito Federal, propondo às autoridades dela incumbida as medidas necessárias ao seu aprimoramento;

IX. representar ao Juiz da execução ou à autoridade administrativa para instauração de sindicância ou procedimento administrativo, em caso de violação das normas referentes à execução penal;

X. representar à autoridade competente para a interdição, no todo ou em parte, de estabelecimento penal.

21.12.2. Departamentos penitenciários

a) Departamento Penitenciário Nacional (DEPEN): também subordinado ao Ministério da Justiça, em especial à Secretaria Nacional de Justiça, é o órgão executivo da Política Penitenciária Nacional e de apoio administrativo e financeiro ao Conselho Nacional de Política Criminal e Penitenciária (art. 71, LEP).

As atribuições do DEPEN são as seguintes (art. 72, LEP):

I. acompanhar a fiel aplicação das normas de execução penal em todo o Território Nacional;

II. inspecionar e fiscalizar periodicamente os estabelecimentos e serviços penais;

III. assistir tecnicamente as Unidades Federativas na implementação dos princípios e regras estabelecidos nesta Lei;

IV. colaborar com as Unidades Federativas mediante convênios, na implantação de estabelecimentos e serviços penais;

V. colaborar com as Unidades Federativas para a realização de cursos de formação de pessoal penitenciário e de ensino profissionalizante do condenado e do internado.

VI. estabelecer, mediante convênios com as unidades federativas, o cadastro nacional das vagas existentes em estabelecimentos locais destinadas ao cumprimento de penas privativas de liberdade aplicadas pela justiça de outra unidade federativa, em especial para presos sujeitos a regime disciplinar.

Por fim, incumbem também ao Departamento a coordenação e supervisão dos estabelecimentos penais e de internamento federais (parágrafo único, art. 72, LEP).

Outras atribuições do DEPEN estão contidas no art. 25, Dec. 6.061/2007, ao qual sugerimos a análise por parte do leitor.

b) Departamento Penitenciário Local (arts. 73 e 74, LEP): sua criação acontece por lei estadual e as suas funções são semelhantes às do DEPEN, tendo por finalidade precípua supervisionar e coordenar os estabelecimentos penais estaduais. Deve manter integração com o órgão federal, executando as regras gerais penitenciárias em conformidade com a política criminal nacional.

21.12.3. Conselho Penitenciário

Órgão consultivo e fiscalizador da execução penal, auxiliar do Poder Executivo, possuindo caráter **não estatal** (art. 69, LEP).

a) Composição: o Conselho será integrado por membros nomeados pelo Governador do Estado ou do Distrito Federal e dos Territórios, dentre professores e profissionais da área do Direito Penal, Processual Penal, Penitenciário e ciências correlatas, bem como por representantes da comunidade (art. 69, § 1º, LEP).

b) Atribuições: estão elencadas no art. 70, LEP. Seguem abaixo:

I. emitir parecer sobre indulto e comutação de pena, excetuada a hipótese de pedido de indulto com base no estado de saúde do preso;

II. inspecionar os estabelecimentos e serviços penais;

III. apresentar, no 1º (primeiro) trimestre de cada ano, ao Conselho Nacional de Política Criminal e Penitenciária, relatório dos trabalhos efetuados no exercício anterior;

IV. supervisionar os patronatos, bem como a assistência aos egressos.

21.12.4. Direção do estabelecimento penal (art. 75, LEP)

O diretor deverá residir no estabelecimento ou nas suas proximidades, com regime de dedicação integral, possuindo como requisitos para o cargo o diploma de nível superior, alternativamente, em Direito, Psicologia, Pedagogia, Ciências Sociais ou Serviços Sociais; experiência administrativa na área; idoneidade moral; e aptidão funcional.

21.12.5. Patronato de Presos e Egressos

Órgão colegiado, público ou particular, cuja missão é prestar assistência aos albergados e aos egressos (art. 78, LEP).

São atribuições do Patronato (art. 79, LEP):

I. orientar os condenados à pena restritiva de direitos;

II. fiscalizar o cumprimento das penas de prestação de serviço à comunidade e de limitação de fim de semana;

III. colaborar na fiscalização do cumprimento das condições da suspensão e do livramento condicional.

21.12.6. Conselho da Comunidade

Trata-se de órgão auxiliar do Poder Judiciário, formado por iniciativa do juiz da execução, e composto, preferencialmente, por particulares.

a) Composição: haverá, em cada comarca, um Conselho da Comunidade composto, no mínimo, por 1 (um) representante de associação comercial ou industrial, 1 (um) advogado indicado pela Seção da Ordem dos Advogados do Brasil, 1 (um) Defensor Público indicado pelo Defensor Público Geral e 1 (um) assistente social escolhido pela Delegacia Seccional do Conselho Nacional de Assistentes Sociais – art. 80, LEP. Na falta da representação prevista neste artigo, ficará a critério do Juiz da execução a escolha dos integrantes do Conselho (parágrafo único).

b) Atribuições (art. 81, LEP):

I. visitar, pelo menos mensalmente, os estabelecimentos penais existentes na comarca;

II. entrevistar presos;

III. apresentar relatórios mensais ao Juiz da execução e ao Conselho Penitenciário;

IV. diligenciar a obtenção de recursos materiais e humanos para melhor assistência ao preso ou internado, em harmonia com a direção do estabelecimento.

21.12.7. Juízo da execução penal

Após o trânsito em julgado de sentença condenatória ou de sentença absolutória imprópria (medida de segurança), a competência passa ao juízo da execução penal. Caso não exista juízo específico na Comarca, a execução penal competirá ao Juiz indicado na lei estadual de organização judiciária e, na sua ausência, ao da sentença – art. 65, LEP.

No caso de suspensão condicional da pena (arts. 77, CP; e 156, LEP), o juiz da execução passa a ser competente após a audiência admonitória, que é o momento de fixar as condições do *sursis* (arts. 160 e 161, LEP).

a) Competência do juiz da execução (art. 66, LEP):

I. aplicar aos casos julgados lei posterior que de qualquer modo favoreça o condenado;

II. declarar extinta a punibilidade;

III. decidir sobre a soma ou unificação de penas; progressão ou regressão nos regimes; detração e remição da pena; suspensão condicional da pena; livramento condicional; incidentes da execução.

IV. autorizar saídas temporárias;

V. determinar: a) a forma de cumprimento da pena restritiva de direitos e fiscalizar sua execução; b) a conversão da pena restritiva de direitos e de multa em privativa de liberdade; c) a conversão da pena privativa de liberdade em restritiva de direitos; d) a aplicação da medida de segurança, bem como a substituição da pena por medida de segurança; e) a revogação da medida de segurança; f) a desinternação e o restabelecimento da situação anterior; g) o cumprimento de pena ou medida de segurança em outra comarca; h) a remoção do condenado na hipótese prevista no § 1º, do art. 86, desta Lei.

VI. zelar pelo correto cumprimento da pena e da medida de segurança;

VII. inspecionar, mensalmente, os estabelecimentos penais, tomando providências para o adequado funcionamento e promovendo, quando for o caso, a apuração de responsabilidade;

VIII. interditar, no todo ou em parte, estabelecimento penal que estiver funcionando em condições inadequadas ou com infringência aos dispositivos desta Lei;

IX. compor e instalar o Conselho da Comunidade;

X. emitir anualmente atestado de pena a cumprir.

21.12.8. Ministério Público

Deve atuar durante todo o processo de execução, fiscalizando a correta aplicação da lei e zelando pelos interesses da sociedade e do condenado (art. 67, LEP).

a) Atribuições (art. 68, LEP; note-se que o rol estabelecido neste dispositivo é exemplificativo, pois o MP atua em toda a execução penal):

I. fiscalizar a regularidade formal das guias de recolhimento e de internamento;

II. requerer: todas as providências necessárias ao desenvolvimento do processo executivo; a instauração dos incidentes de excesso ou desvio de execução; a aplicação de medida de segurança, bem como a substituição da pena por medida de segurança; a revogação da medida de segurança; a conversão de penas, a progressão ou regressão nos regimes e a revogação da suspensão condicional da pena e do livramento condicional; e a internação, a desinternação e o restabelecimento da situação anterior.

III. interpor recursos de decisões proferidas pela autoridade judiciária, durante a execução.

A presença do membro do *parquet* deverá ser registrada em livro próprio e deve ocorrer com frequência mensal.

Além das funções previstas nas Constituições Federal e Estadual, na Lei Orgânica e em outras leis, incumbe, ainda, ao MP exercer a fiscalização dos estabelecimentos prisionais e dos que abriguem idosos, menores, incapazes ou pessoas portadoras de deficiência (art. 25, VI, Lei 8.625/1993 – Lei Orgânica Nacional do Ministério Público).

21.12.9. Defensoria Pública

Somente em 2010, com o advento da Lei 12.313, passou a ser obrigatória a participação da DP nos atos da execução penal.

Desse modo, as suas atribuições são as mais vastas possíveis, como evidencia a redação dos arts. 81-A e 81-B, LEP. Vejamos a seguir:

a) velará pela regular execução da pena e da medida de segurança, oficiando, no processo executivo e nos incidentes da execução, para a defesa dos necessitados em todos os graus e instâncias, de forma individual e coletiva.

b) requerer: todas as providências necessárias ao desenvolvimento do processo executivo; a aplicação aos casos julgados de lei posterior que de qualquer modo favorecer o condenado; a declaração de extinção da punibilidade; a unificação de penas; a detração e remição da pena; a instauração dos incidentes de excesso ou desvio de execução; a aplicação de medida de segurança e sua revogação, bem como a substituição da pena por medida de segurança; a conversão de penas, a progressão nos regimes, a suspensão condicional da pena, o livramento condicional, a comutação de pena e o indulto; a autorização de saídas temporárias; a internação, a desinternação e o restabelecimento da situação anterior; o cumprimento de pena ou medida de segurança em outra comarca; a remoção do condenado na hipótese prevista no § 1º do art. 86 desta Lei.

c) requerer a emissão anual do atestado de pena a cumprir.

d) interpor recursos de decisões proferidas pela autoridade judiciária ou administrativa durante a execução.

e) representar ao Juiz da execução ou à autoridade administrativa para instauração de sindicância ou procedimento administrativo em caso de violação das normas referentes à execução penal.

f) visitar os estabelecimentos penais, tomando providências para o adequado funcionamento, e requerer, quando for o caso, a apuração de responsabilidade.

g) requerer à autoridade competente a interdição, no todo ou em parte, de estabelecimento penal.

Tal qual ocorre com os membros do MP, os defensores visitarão periodicamente os estabelecimentos penais, devendo registrar a sua presença em livro próprio.

21.13. Estabelecimentos penais

21.13.1. Conceito

Quaisquer edificações destinadas a receber o preso provisório, o condenado por sentença condenatória transitada em julgado, os submetidos à medida de segurança e o egresso.

21.13.2. Separação

Nos termos do art. 5º, XLVIII, CF, a pena será cumprida em estabelecimentos distintos, de acordo com a natureza do delito, a idade e o sexo do apenado. Trata-se de expressão do princípio da individualização das penas, buscando, também, que a pena atinja as suas finalidades.

Apesar de os estabelecimentos penais poderem integrar um mesmo conjunto arquitetônico (complexo penitenciário), é fundamental que os indivíduos sejam classificados e efetivamente separados – art. 82, § 2º, LEP.

De todo o modo, impõe-se a separação das seguintes formas:

a) Os primários dos reincidentes (art. 84, § 1º)

b) Os homens das mulheres (art. 82, § 1º)

c) Maiores de 60 anos (art. 82, § 1º)

d) Os que foram funcionários do sistema de administração da justiça criminal (art. 84, § 2º)

e) O índio (art. 56, Lei 6.001/1973)

f) Os presos provisórios dos definitivos (arts. 84, LEP; 300, CPP).

No caso dos presos provisórios, há ainda uma outra espécie de separação: a prisão especial. Quis o legislador ordinário que determinadas pessoas, por conta do cargo/ocupação que exercem, em caso de prisão provisória (flagrante, preventiva e temporária), ficassem segregadas em **estabelecimentos distintos** da prisão comum. A isso, convencionou-se chamar de "prisão especial".

A pessoa que faz *jus* a esse tipo de prisão deverá permanecer encarcerada em local distinto da prisão comum (art. 295, § 1º, CPP). Inexistindo estabelecimento específico, o preso especial deverá ficar em cela separada dentro de estabelecimento penal comum (art. 295, § 2º). De um jeito ou de outro, "a cela especial poderá consistir em alojamento coletivo, atendidos os requisitos de salubridade do ambiente, pela concorrência dos fatores de aeração, insolação e condicionamento térmico adequados à existência humana" (art. 295, § 3º).

Sendo realmente impossível acomodar o preso especial em local apropriado, permite a Lei 5.256/1967 que, ouvido o MP, o juiz submeta o indivíduo à prisão domiciliar, oportunidade em que ficará detido em sua própria residência.

Além de ter direito a ficar segregado em local distinto da prisão comum, o preso especial também faz jus a não ser transportado juntamente com os presos comuns (art. 295, § 4º).

Os indivíduos beneficiados estão contidos no rol do art. 295, CPP. Porém, esse rol não é exaustivo, visto que diversos outros indivíduos também gozam do direito à prisão especial. Destaque aqui para o advogado (art. 7º, V, EOAB) que, se preso provisoriamente, tem direito a ser recolhido em sala de Estado Maior,[155] com instalações e comodidades condignas, e, na sua falta, em prisão domiciliar.[156]

Vale ressaltar que a prisão especial só tem cabimento enquanto não ocorrer o trânsito em julgado da sentença penal condenatória. Ocorrendo este, deve o preso ser encaminhado ao estabelecimento penal comum, salvo se, à época do fato, era funcionário da administração da justiça criminal, caso em que, mesmo após a sentença definitiva, deverá permanecer separado dos demais presos (art. 84, § 2º, LEP).

Por fim, o instituto – prisão especial – é extremamente criticado (com acerto, segundo pensamos) por certo setor da doutrina (*v. g.* Nucci, 2006, p. 580). Fora a prisão especial para os funcionários do sistema de administração criminal, as demais (diplomados em curso superior, p. ex.) ofendem o princípio da isonomia (art. 5º, *caput*, CF). Exemplificativamente, no caso do diplomado em curso superior o tratamento "especial" dispensado pauta-se, na verdade, no padrão social/cultural ao qual pertence o indivíduo (algo, portanto, absurdo).

21.13.3. Lotação

Diz o art. 85, LEP, que o estabelecimento penal deverá ter **lotação compatível** com a sua estrutura e finalidade e que caberá ao Conselho Nacional de Política Criminal e Penitenciária determinar o limite máximo de capacidade do estabelecimento, atendendo à sua natureza e peculiaridades.

Desafiando as "leis da física", o dispositivo acima vem sendo paulatinamente ignorado no Brasil – o que, dentre outras coisas: I. fulmina os objetivos da execução penal; II. torna letra morta o princípio da dignidade da pessoa humana no campo da execução penal; e, mais, III. denuncia a (baixa) qualidade da democracia brasileira. Já se disse que a forma como um preso é tratado diz muito da qualidade da democracia de um país. Esses dizeres encontram (infelizmente) intensa ressonância na realidade brasileira.

21.13.4. Instalações especiais nos estabelecimentos penais (art. 83, LEP)

Trata-se de exigência voltada a favorecer o pleno exercício dos direitos dos presos, bem como contribuir para a ressocialização ao viabilizar as modalidades diversas de assistência aos presos.

Desse modo, são necessárias instalações físicas que comportem espaços destinados ao estágio de estudantes universitários, por exemplo (art. 83, § 1º, LEP). Além disso, deverão ser instaladas salas de aulas destinadas a cursos do ensino básico e profissionalizante (art. 83, § 4º).

Nos estabelecimentos penais destinados a mulheres, a instalação de berçário, onde as condenadas possam cuidar de seus filhos e amamentá-los, no mínimo, até 6 (seis) meses de idade (art. 83, § 2º). Nesse particular, trata-se de imposição constitucional (art. 5º, L, CF).

Por fim, a Defensoria Pública terá espaço específico para o atendimento de presos e para o desempenho das suas atividades durante toda a execução penal (art. 83, § 5º, LEP).

Vale, por fim, anotar que os estabelecimentos destinados às mulheres deverão possuir, exclusivamente, agentes do sexo feminino na segurança de suas dependências internas (art. 83, § 3º, LEP).

21.13.5. Modalidades de estabelecimentos penais: Penitenciárias; Colônias Agrícola, Industrial ou Similar; Casas do Albergado; Centros de Observação, Hospitais de Custódia e Tratamento Psiquiátrico; e Cadeias Públicas

Vale ressaltar que o juiz sentenciante indicará o regime inicial de cumprimento da pena, que será decisivo na escolha do estabelecimento penal no qual o condenado será inicialmente alocado, podendo, posteriormente, regredir ou progredir para outros estabelecimentos (vide art. 33, CP).

Nas hipóteses em que for reconhecida a doença mental na sentença, o indivíduo será absolvido impropriamente, ou seja, será submetido à medida de segurança: tratamento ambulatorial ou internamento.

---

155. "'**Sala de Estado Maior**' deve ser interpretada como sendo uma dependência em estabelecimento castrense, sem grades, com instalações condignas" (STF, Rcl 4713/SC, *DJe* **07.03.2008**). (Grifo nosso).

156. Atenção que a expressão: "assim reconhecidas pela OAB", contida no dispositivo, foi declarada inconstitucional pelo STF (ADIN 1.127-8).

Ocorrendo a doença mental no curso do cumprimento da pena, deverá o indivíduo ser transferido para um hospital de custódia e tratamento (HCT).

a) Penitenciária

Estabelecimento penal, estadual ou federal, destinado ao condenado à pena de reclusão, em regime fechado (art. 87, LEP). Destinado, em regra, para penas de longa duração.

Os estabelecimentos e as acomodações são separados conforme os critérios já trabalhados, mas merecem indicação expressa as disposições dos arts. 88 e 89, LEP.

Os presos deverão ser acomodados em cela individual contendo dormitório, aparelho sanitário e lavatório, contando com as seguintes condições:

I. salubridade do ambiente pela concorrência dos fatores de aeração, insolação e condicionamento térmico adequado à existência humana;

II. área mínima de $6m^2$ (seis metros quadrados).

No caso dos estabelecimentos femininos, além dos requisitos acima indicados, a penitenciária deverá ter seção para gestante e parturiente, além de creche para abrigar crianças maiores de 6 (seis) meses e menores de 7 (sete) anos. A finalidade é assistir a criança desamparada cuja responsável estiver presa - art. 89, LEP.

As penitenciárias masculinas serão construídas em local afastado do centro urbano, à distância, porém, que não restrinja a visitação - art. 90, LEP.

No caso das penitenciárias federais, a União poderá construir estabelecimento penal em local distante da condenação para recolher os condenados, quando a medida se justifique no interesse da segurança pública ou do próprio condenado - art. 86, § 1º.

Há, ainda, as penitenciárias com regime disciplinar diferenciado (art. 87, parágrafo único, LEP), que podem ser construídas pelos entes da Federação responsáveis pela execução penal (União Federal, os Estados e o Distrito Federal e os Territórios). São penitenciárias destinadas, exclusivamente, aos presos provisórios e condenados que estejam em regime fechado e sujeitos ao regime disciplinar diferenciado, nos termos do art. 52, LEP.

Existe também a possibilidade de inclusão e transferência de preso em penitenciária federal de segurança máxima, cuja disciplina encontra-se na Lei 11.671/2008, configurando-se em medida excepcional e transitória (art. 10).

Excepcional porque a medida deve ser justificada no interesse da segurança pública ou do próprio preso, condenado ou provisório, ou seja, quando houver risco à sua integridade ou quando ele representar perigo à segurança pública poderá haver a transferência.

Transitória ou temporária, pois o período máximo de permanência não excederá 360 (trezentos e sessenta) dias, em regra, podendo ser renovado, excepcionalmente, quando solicitado motivadamente pelo juízo de origem, observados os mesmos requisitos da transferência.

O seu processamento dar-se-á da seguinte forma (arts. 4º e 5º):

I. Legitimados: são legitimados para requerer o processo de transferência, a autoridade administrativa, o Ministério Público e o próprio preso.

II. Competência: Juiz Federal da seção judiciária correspondente (lembrar das regras de definição da competência).

III. Procedimento: instruídos os autos do processo de transferência, serão ouvidos, no prazo de 5 (cinco) dias cada, quando não requerentes, a autoridade administrativa, o Ministério Público e a defesa, bem como o DEPEN. É facultado ao DEPEN indicar o estabelecimento penal federal mais adequado. A admissão do preso, condenado ou provisório, dependerá de decisão prévia e fundamentada do juízo federal competente, após receber os autos de transferência enviados pelo juízo responsável pela execução penal ou pela prisão provisória. Nesta decisão o juiz deve indicar o período de permanência.

b) Colônia agrícola, industrial ou similar

É o estabelecimento penal destinado aos condenados que cumprem pena no **regime semiaberto** - art. 91, LEP.

A sua estruturação pressupõe um maior senso de responsabilidade do condenado, pois o grau de segurança é médio, com menor proteção contra fugas.

Vejamos a seguir as regras básicas do regime semiaberto, indicadas no art. 35, CP e no art. 92, LEP:

I. O condenado fica sujeito a trabalho em comum durante o período diurno, em colônia agrícola, industrial ou estabelecimento similar.

II. O trabalho externo é admissível, bem como a frequência a cursos supletivos profissionalizantes, de instrução de segundo grau ou superior.

III. O condenado poderá ser alojado em compartimento coletivo, observados os requisitos do art. 88, parágrafo único, "a", LEP.

c) Casa do albergado

Estabelecimento penal destinado ao cumprimento de pena privativa de liberdade, em **regime aberto**, além da pena de **limitação de fim de semana.**

Aqui há inexistência de obstáculo contra a fuga, o seu fundamento é a autodisciplina e responsabilidade do condenado e o trabalho externo ocorre durante o dia, enquanto o recolhimento durante o período noturno e, também, aos finais de semana.

A sua localização se dá em centro urbano, separado dos demais estabelecimentos. Cada região deverá ter ao menos uma Casa do Albergado, que deverá ser dotada de espaço para cursos e palestras.

d) Hospital de custódia e tratamento (HCT)

Estabelecimento destinado aos inimputáveis e semiimputáveis referidos no art. 26 e parágrafo único, CP, submetidos à medida de segurança em virtude de sentença de absolvição imprópria.

Aplica-se ao hospital, em relação ao espaço físico, o disposto no parágrafo único, do art. 88, LEP. Não há, contudo, exigência de cela individual.

Se o Estado não dotar o HCT de estrutura para o tratamento ambulatorial, deverá providenciar outro local com serviço médico adequado.

e) Cadeia Pública

Estabelecimento destinado ao recolhimento dos presos provisórios.

Em cada comarca deverá ter ao menos 1 (uma) cadeia pública a fim de resguardar o interesse da Administração da Justiça Criminal e a permanência do preso em local próximo ao seu meio social e familiar.

O estabelecimento será instalado próximo dos centros urbanos, observando-se as exigências mínimas referidas no art. 88, LEP.

21.14. Execução da pena privativa de liberdade

Em verdade, adotamos um sistema progressivo/regressivo pautado em 2 critérios: um critério objetivo (cumprimento de determinada quantidade de pena); e em um critério subjetivo (atestado de boa conduta).

Apresentando o condenado boa conduta e cumprindo determinado *quantum* da condenação, a pena privativa de liberdade será executada de forma progressiva, ou seja, iniciando no regime mais rigoroso e evoluindo para o menos rigoroso (art. 33, § 2º, CP; e art. 112, LEP).

A seguir, faremos uma análise do procedimento.

21.14.1. Fixação do regime

Em caso de condenação à pena privativa de liberdade, o juiz da causa fixará, na sentença, o regime inicial de cumprimento da pena.

Para tanto, levará em consideração a quantidade de pena fixada na decisão e alguns critérios subjetivos, a exemplo da reincidência do apenado (art. 33, §§ 2º e 3º, CP):

I. o condenado a pena **superior a 8 (oito)** anos **deverá** começar a cumpri-la em regime fechado;

II. o condenado **não reincidente**, cuja pena seja **superior a 4 (quatro) anos e não exceda a 8 (oito), poderá**, desde o princípio, cumpri-la em regime semiaberto;

III. o condenado **não reincidente**, cuja pena seja **igual ou inferior a 4 (quatro) anos**, **poderá**, desde o início, cumpri-la em regime aberto.

Importante destacar que os critérios do art. 59, CP, são imprescindíveis para a determinação do regime inicial de cumprimento da pena. São eles: culpabilidade; antecedentes; conduta social; personalidade do agente; os motivos, circunstâncias e consequências do crime; comportamento da vítima.

Apesar da previsão legal, não pode o magistrado, com base em suas impressões pessoais, fixar um regime mais gravoso do que aquele correspondente à pena aplicada. Nesse sentido, ver **STF, Súmula 718**: *a opinião do julgador sobre a gravidade em abstrato do crime não constitui motivação idônea para a imposição de regime mais severo do que o permitido segundo a pena aplicada*. Na mesma linha de cognição estão a Súmula 719, STF, e a Súmula 440, STJ.

Contudo, há que se ressaltar algumas imposições legais quanto ao regime inicial fechado, como previsto no art. 2º, § 1º, Lei 8.072/1990 (crimes hediondos e assemelhados). Ver, ainda, a Súmula Vinculante 26, STF: *Para efeito de progressão de regime no cumprimento de pena por crime hediondo, ou equiparado, o juízo da execução observará a inconstitucionalidade do art. 2º da Lei 8.072/1990, de 25.07.1990, sem prejuízo de avaliar se o condenado preenche, ou não, os requisitos objetivos e subjetivos do benefício, podendo determinar, para tal fim, de modo fundamentado, a realização de exame criminológico*.

O novo texto da Lei 8.072/1990 somente deve ser aplicado àqueles que praticaram crime hediondo ou assemelhado após a edição da Lei 11.464/2007. Isto porque o regime integralmente fechado já havia sido declarado inconstitucional pelo STF em 2006. Logo, o que vigia era o lapso de 1/6 para a progressão e não o regime integralmente fechado. O STJ adota o mesmo posicionamento na Súmula 471.

a) Regime fechado

Vejamos abaixo as regras/etapas mais importantes referentes ao procedimento de inserção no regime fechado.

Após o trânsito em julgado da sentença condenatória que fixou o regime fechado, impõe-se a expedição da **guia de recolhimento** (carta de guia ou guia de execução). Trata-se aqui de condição **indispensável** para o início da execução da pena (art. 107, LEP). O próprio magistrado ordenará a sua expedição.

A guia de recolhimento será extraída, rubricada pelo escrivão, juntamente com o juiz, quando então será remetida à autoridade administrativa a quem incumbirá a execução.

Os requisitos da guia são os seguintes:

I. o nome do condenado;

II. a sua qualificação civil e o número do registro geral no órgão oficial de identificação;

III. o inteiro teor da denúncia e da sentença condenatória, bem como certidão do trânsito em julgado;

IV. a informação sobre os antecedentes e o grau de instrução;

V. a data da terminação da pena;

VI. outras peças do processo reputadas indispensáveis ao adequado tratamento penitenciário.

Em seguida será realizado o **exame criminológico** (art. 8º, LEP), que se destina a realizar um diagnóstico criminológico (causas da inadaptação social) e um prognóstico social (possibilidades de reinserção social) acerca da pessoa condenada. Importante enfatizar que o exame recai sobre **4 linhas de pesquisa**: social, médica, psicológica e psiquiátrica.

Possui **origem histórica** na escola positivista italiana (**Cesare Lombroso** – final do séc. XIX e início do XX). Baseia-se na noção do "criminoso nato", tese segundo a qual a análise de determinadas características psicossomáticas tornaria possível prever aqueles indivíduos que se voltariam para o crime.

Tal exame era obrigatório antes do advento da Lei 10.792/2003, que alterou a redação do art. 112, LEP. Atualmente é **facultativo** e **independe** do regime de cumprimento da pena, conforme orientação dos Tribunais Superiores (STF, Súmula Vinculante 26; e STJ, Súmula 439). Sendo assim, se o magistrado o determinar, deverá fazê-lo em decisão fundamentada na gravidade da infração penal e nas condições pessoais do agente.

Vale ressaltar que os tribunais superiores estão mantendo um **requisito não exigido pela lei para a progressão de regime**. A burocracia que a lei tentou eliminar, visando a garantir a progressão de regime, continua sendo mantida pelas Cortes Superiores brasileiras.

Como já asseverado em capítulo anterior, o cumprimento inicial em regime fechado acontece em penitenciária. Em relação ao trabalho interno, este é obrigatório no período diurno. O trabalho externo poderá ocorrer em obra ou serviço público, mas está condicionado ao cumprimento de 1/6 da pena e à demonstração de aptidão para a atividade (arts. 36 e 37, LEP).

b) Regime semiaberto

Também aqui é imprescindível a expedição da guia de recolhimento. A execução penal não tem início sem esse documento.

Como visto no item anterior, poderá ser realizado o exame criminológico. Uma vez iniciado o cumprimento da pena, estará o preso obrigado a exercer atividade laboral, interna ou externa. No caso da atividade externa, ao contrário do regime fechado, poderá ocorrer junto à iniciativa privada.

Pela maior flexibilidade, é possível ao preso frequentar cursos em ambiente externo (art. 122, II, LEP).

c) Regime aberto

Expedição da guia de recolhimento ou de execução, uma vez que o regime é aberto. No caso, somente acontecerá recolhimento no período noturno e nos dias de folga (art. 115, I e II, LEP). O trabalho e a frequência a cursos serão necessariamente em ambiente externo.

As condições para o preso ingressar no regime aberto são as seguintes (art. 114, LEP):

I. estiver trabalhando ou comprovar a possibilidade de fazê-lo imediatamente;

II. apresentar, pelos seus antecedentes ou pelo resultado dos exames a que foi submetido, fundados indícios de que irá ajustar-se, com autodisciplina e senso de responsabilidade, ao novo regime.

Com relação ao trabalho, há exceção quanto às pessoas indicadas no art. 117, LEP, pois poderão ter a dispensa da atividade laboral em razão dos critérios ali estabelecidos, sujeitando-se até ao regime domiciliar aberto, que veremos em seguida.

Outras condições obrigatórias:

III. permanecer no local que for designado, durante o repouso e nos dias de folga;

IV. sair para o trabalho e retornar, nos horários fixados;

V. não se ausentar da cidade onde reside, sem autorização judicial;

VI. comparecer a Juízo, para informar e justificar as suas atividades, quando for determinado.

O juiz pode, ainda, estabelecer condições especiais para a concessão do regime aberto ao preso, embora não possa fazê-lo sob a forma de pena substitutiva, nos termos da Súmula 493, STJ.

d) Regime domiciliar aberto

Trata-se de medida de caráter excepcional, destinada a presos do regime aberto, a ser aplicada nas situações descritas no art. 117, LEP.

São hipóteses de cabimento:

I. condenado maior de 70 (setenta) anos;

II. condenado acometido de doença grave;

III. condenada com filho menor ou deficiente físico ou mental;

IV. condenada gestante.

Doutrina e jurisprudência têm ampliado os termos do art. 117, LEP, para aplicar a prisão domiciliar em uma série de outras situações, a saber:

a) Concede-se prisão domiciliar ao preso provisório (prisão preventiva, *v. g.*) quando este estiver acometido de **grave enfermidade** e o estabelecimento **não** oferecer condições adequadas de tratamento. Nesse sentido: STJ, HC 270808/SE, *DJe* 16.06.2014; e STF, HC 98675/ES, **DJe 21.08.2009,** Info. 550 e EP 23 AgR, DJ 12.11.2014). O tema foi positivado no art. 318, II, CPP.

b) O STJ também tem concedido prisão domiciliar ao preso **definitivo** (ainda que esteja em regime semiaberto ou fechado), quando ocorre o binômio: doença grave + impossibilidade de o estabelecimento oferecer tratamento adequado ao doente. Vide, por exemplo: STJ, RHC 26814/RS, *DJ* 29.03.2010.

c) Finalmente, a situação mais delicada: falta de vaga em estabelecimento adequado (Judiciário *vs.* Executivo).

Basicamente, duas posições surgiram na comunidade jurídica:

I. Em caso de superlotação, o preso deverá ser mantido em regime mais grave por "motivo de força maior" e também porque ao praticar o delito assumiu o risco previsível de ser mantido no cárcere.

II. A ausência de vagas em estabelecimento adequado evidencia a desídia do Estado-administrador e o ônus daí decorrente não pode ser debitado ao condenado.

Atenção: A mais recente jurisprudência dos Tribunais Superiores tem concedido a prisão domiciliar quando o preso definitivo faz jus ao regime semiaberto ou aberto, porém, não há vaga no respectivo estabelecimento penal (Colônia industrial; Casa do albergado, p. ex.) ou o estabelecimento penal encontra-se em condições inadequadas para abrigar o preso. Nesse sentido, conferir: STF, HC 95334/RS, *DJe* 21.08.2009 e RE 641320, DJ 01.08.2016; STJ, RHC 45787/SP, *DJe* 21.05.2014; HC 286405/SP, *DJe* 02.05.2014 e HC 343.113/RS, DJ 06.09.2016. Entretanto, o STF firmou entendimento no sentido de que não viola o verbete vinculante 56 ("A falta de estabelecimento penal adequado não autoriza a manutenção do condenado em regime prisional mais gravoso") a situação do condenado ao regime semiaberto que está cumprindo pena em presídio do regime fechado, mas em uma ala destinada aos presos do semiaberto (Info. 861, STF, de 10 a 21 de abril de 2017).

21.14.2. Progressão de regime

Estatui o art. 33, § 2º, CP: *As penas privativas de liberdade deverão ser executadas em forma progressiva, segundo o mérito do condenado, observados os seguintes critérios e ressalvadas as hipóteses de transferência a regime mais rigoroso.* A progressividade do cumprimento da pena reflete a função reeducadora da pena, voltada à reinserção social progressiva do condenado.

a) Requisitos

Da transcrição do dispositivo, podemos inferir que há duas possibilidades para o preso no decorrer do cumprimento da pena: a progressão para regimes menos gravosos (regra); e a regressão para regime mais rígido (exceção).

O art. 112, LEP, reitera que a pena privativa de liberdade será executada em forma progressiva com a transferência para regime menos rigoroso, estabelecendo como condições para a sua determinação pelo juiz: o cumprimento de ao menos 1/6 **(um sexto) da pena** no regime anterior e ostentar **bom comportamento** carcerário, comprovado pelo **diretor** do estabelecimento. Vemos, portanto, que há um critério dúplice, cumulativo: temporal e disciplinar.

Lembrando que a decisão será sempre motivada e precedida de manifestação do Ministério Público e do defensor, respeitando o devido processo legal, o contraditório e a ampla defesa.

I. Temporal

Retomando a discussão dos requisitos da progressão, é importante lembrar que a regra estabelecida pelo art. 112, LEP, comporta algumas exceções, a exemplo dos crimes hediondos. No caso, a progressão dar-se-á a partir do cumprimento de 2/5 (dois quintos) da pena para o condenado que tenha sido réu primário; ou de 3/5 (três quintos), caso seja reincidente na prática de crimes hediondos ou assemelhados[157].

Ex.1) 6 anos de condenação. É preciso cumprir 1 ano para pleitear a passagem para o semiaberto (1/6).

Ex.2) 10 anos de condenação por crime hediondo. Se o condenado era primário, será necessário cumprir ao menos 4 anos para pleitear a progressão do regime fechado para o semiaberto. Na mesma hipótese, sendo reincidente, deverá cumprir ao menos 6 anos para o pleito.

E para obter uma nova progressão, é preciso cumprir mais 1/6 da pena total ou 1/6 da pena restante? O entendimento que vem prevalecendo é no sentido de que, para a nova progressão, é preciso cumprir 1/6 da **pena restante** e não do total. O principal argumento é o de que a **pena cumprida é pena extinta**, logo, não poderá ser usada para computar novas progressões. No nosso exemplo 1, o condenado para progredir do semiaberto para o aberto teria que cumprir mais 10 meses.[158]

Impende ressaltar que no caso de condenado preso preventivamente, a custódia cautelar necessariamente deve ser computada para fins de obtenção de progressão de regime e demais benefícios da execução penal, desde que não ocorra condenação posterior por outro crime apta a configurar falta grave (STF, RHC 143463/MG, *DJe* 03/10/2017).

II. Disciplinar

Consiste na necessidade de emissão do atestado de boa conduta firmado pelo diretor do presídio, o que acabou por tornar dispensável o exame criminológico para essa finalidade.

Mas qual é o conteúdo desse atestado? A lei nada diz a esse respeito, abrindo margem para possíveis considerações arbitrárias por parte do diretor. Sendo assim, revela-se mais adequado o entendimento de que ante a ausência de falta grave por parte condenado, deve-se atestar a sua boa conduta.

Então, no caso da prática de falta grave, considera-se interrompido o lapso cumprido de pena para fins de progressão de regime? Sim. Há, por óbvio, divergências consideráveis, mas prevalece no âmbito dos tribunais superiores a interrupção e consequente reinício da contagem do prazo para progressão de regime. Nesse sentido, ver STF, HC 118797/SP, *DJe* 27.02.2014; RHC 114967/GO, *DJe* 06.11.2013; e STJ, HC 257090/SP, *DJe* 25.06.2014. Ver também julgados acerca do "bom comportamento" para progressão, vide: STJ, HC 362.983/SP, DJe 16.09.2016 e AgRg no HC 352.627/SP, DJ 10.08.2016 e STF, HC 128080, DJ 05.08.2016.

Outro ponto importante é a Súmula 715, STF: "A pena unificada para atender ao limite de trinta anos de cumprimento, determinado pelo art. 75 do Código Penal, não é considerada para a concessão de outros benefícios, como o livramento condicional ou regime mais favorável de execução".

b) Progressão por salto (*per saltum*)

Trata-se da possibilidade de progressão do regime fechado para o aberto, diretamente, sem passar pelo semiaberto. Uma parte da doutrina admite a possibilidade, mas prevalece o entendimento de que **não** é possível. Nesse sentido, ver STJ, Súmula 491, e STF, RHC 99776/SP, *DJe* 12.02.2010.

21.14.3. Regressão de regime

Como já afirmado, trata-se de medida excepcional, cujas hipóteses estão previstas no art. 118, LEP.

I. praticar fato definido como **crime doloso ou falta grave**

Qualquer que seja o crime doloso, a sua prática enseja a regressão do regime. Não há necessidade de condenação na esfera judicial, mas tão somente a comprovação do fato e da autoria em incidente próprio, o procedimento disciplinar. A mesma disposição se aplica às faltas graves. Se houver absolvição no processo judicial, o preso retornará ao regime anterior.

II. sofrer **condenação**, por crime anterior, cuja pena, somada ao restante da pena em execução, torne incabível o regime (art. 111).

É possível que haja condenação por crime praticado em momento anterior ao encarceramento. Nesse caso, se a soma das condenações resultar período que seja incompatível com o atual, deverá o juiz determinar a regressão para o mais gravoso. Esta é a única regressão obrigatória (art. 33, CP). Ex: condenação à pena superior a 8 anos.

III. o condenado será transferido do regime aberto se, além das hipóteses referidas nos incisos anteriores, frustrar os fins da execução.

Atenção: O não pagamento da multa será executado como dívida de valor, não mais servindo para determinar a regressão de regime (Lei 9.268/1996).

Meios de frustrar os fins da execução podem ser: a violação dos deveres relacionados ao monitoramento eletrônico (art. 146-B, LEP); a prática de fato definido como contravenção penal (CUNHA, 2013, p. 154) etc.

É possível a regressão *per saltum*? Sim. Nos termos do art. 118 da Lei de Execução Penal, a transferência do condenado, a título de regressão, pode ocorrer para qualquer dos regimes mais rigorosos. Ver STJ, HC 273726/MG, *DJe* 31.03.2014; HC 283199/MG, *DJe* 07.03.2014 e AgRg no REsp 1575529/MS, DJ 17.06.2016.

21.14.4. Remição (art. 126, LEP)

a) Conceito

É o desconto do tempo de cumprimento da pena por meio do trabalho ou do estudo.

b) Beneficiários

Destina-se aos condenados que estejam cumprindo pena nos regimes fechado ou semiaberto.

c) Contagem do tempo

No caso de **atividade laboral**, a cada 3 (três) dias de trabalho é remido 1 (um) dia da pena. Ex: ao trabalhar 3 dias terá o condenado cumprido 4 dias de pena.

A remição por **estudo** dar-se-á da seguinte forma: a cada 12 (doze) horas de frequência escolar é remido 1 (um) dia da pena.

157. O STF consolidou entendimento no sentido de que o tráfico de drogas privilegiado (art.33, § 4º, da Lei 11.343/2006) não possui natureza equiparável à hedionda (STF, HC 118533/MS, DJ 19/09/2016).

158. Sobre esse assunto é importante pontuar: A data-base para subsequente progressão de regime é aquela em que o reeducando preencheu os requisitos do art. 112 da LEP e não aquela em que o Juízo das Execuções deferiu o benefício (Info. 595, STJ). Explica-se: caso um indivíduo tenha sido condenado a 6 anos de reclusão em regime fechado pela prática de crime comum, terá direito à pro-gressão de regime após 1 ano de cumprimento. Digamos que completou 1 ano de cumprimento no dia 05/05/2015, mas devido ao grande número de processos, somente em 05/10/2015 o juiz proferiu decisão determinando a progressão de regime ao semiaber-to. Nesse caso, para efeito de cálculo da nova progressão, deverá ser considerado os 5 meses em que o condenado permaneceu no regime fechado, uma vez que já havia ocorrido o preenchimento das condições (Info. 595, STJ).

O STJ já havia reconhecido tal possibilidade antes mesmo da alteração legislativa de 2011, com a edição da Súmula 341: *A frequência a curso de ensino formal é causa de remição de parte do tempo de execução de pena sob regime fechado ou semiaberto.*

Mas, afinal, em que consiste o estudo e como este é dividido? Consiste no desenvolvimento da atividade de ensino fundamental, médio, inclusive profissionalizante, ou superior, ou ainda de requalificação profissional (presencial ou à distância) e de leitura[159]. As 12 horas dedicadas ao estudo devem ser divididas, no mínimo, em 3 (três) dias, ou seja, o preso que tiver 12 horas de estudo a cada 3 dias ou mais terá 1 dia remido.

Vale ressaltar que deve haver certificação pelas autoridades educacionais competentes dos cursos frequentados.

Há também uma possibilidade de bônus pela conclusão de algum nível de ensino, nos termos do § 5º, art. 126, LEP: *O tempo a remir em função das horas de estudo será acrescido de 1/3 (um terço) no caso de conclusão do ensino fundamental, médio ou superior durante o cumprimento da pena, desde que certificada pelo órgão competente do sistema de educação.* No caso, será considerado o total dos dias naturalmente remidos, acrescidos de 1/3 desse total.

Por fim, a remição pode ainda combinar o trabalho e o estudo desenvolvidos concomitantemente. Ex: 3 dias de trabalho **E** estudo = 5 dias de pena cumprida.

d) Da comunicação

Nos termos do art. 129, LEP, a comunicação ao juízo da execução deverá ser feita pela autoridade administrativa, que encaminhará, mensalmente, uma cópia do registro de todos os condenados que estejam trabalhando ou estudando, com informação dos dias de trabalho e/ou as horas de frequência escolar ou de atividades de ensino de cada um deles.

e) Perda dos dias remidos (art. 127, LEP)

Diz o referido dispositivo que na hipótese de falta grave cometida pelo preso, o juiz poderá revogar até 1/3 (um terço) do tempo remido, observado o disposto no art. 57, recomeçando a contagem a partir da data da infração disciplinar. Perceba, caro leitor, que a perda dos dias remidos **somente** acontecerá por meio de decisão judicial, assegurados o contraditório e a ampla defesa.

Durante certo tempo houve discussão acerca da constitucionalidade do referido dispositivo, mas a polêmica foi encerrada com o advento da Súmula Vinculante 9, STF: *O disposto no artigo 127 da Lei 7.210/1984 (lei de execução penal) foi recebido pela ordem constitucional vigente e não se lhe aplica o limite temporal previsto no caput do artigo 58.*

f) Remição para o regime aberto

Para o STF não existe possibilidade de remição de pena para o regime aberto em caso de atividade laboral, pois inexiste previsão legal nesse sentido (RHC 117075/DF, *DJe* 19.11.2013 e HC 114591/RS, DJe 14.11.2013). No STJ o entendimento é o mesmo, havendo exceção explicitamente enunciada para a frequência em cursos de ensino regular ou profissionalizantes (AgRg no REsp 1223281/RS, DJe 07.02.2013 e HC 359.072/RS, DJe 23.08.2016), conforme estatui o § 6º do art. 126, LEP (frequência em curso de ensino regular ou de educação profissional). Ver ainda STJ, REsp 1381315/RJ, DJe 19.05.2015.

159. Ver STJ, HC 312468/SP, *DJe* 22.06.2015 e AgRg no REsp 1453257/MS, DJ 10.06.2016.

Com o advento do § 6 art. 126, LEP, é possível inferir que não há óbice da Suprema Corte quanto à remição da pena para os sentenciados em regime aberto, na hipótese de frequência em curso de ensino regular ou de educação profissional, uma vez que passou a existir previsão legal.

21.14.5. Autorizações de Saída

A sua razão de ser é atenuar o rigor da execução contínua da pena de prisão, consoante exposição de motivos da LEP. As saídas também cumprem importante função quanto à reinserção gradativa do preso à sociedade, pois permite o retorno temporário ao convívio com família e amigos no ambiente externo.

As suas modalidades são as seguintes:

a) Permissão de saída: Possui caráter urgente, devendo ser autorizada pelo diretor do estabelecimento penal. Por óbvio, também pode ser requerida ao juiz da execução penal. É dotada de cunho humanitário e deve ser feita com escolta.

I. Cabimento

As hipóteses que autorizam a permissão estão elencadas no art. 120, LEP.

1. falecimento ou doença grave do cônjuge, companheira, ascendente, descendente ou irmão;
2. necessidade de tratamento médico.

II. Beneficiários

Destina-se aos presos dos regimes fechado e semiaberto, bem como aos presos provisórios.

III. Duração

A duração dependerá da finalidade ou da razão pela qual se deu a saída.

b) Saída temporária: Medida de cunho educativo, preparatória para o retorno à liberdade. Por esse motivo, é programada e depende de autorização judicial. Não prevê qualquer escolta. Apesar da ausência de escolta, é possível a utilização de equipamento de monitoração eletrônica pelo condenado, desde que haja determinação do juiz da execução nesse sentido.

I. Cabimento:

São hipóteses autorizadoras da saída temporária:

1. visita à família;
2. frequência a curso supletivo profissionalizante, bem como de instrução do 2º grau ou superior, na Comarca do Juízo da Execução;
3. participação em atividades que concorram para o retorno ao convívio social.

II. Beneficiários

Destinada aos presos que estão nos regimes semiaberto e aberto.

III. Requisitos

São requisitos para a concessão da saída temporária:

1. comportamento adequado;
2. cumprimento mínimo de 1/6 (um sexto) da pena, se o condenado for primário, e 1/4 (um quarto), se reincidente;
3. compatibilidade do benefício com os objetivos da pena.

IV. Duração

O prazo de duração da saída temporária está disciplinado no art. 124, LEP, e será de até 7 (sete) dias, podendo ser renovado em mais 4 (quatro) oportunidades durante o ano.

Exceção: Quando se tratar de frequência a curso profissionalizante, de instrução de ensino médio ou superior, o tempo de saída será o necessário para o cumprimento das atividades discentes.

Nos demais casos, as autorizações de saída somente poderão ser concedidas com prazo mínimo de 45 (quarenta e cinco) dias de intervalo entre uma e outra.

V. Condições

O juiz deverá impor determinadas condições como forma de prevenir a fuga e incidentes envolvendo o beneficiário. Na decisão, levará em conta as circunstâncias do caso e a situação pessoal do condenado. São elas:

1. fornecimento do endereço onde reside a família a ser visitada ou onde poderá ser encontrado durante o gozo do benefício;
2. recolhimento à residência visitada, no período noturno;
3. proibição de frequentar bares, casas noturnas e estabelecimentos congêneres.

VI. Revogação

O benefício será automaticamente revogado se o condenado praticar fato definido como crime doloso, for punido por falta grave[160], desatender as condições impostas na autorização ou revelar baixo grau de aproveitamento do curso.

Para recuperar o direito à saída temporária, o preso dependerá de uma absolvição no processo penal (crime doloso), do cancelamento da punição disciplinar (falta grave) ou da demonstração do merecimento do condenado.

21.15. Execução da medida de segurança (MS)

A medida de segurança é imposta por sentença, destinada aos portadores de transtornos mentais que, consequentemente, não poderiam ser responsáveis pelos seus atos, merecendo tratamento ao invés do encarceramento.

A imposição da MS pressupõe: a) sentença absolutória imprópria; b) insanidade do preso durante o cumprimento da pena; c) sentença condenatória para os semi-imputáveis.

21.15.1. Modalidades

A MS pode ser executada sob duas espécies, estabelecidas no art. 96, I e II, CP. São elas:

a) Internação: O preso fica internado em hospital de custódia e tratamento psiquiátrico (HCT) ou, na sua falta, em outro estabelecimento adequado às necessidades terapêuticas.

E medida mais gravosa nesse âmbito e destinada, normalmente, aos crimes apenados com reclusão. Também denominada de MS detentiva.

b) Tratamento ambulatorial: Consiste no tratamento sem a necessidade de internação. A pessoa se apresenta ao hospital durante o dia para obter o tratamento necessário. Também chamada de *MS não detentiva*.

21.15.2. Procedimento

a) No caso de **sentença absolutória imprópria**, depende do incidente de insanidade mental no curso do IP ou do processo. O juiz poderá acatar, ou não, a conclusão dos peritos. Acatando, proferirá sentença absolutória imprópria.

b) Tratando-se da **superveniência de doença mental** durante a execução, existem duas hipóteses:

I. Enfermidade passageira: deve ser adotada a internação no HCT até que cesse a enfermidade (art. 108, LEP). Denominada de medida de segurança reversível porque, uma vez curado, o indivíduo retorna ao cumprimento da pena privativa de liberdade. Aqui o tempo de internação deve ser contado como tempo de pena cumprida. Se, eventualmente, o tempo da pena encerrar sem que a enfermidade seja curada, deverá ser extinta a pena pelo seu cumprimento (CUNHA, 2013, p. 230).

II. Enfermidade não passageira: sendo identificado o caráter definitivo do transtorno mental, a medida de segurança torna-se irreversível, devendo o juiz proceder à substituição da pena pela medida de segurança (arts. 183, LEP). Nessa linha, ver STJ, HC 130162/SP, *DJe* 15.08.2012.

O prazo dessa medida de segurança é uma questão polêmica. Apontaremos a seguir 4 (quatro) posicionamentos: a) duração indefinida até que a perícia demonstre a cessação da periculosidade do agente (art. 97, § 1º, CP); b) duração máxima de 30 anos, que é o mesmo para o cumprimento da pena privativa de liberdade (art. 75, CP). Vide STF, HC 84.219/SP, *DJ* 23.09.2005; c) mesma duração da pena privativa de liberdade substituída; d) limitada ao máximo da pena abstratamente cominada ao crime.

O STJ entende que prevalece a corrente citada no item "c", ou seja, a duração da MS será a mesma da pena privativa de liberdade substituída, estabelecida na sentença condenatória (HC 251296/SP, *DJe* 11.04.2014 e Súmula 527 – O tempo de duração da medida de segurança não deve ultrapassar o limite máximo da pena abstratamente cominada ao delito praticado. Terceira Seção, aprovada em 13.05.2015, DJe 18.05.2015).

c) Sentença condenatória (semi-imputáveis): apesar de a MS ser, normalmente, aplicada aos inimputáveis, o juiz **poderá**, se entender adequado, aplicá-la aos semi-imputáveis. Neste caso, o juiz proferirá sentença condenatória e aplicará a modalidade de medida de segurança que entender cabível (art. 98, CP).

21.15.3. Prazo da MS

A MS não possui prazo máximo determinado, mas apenas o prazo mínimo, que vai de 1 a 3 anos (art. 97, § 1º, CP). Findo o prazo, deve ser efetuada nova perícia para averiguar a cessação ou não da periculosidade (art. 175, LEP).

Na hipótese de manutenção da periculosidade, será mantida a MS, e a perícia deverá ser refeita anualmente ou em menor período, a critério do juiz.

21.16. Execução das penas restritivas de direitos (penas alternativas)

21.16.1. Fundamentos

Atualmente, significativo setor da comunidade acadêmica (jurídica e não jurídica) reconhece que a pena de prisão não consegue cumprir praticamente nenhuma das missões que persegue (ressocialização do preso, prevenção geral e especial etc.). Os elevados índices de reincidência, os efeitos deletérios do cárcere na vida do preso, dentre tantos problemas que poderíamos apontar, levam ao reconhecimento, por parte de muitos autores, de uma aguda crise da pena de prisão, falando-se mesmo em uma "falência da pena de prisão" (Cezar Bitencourt). Por conta disso, hoje, a prisão é encarada por muitos juristas como *ultima ratio*, como "mal necessário", como último recurso que o Estado

160. A não observância do perímetro estabelecido para monitoramento de tornozeleira eletrônica configura mero descumprimento de condição obrigatória que autoriza a aplicação de sanção disciplinar, mas não configura, mesmo em tese, a prática de falta grave (Info. 595, STJ). Contudo, o condenado que rompe a tornozeleira eletrônica ou que não a mantém com bateria suficiente comete falta grave.

deve lançar mão para exercer o seu *jus puniendi*. É, pois, nesse contexto que se inserem as chamadas penas alternativas. São formas alternativas ao sistema penal clássico regido pela pena de prisão, de se aplicar o *jus puniendi*, que visam exatamente remediar os efeitos nocivos do cárcere. Estudemos nos próximos tópicos um pouco mais sobre essas penas alternativas e, principalmente, sobre a forma de sua execução.

21.16.2. Aspectos gerais

I. As penas restritivas de direitos restringem *outros direitos* que *não a liberdade de locomoção*. Destinam-se, sobretudo, a crimes menos graves e a criminosos cujo encarceramento não se mostra aconselhável, em razão dos evidentes efeitos negativos que dele decorrem. Prestigia-se aqui a ideia que o cárcere deve ser reservado a casos realmente necessários (graves).

II. As penas restritivas de direito possuem natureza de pena autônoma. Não são, portanto, acessórias à pena privativa de liberdade.

III. Tais penas não estão previstas na Parte Especial do Código Penal, mas na Parte Geral. Desde que preenchidos os requisitos objetivos e subjetivos, podem ser aplicadas a qualquer delito.

IV. Não é possível a execução provisória das penas restritivas de direitos (STJ, EREsp 1.619.087/SC, DJe 24/08/2017 e Info. 609).

21.16.3. Procedimento e requisitos para a sua aplicação: (arts. 43 e ss., CP)

I. Primeiro, o Juiz, na sentença condenatória, deve estabelecer a pena privativa de liberdade a ser cumprida. Feito isso, constatados os requisitos para a realização da substituição da pena, o magistrado deverá realizar, na própria sentença, a substituição da pena privativa de liberdade pela restritiva de direitos.

II. Os requisitos para a substituição são:

a) para os crimes dolosos: pena privativa de liberdade não superior a 4 anos; para os crimes culposos: não importa a quantidade de pena (pode ultrapassar os 4 anos, inclusive);

b) o crime não pode ter sido cometido com violência ou grave ameaça à pessoa;

c) o réu não pode ser reincidente específico em crime doloso;

d) a culpabilidade, os antecedentes, a conduta social e a personalidade do condenado, bem como os motivos e as circunstâncias indiquem que a substituição é suficiente.

21.16.4. Espécies ou modalidades de penas restritivas de direitos (art. 43, CP)

a) Prestação pecuniária: consiste no pagamento à vítima, seus dependentes ou a entidade pública ou privada com destinação social, de valor fixado pelo juiz na sentença (art. 45, CP).

Não há disciplina legal especificando a execução dessa pena restritiva de direitos. Não sendo efetuado o pagamento de forma voluntária e tratando-se de montante destinado a **particular** (vítima ou entidade privada), deverá este promover a execução do valor junto ao juízo cível.

Não sendo efetuado o pagamento de forma voluntária e tratando-se de montante destinado a **entidade pública**, entende-se que o MP ou a Procuradoria efetuará a execução.

De todo o modo, o descumprimento não pode acarretar em pena de prisão, por analogia ao art. 51, CP.

b) Perda de bens e valores: trata-se da perda de bens e valores que pertençam licitamente ao condenado em favor do Fundo Penitenciário Nacional. Legislação especial, porém, poderá estabelecer destinação diversa a esses bens e valores. O valor a ser perdido pelo condenado terá como teto – o que for maior – o montante do prejuízo causado ou do provento obtido pelo agente ou por terceiro, em consequência da prática do crime (art. 45, § 3º, CP).

c) Prestação de serviços à comunidade ou entidades públicas (arts. 46, CP; e 148 a 150, LEP): aplicável às condenações superiores a seis meses de privação da liberdade. O condenado desenvolverá atividades em benefício da comunidade ou de entidade pública de modo gratuito. Logo, não faz jus a qualquer remuneração pelos serviços prestados.

São entidades aptas a recepcionar os condenados: entidades assistenciais, hospitais, escolas, orfanatos e outros estabelecimentos congêneres, em programas comunitários ou estatais.

As atividades atribuídas levarão em consideração as aptidões do condenado, devendo ser cumpridas à razão de uma hora de tarefa por dia de condenação, fixadas de modo a não prejudicar a jornada normal de trabalho do apenado.

O trabalho terá a duração de 8 (oito) horas semanais e será realizado aos sábados, domingos e feriados, ou em dias úteis, de modo a não prejudicar a jornada normal de trabalho.

Cumpre ressaltar que o juiz da execução será competente para:

I. Designar a entidade ou programa comunitário ou estatal, devidamente credenciado ou convencionado, junto ao qual o condenado deverá trabalhar gratuitamente, de acordo com as suas aptidões;

II. Determinar a intimação do condenado, cientificando-o da entidade, dias e horário em que deverá cumprir a pena;

III. Alterar a forma de execução, a fim de ajustá-la às modificações ocorridas na jornada de trabalho.

O início da execução, nesta modalidade, será na data do primeiro comparecimento. Em caso de descumprimento injustificado da prestação de serviço, poderá haver conversão em pena de prisão.

A fiscalização do cumprimento da obrigação dar-se-á por meio do envio mensal de relatório circunstanciado das atividades do condenado, bem como, a qualquer tempo, da comunicação sobre ausência ou falta disciplinar do condenado (art. 150, LEP).

d) Interdição temporária de direitos (arts. 47, CP; 154 e 155, LEP): consiste na suspensão do exercício de determinados direitos pelo condenado. A interdição deverá ter relação com o crime praticado.

São penas de interdição de direitos:

I. Proibição do exercício de cargo, função ou atividade pública, bem como de mandato eletivo;

II. Proibição do exercício de profissão, atividade ou ofício que dependam de habilitação especial, de licença ou autorização do poder público;

III. Suspensão de autorização ou de habilitação para dirigir veículo.

IV. Proibição de frequentar determinados lugares.

V. Proibição de inscrever-se em concurso, avaliação ou exame públicos.

Sobre a execução propriamente dita da interdição temporária de direitos, destaque-se que caberá ao Juiz da execução comunicar à autoridade competente a pena aplicada, determinada a intimação do condenado (art. 154, *caput*, LEP).

Na hipótese de "proibição do exercício de cargo, função ou atividade pública, bem como de mandato eletivo", a autoridade deverá, em 24 (vinte e quatro) horas, contadas do recebimento do ofício, baixar ato, a partir do qual a execução terá seu início.

Nas hipóteses de "proibição do exercício de profissão, atividade ou ofício que dependam de habilitação especial, de licença ou autorização do poder público" e "suspensão de autorização ou de habilitação para dirigir veículo", o juízo da execução determinará a apreensão dos documentos, que autorizam o exercício do direito interditado.

Em caso de descumprimento da medida, estabelece o art. 155, LEP, que a autoridade deverá comunicar imediatamente ao Juiz da execução o descumprimento da pena. Tal comunicação também poderá ser efetuada por qualquer prejudicado (parágrafo único).

e) Limitação de fim de semana: nos termos do art. 48, CP, consiste na obrigação de permanecer, aos sábados e domingos, por 5 (cinco) horas diárias, em casa de albergado ou outro estabelecimento adequado.

No que tange à execução dessa medida, o juiz da execução determinará a intimação do condenado para cientificá-lo do local, dias e horário em que cumprirá a pena (art. 151, LEP). A execução terá início a partir da data do primeiro comparecimento (parágrafo único).

Conforme dispõe o art. 152, LEP: "poderão ser ministrados ao condenado, durante o tempo de permanência, cursos e palestras, ou atribuídas atividades educativas".

Nos casos de violência doméstica contra a mulher, o juiz poderá determinar o comparecimento obrigatório do agressor a programas de recuperação e reeducação (parágrafo único).

A fiscalização ficará a cargo do estabelecimento designado pelo juiz. O responsável encaminhará, mensalmente, ao juiz da execução, relatório, bem assim comunicará, a qualquer tempo, a ausência ou falta disciplinar do condenado – art. 153, LEP.

BIBLIOGRAFIA

ALENCAR, Rosmar Rodrigues; TÁVORA, Nestor. **Curso de direito processual penal.** 11. ed. Salvador: Juspodivm, 2016.

______. **Curso de direito processual penal**. 11. ed. Salvador: Juspodivm, 2017.

ARAÚJO, Fábio Roque; FRANÇA, Bruno Henrique Principe; TÁVORA, Nestor. **Lei de drogas. Coleção leis especiais para concursos**. 2. ed. Salvador: Juspodivm, 2013.

AVENA, Norberto. **Processo penal esquematizado.** São Paulo: Método, 2010.

BADARÓ, Gustavo Henrique Righi Ivahy. **Direito processual penal.** São Paulo: Campus, 2008, 2009. t. I e II.

BONFIM, Edilson Mougenot. **Curso de processo penal.** 5. ed. São Paulo: Saraiva, 2010.

BRITO, Alexis Couto de. **Execução penal.** 2. ed. São Paulo: RT, 2011.

CHOUKR, Fauzi Hassan. *Código de processo penal. Comentários consolidados e crítica jurisprudencial.* 3. ed. Rio de Janeiro: Lumen Juris, 2009.

CUNHA, Rogério Sanches. **Execução penal para concursos.** 2. ed. Salvador: Juspodivm, 2013.

DUCLERC, Elmir. **Direito processual penal.** Rio de Janeiro: Lumen Juris, 2008.

GOMES, Luiz Flávio. **Direito processual penal.** São Paulo: RT, 2005.

GRECO FILHO, Vicente. **Manual de processo penal.** 8 ed. São Paulo: Saraiva, 2010.

_________. FERNANDES, Antonio Scarance; GOMES FILHO, Antonio. **Recursos no processo penal.** 3. ed. São Paulo: RT, 2002.

_________. GOMES FILHO, Antonio Magalhães; FERNANDES, Antonio Scarance; GOMES, Luiz Flávio. **Juizados especiais criminais.** 4. ed. São Paulo: RT, 2002.

GRINOVER, Ada Pellegrini. **As nulidades no processo penal.** 7. ed. São Paulo: RT, 2001.

JARDIM, Afrânio Silva. **Direito processual penal.** 9. ed. Rio de Janeiro: Forense, 2000.

KARAM, Maria Lúcia. **Competência no processo penal.** 3. ed. São Paulo: RT, 2002.

LIMA, Marcellus Polastri. **Manual de processo penal.** 4. ed. Rio de Janeiro: Lumen Juris, 2009.

LIMA, Renato Brasileiro de. **Manual de processo penal**. 3. ed. Salvador: Juspodivm, 2015.

LOPES JR., Aury. *Direito processual penal e sua conformidade constitucional.* 5. ed. Rio de Janeiro: Lumen Juris, 2010. V. I e II.

MIRABETE, Julio Fabbrini. **Código de processo penal comentado.** 11. ed. São Paulo: Atlas, 2006.

_________. **Processo penal.** 10. ed. São Paulo: Atlas, 2000.

MOREIRA, Rômulo Andrade. **Direito processual penal.** Rio de Janeiro: Forense, 2003.

_________. **Curso temático de direito processual penal.** 2. ed. Curitiba: Juruá, 2010.

NICOLITT, André. **Manual de processo penal.** 2. ed. Rio de Janeiro: Elsevier, 2010.

NUCCI, Guilherme de Souza. **Código de processo penal comentado.** 5. ed. São Paulo: RT, 2006.

________. **Leis penais e processuais penais comentadas.** 8. ed. Rio de Janeiro: Forense, 2014. v. 1 e 2.

OLIVEIRA, Eugênio Pacelli de. **Curso de processo penal**. 19. ed. São Paulo: Atlas, 2015.

________. FISCHER, Douglas. *Comentários ao código de processo penal.* 2. ed. Rio de Janeiro: Lumen Juris, 2011.

PACHECO, Denílson Feitoza. **Direito processual penal. Teoria crítica e práxis.** 4. ed. Rio de Janeiro: Impetus, 2006.

________. ________. 6. ed. Rio de Janeiro: Impetus, 2009.

PEREIRA, Márcio. *Questões polêmicas de processo penal.* Bauru: Edipro, 2011.

RANGEL, Paulo. **Direito processual penal.** 13. ed. Rio de Janeiro: Lumen Juris, 2007.

TOURINHO FILHO, Fernando da Costa. **Código de processo penal comentado.** 9. ed. São Paulo: Saraiva, 2005. v. 1 e 2.

________. **Manual de processo penal.** 13. ed. São Paulo: Saraiva, 2010.

17. DIREITOS HUMANOS

Renan Flumian

1. INTRODUÇÃO

1.1. CONCEITO

Os direitos humanos são compostos de princípios e regras – positivadas ou costumeiras – que têm como função proteger a dignidade da pessoa humana. Dignidade se traduz na situação de mínimo gozo garantido dos direitos pessoais, civis, políticos, judiciais, de subsistência, econômicos, sociais e culturais. Essa é uma proposta objetiva e sintética de definição dos direitos humanos.

Tome de exemplo uma definição de caráter analítico nas palavras de Ingo Wolfgang Sarlet: "Temos por dignidade da pessoa humana a qualidade intrínseca e distintiva de cada ser humano que o faz merecedor do mesmo respeito e consideração por parte do Estado e da comunidade, implicando, neste sentido, um complexo de direitos e deveres fundamentais que assegurem a pessoa tanto contra todo e qualquer ato de cunho degradante e desumano, como venham a lhe garantir as condições existenciais mínimas para uma vida saudável, além de propiciar e promover sua participação ativa corresponsável nos destinos da própria existência e da vida em comunhão dos demais seres humanos[1]."

O professor espanhol Antonio Enrique Pérez Luño, um grande estudioso do tema, depois de fazer inúmeras considerações sobre a dificuldade em se estabelecer um conceito de direitos humanos, oferece uma proposta de definição em termos explicativos: "os direitos humanos são um conjunto de faculdades e instituições que, em cada momento histórico, realizam as exigências de dignidade, de liberdade e igualdade humana, as quais devem ser positivamente reconhecidas pelos ordenamentos jurídicos em nível nacional e internacional[2]". (tradução minha)

Pelo aqui brevemente visto pode-se perceber que o tema está longe de ser consenso na doutrina. O que torna importante classificar as diferentes formas de definir *direitos humanos*.

1.2. BREVE HISTÓRICO

Historicamente podem-se apontar a democracia ateniense (501-338 a.C.) e a República romana (509-27 a.C.) como os primeiros grandes exemplos, na história política da humanidade, de respeito aos direitos humanos, no sentido de limitar o poder público em prol dos governados[3].

A democracia ateniense era balizada pela preeminência das leis e pela participação direta dos cidadãos[4] na Assembleia. Dessa maneira, o poder dos governantes foi limitado por sua subordinação ao mandamento legal e pelo controle popular. O papel do povo era marcante, pois este elegia os governantes e decidia, em assembleia e de forma direta, os assuntos mais importantes a serem tratados politicamente. Ademais, o povo tinha competência para julgar os governantes e os autores dos principais crimes. É dito que pela primeira vez na história o povo governou a si mesmo[5].

Já a República romana limitou o poder político por meio da instituição de um sistema de controles recíprocos entre os órgãos políticos.

Além desses dois exemplos, é possível apontar no desenvolver da história outro acontecimento de grande importância para a consolidação dos direitos humanos. Trata-se da Magna Carta de 1215 (será apresentada com mais detalhes no subitem 2.1), conhecida por limitar o poder dos monarcas ingleses, impedindo, assim, o exercício do poder absoluto.

Seguindo tal exercício, as liberdades pessoais foram garantidas de forma mais geral e abstrata (em comparação com a Magna Carta de 1215) pelo *Habeas Corpus Act* de 1679 (tratado no subitem 2.3) e pelo *Bill of Rights* de 1689 (tratado no subitem 2.4).

1.2.1. Eficácia vertical, horizontal e diagonal dos direitos humanos

Nesses primeiros exemplos fica nítida a eficácia vertical dos direitos humanos, ou seja, oponíveis contra o Estado. Todavia, deve-se adiantar que os direitos humanos são oponíveis também entre os particulares, nas relações privadas, caracterizando a chamada eficácia horizontal dos direitos humanos. E essa eficácia horizontal é alcunhada, no alemão, de *Drittwirkung*.

1. *Dignidade da pessoa humana e Direitos Fundamentais*. Porto Alegre: Livraria do Advogado, 2001. p. 60.
2. *Derechos Humanos, Estado de Derecho y Constitución*. Décima Edición. Madrid: Editorial Tecnos, 2010. p. 50.
3. "A clássica concepção de matriz liberal-burguesa dos direitos fundamentais informa que tais direitos constituem, em primeiro plano, direitos de defesa do indivíduo contra ingerências do Estado em sua liberdade pessoal e propriedade. Essa definição de direitos fundamentais – apesar de ser pacífico na doutrina o reconhecimento de diversas outras – ainda continua ocupando lugar de destaque na aplicação dos direitos fundamentais. Essa ideia, sobretudo, objetiva a limitação do poder estatal a fim de assegurar ao indivíduo uma esfera de liberdade. Para tanto, outorga ao indivíduo um direito subjetivo que lhe permite evitar interferências indevidas no âmbito de proteção do direito fundamental ou mesmo a eliminação de agressões que esteja sofrendo em sua esfera de autonomia pessoal" (MENDES, Gilmar Ferreira. *Curso de Direito Constitucional*. 6. ed. São Paulo: Saraiva, 2011. p. 673).
4. Vale asseverar que apenas uma pequena parcela dos homens eram considerados cidadãos, isto é, somente aqueles que integravam a *polis* (espaço público). A maioria restante vivia em função do suprimento de suas necessidades vitais e básicas, ficando apenas na *oikia* (espaço privado). Na *oikia* o homem é escravo da necessidade. A liberdade política significa libertar-se dessa espécie da coação, significa liberar-se das necessidades da vida para o exercício da cidadania na *polis*, que constitui privilégio apenas de alguns homens. A *polis* é o local do encontro dos iguais, dos homens que se libertaram da labuta; em virtude disto, são considerados livres e também é livre a atividade que eles exercem. Esta distinção entre público (*polis*) e privado (*oikia*), que caracteriza a sociedade democrática grega, sofre durante séculos muitas modificações; todavia, fincou-se o princípio de que o espaço público é um pressuposto para o desenvolvimento das práticas democráticas.
5. É muito conhecida a definição da democracia ateniense como "o governo do povo, pelo povo e para o povo".

A eficácia diagonal trata da aplicação dos direitos fundamentais entre os particulares nas hipóteses em que se configuram desigualdades fáticas. Trata-se da incidência de direitos fundamentais em relações privadas desiguais, geralmente tomando corpo onde se tem poder econômico de um lado e vulnerabilidade de outro, de ordem jurídica ou econômica. Esse conceito foi bastante trabalhado pelo professor chileno Sérgio Gamonal e já está sendo aplicado na prática pela Justiça do Trabalho (TRT-1 - RO: 7524420125010342 RJ, Relator: Bruno Losada Albuquerque Lopes, Data de Julgamento: 09/09/2013, Sétima Turma).

1.2.2. Concepção contemporânea dos direitos humanos

A concepção contemporânea dos direitos humanos foi inaugurada pela Declaração Universal dos Direitos Humanos de 1948 e reforçada pela Declaração de Direitos Humanos de Viena de 1993. Importantes também nesse processo foram a Declaração de Direitos Americana, conhecida como Declaração de Direitos do Bom Povo da Virgínia (tratada no subitem 2.5) e a Declaração de Direitos francesa (tratada no subitem 2.6), impulsionada pela Revolução Francesa de 1789, ambas do século XVIII.

A Organização das Nações Unidas (ONU) e a Declaração Universal dos Direitos Humanos criaram um verdadeiro sistema de proteção global da dignidade humana. É importante ter em mente que o processo recente de internacionalização dos direitos humanos é fruto do pós-guerra e da ressaca moral da humanidade ocasionada pelo excesso de violações perpetradas pelo nazifascismo. O professor Celso Lafer denominou esse processo de reconstrução dos direitos humanos[6], que possui uma ótica de proteção universal (complementar e subsidiária) dos direitos e não somente nacional.

1.2.3. Paradigma da proteção compartilhada dos direitos humanos

Cada Estado estabelece suas próprias regras disciplinadoras dos direitos humanos ("direitos fundamentais") e executa sua própria política de proteção e efetivação dos direitos humanos[7] – paradigma da proteção nacional dos direitos humanos. Todavia, o que se percebe cada vez mais é a mitigação da soberania dos Estados em função da característica de universalidade dos direitos humanos. Isto é, a comunidade internacional fiscaliza a situação dos direitos humanos em cada país e opina sobre o assunto, podendo até sancionar em determinadas situações – paradigma da proteção compartilhada (sistemas nacional e internacional) dos direitos humanos.

1.3. Nomenclatura aplicada

1.3.1. Direitos Humanos e Direitos Fundamentais

Antes de avançarmos no estudo da matéria, cabe uma pequena distinção entre *direitos humanos* e *direitos fundamentais*. A doutrina atual, principalmente a alemã, considera como direitos fundamentais[8] os valores éticos sobre os quais se constrói determinado sistema jurídico nacional (leia-se direitos previstos explicitamente no ordenamento jurídico de certo país), ao passo que os direitos humanos existem mesmo sem o reconhecimento da ordem jurídica interna de um país, pois possuem vigência universal. Entretanto, na maioria das vezes, os direitos humanos, previstos em diplomas internacionais ou parte do *jus cogens*, são reconhecidos internamente pelos sistemas jurídicos nacionais (grande equivalência), situação que os torna também direitos fundamentais. Ou seja, os direitos humanos previstos na Constituição de um país são denominados direitos fundamentais.

1.3.2. Direitos Públicos Subjetivos

A figura dos *direitos públicos subjetivos* também sempre aparecia com sinônimo de direitos humanos, mas tal equivalência foi perdendo espaço com o passar do tempo. O Professor Pérez Luño assim analisa a situação: "Desta forma a categoria dos direitos públicos subjetivos, entendidos como autolimitação estatal em benefício de determinadas esferas do interesse particular, perde seu sentido ao encontrar-se superada pela própria dinâmica econômica-social de nosso tempo, onde a fruição de qualquer direito fundamental exige uma política jurídica ativa (e na maior parte das ocasiões também econômica) por parte dos poderes públicos[9]." (tradução minha)

1.3.3. Minoria e Grupo Vulnerável

Para conceituar minoria, usaremos uma definição bem conhecida criada por Francesco Capotorti: "um grupo numericamente inferior em relação ao restante da população do Estado, sem exercer posição dominante, cuja os membros – sendo nacionais do Estado – possuem características éticas, religiosas ou linguísticas que os diferem do restante da população e apresentam um senso de solidariedade dirigido para preservar sua cultura, tradições, religião ou língua"[10].

6. *A Reconstrução dos Direitos Humanos. Um diálogo com o pensamento de Hannah Arendt*. São Paulo: Companhia das Letras, 2009.

7. "Vinculados à concepção de que ao Estado incumbe, além da não intervenção na esfera da liberdade pessoal dos indivíduos, garantida pelos direitos de defesa, a tarefa de colocar à disposição os meios materiais e implementar as condições fáticas que possibilitem o efetivo exercício das liberdades fundamentais, os direitos fundamentais a prestações objetivam, em última análise, a garantia não apenas da liberdade-autonomia (liberdade perante o Estado), mas também da liberdade por intermédio do Estado, partindo da premissa de que o indivíduo, no que concerne à conquista e manutenção de sua liberdade, depende em muito de uma postura ativa dos poderes públicos. Assim, enquanto direitos de defesa (*status libertatis* e *status negativus*) dirigem-se, em princípio, a uma posição de respeito e abstenção por parte dos poderes públicos, os direitos a prestações, que, de modo geral, ressalvados os avanços registrados ao longo do tempo, podem ser reconduzidos ao *status positivus* de Jellinek, implicam uma postura ativa do Estado, no sentido de que este se encontra obrigado a colocar à disposição dos indivíduos prestações de natureza jurídica e material" (MENDES, *op. cit.*, p. 675).

8. "Os direitos fundamentais são, a um só tempo, direitos subjetivos e elementos fundamentais da ordem constitucional objetiva. Enquanto direitos subjetivos, os direitos fundamentais outorgam aos seus titulares a possibilidade de impor os seus interesses em face de órgãos obrigados. Na sua dimensão como elemento fundamental da ordem constitucional objetiva, os direitos fundamentais – tanto aqueles que não asseguram, primariamente, um direito subjetivo quanto aqueles outros, concebidos como garantias individuais – formam a base do ordenamento jurídico de um Estado de Direito democrático" (MENDES, *op. cit.*, p. 671).

9. *Derechos Humanos, Estado de Derecho y Constitución*. Décima Edición. Madrid: Editorial Tecnos, 2010. p. 36.

10. Study on the Rights of Persons belonging to Ethnic, Religious, and Linguistic Minorities. United Nations Pubns, 1991.

Em contrapartida, um grupo vulnerável, também composto de parcela inferior da população, é formado por um grupo de pessoas em razão de um contexto fático (geralmente de caráter provisório) e não por possuírem identidade própria.

Para ilustrar bem os conceitos de minoria e grupo vulnerável, cabe trazer exemplos de cada qual, tendo por base o contexto brasileiro. Exemplos de minoria são: índios, praticantes de candomblé, ciganos etc. E exemplos de grupo vulnerável são: população de rua, adolescentes e crianças, mulheres, idosos etc.

2. PRINCIPAIS DOCUMENTOS NORMATIVOS DO MARCO ANTIGO DOS DIREITOS HUMANOS[11]

Passemos agora ao estudo dos principais documentos normativos de proteção dos direitos humanos anteriores à Declaração Universal dos Direitos Humanos de 1948, os quais se inserem no chamado marco antigo de proteção dos direitos humanos.

2.1. Magna Carta de 1215

O século XII marcou o início de uma onda de centralização de poder, tanto em nível civil como eclesiástico. É importante ter em mente tal consideração, pois ela é o motivador da assinatura da Magna Carta. A título histórico, cabe lembrar que já em 1188 havia sido feita a declaração das cortes de Leão, na Espanha. Depois dessa declaração, os senhores feudais espanhóis continuaram se manifestando, mediante declarações e petições, contra a instalação do poder real soberano.

A Magna Carta é um documento de 1215 que limitou o poder dos monarcas da Inglaterra, impedindo o exercício do poder absoluto. Ela resultou de desentendimentos entre o rei João I (conhecido como "João Sem Terra"), o papa e os barões ingleses acerca das prerrogativas do soberano. Essas discordâncias tinham raízes diversas. A contenda com os barões foi motivada pelo aumento das exações fiscais, constituídas para financiar campanhas bélicas, pois o rei João Sem Terra acabara de perder a Normandia – que era sua por herança dinástica – para o rei francês Filipe Augusto.

A desavença com o papa surgiu de seu apoio às pretensões territoriais do imperador Óton IV, seu sobrinho, em prejuízo do papado. Ademais, o rei João I recusara a escolha papal de Stephen Langton como cardeal de Canterbury, o que lhe rendeu a excomunhão, operada pelo papa Inocêncio III.

A Magna Carta só foi assinada pelo rei quando a revolta armada dos barões atingiu Londres, sendo sua assinatura condição para o cessar-fogo. Todavia, ela foi reafirmada solenemente (pois tinha vigência determinada de três meses) em 1216, 1217 e 1225, quando se tornou direito permanente. Como curiosidade, cabe apontar que algumas de suas disposições se encontram em vigor ainda nos dias de hoje.

Sua forma foi de promessa unilateral, por parte do monarca, de conceder certos privilégios aos barões, mas é possível entendê-la como uma convenção firmada entre os barões e o rei. Além disso, segundo os termos do documento, o rei deveria renunciar a certos direitos e respeitar determinados procedimentos legais (apontado, pela historiologia jurídica, como a origem do devido processo legal), bem como reconhecer que sua vontade estaria sujeita à lei.

Considera-se a Magna Carta o primeiro capítulo de um longo processo histórico que levaria ao surgimento do constitucionalismo[12] e da democracia moderna. Em síntese, o documento é uma limitação institucional dos poderes reais.

2.2. *Petition of Rights* de 1628

A Petição de Direitos foi um documento constitucional de grande importância para a história política inglesa, aprovado pelo Parlamento em maio de 1628 e depois apresentado ao rei Carlos I, que a aprovou temporariamente. Sua função era limitar os poderes dos monarcas.

A Petição de Direitos é notável por algumas de suas determinações, como a de que os impostos só podem ser aumentados por decisão do Parlamento e que os prisioneiros podem discutir a legitimidade de suas detenções mediante *habeas corpus*.

2.3. *Habeas Corpus* Act de 1679

Os Stuart detiveram o trono da Escócia e depois a coroa inglesa, e ficaram conhecidos, entre outros motivos, por serem os últimos soberanos católicos da Inglaterra. Esse último fato teve grande importância, pois o Parlamento, majoritariamente protestante, buscava uma saída para limitar o poder real, sobretudo quanto à possibilidade de prender os opositores políticos sem a necessidade de prévio processo legal.

O *habeas corpus* já existia havia bastante tempo na Inglaterra, mas sua eficácia era muito reduzida, em razão da falta de regras processuais que bem disciplinassem seu manuseio. Assim, para regular a utilização desse remédio judicial e torná-lo efetivo, foi aprovado, pelo Parlamento inglês, no reinado de Carlos II, o *Habeas Corpus Act* de 1679, que definiu e ampliou as prerrogativas concedidas pelo remédio *habeas corpus*.

2.4. *Bill of Rights* de 1689

A Revolução Gloriosa ocorreu no Reino Unido, de 1688 a 1689, e teve por consequência a queda e posterior fuga do rei Jaime II, da dinastia Stuart. O trono, depois de declarado vago pelo Parlamento, foi oferecido, conjuntamente, ao genro do rei, o nobre neerlandês Guilherme, Príncipe de Orange, e à filha do rei, Maria Stuart. Mas tal oferta comportava uma condição: se a coroa inglesa fosse aceita, também estaria aceita a Declaração de Direitos (*Bill of Rights*) votada pelo Parlamento. O trono e a declaração foram aceitos, e os novos soberanos passaram a chamar-se Guilherme III e Maria II.

É importante frisar que o estopim pré-revolução foi o nascimento de um herdeiro do trono, o que possibilitaria a continuidade da religião católica na coroa. Isso porque a herdeira até então, Maria Stuart, era protestante.

Influenciada diretamente pelas ideias de John Locke, a Declaração de Direitos de 1689 é um documento legal confeccionado pelo Parlamento inglês, que, entre outras

11. O principal livro no Brasil que cuida da perspectiva histórica dos Direitos Humanos é A Afirmação Histórica dos Direitos Humanos do Prof. Fábio Konder Comparato, Ed. Saraiva, VII edição, 2010. Esse livro foi utilizado para dar embasamento ao capítulo 2.

12. O constitucionalismo pode ser conceituado como o movimento político, social e jurídico cujo objetivo é limitar o poder do Estado por meio de uma Constituição. Já o neoconstitucionalismo surge depois da Segunda Guerra Mundial e tem por objetivo principal conferir maior efetividade aos comandos constitucionais, notadamente os direitos fundamentais.

coisas, limitou os poderes do rei, disciplinou os direitos relacionados com o Parlamento – como, por exemplo, a liberdade de expressão dos parlamentares e o estabelecimento de eleições regulares para o Parlamento –, determinou que todos os súditos tinham direito de petição ao rei e tornou o Parlamento competente para legislar e criar tributos, funções antes exercidas pelo monarca. Tais medidas asseguraram certo poder para o Parlamento no Reino Unido e representaram a instauração institucional da separação de poderes, mais tarde reconhecida e elogiada por Montesquieu. A propriedade privada também foi regulada e garantida.

A Declaração de Direitos de 1689, como o *Act of Settlement* de 1701, figura como um dos textos constitucionais mais importantes do Reino Unido, sendo ainda hoje uma das principais leis sobre sucessão de trono no país.

A maior importância do *Bill of Rights* para os direitos humanos reside, sem dúvida, na separação institucional dos poderes acima apontada. Isto é, a partir de tal momento, tem-se uma garantia institucional (em teoria) de que o interesse dos governados guiará a formulação das leis e que o Parlamento é o órgão encarregado de proteger os súditos perante o rei.

2.5. Declaração de Direitos do Bom Povo da Virgínia de 1776

A independência das 13 colônias inglesas da América do Norte se deu em 1776. Elas adquiriram o formato de uma confederação, o que logo foi modificado para constituírem um Estado federal, configuração mantida até hoje nos EUA.

Uma das causas principais para a independência americana foi a elevação de impostos colocada em prática pelo governo inglês, o qual necessitava de mais recursos para fazer frente aos gastos dispensados na guerra contra a França pela conquista do território canadense. Tal conflito insere-se na chamada Guerra dos Sete Anos. Outras causas específicas são as leis do Selo e do Açúcar aprovadas pelo Parlamento inglês, como também a Festa do Chá de Boston.

Contemporânea dessa atmosfera de revolução e independência é a Declaração de Direitos americana, ou Declaração de Direitos do Bom Povo da Virgínia, a qual precede a Declaração de Independência dos EUA. É muito importante frisar que existiram inúmeras declarações de direitos nos EUA, cada uma proveniente de um estado, das quais a Declaração de Direitos do estado da Virgínia é a de maior destaque.

A Declaração de Direitos da Virgínia de 1776 é considerada por muitos a primeira *declaração de direitos* a reconhecer a existência de direitos adstritos à condição humana, ou seja, independentemente de qualquer condição, o ser humano possui direitos inatos. Ademais, ela demonstra preocupação com a estruturação de um governo democrático (*soberania popular*). No entanto, não faz nenhuma menção aos direitos econômicos e sociais – estes só aparecerão na Declaração de Direitos da Constituição francesa de 1791.

2.6. Declaração dos Direitos do Homem e do Cidadão de 1789

A Revolução Francesa[13] é apontada como o marco inicial da civilização europeia contemporânea, pois os conceitos atuais de nação, cidadania, radicalismo, igualdade e democracia surgiram depois desse processo histórico.

Influenciada diretamente pela Revolução Francesa e pela Revolução Americana de 1776, a Declaração dos Direitos do Homem e do Cidadão foi adotada pela Assembleia Constituinte da França em 1789. Pela primeira vez tem-se uma declaração generalizante, isto é, com o propósito de fazer referência não só aos seus cidadãos, mas a toda a humanidade, por isso a menção aos direitos do *homem* também.

A Declaração teve por base os conceitos de *liberdade, igualdade, fraternidade, propriedade, legalidade* e *garantias individuais* (síntese do pensamento iluminista liberal e burguês), mas seu ponto central era a supressão dos privilégios especiais ("acabar com as desigualdades"), outrora garantidos para os estamentos do clero e da nobreza.

A Declaração dos Direitos do Homem e do Cidadão, juntamente com declarações de direitos constantes das Constituições francesas de 1791 e 1793, reproduz claramente as ideias de Montesquieu e de Jean-Jacques Rousseau: o primeiro afirma a necessidade de uma limitação institucional dos poderes do governo, ao passo que o segundo defende que a legitimidade do governo provenha apenas da vontade geral do povo.

É importante saber que as origens do sistema de representação política moderno (que vigora no Brasil e em boa parte do mundo) são a Constituição americana e a Revolução Francesa.

Além disso, é preciso apontar que os direitos constantes da Declaração dos Direitos do Homem e do Cidadão foram ampliados pela Convenção Nacional em 1793 (no contexto revolucionário do governo jacobino). Essa reformulação, e seu corolário de ampliação de direitos, já havia ocorrido antes, por ocasião da promulgação da Constituição de 1791.

Para melhor entendermos a amplitude de proteção conferida pelos direitos humanos, é fundamental ter em mente o processo de sua afirmação (ainda não findo). Passemos então ao estudo da divisão didática dos direitos humanos em gerações.

3. DIREITOS HUMANOS SOB A ÓTICA GERACIONAL

A divisão dos direitos humanos em gerações[14], idealizada

13. "A verdade, contudo, é que foi a Revolução Francesa – e não a americana ou a inglesa – que se tornou o grande divisor histórico, o marco do advento do Estado liberal. Foi a Declaração dos Direitos do Homem e do Cidadão, de 1789, com seu caráter universal, que divulgou a nova ideologia, fundada na Constituição, na separação dos Poderes e nos direitos individuais" (BARROSO, Luís Roberto. *Curso de Direito Constitucional Contemporâneo*. São Paulo: Saraiva, 2009. p. 76).

14. Tal análise perde um pouco de seu sentido quando o enfoque recai sobre países ditos novos, como o Brasil e a Austrália, pois a maioria dos tipos de direitos humanos foram reconhecidos, logo disciplinados, de uma só vez em suas respectivas Constituições. Agora quando a análise leva em conta os países europeus, por exemplo, entende-se muito bem que o reconhecimento dos direitos humanos é um processo que perpassa vários séculos. Assim, os direitos civis apareceram no século XVIII para garantir a liberdade do indivíduo perante o Estado (opressor). Essa maior liberdade permitiu uma atuação mais ativa por parte das pessoas, o que eclodiu no reconhecimento dos direitos políticos no século XIX, ou seja, esse direito, antes exclusivo de poucos, foi estendido para grande parcela da população masculina, incluindo os trabalhadores. E o exercício desses direitos políticos, sobretudo pela classe trabalhadora, permitiu a constituição dos direitos sociais no século XX (MARSHALL, Thomas. *Cidadania, classe social e status*. Rio de Janeiro: Zahar, 1967. p. 57 a 114).

por Karel Vasak[15], permite uma análise precisa de sua amplitude, além de uma ampla compreensão sobre a causa de seu surgimento e seu contexto.

A classificação dos direitos humanos em gerações é bastante criticada por considerável parcela da doutrina. Isso porque daria a ideia de superação de direitos por outros e não de acumulação de direitos. Semanticamente, *geração* dá a entender que algo é criado e que com o tempo se esvai para dar lugar ao outro. Em função desse pensamento, alguns autores preferem classificar como gestações ou dimensões e não gerações de direitos, tudo para reforçar a noção de continuidade e de acúmulo.

Portanto, a análise das gerações deve ter por fundamento não a ótica sucessória (de substituição da anterior pela posterior), mas sim a interacional (de complementação da anterior pela posterior).

3.1. Primeira geração

A primeira geração trata dos direitos civis (liberdades individuais) e políticos. A titularidade desses direitos é atribuída ao indivíduo, por isso são conhecidos como direitos individuais. Seu fundamento é a ideia de *liberdade*.

Sobre tais direitos, é interessante a verificação de que sua defesa foi feita, sobretudo, pelos EUA. Estes defendiam a perspectiva liberal dos direitos humanos, consagrados no Pacto Internacional de Direitos Civis e Políticos.

3.2. Segunda geração

A segunda geração trata dos direitos sociais, culturais e econômicos. A titularidade desses direitos é atribuída à coletividade, por isso são conhecidos como direitos coletivos. Seu fundamento é a ideia de *igualdade*.

O grande motivador do aparecimento desses direitos foi o movimento antiliberal, notadamente após a Primeira Guerra Mundial. É importante apontar o papel da URSS, que defendia veementemente a perspectiva social dos direitos humanos. Essa linha foi consagrada no Pacto Internacional de Direitos Econômicos, Sociais e Culturais.

Cabe destacar que tais direitos apareceram em primeiro lugar na Constituição mexicana de 1917 e na Constituição alemã de 1919 ("Constituição de Weimar").

3.3. Terceira geração

A terceira geração trata dos direitos à paz, ao desenvolvimento, ao meio ambiente, à propriedade do patrimônio cultural. A titularidade desses direitos é atribuída, geralmente, à humanidade e são classificados doutrinariamente como difusos, todavia pode-se destacar a sua faceta de direito individual também, como expressamente prevista na Declaração da ONU sobre o Direito ao Desenvolvimento, de 1986. Seu fundamento é a ideia de *fraternidade* ou *solidariedade*.

Esses direitos provieram em grande medida da polaridade Norte/Sul, da qual surgiu o *princípio da autodeterminação dos povos*, fundamento do processo de descolonização e de inúmeros outros exemplos, consoante os já indicados acima, que exteriorizam a busca por uma nova ordem política e econômica mundial mais justa e solidária.

Os direitos de terceira geração foram consagrados na Convenção para a Proteção do Patrimônio Mundial, Cultural e Natural, de 1972, na Convenção sobre a Diversidade Biológica, de 1992 e, como já apontado, na Declaração sobre o Direito ao Desenvolvimento, de 1986. Cabe apontar que são classificados pelo STF como novíssimos direitos[16].

De forma geral, "os **direitos de primeira geração (direitos civis e políticos)** – que compreendem as liberdades clássicas, negativas ou formais – realçam o princípio da liberdade e os **direitos de segunda geração (direitos econômicos, sociais e culturais)** – que se identifica com as liberdades positivas, reais ou concretas – acentuam o princípio da igualdade, os **direitos de terceira geração**, que materializam poderes de titularidade coletiva atribuídos genericamente a todas as formações sociais, consagram o princípio da solidariedade e constituem um momento importante no processo de desenvolvimento, expansão e reconhecimento dos direitos humanos, caracterizados, enquanto valores fundamentais indisponíveis, pela nota de uma essencial inexauribilidade" (STF, MS 22.164, Rel. Min. Celso de Mello, julgamento em 30-10-1995).

3.4. Quarta e quinta gerações

Existem posicionamentos doutrinários que pouco se assemelham na tentativa de categorizar quais seriam os direitos componentes da quarta e da quinta gerações.

Por exemplo, a Ministra Eliana Calmon defende que a quarta geração seria composta de direitos referentes à manipulação do patrimônio genético, como os alimentos transgênicos, fertilização *in vitro* com escolha do sexo e clonagem. Já para o professor Paulo Bonavides a quarta geração diz respeito a universalização de direitos fundamentais já existentes, como os direitos à democracia direta, à informação e ao pluralismo, enquanto que o direito à paz seria de quinta. Outros, como Alberto Nogueira que relaciona a quarta geração com os direitos a uma tributação justa, e Ricardo Lorenzetti, ministro da Suprema Corte Argentina, que define a quarta geração como sendo aquela do "direito a ser diferente", isto é, a tutela de todos tipos de diversidade – sexual, étnica etc. Além de José Alcebiades de Oliveira Júnior[17], que faz coro com Eliana Calmon em relação à quarta geração e assinala que a quinta é ligada ao direito cibernético.

Percebe-se que resta impossível categorizar cabalmente quais os direitos componentes da quarta e da quinta gerações, mas o importante é apontar possíveis interpretações e sublinhar a natureza dinâmica dos direitos humanos, os quais sempre estarão em construção.

15. *The international dimensions of human rights*. Unesco, 1982.

16. O STF assim define as três primeiras gerações: "os direitos de primeira geração (direitos civis e políticos) – que compreendem as liberdades clássicas, negativas ou formais – realçam o princípio da liberdade e os direitos de segunda geração (direitos econômicos, sociais e culturais) – que se identifica com as liberdades positivas, reais ou concretas – acentuam o princípio da igualdade, os direitos de terceira geração, que materializam poderes de titularidade coletiva atribuídos genericamente a todas as formações sociais, consagram o princípio da solidariedade e constituem um momento importante no processo de desenvolvimento, expansão e reconhecimento dos direitos humanos, caracterizados, enquanto valores fundamentais indisponíveis, pela nota de uma essencial inexauribilidade" (STF, MS 22.164, Rel. Min. Celso de Mello, julgamento em 30-10-1995).

17. JUNIOR, José Alcebíades de Oliveira. *Teoria Jurídica e novos direitos*. Rio de Janeiro: Lumen Juris, 2000. p. 85-86.

3.5. Conclusão

Pode-se afirmar que toda regra, convencional ou não, que promova ou proteja a dignidade da pessoa humana se refere a "direitos humanos". Portanto, as cinco gerações trazem exemplos de direitos humanos que foram confeccionados em conformidade com a *in/evolução* da vida humana.

A constante criação de "novos" direitos humanos torna impossível sua tipificação fechada, portanto, é necessária uma tipificação aberta para permitir a inserção de novos conceitos protetores da dignidade humana na medida em que aparecerem.

4. CARACTERÍSTICAS DOS DIREITOS HUMANOS

Segue um breve compêndio com as principais características dos direitos humanos, conforme apontado pela doutrina internacional.

4.1. Historicidade

A amplitude de proteção conferida pelos direitos humanos é marcada por sua contínua majoração, o que os tornam direitos históricos, pois no evolver da história novos direitos são reconhecidos como direitos humanos - um processo não findo.

A história dos direitos humanos é marcada pela luta por seu reconhecimento, umbilicalmente relacionada com a luta por justiça e liberdade.

4.2. Universalidade ou transnacionalidade

4.2.1. Histórico

A Declaração Universal dos Direitos Humanos de 1948 universalizou a noção de direitos humanos. Muito importante foi seu papel porque antes disso a proteção dos direitos humanos era relegada a cada Estado, que, com suporte em sua intocável soberania, tinha autonomia absoluta para determinar e executar as políticas relacionadas à proteção da dignidade da pessoa humana. Todavia, obras de horror, como o nazifascismo, demonstraram que a proteção do ser humano não pode ficar somente nas "mãos de governos" nacionais.

Mas cabe ponderar que a defesa, com justificação filosófica, do caráter universal dos direitos humanos foi feita por muitos pensadores ao longo da história, podemos citar aqui alguns com grande destaque, como Samuel Pufendorf ("todos os homens possuem pelo simples fato do nascimento a mesma liberdade natural"), John Locke ("o homem nasce com o direito à liberdade perfeita"), Thomas Paine ("os direitos naturais são aqueles que correspondem ao homem pelo mero fato de existir") e Christian Wolff ("os direitos naturais são universais porque a natureza humana também é universal"). E antes mesmo, mas sob outras razões, Tomás de Aquino defendia o caráter universal e imutável da lei natural.

4.2.2. Proteção nacional e proteção compartilhada dos direitos humanos

Um dos grandes objetivos perseguidos com a criação da ONU foi buscar a proteção dos direitos humanos em nível universal. Grande passo foi dado nesse sentido com a promulgação da Declaração Universal dos Direitos Humanos. O que fez com que "o direito a ter direitos" de Hannah Arendt passasse a ter tutela internacional e marcou, portanto, a importante passagem da proteção nacional (e única) dos direitos humanos para uma proteção compartilhada (sistemas nacional e internacional). A Declaração Universal dos Direitos Humanos significou, sem qualquer dúvida, o fim do paradigma da proteção nacional dos direitos humanos.

4.2.3. Crítica: universalização ou ocidentalização

Existem muitos críticos da aclamada universalidade dos direitos humanos, que indicam a existência de um processo de *ocidentalização* dos direitos humanos encoberto pela justificativa humanística da universalidade. Assim, o elenco de direitos humanos previsto nos principais tratados internacionais não realizar valores universais por natureza, mas sim valores defendidos no Ocidente (ocidentais). E essa seria uma forma aparentemente justa para impô-los ao resto do mundo. Os defensores dessa leitura são denominados de relativistas, pois defendem que os direitos humanos variam de lugar para lugar, sendo relativos e não universais.

Tal argumento comporta algumas ponderações razoáveis, mas não deveria proceder porque os direitos humanos transcendem às criações culturais no sentido lato (religião, tradição, organização política etc.) por serem adstritos à condição humana. Assim, a solução interpretativa ideal para os direitos humanos é aquela que leva em conta particularidades regionais e nacionais, mas nunca de forma a impedir a proteção mínima dos direitos humanos, até porque esses fazem parte do *jus cogens* (explicado logo abaixo).

Pode-se, portanto, afirmar, que sob a perspectiva protetora o *universalismo* derrota o *relativismo*[18].

No mesmo sentido é o ponto 5 da Declaração e Programa de Ação de Viena[19] (de 1993): "... Embora particularidades nacionais e regionais devam ser levadas em consideração, assim como diversos contextos históricos, culturais e religiosos, é dever dos Estados promover e proteger todos os direitos humanos e liberdades fundamentais, sejam quais forem seus sistemas políticos, econômicos e culturais."

4.2.3.1. Jus cogens

O *jus cogens* (normas cogentes de direito internacional) é calcado no reconhecimento da existência de direitos e de obrigações naturais, independentemente da existência de algum tratado internacional. O *jus cogens* seria como um qualificador de regras consideradas basilares para a ordenação e a viabilidade da comunidade internacional. Portanto, a compreensão da existência de uma comunidade internacional e de interesses que advêm dela (sobretudo para sua existência - como, por exemplo, na proteção internacional do meio ambiente), e não somente de Estados em sua individualidade, deu suporte para o aparecimento do *jus cogens*.

Para elucidar o dito, cabe apontar que o *jus cogens está* tipificado no art. 53 da Convenção de Viena sobre Direito dos Tratados: "É nulo um tratado que, no momento de sua conclusão, conflite com uma norma imperativa de Direito Internacional Geral. Para os fins da presente Convenção, uma norma imperativa de Direito Internacional Geral é uma norma aceita e reconhecida pela comunidade internacional dos Estados como um todo, como norma da qual nenhuma derrogação é permitida e que só pode ser

18. Essa colocação deve ser adotada nos concursos públicos em geral.
19. Adotada na 2ª Conferência Mundial da ONU de Direitos Humanos.

modificada por norma ulterior de Direito Internacional Geral da mesma natureza". Por exemplo, a proibição da escravidão é uma norma imperativa de Direito Internacional, pois é considerada inderrogável por toda a comunidade internacional.

Pelo rapidamente visto pode-se afirmar que a própria dinâmica da vida internacional derrubou o voluntarismo como suporte único e fundamental das relações internacionais, ou seja, o positivismo voluntarista não foi capaz de explicar o aparecimento das normas cogentes de Direito Internacional (*jus cogens*), que só pode ser explicado por razões objetivas de justiça, as quais darão, por sua vez, vazão a uma consciência jurídica universal. Nesse sentido é a colocação de Antônio Augusto Cançado Trindade: "(...) o modelo westfaliano do ordenamento internacional afigura-se esgotado e superado[20]".

4.3. Indivisibilidade

Todos os direitos humanos se retroalimentam e se complementam, assim, é infrutífero buscar a proteção e a promoção de apenas uma parcela deles.

Veja-se o exemplo do direito à vida, núcleo dos direitos humanos. Este compreende o direito de o ser humano não ter sua vida ceifada (atuação estatal negativa), como também o direito de ter acesso aos meios necessários para conseguir sua subsistência e uma vida digna (atuação estatal positiva). Percebe-se a interação dos direitos pessoais com os direitos econômicos, sociais e culturais para garantir a substancial implementação do direito à vida.

Tanto é assim que o art. 13 da Carta Democrática Interamericana, instrumento integrante do sistema interamericano (regional) de proteção dos direitos humanos, crava que "a promoção e observância dos direitos econômicos, sociais e culturais são inerentes ao desenvolvimento integral, ao crescimento econômico com equidade e à consolidação da democracia dos Estados do Hemisfério".

E também cabe citar a Nota Geral 3 (natureza e alcance das obrigações das partes contratantes) dos Princípios de Limburgo relativos à aplicabilidade do Pacto Internacional dos Direitos Econômicos, Sociais e Culturais: "tendo em conta que os direitos humanos são indivisíveis e interdependentes, deveria ser canalizada a mesma atenção à aplicação, fomento e proteção dos direitos civis e políticos, como dos econômicos, sociais e culturais.

4.4. Interdependência

Conforme dito acima, os direitos humanos se retroalimentam e se complementam, destarte, cada direito depende dos outros para ser substancialmente realizado.

4.5. Normatividade indiscutível[21]

Os direitos humanos estão disciplinados por sistemas nacionais, regionais e globais de proteção, além de serem normas imperativas de direito internacional (*jus cogens*). Cabe frisar que os sistemas de proteção se interconectam para garantir a maior proteção possível da dignidade humana.

4.6. Irrenunciabilidade

Por serem direitos adstritos à condição humana, estes não podem ser renunciáveis, pois formam o indivíduo em sua plenitude. Assim, são indisponíveis tanto pelo Estado como pelo particular. Tal característica se confirma pelo fato de os direitos humanos fazerem parte do *jus cogens*, isto é, inderrogáveis por ato volitivo.

A conclusão que fica é que os direitos humanos são imutáveis e eternos conforme pronunciou há muito tempo Thomas Hobbes em sua obra O Leviatã. E com base nessa colocação, Jean-Jacques Rousseau, em sua obra Contrato Social, defendeu que são irrenunciáveis, pois renunciar eles seria o mesmo que renunciar a própria condição humana

4.6.1. *Caso Morsang-sur-Orge*

Para corroborar tal característica, cabe relembrar o paradigmático caso *Morsang-sur-Orge*, ocasião em que o Conselho de Estado francês, com fundamento na dimensão objetiva da dignidade humana (o respeito à dignidade humana como um dos componentes da ordem pública), manteve ato administrativo que interditou a atividade conhecida como lançamento de anão (*lancer de nain*), apesar de recurso do próprio arremessado (anão) e da casa noturna que o empregava.

4.7. Imprescritibilidade

Os direitos humanos são atemporais, pois, como dito, são adstritos à condição humana. Assim, não são passíveis de prescrição, ou seja, não caducam com o transcorrer do tempo.

4.8. Inalienabilidade

Os direitos humanos não podem ser alienados, isto é, objeto de transação.

4.9. Complementaridade solidária

O princípio da complementaridade solidária dos direitos humanos de qualquer espécie dialoga com a universalidade, a interdependência e a indivisibilidade. Ele foi proclamado solenemente na 2ª Conferência Mundial de Direitos Humanos, realizada em Viena em 1993.

É importante transcrever o ponto 5 da Declaração de Direitos Humanos de Viena, que sintetiza as características dos direitos humanos de modo geral:

> *"Todos os direitos humanos são universais, indivisíveis, interdependentes e inter-relacionados. A comunidade internacional deve tratar os direitos humanos de forma global, justa e equitativa, em pé de igualdade e com a mesma ênfase. Embora particularidades nacionais e regionais devam ser levadas em consideração, assim como diversos contextos históricos, culturais e religiosos, é dever dos Estados promover e proteger todos os direitos humanos e liberdades fundamentais, sejam quais forem seus sistemas políticos, econômicos e culturais".*

Cabe lembrar que a concepção contemporânea dos direitos humanos foi inaugurada pela Declaração Universal dos Direitos Humanos de 1948 e reforçada pela Declaração de Direitos Humanos de Viena de 1993.

5. CLASSIFICAÇÃO

Para bem compreender todos os tipos de direitos que compõem os direitos humanos, lancemos mão da classificação idealizada por Jack Donnely[22].

20. Voto Concorrente na Opinião Consultiva 16/1999 da Corte Interamericana de Direitos Humanos, p. 90.
21. Essa característica foi criada com base em minha análise sobre o conjunto de sistemas protetivos dos direitos humanos.
22. *Universal human rights in theory and practice*. 2. ed. Cornell University Press, 2003.

5.1. Direitos pessoais

São exemplos o direito à vida, à nacionalidade, ao reconhecimento perante a lei, à proteção contra tratamentos ou punições cruéis, degradantes ou desumanas, e à proteção contra a discriminação racial, étnica, sexual e religiosa (arts. 2º a 7º e 15 da Declaração Universal dos Direitos Humanos).

5.2. Direitos judiciais

São exemplos o direito de ação, a presunção de inocência, a garantia do processo justo e imparcial, a irretroatividade das leis penais, a proteção contra prisão, detenção ou exílio arbitrários, e contra a interferência no lar e na reputação (arts. 8º a 12 da Declaração Universal dos Direitos Humanos).

5.3. Direitos civis

São exemplos as liberdades de pensamento, consciência e religião, de opinião e expressão, de movimento e residência, e de reunião e de associação pacífica (arts. 13 e 18 a 20 da Declaração Universal dos Direitos Humanos).

5.4. Direitos políticos

São exemplos principalmente os direitos a tomar parte no governo e às eleições legítimas com sufrágio universal e igual (art. 21 da Declaração Universal dos Direitos Humanos).

5.5. Direitos de subsistência

São exemplos principalmente os direitos à alimentação e a um padrão de vida adequado à saúde e ao bem-estar próprio e da família (art. 25 da Declaração Universal dos Direitos Humanos).

5.6. Direitos econômicos

São exemplos principalmente os direitos ao trabalho, ao repouso e ao lazer e à segurança social (arts. 22 a 25 da Declaração Universal dos Direitos Humanos).

5.7. Direitos sociais e culturais

São exemplos principalmente os direitos à instrução e à participação na vida cultural da comunidade (arts. 26 e 27 da Declaração Universal dos Direitos Humanos).

A título comparativo e para clarificar ainda mais os direitos considerados concretamente como sociais, cabe reproduzir o art. 6º da CF: "São direitos sociais a educação, a saúde, a alimentação, o trabalho, a moradia, o lazer, a segurança, a previdência social, a proteção à maternidade e à infância, a assistência aos desamparados, na forma desta Constituição".

5.8. Ponderação final

Percebe-se que se trata de uma divisão bem detalhada, mas podemos reunir todos esses direitos na primeira (direitos civis e políticos) e na segunda (direitos econômicos, sociais e culturais) geração de direitos humanos. Fazem parte da primeira geração os direitos pessoais, civis, judiciais e políticos, e da segunda geração os direitos de subsistência, econômicos, sociais e culturais.

6. RESPONSABILIDADE INTERNACIONAL E MITIGAÇÃO DA SOBERANIA

6.1. Introdução

Conforme já anunciado no capítulo introdutório, a ideia de soberania absoluta dos Estados encontra-se há muito superada, e tal constatação ficou clara com o estudo das características dos direitos humanos. Nesse sentido, basta mencionar que a Declaração Universal dos Direitos do Homem elevou o homem à condição de sujeito de direito internacional, assim, é possível colocar o Estado como réu, perante instâncias internacionais, caso algum direito do ser humano seja ceifado ou impossibilitado de gozo[23].

Ou seja, o Estado que violar direitos humanos poderá ser responsabilizado perante a comunidade internacional, como, por exemplo, por intermédio de cortes regionais (ex.: Corte Interamericana de Direitos Humanos) ou de comitês internacionais (ex.: Comitê dos Direitos Humanos criado pelo Pacto Internacional dos Direitos Civis e Políticos). Por essa lógica, o indivíduo que tiver sua dignidade violada e não conseguir a efetiva tutela poderá dirigir-se (direta ou indiretamente), quando previsto, a cortes e comitês internacionais para buscar sua devida proteção.

E sobre esse processo de mitigação da soberania, é imprescindível apontar o papel do Tribunal de Nuremberg[24], pois com a instalação desse tribunal *ad hoc* ficou demonstrada a necessária flexibilização da noção de soberania para bem proteger os direitos humanos. E ao mesmo tempo ficou comprovado o reconhecimento de direitos do indivíduo pelo direito internacional. Antes do Tribunal de Nurembergue, podemos citar o Direito Humanitário, a Liga das Nações e a Organização Internacional do Trabalho como exemplos de limitação, oriunda da comunidade internacional, que os Estados sofreram em sua inabalável soberania.

6.2. Responsabilização do Estado

A responsabilização do Estado pode ser proveniente tanto de um ato comissivo quanto omissivo. Exemplo do último pode ser a falta de diligência para prevenir a ocorrência de certa violação dos direitos humanos.

Em material produzido pela própria Comissão Interamericana de Direitos Humanos, denominado *Sistema de Petições e Casos25*, foi indicado que a responsabilização do Estado pode ser configurada por:

a) ação: como consequência de atos do Estado ou de seus agentes;

23. Rodrigo Uprimny Yepes e Luz María Sánchez Duque ponderam que conforme o disposto pela Carta das Nações Unidas, os Estados possuem domínio sobre certos assuntos, mas não gozam de soberania, pelo menos como essa era entendida no século XIX e princípio do XX. E não possuem soberania plena porque existem assuntos que são de interesse legítimo da comunidade internacional, um deles é a proteção dos direitos humanos. Esses direitos funcionam como limite à soberania dos Estados ou, dito de outra forma, os Estados, dentro do seu domínio reservado ou jurisdição interna, não têm poder de violar-los (Convención Americana sobre Derechos Humanos – Comentario: STEINER, Christian e URIBE, Patricia – Editores. Konrad Adenauer Stiftung. Bolívia: Plural editores, 2014. p. 534).

24. O Tribunal de Nurembergue foi instituído para julgar os crimes de guerra e contra a humanidade perpetrados durante a Segunda Guerra Mundial pelos líderes nazistas (o julgamento começou em 20.11.1945). Idealizado pelos Aliados (sobretudo EUA, URSS, Reino Unido e França), escalou o Chefe da Justiça americana, Robert Jackson, para ser seu coordenador. Cabe lembrar que a experiência de Nurembergue marca a primeira vez em que crimes de guerra foram julgados por um tribunal internacional. Uma crítica que se faz ao Tribunal é que se trata de uma "justiça dos vencedores".

25. Organização dos Estados Americanos. 2010.

b) aquiescência: como consequência do consentimento tácito do Estado ou de seus agentes;

c) omissão: resultante do fato de que o Estado, ou seus agentes, não atuaram quando deveriam ter feito.

6.3. Cláusula Federal ou princípio da unidade do Estado

Sobre a responsabilização de Estado, é importante dizer que o art. 28 da Convenção Americana de Direitos Humanos estabelece a cláusula federal ou princípio da unidade do Estado, que em seu ponto 2 determina:

"No tocante às disposições relativas às matérias que correspondem à competência das entidades componentes da federação, o governo nacional deve tomar imediatamente as medidas pertinentes, em conformidade com sua Constituição e com suas leis, a fim de que as autoridades competentes das referidas entidades possam adotar as disposições cabíveis para o cumprimento desta Convenção".

Ademais, sempre é o governo central que responderá perante a comunidade internacional, pois é o representante do Estado como um todo, o único detentor de personalidade jurídica internacional. Tome de exemplo a Federação de Estados ou Estado Federal, que é a união permanente de dois ou mais estados, dos quais cada um conserva apenas a autonomia interna, pois a soberania externa é exercida por um órgão central, normalmente denominado *governo federal*. O Brasil é Estado Federal desde a Constituição de 1891. Cabe sublinhar que a divisão de autonomias em relação às competências internas não interfere na responsabilização internacional.

Dito de outra maneira, "no plano internacional o Estado é reconhecido como um sujeito único e indivisível e o princípio da unidade do Estado estabelece que os atos ou omissões dos órgãos do Estado devem ser reconhecidos como atos ou omissões desse Estado em sua totalidade[26]".

6.4. Responsabilidade direta ou indireta

A responsabilidade, no caso dos Estados, pode ser *direta* ou *indireta*. Será direta quando o ato ilícito for perpetrado por órgão de qualquer natureza ou nível hierárquico, e indireta quando o ato ilícito for praticado por dependência sua, como, por exemplo, um ilícito praticado por um dos estados componentes da República Federativa do Brasil.

6.5. Agentes causadores de dano: poderes Executivo, Legislativo e Judiciário

O ato ilícito internacional normalmente é praticado por agentes do Poder Executivo. Mas é possível que o ilícito internacional resulte de atos oriundos do Poder Legislativo e do Judiciário[27].

6.5.1. Indivíduo

Entretanto, o ilícito internacional proveniente de ato dos particulares não dá causa, por si só, à responsabilidade internacional do Estado; necessário se faz comprovar a falta de diligência do Estado, notadamente em seus deveres de prevenção e de repressão. No caso *Massacre do Povo Bello vs. Colômbia*, a Corte IDH determinou que um Estado não pode ser responsável por qualquer violação dos direitos humanos cometida entre particulares dentro de sua jurisdição; seu dever de adotar medidas de prevenção e proteção dos particulares em suas relações entre si se encontra condicionado ao conhecimento de uma situação de risco real e imediato para um indivíduo ou grupo de indivíduos determinado e possibilidades razoáveis de prevenir ou evitar esse risco[28].

Por outro lado, a configuração da responsabilidade do Estado não afasta *de per si* a responsabilidade pessoal de seus agentes – ver art. 58 do Projeto de Convenção sobre Responsabilidade dos Estados (*Draft articles on Responsibility of States for Internationally Wrongful Acts*) da Comissão de Direito Internacional da ONU.

6.6. Obrigação de meio ou comportamento

Cabe destacar que a obrigação que o Estado possui de prevenir e de investigar violações aos direitos humanos é uma obrigação de meio ou comportamento e não de resultado. Assim, por exemplo, se a investigação empreendida pelo Estado não produziu qualquer resultado satisfatório do ponto de vista prático, isso não quer dizer que a obrigação do Estado de investigar não foi cumprida. Portanto, as citadas obrigações do Estado devem ser exercidas com seriedade e não como uma simples formalidade condenada desde o início a ser infrutífera. Investigar e prevenir violações aos direitos humanos é um dever jurídico próprio do Estado-parte do sistema interamericano de proteção dos direitos humanos[29]. Como também de qualquer Estado que seja parte de outro sistema protetivo internacional (ex.: global com base na ONU e europeu com base no Conselho Europeu).

Com fundamento no citado dever (investigar efetivamente), uma vez que as autoridades estatais tenham conhecimento de algum fato, devem iniciar *ex officio* e sem demora uma investigação séria, imparcial e efetiva por todos os meios legais disponíveis e orientada a determinação da verdade e a persecução, captura, análise do caso (processo) e eventual aplicação de pena a todos os envolvidos, especialmente quando possam estar envolvidos agentes estatais[30].

6.7. Irrelevância da validade interna do ato

A validade do ato em face da legislação interna é irrelevante para a responsabilidade internacional do Estado – ver arts. 1º, 2º e 3º do Projeto de Convenção sobre Responsabilidade dos Estados (*Draft articles on Responsibility of States for Internationally Wrongful Acts*), da Comissão de Direito Internacional da ONU.

26. Convención Americana sobre Derechos Humanos – Comentario: STEINER, Christian e URIBE, Patricia (Editores). Konrad Adenauer Stiftung. Bolívia: Plural editores, 2014. p. 15.

27. Conforme decidido pela Corte Interamericana de Direitos Humanos no caso 'A Última Tentação de Cristo vs. Chile. Iremos analisar esse importante caso ao longo do livro.

28. Corte IDH. *Caso do Massacre do Povo Bello vs. Colômbia*. Mérito, reparações e custas. Sentença de 31.01.2006. Item 123 da decisão. Ver também caso *González e outras ("Campo Algodoneiro") vs. México*. Item 280 dessa decisão.

29. Corte IDH. *Caso Velásquez Rodríguez vs. Honduras*. Item 177 da decisão.

30. Corte IDH. *Caso do Massacre do Povo Bello vs. Colombia*. Item 143 da decisão.

Assim, se o Poder Judiciário, ao fundamentar decisão em lei ou norma constitucional interna, descumprir tratados internacionais de direitos humanos, o Estado poderá ser responsabilizado no plano internacional por essa decisão.

6.8. Formas de reparação

O tema será tratado com mais profundidade quando estudarmos as formas de reparação que a Corte Interamericana pode determinar ao Estado violador. De qualquer forma, se ficar comprovada a violação de direitos humanos da(s) vítima(s), o Estado agressor será condenado a tomar medidas que façam cessar a violação e restaurar o direito vilipendiado (*restitutio in integrum*), além de poder ser condenado ao pagamento de indenização (tendo por base o plano material e o imaterial) à(s) vítima(s).

6.9. Papel do TPI na responsabilização internacional

O dirigente político que conduzir o país à prática de crimes contra a humanidade poderá ser julgado e condenado pelo Tribunal Penal Internacional (TPI).

Nesse sentido, o Tribunal Penal Internacional condenou o político congolês Jean-Pierre Bemba por crimes de guerra e crimes contra a humanidade. Ele foi considerado culpado por ter promovido uma devastadora campanha de estupro, mortes e tortura na República Centro-Africana nos anos de 2002 e 2003. Trata-se da primeira vez que o TPI condena alguém baseado no "princípio do comando" ou da "responsabilidade superior". Os juízes da Corte entenderam que Bemba não apenas falhou na responsabilidade de prevenir os crimes que foram cometidos por seus subordinados, como não os puniu pelo cometimento da violações – sendo, por esse motivo, ele próprio culpado pelos crimes. O julgamento foi presidido pela juíza brasileira Sylvia Steiner.

6.10. Caráter complementar e subsidiário dos sistemas internacionais

É importante destacar o caráter *complementar* e *subsidiário* dos sistemas internacionais, porque esses apenas serão acionados caso o sistema jurídico nacional tenha sido incapaz ou não tenha demonstrado interesse em julgar o caso. Tanto é assim que a Corte Interamericana de Direitos Humanos tem jurisprudência no sentido de que "a regra do prévio esgotamento dos recursos internos permite ao Estado resolver o problema conforme seu direito interno antes de sofrer um processo internacional, que é perfeitamente válido na jurisdição internacional dos direitos humanos, por ser esta coadjuvante ou complementar à jurisdição interna[31]".

Sob outro aspecto, não se configuraria vilipêndio à soberania, pois, na maioria dos casos, o Estado, com suporte no *princípio da autodeterminação dos povos*, aquiesceu à competência de cortes e comitês internacionais. Isto é, com supedâneo em sua soberania escolheu fazer parte de certo sistema de proteção internacional, e qualquer determinação ou punição que provier desse sistema já é aceita de antemão pelo Estado.

Agora que se tem boa compreensão da função e das características dos direitos humanos, é importante estudar pontualmente o Direito Humanitário e o Direito dos Refugiados para, dessa forma, completarmos a tríade protetiva do ser humano.

7. DIREITO HUMANITÁRIO

7.1. Conceito

O Direito Humanitário é composto de princípios e regras – positivadas ou costumeiras – que têm como função, por questões humanitárias, limitar os efeitos do conflito armado. Mais especificamente, o Direito Humanitário protege as pessoas que não participam ou não mais participam das hostilidades e restringe os meios e os métodos de guerra. Tal conceito permite-nos encará-lo como Direito Internacional dos Conflitos Armados ou Direito da Guerra.

É considerado por muitos a primeira limitação internacional que os Estados sofreram na sua soberania[32], pois, na hipótese de conflito armado, estes teriam de respeitar certas regras que visam proteger as vítimas civis e os militares fora de combate. Assim, teve-se início o processo de internacionalização dos direitos humanos.

7.2. Direito de Genebra

O Direito Internacional Humanitário é principalmente fruto das quatro Convenções de Genebra de 1949 (em 1949 foram revistas as três Convenções anteriores – 1864, 1906 e 1929 – e criada uma quarta, relativa à proteção dos civis em período de guerra) e seus Protocolos Adicionais, os quais formam o conjunto de leis para reger os conflitos armados e buscar limitar seus efeitos (Direito de Genebra). A proteção recai sobre as pessoas que não participam dos conflitos (civis, profissionais da saúde e de socorro) e os que não mais participam das hostilidades (soldados feridos, doentes, náufragos e prisioneiros de guerra).

As Convenções e seus Protocolos apelam para que sejam tomadas medidas para evitar ou para encerrar todas as violações. Eles contêm regras rigorosas para lidar com as chamadas "violações graves", devendo seus responsáveis ser julgados ou extraditados, independentemente de sua nacionalidade.

7.2.1. 1º Convenção de Genebra

Em seus 64 artigos, a 1ª Convenção de Genebra protege feridos e enfermos das forças armadas em campanha, além do pessoal médico e religioso, as unidades e os transportes médicos. A Convenção também reconhece os emblemas distintivos.

7.2.2. 2º Convenção de Genebra

A 2ª Convenção de Genebra, que substitui a Convenção de Haia de 1907 sobre a Adaptação dos Princípios da Convenção de Genebra de 1864 e Guerras Marítimas, protege feridos, enfermos

31. Corte IDH. *Caso Velásquez Rodríguez vs. Honduras,* Mérito, sentença de 29.07.1988, ponto 61; Corte IDH. *Caso Godínez Cruz vs. Honduras,* Mérito, sentença de 20.01.1989, ponto 64; Corte IDH. *Caso Fairén Garbi y Solís Corrales vs. Honduras,* Mérito, sentença de 15.03.1989, ponto 85. Fonte da pesquisa jurisprudencial é a obra Convención Americana sobre Derechos Humanos – Comentario: STEINER, Christian e URIBE, Patricia (Editores). Konrad Adenauer Stiftung. Bolívia: Plural editores, 2014. p. 7.

32. A Liga das Nações e a Organização Internacional do Trabalho são os outros exemplos dessa primeira limitação, oriunda da comunidade internacional, que os Estados sofreram em sua inabalável soberania.

e náufragos das forças armadas no mar. Ela segue as disposições da 1ª Convenção de Genebra em termos de estrutura e conteúdo. Seus 63 artigos se aplicam especificamente a guerras marítimas, por exemplo, protegendo os navios-hospitais.

7.2.3. 3º Convenção de Genebra

A 3ª Convenção de Genebra, que substitui a Convenção sobre Prisioneiros de Guerra de 1929, se aplica aos prisioneiros de guerra. Contém 143 artigos, enquanto a de 1929 continha apenas 97. As categorias de pessoas com direito ao *status* de prisioneiras de guerra foram ampliadas. As condições e os locais de cativeiro também foram definidos com mais precisão, em particular com relação ao trabalho de prisioneiros de guerra, seus recursos pecuniários, o socorro que recebem e os processos judiciais contra eles. A Convenção estabelece que os prisioneiros de guerra devem ser liberados e repatriados sem demora após o término das hostilidades ativas.

7.2.4. 4º Convenção de Genebra

As Convenções de Genebra adotadas antes de 1949 preocupavam-se apenas com os combatentes, não com os civis. Os eventos da Segunda Guerra Mundial, no entanto, mostraram as consequências desastrosas da ausência de uma convenção para proteger os civis em tempos de guerra – e essa experiência foi levada em consideração na 4ª Convenção de Genebra, adotada em 1949, que protege os civis, inclusive em territórios ocupados. Ela é composta de 159 artigos e contém uma pequena seção referente à proteção geral das populações contra certas consequências da guerra, sem tratar da conduta das operações militares, que foi examinada depois nos Protocolos Adicionais de 1977. Ademais, a 4ª Convenção esclarece as obrigações da potência ocupante com relação à população civil e contém disposições detalhadas sobre o socorro humanitário em território ocupado.

7.2.5. Conflitos armados não internacionais

Merece destaque o art. 3º, que é comum às quatro Convenções de Genebra e marca um avanço ao disciplinar, pela primeira vez, os conflitos armados **não internacionais**. Esses tipos de conflito variam muito. Eles incluem guerras civis tradicionais, conflitos armados internos que se expandem para outros Estados ou conflitos internos nos quais um terceiro Estado ou uma força multinacional intervém junto com o governo. O art. 3º estabelece regras fundamentais que não podem ser derrogadas e funciona como uma mini convenção dentro das Convenções, pois contém as regras essenciais das Convenções de Genebra em um formato condensado e as torna aplicáveis aos conflitos de caráter não internacional.

7.2.6. Protocolos Adicionais I e II

Por fim, nas duas décadas após a adoção das Convenções de Genebra, o mundo testemunhou um aumento no número de conflitos armados não internacionais e de guerras por independência. Em resposta a isso, foram adotados em 1977 dois Protocolos Adicionais às Convenções de Genebra de 1949. Eles fortalecem a proteção das vítimas de conflitos armados internacionais (Protocolo I) e não internacionais (Protocolo II) e determinam limites aos métodos de guerra. O Protocolo II foi o primeiro tratado internacional exclusivamente dedicado às situações de conflitos armados **não internacionais**. Em 2007, um terceiro Protocolo Adicional foi adotado, criando um emblema adicional, o Cristal Vermelho, que tem o mesmo *status* internacional dos emblemas da Cruz Vermelha e do Crescente Vermelho.

7.3. Direito de Haia e Regras de Nova Iorque

A outra parte das regras do Direito Internacional Humanitário provém do Direito de Haia (Convenções de Haia de 1899 e de 1907), que regula especificamente o meio e os métodos utilizados na guerra, ou, em outras palavras, a condução das hostilidades pelos beligerantes e as Regras de Nova Iorque[33], que cuidam da proteção dos direitos humanos em período de conflito armado. Pode-se apontar ainda o Tribunal Penal Internacional como um dos destaques na tutela do Direito Internacional Humanitário.

7.3.1. Princípios norteadores

Existem três princípios norteadores do Direito de Haia: **a)** princípio da humanidade: combatentes devem usar armamento que permita o menor sofrimento possível; **b)** princípio da necessidade: todo ataque armado deve destinar-se à execução de um objetivo militar; **c)** princípio da proporcionalidade: um ataque armado não pode causar danos desproporcionais à vantagem obtida.

7.3.2. Counterforce e countervalue

Sobre o princípio da necessidade, cabe distinguir as estratégias de *counterforce* e de *countervalue*. O primeiro diz respeito à estratégia de apenas atacar as forças militares do oponente. Enquanto o segundo tem por estratégia destruir o que tem valor para o oponente, incluindo sua população civil. Na época da Guerra Fria, muitas discussões sobre as estratégias a serem tomadas foram travadas. Decidiu-se que, na maioria das situações, apenas o *counterforce* teria legitimidade como estratégia de ataque, mesmo num ambiente de guerra. Infelizmente, eventos recentes envolvendo o (interminável) conflito Israel-Palestina trouxe a tona, em muitas ocasiões, a estratégia de *countervalue* levada a cabo por Israel. Frequentemente é noticiado o ataque a obras de infraestrutura, como também à população civil, da Faixa de Gaza.

7.3.3. Cláusula Martens

Relacionado ao Direito de Haia, cabe destacar a *cláusula Martens*, essa aparece na Convenção de Haia, de 1907, sobre os Costumes da Guerra Terrestre e faz alusão ao nome do Ministro das Relações Exteriores do Czar Alexandre, da Rússia. Sua aplicação ocorre nas situações não previstas, ou melhor, não regulamentas por qualquer tratado, e determina que tanto os combatentes, quanto os civis, ficam sob a proteção e a autoridade dos princípios do direito internacional. Assim, nunca ocorrerá uma situação de ausência de proteção dos combatentes e civis, pois quando não houver regras específicas para serem aplicadas a certos conflitos, o Direito Internacional dos Direitos Humanos será aplicado diretamente.

7.4. Assistência Humanitária x Intervenção Humanitária

Em relação à matéria, é importante tratar de dois conceitos que apresentam proximidade apenas etimológica. São eles:

a) assistência humanitária: auxílio às vítimas de conflitos armados nacionais ou internacionais. O auxílio é executado

33. Resolução 2.444 (XXIII) adotada em 1968 pela Assembleia Geral das Nações Unidas.

mediante meio pacífico – por exemplo, o envio de remédios e alimentos. Essa prática não encontra objeção no direito internacional. Ex.: em 2010, o Brasil doou 200 mil dólares para a assistência humanitária em saúde ao Sudão, em especial à região de Darfur, por meio do Unicef. Cabe reforçar que a assistência humanitária pode ser levada a cabo por Estados, organizações internacionais e organizações não governamentais;

b) intervenção humanitária: ação de força contra Estado ou movimento armado no interior de algum Estado. A justificativa da agressão é a tentativa de fazer cessar a violação aos direitos humanos de certa parcela da população. Essa prática não tem acolhida fácil, sendo aceita em situações bem específicas e desde que preenchidos certos requisitos. Ex.: em 2011, o Conselho de Segurança das Nações Unidas aprovou pela Resolução 1.973 a intervenção humanitária na Líbia para impedir o massacre de civis por tropas do então ditador Muamar Kadafi.

Os principais requisitos autorizadores da intervenção humanitária seriam: **a)** esgotamento dos meios alternativos; **b)** diversidade dos executores da intervenção; **c)** pertinência com o objetivo humanitário perseguido; **d)** compromisso com a proteção de civis e a integridade do território, entre outros.

Percebe-se que a legitimidade de uma intervenção humanitária não é facilmente alcançada.

7.5. Conclusão

Por fim, o objetivo do Direito Humanitário é a tutela da pessoa humana, mas numa situação específica, qual seja, quando ela é vítima de conflito armado nacional ou internacional.

De todo o dito, nota-se que o Direito Internacional Humanitário e o Direito Internacional dos Direitos Humanos são complementares, apesar de serem dois conjuntos de leis distintas, pois ambos buscam proteger o indivíduo de ações arbitrárias e de abusos. Os direitos humanos são inerentes ao ser humano e protegem os indivíduos sempre, seja em tempos de guerra ou de paz. O Direito Internacional Humanitário se aplica apenas em situações de conflitos armados internacionais e não internacionais. Portanto, em tempos de conflitos armados, o Direito Internacional dos Direitos Humanos e o Direito Internacional Humanitário se aplicam de maneira complementar.

8. DIREITO DOS REFUGIADOS

8.1. Conceito

O Direito dos Refugiados é composto de princípios e regras – positivadas ou costumeiras – que têm como função proteger e auxiliar o indivíduo considerado refugiado.

Refugiado é **(i)** o indivíduo que, perseguido devido à sua raça, religião, nacionalidade, opinião política ou por sua ligação com certo grupo social, se encontra fora de seu país de nacionalidade e não pode ou não quer, por temor, regressar ao seu país; **(ii)** ou o apátrida que, perseguido devido à sua raça, religião, nacionalidade, opinião política ou por sua ligação com certo grupo social, se encontra fora do país onde teve sua última residência habitual e não pode ou não quer, por temor, regressar a tal país. Ainda, é possível considerar refugiado **(iii)** todo aquele que é vítima de grave e generalizada violação de direitos humanos[34]. Lembrando que apátrida é a condição do indivíduo que não possui nenhuma nacionalidade.

Pelo o aqui dito percebe-se que o refúgio é um instituto de caráter humanitário.

8.1.1. Status de refugiado

Os efeitos da condição do *status* de refugiado são extensivos ao cônjuge, aos ascendentes e descendentes, assim como aos demais membros do grupo familiar que do refugiado dependerem economicamente, desde que se encontrem em território nacional.

8.1.2. Consequências

Os indivíduos considerados refugiados possuem os mesmos direitos dos cidadãos do Estado receptor e os ditos Estados receptores são responsáveis pela proteção contra perseguição e não podem expulsá-los ou entregá-los ao Estado onde antes eram perseguidos (*princípio de non refoulement* – veremos abaixo). Ademais, tais Estados devem garantir apoio social e assistência para integração social dos refugiados quando for necessário[35].

8.2. Convenção das Nações Unidas relativa ao Estatuto dos Refugiados

8.2.1. Apresentação

Em 1951, foi convocada uma Conferência de Plenipotenciários das Nações Unidas para Genebra com o objetivo de redigir uma convenção regulatória do *status* legal dos refugiados. Como resultado, a Convenção das Nações Unidas relativa ao Estatuto dos Refugiados foi adotada em 28.07.1951, entrando em vigor internacional em 22.04.1954. No Brasil, foi promulgada por meio do Decreto 50.215, de 28.01.1961.

A Convenção deve ser aplicada sem discriminação de raça, religião, sexo e país de origem.

8.2.2. Cláusulas essenciais: definição de refugiado e princípio de non-refoulement

A Convenção estabelece cláusulas consideradas essenciais, às quais nenhuma reserva pode ser apresentada. Entre essas cláusulas, incluem-se a definição do termo "refugiado" e o princípio de *non-refoulement* ("não devolução").

a) princípio de *non-refoulement*

Esse princípio foi disciplinado no art. 33 da Convenção de 1951, o qual define que nenhum país deve expulsar ou "devolver" (*refouler*) um refugiado contra sua vontade, em quaisquer ocasiões, para um território onde ele sofra perseguição. Percebe-se que a Convenção estipula que o princípio da *não devolução* tem aplicação somente em relação aos refugiados.

De maneira distinta, a Convenção Americana de Direitos Humanos prevê que esse princípio tem aplicação para todos os estrangeiros (art. 22, ponto 8, da Convenção Americana de Direitos Humanos). Isto é, não precisa ter *status* de refugiado para poder se beneficiar do princípio da *não devolução*. Para a Comissão Interamericana, respeitar esse princípio é uma *obrigação suprema dos Estados*.

O citado princípio ainda é previsto no art. 3º da Convenção Internacional contra a Tortura e outros tratamentos e penas cruéis, desumanos ou degradantes (ONU) e no art. 13 da Convenção Interamericana para prevenir e sancionar a Tortura. Porém, nesses

34. Em consonância com a legislação nacional (art. 1º da Lei 9.474/1997).

35. Nowak, Manfred. Introducción al régimen internacional de los derechos humanos. p. 62.

dois casos não é previsto a necessidade de existência do requisito perseguição. O mero risco de tortura já é suficiente para aplicação do princípio da *não devolução36*. Esses tratados não estabelecem exceção alguma para aplicação do princípio.

Por fim, está previsto internamente no artigo 7º da Lei 9.747/97. O artigo 8º dessa lei faz coro com o artigo 31 da Convenção de 1951 para esclarecer a centralidade da proibição de devolver, pois diante dela os Estados não podem deportar os estrangeiros que entraram irregularmente no território em busca de refúgio. E mesmo diante da negativa definitiva de concessão do *status* de refugiado pelo CONARE, o governo brasileiro fica proibido de transferir o ex-solicitante para seu país de nacionalidade ou de residência habitual, enquanto permanecerem as circunstâncias que põem em risco sua vida, integridade física e liberdade (artigo 32 da Lei 9.747/97).

b) definição de refugiado

A definição do termo "refugiado" no art. 1º engloba um grande número de pessoas. No entanto, a Convenção só é aplicada a fatos ocorridos antes de 01.01.1951.

8.2.3. Outras previsões

Estabelece ainda providências para a disponibilização de documentos, como os documentos de viagem específicos para refugiados na forma de um "passaporte".

8.3. Protocolo de Nova York

Com o tempo e a emergência de novas situações geradoras de conflitos e perseguições, tornou-se crescente a necessidade de providências que colocassem os novos fluxos de refugiados sob a proteção das provisões da Convenção. Assim, um protocolo relativo ao Estatuto dos Refugiados (conhecido como Protocolo de Nova York) foi preparado e submetido à Assembleia Geral das Nações Unidas em 1966. Assinado pelo presidente da Assembleia Geral e o secretário-geral no dia 31.01.1967 e transmitido aos governos, o Protocolo entrou em vigor internacional em 04.10.1967 e foi promulgado no Brasil em 07.08.1972 pelo Decreto 70.946.

Com a ratificação do Protocolo, os países foram levados a aplicar as provisões da Convenção de 1951 para todos os refugiados enquadrados na definição da carta, mas sem limite de datas e de espaço geográfico. Embora relacionado com a Convenção, o Protocolo é um instrumento independente cuja ratificação não é restrita aos Estados signatários da Convenção de 1951 (os EUA só assinaram o Protocolo de 1967).

A Convenção e o Protocolo são os principais instrumentos internacionais estabelecidos para a proteção dos refugiados.

8.4. Procedimento no Brasil

8.4.1. Competência

O reconhecimento e a declaração da condição de refugiado no Brasil são da competência do Comitê Nacional para os Refugiados (Conare[37]). Além disso, o Conare tem competência para decidir a cessação, em primeira instância, *ex officio* ou mediante requerimento das autoridades competentes, da condição de refugiado e para determinar a perda, em primeira instância, da condição de refugiado.

8.4.2. Conare: composição

O Conare é composto de: **a)** um representante do Ministério da Justiça, que o preside; **b)** um representante do Ministério das Relações Exteriores; **c)** um representante do Ministério do Trabalho; **d)** um representante do Ministério da Saúde; **e)** um representante do Ministério da Educação e do Desporto; **f)** um representante do Departamento de Polícia Federal; e **g)** um representante de organização não governamental que se dedique a atividades de assistência e proteção de refugiados no país.

Os membros do Conare são designados pelo presidente da República, mediante indicações dos órgãos e da entidade que o compõem. O Conare reúne-se com quórum de quatro membros com direito a voto, deliberando por maioria simples e, em caso de empate, é considerado como voto decisivo o do presidente do Comitê.

8.4.3. Procedimento para obtenção do status de refugiado

Em termos gerais, o procedimento para obtenção do *status* de refugiado no Brasil segue estas etapas:

a) autorização de residência provisória: recebida a solicitação de refúgio, o Departamento de Polícia Federal emite um protocolo em favor do solicitante e de seu grupo familiar que se encontre no território nacional, autorizando a estada até a decisão final do processo (art. 21 da Lei 9.474/1997). Cabe frisar que o ingresso irregular no território nacional não constitui impedimento para que o estrangeiro solicite refúgio às autoridades competentes;

b) instrução e relatório: finda a instrução, a autoridade competente elabora, de imediato, relatório, que será enviado ao Secretário do Conare para inclusão na pauta da próxima reunião desse Colegiado (art. 24 da Lei 9.474/1997);

c) decisão: a decisão pelo reconhecimento da condição de refugiado é considerada ato declaratório e deve estar devidamente fundamentada (art. 26 da Lei 9.474/1997);

d) recurso: em caso de decisão negativa, esta deve ser fundamentada na notificação ao solicitante, cabendo direito de recurso ao ministro da Justiça, no prazo de 15 dias, contados do recebimento da notificação. A decisão do ministro da Justiça não é passível de recurso (arts. 29 e 31 da Lei 9.474/1997). Importante destacar que, consoante jurisprudência do STJ, o Poder Judiciário, em regra, deve limitar-se à verificação da legalidade do procedimento do CONARE que tenha decidido pelo indeferimento de refúgio de estrangeiro.

d.1) o direito de recurso ao ministro da Justiça não subsiste caso a decisão do Conare seja de cunho positivo. Muitos autores defendem essa interpretação em razão da falta de previsão legal e exatamente porque essa omissão legislativa priviligiou a concessão de refúgio como política adotada.

8.4.3.1. Condição jurídica do refugiado no Brasil

O refugiado possui os direitos e deveres dos estrangeiros no Brasil, bem como direito a cédula de identidade comprobatória de sua condição jurídica, carteira de trabalho e documento de viagem (art. 6º da Lei 9.474/97).

36. O' Donnell, Daniel. *Derecho Internacional de los derechos humanos – Normativa, jurisprudencia y doctrina de los sistemas universal e interamericano.* Alto Comisionado de las Naciones Unidas para los Derechos Humanos, Bogotá, 2004. p. 616-618.

37. Órgão encarregado de fazer a análise relacional entre o receio de perseguição e o dado objetivo ligado à situação sociopolítica do país de origem.

8.4.4. *Recusa definitiva de refúgio*

No caso de recusa definitiva de refúgio, fica o solicitante sujeito à legislação de estrangeiros, não devendo ocorrer sua transferência para seu país de nacionalidade ou de residência habitual, enquanto permanecerem as circunstâncias que põem em risco sua vida, integridade física e liberdade, exceto se o solicitante tiver cometido crime contra a paz, crime de guerra, crime contra a humanidade, crime hediondo, participado de atos terroristas ou tráfico de drogas, ou seja, considerado culpado de atos contrários aos fins e princípios das Nações Unidas.

8.4.5. *Efeitos do status de refugiado sobre a extradição e a expulsão*

O art. 34 da Lei 9.474/1997 assim dispõe: "A solicitação de refúgio suspenderá, até decisão definitiva, qualquer processo de extradição pendente, em fase administrativa ou judicial, baseado nos fatos que fundamentaram a concessão de refúgio". Por consequência, o art. 33 arremata: "O reconhecimento da condição de refugiado obstará o seguimento de qualquer pedido de extradição baseado nos fatos que fundamentaram a concessão de refúgio".

E não será expulso do território nacional o refugiado que estiver regularmente registrado, salvo por motivos de segurança nacional ou de ordem pública (art. 36 da Lei 9.474/1997).

8.5. Conclusão

A Convenção de 1951 e o Protocolo de 1967 asseguram que qualquer pessoa, em caso de necessidade, pode exercer o direito de procurar e de gozar de refúgio em outro país, lembrando que refúgio é o acolhimento, pelo Estado, em seu território, de indivíduo perseguido por motivos de raça, religião, nacionalidade, grupo social ou opiniões políticas.

O direito ao asilo atualmente está cada vez mais absorvido pelo conceito mais amplo de refugiado que ganhou grande desenvolvimento a partir da Convenção de 1951 e do Protocolo de 1967, como visto no item 8 do livro. A própria Comissão Interamericana demonstrou isso quando utilizou os diplomas sobre direito dos refugiados para se posicionar sobre um caso (Caso do Comitê Haitiano de Direitos Humanos vs. EUA) que envolvia um pedido de asilo, sobretudo lançando mão do princípio de não devolução (non-refoulement)[38].

Por fim, percebe-se que o Direito Internacional dos Refugiados e o Direito Internacional dos Direitos Humanos são complementares, apesar de serem dois conjuntos de leis distintas, pois ambos buscam proteger o indivíduo de ações arbitrárias e de abusos. Os direitos humanos são inerentes ao ser humano e protegem os indivíduos sempre, sejam estes considerados refugiados ou não. O Direito Internacional dos Refugiados se aplica apenas em situações que envolvem refugiados. Portanto, o Direito Internacional dos Direitos Humanos e o Direito Internacional dos Refugiados se aplicam de maneira complementar, sempre que o contexto fático englobar alguma consideração sobre refugiados.

38 Esse princípio define que nenhum país deve expulsar ou "devolver" (*refouler*) um estrangeiro contra sua vontade, em quaisquer ocasiões, para um território onde ele sofra perseguição.

9. SISTEMA GLOBAL DE PROTEÇÃO

9.1. Apresentação

Abalados pelas barbáries deflagradas nas duas Grandes Guerras e desejosos de construir um mundo sobre novos alicerces ideológicos, os dirigentes das nações que emergiram como potências no período pós-guerra, lideradas por URSS e EUA, estabeleceram na Conferência de Yalta, na Ucrânia, em 1945, as bases de uma futura "paz". Para isso definiram as áreas de influência das potências e acertaram a criação de uma organização multilateral que promovesse negociações sobre conflitos internacionais, com o objetivo de evitar guerras, construir a paz e a democracia, além de fortalecer os direitos humanos.

9.2. Organização das Nações Unidas – ONU

Teve aí sua origem a ONU, uma organização internacional que tem por objetivo facilitar a cooperação em matéria de direito e segurança internacionais, desenvolvimento econômico, progresso social, direitos humanos e a realização da paz mundial. Por isso, diz-se que é uma organização internacional de vocação universal.

Sua lei básica é a Carta das Nações Unidas, elaborada em São Francisco de 25 de abril a 26.06.1945. Essa Carta tem como anexo o Estatuto da Corte Internacional de Justiça.

Uma das preocupações da ONU é a proteção dos direitos humanos mediante a cooperação internacional. A Carta das Nações Unidas é o exemplo mais emblemático do processo de internacionalização dos direitos humanos ocorridos no pós-guerra. Aliás, conforme dito no capítulo introdutório, é importante lembrar que esse processo recente de internacionalização dos direitos humanos é fruto da ressaca moral da humanidade ocasionada pelo excesso de violações perpetradas pelo nazifascismo[39].

9.2.1. *Conselho Econômico e Social – CES*

Dentro do organograma da ONU, o órgão com atuação destacada no que se refere aos direitos humanos é o Conselho Econômico e Social, o qual, segundo o art. 62 da Carta das Nações Unidas, tem competência para promover a cooperação em questões econômicas, sociais e culturais, incluindo os direitos humanos.

No que tange aos direitos humanos, o Conselho Econômico e Social tem competência para fazer recomendações com o fito de promover o respeito aos direitos humanos e confeccionar projetos de convenções que serão submetidos à Assembleia Geral.

Dentro dessas competências, o Conselho Econômico e Social pode criar comissões para melhor executar suas funções. Com suporte em tal competência, a Comissão de Direitos Humanos da ONU foi criada em 1946. Todavia, conviveu com pesadas críticas, sendo, por fim, substituída em 16.06.2006 pelo Conselho de Direitos Humanos (CDH), por meio da Resolução 60/251 adotada pela Assembleia Geral.

9.2.2. *Conselho de Direitos Humanos – CDH*

Cabe aqui também apontar que a criação do CDH é uma tentativa simbólica de conferir paridade ao tema dos direitos

39. Para se ter uma ideia, a doutrina nazista defendia que a titularidade de direitos dependia da origem racial ariana ostentada pela pessoa. Os demais indivíduos não eram dignos da tutela estatal. Os direitos humanos, nesse regime, não eram universais tampouco ofertados a todos.

humanos em relação aos temas da segurança internacional e da cooperação social e econômica, os quais têm conselhos específicos, respectivamente: o Conselho de Segurança e o Conselho Econômico e Social.

9.2.2.1. Composição (distribuição geográfica equitativa)

Sua composição é determinada pelo voto direto e secreto da maioria da Assembleia Geral, que elege 47 Estados-membros, respeitada a distribuição geográfica equitativa. É interessante apontar que o respeito à distribuição geográfica possibilitou que países pobres e em desenvolvimento contassem com uma expressiva maioria.

9.2.2.2. Competências

O CDH é um órgão subsidiário da Assembleia Geral e tem como principais competências: **a)** promover a educação e o ensino em direitos humanos; **b)** auxiliar os Estados na implementação das políticas de direitos humanos assumidas em decorrência das Conferências da ONU, como também sua devida fiscalização; **c)** submeter um relatório anual à Assembleia Geral; e **d)** propor recomendações acerca da promoção e proteção dos direitos humanos.

9.2.2.3. Mecanismo não convencional ou extraconvencional

Pode-se afirmar que o CDH se insere no sistema global[40] de proteção dos direitos humanos como um mecanismo **não convencional**, destoando dos mecanismos convencionais de proteção instituídos pelas Convenções da ONU.

A fonte material do sistema não convencional são as resoluções elaboradas pelos órgãos da ONU (notadamente o Conselho de Direitos Humanos, a Assembleia Geral e o Conselho Econômico e Social). E do sistema convencional, como já adiantado, são as Convenções confeccionadas pelos países-membros da ONU. Portanto, convencional tem a ver com a exteriorização explícita e específica dos Estados sobre regras a serem instituídas, ao passo que não convencional diz respeito à exteriorização implícita e genérica dos Estados sobre regras a serem instituídas.

9.2.3. Assembleia Geral

Outro órgão da ONU com grande atuação nos direitos humanos é a Assembleia Geral, pois, consoante o art. 13, *b*, da Carta das Nações Unidas, ela inicia estudos e propõe recomendações para promover a cooperação internacional nos terrenos econômico, social, cultural, educacional e sanitário e favorecer o pleno gozo dos direitos humanos e das liberdades fundamentais, por parte de todos os povos, sem distinção de raça, sexo, língua ou religião.

9.2.4. Escritório do Alto Comissário das Nações Unidas para Direitos Humanos – EACDH

Também devemos destacar o Escritório do Alto Comissário[41] das Nações Unidas para Direitos Humanos (EACDH), que representa o compromisso do mundo para com os ideais universais da dignidade humana. O Alto Comissariado é o principal órgão de direitos humanos das Nações Unidas e coordena os esforços da ONU sobre essa questão, além de supervisionar o Conselho de Direitos Humanos. Sua criação é consequência das recomendações formuladas no seio da 2ª Conferência Mundial de Direitos Humanos (Conferência de Viena), pela Resolução 48/141 da Assembleia Geral da ONU, em 20.12.1993.

De maneira mais detalhada, o Alto-Comissário tem a função primordial de promover os direitos humanos e lidar com as questões de direitos humanos da ONU, além de manter diálogo com todos os Estados-membros sobre temas relacionados aos direitos humanos. As responsabilidades do Alto-Comissário incluem: a resolução de conflitos; prevenção e alerta de abusos, assistência aos Estados em períodos de transição política; promoção de direitos substantivos aos Estados; coordenação e racionalização de programas em direitos humanos.

9.2.5. Qual era o problema da Carta das Nações Unidas?

O problema da Carta das Nações Unidas é que ela não definia o conteúdo dos direitos humanos. Assim, em 1948, foi proclamada a Declaração Universal dos Direitos Humanos com a função de resolver essa lacuna.

9.3. Declaração Universal dos Direitos Humanos de 1948

9.3.1. Apresentação

A Declaração Universal dos Direitos Humanos foi aprovada pela Resolução 217 A (III) da Assembleia Geral da ONU, em 10.12.1948, por 48 votos a zero e oito abstenções[42]. Em conjunto com os dois Pactos Internacionais – sobre Direitos Civis e Políticos e sobre Direitos Econômicos, Sociais e Culturais –, constitui a denominada Carta Internacional de Direitos Humanos ou *International Bill of Rights*.

A Declaração é fruto de um consenso sobre valores de cunho universal a serem seguidos pelos Estados e do reconhecimento do indivíduo como sujeito de direito internacional, tendo sofrido forte influência iluminista, sobretudo do liberalismo e do enciclopedismo vigente no período de transição entre a idade moderna e a contemporânea. Tanto é assim que a maioria dos seus artigos (3º a 21) traz direitos civis, políticos e pessoais (os chamados de 1º geração), que sintetizam a defesa das pessoas frente os abusos do poder.

Revisitando o *direito a ter direitos* de Hannah Arendt, segundo a Declaração, a condição de pessoa humana é requisito único e exclusivo para ser titular de direitos. Com isso corrobora-se o caráter universal dos direitos humanos, isto é, todo indivíduo é cidadão do mundo e, dessa forma, detentor de direitos que salvaguardam sua dignidade[43].

40. Também denominado Sistema das Nações Unidas.

41. O primeiro a ocupar o posto de Alto-Comissário para os Direitos Humanos foi o Sr. José Ayala-Lasso, do Equador.

42. Os países que se abstiveram foram Arábia Saudita, África do Sul, URSS, Ucrânia, Bielorrússia, Polônia, Iugoslávia e Tchecoslováquia.

43. "O advento do Direito Internacional dos Direitos Humanos [DIDH], em 1945, possibilitou o surgimento de uma nova forma de cidadania. Desde então, a proteção jurídica do sistema internacional ao ser humano passou a independer do seu vínculo de nacionalidade com um Estado específico, tendo como requisito único e fundamental o fato do nascimento. Essa nova cidadania pode ser definida como cidadania mundial ou cosmopolita, diferenciando-se da cidadania do Estado-Nação. A cidadania cosmopolita é um dos principais limites para a atuação do poder soberano, pois dá garantia da proteção internacional na falta da proteção do Estado Nacional. Nesse sentido, a relação da soberania com o DIDH é uma relação limitadora" (ALMEIDA, Guilherme Assis de. "Mediação, proteção local dos direitos humanos e prevenção de violência". *Revista Brasileira de Segurança Pública*, ano 1, ed. 2, p. 137-138, 2007).

Em seu bojo, como comentado, encontram-se direitos civis e políticos (arts. 3º a 21) e também direitos econômicos, sociais e culturais (arts. 22 a 28), o que reforça as características da indivisibilidade e interdependência dos direitos humanos (reler os itens 4.3. e 4.4.). Isto é, possui estrutura bipartite.

9.3.2. *Natureza Jurídica*

A Declaração é encarada tradicionalmente como um exemplo *soft law*,[44] já que não supõe mecanismos constritivos para a implementação dos direitos nela previstos. Em contrapartida, quando um documento legal prevê mecanismos constritivos para a implementação de seus direitos, estamos diante de um exemplo de *hard law*. Portanto, com base nesse raciocínio, pode-se dizer que a Declaração Universal dos Direitos Humanos não tem força legal (jurídica), mas sim material (moral). Em outras palavras, funcionaria como uma *recomendação*.[45]

Mas alguns autores defendem que a Declaração seria inderrogável por fazer parte do *jus cogens*. E, por exemplo, ainda pode-se até advogar, conforme posição defendida por René Cassin,[46] que a Declaração, por ter definido o conteúdo dos direitos humanos insculpidos na Carta das Nações Unidas, tem força legal vinculante sim, visto que os Estados-membros da ONU se comprometeram a promover e proteger os direitos humanos. Por esses dois últimos sentidos, chega-se à conclusão de que a Declaração Universal dos Direitos Humanos gera obrigações aos Estados, isto é, tem força obrigatória (por ser legal ou por fazer parte do *jus cogens*).

9.3.2.1. *Força obrigatória indireta e força obrigatória direta*

Cabe pontuar a existência de uma distinção na doutrina entre força obrigatória indireta e força obrigatória direta. A última é verificada quando os Estados se obrigam internacionalmente via tratado. Os próprios Estados, via seus representantes, redigem e ratificam o tratado. Por sua vez, a indireta é caracterizada pelo efeito posterior de um ato de vontade dos Estados. René Cassin, conforme exposto acima, defendia a força obrigatória direta da Declaração Universal. Mas utilizando o mesmo raciocínio também é possível defender a força obrigatória indireta da Declaração, visto que a Resolução é um efeito posterior do ato voluntário dos Estados de fazerem parte da ONU, quando ratificaram a Carta das Nações Unidas. Em outras palavras, os Estados decidiram dar essa competência (poder) para a Assembleia Geral, que nada mais fez que a exercitar. Portanto, a dita força obrigatória indireta da Declaração Universal deriva do fato de ter sido aprovada por uma resolução da Assembleia Geral da ONU (mecanismo não convencional).

Outra forma de defender a força obrigatória indireta da Declaração[47] é aquela que considera os direitos previstos na Declaração como princípios gerais do Direito[48] (art. 38, ponto 1, *c*, do Estatuto da Corte Internacional de Justiça), ou seja, como uma das fontes do Direito Internacional. Assim, eles funcionariam como axiomas valorativos que servem de instrumento para os juízes interpretarem os tratados e os costumes internacionais e, destarte, aplicarem o Direito Internacional em conformidade com os valores compartilhados pela comunidade internacional (direitos previstos na Declaração Universal).

9.3.3. *Tripla obrigação: proteger, respeitar e realizar*

Antes de passarmos ao estudo do Pacto Internacional dos Direitos Civis e Políticos, deve-se dizer que, para a doutrina internacional, os Estados têm uma tripla obrigação para com todos os direitos humanos: proteger (*to protect*), respeitar (*to respect*) e realizar (*to fulfill*).[49]

9.4. Pacto Internacional dos Direitos Civis e Políticos

9.4.1. *Histórico e Objetivo*

Esse tratado foi adotado em 1966 pela Resolução 2.200 A (XXI) da Assembleia Geral das Nações Unidas, mas, devido à grande resistência que sofreu, somente adquiriu as ratificações necessárias para entrar em vigor internacional no ano de 1976. Seu grande objetivo é expandir e tornar obrigatórios e vinculantes os direitos civis e políticos elencados na Declaração Universal dos Direitos Humanos. É um exemplo de *hard law*. No Brasil, o Pacto foi promulgado pelo Decreto 592, de 06.07.1992.

9.4.2. *Imediata aplicação (autoaplicabilidade)*

O Pacto Internacional dos Direitos Civis e Políticos impôs aos Estados-membros sua imediata aplicação (autoaplicabilidade), diferentemente, como veremos, do Pacto Internacional dos Direitos Econômicos, Sociais e Culturais, que determinou sua aplicação progressiva.

9.4.3. *Mecanismos de Controle e Fiscalização (controle de convencionalidade internacional)*

Conforme determina seu art. 40, os Estados que aderirem ao Pacto se comprometem a submeter *relatórios* sobre as medidas por eles adotadas para tornar efetivos os direitos reconhecidos no citado Pacto e sobre o progresso alcançado no gozo desses direitos. Sobre os citados relatórios cabe esclarecer, de maneira geral, que estes devem ser apresentados por Estados-partes a órgãos de monitoramento de tratados internacionais de direitos humanos e se destinam a aferir avanços na implementação de *standards* de

---

44. Segundo a Corte Interamericana de Direitos Humanos, os documentos de *soft law* podem formar parte do *corpus iuris* do direito internacional dos direitos humanos.

45. Muitos juristas defendem que as resoluções da ONU são apenas recomendações dadas aos Estados-membros da organização.

46. O jurista francês René Samuel Cassin foi o principal autor da Declaração Universal dos Direitos Humanos.

47. O autor Antonio Enrique Peréz Luño utiliza a doutrina de Lauterpacht para outras formas de caracterização da força obrigatória indireta da DUDH (Derechos Humanos, Estado de Derecho Y Constitución. Décima Edición. Madrid: Editorial Tecnos, 2010. p. 79-84).

48. A fórmula empregada no Estatuto da CIJ (Corte Internacional de Justiça) refere-se aos princípios gerais do Direito reconhecidos pelas nações civilizadas, o que foi apontado pelos novos países independentes como manifestação do colonialismo europeu. O uso da expressão "nações civilizadas" deve ser repreendido, apesar de ela ainda constar no Estatuto.

49. Nesse caminho a Corte Interamericana de Direitos Humanos, no caso Velásquez Rodríguez vs. Honduras (1988), esclareceu, com base no art. 1º, ponto 1, da Convenção Americana de Direitos Humanos, a existência de dois tipos de obrigações gerais em matéria de Direito Internacional dos Direitos Humanos, são elas: a obrigação de respeitar e a obrigação de garantir direitos.

proteção adotados por esses tratados e, por isso, costumam seguir formatos preestabelecidos pelos órgãos de monitoramento, de modo a permitir a quantificação de resultados.

O Pacto apresenta também um sistema, opcional, de *comunicações interestatais* ou *actio popularis*, por meio do qual um Estado-parte pode denunciar outro que incorrer em violações dos direitos humanos. Mas, para a denúncia ter validade, os dois Estados, denunciante e denunciado, devem ter expressamente declarado a competência do Comitê de Direitos Humanos (órgão de controle) para processar tais denúncias.

9.4.3.1. Processamento das Comunicações Interestatais

O processamento das comunicações interestatais deve seguir o rito descrito no art. 41 do Pacto Internacional de Direitos Civis e Políticos:

a) se um Estado-parte do Pacto considerar que outro Estado-parte não vem cumprindo as disposições da Convenção, poderá, mediante comunicação escrita, levar a questão ao conhecimento deste Estado-parte. Dentro de um prazo de três meses, a contar da data do recebimento da comunicação, o Estado destinatário fornecerá ao Estado que enviou a comunicação explicações ou quaisquer outras declarações por escrito que esclareçam a questão, as quais devem fazer referência, até onde seja possível e pertinente, aos procedimentos nacionais e aos recursos jurídicos adotados, em trâmite ou disponíveis sobre a questão;

b) se, dentro de um prazo de seis meses, a contar da data do recebimento da comunicação original pelo Estado destinatário, a questão não estiver dirimida satisfatoriamente para ambos os Estados-partes interessados, tanto um como o outro terão o direito de submetê-la ao Comitê, mediante notificação endereçada ao Comitê ou outro Estado interessado;

c) o Comitê tratará de todas as questões que se lhe submetam somente após ter-se assegurado de que todos os recursos jurídicos internos disponíveis tenham sido utilizados e esgotados, em consonância com os princípios do direito internacional geralmente reconhecidos. Não se respeitará essa regra quando a aplicação dos mencionados recursos se prolongar injustificadamente;

d) o Comitê realizará reuniões confidenciais quando estiver examinando as comunicações previstas nesse artigo;

e) sem prejuízo das disposições da alínea *c*, o Comitê colocará seus bons ofícios à disposição dos Estados-partes interessados, no intuito de alcançar uma solução amistosa para a questão, baseada no respeito aos direitos humanos e a liberdades fundamentais reconhecidos no Pacto Internacional dos Direitos Civis e Políticos;

f) em todas as questões que se lhe submetem em virtude do art. 41, o Comitê poderá solicitar aos Estados-partes interessados, a que se faz referência na alínea *b*, que lhe forneçam quaisquer informações pertinentes;

g) os Estados-partes interessados, a que se faz referência na alínea *b*, terão o direito de fazer-se representar quando as questões forem examinadas no Comitê e de apresentar suas observações verbalmente e/ou por escrito;

h) o Comitê, dentro dos 12 meses seguintes à data de recebimento da notificação mencionada na *b*, apresentará relatório em que: **i)** se houver sido alcançada uma solução nos termos da alínea *e*, o Comitê restringir-se-á, em seu relatório, a uma breve exposição dos fatos e da solução alcançada; **ii)** se não houver sido alcançada solução alguma nos termos da alínea *e*, o Comitê restringir-se-á, em seu relatório, a uma breve exposição dos fatos; serão anexados ao relatório o texto das observações escritas e as atas das observações orais apresentadas pelos Estados-partes interessados.

9.4.4. Comitê de Direitos Humanos

O Comitê de Direitos Humanos, conforme determina o art. 28 do Pacto, é o órgão criado com o objetivo de controlar a aplicação, pelos Estados-partes, das disposições desse instrumento. Essa fiscalização é denominada controle de convencionalidade internacional. Em termos práticos, o Comitê vai analisar a conformidade dos atos estatais em relação às obrigações internacionais assumidas no momento da ratificação do Pacto Internacional dos Direitos Civis e Políticos.

9.4.4.1. Controle de convencionalidade internacional

O citado controle é assim definido por André de Carvalho Ramos: "O controle de convencionalidade *internacional* é atividade de fiscalização dos atos e condutas dos Estados em confronto com seus compromissos internacionais. Em geral, o controle de convencionalidade é atribuído a órgãos compostos por julgadores independentes, criados por tratados internacionais, o que evita que os próprios Estados sejam, ao mesmo tempo, fiscais e fiscalizados[50]".

Deve-se destacar que o citado controle pode ser exercido até em face das Constituições nacionais[51], podendo gerar as chamadas normas constitucionais inconvencionais[52]. Trata-se de um controle bem amplo, englobando todos os atos estatais, inclusive as omissões.

Cabe ainda mencionar a existência do chamado controle de convencionalidade nacional, "que vem a ser o exame de compatibilidade do ordenamento interno às normas internacionais feito pelos Tribunais internos[53].

9.5. Protocolo Facultativo ao Pacto Internacional dos Direitos Civis e Políticos

9.5.1. Criação do mecanismo das petições individuais

O Protocolo Facultativo[54], adotado em 16.12.1966, cria um importante mecanismo para melhorar o controle sobre

50. RAMOS, André de Carvalho. *Teoria geral dos direitos humanos na ordem internacional.* 2. ed. São Paulo: Saraiva, 2012. p. 250.

51. Vide o caso "A última tentação de Cristo" *versus* Chile – Corte Interamericana de Direitos Humanos.

52. "(...) também é possível admitir que existam normas constitucionais inconvencionais, por violarem direitos humanos provenientes de tratados, direitos estes que (justamente por terem *status* constitucional) também pertencem ao bloco das cláusulas pétreas. Seria o caso daquelas normas da Constituição, alocadas à margem do bloco de constitucionalidade, ou seja, que não integrem o núcleo intangível constitucional, que estão a violar normas de tratados de direitos humanos (as quais, por serem normas de 'direitos humanos', já detêm primazia sobre quaisquer outras, por pertencerem ao chamado 'bloco de constitucionalidade" (MAZZUOLI, Valerio de Oliveira. *O controle jurisdicional da convencionalidade das leis.* 2. ed. São Paulo: Ed. RT, 2011. p. 149-150).

53. RAMOS, André de Carvalho. *Teoria geral dos direitos humanos na ordem internacional.* 2. ed. São Paulo: Saraiva, 2012. p. 250. Esse controle será estudado no item 14.5.

54. O procedimento de ratificação no Brasil ainda não foi finalizado.

a aplicação, pelos Estados-partes, das disposições do Pacto Internacional dos Direitos Civis e Políticos. Trata-se do sistema das *petições individuais*, que permite ao indivíduo "lesionado" enviar petições ao Comitê de Direitos Humanos, com o fito de denunciar as violações sofridas contra os direitos consagrados no Pacto. Vale apontar que o Comitê definiu que as petições também podem ser enviadas por terceiras pessoas ou organizações não governamentais que representem o indivíduo lesionado.

Tal sistema coroa a capacidade processual internacional do indivíduo, mas devemos lembrar que ele só terá funcionalidade se o Estado violador tiver ratificado o Pacto e o Protocolo Facultativo.

9.5.2. *Requisitos para a admissão das petições individuais e das comunicações interestatais*

Os requisitos para a admissão das petições individuais e das comunicações interestatais estão disciplinados no art. 5º do Protocolo Facultativo. Só serão aceitas as petições em que ficarem comprovadas a inexistência de litispendência internacional e o esgotamento de todos os recursos internos disponíveis, com a ressalva de que a regra não será aplicada quando o indivíduo for privado de seu direito de ação pela jurisdição doméstica ou lhe forem ceifadas as garantias do devido processo legal e, ainda, se os processos internos forem excessivamente demorados. Cabe ainda frisar, segundo a jurisprudência das cortes internacionais, que o ônus da prova da existência de um recurso acessível e suficiente recai sobre o Estado demandado.

9.5.3 *Decisão do Comitê de Direitos Humanos*

O Comitê de Direitos Humanos, com suporte na denúncia e nas possíveis informações adicionais da vítima e nos esclarecimentos do Estado violador, emitirá decisão que será publicada no relatório anual do Comitê à Assembleia Geral. Nessa decisão, além de declarar a existência ou não da violação de direitos humanos insculpidos no Pacto, poderá determinar a reparação da violação, como também a adoção de medidas para efetivar os direitos do Pacto.

Lembremos que a decisão do Comitê não é vinculante, isto é, não obriga legalmente o Estado. Todavia, os efeitos políticos e morais de uma decisão do Comitê podem ser suficientemente eloquentes ao ponto de o Estado cumpri-la.

9.6. Segundo Protocolo Facultativo ao Pacto Internacional dos Direitos Civis e Políticos com Vista à Abolição da Pena de Morte

9.6.1. *Apresentação*

O Segundo Protocolo, adotado pela ONU em 15.12.1989, tem por fundamento a consciência de que a abolição da pena de morte contribui para a promoção da dignidade humana e para o desenvolvimento progressivo dos direitos do homem. Ademais, devem-se considerar todas as medidas de abolição da pena de morte como um progresso no gozo do direito à vida.

9.6.2. *Obrigação dos Estados-partes*

Os Estados-partes têm a obrigação de tomar as medidas adequadas para abolir a pena de morte no âmbito da sua jurisdição.

9.6.3. *Proibição de qualquer reserva ao Protocolo*

Não é admitida qualquer reserva ao Protocolo, ou seja, a pena de morte é proibida, de forma geral, pelo Protocolo. Porém, é possível formular uma única reserva que possibilitaria a pena de morte numa dada situação. Trata-se da reserva formulada no momento da ratificação ou adesão do Protocolo prevendo a aplicação da pena de morte em tempo de guerra, em virtude de condenação por infração penal de natureza militar de gravidade extrema, desde que cometida em tempo de guerra (art. 2º do Protocolo).

9.7. Pacto Internacional dos Direitos Econômicos, Sociais e Culturais

9.7.1. *Histórico e Objetivo*

Esse tratado também foi aprovado em 1966 pela Assembleia Geral das Nações Unidas, mas, devido à grande resistência que sofreu, somente adquiriu as ratificações necessárias para entrar em vigor no ano de 1976. Seu grande objetivo é expandir e tornar obrigatórios e vinculantes os direitos econômicos, sociais e culturais elencados na Declaração Universal dos Direitos Humanos. É um exemplo de *hard law*. No Brasil, o Pacto foi promulgado pelo Decreto 591, de 06.07.1992.

9.7.2. *Princípio ou Cláusula da Proibição/Vedação do Retrocesso Social ou da Evolução Reacionária*

9.7.2.1. *Aplicação progressiva: uma justificativa convincente ou não?*

Como vimos, o Pacto Internacional dos Direitos Econômicos, Sociais e Culturais determinou uma aplicação progressiva de seus preceitos partindo de um *mínimo essencial*. Isso porque grande parte dos Estados não teria os meios materiais necessários para garantir a máxima efetivação dos direitos econômicos, sociais e culturais de suas populações.

Cabe destacar que essa justificativa é veementemente atacada por grande parte dos estudiosos dos direitos humanos. Um exemplo dado é que o direito de voto é exercitado nas eleições, mas os custos para organizar uma eleição são altíssimos (o Brasil é um exemplo). Ora, o direito de voto é um direito político (1ª geração) e mesmo assim depende de grande gasto do Estado para ser efetivado. Percebe-se que essa justificativa dada para garantir a progressividade – e não imediatidade – na implementação dos direitos econômicos, sociais e culturais pelos países não é tão convincente.

Sobre o tema é de fundamental importância a leitura do ponto 9 do Comentário Geral 3 do Comitê dos Direitos Econômicos, Sociais e Culturais, que define que a principal obrigação de resultado refletida no art. 2º, ponto 1, é tomar medidas com vistas a alcançar progressivamente a plena realização dos direitos reconhecidos no Pacto. O termo "progressiva realização" é muitas vezes usado para descrever a intenção dessa expressão. O conceito de progressiva realização constitui um reconhecimento do fato de que a plena realização de direitos econômicos, sociais e culturais não é possível de ser alcançada num curto espaço de tempo. Nesse sentido, a obrigação difere significativamente daquela contida no art. 2º do Pacto Internacional dos Direitos Civis e Políticos que inclui uma obrigação imediata de respeitar e assegurar todos os direitos relevantes. Contudo, o fato de a realização ao longo do tempo ou, em outras palavras, progressivamente, ser prevista no Pacto, não deve ser mal interpretada como excluindo a obrigação de todo um conteúdo que lhe dê significado. De um lado, a frase demonstra a necessidade de flexibilidade, refletindo as situações concretas do mundo real e as dificuldades que envolve para cada país, no sentido de assegurar plena realização dos direitos econômicos, sociais e culturais. Por outro lado, a expressão deve ser lida à luz do objetivo global, a verdadeira razão de ser, do Pacto que é estabelecer obrigações claras para os Estados-partes no que diz respeito à plena realização dos direitos em questão. Assim, impõe uma obrigação de agir tão rápida e efetivamente quanto possível em direção àquela meta. Além disso, qualquer medida que signifique deliberado retrocesso haveria de exigir a mais cuidadosa apreciação e necessitaria ser inteiramente justificada com referência à totalidade dos direitos previstos no Pacto e no contexto do uso integral do máximo de recursos disponíveis[55]".

9.7.2.2. Consequência: princípio da proibição do retrocesso ou regresso social

Essa progressividade na implementação dos direitos do Pacto criou, como consequência, o princípio ou cláusula da proibição/vedação do retrocesso ou regresso social ou da evolução reacionária. Ou ainda a vedação da contrarrevolução social nas palavras de José Gomes Canotilho[56]. Outros termos utilizados para conceituar tal regra são entrincheiramento e efeito *cliquet*. Lembrando que *cliquet* é uma expressão utilizada por alpinistas e significa a impossibilidade de retroceder no percurso, ou seja, o alpinista deve continuar subindo e nunca descer.

Isto é, os Estados somente podem avançar na implementação dos direitos do Pacto, e nunca recuar (leia-se eliminar direitos já garantidos ou diminuir a proteção conferida por eles)[57]. Um exemplo expresso pode ser encontrado no art. 4º, ponto 3, da Convenção Americana de Direitos Humanos ("Não se pode restabelecer a pena de morte nos Estados que a hajam abolido"). Assim, se algum Estado-Parte retirar a previsão de pena de morte do seu ordenamento jurídico não poderá disciplina-la novamente.

Esse princípio é uma decorrência dos princípios da confiança e da segurança jurídica e para doutrina majoritária é considerado como cláusula pétrea (art. 60, § 4º, IV, da CF).

Importante sobre o tema é apontar que a vedação do retrocesso já foi aplicada pelo STF num caso prático sobre direitos políticos, mais precisamente para proibir o retorno ao voto impresso. Na ação direta de inconstitucionalidade (ADI 4543) proposta pela Procuradoria-Geral da República contra o artigo 5º da Lei 12.034/2009, que restabelece o sistema de voto impresso a partir das eleições de 2014, o Supremo Tribunal Federal, por unanimidade, julgou procedente a ação para declarar a inconstitucionalidade do artigo 5º da Lei 12034/2009. O Tribunal decidiu que a versão impressa viola a garantia constitucional do segredo do voto, já que seria possível identificar o eleitor. Afirmou-se que a garantia da inviolabilidade do voto impõe a impessoalidade como forma de assegurar a liberdade de manifestação e evitar qualquer tipo de coação sobre o eleitor. Acrescentou-se que a manutenção da urna em aberto não se harmoniza com as normas constitucionais de garantia do eleitor, pois coloca em risco a segurança do sistema eleitoral, ao possibilitar fraudes. O Tribunal também fundamentou a decisão no princípio da proibição do retrocesso, o qual impede o retrocesso de direitos conquistados, como o da democracia representativa, para dar lugar a modelo superado que colocava o processo eleitoral em risco.

9.7.2.2.1. Outras consequências

Num sentido amplo, essa vedação se estende aos novos tratados de direitos humanos, assim, não é possível a diminuição protetiva ou a restrição de gozo dos direitos humanos por meio da edição de um novo tratado. Fica nítido o caráter vinculante do princípio ou cláusula da proibição/vedação do retrocesso social ou da evolução reacionária.

Outra consequência importante dessa cláusula se dá no Direito dos Tratados, pois sua inteligência impede a denúncia[58] dos tratados internacionais de direitos humanos. É como se esse instituto de Direito Internacional não tivesse aplicação no âmbito internacional de proteção dos direitos humanos.

9.7.2.2.2. Proibição não absoluta

A proibição de retrocesso social não é absoluta. A regra é a seguinte: as medidas que claramente implicam em retrocesso social constituem uma violação *prima facie* do Pacto, porém o Estado poderá justificar tais medidas para afastar a violação.

Um exemplo de justificativa seria reduzir o gozo de certos direitos por determinada parcela da população em ordem de concentrar a proteção nos grupos mais desfavorecidos[59]. Ora, os recursos são limitados e, portanto, é necessário fazer escolhas. Ou seja, diante da situação real é preferível, quando necessário, que os governos concentrem esforços na proteção e efetivação dos direitos dos que mais precisam[60].

9.7.2.3. Aplicação contemporânea

Hodiernamente, pode-se defender que essa regra deve ser aplicada como garantia para a efetividade de todos os tipos de direitos humanos e não somente em relação aos direitos econômicos, sociais e culturais. Cabe aqui reproduzir o importante art. 29 da Convenção Americana dos Direitos Humanos, que corrobora tal colocaçao:

"Nenhuma disposição da presente Convenção pode ser interpretada no sentido de:

a) permitir a qualquer dos Estados-partes, grupo ou indivíduo, suprimir o gozo e o exercício dos direitos e liberdades reconhecidos na Convenção ou limitá-los em maior medida do que a nela prevista;

b) limitar o gozo e exercício de qualquer direito ou liberdade que possam ser reconhecidos em virtude de leis de qualquer

55. 5ª Sessão, 1990.

56. *Direito Constitucional e Teoria da Constituição*. 7. ed. Coimbra: Almedina, 2003.

57. Nesse sentido é a diretriz 14, *a* e *e*, das Diretrizes de Maastricht.

58. O fenômeno da extinção do tratado por vontade unilateral de uma das partes é denominado *denúncia*. Esse tipo de extinção assemelha-se à ratificação e à adesão, porém com efeito jurídico inverso, pois, pela denúncia, o Estado exterioriza sua retirada do acordo internacional.

59. Comissão Interamericana de Direitos Humanos. Caso 12.670 – *Associação Nacional de Ex Servidores* do Instituto Peruano de Previdência Social e outros vs. Peru. 27.03.2009. Itens 133 e 144 da decisão.

60. No mesmo sentido é o ponto 9 do Comentário Geral n. 3 do Comitê Internacional dos Direitos Econômicos, Sociais e Culturais. Ler também os princípios 14 e 28 dos Princípios de Limburgo e as diretrizes 14, *d* e *g*, 20 e 21 das Diretrizes de Maastricht.

dos Estados-partes ou em virtude de Convenções em que seja parte um dos referidos Estados;

c) excluir outros direitos e garantias que são inerentes ao ser humano ou que decorrem da forma democrática representativa de governo;

d) excluir ou limitar o efeito que possam produzir a Declaração Americana dos Direitos e Deveres do Homem e outros atos internacionais da mesma natureza". No mesmo sentido é o conhecido voto em separado do juiz Piza Escalante, no Parecer Consultivo 04/84 da Corte Interamericana de Direitos Humanos, que defende a aplicação do princípio da proibição do retrocesso também para os direitos civis e políticos."

9.7.3. *Mecanismos de Controle e Fiscalização (controle de convencionalidade internacional)*

No que tange à sistemática de controle sobre a aplicação das disposições do Pacto Internacional dos Direitos Econômicos, Sociais e Culturais, foi adotado apenas o envio de relatórios pelos Estados-partes. Tais relatórios devem ser enviados ao secretário-geral, que os encaminhará ao Conselho Econômico e Social. Para analisá-los e assim proceder ao controle de convencionalidade internacional, o Conselho Econômico e Social criou o Comitê sobre Direitos Econômicos, Sociais e Culturais.

9.7.4. *Princípios de Limburgo e Diretrizes de Maastricht*

Cabe destacar o grande valor interpretativo dos Princípios de Limburgo[61] relativos à aplicabilidade do Pacto Internacional dos Direitos Econômicos Sociais e Culturais, adotados como resultado de uma reunião de expertos realizada em Maastricht, dos dias 02 ao 06.06.1986. Depois tais princípios foram adotados pelas Nações Unidas.

As Diretrizes de Maastricht sobre violações de direitos econômicos, sociais e culturais também possuem grande importância para o bom entendimento da amplitude dos chamados direitos ECOSOCs. Foram adotadas como resultado de uma reunião de expertos realizada em Maastricht, do dia 22 ao 26.01.1997.

9.8. Protocolo Facultativo ao Pacto Internacional dos Direitos Econômicos, Sociais e Culturais

9.8.1. *Apresentação*

O Protocolo Facultativo foi adotado em 10 de dezembro de 2008 e só entrou em vigor no dia 5 de maio de 2013. O respectivo protocolo cria importantes mecanismos para melhor controlar a aplicação, pelos Estados-partes, das disposições do Pacto Internacional dos Direitos Econômicos, Sociais e Culturais (controle de convencionalidade internacional). Até a presente data[62] o Brasil ainda não o ratificou.

9.8.2. *Mecanismos Criados*

9.8.2.1. Petições individuais

Um dos mecanismos criados pelo Protocolo é a possibilidade de o indivíduo "lesionado" enviar *petições* ao Comitê de Direitos Econômicos, Sociais e Culturais com o fito de denunciar as violações sofridas contra os direitos consagrados no Pacto Internacional dos Direitos Econômicos, Sociais e Culturais. Também é possível que as petições sejam enviadas por terceiras pessoas ou organizações que representem o indivíduo lesionado.

9.8.2.2. Comunicações interestatais

Outro mecanismo implantado pelo Protocolo é o das *comunicações interestatais*. Por esse sistema, um Estado-parte pode denunciar outro que incorrer em violações dos direitos humanos. Mas, para a denúncia ter validade, os dois Estados, denunciante e denunciado, devem ter expressamente declarado a competência do Comitê de Direitos Econômicos, Sociais e Culturais para processar tais denúncias.

9.8.2.3. Investigações in loco

Uma ferramenta muito interessante criada pelo Protocolo determina a realização de *investigações in loco*, determinadas quando um Estado-parte for acusado de grave e sistemática violação dos direitos elencados no Pacto Internacional dos Direitos Econômicos, Sociais e Culturais.

9.8.2.4. Medidas provisórias

As *medidas provisórias* são tratadas no art. 5º do Protocolo. O Comitê, ao receber uma denúncia e verificar o risco de dano irreparável à vítima ou às vítimas, pode entrar em contato com o Estado denunciado para que este adote, com urgência, medidas provisórias antes da análise do mérito da denúncia.

9.9. Peculiaridade dos tratados internacionais de direitos humanos

É interessante apontar a peculiaridade dos tratados internacionais de direitos humanos, pois, diferentemente dos tradicionais, que visam compor os interesses dos Estados, aqueles buscam garantir o exercício de direitos por indivíduos.

Percebe-se também que o sistema global de proteção não conta com uma corte internacional de direitos humanos.

10. SISTEMA GLOBAL DE PROTEÇÃO ESPECÍFICA

Antes de analisarmos pontualmente alguns instrumentos internacionais de proteção específica dos direitos humanos, cabe esclarecer que eles são considerados específicos por protegerem indivíduos determinados, e não todos os seres humanos. Nas palavras de Norberto Bobbio, é o processo de *especificação* dos sujeitos titulares de direitos[63].

10.1. Convenção Internacional sobre a Eliminação de Todas as Formas de Discriminação Racial

10.1.1. Apresentação

A Convenção, adotada pela ONU por meio da Resolução 2.106 (XX) da Assembleia Geral em 21.12.1965 e promulgada

61. Limburgo devido ao nome da Faculdade de Direito da Universidade de Limburgo, sediada em Maastricht, e que participou da definição dos citados princípios.

62. 22/09/16.

63. BOBBIO, Norberto. *A era dos direitos*. Rio de Janeiro: Elsevier, 2004. Mais detidamente: "Essa especificação ocorreu com relação seja ao gênero, seja às várias fases da vida, seja à diferença entre estado normal e estados excepcionais na existência humana. Com relação ao gênero, foram cada vez mais reconhecidas as diferenças específicas entre a mulher e o homem. Com relação às várias fases da vida, foram-se progressivamente diferenciando os direitos da infância e da velhice, por um lado, e os do homem adulto, por outro. Com relação aos estados normais e excepcionais, fez-se valer a exigência de reconhecer direitos especiais aos doentes, aos deficientes, aos doentes mentais etc." (p. 59).

no Brasil em 08.12.1969 pelo Decreto 65.810, tem por fundamento a consciência de que a discriminação entre as pessoas por motivo de raça, cor ou origem étnica é um obstáculo às relações amistosas e pacíficas entre as nações e é capaz de perturbar a paz e a segurança entre os povos e a harmonia de pessoas vivendo lado a lado, até dentro de um mesmo Estado.

10.1.2. *Definição de discriminação racial*

A Convenção, no ponto 1 do seu art. 1º, estabelece que a expressão "discriminação racial" significará qualquer distinção, exclusão, restrição ou preferência baseada em raça, cor, descendência ou origem nacional ou étnica que tem por objetivo ou efeito anula ou restringir o reconhecimento, gozo ou exercício num mesmo plano (em igualdade de condição) de direitos humanos e liberdades fundamentais no domínio político econômico, social, cultural ou em qualquer outro domínio de sua vida.

E esclarece no ponto 4 que não serão consideradas como discriminatórias as medidas especiais tomadas com o único objetivo de assegurar o progresso adequado de certos grupos raciais ou étnicos ou ainda de indivíduos que necessitem de proteção especial. Essa proteção diferenciada é necessária para garantir a tais grupos ou indivíduos o gozo ou o exercício dos direitos humanos e das liberdades fundamentais em igualdade de condições com o restante da sociedade. Porém, tais medidas somente serão válidas se não conduzirem à manutenção de direitos separados para diferentes grupos raciais e não prosseguirem após terem sidos alcançados os seus objetivos.

10.1.3. *Não aplicação da Convenção*

Cabe destacar que o próprio art. 1º estabelece situações em que a Convenção não será aplicada. A primeira delas é a sua não aplicação às distinções, exclusões, restrições e preferências feitas por um Estado-parte nesta Convenção entre cidadãos (ponto 2). E a outra é que a Convenção não poderá ser interpretada para afetar as disposições legais dos Estados-partes relativas a nacionalidade, cidadania e naturalização, desde que tais disposições não discriminem contra qualquer nacionalidade particular (ponto 3).

10.1.4. *Obrigação dos Estados-partes*

Os Estados-partes, atualmente[64] 179, têm a obrigação de implementar políticas públicas que assegurem efetivamente a progressiva eliminação da discriminação racial. Percebe-se que o ideal de igualdade não vai ser atingido somente por meio de políticas repressivas que proíbam a discriminação – é necessária uma comunhão da proibição da discriminação (igualdade formal) com políticas promocionais temporárias (igualdade material).

Aliás, como visto, o art. 1º, ponto 4, da Convenção dispõe que as ações afirmativas não serão consideradas como discriminação racial. Tal dualidade de ação faz-se necessária, pois a parcela populacional vítima de discriminação racial coincide com a parcela socialmente vulnerável.

10.1.5. *Mecanismos de monitoramento*

Para monitorar o cumprimento pelos Estados-partes das obrigações constantes na Convenção, foi criado o Comitê sobre a Eliminação da Discriminação Racial, responsável por receber as petições individuais, os relatórios confeccionados pelos Estados-partes e as comunicações interestatais.

O Comitê apenas receberá petições contra Estados que tenham feito a declaração facultativa do art. 14 da Convenção, que reconhece a competência do Comitê para tanto. O Brasil aceitou a citada competência no dia 17.07.2002.

10.1.6. *Relatório anual*

A decisão do Comitê não tem força vinculante, mas será publicada no relatório anual, o qual é encaminhado à Assembleia Geral da ONU.

10.2. Convenção Internacional sobre a Eliminação de Todas as Formas de Discriminação contra a Mulher

10.2.1. *Apresentação*

A Convenção, adotada pela ONU em 18.12.1979 e promulgada no Brasil em 13.09.2002 pelo Decreto 4.377[65], tem por fundamento a consciência de que a discriminação contra a mulher viola os princípios da igualdade de direitos e do respeito da dignidade humana, dificulta a participação da mulher, nas mesmas condições que o homem, na vida política, social, econômica e cultural de seu país, constitui um obstáculo ao aumento do bem-estar da sociedade e da família e dificulta o pleno desenvolvimento das potencialidades da mulher para prestar serviço a seu país e à humanidade.

10.2.2. *Obrigação dos Estados-partes*

Os Estados-partes, atualmente 189, têm a obrigação de progressivamente eliminar a discriminação e promover a igualdade de gênero. Assim, consoante visto na Convenção Internacional sobre a Eliminação de Todas as Formas de Discriminação Racial, os Estados, além de proibirem a discriminação, podem adotar medidas promocionais temporárias para acelerar o processo de obtenção do ideal de igualdade de gênero. Cabe destacar que tais medidas não serão consideradas discriminatórias e deverão cessar quando os objetivos de igualdade de oportunidade e tratamento houverem sido alcançados (art. 4º, ponto 1, da Convenção).

10.2.3. *Mecanismos de monitoramento*

Para monitorar o cumprimento pelos Estados-partes das obrigações constantes na Convenção, foi criado o Comitê sobre a Eliminação da Discriminação contra a Mulher, responsável por receber os relatórios confeccionados pelos Estados-partes.

As petições individuais e a possibilidade de realizar investigações *in loco* só foram possibilitadas, como mecanismos de controle e fiscalização (controle de convencionalidade internacional), com a adoção do Protocolo Facultativo à Convenção Internacional sobre a Eliminação de Todas as Formas de Discriminação contra a Mulher. O Brasil ratificou o citado protocolo no dia 28.06.2002.

10.2.4. *Relatório anual*

A decisão do Comitê não tem força vinculante, mas será publicada no relatório anual, o qual é encaminhado à Assembleia Geral da ONU.

64. Dados atualizados em 22.09.2016. A constante atualização pode ser acompanhada pelo seguinte endereço eletrônico da ONU: https://treaties.un.org/Pages/Treaties.aspx?id=4&subid=A&lang=en.

65. Que também revoga o Decreto 89.460, de 20.03.1984.

10.3. Convenção contra a Tortura e outros Tratamentos ou Penas Cruéis, Desumanos ou Degradantes

10.3.1. Apresentação

A Convenção, adotada pela ONU por meio da Resolução 39/46 da Assembleia Geral em 28.09.1984 e promulgada no Brasil em 15.02.1991 pelo Decreto 40, tem por fundamento a obrigação que incumbe os Estados - em virtude da Carta das Nações Unidas, em particular do art. 55, *c* - de promover o respeito universal e a observância dos direitos humanos e das liberdades fundamentais. Ademais, o art. 5º da Declaração Universal dos Direitos Humanos e o art. 7º do Pacto Internacional sobre Direitos Civis e Políticos determinam que ninguém será sujeito a tortura ou a pena ou tratamento cruel, desumano ou degradante.

10.3.2. Definição do crime de tortura

Com base no art. 1º da Convenção, a tortura é crime próprio, pois as dores ou os sofrimentos são infligidos por um funcionário público ou outra pessoa no exercício de funções públicas, ou por sua instigação, ou com seu consentimento ou aquiescência. É importante também notar que a definição dada pela Convenção não restringe qualquer instrumento internacional ou legislação nacional que contenham ou possam conter dispositivos de alcance mais amplo - art. 1º, *in fine*, da Convenção.

Ademais, a Convenção define o termo tortura como qualquer ato pelo qual dores ou sofrimentos agudos, físicos ou mentais, são infligidos intencionalmente a uma pessoa a fim de obter, dela ou de terceira pessoa, informações ou confissões; de castigá-la por ato que ela ou terceira pessoa tenha cometido ou seja suspeita de ter cometido; de intimidar ou coagir essa pessoa ou outras pessoas; ou por qualquer motivo baseado em discriminação de qualquer natureza. Pelo conceito percebe-se que a finalidade é determinante para caracterização da tortura[66].

10.3.2.1. Diferenças com o conceito adotado na legislação interna

Há diferenças entre o conceito de tortura adotado na Convenção e o adotado na legislação interna. Por exemplo, pela lei brasileira o sujeito ativo da tortura pode ser qualquer pessoa, enquanto que pela Convenção somente pode ser sujeito ativo o funcionário público. Por outro lado, no que se refere à tortura motivada pela discriminação, a Convenção é mais abrangente porque diz que essa pode ser de qualquer natureza, enquanto a lei brasileira aponta apenas a racial e a religiosa.

10.3.2.2. Panorama geral no Direito Internacional dos Direitos Humanos

Cabe traçar um panorama geral do conceito de tortura no Direito Internacional dos Direitos Humanos. Nesse esteio pode-se apontar que é englobado no conceito supracitado a tortura perpetrada direta ou indiretamente por agente público no marco das Convenções de 1984 e de 1985, da ONU e do sistema interamericano respectivamente; e engloba, também, à tortura perpetrada por atores não estatais no marco da Declaração Universal dos Direitos Humanos, do Pacto Internacional de Direitos Civis e Políticos e da Convenção Americana de Direitos Humanos.

10.3.3. Obrigação dos Estados-partes

Os Estados-partes, atualmente 162, têm a obrigação de proibir a tortura, esta não podendo ser praticada nem mesmo em circunstâncias excepcionais. A Convenção contra a Tortura e outros Tratamentos ou Penas Cruéis, Desumanos ou Degradantes estabeleceu jurisdição compulsória e universal para julgar os acusados de tortura. A compulsoriedade determina que os Estados-partes devem punir os torturadores, independentemente do local onde o crime foi cometido e da nacionalidade do torturador. A universalidade determina que os Estados-partes processem (ou seja, promover a persecução penal) ou extraditem o suspeito da prática de tortura, independentemente da existência de tratado prévio de extradição.

Em relação à dita universalidade de jurisdição, a Corte Internacional de Justiça (*caso Bélgica vs. Senegal*[67]) decidiu que a obrigação do Senegal de extraditar ou promover a persecução penal (*aut dedere aut judicare*) contra o ex-presidente do Chad, Hissène Habré, somente prevalece para os fatos que tiveram lugar após a entrada em vigor da Convenção da ONU contra a Tortura para o Senegal.

10.3.4. Mecanismos de monitoramento

Para monitorar o cumprimento pelos Estados-partes das obrigações constantes na Convenção e assim exercer o controle de convencionalidade internacional, foi criado o Comitê contra a Tortura, responsável por receber as petições individuais, os relatórios confeccionados pelos Estados-partes e as comunicações interestatais.

O Estado-parte tem de declarar expressamente que aceita a competência do Comitê para receber as comunicações interestatais e as petições individuais (arts. 21, ponto I, e 22, ponto I, da Convenção), mas cabe enfatizar que sempre serão consideradas inadmissíveis as petições apócrifas (art. 22, ponto 2, da Convenção).

Ademais, o Comitê contra a Tortura poderá instaurar investigação, desde que tenha informações que levantem fortes indícios de que certo país está incorrendo em prática sistemática de tortura (art. 20, ponto I, da Convenção), entendida como prática não fortuita, mas habitual, extensa e deliberada, ao menos em parte do território do estado sob análise.

---

66. O crime de tortura está assim disciplinado pela legislação nacional (Lei 9.455/1997):
"Art. 1º Constitui crime de tortura:
I - constranger alguém com emprego de violência ou grave ameaça, causando-lhe sofrimento físico ou mental:
a) com o fim de obter informação, declaração ou confissão da vítima ou de terceira pessoa;
b) para provocar ação ou omissão de natureza criminosa;
c) em razão de discriminação racial ou religiosa.
II - submeter alguém, sob sua guarda, poder ou autoridade, com emprego de violência ou grave ameaça, a intenso sofrimento físico ou mental, como forma de aplicar castigo pessoal ou medida de caráter preventivo.
Pena - reclusão, de dois a oito anos.
§ 1º Na mesma pena incorre quem submete pessoa presa ou sujeita a medida de segurança a sofrimento físico ou mental, por intermédio da prática de ato não previsto em lei ou não resultante de medida legal.
2º Aquele que se omite em face dessas condutas, quando tinha o dever de evitá-las ou apurá-las, incorre na pena de detenção de um a quatro anos (...)".

67. Caso "questões relativas à obrigação de perseguir ou extraditar", de 20.07.2012.

10.3.5. *Relatório anual*

A decisão do Comitê não tem força vinculante, mas será publicada no relatório anual, o qual é encaminhado à Assembleia Geral da ONU.

10.3.6. *Relatórios do Brasil*

Os últimos Relatórios enviados pelo Brasil relacionados à presente Convenção foram apreciados e julgados pelo Comitê de Fiscalização como parcialmente aceitáveis, pois, de um lado, o Comitê elogiou a disposição do governo brasileiro para tentar resolver o problema da tortura no Brasil; mas, por outro, também repreendeu o país por entender que existe uma certa cultura de aceitação popular da tortura, principalmente em relação a presídios, casas de detenção e delegacias, o que foi duramente criticado e repreendido pelo Comitê, gerando, de um modo geral, um relatório final desfavorável ao Brasil no que tange à aplicação efetiva de meios administrativos e legais para cumprimento dos termos e preceitos da Convenção.

10.3.7. *Especificidade*

Cabe aqui sublinhar que essa Convenção trata de um tema específico de proteção, ou seja, no qual pode ser vítima (e, assim, necessitar de proteção) qualquer indivíduo, enquanto as outras estudadas no sistema global de proteção específica dos direitos humanos cuidam de um determinado grupo vulnerável de pessoas.

10.4. Convenção sobre os Direitos da Criança

10.4.1. *Apresentação*

A Convenção[68], adotada pela ONU por meio da Resolução 44/25 da Assembleia Geral em 20.11.1989 e promulgada no Brasil em 21.11.1990 pelo Decreto 99.710, tem por fundamento a consciência de que a criança, em virtude de sua falta de maturidade física e mental, necessita de proteção e cuidados especiais, inclusive a devida proteção legal, tanto antes quanto após seu nascimento.

10.4.2. *Quem é criança?*

É importante apontar que a Convenção, no art. 1º, determina que criança é todo ser humano com menos de 18 anos de idade, a não ser que, em conformidade com a lei aplicável à criança, a maioridade seja alcançada antes.

10.4.3. *Obrigação dos Estados-partes*

Os Estados-partes, atualmente 196 (Convenção com o maior número de Estados-partes), têm a obrigação de proteger a criança contra todas as formas de discriminação e garantir-lhe a assistência apropriada em diversas áreas.

10.4.4. *Mecanismo de monitoramento*

Para monitorar o cumprimento pelos Estados-partes das obrigações constantes na Convenção, foi criado o Comitê sobre os Direitos da Criança, responsável por receber os relatórios confeccionados pelos Estados-partes[69].

10.4.5. *Relatório anual*

A decisão do Comitê não tem força vinculante, mas será publicada no relatório anual, o qual é encaminhado à Assembleia Geral da ONU.

10.5. Convenção sobre os Direitos das Pessoas com Deficiência

10.5.1. *Apresentação*

A Convenção, adotada pela ONU por meio da Resolução 61/106 da Assembleia Geral em 13.12.2006 e promulgada no Brasil em 25.08.2009 pelo Decreto 6.949, tem por fundamento a consciência de que a deficiência é um conceito em evolução e resulta da interação entre pessoas com deficiência, e que as barreiras devidas às atitudes e ao ambiente impedem a plena e efetiva participação dessas pessoas na sociedade em igualdade de oportunidades com os demais indivíduos. Ademais, a discriminação contra qualquer pessoa, por motivo de deficiência, configura violação da dignidade e do valor inerentes ao ser humano.

10.5.2. *Regime especial de incorporação*

Cabe destacar que essa Convenção e seu respectivo Protocolo Facultativo foram internalizados, no Brasil, nos termos do art. 5º, § 3º, da Constituição (regime especial de incorporação), isto é, têm hierarquia constitucional tanto pelo aspecto formal quanto pelo material. Em outras palavras, possuem hierarquia de emenda constitucional.

Por consequência, uma eventual denúncia, em conformidade com o art. 48 da mesma Convenção, não retira a vigência, no direito brasileiro, dos direitos ali reconhecidos, pois possuem *status* de cláusula constitucional pétrea (art. 60, § 4.º, IV, da Constituição Federal).

Assim, o Decreto 6.949 dará azo ao controle de constitucionalidade pois possui hierarquia de emenda constitucional.

10.5.3. *Obrigação dos Estados-partes*

Os Estados-partes, atualmente 175, têm a obrigação de proteger e promover o pleno exercício dos direitos humanos das pessoas com deficiência. Ou seja, o Estado tem de arquitetar políticas públicas que permitam à pessoa com deficiência exercer seus direitos em igualdade de condições com os demais cidadãos. A atuação estatal deverá ter duas frentes: uma repressiva, que proíba a discriminação (igualdade formal), e outra promocional, que estabeleça ações afirmativas temporárias (igualdade material).

10.5.4. *Mecanismos de monitoramento*

Para monitorar o cumprimento pelos Estados-partes das obrigações constantes na Convenção e assim exercer o controle de convencionalidade internacional, foi criado o Comitê para os Direitos das Pessoas com Deficiência, responsável por receber os relatórios[70] confeccionados pelos Estados-partes. As

---

68. Cabe mencionar a existência da Declaração Universal sobre os Direitos da Criança, adotada pelo Assembleia Geral da ONU no dia 20.11.1959.

69. A título de curiosidade, cabe observar que essa Convenção é a que possui o maior número de Estados-partes, como já apontado, e apenas prevê o envio de relatórios pelos Estados-partes como mecanismo de controle sobre a aplicação e o respeito aos direitos consagrados na Convenção (controle de convencionalidade internacional). Infelizmente, parece que uma das razões para a notável adesão seja o frágil sistema de monitoramento criado por esse tratado internacional. Assim, os Estados-partes assumem esse compromisso internacional sem muitas exigências, o que ajuda na boa imagem internacional desses países.

70. No dia 30.05.2012 o Brasil apresentou seu primeiro Relatório de Monitoramento da Convenção das Nações Unidas sobre os Direitos das Pessoas com Deficiência, no qual foram apresentadas as ações do governo, entre 2008 e 2010, em cumprimento das disposições da

petições individuais e a possibilidade de realizar investigações *in loco* são possíveis, como mecanismos de controle e fiscalização, mediante a adoção do Protocolo Facultativo à Convenção sobre os Direitos das Pessoas com Deficiência.

10.5.5. Relatório Anual

A decisão do Comitê não tem força vinculante, mas será publicada no relatório anual, o qual é encaminhado à Assembleia Geral da ONU.

10.6. Convenção Internacional para a Proteção de Todas as Pessoas contra o Desaparecimento Forçado

10.6.1. Apresentação

A Convenção, adotada pela ONU por meio da Resolução 61/177 da Assembleia Geral em 20.12.2006 e ratificada pelo Brasil em 29.11.2010 (ainda não promulgada), tem por fundamento o direito de toda pessoa a não ser submetida ao desaparecimento forçado e o direito das vítimas à justiça e à reparação.

10.6.2. Definição de desaparecimento forçado

Desaparecimento forçado é a prisão, a detenção, o sequestro ou qualquer outra forma de privação de liberdade que seja perpetrada por agentes do Estado ou por pessoas ou grupos de pessoas agindo com a autorização, apoio ou aquiescência do Estado, e a subsequente recusa em admitir a privação de liberdade ou a ocultação do destino ou do paradeiro da pessoa desaparecida, privando-a assim da proteção da lei (art. 2º). A Convenção, no art. 1º, ponto 2, deixa claro que "nenhuma circunstância excepcional, seja estado de guerra ou ameaça de guerra, instabilidade política interna ou qualquer outra emergência pública, poderá ser invocada como justificativa para o desaparecimento forçado".

10.6.3. Obrigação dos Estados-partes

Os Estados-partes, atualmente 58, têm a obrigação de adotar todas as medidas necessárias para proceder à investigação dos casos de desaparecimento forçado e punir seus responsáveis, como também tornar o desaparecimento forçado um crime tipificado pelo direito penal de cada país (arts. 3º e 4º da Convenção).

10.6.4. Mecanismos de monitoramento

Para monitorar o cumprimento pelos Estados-partes das obrigações constantes na Convenção e assim exercer o controle de convencionalidade internacional foi criado o Comitê contra Desaparecimentos Forçados (art. 26), responsável por receber os relatórios confeccionados pelos Estados-partes. Também receberá, em regime de urgência, pedidos de busca e localização de uma pessoa desaparecida feitos por familiares ou qualquer pessoa por eles autorizada (art. 30).

As petições individuais e as comunicações interestatais são possíveis, como mecanismos de controle e fiscalização, mediante a declaração do Estado-parte reconhecendo a competência do Comitê para recebê-las (arts. 31 e 32). Ademais, se o Comitê receber informação confiável de que um Estado-parte está incorrendo em grave violação dos direitos disciplinados na Convenção Internacional para a Proteção de Todas as Pessoas contra o Desaparecimento Forçado, poderá entrar em contato com tal Estado a fim de agendar uma visita (art. 33).

O art. 34 assim determina:

"Caso receba informação que pareça conter indicações bem fundamentadas de que desaparecimentos forçados estão sendo praticados de forma generalizada ou sistemática em território sob a jurisdição de um Estado-parte, o Comitê poderá, após solicitar ao Estado-parte todas as informações relevantes sobre a situação, levar urgentemente o assunto à atenção da Assembleia Geral das Nações Unidas, por intermédio do secretário-geral das Nações Unidas".

10.6.4.1. Competência do Comitê contra Desaparecimentos Forçados

Por fim, o Comitê tem competência somente em relação a desaparecimentos forçados ocorridos após a entrada em vigor da Convenção Internacional para a Proteção de Todas as Pessoas contra o Desaparecimento Forçado (art. 35).

10.6.5 Relatório Anual

A decisão do Comitê não tem força vinculante, mas será publicada no relatório anual, o qual é encaminhado à Assembleia Geral da ONU.

10.6.6. Especificidade

Aqui também cabe sublinhar que se trata de um tema específico de proteção, ou seja, no qual pode ser vítima (e, assim, necessitar de proteção) qualquer indivíduo, enquanto as outras convenções estudadas no sistema global de proteção específica dos direitos humanos cuidam de um determinado grupo vulnerável de pessoas.

10.7. Convenção Internacional sobre a Proteção dos Direitos de todos os Trabalhadores Migrantes e dos Membros de suas Famílias

10.7.1. Apresentação

A Convenção adotada pela ONU, por meio da Resolução 45/158 da Assembleia Geral, em 18 de dezembro de 1990[71], tem por fundamento a importância e a extensão do fenômeno da migração, que envolve milhares de pessoas e afeta um grande número de Estados na comunidade internacional, como também o efeito das migrações de trabalhadores nos Estados e nas populações interessadas. Tem por objetivo estabelecer normas que possam contribuir para a harmonização das condutas dos Estados mediante a aceitação de princípios fundamentais relativos ao tratamento dos trabalhadores migrantes e dos membros das suas famílias, pessoas que frequentemente se encontram em situação de vulnerabilidade.

10.7.2. Histórico

O tema, de certo modo, já tinha sido abordado no seio da Organização Internacional do Trabalho (OIT). A Convenção 97/1949 da OIT (ratificada pelo Brasil em 18.06.1965) tratou de forma geral sobre os trabalhadores migrantes e

Convenção. É um relatório periódico sobre os progressos alcançados em matéria de aplicação da Convenção, firmado na Conferência dos Estados-partes para ratificação do tratado.

71. Cabe destacar que essa Convenção não foi sequer assinada pelo Brasil.

a Convenção 143/1975 da OIT (não ratificada pelo Brasil) tratou das migrações em condições abusivas e da promoção da igualdade de oportunidades e de tratamento para os trabalhadores migrantes.

No seio da ONU, antes dessa Convenção, o tema apareceu algumas vezes em resoluções do Conselho Econômico e Social e da Assembleia Geral, como também dentro de relatórios.

10.7.3. *Definição de trabalhador migrante*

A Convenção, no seu art. 2º, determina que trabalhador migrante é a pessoa que vai exercer, exerce ou exerceu uma atividade remunerada num Estado de que não é nacional.

10.7.4. *Impossibilidade de renúncia dos próprios direitos*

É importante frisar o art. 82 da Convenção porque impede a renúncia, por parte do trabalhador, dos seus direitos de trabalhador migrante e dos seus familiares.

10.7.5. *Trabalhadores em situação irregular (os "sem papéis")*

A Convenção regula também a situação específica dos trabalhadores migrantes que se encontrem em situação irregular (os "sem papéis"), isto é, sem a devida documentação. Tais trabalhadores são geralmente as maiores vítimas das violações de direitos humanos. Nestes casos, o Estado-parte, além de fixar parâmetros protetivos mínimos, deverá combater (prevenir) o tráfico de trabalhadores migrantes.

10.7.6. *Parte IV da Convenção*

Cabe destacar que a parte IV da Convenção cuida apenas dos direitos dos trabalhadores migrantes e dos membros das suas famílias que se encontram documentados ou em situação regular. Ou seja, os trabalhadores migrantes e os membros das suas famílias que se encontram documentados ou em situação regular no Estado de emprego gozam dos direitos enunciados na parte IV da Convenção, para além dos direitos previstos na parte III.

10.7.7. *Situações de não aplicação da Convenção*

Outro ponto de destaque é o disciplinado pelo art. 3º da Convenção, pois dispõe quando a Convenção não será aplicada, a saber:

a) às pessoas enviadas ou empregadas por organizações e organismos internacionais, nem às pessoas enviadas ou empregadas por um Estado fora do seu território para desempenharem funções oficiais, cuja admissão e estatuto são regulados pelo direito internacional geral ou por acordos internacionais ou convenções internacionais específicas;

b) às pessoas enviadas ou empregadas por um Estado ou por conta desse Estado fora do seu território que participam em programas de desenvolvimento e noutros programas de cooperação, cuja admissão e estatuto são regulados por acordo celebrado com o Estado de emprego e que, nos termos deste acordo, não são consideradas trabalhadores migrantes;

c) às pessoas que se instalam num Estado diferente do seu Estado de origem na qualidade de investidores;

d) aos refugiados e apátridas, salvo disposição em contrário da legislação nacional pertinente do Estado-Parte interessado ou de instrumentos internacionais em vigor para esse Estado;

e) aos estudantes e estagiários;

f) aos marítimos e aos trabalhadores de estruturas marítimas que não tenham sido autorizados a residir ou a exercer uma atividade remunerada no Estado de emprego.

10.7.8. *Obrigação dos Estados-partes*

Os Estados-partes, atualmente 51, têm a obrigação de fixar parâmetros protetivos mínimos em benefício dos trabalhadores migrantes e de seus familiares. Ou seja, o Estado tem que arquitetar políticas públicas que possibilitem a efetiva proteção dos trabalhadores migrantes e de suas famílias em seu território, para, assim, garantir que esses exerçam seus direitos em igualdade de condições com os demais trabalhadores.

10.7.9. *Mecanismos de monitoramento*

E para monitorar o cumprimento, pelos estados-partes, das obrigações constantes na Convenção e assim exercer o controle de convencionalidade internacional, foi criado o Comitê para a proteção dos Direitos de Todos os Trabalhadores Migrantes e dos membros das suas Famílias. Esse será responsável para receber os relatórios confeccionados pelos Estados-partes.

As petições individuais e as comunicações interestatais são possíveis, como mecanismos de controle e fiscalização, mediante a declaração do Estado-parte que reconhece a competência do Comitê para recebê-las.

10.7.10. *Relatório Anual*

A decisão do Comitê não tem força vinculante, mas será publicada no relatório anual, o qual é encaminhado para a Assembleia Geral da ONU.

11. SISTEMA REGIONAL DE PROTEÇÃO

O sistema regional de proteção se junta ao global para formar o sistema internacional de proteção dos direitos humanos. Em determinadas situações ocorrerá uma sobreposição de normas (oriundas do sistema global e do regional), todavia, isso não se reflete em problema, pois o que se busca é a substancial proteção dos direitos humanos. Destarte, o sistema que estiver mais bem organizado para proteger o indivíduo naquele caso será o aplicado, ou seja, os sistemas não competem, mas se completam.

A vantagem indiscutível dos sistemas regionais é terem sido arquitetados conforme valores culturais, políticos e econômicos compartilhados pelos países geograficamente próximos. Essa coesão cultural, política, econômica e geográfica facilita a formulação e o monitoramento das regras protetivas dos indivíduos.

Passemos à análise pontual do sistema regional de proteção do qual o Brasil faz parte: sistema americano[72].

11.1. Sistema americano

11.1.1. *Breve Histórico*

O sistema protetivo americano está principalmente alicerçado em torno da Organização dos Estados Americanos (OEA), organização internacional que tem por objetivo

72. Cabe destacar a importância do sistema europeu de proteção para evolução da tutela da dignidade da pessoa humana.

garantir a paz e a segurança no continente americano. Por isso, diz-se que é uma organização internacional de vocação regional, considerada organismo regional das Nações Unidas.

O sistema protetivo americano foi instalado em 1948 pela Carta da Organização dos Estados Americanos[73], que, por sua vez, foi adotada na 9ª Conferência Internacional Americana, que se reuniu em Bogotá, na Colômbia. Na mesma Conferência, foi adotada a Declaração Americana dos Direitos e Deveres do Homem[74], que foi o primeiro acordo internacional sobre direitos humanos, antecipando a Declaração Universal dos Direitos Humanos, escrita seis meses depois.

O sistema protetivo americano não contava com mecanismo constritivo de proteção dos direitos humanos, mas apenas com uma declaração (*soft law*) de que os Estados-membros deveriam proteger os direitos humanos.

11.1.2. Convenção Americana de Direitos Humanos

11.1.2.1. Apresentação

Em 22.11.1969, na Conferência de San José da Costa Rica, foi adotada a Convenção Americana de Direitos Humanos[75] (também conhecida como Pacto de San José da Costa Rica), a qual só entrou em vigor internacional em 18.07.1978 (quando atingiu as 11 ratificações necessárias) e é o principal instrumento protetivo do sistema americano.

No Brasil, a Convenção passou a ter vigência por meio do Decreto 678, de 06.11.1992.

11.1.2.2. Declaração interpretativa do governo brasileiro

Cabe destacar que o art. 2º desse decreto dispõe sobre a declaração interpretativa do governo brasileiro: "O Governo do Brasil entende que os arts. 43 e 48, *d*, não incluem o direito automático de visitas e inspeções *in loco* da Comissão Interamericana de Direitos Humanos, as quais dependerão da anuência expressa do Estado". Tal declaração interpretativa funciona como uma ressalva que limita os poderes da Comissão Interamericana de Direitos Humanos[76].

11.1.2.3. Órgãos de fiscalização e julgamento

Como órgãos de fiscalização e julgamento (controle de convencionalidade internacional) do sistema americano de proteção dos direitos humanos, a Convenção instituiu a Comissão e a Corte Interamericana de Direitos Humanos, dotando-o, dessa maneira, de mecanismos constritivos de proteção dos direitos humanos (*hard law*).

11.1.2.4. Obrigação dos Estados-partes

Os Estados-partes comprometem-se a adotar, de acordo com as suas normas constitucionais e com as disposições desta Convenção, as medidas legislativas ou de outra natureza que forem necessárias para tornar efetivos (art. 2º da CADH) os direitos e liberdades reconhecidos na Convenção Americana de Direitos Humanos. Importante sublinhar que o texto convencional obriga não somente o Poder Legislativo, mas também os poderes Executivo e Judiciário dos Estados-partes.

11.1.2.5. Quem pode participar?

Na Convenção só é permitida a participação dos países-membros da OEA.

11.1.2.6. Tipos de direitos

Ao longo da Convenção é possível identificar inúmeros direitos civis e políticos (ditos de primeira geração), nos moldes do Pacto Internacional de Direitos Civis e Políticos. A única menção aos direitos econômicos, sociais e culturais é encontrada no art. 26, que se limita a determinar que os Estados se engajem em progressivamente implementar tais direitos (em sua dimensão negativa e positiva), ditos de segunda geração. Tal escolha (de só regular os direitos políticos e civis) foi supostamente direcionada para obter a adesão dos EUA.

11.1.3. Protocolo de San Salvador

11.1.3.1. Apresentação

Na Conferência Interamericana de San Salvador, em 17.11.1988, foi adotado o Protocolo Adicional[77] à Convenção, conhecido como Protocolo de San Salvador. A partir de então, tem-se uma enumeração dos direitos econômicos, sociais e culturais que os países americanos – membros da OEA – obrigaram-se a implementar progressivamente. Lembrando-se sempre da tripla obrigação dos Estados para com todos os direitos humanos: proteger, respeitar e realizar.

11.1.3.1.1. Caso Velásquez Rodriguez vs. Honduras

Para ilustrar a tríplice obrigação dos Estados, segue um trecho da importante sentença da Corte Interamericana de Direitos Humanos exarada no caso Velásquez Rodríguez, ocasião em que foi explicitada a obrigação de os Estados-partes garantirem o livre e o pleno exercício dos direitos reconhecidos na Convenção Americana de Direitos Humanos:

"Esta obrigação implica o dever dos Estados-partes de

73. Reformada pelos seguintes protocolos: Protocolo de Reforma da Carta da Organização dos Estados Americanos – "Protocolo de Buenos Aires", assinado em 27.02.1967, na Terceira Conferencia Interamericana Extraordinária; pelo Protocolo de Reforma da Carta da Organização dos Estados Americanos – "Protocolo de Cartagena das Índias", assinado em 05.121985, no Décimo Quarto período Extraordinário de Sessões da Assembleia Geral; pelo Protocolo de Reforma da Carta da Organização dos Estados Americanos – "Protocolo de Washington", assinado em 14.12.1992, no Décimo Sexto período Extraordinário de Sessões da Assembleia Geral; e pelo Protocolo de Reforma da Carta da Organização dos Estados Americanos – "Protocolo de Manágua", assinado em 10.06.1993, no Décimo Nono Período Extraordinário de Sessões da Assembleia Geral.

74. Essa declaração prevê tantos os direitos civis e politicos como os econômicos, sociais e culturais.

75. É de suma importância sublinhar que a Convenção Americana de Direitos Humanos é autoaplicável. Tal definição provém do Parecer Consultivo 7/1986 da Corte Interamericana de Direitos Humanos. Assim, uma vez internalizada, estará apta a irradiar seus efeitos diretamente na ordem interna do país-parte, isto é, não necessitará de lei que regulamente sua incidência nos países que aderiram a seus mandamentos.

76. Todavia, deve-se apontar, como uma das consequências do princípio *pro homine*, que a interpretação das limitações de direitos estabelecidos nos tratados internacionais de direitos humanos deve ser restritiva – tudo para impedir ao máximo a diminuição da proteção da pessoa humana. Aliás, nesse sentido é o Parecer Consultivo 02, de 24.09.1982, da Corte Interamericana de Direitos Humanos.

77. Interessante apontar aqui o papel da Comissão Interamericana de submeter à Assembleia Geral projetos de protocolos adicionais à Convenção Americana sobre Direitos Humanos, com a finalidade de incluir progressivamente no regime de proteção da referida Convenção outros direitos e liberdades (art.19, *e*, do Estatuto da Comissão Interamericana de Direitos Humanos).

organizar todo o aparato governamental e, em geral, todas as estruturas por meio das quais se manifesta o exercício do poder público, de maneira que sejam capazes de assegurar juridicamente o livre e pleno exercício dos direitos humanos. Como consequência dessa obrigação, os *Estados devem prevenir, investigar e sancionar toda violação dos direitos reconhecidos pela Convenção* e procurar, ademais, o restabelecimento, se possível, do direito violado e também a reparação dos danos produzidos pela violação dos direitos humanos" (tradução minha).

O caso analisado trata de um estudante universitário de Honduras – Velásquez Rodríguez – que foi detido por autoridades policiais hondurenhas, sendo, posteriormente, vítima de tortura até ser tido como desaparecido. Em sentença de 29.07.1998, a Corte Interamericana de Direitos Humanos declarou, por unanimidade, que Honduras violou, em prejuízo de Velásquez Rodríguez, o direito à liberdade pessoal (art. 7º da Convenção), o direito à integridade pessoal (art. 5º da Convenção) e o direito à vida (art. 4º da Convenção), todos em conexão com o art. 1º, ponto 1, da Convenção. A Corte declarou ainda, também por unanimidade, que Honduras deveria pagar uma justa indenização compensadora para os familiares da vítima, mas não fixou os parâmetros para o pagamento, apenas ressalvou que, se a Comissão Interamericana de Direitos Humanos e Honduras não chegassem a um acordo, a Corte seria responsável por estabelecer a forma e a quantia da indenização.

11.1.3.2. No Brasil

O Congresso Nacional aprovou o Protocolo por meio do Decreto Legislativo 56, de 19.04.1995. Mas o Protocolo só entrou em vigor internacional em 16.11.1999, momento em que também passou a viger no Brasil, pois o Governo brasileiro tinha depositado o Instrumento de Adesão do referido ato em 21.08.1996. O Decreto de promulgação é o de n. 3.321/1999.

11.1.3.3. Competência da Corte Interamericana

A Corte Interamericana tem competência para interpretar e aplicar o Protocolo Adicional à Convenção Americana de Direitos Humanos (Protocolo de San Salvador) somente em relação ao art. 8º, ponto 1, alínea *a* (direitos sindicais dos trabalhadores) e ao art. 13 (direito à educação). Tudo em conformidade com o art. 19, ponto 6, do mencionado Protocolo, o qual determina que são esses os únicos direitos passíveis de serem acionados perante a Corte (justiciabilidade), entre um amplo conjunto de direitos econômicos, sociais e culturais de que trata esse Protocolo.

11.1.3.3.1. Construção jurisprudencial

Entretanto, o que se percebe no campo prático é uma jurisprudência criativa que permite a implementação indireta dos direitos econômicos, sociais e culturais. Uma das grandes contribuições para essa substancial evolução foi a construção jurisprudencial de conceito amplo ou *lato sensu* do direito de acesso à justiça[78] (art. 25 da Convenção Americana), o que permite o acionamento da Corte para proteção de todos os direitos humanos, inclusive os econômicos, sociais e culturais.

Cabe destacar, também, a construção jurisprudencial da Corte que qualificou de *jus cogens* os princípios da equidade e da não discriminação, os quais são, logicamente, aplicados em relação a todos os direitos humanos.

Por fim, devemos mencionar o estabelecimento, pela Corte, de um conceito amplo do direito à vida, o qual exige a proteção e a implementação dos direitos econômicos, sociais e culturais para sua satisfatória efetivação (consoante o comentado no subitem 4.3).

11.1.4. Protocolo sobre Abolição da Pena de Morte

Em 08.06.1990 foi adotado, em Assunção, no Paraguai, outro Protocolo Facultativo à Convenção, dessa vez sobre a abolição da pena de morte. Os Estados que aderem ao Protocolo ficam impedidos, em qualquer hipótese, de aplicar a pena de morte; assim, estão revogadas as disposições de direito interno que prevejam a pena capital. Esse Protocolo foi influenciado diretamente pelo Segundo Protocolo Facultativo ao Pacto Internacional dos Direitos Civis e Políticos de 1989.

O Brasil, ao ratificar o Protocolo sobre abolição da pena de morte, declarou, devido à imperativos constitucionais, reserva[79] conforme o estabelecido no art. 2º do Protocolo em questão, o qual assegura aos Estados-partes o direito de aplicar pena de morte em tempo de guerra, de acordo com o Direito Internacional, para delitos sumamente graves de caráter militar. O Protocolo foi promulgado no Brasil via o Decreto presidencial 2.754/1998.

11.1.4.1. Pena de morte no Brasil

Em relação ao tema pena de morte, cabe esclarecer que esta é admitida no Brasil, desde que cumpridas certas condições (art. 5º, XLVII, *a*, c/c art. 84, XIX, ambos da CF): **a)** existência de guerra declarada em virtude de agressão externa; e **b)** a prática, por brasileiro ou estrangeiro, do crime de alta traição (disciplinado no Código Penal Militar – CPM).

Logo, em tempos de paz não é possível a aplicação da pena capital no país, a qual também está abolida para todos os crimes não militares. A título de curiosidade, o Código Penal Militar disciplina que a execução da pena capital será por fuzilamento.

11.1.5. Direitos Previstos

Segue, para conhecimento e memorização, a lista dos direitos humanos protegidos na Convenção Americana de Direitos Humanos e no Protocolo de San Salvador.

11.1.5.1. Convenção Americana de Direitos Humanos

a) direito ao reconhecimento da personalidade jurídica (art. 3º);

b) direito à vida (art. 4º). É importante apontar que a Convenção determina que, em geral, este direito deve ser protegido desde o momento da concepçao;

c) direito à integridade pessoal (art. 5º). Leia-se integridade física, psíquica e moral;

d) proibição da escravidão e da servidão (art. 6º). O tráfico de escravos e o tráfico de mulheres também são proibidos em todas as suas formas;

78. Nesse sentido, cabe transcrever o ponto 1 da Resolução 2.656/2011 da OEA: "Afirmar que o acesso à justiça, como direito humano fundamental, é, ao mesmo tempo, o meio que possibilita que se restabeleça o exercício dos direitos que tenham sido ignorados ou violados".

79. A reserva é um condicionante do consentimento. Ou seja, é a declaração unilateral do Estado aceitando o tratado, mas sob a condição de que certas disposições não valerão para ele.

e) direito à liberdade pessoal (art. 7º). É no ponto 7 deste artigo que aparece o princípio da proibição da detenção por dívidas e a sua correlata exceção somente em virtude de inadimplemento de obrigação alimentar. E seu reflexo no Brasil foi, depois de muitas decisões, a Súmula Vinculante 25 do STF;

f) garantias judiciais (art. 8º). É neste artigo que aparece o princípio da celeridade dos atos processuais;

g) princípio da legalidade e da retroatividade da lei penal mais benéfica (art. 9º);

h) direito à indenização por erro judiciário (art. 10). O artigo dispõe ser necessário o trânsito em julgado da condenação;

i) proteção da honra e da dignidade (art. 11);

j) liberdade de consciência e de religião (art. 12);

k) liberdade de pensamento e de expressão (art. 13)

l) direito de retificação ou resposta (art. 14). Direito a ser utilizado quando as informações inexatas ou ofensivas forem emitidas, em seu prejuízo, por meios de difusão legalmente regulamentados e que se dirijam ao público em geral;

m) direito de reunião (art. 15). Desde que pacífica e sem armas;

n) liberdade de associação (art. 16);

o) proteção da família (art. 17);

p) direito ao nome (art. 18);

q) direitos da criança (art. 19);

r) direito à nacionalidade (art. 20). Este artigo traz a importante regra de que toda pessoa tem direito à nacionalidade do Estado em cujo território houver nascido, se não tiver direito a outra;

s) direito à propriedade privada (art. 21);

t) direito de circulação e de residência (art. 22). Tal artigo traz duas regras importantes, a primeira, constante do ponto 7 do artigo, é a de que toda pessoa tem o direito de buscar e receber asilo em território estrangeiro, em caso de perseguição por delitos políticos ou comuns conexos com delitos políticos e a segunda, constante do ponto 8 do artigo, é a de que em nenhum caso o estrangeiro pode ser expulso ou entregue a outro país, seja ou não de origem, onde seu direito à vida ou à liberdade pessoal esteja em risco de violação em virtude de sua raça, nacionalidade, religião, condição social ou de suas opiniões políticas;

u) direitos políticos (art. 23);

v) Igualdade perante a lei (art. 24);

w) Proteção judicial (art. 25).

11.1.5.2. Protocolo de San Salvador

a) direito ao trabalho (art. 6º);

b) condições justas, equitativas e satisfatórias de trabalho (art. 7º);

c) direitos sindicais (art. 8º);

d) direito à seguridade social (art. 9º);

e) direito à saúde (art. 10);

f) direito a um meio ambiente sadio (art. 11);

g) direito à alimentação (art. 12);

h) direito à educação (art. 13);

i) direito de receber os benefícios da cultura (art. 14);

j) direito à constituição e à proteção da família (art. 15);

k) direitos da criança (art. 16);

l) proteção dos idosos (art. 17);

m) proteção dos deficientes (art. 18).

Agora cabe analisar a estrutura e a função da Comissão e da Corte Interamericana de Direitos Humanos, que são os órgãos de fiscalização e julgamento do sistema americano de proteção dos direitos humanos, ou seja, os órgãos encarregados de realizarem o controle de convencionalidade internacional do sistema americano.

11.2. Comissão Interamericana de Direitos Humanos – CIDH

11.2.1. Apresentação e Composição

A Comissão Interamericana de Direitos Humanos[80] é o órgão administrativo do sistema regional de proteção americano. É composta de sete membros, que devem ser pessoas de alta autoridade moral e de reconhecido saber em matéria de direitos humanos (art. 2º, ponto 1, do Estatuto da Comissão). Esses membros são eleitos, a título pessoal, pela Assembleia Geral da OEA, a partir de uma lista de candidatos propostos pelos governos dos Estados-membros, e cumprem mandato de quatro anos, com a possibilidade de uma reeleição. Vale lembrar que não pode fazer parte da Comissão mais de um nacional de um mesmo país (art. 7º do Estatuto da Comissão).

11.2.2. Quórum de funcionamento

Seu quórum é constituído pela maioria absoluta dos membros da Comissão (art. 17, ponto 1, do Estatuto da Comissão).

Mas cabe distinguir duas situações. Com relação aos Estados que são partes da Convenção, as decisões serão tomadas por maioria absoluta de votos dos membros da Comissão nos casos que estabelecerem a Convenção Americana sobre Direitos Humanos e o Estatuto. Nos demais casos, o quorum exigido será de maioria absoluta dos membros presentes. E com relação aos Estados que não são partes da Convenção, as decisões serão tomadas por maioria absoluta de votos dos membros da Comissão, salvo quando se tratar de assuntos de procedimento, caso em que as decisões serão tomadas por maioria simples (art. 17, pontos 2 e 3, do Estatuto da Comissão).

11.2.3. Imunidades e privilégios de seus membros

Os membros da Comissão, nos Estados-membros da Organização que são Partes da Convenção Americana sobre Direitos Humanos, gozam, a partir do momento de sua eleição e enquanto durar seu mandato, das imunidades reconhecidas pelo direito internacional aos agentes diplomáticos. Gozam também, no exercício de seus cargos, dos privilégios diplomáticos necessários ao desempenho de suas funções.

E nos Estados-membros da Organização que não são Partes da Convenção Americana sobre Direitos Humanos, os membros da Comissão gozarão dos privilégios e imunidades pertinentes aos seus cargos e que sejam necessários para desempenhar suas funções com independência (art. 12, pontos 1 e 2, do Estatuto da Comissão).

11.2.4. Competência

A principal função da Comissão é promover o respeito aos direitos humanos[81] no continente americano, destacando-se

80. A sede da Comissão fica em Washington, D.C., nos Estados Unidos da América (art. 16, ponto 1, do Estatuto da Comissão).

81. Art. 1º, ponto 2, do Estatuto da Comissão Interamericana de Direitos Humanos: "Para os fins deste Estatuto, entende-se por direitos

por sua função de órgão consultivo da OEA no tema. Possui competência para enviar recomendações aos Estados-partes da Convenção Americana de Direitos Humanos ou até mesmo para os Estados-membros da OEA que não tenham ratificado a Convenção Americana.

Em sua competência inserem-se também a possibilidade de realizar estudos, solicitar informações aos Estados no que tange à implementação dos direitos humanos insculpidos na Convenção e confeccionar um relatório anual[82] para ser submetido à Assembleia Geral da OEA. À parte do relatório anual, a Comissão pode confeccionar relatórios especiais ou gerais sobre a situação dos direitos humanos nos Estados-membros sempre que considerar necessário (art. 59, ponto 1, *h*, do Regulamento da Comissão Interamericana de Direitos Humanos).

Cabe lembrar que as recomendações e os relatórios (tanto o anual e o alicerçado em alguma acusação[83]) da Comissão não têm poder vinculante, isto é, não vinculam os Estados destinatários. E geralmente a Comissão, desde que configurada a responsabilidade do Estado, faz as seguintes recomendações: suspensão dos atos que causam violação dos direitos humanos; investigação e punição dos responsáveis; reparação dos danos causados; alteração do ordenamento jurídico; e adoção de outras medidas ou ações estatais.

11.2.5. Petições Individuais

Um aspecto importante de sua competência é a possibilidade de receber petições, que contenham denúncias ou queixas de violação desta Convenção por um Estado-parte, do indivíduo "lesionado", de terceiras pessoas ou de organizações não governamentais legalmente reconhecidas em um ou mais Estados-membros da OEA que representem o indivíduo lesionado (art. 44 da Convenção Americana sobre Direitos Humanos)[84].

Entretanto, essa competência só poderá ser exercida se o Estado violador tiver aderido à Convenção Americana de Direitos Humanos. Percebe-se que não é necessária a expressa aceitação da competência da Comissão para receber petições, bastando que o Estado tenha aderido à Convenção.

11.2.5.1. Idiomas de trabalho

Os idiomas oficiais da Comissão são o espanhol, português, inglês e francês e a regra geral é de que a petição deve ser redigida e apresentada no idioma natural da vítima, isto é, o de sua nacionalidade. Na grande maioria das vezes o indivíduo vive no país de sua nacionalidade, assim a sua língua natural é a falada nesse Estado.

Porém, se a língua utilizada para redigir a petição não coincidir com a língua oficial do Estado acusado, a Comissão poderá exigir a tradução da mesma. Isso porque uma vez aceito o início do procedimento, a Comissão envia a petição ao Estado acusado para conhecimento e essa deve estar no idioma oficial do respectivo Estado.

11.2.5.2. É necessário um advogado?

A Comissão não exige que a vítima esteja representada por um advogado tanto para a apresentação da petição como para sua tramitação.

11.2.5.3. Conteúdo da petição

Toda petição deve abranger os seguintes itens[85]:

a) os dados da(s) suposta(s) vítima(s) e de seus familiares;

b) os dados da parte peticionária, como nome completo, telefone, endereço e e-mail;

c) a descrição completa, clara e detalhada dos fatos alegados, que inclua como, quando e onde ocorreram, bem como o Estado considerado responsável;

d) a indicação das autoridades estatais que se consideram responsáveis;

e) os direitos que se consideram violados, se possível;

f) as instâncias judiciais ou as autoridades do Estado a que se recorreu para buscar resolver as violações alegadas;

g) a resposta das autoridades estatais, em especial dos tribunais judiciais;

h) se possível, cópias simples e legíveis dos principais recursos interpostos e das decisões judiciais internas e outros anexos considerados pertinentes, como depoimento de testemunhas; e

i) a indicação de se a petição foi apresentada a outro organismo internacional com competência para resolver casos.

A título de curiosidade, cabe mencionar que a petição pode até ser enviada à Comissão por *e-mail*, endereço eletrônico é o seguinte: cidhdenuncias@oas.org.

11.2.5.4. Caso Luiza Melinho (Relatório nº 11/16)

No dia 26 de março de 2009 a Comissão Interamericana de Direitos Humanos recebeu uma petição apresentada por

humanos: a. os direitos definidos na Convenção Americana sobre Direitos Humanos com relação aos Estados-Partes da mesma; b. os direitos consagrados na Declaração Americana de Direitos e Deveres do Homem, com relação aos demais Estados-membros"

82. Segue a redação do art. 59, ponto 1, do Regulamento da Comissão Interamericana de Direitos Humanos: "O Relatório Anual à Assembleia Geral da Organização incluirá o seguinte: a) uma análise da situação dos direitos humanos no Hemisfério, acompanhada das recomendações aos Estados e aos órgãos da Organização sobre as medidas necessárias para fortalecer o respeito aos direitos humanos; b) um breve relato referente à origem, às bases jurídicas, à estrutura e aos fins da Comissão, bem como ao estado da Convenção Americana e dos demais instrumentos aplicáveis; c) informação sucinta dos mandatos conferidos e recomendações formuladas à Comissão pela Assembleia Geral e pelos outros órgãos competentes, bem como da execução de tais mandatos e recomendações; d) uma lista das sessões realizadas no período abrangido pelo relatório e de outras atividades desenvolvidas pela Comissão em cumprimento de seus fins, objetivos e mandatos; e) uma súmula das atividades de cooperação da Comissão com outros órgãos da Organização, bem como com organismos regionais ou mundiais da mesma natureza, e dos resultados alcançados em suas atividades; f) os relatórios sobre petições e casos individuais cuja publicação haja sido aprovada pela Comissão, e uma relação das medidas cautelares concedidas e estendidas e das atividades desenvolvidas perante a Corte Interamericana; g) uma exposição sobre o progresso alcançado na consecução dos objetivos estabelecidos na Declaração Americana dos Direitos e Deveres do Homem e na Convenção Americana sobre Direitos Humanos e nos demais instrumentos aplicáveis; h) os relatórios gerais ou especiais que a Comissão considerar necessários sobre a situação dos direitos humanos nos Estados-membros e, se pertinente, os relatórios de seguimento, destacando-se nos mesmos os progressos alcançados e as dificuldades que houverem surgido para uma efetiva observância dos direitos humanos; i) qualquer outra informação, observação ou recomendação que a Comissão considerar conveniente submeter à Assembleia Geral e qualquer nova atividade ou projeto que implique despesa adicional".

83. A acusação é feita mediante petição individual ou comunicação interestatal.

84. Como exemplo pode-se citar o conhecido caso Maria da Penha.

85. Conforme material produzido pela própria Comissão Interamericana de Direitos Humanos, denominado *Sistema de Petições e Casos*. Organização dos Estados Americanos. 2010.

Thiago Cremasco, que posteriormente incluiu a Justiça Global como copeticionária, contra o Brasil. A petição foi apresentada em representação de Luiza cujos direitos humanos teriam sido supostamente violados pelo Estado em um processo relacionado com sua cirurgia de afirmação sexual.

Os peticionários sustentam que o Estado do Brasil violou os direitos humanos da suposta vítima ao lhe haver negado a realização de uma cirurgia de afirmação sexual através do sistema público de saúde e negado a pagar-lhe a realização da cirurgia em um hospital particular, pois isto a havia impedido de ter uma vida digna e havia posto em risco sua vida e integridade física. Além disso, os peticionários afirmam que o Estado violou os direitos da suposta vítima ao lhe haver negado acesso a recursos efetivos para garantir seus direitos. Por sua vez, o Estado assinala que a petição é inadmissível, pois os recursos internos não foram esgotados e porque não houve violações aos direitos protegidos pela Convenção Americana sobre Direitos Humanos.

Sem prejulgar o mérito da denúncia, e após analisar as posições das partes e em cumprimento dos requisitos previstos nos artigos 46 e 47 da Convenção Americana, a Comissão decidiu declarar o caso admissível para fins do exame sobre a suposta violação dos direitos consagrados nos artigos 5º, 8º, 11, 24, 25 e 26 da Convenção Americana em conexão com as obrigações estabelecidas nos artigos 1º, ponto 1, e 2 a respeito da senhora Melinho. A Comissão decidiu também notificar às partes sobre a decisão, publicá-la e incluí-la em seu Relatório Anual à Assembleia Geral da OEA.

No mais, a Comissão declararou inadmissível a presente petição com relação ao artigo 4º da Convenção Americana a respeito da senhora Melinho e também declarou inadmissível a presente petição com relação ao grupo de pessoas trans não identificadas que recorreram ao Hospital da UNICAMP para submeter-se ao procedimento de afirmação sexual.

11.2.6. Comunicações Interestatais

A Comissão também tem competência para receber comunicações interestatais. Conforme já visto no sistema global de proteção, nesse mecanismo um Estado-parte pode denunciar o outro que incorrer em violação dos direitos humanos. Mas, para a denúncia ter validade, os dois Estados, denunciante e denunciado, devem ter expressamente declarado a competência da Comissão Interamericana de Direitos Humanos para tanto[86]. Isso porque a Comissão não admitirá nenhuma comunicação contra um Estado-parte que não haja feito tal declaração (art. 45, ponto 2, da Convenção Americana).

E as declarações sobre o reconhecimento desta competência podem ser feitas para que esta vigore por tempo indefinido, por período determinado ou para casos específicos (art. 45, ponto 3, da Convenção Americana). Cabe infelizmente apontar que o Brasil não fez a citada declaração, ou seja, não aceitou a competência da Comissão Interamericana para receber comunicações interestatais.

Entretanto, cabe destacar que o art. 50 do Regulamento da Comissão Interamericana de Direitos Humanos estabelece que todos os Estados-partes da Convenção são suscetíveis de serem denunciados.

11.2.6.1. Requisitos de Admissibilidade

Figuram aqui os mesmos requisitos de admissibilidade verificados quando da análise do procedimento de apresentação de petições individuais e de comunicações interestatais no sistema global de proteção. Ou seja, só são aceitas as petições ou as comunicações que comprovarem (i) a inexistência de litispendência internacional, (ii) ausência de coisa julgada internacional e (iii) o esgotamento de todos os recursos internos disponíveis. Aos três requisitos já tratados deve-se adicionar mais um, isso porque o art. 46 da Convenção Americana de Direitos Humanos exige que (iv) a petição ou a comunicação seja apresentada dentro do prazo de seis meses, a partir da data em que o presumido prejudicado em seus direitos tenha sido notificado da decisão definitiva exarada no sistema protetivo nacional.

Adicionalmente, a petição a ser interposta deve conter, como já tratado, o nome, a nacionalidade, a profissão, o domicílio e a assinatura da pessoa ou pessoas ou do representante legal da entidade que submeter a petição. Importante destacar que não é necessária a manifestação expressa de concordância da vítima ou vítimas da alegada violação aos direitos humanos.

11.2.6.1.1. Ressalva

O sistema americano impõe a mesma ideia de ressalva existente no sistema global. As regras de esgotamento de todos os recursos internos disponíveis e do prazo de seis meses para a apresentação da petição ou comunicação não serão aplicadas quando o indivíduo for privado de seu direito de ação pela jurisdição doméstica, ou lhe forem ceifadas as garantias do devido processo legal, ou, ainda, se os processos internos forem excessivamente demorados. E o ônus da prova da existência de um recurso acessível e suficiente recai sobre o Estado demandado.

11.2.6.1.1.1. Renúncia a regra do prévio esgotamento dos recursos internos

Cabe apontar, consoante jurisprudência da Corte Interamericana, que o Estado-parte tem direito de renunciar a regra do prévio esgotamento dos recursos internos. Na decisão de 13.11.1981 (caso Viviana Gallardo e outras), a Corte Interamericana, invocando precedente da Corte Europeia de Direitos Humanos (De Wilde, Ooms and Versyp Cases – "Vagrancy" Cases), apontou que segundo os princípios do Direito Internacional geralmente reconhecidos e a prática internacional, a regra que exige o prévio esgotamento dos recursos internos foi concebida no interesse do Estado, pois busca dispensá-lo de responder perante um órgão internacional por atos a ele imputado, antes de ter a oportunidade de resolvê-los com seus próprios instrumentos. Essa regra é considerada como meio de defesa e como tal, renunciável, ainda que de modo tácito. Essa renúncia, uma vez anunciada, é irrevogável.

11.2.7. Procedimento

De posse da acusação, a Comissão assim agirá:

a) declarada a admissibilidade, a Comissão buscará uma solução amistosa entre o indivíduo denunciante e o Estado violador;

86. Art. 45, ponto 1, da Convenção Americana: "Todo Estado-parte pode, no momento do depósito do seu instrumento de ratificação desta Convenção, ou de adesão a ela, ou em qualquer momento posterior, declarar que reconhece a competência da Comissão para receber e examinar as comunicações em que um Estado-parte alegue haver outro Estado-parte incorrido em violações dos direitos humanos estabelecidos nesta Convenção".

b) se não se chegar a uma solução, e dentro do prazo que for fixado pelo Estatuto da Comissão, esta redigirá um relatório no qual exporá os fatos e suas conclusões;

c) o relatório será encaminhado aos Estados interessados, aos quais não será facultado publicá-lo;

d) ao encaminhar o relatório, a Comissão pode formular as proposições e as recomendações que julgar adequadas;

e) se, no prazo de três meses a partir da remessa aos Estados interessados do relatório da Comissão, o assunto não tiver sido solucionado ou submetido à decisão da Corte pela Comissão (chamada remessa automática) ou pelo Estado interessado, aceitando sua competência, a Comissão poderá emitir, pelo voto da maioria absoluta de seus membros, sua opinião e conclusões sobre a questão submetida à sua consideração;

f) a Comissão fará as recomendações pertinentes e fixará um prazo dentro do qual o Estado deve tomar as medidas que lhe competir para remediar a situação examinada;

g) transcorrido o prazo fixado, a Comissão decidirá, pelo voto da maioria absoluta de seus membros, se o Estado tomou ou não as medidas adequadas e se publica ou não seu relatório.

Importante aclarar que na Opinião Consultiva 13/1993 a Corte asseverou que os arts. 50 e 51 da Convenção contemplam relatórios separados, cujo conteúdo pode ser similar, mas o primeiro não pode ser publicado. Já o segundo pode ser, desde que haja prévia decisão da Comissão, por maioria absoluta de votos, depois de transcorrido o prazo que foi conferido ao Estado para tomar as medidas adequadas.

E vale frisar que o envio à Corte apenas será permitido se o Estado violador tiver aquiescido de forma expressa e inequívoca em relação à competência da Corte Interamericana de Direitos Humanos para solucionar os casos de violação dos direitos humanos insculpidos na Convenção e em outros tratados do sistema americano de proteção.

11.2.7.1. Medidas cautelares e provisórias

A Comissão, por iniciativa própria (*ex officio*) ou depois de receber uma denúncia, poderá entrar em contato com o Estado denunciado para que este adote, com urgência, medidas cautelares de natureza individual ou coletiva antes da análise do mérito da denúncia, desde que verificado risco de dano irreparável à vítima ou às vítimas. Dentro dessa ótica, poderá também solicitar que a Corte ordene que o Estado denunciado adote medidas provisórias mesmo antes da análise do mérito do caso, desde que o caráter de urgência e de gravidade as justifiquem para poder impedir a ocorrência de danos irreparáveis às pessoas.

As medidas cautelares (solicitadas pela Comissão e aplicadas por Estados) e as provisórias (ordenadas pela Corte, mediante solicitação da Comissão, e aplicadas por Estados) possuem o mesmo efeito prático.

11.2.8. Caso Maria da Penha

Importante mencionar que a conhecida Lei Maria da Penha (11.340/2006), que criou mecanismos para coibir e prevenir a violência doméstica e familiar contra a mulher, foi fruto de uma interferência internacional benigna sobre a ordem jurídica interna.

A história de Maria da Penha Maia Fernandez é conhecida de todos: trata-se de uma repetição de atos de violência doméstica – infelizmente uma realidade diuturna – em conjunto com a falta de uma legislação específica a dar suporte ao devido julgamento do infrator – deve-se lembrar que o infrator (na época marido) apenas foi preso 19 anos depois de ter cometido os crimes categorizados como de violência doméstica e cumpriu somente dois anos em regime fechado.

Em função de tal quadro, o Centro para a Justiça e o Direito Internacional – CEJIL – formalizou, em conjunto com Maria da Penha e o Comitê Latino-Americano e do Caribe para a Defesa dos Direitos da Mulher – CLADEM –, uma denúncia (petição individual) na Comissão Interamericana de Direitos Humanos contra a procrastinação em se obter uma decisão sobre o caso, tendo em vista que isso demorou 19 anos para acontecer.

Os peticionários apontaram a violação dos arts. 8º (Garantias judiciais), 24 (Igualdade perante a lei) e 25 (Proteção judicial) da Convenção Americana de Direitos Humanos com relação à obrigação estabelecida no art. 1º, ponto 1 (obrigação de respeitar os direitos), do mesmo instrumento, como também dos artigos II e XVIII da Declaração Americana dos Direitos e Deveres do Homem e dos arts. 3º, 4º, *a*, *b*, *c*, *d*, *e*, *f*, e *g*, 5º e 7º da Convenção Interamericana para Prevenir, Punir e Erradicar a Violência contra a Mulher (conhecida como Convenção de Belém do Pará).

Com base em tal denúncia, a Comissão Interamericana de Direitos Humanos publicou o Relatório 54/2001, que condenou o Brasil por dilação injustificada e tramitação negligente, pois o Estado brasileiro descumpriu o dever de garantir às pessoas sujeitas à sua jurisdição o exercício livre e pleno de seus direitos humanos. Por meio desse relatório, a Comissão fez recomendações ao Brasil e uma dessas foi acatada, dando, assim, origem a produção da Lei 11.340/2006 (Lei Maria da Penha). Essa lei foi confeccionada tendo por base o art. 226, § 8º, da CF, a Convenção sobre a Eliminação de Todas as Formas de Discriminação contra a Mulher (vide subitem 10.2) e a Convenção Interamericana para Prevenir, Punir e Erradicar a Violência contra a Mulher (vide subitem 13.3).

Outra recomendação, presente no Relatório, que merece destaque é aquela no sentido de que o Brasil simplificasse os procedimentos judiciais penais.

11.2.9. Outros casos87

a) Comunidade Yanomami

Trata-se do caso 7615. Esse caso é bem peculiar, pois foi submetido à Comissão Interamericana de Direitos Humanos somente por organizações não governamentais de âmbito internacional contra o governo brasileiro.

As organizações não governamentais (*Survival International, Indian Law Resource Center, Anthropology Resource Center,* entre outras) acusaram o governo brasileiro de violar os direitos à vida, à liberdade, à segurança, à igualdade perante a lei, à saúde e bem-estar, à educação e à propriedade destas populações indígenas.

A Comissão reconheceu as violações dos direitos dos índios Yanomamis e traçou algumas recomendações ao

87. Todos os relatórios de mérito da Comissão Interamericana de Direitos Humanos podem ser acessados no seguinte endereço eletrônico: http://www.oas.org/es/cidh/decisiones/fondos.asp. E também é possível acessar os informes de casos que envolvem o Brasil e foram emitidos em português no seguinte endereço eletrônico: http://www.oas.org/pt/cidh/decisiones/fondo.asp.

Governo brasileiro com o fito de reverter o quadro de violações aos povos indígenas.

Cabe mencionar que contra o Brasil ainda foi submetida outra acusação no que tange à violação dos direitos dos índios Yanomamis (Caso 11745).

b) Carandiru

O caso 11291 que trata da morte, por policiais, de cento e onze presos, no Presídio do Carandiru, insere-se no universo de casos submetidos à Comissão Interamericana de Direitos Humanos sobre violência policial. Esse caso foi submetido à Comissão pelo Centro para Justiça e o Direito Internacional, Comissão Teotônio Vilela e *Human Rights* Watch.

Interessante apontar que um dos pedidos dos peticionários era a desativação do complexo do Carandiru, o que foi feito mediante sua implosão em 2003.

c) Violência rural

Na grande parcela dos casos no qual o governo brasileiro é acusado de violar direitos humanos, e, assim, descumprir com suas obrigações internacionais, afigura-se o problema da violência rural. Os casos que envolvem violência rural foram submetidos à Comissão por organizações não governamentais de âmbito internacional e nacional (Comissão Pastoral da Terra, *Human Rights Watch*, Centro para a Justiça e o Direito Internacional, entre outras). A maioria dos casos trata de violência rural localizada no Estado do Pará.

11.3. Corte Interamericana de Direitos Humanos - Corte IDH

11.3.1. Apresentação e Composição

A Corte é o órgão jurisdicional do sistema regional de proteção americano. Sua composição é de sete juízes, os quais são nacionais dos países-membros da OEA e escolhidos pelos Estados-partes da Convenção. Vale sublinhar que essa escolha é realizada a título pessoal entre juristas da mais alta autoridade moral, de reconhecida competência em matéria de direitos humanos e que reúnam as condições requeridas para o exercício das mais elevadas funções judiciais, de acordo com a lei do Estado do qual sejam nacionais ou do Estado que os propuser como candidatos. Não deve haver dois juízes da mesma nacionalidade.

11.3.2. Quem pode acionar?

Um traço marcante é que a Corte só pode ser acionada pelos Estados-partes ou pela Comissão; o indivíduo, conforme art. 61 da Convenção, é proibido de apresentar petição à Corte.

Entretanto, pessoas e ONGs podem, excepcionalmente, peticionar à Corte, nos casos em que já sejam partes, para que esta adote medidas provisórias em casos de extrema gravidade e urgência, desde que verificado risco de dano irreparável à vítima ou às vítimas, nos termos do art. 63, ponto 2, da Convenção Americana de Direitos Humanos. Se o assunto ainda não estiver submetido ao conhecimento da Corte, a Comissão poderá solicitar que esta adote medidas provisórias mesmo antes da análise do mérito do caso, desde que o caráter de urgência e de gravidade as justifique.

De maneira mais ampla ainda (o que engloba as medidas provisórias), o regulamento desse tribunal admite a participação direta dos indivíduos demandantes em todas as etapas do procedimento, após a apresentação do caso pela Comissão Interamericana (art. 23, ponto 1, do Regulamento da Corte Interamericana de Direitos Humanos).

11.3.3. Competência e Quórum

No que se refere à sua competência, identifica-se uma atuação *consultiva* e *contenciosa*. Antes de analisar tais atuações, deve-se destacar que o quórum para as deliberações da Corte é de cinco juízes (art. 56 do Pacto de San José da Costa Rica e art. 14 do Regulamento da Corte Interamericana).

11.3.3.1. Competência consultiva

A competência consultiva[88] da Corte é marcada por sua grande finalidade de uniformizar a interpretação da Convenção Americana de Direitos Humanos e dos tratados de direitos humanos confeccionados no âmbito da OEA. Dentro dessa competência, qualquer Estado-membro ou órgão[89] da OEA pode pedir que a Corte emita parecer que indique a correta interpretação da Convenção e dos tratados concernentes à proteção dos direitos humanos nos Estados Americanos (art. 64, ponto 1, da Convenção Americana de Direitos Humanos).

Os órgãos da OEA também desfrutam o direito de solicitar opiniões consultivas, mas somente em suas esferas de competência. Assim, enquanto os Estados-membros da OEA têm direito absoluto a pedir opiniões consultivas, os órgãos apenas podem fazê-lo dentro dos limites de sua competência. O direito dos órgãos de pedir opiniões consultivas está restrito a assuntos em que tenham um legítimo interesse institucional[90].

Ademais, a Corte pode fazer análise de compatibilidade entre a legislação doméstica de um país-membro da OEA e o sistema protetivo americano, com o intuito de harmonizá-los.

Sintetizando, "na jurisdição consultiva não há partes, no seu sentido material, pois não há Estados requeridos e nem uma sanção judicial é prevista[91]".

11.3.3.2. Competência contenciosa

Já a competência contenciosa só será exercida em relação aos Estados-partes da Convenção que expressem e inequivocamente tenham aceitado essa competência da Corte (art. 62 da Convenção Americana de Direitos Humanos). A declaração de aceite da competência da Corte pode ser feita incondicionalmente ou sob condição de reciprocidade, por prazo determinado ou ainda somente para casos específicos. O Brasil reconheceu a competência obrigatória da Corte em 08.11.2002 (Decreto 4.463). O reconhecimento foi feito por prazo indeterminado, mas abrange fatos ocorridos após 10.12.1998.

Em síntese, pode-se dizer que a jurisdição contenciosa da Corte está limitada em razão das partes que intervêm no procedimento (*ratione personae*), em razão da matéria objeto da controvérsia (*ratione materiae*) e em razão do tempo transcorrido desde a notificação aos Estados do relatório da Comissão (*ratione temporis*).

88. Todas as opiniões consultivas da Corte Interamericana de Direitos Humanos serão elencadas e brevemente comentadas no item 12.3.10.5.
89. Os órgãos estão elencados no capítulo VIII da Carta da Organização dos Estados Americanos.
90. Conforme ponto 14 da Opinião Consultiva 2/1982 da Corte Interamericana de Direitos Humanos.
91. RAMOS, André de Carvalho. *Teoria geral dos direitos humanos na ordem internacional*. 2. ed. São Paulo: Saraiva, 2012. p. 242.

É limitada *ratione personae* porque só os Estados-partes ou a Comissão podem acioná-la; é limitada *ratione materiae* porque apenas pode conhecer de casos que tenham por supedâneos a Convenção Americana de Direitos Humanos, o Protocolo de San Salvador (somente em relação aos arts. 8º, ponto 1, alínea *a*, e 13), a Convenção Interamericana para Prevenir e Punir a Tortura (conforme o que dispõe o art. 8º[92]) e a Convenção Interamericana sobre o Desaparecimento Forçado de Pessoas (conforme o que dispõe o art. 13[93]); e, por fim, é limitada *ratione temporis* porque o caso tem de ser tanto submetido à Corte no prazo de três meses contados da data de envio do relatório, pela Comissão, aos Estados interessados, como também as alegadas violações devem datar de momento posterior ao reconhecimento da competência contenciosa da Corte pelo Estado.

11.3.3.2.1. Competência ampla

No tocante à Convenção Americana de Direitos Humanos, cabe apontar que a Corte tem competência para analisar não somente os direitos por ela disciplinados, mas também as normas que regulam o processo (competência ampla).

11.3.3.3. Esclarecimento

É importante apontar que a competência de uma Corte internacional se baseia no fato de o país, no momento da ratificação de um tratado, ter assumido responsabilidades perante a comunidade internacional. Assim, no caso dos direitos humanos, o país americano que adere à Convenção assume a responsabilidade de implementar (aspecto positivo e negativo da atuação estatal) os direitos humanos perante o sistema regional protetivo. Tal noção, por si só, afasta considerações esdrúxulas de violação de soberania nacional.

11.3.4. Formas de reparação: reparação integral

Se no exercício de sua competência contenciosa ficar comprovada a violação de direitos humanos da(s) vítima(s), a Corte determinará a adoção, pelo Estado agressor[94], de medidas que façam cessar a violação e restaurar o direito vilipendiado (*restitutio in integrum*), além de poder condenar o Estado agressor ao pagamento de indenização (tendo por base o plano material e o imaterial) à(s) vítima(s). A indenização engloba o possível dano moral. Ou seja, a Corte estabeleceu o conceito de reparação adequada ou justa ou, ainda, integral[95].

11.3.4.1. Reparações pecuniárias e não pecuniárias

Ora, pelo conceito de reparação adequada apresentado percebe-se que a Corte determina que o Estado violador faça reparações pecuniárias e reparações não pecuniárias. As primeiras existem para fazer frente a perda ou o detrimento dos ingressos (ganhos monetários) das vítimas, os gastos realizados em razão dos fatos (danos atuais) e as consequências de caráter pecuniário que tenham nexo casual com os fatos do caso (danos consequentes). Já as segundas cobrem o dano imaterial, como, por exemplo, o sofrimento causado à vítima direta e seus familiares, o vilipêndio de valores muito importantes para as pessoas, assim como as alterações, de caráter não pecuniário, nas condições de existência da vítima ou de sua família[96].

11.3.4.1.1. Formas de reparar o dano imaterial

O dano imaterial é bastante difícil de quantificar, mesmo assim a Corte determina uma compensação efetiva mediante a aplicação razoável da discricionariedade judicial e da equidade[97]. As medidas geralmente ditadas pela Corte como forma de reparar o dano imaterial são as seguintes: (i) restituição à situação anterior (ou seja, antes do início da violação); (ii) cessação da violação; (iii) pedido formal de desculpas; (iv) construção de monumentos como forma de recordar a história, bem como as injustiças cometidas no passado e assim fortalecer a unidade e o fortalecimento das instituições do presente[98]; (v) reformas legislativas; (vi) cursos de capacitação; (vii) como também programas direcionados para o desenvolvimento comunitário[99].

92. "(1) Os Estados-Partes assegurarão a qualquer pessoa que denunciar haver sido submetida a tortura, no âmbito de sua jurisdição, o direito de que o caso seja examinado de maneira imparcial. (2) Quando houver denúncia ou razão fundada para supor que haja sido cometido ato de tortura no âmbito de sua jurisdição, os Estados-Partes garantirão que suas autoridades procederão de ofício e imediatamente à realização de uma investigação sobre o caso e iniciarão, se for cabível, o respectivo processo penal. (3) Uma vez esgotado o procedimento jurídico interno do Estado e os recursos que este prevê, o caso poderá ser submetido a instâncias internacionais, cuja competência tenha sido aceita por esse Estado."

93. "Para os efeitos desta Convenção, a tramitação de petições ou comunicações apresentadas à Comissão Interamericana de Direitos Humanos em que se alegar o desaparecimento forçado de pessoas estará sujeita aos procedimentos estabelecidos na Convenção Americana sobre Direitos Humanos e nos Estatutos e Regulamentos da Comissão e da Corte Interamericana de Direitos Humanos, inclusive as normas relativas a medidas cautelares".

94. Como já dito no item 6 sobre a responsabilização de Estado, é importante dizer que o art. 28 da Convenção Americana de Direitos Humanos estabelece a cláusula federal, que em seu ponto 2 determina: "No tocante às disposições relativas às matérias que correspondem à competência das entidades componentes da federação, o governo nacional deve tomar imediatamente as medidas pertinentes, em conformidade com sua Constituição e com suas leis, a fim de que as autoridades competentes das referidas entidades possam adotar as disposições cabíveis para o cumprimento desta Convenção". Ademais, sempre o governo central responderá perante a comunidade internacional, pois é o representante do Estado como um todo, que é o único detentor de personalidade jurídica internacional. Em outras palavras, a Federação de estados ou Estado Federal é a união permanente de dois ou mais estados, na qual cada um conserva apenas a autonomia interna, pois a soberania externa é exercida por um órgão central, normalmente denominado *governo federal*. O Brasil é Estado Federal desde a Constituição Federal de 1891. Por fim, a título conclusivo, pode-se afirmar que a divisão de autonomias em relação às competências internas não interfere na responsabilização internacional.

95. Corte IDH. *Caso Velásquez Rodríguez vs. Honduras*. Item 25 da decisão.

96. STEINER, Christian e URIBE, Patricia (Editores). Konrad Adenauer Stiftung. Bolívia: Plural editores, 2014. p.270.

97. Corte IDH. *Caso da Comunidad Moiwana vs. Suriname*. Exceções preliminares, mérito, reparações e custas. Sentença de 15.06.2005. Ponto 191 da decisão.

98. A Corte determinou a construção de um monumento como forma de reparação no caso "19 Comerciantes vs. Colômbia". O Monumento "Los 19 Comerciantes", em memória das vítimas, foi entregue como cumprimento da reparação ordenada pela Corte Interamericana na sentença de mérito, reparações e custas, ditada no dia 05.07.2004. Essa sentença declarou a responsabilidade do Estado colombiano pela violação dos direitos à liberdade pessoal, à integridade pessoal e à vida, todos previstos na Convenção Americana sobre Direitos Humanos.

99. Thomas M. Antkowiak. *Remedial Approaches to Human Rights Violations: The Inter-American Court of Human Rights and Beyond*. 46 Columbia Journal of Transnational Law. p. 351 e 386-391. 2008.

11.3.4.2. *Obrigação de reparar*

A obrigação de reparar, que se regulamenta em todos os aspectos (alcance, natureza, modalidades e determinação dos beneficiários) pelo direito internacional, não pode ser modificada ou descumprida pelo Estado obrigado, mediante a invocação de disposições de seu direito interno[100].

11.3.4.3. *Caso Velásquez Rodriguez vs. Honduras*

Esse caso já foi tratado anteriormente, mas devido sua centralidade e pertinência ao presente tópico, destacamos novamente que a Corte definiu, nesse caso, pela primeira vez que os Estados têm o dever de prevenir, investigar e punir violações de direitos humanos enunciados na Convenção Americana de Direitos Humanos.

Segue importante trecho da sentença, onde fica explícito a obrigação dos Estados-partes em garantir o livre e o pleno exercício dos direitos reconhecidos na Convenção: "Esta obrigação implica no dever dos Estados-partes de organizar todo o aparato governamental e, em geral, todas as estruturas através das quais se manifesta o exercício do poder público, de maneira que sejam capazes de assegurar juridicamente o livre e pleno exercício dos direitos humanos. Como consequência desta obrigação, os Estados devem prevenir, investigar e sancionar toda violação dos direitos reconhecidos pela Convenção e procurar, ademais, o restabelecimento, se possível, do direito violado e também a reparação dos danos produzidos pela violação dos direitos humanos" (tradução minha).

11.3.4.4. *Caso Gonzáles e Outros ("Campo Algodonero") vs. México*

Apesar de que o conceito de *reparação integral* (*restitutio in integrum*), que demanda o restabelecimento da situação anterior e a eliminação dos efeitos da violação, seja o eixo orientador das medidas de reparação ditadas pela Corte, o mesmo tribunal levou em conta situações onde era necessário ir além da simples restituição. Isso aconteceu no caso *Campo Algodonero*, onde a discriminação estrutural presente nos fatos analisados requereu que as reparações tivessem um poder transformador de dita situação, para não ser apenas de efeito *restitutivo* mas também *corretivo*. Isso porque não resultaria lógico a restituição à mesma situação de violência e discriminação estruturais[101].

11.3.5. Cumprimento da sentença

O cumprimento da sentença da Corte se dá geralmente de maneira voluntária pelos Estados. Caso isso não ocorra, por exemplo, no Brasil, o cumprimento se dará mediante execução da sentença, como título executivo judicial, perante a justiça federal, consoante disposto no art. 109, I, da CF. Mas deve-se saber que os Estados-partes da Convenção se comprometem a cumprir a decisão da Corte em todo caso em que forem parte (art. 68 da Convenção Americana de Direitos Humanos).

E para afastar qualquer dúvida possível, cabe esclarecer que a sentença internacional, aquela prolatada por Corte Internacional (como a Corte Interamericana), não precisa de homologação para ser executada no Brasil (são autoexecutáveis). Já a sentença estrangeira, expedida por autoridade de outro país, exige homologação para poder ser executada no Brasil[102].

Ademais, caso o Estado levante óbices jurídicos para viabilizar a execução da sentença em conformidade com o processo interno vigente, estará incorrendo em violação adicional da Convenção Americana (art. 2º), por não adotar providências no sentido de adequar o seu direito interno às obrigações internacionalmente assumidas.

11.3.5.1. *Características da sentença*

Em relação à sentença da Corte Interamericana, resta ainda informar que ela será sempre fundamentada, definitiva e inapelável (arts. 66 e 67 da Convenção Americana de Direitos Humanos), todavia, em caso de divergência sobre o sentido ou alcance da sentença, a Corte interpretá-la-á, a pedido de qualquer das partes[103][104], desde que o pedido seja apresentado dentro de 90 dias a partir da data da *notificação* da sentença. O citado pedido de interpretação poderá ser formulado em relação às exceções preliminares, mérito ou reparações e custas.

Ainda é possível apontar que a Corte admitiu, em casos excepcionais, o recurso de revisão contra sentenças que colocam fim ao processo, com o propósito de evitar que a coisa julgada mantenha uma situação de evidente injustiça, devido ao descobrimento de um fato que se houvesse sido conhecido no momento da confecção da sentença teria o condão de alterar seu resultado, o que demonstraria a existência de um vício substancial na sentença[105].

11.3.6. Doutrina do controle de convencionalidade

11.3.6.1. Apresentação

Em 2006, a Corte Interamericana mencionou pela primeira vez o controle de convencionalidade, como já mencionado antes. Isso ocorreu no Caso *Almonacid Arellano e outros vs. Chile* e devido a grande importância dessa elucubração da Corte, cabe transcrever o trecho já previamente destacado:

"Os juízes e tribunais internos estão sujeitos ao império da lei, e por isso estão obrigados a aplicar as disposições vigentes no ordenamento jurídico. Mas quando um Estado ratifica um tratado internacional, como a Convenção Americana, seus juízes, como parte do aparato estatal, também ficam submetidos à ela e devem garantir que as disposições da Convenção Americana não sejam desrespeitadas pela aplicação de leis contrárias ao seu objeto e finalidade. Em outras palavras, o poder judicial deve exercer uma espécie de controle de convencionalidade entre as normas jurídicas internas que são aplicadas nos casos concretos e a Convenção Americana sobre Direitos Humanos. No exercício dessa tarefa, o Poder Judiciário deve basear-se não somente no tratado, como também na interpretação que a Corte deu aos seus dispositivos, afinal a Corte Interamericana é a intérprete última da Convenção Americana[106]."

100. Art. 2º da Convenção Americana sobre Direitos Humanos.

101. Corte IDH. *Caso González e outras ("Campo Algodonero") vs. México*. Ponto 450 da decisão.

102. No Brasil, a competência para homologar sentenças estrangeiras era do STF, mas depois da EC 45/2004 essa competência passou para o STJ (art. 105, I, *i*, da CF).

103. A Comissão Interamericana não tem competência para fazer o citado pedido de interpretação. O esclarecimento foi feito em função de semelhante questionamento já ter aparecido em algumas provas de concursos.

104. Funciona como os embargos de declaração.

105. Caso Genie Lacayo *vs.* Nicarágua, Solicitação de Revisão da sentença de 29.01.1997 (Resolução de 13.09.1997, item 10).

106. Corte IDH. *Caso Almonacid Arellano e outros vs. Chile*. Exceções Pre-

A doutrina do controle de convencionalidade foi elaborada para garantir a plena eficácia dos direitos humanos no continente americano, pois não basta prever direitos, é fundamental a cobrança pelo cumprimento das obrigações internacionais assumidas.

11.3.6.2. Fundamento

A Corte fundamenta a aplicação desse controle nos arts. 1º e 2º da Convenção Americana e nos 26 e 27 da Convenção de Viena sobre o Direito dos Tratados.

O controle de convencionalidade é um "instrumento potente para o respeito e garantia efetiva dos direitos humanos"[107]. Essa doutrina, conforme a Corte já sustentou, tem por base o princípio da boa-fé que opera no direito internacional; os Estados não podem invocar seu direito interno como justificativa para descumprir as obrigações assumidas internacionalmente.

11.3.6.3. Controle de convencionalidade internacional e nacional

Por ser a Corte IDH o órgão responsável para interpretar e aplicar os instrumentos internacionais que lhe conferem competência[108], suas decisões, sentenças e opiniões têm um valor importante na interpretação das obrigações dos Estados no continente americano. Com o objetivo de dar plena eficácia aos direitos humanos nesta região, a Corte elaborou a doutrina do controle de convencionalidade, que define que os órgãos do Estado, no marco de suas competências, devem tomar em conta a Convenção Americana sobre Direitos Humanos e a interpretação realizada pela própria Corte sobre esse diploma internacional. A doutrina diz respeito também a Declaração Americana dos Direitos e Deveres do Homem e aos outros tratados componentes do sistema americano de proteção dos direitos humanos.

Como já dito anteriormente e apenas para estabelecer um corte didático, trata-se do controle difuso de convencionalidade, onde tanto os órgãos nacionais como a Corte realizam o dito controle. Ora, a Corte sempre realizará o controle de convencionalidade, pois é intérprete última da Convenção Americana. A novidade que o conceito criado trouxe foi iluminar a atuação dos Estados nacionais nesse importante controle.

Cabe apresentar outra classificação, tendo por base a perspectiva interna de um país: tem-se o controle de convencionalidade nacional quando esse for realizado por órgãos nacionais; e pode-se dizer que a Corte Interamericana, ao exercitar sua competência contenciosa e consultiva, realiza o controle de convencionalidade internacional[109].

11.3.6.4. Quem exerce o controle de convencionalidade nacional?

Devido ao caráter subsidiário do sistema interamericano e a obrigação de esgotar os recursos efetivos do direito interno conforme ao estabelecido na Convenção Americana e no Direito Internacional, fica evidente que os juízes e os tribunais ordinários sejam os primeiros a serem chamados para exercer o controle de convencionalidade[110]. No caso *Empregados Demitidos do Congresso* (Aguado Alfaro e outros) vs. Peru, a Corte definiu que:

> "os órgãos do Poder Judiciário devem exercer não somente um controle de constitucionalidade, mas também o de convencionalidade *ex-officio*, entre as normas internas e a Convenção Americana, evidentemente no marco de suas respectivas competências e dos regulamentos processuais pertinentes. Essa função não deve ficar dependendo exclusivamente de manifestações ou ações dos demandantes em cada caso concreto, mas também não deve ser exercido sempre, sem considerar pressupostos formais e materiais de admissibilidade e procedência desse tipo de ações[111]."

No caso *Cabrera García e Montiel Flores vs. México*, a Corte ampliou o âmbito dos sujeitos responsáveis de exercer o controle de convencionalidade, pois definiu que não somente os funcionários de caráter jurisdicional como também os órgãos vinculados à Administração, em todos os níveis, devem exercê-lo[112].

Depois desse julgado, e do caso *Gelman vs. Uruguai113*, fica ainda mais forte a obrigatoriedade de exercício do controle de convencionalidade pelas autoridades internas, sobretudo pelo Judiciário, dos Estados pertencentes ao sistema interamericano de Direitos Humanos. E o não cumprimento dessa obrigação gerará a responsabilidade internacional do Estado faltoso.

11.3.6.5. Finalidade

O controle de convencionalidade elaborado ao largo da jurisprudência da Corte demonstra o esforço desse órgão para "apresentar uma ferramenta que pode favorecer a proteção dos direitos humanos nos Estados e, paralelamente, destacar o caráter subsidiário e complementar da jurisdição internacional[114]".

Ou seja, o controle de convencionalidade está relacionado com a busca de efetivação dos direitos humanos. A primeira etapa de prever juridicamente os direitos já foi alcançada, aliás, hoje vivemos uma situação de grande riqueza nesse sentido, onde, por exemplo, um cidadão brasileiro pode-se socorrer dos sistemas nacional, regional (interamericano) e global (onusiano) para ver os seus direitos respeitados e realizados. E cada um desses sistemas comporta um grande número de diplomas internacionais que listam e disciplinam os direitos humanos do homem (lista aberta e em constante expansão). Em razão disso, o Professor Norberto Bobbio destacou, em conhecida frase, que o "maior problema dos direitos humanos hoje não é mais o de fundamentá-los, mas sim de protegê-los".

---

liminares, Mérito, Reparações e Custas. Sentença de 26.09.2006. Ponto 123.

107. Sagüés, Néstor, *Obligaciones internacionales y control de convencionalidad*, Estudios Constitucionales, Año 8, n. 1, 2010. p. 118.

108. Art. 62, ponto 3, da Convenção Americana sobre Direitos Humanos.

109. O tema será novamente tratado no subitem 15.5.2.

110. Corte IDH. Voto dissidente do Juiz Antônio Augusto Cançado Trindade na Sentença de 30.11.2007, que resolveu o pedido de interpretação da Sentença do *caso Empregados Demitidos do Congreso vs. Peru*, de 24.11.2006.

111. Corte IDH. *Caso Empregados Demitidos do Congreso (Aguado Alfaro e outros) vs. Peru*. Excepções Preliminares, Mérito, Reparações e Custas. Sentença de 24.11.2006. Pontos 128 e 129.

112. Corte IDH. *Caso Cabrera García e Montiel Flores vs. México*. Exceção Preliminar, Mérito, Reparações e Custas. Sentença de 26.11.2010.

113. Corte IDH. *Caso Gelman vs. Uruguai*. Mérito e reparações. Sentença de 24.02.2011.

114. Ibáñez, Juana María, *Control de convencionalidad: precisiones para su aplicación desde la jurisprudencia de la Corte Interamericana de Derechos Humanos*. Anuario de Derechos Humanos. Chile, 2012. p. 113.

Dito isso, percebe-se o quão importante é o desenvolvimento da teoria do controle de convencionalidade e o início de sua efetiva aplicação no Brasil, sobretudo pelos juízes brasileiros.

11.3.7. Diferencial

Diferentemente do sistema global, percebe-se que o sistema americano de proteção (o europeu também) dispõe de uma Corte de Direitos Humanos. Tal fato possibilita que o sistema conte, para seu bom funcionamento, com decisões jurídicas vinculantes e obrigatórias. Assim, espera-se que esses sistemas acabem logrando uma maior efetividade na tarefa de bem proteger o ser humano.

11.3.8. Casos contenciosos do Brasil

11.3.8.1. Esclarecimentos iniciais

Como o Brasil aceitou a competência da Corte (Decreto 4.463), ele é passível de ser condenado nessa instância internacional e já o foi. Antes de comentarmos pontualmente os casos contenciosos que envolvem o Brasil, cabe frisar que existem três tipos de sentença: sentenças de exceções preliminares; de mérito; e de reparações e custas. Ademais, a Corte pode resolver numa única sentença as exceções preliminares, o mérito e as reparações e custas do caso.

11.3.8.2. Exceção preliminar

11.3.8.2.1. Conceito e finalidade

Apesar de a Convenção Americana de Direitos Humanos e o Regulamento da Corte não explicarem o conceito de "exceção preliminar", em sua jurisprudência a Corte tem reiteradamente afirmado que por esse meio se questiona a admissibilidade de uma demanda ou a competência do Tribunal para conhecer determinado caso ou algum de seus aspectos, em razão da pessoa, da matéria, do tempo ou do lugar. Dessa forma, a Corte tem asseverado que uma exceção preliminar tem por finalidade obter uma decisão que previna ou impeça a análise do mérito do aspecto questionado ou do caso como um todo[115].

11.3.8.2.2. Momento processual adequado e princípio de stoppel

Relacionado ao tema, cabe enfatizar que o momento processual oportuno para apresentação de exceção preliminar, embasada no descumprimento do requisito de esgotamento dos recursos internos, é aquele anterior à adoção do Relatório de Admissibilidade pela Comissão Interamericana. Logo, se nada foi alegado junto à Comissão, considera-se caracterizado a desistência tácita dessa objeção.

E se mesmo assim o Estado insistir em alegar o descumprimento do requisito de esgotamento dos recursos internos perante a Corte, ficará configurada a violação ao princípio de *stoppel*, que determina a proibição de se comportar de forma contrária a sua conduta anterior (*non concedit venire contra factum proprium*). Em outras palavras, o Estado requerido estaria obrigado a apresentar objeção no primeiro momento em que fosse chamado perante a Comissão Interamericana, sob pena de ficar impedido de invocar o não esgotamento no julgamento perante a Corte Interamericana (*estoppel).*

Cabe ainda reafirmar o dito quando do estudo do sistema global de proteção, o ônus da prova da existência de um recurso acessível e suficiente recai sobre o Estado demandado.

11.3.8.2.3. Descumprimento do prazo estabelecido para apresentação de argumentos

Ainda, no *caso Escher e Outros vs. Brasil*, a Corte Interamericana asseverou que o descumprimento de prazo estabelecido para apresentação de argumentos pelas partes não constitui exceção preliminar válida. Isso porque não impugna a admissibilidade da demanda nem impede que o Tribunal conheça o caso. Em outras palavras, mesmo que o Tribunal resolvesse, hipoteticamente, aceitar o pedido do Estado, não afetaria de forma alguma a competência da Corte para conhecer o mérito da controvérsia.

11.3.8.3. Reparação integral

Cabe apontar ainda que as custas e os gastos estão compreendidos no conceito de reparação consagrado no art. 63, ponto 1, da Convenção Americana e a Corte busca na resolução dos casos a ela submetidos a *reparação integral.*

Na Resolução de Supervisão de Cumprimento de Sentença do *caso Escher e Outros vs. Brasil*, a Corte ponderou que, em determinados casos, a publicação da sentença constitui uma medida de satisfação, a qual tem uma repercussão pública e uma natureza distinta das medidas de compensação, como a indenização pelos danos morais ordenada em benefício das vítimas. O conteúdo da sentença deve ter uma repercussão pública proporcional ao vilipêndio sofrido. Assim, a publicação da sentença faria parte do conceito de reparação integral.

11.3.8.4. Casos contenciosos:

a) *Caso Ximenes Lopes vs. Brasil*

Analisaremos a sentença (de 04.07.2006) que resolve o mérito e as reparações e custas. Todavia, deve-se apontar que a Corte prolatou, anteriormente e em separado, uma sentença de exceção preliminar nesse caso.

A Corte foi acionada pela Comissão Interamericana de Direitos Humanos, a qual havia recebido anteriormente a denúncia. A demanda foi apresentada para que a Corte decidisse se o Brasil era responsável pela violação dos direitos consagrados nos arts. 4º (direito à vida), 5º (direito à integridade pessoal), 8º (garantias judiciais) e 25 (proteção judicial) da Convenção Americana, com relação à obrigação estabelecida no art. 1º, ponto 1 (obrigação de respeitar os direitos), do mesmo instrumento, em detrimento do senhor Damião Ximenes Lopes, portador de deficiência mental, pelas supostas condições desumanas e degradantes de sua hospitalização; pelos alegados golpes e ataques contra a integridade pessoal; por sua morte enquanto se encontrava submetido a tratamento psiquiátrico; bem como pela suposta falta de investigação e garantias judiciais que caracterizam seu caso e o mantém na impunidade.

A Corte decidiu, no mérito e por unanimidade, pelo reconhecimento parcial da responsabilidade internacional do Brasil. Dessa maneira, declarou que o Brasil violou os direitos à vida e à integridade pessoal consagrados nos arts. 4º, ponto 1, e 5º, pontos 1 e 2, da Convenção, em relação à obrigação geral de respeitar e garantir os direitos estabelecida no art. 1º, ponto 1,

115. Assim, as alegações que não tenham tal natureza, como por exemplo, as que se referem ao mérito de um caso, podem ser formuladas mediante outros atos processuais previstos na Convenção Americana, mas não sob a figura de uma exceção preliminar.

desse tratado. Por fim, violou os direitos às garantias judiciais e à proteção judicial consagrados nos arts. 8º, ponto 1, e 25, ponto 1, da Convenção, em relação ao art. 1º, ponto 1, desse tratado.

b) Caso Nogueira de Carvalho e outro vs. Brasil

Nesse caso, a Corte prolatou uma sentença (de 28.11.2006) que resolve as exceções preliminares e o mérito.

A Corte foi acionada pela Comissão Interamericana de Direitos Humanos, a qual havia recebido anteriormente a denúncia. A demanda foi apresentada para que a Corte decidisse se o Brasil era responsável pela violação dos direitos consagrados nos arts. 8º (garantias judiciais) e 25 (proteção judicial) da Convenção Americana, com relação à obrigação estabelecida no art. 1º, ponto 1 (obrigação de respeitar os direitos), do mesmo instrumento, pela presumida falta de devida diligência no processo de investigação dos fatos e punição dos responsáveis pela morte de Francisco Gilson Nogueira de Carvalho e da falta de provisão de um recurso efetivo no caso.

A Corte rechaçou as exceções preliminares (incompetência *ratione temporis* da Corte para conhecer desse caso e não esgotamento dos recursos da jurisdição interna) interpostas pelo Estado e, no mérito, decidiu, por unanimidade, pelo arquivamento do expediente, pois, em virtude do limitado suporte fático de que dispõe a Corte, não ficou demonstrado que o Brasil tenha violado no citado caso os direitos às garantias judiciais e à proteção judicial consagrados nos arts. 8º e 25 da Convenção Americana de Direitos Humanos.

c) ***Caso Escher e outros vs. Brasil***

Nesse caso, a Corte prolatou uma sentença (de 06.07.2009) que resolve as exceções preliminares, o mérito e as reparações e custas.

A Corte foi acionada pela Comissão Interamericana de Direitos Humanos, a qual havia recebido anteriormente uma petição apresentada pelas organizações Rede Nacional de Advogados Populares e Justiça Global em nome dos membros das organizações Cooperativa Agrícola de Conciliação Avante Ltda. (Coana) e Associação Comunitária de Trabalhadores Rurais (Adecon), em função da alegada interceptação e monitoramento ilegal de linhas telefônicas, realizada pela Polícia Militar do estado do Paraná, bem como a divulgação das conversas telefônicas, a denegação de justiça e de reparação adequada.

A demanda foi apresentada para que a Corte decidisse se o Brasil era responsável pela violação dos arts. 8º, ponto 1 (garantias judiciais), 11 (proteção da honra e da dignidade), 16 (liberdade de associação) e 25 (proteção judicial) da Convenção Americana, em relação à obrigação geral de respeito e garantia dos direitos humanos e ao dever de adotar medidas de direito interno, previstos, respectivamente, nos arts. 1º, ponto 1, e 2º do referido tratado, também em consideração às diretrizes emergentes da cláusula federal contida no art. 28 do mesmo instrumento.

O Brasil interpôs três exceções preliminares; a Corte descaracterizou uma e rechaçou as outras, declarando-se, assim, competente para conhecer o caso. No mérito, a Corte decidiu, por unanimidade, que o Brasil violou o direito à vida privada e o direito à honra e à reputação reconhecidos no art. 11 em relação com o art. 1º, ponto 1, da Convenção Americana, pela interceptação, gravação e divulgação das conversas telefônicas; o direito à liberdade de associação reconhecido no art. 16 em relação com o art. 1º, ponto 1, da Convenção; os direitos às garantias judiciais e à proteção judicial reconhecidos nos arts. 8º, ponto 1, e 25 em relação com o art. 1º, ponto 1, da Convenção; e, por fim, decidiu que o Brasil não descumpriu a cláusula federal estabelecida no art. 28 em relação com os arts. 1º, ponto 1, e 2º da Convenção.

Cabe lembrar que, depois dessa sentença, foi feito um pedido para que a Corte interpretasse o alcance de um ponto resolutivo da sentença, pois, como já dito, em caso de divergência sobre o sentido ou alcance da sentença, a Corte interpretá-la-á, a pedido de qualquer das partes, desde que este seja apresentado dentro de 90 dias a partir da data da notificação da sentença.

d) *Caso Garibaldi vs. Brasil*

Nesse caso, a Corte prolatou uma sentença (de 23.09.2009) que resolve as exceções preliminares, o mérito e as reparações e custas.

A Corte foi acionada pela Comissão Interamericana de Direitos Humanos, a qual havia recebido anteriormente uma petição apresentada pelas organizações Justiça Global, Rede Nacional de Advogados e Advogadas Populares (Renap) e Movimento dos Trabalhadores Rurais Sem Terra (MST) em nome de Sétimo Garibaldi e seus familiares.

A demanda foi apresentada para que a Corte decidisse se o Brasil era responsável pela violação dos arts. 8º (garantias judiciais) e 25 (proteção judicial) da Convenção Americana, com relação à obrigação geral de respeito e garantia dos direitos humanos e ao dever de adotar medidas legislativas e de outro caráter no âmbito interno, previstos, respectivamente, nos arts. 1º, ponto 1, e 2º do referido tratado, também em consideração às diretrizes emergentes da cláusula federal contida no art. 28 do mesmo instrumento.

O Brasil interpôs quatro exceções preliminares; a Corte admitiu parcialmente a exceção preliminar de incompetência *ratione temporis* para examinar supostas violações ocorridas antes do reconhecimento de sua competência pelo Brasil[116] e não aceitou as outras.

No mérito, a Corte decidiu, por unanimidade, que o Brasil violou os direitos às garantias judiciais e à proteção judicial reconhecidos nos arts. 8º, ponto 1, e 25, ponto 1, em relação com o art. 1º, ponto 1, da Convenção Americana, e não descumpriu a cláusula federal estabelecida no art. 28 em relação com os arts. 1º, ponto 1, e 2º da Convenção Americana.

e) *Caso Gomes Lund e outros (Guerrilha do Araguaia) vs. Brasil*

Nesse caso, a Corte prolatou uma sentença (de 24.11.2010) que resolve as exceções preliminares, o mérito e as reparações e custas.

A Corte foi acionada pela Comissão Interamericana de Direitos Humanos, a qual havia recebido anteriormente uma petição apresentada pelo Centro pela Justiça e o Direito Internacional (Cejil) e pela *Human Rights Watch/Americas*, em nome de pessoas desaparecidas no contexto da Guerrilha do Araguaia e seus familiares.

Essa demanda se refere à alegada responsabilidade do Brasil pela detenção arbitrária, tortura e desaparecimento forçado de 62 pessoas, entre membros do Partido Comunista do Brasil e camponeses da região, resultado de operações do Exército brasileiro empreendidas entre 1972 e 1975 com o objetivo de erradicar a Guerrilha do Araguaia, no contexto da ditadura militar (1964-

116. Lembrando que o Brasil reconheceu a competência obrigatória da Corte em 08.11.2002 (Decreto 4.463/2002). O reconhecimento foi feito por prazo indeterminado, mas abrange fatos ocorridos após 10.12.1998.

1985) Assim, foi apresentada para que a Corte decidisse se o Brasil era responsável pela violação dos direitos estabelecidos nos arts. 3º (direito ao reconhecimento da personalidade jurídica), 4º (direito à vida), 5º (direito à integridade pessoal), 7º (direito à liberdade pessoal), 8º (garantias judiciais), 13 (liberdade de pensamento e expressão) e 25 (proteção judicial), da Convenção Americana de Direitos Humanos, em conexão com as obrigações previstas nos arts. 1º, ponto 1 (obrigação geral de respeito e garantia dos direitos humanos), e 2º (dever de adotar disposições de direito interno) da mesma Convenção.

O Brasil interpôs quatro exceções preliminares; a Corte admitiu parcialmente a exceção preliminar de falta de competência temporal da Corte para examinar supostas violações ocorridas antes do reconhecimento de sua competência pelo Brasil e não aceitou as outras.

Antes de comentarmos a decisão sobre o mérito, cabe apontar que o caráter contínuo ou permanente do desaparecimento forçado de pessoas foi reconhecido de maneira reiterada pelo Direito Internacional dos Direitos Humanos, no qual o ato de desaparecimento e sua execução se iniciam com a privação da liberdade da pessoa e a subsequente falta de informação sobre seu destino, e permanecem até quando não se conheça o paradeiro da pessoa desaparecida e os fatos não tenham sido esclarecidos. A Corte, portanto, é competente para analisar os alegados desaparecimentos forçados das supostas vítimas a partir do reconhecimento de sua competência contenciosa efetuado pelo Brasil; só não foi em relação à alegada execução extrajudicial da senhora Maria Lúcia Petit da Silva, cujos restos mortais foram identificados em 1996, ou seja, dois anos antes de o Brasil reconhecer a competência contenciosa da Corte.

No mérito, a Corte decidiu, por unanimidade, que as disposições da Lei de Anistia brasileira (6.683/1979), que impedem a investigação e sanção de graves violações de direitos humanos, são incompatíveis com a Convenção Americana[117] (controle de convencionalidade internacional), como também que o Brasil é responsável pelo desaparecimento forçado e, portanto, pela violação dos direitos ao reconhecimento da personalidade jurídica, à vida, à integridade pessoal e à liberdade pessoal em relação com o art. 1º, ponto 1, desse instrumento. Ademais, decidiu que o Brasil descumpriu a obrigação de adequar seu direito interno à Convenção Americana de Direitos Humanos, contida em seu art. 2º, em relação aos arts. 8º, ponto 1, 25 e 1º, ponto 1, do mesmo instrumento. E ainda declarou o Brasil responsável pela violação do direito à liberdade de pensamento e de expressão consagrado no art. 13 da Convenção, em relação com os arts. 1º, ponto 1, 8º, ponto 1, e 25 desse instrumento. Também foi declarada a responsabilidade do Brasil pela violação do direito à integridade pessoal, consagrado no art. 5º, ponto 1, da Convenção, em relação com o art. 1º, ponto 1, desse mesmo instrumento, em prejuízo dos familiares.

Cabe sublinhar que nessa decisão a Corte definiu que o dever de investigar e punir os responsáveis pela prática de desaparecimentos forçados possui caráter de *jus cogens*.

Por fim, Roberto Caldas, juiz *ad hoc* indicado pelo Brasil, destacou, em seu voto em separado e concordante, o papel da Corte no controle de convencionalidade internacional: "se aos tribunais supremos ou aos constitucionais nacionais incumbe o controle de constitucionalidade e a última palavra judicial no âmbito interno dos Estados, à Corte Interamericana de Direitos Humanos cabe o controle de convencionalidade e a última palavra quando o tema encerre debate sobre direitos humanos. É o que decorre do reconhecimento formal da competência jurisdicional da Corte por um Estado, como o fez o Brasil[118]".

e.1) *caso Rubens Paiva e a Lei de Anistia*119

A ação penal, proposta pelo MPF, contra os militares acusados de matar o politico Rubens Paiva estava trancada por liminar. Porém, no dia 10 de setembro de 2014, a 2ª Turma Especializada do Tribunal Regional Federal da 2ª Região (TRF2) determinou, por unanimidade,

> o prosseguimento da ação penal em que cinco militares reformados são acusados pelo homicídio e pela ocultação de cadáver do ex-deputado Rubens Paiva[120].

Os desembargadores seguiram entendimento do Ministério Público Federal (MPF) de que a Lei de Anistia não se aplica a crimes permanentes e de lesa humanidade.

No caso em questão, cabe destacar a ponderação da procuradora regional da República Silvana Batini, no sentido de apontar a decisão do TRF2 como histórica: "Foi a primeira vez que a Justiça brasileira reconheceu que determinados crimes cometidos durante o período da ditadura militar configuram crimes contra a humanidade. E o Brasil é signatário de convenções internacionais que afirmam que os crimes contra a humanidade são insuscetíveis tanto da prescrição quanto da anistia". Nesse mesmo caso, a procuradora rebateu os argumentos apresentados pela defesa de que os crimes foram alcançados pela Lei de Anistia e de que já estão prescritos. Ela argumentou que, apesar de o Supremo Tribunal Federal ter decidido que a Lei foi recepcionada pela Constituição no julgamento da Arguição de Descumprimento de Preceito Fundamental (ADPF) nº 153, a questão continua em aberto na ADPF nº 320[121], que a trata sob o

117. A Corte já tinha decidido nesse sentido, onde ganhou destaque o conhecido caso Barrios Altos do Peru. Na sentença prolatada no mencionado caso, datado do dia 14.05.2001, pode-se sublinhar a seguinte passagem: "são inadmissíveis as disposições de anistia, as de prescrição e o estabelecimento de leis excludentes de responsabilidade que pretendam impedir a investigação e sanção dos responsáveis pelas violações graves de direitos humanos, tais como a tortura, as execuções sumárias, extralegais ou arbitrárias e os desaparecimentos forçados, todos eles proibidos por transgredir direitos inderrogáveis reconhecidos pelo Direito Internacional dos Direitos Humanos". (tradução minha)

118. Página 3, ponto 5, do voto em separado e concordante do juiz *ad hoc* Roberto Caldas.

119. A caso foi bem apresentado no site da Procuradoria da República do Rio de Janeiro: http://www.prrj.mpf.mp.br/frontpage/noticias/caso-rubens-paiva-trf2-determina-prosseguimento-da-acao-penal

120. Paiva foi morto em janeiro de 1971 nas dependências do Destacamento de Operações de Informações (DOI) do I Exército, na Tijuca, Rio de Janeiro. Além de homicídio doloso e ocultação de cadáver, os militares também respondem pelos crimes de associação criminosa armada e fraude processual.

121. O Supremo Tribunal Federal (STF) recebeu a Ação de Descumprimento de Preceito Fundamental (ADPF) nº 320, ajuizada pelo Partido Socialismo e Liberdade (PSOL). O relator é o ministro Luiz Fux. A legenda pretende que a Lei da Anistia (Lei 6.683/1979) não se aplique aos crimes de graves violações de direitos humanos cometidos por agentes públicos – militares ou civis – contra pessoas que, de modo efetivo ou suposto, praticaram crimes políticos. Também deseja que não seja aplicada aos autores de crimes continuados ou permanentes, ao alegar que os efeitos dessa norma expiraram no dia 15 de agosto de 1979. Para outras informações e acompanhamento do caso acesse o seguinte endereço eletrônico: http://www.stf.jus.br/portal/processo/verProcessoAndamento.asp?numero=320&classe=ADPF&origem=AP&recurso=0&tipoJulgamento=M.

ponto de vista da convencionalidade: "A primeira tese do MPF é que a Lei de Anistia, promulgada em 1979, não pode ter efeito para o futuro, não pode pretender alcançar e extinguir a punibilidade de crimes que não estivessem suficientemente exauridos na data de sua entrada em vigor". Outro ponto defendido foi o de que a anistia não incide sobre os crimes que configuram graves violações aos direitos humanos, como é o caso dos apresentados na denúncia, que, no entendimento da procuradora regional, "faziam parte de um ataque sistemático, institucionalizado à população civil".

Ela sustentou também que pela primeira vez as testemunhas podem ser ouvidas no curso do devido processo legal, sob o crivo do contraditório. Como muitas delas estão em idade avançada e algumas doentes, o andamento da instrução do processo é fundamental para preservar a prova: "O risco que se corre hoje é que, ao se aguardar o julgamento da ADPF nº 320 no Supremo Tribunal Federal, que pode decidir a questão de fundo envolvida nessa ação penal, o tempo passa tornar o provimento futuro inútil, porque estaríamos impossibilitados de produzir esta prova".

Em seu voto, o relator do caso, desembargador federal Messod Azulay, traçou um histórico da jurisprudência sobre o alcance da Lei de Anistia para afirmar que ela não foi tão ampla, pois excluiu crimes praticados por militantes armados: "Se a Lei de Anistia não alcançou militantes armados, não pode ser interpretada favoravelmente àqueles que sequestraram, torturaram, mataram, e ocultaram corpos pelo simples fato de terem agido em nome da manutenção do regime." Ele também afirmou que o caráter permanente de crimes como sequestro e ocultação de cadáver já foi reconhecido pelo STF no julgamento de pedidos de extradição. Com isso, suspendeu a liminar que trancava o processo e denegou a ordem no *habeas corpus* impetrado pela defesa dos réus nesse sentido[122].

Cabe dar o devido destaque ao fato de que desde 2012 o Ministério Público Federal realiza um esforço coordenado para dar cumprimento à sentença da Corte Interamericana de Direitos Humanos no caso *Gomes Lund vs Brasil* (Guerrilha do Araguaia). A sentença da Corte determina ao Estado brasileiro, entre outros pontos, a investigação penal, a responsabilização e a aplicação das sanções cabíveis aos autores de crimes contra a humanidade praticados durante a ditadura militar.

As posições interpretativas de alguns integrantes do Ministério Público Federal e do Judiciário Federal dispostas no caso comentado e a possibilidade da ADPF nº 320 ser decidida conforme os diplomas internacionais protetivos dos direitos humanos e a jurisprudência da Corte Interamericana, pode marcar uma evolução no trato dos direitos humanos no Brasil. Colocando o país no mesmo patamar das principais democracias do mundo que estão em consonância com os ditames do direito internacional dos direitos humanos.

O quadro atual sobre a prescritibilidade ou não de tais crimes exibe divergência. Enquanto a Corte Interamericana considerou que os crimes de tortura praticados durante a ditadura militar brasileira são de lesa humanidade, e, dessa forma, são imprescritíveis (caso *Gomes Lund vs Brasil*, conhecido como Guerrilha do Araguaia), o STF no julgamento da Extradição 1362 definiu, por maioria, que os crimes de lesa-humanidade são prescritíveis. O Min. Teori Zavascki, no seu voto, salientou que não seria possível considerar tais crimes como imprescritíveis tendo como fundamento a Convenção da ONU sobre Imprescritibilidade dos Crimes de Guerra, pois embora ela esteja aberta à adesão desde 1968, até hoje o Brasil não a subscreveu.[123]

e.1.1) Súmula STF nº 674

A anistia prevista no artigo 8º do ato das disposições constitucionais transitórias não alcança os militares expulsos com base em legislação disciplinar ordinária, ainda que em razão de atos praticados por motivação política.

f) *Caso Trabalhadores da Fazenda Brasil Verde vs. Brasil*

Nesse caso, a Corte prolatou uma sentença (de 20.10.2016) que resolve as exceções preliminares, o mérito e as reparações e custas.

A Corte declarou que o Estado brasileiro é internacionalmente responsável pela violação: i) do direito a não ser submetido à escravidão, estabelecido no art. 6º, ponto 1, da Convenção Americana sobre Direitos Humanos, em relação aos artigos 1º, ponto 1, 3º, 5º, 7º, 11, 22 e 19 do mesmo instrumento; ii) do artigo 6º, ponto 1, da Convenção Americana, em relação ao artigo 1º, ponto 1, do mesmo instrumento, produzida no marco de uma situação de discriminação estrutural histórica em razão de posição econômica; iii) das garantias judiciais da devida diligência e de prazo razoável, previstas no art. 8º, ponto 1, da Convenção Americana sobre Direitos Humanos, em relação com o art. 1º, ponto 1, do mesmo instrumento; iv) do direito à proteção judicial, previsto no art. 25 da Convenção Americana, em relação aos artigos 1º, ponto 1, e 20 do mesmo instrumento. Por fim, a Corte ordenou a adoção pelo Estado de diversas medidas de reparação.[124]

f.1) Pedido de Interpretação

O Estado brasileiro apresentou, no dia 15/3/17, um pedido de interpretação de sentença, em conformidade com os artigos 67 da Convenção Americana e 68 do Regulamento da Corte, sobre o pagamento de custas e gastos e a modalidade de cumprimento dos pagamentos já ordenados.

A Corte emitiu sentença no dia 22/8/17 e assim decidiu por unanimidade:

i) declarou admissível o pedido de interpretação da Sentença de Exceções Preliminares, Mérito, Reparação e Custas no caso *Trabalhadores da Fazenda Brasil Verde vs. Brasil* pelo Estado brasileiro;

ii) determinou como improcedentes os pedidos de interpretação da Sentença sobre o pagamento de custas e gastos e os juros moratório incidente;

iii) determinou o sentido e alcance do disposto na Sentença, como pode ser observado nos parágrafos 30 a 33, 37 a 39, 43 e 44 da Sentença de Interpretação;

iv) requereu que a Secretaria da Corte Interamericana de Direitos Humanos notifique o Estado, os representantes das vítimas e a Comissão Interamericana sobre a emissão da Sentença de Interpretação.[125]

---

122. O voto do relator foi acompanhado pelos desembargadores André Fontes e Simone Schreiber.

123 Para mais detalhes sobre a Extradição 1362 basta acessar; http://www.stf.jus.br/portal/cms/verNoticiaDetalhe.asp?idConteudo=329112.

124 Para ler a decisão completa (em espanhol) basta acessar o seguinte endereço eletrônico: http://www.corteidh.or.cr/docs/casos/articulos/seriec_318_esp.pdf.

125 Para ler a decisão completa (em espanhol) basta acessar o seguinte endereço eletrônico: http://www.corteidh.or.cr/docs/casos/articulos/seriec_337_esp.pdf.

g) *Caso Favela Nova Brasília vs. Brasil*

Nesse caso, a Corte prolatou uma sentença (de 16.02.2017) que resolve as exceções preliminares, o mérito e as reparações e custas.

A Corte foi acionada pela Comissão Interamericana de Direitos Humanos, a qual havia recebido anteriormente uma petição apresentada pelo Centro pela Justiça e o Direito Internacional (Cejil) e pela *Human Rights Watch/Americas*.

O caso se refere às falhas e à demora na investigação e punição dos responsáveis pelas supostas execuções extrajudiciais de 26 pessoas no âmbito das incursões policiais feitas pela Polícia Civil do Rio de Janeiro em 18 de outubro de 1994 e em 8 de maio de 1995 na Favela Nova Brasília. Alegou-se que essas mortes foram justificadas pelas autoridades policiais mediante o levantamento de "atas de resistência à prisão". Alegou-se também que, na incursão de 18 de outubro de 1994, três mulheres, duas delas menores, teriam sido vítimas de tortura e atos de violência sexual por parte de agentes policiais. Finalmente, se alegou que a investigação dos fatos mencionados teria sido realizada supostamente com o objetivo de estigmatizar e revitimizar as pessoas falecidas, pois o foco teria sido dirigido à sua culpabilidade e não à verificação da legitimidade do uso da força.

A Corte decidiu da seguinte maneira:

i) por unanimidade que são improcedentes as exceções preliminares interpostas pelo Estado, relativas à inadmissibilidade do encaminhamento do caso à Corte, em virtude da publicação do Relatório de Mérito por parte da Comissão; a incompetência *ratione personae*, a respeito de supostas vítimas que não outorgaram procurações ou que não estavam relacionadas aos fatos do caso; a incompetência *ratione materiae* por violação do princípio de subsidiariedade do Sistema Interamericano; a incompetência *ratione materiae* relativa a supostas violações da Convenção Interamericana para Prevenir e Punir a Tortura e da Convenção Interamericana para Prevenir, Punir e Erradicar a Violência contra a Mulher; a falta de esgotamento prévio dos recursos internos; e a inobservância do prazo razoável para submeter o caso à Comissão;

ii) por unanimidade que são parcialmente procedentes as exceções preliminares interpostas pelo Estado relativas à incompetência *ratione personae* a respeito de vítimas não incluídas no Relatório de Mérito da Comissão e à incompetência *ratione temporis* a respeito de fatos anteriores à data de reconhecimento da jurisdição da Corte por parte do Estado;

E declarou:

iii) por unanimidade que o Estado é responsável pela violação do direito às garantias judiciais de independência e imparcialidade da investigação, devida diligência e prazo razoável, estabelecidas no artigo 8º, ponto 1, da Convenção Americana sobre Direitos Humanos, em relação ao artigo 1º, ponto 1, do mesmo instrumento;

iv) por unanimidade que o Estado é responsável pela violação do direito à proteção judicial, previsto no artigo 25 da Convenção Americana sobre Direitos Humanos, em relação aos artigos 1º, ponto 1 e 2 do mesmo instrumento;

v) por unanimidade que o Estado é responsável pela violação dos direitos à proteção judicial e às garantias judiciais, previstas nos artigos 25 e 8º, ponto 1, da Convenção Americana sobre Direitos Humanos em relação ao artigo 1º, ponto1, do mesmo instrumento, e os artigos 1º, 6º e 8º da Convenção Interamericana para Prevenir e Punir a Tortura, bem como o artigo 7º da Convenção Belém do Pará, em detrimento de L.R.J., C.S.S. e J.F.C.;

vi) por unanimidade que o Estado é responsável pela violação do direito à integridade pessoal, previsto no artigo 5º, ponto 1, da Convenção Americana sobre Direitos Humanos, em relação ao artigo 1º, ponto 1, do mesmo instrumento, em detrimento de: Mônica Santos de Souza Rodrigues; Evelyn Santos de Souza Rodrigues; Maria das Graças da Silva; Samuel da Silva Rodrigues; Robson Genuíno dos Santos Jr; Michelle Mariano dos Santos; Bruna Fonseca Costa; Joyce Neri da Silva Dantas; Geni Pereira Dutra; Diogo da Silva Genoveva; João Alves de Moura; Helena Vianna dos Santos; Otacílio Costa; Pricila Rodrigues; William Mariano dos Santos; L.R.J.; C.S.S. e J.F.C.;

vii) por unanimidade que o Estado não violou o direito à integridade pessoal, previsto no artigo 5º, ponto 1, da Convenção Americana sobre Direitos Humanos, em relação ao artigo 1º, ponto 1, do mesmo instrumento, em detrimento de Cirene dos Santos, Edna Ribeiro Raimundo Neves etc. (ver o parágrafo 272 da Sentença da Corte);

viii) por unanimidade que o Estado não violou o direito de circulação e de residência, estabelecido no artigo 22, ponto 1, da Convenção Americana, em relação ao artigo 1º, ponto 1, do mesmo instrumento, em detrimento de C.S.S., J.F.C. e L.R.J.;

E dispôs:

ix) por unanimidade que a Sentença constitui, *per se*, uma forma de reparação.[126]

11.3.8.5. Medidas provisórias

Na posse de uma solicitação de adoção de medidas provisórias, enviada pela Comissão Interamericana[127], a Corte não deve analisar o mérito de qualquer argumento, apenas deve verificar a existência dos seguintes requisitos: extrema gravidade, urgência e necessidade de evitar danos irreparáveis às pessoas. Qualquer outro assunto só pode ser colocado sob conhecimento da Corte via um caso contencioso[128].

Sobre as medidas provisórias é de suma importância destacar o seu caráter cautelar, no sentido de preservar uma situação jurídica, como também, e fundamentalmente, seu caráter tutelar, no sentido de proteger direitos humanos quando se verifica o risco de danos irreparáveis às pessoas. Portanto, o dever de adotar medidas fica configurado sempre que se reúnam os requisitos básicos de (i) extrema gravidade[129] e (ii) urgência[130], e de (iii) prevenção de danos irreparáveis às pessoas[131]. Dessa maneira, as medidas provisórias se transformam em uma verdadeira garantia jurisdicional de caráter preventivo.

126 Para ler a decisão completa basta acessar o seguinte endereço eletrônico: http://www.corteidh.or.cr/docs/casos/articulos/seriec_333_por.pdf.

127. Com base nos artigos 63, ponto 2, da Convenção e 27 do Regulamento da Corte.

128. *Assunto James e outros*. Medidas Provisórias em relação à Trinidade e Tobago. Resolução da Corte Interamericana de Dereitos Humanos de 29 de agosto de 1998, Considerando sexto, e *Assunto Danilo Rueda*, Considerando segundo.

129. Para efeitos de adoção de medidas provisórias, a Convenção requer que a gravidade se encontre em seu grau mais intenso ou elevado.

130. O caráter urgente implica que o risco ou a ameaça sejam iminentes, requerendo, assim, uma resposta imediata.

131. Em relação ao dano irreparável, deve existir uma probabilidade razoável de que se materialize e não deve recair sobre bens ou interesses jurídicos que podem ser reparados.

Na Resolução sobre a medida provisória "*Complexo Penitenciário de Pedrinhas*" (será apresentada abaixo), a Corte decidiu aclarar, em razão do caráter tutelar das medidas provisórias e de forma excepcional, sobre a possibilidade de ordenar a adoção de medidas provisórias mesmo quando não exista um contencioso, propriamente dito, instalado no sistema interamericano (leia-se a causa nem sequer chegou à Corte), desde que sejam situações que, *prima facie*, podem ocasionar uma violação grave e iminente dos direitos humanos. Para a Corte é necessário, no caso concreto, fazer uma análise do problema apresentado, a efetividade das ações estatais em relação ao dito problema e o nível de desproteção que ficariam expostas as pessoas beneficiárias caso a medida não seja adotada. Assim, para a Corte ordenar a adoção de medidas é fundamental que a Comissão apresente uma motivação suficiente que abarque os critérios apontados e que o Estado não consiga demonstrar de forma clara e suficiente a efetividade de medidas adotadas internamente[132].

a) Complexo Penitenciário de Pedrinhas (14/11/14)133

A Comissão Interamericana, com supedâneo nos artigos 63, ponto 2, da Convenção e 27 do Regulamento da Corte, fez uma solicitação de adoção de medidas provisórias pela Corte, com o propósito de o Tribunal requerer ao Brasil a adoção, sem dilação, das medidas necessárias para preservar a vida e a integridade pessoal dos presos no Complexo Penitenciário de Pedrinhas (São Luís, Maranhão), assim como de qualquer pessoa que se encontre no presídio.

Cabe destacar que a Comissão Interamericana já tinha adotado medidas cautelares[134] nesse caso (16/12/13) depois de receber informações, sobre mortes e violações ocorridas no presídio, por parte das organizações Sociedade Maranhense de Direitos Humanos, Ordem dos Advogados do Brasil, Justiça Global e Conectas Direitos Humanos.

Os argumentos da Comissão para fundamentar a solicitação de medidas provisórias são os seguintes:

a) em razão da continuidade das mortes e atos de extrema violência durante a vigência das medidas cautelares, a Comissão considera que a ativação do mecanismo das medidas provisórias se torna necessário para evitar mortes e lesões físicas de outros beneficiários;

b) a Comissão considera que a situação de extrema violência, verificada dentro do Complexo Presidiário de Pedrinhas, alcançou um nível crítico que já custou a vida e afetou a integridade de um grande número de pessoas e é manifestada de várias formas e de maneira simultânea. Pode ser adicionado ainda as condições de detenção desumanas, que constitui um fator que exacerba a violência dentro do presídio. Deste modo, os possíveis beneficiários se encontram em situação de extrema gravidade, urgência e risco de um dano irreparável que exige a adoção imediata de medidas provisórias diante da ineficácia das medidas cautelares ditadas pela Comissão;

c) os possíveis beneficiários das medidas provisórias são plenamente identificáveis pelo Estado brasileiro, pois tratam-se dos presos do Complexo Penitenciário de Pedrinhas. Também seriam facilmente identificáveis os visitantes que se encontram no presídio; e

d) apesar da adoção das medidas cautelares, 19 pessoas detidas no complexo penitenciário morreram entre dezembro de 2013 e setembro de 2014. Os incidentes mais recentes, informados pelos solicitantes, não constituem fatos isolados mas sim fazem parte de uma contínua e crescente onda de violência. Desse modo, a persistência dos fatores de risco permite inferir o risco iminente de mortes e danos adicionais a vida e a integridade pessoal.

E a solicitação da Comissão objetiva que a Corte ordene ao Estado brasileiro a tomada das seguintes medidas:

a) conseguir ter um controle efetivo do centro penitenciário com total respeito dos direitos humanos das pessoas privadas de liberdade;

b) identificar e dar reposta efetiva às causas que permitem o tráfico de armas no interior do centro penitenciário, assim como o conflito entre facções criminais rivais pelo controle da distribuição de drogas;

c) eliminar os altos índices de superlotação;

d) assegurar que as pessoas que necessitem de atenção urgente como as possuidoras de deficiência mental tenham acesso à serviços de saúde;

e) elaborar e implementar um plano de emergência para os detentos portadores de doenças contagiosas e tomar medidas para evitar a propagação dessas doenças;

f) adotar medidas para garantir a segurança dos visitantes e das demais pessoas que se encontrem no complexo penitenciário;

g) investigar, de forma diligente, os fatos denunciados para poder sancionar os responsáveis, incluindo agentes penitenciários. E evitar que os citados fatos se repitam no futuro.

O Estado brasileiro fez observações a apresentou informações[135]. Em suma, o Brasil relatou que os problemas relatados estão sendo tratados pelo Estado e, portanto, ponderou que não seria necessário a adoção de medidas provisórias em razão da competência subsidiária do sistema interamericano de direitos humanos.

Na presente resolução, a Corte recordou que o Estado se encontra em uma posição especial de garante em relação aos detentos, pela simples razão de que as autoridades penitenciárias exercem um controle total sobre eles. Assim, a Corte destacou que, independentemente da existência de medidas provisórias específicas, o Estado está especialmente obrigado a garantir os direitos dos detentos[136].

Por fim, a Corte aceitou a solicitação de medidas provisórias, enviada pela Comissão, e deixou claro que a adoção dessas

132. *Assunto do Centro de Detenção El Rodeo I e El Rodeo II*, solicitação de medidas provisórias em relação à Venezuela. Resolução da Corte Interamericana de Dereitos Humanos de 8 de fevereiro de 2008, Considerando nono, e *Assunto do Complexo Penitenciário de Curado*, Considerando sexto.

133. As outras medidas provisórias apresentadas contra o Brasil podem ser acessadas no seguinte endereço eletrônico: http://www.corteidh.or.cr/cf/Jurisprudencia2/busqueda_medidas_provisionales.cfm?lang=es

134. As medidas cautelares tinham como objeto específico a adoção, por parte do Estado, de medidas que fossem necessárias e efetivas para evitar as mortes e violações à integridade pessoal de todos os presos, a redução imediata dos níveis de superlotação e a investigação dos fatos que motivaram a adoção das medidas cautelares e, assim, evitar sua repetição.

135. Pode ser verificado no ponto 8 da Resolução - Medida Provisória *Complexo Penintenciário de Pedrinhas*, da Corte Interamericana de Direitos Humanos.

136. Resolução da Corte Interamericana de Direitos Humanos de 27 de noviembre de 2007. Medidas Provisória aplicadas na Argentina: *Penitenciáriias de Mendoza e Complexo Penitenciário de Curado.*

medidas, pelo Estado brasileiro, não elimina a configuração da responsabilidade do Estado pelos fatos informados.

A Corte assim dispôs:

a) requer ao Estado que adote de forma imediata todas as medidas que são necessárias para proteger eficazmente a vida e a integridade pessoas de todos os detentos do "Complexo de Pedrinhas", assim como de qualquer pessoa que se encontre no estabelecimento, incluindo os agentes penitenciários, funcionários e visitantes;

b) requer ao Estado que mantenha os representantes dos beneficiários (detentos) informados sobre as medidas adotadas para cumprir com a presente medida provisória;

c) requer ao Estado que informe a Corte Interamericana de Direitos Humanos a cada três meses, contado a partir da notificação da presente Resolução, sobre as medidas provisórias adotadas em conformidade com o exposto nessa medida provisória;

d) solicita aos representantes dos beneficiários (detentos) que apresentem as observações que estimem pertinentes, tendo por base o ponto resolutivo anterior (*c*), num prazo de quatro semanas, contado a partir da recepção do referido informe estatal;

e) solicita a Comissão Interamericana de Direitos Humanos que apresente observações que julgar pertinentes tendo por base tanto o ponto resolutivo terceiro (informe estatal) como o ponto resolutivo anterior (observações dos representantes dos beneficiários), dentro do prazo de duas semanas, contado a partir do envio das observações dos representantes dos beneficiários;

f) dispõe que a Secretaria da Corte notifique a presente Resolução ao Estado, a Comissão Interamericana e aos representantes dos beneficiários.

11.3.9. Resumo dos prazos

Para facilitar a memorização dos prazos que limitam a utilização do sistema protetivo americano, faremos um esquema explicitando-os didaticamente:

Provocação da Comissão Interamericana de Direitos Humanos: a comunicação do Estado-parte ou a petição do indivíduo (considerando terceiras pessoas ou organizações que representem o indivíduo lesionado) devem ser apresentadas *dentro do prazo de seis meses*, a partir da data em que o presumido prejudicado em seus direitos tenha sido notificado da decisão definitiva exarada no sistema protetivo nacional.

Provocação da Corte Interamericana de Direitos Humanos: a submissão do caso pelo Estado ou pela Comissão deve ocorrer *dentro do prazo de três meses* contados da data de envio do relatório, pela Comissão, aos Estados interessados.

Provocação da Corte Interamericana de Direitos Humanos II: o pedido de interpretação da sentença (poderá ser formulado em relação às exceções preliminares, mérito ou reparações e custas), feito por qualquer das partes, deve ocorrer *dentro do prazo de 90 dias* a partir da data da notificação da sentença.

11.3.10. Opiniões consultivas137

11.3.10.1. Método judicial alternativo

A Convenção Americana de Direitos Humanos, ao permitir que os Estados-membros e os órgãos da OEA solicitem opiniões consultivas, cria um sistema paralelo ao do art. 62 da Convenção e oferece um método judicial alternativo de caráter consultivo, destinado a ajudar os Estados e os órgãos a cumprir e a aplicar tratados em matéria de direitos humanos, sem submeter-se ao formalismo e ao sistema de sanções que caracteriza o processo contencioso[138].

11.3.10.2. Espécies

Mais especificamente e consoante já dito a respeito da competência consultiva, "a Corte Interamericana de Direitos Humanos emite pareceres consultivos (ou opiniões consultivas) de duas espécies: os pareceres interpretativos de tratados de direitos humanos do sistema interamericano e os pareceres sobre a compatibilidade entre leis ou projetos de lei internos (segundo a decisão da Corte no Parecer Consultivo 12/91) e a Convenção Americana de Direitos Humanos[139]".

Em relação ao dito acima, cabe reproduzir importante distinção arquitetada por André de Carvalho Ramos: "Os pareceres interpretativos de normas americanas de direitos humanos *compõem o controle de interpretação* das citadas normas, demonstrando a orientação em *abstrato* da Corte para os operadores internos do Direito. Já os pareceres sobre a compatibilidade de leis ou projetos de leis internos com a Convenção formam o *controle de convencionalidade em abstrato* estipulado pelo Pacto de San José. Ambos os controles prescindem de litígio ou de vítimas, mas, em contrapartida, os pareceres são considerados como não vinculantes[140]".

11.3.10.3. Inadmissibilidade

Sem embargo, a Corte já reconheceu que considera inadmissível solicitação de consulta que conduza ao desvirtuamento da jurisdição contenciosa da Corte ou, em geral, à debilitação ou alteração do sistema previsto pela Convenção, de maneira a tornar mitigados os direitos das vítimas de eventuais violações de direitos humanos[141].

11.3.10.4. Processo de votação

Por fim, o art. 15, ponto 1, do Regulamento da Corte dispõe expressamente que o voto de cada juiz será afirmativo ou negativo, sem abstenções. Essa circunstância descarta totalmente a possibilidade de uma abstenção sobre o mérito. No mais, as decisões da Corte serão adotadas por maioria dos juízes presentes no momento da votação (ponto 3 do art. 15) e em caso de empate o voto do Presidente decidirá o caso (ponto 4 do art. 15)[142].

11.3.10.5. Opiniões Consultivas

Seguem breves análises sobre as principais opiniões consultivas já confeccionadas pela Corte Interamericana de Direitos Humanos.

---

137. Função exercida com base no art. 64, pontos 1 (consulta geral) e 2 (consulta particular), da Convenção Americana de Direitos Humanos.

138. Opinião Consultiva 03/1983, de 08.09.1983, item 43.

139. RAMOS, André de Carvalho. *Teoria geral dos direitos humanos na ordem internacional.* 2. ed. São Paulo: Saraiva, 2012. p. 244.

140. *Teoria geral dos direitos humanos na ordem internacional.* 2. ed. São Paulo: Saraiva, 2012. p. 244.

141. Opinião Consultiva 01/1982, de 24.09.1982, item 31.

142. Esse formato adotado nas decisões e nas votações também é observado no exercício da competência contenciosa da Corte.

11.3.10.5.1.Opinião Consultiva 01/1982

a) quem solicitou e objetivo

Foi solicitada pelo governo do Peru com o objetivo de esclarecer o significado da frase "ou de outros tratados concernentes à proteção dos direitos humanos nos Estados americanos", constante do art. 64 da Convenção Americana de Direitos Humanos.

b) pedido específico

De maneira mais específica, o governo peruano formulou a pergunta e enumerou três possíveis respostas:

a) somente os tratados adotados dentro do marco do sistema interamericano;

b) ou os tratados concluídos unicamente entre os Estados americanos, ou seja, a referência está limitada aos tratados de que são partes exclusivamente os Estados americanos;

c) ou todos os tratados de que um ou mais Estados americanos são partes.

Essa consulta teve por escopo último a determinação do âmbito de abrangência da competência consultiva da Corte, isto é, saber quais são os limites dessa competência.

c) decisão

A Corte, por unanimidade, decidiu que possui competência consultiva sobre toda disposição, concernente à proteção dos direitos humanos, de qualquer tratado internacional aplicável aos Estados americanos, independentemente de ser bilateral ou multilateral, de qual seja seu objeto principal ou de que tenha ou possa ter Estados-partes estranhos ao sistema interamericano.

Também decidiu, por unanimidade, que, por razões determinantes expressas em decisão motivada, a Corte poderá abster-se de responder a uma consulta se averiguar que, nas circunstâncias do caso, a petição exceda os limites de sua função consultiva, seja porque o assunto indagado se refere principalmente a compromissos internacionais contraídos por um Estado não americano ou à estrutura de funcionamento de órgãos ou organismos internacionais estranhos ao sistema interamericano, cujo trâmite da solicitação possa conduzir a uma alteração ou debilitação, em prejuízo do ser humano, do regime previsto pelo Pacto de San José da Costa Rica; ou até por outra razão análoga.

11.3.10.5.2. Opinião Consultiva 02/1982

a) quem solicitou e objetivo

Foi solicitada pela Comissão Interamericana de Direitos Humanos com o objetivo de obter respostas para algumas indagações formuladas.

b) pedido específico

A Comissão fez as seguintes indagações: a partir de que momento se entende que um Estado é parte da Convenção Americana de Direitos Humanos? Quando ratificar ou aderir à Convenção com uma ou mais reservas; a partir da data do depósito de seu instrumento de ratificação ou adesão; ou após o termo do prazo previsto no art. 20 da Convenção de Viena sobre o Direito dos Tratados?

A Comissão sustentava a necessidade de interpretação dos arts. 74 e 75 da Convenção Americana de Direitos Humanos para o perfeito cumprimento dessa solicitação.

c) apreciação da admissão e da competência pela Corte

Antes de qualquer definição sobre o tema suscitado, a Corte reforçou, com base no art. 64 da Convenção Americana de Direitos Humanos, sua competência para emitir a opinião consultiva solicitada pela Comissão.

Cabe aqui destacar que o art. 1º do Estatuto da Corte determina que a Corte é uma instituição judicial autônoma cujo objetivo é a interpretação e aplicação da Convenção Americana de Direitos Humanos.

Outra questão preliminar é a legitimidade da Comissão para formular dado pedido de opinião consultiva. A Corte apontou, sem maiores discussões, a existência de tal legitimidade.

d) decisão

A Corte, por unanimidade, decidiu que a Convenção entra em vigência, no Estado que a tenha ratificado ou a ela aderido, com ou sem reservas, na data do depósito do instrumento de ratificação ou adesão.

11.3.10.5.3. Opinião Consultiva 03/1983

a) quem solicitou e objetivo

Foi solicitada pela Comissão Interamericana de Direitos Humanos e teve por fito a determinação da correta interpretação do art. 4º da Convenção Americana de Direitos Humanos.

b) pedido específico

De maneira mais específica, foram formuladas estas perguntas:

a) pode um governo aplicar a pena de morte para delitos que ainda não tivessem previsto a dita sanção na legislação interna, no momento da entrada em vigor da Convenção Americana de Direitos Humanos nesse Estado?;

b) pode um governo, com base numa reserva feita, no momento da ratificação, ao art. 4º, ponto 4, da Convenção, legislar depois da entrada em vigor da Convenção para impor a pena de morte aos delitos que não comportavam essa sanção quando foi efetuada a ratificação?

c) apreciação da admissão e da competência pela Corte

O governo da Guatemala[143] apresentou objeção à competência da Corte em exarar opinião consultiva nesse caso, pois se trata de verdadeiro "contencioso encoberto" e sabe-se que a competência contenciosa da Corte só pode ser exercida em relação aos Estados-partes da Convenção que expressa e inequivocamente tenha aceitado essa competência da Corte (art. 62 da Convenção Americana de Direitos Humanos). Mas a Corte afastou tal pretensão e demonstrou que essa política decisória está em consonância com a jurisprudência da Corte Internacional de Justiça (CIJ). Cabe transcrever o trecho que caracteriza bem a jurisprudência da CIJ:

> "Com essa procedência, a Corte de Haia reconheceu que a opinião consultiva poderia eventualmente afetar os interesses de Estados que não tenham aceitado a competência contenciosa e que não estejam dispostos a litigar sobre o assunto. A questão decisiva sempre foi saber se o órgão solicitante tem interesse legítimo na obtenção da opinião com a finalidade de orientar suas ações futuras[144]".

143. O governo da Guatemala apresentou reserva ao art. 4º, ponto 4, da Convenção Americana de Direitos Humanos no momento de sua ratificação.

144. Trecho do ponto 40 da Opinião Consultiva 03/1983 da Corte Interamericana de Direitos Humanos.

A Comissão possui legítimo interesse porque uma de suas funções é enviar recomendações aos Estados-partes da Convenção Americana de Direitos Humanos ou até mesmo aos Estados-membros da OEA.

d) decisão

Por unanimidade, a Corte assim respondeu às perguntas formuladas pela Comissão:

a) a Convenção Americana de Direitos Humanos proíbe peremptoriamente a extensão da pena de morte. Assim, não pode o governo de um Estado-parte aplicar a pena de morte a delitos para os quais não estava prevista essa sanção na legislação interna;

b) uma reserva limitada por seu próprio texto ao art. 4º, ponto 4, da Convenção não permite que governo de um Estado-parte legisle posteriormente para estender a aplicação da pena de morte a delitos que não comportavam tal sanção.

11.3.10.5.4. Opinião Consultiva 04/1984

a) quem solicitou e objetivo

Foi solicitada pelo governo da Costa Rica com o objetivo de esclarecer se era compatível com o sistema protetivo interamericano a alteração de certos dispositivos (arts. 14 e 15 – "nacionalidade") da Constituição Política da Costa Rica.

Como visto, a Corte pode fazer análise de compatibilidade entre a legislação doméstica de um país-membro da OEA e o sistema protetivo interamericano, com o escopo de harmonizá-los.

b) pedido específico

Mais precisamente, o governo da Costa Rica, originariamente indagado pela Comissão de Reforma dos arts. 14 e 15 da Constituição, buscava saber se existia alguma incompatibilidade entre as reformas propostas[145] e os arts. 17, ponto 4, 20, pontos 1, 2 e 3, e 24 da Convenção Americana de Direitos Humanos.

Dentro dessa indagação geral de aferimento de compatibilidade, o governo da Costa Rica formulou as seguintes perguntas específicas:

a) o direito de toda pessoa ter uma nacionalidade estipulado no art. 20, ponto 1, da Convenção é afetado pelas modificações propostas nos arts. 14 e 15 da Constituição da Costa Rica?;

b) a reforma proposta no ponto 4 do art. 14 é compatível com o art. 17, ponto 4, da Convenção Americana de Direitos Humanos, no tocante à igualdade entre os cônjuges?

c) apreciação da admissão e da competência pela Corte

Na apreciação da admissão do pedido de análise de compatibilidade, a Corte pela primeira vez definiu certas posições. Por exemplo, a expressão "leis internas", sem qualquer ressalva ou sem que do seu contexto resulte um sentido mais restringido, significa toda a legislação nacional e todas as normas jurídicas, independentemente de sua natureza, incluindo disposições constitucionais.

Também enfrentou a questão sobre a possibilidade de o pedido de análise de compatibilidade versar sobre um projeto de reforma constitucional, e não sobre uma lei interna vigente. Nesse caso, decidiu-se, por bom senso, pela possibilidade de dada consulta, até porque, conforme assinalado na Opinião Consultiva 03/1983, o processo consultivo está destinado a ajudar os Estados e os órgãos da OEA no cumprimento e na aplicação dos tratados de direitos humanos, sem submetê-los ao formalismo e ao sistema de sanções que caracteriza o processo contencioso.

d) ponto importante: evolução do direito à nacionalidade

A Corte reforçou que o direito à nacionalidade saiu da esfera da total discricionariedade dos Estados (enfoque clássico) e entrou em uma etapa em que também é considerado como direito humano fundamental, ou seja, que todos os indivíduos possuem direito.

A nacionalidade deve ser considerada como um estado natural do ser humano. Tal estado não é somente o fundamento da capacidade política do indivíduo, como também o é de sua capacidade civil. Em razão disso, mesmo que tradicionalmente tenha se aceitado que a determinação e a regulação da nacionalidade são competência de cada Estado, o direito internacional começou a impor certos limites à discricionariedade estatal. Atualmente, a regulamentação da nacionalidade não deve ocorrer somente pela livre competência do Estado, mas também deve respeitar as exigências da proteção integral dos direitos humanos.

De maneira geral, o enfoque clássico defendia que a nacionalidade era um atributo que o Estado, depois de cumpridos os requisitos previstos, podia dar aos seus súditos. E hoje se tem a ideia de que nacionalidade continua inserida dentro da competência de cada Estado, mas também é um direito da pessoa humana e deve ser assim respeitado.

e) decisão da Corte

A Corte assim decidiu:

Em relação ao art. 20 da Convenção,

a) por cinco votos contra um[146], que o direito à nacionalidade, reconhecido pelo art. 20 da Convenção, não foi respeitado pelo projeto de reforma constitucional, objeto da consulta.

Em relação aos arts. 24 e 17, ponto 4, da Convenção,

b) por unanimidade, que não constitui discriminação contrária à Convenção Americana estipular condições preferenciais para obtenção da nacionalidade costa-riquenha, por naturalização,

145. Segue a proposta de reforma constitucional dos arts. 14 e 15 da Constituição da Costa Rica:
"Art. 14. São costa-riquenhos por naturalização:
1) Os que tenham adquirido essa qualidade em virtude de leis anteriores;
2) Os nacionais de outros países da América Central, os espanhóis e os latino-americanos por nascimento, com cinco anos de residência oficial no país e que cumpram com os demais requisitos que determina a lei;
3) Os nacionais de outros países da América Central, os espanhóis e os latino-americanos que não sejam por nascimento e os demais estrangeiros que tenham residido oficialmente por um período mínimo de sete anos e que cumpram com os demais requisitos que determina a lei;
4) A mulher estrangeira que, ao se casar com um costa-riquenho perde sua nacionalidade ou que estando casada dois anos com um costa-riquenho e tenha esse mesmo período de residência no país, manifeste seu desejo de adquirir nossa nacionalidade; e
5) Aqueles que receberam a nacionalidade honorífica da Assembleia Legislativa.
Art. 15. Quem solicita a naturalização deve provar ter boa conduta, demonstrar que tem trabalho ou meio de viver conhecido, que sabe falar, escrever e ler no idioma espanhol. E se submeterá a um exame compreensivo sobre a história do país e seus valores, devendo, mesmo assim, prometer que residirá no território nacional de modo regular e jurar que respeitará a ordem constitucional da República.
Por meio de lei se estabelecerão os requisitos e a forma de tramitação do pedido de naturalização".

146. O juiz costa-riquenho Rodolfo E. Piza Escalante apresentou voto divergente.

em benefício dos americanos, latino-americanos e espanhóis, em detrimento dos demais estrangeiros.

c) por cinco votos contra um[147], que não constitui discriminação contrária à Convenção Americana limitar essa preferência aos americanos, latino-americanos e espanhóis de nascimento.

d) por cinco votos contra um[148], que não constitui, em si, discriminação contrária à Convenção Americana agregar os requisitos do art. 15 do projeto ao procedimento para obtenção da nacionalidade costa-riquenha, por naturalização.

e) por unanimidade, que constitui discriminação incompatível com os arts. 17, ponto 4, e 24 da Convenção Americana estipular no art. 14, ponto 4, do projeto de reforma constitucional condições preferenciais para a naturalização por matrimônio em benefício de apenas um dos cônjuges.

11.3.10.5.5. Opinião Consultiva 05/1985

a) quem solicitou e objetivo

Foi solicitada pelo governo da Costa Rica com o objetivo de aclarar a correta interpretação dos arts. 13 e 29 da Convenção Americana de Direitos Humanos, tendo por base o licenciamento obrigatório dos jornalistas[149] e a compatibilidade da Lei 4.420/1969[150] (Lei Orgânica do Sindicato de Jornalistas da Costa Rica) com os arts. 13 e 29 do Pacto de San José da Costa Rica.

b) pedido específico

A questão era saber se o licenciamento obrigatório como condição para o exercício do jornalismo estava permitido ou compreendido nas limitações à liberdade de pensamento e expressão contidas nos arts. 13 e 29 da Convenção. Ou seja, se havia compatibilidade entre as normas internas e os artigos da Convenção.

c) ponto importante: padrão democrático e padrão das duas dimensões

A Corte utilizou dos conceitos para decidir esse caso, chamados de pilares básicos da interpretação do art. 13, são eles: padrão democrático e padrão das duas dimensões.

A Corte utilizou o padrão democrático para sublinhar que se a liberdade de expressão não for respeitada, a própria existência da sociedade democrática fica ameaçada. A característica da indivisibilidade dos direitos humanos fica destacada aqui, pois os outros direitos do homem não adquirem plena realização se a liberdade de expressão não existir de fato em dada sociedade.

Sobre o tema a Corte assim se pronunciou, conforme destacado pelos pesquisadores Eduardo Bertoni e Carlos J. Zelada[151]: "A liberdade de expressão é uma pedra angular da existência de uma sociedade democrática. É indispensável para a formação da opinião pública (...). É, no final, condição para que a comunidade, na hora de exercer suas opiniões, esteja suficientemente informada. Portanto, é possível afirmar que uma sociedade que não esteja bem informada não é plenamente livre[152]."

Já o padrão de duas dimensões quer dizer que o conteúdo da liberdade de expressão não diz respeito somente ao seu aspecto individual, mas também à sua dimensão social ou coletiva. Ora, tanto o indivíduo tem liberdade para se expressar (dimensão individual) como todos têm o direito de receber informações e ideias (dimensão social ou coletiva). E se a liberdade de expressão ficar proibida, os indivíduos não poderão se expressar e assim a população não se informará e se conscientizará, o que deixaria fragilizada a democracia, como apontado acima sobre o padrão democrático. Seria uma alienação total da população.

d) decisão

Em primeiro lugar, a Corte decidiu, por unanimidade, que o licenciamento obrigatório de jornalistas, enquanto impeça o acesso de qualquer pessoa ao uso pleno dos meios de comunicação social como veículo para expressar-se ou transmitir opinião, é incompatível com o art. 13 da Convenção Americana de Direitos Humanos. Ou seja, violaria a liberdade de expressão.

Por último, a Corte também decidiu por unanimidade que a Lei 4.420/1969, enquanto impeça certas pessoas de pertencer ao Sindicato de Jornalistas e, por consequência, o uso pleno dos meios de comunicação social como veículo para expressar-se e transmitir opinião, é incompatível com o art. 13 da Convenção Americana de Direitos Humanos.

11.3.10.5.6. Opinião Consultiva 08/1987

a) quem solicitou e objetivo

Foi apresentada pela Comissão Interamericana de Direitos Humanos com o objetivo de aclarar a devida interpretação de alguns artigos da Convenção Americana de Direitos Humanos.

b) pedido específico

Qual a interpretação dos arts. 25, ponto 1, e 7º, ponto 6, da Convenção relacionados com a última frase do art. 27, ponto 2, da mesma Convenção.

c) decisão

A Corte decidiu, por unanimidade, que os procedimentos jurídicos consagrados nos arts. 25, ponto 1, e 7º, ponto 6, da Convenção Americana de Direitos Humanos não podem ser suspensos conforme o disposto no art. 27, ponto 2, da mesma Convenção, pois constituem garantias judiciais indispensáveis para proteger direitos e liberdades que tampouco podem ser suspensas, segundo preceitua o já citado art. 27, ponto 2, da Convenção.

11.3.10.5.7. Opinião Consultiva 09/1987

a) quem solicitou e objetivo

Foi solicitada pelo governo da República Oriental do Uruguai com o objetivo de especificar o correto alcance da proibição de suspensão das garantias judiciais indispensáveis para a proteção dos direitos mencionados no art. 27, ponto 2, da Convenção Americana de Direitos Humanos.

b) pedido específico

Mais precisamente, o governo uruguaio desejava que a Corte opinasse especificamente sobre: **a)** quais eram essas garantias judiciais indispensáveis; e **b)** qual era a relação do

147. O juiz estadunidense Thomas Buergenthal apresentou voto divergente.

148. O juiz costa-riquenho Rodolfo E. Piza Escalante apresentou voto divergente.

149. Leia-se diploma de jornalismo.

150. Essa lei estabelece o licenciamento obrigatório de seus membros para poder exercer o jornalismo.

151. STEINER, Christian e URIBE, Patricia (Editores). Konrad Adenauer Stiftung. Bolívia: Plural editores, 2014. p. 324.

152. Corte IDH. *Licenciamento Obrigatório dos Jornalistas* (arts. 13 e 29 da Convenção Americana sobre Direitos Humanos), item 70 da decisão.

art. 27, ponto 2, da Convenção com os arts. 25 e 8º da mesma Convenção.

c) decisão

A Corte decidiu, por unanimidade, que devem ser considerados garantias judiciais indispensáveis, conforme o estabelecido no art. 27, ponto 2, da Convenção, o *habeas corpus* (art. 7º, ponto 6), o amparo[153] ou qualquer outro recurso efetivo perante os juízes ou tribunais competentes (art. 25, ponto 1), destinado a garantir o respeito aos direitos e liberdades cuja suspensão não está autorizada pela Convenção Americana de Direitos Humanos.

Também decidiu, por unanimidade, que devem ser considerados garantias judiciais indispensáveis que não podem ser suspensas os procedimentos judiciais inerentes à forma democrática representativa de governo (art. 29, *c*), previstos no direito interno dos Estados-partes como idôneos para garantir a plenitude do exercício dos direitos a que se refere o art. 27, ponto 2, da Convenção e cuja supressão ou limitação comportem a falta de defesa de tais direitos.

Por fim, decidiu, também por unanimidade, que as mencionadas garantias judiciais devem ser exercitadas conforme o princípio do devido processo legal, esculpido no art. 8º da Convenção Americana de Direitos Humanos. De forma mais detalhada e como anteriormente tratado, definiu-se que os direitos a garantias judiciais e à proteção judicial são de natureza distinta, pois o art. 25 consagra o direito à um recurso judicial enquanto o art. 8º estabelece a maneira pela qual esse recurso irá tramitar[154].

11.3.10.5.8. Opinião Consultiva 10/1989

a) quem solicitou e objetivo

Foi solicitada pelo governo da República da Colômbia com o objetivo de aclarar a correta interpretação do art. 64 da Convenção Americana de Direitos Humanos, tendo por referência a Declaração Americana dos Direitos e Deveres do Homem.

b) pedido específico

Mais precisamente, o governo colombiano buscava uma resposta para a seguinte indagação: o art. 64 da Convenção autoriza a Corte Interamericana de Direitos Humanos a confeccionar opiniões consultivas, desde que solicitado por algum Estado-membro da OEA ou por algum dos órgãos do sistema interamericano, sobre a interpretação da Declaração Americana dos Direitos e Deveres do Homem?

Requereu também que a Corte determinasse o *status* normativo que a Declaração tem no sistema interamericano de proteção dos direitos humanos. Por último, perguntou, desde que a Corte afirmasse possuir jurisdição para interpretar a Declaração, qual era a extensão da jurisdição da Corte para interpretar a Declaração tendo por base o art. 64 da Convenção.

c) ponto importante: Declaração Americana de Direitos e Deveres do Homem como fonte de obrigações internacionais

Em sua fundamentação, a Corte asseverou que a circunstância de a Declaração Americana de Direitos e Deveres do Homem não ser um tratado não significa que ela não produza efeitos jurídicos nem que a Corte esteja impossibilitada de interpretá-la.

Mais precisamente, a Corte fez a seguinte diferenciação:

a) para os Estados-membros da OEA, a Declaração é o texto que determina quais são os direitos humanos a que se refere à Carta, ou seja, a Declaração contém e define os direitos essenciais que a Carta menciona. Além disso, os arts. 1º, ponto 2, *b*, e 20 do Estatuto da Comissão Interamericana de Direitos Humanos definem a competência da Comissão sobre os direitos humanos enunciados na Declaração. Ou seja, para esses Estados, a Declaração Americana constitui, em relação à Carta da OEA, uma fonte de obrigações internacionais; e

b) para os Estados-partes da Convenção Americana de Direitos Humanos, a fonte concreta de suas obrigações, no tocante à proteção dos direitos humanos, é a própria Convenção. Contudo, há que levar em conta o art. 29, *d*, da Convenção, logo, os Estados-membros da OEA devem respeitar as obrigações que derivam da Declaração também.

d) apreciação da admissão e da competência pela Corte

Prosseguindo, a Corte decidiu, por unanimidade, que é competente para analisar a opinião consultiva em questão.

e) decisão

E, por unanimidade, decidiu que o art. 64, ponto 1, da Convenção Americana de Direitos Humanos autoriza a Corte, desde que solicitado por algum Estado-membro da OEA ou, dentro de seu interesse de atuação, por algum dos órgãos do sistema interamericano, a confeccionar opiniões consultivas sobre a interpretação da Declaração Americana dos Direitos e Deveres do Homem, dentro dos limites de sua competência, conforme definido na Carta da OEA e na Convenção Americana de Direitos Humanos ou em outros tratados de direitos humanos com incidência nos países americanos.

11.3.10.5.9. Opinião Consultiva 11/1990

a) quem solicitou e objetivo

Foi apresentada pela Comissão Interamericana de Direitos Humanos com o objetivo de aclarar algumas questões sobre o art. 46, pontos 1 e 2, da Convenção Americana de Direitos Humanos.

b) pedido específico

De forma mais precisa, a solicitação formulou duas perguntas:

a) o requisito de esgotamento dos recursos jurídicos internos é aplicado a um indigente que, em razão de circunstâncias econômicas, não é capaz de fazer uso dos recursos jurídicos existentes em certo país?; e

b) no caso de eximir os indigentes desse requisito, quais critérios a Comissão deve considerar para decidir sobre a admissibilidade de tais casos?

c) decisão

A Corte decidiu, por unanimidade, que, se por razões de indigência ou por temor generalizado dos advogados em lhe patrocinar legalmente, um reclamante perante a Comissão for impedido de utilizar os recursos internos necessários para proteger um direito garantido pela Convenção, o requisito de esgotamento dos recursos não precisa ser verificado.

153. O amparo é uma ação adotada por inúmeros países, muitos da América do Sul, como também Portugal, Espanha e Alemanha. Trata-se de uma ação constitucional que tem por fito proteger todos os direitos fundamentais, menos os que tutelam a liberdade física e a locomoção (já protegidos pelo *habeas corpus*).

154. Ver também o caso *Hilaire, Constantine e Benjamin e outros vs. Trinidade* e *Tobago*. Mérito, reparações e custas. Sentença de 21.06.2002. Item 148 da decisão.

Também decidiu por unanimidade que se, diante das hipóteses levantadas, um Estado-parte provou a disponibilidade dos recursos internos, o reclamante deverá demonstrar que são aplicáveis as exceções disciplinadas no art. 46, ponto 2, da Convenção e que ficou impedido de obter a assistência legal necessária para a proteção ou garantia dos direitos reconhecidos na Convenção.

11.3.10.5.10. Opinião Consultiva 13/1993

a) quem solicitou e objetivo

Foi solicitada pelos governos da República da Argentina e da República Oriental do Uruguai com o objetivo de definir a correta interpretação de alguns artigos da Convenção Americana de Direitos Humanos.

b) pedido específico

Qual a interpretação correta dos arts. 41, 42, 44, 46, 47, 50 e 51 da Convenção Americana de Direitos Humanos, com base "na situação e nas circunstâncias concretas" trazidas à análise.

c) apreciação da admissão e da competência pela Corte

A Corte decidiu, por unanimidade, que é competente para emitir a opinião consultiva em questão.

d) decisão

A Corte decidiu, por unanimidade, que a Comissão Interamericana de Direitos Humanos é competente, nos termos dos arts. 41 e 42 da Convenção, para qualificar qualquer norma do direito interno de um Estado-parte como violadora das obrigações que este assumiu no momento da ratificação da Convenção Americana de Direitos Humanos, mas não é competente para dizer se essa norma contradiz ou não o ordenamento jurídico interno desse mesmo Estado. Assim, uma norma interna pode ser considerada violadora da Convenção por ser irrazoável ou por não estar em conformidade com ela; portanto, uma lei que contraria as obrigações de um Estado derivadas da Convenção não pode ser considerada "razoável" nem "conveniente". Nessa opinião a Corte fez menção direta ao controle de convencionalidade internacional exercido por ela.

Também por unanimidade, a Corte decidiu que, sem olvidar as outras atribuições que o art. 41 da Convenção conferiu à Comissão, uma vez declarada inadmissível uma petição ou comunicação de caráter individual (art. 41, *f*, combinado com os arts. 44 e 45, ponto 1, da Convenção), não cabe qualquer pronunciamento sobre seu mérito.

Por fim, decidiu, por unanimidade, que os arts. 50 e 51 da Convenção contemplam relatórios separados, cujo conteúdo pode ser similar, mas o primeiro não pode ser publicado. Já o segundo pode ser, desde que haja prévia decisão da Comissão, por maioria absoluta de votos, depois de transcorrido o prazo que foi conferido ao Estado para tomar as medidas adequadas.

11.3.10.5.11. Opinião Consultiva 14/1994

a) quem solicitou e objetivo

Foi solicitada pela Comissão Interamericana de Direitos Humanos com o objetivo de obter da Corte respostas sobre alguns pontos.

b) pedido específico

As indagações formuladas pela Comissão são as seguintes:

a) quando um Estado-parte da Convenção Americana de Direitos Humanos produz uma lei que viola manifestamente as obrigações que o Estado contraiu ao ratificar a Convenção, quais seriam, nesse caso, os efeitos jurídicos dessa lei em face das obrigações internacionais do Estado?;

b) quando um Estado-parte da Convenção Americana de Direitos Humanos produz uma lei cujo cumprimento por parte dos agentes ou funcionários desse Estado se traduz em uma violação manifesta da Convenção, quais são as obrigações e responsabilidades dos ditos agentes ou funcionários? As perguntas têm por base o disposto no art. 4º, pontos 2 e 3, da Convenção em relação ao cotejo do art. 235 da antiga Constituição peruana[155] e do art. 140 da nova Constituição peruana[156].

c) apreciação da admissão e da competência pela Corte

A Corte decidiu, por unanimidade, que é competente para emitir a opinião consultiva.

d) decisão

A Corte decidiu, por unanimidade, nos seguintes termos:

a) a produção de uma lei manifestamente contrária às obrigações assumidas por um Estado ao ratificar ou aderir à Convenção constitui uma violação desse diploma internacional, e, caso essa violação afete direitos e liberdades protegidos de indivíduos determinados, dará azo à responsabilidade internacional de tal Estado;

b) o cumprimento por parte de agentes ou funcionários do Estado de uma lei manifestamente violadora da Convenção dará ensejo à responsabilidade internacional desse Estado. E, no caso de o ato de cumprimento constituir por si só um crime internacional, gerará também a responsabilidade internacional dos agentes ou funcionários que executaram o ato.

11.3.10.5.12. Opinião Consultiva 16/1999

a) quem solicitou e objetivo

Foi solicitada pelos Estados Unidos Mexicanos com o objetivo de obter da Corte respostas sobre alguns pontos.

b) pedido específico

Os Estados Unidos Mexicanos formularam as seguintes indagações, tendo como suporte a Convenção de Viena sobre Relações Consulares:

a) no marco do art. 64, ponto 1, da Convenção Americana, deve-se entender o art. 36 da Convenção de Viena sobre Relações Consulares no sentido de conter disposições concernentes à proteção dos direitos humanos nos Estados americanos?;

b) do ponto de vista do direito internacional, está subordinada a exigibilidade dos direitos individuais conferidos pelo citado art. 36, requerida pelos interessados junto ao Estado receptor, à manifestação do Estado de sua nacionalidade?;

c) tendo por base o objeto e o fim almejado pelo art. 36, ponto 1, *b*, da Convenção de Viena, deve-se interpretar a expressão "sem dilação", contida no citado preceito, no sentido de requerer que as autoridades do Estado receptor informem a todo estrangeiro detido pelos delitos apenados com a pena capital os direitos que possuem, consoante o disposto no art. 36, ponto 1, *b*, da Convenção de Viena, no momento da prisão e em todo caso antes que o detento dê qualquer declaração ou confissão perante as autoridades policiais ou judiciais?;

155. "Não há pena de morte, exceto por traição à pátria em caso de guerra externa."

156. "A pena de morte somente pode ser aplicada por delito de traição à pátria em caso de guerra e por terrorismo, conforme as leis e os tratados em que o Peru é parte obrigada."

d) do ponto de vista do direito internacional e tratando-se de pessoas estrangeiras, quais devem ser as consequências jurídicas da imposição e da execução da pena de morte sem a notificação disciplinada no art. 36, ponto 1, *b*, da Convenção de Viena?

O México também formulou as seguintes perguntas, com suporte no Pacto Internacional dos Direitos Civis e Políticos:

a) no marco do art. 64, ponto 1, da Convenção Americana, devem ser entendidos os arts. 2º, 6º, 14 e 50 do Pacto no sentido de conter disposições concernentes à proteção dos direitos humanos nos Estados americanos?;

b) no marco do art. 14 do Pacto, deve ser entendido que o próprio art. 14 deve ser aplicado e interpretado à luz da expressão "todas as garantias possíveis para assegurar um juízo justo", contida no ponto 5 das respectivas salvaguardas das Nações Unidas e que, tratando-se de estrangeiros acusados ou culpados pela prática de delitos apenados com a pena capital, a dita expressão inclui a imediata notificação do detento ou processado, pelo Estado receptor, acerca dos direitos conferidos pelo art. 36, ponto 1, *b*, da Convenção de Viena?;

c) por tratar-se de pessoas estrangeiras acusadas ou culpadas pela prática de delitos apenados com a pena capital, há conformidade entre a omissão do Estado receptor em notificar os interessados de seus direitos (art. 36, ponto 1, *b*, da Convenção de Viena) e o direito destes em dispor dos "meios adequados para a preparação de sua defesa" em consonância com o disposto no art. 14, ponto 3, do Pacto?;

d) por tratar-se de pessoas estrangeiras acusadas ou culpadas pela prática de delitos apenados com a pena capital, deve ser entendido que as expressões "garantias mínimas" (contida no art. 14, ponto 3, do Pacto) e "equiparadas como o mínimo" (contida no ponto 5 das salvaguardas das Nações Unidas) livram o Estado receptor do imediato cumprimento das disposições disciplinadas no art. 36, ponto 1, *b*, da Convenção de Viena sobre Relações Consulares?;

e) os países americanos, constituídos como Estados federais, que são partes no Pacto de Direitos Civis e Políticos e com base nos arts. 2º, 6º, 14 e 50 deste, estão obrigados a garantir a notificação oportuna (art. 36, ponto 1, *b*, da Convenção de Viena) a todo indivíduo de nacionalidade estrangeira preso, detido ou processado em seu território por delitos apenados com a pena capital e a adotar disposições, conforme previsão de seu direito interno, para fazer efetiva nesses casos a notificação oportuna, caso já não esteja garantida por lei ou por outro meio para dar plena eficácia aos direitos e garantias consagrados no Pacto?;

f) no marco do Pacto e tratando-se pessoas estrangeiras, quais devem ser as consequências jurídicas da imposição e execução da pena de morte sem a notificação disciplinada no art. 36, ponto 1, *b*, da Convenção de Viena sobre Relações Consulares?

Por fim, o México formulou as seguintes questões, com supedâneo na Carta da Organização dos Estados Americanos e na Declaração Americana dos Direitos e Deveres do Homem:

a) tratando-se de prisões e detenções de estrangeiros por delitos apenados com a pena capital e tendo por base os arts. 3º, ponto 1, da Carta e o 2º da Declaração, há compatibilidade entre a omissão do Estado receptor em notificar os interessados, sem dilação, de seus direitos (art. 36, ponto 1, *b*, da Convenção de Viena) e a proclamação da Carta de Direitos Humanos, sem distinção por motivos de nacionalidade, e o reconhecimento na Declaração do direito de igualdade diante da lei sem distinção alguma?;

b) tratando-se de pessoas estrangeiras e tendo por base os arts. 3º, ponto 1, da Carta e os 1º, 2º e 26 da Declaração, quais são as consequências jurídicas da imposição e execução da pena de morte sem a notificação disciplinada no art. 36, ponto 1, *b*, da Convenção de Viena?

c) apreciação da admissão e da competência pela Corte

A Corte decidiu, por unanimidade, que é competente para emitir a opinião consultiva.

d) decisão

A Corte decidiu, por unanimidade, que:

o art. 36 da Convenção de Viena sobre Relações Consulares reconhece direitos individuais ao detido estrangeiro, entre eles o direito à informação sobre a assistência consular, aos quais correspondem deveres correlatos a cargo do Estado receptor;

o art. 36 da Convenção de Viena sobre Relações Consulares cuida da proteção dos direitos do nacional do Estado que envia e está em consonância com a ordem internacional dos direitos humanos;

a expressão "sem dilação", constante do art. 36, ponto 1, *b*, da Convenção de Viena, significa que o Estado deve cumprir com seu dever de informar o detido sobre seus direitos no momento da privação da liberdade e em todo caso antes que dê sua primeira declaração perante a autoridade;

a observância dos direitos do indivíduo disciplinados no art. 36 da Convenção de Viena não está subordinada à manifestação do Estado que o envia;

os arts. 2º, 6º, 14 e 50 do Pacto Internacional de Direitos Civis e Políticos são aplicados aos Estados americanos;

o direito individual à informação (art. 36, ponto 1, *b*, da Convenção de Viena) é condição para que o direito ao devido processo legal (art. 14 do Pacto Internacional de Direitos Civis e Políticos) adquira eficácia no caso concreto. E o direito ao devido processo legal estabelece garantias mínimas suscetíveis de expansão via outros instrumentos internacionais, como a Convenção de Viena sobre Relações Consulares, que ampliam o horizonte protetivo dos detidos.

Por seis votos contra um[157], a Corte decidiu que a observância do direito à informação do detido estrangeiro (art. 36, ponto 1, *b*, da Convenção de Viena) faz parte das ditas garantias do devido processo legal, e, nessa circunstância, a imposição da pena de morte constitui uma violação do direito a não ser privado de sua vida "arbitrariamente", nos termos de importantes preceitos alocados em tratados de direitos humanos (*v.g.* Convenção Americana de Direitos Humanos, art. 4º; Pacto Internacional sobre Direitos Civis e Políticos, art. 6º). Assim, ficará caracterizada a responsabilidade internacional do Estado e seu correlato dever de indenizar.

Ao final e por unanimidade, a Corte decidiu que as disposições internacionais que tratam da proteção dos direitos humanos nos Estados americanos, inclusive o disposto no art. 36, ponto 1, *b*, da Convenção de Viena, devem ser respeitadas pelos Estados americanos partes nas respectivas convenções, independentemente de possuírem estrutura federal ou unitária.

157. O voto divergente foi do juiz barbadense Oliver Jackman.

11.3.10.5.13. Opinião Consultiva 17/2002

a) quem solicitou e objetivo

Foi solicitada pela Comissão Interamericana de Direitos Humanos com o escopo de obter a correta interpretação de alguns artigos da Convenção Americana de Direitos Humanos.

b) pedido específico

A Comissão demandou pronunciamento da Corte sobre a correta interpretação dos arts. 8º e 25 da Convenção Americana de Direitos Humanos e sobre se as medidas especiais estabelecidas no art. 19 da mesma Convenção constituem "limites ao arbítrio ou a discricionariedade dos Estados" em relação às crianças. Também solicitou a formulação de critérios gerais válidos sobre as matérias dentro do marco da Convenção Americana.

A Comissão incluiu na consulta a solicitação de que a Corte se pronunciasse especificamente sobre a compatibilidade das seguintes medidas especiais, adotadas por alguns Estados, com os arts. 8º e 25 da Convenção Americana:

a) a separação dos jovens de seus pais e/ou família por se considerar, pelo arbítrio do órgão competente e sem o devido processo legal, que estes últimos não possuem condições para a educação e cuidados no geral de seus filhos;

b) a supressão da liberdade mediante a internação de menores em estabelecimentos de guarda ou custódia, por considerá-los abandonados ou propensos a se envolver em situações de risco ou ilegalidade;

c) a aceitação, em sede penal, de confissões de menores obtidas sem as devidas garantias;

d) a tramitação de ações ou procedimentos administrativos que infrinjam direitos fundamentais do menor sem a garantia de defesa;

e) a definição, em procedimentos administrativos e judiciais, de direitos e liberdades sem a garantia do direito de ser ouvido pessoalmente e a não consideração da opinião e preferências do menor nessa definição.

c) ponto importante: definição de criança e menor de idade

A Corte, declarou que, para os efeitos dessa opinião consultiva, criança ou menor de idade é toda pessoa que não tenha completado 18 anos, salvo se tenha alcançado antes a maioridade por determinação legal.

d) apreciação da admissão e da competência pela Corte

A corte decidiu, por seis votos contra um[158], que é competente para emitir a opinião consultiva e que a solicitação da Comissão Interamericana de Direitos Humanos era admissível.

e) decisão

No mérito, a Corte decidiu da seguinte maneira:

a) em conformidade com a normativa contemporânea do direito internacional dos direitos humanos, na qual se situa o art. 19 da Convenção Americana de Direitos Humanos, as crianças são titulares de direitos, e não somente objeto de proteção;

b) a expressão "interesse superior da criança", consagrada no art. 3º da Convenção sobre os Direitos das Crianças, implica que o desenvolvimento da criança e o exercício pleno de seus direitos devem ser considerados critérios orientadores para a elaboração de normas e a aplicação destas em todas as facetas relativas à vida da criança;

c) o princípio da igualdade, disciplinado no art. 24 da Convenção Americana de Direitos Humanos, não impede a adoção de regras e medidas específicas em relação às crianças, as quais requerem um tratamento diferenciado em função de suas condições especiais. Esse tratamento deve ser direcionado à proteção de seus direitos e interesses;

d) a família constitui o âmbito preferencial para o desenvolvimento da criança e o exercício de seus direitos. Por isso, o Estado deve apoiar e fortalecer a família, por meio de diversas medidas tendentes a auxiliar o cumprimento de sua função natural;

e) devem ser dadas preferência e a respectiva facilitação para a permanência da criança em seu núcleo familiar, salvo se existirem razões determinantes para separá-la de sua família. A separação deverá ser excepcional e preferencialmente temporária;

f) para o correto cuidado com as crianças, o Estado deve se valer de instituições que disponham de pessoal adequado e instalações suficientes para o desempenho de tarefas desse gênero;

g) o respeito ao direito à vida, em relação às crianças, abarca não somente as proibições, entre elas, da privação arbitrária, estabelecidas no art. 4º da Convenção Americana de Direitos Humanos, mas também a obrigação de adotar medidas necessárias para que a existência das crianças se desenvolva em condições dignas;

h) a verdadeira e plena proteção das crianças significa a possibilidade de poderem desfrutar amplamente todos os seus direitos, entre eles os econômicos, sociais e culturais, previstos em diversos instrumentos internacionais. Os Estados-partes nos tratados internacionais de direitos humanos têm a obrigação de adotar medidas positivas para assegurar a proteção de todos os direitos da criança;

i) os Estados-partes na Convenção Americana têm o dever, consoante o disposto nos arts. 17 e 19, combinado com o art. 1º, ponto 1, da mesma Convenção, de tomar todas as medidas positivas que assegurem a proteção das crianças contra maus-tratos, seja em sua relação com as autoridades públicas, seja nas relações interindividuais ou com entes não estatais;

j) nos procedimentos judiciais ou administrativos referentes à direitos das crianças devem ser observados os princípios e as regras do devido processo legal. Isso abarca as regras correspondentes a juiz natural – competente, independente e imparcial –, duplo grau de jurisdição, presunção de inocência, contraditório e ampla defesa, respeitando as particularidades das crianças;

k) os menores de 18 anos que recebam a imputação de uma conduta delituosa devem se sujeitar a órgãos judiciais distintos dos correspondentes aos maiores de idade;

l) a conduta que motive a intervenção do Estado nos casos de delitos perpetrados por menores de idade deve estar descrita na lei penal. Outros casos, como os de abandono, desamparo, risco ou enfermidade, devem ser atendidos de forma diferente, e não com os mesmos procedimentos aplicáveis aos menores que incorreram em conduta típica. Contudo, nesses casos é preciso observar, igualmente, os princípios e as normas do devido processo legal, tanto em relação aos menores como em relação às pessoas que exerçam direitos sobre eles;

158. O voto divergente foi do juiz barbadense Oliver Jackman.

m) é possível empregar vias alternativas de solução de controvérsias que afetam as crianças, mas é preciso regular com especial cuidado a aplicação desses meios para que não alterem ou diminuam seus direitos.

11.3.10.5.14. Opinião Consultiva 18/2003

a) quem solicitou e objetivo

Foi solicitada pelos Estados Unidos Mexicanos com o objetivo de obter o posicionamento da Corte sobre o exercício e o gozo de certos direitos trabalhistas pelos trabalhadores imigrantes.

b) pedido específico

O México solicitou a posição da Corte sobre a privação do gozo e exercício de certos direitos trabalhistas (aos trabalhadores imigrantes) e sua compatibilidade com a obrigação dos Estados americanos de garantir a observância dos princípios da igualdade jurídica, não discriminação e proteção igual e efetiva da lei consagrados nos instrumentos internacionais de proteção dos direitos humanos, assim como a subordinação ou condicionamento da observância das obrigações impostas pelo direito internacional dos direitos humanos, incluídas aquelas oponíveis *erga omnes*, na consecução de certos objetivos de política interna de um Estado americano.

Ademais, a consulta trata do caráter que os princípios da igualdade jurídica, não discriminação e proteção igual e efetiva da lei alcançaram no contexto de desenvolvimento progressivo do direito internacional dos direitos humanos e de sua codificação.

As normas cuja interpretação o México solicitou ao Tribunal foram as seguintes: os arts. 3º, ponto 1, e 17 da Carta da OEA; o art. 2º da Declaração Americana de Direitos e Deveres do Homem; os arts. 1º, ponto 1, 2º e 24 da Convenção Americana de Direitos Humanos; os arts. 1º, 2º, ponto 1, e 7º da Declaração Universal de Direitos Humanos; e os arts. 2º, pontos 1 e 2, 5º, ponto 2, e 26 do Pacto Internacional de Direitos Civis e Políticos.

c) apreciação da admissão e da competência da Corte

A Corte decidiu, por unanimidade, que é competente para emitir a opinião consultiva.

d) decisão

No mérito, decidiu da seguinte maneira e também de forma unânime:

a) os Estados têm a obrigação geral de respeitar e garantir os direitos fundamentais, devendo, assim, adotar medidas positivas e evitar tomar iniciativas que limitem ou infrinjam um direito fundamental, além de suprimir as medidas e as práticas que restrinjam ou vulnerem um direito fundamental;

b) o descumprimento pelo Estado, mediante qualquer tratamento discriminatório, da obrigação geral de respeitar e garantir os direitos humanos gera responsabilidade internacional;

c) o princípio da igualdade e da não discriminação possui um caráter fundamental para a salvaguarda dos direitos humanos tanto no direito internacional como no interno;

d) o princípio fundamental da igualdade e da não discriminação faz parte do direito internacional geral, por ser aplicável a todo Estado, independentemente de ser parte ou não de determinado tratado internacional. Na atual etapa de evolução do direito internacional, o princípio fundamental da igualdade e o da não discriminação tornaram-se parte do domínio do *jus cogens*;

e) o princípio fundamental da igualdade e da não discriminação, de caráter peremptório, acarreta obrigações *erga omnes* de proteção que vinculam a todos os Estados e geram efeitos em relação a terceiros, inclusive particulares;

f) a obrigação geral de respeitar e de garantir os direitos humanos vincula os Estados, independentemente de qualquer circunstância ou consideração, inclusive o *status* migratório das pessoas;

g) o direito ao devido processo legal deve ser reconhecido no marco das garantias mínimas que se devem garantir a todo imigrante, independentemente de seu *status* migratório. O amplo alcance da intangibilidade do devido processo legal compreende todas as matérias e todas as pessoas, sem qualquer discriminação;

h) a qualidade migratória de uma pessoa não pode constituir uma justificação para privá-la do gozo e exercício de seus direitos humanos, entre eles os de caráter laboral. O imigrante, ao assumir uma relação de trabalho, adquire direitos, por ser trabalhador, que devem ser reconhecidos e garantidos, independentemente de sua situação regular ou irregular no país de emprego. Esses direitos são consequências da relação laboral;

i) o Estado tem a obrigação de respeitar e garantir os direitos humanos laborais de todos os trabalhadores, independentemente de sua condição de nacional ou estrangeiro, e não pode tolerar situações de discriminação em prejuízo destes nas relações laborais que se estabeleçam entre particulares (empregador-empregado). O Estado não deve permitir que os empregadores privados violem os direitos dos trabalhadores, nem que a relação contratual vulnere as normas mínimas internacionais;

j) os trabalhadores, titulares dos direitos laborais, devem contar com todos os meios adequados para exercê-los. Os trabalhadores imigrantes ilegais possuem os mesmos direitos laborais que correspondem aos demais trabalhadores do Estado de emprego, e este último deve tomar todas as medidas necessárias para que sejam reconhecidos e garantidos na prática;

k) os Estados não podem subordinar ou condicionar a observância do princípio da igualdade perante a lei e do da não discriminação à consecução dos objetivos de suas políticas públicas, quaisquer que sejam estas, incluídas as de caráter migratório.

11.3.10.5.15. Opinião Consultiva 19/2005

a) quem solicitou e objetivo

Foi solicitada pela República Bolivariana da Venezuela com o objetivo de saber se existe no organograma do sistema interamericano um órgão responsável de fazer o controle de legalidade das atuações da Comissão.

b) pedido específico

A Venezuela indagou a Corte acerca da existência ou não de um órgão dentro do sistema interamericano de proteção dos direitos humanos que disponha das competências necessárias para exercer o controle de legalidade das atuações da Comissão, para o qual possam recorrer os Estados-partes da Convenção na defesa da legalidade. E no caso de existir tal órgão, a Venezuela desejaria saber qual é ele e quais são suas atribuições.

c) apreciação da admissão e da competência pela Corte

Pela interpretação dos arts. 41 e 44 a 51 da Convenção Americana de Direitos Humanos referentes à atuação da Comissão Interamericana de Direitos Humanos, a Corte decidiu, por unanimidade, que é competente para emitir a opinião consultiva.

d) decisão

No mérito, decidiu, por unanimidade, da seguinte maneira:

a) a Comissão Interamericana de Direitos Humanos, como órgão do sistema interamericano de proteção dos direitos humanos, tem plena autonomia e independência no exercício de seu mandato, conforme disciplinado na Convenção Americana de Direitos Humanos;

b) a Comissão Interamericana de Direitos Humanos atua dentro do marco legal, estabelecido pela Convenção Americana de Direitos Humanos, no exercício das funções de sua competência no trâmite dos procedimentos relativos às petições individuais (arts. 44 a 51 da Convenção Americana), assim como no exercício das outras atribuições destinadas à promoção e proteção dos direitos humanos, consagradas no art. 41 da Convenção;

c) a Corte Interamericana de Direitos Humanos, no exercício de suas funções, efetua o controle de legalidade das atuações da Comissão Interamericana no que se refere ao trâmite dos assuntos que estejam sob sua jurisdição, conforme sua competência determinada pela Convenção Americana e outros instrumentos interamericanos de proteção dos direitos humanos.

11.3.10.5.16. Opinião Consultiva 20/2009

a) quem solicitou e objetivo

Foi solicitada pela República da Argentina com o escopo de definir a correta interpretação do art. 55 da Convenção Americana de Direitos Humanos.

b) pedido específico

A Argentina solicitou que a Corte apontasse a correta interpretação do art. 55 da Convenção Americana, tendo por base a figura do juiz *ad hoc* e da igualdade de armas no processo perante a Corte Interamericana e sob o contexto de um caso oriundo de uma petição individual, assim como levando em conta a nacionalidade dos magistrados da Corte e o direito a um juiz independente e imparcial.

c) apreciação da admissão e da competência pela Corte

Pela interpretação do art. 55, pontos 1 e 3, da Convenção Americana de Direitos Humanos, a Corte decidiu, por unanimidade, que é competente para emitir a opinião consultiva.

d) decisão

No mérito, decidiu, por unanimidade, que, conforme o que dispõe o art. 55, ponto 3, da Convenção Americana de Direitos Humanos, (i) a possibilidade de os Estados-partes, no caso submetido à Corte, nomearem um juiz *ad hoc* para integrar esse Tribunal quando não se tenha um juiz de sua nacionalidade, fica restrita aos casos originados em **comunicações interestatais** (art. 45 da Convenção Americana de Direitos Humanos); (ii) que não é possível o exercício desse direito em favor dos Estados-partes quando o caso for oriundo de uma petição individual (art. 44 da Convenção Americana); e (iii) que o juiz nacional do Estado demandado não deve participar do julgamento dos casos contenciosos originados em **petições individuais**.

11.3.10.5.17. Opinião Consultiva 21/2014

a) quem solicitou e objetivo

Foi solicitada pelos Estados de Argentina, Brasil, Paraguai e Uruguai[159] com o objetivo de que a Corte determine, com maior precisão, quais são as obrigações dos Estados com relação às medidas passíveis de serem adotadas a respeito de meninos e meninas, associadas à sua condição migratória, ou à de seus pais, à luz da interpretação autorizada dos arts. 1º, ponto 1, 2º, 4º, ponto 1, 5º, 7º, 8º, 11, 17, 19, 22, ponto 7, 22, ponto 8, 25 e 29 da Convenção Americana sobre Direitos Humanos e dos arts. 1º, 6º, 8º, 25 e 27 da Declaração Americana dos Direitos e Deveres do Homem e do art. 13 da Convenção Interamericana para Prevenir e Punir a Tortura.

b) pedido específico

De uma maneira bem específica, transcrevemos as nove perguntas formuladas pelos Estado solicitantes.

Quais são, à luz dos arts. 1º, 2º, 5º, 7º, 8º, 19, 22, ponto 7, e 25 da Convenção Americana e dos arts. 1º, 25 e 27 da Declaração Americana dos Direitos e Deveres do Homem, os procedimentos que deveriam [ser adotados] a fim de identificar os diferentes riscos para os direitos de meninos e meninas migrantes; determinar as necessidades de proteção internacional; e adotar, se for o caso, as medidas de proteção especial que se requeiram?

Quais são, à luz dos arts. 1º, 2º, 7º, 8º, 19 e 25 da Convenção Americana e do art. 25 da Declaração Americana dos Direitos e Deveres do Homem, as garantias do devido processo que deveriam reger os processos migratórios que envolvem meninos e meninas migrantes?

Como se deve interpretar, à luz dos arts. 1º, 7º, 8º, 19 e 29 da Convenção Americana e do art. 25 da Declaração Americana dos Direitos e Deveres do Homem, o princípio de *ultima ratio* da detenção como medida cautelar no âmbito de procedimento migratório quando estão envolvidos meninos e meninas que se encontram junto a seus pais, e quando estão envolvidos meninos/as não acompanhados ou separados de seus pais?

Que características devem ter, à luz dos arts. 2º, 7º, 19, 25 e 29 da Convenção Americana e do art. 25 da Declaração Americana dos Direitos e Deveres do Homem, as medidas alternativas adequadas de proteção de direitos da criança que deveriam constituir a resposta estatal prioritária para evitar qualquer tipo de restrição à liberdade ambulatória? Quais são as garantias do devido processo que deveriam aplicar-se no procedimento de decisão sobre medidas alternativas à detenção?

Quais são as condições básicas que deveriam cumprir os espaços de alojamento de meninos/as migrantes, e quais são as obrigações principais que têm os Estados a respeito dos meninos e meninas (sós ou acompanhados) que se encontram sob a custódia estatal por razões migratórias, à luz dos arts. 1º, 2º, 4, ponto 1, 5º, 17 e 19 da Convenção Americana e dos arts. 1º e 25 da Declaração Americana dos Direitos e Deveres do Homem?

Quais são, à luz dos arts. 1º, 2º, 7º, 8º, 19 e 25 da Convenção Americana e do art. 25 da Declaração Americana dos Direitos

159. Pelos países postulantes fica nítido que é uma demanda consultiva proveniente do Mercosul, mas como o art. 64, ponto 1, da Convenção Americana prevê que somente os Estados-membros e os órgãos da OEA podem consultar a Corte sobre a interpretação da Convenção Americana ou de outros tratados concernentes à proteção dos direitos humanos nos Estados Americanos, tais países decidiram assinar o pedido de consulta de forma independente do Mercosul.

e Deveres do Homem, as garantias do devido processo que deverão reger os processos migratórios que envolvem a meninos e meninas, quando nestes processos se apliquem medidas que restrinjam a liberdade pessoal das crianças?

Qual é o alcance e conteúdo do princípio de não devolução à luz dos arts. 1º, 2º, 4º, ponto 1, 5º, 7º, 8º, 19, 22, ponto 7, 22, ponto 8 e 25 da Convenção Americana, art. 13, ponto 4, da Convenção Interamericana para Prevenir e Punir a Tortura, e dos arts. 1º, 25 e 27 da Declaração Americana dos Direitos e Deveres do Homem, ao adotar-se medidas que possam implicar [n]o retorno de um menino/a a um país determinado?

Que características, à luz do art. 22, ponto 7, da Convenção Americana e do art. 27 da Declaração Americana dos Direitos e Deveres do Homem, deveriam ter os procedimentos a serem empregados quando se identifica um potencial pedido de asilo ou de reconhecimento da condição de refugiado de um menino/a migrante?

Qual é o alcance que se deveria conferir à proteção do direito dos meninos/as de não serem separados de seus pais nos casos em que poderia aplicar-se uma medida de deportação a um ou ambos os progenitores, como consequência de sua condição migratória, à luz dos arts. 8º, 17, 19 e 25 da Convenção Americana e arts. 6º e 25 da Declaração Americana dos Direitos e Deveres do Homem?

c) apreciação da admissão e da competência pela Corte

A Corte considerou-se competente para emitir a presente opinião consultiva

d) decisão

A Corte decidiu, por unanimidade, nos seguintes termos:

De acordo com o requerido pelos Estados solicitantes, o presente Parecer Consultivo determina a seguir, com a maior precisão possível e em conformidade com as normas citadas anteriormente, as obrigações estatais a respeito de crianças, associadas à sua condição migratória ou à de seus pais, e que os Estados devem, em consequência, considerar ao elaborar, adotar, implementar e aplicar suas políticas migratórias, incluindo nelas, conforme corresponda, tanto a adoção ou aplicação das correspondentes normas de direito interno como a assinatura ou aplicação dos tratados e/ou outros instrumentos internacionais pertinentes.

1) Tendo presente, para estes efeitos, que é criança toda pessoa que não tenha completado 18 anos de idade, os Estados devem priorizar o enfoque dos direitos humanos desde uma perspectiva que tenha em consideração, de forma transversal, os direitos das crianças e, em particular, sua proteção e desenvolvimento integral, os quais devem prevalecer sobre qualquer consideração da nacionalidade ou *status* migratório, a fim de assegurar a plena vigência de seus direitos, nos termos dos pontos 34 a 41 e 51 a 71[160] da opinião consultiva.

2) Os Estados se encontram obrigados a identificar as crianças estrangeiras que necessitam de proteção internacional dentro de suas jurisdições, através de uma avaliação inicial com garantias de segurança e privacidade, com o fim de lhes proporcionar o tratamento adequado e individualizado que seja necessário de acordo com sua condição de crianças e, em caso de dúvida sobre a idade, avaliar e determinar a mesma; determinar se se trata de uma criança desacompanhada ou separada, assim como sua nacionalidade ou, se for o caso, sua condição de apátrida; obter informação sobre os motivos de sua saída do país de origem, de sua separação familiar se for o caso, de suas vulnerabilidades e qualquer outro elemento que evidencie ou negue sua necessidade de algum tipo de proteção internacional; e adotar, caso seja necessário e pertinente, de acordo com o interesse superior da criança, medidas de proteção especial, nos termos dos pontos 72 a 107 da presente opinião consultiva.

3) Com o propósito de assegurar um acesso à justiça em condições de igualdade, garantir um efetivo devido processo e velar para que o interesse superior da criança tenha sido uma consideração primordial em todas as decisões adotadas, os Estados devem garantir que os processos administrativos ou judiciais nos quais se resolva sobre os direitos das crianças migrantes estejam adaptados a suas necessidades e sejam acessíveis a elas, nos termos dos pontos 108 a 115 da presente opinião consultiva.

4) As garantias de devido processo que, conforme o Direito Internacional dos Direitos Humanos, devem reger todo processo migratório, seja administrativo ou judicial, que envolva crianças são: o direito a ser notificado da existência de um procedimento e da decisão que se adote no âmbito do processo migratório; o direito a que os processos migratórios sejam conduzidos por um funcionário ou juiz especializado; o direito a ser ouvido e a participar nas diferentes etapas processuais; o direito a ser assistido gratuitamente por um tradutor e/ou intérprete; o acesso efetivo à comunicação e assistência consular; o direito a ser assistido por um representante legal e a comunicar-se livremente com este representante; o dever de designar um tutor no caso de crianças desacompanhadas ou separadas; o direito a que a decisão que se adote avalie o interesse superior da criança e seja devidamente fundamentada; o direito a recorrer da decisão perante um juiz ou tribunal superior com efeitos suspensivos; e o prazo razoável de duração do processo, nos termos dos pontos 116 a 143 da presente opinião consultiva.

5) Os Estados não podem recorrer à privação de liberdade de crianças para garantir os fins de um processo migratório, nem tampouco podem fundamentar tal medida no descumprimento dos requisitos para ingressar e permanecer em um país, no fato de que a criança se encontre sozinha ou separada de sua família, ou na finalidade de assegurar a unidade familiar, uma vez que podem e devem dispor de alternativas menos lesivas e, ao mesmo tempo, proteger, de forma prioritária e integral, os direitos da criança, nos termos dos pontos 144 a 160 da presente opinião consultiva.

6) Os Estados devem elaborar e incorporar em seus respectivos ordenamentos internos um conjunto de medidas não privativas de liberdade a serem aplicadas enquanto se desenvolvem os processos migratórios, que visem, de forma prioritária, a proteção integral dos direitos da criança, com estrito respeito de seus direitos humanos e do princípio de legalidade, e as decisões que ordenem estas medidas devem ser adotadas por uma autoridade administrativa ou judicial competente em um procedimento que respeite determinadas garantias mínimas, nos termos dos pontos 161 a 170 da presente opinião consultiva.

7) Os espaços de alojamento devem respeitar o princípio de separação e o direito à unidade familiar, de tal modo que no caso de crianças desacompanhadas ou separadas, devem alojar-se em locais distintos ao dos adultos e, no caso de crianças acompanhadas, devem alojar-se com seus familiares, exceto se

160. Essa numeração é a adotada nas opiniões consultivas da Corte Interamericana, assim facilitará a busca do leitor interessado.

for mais conveniente a separação, em aplicação do princípio do interesse superior da criança. Ademais, deve-se assegurar condições materiais e um regime adequado para as crianças em um ambiente não privativo de liberdade, nos termos dos pontos 171 a 184 da presente opinião consultiva.

8) Em situações de restrição de liberdade pessoal que podem constituir ou eventualmente se desdobrar, pelas circunstâncias do caso concreto, em uma medida que materialmente corresponda a uma privação de liberdade, os Estados devem respeitar as garantias que se tornam operativas diante destas situações, nos termos dos pontos 185 a 206 da presente opinião consultiva.

9) Os Estados têm a proibição de devolver, expulsar, deportar, retornar, rechaçar na fronteira ou não admitir, ou de qualquer maneira, transferir ou remover uma criança a um Estado quando sua vida, segurança e/ou liberdade estejam em risco de violação por causa de perseguição ou ameaça à mesma, violência generalizada ou violações massivas aos direitos humanos, entre outros, assim como para um Estado onde corra o risco de ser submetida a tortura ou outros tratamentos cruéis, desumanos ou degradantes, ou a um terceiro Estado a partir do qual possa ser enviado a outro no qual possa correr estes riscos, nos termos dos pontos 207 a 242 da presente opinião consultiva.

10) De acordo com o estabelecido na Convenção sobre os Direitos da Criança e outras normas de proteção dos direitos humanos, qualquer decisão sobre a devolução de uma criança ao país de origem ou a um terceiro país seguro apenas poderá basear-se nos requerimentos de seu interesse superior, tendo em consideração que o risco de violação de seus direitos humanos pode adquirir manifestações particulares e específicas em razão da idade, nos termos dos pontos 207 a 242 da presente opinião consultiva.

11) A obrigação estatal de estabelecer e realizar procedimentos justos e eficientes para identificar os potenciais solicitantes de asilo e determinar a condição de refugiado através de uma análise adequada e individualizada das petições, com as correspondentes garantias, deve incorporar os componentes específicos desenvolvidos à luz da proteção integral devida a todas as crianças, aplicando integralmente os princípios reitores e, em especial, o relativo ao interesse superior da criança e sua participação, nos termos dos pontos 243 a 262 da presente opinião consultiva.

12) Qualquer órgão administrativo ou judicial que deva decidir sobre a separação familiar por expulsão motivada pela condição migratória de um ou de ambos os progenitores deve realizar uma análise de ponderação, que contemple as circunstâncias particulares do caso concreto e garanta uma decisão individual, priorizando em cada caso o interesse superior da criança. Nas hipóteses em que a criança tem direito à nacionalidade do país do qual um ou ambos os progenitores podem ser expulsos, ou que cumpra as condições legais para residir permanentemente neste país, os Estados não podem expulsar um ou ambos os progenitores por infrações migratórias de caráter administrativo, pois se sacrificaria de forma irrazoável ou desmedida o direito à vida familiar da criança, nos termos dos pontos 263 a 282 da presente opinião consultiva.

Em atenção a que as obrigações determinadas anteriormente se referem a um tema tão próprio, complexo e variável da época atual, elas devem ser entendidas como parte do desenvolvimento progressivo do Direito Internacional dos Direitos Humanos, processo no qual, consequentemente, este Parecer Consultivo se insere.

11.3.10.5.18. Opinião Consultiva 22/2016

a) quem solicitou e objetivo

Foi solicitada pela república do Panamá com o objetivo de que a Corte determine se as pessoas jurídicas também são titulares dos direitos elencados na Convenção Americana de Direitos Humanos. Trata-se de pedido de interpretação e alcance do art. 1º, ponto 2, da Convenção em relação aos artigos 1º, ponto 1; 8º; 11, ponto 2; 13; 16; 21; 24; 25; 29; 30; 44; 46 e 62, ponto 3, da Convenção Americana sobre Direitos Humanos e ao art. 8º, ponto 1, a e *b*, do Protocolo de San Salvador.

b) pedido específico

A Corte decidiu agrupar as perguntas apresentadas pelo Panamá em quatro temas principais: i) consulta sobre a titularidade de direitos por parte das pessoas jurídicas no sistema interamericano; ii) consulta sobre a situação das comunidades indígenas e tribais e as organizações sindicais no sistema interamericano; iii) consulta sobre como fica a proteção dos direitos humanos das pessoas naturais enquanto membras de pessoas jurídicas; iv) consulta sobre o possível esgotamento dos recursos internos por pessoas jurídicas.

c) apreciação da admissão e da competência pela Corte

A Corte considerou-se, por unanimidade, competente para emitir a presente opinião consultiva.

d) decisão

A Corte decidiu nos seguintes termos:

i) por unanimidade que o art. 1º, ponto 2, da Convenção Americana somente consagra os direitos das pessoas naturais, portanto as pessoas jurídicas não são titulares dos direitos consagrados no respectivo tratado;

ii) por unanimidade que as comunidades indígenas e tribais são titulares dos direitos protegidos na Convenção e, dessa forma, podem acionar o sistema interamericano de proteção;

iii) por seis votos a favor e um contra que o art. 8º, ponto 1, a, do Protocolo de San Salvador outorga titularidade de direitos aos sindicatos, as federações e as confederações, o que os torna competentes para acionar o sistema interamericano na defesa de seus direitos conforme os ditames estabelecidos no respectivo artigo;

iv) por seis votos a favor e um contra que as pessoas físicas podem exercer, em alguns casos, seus direitos através de pessoas jurídicas, de forma que nestas situações as pessoas poderão acionar o sistema interamericano para denunciar supostas violações de seus direitos;

v) por seis votos a favor e um contra que as pessoas físicas podem, desde que cumprido certos requisitos, esgotar os recursos internos mediante recursos interpostos por pessoas jurídicas.

11.3.10.5.19. Opinião Consultiva 24/2017

a) quem solicitou e objetivo

Foi solicitada pela Costa Rica com o objetivo de que a Corte aclare as obrigações estatais em relação à mudança de nome, à identidade de gênero e aos direitos oriundos do vínculo entre casais de mesmo sexo. Trata-se de consulta sobre a interpretação e alcance dos artigos 11, ponto 2, 18 e 24 da Convenção Americana sobre Direitos Humanos, todos em conformidade com o art. 1º da Convenção.

b) pedido específico

Os pedidos específicos são os seguintes:

i) parecer consultivo sobre a proteção oferecida pelos artigos 11, ponto 2, 18 e 24, em relação ao artigo 1º da CADH, ao reconhecimento da mudança de nome das pessoas, de acordo com a identidade de gênero de cada uma;

ii) parecer consultivo sobre a compatibilidade da prática que consiste em aplicar o artigo 54 do Código Civil da República da Costa Rica, Lei nº 63, de 28 de setembro de 1887, às pessoas que desejam optar por uma mudança de nome a partir de sua identidade de gênero, com os artigos 11, ponto 2, 18 e 24, em relação ao artigo 1º da Convenção;

iii) parecer consultivo sobre a proteção oferecida pelos artigos 11, ponto 2, e 24, em relação ao artigo 1º da CADH, ao reconhecimento dos direitos patrimoniais derivados de um vínculo entre pessoas do mesmo sexo.

c) apreciação da admissão e da competência pela Corte

A Corte considerou-se, por unanimidade, competente para emitir a presente opinião consultiva.

d) decisão

A Corte decidiu nos seguintes termos:

i) por unanimidade que a mudança de nome e a adequação dos registros públicos e documentos de identidade para que sejam condizentes com a identidade de gênero autopercebida constitui um direito protegido pelos artigos 3º, 7º, ponto 1, 11, ponto 2, e 18 da Convenção Americana, todos em conformidade com os artigos 1º, ponto 1, e 24 do mesmo tratado. Desta forma, os Estados estão obrigados a reconhecer, regular e estabelecer os procedimentos adequados para tais fins;

ii) por unanimidade que os Estados devem garantir que as pessoas interessadas na retificação do gênero ou menções de sexo constantes em documentos pessoais, na mudança de nome, na adequação da imagem dos registros ou documentos de identidade em conformidade com sua identidade de gênero autopercebida, podem utilizar um procedimento ou trâmite: a) enfocado na adequação integral da identidade de gênero autopercebida; b) baseado unicamente no consentimento livre e informado do solicitante sem exigir requisitos como certificados médicos ou psicológicos ou outros que possam ser irrazoáveis; c) deve ser confidencial;

iii) por unanimidade que o art. 54 do Código Civil da Costa Rica, em sua redação oficial, estaria em conformidade com as disposições da Convenção Americana somente se fosse interpretado no sentido de que o procedimento que essa norma estabelece para garantir que as pessoas que desejam mudar seus dados de identidade para que sejam condizentes com suas identidades de gênero autopercebidas, possam lançar mão de um procedimento que contenha as mesmas três características apontadas acima. E em razão do controle de convencionalidade, o art. 54 do Código Civil deve ser interpretado em consonância com os padrões previamente estabelecidos para que as pessoas que desejam adequar integralmente os registros ou documentos de identidade conforme sua identidade de gênero autopercebida possam gozar efetivamente desse direito humano reconhecido nos artigos 3º, 7º, 11, ponto 2, 13 e 18 da Convenção Americana;

iv) por unanimidade que o Estado da Costa Rica, com o propósito de garantir da maneira mais efetiva a proteção dos direitos humanos, poderá expedir um regulamento mediante o que incorpore os padrões apontados como importantes pela Corte;

v) por unanimidade que a Convenção Americana, em virtude do direito à proteção da vida privada e familiar (art. 11, ponto 2), assim como o direito à proteção da família (art. 17), protege o vínculo familiar que pode surgir de uma relação formada por um casal do mesmo sexo;

vi) por unanimidade que o Estado deve reconhecer e garantir todos os direitos que se originem de um vínculo familiar formado entre pessoas do mesmo sexo, conforme o estabelecido nos artigos 11, ponto 2, e 17, ponto 1, da Convenção Americana;

vii) por seis votos a favor e um contra que de acordo com os artigos 1º, ponto 1, 2º, 11, ponto 2, 17 e 24 da Convenção Americana é necessário que os Estados garantam acesso à todas figuras jurídicas já existentes nos ordenamentos jurídicos internos, incluindo o direito ao matrimônio, para assegurar a proteção de todos os direitos das famílias formadas por casais do mesmo sexo, sem qualquer discriminação em relação aos direitos que gozam os casais heterossexuais.

12. SISTEMA AMERICANO DE PROTEÇÃO ESPECÍFICA

Passemos à análise pontual dos instrumentos regionais de proteção específica dos direitos humanos. Conforme dito anteriormente, tais instrumentos são considerados específicos, regra geral, por protegerem indivíduos determinados e não todos os seres humanos, ou por cuidarem de temas específicos.

12.1. Convenção Interamericana para Prevenir e Punir a Tortura

12.1.1. Apresentação

A Convenção, adotada em 09.12.1985, em Cartagena, na Colômbia, e promulgada no Brasil em 09.12.1989 pelo Decreto 98.386, tem por fundamento a consciência de que todo ato de tortura ou outros tratamentos ou penas cruéis, desumanos ou degradantes constituem uma ofensa à dignidade humana.

12.1.2. Definição de tortura

Por tortura entende-se todo ato pelo qual são infligidos intencionalmente a uma pessoa penas ou sofrimentos físicos ou mentais, com fins de investigação criminal, como meio de intimidação, como castigo pessoal, como medida preventiva, como pena ou com qualquer outro fim[161]. Entende-se também como tortura a aplicação em uma pessoa de métodos tendentes a anular a personalidade da vítima ou a diminuir sua capacidade física ou mental, embora não causem dor física ou angústia psíquica (art. 2º da Convenção).

Percebe-se que a existência de finalidade é imprescindível para caracterização do delito e tal; é formulada de forma bastante ampla pelo art. 2º acima citado.

12.1.2.1. Elementos constitutivos

A Corte já categorizou os elementos constitutivos da tortura, quais são: a) um ato intencional; b) que ocasione

161. No caso – Mendoza y Otros vs. Argentina –, a Corte Interamericana condenou a República da Argentina pela violação, dentre outros, dos arts. 1, 6 e 8 da Convenção Interamericana para Prevenir e Punir a Tortura em prejuízo de algumas das vítimas. A sentença foi proferida no dia 14.05.2013. Para acessar o caso em seu inteiro teor, basta acessar o seguinte endereço eletrônico: http://www.corteidh.or.cr/docs/casos/articulos/seriec_260_esp.pdf. Outro caso parecido é o García Lucero y Otros vs. Chile: http://www.corteidh.or.cr/docs/casos/articulos/seriec_267_esp.pdf.

severos sofrimentos físicos e mentais; c) que seja cometido com determinado fim ou propósito[162].

Em relação ao primeiro requisito, a Corte Interamericana exige que exista intenção por detrás da conduta lesiva e exclui a possibilidade de considerar como tortura um ato proveniente de grave negligência ou de caso fortuito[163].

12.1.3. Sujeitos ativos do crime de tortura

E consoante ao art. 3º, *a* e *b*, da Convenção, apenas os funcionários ou empregados públicos, ou ainda os particulares, desde que instigados pelos dois primeiros, podem ser sujeitos ativos do crime de tortura.

É muito importante a ressalva do art. 4º: "O fato de haver agido por ordens superiores não eximirá da responsabilidade penal correspondente".

12.1.4. Declarações obtidas por meio de tortura não servem como prova

Outro ponto que merece destaque é o que se encontra disposto no art. 10 da Convenção: "as declarações obtidas por meio de tortura não podem ser admitidas como prova em processo, salvo em processo instaurado contra a pessoa acusada de havê-las obtido mediante atos de tortura e unicamente como prova de que, por esse meio, o acusado obteve tal declaração".

12.1.5. Obrigação dos Estados-partes

Os Estados-partes têm obrigação de proibir a tortura, esta não podendo ser praticada nem mesmo em circunstâncias excepcionais.

Igualmente ao previsto na Convenção da ONU contra a Tortura e outros Tratamentos ou Penas Cruéis, Desumanos ou Degradantes, os Estados-partes se obrigam a punir os torturadores, independentemente do país em que a tortura tenha sido realizada e da nacionalidade do torturador. Percebe-se que a Convenção Interamericana também estabeleceu jurisdição compulsória e universal para julgar os acusados de tortura. Consoante o comentado no subitem 10.3, a compulsoriedade da jurisdição determina que os Estados-partes devem punir os torturadores, independentemente do local onde o crime foi cometido e da nacionalidade do torturador e da vítima. E a universalidade da jurisdição determina que os Estados-partes processem ou extraditem o suspeito da prática de tortura, independentemente da existência de tratado prévio de extradição.

12.1.6. Mecanismos de monitoramento

Para monitorar o cumprimento das obrigações constantes na Convenção, a Comissão Interamericana de Direitos Humanos recebe relatórios confeccionados pelos Estados-partes, os quais auxiliam a confecção do relatório anual da Comissão.

12.2. Convenção Interamericana sobre o Desaparecimento Forçado de Pessoas

12.2.1 Apresentação

A Convenção, adotada em 09.06.1994, em Belém do Pará, no Brasil, e ainda não ratificada pelo Brasil, tem por fundamento a consciência de que o desaparecimento forçado de pessoas viola múltiplos direitos essenciais da pessoa humana, de caráter irrevogável. A Corte Interamericana classifica essa violação como de caráter pluriofensivo, posto que infringe o direito à vida (art. 4º da Convenção Americana), à integridade pessoal (art. 5º), à liberdade pessoal (art. 7º) e o direito a personalidade jurídica (art. 3º)[164].

12.2.2. Definição de desaparecimento forçado

Por desaparecimento forçado entende-se a privação da liberdade de uma ou mais pessoas, seja de que forma for, praticada por agentes do Estado ou por pessoas ou grupos de pessoas que atuem com autorização, apoio ou consentimento do Estado, seguida de falta de informação ou da recusa em reconhecer a privação de liberdade ou informar sobre o paradeiro do desaparecido, impedindo assim o exercício dos recursos legais e das garantias processuais pertinentes (art. 2º da Convenção). O art. 3º dispõe que o desaparecimento forçado será considerado delito continuado ou permanente enquanto não se estabelecer o destino ou o paradeiro da vítima.

Na jurisprudência da Corte Interamericana, especialmente na sentença do caso *González Medina e Familiares vs. República Dominicana*, se reafirmaram os elementos configuradores do delito de desaparecimento forçado: a) a privação de liberdade; b) a intervenção ou aquiescência de agentes estatais; c) a negativa de reconhecer a detenção e de revelar o paradeiro do interessado[165].

12.2.3. Obrigação dos Estados-partes

Os Estados-partes têm obrigação de não praticar (atuação estatal negativa) e punir (atuação estatal positiva) o desaparecimento forçado de pessoas.

Igualmente ao previsto na Convenção da ONU contra a Tortura e outros Tratamentos ou Penas Cruéis, Desumanos ou Degradantes e na Convenção Interamericana para Prevenir e Punir a Tortura, os Estados-partes se obrigam a punir os participantes no delito de desaparecimento forçado, independentemente do país em que o desaparecimento tiver sido realizado e da nacionalidade do autor do delito. Percebe-se que a Convenção Interamericana sobre o Desaparecimento Forçado de Pessoas também estabeleceu jurisdição compulsória e universal para julgar os acusados desse delito. A compulsoriedade da jurisdição determina que os Estados-partes devem punir os autores do delito, independentemente do local onde o crime foi cometido e da nacionalidade do violador e da vítima. E a universalidade da jurisdição determina que os e Estados-partes processem ou extraditem o suspeito da prática de desaparecimento forçado, independentemente da existência de tratado prévio de extradição.

162. *Caso Bueno Alves vs. Argentina*, item 78 da decisão.

163. STEINER, Christian e URIBE, Patricia (Editores). Konrad Adenauer Stiftung. Bolívia: Plural editores, 2014. p. 144.

164. Corte IDH. *Caso Gelman vs. Uruguai*. Mérito e reparações. Sentença de 24.02.2011. Item 77 da decisão; Corte IDH. *Caso Anzualdo Castro vs. Perú*. Exceções preliminares, mérito, reparações e custas. Sentença de 22.09.2009. Item 63 da decisão; y Corte IDH. *Caso Ibsen Cárdenas e Ibsen Peña vs. Bolivia*. Mérito, reparações e custas. Sentença de 01.09.2010. Item 63 da decisão.

165. Corte IDH. *Caso González Medina e familiares vs. República Dominicana*. Sentença de 27.02.2012. Item 128 da decisão; Corte IDH. *Caso Gómez Palomino vs. Perú*. Mérito, reparações e custas. Sentença de 22.11.2005. Item 97 da decisão; e Corte IDH. *Caso Torres Millacura e outros vs. Argentina*. Mérito, reparações e custas. Sentença de 26.08.2011. Item 95 da decisão.

12.2.4. *Mecanismos de monitoramento*

Para monitorar o cumprimento, pelos Estados-partes, das obrigações constantes na Convenção, a Comissão Interamericana de Direitos Humanos receberá petições individuais e comunicações interestatais sobre um suposto desaparecimento forçado.

12.3. Convenção Interamericana para Prevenir, Punir e Erradicar a Violência contra a Mulher (Direito das Mulheres)

12.3.1. *Apresentação*

A Convenção Interamericana para Prevenir, Punir e Erradicar a Violência contra a Mulher (também conhecida como Convenção de Belém do Pará), adotada em 09.06.1994, em Belém do Pará, no Brasil, e promulgada no Brasil em 01.08.1996 pelo Decreto 1.973, tem por fundamento a consciência de que a eliminação da violência contra a mulher é condição indispensável para seu desenvolvimento individual e social e sua plena e igualitária participação em todas as esferas da vida.

12.3.2. *Definição de violência contra a mulher*

Por violência contra a mulher entende-se qualquer ato ou conduta baseados no gênero, que causem morte, dano ou sofrimento físico, sexual ou psicológico à mulher, tanto na esfera pública como na esfera privada (art. 1º da Convenção).

A Convenção, em seu art. 2º, define de maneira mais exata as três situações em que a violência contra a mulher pode ser configurada: **a)** dentro da família ou unidade doméstica ou em qualquer outra relação interpessoal, em que o agressor conviva ou tenha convivido no mesmo domicílio que a mulher e que compreende, entre outros, estupro, violação, maus-tratos e abuso sexual; **b)** na comunidade e seja perpetrada por qualquer pessoa e que compreende, entre outros, violação, abuso sexual, tortura, maus-tratos de pessoas, tráfico de mulheres, prostituição forçada, sequestro e assédio sexual no lugar de trabalho, bem como em instituições educacionais, estabelecimentos de saúde ou qualquer outro lugar; e **c)** perpetrada ou tolerada pelo Estado ou seus agentes, onde quer que ocorra.

12.3.3. *Obrigação dos Estados-partes*

Os Estados-partes têm a obrigação de punir todas as formas de violência contra a mulher e de adotar políticas destinadas a prevenir e erradicar tal violência.

12.3.4. *Mecanismos de monitoramento*

Para monitorar o cumprimento das obrigações constantes na Convenção, a Comissão Interamericana de Mulheres receberá relatórios confeccionados pelos Estados-partes (art. 10 da Convenção) e a Comissão Interamericana de Direitos Humanos receberá petições individuais. Esse último sistema permite que qualquer pessoa, grupo de pessoas ou entidade não governamental juridicamente reconhecida em um ou mais Estados-membros da Organização enviem à Comissão Interamericana de Direitos Humanos petições com o fito de denunciar as violações contra os direitos consagrados na Convenção Interamericana para Prevenir, Punir e Erradicar a Violência contra a Mulher.

12.3.5. *Outros Instrumentos (Direito das Mulheres)*

Sobre a tutela específica das mulheres, cabe indicar outros instrumentos existentes no seio do sistema interamericano direitos humanos, são eles: (i) Estatuto da Comissão Interamericana das Mulheres; (ii) Regulamento da Comissão Interamericana das Mulheres; (iii) Convenção Interamericana sobre a Concessão dos Direitos Civis à Mulher; (iv) Convenção Interamericana sobre a Concessão dos Direitos Políticos à Mulher; e (v) Convenção sobre a Nacionalidade da Mulher.

Resta esclarecer que tanto a Convenção Interamericana sobre a Concessão dos Direitos Civis à Mulher, quanto a Convenção Interamericana sobre a Concessão dos Direitos Políticos à Mulher, apenas reafirmam que os Estados devem outorgar às mulheres os mesmos direitos (civis e políticos) de que gozam os homens.

12.3.5.1. Comissão Interamericana das Mulheres

Nesse quadro tem-se destaque a Comissão Interamericana das Mulheres. A citada comissão tem por finalidade promover e proteger os direitos da mulher, bem como apoiar os Estados membros em seus esforços para assegurar pleno acesso aos direitos civis, políticos, econômicos, sociais e culturais, permitindo que mulheres e homens participem em condições de igualdade em todos os âmbitos da vida em sociedade, a fim de que desfrutem total e igualitariamente dos benefícios do desenvolvimento, bem como dividam a responsabilidade sobre os encargos de viver em sociedade.

De maneira mais concreta, seguem as atribuições da referida Comissão:

a) identificar, pelos meios apropriados, as áreas onde é preciso intensificar a participação integral da mulher no desenvolvimento econômico, político, social e cultural dos povos;

b) formular estratégias destinadas a transformar os papéis e a relação entre mulheres e homens em todas as esferas da vida pública e privada como dois seres de igual valor, corresponsáveis pelo destino da humanidade;

c) propor soluções e instar os governos a que adotem as medidas pertinentes para eliminar os obstáculos à participação plena e igualitária da mulher nas esferas civil, econômica, social, cultural e política;

d) promover a mobilização, capacitação e organização da mulher a fim de conseguir sua participação igualitária em cargos de liderança nas esferas, civil, política, econômica, social e cultural, bem como propor que no processo de planejamento, organização e execução de programas de desenvolvimento sejam permanentemente oferecidos os meios necessários para tornar efetiva essa participação e representação;

e) promover o acesso da mulher jovem e adulta à educação e a programas de capacitação, dispensando-se especial atenção à situação da mulher no campo do trabalho e nos setores marginalizados;

f) instar os governos a que cumpram as disposições das Conferências Especializadas interamericanas ou internacionais, da Assembleia Geral da Organização dos Estados Americanos e da Comissão Interamericana de Mulheres, que visem a conseguir a equidade entre as mulheres e os homens;

g) atuar como organismo consultivo da Organização dos Estados Americanos e de seus órgãos em todos os assuntos relacionados com a mulher do Continente e em quaisquer outros assuntos sobre os quais seja consultada;

h) estabelecer estreitas relações de cooperação com organismos interamericanos, com organismos de caráter mundial e com entidades públicas e privadas cujas atividades tenham a ver com a mulher;

i) informar periodicamente a Assembleia Geral da Organização dos Estados Americanos sobre as principais atividades da Comissão; informar os Governos dos Estados membros e a Assembleia Geral da Organização dos Estados Americanos sobre a condição da mulher na América, em todos os seus aspectos, sobre os progressos alcançados neste campo, sobre os problemas que devam ser considerados, e submeter-lhes as recomendações que tendam a solucionar tais problemas; e

k) promover a adoção ou adequação das medidas legislativas necessárias para eliminar toda forma de discriminação contra a mulher.

12.4. Convenção Interamericana para a Eliminação de Todas as Formas de Discriminação contra as Pessoas Portadoras de Deficiência

12.4.1. Apresentação

A Convenção, adotada em 07.06.1999, na Cidade da Guatemala, na Guatemala, e promulgada pelo Brasil em 08.10.2001 pelo Decreto 3.956, tem por fundamento a consciência de que as pessoas portadoras de deficiência têm os mesmos direitos humanos e liberdades fundamentais que outras pessoas e que esses direitos, inclusive o de não serem submetidas à discriminação com base na deficiência, emanam da dignidade e da igualdade que são inerentes a todo ser humano.

12.4.2. Definição de deficiência

Por deficiência entende-se a restrição física, mental ou sensorial, de natureza permanente ou transitória, que limita a capacidade de exercer uma ou mais atividades essenciais da vida diária, causada ou agravada pelo ambiente econômico e social (art. 1º da Convenção).

12.4.3. Obrigação dos Estados-partes

Os Estados-partes têm obrigação de eliminar todas as formas de discriminação contra as pessoas portadoras de deficiência e de propiciar sua plena integração à sociedade.

12.4.4. Mecanismos de monitoramento

Para monitorar o cumprimento das obrigações constantes na Convenção e exercer o controle de convencionalidade internacional, foi criada a Comissão para a Eliminação de Todas as Formas de Discriminação contra as Pessoas Portadoras de Deficiência, que recebe relatórios confeccionados pelos Estados-partes, os quais auxiliam a confecção dos relatórios da Comissão.

12.5. Convenção Interamericana contra a Corrupção (Administração da Justiça)

12.5.1. Apresentação

A Convenção, adotada em 29.03.1996, na cidade de Caracas, na Venezuela, e promulgada no Brasil em 07.10.2002 pelo Decreto 4.410, tem por fundamento a consciência de que a corrupção solapa a legitimidade das instituições públicas e atenta contra a sociedade, a ordem moral e a justiça, bem como contra o desenvolvimento integral dos povos, e de que a democracia representativa, condição indispensável para a estabilidade, a paz e o desenvolvimento da região, exige, por sua própria natureza, o combate a toda forma de corrupção no exercício das funções públicas e aos atos de corrupção especificamente vinculados a seu exercício.

12.5.2. Propósitos

O art. 2º lista os dois grandes propósitos dessa Convenção: **a)** promover e fortalecer o desenvolvimento, por cada um dos Estados-partes, dos mecanismos necessários para prevenir, detectar, punir e erradicar a corrupção; e **b)** promover, facilitar e regular a cooperação entre os Estados-partes a fim de assegurar a eficácia das medidas e ações adotadas para prevenir, detectar, punir e erradicar a corrupção no exercício das funções públicas, bem como os atos de corrupção especificamente vinculados a seu exercício.

12.5.3. Tipificação dos atos de corrupção

Por sua vez, os atos de corrupção são tipificados pelo art. 6º, ponto 1, da Convenção:

a) a solicitação ou a aceitação, direta ou indiretamente, por um funcionário público ou pessoa que exerça funções públicas de qualquer objeto de valor pecuniário ou de outros benefícios como dádivas, favores, promessas ou vantagens para si mesmo, para outra pessoa ou para entidade em troca da realização ou omissão de qualquer ato no exercício de suas funções públicas;

b) a oferta ou outorga, direta ou indiretamente, a um funcionário público ou pessoa que exerça funções públicas de qualquer objeto de valor pecuniário ou de outros benefícios como dádivas, favores, promessas ou vantagens a esse funcionário público, outra pessoa ou entidade em troca da realização ou omissão de qualquer ato no exercício de suas funções públicas;

c) a realização, por parte de um funcionário público ou pessoa que exerça funções públicas, de qualquer ato ou omissão no exercício de suas funções, a fim de obter ilicitamente benefícios para si mesmo ou para um terceiro;

d) o aproveitamento doloso ou a ocultação de bens provenientes de qualquer dos atos a que se refere o citado artigo; e

e) a participação, como autor, coautor, instigador, cúmplice, acobertador ou mediante qualquer outro modo na perpetração, na tentativa de perpetração ou na associação ou confabulação para perpetrar qualquer dos atos a que se refere o artigo.

12.5.4. Obrigação dos Estados-partes

Os Estados-partes têm a obrigação de adotar as medidas que forem necessárias para estabelecer sua jurisdição sobre os delitos tipificados nessa Convenção, quando estes forem cometidos em seu território, ou por um de seus cidadãos, ou por uma pessoa que tenha sua residência habitual em seu território, ou ainda quando o suspeito se encontrar em seu território e a referida parte não o extraditar para outro país por motivo da nacionalidade do suspeito (art. 5º da Convenção).

Percebe-se que a Convenção Interamericana contra a Corrupção também estabeleceu jurisdição compulsória e universal para julgar os acusados desse delito. A compulsoriedade da jurisdição determina que os Estados-partes devem punir os autores do delito, independentemente do local onde o crime tiver sido cometido e da nacionalidade do violador e da vítima. E a universalidade da jurisdição determina que os Estados-partes processem ou extraditem o suspeito da prática de desaparecimento forçado, independentemente da existência de tratado prévio de extradição.

12.5.5. Cooperação desejada

O art. 20 assim determina:

"Nenhuma das normas desta Convenção será interpretada no sentido de impedir que os Estados-partes prestem, reciprocamente, cooperação com base no previsto em outros acordos internacionais, bilaterais ou multilaterais, vigentes ou que forem celebrados no futuro entre eles, ou em qualquer outro acordo ou prática aplicável".

12.5.6. Mecanismos de monitoramento

É importante notar que essa Convenção não estatui mecanismo de controle da aplicação de seus preceitos, ou seja, o controle de convencionalidade internacional não poderá ser exercitado.

12.6. Convenção Interamericana contra o Terrorismo

12.6.1. Apresentação

A Convenção, adotada em 03.06.2002, na cidade de Bridgetown, em Barbados, e promulgada no Brasil em 26.12.2005 pelo Decreto 5.639, tem por fundamento a consciência compartilhada de que o terrorismo constitui uma grave ameaça para os valores democráticos e para a paz e a segurança internacionais e é causa de profunda preocupação para todos os Estados-membros.

12.6.2. Objetivo e destaques

A Convenção, já no seu art. 1º, explicita que o seu objetivo é prevenir, punir e eliminar o terrorismo. E os arts. 7º ao 9º traçam formas de cooperação entre os Estados-membros para garantir a efetividade no combate ao terrorismo. Pela leitura da Convenção percebe-se que não ficou estabelecido um conceito de terrorismo. Pelo contrário, a redação do art. 2º aponta que os delitos de terrorismo são aqueles previstos em alguns instrumentos internacionais (10 foram listados[166]).

Alguns pontos da Convenção ganham destaque devido sua relação explícita com o tema dos direitos humanos. Por exemplo, os arts. 12 e 13 defendem a denegação da condição de refugiado e a denegação de asilo. Essa é a redação do art. 12: "Cada Estado-parte adotará as medidas cabíveis, em conformidade com as disposições pertinentes do direito interno e internacional, para assegurar que não se reconheça a condição de refugiado a pessoas com relação às quais haja motivos fundados para considerar que cometeram um delito estabelecido nos instrumentos internacionais enumerados no art. 2º desta Convenção". E o art. 13 a seguinte: "Cada Estado-parte adotará as medidas cabíveis, em conformidade com as disposições pertinentes do direito interno e internacional, a fim de assegurar que não se conceda asilo a pessoas com relação às quais existam motivos fundados para se considerar que cometeram um delito estabelecido nos instrumentos internacionais enumerados no art. 2 desta Convenção".

Entretanto, o art. 15 cobra respeito aos direitos humanos. Segue redação do artigo citado:

"1. As medidas adotadas pelos Estados-partes em decorrência desta Convenção serão levadas a cabo com pleno respeito ao Estado de Direito, aos direitos humanos e às liberdades fundamentais; 2. Nada do disposto nesta Convenção será interpretado no sentido de desconsiderar outros direitos e obrigações dos Estados e das pessoas, nos termos do direito internacional, em particular a Carta das Nações Unidas, a Carta da Organização dos Estados Americanos, o direito internacional humanitário, o direito internacional dos direitos humanos e o direito internacional dos refugiados; 3. A toda pessoa que estiver detida ou com relação à qual se adote quaisquer medidas ou que estiver sendo processada nos termos desta Convenção será garantido um tratamento justo, inclusive o gozo de todos os direitos e garantias em conformidade com a legislação do Estado em cujo território se encontre e com as disposições pertinentes do direito internacional".

12.7. Carta Democrática Interamericana

12.7.1. Apresentação

A Carta Democrática, segundo a própria definição da OEA, é a afirmação de que a democracia é e deve ser a forma de governo comum a todos os Estados das Américas e que ela constitui um compromisso coletivo para fortalecer e preservar o sistema democrático na região. O Artigo 1º estabelece inequivocamente que: "Os povos da América têm direito à democracia e seus governos têm a obrigação de promovê-la e defendê-la. A democracia é essencial para o desenvolvimento social, político e econômico dos povos das Américas".

A Carta foi aprovada, pelos Estados Membros da OEA, durante uma Sessão Extraordinária da Assembleia Geral, realizada em 11 de setembro de 2001, em Lima, Peru.

12.7.2. Elementos essenciais de uma democracia

O artigo 3º aponta quais são os elementos essenciais de uma democracia representativa, a saber: respeito aos direitos humanos e às liberdades fundamentais; acesso ao poder e seu exercício com sujeição ao estado de direito; celebração de eleições periódicas, livres, justas e baseadas no sufrágio universal e secreto como expressão da soberania do povo; regime pluralista de partidos e organizações políticas; e separação e independência dos poderes públicos.

12.7.3. Componentes fundamentais para o exercício da democracia

E o artigo 4º lista os componentes fundamentais para o exercício da democracia: transparência das atividades governamentais; probidade; responsabilidade dos governos na gestão pública; respeito dos direitos sociais; e liberdade de expressão

166. **a)** Convenção para a Repressão do Apoderamento Ilícito de Aeronaves, assinada na Haia em 16.12.1970; **b)** Convenção para a Repressão de Atos Ilícitos contra a Segurança da Aviação Civil, assinada em Montreal em 23.12.1971; **c)** Convenção sobre a Prevenção e Punição de Crimes contra Pessoas que Gozam de Proteção Internacional, Inclusive Agentes Diplomáticos, adotada pela Assembleia Geral das Nações Unidas em 14.12.1973; **d)** Convenção Internacional contra a Tomada de Reféns, adotada pela Assembleia Geral das Nações Unidas em 17.12.1979; **e)** Convenção sobre a Proteção Física dos Materiais Nucleares, assinada em Viena em 03.12.1980; **f)** Protocolo para a Repressão de Atos Ilícitos de Violência nos Aeroportos que Prestem Serviços à Aviação Civil Internacional, complementar à Convenção para a Repressão de Atos Ilícitos contra a Segurança da Aviação Civil, assinado em Montreal em 24.12.1988; **g)** Convenção para a Supressão de Atos Ilegais contra a Segurança da Navegação Marítima, feita em Roma em 10.12.1988; **h)** Protocolo para a Supressão de Atos Ilícitos contra a Segurança das Plataformas Fixas Situadas na Plataforma Continental, feito em Roma em 10.12.1988; **i)** Convenção Internacional para a Supressão de Atentados Terroristas a Bomba, adotada pela Assembleia Geral das Nações Unidas em 15.12.1997; **j)** Convenção Internacional para a Supressão do Financiamento do Terrorismo, adotada pela Assembleia Geral das Nações Unidas em 09.12.1999.

e imprensa. E o mesmo artigo acrescenta que a subordinação constitucional de todas as instituições do Estado à autoridade civil legalmente constituída e o respeito ao estado de direito por todas as instituições e setores da sociedade são igualmente fundamentais para a democracia.

12.7.4. No Brasil

Da leitura desses dois artigos percebe-se que vivemos, aqui no Brasil, uma democracia representativa em todos os sentidos. Mas cabe assumir a necessidade de uma melhoria do quadro geral, pois cotidianamente recebemos notícias de desrespeito dos princípios nucleares da democracia, como também das liberdades fundamentais dos indivíduos. Atrela-se à isso, o fato de o Brasil, em conjunto com a América Latina, ser uma democracia jovem[167], o que redobra a necessidade de seu estreito acompanhamento pela sociedade civil e comunidade global.

12.7.5. Democracia como condição necessária para o exercício dos direitos humanos

Ponto de destaque é a afirmação disposta no artigo 7º da Carta: a democracia é indispensável para o exercício efetivo das liberdades fundamentais e dos direitos humanos. Com essa colocação chega-se à conclusão de que os direitos humanos só são respeitados para valer numa democracia e em nenhuma outra forma de governo (ex.: monarquia). Em outras palavras, segundo a Carta, só há que falar de direitos humanos em uma democracia.

Portanto, pode-se dizer que a democracia é uma condição necessária para o exercício dos direitos humanos. O que nos leva a apontar a existência de um direito humano à democracia[168].

12.7.6. Caso Norin Catriman e outros vs. República do Chile (criminalização de protestos sociais)

No dia 29 de julho de 2014, a Corte Interamericana de Direitos Humanos notificou a República do Chile sobre sua condenação no caso suprareferido. O julgado apontou a existência de violação dos direitos humanos de integrantes do povo mapuche, no Chile.

O mais importante nesse julgado foi o reconhecimento, por parte dos juízes da Corte, da existência de um fenômeno atual na América Latina. Trata-se da criminalização de protestos sociais em regimes democráticos. Infelizmente, o Brasil se encaixa no fenômeno apontado. A mídia brasileira veicula, quase que de forma cotidiana, ações violentas da polícia em contexto de protestos sociais.

Deve-se advertir que não defendemos a violência, mas protestos fazem parte do cotidiano democrático. Se algo não vai bem é preciso dizer. Se o corpo vai mal, ele emite sinais para evitar seu desfalecimento total. O mesmo se aplica em um regime democrático. Os sinais da rua são essenciais para o evolver sadio da democracia.

Para fazer coro com o aqui defendido, reproduzo trecho do famoso discurso de Winston Churchill proferido na Bolsa de Comércio de Manchester no dia 27 de janeiro de 1940:

"(...) Não receiamos críticas honestas, embora sejam de todas as mais perigosas. Ao contrário, levamos cada uma delas em consideração e procuramos aproveitá-las para o futuro. No corpo político, a crítica corresponde a dor no corpo humano. A dor não é agradável, mas, se não existisse, que seria do corpo humano? Sem as suas advertências contínuas não haveria saúde nem sensibilidade possível[169]."

13. INTERPRETAÇÃO E APLICAÇÃO

Após analisarmos os sistemas internacionais de proteção dos direitos humanos, podemos perceber que em determinadas situações ocorre uma sobreposição de normas, oriundas do sistema global, do regional e do nacional. Mas, como já anunciado, isso não se reflete em problema, pois o que se busca é a substancial proteção dos direitos humanos. Destarte, o sistema que estiver mais bem organizado para proteger o indivíduo no caso será o aplicado. Em outras palavras, os sistemas não competem, mas se completam (paradigma da proteção compartilhada dos direitos humanos).

Depois dessa breve introdução sobre a especificidade da tarefa interpretativa dos estudiosos dos direitos humanos, passemos a análise pontual dos principais princípios interpretativos desse ramo do Direito.

13.1. Princípio da primazia da norma mais favorável ou benéfica

Em se tratando de interpretação e de aplicação das regras protetivas de direitos humanos, deve-se ter por fundamento o *princípio da primazia da norma mais favorável à vítima*, o qual determina a busca da maior efetividade possível na proteção dos direitos humanos.

Portanto, de modo geral, os sistemas protetivos global, regional e nacional interagem e complementam-se para melhor proteger o indivíduo dos abusos perpetrados contra sua dignidade humana. Esse exercício foi denominado, por Erik Jaime[170], de o *diálogo das fontes*[171], ou seja, os diversos sistemas de proteção (fontes heterogêneas) são coordenados para garantir a maior tutela possível da dignidade da pessoa humana – dessa forma, o sistema com maiores possibilidades de garantir a proteção no caso específico será o eleito, podendo até haver uma aplicação conjunta dos sistemas, desde que apropriada. A Constituição brasileira traz previsão expressa da "cláusula de diálogo ou dialógica" no seu art. 4º, II.

Além disso, nenhuma lei ou norma de direito interno, como as disposições de anistia, as regras de prescrição e outras excludentes de responsabilidade, podem impedir que um Estado cumpra essa obrigação, especialmente quando se tratar de graves violações de direitos humanos que constituam crimes contra a humanidade, como os de lesa-humanidade, pois são inanistiáveis e imprescritíveis.

Pelo visto sobre esse princípio, na análise do caso concreto deve-se sempre buscar a norma que mais irá beneficiar a situação vítima. Desse modo, os critérios tradicionais de solução aparente de conflito entre normas (hierarquia, especialidade e cronologia) não podem ser aplicados na interpretação dos direitos humanos.

---

167. Nos anos 60 e 70, praticamente todos os Estados da América Latina eram governados por ditaduras militares.

168. Voto Concorrente juiz Diego García Sayán no caso *Yatama vs. Nicarágua*, onde afirma que o art. 1º da Carta Democrática Interamericana ao mencionar que os povos da América possuem direito à democracia criou uma verdadeiro direito à democracia. Item 7 do voto.

169. Coleção dos Prêmios Nobel de Literatura, pág. 32. Ed. Delta, 1969.

170. *Identité culturelle et integration: le droit international privé postmoderne*. Séries Recueil des Cours de l'Académie de Droit International de la Haye 251, 1995.

171. O citado diálogo também é previsto expressamente no art. 29, *b*, da Convenção Americana de Direitos Humanos.

13.2. Princípio pro homine

De outra perspectiva, há o importante *princípio pro homine*, segundo o qual a interpretação das regras protetivas dos direitos humanos deve ser sempre favorável ao seu destinatário, ou seja, o indivíduo; e nunca em prol dos Estados, que se beneficiariam de interpretações restritivistas. Aliás, conforme já apontado no item 9.6., a especificidade dos tratados de direitos humanos – ao contrário dos tradicionais, que visam compor os interesses dos Estados – está na garantia do exercício de direitos pelos indivíduos.

Esse princípio dá fundamento as regras dispostas nas alíneas do art. 29 da Convenção Americana de Direitos Humanos:

"Nenhuma disposição da presente Convenção pode ser interpretada no sentido de:

a) permitir a qualquer dos Estados-partes, grupo ou indivíduo, suprimir o gozo e o exercício dos direitos e liberdades reconhecidos na Convenção ou limitá-los em maior medida do que a nela prevista;

b) limitar o gozo e exercício de qualquer direito ou liberdade que possam ser reconhecidos em virtude de leis de qualquer dos Estados-partes ou em virtude de Convenções em que seja parte um dos referidos Estados;

c) excluir outros direitos e garantias que são inerentes ao ser humano ou que decorrem da forma democrática representativa de governo;

d) excluir ou limitar o efeito que possam produzir a Declaração Americana dos Direitos e Deveres do Homem e outros atos internacionais da mesma natureza."

13.2.1. Três linhas interpretativas

Esse princípio deu azo à construção de três linhas interpretativas pela jurisprudência internacional: **a)** interpretação sistemática dos direitos: objetiva o reconhecimento de direitos implícitos mediante a análise holística das regras protetivas dos direitos humanos[172]; **b)** interpretação restritiva das limitações de direitos[173]: tudo para impedir ao máximo a diminuição da proteção da pessoa humana; e **c)** preenchimento de lacunas e omissões em benefício do indivíduo[174].

13.3. Princípio da máxima efetividade

Outro princípio que merece ser citado é o da *máxima efetividade*, que propugna o papel da interpretação dos direitos humanos no atingimento da plena aplicabilidade de seus preceitos, conferindo, dessa forma, maior proteção à pessoa humana, posto que efetiva. Mediante tal princípio interpretativo, o argumento reacionário de que os direitos humanos são meras normas programáticas cairia por terra.

172. André de Carvalho Ramos (*op. cit.*, p. 82-83) cita a decisão da Corte Europeia dos Direitos Humanos no caso Golder como emblemático dessa linha interpretativa alicerçada no princípio *pro homine*.

173. No sistema interamericano de proteção dos direitos humanos esse princípio está previsto no art. 29, *b*, da Convenção Americana e a Corte o aplica nos casos que julga, como, por exemplo, no caso *do Massacre de Mapiripán* vs. Colômbia (item 188 da decisão).

174. "(...) No caso da 'denúncia' peruana do reconhecimento da jurisdição obrigatória da Corte Interamericana de Direitos Humanos de 1999, a Corte, em decisões históricas, considerou desprovido tal ato, uma vez que a Convenção Americana de Direitos Humanos, apesar de omissa quanto à possibilidade de denúncia do reconhecimento de jurisdição obrigatória, possui dispositivo expresso que veda o retrocesso ou qualquer diminuição na proteção já acordada ao indivíduo" (RAMOS, *op. cit.*, p. 83-84).

13.4. Princípio da interpretação autônoma

Por sua vez, o *princípio da interpretação autônoma* defende que "os conceitos e termos inseridos nos tratados de direitos humanos podem possuir sentidos *próprios*, distintos dos sentidos a eles atribuídos pelo direito interno, para dotar de maior efetividade os textos internacionais de direitos humanos[175]". Essa colocação pode ser aplicada na interpretação dos textos "nacionais" de direitos humanos também, sempre em respeito à especificidade do campo de conhecimento destes e à necessidade de garantir a máxima efetividade de seus preceitos protetivos e emancipadores da pessoa humana. Esse princípio é de grande utilização pela Corte Europeia dos Direitos Humanos.

13.5. Princípio da interpretação evolutiva dos direitos humanos

A interpretação dos direitos humanos deve também ter por base o *princípio da interpretação evolutiva dos direitos humanos*. Esse princípio é de grande razoabilidade, pois os direitos humanos contam com inúmeros termos de conceito fluido, que demandam uma interpretação atual para sua pertinente aplicação. Sabe-se que o direito é apenas uma parcela da cultura geral, criada pelo e para o bem do homem, logo se trata de uma construção dinâmica, que assume novas formas ao longo do tempo. Por isso, os direitos humanos devem ser interpretados e aplicados em consonância com os valores atuais de determinada sociedade.

Nesse sentido, a Corte Interamericana assinalou que os tratados de direitos humanos são instrumentos vivos, cuja interpretação tem que acompanhar a evolução dos tempos e as condições de vida atuais[176]. A Corte Europeia de Direitos Humanos possui decisões similares[177].

13.6. Teoria da margem de apreciação

A teoria da margem de apreciação é muito utilizada na interpretação dos direitos humanos, sobretudo pela Corte Europeia dos Direitos Humanos. Ela funciona como um freio para os juízes internacionais, pois impede a análise de uma situação concreta de desrespeito dos direitos da pessoa humana, em função das características de complementaridade e subsidiariedade que os sistemas protetivos internacionais dos direitos humanos possuem.

Importante destacar que até a edição do Protocolo nº 15 não existia uma previsão expressa da doutrina da margem de apreciação nacional na Convenção Europeia e seus Protocolos. O artigo 1º do Protocolo 15 prevê um acréscimo ao preâmbulo da Convenção para reafirmar o princípio da subsidiariedade e que os estados possuem uma margem de apreciação. Agora está previsto literalmente, na Convenção, a doutrina da margem de apreciação.

Essa teoria permite a diferenciação de temas nos direitos humanos, pois alguns não poderiam ser processados nos sistemas internacionais por dizerem respeito à matéria de

175. RAMOS, *op. cit.*, p. 87.

176. Corte IDH. *O Direito à Informação sobre a assistência consular no marco das garantías do devido processo legal.* Opinião Consultiva 16/1999, item 114 do seu texto. E Corte IDH. *Caso do "Masacre de Mapiripán" vs. Colômbia.* Mérito, reparações e custas. Sentença de 15.09.2005, item 106 de seu texto.

177. Tribunal Europeu de Direitos Humanos. Caso *Tyrer vs. Reino Unido*, julgado em 25.04.1978. Item 31 da decisão; caso *Marckx*, julgado em 13.06.1979. Item 41 da decisão; caso *Loizidou vs. Turquia* (objeções preliminares), julgado em 23.03.1995. Item 71 da decisão.

grande sensibilidade nacional (umbilicalmente relacionada ao interesse público), que, por essa razão, deve ser analisada internamente pelos juízes nacionais. Como também de temas que ainda não possuem um grande desenvolvimento conceitual no direito comum inerente aos sistemas internacionais de proteção dos direitos humanos.

Em poucas palavras, a equação interesse público/direitos humanos deve ser preferencialmente balanceada pelo próprio Estado (inserida em sua margem de apreciação), mesmo que disso surja qualquer violação dos direitos humanos, pois estando em contato direto com a realidade de seus países, as autoridades nacionais estão, em princípio, melhor preparadas que a jurisdição internacional para avaliar as sensibilidades e os contextos locais. Assim, a mitigação destes últimos em prol do interesse público em dado caso é obra exclusiva do Estado pela teoria da margem de apreciação.

Mas essa teoria não pode ser adotada cruamente. Nesse sentido, reproduzo consideração do Prof. André de Carvalho Ramos:

"o uso da margem de apreciação é controlado pela Corte Europeia dos Direitos Humanos, sendo sempre ponderado pelo princípio da proporcionalidade. No caso de condutas estatais restritivas de direitos protegidos desproporcionais e irrazoáveis, pode a Corte Europeia declarar a violação da Convenção Europeia de Direitos Humanos[178]".

O perigo da teoria da margem de apreciação reside em relativizar a proteção dos direitos humanos, pois tais poderiam ser desrespeitados em dado momento pela concordância majoritária de certa sociedade sobre o alcance de seu interesse público. Afortunadamente, essa teoria não tem a mesma acolhida na Corte Interamericana de Direitos Humanos[179].

14. DIREITOS HUMANOS NO BRASIL

A Constituição Federal de 1998 torna nuclear o tema dos direitos humanos. Nunca na história brasileira os direitos fundamentais foram tratados de maneira tão ampla e minuciosa por um diploma constitucional. Antes de analisarmos o tratamento conferido pela CF 88, vamos trazer um rápido histórico do tratamento dispensado aos direitos fundamentais pelas antigas constituições brasileiras.

14.1. Histórico das Constituições

Faremos uma explanação evolutiva de caráter acumulativo, isto é, sobre os direitos incorporados por um texto constitucional, sem repetir os já citados, enfocando assim as novidades, os avanços e os retrocessos das Constituições.

14.1.1. Constituição de 1824

Trata-se da primeira Constituição brasileira, a qual se inscreve de maneira muito importante no processo de consolidação da independência e de construção do Estado brasileiro. Trata, em seu título 8º, das disposições gerais e das garantias dos direitos civis e políticos dos cidadãos brasileiros.

Essa Constituição é conhecida por ter sida outorgada pelo imperador D. Pedro I, após ter dissolvido a Assembleia Constituinte que fora instalada para a confecção da primeira Constituição brasileira, e por criar um sistema político monárquico, hereditário e constitucional, além de manter a religião católica apostólica romana como oficial, permitindo-se apenas o culto particular de outras religiões – apesar dessa previsão, na prática a liberdade religiosa era total. Outros pontos de destaque dessa Constituição são o estabelecimento do voto indireto e censitário (com exclusão das mulheres e dos analfabetos) e a divisão política do país em províncias, sendo o presidente de cada uma escolhido pelo imperador (configuração de um Estado unitário).

O ponto mais inovador da Constituição de 1824 foi a instituição do Poder Moderador (que compunha a divisão do poder político juntamente com o Executivo, o Legislativo e o Judiciário), cujo surgimento na letra da lei foi atribuído a Martim Francisco de Andrada, um grande admirador de Benjamin Constant. Esse poder serviria para resolver impasses e assegurar o funcionamento do governo mediante a concentração das atribuições nas mãos do imperador.

14.1.2. Constituição de 1891

No dia 25.11.1889 foi fundada a República brasileira, isto é, passou-se do regime monárquico para o republicano, o que foi visto historicamente como um golpe militar, pois a transição foi arquitetada pela elite do Exército em conjunto com os ricos cafeicultores.

Em 1891 foi promulgada a Constituição da República dos Estados Unidos do Brasil[180], que, nos arts. 72 a 78, traz uma declaração de direitos. Entre eles, podemos destacar a total liberdade religiosa - o Brasil tornou-se um estado laico. Também foi instituído o voto direto e universal (contra o antigo indireto e censitário), mas os analfabetos e as mulheres continuavam sem o direito de votar.

Como já apontamos em relação à forma de governo (República), a Constituição também inovou quando instituiu a Federação como forma de Estado (contra o antigo Estado unitário) e estabeleceu o regime de governo presidencialista. Ato-consequência da mudança da forma de Estado foi a substituição das províncias por estados-membros.

Por fim, o Poder Moderador foi extinto e remanesceram apenas o Executivo, o Legislativo e o Judiciário, consoante preconizara Montesquieu.

14.1.3. Constituição de 1934

A Constituição promulgada em 1934 não difere substancialmente de sua antecessora e foi confeccionada tendo por inspiração a Constituição alemã de 1919 ("Constituição de Weimar").

Seu título III traz dois capítulos: um denominado Dos Direitos Políticos, e o outro, Dos Direitos e Das Garantias Individuais. De forma inovadora, essa Constituição inclui ainda títulos que cuidam da ordem econômica e social (IV), da família, educação e cultura (V) e da segurança nacional (VI). Há nela um nítido caráter social, sendo a primeira Constituição brasileira a mencionar os direitos sociais em seu texto.

A Constituição de 1934 é constantemente lembrada por ter estendido o direito de voto às mulheres e o tornado secreto. Podemos destacar também os avanços alcançados nos direitos

178. RAMOS, *op. cit.*, p. 96.

179. Com exceção do *caso Castañeda Gutman vs. México* que marca uma aplicação patente dessa teoria pela Corte Interamericana.

180. O nome é mais um indicativo da escolha da Constituição dos Estados Unidos da América como paradigma inspirador.

trabalhistas e a adoção do princípio do ensino primário gratuito e de frequência obrigatória.

14.1.4. Constituição de 1937

O ano de 1937 foi marcado pelo golpe de Getúlio Vargas, que utilizou o Plano Cohen como estopim para a instalação do Estado Novo. Deve-se dizer que o Estado Novo representou, nas palavras de Boris Fausto, "uma aliança da burocracia civil e militar e da burguesia industrial, cujo objetivo comum imediato era o de promover a industrialização do país sem grandes abalos sociais[181]".

A Constituição outorgada em 1937 ("Constituição Polaca") previu direitos fundamentais, todavia, o art. 186 assim dispunha: "É declarado em todo o País o estado de emergência". Isto é, os direitos fundamentais ficavam muito limitados em função desse "estado de emergência duradouro".

Essa Constituição tem nítido caráter ditatorial e se aproxima muito das Constituições fascistas europeias.

14.1.5. Constituição de 1946

Com o fim do Estado Novo, o Brasil reinstaurou o regime de governo presidencialista e elegeu Eurico Gaspar Dutra em 1945.

A Constituição promulgada em 1946 é nitidamente de roupagem liberal-democrática, assim, afasta-se da Constituição anterior, de 1937, apesar de manter algumas similaridades com esta. Em relação à ordem social, a Constituição de 1946 manteve, de certa forma, os benefícios mínimos assegurados na de 1934. Cabe destacar que foi a Constituição de 1946 que conferiu, no plano dos direitos políticos, a igualdade entre homens e mulheres, pois, por exemplo, na Constituição de 1934 só algumas mulheres podiam votar.

14.1.6. Constituição de 1967

Em 1964 foi desferido o golpe militar para cumprir com os propósitos de modernização conservadora da elite brasileira.

A Constituição de 1967 escolheu a segurança nacional exacerbada em prejuízo dos direitos fundamentais. A situação piorou com a edição dos Atos Institucionais, notadamente o de n. 5, que inaugurou a fase "dos anos de chumbo" ou da "ditadura escancarada", na acepção de Elio Gaspari. Além disso, desde 1964, com o Ato Institucional n. 1, as eleições para presidente da República tornaram-se indiretas e, com o Ato Institucional n. 3/1966, as eleições para governadores também se tornaram indiretas (art. 1º):

> "A eleição de Governador e Vice-Governador dos Estados far-se-á pela maioria absoluta dos membros da Assembleia Legislativa, em sessão pública e votação nominal.
>
> § 1º – Os Partidos inscreverão os candidatos até quinze dias antes do pleito perante a Mesa da Assembleia Legislativa e, em caso de morte ou impedimento insuperável de qualquer deles, poderão substituí-los até vinte e quatro horas antes da eleição.
>
> § 2º – Se não for obtido o *quorum* na primeira votação, repetir-se-ão os escrutínios até que seja atingido, eliminando-se, sucessivamente, do rol dos candidatos, o que obtiver menor número de votos.
>
> § 3º – Limitados a dois os candidatos ou na hipótese de só haver dois candidatos inscritos, a eleição se dará mesmo por maioria simples".

As eleições diretas para governadores foram restabelecidas em 1982, enquanto as para presidente da República somente em 1990, com a eleição de Fernando Collor de Mello.

14.1.6.1. Constituição de 1969 ou Emenda Constitucional n. 1

Há uma grande discussão sobre a EC n. 1 ser ou não considerada uma Constituição, por ter mudado radicalmente a Constituição de 1967, alterando inclusive seu epíteto para Constituição da República Federativa do Brasil.

14.2. Constituição Cidadã de 1988

Fruto da redemocratização, a Constituição Federal (CF) de 1988 torna a dignidade da pessoa humana um dos fundamentos da República Federativa do Brasil (art. 1º, III, da CF). Outros fundamentos que reforçam o *status* dos direitos humanos no Brasil são a cidadania, os valores sociais do trabalho e o pluralismo político (respectivamente art. 1º, II, IV e V, da CF).

O parágrafo único do art. 1º da CF aponta que o regime de governo, no Brasil, será uma democracia, pois todo o poder emana do povo (soberania popular) e este poderá exercê-lo indiretamente por meio de seus representantes ou diretamente. Os mecanismos de democracia direta encontram-se listados no art. 14, I, II e III, da CF (plebiscito, referendo e iniciativa popular).

"Ademais, a Constituição de 1988 conferiu significado ímpar ao direito de acesso à justiça e criou mecanismos especiais de controle da omissão legislativa (ação direta por omissão e mandado de injunção), destinados a colmatar eventuais lacunas na realização de direitos, especialmente na formulação de políticas públicas destinadas a atender às determinações constitucionais.[182]"

Inclusive, podem-se considerar os direitos humanos até como limitadores do poder constituinte originário:

"É fora de dúvida que o poder constituinte é um fato político, uma força material e social, que não está subordinado ao Direito positivo preexistente. Não se trata, porém, de um poder ilimitado ou incondicionado. Pelo contrário, seu exercício e sua obra são pautados tanto pela realidade fática como pelo Direito, âmbito no qual a dogmática pós-positivista situa os valores civilizatórios, os direitos humanos e a justiça[183]".

14.2.1. Intervenção federal por grave violação dos direitos humanos

Outro ponto de destaque é a inclusão dos direitos da pessoa humana na lista dos princípios sensíveis da Constituição (art. 34, VII, *b*, da CF), os quais autorizam, diante de suas violações, a medida extrema da intervenção[184]. Isso significa que

181. FAUSTO, Boris. *História concisa do Brasil*. São Paulo: Edusp/Imprensa Oficial do Estado, 2001. p. 201.

182. MENDES, *op. cit.*, p. 681. Também: "A Constituição de 1988 é a primeira Carta brasileira a consagrar o direito fundamental de proteção à saúde. Textos constitucionais anteriores possuíam apenas disposições esparsas sobre a questão, como a Constituição de 1824, que fazia referência à proteção de socorros públicos (art. 179, XXXI)" (p. 685).

183. BARROSO, *op. cit.*, p. 110.

184. "A intervenção federal pelo inc. VII do art. 34 busca resguardar a

se um estado federado incidir em grave violação dos direitos humanos e nada fizer para mudar essa situação lamentável, a União intervirá[185] nessa unidade federada para restabelecer o respeito integral dos direitos da pessoa humana.

O STF já se pronunciou sobre um pedido de intervenção federal que teve por base a grave violação dos direitos da pessoa humana (art. 34, VII, *b*, da CF). Foi a IF 114-5/MT, ocasião em que o STF sublinhou que a gravidade do fato por si só (violação dos direitos da pessoa humana) não é motivo suficiente para intervenção federal. É necessária a cabal demonstração de que o estado não pode dar uma resposta efetiva ao fato grave ocorrido, ou seja, somente será possível a intervenção federal nesses casos se o estado não possuir uma estrutura mínima que lhe permita responder ao fato danoso – na maioria dos casos, estrutura para movimentar efetivamente a persecução penal.

14.2.2. Federalização dos crimes contra os direitos humanos

O destaque indicado até aqui pelas previsões constitucionais analisadas, ganhou corpo com a inclusão do § 5º ao art. 109 da CF pela EC n. 45 de 2004. Segue a redação legal do mencionado parágrafo:

"Nas hipóteses de grave violação de direitos humanos, o Procurador-Geral da República, com a finalidade de assegurar o cumprimento de obrigações decorrentes de tratados internacionais de direitos humanos dos quais o Brasil seja parte, poderá suscitar, perante o Superior Tribunal de Justiça, em qualquer fase do inquérito ou processo, incidente de deslocamento de competência para a Justiça Federal".

Trata-se da denominada *federalização* dos crimes contra os direitos humanos, e um caso conhecido é o IDC 2-DF/STJ de relatoria da ministra Laurita Vaz, pois o caso tinha como pano de fundo a atuação de um grupo de extermínio e o incidente de deslocamento de competência foi parcialmente acolhido[186]. É importante asseverar, com base na jurisprudência do STJ, que o incidente de deslocamento só será provido se ficar comprovado que a justiça estadual constitui verdadeira barreira ao cumprimento dos compromissos internacionais de proteção dos direitos humanos assumidos pelo Brasil.

Dito de outra forma e agora com ênfase na razão de ser do instituto, deve-se ter consciência de que um caso de grave violação dos direitos humanos previstos em tratados internacionais do qual o Brasil é parte, embora ocorrido no âmbito de um estado-membro da federação, é capaz de ensejar no cenário internacional a responsabilidade do Estado brasileiro, de modo que o deslocamento de competência para a órbita federal, em casos como esse, dá a oportunidade, no plano interno, para o órgão de Justiça da União examinar e decidir a questão, antes de arcar com o pesado ônus dessa violação. No IDC 1-PA/STJ, a linha jurisprudencial acima disposta foi inicialmente construída e no voto do relator desse julgamento ficou fixado a necessidade de se observar os princípios da proporcionalidade e da razoabilidade quando da efetivação do deslocamento.

Por fim, cabe destacar que o caso *Manoel Mattos* foi o primeiro caso admitido de federalização de crime contra os direitos humanos no Brasil, sendo o segundo pedido de deslocamento de competência apresentado pela Procuradoria-Geral da República – o primeiro IDC foi pedido no conhecido caso do brutal assassinato da missionária Dorothy Stang.

14.2.3. Hermenêutica aplicada

Para corroborar a importância de tudo o que foi dito, é mister asseverar que é regra básica da hermenêutica jurídica aquela que determina que a aplicação da lei deverá levar em conta os valores constitucionais que irradiam sobre todo o ordenamento jurídico. Vimos que os direitos humanos ocupam lugar central na CF (logo, direitos fundamentais), desta forma, toda interpretação e aplicação de alguma norma do ordenamento jurídico brasileiro devem ser balizadas pela dignidade da pessoa humana. Assim, a interpretação que violar a dignidade da pessoa humana não é válida, ou melhor, é inconstitucional.

14.3. Art. 5º da CF

Da análise do art. 5º da CF percebe-se que o legislador constituinte regrou direitos civis e políticos, como também os econômicos, sociais e culturais como fundamentais. Tal atitude afirma a indivisibilidade e a interdependência dos direitos humanos, consoante já estudamos. A Constituição ainda traçou certos direitos coletivos e difusos como fundamentais.

É importante frisar, como já mencionado no capítulo introdutório, que a doutrina atual, principalmente a alemã, considera os direitos fundamentais como valores éticos sobre os quais se constrói determinado sistema jurídico nacional, ao passo que os direitos humanos existem mesmo sem o reconhecimento da ordem jurídica interna de um país, pois estes possuem vigência universal. Mas, na maioria das vezes, os direitos humanos são reconhecidos internamente pelos sistemas jurídicos nacionais, situação que os torna também direitos fundamentais, ou seja, os direitos humanos previstos na Constituição de um país são denominados direitos fundamentais.

Cabe também mencionar a obrigação, preponderantemente atribuída ao Legislativo brasileiro, que o inciso XLI do art. 5º da CF criou: "a lei punirá qualquer discriminação atentatória dos direitos e liberdades fundamentais".

14.3.1. Extensão dos direitos individuais aos estrangeiros

Um tema que sempre aparece nos concursos em geral é aquele sobre a extensão ou não dos direitos individuais aos estrangeiros. Isso porque a redação do *caput* do art. 5º da CF sublinha que os direitos individuais são garantidos aos brasileiros e estrangeiros residentes no Brasil, deixando de fora os estrangeiros que estejam no país, mas que aqui não residam.

Todavia, a leitura correta do art. 5º é aquela que dialoga com os princípios e os fundamentos da República Federativa do Brasil[187]. Dessa forma, só é possível advogar pela extensão dos direitos aos estrangeiros em questão. Mais especificamente,

---

observância dos chamados princípios constitucionais sensíveis. Esses princípios visam assegurar uma unidade de princípios organizativos tidos como indispensáveis para a identidade jurídica da federação, não obstante a autonomia dos Estados-membros para se auto-organizarem" (MENDES, *op. cit.*, p. 835).

185. O STF entende que a intervenção é medida extrema e, para ser decretada, precisa observar a proporcionalidade (IF 2.915/SP, rel. Min. Marco Aurélio).

186. IDC 2-DF, rel. Min. Laurita Vaz, julgado em 27.10.2010. (Inform. STJ 453). O STJ decidiu, no dia 10/12/2014, que uma causa relativa à violação de Direitos Humanos deve passar da Justiça Estadual para a Justiça Federal, configurando o chamado Incidente de Deslocamento de Competência. A causa trata do desaparecimento de três moradores de rua e da suspeita de tortura contra um quarto indivíduo.

187. Conforme visto no subitem 15.2.3. (Hermenêutica Aplicada).

a República Federativa do Brasil tem por fundamento de sua própria existência a dignidade da pessoa humana (art. 1º, III, da CF), que requer a tutela de qualquer pessoa independentemente do seu *status* jurídico, e por princípio orientador de sua política externa a prevalência dos direitos humanos (art. 4º, II, da CF), que requer que as relações internacionais do Brasil sejam pautadas pelo respeito aos direitos do homem.

Para sintetizar o até aqui dito: no Brasil, qualquer pessoa, brasileiro, estrangeiro residente ou não residente, goza dos direitos individuais previstos na CF.

14.3.2. §§ 1º e 2º do art. 5º da CF

Ponto relevante é a determinação de que as normas definidoras dos direitos e as garantias fundamentais têm aplicação imediata (art. 5º, § 1º, da CF). Isto é, o juiz pode aplicar diretamente os direitos fundamentais, sem necessidade de qualquer lei que os regulamente. Tal regra tem por base o *princípio da força normativa da Constituição*, idealizado por Konrad Hesse, e "a ideia de que os direitos individuais devem ter eficácia imediata ressalta a vinculação direta dos órgãos estatais a esses direitos e o seu dever de guardar-lhes estrita observância[188]".

O § 2º é enfático: "Os direitos e garantias expressos nesta Constituição não excluem outros decorrentes do regime e dos princípios por ela adotados, ou dos tratados internacionais em que a República Federativa do Brasil seja parte". Tal estipulação possibilita a ampliação progressiva dos direitos fundamentais, pois o Brasil poderá aumentar seu catálogo de direitos à medida que internaliza tratados internacionais de direitos humanos. Na mesma direção ponderou Carlos Weis: "trata-se de evidente cláusula de abertura do rol de direitos fundamentais, a permitir a inclusão de outros direitos e garantias àqueles já previstos na Lei Maior, desde que consoantes com os princípios constitucionais[189]".

Assim, a comunhão dos §§ 1º e 2º permite-nos concluir que um tratado de direitos humanos internalizado pelo Brasil faz parte de seu bloco de constitucionalidade[190] e, assim, pode ser aplicado direta e imediatamente pelo juiz. Lembrando que o bloco de constitucionalidade é composto de todas as normas do ordenamento jurídico que possuam *status* constitucional[191].

Tal ilação suscita muitas discussões, assim, procederemos no próximo item ao estudo do instituto da incorporação de tratado internacional no Brasil e sua posterior ocupação hierárquica no ordenamento jurídico brasileiro.

14.4. Incorporação de tratados

14.4.1. Teses monista e dualista

Há inúmeras discussões doutrinárias sobre o relacionamento do direito internacional com o nacional. Desse debate surgiu de um lado a tese *monista* e de outro a *dualista*.

188. MENDES, *op. cit.*, p. 671.

189. Estudo sobre a obrigatoriedade de apresentação imediata da pessoa presa ao juiz: comparativo entre as previsões dos tratados de direitos humanos e do projeto de Código de Processo Penal. Defensoria Pública do Estado de São Paulo, 2011. p. 7.

190. O termo bloco de constitucionalidade já foi citado, pelo STF, nas ADIns 595 e 514, de relatoria do Min. Celso de Mello, mas nunca foi aplicado no Brasil.

191. De forma geral e conforme o art. 5º, § 2º, da CF, o bloco de constitucionalidade é formado pelo texto constitucional, pelos princípios dele decorrentes e pelos tratados internacionais de direitos humanos.

Segundo a tese monista, o direito internacional e o nacional fazem parte do mesmo sistema jurídico, ou seja, incidem sobre o mesmo espaço. Logo, os compromissos normativos que os países adeptos do monismo - como França, Bélgica e Holanda –, assumem na comunidade internacional passam a ter vigência imediata no ordenamento interno de tais Estados, gerando a figura da *incorporação automática*.

A tese dualista, ao contrário, advoga que cada um pertence a um sistema distinto e, por assim dizer, incidem sobre espaços diversos. Assim, essa concepção não possibilita a configuração da incorporação automática.

A tese monista ainda se subdivide em: **a) monismo radical**: prega a preferência pelo direito internacional em detrimento do direito nacional; e **b) monismo moderado**: prega a equivalência entre o direito internacional e o nacional. É importante apontar que a jurisprudência internacional aplica o monismo radical, uma escolha respaldada pelo art. 27 da Convenção de Viena sobre Direito dos Tratados: "Uma parte não pode invocar as disposições de seu direito interno para justificar o inadimplemento de um tratado".

O dualismo também se subdivide em: **a) dualismo radical**: impõe a edição de uma lei distinta para incorporação do tratado; e **b) dualismo moderado ou temperado**: não exige lei para incorporação do tratado, apenas um procedimento formal (aprovação do Congresso e promulgação do Executivo).

14.4.2. Incorporação no Direito brasileiro

No Brasil, o procedimento é complexo, tomando corpo com a aprovação do Congresso e a promulgação do Executivo.

A Constituição Federal silenciou sobre esse aspecto, e, em virtude da omissão constitucional, a doutrina defende, como já salientado, que o Brasil adotou a corrente dualista, ou, melhor dizendo, a corrente dualista moderada. Isso porque o tratado só passará a ter validade interna após ter sido aprovado pelo Congresso Nacional e ratificado e promulgado pelo presidente da República. Devemos lembrar que a promulgação é efetuada mediante decreto presidencial.

Depois de internalizado, o tratado é equiparado hierarquicamente à lei ordinária infraconstitucional[192-193]. Assim, as normas infraconstitucionais preexistentes ao tratado serão derrogadas quando com ele colidirem (critério cronológico) ou quando forem gerais e os tratados forem especiais (critério da especialidade). Percebe-se que por se tratar de normas de mesma hierarquia (o tratado e a lei interna), em caso de conflito deve-se utilizar os critérios de solução de antinomias aparentes. Por outro lado, é muito defendida a tese que confere prevalência ao tratado sobre a lei interna (especialmente com supedâneo no art. 27 da Convenção de Viena sobre Direitos dos Tratados), apesar de o tema não ser pacífico, em matéria tributária adotou-se expressamente a prevalência do tratado sobre o direito interno (art. 98 do Código Tributário Nacional - CTN), determinando que a legislação tributária posterior ao tratado lhe deve obediência.

192. Conforme a ADI-MC 1.480/DF.

193. Os tratados e as convenções de direitos humanos não poderão ter *status* de lei complementar pela simples escolha do rito adotado para sua incorporação no direito brasileiro, isso porque a Constituição explicitamente elencou quais matérias devem ser exclusivamente tratadas por via de Lei Complementar.

14.4.2.1. *Regime especial de incorporação*

Com a edição da EC n. 45, os tratados de direitos humanos que forem aprovados, em cada Casa do Congresso Nacional, em dois turnos, por três quintos dos votos dos respectivos membros, serão equivalentes às emendas constitucionais[194] – conforme o que determina o art. 5º, § 3º, da CF[195]-[196]. Ou seja, tais tratados terão hierarquia constitucional quando aprovados por maioria qualificada no Congresso Nacional (regime especial de incorporação) e forem ratificados e posteriormente publicados pelo presidente da República.

Importante sublinhar que cabe ao Congresso Nacional decidir quando aprovará o tratado internacional de direitos humanos pelo quórum especial. Ou seja, ele não tem o dever de sempre aprovar os tratados de direitos humanos por maioria qualificada, mas tem o poder discricionário de decidir quando assim o fará.

Até o presente momento tem-se três tratados com nível hierárquico formalmente constitucional no Brasil: Convenção Internacional sobre os Direitos das Pessoas com Deficiência e seu respectivo Protocolo Facultativo (Convenção de Nova Iorque), e o Tratado de Maraqueche para facilitar o acesso a obras publicadas às pessoas cegas, com deficiência visual ou com outras dificuldades para aceder ao texto impresso.

14.4.3. *Tese da Supralegalidade*

Muito se discutiu em relação à hierarquia dos tratados de direitos humanos que foram internalizados anteriormente à edição da EC 45. Em 03.12.2008, o Ministro Gilmar Mendes, no RE 466.343-SP[197], defendeu a tese da supralegalidade de tais tratados, ou seja, superior às normas infraconstitucionais e inferior às normas constitucionais. O voto do Ministro Gilmar Mendes foi acompanhado pela maioria (posição atual do STF). Portanto, todo tratado de direitos humanos que for internalizado sem observar o procedimento especial estabelecido no art. 5º, § 3º, da CF, tem *status* de norma supralegal.

Todavia, tal assunto desperta calorosas discussões: no mesmo recurso extraordinário em que foi exarada a tese da supralegalidade, por exemplo, o Ministro Celso de Mello defendeu o caráter constitucional dos tratados de direitos humanos independentemente do quórum de aprovação.

Apesar de a tese da supralegalidade ser um avanço da jurisprudência brasileira, deve-se apontar que uma leitura mais acurada da CF já permitiria apontar que os tratados de direitos humanos internalizados sem o procedimento especial teriam *status* constitucional, já que o § 2º do art. 5º da CF inclui os direitos humanos provenientes de tratados entre seus direitos protegidos, ampliando seu bloco de constitucionalidade, o qual é composto de todas as normas do ordenamento jurídico que possuem *status* constitucional.

Com o mesmo pensar preleciona Valerio de Oliveira Mazzuoli:

"Da análise do § 2º do art. 5º da Carta brasileira de 1988, percebe-se que três são as vertentes, no texto constitucional brasileiro, dos direitos e garantias individuais: a) direitos e garantias *expressos* na Constituição, a exemplo dos elencados nos incisos I a LXXVIII do seu art. 5º, bem como outros fora do rol de direitos, mas dentro da Constituição, como a garantia da anterioridade tributária, prevista no art. 150, III, *b*, do Texto Magno; b) direitos e garantias *implícitos*, subtendidos nas regras de garantias, bem como os decorrentes do regime e dos princípios pela Constituição adotados, e c) direitos e garantias inscritos nos tratados internacionais em que a República Federativa do Brasil seja parte[198]".

E continua o supracitado jurista:

"O que se deve entender é que o *quorum* que o § 3º do art. 5º estabelece serve tão somente para atribuir eficácia *formal* a esses tratados no nosso ordenamento jurídico interno, e não para atribuir-lhes a índole e o nível *materialmente* constitucionais que eles já têm em virtude do § 2º do art. 5º da Constituição[199]".

Apesar da crítica bem fundamentada, deve-se adotar a tese da supralegalidade nos concursos em geral, com exceção dos para Defensoria, pois tal tese tem lastro na posição atual do STF.

14.5. Controle de convencionalidade e supralegalidade

14.5.1. *Apresentação*

No Brasil, o controle jurisdicional de convencionalidade das leis ganhou formato específico por obra de Valerio de Oliveira Mazzuoli. O citado controle tem a função de compatibilizar a legislação interna (objeto) com os tratados internacionais de direitos humanos em vigor no Brasil (paradigma ou parâmetro)[200] – o que o difere do já mencionado controle de convencionalidade internacional (exercido pelos órgãos internacionais) é o fato de ser exercido por tribunais internos.

14.5.2. *Crítica*

Antes de analisar o citado controle, cabe mencionar que André de Carvalho Ramos considera somente o controle de convencionalidade internacional como autêntico, principalmente pelo fato da decisão nacional não ter o condão de vincular o juiz internacional (intérprete autêntico). Além

194. Mas não possuirão *status* de norma constitucional originária. Ou seja, é obra do Poder Constituinte Derivado Reformador e não do Poder Constituinte Originário.

195. Bem fundamentada é a crítica formulada por Valerio de Oliveira Mazzuoli ao mencionado § 3º do art. 5º da CF: "também rompe a harmonia do sistema de integração dos tratados de direitos humanos no Brasil, uma vez que cria *categorias* jurídicas entre os próprios instrumentos internacionais de direitos humanos ratificados pelo governo, dando tratamento diferente para normas internacionais que têm o mesmo fundamento de validade, ou seja, hierarquizando diferentemente tratados que têm o mesmo conteúdo ético, qual seja, a proteção internacional dos direitos humanos. Assim, essa *desigualação dos desiguais* que permite o § 3º ao estabelecer ditas *categorias de tratados* é totalmente injurídica por violar o princípio (também constitucional) da *isonomia*" (*op. cit.*, p. 29).

196. Esse § 3º é denominado de cláusula holandesa pelo Prof. Francisco Rezek.

197. Ementa: Prisão civil. Depósito. Depositário infiel. Alienação fiduciária. Decretação da medida coercitiva. Inadmissibilidade absoluta. Insubsistência da previsão constitucional e das normas subalternas. Interpretação do art. 5º, inc. LXVII e §§ 1º, 2º e 3º, da CF, à luz do art. 7º, § 7º, da Convenção Americana de Direitos Humanos (Pacto de San José da Costa Rica). Recurso Improvido. Julgamento conjunto do RE 349.703 e dos HCs 87.585 e 92.566. É ilícita a prisão civil de depositário infiel, qualquer que seja a modalidade de depósito.

198. MAZZUOLI, Valerio de Oliveira. *O controle jurisdicional da convencionalidade das leis*. 2. ed. São Paulo, p. 39-40.

199. MAZZUOLI, *op. cit.*, p. 51.

200. É o controle de convencionalidade nacional, nas palavras de André de Carvalho Ramos.

dessa consideração, o citado autor deduz algumas diferenças entre os controles, dentre as quais destaco as duas seguintes: **a)** o controle internacional pode fiscalizar o Poder Constituinte Originário e o nacional não; **b)** o controle nacional fica dependente da hierarquia conferida ao tratado-parâmetro pelo próprio ordenamento jurídico. No caso brasileiro, temos três possibilidades: legal, supralegal e constitucional[201].

14.5.3. Condições de funcionamento

Para compreender a funcionalidade do controle de convencionalidade, cabe entender como Mazzuoli concebe a alocação hierárquica dos tratados de direitos humanos no ordenamento pátrio após internalização. Em apertada síntese e como já assinalado no do item 15.4.3., os tratados de direitos humanos que foram incorporados pelo *procedimento simples* (art. 5º, § 2º, da CF) terão *status* constitucional, melhor dizendo, materialmente constitucional. Por outro lado, quando o procedimento adotado para a incorporação for o *especial* (art. 5º, § 3º, da CF), os tratados de direitos humanos serão formal e materialmente constitucionais (equivalentes às emendas constitucionais). E os outros tratados terão *status* supralegal (art. 27 da Convenção de Viena sobre Direito dos Tratados) e servirão de paradigma para o controle de supralegalidade da legislação infraconstitucional.

14.5.4. Controle vertical material de validade

"Em suma, doravante se falará em controle de constitucionalidade apenas para o estrito caso de (in)compatibilidade vertical das leis com a Constituição, e em controle de convencionalidade para os casos de (in)compatibilidade legislativa com os tratados de direitos humanos (formalmente constitucionais ou não) em vigor no país[202]". Dito de outra forma, criou-se um controle vertical material de validade[203] da legislação interna.

Em termos gerais, o citado autor defende que a produção normativa interna apenas será válida quando passar por dois limites verticais materiais. O primeiro é a Constituição (controle de constitucionalidade) e os tratados de direitos humanos que possuem natureza constitucional (controle de convencionalidade); o outro são os demais tratados que possuem *status* supralegal (controle de supralegalidade).

14.5.5. Formas de exercício

O controle de convencionalidade e de supralegalidade serão exercidos de forma difusa, isto é, por todos os juízes e tribunais no caso concreto. Nesse caso, são aplicadas todas as considerações referentes ao controle de constitucionalidade difuso. Por outro lado, só existirá controle concentrado de convencionalidade na hipótese de o paradigma de verificação ser um tratado de direitos humanos formal e materialmente constitucional (internalizado consoante o disciplinado no art. 5º, § 3º, da CF). Portanto, "o controle de *supralegalidade* é sempre exercido pela via de exceção, ou seja, é sempre *difuso*; já o controle de *convencionalidade* poderá ser *difuso* ou *concentrado*, neste último caso quando o tratado de direitos humanos for aprovado pela sistemática do art. 5º, § 3º, da Constituição e entrar em vigor no Brasil (entenda-se, após ratificado...) com a equivalência de emenda constitucional[204]".

Todas as ponderações sobre o controle de constitucionalidade concentrado são aplicadas ao controle de convencionalidade concentrado, inclusive no tocante à utilização das ações destinadas ao controle abstrato de constitucionalidade – ADIn, Adecon, ADO e ADPF[205] – e os respectivos entes/pessoas detentores de competência para seu manuseio (art. 103 da CF). A razão de ser reside no fato de a análise de compatibilidade de legislação interna (objeto) ser feita com base em tratado de direitos humanos internalizados pelo procedimento especial (paradigma ou parâmetro), que é equivalente a uma emenda constitucional (formal e materialmente constitucional).

O autor também menciona a possibilidade de lançar mão do controle de convencionalidade preventivamente, tanto pelo Congresso Nacional, quando julgar inconvencional um projeto de lei (especialmente por obra da Comissão de Constituição e Justiça – CCJ), como pelo presidente da República, quando vetar o projeto de lei considerado inconvencional.

14.5.6. Objeto

Para ficar claro o objeto do dito controle de convencionalidade, o autor sublinha que ele entrará em ação quando a lei interna (**objeto**) estiver em sintonia com a Constituição, mas em desarmonia com o tratado de direitos humanos (**paradigma ou parâmetro**) – tanto no controle concentrado como no difuso. Do contrário, seria feito o controle de constitucionalidade.

Dito de outra forma, se o paradigma de verificação de compatibilidade for a Constituição, estará em jogo o controle de constitucionalidade (difuso ou concentrado); por sua vez, quando o paradigma for algum tratado de direitos humanos, entrará em cena o controle de convencionalidade (difuso ou concentrado) – desde que previamente se tenha atestado a compatibilidade da lei com a Carta Magna. Percebe-se que o controle de convencionalidade ocasiona o fenômeno chamado doutrinariamente de *ampliação de parametricidade constitucional*.

Por fim,

> "ambas essas supernormas (Constituição e tratados) é que irão se *unir* em prol da construção de um direito infraconstitucional compatível com ambas, sendo certo que a incompatibilidade desse mesmo direito infraconstitucional com apenas uma das supernormas já o invalida por completo. Com isto, possibilita-se a criação de um Estado Constitucional e Humanista de Direito em que *todo* o direito doméstico guarde total compatibilidade tanto com a Constituição quanto com os tratados internacionais de direitos humanos ratificados pelo Estado, chegando-se, assim, a uma ordem jurídica interna *perfeita*, que tem no valor dos direitos humanos sua maior racionalidade, principiologia e sentido[206]".

201. RAMOS, André de Carvalho. *Teoria geral dos direitos humanos na ordem internacional*. 2. ed. São Paulo: Saraiva, 2012. p. 250-251.

202. MAZZUOLI, *op. cit.*, p. 74.

203. "Em suma, a validade das normas jurídicas, nesse novo contorno que o constitucionalismo contemporâneo lhe traz, não é mais uma conotação meramente formal, a depender somente da regularidade do seu processo de produção (conforme defendido por Hobbes, posteriormente por Bentham e Austin, até chegar a Kelsen e Bobbio). Tornou-se ela também (como explica Ferrajoli) um fato *substancial*, dependente dos *conteúdos das decisões*, as quais serão inválidas se contrastarem com os novos princípios positivos do direito internacional" (MAZZUOLI, *op. cit.*, p. 105-106).

204. MAZZUOLI, *op. cit.*, p. 136.

205. Podendo se falar também do Mandado de Injunção.

206. MAZZUOLI, *op. cit.*, p. 142.

14.6. Conselho Nacional dos Direitos Humanos – CNDH

A Lei 12.986/2014 transformou o Conselho de Defesa dos Direitos da Pessoa Humana - CDDPH - em Conselho Nacional dos Direitos Humanos. O Conselho é um órgão colegiado[207] com representantes de setores representativos ligados aos Direitos Humanos e com importância fundamental na promoção e defesa desses no País.

Cabe destacar a redação do § 1º do art. 2º: "Constituem direitos humanos sob a proteção do CNDH os direitos e garantias fundamentais, individuais, coletivos ou sociais previstos na Constituição Federal ou nos tratados e atos internacionais celebrados pela República Federativa do Brasil".

O CNDH, segundo o art. 4º, é o órgão incumbido de velar pelo efetivo respeito aos direitos humanos por parte dos poderes públicos, dos serviços de relevância pública e dos particulares, competindo-lhe:

a) promover medidas necessárias à prevenção, repressão, sanção e reparação de condutas e situações contrárias aos direitos humanos, inclusive os previstos em tratados e atos internacionais ratificados no País, e apurar as respectivas responsabilidades;

b) fiscalizar a política nacional de direitos humanos, podendo sugerir e recomendar diretrizes para a sua efetivação;

c) receber representações ou denúncias de condutas ou situações contrárias aos direitos humanos e apurar as respectivas responsabilidades;

d) expedir recomendações a entidades públicas e privadas envolvidas com a proteção dos direitos humanos, fixando prazo razoável para o seu atendimento ou para justificar a impossibilidade de fazê-lo;

e) articular-se com órgãos federais, estaduais, do Distrito Federal e municipais encarregados da proteção e defesa dos direitos humanos;

f) manter intercâmbio e cooperação com entidades públicas ou privadas, nacionais ou internacionais, com o objetivo de dar proteção aos direitos humanos e demais finalidades previstas neste artigo;

g) acompanhar o desempenho das obrigações relativas à defesa dos direitos humanos resultantes de acordos internacionais, produzindo relatórios e prestando a colaboração que for necessária ao Ministério das Relações Exteriores;

h) opinar sobre atos normativos, administrativos e legislativos de interesse da política nacional de direitos humanos e elaborar propostas legislativas e atos normativos relacionados com matéria de sua competência;

i) realizar estudos e pesquisas sobre direitos humanos e promover ações visando à divulgação da importância do respeito a esses direitos;

j) recomendar a inclusão de matéria específica de direitos humanos nos currículos escolares, especialmente nos cursos de formação das polícias e dos órgãos de defesa do Estado e das instituições democráticas;

l) dar especial atenção às áreas de maior ocorrência de violações de direitos humanos, podendo nelas promover a instalação de representações do CNDH pelo tempo que for necessário; **m)** realizar procedimentos apuratórios de condutas e situações contrárias aos direitos humanos e aplicar sanções de sua competência;

n) pronunciar-se, por deliberação expressa da maioria absoluta de seus conselheiros, sobre crimes que devam ser considerados, por suas características e repercussão, como violações a direitos humanos de excepcional gravidade, para fins de acompanhamento das providências necessárias a sua apuração, processo e julgamento.

Também poderá representar:

a) à autoridade competente para a instauração de inquérito policial ou procedimento administrativo, visando à apuração da responsabilidade por violações aos direitos humanos ou por descumprimento de sua promoção, inclusive o estabelecido no inciso XI, e aplicação das respectivas penalidades;

b) ao Ministério Público para, no exercício de suas atribuições, promover medidas relacionadas com a defesa de direitos humanos ameaçados ou violados;

c) ao Procurador-Geral da República para fins de intervenção federal, na situação prevista na alínea *b* do inciso VII do art. 34 da Constituição Federal;

d) ao Congresso Nacional, visando a tornar efetivo o exercício das competências de suas Casas e Comissões sobre matéria relativa a direitos humanos.

Por fim, O CNDH, quando verificado violações aos direitos humanos, poderá aplicar as seguintes sanções: (i) advertência; (ii) censura pública; (iii) recomendação de afastamento de cargo, função ou emprego na administração pública direta, indireta ou fundacional da União, Estados, Distrito Federal, Territórios e Municípios do responsável por conduta ou situações contrárias aos direitos humanos; e (iv) recomendação de que não sejam concedidos verbas, auxílios ou subvenções a entidades comprovadamente responsáveis por condutas ou situações contrárias aos direitos humanos (art. 6º da Lei 12.986/2014).

As sanções podem ser aplicadas isoladas ou cumulativamente, como também possuem caráter autônomo, ou seja, deverão ser aplicadas independentemente de outras sanções de natureza penal, financeira, política, administrativa ou civil previstas em lei.

207. Seus integrantes estão elencados no art. 3º da Lei 12.986/2014.

18. Ética na Filosofia do Direito

Olney Queiroz Assis e Renan Flumian

1. SIGNIFICADO DA PALAVRA ÉTICA

Etimologicamente a palavra *ética* possui conexões com as palavras gregas *éthos* e *areté*. *Éthos* significa costume, uso, hábito, mas também significa caráter, temperamento, índole, maneira de ser de uma pessoa. O *éthos* é tratado pela ética (*tá ethiká*), que estuda as ações e as paixões humanas segundo o caráter ou a índole natural dos seres humanos. Na filosofia latina (Cícero), a palavra *éthos* foi traduzida por moral (*moralem*). Por esse motivo, as palavras *moral* e *ética* aparecem muitas vezes como sinônimas. Ética pode ser definida como uma disciplina filosófica cujo objeto de estudo é o *éthos* ou *moralem*.

Ao longo da História, os filósofos elaboraram diversos modelos éticos (paradigmas), motivo pelo qual também se usa a palavra *ética* para se referir a esses modelos. Nesse sentido, fala-se na ética dos antigos, na ética socrática, na ética aristotélica, na ética estoica, na ética cristã, na ética utilitária, na ética kantiana, na ética protestante etc. Em síntese, a ética como disciplina estuda os paradigmas (modelos) éticos elaborados ao longo da História e que ainda não foram superados.

O estudo dos paradigmas éticos permite ao estudioso fundamentar suas opiniões ou valores de forma mais convicta e persuasiva. Nesse sentido, ao proferir discursos sobre temas polêmicos (eutanásia, pena de morte, pena alternativa, abandono clínico de crianças portadoras de deficiências, casamento de homossexuais, exploração econômica e meio ambiente, aborto, pesquisas com células-tronco, clonagem etc.) o estudioso faz uso de um ou de vários modelos éticos no sentido de persuadir o auditório ao qual se dirige em relação à tese que defende. O auditório pode ser um juiz, uma turma de desembargadores, uma plateia de estudantes, de advogados, de médicos etc.

Areté significa mérito ou qualidade no qual alguém é o mais excelente: excelência do corpo, da alma e da inteligência. *Areté* foi traduzida para o latim por *virtus* (virtude). Inicialmente as palavras *areté* e *virtus* significaram força e coragem, só depois passaram a significar excelência e mérito moral e intelectual. *Areté* indica, portanto, um conjunto de virtudes ou valores (éticos, físicos, morais, psíquicos, políticos, intelectuais) que forma um ideal de excelência e de valor humano para os membros da sociedade, orientando o modo como as pessoas devem ser educadas e indicando as instituições sociais nas quais esses valores se realizam. Assim, a ética se constitui em uma disciplina que auxilia na formação do caráter da pessoa conforme uma certa aspiração social (Chauí, 1998: 343).

2. ÉTICA DOS ANTIGOS (ARETÉ)

No final do período homérico, dá-se início ao processo de desintegração do sistema da propriedade coletiva do *genos*. No desenrolar desse processo, surgem grandes e pequenas propriedades e, consequentemente, vão se formando diferenciações entre umas e outras famílias. Essas diferenciações decorrem da riqueza que cada família possui. A riqueza repercute sobre a constituição social e provoca a formação de uma oligarquia fundiária, cujo poder resulta da posse de terra e do monopólio dos ritos religiosos. Essa oligarquia desenvolve a ideia segundo a qual alguns indivíduos, por herança de sangue, são melhores do que outros. Com base nessa natureza superior, abandona o trabalho a um número cada vez maior de escravos e colonos, e passa a se dedicar à caça, aos jogos de guerra, às competições esportivas, à administração dos negócios públicos e à guerra.

A noção de virtude (*areté*) forma-se não a partir das qualidades morais dos indivíduos, mas a partir daquelas diferenciações e se fortalece acoplada à noção de *status*. Nesse sentido, Jaeger confirma que tanto nos poemas de Homero como nos séculos posteriores, o conceito de virtude é usado não só para designar a excelência humana, como também a superioridade dos deuses e da nobreza. O homem comum não tem virtude (*areté*), já que esta é um atributo próprio da aristocracia. *Areté* é virtude, mas não corresponde à ação moral ou ao sentido de virtude política que mais tarde aparece na *polis*, liga-se mais às noções de força, coragem e destreza, próprias dos guerreiros aristocratas (Jaeger, 1995: 26).

Portanto, *areté* implica, na sua origem, uma virtude principal, que é a coragem nos campos de batalha. Ligada a esta virtude está a honra, que confere ao homem a consciência do seu valor pelo reconhecimento do grupo das suas habilidades e de seu mérito. Assim, o elogio e a reprovação são a fonte da honra e da desonra. A virtude da nobreza aristocrática se fundamenta nesse padrão arcaico que toma por base a força e a destreza e, com fundamento nesse padrão, desenvolve o desprezo pelos trabalhos manuais, que passam a ser considerados como deformadores do corpo.

Com esses valores, a beleza física, de certo modo, passa a compor o padrão da virtude. Vale dizer, a beleza estética do corpo passa a ser um indicativo de qualidades virtuosas. A virtude se personifica e se traduz no corpo atlético, modelado nas academias de ginástica. É óbvio que em uma sociedade que cultua valores dessa natureza, a pessoa que não possui corpo esbelto conforme os padrões (como é o caso da pessoa portadora de deficiência) passa a ser alvo de preconceito ou de piedade.

2.1. Um exemplo da areté dos antigos na ética de Platão

Platão, ao pensar uma sociedade ideal, defende a aplicação de medidas eugênicas e o abandono das crianças portadoras de deficiência: "Por consequência, estabelecerás em nossa república uma medicina que se limite ao cuidado dos que receberam da natureza corpo são; e, pelo que toca aos que receberam corpo mal organizado, deixá-los morrer" (Platão, S/D: 88).

Em outra passagem do livro *A República*, o filósofo expressa suas ideias nos seguintes termos: "Convém, segundo os princípios aqui estabelecidos, que os melhores homens devem unir-se às melhores mulheres, o mais frequentemente possível, e os defeituosos às defeituosas, o mais raro possível. Vale a pena criar os filhos dos primeiros e não os dos últimos, para que o rebanho conserve sem degeneração toda a sua beleza". "Os filhos bem-nascidos serão levados ao berço comum e confiados a amas de leite que terão casas à parte em um bairro da cidade. Quanto às crianças doentes e às que sofrerem qualquer deformidade, serão levadas, como convém, a paradeiro desconhecido e secreto" (Platão, S/D, 135, 136).

Para entender a posição de Platão, é preciso esclarecer que a sua filosofia (metafísica) se fundamenta numa concepção dualista do universo, estabelecendo uma oposição de valores entre duas esferas distintas da realidade ou do ser.

2.1.1. Esfera da realidade inteligível (mundo das ideias)

Para Platão, existe um domínio ideal, considerado como o *verdadeiro mundo* ou a *realidade verdadeira*, assim denominado por ser o plano das essências, isto é, aquilo que em todo e qualquer fenômeno constitui sua *pura forma* ou conceito. Assim, por exemplo, a *humanidade* constitui a essência de cada ser humano particular, ou então a *triangularidade* determina a natureza de toda e qualquer figura triangular que vemos ou traçamos. Todos os indivíduos humanos concretos são limitados e finitos, mas a humanidade é uma entidade intelectual, que em nada se altera em virtude da sucessão dos indivíduos singulares.

Tais formas puras, denominadas tecnicamente *ideias* por Platão, teriam sua origem na ideia de Bem – ou de Deus –, que é a causa produtora de todas as outras ideias que são as formas gerais do universo. Tais entidades são inacessíveis a nossos órgãos dos sentidos; e imutáveis, uma vez que não estão submetidas às leis do espaço e do tempo.

2.1.2. Esfera da realidade aparente (mundo sensível)

Em contraposição à realidade inteligível, existe uma segunda ordem de realidade, a realidade aparente ou sensível, que é aquela de que temos experiência ordinária. Contraposto às essências inteligíveis (mundo das ideias), o mundo sensível é considerado um plano de realidade deficitária, enganosa, mera aparência ou simulacro das formas puras, que são como originais ou modelos dos quais toda realidade empírica, sensível, constitui uma cópia necessariamente imperfeita e corruptível. É a essa realidade degradada, sujeita às condições de espaço e do tempo, que pertence nossa existência terrena e corporal.

Nossa alma ou espírito, nossa verdadeira essência e princípio inteligível estaria como prisioneira do nosso corpo, sendo por isso induzida ao erro e ao engano pelos sentidos, que nos arrastam para o plano das aparências, desviando-nos do que seria nossa verdadeira destinação: a contemplação das formas puras. Assim, para Platão, todo conhecimento verdadeiro seria uma espécie de recordação daquilo que a alma contemplou no mundo das formas puras (mundo das ideias). As formas puras, cuja vigência é universal e necessária, constituem as referências metafísicas que dão sustentação tanto ao conhecimento científico quanto às ações morais do ser humano no mundo.

2.1.3. O modelo e a cópia

Como visto, a perfeição para Platão está nas formas puras, que são ao mesmo tempo modelo e causa do mundo sensível. O conhecimento das formas é indispensável não somente para conhecer o mundo sensível, mas, sobretudo, para agir nele e sobre ele. As *formas-modelo* informam e dão feitio aos objetos visíveis que as refletem. Nesse sentido, pode-se dizer que o corpo sensível é apenas uma cópia e, enquanto tal, imperfeito em relação ao modelo ideal. Mas a imperfeição é graduada, de modo que a imagem ou a cópia que se distancia demasiadamente do modelo (como é o caso dos "defeituosos"), deve ser eliminada para conservar o rebanho mais próximo possível do modelo ideal (incorpóreo e invisível).

Recorde-se que, para Platão, a forma de governo que mais se aproximava da forma ideal era representada pelo governo espartano (Bobbio, 1988: 17). Pela Lei de Esparta, "*as crianças mal constituídas devem ser eliminadas*". É provável que Platão, ao estabelecer para o Estado regras de controle dos "matrimônios" e o abandono das crianças portadoras de deficiência como condições capazes de melhorar as qualidades físicas e morais das gerações futuras, tenha tomado como paradigma a legislação espartana.

2.2. Um exemplo moderno

A posição de Platão em relação à eugenia foi manipulada na sociedade moderna pelo nazismo, conforme livro *Mein Kampf* de Adolf Hitler: "O Estado racista procederá de modo que só o indivíduo perfeitamente são poderá procriar. Dos outros, suprimirá materialmente (esterilização) a faculdade de se reproduzir. Se durante seiscentos anos se houvessem excluído a possibilidade de geração dos indivíduos fisicamente degenerados ou atingidos por doenças mentais, a humanidade gozaria uma saúde que hoje dificilmente se poderia imaginar. O Estado racista professará que é ato repreensível recusar à nação filhos bem constituídos. Assim, obter-se-á o bem supremo: uma raça oriunda dos elementos mais robustos do povo, segundo todas as regras de eugenia, da fecundidade, consciente e sistematicamente favorecida. Ter-se-á feito, enfim, para a raça humana o que atualmente se reserva às espécies caninas, equinas e felinas. Ter-se-á procedido à sua melhoria pela criação. Ter-se-á, enfim, dado termo ao verdadeiro pecado original. Terá surgido uma época melhor" (Chevallier, 1995: 410).

Não obstante as manifestações de Platão sobre a deficiência e suas soluções, não se pode esquecer que foram os gregos os artífices dos conceitos de *isonomia* e de *justiça distributiva*. A *isonomia* implica a igualdade dos cidadãos, por mais diferentes que sejam em função de sua aparência, de sua origem, da classe ou da função. A *justiça distributiva* é a que se manifesta na igualdade, que consiste na distribuição proporcional geométrica (igualar os desiguais) de bens e de outras vantagens entre os cidadãos da *polis*. Na construção da *isonomia*, é preciso igualar as diferenças, o que pressupõe uma igualdade que consista em tratar desigualmente os desiguais. Hoje, o princípio da igualdade (*isonomia*) constitui o alicerce sobre o qual se constrói os direitos da pessoa portadora de deficiência.

A obsessão contra a deficiência não fica restrita aos gregos. Também os romanos, na Lei das XII Tábuas, autorizam os patriarcas a matar seus filhos defeituosos. A Tábua IV, que trata do poder familiar, prescreve: "*I – Que o filho monstruoso seja morto imediatamente*".

Ricardo Tadeu Marques da Fonseca noticia que os atenienses e os romanos "protegiam seus doentes e os deficientes, sustentando-os, até mesmo por meio de sistema semelhante à Previdência Social, em que todos contribuíam para a manutenção dos heróis de guerra e de suas famílias... Discutiam, esses dois povos, se a conduta adequada seria a assistencial, ou a readaptação destes deficientes para o trabalho que lhes fosse apropriado". "Os hebreus viam na deficiência física ou sensorial uma espécie de punição de Deus e impediam qualquer portador de deficiência de ter acesso à direção dos serviços religiosos... Os hindus, ao contrário dos hebreus, sempre consideraram os cegos pessoas de sensibilidade interior mais aguçada, justamente pela falta de visão, e estimularam o ingresso dos deficientes visuais nas funções religiosas" (Fonseca, 1997: 136).

No *Código de Manu* também se encontram regras de exclusão dos portadores de deficiências, conforme se deduz da seguinte proibição sucessória: "Os eunucos, os homens degredados, os cegos, surdos de nascimento, os loucos, idiotas, mudos e estropiados não serão admitidos a herdar" (Parágrafo 612).

Essas situações, de certo modo paradoxais, demonstram que em toda organização humana (do passado e do presente) é possível encontrar manifestações daquela *areté* antiga que imprimiu certo preconceito em relação às pessoas portadoras de deficiências ao honrar demasiadamente a boa complexão física. Em contraposição à *areté* antiga aparecem outras alternativas e outras possibilidades. Essas contraposições caracterizam o combate ideológico e colocam em evidência os conflitos e as contradições de uma determinada sociedade.

Esses valores da antiga aristocracia grega encontram-se enraizados na sociedade moderna. A saúde do corpo promovida pelo exercício físico passa a ser um valor secundário. O que se busca é a beleza estética, mesmo que o exercício ou a dieta contribua contra a saúde do corpo. O estudioso certamente percebe que determinados valores de uma sociedade antiga permanecem na sociedade moderna. A consciência desse fenômeno ajuda a compreender a sociedade moderna e justifica o estudo dos modelos éticos antigos. Na modernidade, proliferam clínicas que dispõem de funcionários altamente especializados e equipamentos altamente sofisticados para modelação do corpo via lipoaspiração, implantação de silicone e outras novidades tecnológicas. Enquanto isso, o portador de uma deficiência física nascido em família pobre não consegue adquirir uma perna ou um braço mecânico que a tecnologia tem condições de oferecer.

3. OUTRO MODELO ÉTICO DOS ANTIGOS

Com o aumento da população e com a intensificação da atividade mercantil, a *areté* aristocrática ultrapassa o modelo arcaico dos guerreiros e atletas pela agregação de outro elemento. Conforme as observações de Jaeger, o desejo de honra, núcleo da antiga *areté* guerreira, deixa de ser um conceito meritório nos tempos que se seguem. A virtude começa a se aproximar da ambição, uma virtude que decorre não apenas da boa conformação física, mas fundamentalmente da riqueza que a pessoa possui. O homem rico é, consequentemente, um homem virtuoso. Nada diferente dos tempos modernos.

3.1. Virtude e desmedida

A construção da nova noção de virtude (*areté*) resulta da crise provocada pelo crescimento da economia no período que corresponde ao fim do século VII a.C e início do século VI a.C. Trata-se de um período de confusões e de conflitos, cujo ponto inicial é a retomada do comércio com o oriente.

A expansão do comércio marítimo e a introdução de uma economia monetária contribuem decisivamente para o crescimento econômico das cidades gregas. Isto abala as estruturas da organização social e provoca acentuadas transformações no plano político. Com o crescimento econômico, surge um grupo de "novos ricos", uma classe social emergente que se dedica ao comércio. Esta classe social não possui tradição aristocrática e a sua riqueza não se assenta na propriedade fundiária, mas no acúmulo de moedas. O surgimento dessa nova aristocracia que detém um poder econômico, mas que não participa do poder político nem do poder religioso, induz os gregos a repensarem sua vida social para tentar remodelá-la de acordo com as aspirações igualitárias dessa nova classe social. O fator econômico revela não apenas a crise, mas também a necessidade de estabilização da sociedade em um patamar mais alto de complexidade.

Como dito, o alargamento do horizonte marítimo, ao favorecer o comércio e o setor da agricultura que se dedica a produtos para exportação, provoca a concentração de riquezas e mudanças na estrutura social. Além disso, o contato com o oriente desperta a sedução pelo luxo, pelo requinte e pela opulência. A ostentação da riqueza torna-se um dos elementos do prestígio. A riqueza substitui os valores da virtude arcaica e aristocrática: honra, privilégio e reputação. Tudo isso a riqueza pode obter. Contrariamente a todos os outros poderes, a riqueza não comporta limites. A essência da riqueza é o descomedimento e a desmedida.

A riqueza, ao ultrapassar os limites da necessidade, não tem outro objeto que não a si própria. Almejada inicialmente para satisfazer as necessidades da vida, como simples meio de subsistência, a riqueza transformou-se em necessidade universal e ilimitada, que nada jamais poderá saciar. Na raiz da riqueza descobre-se uma natureza viciada, pervertida e má: o desejo de ter mais que os outros. Uma *hybris* que gera apenas injustiça e opressão.

A economia monetária introduz a compra e a venda de mercadorias por dinheiro, os empréstimos, os juros e a usura. Tudo isso reflete no direito, tanto que nenhuma legislação anterior ou posterior submete, de maneira tão dura e irreversível, o devedor ao credor, como as leis de Atenas desse período. O pequeno proprietário, cada vez mais endividado, torna-se rendeiro, escravo ou marginalizado no centro urbano. A acentuada acumulação de riqueza aumenta a desigualdade social, favorece a desmedida, contribui para o desequilíbrio nas relações entre os homens e provoca conflitos sociais. Essas situações repercutem nas reformas dos legisladores Drácon, Sólon e Clístenes, cujo intuito consiste em buscar o equilíbrio e a harmonia para uma cidade em conflito.

A desigualdade entre os cidadãos passa a ser tema das reflexões dos filósofos e legisladores em virtude da necessidade de construir fórmulas e práticas que impliquem em igualar os desiguais. O direito adquire um novo sentido.

3.2. Conceito antigo de justiça

O direito sempre teve um grande símbolo que se materializa em uma balança, com dois pratos colocados no mesmo nível, em posição perfeita, tanto na horizontal quanto na vertical. A balança é segurada por uma deusa, Diké (gregos) ou Iustitia (romanos).

No poema *O Trabalho e os Dias*, Hesíodo (século VII a C) elege o trabalho e a justiça como pilares da virtude do homem simples e trabalhador, aquele que não é aristocrata e que tem a sua expressão numa posse moderada de bens. Diké, no poema, é a deusa que se encarrega de trazer o direito do céu para a terra. A tarefa de Diké, entretanto, é perturbada por Hybris; razão pela qual o poema aponta dois tipos de existência humana, rigorosamente opostas, num dos quais se situa Diké, e em outro apenas Hybris. A oposição *diké-hybris* é o tema central do poema de Hesíodo (Vernant, 1977: 11).

A etimologia da palavra *diké* não é muito clara. O conceito é originário da linguagem processual e contém uma matriz de igualdade que permanece no pensamento grego através dos tempos. No processo antigo, diz-se que as partes contenciosas "*dão e recebem diké*". O culpado "*dá diké*", isto significa uma reparação, indenização ou compensação. O lesado, cujo direito é reconhecido pelo julgamento, "*recebe diké*"; e o juiz "*reparte diké*". Assim, o conceito de justiça (*diké*) passa a ser fixado na expressão "*dar a cada um o que é seu*". Significa, ao mesmo tempo, o processo, a decisão e a reparação ou a pena. O significado evolui no sentido de expressar o princípio que garante essa exigência e no qual se pode apoiar quem for prejudicado pela *hybris*, que corresponde à ação contrária ao direito (Jaeger, 1995, 135).

Hybris, por sua vez, é tudo que ultrapassa a medida, é o excesso ou desmedida. Nas pessoas, *hybris* provoca insolência, soberba e presunção. Diké representa o equilíbrio, a medida justa capaz de conter o desequilíbrio provocado pela desmedida e pelo excesso. A existência de Diké está condicionada pela existência de Hybris; ou seja, Diké aparece para conter o excesso e a desmedida dos homens que estão sob o domínio de Hybris.

Na mão esquerda de Diké está a balança com os dois pratos; na mão direita a deusa segura uma espada e, com os olhos abertos, declara existir o justo quando os pratos estiverem em equilíbrio (*íson*, donde a palavra *isonomia*). O justo significa o que é visto como igual (igualdade). A ideia de justiça, na cultura grega, adquire essa concepção forte de igualdade. Justiça é, portanto, igualdade e retidão. É também um poder (Diké), que diz o direito e está acima das partes para executá-lo.

As desgraças e os conflitos que atingem a cidade passam a ser tidos como consequências que advêm do comportamento dos homens. No contexto social começa a ser traçado, em contraste com a *hybris* do rico, o ideal de temperança, de proporção, de justa medida e de justo meio. Nada em excesso passa a ser a fórmula de uma nova sabedoria. Delineia-se a virtude (*areté*) do homem prudente e justo, que precisa ser moderado nos apetites e aprender a conter impulsos e paixões. Esse é o ideal ético do sábio, daquele que sabe moderar seus apetites e pratica a *phrónesis* (a prudência ética), que constitui a mais alta qualidade moral a se opor à *hybris*.

Em todos os planos da vida social ocorre uma transformação decisiva que marca a história da *polis*. Chega um momento em que a cidade rejeita as atitudes tendentes a exaltar o prestígio mediante a riqueza. Com as reformas legislativas de Sólon, são tidos como descomedimento a ostentação, o luxo e a suntuosidade. A desmedida perverte os homens nas suas relações recíprocas. Então, essas práticas passam a ser rejeitadas porque, acusando as desigualdades sociais e o sentimento de distância entre os indivíduos, suscitam a inveja e colocam em risco a cidade, dividindo-a contra si mesma.

Encontra-se enraizado na sociedade moderna (a nossa especificamente) um preconceito irracional em relação às camadas mais pobres da sociedade. Esse preconceito muitas vezes se transforma em atos violentos (a desmedida), como ocorreu com os moradores de rua da cidade de São Paulo e com as crianças da Candelária no Rio de Janeiro.

3.3. Dois tipos de justiça em Diké

A balança e a espada de Diké apontam dois tipos de justiça. Um é representado pelo princípio da represália (espada) e o outro é representado pelo princípio da reciprocidade (balança). Também pode-se dizer que Diké representa o *princípio da reparação*, que se desdobra em dois princípios: o *princípio da reciprocidade* e o *princípio da represália*.

Na sociedade antiga, a reparação do *status quo* violado depende do prestígio e da honra (*status*) dos envolvidos, tanto do ofensor quanto do ofendido. A *Lex Julia*, por exemplo, pune a cópula com virgem que viva honestamente: "*A pena contra os culpados, quando de condição nobre é o confisco da metade dos bens; quando de baixa extração, é a pena corporal com o relego*" (Justiniano, Institutas, 2000: 346). Fica claro que, no caso do ofensor de condição nobre, a reposição do *status quo* violado da ofendida resolve-se pela imposição da pena pecuniária, a justiça da balança ou *princípio da reciprocidade*. Mas, no caso do ofensor plebeu, essa reposição é resolvida pela imposição da pena corporal, a justiça da espada ou *princípio da represália*. O ofensor escravo fica à mercê do seu senhor, que pode até matá-lo. Neste caso, a justiça não controla a desmedida e a reparação do *status quo* violado é levada ao extremo no *princípio da represália*.

3.3.1. Princípio da reciprocidade

O *princípio da reciprocidade* envolve maiores complexidades que o *princípio da represália* porque pressupõe simetria em uma sociedade na qual efetivamente existem desigualdades. A reciprocidade depende da equiparação do *status quo* das pessoas, o que possibilita negociações e acomodações capazes de neutralizar as atitudes emotivas que favorecem a vingança, e caminha no sentido de substituir a vindita por um sistema de composições mediante pecúnia, a justiça da balança. Essa fórmula, como visto, se aplica àquelas situações em que o *status* do ofensor (nobre, aristocrata) é superior ao *status* do ofendido (plebeu, escravo). A generalização da fórmula que implica na possibilidade de ela também ser aplicada à situação inversa (quando o ofensor for plebeu e o ofendido nobre), só é possível com a equalização do *status dos envolvidos*, que pressupõe a expansão da cidadania e da isonomia.

Contudo, a fórmula da reciprocidade sempre será inoperante numa sociedade com acentuada desigualdade econômica, uma vez que o ofensor extremamente pobre não dispõe de pecúnia para reparar o dano (o *status quo* violado). Na modernidade, esse problema pode ser sentido nas ações de reparação do dano moral ou material. Quando o ofensor é pobre, a sentença é inexequível, dado que corresponde a um montante em dinheiro que o ofensor não dispõe. Em alguns casos, opta-se pela prestação de serviços à comunidade, normalmente realizados em fins de semana. Essa solução, de certo modo, recupera a ideia de que existe um patrimônio comum na cidade, cujo proprietário é a coletividade.

3.3.2. Princípio da represália

Segundo Luhmann, "o princípio da represália significa que a transgressão do direito exige não só defesa preventiva ou imediata, não só a criação da situação certa, mas, além disso, vingança" (Luhmann, 1983: 190).

A expressão *timoria* se associa à ideia de conceber a pena ou a sanção como uma forma de vingança, vindita ou desforra, que permite recuperar algo que se perdeu, e também à ideia de assimetria, de relações desiguais (exprime a ideia de honra, riqueza), portanto, de relações hierárquicas entre ofendido e ofensor. Por isso, fala-se em *timocracia* para referir-se à organização social na qual as honras e os cargos são destinados aos mais ricos. *Timorós* (timocrata) é aquele que exige satisfação de conservar a honra, de manter inviolável o seu *status*.

A forma de reparar a ofensa (o *status quo* violado) fica submetida ao prestígio fundado na riqueza e na honra das pessoas envolvidas: ofensor e ofendido. No caso de ofensor plebeu (*status* diminuto) ou escravo (ausência de *status*), a reposição do *status quo* violado do ofendido se resolve pela imposição da pena corporal.

O *princípio da represália*, portanto, liga-se à reparação pela justiça da espada, que implica no açoite, na mutilação e na pena capital e que, portanto, está ligado a aspectos emocionais muito fortes. Além disso, pressupõe relações desiguais, hierarquias que se estabelecem fundadas no *status quo*, no prestígio das partes envolvidas. Em alguns casos, a reparação incide sobre o próprio *status quo*, quando se resolve pela redução do homem livre à condição de escravo.

O *Código de Hamurabi* (Século XVII a C) é rico em normas que refletem a divisão hierárquica da sociedade, de modo que as variações das penas para o mesmo delito estão condicionadas ao *status quo* do ofendido e do ofensor. Há, por exemplo, o artigo 196, que manda aplicar a pena de talião quando um nobre destruir o olho de outro nobre. Mas, pelo artigo 198, se um nobre destruir o olho de um plebeu, deve ser aplicada uma pena pecuniária previamente fixada. E, pelo artigo 199, se um nobre destruir o olho de um escravo pertencente a outro nobre, deverá pagar a metade do preço do escravo. De um lado há o aspecto da vingança e da desforra (*princípio da represália*), que se resolve pela justiça da espada: olho por olho; de outro lado há o aspecto da recomposição do equilíbrio violado (*princípio da reciprocidade*) que se resolve pela imposição de uma pena pecuniária, que representa a justiça da balança.

O *princípio da represália* é, de certo modo, uma forma de conter a desmedida, de neutralizar os aspectos emocionais e de evitar as relações animalescas que podem resultar do excesso na reparação do *status quo* violado. Em outras palavras, o *princípio da represália* exerce uma função importante, que consiste em controlar o excesso da vingança, como forma de garantir a sobrevivência do ofensor. Desse modo, o controle da desmedida pela moderação da vingança aparece como uma conquista evolutiva em certas culturas, na medida em que transmuda o *princípio da represália* em *princípio de Talião*.

Na sociedade moderna o *princípio da represália* se exerce primordialmente na forma de pena restritiva da liberdade (detenção ou reclusão). Nos crimes culposos (contra a vida) e em alguns crimes contra a propriedade (pequenos furtos), há uma tendência de substituir o *princípio da represália* pela prestação de serviços à comunidade. Uma espécie de reciprocidade que se sustenta no postulado de que a pena deve ser útil à sociedade.

Na modernidade, é comum a pessoa dizer que "rico não vai para a cadeia". Isto significa que a modernidade não conseguiu superar o modelo ético antigo fundamentado na noção de *status*. Há quem entenda que, para os ricos, no futuro, o *princípio da represália* (justiça da espada) será incorporado pelo *princípio da reciprocidade* (justiça da balança). Nesse sentido, a pena de detenção ou reclusão seria substituída pela pena pecuniária. Talvez com essa solução as pessoas possam dizer: "rico não vai para a cadeia, mas paga".

4. A ÉTICA DE SÓCRATES E A NOÇÃO DE LIBERDADE

Para compreender adequadamente a ética de Sócrates é necessário recuperar a noção de liberdade que prevaleceu na *polis* grega. Trata-se da noção de liberdade consagrada à vida política, à atividade que pode ser denominada de ação.

A noção de liberdade consagrada à ação se forma a partir de condições objetivas concretas; de modo que, apesar dos esforços dos legisladores, nem todos os gregos podem ostentar o *status* de liberdade vinculado à cidadania, já que a noção de liberdade política se funda na ação e que nem todos são livres para agir. Como diz Hannah Arendt: "Essa liberdade, é claro, era precedida da liberação: para ser livre, o homem deve ter-se liberado das necessidades da vida. O estado de liberdade, porém, não se seguia automaticamente ao ato de liberação. A liberdade necessitava, além da mera liberação, da companhia de outros homens que estivessem no mesmo estado, e também de um espaço público para encontrá-los, no qual cada homem livre poderia inserir-se por palavras e feitos" (Arendt, 1972: 194).

4.1. O espaço privado: trabalho e labuta

Oikia é o espaço privado, a casa ou habitação, a morada da família, onde predomina o governo de um só (*despótes*). As relações familiares são assimétricas porque são fundadas na diferença; o chefe da família, o senhor ou *despótes*, exerce os poderes de direção e de administração do conjunto de pessoas (esposa, filhos, parentes) e de bens (escravos, construções, móveis, animais, instrumentos em geral). No âmbito da casa, o senhor manda e os demais obedecem. A atividade que se desenvolve na *oikia* denomina-se labuta ou labor, que consiste na produção ininterrupta de bens de consumo necessários à subsistência do grupo; portanto, todos, inclusive o senhor, estão sob a coação da natureza (necessidade).

Na *oikia* não há liberdade em dois sentidos. Primeiro porque, nas relações que ocorrem no interior da *oikia*, prevalece a coerção muda que afasta o uso dialógico da palavra; nesse sentido, os indivíduos, inclusive o senhor, inseridos nessas relações de domínio, estão privados do diálogo indispensável à liberdade. Segundo porque, no processo de produção, os indivíduos, inclusive o senhor, estão submetidos à necessidade; portanto, privados de participar da esfera pública que é a *polis*. Na *oikia*, o fator que rege a conduta não é a liberdade, mas as necessidades da vida e a preocupação com a preservação.

Na *oikia*, o homem é escravo da necessidade. A liberdade política significa libertar-se dessa espécie da coação, significa liberar-se das necessidades da vida para o exercício da cidadania na *polis*, que constitui privilégio apenas de alguns homens. A *polis* é o local do encontro dos iguais, dos homens que se libertaram da labuta; em virtude disto, são considerados livres e também é livre a atividade que eles exercem.

Esta distinção entre público (*polis*) e privado (*oikia*) que caracteriza a sociedade democrática grega sofre durante séculos muitas modificações; todavia, fincou-se o princípio de que o espaço público é um pressuposto para o desenvolvimento das práticas democráticas.

4.2. Características da liberdade política

Hannah Arendt observa que os gregos, convivendo em uma *polis*, conduzem seus negócios por intermédio do discurso, através da persuasão pela palavra, e não por meio da violência e através da coerção muda. Isto permite distinguir os gregos dos bárbaros e o homem livre do escravo. Consequentemente, quando homens livres obedecem a seu governo, ou às leis da *polis*, essa obediência é chamada *peitharkhia*, uma palavra que indica claramente que a obediência é obtida pela persuasão, e não pela força (Arendt, 1973: 49,50).

Jean Pierre Vernant (Vernant, 1977, 33, 35) anota algumas características da *polis* que reforçam a noção de liberdade política. Na *polis*, diz ele, as questões de interesse geral devem ser submetidas e decididas na conclusão de um debate, um combate de argumentos, cujo teatro é a *ágora*, praça pública, lugar de reunião antes de ser um mercado. Os que se medem pela palavra formam nessa sociedade um grupo de iguais. Toda rivalidade supõe relações de igualdade.

Outra característica da *polis* é o cunho de plena publicidade, de plena transparência dada às manifestações mais importantes da vida social. A *polis* existe na medida em que se distingue um domínio público, nos dois sentidos diferentes, mas solidários do termo: um setor de interesse comum, opondo-se aos assuntos privados; práticas abertas, opondo-se a processos secretos. Essas exigências de publicidade colocam sob o olhar de todos as condutas, os processos e os conhecimentos que constituem na origem o privilégio exclusivo da aristocracia.

Enquanto elementos de uma cultura comum, os conhecimentos e os valores são levados à praça pública, sujeitos à crítica e à controvérsia. Já não se impõem pela força de um prestígio pessoal ou religioso. Com a liberdade política, a *polis* passa por um processo de dessacralização e de racionalização da vida social.

O alfabeto grego é vulgarizado; não se trata mais de um saber especializado, reservado a escribas, mas de uma técnica de amplo uso, livremente difundido pelo público. Compreende-se assim o alcance de uma reivindicação que surge desde o nascimento da cidade: a redação de leis. Ao escrevê-las, não se faz mais que assegurar-lhes permanência. O direito começa a ser entendido como regra geral, suscetível de ser aplicada a todos indistintamente. Nesse compasso, a autoridade dos sacerdotes, cuja função era dizer o direito, começa a desaparecer do cenário da *polis* democrática.

Aos dois aspectos assinalados – prestígio da palavra e desenvolvimento das práticas públicas –, outro se acrescenta para melhor caracterizar o universo da *polis*. Os cidadãos, por mais diferentes que possam ser em virtude da sua origem, sua aparência, sua classe, sua função, aparecem, de certa maneira, "semelhantes" uns aos outros. Essa semelhança gera a unidade da *polis*. O vínculo do homem com o homem vai tomando, no esquema da cidade, a forma de uma relação recíproca, substituindo as relações hierárquicas de submissão e de domínio. Todos os que participam da *polis* irão definir-se como *hómoioi* (semelhante), depois, de maneira mais abstrata, como *isoi* (iguais).

Apesar de tudo o que os opõem no concreto da vida social, os cidadãos se concebem como unidades permutáveis no interior de um sistema cuja lei é o equilíbrio e cuja norma é a igualdade. Essa imagem do mundo humano encontra sua expressão rigorosa num conceito, o de *isonomia*: igual participação de todos os cidadãos no exercício do poder.

Os princípios acima apontados aparecem como regras que devem orientar as decisões, em especial a que implica na fixação do direito na lei. Por exemplo, a legislação sobre o homicídio marca o momento em que o assassino deixa de ser uma questão privada; a vingança de sangue, obrigatória para os parentes do morto, é substituída por uma repressão organizada no quadro da cidade, controlada pelo grupo e onde a coletividade se encontra comprometida com a sanção.

Entre as inovações mais felizes da constituição de Sólon encontra-se o princípio segundo o qual o dano causado a um indivíduo particular é, na realidade, um atentado contra todos. Desse modo, qualquer cidadão pode exigir justiça sem ser pessoalmente a vítima do ofensor.

No Brasil as associações que têm por finalidade institucional a defesa e a proteção da cidadania nos seus mais diversos aspectos podem propor ações civis públicas com o objetivo de proteger interesses coletivos e difusos. Mas, a esfera de ação dessas associações vai além do debate jurídico perante o Poder Judiciário, elas se inserem também no debate político, promovem campanhas de esclarecimentos, mobilizam outros setores da sociedade, tudo no sentido de evitar a exclusão e garantir às pessoas o exercício do direito de cidadania.

4.3. Espaço público: ação

A palavra agir liga-se a duas correspondentes em grego que ajudam a compreender o seu significado: liga-se a *arkéin* com o significado de começar, conduzir, governar, que são as qualidades do homem livre, liberado das necessidades da vida para a cidadania na *polis*; e liga-se a *práttein*, com o significado de levar a cabo ou de permanecer fazendo aquilo que começou a fazer (Arendt, 1988: 214).

A ação possui as seguintes características: é ilimitada (agir é iniciar continuamente relações) e imprevisível (não é possível determinar antecipadamente suas consequências). Vale dizer, a ação envolve cadeias intermináveis de acontecimentos, cujo resultado final é impossível de se conhecer ou controlar antecipadamente. Por um lado, a ação é livre de motivos e, por outro, do fim intencionado como um efeito previsível. Assim, a ação é livre na medida em que pode transcender o motivo e a finalidade (Ferraz Jr., 1995: 25).

A ação, portanto, convive com as *incertezas*, decorrentes da sua imprevisibilidade. Além disso, por ser dominada pela palavra ou pelo discurso, convive com a *instabilidade* decorrente de *pheitó* (persuasão verdadeira) e de *apaté* (sedução mentirosa). Tercio Sampaio Ferraz Jr. (Ferraz Jr., 1995: 22) explica que na *polis* a estabilidade possível decorre de uma espécie de virtude como o equilíbrio e como a moderação, próprios da prudência. Segundo ele, para alcançar a estabilidade são necessárias leis para o comportamento e fronteiras para a cidade, que são consideradas limites à ação, embora a estabilidade da ação não decorra desses limites.

A *polis*, continua Ferraz Jr., não é propriamente um limite físico e normativo, mas um conjunto fugaz de ações. Para que a *polis* enquanto teia de relações possa surgir, é necessária a criação da legislação, que é trabalho do legislador, considerado uma espécie de construtor da estrutura da cidade. Esse trabalho (do legislador), ao contrário da ação, é uma atividade humana dominada pela relação meio/fim, com termo previsível. Portanto, a legislação, enquanto trabalho do legislador, não se confunde com o direito enquanto resultado da ação. Há uma diferença entre *lex* e *jus* na proporção da diferença entre trabalho e ação. Desse modo, o que condiciona o *jus* é a *lex*, mas o que confere estabilidade ao *jus* é algo imanente à ação: a virtude que se define como justiça.

Liberdade e justiça aparecem na estrutura da *polis* como virtudes inerentes, imanentes e essenciais à ação; elas não se destacam da ação e se realizam na própria ação. Como a ação não se submete à relação meio/fim, isto significa que a perfeição da ação deve estar no próprio desempenho; isto é, na excelência do comportamento. Daí a importância da ética na formação do caráter do cidadão que pretende agir na *polis*. A ação virtuosa depende da virtude do agente. A virtude estabiliza a convivência entre os homens e aperfeiçoa a ação.

4.4. Liberdade e destino

Entre os gregos e os romanos predomina a noção de liberdade que envolve o aspecto político centrado na ação conjunta (liberdade de discussão e unidade na ação); portanto, não se trata de uma noção de liberdade que se dirige ao agir humano individual.

Contudo, ao lado da liberdade política é possível perceber outra noção de liberdade que, embora submetida ao aspecto político predominante, aponta para uma espécie de liberdade subjetiva que se liga à noção de vontade individual. Esse outro sentido de liberdade, que pode até desconsiderar a condição do *eleuterós* (aquele que tem direito à palavra na assembleia dos cidadãos), introduz a questão ética concernente ao homem livre que deve se conduzir pelas suas próprias virtudes.

A transposição da ideia de liberdade do âmbito da política para o plano interno da vontade depende da dissociação entre liberdade e necessidade. Essa dissociação não ocorre com os gregos. Há, entretanto, alguns indícios que podem ser apontados. Para isso é preciso retomar a noção de necessidade que se liga ao plano da natureza ou da divindade.

Etimologicamente, a palavra necessidade (*ananké*) indica os laços de sangue (parentesco, estirpe, família) que determinam o destino do indivíduo. Este não pode negar a sua origem e o destino que os laços de parentesco lhe impõem. Os deuses antecipam, mas não podem alterar o curso dos acontecimentos. Essa situação (necessidade-destino) pode ser observada na tragédia *Édipo Rei*, de Sófocles. Édipo é aquele que luta contra o seu destino e que não consegue evitá-lo: uma tentativa desesperada, mas desde o início destinada ao fracasso.

Ananké é, portanto, uma necessidade, espécie de coerção ou constrangimento; algo (destino) inevitável e inelutável anunciado pelos deuses. Essa noção evolui e a necessidade passa a ser entendida como a lei (ordem) estabelecida pela divindade que rege todas as coisas. O homem precisa tomar a lei divina como sua própria lei. Fortalece a ideia de lei comum e conforme a natureza (*physis*).

As coisas e os homens são, de alguma forma, forçados ou constrangidos a serem exatamente como são e a agir como agem por força da necessidade divina ou natural. Mas o herói homérico, Ulisses por exemplo, não obstante o anúncio dos deuses, desafia o próprio destino e consegue vencê-lo, dado que retorna a Ática e encontra Penélope. Nesse sentido, aparece a possibilidade do homem enfrentar e alterar o curso do próprio destino, a possibilidade de alterar o curso da natureza e superar a sua própria limitação. É, no fundo, uma tentativa de encontrar em si mesmo o princípio de sua ação.

Ainda permanece na modernidade a noção de *ananké* como destino inexorável. Nesse sentido, a deficiência congênita ou adquirida, não raras vezes, é associada ao destino, à má fortuna, à falta de sorte, à vontade de Deus. Concepções desse tipo neutralizam os esforços que consistem em combater as causas reais que contribuem para o aumento do contingente de pessoas portadoras de deficiências: a fome, a desnutrição, os acidentes. Uma política responsável de prevenção de acidentes no trabalho e nas estradas certamente pode reverter determinado estado de coisas que muitos ainda consideram inelutável e inexorável.

A pessoa portadora de deficiência tem algo de Édipo, mas também algo de Ulisses. Tem algo de Édipo porque não lhe foi possível evitar a deficiência da qual é portadora; mas tem algo de Ulisses quando supera a sua própria deficiência. Tem algo de Édipo quando vê frustradas suas tentativas de se inserir na vida social; mas tem algo de Ulisses quando, apesar dos obstáculos, em algumas tentativas obtêm sucesso. Outras situações podem ser lembradas, uma vez que o portador de deficiência é um cidadão que luta contra o destino que uma sociedade preconceituosa tenta lhe impor.

No caso de bebês que nascem com deficiência grave, existe a tendência de "deixar a natureza seguir o seu próprio curso" como justificativa para o abandono clínico. Ora, se há algo que a natureza imprime nos seres vivos é justamente o instinto de permanecerem vivos.

4.5. Liberdade ética

É na *polis*, com a ideia de *autarcia*, que o conceito de liberdade acoplado à noção de vontade aparece de forma mais consistente. Na *polis* a ideia de *autarkéia* aparece ligada à ação. *Autarkéia* é uma palavra composta de *autós* (por si mesmo) e *arkéo* (ser suficiente). Advém daí o conceito de autarcia como liberdade para agir e deliberar. A junção de liberdade política e de autarcia, produz a ideia segundo a qual o homem livre é aquele que encontra em si mesmo o princípio de sua ação e possui em si mesmo o poder para agir. A *polis*, de outra parte, é dotada de *autonomia*. *Autonomia* é uma palavra composta de *autós* (por si mesma) e *nómos* (regra, norma, lei). A *polis*, portanto, é dotada de autonomia no sentido de possuir o poder de dirigir-se a governar-se por suas próprias leis.

A natureza (*physis*) é algo que se desenvolve por si mesma; contudo, com o nascimento da cidade, surge algo (a *polis*) que também não se submete. Essa situação permite aos sofistas introduzir a oposição entre natureza (*physis*) e lei (*nomos*), na medida em que *nomos* pode impedir a natureza de seguir o seu próprio curso. Segue-se, a partir dessa contraposição, a tendência de identificar liberdade e natureza. Ser livre, dirão os estoicos, significa viver em conformidade com a natureza, com aquilo que é propício. Contudo, o propício não se identifica com qualquer necessidade natural (Ferraz Jr. 2002, 78).

Com essa arquitetura, delineia-se a ideia de que o homem é livre quando se conduz pelas suas virtudes ao próprio bem. Mas, é necessário sabedoria para poder escolher, dentre todos os bens, aquele que é o melhor. A partir dessa construção é possível falar de liberdade individual com conotação ética, que corresponde a uma manifestação de autodomínio do indivíduo ligada à sua autarcia e à investigação metódica daquilo que é melhor.

Com Sócrates, a ideia de liberdade aparece com essa conotação. A principal razão, no plano filosófico, é a mudança de enfoque introduzida por Sócrates. Com ele o pensamento desloca-se da contemplação da natureza para a contemplação do homem na sua subjetividade. Sócrates dialoga, não há ensinamento de dogmas. A partir da maiêutica, que corresponde à investigação metódica, é possível ao homem redescobrir as virtudes que existem em si mesmo.

A concepção socrática de liberdade, como diz Tercio Sampaio Ferraz Jr. estrutura-se da seguinte forma: "faça o que é melhor (normativo), o que supõe o conhecimento do melhor no sentido de uma preferência utilizada como decisão ou antes como *deliberação ética*. Isso pressupõe uma faculdade da alma, uma espécie de *arte de mensurar*, um conhecimento ou saber avaliativo e ponderador (*phronesi* ou *prudentia*). A concepção socrática de uma liberdade com conotação ética não se identifica, porém, com a mera liberdade interna, mas esclarece como o ético converge para o *eleuterós*, no sentido de uma práxis completa que informa uma virtude política, pressupondo uma ocupação com a polis: a liberdade ainda é comunitária" (Ferraz Jr., 2002: 79).

A *autarkéia* adquire o sentido de ação deliberada que faz do homem o artesão lúcido do seu próprio destino. Destino que consiste na busca do que é melhor. Para agir virtuosamente, o homem precisa saber o que é virtude. Por isso, nos diálogos, Sócrates pergunta o que é sabedoria, o que é justiça, o que é coragem, o que é amizade, o que é piedade. A virtude aparece identificada ao saber. Daí a outra fórmula se Sócrates: "ninguém é mau voluntariamente", portanto, a ignorância é a origem de todos os vícios e de todos os erros.

Virtude é uma forma de conhecimento, e não um simples modo de agir. Portanto, não se pode separar a virtude do saber ou a virtude da ação. O cidadão precisa ser virtuoso porque disto depende a liberdade e a justiça. Com Sócrates, aparece essa exigência de conjugação do *eleuterós* (cidadão livre) com *areté* (virtude). É preciso virtude política para existir liberdade. Em outros termos, a ação, liberdade política, que implica deliberação sobre os meios e não sobre os fins, deve ser conduzida pela virtude (justiça); só assim o direito pode ser sentido como uma prática virtuosa que serve ao bom julgamento.

Contudo, essa liberdade ética não evolui para a liberdade como livre-arbítrio, ela se mantém dentro dos padrões do ato voluntário, como um processo de deliberação que não delibera sobre todas as coisas. Como diz Aristóteles: "deliberamos sobre as coisas que estão ao nosso alcance e podem ser realizadas" (Aristóteles, 1973: 285). O homem delibera sobre as coisas que dependem dele e as quais ele pode realizar.

O homem, portanto, não delibera sobre a natureza, a necessidade e a fortuna. Para os gregos, querer algo impossível é não ser livre; livre é querer a sua possibilidade. O querer não é totalmente livre, já que não faz sentido desejar aquilo que não se pode realizar. Também não faz sentido querer o próprio mal, isto é, deliberar contra si mesmo ou contra o seu próprio bem. Em suma, a liberdade como opção totalmente desvinculada não aparece entre os gregos, pois o querer está vinculado ao próprio bem e querer algo impossível é não ser livre.

Na sociedade moderna, essa concepção de liberdade nos ajuda, por exemplo, a conduzir a construção dos direitos da pessoa portadora de deficiência. Ajuda também a conduzir as reivindicações que consistem na aplicação dos direitos já formalmente consagrados. Vale especificar: é certo que não faz sentido querer o impossível: por exemplo, a **imediata** adaptação de todos os edifícios de uso público como forma de garantir o acesso das pessoas portadoras de deficiência; mas também não faz sentido querer o próprio mal: por exemplo, permitir a construção de novos edifícios de uso público sem as devidas adaptações ou não querer que os edifícios sejam adaptados.

4.6. A importância da Ética proposta por Sócrates

A noção de liberdade ética coloca alguns parâmetros capazes de controlar as incertezas que envolvem uma decisão (escolha). Recorde-se que a liberdade para agir e para deliberar deve ser conduzida pela virtude. Além disso, o ato da escolha pressupõe conhecimento para que a escolha incida sobre o melhor ou o mais propício. Nesse sentido, o ato de escolha exige a conjugação de três coisas: *eleuteria* (liberdade), *areté* (justiça) e *phronesi* (sabedoria). Portanto, a *deliberação ética* pressupõe o cidadão livre (*eleuterós*), que quer realizar a justiça (*areté*) por intermédio de um saber avaliativo e ponderador (*prudentia* ou *phronesi*).

Com essa arquitetura é possível perguntar: o abandono clínico de crianças deficientes consiste uma *deliberação ética*? Do ponto de vista da *liberdade ética*, é possível deliberar sobre a morte de outra pessoa? No caso de um criminoso, a pena de morte consiste em uma *deliberação ética*, ou a decisão sobre quem deve viver ou morrer é algo que se coloca fora do círculo das coisas que dependem de nós?

Há grupos religiosos que não permitem a transfusão de sangue. Consiste em uma *deliberação ética* recusar a cura? Para impedir a transfusão de sangue, não raras vezes o Tribunal é convocado para decidir. Mesmo diante de uma sentença que proíba a transfusão, consiste uma *deliberação ética* do médico deixar o paciente morrer? O aborto, independentemente de sua legalidade ou não, consiste em uma *deliberação ética* para o médico que realiza e para a paciente que autoriza?

São perguntas que têm merecido diferentes respostas, já que tratam de situações que envolvem muitas incertezas. Essas incertezas não estão localizadas exatamente no plano econômico (no espírito do capitalismo). Não se discute aí o preço da transfusão de sangue, dos honorários do advogado ou da intervenção do médico. A discussão é outra: é a que se situa no plano ético com repercussões no plano jurídico.

5. A ÉTICA DE ARISTÓTELES

Para Aristóteles, a filosofia corresponde à totalidade do saber. O saber distingue-se entre teorético (contemplativo) e prático (ação humana).

O estudo das coisas naturais, a natureza, está ligado às ciências contemplativas, notadamente a física, em virtude de uma conhecida definição de Aristóteles que se encontra na *Metafísica*, nos seguintes termos: "No sentido primário e próprio, natureza é a substância dos seres que têm em si mesmos, enquanto tais, o princípio do seu movimento" (Aristóteles in Bobbio, 1997: 27).

O saber prático é aquele voltado para a ação humana, cuja causa é a vontade entendida como escolha deliberada e preferencial; seu objeto (a ação) é contingente e particular. O saber prático é dividido em duas modalidades. A *poíesis* (*techne*) busca o conhecimento para dele se servir como norma ou regra da produção, da criação; tem por objeto a ação fabricadora, cujo fim é a produção de uma obra a partir de um modelo e de um conjunto de procedimentos; nesse sentido, a retórica, a agricultura, a navegação, a escultura, a poesia, alguns autores incluem a dialética. A *praxis*, cujo objeto é a ação humana que tem seu fim em si mesma, a ação deliberada refletida e racional que se realiza para alcançar um fim que é o Bem, nesse sentido a política (se ocupa com a ética da *polis*), a *ética* (se ocupa com a moral individual).

A ação humana é objeto das ciências práticas, portanto, não é possível submetê-la à ideia universal e necessária de bem e de justiça. Assim, o bem, na *poíesis* (*techne*), consiste na perfeição do exercício do trabalho, que é o ofício do artesão, inclusive o legislador. A justiça, nas ciências práticas, consiste numa disposição de caráter que resulta de uma deliberação voluntária e própria do homem virtuoso. Em síntese, é o conhecimento das ações boas e justas que permite definir o bem e a justiça como valores ou como padrões gerais de conduta.

Há, entretanto, um ponto comum entre as ciências práticas e as teoréticas, porque o homem, além de agir, é um ser natural que segue as leis da *physis*. O homem é um misto que possui um lado que segue a natureza (a vontade racional) e um outro que é sua natureza (o apetite ou o desejo, que é a paixão), uma inclinação natural e desenfreada pela busca de prazer que é a origem de todos os vícios. A virtude, portanto, a justiça, não é uma inclinação natural. Mas, como tudo na natureza, o homem age tendo em vista um fim ou uma finalidade, que é um bem e, portanto, ao agir, atualiza potências no sentido do bem. Praticando atos virtuosos, o homem se torna virtuoso. Isso permite ao homem realizar plenamente sua forma (Aristóteles, 1973: Ética a Nicômaco, Livro I; Chauí, 1998, 308-320).

Aristóteles, numa conhecida passagem da *Retórica*, estabelece a sua clássica distinção dicotômica entre lei particular e lei comum. Lei particular, diz ele, é aquela que cada povo dá a si mesmo, podendo as normas dessa lei particular serem escritas ou não escritas. Lei comum é aquela de acordo com a natureza (Aristóteles in Bobbio, 1997: 33).

Na *Ética a Nicômaco* aparece a distinção mais célebre de Aristóteles entre justiça positiva e justiça natural: "Da justiça política, uma parte é natural e outra parte é legal: natural, aquela que tem a mesma força onde quer que seja e não existe em razão de pensarem os homens deste ou daquele modo; legal, a que de início é indiferente, mas deixa de sê-lo depois que foi estabelecida: por exemplo...todas as leis promulgadas para casos particulares...e as prescrições dos decretos...as coisas que são justas não por natureza, mas por decisão humana, não são as mesmas em toda parte... Alguns pensam que toda justiça é desta espécie, porque as coisas que são por natureza, são imutáveis e em toda parte têm a mesma força (como o fogo, que arde tanto aqui como na Pérsia), ao passo que eles observam alterações nas coisas reconhecidas como justas. E as próprias constituições não são as mesmas, conquanto só haja uma que é, por natureza, a melhor em toda parte" (Aristóteles, 1973: 331).

Bobbio (Bobbio, 1997: 33, 34), comentando esse trecho da *Ética a Nicômaco*, entende que o direito natural é definido por meio de duas características. A primeira é a de ter validade universal, pois independe do lugar e do tempo, como o fogo que arde da mesma maneira em toda parte, tanto na Grécia como na Pérsia. A segunda é a de que as regras que o direito natural determina não são extraídas das opiniões dos homens e, portanto, estabelecem o que é justo e injusto por si mesmas, independentemente do que pensam as pessoas.

Reale (Reale, 1999: 98) manifesta o mesmo entendimento, porque, segundo ele, para Aristóteles, ao lado do direito que muda da Grécia para a Pérsia, existe o direito natural, que por toda parte apresenta a mesma força, não dependendo das opiniões ou dos decretos dos homens, que é sempre igual, assim como o fogo que por toda parte queima igualmente.

5.1. A virtude e o saber prático

Para compreender o modelo aristotélico é preciso ter sempre presente três situações. A primeira é a clássica distinção entre ciências contemplativas e ciências práticas. A segunda é a distinção entre método analítico (juízos apodíticos necessários e universais) e método dialético (juízos dialéticos, prováveis ou verossímeis). A terceira é a concepção de liberdade política. Essas três situações devem ser consideradas na análise da concepção aristotélica de justiça, tanto a particular quanto a universal.

Os problemas políticos e éticos, como visto, são problemas práticos que devem estar subordinados à dialética. A dialética não apresenta o mesmo rigor que a analítica, uma vez que esta parte de proposições universais e necessárias, enquanto aquela parte de opiniões gerais, meramente verossímeis. Uma conclusão é apodítica quando parte de proposições universais, verdadeiras e primárias, ou delas derivadas; uma conclusão é dialética quando se extrai de opiniões gerais (Ferraz Jr.,1995: 325).

O método dialético, prossegue Ferraz Jr. (Ferraz Jr., S/D: 7), é o método da teoria da justiça. Por sua natureza, o objeto ético é portador de uma indeterminação peculiar, que tem de ser vencida pelo levantamento das diversas opiniões sobre a ação ética. Aristóteles, partindo do fato de que o homem é um ser político e que tem de viver em sociedade, procura demonstrar que a justiça é um dos meios pelo qual o homem vence o acaso e alcança o bem que lhe é próprio.

Para Aristóteles, há uma vinculação entre política e ética porque a justiça, a principal virtude ética, corresponde a uma ação, notadamente uma ação política. A política, diz Aristóteles (Aristóteles, 1973: 249, 250), legisla sobre o que devemos ou não devemos fazer, a finalidade dessa ciência deve abranger as das outras, de modo que essa finalidade será o bem humano. Ainda que tal fim seja o mesmo tanto para o indivíduo (ética) como para o Estado (política), entende Aristóteles que o deste último é algo maior e mais completo, quer a atingir, quer a preservar. Embora valha a pena atingir esse fim para um indivíduo só, é mais belo e mais divino alcançá-lo para as cidades. Portanto, a questão é realizar o mais alto de todos os bens que se podem alcançar pela ação.

Para o tocador de flauta, para o escultor e para o artesão, o bem consiste na perfeição com que exercem as suas funções. O bem do homem consiste igualmente no bom exercício da atividade humana de acordo com a virtude e, no caso de uma pluralidade de virtudes, de acordo com a melhor e mais perfeita de todas elas. O problema que se segue é o de saber no que consiste a virtude.

Aristóteles entende que na alma se encontram três espécies de coisas: as paixões, as faculdades (meras possibilidades ou potências) e as disposições de caráter (hábito). As paixões são os sentimentos ou inclinações naturais acompanhados de prazer ou de dor, como a cólera e o medo. A virtude não pode ser uma paixão porque a cólera e o medo não podem ser considerados atos virtuosos. A paixão suscita movimentos contrários ao bem da natureza humana, isto é, contrários à vida racional que corresponde ao fim a que, como humanos, os homens estão destinados. Mas a virtude também não pode ser uma faculdade ou aptidão – capacidade de sentir paixões – porque uma faculdade pode ser posta tanto a serviço do bem quanto do mal.

Por conseguinte, a virtude só pode ser uma disposição de caráter, um hábito. A virtude moral é adquirida em resultado do hábito. "Nenhuma das virtudes morais surge em nós por natureza, posto que nada que existe naturalmente pode formar um hábito contrário à sua natureza. Por exemplo, à pedra que por natureza se move para baixo não se pode imprimir o hábito de ir para cima. Não é, pois, por natureza, nem contrariando a natureza que as virtudes se geram em nós" (Aristóteles, 1973: 267).

A virtude não é natural do ser humano, mas um hábito adquirido ou uma disposição permanente. A ética orienta o homem para a aquisição dos hábitos virtuosos que o encaminham no sentido da perfeição. Virtude, portanto, é ação, atividade da vontade que delibera, isto é, examina várias possibilidades possíveis e escolhe. O ato de escolher passa a ser um ato racional e voluntário, próprio do cidadão ético e político. Portanto, a virtude se desenvolve na *polis*; ou seja, no encontro dos homens enquanto cidadãos. Por isso os fins racionais de uma escolha têm sempre em vista um bem, que é o bem comum.

A partir desse esboço, Aristóteles (Aristóteles, 1973: 273) escreve que virtude é uma disposição para agir de um modo deliberado, consistindo uma mediania relativa ao ser humano, racionalmente determinada e tal como seria determinada pelo homem prudente, dotado de sabedoria prática. A ação virtuosa consiste em um ato feito por e com virtude, isto é, numa escolha preferencial (*proairesis*) proveniente de uma deliberação racional (*bouleusis*), que depende do ser humano e a qual ele pode realizar. O homem delibera a respeito do preferível, e não do necessário, isto é, daquilo que está em seu poder.

A mediania ou medida relativa que caracteriza a virtude é o justo meio, entendido como equilíbrio ou moderação entre dois extremos (excesso e escassez). A justiça (vontade racional) é o cálculo moderador que encontra o justo meio entre dois extremos. A ética aparece, assim, como a ciência da moderação e do equilíbrio, isto é, da prudência ou *phronesis*. *Hybris* é, conforme especificado pelos antigos, a falta de medida, a origem do vício por excesso ou por escassez. Em outras palavras, pode-se dizer que em Aristóteles, a justiça corresponde ao controle da *hybris*, tanto no excesso quanto na escassez. Coragem (virtude), por exemplo, é o justo meio entre a temeridade (excesso) e a covardia (escassez); amor (virtude) é o justo meio entre a possessão (excesso) e a indiferença (escassez); e assim em relação a todas as virtudes. Nesse sentido, a noção aristotélica de justiça tem algo a ver com a antiga noção de *diké*.

5.2. Justiça e ação

Justiça, na obra de Aristóteles, pode ser definida como sendo relação bilateral, preferencial e voluntária, em conformidade com a lei e com o bem comum e que respeita a igualdade. O termo, como já se pôde perceber, não é unívoco, é ambíguo, porque possui uma pluralidade de sentidos, vários significados e acepções. Daí a distinção que Aristóteles realiza entre justiça universal e justiça particular. A primeira (universal), também denominada de justiça em sentido lato, define-se como a conduta de acordo com a lei; a segunda (particular) denominada, às vezes, de justiça em sentido estrito, define-se como o hábito que realiza e respeita a igualdade.

A justiça particular, que realiza e respeita a igualdade, é promovida de duas maneiras. Uma maneira é a que se manifesta na igualdade, que consiste na distribuição proporcional geométrica (igualar o desigual) de bens e de outras vantagens entre os cidadãos da *polis* – a esta se dá o nome de justiça distributiva. A outra maneira é a que se manifesta na igualdade que desempenha um papel corretivo nas transações entre os cidadãos – a esta se dá o nome de justiça retificadora ou comutativa, que consiste numa proporcionalidade aritmética (igual).

A justiça universal, que é a conduta conforme a lei, abrange, de certo modo, todas as demais virtudes, quando estas estiverem prescritas em lei. Com efeito, é normalmente por intermédio da lei que se realiza o bem comum. Nesse sentido, diz Aristóteles que nas disposições que tomam sobre todos os assuntos, as leis têm em mira a vantagem comum. A lei bem elaborada ordena a prática de todas as virtudes, como os atos de um homem temperante (não cometer adultério), os de um homem calmo (não caluniar, nem agredir ninguém) e proíbe a prática de qualquer vício. Nesse sentido, o hábito de respeitar a lei faz do homem respeitador da lei um homem justo.

Justiça universal, como se pode perceber, é algo próprio da *polis* e dos cidadãos, razão pela qual Aristóteles fala em justiça política.

A justiça universal é aquela que é em conformidade com a lei. A lei, como dito, tem uma abrangência ética, pois envolve o cumprimento de todos os deveres e o exercício de todas as virtudes; portanto, não se trata tão somente de leis no sentido jurídico moderno, mas também de leis morais. Essa lei, que visa à felicidade da comunidade política mediante a realização do bem comum, pode ser natural ou convencional e, tanto num caso quanto no outro, pode ser escrita ou costumeira.

As leis escritas são aquelas que emanam do trabalho do legislador. Leis costumeiras são aquelas que emanam do hábito que foi se repetindo através dos tempos. O hábito funda a eficácia e a vigência da lei, mas não fornece o seu fundamento, que repousa ou na convenção dos homens ou na natureza. Assim, quando a justiça é conforme à lei, escrita ou costumeira, que varia segundo os povos e se define em relação a eles, denomina-a Aristóteles de *justiça legal*. Quando a justiça é conforme a lei, que pode ser escrita, mas que é segundo a natureza e que em vista dela se define, Aristóteles fala em *justiça natural* (Ferraz Jr.,S/D: 17).

6. ÉTICA ESTOICA

A ética estoica é subdivida em: **a)** moral do dever reto, identifica-se com o *honestum*, que consiste na retidão da vontade (*recta ratio*), na firmeza moral, na convicção inabalável e no caráter incorruptível; e **b)** moral dos deveres médios, que consiste no cumprimento das ações conforme as tendências naturais que todo homem possui, como a tendência à conservação da vida e à sociabilidade ou a escolha de coisas e de condutas tidas como úteis, convenientes, preferíveis ou desejáveis relativas à vida prática ou cotidiana.

6.1. Moral do dever reto

O *dever reto* não surge espontaneamente, depende do saber filosófico (sabedoria) que possibilita compreender as relações que se estabelecem entre natureza (aquilo que é dado) e cultura (aquilo que é construído pela ação humana). Essa sabedoria se identifica com o *honestum* – expressão de uma harmonia interior em conformidade com a harmonia da natureza.

A construção da sabedoria tem como ponto de partida as tendências ou inclinações naturais que os homens possuem desde o nascimento: a conservação da própria vida e a associação com outros homens. Essas primeiras tendências são a marca da imanência da natureza em todos os seres, a expressão da simpatia universal, o sinal da harmonia da parte com o todo. Todos os deveres têm por ponto de partida as primeiras tendências da natureza, e a própria sabedoria parte destas primeiras tendências.

A *ética dos deveres*, que tem nas primeiras tendências o seu ponto de partida, consiste em elevar-se gradualmente em direção à *moral do dever reto*; desse modo, o amor que o homem tem por si próprio deve se ampliar, por intermédio da reflexão (exercício dialético), em amor pela família, pelos amigos, pelos concidadãos e pela humanidade.

Os objetos das primeiras tendências, embora conformes à natureza, são relativos à utilidade pessoal e não consistem em um *dever reto*. Este começa a existir quando a escolha aconselhada pela razão (*recta ratio*) vem repetida e consolidada, mantendo sempre a sua conformidade com a natureza, até se tornar no homem um princípio de vida, uma disposição uniforme (convicta, constante, firme e inabalável), isto é, uma virtude (*virtu* ou força de vontade). O *dever reto* (firmeza moral e caráter incorruptível) é, no estoicismo, o supremo bem (a virtude).

Esse *dever reto* (firmeza moral e caráter incorruptível), que é, antes de tudo, o acordo consigo que se harmoniza com o universo, recebe o nome de *honestum*. As demais virtudes não são mais do que aspectos ou exteriorizações dessa virtude fundamental (Bréhier, 1978: 60).

O *honestum* se exterioriza por intermédio de quatro virtudes: **a) a sabedoria** é o *honestum* sobre o conhecimento da natureza, ao qual se liga a física, a lógica e a ética; **b) a justiça** é o *honestum* sobre a distribuição dos bens, à qual se liga a equidade e a liberalidade; **c) a prudência** é o *honestum* que incide sobre os desejos, impulsos e escolha das coisas, o conhecimento da oportunidade dos momentos certos para agir, à qual se liga a ordem e a conveniência; **d) a coragem** é o *honestum* que incide sobre aquilo que se deve suportar ou sobre os obstáculos, à qual se liga a firmeza e a constância. Os contrários (a ignorância, a injustiça, a covardia e a imprudência) são considerados vícios ou males.

Os homens são partes da natureza (o *lógos* divino), portanto, predispostos à virtude, motivo pelo qual é improvável que possam preferir os males em detrimento dos bens. Todo homem deseja ser: sábio, justo, prudente e corajoso, portanto, ninguém deseja ser: ignorante, injusto, imprudente e covarde.

6.2. Moral dos deveres médios

Há, para os estoicos, um conjunto de coisas que não se enquadram nem na categoria de bens nem na categoria de males: vida, saúde, prazer, beleza, força, riqueza, reputação, nobreza, bem como os seus contrários, morte, doença, sofrimento, fealdade, fraqueza, pobreza, obscuridade, origem humilde. Essas coisas são consideradas *indiferentes* porque não beneficiam nem prejudicam por si mesmas, podem ser boas ou más, dependendo do uso que delas se faz. Não são virtudes nem vícios, mas podem ser postas tanto a serviço da virtude quanto do vício. Enfim, o homem pode servir-se dessas coisas indiferentes para ser útil ou para prejudicar.

Dentre as coisas indiferentes, algumas são dignas de serem escolhidas ou preferidas em razão de sua utilidade. Dignas de escolha são aquelas que podem contribuir para uma vida equilibrada em conformidade com a natureza. Algumas coisas indiferentes possuem, portanto, uma certa potência ou utilidade mediata que contribui para a vida em conformidade com a natureza; nesse sentido: riqueza, glória, reputação, dotes naturais de habilidade, capacidade técnica, saúde, força física, boa complexão física, beleza e similares. Mas, como dito, essas coisas indiferentes podem ser boas ou más, conforme o uso que delas se faz. A riqueza, por exemplo, é um bem se for usada para promover o bem; se for usada para promover o mal, a riqueza é um mal (Epicteto, 1953: Máxima 327).

É a sabedoria que orienta a escolha e o uso adequado das coisas indiferentes. Desse modo, pelo exercício dialético ou elaboração racional, o homem descobre o fim em vista do qual se manifestam as escolhas ou as ações úteis, preferíveis e convenientes. Assim, é preferível morrer com honra a viver desonrado, ser enfermo; e virtuoso a sadio e corrompido, ser pobre e incorruptível a rico e corrupto.

Não faz sentido alguém preferir os males (ser corrupto, corrompido e desonrado) em detrimento dos bens (ser honrado, virtuoso e incorruptível). A *moral dos deveres médios* implica escolha das coisas indiferentes em conformidade com as virtudes (sabedoria, justiça, coragem e prudência). É, portanto, no domínio dos indiferentes, que o bom ou mau uso do *lógos* (razão) pode efetivar-se.

6.3. Prática dos Deveres

Epicteto (1953: 35) afirma que de todas as coisas que existem no mundo, apenas algumas dependem de nós. A essência do verdadeiro bem consiste nas coisas que dependem de nós, como os nossos atos e opiniões.

As coisas que não dependem de nós são aquelas que se subordinam ao curso da natureza, os fenômenos naturais envoltos no encadeamento necessário de causas e efeitos. Essas coisas não são melhores nem piores, simplesmente são. A natureza não pode agir de outra maneira, só pode agir da forma como age. Também não dependem de nós as coisas que estão fora do círculo dos nossos próprios atos porque dependem de outras pessoas ou de circunstâncias que não podemos evitar.

O homem depara-se com obstáculos quando toma por livres as coisas que por sua natureza são necessárias, e por dele, as que dependem de outros; porém, quando se concentra nas coisas que dele dependem, nada o impede de atuar conforme a sua própria deliberação. As coisas que dependem do sujeito, da sua ação ou deliberação, podem ser boas ou más; porém, como dito, não faz sentido agir ou deliberar a favor do próprio mal. É natural, portanto, o homem querer o próprio bem e realizar as coisas que estão ao seu alcance. Uma pessoa que prefere o próprio mal, desejando coisas impossíveis ou que não podem ser realizadas encontra-se em estado de ignorância, insensatez ou loucura.

No domínio da *moral do dever reto*, o que depende essencialmente de cada pessoa é a vontade firme e inabalável de fazer o bem. Desse modo, a ampliação das tendências naturais transforma o bem individual ou pessoal em bem comum, coletivo ou da humanidade. Há, portanto, uma distinção entre o domínio da *moral do dever reto*, que consiste em agir de acordo com a razão (*recta ratio*) e em conformidade com a natureza, e o domínio da *moral dos deveres médios*, que consiste na escolha das coisas úteis e de alcance do sujeito e que pode contribuir para uma vida melhor.

A *ética dos deveres* é uma teoria da ação. A ação política ou jurídica deve, portanto, ser conduzida pela virtude. Nesse sentido, a *ética dos deveres*, além de orientar o exercício das profissões públicas (Magistraturas, Ministério Público) e o cumprimento dos deveres de cidadania, permite a elaboração de um código de condutas práticas (Direito) fundadas em princípios genéricos: viver honestamente, não causar dano a outrem, dar a cada um o que é seu, proteger a vida, cuidar da saúde, da educação, das crianças, dos idosos, dos portadores de necessidades especiais, cumprir os deveres de família etc. O cumprimento desses deveres corresponde a uma moral das ações úteis e preferíveis, extensiva ao gênero humano.

O que caracteriza a ação é a incerteza e a imprevisibilidade por depender, em parte, do sujeito – uma vez que a escolha convicta supõe uma intenção moral –, mas não depende dele o êxito da ação, que é resultado não só da vontade do sujeito, mas também dos outros homens ou das circunstâncias e dos acontecimentos. De qualquer modo, a teoria dos deveres permite ao homem orientar-se na incerteza da vida cotidiana ao propor escolhas razoáveis tendo em vista o bem da comunidade.

A virtude é a retidão da vontade (firmeza moral e caráter incorruptível), no sentido de fazer o bem. Contudo, a razão extraviada tenta resistir e opor ao bem universal o fantasma de um bem próprio (riqueza, beleza, glória, saúde etc.), como se esse bem fosse virtude e não coisa simplesmente útil. Em síntese, os *deveres médios* (escolha das coisas indiferentes) se encontram na esfera do útil (Direito), mas estão submetidos ao *dever reto* (virtude) que reside na esfera do *honestum* (Ética).

7. ÉTICA EM CÍCERO

7.1. República e dever do governante

Para Cícero, a sabedoria é imprescindível aos magistrados de uma *civitas*. A sabedoria é a principal virtude ou excelência da forma de governo aristocrática, que Cícero translitera para a República, isto é, para a forma de governo misto. Cícero segue a trilha estoica porque entende que a sabedoria é capaz de neutralizar as paixões, por isso ele diz que o mais admirável na aristocracia é que aqueles que mandam não estão submetidos às paixões.

Os estoicos entendem que o governante excelente é o sábio. Sustentam que o sábio deve participar da vida política e exercer as funções públicas porque dessa maneira evita o vício e propaga a virtude. Como o conhecimento do bem e do mal é um atributo necessário e indispensável ao governante, somente o sábio está capacitado para governar e administrar a justiça. O ignorante, como não possui a ciência, não está capacitado para o exercício de tais funções (Laêrtios, 1977: 209).

Todavia, a figura do sábio é um ideal porque ninguém consegue propagar a excelência em toda a sua plenitude. Cícero reconhece essa situação quando diz:

> *"De fato, quando celebramos os dois Décios e os dois Cipiões como homens corajosos, ou quando dizemos justos Fabrício ou Aristides, não pedimos a eles exemplos de coragem e justiça próprios de um sábio. Nenhum deles é sábio no sentido que queremos emprestar ao termo; também não o foram Marco Catão e Caio Lélio, que não obstante gozaram a reputação e o nome de sábios, nem mesmo os sete (sábios da Grécia): mas todos, pela prática dos* deveres médios, *tinham certas semelhanças com os sábios"* (Cícero, 1999: 133).

Os deveres médios estão ao alcance de homens com uma certa instrução, homens que possuem uma sabedoria que apenas se aproxima da do sábio. Esses deveres médios se fundamentam numa razão plausível ou razoável e devem ser observados no exercício das funções públicas. Nesse aspecto, a República, concebida com uma constituição mista, não é uma utopia ou um modelo ideal, é perfeitamente realizável e até dispensa a figura de um homem com um saber extraordinário (o sábio).

A República de Cícero se sustenta nos deveres médios e nos cidadãos de boa índole que alcançaram um certo progresso nos estudos.

Os deveres médios "*são, dizem os estoicos, como que coisas honestas secundárias, próprias não apenas dos sábios, mas de todo o gênero humano...São deveres comuns, evidentes, que muitos cultivam por bondade de caráter e progresso nos estudos...Mas quando um ato comporta os deveres médios, parece o cúmulo da perfeição porque o vulgo não nota geralmente o que se afasta da perfeição e, até onde nota, pensa que nada foi omitido*" (Cícero, 1999: 132-133).

Para os filósofos estoicos, a virtude é o único bem e o vício o único mal. As vantagens exteriores, como saúde e riqueza não são bens, mas apenas coisas preferíveis (indiferentes). Do mesmo modo, a doença e a pobreza não são males, mas apenas coisas não preferíveis. A única coisa que beneficia o homem é a virtude. Por isso Cícero afirma que nada é bom, exceto aquilo que é honesto, porque o honesto contém todas as virtudes. Assim, o útil que congrega o conjunto das coisas indiferentes deve sempre se submeter ao honesto, que representa o conjunto das virtudes. O útil em conformidade com o honesto passa a ser preferível, desejável e conveniente.

> *"Uma alma corajosa e grande distingue-se principalmente por duas características. Uma delas é o desprezo dos bens exteriores, quando tenha sido persuadida que nada, a não ser o honesto e decoroso, convém ao homem admirar ou perseguir. A outra consiste em praticar ações grandiosas e, sobretudo, úteis que interessem à vida. Dessas duas características, todo esplendor, toda grandeza, acrescento mesmo toda utilidade residem na segunda; mas o princípio e a causa geradora dos grandes homens residem na primeira"* (Cícero, 1999: 34-35).

De acordo com os estoicos, o homem sábio vive de acordo com a natureza. Vive-se também virtuosamente pela escolha sábia das coisas indiferentes. Quando a escolha é sábia, as coisas indiferentes são tidas como preferíveis e convenientes ou, como diz Cícero, úteis e benéficas. A prática dos deveres médios se circunscreve ao campo da moral dos deveres, isto é, da escolha das coisas úteis, preferíveis, benéficas, desejáveis.

Se uma ação parece ao mesmo tempo útil e desonesta, uma aparência deve ser enganosa. Assim, se uma pessoa se enriquece praticando ações desonestas, essa riqueza é útil apenas na aparência. O dever se liga à escolha (ou decisão) das coisas úteis, preferíveis ou desejáveis submetidas ao honesto, que é a virtude que contém todas as demais: a justiça, a sabedoria, a moderação e a magnanimidade. Na concepção de Cícero,

> *"Parcela alguma da vida, quer nos negócios públicos, quer nos privados, quer nos forenses, quer nos domésticos, quer nos da esfera estritamente pessoal pode prescindir do dever. E não só no cultivá-lo reside toda a honestidade da vida como, no negligenciá-lo, toda torpeza"* (Cícero, 1999: 5).

Os cidadãos em geral, notadamente aqueles que exercem funções públicas, devem se submeter ao dever, não ao dever reto, que é próprio e específico do sábio, mas ao dever médio, cuja motivação possa servir de base para a ação. Mas o homem pode cometer erro de julgamento sobre o que é desejável porque experimenta paixões que podem induzi-lo na escolha errada. O homem pode, portanto, agir incorretamente. Para evitar o erro, além de submeter a escolha à razão, o homem necessita das virtudes que se ligam ao conhecimento e expurgam as paixões. Nestas estão as origens dos erros. Por isso, Cícero coloca a sabedoria como a primeira virtude que o homem público deve adquirir.

Cícero especifica que a primeira de todas as virtudes é a sabedoria, que os gregos chamam de *shopia*. Sabedoria se distingue de prudência, que em grego se diz *phrónesis*. Sabedoria, para Cícero, é algo mais amplo que prudência; esta está contida naquela. Prudência, segundo Cícero, é o conhecimento daquilo que se deve procurar ou evitar.

> *"Mas a sabedoria que afirmo ser a primeira é o conhecimento das coisas divinas e humanas, incluindo-se aí a sociabilidade e a camaradagem dos deuses e dos homens entre si. Ora, se isso for da máxima importância, como de fato é, então se faz necessário que o dever deduzido a partir da comunidade seja também o maior. Com efeito, a concepção e a contemplação da natureza ficariam mutiladas e incompletas se não motivassem nenhuma ação. Vemos essa ação, principalmente na proteção da comunidade dos homens"* (Cícero, 1999: 74).

A sabedoria tem o primado das virtudes porque é básica e orientadora. Ela implica o conhecimento das ciências (lógica e física), qualificadas como virtudes porque, ao explicar a organização da natureza, evitam que a pessoa dê o seu assentimento ao falso e não seja enganada por uma verossimilhança capciosa. Na concepção de Cícero, a ação é a parte mais importante da sabedoria, motivo pelo qual os deveres daí decorrentes são também os mais importantes. Assim, a parte mais valiosa da sabedoria é a que apresenta consequências práticas. Por isso Cícero entende que é preciso instruir os homens para que se tornem cidadãos melhores e mais úteis à cidade.

7.1.1. Dever e ação

Cícero compara a tarefa do homem que exerce funções públicas à do agricultor. Tal como o agricultor que conhece a natureza do terreno, procurando na sua ciência antes a utilidade do que o deleite, assim também o governante deve estudar o direito, conhecer as leis, procurar nas suas próprias fontes, sob a condição de que as suas respostas, escritos e leituras o ajudem a administrar retamente a República. O governante deve conhecer o direito natural, uma vez que sem esse conhecimento não é possível ser justo. Em suma, não há felicidade sem uma boa constituição política; não há paz, sem uma sábia e bem organizada República.

O conhecimento ou sabedoria prática (necessário aos que exercem funções públicas) realiza-se na ação, isto é, no contexto da *civitas*. Esse contexto precisa ser especificado; para isso, toma-se como modelo, não com o mesmo rigor nem com as mesmas intenções, a exposição de Tercio Sampaio Ferraz Jr. (1955: 22) a respeito das diferenças entre ação, trabalho e labor. De um modo geral, a noção de ação se liga às virtudes; a de trabalho, às atividades finalísticas; e a de labor, à produção de bens perecíveis.

Ferraz Jr. esclarece que, na Antiguidade, o conjunto das atividades humanas pode ser subdividido em três campos distintos: o labor, o trabalho e a ação. O labor é uma atividade que se distingue da ação porque se desenvolve na esfera privada (*oikia* ou *domus*) e é realizado preponderantemente por escravos, que estão submetidos às relações de domínio. O labor distingue-se do trabalho porque se liga ao processo ininterrupto de produção de bens de consumo perecíveis, que não têm permanência no mundo.

A ação é a atividade que se desenvolve na esfera pública (*polis* ou *civitas*). Na *civitas* predominam as relações igualitárias entre os cidadãos e aparece a possibilidade da prática das virtudes correlacionadas com a liberdade política e as formas de persuasão. A ação difere do labor porque dignifica o homem, mas partilha dele uma característica comum: sua fugacidade, por ser um ato contínuo sem uma finalidade preconcebida. A ação se caracteriza por sua ilimitação, corresponde a um fluxo de relações políticas. Além disso, a ação é imprevisível: agir é iniciar continuamente relações.

A ação política é dominada pela palavra, pelo discurso e, sobretudo, pela busca dos critérios do bem governar; por isso, a ação é conduzida pelas virtudes: prudência (saber prático), moderação e justiça. Essas virtudes conferem estabilidade, equilíbrio e harmonia à ação política. A estabilidade depende também do trabalho, que é uma atividade que difere do labor pela permanência daquilo que se produz, e da ação porque é dominado pela relação meio/fim. O trabalho, ao contrário do labor e da ação, é uma atividade humana considerada como não fútil, com termo previsível. O produto do trabalho se destaca do produtor e adquire permanência no mundo, como é o caso do produto do trabalho do escultor, do construtor e do legislador.

Na Antiguidade, conclui Ferraz Jr., a legislação enquanto trabalho do legislador não se confunde com o direito enquanto resultado da ação. Há uma diferença entre *jus* e *lex* na proporção da diferença entre trabalho e ação. Desse modo, o que condiciona o *jus* é a *lex*, mas o que lhe confere estabilidade é algo imanente à ação: a virtude do justo, a justiça.

Na perspectiva de Cícero, a ação depende de um certo saber científico que se encontra na lógica e na física. Aliás, como dito, essas duas virtudes são preparatórias para o exercício da ação, porque com elas é possível expurgar as paixões, conduzir os discursos e evitar o erro nas deliberações. Por isso a sabedoria, segundo Cícero, é a primeira virtude que se deve adquirir. O trabalho, por sua vez, para ser bem conduzido, depende de um certo talento natural que deve ser aprimorado com os estudos. Portanto, tanto a ação quanto o trabalho dependem da sabedoria.

Nessa perspectiva, a ação permite captar a ordem natural (*jus*) e o trabalho permite fixá-la na legislação (*lex*). Isto é assim porque a *civitas*, enquanto teia de relações igualitárias, necessita de uma legislação que regule os comportamentos e de uma constituição que organize e estruture a cidade, determinando o funcionamento dos cargos públicos e a competência das autoridades. A *civitas* necessita de um legislador, da mesma forma que necessita do construtor que a organize urbanisticamente, com a construção dos muros, das casas e dos edifícios. O legislador, como diz Ferraz Jr., é considerado uma espécie de construtor da estrutura da cidade. A legislação é produto do trabalho e tem essa finalidade (preconcebida), que consiste em regular os comportamentos. Contudo, a legislação não contém o direito, apenas reflete um conjunto de comportamentos (deveres) emanados da ação que são tidos como desejáveis, úteis, preferíveis e convenientes à arquitetura jurídica, política e social da *civitas*.

Da mesma forma que a estátua (trabalho do escultor) reflete o modelo, mas não se confunde com ele – porque o modelo é infinitamente mais rico em todas as circunstâncias e em detalhes –, a legislação reflete o direito, mas não se confunde com ele. O direito é infinitamente mais rico que a legislação.

Para Cícero, o direito natural é um referencial, um critério, um modelo ou um padrão para a legislação (direito da *civitas*), pois ele oferece certa universalidade e necessidade. A legislação não pode, pois, pleitear o universal porque sempre estará adstrita ao tempo e ao lugar, ao particular e contingente. Contudo, como o padrão oferece uma certa universalidade e necessidade, quando se elege um conjunto de procedimentos e deveres corretos, a legislação torna-se menos instável, menos contingente e adquire permanência no mundo.

Essa é a permanência ligada à estabilidade que Políbio e Cícero exaltam ao falar das formas de governo. Para eles, a melhor forma de governo é aquela que possui a nota da estabilidade, que garante a sua permanência pelo maior espaço de tempo possível, como ocorre com a república romana. Segundo Cícero, a crise (instabilidade) da República deve-se ao afastamento dos governantes das condutas em conformidade com o dever.

7.2. Dever e direito

Cícero foi um filósofo com vasta experiência jurídica; além de advogado, ocupou os cargos de pretor, de senador e de cônsul. A interligação entre matéria filosófica e jurídica está presente em toda a sua obra. Segundo Cícero, para conhecer o direito é preciso partir da filosofia, ou seja, para descobrir as fontes da lei e do direito é necessário, antes de tudo, discutir e colocar em evidência os dons que os homens recebem da natureza, assim como o caráter natural da sociedade que vincula os homens entre si.

Coube a Cícero conectar a *moral dos deveres*, elaborada pelos filósofos estoicos, com o Direito romano. Para Cícero, o *honestum* é o único bem, motivo pelo qual a "utilidade" não pode contrapor-se à honestidade. A estrutura básica do dever encontra-se na fórmula do dever que submete o útil ao honesto: "*o que é honesto é útil, e não há nada de útil que não seja honesto*". A fórmula também aparece na forma de um juízo (proposição) hipotético que exprime uma relação entre um antecedente e um consequente, do tipo: "*se A, então B*", ou seja, "*se é honesto, então é útil*".

Recorde que o *honestum* se desdobra em quatro virtudes básicas: **a) sabedoria**: é o honesto que se liga ao conhecimento; **b) justiça**: é o honesto sobre a distribuição dos bens; **c) coragem**: é o honesto sobre aquilo que se deve suportar; e **d) prudência**: é o honesto sobre a escolha das coisas. Essas virtudes podem ser enquadradas na fórmula do dever da seguinte maneira: **a)** *se é sábio, então conhece a virtude*; **b)** *se é justo, então dá a cada um o que é seu*; **c)** *se é corajoso, então enfrenta os obstáculos*; **d)** *se é prudente, então escolhe de maneira refletida*.

A fórmula do dever subtende uma hierarquia. Assim, no caso de necessidade de se optar por um, entre dois deveres igualmente úteis, deve-se escolher em primeiro lugar o mais útil. Cícero coloca em primeiro plano as obrigações dos homens para com a humanidade em geral e, depois, para com aqueles a quem deve amparo material: primeiro à comunidade (o bem comum, o interesse coletivo); em seguida, aos pais (idosos, anciãos) e depois aos parentes e aos cônjuges.

A fórmula do dever é ajustada ao espírito prático dos romanos porque serve para resolver conflitos entre o honesto e o útil, decorrentes de situações concretas que envolvem o cotidiano das pessoas. Cícero, na verdade, propõe-se a ensinar como tomar decisões justas e como analisar os diferentes caminhos possíveis da ação, dado que a ação não deve conferir vantagens pessoais em detrimento do honesto.

Ao dissociar a honestidade (ética) da utilidade (direito), os homens podem perverter os pactos e acordos e, com isso, afrontar a lei natural. Tudo que for contrário ao honesto, diz Cícero (1999: 41), é torpe, e onde houver torpeza, não haverá utilidade, porque a utilidade e a torpeza não podem conviver no mesmo objeto.

7.2.1. Dever e justiça

Para Cícero (1999: 13), a justiça é uma virtude essencialmente social, de modo que a sociedade dos homens deve se agrupar em torno dela.

Em sentido amplo, justiça consiste em dar a cada um o que é seu, incide sobre a distribuição dos bens e se liga à equidade e à liberalidade. Um dos fundamentos da justiça é a boa-fé, assim considerada a firmeza moral e o caráter incorruptível em palavras e acordos. Fé advém de *fides*, assim chamada porque "faz (*fiat*) o que foi dito". O homem que "não faz o que foi dito", que não mantém a palavra, que rompe ou não cumpre o contrato, perde a *fides* e, com ela, a própria reputação.

Em sentido estrito, justiça consiste no ato de julgar realizado por um homem bom. *Homens bons*, no Direito romano, são assim chamados porque são justos no ato de julgar (Digesto, XIX. 2.24). Para Cícero, a realização da justiça depende da qualidade moral do julgador, ou seja, o homem que julga ou decide deve ser, acima de tudo, possuidor do *honestum*. O homem justo é, ao mesmo tempo, sábio, corajoso e prudente.

> *"Pois temos fé nos que julgamos mais sábios que nós e naqueles que acreditamos capazes de antever as coisas futuras e, no momento crítico, resolver os problemas tomando a decisão oportuna. E nos homens justos e fiéis, isto é, nos bons, a fé é tanta que não há lugar para suspeitas de fraude ou injustiça. Assim, julgamos acertado confiar a eles nossa salvação, nossos bens, nossos filhos"* (Cícero, 1999: 94).

Há, segundo Cícero (1999: 14-15), dois gêneros de injustiça: **a)** *injustiça comissiva*, que resulta da prática de um ato injusto; e **b)** *injustiça omissiva*, que resulta da omissão diante da prática de um ato injusto. Essas injustiças são motivadas pelas paixões, em especial a cobiça e o medo. Na injustiça, é preciso distinguir a menos grave (culposa), que é aquela que se pratica por alguma perturbação de ânimo, da mais grave (dolosa), que é aquela que se pratica de propósito e de modo premeditado. A injustiça dolosa pode ser praticada de dois modos: por fraude ou por violência. A fraude é mais odiosa porque quem a perpetra se faz passar por "homem bom". Cícero esboça o perfil da fórmula (dever de comportamento) para promover a justiça e evitar a injustiça nos seguintes termos: "ninguém pode se beneficiar à custa de outrem, pois isso viola o *honestum* e os laços naturais entre os homens".

7.2.2. Dever e contratos

A aparência de utilidade em alguns contratos levou Cícero (1999: 148-152) a tratar do problema da boa-fé e as suas conexões com esses negócios jurídicos, campo em que o direito romano fez enorme progresso por intermédio dos editos dos pretores que criaram novos tipos de ações, como proteção contra a fraude maliciosa. Esse progresso despertou em Cícero a forte convicção de que a atuação dos pretores nada mais era do que a prática do direito conforme a fórmula do dever: "*o que não é honesto não é útil*". Na disciplina dos contratos, anota algumas situações que parecem úteis, mas que de fato não o são porque contrariam o honesto.

Na contraposição do aparentemente útil e do honesto, cita um caso que merece posições contrárias de dois filósofos: Diógenes da Babilônia e Antípatro de Tarso. Trata-se do seguinte: um mercador leva de Alexandria para Rodes uma grande quantidade de trigo, estando Rodes imersa na fome e na carência de alimentos. Ocorre que o mercador sabe que muitos outros mercadores também deixaram Alexandria com navios carregados de trigo e que estão prestes a chegar à cidade de Rodes. O mercador deve comunicar esse fato aos ródios ou manter o sigilo e vender o seu trigo o mais caro possível? Para Antípatro, tudo deve ser revelado, a fim de que o comprador nada ignore daquilo que sabia o vendedor. Para Diógenes, o vendedor deve expor apenas os defeitos da mercadoria.

Cita outro caso: um homem vende uma casa por causa de certos defeitos que ele conhece, mas que os outros ignoram. Se o vendedor não revela os defeitos ao comprador, terá agido de forma desonesta e injusta? Para Cícero, nem o mercador e nem o vendedor da casa devem omitir as informações, pois, se assim o fizerem, estarão dissimulando a verdade aos compradores. O silêncio, quando é mantido deliberadamente para lucrar (utilidade) à custa de outrem, é contrário ao *honestum*. Nesse caso, há injustiça por omissão, ou seja, subtrai-se o princípio da boa-fé que consiste no dever de informar.

Cícero lembra que o *ius civile*, com base na boa-fé, estabelece que o vendedor declare os defeitos por ele conhecidos da coisa que vende. Foi assim, diz Cícero, quando os sacerdotes (áugures), devendo tomar os auspícios na cidade, ordenaram a Tibério Cláudio Centumalo que demolisse sua casa no Monte Célio, cuja altura atrapalhava a observação do voo dos pássaros. Cláudio pô-la à venda e Públio Calpúnio Lanário comprou-a. Os sacerdotes deram a este último a mesma ordem. Calpúnio demoliu-a e, logo depois, ficou sabendo que Cláudio pusera a casa à venda após ser intimado pelos sacerdotes. Citou-o perante o árbitro reclamando "tudo que lhe devia dar e fazer em virtude da boa-fé". Marco Catão pronunciou a sentença, decidindo que, como o vendedor tinha conhecimento da situação e não a declarou, devia pagar o prejuízo ao comprador. Decretou que a boa-fé exigia do vendedor dar conhecimento ao comprador do defeito conhecido.

Há casos que envolvem simulação (*malas fides*). Um banqueiro de nome Pítio, para vender sua propriedade à beira-mar por um preço mais elevado, no dia da visita do comprador, contrata um grupo de pescadores e simula um movimento que efetivamente não existe naquela área. A venda é realizada, o comprador descobre a simulação, mas não encontra amparo no Direito. Nessa época, diz Cícero, "meu colega e amigo Caio Aquílio ainda não publicara suas fórmulas sobre o mau dolo". Aquílio publica suas fórmulas para atender às exigências de restituição no caso de fraude em transações comerciais. Para Aquílio, o mau dolo consiste em "fingir uma coisa e fazer outra". Cícero entende que Pítio e todos os que fingem uma coisa e fazem outra são injustos, desonestos e maliciosos, portanto, nenhum de seus atos pode ser útil, pois são todos maculados pelo vício. Assim, quer para comprar nas melhores condições, quer para vender, o homem de bem não deve simular nem dissimular nada.

Cícero cita vários exemplos de aplicação, no processo formular, da cláusula *da boa-fé* e da cláusula *agir bem como entre homens de bem*. Essas cláusulas emanam, segundo ele, da fórmula mais ampla: *nada que não é honesto é útil*.

7.2.3. *Pacta sunt servanda* e *rebus sic stantibus*

A respeito da *pacta sunt servanda*, Cícero estabelece a seguinte orientação: reconhece que o direito impõe a regra segundo a qual é preciso preservar os pactos e compromissos que, como dizem os pretores, não forem estabelecidos pela força nem pelo mau dolo. Naqueles casos em que ações aparentemente dignas de um homem justo transformam-se em seu contrário, como, por exemplo, cumprir uma determinada promessa que prejudica o favorecido, é justo, segundo Cícero, evitá-las e não realizá-las. Considerando, diz ele, que as coisas mudam conforme a ocasião, o dever também muda, pois nem sempre é igual (*rebus sic stantibus*); convém, então, recorrer aos fundamentos da justiça: primeiro, a ninguém prejudicar; depois, servir à utilidade comum.

Assim, quando o pacto favorece em demasia ou prejudica uma das partes, deve haver uma flexibilização da *pacta sunt servanda*. Cícero vai além da *rebus sic stantibus* e estabelece o *princípio da boa-fé* como fundamento último de todos os contratos. Nesse sentido, diz ele: pode acontecer que uma promessa ou pacto se torne útil apenas ao beneficiário ou àquele que prometeu. Não devem ser mantidas promessas que se revelam inúteis a quem se destinam ou que prejudiquem mais do que favorecem, porque não é contrário ao dever antepor um bem maior ao menor.

Na teoria dos contratos, a grande conquista das últimas décadas foi, indubitavelmente, o redescobrimento do *princípio da boa-fé*. O Código de Defesa do Consumidor, por exemplo, introduz no direito brasileiro uma nova concepção de contrato com o intuito de proteger determinados interesses sociais, valorizando a *boa-fé* das partes contratantes, as *expectativas* e a *confiança* depositadas no vínculo. Também o Código Civil de 2002, ao tratar dos contratos em geral, estabelece que os contratantes são obrigados a guardar, na conclusão do contrato e na sua execução, os *princípios da probidade e boa-fé* (art. 421)[1].

As manifestações dos juristas contemporâneos sobre o real alcance e sentido do *princípio da boa fé* estampado nos Códigos, demonstram as ligações inexoráveis desse princípio com a *bona fides* do direito romano inspirada na filosofia estoica.

Para Claudia Lima Marques (2001: 181) *fides* significa o hábito de firmeza e de coerência de quem sabe honrar os compromissos assumidos, significa, mais além do compromisso expresso, a fidelidade e a coerência no cumprimento da expectativa alheia, independentemente da palavra que haja sido dada ou do acordo que tenha sido concluído; representando, sob este aspecto, a atitude de lealdade que é legitimamente esperada nas relações entre homens honrados no respeitoso cumprimento das expectativas reciprocamente confiadas. O *princípio da boa-fé* significa o compromisso expresso ou implícito de fidelidade e de cooperação nas relações contratuais, é uma visão mais ampla, menos textual do vínculo, é a concepção leal do vínculo, das expectativas que desperta confiança.

Boa-fé significa, portanto, ação refletida que visa não apenas ao próprio bem, mas ao bem do parceiro contratual. A ação deve ser conduzida pela virtude e isto significa respeitar as expectativas razoáveis do parceiro, agir com lealdade, não causar lesão ou desvantagem e cooperar para atingir o bem das obrigações. É nesse sentido que o *princípio da boa-fé* se revela como fonte de novos deveres ou obrigações especiais, os denominados *deveres de conduta*, tais como: *os deveres de esclarecimentos* (incide sobre a obrigação de prestar todas as informações que se façam necessárias), *deveres de proteção* (incide sobre a obrigação de evitar danos), *deveres de lealdade* (incide sobre a obrigação de comportar-se com lealdade e evitar desequilíbrios), *deveres de transparência* (incide sobre a obrigação de, na publicidade, prestar boa, clara e correta informação), além de outros.

1. Importante destacar que a nossa doutrina do direito privado considera aplicável a boa-fé nas fases pré e pós-contratuais, conforme Enunciado 25 das Jornadas de Direito Civil, *in verbis*: "Art. 422: O art. 422 do Código Civil não inviabiliza a aplicação pelo julgador do princípio da boa-fé nas fases pré-contratual e pós-contratual."

Alberto do Amaral Júnior (1995) leciona que o julgamento das cláusulas contratuais abusivas segundo o princípio geral da boa-fé instituído pelo CDC (art. 4º, III e art. 51, IV) exigirá do intérprete nova postura que consiste na substituição do raciocínio formalista pelo raciocínio teleológico na interpretação das normas jurídicas. "A interpretação dos textos legais foi marcada, durante longo tempo, pela predominância do raciocínio formalista, de caráter lógico-dedutivo, que se baseava na mera subsunção do fato à norma, procedimento que se personifica no estilo de julgar consagrado pela escola da exegese. O raciocínio de natureza teleológica, ao contrário, enfatiza a finalidade que as normas jurídicas procuram atingir. Com isso, a relação concreta deduzida em juízo ultrapassa os limites formais para alcançar o conteúdo das prestações em causa. O ordenamento jurídico instaura, assim, novo estilo de julgar, que se preocupa com o conteúdo da operação econômica e não simplesmente com a sua forma".

Analisando o *princípio da boa-fé* para além dos atos das partes contratantes, Ruy Rosado de Aguiar Júnior (1995), em bem lançada síntese, explica: "Para aplicação da cláusula de boa-fé, o juiz parte do princípio de que toda a inter-relação humana deve pautar-se por um padrão ético de confiança e lealdade indispensável para o próprio desenvolvimento normal da convivência social. A expectativa de um comportamento adequado por parte do outro é um comportamento indissociável da vida de relação, sem o qual ela mesma seria inviável. Isso significa que as pessoas devem adotar um comportamento leal em toda a fase prévia à constituição de tais relações; e que devem também comportar-se lealmente no desenvolvimento das relações jurídicas já constituídas entre elas".

8. AURÉLIO AGOSTINHO (354-430)

Aurélio Agostinho, conhecido como Santo Agostinho, nasceu em Tagasta, na época província romana no norte da África (hoje Argélia). Seu pai, Patrício, era pagão e, sua mãe, Mônica, era cristã. Aos dezessete anos foi enviado para Cartago para estudar letras e retórica. Durante os anos de 373-374 ensinou gramática em Tagasta. Retornou para Cartago, onde ocupou o cargo de professor de retórica durante nove anos (375-382) e se tornou admirador da obra de Cícero. Em 383 mudou-se para Roma a fim de ensinar retórica. Por influência do prefeito de Roma, conseguiu o cargo de professor de retórica em Milão. Pressionado por sua mãe e influenciado por Ambrósio, bispo de Milão, converteu-se ao cristianismo católico em 386 e passou a se dedicar à vida de sacerdócio. Em 381 foi ordenado sacerdote em Hipona e em 396 tornou-se bispo. Permaneceu como bispo de Hipona até a sua morte, em 430. Suas principais obras são *Confissões* e *A Cidade de Deus*.

O advento do Cristianismo provocou importantes reflexões no domínio da filosofia, especialmente sobre dois temas decisivos na filosofia do direito: o da liberdade (livre-arbítrio) e o da justiça (*caritas*). Com os filósofos da *Patrística*, as reflexões sobre liberdade e justiça adquirem uma certa originalidade e coloca a filosofia medieval em rumos totalmente diferentes daqueles estabelecidos pelos filósofos gregos. A propósito, Étienne Gilson (1995: XVI) afirma que as filosofias gregas são filosofias da necessidade e que as filosofias influenciadas pela religião cristã são filosofias da liberdade.

8.1. Liberdade como livre-arbítrio

Os historiadores da filosofia e da religião afirmam que o apóstolo Paulo de Tarso inspirou-se na filosofia helênica, sobretudo na filosofia estoica. Em *Epístolas aos Romanos*, admite a existência do Direito natural, inscrito nos corações humanos. Segundo ele, o homem se torna justo não pela observância da lei positiva, mas pela fé e pelo amor em Cristo. Reconheceu, dessa forma, a dicotomia entre lei divina e lei positiva, tema central da filosofia do direito na Idade Média. Ainda em *Epístolas aos Romanos*, introduz a famosa distinção, desconhecida na filosofia grega, entre querer (*velle*) e poder (*posse*) que, assumida pelos filósofos medievais, possibilitou a construção da noção de liberdade subjetiva (livre-arbítrio).

Para Agostinho (Gilson, 1995: 153-156), o livre-arbítrio (liberdade subjetiva) torna a criatura (homem) semelhante ao seu criador. O livre-arbítrio significa que a possibilidade de escolher o mal é correlata à possibilidade de não o escolher. É, portanto, o mau uso do livre-arbítrio, a péssima escolha, que conduz o homem a praticar erros morais. Porém, embora seja o livre-arbítrio a causa principal da queda do homem, constitui o agente principal de sua reabilitação. A liberdade de escolha foi a ocasião primeira do mal, mas era e continua sendo a condição necessária do bem, ou seja, é o livre-arbítrio que, pela graça, torna-se potente e conquista a salvação.

O homem, por seu livre-arbítrio, pode cair, isto é, pode escolher o mal. Contudo, para erguer-se, não basta apenas querer; além disso, é preciso poder. Por isso, Agostinho entende que a graça é necessária ao livre-arbítrio do homem para conduzi-lo ao bem. A graça é, assim, um socorro outorgado por Deus ao livre-arbítrio, ela não o elimina, mas coopera com ele, restituindo-lhe a eficácia para o bem. A graça nasce da fé, a própria fé é uma graça. É por isso que a fé precede as obras, ou seja, as boas obras e seu mérito nascem da graça, e não inversamente. Para realizar boas obras são necessárias duas condições: a graça, e o livre-arbítrio. Sem a graça o livre-arbítrio não quereria o bem. A graça não tem, portanto, o efeito de suprimir a vontade, mas, tendo esta se tornado má, fazê-la boa.

A graça e o livre-arbítrio conduzem o homem à justiça divina, que se revela nos ensinamentos de Jesus: **a)** não cometerás adultério; **b)** não matarás; **c)** não furtarás; **d)** não prestarás falso testemunho; **e)** não farás mal a ninguém; e **f)** honrarás pai e mãe. A justiça divina não se confunde com a justiça dos homens, embora esta deva tomar aquela como paradigma. O homem, dotado de livre-arbítrio, pode ou não se conduzir de acordo com a justiça divina. Esta é uma escolha absolutamente livre, por isso recai sobre o homem a responsabilidade pelas suas ações.

8.2. querer e poder

A filosofia grega não chega a elaborar a noção de liberdade subjetiva (*livre-arbítrio*), portanto, a autonomia da vontade é algo estranho à cultura greco-romana. Nessa cultura, liberdade pressupõe *status* (prestígio) e está conectado à ação política, ser livre é participar da *polis* ou viver em conformidade com a natureza, não se trata, pois, de algo que se passa no interior da subjetividade. Na filosofia grega, *querer* sem *poder* não faz sentido, portanto, a liberdade dos antigos mantém-se dentro dos padrões do ato voluntário, como um processo de deliberação que não delibera sobre todas as coisas. Como diz Aristóteles:

> *"Deliberamos sobre as coisas que estão ao nosso alcance e podem ser realizadas; e essas são, efetivamente, as que restam. Porque como causas, admitimos a natureza, a necessidade, o acaso, e também a razão e tudo que depende do homem"* (Aristóteles. *Ética a Nicômaco*. Livro III).

Se, para a filosofia grega, não faz sentido o homem querer o impossível ou o próprio mal; para a filosofia cristã essa possibilidade aparece com a noção de livre-arbítrio.

Tercio Sampaio Ferraz Jr. (2002: 87-88) anota que o estoicismo, ao convidar o homem a julgar seus próprios atos em face da natureza cósmica, pedindo-lhe para descobrir, ao inserir-se no mundo harmônico, o que de melhor ele poderia fazer para si mesmo, lançara uma pedra importante na construção de um novo conceito de liberdade que irá ganhar uma certa autonomia em relação ao conceito de liberdade política elaborada pelos gregos. A rigor, o estoicismo, ao falar da integração cósmica (homem-natureza) como um movimento interno da própria alma, já poderia ter transformado a liberdade em um conceito filosófico central. Faltou-lhe, porém, um pressuposto importante: a distinção trazida por Paulo, na Epístola aos Romanos (VII-18) entre querer (*velle*) e poder (*nolle*).

O deslocamento da liberdade para o interior da subjetividade inicia-se, portanto, com Paulo de Tarso, e solidifica-se na Idade Média com a separação entre *querer* e *poder*. Com os filósofos medievais, o *querer* passa a ser considerado, na sua intimidade, como uma espécie de optar, mas não necessariamente de realizar (**quero, mas não posso**). Aparece dentro da própria vontade uma espécie de contraditório: ela pode querer ou não querer. Segue-se a concepção de que a vontade é internamente livre no sentido de que ela pode exercer ou não exercer o seu ato voluntário (**posso, mas não quero**). A liberdade da vontade (querer) torna-se a condição essencial da igualdade humana e a efetividade de seu exercício (poder), a condição das diferenças. Todos os homens são criados por Deus igualmente livres, mas nem todos podem o que querem.

A separação (querer/poder) permite dizer que *querer* não é *poder* e também que *poder* não é *querer*. Ou seja, é possível querer algo que não se pode e vice-versa. Nem aquele que quer, ato contínuo, pode; nem aquele que pode, ato contínuo, quer. Essa distinção passa a ser um dos conceitos-chave da filosofia medieval porque permite o aparecimento da noção de *liberdade de exercício*.

Santo Agostinho foi um dos primeiros a sublinhar a noção de que *querer* é ser livre. Se a vontade quer, diz ele, é *ela* que quer, tendo podido não querer. Com a liberdade subjetiva, aparece a possibilidade de o homem permanecer livre, mesmo quando quer o próprio mal ou o impossível. A liberdade subjetiva reside justamente nessa possibilidade do indivíduo querer ou não querer qualquer coisa, inclusive a própria infelicidade ou as coisas que ele não pode realizar. Ao estabelecer que o homem é absolutamente livre para querer ou não querer qualquer coisa, promove-se a crença de que no interior da vontade há uma ausência absoluta de coação ou de necessidade. Aparece a oposição entre liberdade e necessidade e o rompimento do elo que liga o homem à natureza ou à cidade (polis, civitas). Vale especificar, com os gregos o homem é livre porque pertence a uma polis ou porque vive em conformidade com a natureza; com os medievais o homem é livre porque possui livre-arbítrio.

Assim, a partir dos medievais, a vontade é considerada a sede da liberdade e da igualdade. Os homens são iguais não porque são cidadãos (*status*) de uma polis ou civitas, mas porque possuem livre-arbítrio. Com isso, o *princípio da subjetividade*, isto é, a ideia de uma vontade livre e igual irá constituir-se na categoria operacional decisiva para a arquitetura do Direito e do Estado na modernidade. É a noção de autonomia da vontade (vontade livre) que permite compreender a teorização do Estado e do Direito como formas contratuais, que será implementada a partir do século XVII com o racionalismo moderno, especialmente com John Locke, Thomas Hobbes e Jean Jacques Rousseau.

9. BOÉCIO (480-525)

Boécio (Anicius Manlius Torquatus Severinus Boethius) nasceu em Roma, filho de uma importante família patrícia. Tinha profundo conhecimento da língua grega e, segundo alguns historiadores, teria estudado em Roma e depois em Atenas ou na cidade de Alexandria. Traduziu e comentou as obras de Aristóteles que compõem o *Órganon*. Foi senador de Roma; no ano de 510 foi nomeado cônsul e, em 520, tornou-se chefe de governo (*magister palatii*) do rei ostrogodo Teodorico. Em 523 foi acusado de conspiração a favor do Império Bizantino, teve seus bens confiscados e foi preso. No curso de sua detenção, escreveu *De Consolatione Philosophiae*. Por fim, foi executado no ano de 525 em Paiva.

A obra de Boécio influenciou profundamente a Idade Média, especialmente os comentários das obras de Aristóteles, Cícero e Porfírio. Os historiadores anotam que a tradução e comentários ao *Órganon*, de Aristóteles, fez de Boécio o professor de lógica da Idade Média, tendo em vista que era o único texto da lógica aristotélica disponível na Europa até o século XII. Os comentários de Boécio sobre o *Isagoge*, de Porfírio, colocaram em evidência o "problema dos universais" e constituíram o texto básico que Pedro Abelardo adotou para elaborar sua *Lógica para Principiantes*. Os comentários sobre os *Tópicos*, de Cícero, mantiveram em evidência durante toda a Idade Média o estilo tópico-retórico da jurisprudência romana.

Segundo Gilson (1995: 161), o sucesso de Boécio se deve ao fato dele ter assumido o papel de intermediário entre a filosofia grega e o mundo latino. Sua intenção inicial era traduzir toda a obra de Aristóteles, todos os diálogos de Platão e demonstrar por comentários a concordância fundamental das duas doutrinas. Boécio ficou longe de ter realizado esse imenso projeto, mas devemos-lhe um conjunto de ideias bastante uniforme e rico para que o essencial da mensagem que ele propunha transmitir tenha chegado ao destino.

9.1. Estrutura da Filosofia

Segundo Pedro Abelardo (1973: 209-210), Boécio distingue três espécies de filosofia: **a)** a especulativa, que investiga a natureza das coisas; **b)** a moral, que considera a questão da vida honesta; e **c)** a racional, denominada lógica pelos gregos e que trata da argumentação. De acordo com Boécio, alguns autores, entretanto, separam a lógica da filosofia por entender que ela constitui mais um instrumento (*Órganon*) a serviço da filosofia, do que uma parte da ciência filosófica, uma vez que todas as outras disciplinas utilizam-se da lógica quando usam os seus argumentos para fazerem as próprias demonstrações. O próprio Boécio rebate essa opinião ao afirmar que nada impede a lógica de ser, ao mesmo tempo, instrumento e parte da filosofia, tal como a mão é, ao mesmo tempo, instrumento e parte do corpo humano.

Pedro Abelardo (1973: 209-210) anota que Boécio segue a orientação de Cícero ao estabelecer que a lógica se compõe de duas partes, a saber, a ciência de *descobrir* argumentos e a de *julgá-los*, ou seja, de confirmar e comprovar os argumentos descobertos. Isto é assim porque duas coisas são necessárias a quem argumenta: que se encontre os argumentos por meio dos quais possa convencer e que se saiba confirmar os argumentos se alguém os ataca afirmando que são defeituosos ou insuficientemente firmes. Daí ensina Cícero que a *descoberta* é, por natureza, a primeira parte.

Boécio, nos seus *Comentários Sobre os Tópicos de Cícero*, estabelece uma dupla divisão da dialética (lógica) em que as duas partes se incluem reciprocamente, de tal modo que cada uma delas abrange toda a dialética. A primeira parte equivale à ciência da descoberta e do juízo, enquanto a segunda constitui a ciência da divisão, da definição e da dedução. Ele também as reduz uma a outra de tal modo que a ciência da descoberta, que é um membro da primeira parte da divisão, também inclui a ciência de dividir ou de definir, devido aos argumentos serem deduzidos tanto das divisões quanto das definições. Daí que a ciência dos gêneros e das espécies ou das outras noções se acomode, por igual razão, à ciência da descoberta.

Boécio chama de quadrivium o grupo de quatro ciências que cobre o estudo da natureza: aritmética, geometria, astronomia e música; e de trivium o grupo de ciências que cuidam da argumentação ou do modo de expressão do conhecimento: gramática, retórica e dialética.

Boécio, provavelmente influenciado pela máxima de Aristóteles segundo a qual "conhecer é classificar", gostava de classificações. Veremos adiante que em relação à classificação da filosofia realizada por Boécio, Étienne Gilson aponta uma classificação diferente desta apontada por Abelardo.

9.2. O problema dos universais

O "problema dos universais" foi um tema bastante controverso na Idade Média. O ponto de partida da controvérsia está em uma passagem do livro *Isagoge: Introdução às Categorias de Aristóteles* de Porfírio. Depois de haver anunciado que seu estudo teria por objeto os universais (gêneros e espécies), Porfírio coloca três questões, mas se recusa a dar respostas para as mesmas, a saber: **a)** os universais (gêneros e espécies) existem na realidade ou apenas no pensamento; **b)** os universais são corpóreos ou incorpóreos; e **c)** os universais estão separados dos objetos sensíveis ou deles fazem parte. Platão e Aristóteles deram respostas divergentes. Boécio optou pela resposta de Aristóteles, ao afirmar que os gêneros e as espécies são entendidos nas coisas sensíveis, mas não existem fora delas.

Étienne Gilson (1995: 164-165) anota que Boécio começa por demonstrar a impossibilidade dos universais, como, por exemplo, a ideia do gênero *animal* e a da espécie *homem* serem substância. Os gêneros e as espécies são, por definição, comuns a grupos de indivíduos, porém, o que é comum a vários indivíduos não pode ser um indivíduo. Suponhamos o contrário, que os gêneros e as espécies não sejam mais que simples noções do espírito, ou seja, que absolutamente nada corresponda, na realidade, às ideias que temos deles. Nessa hipótese, nosso pensamento não pensa nada porque é um pensamento sem objeto. Se todo pensamento digno desse nome tem um objeto, é preciso que os universais sejam pensamentos de alguma coisa.

Para Boécio, os sentidos nos comunicam as coisas em estado de mistura ou de composição; porém, nosso espírito (*anima*) possui o poder de dissociar e de recompor esses dados e pode distinguir nos corpos, para considerá-las à parte, propriedades que só se encontram neles em estado de mistura. Os gêneros e as espécies estão nesse caso. Assim, tiramos dos indivíduos concretos dados na experiência as noções abstratas de homem e de animal. Nada veda que se pense à parte os gêneros e as espécies, embora eles não existam à parte. É essa a solução que Boécio oferece para o problema dos universais, eles subsistem em ligação com as coisas sensíveis, mas os conhecemos à parte dos corpos.

Boécio adota a solução aristotélica, mas não sem reservas:

> *"Platão pensa que gêneros, espécies e outros universais não são apenas conhecidos à parte dos corpos, mas também que existem e subsistem fora deles, ao passo que Aristóteles pensa que os incorpóreos e os universais são, de fato, objetos de conhecimento, mas só subsistem nas coisas sensíveis. Qual dessas opiniões é verdadeira, não tenho a intenção de decidir, porque é de uma filosofia mais elevada. Assim, ativemo-nos a seguir a opinião de Aristóteles, não que a aprovemos mais, senão porque este livro está escrito tendo em vista as* Categorias, *cujo autor é Aristóteles"* (in Gilson. 1995: 165).

9.3. Teologia

Étienne Gilson (1995: 161-171) anota que Boécio considera a filosofia como gênero e a divide em duas espécies: teórica (especulativa) e prática (ativa).

A filosofia prática se divide de acordo com os atos a consumar e compreende três partes: **a)** a que nos ensina a nos conduzirmos sozinhos pela aquisição das virtudes; **b)** a que consiste em fazer reinar na cidade essas mesmas virtudes de prudência, justiça, força e temperança; e **c)** a que preside à administração da sociedade doméstica.

A filosofia teórica se divide de acordo com os objetos a conhecer e três tipos de seres são objetos de conhecimento verdadeiro: **a) os intelectíveis**: os seres que existem fora da matéria e que são estudados pela teologia, como, por exemplo, Deus e os anjos; **b) os inteligíveis**: os seres concebíveis pelo pensamento puro, mas que caíram em corpos e que são estudados pela psicologia, como as almas em contato com o corpo; **c) os naturais**: os seres estudados pela fisiologia, por exemplo, os objetos das quatro ciências que cobrem o estudo da natureza: aritmética, geometria, astronomia e musica.

Para Boécio, a ciência mais elevada é a dos intelectíveis, a teologia, cujo objeto por excelência é Deus. Desse objeto temos um conhecimento. Esse conhecimento nos diz que Deus é pura forma, o ser em si (*ipsum esse*) e um supremo bem, um ser tal que não podemos conceber nada melhor.

> *"A substância divina é forma totalmente sem matéria; é, assim, unidade e o ser mesmo que é; tudo o mais não é o que é"* (*De Trin.* in Johannes Hirschberger).
>
> *"Deus é o supremo bem que encerra absolutamente em si todos os outros bens" (Omnium summum bonorum cunctaque intra se bona continens)* (*De cons. phil.* III, 2).

9.3.1. Existência de Deus

Para estabelecer a existência de Deus, Boécio se apoia no princípio segundo o qual o imperfeito não pode ser senão uma diminuição do perfeito, ou seja, a existência do imperfeito numa ordem qualquer, pressupõe a do perfeito. Como a existência de seres imperfeitos é manifesta, não se pode duvidar da existência de um ser perfeito, isto é, de um bem supremo (Deus) que seja fonte e princípio de todos os outros bens.

> *"O processo cósmico não procede do mesquinho e do imperfeito, mas do perfeito (...). Todo imperfeito é uma diminuição do perfeito (...). Evidentemente todo perfeito tem prioridade relativamente ao imperfeito" (De Consolatione Philosophiael.* III, 10).

Para Boécio, **Deus é providência**, cuja vontade o homem deve abraçar para poder ser feliz.

> *"A Providência é aquele plano divino, existente na mente do Senhor do Mundo, que tudo ordena" (De Consolatione Philosophiae.* IV, 6).

Há um plano divino (as formas transcendentes e eternas) que predetermina todo o devir no mundo; portanto, que domina totalmente o ser. É a forma imanente – não a matéria – que determina o lugar natural de cada ser no mundo. É a forma imanente que faz uma coisa ser o que ela é. Essa forma é a "imagem", porque, sendo nos corpos, as formas desse tipo imitam aquelas formas transcendentes que não subsistem unidas à matéria. Em outras palavras, os seres naturais tendem naturalmente a seus lugares naturais; o homem pode e deve fazer o mesmo, mas o faz pela sua própria vontade. O homem é, portanto, livre para se conduzir conforme a sua própria vontade. Todavia, fica a pergunta: como conciliar essa liberdade com uma providência que predeterminou tudo de antemão e sequer deixou lugar ao acaso?

Para responder a essa questão, Boécio distingue duas ordens de seres: **a) o mundo dos seres irracionais**: onde tudo ocorre conforme uma ordem causal (*fatum* ou destino), por via da forma; e **b) o mundo dos seres dotados de razão e de livre-arbítrio**: onde as formas eternas atuam como ideais, as quais os humanos devem ter como propósito; todavia, como são dotados de livre-arbítrio, podem renunciar esses ideais. A vontade é livre (*liberum arbitrium*) porque o homem é dotado de uma razão capaz de conhecer e de escolher. O homem, fundado no seu conhecimento do universal, pode escolher entre uma pluralidade de possibilidades, julgando, por um ato de reflexão, sobre sua vontade.

Quanto melhor se usa a razão, mais se é livre. Deus desfruta de um conhecimento tão perfeito, que seu juízo é infalível; donde se conclui que em Deus a liberdade é perfeita. No homem, a alma é tanto mais livre quanto mais se pauta no pensamento divino; será menos livre quando se desvia para o conhecimento das coisas sensíveis, menos ainda quando se deixa dominar pelas paixões do corpo que anima. Querer o que o corpo deseja é o extremo grau de servidão, querer o que Deus quer, amar o que Ele ama, é a mais elevada liberdade e, por conseguinte, a felicidade (Gilson, 1995: 169).

> *"Não é na vontade, mas no juízo da vontade, que consiste a liberdade"* (Migne lat. 64, c. 493 a).

Sobre esse aspecto da liberdade, colocou-se outra questão: se o homem é livre, então a providência é ilusória. Vale dizer, uma ação livre deve estar acima de qualquer cálculo e não pode, por consequência, ser conhecida previamente. É o problema clássico dos "*futuros contingentes*": como conciliar a liberdade dos nossos atos com a previsão de nossos atos por Deus? A resposta de Boécio consiste em esclarecer a *noção de tempo* para dissociar a noção de *previsão* da de *liberdade*.

9.3.2. Livre-arbítrio e "futuros contingentes"

Para os homens, o tempo consiste em uma sucessão ou em um fluxo que envolve passado, presente e futuro. O homem não pode abranger a plenitude do ser em um único momento e por isso percorre o tempo. Para Deus, o tempo é a eternidade, ou seja, a posse totalmente simultânea de uma vida sem fim. Deus vive num perpétuo presente, por isso abarca a totalidade do ser de modo atemporal, simultâneo. E nisto consiste a sua eternidade. Deus é pura eternidade, no sentido de ausência de tempo (*aeternum*), diferente de uma eternidade no sentido de um fluxo indefinido do tempo (*perpetuum*). Tudo que para o homem é futuro, para Deus é presente. Deus não "*prevê*", mas "*provê*"; seu nome não é "*previdência*", mas "*providência*", portanto, ele vê eternamente o necessário como necessário e o livre como livre.

Outra questão enfrentada por Boécio consiste em explicar a presença do bem e do mal no mundo, a punição dos maus e a recompensa dos bons. O homem é livre para se aproximar ou se afastar de Deus. Aproximar-se de Deus significa buscar o seu lugar natural para ser mais livre, compartilhar mais do supremo bem e ser feliz. A presença do mal no mundo se deve aos homens que se afastam do supremo bem. O mal é, portanto, uma deficiência, um não ser (*privatio*). Para Boécio o poder e a felicidade dos maus é apenas aparente, os bons são sempre os mais fortes e mais felizes. Aliás, Boécio subordina à providência a série causal (*fatum*, destino) que rege a natureza:

> *"Daí vem o serem todas as cousas determinadas e dirigidas, pela sua própria natureza, para o melhor, embora tudo nos pareça irregularidade e desordem, pois não podemos de modo nenhum conhecer essa ordem na sua plenitude. Mas nada é feito, por certo, em vista do mal e, muito menos, pelo mal" (De Consolatione Philosophiae.* IV, 6).

Gilson (1995: 171) entende que, "considerada no pensamento ordenador de Deus, a ordem das coisas é a providência; considerada como lei interior que rege de dentro o curso das coisas, é o destino. Trata-se de duas realidades distintas, pois a providência é Deus e subsiste eternamente em sua imobilidade perfeita, ao passo que o destino, que não é senão a lei de sucessão das próprias coisas desenrola-se com elas no tempo". O destino (*fatum*) não se opõe à providência, nem compromete a liberdade humana. Todavia, diz Gilson, "quanto mais o homem se desvia de Deus e se afasta de seu centro, mais é arrastado pelo destino; quanto mais se aproxima de Deus, mais é imóvel e livre. Portanto, quem permanecesse fixado na contemplação do intelectível supremo seria, ao mesmo tempo, perfeitamente imóvel e perfeitamente livre. Há nisso uma curiosa evasão do estoicismo, com a ajuda de uma espécie de platonismo cristão".

Nem o mal nem o destino (*fatum*) conseguem escapar ao império do bem. Deus é bom e o homem também pode sê-lo. Ser bom é o que dá sentido à vida. O homem é livre para escolher entre ser bom ou ser mau, motivo pelo qual a responsabilidade da escolha recai totalmente sobre ele.

> *"Os homens conservam inteiro o seu livre-arbítrio; e desde que a vontade está livre de toda coação, não são iníquas as leis que prometem prêmios e penas. Pois há um Deus imutável que, do alto da sua sabedoria, assiste a tudo; seu olhar eterno e onipresente concorre sempre com as nossas ações futuras, distribuindo recompensas aos bons e castigos aos maus, segundo os seus méritos. Não é em vão que pomos em Deus as nossas esperanças e Lhe dirigimos as nossas preces; se forem retas, não podem ser ineficazes. Desviai-vos, portanto, dos vícios, cultivai as virtudes; elevai a vossa alma com a retidão das vossas esperanças; que a humildade das vossas orações as faça subir até Deus. Premente é, se não o quereis dissimular, a obrigação de viver honestamente, porque todas as vossas ações se cumprem sob os olhares de um juiz a que nada escapa" (De Consolatione Philosophiae.* V, 6).

9.3.2.1. Livre-Arbítrio e Teoria Jurídica

A ideia de uma *vontade livre e igual* construída pela filosofia medieval e a noção de *soberania* construída pela filosofia renascentista, especificamente pelo jurista Jean Bodin, serão decisivas para compreender o Estado e o Direito da era moderna. Vale dizer, autonomia da vontade (vontade livre) e da soberania (vontade suprema) são construções que permitem compreender a teorização do Estado e do Direito como formas contratuais, que serão implementadas a partir do século XVII com o racionalismo moderno, especialmente com John Locke, Thomas Hobbes e Jean Jacques Rousseau. Todavia, essas duas construções vão introduzir problemas que a filosofia e a teoria jurídica tentarão responder, especialmente a contraposição entre autonomia da vontade e heteronomia estatal.

A noção de soberania será estudada adiante, cabendo aqui especificar um pouco mais o conceito de autonomia da vontade pela importância que terá na legitimação jurídica das relações intersubjetivas, especificamente as relações contratuais a partir da era moderna.

Na sociedade moderna de cunho liberal, a vontade se consolida como sede da liberdade e da igualdade, com isso o *princípio da subjetividade*, isto é, a ideia de uma vontade livre e igual passa a ser uma categoria operacional decisiva na arquitetura do direito. A teorização do direito moderno encontra apoio nessa noção de liberdade subjetiva, motivo pelo qual a *autonomia da vontade* e a *igualdade das partes* aparecem como princípios organizadores da *teoria dos contratos*. Sob a influência desses princípios, o contrato passa a ser concebido como o resultado da convergência de vontades totalmente livres e iguais.

O *princípio da subjetividade*, ao estabelecer que as partes são livres e iguais para contratar, promove a neutralização das diferenças e a equalização das partes contratantes. É a modernidade, portanto, que propicia o aparecimento do livre-arbítrio na esfera do direito e a equalização das partes, independentemente do *status* de cada uma.

Além disso, a noção de que o homem é livre para querer qualquer coisa (autonomia da vontade), abre a possibilidade dele querer (no contrato) o seu próprio mal ou coisas que não dependem dele ou que ele não pode realizar.

A literatura explora as possibilidades dessa *pacta sunt servanda* inflexível e aponta seus efeitos desastrosos. Nesse sentido, a obra *O Mercador de Veneza*, de William Shakespeare, faz menção à cláusula a qual uma das partes pode retirar um grama de carne mais próximo do coração da outra, caso esta não cumpra o contrato. Também na obra *O Auto da Compadecida*, de Ariano Suassuna, aparece situação semelhante, ou seja, a possibilidade de uma das partes retirar das costas da outra uma "relha de couro", no caso de descumprimento do pacto. Ambos demonstram a torpeza do liberalismo contratual quando se suprime da *pacta sunt servanda* a condicionante ética que os romanos tiveram o cuidado de construir.

Conforme Tercio Sampaio Ferraz Jr. (2002: 91), a noção de livre-arbítrio prepara um conceito importante: a liberdade como ausência de necessidade e a liberdade de exercício como ausência de coação. Daí, mais tarde, a ideia de que ninguém, nem o soberano, nem o Estado pode constranger a liberdade, só seu exercício.

Embora largamente elaborada desde a Patrística e por toda a Escolástica, a influência da noção de livre-arbítrio, porém, custou a firmar-se na elaboração jurídica. Essa elaboração vai acontecer de forma decisiva apenas na era moderna por influência dos contratualistas. Os juristas medievais (glosadores e comentadores) estavam preocupados com a análise metódica do *Corpus Juris Civilis*. Para isso contribuiu o estilo dialético e retórico de Pedro Abelardo e de Tomás de Aquino, conforme será analisado no capítulo seguinte.

10. TOMÁS DE AQUINO

10.1. Justiça e Direito

Joaquim Carlos Salgado (1995: 62-63) anota que Tomás de Aquino segue a orientação aristotélica ao entender que justiça é uma virtude que se define como hábito com o qual se fazem coisas justas. A justiça é, pois, um hábito para agir segundo a razão, tendo em vista o bem (a felicidade). A justiça é a principal virtude moral porque contém os três elementos essenciais de toda e qualquer virtude: o hábito, o agir e o bem. Tomás de Aquino também adota a definição de Ulpiano ao dizer que:

> *"Justiça é um hábito pelo qual, com vontade constante e perpétua atribuímos a cada um o que lhe pertence".*

Para Tomás de Aquino, a vontade deve submeter-se à razão:

> *"A razão pode, sem dúvida, ser movida pela vontade como se disse, pois do mesmo modo que a vontade apetece o fim, a razão opera com relação aos meios que conduzem a ele. Para que a vontade, porém, ao apetecer esses meios, tenha força de lei é necessário que ela mesma seja regulada pela razão. Desse modo é que se entende que a vontade do príncipe tem força de lei, de outro modo a vontade do príncipe seria antes uma iniquidade, do que lei"* (in Salgado, 1195: 65).

A lei corresponde, portanto, a um ato de vontade, mas essa vontade não é totalmente livre porque regulada pela razão.

Para que possa ser considerada boa, a vontade deve conformar-se à norma moral que se encontra nos homens como reflexo da lei eterna da vontade divina. Esta, no entanto, não pode ser conhecida pelo homem, portanto, é necessário seguir os ditames da lei natural, entendida como lei da consciência humana.

Tomás de Aquino distingue, então, os seguintes tipos de lei que dirigem a comunidade ao bem comum: **a) lei eterna**: é a expressão da razão divina, que governa todo o universo, de ninguém conhecida inteiramente em si, mas da qual o homem pode obter conhecimento parcial através de suas manifestações; **b) lei divina**: é a lei revelada, ou seja, a expressão da lei eterna, como no exemplo das Sagradas Escrituras; **c) lei natural**: é a lei que pode ser conhecida pelo homem por meio da razão. Consiste, por exemplo, em fazer o bem e evitar o mal, conservar a vida, educar a prole, participar da vida social etc.; **d) lei escrita**: é a lei humana (lei positiva) que determina o justo com base na lei natural e dirigida à utilidade comum.

Para Tomás de Aquino, o objeto da justiça é o direito. O direito justo surge por uma regra de razão que pode manifestar-se por escrito, caso em que se chama lei. A lei escrita determina o justo quando está em conformidade com a lei natural que, por sua vez, é a lei própria do ser racional que participa da lei divina, que se dá como vontade do criador nas criaturas. A lei não é, portanto, um ditame do arbítrio, nem mesmo procede da vontade. A lei procede da razão como medida dos atos humanos, por isso não é um preceito destinado ao bem particular, mas ao bem comum como fim último temporal do homem. Em síntese, lei é a ordenação racional para o bem comum, promulgada pela autoridade social.

> *"A Lei é uma ordenação da razão direcionada ao bem comum, promulgada por aquele a quem incumbe o cuidado da comunidade"* (*Summa Theológica*, art. 4º).
>
> *"O bem comum é o fim das pessoas particulares que vivem em comunidade, assim como o bem do todo é o de cada parte. Ao passo que o bem de um particular não é o fim do outro"* (Summa Theológica, art. 9º).

Os fins particulares devem ser ordenados dentro de uma ordem, que é o bem comum, portanto, uma lei que não visa ao bem comum é uma lei irracional. As leis podem ser injustas quanto ao bem humano: **a)** quando impõem ônus aos súditos apenas a favor de quem governa, sem ter em vista o bem comum; **b)** quando (pela forma) distribuem desigualmente os ônus entre os súditos, mesmo que orientadas para o bem comum.

Eduardo Bittar (2000: 148-149), ao analisar a justiça na obra de Tomás de Aquino, seleciona algumas conclusões pontuais que, pelo caráter polêmico, valem ser mencionadas: **a)** só o Estado tem o direito de matar em prol da sanidade do corpo social, amputando-lhe o membro degenerado; **b)** a legítima defesa é consentida desde que haja uma proporcionalidade entre reação e ameaça e, também, desde que a pretensão seja a autodefesa e não o assassínio da outra parte; **c)** o roubo e o furto não são considerados pecados quando o indivíduo se encontrar em uma situação de necessidade, ou seja, quando sua vida estiver dependendo do objeto do roubo ou furto; **d)** é lícito, por motivo e correção, ao pai açoitar o filho, e ao senhor, o escravo; **e)** o encarceramento é ilícito, salvo por ordem da justiça ou como pena, ou como precaução para evitar algum mal; **f)** é lícita a pena de talião (amputação de membros) quando imposta a alguém como pena, para coibir pecado; **g)** o advogado não pode patrocinar causa que sabe claramente injusta, mas se for enganado, nem por isso comete pecado; **h)** a usura e a fraude são dois abusos inaceitáveis e recrimináveis; **i)** a propriedade privada não é contrária ao direito natural; **j)** o casamento monogâmico visa a realizar os valores do matrimônio: associação do homem e da mulher e criação dos filhos.

10.1.1. *Juiz e lei*

Os filósofos gregos colocaram em discussão o seguinte problema: o que seria mais conveniente para a sociedade (polis), o governo dos homens ou o governo das leis? Estabeleceu-se, desse modo, a contraposição entre *"governo dos homens"* e *"governo das leis"* com repercussões na teoria das formas de governo.

Para Platão, as formas de governo fundadas na lei consistem uma exigência da realidade; contudo, o ideal segue sendo um governo fundado não na lei, mas no conhecimento racional do bem. Vale dizer, a unidade da polis não se fundamenta no direito, e sim no conhecimento racional do bem. A busca do bem e não a atuação da lei é a razão da existência da comunidade política. Há, portanto, nos escritos de Platão, uma clara preferência pelo "governo dos homens", inclusive quando elege a monarquia como a melhor forma de governo e privilegia os dotes pessoais do rei-filósofo.

Aristóteles, ao contrário de Platão, entende que o "governo das leis" é superior a qualquer "governo dos homens". Segundo ele, as leis não têm mais do que a missão de assinalar aos magistrados normas para exercer a autoridade e para castigar os transgressores. Contudo, a análise do pensamento aristotélico demonstra que o "governo das leis" deve se completar com o "governo dos homens". Para Aristóteles, o critério para se distinguir as formas de governo boas das más está, sobretudo, no interesse comum ou no interesse próprio. Nesse sentido, formas boas são aquelas em que os governantes visam ao interesse comum; más são aquelas em que os governantes têm em vista o interesse próprio. Esse critério está associado à concepção aristotélica de justiça (bem comum), tendo em vista que esta só se realiza sob a égide de uma forma de governo não pervertida.

Para Aristóteles (1973: 267), a virtude não é algo natural, é um hábito, "por isso os legisladores tornam bons os cidadãos por meio de hábitos que lhes incutem". Contudo, a justiça é uma ação virtuosa e, como tal, uma qualidade ligada ao caráter da pessoa. Vale dizer, em última instância, não é a justiça que faz os justos, são os justos que fazem a justiça. Tomás de Aquino adota a solução proposta por Aristóteles, segundo a qual o melhor para os cidadãos seria o "governo das leis".

A escolha de Tomás de Aquino fundamenta-se nas diferenças que ele estabelece entre legislador e juiz (Bittar, 2000: 143):

a) Numa sociedade ampla existe a necessidade de que os juízes sejam numerosos para que exista a verdadeira efetivação da justiça. Ocorre que é mais fácil encontrar poucos bons legisladores do que muitos juízes que possam ser considerados bons para o exercício do cargo.

b) O legislador, ao exercer sua função legislativa, procura prever os casos acessíveis à capacidade humana em momento anterior ao da ocorrência dos fatos. O juiz, por sua vez, irá analisá-lo no momento de sua emergência. Se o juiz estiver submisso à lei, irá apenas executá-la.

c) O juiz, diante do fato, pode envolver-se subjetivamente no caso, sendo conduzido e deixando-se cegar pelas paixões (amor, ódio), fazendo com que o caso perca a objetividade necessária à segurança de um julgamento apropriado. O legislador produz lei em abstrato, estando distante da ocorrência dos fatos que podem influenciá-lo.

Para Tomás de Aquino, o juiz, ao julgar, deve informar-se não pelo que sabe como pessoa privada, mas pelo que conhece como pessoa pública. Isso ele o conhece em geral e em particular. Em geral, pelas leis públicas, divinas ou humanas, contra as quais não deve admitir nenhuma prova. Tratando-se, porém, de um caso particular, o juiz deve formar a sua ciência com fundamento em instrumentos legítimos (documentos, testemunhas), que deve seguir, ao julgar, mais do que na ciência que tem como pessoa privada.

A filosofia tomista procurou conciliar o conflito que então se estabelecia entre o poder temporal (Estado) e o poder espiritual (Igreja). O Estado (poder temporal) seria uma instituição natural cuja finalidade consistiria em promover e assegurar o bem comum. A Igreja (poder espiritual) seria uma instituição dotada fundamentalmente de fins sobrenaturais. Assim, o Estado não precisaria se subordinar à Igreja, como se ela fosse um Estado superior. A subordinação do Estado à Igreja deveria limitar-se aos vínculos de subordinação existente entre a ordem natural e a ordem sobrenatural, na medida em que esta aperfeiçoa aquela. A harmonização, no plano social e político, entre poder temporal e poder espiritual seria, portanto, análoga à que Santo Tomás procura estabelecer entre filosofia e teologia, entre razão é fé (Os Pensadores, Capítulo 10).

Enfim, a filosofia do século XIII acreditou ser possível unir numa síntese a teologia natural e a teologia revelada. A filosofia do século XIV, ao contrário, consistirá numa crítica no sentido de acentuar a separação entre teologia e filosofia. O filósofo mais representativo dessa tendência foi Guilherme de Ockham, discípulo de Duns Scotus (1270-1308).

11. OS NOMINALISTAS

11.1. Questão moral

Roger Bacon, Duns Scotus e Guilherme de Ockham eram franciscanos e partidários da doutrina nominalista. Esses franciscanos adotaram uma postura radical não apenas na ciência e na filosofia, mas também na teologia. Para esses franciscanos, todas as leis morais estão submetidas à pura e simples vontade de Deus, portanto, o mais essencial em Deus é a vontade, e não a razão. Assim, o bem e o mal não se definem em si mesmos, mas apenas em função da vontade de Deus. Não há bem ou mal em si, mas apenas bem ou mal positivamente desejados e prescritos por Deus. O furto, o adultério, que para Tomás de Aquino (dominicano) são males em si mesmos, para os franciscanos são males quando são contrários à vontade de Deus. Esta, por sua vez, é insondável, e até mesmo incompreensível para os homens.

Para os nominalistas (Ockham), a vontade divina poderia prescrever o roubo e o adultério como atos meritórios. Vale dizer, Deus não tem méritos em si a recompensar no homem, nem faltas em si a punir, portanto, ele pode perder os inocentes e salvar os culpados, não há nada de tudo isso que não dependa de sua vontade. Cristo, crucificado entre dois ladrões, atende a súplica de um deles e diz: "*Em verdade te digo que hoje estarás comigo no paraíso*" (Lucas, 23: 39-43). O mesmo ocorre na concessão da graça ao apóstolo Paulo quando diz: "*Saulo, Saulo, porque me persegues*" (Atos, 9, 4). Para os homens a vontade divina é incompreensível.

Com os nominalistas franciscanos, a vontade passa a ser o núcleo da determinação do direito divino. O mesmo ocorre com o direito que rege as relações humanas. Ele procede da vontade do soberano, da vontade manifesta nos pactos, na vontade que se consolidou com a tradição. Recorde que Ockham, em virtude de uma crise no interior da ordem franciscana, posicionou-se contra o papa João XXII na questão do poder temporal da Igreja.

José Reinaldo de Lime Lopes (2000: 166) anota que a ordem franciscana foi reconhecida como subordinada diretamente ao papa, que também concedeu a São Francisco de Assis a função de elaborar uma regra de vida para os frades. A pobreza e o desprezo pela vida intelectual são duas noções imanentes a essa regra. Ocorre, porém, que o desacordo na interpretação dessas regras pelas gerações seguintes deu origem a duas tendências: **a) os espirituais**: apegados ao espírito fundamental da regra, interpretaram de forma radical o ideal franciscano; e **b) os observantes**: diante das circunstâncias, interpretaram de forma moderada a tradição. Essa demanda levou o papa João XXI a declarar os espirituais hereges e começou a persegui-los. Guilherme de Ockham defendeu os espirituais e a ordem franciscana em geral, portanto, posicionou-se contra a decisão do papa.

Perseguido pela Igreja, Ockham recebe proteção do Imperador Luis da Baviera, e a partir de então começa a produzir uma obra que vai favorecer o poder do imperador, em detrimento do poder do papa. A filosofia de Ockham anuncia o desenvolvimento de uma teoria do direito dos soberanos e dos Estados nacionais em formação. É dessa época o seu *Brevilóquio sobre o principado tirânico*.

Na obra de Ockham há uma associação da sua teoria do conhecimento com o voluntarismo. O que Deus quer é bom porque Deus quer. Em Deus vontade e razão coincidem, mas são ininteligíveis para o ser humano. Isso impede de compreender uma ordem universal com fundamento na vontade divina. A ordem natural também não pode subordinar a vontade de Deus, portanto, a vontade de Deus é superior à razão. Para Tomás de Aquino, Deus não pode querer o mal, para os nominalistas o mal é o não querido por Deus. O pecado não é fruto da ignorância, mas do desamor e da vontade livre.

Ockham entende que apenas o individual tem existência real, portanto, os universais, as noções de ordem e de classe, são relativizadas porque só têm existência no pensamento. Ockham suprime a realidade dos universais até mesmo em Deus. Para ele, é porque não há ideias em Deus que não há universal nas coisas. Um universo em que nenhuma necessidade inteligível se interpõe, mesmo em Deus, entre sua essência e suas obras, é radicalmente contingente, não só em sua existência, mas em sua inteligibilidade. É certo que no Universo as coisas acontecem de certa maneira regular e habitual, mas isto é apenas um estado de fato. Não há nada do que é que, se Deus tivesse querido, não teria podido ser de outro modo.

A vontade divina só pode ser conhecida pela revelação. Por exemplo, nas escrituras Deus ordena ao profeta Oseias unir-se a uma prostituta; ordena que os hebreus tirem os bens dos egípcios quando ocorre o êxodo; concede a graça a Paulo, justamente este um perseguidor implacável dos cristãos. Tais atos não são considerados pecados ou injustos porque emanados de Deus. Deus é colocado pelos nominalistas em um nível que a razão não consegue alcançar. Não há, nas questões religiosas, males em si, tudo depende do direito revelado para julgar os atos conforme a vontade de Deus. O direito que rege as relações humanas passa a depender também da vontade dos homens, expressa pelo príncipe ou por convenções ou tradições.

Enfim, o nominalismo trazia consigo consequências da maior importância para a história das ideias. A primeira era a transformação de toda ciência em conhecimento empírico dos indivíduos, já que, por um lado, só eles constituiriam a verdadeira realidade e, por outro, porque os indivíduos são conhecidos primordialmente no plano da experiência. Para Ockham, o conhecimento conceitual ou abstrativo é confuso e indeterminado, pois apreende apenas os caracteres comuns a vários objetos e deixa escapar o que eles têm de particular e que os distingue dos demais. A segunda consequência foi a separação radical entre ciência e teologia, de modo que a fé não poderia encontrar qualquer apoio na razão, pois os dois campos seriam indiferentes e alheios um ao outro. Enfim, Ockham representa a própria dissolução do espírito medieval escolástico, e seu pensamento marcou o fim de uma era e o início de outra.

12. IMMANUEL KANT

12.1. Problema da ação humana: moral e direito

12.1.1. Introdução

Somos propensos a pensar que os iniciadores de grandes revoluções no pensamento científico e filosófico, até mesmo no pensamento social e político, rompem completamente com o passado – algo que eles, de fato, nunca fazem. Analogamente, ao lermos a *Crítica da Razão Pura* e os *Prolegômenos*, podemos pensar que Kant rompe com a filosofia anterior, quando refuta a metafísica e suas ideias. Sem dúvida, a impressão que nos deixa essas obras é a de que, após elas qualquer especulação e estudo acerca dos objetos metafísicos não nos conduzirá a nada, dado que esses objetos carecem de fundamentos científicos. Ocorre, porém, que esse rompimento não é tão radical, pois na *Crítica da Razão Prática* e na *Fundamentação da Metafísica dos Costumes*, Kant reconhece que a atividade do ser humano não consiste apenas em conhecer. Esse reconhecimento faz com que Kant retorne aos problemas metafísicos. O "enterro da metafísica" na *Crítica da Razão Pura* é, portanto, simbólico; os temas metafísicos voltam a ser objeto de estudo nas obras subsequentes do filósofo.

Na *Crítica da Razão Pura*, Kant conclui pela impossibilidade da metafísica como ciência, pois esta pretende conhecer as coisas em si mesmas. Mas, se a metafísica é impossível como conhecimento científico, não quer dizer que ela seja absolutamente impossível. É possível que existam outros caminhos, que não sejam os do conhecimento, para se chegar aos objetos metafísicos. Kant, na parte final da *Crítica da Razão Pura*, afirma que a razão não é constituída apenas por uma dimensão teórica, mas também por uma dimensão prática que determina seu objeto mediante a ação. Nessa trilha, a razão promove um mundo ético dotado de leis morais e jurídicas. No domínio do mundo ético (da vontade e do sentimento) é possível encontrar os fundamentos da metafísica. Na *Crítica da Razão Prática* e na *Metafísica dos Costumes*, Kant investiga os problemas éticos e jurídicos.

12.1.2. Ética: moral e direito

Joaquim Carlos Salgado (1995: 153) anota que Kant usa a expressão ética em dois sentidos: **a) em sentido amplo**: ética é a ciência das leis da liberdade, que são as leis éticas, as quais se dividem em morais e em jurídicas; **b) em sentido estrito**: ética é a teoria das virtudes e, como tal, diferencia-se do direito. Em sentido estrito, direito e moral são formas particulares de uma legislação universal cujos princípios a ética, em sentido amplo, contém.

Em sua obra *Metafísica dos Costumes*, Kant trata das diferenças entre direito e moral, geralmente considerado como problema preliminar da filosofia do direito. Dentre as diferenças apontadas, merecem ser destacadas: **a)** a que decorre da diferença entre moralidade e legalidade; **b)** a que decorre da diferença entre autonomia e heteronomia; e **c)** a que decorre da diferença entre imperativo categórico e imperativo hipotético.

a) Moralidade e Legalidade: Essa diferença diz respeito aos motivos da ação e toma como base a noção de boa vontade. Boa vontade é aquela que não está determinada por atitude alguma e por cálculo interessado algum, mas somente pelo respeito ao dever. Assim, tem-se moralidade quando a ação é cumprida por dever, ou seja, a legislação moral é aquela que não admite que uma ação possa ser cumprida segundo inclinação ou interesse. Tem-se legalidade, quando a ação é cumprida em conformidade ao dever, mas segundo alguma inclinação ou interesse. Kant dá o exemplo do comerciante que não abusa do cliente ingênuo: se ele age assim, não é porque este seja seu dever, mas porque seja de seu próprio interesse. A sua ação não é moral.

b) Autonomia e Heteronomia: Essa distinção também implica em separar direito e moral. *Autonomia* é a qualidade que a vontade tem de dar leis a si mesma. A vontade moral é por excelência uma vontade autônoma. *Heteronomia* é quando a vontade é determinada por outra vontade. A vontade jurídica (estatal) é por excelência uma vontade heterônoma. Pode-se dizer que quando a pessoa age conforme a sua vontade, encontra-se no terreno da moralidade (autonomia); quando age em obediência à lei do Estado, encontra-se no terreno da legalidade (heteronomia).

c) Imperativo Categórico e Imperativo Hipotético: Categóricos são os imperativos que prescrevem uma ação boa por si mesma, por exemplo: "Você não deve mentir", e chamam-se assim porque são declarados por meio de um juízo categórico. Hipotéticos são aqueles que prescrevem uma ação boa para alcançar um certo fim, por exemplo: "Se você quer evitar ser condenado por falsidade, você não deve mentir", e chamam-se assim porque são declarados por meio de um juízo hipotético.

Joaquim Carlos Salgado (1995: 154-155) anota que essas diferenças não eliminam o fundamento que é comum a ambos. Vale dizer, os fundamentos do direito e da moral se encontram nos princípios *a priori* que lhe são comuns. Em ambos o princípio supremo é a liberdade. Recorde que a filosofia kantiana investiga duas esferas: **a) a da natureza**: que estuda a possibilidade da legalidade dos fenômenos, a partir do fato das ciências; e **b) a da liberdade** (da vontade ou da razão prática): que investiga a possibilidade da sua legalidade, a partir de um fato que não é externo, a lei moral como único "fato da razão". A liberdade aparece como a própria lei moral, considerada como resultado de uma máxima que busca a sua validade não externamente, mas na própria razão e aparece, assim, sob a forma de um imperativo categórico.

O imperativo categórico é o superior critério do ético em geral, portanto, do direito e da moral. Em ambos aparece o imperativo categórico como critério de validade das máximas: por exemplo, nem no direito, nem na moral é concebível que alguém descumpra o contrato (*pacta sunt servanda*).

12.1.3. Razão prática

Kant, ao tratar do problema da ação humana, repete as linhas mestras que formulou ao tratar do problema do conhecimento. Nesse sentido afirma a necessidade de uma moral pura, despida de tudo que seja empírico, portanto, a moral é concebida como independente de qualquer experiência sensível. A ação moralmente boa é aquela que obedece unicamente à lei moral em si mesma. Esta só pode ser estabelecida pela razão, o que leva a conceber a liberdade (autonomia da vontade) como postulado necessário da vida moral.

Na *Fundamentação da Metafísica dos Costumes*, a vida moral aparece como forma através da qual se pode conhecer a liberdade. Na *Crítica da Razão Prática*, Kant demonstra que a lei moral provém da ideia de liberdade e que, portanto, a razão pura é por si mesma prática, no sentido de que a ideia racional de liberdade determina por si mesma a vida moral e com isso demonstra a sua própria realidade. A vontade é a própria razão pura prática, a capacidade do ser racional agir segundo princípios.

A ética kantiana exige princípios que sejam universais. E para serem universais é necessário demonstrar que são a priori, que estão no próprio sujeito e, ao mesmo tempo, não pertencem à ordem das sensações. A exigência da universalidade de um princípio moral só pode partir da razão e nela deve ter o seu suporte. A ação moral se resume assim em elevar o individual e subjetivo ao plano do universal e objetivo. Vale dizer, a validade é dada pelo critério da universalidade do princípio moral.

A atividade humana não consiste somente da atividade de conhecer, existem outras atividades e, dentre estas, existe uma forma de atividade que podemos denominar de "consciência moral". A consciência moral contém dentro de si um certo número de princípios que regem a vida dos seres humanos. Ajustam sua conduta a esses princípios e, de outra parte, têm neles uma base para formular juízos morais acerca de si mesmo e dos outros. Essa consciência moral é um fato da vida humana, tão real como o fato do conhecimento. A consciência moral contém princípios tão evidentes como os princípios do conhecimento, os princípios lógicos da razão. Razão prática é justamente esse conjunto de princípios da consciência moral. Trata-se, portanto, da razão aplicada à ação, à prática, à moral.

A análise dos princípios da consciência moral conduz aos predicados (qualificativos) morais, por exemplo: bom, mau, moral, imoral etc. Esses qualificativos morais não podem predicar-se das coisas porque as coisas são o que são, são indiferentes ao bem e ao mal; só podem predicar-se da pessoa humana. Somente a pessoa humana pode ser qualificada como boa ou má. Na ação humana é possível distinguir dois elementos: **a)** aquilo que a pessoa efetivamente faz; e **b)** aquilo que a pessoa quer fazer. Os predicados morais (bom, mau) não correspondem àquilo que a pessoa humana efetivamente faz, mas estritamente àquilo que quer fazer. Nesse sentido, se um homem, involuntariamente, mata outro homem, este ato, evidentemente, é uma desgraça, porém, aquele que o praticou não pode ser qualificado como bom nem como mau. A única coisa que pode ser boa ou má é a vontade humana.

12.1.3.1. Boa vontade

Para Kant, a vontade é boa em si mesma, porque, não submetida às afecções dos sentidos, não está contaminada por nada que possa torná-la má. A boa vontade é, nesse sentido, pura forma do querer humano, sem considerar o conteúdo da ação ou quaisquer outros fatores como motivo da ação por ela desenvolvida. Não há nada no universo que possa ser considerado absolutamente bom, a não ser a vontade boa (vontade pura), aquela que age por dever.

Dever é o respeito à lei moral, que é a lei ditada pela própria vontade enquanto pura. A vontade pura é, pois uma vontade boa em si mesma. Uma ação será boa se conforme a boa vontade, ou seja, ação boa é a ditada pela razão prática. Eis porque todas as qualidades boas que possam apresentar uma pessoa, originadas do talento, do caráter ou do temperamento, não são por elas mesmas, mas somente pelo princípio da boa vontade. Vale anotar que enquanto as funções do conhecimento têm como fundamento a sensibilidade, a faculdade prática e a atividade moral opõem-se a toda determinação sensível. O elemento sensível no comportamento moral não pode ser pressuposto, ao contrário, deve ser deduzido da racionalidade pura. A boa vontade não é, portanto, determinada por cálculo interessado algum, mas apenas pelo dever. Nesse sentido, a boa vontade é contra toda espécie de utilitarismo.

Salgado (1995: 163-167) observa que Kant, a partir da autonomia da vontade, constrói uma ética formal constituída de princípios a priori, necessários e válidos universalmente. O formalismo ético provém dessa necessidade de universalidade da lei moral e se traduz na ideia de dever-ser como criação da razão a partir de si mesma, isto é, sem recorrer a qualquer conteúdo externo. Se não recebe a moral qualquer matéria externa para dar conteúdo e origem às suas leis, criadas tão só pela razão (forma), é legítimo dizer que a ética kantiana é formal, ainda que receba, de outro lado, a matéria externa no momento da sua aplicação. Vale dizer, o formalismo da moral kantiana não pode ser concebido como um fechamento ou isolamento da lei moral com relação à realidade. A lei moral está voltada para a realidade das ações humanas e pode ser realizada. O formalismo se situa na radical exigência de uma validade incondicionada para a lei moral, que só é dada na sua origem: a liberdade. A possibilidade de cumprimento da lei moral radica-se no próprio princípio do dever-ser concebido a partir da liberdade como autonomia.

O que pretende o formalismo kantiano é que a Ética como ciência não deve ter suas leis estudadas a partir do empírico, mas a priori na razão, tal como ocorreu na *Crítica da Razão Pura*, que demonstrou como a ciência é possível através da consideração da universalidade de suas leis, como momento a priori da razão. A Ética nada tem a ver com as condições históricas, empíricas; em qualquer tempo ou circunstâncias, o homem está sempre sujeito ao imperativo categórico, exatamente porque, sempre, pode a razão pura ser o motivo da sua ação.

Se a lei moral é criação da razão humana para si mesma, é impossível que a lei que ela mesma se dá não possa ser por ela cumprida. A possibilidade de cumprimento da lei moral radica-se no próprio princípio do dever-ser concebido a partir da liberdade como autonomia.

12.1.4. *Ser e dever-ser*

Para Kant, a razão deve ser concebida de duas maneiras, a saber: **a) como razão teórica** ou **intelecto**: tem por finalidade conhecer e seu objeto é a lei da natureza expressa em relações necessárias de causa e efeito; e **b) como razão prática** ou **vontade**: tem como finalidade o conhecimento das coisas enquanto princípio de ação, determina o que deve acontecer e se expressa por uma relação de obrigatoriedade. O intelecto se ocupa do ser, a vontade cria o dever-ser.

✓ O dever-ser se determina pelo querer, tal como o ser se determina pelo entendimento. Enquanto a razão prática, sem os obstáculos do desejo, diria simplesmente "eu quero", uma razão prática, obstaculizada pelos desejos, diria "eu devo".

✓ Para Kant o dever-ser não pode ser deduzido do ser, não se assenta na estrutura do fato, mas na racionalidade do subjetivo. Kant coloca aqui a base de todo dualismo metódico na investigação da ordem normativa. Desta forma, é posta a questão do conhecimento que o homem tem de si mesmo. Ele conhece a natureza somente através dos sentidos e, como parte da natureza, também se conhece pelos sentidos, como fenômeno, mas esse conhecimento não esgota a sua verdade. O homem se conhece também pelos seus atos e pelas autodeterminações internas, vale dizer, pela espontaneidade absoluta da razão; portanto, como fenômeno de uma parte, e como objeto inteligível (*noumenon*) de outra parte, já que sua ação não pode em absoluto ser atribuída à receptividade da sensibilidade. Há de se buscar, portanto, uma causalidade diversa da causalidade natural, pelo menos quando se nota que o homem se liga a determinados princípios por uma espécie de necessidade que não se encontra na natureza, o que define a esfera do dever-ser (Salgado, 171).

✓ Enquanto o entendimento, voltado sempre para a tarefa de organizar a pluralidade dos dados da sensibilidade em conceitos, só pode conhecer como a natureza é, foi ou será, a razão prática prescreve a ação do sujeito ou o agir da vontade. Seria destituído de sentido prescrever para a natureza um imperativo (comando) ditado pela vontade; um imperativo, que é a forma do dever-ser, só pode ter origem numa vontade e só pode dirigir-se a outra vontade. A proposição "o metal aquecido dilata-se" nada tem a ver com um imperativo; é mero enunciado que traduz uma relação de causalidade. Se digo, porém: "se queres dilatar o metal, aquece-o", então estamos não mais diante de uma proposição enunciativa, mas de um imperativo (uma norma) que prescreve uma conduta no sentido de se fazer alguma coisa (Salgado, 172).

✓ Não procedendo o dever-ser da realidade, procede ele da razão prática, ou seja, da vontade pura, incondicionada, porque aí o dever-ser se identifica com o querer. O único sentido do dever-ser está na obra humana, na cultura concebida como aquilo que o homem cria, em que se inclui a legislação. Somente a partir da concepção kantiana do mundo sensível e do mundo inteligível é que se pode justificar a dicotomia ser (ciência) e dever-ser (filosofia). Enquanto a sensibilidade e o entendimento desvendam o mundo do ser, a esfera do dever-ser pertence ao mundo da razão e não se determina pela sensibilidade. A razão, embora não possa explicar o mundo do ser, é a faculdade criadora da ideia do dever-ser (173).

✓ Os fundamentos da ética (moral e direito) kantiana são encontrados na esfera do dever-ser, de que a norma é sua expressão. O dever-ser não exprime qualquer conteúdo externo, visto que o próprio agir é o legislar da razão prática. Esse legislar, esse agir, se expressa pela forma de um imperativo, que só se concebe como a expressão de uma vontade em geral. O dever-ser, entretanto, esse imperativo, não é subjetivo (dessa vontade particular), mas uma lei ditada pela razão pura e, por isso, a priori, universalmente válida, ou seja, objetiva. A lei moral é esse dever-ser objetivo que se dirige a dar validade à máxima, à qual é a ação subjetiva elevada em padrão de conduta subjetiva.

É de notar, porém, que em Kant é a ideia de liberdade (autonomia) da vontade (que é por isso boa) que fundamenta toda ordem normativa.

12.1.5. *Liberdade e dever-ser*

Liberdade em sentido positivo é a capacidade da vontade pura (razão prática) determinar-se. Essa liberdade conduz ao dever-ser, que é o momento da vontade enquanto já determinada sem interferência de qualquer causa externa. Nesse sentido, o dever-ser é um dever-ser puro, que expressa uma necessidade absoluta incondicionada e, por isso, vincula incondicionalmente (Salgado, 191).

Em Kant temos dois conceitos de dever-ser: **a)** tirado da tradição platônica, o dever-ser como ideia, pois a ideia é o modelo, indica como deve ser a realidade; **b)** dever-ser restrito à ação moral, significando imposição da lei moral, criada pela vontade livre (Salgado, 192).

A norma jurídica positiva tem apenas a forma de um dever-ser, na medida em que o preceito jurídico deve ser observado ou realizado. Esse dever-ser é o dever-ser no sentido de ideia. Neste caso, o direito não tem em si mesmo o critério de sua validade, como a lei moral. A norma jurídica é um imperativo hipotético, que tem seu limite no imperativo categórico. O preceito tem origem no arbítrio do legislador e não na vontade livre, como razão pura.

O dever-ser existe porque o homem é livre, sobreleva-se ao instinto, porque só poderá viver em sociedade com outros seres que também sejam livres, se o seu arbítrio for limitado por regras, por normas, por um dever-ser. Vontade livre eis o postulado da razão prática. Uma vontade livre é não determinada e nem determinável externamente, mas tão só pela razão pura, vale dizer, por si mesma, é a condição de todo dever-ser. Não sendo possível o dever-ser na natureza, por esta não possuir liberdade, o conceito de dever-ser não pode ser explicado pelas ciências do entendimento, mas somente filosoficamente, ou, na linguagem de Kant, metafisicamente. A esfera do dever-ser, da razão pura prática, da vontade livre, é a esfera privilegiada da filosofia e nela não penetram os métodos do conhecimento científico, limitado às formas da intuição sensível do espaço e do tempo, para além dos quais se situa o dever-ser. A liberdade aparece aqui como o ponto central de toda reflexão na esfera do dever-ser ou do agir, de que ela é o fundamento último, pois prático é tudo que é possível através da liberdade, que, entretanto, só se revela a partir da lei moral (Salgado, 194-195).

12.1.6. *Lei moral*

Princípio é um conhecimento que dá fundamento a outro conhecimento. É a priori quando seu fundamento é a própria razão. É, nesse sentido, o começo da série do conhecimento, conservando o significado original grego. Trata-se, neste caso, de um princípio absoluto. Kant procura, na Metafísica dos Costumes, encontrar esse princípio supremo da moralidade. Kant estabelece que princípio é a representação de leis, segundo as quais um ser racional deve agir. Agir segundo a representação de uma lei é introduzir no mundo o elemento vontade e, com isso, a liberdade. Esse princípio prático (a representação de uma lei que informa a ação), quando é fim em si mesmo, é universal. Princípios práticos objetivos são os princípios válidos para todos os seres racionais. Por isso são chamados princípios da razão, princípios que não decorrem de nenhum dado sensível, são a priori (Salgado, 195-196).

Kant demonstra a existência de três tipos de princípios objetivos de ação, que determinam as respectivas máximas, por ele chamadas de princípios subjetivos: **a)** princípio técnico: segundo o qual deve empregar o meio eficaz e adequado para se alcançar o fim proposto; **b)** princípio da prudência: pelo qual se deve aspirar à própria felicidade; e **c)** princípio da moralidade: vale incondicionalmente, independentemente dos desejos, e não simplesmente para realizar desejos.

Os dois primeiros princípios (técnico e da prudência) são objetivos e implicam máximas para ação de muitos seres humanos, pois são válidos para todos os seres racionais. Esses princípios estabelecem que a correta aplicação dos meios necessários a alcançar um fim e a busca da felicidade são tarefas que não devem ser descuradas pela razão. Tais princípios, contudo, diferem radicalmente do princípio da moralidade; enquanto os primeiros têm validade condicionada, os segundos valem incondicionalmente. Os princípios técnicos devem se submeter aos princípios da prudência, que procuram realizar a felicidade humana e os da prudência devem submeter-se ao princípio da moralidade. O princípio da moralidade funciona, assim, como uma regra da razão humana.

Há, por outro lado, princípios de ação individual, os quais cada pessoa em separado possui e que podem ser ou não conformes com os princípios objetivos. São os princípios subjetivos ou as máximas da ação individual.

A característica mais importante da lei é a universalidade. Uma lei no sentido rigoroso do termo tem de valer para todos os casos e não pode admitir exceção. Essa característica é comum a toda proposição que se chama lei e vale, pois, tanto para a lei da natureza como para a lei da liberdade.

Essa universalidade da lei aparece na esfera moral não só pela sua origem a priori, na razão, mas também pela sua aplicação. A lei é universal porque é válida para todos indistintamente. Kant retoma o princípio da igualdade de todos perante a lei como princípio formal da sua aplicação. A lei que proíbe matar não quer significar, para ser universal, que não se deva matar em determinadas circunstâncias. Tão só quer dizer que, se há exceção para a proibição da ação, a exceção deve alcançar todos os seres racionais.

12.1.7. Os imperativos

Quando se tratou da razão teórica, a indagação era sobre a possibilidade dos juízos sintéticos a priori nas ciências matemáticas e físicas, bem como na metafísica. Agora, para explicar a possibilidade de imperativos, em particular o imperativo categórico, Kant recorre ao conceito de juízo sintético a priori.

12.1.7.1. Imperativo hipotético

Para Kant, os imperativos hipotéticos são analíticos. Analogamente à proposição "todo efeito tem uma causa", podemos dizer que "quem quer o fim, quer o meio". Essa proposição, tanto quanto a outra, expressa um juízo analítico e, da mesma forma que a primeira, teórico.

Quem quer o fim, deve querer o meio para alcançá-lo.

Os imperativos hipotéticos são imperativos analíticos, embora pressuponham juízos sintéticos e teóricos. São, portanto, possíveis como juízos analíticos, na medida em que expressam um dever-ser.

O imperativo hipotético tem relevância para o direito, embora não seja o seu fundamento último. É o modo como aparece a norma jurídica no direito positivo e deve funcionar como esquema de aplicação dos princípios a priori do direito (do imperativo categórico) ao mundo pragmático da legislação positiva, dada a sua participação, ao mesmo tempo, do teórico e do prático (Salgado, 211).

12.1.7.2. Imperativo categórico

Ao contrário do imperativo hipotético, que é apenas analítico, o imperativo categórico é sintético e a priori: **a)** sintético: porque a ligação da minha máxima com a lei moral não está incluída previamente na vontade; e **b)** a priori: porque não decorre da experiência, pois essa ligação (entre vontade e ação) é universal e necessária. Além disso, sua possibilidade deve ser demonstrada, ao contrário dos juízos sintéticos a priori do conhecimento da natureza que, dando-se na experiência, exigem apenas uma explicação. Anote que a liberdade é a condição do agir moral, no âmbito da razão prática, como a intuição é a condição do conhecer, no âmbito da razão teórica.

Kant apresenta três fórmulas para expressar o imperativo categórico a partir da fórmula geral: "Age apenas segundo a máxima, em virtude da qual possa querer que ela se torne lei universal": **a)** fórmula da equiparação da máxima à *universalidade* da lei da *natureza*: "Age de tal modo que a máxima da tua ação se devesse tornar em lei universal da natureza"; **b)** fórmula da *humanidade* ou da consideração da pessoa como *fim em si* mesma: "Age de tal modo que uses a humanidade, tanto na tua pessoa como na pessoa de qualquer outro, sempre e ao mesmo tempo, como fim e nunca como meio simplesmente"; **c)** fórmula da *autonomia* ou da liberdade positiva no reino dos fins: "Age de tal modo que a tua vontade, através de suas máximas, se possa considerar como legisladora universal".

O imperativo categórico prescreve o que se deve acontecer e não descreve o que acontece.

A ideia de justiça, ao contrário de ser tão só um conceito do direito limitado ao governo da atividade externa do homem, e por isso separada da moral, está presente nas três fórmulas do imperativo categórico, que é o supremo princípio do ético, cuja intenção diretora é a vida em comunidade, a política. A fórmula primeira se assenta na ideia de universalidade ou igualdade; a fórmula terceira vincula toda ação humana à ideia de liberdade. A fórmula segunda mostra o único modo possível de ser o homem pessoa e como é possível, através desse terceiro elemento, realizar a síntese da igualdade e da liberdade ou distribuir igualmente a liberdade entre os seres racionais (Salgado, 218).

A legislação jurídica é menos ambiciosa ou exigente que a lei moral. Ela visa apenas a garantir a esfera da liberdade externa de todos os indivíduos igualmente. É, portanto, concebível que ela atinja o seu fim, isto é, na medida em que ela seja essa expressão da vontade com vistas apenas a assegurar a liberdade de cada um, é possível uma ordem jurídica conforme a razão, uma ordem jurídica voltada para a garantia da liberdade (Salgado, 222).

O mesmo princípio da *Crítica da Razão Pura* está presente na ordem moral: caminhar do particular para o universal ou impor a ordem ao particular pelo universal, como bem mostra sua afirmação: "as intuições sem os conceitos são cegas". Na filosofia prática, o princípio é o mesmo: dar validade ao particular pelo universal. A ação do indivíduo sem a lei moral é cega, irracional, sem validade. Só o apelo à universalidade da lei moral pode conferir moralidade à ação individual (Salgado, 222).

O universal é o que tem validade, por isso, o princípio da igualdade, que exige uma reciprocidade incondicionada no tratamento com o outro, segundo a qual não me é lícito tratar alguém segundo certo princípio e, ao mesmo tempo, exigir que esse alguém me trata por princípio diverso. Considerar o outro igual é tratá-lo como pessoa, como fim em si mesmo e não mero instrumento para a realização de interesse. Considerá-lo como fim em si mesmo é reconhecê-lo como ser livre.

Na filosofia prática de Kant, a ideia de liberdade é o fundamento da ideia de justiça; a ideia de justiça é o fundamento do direito; o direito, por sua vez, razão de ser da existência do Estado que, finalmente, como Estado de Direito, garante a paz perpétua.

12.1.8. Liberdade

Santo Agostinho concebeu a liberdade como capacidade interna de escolher (indeterminação do sujeito), depois desenvolvida por Tomás de Aquino, para quem a liberdade é um poder de eleição dos meios ordenados a um fim. Em Santo Agostinho, essa indeterminação do livre-arbítrio dá-se diante do bem e do mal e se revela como o poder de escolher entre ambos. Contudo, quem escolhe o mal não é livre, pois a liberdade se completa na determinação do seu objeto, o bem, que, em Santo Agostinho, se perfaz em Deus.

Kant recebe de Rousseau a ideia de liberdade definida como autonomia na esfera política e interioriza-a, fazendo dessa autonomia também liberdade moral do indivíduo. Livre é a ação que decorre exclusivamente da razão, na medida em que não é perturbada pelos sentidos. É o legislar da razão pura prática para si mesma.

Rousseau, como se sabe, fundamentou o Estado moderno não em dados históricos, mas no princípio da vontade livre. A liberdade aparece como o qualitativo do homem, que não pode ser renunciado, a não ser que se renuncie a ser humano. Kant adota de Rousseau o princípio segundo o qual a vontade é livre em si e para si, incondicionada, enquanto querer universal, que só a si mesma pode ter como objeto e que por isso é autodeterminação.

Aquilo que Rousseau chama de vontade geral (identifica soberania com vontade geral, de modo que quem obedece ao soberano não obedece senão a si mesmo), Kant chama de consciência moral.

Segundo Rousseau, quando se procura saber em que consiste precisamente o maior dos bens, que deve ser objeto de todo sistema de legislação, deve encontrar esses dois objetos principais: liberdade e igualdade. Assim, a ideia de justiça assume uma conotação eminentemente política e encontra os elementos essenciais: liberdade e igualdade, os quais Rousseau qualifica como o maior dos bens.

Privilegiar o aspecto da lei sobre o da liberdade é manter na ética kantiana resquícios dos erros em que incorreram os pensadores até Rousseau: a lei é sempre uma restrição à liberdade.

Em Kant, a ideia de liberdade pode ser mais bem explicitada a partir de seu conceito de vontade identificada com a razão pura prática. O arbítrio aparece no homem como um momento de realização ou aplicação da regra ditada pela vontade. Para que ele seja livre, é necessário que ocorram duas circunstâncias: **a)** que se mostre como absoluta espontaneidade; e **b)** que se submeta às leis da razão prática (Salgado, 235).

A vontade é a faculdade que cria leis e, na medida em que cria as suas próprias regras, é livre. Do ponto de vista da criação de leis para si (da autodeterminação) pela vontade, a liberdade é definida como autonomia (sentido positivo).

No arbítrio, define-se o que se quer (e se pode) fazer; na vontade, como se deve agir.

12.1.8.1. Liberdade e direito

Kant, em sua obra *Fundamentos da Metafísica dos Costumes*, define o *direito* como "o conjunto das condições, por meio das quais o arbítrio de um pode estar de acordo com o arbítrio de um outro, segundo uma lei universal de liberdade". Dessa definição deriva a *lei universal do direito*, assim formulada: "atue externamente de maneira que o uso livre do teu arbítrio possa estar de acordo com a liberdade de qualquer outro segundo uma lei universal". A definição de direito não é extraída do direito positivo, uma vez que Kant define *metafísica dos costumes* como o estudo das leis que regulam a conduta humana sob um ponto de vista meramente racional.

A partir daquela definição, Kant descreve os dois elementos constitutivos do conceito de direito: **a)** o conceito, quando se refere a uma obrigação correspondente, considera em *primeiro lugar* apenas a relação externa, e precisamente prática, de uma pessoa com outra, enquanto suas ações possam exercer, como fatos, influência umas sobre as outras; **b)** a relação entre dois sujeitos, para ser uma relação jurídica, deve se dar entre dois arbítrios (vontades), e não entre o arbítrio de um e o simples desejo do outro.

Para Kant, há quatro tipos possíveis de relações: **a)** a relação entre um sujeito que tem direitos e deveres e um sujeito que tem apenas direito, e não deveres (Deus); **b)** a relação de um sujeito que tem direitos e deveres com outro que tem apenas deveres, e não direitos (o escravo); **c)** a relação de um sujeito que tem direitos e deveres com outro que não tem nem direitos nem deveres (os animais, as coisas inanimadas); e **d)** a relação de um sujeito que tem direitos e deveres com outro que tem direitos e deveres (o homem). Destas quatro relações, somente a última é relação jurídica. Não é possível, portanto, uma relação jurídica entre um sujeito e uma coisa.

Uma vez considerado como fim em si mesmo, o ser racional deve sempre ter em conta que o outro ser racional é também livre e deve ser tratado como fim em si mesmo (pessoa) e nunca como meio (coisa). Em razão disso, o imperativo categórico será formulado de modo a criar o liame necessário entre a ética como moral do indivíduo e a política, ou o direito, na medida em que prescreve que o indivíduo aja de tal forma que a humanidade, que se encontra na pessoa de quem age, seja considerada, sempre e ao mesmo tempo, como fim em si mesma, de modo que se possa construir um reino dos fins a par do reino da natureza. O reino dos fins é o reino das pessoas, cuja ação tem como princípio a liberdade, e só poderá ser instaurado na medida em que o agir de cada indivíduo se paute pelas máximas do membro do reino dos fins, cuja legislação vale universalmente (Salgado, 244).

19. Hermenêutica Jurídica

Olney Queiroz Assis e Renan Flumian

I. HERMENÊUTICA

1. INTRODUÇÃO

A partir do século XVIII, sob a proteção do direito natural, o pensamento jurídico encaminhou-se no sentido da total positivação do direito. Entretanto, somente no século XIX o estabelecimento do direito mediante legislação tornou-se uma rotina do Estado, e isso trouxe algo inédito: a modificação do direito pela legislação tornou-se parte integrante e imanente do próprio direito. A matéria do antigo direito foi reelaborada, codificada e colocada na forma de leis escritas, devido à praticidade no uso em tribunal e à facilidade de aplicação e também para caracterizá-la como estatuída, modificável e de vigência condicionada.

O desenvolvimento social em direção à complexidade mais elevada provocou, no âmbito do direito, a ocorrência de três fenômenos correlatos: **a)** a positivação do direito e a sua transformação em instrumento de gestão social; **b)** a expansão dos conteúdos do direito pelo aumento constante do volume de instrumentos normativos: leis, decretos, portarias etc.; e **c)** a intensa mutabilidade do direito, pelas modificações em velocidade cada vez maior dos conteúdos dos instrumentos normativos.

Esses fenômenos exigiram da hermenêutica jurídica a criação de mecanismos de interpretação mais sofisticados, capazes de uma elasticidade conceitual e interpretativa para: **a)** abranger situações não previstas pelas normas; **b)** captar o real sentido e o alcance do texto normativo em sintonia com a política global do Estado; **c)** elaborar a subsunção do fato à norma, tendo em vista a decisão do conflito com um mínimo de perturbação social.

Assim, a positivação do direito e a preocupação em fundar uma teoria da interpretação são fenômenos correlatos que surgem no século XIX. Nesse período, a interpretação deixa de ser apenas uma questão técnica da atividade do jurista e passa a ser objeto de reflexão, tendo em vista a construção de uma teoria da interpretação contraposta à teoria do direito natural.

1.1. Teoria do Direito Natural

A ideia básica da teoria do direito natural racional está centrada no seguinte postulado: o direito é uma ideia que precede e transcende a experiência; o produto de uma construção lógica mediante a qual a razão humana, a partir do princípio de justiça, deduz todas as verdades jurídicas particulares. O que a razão estabelece como princípio de justiça possui todos os caracteres do verdadeiro direito. O direito natural racional representa, pois, um arquétipo ideal que, de um lado, fornece o critério para a avaliação das instituições e, de outro, constitui um modelo segundo o qual o direito positivo vigente se deve amoldar. O direito natural seria, portanto, a fonte e o fundamento de validade de todo direito positivo.

Essa concepção teórica foi gradualmente desenvolvida e paradoxalmente corroída pelos processos históricos que caracterizaram a experiência jurídica a partir do aparecimento do Estado Moderno. Entre esses processos destacam-se o da secularização, o da sistematização e o da positivação do direito.

a) Secularização do Direito: Esse processo está ligado ao conceito de soberania, que provocou a separação entre direito e teologia. A teoria da soberania, ao introduzir a concepção de estado de natureza, contribuiu, decisivamente, para a fixação da ideia de um direito natural, cujos atributos básicos são a universalidade e a imutabilidade de certos princípios aos quais os homens têm acesso pela razão. Os conceitos de direitos naturais (direito à vida, à igualdade, à liberdade, à propriedade, à segurança), estado de natureza e contrato social, embora construídos pelos teóricos do jusnaturalismo, permitiram a elaboração de uma teoria (do contrato social) que justificou o direito e o Estado com fundamento na ação dos homens, e não no poder irresistível de Deus.

b) Sistematização do Direito: A ideia de sistema constitui um aspecto fundamental da contribuição do direito natural à teoria dogmática da interpretação, que deixou de limitar-se apenas à exegese de textos e passou a ter características de uma estrutura lógico-sistemática. Ocorre que, transposta e positivada pelos Códigos e pelas Constituições, o direito natural foi perdendo destaque diante de um direito racional e sistemático. Com isso, o fundamento do direito deixou de ser buscado nos ditames da razão e passou a ser buscado na vontade do legislador ou na vontade da lei, independentemente de qualquer juízo sobre a conformidade dessas vontades com a razão. Assim, o processo de sistematização do direito terminou por confluir com o fenômeno da positivação do direito pelo Estado.

c) Positivação do Direito: A identificação entre direito e poder está na raiz da positivação do direito e da construção do Estado Moderno. Thomas Hobbes representa a matriz de um pensamento que identifica direito e poder e faz do direito um instrumento de gestão governamental, criado ou reconhecido por uma vontade estatal soberana, e não pela razão dos indivíduos ou pela prática da sociedade.

1.2. Decadência do Direito Natural

A positivação do direito natural representou, ao mesmo tempo, o seu triunfo e a sua decadência, dado que, ao transpor para as leis (Constituições e Códigos) os conteúdos do direito natural, o debate e a pesquisa sobre os fundamentos de outro direito que não fosse o direito escrito foram perdendo sentido e significado. A legislação passou a ser portadora do direito natural, portanto, não se pode duvidar da plenitude da lei. Ela contém todo o direito, inclusive o direito natural. Nesse sentido, compare os seguintes textos:

Declaração Francesa dos Direitos do Homem e dos Cidadãos de 1789: "*O governo é instituído para garantir ao homem o gozo dos direitos naturais e imprescritíveis. Estes direitos são: a igualdade, a liberdade, a segurança e a propriedade. Todos os homens são iguais por natureza diante da lei*" (Art. I, II, III).

Constituição Federal Brasileira de 1988: "*Todos são iguais perante a lei, sem distinção de qualquer natureza, garantindo-se aos brasileiros e aos estrangeiros residentes no País a inviolabi-*

lidade do direito à vida, à liberdade, à igualdade, à segurança e à propriedade" (Art. 5º).

A positivação do direito estimulou o surgimento de uma hermenêutica jurídica que se concentra nos problemas relativos ao direito escrito.

II. HERMENÊUTICA E INTERPRETAÇÃO

1. CONCEITO

Hermenêutica (mais precisamente, a hermenêutica jurídica) é a teoria que tem por objeto o estudo das técnicas (regras, métodos) aplicáveis à interpretação do direito. Interpretação é o processo que determina o sentido e o alcance das normas jurídicas utilizando-se das técnicas fixadas pela hermenêutica.

Alguns juristas (Miguel Reale) entendem que não é necessário estabelecer essa distinção entre *hermenêutica* (como teoria que pesquisa regras de interpretação) e *interpretação* (como o mero emprego das regras estabelecidas pela hermenêutica), pois as expressões seriam equivalentes. Nesse sentido, a expressão *hermenêutica jurídica* é utilizada para identificar não apenas as teorias da interpretação, mas também as regras (métodos) de interpretação propostas por essas teorias.

Importa destacar que a hermenêutica, ou ciência do direito, como teoria da interpretação, privilegia como objeto de estudo o direito escrito. Esse direito consolida um fenômeno absolutamente novo do qual se extrai os seguintes aspectos: **a)** o Estado é a fonte exclusiva do direito; **b)** o direito identifica-se com a legislação; **c)** a legislação instaura a mutabilidade contínua nos conteúdos do direito. Esses aspectos imprimiram à hermenêutica jurídica um caráter essencialmente dogmático. Esse caráter se expressa no princípio da legalidade.

1.1. Direito escrito

A partir do século XIX, as teorias da interpretação estatuem como princípio fundamental *a inegabilidade dos pontos de partida* (os dogmas): as leis produzidas pelo Estado. Esse princípio encontra sua expressão jurídica no *princípio da legalidade*, que obriga o intérprete a pensar os problemas jurídicos a partir da lei e em conformidade com a lei. A lei posta pelo Estado tornou-se, gradativamente, a fonte exclusiva do direito e, consequentemente, o objeto das teorias dogmáticas da interpretação.

A partir das diferentes posições teóricas foram desenvolvidos os seguintes métodos ou regras de interpretação: **a) gramatical e literal**: voltados para a análise linguística da lei; **b) lógico**: voltado para as deduções e inferências a partir da lei; **c) sistemático**: voltado para a análise das estruturas da lei; **d) histórico**: voltado para a busca da gênese da lei; **e) sociológico**: voltado para a busca das condicionantes sociais da lei; **f) teleológico**: voltado para a busca do fim imanente da lei; **g) axiológico**: voltado para a neutralização dos valores da lei.

Assim, nas teorias dogmáticas da interpretação as normas da lei são mantidas como dogmas inatacáveis, são assumidas como inquestionáveis e vinculantes. As normas determinam as respostas, de tal modo que estas, mesmo quando postas em dúvida em relação aos problemas, não põem em perigo as normas donde foram deduzidas. Enfim, o direito escrito passou a ser um dado, o ponto de partida que o intérprete aceita e não nega. O sistema de normas estabelece, portanto, limites que o intérprete não pode extrapolar. No interior desses limites o intérprete pode explorar as diferentes combinações para a determinação operacional de comportamentos jurídicos possíveis.

1.2. Fundamento da interpretação

O valor excepcional atribuído ao direito escrito trouxe como consequência o desejo de aprofundar os estudos sobre a norma (o dogma) e desvendar o verdadeiro alcance e sentido de sua mensagem. A hermenêutica, além de estabelecer as regras técnicas (métodos) de interpretação, passou a se interessar pelo estabelecimento de um sólido fundamento para a teoria da interpretação do direito escrito.

A intensificação do processo legislativo fortaleceu o movimento que concebe a hermenêutica jurídica como uma ciência que cuida apenas da interpretação (exegese) dos textos legais. Os teóricos desse movimento aceitaram o princípio da plenitude da lei; para eles, a legislação contém todo o direito, portanto, não faz sentido falar de outro direito que não seja o direito escrito. A ideia de que a lei contém todo o direito não ensejou, entretanto, um princípio hermenêutico uniforme. A aplicação dos diferentes métodos levava a conclusões opostas, motivo pelo qual surgem divergências em relação à regra (método) de interpretação que deve prevalecer (gramatical, lógico, sistemático, histórico, sociológico, teleológico, axiológico) e em relação ao fundamento último do ato interpretativo (vontade do legislado, vontade da lei).

1.3. Vontade da lei ou vontade do legislador

Com a positivação do direito, fortalece entre os juristas a convicção de que a sua tarefa fundamental consiste em interpretar os textos normativos de maneira autêntica. Tendo em vista essa preocupação dos juristas, a hermenêutica, ou a teoria da interpretação, procura estabelecer o fundamento último do ato interpretativo. Surgem, assim, duas tendências teóricas denominadas: subjetivistas e objetivistas.

Essas teorias veiculam posições distintas e inconciliáveis a respeito da interpretação do direito: a) teoria subjetivista: estabelece a interpretação como apreensão dos motivos daquele que se exprime (vontade do legislador); b) teoria objetivista: estabelece a interpretação como apreensão do conteúdo real de uma expressão (vontade da lei). As teorias dogmáticas da interpretação estão envolvidas neste dilema relativo ao critério que o intérprete deve seguir para desvendar o verdadeiro sentido e o alcance da norma jurídica: vontade do legislador ou vontade da lei?

A questão de saber se a interpretação jurídica deve seguir uma diretriz subjetivista ou objetivista torna-se, assim, um ponto nuclear para entender o desenvolvimento da ciência jurídica como teoria da interpretação.

III. TEORIAS SUBJETIVISTA E OBJETIVISTA

1. PROBLEMÁTICA

A problemática central da teoria dogmática da interpretação começa com a seguinte oposição inconciliável entre duas tendências: **a) o conteúdo objetivo da lei é fixo,** consequentemente, o último fundamento da interpretação é determinado e fixado através da *vontade do legislador* manifestada de uma vez por todas, de modo que o intérprete deve seguir as pisadas do legislador histórico; **b) o conteúdo objetivo da lei tem autonomia** em si mesmo e nas suas *palavras*, enquanto *vontade da lei*, enquanto sentido objetivo que é independente do querer subjetivo do legislador histórico e que, por isso, em caso de necessidade, é capaz de movimento autônomo e susceptível de evolução.

Em torno dessa problemática se trava a luta das teorias dogmáticas da interpretação jurídica.

1.1. Teoria subjetivista

As teorias subjetivistas entendem que interpretar é compreender o pensamento do legislador (*mens legislatoris*) manifestado no texto da lei. De outra parte, entendem que a lei expressa um sistema de conceitos bem articulados e coerentes, não apresentando senão lacunas aparentes. Nesse passo, as teorias subjetivistas possuem vínculos com a teoria da soberania como vontade do soberano. Nesta, o monarca aparece como titular da soberania, consequentemente do poder de estabelecer o direito. A lei expressa, portanto, a vontade do monarca soberano, e é essa vontade que os subjetivistas se colocam na posição de desvendar.

Vários juristas se posicionaram a favor dessa teoria. Savigny, por exemplo, afirmava que interpretar é compreender o pensamento do legislador manifestado no texto da lei. Windescheid dizia que interpretação é a determinação do sentido que o legislador ligou às palavras por ele utilizadas, o intérprete deve integrar-se o mais possível no espírito do legislador. Regelsberger afirmava que o conteúdo da lei é aquilo que se reconhece ter sido querido pelo legislador.

Dado que o dogma deriva da vontade do legislador, a interpretação consiste basicamente em desvendar essa vontade. Trata-se, portanto, de um modelo que ressalta o papel preponderante dos aspectos literal (método gramatical) e genético (método histórico) da interpretação da norma. Uma interpretação desse tipo não pode ser atualizada porque representa a vontade do emissor da norma. O sentido da norma (interpretação) é fixado *ex tunc* (desde então), ou seja, desde o momento de seu aparecimento.

As teorias subjetivistas favorecem um certo autoritarismo personalista ao privilegiar a vontade do legislador (arbitrário do legislador). Nesse sentido, é bastante significativa a exigência, na época do nazismo, de que as normas fossem interpretadas, em última análise, de acordo com a vontade do *Führer*.

1.2. Teoria objetivista

Para as teorias objetivistas, as leis são dotadas de um sentido próprio (vontade da lei) determinado por fatores objetivos. O sentido da norma independe até certo ponto do sentido que lhe tenha querido dar o legislador, donde a concepção da interpretação com uma compreensão *ex nunc* (desde agora). Uma interpretação desse tipo coloca em evidência o momento atual (arbitrário social). A interpretação como vontade da lei ressalta, portanto, o papel preponderante dos aspectos estruturais em que a norma ocorre e as técnicas apropriadas à sua captação (método sociológico).

Savigny, por exemplo, enfatiza que seria a convicção comum do povo (espírito do povo) o elemento primordial para a interpretação das normas. Nesse passo, as teorias objetivistas possuem vínculos com a teoria da soberania como vontade da nação (povo organizado). Nesta, o povo aparece como titular da soberania e, consequentemente, do poder de estabelecer o direito. A lei, portanto, expressa a vontade do povo e é esta vontade que os objetivistas se colocam na posição de desvendar, daí sua inflexão sociológica.

As teorias objetivistas favorecem certo anarquismo quando estabelecem o predomínio do intérprete (jurista) sobre a própria norma ou quando deslocam a elaboração do direito para o intérprete legalmente constituído (juiz). Neste sentido, é significativa a posição do *realismo jurídico* quando afirma que "direito é o que decidem os tribunais".

1.3. Polêmica interminável

Em algumas teorias, os aspectos subjetivistas e objetivistas muitas vezes aparecem entrelaçados, principalmente pelo uso comum de determinados métodos de interpretação. Ademais, alguns juristas, como é o caso de Savigny, trafegam no âmbito das duas teorias. A distinção, portanto, que se faz entre subjetivistas e objetivistas tem uma função didática na medida em que permite organizar as tendências doutrinárias e estabelecer o confronto entre elas.

Os objetivistas contestam os subjetivistas com os seguintes argumentos: a) argumento da vontade: afirmam que a vontade do legislador é mera ficção, pois o legislador não é uma pessoa física identificável, e sim um coletivo com opiniões contraditórias; b) argumento da forma: afirmam que somente as manifestações normativas trazidas na forma exigida pelo ordenamento têm força para obrigar; em consequência, aquilo que se chama de *legislador* é, no fundo, apenas uma competência legal; c) argumento da confiança: afirmam que o intérprete tem de emprestar confiança à palavra da norma como tal, a qual deve, em princípio, ser inteligível por si; d) argumento da integração: afirmam que só a concepção que leva em conta os fatores objetivos na sua contínua mutação social explica a complementação e até mesmo a criação do direito pela jurisprudência.

Os subjetivistas contra-argumentam afirmando: a) a importância do legislador: o recurso à técnica histórica de interpretação, aos documentos e às discussões preliminares dos responsáveis pela positivação da norma é imprescindível, donde a impossibilidade de se ignorar o legislador originário; b) o subjetivismo dos objetivistas: os fatores (objetivos) que eventualmente determinassem a vontade objetiva da lei também estão sujeitos a dúvidas interpretativas; com isso, os objetivistas criam um curioso subjetivismo que põe a *vontade do intérprete* acima da vontade do legislador, tornando-o "mais sábio" que o legislador e também "mais sábio" que a norma legislada; c) a manipulação do intérprete: o intérprete, ao afastar a vontade do legislador, provoca um desvirtuamento na captação do direito, gerando insegurança e incerteza em relação ao real sentido e alcance da norma.

IV. DILEMA DA HERMENÊUTICA

1. TENDÊNCIAS TEÓRICAS

O confronto entre subjetivistas e objetivistas colocou em evidência uma questão fundamental: a necessidade de construir uma teoria da interpretação suscetível de ser aceita pelos intérpretes do direito. A resposta para essa questão deu origem a diversas tendências teóricas dentre as quais, destacamos algumas.

1.1. Dogmática

Essa tendência, representada pelo positivismo jurídico (escola da exegese, jurisprudência dos conceitos), defende uma interpretação restritiva com base na vontade do legislador, a partir da qual, com o auxílio de análise linguística e de métodos lógicos, seria possível construir o sentido da lei. Para essa tendência, o direito é um sistema de conceitos bem articulados e coerentes, não apresentando senão lacunas aparentes. O direito se identifica com a lei escrita, portanto, a função específica do jurista é ater-se com rigor ao texto legal e revelar seu sentido. Essa tendência ainda exerce grande influência sobre os profissionais do direito, sendo oportuno especificá-la um pouco mais.

A função do jurista implica a análise metódica dos textos nos planos gramatical, lógico e sistemático. Da interpretação dos preceitos, dos quais é necessário partir, e de sua ordenação lógica, inferem-se os institutos jurídicos que reúnem as regras segundo diferentes centros de interesses. Os institutos jurídicos não se encontram, porém, isolados uns dos outros, mas, por sua vez, se integram em unidades maiores (direito de família, direito das coisas, direito societário, direito falimentar etc.), cuja totalidade compõe os sistemas do direito civil, do direito comercial etc. O objeto de estudo do jurista é, porém, em última análise, sempre a regra de direito, quer isoladamente, quer no seu confronto com outras regras complementares, na unidade coerente e cerrada de seus comandos, sob o enlace dedutivo de princípios ou preceitos normativos fundamentais.

A partir dessa concepção, a interpretação é concebida como um trabalho rigorosamente declaratório, uma vez que a evolução do direito só pode se operar através do processo legislativo, jamais em virtude de uma contribuição integradora ou supletiva do intérprete. Para a rigorosa apreensão do texto, não sendo este suficientemente claro, o positivismo recorre à "intenção do legislador", através do estudo dos preceitos legislativos, ou determinar a sua "intenção presumida".

1.2. Histórico-evolutiva

Essa tendência, representada pela jurisprudência dos interesses, sustenta a tese segundo a qual o sentido da lei repousa em fatores objetivos (interesses em jogo na sociedade), portanto, o intérprete não deve ficar adstrito à vontade do legislador. Este apenas declara o direito, que adquire vida própria destacando-se da vontade de quem o elaborou. A lei é o reflexo dos interesses que atuam na realidade social; se a realidade evolui, a lei não pode se manter estática e deve também evoluir mediante interpretação atualizadora para proteger interesses atuais.

1.3. Livre investigação científica

Essa tendência se denomina livre, porque o intérprete não fica condicionado à autoridade do legislador, e científica, porque a solução se funda em critérios objetivos. A atividade do intérprete se realiza num duplo campo de ação: o *dado* (fontes materiais) e o *construído* (fontes formais), que são os componentes da norma jurídica. O *dado* corresponde à realidade observada pelo legislador (fatos: econômicos, históricos, políticos, geográficos, culturais). O *construído* é uma operação técnica que, considerando o *dado*, subordina os fatos a determinados fins.

Assim, por trás das normas jurídicas há uma realidade anterior que as próprias normas não podem desprezar. É no *dado* que se apoia a existência das normas; é desse *dado* que cada norma tira seu sentido e sua condição de aplicabilidade. O intérprete, por princípio de segurança jurídica, não substitui a vontade do legislador, mas deve desvendá-la considerando o *dado*. A interpretação não está, portanto, adstrita apenas à letra da lei, deve também considerar os fatos sociais.

Essa tendência reconhece a existência de lacunas na lei, motivo pelo qual constrói mecanismos de preenchimento, considerando: **a)** os costumes, desde que não sejam *contra legem*; **b)** a autoridade e a tradição, quando consagradas pela doutrina ou jurisprudência; **c)** a livre investigação do direito, que permite ao intérprete considerar os fatos sociais.

1.4. Tendência do direito livre

Essa tendência, representada pela *escola do direito livre* e pelo *realismo jurídico*, investiga o direito sob o prisma do fenômeno social. Concentra-se em dois grandes temas: a) o direito que emerge das relações sociais: destaca a contraposição entre o direito oficialmente estatuído e formalmente vigente e o direito emergente das relações sociais pelo qual se regem os comportamentos e se previne e resolve a maioria dos conflitos; b) a criação judiciária do direito: destaca a distinção entre a norma abstrata da lei e a norma concreta que conforma a decisão do juiz.

Para essa tendência, as normas que compõem a ordem jurídica estatal não podem prever todos os fatos presentes e, muito menos, os supervenientes, de maneira que a tese da completude do sistema é apenas uma ficção. O estudo formal das normas não apreenderia senão a realidade mais superficial do direito, motivo pelo qual é necessário superar o tecnicismo formalista e estudar o direito da sociedade como forma de auxiliar o legislador e o aplicador a adaptar as leis à realidade social.

Além do direito estatal, existe também o direito que emana dos grupos sociais, das decisões dos tribunais e da produção dos juristas. O *direito livre* é aquele que emana espontaneamente dos grupos sociais, cujas normas resultam das convicções predominantes que regulam o comportamento desses grupos. Esse direito deve prevalecer sobre o estatal. O Juiz deve, portanto, ater-se ao sentimento da comunidade, evitando decidir, exclusivamente, com fundamento na legislação.

Esse modelo de interpretação dirigiu a *escola do direito livre* para a conclusão segundo a qual o juiz deve ser sempre o criador da norma jurídica. Para alguns autores, a manifestação mais recente do *direito livre* é a ideia de direito alternativo.

V. SUPERANDO O DILEMA

1. PRÁTICA DA INTERPRETAÇÃO

Tercio Sampaio Ferraz Jr. anota que a prática da interpretação não percorre o caminho proposto pela teoria subjetivista. Não se vai primeiro à vontade do legislador (*voluntas legislatoris*) para depois atingir o sentido da norma; na verdade, primeiro se alcança o sentido da norma (se interpreta) e só depois é que se descobre a intenção do legislador. Ademais, a teoria subjetivista recorre a um pressuposto indemonstrável, ao supor que a vontade do legislador é algo distinto do texto da norma e que existiria uma forma de acesso ao seu pensamento normativo que não por meio do texto da norma. Carece igualmente de fundamento o pressuposto de que as palavras possam representar exatamente as ideias do legislador.

A prática da interpretação também não percorre o caminho proposto pela teoria objetivista. Não se vai primeiro à realidade (aos fatos objetivos reais e atuais) para depois atingir o sentido das palavras da norma, na verdade, primeiro se alcança o sentido das palavras da norma (se interpreta) e só depois se verifica os (normativamente) relevantes fatos reais. Só é possível reconhecer o sentido normativo dos fatos, que por hipótese determina a vontade da lei (*voluntas legis*), depois de fazer a norma (já interpretada) incidir sobre a realidade.

A teoria objetivista parte do pressuposto metafísico de que as palavras possam representar, objetivamente, conceitos e coisas. O intérprete parte da crença de que a palavra da norma é inteligível por si só. Pretender que todas as propriedades de uma coisa sejam definidas pela palavra que a denomina é um disparate teórico que provém de uma confusão acerca do funcionamento da linguagem.

2. FUNÇÃO SIMBÓLICA DA LINGUAGEM

A linguagem é um sistema de símbolos (palavras) artificiais elaborados por seres humanos. Nesse sentido, pode-se afirmar que todos os símbolos (palavras) são convencionais; isto é, a conexão entre o símbolo e o que ele simboliza é produzida por seres humanos mediante acordo ou uso. O direito positivo se manifesta através de símbolos e isto pressupõe a atividade de interpretá-los, atribuindo-lhes ou captando-lhes o significado. A interpretação do direito começa, pois, com um texto, uma fórmula linguística escrita em conformidade com as regras gramaticais de uso. Os caracteres simbólicos (palavras) designam ou apontam para algo distintos deles mesmos, e isto complica a atividade interpretativa em razão dos defeitos inevitáveis que a linguagem apresenta.

2.1. Uso do símbolo

No direito, o uso do símbolo linguístico oscila entre o aspecto onomasiológico da palavra (significado comum) e o aspecto semasiológico (significado técnico-normativo). Os dois aspectos podem coincidir, mas nem sempre isso ocorre. O legislador utiliza-se de palavras da linguagem comum, mas frequentemente lhes atribui um sentido técnico apropriado à obtenção da disciplina desejada. Além disso, seja no aspecto onomasiológico ou no semasiológico, as palavras apresentam outros defeitos inevitáveis: são vagas e ambíguas.

2.2. Palavras vagas e ambíguas

Todas as palavras são, inexoravelmente, vagas e ambíguas e por isso geram imprecisões significativas.

a) Palavra vaga: Uma palavra é vaga quando denota um campo de extensão não claramente definido, não consegue circunscrever exatamente aquilo a que se refere. A palavra *parente*, por exemplo, algumas vezes é usada em sentido estrito (envolvendo ascendentes, descendentes e irmãos), outras vezes em sentido amplo (envolvendo inclusive tios e sobrinhos).

b) Palavra ambígua: Uma palavra é ambígua quando conota mais de um significado, não tem um campo de referência único, correspondendo a várias conotações distintas. A palavra *incapaz*, por exemplo, aponta para diversas pessoas (menor, pródigo, portador de deficiência mental).

A vaguidade é pertinente à extensão e a ambiguidade, à intenção. Em ambos os casos, têm-se imprecisão ou indeterminação do significado. A expressão *família*, por exemplo, é ambígua (denota mais de um significado) e vaga (não circunscreve exatamente aquilo a que se refere). Daí as dificuldades da doutrina em definir tal expressão ou conceito.

A referência semântica da palavra tem uma zona central sólida, donde sua aplicação é predominante e certa. Nesse sentido, é o caso de se considerar *família* as pessoas unidas pelo casamento civil. Mas, a palavra também possui um nebuloso círculo exterior de incertezas, donde a sua aplicação é menos usual e donde gradualmente se faz mais duvidoso saber se a palavra pode ser aplicada ou não. Nesse sentido, é o caso de considerar *família* o conjunto de pessoas residentes no mesmo imóvel. Nota-se que a expressão *família* contém uma *textura aberta*, uma imprecisão semântica que afeta o seu significado.

2.3. Significado da palavra

O significado de uma expressão e, com isso, o significado das palavras contidas na mesma, determina-se de forma mais precisa quando a expressão é considerada na conexão em que é formulada. Essa conexão pode ser linguística (o contexto) ou não linguística (a situação). É possível formular a seguinte generalização: o significado de uma palavra é uma função da conexão – expressão, contexto, situação – em que a palavra aparece.

A interpretação por conexão utiliza como ferramenta outros dados que não são exatamente palavras. Ela trabalha com todos os fatos, hipóteses e experiências que possam esclarecer o significado. O contexto e a situação constituem, portanto, fatores importantes na determinação do significado. Mas não são os únicos, tendo em vista que o significado dos símbolos linguísticos envolve três tipos de relações que determinam três dimensões da linguagem, a saber: **a) dimensão sintática**: relação dos símbolos entre si; **b) dimensão semântica**: relação dos símbolos com os objetos a que se refere; **c) dimensão pragmática**: relação dos símbolos com os usuários.

As regras de interpretação também se alocam nessas três dimensões: **a) na dimensão sintática**: interpretações gramatical, lógica e sistemática; **b) na dimensão semântica**: interpretações histórica e sociológica; **c) na dimensão pragmática**: interpretações teleológica e axiológica.

VI. DIMENSÃO DA SINTAXE

1. INTERPRETAÇÃO GRAMATICAL

A interpretação gramatical envolve a verificação da conexão das palavras (símbolos) no texto normativo.

O ponto de partida da atividade interpretativa é o texto da norma jurídica. O intérprete, ao tomar consciência do texto normativo, busca o sentido literal do mesmo, dando especial atenção às regras de pontuação e de conexão sintática (gramatical). Todavia, por se tratar de linguagem natural, a conexão das palavras na estrutura do texto não permitem uma interpretação gramatical unívoca. Se a norma prescreve: "a investigação de um delito que ocorreu num país estrangeiro não deve ser levado em consideração pelo juiz brasileiro", o pronome "que" não deixa claro se está se referindo a *investigação* ou a *delito*.

Um texto pode ter vários significados em virtude de eventuais ambiguidades na conexão sintática entre as palavras que o integram. Nesse sentido, os juristas citam exemplos que envolvem adjetivos, pronomes e, especialmente, os conectivos "e" e "ou". Esses conectivos podem propiciar ambiguidades, tendo em vista que é possível interpretá-los com a função excludente ou includente. Se uma norma estabelece: "permite-se viajar de avião com um abrigo ou uma bolsa de mão e um guarda-chuva", o intérprete pode ficar na dúvida se o guarda-chuva pode ser levado junto só com a bolsa de mão ou se também pode ser levado com o abrigo.

Se uma norma estabelece: "O cidadão brasileiro que aceitar comenda ou título nobiliárquico de governo estrangeiro terá seus direitos políticos cassados", o intérprete pode entender que o cidadão que receber qualquer comenda pode ter os direitos políticos cassados. Essa ambiguidade pode ser resolvida pela regra gramatical que estabelece: "quando dois substantivos (comenda e título) são separados pelo conectivo 'ou' e seguidos de um adjetivo (nobiliárquico), este flexiona tanto o primeiro (comenda) quanto o segundo (título)". Portanto, não se trata de qualquer comenda, mas apenas daquela que faz do cidadão um nobre.

A interpretação gramatical não resolve todas as dúvidas, daí a recomendação: "quando se trata de cláusula contratual, a intenção dos contratantes prevalece sobre o texto escrito". A interpretação gramatical envolve também uma interpretação de sentido, daí a recomendação de fazer prevalecer o sentido técnico-normativo sobre o sentido comum da linguagem. Ocorre que a linguagem técnico-normativa não é tão rigorosa como imaginam alguns juristas. Como visto, muitas vezes o legislador liga a uma mesma palavra, na mesma lei e em leis diversas, sentidos diferentes. Fala-se, nesses casos, de uma inevitável relatividade dos conceitos.

Enfim, a interpretação gramatical é apenas um instrumento para mostrar problemas, não para resolvê-los. Além das ambiguidades sintáticas, o texto apresenta ambiguidades semânticas. Daí a necessidade de apelar para outras regras de interpretação.

2. INTERPRETAÇÃO LÓGICA

A interpretação lógica parte do pressuposto de que a conexão de uma norma jurídica com outras normas jurídicas é importante para a obtenção do significado correto. Visa, portanto, a buscar o sentido e o alcance da norma no interior do sistema jurídico.

Se uma norma prescreve: "será decretada a falência do empresário que, sem relevante razão de direito não paga, no vencimento, obrigação líquida materializada em título executivo protestado cuja soma ultrapasse o equivalente a quarenta salários mínimos", para captar o significado correto dessa norma é necessário que o intérprete faça, no mínimo, as seguintes perguntas: O que é empresário? O que é título executivo? O que é protesto? O que significa "sem relevante razão de direito"? Qual o valor do salário mínimo? As respostas dependem de outras normas situadas em outras leis, daí a necessidade de conectar normas com normas.

Do ponto de vista lógico, a dinâmica interpretativa que torna possível a decisão de um caso concreto envolve uma operação dedutiva baseada numa construção silogística: premissa maior (todos os empresários devedores devem ter a falência decretada); premissa menor (fulano é empresário devedor); conclusão (logo, deve ter a falência decretada).

A elaboração da premissa maior, com a qual se combina a menor e, através dela, a conclusão, é resultado de uma atividade interpretativa nada elementar. Como visto, a premissa maior deve ser extraída a partir da combinação de diversas normas espalhadas ou dispersas pelo ordenamento jurídico. Isso implica a interpretação de um preceito através de outros preceitos (interpretação sistemática). Mas aí não se exaure a tarefa interpretativa, uma vez que a interpretação é também da premissa menor.

Uma sociedade simples com dez funcionários se enquadra no conceito de empresário? Pode ter a falência decretada? Isso exige que o intérprete investigue se a atividade daquela sociedade constitui ou não "*elemento de empresa*". Diante dessa nova ambiguidade, os juristas recorrem a outro processo interpretativo: o histórico. Descobre que o conceito "*elemento de empresa*" adveio do direito italiano. Mas, esse direito também não apresenta uma resposta unívoca. Daí o apelo às construções doutrinárias, complexos argumentativos denominados teorias, como é o caso da teoria da empresa.

Enfim, os problemas lógicos de interpretação são lógicos no sentido de que podem ser determinados mediante uma análise lógica da lei. Mas não são lógicos no sentido de que possam ser resolvidos com a ajuda da lógica e dos princípios de interpretação (hierárquico, cronológico e da especialidade) que operam de forma mecânica.

VII. DIMENSÃO DA SINTAXE

1. INTERPRETAÇÃO SISTEMÁTICA

A interpretação sistemática envolve a verificação do entrelaçamento das normas jurídicas no interior de um sistema estruturado hierarquicamente. Para alguns juristas, a interpretação sistemática abrange a interpretação gramatical e a interpretação lógica, portanto, implica um método mais abrangente, daí a expressão método lógico-sistemático.

A interpretação sistemática parte do pressuposto de que o direito é o complexo de normas jurídicas válidas num dado país. Cabe ao intérprete descrever esse sistema normativo: demonstrar sua hierarquia, estabelecer critérios de classificação e sistematização das normas, exibir as formas lógicas que governam o entrelaçamento entre as normas e oferecer seus conteúdos e significados.

O intérprete parte da ideia de que o sentido de uma norma não está somente nos termos que expressam sua articulação sintática, mas também por sua relação com outras normas do ordenamento jurídico, motivo pelo qual entende que o direito é composto pelo conjunto organizado de regras diretoras (princípios) que presidem o sistema e de regras simples que perfazem o todo sistemático. A interpretação sistemática estabelece que qualquer preceito isolado deve ser interpretado em harmonia com os princípios gerais para que se preserve a coerência do sistema.

1.1. Princípios: vetores interpretativos

A noção diretora da interpretação sistemática é a seguinte: as normas do sistema jurídico estão dispostas numa estrutura hierarquizada. Examinando o sistema de baixo para cima, cada unidade normativa se encontra fundada, material e formalmente, em normas superiores. Invertendo-se o prisma de observação, verifica-se que das regras superiores derivam, material e formalmente, regras de menor hierarquia.

O direito positivo, visto como um sistema de estrutura piramidal, nada mais é que uma hierarquia de fontes normativas: no ápice se encontra a assembleia constituinte na condição de fonte superior e, abaixo, os demais núcleos produtores de regras, uma disposição vertical que culmina nos focos singulares donde emanam os preceitos terminais do sistema. Nessa estrutura, as normas superiores – de maior nível – são as normas constitucionais.

O método sistemático exige, ainda, uma hierarquia entre as normas constitucionais: algumas veiculam simples regras, outras são verdadeiros princípios. Os princípios são as normas com âmbito de abrangência maior, portanto, vincula as demais normas do universo sistemático.

Assim, o intérprete, ao examinar o complexo normativo, procura, em primeiro lugar, identificar os princípios e, a partir deles, caminhar em direção às normas jurídicas mais particulares. O princípio jurídico adquire, portanto, foros de uma norma jurídica qualificada, já que tem âmbito de validade maior e orienta a atuação de outras normas, inclusive as de nível constitucional. A norma que se apresenta vaga e ambígua deverá ser interpretada em sintonia com os princípios constitucionais. Os princípios são vetores para soluções interpretativas. Contudo, as normas jurídicas não trazem expressa a sua condição de princípios, são os intérpretes que, ao estudá-las, as identificam e as hierarquizam.

Nessa linha de pensamento, os problemas resultantes da linguagem natural (vaguidade e ambiguidade) parecem facilmente superáveis pela aplicação dos princípios constitucionais. Contudo, os princípios também estão expressos em linguagem natural, portanto, padecem das mesmas imprecisões que atingem as normas jurídicas genericamente consideradas. Além disso, todo sistema normativo apresenta defeitos lógicos, como as lacunas e as antinomias.

1.2. Antinomias

Antinomia jurídica é a incompatibilidade entre normas dentro do sistema jurídico. As autoridades competentes editam normas (total ou parcialmente) contraditórias. No sentido de oferecer critério de solução, a teoria dogmática da interpretação classifica as antinomias em: aparentes e reais.

a) Antinomias aparentes: São as contradições que podem ser solucionadas por meio de critérios que fazem parte do ordenamento jurídico, a saber: **a) hierárquico**: norma superior revoga normas inferiores; **b) cronológico**: norma posterior revoga normas anteriores; **c) da especialidade**: norma especial revoga normas gerais.

b) Antinomia real: São as contradições para as quais não existem critérios de solução no ordenamento jurídico. É o caso de contradição entre princípios constitucionais (cláusulas pétreas), dado que não é possível nem mesmo a edição de outra norma para solucioná-la. Nesse sentido, fala-se da contradição insolúvel entre o *princípio da liberdade* e o *princípio da segurança*. É a partir do conflito entre princípios que aparece o fenômeno denominado "jurisprudência conflitante dos tribunais".

Os juristas também classificam as antinomias em próprias e impróprias:

a) Antinomias próprias: São aquelas que se verificam por motivos formais, pouco importando o conteúdo da norma, visto que, enquanto uma norma permite, a outra proíbe. É o caso, por exemplo, do casamento do colateral em terceiro grau: enquanto o Código Civil proíbe o casamento do tio com a sobrinha (art. 1.521, IV), o Decreto-lei 3.200/1941 autoriza o referido casamento, desde que seja elaborado um laudo médico por dois profissionais, atestando que não haverá qualquer problema para a prole ou para as partes envolvidas (arts. 1º e 2º).

b) Antinomia imprópria: São as contradições que provêm do conteúdo material das normas. As normas passam a apresentar valores opostos. O conflito ocorre entre o comando estabelecido e a consciência do aplicador. É o caso, por exemplo, do conflito entre princípios acolhidos por normas que protegem valores opostos. Existe uma antinomia da norma que prestigia as empresas de tabaco com a norma que restringe a liberdade de fumo ou a liberdade de comercialização do cigarro.

VIII. DIMENSÃO DA SEMÂNTICA

1. INTERPRETAÇÃO HISTÓRICO-EVOLUTIVA

A interpretação na dimensão semântica envolve relações de símbolos (palavras, expressões) com os objetos.

O jurista, na sua tarefa interpretativa, além dos problemas sintáticos, depara-se com problemas semânticos relativos aos termos (palavras, expressões) vagos e ambíguos que compõem o texto das normas jurídicas. O termo é vago quando seu campo de referência é indefinido, há indeterminação ou imprecisão no significado das palavras. O termo é ambíguo quando possui um campo referencial múltiplo – é possível usar o termo com vários significados diferentes. Os termos vagos e ambíguos geram imprecisões significativas e impossibilitam uma interpretação unívoca.

Para controlar a ambiguidade e a vaguidade das palavras ou expressões que compõem o texto da norma, a hermenêutica jurídica desenvolveu duas regras de interpretação: **a) interpretação histórica:** busca o sentido da norma levando em consideração a situação social do tempo em que a norma foi editada; **b) interpretação sociológica:** busca o sentido da norma levando em consideração a situação social atual. A busca do sentido efetivo na circunstância atual ou no momento de criação da norma demonstra que as duas regras de interpretação se interpenetram. Daí falar-se em interpretação histórico-evolutiva.

Se estiver prescrito: "os estabelecimentos turísticos serão classificados conforme os padrões de conforto que oferecer ao usuário", "será lavrado auto de infração no caso de embaraço à fiscalização", "consideram-se de interesse turístico as localidades que apresentarem condições climáticas especiais", o intérprete certamente terá grandes dificuldades em definir as expressões grifadas. "Padrões de conforto", "embaraço à fiscalização", "condições climáticas especiais" são, numa série infinita, exemplos de expressões vagas e ambíguas. Essas expressões possuem uma modalidade de imprecisão semântica denominada "textura aberta", que constitui um vício potencial que afeta todas as palavras da linguagem natural.

1.1. Posição do intérprete

Para contornar as dificuldades acima anotadas, a regra de interpretação histórico-evolutiva estabelece que o intérprete deve averiguar as condições históricas do momento do nascimento da lei (o projeto, sua justificativa ou exposição de motivos) e as circunstâncias fáticas ou necessidades que induziram o órgão legislativo a elaborá-la. Deverá também proceder a um levantamento das condições atuais para verificar as funções do comportamento e das instituições sociais no contexto existencial em que ocorrem.

Assim, a expressão vaga e ambígua, como é o caso de "*padrões de conforto*", sob o enfoque da interpretação histórico-evolutiva, exige que o intérprete descreva as qualidades de um estabelecimento que, no contexto existencial, configure um "padrão de conforto cinco estrelas" ou "quatro estrelas" ou "três estrelas" etc. Nessa trajetória, o intérprete produz redefinições de velhos conceitos. Essas redefinições podem ser denotativas ou conotativas e sempre baseadas em dados (culturais, econômicos, sociais) atuais, o que torna a interpretação evolutiva.

Damásio de Jesus, ao comentar o texto da norma do art. 155 do CP – "*subtrair, para si ou para outrem,* coisa alheia móvel" –, anota que o Tribunal já decidiu que o citado artigo não se aplica quando se subtrai objeto de sepultura porque tal objeto não pertence a "alguém". Mas também já decidiu em sentido contrário. No mesmo artigo 155 está prescrito: "*a pena é aumentada de um terço, se o crime é praticado durante o* repouso noturno". Damásio de Jesus, após analisar várias decisões dos Tribunais, reconhece que não há critério fixo para a conceituação dessa qualificadora. Ainda no mesmo artigo, aparece a expressão "coisa de pequeno valor". As decisões do Poder Judiciário demonstram que há diversas posições sobre o significado dessa expressão.

2. TIPOS DE INTERPRETAÇÃO

Antes de passarmos à análise das regras de interpretação que se alocam na dimensão pragmática, cabe anotar os tipos de interpretação que evocam problemas semânticos.

a) Interpretação extensiva: É um tipo de interpretação que amplia o sentido da norma para além dos termos contidos no seu texto. A interpretação aumenta o conteúdo da norma jurídica para possibilitar a sua aplicação à situação não expressamente prevista no texto. Um exemplo é o art. 1.337, parágrafo único, do CC: "*o condômino ou possuidor que, por seu reiterado comportamento antissocial, gerar incompatibilidade de convivência com os demais condôminos ou possuidores, poderá ser constrangido a pagar multa (...)*". A norma também alcança o locatário, usufrutuário, comodatário ou qualquer um que tenha a posse direta da coisa.

b) Interpretação restritiva: É um tipo de interpretação que restringe o sentido literal do texto da norma. O intérprete limita a incidência do texto para evitar que a norma produza efeitos desastrosos. É comum colocar na entrada de edifícios a seguinte prescrição: "*é proibida a entrada de animais*". Os humanos, evidentemente, estão excluídos da proibição, mas também estão excluídos, por exemplo, os peixinhos ornamentais.

c) Interpretação especificadora: É um tipo de interpretação que parte do pressuposto de que o sentido da norma é exatamente o indicado no texto. Há, nesse tipo de interpretação, um princípio de economia do pensamento. Esse era, provavelmente, o propósito da escola da exegese ou do famoso aforismo jurídico segundo o qual "*in claris cessat interpretatio*". A possibilidade dessa clareza literal é bastante remota ou ilusória.

Salvo naqueles casos de referência clara e óbvia, o intérprete não está motivado tão somente pela letra da lei, ele está motivado também pelo conjunto de valores predominantes na sociedade.

IX. DIMENSÃO DA PRAGMÁTICA

1. INTERPRETAÇÃO TELEOLÓGICA E AXIOLÓGICA

Na dimensão pragmática, a questão interpretativa diz respeito à relação entre os símbolos (palavras) e as pessoas (intérpretes) que os utilizam. Nessa dimensão a hermenêutica desenvolveu a interpretação teleológica e axiológica. Essa regra (ou método) de interpretação postula a neutralização dos valores e o esclarecimento da finalidade das normas, motivo pelo qual ativa a participação do intérprete na configuração do sentido do texto normativo.

As palavras contêm uma carga emotiva que produz alterações no significado. Vale dizer, as palavras não apenas designam objetos e suas propriedades, mas manifestam emoções favoráveis e desfavoráveis. Termos como "dignidade da pessoa humana", "boa-fé", "função social da propriedade", "direitos iguais", além de vagos e ambíguos, possuem forte significado valorativo que favorece a manipulação arbitrária de seu alcance e sentido. O intérprete pode manipular o conteúdo dessas expressões com o propósito de orientar emoções favoráveis às situações que apoia ou emoções desfavoráveis às situações que repudia.

A regra de interpretação teleológica e axiológica estabelece técnicas que visam ao controle das valorações. Vale dizer, o intérprete deve neutralizar os conteúdos que possuem forte significado valorativo, como, por exemplo, "dignidade da pessoa humana", "boa-fé", "interesse coletivo", "bem comum", "direitos iguais" etc. Neutralizar não significa eliminar a carga valorativa, mas apenas controlá-la. Para isto é necessário que o intérprete generalize de tal modo os valores que eles passem a expressar "valores universais do sistema".

Assim, a interpretação teleológica e axiológica estabelece a ideia segundo a qual o sistema jurídico é um meio a serviço de valores primordiais, como "a dignidade da pessoa humana", "a boa-fé", "o bem comum" etc. A unidade do sistema jurídico se funda nesses universais, considerados fins imanentes da ordem jurídica e reguladores teleológicos da atividade interpretativa. Esses princípios, também denominados regras de calibração, garantem a harmonia do sistema.

1.1. Participação do Intérprete

A interpretação teleológica e axiológica estabelece como pressuposto e como regra básica o postulado segundo o qual é sempre possível atribuir-se um propósito às normas, ou seja, para obter a neutralização da carga emotiva é preciso encontrar a finalidade da norma.

A Lei de Introdução às normas do Direito Brasileiro contém uma exigência teleológica e axiológica: "*na aplicação da lei, o juiz atenderá aos* fins sociais *do direito e às exigências do* bem comum" (art. 5º). As expressões grifadas funcionam como universais do sistema, são entendidas como sínteses éticas da vida em comunidade e postulam que a ordem jurídica seja um conjunto de preceitos para a realização da sociabilidade humana. O intérprete deve, portanto, encontrar em todas as manifestações normativas (leis, decretos etc.) o seu *telos* (fim), que não pode jamais ser antissocial. Desse modo, a interpretação teleológica e axiológica postula fins (fins sociais) e valoriza situações (bem comum) de forma generalizada.

Enfim, a interpretação teleológica e axiológica exige um esforço de integração e de neutralização de uma multiplicidade de valores e, nesse sentido, ativa a participação do intérprete na configuração do sentido do texto normativo. Seu movimento interpretativo, ao contrário da interpretação lógico-sistemática que também postula uma cabal e coerente unidade do sistema, parte das consequências avaliadas das normas e retorna para o interior do sistema.

Ocorre que a interpretação teleológica e axiológica também apresenta problemas. Seria ingenuidade supor a cada norma jurídica um determinado fim. Há fins dentro e fora dos textos normativos, fins mais próximos e mais remotos, menos e mais elevados. O conceito de fim é elástico, portanto, vago e ambíguo.

2. USO DOS MÉTODOS DE INTERPRETAÇÃO

Os métodos (regras técnicas) de interpretação – gramatical, lógico-sistemático, histórico-evolutivo, teleológico e axiológico – pertencem ao patrimônio adquirido da hermenêutica jurídica desde o século XIX. Desde então os juristas discutem o critério de aplicação desses métodos, até porque existe a possibilidade dos diferentes métodos levarem a resultados opostos.

Alguns juristas (Savigny) entendem que os métodos devem ser aplicados conjuntamente. Para outros (Enneccerus), a interpretação deve seguir uma ordem: partir do teor verbal, passar pela interpretação lógico-sistemática, depois verificar a evolução histórica e, finalmente, o fim da lei. Outros (Windescheid) colocam em destaque o método gramatical e entendem que somente quando o sentido for ambíguo podem intervir, subsidiariamente, os demais métodos. Alguns (Kelsen) colocam em primeiro plano o método sistemático, e outros (Heck) o teleológico. Enfim, não existe acordo, motivo pelo qual alguns juristas (Zweigert) apontam que o defeito da teoria jurídica interpretativa reside especialmente no fato do intérprete não dispor de uma "hierarquização segura" dos múltiplos critérios de interpretação.

O desacordo generalizado em torno da teoria da interpretação aponta que a determinação do sentido e do alcance de qualquer norma jurídica envolve uma luta ideológica. Como não existe um sistema ideológico comum de valores para o mundo, isto significa que não existe uma interpretação que possa ser universal ou verdadeira, mas é possível uma definição que possa ser predominante ou consensual, ainda que o consenso seja presumido. Isso nos leva à análise da interpretação jurídica e da sua relação com o poder.

X. INTERPRETAÇÃO E PODER

1. PODER DE VIOLÊNCIA SIMBÓLICA

A interpretação jurídica consiste em um poder de violência simbólica que tem por objetivo uniformizar o sentido de norma jurídica, uma vez que não é possível uma interpretação unívoca de um texto expresso em termos vagos e ambíguos. Poder é, nesse sentido, um meio pelo qual a seletividade de uma pessoa influencia a seletividade de outra.

A interpretação como poder de violência simbólica implica, portanto, um processo interpretativo que faz preponderar um significado diante da possibilidade de múltiplos significados possíveis. É um poder de controle capaz de impor significações como legítimas, justas e consensuais e de neutralizar outras interpretações, de modo que estas não possam ser levadas em consideração.

1.1. Detentores do poder

A norma jurídica em sua aplicação cotidiana é interpretada e entendida de acordo com o trabalho (livros, sentenças, pareceres, petições) de um grupo de homens (juristas, professores, magistrados, advogados, promotores) que, na comunidade jurídica, gozam de autoridade, liderança e reputação. Esses homens contribuem para que a norma assuma um determinado conteúdo em cada oportunidade em que é invocada. Na comunidade jurídica, aqueles que têm poder (autoridade, liderança, reputação) podem influenciar outros a adotar a sua interpretação como premissa de procedimento.

No processo interpretativo, a influência implica a generalização de sentido com vistas à neutralização de outras possibilidades. Nesse sentido, o poder assume três relações: **a) relação autoridade**: a interpretação é generalizada (confirmada) quando o intérprete ocupa uma posição superior dentro de uma determinada hierarquia, o Poder Judiciário, por exemplo; **b) relação de liderança**: a interpretação é generalizada quando todos ou quase todos repetem (imitam) a mesma interpretação; **c) relação de reputação**: a interpretação é generalizada com base no prestígio do intérprete.

1.2. Relação de Autoridade

Existe relação de autoridade quando a influência se opera através da neutralização do tempo. A passagem do tempo altera o sentido da norma, daí a necessidade de generalizar o sentido apesar de o tempo diversificá-lo. Neutraliza-se a possibilidade de outras interpretações pelo estabelecimento de hierarquias em relação às normas e em relação aos intérpretes (autoridades competentes).

As normas manifestam uma relação de autoridade que se explica na conformação hierárquica do sistema. Entende-se que, independentemente do intérprete, as normas constitucionais prevalecem sobre as normas da lei e estas sobre as do decreto, e assim sucessivamente. A interpretação para exercer autoridade utiliza-se da regra sistemática. Nesta, o ordenamento jurídico é tido como um todo unitário, coerente e posto por um legislador racional: o Estado. As normas postas pelo Estado são consideradas lícitas, justas e resultantes de um consenso.

A interpretação da autoridade é aceita orientada pela ideia de que sempre se procedeu da forma por ela interpretada, portanto, consolidada na tradição. A interpretação é considerada lícita (autêntica) em oposição às interpretações contrárias, consideradas ilícitas (não autênticas), motivo pelo qual a interpretação da autoridade exige adesão convicta. Nesse sentido, a Jurisprudência dos Tribunais, especialmente, a do STF.

Em síntese: uma interpretação apoiada em princípios constitucionais e em decisões do Poder Judiciário confere autoridade ao intérprete porque pode motivar outro a adotá-la como premissa de procedimento.

1.3. Relação de liderança

Há relação de liderança quando a influência se opera através da neutralização do sujeito. A liderança é exercida no sentido de neutralizar as divergências de opiniões. A interpretação é aceita orientada pela ideia de que todos ou quase todos procedem da mesma forma.

A interpretação, para exercer liderança, exige a neutralização das interpretações divergentes. Para isto, o intérprete utiliza a interpretação histórico-evolutiva, que busca impor significados com base no consenso. Faz referência às manifestações produzidas no direito e em outras áreas do saber, esforça-se para demonstrar que a unidade de sentido é generalizada. Com isso neutraliza as opiniões adversas.

Assim, se houver um relativo consenso entre os juristas sobre como se deve interpretar certa norma jurídica, é provável que essa interpretação prevaleça, ainda que oposta à do sentido originário da norma. A elaboração teórica dos juristas (doutrina) tem, dessa forma, uma importância capital na definição do conteúdo da norma jurídica.

Em síntese: uma interpretação apoiada em manifestação de vários doutrinadores e em manifestações produzidas em outras áreas do saber confere autoridade ao intérprete porque pode motivar outro a adotá-la como premissa de procedimento.

1.4. Relação de reputação

Há relação de reputação quando a influência se opera através da neutralização do conteúdo. A reputação é exercida no sentido de neutralizar qualquer reflexão a respeito do conteúdo interpretado. A interpretação é aceita orientada pela ideia de que não haverá questionamento.

Na relação de reputação, a interpretação aparece como resultado de um ato de conhecimento do cientista do direito. O intérprete aparece como uma pessoa capaz de interpretações justas e consensuais. Faz-se mister neutralizar outras possibilidades interpretativas, conferindo denotação e conotação razoavelmente precisa ao conteúdo da norma. Para isto, o intérprete utiliza a regra de interpretação teleológica e axiológica que lhe permite neutralizar a *factie specie* (enunciado) da norma.

A interpretação estabelece a ideia segundo a qual o sistema jurídico é um meio a serviço de valores primordiais ("*dignidade da pessoa humana*", "*justiça*", "*solidariedade*" etc.), considerados fins imanentes da ordem jurídica e reguladores da atividade interpretativa.

A Constituição Federal contém esses reguladores, por exemplo: "A *República Federativa do Brasil tem como fundamento a* dignidade da pessoa humana" (Art. 1º) ou "*O objetivo fundamental da República Federativa do Brasil é o de construir uma* sociedade justa, livre *e* solidária" (Art. 3º, I). Todas as manifestações interpretativas devem contemplar esses fundamentos da República. A interpretação fundada nesses valores, verdadeiros universais do sistema, neutraliza outras possibilidades de interpretação.

Em síntese: uma interpretação apoiada em princípios constitucionais e em manifestações de juristas, especialmente os mais famosos e apreciados, confere autoridade ao intérprete porque pode motivar outro a adotá-la como premissa de procedimento.

1.5. Interpretação predominante

Ao utilizar os métodos (sistemático, histórico-evolutivo, teleológico e axiológico) para identificar o sentido da norma, o intérprete realiza uma paráfrase, isto é, a reformulação de um texto cujo resultado é um substituto mais persuasivo, pois exarado em termos mais convincentes. Nesse sentido, é possível ocorrer uma perfeita congruência entre as três relações de poder, a qual pode apontar uma interpretação, se não verdadeira, pelos menos predominante.

ANOTAÇÕES GERAIS